CAMILLE FLAMMARION

DICTIONNAIRE

ENCYCLOPÉDIQUE

UNIVERSEL

CONTENANT TOUS LES MOTS DE LA LANGUE FRANÇAISE, ET RÉSUMANT L'ENSEMBLE
DES CONNAISSANCES HUMAINES A LA FIN DU XIXᵉ SIÈCLE

Illustré de 20.000 figures.

CO-D

PARIS

ERNEST FLAMMARION, ÉDITEUR

26, RUE RACINE, PRÈS L'ODÉON

3ᵉ Série

Prix : 50 centimes

CAMILLE FLAMMARION

1591

DICTIONNAIRE
ENCYCLOPÉDIQUE
UNIVERSEL

ILLUSTRÉ DE
20000 FIGURES

SCIENCES
ARTS
LETTRES
INDUSTRIE
HISTOIRE
GRAMMAIRE
GÉOGRAPHIE
DÉCOUVERTES

PARIS

E. FLAMMARION

LIBRAIRE-ÉDITEUR

26, RUE RACINE, PRÈS L'ODÉON

DICTIONNAIRE ENCYCLOPÉDIQUE

TOME TROISIÈME

IMPRIMERIE E. FLAMMARION, 26, RUE RACINE, PARIS.

CAMILLE FLAMMARION

DICTIONNAIRE

ENCYCLOPÉDIQUE

UNIVERSEL

CONTENANT TOUS LES MOTS DE LA LANGUE FRANÇAISE, ET RÉSUMANT L'ENSEMBLE
DES CONNAISSANCES HUMAINES A LA FIN DU XIXᵉ SIÈCLE

Illustré de 20.000 figures.

CO-D

PARIS

ERNEST FLAMMARION, ÉDITEUR

26, RUE RACINE, PRÈS L'ODÉON

Tous droits réservés.

TABLEAU DES ABRÉVIATIONS

a.	actif.
abrév.	abréviation.
absol.	absolument.
adj.	adjectif.
adject. ou adjectiv.	adjectivement.
Admin.	Administration.
adv.	adverbe ou adverbial.
adv. ou adverbial.	adverbialement.
Agric.	Agriculture.
Alg.	Algèbre.
all.	allemand.
anal.	analogie.
Anat.	Anatomie.
anc.	ancien ou ancienne.
angl.	anglais.
Antiq.	Antiquité ou Antiquités.
Anthrop.	Anthropologie.
ar.	arabe.
Archéol.	Archéologie.
Arch. ou Archit.	Architecture.
Arith.	Arithmétique.
arr.	arrondissement.
art.	article.
Artill.	Artillerie.
Astrol.	Astrologie.
Astron.	Astronomie.
augm.	augmentatif.
B.-Arts.	Beaux-Arts.
bas-lat.	bas-latin.
Banq.	Banque.
bass.	bassement.
Biol.	Biologie.
Blas.	Blason.
Bibliog.	Bibliographie.
Bot. ou Botan.	Botanique.
c.	canton.
c.-à.-d.	c'est-à-dire.
celt.	celtique.
Bouch.	Boucherie.
Céram.	Céramique.
Charp.	Charpentier.
Ch.	Chasse.
Chim.	Chimie.
Chir. ou Chirur.	Chirurgie.
Chron.	Chronologie.
civ.	civil.
coll. ou collect.	collectif ou collectivement.
Comm. ou comm.	Commerce ou commercial.
conj.	conjonction.
conj. ou conjug.	conjugaison.
Cout.	Coutume.
corrupt.	corruption.
démonstr.	démonstratif.
dép.	département.
didact.	didactique.
dimin.	diminutif.
Diplom.	Diplomatique.
Dr.	Droit.
Dr. can.	Droit canon.
Dr. crim.	Droit criminel.
ecclés. ou ecclésiast.	ecclésiastique.
Econ. pol.	Economie politique.
ellipt. ou elliptiq.	elliptiquement.
Entom.	Entomologie.
Equit.	Équitation.
Erpét.	Erpétologie.
Escr.	Escrime.
esp.	espagnol.
étym.	étymologie.
ex.	exemple.
exag. ou exagér.	exagération.
ext. ou extens.	extension.
Fauc.	Fauconnerie.
f. ou fém.	féminin.
fam. ou famil.	familier ou familièrement.
Féod. ou Féod.	Féodal ou féodalité.
fig. ou figur.	figurément.
Fin.	Finances.
Fortif.	Fortification.
fréq.	fréquentatif.
g.	genre.
Géogr.	Géographie.
Géod.	Géodésie.
Géol.	Géologie.
Géom.	Géométrie.
gr.	grec.
Gram.	Grammaire.
Grav.	Gravure.
hébr.	hébreu.
Hist.	Histoire.
Hist. nat.	Histoire naturelle.
Horlog.	Horlogerie.
Hortic.	Horticulture.
Hydraul.	Hydraulique.
hyperb.	hyperboliquement.
Icht.	Ichtyologie.
Impr. ou Imprim.	Imprimerie.
impers.	impersonnel.
Ind.	Industrie.
infin.	infinitif.
interj.	interjection.
interrog.	interrogation.
inus.	inusité.
invar.	invariable.
iron. ou ironiq.	ironiquement.
irrég.	irrégulier.
ital.	italien.
Jardin.	Jardinage.
Jurisp.	Jurisprudence.
lat.	latin.
Législ.	Législation.
Ling.	Linguistique.
Litt.	Littérature.
Lit. ou Litur.	Liturgie.
loc. ou locut.	locution ou locutions.
Log. ou Logiq.	Logique.
m. ou masc.	masculin.
m.	mort.
Mamm. ou Mammal.	Mammalogie.
Man.	Manège.
Manuf.	Manufacture.
Mar.	Marine.
Math. ou Mathém.	Mathématique.
Méc. ou Mécan.	Mécanique.
Méd. ou Médec.	Médecine.
Métall.	Métallurgie.
Météor.	Météorologie.
Mét.	Métier.
Métrol.	Métrologie.
mil. ou milit.	militaire.
Min. ou Minér.	Minéralogie.
m. s.	même sens.
Mus.	Musique.
Myth ou Mythol.	Mythologie.
n.	nom.
n.	neutre.
Numism.	Numismatique.
Obs. gram.	Observation grammaticale.
Obst.	Obstétrique.
opp. ou opposit.	opposition.
Opt.	Optique.
Ornith.	Ornithologie.
Pal.	Palais.
Paléog.	Paléographie.
Paléont.	Paléontologie.
part.	participe.
Path.	Pathologie.
Pêc.	Pêche.
Peint.	Peinture.
péj. ou péjor.	péjoratif.
pers.	personnel.
Perspect.	Perspective.
Pharm.	Pharmacologie.
Philol.	Philologie.
Philos.	Philosophie.
Phys.	Physique.
Physiol.	Physiologie.
pl. ou plur.	pluriel.
poét.	poétique ou poétiquement.
pop. ou popul.	populaire ou populairement.
poss.	possessif.
Prat.	Pratique.
préf.	préfixe.
prép.	préposition.
prim.	primitivement.
priv.	privatif.
Pr.	Prononcez.
Procéd.	Procédure.
pron.	pronom ou pronominal.
prop.	proprement.
Pros.	Prosodie.
prov. ou proverb.	proverbial ou proverbialement.
prov.	provençal.
prov.	ironiquement.
R.	Racine ou radical.
rad.	radical.
Rel. ou relig.	Religion.
Relat.	Relation.
Rhét.	Rhétorique.
rur.	rural.
s. ou subst.	substantif.
sanscr.	sanscrit.
scand.	scandinave.
Sculpt.	Sculpture.
sign. ou signific.	signifie ou signification.
sing.	singulier.
subst. ou subst.	substantivement.
suff.	suffixe.
syn. ou Syn.	synonyme ou Synonymie.
T.	terme de.
Techn. ou Technol.	Technologie.
Télég.	Télégraphie.
Térat.	Tératologie.
Théol.	Théologie.
Thérap.	Thérapeutique.
Thermod.	Thermodynamique.
Toxic.	Toxicologie.
triv.	trivial ou trivialement.
Typ. ou Typogr.	Typographie.
unipers.	unipersonnel.
us.	usité.
v.	verbe.
v.	ville.
vég.	végétal.
Vén.	Vénerie.
Versif.	Versification.
Vét.	Vétérinaire.
Vitic.	Viticulture.
V. ou Voy.	Voyez.
vulg.	vulgaire ou vulgairement.
vx.	vieux.
Zool.	Zoologie, ou zoologique.

NOTA. — Indépendamment des abréviations ci-dessus qui sont en usage dans tous les Dictionnaires, nous avons adopté le système de ne pas répéter, dans les exemples, le mot qui fait le sujet de l'article. Nous nous contentons de le rappeler, en écrivant simplement soit la syllabe initiale, soit la première ou les deux premières lettres du mot. On comprend aisément que nous ayons cherché tous les moyens qui, sans nuire à la clarté, nous permettaient de condenser le plus de choses possible dans l'espace limité du cadre que nous nous sommes imposé.

C

CONTRADICTEUR. s. m. Celui qui contredit. *Cet avis n'a pas trouvé de c., a rencontré beaucoup de contradicteurs.* || T. Jurisp. *Légitime c.*, Celui qui a qualité pour contrôler certaines opérations, et en présence duquel elles doivent être faites. *Un inventaire de mineurs se fait en présence du subrogé-tuteur, qui est le légitime c.* — *Acte sans c.*, Acte fait sans que les parties intéressées y aient été appelées.

CONTRADICTION. s. f. [Pr. ...*sion*]. Action de contredire; opposition que l'on fait aux idées, aux sentiments et aux opinions de quelqu'un. *Son avis a été adopté, a été reçu sans c., n'a point éprouvé de c. C'est un homme qui ne peut souffrir la c. Être en c. avec les gens sensés, Différer d'opinion avec eux.* — *Esprit de c.*, Disposition à contredire sans cesse. *Il a l'esprit de c. C'est un esprit de c. Faire une chose par esprit de c.*, Pour le plaisir de contrarier. || Se dit aussi de l'opposition, de l'inconséquence qui existe entre les discours d'une même personne, ou entre ses discours, ses idées, ses principes et sa manière de se conduire ou entre ses actes eux-mêmes. *Il y a une c. manifeste dans ce que vous venez de nous dire. Cette loi est en c. avec telle autre. Les contradictions de cet accusé l'ont perdu. Signaler les contradictions qui se trouvent dans un ouvrage. Il tombe dans les contradictions les plus grossières. Il y a entre ses discours et ses actes une c. choquante. Être en c. avec soi-même. Plus on voit le monde, plus on le trouve plein de contradictions.* — Fig. *L'homme est la c. même,* Il offre des contradictions perpétuelles entre ses discours, ses idées, ses sentiments et ses actes. || T. Log. Incompatibilité absolue de deux notions, de deux affirmations. *Être et n'être pas simultanément implique c.* — *Principe de c.* Voy. CONSCIENCE, JUGEMENT et IDENTITÉ. — C. se dit encore de deux propositions incompatibles, mais qui paraissent également vraisemblables. Voy. ANTINOMIE.

CONTRADICTOIRE. adj. 2 g. Qui est en contradiction; qui exprime des choses directement opposées l'une à l'autre. *Tenir des discours contradictoires. Cette proposition est c. à telle autre. Des nouvelles contradictoires. Oui et Non sont des termes contradictoires.* || T. Jurisp. Se dit de certains actes de procédure faits en présence des parties intéressées. *Procès-verbal c.* — *Arrêt, Jugement c.* Voy. JUGEMENT = CONTRADICTOIRES. s. m. pl. Choses contradictoires.

CONTRADICTOIREMENT. adv. D'une manière contradictoire. *Ces deux propositions sont c. opposées* || T. Jurisp. Se dit des jugements rendus après avoir oui les parties, ou après qu'elles ont produit. *Un arrêt rendu contradictoirement.*

CONTRAIGNABLE. adj. 2 g. T. Prat. Qui peut être contraint par quelque voie de droit à faire ou à donner quelque chose.

CONTRAIGNANT, ANTE. adj. Qui contraint, qui gêne.

CONTRAIGNEMENT. s. m. Action de contraindre. Vx.

CONTRAIGNEUR. s. m. Celui qui contraint. Vx.

CONTRAINDRE. v. a. (lat. *constringere*, de *cum*, avec, et *stringere*, étreindre). Obliger quelqu'un à faire quelque chose contre son gré, soit en employant la violence physique, soit en lui faisant redouter les conséquences que pourrait entraîner son refus. *On saura bien l'y c. On l'y contraindra par force. J'y fus contraint. On le contraignit à se battre. La garnison fut contrainte de mettre bas les armes. La loi nous contraint à faire telle chose sous peine de...* || Mettre dans la nécessité de. *Deux horribles naufrages contraignirent les Romains d'abandonner l'empire de la mer aux Carthaginois.* || T. Prat. Obliger par quelque voie de droit ou à faire quelque chose. *C. quelqu'un par voie de justice, par justice. C. par saisie de biens, par autres voies.* || Gêner quelqu'un, en l'obligeant par quelque considération à s'abstenir de quelque chose. *Je ne veux vous c. en aucune manière.* — *C. ses goûts, son humeur*, etc. || Serrer, presser, mettre à l'étroit. *Cette chaussure le contraint si fort que...* Vx. = SE CONTRAINDRE. v. pron. Se gêner, se retenir. *Ne vous contraignez pas pour moi, je vous prie. Il sait se c. quand il en est besoin.* = CONTRAINT, AINTE. part. — Conjug. Voy. PEINDRE.

Syn. — *Obliger, Forcer, Violenter.* — Ces quatre mots ne sauraient s'employer l'un pour l'autre. *Contraindre, forcer, violenter,* désignent quelque chose que l'on fait contre son gré ; *obliger,* au contraire, n'a pas toujours ce sens ; car le plus souvent c'est de son plein gré qu'on s'*oblige* et qu'on remplit ses *obligations. Obliger* est un acte qui impose un devoir ou une nécessité ; *contraindre* est un acte de persécution ou d'obsession qui arrache plutôt qu'il n'obtient un consentement ; *forcer* est un acte de puissance qui, par son énergie, détruit celle d'une volonté opposée ; enfin, *violenter* se dit des mauvais traitements et des outrages, qui violent, pour ainsi dire, notre volonté et notre liberté.

CONTRAINT, AINTE. adj. (part. passé de *contraindre*). Gêné, embarrassé, forcé. Est opposé à *Aisé, naturel. Il a l'air c. Des manières contraintes. Il y a toujours chez lui quelque chose de c., de gêné. Avec lui je suis toujours c.* || Fig., en parlant des productions de l'esprit ou de l'art, Qui manque d'aisance, de naturel. *Style c. Versification contrainte. Il y a quelque chose de c. dans la manière de ce peintre.* || Serré, à l'étroit. *Je suis c. dans mon habit.* — Par anal., on dit, *La mer est contrainte dans ce détroit.* || T. Mus. *Basse contrainte,* Qui n'a qu'un motif très simple, très court et qui se répète tout le long du morceau. Voy. BASSE.

CONTRAINTE. s. f. (R. *contraint*). Violence que l'on emploie contre quelqu'un pour lui faire faire quelque chose malgré lui. *Employer la c. User de c. Faire quelque chose par c. Agir sans c.* || La retenue que l'on s'impose, soit par bienséance, s'il y a tout autre motif, de l'état de gêne qui en résulte. *La c. qu'imposent les bienséances. C'est une grande c. que d'être toujours obligé de se taire. Vivre dans la c.* || La gêne où l'on est quand on est trop serré dans ses vêtements, dans ses chaussures, etc. Vx. — Fig., *La c. de la mesure, de la*

211

rime. || **T. Pratiq.** Toute voie de droit au moyen de laquelle on force quelqu'un à faire ou à donner quelque chose. *C. par saisie de biens. C. par corps.* || **T. Adm. fin.** Ordre de payer décerné contre un redevable de deniers publics ou de droits dus au fisc. *Décerner une c. Porteur de contraintes.*

Droit. — On donne le nom de *Contrainte par corps* au droit que la loi accorde à certains créanciers dont nous donnons plus loin l'énumération, de faire incarcérer leur débiteur qui ne remplit pas son obligation, et à cette incarcération elle-même. — Cette mesure n'a nullement pour objet de faire de la personne du débiteur le gage du créancier : elle est tout simplement un moyen coercitif pour vaincre la mauvaise volonté d'un débiteur qui refuse de remplir son obligation ; elle est une simple épreuve de la solvabilité réelle de ce dernier, et c'est précisément pour ce motif que la durée de l'emprisonnement est, en général, déterminée par l'importance de la dette.

I. — En France, les biens seuls du débiteur peuvent servir de gage à ses créanciers ; à Rome, au contraire, la personne même de ce débiteur constituait ce gage ; bien plus, ce fut d'abord le seul qui fût accordé au créancier. Lorsqu'un débiteur n'avait pas payé sa dette dans les trente jours, appelés *dies justi*, qui suivaient le terme fixé, le créancier pouvait l'amener devant le magistrat (*in jus vocare*). Là le créancier, saisissant son débiteur par quelque partie de son corps, prononçait la formule : *Quod tu mihi judicatus sive damnatus (sestertium X millia) quæ dolo malo non solvisti, ob eam rem ego tibi (X millium) judicato manus injicio.* Le débiteur ne pouvait repousser cette mainmise (*manum sibi depellere*) ; en conséquence, à moins qu'il ne trouvât une caution (*vindex*), il était aussitôt emmené par son créancier qui le tenait prisonnier dans sa propre maison. La loi des XII Tables réglait elle-même la quantité de nourriture que devait recevoir le débiteur et le poids des fers dont il pouvait être chargé. Cette situation durait soixante jours. Pendant ce temps, le créancier était tenu de conduire son prisonnier, par trois jours de marché consécutifs, devant le magistrat, dans le *comitium*, en proclamant la somme qui lui était due, afin que les parents et les amis du débiteur, avertis du sort qui le menaçait, fissent leurs efforts pour le libérer. Le délai expiré sans que le paiement fût effectué, le débiteur était définitivement adjugé (*addictus*) à son créancier, qui avait alors le choix ou de lui faire remise de sa dette et de le renvoyer libre, ou de le vendre comme esclave au delà du Tibre, c.-à-d. en territoire étranger, ou enfin de le mettre à mort. Lorsqu'il y avait plusieurs créanciers, ils se distribuaient le prix pour lequel le débiteur avait été vendu, ou ils se partageaient son corps, s'ils avaient préféré le mettre à mort. Jusqu'à quel point les créanciers usaient-ils de ce droit incroyable ? C'est ce qu'il est extrêmement difficile de dire. Il semble cependant résulter d'un certain nombre de textes que cette disposition de la loi fut plus d'une fois exécutée à la lettre. Ce n'est pas tout : non seulement la loi romaine adjugeait le débiteur insolvable à son créancier, mais encore elle permettait à tout chef de famille de se donner, lui et ceux qui étaient sous sa puissance, en gage pour sûreté de la dette qu'il contractait. Ceux qui s'étaient ainsi donnés en gage étaient appelés *nexi* ou *nexu vincti* ; ils devaient travailler pour leur créancier jusqu'à l'entier paiement de la dette : tant qu'ils ne s'étaient pas acquittés, ils étaient assimilés de fait aux esclaves. Quand on considère l'inexorable rigueur de cette loi, il devient aisé de comprendre que l'histoire n'exagère pas, lorsqu'elle nous dépeint le sort misérable des plébéiens sous l'oppression de leurs créanciers patriciens. Nous savons d'ailleurs les misères des *addicti* et des *nexi* doivent être rangées au nombre des causes qui, pendant plusieurs siècles, agitèrent la République romaine. Cette rigueur du droit primitif finit cependant par s'adoucir. Les préteurs accordèrent aux créanciers un recours sur les biens de leurs débiteurs ; ensuite la loi *Pœtilia Papiria, De nexu* (an 428 de R., 326 avant J.-C.) prohiba l'engagement du débiteur quant à sa personne ; enfin dans les derniers temps de la République, la loi *Julia*, en établissant en faveur des débiteurs malheureux et de bonne foi le bénéfice de la cession de biens, leur donna le moyen d'échapper à la c. par corps. Celle-ci, toutefois, ne cessa pas de subsister pour les débiteurs qui n'avaient pas de biens, ou qui n'étaient pas admis au bénéfice de la cession. En effet, le créancier, quand il n'était pas payé, pouvait obtenir du magistrat un ordre qui l'autorisait à emmener son débiteur et à le détenir dans sa maison et à le faire travailler à son profit. Mais ce dernier ne perdait pas pour cela son *ingénuité*, et ses enfants ne pouvaient être contraints à servir aussi pour les dettes de leur ···. Plus tard, les empereurs, notamment Zénon et Justinien, défendirent aux

particuliers d'avoir chez eux des prisons privées, et il paraît même que, dans les derniers temps, les débiteurs qui n'avaient pas payé leurs dettes étaient simplement enfermés dans des prisons publiques.

II. — La c. par corps paraît avoir de tout temps été autorisée par notre ancienne législation ; mais il semble qu'elle n'était prononcée que lorsque les parties s'y étaient soumises elles-mêmes, ce qu'elles pouvaient faire pour toute espèce d'obligation. Néanmoins une ordonnance royale en date du 4 fév. 1393 défendit de mettre à exécution les contraintes par corps auxquelles les chrétiens s'étaient soumis au profit des juifs, et interdit aux notaires de recevoir de pareilles stipulations. Diverses ordonnances rendues à ce sujet, jusqu'au milieu du XVIe siècle, accordèrent à diverses catégories de créanciers la faculté de contraindre par corps leurs créanciers ; mais ce fut seulement l'ordonnance de janvier 1570 qui établit d'une manière générale la c. en matière de commerce. Quelques années plus tard, l'ordonnance de Moulins (fév. 1566) soumit tous les débiteurs de sommes d'argent, quelle que fût d'ailleurs la cause de l'obligation ; mais cette disposition ayant donné lieu à une foule d'abus, l'ordonnance d'avril 1667 proscrivit la c. par corps en matière civile, sauf quelques cas particuliers, et ne l'autorisa qu'en matière commerciale et de deniers publics. Ces principes se trouvent reproduits dans la loi du 15 germinal an VI (4 avril 1798), qui rétablit d'une manière définitive la c. par corps momentanément abolie par la Convention, et également dans le code civil et le code de commerce. Les lois du 17 avril 1832 et du 13 décembre 1848 adoucirent la rigueur de cette institution, et en restreignirent les cas d'application en faveur de certaines catégories de personnes, telles que les femmes ou mineurs non commerçants, les septuagénaires, etc. La loi du 22 juillet 1867 alla beaucoup plus loin : elle supprima complètement la c. par corps en matière commerciale, civile et contre les étrangers, et elle ne la laissa subsister qu'en matière criminelle, correctionnelle et de simple police pour le paiement des amendes, dommages et intérêts, et pour les restitutions ; ajoutons que la loi du 19 décembre 1871 rétablit la c. par corps pour le recouvrement des frais dus à l'État, en matière pénale, abrogeant sur ce point la loi de 1867. En vertu de la loi de 1867, lorsque la c. par corps a lieu à la requête et dans l'intérêt des particuliers, ils sont obligés de pourvoir aux aliments des détenus ; faute de provision, le condamné est mis en liberté. Ainsi, depuis la loi de 1867, la c. par corps ne subsiste plus qu'en matière pénale, au profit de l'État, pour les amendes et frais de justice ; au profit de l'État à la fois et des particuliers, pour les restitutions et dommages et intérêts prononcés par les tribunaux. — La consignation d'aliments doit être effectuée d'avance pour trente jours au moins ; il ne vaut que pour des périodes entières de trente jours. — Elle est, pour chaque période, de quarante-cinq francs à Paris, de quarante francs dans les villes de cent mille âmes, et de trente-cinq francs dans les autres villes. Le débiteur élargi faute de consignation d'aliments ne peut plus être incarcéré pour la même dette. La durée de la c. par corps est fixée à vingt jours au minimum, et à deux ans au maximum, suivant l'importance de l'amende et des autres condamnations. En matière de simple police, elle ne peut excéder cinq jours.

De plus, les condamnés qui justifieraient de leur insolvabilité en produisant les pièces prescrites par l'article 420 du code d'instruction criminelle sont mis en liberté après avoir subi la c. pendant la moitié de la durée fixée par le jugement.

La loi de 1867 contient en outre un certain nombre de tempéraments dont le principe se trouvait déjà dans les lois de 1832 et 1848. Ainsi tout individu peut prévenir ou faire cesser l'effet de la c. par corps en fournissant une caution reconnue bonne et solvable ; la c. par corps n'est pas admise contre les mineurs de 16 ans ; à l'égard des individus âgés de 60 ans, sa durée est réduite de moitié, sans préjudice de la réduction possible par suite de l'insolvabilité constatée. Elle ne peut d'ailleurs être prononcée simultanément contre le mari et la femme, ni exercée contre le débiteur au profit de son conjoint, de ses ascendants, descendants, frères ou sœurs, oncle, tante, grand-oncle, grand'tante, etc. Enfin, les tribunaux peuvent, dans l'intérêt des enfants mineurs du débiteur, surseoir, pendant une année au plus, à l'exécution de la c. par corps.

Signalons, en terminant, une question qui préoccupe vivement les criminalistes des temps modernes, à propos de l'application de la c. par corps aux amendes prononcées contre les insolvables : au lieu de convertir ainsi ces dernières peines en emprisonnement, ne vaudrait-il pas mieux offrir au condamné le moyen de payer sa dette en fournissau, un certain nombre de journées de travail au profit de la commune ? — L'affirmative ne nous paraît pas douteuse.

CONTRAIRE. adj. 2 g. (lat. *contrarius*, m. s., de *contra*, contre). Opposé. Se dit des choses physiques et des choses morales. *Totalement c. Le froid et le chaud sont contraires. Avoir le vent c.*, ou *vent c. Des avis, des sentiments contraires. Deux arrêts contraires. Cela est c. à la loi. C. à la vérité.* || T. Log. *Propositions contraires.* Voy. PROPOSITION. || Se dit aussi des personnes. *Cet homme m'a toujours été c. J'espère que vous ne me serez pas c. dans cette affaire. En cela vous êtes c. à vous-même.* — T. Prat. *Les parties sont contraires en fait,* Leurs allégations sont tout à fait contradictoires. || Nuisible. *Cet aliment est c. à un estomac faible. L'ivrognerie est c. à la santé. Le café vous est c. Ce que vous faites là est c. à vos intérêts.* = CONTRAIRE. m. Se dit d'une chose opposée à une autre. *Vous dites aujourd'hui le c. de ce que vous disiez hier. Il écrit tout le c. de ce qu'il pense. Je lui ai prouvé le c. Il me soutient le c. — Le chaud est le c. du froid.* — Fam., *Aller au c. d'une chose,* S'y opposer, y contredire. *Allez-vous au c. de cela? Personne ne va au c.* || On dit, au plur., *Les contraires,* en parlant des choses dont les qualités essentielles sont incompatibles et ne sauraient exister dans le même sujet. *Deux contraires ne peuvent subsister ensemble. Concilier les contraires.* = AU CONTRAIRE, BIEN AU CONTRAIRE, TOUT AU CONTRAIRE. Loc. adv. qui marquent opposition. *Loin de vous enrichir dans cette affaire, au c. vous vous y ruinerez. Vous dites que cela arriva de la sorte; tout au c., il arriva que..*

CONTRAIREMENT. adv. En opposition à. *C. aux dispositions de la loi.*

CONTRA-LATÉRAL, ALE. adj. T. Anat. Qui est du côté opposé à une lésion.

CONTRALTISTE. s. m. et f. Celui ou celle qui a une voix de contralto.

CONTRALTO. s. m. T. Mus. Voix de femme la plus grave de toutes. || Personne qui possède ce genre de voix. Le mot italien *contralto* signifie *haute-contre,* et c'est la dénomination que l'on donnait jadis en France aux voix de ténor. Cette expression de c. a été employée pour distinguer la haute-contre des femmes de celle des hommes. Les deux voix ne diffèrent l'une de l'autre que d'une tierce environ, le c. s'élevant au *mi* et le ténor ne dépassant pas l'*ut.*

CONTRANCHÉ, ÉE. adj. (R. com, préf., et *tranché*). Qui est ondulé et en zigzag. *Des fibres de bois contranchées.*

CONTRAPONTISTE. s. m. T. Mus. Compositeur qui connaît les règles du *Contre-point.* Voy. ce mot.

CONTRARIA CONTRARIIS CURANTUR (*Les contraires se guérissent par les contraires*). Maxime de la médecine classique.

CONTRARIANT, ANTE. adj. Qui aime à contrarier. *Un homme c. Vous êtes bien contrariante. Esprit, caractère c. Humeur contrariante.* || Qui est de nature à contrarier. *Cela est c.* || Subst. Personne qui se plaît à contrarier.

CONTRARIER. v. a. (lat. *contrarius,* contraire). En parlant des personnes, se montrer contraire, s'opposer aux désirs, aux volontés, aux projets de quelqu'un. *Elle n'aime pas à être contrariée dans ses caprices. Il la contrarie dans tous ses desseins. Nous n'aimons pas les censeurs qui contrarient nos penchants.* || En parlant des choses, faire obstacle, gêner. *Pendant toute la traversée, nous fûmes contrariés par les vents. Un mouvement qui en contrarie un autre. C. la nature. Cette loi contrarie son projet.* || Par extens., Vexer, taquiner, en s'opposant aux désirs, etc., de quelqu'un. *Absol., Il aime à c. Vous ne faites que c.* |T. Techn. *C. les pétales,* en termes de fabricant de fleurs artificielles, Disposer les pétales des fleurs de manière qu'ils tournent les uns sur les autres. = SE CONTRARIER. v. pron. *Vous vous contrariez vous-même,* Vous êtes un obstacle à vous-même. || *Ces deux choses se contrarient,* Se font obstacle réciproquement, ne peuvent subsister ou aller ensemble. = CONTRARIÉ, ÉE. part.

CONTRARIÉTÉ. s. f. (R. *contrarier*). Opposition entre des choses contraires. Se dit au sens physique et au sens moral. *La c. des éléments. C. d'humeurs, de sentiments, d'opinions, de desseins. Il existe une c. manifeste entre ces deux passages.* || Obstacle, empêchement, difficulté. En ce sens, s'emploie ordinairem. au pl. *J'ai éprouvé mille contrariétés dans cette affaire. Son entreprise a réussi, mais après bien des contrariétés.* — Contretemps. *Il pleut juste au moment où nous allons sortir; quelle c.!* || Le sentiment pénible que cause un contretemps, un obstacle à un désir, à un projet. *Vous ne sauriez croire la c. que j'en ai éprouvée.* Fam. || T. Jurispr. *C. d'arrêts,* Opposition existant entre deux arrêts rendus en dernier ressort sur la même cause. || T. Peint. *C. de couleurs,* Opposition heurtée, emploi de couleurs dont le contraste est choquant.

CONTRASTANT, ANTE. adj. Qui contraste, qui produit un contraste. || T. Minér. Se dit des cristaux en 2 rhomboèdres aigus qui offrent par rapport au noyau une inversion d'angle. *Carbonate de chaux c.* || T. Géolog. Se dit des fissures qui ne sont point parallèles aux stratifications.

CONTRASTE. s. m. (R. *contraster*). Opposition entre deux ou plusieurs choses. Se dit au sens physique et au sens moral. *C. d'ombre et de lumière. Leurs caractères offrent un c. parfait. C. de sentiments. Ces deux objets forment un c. singulier, sont un c. Mettez en c. l'avarice et la prodigalité. Le caractère de Philinte forme avec celui d'Alceste un c. admirable.* || Absol., se dit, dans les Beaux-Arts et en Littér., des effets que le peintre, le musicien, l'écrivain, etc., essaient de produire par des oppositions de couleurs, de figures, de disposition, de tonalité, de rythme, de sentiments, de passions, d'idées, etc. *Ce peintre entend bien les contrastes. Voilà un beau c. Ce c. produit un puissant effet. Employer, rechercher les contrastes. Abuser des contrastes. Ce c. est de mauvais goût. — L'art des contrastes,* L'art de produire d'heureux effets par les oppositions que peut employer l'artiste ou l'écrivain.

Phys. — *C. des couleurs,* Phénomène d'optique qui se produit chaque fois qu'on regarde en même temps deux objets colorés mis à côté l'un de l'autre et qui consiste en ce que chacun des deux objets paraît recevoir un supplément de coloration dont le teint est la couleur supplémentaire de l'autre. Par exemple, si l'on met côte à côte un objet rouge et un objet jaune, le rouge se teindra de bleu, qui est la couleur complémentaire du jaune, et le jaune se teindra de vert. Ce phénomène a été expliqué par Chevreul qui lui a donné le nom de C. *simultané des couleurs.* Avant lui, on connaissait déjà le C. *successif des couleurs,* qui consiste en ce que, l'on regarde quelque temps un objet coloré, les objets qu'on regardera ensuite, paraîtront teints de la couleur complémentaire. Par exemple, si l'on fixe quelque temps le soleil couchant qui paraît rouge, et qu'on regarde ensuite un espace bleu, on y verra une image *verte* du soleil, correspondant à la place de la rétine impressionnée précédemment. De même, si l'on écrit quelque temps à l'encre rouge, et qu'on reprenne ensuite l'encre noire, celle-ci paraîtra verte. Il semble que la rétine, fatiguée par la perception d'une couleur, ne puisse plus ensuite percevoir cette couleur-là ou du moins ne puisse plus la percevoir avec la même intensité.

CONTRASTER. v. n. (lat. *contra,* contre; *stare,* se tenir droit). Former un contraste, des contrastes. Se dit au sens physique et au sens moral. *Les lumières et les ombres de ce tableau contrastent bien. Sa conduite contraste avec son état. Ces deux caractères contrastent l'un avec l'autre.* = CONTRASTER. v. a. T. Peint. et Sculpt. Faire contraster. *Ce peintre sait admirablement c. les têtes de ses figures tout en leur conservant l'air naturel.* = CONTRASTÉ, ÉE. part. *Des figures bien contrastées. Des caractères bien contrastés.*

CONTRAT. s. m. (lat. *contractus,* m. s., de *contrahere,* lier avec, de *cum,* avec, et *trahere,* tirer). T. Droit.

1. *Définitions.* — La loi définit le *Contrat,* une convention par laquelle une ou plusieurs personnes s'obligent envers une ou plusieurs autres à donner, à faire ou à ne pas faire quelque chose (Code civil 1101). Quant au mot *Convention,* c'est un terme générique qui exprime l'accord, l'agrément des parties contractantes : *in idem placitum duorum pluriumve consensus.* On voit, par cette définition, que la convention est

l'élément essentiel du contrat, et partant la cause même de l'obligation. Il suit de là que les règles prescrites par la loi, pour la validité des conventions, sont applicables à tous les contrats, bien que quelques-uns d'entre eux, comme la *vente*, le *louage*, etc., soient, en raison de leur nature spéciale, soumis en outre à certaines règles particulières (1107). Il ne faut pas, du reste, confondre la *Pollicitation* avec le *Contrat*. Celle-ci est simplement l'offre de contracter. Tant qu'elle n'a pas été acceptée, elle ne produit aucune obligation. Aussi celui qui l'a faite est-il maître de la retirer; mais il ne le peut plus une fois l'acceptation intervenue. Dès ce moment, il y a convention et l'obligation est formée.

II. *Division des contrats.* — Après avoir défini le c., la loi le considère, soit relativement au nombre d'obligations auxquelles il peut donner naissance, soit relativement à l'intérêt de la partie qui s'oblige. Dans le premier cas, les contrats sont *bilatéraux* ou *unilatéraux;* dans le second, ils sont à *titre onéreux* ou à *titre gratuit;* enfin, les contrats à titre onéreux se subdivisent en contrats *commutatifs* et en contrats *aléatoires.* — Le c. est dit *bilatéral* ou *synallagmatique* lorsque les contractants s'obligent réciproquement les uns envers les autres, comme dans la vente et le louage (1103). Le c. *à titre onéreux* est celui qui assujettit chacune des parties à donner ou à faire quelque chose (1106). Lorsque chacune des parties s'engage à donner ou à faire une chose qui est regardée comme l'équivalent de ce qu'on lui donne ou de ce qu'on fait pour elle, le c. est *commutatif.* Lorsque l'équivalent consiste dans une chance de gain ou de perte pour chacune des parties, d'après un événement incertain, le c. est *aléatoire* (1104). Ex. : le c. d'assurance, le prêt à la grosse aventure et le c. de rente viagère (1964). Enfin, le c. à *titre gratuit* ou de *bienfaisance* est celui dans lequel l'une des parties procure à l'autre un avantage purement gratuit (1105).

Les contrats peuvent encore se diviser, mais le Code ne mentionne pas cette distinction, d'après la manière dont ils se forment : ils sont alors *consensuels*, ou *réels* ou *solennels.* Les premiers sont ceux qui sont parfaits par le seul consentement des parties, comme la vente, le louage, la société, etc. Les contrats *réels* sont ceux qui, indépendamment du consentement des parties, ont besoin, pour se former, de la délivrance de la chose qui en fait l'objet : tels sont le dépôt, le gage, le commodat et le prêt de consommation. Enfin, les contrats *solennels* sont ceux qui, pour être obligatoires, doivent être faits dans les formes voulues par la loi. Ces derniers sont les contrats de donation, d'adoption, de mariage, etc. — Par conséquent le principe fondamental de notre droit en matière de convention : *le consentement oblige*, doit être entendu avec cette restriction qu'il y a des contrats qui, soit par suite de la nature des choses, soit par suite de la volonté de la loi, ne peuvent se former par le seul consentement des parties. Lorsqu'il s'agit de contrats *réels*, la simple convention oblige les parties, mais ne donne pas naissance au c. Ainsi, par ex., la convention par laquelle je m'engage à vous prêter telle somme dans tel temps est obligatoire pour moi; mais ce n'est pas cette convention qui forme entre nous le c. de prêt; ce dernier n'est réellement formé que lorsque je vous compte les espèces que je vous ai promises.

Enfin, on distingue encore les contrats en *contrats nommés* et en *contrats innommés.* Les premiers sont ceux qui, par suite de leur importance et de leur fréquence, ont été prévus et réglés par la loi; ils reçoivent un nom particulier, comme la vente, le louage, etc. Les contrats *innommés* sont ceux qui sont d'un usage moins fréquent et qui, par suite, n'ont pas été réglementés par la loi; ils ne reçoivent pas un nom spécial; ex. le contrat suivant : vous chargez de vendre un objet m'appartenant au prix; si vous le vendez plus cher, l'excédent vous sera acquis.

III. *Conditions essentielles pour la validité des conventions.* — Elles sont au nombre de quatre, savoir : Le consentement de la partie qui s'oblige ; la capacité de contracter; un objet certain qui forme la matière de l'engagement; une cause licite de l'engagement (1108).

A. *Consentement.* — La raison nous dit que celui-là seul est obligé qui a consenti : le consentement est l'élément essentiel de la convention. Mais il ne suffit pas qu'il existe, il faut encore qu'il ait été donné librement et avec pleine connaissance de cause. En conséquence, le consentement n'est pas valable, s'il n'a été donné que par *erreur*, s'il a été extorqué par *violence*, ou surpris par *dol*. — 1° L'*Erreur* n'est une cause de nullité que lorsqu'elle porte sur la substance même de la chose qui est l'objet de la convention. Elle ne l'est point lorsqu'elle ne tombe que sur la personne avec laquelle on a intention de contracter, à moins que la considé-

ration de cette personne ne soit la cause *principale* de la convention (1110). Ainsi, par ex., je commande un tableau à un peintre que je prends pour un autre, parce qu'il habite l'appartement que ce dernier occupait : je pourrai faire annuler ma convention, parce que la considération de la personne en est ici la cause principale. — 2° La *Violence* est toujours aussi une cause de nullité de la convention, soit lorsqu'elle a été exercée contre la partie contractante, soit lorsqu'elle l'a été sur son époux ou sur son épouse, sur ses descendants ou sur ses ascendants : peu importe, du reste, qu'elle ait été exercée par un tiers autre que celui au profit duquel la convention a été faite (1111, 1113). Pour qu'il y ait violence, il faut que l'acte ou la menace soit de nature à faire impression sur un individu raisonnable, et à lui inspirer la crainte d'exposer sa personne ou sa fortune à un mal *considérable* et *présent.* Mais la seule crainte révérencielle envers le père, la mère ou tout autre ascendant, sans qu'il y ait eu de violence exercée, ne suffit point pour vicier le c. (1112, 1114). Enfin, un c. ne peut plus être attaqué pour cause de violence, si, depuis qu'elle a cessé, il a été approuvé soit expressément, soit tacitement, soit en laissant passer le temps de la restitution fixé par la loi (1115). — 3° Le *Dol* est aussi une cause de nullité de la convention, mais seulement lorsqu'il réunit des caractères déterminés par la loi, c.-à-d. « lorsqu'il a été pratiqué par la personne même avec laquelle on a contracté, et que les manœuvres pratiquées par elle sont telles qu'il est évident que, sans elles, la partie qui attaque le c. n'aurait pas contracté (1116) ». Cette dernière règle est une application de la distinction faite par les anciens auteurs entre le *dol principal* et le *dol incident.* « Le dol principal, » dit Pothier, « c'est celui qui fait naître chez l'une des parties l'idée de contracter : le dol incident est celui qui est pratiqué dans le cours d'une négociation déjà entamée, et qui a seulement pour objet d'amener cette partie à accepter des conditions auxquelles elle n'aurait pas souscrit, si elle n'avait pas été trompée. Ainsi, aux termes du Code, le dol principal est le seul qui soit une cause de nullité. Quant au dol incident, il ne rend point la convention annulable, mais il donne ouverture à une action en dommages-intérêts ou en diminution du prix. Comme le dol ne se présume pas, c'est à celui qui s'en plaint à l'établir. » — Au reste, le dol ou la fraude allégués contre un acte peuvent être prouvés par témoins ou à l'aide de présomptions graves, précises, concordantes (alors même qu'il s'agit d'un acte authentique), ainsi que par l'interrogatoire sur faits et articles. Les questions de dol ou de violence capables de faire annuler la convention sont des questions de fait qui rentrent dans le domaine exclusif des juges du fond. Enfin, nous ferons observer que la convention contractée par erreur, violence ou dol n'est point nulle de plein droit : elle donne simplement lieu à une action en nullité ou en rescision (1117). Ainsi donc, l'erreur, la violence et le dol, bien qu'ils invalident le consentement, ne le détruisent pas radicalement, du moins en général, car il est des circonstances où ce dernier est absolument nul. Il en est ainsi quand les parties, bien que jouissant pleinement de leur raison, ont compris, celle-ci une chose, celle-là une autre, et ne se sont pas rencontrées sur la nature ou sur l'objet de la convention, si, par ex., l'une a entendu louer sa maison et l'autre l'acheter. Dans ce cas, évidemment, la convention n'a pu se former, il n'y a rien en de fait : c'est ce qu'on exprime en disant que la convention est nulle.

De la nature toute personnelle d'un acte tel que le consentement, il résulte qu'on ne peut, du moins en général, s'engager ou stipuler en son propre nom que pour soi-même (1119). Ainsi, par ex., j'ai promis à Jacques que Pierre lui bâtirait sa maison. Il est évident qu'il n'y a là aucune obligation ni pour Pierre, ni même pour moi : pour Pierre, parce qu'il ne peut se trouver engagé sans son consentement; pour moi, parce que n'ayant contracté qu'au nom de Pierre, je ne me suis pas engagé moi-même. La convention par laquelle on s'engage en son propre nom pour autrui, ne peut produire aucun effet. Mais il n'en serait plus de même si l'on se portait garant de celui pour lequel on s'engage : car, bien que l'on n'ait pas engagé le tiers, on s'est alors engagé soi-même. En conséquence, si le tiers refuse de tenir l'engagement, on peut demander une indemnité à celui qui s'est porté fort ou qui a promis de faire ratifier (1120). On peut même stipuler au profit d'un tiers, lorsque telle est la condition d'une stipulation que l'on fait pour soi-même ou d'une donation que l'on fait à un autre. Celui qui a fait cette stipulation ne peut plus la révoquer, si le tiers a déclaré vouloir en profiter (1121). Les cas suivants : Je vous vends ma maison si vous constituez une rente à Pierre; ou je vous donne ma maison si vous donnez 10,000 fr. à Jacques, sont des exemples de ces stipulations. En effet, dans ces deux cas, je puis vous forcer à l'accomplissement de la stipulation, soit en refusant de vous livrer ma maison, soit en demandant la résolution de la vente ou la révocation de la donation si j'ai déjà rempli mon obligation. Il en est de même si la stipulation pour autrui est accompagnée d'une clause pénale, comme par ex., si je stipule avec vous que vous bâtirez la maison de Paul, et que, si vous ne le faites pas, vous me paierez telle somme. — Il n'est pas besoin de dire que, quand on stipule ou quand on s'engage, on stipule pour soi et ses héritiers et *ayants cause*, et qu'on les engage, à moins que le contraire ne soit exprimé ou ne résulte de la nature de la convention. Toutefois, il y a une distinction à faire relativement aux *ayants cause*. Par ayants cause on entend tous ceux qui sont en notre lieu et place, soit quant à tous nos droits, soit quant à tel ou tel droit particulier. Les premiers sont nos ayants cause *universels*; ils succèdent à tous nos droits actifs et passifs. Les acheteurs, les donateurs, les co-échangistes sont nos ayants cause *particuliers*: ils peuvent seulement invoquer et l'on peut seulement invoquer contre eux les conventions par lesquelles leur auteur, avant la vente, la donation ou l'échange, avait modifié les droits qu'ils tirent de lui.

B. *De la capacité des parties contractantes.* — La deuxième condition que la raison et la loi exigent pour la validité d'une convention, c'est que la personne qui s'oblige soit capable de contracter. Cette capacité est de droit commun (1123), et l'incapacité est l'exception. Les incapables de contracter sont : les mineurs, les interdits, les femmes mariées dans les cas exprimés par la loi, et généralement tous ceux à qui la loi interdit certains contrats (1124). Ainsi, par ex., les tuteurs ne peuvent acheter les biens de ceux dont ils ont la tutelle. De même, les mandataires ne peuvent devenir acquéreurs des biens qu'ils sont chargés de vendre; les administrateurs, des biens des communes ou des établissements publics confiés à leurs soins; les officiers publics, des biens nationaux dont les ventes se font par leur ministère, etc. Ces dernières incapacités sont désignées sous le nom de *relatives*, tandis que celles des mineurs, des interdits et des femmes mariées constituent les incapacités *générales*. Néanmoins, le mineur, l'interdit et la femme mariée ne peuvent attaquer, pour cause d'incapacité, leurs engagements que dans les cas prévus par la loi. Quant aux individus capables de s'engager, ils ne peuvent jamais opposer l'incapacité de la personne avec laquelle ils ont contracté (1125).

C. *De l'objet ou de la matière des contrats.* — L'objet d'une convention est la chose à laquelle on s'engage : cet objet peut être, soit une chose (res) que le débiteur s'engage à donner ou à livrer, soit un fait qu'il s'oblige à accomplir ou dont il promet de s'abstenir (1126). Du reste, il n'y a que les choses qui sont dans le commerce qui peuvent être l'objet d'une convention (1128). On voit donc que les faits physiquement impossibles, les faits illicites, c.-à-d. contraires soit aux bonnes mœurs, soit à l'ordre public, les choses qui n'existent pas dans la nature, celles auxquelles l'homme ne peut prétendre, celles qui sont dans le domaine public, etc., ne peuvent faire l'objet d'une convention. Il faut, de plus, que l'objet de la convention soit tel, qu'il puisse procurer une utilité appréciable à prix d'argent. Ainsi, je m'engage à vous aller chercher demain pour faire une promenade : l'objet de la convention n'étant pas appréciable à prix d'argent, vous ne pouvez m'y contraindre. La loi (1129) exige, en outre, que l'objet soit déterminé au moins dans son espèce, c.-à-d. qu'il soit indiqué de telle sorte que le promettant soit sérieusement lié et contraint à procurer au stipulant une utilité réelle. Ainsi, la promesse de donner un cheval est valable, mais celle de donner un animal est sans effet. Du reste, le simple usage ou la simple possession d'une chose peut être, comme la chose même, l'objet du c. (1127). Il en est de même des choses futures. Cependant on ne peut renoncer à une succession non ouverte, ni faire aucune stipulation sur une pareille succession, même avec le consentement de celui de la succession duquel il s'agit (1130).

D. *De la cause.* — La *Cause* d'une obligation est la raison, le motif immédiat de l'engagement de la partie qui s'oblige. C'est ce qu'un exemple fera mieux comprendre. Ma maison est devenue trop petite pour moi, et je la vends. Or, ce n'est point la petitesse de ma maison qui est la cause de l'obligation; elle est simplement le motif qui me détermine à la mettre en vente. Ce qui me décide à la livrer à un autre, c'est le prix que me paie ou promet de me payer l'acheteur. La cause de l'obligation est donc l'intérêt que trouve l'une des parties à s'obliger envers l'autre. Ainsi, on peut s'obliger en-

vers quelqu'un, soit parce qu'on a à remplir à son égard quelque obligation antérieure, ou à réparer quelque dommage, ou à compenser quelque avantage reçu ou à recevoir; soit parce que l'autre partie s'oblige elle-même envers nous ; soit, enfin, parce qu'on veut faire une libéralité. Par conséquent, les contrats de bienfaisance ont une cause morale; les contrats unilatéraux à titre onéreux ont pour cause le fait ou la prestation accomplie ou à accomplir par l'individu envers lequel on s'oblige; dans les contrats bilatéraux, l'obligation de l'un est la cause de l'obligation de l'autre; c'est pour ce motif qu'on appelle encore ces derniers contrats *synallagmatiques*, du mot grec συναλλάσσω, j'échange. Il résulte de là que, si l'une des parties manque à son engagement, l'autre se trouve déliée. La condition *résolutoire*, dit l'art. 1184, est toujours sous-entendue dans les contrats synallagmatiques pour le cas où l'une des parties ne satisfera point à son engagement. Toutefois le c. n'est point résolu de plein droit. La partie envers laquelle l'engagement n'a point été exécuté a seulement le choix, ou de forcer l'autre à l'exécution de la convention, lorsqu'elle est possible, ou d'en demander la résolution avec dommages-intérêts. La résolution doit être demandée en justice, et il peut être accordé un délai selon les circonstances. — La loi n'accorde aucun effet à l'obligation *sans cause*, ou fondée sur une *fausse cause*, ou sur une *cause illicite* (1131). — Une obligation est *sans cause*, lorsque le fait en vue duquel elle a été contractée cesse d'exister ou ne se réalise pas. Ainsi, je tiens à loyer une maison qui est tout à coup détruite par un incendie: la cause de mon obligation a cessé d'exister, et je ne puis être obligé de payer le prix de location convenu. De même, dans la prévision d'un service que vous devez me rendre, je me reconnais votre débiteur; si ce service, vous ne me le rendez pas; mon obligation se trouve ainsi sans cause, et, partant, sans validité; elle ne peut donc avoir aucun effet. L'obligation a une *fausse cause*, par ex., lorsque me croyant à tort votre débiteur, je vous souscris une obligation; comme la dette n'existe pas en réalité, je serai en droit de me refuser à l'acquitter. — La cause d'une convention est *illicite*, lorsque ce qu'on a stipulé en retour de son obligation est prohibé par la loi ou contraire soit aux bonnes mœurs, soit à l'ordre public (1133). Au reste, la loi présume toujours qu'une obligation a une cause : c'est ce cas au sujet duquel elle dit, art. 1132 « La convention n'est pas moins valable, quoique la cause n'en soit pas exprimée ». En conséquence, c'est à l'obligé qui prétend que son obligation est sans cause, à le prouver. Néanmoins, lorsqu'il s'agit de lettres de change ou de billets à ordre (Voy. CHANGE), le défaut de cause ne peut jamais être opposé au tiers de bonne foi.

IV. *Effets des conventions.* — Les conventions légalement formées ont pour effet de lier les parties et de donner naissance à des obligations que celles-ci sont forcées de remplir. Elles tiennent lieu de loi à ceux qui les ont faites; elles doivent être exécutées de bonne foi; en conséquence, elles obligent non seulement à ce qui est exprimé dans l'acte, mais encore à toutes les suites que la loi, l'usage ou l'équité donnent à la convention selon sa nature (1134, 1135); enfin, lorsqu'il y a lieu de les interpréter, c'est à la commune intention des parties qu'il faut se référer. Tel est le principe auquel se ramènent toutes les règles générales données par le législateur (G. C. 1156 et suiv.) pour l'interprétation des conventions. — Du reste, les conventions n'ont d'effet qu'entre les parties contractantes : elles ne nuisent point aux tiers, et ne leur profitent que dans certains cas exceptionnels (1165). — La *Contre-lettre* nous offre un ex. de l'application du principe que les stipulations n'ont d'effet qu'entre les parties contractantes (1321). On appelle ainsi un écrit, authentique ou sous seing privé, destiné à rester secret entre les parties et par lequel elles annulent ou modifient une convention relatée dans un acte authentique ou sous seing privé qui est destiné à être montré au public. Ainsi, Pierre a, par acte public, vendu une maison à Paul, moyennant la somme de 10,000 fr. ; mais, par un second acte fait en même temps que l'acte de vente ou postérieurement, les parties déclarent que la vente en question était fictive, et qu'en réalité Pierre reste propriétaire dudit immeuble. Cependant, si Paul vient à donner la maison que Pierre a feint de lui vendre, ou s'il la grève d'une hypothèque, Pierre sera tenu de respecter cette aliénation totale ou partielle de la maison, bien que cette aliénation soit postérieure à la contre-lettre. — Quant aux créanciers, ils se trouvent, relativement aux conventions faites par leur débiteur, dans une position toute particulière. Il est de principe en droit que tous les biens d'un débiteur constituent le gage commun de ses créanciers (2093). La loi a donc dû donner à ces derniers les moyens de se mettre à l'abri des fraudes que leur débiteur pourrait commettre à leur détriment. En conséquence, elle déclare que les créanciers peuvent exercer tous les droits et actions de leur débiteur, à l'exception de ceux qui sont attachés à sa personne, et même attaquer, en leur nom personnel, les actes faits en fraude de leurs droits (1166, 1167). L'action *révocatoire* des créanciers prend aussi le nom d'action *Paulienne*, du nom du préteur qui l'avait introduite dans le droit romain.

V. *Révocation et Rescision des conventions.* — Les parties peuvent ou *révoquer* leurs conventions par consentement mutuel, ou les faire *annuler* en justice (1134). — La révocation des conventions par consentement mutuel ne peut porter aucun préjudice aux droits acquis à des tiers postérieurement à la convention primitive. Quant au droit qu'ont les parties de demander la nullité des conventions qu'elles ont faites, il faut distinguer entre les conventions *nulles* et celles qui sont simplement *annulables*. Les conventions sont *nulles*, lorsque l'une des conditions essentielles à la validité du c. manque absolument, car alors la convention n'existe pas en réalité. Aussi la partie contractante contre laquelle on invoque une convention pareille peut-elle toujours se prévaloir de sa nullité. Néanmoins, lorsque celui qu'elle oblige a exécuté son obligation, il ne peut plus revenir sur cette exécution après un laps de trente années. Il n'en est pas de même pour les conventions *annulables*. Bien qu'elles soient viciées, elles n'en existent pas moins. En conséquence, tant que leur annulation n'a pas été demandée, et elle ne peut plus l'être après le délai fixé par la loi, elles produisent les mêmes effets que les conventions valables. Elles peuvent, en outre, être *ratifiées* soit tacitement, soit par un acte exprès. La *ratification* est *tacite*, lorsque la partie qui peut en demander l'annulation l'exécute volontairement, ou lorsqu'elle laisse passer le délai fixé pour demander cette annulation (1338). Le Code c. appelle indifféremment *action en nullité* ou *action en rescision*, l'action par laquelle on peut demander l'*annulation* d'une convention annulable. Cette action doit être exercée dans un délai de dix ans, dans tous les cas où la durée de cette action n'a pas été limitée à un moindre temps par une loi particulière. Ce délai court, dans le cas de violence, du jour où elle a cessé; dans le cas d'erreur ou de dol, du jour où ils ont été découverts, et pour les actes passés par les femmes mariées non autorisées, au jour de la dissolution du mariage. Quant aux actes faits par les interdits et par les mineurs, il court du jour de l'interdiction est levée et de celui de la majorité (1304). — Aux causes qui rendent les conventions annulables, et dont il a déjà été question, il faut ajouter la *Lésion*. La lésion est le préjudice que subit l'une des parties contractantes: elle fait présumer un défaut de consentement libre et éclairé. La loi civile admet la rescision pour lésion dans trois cas : en matière de *vente*, de *partage*, et en cas de *minorité*. Voy. VENTE et SUCCESSION. — Relativement aux mineurs, il y a une question préjudicielle à résoudre : le mineur a-t-il le droit de faire rescinder les actes faits par lui, sans prouver qu'il a été lésé, c.-à-d. en arguant de sa simple qualité de mineur? Cette question est l'objet d'une vive controverse. Quant à nous, nous pensons que, parmi les actes faits par le mineur, il faut distinguer ceux qui sont d'une nature telle que le tuteur n'aurait pu les faire lui-même sans certaines formalités (457), et ceux que ce tuteur aurait pu faire sans aucune formalité. Les premiers sont toujours annulables; les autres ne le sont que si le mineur prouve qu'il a été lésé. Ainsi, par ex., si le mineur a donné à *bail*, s'il a *vendu* ou *acheté* des meubles, ces actes ne sont annulables que pour cause de lésion; si au contraire il a *emprunté*, s'il a *vendu* ou *hypothéqué* un immeuble, il peut demander l'annulation de ces actes sans prouver qu'il a eu lésion. Quant aux actes faits par le tuteur avec les formalités requises, le mineur ne peut en demander l'annulation; il est, relativement à ces actes, considéré comme majeur (1314). En outre, si le mineur est commerçant, banquier ou artisan, il n'est point restituable contre les engagements qu'il a pris à raison de son commerce ou de son art. Il n'est point non plus recevable contre les conventions qu'il a souscrites dans son c. de mariage avec l'assistance de ceux dont le consentement lui était nécessaire pour se marier (1308, 1309). Enfin, il n'est plus recevable à revenir contre l'engagement qu'il avait souscrit en minorité, lorsqu'il l'a ratifié étant majeur, soit que cet engagement fût nul en la forme, soit qu'il fût seulement sujet à restitution (1311). — Pour que la lésion puisse être une cause d'annulation, il faut qu'elle soit la conséquence de l'acte lui-même : le mineur ne peut donc exciper de la lésion, pour demander l'annulation d'un acte, lorsque cette lésion ne résulte que d'un

événement casuel et imprévu. Du reste, la simple déclaration de majorité faite par le mineur ne fait point obstacle à sa restitution. Mais il en serait autrement si le mineur avait trompé l'autre partie sur son âge au moyen de manœuvres frauduleuses, car il n'est pas restituable contre les obligations résultant de ses délits ou quasi-délits (1306, 1307, 1310). — L'action en rescision a pour effet de remettre les choses dans l'état où elles étaient avant la convention. Celle-ci est alors censée n'avoir jamais existé. Par conséquent, les servitudes ou autres droits réels dont une maison vendue a pu être grevée par l'acheteur, s'évanouissent par suite de l'annulation de la vente, tandis qu'elles subsistent dans le cas de révocation de cette dernière. La rescision oblige les parties à se restituer réciproquement tout ce qu'elles ont pu recevoir en exécution de l'acte annulé. Cependant les mineurs, les interdits et les femmes mariées ne sont point tenus de restituer ce qu'ils ont reçu, à moins qu'il ne soit prouvé que ce qui a été payé a réellement tourné à leur profit (1312).

VI. *Des obligations.* — L'obligation se définit: un lien de droit (*vinculum juris*, disait la loi romaine) qui astreint une personne à une prestation quelconque au profit d'une autre personne. Indépendamment des conventions qui sont la cause la plus fréquente des obligations, il existe d'autres causes qui peuvent donner naissance à celles-ci. Ces causes sont : les *quasi-contrats*, les *délits*, les *quasi-délits* et la *loi* (1101, 1370).

VII. *Effet des obligations conventionnelles.* — Lorsqu'une personne s'engage, elle s'oblige à *donner*, à *faire*, ou à *ne pas faire* quelque chose (1101, 1126).

1° Par *obligation de donner*, on entend l'obligation de transférer en propriété un corps certain. Celui qui a contracté l'obligation de donner est tenu de livrer la chose et de la conserver jusqu'à livraison, à peine de dommages-intérêts envers le créancier (1136). Cette obligation de livrer est parfaite par le seul consentement des parties (1138); elle rend donc le créancier véritablement propriétaire de la chose. Par conséquent, elle donne au créancier le droit de revendiquer cette chose entre les mains du débiteur, et la même temps la met aux risques et périls du créancier, dès l'instant qu'elle a dû être livrée. — Mais en est-il de même à l'égard des tiers? c.-à-d. les créanciers du créancier ont-ils le droit de revendiquer la chose entre les mains du débiteur de ce dernier ? Évidemment, lorsqu'il s'agit de choses mobilières, l'obligation de donner ne peut produire cet effet : la nature des choses s'y oppose invinciblement; c'est d'ailleurs ce que reconnaît le Code civil : « Si la chose qu'on s'est obligé de donner ou de livrer à deux personnes successivement est purement mobilière, celle des deux qui en a été mise en possession réelle est préférée, et en demeure propriétaire, encore que son titre soit postérieur en date, pourvu toutefois que la possession soit de bonne foi (1141). » Quant aux choses immobilières, il faut que la transmission soit rendue publique au moyen de la transcription sur un registre ouvert à tous, pour qu'elle existe à l'égard des tiers; c'est ce qui a été réglé par la loi du 23 mars 1855. Avant cette loi, la question était controversée, parce que les rédacteurs du Code avaient oublié de régler, ainsi que le promettait l'art. 1140, les effets de l'obligation de donner ou de livrer un immeuble. Cependant la transcription était déjà exigée pour que l'obligation de donner un immeuble à titre gratuit eût toute sa perfection à l'égard des tiers (939); or, il n'y avait pas de raison pour qu'il n'en fût pas de même pour la transmission d'un immeuble à titre onéreux.

2° *De l'obligation de faire ou de ne pas faire.* — L'obligation de faire ou de ne pas faire se résout en dommages-intérêts en cas d'inexécution de la part du débiteur. Cependant, comme la loi permet l'exécution forcée, toutes les fois que cette exécution n'est pas de nature à ne pouvoir être accomplie que par le débiteur en personne, elle accorde au créancier le droit de demander que ce qui aurait été fait par contravention à l'engagement soit détruit. Il peut même se faire autoriser à le détruire aux dépens du débiteur, sans préjudice des dommages-intérêts s'il y a lieu. Le créancier peut également, en cas d'inexécution, être autorisé à faire exécuter lui-même l'obligation aux dépens du débiteur (1142-1445).

3° *Des dommages et intérêts résultant de l'inexécution des obligations.* — Il y a lieu à dommages et intérêts, non seulement lorsque le débiteur se refuse absolument à exécuter ce à quoi il s'est obligé, mais encore lorsqu'il y a *faute* ou *retard* de ce dernier. — Il y a en *faute* toutes les fois que pour l'exécution de son obligation il n'a pas fait tout ce qu'il devait faire. En effet, l'obligation imposée au débiteur de veiller à la conservation de la chose, le force à y apporter tous les soins d'un bon père de famille. Mais l'appréciation de la faute est une question de fait qui dépend des circonstances mêmes de l'affaire et de la nature du e.(1137).

— Le *retard* dans l'exécution d'une convention entraîne la condamnation du débiteur à des dommages-intérêts, à moins qu'il ne prouve que cette inexécution provient d'une cause étrangère qui ne peut lui être imputée, d'un cas fortuit ou d'une force majeure (1147, 1148). Toutefois, cette règle souffre exception : 1° lorsque le débiteur s'est formellement chargé des cas fortuits; 2° lorsque le créancier prouve que l'événement de force majeure a été précédé d'une faute de la part du débiteur; 3° lorsque le cas fortuit ne s'est réalisé que postérieurement à la mise en demeure, à moins, dans ce dernier cas, que le débiteur n'établisse que le cas fortuit aurait également eu lieu, et aurait produit le même effet chez le créancier, si la chose lui eût été l vrée (1302). Les dommages et intérêts sont dus à partir de la *mise en demeure* du débiteur. Un débiteur n'est point en demeure, ainsi qu'on le croit généralement, par cela seul que le terme convenu pour l'exécution de son obligation est expiré sans qu'il l'ait remplie. Il faut pour le mettre en demeure qu'une sommation ou quelque acte équivalent (un commandement, une assignation) soit venu prouver au débiteur que le créancier n'entend lui accorder aucun délai. Néanmoins, il est des cas où le débiteur est en demeure sans aucun acte déclaratif de la volonté actuelle du créancier ; c'est ce qui a lieu : 1° lorsque celui-ci a formellement stipulé que la mise en demeure résulterait de la seule échéance du terme; 2° lorsque la chose que le débiteur s'était obligé de donner ou de faire ne pouvait être donnée ou faite que dans un certain temps qu'il a laissé passer (1139, 1146). — Enfin, quand l'obligation est de ne pas faire, celui qui y contrevient doit les dommages-intérêts par le seul fait de la contravention (1145).

Les dommages et intérêts dus au créancier sont, en général, l'équivalent de la perte qu'il a subie et du gain dont il a été privé. Le débiteur n'est tenu que des dommages et intérêts qui ont été prévus ou qu'on a pu prévoir lors du c., lorsque ce n'est point par son dol que l'obligation n'est point exécutée. Dans le cas même où l'inexécution résulte du dol du débiteur, les dommages et intérêts ne doivent comprendre, à l'égard de la perte éprouvée par le créancier et du gain dont il a été privé, que ce qui est une suite immédiate et directe de l'inexécution de la convention (1149, 451). Lorsque la convention porte que celui qui manquera de l'exécuter paiera une certaine somme à titre de dommages et intérêts ou de crédit, il ne peut être alloué à l'autre partie une somme plus forte ni moindre (1152). C'est là une véritable clause de forfait. — Dans le cas où l'obligation se borne au paiement d'une certaine somme, les dommages et intérêts résultant du retard dans l'exécution ne consistent jamais que dans la condamnation aux intérêts fixés par la loi, sauf les règles particulières au commerce et au cautionnement. Les intérêts qui sont dus sans que le créancier soit tenu de justifier d'aucune perte, et à cause du simple retard, reçoivent le nom d'*intérêts moratoires*. Ils ne courent que du jour de la demande, excepté dans les cas où la loi les fait courir de plein droit (1153 et suiv.). Voy. INTÉRÊT.

VIII. *Des diverses espèces d'obligations*. — Les obligations se divisent en *obligations conditionnelles, à terme, alternatives, solidaires, divisibles indivisibles et à clause pénale*.

1° L'obligation est *conditionnelle*, lorsqu'on la fait dépendre d'un événement futur et incertain, soit en la suspendant jusqu'à ce que l'événement arrive, soit en la résiliant, selon que l'événement arrivera ou n'arrivera pas (1168). La condition est dite *suspensive* dans le premier cas, *résolutoire* dans le second. — On distingue encore la condition en *casuelle, potestative* et *mixte*. La condition *casuelle* est celle qui ne dépend que du hasard. — Elle est *potestative*, lorsque la réalisation de l'événement duquel dépend la condition est au pouvoir de l'une ou de l'autre des parties contractantes. Ainsi, par ex., si Pierre dit à Paul : « Je vous vends ma ferme tel prix, si vous cédez ce terrain à mon frère, » cette obligation peut produire de l'effet; car, bien que Paul soit libre de céder ou de ne pas céder son terrain, s'il consent à le céder, Pierre se trouvera lié. Il en sera de même si Pierre s'engageait à l'égard de Paul, sous cette forme : « Je vous promets 1,000 fr., si je bâtis sur mon terrain. » Mais si, au contraire, il dit à Paul : « Je vous donnerai 1,000 fr., si je veux, si je n'y aurai d'obligation : car ici Pierre ne s'engage pas en réalité. Ainsi que le dit fort bien Pothier, une pareille condition détruit l'existence même de

l'obligation : c'est le cas visé par l'art. 1174 du C. c., quand il dit : « Toute obligation est nulle, lorsqu'elle a été contractée sous une condition potestative de la part de celui qui s'oblige. » — La condition est *mixte*, lorsqu'elle dépend à la fois de la volonté de l'une des parties contractantes et de la volonté d'un tiers : « Je vous vends ma maison, si vous épousez ma nièce » (1169 et suiv.).

Toute condition d'une chose impossible ou contraire aux bonnes mœurs, ou prohibée par la loi, est nulle ou rend nulle la convention qui en dépend (1172). Néanmoins, lorsqu'il s'agit de dispositions à titre gratuit, les conditions impossibles, contraires aux lois et aux mœurs, n'annulent pas l'obligation : elles sont simplement réputées non écrites (900). Relativement à la manière dont les conditions doivent être accomplies, la loi pose en principe qu'il faut se référer à la volonté des parties. Ainsi donc, la question de savoir si la condition doit être accomplie dans les termes mêmes où elle est conçue, *in forma specifica*, ou par équipollent, *per æquipollens*, est une question d'intention qui doit se décider d'après les circonstances. Quant aux autres règles que pose le Code (1176, 1177), elles découlent de la nature même des choses et n'offrent aucune difficulté. Disons seulement que la condition est réputée accomplie, lorsque c'est le débiteur, obligé sous cette condition, qui en a empêché l'accomplissement (1178).

Lorsque la condition est *suspensive*, l'obligation ne peut être exécutée qu'après l'événement. Mais s'il s'agit d'un événement arrivé, quoique actuellement encore inconnu des parties, l'obligation a son effet du jour où elle a été contractée. Quant à la chose qui fait l'objet de la convention, la loi la laisse aux risques du débiteur jusqu'à l'événement de la condition. Si elle périt sans qu'il y ait de sa faute, l'obligation s'éteint faute d'objet. Si elle se détériore, également sans la faute du débiteur, le créancier a le choix ou de résoudre l'obligation, ou d'exiger la chose dans l'état où elle se trouve, sans diminution du prix. Enfin, si la chose s'est détériorée par la faute du débiteur, le créancier a le droit de résoudre l'obligation, ou d'exiger la chose dans l'état où elle se trouve avec des dommages-intérêts (1181, 1182). Au reste, étant donné que le créancier a une espérance dès l'instant que l'obligation conditionnelle est formée, il peut, avant que la condition soit accomplie, exercer tous les actes conservatoires de son droit (1180).

La condition *résolutoire* opère, lorsqu'elle s'accomplit, la révocation de l'obligation, et remet les choses au même état que si l'obligation n'avait jamais existé. Elle ne suspend point l'exécution de l'obligation; elle oblige seulement le créancier à restituer ce qu'il a reçu (1183). C'est une conséquence de ce principe, que la condition accomplie a un effet rétroactif au jour où l'engagement a été contracté (1179). Un autre effet de la rétroactivité de l'obligation, c'est que si le créancier est mort avant l'accomplissement de la condition, ses droits passent à son héritier (1179). La condition *résolutoire tacite* qui existe dans tout c. bilatéral, produit les mêmes effets que la condition résolutoire ordinaire, et, par conséquent, elle est opposable aux tiers acquéreurs à tous ceux qui auraient obtenu un droit quelconque sur l'immeuble ; mais, tandis que la condition résolutoire ordinaire produit son effet de plein droit, la résolution du c. doit être demandée en justice contre la partie qui n'a point accompli son obligation (1184). Le délai pour exercer cette demande est de trente ans (2262).

2° *Obligation à terme*. — Le terme diffère de la condition, en ce qu'il ne suspend point l'engagement, dont il retarde seulement l'exécution. Par conséquent, ce qui n'est dû qu'à terme ne peut être exigé avant l'échéance; cependant, si le débiteur a payé auparavant, il ne peut répéter ce qu'il a payé. Le terme est toujours présumé stipulé en faveur du débiteur, à moins qu'il ne résulte de la stipulation ou des circonstances qu'il a été aussi convenu en faveur du créancier. Enfin, le débiteur ne peut plus se prévaloir du bénéfice du terme lorsqu'il a fait faillite, ou, lorsque, par son fait, il a diminué les sûretés qu'il avait données par le c. à son créancier (1185 et suiv.).

3° *Des obligations alternatives*. — L'obligation est dite *alternative*, lorsqu'au lieu de n'avoir qu'un seul objet, elle en présente plusieurs, dont un seul cependant devra être livré au gré de celle des parties à laquelle appartient le choix. En principe, ce choix appartient au débiteur; mais on peut convenir du contraire (1186, 1190). Dans le cas de perte de l'une ou de chacune des choses objet de l'obligation alternative, il faut distinguer si le choix appartient au débiteur ou s'il appartient au créancier. Dans le premier cas, si l'une des choses périt, l'obligation devient pure et simple. Le prix de cette chose ne peut pas être offert à sa place, que le débiteur soit en faute ou non. Si toutes deux ont péri, et que le débiteur soit en faute à l'égard de l'une d'elles, il doit le prix de celle qui a péri la dernière. Enfin, si les deux choses ont péri sans la faute du débiteur, et avant qu'il soit en demeure, l'obligation est éteinte (1302). Lorsque le choix appartient au créancier et que l'une des choses a péri sans la faute du débiteur, le créancier doit avoir celle qui reste; mais si le débiteur est en faute, le créancier peut demander la chose qui reste ou le prix de celle qui a péri. Dans le cas où les deux choses ont péri, si le débiteur est en faute à l'égard des d ux ou même à l'égard de l'une d'elles seulement, le créancier peut demander le prix de l'une ou de l'autre, à son choix (1193 et suiv.).

4° *Des obligations solidaires.* — En principe, lorsqu'il y a plusieurs créanciers d'une même dette, ou lorsqu'il y a plusieurs débiteurs, la créance ou la dette se divise de plein droit : chaque débiteur n'est tenu que pour sa part de la dette, et chacun des créanciers ne peut demander que sa part de la créance. Il n'en est plus de même lorsqu'il y a solidarité soit entre les créanciers, soit entre les débiteurs : dans ce cas, chacun des débiteurs est tenu de la totalité de la dette, et chacun des créanciers peut demander la totalité de la créance.

La solidarité *entre créanciers* est fort rare, car elle ne présente d'autre utilité que celle de faciliter le recouvrement de la créance en permettant à chacun des intéressés de faire pour la totalité de la créance les poursuites que, sans cela, il n'aurait pu faire que pour sa part. Cette solidarité ne peut résulter que d'une convention expresse : elle a pour effet de rendre les créanciers mandataires les uns des autres pour tout ce qui concerne la conservation des droits communs. C'est ce mandat qui donne au débiteur le droit de se libérer en payant, à son choix, à l'un ou à l'autre des créanciers solidaires, pourvu toutefois que le paiement intervienne avant toutes poursuites de la part de l'un d'eux. Mais, comme le mandat que possède chacun des créanciers a uniquement pour objet la conservation et la réalisation du droit de tous, lorsque l'un d'eux va au delà, il n'agit que pour sa part. Si donc il fait remise de la dette, cette remise ne libère le débiteur que pour la part de ce créancier (1197, 1199).

La solidarité *entre débiteurs* ne se présume point : elle ne peut résulter que d'une convention expresse ou d'une disposition formelle de la loi. Au reste, l'obligation peut être solidaire, quoique l'un des débiteurs soit obligé différemment de l'autre au paiement de la même chose; par ex. : si l'un est obligé conditionnellement, tandis que l'engagement de l'autre est pur et simple, ou si l'un a stipulé un terme qui n'est point accordé à l'autre (1201). D'un autre côté, celui à qui le créancier a fait remise de la solidarité est cependant tenu de supporter sa part dans l'insolvabilité; car, si le créancier peut renoncer à ses droits, il ne peut modifier en rien les droits des débiteurs entre eux (1215). En outre, si l'affaire pour laquelle la dette a été contractée solidairement ne concerne que l'un des coobligés solidaires, il est évident que ce dernier pourra être actionné pour le tout par le débiteur qui aura payé toute la dette (1216).

Relativement au créancier, tous les débiteurs sont tenus également; et chacun d'eux peut, au choix de ce créancier, être contraint au paiement de la chose entière, sans qu'il puisse jamais lui opposer le bénéfice de division ou de discussion. Le débiteur poursuivi ne peut pas même opposer au créancier les poursuites que celui-ci aurait déjà exercées contre un autre débiteur, puisque ces poursuites laissent subsister l'obligation avec tous ses effets, tant qu'elles ne sont pas suivies de paiement (1203, 1204). Cependant les débiteurs solidaires ne sont pas responsables les uns à l'égard des autres quant aux frais qui ont pour résultat d'augmenter l'obligation; la responsabilité de ces frais est personnelle à chacun d'eux. Ainsi, tandis que la poursuite exercée contre l'un d'eux peut interrompre a prescription et même faire courir les intérêts contre tous, la mise en demeure de l'un ne saurait constituer les autres en demeure, et par conséquent les rendre passibles de dommages-intérêts (1206, 1207). De

même, la perte de la chose arrivée par la faute ou après la mise en demeure de l'un d'eux ne décharge pas les autres de l'obligation d'en payer le prix; mais on ne peut leur réclamer des dommages-intérêts, tandis qu'il en est autrement pour celui qui est en faute ou en demeure (1205). Quant à la perte arrivée sans la faute et avant la mise en demeure d'aucun des débiteurs, elle les libère tous. Enfin, il est des circonstances qui ont pour effet de libérer les uns sans libérer les autres. A cet égard, on distingue les *exceptions* que le codébiteur solidaire poursuivi par le créancier peut lui opposer, en exceptions *absolues* ou communes à tous les débiteurs, et en exceptions *personnelles* ou particulières à un ou quelques-uns d'entre eux. — Les exceptions *absolues* ont lieu lorsque l'obligation n'a pas de cause ou d'objet, ou n'en a que d'illicites; lorsqu'il y a eu paiement réel, ou novation, ou compensation opposée par le débiteur; lorsque la dette totale a été remise par le créancier, ou éteinte par la prescription, etc. Parmi les exceptions *personnelles*, les unes ne peuvent être opposées que par le débiteur à qui elles sont personnelles; les autres, bien que personnelles à l'un des débiteurs, peuvent être opposées par tous les débiteurs, mais seulement pour la part de dette afférente à ce débiteur. Les exceptions exclusivement personnelles à chaque débiteur sont celles résultant de son incapacité ou du vice de son consentement; les autres sont la compensation, lorsqu'elle n'a pas été opposée par le codébiteur dont le créancier est débiteur à son tour, la confusion, et la remise de la solidarité faite par le créancier à l'un des débiteurs (1208 et suiv.).

5° *Obligations divisibles et indivisibles.* — L'obligation est *divisible* ou *indivisible*, selon qu'elle a pour objet, ou une chose qui dans sa livraison, ou un fait qui dans l'exécution, est ou n'est pas susceptible de division, soit matérielle soit intellectuelle. En règle générale, aucune obligation, quel que soit son objet, ne peut être exécutée *divisément* entre le créancier et le débiteur : le créancier peut refuser tout paiement partiel. Il n'y a donc pas lieu, lorsque l'obligation existe entre un seul créancier et un seul débiteur, de s'occuper de la *divisibilité* ou de l'*indivisibilité* de l'obligation; mais il en est autrement quand celle-ci existe entre plusieurs débiteurs ou plusieurs créanciers, ce qui se présente notamment lorsqu'un créancier ou un débiteur vient à mourir en laissant plusieurs héritiers. Dans ce cas, la divisibilité s'applique aux héritiers, qui ne peuvent demander la dette ou qui ne sont tenus de la payer que pour les parts dont ils sont saisis ou dont ils sont tenus comme représentant le créancier ou le débiteur (1220). Cependant ce principe reçoit exception à l'égard des héritiers du débiteur, lorsque la dette est hypothécaire, lorsqu'elle est d'un corps certain, lorsque l'un des héritiers est chargé seul par le titre de l'exécution de l'obligation, lorsqu'il résulte, soit de la nature de l'engagement, soit de la chose qui en fait l'objet, soit de la fin que se sont proposée les contractants, que leur intention était que la dette ne pût s'acquitter partiellement (1221).

6° *Des obligations avec clause pénale.* — Pour mieux assurer l'exécution d'une obligation, ou pour prévenir tout retard dans son exécution, les parties peuvent convenir d'une prestation, qui tiendra lieu de dommages-intérêts : une convention de ce genre constitue une *clause pénale*. L'obligation accessoire que crée la clause pénale n'existe qu'autant que l'obligation principale n'est pas elle-même nulle; mais l'obligation principale ne saurait dépendre de la validité ou de la nullité de la clause pénale (1227). Lorsque cette clause est destinée à assurer l'exécution de l'obligation principale et à tenir lieu pour le créancier de dommages-intérêts, on ne peut demander en même temps et le principal et la peine. On ne peut le faire que lorsque celle-ci a été stipulée pour le simple retard. C'est en vertu du même principe qu'au lieu de demander la clause pénale, le créancier peut, à son choix, poursuivre l'exécution de l'obligation principale. La peine ne peut d'ailleurs être prononcée qu'après la mise en demeure du débiteur (1228 et s.).

7° *Des obligations naturelles.* — Les auteurs distinguent encore les obligations en obligations *civiles* et en obligations *naturelles*. L'obligation *naturelle* est celle qui existe d'après l'équité, mais dont l'exécution n'est prescrite par aucune disposition légale. Cette sorte d'obligation a cela de particulier, que le législateur ne la sanctionne qu'après son exécution. Par conséquent, elle donne simplement naissance à une exception qui permet au créancier de l'obligation de repousser le débiteur qui, après l'avoir remplie, voudrait revenir sur cette exécution. Ainsi, par ex., si un individu paie une dette de jeu ou une dette pour laquelle il y a prescription, il ne pourra demander la restitution de ce qu'il aura payé. Néanmoins il faut bien se garder de ranger au non\ re des obligations naturelles celles dont l'invalidité tient à une défense de la loi, qui les réprouve et les condamne comme contraires à l'ordre public. Dans ces cas, en effet, celui q_ a payé peut réclamer contre le paiement effectué.

IX. *Extinction des obligations*. — Les obligations s'éteignent par le *paiement*, par la *novation*, par la *remise volontaire*, par la *compensation*, par la *confusion*, par la *perte de la chose*, par la *nullité* ou la *rescision*, par l'effet de la condition *résolutoire* et par la *prescription* (1234). Nous avons parlé tout à l'heure de la nullité et de la rescision, ainsi que de l'effet de la condition résolutoire; le paiement, la novation et la prescription seront l'objet d'articles particuliers; en conséquence, nous ne nous occuperons ici que de la remise, de la compensation, de la confusion et de a perte de la chose.

1° Il y a *Remise de la dette*, lorsque l'extinction résulte uniquement de la renonciation que le créancier fait de sa créance. Cette remise est *conventionnelle* ou *non conventionnelle*. Lorsqu'elle est conventionnelle, elle est soumise aux règles générales des conventions, et c'est à la volonté des parties qu'il faut se référer pour en apprécier la portée. Néanmoins la loi prévoit certains cas. Ainsi, la remise ou décharge conventionnelle au profit de l'un ces débiteurs solidaires libère tous les autres, à moins que le créancier n'ait expressément réservé ses droits contre ces derniers ; mais alors il ne peut plus répéter la dette que déduction faite de la part de celui auquel il a fait la remise (1235). La remise accordée au débiteur principal libère les cautions. La remise accordée à la caution ne libère pas le débiteur principal, et celle qui est accordée à l'une des cautions ne libère pas les autres (1287). — La remise non conventionnelle d'une dette est *expresse*, lorsque, par ex., elle résulte d'un testament. Elle est *tacite*, lorsque le créancier a remis volontairement au débiteur le titre original sous signature privée, ou la grosse du titre. Dans le premier cas, la remise de l'original fait preuve de la libération ; dans le second, elle établit seulement une présomption qui peut être combattue par la preuve contraire. Cette remise faite à l'un des débiteurs solidaires a le même effet au profit de ses codébiteurs (1282, 1284).

2° La *Compensation* est l'extinction simultanée des obligations dont deux personnes sont réciproquement débitrices, et qui, en raison de cette réciprocité, s'anéantissent, l'une l'autre de plein droit, par la seule force et la seule à l'insu des débiteurs, mais seulement jusqu'à concurrence ces quotités respectives des deux dettes (1289, 1290). Les conditions requises pour que la compensation s'opère sont au nombre de quatre. Il faut que les deux parties soient liées réciproquement débitrices l'une de l'autre ; que les objets des deux dettes soient des sommes d'argent ou des choses fongibles de même espèce, de telle façon que chacun des deux débiteurs eût pu accomplir le paiement de la chose qu'il doit par la livraison de la chose qui lui est due ; que les deux dettes soient *liquides*, c.-à-d. qu'elles aient une existence certaine et une quotité déterminée; enfin, que chacune des deux dettes soit actuellement exigible, c.-à-d. soit telle que le créancier puisse immédiatement et efficacement contraindre le débiteur au paiement (1291). Lorsque ces conditions existent, la compensation a lieu, quelles que soient les causes de l'une ou de l'autre des dettes, excepté toutefois dans le cas : 1° de la demande ou restitution d'une chose dont le propriétaire a été injustement dépouillé ; 2° de la demande en restitution d'un dépôt ou prêt à usage ; 3° d'une dette qui a pour cause des aliments déclarés insaisissables (1293). Du principe que la compensation s'opère de plein droit, il résulte que celui qui, ayant droit d'opposer la compensation, a néanmoins payé une dette, ne peut plus, en exerçant la créance dont il n'a point opposé la compensation, se prévaloir, au préjudice des tiers, des privilèges et hypothèques qui y étaient attachés, à moins qu'il n'y ait eu une juste cause d'ignorer la créance qui devait compenser sa dette (1299). En effet, ce n'est plus en réalité l'ancienne créance qu'il fait valoir, mais une créance nouvelle résultant du paiement de l'indu. Enfin, le débiteur qui a accepté purement et simplement la cession qu'un créancier a faite de ses droits à un tiers, ne peut plus opposer au cessionnaire la compensation qu'il eût pu, avant l'acceptation, opposer au cédant (1295).

3° La *Confusion* est le concours dans la même personne de deux qualités incompatibles, dont l'une détruit l'autre, et rend impossible le maintien de l'obligation. Lorsque les qualités de créancier et de débiteur se réunissent dans la même personne, il se fait une confusion qui éteint les deux créances. La confusion qui s'opère dans la personne du dé-

biteur principal profite à ses cautions; mais celle qui s'opère dans la personne d'un débiteur solidaire ne profite à ses codébiteurs que pour la portion dont il était débiteur (1300, 1301).

4° *Perte de la chose due*. — Personne ne pouvant être tenu à quelque chose d'impossible, toute obligation doit s'éteindre quand son objet a péri, peu importe qu'il y ait ou non de la faute du débiteur. Mais il faut établir ici quelques distinctions. Si la chose a péri par la faute du débiteur, ou s'il était en demeure, il doit des dommages-intérêts, à moins que, ne s'étant pas chargé des cas fortuits, il ne prouve que la chose aurait également péri chez le créancier si elle lui avait été livrée. Mais si le débiteur a soustrait la chose, il en doit toujours la valeur, lors même qu'elle a péri sans sa faute. Enfin, si la perte de la chose n'est en rien imputable au débiteur, et s'il n'était pas en demeure, il est entièrement libéré ; mais c'est à lui à prouver le cas fortuit. Toutefois il est tenu, s'il possède quelques droits ou actions relatives à cette chose, de les abandonner au créancier. Dans ce cas, le créancier n'en doit pas moins le prix de la chose : c'est la conséquence de la règle, *res perit domino*. Cette règle, il est superflu de le faire observer, n'est pas applicable au cas où l'objet de l'obligation est une *chose indéterminée*, c.-à-d. une chose déterminée seulement par le genre auquel elle appartient, car les genres ne périssent pas, *genera non pereunt* (1302, 1303).

X. *Des preuves relatives aux obligations*. — Celui qui réclame l'exécution d'une obligation doit la prouver, et réciproquement celui qui se prétend libéré doit justifier du paiement ou du fait qui a produit l'extinction de son obligation (1315) : en d'autres termes, et d'une manière générale, celui qui élève une prétention, quelle qu'elle soit, doit la prouver, qu'il soit du reste *demandeur* ou *défendeur*. Le Code (1316) indique cinq moyens de preuve : la preuve *littérale*, la preuve *testimoniale*, la *présomption*, l'*aveu* de la partie et le *serment*. Ce qui est relatif à l'aveu, à la présomption et au serment faisant dans ce livre l'objet d'articles particuliers, nous ne parlerons ici que de la preuve littérale et de la preuve testimoniale.

1° *Preuve littérale*. — La preuve *littérale* est celle qui résulte des actes authentiques ou sous seing privé, de certains écrits même sans signature, des tailles, des copies de titres et des actes récognitifs.

Les *actes authentiques* font pleine foi de la convention qu'ils renferment entre les parties contractantes et leurs héritiers ou ayants cause. L'acte qui n'est point authentique par suite de l'incompétence ou de l'incapacité de l'officier public, ou par suite d'un défaut de forme, vaut comme écriture privée, s'il a été signé des parties (1312, 1319). — L'*acte sous seing privé*, reconnu par celui auquel on l'oppose, ou légalement tenu pour reconnu, fait foi comme l'acte authentique (1322). Lorsqu'il contient des conventions synallagmatiques, il n'est valable qu'autant qu'il a été fait en autant d'originaux qu'il y a de parties ayant un intérêt distinct. Il suffit d'un original pour toutes les personnes ayant le même intérêt. Chaque original doit contenir la mention du nombre des originaux qui on ont été faits ; néanmoins ce défaut de mention ne peut être opposé par celui qui a exécuté pour sa part la convention portée dans l'acte (1325). — Voy. BILLET.

Indépendamment des actes authentiques ou sous seing privé, la loi attache parfois une force probante à certains écrits sans signature. Ainsi les *Registres des marchands* font preuve légale et complète contre d'autres marchands; mais ils ne font pas preuve de fournitures contre les personnes non marchandes. Ils font également preuve complète contre le marchand lui-même; seulement, celui qui veut en tirer avantage ne peut les diviser, ni en faire plus, en s'oppose, en exerçant la créance dont il n'a point opposé la prétention (1329, 1330). — Les *Registres* et *Papiers domestiques* ne font jamais foi au profit de la personne par qui ils sont tenus ; mais ils font foi contre elle dans deux cas : quand ils énoncent un paiement reçu, et quand ils contiennent la mention que la note a été faite pour suppléer le défaut du titre en faveur de celui au profit duquel ils énoncent une obligation (1331). — Enfin, l'écriture mise par le créancier à la suite, en marge ou au dos d'un titre qui est toujours resté en sa possession, fait foi, quoique non signée ni datée par lui, lorsqu'elle tend à établir la libération du débiteur. Il en est de même de l'écriture mise par le créancier au dos, ou en marge, ou à la suite du double d'un titre ou d'une quittance, pourvu que ce double soit entre les mains du débiteur (1332). — Les *Copies de titres*, lorsque l'original subsiste, ne font foi que de ce qui est contenu au titre, dont la représentation peut toujours être exigée. Quand ce dernier a péri, elles font encore foi d'après certaines distinctions énumérées par la loi (1334 et s.). Voy. Corps.

Dans beaucoup de provinces, certains fournisseurs, mais particulièrement les boulangers et les bouchers, font usage, pour tenir leurs comptes, d'un procédé particulier. Ils prennent un bâton fendu en deux moitiés, appelées *Tailles*, dont ils gardent l'une et remettent l'autre à leur client. Chaque fois qu'ils font une fourniture, ils ajustent les deux tailles ensemble, et font simultanément sur chacune d'elles une coche ou entaille particulière. L'acheteur remporte sa taille, de façon qu'elle doit toujours correspondre à celle que le vendeur garde par-devers lui. Cette manière de compter est une espèce de preuve écrite : en conséquence, la loi dit que les tailles font foi entre les personnes qui en font usage (1333).

On appelle *Acte récognitif* celui qui, se référant à un autre plus ancien, vient prouver la volonté de maintenir les droits constatés par le premier acte, qui prend par rapport au second le nom de titre *primordial*. Du reste, les actes récognitifs ne dispensent point de la représentation de ce dernier, à moins que sa teneur n'y soit spécialement relatée : ce qu'ils contiennent de plus, ou ce qui s'y trouve de différent, n'a aucun effet. Cependant, s'il existe plusieurs reconnaissances conformes, soutenues de la possession, et dont l'une a 30 ans de date, le créancier peut être dispensé de représenter le titre primordial (1337).

2° *Preuve testimoniale.* — La crainte de la subornation des témoins, et aussi le désir de restreindre le nombre des procès, ont déterminé le législateur à prohiber en règle générale, et sauf quelques exceptions, la preuve *testimoniale*. Le Code civil pose à cet égard deux principes. Le premier, c'est que tout fait présentant un intérêt supérieur à 150 fr. ne peut jamais être prouvé par témoins ; le second, c'est que la preuve testimoniale est également prohibée, même dans un fait soulevant un intérêt inférieur à 150 fr., lorsqu'il s'agit d'aller à l'encontre ou au delà de ce qui est dit dans un écrit (1341). Néanmoins ce second principe n'interdit pas le recours à la preuve testimoniale pour interpréter l'acte ou pour prouver tout fait se trouvant en rapport intime avec celui que l'écrit constate et venant exercer sur lui une influence plus ou moins profonde. Ainsi, quand un écrit constate que Pierre a prêté 1,000 fr. à Paul, celui-ci pourra fort bien prouver par témoins qu'il a rendu cette somme. Dans la prohibition de la preuve testimoniale, la sévérité de la loi est telle qu'il n'est pas nécessaire, pour tomber sous l'interdiction portée par l'art. 1341, que l'intérêt soit supérieur à 150 fr., au moment de la naissance de l'obligation. Il suffit pour cela que la valeur de l'objet réclamé dépasse actuellement ce taux. Ainsi, par ex., le témoignage est inadmissible pour un capital inférieur par lui-même à 150 fr., si les intérêts échus au moment de la demande font monter au-dessus du chiffre le total de la somme due (1342). Il est également inadmissible, lorsque la demande comprend plusieurs objets qui par leur réunion excèdent cette valeur de 150 fr., quand même ces créances seraient nées à des époques différentes et par différentes causes. Il n'en serait autrement qu'autant que les créances auraient pris naissance de personnes diverses, et seraient venues ensuite par succession ou autrement se réunir sur une seule tête (1345). Pour donner une sanction à cette règle, la loi veut que toutes les demandes qui ne peuvent pas être justifiées par écrit soient faites en même temps et réunies dans un seul exploit, avec injonction au juge de déclarer non recevables celles qui pourraient être soumises plus tard (1346). Enfin, celui qui a d'abord demandé plus de 150 fr. ne peut plus être admis à la preuve testimoniale, quand même en restreignant sa demande primitive. Ajoutons que la preuve testimoniale, sur la demande d'une somme même moindre de 150 fr., ne peut être admise, lorsque cette somme est déclarée être le restant ou faire partie d'une créance plus forte qui n'est point prouvée par écrit (1343, 1344). — Les règles ci-dessus reçoivent exception, lors même qu'il s'agit d'un intérêt supérieur à 150 fr., quand il existe un *Commencement de preuve par écrit.* On appelle ainsi tout acte par écrit qui est émané de celui contre lequel la demande est formée ou de celui qu'il le représente, et qui rend vraisemblable le fait allégué (1347). Ces règles reçoivent encore exception toutes les fois qu'il a été impossible au réclamant de se procurer une preuve écrite de l'obligation contractée envers lui. Cette seconde exception s'applique : 1° aux obligations qui naissent des *quasi-contrats*, *délits* et des *quasi-délits* ; 2° aux *dépôts nécessaires* faits en cas d'incendie, ruine, tumulte ou naufrage, et à ceux qui sont faits par les voyageurs logeant dans une hôtellerie, le tout

suivant la qualité des personnes et les circonstances du fait ; 3° aux obligations contractées en cas *d'accidents imprévus* où l'on ne pourrait pas avoir fait des actes par écrit ; 4° au cas où le créancier a perdu le titre qui lui servait de preuve littérale, par suite d'un *cas fortuit*, *imprévu* et *résultant d'une force majeure*; 5° enfin, en matière commerciale (C. c. 1348; C. Com. 109).

XI. *Des engagements qui se forment sans convention.* — Nous avons vu que si les conventions des parties sont la source la plus ordinaire des obligations, elles n'en sont cependant pas la seule, et qu'à côté des obligations conventionnelles il y en a qui naissent sans convention. Parmi ces obligations non-conventionnelles, les unes résultent de l'autorité seule de la loi ; les autres naissent d'un fait personnel à celui qui se trouve obligé. Les premières sont les engagements formés involontairement, tels que ceux qui se forment entre propriétaires voisins, ou ceux des tuteurs et autres administrateurs qui ne peuvent refuser la fonction qui leur est déférée. — Les seconds résultent des *quasi-contrats* et des *délits* ou *quasi-délits* (1370).

A. *Quasi-contrats.* — Les *quasi-contrats* sont les faits purement volontaires de l'homme dont il résulte un engagement quelconque envers un tiers, et quelquefois un engagement réciproque des deux parties (1371). La loi range parmi les quasi-contrats la *gestion d'affaires* et le *paiement de l'indu*.

1° La *gestion d'affaires* est le fait volontaire d'une personne qui, sans avoir reçu mandat à cet effet, agit dans l'intérêt d'un tiers. Le gérant d'affaires est soumis à toutes les obligations qui résultent du *mandat* lui-même. Ainsi, il doit accomplir ou terminer l'affaire et y apporter les soins d'un bon père de famille (1372, 1374). Cependant, à la différence du mandataire, qui en cas de mort du mandant n'est tenu de continuer l'affaire qui lui a été confiée qu'autant qu'il y a péril dans la demeure (1991), le gérant est obligé, dans le cas où le maître vient à mourir avant que l'affaire soit consommée, de continuer sa gestion jusqu'à ce que l'héritier ait pu en prendre la direction (1373). Quant au maître, il est tenu, lorsque l'affaire a été utilement entreprise et bien administrée, de remplir les engagements personnels qu'a pris le gérant, et de lui rembourser toutes les dépenses utiles ou nécessaires qu'il a faites, quel que soit le reste du résultat de sa gestion, que ce résultat soit une perte ou un profit. En revanche, le gérant peut être condamné à des dommages-intérêts, lorsqu'il y a eu perte résultant de sa faute ou de sa négligence. Enfin, s'il est établi que le gérant a fait l'affaire contre le gré du maître, le premier ne pourrait réclamer que les dépenses qui ont tourné au profit du second.

2° *Paiement de l'indu.* — Lorsqu'une personne qui par erreur se croyait débitrice, a acquitté une dette, elle a le droit de répétition contre le créancier. Néanmoins ce droit cesse dans le cas où le créancier a supprimé son titre par suite du paiement, sauf le recours de celui qui a payé contre le véritable débiteur. Quant à celui qui reçoit par erreur ou sciemment ce qui ne lui est pas dû, il est tenu de le restituer à celui de qui il a reçu (1376, 1377). S'il y a eu mauvaise foi de la part de celui qui a indûment reçu, il est tenu de rendre la chose et les fruits. En conséquence, s'il s'agit d'une somme d'argent, il doit rendre cette somme avec les intérêts du jour du paiement. Quant à la restitution de la chose elle-même, s'il s'agit de choses indéterminées, il doit rendre des choses de même quantité et qualité ; si la chose indûment reçue est un immeuble ou un corps certain, il doit la restituer en nature ; si elle est détériorée ou a péri, même par cas fortuit, il est également tenu d'en payer la valeur réelle (1378, 1380). Mais lorsque le créancier est de bonne foi, il ne répond ni des détériorations, ni de la perte provenant de sa faute, et s'il l'a aliénée, il ne doit restituer que le prix de la vente. Au reste, celui qui par erreur a livré l'immeuble qu'il ne devait pas, peut le revendiquer entre les mains du tiers acquéreur. D'un autre côté, celui auquel la chose est restituée doit tenir compte, même au possesseur de mauvaise foi, de toutes les dépenses nécessaires et utiles qui ont été faites pour la conservation de la chose (1378 et suiv.).

B. *Délits et Quasi-délits.* — Celui qui, par sa faute, a causé à autrui un dommage, est obligé de le réparer, soit qu'il l'ait fait avec intention de nuire (*délit*), soit qu'il l'ait fait sans intention, c.-à-d. par simple négligence ou par imprudence (*quasi-délit*) (1382, 1383). Ce n'est pas tout : non seulement on est responsable du dommage que l'on cause par son propre fait, mais encore de celui qui est causé par le fait des personnes dont on doit répondre et des choses que l'on a sous sa garde. Ainsi, le *père* et la *mère*, après le décès du mari, sont responsables du dommage causé par leurs enfants *mineurs* habitant avec eux ; le *tuteur* est également responsable, quand c'est lui qui est chargé de la garde de l'enfant ; les *maîtres* et les *commettants*, du dommage causé par leurs *domestiques* et *préposés* dans les fonctions auxquelles ils les ont employés ; les *instituteurs* et les *artisans*, du dommage causé par leurs *élèves* et *apprentis* pendant le temps qu'ils sont sous leur surveillance. Cette responsabilité cesse cependant lorsque les père et mère, instituteur et artisan, prouvent qu'ils n'ont pu empêcher le fait dont on voudrait les rendre responsables (1384). Quant aux maîtres et commettants, ils ne peuvent profiter de cette exception lorsque leurs domestiques ou préposés ont agi dans l'exercice même des fonctions auxquelles ils étaient employés. Le propriétaire d'un animal, ou celui qui s'en sert pendant qu'il est à son usage est responsable du dommage causé par l'animal, soit que celui-ci fût sous sa garde, soit qu'il fût égaré ou échappé. Le propriétaire d'un bâtiment est également responsable du dommage causé par la ruine de ce dernier, résultant du défaut d'entretien ou du vice de la construction (1384 et suiv.). L'*action civile* en réparation du dommage causé n'est prescrite que par 30 années.

CONTRA-TENOR ou **CONTRATENOR**. T. Musiq. Voy. CONTRA.

CONTRAVENTION. s. f. [Pr. ...sion] (R. *contrevenir*). Action par laquelle on contrevient à une loi, à une ordonnance, à un règlement, à un traité et à un contrat qu'on a fait. *C'est une c. manifeste à l'acte que nous avons fait. Vous êtes en c. avec les règlements.* ‖ T. Jurispr. Infraction, violation des lois et des règlements. Voy. CRIME.

CONTRAVENTIONNEL, ELLE. adj. [Pr. kon-tra-van-sio-nel]. Qui a le caractère de la contravention. *Délit contraventionnel.*

CONTRAYERVA. s. f. (esp. *contra*, contre ; *yerva* herbe, c.-à-d. herbe contre le venin). T. Bot. Nom donné indistinctement à plusieurs plantes employées dans leur pays d'origine pour combattre la morsure des serpents venimeux. Mais le vrai *Contrayerva officinal* est constitué par la racine de la *Dorstenia brasiliensis.*

CONTRE. prép. (lat. *contra*, m. s.). Prise dans son acception la plus générale, cette prép. indique, tant au sens physique qu'au sens moral, un rapport d'opposition, soit entre des personnes, soit entre des choses, soit entre des personnes et des choses. Elle sert à marquer : 1° La direction d'une chose ou d'une personne sur une autre chose ou sur une autre personne. *Les imprécations qu'il lançait c. moi. L'irritation de ce père c. ses enfants. Lancer un verre c. un mur. Marcher c. l'ennemi. S'élever c. les avis de quelqu'un. Faire une sortie c. quelqu'un. Cela est c. vous.* ‖ 2° La lutte, le choc entre des personnes ou entre des choses, ou entre des personnes et des choses. *Donner de la tête c. une muraille. Se battre c. quelqu'un. Ils combattirent l'un c. l'autre. Le combat de David c. Goliath. Plaider c. quelqu'un. Il a tout le monde c. lui. Lutter c. la mauvaise fortune.* — Fig. et prov., *C'est le pot de terre c. le pot de fer*, voy. POT. *Aller c. vent et marée*, voy. VENT. ‖ 3° La résistance. *Ce général ne pouvait tenir c. une armée aussi nombreuse. Que vouliez-vous qu'il fit c. trois ? Il prit leur défense envers et c. tous. Il ne put tenir c. mes reproches.* ‖ 4° L'incompatibilité, le désaccord. *Des goûts c. nature. Cela est c. l'honneur, c. l'ordre public, c. toute bienséance, c. l'usage, le bon sens, la raison, la vérité. Parler c. sa pensée, c. sa conscience. Il a fait cela c. mon sentiment, c. l'avis, c. la volonté de tous ses parents. Agir, aller c. ses intérêts. Il est sorti de bonne heure, c. sa coutume.* ‖ 5° L'opposition. *J'étais assis c. le mur. Ce champ est c. le bois. Sa maison est c. la mienne. Attacher quelque chose c. la muraille*, L'attacher à la muraille. — Fig. et prov., *Élever autel c. autel*, voy. AUTEL. — s. m. Se dit des raisons, des faits, des circonstances défavorables à quelque affaire, et alors on l'oppose ordinairement à *Pour*, employé aussi subst. *Pour bien connaître une affaire, il faut en savoir le pour et le c. Soutenir le pour et le c.* ‖ À certains jeux, *Faire c.*, se dit lorsqu'un des joueurs faisant jouer, un des autres déclare ensuite qu'il joue aussi. *Quand celui qui fait c. vient à perdre, il perd le double de ce qu'il aurait pu gagner.* On appelle subst., *Le*

contre, Celui qui a fait c. *Le c. paye double.* — Au billard, *Faire un c.*, se dit du joueur dont la bille, au lieu de toucher les deux autres billes pour faire un carambolage touche deux fois la même bille. ‖ T. Techn. Outil pour fendre le bois. ‖ T. Mar. *Courir à c.*, Tenir une route opposée. ‖ *Être la c.*, Tenir avec le même vent des bordées différentes. ‖ T. Escr. *Parer un c.*, Parer un dégagement. = CONTRE, s'emploie quelquefois adv. par ellipse de son complément, et marque l'opposition que l'on fait aux idées, aux sentiments de quelqu'un. *Toute l'assemblée a voté c. Je n'ai rien à dire c. Parler pour et c.* = TOUT CONTRE. loc. adv. Tout auprès. *J'étais tout c.* = CI-CONTRE. loc. adv. qui se dit pour désigner la page, la colonne, etc., qui est vis-à-vis, à côté de celle qu'on lit. *La page ci-c. Voyez ci-c.* — En comptabilité, sert à désigner qu'une même somme sera rapportée ou additionnée. =LA-CONTRE. loc. adv. Contre cela. *Qui diantre peut aller là-c.?* Vx. = PAR CONTRE. loc. adv. En compensation. Vx et ne s'emploie guère que dans le style commercial. = CONTRE entre dans la composition de plusieurs mots.

CONTRE-A-CONTRE. adv. T. Mar. *Être c.-à-c.* se dit de navires très près les uns des autres, mais sans se toucher.

CONTRE-ALLÉE. s. f. Allée latérale et parallèle à une allée principale. ‖ Pl. Des *contre-allées.*

CONTRE-ALIZÉ. adj. m. *Vent contre-alizé*, Courant supérieur opposé au vent alizé. = S'emploie subst. = Pl. Des *contre-alizés.* Voy. ALIZÉ.

CONTRE-AMIRAL. s. m. Titre d'un officier général dans la marine militaire, au-dessous de vice-amiral. Voy. AMIRAL. ‖ Le vaisseau monté par un c.-amiral. = Pl. Des *contre-amiraux.*

CONTRE-APPEL. s. m. Second appel qui se fait ordinairement à l'improviste pour s'assurer de l'exactitude du premier appel. = Pl. Des *contre-appels.*

CONTRE-APPROCHES. s. f. plur. T. Fortific. Travaux faits par les assiégés pour aller au-devant de ceux des assiégeants.

CONTRE-ARC. s. m. T. Mar. Partie de la quille d'un navire située sous les pieds de la mâture. = Pl. Des *contre-arc* ou *des contre-arcs.*

CONTRE-ARCHET (À). loc. ad. *Jouer à c.-a.* Pousser l'archet quand il faudrait le tirer, et réciproquement.

CONTRE-ARÊTIER. s. m. T. Const. Ardoise qui précède celle qui est coupée obliquement pour former l'arêtier. = Pl. Des *contre-arêtier* ou *des contre-arêtiers.*

CONTRE-ATTAQUE. s. f. T. Art milit. Travaux que les assiégés exécutent en opposition aux lignes d'attaque. = Pl. Des *contre-attaque* ou *des contre-attaques.*

CONTRE-AUBE. s. f. T. Techn. Planchette mise contre les aubes. = Pl. Des *contre-aube* ou *des contre-aubes.*

CONTRE-AUGMENT. s. m. T. Droit. Gain nuptial et de survie qui consiste en ce que le mari survivant retient une partie de la dot de sa femme. = Pl. Des *contre-augments.*

CONTRE-AVIS. s. m. Avis opposé à un autre.

CONTRE-BALANCER. v. a. Se dit de deux forces opposées, dont l'une fait équilibre à l'autre. ‖ Fig., se dit de choses opposées qui sont à peu près égales en force, en valeur, en mérite, ou qui se compensent. *Ses raisons contre-balancent les nôtres. Ses qualités contre-balancent ses défauts.* ‖ SE CONTRE-BALANCER. v. pron. *Ces deux poids se contre-balancent mutuellement. Ses défauts et ses qualités se contre-balancent.* = CONTRE-BALANCÉ, ÉE. part.

CONTRE-BALANCIER. s. m. T. Mécan. Balancier attaché d'un côté à la maîtresse tige d'une pompe et chargé de l'autre de contrepoids que l'on peut varier à volonté. = Pl. Des *contre-balanciers.*

CONTREBANDE. s. f. (R. *contre* et *bande*). Importation

clandestine de marchandises prohibées dans un pays. — Par
ext., Fraude par laquelle on élude le paiement des droits qui
frappent les marchandises, soit aux frontières, soit à l'intérieur. *Faire la c. Marchandises de c., introduites par c.*
|| Se dit également des marchandises de c. elles-mêmes. *Un
bâtiment chargé de c. C'est de la c.* || Fig. et fam., *C'est un
homme de c.*, se dit d'un individu qui s'est faufilé dans une
société, et duquel on se défie.
Législ. — I. — Le terme de *Contrebande* se dit de toute
violation des prescriptions économiques et fiscales d'un État,
tendant soit à frustrer le Trésor public des taxes dont certains produits sont grevés, soit à importer ou à exporter des
marchandises prohibées, tant à l'entrée qu'à la sortie. Toutefois le mot *fraude* désigne plus particulièrement les infractions à la loi fiscale, et le mot c. les infractions à la loi
économique du pays. Nous ne parlerons ici que de la c. qui
consiste à introduire frauduleusement, à l'intérieur, des marchandises prohibées ou dont l'entrée est assujettie au paiement
de certains droits. L'introduction en fraude de ces marchandises s'opère de trois manières. La première consiste dans
l'importation de petites quantités de marchandises à laquelle
se livrent les populations limitrophes des frontières. Cette c.,
dite de *filtration*, porte sur des objets de consommation commune, tels que boissons, tabac, café, vêtements, substances
alimentaires, denrées coloniales, etc. : elle est d'une importance moindre que les deux autres au point de vue de la perte
qu'éprouve le Trésor. La seconde espèce de c. est celle que
font un très grand nombre de voyageurs lorsqu'ils rentrent en
France : celle-ci est plus préjudiciable, car elle porte en général sur des objets d'une certaine valeur et frappés de droits
élevés. Mais la fraude la plus considérable est celle qui se
fait par la c. *de spéculation*. Celle-ci consiste à acheter des
marchandises à l'étranger et à les introduire en fraude, pour
les revendre à l'intérieur avec profit, ou bien à les introduire
soit pour le compte de négociants étrangers soit de certains
négociants nationaux, soit pour le compte du consommateur
français lui-même. Ce troisième genre de c. est pratiqué par
des bandes nombreuses qui marchent tantôt par troupes,
tantôt et le plus souvent isolément ou par très petits groupes.
Habituellement même, les contrebandiers qui opèrent isolément se chargent, moyennant une prime fixée à l'avance, d'introduire à leurs risques et périls les marchandises qu'on leur confie.
La c., il faut l'avouer, ne trouve dans nos mœurs aucune
réprobation. Il n'est presque personne qui se fasse scrupule
d'acheter des produits introduits de cette manière, et, bien
plus, les populations assez voisines de la frontière pour être
facilement approvisionnées de certains articles ou de certaines
denrées par la c., seraient fort contrariées, si la surveillance
de la douane devenait plus efficace qu'elle ne l'est. Cependant
la c. a des inconvénients graves : elle habitue à violer certaines lois et, par contre-coup, à manquer de respect aux
autres; elle établit une inégalité entre les citoyens qui se
conforment aux prescriptions douanières et ceux qui les élu-
dent; elle accoutume à se mettre en dehors de la loi une
classe de gens qui mènent grâce à elle une vie d'aventures et
de violence. Enfin, dans tous les pays où la c. est largement
exercée, l'état moral des populations frontières parmi lesquelles
se recrutent les contrebandiers, éprouve des atteintes déplorables. Il faut encore avouer que la c. sera absolument
indestructible tant que les tarifs de douanes ne consisteront
pas en simples droits fiscaux peu élevés. En Turquie, la c. est
inconnue, parce que ce pays n'a, pour tout droit de douane,
qu'un simple droit de 5 p. 100 sur tous les produits quels
qu'ils soient. L'Angleterre était un des pays où la c. était
jadis la plus active : depuis la réforme des tarifs douaniers,
elle est à peu près nulle. Plus les droits sont élevés, plus
la c. se trouve organisée sur la plus vaste échelle. Les peines les
plus sévères n'ont jamais pu en arrêter les progrès. — Quant
aux peines que porte la législation actuelle, elles sont surtout
pécuniaires, et cela avec raison, car ce sont les entrepreneurs
de c. qu'il importe essentiellement de décourager. On distingue deux sortes de contraventions : 1° celles qui entraînent
une simple amende sont déférées au juge de paix et font
seulement l'objet d'une action civile; 2° celles qui, punies
d'emprisonnement, constituent un véritable délit justiciable du
tribunal correctionnel. Dans ces dernières infractions, les
agents de l'administration des Douanes ont, concurremment
avec le ministère public, l'exercice de l'action publique. Notons
que l'administration a le droit de *transiger*, soit avant, soit
après le jugement. La transaction ne devient d'ailleurs définitive qu'après avoir été revêtue de l'approbation soit du directeur général, soit du ministre lui-même, suivant les cas.

Enfin, si, dans l'accomplissement d'un fait de c., les délin-
quants étaient armés ou s'ils avaient fait acte de rébellion
contre les agents de l'autorité, ils sont renvoyés devant la
cour d'assises; car alors il y a crime joint au délit.
II. — En termes de Droit international, on désigne sous le
nom de C. de guerre les objets propres aux usages de la
guerre, et dont le transport à destination des pays belligérants est interdit aux neutres en cas de guerre maritime. —
Lorsque deux États sont en guerre, les autres États qui veulent rester *neutres*, c.-à-d. absolument étrangers à la querelle
ont le droit de continuer, avec chacune des parties belligérantes leurs relations d'amitié et de commerce. Mais il est
évident que pour jouir de cet avantage, les États neutres sont
rigoureusement tenus à ne fournir soit à l'un, soit à l'autre
des belligérants aucun secours quelconque qui puisse lui permettre de soutenir la lutte avec plus d'efficacité, ou de la
prolonger plus longtemps : car alors l'autre partie belligérante
se verrait obligée de considérer l'État intervenant comme
puissance ennemie. Il y a donc violation de la neutralité
lorsqu'un État soi-disant neutre expédie à l'un des belligérants des armes, des poudres ou des munitions de guerre.
De même, si les sujets d'un État neutre, alléchés par l'appât
du gain, se livrent à un pareil trafic, ils compromettent leur
pays, et s'exposent à toute la rigueur des peines en usage
dans le droit international. Toutefois, lorsqu'il s'agit de déterminer la nature et les espèces de marchandises qui doivent
être considérées comme c. de guerre, il existe un profond
désaccord entre les États du continent européen et l'Angleterre. La France, ainsi que les autres puissances continentales, ne regarde comme c. de guerre que les canons et
armes à feu, les armes blanches, les projectiles, la poudre,
le salpêtre, le soufre, les objets d'équipement, de campement
et de harnachement militaires, et les instruments quelconques destinés directement à l'usage de la guerre. Les
vivres ne sont considérés comme c. de guerre que lorsqu'ils
sont destinés à un port ennemi en état de blocus effectif.
L'Angleterre y ajoute une foule d'autres objets qui, bien
qu'avant leur usage en temps de paix, sont également propres
aux besoins de la guerre : tels sont les agrès, les bois de construction, les munitions navales de toute espèce, les vivres,
quelle que soit leur destination, et enfin l'or et l'argent mon-
nayés. Il est facile de comprendre combien le système anglais
est préjudiciable au commerce des neutres, et il y a lieu d'espérer que la Grande-Bretagne renoncera désormais à soutenir
une doctrine qui a pour effet d'étendre les maux de la guerre
aux peuples mêmes qui veulent rester en dehors de la lutte.
— D'après la loi commune des nations, le transport, par
un neutre, des articles qualifiés c. de guerre, à destination
d'un port appartenant à l'une des puissances belligérantes,
lors même qu'il sont expédiés à un simple négociant, est
puni de la confiscation. Le navire lui-même est confisqué
lorsque les objets prohibés forment plus des trois quarts du
chargement, car alors on ne saurait présumer la bonne foi du
capitaine du bâtiment. Dans le cas où les objets de c. ne
forment pas les trois quarts de la cargaison, le navire surpris
en fraude par un croiseur de la partie belligérante adverse
peut continuer sa route, à la condition de livrer volontairement les marchandises prohibées dont il est chargé. Si cependant le transbordement de ces objets n'est pas possible, le
navire frauduleur est conduit par le croiseur dans un port de
l'État auquel appartient celui-ci, pour s'y voir condamner à
la confiscation de tout ce qui est c. de guerre. Voy. NEUTRES.

CONTRE-BANDE. — s. f. T. Blas. Bande divisée en deux
parties de différents métaux. = Pl. *Des contre-bandes.*

CONTRE-BANDÉ, ÉE. adj. T. Blas. Se dit des pièces dont
les bandes sont opposées.

CONTREBANDIER, IÈRE. s. Celui, celle qui fait la
contrebande.

CONTRE-BARRE. s. f. T. Blas. Barre divisée en deux
parties dont l'une est en métal et l'autre en couleur. = Pl. *Des
contre-barres.*

CONTRE-BARRÉ, ÉE. adj. T. Blas. Se dit des pièces dont
les barres sont opposées.

CONTRE-BAS (EN). loc. adv. T. Constr., qui marque
direction ou position de haut en bas, par opposit. à *Contre-
haut*, qui signif. De bas en haut. *Poser une pièce de construction en c.-bas.*

CONTRE-BASCULE. s. f. T. Techn. Bascule ou levier supplémentaire d'un métier à tisser. == Pl. *Des contre-bascule* ou *des contre-bascules.*

CONTREBASSE. s. f. T. Mus. Grand instrument de basse, analogue au violoncelle, monté ordinairement sur trois cordes accordées par quinte. La puissance de sa sonorité et sa gravité en ont fait la base des orchestres. Elle a été introduite en France par Montéclair, en 1700. Voy. ARCHET. || Celui qui joue de cet instrument. *Il est c. à l'orchestre de l'Opéra-Comique.* || *Voix de c.,* La voix d'homme la plus basse. Voy. VOIX.

CONTREBASSIER, s. m. Voy. CONTREBASSISTE.

CONTREBASSISTE. s. m. T. Mus. Celui qui joue de la contrebasse.

CONTRE-BASSON. s. m. T. Mus. Instrument à vent du genre du basson. Voy. HAUTBOIS. == Pl. *Des contre-bassons.*

CONTRE-BATTERIE. s. f. Batterie de canons opposée à une autre ou destinée à protéger une batterie de brèche. || Fig. et fam., Ce que l'on fait pour déjouer les menées de ceux qui nous sont contraires. *Il connaissait l'intrigue organisée contre lui, et il dressa sous-main une c.-batterie pour la déjouer.* || T. Techn. Réunion de lamettes supplémentaires servant à faire manœuvrer les lisses du métier à tisser. == Plur. *Des contre-batteries.*

CONTRE-BIAIS (À). Loc. adv. En sens opposé, à rebours.

CONTRE-BISEAU. s. m. Morceau de bois garni de métal destiné à former par le bas un tuyau d'orgue. == Pl. *Des contre-biseau* ou *des contre-biseaux.*

CONTRE-BORD (À). Loc. adv. *Aller à c.-bord,* se dit de deux vaisseaux allant à l'encontre l'un de l'autre.

CONTRE-BOURGEON. s. m. Bourgeon qui se développe quand le premier a été détruit par la gelée. == Pl. *Les contre-bourgeons.*

CONTRE-BOUTANT. s. m. T. Archit. Pièce de bois ou de maçonnerie qui sert d'appui. Voy. CONTREFORT. == Pl. *Des contre-boutants.*

CONTRE-BOUTER. v. a. Appuyer un mur d'un autre mur, posé à angles droits. == CONTRE-BOUTÉ, ÉE, part.

CONTRE-BRASSER. v. a. T. Mar. *C.-brasser les voiles,* Brasser au vent les voiles orientées au plus près. == CONTRE-BRASSÉ, ÉE. part.

CONTRE-BRETÈCHE. s. f. T. Blas. Rangée de créneaux de différent émail. == Pl. *Des contre-bretèches.*

CONTRE-BRODÉ. s. m. T. Comm. Espèce d'étoffe blanche et noire. == Pl. *Des contre-brodés.*

CONTRE-BUTEMENT. s. m. Contrefort destiné à consolider un mur. == Pl. *Des contre-butements.*

CONTRE-CALQUER. v. a. T. Gravure. Calquer sur un calque déjà fait que l'on retourne afin d'avoir le dessin au sens contraire. == CONTRE-CALQUÉ, ÉE. part. — Voy. CALQUE.

CONTRE-CANIVEAU. s. m. T. Constr. Pavé placé à côté d'un caniveau et sur la même ligne. == Pl. *Des contre-caniveaux.*

CONTRECARRER. v. a. S'opposer directement aux vues, aux projets de quelqu'un. *Il se plaît à me c. en tout.* == CONTRECARRÉ, ÉE. part.

CONTRE-CAUTION. s. f. T. Droit. Caution de caution. == Pl. *Des contre-cautions.*

CONTRE-CHANGE. s. m. Action de rendre la pareille. == Pl. *Des contre-change.*

CONTRE-CHANGER. v. a. Faire un troc.

CONTRE-CHARGE. s. f. Poids que le rubanier ajoute à son métier. == Pl. *Des contre-charges.*

CONTRE-CHARME. s. m. Charme contraire qui détruit ou empêche un autre charme. Inus.

CONTRE-CHÂSSIS. s. m. Châssis de verre ou de papier qu'on met devant un châssis ordinaire. == Pl. *Des contre-châssis.*

CONTRE-CHEVRON. s. m. T. Blas. Chevron opposé à un autre chevron d'émail différent. Voy. HÉRALDIQUE. == Pl. *Des contre-chevrons.*

CONTRE-CHEVRONNÉ, ÉE. adj. [Pr. *kontre-chevronné*]. Se dit d'un écu où les chevrons sont opposés les uns aux autres.

CONTRE-CIVADIÈRE. s. f. T. Mar. Voile que, dans l'ancienne manœuvre, on hissait sur le bout dehors du beaupré. == Pl. *Des contre-civadières.*

CONTRE-CLAVETTE. s. f. Sorte de clavette de renfort. == Pl. *Des contre-clavettes.*

CONTRE-CLEF. s. f. T. Archit. Chacun des voussoirs contigus à la clef de voûte. Voy. ARCADE. == Pl. *Des contre-clefs.*

CONTRE-CŒUR. s. m. T. Archit. Partie de la cheminée qui est entre les deux jambes depuis l'âtre jusqu'au tuyau. Voy. CHEMINÉE. == Pl. *Des contre-cœur* ou *des contre-cœurs.*

CONTRE-CŒUR (À). loc. adv. Avec répugnance, à regret, malgré soi. *Il ne l'a fait qu'à c.-cœur.*

CONTRE-COMPONÉ, ÉE. adj. T. Blas. Voy. COMPONÉ.

CONTRE-CORNIÈRE. s. f. T. Mar. Pièce de bois qui sert à lier la cornière et les estains. == Pl. *Des contre-cornière* ou *des contre-cornières.*

CONTRE-COUP. s. m. Répercussion d'un corps sur un autre. *La balle a donné contre la muraille, et il a été blessé du c.-coup.* || Le choc que reçoit la partie du corps opposée à celle qui a reçu directement le coup. Voy. COMMOTION. || Fig., Événement qui arrive par suite ou à l'occasion d'un autre. *Son ami a été ruiné et il l'a été aussi par c.-coup. Vous en sentirez le c.-coup. Cela reviendra sur vous par c.-coup.* == Pl. *Des contre-coups.*

CONTRE-COURANT. s. m. Courant inférieur dont la direction est opposée à celle du courant supérieur. == Pl. *Des contre-courants.*

CONTRE-COUSSINET. s. m. T. Mécan. Pièce de métal destinée à maintenir le tourillon d'un arbre. == Pl. *Des contre-coussinet* ou *des contre-coussinets.*

CONTRE-DAME. s. f. T. Agric. Oreille mobile que l'on ajoute à une charrue. == Pl. *Des contre-dames.*

CONTREDANSE. s. f. (R. *contre* et *danse*). Sorte de danse qui a ses figures propres et où plusieurs couples figurent les uns vis-à-vis des autres; quadrille. *Une figure de c. Danser une c. Engager une dame pour la prochaine c.* || *L'air sur lequel on exécute cette danse. Jouer une c. Recueil de contredanses.* — Cette sorte de danse a été importée d'Angleterre sous la Régence. Mot altéré de l'anglais *country dance,* danse de campagne.

CONTRE-DATER. v. a. Dater autrement qu'on n'avait fait d'abord.

CONTRE-DÉGAGEMENT. s. m. T. Escr. L'action de dégager en même temps que l'adversaire dégage. == Pl. *Des contre-dégagements.*

CONTRE-DÉGAGER. v. n. Dégager en même temps que son adversaire.

CONTRE-DIGUE. s. f. Digue qui en renforce une autre. == Pl. *Des contre-digues.*

CONTREDIRE. v. a. Dire le contraire, contester. *C. quelqu'un. C. une proposition. Il n'aime pas à être contredit. Quand on veut le c., il prétend qu'on ne le comprend pas.* — Absol., *Cet homme aime à c. Il contredit sans cesse.* || Être en opposition avec. *Voilà qui contredit ce que vous venez d'avancer. L'événement a contredit toutes les prévisions.* || T. Palais. Dresser des écritures pour détruire les moyens de la partie adverse. = SE CONTREDIRE, v. pron. Être réciproquement en opposition avec d'autres, ou être en opposition avec soi-même. *Ces deux vieilles filles ne cessent de se c. Ces deux assertions semblent se c. Cet auteur se contredit souvent. Vous vous contredisez vous-même,* = CONTREDIT, ITE. part. = Conjug. Voy. DIRE ; seulement à la deuxième personne du pluriel du prés. de l'indic. et de l'impératif, ce verbe fait *Vous contredisez, Contredisez-moi,* et non *Vous contredites,* etc.

CONTREDISANT, ANTE. adj. Qui aime à contredire. *Esprit c. Humeur contredisante.*

CONTREDIT. s. m. Réponse que l'on fait contre ce qui a été dit. *Cela resta sans c.* Peu us. || T. Palais. *Contredits,* au plur., Les écritures fournies pour répondre aux moyens et raisons de la partie adverse, *Les dits et contredits.* = SANS CONTREDIT. loc. adv. Bien certainement. *Il est, sans c., le plus habile physicien de notre époque.*

CONTRÉE. s. f. (Prov. et ital. *contrada,* m. s. du lat. *contra,* contre, propr. la terre qui est contre nous.) Certaine étendue de pays. *C. riche, fertile, pauvre, marécageuse, déserte. Ce sont les meilleures terres de la c.* T. Sylvic. Portion de forêt réservée pour faire paître les bestiaux.

CONTRE-ÉCAILLE. s. f. Envers, dessous d'une écaille. = Pl. *Des contre-écailles.*

CONTRE-ÉCART. s. m. T. Blas. Parties d'un écu contre-écartelé. = Pl. *Des contre-écarts.*

CONTRE-ÉCARTELÉ. adj. T. Blas. Se dit d'un écu écartelé dont un ou plusieurs quartiers sont eux-mêmes écartelés. Voy. ÉCU.

CONTRE-ÉCHANGE. s. m. Troc. Se dit de la personne qui vend. *Il m'a donné un cheval, je lui ai donné en c.-échange ma vieille voiture.* Peu us. = Pl. *Des contre-échanges.*

CONTRE-ÉCHARNAGE. s. m. T. Techn. Opération qui consiste à racler la chair des peaux destinées à faire de la basane afin d'en extraire l'eau contenue dans les pores. = Pl. *Des contre-écharnages.*

CONTRE-ÉDIT. s. m. Édit contraire à un autre. = Pl. *Des contre-édits.*

CONTRE-EFFORT. s. m. Effort opposé à un effort. = Pl. *Des contre-efforts.*

CONTRE-ÉMAIL. s. m. Émail placé sur le côté concave d'un cadran. = Pl. *Des contre-émaux.*

CONTRE-EMPOISE. s. f. Pièce de fer qui sépare les tourillons de cylindre à étirer. = Pl. *Des contre-empoises.*

CONTRE-EMPREINTE. s. f. T. Géol. Relief laissé dans une roche par un corps qui a disparu. = Pl. *Des contre-empreintes.*

CONTRE-ENQUÊTE. s. f. Enquête qu'on fait pour l'opposer à une autre enquête. = Pl. *Des contre-enquêtes.*

CONTRE-ÉPAULETTE. s. f. Corps d'épaulette sans frange. Voy. ÉPAULETTE. = Pl. *Des contre-épaulettes.*

CONTRE-ÉPREUVE. s. f. T. Gravure. Épreuve qui reproduit à rebours l'épreuve primitive. || Fig. se dit d'un ouvrage qui n'est qu'une faible imitation d'un autre. *Les Puniques de Silius ne sont qu'une pâle c.-épreuve de l'Énéide.* || Dans les assemblées délibérantes, vote sur la proposition contraire à celle qui a d'abord été mise aux voix. *On va faire la c.-épreuve. Demander la c.-épreuve. La moitié de la Chambre se leva à la c.-épreuve.* = Pl. *Des contre-épreuves.*

CONTRE-ÉPREUVER. v. a. T. Gravure. Faire une contre-épreuve. = CONTRE-ÉPREUVÉ, ÉE. part.

CONTRE-ESPALIER. s. m. T. Hortic. Rangée d'arbres plantés vis-à-vis d'un espalier, et taillés comme ceux de ce dernier. = Pl. *Des contre-espaliers.*

CONTRE-ÉTAMBOT. s. m. T. Mar. Pièce courbe qui lie l'étambot à la quille. = Pl. *Des contre-étambots.* = On dit aussi *contre-étambord.*

CONTRE-ÉTRAVE. s. f. T. Mar. Renfort servant à lier l'étrave à la quille. = Pl. *Des contre-étraves.*

CONTRE-EXPERTISE. s. f. Expertise destinée à en contrôler une autre. = Plur. *Des contre-expertises.*

CONTRE-EXTENSION. s. f. T. Chir. Action opposée à l'extension, qui consiste à retenir fixe et immobile la partie supérieure d'un membre, quand on réduit une luxation ou une fracture. = Pl. *Des contre-extensions.*

CONTRE-FACE. s. f. Surface d'une moule gisante. || T. Techn. Contre-garde élevée pour défendre une face de bastion. = Pl. *Des contre-faces.*

CONTREFAÇON. s. f. (R. contre ; façon). Imitation ou reproduction frauduleuse de l'œuvre d'autrui. *La c. d'un livre, d'une pièce de musique, d'une statue, d'une gravure, d'un dessin, d'une machine,* etc. *La c. littéraire, industrielle,* etc. *Condamner quelqu'un pour c.* || L'objet même produit par la c. *Ceci est une c. On a fait plusieurs contrefaçons de cet ouvrage.* = Voy. INVENTION, PROPRIÉTÉ, MARQUE et TRAVAIL.

CONTREFACTEUR. s. m. Celui qui est coupable de contrefaçon.

CONTREFACTION. s. f. [Pr. ...sion]. T. Droit crimin. Imitation criminelle ou falsification des monnaies, des effets publics, des poinçons, etc. On dit ordinair. *Contrefaçon.* || Par ext. L'action d'imiter, dans des vues coupables, l'écriture ou la signature de quelqu'un. *La c. de ce billet est évidente.*

CONTREFAIRE. v. a. Représenter en imitant. *C. quelqu'un. C. la voix, la démarche de quelqu'un.* — Se dit habituellement en mauvaise part de celui qui copie les autres pour les tourner en ridicule. *Sa manie de c. tout le monde l'a fait détester. Cet enfant contrefait tous ses professeurs.* || Feindre d'être ce qu'on n'est pas. *C. l'idiot, l'insensé, C. l'homme de bien.* || Déguiser. *C. sa voix, son visage.* || Imiter par contrefaçon ou par contrefaction. *C. un livre, une gravure. C. l'écriture, la signature de quelqu'un. C. une pièce de monnaie, un billet de banque,* etc. || Rendre difforme, défigurer. *Il a eu une attaque qui lui a contrefait tout le visage.* = SE CONTREFAIRE, v. pron. Déguiser son caractère. *Je suis trop franche pour pouvoir me c. longtemps.* = CONTREFAIT, AITE. part. Difforme. *Pièce contrefaite.* || Adjectiv., Difforme. *Cet enfant est c. Il a les membres contrefaits, les jambes contrefaites. Une taille toute contrefaite.* = Conjug. Voy. FAIRE. = Syn. Voy. COPIER.

CONTREFAISEUR, EUSE. s. Celui ou celle qui contrefait les personnes ou les animaux. Inus.

CONTRE-FANON. s. m. T. Mar. Corde attachée au milieu de la vergue, destinée à carguer une partie de la voile. = Plur. *Des contre-fanons.*

CONTRE-FENDIS. s. m. Une des divisions d'un bloc d'ardoise.

CONTRE-FENÊTRE. s. f. T. Constr. Double clôture d'une fenêtre. = Pl. *Des contre-fenêtres.*

CONTRE-FEU. s. m. Dans l'incendie d'une forêt, action de brûler en avant pour empêcher le feu de se propager. = Pl. *Des contre-feux.*

CONTRE-FICHE. s. f. T. Charpent. Pièce de bois placée obliquement contre un mur, un pan de bois, ou une poutre pour le soutenir. Voy. COMBLE. = Pl. *Des contre-fiches.*

CONTRE-FOC. s. m. T. Mar. Faux foc. = Pl. *Des contre-focs.*

CONTRE-FORGER. v. a. Dresser une pièce de fer en la frappant alternativement sur le plat et sur le champ.

CONTREFORT. s. m. T. Archit. Mur contre-boutant, servant d'appui à un autre mur pour résister à la poussée qu'éprouve ce dernier. || T. Géogr. Par anal., se dit des petites chaînes de montagnes latérales qui se détachent de la chaîne principale. *Les contreforts des Pyrénées.* || T. Technol. Pièce de cuir qui sert à renforcer le derrière d'une chaussure. Voy. CORDONNIER. || T. Typogr. Morceau de bois contenant le contre-sommier de la presse. || T. Mar. Pièce de bois servant à lier les estains avec l'étambot.

Archit. — Un *Contrefort* est un pilier de maçonnerie placé à l'extérieur d'un édifice pour soutenir la poussée d'une voûte, d'une terrasse ou de tout autre effort. Le plus souvent, ce pi-

Fig. 1.   Fig. 2.   Fig. 3

lier fait corps avec l'édifice. On appelle *racine du c.* la partie de ce dernier qui est adhérente à l'édifice, et *queue du c.* celle qui est en saillie. D'autres fois, le c. proprement

Fig. 4.

dit est plus ou moins éloigné de la construction qu'il est destiné à soutenir : il est alors relié à celle-ci par un *arc-boutant* qui d'un côté s'appuie sur le c., et de l'autre maintient la muraille. Dans ce cas, le c. lui-même reçoit le nom de *pilier-*

butant, ou de *contre-boutant.* L'arc-boutant représente un segment d'arc plein cintre ou d'arc ogival. — Le c. a joué un rôle très important dans l'architecture religieuse du moyen âge. En effet, lorsque, à l'époque de l'adoption du style roman,

Fig. 5.

on substitua des voûtes aux plafonds de la basilique primitive, on sentit le besoin de renforcer de distance en distance les murs latéraux, afin qu'ils pussent résister à la poussée des nouvelles constructions. Les premiers contreforts présentèrent peu de saillie. Tantôt ils consistaient en pilastres peu épais qui faisaient saillie sur le nu de la muraille, et le plus souvent s'élevaient jusqu'à la corniche (Fig. 1) ; lorsque ces pilastres portent supérieurement des arcades, ils sont désignés par plusieurs archéologues sous le nom de *bandes lombardes*. Tantôt ils figuraient des colonnes plus ou moins complètement engagées, qui servaient à la fois de moyen de solidité et d'ornement (Fig. 2). Tantôt enfin c'étaient des piliers épais de maçonnerie qui ne s'élevaient qu'à une certaine hauteur et se terminaient supérieurement par une retraite en larmier. Cette dernière sorte de c. devint bientôt d'un usage ordinaire, mais en subissant certaines modifications. Ainsi, les contreforts de ce genre nous offrent habituellement un, deux ou trois ressauts, et se terminent à leur partie supérieure par un pignon (Fig. 3). On rencontre, durant la période romane, des contreforts de construction exceptionnelle. On en voit, par ex., qui ont la forme de demi-tours pouvant servir à la défense de l'édifice. D'autres fois, ils se divisent en deux parties : l'une, inférieure, consistant en un pilastre épais et solide ; l'autre, supérieure, consistant souvent en une colonne engagée (Fig. 4, Église des Saints-Apôtres, à Cologne). A mesure que les édifices gagnèrent en hauteur et les voûtes en développement, on sentit la nécessité de leur donner des dimensions de plus en plus considérables. Les contreforts devinrent alors très massifs ; mais, pour masquer leur lourdeur, on imagina de cantonner leurs angles de colonnettes, et de décorer leur face saillante d'imbrications ou d'autres ornements.

L'architecture ogivale, chez laquelle le besoin de soutènements

Fig. 6.

extérieurs existait bien plus fortement encore que dans l'architecture romane la plus développée, réclama des appuis bien plus efficaces que cette dernière, pour résister à la poussée des voûtes élancées des nefs principales et des chœurs. C'est alors que prirent naissance les arcs-boutants proprement dits. Trois arcs aériens se projettent quelquefois l'un au-dessus de l'autre. Ils servent ordinairement de conduits pour l'écoulement des eaux pluviales qui sont vomies par des gargouilles. En général, les contreforts qui supportent ces arcs-boutants servent en même temps à séparer les unes des autres les chapelles qui bordent extérieurement les nefs latérales de l'édifice. Afin d'augmenter la solidité de ces contreforts, on les surmonta de pinacles et de clochetons qui eurent en outre pour effet de dissimuler ce qu'un système d'arcs-boutants complètement nus aurait pu offrir de disgracieux. — Les arcs-boutants

et les contreforts du XIVe et du XVe siècle diffèrent peu, quant à leurs dispositions générales, de ceux du XIIIe siècle. Mais ils sont plus nombreux, parce qu'on donnant aux fenêtres du clairétage une très grande largeur, on fut obligé de soutenir plus énergiquement les murs affaiblis. Au XVe siècle, on les voit souvent faire face aux angles des murs, ce qui était très rare dans les siècles antérieurs. En outre, leur ornementation devient constamment plus riche, ou, pour mieux dire, beaucoup

Fig. 7.   Fig. 8.

plus chargée. Dans plusieurs grandes églises du XIVe siècle et du XVe, l'intrados des arcs-boutants est décoré de contre-arcatures découpées à jour. Les Fig. 5 et 6 représentent, la première un c. de l'église de Saint-Ouen à Rouen (XIVe siècle), et la seconde un c. de celle de Saint-Maclou dans la même ville (XVe siècle). Notre Fig. 7 offre un échantillon du style perpendiculaire qui régnait en Angleterre à l'époque où dominait chez nous le style flamboyant : c'est un c. de Trinity-Collège, à Oxford : il date de 1490 environ. Enfin, la Fig. 8 représente, d'après Britton, un c. qui, au lieu de porter un clocheton, est surmonté d'une statue colossale ; mais ces derniers exemples sont rares.

Les architectes de la Renaissance abandonnèrent le c. ogival et le remplacèrent par des pilastres, des consoles renversées, etc., qu'ils surmontèrent de statues, d'obélisques, de vases ou d'autres ornements semblables. Les contreforts de ce genre ont été en usage jusqu'à la fin du dernier siècle.

CONTRE-FOSSÉ. s. m. T. Art milit. Avant-fossé d'une forteresse. = Pl. *Des contre-fossés.*

CONTRE-FOULEMENT. s. m. T. Hydraul. Action des eaux remontant dans un tuyau. = Pl. *Des contre-foulements.*

CONTRE-FRASE. s. f. Troisième façon donnée à la pâte du pain. = Pl. *Des contre-frases.*

CONTRE-FRUIT. s. m. T. Archit. Diminution d'épaisseur d'un mur de bas en haut par une inclinaison en dedans, en laissant le dehors à plomb. = Pl. *Des contre-fruits.*

CONTRE-FUGUE. s. f. T. Mus. Voy. FUGUE. = Pl. *Des contre-fugues.*

CONTRE-GAGE. s. m. Ce qu'on donne à un créancier pour sûreté de ce qu'on lui doit. = Pl. *Des contre-gages.*

CONTRE-GARDE. s. f. Ouvrage construit autour d'un

bastion, d'une demi-lune. Voy. FORTIFICATION.= Pl. Des con-tre-gardes.

CONTRE-GARDER. v. a. Garder avec soin. = se CONTRE-GARDER. v. réfl. Se tenir sur ses gardes.

CONTRE-GATTE. s. f. T. Mar. Retranchement qui renforce la gatte.= Pl. Des contre-gattes ou des contre-gattes.

CONTRE-HACHER. v. a. T. Dessin et Grav. Croiser les hachures d'un dessin par d'autres hachures. = CONTRE-HACHÉ, ÉE. part.

CONTRE-HACHURE. s. f. Se dit des hachures qui croisent les premières hachures d'un dessin. = Pl. Des contre-hachures.

CONTRE-HÂTIER. s. m. Grand chenêt de cuisine qui a des crochets ou des chevilles de fer en dedans comme en dehors. On dit aussi simplement Hâtier = Pl. Des contre-hâtiers.

CONTRE-HAUT (EN). loc. adv. Voy. CONTRE-BAS.

CONTRE-HEURTOIR. s. m. Fer sur lequel frappe le heurtoir. = Pl. Des contre-heurtoirs.

CONTRE-HILOIRE. s. f. T. Mar. Bordage de chêne de chaque côté des écoutilles. = Pl. Des contre-hiloires.

CONTRE-IMBRICATION. s. f. [Pr. ...sion] Ornement qui figure des écailles de poisson en retraite les unes sur les autres. = Pl. Des contre-imbrications.

CONTRE-INDICATION. s. f. [Pr ...sion]. T. Méd. Indication contraire aux autres indications. = Pl. Des contre-indications.

CONTRE-INJURIER. v. a. Injurier par représailles.

CONTRE-JAMBAGE. s. m. T. Maçonn. Petit mur élevé contre le jambage d'une cheminée. = Pl. Des contre-jambages.

CONTRE-JAUGER. v. a. T. Techn. Mesurer les assemblages de charpente.

CONTRE-JET. s. m. Endroit d'une pièce d'étain qui a été recouvert par les tenailles.= Pl. Des contre-jets.

CONTRE-JOUR. s. m. L'endroit opposé au grand jour, où le jour ne donne pas à plein. Les femmes aiment d'ordinaire le c.-jour. = A CONTRE-JOUR. loc. adv. Contre le jour. Se mettre, se placer à c.-jour. Comment voulez-vous juger de ce tableau! vous êtes à c.-jour Vous ne le voyez qu'à c.-jour. = Pl. Des contre-jours.

CONTRE-JUMELLES. s. f. pl. Nom des grands parés qui se joignent deux à deux au milieu du paré des rues.

CONTRE-LAMES. s. f. pl. Pièce du métier à faire la gaze.

CONTRE-LATTE. s. f. Latte qui se pose perpendiculairement entre deux chevrons, et qui est plus longue et plus épaisse que les lattes ordinaires.= Pl. Des contre-lattes.

CONTRE-LATTER. v. a. [Pr. kontre-la-ter]. Garnir de contre-lattes. = CONTRE-LATTÉ, ÉE. part.

CONTRE-LATTOIR. s. m. [Pr. kontre-la-toir]. Outil du couvreur pour soutenir les lattes en les clouant. = Pl. Des contre-lattoirs.

CONTRE-LETTRE. s. f. T. Droit. Acte secret par lequel on déroge à ce qui est stipulé dans un acte ostensible. Voy. CONTRAT.= Pl. Des contre-lettres.

CONTRE-LIGNE. s. f. T. Fortif. Fossé bordé d'un parapet qui couvre les assiégeants du côté de la place.= Pl. Des contre-lignes.

CONTRE-MAILLE. s. f. [Pr les ll mouillées]. Filet de pêche à mailles doubles.= Pl. Des contre-mailles.

CONTREMAÎTRE, ESSE. s. La personne chargée de diriger et de surveiller les ouvriers ou ouvrières d'une manufacture, d'un atelier, etc. || T. Mar. Troisième officier de manœuvre, qui est au-dessous du maître et du second maître d'équipage. || Nom donné à un petit oiseau du Paraguay ressemblant à la fauvette.

CONTRE-MANDAT. s. m. Mandat contraire à un autre. = Pl. Des contre-mandats.

CONTREMANDEMENT. s. m. Action de contremander.

CONTREMANDER. v. a. Révoquer l'ordre que l'on a donné; donner un ordre contraire. Le roi avait mandé cet officier; il l'a contremandé. Il avait commandé un dîner, il l'a contremandé. = CONTREMANDÉ, ÉE. part.

CONTRE-MARC. s. m. Trait que le charpentier marque sur chaque bois élevé pour le reconnaître.= Pl. Des contre-marcs.

CONTREMARCHE. s. f. T. Strat. Se dit de la marche d'une armée dans une direction contraire ou opposée à celle qu'elle paraissait vouloir suivre. Cette c.-marche trompa l'ennemi. || T. Tactique. Évolution par laquelle une colonne fait volte-face. || T. Mar. Évolution qui s'exécute en virant vent devant. || T. Techn. Leviers des métiers à tisser placés entre le remisse et les marches. || T. Constr. Hauteur de chaque marche d'un escalier, planche qui forme cette hauteur.

CONTRE-MARÉE. s. f. T. Phys. Marée qui suit une direction opposée à la direction ordinaire des marées. Voy. MARÉE.

CONTREMARQUE. s.-f. Seconde marque apposée à un ballot de marchandises, ou à des ouvrages d'or ou d'argent. Les commerçants mettent des contremarques à leurs ballots. Faire une c. à de la vaisselle d'argent. || Billet que délivrent les contrôleurs d'un théâtre ou d'un spectacle quelconque à ceux qui sortent pendant la représentation, afin qu'ils puissent rentrer. = T. Numism. Signe gravé ou frappé sur une monnaie pour en changer la valeur ou lui donner cours dans un autre pays, ou encore pour l'affecter à un autre usage que celui auquel elle était primitivement destinée.

CONTREMARQUER. v. a. Apposer une seconde marque. C. un ballot de marchandises. = CONTRE-MARQUÉ, ÉE. part.

CONTREMARQUEUR, EUSE. s. m. et f. Celui ou celle qui, dans un théâtre, distribue les contre-marques.

CONTRE-MINE. s. f. T. Art milit. Mine pratiquée pour éventer une mine de l'ennemi ou en empêcher l'effet. Voy. MINE.= Pl. Des contre-mines.

CONTRE-MINER. v. a. Faire des contre-mines. Les assiégés avaient contre-miné le bastion. Tous les dehors de la place avaient été contre-minés. || Fig. C.-m. les menées de quelqu'un, Leur en opposer d'autres. = CONTRE-MINÉ, ÉE. part.

CONTRE-MINEUR. s. m. Celui qui travaille à une contre-mine. = Pl. Des contre-mineurs.

CONTRE-MONT. loc. adv. En haut. Tomber à la renverse les pieds c.-mont. Gravir c.-mont. Gravir une montagne. Vx et presque inus. — On dit encore qu'Un bateau va à c.-mont, Lorsqu'il remonte le courant.

CONTRE-MOT. s. m. T. Milit. Mot que l'on échange contre le mot d'ordre. = Pl. Des contre-mots.

CONTRE-MOULAGE. s. m. Contrefaçon d'un ouvrage de sculpture. = Pl. Des contre-moulages.

CONTRE-MOULE. s. m. Moule qui en enveloppe un autre, pour servir à défaut du premier. = Pl. Des contre-moules.

CONTRE-MOULER. v. a. Faire un contre-moulage.

CONTRE-MOUSSON (À). Loc. adv. T. Mar. Aller à c.-m., Remonter contre la mousson qui souffle.

CONTRE-MUR. s. m. Petit mur construit tout le long d'un autre pour le fortifier, pour le conserver.= Pl. *Des contre-murs.*

CONTRE-MURER. v. a. Faire un contre-mur. *La loi oblige à c.-murer les lieux d'aisances, les contre-cœurs de cheminée, etc.* = Contre-muré, ée. part.

CONTRE-NOTE. s. f. Note diplomatique rédigée dans un sens opposé à une note précédente. = Pl. *Des contre-notes.*

CONTRE-ONGLE. s. m. T. Chasse. Le rebours du pied du cerf. = Pl. *Des contre-ongles.*

CONTRE-OPÉRATION. s. f. [Pr. ...sion]. Opération contraire à une autre. = Pl. *Des contre-opérations.*

CONTRE-OPPOSITION. s. f. [Pr. kontre-o-po-zi-sion]. Dans le langage parlementaire, cette fraction de l'opposition qui se détache, sur certaines questions, de son parti, pour voter avec la majorité de la Chambre. = Pl. *Des contre-oppositions.*

CONTRE-ORDRE. s. m. Révocation d'un ordre. *Donner un c.-ordre. Recevoir un c.-ordre.* = Pl. *Des contre-ordres*

CONTRE-OUVERTURE. s. f. T. Chirur. Incision pratiquée dans un point plus ou moins éloigné de l'ouverture d'une plaie, d'un abcès, lorsque celle-ci n'est pas située d'une manière favorable à l'écoulement du pus ou à l'extraction d'un corps étranger = Pl. *Des contre-ouvertures.*

CONTRE-PAL. s. m. T. Blas. Pal divisé en deux parties de différentes couleurs. = Pl. *Des contre-pals.*

CONTRE-PANNETON. s. m. [Pr. kontre-pa-neton]. Platine servant à recevoir les pannetons d'une espagnolette. = Pl. *Des contre-pannetons.*

CONTRE-PAROI. s. f. T. Métall. Face externe des parois d'un fourneau. = Pl. *Des contre-parois.*

CONTRE-PARTIE. s. f. Double d'un registre sur lequel on inscrit toutes les parties d'un compte. || Écritures servant de vérification. || T. Mus. Se dit d'une partie de musique opposée à une autre. *La basse est c.-partie du dessus.* — Plus ordin. La partie qui sert de second dessus. *Faire une c.-partie à un air. Chanter, jouer la c.-partie.* || Fig., Opinion, sentiment, système contraire. *Quoi que vous disiez, il prendra toujours la c.-partie.*= Pl. *Des contre-parties.*

CONTRE-PAS. s. m. T. Art milit. Demi-pas dans la marche régulière servant à reprendre le pas perdu. = Pl. *Des contre-pas*

CONTRE-PASSATION. s. f. [Pr. ...sion]. T. Comm. Changement d'ordre passé sur le dos d'une lettre de change par celui qui la reçoit en faveur de celui de qui il la reçoit. = Pl. *Des contre-passations.*

CONTRE-PASSE (À). Loc. adv. Scier à c.-passe. Débiter le marbre en tranches suivant la hauteur du bloc.

CONTRE-PASSEMENT. s. m. Action de contre-passer.

CONTRE-PASSER. v. a. T. Comm. Faire une contre-passation.

CONTRE-PENTE. s. f. T. Hydraul. L'interruption du niveau d'une pente, qui fait que les eaux s'arrêtent. = Pl. *Des contre-pentes.*

CONTRE-PERCER. v. a. T. Techn. Percer dans un sens contraire.

CONTRE-PESER. v. a. Contrebalancer, servir de contre-poids. *Ces raisons-là sont trop faibles pour pouvoir c.-peser les autres.* Vx; on dit aujourd'hui *Contrebalancer.*= Contre-pesé, ée. part.

CONTRE-PÉTITION. s. f. [Pr. ...sion]. Pétition opposée à une autre. = Pl. *Des contre-pétitions.*

CONTRE-PÉTITIONNAIRE. s. m. [Pr. kontre-péti-sionère]. Celui qui fait une contre-pétition. = Pl. *Des contre-pétitionnaires.*

CONTRE-PÉTITIONNER. v. n. [Pr. kontre-péti-sioner]. Faire une contre-pétition.

CONTRE-PIED. s. m. T. Chasse. Se dit des chiens, lorsque, étant tombés sur les voies de la bête, ils prennent le chemin qu'elle a fait, au lieu de prendre celui qu'elle tient. *Les chiens ont pris le c.-pied du cerf, du sanglier.* || Fig.. Le contraire. *Il fait toujours le c.-pied de ce qu'on lui dit. C'est justement le c.-pied de ce que vous disiez.* = Ce mot n'est pas usité au pl.

CONTRE-PILASTRE. s. m. T. Archit. Pilastre placé vis-à-vis d'un autre.= Pl. *Des contre-pilastres.*

CONTRE-PLANCHE. s. f. T. Gravure. Deuxième planche d'un dessin qui porte le mordant sur les endroits non touchés par une première planche. = Pl. *Des contre-planches.*

CONTRE-PLANTER. v. a. T. Agric. Planter à côté de ce qui est planté pour ne pas laisser d'espace vide.

CONTRE-PLATINE. s. f. T. Techn. Plaque de fer qui se place du côté opposé à la platine d'une arme à feu pour recevoir les têtes des grandes vis de la platine. Voy. Fusil. = Pl. *Des contre-platines.*

CONTREPOIDS. s. m. Poids qui sert à contrebalancer une force opposée, ou à en modérer l'action. *C. d'horloge, de tournebroche. Cela fait le c., sert de c.* || Fig. Se dit des qualités bonnes ou mauvaises, des sentiments, et en général de toutes les choses morales, politiques, etc., qui servent à en contrebalancer d'autres. *La crainte de Dieu est un puissant c. à nos mauvaises inclinations. Il est heureux que la prudence de la femme serve de c. à l'étourderie du mari.*

CONTRE-POIL. s. m. Le rebours du poil, le sens contraire à celui dans lequel le poil est couché. *Vous prenez le c.-poil.* = A contre-poil. loc. adv. En sens contraire à celui du poil. *Étriller un cheval à c.-poil. Faire la barbe à c.-poil. Brosser un chapeau à c.-poil.* || Fig. et fam., *Prendre une affaire à c.-poil,* La prendre dans un sens contraire à celui qui convient, la prendre à rebours. *L'avocat avait pris l'affaire à c.-poil, aussi il l'a perdue.* — *Prendre quelqu'un à contre-poil,* Choquer les sentiments, les idées, les goûts, les habitudes, etc., de quelqu'un. *Quand on ne le prend pas à c.-poil, on en fait tout ce qu'on veut.* = Ce mot n'est pas usité au pl.

CONTRE-POINÇON. s. m. Outil de forme ronde servant aux serruriers pour contre-percer les trous et river les pièces. Tige d'acier présentant le creux d'une lettre.= Pl. *Des contre-poinçons.*

CONTREPOINT. s. m. T. Mus.

Mus. — Le *Contrepoint* est l'art d'écrire de la musique à deux ou à plusieurs parties. L'origine de ce terme remonte à l'usage où l'on était, avant l'invention de l'écriture musicale actuelle, de se servir de points pour représenter les sons. Le c. est à l'harmonie ce que la rhétorique est à la grammaire et à la syntaxe. L'harmonie enseigne à écrire correctement la musique; le c. apprend à combiner ensemble les différentes parties harmoniques, et à développer la pensée musicale sous les diverses formes dont elle est susceptible. On distingue plusieurs espèces de contrepoints. Le *C. simple* est celui où les différentes parties vont toujours ensemble note contre note, ou plutôt note contre sa valeur rigoureuse. Le *C. fleuri* est celui où les parties procèdent par des valeurs et des rythmes différents. Le *C. double* est celui que l'on combine de façon que les parties puissent se renverser du grave à l'aigu, c.-à-d. passer du dessus à la basse, et réciproquement. Le c. devient *triple* ou *quadruple,* quand on l'écrit à trois ou quatre parties différentes dont chacune peut être mise tour à tour au-dessus, à la basse et aux parties intermédiaires. On appelle *C. fugué,* celui qui admet un sens de la fugue (voy. Fugue); *C. libre,* celui qui autorise certaines licences; et *C. rigoureux* ou *classique,* celui qui suit strictement les règles tracées par les maîtres. Les traités de musique parlent encore du *C. rétrograde*, in *C. par mouvements contraires* ou *par alternatives*, etc. ; mais ces diverses variétés rentrent dans le c. double : ce sont d'ailleurs des tours de force parfaitement ridicules, et aujourd'hui délaissés. — L'invention du c. est généralement attribuée à Gui d'Arezzo, qui vivait au commencement du XIe siècle; mais ce terme ne désignait réellement aux yeux de cet artiste qu'une nouvelle notation musicale : c'est seulement dans les temps modernes qu'il a reçu sa signification actuelle. Aujourd'hui on donne le nom de *Contrapuntistes* aux compositeurs qui excellent dans l'art du c.

Bibliogr. — Chérubini, *Cours de contrepoint et de fugue;* F.-T. Fétis, *Traité de la fugue et du contrepoint.*

CONTRE-POINTE. s. f. T. Armur. *C.-pointe de lame,* La partie tranchante que présente le dos de la lame d'un sabre, à quelque distance de la pointe. || T. Escr. Mouvement du sabre où l'on combine les coups de taille et d'estoc. || Syn. de courte-pointe, couverture de lit. == Pl. Des *contre-pointes.*

CONTRE-POINTER. v. a. Se dit de certains ouvrages d'étoffes qu'on pique des deux côtés avec du fil ou de la soie. *C.-pointer une couverture, une jupe. C.-pointer du taffetas.* || T. Artill. Se dit des bouches à feu qu'on oppose à d'autres. *Nous contre-pointâmes six pièces de douze.* || Fig. et fam., Contredire, contrecarrer. Peu us. == Contre-pointé, ée. part.

CONTREPOISON. s. m. Antidote, remède qui empêche l'effet du poison. *Donner, administrer, faire prendre un c., du c.* Voy. Poison. || Fig., *Ce livre est le c. des mauvaises doctrines.*

CONTRE-PORTE. s. f. La seconde porte d'une place de guerre. || Seconde porte, ordinairement faite de serge et rembourrée de laine, qu'on met devant la porte ordinaire d'un appartement pour mieux se garantir du vent et du froid. == Pl. Des *contre-portes.*

CONTRE-POSER. v. a. Mal poser. T. Comm. Porter inexactement un article sur un livre de commerce.

CONTRE-POSEUR. s. m. Ouvrier qui aide au poseur de pierres.== Pl. Des *contre-poseurs.*

CONTRE-POTENCE. s. f. T. Horlog. Pièce portant le bouchon sur lequel roule le pivot de la roue de rencontre. == Pl. Des *contre-potences.*

CONTRE-POUCE. s. m. Pièce du métier à bas.== Pl. Des *contre-pouces.*

CONTRE-POUSSER (Se). v. pron. Se pousser en sens inverse.

CONTRE-PRESSION. s. f. Pression contraire à une autre pression. || T. Techn. Dans les machines à vapeur la c.-p. est l'effort exercé sur l'une des faces du piston par la vapeur qui ne s'est pas encore échappée par le tiroir et qui s'oppose ainsi, en partie, au mouvement en sens inverse que produit la vapeur arrivant pour pressser l'autre face du piston. La c.-p. est une cause assez grave de travail nuisible qu'on arrive à diminuer le plus possible par une disposition rationnelle du tiroir réglant l'arrivée et la sortie de la vapeur. Voy. Tiroir.

CONTRE-PROFILER. v. a. Entailler une pièce de bois de façon que les creux reçoivent les moulures en relief d'une autre pièce.

CONTRE-PROGRAMME. s. m. Programme opposé à un programme. == Pl. Des *contre-programmes.*

CONTRE-PUITS. s. m. T. Fortif. Fourneau pratiqué au-dessus de la voûte des galeries de contre-mine. == Pl. Des *contre-puits.*

CONTRE-QUEUE-D'ARONDE. s. f. T. Fortif. Ravelin en tenaille simple, moins large vers la campagne que vers la gorge. = Pl. Des *contre-queues-d'aronde.*

CONTRE-QUILLE. s. f. T. Mar. Pièce de bois d'un vaisseau, la plus longue du fond de cale, servant à relier les varangues avec la quille.== Pl. Des *contre-quilles.*

CONTRE-RAIL. s. m. [Pr. *kontre-ral, l* mouillée, ou *kontre-rèl*]. Rail placé parallèlement à un autre rail, sur lequel ne portent pas les roues des véhicules et qui sert seulement à maintenir le terrain, le passage, etc., de manière à ménager à côté du rail un espace suffisant pour recevoir les boudins des roues. = Pl. Des *contre-rails.*

CONTRE-RÉTABLE. s. m. T. Archit. Paroi au fond de l'autel. Voy. Rétable. = Pl. Des *contre-rétables.*

CONTRE-REVERS. s. m. Côté du ruisseau opposé au plus large dans une chaussée creuse.

CONTRE-RÉVOLUTION. s. f. [Pr. *...sion*]. Révolution politique qui a pour but de détruire les résultats d'une révolution antérieure. = Pl. Des *contre-révolutions.*

CONTRE - RÉVOLUTIONNAIRE. adj. et s. 2 g. [Pr. *kontre-révolu-sio-nère*]. Qui est favorable à la contre-révolution, qui y tend. *Mesures contre-révolutionnaires. Doctrines contre-révolutionnaires. Les contre-révolutionnaires furent battus.* = Pl. Des *contre-révolutionnaires.*

CONTRE-RIPOSTE. s. f. T. Escr. Mouvement opposé à une riposte. == Pl. Des *contre-ripostes.*

CONTRE-RIVURE. s. f. Petite plaque de fer que l'on met entre le bois et une rivure. == Pl. Des *contre-rivures.*

CONTRE-RONDE. s. f. T. Milit. Ronde opérée après une autre dans une place de guerre. = Pl. Des *contre-rondes.*

CONTRE-RUSE. s. f. Ruse opposée à une autre.==Pl. Des *contre-ruses.*

CONTRES, ch.-l. de c. (Loir-et-Cher), arr. de Blois; 2,600 hab.

CONTRE-SABORD. s. m. T. Mar. Fenêtre qui renferme le sabord. = Pl. Des *contre-sabords.*

CONTRE-SAILLANT, ANTE. adj. T. Blas. Se dit de deux animaux qui semblent s'élancer en sens contraire.

CONTRE-SAISON (A). loc. adv. Hors de saison. *Plante fleurissant à c.-saison.*

CONTRE-SALUT. s. m. T. Mar. Salut rendu immédiatement à un bâtiment. = Pl. Des *contre-saluts.*

CONTRE-SANGLON. s. m. Courroie clouée sur l'arçon de la selle du cheval, et dans laquelle on passe la boucle de la sangle pour l'arrêter.==Pl. Des *contre-sanglons.*

CONTRESCARPE. s. f. T. Fortif. Paroi du fossé qui regarde la campagne. Voy. Fortification.

CONTRESCARPER. v. a. Munir d'une contrescarpe.

CONTRE-SCEL. s. m. Petit sceau apposé sur le tirot du parchemin qui attache les lettres scellées en chancellerie. Voy. Sceau.== Pl. Des *contre-scels.*

CONTRE-SCELLER. v. a. [Pr. *kontre-sè-ler*]. Mettre le contre-scel. *C.-sceller des lettres.* = Contrescellé, ée. part.

CONTRESEING. s. m. Signature de celui qui contre-signe. *Cette ordonnance porte le c. du ministre des finances.* — *Avoir le c. d'un ministre,* Avoir l'autorisation de signer en son nom. — *Avoir le c.,* sign. encore, Avoir le droit de contresigner les lettres et les paquets pour qu'ils soient exempts des droits de poste.

CONTRE-SEMPLER. v. a. T. Techn. Transporter un dessin d'un semple dans un autre.

CONTRESENS. s. m. Sens contraire au sens naturel d'un discours, d'une proposition, d'une phrase. *Vous interprétez* *mais* *ce que je dis, vous prenez le c. de mes paroles.* — Par ext., Tout sens différent du sens véritable d'un texte, d'un discours. *Cette traduction est pleine de c.* — Par anal., Toute manière de lire, de prononcer, de déclamer, etc., qui ne s'accorde pas avec le sens des paroles. *Cet acteur fait continuellement des c. Sa manière de lire est un c. perpétuel. Cette musique forme un véritable c. avec les paroles.* || En parlant des étoffes, du linge et d'autres choses, sign. qu'elles ne sont pas dans le sens ou du côté qu'elles doivent être. *En coupant ma robe, vous avez pris le c. de l'étoffe.* || Fig., se dit aussi des affaires. *Vous avez pris le c. de l'affaire.* — A CONTRESENS, loc. adv., qui s'emploie dans les différentes significations qui précèdent. *Vous avez pris à c. ce qu'il vous a dit. Expliquer un passage à c. Couper, coudre une étoffe à c. Prendre une affaire à c.*

CONTRE-SIGNAL. s. m. Signal double se donnant pour servir de double moyen de reconnaissance. = Pl. *Des contre-signaux.*

CONTRE-SIGNATAIRE. s. m. Celui qui contresigne un acte. = Pl. *Des contre-signataires.*

CONTRESIGNER. v. a. Signer un acte, en vertu des fonctions qu'on exerce, après que celui dont cet acte émane y a lui-même apposé sa signature. *Toute ordonnance royale doit être contresignée par un ministre. C. un brevet, des lettres patentes.* || Se dit aussi des lettres qui viennent des bureaux d'une administration supérieure et sur lesquelles on met le nom du ministre ou de l'administrateur qui les envoie. *Le secrétaire général a contresigné cette lettre.* || Mettre ses initiales sur l'enveloppe d'une lettre pour en indiquer la provenance. = CONTRESIGNÉ, ÉE. part.

CONTRE-SIGNEUR. s. m. Celui qui met un contreseing sur les lettres pour les exempter des frais de poste. = Pl. *Des contre-signeurs.*

CONTRE-SIGNIFIER. v. a. T. Droit. Opposer une signification à une signification précédente.

CONTRE-SOL. s. m. (R. *contre*, et lat. *sol*, soleil). Vase servant à la culture de plantes qui ne doivent pas être exposées au soleil. = Pl. *Des contre-sol.*

CONTRE-SOMMATION. s. f. [Pr. *kontre-so-ma-sion*]. Acte par lequel une tierce personne appelée en garantie en appelle une quatrième pour se faire garantir à son tour. = Pl. *Des contre-sommations.*

CONTRE-SOMMER. v. a. [Pr. *kontre-so-mer*]. Faire une contre-sommation.

CONTRE-SOMMIER. s. m. [Pr. *kontre-so-mié*]. Pièce de bois carrée qui soutient le sommier d'une presse à imprimer. || Peau dont le parcheminier couvre le sommier où il rature les peaux. = Pl. *Des contre-sommiers.*

CONTRE-SON. s. m. Son répercuté. = Pl. *Des contre-sons.*

CONTRE-SORTIE. s. f. T. Milit. Offensive prise par les assiégeants pour repousser une sortie de la part des assiégés. = Pl. *Des contre-sorties.*

CONTRE-STIMULANT, ANTE. adj. T. Méd. Qui a la propriété de combattre la stimulation que déterminent beaucoup de maladies. = Pl. *Des contre-stimulants, antes.* || S'emploie subst. en parlant des remèdes. *Des contre-stimulants.*

CONTRE-STIMULISME. s. m. T. Méd. On désigne sous ce nom un système médical qui a pris naissance en Italie, au commencement de ce siècle. D'après Rasori, son auteur, la vie est le résultat de deux forces opposées, également actives, qui se contre-balancent et s'équilibrent parfaitement dans l'état de santé. Ces deux forces opposées sont appelées *stimulus* et *contre-stimulus*, et les effets qu'elles produisent sont désignés sous les noms de *stimulation* et de *contre-stimulation*. Les maladies résultent non de la soustraction du stimulus ou du contre-stimulus, mais de l'excès de l'une ou de l'autre de ces forces; de là deux classes de maladies et deux classes d'agents thérapeutiques : les *stimulants*, appelés aussi *hypersthénisants*, pour combattre

l'excès du contre-stimulus, et les *contre-stimulants*, nommés encore *hyposthénisants*, pour combattre celui du stimulus. On range au nombre des *stimulants* les boissons alcooliques, l'opium et les substances aromatiques. Quant aux *contre-stimulants*, ils se divisent en deux catégories : les contre-stimulants *indirects* qui sont l'abstinence, la saignée et l'action du froid; et les contre-stimulants *directs*, qui réunissent une foule de substances dont l'action diffère essentiellement : telles sont les préparations mercurielles, antimoniales, ferrugineuses, les acides minéraux, les purgatifs alcalins, la gomme-gutte, le séné, l'ipécacuanha, la scille, le colchique, la digitale, le rhus, la belladone, la strychnine, les préparations cyaniques, etc.

Il n'est peut-être plus un seul médecin aujourd'hui qui admette encore les théories du contre-stimulisme. Il ne reste des travaux de l'École italienne que des expériences et des observations utiles et nombreuses sur l'action des médicaments.

CONTRE-STIMULISTE. s. m. Médecin adoptant les principes du contre-stimulisme. = Pl. *Des contre-stimulistes.*

CONTRE-SUJET. s. m. T. Mus. Second ou troisième sujet dans une fugue qui en admet plusieurs. = Pl. *Des contre-sujets.*

CONTRE-TAILLE. s. m. [Pr. les *ll* mouillées]. T. Graveur. Se dit des tailles qui croisent ces premières tailles = Pl. *Des contre-tailles.*

CONTRE-TAILLER. v. a. [Pr. les *ll* mouillées]. Couvrir de tailles.

CONTRE-TASSEAU. s. m. T. Techn. Bois qui supporte le chevalet. = Pl. *Des contre-tasseaux.*

CONTRETEMPS. s. m. Circonstance imprévue, accident inopiné qui dérange nos projets, déconcerte les mesures que nous avions prises. *La pluie survint au moment où nous allions sortir: quel fâcheux c.! Tous ces c. ont eu pour effet d'empêcher notre voyage.* — *Tomber dans un c., dans des c.*, Tomber dans des circonstances fâcheuses qui dérangent les mesures qu'on avait prises; ou faire une chose dans une conjoncture tout à fait défavorable. || T. Escr. Mouvement faux d'un ou de deux adversaires. || T. Manège. Interruption de la cadence d'un cheval. Passage subit de l'action à l'inaction. || T. Danse. Sorte de pas. *On fait des c. dans le menuet.* || T. Mus. Manière particulière de marquer la mesure en appuyant sur le temps faible et en passant légèrement sur le temps fort. *Faire des c. Mesure à c.* = A CONTRETEMPS. loc. adv. En prenant mal son temps, mal à propos. *Il agit et parle toujours à c.*

CONTRE-TENIR. v. a. T. Techn. Soutenir par derrière avec un maillet pendant qu'un autre frappe par devant. || T. Mar. Lâcher en douceur un cordage.

CONTRE-TERRASSE. s. f. [Pr. *kontre-tè-ra-se*]. T. Arch. Terrasse appuyée contre une autre plus élevée. = Pl. *Des contre-terrasses.*

CONTRE-TIMBRAGE. s. m. Opération qui consiste à apposer l'empreinte du contre-timbre. = Pl. *Des contre-timbrages.*

CONTRE-TIMBRE. s. m. Empreinte apposée sur les papiers timbrés pour indiquer une modification dans leur valeur. = Pl. *Des contre-timbres.*

CONTRE-TIMBRER. v. a. Marquer d'un contre-timbre.

CONTRE-TIRER. v. a. Faire la *contre-épreuve* d'une estampe. *C.-tirer une estampe.* || *C.-tirer un tableau, un plan, une carte*, Les copier trait pour trait au moyen d'une toile fine, d'un papier huilé, d'un canevas, etc., qu'on met dessus. Peu us. On dit aujourd'hui *calquer* = CONTRE-TIRÉ, ÉE. part.

CONTRE-TORPILLEUR. s. m. T. Mar. Petit bateau à vapeur destiné à combattre les torpilleurs. = Pl. *Des contre-torpilleurs.*

CONTRE-TRANCHÉE. s. f. T. Art milit. Tranchée ouverte par les assiégés. = Pl. *Des contre-tranchées.*

CONTRE-VALEUR. s. f. T. Comm. Valeur donnée en
échange de celle que l'on reçoit. = Pl. *Des contre-valeurs.*

CONTREVALLATION. s. f. [Pr. *kontre-va*'-*la-sion*]
(R. *contre*, et lat. *vallus*, pieu). *. Fortif. Fossé et retranchement qu'on fait autour d'une place assiégée pour empêcher les sorties de la garnison. *Lignes de c.*

CONTREVALLER. v. a. [Pr. *kontre-val-ler*]. T. Fortif.
Munir d'une contrevallation.

CONTRE-VAPEUR. s. f. Mécanisme à l'aide duquel on
use de la vapeur à contre-sens sur les machines pour ralentir
la marche des trains ou des bateaux à vapeur. = A CONTRE-
VAPEUR. loc. adv. *Marcher à c.-vapeur*, se dit d'un train ou
d'un bateau qui continue à avancer en vertu de sa vitesse
acquise, quoiqu'on ait fait agir la vapeur pour l'arrêter.

CONTREVARIANT. s. m. T. Math. Fonction des coordonnées tangentielles d'une ligne ou d'une surface qui égalée à 0
exprime entre cette ligne et cette surface et d'autres lignes
ou surfaces données par leurs équations ponctuelles, une
relation indépendante du choix des coordonnées. Voy. COVA-
RIANT.

CONTREVENANT, ANTE. s. Celui, celle qui contrevient.
Les contrevenants seront condamnés à l'amende.

CONTRE-VENGEANCE. s. f. Vengeance prise d'une vengeance.

CONTREVENIR. v. n. (lat. *contravenire*, de *contra*, et
venire, venir). Faire une chose contraire à ce qui est prescrit, ordonné, ou ne pas faire ce qui est prescrit, ordonné.
*C. au précepte de la charité. C. à la loi, aux règlements
de police, à un engagement, à un traité.* = Syn. Voy.
ENFREINDRE.

CONTREVENT. s. m. Grand volet de bois, qui s'ouvre et
qui se ferme du côté extérieur de la fenêtre, et qui sert à garantir du vent et de la pluie. *Ouvrez les contrevents.*
|| Cloison en pierre ou en bois pour garantir du vent ou isoler
d'un voisinage. || T. P. et Chauss. Pièce de bois qui, placée
obliquement entre deux formes d'un pont ou d'une charpente,
les empêche de se déformer dans le sens transversal. || T. Mé-
tall. Paroi du creuset d'un fourneau opposé à la tuyère dans
les fourneaux qui n'en ont qu'une.

CONTREVENTEMENT. s. m. T. Constr. Pièce servant à
empêcher les déformations d'une construction et à garantir le
système contre les actions latérales.

CONTREVENTER. v. a. Placer des contrevents. Garnir un
comble de contrevents.

CONTRE-VERGE. s. f. T. Techn. Instrument du métier des
étoffes de soie. = Pl. *Des contre-verges.*

CONTRE-VÉRITÉ. s. f. Ce que l'on dit dans l'intention de
faire entendre le contraire. *Lorsqu'on dit à quelqu'un qui
nous a rendu un mauvais service :* Vous êtes bien aimable,
je vous en ai beaucoup d'obligation, *c'est une c.-vérité.* =
Pl. *Des contre-vérités.* = Syn. Voy. ANTIPHRASE.

CONTRE-VISITE. s. f. Seconde visite de lieux s'il s'agit
de location, ou de police s'il s'agit d'administration. = Pl.
Des contre-visites.

CONTRE-VOILE-D'ÉTAI. s. f. Voile gréée entre la voile
d'étai et celle du perroquet.= Pl. *Des contre-voiles-d'étai.*

CONTRE-VOLTE. s. f. T. Art. milit. Manœuvre par laquelle
on rétablit la position dérangée d'une volte. = Pl. *Des
c ontre-voltes.*

CONTRE-VOLTER. v. n. Opérer une contre-volte.

CONTREXÉVILLE, vge de France (Vosges), arr. de Mirecourt, 846 hab. Eaux minérales diurétiques, efficaces dans
le traitement de la gravelle.

CONTRIBUABLE. s. m. Celui qui doit contribuer aux dépenses publiques, qui paie les impositions.

CONTRIBUANT. s. m. Celui qui contribue.

CONTRIBUER. v. n. (lat. *contribuere*, m. s., de *cum*, avec,
et *tribuere*, donner). Coopérer à un acte, prendre part à l'exécution d'une entreprise; être en partie la cause d'un certain
résultat. *Tout homme qui contribue de quelque manière
que ce soit à un dommage doit le réparer. C'est une fort
vilaine action, et vous y avez contribué comme les autres.
Je n'y ai contribué en rien. Il y a contribué de ses soins.
C. au gain d'une bataille, au succès d'une affaire, à la
perte d'un procès. Cette découverte contribua beaucoup
aux progrès de la médecine. Vous avez contribué à le
perdre.* || Payer une part de quelque dépense ou charge
commune. *C. pour un quart dans une dépense.* — Se dit spécialement en matière d'impôt. *C. foncière. Rôle,
registre des contributions. C. volontaire.* || T. Droit. *C. aux
pertes*, voy. SOCIÉTÉ. *Distribution par c.*, voy. SAISIE. *C.
au jet dans la mer*, La répartition entre tous les co-intéres-
sés des pertes et dommages provenant de la nécessité où le
capitaine d'un navire s'est trouvé, soit par suite d'une tempête, soit pour échapper à l'ennemi, de jeter en mer une partie de son chargement ou de couper ses mâts et d'abandonner
ses ancres Voy. AVARIE. || Se dit aussi particulièrement de ce
que les habitants d'un pays occupé par l'ennemi sont obligés de
payer à ce dernier. *Lever des contributions. Contributions
en argent, en denrées. Il mit le pays à c.* Par ext. et fam.,
Mettre à c., Faire contribuer de quelque manière à une dépense. *Mettre ses amis à c. Mettre à c. la charité, la cré-
dulité publique.* — Figur. et par anal., on dit encore, *Il a
mis à c. tous les jurisconsultes qui ont écrit sur ce sujet.*
Fin. — Les mots *Contribution* et *Impôt* s'emploient indifféremment l'un pour l'autre, pour désigner les différentes
sources de revenu public. Néanmoins celui-ci pourrait se dire
surtout par rapport au législateur qui impose les charges, et
celui-là par rapport à l'imposé qui doit contribuer pour une
part quelconque à l'acquittement des taxes publiques. Dans
notre système financier, le terme c. est employé de préférence
à celui d'impôt : en conséquence, c'est ici que nous exposerons
le système de taxation en usage chez nous, et c'est à l'article
IMPÔT seulement que nous traiterons cette question au point de
vue de la science économique pure. — En France, on distingue
deux grandes classes de contributions : les *contributions directes* et les *contributions indirectes.*
Les contributions directes sont établies sur les personnes
désignées *nominativement* à raison de leurs revenus soit fonciers soit mobiliers, constatés ou présumés. — Les contributions indirectes se perçoivent à l'occasion d'un fait, d'un acte,
d'un échange sans acception de personnes, sans avoir égard à
la fortune des individus.
Cette distinction a une importance pratique, parce que suivant que la loi l'a placé dans l'une ou l'autre catégorie, chaque
impôt est soumis à des règles différentes en ce qui concerne
l'assiette, la perception et le contentieux.
1. *Contributions directes.* — Notre système financier reconnaît quatre contributions directes proprement dites : la *C. foncière*, la *C. personnelle* et la *Taxe mobilière*, la *C. des*

CONTRIBULE. s. m. Se dit de ceux qui appartiennent à
une même tribu.

CONTRIBUTAIRE. s. m. Celui qui paye sa part d'un impôt. = CONTRIBUTAIRE, adj. 2 g. Qui est relatif à une contribution. *Part c.*

CONTRIBUTEUR. s. m. Celui qui contribue.

CONTRIBUTIF, IVE. adj. Qui a rapport à la contribution.

CONTRIBUTION. s. f. [Pr. *...sion*] (lat. *contributio*, m.
s., de *contribuere*, contribuer.) Ce que chacun doit donner
pour sa part dans une dépense ou une charge commune. *C.
aux dettes, aux charges d'une société, d'une succession.*

portes et fenêtres, la *C. des patentes*, et un certain nombre de taxes assimilées aux contributions directes, telles que les redevances sur les mines, la taxe des biens de mainmorte, etc.

A. *Principal et centimes additionnels.* — Chacune des contributions directes peut se diviser en deux parties : l'une, qui est fixée d'une manière presque invariable et qui est tout entière destinée à subvenir aux dépenses faites dans l'intérêt général du pays, porte le nom de *Principal* ; l'autre, qui est plus mobile de sa nature, et qu'on augmente ou diminue chaque année selon les besoins du moment, est appelée *Centimes additionnels*. Cette seconde partie des contributions directes est ainsi nommée parce qu'elle s'ajoute au principal et s'exprime en centièmes de ce même principal. Supposons, par ex., que le principal de la c. foncière soit de 180 millions et que le Parlement vote 45 cent. additionnels sur cette c., ces cent. devront produire une somme égale aux 45 centièmes du principal, soit 81 millions ; ce qui portera le total de cette c. à 261 millions. Les centimes additionnels sont en général établis sur le principal des quatre contributions ; néanmoins il est certaines dépenses auxquelles il est pourvu au moyen de cent. addit. sur l'une seulement des quatre contributions directes. Ainsi, par ex., les salaires des gardes champêtres sont pris sur les centimes additionnels à la c. foncière ; les frais des bourses de commerce sur les centimes additionnels à la c. des patentes, etc. — On distingue les centimes additionnels *généraux*, les cent. additionnels pour *dépenses départementales*, et les centimes additionnels pour *dépenses communales*. — Les centimes *généraux* pour toute la France sont votés par le pouvoir législatif. Les uns n'ont point d'affectation spéciale et font partie, comme le principal des contributions, des fonds généraux du budget de l'État. Les autres sont affectés aux dépenses spéciales suivantes : secours en cas de grêle, d'incendie, d'inondation, etc. ; dégrèvements et non-valeurs ; réimpositions. Les centimes additionnels *départementaux* et *communaux* sont, en partie du moins, *facultatifs*. Ainsi que leur nom l'indique, ils sont spécialement affectés au service, les uns des départements, les autres des communes. Les premiers sont votés par les conseils généraux, approuvés par la loi des finances de chaque année, et appliqués aux dépenses ordinaires départementales. En cas d'insuffisance de ces centimes, les conseils peuvent demander l'établissement d'impositions extraordinaires, qui sont ensuite autorisées par des lois spéciales. Les seconds sont votés par les conseils municipaux, qui peuvent également, si les contributions ordinaires ne suffisent pas à leurs dépenses, s'imposer, sauf approbation, le nombre de centimes qu'ils jugent nécessaire pour satisfaire à ces dépenses.

B. *Répartition.* — Nous venons de dire que les contributions directes, tant en centimes additionnels qu'en principal, sont votées chaque année, pour l'année suivante, par le pouvoir législatif. Mais pour les contributions foncière (propriété non bâtie), mobilière et des portes et fenêtres, qui sont des impôts de répartition, il ne se contente pas de les voter ; il en fait une première répartition entre les 86 départements, c.-à-d. fixe le contingent de chacun d'eux dans les tableaux annexés à la loi des recettes et appelés *États de répartement*. Il faut donc faire ensuite une nouvelle répartition dans chaque département, d'abord entre les arrondissements, puis entre les communes, et enfin entre les divers contribuables.

La répartition entre les arrondissements est confiée aux conseils généraux. Elle est basée, pour la c. foncière, sur les résultats du cadastre, les notes de vente et les informations obtenues par l'administration ; pour la c. personnelle et mobilière, sur un tableau dressé par le directeur des contributions directes, et renfermant par arrondissement et par commune, le nombre des individus passibles de la taxe et le montant de la valeur locative de leur habitation ; enfin, pour les portes et fenêtres, sur un deuxième tableau, également formé par le directeur des contributions directes, et présentant le nombre des ouvertures passibles de la taxe et le projet de la répartition. — Une fois fixé, le contingent de chaque arrondissement est divisé entre les communes par le conseil de ce même arrondissement. Enfin, celui de chaque commune est réparti entre les contribuables par une commission composée du maire, d'un adjoint et de cinq citoyens, contribuables fonciers, nommés par le sous-préfet, et vulgairement appelés *Commissaires répartiteurs*. Cette commission exécute son travail au moyen de documents qui varient suivant la nature de la c. Ainsi pour l'impôt foncier, c'est le rôle cadastral, dûment modifié à cause des mutations (voy. CADASTRE), qu'on prend pour base de la répartition. Pour la c. personnelle et mobilière, on se sert d'une matrice dressée par les répartiteurs eux-mêmes, de concert avec le contrôleur des contributions directes, et approuvée par le conseil muni-

cipal. C'est également d'un état établi par ces répartiteurs qu'on fait usage pour la répartition de la c. des portes et fenêtres.

C. *Assiette des contributions directes.* — Nous croyons utile de dire quelques mots de l'*assiette* de ces quatre contributions, c.-à-d. des bases d'après lesquelles elles sont établies sur les personnes ou les choses qu'elles atteignent.

1° *C. foncière.* — Cette c. frappe, par égalité proportionnelle, sur toutes les propriétés immobilières, bâties ou non bâties, à raison de leur revenu net imposable, calculé sur un nombre d'années déterminé. On appelle *revenu net imposable* tout ce qui reste du produit d'une propriété, déduction faite des frais de production et d'entretien.

a. Propriétés non bâties. — Le revenu imposable étant le revenu net, il s'agit de rechercher ce dernier. — Pour les *terres arables*, on commence par constater la nature des produits que fournit ou peut fournir la propriété à imposer, en s'en tenant aux cultures en usage dans la commune. On calcule ensuite la valeur du revenu brut qu'elle peut rendre, année commune, en la supposant cultivée sans travaux ni dépenses extraordinaires, mais selon la coutume du pays, et en formant l'année commune sur quinze années antérieures, moins les deux plus fortes et les deux plus faibles. On déduit ensuite du produit brut moyen tous les frais de culture, de semence, de récolte et d'entretien, et le reste indique le revenu net, ou, en d'autres termes, le revenu imposable. Le revenu imposable des *jardins potagers* s'évalue d'après le produit de leur location possible, année commune, et en calculant l'année commune comme on vient de le voir. Mais dans aucun cas ce revenu ne peut être inférieur à celui des meilleures terres labourables de la commune. Quant aux *jardins d'agrément*, leur revenu net imposable est toujours évalué au taux de celui de ces mêmes terres. — Le produit net des *vignes* s'évalue de la même manière. Cependant, avant de l'établir, on défalque du quinzième du produit brut, en considération des frais de dépérissement annuel, des dépenses de replantation partielle et des travaux particuliers qu'il faut exécuter pendant les années où chaque nouvelle plantation est sans rapport. Enfin, on modifie encore les résultats obtenus quand il s'agit de vignes qui ne durent qu'un certain nombre d'années, après lesquelles on est obligé de laisser reposer le terrain en le consacrant à une autre culture. — L'évaluation du revenu net des *prairies* naturelles et artificielles se fait en procédant à peu près de la même manière que pour les terres arables. — Les terres uniquement propres au pâturage, telles que les *pâtis*, les *patus*, les *marais*, les bas prés, etc., sont imposées d'après le revenu net que leur propriétaire est présumé pouvoir en obtenir, année commune, soit en les exploitant lui-même, soit en les louant sans fraude à un fermier auquel il ne fournirait ni bestiaux ni bâtiments. Quant *aux terres vaines et vagues*, aux *landes*, *bruyères*, et généralement aux terrains habituellement inondés et dévastés, on les impose d'après leur produit net et moyen, quel qu'il puisse être, sans toutefois que leur cotisation puisse être inférieure à celle d'un décime par hectare, parce qu'il est admis en principe, dans notre législation, que tout terrain foncier doit payer l'impôt. Néanmoins, si le propriétaire de ces terrains trouve qu'une taxe pareille soit trop onéreuse, il a la faculté de s'y soustraire en les abandonnant à perpétuité à la commune ; mais la commune elle-même n'a pas le privilège et doit toujours être soumise à la taxe.

Le calcul du revenu imposable des bois, enclos, étangs, canaux, mines et carrières, salines, marais salants, tourbières et chemins de fer, est soumis à des règles particulières dans lesquelles le cadre de ce livre nous interdit d'entrer ; nous dirons seulement que les canaux de navigation et les railways sont taxés en raison du terrain qu'ils occupent, et comme terres de première qualité.

b. Propriétés bâties. — Depuis l'année 1891 et en vertu de la loi de finances du 8 août 1890, la c. foncière sur la propriété bâtie a cessé d'être un impôt de répartition pour devenir un impôt de quotité. Chaque contribuable a été taxé à raison de 3 fr. 20 pour 100 du revenu net imposable. Ce revenu est évalué pour les propriétés bâties : 1° en raison de la superficie qu'elles occupent, et sur le pied des meilleures terres labourables ; 2° proportionnellement à leur élévation, d'après la valeur locative, déduction faite de l'estimation de la superficie. — Pour les *maisons d'habitation*, leur revenu net imposable se détermine d'après leur valeur locative, calculée sur dix années, mais déduction faite d'un quart de cette même valeur pour indemniser le propriétaire du dépérissement et des frais d'entretien et de réparation. Au reste, aucune maison ne peut être *cotisée*, quel que soit son revenu, au-dessous de ce que le serait le terrain qu'elle enlève à la culture, évalué au double des meilleures terres de la commune, si elle n'a qu'un rez-de-chaussée, et au quadruple, si elle a plusieurs étages. — Les mêmes règles s'appliquent à l'évaluation du revenu imposable des usines, mais avec cette différence que c'est le tiers de la valeur locative, et non le quart, qu'on doit retrancher de cette même valeur. — Enfin, les bâtiments ruraux, tels que granges, écuries, et généralement toutes constructions destinées à loger le bétail ou à emmagasiner les récoltes, ne paient, ainsi que les cours des fermes, la c. foncière que pour le terrain qu'ils occupent, mais sur le pied des meilleures terres de la commune.

c. *Exemptions.* — Quoique, en principe, toute propriété foncière soit soumise à l'impôt, la loi admet cependant quelques exemptions. Parmi les exemptions, les unes sont permanentes ou temporaires, les autres totales ou partielles. Ainsi, la c. foncière ne frappe jamais les propriétés nationales, départementales ou communales, exclusivement affectées à des services publics, et ayant une destination d'utilité générale.

Les exemptions temporaires sont accordées aux propriétés particulières, bâties ou non bâties: aux premières, pour cause d'*inhabitation*, de construction ou de reconstruction; aux secondes, pour cause de défrichements, desséchements, plantations, semis, etc., c.-à-d. pour tout ce qui tend à améliorer ou accroître le produit, et, par suite, à augmenter la richesse nationale. — Quant au fait de construction ou de reconstruction, il est réglé que les maisons, fabriques et manufactures, forges, moulins, et, en général, tous les édifices nouvellement construits, ne doivent être soumis à la c. foncière que la troisième année après leur achèvement; mais le terrain qu'ils enlèvent à la culture continue d'être imposé, pendant les deux années, comme il l'était précédemment.

Pour les exemptions accordées aux propriétés non bâties, voici, en peu de mots, de quelle manière elles se règlent. La cotisation des marais desséchés ne peut être augmentée pendant les 25 premières années après leur entier dessèchement. Celle des terres en friche depuis 10 ans, que l'on plante ou sème en bois, n'éprouve également aucune augmentation pendant les 30 premières années du semis ou de la plantation. Lorsque des terres vaines et vagues, en friche depuis 15 ans, sont plantées en vignes, en mûriers ou en arbres fruitiers, elles sont exemptes de toute augmentation pendant 20 ans, et 10 seulement, si on les met en rapport de quelque autre manière. Quant aux semis et plantations faits sur les dunes, ainsi que sur le sommet et le penchant des montagnes, ils donnent droit à une exemption d'impôt de 20 années. Enfin, le revenu imposable des terrains déjà en valeur, qui sont ensuite plantés en vignes, mûriers ou autres arbres fruitiers, ne peut être évalué, pendant les 15 premières années de la plantation, qu'au taux des terres d'égale valeur non plantées, et celui des terrains déjà en valeur, qu'on plante ou sème en bois, n'est évalué, pendant les 30 premières années de la plantation, qu'au quart de celui des terres d'égale valeur non plantées.

2° *Contribution personnelle et mobilière.* — Ces deux contributions ont été réunies et déclarées impôts de répartition par la loi du 21 avril 1832. Elles frappent tous les habitants français ou étrangers, quel que soit leur sexe, pourvu qu'ils jouissent de leurs droits et ne soient pas réputés indigents.

La *taxe personnelle*, qui constitue une véritable capitation, est fixée à un chiffre peu élevé, afin qu'elle ne puisse paraître onéreuse, et aussi afin d'atténuer ce qu'elle a de contraire au principe de l'égalité relative. Elle représente simplement la valeur de trois journées de travail. Mais comme ce prix varie suivant les localités, il est déterminé, par les conseils généraux, pour chaque département et pour chaque commune. Cependant il ne peut, en aucun cas, être inférieur à 50 centimes ni supérieur à 1 fr. 50.

La *taxe mobilière* est due pour toute habitation meublée. Elle est basée sur la valeur locative de la partie consacrée à l'habitation personnelle. Il n'est pas nécessaire, pour y être soumis, d'avoir la propriété des meubles; il suffit de résider habituellement dans un appartement garni. Seulement, dans ce cas, le logement est évalué déduction faite de la valeur locative des meubles.

Ces deux taxes sont dues pour l'année. En outre, les propriétaires sont responsables de leurs locataires pour la c. de l'année courante. — Les seules exemptions, à par. les indigents, que comportent ces deux impôts, sont pour les agents diplomatiques et les individus qui font partie de l'armée active. Ajoutons que, dans plusieurs villes, les loyers peu élevés sont affranchis de ces taxes; mais ce que cette exemption coûte à la caisse locale ferait perdre au Trésor lui est restitué par la commune

sur ses propres revenus. C'est ainsi qu'à Paris les loyers au-dessous de 400 fr. ne sont pas assujettis à cette sorte de c. directe.

3° *Contribution des portes et fenêtres.* — Cette c. constitue, pour ainsi dire, le complément de la c. mobilière. Elle frappe toutes les ouvertures qui donnent sur la voie publique, sur les cours ou sur les jardins des habitations et usines, ainsi que sur les champs et les prés. Toutefois, pour être imposable, il faut qu'une ouverture puisse se fermer et s'ouvrir à volonté: car si elle était destinée à rester constamment ouverte ou fermée, elle ne pourrait être soumise à la taxe. Il faut, en outre, qu'elle se trouve dans certaines conditions déterminées. — Ainsi, en ce qui concerne les portes, la loi ne s'applique qu'à celles qui ouvrent une communication entre les maisons d'habitation et l'extérieur; mais elle ne porte pas sur celles qui ne servent qu'à faire communiquer entre elles les diverses pièces d'un même édifice, ou qui ferment des enclos, des parcs et des jardins séparés des habitations, et ne renferment pas eux-mêmes des bâtiments réputés habitables.

Ne sont pas non plus considérées comme imposables, les barrières d'avenue, les barrières volantes, les clôtures en claie fixées par un lien d'osier ou celles même qui roulent sur gonds ou sur pivot. — Quant aux fenêtres, on n'impose que celles qui éclairent les maisons d'habitation et donnent à l'extérieur des bâtiments, quel que soit d'ailleurs leur mode de clôture, volets, châssis dormants ou mobiles, vitres, canevas, toile ou papier; mais on ne soumet pas à la taxe les ouvertures pratiquées dans les murs des cours, des jardins, des parcs ou des clos, fermées par des volets ou des jalousies, et ayant vue sur la voie publique ou sur les champs, lors même que les cours, jardins, parcs ou clos sont contigus à l'habitation.

La c. des portes et fenêtres est due aussitôt que l'édifice où se trouvent les ouvertures est achevé et habitable, qu'il soit occupé ou non. Elle ne peut donner lieu à aucun dégrèvement pour cause de non-location. Néanmoins, la loi accorde des exemptions à trois catégories d'édifices: 1° aux locaux non destinés à l'habitation, tels que bûchers, buanderies, écuries, remises, granges, greniers, étables, caves, etc.; 2° aux manufactures, c.-à-d. aux grands établissements industriels divisés en ateliers, et employant un nombreux personnel d'ouvriers; 3° aux locaux employés à un service public, militaire ou d'instruction publique, ou appartenant à un hospice, sauf, pour plusieurs d'entre eux, certaines restrictions spécifiées par les règlements sur la matière.

La c. des portes et fenêtres est répartie entre les contribuables d'après un tarif basé sur la nature et la position des ouvertures, et l'importance des localités.

4° *Contribution des patentes.* — Cette contribution frappe exclusivement le commerce et l'industrie. Aux termes de la loi, tout individu qui exerce un commerce, une industrie, une profession, et qui n'est pas compris dans les exceptions établies par la loi elle-même, est imposable à cette c. La c. des patentes se compose d'un *droit fixe* et d'un *droit proportionnel.* — Le droit fixe est établi pour certaines industries ou professions, d'après des classes suivant un tarif général, suivant la population; pour certaines autres, eu égard à la population, mais d'après une échelle particulière de tarif relative à chaque spécialité de travail; enfin, pour quelques autres, sans égard à la population, mais d'après une échelle de tarif pour la fixation duquel il est tenu compte du nombre des ouvriers, des métiers, des machines, etc., employés par le commerçant ou fabricant. — Le *droit proportionnel* est établi sur la valeur locative, tant de la maison d'habitation que des magasins, boutiques, usines, ateliers, hangars et autres locaux servant à l'exploitation des industries imposables.

Comme on le voit, la c. des patentes est un *impôt de quotité,* c.-à-d. qui détermine immédiatement ce que chaque contribuable doit payer. — Nous terminerons en faisant observer que celui qui se livre à un commerce ou à une industrie patentable, sans être patenté, non seulement s'expose à des poursuites de la part du fisc, mais se prive encore de la faculté d'ester en justice ou de faire tout acte extra-judiciaire relatif à son commerce, tout industriel qui intente une action étant tenu de produire sa patente pour qu'il en soit fait mention en tête des actes.

D. *Autres taxes considérées comme contributions directes.* — La taxe établie par la loi du 20 février 1849 sur les *biens de mainmorte* pour équivaloir aux droits de mutation auxquels échappent les immeubles de ce genre, est une véritable c. directe. Elle est calculée à raison de 70 centimes pour franc du principal de la c. foncière; elle est soumise en outre aux décimes auxquels sont assujettis les droits d'enregistrement dont elle est l'équivalent. — Enfin, principalement, à raison de la désignation des agents chargés de la perception et du recouvrement, on assimile aux contributions directes un certain nombre de droits dont les principaux sont : les redevances fixes et proportionnelles sur les mines; les prestations pour l'entretien des chemins vicinaux; les taxes pour les travaux de dessèchement des marais, pour l'entretien, la reconstruction ou la réparation des digues, ou pour le curage des canaux ou rivières non navigables; l'impôt sur les voitures et les chevaux, l'impôt sur les vélocipèdes, l'impôt sur les cercles, l'impôt sur les billards, la taxe sur les chiens, les taxes pour la vérification des poids et mesures, et la c. pour l'entretien des bourses et des chambres de commerce.

E. *Des réclamations.* — Un contribuable peut être indûment taxé ou surtaxé. Il est *indûment taxé*, lorsqu'on l'impose pour un bien qu'il n'a pas, qu'on le porte au rôle de la c. personnelle ou mobilière dans une commune où il n'a pas d'habitation, ou qu'on cotise deux fois son bien ou sa personne. Il est *surtaxé* lorsque dans sa cote il y a violation de l'égalité proportionnelle, erreur de cotisation ou de calcul; dans les deux cas, il a droit à former une réclamation. S'il prétend avoir été indûment imposé, sa demande est une *demande en décharge;* s'il se prétend surtaxé, c'est une *demande en réduction.* Si, reconnaissant la justice de la taxe, il déclare ne pouvoir la payer entièrement à cause de la perte d'une partie de ses facultés imposables, il forme une *demande en modération;* enfin, s'il a entièrement perdu ces mêmes facultés et se trouve hors d'état d'acquitter sa taxe, il en sollicite la *remise.* Dans tous les cas, les réclamations doivent être faites dans les trois mois qui suivent la publication des rôles, et envoyées, sous peine de pétition, au sous-préfet de l'arrondissement, en les accompagnant de la quittance des termes échus de la cotisation. Le sous-préfet les transmet au préfet, qui, après avoir pris les renseignements, prononce en conseil de préfecture, quand il s'agit de réductions ou de décharges, et en vertu de sa seule autorité, s'il est question de remises ou de modérations. Il est à remarquer que les rôles des contributions étant annuels, les décisions n'ont d'effet que pour l'exercice auquel elles se rapportent, et que les contribuables ne peuvent s'en prévaloir pour les exercices suivants.

F. *Du paiement et des moyens de recouvrement.* — Les contributions directes sont payables par douzièmes, et chaque douzième est exigible le premier de chaque mois pour le mois qui précède. Mais on peut payer plusieurs douzièmes à la fois ou même la totalité des contributions de l'année. Il est même quelques cas où le contribuable est tenu de payer à la fois toute sa c.; c'est ce qui a lieu, par ex., en matière de patentes, quand le patentable n'exerce pas son industrie à domicile, et en matière de c. personnelle et mobilière, lorsque le contribuable déménage hors du ressort de la perception. Enfin, les contributions directes sont *quérables*, c.-à-d. que l'agent chargé de les recouvrer doit se transporter, pour les recevoir, dans chaque commune; elles sont en outre *portables* dans la commune, c.-à-d. qu'elles doivent être payées dans le bureau que l'agent des recouvrements y a établi.

Le contribuable qui n'a pas acquitté, le premier du mois, le douzième échu que le mois précédent, est dans le cas d'être poursuivi; mais les poursuites ne peuvent commencer que dix jours après que le retardataire a été prévenu par une sommation gratuite. Les voies de contrainte employées sont: l'*avertissement*, la *sommation avec frais*, le *commandement* et enfin la *saisie*, qui a pour effet de mettre sous la main de l'État les meubles, effets ou fruits pendants par racines du contribuable, pour être ensuite vendus jusqu'à concurrence de la somme nécessaire pour payer les contributions arriérées ainsi que les frais.

G. *Administration des contributions directes.* — Le service des contributions directes forme une des directions générales du ministère des finances. A la tête de ce service se trouve un *directeur général* qui a dans ses attributions la surveillance et la suite de toutes les opérations relatives à l'assiette, à la répartition et au recouvrement des impôts perçus en vertu des rôles, les travaux du cadastre, la surveillance de l'exercice des poursuites, l'exécution des règlements qui s'y rapportent. Il y a en outre, dans chaque département, un *directeur*, un *inspecteur* et un certain nombre de *contrôleurs.* Le *directeur* est chargé de surveiller et diriger le service; il fait opérer le recensement de la matière imposable, rédige les matrices des rôles, relève, pour la revision du contingent de l'impôt foncier, les actes enregistrés qui peuvent faire connaître la vraie valeur des propriétés, établit les tableaux des imposables aux contributions personnelle, mobilière et des portes et fenêtres, prépare les projets de répartition pour les conseils généraux et d'arrondissement, rédige les cotes, en arrête le relevé, et les envoie, après la signature du préfet, aux receveurs. L'*inspecteur* surveille l'administration et la comptabilité des percepteurs, ainsi que le travail des *contrôleurs.* Ceux-ci prennent part aux opérations du cadastre et aux travaux préparatoires des mutations; ils assistent les répartiteurs, les renseignent sur les faits, les rappellent à l'exécution des lois et règlements, font les calculs et rédigent la matrice. Le service du recouvrement des contributions directes est assuré par les percepteurs, les receveurs particuliers et enfin par un trésorier général placé à la tête de chaque département. Les *percepteurs* sont spécialement chargés du recouvrement des impôts, et leur ressort se compose habituellement d'une ou plusieurs communes. Ils relèvent directement des *receveurs particuliers* d'arrondissement, qui, à leur tour, sont sous la surveillance immédiate du *trésorier général* établi au chef-lieu départemental.

II. *Contributions indirectes.* — Après avoir porté en compte le produit des quatre contributions directes, le budget classe sous la rubrique *Contributions indirectes:* les droits d'enregistrement et de timbre, les droits de douanes et les contributions indirectes proprement dites (droits sur les boissons et sur les sucres, etc.). Nous ne nous occuperons ici que de ces dernières. Nous traiterons aux mots ENREGISTREMENT, TIMBRE, DOUANES, etc., des impôts désignés par ces mots.

Les impôts indirects actuellement existants sont : les droits sur les boissons, les sels, les sucres, les huiles minérales et végétales, les bougies, les transports par chemins de fer et voitures, les cartes à jouer, la fabrication de la dynamite, etc.

A. *Impôt sur les boissons.* — Cet impôt remonte aux premiers temps de la monarchie : cependant c'est seulement à la fin du XVII° siècle qu'il est devenu une ressource permanente pour le gouvernement. Supprimé le 2 mars 1791, il fut rétabli par la loi de finances du 5 ventôse an XII (25 fév. 1804). Cet impôt frappe le vin, le cidre, le poiré, l'hydromel, la bière, les eaux-de-vie, les esprits, les fruits à l'eau-de-vie et les liqueurs. Il s'applique également aux piquettes ou râpés provenant de vendanges ou de fruits à cidre ou à poiré, ainsi qu'aux vins factices.

Enfin la loi affranchit de toutes taxes les boissons exportées aux colonies ou à l'étranger.

La législation relative aux boissons est en ce moment (1895) à la veille d'être complètement modifiée. Pour ne pas donner ici des indications qui auront cessé dans quelques mois d'être exactes, nous renvoyons à l'article VINS l'exposé des dispositions fiscales qui ne sont encore qu'à l'état de projet de loi.

B. *Impôt sur le sel.* — L'impôt sur le sel, que l'on désignait, au XVII° et au XVIII° siècle, sous le nom de gabelle, a été établi probablement vers 1360; réglé, après de nombreuses vicissitudes, par la grande ordonnance de 1680, il formait la principale ressource de l'ancienne monarchie; la forme générale des gabelles, qui produisait 13.800.000 livres en 1663, rapportait, à la veille de la Révolution, 58.560.000 livres. Pour assurer la rentrée de cet impôt, le génie inventif du fisc imagina les plus odieuses vexations. Il alla jusqu'à proscrire le devoir de gabelle, c.-à-d. l'obligation pour chaque famille de prendre une quantité déterminée de sel au grenier où chacun était tenu de s'approvisionner. Ce sel ne devait être employé qu'à la cuisine ou sur la table; il ne pouvait servir ni aux salaisons ni à la nourriture des animaux. Le *grènetier*, qui avait sur un registre les noms de tous les contribuables de sa circonscription, veillait à ce que le devoir de gabelle fût rempli par tous. Les pauvres seuls en étaient dispensés : c'est à ce régime qu'étaient soumises les provinces de grandes gabelles, dites provinces de *grandes gabelles.*

Dans les pays de *petites gabelles* (Mâconnais, Bugey, Lyonnais, Provence, Languedoc, etc.), la consommation du sel était libre, mais les habitants devaient se servir de sel ayant acquitté l'impôt. Ailleurs, dans les provinces *rédimées* (Poitou, Auvergne, Guyenne, Angoumois, Limousin, etc.), le sel n'était grevé que de modiques droits de traite. Enfin la Bretagne et la Flandre n'étaient pas soumises à la gabelle. Mais l'impôt était aussi odieux dans les provinces rédimées ou exemptes à cause des règlements vexatoires auxquels les habitants étaient assujettis, soit pour la contrebande, soit pour empêcher les fraudes : il était interdit de mener les bestiaux dans les marais ou autres lieux où il y avait du sel, interdit de faire boire de l'eau de la mer, sous peine de confiscation et d'amende, interdit de faire usage des eaux de mer ou des sources salées sous peine de *faux saunage*. Les commis de la ferme étaient autorisés à visiter et à fouiller les maisons pour s'assurer qu'aucune contravention n'était commise.

La ferme entretenait une véritable armée de commis et d'archers (18.000). On avait dû édicter les peines les plus sévères contre les fraudeurs et les contrebandiers. Les faux-sauniers, attroupés et en armes, au nombre de cinq étaient punis de mort; moins de cinq ils étaient punis de trois ans de galères. On fut obligé, en 1733, d'organiser des tribunaux spéciaux. Malgré tout cet appareil de terreur une partie de la population en Bretagne, en Anjou, dans le Maine, n'avait pas d'autre industrie que la contrebande; tous les ans le faux-saunage amenait en prison plus de 3 000 individus. Lui 500 ne sortaient que pour aller à la mort ou aux galères.

La gabelle fut supprimée à partir du 1ᵉʳ avril 1790. Mais il ne faut pas s'étonner si pendant de longues années encore le souvenir de l'odieux régime auquel la France avait été soumise pendant des siècles resta associé à tout impôt sur le sel.

Actuellement cet impôt n'a plus de commun avec la gabelle que la matière imposable ; il n'y a plus de monopole ni pour la production ni pour la vente du sel; le commerce en est libre.

L'impôt sur le sel, qui avait été supprimé avec les gabelles, a été rétabli en 1806. Le taux en a varié de 20 fr. Le quintal à l'origine à 40 fr. en 1813; il a été abaissé à 30 fr. en 1816, et à 10 fr. en 1848. C'est à ce taux qu'il est resté jusqu'à ce jour, sauf une augmentation du double décime établie après la guerre et qui a été supprimée en 1876.

Le recouvrement des droits est fait par les agents des douanes sur les côtes et frontières et, ailleurs, par ces agents des contributions indirectes. Sont exempts de droit les sels livrés pour les pêches maritimes et ateliers de salaison, les sels servant à la fabrication de la soude, les sels employés par certaines industries, etc. Les sels destinés à l'agriculture sont également affranchis des droits à la condition d'être dénaturés.

Les marais salants ne peuvent être établis qu'après autorisation du ministre des finances. Quant aux mines de sel et aux sources salées, elles sont concédées par le ministre des travaux publics.

La circulation du sel à l'intérieur est soumise à certaines formalités (acquits-à-caution, passavant) destinées à prévenir la fraude.

Les pénalités en cas de contravention sont : 1° la confiscation des sels, ustensiles de fabrication, etc.; 2° une amende de 500 à 5.000 fr; 3° le paiement du double du droit dû sur le sel soustrait à l'impôt. — Si la fraude est commise par une réunion de trois individus au moins ou si l'individu arrêté est en état de récidive, le ou les contrevenants sont passibles, indépendamment de la confiscation des sels et des moyens de transport, d'une amende individuelle de 200 à 500 fr. et d'un emprisonnement de 15 jours à 2 mois.

L'impôt sur le sel n'a été conservé en Europe que par l'Italie et l'Autriche. Dans ces deux pays il est l'objet d'un monopole qui a produit, en 1886, plus de 70 millions de fr. en Italie et de 80 millions en Autriche.

Le tableau ci-après donne la consommation (en dehors de la consommation industrielle) en France, à différentes époques, ainsi que le produit de l'impôt :

	QUANTITÉS SOUMISES AUX DROITS	PRODUIT DE L'IMPÔT	CONSOMMATION MOYENNE PAR HABITANT
1840. . .	217.678.700 kil.	64.981.890	5ᵏ400
1845. . .	236.709.400	70.681.512	6 740
1850. . .	256.440.700	85.623.043	7 170
1862. . .	325.567.500	39.512.048	8 670
1875. . .	306.689.400	35.008.300	8 474
1885. . .	329.234.000	52.599.898	8 640
1895. . .	331.002.000	52.191.431	8 686

C. *Impôt sur les sucres indigènes*. — Nous n'essaierons pas de faire connaître , même sommairement, la série de mesures, constamment modifiées, qui ont constitué en France le régime fiscal des sucres. Qu'il vous suffise de rappeler qu'au début, et jusqu'au jour où le sucre de betterave est venu prendre une place importante dans la consommation, la législation des sucres était exclusivement une matière douanière. Quand on se décida (en 1837) à imposer le sucre indigène, ce fut surtout pour maintenir l'équilibre entre la production indigène et la production coloniale. Les dispositions prises à cet effet n'ont jamais atteint entièrement le but que l'on se proposait. Après

avoir encouragé en France la production du sucre de betterave, le gouvernement se trouva en butte aux incessantes réclamations des colonies; en maintenant le système colonial qui les empêchait d'exporter leurs produits à l'étranger, et qui n'a pris fin qu'en 1861, il justifiait ces réclamations. Aussi, en 1843, en vint-il à proposer l'interdiction de la fabrication du sucre indigène moyennant une indemnité de 40 millions aux fabricants dépossédés. Si étrange qu'elle nous paraisse aujourd'hui, cette proposition rencontra dans le Parlement d'éloquents défenseurs, parmi lesquels étaient Lamartine et Berryer. Mais la Chambre des députés la repoussa, malgré l'active intervention des ministres de l'intérieur, des finances et de la marine.

Après avoir longtemps imposé les sucres bruts à un tarif uniforme, sans distinction de qualité, on imagina de créer des catégories dans lesquelles les sucres bruts étaient classés d'après leur richesse présumée en sucre pur. Mais à la sortie du territoire la difficulté était grande, lorsqu'il s'agissait de restituer aux sucres raffinés exportés l'équivalent du droit payé sur le sucre brut à l'entrée.

Quelques années plus tard la législation a été compliquée encore par l'introduction, dans le modede taxation des sucres, d'un nouvel élément : le poids des betteraves mises en œuvre. On a fixé pour ces betteraves un rendement légal en sucre raffiné et un traitement de faveur a été accordé aux sucres que les fabricants réussissent à extraire en sus de ce rendement.

Enfin récemment on a astreint les raffineurs, en vue de prévenir certaines fraudes, à un exercice d'ailleurs très mitigé.

Actuellement les sucres indigènes acquittent une taxe de 60 fr. par 100 kilog. Le raffiné ; les sucres employés au sucrage des vendanges ne paient que 24 fr. par 100 kilog.

Les fabricants peuvent opter, pour la perception des droits, entre deux modes :

1ᵉʳ MODE : *Imposition d'après le rendement des betteraves*. — Jusqu'à concurrence de 7ᵏ750 de sucre raffiné obtenu par 100 kilog. de betteraves, la taxe est calculée sur le taux de 60 fr. Les sucres obtenus en sus du rendement légal de 7ᵏ750 jusqu'à 10ᵏ500 ne paient que la moitié du droit. Enfin, la moitié du sucre obtenu en sus du rendement de 10ᵏ500 paie 60 fr. de droits, l'autre moitié ne paie que 30 fr.

2ᵉ MODE : *Imposition à l'effectif*. — Sont passibles de la taxe de 60 fr. les sucres effectivement fabriqués sous déduction d'un déchet de fabrication de 15 p. 100. Les sucres représentant ce déchet seulement la taxe de 30 fr.

Les sucres des colonies françaises sont imposés à 60 fr. sous déduction d'un déchet égal à la moyenne des excédents réalisés par la sucrerie indigène pendant la précédente campagne. Les sucres représentant ce déchet sont passibles de la taxe de 30 fr.

Les sucres bruts étrangers importés d'Europe supportent une surtaxe de douane de 7 fr. par 100 kilog.

Les sucres raffinés de toute provenance importés sont France acquittent un droit de 72 fr. au tarif général et de 68 fr. au tarif minimum.

Les sucres bruts destinés à l'exportation ou à la réexportation après raffinage sont placés sous le régime de l'admission temporaire.

Les fabriques de sucre et les raffineries sont soumises à la surveillance permanente du service des contributions indirectes.

Les chiffres suivants donnent, en tonnes de 1000 kilog., la production du sucre indigène évalué en sucre raffiné à différentes époques :

CAMPAGNES	PRODUCTION	CAMPAGNES	PRODUCTION
1838-39. .	33.000	1875-76. . . .	396.222
1850-51. .	65.000	1880-81. . . .	283.606
1860-61. .	87.000	1885-86. . . .	265.071
1869-70. .	247.991	1892-93. . . .	523.360

Les sucres importés des colonies françaises et de l'étranger ont été :

	SUCRES DES COLONIES FRANÇAISES	SUCRES ÉTRANGERS
1880. . . .	74.660 tonnes.	133.114 tonnes.
1885. . . .	109.688 —	467.353 —
1892. . . .	98.072 —	52.872 —

Les exportations ont atteint : en 1880, 153.393 tonnes; en 1885, 74.258 tonnes; en 1892, 222.629 tonnes.

La consommation intérieure et le produit de l'impôt ont été :

en 1880, 317.720 tonnes, 178.673.317 fr.; en 1885, 421.941 t., 171.607.377 fr.; en 1892, 453.248 t., 195.328.000 fr.

On évalue, pour la campagne 1892-93, à 126.200.245 kilog. les quantités de sucre qui, n'ayant eu à payer que la moitié du droit de 60 fr., ont fait bénéficier la fabrication de primes s'élevant à 37.100.074 fr.

D. *Taxe sur les voitures.* — Cet impôt frappe les voitures publiques, c.-à-d. celles qui servent publiquement au transport des personnes. La loi les divise en *voitures de terre*, *voitures d'eau* et *voitures de chemin de fer.*

Voitures de terre. — On les distingue en plusieurs catégories : 1° Les *voitures à service régulier*, c.-à-d. faisant à jour et heure fixes le trajet d'un point à un autre. Elles ne peuvent être mises en circulation sans une licence qui est de 5 fr. par voiture à 4 roues, et de 2 fr. par voiture à 2 roues, et elles paient en outre une taxe de 10 p. 100 en principal sur le produit brut des places, ainsi que sur celui du port des paquets et marchandises ; toutefois il est accordé deux déductions, l'une d'un tiers pour places vides, l'autre de 10 p. 100, quand aucun pourboire n'est réclamé des voyageurs. — 2° Les *voitures d'occasion et à volonté* sont celles que les particuliers mettent accidentellement en circulation à prix d'argent. Elles ne sont pas soumises à la licence, et, au lieu d'un droit variable, elles paient un droit fixe qui est déterminé d'après le nombre de places qu'elles renferment ; mais il n'est jamais inférieur à 40 fr. en principal. La loi assimile à cette classe de voitures celles à service régulier qui, dans leur trajet journalier, ne sortent pas d'une ville ou d'un rayon de 15 kilom. des limites de cette ville. — 3° Les *voitures en service extraordinaire* sont celles que les entrepreneurs de voitures à service régulier sont quelquefois obligés d'employer pour suppléer à l'insuffisance de ces dernières. Ces voitures sont passibles d'un droit qui est de 10 p. 100, en principal, des sommes réellement payées par les voyageurs, sous la déduction d'un 10° pour le pourboire, si elles circulent isolément et qui est égal à celui que paient les voitures à service régulier quand elles marchent avec celles-ci. Elles sont d'ailleurs assujetties à la licence. — 4° Enfin, les *voitures à service accidentel*, c.-à-d. qui ne servent qu'occasionnellement, comme par ex. les véhicules quelconques qui, dans toutes les grandes villes, servent à transporter le public aux fêtes patronales, aux foires, etc., des localités voisines, sont uniquement assujetties à un droit de 15 centimes par place et par jour.

Voitures d'eau. — Comme les voitures de terre à service régulier, les voitures d'eau sont soumises au droit de licence de 5 fr., et à celui de 10 p. 100 du produit des places ; elles sont, en revanche, exemptes de tout droit quant au transport des marchandises. Ajoutons que les voitures d'eau ne sont passibles de l'impôt que lorsqu'elles mettent en communication au moins deux points établis, à l'intérieur, sur des fleuves, rivières ou canaux, comme par ex. Paris et Rouen, Rouen et le Havre, Toulouse et Bordeaux. — Les *voitures de chemin de fer* sont également astreintes au droit de licence de 5 fr. La taxe pour le transport des voyageurs qui avait un moment été portée, décimes compris, à 23 p. 100 à la suite de la guerre de 1870, a été ramenée, à partir du 1er avril 1892, à 10 p. 100 des recettes effectives, ou, en d'autres termes et en y comprenant le double décime, aux 12/112es des recettes brutes.

E. *Droit de garantie sur les matières d'or et d'argent.* — La *garantie* a pour objet, en constatant le titre des matières d'or et d'argent, de préserver le public des fraudes que pourrait faire naître le commerce de l'orfèvrerie. Elle a de plus en vue la perception d'un impôt particulier, d'autant moins sujet à critique qu'il porte sur une chose essentiellement de luxe. Il est fixé, en principal, pour l'orfèvrerie, à 37 fr. 50 par hectogramme d'or, et à 2 fr. par hectogr. d'argent.

Les droits de garantie perçus sur les ouvrages français dont la sortie du territoire a été dûment constatée, sont intégralement restitués.

Aucun ouvrage d'or ou d'argent ne peut être mis en vente en France s'il n'a le titre légal. On appelle titre la quantité d'or et d'argent fin contenue dans un objet d'orfèvrerie : cette quantité s'exprime en millièmes.

Les titres obligatoires pour tout ouvrage destiné à être vendu en France sont au nombre de trois pour les ouvrages d'or (920, 840 et 750 millièmes) et de deux pour les ouvrages d'argent (950 et 800 millièmes). La loi du 25 janvier 1884 a ajouté aux trois titres de l'or, mais seulement pour les boîtes de montre destinées à l'exportation, un 4e titre fixé à 583 millièmes. Cette loi autorise également la fabrication d'objets à tous titres, lorsqu'ils sont destinés à l'étranger.

Le titre légal des ouvrages est déterminé par des essais à la suite desquels ces ouvrages sont frappés du poinçon de l'État.

La taxe d'essai, qui constitue la rémunération du travail de l'essayeur et qui s'ajoute à la taxe de garantie, est de 3 fr. pour l'or ; de 0,80° pour l'argent.

Le produit des droits de garantie, qui n'était que de 688.988 f. en 1816, a atteint, en 1891, 4.828.251 fr.

F. *Droit sur les cartes à jouer.* — Nous ne faisons que mentionner ce droit, qui a produit 8.109.708 fr. en 1891.

G. *Service des contributions indirectes.* — Le service des contributions indirectes existait avant 1789, sous le nom d'*Administration des Aides* ; mais ses attributions et son organisation variaient presque dans chaque province. Supprimé en 1791, il fut reconstitué, sous la désignation de *Régie des Droits réunis*, par la loi du 5 ventôse an XII (25 fév. 1804), qui rétablit l'impôt sur les boissons. Un décret du 25 mars 1815 appela *Régie des contributions indirectes*. Réuni à la régie des douanes sous le titre commun de *Direction générale des douanes et des contributions indirectes*, il en a été définitivement séparé en 1869. L'administration des tabacs fut également à diverses reprises rattachée à celle des contributions indirectes ; mais un décret du 9 novembre 1865, qui créa une administration spéciale sous le nom de *Direction générale des manufactures de l'État*, l'en a séparée.

L'administration des contributions indirectes comprend deux services distincts, l'un central, l'autre local ; elle est dirigée, sous les ordres du ministre des finances, par un directeur général assisté de trois administrateurs.

Chacun des administrateurs est placé à la tête d'une des trois divisions qui forment le service central. Chaque division comprend deux ou trois bureaux.

Le service local se compose, dans chaque département, d'un directeur et de sous-directeurs placés à la tête d'un ou de plusieurs arrondissements ; — d'inspecteurs, — de receveurs principaux, — d'entreposeurs spéciaux des tabacs, — de receveurs particuliers entreposeurs et sédentaires, — de commis principaux, — de receveurs ambulants à pied ou à cheval, — de commis, — de préposés, — de receveurs buralistes.

Les divers agents dont nous venons de parler embrassent dans leurs attributions les différentes contributions indirectes. Cependant il existe certaines localités où l'on a été obligé de spécialiser les fonctions, c.-à-d. d'attacher des employés particuliers à chaque nature de contribution ; il nous est impossible d'entrer dans de plus longs détails à ce sujet. Les lecteurs que ces questions intéressent particulièrement pourront d'ailleurs consulter le *Dictionnaire des Finances*.

CONTRIBUTOIRE. adj. Qui a rapport à la contribution. *Portion c.*

CONTRIBUTOIREMENT. adv. T. Admin. Par forme de contribution.

CONTRISTER. v. a. (lat. *contristare*). Affliger profondément, rendre très triste. *Il ne faut pas c. ses amis. Cette nouvelle l'a fort contristé. Vos lettres contristent mon âme.* = CONTRISTÉ, ÉE, part. = Syn. Voy. AFFLIGER.

CONTRIT, ITE. adj. (lat. *contritus*, de *conterere*, broyer). T. Théol. Qui a un grand regret de ses péchés. *Un cœur c.* — Se dit aussi dans le langage ordinaire, et sign. Affligé, contristé. *Il est bien c. de vous avoir offensé. Il en a l'âme toute contrite.* — Se dit souvent par manière de plaisanterie. *Et tu n'en es pas c.! Quel air c.!*

CONTRITION. s. f. (Pr. *kontri-sion*) (lat. *contritio*, m. s. de *conterere*, broyer). T. Théol. Regret d'avoir péché, qui a son principe dans l'amour de Dieu. *Un acte de c.* Voy. PÉNITENCE.

CONTRÔLAGE. s. m. T. Admin. Action de contrôler. [T. Vitic. Incision annulaire de la vigne.

CONTRÔLE. s. m. (R. *contre*, *rôle*). Registre double qu'on tient pour la vérification d'un autre registre. — Se disait autrefois de l'inscription sur un registre spécial de certains actes, particulièrement des actes judiciaires ou extra-judiciaires, pour en assurer la conservation et leur donner date authentique. *Le c. du sceau. Le c. des exploits. Le bureau du c.* — Par ext., Le droit qu'on payait pour l'inscription d'un acte. *Payer le c. d'un acte.* Voy. ENREGISTREMENT. || L'état nominatif des personnes qui appartiennent à un corps, à une troupe. *Il est porté sur le c. Dresser le c. d'une compagnie. Être rayé des contrôles de l'armée.* || La marque qu'on imprime sur les ouvrages d'or et d'argent pour faire foi qu'ils ont payé les droits et qu'ils sont au titre fixé par la loi. *To us les objets d'or et d'argent doivent être soumis au c. Le bureau du c.* — Par ext., Le lieu où est établi le c. *Aller au c.* Voy. Contribution. || Le bureau où se tiennent les contrôleurs d'un théâtre. *Passez au c.* || Vérification. S'empl. surtout en ce sens dans les administrations financières. *Il est chargé de l'inspection et du c. de la caisse, de la comptabilité.* — Fig. et fam., Censure, critique. *Je plains ceux qui sont soumis à son c. Vous ne pouvez exercer aucun c. sur lui.*

CONTRÔLEMENT. s. m. T. Admin. Action d'exercer un contrôle.

CONTRÔLER. v. a. (R. *contrôle*). Autrefois, inscrire sur un registre spécial, enregistrer. *Faire c. des exploits. C. un acte de vente.* || Mettre le contrôle sur les objets d'or et d'argent pour en constater le titre, etc. *Il a fait c. son argenterie.* || Vérifier, surveiller ; se dit surtout en ce sens dans le langage des administrations financières. *Il est chargé de c. la gestion du caissier.* — Fig. et fam., Censurer, reprendre, critiquer. Se dit ordinairement d'un censeur injuste et chagrin. *Quel droit avez-vous de le c.? Vous contrôlez tout ce qui se fait chez lui. Je vous défends de c. mes actions.* — Neutral., *Il contrôle sur tout.* = Contrôlé, ée. part. *Bijou contrôlé.* || T. Techn. *C. la terre de pipe*, la couper par tranches, pour voir si la couleur est égale partout.

CONTRÔLEUR, EUSE. s. Personne chargée de contrôler, de surveiller et vérifier certaines opérations. *Il y avait autrefois en France un c. général des finances, un c. général des bâtiments, un c. général de la marine du roi*, etc. *C. des contributions directes. Les contrôleurs des théâtres ont pour mission de recevoir et de vérifier les billets et les contremarques.* — *C. de la bouche*, Celui qui, dans les maisons princières, est chargé de fonctions à peu près semblables à celles qu'exerce le maître d'hôtel dans la maison d'un riche particulier. || Fig. et fam., Celui qui se mêle de censurer, de contrôler la conduite et les paroles d'autrui. *C'est un c. perpétuel. C'est une contrôleuse intolérable.*

Techn. — *C. de rondes*, appareil destiné à vérifier si les agents chargés de rondes de nuit s'acquittent régulièrement de leur service. Il en existe deux systèmes principaux en dehors des contrôleurs électriques, sur lesquels nous reviendrons plus loin. Le premier système se compose d'une boîte métallique fixée à la muraille dans laquelle un mouvement d'horlogerie fait mouvoir un disque de carton ou une bande de papier divisée en cases correspondant aux différentes heures, qui viennent successivement passer devant une ouverture. Au travers de cette ouverture, le veilleur fait sur le papier une marque au crayon qui permet de vérifier le lendemain, en retirant le papier, à quelle heure la ronde a été faite. Il faut un appareil pour chaque station où l'on veut faire la vérification. Dans le second système la boîte à mouvement d'horlogerie est unique et mobile : elle reste entre les mains du veilleur. A chaque porte de vérification se trouve un poinçon métallique fixe portant le numéro de porte ou toute autre marque. Ce poinçon peut s'engager dans une ouverture de la boîte lorsque le veilleur présente celle-ci en face au poinçon, qui laisse ainsi sa marque sur la pièce mobile à l'endroit correspondant à l'heure où il a passé.

Les *contrôleurs électriques de rondes* ont pour but d'indiquer, dans un bureau central de surveillance, le moment où le veilleur passe devant chaque porte. Il en existe différents systèmes. Celui de M. Napoli n'exige à chaque station qu'un simple bouton de contact. Le veilleur, en pressant ce bouton, transmet au bureau central un signal qui s'enregistre et fait connaître à la fois le numéro de la station et l'heure du contact.

On construit aussi des *contrôleurs de niveau*, pour les réservoirs, des *contrôleurs de vitesse*, des *contrôleurs de disques et d'aiguilles*, pour les chemins de fer, etc.

CONTROUVEMENT. s. m. Action de controuver.

CONTROUVER. v. a. (lat. *cum*, avec, et fr. *trouver*). Inventer une fausseté. Se dit ordinair. des faussetés par lesquelles on cherche à nuire à quelqu'un. *C'est un fait qu'on a controuvé pour le perdre. La nouvelle était controuvée.* = Controuvé, ée. part. *Il n'y a pas un mot de vrai à tout cela ; ce sont toutes choses controuvées.*

CONTROVERSABLE. adj. 2 g. Qui est susceptible d'être controversé ; qui peut donner lieu à une controverse.

CONTROVERSE. s. f. (lat. *controversia*, de *contra*, contre, et *versus*, tourné vers). Débat, contestation sur une question, sur une opinion, etc. *Cette question a donné lieu à de grandes controverses. Il n'y a pas là matière à c. Cela est hors de c. Son avis passa sans c. Ce sera un sujet de c.* || Dans un sens partic., la discussion qui a pour objet des questions de dogme et de morale religieuse. *Traiter un point de c. Il est versé dans les matières de c.* — *Étudier la c.*, Étudier les matières de c. *Prêcher la c.*, Éclaircir dans la chaire des points de dogme contestés entre les catholiques et les différentes sectes protestantes.

CONTROVERSÉ, ÉE. adj. Débattu, qui est l'objet d'une controverse. *C'est un point c. dans les écoles parmi les docteurs. Une matière controversée.*

CONTROVERSER. v. a. (R. *controverse*). Discuter. *C. une question.* — Absol. *Nous étions à c.* = Controversé, ée. part.

CONTROVERSISTE. s. m. Celui qui traite, par écrit ou autrement, des sujets de controverse. Ne se dit qu'en matière de religion. *C'est un célèbre c.*

CONTUMACE. s. f. et adj. 2 g. (lat. *contumax*, opiniâtre, réfractaire, de *cum*, avec, et *tumere*, être gonflé d'orgueil). T. Jurisp. crim. La *Contumace* est l'état de celui qui, mis en accusation pour un crime emportant une peine afflictive ou infamante, ne se présente point dans le délai qui lui est fixé, ou qui, après s'être présenté ou avoir été saisi, s'évade avant le jugement. — L'accusé qui est dans cet état est appelé *Contumax.*

Lorsqu'un individu prévenu de crime est absent, l'arrêt de mise en accusation lui est notifié à son domicile, et il est tenu de se présenter dans le délai de 10 jours. Les 10 jours expirés sans qu'il se soit présenté, le président de la cour ou du tribunal rend une ordonnance portant injonction de comparaître dans un nouveau délai de 10 jours sous peine d'être déclaré rebelle à la loi, suspendu de l'exercice de ses droits de citoyen, de voir ses biens séquestrés, etc. A l'expiration de ce nouveau délai, le prévenu est à l'état de c.; le séquestre est apposé, à la diligence du directeur des domaines, sur tous les biens meubles et immeubles du c., sans en excepter les arrérages de rentes incessibles et insaisissables ; mais il ne peut atteindre les biens de la femme de l'accusé, lors même que celui-ci en aurait la jouissance. Il est ensuite immédiatement procédé au jugement de la c., qui a lieu sans jury, et sans qu'aucun conseil, aucun avoué puisse se présenter pour défendre l'accusé ; cependant ses parents ou amis peuvent, s'il est dans l'impossibilité absolue de se rendre au tribunal, faire valoir son excuse et en plaider la légitimité ; la cour ordonne, s'il y a lieu, qu'il sera sursis, pendant un temps déterminé, au jugement du prévenu ; dans le cas contraire, la cour rend un arrêt.

D'après l'ancien article 472 du code d'instruction criminelle, si le contumax était condamné, un extrait du jugement de condamnation était affiché dans les 3 jours par l'exécuteur des hautes œuvres, à un poteau planté au milieu de l'une des places publiques du chef-lieu de l'arrondissement où le crime avait été commis. Depuis la loi du 2 janv. 1850, cet affichage — vestige de l'ancienne peine du pilori — a disparu de nos codes; il est remplacé par l'insertion de l'extrait du jugement dans l'un des journaux du département et au dernier domicile du condamné, est par affiche mise à la porte de ce dernier domicile, de la maison commune du chef-lieu d'arrondissement où le crime a été commis, et du prétoire de la cour d'assises. C'est à partir de la date du dernier procès-verbal constatant l'accomplissement de la formalité de l'affiche que se produisent les différents effets que l'ancien article 472 attachait autrefois à l'exécution par effigie. A dater de ce moment, les biens du c. sont régis, comme biens d'absent, par l'administration des domaines, à l'exclusion des héritiers présomptifs; néanmoins, il peut être accordé sur ces biens, durant leur séquestre, des secours à la femme, aux enfants, au père ou à la mère du condamné. La condamnation par c. emporte encore la dégradation civique et la privation des droits civils. Si le c. est arrêté ou se constitue prisonnier avant la prescription de la peine prononcée contre lui, la condamnation est anéantie de plein droit ; l'accusé reprend l'administration et la jouissance de ses biens, et il est jugé de nouveau, d'après les règles ordinaires, avec cette seule différence qu'il est condamné aux frais occasionnés par sa c., même quand il est renvoyé de l'accusation. Lorsque, au contraire, il persiste dans sa c., l'arrêt devient définitif.

Aux termes des articles 27 du Code C. et 18 du C. pén., la condamnation par c., devenue définitive, aux travaux forcés à perpétuité ou à la déportation, emportait la mort civile. Mais la loi du 31 mai 1854 a aboli la mort civile en lui substituant certaines incapacités légales. D'après l'art. 3 de cette loi, l'individu condamné contradictoirement à une peine afflictive perpétuelle ne peut disposer de ses biens, en tout ou en partie, soit par donation entre vifs, soit par testament, ni recevoir à ce titre, si ce n'est pour cause d'aliments ; de plus, tout testament par lui fait antérieurement à sa condamnation est nul. Or, ces incapacités frappent de plein droit le c., qui a laissé expirer le délai de 5 ans à partir de l'exécution du jugement de c. ; et lorsque, se représentant après ce délai, il est acquitté, elles produisent néanmoins leur effet pour tout le temps qui s'est écoulé depuis l'expiration même de ce délai.

CONTUMACER. v. a. T. Jurisp. crim. Instruire la contumace ; déclarer quelqu'un contumace. *Faire c. un criminel. Il s'est laissé c.* = CONTUMACÉ, ÉE. part. Inusité.

CONTUMACIAL. ALE. adj. T. Droit. Qui se fait par contumace. *Procédure c.*

CONTUMAX. adj. 2 g. Voy. CONTUMACE.

CONTUS, USE. adj. (lat. *contusus*, frappé, de *contundere*, frapper). T. Chir. Qui est le siège d'une contusion. *Il a la jambe contuse.*

CONTUSIF, IVE. adj. T. Méd. Qui produit une contusion. *Action contusive.*

CONTUSION. s. f. (lat. *contusio*, m. s., de *contundere*, meurtrir, écraser). T. Chir. Les *Contusions* sont des blessures, des sortes de plaies sous-cutanées, faites par le choc ou la pression d'un corps dur, non tranchant, ni piquant, sans perte de substance ni déchirure de la peau.

Lorsque la c. est légère, la partie frappée est un peu douloureuse ; elle se tuméfie et devient rouge ; puis ces phénomènes se dissipent sans laisser de traces. Si la c. a été assez violente pour déterminer la rupture des vaisseaux capillaires, il y a *Ecchymose.* c.-à-d. extravasation de sang. L'ecchymose *par infiltration* consiste dans la dissémination du sang dans les aréoles du tissu cutané ou du tissu cellulaire ; l'ecchymose *par épanchement* résulte de l'accumulation du sang en une partie où les tissus ont été désorganisés et les vaisseaux déchirés. L'ecchymose paraît au moment même de l'action du corps contondant, si son siège est à la peau ou sous les ongles ; mais lorsqu'elle se fait dans l'épaisseur du tissu intermusculaire ou dans la profondeur des membres, elle ne se manifeste qu'au bout de quelques heures, ou même de quelques jours. — La c. détermine ordinairement une tuméfaction plus ou moins considérable. S'il n'y a que de l'infiltration, la partie lésée est dure et tendue ; s'il existe un épanchement de sang, la tumeur est rénitente et fluctuante. Dans ce dernier cas, quand elle a son siège sur un plan résistant, à la tête ou aux mains par ex., on la désigne vulgairement sous le nom de *Bosse sanguine.* — Lorsque l'ecchymose se manifeste aussitôt après l'action du corps contondant, la peau présente une teinte rouge, bleuâtre, noirâtre, plombée, qui s'élargit par degrés, et qui devient successivement violacée, jaunâtre, citrine, mais en conservant toujours une teinte plus foncée au centre qu'à la circonférence. Ces nuances varient en durée et en intensité selon la violence de la c., selon que son siège est superficiel ou profond, suivant l'âge et la constitution du blessé. En général, la coloration bleuâtre paraît du 2e au 3e jour ; la nuance noir vert du 5e au 6e, et la teinte citrine du 7e au 10e. Le plus souvent il ne reste aucune trace vers le 15e jour. Lorsqu'une c. violente a donné lieu à une ecchymose profonde, plusieurs jours peuvent se passer sans qu'il y ait aucune coloration de la peau ; mais dès son apparition les nuances violacée et citrine se manifestent successivement.

L'étendue de la coloration varie selon le siège de la c., la finesse de la peau et la résistance du plan sur lequel reposent les parties molles. La cause la plus légère, par ex., suffit à produire l'ecchymose dans les paupières. A la suite des entorses avec épanchement de sang autour de l'articulation, on voit souvent la presque totalité de la jambe prendre une teinte violacée ; cette dissémination du sang dépend de la direction des aponévroses ; il en est de même à la cuisse, au bras, dans la région dorsale. Cette remarque est importante : car elle

peut faire éviter des erreurs de pronostic, et empêche d'attribuer à une blessure légère une gravité qu'elle n'a pas. Enfin, il arrive quelquefois qu'il n'y a aucune apparence extérieure des désordres existant profondément. A l'ouverture du corps d'un soldat atteint par un boulet, Dupuytren trouva tous les muscles de la région lombaire, les muscles abdominaux et le rein gauche déchirés, les apophyses transverses des vertèbres lombaires et les dernières côtes brisées, les cavités abdominale et thoracique remplies de sang ; et cependant la peau ne présentait aucune altération. Le Dr J. Raid a également consigné plusieurs observations d'épanchements considérables de sang dans les tissus sans aucune lésion extérieure. On désigne ce résultat d'une c. très violente par le mot d'*Attrition.* Les suites en sont ordinairement graves, et si elles ne sont pas mortelles, la suppuration donne lieu à des abcès, et les lésions d'organes entraînent une longue maladie. — L'action des corps contondants peut encore produire une solution de continuité de la peau : on dit alors qu'il y a *Plaie contuse.* La perte de substance ou l'attrition des tissus ne permet pas le plus souvent une guérison prompte, si la plaie contuse est étendue ; car la suppuration lui fait suivre la marche des plaies en général. — Le traitement des contusions n'offre quelque difficulté que dans les cas graves : nous n'en parlerons pas ici, car c'est l'affaire de l'homme de l'art. Quant aux contusions légères, les indications sont fort simples. Il faut favoriser la résorption du sang épanché dans les tissus. Pour cela, quand la c. est récente, il suffit d'appliquer des compresses imbibées d'eau froide et souvent renouvelées ; on peut aussi employer l'eau végéto-minérale, ou l'eau vinaigrée avec addition de sel commun ou mieux de chlorhydrate d'ammoniaque. L'eau-de-vie camphrée et les eaux spiritueuses produisent également d'excellents effets. S'il vient à se manifester, dans la partie contuse, de la tension, de la douleur et de la chaleur, on doit abandonner les réfrigérants et les résolutifs, et recourir aux topiques émollients. L'usage populaire de comprimer violemment les bosses sanguines n'est justifiable que dans quelques cas rares, où le refoulement du sang dans les tissus voisins facilite sa résorption ; mais, le plus souvent, il produit un mauvais effet, car la compression a pour effet de déchirer les mailles des tissus et de rendre la c. plus lente à guérir. Les sangsues et les ventouses scarifiées ne sont guère indiquées que dans les cas de c. profonde des membres ou des cavités splanchniques : il convient alors de recourir préalablement à la saignée générale, surtout quand le sujet est robuste ; mais les sangsues et les ventouses sont plus nuisibles qu'utiles lorsque la c. est superficielle. — On emploie quelquefois encore les cordiaux à l'intérieur : cette pratique ne peut être avantageuse que dans le cas de c. grave, ou bien lorsque, par l'effet de la commotion, il y a stupeur ou tendance à la stupeur. Voy. PLAIE.

CONTUSIONNER. v. a. [Pr. *kontu-zio-ner*] (R. *contusion*). Meurtrir, faire une contusion. *J'ai fait une chute qui m'a tout contusionné.* = SE CONTUSIONNER. v. pron. Se faire une contusion. = CONTUSIONNÉ, ÉE. part.

CONTY. ch.-l. de c. (Somme), arr. d'Amiens ; 1,100 hab.

CONULARIA. s. m. pl. (R. *cône*). T. Paléont. et Zool. Genre de mollusques gastéropodes de la famille des *Conulariides* (voy. ce mot) ayant une coquille qui peut atteindre 25 centimètres de long, pyramidale, à sommet pointu, à sections quadrangulaires, à faces ornées d'un sillon longitudinal médian et terminées du côté de l'ouverture par un prolongement triangulaire recourbé en dedans. Ces cloisons concaves sont souvent visibles à l'intérieur. Ce genre existe depuis l'époque silurienne jusqu'au lias.

CONULARIIDES. s. m. pl. (R. *conularia*). T. Paléont. et Zool. On a désigné sous ce nom une famille de mollusques gastéropodes *Thécosomes* (voy. ce mot), qui ne se rencontrent que dans les terrains paléozoïques, mais qui se rapprochent des Ptéropodes actuels, s'en distinguent cependant par leur ouverture rétrécie, par leur opercule et par leur taille considérable.

CONUS (gr. χῶνος, lat. *conus*, cône). T. Zool. et Paléont. Les *Conus* ou *Cônes* forment un genre qui a donné son nom à la famille des *Conides* (voy. ce mot). Ils ont une coquille en cône renversé, à ouverture renversée, à bords presque parallèles et non dentés. Ce genre est actuel et l'on en trouve des types fossiles depuis les terrains crétacés. L'une des espèces actuelles porte vulgairement le nom d'*Amiral.*

CONVAINCANT, ANTE. adj. Qui a les qualités requises pour convaincre. *Preuve convaincante. Argument c. Ce que vous dites là est c.*

CONVAINCRE. v. a. (lat. *convincere*, de *cum*, avec, et *vincere*, vaincre). Amener quelqu'un par le raisonnement, ou par des preuves sensibles ou évidentes à reconnaître la vérité d'une proposition ou d'un fait. *C. quelqu'un d'une vérité. Je l'ai convaincu par de bonnes raisons. Je n'ai pu l'en c.* || Donner des preuves suffisantes qu'une personne est coupable d'un crime, d'une faute, d'une action mauvaise. *C. un accusé du crime qui lui est imputé. Il fut convaincu de mensonge. On le convainquit d'avoir trahi sa patrie.* — Fig., *Sa doctrine fut convaincue d'erreur.* = SE CONVAINCRE. v. pron. S'assurer par soi-même. *Je veux m'en c. par moi-même. Il se convaincra par expérience. Vous vous convaincrez alors que j'agissais dans votre intérêt. Il se laissa c. Se laisser c. à l'évidence.* = CONVAINCU, UE. part. || *Atteint et convaincu,* loc. usitée autrefois dans les jugements criminels pour exprimer que l'accusé était reconnu coupable. *Il a été atteint et convaincu de meurtre.* = ÊTRE CONVAINCU. Être assuré. *Je suis convaincu qu'il a fait à bonne intention. Soyez convaincu que j'y mettrai tous mes soins.* = Conj. Voy. VAINCRE. = Syn. Voy. CONVICTION.

CONVALESCENCE. s. f. [Pr. *konvales-sanse*] (lat. *convalescere*, se fortifier; de *cum*, avec, et *valescere*, devenir fort). Période de transition entre la maladie qui n'est plus et le retour parfait de la santé et des forces; état de langueur général qui subsiste plus ou moins longtemps après une maladie grave. *Entrer, être en c. Il est en pleine c. Pendant sa c. La c. sera longue.*

CONVALESCENT, ENTE. adj. [Pr. *konvales-sen*]. Qui est en convalescence. *Il est encore c. Je suis enchanté de la savoir convalescente.* || subst. *C'est un excellent régime pour un c.*

CONVALLAIRE. s. f. [Pr. *kon-val-lère*] (lat. *convallis*, vallée). T. Bot. Genre de plantes Monocotylédones (*Convallaria*) de la famille des Liliacées. Voy. MUGUET et LILIACÉES.

CONVALLAMARINE. s. f. [Pr. *kon-val-lamarine*] (R. *Convallaria*). T. Chim. La c. est un glucoside qui se trouve surtout dans les fleurs du Muguet des bois (*Convallaria maialis*); comme elle est très soluble dans l'eau, on la retire de l'extrait aqueux des fleurs de Muguet. Ce glucoside est un médicament cardiaque de réelle valeur qui a sa place marquée à côté de la digitale; d'après le docteur G. Sée, il s'adresse surtout aux affections mitrales accompagnées d'hydropisie. On prescrit surtout l'extrait aqueux qui renferme la c. et est à peu près dépourvu de convallarine. Voy. ce mot.

CONVALLARINE. s. f. [Pr. *kon-va-larine*] (R. *Convallaria*, Convallaire). T. Chim. La c. $C^{34}H^{62}O^{11}$ est un glucoside contenu dans le Muguet des bois (*Convallaria maialis*). Pour l'isoler, le rhizome desséché est épuisé par l'alcool. L'extrait alcoolique est précipité par le sous-acétate de plomb, et l'excès plombique par l'hydrogène sulfuré. On filtre après chaque opération, puis on évapore l'alcool. La c. cristallise dans cette liqueur en prismes rectangulaires qu'on lave à l'éther pour les purifier. Les acides étendus la dédoublent à l'ébullition en glucose et en *convallaretine* $C^{14}H^{20}C^{2}$, substance cristalline soluble dans l'éther.

La c., traitée à douce chaleur par le bichromate de potasse et l'acide sulfurique, donne l'aldéhyde convallarinique qui développe le parfum du muguet dans toute sa pureté et très intensivement. Pour les détails de l'opération, voy. CONIFÉRINE.

La c. est très peu soluble dans l'eau, mais très soluble dans l'alcool. Après avoir épuisé la plante par l'alcool dissolvant et la reprenant par l'eau, on peut extraire un autre corps, la *Convallamarine* qui, entre les mains du docteur Sée, est devenue un médicament cardiaque sûr dans ses effets. Voy. CONVALLAMARINE.

CONVASSAL. s. m. [Pr. *konva-sal*] (lat. *cum*, avec, et *franç. vassal*). T. Droit. Celui qui est vassal avec.

CONVECTION. s. f. [Pr. *konvek-sion*] (lat. *convehere*, supin *convectum*, de *cum*, avec, *vehere*, charrier). T. Phys. Transport de la chaleur ou de l'électricité par le mouvement des molécules d'un liquide ou d'un gaz. C'est un mode de propagation différent de la conductibilité et du rayonnement. Ex. : l'eau placée dans un vase sur le feu s'échauffe par c., parce que les molécules situées au fond reçoivent d'abord l'action du feu et se dilatant par la chaleur, s'élèvent et font place à des molécules plus froides qui s'échauffent à leur tour. Un corps chaud placé dans un courant d'air se refroidit plus vite que placé dans l'air calme; à cause de la c. que produit le courant d'air et d'après laquelle les molécules d'air échauffées au contact du corps sont incessamment remplacées par des molécules plus froides et emportent avec elles la chaleur qu'elles ont reçue. Un corps électrisé subit une déperdition d'une manière analogue.

CONVENABLE. adj. 2 g. Qui convient, qui est à propos, qui est suffisant. *Vous auriez dû choisir un temps plus c. C'est pour elle un parti c. Ce service a reçu une récompense c.* || Suivi de la préposition *à*, en rapport avec, conforme. *Cet emploi n'est pas c. à ses talents. Faire une dépense c. à sa fortune. Il faut le recevoir d'une manière c. à son rang.* || Décent, selon les convenances, avantageux. *Il n'est pas c. à un homme âgé de se conduire ainsi. S'il est c. que j'y aille, je suis prêt. Cela ne m'est pas, ne peut m'être c.* || s. m. *Ce qui convient, ce qui est décent. Le c. est le grand malheur du XIXᵉ siècle.*

CONVENABLEMENT. adv. D'une manière convenable. *Il répondit c. Il s'est conduit c. J'agirai c. à vos intérêts. Il faudra le traiter c.*

CONVENANCE. s. f. (lat. *convenientia*, m. s., de *convenire*, convenir). Le rapport qui existe entre deux ou plusieurs choses conformes, qui peuvent aller ensemble. *Quelle c. peut-il y avoir entre des choses si différentes? Il n'y a aucune c. entre le style de cet ouvrage et la matière dont il traite. C. de fortune, de condition. C. d'humeur, de caractère, de goût,* etc. — *Pécher contre la c.,* Associer, combiner ensemble des choses qui ne sauraient aller ensemble. *C'est pécher contre la c. que de faire figurer dans un même tableau des personnages de siècles différents.* || Bienséance; décence; dans ce sens, s'emploie ordinairement au plur. *Il n'y aurait aucune c. à agir ainsi. Observer, garder, braver les convenances. Votre conduite blesse toutes les convenances. Les convenances sociales.* — On dit, dans un sens anal., *Les convenances oratoires.* — *Mariage de c.,* Mariage de bienséance où les rapports de naissance, de fortune ont été plus consultés que l'inclination. — *Raisons de c.,* Raisons de pure bienséance, ou bien raisons qui sont probables et plausibles, mais ne sont point démonstratives. Peu us. || Utilité particulière qu'une chose a pour quelqu'un. *Cette terre m'a coûté cher, mais on m'a fait payer la c.* — *Avoir une chose à sa c.,* Comme on la désire. On dit de même, *Cette chose est à ma c.,* Elle est comme je la désire. = Syn. Voy. DÉCENCE.

CONVENANT, ANTE. adj. Qui convient, conforme, bienséant, sortable. Vx.

CONVENIR. v. n. (lat. *convenire*, de *cum*, avec, et *venire*, venir). Faire un accord, une convention. *C. du prix de quelque chose. Convenons de nos faits. Nous sommes convenus de partir ensemble. Ils conviennent d'attaquer l'ennemi le même jour.* — Par ext., S'accorder, être d'accord. *Les historiens ne conviennent pas sur la date de cet événement.* || Demeurer d'accord, reconnaître. *Tout le monde convient maintenant que la terre tourne autour du soleil. Je conviens de ce que vous dites, mais convenez aussi qu'il est impossible de... Il est convenu lui-même de son erreur. Pourquoi refusez-vous d'en c.?* || En parl. des choses, Avoir du rapport, être conforme. *Cela convient à ce que vous disiez. La déposition du second témoin ne convient pas avec celle du premier. Leurs récits conviennent en tout.*

> Le deuil de la Nature
> Convient à la douleur et plaît à mes regards.
> LAMARTINE.

Être convenable, se dit du rapport de convenance qui peut exister soit entre des personnes et des choses, soit entre les choses. *Cet homme, ce parti ne convient pas à votre fille. C'est un employé qui vous conviendrait très bien. Cette place me conviendrait fort. Ce régime ne saurait lui c. Il ne vous convient pas de parler avec tant d'assurance. Cela convient à sa position. Ce style ne convient pas au sujet que vous traitez. Le mot convient à la chose.* — Par ext.,

Plairè, agréer. *Cette propriété me convient beaucoup. Il ne me convient pas de lui écrire.* || Être utile, expédient ; dans ce sens, il s'emploie impersonnellement. *On délibéra longtemps pour savoir ce qu'il convenait de faire et de ne pas faire.* == SE CONVENIR. v. pron. Se dit en parlant de personnes entre lesquelles il existe une conformité de goûts, de caractère, d'âge, de position, etc. *Ces deux hommes ne sauraient se c. Nos goûts, nos caractères, etc., ne peuvent se c.* — CONVENU, UE. part. *C'est chose convenue entre toutes les parties intéressées. C'est c.* == Conj. Voy. VEXIN.

Obs. gram. — On conjugue *Convenir* avec l'auxiliaire *être*, et on le fait suivre de la prépos. *de*, lorsque ce verbe signifie faire un accord ou demeurer d'accord. Il prend au contraire l'auxiliaire *avoir*, et on le fait suivre de la prépos. *à*, lorsqu'il marque un rapport de convenance.

CONVENT. s. m. (lat. *conventus*, assemblée et accord). Vieux mot qui ne s'emploie plus aujourd'hui que dans la franc-maçonnerie, pour désigner certaines assemblées.

CONVENTICULE. s. m. (lat. *conventiculum*, m. s., de *convenire*, convenir). Assemblée peu nombreuse. Se prend toujours en mauvaise part. *Ce ne fut qu'un c.*

CONVENTION. s. f. [Pr. *konvan-sion*] (lat. *conventio*, m. s., de *convenire*, convenir). Accord, pacte entre deux ou plusieurs personnes. *Je m'en tiens à la c. La c. était que... portait que...* Voy. CONTRAT. || Se dit des stipulations particulières, des clauses que contient un acte. *Voici les conventions que renfermait l'acte fait entre les parties.* — *Conventions matrimoniales,* Celles qui sont faites par les époux dans leur contrat de mariage. Autrefois il se disait, dans un sens particulier, des avantages accordés à une femme par le contrat de mariage. *Il ne lui était dû ni douaire ni conventions.* || *De c.,* loc. adj. Conventionnel, qui n'a de valeur, de sens, de réalité que par l'effet d'une c. *Signes de c. Langage de c. Monnaie de c.,* Monnaie qui a cours non avec sa valeur intrinsèque, mais avec une valeur plus forte qu'on est convenu de lui donner. Telle est en France la monnaie de cuivre et la monnaie d'argent. Voy. CHANGE. || Qui résulte non d'une c. formelle, mais de l'usage établi, de l'opinion dominante. *Vertus de c. Il y a dans l'architecture des ornements de c. La comédie italienne a plusieurs personnages de c.*

Hist. — On appelle *Conventions* certaines Assemblées nationales munies de pouvoirs extraordinaires, soit pour établir une constitution, soit pour la changer, la modifier ou la compléter. Ce mot a été, pour la première fois, employé dans ce sens lors de la révolution d'Angleterre de 1688, époque à laquelle on donna le nom de C. à l'assemblée extraordinaire du Parlement qui, après la fuite de Jacques II, déclara la vacance du trône et y appela la maison d'Orange en remplacement des Stuarts. On a aussi appelé C. le congrès général de l'Amérique du Nord, qui, le 17 sept. 1787, après la proclamation de l'indépendance des États-Unis, décréta la constitution qui régit encore ce pays. Dans l'histoire de France, on appelle C. nationale, ou simplement C., l'Assemblée célèbre qui fut convoquée, le 10 août 1792, pour succéder à l'Assemblée législative. La C. tint sa première séance le 20 sept. 1792 et sa dernière le 26 oct. 1795 (4 brumaire an IV), après avoir duré 3 ans 35 jours, et avoir rendu 8.370 décrets. Nous citerons parmi ses actes les plus importants : l'abolition de la royauté et la proclamation de la république (22 sept. 1792) ; la réunion de la Savoie (27 nov. 1792) et du comté de Nice à la France (31 janv. 1793) ; l'établissement des premières lignes du télégraphe aérien (26 juill.) ; l'abolition de l'esclavage dans les colonies (4 fév. 1794) ; la création de l'École polytechnique (1er juin 1794) ; celle du Conservatoire des Arts et Métiers (1er oct.) ; l'uniformité des poids et mesures suivant le système décimal (7 avr. 1795) ; l'institution du Bureau des Longitudes (25 juin) ; la constitution dite de l'an III (22 août) ; la réunion de la Belgique, du pays de Liège et du Luxembourg à la France (1er oct.) ; et, enfin, la création de l'Institut et de l'École normale supérieure (25 oct. 1795).

Pendant toute son existence la C. fut le seul pouvoir souverain en France ; elle eut à soutenir des guerres formidables à l'extérieur contre presque toute l'Europe coalisée, et à l'intérieur contre les royalistes révoltés. Malgré quelques énergumènes forcenés et les excès condamnables auxquels elle s'est livrée contre ses ennemis politiques et qui ont caractérisé le régime de la *Terreur*, excès qui trouvent leur explication dans l'extraordinaire gravité des circonstances ; malgré l'assassinat juridique d'hommes tels que Lavoisier, Bailly,

André Chénier, et la mort de Condorcet, on ne peut nier que la C. fut un gouvernement puissant, pénétré du patriotisme le plus élevé, qui a sauvé l'intégrité de la nation, consolidé l'œuvre de la Révolution, et arrêté les bases et les principes de la société moderne.

CONVENTIONNEL, ELLE. adj. [Pr. *konvan-sio-nel*]. Qui résulte d'une convention. *Valeur conventionnelle. Prix c.* || Qui est l'effet non d'une convention formelle, mais de l'usage reçu, de l'opinion dominante. *Une vertu conventionnelle. Des beautés conventionnelles.* || Hist. Qui appartient à la Convention nationale ou à sa politique.

CONVENTIONNEL. s. m. [Pr. *konvan-sio-nel*]. Membre de la Convention nationale. *Un ancien c.*

CONVENTIONNELLEMENT. adv. [Pr. *konvan-sio-nè-leman*]. Sous convention.

CONVENTUALITÉ. s. f. (R. *conventuel*). État d'une maison religieuse où l'on vit sous une règle.

CONVENTUEL, ELLE. adj. (lat. *conventualis*, m. s., de *conventus*, couvent). Qui est du couvent, qui appartient au couvent. — *Assemblée conventuelle,* Qui est composée de tous les membres de la communauté, du couvent. *Messe conventuelle,* Celle où assiste toute la communauté. *Prieuré c., Prieur c.* Voy. ABBAYE. || *Religieux conventuels,* ou simplement *Conventuels,* Religieux qui ont le droit de demeurer toujours dans le même couvent, à la différence de ceux qui n'y sont que pour peu de temps, comme pendant la réunion d'un chapitre. — Cordeliers restés fidèles à la règle de saint François. Voy. CORDELIER.

CONVENTUELLEMENT. adv. [Pr. *konvantu-è-leman*]. En communauté, selon les règles et l'usage de la société religieuse. *Vivre c. Des religieux c. assemblés.*

CONVERGENCE. s. f. Action de converger. || T. Géom. et Phys. Disposition de deux ou plusieurs lignes qui se dirigent sur un même point. *La c. de deux lignes. La c. des rayons lumineux réfléchis par un miroir concave.* Voy. LENTILLE, MIROIR. || T. Math. *C. d'une série,* Qualité d'une série dont la somme des termes tend vers une limite déterminée. — *Règles de c.* Règles d'après lesquelles on peut reconnaître si une série est convergente. Voy. SÉRIE.

CONVERGENT, ENTE. adj. Qui converge. || T. Géom. et Phys. Se dit des lignes qui se dirigent vers un même point. *Lignes convergentes. Rayons convergents.* || Fig. Qui se rapproche, qui se touche, qui a un but, un résultat commun. || T. Math. *Série convergente,* Série dont la somme des termes tend vers une limite déterminée. Voy. SÉRIE.

CONVERGER. v. n. (lat. *convergere*, m. s., de *cum*, avec et *vergere*, se tourner). T. Géom. et Phys. Se dit des lignes qui tendent vers un seul et même point. *Ces deux lignes convergent. Les rayons lumineux qui ont traversé une lentille convexe convergent vers son foyer.* || Se concerter, marcher, se diriger vers un même lieu. *Il fallut faire converger une partie de l'armée sur un même point.* || Fig. Avoir un même but, une même tendance. *Tous nos efforts convergent au même but.* || T. Math. Se dit d'une quantité variable qui tend vers une limite fixe. Voy. LIMITE.

CONVERS, ERSE. adj. (lat. *conversus*, converti). N'est guère usité que dans ces dénominations : *Frère c., Sœur converse,* qui se disent d'un religieux ou d'une religieuse qui ne sont employés qu'aux œuvres serviles du monastère.

CONVERSABLE. adj. Avec qui on peut converser agréablement.

CONVERSANT, ANTE. adj. Qui converse avec les hommes.

CONVERSATION. s. f. [Pr. ...*sion*] (lat. *conversatio*, m. s., de *conversari*, converser). Entretien entre deux ou plusieurs personnes sur un sujet quelconque. *C. agréable, enjouée, badine, intéressante, instructive, sérieuse, c. ennuyeuse, puérile. C. suivie, sans suite, interrompue, à bâtons rompus. Entrer en c. Lier c. Suivre la c. Renouer c. Rompre, interrompre une c. Prendre part à la c. Lais-*

ser tomber la c. Changer la c. La c. s'échauffe, l'anguit. La c. tourna, tomba sur telle question. Cela est bon pour la c. Le ton, le langage, le style de la c. C'est un homme de bonne c. Le secret de plaire dans les conversations est de ne pas trop expliquer les choses (LA ROCHEFOUCAULD). — Je n'ai jamais pu supporter le sot et niais remâlissage des conversations ordinaires (J.-J. ROUSSEAU). — Être à la c., Y prendre part, ou simplem. Écouter ce qui s'y dit. ‖ La manière dont quelqu'un converse. Sa c. est peu amusante. Il aime votre c. ‖ Être en c. criminelle, se dit quelquefois en Angleterre et en France pour rapport intime et adultère. — Autrefois, le mot c. était pris au sens de fréquentation. C'étaient deux prud'hommes de bonne vie et de bonne c. (FROISSART).

Syn. — Entretien. — Ces deux mots désignent en général un discours mutuel entre deux ou plusieurs personnes ; mais c. se dit en général de quelque discours mutuel que ce puisse être ; au lieu qu'entretien se dit d'un discours mutuel qui roule sur quelque objet déterminé. Entretien se dit de supérieur à inférieur. Enfin, lorsque plusieurs personnes, au nombre de plus de deux, sont rassemblées et parlent entre elles, on dit qu'elles sont en c., et non pas en entretien.

CONVERSE. adj. et s. f. (lat. conversus, retourné). T. Log. Se dit d'une proposition dans laquelle on prend le sujet et l'attribut pour en faire respectivement l'attribut et le sujet d'une autre proposition. Voy. PROPOSITION. ‖ T. Géom. Proposition directe par opposition à la réciproque. Vx. Voy. RÉCIPROQUE.

CONVERSE. s. f. T. Mar. Partie du tillac où l'on se réunit pour faire la conversation.

CONVERSEAU. s. m. Pièce d'un moulin.

CONVERSER. v. n. (lat. conversari, de cum, avec, et vertere, tourner). S'entretenir avec quelqu'un. Nous avons conversé très familièrement. Il aime à c. avec les savants. ‖ Fig., C. avec les livres, avec les morts, avec les grands hommes de l'antiquité, S'appliquer à la lecture, étudier les écrits des auteurs qui sont morts, les vies des grands hommes de l'antiquité. ‖ T. Tact. Exécuter une conversion. C. à droite.

CONVERSIBLE. adj. Qui peut être retourné.

CONVERSIF, IVE. adj. Qui a la propriété de tourner ou retourner une chose.

CONVERSION. s. f. (lat. conversio, m. s., de cum, avec, et vertere, tourner). Transformation d'une chose en une autre. La c. des métaux. L. c. des maladies. ‖ Fig., Changement d'un acte, d'une procédure en une autre. C. d'une obligation en contrat de rente viagère. C. d'un procès civil en procès criminel. ‖ Fig., Passage d'une croyance erronée à une croyance meilleure ; changement de mœurs, de conduite, de sentiments, de mal en bien. Prier Dieu pour la c. des infidèles, des hérétiques et des pécheurs. Travailler à la c. des âmes. Mon fils est devenu aussi studieux qu'il était paresseux, c'est une c. que je n'espérais plus. Voy. ABJURATION. — Par ext., Changement de parti, d'opinion, de résolution. Si la conviction fait quelques conversions, combien l'argent n'en fait-il pas davantage ! ‖ T. Fin. C. de monnaies, Changement de monnaies contre d'autres de même valeur. — C. des rentes. Voy. DETTE. ‖ T. Log. C. d'une proposition. Voy. PROPOSITION. ‖ T. Tactiq. Mouvement par lequel le front d'une troupe change sa direction en tournant ou pivotant sur l'une de ses extrémités. C. à droite, à gauche. Le point de c.

CONVERSIONISTE. s. m. Partisan de la conversion des rentes.

CONVERSO. s. m. T. Mar. Partie du tillac où on se réunit pour faire la conversation.

CONVERTIBILITÉ. s. f. Qualité de ce qui est convertible.

CONVERTIBLEMENT. adj. T. Logiq. D'une façon convertible.

CONVERTIBLE. adj. 2 g. Se dit d'une chose qui peut être

convertie en une autre ou changée pour une autre. On a cru pendant longtemps que certains métaux étaient convertibles en or. Un billet de banque doit toujours être c. en espèces. Papier c., Qu'on peut toujours changer contre espèces métalliques. ‖ T. Log. Proposition c., Celle qui peut devenir la converse d'une autre proposition.

CONVERTIR. v. a. (lat. convertere, retourner, de cum, avec, et vertere, tourner). Changer, transformer une chose en une autre. Les alchimistes croyaient que l'on pouvait c. certains métaux en or. Aux noces de Cana, Jésus-Christ convertit l'eau en vin. Ces aliments sont convertis en chyle. C. des raisins en vin. ‖ Se dit du changement que l'on apporte à une chose quant à sa forme. C. du fil en toile, du chanvre en corde. Les lingots d'or sont portés à la Monnaie où on les convertit en espèces. ‖ Se dit aussi, mais surtout dans le langage des affaires, du remplacement d'une chose par une autre. C. un billet de banque en espèces. C. une obligation en contrat de vente viagère. C. une peine corporelle en une peine pécuniaire. ‖ Fig., Amener quelqu'un à sa croyance, ou amener un pécheur à s'amender. C. les idolâtres, les hérétiques à la vraie foi. C. les pécheurs. — Par ext. et fam., C. quelqu'un, Le faire changer d'opinion ou de résolution. J'ai fait tout ce qu'il m'a été possible pour l'amener à notre manière de voir, mais il n'y a pas moyen de le c. = SE CONVERTIR, v. pron. Ce vin s'est converti en vinaigre. Son amour se convertit en haine. Se c. au christianisme. ‖ T. Log. Ces deux termes se convertissent, Ils peuvent se dire réciproquement l'un de l'autre. Étendue et Divisibilité sont deux termes qui se convertissent. On dit aussi que Deux propositions se convertissent, lorsque l'une est la converse de l'autre. = CONVERTI, IE. part. Une pécheresse convertie. ‖ S'emploie subst., et alors se dit en général d'une personne convertie à la religion catholique. Une nouvelle convertie. De nouveaux convertis. — Fig. et fam., Vous prêchez un converti, Vous parlez inutilement pour convaincre un homme qui est de votre avis.

CONVERTISSABLE. s. m. Qui peut être converti.

CONVERTISSEMENT. s. m. Changement. Demander le c. d'une obligation en contrat de rente viagère. Le c. des espèces de monnaies. Inus. — On dit aujourd'hui Conversion.

CONVERTISSEUR. s. m. Celui qui s'efforce de faire des conversions ou se flatte d'en faire. C'est un grand c. Ne se dit que fam. et par forme de plaisanterie.

CONVERTISSEUR. s. m. T. Techn. Appareil servant à opérer une transformation. ‖ T. Métall. Grande cornue métallique garnie intérieurement de matériaux réfractaires dans laquelle on jette les métaux en brûlant leurs impuretés par un courant d'air. Le c. inventé par M. Bessemer, pour la fabrication rapide de l'acier, a été ensuite appliqué à d'autres métaux. Voy. ACIER, CUIVRE. ‖ Organe principal des minoteries à vapeur, formé de cylindres lisses en fonte ou granit. Voy. MOULIN.

CONVEXE. adj. 2 g. (lat. convexus, m. s.). Bombé, courbé en dehors. Terme opposé à Concave. Surface c. Un corps c. Un miroir, un verre c. — On dit aussi, Le côté c. d'une ligne courbe, d'une parabole, d'une ellipse.

CONVEXIROSTRE. adj. 2 g. (lat. convexus, convexe ; rostrum, bec). T. Zool. Qui a le bec convexe.

CONVEXITÉ. s. f. La surface externe de ce qui est convexe. La c. d'un globe, d'une lentille. — Par anal., on dit aussi, La c. d'une ligne courbe. Voy. CONCAVITÉ.

CONVEXO-CONCAVE. adj. Qui est convexe d'un côté et concave de l'autre.

CONVICT. s. m. [Pr. convikte]. Mot anglais qui signifie Convaincu, et qu'on applique, en Angleterre, aux criminels condamnés à la déportation. Voy. PÉNITENTIAIRE.

CONVICTION. s. f. [Pr. konvik-sion] (lat. convictio, m. s., de *convincere*, convaincre). Certitude que l'on a de la vérité d'un fait, d'un principe. *Tout ce qu'il me disait portait la c. dans mon âme. Être dans une entière c. J'ai une pleine, une entière c. de ce que je vous avance. Avoir l'intime c. d'une chose. Une c. profonde. Agir par c., Agir sans aucune vue intéressée. La c. est la conscience de l'esprit* (CHAMFORT). || Preuve évidente et indubitable d'un fait. *On a en main les convictions de son crime. On a trouvé dans ses papiers la c. de son intelligence avec les ennemis.* — *Pièces de c.*, Pièces qui doivent servir à convaincre un accusé.

Syn. — *Persuasion.* — Les deux mots *Conviction* et *Persuasion* expriment l'acquiescement de l'esprit à ce qui lui a été présenté comme vrai. La c. est un acquiescement fondé sur des preuves d'une évidence irrésistible. La *persuasion* est le plus souvent déterminée par des raisons qui s'adressent au cœur et qui peuvent tromper. La bonne opinion que j'ai de vous suffit pour me *persuader* que vous ne me trompez pas. On se *persuade* aisément ce qu'on désire ; on est, par amour-propre, quelquefois très fâché d'être *convaincu* de ce qu'on se refusait à croire. A Athènes, où subsistait le jugement par un jury extrêmement nombreux, il suffisait de *persuader*, c.-à-d. de toucher et d'émouvoir l'assemblée ; avec notre organisation judiciaire, il faut *convaincre* les juges, c.-à-d. leur prouver ce qu'on avance : ce qui démontre, pour le dire en passant, que notre rhétorique ne doit pas être calquée sans restriction sur celle des anciens. La c. n'est pas susceptible de plus ou de moins ; la *persuasion*, au contraire, peut être plus ou moins forte. On *persuade* à quelqu'un de faire une chose ; on le *convainc* de l'avoir faite ; mais, dans ce dernier cas, *convaincre* ne se prend jamais en mauvaise part. — *Certitude.* La certitude est l'état de l'esprit qui se croit certain de la vérité ; elle est le résultat de la c. La certitude s'impose, la c. résulte d'une démonstration.

CONVIER. v. a. (ital. *convitare*, m. s. ; du lat. *cum*, avec, et *vita*, vie). Inviter. *C. quelqu'un à un festin, à une noce, à un bal, à une cérémonie, à une assemblée. Un grand nombre de personnes avaient été conviées.* || Par ext., Engager à faire quelque chose. *On l'a convié de s'y trouver, à s'y trouver, de faire telle chose, à faire telle chose. On le convia de chanter.* || Fig., se dit des choses qui peuvent déterminer à faire quelque chose. *La gloire, la raison, votre devoir vous convient à vous montrer digne de vos aïeux. Tout vous y convie. Le beau temps nous convie à la promenade.* = CONVIÉ, ÉE. part. || S'emploie subst., en parlant des personnes invitées à un repas. *Il a bien reçu, bien traité les convives. Il n'était pas du nombre des conviés.*

> Mais bien des conviés laissent leur place vide,
> Et se lèvent avant la fin.
>
> VICTOR HUGO.

Syn. — *Inviter, Engager, Induire.* — *Convier* signifie littéralement *inviter à un repas* ; mais, par ext., on l'applique à d'autres objets. *Inviter* signifie vaguement *engager à une chose quelconque* ; mais, par une application très usitée, il se dit aussi, même sans addition, à l'égard d'un repas. Néanmoins c. renferme une idée de concours qui manque à *inviter*. Le concours peut être soit des personnes qui sont *conviées*, soit des personnes ou des objets qui *invitent* à la fois. On *convie* à un banquet, à un festin, à des noces où il y a un nombre de *convives*. On *invitera* plutôt une personne à déjeuner, à dîner, à souper. Les compagnies, les corps, sont *conviés* à une cérémonie, à une fête. Un savant, un physicien est *invité* à une recherche, à une expérience. Le beau temps *invite* à la promenade ; le beau temps et la bonne compagnie nous y *conviennent*. — *Engager* suppose qu'on indique les raisons qui doivent porter à faire ce qu'on propose. — *Induire* se prend presque toujours en mauvaise part. On *induit au mal*.

CONVIVE. s. 2 g. (lat. *conviva*, m. s., de *cum*, ensemble, et *vivere*, vivre). Celui ou celle qui assiste à un repas avec d'autres personnes. *Il était du nombre des convives. Il y avait de charmantes convives.* — On dit d'un homme agréable à table, *C'est un bon c. ; c'est un joyeux, un agréable, un aimable, un charmant c.*

CONVOCABLE. adj. Qui peut être convoqué.

CONVOCATEUR. s. m. Celui qui convoque.

CONVOCATION. s. f. [Pr. ...*sion*] (lat. *convocatio*, m. s.). Action de convoquer. *La c. d'une assemblée, d'un concile. La c. des collèges électoraux, du Corps législatif. Billet, lettre de c.*

CONVOI. s. m. (lat. *cum*, avec, et franç. *voie*). Réunion de voitures ou de bateaux de transport ayant la même destination et cheminant ensemble. — La réunion des personnes qui accompagnent un corps mort qu'on porte à la sépulture. *Un magnifique c. Assister au c. Être invité à un c. Le c. passera par telle rue.* || T. Mar. Réunion plus ou moins grande de bâtiments de commerce naviguant sous l'escorte d'un ou de plusieurs vaisseaux de l'État. *Nous avions deux frégates pour escorter notre c. Le c. des Indes.* — La force navale qui escorte les navires marchands. *On nous donna un vaisseau pour nous servir de c.* || T. Admin. milit. Réunion de transports conduisant d'un point à un autre des malades et des blessés, ou bien des munitions de guerre ou de bouche, des bagages, des effets d'armement et d'habillement, etc. *Escorter un c. Attaquer un c. Nous nous emparâmes de plusieurs convois.* — *Un c. de prisonniers de guerre*, Colonne de prisonniers escortée par une troupe de soldats. — La troupe même qui escorte un c. quelconque. || T. Chemins de fer. Suite de wagons traînés par la même locomotive. *Nous partirons par le c. de dix heures. Le c. était très nombreux.*

CONVOIEMENT. s. m. T. Mar. Escorte d'un convoi de bâtiments de commerce.

CONVOITABLE. adj. 2 g. Qui peut être convoité, qui est désirable. Vx.

CONVOITER. v. a. (lat. *cupiditas*, convoitise). Désirer avec avidité et par suite d'une passion déréglée. *C. ardemment les richesses. C. le bien d'autrui.* = CONVOITÉ, ÉE. part.

CONVOITEUR, EUSE. s. m. et f. Qui convoite.

CONVOITEUSEMENT. adv. D'une manière convoiteuse.

CONVOITEUX, EUSE. adj. Qui convoite. Vx.

CONVOITISE. s. f. Désir immodéré, déréglé, illicite. *La c. des richesses, des honneurs. Regarder quelque chose d'un œil de c.*

CONVOL. s. m. (R. *convoler*). T. Prat. Action de contracter un second mariage.

CONVOLER. v. n. (lat. *convolare*, m. s., de *cum*, avec, et *volare*, voler). N'est usité que dans ces phrases famil. : *C. en secondes, en troisièmes noces ; c. à un second, un troisième mariage*, etc., Se marier pour la seconde, pour la troisième fois, etc. — S'emploie quelquefois absol. *Cette veuve ne sera pas longtemps sans c.*

CONVOLUTÉ, ÉE. adj. (lat. *convolutus*, enroulé, de *cum*, avec, et *volutus*, enroulé). T. Bot. Se dit de tout organe enroulé sur lui-même.

CONVOLUTIF, IVE. adj. (R. *convoluté*). T. Bot. Se dit particulièrement des feuilles. Voy. PRÉFOLIATION et PRÉFLORAISON.

CONVOLVULACÉES. s. f. pl. (R. *Convolvulus*). T. Bot. Famille de végétaux Dycotylédones de l'ordre des Gamopétales supérovariées.
Caract. bot. : Plantes herbacées ou frutescentes, ordinairement grimpantes et fasciculées, lisses ou simplement pubescentes, quelquefois croissant en arbrisseaux dressés ; elles sont quelquefois dépourvues de chlorophylle et parasites sur les tiges de certaines plantes (*Cuscute*). Feuilles alternes, entières ou lobées, rarement pinnatifides, toujours dépourvues de stipules, rarement rudimentaires (*Cuscute*). Les racines peuvent se renfler en tubercules remplis d'amidon et alimentaires (*Patate*). Inflorescence axillaire ou terminale ; pédoncule uni ou multiflore ; les pédoncules partiels généralement accompagnés de deux bractées, qui quelquefois prennent un grand développement après la floraison. Dans le genre *Mina*, l'inflorescence est unilatérale et représente une grappe presque scorpioïde. Calice persistant, à 5, rarement à 4 divi-

sions, remarquablement imbriquées, comme s'il y avait plus d'un verticille, souvent très inégales. Corolle gamopétale, régulière, caduque; limbe entier ou quinquélobé, plissé; tube dépourvu d'écailles. Étamines 5, insérées à la base de la corolle et alternant avec ses segments. Pistil formé de 2 carpelles, rarement de 5 carpelles (*Nolana*) à 2 ou 5 loges, rarement uniloculaire. Ovules 2 dans chaque loge, anatropes, rarement 4 (*Nolana*), ou 1 seul (*Evolvulus*); style unique, ordinairement divisé à son sommet, ou bien en même nombre que les divisions de l'ovaire, et naissant de la base de celles-ci; stigmates obtus ou aigus. Disque annulaire, hypogyne. Capsule succulente ou coriace à déhiscence septifrage et

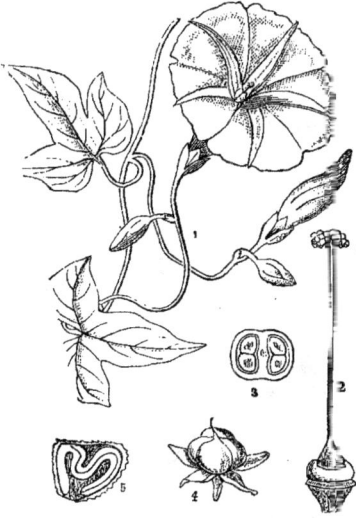

Fig. 1.

bivalve (*Porana*), le plus souvent à la fois septifrage et loculicide, par conséquent, à 4 valves (*Ipomée, Liseron*, etc.); parfois une baie (*Erycibe*), un diakène (*Dichondra*), un tétrakène (*Falkia*), ou un polyakène (*Nolana*). Graines contenant un albumen mucilagineux; embryon courbe, cotylédons foliacés et ridés; radicule infère, voisine du hile [Fig. 1. — 1. *Ipomæa batatoides*; 2. Pistil et presque annulaire; 3. Coupe transverse de l'ovaire. — 4. Capsule de *Convolvulus tricolor*; 5. Coupe verticale de la graine.]

La famille des *C.* comprend 32 genres et 800 espèces, abondant dans toutes les contrées tropicales; mais on n'en trouve qu'un petit nombre d'espèces dans les pays tempérés, et aucune dans les régions boréales; elles s'enroulent autour des rameaux des arbustes, ou bien elles rampent parmi les herbes sauvages des bords de la mer. On en connaît 8 espèces tertiaires, dont 8 *Porana* et 1 *Convolvulus*. On divise cette familles en 4 tribus :

Tribu 1. — *Convolvulées*. — Deux carpelles, style terminal (*Erycibe, Argyreia, Ipomæa, Convolvulus, Evolvulus*, etc.). Les racines de ces plantes contiennent une plus ou moins grande quantité d'un suc laiteux, âcre et fortement purgatif. Cette propriété purgative dépend de la présence d'une résine particulière qui constitue le principe actif du *Jalap*, de la *Scammonée* et des racines de plusieurs autres espèces, qui sont douées de qualités analogues. La *Scammonée* ou *Diagrède* est fournie par le *Convolvulus Scammonia*, plante vivace de la Syrie et de l'Asie Mineure; on en trouve plusieurs sortes dans le commerce, mais la plus estimée est celle qui porte le nom de *Sc. d'Alep*. Elle doit ses propriétés à une résine, soluble dans l'éther, que l'on appelle *Jalapine* et qu'il conviendrait mieux d'appeler *Scammonine*. L'*Ipomæa tuberosa*, appelée *Vigne* ou *Liane à tonnelles* à la Jamaïque,

le *Pharbitis cathartica* de Saint-Domingue, deux *C.* du Brésil nommées par Martius *Piptostegia Gomezii* et *P. Pisonis*, et quelques autres plantes de la même famille, produisent une résine purgative semblable à la Scammonée. La meilleure sorte de *Jalap*, c.-à-d. le *Jalap officinal*, provient de l'*Exogonium Purga*, très belle plante grimpante à longues fleurs d'un rouge cramoisi qui vient dans les Andes mexicaines, aux environs de Jalappa et de San-Salvador. Cette racine doit ses propriétés drastiques à la présence d'une résine qui est composée pour la plus grande part de *Convolvuline*, corps insoluble dans l'éther. On y trouve aussi un peu de *Jalapine* soluble dans l'éther (30 p. 100 environ). On trouve dans le commerce d'autres sortes de Jalaps : le *Jalap mâle* ou J. léger, ou J. *fusiforme* produit par l'*Ipomæa orizabensis* qui renferme de la *Jalapine*, et le J. *digité* fourni par l'*Ip. simulans* et qui renferme une résine soluble dans l'éther et nommée *Tampicine*. La racine de l'*Ipomæa pandurata* ou *Mechamek*, plante indigène de l'Amérique, est employée aux États-Unis en guise de Jalap. Elle agit comme la Rhubarbe; on lui attribue en outre des propriétés diurétiques. On importe du Brésil en Europe, sous le nom de *Gomma da Batata*, une gomme-résine purgative qui provient de l'*Ip. operculata*. Il serait facile de dresser une longue liste d'autres *C.* dont les propriétés purgatives ont été constatées. Celles d'entre ces plantes qui méritent une mention particulière sont surtout les suivantes : l'*Ip. Turpethum* commune aux Indes orientales, dans l'archipel de la Malaisie, dans l'Australie, à Timor, à Tahiti, aux îles des Amis, aux îles Mariannes, à l'île Tinian, qui fournit la racine connue dans le commerce sous le nom de *Racine de Turbith*, qui renferme une résine appelée *Turpéthine*; le *Convolvulus althæoides*, jolie plante des bords de la Méditerranée; le *Grand Liseron des haies* (*Calystegia Sepium*), la *Soldanelle* (*Convolvulus Soldanella*) appelée quelquefois *Chou de mer*, le *Liseron des champs* (*C. arvensis*), le *Liseron tricolore* appelé aussi *Belle-de-jour*, les *C. maritimus, macrocarpus*, etc., communs dans tous les pays tempérés de l'Europe. Chez quelques espèces, les graines participent aux propriétés purgatives des racines. Les graines du *Kaladana* ou *Pharbitis Nil*, administrées à la dose de 2 grammes à 2 grammes 1/2, agissent comme un purgatif prompt, sûr et agréable. Le *Convolvulus dissectus* contient une grande quantité d'acide prussique : c'est l'une des plantes avec lesquelles on prépare la *Liqueur de Noyau*. Les feuilles de plusieurs espèces sont émollientes. Les Hindous emploient la décoction des feuilles de l'*Argyreia bracteata* en fomentation dans les cas de tumeurs scrofuleuses des articulations; les mêmes feuilles bouillies s'appliquent en cataplasmes. Au Brésil, les feuilles de l'*Ipomæa maritima* servent au même usage. Le bois du *Convolvulus scoparius*, appelé *Bois de rose* ou de *Rhodes* répand, en brûlant, une odeur suave, et s'emploie en fumigations.

On trouve encore dans cette tribu des plantes alimentaires par leurs organes souterrains remplis de fécule, et en particulier le *Convolvulus Batatas* ou *Batatas edulis*, appelé vulgairement *Batate comestible, Patate douce, Artichaut des Indes*, qui est originaire de l'Inde, mais qui est aujourd'hui cultivé dans presque toutes les contrées intertropicales, où il remplace la Pomme de terre. C'est une plante à tige rampante, rarement volubile, dont les feuilles sont le plus souvent anguleuses ou même lobées et longues de 1 à 2 décim. Ses racines produisent en abondance des tubercules de dimensions et de formes variables, mais très féculents et sucrés. La Batate joue un grand rôle dans l'agriculture des pays chauds. Ses fanes servent à la nourriture des bestiaux, et leur valeur nutritive est telle qu'à l'état sec elles équivalent au triple de leur poids en foin ordinaire. Les racines tuberculeuses sont aussi mangées par les animaux, mais c'est surtout à l'alimentation de l'homme qu'on les emploie. Toutefois, elles sont moins nutritives que celles de la Pomme de terre, dans le rapport de 20 à 36; de plus, elles ont une saveur sucrée et fade qui a été un obstacle à la propagation de leur culture chez nous, où elle a été introduite vers le commencement du XVIIe siècle. Mais ce défaut, si c'en est un, peut facilement se corriger par une préparation culinaire convenable. Dans tous les cas, la culture de la Batate mérite toute l'attention des agriculteurs de nos départements méridionaux, les seuls où elle puisse se pratiquer en grand avec succès. Ses produits y remplaceraient aisément les autres racines fourragères, dont les récoltes sont fréquemment compromises par l'excès de la sécheresse. On la cultive aujourd'hui assez communément en Algérie. — On connaît un assez grand nombre de variétés de la Batate comestible. Nous citerons, entre autres, la *Patate rouge*, la *P. jaune longue*, la *P. rose de Malaga*, la *P. blanche de l'île de France*, la *P. violette de la Nouvelle-Orléans*, et, enfin, la *P. igname d'Argenteuil*. Cette dernière est celle qui produit les tubercules les plus gros; on en a vu qui pesaient jusqu'à 4 kilogr. En outre, ils sont beaucoup moins doux que les autres. — Nous avons dit que la culture de la Patate convenait surtout à nos départements du Midi. Suivant Vilmorin et Poiteau, la grande culture ne pourra dépasser le 46° degré de latitude nord. Cette plante offre cet avantage précieux de s'accommoder de toute espèce de terrains; néanmoins, c'est dans ceux qui sont profonds et de consistance moyenne qu'elle donne les produits les plus abondants. Les agronomes recommandent diverses méthodes pour la culture de la Patate. Pour certains, il suffit de creuser des fosses de 35 centim. de côté sur 20 de profondeur, à 60 centim. de distance les unes des autres, et de faire la plantation dans ces fosses. Celle-ci se fait au moyen de bourgeons détachés de tubercules, et qu'on a d'abord fait développer sous châssis. C'est vers le milieu de mai, lorsque ces bourgeons n'ont plus rien à craindre des gelées tardives qu'on les enfouit dans les fosses, de manière qu'ils ne présentent que deux ou trois feuilles hors du sol, et l'on remplit les trous avec du terreau bien ameubli et mélangé d'un peu de terre. La récolte se fait du 15 sept. au 10 oct. Toutefois il y aurait imprudence à attendre ce dernier terme, parce que les tubercules qui n'ont pas été arrachés avant les pluies d'automne, renfermant trop de parties aqueuses, se dessèchent moins bien et se conservent moins facilement. On commence par couper les tiges, qu'on donne en vert aux bestiaux ou qu'on fait sécher afin de les employer plus tard comme fourrage sec. On enlève ensuite les tubercules avec la bêche, et on les emmagasine après les avoir laissés se ressuyer sur place un jour au soleil. On a obtenu de 30 à 32,000 kilogr. de tubercules vendables par hectare; mais ces divers chiffres paraissent pouvoir être dépassés de beaucoup. — Une autre espèce alimentaire est l'*Ipomæa macrorhiza* ou *Batatas jalappa*, et qui, nonobstant le nom spécifique qu'elle porte actuellement, est tout à fait inerte. Cette plante habite le sol sablonneux de la Géorgie et de la Caroline, et ses racines produisent de 18 à 22 kilogr. de tubercules pleins d'une fécule blanche et insipide.

Tribu II. — *Dichondrées*. — Deux carpelles, style gynobasique (*Dichondra, Falkia*).

Tribu III. — *Nolanées*. — Cinq carpelles (*Nolana, Dolia, Alona*, etc.). [Fig. 2. — 1. *Alona cœlestis*; 2. Pistil;

Fig. 2.

3. Le même, coupé transversalement. — 4. Coupe d'une graine de *Nolana prostrata*. — 5. Partie du fruit de l'*Aplocarya divaricata*].

Leurs propriétés sont inconnues. On cultive dans nos jardins, comme plante d'ornement, la *Nolane étalée* (*Nolana prostrata*) qui porte de belles fleurs bleues.

Tribu IV. — *Cuscutées*. — Plantes parasites sans chlorophylle (*Cuscuta*) [Fig. 3. — 1. *Cuscuta verrucosa*; 2. Ovaire et calice; 3. Coupe du même; 4. Son fruit; 5. Coupe d'une graine; 6. Son embryon mis à nu. — 7. *Cuscuta europæa*, corolle, écailles et étamines]. — La *Cuscute commune* (*Cuscuta epithymum*) contient un suc âcre qui l'a fait autrefois

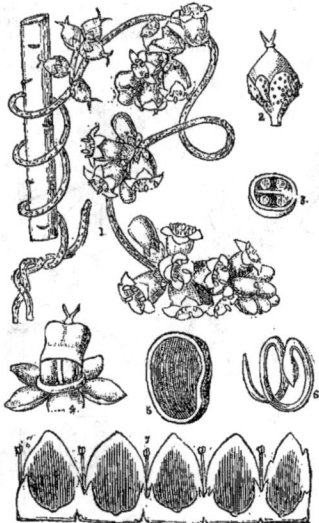

Fig. 3.

employer comme purgatif. Au Brésil, la *Cuscuta racemosa* et une ou deux autres espèces, nommées dans ce pays *Sipo de Chumbo*, figurent dans les officines des pharmaciens. Le suc frais de ces plantes est prescrit contre les affections subinflammatoires, les extinctions de voix et les crachements de sang. La poudre de la plante sèche est répandue sur les plaies pour en hâter la cicatrisation. — La *Cuscuta densiflora* est particulièrement nuisible au Lin; aussi l'appelle-t-on vulgairement *Bourreau du Lin*. Ses graines commencent par germer sur le sol; puis la Cuscute s'attache à la première tige de Lin à sa portée; elle y plante ses suçoirs, s'enroule autour des tiges et s'approprie la sève destinée à les nourrir; puis elle se détache du sol, et ne vit plus qu'aux dépens de cette sève qui n'est pas la sienne. On ne peut prévenir l'invasion de ce parasite dangereux que par des sarclages très soignés donnés au Lin dans les premiers temps de sa culture. Mais, quand la Cuscute a une fois envahi un champ, il n'y a d'autre remède que de tout arracher et de tout brûler immédiatement. Ce fléau ne se produit que par le peu de soin apporté au criblage de la graine de Lin. Suivant Stephens, on trouve rarement la graine de Cuscute mêlée à la graine de Lin provenant de l'Amérique du Nord; mais elle existe fréquemment en grande quantité dans celle qu'on tire d'Odessa, de Riga et des autres ports russes de la Baltique. Dans les Flandres belges, où se récolte le plus beau Lin du monde, cette Cuscute est inconnue.

La *C. epithymum* appelée vulgairement *Petite Cuscute, Teigne, Cheveux du diable*, etc., est la mauvaise herbe la plus redoutable pour les prairies artificielles, car elle vit en parasite sur les Légumineuses, notamment sur le Trèfle rouge, sur la Luzerne, etc.

CONVOLVULÉES. s. f. pl. (B. *Convolvulus*). T. Bot. Tribu de plantes de la famille des *Convolvulacées*. Voy. ce mot.

CONVOLVULINE. s. f. (B. *Convolvulus*). T. Chim. la Convolvuline $C^{31}H^{34}O^{16}$ constitue presque à elle seule la résine du jalap officinal. Elle exerce une action purgative très forte, même à faible dose. On l'obtient sous forme d'une poudre blanche, inodore et insipide soluble dans l'alcool, mais insoluble dans l'éther; ce qui la distingue de la jalapine. Elle fond à 150° en une masse transparente, et se décompose un peu au-dessus de cette température. Bouillie avec les solutions alcalines, en particulier avec l'hydrate de baryte, elle fixe de l'eau et se transforme en acide convolvulique.

L'acide convolvulique est une substance blanche, très hygrométrique, fortement acide, qui fond entre 100° et 120° et se décompose à une température plus élevée. C'est un glucoside qui, en présence de l'émulsine ou des acides étendus, fixe de l'eau et se dédouble en glucose et en convolvulinol.

Le convolvulinol ou acide convolvulinolique se présente en petites aiguilles incolores, grasses au toucher, inodores, d'une saveur nigre et amère, fusibles à 39°, peu solubles dans l'eau et dans l'éther, très solubles dans l'alcool.

CONVOLVULUS. s. m. [Pr. ... luss] (mot lat. dérivé de convolvere, enrouler, de cum, avec et volvere, rouler). T. Bot. Genre de plantes Dicotylédones (Liseron) de la famille des Convolvulacées. Voy. ce mot.

CONVOQUER. v. a. (lat. convocare, appeler ensemble). Avertir ou ordonner de se réunir; faire assembler. C. les États. C. le Parlement. C. un concile. C. les collèges électoraux, le Corps législatif. C. le ban et l'arrière-ban. J'ai été convoqué pour l'assemblée des actionnaires. L'assemblée des créanciers est convoquée pour tel jour. = CONVOQUÉ, ÉE. part.

CONVOYER. v. a. (lat. cum, avec, et franç. voie). T. Mar. et Guerre. Escorter. C. des navires marchands. C. des munitions, un train d'artillerie. = CONVOYÉ, ÉE. part. Conj. Voy. EMPLOYER.

CONVOYEUR. s. m. Celui qui convoie, qui escorte pour protéger. Bâtiment qui en convoie d'autres. — Adjectiv., Un bâtiment c.

CONVULSÉ, ÉE. adj. T. Méd. Se dit des membres ou des muscles qui sont le siège de convulsions.

CONVULSER. v. a. T. Méd. Contracter par des convulsions. = SE CONVULSER. v. pron. Être convulsé.

CONVULSIBILITÉ. s. f. T. Méd. Disposition aux convulsions.

CONVULSIBLE. adj. T. Méd. Disposé aux convulsions.

CONVULSIF, IVE. adj. Qui tient de la nature de la convulsion; qui est accompagné de convulsions. Mouvement c. Agitation convulsive. Rire c. Toux convulsive. ‖ Qui détermine des convulsions.

CONVULSION. s. f. (lat. convulsio, m. s.; de convellere, secouer). Mouvement involontaire des muscles, accompagné de secousses plus ou moins violentes. Avoir des convulsions violentes. C. épileptique. Tomber en c. Être sujet aux convulsions. Mourir dans les convulsions. ‖ Par ext., se dit des mouvements violents ou désordonnés causés par les passions. Convulsions de la rage, du désespoir. ‖ Fig., se dit des grands troubles qui agitent les États. Convulsions politiques. Ce pays est agité de convulsions continuelles. ‖ Agitation violente qui se produit dans la nature. Les convulsions du globe ont produit les montagnes et rendu la terre habitable.

Path. — Le mot C. s'applique à toute contraction involontaire et instantanée qui se manifeste dans un ou plusieurs muscles appartenant au système musculaire de la vie animale, tandis que les mouvements anormaux dont ces fibres musculaires de la vie organique sont le siège, sont plutôt désignés sous le nom de Spasmes. Néanmoins on emploie souvent ce dernier terme, même en parlant des muscles soumis à l'empire de la volonté, lorsque la partie affectée est peu étendue : c'est ainsi qu'on dit spasme de la paupière pour désigner les mouvements convulsifs de cette partie.

La contraction musculaire ayant pour agents directs les muscles, et pour agents secondaires, mais d'une nécessité absolue, les nerfs, le cordon rachidien et le cerveau, la c. peut provenir d'une lésion des muscles, des nerfs, de la moelle épinière ou de l'encéphale. Les convulsions purement musculaires sont très rares et toujours bornées à un ou plusieurs muscles, ou même seulement quelques fibres des muscles. La Crampe, résultant d'un effort ou d'une fausse position de muscles, est la plus fréquente des convulsions de ce genre. Dès que l'état convulsif existe dans un certain nombre de muscles en même temps, il affecte, par ex., tous ceux d'un membre, il est certain que la cause réside ailleurs que dans ces organes. On peut présumer que la cause de la lésion réside dans un nerf, lorsque les muscles auxquels il se distribue sont seuls convulsés : cet accident n'arrive guère qu'à la suite des plaies, des piqûres, des contusions faites aux nerfs. Mais toutes les fois que les convulsions sont générales ou se manifestent dans une moitié du système musculaire, elles ont leur cause dans l'encéphale. Elles peuvent cependant être moins générales et avoir encore leur source dans cet organe; car on observe fréquemment comme symptômes évidemment liés à une affection cérébrale, des mouvements convulsifs dans un bras seulement, dans un membre inférieur, dans le bras et la jambe des côtés opposés, etc.; mais ceci résulte de la localisation évidente, quoique encore indéterminée, des fonctions motrices dans l'encéphale.

A un premier degré nous rapporterons le frissonnement, les pandiculations, les bâillements, le rire, les crispations, les agitations, les impatiences musculaires qui précèdent ordinairement une attaque d'hystérie. A un degré plus intense, nous rattacherons les mouvements insolites de la chorée et des tics; les convulsions hystériques, la raideur cataleptique : peut-être l'asthme convulsif et la coqueluche doivent-ils être rangés dans cette classe. Les convulsions épileptiques sont plus intenses que celles de l'hystérie et de la catalepsie. Enfin, les convulsions déterminées par l'inflammation du cerveau sont de l'agitation, des mouvements alternatifs de contraction et de relâchement musculaires, de la carphologie, des soubresauts ou tressaillements des tendons, des accès épileptiformes; puis, quand la mort ne survient pas trop tôt, des contractures, une raideur tétanique permanente. Ainsi, accélération, augmentation de l'action des muscles; agitation, tremblement musculaire; convulsions cloniques ou contractions et relâchements alternatifs; convulsions toniques, ou état de contraction permanente et sans relâchement, telles sont les trois formes générales des mouvements musculaires soustraits en partie ou tout à fait à l'influence de la volonté.

Les convulsions ne constituent jamais à elles seules une maladie; elles sont toujours un simple phénomène symptomatique, dont la signification est d'ailleurs extrêmement variable. Ainsi, chez les enfants, par suite de la prédominance du système nerveux, on observe fréquemment des convulsions violentes, comme dans le travail de la dentition, les vers intestinaux, la constipation, l'embarras gastrique, une émotion un peu vive. Elles indiquent, au contraire, un danger grave lorsqu'elles surviennent dans le cours d'une fièvre éruptive, d'une inflammation quelconque : pneumonie, angine, etc., ou du travail puerpéral (dans ce dernier cas, les convulsions reçoivent le nom d'Éclampsie), de la méningite, encéphalite (convulsions internes). Dans la chorée, l'hystérie et l'épilepsie, l'apparition des convulsions, malgré leur intensité, n'est presque jamais dangereuse. Ces dernières sont vulgairement désignées sous le nom d'Attaques de nerfs, par l'habitude qu'ont prise les personnes qui entourent les individus atteints de ces maladies, de dissimuler sous une dénomination vague des craintes ou des préjugés ou l'amour-propre ne permettent pas d'avouer. Voy. SPASME.

Chez les enfants, il faut toujours rechercher la cause des convulsions; administrer un lavement d'eau bouillie et de sel, faire respirer quelques gouttes d'éther ou de chloroforme, faire des lotions d'eau fraîche sur la tête ou le tronc, mettre l'enfant à même de ne pas se blesser dans ses mouvements désordonnés.

CONVULSIONNAIRE. adj. et s. 2 g. [Pr. konvulsi-onère]. Qui a des convulsions. Ne se dit qu'en parlant de certains fanatiques jansénistes qui, sous l'influence d'une perturbation du système nerveux, présentaient le phénomène de convulsions violentes. Ces phénomènes se manifestèrent à la suite d'une sorte de persécution contre les Jansénistes et à l'occasion de la mort du diacre Pâris, qui avait passé de son vivant pour faire des miracles. Pâris était mort le 1er mai 1727. Les convulsionnaires se réunissaient autour de son tombeau dans le cimetière Saint-Médard, et se produisirent des scènes extraordinaires où l'hystérie, la catalepsie et l'insensibilité hypnotique jouaient un rôle considérable. Les partisans des convulsionnaires prétendirent qu'il y eut des malades guéris à la suite de ces accès. Le tombeau était devenu un lieu de refuge pour tous ceux qui espéraient la guérison de leurs maux, comme on l'a vu depuis à Paray-le-Monial, à La Salette et à Lourdes, et des désordres publics ne tardèrent pas à s'ensuivre. L'authenticité des miracles fut défendue notamment dans un gros livre, fort intéressant alors passèrent pour inexplicables. Les découvertes modernes relatives aux états si singuliers de l'hypnotisme et du somnambulisme ont jeté quelque lumière sur cette histoire encore assez obscure.

d'ailleurs, qui a pour titre : *La Vérité des Miracles opérés par l'intercession de M. de Pâris, démontrés contre M. l'archevêque de Sens*, par M. DE MONTGERON, conseiller au Parlement (1737). Nous reproduisons, comme curiosité historique, une des nombreuses figures de cet ouvrage.

En 1732 l'autorité fit former le cimetière, et un plaisant y apposa l'affiche suivante :

De par le roi, défense à Dieu
De faire miracle en ce lieu.

L'épidémie des *Convulsionnaires de Saint-Médard* se continua encore un ou deux ans, mais en s'affaiblissant rapidement. Les phénomènes extraordinaires qui furent observés

CONVULSIONNER. v. a. [Pr. *konvulsi-o-ner*]. T. Méd. Causer des mouvements convulsifs. *L'électricité convulsionne les membres.*

CONVULSIVANT, ANTE. adj. T. Méd. Qui cause des convulsions.

CONVULSIVEMENT. adv. D'une manière convulsive.

CONYLÈNE. s. m. (lat. *conium*, ciguë). T. Chim. Hydrocarbure non saturé, répondant à la formule C^8H^{14} contenu dans les produits de distillation de la triméthylconicine.

Liquide incolore, huileux, insoluble dans l'eau, soluble dans l'alcool et l'éther, bouillant à 126°.

CONYRINE. s. f. (lat. *conium*, ciguë). T. Chim. ▲ caloïde artificiel de la famille des *Collidines*. Voy. ce mot.

CONYZE. s. f. (gr. κόνυζα, m. s.). T. Bot. Genre de plantes de la famille des *Composées*, tribu des *Radiées*. Voy. Composées.

COOBLIGATION. s. f. [Pr. *ko-obliga-sion*] (R. co, préf., et *obligation*). Obligation mutuelle.

COOBLIGÉ, ÉE. adj. (R. co, préf., et *obligé*). Qui est obligé avec un ou plusieurs autres.

COOK (Détroit de), situé entre les deux grandes îles de la Nouvelle-Zélande,

COOK (Archipel de), groupe d'îles anglaises dans la Polynésie.

COOK (James), navigateur anglais, reconnut les îles Taïti, la Nouvelle-Zélande, la Nouvelle-Galles, alla à la découverte du continent austral, etc., et fut tué par les naturels des îles Sandwich (1728-1779).

COOKIA. s. m. [Pr. *kou-kia*] (R. *Cook*, célèbre navigateur anglais). T. Bot. Genre de plantes de la famille des *Rutacées*, tribu des *Citrées*. Voy. Rutacées.

COOLIE. s. m. [Pr. *kou-li*] (angl. *cool.*, de l'hindoustani *culi*, laboureur). Nom donné aux Indiens, aux Chinois et autres Asiatiques qui s'engagent moyennant salaire pour aller au loin.

COOPER (Fenimore), célèbre romancier américain; auteur des *Pionniers*, du *Dernier des Mohicans*, etc. (1789-1851).

COOPÉRATEUR, TRICE. s. Celui, celle qui coopère, qui opère, qui travaille avec quelqu'un. *J'ai eu dans ce travail plusieurs coopérateurs.*

COOPÉRATIF, IVE. adj. T. Écon. soc. Qui réunit les efforts des intéressés.

COOPÉRATION. s. f. [Pr. ...*sion*]. Action de coopérer. *J'ai été bien heureux dans une affaire aussi difficile de rencontrer votre c. La c. de la grâce.* || Écon. soc. *Sociétés de c.* Sociétés fondées en vue de mettre en commun les moyens de production ou la consommation des denrées.

Écon. polit. — Pour lutter contre les misères inhérentes à leur condition, les ouvriers n'ont pas de moyen plus puissant que celui de l'association. Les sociétés coopératives, bien qu'elles soient loin d'avoir atteint le degré de développement qu'elles comportent, ont déjà rendu à la cause ouvrière d'immenses services, et on ne saurait trop les encourager. Mais il faut bien reconnaître qu'elles ne sont pas sans offrir plus d'un écueil; l'histoire de ces sociétés dans notre pays nous montre, en effet, qu'il ne suffit pas de la bonne volonté et du zèle de leurs membres pour les mener à bien : il faut aussi (chose plus difficile à trouver), de la part des chefs, de l'habileté et de la fermeté de caractère; de la part des autres membres, une stricte discipline vis-à-vis de ceux qu'ils ont à leur tête.

La c. ouvrière revêt trois grandes formes suivant qu'elle s'applique à la production, à la consommation ou au crédit :

1° *Sociétés coopératives de production.* — L'origine de ces sociétés remonte, en France, à 1848; elles se sont fondées à la suite de l'Assemblée constituante qui avait voté un crédit de 3 millions pour faciliter leurs opérations, en leur faisant des prêts à 5 p. 100 d'intérêt. On en vit alors une trentaine s'organiser à Paris, autant dans les départements. Les trois quarts de ces associations ne tardèrent pas à disparaître par suite de certaines causes dont les principales furent, en dehors de l'agitation produite par les événements politiques, le manque de connaissances spéciales, le défaut du capital, le défaut d'expérience administrative, enfin la défiance des employés associés vis-à-vis des gérants et les entraves de toute sorte mises à la liberté d'action de ces derniers. Cinq ou six seulement surnagèrent dans ce naufrage; d'autres se formèrent de loin en loin au nombre d'une douzaine jusqu'en 1870. La guerre et la crise industrielle qui la suivit mirent un arrêt au développement de ces sociétés. Ce ne fut qu'en 1882 qu'elles reprirent un nouvel essor, grâce aux

utiles publications de la commission d'enquête extra-parlementaire des associations ouvrières instituée par le ministre de l'Intérieur de cette époque, M. Waldeck-Rousseau. Le nombre des sociétés coopératives de production atteignit, en 1884, à Paris, le chiffre de 72; l'ensemble de leurs capitaux s'élevait à plus de 7 millions. Pour favoriser ce mouvement d'extension, les administrations publiques consentirent à faire appel aux associations ouvrières pour leur confier l'exécution de travaux importants, soit par voie d'adjudication, soit par voie de simple soumission. Malheureusement, après le départ de M. Waldeck-Rousseau, on laissa de côté au ministère de l'Intérieur la question des associations ouvrières et les administrations publiques firent de moins en moins appel à leur concours; aussi, depuis quelques années, la c. dans la production n'a-t-elle pas fait grand progrès; constatons du moins l'immense résultat acquis par l'expérience des quarante dernières années, à savoir que la plupart d'entre elles offrent assez de vitalité pour résister aux crises et attendre des jours meilleurs.

2° *Sociétés coopératives de consommation.* — C'est dans la petite ville de Rochdale, en Angleterre, que 28 pauvres ouvriers tisserands réunis dans un taudis par une froide soirée de novembre 1843 conçurent l'idée de se grouper pour tâcher d'améliorer leur triste condition; à l'aide d'un prélèvement de 20 centimes par semaine sur les salaires, on finit par réunir, à la fin de 1844, 708 francs qui servirent à acheter en gros des épiceries, du beurre, du gruau, de la farine, destinés à être ensuite revendus au détail à chacun des associés. Le public n'épargna pas aux modestes débuts de la société les railleries et tracasseries de toute sorte; on se riait de cette entreprise « dont toute la richesse aurait tenu sur une brouette »; les détaillants leur firent même des procès.

Rien n'y fit : la « Société des équitables pionniers de Rochdale » non seulement résista à toutes les difficultés, mais prit une extension colossale : en 1864, elle comptait 4,747 membres, avait un capital de 55,221 livres sterling, rapportait un bénéfice de 22,717 livres et distribuait à ses membres un dividende de 12 p. 100.

Les essais de sociétés coopératives pour la consommation faits en France, il y a un demi-siècle, furent loin d'avoir le succès des pionniers de Rochdale; Mulhouse, Grenoble, Lyon, Nantes, Bordeaux, furent le berceau de ces premières tentatives. En 1851, il existait 38 associations de ce genre en France; en 1869, leur nombre atteignit 120. D'après un ancien secrétaire général de la Fédération des Sociétés coopératives de consommation en France, M. Fougerousse, leur nombre atteindrait actuellement dans notre pays le chiffre de 800. Il n'est pas étonnant de voir ce développement bien supérieur à celui des sociétés de production, quand on compare les avantages qu'ont les premières sur celles-ci : d'abord, elles demandent de la part des membres un niveau intellectuel moins élevé; de plus, elles exigent de bien moindres capitaux. Enfin, elles ont des causes spéciales de prospérité dont les sociétés de production n'ont pas l'équivalent; elles vendent toujours au comptant, sont avantagées par la loi vis-à-vis des commerçants particuliers, au point de vue des exigences fiscales, font leurs achats à bon escient et ne sont exposées ni aux erreurs de prévision de la vente ni aux longs emmagasinages.

Il ne faut pas croire d'ailleurs que la coopération de consommation soit pratiquée par les ouvriers seuls; il s'est fondé, dans ces dernières années notamment, des associations d'employés, de fonctionnaires ayant le même but; nous citerons les deux principales : l'Association coopérative des employés civils de l'État, du département de la Seine et de la ville de Paris, et la Société coopérative des armées de terre et de mer. Les compagnies de chemins de fer ont également organisé sous différentes formes des sociétés coopératives de consommation à l'usage de leurs employés; ces sociétés prennent le titre particulier d'*Économats*.

3° *Sociétés coopératives de crédit.* — Les sociétés de crédit mutuel, répandues surtout en Allemagne, grâce à l'initiative et aux efforts de M. Schulze-Delitzsch, n'ont que médiocrement réussi jusqu'à présent en France : la raison en est peut-être qu'en Allemagne le besoin de crédit se fait plus directement sentir pour l'ouvrier, qui travaille généralement à son compte. Quelques essais dans ce genre ont cependant réussi chez nous depuis quelques années; nous citerons les principaux : le Crédit mutuel et populaire, la Société de crédit mutuel des ouvriers peintres de la maison Leclaire, la Société philanthropique des prêts gratuits de Paris, la Société agricole de Senlis, l'Avenir des comptables.

Les sociétés de crédit mutuel en Allemagne se forment à

l'aide d'une cotisation d'entrée, fixée à 1 fr. 25, et de cotisations mensuelles de 25 cent. Le capital social sert à l'escompte des effets souscrits par les associés et aux prêts d'argent. On a pu dire avec juste raison que ces institutions réalisaient la fusion de la banque et de la caisse d'épargne.

4° *Sociétés coopératives agricoles.* — Il faut ici faire une place à part à une catégorie de sociétés coopératives qui est appelée à rendre de grands services à l'agriculture. Telles sont les sociétés formées dans les départements de Loir-et-Cher et de l'Aisne pour l'achat en commun des engrais et semences, dans celui d'Ille-et-Vilaine (1886) pour la vente en commun des récoltes, en Normandie (1884) pour la fabrication en commun du beurre, le syndicat agricole du département du Jura, ou encore les sociétés coopératives de battage des récoltes se négocie par voie de transfert sur les registres de la Société : les statuts peuvent donner, soit au conseil d'administration, soit à l'assemblée générale, le droit de s'opposer au transfert.

5° *Législation des sociétés coopératives.* — La loi du 24 juillet 1867 a supprimé les entraves légales qui s'opposaient à la création de ces sociétés, en n'exigeant plus désormais la *fixité du capital,* ni la *fixité du personnel,* et en créant un ensemble de dispositions favorables pour ces associations qu'elle désigne sous le titre de *Sociétés à capital variable.* D'après cette loi, le capital social ne saurait être porté par les statuts constitutifs au-dessus de la somme de 200.000 francs, qui, d'ailleurs, peut être augmentée par des délibérations de l'assemblée générale prises d'année en année. Chaque action ou coupon est nominatif, et doit être au minimum de 50 francs ; l'action se négocie par voie de transfert sur les registres de la Société : les statuts peuvent donner, soit au conseil d'administration, soit à l'assemblée générale, le droit de s'opposer au transfert.

Signalons, en terminant, l'heureuse influence que peuvent avoir sur le développement de la coopération ouvrière les syndicats professionnels organisés d'une façon pratique et surtout les maisons à participation de bénéfices, qui donnent à l'ouvrier ou à l'employé, en sus du salaire normal, une part dans les bénéfices sans participation aux pertes. Voy. les mots ASSOCIATION, SYNDICATS et PARTICIPATION.

COOPÉRATIVEMENT. adj. D'une façon coopérative.

COOPÉRER. v. n. (lat. *cum,* ensemble, et *operari,* travailler). Opérer, travailler conjointement avec quelqu'un. *C. au succès d'une entreprise. Il faut dans les maladies que la nature coopère avec les remèdes.* == Conjug. Voy. CÉDER.

COOPTATION. s. f. [Pr. ko-opta-sion]. Admission extraordinaire dans un corps, accompagnée de dispense. *L'ancienne Université de Paris conférait quelquefois ses dignités par c.*

COOPTER. v. a. (lat. *cooptare*). Admettre quelqu'un dans un corps en le dispensant des conditions ordinairement requises. *L'Université de Paris coopta David Pierre Halley en 1641.* == COOPTÉ, ÉE. part. — Peu usité.

COORDINATION. s. f. [Pr. ...sion]. Action de coordonner ; état des choses qui sont coordonnées. *Une habile c. La c. de tous les êtres.*

COORDONNABLE. adj. 2 g. [Pr. ko-ordo-nable]. Qui peut être coordonné.

COORDONNATEUR, TRICE. adj. [Pr. ko-ordo-nateur]. Qui coordonne. *Un esprit c.*

COORDONNÉES. s. f. pl. [Pr. ko-ordoné] (R. *coordonner*). T. Géom. On désigne en général sous le nom de *coordonnées* des nombres positifs ou négatifs qui servent à fixer la position d'un point sur un plan, dans l'espace, ou sur une surface quelconque. Ces nombres peuvent être des mesures de longueur, d'angle, ou des paramètres à définir des lignes ou surfaces quelconques. L'idée qui consiste à déterminer la position d'un point au moyen de nombres est la base de la *géométrie analytique.* Elle est due à Descartes qui a ainsi fait faire à la science un progrès considérable en permettant une application systématique de l'algèbre à la géométrie, c.-à-d. en ramenant l'étude des questions qui concernent la *forme* à celle des questions qui concernent les *nombres.* Seulement Descartes ne faisait usage que des c. rectilignes que nous définirons plus loin. Mais, quel que soit le système employé, on conçoit que si un point vient à se déplacer dans l'espace, ses c. varieront de telle sorte qu'il y aura entre elles des relations dépendant de son mouvement et servant à

les définir ; ces relations se traduisent algébriquement par des *équations.* Or, en se déplaçant, un point engendre une ligne, et une ligne, en se déplaçant, engendre une surface. Dès lors, les lignes et les surfaces sont représentées par des équations, et leurs propriétés géométriques peuvent être déduites des propriétés algébriques de ces équations, ce qui ramène tous les problèmes de géométrie à des problèmes d'algèbre.

I. COORDONNÉES PLANES. — Pour fixer la position d'un point dans un plan, imaginons qu'on trace dans ce plan un double réseau de lignes quelconques et qu'on fasse correspondre à ces lignes, d'une manière quelconque, des nombres ou *paramètres,* de telle sorte que la valeur numérique u_1 attribuée au paramètre u fasse connaître une ligne de la première famille (Fig. 1), et la valeur numérique v_1 attribuée au second paramètre v fasse connaître une ligne de la seconde famille. Ces deux lignes se coupent en un certain point M_1 qui est ainsi carac-

Fig. 1.

térisé par les nombres u_1 et v_1. Quand on fait varier l'un de ces nombres ou tous les deux, les lignes correspondantes se déplacent et avec elles le point M_1. u_1 et v_1 sont appelés les *coordonnées* du point M_1. Toute ligne tracée sur le plan sera représentée par une équation entre u et v de telle sorte que, connaissant la valeur arbitraire attribuée à u, on en pourra déduire la valeur de v et obtenir ainsi le point où chaque ligne de la première famille coupe la ligne définie par l'équation. Les différents systèmes de c. se distinguent par le choix des lignes définies par les paramètres u et v.

Coordonnées rectilignes ou cartésiennes. — Ce sont les c. imaginées par Descartes. Dans ce système les lignes du double réseau sont des droites parallèles à deux directions fixes. Traçons dans le plan (Fig. 2) deux axes rectilignes Ox, Oy sur chacun desquels nous fixerons un sens positif. Ces deux axes sont les *axes de coordonnées,* et leur point d'intersection O en est l'origine. Soit M un point quelconque du plan. Menons par M une parallèle à Oy qui coupe l'axe Ox en un point P. Le segment OP compté positivement ou négati-

Fig. 2.

vement suivant qu'il est dirigé à partir de O dans le sens Ox ou en sens inverse est appelé l'*abscisse* du point M, et le segment PM qui est égal au segment OQ que déterminerait sur l'axe Oy une parallèle à Ox menée par M, et qui est aussi positif ou négatif, est appelé l'*ordonnée* du point M. On représente généralement l'abscisse par la lettre x et l'ordonnée par la lettre y. Si une des deux c. x, par exemple, reste invariable, l'autre variant, le point M décrit une droite parallèle à l'axe correspondant à l'autre c., ici Oy, de telle sorte que le point M est à l'intersection des deux parallèles aux axes définis par ces deux c. On peut encore remarquer que l'abscisse et l'ordonnée sont les deux projections du segment OP sur chacun des deux axes, chacune de ces projections étant faite parallèlement à l'autre axe. Lorsque les axes de c. sont rectangulaires, les c. sont dites rectangulaires. Les c. rectilignes sont les plus employées. Dans ce système une ligne droite est représentée par une équation du 1er degré $ax + by = 0$. L'équation

$$ax + by = 0 \quad \text{ou} \quad \frac{y}{x} = -\frac{b}{a}$$

représentent une droite passant par l'origine, parce qu'elle exprime que x est proportionnel à y, ce qui est bien le cas des c. d'une série de points alignés sur l'origine. Les coniques sont représentées par des équations de 2e degré, etc.

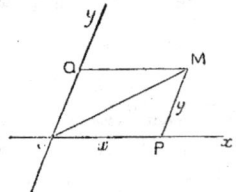

Coordonnées polaires. — Dans ce système un point M est

défini par sa distance r à un point fixe O (Fig. 3) appelé pôle, et l'angle ω que fait la droite OM avec une droite fixe Ox appelée axe polaire, angle qui doit être compté positivement dans un sens, et négativement dans l'autre. La valeur de r détermine le cercle sur lequel se trouve le point M; celle de ω, une droite passant par l'origine. Donc les lignes du double réseau sont des cercles concentriques et leurs rayons. Si par le point O on mène une perpendiculaire Oy à l'axe polaire et qu'on prenne les deux droites Ox et Oy pour axes de c. rectangulaires, le passage des c. polaires aux c. rectangulaires ou inversement se fera par les formules suivantes dont la démonstration est presque évidente ;

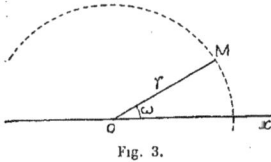

$$x = r \cos \omega$$
$$y = r \sin \omega$$
$$x^2 + y^2 = r^2.$$

Coordonnées bipolaires. — Un point est défini par ses distances r et r' à deux pôles fixes O et O'. Là les lignes du réseau sont des séries de cercles ayant respectivement O et O' pour centre. Le point M est à l'intersection de deux des cercles qui ont pour rayons r et r'. Dans ce système une ellipse ayant O et O' pour foyer et $2a$ pour grand axe sera représentée par l'équation :

$$r + r' = 2a.$$

De même une hyperbole ayant ces deux points pour foyers aura pour équation :

$$r - r' = \pm 2e.$$

Coordonnées homogènes. — Ce sont des c. cartésiennes dans lesquelles, au lieu de désigner l'abscisse et l'ordonnée par x et y, on les désignera par $\dfrac{x}{z}$, $\dfrac{y}{z}$. Alors le point ne change pas si l'on multiplie les trois nombres x, y, z par un même nombre k. Toutes les équations deviennent homogènes par rapport aux trois coordonnées x, y, z, ce qui introduit certaines simplifications de calcul.

Coordonnées trilinéaires. — On trace, dans le plan, un triangle quelconque A B C, nommé triangle de référence, et l'on représente un point par trois nombres α, β, γ, proportionnels à ses distances aux trois côtés du triangle, distances comptées positivement d'un certain côté et négativement d'un autre côté, par rapport à chaque côté du triangle. Dans ces conditions, il n'existe qu'un seul point du plan dont les distances aux trois droites sont proportionnelles aux trois quantités α, β, γ. Le point ne change pas si l'on multiplie les trois c. α, β, γ par ce même nombre : d'où il suit que toutes les équations seront encore homogènes. Les c. trilinéaires deviennent les c. cartésiennes homogènes, quand un des côtés du triangle de référence est rejeté à l'infini. Le passage des c. cartésiennes aux c. trilinéaires et réciproquement se fait par des équations linéaires, qui sont le plus homogènes si les c. cartésiennes sont rendues homogènes par l'introduction de la 3ᵉ variable z.

Coordonnées barycentriques. — On détermine un point M par trois nombres proportionnels aux aires des trois triangles MBC, MCA, MAB, que fait le point M avec trois points fixes, ces aires étant comptées positivement ou négativement, suivant la position du point M, d'un côté ou de l'autre du triangle. Ce sont les c. trilinéaires multipliées respectivement par les côtés du triangle de référence.

II. Coordonnées dans l'espace. — Deux surfaces qui se coupent déterminent une ligne. Une troisième surface coupe cette ligne en un point qui est ainsi déterminé par l'intersection de trois surfaces; on trace donc dans l'espace un triple réseau de surfaces dépendant de trois paramètres u, v, w. Les valeurs des trois quantités font connaître une surface de chaque famille, et le point considéré est à l'intersection de ces trois surfaces. Il y a ainsi *trois* c. pour déterminer un point. Une surface est définie par une équation entre ces trois c., car cette équation permet de déterminer la 3ᵉ c., quand on donne les deux premières, de tel sorte qu'elle fait connaître le point où les lignes d'intersection des surfaces u et v des deux premières familles vient couper la surface con-

sidérée. En faisant venir u et v, on obtient une infinité de points qui constituent la surface considérée. Une ligne étant l'intersection de deux surfaces est définie par *deux* équations qui représentent chacune une surface; les points dont les c. vérifient à la fois ces deux équations constituent l'intersection de ces deux surfaces.

Coordonnées rectilignes ou cartésiennes. — On trace dans l'espace, à partir d'un point O appelé *origine*, trois axes Ox, Oy, Oz, non situés dans le même plan (Fig. 4) et on fixe sur chacun d'eux un sens positif. D'un point M de l'espace, on mène une parallèle à Oz jusqu'à sa rencontre P avec le plan Oxy Q, et, du point P, une parallèle PQ à Oy jusqu'à sa rencontre Q avec Ox. Les segments OQ, QP, PM, respectivement parallèles à Ox, Oy, Oz, et comptés positivement ou négativement, suivant qu'ils sont dans le sens des axes ou en sens inverse, sont les trois c. x, y, z, du point M. Si x reste invariable, y et z variant, le point M décrira un plan parallèle à y Oz. De même, si y reste invariable, le point

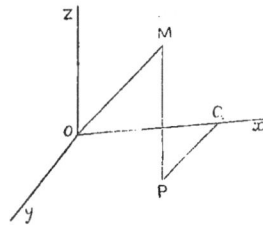

Fig. 4.

M décrira un plan parallèle à xOz, et si z est invariable, M décrira un plan parallèle à xOy. Par conséquent, chaque c. fait connaître un plan parallèle à l'un des trois plans Oyz, Oxz, Oxy, et le point M est à l'intersection de ces trois plans. Ainsi, le triple réseau est formé de trois séries de plans parallèles à trois plans fixes. On peut encore remarquer que les trois c. du point M sont les projections du segment OM sur les trois axes, chaque projection étant faite à l'aide d'un plan parallèle aux deux autres axes. Ainsi, on obtient l'abscisse OQ, en menant par M un plan parallèle à Oyz qui coupe Ox en PQ. Si les trois axes sont perpendiculaires deux à deux, le système de c. est dit *rectangulaire*. Les c. rectiling. s sont les plus usitées parce que, dans ce système, un plan est représenté par une équation du premier degré.

Coordonnées polaires. — Considérons dans l'espace un trièdre trirectangle Oxyz (Fig. 5). Par un point M de l'espace, faisons passer le plan Moz, qui coupe le plan $x$oy suivant la droite OL. Le point M sera défini :
1° par sa distance r à l'origine ou pôle =OM;
2° par l'angle φ = XOL que fait OL avec Ox;
3° par l'angle θ que fait OM avec oz. L'angle φ doit être compté positivement ou négativement suivant le sens de la rotation qu'il faut faire subir à Ox pour l'amener sur OL; cet angle peut, du reste, recevoir toutes les valeurs possibles. L'angle θ, au contraire, sera compté seulement de 0 à π.

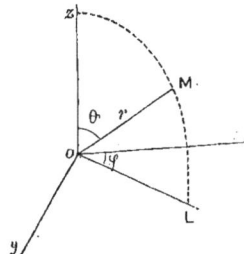

La valeur de r fait

Fig. 5.

connaître une sphère ayant son centre à l'origine et sur laquelle se trouve le point M; celle de θ détermine un cône de révolution autour de Oz, et, enfin, celle de φ un plan passant par Oz. Ainsi, le triple réseau est formé de sphères concentriques, de cônes de révolution autour de Oz et ayant O pour sommet, et enfin de plans passant par Oz. On passe des c. polaires aux c. cartésiennes rectangulaires par les formules ;

$$x = r \sin \theta \cos \varphi$$
$$y = r \sin \theta \sin \varphi$$
$$z = r \cos \theta$$
$$x^2 + y^2 + z^2 = r^2.$$

Coordonnées homogènes. — Ce sont les c. cartésiennes désignées par $\dfrac{x}{t}$, $\dfrac{y}{t}$, $\dfrac{z}{t}$, au lieu de x, y, z. Le point ne change pas si on multiplie les 4 c. x, y, z, t, par un même nombre.

Coordonnées tétraédriques. — Un point est représenté par 4 nombres α, β, γ, δ, respectivement proportionnels à ses distances aux faces d'un tétraèdre de *référence*, ces distances étant prises avec des signes convenables. Les c. tétraédriques deviennent les c. cartésiennes homogènes, quand l'une des quatre faces du tétraèdre de-référence est rejetée à l'infini. On passe des unes aux autres par des équations linéaires et homogènes.

Coordonnées barycentriques. — Un point M est représenté par des nombres proportionnels aux volumes des 4 tétraèdres MBCD, MCOA, MDAB, MABC, que forme le point M avec les quatre faces du tétraèdre de référence ABCD. Ce sont les c. tétraédriques multipliées respectivement par les aires des faces du tétraèdre de référence.

Coordonnées elliptiques. — Ces c. ont été imaginées par Lamé. On considère un triple réseau de surfaces du second degré homofocales dont les équations en c. cartésiennes seraient :

$$\frac{x^2}{a^2+u}+\frac{y^2}{b^2+u}+\frac{z^2}{c^2+u}=1.$$

Trois valeurs de u : u_1, u_2, u_3 déterminent trois de ces surfaces qui se coupent en huit points symétriques par rapport aux axes.

Les nombres u_1, u_2, u_3, sont les c. de ces huit points.

III. Coordonnées sur une surface. — Il faut évidemment recourir à des systèmes particuliers à chaque espèce de surface. Dans tous les cas, le système se compose d'un double réseau de lignes tracées sur la surface et correspondant aux deux paramètres u et v, comme pour le plan. Nous nous bornerons ici à quelques observations relatives à la sphère. Pour la sphère, le système le plus usité est celui des c. polaires dans l'espace, avec cette simple différence que la c. r est inutile.

Il ne restera donc plus que les angles φ et θ ; mais on peut les présenter un peu différemment. Traçons sur la sphère un grand cercle AA' (Fig. 6) que nous appellerons équateur, et

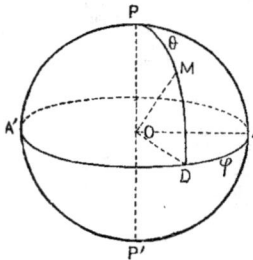

soient PP' ses pôles. Par PP' faisons passer un grand cercle fixe PAP', et soit M un point de la sphère. Menons le grand cercle PMP' qui coupe AA' en D. Le point M sera défini : 1° par l'arc φ = AD compté à partir de A, toujours dans le même sens de 0° à 360°, et l'arc θ = PM compté à partir de l'un des pôles P depuis 0° jusqu'à 180°. Il est manifeste que les lignes du réseau sont ici des grands cercles passant par PP' qui correspon-

Fig. 6.

dent à l'arc φ, et des petits cercles parallèles à l'équateur qui correspondent à l'arc θ. Ces c. sphériques sont d'un grand usage en géographie et en astronomie; mais elles peuvent subir quelques modifications légères.

Coordonnées géographiques. — L'angle φ s'appelle la *longitude*; seulement, au lieu de le compter de 0° à 360° toujours dans le même sens, on le compte de 0° à 180° dans les deux sens, en indiquant ce sens par les mots *Est* et *Ouest*. Au lieu de l'arc PM qui s'appelle la *colatitude*, on emploie l'arc DM qui mesure la distance du point à l'équateur et qu'on compte dans les deux sens. Cet arc s'appelle la *latitude* du point M; elle est boréale ou australe, suivant la position du point M dans l'un ou l'autre hémisphère. Souvent, on donne la longitude en *heures*. Une heure équivaut à 15°; c'est comme une nouvelle unité d'angle qui vaudrait 15°. Voy. Longitude, Latitude.

Coordonnées astronomiques. — Pour fixer la position apparente d'un astre sur la sphère céleste, on peut employer comme cercles fixes l'*Équateur* et le *Pôle nord*. On fait passer le grand cercle PAP' par le point d'intersection de l'équateur et de l'écliptique où se trouve le soleil à l'équinoxe du printemps, point qu'on nomme *point vernal*. Alors, l'arc φ compté dans le sens direct, c.-à-d. dans le sens du mouve-

ment apparent du soleil, est l'*ascension droite*, et l'arc θ est la *distance polaire*. Souvent, au lieu de l'arc θ, on emploie son complément DM qui mesure la distance angulaire de l'astre à l'équateur et qu'on nomme *déclinaison ;* on compte la déclinaison positive si l'astre est dans l'hémisphère boréal, négative s'il est dans l'hémisphère austral. L'ascension droite et la distance polaire, ou la déclinaison, sont les c. *équatoriales d'un astre.* L'ascension droite s'exprime généralement en temps. Voy. Ascension droite. — Au lieu de rapporter la sphère à l'équateur, on peut la rapporter à l'écliptique, le point A étant toujours le point vernal. Alors l'angle φ sera la *longitude*, et l'arc θ la colatitude. On emploie de préférence la *latitude* DM positive dans l'hémisphère boréal, et négative dans l'hémisphère austral. La longitude et la latitude sont les c. *écliptiques*. Voy. Longitude, Latitude.

Si, enfin, on rapporte la sphère à l'*horizon* et au *zénith*, on aura les c. *azimutales*. L'arc φ s'appelle alors l'*azimut*, l'arc θ la *distance zénithale*, et son complément DM la *hauteur*. Voy. Azimut.

IV. Coordonnées tangentielles. — Au lieu de considérer le point comme l'élément géométrique fondamental, on peut prendre pour cet objet la droite dans le plan, et le plan dans l'espace. Dès lors, une figure plane sera considérée comme un assemblage de droites. Une courbe plane sera définie par l'ensemble de ses tangentes, au lieu d'être définie par l'ensemble de ses points.

Au lieu de considérer une ligne comme la *trajectoire d'un point mobile*, on la considérera comme l'*enveloppe* d'une droite mobile. De même, une surface sera l'*enveloppe* d'un plan dont le déplacement dépend de deux quantités ou paramètres variables. Pour définir la position d'une droite dans le plan, il faut donner deux quantités qui seront dites les c. *tangentielles de cette droite.* Par exemple, l'équation d'une droite en c. cartésiennes est une équation du premier degré à deux variables :

$$ux+vy+w=0.$$

Les trois coefficients u, v, w, définissent donc la droite, ou, plus exactement, ce sont leurs rapports mutuels $\dfrac{u}{w}$ et $\dfrac{v}{w}$ qui le définissent, car la droite ne change pas quand on les multiplie tous les trois par un même nombre. Donc u, v, w seront appelés les c. *homogènes de la droite*. De même, dans l'espace, un plan est défini par une équation du premier degré à trois variables ;

$$ux+vy+wz+h=0.$$

u, v, w, h seront les c. *homogènes du plan*. Dans le plan, toute équation entre u, v, w représentera une ligne, parce qu'elle définit le déplacement d'une droite. Si, par ex , l'équation est du premier degré,

$$au+bv+cw=0,$$

elle exprime que la droite passe par un point fixe dont les c. cartésiennes homogènes seraient a, b, c, et représente par conséquent ce point. De même, dans l'espace, une équation entre les quatre variables u, v, w, h représente une infinité de plans qui enveloppent une surface. Si, par ex., l'équation est du premier degré,

$$au+bv+cw+hd=0,$$

elle exprime que le plan passe par un point fixe qui aurait pour c. cartésiennes homogènes a, b, c, d. Ainsi, dans le plan, aussi bien que dans l'espace, le point est représenté en c. tangentielles par une équation du premier degré. Les coniques dans le plan et les surfaces du second ordre dans l'espace sont représentées par des équations du second degré. Dans l'espace, un système de deux équations représente une infinité de plans tangents à la fois à deux surfaces ou, ce qui revient au même, un plan qui se déplace d'une manière continue et enveloppe, par conséquent, une surface développable ; d'un autre côté, l'intersection des deux positions infiniment voisines de ce plan est une droite mobile qui est la génératrice de cette surface développable et dont l'enveloppe une courbe appelée *arête de rebroussement* de la surface développable. Ainsi, un système de deux équations représente dans l'espace, en c. tangentielles, soit une surface développable, soit une courbe qui est l'arête de rebroussement de cette surface.

Si les deux équations sont du premier degré, elles expriment que le plan mobile passe constamment par deux points fixes et, par suite, par la droite qui les joint. Donc, le système de deux équations du premier degré représente une droite.

Il résulte des considérations qui précèdent que toute équation à deux ou trois variables, ou tout système de semblables équations peut être interprété de deux manières différentes, suivant qu'on considère les variables comme représentant des c. *ponctuelles* ou des c. *tangentielles*. Dès lors, les propriétés algébriques de ces équations peuvent être traduites en théorèmes de deux manières différentes, et chacune de ces propriétés donne naissance à deux théorèmes qui se correspondent, de telle sorte que l'on passe de l'un à l'autre, en remplaçant les points par des droites ou des plans, et inversement. Ainsi, tous les théorèmes de géométrie sont pour ainsi dire *doubles*. A chacun d'eux en correspond un autre qui est dit le théorème *corrélatif*, et, de même, le premier est le corrélatif du second. Cette remarque générale qui s'applique à toutes les propriétés de l'étendue, constitue le *principe de dualité* qui joue un rôle considérable dans les spéculations de la géométrie moderne et qui peut, du reste, s'établir par des raisonnements de géométrie pure en dehors de toute intervention de l'algèbre. Voy. DUALITÉ.

Bibliogr. — BRIOT et BOUQUET, *Géométrie analytique;* PRUVOST, *Géométrie analytique;* PICQUET, *Géométrie analytique;* G. DARBOUX, *Leçons sur la théorie des surfaces.*

COORDONNER. v. a. [Pr. *ko-ordo-ner*] (lat. *cum*, avec, et fr. *ordonner*). Disposer convenablement les différentes parties d'un tout en vue d'une fin particulière. *Le Créateur a sagement coordonné tous les êtres. Toutes les parties de cet ouvrage, de ce système, sont bien coordonnées entre elles.* = COORDONNÉ, ÉE. part.

COORONGITE. s. f. [Pr. *ko-oron-jite*] (R. *Cooroong,* nom d'une lagune de l'Australie). Caoutchouc minéral composé d'hydrocarbures et se trouvant dans certaines régions australiennes.

COPAHIER. s. m. (R. *Copahu*). T. Bot. Voy. COPAÏER.

COPAHU. s. m. (mot brésilien). Sorte d'oléo-résine, appelée improprement *baume de copahu*, fournie par plusieurs espèces du genre *Copaïer (Copaifera)* de la famille des *Légumineuses.* Voy. ce mot.

Chim. — Le *baume de copahu* est un liquide huileux, s'épaississant le temps, d'une odeur forte et désagréable, d'une saveur amère et nauséeuse ; il est insoluble dans l'eau, soluble dans l'alcool et dans les huiles grasses ou essentielles. Il se compose d'une huile volatile, le *copahuvène*, tenant en dissolution un mélange de résines analogues à la colophane. Le *copahuvène* $C^{20}H^{32}$, polymère de l'essence de térébenthine, est un liquide transparent, soluble en toutes proportions dans l'alcool et l'éther ; il bout vers 250° en se décomposant ; il s'unit à l'acide chlorhydrique en donnant un camphre solide. L'*acide copahuvique* $C^{20}H^{30}O^2$, isomère de l'acide sylvique, est une résine cristallisable, incolore, inodore, fusible à 116°, soluble dans l'éther, le sulfure de carbone, les huiles fixes et volatiles ; il fonctionne comme acide monobasique et forme avec les alcalis des sels insolubles. Une autre résine cristallisable est constituée par l'*acide métacopahuvique* $C^{22}H^{34}C^4$, qui est bibasique et qui fond à 205°. Enfin, l'on trouve dans le baume de c. une résine visqueuse, incristallisable, qui s'est produite par l'oxydation de l'huile de c. en contact avec l'eau. Le c. se solidifie au contact des alcalis, par suite de la combinaison de ces résines avec les bases.

Le baume de c. est très employé en médecine ; c'est le spécifique du catarrhe de l'urèthre ; on s'en sert à la dose de 2 à 15 grammes par jour pour arrêter l'écoulement blennorrhagique. Il produit d'ordinaire des troubles digestifs auxquels on peut remédier par l'emploi des opiacés.

COPAÏER, ou COPAYER. s. m. (R. *copahu*). T. Bot. Genre de plantes Dicotylédones (*Copaifera*) de la famille des *Légumineuses.* Voy. ce mot.

COPAIN. s. m. (Dim. de *compagnon*). T. de Collège et d'Atelier. Camarade copartageant.

COPAÏS, lac de l'anc. Béotie, actuellement desséché par l'industrie et mis en culture.

COPAL. s. m. (nom mexicain des résines brûlées dans les temples). T. Bot. Sorte de résine que l'on trouve souvent dans le sol et qui est produite par divers arbres appartenant aux *Diptérocarpées* et aux *Légumineuses.* Voy. ces mots.

COPALCHI. s. m. (nom mexicain). T. Bot. et Mat. médicale. Écorce amère et fébrifuge fournie par le *Croton niveus.* Voy. EUPHORBIACÉES.

COPARTAGE. s. m. (R. *co*, préf., et *partage*). Partage fait entre plusieurs personnes.

COPARTAGEANT, ANTE. adj. et s. (R. *co*, préf., et *partager*). Celui qui partage, qui est appelé à partager avec un ou plusieurs autres un objet quelconque. *Héritier c. Les puissances copartageantes. Avant de procéder au tirage des lots, chaque c. est admis à proposer ses réclamations contre leur formation.*

COPARTAGER. v. a. Partager avec. *C. un héritage.*

COPARTICIPANT. s. m. Membre d'une société ou participation.

COPATERNITÉ. s. f. Voy. COMPATERNITÉ.

COPEAU. s. m. (R. *couper*). Éclat de bois mince et léger qu'enlève le rabot, la hache ou tout autre outil semblable, quand on abat un arbre ou quand on met en œuvre une pièce de bois. *Menus copeaux. Brûler des copeaux.* — *Vin de c.* Voy. VIN.

COPECK. s. m. Monnaie de cuivre usitée en Russie, qui vaut environ 4 centimes. Voy. MONNAIE.

COPENHAGUE, cap. du Danemark, dans l'île de Seeland, sur le Sund (en danois *Kjobenhavn,* port des marchands) ; ville très forte défendue par une citadelle et des forts ; 280,000 hab. Fut bombardée par les Anglais en 1807, acte mémorable de barbarie et de déloyauté.

COPÉPODES. s. m. pl. (gr. κώπη, rame ; πούς, ποδός, pied). T. Zool. Ordre de crustacés. Voy. ENTOMOSTRACÉS.

COPERMUTANT. s. m. (lat. *cum*, avec, et *permutare*, changer). Chacun de ceux qui prennent part à un échange. Se dit particul., en droit can., de chacun de ceux qui permutent ensemble leur bénéfice.

COPERMUTATION. s. f. [Pr. ...*sion*]. Action de permuter.

COPERMUTER. v. a. Dans le langage ecclésiastique, échanger un bénéfice.

COPERNIC, célèbre astronome, chanoine polonais, né à Thorn ; découvrit le véritable système du Monde déjà entrevu autrefois par Pythagore et démontra que la Terre tourne sur elle-même et autour du Soleil (1473-1543).

COPERNICIEN, ENNE. adj. Qui a rapport au système de Copernic, ou qui en est partisan.

COPERNIER. s. m. (R. *Copernic,* célèbre astronome). T. Bot. Genre de plantes Monocotylédones (*Copernicia*) de la famille des *Palmiers.* Voy. ce mot.

COPHOSE. s. f. (gr. κωφός, sourd). T. Méd. Diminution ou abolition du sens de l'ouïe. Inus.

COPHTE. s. m. Voy. COPTE.

COPIAPO, ville du Chili, ch.-l. de la province d'Atacama ; 10,000 hab. Voy. la CARTE DU CHILI.

COPIE. s. f. (lat. *copia,* abondance, et aussi permission, de *cum,* avec, et *ops,* richesse). Écrit qu'on reproduit un autre. *Copie exacte, très fidèle. La c. d'un acte. L'original et la c. C. collationnée à l'original. La c. d'un manuscrit. Donner, prendre c. Faire tirer une c. Distribuer des copies d'une pièce de vers. Envoyez-m'en la c. C. figurée,* Celle dans laquelle on reproduit exactement la forme des caractères, la disposition des lignes, les ratures, etc., d'une pièce. — Dans les collèges, le devoir écrit que chaque écolier remet au professeur. *Vous ne m'avez pas donné votre c. Classer les copies.* — *Droit de c.* Voy. PROPRIÉTÉ littéraire et artistique.

‖ Imitation exacte d'un ouvrage de peinture, de sculpture ou de gravure. *Une bonne c., une mauvaise c. Une c. de la Vénus*

216

de Milo. Une c. de Raphaël. Ce n'est pas un original, ce n'est qu'une c. C. de l'antique. La c. ne le cède guère à l'original. — Fam., se dit quelquefois d'un portrait, par opposition à la personne qu'il représente. L'original vous plairait plus que la c. || Dans les arts du dessin et en littérature, tout ouvrage dont l'idée, le plan, la disposition, le style, sont empruntés ou imités d'un autre. Les tragédies de Colardeau ne sont que de pâles copies de celles de Racine. Nos églises actuelles ne sont que de mesquines copies des admirables églises du moyen âge ou des anciennes basiliques. || Fig., se dit d'une personne qui ressemble beaucoup à une autre, ou qui s'attache à imiter dans ses gestes, ses manières, ses paroles ou même ses idées, etc. Cette jeune fille est en tout la c. de sa mère. Cet acteur s'est fait la c. de tel autre. Un homme a toujours tort d'en copier un autre : il n'y réussit pas || Fam., C'est une mauvaise c. d'un fort bon original, se dit d'un homme qui ne réussit pas à en imiter un autre qui excelle dans son genre; et C'est un original sans c., se dit d'un homme qui se rend ridicule par sa singularité. || T. Typogr. Le manuscrit d'un auteur à composer à l'imprimerie, sans doute, parce qu'on suppose que l'auteur conserve l'original et n'envoie qu'une copie. — Se dit aussi de tout ce qui doit être reproduit par l'impression. C. imprimée, texte déjà imprimé, qui doit être imprimé de nouveau.

Législ. — Les copies, lorsque le titre original subsiste, ne font foi que de ce qui est contenu au titre dont la représentation peut toujours être exigée. Lorsque le titre original ou minute n'existe plus, les copies font foi d'après les distinctions suivantes :

1° Les grosses ou premières expéditions font foi comme l'original ; il en est de même des copies qui ont été tirées sur l'ordre du magistrat, les parties étant présentes ou ayant été dûment appelées, ou de celles qui ont été tirées en présence des parties et de leur consentement réciproque ; 2° les copies qui, sans l'autorité du magistrat, ou sans le consentement des parties, et depuis la délivrance des grosses ou premières expéditions, ont été tirées sur la minute de l'acte par le notaire qui l'a reçu, ou par l'un de ses successeurs, ou par un officier public, qui, en cette qualité, est dépositaire des minutes, peuvent, au cas de perte de l'original, faire foi, quand elles remontent à plus de trente ans ; quand elles ont moins de trente ans, elles ne peuvent servir que de commencement de preuve par écrit ; 3° lorsque les copies tirées sur la minute d'un acte émanent d'une personne autre que celles qui sont désignées plus haut (notaire ou officier public), elles ne peuvent servir, quelle que soit leur ancienneté, que de commencement de preuve par écrit ; 4° les copies de copies peuvent, suivant les circonstances, être considérées comme simples renseignements (C. C., art. 1334 et 1335).

Toute personne a le droit, sans qu'aucune justification, à condition de payer les frais, d'obtenir copie des actes de l'état civil, des rôles des contributions, des inscriptions hypothécaires prises sur un immeuble, d'un jugement. Il n'en est pas de même des actes notariés, ces actes sont la propriété des parties contractantes, qui, seules, ont le droit d'en exiger copie. Ajoutons que les copies délivrées par les officiers publics dépositaires des minutes doivent être faites sur timbre.

Copie de pièces. — On appelle ainsi, en procédure, la reproduction, en tête d'un acte, des titres qui lui servent de fondement. La loi exige, dans l'intérêt du débiteur ou du défendeur, que les actes de procédure contiennent la transcription des actes sur lesquels s'appuient les prétentions du créancier ou du demandeur.

Copie de lettres ou Livre de copie de lettres. — On désigne, sous ce nom, le livre sur lequel les commerçants transcrivent, au jour le jour, les lettres qu'ils envoient. Le copie de lettres figure parmi les livres dont la tenue est obligatoire pour tout commerçant. Voy. COMMERÇANT.

COPIER. v. a. (R. copie). Faire la copie d'un écrit. C. fidèlement, exactement. Copiez-moi vite cette pièce. C. un écrit mot à mot. C. de la musique. || En parlant des œuvres d'art, reproduire servilement, ou simplement imiter. C. un tableau, une statue, un bas-relief, une gravure. Cet édifice est copié sur tel autre. — C. la nature, La reproduire exactement. Il ne faut pas c. servilement la nature. Dans le Misanthrope, Molière a admirablement copié la nature. || Fig., imiter les actions, les gestes, les attitudes, les manières de quelqu'un. Rien de plus ridicule que les gens qui ne peuvent être eux-mêmes et qui ont toujours quelqu'un à c. Il copiait jusqu'à ses défauts. — C. un auteur, un artiste, Tâcher d'imiter sa manière ; il se dit ordinairement avec une intention de critique. || Contrefaire quelqu'un, par

dérision. Cette homme a une facilité singulière à c. les gens. = SE COPIER. v. pron. Se dit d'un écrivain ou d'un artiste qui, par absence d'idées ou d'imagination, est obligé de se répéter sans cesse. Ce peintre, cet écrivain manque absolument d'invention : il ne fait que se c. = COPIÉ, ÉE. part. || T. Techn. Presse à c., Presse à main au moyen de laquelle on peut tirer plusieurs copies d'un original.

Syn. — Contrefaire, Imiter. — Ces termes désignent, en général, l'action de faire ressembler. On imite par estime; on copie par stérilité; on contrefait par amusement. On imite par écrit; on copie les tableaux; on contrefait les personnes. On imite en embellissant; on copie servilement; on contrefait en chargeant.

COPIEUSEMENT. adv. (R. copieux). Avec abondance. N'est guère usité que dans ces sortes de phrases : Manger c. Boire c. = Syn. Voy. ABONDAMMENT.

COPIEUX, EUSE. adj. (lat. copiosus, de copia, abondance). Abondant. Ne se dit guère que dans ces sortes de phrases : Un repas c. Une selle, une évacuation copieuse.

COPISTE. s. m. (R. copie). Celui qui copie en quelque genre que ce soit. Un méchant c. Faute de c. Ce peintre n'est qu'un habile c. || Celui qui s'attache à imiter le style d'un auteur, d'un artiste. Se dit souvent avec une intention de dénigrement. Ce poète est un insipide c. de Lamartine. Ce peintre n'est qu'un c. d'Eugène Delacroix. On dit aussi d'un écrivain éminent, d'un grand artiste, qu'il n'a fait que de mauvais copistes, pour dire que plusieurs ont tenté de l'imiter, mais sans succès. On dit de même, en parlant d'un peintre qui manque d'originalité, Ce n'est qu'un c., qu'un froid, qu'un pâle c. || T. Techn. C. électro-chimique, Appareil portatif destiné à remplacer les presses à copier.

COPLEY (sir GODFREY), membre de la Société royale de Londres, mort en 1709, connu surtout comme fondateur du prix qui porte son nom et qui est décerné tous les ans par la Société royale.

COPPET, village du canton de Vaud (Suisse), sur le lac Léman ; séjour de Necker et de Mme de Staël.

COPRIN. s. m. (gr. κόπρος, excrément). T. Bot. Genre de Champignons (Coprinus) appartenant à la famille des Hyménomycètes. Voy. ce mot.

COPRE. s. m. Nom de l'amande de coco, prête à être mise dans le moulin.

COPRENEUR. s. m. (lat. cum, avec, et fr. preneur). T. Jurisp. Celui qui prend, avec un autre, un objet à loyer ou à ferme.

COPRIDE. adj. (gr. κόπρος, fiente). T. Entom. Qui se nourrit de fiente. — Nom donné à une tribu de Lamellicornes. Voy. ce mot.

COPROÉMÈSE. s. f. (gr. κόπρος, excrément; ἐμεῖν, vomir). T. Méd. Vomissement de matières stercorales. Inus.

COPROLITHE. s. m. (gr. κόπρος, excrément; λίθος, pierre). Excrément pétrifié et fossile d'anciens animaux. Voy. PALÉONTOLOGIE.

COPROPHAGES. s. m. pl. (gr. κόπρος, excrément; φαγεῖν, manger). T. Entom. Insectes qui vivent de matières stercoraires. Voy. SCARABÉIDES.

COPROPRIÉTAIRE. s. 2 g. (lat. cum, avec, et fr. propriétaire). Celui ou celle qui possède avec un ou plusieurs autres la propriété d'une maison, d'une terre, etc., ou d'un objet mobilier.

COPROPRIÉTÉ. s. f. Propriété commune entre plusieurs personnes.

COPROSCLÉROSE. s. f. (gr. κόπρος, excrément; σκλήρωσις, endurcissement). T. Méd. Endurcissement des excréments dans l'intestin. Inus.

COPROSE. s. f. T. Bot. Un des noms du Coquelicot.

COPROSMA. s. m. (gr. κόπρος, excrément; ὄζω, odeur). T. Bot. Genre de plantes de la famille des *Rubiacées*. Voy. ce mot.

COPROSTASIE. s. f. (gr. κόπρος excrément; στασία, rétention). T. Méd. Rétention des excréments dans l'intestin.

COPTE ou **COPHTE.** s. m. T. Relation. On appelle *Coptes* ou *Cophtes* ceux des habitants actuels de l'Égypte qui descendent des anciens chrétiens du pays appartenant à la secte des jacobites ou eutychéens.

L'origine de ce mot a été l'objet de longues discussions : cependant aujourd'hui les philologues s'accordent à y voir une simple altération du terme grec Αἰγύπτιος, Égyptien. On a cru longtemps que les Coptes étaient les descendants les anciens Égyptiens ; mais cette opinion s'est bien modifiée depuis la publication des travaux des savants qui ont accompagné Bonaparte en Égypte. Champollion le jeune déclare ne pouvoir admettre comme descendants directs du peuple des Pharaons que les *Kemsous* et les *Barabras*, habitants de la Nubie. Les Coptes ne seraient que le résultat du mélange de toutes les races qui se sont succédé en Égypte jusqu'à la conquête arabe. Cette manière de voir est généralement admise aujourd'hui. La population c. ne dépasse pas le chiffre de 150,000 individus, dont 6,000 environ professent le catholicisme, et le reste appartient au culte chrétien-jacobite, qui se distingue de celui de l'Église romaine et de l'Église grecque, en ce qu'il professe qu'il n'y a qu'une nature en Jésus-Christ. Cette doctrine fut introduite en Égypte vers le milieu du Vᵉ siècle par Eutychès, et condamnée par le concile de Chalcédoine en 451. Néanmoins le type c. se reconnaît dans une partie des musulmans que la conquête a jetés parmi eux, et une foule de familles arabes-égyptiennes, issues évidemment de l'union des vainqueurs et des vaincus, présentent tous les caractères physiologiques de la race copte. Les coptes sont petits de taille ; ils ont les yeux noirs et les cheveux généralement crépus.

Ce qui intéresse surtout la science dans l'histoire de cette antique population, ce sont les débris de sa langue qui dérive certainement de l'ancien égyptien. Cette étude, si importante pour l'interprétation des monuments de l'ancienne Égypte, était cependant restée complètement négligée jusqu'au commencement du XVIIᵉ siècle, époque où Peyresc appela sur elle l'attention des savants. Depuis lors, la langue c. a été l'objet d'un très grand nombre de travaux, parmi lesquels nous nous bornerons à citer ceux de Kircher, Wilkins, Lacroze, Jablonski, Étienne Quatremère, A. Peyron, Champollion le jeune, Tattam, etc. — L'ancienne langue égyptienne offrait deux dialectes distincts : l'un, la dialecte sacré, réservé à la caste sacerdotale et représenté par deux systèmes d'écriture, l'*hiéroglyphique* et l'*hiératique*; l'autre, le dialecte vulgaire, qui était parlé par la population tout entière et auquel appartenait un système d'écriture presque entièrement alphabétique. Le premier ayant disparu lors de la conversion de l'Égypte au christianisme, le second reçut, par le fait même de cette conversion, des modifications assez profondes, consistant principalement dans l'introduction du vocabulaire grec pour tout ce qui concernait les matières religieuses. En outre, les lettres grecques furent généralement substituées aux lettres nationales dans la langue régénérée, sauf quelques caractères de l'ancienne écriture qui furent conservés parce que ceux de l'alphabet hellénique étaient insuffisants pour rendre tous les sons de la langue égyptienne. Le c., ainsi constitué, nous est connu par un assez grand nombre de monuments; ce sont, en général, des recueils de sermons, des vies des saints, ou des traductions des livres sacrés. Mais il résulte de l'examen de ces écrits que le c., après sa transformation par le christianisme, comprenait encore trois dialectes locaux, le *memphitique*, parlé dans la basse Égypte, le *busca nourique* (*bashique* d'Étienne Quatremère), particulier aux grandes oasis, et le *saïtique* ou *thébain*, propre à la haute Égypte, qui différaient entre eux par la permutation de certaines lettres, la fréquence des voyelles et l'emploi d'aspirations plus ou moins rudes. Le c. est une langue essentiellement monosyllabique, de sorte que tout mot composé de plusieurs syllabes est nécessairement un mot dérivé ou un mot composé. Les radicaux peuvent se combiner ensemble et de plus, il existe un grand nombre de particules qui s'emploient comme préfixes ou comme suffixes, et qui modifient le sens intrinsèque du radical. « Les radicaux coptes, dit Peyron, ne signifient rien par eux-mêmes, leur sens n'étant déterminé que par les suffixes et les préfixes dont on les accompagne. Ainsi, le radical *sont*, construit avec les particules propres aux noms, correspond aux mots latins *creator, creatio, creatura*, etc.; mais si l'on joint à ce même radical les particules des verbes, il produit toute la conjugaison du verbe *creare*; néanmoins, au milieu de toutes ces annexions, le radical lui-même reste toujours invariable. » Il résulte de là que l'étude de la langue c. est d'une extrême facilité. Il suffit de connaître les vapeurs des particules employées comme préfixes et suffixes, et d'apprendre la signification pure des radicaux primitifs. Le c. d'ailleurs ne présente aucune espèce d'inversion, le sujet, le verbe et son complément se suivant invariablement.

COPTÉE. s. f. Sonnerie en coptant.

COPTER. v. a. (gr. κόπτειν, frapper). *C. la cloche*, La faire sonner en la frappant seulement d'un côté avec le battant. == COPTÉ, ÉE. part.

COPTIDE. s. f. (gr. κόπτω, je coupe). T. Bot. Genre de plantes Dicotylédones (*Coptis*) de la famille des *Renonculacées*. Voy. ce mot.

COPTINE. s. f. (R. *Coptide*). T. Chim. Alcaloïde extrait de la racine de la *Coptis trifolia*.

COPTOGRAPHIE. s. f. (gr. κόπτειν, couper, et γράφειν, dessiner). Art de découper des cartons de manière à dessiner des figures par leur ombre projetée sur un mur.

COPULATEUR, TRICE. adj. T. Physiol. Qui sert à la copulation. *Organe c.*

COPULATIF, IVE. adj. (lat. *copulare*, assembler). T. Gram. Qui sert à lier les mots. *Conjonction copulative.* — Subst., *La copulative* Et.

COPULATION. s. f. (Pr. ...*sion*) (lat. *copulatio*, m. s.). Union des sexes pour la reproduction. Se dit plus particulièrement de l'homme et de la femme.

COPULATIVEMENT. adv. D'une manière copulative.

COPULE. s. f. (lat. *copula*, lien). T. Log. et Gram. Se dit dans ce sens d'une proposition pour l'attribut. *Le mot Être, exprimé ou sous-entendu, est la c. de toutes les propositions.*

COPULER. v. a. T. Didact. Unir par copule.

COPYRIGHT. s. m. (Pr. *ko-py-raït*) (mot anglais, de *copy*, copie, et *right*, droit). Droit de reproduction des œuvres littéraires et artistiques. Voy. PROPRIÉTÉ *littéraire et artistique*.

COQ. s. m. (Pr. *kok*; anc. on prononçait au plur. *des kô*; cette prononciation n'est plus usitée que dans certaines provinces) (sanscr. *kac* ou *kuk*, rendre un son aigu). Oiseau domestique qui est le mâle de la poule. — Fam., *Être rouge comme un c.*, Se dit d'une personne à qui une émotion subite fait monter le sang au visage. — Prov., *Être comme un c. en pâte*, Se dit d'un homme qui est très bien dans un endroit, qui y a toutes ses aises; ou d'un individu qui est dans son lit bien chaudement et bien couvert, de sorte qu'il n'y a que la tête qui paraisse. || Figure de c. qu'on met sur la pointe des clochers et qui sert de girouette. *Le c. du clocher.* || Fig. et fam., On dit de l'homme qui est le plus considérable dans son village, à cause de sa richesse ou de quelque autre avantage, *qu'il est le c. du village.* *C'est le c. de l'endroit. C'est un c. de paroisse.* || T. Techn. *Le c. d'une montre*, Sorte de chape qui couvrait et maintenait le balancier des anciennes montres. Voy. HORLOGERIE. || Sorte de crampon pour assurer diverses pièces de serrurerie.

Ornith. — I. Le genre Coq (*Gallus*) appartient à l'ordre des *Gallinacés*, auquel il a même donné son nom, et à la famille des *Faisans* ou *Phasianidés*. Il a pour caractères : Bec médiocre, fort, nu à la base, à mandibule supérieure convexe, courbée vers la pointe; narines à demi recouvertes par une membrane; tête surmontée d'une crête charnue unie ou dentelée, quelquefois remplacée par une huppe; deux barbillons charnus qui pendent de la base du bec (chez la femelle, crête petite ou nulle, et barbillons moins développés); tarses robustes, nus, sculelés, armés, chez le mâle, d'un long éperon appelé *Ergot*; les trois doigts internes unis par une membrane jusqu'à la première articulation; ailes courtes, larges, étagées, à quatrième rémige plus longue que les autres;

queue comprimée, distique, à quatorze rectrices débordées par les couvertures ; pennes du milieu recourbées chez les mâles.

Indépendamment des caractères différentiels que nous avons déjà indiqués, le mâle, auquel on réserve le nom de *Coq*, se distingue de la femelle, qu'on appelle *Poule*, par son plumage qui brille d'un éclat métallique, tandis que celui de cette dernière est plus terne ; par sa taille, qui est d'un tiers plus grande, par la longueur des couvertures supérieures de la queue, qui, se recourbant, et retombant gracieusement en arc, cachent en grande partie les rectrices caudales, et enfin par son chant, clair et très perçant. Il le fait entendre la nuit comme le jour. En été, son chant de nuit commence à 2 ou 3 heures du matin, et en hiver à 10 ou 11 heures du soir. Il a, en outre, un chant particulier, beaucoup plus doux, pour inviter sa femelle à manger. La voix de la poule est un *Caquettement* ou *Gloussement* susceptible de certaines modulations, et qui, dans la frayeur, devient un cri aigu et discordant.

Ces oiseaux sont des animaux lourds et pesants ; ils s'élèvent avec difficulté, et, lorsqu'ils veulent voler, ils sont toujours obligés de se tenir à une petite distance du sol et de se reposer très souvent. Ils sont omnivores ; néanmoins ils se nourrissent de préférence de petites graines, et ils avalent en même temps de petites pierres qui facilitent le broiement de ces graines lorsque leur gésier se contracte, favorisant ainsi la digestion. Lorsqu'ils cherchent leurs aliments, ils ont l'habitude de gratter la terre avec leurs pattes. Le mâle est polygame, c.-à-d. qu'il peut suffire à plusieurs femelles. On ne doit pas lui en laisser plus de 10 à 12, quoiqu'il puisse en avoir un plus grand nombre. Quand il s'est approché de l'une d'elles, il se dresse sur ses pattes, bat des ailes, et entonne un chant de victoire. En général, il s'attache davantage à certaines femelles, les approche plus souvent que les autres, les appelle quand il a trouvé quelque nourriture, et ne mange que lorsqu'elles ont satisfait leur appétit. Enfin, autant il est ardent en amour, autant il est jaloux :

> Deux coqs vivaient en paix ; une poule survint,
> Et voilà la guerre allumée.
>
> LA FONTAINE.

À la vue d'un autre c., il court à lui pour l'attaquer, et la lutte ne se termine que par la mort ou la retraite de l'un des champions. — La poule est également remarquable par sa grande faculté reproductrice. Elle pond toute l'année, excepté pendant la mue, qui dure cinq à six semaines. La poule sauvage fait, pour déposer ses œufs, un nid assez semblable à celui des perdrix ; la poule domestique, au contraire, pond dans le premier endroit venu, et, très souvent, sans aucune préparation.

Il n'y a pas d'oiseaux aussi universellement répandus que les coqs, et cependant il n'en est point dont l'origine soit plus incertaine. On présume généralement qu'ils ont été introduits de l'Inde en Perse et de la Perse en Europe, d'où ils ont été portés dans le nouveau continent. Un autre problème est de savoir, parmi les espèces sauvages, quelle est celle qui a donné naissance aux espèces domestiques ; mais cette question n'est pas moins insoluble que la première, car personne n'ignore combien la domestication modifie profondément les races animales. Nous parlerons d'abord des principales espèces sauvages, et nous citerons ensuite les races domestiques les plus intéressantes.

II. *Espèces sauvages*. — 1° Le *Coq de Sonnerat* (*Gallus Sonneratii*) est le premier qui ait été observé à l'état sauvage. Il a été découvert, ainsi que l'indique son nom, par le naturaliste Sonnerat, qui le rencontra dans les montagnes des Gattes qui séparent le Malabar du Coromandel. Le mâle de cette espèce a la crête dentelée, la collerette grise émaillée de plaques jaunes, séparées par des espaces blancs et noirs ; le devant du corps est couvert de plumes grises ayant au centre une flamme blanche bordée de noir. Il a 75 centim. de longueur de l'extrémité du bec à celle de la queue. La femelle, d'un tiers plus petite, est rousse, avec les plumes du dessus du corps blanches, bordées de brun et munies de petits traits de la même couleur. On a cru, pendant longtemps, que cette espèce était la souche de nos races domestiques ; mais cette opinion est aujourd'hui complètement abandonnée. — 2° Le *C. Ayam-Alas* (*G. fuscatus*) habite Sumatra et Java, où il vit sur la lisière des bois montagneux. C'est une espèce de haute taille, dont le plumage est de couleur sombre, mais brille de reflets métalliques. Il a la crête simple et un mince fanon pendant sous la gorge. La femelle en est dépourvue. Le mot *Ayam* signifie coq en javanais. — 3° Le *Coq Bankiva* (*G. Bankiva*) a été découvert à Java par le naturaliste Leschenault ; mais depuis cette époque il a été trouvé encore à Sumatra et dans les Philippines. Le

mâle a la crête dentelée et des barbillons semblables à ceux du nôtre. Il est orné d'une collerette orangée et dorée autour du cou, et a le corps noir en dessous. La poule a, comme la nôtre, une crête rudimentaire et des appendices membraneux sous le cou : elle est d'un roux brun vermiculé en dessus, et roux clair avec des flammes blanchâtres en dessous. Ces oiseaux, dont la taille est de 30 à 40 centim. de hauteur, se tiennent sur la lisière des grandes forêts : leur caractère est, dit-on, très farouche. — 4° Le *Coq bronzé* (*G. æneus*), qui paraît propre à l'île de Sumatra, a tout le plumage bronzé, avec les couvertures de la queue d'un roux vif et les plumes de la collerette couleur de cuivre rouge. Il a deux petits barbillons et une crête grande et lisse. — 5° Le *C. lago* a reçu de Temminck le nom de *C. géant* (*G. giganteus*), à cause de sa haute taille qui est presque le double de celle de notre espèce vulgaire. Cet oiseau habite Java et Sumatra ; mais on le trouve à l'état domestique dans le pays des Mahrattes. — 6° Le *C. sans croupion*, ou *C. sans queue* (*G. ecaudatus*), est remarquable par l'avortement de la dernière vertèbre coccygienne, d'où il résulte qu'il n'a point de croupion, et, par conséquent, point de queue. Cet oiseau se distingue, en outre, par l'éclat de son plumage. Le c. sans queue habite les forêts et les lieux décrits de Ceylan, dont il paraît originaire. Cette espèce est encore désignée par les auteurs sous les noms de *C. de Ceylan*, *C. de Perse*, *C. de Virginie*, *C. Lafayette* et *C. Wallikikik*, qui en cinghalais signifie c. sauvage. — 7° Le *C. nègre* (*G. morio*), appelé par Buffon *C. de Mozambique*, doit son nom spécifique à la couleur de sa crête, de ses caroncules et de son épiderme. Il a même, dit-on, le périoste noir, quoique sa chair, d'après le colonel Sykes, soit blanche et d'ailleurs de bon goût. Cette espèce vit à l'état sauvage dans les lieux décrits de Ceylan ; mais on la trouve en domesticité chez les Mahrattes, en Allemagne et en Belgique.

III. *Espèces domestiques*. — Nos coqs domestiques peuvent se partager en deux groupes : les races de grande taille, et les races de taille moyenne ou petite.

1° Les *races de grande taille* paraissent descendre du c. *lago* ou *géant*. En effet, ce dernier a des rapports si intimes avec les races dites *C. de Caux* et *de Padoue*, ou *C. russe*, qu'on peut à peine l'en distinguer. Le *C. russe* est aujourd'hui aussi répandu en France, où on le recherche à cause de la grandeur de sa taille, qui atteint jusqu'à 66 centimètres, et de l'excellente qualité de ses œufs, que leur couleur grisâtre tirant sur le jaune suit fait aisément reconnaître. Cet oiseau a le plumage ordinairement roussâtre en dessus et roux clair en dessous, les ailes courtes, la queue presque nulle ; les tarses grands, très forts, en général de couleur jaune ; la crête souvent double et en forme de couronne, les barbillons très développés. La poule est un peu plus petite que le mâle. Quant au nom de l'espèce, on n'en connaît pas l'origine ; on sait seulement que ce c. n'existe dans aucune des parties de la Russie. Il produit, avec nos poules ordinaires, des hybrides féconds plus grands que leurs mères. C'est encore à cette race qu'on rapporte les *Coqs de Rhodes*, *de Perse*, *de Pégu*, *de Dahia*, etc.

2° On admet généralement aujourd'hui que les *races domestiques de moyenne taille* sont issues du *C. Bankiva*. Parmi ces races, nous citerons notre *C. ordinaire*, ou *C. villageois* (*G. domesticus*), dont il y a deux variétés, l'une à pieds noirs, l'autre à pieds jaunes ; le *C. de Turquie* (*G. pusillus*), qui est recherché pour la beauté de son plumage ; le *C. pattu* (*G. plumipes*), à pattes courtes et emplumées ; le *C. de Bantam* (*G. banticus*), qui a beaucoup de rapport avec les précédents, et chez lequel les plumes du tarse forment comme des manchettes ; cette race est souvent désignée chez nous sous le nom de *Petite poule anglaise* ; le *C. du Cambodge*, dont les ailes traînent à terre à cause du peu de hauteur de ses jambes ; le *C. nain* (*G. pumilio*), à pattes courtes et emplumées, et enfin le *C. à cinq doigts* appelé par Buffon *C. de Madagascar* ; le *C. huppé* (*G. cristatus*), dont la crête est remplacée par une touffe de plumes qui forme une huppe fort élégante (Fig. 1) ; le *C. à duvet*, ou *C. laineux* (*G. lanatus*), race domestique fort répandue au Japon, en Chine et dans la Nouvelle-Guinée, est remarquable par ses plumes blanches et décomposées, ce qui leur donne une certaine ressemblance avec des poils ; le *C. crépu* ou *frisé* (*G. crispus*), commun dans toutes les parties chaudes de l'Asie, et distingué de toutes les autres espèces par les nuances de ses plumes qui sont renversées en dehors : cette race curieuse est très sensible au froid et s'élève difficilement dans nos climats ; elle est quelquefois huppée ; et enfin le *C. à cinq doigts* (*G. pentadactylus*), fort vanté en Angleterre sous le nom de *Dorking*, qui se distingue en ce qu'il a 3 doigts devant et 2 derrière. On peut dire que, par la sélection, l'homme façonne à sa guise les animaux qu'il a réduits en domesticité, et dans les expositions on peut voir surgir chaque année de nouvelles races. Quant aux fameux *Coqs cornus*, qu'on voit quelquefois dans nos basses-cours et surtout dans certaines ménageries de bas étage, ils ne constituent pas une espèce particulière. Ce sont

Fig. 1.

des coqs ordinaires que l'on a munis, par un procédé fort simple, de l'appendice qui les caractérise. Pour obtenir un c. cornu, on prend un jeune poulet, on lui coupe la crête, et l'on implante un ergot enlevé à un c., dans une cavité qui se trouve

Fig. 2.

à la partie postérieure de la base de cette crête. Au bout d'une quinzaine de jours, cette espèce de corne a contracté une union parfaite avec la partie de l'oiseau sur laquelle on l'a pour ainsi dire greffée. Dès lors elle participe au développement des autres parties du corps. On a vu des coqs cornus chez lesquels cet appendice avait acquis une longueur de 20 centimètres. —

De tous les oiseaux de basse-cour, le c. est celui qui nous rend le plus de services. On élève cette espèce, non seulement pour sa chair, mais aussi à cause de l'abondance de ses œufs. On peut également tirer parti des plumes qui couvrent la région inférieure de son corps. Toutefois, pour que l'éducation du c. soit véritablement avantageuse, il faut qu'elle se fasse en grand et avec économie. Ces deux conditions ne peuvent être bien remplies qu'à la campagne, parce qu'on peut forcer, pour ainsi dire, ces oiseaux à pourvoir eux-mêmes, sinon à la totalité, du moins à une grande partie de leur nourriture.

Chaque pays a ses races de prédilection. Dans les environs de Paris, on donne la préférence à la *race de Caux*, à cause de sa grande taille, du volume de ses œufs et de la délicatesse de sa chair; mais cette race est médiocrement féconde. En outre, les *Poussins* sont plus difficiles à élever. Comme ils arrivent à une taille assez forte sans être couverts de plumes, ils redoutent extrêmement le froid. Ailleurs on préfère la race ordinaire du *Coq villageois*. En Belgique, la variété la plus estimée est la *Poule grise campinoise*, dite *Poule de tous les jours*, parce qu'en effet elle pond presque tous les jours sans interruption, du printemps à l'automne. En Espagne, c'est la *Poule noire*, presque égale à la précédente pour la production des œufs, qui obtient la préférence. En Angleterre, les fermiers ont fait de nombreux essais pour augmenter leur production en œufs et en volaille. Dans ce but, ils ont multiplié et modifié diverses races orientales, parmi lesquelles ils ont surtout vanté la *Poule de la Cochinchine* et la *Poule de Brahmapoutre* (Fig. 2. Coq Brahmapoutre). A cette heure, une autre race, à laquelle on a donné le nom de *Dorking*, fait, chez nos voisins, concurrence aux races orientales : c'est simplement le *C. pentadactyle* (Fig. 3) que nous avons déjà mentionné. L'éleveur distingué Fisher Hobbs, de Boxted-Lodge (Essex), qui est le promoteur de cette variété, regarde les dorkings comme les meilleurs oiseaux de basse-cour, et les plus convenables pour les fermes ordinaires. Suivant lui, ils produisent beaucoup et leur chair est bonne.

Quelle que soit l'espèce à laquelle on donne la préférence, le choix des individus reproducteurs est d'une haute importance. Le c. doit être d'une taille moyenne, à plumage brillant

Fig. 3.

et varié. Il faut qu'il soit fort et vigoureux; qu'il ait une démarche fière, la voix forte, le bec court et épais, la poitrine large, la tête haute et garnie d'une large crête et de barbillons bien pendants, les ailes fortes, les cuisses longues, musculeuses, bien munies de plumes, et les tarses armés de longs éperons. L'époque de sa plus grande vigueur est de 6 mois à

4 ans ; on ne doit donc l'employer à la reproduction ni avant ni après cet âge. La poule doit être de taille moyenne, de constitution robuste, et sinon noire, du moins d'une couleur brune, tannée, rousse ou variée de noir et de blanc. Il faut, en outre, que sa tête soit grosse, son œil vif, sa crête flottante, son pied noirâtre, et qu'elle n'ait point d'éperons. Les éleveurs rejettent les poules blanches, parce qu'elles s'épuisent trop vite ; celles qui chantent comme des coqs, ou qui ont des éperons, ainsi que celles qui sont criardes et querelleuses, parce qu'elles sont mauvaises couveuses. — Dans nos pays, les poules ne pondent pas à la même époque. Dans nos départements du Midi, la ponte commence en janvier et finit en septembre, tandis que dans ceux du Nord elle ne commence qu'en mars et finit aux premiers froids. Sans la vicissitude des saisons, elle pourrait avoir lieu pendant toute l'année, excepté à l'époque de la mue ; mais on peut la faire durer pendant l'hiver, en plaçant le poulailler près d'un four, et en donnant aux poules des graines de chènevis, de sarrasin ou de tournesol mêlées à un peu d'avoine dont on a émoussé les pointes. Les poules pondent le plus souvent un œuf tous les deux jours, quelquefois un œuf chaque jour, et très rarement deux par jour. En général, on regarde comme une bonne pondeuse celle qui en produit de 16 à 18 par mois. Quand une poule a fait une vingtaine d'œufs, elle s'arrête et manifeste le désir de couver ; mais il suffit de lui enlever ses œufs pour qu'elle continue de pondre comme précédemment.

Les poules n'ont pas besoin du c. pour pondre ; mais alors leurs œufs sont *clairs*, c.-à-d. ils ne sont pas propres à être couvés, car ils ne produiraient pas de poulets. Les jeunes poules pondent souvent des œufs sans coque, appelés *œufs hardés*, constamment inféconds, et les poules grasses, au contraire, des œufs à coque fort épaisse. Parmi les autres anomalies que peuvent présenter les œufs, nous citerons les œufs qui ont deux jaunes et ceux qui n'en ont point. Ces derniers sont absolument inféconds. Ils sont en général produits par une poule ou trop jeune ou épuisée, et non par des coqs, ainsi que le prétend un préjugé singulièrement répandu.

A l'état de domesticité, la poule ne prend pas le soin de se construire un nid. Si l'on ne lui en prépare pas un, elle se cache et va pondre dans quelque coin reculé, sur la terre ou dans la poussière. Lors donc qu'on veut la faire couver, il faut lui faire un nid avec un panier d'osier, préalablement lavé à l'eau de chaux, et dans le fond duquel on dispose une couche de foin. On ne doit pas confier à une poule plus de 15 à 18 œufs ; c'est ce qu'on appelle une *Couvée*. La couveuse s'accroupit sur ses œufs, étend ses ailes pour les couvrir et les remue doucement pour les faire jouir d'une égale température. La chaleur communiquée par la poule à ses œufs s'élève jusqu'à 40° centigrades. L'incubation dure ordinairement 21 jours : quelquefois, cependant, elle se termine au 19°, comme aussi elle peut atteindre le 24°. Au bout de ce temps, le petit brise la coque de l'œuf où il est renfermé, au moyen d'un petit onglet qui arme l'extrémité de son bec, étend les jambes, sort la tête de dessous son aile, allonge le cou, pousse son premier piaulement, et se glisse sous la poule où il se sèche ; après quoi, il se lève, marche et va chercher sa nourriture. Alors commence pour la mère une vie de sollicitude singulière. S'oubliant elle-même, elle ne s'occupe que de ses *Poussins* : c'est pour eux qu'elle cherche de la nourriture, et elle ne mange que lorsqu'ils sont repus ; s'ils ont froid, elle les réchauffe sous ses ailes, et les y met à l'abri des intempéries des saisons aussi bien que de ses oiseaux de proie. De timide qu'elle était, elle devient audacieuse, s'élance contre l'ennemi, crie, s'agite avec fureur et désespoir, et réussit souvent à mettre l'agresseur en fuite. — Pour que la couvée prospère, il faut la tenir dans un lieu chaud, propre et exempt d'humidité. Il convient aussi de donner aux jeunes poussins une nourriture choisie, comme de la soupe, de la mie de pain mêlée à du lait et à des jaunes d'œufs, du chènevis, du maïs cuit ; on peut même leur donner de la chair hachée menu, car ils en sont extrêmement friands.

Dans quelques pays, on fait éclore artificiellement les poulets. En Égypte, on dispose les œufs tantôt dans du fumier, tantôt et le plus habituellement dans des fours appelés *Mamals*, qui peuvent contenir de 40 à 80.000 œufs, et dont on gradue convenablement la température. Dans les îles de la Sonde, ainsi que dans les Philippines, surtout à Luçon, ce sont, dit-on, des hommes qui font l'office de couveuses. Les œufs sont rangés en couche dans de la cendre et recouverts d'une épaisse couverture de laine ou de coton, formant, à l'aide de quelques légères traverses, une surface plane sur laquelle s'étendent les hommes chargés de l'incubation. Ils restent presque sans bouger jusqu'au moment où les petits

vont éclore. Une longue expérience leur ayant appris à connaître ce moment, ils aident la sortie des petits en brisant adroitement la coquille avec leurs doigts. De nos jours on se sert souvent de *couveuses* artificielles, sortes de boîtes maintenues à une température constante pour faire éclore les œufs.

Lorsqu'on veut élever avec succès cette espèce d'oiseaux de basse-cour, le local qui doit leur servir de demeure, ou en d'autres termes le *poulailler*, doit être l'objet de soins constants. On l'établit aussi voisin que possible d'une étable ou d'une écurie et à l'exposition du levant, afin de garantir ses hôtes contre le froid et l'humidité. Il faut, en outre, le tenir avec la plus sévère propreté, l'assainir avec des fumigations de chlore, gratter et laver les perchoirs, balayer le sol et le recouvrir d'un lit de feuilles et de gravier. Grâce à ces soins, on éloigne des poules et des poulets la plupart des maladies auxquelles ces animaux sont sujets, comme la *vermine*, la *gale*, la *goutte*, la *diarrhée* et le *bouton* ou *ciron*, sorte de tumeur du croupion qui se termine par un abcès. La *pépie* est ordinairement causée par l'usage d'une eau sale et fétide ; elle est donc aussi facile à prévenir. Elle consiste en une pellicule blanche, mince, un peu transparente, qui se développe sur la langue de l'oiseau. Toutefois on la guérit aisément en enlevant cette pellicule et en versant un peu de lait sur la langue même. La *mue*, sans être une maladie, réclame aussi quelques soins particuliers. Pendant cette période, il faut tenir la volaille chaudement, ne pas la laisser trop longtemps dehors, et la nourrir, autant que possible, de millet et de chènevis.

On donne le nom de *chapon* à un jeune poulet qu'on a privé de ses facultés reproductrices. Pour que l'opération réussisse, l'animal ne doit pas être âgé de plus de quatre mois. Dès ce moment, ses allures deviennent pacifiques ; sa voie s'enroue et se perd presque complètement ; sa crête devient flasque et pendante, ce qui détermine à la lui couper, sa vie se passe à boire, à manger et à dormir. Le chapon s'engraisse plus aisément que le poulet, et sa chair est plus délicate. L'engraissement est rendu plus facile quand on tient l'animal dans un endroit frais et obscur, et quand on le nourrit avec de la farine de maïs. On habitue encore le chapon à conduire les jeunes couvées. A cet effet, on choisit un individu vigoureux, on lui déplume le ventre que l'on frotte avec des orties ; on lui donne ensuite de la mie de pain trempée dans du vin et on le met sous une cage avec deux ou trois poulets un peu grands, qui, en lui passant sous le ventre, adoucissent les douleurs qu'il ressent. Bientôt il s'attache à eux, et l'on peut alors lui en confier un plus grand nombre et l'on voit les surveille comme ferait la mère. — La *poularde* est une jeune poule sur laquelle on a pratiqué une opération analogue à celle qu'on fait subir au chapon. Tout le monde sait combien ces animaux sont recherchés pour la délicatesse de leur chair. L'engraissement des poulardes et des chapons constitue une industrie assez importante dans certaines localités, particulièrement dans l'Ain et la Sarthe ; c'est surtout sur le marché de la Flèche que se vendent les poulardes dites du Mans. Les chapons et les poulardes s'engraissent plus facilement dans une *mue* ou *épinette*, sorte de cage composée de loges étroites dans lesquelles la volaille ne peut remuer, la tête de l'oiseau sortant seulement par un trou auprès duquel se trouve une auge qui contient sa nourriture. Le plancher est à claire-voie afin de livrer passage aux excréments.

De toute antiquité, l'homme, mettant à profit l'ardeur belliqueuse des coqs, s'est fait un plaisir cruel de les combattre les uns contre les autres. L'usage des combats de coqs était répandu chez les peuples de la Grèce, mais principalement chez les Rhodiens. Les Romains empruntèrent des Grecs cet amusement barbare qui resta en honneur chez eux jusqu'à la fin de l'empire. A la Chine et dans les îles de la Sonde, les habitants sont passionnés pour les combats de coqs. A Java et à Sumatra, il est rare de rencontrer un Malais sans avoir son *ayam sabongam*, c.-à-d. son coq de combat, sous le bras, prêt à le faire lutter contre le premier adversaire venu. Les parieurs poussent même leur frénésie au point de mettre en enjeu non seulement leur argent, mais encore leurs femmes et leurs filles. Dans l'Europe moderne les Anglais et les Flamands sont les seuls qui se plaisent encore à ces jeux barbares. Bien plus, afin de rendre le combat plus meurtrier, ils arment les combattants d'un éperon d'acier. Nous dirons toutefois que cette sauvage distraction est aujourd'hui à peu près abandonnée par les classes bien élevées.

On a encore donné vulgairement le nom de *coq* à diverses

espèces d'animaux qui appartiennent à les genres ou même à des ordres et à des classes différents : nous ne ferons ici qu'indiquer cette synonymie : *Coq de bouleau, C. bruant, C. de bruyère, C. de montagne* (voy. TÉTRAS); *C. d'été, C. merdeux* (voy. HUPPE); *Coq d'Inde* (on pron. *Cô d'Inde*) (voy. DINDON); *C. indien*, le Hocco (voy. ALECTOR); *C. Macartney*, le Houppifère (voy. FAISAN); *C. de marais*, la Gélinotte (voy. TÉTRAS); *C. de mer*, le Pilet (voy. CANARD); *C. de roche*, le Rupicole (voy. MANAKIN). — En Botan., la *Balsamite* (*Balsamita suaveolens*) est souvent désignée sous les noms vulgaires de *Coq-des-jardins* et de *Menthe-coq*. Voy. COMPOSÉES.

Archéol. — I. L'exactitude avec laquelle le coq marque les heures de la nuit en chantant ordinairement par trois différentes fois, à minuit, à deux heures et au point du jour, l'a fait prendre de bonne heure, chez les anciens, pour l'emblème de la vigilance et de l'activité. Les mythographes gréco-romains racontent qu'Alectryon, favori de Mars, fut changé par ce dieu en coq (ἀλέκτωρ), parce qu'il s'était endormi au lieu de veiller à la porte du palais de Vénus. Malgré le rôle que le paganisme faisait jouer au coq dans ses légendes, cette personnification de la vigilance par la figure de cet animal est si naturelle, que les chrétiens de la primitive Église ne craignirent pas de le mettre au nombre des emblèmes de la vraie religion. Ainsi, on voit le coq figurer dans les catacombes pour signifier la vigilance chrétienne et le zèle pour le service de Dieu. Un peu plus tard, on en fit l'emblème particulier des ministres de la religion, et principalement des prédicateurs « qui, dit saint Eucher, au milieu des ténèbres de la vie présente, s'appliquent à annoncer, par leur parole, comme par un chant sacré, la lumière de l'éternité ». C'est à ces idées symboliques que l'on doit l'usage de surmonter d'une figure de coq la croix de nos clochers. Cette coutume remonte à une époque fort reculée, car il en est question dans les écrivains du IXᵉ siècle. Quant à la plus ancienne représentation que l'on connaisse d'une croix de clocher surmontée d'un coq, elle se trouve dans la tapisserie de Bayeux, qui date du temps de Philippe Iᵉʳ.

II. C'est au double sens que présente le mot latin *gallus*, qui veut dire à la fois *coq* et *gaulois*, que la France doit d'avoir eu, pendant quelque temps, le coq pour symbole. Mais c'est à tort que l'on répète chaque jour qu'il figurait sur les enseignes des Gaulois. L'adoption du coq pour emblème de notre nation remonte simplement au XVIIᵉ siècle, où on le voit d'abord figurer sur quelques médailles, en guise d'*armes parlantes*. En 1665, le Quesnoy, assiégé par les Espagnols, ayant été délivré par les troupes françaises, on frappa, à l'occasion de cet événement, un jeton de cuivre sur lequel se voit, dans le lointain, une représentation de la ville, et sur le devant un lion (le lion de Castille) qui fuit poursuivi par un coq, représentant ici les Gaulois ou les Français. De plus, comme suivant une croyance antique rapportée par Pline, le chant du coq fait fuir le lion, on ajouta au jeton la légende : *Cantat, fugat*. Ce jeton est le premier monument sur lequel le coq ait représenté la France. Mais ce même symbole se rencontre sur un grand nombre de médailles frappées postérieurement par les ennemis de Louis XIV, surtout par les Hollandais, qui ont représenté de mille manières le lion batave poursuivant le coq français. Enfin, à la Révolution, le coq, qui jusqu'alors n'avait servi à figurer la France qu'exceptionnellement entre les mains de nos artistes, ou par dénigrement entre celles des artistes ennemis, fut adopté comme emblème national, parce qu'on se souvint que c'était l'oiseau du dieu Mars et le symbole du courage et de la vigilance. Mais, quelques années après, il fut remplacé par l'aigle impériale. Adopté de nouveau après la révolution de 1830, il a dû une seconde fois, en 1852, céder la place à l'oiseau de Jupiter, qui disparut à son tour après les désastres de 1870.

COQ. s. m. (lat. *coquus*, cuisinier). T. Mar. Se dit, sur les grands bâtiments, de l'homme qui fait la cuisine de l'équipage; on dit aussi *Maître c.* || Dans les corderies, l'ouvrier qui fait chauffer le goudron.

COQ-A-L'ÂNE. s. m. Discours sans suite, et qui n'a ni rime ni raison. Fam., *Un coq-à-l'âne. Cet homme vous répond toujours par des coq-à-l'âne*. Fam.

COQ-SOURIS. s. m. T. Mar. Voile formée de deux parties qui se lace entre le hunier et la vergue de fortune d'un sloop, d'une galiote.

COQUANT. s. m. (R. *coq*). T. Ornith. Un des noms de la marouette.

COQUÂTRE. s. m. (R. *coq*, avec le suffixe péjor. *âtre*). Poulet chaponné à moitié.

COQUE. s. f. (lat. *concha*, coquille). Enveloppe extérieure de l'œuf. *Une c. d'œuf. Les poulets courent au sortir de la c., Œufs à la c.* Œufs cuits dans leur c. — Fig., prov. et fam., *Ne faire que sortir de la c., Être à peine sorti de la c.*, N'être encore qu'un enfant. *Il est à peine sorti de la c. et il fait déjà l'important*. || Par anal., l'enveloppe ligneuse de la noix, de l'amande et autres fruits de la même espèce. — *Je n'en donnerais pas une c. de noix*, Cela n'a aucune espèce de valeur. Voy. FRUIT. || T. Bot. Nom donné par quelques botanistes à une variété de capsule, dont les loges monospermes se séparent parfois avec élasticité comme dans le *Sablier* (*Hura crepitans*). — *C. du Levant*, nom donné au fruit d'une espèce de Ménisperme, l'*Anamirta Cocculus*. Voy. MÉNISPERMÉES. || T. Zool. S'emploie quelquefois dans le sens de *Cocon*. — Nom vulgaire de quelques coquilles bivalves comestibles des genres *Bucarde* et *Mulette*, nommées aussi *Palourde*. Voy. CARDIACÉS. || T. Techn. Petites pièces de fer employées en serrurerie. || Cuve en plâtre servant à ressuer la pâte. || *Coque d'œuf*, Défaut que présentent certaines poteries dures. = T. Cost. Nœud de ruban que l'on fait avec un seul morceau dont on réunit les deux bouts. *Coques de perle*, Voy. PERLE *artificielle*. || T. Mar. *La c. d'un bâtiment*, Le corps d'un bâtiment, abstraction faite de la mâture et du gréement.

COQUECIGRUE. s. f. Baliverne, conte en l'air, récit qui n'a pas le sens commun. *Il nous vient conter des coquecigrues*. — On dit aussi d'une personne stupide qu'*Elle raisonne comme une c.* Très fam. || T. Bot. Nom vulgaire du *Rhus Cotinus* de la famille des *Anacardiacées*.

COQUELICOT. s. m. (R. *coquerico*, la plante était comparée à une crête de coq). T. Bot. Nom vulgaire donné à une espèce de petit pavot à fleurs rouges, le *Papaver Rhœas*, qui croît dans les champs parmi les moissons. Voy. PAPAVÉRACÉES.

COQUELINER. v. n. (R. *coq*). Chanter, en parlant du coq.

COQUELOURDE. s. f. (R.*coque* et *lourde*, d'après Bourdelot; d'après Ménage, lat. *cloca, lurida*, clochette foncée). T. Bot. Nom vulgaire donné à l'Anémone pulsatile et à diverses plantes telles que le *Lychnis Coronaria*, le *Faux Narcisse*, etc. Voy. RENONCULACÉES, CARYOPHYLLÉES et AMARYLLIDACÉES.

COQUELUCHE. s. f. (lat. *cuculuccia*, dérivé de *cucullus*, capuchon.) — Ce nom a ensuite passé à une espèce de grippe pour laquelle les malades se couvraient la tête d'un capuchon, puis à la maladie qu'il désigne aujourd'hui). Espèce de capuchon que portaient autrefois les femmes. || Fig. et fam., par allus. à ce capuchon, on dit : *C'est la c. de toutes les femmes*, Elles ont l'affection, elles se sont coiffées. *Être la c. de la cour, de la ville, de son quartier*, Y être fort en vogue. || T. Méd. Voy. plus bas.

Pathol. — Ce nom a été donné successivement en France à plusieurs maladies épidémiques, et d'abord, à ce qu'il paraît, à un catarrhe épidémique qui régna sous Charles VI, en 1424, suivant l'historien Mézeray, et qui s'accompagnait d'un enrouement considérable. On désigna encore sous le même nom certaines épidémies catarrhales qui eurent lieu en 1510, 1557 et 1577; mais ces affections paraissent n'avoir été que de simples épidémies de *grippe*. C'est Willis qui le premier a décrit la véritable c. sous la dénomination de *toux convulsive des enfants*. Quant au mot c., il semble venir, comme le dit Valleriola (1589), de ce que ceux qui étaient affectés de cette maladie se couvraient la tête d'un capuchon ou coqueluchon.

La c. débute comme une bronchite ordinaire, et ne présente d'abord que les symptômes de cette dernière maladie : c'est ce qui constitue la première période; mais, au bout de quelques jours, la toux se manifeste avec ses caractères propres. Les quintes reviennent à des intervalles plus ou moins longs; elles consistent en secousses violentes et convulsives qui se succèdent brusquement et sans intervalle, de façon à suspendre presque complètement l'inspiration, et qui se terminent par un mouvement inspiratoire lent, pénible et accompagné d'un sifflement caractéristique. L'invasion de la quinte est précédée d'un chatouillement incommode, d'une sensation pénible au pharynx ou à l'estomac, de dyspnée et d'une anxiété extrême. Pendant la quinte, les secousses et l'agitation sont souvent accompagnées de douleurs déchirantes dans la poitrine ; le pouls est accéléré et concentré ; la face devient bouffie, rouge et même violacée ; la glotte se remplit de mucosités filantes ; le malade est obligé de s'accrocher à un objet solide pour lui servir de point d'appui ; enfin la suffocation paraît imminente. Tout à coup l'air pénètre en sifflant dans les voies respiratoires, et les mucosités qui les remplissaient sont évacuées par un effort d'expectoration ou de vomissement. Après la quinte, la fatigue, la pesanteur de la tête, le trouble de la respiration et de la circulation diminuent assez promptement. Les quintes se renouvellent plus souvent la nuit, le soir et le matin que dans la journée.

La c. s'observe fréquemment sous la forme épidémique. elle attaque de préférence les enfants, depuis la naissance jusqu'à la seconde dentition : son caractère contagieux est aujourd'hui généralement admis. Il y a aussi tout lieu de croire qu'elle n'attaque jamais qu'une fois la même personne. — La durée de cette affection est toujours assez longue : il est rare qu'elle cesse avant un mois ou six semaines, et quelquefois elle persiste plusieurs mois. Au reste, elle est en général peu dangereuse, sauf lorsqu'il existe déjà ou survient quelque complication. — Dès l'apparition de la c. il faut isoler le malade et prendre de grands soins de propreté de la bouche et des narines de l'enfant à l'aide de lavages boriqués, de pommades boriquées et d'inhalations de vapeurs mentholées, par exemple. Durant la première période, le traitement de la c. est celui de la bronchite simple ; mais aussitôt que la toux convulsive apparaît, il faut recourir à d'autres moyens. Ces moyens sont multiples et dépendent des indications. On conseille surtout l'emploi de légers vomitifs, très fréquemment répétés. On peut choisir entre l'ipécacuanha et l'émétique ; le premier nous semble préférable. Ces vomitifs agissent comme révulsifs, et de plus ils facilitent l'expectoration des mucosités glaireuses dont la présence augmente beaucoup la fréquence et la durée des quintes. En général, on doit combiner ensemble l'emploi des émétiques et des antispasmodiques, principalement de la belladone, et donner également une potion renfermant 10 centigr. d'acide phénique pur par cuillerée à bouche (3 à 4 par jour). Vers la fin de la maladie ou même avant, s'il n'y a pas de complication, on fera changer d'air à l'enfant, on le mènera de préférence à la campagne, ce qui a pour effet d'abréger la maladie.

COQUELUCHEUX, EUSE. adj. T. Pathol. Atteint de la coqueluche.

COQUELUCHON. s. m. (même origine que *coqueluche*). Espèce de capuchon. *Elle portait un c.* Ne se dit guère que par plaisanterie. || T. Bot. Un des noms vulgaires de l'Aconit Napel.

COQUEMAR. s. m. (lat. *cucuma*, chaudron ? — Le suffixe *mar* est difficile à expliquer ; sans lui, le mot viendrait sûrement de *coquere*, cuire). Bouilloire, ordinairement de fer battu ou de cuivre, à large ventre, avec un bec pour diriger le liquide, et une anse pour saisir le vase. *Les coquemars ont ordinairement un couvercle à charnière.*

COQUEMELLE. s. m. T. Bot. Nom vulgaire de l'*Agaric élevé*, champignon d'un très bon goût.

COQUEMOLLIER. s. m. [Pr. *ko-ke-mo-lié*] (R. *coque* et *molle*). T. Bot. Nom vulgaire du *Theophrasta americana* de la famille des *Myrsinées*. Voy. ce mot.

COQUENAUDIER. s. m. Nom donné dans le midi de la France au *Garou* (*Daphne Gnidium*). Voy. THYMÉLÉACÉES.

COQUEREAU. s. m. (Dimin. de *coque*). T. Mar. Espèce de petit navire.

COQUEREL (ATHANASE), pasteur protestant et publiciste français célèbre par ses idées larges et tolérantes (1820-1875).

COQUERET. s. m. (Dimin. de *coq*). T. Bot. Nom donné au *Physalis Alkekengi* appelé aussi Alkékenge, et appartenant à la famille des *Solanacées*. Voy. ce mot. || T. Horlog. On appelle aussi c. un ornement ancien qui couvrait le mouvement des montres. L'origine probable de ce mot était dans la reproduction d'un coq chantant l'heure, lequel faisait partie de cet ornement.

COQUERICO. s. m. (Onomatopée). Le chant du coq. Popul.

COQUERIE. s. f. (R. *coq*, cuisinier). T. Mar. Grande cuisine bâtie sur le quai. || Cuisine de bord.

COQUERON. s. m. (R. *coq*, cuisinier). T. Mar. Chambre servant de cuisine à l'avant des bâtiments. — Petite armoire dans les chaloupes.

COQUES. s. f. pl. (R. *coque*, coquille). T. Blas. Espèce de noisettes vertes et en fourreau.

COQUET, ETTE. adj. (R. *coq*). Qui a de la coquetterie, qui use de coquetterie. *C'est une grande coquette. Une femme coquette, bien coquette, trop coquette. Des manières coquettes. Un vieillard c.*

> Toute femme est coquette, ou par raffinement,
> Ou par ambition, ou par tempérament.
>
> DESTOUCHES.

S'emploie substantiv., surtout en parlant des femmes qui cherchent avidement les hommages les hommes sans s'attacher à aucun. *Une franche coquette. Une vieille coquette. Le manège d'une coquette. — La coquette a la tête froide, le cœur sec et les sens muets* (BACHELET). || Par ext. : gracieux, élégant. *Un jardin c. Une coiffure coquette.*

COQUETER. v. n. (R. *coquet*). Être coquet ou coquette, user de coquetterie. *Cette femme aime à c. Elle coquette avec tout le monde.* Fam. || v. a. T. Mar. Conduire un bateau à l'aide d'un seul aviron. Vx. On dit au_ourd'hui *godiller*. = Conj. Voy. CAQUETER.

COQUETIER. s. m. (vx fr. *coquet*, petit coq). Marchand d'œufs en gros. || Petit ustensile de table dans lequel on met un œuf pour le manger à la coque. || T. Pêche. Pêcheur de coques.

COQUETTE. s. f. [Pr. *ko-kète*]. Sorte de poisson de mer. || Sorte de laitue. || Boîte à herborisation.

COQUETTEMENT. adv. [Pr. *kokè-teman*]. D'une façon coquette.

COQUETTERIE. s. f. [Pr. *ko-kè-teri*] (R. *coquet*). Désir de plaire, d'attirer les hommages. Se dit le plus souvent en mauvaise part, en parlant de la c. inspirée par la seule vanité. *Un peu de c. ne messied pas à une femme. La c. est toujours un signe d'égoïsme et de sécheresse de cœur. Le plus grand miracle de l'amour, c'est de guérir de la c.* (LA ROCHEFOUCAULD). || Par ext. les manières, des paroles et des moyens employés pour plaire et attirer les hommages. *Il y a bien de la c. dans ses manières. User de c. Dire, faire des coquetteries. Ne vous laissez pas prendre à ses coquetteries.* — S'emploie encore, par oppos. à amour, en parlant de relations entre des personnes de sexe différent où la vanité a seule part. *Il n'y a entre eux que de la c.* || Se dit quelquefois de la recherche exagérée de la toilette. *Elle a ruiné son mari avec sa c. Elle se met avec une c. ridicule pour son âge.* || Le manège, les moyens qu'on emploie pour faire valoir ses avantages, quels qu'ils soient. *Il joue du piano avec une sorte de c. Ne vous faites donc pas tant prier pour chanter ; c'est trop de c.* || Se dit encore d'une certaine manière de parler, d'écrire, d'arranger certaines choses. *Il y a une sorte de c. dans son style, dans sa conversation. Tout cela était disposé avec c.*

COQUILLADE. s. f. [Pr. les *ll* mouillées]. T. Pêc. Poisson du genre blennie. || T. Chass. Espèce d'alouette huppée.

COQUILLAGE. s. m. [Pr. les *ll* mouillées]. Terme générique qu'on applique vulgairement à tous les animaux testacés. Il se dit tantôt de la *Coquille* ou enveloppe testacée de l'animal, tantôt de l'animal considéré isolément. *Pêcher, ramasser des coquillages. Cette côte est pleine de coquillages. Voilà un fort beau c. Un c. rare. Des débris de coquillages. Sur les côtes de la mer, les pauvres gens se nourrissent en partie de coquillages.*

COQUILLART. s. m. [Pr. les *ll* mouillées]. T. Carrier. Lit de pierres de taille qui est parsemé de coquilles.

COQUILLE. s. f. [Pr. les *ll* mouillées] (lat. *conchylium*, dimin. de *concha*, m. s.). La partie dure et calcaire qui constitue le squelette, ordinairement externe, des mollusques, comme dans les limaçons, les moules, etc. Voy. CONCHYLIOLOGIE. — *C. des peintres*, voy. MYTILACÉS ; *C. de Pharaon*, voy. TROCHOÏDES ; *C. de Saint-Jacques*, voy. OSTRACÉS. || Fig. et prov., *Rentrer dans sa c.*, se dit par allus. au limaçon, et sign., Se retirer d'une entreprise téméraire, abandonner un propos hasardé, se remettre à sa place, ou y être remis par l'effet d'une menace. *Ne faire que sortir de la c.*, Être encore fort jeune et, par conséquent, manquer d'expérience. *A qui vendez-vous vos coquilles? Portez vos coquilles à d'autres ; C'est vouloir vendre des coquilles à ceux qui viennent de Saint-Michel ;* ces phrases se disent à quelqu'un qui veut nous en faire accroire et que nous avons deviné, pour lui faire entendre qu'on n'est pas dupe de sa finesse. On dit aussi qu'*Un homme vend bien ses coquilles, fait bien valoir ses coquilles*, pour signifier qu'il fait bien valoir sa marchandise, son travail. On dit encore dans un sens anal., *Il ne donne pas ses coquilles*, Il est peu généreux. || Par anal., Coque d'œuf, de noix, d'amande, etc. ; se dit surtout lorsque ces coques sont vides ou cassées. *Une c. de noix. Des coquilles d'œufs.* || Fam. Petite maison. *Je suis resté dans ma c.* || *C. de noix*, Très petite embarcation. || T. Blas. Figure de c. sur un écu. | T. Sculpt. Petit ornement taillé sur le contour d'un quart de rond. Dans les arts, so dit de certains objets auxquels on donne plus ou moins la forme d'une c. ou d'une coque marine. On sert souvent les hors-d'œuvre dans des coquilles de porcelaine. *Une c. de marbre forme le bassin de la fontaine.* || T. Méc. Tête de la tige du piston d'une machine à vapeur. On dit aussi CROSSE. Voy. ce mot. — *Tiroir en c.*, Genre de tiroir de distribution de la vapeur. — *C. d'épée*, La partie de la poignée d'une épée qui sert à protéger le poignet. || T. Métallurg. Moule autour duquel on fait passer de l'eau pour refroidir le métal après la coulée. *C. à boulet*, Chacune des deux moitiés d'un moule de fer qui ont la forme d'une demi-sphère, et qui servent à façonner les boulets. || *C. à escalier.* Voy. ESCALIER. || T. Techn. Pièce souvent en forme de coquille où l'on met le doigt pour soulever un loquet. — Outil du lapidaire pour tailler les pierres précieuses. — Sorte de papier à écrire. Voy. PAPETERIE. || T. Comm. Or, argent en c., Sorte de pâte faite de miel et de feuilles d'or ou d'argent pulvérisées, qui se vend dans des coquilles de moules. || T. Art culin. Nom donné à certains mets que l'on sert dans des coquilles. *C. de macaroni, c. de champignons.* — *C. à rôtir*, Espèce de boîte en fonte, ouverte d'un côté, dans laquelle on met du charbon pour faire rôtir les viandes sur une cuisinière en dehors de la cheminée. || T. Typog. Faute de composition qui consiste à substituer une ou plusieurs lettres à une ou plusieurs autres. Voy. ÉPREUVE.

À propos de ce dernier genre de coquilles, nous ne pouvons nous empêcher d'en citer quelques-unes qui ne sont pas faites pour ennuyer. Dans la belle pièce de vers composée par H. de Bornier pour l'inauguration du buste de Ponsard, l'auteur avait écrit :

> Tu mourus en pleine lumière
> Et la victoire coutumière
> T'accompagna jusqu'au tombeau.

L'imprimeur, pressé par l'heure de la cérémonie, avait mis :

> Tu mourus en pleine lumière
> Et Victoire, ta coutumière,
> T'accompagna jusqu'au tombeau.

Sur une autre pièce de vers, un c mis pour un s, a fait lire sur une édition :

> J'aime à le voir, ô jeune fille,
> Détachant la noire mantille
> De tes épaules de câlin.

Du temps de Napoléon Ier, une coquille, la chute de trois lettres à la fin d'un mot, faillit rompre l'alliance de la France avec la Russie. On avait écrit : « Ces deux souverains, dont l'union ne peut être qu'invincible ... » et on lisait : « dont l'un ne peut être qu'invincible. »

Dans le rapport de M. Antonin Proust sur le budget des Beaux-Arts pour 1884, on lit : « Il reste, pour terminer l'entreprise, à *voler* une somme de 311,000 francs. »

Pendant la maladie qui emporta le vieux prince Jérôme Napoléon, l'ancien roi de Westphalie, en 1860, un bulletin de santé porta un jour, au lieu de : « Le mieux persiste », « le vieux persiste. »

En général, les coquilles sont malheureuses. Il en est pourtant d'heureuses, témoin celle de l'ode de Malherbe à Duperrier sur sa fille Rosette. L'auteur avait écrit :

> Et Rosette a vécu ce que vivent les roses.

Le typographe imprima :

> Et rose elle a vécu...

Espérons qu'il n'y aura pas trop de coquilles dans ce Dictionnaire, ou que, s'il y en a, elles seront aussi gracieuses que celles de l'imprimeur de Malherbe.

COQUILLE (Guy), jurisconsulte français (1523-1603).

COQUILLER. v. n. [Pr. les *ll* mouillées]. Former des coquilles, en parlant de la croûte de pain.

COQUILLEUX, EUSE. adj. [Pr. les *ll* mouillées]. Rempli de coquilles. *Pierre coquilleuse.* = Fig. Difficultueux.

COQUILLIER. s. m. [Pr. les *ll* mouillées]. Collection de coquilles, et le lieu où on les rassemble.

COQUILLIER, IÈRE. adj. [Pr. les *ll* mouillées]. T. Géol. Se dit des pierres qui contiennent des coquilles fossiles. *Calcaire c. Pierre coquillière.*

COQUILLON. s. m. [Pr. les *ll* mouillées]. Argent qui s'attache au bout de la canne quand on le retire de la coupelle.

COQUIMBITE. s. f. (R. *Coquimbo*, n. géogr.). T. Minér. Sulfate ferrique hydraté naturel, cristallisé en prismes hexagonaux.

COQUIMBO, fleuve et ville du Chili sur le Pacifique, 8.000 h.

COQUIN, INE. s. (lat. *coquinus*, de cuisine). T. Injure et Mépris. Fripon, fourbe, misérable, infâme, lâche. *C'est un méchant c. Un tour de c. Il a fui comme un lâche c.* || S'emploie souvent dans la colère, sans qu'on attache à ce mot un sens rigoureusement exact. *Mon c. de domestique.* || Se dit quelquefois en plaisantant, sans aucune idée d'injure ou de mépris, et avec le sens vague de mauvais sujet. *Tu es un grand c. Mon c. de neveu.* — Se dit également d'un homme qui a ou qu'on suppose avoir quelque bonne fortune. *Tu es un heureux c.*, et même par anal., d'un enfant espiègle et mutin. *C'est un aimable petit c.* — On dit encore adject., *Des yeux coquins, Des yeux vifs et éveillés.* || Adjectiv., Dans un sens particulier, on dit d'une femme qui se conduit mal, *C'est une coquine*, et adjectiv., *Cette femme est bien coquine.*

COQUINER. v. n. Mener la vie d'un coquin.

COQUINERIE. s. f. Action de coquin. *Il m'a fait une c. de premier ordre.* || Caractère du coquin. *J'ai des preuves de sa c.* Fam. dans les deux sens.

COR. s. m. (lat. *cornu*, corne). T. Chir. On nomme ainsi une tumeur épidermique, dure, calleuse et circonscrite, qui survient soit à la face supérieure des orteils, soit sur leurs parties latérales, et quelquefois aussi à la plante des pieds, aux extrémités antérieures des métatarsiens ; enfin, il s'en forme encore de très douloureux entre les orteils eux-mêmes. Les cors sont ordinairement causés par la compression qu'exercent les chaussures trop étroites ou trop dures. Ils se composent d'une portion superficielle, sèche, en tête de clou (*clavus*), formée de plusieurs couches d'épiderme superposées et sans aucune organisation apparente, et d'une autre portion plus étroite, plus profonde, d'aspect corné et demi-transparente, qui part du noyau de la première et s'enfonce à travers le derme jusqu'aux tendons, aux ligaments et même jusqu'au périoste. Cette portion paraît organisée, car on y a découvert des vaisseaux à l'aide du microscope ; c'est elle qui distingue le cor du simple *Durillon*, qui consiste seulement dans l'induration des couches épidermiques. Les cors, dans les temps humides, se gonflent comme tous les corps hygrométriques ; ils augmentent de volume et exercent une pression plus forte sur les parties sous-jacentes ; de là les souffrances plus grandes qu'ils occasionnent alors, souffrances qui ont leur siège, non dans la substance inerte du c. lui-même, mais dans les parties qu'il comprime. Pour faire cesser les douleurs produites par un c., on se contente le plus souvent d'enlever les couches épidermiques superficielles à des époques plus ou moins rapprochées ; mais les pédicures extirpent complètement les tumeurs en cernant, avec une aiguille courbe à pointe mousse, le tubercule calleux, et en pénétrant ainsi jusqu'à ses plus profondes adhérences. Cependant le meilleur traitement consiste dans l'emploi régulier du collodion salicylé que préparent aujour-d'hui tous les pharmaciens et dont on a publié plusieurs for-mules.

Méd. Vét. — On donne le nom de *Cor* à une affection de la peau des bêtes de somme qui est le résultat d'une compres-sion forte et longtemps continuée. Cette affection est caracté-risée par une inflammation douloureuse des parties qui envi-ronnent l'endroit contus, tandis que la peau de cet endroit est devenue insensible. Cet accident ne peut se produire que dans les parties presque immédiatement situées sur les os. C'est particulièrement aux côtes, sur les points comprimés par la selle ou les harnais qu'on les rencontre. La portion de la peau ainsi privée de vie forme une escarre qui finit par se détacher, en conséquence de la suppuration qui s'établit au pourtour. Le traitement est alors le même que celui des plaies suppu-rantes. On prévient les cors par l'emploi d'un harnachement bien fait.

COR. s. m. (lat. *cornu*, corne). Sorte d'instrument à vent. Par ext., Musicien qui joue de cet instrument. *Le premier c. de l'Opéra.* || *C. des Alpes*, Instrument suisse en bois de sapin dont se servent les bergers pour appeler leurs troupeaux. || T. Vén. *Chasser à c. et à cri*, Chasser à grand bruit, avec le c. et les chiens. — Figur. et fam., *Vouloir, demander, poursuivre une chose à c. et à cri*, La vouloir, etc., à toute force.

Mus. — I. — Les anciens donnaient le nom de *Cor* (*cornu*) à un instrument à vent qui différait de la trompette (*tuba*) en ce qu'il était courbé de ma-nière à représenter un C, au lieu d'être droit comme celle-ci. Son nom lui vient de ce que, à l'origine, il consistait en une simple corne; mais, plus tard, on le fit de bronze. Cet instru-ment était muni d'une pièce transversale par laquelle on le saisissait (Fig. 1). Le *clas-sicum*, car dans le principe ce terme désignait simple-ment un signal, se donnait avec le cor; plus tard, il s'employa pour désigner l'ins-trument lui-même.

Fig. 1.

II. — Notre *C.* ordinaire présente une différence essentielle avec celui des anciens; il décrit un cercle complet. On pense que cette modification à l'instrument primitif remonte seule-ment au XVIIe siècle; du moins, c'est à l'année 1680 et à un facteur français que l'on attribue l'invention de l'instrument appelé encore aujourd'hui *Trompe* ou *C. de chasse*, parce qu'on ne s'en servit d'abord que pour jouer des airs de chasse. Mais ayant pénétré en Allemagne, il y reçut, vers 1690, des perfectionnements qui le rendirent propre à faire partie des orchestres. Il repassa le Rhin, ainsi modifié, vers 1730, et fut admis à l'Opéra en 1757 sous le nom de *C. d'harmonie*. Le *C.* ordinaire consiste en un tube de cuivre, de forme conique et allongée, roulé trois fois sur lui-même de manière à présenter la figure d'un cerceau. L'une des extrémités de ce cylindre se termine par un épanouissement en forme de cône que l'on nomme *Pavillon*. C'est à l'autre extrémité, qui est la plus étroite, que s'adapte l'*Embouchure*, espèce de petit godet percé d'un trou étroit que l'on fait d'or, d'argent, d'ivoire, mais plus souvent de cuivre ou de maillechort, et qui sert à introduire l'air dans l'instrument. Le cor ne donne qu'un petit nombre de sons naturels, car ceux-ci sont dus uniquement au travail des lèvres et de la langue sur l'em-bouchure ou même temps que l'instrumentiste fait pénétrer l'air dans le tube : ici les lèvres font véritablement l'office d'anches membraneuses. Mais, en 1760, un Allemand, nommé Hampl, trouva le moyen d'étendre un peu l'échelle de ces sons en introduisant la main dans le pavillon et en fermant plus ou moins cet orifice. Les notes obtenues par cet artifice sont ap-pelées *sons bouchés*. Elles sont beaucoup plus faibles que les autres, mais elles ont un timbre doux et mélancolique qui ne manque pas de charme. Nonobstant cette amélioration, le cor présentait encore des lacunes considérables, car il ne pouvait jouer que dans le ton donné par sa construction primitive. Un autre musicien allemand, appelé Hattenhoff, eut d'abord l'idée d'ajouter à l'instrument une pompe à coulisse, destinée à ré-gler la justesse quand les intonations s'élèvent par la chaleur; puis un peu plus tard on imagina d'élever ou d'abaisser à vo-lonté toute l'échelle des sons de l'instrument, ou, en d'autres termes, d'obtenir des sons naturels dans toutes les gammes,

en adaptant au cor des tubes d'allonge de différentes longueurs et de différentes grosseurs, nommés *Corps de rechange*. Ainsi, par ex., si le c. est en *ut*, en y ajoutant un tube qui baisse *ut* d'un ton, l'instrument sera en *si bémol*, et tous les sons ouverts du ton d'*ut* se trouveront des sons ouverts de *si bémol*. Il résulte de là que l'artiste, en jouant toujours en *ut* pour les yeux, joue réellement, pour l'oreille, dans le ton ex-primé par le tube de rechange. On porte à dix le nombre des tons les plus favorables à cet instrument, savoir : *si bémol* et *ut* graves, *ré*, *mi bémol*, *mi dièse*, *fa*, *sol*, *la*, *si bémol* et *ut* aigus : or, comme il y a un corps de rechange pour chacun d'eux, il en résulte que tout cor complet est accompagné de dix tubes d'allonge au moins.

III. — Le système des corps de rechange satisferait à tous les besoins, si la musique ne modulait pas, ou si, en modulant, elle donnait le temps de changer le tube transpositeur; mais il n'en est pas toujours ainsi. Il importait donc de remédier à

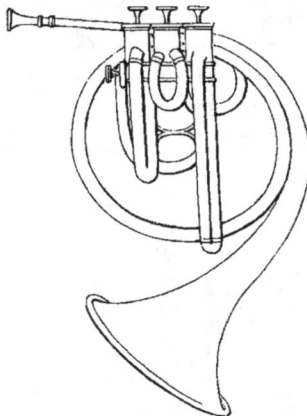

Fig. 2.

ce dernier inconvénient : c'est ce qu'a fait un facteur allemand nommé Stœlzel. A cet effet, il imagina de faire communiquer, au moyen de pistons ou cylindres, le tube principal de l'ins-trument avec des tubes auxiliaires. Ainsi, par ex., veut-on faire entendre dans l'octave moyenne du c. la note *la*, qui n'y existe pas : il suffit de jouer la note *si bémol*, et d'appuyer en même temps le doigt sur un premier piston qui, faisant communiquer l'instrument avec un tube auxiliaire, lui fait parcourir à la co-lonne d'air l'espace nécessaire pour baisser la note d'un demi-ton. Pour le *la* bémol, l'exécutant joue la même note, et un second piston fait parcourir à la colonne d'air l'espace d'un ton, qui produit précisément le *la* bémol. Enfin, s'il veut obtenir une note qui n'existe pas dans l'instrument, à la distance d'un ton et demi d'une note ouverte, par ex., *ré bémol* dans la seconde octave du cor, il joue *mi* en abaissant les deux pistons dont la réunion forme précisément l'intervalle d'un ton et demi. Ce nouveau système de c. est connu sous le nom de *C. à pistons* ou *à cylindres* (Fig. 2). De nombreuses améliorations dues à divers facteurs, particulièrement aux frères Sax, en ont fait

un instrument de premier ordre, et l'ont mis en rapport avec les exigences de la musique actuelle. Le c. à pistons a autant de corps de rechange que le c. ordinaire, mais il n'est pas né-cessaire de changer aussi souvent ces tubes d'allonge, parce que le mécanisme que nous venons d'exposer permet de jouer dans plusieurs tons avec le même c. Suivant Kastner, un bon artiste doit pouvoir jouer dans tous les tons avec cet instrument, au moyen des corps de rechange *fa*, *mi* et *mi* bémol, ce qui offre un double avantage : car ces corps de rechange ont un timbre plus ferme et plus beau que tous les autres. — Le tableau ci-dessus indique : A, l'étendue du *C. de Chasse*; B, celle du *C. ordinaire*; C, celle du *C. à pistons*. — Pour les instruments appelés *C. anglais* et *C. de bassette*, voy. HAUTBOIS.

CORACIAS. s. m. [Pr. *kora-si-ass*] (gr. χόραξ, corbeau). T. Ornith. Genre d'oiseaux nommés aussi *Rolliers*, de la famille des *Corvidés*. Voy. CORBEAU.

CORACINE. s. f. (gr. χόραξ, corbeau.) T. Ornith. — Les ornithologistes actuels donnent le nom de *Coracines* (*Coracina*), à cause des rapports que ces oiseaux présentent avec les corbeaux (*Corax*), à un petit nombre d'espèces qui appartiennent, comme ces derniers, à l'ordre des *Passereaux*, mais à la section des *Dentirostres*.

L'espèce type du genre Coracine est la *Pie à gorge ensanglantée* d'Azara (*Coracina scutata*, Temminck) qui est fort répandue au Brésil. Cet oiseau est de la taille d'une corneille noire, avec tout le devant du cou et le haut de la poitrine couverts d'un plastron du plus beau rouge vermillon et quelques taches rousses écaillées sur le haut du ventre et les couvertures inférieures de l'aile. Le bec est fort droit, avec l'extrémité légèrement crochue et échancrée, et de couleur bleue. — Geoffroy Saint-Hilaire a réuni à ce genre les genres *Gymnocéphale*, *Gymnodère* et *Céphaloptère*, qui forment ensemble la famille des *Coracininés*. Au reste, jusqu'à pré-

sent du moins, ces trois derniers genres ne renferment chacun qu'une seule espèce. Le *Céphaloptère orné* a été décrit ailleurs. Voy. CÉPHALOPTÈRE. Quant au *Gymnocéphale* (Fig. ci-dessus), il doit cette dénomination à ce que sa tête et une grande partie de sa face sont dénuées de plumes. Il est grand comme une corneille, a le plumage couleur tabac d'Espagne, et habite la Guyane. Il a été décrit par Buffon sous le nom de *Choucas chauve*, et les nègres de Cayenne le désignent sous celui d'*Oiseau-mon-père*. — Le *Gymnodère*, comme l'indique l'étymologie de ce mot, a le cou nu, ainsi que le tour des yeux ; mais il a la tête couverte de plumes veloutées : c'est le *Col nu* de Buffon. Cet oiseau est de la taille d'un pigeon noir, avec les ailes bleuâtres. Il est propre à l'Amérique méridionale. Les mœurs de ces différentes espèces sont fort peu connues.

CORACITE. s. f. (gr. χόραξ, corbeau, à cause de sa couleur noire). T. Minér. Variété impure de pechblende.

CORACOÏDE. adj. 2 g. (gr. χόραξ, corbeau; εἶδος, aspect). T. Anat. *Apophyse c.*, Apophyse qui termine en dehors le bord supérieur de l'omoplate. De ce mot, ont été formés *Coraco-brachial*, *Coraco-claviculaire*, *Coraco-huméral*, *Coraco-hyoïdien*, et *Coracoïdien*, qui se disent de certains muscles ou ligaments attachés d'une part à l'apophyse coracoïde, et d'autre au bras, à l'os hyoïde, etc.

CORAH. s. m. Foulard écru de l'Inde en pure soie.

CORAIL. s. m. [Pr. *ko-ral*, *l* mouillée] (gr. χοράλλιον, m. s.). Genre de polype. Voy. au mot ALCYONAIRES tous les dévelop-

pements donnés à ce sujet. || La production calcaire de l'animal lui-même, laquelle est ordinairement rouge. || T. Comm. *Corail artificiel*, Pâte dure imitant le corail que l'on emploie dans la bijouterie fausse. — Poét., Couleur d'un rouge éclatant. *Une bouche de c.*, *des lèvres de c.*, Une bouche fraîche et vermeille, etc. || *Mer de C.*, la plus vaste formation de c. que l'on connaisse, dans la péninsule d'York, en Australie.

CORAILLER. v. n. [Pr. les *ll* mouillées]. Crier, en parlant du corbeau.

CORAILLÈRE. s. f. [Pr. les *ll* mouillées]. T. Mar. Bâtiment pour la pêche du corail.

CORAILLEUR, EUSE. s. et adj. [Pr. les *ll* mouillées]. Qui va, qui est destiné à la pêche du corail. *Les corailleurs de la Calle.* Navire c.

CORAÏSCHITES ou **CORÉISCHITES**, famille arabe à laquelle appartenait Mahomet.

CORAL. s. m. Enclos circulaire construit avec des pieux dans l'Amérique du Sud, et dans lequel les *gauchos* poussent les chevaux sauvages pour les capturer.

CORALBAG. s. m. (angl. *coral*, corail; *bag*, sac). T. Géol. Calcaire marneux, riche en polypiers.

CORALINE. s. f. T. Chim. Voy. CORALLINE.

CORALIOÏDE. adj. 2 g. (fr. *corail*; gr. εἶδος, aspect). Qui est de la nature du corail.

CORALLAIRE. adj. 2 g. [Pr. *ko-ral-lère*]. Qui tient du corail. *Polype c.*

CORALLIAIRES. s. m. pl. [Pr. *koral-li-ère*] (R. *corail*). Classe de polypes à laquelle appartiennent les coraux. Voy. ALCYONAIRES.

CORALLIEN, IENNE. adj. [Pr. *koral-li-in*]. Qui est formé de coraux.

CORALLIFORME. adj. 2 g. [Pr. *koral-liforme*]. Qui a la forme du corail.

CORALLIGÈNE. adj. 2 g. [Pr. *koral-ligène*] (R. *corail* et gr. γεννάω, j'engendre). Qui produit le corail.

CORALLIN, INE. adj. [Pr. *koral-lin*]. Qui est rouge comme du corail. On disait autrefois en poésie. *Une bouche coralline*, *des lèvres corallines*. Inus. aujourd'hui.

CORALLINE. s. f. [Pr. *koral-line*] (R. *corail*). T. Bot. et Chim.

Bot. — Les *Corallines* ont été prises souvent pour des Polypiers, à cause de la matière calcaire qui incruste les filaments de leur thalle; on sait aujourd'hui que ce sont des Algues floridées de la famille des *Cryptonémiacées*. Voy. ce mot. Ces Algues croissent par touffes sur les rochers du bord de la mer. Leur couleur varie entre le vert et le rouge, et prend toutes les nuances intermédiaires. L'espèce la plus intéressante est la *C. officinale* qu'on employait autrefois en médecine comme anthelminthique, de la même façon que la *Mousse de Corse*.

Chim. — On a donné le nom de *Corallines* à certaines matières colorantes dérivées du phénol. La *C. jaune*, appelée aussi *aurine* et *acide rosolique*, se prépare industriellement en chauffant à 130° du phénol avec de l'acide oxalique sec et de l'acide sulfurique; il se dégage de la vapeur d'eau et de l'oxyde de carbone; le résidu, débarrassé de l'excès de phénol par un courant de vapeur, est lavé à plusieurs reprises à l'eau bouillante pour enlever l'excès d'acide; la masse est ensuite séchée et pulvérisée. Un autre procédé de préparation consiste à traiter un sel de rosaniline par l'acide azoteux (ou par l'acide chlorhydrique et l'azotite de soude), et à décomposer par l'eau bouillante le dérivé diazoïque qui s'est formé dans cette réaction.

La c. brute est une substance rouge, insoluble dans l'eau, donnant avec l'alcool ou avec l'acide acétique des solutions jaunes; elle se dissout en rouge dans les alcalis et les carbonates alcalins. Elle est constituée par un mélange, en proportions variables, de différents composés définis, dont les principaux sont : l'aurine, la méthylaurine, l'acide rosolique et l'acide pseudo-rosolique.

L'*aurine* s'extrait de la c. brute en dissolvant celle-ci dans l'alcool et en ajoutant de l'ammoniaque ; le précipité qui se forme est traité par l'acide acétique et par l'acide chlorhydrique, puis purifié par cristallisation dans l'alcool. L'aurine peut aussi s'obtenir en traitant la pararosaniline par l'acide nitreux et en décomposant le produit par la chaleur. Enfin, on peut la reproduire par synthèse totale en traitant le phénol par le perchlorure de carbone en présence du chlorure de zinc. L'aurine cristallise en aiguilles rouges à reflets verts, fusibles à 220°, insolubles dans l'eau, solubles dans l'alcool et dans l'acide acétique. Elle s'unit à l'ammoniaque en donnant une combinaison cristallisée, peu stable, soluble dans l'eau. Elle s'unit également aux acides en formant des composés cristallisés et stables. Avec l'acide sulfureux et les bisulfites alcalins, elle donne des combinaisons incolores, solubles, décomposables par les acides. L'aurine doit être envisagée comme un anhydride du trioxytriphénylcarbinol $C(OH) (C^6 H^4 OH)^3$. Traitée en solution alcaline par la poudre de zinc, elle se convertit en un composé incolore, la *leucaurine*, qui est le trioxytriphénylméthane $CH (C^6 H^4 OH)^3$.

L'*acide rosolique* ou *rosaurine* $C^{20} H^{16} O^3$, s'obtient quand on fait agir l'acide oxalique ou l'acide sulfurique sur un mélange de phénol et d'orthocrésol ; il se forme aussi, quand on traite la rosaniline pure par l'acide chlorhydrique et l'azotite de soude, et qu'on décompose le produit par l'eau bouillante. Aussi, existe-t-il en grande quantité dans les corallines préparées au moyen d'un phénol impur mélangé de crésol, et dans celles qu'on obtient en partant de la rosaniline. Il se présente en cristaux rouges, très solubles dans l'alcool bouillant, peu solubles dans l'acide acétique, insolubles dans l'eau et la benzine. Il joue le rôle d'un acide faible et se dissout facilement dans les alcalis en donnant des solutions rouges. Avec les bisulfites alcalins, il donne des combinaisons solubles. Il ne fond pas, mais se décompose à 260° en eau et en phénol. Traité en solution alcaline par la poudre de zinc, il se transforme en *acide leucorosolique* $C^{20} H^{18} O^3$, substance incolore, soluble dans les alcalis, et qui, sous l'action des oxydants, régénère facilement l'acide primitif. Entre l'acide rosolique et la rosaniline, il existe la même relation qu'entre l'aurine et la pararosaniline.

L'*acide pseudorosolique* $C^{20} H^{16} O^5$ est une masse résineuse rouge qui constitue la majeure partie de certaines corallines commerciales ; il se dissout dans les alcalis en rouge violet.

Lorsqu'on chauffe en autoclave à 150° la coralline brute avec de l'ammoniaque aqueuse, on obtient une matière colorante rouge nommée *Péonine* ou *Coralline rouge*.

En chauffant de même à 180° la c. avec de l'aniline, on obtient l'*azuline* ou *azurine*, belle matière colorante bleue, insoluble dans l'eau, soluble dans l'alcool et dans l'éther.

La c. jaune et la péonine ont été très employées dans la teinture ; la première donne des nuances couleur de feu, la seconde des nuances grenat. Ces couleurs résistent mal au savon et à la lumière. Aujourd'hui, on n'en fait plus guère usage que dans les encres, dans l'impression sur coton. Quant à l'azuline, qui servait à teindre la soie, on l'a abandonnée à cause de son prix élevé et de son insolubilité dans l'eau.

CORALLINÉES. s. f. pl. [Pr. *koral-liné*]. T. Bot. Tribu d'Algues de la famille des *Cryptonémiacées*. Voy. ce mot.

CORALLOÏDE. adj. 2 g. [Pr. *koral-loïde*] (gr. κοράλλιον, corail ; εἶδος, apparence). Qui a l'apparence du corail.

CORALLOPÈTRE. s. m. [Pr. *koral-lopètre*] (gr. κοράλλιον, corail ; πέτρος, pierre). Polypier fossile.

CORALLORHIZE. s. m. [Pr. *koral-lorize*] (gr. κοράλλιον, corail ; ρίζα, racine). T. Bot. Genre de plantes de la famille des *Orchidées*. Voy. ce mot.

CORAM POPULO. loc. adv. Mots latins signifiant : En présence du peuple.

CORAN. s. m. Voy. KORAN.

CORATO, v. de l'Italie méridionale ; 30,600 hab.

CORB. s. m. T. Icht. Genre de poissons. Voy. SCIÉNOÏDES.

CORBE. s. f. (ital. *corba*, m. s.). T. Métrol. Nom de deux mesures de capacité qui étaient usitées en Italie et valaient, l'une pour les grains 78l,64, et l'autre pour les liquides 78l,59.

CORBEAU. s. m. (lat. *corvellus*, dimin. de *corvus*, corbeau). Gros oiseau dont le plumage est noir et qui vit ordinairement de charogne. *Noir comme un c. Les croassements des corbeaux. Servir de pâture aux corbeaux.* — Fig., se disait autrefois des gens qui, dans un temps de peste, enlevaient les malades pour les porter à l'hôpital, ou les morts pour les enterrer. || T. Archit. Voy. CONSOLE. — *C. de fer*, Morceau de fer qui est scellé dans une muraille, et qui sert à soutenir une pièce de bois sur laquelle portent les solives. || T. Astron. Voy. CONSTELLATION. || T. Techn. Machine pour élever des fardeaux. || T. Archéol. Voy. plus bas.

Ornith. — L'oiseau si répandu chez nous et si connu sous le nom de *Corbeau* (*Corvus*) est le type d'une nombreuse famille qui appartient à l'ordre des *Passereaux* et à la division des *Conirostres*. Cette famille, qu'on désigne aujourd'hui par la dénomination de *Corvidés*, comprend un grand nombre de genres. Nous y comprendrons 7 genres, dont plusieurs sont eux-mêmes subdivisés en sous-genres. Les caractères généraux assignés à cette famille sont : une taille grande et massive, un bec épais et fort, la mandibule supérieure un peu voûtée et denticlée, les narines couvertes par des poils ou des plumes décomposées, et des tarses forts et robustes.

I. — Les espèces qui forment le genre *C.* se distinguent par leur bec fort, plus ou moins aplati sur les côtés, et dont les narines sont recouvertes par des plumes roides dirigées en avant.

1° Le *C. commun* (*Corvus corax*) est le plus grand des oiseaux de l'ordre des passereaux qui habitent l'Europe. Sa taille égale celle du coq. Son plumage est tout noir, sa queue arrondie, le dos de sa mandibule supérieure arqué en avant. Il se trouve dans toutes les parties du monde. Deux espèces particulières habitent, l'une la partie australe de l'Afrique, et l'autre l'Amérique septentrionale.

La marche du C. proprement dit est grave et posée, son vol élevé et facile. Les lieux où il se plaît sont les vastes forêts et les rochers ; si des montagnes où il se choisit une retraite, il descend quelquefois dans la plaine, c'est pour y chercher sa subsistance, et cela n'a guère lieu que dans l'hiver. Plus retiré que les corneilles, on ne le voit jamais en grandes bandes. Il sent les cadavres de très loin, et se porte à de très grandes distances aux lieux où il est venu ; mais, à leur défaut, il vit de fruits, de graines, d'insectes, de mollusques qu'il emporte pour en briser la coquille contre les rochers. On prétend qu'il attaque aussi et dévore des animaux vivants, comme les grenouilles, les rats, les mulots, les perdrix, etc. — Cet oiseau s'habitue très aisément à la domesticité : lorsqu'il est privé, il ne craint ni les chats, ni les chiens, et il se rend redoutable non seulement aux enfants qui le tourmentent, mais encore aux hommes, sur les jambes desquels il se jette et dont il perce les vêtements. On a des exemples de corbeaux dressés à la fauconnerie, sans parler de la fameuse légende romaine relative à Valerius Corvinus qui avait dressé un C. à lui servir d'auxiliaire quand il combattait. Le C. a le talent d'imiter le cri des autres animaux et même la parole humaine. Dans l'antiquité, son croassement et les circonstances de son vol étaient un objet d'étude pour l'art augural. Mais, en général, il était considéré comme un oiseau de mauvais présage, et son croassement est encore redouté par beaucoup de gens. — Non seulement le c. est monogame, mais encore il y a lieu de croire que les couples restent attachés pour toute la vie : ainsi, pendant 30 ans, on a observé un même couple qui venait chaque année faire son nid au même endroit. Ces oiseaux établissent leur nid dans les crevasses des rochers, ou dans les trous des murailles, au haut des vieilles tours abandonnées, et quelquefois sur le sommet des arbres isolés. Ce nid est spacieux et construit avec des racines et d'autres substances dures ; mais l'intérieur en est tapissé de graminées, de mousse et de bourre. La femelle y pond, au mois de mars, 5 ou 6 œufs d'un vert pâle et bleuâtre, marquetés d'un grand nombre de taches obscures. Le mâle partage avec elle tous les soins de l'incubation. Quand les petits sont éclos, il pourvoit aussi à leur subsistance et les défend contre les oiseaux de proie avec le plus grand courage. On ne connaît pas exactement la durée de la vie des corbeaux, mais elle est certainement très considérable : peut-être, ainsi qu'on le prétend vulgairement, dépasse-t-elle un siècle.

2° La *Corneille* (*Corvus corone*) est d'un quart plus petite que le c. commun ; elle a la queue plus carrée, et le bec moins arqué en dessus. L'espèce la plus commune est la *Corneille corbine*, appelée simplement *Corneille* ou *Corbine* : elle a le plumage entièrement noir, à reflets violets. La *Corneille mantelée* (*Corvus cornix*), nommée vulgairement *Bedauge* (Fig. 1), a le dos, la poitrine et le ventre d'un gris cendré, et le reste du plumage noir. — Les corbines répandues dans l'ancien et le nouveau continent, se nourrissent, comme les corbeaux, de charognes, et y ajoutent les insectes, les vers, les poissons, les grains, les fruits et les œufs d'oiseaux. Elles se joignent, pendant l'hiver, aux freux et aux corneilles mantelées, et on les voit, durant le jour, chercher dans les terres fraîchement labourées des lombrics et des

Fig. 1.

larves de hannetons. A l'approche de la nuit, elles se rassemblent en bandes nombreuses, et se juchent pêle-mêle dans les forêts, sur de grands arbres qu'elles paraissent avoir adoptés. Vers la fin de l'hiver, tandis que les freux vont nicher dans d'autres climats, les couples de corbines songent à leur future famille. Sous ce rapport, leurs mœurs sont les mêmes que celles des corbeaux. La corneille s'apprivoise comme le c.; elle apprend aussi à parler, et a été également dressée à la fauconnerie. Son odorat étant très subtil, elle ne donne guère dans les pièges des oiseleurs. Cependant, en hiver, on l'attrape, ainsi que le c., d'une manière assez originale. On met de la viande dans des cornets de papier dont les bords intérieurs sont enduits de glu, et qu'on plante dans la neige aux endroits fréquentés par ces oiseaux. En plongeant la tête dans ces cornets, ils s'y empêtrent, et, après s'être élevés perpendiculairement à une grande hauteur, ils retombent, épuisés de fatigue, et sans être parvenus à se débarrasser de ce masque qui leur couvre les yeux.

3° Le *Freux* (*Corvus frugilegus*) est un peu plus petit que la corneille : il a aussi le bec plus droit et plus pointu que celle-ci. Tout son plumage est d'un beau noir. Excepté dans sa première jeunesse, le tour de la base du bec est dépouillé de ses plumes, probablement, dit Cuvier, parce que l'oiseau fouille souvent dans la terre pour y chercher sa nourriture. — Les habitudes de ces oiseaux sont tout à fait semblables à celles des corneilles; mais, le plus souvent, ils quittent notre pays à la fin de l'hiver. Ceux qui n'émigrent pas commencent à faire leur nid au mois de mars : on en voit ordinairement 10 ou 12 sur le même arbre. Les freux ne recherchent point les charognes, ou a pour eux moins de répugnance; mais ils sont très défiants et difficiles à approcher. Néanmoins, pendant l'hiver, on les prend aux mêmes pièges que les corbeaux et les corneilles.

4° Le *Choucas* (*Corvus monedula*), appelé aussi *petite corneille des clochers*, est à peu près de la taille d'un pigeon. Son plumage est d'un noir profond, qui tire ordinairement au cendré autour du cou et sous le ventre. Sa mandibule supérieure n'est guère plus sensiblement arquée que l'inférieure. Cette espèce niche dans les clochers ou les vieilles tours, vit en troupes et se nourrit de graines, de fruits, de vers ce terre et de larves d'insectes : elle paraît ne toucher aux charognes qu'à défaut d'autres aliments. On la trouve dans toute l'Europe jusqu'à la partie occidentale de la Sibérie. Toutefois ces

oiseaux nous quittent en juin et ne reviennent qu'en automne.

5° Le *Corbivau* (*Corvus vulturinus* ou *albicollis*), dont le nom est formé de la première syllabe des mots *corbeau* et *vautour*, égale au moins le c. commun par sa taille. Il s'en distingue par son bec convexe et tranchant en dessus et plus fortement courbé. On connaît deux espèces qui sont propres à l'Afrique, et qui toutes deux ont une bande blanche sur le cou au-dessous de la nuque. — Le corbivau a le même goût que le c. pour la charogne, et il y joint un appétit marqué pour la chair vivante.

II. — Le genre *pie* (*Pica*) est caractérisé par sa taille infé-

Fig. 2.

rieure à celle de la corneille, par son bec à bords tranchants et à mandibule supérieure plus arquée que l'autre, et surtout par sa queue longue et étagée. Notre *P. commune* (*P. melanoleuca*) est un fort joli oiseau, d'un noir soyeux, à reflets pourprés, bleus et dorés, à ventre blanc, avec une grande tache de même couleur sur l'œil. Parmi les espèces exotiques, qui toutes sont également remarquables par leur plumage, nous citerons seulement la *P. de Collie* (*P. Colliei*) [Fig. 2]. Sa tête et son dos sont d'un bleu gris; ses joues et sa gorge sont blanches et cendrées de noir; le dessous du corps est blanc, la queue bleu brun, avec chaque rectrice terminée de blanc; enfin, sa tête est ornée d'une belle huppe noire.

La pie habite ordinairement les bois et les coteaux couverts d'arbres, et vit plutôt en famille que par grandes troupes, car, sauf durant l'hiver, on ne rencontre guère ces oiseaux que par couples. Lorsque l'époque de la reproduction est venue, chaque couple travaille de concert à la construction du nid. Celui-ci est consolidé extérieurement par des bûchettes, longues, flexibles et liées ensemble avec un mortier de terre gâchée. Il présente à sa partie supérieure une sorte de couvercle à claire-voie fait de petites branches épineuses solidement entrelacées, qui ne laissent, sur l'un des côtés, qu'une ouverture circulaire assez grande pour que les parents puissent aisément sortir et entrer. Le fond de ce nid est garni de racines et de débris de plantes excessivement flexibles. La femelle pond 7 ou 8 œufs d'un vert blanchâtre, moucheté de gris cendré et de brun olivâtre. Le mâle et la femelle se partagent les soins de l'incubation, dont la durée est de 14 jours environ. Les petits, qu'on appelle *Piats* dans beaucoup de localités, naissent aveugles et ne sont plusieurs jours dans cet état. Les parents les élèvent avec une grande sollicitude, les défendent avec acharnement contre les oiseaux de proie, et leur continuent leurs soins même longtemps après qu'ils ont pris leur volée. La pie est remarquable par sa vivacité et sa pétulance. Ainsi que le geai, elle saute, au lieu de marcher comme fait le c. Mais autant ses mouvements sont lestes et gracieux lorsqu'elle est à terre, autant son vol est pénible et disgracieux. Elle aime beaucoup à se percher sur les rameaux morts qui se trouvent à la cime des arbres, et saute sans cesse de branche en branche en poussant des cris assourdissants.

De même que les corbeaux, les corneilles, les freux, etc., la pie a un instinct de prévoyance très remarquable. Elle cache les restes de sa nourriture, et fait pour l'hiver des amas de provisions quelquefois considérables, en noix, amandes et fruits secs. Elle est d'ailleurs omnivore. Si des perdreaux ou de jeunes poulets s'éloignent un peu trop de leur mère, elle se jette dessus, leur perce le crâne et leur dévore la cervelle ; elle porte également le ravage dans les nids des oiseaux qui sont trop faibles pour se défendre, mange leurs œufs et enlève leurs petits. Enfin, elle fait la guerre aux mulots, aux souris, aux gros insectes, aux larves, etc. C'est cette habitude de faire des provisions qui l'a fait accuser de vol.

« En captivité, dit Gerbe, la pie prend un certain plaisir à s'attaquer à tous les corps luisants qui s'offrent à sa vue. Si on lui jette une pièce de monnaie, elle la considère d'abord, tourne tout autour, puis la becquète, et si elle peut parvenir à la saisir dans son bec, elle se retire à l'écart et essaie de l'entamer. Ses efforts étant inutiles, comme elle a pour habitude de cacher ou de mettre en réserve tout ce dont elle ne peut tirer parti pour le moment, on la voit chercher un endroit retiré où elle puisse déposer l'objet saisi. Il n'y a pas d'autre malice dans son acte. »

III. — Les *Geais* (*Garrulus*) ont le bec court et épais, les deux mandibules finissant par une courbure subite et presque égale. Lorsque leur queue est étagée, elle s'allonge peu. Dans la colère, les plumes de leur front, qui sont lâches et effilées, se redressent plus ou moins.

Tout le monde connaît notre *Geai d'Europe* (*Gr. glandarius*), bel oiseau d'un gris vineux, à pennes et à moustaches noires, et remarquable surtout par la grande tache d'un bleu éclatant que présente une partie des couvertures de l'aile. Cet oiseau habite les bois et les buissons, niche sur les arbres ou les taillis, et pond 5 ou 7 œufs d'un bleu verdâtre avec des

Fig. 3.

points d'un brun olivâtre. Il se nourrit ordinairement de glands, de noisettes, de fèves, de baies, et quelquefois d'insectes et de vers. Il a, comme la pie, l'instinct de faire des provisions pour la mauvaise saison, et conserve cette habitude de cacher les objets qu'il ne peut employer immédiatement, même à l'état de domesticité. Il est d'ailleurs facile à apprivoiser, mais irascible et criard. On compte au moins une dizaine d'espèces étrangères à l'Europe. La plus remarquable est le *Geai bleu huppé de l'Amérique septentrionale* (*Gar. cristatus*) [Fig. 3], ainsi nommé à cause de la belle couleur bleue que présentent la huppe, les parties supérieures, la queue, les couvertures et les pennes secondaires des ailes, avec des raies noires sur les dernières parties, dont le bord externe est d'un bleu violet et l'extrémité violette. De même que notre geai, il s'apprivoise aisément.

IV. — Le g. *Chocard*, *Choquard* ou *Choquart* se compose d'une seule espèce, le *Chocard des Alpes* (*Pyrrhocorax alpinus*), appelé aussi quelquefois, mais improprement, *Choucas des Alpes*. Cet oiseau (Fig. 4) a le bec médiocre, assez grêle, légèrement arqué en dessus dans toute sa longueur, les na-

rines cachées par les plumes du front, qui sont dirigées en avant, les pattes robustes et les ongles grands, arqués et très acérés. Le Ch. a le plumage noir, le bec jaune, les pieds d'a-

Fig. 4.

bord noirs, puis jaunes, et enfin rouges. Sa taille est celle du choucas des clochers. Il niche dans les fentes des rochers des plus hautes montagnes, d'où il descend l'hiver en grandes troupes dans les vallées. Il vit d'insectes, de limaçons, mange aussi des grains et des fruits et ne dédaigne pas les charognes.

Les *Craves* (*Fregilus*) ont le bec plus long que la tête ; mais leurs narines sont recouvertes par des plumes dirigées en avant, ce qui les a fait réunir, par plusieurs auteurs, aux corbeaux auxquels ils ressemblent jusqu'à un certain point sous le rapport des mœurs. Nous en avons un dans les Alpes et dans les Pyrénées ; c'est le *Cr. d'Europe* (*Fr. graculus*). Il est de la taille d'une corneille, noir, avec le bec et les pieds rouges. Il niche dans les fentes des rochers, comme le chocard, avec lequel on le confond parfois ; mais il est moins commun et se réunit moins en troupes. Il se nourrit de fruits et d'insectes, et ne descend des montagnes qu'à l'approche de la neige et du mauvais temps.

Les *Promérops* sont dépourvus de huppe, et ont une très longue queue ; de plus, ils ont la langue extensible et fourchue. L'espèce la mieux connue est un bel oiseau de l'Afrique australe.

Les *Épimaques* ont, avec le bec des huppes et des promérops, des plumes écailleuses ou veloutées, qui leur couvrent une partie des narines, comme chez les oiseaux de paradis. Ils habitent d'ailleurs les mêmes contrées, et sont, comme ces derniers, remarquables par la variété et la magnificence de leur plumage. Nous citerons, comme type, l'*Épimaque proméfil* (*Epimachus magnificus*) dont le plumage est d'un noir de velours, avec la tête et la poitrine du plus beau bleu d'acier bruni ; les plumes des flancs sont allongées, effilées et noires.

V. — Les *Casse-noix* (*Caryocatactes* ou *Nucifraga*) se distinguent par leurs deux mandibules également pointues, droites et sans courbure, et principalement par la forme de leurs pieds. Ainsi, le doigt externe est soudé au médian à sa base, et l'interne totalement séparé ; quant aux ongles, ils sont très allongés, comprimés et fort acérés. Ce genre ne se compose peut-être que d'une seule espèce répandue en Europe et en Asie (Fig. 5). C'est un oiseau brun, tacheté de blanc sur tout le corps. Il habite les pays de forêts, et se cramponne aux arbres, soit pour extraire de dessous les écorces ou de l'intérieur du bois mort les larves perforantes, soit pour dépecer les cônes des arbres résineux et se nourrir de leurs amandes. Il niche dans des trous d'arbres où il pond 5 ou 6 œufs d'un gris fauve avec quelques taches plus foncées. Le caryocatacte est connu pour son peu de défiance : il suffit de lui présenter un appât pour qu'il donne dans le piège qu'on lui tend.

VI. — Le genre *Témia* ou *Crypsirina* est subdivisé en deux sous-genres, *Témia* et *Glaucopis* ou *Temnura*. On ne connaît qu'une seule espèce du premier, le *Témia variable*, qui

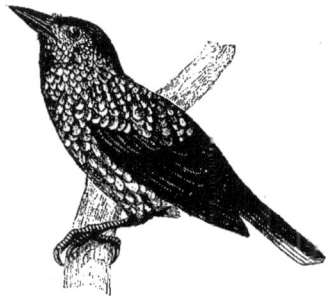

Fig. 5.

est propre à l'île de Java, et trois du second : l'une de la Cochinchine et les deux autres de Bornéo et de Sumatra. Avec le port et la queue des pies, le témia présente un bec élevé, à mandibule supérieure bombée, et dont la base est garnie de plumes veloutées, presque comme les oiseaux de paradis. Les glaucopes ont le même bec, le même port, mais sous la base de leur bec pendent deux caroncules charnues.

VII. — Les *Rolliers* (*Coracias*) ont le bec fort, comprimé vers le bout, avec la pointe un peu crochue, les narines oblongues placées au bord des plumes et non recouvertes par elles, les

Fig. 6.

pieds courts et forts. Ce sont des oiseaux de l'ancien continent assez semblables aux geais par leurs mœurs et par les plumes lâches de leur front. Leur plumage est paré de couleurs vives, mais rarement harmonieuses. Ce genre n'est représenté en Europe que par une seule espèce, le *R. commun* (*C. Garrula*) [Fig. 6], qui est à peu près de la taille du geai, et qui est remarquable par son plumage vert d'aigue-marine, avec le dos et les scapulaires fauves, et du bleu pur au fouet de l'aile. Son cri est un croassement peu agréable. C'est un oiseau fort sauvage, quoique assez sociable avec ses semblables, qui vit dans les bois les moins fréquentés, nichant dans les creux d'arbres, et nous quitte en hiver pour des climats plus chauds. Il se nourrit de vers, d'insectes et de petites grenouilles. — Cuvier rapproche des rolliers, et avec raison, le genre *Rolle* (*Colaris*) qui est entièrement exotique. Les oiseaux qui le composent appartiennent tous à l'Afrique, aux Indes orientales et aux îles de la Malaisie. Ils diffèrent des

rolliers par leur bec plus court, plus arqué, et élargi à la base au point d'y être plus large que haut.

On a encore étendu fort improprement le nom de Corbeau à des oiseaux d'ordres différents. Ainsi l'on a appelé *Corbeau aquatique* l'*Ibis acolor* (voy. Ibis); *C. blanc*, le vautour papa (voy. Vautour); *C. cornu*, le Calao; *C. de mer*, le grand Cormoran; *C. de nuit*, la hulotte (voy. Chouette), et l'Engoulevent, etc.

Archéol. — Lorsque les Romains entrèrent en lutte avec la puissance essentiellement maritime de Carthage, leur infériorité dans l'art de la navigation et dans la tactique navale les

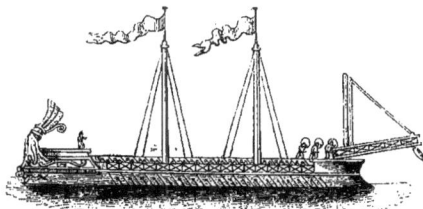

Fig. 1.

exposait à des défaites certaines. Le consul Duilius, pour obvier à cette infériorité, imagina de transformer, autant que possible, les combats maritimes en combats de terre. A cet effet, il fit construire une machine ingénieuse dont Polybe nous a laissé la description, et qui reçut le nom de *Corbeau* (*Corvus*), parce qu'elle saisissait les navires ennemis comme cet oiseau saisit sa proie avec son bec et ses ongles. Elle consistait en un mât d'environ 7 mètres de hauteur sur 22 cent. de diamètre, planté verticalement à l'avant des navires. Au pied de ce mât tournait, dans des espèces de gonds, l'une des extrémités d'une échelle longue de 10 mètres et large de 1 m. et demi, et dont l'autre extrémité était munie inférieurement d'un croc de fer et supérieurement d'un anneau de même métal. Une corde fixée à cet anneau allait passer dans la gorge d'une poulie installée à la partie supérieure du mât, et redescendait ensuite dans le navire. Le c. de Duilius représentait ainsi une sorte de pont-levis dont l'échelle formait le tablier (Fig. 1). En temps ordinaire, cette échelle était dressée le long du mât; mais dans les combats, quand un na-

Fig. 2.

vire ennemi était à proximité suffisante, on lâchait la corde, le c. s'abattait sur le vaisseau opposé, et le croc de fer, pénétrant dans sa muraille, ne lui permettait plus de s'échapper. Dès lors les Romains réussirent à rendre inutile la science navale des Carthaginois, et, dans ces batailles maritimes où l'on combattait de pied ferme, ils conservèrent leur supériorité sur ces derniers. C'est, au reste, à cette machine que Duilius fut redevable de sa fameuse victoire de Myles, remportée l'an 260 av. J.-C.

Dans l'histoire militaire des anciens, le mot *Corbeau*

servait encore à désigner deux autres machines de guerre particulièrement en usage dans les sièges. L'une, appelée *C. démolisseur* (*corvus demolitor*), était employée par les assiégeants pour démolir les défenses de la place attaquée. Elle consistait en une longue pièce de bois armée de crampons de fer à l'une de ses extrémités. Les hommes chargés de manœuvrer cet instrument tâchaient de saisir, à l'aide du crampon, les pierres qui formaient le couronnement de la muraille, et de les arracher en agissant sur l'autre extrémité de la pièce de bois. Ces premières pierres arrachées, ils continuaient leur œuvre de démolition par le même procédé. — L'autre, appelée *C. à griffes*, servait aux assiégés pour enlever ceux des ennemis qui s'aventuraient un peu trop près de leurs murailles. La Fig. 2 fait suffisamment connaître la disposition et la manœuvre de cet appareil pour nous dispenser de toute explication. Cette dernière machine était encore en usage au moyen âge.

CORBEIL, ch.-l. d'arr. de Seine-et-Oise, au confluent de la Seine et de l'Essonne, à 40 k. de Versailles, 33 k. de Paris ; 8.000 hab. Ancienne église de Saint-Spire, rebâtie au XVᵉ siècle. Grands moulins.

CORBEILLE. s. f. [Pr. les *ll* mouillées] (lat. *corbicula*, dimin. de *corbis*, panier.) Espèce de panier fait ordinairement d'osier. *Une c. de fleurs. Mettre des fruits dans une c.* || *C. de mariage*, L'ensemble des parures et des bijoux que le futur époux envoie dans une c. à la personne qu'il doit épouser. On dit aussi absol., *Corbeille. Il a dépensé dix mille francs pour la c.* || T. Archit., Sculpt. et Jardinage. Ornement en forme de c. || T. Zool. Genre de mollusques. Voy. Conus et CARDIACÉS. || T. Bot. *C. d'or*, Nom vulgaire de l'Alysse des rochers (*Alyssum saxatile*). *C. d'argent*, Nom vulgaire de l'*Iberis sempervirens*. Voy. CRUCIFÈRES. || T. Bourse. Espace qui existe au centre du parquet, entouré d'une balustrade autour de laquelle les agents de change se font leurs offres et demandes mutuelles. || T. Chorégr. Figure gracieuse et compliquée du cotillon. || T. Art milit. Panier rempli de terre employé dans les fortifications.

CORBICULÉ, ÉE. adj. (lat. *corbicula*, petit panier). Qui a la forme d'une corbeille. = s. m. Nom donné au tibia des insectes quand il a la forme d'une corbeille.

CORBIE, ch.-l. de c. (Somme), arr. d'Amiens ; 4.800 hab.

CORBIÈRE (PIERRE DE), antipape élu en 1328 sous le nom de Nicolas V et opposé à Jean XXII par l'empereur Louis de Bavière.

CORBIÈRES OCCIDENTALES et **ORIENTALES**, contreforts des Pyrénées françaises dans le département de l'Aude.

CORBIGEAU. s. m. T. Ornith. Un des noms du courlis.

CORBIGNY, ch.-l. de c. de la Nièvre, arr. de Clamecy ; 2.400 hab. Anc. abbaye.

CORBILLARD. s. m. [Pr. les *ll* mouillées] (R. *Corbeil*, ville). Nom qu'on donnait autrefois à un grand bateau qui allait de Paris à Corbeil. || Grand carrosse à huit places dont on se servait autrefois chez les princes pour voiturer les gens de leur suite. || Char funèbre dans lequel on transporte les morts au lieu de leur sépulture. *Mettre un cercueil sur le c., dans le c. Le c. des pauvres.*

CORBILLAT. s. m. [Pr. les *ll* mouillées] (Dimin. de *corbeau*). Le petit du corbeau.

CORBILLON. s. m. [Pr. les *ll* mouillées] (Dimin. de *corbeille*). Espèce de petite corbeille. *Le c. du pain bénit. Le c. d'un pâtissier.* || Figur. et prov., *Changement de c. fait trouver le pain bon*, On éprouve un certain plaisir dans le changement. || Espèce de jeu où les joueurs sont obligés de répondre en rimant en *on. Jouer au c.* || T. Mar. Petit baquet dans lequel on met le biscuit pour être distribué.

CORBIN. s. m. (lat. *corvinus*, qui a rapport au corbeau, *corvus*). Corbeau. N'est plus en usage que dans la locut. : *Bec-de-c.* Voy. BEC-DE-CORBIN. || T. Techn. *Bec-de-c.*, Ustensile servant au transport du sirop dans les formes.

CORBINE. s. f. (R. *corbin*). T. Ornith. Nom vulgaire de la corneille. Voy. CORBEAU.

CORBIS. s. m. [Pr. *kor-biss*] (lat. *corbis*, panier). T. Zool. Genre de mollusques bivalves désigné en français sous le nom de Corbeille, voisin des genres Vénus, Cythérée, Telline, Lucine. Voy. CARDIACÉS.

CORBIVAU. s. m. (R. *corbeau*). T. Ornith. Sous-genre de corbeaux. Voy. CORBEAU.

CORBLEU. Interj. (altér. de *corps Dieu*, *corps de Dieu*) Sorte de juron.

CORBULE. s. f. (lat. *corbula*, corbeille). T. Zool. Genre de mollusques bivalves. Voy. CARDIACÉS.

CORBULON, célèbre général romain, sous Claude et Néron

CORCELET. s. m. Voy. CORSELET.

CORCERONS. s. m. pl. (angl. *korte*, liège). T. Pêc. Morceaux de liège attachés aux empiles.

CORCHORUS. s. m. [Pr. *kor-ko-russ*] (gr. χόρχορος, espèce de légume). T. Bot. Genre de plantes de la famille des *Malvacées*, tribu des *Tiliées*. Voy. MALVACÉES.

CORCIEUX, ch.-l. de c. des Vosges, arr. de Saint-Dié ; 1500 hab.

CORCYRE, île de la mer Ionienne, aujourd'hui Corfou.

CORDACE. s. f. (gr. χόρδαξ, m. s.) T. Antiq. Danse grotesque et souvent obscène. Voy. DANSE.

CORDAGE. s. m. (R. *corde*). Dénomination générique de toutes les cordes qui servent au gréement et à la manœuvre des navires. *C. de chanvre, de coton. Gros c. Mince c. Les boulets avaient coupé tous les cordages.* || Se dit aussi des cordes qu'on emploie à des trains d'artillerie ou à des machines. *Il faut bien du c. dans un équipage d'artillerie. Les cordages de cette machine sont trop tendus.* || La manière de mesurer le bois appelé *Bois de corde. On vous a trompé sur le c. Le c. est bon.*

Techn. — On donne le nom de *Cordage* à tout ce qui est cordé pour le service de la marine et de l'industrie. On le compose de brins filamenteux assemblés et tortillés ensemble. On le dit *simple*, lorsqu'il est produit par une seule opération, et *composé*, lorsque sa fabrication nécessite plusieurs opérations successives. On appelle *Bitord*, ainsi que nous l'indique, le c. qui résulte de la réunion de 2 *Fils de caret* commis ensemble, c.-à-d. de la réunion de 2 petits cordons formés eux-mêmes par la torsion d'un certain nombre de filaments de chanvre. Le bitord ne se fait qu'avec des filaments de second brin. Le *Lusin* est aussi composé de 2 fils seulement ; mais ces fils sont de premier brin, et de plus, ils sont simplement tortillés ensemble et non commis. Le *Merlin* se fait avec 3 fils de premier brin commis ensemble. Quand on veut obtenir des cordages plus gros, on tord ensemble plusieurs fils de caret (6 au moins) en un faisceau nommé *Toron*. Ces torons constituent les éléments de tous les cordages importants. On appelle *Aussière* un c. composé de 2 à 4 torons : les plus petites aussières sont encore désignées sous la dénomination de *Quaranteniers*. Un *Grelin* est un c. composé de 3 ou 4 aussières commises ensemble. Le nom de *Filin* désigne tout c. qui n'est pas commis en grelin : on le dit filin en 3 et en 4, suivant qu'il est composé de 3 ou 4 torons. Le *Câble* proprement dit ne diffère du grelin que par ses dimensions supérieures. En effet, tout c. formé d'aussières commises ensemble reçoit le nom de *Grelin* quand il ne dépasse pas 30 centim. de circonférence ; au-dessus, il prend le nom de *Câble*, lorsqu'il a des câbles qui ont jusqu'à 60 centim. de tour ; leur longueur normale est de 120 brasses ou 195 mètres. — Les cordages usités à bord des navires reçoivent en outre des dénominations particulières, suivant la destination qu'on leur donne. Ainsi, une *Balancine* est un c. fixé à l'extrémité des vergues, qui sert à leur donner une position horizontale ou inclinée, suivant les circonstances ; les *Bras* sont d'autres cordages attachés également à l'extrémité des vergues, et qui servent à les faire marcher autour de leurs mâts ; une *Drisse* sert à *hisser* ou à élever à sa place une voile ou une vergue ; les *Écoutes* et les *Amures* servent à *border*, c.-à-d. à déployer et à tendre chaque voile pour lui faire recevoir l'impulsion du vent ; les *Étais* sont des câbles qui soutiennent les mâts d'un navire contre les efforts tendant à les renverser de l'avant vers l'arrière, et qui, dans ce but, s'étendent de la tête de chaque mât qu'ils embrassent par une espèce d'anneau, à des points d'appui situés plus bas ; la *Guinderesse* doit son nom à ce qu'on l'emploie pour guinder et caler les mâts de hune, etc. ; les *Hausans* et les *Galhaubans* sont des cordages qui font la fonction d'étais, mais sont situés latéralement, et soutiennent surtout les mâts contre les mouvements de roulis et de tangage ; on nomme *Itaque* tout c. attaché à un fardeau et roidi à l'aide d'un palan pour hisser ce fardeau à une hauteur déterminée ; un *Pataras* est un grelin employé comme hauban supplémentaire ; tout cordage par lequel est suspendu un fardeau, un palan, etc., est appelé *Suspenseur* ou *Suspense*, etc. Enfin, dans la marine, il n'y a que le bout du filin qui sert à mettre la cloche en branle qui soit désigné sous le nom de *Corde*. — On distingue encore les *Cordages noirs*, qui sont goudronnés, et les *Cordages blancs*, qui ne le sont pas. Les cordages noirs se préparent de deux manières : *par immersion*, quand ils sont terminés, ou *en fils*, immédiatement après la filature. Dans le premier cas, on fait chauffer le c. dans une étuve afin de le bien sécher, puis on le plonge dans une chaudière remplie de goudron légèrement chaud ; on termine l'opération en le faisant égoutter sur un plan incliné. On goudronne les fils en les plongeant dans un bain semblable ; mais avant et après ce bain, on les frotte, pour les lisser, avec un bout de corde appelé *Livarde*. Cette seconde opération fait tomber l'excédent de goudron dont ils sont imbibés. Les expériences de Duhamel ont démontré que le *Goudronnage* affaiblit les cordages et qu'ils résistent moins que ceux qui ne sont pas goudronnés à un travail continuel ; mais, d'autre part, il est constaté que cette sorte de préparation est indispensable pour tous ceux qui sont destinés à rester sous l'eau, ou à être tantôt dans l'eau et tantôt à sec. Au lieu du goudronnage, les pêcheurs ont recours au tannage pour prolonger la durée de leurs engins : il paraît que ce procédé n'a pas les inconvénients du premier.

Pour avoir le poids (en kilogrammes) d'un mètre de c., il faut multiplier le carré de sa circonférence, exprimé en centimètres, par le nombre 0,0826. Ainsi un mètre de grelin ayant 27 centim. de tour pèsera 60 kilogr. 2154.

Il résulte des expériences de Duhamel que la résistance des cordes blanches à la rupture est proportionnelle au carré du diamètre. En désignant par *d* le diamètre d'un c. exprimé en centim., on pourra représenter la force nécessaire pour le rompre par 400 kilogr. $\times d^2$. Par conséquent, un c. de 9 cent. de diamètre ne se rompra que sous une charge de 32,400 kil. ; mais, dans la pratique, il convient de ne pas dépasser les trois cinquièmes de la force donnée par le calcul précédent. Il faut aussi se rappeler que les cordes blanches mouillées perdent près du tiers de leur force, et que, à diamètre égal, les cordes goudronnées sont de 1/4 ou même de 1/3 moins résistantes que les blanches. Les cordages sont souvent aujourd'hui remplacés par des câbles métalliques de toutes dimensions. — Voy. Câble, Corderie, Frottement.

CORDAÏSPERME. s. m. (R. *Corda*, nom d'un botaniste, et σπέρμα, semence). T. Paléont. Bot. Genre de Gymnospermes fossiles (*Cordaispermum*) du groupe des *Cordaïtées*. Voy. ce mot.

CORDAÏTÉES. s. f. pl. (R. *Corda*, nom d'un botaniste). T. Paléont. Bot. Les Cordaïtées sont des Gymnospermes fossiles que l'on rencontre dès le silurien supérieur et qui sont très répandues dans le terrain houiller ; elles sont voisines des Cycadées et des Conifères, mais se rattachent à ces 2 familles par plusieurs caractères. C'étaient de grands arbres de 30 à 40 mètres de haut, se ramifiant à l'extrémité supérieure, et portant des feuilles simples, rubanées, pouvant atteindre 1 m. de longueur. Les graines des Cordaïtées, tant en empreintes qu'à l'état silicifié, sont très nombreuses dans le terrain houiller. On en a fait plusieurs genres : *Cordaispermum*, *Diplotesta*, *Sarcotaxus*, *Leptocaryon*, etc.

CORDASSON. s. m. T. Comm. Sorte de toile grossière.

CORDAT. s. m. (R. *corde*). T. Comm. Grosse serge de laine croisée et drapée. — Toile d'emballage.

CORDAY D'ARMONT (Charlotte) frappa mortellement d'un coup de couteau Marat dans le bain, fut arrêtée, condamnée et exécutée (1768-1793). Elle descendait d'une sœur du grand Corneille.

CORDE. s. f (lat. *chorda*, boyau, puis corde). Tortis fait ordinairement de chanvre et quelquefois de coton, de laine, de soie, d'écorce d'arbre, de poil, de crin, de jonc et d'autres matières résistantes et flexibles. On fabrique aussi des *cordes métalliques* avec des fils de divers métaux tordus ensemble. Voy. Câble. *Échelle de c. Soutier de c. Pont de c. C à puits. Filer, tordre une c. Attacher, serrer, lier avec une c. Tirer un bateau avec une c. Étendre du linge sur une c. Couper la c. d'un bateau. Mettre une chose en c.*, La mettre en tortis, lui donner la forme d'une corde. — Fig. et prov., *Vous verrez beau jeu si la corde ne se rompt*, Vous verrez des choses fort surprenantes dans telle affaire, dans telle entreprise, si les moyens employés pour y parvenir ne font pas défaut. *Tirer sur la même c.*, S'entendre, agir de concert pour un intérêt commun. || *C. de jeu de paume*, Grosse c. qui est tendue au milieu d'un jeu de paume et qui est garnie de filets jusqu'en bas, de manière à arrêter la balle lorsqu'elle ne passe pas par-dessus. — Fig. et fam., *Cette affaire a passé à fleur de c.*, Il s'en est peu fallu qu'elle ne manquât. || Gros câble tendu en l'air et attaché par les deux bouts, sur lequel dansent certains bateleurs. *Danseur sur la c. Danseurs de c.* — Fig. et fam., *Danser sur la c.*, se dit de quelqu'un qui est engagé dans une affaire hasardeuse, qui se trouve dans une situation difficile où il y a toujours danger imminent. || Le supplice de la potence. *Cela mérite la c. Cet homme a mérité la c. C'est un homme échappé de la c.* || Loc. pop. *Coucher à la c.*, Passer la nuit dans un garni où une c. tendue sert aux dormeurs à s'appuyer les bras. Ces garnis qui existaient dans les quartiers excentriques dans le c. || Fig. et fam., *Il a frisé la c.*, se dit d'un homme qui a été bien près d'être condamné pour ses méfaits, ou d'un individu qui mériterait de l'être. *Filer sa c.*, Faire des actions qui peuvent mener au gibet. *Mettre la c. au cou à quelqu'un*, Le mettre en danger d'être condamné ; ou dans un sens plus général, Être cause de sa ruine, de sa perte. *Il ne faut point parler de c. dans la maison d'un pendu*, Il ne faut point parler de choses qui peuvent embarrasser ou humilier les personnes présentes. *Il a de la c. de pendu dans sa poche*, se dit d'un homme qui est heureux au jeu ou qui se tire heureusement des situations les plus difficiles, la c. de pendu étant réputée pour *porter bonheur*. On dit d'un mauvais garnement, d'un scélérat, *C'est un homme de sac et de c. Ce sont des gens de sac et de c.* On dit aussi, en parlant d'une affaire mauvaise et où l'on peut se compromettre, que *Le fouet et la c. en sont dehors*, pour faire entendre qu'il n'y a point de peine afflictive à craindre. — La c. au cou, Avec une corde autour du cou. *Il a fait amende honorable la c. au cou. Dix des principaux habitants vinrent le trouver pieds nus et la c. au cou. Se rendre la c. au cou, venir la c. au cou*, Se rendre à discrétion. || *C. à boyau.*, C. faite avec les boyaux du mouton. || Tortis de boyaux, de chanvre, de crin ou de toute autre matière dont on garnit les arcs ou les arbalètes pour les bander. *Mettre une c. à son arc. Changer une c. Tendre, bander la c.* — Fig. et prov., *Avoir deux cordes à son arc, plus d'une c. à son arc*, Avoir plusieurs moyens pour parvenir à son but, à ses fins. || Fil de métal, de boyau, etc., qu'on tend sur certains instruments de musique, et qu'on fait résonner avec les doigts, avec un archet, ou avec des touches, etc. *C. de guitare, de harpe, de violon, de piano. Hausser, baisser, détendre une c.* Il pince bien, il touche bien les cordes. *Il attaque bien la c. Flatter la c.*, La toucher avec délicatesse. — Par anal., se dit de la voix humaine. *Sa voix est criarde dans les cordes élevées. Ce chanteur a de belles cordes dans le bas.* — Figur. et fam., *Toucher la grosse c.*, Parler de ce qu'il y a de principal dans une affaire, en toucher le point important. *Toucher la c. sensible*, Parler de ce qui intéresse particulièrement une personne, de ce qui lui fait le plus de peine ou le plus de plaisir. On dit, dans un sens anal., *Ne touchez pas cette c.-là. C'est une c. qu'il ne faut pas toucher. Si vous touchez cette c.-là, vous réveillerez toutes ses douleurs.* || Se dit aussi des fils dont une étoffe est tissue, surtout en parlant du drap et du tissu de laine. *Ce drap a la c. bien fine. Son habit est tout râpé, il montre la c., il est usé jusqu'à la c.* — Fig. et prov., *Cet homme montre la c.*, Il laisse apercevoir sa misère, on voit qu'il en est réduit aux expédients. *Cela montre la c.*, se dit d'une ruse, d'une finesse grossière et facile à découvrir. *Cela est usé jusqu'à la c.*, se dit d'une ruse, d'une plaisanterie, d'un bon mot, d'un argument, etc., qui ont été si souvent employés que tout le monde les connaît. || T. Anat. *Cordes vocales*, Liguments du larynx dont les vibrations sont utilisées dans la production de la voix. Voy. LARYNX. || T. Géom. Ligne droite qui joint deux points d'une courbe. Voy. COURBE. || T. Méc. *C. sans fin*, Corde tendue sur deux poulies et servant à transmettre le mouvement de l'une à l'autre. *Équilibre des cordes.* Voy. FUNICULAIRE. || T. Métrol. Ancienne mesure pour les bois, qui valait quatre stères environ. *J'ai acheté dix cordes de bois.* — *Bois de c.*, Bois neuf. || T. Turf. Corde qui limite la piste et par ext. la situation du cheval qui se trouve rapproché de cette limite. *Avoir la c. Tenir la c.* || T. Véner. *Demi-c.*, Endroit fourré d'un bois qui sert de refuge aux bêtes fauves.

Techn. — Au mot CORDAGE, nous venons de parler des *Cordes* usitées dans la marine et dans l'industrie, et à l'article CORDERIE nous exposerons le procédé par lequel on les fabrique ; il ne nous reste donc ici qu'à dire quelques mots des *Cordes sonores*, c.-à-d. de celles qu'on emploie dans certains instruments de musique. — On divise ces cordes en 3 catégories : *C. à boyau*, *C. métalliques*, et *C. filées*. Les premières sont faites avec l'intestin grêle du mouton, ainsi que nous l'avons dit au mot BOYAUDERIE. Les *cordes à boyau* sont toujours mises en vibration par le pincement ou par le frottement ; telles sont celles de la guitare, du violon, du violoncelle, de la harpe, etc. Les *cordes métalliques* sont de laiton ou d'acier : celles de laiton, par ex., forment les octaves basses du piano ; on emploie celles d'acier pour les octaves supérieures. Les cordes de métal sont le plus souvent mises en vibration par le choc de marteaux, comme dans le piano ; mais on peut aussi les faire vibrer à l'aide d'une plume, comme dans la mandoline. Les *cordes filées* sont de simples cordes de soie ou de boyau, recouvertes sur toute leur longueur par une spire en fil de laiton. On fait usage de cordes de ce genre dans le violon, la guitare, la harpe, etc. ; elles peuvent donc être excitées soit par le frottement, soit par le pincement. Le procédé selon lequel une c. de soie ou de boyau avec un fil métallique est très simple. On la tend avec deux crochets ; puis, au moyen d'un petit mécanisme qui est mû par une manivelle, et qui se combine de telle façon que les crochets et la c. tournent en même temps, on enroule le fil métallique sur celle-ci de la même manière que le fil sur le fuseau d'un rouet. Dans les instruments de musique à cordes, chacune de celles-ci est en général désignée par le nom de la note qu'elle rend à vide, c.-à-d. quand on la fait vibrer dans toute sa longueur.

Mus. — Les instruments à cordes peuvent être divisés en trois catégories suivant que les cordes sont mises en vibration par un archet, par le pincement des doigts ou par le choc de petits marteaux manœuvrés à l'aide de leviers appelés touches. Les instruments de la première catégorie, *violon*, *viole*, *alto*, *violoncelle* et *contrebasse* ont été décrits au mot ARCHET. — Parmi les instruments à cordes pincées, les uns, dont le type est la *harpe*, se composent d'un grand nombre de cordes dont chacune rend invariablement le même son, quoiqu'à la vérité on puisse, par un système de pédales, hausser ce son d'un demi-ton ou d'un ton. Les autres, tels que la *guitare* et la *mandoline*, n'ont qu'un petit nombre de cordes [qu'on pince d'une main, tandis qu'on les touchant de l'autre on peut modifier la longueur de la partie vibrante, et moduler ainsi la hauteur du son. — Enfin dans les instruments à touches, dont le type est le piano, chaque corde doit nécessairement rendre toujours le même son : aussi les cordes sont-elles en très grand nombre. Voy. ARCHET, CITHARE, GUITARE, HARPE, LYRE, PIANO, etc.

Phys. — Pour les vibrations des cordes sonores, voy. ACOUSTIQUE.

CORDEAU. s. m. Petite corde. Se dit le plus ordinairement de la petite corde dont se servent les ingénieurs, les maçons, les jardiniers, pour tracer des lignes droites, pour aligner leurs travaux. *Une allée tirée au c. Aligner une muraille au c. Tracer un travail avec le c.* || T. Pêche. *C. de nuit*, Ligne de fond employée dans la pêche aux anguilles.

CORDÉE. s. f. Ce qui peut être contenu dans une corde. || T. Pêc. Ficelle à laquelle sont attachés plusieurs hameçons.

CORDELAT. s. m. (R. *corde*). Étoffe de laine grossière.

CORDELER. v. a. Tordre en corde. *C. des cheveux.* = CORDELÉ, ÉE. part. = Conj. Voy. APPELER.

CORDELETTE. s. f. [Pr. *kordelè-te*] (Dimin). Petite corde.

CORDELIER. s. m. (R. *cordelle*). Se dit des membres d'un ordre religieux fondé par saint François d'Assise. || Fig. et fam., par allus. au costume des cordeliers, on dit d'un homme qui ne se fait scrupule de rien, qu'*Il a la conscience large comme la manche d'un c.*, ou simplement qu'*Il a la conscience large*. On dit aussi, par une grossière équivoque fondée sur la robe grise des cordeliers, en parlant d'un homme ivre, qu'*Il est gris comme un c.* — Fig. et prov., *Parler latin devant les cordeliers*, Parler d'une chose qu'on ne sait pas devant des gens qui l'entendent très bien. *Aller sur la haquenée, sur la mule des cordeliers*, Aller à pied un bâton à la main.

Hist. relig. — Les *Cordeliers* formaient l'un des quatre ordres mendiants : ce nom leur venait de la corde qu'ils portaient en guise de ceinture. On les appelait encore *Franciscains*, du nom de saint François d'Assise, leur fondateur, et *Frères mineurs* ou *Minorites*, parce que, d'après leurs statuts, ils étaient les derniers, les moindres (*minores*) de tous les religieux. — Cet ordre a pris naissance en Italie, au commencement du XIIIe s. Saint François s'appelait Jean Bernadoni. Il était le fils d'un négociant d'Assise. Ayant renoncé à la succession de son père, il se retira dans la campagne et jeta les fondements de son ordre. Les *Frères mineurs*, comme il appela lui-même ses compagnons, ne devaient rien posséder, mais vivre de leur travail ou de l'aumône. La règle qu'il rédigea dans ce sens fut approuvée par Innocent III, en 1209, et par Honorius III, en 1223. — Leur costume consistait en une robe de gros drap gris munie d'un petit capuce, et serrée à la taille au moyen d'une corde blanche nouée de trois nœuds. Ils portaient, en outre, un manteau et un chaperon de la même étoffe que la robe ; enfin, ils avaient pour chaussure des sandales de cuir. Les cordeliers furent introduits en France par saint Louis. Ils obtinrent presque aussitôt d'être agrégés à l'Université de Paris, et firent du couvent que ce prince leur avait donné dans le quartier actuel de l'École-de-Médecine, une des premières écoles du temps. C'est dans cette maison que professa Jean Scot, surnommé le *Docteur subtil*, dont ils adoptèrent les doctrines, circonstance qui leur valut d'être quelquefois appelés *Scotistes*. En 1789, les Cordeliers comptaient un grand nombre de maisons en France. Quelques-uns, s'étant écartés de l'esprit de la règle de saint François, acceptaient les rentes qu'on voulait bien leur donner, tandis que les autres, s'attachant étroitement à la lettre des statuts de l'ordre, vivaient uniquement d'aumônes. Ces derniers s'appelaient aussi *Conventuels*. Outre les frères mineurs, l'ordre de Saint-François renfermait une corporation de religieuses que ce saint avait instituée sous le nom de *Sœurs de Saint-François*, et qui furent appelées aussi *Sœurs de Sainte-Claire* ou *Clarisses*. Ces religieuses formaient le *second ordre de Saint-François*. — Enfin, on donnait le nom de *tiers ordre de Saint-François* à une réunion de laïques, hommes et femmes, vivant dans le monde, même dans le mariage, qui s'obligeaient à mener une vie vraiment chrétienne, et à observer la règle de saint François, autant du moins que les exigences de la société pouvaient le leur permettre. Pendant la Révolution française on appela *Club des Cordeliers* un club fondé en 1790 par Danton, Marat et Camille Desmoulins dans l'ancien couvent des Cordeliers, où est aujourd'hui installé le musée Dupuytren, et qui se fondit plus tard dans le club des Jacobins.

CORDELIÈRE. s. f. (R. *cordelier*). T. Typogr. Sorte de vignette qui sert d'encadrement. || Femme de l'ordre de Saint-François d'Assise. || Corde que portent les religieux et religieuses de cet ordre.

Blas. et Archit. — En termes de blason, on donne le nom de *Cordelière* à un cordon plein de nœuds que la plupart des femmes nobles, surtout les veuves, mettaient autrefois autour de l'écu de leurs armes. L'introduction de cet ornement héraldique est généralement attribuée à la reine Anne de Bretagne, veuve de Louis XII (1499), mais c'est à tort, car on en trouve des exemples antérieurs. La c. héraldique, suivant la plupart des auteurs, est une imitation du cordon que portaient les cordeliers, si vénérés à cette époque.

Aujourd'hui, le nom de c. s'applique encore à une espèce de ceinture lâche, formée d'un gros cordon de soie ou de laine, que portent quelquefois les femmes, et même les hommes, quand ils sont revêtus d'une robe de chambre.

Enfin, en architecture, ce même terme sert à désigner une baguette sculptée en forme de corde.

CORDELINE. s. f. (R. *cordelle*). Lisière d'une étoffe de soie. || Canne servant à prendre la quantité de verre nécessaire pour faire le cordon d'une bouteille.

CORDELLE. s. f. [Pr. *kordèle*] (Dimin.). Corde de moyenne grosseur dont on se sert pour le halage des bateaux, pour tirer l'eau d'un puits, etc. *Haler à la c.*

CORDER. v. a. Mettre en corde. *C. du chanvre.* — *C. du tabac*, Mettre du tabac en corde, en roulant et tordant ensemble les feuilles. || Affermir un ballot, une caisse, etc., en l'entourant d'une corde fortement serrée. *Je viens de ... ma malle.* || T. Techn. Corder les soies d'une brosse : les assujettir au bois avec une ficelle. *C. du bois*, Le mesurer à la corde. = SE CORDER. v. pron. *Ce chanvre se corde bien. Le bois tortu ne se corde pas si bien que l'autre.* — Se dit aussi des raves quand elles deviennent creuses et filandreuses. *Les raves commencent à se corder.* = CORDÉ, ÉE. part. *Bois mal c. Raves cordées.* || T. Pêch. Se dit des lamproies qui deviennent coriaces et mauvaises à manger à cause d'un produit cartilagineux qui se forme dans leur corps à une certaine époque de l'année.

CORDERIE. s. f. Lieu où l'on fait des cordes, des cordages ; celui où on les garde quand ils sont faits. || L'art de fabriquer les cordes. *Apprendre la c.*

Techn. — On peut employer pour la fabrication des cordes un assez grand nombre de matières filamenteuses. Toutefois la résistance de ces matières est très variable, ce qui fait qu'elles ne sont pas également applicables à tous les emplois. Chez nous les cordes se fabriquent surtout avec le chanvre dont les brins sont d'une grande longueur, et réunissent la force et la souplesse. On fait encore des cordes de puits avec le bois avec une ficelle. *C. du bois*, Le mesurer à la corde. solides que celles de chanvre. On fait aussi un assez grand usage des cordes d'*Alfa* et de *Sparte* (voy. ces mots), qui ont l'avantage de ne pas pourrir à l'humidité. Quant aux cordages fabriqués avec la *Pite*, ou filament que donne l'agave américaine, avec le *Quer* ou fibres de l'enveloppe des noix de coco, avec le *Bastin*, sorte de jonc du Levant, ils sont surtout en usage dans les pays qui produisent eux-mêmes les matières premières dont ces cordes sont faites. Les cordages de *coton*, dont il se fabrique une assez grande quantité aux États-Unis et en Angleterre, sont, à cause de leur élasticité supérieure, fort employés pour transmettre les mouvements dans les machines ; parfois aussi ils sont usités dans la marine. Nous nous contenterons de nommer les cordages de fils métalliques qui ont l'avantage d'être fort résistants et l'inconvénient d'être très peu flexibles ; d'ailleurs ils ne sont pas du ressort de la corderie proprement dite. Voy. CABLE.

Le chanvre qui est destiné à la confection des cordes doit être préalablement débarrassé des corps étrangers et de l'étoupe la plus grossière, puis soumis à l'opération du *peignage*, qui se fait à l'aide de peignes de fer, afin de séparer les diverses qualités de filaments. Les filaments les plus longs reçoivent le nom de chanvre de *premier brin* : ils n'ont jamais plus d'un mètre de longueur ; les autres sont appelés chanvre de *second* et de *troisième brin*, suivant leurs dimensions ; enfin, les filaments les plus courts constituent l'*étoupe*. — L'industrie de la corderie proprement dite se compose de deux opérations : la *Filature*, appelée aussi *Filage*, et le *Commettage*.

I. — La *Filature* consiste à répartir très également et sans interruption les brins des matières filamenteuses à côté et à la suite les uns des autres, et à les réunir en leur donnant en même temps un degré de torsion suffisant pour rendre leur assemblage aussi complet que possible. On obtient ainsi un petit cordon qu'on appelle *Fil de caret*, et qui est plus ou moins fin selon le nombre de brins dont on le compose. Le fil de caret se fabrique encore souvent à la main, quoi qu'il existe un grand nombre d'usines où cette fabrication est effectuée avec des machines appropriées. Les ateliers des fileurs à la main sont souvent à découvert, le long des murs d'une ville, d'un jardin, dans une allée ou un fossé, mais, autant que possible, à l'abri du vent et du soleil. Les instruments nécessaires à cette opération sont d'ailleurs fort simples. Ce sont un *Rouet* à plusieurs broches, qui sert à tordre les filaments ; un *Touret* ou dévidoir sur lequel on enveloppe le fil, et plusieurs *Chevalets* ou *Râteliers*, entre les dents desquels le fil est placé à mesure qu'il se fabrique, pour qu'il ne traîne pas à terre. Le rouet et le touret étant fixés aux deux extrémités de la corderie, et chaque fileur ayant attaché à sa ceinture son *Peignon* de chanvre, c.-à-d. un faisceau de chanvre peigné de grosseur convenable, le maître fileur, qu'on appelle aussi *Maître de roue*, commence par faire une petite boucle de chanvre, et l'engage dans le crochet de la première broche du rouet. Aussitôt le tourneur de roue mettant le rouet en

mouvement, le fileur s'éloigne à reculons en fournissant incessamment du chanvre qui est tordu par le mouvement du rouet, et forme un bout de fil de caret. Il enveloppe alors ce fil avec un morceau de lisière de drap, nommé *Paumelle*, qui empêche le fil de se détordre et de se replier sur lui-même. En même temps, avec la main gauche, il dispose convenablement les brins de chanvre qui doivent servir à prolonger le fil. Il continue ainsi, en reculant à petits pas et en serrant le fil avec la paumelle, à mesure qu'il se forme, et en ayant soin, pour qu'il ne balaye pas la terre, de le faire passer entre les dents des râteliers plantés de distance en distance sur toute la longueur de l'atelier. Quand le premier fileur se trouve à 5 ou 6 mètres de distance du rouet, deux autres fileurs commencent en même temps, et ainsi de suite jusqu'à ce que toutes les broches soient occupées. De cette manière le travail se fait sans confusion, car les fileurs arrivent au bout de l'atelier les uns après les autres, sans se gêner dans leur travail. Le premier fileur, arrivé à l'extrémité de l'atelier, en donne avis, par un cri, à l'ouvrier qui tourne le rouet. Aussitôt celui-ci détache son fil de la broche ; puis, un autre ouvrier le passe sous une petite poulie fixée au sol de la corderie, l'enveloppe d'une corde d'étoupe nommée *Livarde*, et charge celle-ci avec une grosse pierre. Ces préliminaires terminés, un troisième ouvrier saisit le fil avec une autre livarde et le conduit au touret sur toute la longueur duquel il le distribue également. Le passage du fil dans les livardes a pour objet de l'unir au moyen d'un frottement continuel, et aussi de lui enlever l'excès de torsion qu'il pourrait avoir. A cet effet, le fileur, qui n'a point abandonné son fil, l'attache au crochet d'un appareil appelé *Émerillon* (petit morceau de bois en forme de sifflet, à chaque bout duquel est un crochet de fer tournant) qu'il tient à la main, et qui permet aux filaments de se détordre autant que cela peut être nécessaire. Quand il est arrivé au rouet, il détache le fil de l'ouvrier immédiatement parti après lui, et le joint, en le tortillant, au bout du sien : c'est ce qu'on nomme *Épisser*. Le second fileur, sentant que son fil ne tortille plus, cesse de filer et marche en avant en obéissant au mouvement du touret. Parvenu au rouet il décroche le fil de celui qui le suit et répète la manœuvre exécutée pour le sien par le maître de roue. Les autres fileurs, arrivant successivement au rouet, épissent leur fil au fil précédent, de façon que le rouet et le touret soient toujours en mouvement. Enfin, lorsque ce dernier est suffisamment chargé, on le transporte au magasin des fils de caret et ou le remplace par un autre touret vide. Un bon fileur, travaillant comme nous venons de le dire, file, chaque jour, de 29 à 34 kilogr. de fil du premier brin. Ce fil est jugé de bonne qualité lorsqu'il est uni, serré, égal, lorsque les filaments décrivent des hélices parfaitement semblables, car alors ils doivent résister tous de concert au poids dont le fil peut être chargé.

Les machines à fabriquer le fil de caret sont très diverses. Dans le métier dit à *pot tournant*, l'organe principal est un

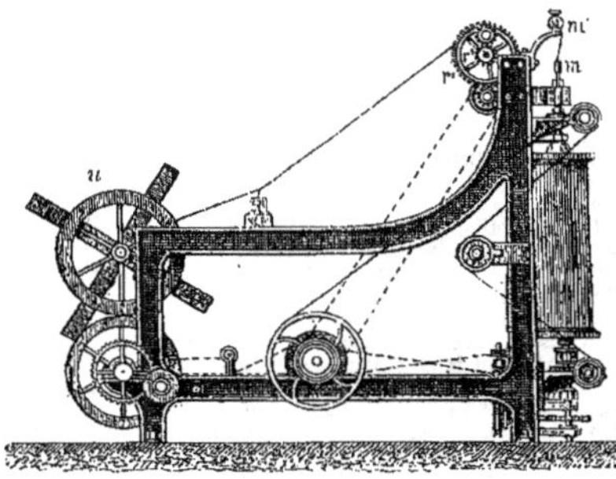

Fig. 1.

cylindre *p* qui contient les brins ou *rubans* et qui est animé d'un mouvement de rotation destiné à la torsion des fils en même temps qu'une vis élève le fond mobile de ce *pot* par un mouvement indépendant, afin d'amener continuellement la matière à l'orifice de sortie. Le fil se tord au sortir du pot, est saisi par le pince-fil *m*, passe entre les rouleaux *r*, *r*, et vient s'enrouler sur le tambour *u*.

II.—Le *Commettage* consiste à réunir plusieurs fils de caret en les tordant ensemble uniformément. Il sert à faire des ficelles, des torons, etc. Le rouet ordinaire du fileur peut servir pour *commettre* les ficelles et les petites cordes, mais il manquerait de force pour les gros cordages. Dans ce cas, on emploie un rouet de fer d'une grande solidité et d'une construction plus ou moins compliquée. Quand le cordier ne veut faire qu'une corde à deux fils ou *bitord*, il attache son fil à l'un des crochets du rouet, l'étend en le passant sur les chevalets, et va l'accrocher à une poulie ou à un crochet que porte un poteau planté à une distance égale à la longueur qu'on veut donner à la ficelle ; puis il revient l'attacher au second crochet du rouet, de sorte que le deuxième fil n'est que le prolongement du premier. Cet arrangement des fils se nomme *Ourdissage*. Le cordage étant ainsi ourdi, le cordier prend les fils à leur point de réunion au poteau, et les attache au crochet d'un émerillon qui est lui-même lié, par une corde qui passe dans son anneau, à un traîneau, ou *Carré*, chargé de pierres plus ou moins pesantes, suivant qu'on veut obtenir un commettage dur ou mou. Il saisit alors le *Toupin* (on nomme ainsi un morceau de bois en forme de cône tronqué, de grosseur proportionnée à la corde à fabriquer, et sillonné d'autant de rainures longitudinales que cette même corde doit avoir de fils ou de torons) et le place entre les deux fils de manière que ceux-ci se trouvent dans deux rainures diamétralement opposées, et que la pointe de l'instrument touche au crochet de l'émerillon. Cette disposition terminée, il ordonne de tourner le rouet afin que chacun des fils puisse prendre un plus grand degré de torsion, opération qui a pour résultat de les raccourcir ; quand le tortillement est suffisant, il éloigne le toupin de l'émerillon et le fait glisser sans interruption jusqu'au rouet, qui n'a pas cessé de tourner. On voit alors les deux fils se rassembler, se rouler l'un sur l'autre et former une corde qui ne tend plus à se détordre, ainsi que le fait un simple fil quand on vient à l'abandonner à lui-même. — Ce que nous venons de dire de la fabrication du bitord s'applique également, presque sans modification, au *merlin*, formé de 3 fils de caret, et aux *torons*, composés de 6 fils de caret au moins ; mais le tortillement des *aussières* et des *grelins*, cordages formés de *torons*, exige, en raison de la grosseur des torons qui les composent, des précautions particulières dans le détail desquelles nous ne pouvons entrer. Il nous suffira de dire ici qu'une torsion excessive, et l'on regarde comme telle celle qui réduit les fils ou les torons au tiers de leur longueur (d'où l'expression *commettre au tiers*), ôte de la force aux cordages. Duhamel veut qu'on ne pousse pas le raccourcissement au delà du cinquième ou du quart au maximum. En ce qui concerne particulièrement les grelins, il est reconnu qu'ils sont, à nombre égal de fils, beaucoup plus forts que les aussières ; ils ont d'ailleurs la propriété de ne se désunir qu'avec la plus grande difficulté, et les fils y sont tellement serrés et tortillés, que lorsque quelques-uns viennent à se rompre, le cordage n'est affaibli qu'à cet endroit, le reste conservant toute sa force. Il est également démontré que l'on augmente la force des cordages en augmentant le nombre des torons. Enfin, dans les cordages à plus de 3 torons, il existe dans l'axe un espace vide qui croît avec le nombre de ces derniers, on remplit ce vide avec une espèce de boudin, appelé *Mèche*, que l'on forme de fils non tordus, et auquel on donne juste la longueur que doit avoir le cordage après le commettage. Cette mèche n'ajoute rien à la force des cordages, car elle se rompt au premier effort un peu considérable.

Le commettage, tel que nous venons de le décrire, présente plusieurs inconvénients, celui, entre autres, de produire des torons dont les fils sont inégalement tordus. En effet, les fils étant ourdis d'une même longueur et formant un faisceau que l'on tord par les deux bouts et en sens inverse, il en résulte qu'après la torsion les fils placés à la circonférence du toron sont fortement tendus, tandis que ceux du centre sont refoulés sur eux-mêmes. Ainsi l'effort que le toron doit supporter ne se répartit pas également sur tous les fils, ce qui diminue considérablement sa force de résistance. Les nombreuses machines imaginées pour le commettage parent très bien à cet inconvénient. Elles peuvent se répartir en trois types :

1° *Machines qui fabriquent en une seule fois le cordage.* — Les fils de caret se répartissent d'abord sur trois ailes portant chacune autant de bobines qu'il doit entrer de fils de caret dans le toron ; puis ces fils sont commis ensemble par un mouvement simultané de traction et de torsion, de sorte que chaque aile fabrique un toron ; puis les trois torons arrivent au centre d'une pièce tournante où ils sont commis ensemble pour former le cordage.

2° *Système formé de deux machines fixes dont l'une fait les torons et l'autre les réunit en cordages.* — La Fig. 2 représente la machine à toronner. Les fils de caret enroulés sur les bobines B B' sont tordus par la plaque R, appelée *registre*, qui est animée d'un mouvement de rotation, et sortent au moyen de toron sur les poulies T T' qui amènent celui-ci au dévidoir M. La machine à câbler présente avec la précédente une grande analogie, sauf qu'au lieu d'avoir à tordre un grand nombre de fils, elle n'opère que sur trois ou quatre torons.

3° *Systèmes formés d'une machine fixe et d'une mobile.* — La machine fixe, dite *fileuse en gros*, contient une plaque circulaire tournante destinée à tordre les fils de caret et des

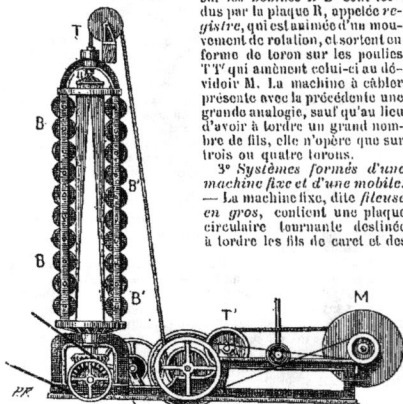

Fig. 2.

tubes chauffés à la vapeur dans lesquels passent les torons une fois tordus. La machine mobile dite *coureuse* est montée sur des rails : elle porte des crochets pouvant tourner autour d'un arbre horizontal. On commence par attacher à ces crochets l'extrémité des torons et on fait avancer la coureuse qui tire ainsi et tord en même temps les torons. Une fois ceux-ci fabriqués, on laisse la coureuse immobile à l'extrémité de l'atelier ; on attache les torons à des crochets fixés d'une part à la coureuse, d'autre part à la fileuse en gros et qui tournent en sens inverse en même temps qu'on fait circuler entre les torons un gros *toupin* monté sur un wagonet. La fabrication ainsi conduite rappelle de très près la fabrication à la main ; mais on peut ainsi construire des câbles qui vont jusqu'à 0 m,60 de diamètre.

La force des nouveaux cordages est à celle des anciens comme 21 est à 10, quand ils sont composés de fils blancs, et de 16 à 10, lorsque les fils ont été goudronnés. Malheureusement, ces appareils ne se trouvent encore que dans les grands ateliers du commerce et de l'État ; ils n'ont pu pénétrer dans les petits établissements où le besoin d'un puissant outillage ne se fait guère sentir.

Parmi les perfectionnements introduits dans l'industrie de la corderie, nous citerons la fabrication des cordages plats. Ces cordages qui sont aujourd'hui en usage dans presque toutes les mines, ont l'avantage de ne pas faire tourbillonner les tonneaux d'extraction, en se tordant et se retordant sous le poids de la charge, ce qui les usait très rapidement, et de s'enrouler régulièrement sur les bobines d'extraction. Ils sont faits avec 2, 4 ou 6 aussières commises, les unes à droite, les autres à gauche, et ensuite unies ensemble au moyen d'une corde qui les traverse par leur centre.

CORDES, ch.-l. de c. (Tarn), arr. de Gaillac, 2.000 hab.

CORDIA. s. m. (R. *Cordius*, nom d'un botaniste allemand). T. Bot. Genre de plantes Dicotylédones de la famille des *Borraginées*. Voy. ce mot.

CORDIAL, ALE. adj. (lat. *cor, cordis*, cœur). Se dit de certains médicaments qui ont la propriété d'augmenter rapidement l'action circulatoire et la chaleur générale du corps. *Breuvage c. Potion cordiale.* || Fig., Qui est plein d'affection, qui procède du fond du cœur. *Amour c. Affection cordiale.* — En parlant des personnes, Affectueux, sincère, *Un homme franc et c. C'est un ami c.* — Subst., Le vin vieux est un excellent c. Les cordiaux sont des excitants et des stimulants diffusibles.

CORDIALEMENT. adv. Avec cordialité, de tout cœur, affectueusement, sincèrement. *Il m'a parlé c. et en ami. Vivre c. avec ses parents, avec ses amis.* — *Détester, haïr c. quelqu'un*, Le détester profondément.

CORDIALITÉ. s. f. (R. *cordial*). Manière affectueuse et ouverte avec laquelle on parle, on agit. *Il nous a accueillis avec c. Il lui parla avec beaucoup de c.*

CORDIÉES. s. f. pl. (R. *Cordia*). T. Bot. Tribu de plantes de la famille des *Borraginées*. Voy. ce mot.

CORDIER, minéralogiste français (1777-1861).

CORDIER, IÈRE. s. Celui, celle qui fabrique ct qui vend des cordes. || T. Pêc. Celui qui pêche avec des cordes garnies d'hameçons. || Point d'attache des cordes du violon.

CORDIER, IÈRE. adj. Qui a rapport à la fabrication des cordes. *Industrie cordière.* || *Vache cordière*, Espèce de vache grasse.

CORDIÉRITE. s. f. (R. *Cordier*, nom d'un géologue fr.). T. Minér. Silicate d'alumine et de magnésie naturel qu'on emploie en bijouterie comme le saphir. Il en existe une variété *dichroïque* qui paraît d'un beau bleu dans la direction de l'axe et d'un gris jaunâtre dans la direction perpendiculaire; elle est connue en bijouterie sous le nom de saphir bleu.

CORDIFOLIA. s. m. (lat. *cor, cordis*, cœur; *folium*, feuille). T. Vitic. Cépage américain.

CORDIFOLIÉ, ÉE. adj. (lat. *cor, cordis*, cœur; *folium*, feuille). T. Bot. Qui a des feuilles en cœur.

CORDIFORME. adj. 2 g. Qui a la forme d'un cœur, particulièrement d'un cœur de carte à jouer.

CORDIGÈRE. adj. 2 g. (lat. *cor, cordis*, cœur; *gerere*, porter). Qui porte une marque en forme de cœur.

CORDILLAS. s. m. [Pr. les *ll* mouillées] (R. *corde*). T. Comm. Ancienne étoffe de laine.

CORDILLE. s. m. [Pr. les *ll* mouillées] (Dimin. de *corde*, à cause de la petitesse du poisson). T. Pêc. Jeune thon qui sort de l'œuf.

CORDILLÈRES, montagnes de l'Amérique du Sud. Voy. ANDES.

CORDIMANE. adj. 2 g. (lat. *cor, cordis*, cœur; *manus*, main). T. Zool. Qui a les pattes faites en forme de cœur.

CORDITÈLE. adj. (fr. *corde*, et lat. *tela*, toile). T. Zool. Qui jette des fils solitaires en manière de cordes, en parlant de l'araignée.

CORDOBA ou **CORDOVA**, ville de la République Argentine, à 550 kil. N.-O. de Buenos-Ayres. Fondée en 1573 et ainsi nommée à cause de la ressemblance de sa situation avec celle de Cordoue. Ville importante aujourd'hui. Observatoire. 41,000 hab.

CORDOMÈTRE. s. m. (R. *corde*, et gr. μέτρον, mesure). T. Mus. Instrument pour mesurer la grosseur des cordes et en éprouver l'élasticité régulière.

CORDON. s. m. (R. *corde*). Une des petites cordes dont est composée une plus grosse. *Une corde à trois cordons. Ce c. n'est pas assez tors.* || Très petite corde ou bien petite tresse ronde ou plate, faite de fil de soie, de coton, etc. *Attacher, lier, nouer avec un c. C. de sonnette. C. de montre. Les cordons d'une bourse. Cordons de souliers.* — Absol., La petite corde au moyen de laquelle un portier ouvre la porte à ceux qui veulent entrer ou sortir. *Demander le c. Le c. s'il vous plaît* || Lacet de soie dont on se servait naguère en Turquie pour étrangler les personnages éminents dont le sultan voulait se défaire. *Le Grand Seigneur lui envoya le c.* || T. Blas. Ornement terminé par un certain nombre de houppes qui accompagne les armoiries des prélats. Voy. CARDINAL, etc. || Large ruban qui fait partie des insignes de certains ordres de chevalerie. *Avoir les cordons de plusieurs*

ordres. *Le grand c. de la Légion d'honneur.* — *C. bleu*, Ruban large, moiré et bleu, auquel était attachée la croix de l'ordre du Saint-Esprit. *Le roi lui donna le c. bleu.* Se dit aussi des chevaliers de cet ordre. *Il se trouva dans cette assemblée quatre ou cinq cordons bleus.* Fig. et par plaisanterie, on dit d'une cuisinière habile : *C'est un c. bleu.* — *C. rouge*, Ruban moiré et couleur de feu, auquel était attachée la croix de commandeur de l'ordre de Saint-Louis. *Le roi donna le c. rouge à trois maréchaux de camp.* Se dit aussi des commandeurs de cet ordre. *Il était c. rouge.* — *C. noir*, Ruban moiré et noir, auquel était attachée la croix de l'ordre de Saint-Michel. *Il reçut le c. noir.* || Petite cordelette bénite que portent les membres de certaines confréries. *Le c. de Saint-François d'Assise. Il était de la confrérie du C.* || T. Mar. Bourrelet longeant les bordages. || T. Fortif. Recouvrement en pierres des murs d'escarpe et de contrescarpe. || T. Anat et Bot. Se dit de différentes parties qui ont de la ressemblance avec une petite corde. *C. spermatique.* Voy TESTICULE. *C. nerveux.* Voy. NERF. *C. ombilical.* Voy. PLACENTA, OMBILIC, FŒTUS. *C. pistillaire.* Voy. PISTIL. || T. Archit. Grosse moulure qui règne tout autour d'une muraille, d'un bâtiment, ou le long d'une corniche dans un appartement, etc. *C. uni. Un c. orné de feuillage.* || T. Horticult. *C. de gazon*, Bande de gazon qui règne le long de quelque plate-bande. || T. Techn. Le petit bord façonné qui forme la circonférence des monnaies. *Le c. de cette pièce d'or a été rogné.* || Rangée, file de plusieurs choses ou de plusieurs personnes placées les unes à côté des autres. *L'illumination était fort belle; des cordons de verre de couleur régnaient tout le long des Champs-Élysées.* || T. Guerre. *C. de troupes*, ou simplement *Cordon*, Suite de postes garnis de troupes, qui peuvent communiquer entre eux. *On n'établit guère de c. de troupes que pour empêcher la propagation d'une maladie réputée contagieuse.* Dans ce cas, on l'appelle aussi *C. sanitaire.* || T. Techn. Fils doubles ou triples que l'on ajoute à la chaîne dans le tissage de la soie pour la formation de lisières. || T. Min. Nom donné par les mineurs aux filets de quartz ou de carbonate calcaire qui divisent certaines roches en blocs cuboïdes ou rhomboïdaux.

CORDONNAGE. s. m. [Pr. *kordo-naje*]. T. Monn. Opération qui consiste à relever les bords des flans des monnaies avec la machine à cordonner.

CORDONNER. v. a. [Pr. *kordo-ner*]. Tortiller ensemble plusieurs filaments pour en former un cordon; mettre en cordon. *C. de la filasse de chanvre. de la soie. C. des cheveux*, Entourer avec un ruban des cheveux qui sont tortillés. || T. Monn. *Machine à cordonner*, Machine servant à relever les bords du flan pour faciliter l'exhaussement du listel, pour protéger la face des pièces. = CORDONNÉ, ÉE. part.

CORDONNERIE. s. f. [Pr. *kor-do-ne-ri*] (R. *cordonnier*). La fabrication des souliers. *Il apprend la c. Passé maître en c. Atelier de c.* || Le lieu où l'on vend des souliers, des bottes. Vx. || Dans les collèges, etc., le magasin où sont déposées les chaussures.

Techn. — Pour faire un soulier quelconque, on coupe d'abord le *Quartier* et l'*Empeigne*. Le *Quartier* est cette partie de la chaussure qui emboîte le talon et à laquelle sont attachées les *Oreilles*, c.-à-d. les languettes auxquelles se fixent les boucles ou les courroies; l'*Empeigne* est la partie qui couvre le reste du pied. Cette première opération terminée, on assemble le quartier avec l'empeigne, et l'on coud sur le bord inférieur de cette dernière, pour le soutenir, de petits morceaux de cuir appelés *Ailettes*. Toutes les coutures se font avec du fil enduit de poix. On renforce en même temps le quartier en y collant intérieurement une pièce de cuir nommée *Contrefort*. Cela fait, on met la première semelle sur la *forme*, prise de bois ou de fer ayant la forme de la chaussure; on l'*arrondit* avec un tranchet, puis on applique l'empeigne sur cette même forme, ce qui s'appelle *monter*. Le soulier étant monté, on coud la première semelle avec l'empeigne, en ayant soin de placer entre elles une lanière de cuir appelée *Trépointe*, qui a pour objet de soutenir la couture qui les unit, et qui fait le tour de la chaussure en s'arrêtant au talon. On coud ensuite la deuxième semelle et l'on fait le talon. Il ne reste plus qu'à parer les semelles et à les noircir; après quoi on démonte le soulier, on découpe le quartier et l'empeigne pour leur donner la hauteur voulue, et on applique la *bordure*. Les opérations sont à peu près les mêmes pour les chaussures de femmes; seulement, on ne donne souvent à ces dernières qu'une seule *Semelle*, ou, du moins, ce qu'on est convenu d'appeler première semelle ne consiste qu'en un morceau de peau très mince et simplement collée; de plus, on coud la dernière semelle sans trépointe. Quant aux bottes, on commence d'abord par *lever la tige*, c.-à-d. par la couper, si l'on n'aime mieux la prendre en fabrique toute préparée. On la coud et on la monte sur la forme pour faire le soulier, ce qui s'exécute de la même manière que pour un soulier ordinaire.

Ce qui précède s'applique aux procédés ordinaires de la cordonnerie soignée. Mais, dans les chaussures communes, la trépointe est entièrement supprimée et la couture des semelles est remplacée par une sorte de clouage fait à la mécanique. Ces chaussures sont généralement connues sous le nom de *chaussures clouées* ou *chevillées*. On les distingue, suivant la forme des clous ou chevilles qui entrent dans leur fabrication, en chaussures *à vis*, chaussures à *clous dentelés*, chaussures à *clous en forme de* V, etc. Les semelles et les empeignes sont découpées à l'emporte-pièce, et c'est à des machines ingénieuses, mues par des hommes ou par la vapeur, que sont confiées les opérations du montage et du chevillage.

La Fig. ci-jointe représente la machine à visser imaginée par Lemercier, dont l'usage très répandu a consacré les mérites. Ajoutons que des machines à coudre spécialement destinées à la cordonnerie sont employées à la piqûre des tiges et à la fabrication des chaussures cousues. Quand les opérations sont bien conduites, les chaussures découpées à l'emporte-pièce et cousues à la machine rivalisent de solidité et d'élégance avec les chaussures fabriquées à la main;

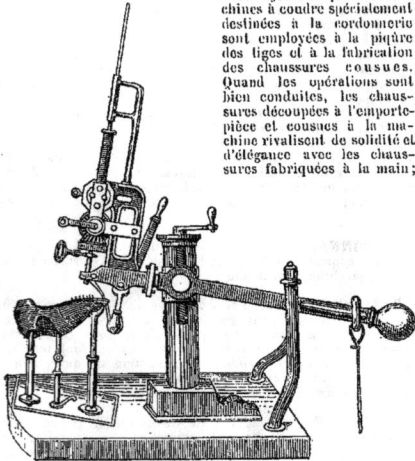

mais ce qui fait en général l'infériorité très réelle de la fabrication mécanique, c'est que cette fabrication, dirigée le plus souvent en vue d'une production à bon marché, n'est pas menée avec tous les soins nécessaires.

Les chaussures vissées, elles-mêmes, devraient rivaliser avec les chaussures cousues. Quant aux chaussures clouées, elles sont nécessairement inférieures. — Quel que soit du reste le procédé de fabrication, la qualité du produit dépend essentiellement de celle du cuir employé et du soin qui a été apporté à sa préparation. Or, il y a sous ce rapport de très grandes variétés de cuir, et c'est là qu'il faut chercher la principale cause de l'usure et de la déformation rapide des chaussures à trop bon marché. Voy. CHAUSSURE, CORDONNIER.

CORDONNET. s. m. [Pr. *kordo-nè*] (Dimin). Petit cordon, petite tresse ou petit ruban de fil, de soie, d'or ou d'argent, que fabriquent les passementiers. *Du c. pour broder une robe.* || T. Techn. La marque qui est empreinte sur la tranche des monnaies d'or et d'argent. || Espèce de broderie en relief formant une espèce de cordon.

CORDONNIER, IÈRE. s. [Pr. *kordo-nié*] (R. *Cordoue*, v. d'Espagne). Celui ou celle qui confectionne ou qui vend des souliers, des bottes, des brodequins et autres chaussures semblables.

Hist. — Ce mot s'écrivait autrefois *Cordouannier*, dérivé de *cordouan*, dénomination par laquelle on désignait des cuirs ou peaux de chèvre préparés à Cordoue, dans l'Andalousie. Sous le régime des jurandes et des maîtrises, les cordonniers se divisaient en trois classes dépendant d'une même corporation : cordonniers pour hommes, cordonniers pour femmes et enfants, et cordonniers-bottiers. Tous prenaient la qualité de maîtres *cordonniers-sueurs*, du latin *sutor*. Ils pouvaient, ainsi que les corroyeurs, mettre en suif les cuirs dont ils se servaient. Il y avait en plus la corporation des savetiers, qui devait se borner à la réparation des vieilles chaussures. Les procédés de fabrication, du reste très simples, n'ont presque pas varié depuis l'antiquité jusqu'à l'introduction des machines au XIXᵉ siècle. Voy. CORDONNERIE.

CORDOUAN (TOUR DE), phare élevé à l'embouchure de la Gironde, dans une île qui a été graduellement rongée par les vagues de la mer, et dont il ne reste plus qu'un rocher. 10 kil. à l'ouest de Royan.

CORDOUAN. s. m. (R. *Cordoue*, v. d'Espagne). T. Techn. Peau de chèvre façonnée dans le genre du cuir de Cordoue.

CORDOUE (en espagnol *Cordoba*), cap. de la province de son nom (Espagne), sur le Guadalquivir, à 442 k. de Madrid; 49,000 hab. Patrie des deux Sénèque, de Lucain, de Gonzalve. Capitale des califes Ommiades, de 756 à 1031. Magnifique mosquée, transformée en église. Château mauresque nommé *Alcazar*. ⸗ La province de Cordoue compte 400,000 hab. ⸗ Nom des hab., CORDOUAN, ANE.

CORDOVA. Voy. CORDOBA.

CORDYCEPS. s. m. [Pr. *kordi-seps*]. T. Bot. Genre de Champignons de la famille des *Pyrénomycètes*. Voy. ce mot.

CORDYLINE. s. f. (gr. κορδύλη, massue). T. Bot. Genre de plantes Monocotylédones de la famille des *Liliacées*. Voy. ce mot.

CORECTOMIE. s. f. (gr. κόρη, pupille, ἐκτομὴ, entaille). T. Chir. Résection d'une partie de l'iris.

CORECTOPIE. s. f. (gr. κόρη, pupille; ἔκτοπος, déplacé). T. Anat. Fausse position de la pupille qui consiste en ce qu'elle n'occupe pas le centre de l'iris.

CORÉE. Presqu'île de l'Asie orientale, comprise entre la mer Jaune et la mer du Japon et rattachée au continent, vers le nord et le nord-est, par une bande de terre large d'environ 500 kil. Telle est d'ailleurs la largeur moyenne de la péninsule, tandis que sa longueur est d'environ 800 kil. Sa superficie est de 220.000 kil. car. La population est approximativement de 8 millions d'habitants.

Les côtes de Corée sont en général basses et sableuses : au large, un grand nombre d'îlots. Une île plus importante est Quelpaert (715 kil. car.). Trois caps principaux : Clonard, Petchourov et Brunt, indiquent les saillies de la côte orientale; celles de la côte occidentale sont beaucoup plus faibles. Par suite de l'étroitesse du pays, les cours d'eau sont de faible étendue : à citer le Ya-lou et le Mi-Kiang, qui sont sur la frontière. La ligne de partage des eaux se rattache aux monts Chanlin, qui sont en Mandchourie; elle projette dans toute la péninsule de nombreux contreforts, qui donnent au pays un aspect essentiellement montagneux. — La Corée présente les températures les plus extrêmes; très chaude l'été, très froide l'hiver. En cette dernière saison, la mer Jaune elle-même gèle en partie le cependant la Corée est à peu près sous la même latitude que l'Italie.

La Corée est encore imparfaitement connue : les races qui l'habitent se rapprochent des Chinois et des Japonais. Du reste ces deux peuples se sont disputés pendant de longs siècles la prépondérance dans la péninsule et ont alternativement dominé, sous le couvert d'un souverain national plus ou moins indépendant. La suprématie chinoise paraissait établie depuis plus de deux siècles (1637), lorsqu'éclata la guerre de 1894-1895, qui fut favorable aux Japonais. — La Corée est restée longtemps fermée à la civilisation et au commerce de l'Europe; les missionnaires qui les premiers pénétrèrent dans l'île au XVIIᵉ siècle, furent tous indistinctement massacrés, après un temps plus ou moins long de prédication. On essaya bien de les venger, mais on se borna à des mesures d'intimidation qui ne produisirent aucun effet. Ce furent les Japonais qui, en 1876, parvinrent enfin à forcer l'ouverture des ports de la Corée : Fousan et Chemulpo. L'Amérique et les différentes nations européennes ne tardèrent pas à obtenir les mêmes avantages (1882-1892).

Le roi de Corée ou *Hup-men* jouit d'un pouvoir absolu dans ses États. La monarchie est héréditaire dans la dynastie

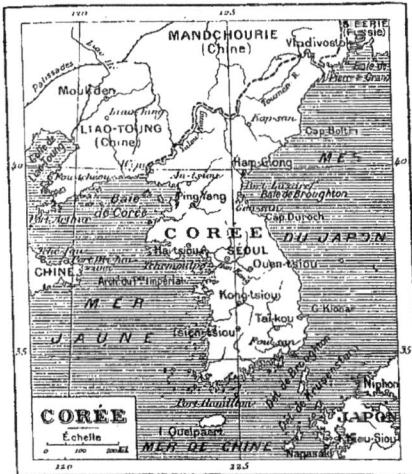

de Han, qui règne depuis 1391. Le pays est partagé en huit gouvernements. La capitale est Séoul, dont la population est d'environ 200,000 hab.

Le nombre des étrangers fixés dans l'île est seulement de 12 à 13,000, dont 9,500 Japonais, 2,700 Chinois, 100 Américains, 50 Anglais, 40 Français et 30 Allemands. Les villes où ils ont le droit de séjourner sont Séoul, Chemulpo Fousan et Wensan. — Les indigènes sont adhérents au Bouddhisme et au Confucianisme. Les chrétiens catholiques sont environ 22,000 et les protestants 300.

Le commerce avec l'étranger se fait par les trois ports de Chemulpo, Fousan et Wensan, et dépasse 6 millions dont près de 4 millions pour l'importation. Les principaux articles de commerce sont (nous citerons par ordre d'importance) pour l'importation : les cotonnades, les soieries, le cuivre, le pétrole, le sel, etc. ; pour l'exportation : l'or, les fèves, le riz, les peaux, les poissons, etc. Les navires, qui entrent dans les trois ports, sont au nombre de 1,300 à 1,400, jaugeant 400,000 tonnes.

Plusieurs lignes télégraphiques sont en exploitation, de telle sorte que tous les chefs-lieux de province sont en communication avec Séoul, la capitale. — Le budget du royaume est d'environ 10 millions de francs.

CORÉE. s. m. (gr. κόρις, punaise). T. Entom. Genre de punaises de la famille des *Coréides* parmi les *Hémiptères hétéroptères*. Le corps est déprimé, les antennes ont le premier article aussi long et souvent plus long que la tête, avec le dernier en forme de bouton ovulaire. Les pattes sont assez grêles. Voy. HÉMIPTÈRES.

CORÉIDES. s. f. pl. (R. *corée*). T. Entom. Famille de *Punaises*. Voy. HÉMIPTÈRES.

CORÉGENCE. s. f. Fonction du corégent.

CORÉGENT. s. m. (lat. *cum*, avec, et *régent*). Prince partageant avec un autre la régence d'un royaume.

CORELIGIONNAIRE. s. 2 g. [Pr. *koreli-jio-nère*] (lat.

cum, avec, et *religion*). Se dit des personnes qui professent la même religion. *Il fait beaucoup de bien à ses coreligionnaires.* — Par ext. Qui professe les mêmes opinions, les doctrines qu'une ou plusieurs autres personnes.

CORÉMA. s. m. (gr. κόρημα, balayure). Genre de plantes Dicotylédones de la famille des *Empétrées.* Voy. ce mot.

CORÉOMÈTRE. s. m. (gr. κόρη, pupille; μέτρον, mesure). T. Chir. Appareil au moyen duquel on mesure l'ouverture de la pupille.

CORÉOPSIS. s. m. (gr. κόρη, pupille; ὄψις, aspect). T. Bot. Genre de plantes Dicotylédones de la famille des *Composées.* Voy. ce mot.

CORESSE. s. f. T. Pêch. Magasin où l'on prépare les harengs saurs à Dunkerque et à Calais.

CORÈTE ou **CORRÈTE.** s. f. T. Bot. Nom vulgaire du *Corchorus olitorius,* plante de la famille des *Malvacées.* Voy. ce mot.

CORFOU, anc. **CORCYRE,** la plus importante des îles Ioniennes (Grèce), 106,000 hab.; ch.-l. Corfou, 16,500 hab.

CORGE ou **COURGE.** s. f. T. Comm. Balle de vingt pièces de toile de coton des Indes.

CORIACE. adj. 2 g. (lat. *corium,* cuir). Qui est dur comme du cuir. *Cette viande est c. La chair de cet animal est très c.* — Fig. et fam., se dit d'un homme dur, difficile, avare, et dont on a de la peine à tirer quelque chose. *C'est un homme c. Il est très c.* || T. Bot. et Zool. Se dit des parties qui ont la dureté, la consistance du cuir. *Feuille c. C'est c.* — On dit aussi, mais rarement, *Coriacé, ée.*

CORIAIRE. adj. 2 g. (lat. *corium,* cuir). Qui sert au tannage des peaux.

CORIAIRE. s. f. (lat. *corium,* cuir). T. Bot. Genre de plantes (*Coriaria*) de la famille des *Géraniacées.* Voy. ce mot.

CORIAMBE. s. m. Voy. CHORIAMBE.

CORIAMYRTINE. s. f. (R. *coriaire,* et *myrte*). T. Chim. Principe vénéneux contenu dans l'arbrisseau appelé vulgairement Redoul (*Coriaria myrtifolia*). C'est une substance neutre qui répond à la formule $C^{30}H^{36}O^{10}$, qui est cristallise en prismes clinorhombiques, fusibles à 220°. Elle agit comme un poison violent, analogue à la strychnine. Une dose de 2 centigrammes en injection hypodermique tue un lapin en 25 minutes.

CORIANDRE. s. f. (gr. κορίαννον, m. s.). T. Bot. Genre de plantes Dicotylédones (*Coriandrum*) de la famille des *Ombellifères.* On désigne aussi par ce nom le fruit de l'espèce type de ce genre, du *Coriandrum sativum.* Voy. OMBELLIFÈRES.

CORIDE. s. f. (gr. κόρις, m. s.). T. Bot. Genre de plantes Dicotylédones (*Coris*) de la famille des *Primulacées.* Voy. ce mot.

CORIDINE. s. f. T. Chim. Base non oxygénée, contenue dans les huiles légères de houille, et répondant à la formule $C^{10}H^{15}Az.$ Liquide huileux, bouillant à 211°, à réaction alcaline, soluble dans l'alcool, l'éther, les huiles volatiles.

CORINDON. s. m. (*Korund,* nom indien). T. Minér. Le *Corindon* est une substance anhydre, vitreuse ou pierreuse, cristallisable, et se clivant en rhomboèdres de 86° 4' et 93° 56'. Sa densité varie entre 3,97 et 4,16. C'est le minéral le plus dur après le diamant. Il est infusible au chalumeau ordinaire et inattaquable par les acides. Il est essentiellement formé d'alumine; mais on le trouve souvent mélangé de peroxyde de fer, d'oxyde de titane ou d'oxyde chromique. Le c. possède la double réfraction. Il est presque toujours transparent ou translucide, avec un éclat vitreux. Incolore à l'état pur, il offre des teintes plus ou moins vives de rouge, de bleu, de jaune, de vert et de violet, selon l'oxyde colorant avec lequel l'alumine se trouve combinée. Enfin, quelques variétés sont opaques et d'un gris obscur ou d'un brun noirâtre, tandis que d'autres présentent des cristaux, en partie limpides, en partie colorés, dont les nuances sont souvent disposées régulièrement, chacune d'elles répondant à une des couches d'accroissement du cristal.

On peut ramener à 4 le nombre des variétés du genre c. : 1° le *C. hyalin* comprend tous les cristaux désignés sous le nom de *Gemmes orientales*, et fournit une grande partie des pierres fines employées par la joaillerie; le *C. bleu* ou *Saphir oriental*, le *C. rouge cramoisi* ou *Rubis oriental*, le *C. jaune pur* ou *Topaze orientale*, le *C. violet pur* ou *Améthyste orientale*, et le *C. vert* ou *émeraude orientale*. Ces gemmes sont très recherchées et toujours d'un prix élevé, surtout lorsqu'elles sont sans défaut. Le rubis parfait, d'une belle teinte de feu, vaut même plus, quand il dépasse 3 karats, que le diamant du même poids. Un beau saphir de 10 karats est estimé 1,324 fr., et celui de 20 karats 4,295. A poids égal, le prix du saphir n'est en général que le quart de celui du rubis. Nous nommerons encore le *C. girasol*, à fond blanc et à reflets changeants, et le *C. astérie* ou *C. étoilé*, qui présente le remarquable phénomène optique que nous avons expliqué au mot ASTÉRISME. — 2° Le *C. adamantin*, ou *Harmophane*, renferme un grand nombre de pierres fines provenant de l'Inde, de la Chine et du Thibet. Il est translucide, lamelleux, et se divise facilement en fragments rhomboïdaux; mais ses nuances sont beaucoup moins éclatantes que celles du précédent. — 3° Le *C. compact* est gris ou noirâtre, entièrement opaque et d'un aspect terreux. — 4° Le *C. émeril* ou *ferrifère* offre une texture grenue et une teinte brune, rougeâtre ou brunâtre. On le réduit en une poudre plus ou moins fine, appelée *Émeri*, qui sert à polir les métaux, les glaces, les pierres fines et les verres d'optique.

Le c. appartient aux terrains de cristallisation; il s'y trouve disséminé dans les granites, les micaschistes, les roches basaltiques, les filons feldspathiques qui traversent des syénites, etc. Les plus belles variétés de c. viennent de l'Inde, de la Chine et du Thibet. Le c. hyalin et le c. adamantin d'Europe ont, en général, une valeur peu considérable; ils existent principalement en Laponie, dans les Alpes et dans nos anciennes provinces d'Auvergne et du Velay. Quant au c. émeril, presque tout celui qui est consommé par l'industrie provient de l'île de Naxos, en Grèce, des îles de Jersey et Guernesey, et d'Ochsenkopf, près de Schwarzenberg, en Saxe.

Plusieurs chimistes se sont occupés de la production artificielle du c. Les premiers essais de c. genre sont dus à Marc-Antoine Gaudin; puis vinrent les travaux d'Ebelmen, de Sainte-Claire Deville, de Hautefeuille, etc. Mais les cristaux obtenus par ces chimistes différaient quelque peu, dans leurs formes géométriques, du c. naturel, ou bien leurs dimensions étaient microscopiques. La synthèse du c. a été complètement réalisée en 1877, puis en 1888 par MM. Frémy et Verneuil, qui sont même parvenus, en 1890, à *nourrir* par la voie sèche les cristaux obtenus à haute température et qui ont ainsi réussi à produire artificiellement des cristaux de c. de grandes dimensions, présentant tous les caractères du c. naturel. Voy. RUBIS.

Consulter les *Comptes rendus de l'Académie des sciences*, années 1888 et 1890.

CORINIÈRE. s. f. T. Mar. La dernière pièce de bois à l'extrémité de la poupe.

CORINNE. s. f. (Nom de femme). T. Mamm. Espèce d'antilope.

CORINNE, femme poète de l'anc. Grèce (V° s. av. J.-C.).

CORINTHE, v. de Grèce, sur l'isthme de même nom; 11,150 hab. Nom des hab. : CORINTHIEN, IENNE. — Cette ville passe pour avoir été fondée 1900 ans avant notre ère et fut l'une des plus florissantes de l'antiquité, célèbre par ses richesses, son amour du luxe et des plaisirs, — plaisirs fort coûteux, paraît-il, car leur prix était devenu proverbial : *Non licet omnibus adire Corinthum*, « Il n'est pas permis à tout le monde d'aller à Corinthe ». || Guerre de Corinthe 395-387 av. J.-C.

CORINTHE (ISTHME DE), entre le golfe d'Athènes (anc. golfe Saronique) et le golfe de Lépante (anc. golfe de Corinthe), unit la Morée (Péloponèse) à la Grèce propre. Un canal, entrepris dès le temps de Néron, vient d'être creusé à travers l'isthme de Corinthe et met désormais les deux golfes en communication, évitant ainsi aux navires de doubler le Péloponèse.

CORINTHIEN, IENNE. adj. T. Archit. Ordre d'architecture caractérisé par l'emploi de la feuille d'acanthe pour l'ornement des chapiteaux. Voy. ACANTHE, COLONNE et ORDRE.

CORIOLAN (C. MARIUS), personnage romain, battit les Volsques à Corioles; puis, accusé de tyrannie, se retira chez les Volsques, marcha contre sa patrie, ne se laissa fléchir que par sa mère Véturie et sa femme Volumnie, et fut assassiné par les Volsques (V° s. av. J.-C.).

CORIOLI ou **CORIOLES,** anc. v. d'Italie (Latium), cap. des Volsques.

CORIS. s. m. T. Zool. Voy. CAURIS.

CORIXE. s. f. (gr. κόρις, punaise). T. Entom. Genre d'insecte hémiptère aquatique de la famille des *Notonectides*.

CORK, ch.-l. du comté de Cork (Irlande) ; 80,200 hab.

CORLAY, ch.-l. de c. (Côtes-du-Nord), arr. de Loudéac, 1,600 hab.

CORLIEU. s. m. T. Chass. Le petit du courlis.

CORME. s. f. (lat. *cormum*, cormier). T. Bot. Fruit du Cormier.

CORMEILLES, ch.-l. de c. (Eure), arr. de Pont-Audemer; 1,200 hab.

CORMENIN (Vicomte de), publiciste et jurisconsulte français, dont les pamphlets ont eu un grand retentissement sous Louis-Philippe (1788-1868).

CORMIER. s. m. (R. *corme*). T. Bot. Nom donné au *Sorbus domestica* de la famille des *Rosacées*. Voy. ce mot.

CORMONTAIGNE, célèbre ingénieur français, né à Strasbourg, continuateur de Vauban (1696-1752).

CORMOPHYTES. s. f. pl. (gr. κόρμος, tige; φύτον, plante). Nom donné par Endlicher à sa deuxième *section* du règne végétal, qui comprend tous les végétaux ayant une tige nettement caractérisée.

CORMORAN. s. m. (corrupt. de *corbeau marin*, ou plutôt, de formation hybride et pléonastique, de *cor*, rad. de *corbeau* dans les langues aryennes, lat. *corvus*, gr. κόραξ; et celt. *môvran*, cormoran, de *môr*, mer, et *bran*, corbeau). Les *Cormorans* (*Phalacrocorax*, Cuv.; *Hydrocorax*, Vieillot) constituent un genre distinct dans l'ordre des *Palmipèdes*, famille des *Totipalmes* de Cuvier.

Les cormorans sont caractérisés par leur bec allongé, comprimé latéralement et arrondi en dessus, à mandibule supérieure crochue au bout, et par leur doigt du milieu dont l'ongle est denté en scie. Rangés entre les pélicans et les frégates, ils se distinguent des premiers par la faible dilatabilité de la membrane qui s'étend sous la gorge, et des secondes par leur queue ronde et composée de 14 pennes. Ces oiseaux sont essentiellement ichtyophages, et ils font une telle consommation de poissons qu'ils peuvent dépeupler en peu de temps les eaux les mieux fournies. Aussi habiles plongeurs qu'excellents nageurs, ils poursuivent leur proie avec une étonnante rapidité; ils la saisissent avec le bec, la jettent en l'air et la reçoivent la tête la première, avec une telle adresse qu'ils ne manquent jamais leur coup. Mais ils sont aussi lourds à terre qu'agiles dans l'eau. En effet, une fois posés ils se logent plus et l'on peut les approcher de très près sans qu'ils aient peur de s'éloigner de la présence de l'homme. Toutefois leur vol est assez rapide et soutenu, quoiqu'ils ne paraissent pas s'avancer bien loin en pleine mer, ni s'enfoncer profondément dans les terres. Ils se tiennent ordinairement non loin du rivage ou des cours d'eau, sur les arbres ou sur les rochers, où ils nichent et vivent en bandes nombreuses. Les femelles pondent au printemps de deux à quatre œufs d'un blanc sale ou verdâtre, et les petits naissent au bout de 30 jours; mais ils ne quittent leur nid que lorsqu'ils sont en état de voler. La chair des cormorans étant de mauvais goût, on ne leur fait la chasse que pour débarrasser les pièces d'eau de voisins dangereux. Autrefois les Anglais mettaient à profit l'habileté des cormorans pour la pêche et en faisaient de véritables pêcheurs domestiques. Cet usage a disparu depuis longtemps chez nos voisins, mais il subsiste encore chez les Chinois. Pour cela, on habitue ces oiseaux à rapporter le

poisson qu'ils prennent; et quand ils avalent leur proie on la leur fait rendre en leur pressant l'œsophage avec la main, ou bien on leur passe un anneau au bas du cou pour les empêcher de l'avaler. — Les cormorans habitent toutes les parties du globe. L'Europe en possède 4 espèces, savoir : le Grand C., ou C. commun (Hydrocorax carbo), qui a la taille d'une oie et qu'on appelle quelquefois Corbeau de mer; le Petit C., ou C. nigaud (H. graculus); et le C. Largup (H. cristatus), et le C. Pygmée (H. Pygmæus). Les espèces étrangères, au nombre de dix environ, sont difficiles à déterminer : nous nous contenterons de citer le C. Dilophe (H. Dilophus) (Fig. ci-dessus) de la Nouvelle-Zélande, dont la tête est ornée de deux touffes de plumes, l'une sur le front, et l'autre sur l'occiput.

CORNAC. s. m. (sanscr. karnikin, éléphant). Mot indien qui sert à désigner celui qui est chargé de soigner et de conduire un éléphant. || Par ext., Conducteur, guide quelconque; s'applique surtout à des individus qui vont de ville en ville montrer sur des théâtres des hommes sauvages ou ces animaux.

CORNACHINE. adj. T. Méd. Poudre c., Purgatif composé d'antimoine diaphorétique, de diagrède et de crème de tartre en parties égales.

CORNADE. s. f. Coup de corne.

CORNAGE. s. m. Ensemble des cornes d'un animal. || T. Vét. On donne le nom de Cornage, ou celui de Sifflage, à un bruit que font entendre, en respirant, certains animaux, notamment le cheval, bruit qui a été comparé à celui que produit une corne dans laquelle on souffle. Le c. n'est point par lui-même une maladie, mais il est toujours le symptôme d'une affection des voies respiratoires. Il est aigu lorsque les voies respiratoires sont enflammées et rétrécies par suite; il est chronique lorsque les parties sont définitivement lésées, et dans ce cas ce sont l'atrophie et la paralysie des muscles du larynx qui causent le c. Les bêtes affectées de c. ont toujours la respiration courte et le c. se manifeste surtout quand les animaux entrent en mouvement rapide. Le c. aigu disparaît d'ordinaire avec sa cause, le c. chronique vrai se trai te suivant la cause qui lui a donné naissance et il y a chance de succès avec les arsénicaux ou les iodures quand il est récent. S'il est ancien, la trachéotomie seule peut faire utiliser les animaux atteints. Le c. chronique est rédhibitoire au bout de 9 jours. Les chevaux corneurs ne peuvent être étalons.

CORNAILLE. s. f. [Pr. les ll mouillées]. Rayures de cornes employées comme engrais.

CORNAILLER. v. n. [Pr. les ll mouillées] (R. corne). T. Mét. Ne pas entrer carrément dans la mortaise, en parlant du tenon.

CORNALIÈRE. s. f. T. Eaux et For. Douve cornue.

CORNALINE. s. f. (lat. cornu, corne, à cause de sa transparence cornée). T. Minér. Variété d'agate demi-transparente. Voy. AGATE.

CORNARD. adj. et s. m. (R. corne). T. Injure. Se dit d'un mari qui est trompé par sa femme. Bas et grossier. || T. Vét. Cheval atteint de Cornage. Voy. ce mot.

CORNARET. s. m. (R. corne). T. Bot. Genre de plantes Dicotylédones (Martynia) de la famille des Gesnéracées. Voy. ce mot.

CORNARO, famille patricienne de Venise. = LOUIS CORNARO, célèbre par son petit livre sur la longévité, ayant eu vers l'âge de 40 ans sa santé ruinée par l'abus des plaisirs, se condamna à une sobriété absolue et vécut jusqu'à l'âge de 104 ans (1462-1566).

CORNE. s. f. (lat. cornu, m. s.). Appendice, en général, formé d'une substance solide, que porte la tête de certains animaux, et qui leur sert ordinairement d'arme offensive et défensive. C. lisse ou lissée, raboteuse, cannelée, aiguë, pointue, triangulaire, torse, recourbée. Les animaux qui ont des cornes, qui sont armés de cornes. Un taureau qui donne, qui frappe de la c. Le taureau l'enleva sur ses cornes. Etre blessé d'un coup de c. Prendre, saisir, attacher une bête par les cornes. — Bêtes à cornes, Se dit surtout des bœufs, des vaches et des chèvres, par opposit. aux brebis et aux moutons. || La substance des cornes travaillée par l'industrie. Des ouvrages faits de c. Tabatière, peigne, lanterne de c. Un couteau à manche de c. || Fig. et fam., Attaquer le taureau, la bête par les cornes, Entamer une affaire par le côté le plus difficile. Montrer les cornes, Se mettre en défense. Porter des cornes, avoir des cornes, Se dit d'un mari dont la femme est infidèle. Les cornes lui en sont venues à la tête, Se dit de l'individu qui a été fort surpris d'une chose à laquelle il ne s'attendait pas. || Fam., Faire les cornes à quelqu'un, Lui faire, par dérision, avec deux doigts, un signe qui représente les cornes. || C. d'abondance ou C. d'Amalthée, C. qu'on représente remplie de toutes sortes de fruits et de fleurs, et qui, selon la Fable, aurait été arrachée ou de la tête de la chèvre Amalthée, qui avait nourri Jupiter, ou de celle d'Achéloüs, lorsque, s'étant transformé en taureau, il fut vaincu par Hercule. Dans l'antiquité, la c. d'abondance était l'attribut des divinités bienfaisantes; elle est aujourd'hui l'emblème de l'agriculture et du commerce. || T. Artill. C. d'amorce, C. de bœuf dans laquelle on mettait autrefois le pulvérin qui servait à amorcer les bouches à feu. || Instrument à vent ou cornet rustique, fait d'une corne dont se servent les bergers. || La moitié d'une c. coupée dans sa longueur, et taillée de manière à pouvoir faciliter l'entrée d'un soulier. — Par ext., Objet de même forme et destiné au même usage, mais fait en toute autre substance. C. d'ébonite, de métal, etc. || Par ext., Se dit des points, des angles saillants que présentent certains objets. Les cornes d'un croissant. Chapeau à cornes. Les cornes d'un autel antique. — Faire une c. à un livre, à un feuillet, etc., Plier le coin, l'angle d'un feuillet dans un livre, pour marquer l'endroit qu'on veut retrouver. On dit de même, Faire une c. à une carte, pour indiquer qu'on est venu en personne. || T. Art. milit. Ouvrage à cornes. Voy. FORTIFICATION. || T. Mar. C. d'artimon, Vergue du mât d'artimon. Voy. VOILE. || La partie dure qui est au pied du cheval, de l'âne, etc. Dans ce sens, il ne se dit qu'au singulier. Ce cheval à la c. cassante. Il a la c. bonne, la c. ferme. Cette substance ramollit la c. || T. Archit. Angle saillant et recourbé en forme de c. — C. d'abaque, Encoignure du tailloir des chapiteaux corinthiens. — C. de bélier, Volute ornementée du chapiteau ionique composé. — C. de vache, Nom donné aux trompes que l'on pratique sur les arêtes des voûtes. || T. Pathol. Cornes cutanées, Productions dures qui se forment quelquefois sur la peau des vieillards. || T. Bot. Fruit du Cornouiller mâle (Cornus mas). || T. Minér. Pierre de c., Nom vulgaire de plusieurs substances dont l'aspect est celui de la c. || T. Techn. Nom de plusieurs outils de tonnelier et de charron. — Raie blanche qui se trouve sur la tranche du cuir quand il est mal tanné. — Coin du chef d'une pièce de toile sur lequel sont inscrits la marque et le métrage.

Zool. — Les *cornes* sont les appendices solides et plus ou moins longs qui font saillie sur la tête d'un grand nombre d'animaux; mais le plus ordinairement ce terme s'applique aux appendices que présentent certaines espèces de mammifères, auxquelles ils servent d'armes offensives et défensives.

I. — Considérés chez les mammifères, ces prolongements sont de nature diverse. Tantôt ils sont en os, auquel cas on les appelle *Bois;* tantôt ils sont formés d'un tissu *sui generis*, qui est lui-même désigné sous le nom de *Corne* ou de tissu corné; d'autres fois, ils sont formés à la fois d'os et de c.; enfin, ils peuvent consister en un prolongement osseux revêtu d'une peau garnie de poils. Les cornes du premier genre sont exclusivement propres à la famille des cerfs; celles du second se rencontrent chez le rhinocéros; celles du troisième caractérisent les familles des moutons, des bœufs et des antilopes, et celles du quatrième s'observent chez la girafe. Au reste, les cornes osseuses ou bois et les cornes vraies (*cerata*) ressemblent, pendant toute la période de leur formation, aux cornes de la girafe, en ce qu'elles sont alors couvertes d'un tégument velu et très vasculaire. La substance osseuse de ces prolongements est en effet sécrétée par les vaisseaux de ce tégument, de sorte que la présence de ce dernier est indispensable à leur développement aussi longtemps que dure celui-ci. Lorsque leur développement est complet, et que les bois ont acquis leurs dimensions et leur forme caractéristique (qui dans l'élan et le cerf wapiti sont vraiment remarquables), l'afflux du sang vers ces parties diminue graduellement, les vaisseaux s'oblitèrent, et la circulation dans la membrane formatrice finit par se suspendre. Alors le tégument lui-même se ride, sèche, se fend et se détache par l'effet des mouvements instinctifs auxquels se livre le cerf avec ses bois nouvellement poussés et consolidés. La peau et le périoste de la tête, qui auparavant se continuaient avec le bois, se terminent maintenant à la base du bois par une ligne interrompue. De cette base on voit alors se développer une protubérance osseuse, appelée *Meule*, qui semble destinée à protéger le bord du tégument persistant. En effet, lorsque, comme dans le muntjac, ce tégument se prolonge jusqu'à la moitié de la hauteur du bois, la meule se développe immédiatement au-dessus du tégument, et, par conséquent, ici, au milieu et non à la base des bois. Quelques physiologistes pensent que la meule sert à comprimer les vaisseaux du périoste du bois, et que sa formation est différée jusqu'au moment où le développement du bois va s'achever; mais l'observation nous montre que la meule apparaît plus tôt, et la saine physiologie nous enseigne que la cessation, ainsi que le commencement du développement du bois doit être le résultat d'opérations plus profondes, et liées à l'organisation même de l'animal. Le fait le plus remarquable dans l'économie des bois, c'est qu'ils tombent et se renouvellent chaque année; leur chute s'opère en même temps que celle des poils. Dans le genre axis, par ex., les mâles ne perdent pas tous leurs cornes en même temps, mais à différentes périodes de l'année. Dans le renne, les branches qui partent de la base du bois et se projettent en avant, servent habituellement à écarter la neige qui couvre les lichens dont cet animal fait sa principale nourriture : aussi, la femelle a-t-elle des bois aussi bien que le mâle; mais ceci est une rare exception, car les femelles des autres espèces de la famille sont privées de ces appendices. — Les vraies cornes, c.-à-d. celles qui sont en partie ou en totalité formées de substance cornée, ne tombent jamais. Dans les antilopes, elles sont ordinairement l'attribut exclusif des mâles, et leur base osseuse est généralement solide. Dans le mouton et dans le bœuf, les deux sexes en sont pourvus; mais la base osseuse de leurs cornes est creuse. Cependant le terme de *Cornua cava* s'applique ordinairement à toutes les cornes composées d'os et de corne, et, réciproquement tous les ruminants qui ont des cornes de ce genre sont nommés *Cavicornes*. Cette extension forcée du terme paraît tenir à ce que l'on s'est borné à considérer l'étui corné externe, qui pourtant n'est qu'une partie, et non la plus essentielle de la c. La c. ou cornes du rhinocéros sont une agglutination de fibres cornées, qui sont simplement attachées au tégument; mais ce dernier adhère, avec une force plus qu'ordinaire, à la surface rugueuse de l'os sous-jacent. La c. du rhinocéros diffère de celle des autres mammifères, en ce qu'elle est située sur la ligne médiane du front, de sorte que quand il y en a deux, elles sont placées l'une derrière l'autre, et non latéralement et symétriquement comme dans les ruminants. Les cornes des rhinocéros sont constituées en réalité par une substance cornée, ce sont des poils agglutinés.

Un petit nombre de ruminants ont naturellement deux paires de cornes : c'est ce qu'on voit dans l'énorme animal fossile appelé *Sivatherium*, dont on a découvert les restes dans les régions montagneuses de l'Himalaya, où vit encore aujourd'hui la petite espèce d'antilope surnommée *Quadricorne*. Dans les descriptions zoologiques, les cornes sont caractérisées d'après leur position, leur direction et leur forme. Ainsi, on distingue les cornes nasales (*cornua nasalia*), frontales (*frontalia*), pariétales (*parietalia*); les cornes penchées en avant (*prona*), penchées en arrière (*reclinata*), courbées en dedans (*recurva*), courbées en dehors (*vara*); les cornes à sommets courbés en avant (*redunca*); les cornes qui représentent à peu près la figure d'une lyre (*lyrata*); les cornes contournées en spirale (*gyrata*), etc. On les divise encore, selon la durée de leur existence, en cornes persistantes (*perennia*), qui durent pendant toute la vie de l'animal, et en cornes caduques (*decidua*) ou annuelles (*annua*), qui tombent chaque année. Enfin, elles sont dites osseuses (*ossea*), solides (*solida*), creuses (*cava*), selon leur structure ci-dessus décrite.

II. — Dans les autres classes du règne animal, il existe un grand nombre d'espèces dont la tête présente des appendices saillants plus ou moins analogues, sous le rapport de la forme ou de la structure, aux cornes des mammifères. La protubérance frontale du casoar à casque et du calao consiste en un os recouvert d'un étui corné; la tige cornée mince et mobile qui orne la tête du kamichi cornu est encore plus remarquable. — Dans les reptiles, nous trouvons des crapauds, des vipères et des iguanes qui portent sur la tête des appendices également désignés sous le nom de cornes. — Plusieurs espèces de poissons offrent aussi des prolongements qui simulent plus ou moins les cornes des animaux supérieurs.

III. — En zoologie, on donne encore le nom de *Cornes d'Ammon* à certaines coquilles fossiles (voy. AMMONITES); en botanique on désigne sous celui de *C. de cerf* le *Plantago coronopus* (voy. PLANTAGINÉES), le *Sisymbrium coronopus* (voy. CRUCIFÈRES), etc. — Enfin, en anatomie, on applique cette dénomination de *Cornes* à diverses parties plus ou moins saillantes à la surface des organes dont elles dépendent : telles sont les cornes de l'os hyoïde, du sacrum, du coccyx, du cartilage thyroïde, de la matrice, etc.

Technol. — Tout le monde connaît cette foule de petits meubles et d'objets divers, souvent fort élégants, que l'industrie moderne fabrique avec les parties cornées fournies par la dépouille des animaux. Ce sont les cornes du bœuf, du buffle, de la chèvre et du mouton qui sont le plus souvent employées. — La première préparation que leur fait subir l'ouvrier *cornetier* consiste à les débarrasser de leur noyau intérieur. On y parvient en les faisant macérer pendant 15 à 20 jours dans l'eau froide. Cette macération ayant détruit le tissu cellulaire qui unissait l'étui corné à son noyau osseux, il suffit alors de frapper vivement la c. sur un morceau de bois pour détacher le noyau. Cela fait, on scie la pointe de chaque c., ainsi que sa *gorge* ou base, si celle-ci présente quelques défauts, et l'on procède à la transformation en plaques des parties conservées. Cette transformation s'appelle *Aplatissage*, et l'on distingue l'*aplatissage à blanc* et l'*aplatissage à vert*. Pour aplatir à blanc, on ramollit les morceaux de c. en traitant successivement par l'eau froide et par l'eau bouillante. Au sortir de ce bain, on les chauffe en les tenant au-dessus d'une flamme claire, puis on les fend longitudinalement sur leur côté aplati. Les lames ainsi obtenues sont aussitôt mises sous presse jusqu'à complet refroidissement. Après avoir subi ces opérations, la c. conserve la même apparence extérieure qu'auparavant; elle offre un mélange de veines blanches et opaques et de parties plus ou moins transparentes. Quand on veut obtenir des plaques d'une grande transparence, il faut recourir à l'aplatissage à vert, en ayant soin toutefois de choisir des cornes blanches : car rien ne peut enlever aux cornes noires leur opacité naturelle. Les cornes qu'on veut aplatir à vert doivent avoir préalablement subi l'aplatissement à froid. On les fait d'abord chauffer au-dessus d'un feu de charbon de bois; après quoi, on enlève les parties noircies par la fumée, ou trop épaisses, ou défectueuses. Cette partie de l'opération se nomme *dolage*. Quand elle est terminée, on ramollit de nouveau les cornes dans l'eau, on les imbibe à chaud de suif ou de graisse, et on les met sous presse. Elles sont alors brunes à la surface, mais elles ont acquis une transparence qui devient apparente lorsqu'on regarde la c. par à travers, et qui est entièrement visible aussitôt qu'on les polit. Les plaques de c. sont généralement assez épaisses; mais on obtient des feuilles aussi minces qu'on le désire, en refendant les plaques sur leur épaisseur au moyen du ciseau ou de la scie circulaire. Enfin, lorsqu'on a besoin de plaques plus grandes que celles qu'on peut tirer d'une c. naturelle, on réunit plusieurs plaques ensemble, en se servant pour cela de la propriété que possède la c. de se souder sur c lu-même avec l'aide de la pression et de la chaleur. Grâce à ce te propriété, on peut utiliser toutes les rognures et déchi s de c. qu'on ramasse dans les ateliers. On les introduit dans des moules qu'on chauffe graduellement, et dans lesques on les comprime à mesure que l'élévation de la température opère leur ramollissement. C'est par un procédé analogue qu'on obtient les tabatières, les boutons, les manches de co eaux et autres objets semblables. — On teint facilement la c. en rouge et rouge brun en la laissant séjourner 24 heures dans une bouillie formée d'eau de chaux et de litharge, ou bien en la faisant macérer 12 heures dans un bain contenant 125 gr. de mercure, 125 gr. d'acide azotique concentré et 500 gr. d'eau; puis, après lavage, dans une dissolution de sulfure de potassium. Par des applications partielles de ce procédé, on obtient de beaux effets de veinage. Les couleurs d'aniline permettent d'obtenir des teintures variées. — Pour donner à la c. l'apparence de l'écaille, on commence par la teindre en brun au minium, puis on la plonge à froid dans l'acide chlorhydrique étendu. On peut aussi employer la fuchsine après mordançage dans la potasse caustique. — On fabrique aussi avec la c. des baleines de corset artificielles qui sont loin d'avoir les qualités de la baleine naturelle, mais qui se recommandent par le bon marché. Pour cet usage, on fait tremper la c. dans une solution chaude de gélatine, ou, après l'avoir fait macérer plusieurs jours dans une dissolution de glycérine à 5 p. 100, on la trempe dans un bain contenant de l'acide pyroligneux, du bitartrate de potasse et du sulfate de zinc; après quoi, on teint la c. en noir.

CORNÉ, ÉE. adj. Qui est de la nature ou qui a l'apparence de la corne. *Tissu c. Substance dure et cornée.* || T. Minér. *Argent c.*, Chlorure d'argent. Voy. ARGENT. || T. Techn. *Peau cornée*, Celle qui, mise au vent, devient dure et raide à l'intérieur.

Zool. — On désigne sous le nom de *Tissu c.* la partie dure et résistante des cornes, des ongles et des sabots des animaux. L'observation microscopique a également démontré l'existence de ce tissu dans l'épiderme et dans les poils, dont il forme la couche la plus superficielle. — Ce tissu est essentiellement caractérisé par sa composition anatomique. Il est formé de cellules épithéliales pavimenteuses qui ne sont que des cellules modifiées du réseau de Malpighi. Les plus superficielles de ces dernières se transforment peu à peu en cellules cornées, à mesure qu'au-dessous d'elles il s'en forme de nouvelles. Ces cellules présentent en outre des particularités de grandeur, de forme et de disposition, selon qu'on les considère dans l'ongle, dans l'épiderme ou dans les poils. 1° Dans les ongles, le tissu c. constitue la partie la plus superficielle de ces organes, c.-à-d. la *substance unguéale* proprement dite. Il est spécialement destiné à protéger les extrémités des doigts et des orteils. Les stries longitudinales qu'on y observe sont indépendantes de sa structure; elles correspondent seulement aux crêtes de la couche muqueuse. Quand on soumet cette substance à l'action de l'acide sulfurique ou d'une dissolution de potasse caustique, on reconnaît qu'elle est formée de lamelles cornées soudées entre elles, stratifiées, et d'autant plus serrées qu'elles sont plus superficielles. Ces lamelles sont elles-mêmes constituées par l'union de plusieurs cellules qui ressemblent à des squames ou écailles polygonales qui sont toutes munies d'un noyau central. Les plus profondes sont presque rondes; celles de la superficie sont aplaties et plus larges. Leur diamètre moyen est de 32 millièmes de millim. Celle disposition est la même dans les cornes. Les diverses couleurs que présente la corne sont dues à des granulations pigmentaires interposées aux cellules. 2° Dans l'épiderme, le tissu c. forme la couche externe, qui est demi-transparente. On y découvre des lamelles très évidemment stratifiées et adhérentes entre elles; le nombre des couches qu'elles forment varie dans les diverses parties du corps. Elles sont constituées par des cellules métamorphosées du réseau de Malpighi, qui sont d'autant plus irrégulières qu'elles sont plus extérieures. Sous l'action de réactifs (acide acétique, potasse, soude), ces cellules se dilatent en forme de vésicules : on y reconnaît l'existence d'un noyau rudimentaire. Les cellules ont un diamètre de 3 centièmes de millim. 3° Les cellules métamorphosées les plus dépourvues de noyau, et, représentent, à vrai dire, de petites lamelles transparentes quadrilatères, qui, en s'imbriquant les unes sur les autres, forment une simple tunique au poil. Ces cellules, plus larges

que longues, ne se gonflent sous l'influence d'aucun réactif.

CORNEAU. s. m. T. Chasse. Chien issu du mâtin et du chien courant. || T. Mar. Conduit des bouteilles et de la poulaine.

CORNÉE. s. f. (R. *corne*). T. Anat. Partie antérieure et extérieure de l'œil. Voy. OEIL. || T. Techn. La quantité de matière combustible qu'on verse à la fois dans une cartouche d'artifice.

CORNÉEN, ENNE. adj. T. Physiol. Qui a rapport à la cornée.

CORNÉENNE. s. f. T. Géolog. Substance pierreuse dont la pâte est sensiblement homogène, mais qui cependant résulte de l'agrégation de plusieurs espèces minérales. *La c. constitue la base de diverses roches mélangées.*

CORNÉES. s. f. pl. (R. *Cornus*, genre de la famille). T. Bot. Famille de végétaux Dicotylédones de l'ordre des Dialypétales inférovariées.

Caractères bot. : Arbres ou arbustes; rarement plantes herbacées. Feuilles opposées, très rarement alternes, entières ou dentées, avec des nervures pennées; point de stipules.

Fig. 1.

Fleurs en capitule, en ombelle ou en corymbe, tantôt pourvues d'un involucre, quelquefois unisexuées par avortement (*Aucuba, Garrya*). Calice formé de 4 petites dents. Pétales 4, oblongs, larges à la base, insérés dans le haut du calice, réguliers, à préfloraison valvaire. Étamines 4, insérées entre les pétales, alternant avec eux; anthères ovales-oblongues, biloculaires. Pistil formé de 2 carpelles soudés en un ovaire à 2 loges, quelquefois uniloculaire (*Garrya*); parfois 1 seul carpelle (*Aucuba*). Ovules solitaires, pendants, anatropes; style unique filiforme; stigmate simple. Baie ou drupe couronnée par le calice, et renfermant un noyau biloculaire. Graines pendantes, solitaires. Embryon dans l'axe d'un albumen charnu, de même longueur, radicule supère, plus courte que les deux cotylédons qui sont de forme oblongue. (Fig. 1. — 1. *Benthamia japonica;* 2. Fleur; 3. Coupe verticale du pistil; 4. Capitule de fruits, 5. Coupe d'une graine — Fig. 2. *Cornus mas.* — Fig. 3. — 1. *Garrya elliptica;* 2. Fleur mâle; 3. Fleur femelle; 4. Coupe verticale de l'ovaire; 5. Coupe de la graine. — Fig. 4. — 1. *Helwingia ruscifolia;* 2. Fleur mâle; 3. Fleur femelle; 4. Coupe verticale de celle-ci).

La famille des Cornées a été établie par de Candolle aux dépens de celle des Caprifoliacées. Elle se compose de 12 genres et de 80 espèces, qui sont répandues dans tous les pays tempérés de l'Europe, de l'Asie et de l'Amérique; les genres de cette famille appartiennent à la flore africaine sont douteux. On en connaît 16 espèces fossiles tertiaires, appartenant toutes au genre *Cornus*. — L'écorce de diverses espèces de *Cornouillers* (*Cornus florida, sericea* et *circinnata*) est rangée parmi les meilleurs toniques de l'Amérique du Nord. Aux États-Unis, on la regarde comme le plus efficace des succédanés du Quinquina, dans les cas de fièvre intermittente. En se frottant les dents avec les jeunes branches du *C. florida*,

Fig. 2.

dépouillées de leur écorce, on leur donne une blancheur éclatante. Les Indiens retirent une bonne couleur écarlate de l'écorce fibreuse de la racine de cette même espèce. En Italie,

Fig. 3.

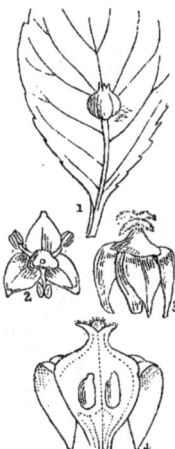

Fig. 4.

on extrait des baies du *Cornus sanguinea*, appelé chez nous *Cornouiller sanguin*, *C femelle* et *Bois punais*, une huile bonne pour l'éclairage et la fabrication du savon. Le *Cornus mas* ou *Cornouiller mâle* (Fig. 2) est le *Cornus* des anciens, dont les petits bouquets de fleurs jaunes étoilées apparaissent sur les branches encore nues de l'arbre, sont parmi les premiers messagers du printemps. Son fruit, qui ressemble à une

petite prune rouge, a une saveur acerbe, qui devient supportable quand il est blet. On le désigne sous le nom de *Cornouille*, de *Corne*, et quelquefois, mais à tort, sous celui de *Corme*. Les Turcs s'en servent pour préparer des sorbets. Autrefois on employait le fruit et les feuilles comme médicaments astringents. Le *Cornus officinalis*, grand arbuste du Japon, diffère un peu de celui d'Europe; il est cultivé pour son fruit, dont la décoction est usitée généralement par les Japonais contre les fièvres intermittentes. Les baies du *C. suecica* passent pour avoir des propriétés toniques qui augmentent l'appétit; aussi les habitants des montagnes lui ont-ils donné le nom de *Lus-a-chrusis* (plante des gourmands). Les fruits du *Benthamia japonica* sont aussi comestibles. Au Japon, on mange les jeunes feuilles de l'*Helwingia ruscifolia*.

CORNEILLARD. s. m. [Pr. les *ll* mouillées]. T. Ornith. Petit de la corneille.

CORNEILLE. s. f. [Pr. les *ll* mouillées]. • Oiseau noir qui fait partie de la famille des *Corvidés*. Voy. CORBEAU. || Fig. et fam., *C'est la c. d'Ésope*, *c'est la c. de la fable*, Se dit d'un auteur qui a fait un ouvrage composé de morceaux pris dans d'autres ouvrages. *Bayer aux corneilles*, Regarder niaisement de côté et d'autre, la bouche ouverte. *Y aller de cul et de tête comme une c. qui abat des noix*, Faire une chose avec ardeur, mais sans attention et sans précaution. Pop.

CORNEILLE (PIERRE), né à Rouen en 1606, mort en 1684, le créateur de l'art dramatique en France, auteur du *Cid* (1636), d'*Horace* (1639), de *Cinna* (1639), de *Polyeucte* (1640), du *Menteur* (1642), etc. = THOMAS CORNEILLE, frère du précédent (1625-1709), poëte dramatique, auteur d'*Ariane*, du *Comte d'Essex*, du *Festin de Pierre*, etc.

CORNEILLON. s. m. [Pr. les *ll* mouillées] (Dimin. de *corneille*). T. Ornith. Jeune freux et jeune corbine.

CORNÉINE. s. f. (R. *corne*). T. Chim. Substance azotée, d'aspect corné, constituant la matière organique du squelette de certains coraux.

CORNÉITE. s. f. (R. *cornée*). T. Méd. Inflammation de la cornée.

CORNÉLIE, fille de Scipion le premier Africain, femme de T. Sempronius Gracchus, mère des Gracques et d'une fille qui épousa Scipion Émilien (189-110 av. J.-C.).

CORNÉLIEN, IENNE. adj. Qui a le caractère du style ou du vers de P. Corneille. *Dissertation cornélienne*.

CORNÉLIUS NÉPOS, historien latin du Ier s. av. J.-C., dont il nous reste les *Vies des généraux illustres*.

CORNÉLIUS (PIERRE DE), peintre allemand, né à Dusseldorf en 1787, mort en 1867, célèbre par ses grandes fresques.

CORNEMENT. s. m. État des oreilles qui cornent. || Bruit que fait un tuyau quand la soupape est ouverte.

CORNEMUSE. s. f. (lat. *cornu*, corne; *musa*, chant, air). Instrument de musique à vent, composé de deux tuyaux et d'une peau de mouton, qu'on enfle par le moyen du premier tuyau appelé *Porte-vent*, et dont on varie les sons au moyen du second tuyau, lequel est percé de trous. *La c. est un instrument rustique très populaire en Irlande, dans le pays de Galles et en Basse-Bretagne*. *Enfler une c.*

CORNEMUSEUR. s. m. Celui qui joue de la cornemuse.

CORNER. v. n. (R. *corne*). Sonner d'un cornet ou d'une corne. *Le vacher a corné dès le matin*. — Par anal., *Il ne fait que c.*, Se dit d'un homme qui joue mal du cor, ou d'un homme qui importune ses voisins en ne cessant de sonner du cor. || *Parler dans un cornet*, afin de se faire entendre à un sourd. — Fig. et famil., *C aux oreilles de quelqu'un*, L'entretenir sans cesse d'une chose, afin de la lui persuader. *C'est à force de lui c. aux oreilles qu'il l'a déterminé à...* || Se dit encore des oreilles, quand on y éprouve un bourdonnement. *Les oreilles me cornent*. — Fig. et famil., On dit aussi à une personne qui entend de travers ce qu'on lui dit, ou qui croit entendre un bruit qui n'est pas réel, *Les oreilles vous cornent.* On dit encore, lorsqu'on veut faire entendre à une personne qu'on a beaucoup parlé d'elle en son absence : *Les oreilles ont bien dû vous c* == CORNEN. v. a. *C. quelque chose aux oreilles de quelqu'un,* La lui répéter incessamment. *C. quelque chose partout ou par toute la ville,* La colporter partout au point d'importuner les gens. || T. Vét. Se dit d'un cheval poussif qui fait entendre le bruit particulier appelé *cornage.* Voy. ce mot. == CORNER. v. a. Faire une corne à quelque chose. *Il a corné ce livre à toutes les pages. Chaque joueur cornait les cartes.* (VOLTAIRE.) == CORNER (SE). v. pron. Prendre la forme d'une corne. == Corné, ÉE. part. *Feuille cornée, carte cornée* dont un coin est replié.

CORNET. s. m. (Dimin. de corne). Petit cor, petite trompe. *C. de postillon. C. de vacher.* — *C. à bouquin.,* Sorte de trompe recourbée qui est ordinairement faite d'une corne. || Espèce de grande flûte, d'une seule octave, pour soutenir la voix dans les chœurs. || Jeu d'orgue à bouche et de mutation. || *C. de voltigeurs,* Instrument militaire qui a été remplacé par le clairon. || Morceau de papier roulé en forme de c. *Faire des cornets de papier. Mettre des dragées dans un c.* — *Un c. de tabac, de dragées,* etc., Qui contient du tabac, etc. || Espèce d'oublie à laquelle on donne la même forme. *Manger des cornets.* || Espèce de petit vase de corne, d'ivoire, de cuir, etc., dans lequel on agite les dés avant de les jeter sur le tapis. || La partie de l'écritoire dans laquelle on met l'encre. *Un c. de plomb, d'argent. Mettre de l'encre dans le c. Un c. d'encre,* Un c. rempli d'encre. || T. Anat. Se dit de petites lames osseuses, contournées sur elles-mêmes en forme de cornet, et situées à l'intérieur des fosses nasales. || T. Zool. *C. de postillon.* Voy. CÉPHALOPODES. || T. Techn. Lame d'or très mince roulée en spirale, par laquelle les essayeurs déterminent exactement le titre. || T. Chir. Instrument pour appliquer des ventouses.

Mus. — Le *C.* est en quelque sorte un diminutif du cor dont il a d'ailleurs suivi tous les perfectionnements. On fait aujourd'hui des cornets *ordinaires* et des cornets *à pistons.* Les premiers n'ont qu'un très petit nombre de notes. Le c. en *sol* est celui dont se servent les postillons en Allemagne. On peut l'accorder en *fa,* et même plus bas encore; mais alors il perd le timbre qui lui est propre pour prendre celui de la trompette. Les cornets à pistons exécutent facilement toutes les notes intermédiaires qui manquent au c. ordinaire. En outre, sur le c. à 3 pistons on peut donner beaucoup de notes de deux manières différentes : il est donc préférable au c. à 2 pistons. Ces cornets sont munis de cors de rechange; ceux qui leur appartiennent en propre sont *la bémol, ré* et *si bémol;* les autres sont à l'unisson de la trompette. (La Fig. ci-dessus représente un c. à pistons en *si bémol* d'A. Sax). L'étendue totale du c. à pistons est du *si* au-dessous à *mi* au-dessus de la portée (clef de *sol*). — On donne encore le nom de *Cornet* à un jeu d'orgue composé de quatre tuyaux qui résonnent à la fois sur chaque touche, et qui sont accordés à l'octave, à la double quinte et à la triple tierce.

Phys. — On appelle *C. acoustique* un instrument conique très évasé à l'une de ses extrémités pour recueillir une plus grande quantité d'ondes sonores, mais au contraire resserré à l'autre ou conduit étroit pour pouvoir être inséré dans le canal auditif externe. En même temps que cet instrument, destiné à remédier à la faiblesse de l'ouïe, rassemble et concentre les ondes sonores, ses parois ébranlées par les vibrations de l'air, vibrent elles-mêmes et renforcent les sons arrivés du dehors, qui sont ainsi transmis avec une intensité plus grande à la membrane du tympan et à l'oreille interne. Les cornets acoustiques les meilleurs sont ceux qui font subir le moins grand nombre de réflexions aux ondes sonores. L'effet des cornets acoustiques ne doit pas être identique, comme on le supposait d'abord, aux réflexions du son sur les parois de l'instrument, qui feraient converger les ondes sonores vers le centre à la manière des miroirs convergents. On a remarqué que l'effet des cornets acoustiques est indépendant de la nature des parois plus ou moins propres à réfléchir le son. Cet effet s'explique par la concentration des ondes sonores dans un espace de plus en plus resserré. Si l'on imagine la masse d'air contenu dans le c. partagée en tranches perpendiculaires

à l'axe, on conçoit que, pourvu que les vibrations de ces tranches se propagent dans un tube conique dont la section diminue, leur amplitude doit augmenter en raison inverse de la section, afin que la force vive soit conservée. Il en résulte que l'effet du c. dépend surtout de la largeur de son ouverture. C'est ce qui démontre l'expérience. — Les petits cornets acoustiques, ou plutôt les *Conques auditives artificielles,* imaginées par Larrey pour être adaptées au pavillon de l'oreille et cachées par les cheveux, ne produisent que très peu d'effet.

CORNETER. v. a. T. Vétér. Appliquer des ventouses.

CORNETIER. s. m. Ouvrier qui prépare la corne.

CORNETTE. s. f. (R. *corne*). Sorte de coiffure dont les femmes se servent dans leur déshabillé. *C. de nuit. Elle était en c.* — Se dit aussi de la coiffure que portent les sœurs de Charité et des villageoises dans certaines provinces. || Longue et large bande de taffetas que les conseillers au parlement portaient autrefois au cou, comme marque d'honneur, et que François 1er accorda aux professeurs du Collège de France. || T. Mar. Sorte de pavillon d'étamine aux couleurs nationales : sa forme est celle d'un carré long; la partie rouge est fendue et représente deux longues pointes ou cornes. La c. est la marque distinctive du capitaine de frégate et du lieutenant de vaisseau ou de frégate, lorsqu'il commande une réunion de trois bâtiments de guerre au moins. La c. se hisse à la tête d'un mât comme une flamme. || Autrefois, l'étendard d'une compagnie de cavalerie ou de chevau-légers. *La c. était aux armes du capitaine.* — La compagnie elle-même. — *C. blanche,* anciennement, Le premier régiment de cavalerie de France, qui était le régiment du colonel général de la cavalerie. || *T. était lieutenant dans la c. blanche.* || T. Fauc. Houppe que porte le chaperon de l'oiseau de proie. || T. Const. Ferrement qui sert à protéger un coin de mur. || T. Pop. Femme dont le mari est infidèle. == CORNETTE. s. m. Se disait aussi de l'officier chargé de porter l'étendard, et d'un officier de certains corps de la maison du roi, qui cependant ne portait point l'étendard. *Il était le plus ancien c. du régiment. Il était c. dans la première compagnie des mousquetaires.* — Au fém., L'emploi de ces officiers. *Son frère avait acheté une c. dans les chevau-légers.*

CORNÉULE. s. f. (Dimin. de *cornée*). T. Zool. Chacune des facettes composant l'œil des insectes.

CORNEUR. s. m. Celui qui corne. Fam. || Adj., *Cheval c.,* Cheval atteint de *Cornage.* Voy. ce mot.

CORNEUX, EUSE. adj. Se dit des cuirs dont un mauvais tannage produit des parties aussi dures que la corne.

CORNICHE. s. f. (gr. κορωνίς, extrémité). T. Archit. La partie supérieure de l'entablement. Voy. ENTABLEMENT. || Par ext., Tout ornement saillant qui règne au-dessous d'un plafond, au-dessus d'une porte, d'une armoire, etc. || En c. Se dit d'un chemin situé au-dessus d'escarpements. — *Route de la C.,* Route qui domine la mer, de Nice à Gênes. || T. Mar. Pièce de bois sculpté que l'on applique en dehors de la lisse de hourdis.

CORNICHON. s. m. (Dim. de *corne*). Petite corne. *Les cornichons d'un chevreau.* || T. Bot. et Hortic. Petit concombre généralement pas encore mûr que l'on consomme confit dans le vinaigre. Il est une variété de concombre, le *Petit concombre vert,* dont les fruits restent toujours petits et verts, même après la maturité complète, et sont exclusivement employés à la préparation des cornichons. Voy. CONCOMBRE. || Fig. pop. Sot, niais, imbécile.

CORNICULE. s. f. (lat. *corniculum,* dimin. de *cornu;* corne). T. Hist. nat. Petite corne. || Sorte de ventouse.

CORNICULIFÈRE. adj. (lat. *corniculum,* petite corne; *fero,* je porte). T. Hist. nat. Qui porte de petites cornes.

CORNIER, IÈRE. adj. Qui est à la corne, à l'angle de quelque chose. *Pilastre c.,* Qui est à l'encoignure d'un bâtiment. || T. Adm. for. *Pieds corniers,* Les gros arbres choisis pour marquer les bornes d'une coupe de bois.

CORNIÈRE. s. f. (R. *cornier*). Canal de tuiles ou de plomb

COR

qui est à la réunion des deux pentes d'un toit, et qui en reçoit les eaux. On dit aussi adjectiv., *Une jointure c.* == Cornières. s. f. pl. Équerres de fer attachées aux angles du marbre d'une presse d'imprimerie, afin de maintenir la forme.

Techn. — Barre de fer dont la section est recourbée en équerre ou en forme de deux branches faisant un angle quelconque. Les cornières se fabriquent par laminage, au moyen de laminoirs à cylindres cannelés. Les cornières sont d'un usage général dans la construction métallique. Elles servent en particulier à assembler des tôles à angle droit, à renforcer les angles intérieurs des fers à T, etc.

CORNIFLE. s. f. (lat. *cornu*, corne; *folium*, feuille. T. Bot. Genre de plantes Dicotylédones (*Ceratophyllum*) de la famille des *Cératophyllées*. Voy. ce mot.

CORNIFORME. adj. Qui a la forme d'une corne.

CORNIGÈRE. adj. (lat. *cornu*, corne ; *gero*, je porte). T. Zool. Qui porte des cornes sur la tête. || T. Bot. Qui a des tubercules en forme de corne.

CORNILLAS. s. m. [Pr. les *ll* mouillées] (R. *corneille*). Le petit d'une corneille.

CORNILLON. s. m. [Pr. les *ll* mouillées] (R. *corne*). Os contenu dans la corne du bœuf. || Petit de la corneille.

CORNINE. s. f. T. Chim. Substance amère, cristallisable, retirée des racines du *Cornus florida*, espèce de *Cornouiller*.

CORNION. s. m. (R. *corne*). T. Pêc. Partie de la nasse qu'on ajuste à une de ses extrémités.

CORNISTE. s. m. Musicien qui joue du cor.

CORNOUAILLES, anc. pays de France, à l'ouest de la Bretagne, qui a formé le département du Finistère et une petite partie du Morbihan et des Côtes-du-Nord; v. princ. Quimper.

CORNOUAILLES ou **CORNWALL**, comté d'Angleterre, au sud-ouest, ch.-l. *Bodmin; v.* princ. *Falmouth* et *Launceston;* 331,000 hab.

CORNOUILLE. s. f. [Pr. les *ll* mouillées] (lat. *corniculum*, petite corne, à cause de la forme de ce fruit). Le fruit du Cornouiller mâle. Voy. Cornes.

CORNOUILLER. s. m. [Pr. les *ll* mouillées] (R. *cornouille*). T. Bot. Genre de plantes Dicotylédones (*Cornus*), de la famille des *Cornées*. Voy. ce mot.

CORNU, UE. adj. (lat. *cornutus*, m. s., de *cornu*, corne). Qui a des cornes. *Bête cornue. Satyre c.* || Par ext., se dit de certaines choses qui présentent des saillies en forme de corne. *Une pièce de terre cornue.* || Fig. et fam., *Des raisons cornues, des raisonnements cornus,* se dit du méchantes raisons, de raisonnements qui ne concluent pas. *Des visions cornues,* Des visions bizarres et extravagantes. || T. Manège. *Cheval c.,* Cheval dont les os de la hanche s'élèvent à la hauteur de la croupe.

CORNUDE. s. f. (Même mot que *cornue*). Seau de bois à l'usage du savonnier.

CORNUDET. s. m. (R. *cornude*). Petit seau de bois.

CORNUE s. f. (lat. *cornutus*, qui a des cornes). T. Chim. et Technol. Une *Cornue* est un vase à col allongé et recourbé, dont on se sert en chimie et dans les arts industriels pour certaines opérations telles que distillation, préparation des gaz, etc. : son nom lui vient de la forme qu'elle présente (*cornu*, corne), forme qui lui a valu aussi la dénomination de *Retorte.* Les cornues sont faites de verre blanc, de grès, de porcelaine, de platine, de cuivre, de fonte de fer ou de plaques de tôle, suivant l'usage auquel on les destine. On distingue dans les cornues ordinaires trois parties : la *Panse,* la *Voûte* ou partie supérieure, et le *Col.* Une c. est dite *tubulée,* quand sa voûte est percée d'une ouverture qu'on peut fermer à volonté avec un bouchon. Lorsqu'elle sert aux distillations, on l'accompagne toujours d'un vase ou récipient pour recevoir

les produits de la condensation des vapeurs (Fig. ci-dessous). Fort souvent, on la joint à ce vase au moyen d'un tube intermédiaire appelé *Allonge;* cette addition a ordinairement pour objet de tenir le récipient à une plus grande distance du foyer. Enfin, lorsque les cornues de verre ou de grès doivent supporter une température élevée, on les *lute,* c.-à-d. on les

enduit d'une couche d'argile plus ou moins épaisse dans toutes les parties qui doivent être exposées à l'action du feu. — Les cornues de platine ne sont guère usitées que pour la fabrication de l'acide sulfurique, celles de cuivre pour la rectification de l'acide pyroligneux et la distillation des liquides alcooliques. Quant à celles de fonte ou de tôle, ce sont les plus employées dans les arts industriels. Les cornues en terre réfractaire qui servent à la préparation du gaz d'éclairage présentent des dispositions spéciales. Voy. Alambic, Distillation, Gaz, etc.

CORNUEL (Mme), femme française célèbre par son esprit (1614-1694).

CORNUS, ch.-l. de c. (Aveyron), arr. de Saint-Affrique; 1,400 hab.

CORNUSPIRIDES. s. f. pl. (lat *cornu*, corne; *spira,* spire). T. Zool. Famille de *Foraminifères,* du groupe des imperforés calcaires, dont les loges de la coquille, enroulée au moins à l'origine, sont disposées suivant une rangée (voy. Foraminifères). Genres : *Cornuspira,* depuis le lias jusqu'à nos jours; *Nubecularia,* depuis le trias jusqu'à nos jours; *Vertebralina,* tertiaire et actuel; *Hauerina,* du jurassique jusqu'à nos jours.

CORNUTUS, philosophe stoïcien, fut le maître et l'ami de Perse et de Lucain (1er siècle de l'ère chrétienne).

CORNWALL. Voy. Cornouailles.

CORNWALLITE. s. f. (R. *Cornwall,* nom de pays). T. Minér. Arséniate hydraté de cuivre, amorphe, noirâtre, accompagnant l'olivénite.

COROCORE. s. m. Embarcation à balanciers et à deux rangs de rames employée en Nouvelle-Zélande.

COROGNE (LA), v. et port d'Espagne sur l'Atlantique, place forte, ch.-l. de la prov. de Corogne (Galice); 34,400 hab. La province compte 616,000 hab.

COROLLACÉ, ÉE. adj. [Pr. *korol-la-sé*]. T. Bot. Qui a l'apparence d'une corolle.

COROLLAIRE. s. m. [Pr. *korol-lère*] (lat. *corollarium,* m. s., de *corolla,* petite couronne). Le mot latin *corollarium* signifiait primitivement un don gratuit, une gratification, un supplément de salaire. Le terme français *Corollaire* rappelle encore ce sens primitif lorsqu'on l'emploie dans le langage de la discussion ; car il signifie alors « Ce qu'on ajoute par surabondance, afin de fortifier les raisons dont on s'est servi pour prouver une proposition ». Mais c'est surtout dans le langage des mathématiques que cette expression est usitée. Elle se dit alors d'une conséquence qui découle presque immédiatement d'une proposition déjà démontrée. Ainsi, par ex., quand on a démontré qu'un triangle qui a deux angles égaux a également deux côtés égaux, on en déduit, comme c., que si les trois angles d'un triangle sont égaux, ses trois côtés sont aussi égaux. Comme on le voit, cette dernière acception dérive encore du sens originaire de *corollarium.*

COROLLE. s. f. (lat. *corolla,* diminutif de *corona,* couronne). T. Bot. On donne ce nom à l'ensemble des pièces ou *pétales* qui constituent le second verticille de la fleur. C'est, d'une façon générale, cette partie qui est brillamment colorée et donne aux fleurs l'éclat que présentent beaucoup d'entre elles. Voy. FLEUR.

COROLLÉ, ÉE. adj. [Pr. *korol-lé*]. T. Bot. Qui est muni d'une corolle.

COROLLIFÈRE. adj. 2 g. [Pr. *korol-lifère*] (fr. *corolle*, et lat. *fero*, je porte). T. Bot. Qui porte une corolle.

COROLLIFLORES. s. f. pl. [Pr. *korol-liflore*] (fr. *corolle*, et lat. *flos, floris*, fleur). Nom donné par certains botanistes, et notamment par de Candolle, à une classe de végétaux comprenant toutes les Dicotylédones à corolle gamopétale et staminifère.

COROLLIFORME. adj. 2 g. [Pr. *korol-li-forme*]. En forme de corolle. Se dit surtout d'un calice quand il a l'aspect d'une corolle.

COROLLIN, INE. adj. [Pr. *korol-lin*]. Qui es. de la nature de la corolle.

COROLLITIQUE. adj. 2 g. [Pr. *korol-litik*]. T. Archit. *Colonne c.*, colonne ornée de fleurs tournées en spirale autour du fût.

COROLLULE. s. f. [Pr. *korol-lule*] (Dimin. de corolle). T. Bot. Petite corolle. Inus.

COROMANDEL (Côte de), partie de la côte E. de l'Hindoustan, sur le golfe du Bengale, où se trouvent les ports de Madras et de Pondichéry.

CORON. v. de Morée, 8,000 hab. Port sur e golfe de Coron (Méditerranée).

CORON. s. m. T. Techn. Déchets de cardes.

CORONAIRE. adj. 2 g. (lat. *coronarius*, en forme de couronne). T. Anat. Se dit de certains vaisseaux du cœur et de l'estomac. Voy. CŒUR et ESTOMAC.

CORONAL, ALE. adj. (lat. *corona*, couronne) T. Anat. Nom donné quelquefois à l'os frontal. Voy. CRANE. || T. Astr. Nom donné à l'atmosphère extérieure du soleil, au-dessus de la chromosphère.

CORONÉE. v. de l'anc. Béotie, près de laquelle Agésilas remporta une victoire sur la ligue des Grecs (394 av. J.-C.).

CORONELLE. s. f. Tige de métal qui retient les dents d'un peigne d'acier.

CORONELLI, géographe italien (1650-1718).

CORONER. s. m. [Pr. *coro-ner*] (lat. *corona*, couronne). Mot anglais qui sert à désigner, dans la Grande-Bretagne, un officier de justice qui, dans tous les cas de mort non naturelle ou violente, est chargé, au nom de la couronne, de faire une enquête à ce sujet, avec l'assistance du jury. *Il y a en général plusieurs coroners par comté.*

CORONIFORME. adj. 2 g. (lat. *corona*, couronne; *forma*, forme). T. Hist. nat. Qui a la forme d'une couronne.

CORONILLE. s. m. [Pr. les *ll* mouillées] (Dimin. de *corona*, couronne). T. Bot. Genre de plantes Dicotylédones (*Coronilla*) de la famille des *Légumineuses*. Voy. ce mot.

CORONOÏDE. adj 2 g. (gr. κορώνη, corneille; εἶδος, aspect). T. Anat. Se dit de deux apophyses ou éminences osseuses, l'une au maxillaire supérieur, l'autre au cubitus, qui offrent une certaine ressemblance avec le bec d'une corneille.

CORONOÏDIEN, IENNE. adj T. Hist. nat. Qui a rapport, qui appartient à l'apophyse coronoïde.

CORONULE. s. f. (lat. *coronule*, dimin. de *corona*, couronne). T. Zool. Genre de *Cirripèdes*. Voy. ce mot.

COROPHIE. s. f. T Zool. Genre de crustacés. Voy. AMPHIPODES.

COROSSOL. s. m. [Pr. *koro-sol*.] T. Bot. Fruit du Corossolier, qu'on appelle aussi *Atte*.

COROSSOLLIER. s. m. [Pr. *koro-so-lié*]. T. Bot. Nom de l'*Anona muricata*, arbre de la famille des *Anonacées*. Voy. ce mot.

COROT (J.-B.), célèbre paysagiste français né à Paris (1796-1875).

CORPON ou **CORPOU.** s. m. T. Pêc. Cinquième chambre, à la tête de la madrague, où se prennent les thons.

CORPORAL. s. m. (lat. *corporalis*, corporel; de *corpus, corporis*, corps). T. Litur. Le *Corporal* est un linge bénit que le prêtre, en disant la messe, étend sur l'autel pour mettre le calice dessus et recevoir les fragments de l'hostie. Il représente le linceul dans lequel le corps de Jésus-Christ fut enveloppé après sa mort : dans le rite ambroisien, il est même appelé *Sindon* (linceul).

CORPORALIER. s. m. T. Litur. Sorte de bourse dans laquelle on serre le corporal.

CORPORALISER. v. a. (lat. *corpus, corporis*, corps) T. Théol. Donner un corps aux choses spirituelles.

CORPORALITÉ. s. f. (lat. *corporalitas*, m. s., de *corporalis*, corporel). Qualité de ce qui est corporel. — Se dit dans un sens plus matériel que corporéité.

CORPORATIF, IVE. adj. Qui a rapport aux corporations, ou est de leur nature.

CORPORATION. s. f. [Pr ...*sion*] (lat. *corporatus*, formé en corporation, de *corpus, corporis*, corps). Réunion d'individus ou un corps particulier, reconnu par l'autorité, et ayant ses règlements propres, ses privilèges, etc.

Hist. — I. — Avant la Révolution, l'exercice des arts et métiers, en France, était concentré entre les mains d'un très petit nombre d'individus, qui seuls pouvaient fabriquer ou vendre certains objets. Ces individus étaient organisés en associations appelées *Corporations, Communautés* et souvent *Maîtrises*, parce que ceux qui en faisaient partie avaient le titre de *Maîtres*. Chaque maîtrise avait une administration régulière et des statuts spéciaux, dont l'exécution était confiée à des commissaires choisis par les maîtres. Ces commissaires s'appelaient *Jurés* ou *Syndics*, et leur réunion constituait, sous le nom de *Jurande* ou de *Syndicat*, une sorte de petite c. dans la grande. Dans chaque métier, on distinguait trois catégories d'artisans : les *Maîtres*, les *Compagnons*, les *Apprentis*. Les maîtres seuls faisaient partie de la c.; on ne pouvait acquérir la maîtrise qu'après avoir satisfait à des formalités multiples et difficiles à remplir. Il fallait notamment avoir fait un apprentissage d'une durée toujours excessive, avoir travaillé un certain nombre d'années comme *Compagnon* chez un maître, produire un *Chef-d'œuvre*, c.-à-d. une pièce de travail dont l'exécution était censée donner la mesure de la capacité de son auteur, et enfin payer une multitude de droits qui absorbaient en pure perte les épargnes réalisées par l'aspirant.

II. — On ne sait pas positivement à quelle époque, ni dans quel pays, les corporations ouvrières ont commencé à se former. Les uns rapportent leur origine aux collèges d'artisans qui existaient dans l'empire romain, les autres à ces ghildes germaniques dont nous avons eu déjà occasion de parler au mot COMMUNE. Tout ce qu'on peut affirmer, c'est que ces associations ont dû naître du double besoin que la population ouvrière a éprouvé de se protéger et de s'administrer elle-même à une époque où elle ne trouvait en dehors d'elle ni protection ni administration. Des écrivains superficiels attribuent à saint Louis l'organisation des maîtrises et jurandes, parce que le *Livre des métiers* d'Étienne Boileau, prévôt de Paris, date de cette époque. Mais Boileau n'inventa et n'organisa rien ; il ne fit que mettre par écrit, que rédiger en corps les coutumes déjà régissantes depuis longtemps l'industrie. On a répété aussi que les communes ont produit les corporations ouvrières. Nous croyons que la plupart des corporations existaient déjà, et que le mouvement communal a eu simplement pour effet de resserrer le lien qui unissait soit les membres de chaque corps entre eux, soit les diverses corporations entre elles.

C'est à cette période seulement de leur histoire, nous voulons dire à cette période où les producteurs industriels eurent à lutter contre l'anarchie et contre la tyrannie féodales, que le régime des corporations fut légitime; en s'unissant entre eux, les artisans convenaient de régler eux-mêmes leurs différends; c'est ainsi qu'ils purent défendre leurs intérêts contre la justice seigneuriale qui ne leur offrait aucune garantie; plusieurs corporations obtinrent même soit à prix d'argent, soit à titre gracieux, de la royauté la reconnaissance officielle de leur existence. En retour des avantages dont elles jouissaient, les corporations avaient à cœur de bien remplir leur mission en surveillant étroitement la production et en garantissant la bonne qualité des produits fabriqués par leurs membres. On ne saurait à ce point de vue trop insister sur les avantages que procura au commerce ou à l'industrie le régime des corporations à son début. — Au XIIIᵉ siècle, il n'y avait à Paris qu'une centaine de corps de métiers; mais leur nombre augmenta tellement par la suite, que Sauval porte à 1,551 le nombre de ceux qui existaient sous Louis XIV. Les nouvelles corporations avaient été créées à diverses époques, soit par le dédoublement des anciennes, soit par l'érection en maîtrises de métiers qui jusqu'alors avaient été exercés en liberté. Dans tous les cas, cette énorme multiplication des jurandes n'avait eu d'autre origine qu'une raison fiscale; en effet, c'était uniquement à prix d'argent que les rois reconnaissaient les nouvelles sociétés ouvrières, et ils recouraient à cette ressource toutes les fois que la pénurie du Trésor les y forçait.

III. — Malheureusement, les privilèges accordés aux corporations rendirent ces associations de plus en plus exclusives, de parti pris, on écarta de la maîtrise les simples compagnons qui pouvaient autrefois s'y faire admettre. On ne recevait plus comme maîtres que les fils de maître ou ceux qui épousaient la veuve d'un maître; ces derniers étaient affranchis de la plupart des obligations imposées, particulièrement de celles du chef-d'œuvre et de l'apprentissage. Quant aux ouvriers, ils étaient, pour la plus grande majorité, réduits à n'avoir qu'une subsistance précaire sous l'empire des maîtres, à languir dans l'indigence ou à porter leurs connaissances à l'étranger. D'autre part, dans presque tous les métiers on prolongeait le plus possible la cherté et la durée de l'apprentissage, afin de procurer aux maîtres un plus grand bénéfice gratuit. L'esprit de monopole était même poussé si loin, que les femmes ne pouvaient exercer pour leur compte les métiers les plus convenables à leur sexe, tels, par ex., que celui de la broderie.

C'est ainsi que les corporations devinrent peu à peu une véritable entrave à la liberté du travail. Ainsi, on pourrait supposer qu'après avoir surmonté tous les obstacles dont nous avons parlé, le maître nouvellement reçu avait la faculté de travailler à son gré et d'exercer librement son industrie. Loin de là. D'abord, il ne pouvait l'exercer que dans la localité même où il avait été reçu. En second lieu, s'il était manufacturier, et que sa fabrication exigeât l'emploi de produits appartenant à plusieurs branches industrielles, il fallait qu'il se fît recevoir maître dans toutes les corporations auxquelles appartenait la confection de ces produits. Enfin, il était tenu de se conformer à des règlements conçus dans des principes si exclusifs qu'ils allaient jusqu'à déterminer le nombre d'ouvriers, la nature des matières, les procédés et des outils à employer, ainsi que la qualité et les dimensions des produits à fabriquer. En outre, afin de veiller à l'exécution de ces règlements, les syndics des communautés étaient autorisés à faire des visites chez les fabricants et même à saisir les marchandises, s'ils les trouvaient en contravention aux règlements. De là une foule de tracasseries mesquines et de vexations odieuses produites par la jalousie et l'intérêt privé. « Ces visites, dit un inspecteur des manufactures de cette époque, fournissaient le prétexte de fouiller dans les ateliers, d'y tout bouleverser, de dévoiler, de s'approprier les procédés secrets qui font quelquefois la fortune de ceux qui les exercent; de suspendre le travail, de connaître l'état des affaires et d'exposer le crédit des particuliers. — J'ai vu, continue-t-il, dans une seule matinée, couper par morceaux 80, 90, 100 pièces d'étoffe; j'ai vu renouveler cette scène chaque semaine pendant un grand nombre d'années; j'ai vu, les mêmes jours, en faire confisquer plus ou moins avec amendes plus ou moins fortes; j'en ai vu brûler en place publique, les jours et heures de marché; j'en ai vu attacher au carcan avec le nom du fabricant et menacer celui-ci de l'y attacher en cas de récidive J'ai vu tout cela à Rouen, et tout

cela était voulu par les règlements ou ordonné ministériellement. — J'ai vu des descentes chez des fabricants avec une bande de satellites bouleverser leurs ateliers, répandre l'effroi dans leur famille, couper des chaînes sur le métier, les enlever, les saisir; assigner, ajourner, faire subir des interrogatoires, confisquer, amender les sentences affichées, et tout ce qui s'ensuit, tourments, disgraces, honte, frais, discrédit. Et pourquoi ? Pour avoir fait des pannes de laine qu'on faisait en Angleterre et que les Anglais vendaient partout, même en France; et cela, parce que les règlements de France ne faisaient mention que des pannes de poil. J'en ai vu user ainsi pour avoir fait des camelots en largeurs très usitées en Angleterre, en Allemagne, etc., demandés en France par nombre de lettres vues et connues; et cela parce que les règlements prescrivaient d'autres largeurs. J'ai vu tout cela à Amiens, et je pourrais citer vingt sortes d'étoffes, toutes fabriquées à l'étranger, toutes circulant dans le monde, toutes demandées en France, toutes occasionnant les mêmes scènes à leurs initiateurs. — J'ai vu tout cela, et bien pis, puisque la maréchaussée a été mise en campagne et qu'il en est résulté en outre des emprisonnements, uniquement pour avoir acheté leurs matières ici plutôt que là, et pour n'avoir pas satisfait à un prétendu droit créé par l'avidité, vexatoirement autorisé, perçu avec barbarie. »

Veut-on savoir comment le système des corporations, ainsi dérivées de leur but primitif, encourageait les progrès de l'industrie et stimulait le génie des inventeurs? Il suffira de citer quelques faits entre mille. — L'art de vernir et d'emboutir la tôle date de 1761; il exigeait l'emploi d'ouvriers et d'outils appartenant à plusieurs corps d'état; mais comme l'inventeur n'était pas assez riche pour se faire recevoir dans ces métiers, il fut obligé d'aller exploiter son industrie à l'étranger, et la France fut privée des bienfaits de cette découverte jusqu'au moment où le travail devint libre, c.-à-d. jusqu'à la Révolution. En effet, l'industrie de la tôle vernie nous fut rendue en 1793 par Deharme, qui y introduisit en même temps plusieurs perfectionnements. — Ami Argand est, comme on sait, le véritable inventeur des lampes à double courant d'air vulgairement nommées Quinquets. Ces lampes parurent si utiles, que le gouvernement crut devoir en récompenser l'auteur par un privilège de fabrication exclusive pendant quelques années. Mais, pour produire son effet, ce privilège devait être enregistré au Parlement, et une c., se disant « communauté des forblantiers, serruriers, taillandiers, maréchaux-grossiers », s'opposa à l'enregistrement par le motif que ces statuts lui réservaient le droit de faire des lampes. De cette prétention naquit un procès qu'Argand gagna, il est vrai, mais non sans perte de temps et d'argent. — Une opposition, bien plus grande encore, éclata lorsque Réveillon dota la France de l'industrie des papiers peints. Il lui fallut lutter contre un grand nombre de corporations qui, tantôt sous un prétexte, tantôt sous un autre, lui suscitèrent mille obstacles. Créait-il un outil nouveau, on lui contestait le droit de le fabriquer. Se servait-il d'un outil déjà en usage dans une profession, on prétendait lui en interdire l'emploi. Imaginait-il quelque procédé de perfectionnement, aujourd'hui les graveurs, demain les imprimeurs, une autre fois les tapissiers, l'accusaient d'empiéter sur leurs droits. Ces vexations ne cessèrent que lorsque Réveillon eut obtenu, pour son établissement, le titre de Manufacture royale. Mais les haines que lui portaient les corporations ne s'éteignirent pas pour cela; c'est à elles, en effet, qu'on doit attribuer la dévastation de sa fabrique dans l'émeute du 28 avril 1789. — Un constructeur d'instruments de physique et de mathématiques, Lenoir, ayant construit un petit fourneau pour les besoins de ses ateliers, les syndics d. c. des fondeurs vinrent eux-mêmes démolir sa construction, parce qu'il ne faisait point partie de leur communauté. Il fut obligé, pour avoir le droit de la relever, de solliciter un privilège spécial du gouvernement. C'était, en effet, c'est cette dernière ressource que restait aux inventeurs lorsqu'ils voulaient conserver à leur pays le résultat de leurs recherches; encore même, comme nous venons de le voir, la protection royale ne suffisait-elle pas toujours pour les mettre à l'abri des tracasseries intéressées des corps de métiers. — Lorsqu'il est question d'autoriser la fabrication des toiles peintes, les privilégiés réclament de toutes parts. Rouen fait valoir la prospérité due à ses manufactures de cotonnades (leur établissement avait quelques années auparavant excité une opposition très vive). Elle voit, si l'on permet les toiles peintes, son commerce désolé, ses métiers abandonnés, « les femmes, les enfants, les vieillards plongés dans la misère, les terres les mieux cultivées retomber en friche, et la Normandie, cette belle et riche province, devenir déserte ». La ville de Tours montre « les députés de tout le royaume gémissants, et voit une *commotion qui occasionne une convulsion dans le genre nerveux politique* ». Reims présente sa requête signée de plus de 50 marchands qui disent nettement « qu'on veut leur ôter leur pain ». Lyon ne saurait se taire « sur un projet qui a répandu la terreur dans toutes les fabriques ». Paris « ne s'est jamais présenté pour une affaire aussi importante au pied du trône, que le commerce arrosé de ses larmes ». Amiens « regarde la permission du port et l'usage des toiles peintes comme le tombeau dans lequel toutes les manufactures du royaume doivent être anéanties ». Enfin, ce mémoire se termine par ces paroles solennelles : « Au reste, il suffit pour proscrire à jamais le port et l'usage des toiles peintes ou teintes que le royaume frémisse d'horreur quand il entend annoncer qu'elles vont être permises... *Vox populi, vox Dei !* »

IV. — Mais si les corporations étaient constamment en guerre avec les inventeurs, elles étaient loin de vivre en harmonie entre elles. En voulant classer rigoureusement les différentes parties du domaine industriel, on avait entrepris une œuvre impossible et ouvert la porte à des querelles interminables. Ainsi, il était défendu aux savetiers de raccommoder les souliers au delà des deux tiers, sous peine d'empiéter sur les attributions des cordonniers. Mais à quel signe précis reconnaître la limite des droits des uns et des autres, et comment ? Les fripiers ne pouvaient non plus vendre que de vieux habits ; car autrement ils auraient porté atteinte à la prérogative des tailleurs ; mais à quel point un habit cesse-t-il d'être neuf et doit-il être considéré comme vieux ? Ces exemples suffisent pour faire comprendre à combien de contestations devait donner lieu un pareil régime, surtout entre métiers voisins dont les attributions ne pouvaient être nettement distinguées. C'est ainsi que les tailleurs et les faiseurs de doublures plaidant en lutte au XIVe siècle les uns contre les autres, obtenaient réciproquement des arrêts en faveur de leurs prétentions et dépensaient tout leur fonds commun en frais de procès inutiles. Ces luttes se renouvelaient sans cesse et à tout propos. On estimait à 800,000 francs les sommes qu'elles faisaient entrer chaque année, à Paris seulement, dans la bourse des gens de justice. De plus, les procès entre communautés étaient interminables ; on ne connaît qui, commencés au XVIe siècle, n'étaient pas encore ados à la Révolution.

V. — En ce qui concerne le progrès industriel, le régime que nous étudions avait pour effet immédiat de le retarder indéfiniment, puisque, abrités derrière leurs privilèges et n'ayant point de concurrence à redouter, les producteurs ne faisaient aucun effort pour améliorer leurs produits et en abaisser le prix, afin de les mettre à la portée du plus grand nombre. *La liberté et les stimulants indispensables du travail et de la production* ; ces faits le prouvent de la manière la plus irréfragable. A Milan, par ex., en plein moyen âge, la proclamation de la liberté du travail porta l'industrie de la laine à un si haut degré de prospérité, que cette ville put alimenter de ses draperies tous les marchés de l'Europe ; mais, plus tard, le commerce de Milan ayant eu la fantaisie de s'organiser en corporations, à l'imitation de ce qui se pratiquait ailleurs, il suffit de quelques années de ce régime pour faire disparaître presque toutes les fabriques du pays. Les rares partisans des corporations disent notre pays citent l'Angleterre, où elles ont existé et où elles existent même encore. C'est pourtant le pays, disent-ils avec raison, où l'industrie a pris les développements les plus gigantesques. Mais ici il y a à faire une observation importante. « Les Anglais, comme le dit très bien M. Baudrillart, aiment leurs vieilles lois ; ils se plaisent à proclamer la stabilité, l'éternité, bien entendu qu'on ne les appliquera pas, ou qu'une adroite interprétation les accommodera au temps présent. Ils ont des corporations ; le statut d'Élisabeth n'a jamais été révoqué ; mais, malgré la généralité de ses termes, les Anglais ont dit : Le système doit être maintenu, mais seulement pour les villes de marché au temps d'Élisabeth et pour les métiers alors connus et incorporés. Tout autre métier est libre, et les métiers réglementés ont, eux aussi, sont libres dans toute autre localité. C'est ainsi que les nouvelles découvertes et les métiers nouveaux, même les anciens métiers dans les localités peu importantes jadis, se sont trouvés libres, et n'ont rien eu à démêler avec les statuts

et les chartes. Il suffisait d'un nom nouveau ou d'une ville nouvelle pour échapper à la gêne. » — Ajoutons à cela que tous les anciens centres manufacturiers de l'Angleterre sont énormément déchus et que les grandes métropoles industrielles du pays sont des villes presque entièrement nouvelles. Considérées par rapport à la personne même des ouvriers, les maîtrises et jurandes ne valaient pas mieux. « Elles pesaient, dit le savant professeur que nous venons de citer, sur leur liberté comme sur leur bien-être. L'apprentissage était forcé dans toutes les carrières et prolongé dans toutes bien au delà de la nécessité. Quand venait pour un compagnon l'heure de passer maître, il rencontrait pour juges ceux qui étaient intéressés à l'écarter comme rival. Ils lui demandaient un *chef-d'œuvre*, mais un chef-d'œuvre exécuté selon certaines règles, afin que son génie fût contraint de s'arrêter à la hauteur de leur médiocrité. Nul ne pouvait s'écarter des procédés reçus, sous peine d'amende. » Il y a plus, les maîtres avaient imaginé des prohibitions destinées à les mettre à l'abri de la concurrence de leurs apprentis devenus maîtres. « Elles leur tour ; ainsi, dans certains métiers, l'ouvrier ne pouvait pas ouvrir boutique dans la même ville que son ancien patron ; dans d'autres, c'était seulement dans la même rue. — Quant au public, il était impitoyablement rançonné, car les producteurs, entièrement maîtres du marché, haussaient à volonté les prix que les syndics et les jurés, fabricants eux-mêmes, se gardaient bien de faire baisser. On avait sans doute imaginé, pour surveiller la fabrication, des règlements minutieux jusqu'à l'absurde : mais ces règlements ou étaient inexécutables ou s'exécutaient mal. D'ailleurs, les maîtres étant portés par esprit de corps à se soutenir les uns les autres, celui qui se plaignait de quelqu'un d'entre eux était toujours condamné, et se hasait de poursuivre de tribunaux une justice plus dispendieuse que l'objet de sa plainte.

VI. — La nécessité d'affranchir l'industrie et le commerce de toute entrave était évidente pour tous les bons esprits dès le milieu du dernier siècle. En conséquence, un édit royal rendu par Louis XVI, sur la proposition de Turgot, au mois de février 1776, décréta la suppression des corporations. Rétablies aussitôt après la chute de ce ministre, elles furent abolies de nouveau, et cette fois définitivement, par l'Assemblée constituante (loi du 17 mars 1791). Malgré cela, sous l'Empire, il y eut quelques tentatives pour ressusciter les communautés, mais pourtant sans loi, sans décret et comme subrepticement. Sous prétexte d'ordre et de police, on provoqua certains commerçants à se réunir, à nommer des conseils et des syndics, sous le nom de *Délégués*, à se cotiser pour certaines dépenses communes, à dresser des règlements et des statuts, dont quelques-uns furent homologués en silence. Mais à peine ces nouvelles associations furent-elles réunies que l'esprit de corps se réveilla, et l'on vit recommencer entre les divers métiers les querelles et les prétentions des temps passés. Ainsi, les épiciers demandèrent le commerce exclusif de l'indigo, du sucre et du café, mais sans vouloir renoncer au droit de vendre de l'eau-de-vie, qui était réclamé par les marchands de vin ; celui-ci de vendre les substances médicinales, qui était revendiqué par les pharmaciens. Ces essais n'eurent pas d'autres suites ; cependant ils se renouvelèrent sous la Restauration, mais sans plus de succès. En 1821, une requête, signée par 2,000 individus, se disait les représentants du commerce parisien, ayant été renvoyée par le ministère au conseil général des manufactures, composé des hommes les plus éminents à cette époque dans l'industrie, le conseil se prononça catégoriquement contre toute tentative de cette nature. Il déclara que l'institution des maîtrises « ne saurait être rétablie sans faire perdre à notre industrie les immenses avantages obtenus avec la liberté, et que les progrès dans tous les genres de fabrication, depuis que l'industrie était délivrée de ses entraves, en disaient plus contre les corporations que toutes les déceptions de l'intérêt, de la paresse et de la vanité ne pouvaient prouver en faveur de leur rétablissement. » En conséquence, il ne fut donné aucune suite à la pétition et l'exercice de l'industrie continua d'être libre comme il l'est encore aujourd'hui, sauf quelques restrictions motivées par d'autres considérations, et qui sont mentionnées en leur lieu et place.

VII. — De nos jours, il s'est produit en Allemagne et en Autriche une tentative très curieuse de restauration des anciens corps de métiers ; mais les corporations nouvelles paraissent encore pires que les anciennes ; celles-ci au moins étaient des associations indépendantes, se recrutant et se gouvernant elles-mêmes, et ne demandaient aux pouvoirs publics que la force nécessaire pour assurer l'exécution de leurs règlements. Les corporations nouvelles qu'on a vues se produire en Autriche

Hongrie ont été instituées sur l'initiative de l'autorité. La c. ne choisit pas ses membres : c'est l'administration qui délivre l'autorisation d'exercer certains métiers. Un fonctionnaire assiste aux délibérations de la c. et est chargé de réparer les omissions de celle-ci, c.-à-d. qu'en fait il est le maître de faire prendre les décisions qui conviennent le mieux à l'autorité. En somme, la c. moderne représente surtout l'ingérence du pouvoir public dans le travail et la vie privée des particuliers. C'est du socialisme d'État sous l'une de ses formes les plus pénibles et les plus dangereuses.

CORPORATIVEMENT. adv. En corporation.

CORPORÉITÉ. s. f. (lat. *corpus, corporis,* corps). T. Didact. Qualité de ce qui est corporel ; ce qui constitue un corps. *La c. des idées dans les mots, la c. des esprits.* Se dit dans un sens un peu moins matériel que *corporalité.*

CORPOREL, ELLE. adj. (lat. *corporalis,* m. s., de *corpus, corporis,* corps). Qui a un corps. *Les êtres corporels. Dieu n'est point c.* ‖ Qui appartient au corps, qui concerne le corps. *Plaisir c. Peine corporelle. Vous ne songez qu'aux choses corporelles.*

CORPORELLEMENT. adv. [Pr. *korporè-leman*]. D'une manière corporelle, qui a rapport au corps. *Punir c.* — Se dit par oppos. à *Spirituellement. Manger, recevoir le corps de J.-C. réellement et corporellement.*

CORPORIFIER. v. a. (lat. *corpus, corporis,* corps, et le suff. *fier,* de *ficare,* faire). Attribuer un corps à ce qui n'en a point. *Il y a eu des hérétiques qui corporifiaient les anges.* ‖ Mettre, fixer en corps les parties éparses d'une substance. *C. des globules de mercure.* = CORPORIFIÉ, ÉE. Peu us.

CORPON, s. m. Voy. CORPOU.

CORPS. s. m. [Pr. cor] (lat. *corpus,* m. s.). Toute portion de matière. *C. solide, liquide, gazeux. C. simple, composé. C. organique, organisé. C. pesant, léger. Les c. célestes. Le mélange des c. Le choc de deux c. Tout corps à trois dimensions, longueur, largeur et hauteur.* — *Faire c.,* Se dit de deux ou de plusieurs choses qui sont unies de manière à n'en faire qu'une seule. *Ces deux substances mises en présence se combinent aussitôt et font c. de telle façon qu'on ne peut plus les séparer.* — Fig. *Prendre l'ombre pour le c.,* L'apparence pour la réalité. Prov., *L'envie vaut la vertu, le talent, le génie, etc., comme l'ombre suit le c.* = La partie matérielle d'un être animé. Il se dit des animaux, mais surtout de l'homme, et s'emploie : 1° Dans un sens général : *Le c. de l'homme. Le c. humain. Le c. d'un animal. Les diverses parties du c.* ‖ 2° Par oppos. à Ame, esprit, etc. : *L'homme est composé de c. et d'âme. L'âme est attachée au c. L'esprit et le c. sont souvent en lutte.* — Fam. et par exag., *Se tuer le c. et l'âme,* Se donner beaucoup de peine, s'extévuer de fatigue. *Il s'est tué le c. et l'âme pour amasser quelque chose à ses enfants.* — *Se donner à quelqu'un de c. et d'âme, c'est* se dévouer entièrement à quelqu'un. — Fig. et prov., *C'est un c. sans âme,* Se dit d'une personne qui a de la beauté, mais qui manque d'esprit ; ou d'un individu qui est privé de celui qui le dirigeait en toutes choses ; ou d'une compagnie, d'un parti, d'une armée qui n'a plus de chef ou qui n'a qu'un chef incapable. ‖ 3° En parlant de la taille, de la conformation. *Le c. de cet homme est bien proportionné. Un beau c. Un c. mal bâti. Le c. de cet animal est singulièrement conformé. Les grâces du c.* ‖ 4° En parlant de la constitution du c., de sa santé, de ses fonctions, de ses besoins, des accidents qu'il peut éprouver. *Un c. bien constitué, mal constitué. C. vigoureux, la santé du c. Il éprouve des douleurs par tout le c. Prendre du c.,* Prendre de l'embonpoint. — Popul., *Cet homme n'est pas traître à son c.,* Il se ménage beaucoup, il se procure toutes les commodités en son pouvoir. — Prov., *Gagner sa vie, son pain, manger son pain à la sueur de son c., de son front,* Gagner sa vie par un labeur très rude, en se donnant beaucoup de peine. — Fam., *Faire bon marché de son c.,* Ne pas craindre d'exposer sa vie. *Faire folie de son c.,* Se dit quelquefois d'une fille qui se livre au libertinage. *C'est un pauvre c.,* Se dit de quelqu'un qui n'a ni esprit ni vigueur. — Fig. et fam., *C'est un c. de fer; il a un c. de fer,* C'est un homme robuste et capable de résister aux plus grandes fatigues. — Fig.

et prov., *Faire c. neuf,* Se dit de quelqu'un qui a fait une longue maladie, lorsque sa santé se rétablit et que son c. semble se renouveler. On dit aussi des chevaux mis au vert, qu'*ils font c. neuf.* ‖ 5° En parlant de la souplesse, de l'agilité, des exercices physiques. *C. souple, agile. Les exercices du c. Il tient le c. droit et roide.* ‖ 6° En parlant de lutte, de combats. *Ils luttaient c. à c. Ils se sont pris c. à c. Il le couvrit de son c., lui fit un rempart de son c.* — *A c. perdu,* Avec impétuosité, sans considérer ni craindre le danger. *Il se jeta à c. perdu dans la mêlée.* — Fig., *Il s'est jeté à c. perdu dans ce parti, dans une entreprise impossible.* — *A bras le c.* Voy. BRAS. — *A son c. défendant,* En repoussant une attaque. *Il n'a fait usage de ses armes qu'à son c. défendant.* — Fig. et fam., *S'il y a consenti, ç'a bien été à son c. défendant,* Contre son gré, à regret, parce qu'il ne pouvait faire autrement. — Fig. et fam., *Tomber sur le c. de quelqu'un,* Malmener quelqu'un de paroles, ou dire de lui, en son absence, des choses désobligeantes. ‖ 7° Se dit, dans un sens plus limité, tant chez l'homme que chez les animaux, de la poitrine et de l'abdomen pris ensemble, c.-à-d. de cette partie du c. qu'on appelle autrement le Tronc, par opposition aux *membres.* *Cet enfant a le c. bien fait. Cet animal a le c. long et fluet, et les membres fort courts.* — *Il lui passa son épée au travers du c. Il a un coup d'épée dans le c.* — Fig. et fam., *Faire de son c. une boutique d'apothicaire,* Prendre des médicaments à tort et à travers. — Fam., *Il faut voir, on verra ce que cet homme a dans le c.,* Ce qu'il est capable de faire. On dit de même, *C'est un homme qui n'a rien dans le c.,* Qui n'est capable de rien. — Fig. et prov., *Avoir le diable au c.,* Être méchant, furieux. *Il ne fait que quereller et battre tout le monde, il a le diable au c.* On le dit aussi d'un animal. *Ce cheval a le diable au c.* Se dit encore en parlant d'un homme qui nous étonne par son adresse, sa force, son courage, son talent, son esprit, la fécondité de ses ressources. *Cet homme fait des choses extraordinaires, il faut qu'il ait le diable au c.* ‖ *C.* se prend aussi pour c. mort, cadavre. Dans ce sens, il se dit le plus souvent du corps humain. *Porter un c. en terre. Enterrer un c. Exposer un c. Procéder à la levée d'un c. Embaumer un c. Le champ de bataille était jonché de c.* — *C.-saint,* Le c., la cadavre d'un saint. On trouva dans la crypte plusieurs c.-saints.* = *C.* s'emploie aussi avec la signific. de personne. — Pop., *On dit d'un individu bizarre, singulier, plaisant, facétieux, C'est un drôle de c., un plaisant c., etc.* — Se dit des personnes par opposition aux choses, et surtout relativement aux voies judiciaires de contrainte ou d'exécution. *Le navire a péri c. et biens. Séparation de c. et de biens.* — *A c. perdu,* Étourdiment, sans réflexion, impétueusement. *A son c. défendant,* Pour se défendre d'une attaque. — Fig., *Malgré soi,* à contre-cœur. — *Décret de prise de c. Condamner par c. Contrainte par c.* Voy. CONTRAINTE. — Dans cette dernière acception, on dit quelquefois subst., *Le par-c. Il a payé, parce qu'il craignait le par-c.* — *Répondre de quelqu'un c. pour c.,* En répondre comme de soi-même. *Je connais sa probité, je réponds de lui c. pour c.* — Dans un sens spécial, se dit de la personne du roi. *Les gardes du c., le cocher du c.* = Par ext., La partie de certains habillements destinée à couvrir depuis le cou jusqu'à la ceinture. *Un c. de cuirasse. Un c. de robe. Un c. rembourré,* Pour cacher les défauts de la taille. *Un c. de fer,* Pour empêcher que la taille ne se déforme. = *C.* se dit, figur., de l'être collectif qui forme un peuple, un État, une société unie par les mêmes lois, les mêmes croyances, etc. *Le c. d'un État, d'un royaume.* Se dit encore du territoire dont il est formé à un moment donné. *Louis XIV réunit l'Alsace et la Franche-Comté au c. du royaume.* ‖ Fig., Réunion d'individus qui, par suite de leur naissance, de leurs fonctions, de leurs occupations, de leur industrie, etc., sont groupés ensemble et constituent une société particulière dans l'État ou dans l'Église. *Le c. de la noblesse. Le c. des marchands. Les c. de métiers.* Voy. CORPORATION. *Les gens de ce métier ne font point c. Un c. considérable. Il n'est un des membres de ce c. Le c. des mines. Les différents c. de l'État. Le C. législatif. Le c. de la magistrature. Les c. constitués. Les c. militaires. La cour de cassation y assista en c. Marcher en c.,* Toute la corporation réunie. — Fig., *D'un commun accord. Visite de c. Repas de c. Esprit de c.,* Entente, uniformité dans la manière de voir ; habitude de se soutenir entre soi et de réserver tous les avantages pour les personnes faisant partie du même c. — *C. diplomatique.* Voy. DIPLOMATIE. — *C. de ballet,* La troupe des danseurs qui exécutent un ballet, par oppos. à ceux qui dansent un pas. || Se dit aussi d'une partie plus ou moins considérable d'une armée. — *Un c. d'armée. Marcher en c. d'armée. C. de bataille. C. de réserve. C. détaché. C. d'infanterie, de cavalerie.* — L'ensemble de ceux qui appartiennent à certaines armes spéciales. *Le c. de l'artillerie, du génie, de la gendarmerie, des sapeurs-pompiers.* On dit dans un sens anal., *C. d'état-major.* — Se dit encore d'un régiment, d'une troupe quelconque, par rapport à ceux qui en font partie. *Il est bien vu dans son c. Rejoindre son c. Rester au c. Se rendre au c.* — *C. franc,* C. de troupes légères, exclusivement composé de volontaires, et dont l'entretien n'est pas à la charge du gouvernement. *Les corps francs peuvent rendre de grands services lorsqu'un pays est envahi par une armée ennemie.* || *C. de garde,* Un certain nombre de soldats placés en un lieu pour faire la garde. *C. de garde avancé. Poser, mettre, établir des c. de garde.* Surprendre, *enlever un c. de garde.* On dit plus ordinairement *Poste.* — *C. de garde,* se dit surtout maintenant du lieu où se tient un poste de soldats. *Bâtir un c. de garde. On le conduisit au c. de garde.* — *Mots, railleries, plaisanteries de c. de garde,* Plaisanteries, c., basses et grossières. ⇒ Par anal. avec la situation et le rôle du tronc par rapport aux membres, *C.* se dit de la principale partie d'une foule de choses. *Le c. d'un vaisseau, d'un navire,* Le vaisseau, le navire, abstraction faite des ponts, mâts, voiles, cordages, etc. *Le c. d'un carrosse,* Le coffre, la partie qui est suspendue. *Le c. d'un violon, d'une guitare,* etc., La boîte qui constitue la partie résonnante de l'instrument. *Le c. d'une pompe,* Le tuyau dans lequel joue le piston. — *Le c. d'une place, d'une forteresse,* La place, la forteresse considérée sans ses dehors. — *Le c. d'un édifice,* La grosse maçonnerie, sans y comprendre la charpente, les cloisons, la menuiserie, etc. — *C. de logis* ou *C. de bâtiment,* La partie principale d'un bâtiment, abstraction faite des pavillons, des ailes, et des autres constructions accessoires. *Voilà un beau c. de bâtiment. Cette maison se compose de deux c. de logis séparés par une cour. C. de logis de devant, de derrière. C. de logis simple,* Celui qui n'a qu'une pièce de profondeur; *C. de logis double,* Celui qui en a deux. — *C. de logis,* Se dit encore quelquefois d'une construction détachée de la masse principale. *J'habite un petit c. de logis sur le jardin.* — *Le c. d'une charrue,* La partie de la charrue qui pénètre dans le sol. Voy. CHARRUE. — *Le c. du soleil, d'une planète,* La partie solide du soleil, d'une planète, abstraction faite des enveloppes qui peuvent l'entourer. — *Le c. d'un livre, d'un ouvrage,* Le livre considéré sans la préface, les annotations, les tables, etc. *Le c. d'une lettre,* Le contenu d'une lettre, sans les formules de compliment, la date, la signature, etc. *Le c. d'une lettre,* en calligraphie, est le principal trait dont une lettre est formée. — T. Typogr. Voy. CARACTÈRE. — *Le c. d'une devise.* Voy. DEVISE. ⇒ Se dit aussi de l'épaisseur, de la solidité de certaines choses qui de leur nature sont ordinairement un peu minces. *Ce papier n'a pas de c. Voilà une étoffe qui a du c.,* Elle n'est pas trop mince. — Par ext., Se dit également de la consistance des choses liquides qu'on fait épaissir par le feu ou autrement, comme les sirops, les onguents, les emplâtres. *Il faut donner plus de c. à l'onguent.* — Par anal., Se dit même de la force et de la vigueur de certains vins, de certaines liqueurs. *Un vin qui a du c., qui n'a point de c., qui prend du c.* — *Faire c.,* Adhérer fortement, ne faire qu'une seule masse. ⇒ Fig., Collection, recueil de pièces ou d'ouvrages de même nature composés par des auteurs différents. *Le c. qui permet d'être compacts, latins. Le c. des historiens de France.* — On dit dans un sens anal., *C. de droit civil, C. de droit canon, C. de lois.* — *C. de doctrine,* Réunion, ensemble d'idées, de principes, qui forment un tout complet, un système. *Ne se dit guère qu'en parlant de morale et de religion.* || T. Dr. *C. de délit.* Voy. DÉLIT. — *C. de preuves,* Réunion de différentes sortes de preuves qui toutes ensemble établissent un fait. — T. Mar. *C. mort,* Se dit figur., de tout objet établi sur le rivage ou sur le fond d'une rade, pour l'amarrage des navires : c'est le plus souvent une grosse borne, ou une chaîne ou un câble, dont le bout est porté par un bateau ou par une caisse flottante. *Saisissez le câble du c. mort.* — *C. de voile,* Voile principale. — *C. de voilure,* Ensemble des voiles. || T. Hydraul. *C. mort,* Poutrelle qu'on enterre sur le bord d'une rivière avant d'élever la maçonnerie. || T. de galée, Partie de la galée couverte par la coulisse. || T. Grav. Partie du burin qui est aiguisée en losange. — T. Bot. *C. cotylédonaire.* Voy. GRAINE. *C. ligneux.* Voy. TIGE. || T. Anat. Le nom de *C.* se donne, non seulement à la partie principale de la plupart des os et des muscles, comme *C. du fémur, C. du*

sphénoïde, *C. du biceps brachial,* mais encore d'une multitude d'organes souvent tout à fait différents par leur forme, leur nature, leur situation, etc., comme *C. calleux, C. caverneux, C. réticulaire, C. vitré.* Voy. FÉMUR, SPHÉNOÏDE, CALLEUX, etc. || T. Hist. *C. législatif,* Nom donné à diverses périodes de notre histoire à une assemblée délibérante ayant le pouvoir de faire les lois. Voy. plus loin. || T. Fort. *C. de place,* Ensemble des bastions et autres ouvrages qui forment une enceinte continue autour de la place.

Phys. et Chim. — I. *Division des Corps.* — Un *C.* est une portion quelconque de matière, ayant une existence indépendante, et qui frappe nos sens par les qualités qui lui sont propres. C'est par ces qualités et propriétés que nous distinguons les uns des autres les corps en très grand nombre que nous offre la nature. Mais, selon le point de vue auquel nous nous plaçons, nous considérons de préférence telle ou telle propriété. Ainsi, en histoire naturelle, les c. sont divisés en deux grandes classes, les *C. organisés,* qui sont doués de vie ou les e. ayant fait partie d'un être vivant, et les *C. bruts.* Voy. MATIÈRE. Les chimistes les distinguent essentiellement en *C. simples* et en *C. composés.* Les c. simples sont ceux dont on n'a pu retirer de substance jouissant de propriétés différentes. Les c. composés, au contraire, ont pu être séparés en *éléments* différents entre eux et reproduits en général par leur *combinaison* le c. d'où ils avaient été extraits. Voy. CHIMIE.

II. *État des Corps.* — Les particules d'un même c. simple ou composé peuvent se trouver dans trois états d'agrégation, sans que pour cela la nature intime de ce c. soit changée. — 1° Un c. est à l'*état solide,* lorsque ses particules sont tellement adhérentes entre elles que le c. présente une forme déterminée. — 2° Quand un c. est à l'*état liquide,* l'adhérence qui unit ses particules est si faible, qu'elles glissent les unes sur les autres avec la plus grande facilité. Il en résulte que les c. liquides n'ont pas une forme déterminée, et sont obligés de prendre celle des vases qui les renferment. — 3° Dans les c. à l'*état gazeux,* les molécules non seulement n'ont aucune adhérence entre elles, mais encore elles tendent constamment à s'écarter les unes des autres et à occuper un espace de plus en plus grand. La science moderne admet que tous les c. peuvent successivement passer par les trois états solide, liquide et gazeux, suivant les circonstances extérieures de température et de pression. S'il est à c. que nous ne connaissons que sous un ou deux de ces états, cela ne prouve pas qu'ils ne puissent prendre le troisième état, mais seulement que nous ne savons pas les mettre dans les conditions convenables.

III. *Propriétés générales des Corps.* — Les propriétés des c. se distinguent en *propriétés générales* qui conviennent à tous les corps sans exception, et en *propriétés particulières,* qui ne se rencontrent que dans certains c. ou dans certains états des c. Les propriétés générales admises par les physiciens sont l'impénétrabilité, la divisibilité, la porosité, la compressibilité, la dilatabilité, l'élasticité et la mobilité. Nous allons les passer successivement en revue.

1° *Impénétrabilité.* — L'impénétrabilité est généralement définie la propriété en vertu de laquelle deux portions de matière ne peuvent occuper à la fois le même lieu de l'espace. L'expérience la plus vulgaire apprend, en effet, que cette propriété semble appartenir aux c. solides, liquides et gazeux. Cependant, un examen plus attentif des phénomènes naturels montre que tous les c. peuvent être plus ou moins réduits de volume, ce qui permet de faire tenir dans le même espace deux portions de matière dont l'une occupait primitivement tout l'espace considéré. Pour concilier cette propriété, de la *compressibilité* (voy. plus loin n° 4) avec celle de l'impénétrabilité, on a été conduit à considérer tous les c. comme formés de particules incompressibles séparées les unes des autres, qu'on a nommées *atomes.* La compressibilité résulte alors de la possibilité de rapprocher les atomes, et l'*impénétrabilité* n'appartient plus qu'aux atomes eux-mêmes. Encore faut-il, pour que cette impénétrabilité ait un sens, que les atomes soient réellement *étendus,* qualité qui leur a été refusée par certains philosophes, en particulier par Leibnitz. Si cette conception de l'*atome inétendu* est exacte, les c. sont en théorie *indéfiniment compressibles,* et l'impénétrabilité n'est plus qu'un vain mot qui ne correspond à rien de réel. La science moderne ne possède aucune raison péremptoire qui lui permette de se prononcer sûrement entre les deux conceptions opposées de l'atome étendu et de l'atome inétendu. Voy. ATOME.

2° *Divisibilité.* — C'est la propriété que possèdent les c. de pouvoir être séparés en parties distinctes. Mais cette divisibilité est-elle indéfinie? Si petit que nous supposions un c., pouvons-nous imaginer qu'on le subdivise en éléments plus petits sans lui faire perdre ses propriétés essentielles? A cette question, la grande majorité des physiciens répond *non*. Cette conception de la non-divisibilité à l'infini de la matière est, en effet, une conséquence nécessaire de la théorie atomique par laquelle on se représente le plus généralement la constitution des c. Il est clair que si les c. sont réellement composés d'atomes, on ne peut pousser la subdivision au delà des dimensions des atomes; si même on suppose ceux-ci inétendus, la divisibilité sera toujours limitée par leur écartement mutuel : car, dans cette hypothèse, les propriétés des c. proviennent des actions qu'exercent leurs atomes les uns sur les autres, et l'atome isolé ne serait plus un c. à proprement parler. En particulier, dans un c. composé, on ne pourrait séparer les atomes constituants sans détruire par cela même le composé. Il n'y a que les partisans de la continuité de la matière, et ils sont bien peu nombreux à l'époque actuelle, qui puissent admettre que les c. sont divisibles à l'infini. Voy. ATOME. Quoi qu'il en soit, il est certain que nous sommes loin d'atteindre la limite de leur divisibilité, quoique nous puissions déjà les réduire, surtout certains d'entre eux, à un degré de division véritablement prodigieux. « Le poli que prennent les c., fait remarquer Pouillet, est une preuve de l'extrême divisibilité de la matière, et le contact des surfaces polies est une autre preuve de la limite des perceptions du toucher. L'acier poli, le diamant et les pierres précieuses ne sont pour la main qu'une seule et même chose; en les touchant, nous ne sentons qu'une surface géométrique, et cependant toutes ces superficies sont travaillées avec les fines poussières de l'émeri ou du diamant, et chaque grain de poussière y trace un sillon proportionné à sa grandeur : voilà des cavités et des saillies que le toucher ne peut plus sentir. Mais les dernières parcelles de matière qui échappent au toucher sont encore perceptibles à la vue. L'œil aperçoit la pierre de touche les parcelles d'or qui servent à l'essai et dont la main la plus délicate ne sentirait pas la présence. Les bulles de savon qui donnent de si brillantes couleurs sont de minces lames d'eau dont Newton a mesuré l'épaisseur. Auprès de leur naissance, elles n'ont ordinairement que 1/10000° de millimètre, et elles se réduisent à 1/100000°, quand elles laissent voir une tache noire quelques instants avant d'éclater. Les ailes transparentes des insectes n'ont qu'une épaisseur à peu près pareille, et c'est pour cette raison qu'elles brillent du même éclat. Enfin, les pellicules de verre qu'on souffle à la lampe ont aussi la même ténuité et les mêmes couleurs. » Parmi les matières colorantes, l'indigo nous offre un exemple très remarquable de la propriété que nous étudions. Un centigramme de cette substance délayée dans 100,000 grammes d'eau produit une teinte bleue assez intense pour être aperçue dans toute la masse. Mais chaque gramme peut être facilement divisé en 1000 parties, de sorte qu'un seul centigramme d'indigo est susceptible de donner cent millions de parties visibles. Les substances odorantes sont encore susceptibles de se diviser bien davantage. C'est ainsi qu'un seul grain (5 centigr.) de musc, placé dans une chambre, s'y fait sentir pendant l'espace de vingt années, sans perdre sensiblement de son poids, quoiqu'il dégage incessamment de nouvelles particules odorantes qu'emporte les unes après les autres le renouvellement de l'air. L'étude de la nature organique offre à l'œil armé du microscope des faits de divisibilité peut-être plus prodigieux encore, mais ce n'est pas ici le lieu d'en parler : ils trouveront mieux leur place aux mots SANG, INFUSOIRES, etc.

3° *Porosité.* — On donne le nom de *Pores* aux espaces vides qui existent entre les particules qui composent un c. quelconque. Ces interstices sont plus ou moins apparents dans certains c., tels que l'éponge, le bois, certaines pierres, différents tissus organiques, etc.; mais, le plus souvent, ils sont invisibles, même au microscope. Du reste, les gros pores des substances organisées, comme le bois, l'éponge, etc., ne sont pas de la même nature que les pores invisibles des substances minérales homogènes. Les premiers sont les interstices laissés par l'organisation entre les fibres qui doivent constituer un *tissu*; les seconds sont les interstices qui existent naturellement entre les molécules du corps et qui font partie essentielle de sa constitution. Il est au reste facile de reconnaître que tous les c., sans exception, sont doués de *porosité*. Dans les cabinets de physique, on constate cette propriété générale des c. par diverses expériences fort simples. A cet effet, on fixe sur la machine pneumatique un tube de verre muni à sa partie supérieure d'un godet dont le fond est formé par un disque de bois d'environ 1 centimètre d'épaisseur et coupé perpendiculairement aux fibres. On verse ensuite de l'eau dans le godet et on fait le vide dans le tube. Dès les premiers coups de piston, on voit l'eau tomber en pluie fine dans l'intérieur du tube, après avoir passé au travers des pores du disque ligneux. Si l'on répète l'expérience en substituant au disque de bois un cuir épais de buffle et du mercure à l'eau, on voit le métal tomber dans l'appareil sous forme de pluie argentée. De même, quand on met un œuf ou une noix fraîche dans un verre d'eau sous le récipient de la machine pneumatique, à mesure qu'on produit le vide, l'air contenu dans l'œuf ou la noix se dilate et, s'échappant par les pores de la coquille, traverse l'eau sous forme de petites bulles. — Les substances minérales sont toutes plus ou moins poreuses; mais leur porosité varie suivant leur nature et l'arrangement de leurs molécules : celles qui le sont le plus sont les pierres opaques et celles dont les parties sont arrangées irrégulièrement. Ainsi, des pierres qui ont la même composition, leur porosité est très différente. Quand on verse de l'eau sur un morceau de craie, elle disparaît à l'instant dans les pores de cette substance, tandis que celle qu'on verse sur un morceau de marbre n'est pas sensiblement absorbée. En revanche, le marbre qui imbibe très difficilement l'eau, imbibe très bien l'huile et les corps gras fondus. Les fontaines de pierre filtrantes, dont nous nous servons dans nos maisons, nous offrent encore un exemple bien caractérisé de porosité dans une substance minérale solide. Les métaux les plus compacts sont également poreux. Quand on renferme de l'eau dans une boule d'or, et qu'on soumet celle-ci à une pression considérable, on voit le liquide suinter à travers le métal. Cette expérience a été faite pour la première fois par les membres de l'Académie *del cimento*, à Florence, en 1661. — Indépendamment de ces expériences, la porosité des c. nous est démontrée par une foule de phénomènes qui se présentent constamment à notre observation. Tous les tissus animaux et végétaux, sans exception, sont perméables aux fluides; c'est la condition essentielle de la nutrition de nos divers organes. Tous les jours nous sommes témoins de phénomènes de contraction et de dilatation des c., même des plus denses, tels que le fer, l'or, etc., autre preuve évidente de leur porosité, au moins dans la théorie atomique.

4° *Compressibilité.* — La compressibilité est la propriété qu'ont les c. de se réduire à un moindre volume, lorsqu'on les soumet à une forte pression. Cette propriété n'est qu'une conséquence de leur porosité. L'éponge est tellement compressible qu'on peut la réduire jusqu'au dixième de son volume apparent. Le papier, le bois et tous les tissus qui se laissent pénétrer par les fluides, peuvent être privés de ces fluides par la compression, et, par suite, perdre une partie de leur volume. Les métaux sont éminemment compressibles. Ainsi, quand on frappe avec un marteau un bloc de fer, d'argent ou d'étain, le choc de l'outil y laisse une marque très apparente, ce qui prouve incontestablement qu'il y a eu refoulement des parties à l'endroit du choc. L'*Écrouissage* des métaux est fondé sur leur compressibilité; par la percussion, ils deviennent plus compacts; leurs parties se refoulent les unes sur les autres et forment une masse plus serrée. La fabrication des monnaies et des médailles, et de tous les produits obtenus par estampage, nous fournit également la preuve de la compressibilité de l'or, de l'argent, etc. L'énergique pression du balancier façonne ces métaux comme la pression de la main façonne la cire, et ils se compriment de telle sorte que la pièce frappée a un volume sensiblement plus petit que le disque métallique qui ne l'est pas. Parmi les minéraux d'un autre genre, les pierres elles-mêmes se laissent comprimer, et diminuent de volume quand on leur fait porter une charge considérable. Les murs qui servent de base aux édifices, et les colonnes employées pour soutenir de lourdes constructions, donnent souvent des preuves très fâcheuses de compressibilité, car elles compromettent la solidité des édifices.

Les liquides sont beaucoup moins compressibles que les solides. Longtemps même on a regardé comme incompressibles. Mais les recherches faites en Angleterre par Canton, en 1761, et par Perkins, en 1819; celles d'Œrstedt, faites à Copenhague en 1823, celles de Colladon et Sturm exécutées à Genève en 1827, et enfin celles de Despretz, Regnault, Grassi et Wertheim ont mis hors de doute la compressibilité des liquides et ont même donné la mesure de cette propriété pour un assez grand nombre d'entre eux. Voy. COMPRESSIBILITÉ.

De tous les c. que nous offre la nature, les fluides aériformes sont ceux qui se compriment le plus aisément. Il suffit d'expérimenter avec le briquet à air pour le démontrer. En poussant avec la main le piston de cet instrument, on peut comprimer l'air du cylindre jusqu'à ce qu'il n'occupe plus que la dixième ou même la vingtième partie de l'espace primitif. Mais aussitôt qu'on l'abandonne à lui-même, l'air reprend son premier volume, propriété sur laquelle nous reviendrons ailleurs. Nous noterons, en passant, que tous les gaz passent à l'état liquide lorsqu'on les soumet à de très grandes pressions, pourvu toutefois que leur température ne dépasse pas une certaine valeur variable pour chacun d'eux. Voy. Gaz, Dilatation, Liquéfaction, etc.

5° *Dilatabilité.* — On nomme ainsi la propriété qu'ont les c. de se dilater, c.-à-d. d'augmenter leur volume sous l'influence de la chaleur. Ainsi, tous les c. ont la propriété de se dilater quand on élève leur température, de se contracter quand on les refroidit, et de reprendre exactement leurs dimensions premières lorsqu'on les ramène à la même température. Voy. Dilatation, Chaleur.

La compressibilité et la dilatabilité sont évidemment la conséquence de la porosité des c. Si les atomes qui composent un c. étaient parfaitement appliqués les uns sur les autres sans aucun intervalle, l'invariabilité de forme et de volume admise que l'on s'opposerait à toute diminution du volume des c. Cependant il ne suffit pas, pour expliquer les phénomènes de la compressibilité, de la dilatabilité, etc., de reconnaître l'existence de pores ou d'interstices entre les atomes : il faut admettre : 1° que les atomes et les molécules ne se touchent en aucune façon; 2° que les distances qui les séparent sont comme infinies par rapport à leurs dimensions.

6° *Élasticité.* — L'élasticité est la propriété qu'ont les c. de reprendre, en tout ou en partie, leur forme et leur volume primitifs, lorsque la force qui altérait cette forme ou ce volume cesse d'agir. C'est ainsi qu'une lame d'acier que l'on courbe et qui se redresse aussitôt qu'on l'abandonne à elle-même, que l'air qui reprend son volume primitif dès qu'on cesse de le comprimer dans le briquet pneumatique ou autrement, sont des c. élastiques. Les liquides et les gaz possèdent cette propriété au plus haut degré et d'une manière parfaite. Bien plus, les molécules des gaz tendent constamment à s'écarter les unes des autres : de là le nom de *fluides élastiques* par lequel on les désigne fort souvent. Quant aux c. solides, leur élasticité est extrêmement variable; ainsi tandis que le caoutchouc manifeste cette propriété à un degré éminent, elle est presque nulle dans l'argile, le plomb, les graisses, etc. Dans tous les cas, l'élasticité résulte essentiellement d'un dérangement des molécules, qu'il ait lieu par pression, flexion, traction ou torsion. Mais, pour les c. solides, lorsque la force altérante agit avec une intensité trop grande, ils se rompent ou conservent la forme nouvelle qu'on leur a donnée ou ne reviennent qu'en partie à leur forme primitive, conservant ainsi une déformation permanente : on dit alors que leur *élasticité* est *forcée*, ou que la *limite d'élasticité* est dépassée. Nous ne nous étendrons pas davantage sur l'étude de cette propriété, car son extrême importance nous obligera à lui consacrer un article particulier. Voy. Élasticité.

7° *Mobilité.* — Il en est de même de la mobilité ou de la propriété que possèdent les c. de céder parfaitement à toute cause de mouvement; nous l'étudierons ailleurs. Voy. Inertie, Force, Mouvement.

IV. *Propriétés particulières des corps.* — Dans beaucoup de traités de physique, après avoir exposé les propriétés générales des c., on parle de certaines propriétés des c. solides qui présentent leur maximum de développement dans quelques métaux, et dont l'étude offre un intérêt particulier au point de vue de la science et de l'industrie : ce sont la *ténacité*, propriété de supporter un effort de traction sans se rompre ; la *malléabilité*, propriété de changer de forme sous l'action de la compression ou du choc; la *ductilité*, propriété d'être étiré en fil, et la *dureté*, propriété des c. solides qui ne se laissent pas *entamer*, *rayer* par d'autres. Voy. ces mots.

V. *Propriétés organoleptiques.* — Parmi les propriétés particulières à certains c., il en est qui affectent spécialement les sens du *goût*, de l'*odorat* et du *toucher* : on les désigne, d'après Chevreul, sous le nom de propriétés *organoleptiques*, du grec ὄργανον, organe, et ληπτικός, saisissable. L'étude de ces propriétés n'est pas sans importance, car elles puissent servir à déterminer *à priori* la nature et l'espèce d'un c. ; mais elles peuvent donner sur-le-champ à son sujet certaines notions faciles à saisir, et qu'il est aisé de

rapporter à quelque type généralement connu. Ainsi, on dit qu'un c. est insipide, inodore, ou bien qu'il a une saveur aigre, amère, terreuse, etc.; qu'il a une odeur piquante, suffocante, aromatique, alliacée, éthérée, etc. Lorsque le c. qu'on étudie n'est pas susceptible, sous aucun de ces deux rapports, d'être comparé à quelque autre substance connue, on dit qu'il a une saveur ou une odeur *sui generis* (de son espèce). Quant aux impressions produites sur l'organe du toucher, on les indique par les mots: doux, tendre, lisse, gras, onctueux, etc.

Hist. — L'expression de *C. législatif* a été introduite dans notre histoire par la constitution de l'an VIII. Cette constitution, ayant supprimé le Conseil des Anciens et celui des Cinq Cents, créa, pour les remplacer, deux assemblées particulières : l'une, le *Tribunat*, composée de 100 membres; l'autre, le *C. législatif*, composée de 300 membres. Ces deux assemblées étaient le résultat de l'élection; mais leurs attributions étaient fort différentes : la première discutait les lois et la seconde les votait silencieusement. Ainsi, après avoir examiné un projet de loi, le Tribunat nommait des orateurs chargés de le discuter contradictoirement, avec les commissaires du gouvernement, devant le C. législatif, qui, les deux parties entendues, adoptait ou repoussait la loi proposée, sans débat et au scrutin secret. Le Tribunat ayant été supprimé par l'empereur en 1807, le C. législatif conserva ses attributions; il continua de voter silencieusement les lois demandées par le gouvernement, après avoir simplement entendu les orateurs du conseil d'État. Cette assemblée disparut en 1814 et fut remplacée par la Chambre des députés — La constitution de 1852 a fait revivre cette dénomination de C. législatif pour l'appliquer à l'assemblée des députés élus au suffrage universel. Le C. législatif disparut en 1870 avec la chute de l'Empire. — D'après la constitution de 1875, qui nous régit actuellement, l'assemblée délibérante issue du suffrage universel porte le nom de *Chambre des députés*.

CORPS, ch.-l. de c. de l'Isère, arr. de Grenoble; sur le Drac ; 1300 hab. Pèlerinage de *La Salette*.

CORPULENCE. s. f. (lat. *corpulentia*, m. s., de *corpus*, corps). La taille de l'homme considérée relativement à sa grandeur à sa grosseur. *Un homme de cette c. doit manger beaucoup. Les Grecs combattaient le c. par tous les moyens. Commode, rencontrant un homme d'une c. extraordinaire, le coupa en deux pour prouver sa force* (Chateaubriand).

CORPULENT, ENTE. adj. (lat. *corpulens*, m. s. de *corpus*, corps). Qui est de forte corpulence. *Elle était très corpulente.*

CORPUSCULAIRE. adj. T. Didact. Qui est relatif aux corpuscules, aux atomes. Ne s'emploie guère que dans cette loc. : *Physique ou Philosophie c.,* Système de physique ou de philosophie qui prétend rendre compte de tous les phénomènes par la combinaison et le jeu des corpuscules ou atomes.

CORPUSCULE. s. m. T. Phys. (lat. *corpusculum*, dimin. de *corpus*, corps.) Corps d'une extrême ténuité. *Les atomes sont des corpuscules insécables.* || Nom donné particulièrement aux poussières contenues dans l'atmosphère, visibles seulement dans un rayon de soleil.

CORPUSCULEUX, EUSE. adj. *Ver à soie c.,* Ver à soie malade, qui contient des corpuscules vibrants, sorte de parasites qui produisent la maladie.

CORRADOUX ou **COURRADOUX.** s. m. (Pr. *kor-radou* ou *kour-radou*) (anc. forme de *corridor*). T. Mar. Espace compris entre les deux ponts d'un vaisseau.

CORRE ou **CORRET.** s. m. (Pr. *kore*, ou *korè*) (lat. *currere*, courir). T. Pêc. Sorte de filet.

CORRECT, ECTE. adj. (Pr. *kor-rekt*) (lat. *correctus*, part. pass. de *corrigere*, corriger). Où il n'y a pas de faute. Se dit de l'écriture et de l'impression, comme du langage et du style. *Écrire d'une manière correcte. Une copie correcte. Son style n'est pas c. Cette phrase est correcte.* — Par ext., *Auteur c.,* Auteur dont le style est c. *Caractère c.,* Caractère sur lequel il n'y a rien à reprendre. || *Dessin c.,* Dessin pur, exact, qui marque bien la forme des objets. — Par ext., *Peintre c.,* Peintre qui dessine purement.

CORRECTEMENT. adv. [Pr. *kor-rec-te-man*]. Sans faute, conformément aux règles. *Il écrit, mais il ne parle pas c. Dessiner c.*

CORRECTEUR, TRICE. [Pr. *kor-rec-teur*] (lat. *corrector*, m. s., de *corrigere*, corriger). Celui ou celle qui corrige, qui reprend. *Sévère c.* || *C. d'imprimerie*, Celui qui corrige les épreuves d'une imprimerie. || Se disait autrefois de certains officiers de la chambre des comptes. *Il était c. des comptes.* || Chez les Minimes, on donne le nom de *Correcteur* au supérieur de la maison. *Le Père c.* || T. Phys. *C. géométrique*, Instrument imaginé par J. Sulleron pour déterminer facilement quel serait le volume d'une masse de gaz donnée, si elle était ramenée à la température de 0° et à la pression de 760ᵐᵐ. C'est une sorte de règle à calcul, qui permet d'effectuer mécaniquement les calculs que nécessite ce genre de réduction.

CORRECTIF, IVE. adj. [Pr. *kor-rec-tif*] (lat. *correctum*, sufixe de *corrigere*, corriger). Qui a la vertu de corriger, de tempérer. *Le sucre est le c. du citron. Ce médicament est trop énergique, il lui faut un c.* || Fig., so dit de toute locution qui a pour objet d'atténuer l'effet d'une proposition, d'une expression trop forte ou trop hardie; par ex.: *En quelque façon, Pour ainsi dire, Si j'ose parler ainsi*, etc. — *Cette proposition est trop hardie, elle a besoin d'un c.*

CORRECTION. s. f. [Pr. *kor-rek-sion*] (lat. *correctio*, m. s., de *corrigere*, corriger). Action de corriger; le résultat de cette action. Se dit en parlant des choses morales et politiques. *La c. des défauts. La c. des mœurs, des abus.* || Changement que l'on fait à un ouvrage de littérature, à un ouvrage d'art, afin de l'améliorer. *Cet ouvrage a besoin de nombreuses corrections. Faire des corrections à une pièce de théâtre.* — *Recevoir une pièce de théâtre à c*, La recevoir à condition que l'auteur y fera des changements. || La qualité de ce qui est correct. *La c. du langage, du style. Il parle et écrit avec beaucoup de c.* Son livre ne se recommande guère que par la c. — *C. du dessin*, Pureté du dessin. *Ce peintre serait au premier rang, s'il y avait plus de c. dans son dessin.* || T. Typog., *La c. des épreuves*, L'art ou l'action de corriger des épreuves, d'indiquer les fautes de composition, afin qu'on les fasse disparaître. *Il n'entend rien à la c.* — *La c. de cette épreuve exigera beaucoup de temps. Signes de c.* — Toute indication portée sur un manuscrit ou sur une épreuve pour marquer un changement fait ou à faire. *Ce manuscrit est si chargé de corrections qu'il en est illisible. Il y a peu de corrections sur l'épreuve.* — Le travail du compositeur qui exécute les changements indiqués sur l'épreuve. *On vient de terminer la c. de votre feuille.* || Réprimande et admonition soit d'un égal envers son égal, soit d'un supérieur envers son inférieur. *C. paternelle.* — Peine, châtiment. *La c. a été trop forte. Le père doit user de c. envers ses enfants.*, voy. PRISON. || T. Adm. Autrefois, le bureau où travaillaient les correcteurs des comptes. || T. Pharm. Opération par laquelle on affaiblit ou on modifie l'action d'un médicament en le mêlant avec d'autres substances. == SAUF CORRECTION, SOUS CORRECTION, loc. adverbiales dont on se sert pour adoucir ce qui pourrait déplaire à ceux devant qui l'on parle. *Messieurs, je maintiens, sauf c., que cela est faux.* || Astr. et Phys. Quantité qu'il faut ajouter au résultat d'une expérience ou d'une observation, ou qu'il en faut retrancher, pour corriger ce résultat d'une erreur due à un phénomène dont on peut calculer les effets. *C. de température, de réfraction*, etc.

Syn. — *Exactitude.* — La c. est relative aux mots et aux phrases, l'exactitude aux faits et aux choses. L'auteur qui écrit *correctement*, traduit mot à mot de sa langue dans une autre, pourrait y être très *incorrect*; ce qui est écrit *exactement* dans une langue, rendu fidèlement, est exact dans toutes les langues. La c. naît des règles qui varient d'une langue à l'autre, et même d'un temps à l'autre dans la même langue; l'*exactitude* naît de la vérité, qui est *une* et absolue.

Rhétor. — On appelle *C.* ou *Epanorthose* une figure de pensée par laquelle celui qui parle se reprend lui-même, comme s'il voulait dire mieux ou autre chose que ce qu'il vient de dire. Ces phrases: « *Je l'aime; que dis-je aimer? je l'idolâtre. Peut-être sera-t-il touché de nos misères... Mais non, jamais son cœur n'a connu la pitié,* » sont des exemples de cette figure.

Droit. — On désigne sous le nom de *C.*, la punition que le père peut infliger à son enfant en le faisant détenir dans une prison publique, et celle que le juge peut prononcer contre l'individu âgé de moins de seize ans qui a été acquitté comme ayant agi sans discernement. La première est appelée *c. paternelle*, et la seconde *c. judiciaire*. — Si l'enfant est âgé de moins de seize ans commencés, le père peut le faire détenir pendant un temps qui ne peut excéder un mois : à cet effet, le président du tribunal de première instance est tenu, sur la demande du père, de délivrer l'ordre d'arrestation. Lorsque l'enfant a seize ans commencés, mais cependant n'est pas encore majeur ou émancipé, ou encore lorsque l'enfant, même âgé de moins de 16 ans, a des biens personnels ou qu'il exerce un état, ou enfin lorsque le père est remarié, celui-ci ne peut requérir la détention de son enfant que pendant six mois au maximum. Toutefois ici le président peut refuser l'ordre d'arrestation et, à plus forte raison, abréger le temps de la détention demandée par le père. Il n'y a, dans l'un et l'autre cas, aucune écriture ni formalité, si ce n'est l'ordre même d'arrestation, lequel ne doit pas énoncer les motifs de la punition. Le père souscrit seulement une soumission de payer tous les frais et de fournir les aliments convenables. Ce dernier reste toujours libre d'abréger la durée de la détention par lui ordonnée ou requise (C. c. 375 et suiv.). — Lorsqu'un accusé âgé de moins de seize ans est convaincu d'un crime ou d'un délit, mais est acquitté comme ayant agi *sans discernement*, il peut être remis à ses parents; mais si le tribunal ou la cour le juge convenable, il peut ordonner que l'enfant sera conduit dans une maison de c., pour y être élevé et détenu pendant un certain temps fixé par le jugement; néanmoins la durée de cette détention ne peut excéder l'époque à laquelle l'accusé aura accompli sa vingtième année (C. pén. 66).

CORRECTIONNAIRE. s. m. [Pr. *kor-rek-sionère*]. Celui qui a été frappé d'une peine correctionnelle.

CORRECTIONNALISATION. s. f. [Pr. *kor-rek-sionaliza-sion*]. T. Pratique. Action de correctionnaliser.

CORRECTIONNALISER. v. a. [Pr. *kor-rek-sio-nali-zer*]. T. Prat. Donner à une affaire le caractère correctionnel.

CORRECTIONNALITÉ. s. f. [Pr. *kor-rek-sio-nalité*]. T. Prat. Qualité d'une affaire correctionnelle.

CORRECTIONNEL, ELLE. adj. [Pr. *kor-rek-tio-nel*] (R. correction). T. Droit. Se dit des peines qu'on applique aux actes qualifiés délits par la loi, de ces délits eux-mêmes, et des tribunaux qui en connaissent. *Peine correctionnelle. Délit c. Tribunal de police correctionnelle.* Voy. DÉLIT et ORGANISATION *judiciaire*.

CORRECTIONNELLEMENT. adv. [Pr. *kor-rek-sio-nè-leman*]. D'une manière correctionnelle.

CORRECTIVEMENT. adv. [Pr. *kor-rek-tiveman*]. De manière à corriger; comme correctif.

CORRÉE. s. m. [Pr. *kor-ré*]. T. Bot. Genre de plantes Dicotylédones (*Correa*) de la famille des *Rutacées*. Voy. ce mot.

CORRÈGE (ALLEGRI, dit LE), peintre illustre d'Italie, né à Correggio (1494-1534). Ses plus beaux ouvrages sont à Parme.

CORREGGIO, v. d'Italie, prov. de Modène, 11.700 h. Patrie du Corrège.

CORRÉGIDOR. s. m. [Pr. *kor-ré-gi-dor*]. Mot espagnol qui sign. *Correcteur*, et qui sert à désigner le premier magistrat, le premier officier d'une ville ou d'une province où il n'y a pas de gouverneur.

CORRÉLATIF, IVE. adj. [Pr. *kor-ré...*] (R. co, préf., et *relatif*). T. Didact. Se dit de deux choses qui ont une relation réciproque. *Père et Fils, Droit et Devoir, sont des termes corrélatifs.* || Se dit aussi de certains mots qui vont ordinairement ensemble, et qui servent à indiquer une relation entre deux membres de phrase. *Tellement et Que sont des mots corrélatifs.* — Des membres de phrase unis de cette façon sont dits *Corrélatifs*. || T. Géom. *Théorèmes corrélatifs*, Théorèmes qui se déduisent l'un de l'autre par la transformation par pôles ou polaires réciproques, en vertu du principe de dualité. Voy. DUALITÉ. || Subst., *Devoir est le c. de Droit.*

CORRÉLATION. s. f. [Pr. *kor-ré-la-sion*] (R. co, préf., et *relation*). T. Didact. Relation réciproque entre deux choses. *Les termes de Père et de Fils emportent* c. *La* c. *qui existe entre les deux membres d'une phrase. Il y a une* c. *évidente entre ces deux principes.* || *Corrélation des formes physiques.* Théorie d'après laquelle les forces (chaleur, lumière, électricité, magnétisme) peuvent se convertir les unes dans les autres.

CORRÉLATIVEMENT. adv. [Pr. *kor-ré...*]. D'une manière corrélative.

CORRESPONDANCE. s. f. [Pr. *ko-respondance*] (R. *correspondre*). Conformité, rapport qui existe entre les choses. *Il existe entre le poumon et le foie une certaine* c. *Il égnait une parfaite* c. *entre toutes les parties de ce vaste édifice.* || Commerce régulier de lettres entre deux personnes. *Avoir, entretenir une* c. *avec quelqu'un. Reprendre une* c. *interrompue.* C. *littéraire, scientifique, politique,* C. *secrète.* — Par ext., se dit des lettres mêmes. *La* c. *de Grimm, La* c. *de Gœthe avec Schiller. Publier la* c. *de quelqu'un.* — Le fait même d'écrire les lettres. *Ce commis est chargé de la* c. || Par anal., se dit des relations habituelles qu'ont entre eux des commerçants habitant des villes différentes. *Ce négociant a des correspondances dans toutes les villes de l'Europe.* — S'emploie quelquefois en parlant de personnes quelconques. *Avoir des correspondances suspectes. Entrer en* c., *être en* c. || Se dit encore des communications établies entre des lieux différents. *La* c. *entre ces deux villes a lieu par cette route.* — *Voiture de* c., *Train de* c., Voiture publique ou train de chemin de fer qui prend les voyageurs arrivés par une autre voiture ou un autre train, et les transporte plus loin ou dans une autre direction. — *Petits cartons délivrés pour avoir droit à ces voitures.* — *Service de* c., Service de poste qui transporte les lettres sur les routes où il n'y a pas de malle-poste.

CORRESPONDANT, ANTE. adj. [Pr. *ko-res-pondan*]. Se dit des choses qui se correspondent, qui ont entre elles des rapports. *Lignes correspondantes.* || T. Géom. *Angles correspondants,* Angles formés par deux parallèles et une sécante d'un même côté de la sécante, l'un à l'intérieur, l'autre à l'extérieur des deux parallèles. *Les angles correspondants sont égaux.* Voy. PARALLÈLE.

CORRESPONDANT. s. m. Négociant avec lequel un autre négociant est en correspondance régulière, en relation habituelle d'affaires. *Mon* c. *me mande que... Il vous faut des correspondants dans toutes les villes de commerce.* || Toute personne avec laquelle on est en commerce réglé de lettres, pour affaires, nouvelles, etc. *Les journaux de Londres entretiennent à Paris des correspondants. Nous apprenons par notre* c. *de New-York. Un* c. *bien informé* || Celui qui est chargé des parents de pourvoir aux besoins d'un enfant, d'un jeune homme envoyé dans quelque ville pour y faire ses études, etc. *Tous ces élèves seront remis entre les mains de leurs correspondants. Son* c. *vient de lui payer sa pension.*

CORRESPONDRE. v. n. [Pr. *ko-respondre*] (lat. *cum*, avec; *respondere*, répondre). Se dit des choses qui se rapportent, qui cadrent ensemble. *Ce pavillon ne correspond pas du tout avec celui-ci.* — Fig., *Cet article du Code correspond à tel autre.* || Se dit aussi des choses qui communiquent entre elles. *Toutes les pièces de mon appartement se correspondent.* || Avoir un commerce de lettres avec quelqu'un. *J'ai longtemps correspondu avec lui. Nous avons cessé de* c. || Avoir des communications, des relations. *L'armée ennemie nous empêchait de* c. *avec Paris.*

CORRET. s. m. Voy. COMME.

CORRÈTE. s. f. Voy. CORÈTE.

CORRÈZE, rivière de France, affluent de la Vézère; 85 kil.

CORRÈZE, ch.-l. de c. (Corrèze), arr. de Tulle, sur la Corrèze, 1,800 hab.

CORRÈZE (Dép. de la), formé d'une partie du Limousin, 326,500 hab., ch.-l. *Tulle*; 2 autres arr. : *Brive, Ussel.*

CORRIDOR. s. m. [Pr. *ko-ridor*] (ital. *corridore*, de *correre*, courir). Galerie étroite qui sert de passage pour aller à plusieurs appartements, à plusieurs pièces. || T. Mar. Galerie de l'entre-pont.

CORRIENTES, v. de la République Argentine, ch.-l. de prov. 15,800 hab.

CORRIGEANT, ANTE. adj. Qui corrige, qui aime à corriger.

CORRIGER. v. a. [Pr. *coriger*] (lat. *corrigere*, de *cum*, avec, et *regere*, régir). Ôter un défaut, enlever ce qui est défectueux; se dit des personnes et des choses. *Il n'a qu'un défaut, mais il sera difficile de l'en* c. C. *ses affections déréglées. Corrigez cette humeur violente.* C. *les mœurs d'un peuple.* C. *un ouvrage.* C. *son style.* || Signaler et rectifier les fautes faites par un écolier, un étudiant, etc., dans un devoir, une composition, etc. C. *un thème, une version.* C. *un dessin, une peinture.* || Fig., Réparer. C. *l'injustice du sort.* — C. *la fortune,* se dit d'un fripon qui triche au jeu. || Tempérer, adoucir; se dit surtout des aliments, des boissons, des médicaments. *Il faut* c. *la crudité de l'eau avec un peu de vin. Vous corrigerez ce collyre avec un peu de mucilage.* C. *l'acrimonie de la bile.* || T. Impr. C. *une épreuve,* Indiquer, à l'aide de signes spéciaux sur une épreuve, les défectuosités de la composition, caractères mis les uns pour les autres, passages intervertis, etc. || T. Mar. C. *la route d'un navire,* Rectifier sa marche lorsqu'il a été dévié par l'action des courants, des vents ou quelque autre cause. — SE CORRIGER. v. pron. Se défaire d'un vice, d'un défaut. *Il ne pourra jamais se* c. *de ce défaut.* — Absol., *Mon fils commence à se* c. || S'adoucir, se tempérer. *L'acidité des groseilles se corrige le sucre.* = CORRIGÉ, ÉE. part. *Édition revue et corrigée.* = CORRIGÉ. s. m. Dans les collèges, devoir fait par le professeur et donné comme modèle aux élèves, après que ceux-ci ont fait le même devoir. *Le* c. *d'un thème, d'une version.* — *Recueil de corrigés,* Recueil de devoirs faits pour servir de modèles.

Syn. — *Reprendre, Réprimander.* — Celui qui *corrige,* montre ou au moins prétend montrer la manière de rectifier le défaut; celui qui *reprend* ne fait qu'indiquer la faute; celui qui *réprimande* veut punir ou mortifier le coupable. *Corriger* regarde toutes sortes de fautes, soit en fait de mœurs, soit en fait d'esprit et de langage; *reprendre* ne se dit guère que pour les fautes d'esprit et de langage; *réprimander* ne convient qu'à l'égard des mœurs et de la conduite. Il faut savoir mieux faire pour c.; on peut *reprendre* plus habile que soi; il n'y a que les supérieurs qui soient en droit de *réprimander.*

CORRIGEUR. s. m. [Pr. *ko-rigeur*]. Typographe qui exécute les corrections indiquées sur l'épreuve par le correcteur.

CORRIGIBILITÉ. s. f. [Pr. *ko-ri-jibilité*]. Qualité de celui, de celle qui est corrigible.

CORRIGIBLE. adj. 2 g. [Pr. *ko-ri-jible*]. Qui peut être corrigé. *Cet homme n'est pas* c. Se dit surtout des mœurs et ne s'emploie guère qu'avec la négative.

CORRIGIOLÉ, ÉE. adj. [Pr. *cor-rigiolé*] (lat. *corrigiola*, petite courroie). T. Hist. nat. Qui porte une bande colorée.

CORROBORANT, ANTE. adj. [Pr. *cor-roborant*]. T. Méd. Qui fortifie. *Remède* c. || Subst., *Le vin est un* c. Peu us.

CORROBORATIF, IVE. adj. Qui a la vertu de corroborer.

CORROBORATION. s. f. [Pr. *kor-robora-sion*]. T. Méd. Action de corroborer; l'état de ce qui est corroboré.

CORROBORER. v. a. [Pr. *kor-roborer*] (lat. *corroborare,* m. s., de *cum,* avec, et *robur,* force). T. Méd. Fortifier, donner du ton. *Le vin corrobore l'estomac.* — Absol., *Le vin sert à* c. || Fig., Appuyer, consolider. *Il pensait* c. *son système par ses analogies.* = CORROBORÉ, ÉE. part.

CORRODANT, ANTE. adj. [Pr. *kor-rodan*]. Qui est capable de corroder. Inus.; on dit *Corrosif, ive.*

CORRODER. v. a. [Pr. *kor-roder*] (lat. *corrodere*, m. s., de *cum*, avec, et *rodere*, ronger). Ronger, désorganiser. *Ce poison lui a corrodé les intestins. Cet acide va c. le vase où vous le renfermez.* = Corrodé, ée. part.

CORROI. s. m. [Pr. *koroi*] (lat. *corium*, cuir). La façon que le corroyeur donne au cuir. || Massif de terre glaise dont on garnit le fond et les côtés d'un bassin, d'un canal, etc., pour empêcher l'infiltration des eaux. *Faire, appliquer un c.*

CORROIRIE. s. f. [Pr. *koroiri*]. Atelier, art du corroyeur.

CORROMPABLE. adj. 2 g. [Pr. *ko-ron-pable*]. Qui peut être corrompu. *Matière c.*

CORROMPRE. v. a. [Pr. *ko-ron-pre*] (lat. *corrumpere*, m. s., de *cum*, avec, et *rumpere*, rompre). Gâter, altérer, changer en mal. *La grande chaleur corrompt la viande. La gangrène corrompt les chairs. Les émanations putrides corrompent l'air.* || Fig., au sens moral, C. *les mœurs d'un jeune homme.* C. *l'âme, le cœur. Les mauvaises compagnies corrompent l'esprit des jeunes gens. Cette nation a été corrompue par le luxe. L'amour, qui corrompt souvent les cœurs purs, purifie quelquefois les cœurs corrompus.* — C. *une fille, une femme,* La séduire, la débaucher. — Fig., se dit aussi en parlant du langage, du style, du goût. C. *une langue. La lecture des mauvais auteurs corrompt le style.* || Engager quelqu'un, par des dons ou des promesses, à faire quelque chose contre son devoir, sa conscience, etc. C. *des témoins. Il essaya de c. ses juges.* C. *par argent.* || Altérer la forme, la figure, ou l'état de certaines choses. C. *la forme d'un chapeau.* Ce sens a vieilli; néanmoins il est encore usité dans le langage de certaines industries. C. *un cuir,* Le plier. C. *la cire,* Lui faire perdre sa ductilité en la faisant fondre dans l'eau et en la pétrissant ensuite. — Fig., en parlant d'un passage ou d'un texte qui est altéré. *Il a corrompu ce passage. On croit que le texte est corrompu en cet endroit.* On dit de même, C. *le sens d'un passage, d'un texte,* Lui donner une interprétation fausse ou forcée. || Fig., au sens moral, Troubler, diminuer. *La crainte corrompt le plaisir.* = se Corrompre, v. pron. *Quand la masse du sang vient à se c. Son cœur s'est corrompu à la lecture de ces romans. Le goût se corrompt avec les mœurs. La langue latine commença à se c. peu de temps après Auguste.* = Corrompu, ue. part. *Eau corrompue. Mœurs corrompues. Nations corrompues par la mollesse. Cœur corrompu. Mot corrompu par l'usage. Texte corrompu. Langue corrompue. L'italien, l'espagnol et le français sont du latin corrompu,* sont des langues formées du latin par des altérations de divers genres.

Syn. — Au propre, **Gâter, Détériorer.** Ces deux verbes expriment une idée moins énergique que **Corrompre.** Détériorer, c'est rendre une chose moins bonne ou plus mauvaise, la *gâter,* c'est lui faire perdre les qualités qui font qu'on la recherche; la *corrompre,* c'est la décomposer et la mettre absolument hors d'usage. — Au fig., **Déparer, Pervertir, Séduire, Suborner.** Séduire et Suborner ne se disent qu'au sens moral, c'est donc dans ce sens que nous considérons le mot *corrompre.* Séduire se dit à l'égard de l'esprit, de la raison, du jugement, en parlant d'opinions, d'erreurs, de préjugés : il en est de même de le *c.; suborner* ne regarde que les actions morales. Suborner et *séduire* ne s'appliquent qu'aux personnes, tandis que l'on corrompt aussi les choses : ainsi on *corrompt* les mœurs et les lois; mais on ne les *séduit* ni ne les *suborne.* — L'idée commune à ces trois termes est celle de faire faire à quelqu'un des choses contraires au devoir ou à l'honneur. Conduire ou induire quelqu'un au mal, en lui imposant et en l'abusant par des moyens spécieux, c'est le *séduire.* Engager quelqu'un à une mauvaise action, en l'y intéressant, en le gagnant par des manœuvres secrètes, c'est le *suborner.* Inspirer à quelqu'un le vice, en l'infectant de mauvais sentiments, de mauvais principes, par quelque manière que ce soit, c'est le *c.* On *séduit* l'innocence, la bonne foi, la jeunesse, le sexe, les gens simples, qu'il est facile de tromper par les apparences des dehors attrayants des imposteurs. On *suborne* les lâches, les faibles, des gens sans vertu, des hommes pervertis, des femmes, des témoins, des domestiques, des juges, par des flatteries, des promesses, des menaces, mais surtout par l'intérêt. On *corrompt* ce qui est pur, sain, bon, vertueux, mais corruptible, accessible au vice ou capable de changer en mal, et on y parvient par tous

les moyens, surtout par l'exemple. — *Dépraver* et *pervertir* sont moins forts que *corrompre. Pervertir,* c'est plus que *dépraver.* Voy. Corruption.

CORROND. s. m. [Pr. *kor-ron*]. T. Métall. Extrémité d'une barre métallique dont l'étirage n'a pas été poussé jusqu'au bout.

CORROSIF, IVE. adj. [Pr. *kor-rozif*] (lat. *corrodere,* ronger). Qui corrode, qui ronge. *Substances corrosives.* Celles qui, mises en contact avec des parties vivantes, les désorganisent peu à peu. *Les acides minéraux et certains alcalis sont corrosifs. Le sublimé c. n'est autre chose que le bichlorure de mercure.* — Par exagér., *Humeur corrosive,* Humeur qui irrite les parties avec lesquelles elle est en contact. || Subst., *Les corrosifs sont de véritables caustiques; cependant ce dernier terme indique un plus haut degré d'énergie et une action plus prompte.*

CORROSION. s. f. [Pr. *kor-ro-zion*]. L'action ou l'effet de ce qui est corrosif. *La c. de l'estomac.*

CORROSIVETÉ. s. f. [Pr. *kor-ro...*]. Qualité de ce qui est corrosif.

CORROYAGE. s. m. [Pr. *koro-iage*]. T. Techn. Action de corroyer. Voy. ce mot.

CORROYER. v. a. [Pr. *koro-ier*] (lat. *corium,* cuir). T. Techn. C. *des cuirs,* Leur faire subir certaines opérations qui ont pour objet de les rendre plus lisses et plus souples. Voy. Cuir. — C. *de la terre glaise,* Battre et pétrir de la terre glaise, afin d'en faire un massif qui tienne l'eau. C. *un bassin de fontaine, un canal,* etc., y mettre un massif de terre glaise pour retenir l'eau. — C. *du mortier,* Mêler ensemble de la chaux et du sable, pour en faire du mortier. — C. *du fer,* Le battre à chaud et prêt à fondre; réunir, souder plusieurs morceaux de fer ensemble, de manière qu'ils n'en forment plus qu'un seul. — C. *du bois,* En ôter la superficie grossière, le dresser pour le mettre en œuvre. — C. *du sable,* Concasser le sable destiné à fabriquer un moule; le rendre fin pour qu'il prenne mieux l'empreinte avant le coulage. = Corroyé, ée. part.

CORROYÈRE. s. f. [Pr. *koro-ière*]. T. Bot. Nom donné indistinctement au *Rhus Coriaria* (Anacardinées) et au *Coriaria myrtifolia* (Géraniacées).

CORROYEUR. s. m. [Pr. *koro-ieur*]. Celui dont le métier est de corroyer les cuirs.

CORRUGATEUR, TRICE. adj. [Pr. *kor-rugateur*]. T. Anat. Qui plisse. *Muscle c. du sourcil.*

CORRUGATION. s. f. [Pr. *kor-ruga-sion*] (lat. *corrugatio,* m. s., de *cum,* avec, et *ruga,* ride). T. Méd. Crispation, plissement léger de la peau.

CORRUPTEUR, TRICE. s. [Pr. *ko-rupteur*]. Celui ou celle qui corrompt l'esprit, les mœurs, le goût, etc. *Un vil c. Le c. d'une jeune fille. Une corruptrice des mœurs. Ces écrivains furent les premiers corrupteurs du goût, du langage.* || Celui qui détourne quelqu'un de son devoir par dons, promesses, etc. *Les corrupteurs des témoins ne sont pas moins coupables que les témoins eux-mêmes.* || Adject., *Un langage c. Doctrines corruptrices.*

CORRUPTIBILITÉ. s. f. [Pr. *ko-rup-tibilité*]. Le fait d'être corruptible.

CORRUPTIBLE. adj. 2 g. [Pr. *ko-rup-tible*]. Sujet à la corruption. *Tous les corps organisés sont corruptibles.* || Fig., Qui a des dispositions à se laisser corrompre. *Un juge c. C'est un homme qui n'est pas c.*

CORRUPTIF, IVE. adj. Qui corrompt.

CORRUPTION. s. f. [Pr. *ko-rup-sion*] (lat. *corruptio,* m. s., de *corrumpere,* corrompre). Altération dans les qualités essentielles, dans la substance d'une chose; putréfaction, pourriture. *La c. de la viande, de l'eau, de l'air, du sang. La c. se développe rapidement. Cela tend à la c. Il y a des terres où les corps se conservent longtemps sans c.*

|| Fig., Toute dépravation dans les mœurs. *La c. des mœurs. La c. de la jeunesse. La c. du cœur de l'homme. La c. du siècle. C'est dans les temps de c. que les lois se multiplient. Des germes de c.* || Se dit des moyens qu'on emploie pour détourner quelqu'un de ses devoirs, pour le déterminer à faire quelque chose contre sa conscience, etc. *Employer la c. Avoir recours à la c. Moyens de c. — Ce juge est soupçonné de c.*, de s'être laissé corrompre. || A l'aération qui se trouve dans un texte, dans un passage d'un auteur. *Il y a c. dans ce texte-là.* — Se dit aussi en parlant du langage, du goût. *La c. de notre langue fait des progrès rapides. — Ce mot se dit par c. pour tel autre, est formé de tel autre par c.*, Il n'en est qu'une altération.

Syn. — *Dépravation, Perversion.* — Dépravation vient du latin *pravus*, tortu, contrefait, mal fait au physique et au moral; *perversion* vient de *vertere*, tourner; c. est formé des mots latins *cum*, ensemble, et *rumpere*, rompre, diviser, briser. La *dépravation* défigure, déforme, dénature; la c. désunit, décompose, dissout. La *perversion* indique que quelque chose a été détournée de son objet. On dit la *dépravation* de la conscience et des principes, la c. des sentiments, la *perversion* du goût. Une morale *dépravée*, un esprit *perverti*, un cœur *corrompu*.

Législ. — Tout crime commis par un fonctionnaire public dans l'exercice de ses fonctions est une *forfaiture*. La loi range au nombre des forfaitures : 1° les concussions commises par les fonctionnaires publics ; 2° la c. de ces mêmes fonctionnaires; 3° les soustractions commises par les dépositaires publics ; 4° la participation à des affaires incompatibles avec la qualité de fonctionnaire; 5° les abus d'autorité soit contre les particuliers, soit contre la chose publique ; 6° certains délits relatifs à la tenue des actes de l'état civil ; 7° l'exercice de l'autorité publique illégalement anticipé ou prolongé (C. pén. 166-197). La forfaiture pour laquelle la loi ne prononce pas de peine plus grave, est punie de la dégradation civique : toutefois les simples délits ne constituent pas les fonctionnaires en forfaiture (166, 167). Nous ne parlerons ici que de la *concussion* et de la c.

I. — Les fonctionnaires, les officiers publics, les percepteurs et receveurs des impôts ou des revenus publics ou communaux, ainsi que leurs commis et préposés se rendent coupables du crime de concussion, lorsqu'ils ordonnent de percevoir, qu'ils exigent ou qu'ils reçoivent ou qu'ils savent n'être pas dû, ou excéder ce qui est dû, pour droits, taxes, contributions, deniers ou revenus, ou pour salaires ou traitements. En dehors de l'exercice de leurs fonctions, le fait dont il est question ne constituerait que le délit d'escroquerie. D'après la discussion qui a eu lieu au Conseil d'État, dans la séance du 5 août 1809, il n'y aurait pas lieu de poursuivre, en personne, l'agent qui aurait commis la perception illégale en vertu d'un ordre émané de son supérieur hiérarchique, et qui n'en aurait pas profité. Le crime de concussion est uni de la réclusion, s'il est commis par des fonctionnaires ou ces officiers publics, et d'un emprisonnement de 2 à 5 ans, s'il est le fait de leurs commis ou préposés. Les coupables sont de plus condamnés à une amende qui varie du douzième au quart des restitutions et des dommages-intérêts. La tentative de ce délit est punie comme le délit lui-même (174).

II. — La loi punit comme coupable du crime de c., tout fonctionnaire public de l'ordre administratif ou judiciaire, tout agent ou préposé d'une administration publique, qui agrée des offres, dons ou promesses pour s'abstenir d'un acte qui entre dans l'ordre de ses devoirs, ou pour faire un acte de sa fonction. Dans le premier cas, la peine est celle de la dégradation civique. Il en est de même dans le second cas s'il s'agit d'un fait légitime, mais non sujet à salaire. Les coupables sont en outre condamnés à une amende double de la valeur des choses reçues ou des promesses agréées, sans qu'elle puisse jamais être inférieure à 200 francs. Si la c. a pour objet un fait criminel emportant une peine plus forte que celle de la dégradation civique, cette peine plus forte est appliquée. Le juge statuant en matière criminelle, ou le juré, qui s'est laissé corrompre soit en faveur, soit au préjudice de l'accusé, est puni de la réclusion, outre l'amende dont il vient d'être fait mention ; mais si, par l'effet de la c., il y a eu condamnation à une peine supérieure à celle de la réclusion, cette peine, quelle qu'elle soit, est infligée au coupable de c. — Indépendamment de la c. proprement dite, le Code prévoit le cas dans lequel un juge ou un administrateur se déciderait par faveur pour une partie ou par inimitié contre une autre ; le coupable est puni de la dégradation civique. — La loi ne se contente pas de punir le fonctionnaire qui s'est laissé corrompre, elle punit également l'agent de la c. Elle considère comme corrupteur,

non seulement celui qui par dons, offres ou promesses corrompt ou tente de corrompre un fonctionnaire ou agent de l'ordre administratif ou judiciaire, mais encore celui qui le contraint ou tente de le contraindre par voies de fait ou menaces. Les peines prononcées contre les fonctionnaires qui se sont laissé corrompre sont, sous les mêmes distinctions, applicables aux corrupteurs; cependant, si les tentatives de c. ou de contrainte n'ont eu aucun effet, les auteurs de ces tentatives sont simplement punis d'un emprisonnement de 3 à 6 mois, et d'une amende de 100 à 300 francs. En outre, les choses livrées par le corrupteur sont confisquées au profit des hospices du lieu où la c. a été commise (177-183).

CORS. s. m. pl. (lat. *cornu*, corne). T. Vénerie et Blason. Syn. d'*Andouiller*, chacune des petites cornes du bois du *Cerf*. Voy. ce mot.

CORSAC. s. m. T. Mamm. Nom d'une espèce du genre *Canis.* Voy. CHACAL.

CORSAGE. s. m. (R. corps). La partie du corps humain comprise entre les épaules et les hanches. *Beau c. Joli, gentil c. Haut de c. C. délié.* Se dit surtout en parlant des femmes. — S'emploie encore en parlant du cerf et du cheval. *Ce cheval a un beau c.* || Par ext., La partie du vêtement qui, chez les femmes, recouvre cette partie du corps. *Le c. d'une robe.*

CORSAIRE. s. m. (R. course). Bâtiment armé en course par des particuliers, avec l'autorisation du gouvernement, pour faire la chasse aux bâtiments marchands d'une nation ennemie. || Celui qui commande ce bâtiment. *Il fut pris par un c.* — Adjectiv., *Bâtiment c. Capitaine c.* || Par ext., Bâtiment monté par des pirates. Se dit aussi des pirates. *Les corsaires d'Alger, du Maroc. Faire le métier de c.* — Fig., On dit d'un homme cupide, dur et impitoyable, *C'est un c., un vrai c.*

Législ. — On appelle c. le bâtiment armé en vue de faire la *course*, c.-à-d. de courir sus aux bâtiments marchands ennemis et de s'en emparer; le patron ou commande un c. et qui porte également ce nom, doit obtenir l'autorisation du gouvernement dont il relève : il lui est délivré, à cet effet, ce qu'on nomme des *lettres de marque*.

Le droit de course, qui remonte à la plus haute antiquité, qu'on retrouve notamment dans l'ancienne Grèce, était devenu odieux chez les peuples modernes, avec les progrès du droit international. Aussi toutes les nations, les États-Unis exceptés, s'empressèrent-elles d'adhérer au traité de 1856 conclu à Paris, après la guerre de Crimée, traité qui abolit le droit de course. Il était illogique, en effet, de reconnaître aux corsaires le droit de s'emparer des marchandises appartenant à des commerçants qui restaient étrangers à toute lutte, alors que le droit international proclamait sur terre le respect de la propriété individuelle même en temps de guerre.

CORSE, grande île de la Méditerranée, cédée à la France par les Génois, en 1768 ; forme aujourd'hui un département, 288,600 hab. Ch.-l. *Ajaccio;* 4 autres arr. : *Bastia, Calvi, Corte, Sartène.* — À 180 kilom. au S.-E. de la France, et à 77 kilom. à l'ouest de la côte d'Italie, la Corse mesure 183 kilom. dans sa plus grande longueur et 84 dans sa plus grande largeur. Superficie : 874,745 hectares. La Corse est un pays montagneux très fertile et très pittoresque.

CORSELET. s. m. (Dimin. de corset). T. Guerre. Voy. CUIRASSE. || T. Cost. Petit corsage. || T. Zool. La partie du corps des insectes comprise entre la tête et l'abdomen. Voy. INSECTE et COLÉOPTÈRES. — Se dit aussi d'une partie du corps de certains mollusques. Voy. CONCHYLIOLOGIE.

CORSET. s. m. (Dimin. de corps). Partie du vêtement des femmes, ordinairement baleiné, qui enveloppe la taille et se met sur la chemise. || Corsage d'une cotte villageoise. || T. Chir. Large bandage ou appareil orthopédique, qui embrasse la plus grande partie du tronc. Voy. ORTHOPÉDIE.

Le c., tel qu'il est usité aujourd'hui, c.-à-d. renforcé de baleines, souvent muni de plusieurs lames de fer, et comprimant étroitement la poitrine ainsi que l'abdomen, paraît être une invention moderne. On attribue généralement son introduction en France à Catherine de Médicis. C'est en vain que les physiologistes et les artistes ont signalé les inconvénients de cette sorte de vêtement, la mode et une coquetterie mal entendue l'ont maintenu jusqu'à présent. Nous n'énumérerons pas, après tous les hygiénistes, les maux graves qu'entraîne inévitablement son usage, les troubles de la fonction respiratoire, de la circulation, de la digestion, etc., qu'il détermine; nous ne répéterons pas que son emploi dans la jeunesse favorise singulièrement le développement des affections chlorotiques, tuberculeuses, strumeuses, rachitiques, etc. : tout cela serait superflu; mais, puisque c'est le désir de plaire, la pensée d'augmenter l'élégance de leur taille qui porte les femmes à s'étreindre ainsi l'estomac et les reins dans une machine presque inextensible et inflexible, qu'elles se comparent aux statues de l'antiquité qui représentent des femmes n'ayant jamais connu cet usage barbare, et qu'elles disent de quel côté se trouve l'avantage de l'élégance et de la beauté des formes. Il est certain que les jeunes filles et les jeunes femmes, malheureusement bien rares, qui n'ont pas été soumises à l'étreinte de cet étau ridicule et nuisible, ont la taille plus élégante et surtout infiniment plus souple que celles qui ont voué leur corps au supplice imposé par la mode. Ce phénomène, du reste, s'explique aisément : la poitrine et le bassin acquièrent alors tout leur développement normal et la finesse de la taille en ressort d'autant mieux. L'usage du c. n'est autorisé par l'hygiène que dans le cas où il existe une trop grande exubérance des organes mammaires; mais, dans ce cas, il suffit de les soutenir avec une ceinture de forme particulière, d'un tissu ferme, mais sans baleines et sans lames métalliques, telle à peu près que l'espèce de camisole étroite portée à cet effet par les dames grecques et par les matrones romaines.

On a donné du c. cette explication qui ne manque pas d'originalité : « Il comprime les forts, soutient les faibles et ramène les égarés. »

CORSETIER, IÈRE. s. m. et f. Celui ou celle qui fait ou vend des corsets.

CORSO. s. m. Nom que les Italiens donnent à leurs promenades publiques. Syn. de *Cours*.

CORTAMBERT (EUGÈNE), géographe français né à Toulouse (1805-1884).

CORTE, ch.-l. d'arr. du dép. de la Corse, à 84 k. d'Ajaccio, au centre de l'île; 5,000 h.

CORTÈGE. s. m. (ital. *corteggio*, de *corte*, cour). Suite de personnes qui en accompagnent une autre avec cérémonie, et pour lui faire honneur. *Un c. nombreux. Faire partie du c. Grossir le c. Inviter au c. Le c. se mit en marche.* || Par ext., et souvent par plaisanterie, Toute réunion de personnes qui en suivent une autre pour quelque cause que ce soit. *Ce fou était suivi d'un c. d'enfants.* Troupe d'adulateurs empressés. || Fig., se dit, dans le style soutenu, des choses qui accompagnent une autre chose. *Les infirmités sont le c. de la vieillesse.*

CORTÉREAL (GASPARD et MICHEL), frères, navigateurs portugais, au commencement du XVIe siècle.

CORTÈS. s. f. pl. (Pr. *kortèss*) (esp. *corte*, cour). Assemblée des États en Espagne et en Portugal. *Les c. furent convoquées. Il était membre des c.*

CORTEZ (FERNAND), célèbre capitaine espagnol, conquérant du Mexique, se montra d'une cruauté atroce envers les vaincus (1485-1547).

CORTICAL, ALE. adj. (lat. *cortex*, écorce). T. Bot. Qui appartient, qui a rapport à l'écorce. *Couches corticales. Pores corticaux.* || T. Anat. Nom donné à diverses substances qui enveloppent extérieurement certains organes. *Substance corticale du cerveau.* Voy. ENCÉPHALE. — *Substance corticale des dents.* Voy. DENT. — *Substance corticale des reins.* Voy. REIN.

CORTICAUX. s. m. pl. T. Zool. Classe de zoophytes comprenant tous ceux qui sont contenus dans une enveloppe commune.

CORTICICOLE. adj. 2 g. (lat. *cortex, corticis*, écorce; *colere*, habiter). T. Hist. nat. Qui vit sur les écorces.

CORTICIFÈRE. adj. 2 g. (lat. *cortex; fero*, je porte). T. Hist. nat. Qui porte une écorce.

CORTICIFORME. adj. 2 g. (lat. *cortex; forma*, forme). T. Bot. Qui a l'apparence de l'écorce.

CORTICINE. s. f. (lat. *cortex, corticis*, écorce). T. Chim. Substance jaune, amorphe, contenue dans l'écorce de tremble.

CORTICIQUE. adj. 2 g. (lat. *cortex, corticis*, écorce). T. Chim. *L'acide c.* est une substance brune, amorphe, soluble dans l'eau, qu'on a extraite de l'écorce de liège. Il se dissout dans les alcalis avec une coloration rouge intense.

CORTINE. s. f. (lat. *cortina*, chaudière). T. Bot. Réseau filamenteux qui existe sur le bord du chapeau dans plusieurs Agaries, et qui est formé par les débris de la *volva*.

CORTIQUEUX. adj. m. (lat. *corticosus*, qui a une écorce). T. Bot. S'applique aux fruits qui ont une enveloppe épaisse.

CORTON, colline de la Côte-d'Or, qui produit un excellent vin.

CORTONE, v. d'Italie, près du lac de Pérouse; 28,700 h. Patrie de Pierre de Cortone.

CORTONE (PIERRE DE), peintre et architecte italien (1597-1669).

CORTOT, statuaire français, né à Paris (1787-1843).

CORUNDELLITE. s. f. (Pr. *korondel-lite*) (angl. *corundum*, corindon). T. Minér. Syn. de *Margarite*.

CORUSCATION. s. f. (Pr. ...*sion*) (lat. *coruscatio*, m. s., de *coruscare*, propr. heurter). T. Phys. Éclat de lumière. *La c. d'un météore.* || T. Techn. Éclat fugitif que jette l'argent pendant la coupellation, alors qu'il passe de l'état liquide à l'état solide.

CORVÉABLE. adj. 2 g. Qui est soumis à la corvée. *Le serf était taillable et corvéable à merci.* || Subst. *On a commandé les corvéables.*

CORVÉE. s. f. (bas-lat. *corrogata*, de *cum*, avec, *rogare*, demander, *corrogata opera*, les travaux commandés). T. Dr. féodal. Travail ou service gratuit qui était dû par certaines personnes soit au roi, soit au seigneur. || Par ext., se dit de certains travaux que font à tour les soldats d'une compagnie. *C. pour aller chercher les vivres, le bois,* etc. On a commandé tant d'hommes de c. Il est de c. || Fig. et famil., se dit de toute chose qu'on est obligé de faire et qu'on trouve pénible, onéreuse ou désagréable. *J'ai fait là une rude c., une vraie c. Dispensez-moi de cette c.*

Hist. et Législ. — Autrefois, on donnait le nom de *Corvées* à des services *vilains* et gratuits auxquels était assujettie une grande partie des habitants de la France. On les distinguait en Corvées *royales* et Corvées *seigneuriales*.

I. Les corvées *royales* consistaient : 1° en journées de travail pour l'ouverture, l'entretien et la réparation des routes; 2° en fournitures de moyens de transport pour les équipages militaires. Celles-ci remontaient aux derniers temps de l'empire romain; quant à celles-là, elles dataient seulement de la fin du règne de Louis XIV. — A cette époque, quelques intendants de province ayant reçu l'ordre de mettre promptement les routes en bon état pour assurer le service des armées, et n'ayant ni le temps ni les fonds nécessaires pour organiser des ateliers salariés, imaginèrent de mettre en réquisition les paysans du voisinage, et de leur faire exécuter gratuitement les travaux. Ce système ayant paru aussi commode qu'ingénieux, d'autres intendants y eurent recours, et enfin, en 1737, le contrôleur général Orry jugea à propos de le réglementer et de l'étendre à tout le royaume. Toutefois « ce ne fut pas, dit un écrivain du temps, sans murmures de la part des peuples, et sans répugnance de la part d'un grand nombre d'administrateurs ».

II. Les corvées *seigneuriales* tiraient généralement leur origine de l'affranchissement des serfs. En effet, en donnant la liberté à ces derniers, ils seigneurs avaient voulu conserver les moyens de faire cultiver gratuitement leurs terres. Pour y parvenir, ils avaient imaginé de se faire réserver par les nouveaux hommes libres le droit à un certain nombre de services gratuits. C'est ce qui explique pourquoi ces corvées avaient en général un caractère essentiellement agricole. — Les corvées seigneuriales étaient *réelles* ou *personnelles*. Tout habitant de la seigneurie était assujetti à ces derniers par le fait même de sa résidence dans la circonscription féodale. A l'origine, elles avaient pour objet de maintenir cons amment le manoir du seigneur en bon état de défense, afin qu'il pût, au besoin, servir d'asile à la population. Elles consistaient en journées de travail pour le curage des fossés, la réparation ou la construction des tours, remparts et palissades, la fabrication et le fourbissage des armes, armures, engins de guerre, etc. Mais elles changèrent peu à peu de caractère, et enfin elles se confondirent, quant à la nature des obligations imposées, et tout en conservant leur nom, avec les corvées réelles. Aussi, en dernier lieu, ce qui distinguait les corvées réelles des personnelles, c'est que le corvéable devait celles-ci en personne, et ne pouvait se faire remplacer. — Les corvées *réelles* étaient dues par les fonds de terre ou à cause d'eux. Elles embrassaient toutes les opérations de la culture du sol, et il était loisible aux redevables de les faire faire par d'autres. On les distinguait en c. du fauchage, de la fenaison, c. de la moisson, c. des vendanges, c. des charrois, c. de labourage, c. de la taille et de l'entretien des haies, etc. D'autres fois, elles étaient destinées à satisfaire à des besoins de nature très diverse; ainsi, il y avait la c. des commissions, la c. du transport des lettres, la c. des chemins, etc. En général, les corvéables n'étaient assujettis qu'à quelques-unes de ces charges : ainsi, les uns devaient le labourage et non le fauchage; d'autres devaient la c. de la moisson et non celle des vendanges, etc. Quant à la répartition des corvées entre les habitants d'une même seigneurie, elle dépendait des conditions consenties, à l'époque de l'affranchissement, par les parties intéressées. — Dans le principe, les corvées paraissent avoir été *à mercy*, c.-à-d. exigibles par le seigneur toutes les fois qu'il le jugeait utile. Plus tard, elles furent réglementées, moins peut-être pour soulager les corvéables que dans le but d'affaiblir l'autorité des seigneurs. Toutefois, il ne fut jamais possible de détruire entièrement les abus auxquels elles donnaient lieu. — A l'époque qui précéda immédiatement la Révolution, le nombre des corvées était ordinairement limité. Quand les titres ne prescrivaient rien à ce sujet, l'usage voulait que le seigneur ne pût exiger plus de 12 journées de travail par année. En outre, la prestation de ces journées était séparée par des intervalles plus ou moins longs, et distribuée de manière que l'accomplissement du devoir féodal ne pût nuire ni à la culture ni à la levée des récoltes des terres du corvéable. Les redevables étaient obligés de se munir de leurs instruments de travail, et souvent même de se nourrir à leurs frais; mais la nourriture des animaux de trait ou de somme était toujours à la charge du seigneur. Celui-ci ne pouvait convertir ses droits de c. en redevances pécuniaires. Le nombre des corvées personnelles était invariable, et tous les individus qui composaient un ménage y étaient astreints. Quant aux corvées réelles, comme elles n'étaient dues que par le fonds, elles se partageaient entre les acquéreurs de ce dernier, s'il venait à se diviser. Les roturiers seuls étaient soumis à la c. personnelle; mais les nobles et les ecclésiastiques n'étaient toujours pas soumis aux corvées réelles, parce que c'étaient là des droits attachés à la terre ou des conditions de l'inféodation. Toutefois ils pouvaient fournir un homme ou payer en argent le prix des journées qu'ils devaient.

III. — Malgré les adoucissements qu'on y avait apportés, le système des corvées pesait lourdement sur les habitants des campagnes, et leur état d'autant plus onéreux qu'ils étaient plus pauvres : aussi était-il devenu odieux à la nation presque tout entière. Turgot, qui pressentait et voulait éviter une révolution, avait compris qu'il était urgent de l'abolir; cependant, il ne s'attaqua d'abord qu'aux corvées royales. Les fournitures pour les transports militaires furent supprimées par un arrêt du Conseil du 29 août 1775. Un autre arrêt du 6 fév. 1776 étendit la mesure aux corvées des chemins et les remplaça par un impôt spécial applicable à *tous les propriétaires sans exception*.

Quoique ces deux édits ne touchassent pas aux corvées seigneuriales, les classes privilégiées s'irritèrent de cette égalité devant l'impôt, et firent entendre les plus vives réclamations. Le parlement de Paris réclama, de son côté, avec une grande véhémence, et poussa l'imprudence jusqu'à déclarer « que le peuple de France était taillable et corvéable à volonté », et que « la suppression de la c. tendait évidemment à l'anéantissement des franchises primitives des nobles et des ecclésiastiques, à la confusion des états et à l'interversion des principes constitutifs de la monarchie ». Louis XVI ayant eu la faiblesse de congédier Turgot, son successeur fit rapporter l'arrêt du 6 fév. et les choses furent remises dans l'ancien état.

Mais ce ne fut pas pour longtemps; l'abolition des corvées fut, en effet, l'un des premiers actes de la Révolution. Toutefois, l'Assemblée nationale ne supprima que les corvées personnelles (4 août 1789, loi du 15 mars 1790), et maintint les corvées réelles, mais en les déclarant rachetables. Ces dernières ne disparurent définitivement que lorsque, par la loi du 17 juillet 1793, la Convention proclama l'anéantissement de tous les droits féodaux.

IV. *Prestations.* — Nous venons de voir que les corvées, soit royales, soit seigneuriales, avaient souvent pour objet l'entretien des routes. C'est par une réminiscence de cet usage que, dans les campagnes, on donne vulgairement le nom de *corvées* aux prestations créées par la loi du 26 juill. 1824 relative aux chemins vicinaux. Mais pour montrer que ces prestations n'ont en réalité rien de commun avec les corvées de l'ancien régime, il suffira de faire remarquer qu'elles sont une charge commune à tous les citoyens sans distinction et que, de plus, chacun peut s'en acquitter personnellement, soit en présentant un remplaçant, soit en payant une taxe représentant la valeur des journées de travail dont il est redevable.

CORVÉIEUR. s. m. Celui qui travaille à la corvée.

CORVETTE. s. f. (lat. *corbita*, bâtiment de transport, dérivé de *corbis*, corbeille). T. Mar. La c. est un bâtiment de guerre qui tient le milieu entre la frégate et le brick. Elle porte trois mâts, sans compter le beaupré; quelquefois cependant le mât d'artimon est remplacé par un mâtereau muni d'une simple brigantine. En outre, la c. est armée de 20 à 30 bouches à feu et n'a pas de batterie sur le pont. Ce genre de bâtiment est construit de façon à pouvoir marcher rapidement. On appelle *C.-aviso* une c. plus légère que les corvettes ordinaires, qui sert, dans les armées, à transmettre aux divers bâtiments les ordres de l'amiral. Cette espèce de c. est peu élevée au-dessus de l'eau et n'a point de batterie couverte. Enfin, on donne le nom de *Corvettes-bricks* à certains bricks d'un fort tonnage; et celui de *C. de charge* à un bâtiment de transport de 800 tonneaux, à batterie couverte et à trois mâts verticaux, mais plus fin que les flûtes et les gabares.

CORVIDÉS. s. m. pl. (lat. *corvus*, corbeau ; gr. εἶδος, aspect). T. Ornith. Tribu de passereaux dont le type est le corbeau. Voy. CORBEAU.

CORVIN (MATHIAS), fils de J. Hunyade, roi de Hongrie (1458-1490), battit les Turcs, s'empara de presque tous les États autrichiens. Il fut protecteur des lettres et des arts, et se montra habile réformateur.

CORVISART, médecin français (1755-1821).

CORYBANTE. s. m. (gr. χορύβας, αντος, m. s., de χορός, chœur et βαίνω, je marche, ou de χορύπτω, je remue la tête). T. Antiq. Prêtre de Cybèle. Voy. CYBÈLE.

CORYDALINE. s. f. T. Chim. Alcaloïde contenu dans les racines de diverses espèces de Corydallis et dans celle de l'Aristoloche Serpentaire. C'est une substance cristalline, amère, incolore, fusible à 130° en une masse brun rouge; elle se dissout dans l'alcool, l'éther, le chloroforme, la benzine, le sulfure de carbone. Elle possède une réaction alcaline et forme avec les acides des sels bien définis.

CORYDALLIS ou **CORYDALIS.** s. m. [Pr. *koridal-liss*] (gr. χόρυς, casque). T. Bot. Genre de plantes de la famille des *Papavéracées*, tribu des *Fumariées*. Voy. PAPAVÉRACÉES.

CORYLÉES. s. f. pl. (lat. *corylus*, noisetier). T. Bot. Tribu de plantes Dicotylédones de la famille des *Cupulifères*. Voy. ce mot.

CORYLOPSIS. s. m. (lat. *corylus*, noisetier; gr. ὄψις, apparence). Genre d'arbrisseaux du Japon de la famille des *Saxifragacées*, tribu des *Hamamélidées*. Voy. SAXIFRAGACÉES.

CORYMBE. s. m. (gr. χόρυμβος, bouquet). T. Bot. Mode d'inflorescence indéfinie dans lequel les pédoncules secondaires, partant de points différents, s'élèvent tous au même niveau, de sorte que les fleurs qu'ils portent forment une sorte de parasol. Voy. INFLORESCENCE.

CORYMBIFÈRE. adj. 2 g. (R. *corymbe*, et lat. *fero*, je porte). Qui a des fleurs disposées en corymbe.

CORYMBIFÈRES. s. f. pl. T. Bot. Nom donné à une tribu de la famille des *Composées*, correspondant aux *Radiées* de Tournefort. Voy. COMPOSÉES.

CORYNITE. s. f. (gr. κορύνη, massue). T. Minér. Composé constitué par du nickel en combinaison avec le soufre, l'antimoine et l'arsenic.

CORYPHA. s. m. (gr. κορυφὴ, sommet). T. Bot. Genre de plantes Monocotylédones de la famille des *Palmiers*. Voy. ce mot.

CORYPHÉE. s. m. (gr. κορυφαῖος, qui est à la tête, de κορυφὴ, sommet). T. Antiq. Celui qui était à la tête des chœurs, dans les représentations scéniques. — Le chanteur qui a le même emploi dans nos opéras. || Fig., Celui qui se distingue particulièrement au milieu de ceux de son parti, de sa secte, de sa profession. *C'est cependant le c. du parti. Pétrarque était le c. des poètes de son temps.*

CORYPHÉES. s. f. pl. (R. *corypha*). T. Bot. Tribu de plantes de la famille des *Palmiers*. Voy. ce mot.

CORYPHÈNE. s. m. (gr. κορυφὴ, tête ; φαίνω, je brille.) T. Ichl. Genre de poissons de haute mer remarquables par la beauté de leurs couleurs. Voy. SCOMBÉROÏDES.

CORYPHODONTIDES. s. m. pl. (gr. κορυφὴ, sommet ; ὀδούς, ὀδόντος, dent). T. Paléont. Zool. Le genre *Coryphodon* forme une petite famille parmi les mammifères *Ongulés* (voy. ce mot). Les C. ont une boîte cranienne très petite et les hémisphères cérébraux devaient être très petits. Le cerveau rappelle celui des reptiles et même des batraciens. Les pattes étaient courtes à 5 doigts terminés par des sabots. Les C. peuvent être regardés comme la souche de tous les Ongulés. On en a rencontré dans l'argile de Londres, dans les lignites du Soissonnais et dans l'éocène inférieur de l'Amérique du Nord.

CORYSTE. s. m. (gr. κορυστής, armé d'un casque). T. Zool. Genre de crustacés décapodes de la famille des *Oxystomes*. Voy. BRACHYOURES.

CORYZA. s. m. (gr. κόρυζα, morve). T. Méd. — On donne le nom de C. à l'inflammation de la *membrane pituitaire*, c.-à-d. de la muqueuse des fosses nasales, inflammation qui, dans le langage vulgaire, est appelée *Rhume de cerveau*.

Le c. est quelquefois causé par une action locale, comme l'application d'une substance irritante sur la muqueuse pituitaire ; mais, dans l'immense majorité des cas, il est déterminé par l'impression du froid et surtout par le refroidissement de la tête ou des pieds. Les tempéraments lymphatiques y paraissent en outre plus particulièrement prédisposés. — La marche du c. ne diffère aucunement de celle des autres phlegmasies des muqueuses. Au début, il se caractérise par une sensation de sécheresse dans les fosses nasales, par une gêne plus ou moins grande de la respiration, par des picotements et par de fréquents besoins d'éternuer ; en même temps, la voix devient nasillarde. Bientôt la membrane sécrète un mucus clair et aqueux qui, lorsqu'il est très abondant, peut déterminer l'excoriation de la lèvre supérieure. Ces symptômes s'accompagnent assez souvent de phénomènes généraux tels que la fréquence du pouls et la céphalalgie, dont l'intensité est en rapport avec l'étendue de l'inflammation, laquelle peut gagner les sinus frontaux et maxillaires, et se propage fréquemment jusqu'aux bronches. Lorsque la muqueuse des bronches est envahie par la phlegmasie, cette dernière affection devient le phénomène principal et le plus important de la maladie. Au bout de 2 à 3 jours de l'écoulement séreux dont nous venons de parler, la matière sécrétée par la pituitaire devient plus consistante, et prend une couleur blanche, puis jaune verdâtre ; son abondance diminue et avec elle l'inflammation. En général, le c. ne dure que de 5 à 8 jours et se guérit presque constamment de lui-même ; il suffit de se préserver de l'action du froid. Il est rare que cette légère affection devienne chronique, et plus rare encore qu'elle passe à la forme ulcéreuse. Quelquefois cependant il convient de hâter sa disparition à l'aide de pédiluves chauds ou de vapeurs émollientes dirigées vers les fosses nasales. — Chez les *nouveau-nés*, au contraire, le c. est une affection assez grave, attendu que souvent l'enfant

se trouve dans l'impossibilité de téter sans être menacé de suffocation. En outre, l'inflammation de la pituitaire peut quelquefois permettre l'apparition de la diphtérie. Tenir l'enfant au chaud, lui mettre dans chaque narine 2 à 3 fois par jour de la pommade boriquée ou de la poudre d'alun. Le nourrir à la cuillère. — Quant au c. qui est l'un des symptômes précurseurs ou concomitants des fièvres éruptives, variole, rougeole, scarlatine, et surtout de la syphilis et de la diphtérie, etc., nous n'avons rien à en dire : car c'est alors un phénomène tout à fait subordonné à la maladie principale. Une bonne formule de poudre à priser contre le coryza consiste à mélanger par parties égales de la gomme arabique, de la quinine, du bismuth et de l'acide borique, en ajoutant quelques centigrammes de chlorhydrate de morphine au mélange.

Le c. chronique, fréquent surtout chez les enfants chétifs et scrofuleux, est caractérisé par un mucus épais verdâtre, des croûtes épaisses sur la muqueuse nasale tuméfiée et même ulcérée, et souvent par une odeur nauséabonde constituant alors l'ozène (voy. ce mot). Il est très rebelle et peut se terminer par la carie des os du nez. Outre le traitement contre la maladie causale, il faut tenir les narines très propres à l'aide de douches nasales boriquées ou salées, de pulvérisations d'eau goudronnée, de poudre d'alun, de tanin, ou d'acide borique que l'on continuera fort longtemps.

Méd. vét. — *Rhume de cerveau, catarrhe nasal, enchifrènement.* — Chez les animaux bien plus que chez l'homme, le c. est symptomatique d'une maladie infectieuse ou parasitaire ; cependant, le c. simple existe sous forme aiguë et chronique chez le cheval et le chien surtout, plus rarement chez le mouton, le bœuf et le porc, à la suite du froid ou d'irritations par les poussières ou les gaz. Au printemps et en automne, chez le *cheval*, le c. aigu se reconnaît à la fièvre légère, aux éternuements fréquents, un jetage bilatéral séreux, puis muqueux, jamais sanguinolent, ni verdâtre et puissant, ni unilatéral, comme dans la morve. Au bout d'une semaine, tous les symptômes s'atténuent, et si les irritations ne continuent pas, tout revient dans l'ordre au bout de quinze jours ; s'il n'en est pas ainsi, le c. devient chronique, ou bien il est chronique d'emblée quand les sinus frontaux et maxillaires se trouvent enflammés à la suite de traumatismes ou de propagation de l'inflammation des cavités nasales ou des alvéoles dentaires. La muqueuse, au lieu d'être rouge et tuméfiée comme dans le c. aigu, est pâle ou bleuâtre ; le jetage est gélatineux comme du frai de grenouille, gris sale ou jaunâtre, formant des croûtes sur les narines, à odeur fétide, ce qui rend impossible le travail ; *il peut être unilatéral et accompagné de tuméfaction unilatérale des ganglions de l'auge.* Quand le c. simple chronique devient ulcéreux, il faut toujours penser à la morve ; mais, dans celle-ci, les ulcérations n'ont aucune tendance à guérir. Pour le c. du cheval, le diagnostic a surtout pour but de *savoir s'il n'est pas dû à la morve*, ce qui n'est pas toujours aisé, sauf quand on fait l'inoculation ou l'examen bactériologique. Le c. aigu se traite par un séjour dans des écuries tièdes, par des fumigations au nombre de deux à trois par jour faites avec de l'eau légèrement phéniquée et par une demi-diète. Le c. chronique résiste d'ordinaire à toutes les médications ; cependant, ce sont les traitements locaux ou l'aide d'antiseptiques qui donnent quelque amélioration. — Le *chien* éternue souvent, sa respiration est bruyante, il y a du jetage quelquefois sanguinolent ou purulent. Le traiter comme le cheval. Chez le *mouton* il existe un c. aigu appelé fièvre catarrhale maligne, morve, ayant toutes les apparences d'une maladie infectieuse et contagieuse, et fort semblable à la variole du chien. Elle est enzootique ou épizootique. Ce sont à la fois : un catarrhe purulent nasal, des blépharites et conjonctivites simples d'abord, puis purulentes, se terminant par des ulcérations et des abcès de la cornée. Les organes génitaux externes peuvent aussi être atteints ; il y a peu de fièvre, mais les animaux s'enchétissent rapidement, la mort survient rapidement dans le coma ou les convulsions. L'autopsie montre des lésions inflammatoires de tout l'appareil respiratoire. Les autres organes et le sang décèlent la nature infectieuse de la maladie. La marche est rapide, le pronostic est presque fatal pour les agneaux. Le traitement est celui de toutes les maladies infectieuses (voy. CLAVELÉE, par ex.) : il faut abattre les animaux trop gravement atteints avant une dépréciation trop grande. Le c. aigu des animaux peut être dû à la morve, à la gourme, à la variole (cheval, chien). Le c. chronique peut provenir de ces maladies, des tumeurs de la cavité nasale, des parasites tels que la *linguatule ténioïde* du chien, l'œstre du mouton, fixé sur la muqueuse nasale. Voy. ces mots.

COS, KOS ou **ISTANKOÏ**, île de l'Archipel, aujourd'hui Stanco; 10,000 hab. Patrie d'Hippocrate, d'Apelle, de Polybe.

COS ou **COSS**, mesure itinéraire de l'Inde variant, suivant les contrées, de 3 à 5 kilomètres.

COSAQUES. s. m. pl. Peuples de l'Ukraine et des bords du Don qui sont soumis à la Russie, et lui fournissent une sorte de cavalerie légère à laquelle on donne le même nom. Les *C. du Don. Les C. nous harcelaient continuellement.* On dit aussi au sing., *Un cosaque.* D'après une loi de 1875, tout Cosaque doit 18 ans de service militaire. — Par ext., Homme dur, farouche. || *La cosaque,* Sorte de danse imitée de la manière de danser des Cosaques.

COSCINODISCUS. s. m. [Pr. *kos-sinodis-cuss*] (gr. κόσκινος, crible; δίσκος, disque). T. Bot. Genre d'*Algues* de la famille des *Diatomacées.* Voy. ce mot.

COSCINOMANCIE. s. f. [Pr. *kos-sinomansi*] (gr. κόσκινος, crible; μαντεία, divination). Divination par le moyen d'un crible qu'on fait tourner.

COSÉCANTE. s. f. [Pr. *ko-sécante*] (R. *co,* préf., et *sécante*). T. Math. La c. d'un arc est la sécante du complément de cet arc. Voy. TRIGONOMÉTRIE.

COSEIGNEUR. s. m. [Pr. *ko-séyneur*] (R. *co,* préf., et *seigneur*). T. Féod. Se disait de celui qui possédait une terre, un fief avec un autre. *Il était c. d'une telle paroisse avec un tel.*

COSENZA, v. du royaume d'Italie, ch.-l. de la Calabre citérieure; 18,000 hab.

COSIGNATAIRE. s. m. (R. *co,* préf., et *signataire*). Celui qui signe avec d'autres un document.

COSINE. s. f. [Pr. *kozine*] (it. *cousso*). T. Chim. Principe actif du cousso. La c. forme des cristaux rhombiques jaunes, fusibles à 142°, très solubles dans l'éther, l'alcool la benzine, le sulfure de carbone. Les acides étendus ne l'attaquent pas; les alcalis et les carbonates alcalins la dissolvent. Elle a pour formule $C^{31}H^{38}O^{10}$.

COSINUS. s. m. [Pr. *ko-sinuss*] (R. *co,* préf., et *sinus*). T. Math. Le c. d'un arc est le sinus du complément de cet arc. Voy. TRIGONOMÉTRIE.

COSMARIUM. s. m. [Pr. *kos-ma-riome*] (gr. κοσμάριον, petit ornement). T. Bot. Genre d'Algues de la famille des *Conjuguées.* Voy. ce mot.

COSMAS, surnommé *Indicopleustès,* géographe du VI° siècle, né à Alexandrie, représentait la Terre sous la forme d'un carré.

COSME (Saint), médecin, et son frère saint Damien, martyrs en 303, devinrent les patrons des médecins et des chirurgiens. Fête le 27 septembre.

COSME (JEAN BASEILHAC, dit le Frère), religieux et habile chirurgien, né près de Tarbes (1703-1781).

COSMÉTIQUE. adj. 2 g. et s. m. (gr. κοσμητικός propre à parer; de κοσμέω, je pare). T. Hyg. On appelle *Cosmétiques* les substances et préparations destinées à entretenir ou à accroître la beauté. Parmi ces substances, les unes servent à nettoyer la peau et à lui donner plus de fraîcheur et de souplesse; les autres ont pour but de faire disparaître les traces de l'âge, d'aviver les couleurs du visage, ou de simuler celles de la jeunesse.

Le savon dissout les substances grasses qui adhèrent au derme, et ramollit les productions pileuses. Toutefois, il ne convient pas quand la peau est le siège d'une éruption ou d'une inflammation. Dans ce cas, on remplace le savon ordinaire par la glycérine bien pure ou par diverses compositions de toilette, etc. — Les eaux de toilette sont, en général, les alcoolats (eau de Cologne, eau de Portugal, eau de lavande ambrée, etc.). — Les eaux des vinaigres diversement aromatisées. Employés sans discernement, ces liquides, quoique étendus d'eau, produisent une astriction plus ou moins vive de la peau : sous ce rapport, les vinaigres ont plus d'inconvénients que les

alcoolats. Ces liquides passent à tort pour calmer l'irritation. Les préparations adoucissantes de la peau ne s'appliquent guère qu'aux mains et au visage. Les plus usitées sont des pommades graisseuses, ou des huiles douces d'olive, d'amandes, etc., avec addition de quelques gouttes d'un alcoolat odorant.

Les compositions que les femmes appliquent sur leur visage pour donner plus d'éclat à leur teint

Et réparer des ans l'irréparable outrage,

sont désignées sous le nom de *Fards.* L'usage de ces compositions remonte à la plus haute antiquité; car nous savons, par les livres saints, qu'il était connu chez le peuple juif. Les dames grecques et romaines aimaient également à se farder. En France, c'est aux Italiens de la suite de Catherine de Médicis que nous devons l'introduction de cette mode. Toutefois elle ne devint générale parmi les dames de condition que vers la fin du XVII° siècle. On distingue les *Fards* blancs et les *Fards* rouges. Les premiers sont des mélanges de talc et de divers oxydes ou sels métalliques, tels que l'oxyde de zinc, l'oxyde ou sous-nitrate de bismuth, appelé *Blanc de fard, Blanc de perles,* etc. Les seconds contiennent trop souvent du mercure (vermillon, cinabre) ou du plomb (minium). On les prépare aussi soit avec des matières colorantes végétales, telles que l'orseille, l'orcanette, le carthame, soit avec le carmin de la cochenille. Ainsi, le *Fard végétal* ou *Rouge d'Espagne* se prépare avec le carthame des teinturiers; le *Vinaigre de rouge* n'est qu'une légère solution de carmin suspendue dans du vinaigre au moyen d'un peu de mucilage. Si les fards donnent au teint un éclat passager, c'est toujours aux dépens de l'appareil cutané. Les plus innocents flétrissent inévitablement la peau, comme on le voit chez les individus attachés aux théâtres. Quant à ceux dans la composition desquels entrent le mercure, le plomb, etc., ils peuvent donner lieu à des accidents fort graves, tels que les affections saturnines et la cachexie mercurielle.

Les cosmétiques en usage pour les cheveux sont destinés à les assouplir. Ils consistent en des graisses ou huiles diversement colorées et aromatisées. Quels que soient les noms bizarres dont les affuble le charlatanisme industriel, ils n'agissent en réalité que par le corps gras qu'ils renferment. Lorsqu'elles sont uniquement composées de substances innocentes, ces préparations n'ont d'autre inconvénient que de salir la tête. Au reste, elles ne conviennent qu'aux personnes dont les cheveux sont durs, secs et cassants, et doivent être rejetées par celles qui les ont naturellement huileux. Quant aux préparations destinées à arrêter la chute des cheveux, ou à rendre aux têtes chauves l'ornement naturel dont elles sont privées, nous ne pouvons dire qu'une chose, c'est que, si l'on peut, à l'aide de traitements appropriés, empêcher la chute prématurée des cheveux, ou stimuler chez des personnes encore jeunes une nouvelle production de cheveux quand les premiers sont tombés à la suite de certaines maladies fébriles, il est absolument impossible de réparer les ravages de la calvitie produite soit par l'âge, soit par certaines affections particulières du cuir chevelu. Dans ce dernier cas, il n'y a qu'à se résoudre à supporter philosophiquement une disgrâce à laquelle toutes les promesses des charlatans ne sauraient apporter aucun remède, si tant est que leurs drogues ne renferment aucun ingrédient nuisible à la santé. — Lorsque le cuir chevelu est le siège d'une anomalie morbide quelconque, il faut éviter surtout ces traitements empiriques fort dangereux, et consulter toujours le médecin spécialiste.

Les c. employés pour teindre les cheveux sont de deux sortes : les uns teignent sans brûler et les autres en brûlant. Les premiers n'ont aucune fixité et ne présentent d'autre inconvénient que de salir la tête, et de former, en se mêlant à la sueur, des filets plus ou moins colorés qui se répandent sur le front et sur les tempes. La fameuse *Pommade métainocome* appartient à cette classe; ce n'est qu'un mélange d'un corps gras et d'une poudre noire faite avec du liège carbonisé. Les c. de la seconde espèce produisent des effets plus durables, mais comme ils sont composés de substances énergiques qui ne changent la couleur des cheveux que par une action chimique, il peut résulter de leur emploi des effets plus ou moins graves. Parmi les préparations de ce genre, nous citerons l'*Eau de Java* et l'*Eau d'Égypte,* qui contiennent du nitrate d'argent, et l'*Eau de Chine,* qui n'est qu'une solution de nitrate d'argent ou de nitrate de mercure. Ces trois liquides produisent une coloration noire assez belle, mais ils sont capables de cautériser profondément les tissus. Les autres préparations qui renferment de l'acétate ou du sous-acétate de plomb, ou ne sont que des mélanges d'eau, de litharge, de craie et de chaux vive hydratée et récemment éteinte, ne sont guère moins dangereuses. — Nous en dirons autant des compositions dépilatoires. Comme elles sont composées de sulfure d'arsenic et de chaux vive, ou de quelque autre matière caustique, elles ont pour effet immédiat d'altérer la peau, et peuvent, en outre, s'il y a résorption, causer de grands accidents. La dépilation par le moyen de l'électricité n'est point meilleure, car elle cause des cicatrices apparentes et donne une vigueur insolite aux poils follets.

Bibliog. — Le plus complet des formulaires cosmétiques est l'*Hygiène de la beauté*, du Dr Monin.

COSMÉTIQUE. s. f. (gr. χοσμητιχός, propre à parer). La partie de l'hygiène qui traite de l'usage des cosmétiques. *Criton d'Athènes et la reine Cléopâtre avaient, dit-on, écrit sur la c.*

COSMIQUE. adj. 2 g. (gr. χόσμος, monde). T. Astr. Qui appartient à l'ensemble de l'univers. *Les espaces, les forces cosmiques.* — Qui dépend des astres, par opposition à terrestre. *Lever c., coucher c.* Voy. LEVER. — *Matière c.*, Matière à divers degrés de densité répandue dans l'espace, origine probable des corps célestes. — *Poussières c.*, Corps de petites dimensions qui circulent dans l'espace et viennent parfois tomber sur la terre où ils sont au moins en partie pulvérisés par la résistance de l'air. Voy. AÉROLITHE. — *Influences cosmiques*, Influences qui peuvent être exercées par le soleil, la lune et les planètes sur les phénomènes terrestres, sur le magnétisme, l'atmosphère, etc.

COSMOCRATIE. s. f. [Pr. *kosmokra-sî*] (gr. χόσμος, monde ; χράτος, puissance). Système de monarchie universelle.

COSMOGNOSE. s. f. [Pr. *kosmog-noze*] (gr. χόσμος, monde, et γνῶσις, connaissance). Connaissance du monde, des lieux.

COSMOGONIE. s. f. (gr. χόσμος, monde ; γενός, naissance). Nom donné aux différentes doctrines qui ont pour objet d'expliquer la formation de l'univers. *La c. d'Hésiode.*

Phil. — I. — Toutes les religions anciennes ont prétendu donner l'histoire de la formation de l'univers comprenant les cieux, les dieux, les êtres vivants et les choses inanimées. En l'absence de toute donnée sérieuse relativement aux sciences physiques, de pareilles cosmogonies ne pouvaient être que le résultat des spéculations ou des rêveries de plusieurs générations de philosophes ou de poètes chez qui une imagination surexcitée s'alliait à une profondeur plus ou moins pénétrante de l'esprit métaphysique.

Aussi, toutes les cosmogonies antiques présentent-elles ce triple caractère d'être à la fois religieuses, philosophiques et poétiques. Elles sont données comme une révélation de la divinité aux mortels, et constituent par conséquent des articles de foi dans la religion à laquelle elles appartiennent. Elles racontent la formation du monde depuis *l'origine même des choses*, c.-à-d. qu'elles donnent la solution complète du problème et ne laissent rien à chercher pour une époque antérieure à celle où commence le récit ; enfin, elles sont le plus souvent accompagnées de fables tantôt gracieuses comme en Grèce, tantôt monstrueuses comme dans l'Inde, souvent puériles et ridicules. C'est dans les plus anciens ouvrages qu'il faut chercher la véritable portée philosophique de ces monuments si curieux de la pensée humaine : à mesure que le temps s'avance et que la littérature religieuse s'augmente, la partie fabuleuse se développe de plus en plus aux dépens de la partie métaphysique et philosophique, soit parce que l'imagination des poètes se donne plus libre carrière, soit parce que les prêtres et les philosophes s'attachent à déguiser leurs véritables doctrines sous des voiles allégoriques qui deviennent de plus en plus obscurs et compliqués, réservant pour leurs seuls initiés, dans le secret des sanctuaires, l'exposition claire de leur pensée et la connaissance des clefs qui permettent de découvrir le sens caché des mystères. Voy. ÉSOTÉRISME.

Il ne peut entrer dans le cadre d'un Dictionnaire de décrire les anciennes cosmogonies religieuses. Nous ferons seulement remarquer que quand on les dégage des mythes et des récits fabuleux qui les obscurcissent, on retrouve dans presque toutes une idée fondamentale commune qui est la croyance à l'existence simultanée au début des temps, d'une part, d'un Être incréé qui possède le pouvoir générateur et est conscient de son œuvre, et d'autre part d'une masse indistincte qui n'est pas le néant, mais qui, pratiquement, équivaut au néant,

puisqu'il n'y a en elle aucune partie qu'on puisse discerner. L'univers résulte de l'action du Dieu générateur sur cette masse chaotique. Ainsi, il ne s'agit pas d'une véritable création, telle que l'entend la philosophie moderne, mais d'une simple organisation. Le monde n'est pas tiré du néant par la volonté toute-puissante d'un Dieu créateur : il sort du chaos par une sorte de génération. Au reste, l'idée d'une formation des choses successives par un procédé plus ou moins analogue à la génération sexuelle des animaux, les unions de dieux et de déesses, de principes mâles et de principes femelles, jouent un grand rôle dans toutes ces doctrines. L'idée d'une vraie création ne se trouve bien exprimée que dans la cosmogonie persane et dans la Genèse de Moïse, et encore celle-ci est tellement obscure, et le véritable sens en est si peu connu qu'on peut légitimement se demander ce que pouvait signifier dans l'hébreu primitif le mot que les Septante ont traduit par le verbe grec correspondant au mot français *créer*. Voy. GENÈSE. Quant à la cosmogonie persane, la traduction du *Zend-Avesta* ne laisse aucun doute. Il s'agit bien d'une véritable création. Cette cosmogonie est fort remarquable en deux points : 1° elle admet l'existence de deux divinités distinctes incréées et existant de toute éternité : *Ormuzd*, principe du bien, et *Ahriman*, principe du mal. Chacun d'eux va créer son monde à lui et ces mondes se mêlant formeront l'univers actuel, mélange de bien et de mal. 2° Dans la succession des créations des êtres, les êtres spirituels précèdent toujours les substances matérielles. Ainsi, les anges sont créés avant le ciel, l'âme de l'homme est créée avant son corps.

II. — Au XVIIIe siècle, de nombreux écrivains ecclésiastiques ont cherché à mettre d'accord le texte de la Bible avec les données positives que la science nous fournit non pas sur la formation de l'univers, mais au moins sur celle de la terre. Nous ne croyons pas devoir entrer dans la discussion de ces tentatives qui ne peuvent réussir qu'à la condition de torturer le texte et le sens littéral des mots. De deux choses l'une : ou il faut lire la Genèse littéralement, et alors toute conciliation avec la science moderne est impossible, ou bien il faut voir dans ce livre une œuvre allégorique cachant une doctrine ésotérique plus sérieuse et plus profonde. Dans ce cas, il faudrait restituer la véritable doctrine et l'on conviendra que, dans ce travail de restitution, l'imagination peut se faire une large part, de sorte qu'il est facile d'y trouver à peu près tout ce qu'on voudra.

Aujourd'hui, grâce aux progrès de la géologie, et surtout de l'astronomie, la c. peut être envisagée d'une manière scientifique, indépendamment de toute idée religieuse ; seulement, il faut se restreindre la portée. Il est à peu près impossible, dans l'état actuel de la science, de former aucune conjecture sur la manière dont l'univers, considéré dans son ensemble, a pu dériver d'un état antérieur et sur ce que pouvait être cet état antérieur. Mais il n'en est plus de même si l'on se borne à considérer le système du soleil et des planètes. L'état actuel de ce système et sa formation peuvent s'expliquer par le simple jeu des lois naturelles appliquées à une masse suffisante de matière répandue dans un espace convenable et aussi à de certains mouvements. Sans doute, les spéculations de cette nature sont du domaine de la conjecture et de l'hypothèse ; mais, quand une pareille hypothèse arrive à rendre compte de toutes les particularités que présente actuellement le système solaire, il faut bien reconnaître qu'elle acquiert par cela même un haut degré de probabilité. Or, c'est précisément ce qui arrive pour la célèbre hypothèse de Laplace plus ou moins modifiée par les astronomes contemporains. Seulement, comme cette magnifique théorie ne concerne en définitive que le soleil et les planètes et nullement l'ensemble de l'univers, nous l'exposerons au mot PLANÈTE. — Pour plus de détails, et pour la *bibliographie*, voy. COSMOLOGIE.

COSMOGONIQUE. adj. 2 g. Qui appartient, qui a rapport à la cosmogonie. *Système c.*

COSMOGONISTE. s. m. Celui qui s'occupe de cosmogonie.

COSMOGRAPHE. s. m. Celui qui a fait une étude spéciale de la cosmographie.

COSMOGRAPHIE. s. f. (gr. χόσμος, monde ; γράφειν, décrire). Le mot *Cosmographie* signifie la description de l'univers. Si donc on le prenait dans toute l'extension du sens étymologique, la c. comprendrait l'astronomie tout entière, la géographie, la géologie, etc. Le beau livre d'A. de Humboldt, intitulé *Cosmos*, offre seul l'exemple d'un ouvrage de ce genre. Mais, habituellement, on désigne sous ce nom de pefils traités d'astronomie descriptive élémentaire. Ainsi entendue, la cosmographie est une branche de l'astronomie qui s'occupe de la description des corps célestes et de leurs mouvements en laissant de côté l'étude des causes de ces mouvements. Cependant, la partie de la science désignée sous le nom de Cosmographie dans les programmes officiels aborde toutes les grandes questions de l'astronomie et constitue à proprement parler les éléments de l'astronomie.

COSMOGRAPHIQUE. adj. 2 g. Qui appartient, qui a rapport à la cosmographie.

COSMOLINE. s. f. (gr. κόσμος, ornement). T. Techn. Mélange de paraffine et d'huiles grasses employé en guise de graisse.

COSMOLOGIE. s. f. (gr. κόσμος, monde; λόγος, science). Cosmologie signifie science des lois par lesquelles est gouverné l'univers. La c. serait donc la grande synthèse qui donnerait l'explication de tous les phénomènes du monde inorganique et du monde vivant, en les rattachant à leur véritable cause. Les anciens philosophes grecs ont souvent cherché à faire cette synthèse de l'univers; malheureusement, ne possédant aucune donnée scientifique bien établie, ils n'avaient d'autre guide que l'imagination et le raisonnement. Au lieu d'observer le monde, ils essayaient de l'inventer. Aussi les œuvres de cette nature, si considérables qu'elles soient, n'ont aucune valeur scientifique et n'intéressent que l'histoire de la philosophie. Cependant, si l'on se borne aux généralités sans entrer dans les détails qui sont du domaine des sciences physiques, il est exact de dire que toute doctrine philosophique a sa manière particulière d'envisager le monde, c., par suite, son système cosmologique.

La plus célèbre des cosmologies antiques est celle d'Aristote, dont les traits principaux sont les suivants : le monde est coéternel à Dieu; le monde est fini en étendue et plein; il est régi par des lois propres. Le ciel et les corps célestes sont incorruptibles et divins. Tous les corps terrestres résultent de la combinaison des cinq éléments : l'éther, le feu, l'air, l'eau et la terre. — Un autre système qui a joui d'une grande vogue est la cosmologie atomique de Démocrite décrite en vers admirables par le poète latin Lucrèce. L'univers entier, y compris les dieux et les âmes des hommes, est composé d'atomes de formes diverses qui se meuvent éternellement du haut en bas de l'espace, mais qui sont animés d'un petit mouvement transversal irrégulier nommé *clinamen* ou *déclinaison*, qui leur permet de se rencontrer et de se choquer. De ces chocs naissent les combinaisons d'atomes, et, par suite, les corps. — Dans les temps modernes, Descartes est le premier qui ait tenté d'édifier un système cosmologique. Pour Descartes, comme pour Aristote, le monde est plein et fini. Par suite, le mouvement ne peut avoir lieu que suivant des anneaux fermés ou *tourbillons*. Ce sont ces tourbillons qui déterminent le mouvement des astres. Les animaux sont de simples machines, sans volonté ni sensibilité. L'homme seul possède une âme immortelle distincte de la matière. Ce système eut un prodigieux succès. Longtemps après la découverte de la gravitation universelle par Newton, il y avait encore de nombreux physiciens ou philosophes qui n'admettaient qu'avec réserve la grande idée de Newton et préféraient s'en tenir aux tourbillons de Descartes.

Il est clair que toutes les tentatives que nous venons de rappeler succinctement étaient largement prématurées et que tout système cosmogonique doit s'appuyer avant tout sur les données positives de l'astronomie et de la physique. Il faut même convenir que la science moderne, malgré ses découvertes nombreuses et inattendues, est encore loin de permettre l'établissement d'un pareil système. Quelques physiciens philosophes ont bien essayé, dans ce siècle, de rassembler les données de la physique, de la chimie et de l'astronomie, et d'en tirer une conception générale de l'univers et des phénomènes qui s'accomplissent; mais les tentatives de cette nature se sont toujours montrées fort incomplètes. Celle qui a eu le plus de succès et a formé la plus séduisante est la théorie dite *atomique*, qui prétend expliquer tous les phénomènes du monde matériel et moral par le choc d'atomes circulant en tous sens dans l'espace avec de très grandes vitesses. Nous nous bornerons ici à faire remarquer que, pour ne parler que du monde physique, la théorie atomique ne rend nullement compte des phénomènes lumineux et électriques; on ne peut les expliquer qu'à l'aide d'hypothèses accessoires qui la défigurent entièrement et lui font perdre le caractère d'unité et de simplicité qui la rendait si spécieuse. Voy. MATIÈRE.

Si cependant toute tentative de synthèse générale est aujourd'hui impossible, la science nous permet au moins de construire des synthèses partielles qui n'embrassent, il est vrai, que certaines catégories de phénomènes, mais qui, du moins, élargissent considérablement nos connaissances cosmologiques et serviront de point de départ aux progrès que l'avenir nous réserve. C'est ainsi que la notion de l'équivalence de la chaleur et du travail permet de grouper ensemble les phénomènes calorifiques et les phénomènes de mouvement et a conduit à la remarquable *théorie cinétique des gaz* qui, quoique prêtant à de nombreuses objections et n'étant probablement pas l'expression de la vérité, n'en constitue pas moins une très belle tentative de synthèse et un des plus beaux exemples d'hypothèse scientifique, aussi heureuse par la manière dont elle permet de comprendre l'ensemble des phénomènes relatifs aux gaz que par la facilité qu'elle offre d'en découvrir de nouveaux.

Mais la plus grandiose et la plus certaine des synthèses cosmologiques est assurément la *synthèse astronomique*, qui nous montre la véritable place de l'espace avec leurs dimensions, leurs distances et leurs mouvements véritables et qui explique tous ces mouvements par la seule action de la loi de la gravitation universelle de Newton. Et, ici, il ne s'agit pas d'hypothèses ou de conjectures : nous sommes en présence d'une vérité scientifique aussi solidement démontrée que peut le faire la science humaine et qu'il est impossible de nier sans détruire de fond en comble tout l'édifice de la science. La connaissance du véritable système du monde sidéral est une des plus belles conquêtes de l'esprit scientifique moderne, et l'une des plus propres à grandir l'intelligence humaine et à élargir la pensée philosophique. Voy. ASTRONOMIE, GRAVITATION.

Bibliogr. — Les œuvres des grands philosophes, PLATON, ARISTOTE, DESCARTES, KANT et LUCRÈCE, *De Natura rerum* (plusieurs traductions françaises); A. DE HUMBOLDT, *Cosmos*; P.-G. TAIT, *Conférences sur les progrès récents de la physique*; LAPLACE, *Exposition du système du monde*; FAYE, *De l'origine du monde*; C. WOLF, *Les Hypothèses cosmogoniques*; les bons ouvrages d'astronomie. Voy. ASTRONOMIE.

COSMOLOGIQUE. adj. 2 g. Qui appartient, qui a rapport à la cosmologie. *Essai* c.

COSMOLOGISTE ou **COSMOLOGUE.** s. m. Celui qui s'occupe de cosmologie.

COSMOPOLITE. s. m. (gr. κόσμος, monde; πολίτης, citoyen). Citoyen du monde. Se dit de celui qui fait profession de n'avoir point de patrie. *Un c. regarde l'univers comme sa patrie.* || Fam. et par ext., Celui qui est sans cesse à voyager et qui se plie aisément aux usages, aux mœurs d'un pays où il se trouve. *C'est un c.* — Adj., *Un esprit c. Une existence c.*

COSMOPOLITISME. s. m. Doctrine, opinion de celui qui se dit cosmopolite.

COSMORAMA. s. m. (gr. κόσμος; ὅραμα, vue). On appelle ainsi une sorte de spectacle optique des plus simples et des plus curieux. Une série de peintures à la gouache ou à l'aquarelle est disposée horizontalement autour d'une table semi-circulaire et réfléchie par des miroirs placés vis-à-vis, mais diagonalement. Le spectateur les regarde à travers une lentille convexe placée immédiatement en face de chaque miroir. Enfin, les tableaux sont éclairés par des lampes qui sont disposées de manière à ne pouvoir être réfléchies par les miroirs, et qui, par conséquent, ne peuvent être vues par le spectateur.

COSMOS. s. m. [Pr. *kos-moss*]. Mot grec, κόσμος, signifiant *monde* et employé quelquefois pour désigner l'ensemble de tout ce qui existe au physique et au moral. — Titre du beau livre d'Alexandre de Humboldt, qui constitue une description physique du monde et un magnifique tableau de l'ensemble des connaissances humaines sur l'univers au milieu du XIXe siècle.

COSMOSOPHIE. s. f. [Pr. *kosmo-sophie*] (gr. κόσμος, monde; σοφία, sagesse). Étude mystique de l'univers.

COSNE, ch.-l. d'arr. (Nièvre), à 59 kil. de Nevers, sur la Loire; 8,700 hab. Manufacture d'ancres; fonderie.

COSSAS. s. m. T. Comm. Toile de coton fabriquée aux Indes.

COSSE. s. f. Syn. vulgaire de *Gousse. C. de genêt.* — Se dit surtout de l'enveloppe de certains fruits, appelés communément *Légumes*, comme pois, fèves, lentilles, etc. *Pois sans c.* ou *Pois goulus*, Sorte de pois dont la c. est si tendre qu'on peut la manger. || T. Techn. Première couche d'une carrière d'ardoise. |' Morceaux de peau enlevés pendant le raturage et servant à faire de la colle. || T. Mar. Anneau en fer plat *pour* maintenir le cordage.

COSSÉ, maison noble d'Anjou, a donné à la France trois maréchaux, dont l'un, Cossé-Brissac, vendit Paris à Henri IV, en 1594.

COSSÉENS, anc. peuple de l'Élam.

COSSÉIR, port de la Haute-Égypte, sur la mer Rouge.

COSSÉ-LE-VIVIEN, ch.-l. de c. (Mayenne), arr. de Château-Gontier; 2,900 hab.

COSSER. v. n. Se dit des béliers qui se heurtent la tête les uns contre les autres.

COSSETTE. s. f. Rottillon de *racines de chicorée.* || T. Techn. Copeaux de betteraves découpées en lanières pour la nourriture des bestiaux ou l'industrie du sucre. Voy. Coupe-racines.

COSSO. s. m. T. Bot. Voy. Kousso.

COSSON. s. m. T. Entom. Nom vulgaire donné aux larves des Bruches qui vivent dans les fèves, les pois, etc. Voy. Curculionides. || T. Agric. Le nouveau sarment que donne la vigne après qu'on l'a taillée.

COSSU, UE. adj. Qui a une cosse fort développée. Se dit des pois, des fèves, etc. *Des fèves bien cossues.* || Fig. et pop., Riche, opulent. *C'est un homme c. Une maison fort cossue.* — Pop., on dit encore d'un homme qui dit des choses invraisemblables, *qu'il en conte de bien cossues.*

COSSUS. s. m. [Pr. *ko-suss*] (lat. *cossus*). T. Entom. Genre d'insectes lépidoptères. Voy. Nocturnes.

COSSYPHE. s. m. [Pr. *ko-sife*] (gr. κόσσυφος, merle). T. Entom. Genre de coléoptères. Voy. Taxicornes.

COSTAL, ALE. adj. (lat. *costa*, côte). T. Anat. Qui appartient aux côtes. *Vertèbres costales. Muscles costaux.*

COSTAR (Abbé), écrivain français né à Paris (1603-1660).

COSTA-RICA. L'une des cinq républiques de l'Amérique centrale, comprise entre la république de Nicaragua au nord et celle de Colombie au sud. Sa superficie est de 59,000 k. c. et sa population de 250,000 hab. environ.

L'océan Pacifique la limite au sud-ouest et la mer des Antilles au nord-est. La côte septentrionale est peu accidentée; celle de l'océan Pacifique offre au contraire des baies et des caps d'une réelle importance, notamment la presqu'île de Nicoya et le golfe du même nom, qui s'enfonce de 90 kilom. dans les terres. Le pays lui-même est montagneux et volcanique; quelques-uns des volcans, le Turialba, l'Irazu, sont encore en activité. Les plus hautes cimes atteignent 3,500 m.; mais l'altitude moyenne reste à 12 ou 1,500 mètres. Les rivières sont de véritables torrents, d'une étendue peu considérable; elles ne peuvent rendre aucun service à la navigation. Le climat varie suivant les altitudes; il est malsain sur les côtes, plus tempéré à l'intérieur. Là, le thermomètre monte rarement au-dessus de 30°; il ne descend pas au-dessous de + 11°. Les Européens supportent assez mal cette égalité trop grande de température. Les pluies sont fort abondantes; elles tombent au moins la moitié des jours de l'année.

Le Costa-Rica a été découvert par Christophe Colomb en 1502, et conquis par les Espagnols de 1561 à 1565. Les Indiens furent presque tous exterminés : les survivants se sont maintenus dans un district, celui de Talamanca, où ils demeurent encore à l'heure actuelle. Comme les autres possessions espagnoles de l'Amérique centrale, le Costa-Rica se souleva en 1821 et suivit d'abord les destinées du Mexique et autres États voisins. En 1838, il s'organisa en république indépendante. Depuis cette époque, les guerres civiles ont été fréquentes et la stabilité du pays ne paraît pas encore assurée.

Le Costa-Rica forme une république, dont la constitution plusieurs fois revisée, remonte à 1859. Le président de la République, élu pour quatre ans, n'est pas rééligible. La religion catholique est religion d'État.

Le Costa-Rica est divisé en 5 départements : San-José, Heredia, Alajuela, Cartago, Guanacaste et un territoire : Punta-Arenas. La capitale est San-José, ville de 20,000 habitants.

La flore du Costa-Rica est très riche; dans les forêts vierges on trouve en grande quantité les bois de construction, le caoutchouc, la vanille, etc. La principale culture est celle de la canne à sucre; il faut y joindre le café, le tabac; les plantes européennes, notamment le maïs, viennent dans les régions tempérées. Les mines d'or sont les seules exploitées. L'industrie est absolument nulle. Le commerce, assez considérable, se fait par les deux ports de Punta-Arenas sur le Pacifique et Limon sur l'Atlantique : il atteint de 6 à 7 millions en importation et autant en exportation. Les principaux articles d'exportation sont les cafés, les bananes, les bois et les peaux. Dans cette nomenclature, les cafés figurent pour 90 p. 100. — Les navires qui entrent chaque année à Punta-Arenas sont au nombre de 150 à 175, jaugeant 175,000 tonneaux; ceux qui abordent à Limon sont plus nombreux : 225 jaugeant 275,000 tonneaux. La plupart sont américains.

COSTE (Jehan), peintre célèbre du XIVe siècle, originaire

COSTA-RICA
Chemins de fer
Échelle.
0   50   100 Kil.

de Normandie. Il paraît avoir été le premier à employer l'huile pour la peinture. On croit que le portrait du roi Jean, au Louvre, est de lui.

COSTE, naturaliste français, célèbre par ses travaux sur la pisciculture (1807-1873).

COSTÉ, ÉE. adj. (lat. *costa*, côte). Qui est marqué de côtes.

COSTER, Hollandais, auquel ses compatriotes attribuent à tort l'invention de l'imprimerie (1370-1440).

COSTIÈRE. s. f. (lat. *costa*, côte). Rainure garnie de fer pratiquée dans le plancher de la scène d'un théâtre et destinée à faire glisser les portants.

COSTIFÈRE. adj. 2 g. (lat. *costa* côte; *fero*, je porte). Qui porte des côtes.

COSTO-. préf. (lat. *costa*, côte). En T. Anat., on emploie les adj. *Costo-claviculaire, Costo-pubien, Costo-scapulaire, Costo-sternal, Costo-vertébral*, etc. pour désigner certains muscles ou ligaments qui s'attachent, d'une part, aux côtes, ou à l'une des côtes et de l'autre à la clavicule du pubis, etc.

COSTULE. s. f. (lat. *costula*, dimin. de *costa*, côte). T. Zool. Petite côte. || Stries qui se voient à la surface de certaines coquilles.

COSTUME. s. m. (ital., *costume*, usage, habillement, du lat. *consuetudo*, coutume). La manière de se vêtir. *Le c. français.* || L'habillement lui-même. Dans ce sens, il se dit : 1° en parlant des habits dont on se sert au théâtre ou pour se déguiser dans un bal, etc. *C. de théâtre, de bal. Louer un c.;* — 2° en parlant de l'habillement officiel des personnes revêtues d'une dignité ou exerçant une fonction particulière. *Le c. de préfet. Être en grand c. C. de ville.* || T. Peinture. Se dit de la forme particulière que présentent chez un peuple, à une époque donnée, les habillements, les armes, les meubles, les édifices, etc. *Garder, observer, négliger le c. Pécher contre le c.* Est encore usité en parlant de la physionomie morale d'un peuple, de ses usages, de ses croyances, etc. *C'est la fidélité du c. qui fait le mérite des romans de Walter Scott.*

Législ. — Toute personne qui porte publiquement un c. auquel elle n'a pas droit, un uniforme militaire, un c. ecclésiastique, par ex., encourt un emprisonnement de six mois à deux ans. La loi réprime, en outre, d'une façon très sévère, les vols ou arrestations illégales qui ont été opérés à l'aide de faux costumes (art. 344, 381, 384 du C. pénal).

Hist. — « Il faut estimer les hommes plus pour ce qu'ils veulent être que pour ce qu'ils sont. » Cette pensée de Condorcet est la clef du c. envisagé, bien entendu, au seul point de vue de l'enveloppe humaine. Car le mot fut employé à bien d'autres définitions. Ce terme vague, conventionnel, qui nous vient de l'italien *costume*, dont nous avons fait *coutume*, et qui se relie au mot latin *consuetudo*, qu'une déformation populaire aura amené à *consuetumen* dont on a fait *coutume*, prétendit définir ce qui est soumis aux mœurs, les temps, le génie, les lois, les goûts, les richesses, le caractère et les habitudes d'un pays. Ce mot, la *coutume*, pouvait tout embrasser : l'art de se meubler, de se conduire, de se défendre, etc.

Mais peu à peu, de fil en aiguille (ce serait l'expression juste en ce cas), costume n'a plus signifié que le vêtement (s'habiller selon la coutume).

Le c. dit les mœurs, les nécessités, le goût, les fantaisies des races qu'il a revêtues ou décorées. Que ne dit-il pas ? Il ment souvent, témoin le proverbe : « L'habit ne fait pas le moine! » Mais l'être qui le porte veut paraître moins, tout est là ! Les hommes veulent paraître; voilà donc la raison du c., le c. étant un artifice qui peut parer n'importe qui d'une apparence fictive.

Le plus grand et le plus ancien des instincts de la race humaine, après l'instinct initial et animal de la conservation, c'est l'*orgueil*, son complément logique et intellectuel. Toutes les genèses et les mythologies relatent ce germe d'où naquirent toutes les gloires et tous les malheurs de l'humanité. C'est à ce sentiment que l'homme doit sa splendeur et sa décadence. C'est lui qui a créé, après le besoin de vivre, le désir plus vif encore de *paraître*. Donc, *être, paraître*, toute l'histoire

du c. est emprisonnée dans ces deux termes. C'est l'amour de paraître qui a fait trouver à l'homme l'éclat somptueux des vêtements pour dominer pendant sa vie, et la splendeur triomphale de ses tombeaux pour en imposer encore après sa mort ! Il ne faut que contempler les gigantesques pyramides pour comprendre l'intensité du désir de se survivre dans une formidable majesté qu'eurent les Pharaons, les Rhamsès, sans parler des montagnes fouillées de cryptes monstrueuses, tombeaux des anciens rois indiens.

Les artistes de tous temps ont plutôt interprété que copié les costumes et les formes mêmes des êtres qu'ils reproduisaient, toujours par ce même esprit d'exaltation. On voulut toujours trouver le dieu dans l'homme. Les statues, les icônes égyptiens, assyriens, grecs, chinois, hindous, sont des représentations magnifiées du sujet traité et augmenté jusqu'au rêve.

Il y aurait un long article philosophique à écrire là-dessus, mais il nous faut arriver vite à la description du c. à travers les âges. Comme attestation sûre des mœurs, du génie, du caractère général de la race humaine, trois types de costumes sont à analyser dans leurs diverses variations; ce sont les costumes égyptiens, grecs-romains, gaulois, ou pour mieux préciser, égyptiens-assyriens, qui comprennent : Égypte, Phénicie, Perse, Médie, Judée, Asie Mineure; — gréco-latins qui enveloppent : Grecs, Pélasges, Étrusques, Romains, Byzantins ; — gaulois qui renferment : Gaulois, Gallo-Romains, Germains, Francs, Visigoths, Ostrogoths, etc.; — et l'Europe occidentale depuis la conquête de César jusqu'à nos jours.

1. PRIMITIFS. — Premier besoin : se défendre contre la dure Mère! Se couvrir contre le vent, l'orage, les intempéries des saisons. Le premier c. indiqué naïvement par la *Genèse* est la ceinture en feuilles de figuier, voilà à la pudeur pécheresse. Mais à l'époque où la *Genèse* fut écrite, la civilisation humaine était déjà très avancée. La coquetterie n'a pas été étrangère à l'invention même du vêtement : il importait de voiler les défauts que l'âge apporte à la beauté du corps. D'autre part le tatouage apparaît chez les races primitives comme une sorte de première parure. L'idée en vint probablement des taches laissées sur le corps par les fleurs ou les feuilles colorantes qui avaient servi à se vêtir. Le hasard aura tracé l'indication, l'imagination l'aura développée. Et, alors, ce dut être une orgie de dessins. Les primitifs qui nous restent encore parmi les races sauvages nous en donnent une idée suffisante. Les peuples découverts à chaque excursion dans l'Afrique centrale, etc., nous retracent une sûre image de la primitive création.

Et tout de suite le besoin du superflu domina celui du nécessaire; avant de préparer des peaux de bêtes pour se couvrir, on se sert des outils grossiers que l'invention rudimentaire a pu créer pour sculpter des os, des pierres, du bois, et en tirer des pendeloques, des boucles, des objets divers, bruissant et brillant sur le corps.

Les os sculptés que l'on retrouve encore sont percés de trous, ce qui prouve qu'ils furent enfilés en colliers, arrangés en pendants d'oreilles.

Voici le primitif de toutes les races ou à peu près :

Cheveux longs ornés de plumes brillantes, avec dans les parties basses d'une écorce ou de feuillages, peau colorée par la sue des plantes en dessins brillants, naïfs, imitant des objets naturels. Le visage très travaillé : sourcils teints, yeux rougis, dents noircies par les fleurs; tout ce qui peut donner l'aspect de la force : en un mot, la tendance à la domination.

Les anciens Égyptiens nous ont conservé quelques types des races primitives dans leurs fresques peintes sur les murs des hypogées de la vallée dite de Bibau-el-Moluc.

Fig. 1.

Les peuples issus des migrations asiatiques déversées sur le continent, conduits par le pasteur Horus (*le soleil*), sont représentés avec leur type bien délimité. Il y a un Égyptien, un Nègre, un Asiatique et un Gaulois, la race des Tam-hou, en tous cas, type primitif de la race européenne. Quichera le dépeint ainsi : « C'est le Celte primitif à la peau blanche et aux yeux bleus. Sa chevelure est tirée du front sur la nuque; elle est enfermée dans une sorte de sachet sur lequel sont cousus des rangs de perles ou de petites coquilles ou de grains végétaux. Deux nattes soigneusement tressées sortent de cette enveloppe à la hauteur des tempes et descendent le long des joues. La couleur des cheveux est tantôt blonde, tantôt rouge. L'ornement de la tête est complété par deux plumes couchées en sens inverse sur le sommet du crâne. Pour tout vêtement, le Tam-hou porte un manteau attaché sur l'épaule, c'est peut-être une peau de bœuf; on voit indiquées encore les masses de poils. Cette peau est percée d'un trou par où passe le bras droit. Sous ce manteau se montre une ceinture formée de plusieurs cordelettes. Le buste et les membres sont tatoués » (Fig. 1).

II ÉGYPTIENS, ASSYRIENS, PERSES, MÈDES, HÉBREUX. — *Egyptiens.* — Maigres, nerveux, chair brun foncé, bras et jambes longs, pieds plats des grands marcheurs, épaules larges et carrées, voilà les Égyptiens dans leur structure générale. Leur vêtement coutumier, national, on pourrait dire, fut le simple tablier : un rectangle de coton ou de cuir attaché autour du ventre; les riches en attachaient deux. Dans les statues et les peintures murales on voit surtout le deuxième tablier de derrière passant par devant et croisé de façon à laisser voir le premier. Ce c. était aussi le c. royal. On porta aussi un mantelet noué sur la poitrine et renvoyé en ailes sur les bras. (Fig. 2). Ce c. était fort élégant; puis on eut le jupon ou plutôt une longue pièce d'étoffe attachée à la ceinture et tombant jusqu'aux pieds, malgré l'ancien tablier porté en double toujours. On porta aussi un long tablier attaché sous le genou et ressemblant à un pantalon ouvert. Le populaire porta une espèce de veste sans manches, c'est-à-dire, toujours une pièce d'étoffe attachée avec art autour du corps et épousant sa forme presque comme un maillot. Les gens riches avaient une grande variété.

Fig. 2.

Fig. 3.

Ils avaient la veste fermée au moyen d'un tablier; puis ce fut une longue robe avec demi-manches admirablement tissée. Les Égyptiens excellaient à draper les étoffes autour d'eux et à leur donner des formes simples et si pures qui faisaient toujours voir la forme sculpturale sous les plis.

La *kalasiris* fut le vêtement des femmes; c'était une robe longue qui fut plus tard portée par les hommes. Elle couvrait le corps, parfois du cou, parfois de la mi-poitrine, parfois de la ceinture jusqu'aux pieds. Très souple, bien tissée, élastique, elle ne gênait pas les mouvements quoique étreignant le corps (Fig. 3). L'étoffe avait deux fois la longueur de l'individu avec un trou pour la tête; elle était pliée en deux pour laisser passer les bras; manches courtes, étroites, souvent aussi longues et larges. Une autre *kalasiris* était courte et se portait avec des bretelles. Les pauvres portaient une demi-kalasiris. Pour le deuil on mettait une robe tombante nouée par-dessus la poitrine nue. Après l'invasion asiatique, la mode découvrit plus les Égyptiennes nobles; des étoffes transparentes couvraient leur beau corps. Les courtisanes, les actrices allaient nues dans les fêtes, mais, constellées de riches parures; les servantes de grande maison aussi. Tout s'efféminna : les hommes de haute naissance portaient la kalasiris transparente simple et double avec un long tablier par derrière. Un fragment du vêtement bien typique dans l'Égyptien, c'est le col, c'est le complément de tout c. Il était tissé avec mille dessins de toutes couleurs ou brodé de perles ou de coquillages. Une simple collerette plate et ronde empesée; au-dessous on mit une autre pièce rectangulaire faisant col aussi, mais rejetée sur les bras ou attachée de diverses façons. Le bonnet porté par le roi et les grands était ainsi formé : on pliait un fichu rayé en triangle, avec un ruban, une torsade, n'importe, on le plaçait au-dessus du front, ou tordait les deux bouts du fichu en une tresse et on l'entortillait avec les bouts du ruban passé autour du front.

Assyriens. — Oints, parfumés, bruns, grands, avec l'aspect d'idoles, drapés d'étoffes soyeuses bordées d'une multiplicité de glands, de franges; les sourcils allongés avec des pinceaux, la barbe tressée et fixée en petites boucles à tuyaux ou en nattes, frisée sur la lèvre, le long des joues; les cheveux

Fig. 4.　　　　　Fig. 5.

séparés par une raie et tombant derrière les oreilles en boucles noires criblées de poudre d'or; voilà les Assyriens. Efféminés, voluptueux, ils rêvent l'aspect de la robustesse, de la domination. Ils veulent l'apparence divine. Ils sont criblés de couleurs violentes. Le roi porte le manteau richement ornementé de franges et tissé de figures symboliques (Fig. 4). Les prêtres portent des masques d'animaux sacrés et aussi les images de leurs dieux sous forme d'animaux. A peine reconnaît-on les femmes, tant leur costume ressemble à celui des hommes. Les soldats ont le front ceint du casque conique très haut, orné de crins de cheval coupés en brosse, armés du bouclier à hauteur d'homme, en clayonnement recouvert de plaques de métal ou de cuir, assez grand pour protéger deux hommes revêtus d'un habit d'écailles formant armure entière (Fig. 5). Écharpes, ceintures, anneaux de bras, les jambes cerclées d'airain; en main, le javelot ou l'arc serré dans son étui; le javelot a une crosse pour rendre le jet plus violent. Les cavaliers montent sans étriers, sans éperons et sans selle. L'étendard de guerre brille entre les armes : c'est un cercle ou un bouclier orné de franges et de figures symboliques.

Phéniciens, Hébreux. — Les riches Phéniciens avaient pour costume de belles robes de pourpre. Hommes et femmes portaient un même genre de vêtement composé d'un tablier, d'un jupon et d'un grand col ou camail. Les princes portaient des vêtements entiers de pourpre. La coiffure était une calotte retenue par des rubans. Le c. guerrier des Phéniciens était une cuirasse de toile renforcée de cercles de cuir et un tablier couvert de lanières de cuir dans la forme du tablier égyptien : bras et jambes nus, la tête couverte d'une calotte où brillaient les emblèmes d'Astarté, la déesse martiale des Philistins; le croissant, les plumes. Comme tisseurs, teinturiers, forgerons, constructeurs, les Phéniciens furent les maîtres.

Des peuples nomades de l'Asie occidentale, les Aamu, les Retennuu, sont sans doute sortis les Hébreux; ces peuples étaient pasteurs, patriarches, prêtres, prophètes et conquérants. Leur primitif c. fut un simple tablier de couleurs brillantes et une couverture ; après, une étoffe en sautoir leur couvrit une partie du corps, puis la couverture les enveloppa comme d'un grand manteau. Dans quelques contrées vers le nord, cette couverture s'enroula autour de leur corps comme un vêtement assyrien ; un col en forme de cercle, avec un trou pour la tête, s'appliquait sur leurs épaules. Après l'exode d'Égypte, les Hébreux rapportèrent la kalasiris et le tablier d'homme. En voyage, ils portèrent un mantelet qui se drapait autour

Fig. 6.   Fig. 7.

d'eux comme le *himation* des Grecs. Après, ils portèrent la tunique avec glands en bordure du bas et sur elle tunique le *caftan* composé de deux parties, fermé des côtés, ouvert dans sa longueur, et clos par une cordelière ou un cercle de métal. L'*éphod* était l'habit des épaules, fait de deux couvertures plus larges que le corps, celle de devant rabattue sur le haut de la poitrine au moyen d'une longue écharpe. La figure 6 montre le costume d'un grand prêtre. Le luxe des femmes juives fut effréné après Salomon. Une chemise blanche à vastes manches couvrait leur corps, recouverte de deux robes de couleur, plus longues, plus plissées, avec de vastes manches tombantes. Pour sortir, les femmes s'enveloppaient d'un voile attaché sous le menton. Il fallut une loi pour les empêcher de porter des anneaux dans le nez. Elles étaient couvertes de bijoux : bracelets, boucles d'oreilles, colliers, etc. Autour d'elles flottaient de riches écharpes frangées (Fig. 7.)

III. Gréco-latins. — Grecs. — Nous sommes en présence du peuple divin, inspiré, qui eut au plus haut point le sentiment de la beauté en tous les arts ; architecture, poésie, peinture, sculpture ; la pureté, le charme et la grandeur des lignes. Aussi son costume révèle-t-il en tout son goût exquis, puissant et simple. Partout, il vise à fixer l'admiration il ne tend point à terroriser, il ne se hérisse point d'armes, de signes d'épouvante et de force. Toujours il revêt la grâce et la majesté des dieux de son Olympe qu'il a créés à son image.

Le costume le plus fréquent des Grecs est la tunique avec ou sans manches, très large et d'une étoffe souple qui se drape gracieusement. C'est une espèce de blouse bordée de denticules, d'astragales, de palmettes, d'ornements divers. Cette blouse est relevée par une ou deux ceintures, le *zona*, la ceinture des reins, le *strophion*, au-dessous des pectoraux. Sur cette tunique s'agrafe le *chlamyde* léger manteau couvrant l'épaule gauche et pendant à droite. Ce manteau était surtout propre aux guerriers. — La *chlæne* était aussi un manteau qui se mettait sur la tunique. On pouvait la plier et la jeter derrière le dos entièrement, laissant les bras libres Les Grecs ne portaient pas la culotte, c'est-à-dire ce haut-de-chausses que les Latins nommaient *femoralia* ; les acteurs grecs pourtant laçaient leurs cuisses, par décence, sous un vêtement semblable.

Les riches jeunes hommes d'Athènes, cheveux bouclés, relevés en corymbes, ornés de cigales d'or, affectent la parure et la coiffure des femmes ; ils portent la *podera*, robe longue tombant jusqu'aux pieds, la robe bigarrée, dite le *catasticos*,

l'*impilia*, la chaussure de feutre montant à mi-jambes ; le chapeau thessalien suspendu dans le dos ou le bandeau, le cercle d'or pour tenir et orner leur belle chevelure. Les riches guerriers portaient de riches jambières d'airain, magnifiquement ciselées, les *knémides*. Homère dit : « Achille aux belles knémides. » Les Spartiates portaient une tunique rouge au combat, et une simple tunique de laine, d'aspect pauvre, pour affecter la simplicité ou autre temps. Les stoïciens, les cyniques, allaient la tête rasée, les soldats portaient les cheveux longs ; les esclaves, les cheveux ébouriffés et courts.

Le costume des soldats grecs est très connu par les bas-reliefs, les statues, les peintures, etc. C'est la cuirasse appliquée sur la tunique légère, avec le casque à plusieurs cimiers et à haute crinière flottante, et les knémides d'airain lacées sur une jambière couvrant le tibia (Fig. 8.)

Les femmes grecques avaient un grand amour de leurs cheveux. C'était un signe de deuil que les arracher, les couper. Elles avaient aussi connaissance des dents artificielles, montées et placées avec art. Elles prenaient grand soin de leurs vraies dents, les lavaient et les blanchissaient avec de
la pierre ponce broyée dans de
l'urine d'enfant ; elles étaient
aussi attentives pour leurs

Fig. 8.   Fig. 9.

mains et leurs ongles, qu'elles polissaient, coloraient et faisaient briller. Leurs pendants d'oreilles étaient nombreux : elles avaient des colliers de sequins ou drachmes, de cigales d'or, suspendus à des anneaux mobiles. Elles avaient des anneaux de jambes et de bras à nus.

Elles portaient des tuniques de toutes sortes en forme de blouses, relevés en poufs par des ceintures (Fig. 9). Sophocle dit : La jeune Hermione a une tunique qui ne la couvre pas entièrement, mais qui en s'ouvrant laisse sa cuisse à nu. Le *zomé* était une robe à franges pour les femmes âgées ; la *symétrie*, une longue tunique, bordée de pourpre ; la *podera*, une tunique de lin ; le *chiton*, une simple tunique de lin ou de laine, la *castula*, une jupe qui prenait au-dessous du sein.

La *palla* était une grande tunique tombant aux pieds : un grand rectangle d'étoffe dont la partie du haut était repliée ; on s'en enveloppait en reliant le devant à l'arrière sur les deux épaules par des broches ou *fibules*. La palla fut longtemps confondue avec le *pallium* sous le nom commun de *peplon*. La palla, agrafée sur l'épaule droite et gauche, laisse les bras à nus. Les *pallulæ* s'arrêtaient à la hauteur de la ceinture. La *chlæne*, de petite dimension, fut le principal manteau des femmes ; c'est un morceau carré d'étoffe chaude, attaché aussi sur les épaules, aux quatre coins ; on mettait une olive en métal, pour faire choir les plis avec grâce. La *tunica talaris* était commune aux deux sexes. De lin, elle se roulait avec ceinture, manches larges et longues flottant autour des bras ; elle tombait jusqu'aux pieds.

Le *pharos* est un léger manteau riche, de couleurs brillantes, très brodé. Les femmes grecques portaient souvent le manteau de leurs maris. Les ceintures se portaient sur la peau et sur les vêtements.

La *zona* était la ceinture du ventre, l'*anamaskhalister*, une sorte de bande qu'on mettait sous les aisselles, passait par-dessus l'épaule. Le *strophion*, bandeau mamillaire, était la ceinture qui soutenait les seins, c'était un filet souple et riche, en cordons d'or (*mamellis auratis*), dit Juvénal, parfois ce tissu était incrusté de bijoux et pierreries. Le sein était la plus grande beauté de la femme. Tout dans sa parure tend à le faire valoir.

La chaussure fut l'objet de compositions et raffinements infinis qu'il est impossible de décrire. Voy. CHAUSSURE.

Le parasol, qui est un signe de grandeur et de distinction, en Orient, fut très porté par les dames grecques. Elles connaissaient aussi les buses, les baleines dans les vêtements pour redresser la taille; elles portaient de faux appas devant, derrière. La pourpre avait chez les Grecs et les Romains un caractère sacré. Tout le monde n'y pouvait avoir droit. Il y avait deux espèces de pourpre : la marine et la végétale; la marine, la plus estimée, était d'un rouge violet, la seconde était écarlate. La *purpura pelagia* était la plus belle pourpre marine.

Romains. — Il y a plus d'une analogie entre le costume des vieux Étrusques et celui des primitifs Grecs (les Pélasges) : le manteau drapé sur le corps à nu, les sandales à courroies, les cheveux flottants et la barbe drue et longue. Solides, d'aspect rude et sévère, le front carré, les mâchoires larges, c'est le type général de la race.

Le vêtement national du vieux Romain est la *toge* enroulée autour du corps. C'est un vêtement dans la forme du pallium. Tous les citoyens le portaient d'abord sur le corps à nu, ensuite sur une espèce de blouse à manches courtes ou sans manches. Chez les Étrusques, il était bordé d'une bande rouge appelée *clavus*. Cette bande ornera plus tard la toge des sénateurs, des magistrats et même des riches citoyens et deviendra le laticlave, portée par les empereurs, l'*augusticlave*.

La toge était l'apanage du citoyen romain, son signe distinctif et honorable. Le citoyen banni n'avait plus le droit de la porter, les esclaves, à moins d'être nés sur le sol de Rome, non plus; on la permit seulement aux affranchis. Dans le peuple on la mettait pour sortir aux jours de fête. Au travail,

Fig. 10.   Fig. 11.

l'artisan la quittait et ne portait que la tunique courte, souvent même il ne gardait que le *subligaculum*, espèce de caleçon qui couvrait la cuisse en partie. L'*exomide* était une petite tunique étroite, sans manches. D'abord assez courte, la toge avec le temps devint immense; ce fut une grande rotonde faisant presque double tour sur le corps et drapée selon des lois absolues. Les élégants en faisaient ajuster les plis d'avance par leurs serviteurs, de façon à n'avoir qu'à la passer comme un habit. Cette préparation était un long travail; on fixait les plis avec des règles plates et des fers, on les gaufrait pour qu'ils soient bien en tuyaux, on disposait le *sinus*, le *double sinus*, pour soutenir le bras; le *balteus* devait s'arrondir aisément sur la poitrine; on laissait une partie libre, le *relatus*, pour se couvrir la tête. Certains jeunes patriciens attiraient les regards des foules par leur façon de draper leur toge. Ce fut un succès de Jules César. (Fig. 10, 11.) — Les femmes s'inspirèrent souvent des modes

grecques pour leurs vêtements, leurs coiffures et leurs chaussures; mais leur costume national était la *stola* (Fig. 12) : robe traînante grâce à l'*instita*, pièce d'étoffe qu'elles y ajoutaient. La stola était une tunique à longues manches serrées au bras par des agrafes, fixée au corps par deux ceintures, une sous le sein, l'autre sous les hanches et laissant voir entre eux deux nombre de plis irréguliers. Elles portaient

Fig. 12.   Fig. 13.

aussi la *palla*, long vêtement plus sévère que la palla grecque, c'était en somme une couverture drapée.

Les soldats romains portaient la tunique courte, d'étoffe rude, la cuirasse de cuir avec plaques d'airain, des lanières pendaient à la cuirasse; la *chlamyde*, petit manteau de combat, le glaive court, le bouclier, la pique, le casque à nasal, à oreillettes, avec ou sans cimier. Les légions prétoriennes avaient des cuirasses moulées sur le corps avec bandelettes et frangées (Fig. 13.)

IV. GAULOIS, GERMAINS. — *Gaulois.* — Voici la race brave, la race dont l'orgueilleuse témérité étonna l'univers dès son apparition. Leur costume fut typique dès l'origine. Ils portaient le pantalon large. — Les Romains disent « La Gaule culottée, *Gallia braccata* ». Voy. BRAIE.

L'habit descendait jusqu'aux genoux avec ou sans manches, une seule tunique serrée sur la poitrine, serrée d'une ceinture, un manteau en demi-cercle : deux parties d'étoffe réunies par une couture sur les épaules. Les Gaulois eurent le goût des étoffes rayées, quadrillées, tissées de paillettes et de fils d'or; le goût des parures, ils s'en couvrirent : cercles d'or massifs, bracelets, anneaux de jambes, agrafes, plaques de ceintures, broches, etc. La tête toujours nue était inondée d'une crinière fauve, nouée de diverses façons sur la tête; en étirant les cheveux en arrière ils en firent, selon les climats et les époques, des tresses, des *torques*, des aigrettes flottantes.

La confection des étoffes fut rapidement un art très développé chez les Gaulois. Leur intelligence étonnante s'appliqua du reste à tous les arts et à toutes les industries, auxquels elle donna une vie nouvelle et une impulsion inconnue. Pour les étoffes, ils croisèrent les fils, mêlaient les couleurs, créèrent les dispositions les plus variées en s'inspirant pour leurs dessins du tatouage primitif, car il n'est pas besoin de répéter que toutes les races primitives se tatouèrent, se peignirent le corps, les Gaulois mieux et plus que tout autre peuple. Cette coutume s'est du reste conservée longtemps chez les tribus gauloises, moins civilisées, qui habitaient l'Écosse, les *Calédoniens* que les Romains appelèrent les Peints, *Picti*.

Longtemps encore dans sa civilisation ce peuple garda ce goût. Il dessinait en certaines parties de son corps les plus en vue, les bras, les épaules, le sein, des fleurs, des symboles, des lettres avec divers pastels. En tout temps, les Gaulois eurent un soin extrême de leur chevelure, ils la teignaient avec une pâte faite de cendres de hêtre et de la graisse de chèvre, ce qui lui donnait un rouge ardent. Ils la serraient avec un cercle d'or ou de simples cordons.

Le grand prêtre, druide, avait une robe blanche de dessous,

traînante, avec manches étroites, une ceinture de cuivre plaquée d'or autour des reins, un vêtement très ample pardessus, rattaché sur une épaule. Tout en toile pure. Comme insignes : la *Pentofta*, étoile à cinq rayons, le sceptre la faucille d'or, une fraîche couronne de feuilles de chêne, une calotte blanche avec gland de laine et nœud de rubans. Tous les prêtres portaient les cheveux courts et la barbe visage.

Leurs tuniques étaient épaisses ou légères selon les saisons.

En somme voici le détail de leur costume en général :

1° Le *sagum* ou *sagulum*, saie ou suyon, manteau carré de laine orné de dessins, de bigarrures fournies et retenues par des fibules ;

2° La tunique fendue, espèce de blouse avec ou sans manches, fendue ou le devant, ceinture ;

3° Braies (*braccæ*) pantalon étroit tenu par une ceinture passant par des attaches disposées *ad hoc* autour du haut des braies ;

4° Souliers de cuir (*gallicæ*, dont on a fait *galoches*. (Fig. 14.)

Les femmes gauloises portaient une robe allant des hanches aux pieds, un manteau, et sur le corps nu un col qu'elles rattachaient à la robe en le passant entre les seins (Fig. 15). Elles tressaient leurs cheveux en deux longues nattes. Certaines tribus avaient une robe tom-

Fig. 14.   Fig. 15.

bant du cou aux pieds, sans manches, avec ceinture, un vaste manteau agrafé au cou.

Germains. — Aux temps reculés, les Germains allaient nus jusqu'à l'âge de puberté, ensuite ils se couvraient d'une enveloppe de peau ou de laine, c'était une couverture ou deux morceaux réunis sur les épaules par des épines, des agrafes d'airain ou une couture, attachés par une corde autour des reins. Le pantalon tenu avec des lanières.

Les riches portent des peaux de bêtes fauves et y ajoutent des fourrures d'animaux sauvages. Les femmes sont habillées comme les hommes ; de plus elles se couvrent de manteaux de lin enrichis de pourpre et leurs vêtements laissent leur sein, leurs bras et leurs épaules nus.

Gallo-Romains. — Après la conquête, les Gaulois s'assimilèrent vite le c. romain, qu'ils revêtirent à leur façon et adaptèrent, arrangèrent selon leur goût et selon le climat et commença dans notre pays dès cette époque ses rapides variations. Ils portèrent la *toge*, la *caracalla* courte et dégagée faite de plusieurs bandes d'étoffe cousues ensemble, la *lacerne* ou *pénula* (d'origine carthaginoise), qui était ample sarrau à capuchon sans manches (*vestimenta clausa*). Les mains sortaient de la lacerne par des fentes sur les côtés. Les gens de la campagne portèrent de longs capuchons poilus dits *cucullus* ou *bardocucullus*, sur une espèce de cape ou manteau de voyage large appelé *amphiballus* (ἀμφί autour, βάλλω, je jette). Le pallium carré, attaché sur l'épaule gauche.

Vêtements de dessous : deux tuniques superposées avec ou sans ceinture, avec ou sans manches, d'étoffes blanches ou

colorées, ornées de clavées, ou bandes rouges comme la toge ou de calicules, parangandes, espèces de découpures variées appliquées sur l'étoffe. Les femmes gardèrent la stola, la palla, le pallium. On porta aussi l'hiver la *bigera*, vêtement roux à longs poils hérissés. On se servit de l'*orarium*, ou *sudarium*, espèce de cravate ou bandoulière de lin blanc qu'on plaçait sur la tunique pour s'essuyer le visage. Le sudarium se portait à la main.

Goths. — Les Germains gardent leurs costumes et ne le modifient que très lentement. Avec le IVe siècle et les grandes invasions, reparaissent les sauvages costumes primitifs, amalgame de toutes les races confondues, haillons et peaux de bêtes attachés avec des fragments d'oripeaux pillés dans les sacs ; accoutrements bizarres, étincelants et miséreux ; armes, ceintures richement ornées de pierreries, torques d'or massif, casques luisants avec des ailes d'oiseaux de proie, bonnets d'ours, et haillons tordus autour des jambes avec des lanières, chaussures de poils et dans les rangs des armures merveilleuses en cuivre rouge.

Chez les Goths, la dentelure partout, au col, aux manches, à la bordure du suyon ou de la tunique est le trait caractéristique du costume. Ce goût des vêtements dentelés reparaîtra avec variante au XIVe siècle, en France. On portait deux habits l'un sur l'autre, une tunique avec ceinture et une sorte de redingote, vêtement ouvert avec boutons du haut en bas, descendant à peine aux genoux. Cheveux et barbe intacts. Les femmes avaient une sorte d'arrangement de tunique forme grecque primitive, des tuniques plissées avec plusieurs ceintures laissant voir l'épaule ou le sein, étoffes blanches avec bandes rouges, jupes de dessous roses.

Les hommes portaient aussi des manteaux appelés *rhénones*, faits de peaux cousues ornées de bandes de couleur. Jambes nues, souliers de peau.

V. LE COSTUME EN FRANCE. — *Mérovingiens.* — Les Francs envahissant la Gaule avec leurs costumes primitifs, Sidoine Apollinaire les peints d'un mot : « Les Francs de Clodion sont des « monstres ».

Les soldats mérovingiens avaient une sorte de froc de cuir sur la tête et les épaules, garni de petites plaques de fer avec des fentes pour les bras, casques coniques avec nasal de fer, bouclier très grand en forme de cerf-volant. Les cavaliers avaient ce froc de cuir qui couvrait le devant des cuisses, veste à écailles avec manches sans jambières qu'on appela le *haubert*, comme éperon, une épine sans rondelle, seulement au talon gauche.

Mais bientôt les manteaux appelés rhénones, parce qu'ils étaient confectionnés sur les bords du Rhin, deviennent luxueux et se couvrent de bandes éclatantes, de bordures, d'ornements (Fig. 16). Les femmes avaient la poitrine et les bras découverts. Des lois sévères les protégeaient contre les attouchements des hommes. Les bracelets se portaient au bras droit (*dextrale, dextrocherium*), ils étaient garnis de pierreries. Les hommes en portaient. On avait un joli collier en imitation d'écailles appelé *murène*, à cause que ce poisson se plie en cercle sitôt pris. Clovis offre des bracelets en cuivre doré aux leudes de Ragnacaire.

Fig. 16.

Confusion, mélange de races, de civilisations, alliances, unions, mariages. C'est un chaos de mœurs, de coutumes, d'accoutrements : Goths, Germains, Gaulois, Francs, Burgondes, Romains. Richesse et barbarie, pourpre, pierreries, manteaux de soie somptueux, coudoyant les haillons de peaux de bête. Bertrand, évêque, s'habille en consul romain, avec laticlave, chlamyde, se promène sur un char à quatre chevaux, escorté de ses clients comme d'une légion prétorienne. Saint Éloi, le bon saint Éloi, se couvre de vêtements magnifiques, malgré lui, dit saint Ouen, mais parce que l'étiquette l'exigeait. Les habits de dessous étaient de lin très fin, enrichis de clinquant, de broderies, de perles. L'habit entier n'était qu'un tissu d'or et de broderies. Le bon·roi Dagobert n'aurait jamais pu mettre cet habit à l'envers sans s'écorcher la peau. Les robes étaient en soie. A cette époque on ne parle que d'étoffes de soie. Le trait caractéristique de ce temps est la pompe jusqu'à l'éblouissement et la simplicité jusqu'à la sauvagerie primitive. Antithèse absolue! Pourpre et peau! Cheveux bouclés et parfumés et crinières puantes de beurre rance. Splendeur orientale des idoles et farouche pauvreté des cavernes. Le luxe d'une assemblée de femmes éblouit comme un vitrail criblé de soleil. Costume des femmes : tunique de dessous, chemise en lin exquis, tuniques (il y en avait plusieurs) de dessus, décorées de caligules, de claves, de segments, de denticules de toutes formes, portées autour (Fig. 17.) L'ancien pallium, mais roidi de clinquant, drapé à la mode byzantine avec une large bande criblée de perles d'orfèvrerie, passant sur les épaules et retombant par devant, les manches terminées par des bracelets très riches : les chaussures, soit de formes barbares ou romaines, sont couvertes de perles.

Fig. 17.

Les rois mérovingiens (Criniti) tressaient en deux fortes nattes leurs cheveux. Les cheveux jouent un grand rôle politique, ils sont l'attribut principal de la royauté, la marque des hommes libres, le signe de la dignité, de la force, de la liberté, ils sont placés sous la garde de la loi. Un attentat sur eux entraînait des peines sévères.

Carolingiens. — Francs de Charlemagne, vous nous apparaissez, d'après le témoignage contemporain du célèbre moine de Saint-Gall : brodequins dorés par dehors, arrangés avec des courroies longues de trois coudées, des bandelettes de plusieurs morceaux, qui couvraient les jambes; par-dessous, des chaussettes ou hauts-de-chausses de lin, d'une même couleur, mais d'un travail précieux et varié; par-dessus ces dernières et les bandelettes, de très longues courroies étaient serrées en dedans en forme de croix tant par devant que par derrière; enfin, venait une chemise de toile très fine; de plus un baudrier soutenait une épée. Le vêtement que les Francs mettaient en dernier par-dessus tous les autres, était un manteau blanc ou bleu saphir, à quatre coins, double et tellement taillé que lorsqu'on le mettait sur les épaules, il tombait par devant et par derrière jusqu'aux pieds, tandis qu'il venait à peine aux genoux sur les côtés. A cette période, le c. des femmes se compose de deux tuniques; celle de dessous plus étroite et plus longue avait les manches serrées, plissées au poignet; celle de dessus n'avait les manches qu'au coude. Des bandes de couleurs variées décoraient les hauts et les bas de ces tuniques; une ceinture aux hanches, un voile brodé sur la tête, enve-

Fig. 18.

loppant les épaules, cachant la chevelure et tombant jusqu'à terre. Souliers pointus, mode singulière qui fera fureur quelques siècles plus tard. Ce costume, malgré sa richesse et son élégance, a l'aspect austère des vêtements religieux. Plus de chair visible, plus de plis dessinant les formes à la grecque. M. Louandre dit que le christianisme a enveloppé les femmes dans sa pudeur (Fig. 18). Le luxe est néan-

moins très grand, l'or reluit partout, la soie est à profusion. Les fourrures les plus rares, les plus chères : hermine, martre zibeline, loutre, loir, chat et belette, enrichissent encore les somptueux vêtements. Les femmes, les religieux, sont couverts de pelleteries, de bonnets fourrés. On porte la *cape*, manteau issu de la caracalla antique. Tout le monde, riche ou pauvre, a ce vêtement commode.

Les princes, les hauts seigneurs avaient des manteaux tissés de plumes de paon. Charlemagne s'indignait du luxe de sa cour; il prêchait d'exemple et s'habillait plus que sobrement. Son habit de chasse était de peau de brebis. Cependant sur les instances du pape Adrien, il consentit, pour son couronnement impérial, à revêtir la chlamyde et la tunique romaines. Il eut aussi des habits magnifiques pour les grandes solennités, quand il sentait qu'il devait imposer aux assemblées venues pour admirer sa gloire : tuniques brodées d'or, brodequins ornés de pierres précieuses, sa saie attachée par un riche fermoir d'or (Fig. 19). Mais en temps ordinaire il allait vêtu comme les gens du peuple.

Louis le Débonnaire suivit en tout les traditions paternelles, amoureux de la simplicité, ne s'habillait avec éclat que pour les solennités. Les couronnes des rois de ce temps avaient des pendants d'oreilles et un bonnet. Charles le Chauve portait le costume byzantin, une des causes de son impopularité. Il aimait à se singulariser, à l'exemple des empereurs de la décadence romaine; il s'habillait fréquemment à la grecque, à l'orientale, mollesse de mœurs qui déplaisait aux rudes Francs,

Fig. 19.　　　　　Fig. 20.

ses sujets. Il marchait les jambes liées de cordons d'or. L'armure des soldats de son règne ressemble beaucoup à l'armement romain : pantalons étroits attachés aux genoux, bottes ou chaussures dont les courroies laissaient voir les doigts du pied. Casque semblable au morion de la Renaissance, calotte mi-sphérique avec plaques de métal rivées, bord plat, parfois un bavolet montant en biais sur les oreilles et formant visière triangulaire sur le front. Cimier de cuivre ou de fer peint en rouge, découpé, dentelé de façon barbare. Les femmes allaient à l'église avec un manteau qu'elles arrangeaient sur leur tête en forme de voile, relevé sur les bras (Fig. 20); elles partageaient leurs longs cheveux au milieu, les ornaient de couronnes, de petites plaques, de cercles d'or garnis de perles rangées, de cordons d'or coloriés, de bandeaux perlés.

Le clergé commence à établir son c. sacerdotal si impressionnant et caractéristique. L'*albe* fut le premier vêtement du clergé romain. C'était une chemise à manches longues tombant aux pieds, fermée avec une ceinture en forme de tuyau en soie, toile blanche ou bleue, garnie de bandes de couleur. L'*orarium* remplace les bandes. C'était un ruban placé autour du cou par-dessus l'albe; les deux bouts ornés de glands, de broderies et de perles, tombaient par devant. La *tunicella* et la *dalmatica* étaient les vêtements de dessus. La *stola*, chemise fermée, à larges manches, blanche, garnie de bandes rouges, violettes et de petits glands. La *pœnula*, costume pour la messe, en forme de cloche avec capuchon, se relevait sur les bras, descendait aux genoux, faite de riches et précieuses étoffes rouges et bleues.

Capétiens. — Avec les descendants de Charlemagne, d'autres envahisseurs vont surgir. A leur arrivée farouche et rapace, les Normands, grands gars, au beau teint, au type énergique et pur, aux belles proportions, avaient le c. barbare de toutes les bandes aventurières. Mais après leur conquête rien n'est plus rapide que leur assimilation des mœurs, coutumes, élégances civilisatrices.

Cependant, au milieu des luttes et des guerres, le c. va surtout consister en armures. Par-dessus les autres vêtements, tunique ou justaucorps d'armes, se passait le *haubert* tout en métal, fait de mailles à crochets, d'anneaux engagés l'un dans l'autre, il était parfois très long. La tapisserie de Bayeux en fait une longue lévite de fer. La *brogne* était formée de plaquettes carrées, rondes, triangulaires, ou en forme d'écailles cousues sur une étoffe.

Longue comme une petite cotte, à manches courtes, avec capuchon étroit ou coiffe. Le baudrier, caché dessous, laissait passer un tenon ou agrafe par quoi tenait l'épée. Le casque était ovoïde ou conique, sans couvre-nuque, avec nasal (pièce de fer pour garantir le nez). C'est le *heaume*, orné d'un cercle ciselé ou incrusté de pierreries, une boule de métal pour cimier. On en dit des braies (pantalons), couvertes de plaques de métal ou de mailles. D'où le nom donné aux guerriers : *Fer vestu* (*Chansons de gestes*). Le bouclier, qui était rond, devint ovale très long, couvrant de la tête aux pieds le cavalier en selle. Garni de bandes de fer en rayons du centre au bord, il était peint avec des croix, des griffons des lions, des arabesques en couleurs voyantes. Ce n'étaient pas encore les armoiries, mais pourtant c'étaient là des marques distinctives. Leur lance, avec un petit drapeau (nommé *gonfanon*), fut remplacée plus tard par une plus courte, l'*espie*, sorte de javelot (Fig. 21).

Tous les gens de guerre n'avaient pas le droit de porter le haubert ou la brogne, la plupart portaient le *gambais*, sorte de pourpoint en grosse étoffe emplie de bourre, avec bandes de cuir superposées et étouées de plaques de fer comme plastron, parfois des plaques de cuir liées à cuir ventre, un bouclier rond (la targe), épée longue. La *ceinturon*, tout le nécessaire du voyage et du combat. Pour coiffure des bonnets en peau d'ourson, laine feutrée à la forme du crâne. Disons en passant que la coiffure de feutre est très ancienne. Le luxe des vêtements d'apparat s'accroît encore chez les seigneurs et les nobles.

Fig. 21.

La plupart des exactions qui rendirent la féodalité exécrable aux populations passèrent en dépense de toilette, dit fort justement Quicherat, notre admirable et puissant historien.

Le peuple, jusqu'à Philippe Iᵉʳ, reste costumé de même : le sayon descendant aux genoux. A la campagne, diverses blouses à capuchon, sorte de sacs sans manches, un trou pour passer la tête; on était emprisonné dans ce vêtement, d'où son nom *casola*. Des grègues, pantalon qu'on mettait en deux parties attachées par une ceinture. Toujours les riches portaient le *tabar*, grand manteau rond, robe longue dessous, puis la *cape*, l'*esclavine*, le *colobium*, sorte de tunique sans manches à manches courtes, blanche et bordée de pourpre; la *bife*, manteau léger. Les femmes avaient les résilles d'or, les bandeaux de pierreries; la canne de pommier, ornement des hommes sous Charlemagne, passe dans leurs mains gantées et frêles. La reine Constance, femme de Robert, crève du pommeau ciselé de cette canne les yeux de son confesseur. Terrible femme ! Toujours le voile claustral drapé sur la tête et les épaules. Le voile dominical pour aller à l'église était de rigueur. On ne recevait la communion qu'en tenant un coin de ce voile dans la main. Il était rond, fait d'étoffe de lin très fine, brodé selon le goût et la richesse. Au XIᵉ siècle, ce voile

ne couvrira plus entièrement la tête, mais seulement les tempes et le derrière du cou, les cheveux s'échapperont dessous en bandeaux ou longues mèches ondulées sur les épaules et le dos.

Les XIᵉ et XIIᵉ siècles. — Au XIᵉ siècle apparut un type de vêtement qui durera et se conservera longtemps, malgré les versatilités de la mode. C'est le *bliaut* ainsi que la *chainse*. On va les tourner, les plisser, les orner à l'infini sans les changer de nom ni de destination.

Le *bliaut* est une robe de dessus, longue, tenant à un justaucorps ou pourpoint. Ce vêtement est d'origine asiatique. Les bas-reliefs perses et médiques montrent des robes semblables. C'était un morceau d'étoffe sans couture, avec un trou pour la tête, deux parties tombant devant et derrière, une ceinture, pas de manches, espèce de dalmatique; une fente était pratiquée sur les côtés pour aider la marche, une autre fente jusqu'à l'épaule laissait passer les manches de la robe. Il est au XIIᵉ siècle porté indistinctement par les hommes et les femmes, avec des formes différentes selon les sexes. Les femmes laçaient le leur. Le bliaut se portait toujours avec un manteau; dessous on mettait une ou deux robes, celle de dessus à manches serrées au poignet, au-dessous du corsage du bliaut; deux pentes étaient cousues en forme de tablier, devant et derrière. Le corsage était un peu ouvert au

Fig. 22.

Fig. 23.

col, lacé derrière il serrait l'estomac et le ventre, plus tard, on le laça sous les bras de chaque côté; sur le col, galon d'orfèvrerie ou collier; ceinture riche à la taille. La jupe drapait en petits plis devant, les manches très longues drapaient sur le bras (Fig. 23). L'étoffe en était très souple.

Les étoffes à bliauts étaient souvent brodées d'or ou tissées de soie, lamées; elles venaient d'ailleurs d'Orient pour la plupart et leur ornement en révèle l'origine byzantine. Les bliauts masculins étaient plus simples et plus commodes, la robe de dessous à la manche plus serrée au poignet, large à l'épaule, tirant de la ceinture ses plis. Ces bliauts étaient ornés d'orfrois; ils ne changèrent pour les hommes qu'au XIIIᵉ siècle. Ils étaient de tons clairs, bleus, verts, pourpres. A partir de 1260 on donna plus le nom de bliauts aux vêtements de dessus, bien qu'ils ne changeassent pas beaucoup de formes, pas plus qu'avant du reste (Fig. 23); on les appelle : *hérigauts, surcots, gardes du corps*, etc.

A cette époque, rien ne peut reconnaître de loin un homme d'une femme, tant les costumes se ressemblent. On ne distingue une femme qu'au *guimpel*, sorte de voile qui formait guimpe après avoir enveloppé la tête.

Ce fut le temps des étoffes rayées en diagonale ou droites comme des bandes de rubans posées sur l'étoffe. De 1137 à 1180, le c. devint plus collant et très facile à porter. En voici les pièces importantes : la *chainse* ou chemise (tunique du corps), le pantalon, la blouse, le manteau et les souliers. Le pantalon et les bas longs montaient jusqu'aux hanches et s'attachaient à un caleçon appelé *bruche*. Les braies des hommes sont collantes jusqu'au XVIᵉ siècle. Elles sont ouvertes sur le devant au XIIIᵉ siècle, il fallait déboucler sa ceinture pour aller à la selle. On dut couper par derrière celle de saint Louis quand il fut pris de la dysenterie (Viollet-le-Duc).

La chainse est la tunique de dessous à manches, fermée, en lin, soie, chanvre; en toile on l'appelle *chainsil;* elle est ornée au col de fines broderies, de galonnage ainsi qu'aux poignets étroits, fendue des deux côtés pour monter à cheval.

Les chainses des hommes sont courtes, celles des femmes tombent aux pieds, aux XIIe et XIIIe siècles. On couchait nu, à moins de maladie ou de grand froid. La chemise qu'on met en ce cas s'appelle *robe-linge.* On porte l'*esclavine,* sorte de casaque ou blouse ouverte sur le devant avec capuchon, fendue de chaque côté. Casaque de pèlerin (Fig. 24).

Les XIIIe, XIVe et XVe siècles. — Le luxe du e. au XIIIe siècle envahit toutes les classes. Les nobles eurent des habits armoriés. On imprima par le procédé de la batture les signes héraldiques des armes ou on les broda en or. Les robes furent écartelées, faites des couleurs des alliances, du mélange des blasons. Ce fut somptueux. La dépense pour de tels vêtements fut extraordinaire. En un mot on s'habilla de son blason.

Fig. 24.

A cette époque le drap domine avec le velours qu'on choisit pour les habits armoriés. On emploie de plus en plus la fourrure. Et les bijoux, or, argent, diamants, fermaux, agrafes, colliers, ceintures travaillés avec un art parfait de ciselures, bagues à tous les doigts.

Pour les deux sexes, le costume reste long. Le bliaud disparaît et fait place au *surcot* qui va donner son type au vêtement du XVe siècle. *Seurcot, sorcos, sobrecot,* long vêtement sans manches, court pour les hommes, long pour les femmes. Les robes de cheval, les plissés, les corsets et les capes du XIVe siècle lui ressemblent. C'est aussi une robe de dessus, variant de formes selon le goût, boutonnée à la poitrine, ouverte sur le devant, une espèce de robe monacale fendue par le bas, avec capuce fourré. On le porte avec ou sans manches, fendu de l'aisselle à la ceinture comme une espèce de dalmatique. Sous Philippe le Bel, voilà sa forme sur un gentilhomme : Ajusté comme un pourpoint jusqu'aux hanches, boutonné sur le devant, il se termine en jupe plissée descendant aux genoux. A partir du coude, les manches sont pendantes, une ceinture traverse en biais du côté droit à la hanche gauche. Sur les épaules, un camail dentelé avec chaperon pendant comme un capuchon, la jupe plissée est ouverte de la ceinture au bas.

Il y avait des « surcots à manger », robe qu'on mettait pour assister aux repas.

Au commencement du XIVe siècle et plus tard le surcot des dames nobles a beaucoup de caractère et d'élégance. Il décollète la poitrine, est largement fendu de l'aisselle à mi-hanches, large ouverture qui laisse voir la robe, il tombe en longs plis et, par derrière, on va bientôt lui ajouter une traîne. On garnit les bords de la fente qui laisse passer les bras, d'une bande de fourrure d'hermine, qui contourne les hanches. Dessus s'adapte un garde-corps de fourrure d'hermine presque toujours, faisant col derrière et devant, tenu par des bijoux, des agrafes, couvrant toute la poitrine en deux pièces, jusqu'au bas-ventre. Cet ornement de fourrures va prendre la forme d'un x ou d'une fleur de lys renversée. Dans ce cas, on verra par les fentes des bras toute la taille, la ceinture et la robe

Fig. 25.

de dessous (Fig. 25). Cheveux nattés sur la joue, relevés en chignon-torsade, un diadème sur le front très découvert (c'était un signe de beauté à cette époque, on s'épilait aux tempes et au sommet pour élargir son front selon la mode), souliers pointus. Le diadème est de plaques enrichies de pierreries.

La *garnache* paraît vers la fin du XIIIe siècle. C'est une robe d'homme de forme particulière qui se mettait par-dessus le surcot. Ce vêtement a des manches formant pèlerine avec large ouverture sous les aisselles sans collet, le passage du cou est accompagné de deux pattes retroussées en haut de la poitrine, il est fendu des deux côtés de la cuisse à mi-jambe. Ce vêtement très joli et très commode fut porté par les nobles et les bourgeois. Au XIVe siècle les garnaches tombent jusqu'aux pieds.

On porte ensuite *pelissons, garde-corps, cloches, gonelles, mantels.* Le *garde-corps* est un habit de dessus, robe longue fendue par devant vers le bas, manches amples et longues qu'on laissait pendre, un capuchon. La *gonelle* est un habit de dessus pour les deux sexes. C'est une cape sans manches couvrant le cou avec capuchon, ouverte par devant. Notre limousine ressemble beaucoup à ce vêtement. Ce fut aussi un vêtement monacal.

La *cotte hardie* ou *cottardie,* appelée aussi *cotte à chevaucher,* était un pourpoint ajusté à la taille, à jupe étroite et sans plis, avec capuchon, boutonnée sur le devant, à manches courtes. Cet habit prend aussi plusieurs formes. Les gentilshommes du XIVe siècle portaient la cotte hardie sur l'armure.

Jusqu'au milieu du XIVe siècle on prolongea les vêtements longs et amples : robes, corsets, bliauls, surcots. En 1340, on commença à porter des habits étriqués et courts. On voulut en vain arrêter ce ridicule sous Charles V et, en effet, quelques vêtements s'éloffèrent à nouveau, mais le mauvais goût et la gêne l'emportèrent. On préféra s'étouffer dans des surcots et des corsets rembourrés et ajustés. Expliquons ici le corset. Ce n'est pas la cuirasse de soie et de baleines que nous connaissons aujourd'hui. On appelait corset aux XIIe, XIIIe et XIVe siècles un vêtement de dessous lacé sous la robe pour maintenir la gorge et contenir la taille; au XIIIe siècle la taille fut raccourcie, les ceintures s'en allèrent et le corset élargit la poitrine qu'au XIIe siècle il avait comprimée pour donner à toute femme l'aspect chaste d'une madone.

Il y eut un corset ample et fourré pour les hommes et pour les femmes, une sorte de robe de chambre qu'on mettait aussi en voyage. Les gravures nous montrent les freluquets du XIVe siècle avec leur *gipon* (pourpoint serré) rembourré sur une jaquette dont les basques allaient beaucoup au-dessus des genoux. Les jambes vues en entier attachaient leurs braies au caleçon (c'était une sorte de tutu à cette époque) par des pattes ou des cordons au haut des cuisses. Les caricatures du temps s'en égayent. Ce costume comprime l'estomac, ne préserve pas du froid, peut causer de mortelles maladies et est plus cher même que les vêtements longs, les chausses longues étant bien plus chères que les lés d'étoffes employés à de longues robes, dit Philippe de Mézières. Ce vêtement était donc ajusté sans un pli à l'aide d'ouate; le corsage et la jupe sont taillés à part parfois, mais on obtient pourtant un ajustement parfait avec des pièces en pointe.

Les manches du gipon de dessous serrées, et boutonnées au poignet ou s'élargissant sans boutons, en pattes, sur les mains, d'où leur nom

Fig. 26.

de *moufles* (Fig. 26). La ceinture à mi-cuisses, large et ornée d'orfèvrerie, avec une dague insérée dans les pattes d'escarcelle. L'*escarcelle,* dont nous n'avons pas parlé, est un sac de formes incessamment variées qu'on porte à la ceinture depuis le plus lointain moyen âge; car on ne fait mention de poches aux habits à aucune époque. Et pourtant Quicherat en découvre une dans un bliaut du XIVe siècle. Cette poche est un plastron. Mais coutumièrement, c'est l'escarcelle qui sert de poche. Ces escarcelles furent d'abord des sacs à deux coulants, comme les petits sacs portés aujourd'hui par les dames, puis on les fit en cuir de toutes les formes, richement ornées de broderies, de perles, d'orfèvrerie ; celles des marchands juifs au XIV° siècle étaient consolidées de ferrures et armées de serrures : car on portait dedans ses papiers, son argent monnayé, des bijoux, des objets de toilette, à plus forte raison ; les trafiquants devaient serrer dedans des parures précieuses, celles à vendre, celles qu'ils achetaient. On avait aussi la boursette.

Jaquettes, pourpoints, surcots, habits de toutes sortes sont déchiquetés, dentelés, barbelés avec la plus amusante fantaisie. C'est l'époque des costumes mi-partis, c.-à-d. de plusieurs couleurs, deux au moins. Les chausses ont une jambe noire, par ex., l'autre rouge, parfois aussi une jambe jaune et noire, l'autre bleue. Le pourpoint également, un côté d'une couleur, l'autre de couleur différente, souliers et chaperons de même. Alors parut, ou reparut la mode extravagante des souliers à la poulaine, qui avaient été déjà portés sous Charlemagne. Voy. CHAUSSURE.

Vers 1350, apparaît un vêtement bien typique et qui va donner un grand caractère aux costumes des XIV° et XV° siècles. C'est la *houppelande*. D'abord, un ample surtout ouvert par devant, décoré souvent de broderies, orfèvrerie, manches larges, doublées de fourrures. Le chaperon se portait avec ce vêtement, mais ne tenait pas après. De bas en haut ouvert. On pouvait le mettre comme nous mettons nos pardessus. Des hanches au bas, sur les côtés, il était fendu, déchiqueté, bien entendu, barbelé, dentelé à la mode. Sous Charles VI, il cintre à la taille comme une longue lévite ou immense redingote, tombe comme une robe et est ceint par une cordelière (fig. 27). Les manches sont excessives de largeur. Ces manches changent avec la mode, tantôt étroites, tantôt à gigot, à épaulières, manches mahoitres, ouvertes au milieu, pendantes, closes du bas. Devanture, bords, poignets, cols de ces vêtements sont garnis de fourrures. On porta cet habit, cette robe, en voyage, en ville, pour sortir et revenir des fêtes, à cheval, etc. Vrai vêtement utile, commode, chaud, admirable en hiver, d'une opulence rare sur les épaules d'un riche gentil-

Fig. 27.

homme. Il drapait comme un manteau royal et, avec le mélange du chaperon étoffé à cette époque, était d'incroyable richesse.

Nous avons aussi en même temps le *fonds de cuve* (*cloche*), autre pardessus du XIV° siècle. Hommes et femmes le portaient. C'était une sorte de grande cape tirant sur la cloche hardie. Comme tous les vêtements d'alors, fourrée partout. Très ample, fermée par devant avec des boutons grandes manches doublées de fourrures, bas bordé de fourrures. Collet haut à la mode avec passepoil de fourrure. Les plis fixés avec précision au droit de la taille pour que la jupe tombe en tuyaux réguliers. Pas de ceinture. Ce vêtement tournait souvent jusqu'à terre. On l'appela *cloche* à cause de sa forme évasée et ronde par le bas. Ces *fonds de cuve* devinrent des robes de chambre splendides.

Pendant cette période, la coiffure subit de grandes modifications : il faudrait un petit volume pour la décrire. Disons seulement que c'est Isabeau de Bavière qui amena la mode extravagante du *hennin*. Voy. COIFFURE.

En 1440, les femmes portent la cotte hardie ouverte en pointe à châle sur la poitrine, large ceinture presque sous les seins, grande traîne avec fourrure, des mitaines en forme de bourses (Fig. 28). Agnès Sorel était très décolletée, au point qu'on lui voyait un sein entièrement. Les manches des robes prenaient bien le bras ; la jupe était très longue, bordée de fourrure, elle bridait au ventre. Pour les hommes on fronce les plis de la jaquette, on les dispose et on les coud d'avance en éventail, la pointe à la taille ; la jupe est très courte (Fig. 29). Le corsage et la jupe coupés à part. Sous Louis XI, la jupe dépasse à peine les hanches ; on porte de petits manteaux, des

capes exiguës, de petits paletots, des chapeaux à bords retroussés, à visière, des bonnets ronds, des bottes hautes à revers de peau jaune au haut des cuisses, des robes larges sans ceinture. Les chaperons tout garnis prennent une autre tournure : on entoure un bourrelet d'une étoffe qui imite la cornette et

Fig. 28.   Fig. 29.

ses déchiquetures ainsi que la patte ; on accroche à une agrafe sur l'épaule ce chapeau quand il gêne. L'étoffe pend ou tourne en écharpe sur la poitrine et le dos. Tous les chapeaux sont ornés d'aigrettes, de branlants, de bijoux, de plumes. Sous

Fig. 30.   Fig. 31.

Louis XI, les costumes prirent une forme plus simple et plus sévère. Ce roi avait l'horreur du luxe, et tant qu'il put le contenir, il le fit dans un but très haut, très sage. Il prêcha d'exemple : Comines dit « qu'il s'habillait que pis ne se pouvoit ». Le théâtre et la peinture ont vulgarisé le c. ordinaire du roi : pourpoint de drap ou gros velours agrafé sur le côté par des pattes, manches aisées ; ceinture avec escarcelles pleines de chaînes et de bijoux d'or pour faire des cadeaux, chausses de laine, souliers mi-pointus à oreilles rabattues, pas de poulaines ; cape en drap bordée de fourrure à manches larges, coiffe sous le chapeau, tantôt rond, mais le plus souvent à visière et à bords relevés. Autour de la forme sont attachées des médailles, et tout à fait sur le devant, une petite figurine de la Vierge N.-D. d'Embrun (Fig. 30). Vers 1480, la poulaine disparaît; on porte des souliers à bouts ronds. Louis XI en porta vers la fin de sa vie. La robe des femmes est échancrée dans le dos, une gorgerette de gaze laisse deviner le sa : on l'appelle la *gorgias*. Une coiffure gentille était la capeline, coiffe non fermée et retroussée sur le front. Les paysans portent le *jupel*, casaque étroite; la *sorquenie* ou *souquenille*, sarrau de toile mis par-dessus les habits; la couverture à capuchon dite le *tabar*, besace en bandoulière en toile ou en cuir; la *panetière*, chausses guêtres (Fig. 31); le bonnet de feutre, le chapeau mou, la *barrette* conique.

XVIe siècle. — Dès le règne de Charles VIII se manifeste une grande réaction : aux vêtements étriqués on va opposer les vêtements longs, aux étoffes sévères vont succéder les velours et les soies somptueuses. Le luxe, de nouveau, va faire rage. Pour les hommes, ce seront des robes traînantes ouvertes sur le devant avec revers rabattant sur les épaules, laissant voir le pourpoint à crevés nombreux ou ouvert en pointe comme la robe et lacé de rubans; les manches de la robe sont flottantes. Ce seront aussi des pourpoints, des jaquettes ouvertes sur la poitrine, un petit mantelet ou paletot court. On s'amincit la taille à l'aide de corsets qu'on appelait de ce nom typique : *Écrevisses de velours.* Les chausses sont bariolées, les souliers sont pattés. On porte la toque ronde, espèce de mortier bas en velours ou riche étoffe avec plumes et bijoux. Les dames élégantes leur mise : corsage plat ajusté à la robe de dessus très ouverte d'encolure découpée carrément, gorgerette; au-dessous on voit les épaules de la cotte, manches larges avec fourrures. La jupe ample traînant devant et derrière, soulevée sur les hanches par des agrafes ou objets d'or, d'argent ou d'or : les *troussoirs.* La collerette couvrait les épaules et la poitrine, c'était une pièce ajustée que l'ouverture de la robe laissait voir.

Sous Louis XII, les guerres d'Italie font subir aux modes françaises l'influence étrangère, surtout celle de Gênes. Voici le c. d'un seigneur : toque de velours ronde avec coiffe à pans, un bijou sur le devant, cheveux longs et plats, visage imberbe, collier sur le cou au jusqu'aux clavicules, chemise richement brodée avec bords et entre-deux, plissée élégamment, se voyant jusqu'à la poitrine; pourpoint à échancrure carrée : ce pourpoint est étroit, ajusté comme un mi-corset jusqu'à la ceinture. Cette sorte de gilet, est ainsi que ses manches, fait de somptueuse étoffe de velours frappé, de soie ou de damas aux brillants ornements. Le petit caleçon retenu à ce pourpoint par des aiguillettes est ouvert en large créneau devant, du nombril presque à la chute du ventre. Le caleçon est en soie rayée, il a une petite poche attachée devant avec des boutons de perle au-dessous du créneau. Cette poche fait saillie au bas-ventre. C'est la *brayette*

Fig. 32.

ou *braguette*, dont la mode existe depuis longtemps déjà et qui va se développer jusqu'à la plus inconvenante exagération. Cette petite poche, ce sac est brodé richement en dessins de perles. Le maillot, les chausses sont mi-partis, la jambe droite a des rayures rouges et noires, l'autre jambe est rouge. Une riche cape, manteau à revers de fourrure, est passée sur le dos par deux larges ouvertures qui laissent passer les bras du pourpoint. Les manches de cette longue cape tombaient parfois pendantes, souliers pattés à taillades avec bourrelets crevés sur le cou-de-pied (Fig. 32).

La *basquine* est un peu l'embryon du corset; c'est un corsage ou petit pourpoint à manches, forme d'entonnoir très serré sur le buste qu'il amincissait sans le secours de baleines, mais renforcé par une forte toile. La *vertugade* ou *vertugale* fut un jupon de gros canevas empesé attaché sur les pans de la basquine. La robe tendue dessus ne faisait pas un

pli. Cette robe était décolletée en carré, les manches larges avec un grand retroussis de fourrures; elle ouvre en angle du bas à la ceinture.

Éléonore d'Autriche, la deuxième femme de François Ier, à son entrée à Bordeaux (1530), est ainsi vêtue : robe de velours cramoisi doublée de taffetas blanc, bouffant aux manches (car voici la mode des manches bouffantes), manches à bouillonnés avec bandes de velours pour contenir la longue du linge qui crève partout. Chaque bourrelet du bras est arrêté par une couture et des bijoux; toutes les bandes sont gansées, galonnées, couvertes de pierreries. On porte la *marlotte* et la *berne*. La marlotte est un pardessus plus court que la robe, ouvert sur le devant comme un caraco avec de gros tuyaux par derrière. La berne est une marlotte sans manches. On porte la ceinture de pierreries à bouts pen-

Fig. 33.   Fig. 34.

dants, la châtelaine, l'éventail de plumes et tout l'arsenal coquet d'alors : glace, pelotes, cachets, clefs, etc.; on portait des carcans (colliers), des chaînes d'or ou guirlande sur le corsage (jazerans) (Fig. 33).

Mille tableaux et gravures reproduisent les costumes de cour et de ville du temps de François Ier. Un pourpoint taillé, découpé en carré, laissant voir la chemise fine à petits plis et la dentelle ruchant vers le haut ou collerette petite. Le pourpoint de satin, de damas ou de velours, de taffetas brodé, tenait les braies par des aiguillettes aux ferrets d'or; ceinture de soie, belle épée d'or au côté, fourreau couleur des chausses, le bout bien orfévré. Les bas-de-chausses sont taillades en toutes figures et doublés d'une riche étoffe. Des culottes bouffantes descendent aux genoux; elles ont sept et huit rangs de bouffants, lesquels sont pleins de taillades à dessins variés et contrariés (Fig. 34). La braguette toujours visible et parfois trop visible est attachée avec des boucles d'or que prenaient deux crochets d'émail. Les *saies*, les *chamarres* sont des manteaux très amples. La *casaque* également, garnie de manches volantes qu'on mettait parfois avec un bouton au bras; on n'en passait qu'une. Cela faisait l'effet d'un manteau dont on enlèverait les plis sur le bras. Ce qu'on appelle les robes d'hommes à cette époque (qui sont, dit Rabelais, d'aussi précieuses étoffes que celles des dames), sont des pardessus qu'on appelle coutumièrement *cape* en langage de costume. Elles ont un collet abattu carré sur les épaules; cette bande tombe jusqu'en bas sur le devant, en soie, en drap d'or; on met des échancrures comme à nos redingotes. On les mettait avec ceinture. Il y a aussi le grand pourpoint-robe décolleté en carré avec ceinture et longue jupe de plis en tuyaux traversée de larges bandes brodées, frappées, comme est c. que François Ier porte à l'entrevue du *Camp du Drap d'or.*

Sous Henri II, l'inspiration, le charme, le génie de la Renaissance, sont à leur apogée. C'est la belle époque du costume, des armures, des meubles, des appartements, des palais, des arts. Henri II fit régenter la mode par son chancelier Olivier. On réglementa les étoffes, les couleurs, les ornements. Tant pour telles classes, tant pour tel état. Rouge cramoisi pour les princesses, une seule pièce du vêtement de cette nuance pour les gentilshommes sans importance. Défense du velours à la bourgeoisie, on le tolère pour les manches des femmes et leurs cottes; aux hommes on défend soie sur soie, il faut porter drap et velours, ou velours et drap; pourpoint de velours, cape de drap ou *vice versa*. Artisans et paysans n'ont droit ni à la soie ni au velours. On disputa longtemps sur cet édit de 1549, mais il fut pourtant, après quelques amendements, strictement exécuté. Le c. des hommes sous Henri II, consiste en une chemise avec collerette et bouts des manches tuyautés, ruchés en petits bouillons; un pourpoint prenant bien le corps avec collet haut sur lequel paraît la collerette. Le pourpoint est serré par une ceinture et les basques en dessous galonnées en lignes parallèles, ne dépasse il la ceinture que de 20 ou 25 centimètres. Les manches sont aisées et

Fig. 35.

vont s'amincissant aux poignets. Le pourpoint s'ouvre sur le devant avec des boutons. Les galons raient l'étoffe de haut en bas en lignes droites. Les bas en tricot de laine ou de soie montent sous les trousses bouffantes qui ne vont qu'à mi-cuisses. Ces trousses semblent deux sacs rembourrés couverts d'une riche étoffe de soie ou de damas, et ornés de bandes de velours bordées, brodées, enrichies de dessins en cordonnet d'or. Les souliers élégants prenant bien la forme du pied, gracieusement tailladés dessus, souples, dentelés ou crénelés au cou-de-pied (Fig. 35). On porta le *casaquin* qui couvrait le pourpoint. On porta toutes sortes de capes, à manches tailladées, sans manches, les manteaux à la reitre, défendus plus tard par ordre du cardinal de Guise.

Henri II portait le col blanc rabattu sur le collet du pourpoint. Ce fut de mode en même temps que le bouillonné, qui donnera bientôt naissance à la collerette à tuyaux dont nous parlerons. Les cuirasses en pointe à la taille, avec arête sur la poitrine, datent de ce temps.

La tenue générale fut d'un goût sévère et parfait sous Henri II. Une autre cour très austère à cette époque ne laisse pas que d'être admirable aussi le même, de couleur et d'éclat. C'est celle du roi d'Espagne Philippe II, qui, à côté d'un Néron fanatique, d'un Caligula cagot, est un artiste exquis, un créateur de costumes, de meubles, de tentures, d'une sombre et magnifique opulence. L'écarlate dans le noir. Le cuir fauve ou doré, la coupe sévère des simarres, les robes, des capes; l'or éteint, assombri des pourpoints; l'acier bruni des armures, la grâce forte et légère des étoffes, tout est empreint d'un art délicieux et élevé.

Les femmes sous Henri II portent la vertugale, mais modifiée ainsi : c'est alors une cage de fil de fer ou de laiton attachée aux hanches, couvert d'étoffe qui tenait la robe raide. La crinoline, quoi ! Le corsage s'appelait basquine et buste, il avait des manches. La robe monte droite avec un haut collet surmonté d'un bouillonné de dentelles. Les manches serrées au bras gonflent sur les épaules, sobrement ornées de galons réguliers. La robe tombe ample jusqu'aux pieds avec traîne, manchettes gaudronnées comme la collerette. On porte encore les crevés avec bouillons de soie ou de satin, mais petits et adroitement disposés au corsage et aux manches. Les couleurs sont sévères et simples : le gris, le noir, le lilas, le violet, le brun rouge, le tanné. Des fausses manches pendent autour des épaules, derrière le bras. Une coiffe de velours et soie, ornée de pierreries, enveloppe la tête, évasée en cœur devant; les cheveux sont frisés au-dessous des tempes. Sur cette coiffe on met la toque, une poche de velours avec petite visière autour, un bouquet de plumes à droite, et tire la poche et la visière un cordon de pierreries ou un riche galon. Colliers au bas du col, chaînes, gants avec crispin, ceinture châtelaine; un voile s'attachait sous la coiffure et à partir du dessous des yeux couvrait le visage (le *tourel*); on portait des patins sous les souliers pour exhausser la taille. La montre, bijou nouveau, fut de mode. La forme en est très variée : rondes, plates, carrées, en œuf, en coquille, octogones, etc.

Les hommes l'avaient en poche, les femmes la portaient en vue. Charles IX défendit les poches aux chausses.

Les robes de gala des femmes étaient décolletées encore en carré, dessous une guimpe quadrillée d'or et de bijoux rehaussée de la belle collerette à tuyaux; au bal, le haut de la poitrine et les épaules nues. Les traînes étaient fort longues à la cour : six et huit aunes. Le corset même busc paraît. Montaigne plaint les femmes « guindées et sanglées avec de grosses *coches* (entailles) sur les côtes jusqu'à la chair vive, oui, quelquefois à en mourir ». Ambroise Paré a vu sur sa table de dissection les côtes des femmes « chevauchant les unes sur les autres ». Ce corps piqué devient une tenaille d'acier qui comprime le corps implacablement. Les dames eurent des caleçons (le mot fut créé pour leurs chausses). Les hommes de leur côté mirent leur corset.

Sous Charles IX, tout ce qui peut donner le teint pâle est à la mode : les yeux, les cheveux noirs. La reine et le roi étaient roux cependant, mais ils avaient l'avantage — pour l'époque — d'être livides de teint. Le fard était blanc. C'était la céruse, dont on se graissait les doigts et le visage. On dormait avec un masque et des gants pour conserver la fraîcheur des onguents et des pâtes dont on s'oignait la peau.

Fig. 36.

Avec Henri III, c'est la mode efféminée qui va étaler ses goûts, ses préciosités, ses manies fades en opposition avec les frustes, robustes et graves reîtres huguenots de la cour de Navarre; soldats à rude étoffe, à pourpoints fauves en cuir solide, en grosses bottes, à lourds manteaux bourrus, cuirasses et pièces de fer brutales à brefs ornements. C'est l'époque des *muguets* et des *mignons* cavaliers parfumés comme des filles, officiers corsetés, à fausses hanches, à faux ventre, à fausses cuisses, à faux bras; des bagues aux doigts, des pendants aux oreilles, des bracelets au poignet, les sourcils teints, la peau fardée de céruse, d'onguents, descendants de paladins à mœurs de ribandes. Le roi mène la danse, « Henry de Valois, ancien roi de France et de Pologne imaginaire », esprit dépravé, fin d'une race, sang appauvri, dégénéré, mal dirigé, avec des soubresauts d'héroïsme et des éclairs d'orateur (Fig. 36).

Le robuste Agrippa d'Aubigné a raison, sans doute, de ne voir en lui :

En la place d'un roy qu'une guenon fardée,
Puisqu'on l'apercevant chacun estoit en peine,
S'il voyait un roy-femme ou bien un homme-royne !

Pour les femmes : taille comprimée, manches boursouflées, la tête semblant sortir dans la poitrine, tant à cause des mancherons aux grosses épaules qu'à cause de la collerette qui monte comme la moitié d'un plat long derrière la tête; aux hanches un large tambour. Deux robes là-dessus sur cette cage au corps pour dessus se relèvent en plis sur l'autre. De dos, les manches semblent deux outres qui s'amincissent vers les poignets aux manchettes tuyautées.

D'année en année le ridicule des costumes s'accentue. Les hommes sont des pantins rembourrés. Chapeau en gobelet renversé avec un bord plat, plumes à droite, le petit manteau tombant sur les bras, rasant les hanches, la collerette à trois rangs de tuyaux appelée *fraise*. Devant, le poitrail en ventre de polichinelle. Le tout taillandé, crevé, crénelé. Les femmes ont des faux cheveux sous le chaperon, qui est à ce moment une coiffe de fil de fer recouverte de velours, en cœur sur le dessus, la pointe au milieu du front évasée sur les tempes, le corselet fuselant vers le bas; incroyablement serré, le corps semble un long cornet. Les bourgeoises imitent tant bien que mal tout cela. L'aspect d'un c. de femme, vu de face, est celui de trois longues loupies sur une mappemonde couverte d'un tapis; sur la loupie centrale une tête auréolée d'un grillage de dentelles, ou d'un disque de tuyaux nombreux qui monte presque au-dessus de la tête. Gants de jour et de nuit.

Mais la journée des Barricades arrive. Le roi s'évade de Paris. Les troubles politiques sont graves et les événements vont développer de sanglantes tragédies. Ce n'est plus l'heure de laisser la scène aux fantoches. Paris va crever toutes ces bosses de polichinelle et faire pénitence de toutes les sodomeries et saturnapuleries. La sobriété, l'austérité rentrent dans la mise. Un contemporain constate que la bombance est du tout « déchassée » et bannie pour un temps. On déchire les parures luxueuses de ceux qui osent encore les porter. « Une damoiselle qui porte une *fraize à confusion* (c'est la fraise à nombreux rangs de tuyaux, gaudronnée, soutenue par des fils d'archal) », se voit déchirer cette fraise par les autres damoiselles qui se jettent sur elle avec furie. On met en pièces collets, robes, faux cheveux. On ne voit que du drap au lieu de la soie et de la soie au lieu d'or : « ce que le roy n'a jamais pu faire observer par l'interposition de son autorité royale, » ajoute ce témoin oculaire, ni la force de ses édits pénaux. Combien cela durera-t-il ? Bien peu.

Henri III assassiné à Saint-Cloud, Mayenne battu sous les murs de Paris, le roi Henri IV monte sur le trône. La mode reprend son empire et empire son ridicule au moins en ce qui concerne les femmes. Les hommes sont plus sages, le pourpoint dégagé de sa bosse retourne aux bonnes lignes. Il est encore busqué, mais bientôt il sera libre. La collerette est plus étroite, plus gracieuses les culottes (*grègues*), enflées vers le milieu, sont moins grotesques que les fausses hanches; les trousses courtes et larges par le bas s'évasant presque en carré ne sont point trop disgracieuses relativement; cependant, il y en eut de larges comme les jupons des vertugales. C'est un retour au goût de Henri II. Les grands fats de chapeaux, comme dit Brantôme, ne sont point beaux. Des boisseaux larges du fond avec grand bord relevé sur le devant orné d'une plume d'autruche, ou d'un bouquet de plumes ; mais il se modifie. C'est le feutre raisonnable à forme un peu conique, larges bords. Souliers élégants ornés de rosettes de rubans, bottes longues. Grande furie des bottes. On les fait, selon l'expression d'Henri IV, monter de l'écurie aux salons des Tuileries. En effet, on les portait au bal. On va porter le pourpoint sans ceinture rentrant au corps avec baudrier et parements de rubans. On porte les cheveux courts et la barbe carrée, moustaches frisées. La barbe en pointe (en escachelle) est de mise. Jarretières aux genoux avec franges d'or pendantes. L'écharpe sur tous les costumes. L'épée est horizontale sur la cuisse. Gants frangés à poignet. Imitant ses grands devanciers, Charlemagne, Louis XI, le roi Henri IV fut sobre de parures. Vêtu en simple cadet de Gascogne, en soldat, il ne se parait de vêtements somptueux que pour le devoir de sa royale représentation. Comme il disait : « Tout gris en dehors, tout d'or au dedans. » Il fit aussi inutilement des édits somptuaires (1594). Cependant, on ne défend plus à personne de porter la soie en France.

XVIIe siècle. — C'est, pour commencer, le même c. de la fin du règne : pourpoint à basques, avec épaulettes, pointe à la ceinture boutonnée devant, le col du pourpoint est haut, on ne met plus de cols rabattus, c'est la rotonde comme collerette : un col empesé sur carton denticulé, déchiqueté sur les bords, une demi-rotonde en fait, car il est coupé droit sur le devant; cheveux assez longs, relevés sur le front et bouffant sur les côtés et derrière culottes larges, arrêtées au-dessus du genoux, bas, souliers, écharpe, puis le pourpoint se taille en grandes et petites fentes, c'est la grande *chiquetarde* et la petite *chiquetarde*. Avec la rotonde on porte également la fraise à triple rang de déchiquetures, on la nomme encore fraise à confusion. Le manteau ou cape se drape à l'aise autour du corps et du bras. Le bas du pourpoint est entouré d'aiguillettes, de ferrets, de nœuds; la culotte (on disait le

Fig. 37.

haut-de-chausses) a une fente assez grande en dehors, près de la jarretière, qui laisse passer un crevé de soie, la boucle de jarretière est cachée par une rose de rubans, rangée de boutons à la braguette, cocarde de rubans sur les souliers. Autour du baudrier on porte le cimeterre court à tête d'aigle. Il y a un joli pourpoint cintrant un peu à la taille, sans ceinture, boutonnant par derrière et, devant, quatre boutons au col ainsi qu'au bas, descendant aux hanches. Le pourpoint est sans manches, avec épaulières. Le pourpoint ou gilet de dessous a des manches tailladées menu qui passent par les ouvertures du pourpoint de dessus; ce pourpoint est décoré de bandes transversales avec riches broderies (Fig. 37). Le règne des perruques va battre son plein et ouvrir une ère qui ne finira pas de sitôt.

Le vêtement féminin se modifie. Le tour des hanches est plat au lieu d'être en sphère, il fit l'effet d'un tambour; le corsage s'ouvre en pointe, modérément, il a encore des crevés aux manches et des bouillons, les manches sont plates et dentelées. La robe se drapait devant et derrière, on porte la haute collerette en point coupé dite « *Gabrielle* », dégageant le cou, mais montant très haut derrière la tête, le chaperon très pointu sur le front et s'évasant en cerf-volant autour du visage. La jupe de dessous est d'une étoffe roide à ramages. Les cheveux sont gonflés comme un bonnet d'hospodar, garnis de bijoux et rembourrés de tampons.

Mais Richelieu arrive au pouvoir et il ne faut plus songer à railler les édits. On s'était couvert partout de dentelles, il faut les supprimer; on se rejeta sur le clinquant. Défense. La coiffure des femmes est changée et devient en réalité charmante. La robe est ouverte, décolletée en carré, lacée sur le devant, plissée à la taille, tombant à gros plis derrière, ouverte devant à partir de la taille, laissant voir l'autre jupe de dessous, manches étoffées avec 2 ouvertures et crevés de satin en dedans du bras, serrées au poignet par la manchette plate, petit sac à la ceinture, éventail et miroir. Les ouvertures des manches garnies de boutons. On porte aussi le casaquin ou veste, serré à la taille avec basques rondes, et la *hongreline* décorée de queues de boutons ou *brandebourgs*. C'est le costume de cheval, de voyage, un large chapeau à grands bords gris, avec plumes, grands pendants d'oreilles. Les mouches couvrent le visage, en forme d'une éclaboussure de pâtés sur une feuille de papier, en étoiles, en serpents, en croissants, en marguerites, en bêtes, toutes les figures imaginables. Les dames sont maquillées et parfumées à en mourir.

Fig. 38.

Les gentilshommes ont le pourpoint à larges manches à bandes et ouvertes, laissant passer le linge; le collet est très haut et la collerette rabattue dont le haut touche le menton est en point coupé denticlé; on dormait avec un objet qui maintenait la frisure, une sorte de pince appelée *bigotère*. Les chausses longues, crevées du bas avec bouillonnés, la botte à revers très basse, et sur les revers des canons de dentelles, pattes découpées sur la botte, bouts carrés, manteau drapé autour du bras, chapeaux à larges bords, à grandes plumes, perruques et *cadenettes* volantes d'un côté, baudrier, épée à grande garde. Le pourpoint devient court de taille dans le dos et tombe en pointe sur le devant, il a des basques séparées et ornées de rubans, d'aiguillettes. On porte les chausses longues comme un pantalon, presque aux mollets. L'entonnoir des bottes commence au-dessus du pied (Fig. 38). Les élégants fument la pipe et se parfument fort pour dissimuler l'odeur du tabac. Le pourpoint n'a plus de ceinture, il boutonne devant, un peu entr'ouvert pour laisser passer la chemise, il est ajusté au-dessus du genoux, bas, souliers. taille, toujours les manches ouvertes faisant bouffer le linge. On porte la barbe fine en pointe, la royale, les moustaches relevées.

Sous Louis XIV, le costume a, comme le règne, trois épo-

ques très caractéristiques : minorité, apogée, vieillesse. Le bouleversement de la Fronde a également troublé le goût. On reprend clinquant, rubans, dentelles. Richelieu n'est plus. On a le pourpoint ouvert, la chemise se débraille sur les chausses, devant la braguette est un tablier de rubans superposés, rubans partout sur le chapeau, au bas des chausses ou pantalons, sur les souliers. On voit revenir le petit col plat, perruques, bien entendu. Mazarin a beau faire, on porte la passementerie d'or.

Les robes à corsage ouvert firent place aux corsages fermés, corsages en pointe, à l'aide de baleines on les fit bomber à creux de l'estomac, retour à Henri III. Étant très décolletée, la robe eut une bordure de linge fin, en bouillons mousseline ou linon, ou un simple fichu blanc, ou la guimpe en barbette ou rabat qu'on entourait de dentelles rares et de guipures. On porte deux jupes sous la robe. Un justaucorps, casaque fermée de nœuds de rubans, très décolletée; une collerette de linge dentelée tombe droite sur le devant et à partir des épaules fait un large rabat qui tourne dans le dos, rabat de dentelles ou guipures. Les basques de la casaque sont brodées et dentelées en bas. La première robe

Fig. 39.

se relève sur la hanche. Les trois robes avaient leurs noms. Dessus, c'est la *modeste*, au milieu la *friponne*, au-dessous la *secrète* (Fig. 39).

Les marquis de la minorité sont assez peints par Molière pour que nous n'ayons qu'à rappeler son texte immortel. Alceste dit à Célimène :

Est-ce par l'ongle long qu'il porte au petit doigt
Qu'il s'est acquis chez vous l'estime où l'on le voit?
Vous êtes-vous rendue avec tout le beau monde
Au mérite éclatant de sa perruque blonde?
Sont-ce ses grands canons qui vous le font aimer?
L'amas de ses rubans a-t-il su vous charmer?
Est-ce par les appas de sa vaste rhingrave
Qu'il a gagné votre âme en faisant votre esclave,
Ou sa façon de rire, et son ton de fausset,
Ont-ils pu vous toucher su trouver le secret?
          (*Misanthrope*, acte II)

Voilà le gentilhomme à la mode, le petit marquis de cour. Les *canons* sont les vastes manchettes de bottes faites de trois épaisseurs de mousseline garnie de point de Gênes, qui s'attachent à la vaste *rhingrave*, large culotte coulissée au-dessus des genoux et évasant le *tonnelet*. Ce tonnelet est un jupon qui cache la rhingrave et tourne autour des hanches avec des plis élégants, richement brodé, garni de coques de rubans tout autour, d'en bas et d'en haut, grand tablier de coques de rubans (la petite oie, comme on appelait cet ornement). Au milieu de la ceinture du tonnelet, ces rubans allaient en décroissant et offraient la figure d'un large V (Fig. 40).

Il y a des rubans à foison, en effet, cravate de rubans. Et la chemise fine, énorme, déborde partout : sous la braguière, autour de la taille, aux bras, sur la poitrine, avec un jabot de dentelles, un manteau à collet garni de riches broderies d'or. Les souliers sont à pattes relevées sur le cou-de-pied hauts talons rouges, carrés du bout, à queue de poisson. Veut-on une peinture plus exacte encore? Molière tient le pinceau :

Ne voudriez-vous pas, dis-je, sur ces matières
De nos jeunes muguets m'inspirer les manières?
M'obliger à porter de ces petits chapeaux
Qui laissent éventer leurs débiles cerveaux.

. . . .

De ces manches qu'à table on voit tâter les sauces,
Et de ces cotillons appelés hauts-de-chausses
De ces souliers mignons, de rubans revêtus,
Qui vous font ressembler à des pigeons pattus?

Et de ces grands canons où, comme en des entraves,
On met tous les matins ses deux jambes esclaves,
Et par qui nous voyons ces Messieurs les galants
Marcher écarquillés ainsi que des volants?
Alors l'art de la perruque arrive à son apogée.

Disons rapidement le costume des femmes. Bien qu'il y en eût de toutes sortes, car ainsi qu'aujourd'hui chacune avait son goût, la tenue générale était : cheveux roulés sur les côtés, tirés sur la tête, une coiffe de dentelles, corsage décolleté avec guimpe de dentelles en bordure, corps en pointe, hanches bouffantes, courtes manches étroites avec jabot de dentelles, double jupe dont la première se relève sur les hanches comme des rideaux d'alcôve. Souvent, le long de l'ouverture ornements de perles, roses de rubans, guirlandes; sur la seconde jupe, de riches étoffes, ornements de toutes sortes. La première robe a nom le manteau; c'est en effet un manteau à manches qui se drape sur le corps. L'invention est de la femme de Molière (1677), qui avait une façon de narguer la mode et de s'habiller avec un goût qui indignait d'abord, et ravissait ensuite les dames de la cour. On se coiffait avec des cornettes, des passes de dentelles arrangées sur la tête. Plus tard, elles se dresseront en aigrettes rayonnantes, et les bandes de dentelles, larges comme des brides de chapeaux, tomberont devant la robe, assez bas sur la poitrine.

Mais bientôt pour les hommes, à ce costume efféminé, cotillonné, enrubanné, va succéder un habillement qui siéra mieux

Fig. 40.   Fig. 41.

à des hommes de guerre, car le règne est surtout belliqueux, et l'allure martiale des grandes abnégations et des rudes travaux des camps va s'imposer. On portera le justaucorps, la veste, les canons, mais beaucoup moins grands, la rhingrave très rétrécie, les hautes bottes et fortes à talons rouges, à éperons d'or. Les éperons seront moins relevés que sous Louis XIII, où l'on fut obligé de les courber, de les cintrer en S pour qu'ils ne gênent pas la marche. On portera aussi les bas de soie et le soulier carré à queue d'aronde. Le justaucorps va donner pour la première fois le type de l'habit que la France portera désormais. C'est un habit cintré comme nos redingotes, fermant sur le devant avec de gros plis à la taille. Dans ces plis, on pratique des ouvertures pour glisser l'épée en serre-taille, retenue par un galon et des nœuds de rubans à un bouton de la taille (Fig. 41).

Les poches très galonnées sont posées sur les basques de l'habit. Les devants de l'habit, très ornés, avec des galons, passementeries, alamargés, boutons.

La c. des femmes a peu changé; mais on porte la singulière coiffure appelée *Fontanges*. Voy. COIFFURE.

De 1690 à 1715, la femme devient austère. C'est la fin du règne. Le roi songe à son salut, et Mme de Maintenon tient les rênes du gouvernement d'une main aussi ferme qu'elle contient les écarts du luxe et les fantaisies frivoles de la mode. Plus de broderies, de la passementerie sévère, plus d'étoffes à ramages pour les habits. La perruque seule subsiste volumineuse, si lourde que les courtisans la portent souvent sur leur haute canne en attendant l'audience royale. La culotte courte remplace la rhingrave. Les manches serrées au bras ont toujours les revers larges. Les habits sont de couleurs foncées : brun, marron, noir. Plusieurs édits réglèrent la mise des bourgeois, auxquels on interdit l'or et l'argent sur les vêtements (1700) ; un autre en 1708, année de grande misère, atteignit surtout la toilette des bourgeoises. Ce fut le dernier édit somptuaire. A partir de ce moment on n'en parlera plus. La forme de l'habit ressemble de plus en plus à notre redingote, moins les manches, dites manches à bottes, parce qu'elles imitent le revers de celles-ci qui deviennent très lourdes avec l'entonnoir. Ce sont les vraies bottes de postillon. On ne les chaussait que pour chevaucher.

Les femmes exagèrent les corsages serrés, mettent de fausses hanches. Le manteau, qui est la robe de dessus, se drape sur un des côtés en relevant sous les basques du corsage. On porte des tournures en toile gommée qui crient en marchant, d'où leur nom : *criardes*. On porte des *falbalas*, ce sont des volants et des franges qui voltigent sur les costumes, dessous et dessus. Les *pretintailles* sont de grandes découpures qui chamarrent les jupes. Les manches sont courtes avec manchettes à sabot. Les gants sont longs. Les femmes se couvraient de larges écharpes pour les temps de pluie ou de froid. On les drapait en coiffures ; ou les garnit de volants, de ruches. Ce fut le commencement de la cape ou tête de cape que portèrent nos arrière-grands'mères. On porta les cheveux, le plus souvent faux, très haut, en boucles sur le front.

XVIIIe siècle. — Les perruques in-folio du règne qui s'achève tombent en disgrâce et prennent différentes formes. Voy. COIFFURES.

On se lasse vite du bon goût. Après la Régence que nous ne décrivons pas davantage, car ses modes se confondent avec la fin du règne de Louis XIV, voici venir un vieux ridicule historique. Est-ce le vertugade de François Ier ? La coupole d'Henri IV ? Les deux ? De tournure en tournure, de postiches criards en tampons et bourrelets, on en revient à une armature. D'abord c'est une sorte d'entonnoir renversé, développement de la « criarde » sur laquelle on place le « manteau » ; puis les baleines, l'osier, le fer, le jonc s'en mêlent et l'on a : le panier à guéridon, le panier à coupole (le mot dit la forme), le panier à coudes, très commode pour s'appuyer en parlant. Les dames se mettaient une cage à poulets sous la robe. Comment marcher, s'asseoir, aller en voiture ? Il n'importe ! Ce fut une furie. D'où vint la mode ? Du théâtre, dit-on. Les actrices avaient, depuis la fin de Louis XIII, coutume d'exagérer la tournure de leurs robes. Là-dessus des étoffes à ramages...! Tout le monde porte les paniers. Une Mlle Margot créa un moyen de confectionner ces cages à bon marché en cousant des baleines sur une toile qui formait jupon. Alors la plus petite bourgeoise, la plus pauvre manante en voulurent et en eurent. On ne craignait rien sous ces cloches, on les portait hardiment à la moindre occasion (le caleçon était un signe de mauvaises mœurs). Avec ces jupons, viendra la robe à bas flottant, faisant réellement manteau cette fois. Très joli c.! Les couleurs et les formes de ce c. des femmes sous Louis XV offrent l'aspect riant et chiffonné d'un vaste parterre de coquelicots, de pavots doubles, de roses trémières, panachés d'œillets. La rose retournée, c'est la robe des femmes ; le coquelicot est son bonnet ; l'œillet sa cocarde. Tout cela pimpant avec des petites fleurs rose tendre, bleu clair, blanc crème, étoffes rayées, bas chinés bien tirés, souliers mignons, pointus, une boucle d'argent ciselé ou de diamant. La poudre sur la perruque ronde, une flaque d'étoffe chiffonnée en fleur, les voilà coiffées !

Le corset est toujours serré ! Sous les plis du manteau, qu'on appelle le *watteau*, sous celui-ci, dis-je, le corsage s'ajustait, échancré sur les hanches, lacé par derrière, traversé de baleines en tous sens.

Les vestes des gentilshommes étaient luxueuses, en satin, soie, damas, brodées richement. La cravate de dentelles tombait dans l'ouverture de la veste, cela donna l'idée du jabot. L'habit plus ouvert que dans la mode précédente. Tout l'ornement est sur la veste. On met aussi des baleines et de la toile forte dans les basques des habits masculins pour les faire bouffer à l'égal des paniers (Fig. 42.)

La cravate change, c'est un ruban noir avec un diamant ; alors le jabot s'étale sur la chemise. Le ceinturon est sous la veste.

En hiver, on porte plusieurs paires de bas.

Les jeunes filles n'avaient pas de paniers ni de watteau, elles avaient, au contraire, la poitrine étreinte dans le cornet de fer du corset. Les robes s'appelaient fourreaux.

L'usage funeste de ces *cors baleinés* fut combattu par J.-J. Rousseau, Diderot, Buffon, mais la mode arrêtée par la

Révolution semble reprendre de nos jours plus habilement, il faut le reconnaître.

Les bourgeois portent le *frac*, une longue redingote à collet. La *redingote* a déjà paru sous la Régence, c'est une importation anglaise, *riding-coat*, habit de cheval.

Les habits d'hommes, vers 1762, se rapprochent de plus en plus de nos vêtements modernes. Les basques tombent, les manches s'allongent, ils ne ferment plus devant, on les retient clos par des olives fixées à des ganses ou fines cordelettes qui font ornement sur les bords. On porte la redingote à deux collets, puis à un seul. La veste ressemble bien à nos gilets ; presque plus de basques et plus de manches. Le jabot passe toujours par son ouverture, car elle boutonne très bas.

Nous voici au règne de Louis XVI. Tant d'événements extraordinaires ont marqué ce règne que les principaux personnages sont dans toutes les mémoires, et dès l'âge le plus tendre notre enfance a feuilleté les pages où

Fig. 42.   Fig. 43.

sont reproduits les portraits et tous les costumes des acteurs de ce grand drame.

Une courte énumération suffira donc pour rappeler les différents types de vêtements de l'époque, époque étrange s'il en fut.

Au premier coup d'œil, on sent que tout est sous les lois de la femme. C'était déjà ainsi au règne précédent ; mais la proportion augmente jour par jour ! La femme est formidable d'aspect. Sa mignonne tête est à la moitié de la hauteur de la stature qu'elle offre (Fig. 43).

L'article *Coiffure* de la présente Encyclopédie donne en détail les coiffures étonnantes de cette époque. A peine si l'on en peut croire ces documents officiels.

Les paniers dont elle s'encage sont énormes. Faire le tour d'une dame est un voyage. Elle est exhaussée sur des échasses qui sont ses talons tournés et dorés. Le quartier de ses mignonnes chaussures de satin, de velours, de cuir coloré, est constellé de pierres, de diamants. La raie de derrière, la *venez-y voir*, est garnie d'émeraudes. Auprès d'elle le gentilhomme, quel qu'il soit, est gringalet, étriqué avec son habit proportionné, élégamment adapté sur ses formes, ses culottes collantes, ses simples souliers à boucles et sa perruque encadrant la tête en rond. L'abbé même, avec son manteau à collet, a l'air d'un simple point admirable en face d'un colosse. C'est Sarrazin, le dessinateur de théâtres, qui inspire la mode et en règle tous les dérèglements.

Aussi Marie-Thérèse écrit-elle à sa fille, Marie-Antoinette, qui lui avait envoyé son portrait : « Il y a substitution. C'est le portrait d'une actrice qu'on m'a envoyé, non celui d'une reine de France ! » La reine est jeune, hélas ! elle est belle, spirituelle, volontaire, adulée. Tout le monde ploie sous sa folie de toilettes. Après un an de règne, elle a gaspillé près de 300.000 fr. de fanfreluches. Sa grâce seule eût suffi à lui garder le sceptre du monde, mais elle raffola du « besoin de paraître ».

Le goût continue à être gracieux, précieux. Tous les événements passent et se reflètent dans un miroir romanesque. Le vent du jour est-il à la grave sobriété : vite, on se revêt à la cour de fracs d'homme arrangés avec grâce, sus de rubans, de bijoux. Les campagnes souffrent : vite, la sentimentalité accorde ses pipeaux et nous voilà bergers et bergères.

Au moment des ardentes galanteries on avait baptisé les fanfreluches des robes : *Plaintes indiscrètes*, *vapeurs*, *regrets*, *grande réputation* (?), *préference*, *compoz lion honnête*, etc. La réforme qui plane partout se traduit par une simplicité recherchée, voulue. Voici les modes de Trianon qui éclatent : petits chapeaux de paille, longs rubans, corsage, fichus, jupons courts, houlettes. Les hommes sont en vestes courtes, grises, bleues, vertes, roses embaumées aussi. Enfin, viennent les moments graves : la famine, les barquerontes, la gêne générale. Les costumes changent tout à coup.

Plus d'ornements sur les habits, plus de talons rouges, plus de garnitures aux robes.

Les paniers sont en disgrâce. On porte le *caraco*, tout autre qu'au règne précédent : c'est une robe qui semble coupée à partir des cuisses ; puis les modes de l'autre côté du détroit nous envahissent. On s'habille presque en homme là-bas. On porte des robes à collet de frac, à revers, des redingotes ouvertes, des gilets à petites basques avec breloques sur le jupon, des chapeaux bonnettes, la cravate, les manches longues avec parements à larges boutons, la canne, le jabot, chapeau de castor ; on eut les vestes marinières, puis un caraco plus étriqué, ouvert sur le devant. Le corsage et le grand fichu bouffant sur la poitrine, appelé pour cela *Fichu menteur*, comme celui des Arlésiennes. Robes à l'anglaise, à la circassienne. La jupe des robes était tout ouverte sans garniture. Le châle de cachemire, de taffetas C'est celui qu'on appela plus tard le châle Marie-Antoinette et qui va parer tous les corsages de la Révolution. La coiffure a beaucoup diminué de volume, mais est encore très bouclée pour les femmes. Ce fut le temps de la parure négligée.

On se montra à la cour sans signes distinctifs et honorifiques en habit de ville sans ornements. L'habit à la française fut le mode. Quelques seigneurs s'habillèrent en drap. Le chapeau bicorne apparut.

Les manches de l'habit sont longues et étroites. Le chapeau à l'andromane, qui se porte à ce moment, est à peu près le petit chapeau si célèbre de Napoléon, un peu plus bas. Les habits sont bariolés, en lignes droites, jaunes et vertes, noires et jaunes. On porte aussi la grande redingote lévi et tombant aux pieds avec poches sur le côté, aux hanches ; pantalon collant et bottes à cœur, la culotte de peau si étroite qu'on n'entrait dedans que par miracle.

L'orage qui va déchaîner le grand cataclysme, le plus étonnant bouleversement de l'univers, a déjà apporté, dans les cerveaux, le goût du simple et de l'austère. On plaît dôt, on est à la veille d'un événement qu'on va subir sans le comprendre et l'on est en proie à d'autres idées que celles de se parer. L'attention est ailleurs. Dans cet abandon de notre goût national, dans le « laisser-faire » général, l'esprit les modes anglaises s'est imposé. Encore quelques années, et le costume français aura dit son dernier mot et créé son dernier prodige. Après les costumes sévères de la Révolution, l'extravagance reprendra ses droits sous le Directoire avec les *incroyables* et les *merveilleuses* ; puis nous allons avoir le hideux vêtement qui, de laideur en laideur, de tristesse en stupidité, va venir jusqu'à nous et nos enfants. Et, ce regrettable et commode. Par quelle abnégation de goût, l'esprit et de grâce achète-t-on ces qualités ? Quel bon vent de liberté et d'art nous rendra à notre imagination créatrice et fera revivre l'originale et brillante germination du vieux costume français qui fit, malgré bien des exagérations et des incommodités, l'étonnement charmé et l'admiration du monde pendant tant de siècles ? Ceci pourrait s'appliquer aux hommes. Le c. des femmes pendant le XIX° siècle a vu des périodes de grâce à côté de périodes de véritable laideur. Que penser des *gigots* du temps de Louis-Philippe et des *crinolines* du second empire ? La mode est toujours le même tyran. Tous les costumes modernes sont trop connus pour que nous nous attardions à les décrire. Les livres se sont clairs, les revues de mode les contiennent amplement depuis la Révolution jusqu'à nos jours. Nous y renvoyons le teche, n'ayant voulu décrire ici, dans ce résumé historique, que ce qui pourrait avoir été oublié et qui représente, à proprement parler, l'histoire générale du costume.

Biblíog. — JULES QUICHERAT, *Histoire du Costume en France*; CHARLES LOUANDRE, *les Arts somptuaires*; RACINET, *le Costume historique* (500 planches); H. DE VIELCASTEL, *Collection des Costumes, etc., pour servir à l'histoire de France*; G. DEMAY, *les Costumes d'après les sceaux*;

CH. BLANC, *l'Art dans la parure et dans le vêtement*; E.-O. LAMI, *Dictionnaire de l'Industrie et des Arts industriels*.

COSTUMER. v. a. Revêtir d'un costume. *Elle avait costumé sa fille en bergère.* = SE COSTUMER, v. pron. *Se c. en Turc. Cet acteur sait très bien se c.* = COSTUMÉ, ÉE. part. *Bal costumé.*

COSTUMIER, IÈRE. s. Celui ou celle qui fait, vend ou loue des costumes. *Le c. de l'Opéra.*

COSTUS. s. m. [Pr. *kos-tuss*] (gr. κόστος, m. s.). T. Bot. Genre de plantes Monocotylédones de la famille des *Scitaminées*. On désignait aussi sous ce nom la racine d'une plante de la famille des *Composées*, tribu des *Tubuliflores*. Voy. SCITAMINÉES et COMPOSÉES.

COSUJET. s. m. (R. *co*, préf., et *sujet*). Celui qui est avec d'autres sujet d'un gouvernement.

COSYNDIC. s. m. (R. *co*, préf., et *syndic*). Celui qui fait partie d'un syndicat.

CÔT. s. m. T. Vitic. Cépage français cultivé en Gironde sous le nom de *malbeck* et dans l'Yonne sous celui de *plant du roi*. Il semble originaire de Lot ; c'est un des plus répandu dans tous nos vignobles.

COTANGENTE. s. f. (R. *co*, préf., et *tangente*). T. Math. Tangente du complément d'un arc. Voy. TRIGONOMÉTRIE.

COTARNINE. s. f. (R. *narcotine*, par anagramme). T. Chim. La c. $C^{12}H^{13}AzO^3$ est un alcaloïde artificiel qu'on obtient en oxydant la narcotine. Elle forme des cristaux incolores, solubles dans l'alcool, qui fondent à 100° en perdant de l'eau. Elle s'unit aux acides en donnant des sels généralement solubles et cristallisés. Chauffée doucement avec l'acide azotique étendu, elle se transforme en *acide cotarninique* ; ce composé est solide, soluble dans l'eau, peu soluble dans l'alcool, et présente une réaction fortement acide ; il est bibasique.

L'*hydrocotarnine* $C^{12}H^{15}AzO^3$ est une substance cristalline, fusible à 50°, qui se forme quand on traite la c. par le zinc et l'acide chlorhydrique; on l'a rencontrée dans les eaux mères de la préparation de la morphine.

COTE. s. f. [Pr. *l'o bref*] (lat. *quot*, combien). Quote-part. *Sa c. s'élève à tant. Payer sa c.* — *C. mal taillée*, Arrêté de compte en gros, sans discuter rigoureusement ce qui devrait revenir à chacun. *Pour en finir, nous avons fait une c. mal taillée.* || La marque numérale ou alphabétique dont on se sert pour classer les pièces d'un procès, d'un inventaire, etc. *Ces pièces sont sous la c. A. La c. n° 1, la c. n° 2.* || T. Bourse. L'indication des taux des effets publics, du change, etc. *La c. de la Bourse, de la rente, des chemins de fer.* || Fragment de pierre ou de marbre servant aux incrustations. || T. Topogr. et Géom. descriptive. Chiffre destiné à indiquer le niveau d'un point par rapport au plan de comparaison. Voy. COTER et GÉOMÉTRIE DESCRIPTIVE, TOPOGRAPHIE. || T. Courses. *Pari à la c.*, Genre de pari dans les courses de chevaux qui s'effectuait de la manière suivante : un entrepreneur de paris nommé *bookmaker* (teneur de livre) assignait d'avance les *cotes* des chevaux qui devaient prendre part à la course suivant la probabilité de gain qu'il leur supposait. Ces cotes indiquaient le nombre de fois qu'on devait rembourser l'enjeu si le cheval venait à gagner. Si, par ex., un cheval avait la c. 10, ce qui s'exprimait encore en disant que le *bookmaker* le donnait à 10, le parieur qui aurait parié pour ce cheval, qui l'aurait pris, suivant le jargon des courses, devait recevoir 10 fois son enjeu si ce cheval arrivait le premier. Les bookmakers affichaient les cotes avant la course et recevaient les enjeux en échange desquels ils délivraient de petits cartons portant le nom du cheval et du servant de reçus. Dans la course, ils réglaient le gain des gagnants. Le pari à la c. est interdit depuis la loi du 2 juin 1891. On ne tolère plus que le *pari mutuel*. Voy. PARI.

CÔTE. s. f. [Pr. *l'o long*] (lat. *costa*, m. s.). T. Anat. On nomme ainsi les os courbes et plats qui concourent à former les parois de la poitrine. *L'homme a douze côtes de chaque côté. Se briser une c. Une c. de bœuf, de baleine.* — Fam., on dit d'une personne ou d'un animal fort maigre qu'*On lui compterait les côtes.* — Fig. et pop., *Mesurer les côtes à quelqu'un*, Le battre à coups de bâton, etc. — *Rompre les côtes à quelqu'un*, Le battre à outrance. Voy. SQUELETTE.

|| T. de Boucherie désignant un maniement situé chez le bovidé vers la partie moyenne des deux dernières côtes, de chaque côté du corps, au niveau du flanc. || Fig., Extraction, descendance. *Nous sommes tous de la c. d'Adam.* — Prov., on dit d'un homme qui se pique mal à propos de noblesse, ou qui se targue d'une haute naissance : *Il s'imagine être de la c. de saint Louis.* — *Côte à côte.* loc. adv., A côté l'un de l'autre. *Ils marchaient c. à c.* Se dit aussi des choses. *Les deux navires voguaient c. à c.* || Par anal., se dit de différentes choses qui ont quelque ressemblance avec les côtes des animaux. *Des côtes de melon.* — *Les côtes d'un navire,* etc., Les pièces de bois qui sont à la quille et montent jusqu'au plat-bord. — *La c. d'une feuille,* La grosse nervure du milieu. — *Étoffe à côtes,* Étoffe qui présente des lignes saillantes dans le sens de sa longueur ou de sa largeur. — *Les côtes d'une coupole, d'un dôme,* Les saillies qui divisent leur surface. — *Les côtes d'une colonne,* Les listels qui séparent les cannelures. == Le penchant d'une montagne, d'une colline, la montée d'une route. *C. fertile. C. de vignobles. La c. de telle montagne. Le long de la c. Sur la c. C. rude, roide. Descendre, monter la c. — A mi-c.,* Vers le milieu d'une c. || Le rivage de la mer. *C. basse, escarpée, inabordable. Les c. ou les côtes de France, d'Angleterre,* etc. *Les côtes de l'Océan, de la Méditerranée. Donner à la c. Se briser à la c. Le vent jeta le navire à la c. Raser, longer la c. Batterie de c., Batterie pour défendre la c. Les habitants des côtes. Faire c.,* Faire naufrage en touchant le bord de la terre. — Par méton., *Côte* se dit pour les habitants de la c. *Toutes les côtes de la Manche étaient en armes.* || Par ext., se dit des approches de la terre, jusqu'à une certaine distance au large. *Une c. dangereuse, pleine d'écueils.* || *Gardes-côtes,* Ceux qui sont chargés de surveiller les côtes. — Les vaisseaux qui sont chargés de faire la police des côtes. — On dit au sing., dans les deux sens, *Un garde-c.*

Géogr. — Les *Côtes* se divisent en *côtes escarpées,* ordinairement constituées par un sol de roche qui est coupé plus ou moins brusquement, et en *côtes basses,* qui sont en général formées par des terrains argileux et mous s'abaissant en pentes douces jusqu'à la mer.

On les appelle *Falaises* ou *Côtes par escarpement,* lorsqu'elles plongent brusquement dans la mer de manière à laisser les flots battre librement leur base. Telles sont celles qui bordent la Manche en France et en Angleterre; telles sont encore, du moins en grande partie, celles de la Méditerranée et de la mer Noire. L'Amérique n'offre presque pas d'autres côtes sur l'Océan Pacifique, depuis le cap Horn jusqu'au détroit de Behring. Souvent les côtes escarpées sont précédées de lignes de rochers qui tantôt montrent leurs têtes au-dessus de l'eau, tantôt restent cachés au-dessous, mais en formant toujours de dangereux écueils. On les dit alors *Côtes escarpées et dentelées.* En beaucoup d'endroits, ces rochers forment des labyrinthes d'îles qui entourent les côtes; ou bien les rochers qui forment la c. elle-même présentent d'innombrables crevasses ou fiords dans lesquelles la mer bat avec fureur. On trouve des exemples de ces dispositions dans l'*archipel de Mergny,* aux Indes orientales, dans le *Skiergärd* de Suède et de Norwège, dans le *Jardin du roi* et de *la reine,* du golfe du Mexique, près de Cuba, et sur la c. ouest de l'Amérique du Sud, à partir de son extrémité la plus australe jusque vers le 41e degré de latitude, c.-à-d. sur une longueur d'environ 120 myriamètres. Les marins donnent le nom d'*Accore* à toute c. escarpée qui plonge à pic dans la mer.

Les *côtes basses* peuvent également, suivant Malte-Brun, se distinguer en deux classes : 1° en *côtes par collines:* telles sont, par ex., les côtes qui présentent les îles du Danemark, la Suède méridionale et la Poméranie. Les côtes de ce dernier genre semblent appartenir plus particulièrement aux lacs et aux petites mers intérieures; 2° en *côtes par dunes et par atterrissements.* Celles-ci se présentent sous l'aspect de plaines sablonneuses ou marécageuses qui vont se perdre en pente douce dans la mer; mais elles sont de différentes natures. Tantôt ce sont les rivages de la Gascogne et du Jutland, d'anciennes côtes par collines autour desquelles les flots ont amoncelé des amas de sables, fixes ou mobiles; tantôt ce sont à la fois des dunes amassées par la mer et des atterrissements apportés par les fleuves, comme en Hollande, en Égypte, en Amérique à l'embouchure du Mississipi. Souvent encore la mer forme des atterrissements limoneux, comme les terres noyées des côtes de la Guyane française. Les côtes basses sont parfois exposées sans aucun rempart naturel à toute la fureur des flots; il en est d'autres, comme le Nord-Jutland, par ex., qui sont protégées contre eux par une série de dunes fixes entremêlées de rochers.

CÔTÉ. s. m. (lat. *costa,* côte). La partie droite ou gauche de l'homme ou de l'animal, depuis l'aisselle jusqu'à la hanche. *C. droit, gauche.* Fam., *Se tenir les côtés de rire,* Rire excessivement. || Par ext., La partie droite ou gauche de l'homme ou de l'animal. *Il boite des deux côtés.* — Fam., *Être sur le c.,* Être blessé ou malade au point de ne pouvoir se remuer qu'avec peine. *Le voilà sur le c. pour six semaines ou moins.* — Fig., se dit de quelqu'un qui est mal dans ses affaires, ou d'un courtisan qui commence à perdre sa faveur, son crédit. *Il est sur le c.* — *Jeter, mettre quelqu'un sur le c.,* La renverser par terre mort ou dangereusement blessé. — Fig. et fam., *Mettre, faire passer quelque chose du c. de l'épée,* Mettre quelques fonds à couvert, en réserve. On le dit plus ordinairement en mauvaise part. *Avant d'abandonner ses biens à ses créanciers, il a mis quelque chose du c. de l'épée.* || Par anal., se dit des parties opposées, latérales d'une chose. *Les côtés d'une armoire, d'une cheminée,* etc. *Les troupes étaient rangées des deux côtés de la rue.* — Le c. de l'épître, le c. de l'évangile, Le c. droit, le c. gauche de l'autel. — *Les côtés d'un vaisseau, d'un navire,* Les flancs d'un vaisseau à partir du plat-bord. *Le c. de tribord, de bâbord ou Le c. droit, le c. gauche.* On dit qu'un navire est sur le c., quand il est échoué, renversé sur le c. *Le navire resta sur le c. jusqu'à la marée montante. Mettre un navire sur le c.,* L'incliner sur l'un de ses côtés pour le caréner, le radouber, etc. — *Les bas côtés d'une église,* Les nefs latérales. — Dans le langage parlementaire, *Le c. droit, le c. gauche,* Le c. de la salle qui est à la droite, à la gauche du président. *Siéger au c. droit, au c. gauche.* Par ext., Les membres de l'assemblée qui siègent à la droite ou à la gauche du président. Les premiers représentent en général, le moins en France, le parti conservateur; les autres, le parti avancé. *Il a toujours siégé au c. gauche,* ou simplement *à la gauche. Tout le c. droit ou toute la droite se leva contre l'amendement.* || Se dit également des faces que présente un objet. *Les quatre côtés du monument étaient décorés de bas-reliefs. Le c. extérieur, intérieur; de derrière, de devant.* — En parlant des étoffes. *Le c. de l'envers, de l'endroit.* — Fig., en parlant des personnes et des choses. *Il se montre toujours par le beau c. Il prend les choses du mauvais c. Les Français saisissaient très bien le c. ridicule des choses. Ce n'est là qu'un c. de la question.* || Se dit des lignes qui forment le contour, la limite d'une surface. *Les côtés d'un triangle, d'un polygone.* || Se dit encore en parlant de la position opposée de deux objets ou de deux lieux par rapport à un troisième qui les sépare. *Il y avait des gardes de chaque c. de la voiture. Ce c. du fleuve est plus fertile que l'autre. De l'autre c. des Alpes.* —Fam., *De l'autre c., Dans la pièce voisine.* || La partie d'une chose vers laquelle on se dirige, par laquelle elle peut être abordée. *Attaquer la place du c. le plus faible.* — Fig., *Le c. faible d'une chose,* Ce que cette chose a de défectueux. *C'est là le c. faible de votre affaire.* On dit aussi, *Le c. faible d'une personne,* Le défaut habituel d'une personne, sa passion dominante; ou ce qu'elle sait le moins, la chose en elle où le moins habile. *Vous l'avez attaqué par son c. faible.* — *Prendre quelqu'un par son c. faible.* || Fig., se dit en parlant des personnes qui sont en présence, en lutte, en discussion, ainsi que des partis opposés. *Il y a deux côtés. Avoir, mettre les rieurs de son c. Se mettre du c. du plus fort.* || Fig. encore, dans un sens analogue, en parlant de deux ou plusieurs personnes envisagées relativement les unes aux autres, mais sans aucune idée d'antagonisme. *Agissez de votre c., nous agirons du nôtre.* || On dit aussi fig., *D'un c., d'un autre c.,* pour marquer le double point de vue sous lequel on envisage une chose. *Sous ce rapport, on pourrait peut-être l'excuser, mais d'un autre c. il y a bien des raisons pour le condamner.* || Sert aussi à marquer la direction, la tendance, le point de départ, et se dit en parlant des personnes et des choses. *Le navire penchait tantôt d'un c., tantôt de l'autre. L'effroi se répandit de tout c., de tous côtés. Ils s'en sont allés chacun de leur c. De quel c. vient l'orage, le vent? C'est de ce c. que vient le bruit.* — Fig., *Du c. de la santé, de la fortune,* etc., *vous n'avez rien à désirer.* —Fig. et fam., *Ne savoir plus de quel c. se tourner,* Ne savoir plus que faire, que devenir, n'avoir plus de ressources. *Regarder, voir de quel c. vient le vent,* Regarder dehors, sans aucun dessein et par désœuvrement; observer la marche des événements pour régler sa conduite d'après ce qui arrivera. Ne se prend guère qu'en mauvaise part. = La ligne de p⋅⋅té. *Ils sont parents du c. du père, du c. de la mère.* — *Être du c. gauche,* Être bâtard. = A CÔTÉ. oc. prép. Tout auprès, soit à droite, soit à gauche. *Ma maison est à c. de la sienne. Je demeure à c. de monsieur un tel.* — Se dit au sens moral. *Mettre le trivial à c. du sublime.* || Fig., on *Et qu'un homme est à c. ou marche à c. d'un autre,* pour marquer qu'il y a entre eux égalité de naissance, de mérite, etc. *Racine marche à c. d'Euripide.* On d t, dans le même sens, *Mettre un artiste, un écrivain à c. d'un autre. Passer à c. d'une question, d'une difficulté.* etc., Ne pas la résoudre, l'éluder. *Être à c. de la question,* Ne pas bien saisir la question, s'en écarter. = A CÔTÉ. loc. adv. Auprès, à droite, ou à gauche. *Il marchait à c. Passez un peu à c.* — On dit au prop. et au fig., *Donner à c.,* Manquer le but. *En tirant, il a donné à c.* = DE CÔTÉ. loc. adv. De biais, de travers, obliquement. *Il regarde de c. Il marche, il va de c. Il faut vous tourner un peu plus de c.* — Fig., *regarder de c.,* Regarder avec dédain, ressentiment ou embarras. *Je ne sais ce que je lui ai fait, mais il me regarde toujours de c. Mettre, ranger une chose de c.,* L'éloigner l'écarter un peu pour que l'espace qu'elle occupait devienne libre. *Mettez cette chaise de c., elle gêne le passage.* On lit aussi dans ce sens, *Se ranger, se mettre de c.* — *Mettre une chose de c.,* La mettre en réserve. *Un bon père de famille doit tous les ans mettre quelque chose de c. J'ai dit au marchand de me mettre cet objet de c.* — Fig., *Passer sous silence. Je mets de c. tous les reproches que je pourrais vous faire.* — *Mettre, laisser une chose, une personne de c.,* La négliger, au moins pour un temps, ne pas s'en occuper. *Je ne comprends pas qu'on laisse de c. un administrateur aussi capable.*

COTEAU. s. m. (lat. *costa,* côte). Penchant d'une colline. *C. fertile. C. planté de vignes.* || Par ext., La colline même prise dans toute son étendue. *Les coteaux qui bordent la Saône. Le long du c. Sur le haut du c. La rivière passe au pied du c.*

CÔTE DE L'OR, région de la Guinée supérieure, comprise entre la côte des Dents et la côte des Esclaves, appartenant aux Anglais, sauf Assinie, qui est à la France.

CÔTE D'OR (Monts de la), collines de France, dont les principaux sommets sont le Tasselot et le Moresel, et dont la partie méridionale est célèbre par ses vignobles.

CÔTE-D'OR (Dép. de la), formé d'une partie de la Bourgogne; ch.-l. *Dijon;* 3 autres arr.: *Beaune, Châtillon-sur-Seine, Semur;* 376,900 hab.

CÔTELÉ, ÉE. adj. Qui est couvert de côtes. *Un fruit c.*

CÔTELER. v. a. (R. *côte*). Établir des sortes de côtes sur une route, à l'aide d'arbres ou autrement.

CÔTELETTE. s. f. (Dimin. de *Côte*). Côte de mouton, d'agneau, de veau, de porc, etc., avec la chair qui y est attachée. Ne se dit que des côtes qui sont détachées de l'animal, séparées les unes des autres et destinées à être accommodées ou déjà accommodées pour être mangées. *Mettre des côtelettes sur le gril. Servez-nous des côtelettes.*

COTELINE. s. f. T. Comm. Sorte d'étoffe de filet de coton.

COTENTIN, anc. pays de la basse Normandie (de Coutances, sa cap.), formant une partie du dép. de la Manche; v. princ. *Coutances, Cherbourg, Saint-Lô, Granville.*

COTENTINE. adj. et s. f. Se dit d'une race bovine répandue dans les dép. de la Manche du Calvados et de la Seine-Inférieure.

COTEPALIS. s. m. (Pr. *kotepali*) T. Comm. Étoffe légère de soie et de poil de chèvre.

COTER. v. a. (Pr. l'o bref) (R. *cote*). Marquer avec des chiffres ou des lettres, numéroter. *C. les pièces d'un procès. C. un registre par première et dernière.* — *C un chapitre, un article, un versel,* etc., Marquer le numéro d'un chapitre, etc. *C. à la marge.* || Indiquer le prix, le taux de quelque chose. *C. le prix des marchandises, le cours des effets publics,* etc. *La rente est cotée à tant.* || L. Topogr.

et Géom. descriptive. Marquer le niveau. *C. un plan.* = SE COTER, v. pron. Être coté. *Le 3 p. 100 s'est coté à 75.* = COTÉ, ÉE. part. || *Plan coté.* T. Géom. Représentation d'une figure à l'aide de sa projection horizontale ou *plan* et de *cotes* ou nombres placés à côté des points remarquables et indiquant la distance de chacun de ces points au-dessus ou au-dessous d'un plan horizontal de comparaison. Les plans cotés sont surtout usités pour la représentation du terrain en topographie et pour celle des ouvrages de fortification. On appelle *Géométrie cotée* l'ensemble des doctrines qui permettent d'effectuer sur un plan coté les opérations nécessaires pour l'étude et la détermination des figures qu'on veut représenter.

COTERET. s. m. Nom de deux pièces de métier à tapisserie de haute lisse.

COTERIE. s. f. (R. *cote*). Autrefois, espèce de société particulière formée par des personnes que réunissaient des goûts communs, quelque but de plaisir, etc. Aujourd'hui, société particulière où plusieurs individus se coalisent n vue d'un intérêt particulier et en général fort mesquin. Ne se dit que par dénigrement. *Ordinairement les villes de province sont partagées en plusieurs coteries. C. littéraire, politique. Je ne veux être d'aucune c.*

CÔTE-RÔTIE, nom d'un excellent vignoble (Rhône), à 26 kil. de Lyon.

COTES (Roger), mathématicien et physicien anglais, mort à 34 ans, dont Newton a dit : *Si ce jeune homme eût vécu, nous saurions quelque chose.* (1682-1716.)

CÔTE-SAINT-ANDRÉ (LA), ch.-l. de c. (Isère), arr. de Vienne; 4,000 hab. Vins blancs. Patrie de Berlioz.

CÔTES-DU-NORD (Dép. des), formé d'une partie de l'anc. Bretagne; ch.-l. *Saint-Brieuc;* 4 autres arr.: *Dinan, Guingamp, Lannion, Loudéac;* 618,700 hab.

COTHURNE. s. m. T. Antiq. Le *Cothurne (Cothurnus,* κόθορνος) était une sorte de bottine fort usitée chez les Grecs et chez les Romains. Il se distinguait du *calceus* ou soulier, en ce qu'il montait au moins jusqu'au milieu de la jambe et quelquefois jusqu'au genou, de façon à enfermer le mollet : *Alte suras vincire cothurno* (Enlacer ses jambes très haut avec le cothurne), dit Virgile (*En.* I, 337). Il se laçait par devant afin de dessiner autant que possible les formes de la jambe. Ainsi qu'on le voit par les statues antiques, il était souvent orné avec beaucoup d'élégance et de goût. Le c. était la chaussure habituelle des chasseurs, des cavaliers, etc.; il faisait aussi partie du costume des hommes constitués en dignité. Le cuir de cette bottine était fréquemment teint en pourpre ou en quelque

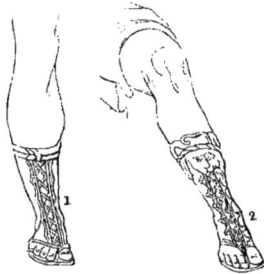

Fig. 1.   Fig. 2.

autre couleur éclatante. — On faisait parfois la semelle du c. beaucoup plus épaisse qu'à l'ordinaire, vraisemblablement en y insérant des plaques de liège. Ces cothurnes à semelles très épaisses n'étaient guère qu'à l'usage des femmes qui voulaient paraître plus grandes, ou des acteurs grecs dans la tragédie. De là, les Latins ne nous avons emprunté des auteurs grecs et latins, *Chausser le c.,* pour dire : composer des tragédies, ou jouer des rôles tragiques, ou encore enfler son style à l'imitation du style héroïque usité dans ce genre de poème dramatique. — Comme les chasseurs, ainsi que nous l'avons dit, portaient ordinairement le c., les poètes et les sculpteurs représentaient habituellement Diane avec cette sorte de chaussure. On l'attribuait également à Bacchus, à Mercure et à quelques autres divinités. Les Fig. 1 et 2 représentent deux cothurnes empruntés à deux statues du Musée Pio-Clementino, à Rome. La première est d'après une statue de Diane chasseresse (*Diana succincta*), et la seconde d'après une statue de la déesse Roma.

COTICE. s. f. (R. *côté*). T. Blas. Pièce honorable qui est un diminutif de la bande. Voy. HÉRALDIQUE.

COTICULE. s. m. T. Minér. Sorte de schiste cristallin.

COTIDAL, ALE. adj. (R. *co*, préf., et ang. *tide*, marée). *Courbes cotidales.* Celles qui passent par tous les points où la marée a lieu à la même heure.

CÔTIER, IÈRE. adj. (R. *côte*). Qui a rapport aux côtes. *Fleuve côtier.* || T. Mar. Qui a la connaissance, la pratique d'une côte. *Pilote c.* — Substant.. *Ce pilote est bon c.* || *Navigation côtière,* Celle qui se fait le long des côtes, près des côtes.

CÔTIÈRE. s. f. T. Mar. Suite de côtes de mer. *Il croise sur cette c.* Vx. || T. Techn. Moule pour couler les tuyaux de plomb. || T. Hortic. Planche de jardinage qui va un peu en talus et qui est ordinairement adossée à une muraille. On dit plus souvent *Ados*. || Pente douce susceptible d'être cultivée à la charrue. || T. Const. Bloc de pierre placé de chaque côté d'un four de forge. || Pilastres qui servent de revêtement aux côtés d'une cheminée quand le tuyau fait saillie.

COTIGNAC. s. m. [Pr. *Cotigna*] (bas-lat. *cotoneatum*, qui a rapport au coing, *cotoneum*). Sorte de confiture faite avec des coings. *Boîte de c. Du c. d'Orléans.*

COTIGNAC. ch.-l. de c. (Var), arr. de Brignoles ; 2.500 h.

COTIGNELLE. s. f. Infusion spiritueuse de coings.

COTILLON. s. m. [Pr. les *ll* mouillées] (Dimin. de *cotte*). Cotte ou jupon de dessous. Ne se dit guère que du jupon des femmes du peuple et des paysannes. *C. de serge.* — Fig. et pop., *Femmes en général, Aimer le c., Aimer les femmes.* || Sorte de danse ayant une infinité de figures qu'on peut varier à volonté. *Danser le c.*

COTIN. s. m. (gr. χότινος, olivier sauvage). T. Bot. Nom vulgaire du Fustet (*Rhus Cotinus*), plante de la famille des *Anacardiacées*. Voy. ce mot.

COTIN (Abbé), poète ridicule, membre de l'Académie française, immortalisé par les satires de Molière et de Boileau (1604-1682). C'est lui l'auteur du fameux sonnet cité par Molière dans les *Femmes savantes :*

> À MADEMOISELLE DE LONGUEVILLE,
> *sur la fièvre quarte.*
>
> Votre prudence est endormie
> De traiter magnifiquement
> Et de loger superbement
> Votre plus cruelle ennemie.
>
> Faites-la sortir, quoiqu'on die,
> De votre riche appartement,
> Où cette ingrate insolemment
> Attaque votre belle vie.
>
> Quoi ! sans respecter votre rang,
> Elle se prend à votre sang.
> Et nuit et jour vous fait outrage !
>
> Si vous la conduisez aux bains,
> Sans la marchander davantage,
> Noyez-la de vos propres mains.

COTINGA. s. m. T. Ornith. Le genre *Cotinga* (*Ampelis*) appartient à l'ordre des *Passereaux* et à la section des *Den-tirostres*. Il donne son nom à la famille des *Ampélidés*, qui comprend, outre le genre *C.*, les genres *Piauhau, Tersine, Échenilleur, Jaseur* et *Procnia*. Les caractères de la famille sont : bec court, déprimé, large à sa base et très fendu ; narines rapprochées de la pointe du bec, souvent à demi cachées par de petites plumes serrées ; ailes à rémiges assez longues, dont quelques-unes des premières sont souvent rétrécies ; queue médiocre et généralement fourchue ; tarses et doigts courts, l'externe plus long que l'interne et soudé assez loin avec le médian ; ongles élevés, courts et très arqués. Tous les oiseaux qui composent la famille sont essentiellement percheurs et frugivores, comme l'indique la conformation de leur bec et

de leurs pattes. En outre, tous appartiennent aux régions tropicales du Nouveau Monde, ou de l'Afrique, à l'exception du genre Jaseur, qui est commun à l'Amérique septentrionale et à l'Ancien Continent.

1° Les *Cotingas* (*Ampelis*) sont des oiseaux de la taille

Fig. 1.

d'un merle. La plupart se font remarquer par l'éclat du pourpre et de l'azur qui colorent le plumage des mâles à l'époque de la pariade. Le reste de l'année, les deux sexes n'ont que des teintes grises ou brunes. Ces oiseaux habitent surtout le Brésil et la Guyane, où ils vivent solitaires dans la profondeur des bois et dans les lieux marécageux. Le plus connu est le *C. bleu* (*A. cærulea*), appelé vulgairement *Cordon bleu* (Fig. 1), dont le mâle est d'un beau bleu d'outremer, à reflets violets sur quelques points, avec la gorge, la poitrine et le haut du ventre d'un pourpre éclatant, les pennes des ailes et de la queue, le bec et les pieds d'un beau noir. La livrée de la femelle est moins riche, et diffère parfois beaucoup de celle du mâle. Nous nommerons encore le *C. Pompadour* (*A. Pompadora*) qui est d'un beau pourpre clair, avec les pennes des ailes blanches.

2° Le genre *Piauhau* (*Querula*) se distingue du précédent par son bec, qui est plus fort et plus pointu. L'espèce type est le *P. ordinaire* (*Q. rubricollis*), qui est tout noir, à l'exception d'une tache pourpre sur la gorge. Cet oiseau habite la Guyane ; son cri est exprimé par son nom.

3° Le genre *Tersine* (*Tersina*) est formé d'une seule espèce, la *Tersine bleue*, qui vit au Brésil.

4° Le genre *Échenilleur* (*Ceblepyris*) est remarquable par quelques-unes des plumes du croupion dont la tige est forte, roide dans la plus grande partie de sa longueur, et terminée par un flocon de barbes. Les espèces de ce genre sont propres

Fig. 2.

à l'Afrique et aux Indes, où elles se nourrissent des chenilles qu'elles trouvent sur les arbres les plus élevés. Elles n'ont rien de l'éclat des vrais Cotingas.

5° Les oiseaux du genre *Jaseur* (*Bombycilla*) ont la tête ornée d'un toupet de plumes ; mais ls se distinguent surtout par les pennes secondaires de leurs ailes qui ont le bout de la tige élargi en un disque ovale, lisse et rouge ; ils vivent en bandes nombreuses. L'Europe en possède une espèce appelée, on ne sait pourquoi, *Jaseur de Bohême* (*B. garrula*) (Fig. 2). Cet oiseau est un peu plus grand qu'un moineau, à plumage gris vineux, avec la gorge noire, l'aile noire variée de blanc, et la queue noire bordée de jaune au bout. Du Nord qu'il habite, le Jaseur vient par troupes dans nos contrées, mais à des intervalles fort irréguliers.

6° Le genre *Procnia*, qui est caractérisé par son bec plus

Fig. 3.

faible et plus déprimé, ne se trouve qu'en Amérique. Le type de ce genre est l'*Averano* (*Pr. variegata*) (Fig. 3), qui est propre au Brésil, où on l'appelle *Ave de verano*, c.-à-d. Oiseau d'été, parce qu'il ne chante qu'au plus fort de l'été. Le mâle, nous dit son plumage parfait, est presque blanc ; sa tête est rousse ; ses ailes sont noires ; enfin sa gorge est nue et garnie d'un grand nombre de caroncules aplaties, longues de 27 millimètres, larges de 2 mill. 1/4, bleuâtres chez l'oiseau vivant et noires chez l'oiseau mort.

COTIR. v. a. Meurtrir. Popul., ne se dit que des fruits. *La grêle a coti les pommes.* = **COTI**, IE, part.

COTISATION. s. f. [Pr. ...sion]. Action de cotiser, de répartir entre un certain nombre d'individus la somme nécessaire pour couvrir une dépense commune. *Cette c. est mal faite. C. volontaire, forcée. Le rôle des cotisations.* Vx. — L'action de se cotiser. *Cette c. spontanée a produit en un instant la somme qui était nécessaire.* || Quote-part. *J'ai donné vingt francs pour ma c.*

COTISER. v. a. (R. *cote*). Taxer, imposer quelqu'un ; régler la part qu'il doit payer de quelque dépense commune. *On l'a cotisé à tant.* = **SE COTISER.** v. pron. Se taxer soi-même. *Il faut que les habitants de la commune se cotisent selon leurs facultés.* — Par extens., se dit de plusieurs personnes qui contribuent, chacune selon ses moyens, à former une certaine somme. *Ses amis se sont cotisés pour lui faire une pacotille.* = **Cotisé, ÉE,** part.

COTISSURE. s. f. Meurtrissure. Se dit des fruits.

COTO. s. m. (mot bolivien). T. Pharm. Sous ce nom, on connaît en pharmacie une écorce importée de Bolivie et dont l'origine botanique paraît encore incertaine ; plusieurs auteurs l'attribuent au *Palicurea densiflora*, plante de la famille des *Rubiacées*, tandis que d'autres l'attribuent à une Laurinée ou à une Magnoliacée. On l'emploie contre la goutte, la diarrhée, les sueurs nocturnes des phtisiques. Le principe actif est la *Cotoïne*. Voy. ce mot.

COTOÏNE s. f. T. Chim. Principe cristallisable qu'on extrait de l'écorce de Coto, originaire de Bolivie. La c., qui a

pour formule $C^{22}H^{18}O^6$, cristallise en aiguilles quadratiques jaunâtres, amères, fusibles à 130°, solubles dans l'alcool, l'éther, le chloroforme et le sulfure de carbone, se dissolvant en jaune dans les alcalis. L'écorce de coto contient en outre de la *dicotoïne*, autre principe cristallisable, qui fond à 74°. L'écorce de paracoto, très analogue à la précédente, renferme de la *paracotoïne*, de l'*hydrocotoïne*, de la *leucotine* et une huile essentielle formée de *paracotènes* et de *paracotols*. La *paracotoïne* $C^{19}H^{12}O^6$ cristallise en lamelles incolores, fusibles à 159°, que la baryte bouillante transforme en *acide paracotoïque* $C^{19}H^{13}O^7$. — La c. et la paracotoïne exercent une action énergique sur les organes digestifs ; à dose faible, elles sont employées avec succès contre toutes les formes de la diarrhée ; on les a également recommandées contre la dysenterie et le choléra.

COTON. s. m. (ar. *gotton* ou *k'tonn*). T. Bot. Nom donné à une sorte de bourre végétale formée par les poils très longs et ténus qui enveloppent les semences du Cotonnier, arbre de la famille des *Malvacées*. Voy. **COTONNIER.** — Le fil et l'étoffe que l'on fabrique avec cette matière. — Fig. et fam., *Élever un enfant dans du c.*, L'élever trop mollement. || Par ext., Espèce de duvet qui vient à la surface des fruits, des feuilles, etc., de certains végétaux ; bourre qui enveloppe les semences de la vigne et de quelques autres arbres. — Fig., Le poil follet qui vient aux joues et au menton des jeunes gens. *Son menton commençait à se couvrir du premier c.* On dit plus ordinairement *duvet*. || On dit qu'une étoffe jette du c., son c., lorsqu'elle jette une sorte de bourre qui ressemble à du c. — Fig. et prov., on dit d'un homme qui a perdu sa réputation, ou qui est fort mal dans ses affaires, ou bien encore qui, étant malade, dépérit rapidement : *Il file un vilain c., un mauvais c.* || *C. de verre*, Espèce de bourre de verre qui se fabrique en Allemagne et en Bohême et qui sert à filtrer les liquides. On l'obtient en étirant en fil le verre en fusion ; ces fils sont aussi fins que les fils de c. Le c. de verre est d'un prix assez élevé (0f,40 le gramme), mais il est inaltérable, inattaquable par les acides et les alcalis, et peut servir indéfiniment. Il suffit de le laver à grande eau après chaque opération. || *C. azotique ; C. Poudre*. T. Chim. Voy. **CELLULOSE**

Comm. — Aux États-Unis, on évalue la production moyenne d'un hectare de cotonniers à 2,000 kilogr. de c. brut, c.-à-d. mêlé de sa graine, qui donnent 500 kilogr. de c. nettoyé. Dans les autres pays la production est beaucoup plus faible et se réduit aux Indes à 400 kilogr. de c. brut ou 100 kilogr. de c. nettoyé par hectare. Comme un homme n'en saurait éplucher plus de 1/2 kilog. par jour, on a recours à des machines, qui diffèrent selon les pays. L'une des plus simples est celle qu'on désigne en Amérique sous le nom de machine à rouleaux (*roller-gin*). Elle consiste en deux rouleaux en fer ou en bois dur, et d'un très petit diamètre, qui tournent horizontalement en sens contraire, et qu'on met en mouvement avec une pédale ou par le moyen de l'eau. Ces rouleaux peuvent, en outre, s'écarter ou se rapprocher à volonté afin que les graines ne puissent passer dans leur intervalle. Quand on leur présente le c., ils saisissent les filaments, les attirent à eux et les séparent des semences. Cet appareil épluche de 4 à 5 kilog. de c. à l'heure. Le moulin à scie (*saw-gin*) de l'Américain Witney se compose d'un système de cylindres munis de dents recourbées qui agissent comme des cardes. On fait avec cette machine trois fois plus de travail qu'avec la précédente, mais elle a l'inconvénient de déchirer les longs filaments du c. Enfin, lorsque le c. a été nettoyé de ses graines, ou le purge de la poussière dont il est chargé en le battant avec des baguettes ou en l'agitant avec des appareils appropriés. Il ne reste plus après cela qu'à l'emballer pour l'expédier aux fabriques : dans le commerce, on l'appelle alors *C. en laine*. 40 à 50 p. 100 des graines sont employés comme semences. On broie le reste pour en extraire une huile qui sert à tous les usages des huiles, même aux usages culinaires ; on le mélange souvent à l'huile d'olive.

Les cotons varient de couleur et de qualité suivant l'espèce de cotonniers dont ils proviennent. Ainsi, les uns sont d'un blanc terne, les autres d'un blanc argenté ; d'autres tirent sur le roux ou le brun ; il y en a qui offrent toutes les nuances du jaune beurré. Quant à leurs qualités, elles consistent essentiellement dans la ténacité, la flexibilité, la souplesse, et surtout dans la longueur de leurs filaments. Dans le commerce, on divise les cotons en deux catégories, les *longues-soies* et les *courtes-soies*, on désigne en outre chacune d'elles par le nom du lieu de provenance. Le *Sea-Island*, qu'on appelle vulgairement *Géorgie longue-soie*, est le premier et le plus cher de tous les cotons connus. Les autres cotons de la catégorie des *longues-soies* se classent dans l'ordre suivant : Bourbon, Jumel ou Égypte, Porto-Rico, Cayenne, Fernambouc, Bahia, Haïti, Minas, Guadeloupe, Cuba, Martinique, Trinité-de-Cuba. A la tête des *courtes-soies* se place le c. de la Louisiane; viennent ensuite, en les rangeant dans l'ordre de leur valeur respective, Cayenne, Alabama, Mobile, Tennessee, Caroline, Géorgie, Sénégal, Virginie, Souboujeac, Kirkagach, Kinick, Surate, Madras, Alexandrie et Bengale. — Il résulte de cette énumération que ce sont les États-Unis qui produisent les plus beaux et les meilleurs cotons. De plus, ce pays fournit à lui seul un peu plus de la moitié des cotons consommés, chaque année, par l'industrie du monde entier. Les longues-soies d'Amérique servent à fabriquer les tissus les plus fins, comme les percales, les tulles et les mousselines, tandis que les courtes-soies s'emploient pour les étoffes communes ou de finesse moyenne, notamment pour les indiennes. Le Brésil ne produit que des longues-soies, recherchées surtout pour la confection des madapolams et de la bonneterie. Les longues-soies de l'Inde sont propres à la fabrication des mousselines et de toutes les autres étoffes fines. Les courtes-soies du même pays ne sont guère employées que pour la passementerie et les gros tissus. On fait le même usage des courtes-soies du Levant, et l'on se sert de ses longues-soies pour fabriquer des étoffes de finesse moyenne, mais d'une grande solidité.

Quoiqu'il dure moins longtemps que le chanvre et le lin, le c. se recommande, entre toutes les plantes textiles, par ses qualités hygiéniques qui le rendent également propre à garantir du froid et de la chaleur. Comme il est mauvais conducteur du calorique, il conserve mieux la température propre du corps dans les pays septentrionaux, et comme il absorbe promptement la sueur, il rend, dans les pays chauds, la transpiration plus facile et plus libre, et prévient ainsi les graves maladies produites par la suppression de l'exhalation cutanée. — Le principal usage médical du c. a lieu dans les brûlures, où on l'applique sous forme d'ouate, pour calmer les douleurs qu'elles produisent. Le c. imbibé de teinture d'iode ou *ouate iodée*, appliqué sur la peau, est un excellent résolutif. Au Brésil, la décoction des jeunes feuilles et des graines du cotonnier à feuilles de vigne s'administre contre la dysenterie. On peut encore macérer dans le vinaigre, et on les emploie ainsi en coliques dans les cas de migraine. Voy. COTONNIERA.

Techn. — 1. *Développement de la culture et de l'industrie cotonnières.* — Le cotonnier paraît avoir été cultivé dans l'Inde dès la plus haute antiquité, et nous savons par Hérodote que, de son temps, c.-à-d. au Ve siècle av J.-C., les habitants de ce pays portaient habituellement des vêtements de c. « Les Indiens, dit-il, possèdent une sorte de plante qui produit, au lieu de fruits, de la laine d'une qualité plus belle et meilleure que celle des moutons : ils en font leurs vêtements. » Les Assyriens et les Égyptiens n'ont pas connu le c. En Égypte, parmi les milliers de tombeaux qu'on a ouverts, on n'a jamais trouvé dans les bandelettes qui entouraient les momies, le moindre vestige de tissu de c. Arrien, qui vivait au IIe siècle de notre ère, confirme le témoignage d'Hérodote. Il nous apprend, en outre, que les Indiens nommaient cette plante *Tula*, et en décrit la capsule. Mais, à cette époque, le cotonnier avait déjà franchi l'Indus, car Strabon rapporte qu'on le cultivait à l'entrée du golfe Persique, et Pline l'Ancien nous apprend qu'il était connu dans la haute Égypte et l'Arabie, où l'on fabriquait avec son duvet des vêtements pour les prêtres égyptiens. A cette époque, le commerce des tissus de c. prenait de grands développements ; il était entre les mains des Arabes, qui allaient les chercher à Barygaza, aujourd'hui Baroïch, dans l'Inde, et les apportaient au port égyptien d'Adulé, sur la mer Rouge. Au VIIIe siècle, les Arabes introduisirent le cotonnier dans l'Afrique du nord, d'où il le firent passer en Espagne. Au XIIIe siècle, les manufactures de Fez et de Maroc jouissaient d'une grande réputation, et leurs produits trouvaient un placement facile dans les pays musulmans. En Europe, les premiers cotonniers furent plantés dans la plaine de Valence. Des fabriques s'élevèrent presque aussitôt à Cordoue, à Séville et à Grenade, et, au XIVe siècle, les mousselines de cette dernière ville étaient réputées plus belles et plus fines que celles de Syrie. A la même époque, la culture du cotonnier devint générale en Chine, où l'opposition des ouvriers en laine et en soie en avait longtemps empêché le développement. C'est aussi au XIVe siècle que l'industrie cotonnière pénétra en Italie, où se concentra à Venise et à Milan, et que les Turcs l'importèrent dans l'Albanie et la Macédoine. Cent ans plus tard, les Européens la trouvèrent en pleine prospérité à Cuba, au Mexique et au Pérou, où le cotonnier paraît avoir été de tout temps cultivé. Il paraît aussi

que les indigènes de l'Afrique centrale, de la Sénégambie et de la côte de Guinée ont cultivé de bonne heure le c. et confectionné leurs vêtements avec son duvet. Il est certain du moins qu'en 1590, de la toile de c. fabriquée en Afrique fut apportée de Benin à Londres. La culture du c. fut introduite aux États-Unis vers le milieu du XVIIe siècle ; mais pendant plus de cent ans le cotonnier ne fut considéré que comme une plante d'agrément. Ce n'est qu'à partir de 1770 que cette culture commença à prendre les développements si remarquables qui devaient mettre les États-Unis à la tête de la production cotonnière du globe.

On ne connaît pas l'époque précise de l'introduction de l'industrie cotonnière en Angleterre. Il en est fait mention pour la première fois dans le *Traité du commerce*, publié en 1641, par Lewis Roberts ; mais, à cette date, Manchester et plusieurs autres villes possédaient des fabriques de c. déjà fort anciennes. Aikin rapporte aux premières années du XIVe siècle l'arrivée, dans la Grande-Bretagne, des premières balles de c. qu'on y ait vues ; elles y furent apportées par des navires vénitiens et génois. On ne sait d'abord tirer aucun parti de la nouvelle matière textile, et l'on se contenta d'en faire des mèches ; mais, en 1430, des tisserands de Chester et de Lancastre eurent l'idée d'en fabriquer des futaines, et cet essai ayant réussi, des armateurs de Bristol et de Londres allèrent chercher de la matière première dans le Levant. La nouvelle industrie se développa si rapidement, qu'au milieu du XVIIe siècle il n'y avait presque pas de petite paroisse qui n'en possédât, pour occuper les agriculteurs pendant la mauvaise saison, un certain nombre de métiers à tisser. En 1701, l'Angleterre exporta seulement pour 583,758 fr. de cotons tilés ou tissés ; mais ce chiffre s'éleva à 5,008,750 fr. en 1764, à 482,160,000 en 1833, et à 1,500 millions en 1890. A la même époque, l'Angleterre importait 700 millions de kilogrammes de c.

Les États-Unis d'Amérique ne sont pas seulement le pays où la culture du cotonnier a lieu sur la plus grande échelle, ils sont encore, après l'Angleterre, celui où l'industrie cotonnière a pris le plus grand développement : ces deux sources de richesses se sont d'ailleurs accrues avec une rapidité qui tient du prodige. La première exportation de c. faite pour l'Angleterre fut expédiée, en 1747, de Charlestown ; elle était de 7 balles ou environ 1,000 kilogr. En 1784, le même port y expédia 9 à 10 m.le kilogr. Mais, en 1786, on commença à planter dans la Géorgie le célèbre *Sea-Island*, qui provenait de Bahama ; le sol et le climat se trouvèrent si favorables à cette variété de cotonnier, que sa culture, ainsi que celle de plusieurs autres espèces, se propagea rapidement dans la Caroline du Sud, à Mobile, dans l'Alabama, etc. Dès 1791, les États-Unis exportaient 86,000 kilogr. de c., et 3 millions en 1795. Mais ceci n'était que le prélude ; car les exportations de c. des États-Unis s'élevaient à 8) millions en 1820, à 358 en 1840, à 448 en 1850 ; 587 en 1853. En 1890, elles atteignaient le chiffre de 1,100 millions de kilogr. Quant aux manufactures américaines, les premières datent seulement de 1824 ; mais chacune d'elles égale en importance les plus grands établissements anglais, et, sous ce rapport, Lowel ne le cède guère à Manchester. Les manufactures américaines consomment une masse de c. qui s'est élevée de 1,200,000 kilogr. en 1825, à 121 millions en 1853, et qui atteignaient en 1890, 540 millions de kilogr.

L'industrie cotonnière ne remonte pas, pour la France, au delà du XVIIe siècle. En 1668, il ne fut importé en France que 220,000 kilogr. de c. en laine et 708,780 kilogr. de c. filé. En 1759, l'importation du premier s'élevait déjà à 1,875,600 kilogr., et celle du second à 986,344. Amiens est une des premières villes où cette industrie se soit établie en grand. Toutefois, c'est seulement depuis la Révolution et surtout depuis la chute de l'empire que cette industrie a acquis une haute importance. Nos importations de c. en laine pour nos fabriques, qui étaient de 4,770,221 kilogr. en 1789, s'élevaient à 10,716,465 en 1803, à 16,414,606 en 1815, à 24,667,312 en 1825, à 38,759,819 en 1835, à 86,000,000 en 1855, et dépassaient 150 millions de kilogr. en 1890. Nos exportations ont naturellement suivi une progression analogue ; cependant, ce n'est qu'à partir de 1822 ou 1823 que leur mouvement de hausse s'est définitivement prononcé. Ainsi, nous avons exporté pour 21,281,000 fr. de tissus de c. en 1789 ; pour 18,507,918 en 1812 ; pour 7,978,807 en 1815 ; pour 42,820,340 en 1825 ; pour 60,608,732 en 1835 ; pour 76,000,000 en 1856, et pour plus de 400 millions en 1890.

Nous venons de passer en revue les trois États où l'industrie cotonnière est le plus florissante. Nous nommerons encore, suivant le rang que leur assigne la quantité de c. employée : la Russie, l'Autriche, l'Allemagne, l'Espagne, la Belgique et la Suisse. On manque de détails sur l'importance de la fabrication de l'Asie et de l'Afrique; on sait seulement que la Chine manufacture environ 120 millions de kilogr. de c., dont 45 lui sont fournis par l'Inde et l'Amérique, et le reste par son propre sol.

L'industrie du c. est la plus considérable de toutes celles qui occupent le travail de l'humanité. Le c. entre pour la plus large part dans le costume et l'ameublement de toutes les classes de la société. C'est par millions qu'il faut compter les hommes qui, dans tous les pays du monde, tirent leur existence de la culture et des manipulations de ce texttile. Et encore faut-il ajouter à ces armées de travailleurs ceux qui en font le commerce, qui le transportent par les voies de terre et de mer, le teignent et l'impriment, et ceux qui construisent les machines qui servent à le transformer en fils et en tissus. Les Anglais ont trouvé un mot expressif pour exprimer l'importance capitale de cette marchandise; ils l'appellent *King Cotton*, le roi c.

II. *Technologie.* — Nous commencerons par emprunter aux *Leçons d'économie industrielle* faites par Blanqui, vers 1840, au Conservatoire des Arts et Métiers, l'exposition succincte des grandes inventions qui ont porté si haut l'industrie cotonnière.

« La filature la plus simple est celle de la quenouille; elle est encore en usage dans l'Hindoustan, et la supériorité des nankins et autres tissus de l'Inde est due à ce mode de filer, qui dispose plus également les fibres du c., et les lard mieux que les machines à filer. Mais ce procédé ennuyeux et incomplet n'a point été employé en Europe. Dans le comté de Lancastre, au commencement du XVIIIe siècle, la trame seule des tissus était en c.; la chaîne était en lin d'Allemagne; le c. seul n'était employé que pour faire des mèches de chandelles. Du reste, le cardage se faisait à la main, le filage au rouet, et le tissage au moyen d'un simple métier de tisserand. Les produits de cette fabrication portaient le nom de *Futaines*, et le tisserand, qui n'était souvent qu'un simple paysan qui s'était procuré lui-même la matinée pour avoir de la trame sans pouvoir en trouver. Dès cet instant Highs ne cessa de combiner dans son esprit une machine capable de fournir de la trame en grande quantité. Cette idée le conduisit chez un horloger de la même ville appelé Kay, à qui il communiqua son projet et le résultat de ses réflexions. Celui-ci s'enthousiasma à son tour, et les deux inventeurs se réunissaient tous les jours dans le grenier de Highs, dont la porte fut soigneusement fermée, pour confectionner les rouages et les autres pièces d'une machine, produit de leurs veilles. Cependant les voisins avaient percé le mystère de ces deux pauvres idéologues, et les quolibets leur arrivaient de toutes parts. Plusieurs mois s'étaient déjà écoulés sans résultat apparent, lorsqu'un beau jour, à la suite d'un accès de désespoir ou de découragement, les rouages furent jetés par la fenêtre pour le plus grand amusement des railleurs. L'horloger Kay fut bientôt pris pour cible : quand on lui demandait combien son maître lui donnait pour fabriquer des machines à filer, il répondait qu'il avait renoncé à la filature et puis il mêlait ses railleries à celles de ses voisins. Highs, au contraire, fut bientôt revenu d'un premier mouvement de faiblesse; il reporta ses rouages brisés dans son grenier, et, après de nouveaux efforts, il parvint à faire marcher cette machine tant désirée, qui répondit si victorieusement non seulement à tous les demandes de trame du Lancashire, mais encore à ceux de toute l'Angleterre. Highs avait une fille, qui, elle aussi, avait dû souffrir sa part des chagrins de son père. Elle s'appelait Jenny, et Highs la fit marraine de sa machine, qu'il appela *Spinning Jenny* (Jeannette la fileuse). — La première Jenny n'avait qu'une roue carrée et 6 broches. Plus tard, Highs en construisit qui avaient jusqu'à 24 broches. Trois ans après l'invention du pauvre fabricant de peignes, James Hargraves de Blackburn apporta quelques modifications à la pince de la Jenny.

« La Jenny ne donnait que la trame; mais Highs l'eut bientôt complétée au point de ne se surpasser lui-même, en imaginant une machine capable de filer le c. au degré de consistance et de finesse qu'exige la chaîne, qui jusque-là avait été faite en fil de lin étranger. C'est la machine à cylindres, le *Throstle* des Anglais et la *Continue* des manufacturiers français. Le c. est soumis à la pression de deux paires de cylindres, dont un par paire est cannelé pour laisser passer le fil qui s'amincit et se tord, et puis se réunit sur une bobine. C'est Kay, dit-on, qui a fait la première Continue sur le modèle en bois de son ancien compagnon d'infortune. Comme il faut une force considérable pour la faire marcher, elle ne pouvait servir aux fabriques qui, avant l'application de la vapeur, pouvaient disposer d'une chute d'eau; on lui a aussi donné le nom de métier hydraulique (*Throstle*). Au reste, le fil que donne ce métier est beaucoup plus tordu que celui de la Jenny, et convient particulièrement pour les chaînes. Ainsi, depuis l'introduction de la Continue, on filait les chaînes dans les manufactures, tandis que la trame était produite sur la Jenny par les femmes et les enfants des tisserands.

« Le métier hydraulique était l'invention favorite de Highs; aussi, tout en rendant la Jenny publique, il s'efforça de réserver pour lui la filature à cylindre, jusqu'à ce qu'il pût se procurer assez d'argent pour établir une fabrique; car il était encore bien pauvre, et sa famille était devenue plus nombreuse. Mais le vœu si légitime du génie dans la misère ne devait pas être exaucé; sa découverte devait profiter à d'autres. — Arkwright est sorti d'un rang obscur, et par une persévérance infatigable et une habileté particulière à manier les hommes, il est parvenu à se faire une fortune considérable et une réputation populaire. Cet homme, qui avait un penchant naturel pour la mécanique, mettait un zèle incroyable à s'approprier les découvertes des autres et savait parfaitement en tirer le parti le plus convenable. Pauvre comme Highs, son esprit moins modeste ne redoutait pas les humiliations en sollicitant des associés et des protecteurs, et c'est ainsi que, par sa remuante activité, il parvint à réunir par des achornaires à diverses époques et à leur faire débourser les sommes nécessaires pour réaliser ses projets. Beaucoup ne réussirent point; néanmoins on prétend qu'il restait toujours à Arkwright un peu plus qu'il n'avait en commençant, et toujours assez d'habileté pour enthousiasmer de nouveaux sociétaires. Arkwright était, en 1760, barbier-coiffeur à Bolton-les-Moors, et déjà renommé par la couleur qu'il savait donner aux cheveux qu'il vendait. Il épousa une femme de Leigh, et c'est dans cette ville qu'il apprit les inventions du malheureux Highs. On pourrait croire qu'il chercha à faire connaissance avec lui, pour lui surprendre son projet; mais il déploya plus de finesse. Il sut que Kay, l'ouvrier horloger dont nous avons parlé et qui résidait alors à quelques lieues de là, à Warrington, avait travaillé pour Highs. Il s'introduisit chez lui pour lui faire tourner quelques pièces de cuivre destinées, disait-il, à un grand mécanisme qui devait lui donner le mouvement perpétuel. Un jour, c'était en 1767, il emmena Kay dans un cabaret pour lui parler mécanique. Kay, flatté sans doute de la politesse d'Arkwright, et n'ayant probablement pas de principes bien arrêtés sur le respect de la propriété, lui conseilla de s'occuper plutôt d'une machine à filer, en lui promettant sans doute quelques bons conseils. Arkwright feignit d'abord une assez grande indifférence, mais, le lendemain matin, il avait rejoint son homme et il en avait obtenu le modèle de la Continue de Highs. — L'habile barbier fit voir son modèle à plusieurs personnes et il eut bientôt trouvé un bailleur de fonds. Le 3 juillet 1768, il prit une *patente* (brevet d'invention) à Nottingham pour filer avec des cylindres exécutés par Kay qu'il avait pris à ses gages. Il se tenait au courant de tout ce qui se faisait, et, comme les filateurs de la Jenny venaient de perfectionner le cardage et le boudinage, il sut encore être plus adroit qu'eux, et obtint en 1775 une seconde patente. Mais comme les filateurs continuaient à se servir de ces procédés qu'Arkwright n'avait pas inventés, il leur intenta des procès qu'il perdit. Cela ne l'empêcha pas de faire une grande fortune et de recevoir des honneurs; car il mourut à Cromford, dans le Derbyshire, à l'âge de 59 ans, après avoir été fait chevalier et grand shérif de son comté. Quant au pauvre Highs, peu de personnes se sont inquiétées et il a dû mourir dans la misère. Il est toutefois vrai de dire qu'Arkwright, en vulgarisant l'idée de Highs, a été l'un des grands instruments de progrès des manufactures de c.; car si la mise à exécution est secondaire au mérite de l'invention, elle n'en est pas moins indispensable à la perfection de l'art. Mais Arkwright a eu le tort immense de méconnaître le malheureux Highs; et c'est ainsi que, dans un de ses prospectus, il attribue l'invention de la Jenny à Hargraves, sachant bien qu'il était dangereux de faire mention de son véritable inventeur, qui avait aussi imaginé le métier hydraulique qu'il s'appropriait.

« La Jenny et la Continue, en consommant beaucoup de trame, eurent bientôt mis les cardeurs à la main hors d'état d'en fournir. C'est là ce qui donna lieu à l'introduction des *Cardes à bloc*. Dans ce perfectionnement, les cardes sont le double des cardes à la main ; l'une est fixée sur un banc, et on y applique l'autre avec les deux mains. Mais cela ne suffisait pas ; et ce fut la *machine à cardes* qui vint combler la lacune. Cette machine n'est pas l'idée d'un seul inventeur, elle est la somme de plusieurs perfectionnements successifs faits à diverses époques. C'est un cylindre de bois garni de cardes, tournant sur un axe horizontal sous une ouverture concave, également garnie de cardes. Dans le principe, le c. était étendu à la main sur le cylindre et on l'enlevait à la main ; plus tard, on ajouta un second cylindre qui enlevait le c. cardé au premier, et un rouleau cannelé longitudinalement qui pressait celui-ci et enlevait le c. par loquettes. En 1772, John Lees imagina l'appareil alimentateur qui transmet le c. au cylindre ; la même année, James Hargraves, qui a aussi perfectionné la Jenny, imagina l'arbre coudé et le peigne destiné à détacher le c. du cylindre ; enfin, en 1775, Thomas Highs et Wood organisèrent deux cylindres pour obtenir une loquette ou ruban sans fin.

« L'industrie cotonnière marchait avec une rapidité extraordinaire. En 1780, sans compter les nombreuses Jennys

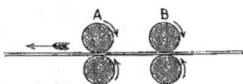

Fig. 2.

des petits filateurs, on comptait 20 manufactures à métiers hydrauliques appartenant à Arkwright ou à des personnes qui lui avaient payé une prime, et de 1785, époque de l'expiration des patentes, jusqu'en 1790, il y en avait 150, répandues en Angleterre, surtout dans le comté de Galles. A ce moment, la *Mull-Jenny* vint donner une nouvelle impulsion à cette fabrication déjà si puissamment vivifiée par le génie du pauvre Highs et le savoir-faire d'Arkwright. La Mull-Jenny est un composé de la Jenny et du métier hydraulique ; c'est Samuel Crompton, de Bolton-les-Moors, qui, en 1775, imagina de marier ces deux idées du premier inventeur. On obtient avec cette machine une mèche plus fine qu'avec la Jenny ou la Continue simple, qui ne donne que des chaînes et des trames assez grossières, c.-à-d. telles qu'il les faut pour les calicots et les autres étoffes fortes. »

Depuis l'époque de Blanqui, divers perfectionnements ont été apportés aux machines à filer le c., dont le plus important est l'invention du *survideur automatique*, plus connu sous le nom anglais de *Self-acting Mull*, qui a porté pour ainsi dire à la perfection l'ancienne *Mull-Jenny* ; le survidage qui se faisait à la main, avec l'ancienne machine, se fait maintenant automatiquement et l'ouvrier n'a plus d'autre soin à prendre que celui de rattacher les fils cassés.

Les opérations que nécessite la filature du c. peuvent se résumer ainsi : 1° *déballage* et *conditionnement* ; 2° *ouvrage* et *battage* ; 3° *cardage*, *réunissage*, *peignage* ; 4° *étirage* et *doublage sans torsion* ; 5° *étirage* et *doublage avec torsion* ; 6° *filage*.

1° Le c. arrive dans un état de siccité ou d'humidité très

variable suivant son origine ; les cotons de l'Inde sont en général beaucoup trop humides ; on les dessèche en laissant séjourner les balles ouvertes pendant plus ou moins de temps dans un magasin bien aéré.

2° *Ouvrir* le c., ou le *battre*, c'est faire foisonner la masse comprimée dans les balles et la débarrasser des impuretés qu'elle peut contenir. Cette opération se fait généralement à l'aide de machines spéciales dont les organes principaux sont un cylindre cannelé, qui saisit les fibres étalées sur une toile, et une balte animée d'un mouvement circulaire qui les frappe et les nettoie ; après quoi les fibres passent dans un ventilateur et sont comprimées entre deux cylindres sous forme d'une nappe qui passe au cardage.

3° Le *cardage*, qui s'opère en faisant passer le c. entre des cylindres garnis de pointes, dispose les fibres parallèlement et commence à les étirer. Le *peignage* termine l'opération du cardage et dispose le c. en *rubans* ou *mèches* qui, à la suite des manipulations suivantes, deviendront les fils.

4° L'*étirage* a pour objet de transformer la mèche en une mèche plus mince et plus longue. Cette opé-

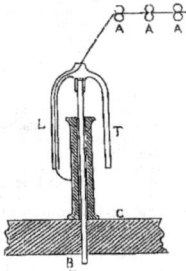

Fig. 1.

ration est répétée plusieurs fois jusqu'à ce que le fil ait atteint 150 ou 200 fois sa longueur primitive ; pour obtenir plus d'homogénéité dans le produit, on *double* les mèches déjà étirées avant de les soumettre à un nouvel étirage. L'organe mécanique qui sert à l'étirage des mèches constitue l'un des principes de l'invention de Highs, popularisée par Arkwright : il consiste essentiellement en deux couples de cylindres qui pressent et font avancer la mèche ; mais les cylindres A (Fig. 1) qui sont en avant tournent plus vite que les cylindres B qui sont en arrière, ce qui oblige nécessairement la mèche à s'allonger entre les deux couples de cylindres.

5° Quand le fil a atteint un certain degré de finesse, l'étirage simple ne pourrait être continué sans compromettre sa solidité ; pour augmenter celle-ci et permettre l'étirage ultérieur, deux procédés peuvent être employés : la *friction* qui consiste à comprimer le fil en le pressant sur une surface dure et en le faisant rouler sur lui-même, et dont l'usage est restreint aux filatures de Normandie, et la *torsion* presque universellement employée, qui s'opère au moyen du *banc à broches*. Le banc à broches est une des machines les plus parfaites de la filature. Il a été inventé en 1821 par Coker et et Higgives, de Manchester. Son principe est celui du rouet. Il est représenté dans son ensemble par la Fig. 2, qui montre toutes les broches fixées sur le banc. La Fig. 3

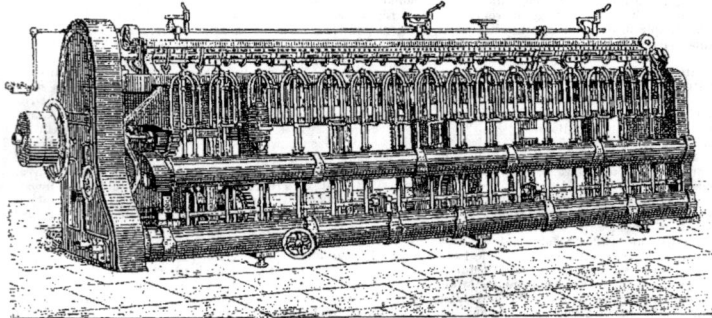

Fig. 3.

fait comprendre le fonctionnement de chaque broche. La broche est une tige verticale B animée d'un mouvement rapide et surmontée d'une pièce creuse L appelée *Ailette*, que traverse le fil fourni par les cylindres étireurs A. Autour de la broche B est un tube T sur lequel s'enroule le fil et qui peut monter ou descendre alternativement, de manière que le fil sortant de l'ailette A s'enroule en hélices régulières sur ce tube pour constituer la bobine. Ce tube est animé d'un mouvement de rotation indépendant de celui de la broche. On conçoit alors que la rotation de l'ailette commandée par la broche tord le fil entre E et A en même temps que les rotations combinées de l'ailette et de la bobine produisent l'enroulement du fil sur la bobine. La principale difficulté à vaincre dans la construction de cette machine consistait dans la nécessité de conserver les relations convenables entre les vitesses des diverses pièces. Il faut, en effet, ralentir la rotation de la bobine au fur et à mesure que celle-ci devient plus grosse par suite de l'envidement du fil, afin de conserver une vitesse invariable à la circonférence. Il faut, de plus, qu'à chaque tour de la bobine celle-ci s'élève ou s'abaisse d'une quantité exactement égale à l'épaisseur du fil, afin d'assurer la régularité de l'envidement. Ces deux conditions sont réalisées de la manière la plus heureuse par une série de dispositions qu'il nous est impossible de décrire.

6° Le *filage* est la dernière des opérations que subit le c. Il consiste en un dernier étirage, une torsion plus forte que les précédentes, et un renvidage sous forme convenable pour le tissage. Le métier à filer actuellement en usage ou *Self-Acting* est la plus compliquée des machines connues. En voici le principe : le fil sortant des cylindres étireurs E (Fig. 4) est tendu sur la pointe de la broche B, dont la rotation lui donne ainsi la torsion voulue; puis il passe sur les *baguettes* ou *guide-fils* et vient enfin se renvider sur un tube de carton fixé sur la broche; mais toutes ces opérations se font en plusieurs fois. A cet effet, la broche est montée sur un chariot à roues pouvant se déplacer sur des rails, sur une longueur d'environ 1ᵐ,60. L'opération se fait en quatre temps : 1° *Sortie du chariot*. Le chariot s'éloigne des cylindres pendant que la broche tourne; le fil sort des cylindres et commence à se tordre.—2° *Complément de la torsion*. Le chariot est arrivé à l'extrémité de sa course : les cylindres E s'arrêtent et les broches continuent à tourner.—3° *Détour des broches* ou *dépointage*. Dans les opérations précédentes, il y avait une portion de fil enroulée sur la bobine depuis le point où le renvidage avait cessé jusqu'au sommet. Il faut dévider cette portion de fil dite le *empointeur*, ce qui se fait par une rotation rétrograde de la broche, puis amener la baguette à la hauteur où le renvidage doit reprendre. — 4° *Rentrée du chariot*. Le chariot se rapproche des cylindres toujours immobiles; la broche se remet à tourner et le fil se renvide ainsi sur la bobine sans nouvelle torsion, puisqu'il ne s'est plus fixé au sommet de la bobine. Ensuite se refait l'empointage et les mêmes opérations recommencent. — La forme à donner aux bobines n'est pas indifférente : il faut que celles-ci ne se déforment pas spontanément et qu'elles puissent se dévider facilement lors des opérations du tissage. La forme la plus convenable est celle d'un cylindre surmonté de deux cônes. Le renvidage se fait de bas en haut suivant une hélice très serrée; puis de haut en bas, suivant une hélice très allongée faisant à peine un ou deux tours. Il est clair que la marche du guide-fil et la rotation de la broche sont soumises à des variations suivant une loi très complexe réglée par la nécessité de maintenir la même tension du fil malgré les différences de diamètre de la bobine, non seulement d'une couche à l'autre, mais encore dans une même couche, puisque la bobine est conique à ses deux extrémités. C'est la complexité de cette loi qui a fait l'extrême difficulté de l'invention et qui est la cause de la grande complication de cette ingénieuse machine, dans laquelle toute cette série d'opérations diverses et délicates s'effectue automatiquement. La quantité de fil produite et renvidée pendant chaque sortie et

rentrée du chariot s'appelle une *Aiguillée;* elle est égale en longueur à la course du chariot, soit en moyenne 1ᵐ,60. Chaque aiguillée forme une couche sur la bobine. La quantité de fil renvidée sur chaque broche du métier s'appelle une *Bobine* ou *Canette*. Enfin, l'ensemble de toutes les bobines du métier s'appelle une *Levée*, parce que, lorsque les bobines sont complètes, on les lève pour les remplacer par de nouveaux tubes de carton qui serviront à la formation de nouvelles bobines.

Dans plusieurs usines, on substitue aux métiers Self-Actings des métiers continus à *bague* dont le principe est fort simple. La bobine est entourée d'un anneau plat traversé par le guide-fil qui se meut de haut en bas, de manière à fournir le fil à la hauteur voulue pour le renvidage; la bobine et l'anneau tournent tous les deux; mais l'anneau un peu moins vite. La rotation de l'anneau donne la torsion, comme celle de l'ailette du banc à broches (voy. plus haut 5°), et le renvidement est produit par l'excès de vitesse de la bobine.

Vaporisage, Dévidage, etc. — Les fils de c. qui ont été fortement tordus sont soumis à l'action de la vapeur pour fixer la forme des brins tordus et détruire la tendance du fil à se détordre ou à se vriller. Les fils destinés au tissage sont empaquetés en canettes. Ceux qui doivent être teints ou livrés au commerce de détail sont dévidés et disposés en écheveaux ou en pelotes suivant les cas.

Numérotage. — Les numéros servent à désigner la finesse des fils de c. Plus un fil est fin, plus le numéro qu'il porte est élevé. En France, le numéro des fils représente le nombre de kilomètres que ferait un fil pesant 1/2 kilogramme. En

Fig. 4.

Angleterre, il représente le nombre d'écheveaux de fils de 880 yards (804ᵐ,66) de longueur, contenus dans une livre anglaise (453ᵍʳ,57).

Bibliog. — LAMI, *Dictionnaire de l'Industrie* (mots : *Coton, Banc à broches, Carde, Filer,* etc.); ALCAN, *Traité de la filature de coton,* dans le *Bulletin de la Société industrielle de Mulhouse;* OGER, *Traité élémentaire de la filature du coton;* CH.-PH. LONTEYNEE, *Le Cotonnier et sa culture;* SICARD, *Culture du coton;* PAUL DUPONT, *Aide-Mémoire pratique de la filature du coton;* ÉDELESTAN-JARDIN, *Le Coton.*

COTONÉASTER. s. m. (R. coton). T. Bot. Genre de plantes Dicotylédones de la famille des *Rosacées.* Voy. ce mot.

COTONNADE. s. f. [Pr. *koto-nade*]. Toute sorte d'étoffe faite de coton, et particulièrement étoffe fabriquée avec le coton teint avant d'être tissé.

COTONNAGE. s. m. [Pr. *koto-nage*]. Défaut de la soie grège qui fait qu'elle se cotonne.

COTONNER. v. a. [Pr. *koto-ner*]. Remplir de coton. — SE COTONNER v. pron. Se dit des choses qui se couvrent d'un léger duvet. || Se dit plus particulièrement des étoffes sur lesquelles il se forme une espèce de bourre. *Cette toile se cotonne.* On dit aussi neutralement, *Cette étoffe cotonne.* || On dit encore que *des artichauts, des raves, des poim-*

mes, etc., *se cotonnent*, lorsque leur substance devient molasse et spongieuse comme du coton. || Garnir de coton cardé le fil métallique d'une fleur artificielle. == COTONNÉ, ÉE. part. *Cheveux cotonnés*, Cheveux très courts et très frisés comme ceux des nègres.

COTONNERIE. s. f. [Pr. *kotoneri*]. Culture du coton; nom de l'espace où il croit.

COTONNETTE. s. f. [Pr. *kotonèle*]. T. Comm. Sorte d'étoffe de coton.

COTONNEUX, EUSE. adj. [Pr. *koto-neu*] (R. *coton*). T. Bot. Qui est couvert de poils mous, abondants et feutrés. *Tige cotonneuse*. || Vulgair., se dit des raves, des artichauts, des pommes et autres fruits, lorsque leur substance est devenue molle et spongieuse. *Artichauts c. Poires cotonneuses.*

COTONNIER. s. m. [Pr. *kotonié*] (R. *coton*).

Bot. — Le Cotonnier (*Gossypium*) constitue le genre le plus important de la famille des *Malvacées*. Les végétaux qui le composent sont des herbes vivaces, ou plus généralement des arbustes qui atteignent quelquefois jusqu'à 6 mètres de hauteur. Leurs feuilles sont alternes, pétiolées, cordées, palmatinervées, tri- ou quinquélobées, à lobes aigus. Leurs fleurs sont grandes, belles et remarquables par une ample corolle. Leur fruit est une capsule arrondie ou ovale, pointue à son sommet, s'ouvrant par 3 ou 4 valves, et divisée intérieurement en 3 ou 4 loges, contenant chacune de 3 à 7 graines noires, ovoïdes, enveloppées dans un flocon de duvet, long, très fin, de couleur blanche ou roussâtre. C'est ce duvet qui, sous le nom de *Coton*, joue dans l'industrie moderne un rôle si remarquable. Voy. COTON. (Fig. 1. — 1. Involucre entier du *G. vitifolium*; 2. Calice entier; 3. Fleur à laquelle on a enlevé la partie antérieure du tube staminal; 4. Graine de grandeur naturelle revêtue des poils qui constituent le coton). Il est difficile de ramener les diverses variétés du C. à des espèces botaniques. D'après Parlatore, toutes se réduiraient à sept espèces, nombre qui semble encore

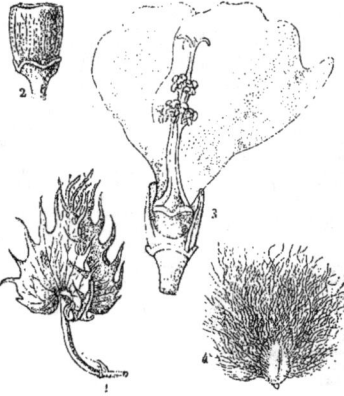

Fig. 1.

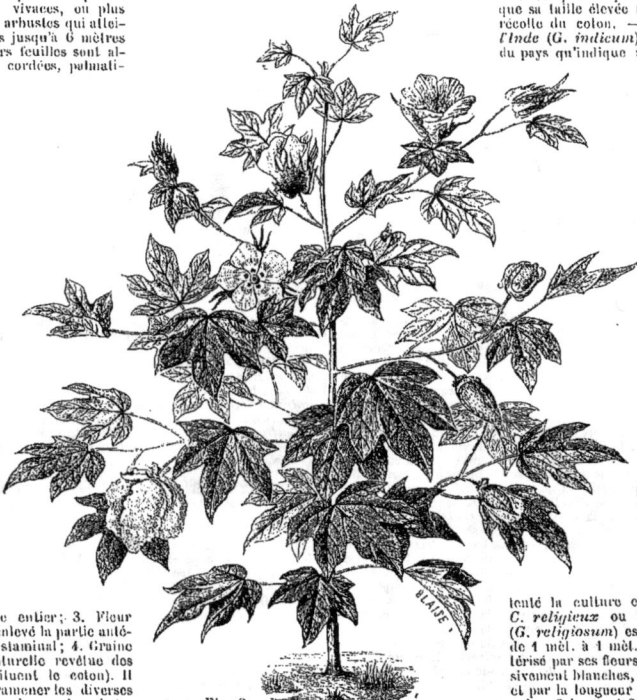

Fig. 2.

trop élevé à d'autres auteurs. Nous nous contenterons de signaler les espèces suivantes :

1° Le *C. herbacé* ou *C. de Malte* (*Goss. herbaceum*) est une plante annuelle qui s'élève de 50 centim. à 1 m. 50 et même à 2 mèt., suivant la fertilité du terrain. Il se distingue par la brièveté des lobes de ses feuilles, qui sont courts, arrondis et que termine une pointe brusque, et par la glande qui existe à leur base. La fleur est jaune pâle, avec une tache pourpre au bas de chaque pétale. La capsule est à 3 loges et de la grosseur d'une noix. Le coton en est jaunâtre ou blanc pur. Cette espèce est originaire de l'Asie. — 2° Le *C. en arbre* (*G. arboreum*) est un arbrisseau de 5 à 6 mèt. de hauteur qui dure plusieurs années. Ses fleurs sont purpurines et ses feuilles, portées sur des pétioles allongés et bi-stipulées, sont divisées en 5 lobes profonds. Ses capsules sont 3- ou 4-loculaires. Cette espèce vit dans l'Inde, en Chine et en Arabie, d'où elle a été introduite aux Canaries, qui, à leur tour, l'ont transmise à l'Amérique. Elle produit un duvet d'excellente qualité; mais elle est moins cultivée que la précédente, parce que sa taille élevée rend difficile la récolte du coton. — 3° Le *C. de l'Inde* (*G. indicum*) est originaire du pays qu'indique son nom. Il ne dépasse pas 4 mètres. Ses fleurs sont purpurines ou jaunes avec l'onglet pourpre. Ses capsules ont 4 loges et 4 valves. Ses feuilles généralement petites présentent 3 ou 5 lobes allongés ou aigus. — 4° Le *C. velu* (*G. hirsutum*) est particulier à l'Amérique. C'est une plante herbacée annuelle ou bisannuelle, rameuse, velue. Ses fleurs sont jaunes et ses feuilles, qui sont molles et pubescentes des deux côtés, ont les pétioles également velus. Cette espèce est cultivée partout; on a même tenté la culture en Italie. — 5° Le *C. religieux* ou *à trois pointes* (*G. religiosum*) est un petit arbuste de 1 mèt. à 1 mèt. 50. Il est caractérisé par ses fleurs qui sont successivement blanches, rousses et rouges, et par la longueur du style. Sa capsule a 3 loges et 3 valves, et fournit un coton d'une blancheur éclatante ou de couleur rousse, suivant les variétés. Cette espèce est surtout cultivée en Chine. — 6º Le *C. à feuilles de vigne* (*G. vitifolium*) [Fig. 2] doit son nom à la ressemblance de ses feuilles avec celles de la vigne. Il porte des fleurs grandes, pédonculées et jaunes, avec une tache rouge à l'intérieur de l'onglet. Sa capsule est ovoïde et triloculaire. Cette espèce, qui paraît originaire de l'Inde, s'élève à 3 ou 4 mèt. au-dessus du sol. — Les planteurs se contentent de diviser toutes les espèces de Cotonniers en trois grandes classes, fondées sur la différence de la taille, et qu'ils nomment *Cotonniers herbacés*, *Cot. frutescents* et *Cot. en arbre*.

La zone occupée par le Cotonnier est extrêmement étendue. Cette plante croît non seulement dans les parties tropicales des deux hémisphères, mais encore dans des pays assez éloignés des tropiques, tels que la Grèce et l'Espagne. En Europe, la culture du Cotonnier s'arrête au 45º degré de latitude nord. En Asie, elle s'étend jusqu'au 46º du côté d'Astrakan, et au 41º dans la partie orientale, en Chine et au Japon. Ses limites sont à peu près les mêmes dans l'Amérique du Nord ; mais, dans l'Amérique du Sud, elles ne descendent que jusqu'au 30º degré de latitude australe sur la côte orientale, et au 35º sur la côte occidentale. Elle embrasse tout le continent africain.

Culture du Cotonnier. — Le Cotonnier demande un sol sec et sablonneux. Le sol paraît aussi contribuer à la bonne qualité de ses produits, car on remarque que les meilleures variétés, particulièrement le *Sea Island*, ne prospèrent avantageusement que sur les côtes de la mer. Quant à sa culture, elle exige les soins les plus minutieux, aussi ne peut-elle occuper de très grands espaces. Aux États-Unis, par ex., les plus grandes plantations ne couvrent pas plus de 15 à 16 hectares. Quand on veut former une *Cotonnière*, on choisit un terrain meuble et bien divisé, afin que les racines des plantes puissent s'étendre librement. Les graines se sèment en ligne et en quinconce dans des trous de 25 à 30 centim. de profondeur, et éloignés les uns des autres de 1 mèt. pour les variétés herbacées, et de 1 mèt. 50 à 2 mèt. pour les autres. On plante 4 à 5 graines autour de chaque trou en ayant soin de laisser entre elles un espace de 10 à 15 cent. et de ne pas les enfouir à plus de 3. Les jeunes Cotonniers lèvent au bout de 8 jours. Aussitôt, on les sarcle, c.-à-d. on les débarrasse des mauvaises herbes qui pourraient les étouffer, et l'on renouvelle de temps en temps cette opération jusqu'à l'époque de la floraison. On a également soin d'arracher, autour de chaque trou, les pieds les plus faibles pour n'y laisser que le plus vigoureux. L'apparition de la première fleur est toujours un événement dans les plantations, 70 jours après, la graine ayant acquis toute sa maturité, la capsule qui la renferme s'ouvre d'elle-même et le duvet s'en échappe sous la forme d'un flocon de neige : c'est le moment de la récolte. Seulement, comme le C. porte en même temps des boutons de fleurs, des fleurs et des fruits mûrs, il en résulte que cette phase de la culture dure plusieurs mois. La cueillette se fait en enlevant avec les doigts les graines et la matière filamenteuse qui les enveloppe, mais en laissant la capsule sur la plante. Un bon ouvrier peut ramasser 125 à 150 kilog. de coton par jour. Une fois cueilli, on le met sécher à l'air, puis on l'emmagasine. Ce séchage préalable a pour objet principal de faciliter la séparation des filaments d'avec les graines, séparation qu'on opère au moyen de machines dont la disposition varie suivant les pays. Voy. Coton. — La récolte achevée, on donne un dernier sarclage, et l'on enlève le bois mort. Au Brésil, on a coutume de briser la tige, et on la laisse sur le sol ; mais il vaut mieux la tailler à 33 centim. de terre. Les Cotonniers herbacés produisent dès la première année. Il en est quelquefois de même des autres espèces. En général, cependant, c'est seulement au bout de 2 ans que la plante commence à produire. Les variétés vivaces sont soumises à une taille annuelle. Enfin, au bout de quelques années, ordinairement 4 ou 6, ces végétaux perdent sensiblement leur faculté productive ; on peut alors les receper, c'est-à-dire les détruit la plantation et on la rétablit sur un autre terrain. La culture du Cotonnier a, en effet, épuisé énormément le sol, et l'on compte par centaines de milliers les hectares qu'elle a frappés de stérilité aux États-Unis.

Les plantations sont, en outre, sujettes aux attaques de divers ennemis. Les plus redoutables sont deux espèces de Noctuelles (*Noctua subterranea* et *N. Gossypii*), dont la dernière, à l'état de chenille, dépouille souvent les tiges de leurs feuilles, de leurs fleurs et de leurs fruits dans l'espace de 24 heures ; la *Mygale aviculaire* qui, en poursuivant dans la terre les petits insectes dont elle fait sa nourriture, ou en creusant le sol, coupe toutes les racines qu'elle rencontre ; le *Bostriche moine*, qui pénètre dans le bois de la tige et des branches ; et les *Kermès*, qui se jettent par myriades sur les

plantations et font périr les Cotonniers en suçant leur sève.

En outre du coton, la graine fournit par expression une huile qui sert à l'éclairage et à la fabrication du savon ; elle sert aussi fréquemment, en Provence surtout, à falsifier l'huile d'olive.

COTONNIER, IÈRE. adj. [Pr. *koto-nié*]. Qui se rapporte au coton. *Industrie cotonnière.*

COTONNINE. s. f. [Pr. *koto-nine*]. Toile de gros coton dont on fait des voiles pour certains bâtiments.

COTONNIS. s. m. [Pr. *koto-ni*]. T. Comm. Étoffe des Indes moitié soie moitié coton.

COTON-POUDRE. s. m. Substance explosible nommée aussi *pyroxyle* et *nitro-cellulose*. Voy. CELLULOSE.

COTOPAXI, terrible volcan des Andes, à 70 kil. de Quito (5943 m.).

CÔTOYER. v. a. [Pr. *kô-to-ier*]. Aller côte à côte de quelqu'un. *Il me côtoyait. Autrefois, le vassal ne devait jamais c. son seigneur.* || Aller tout le long de... *Les anciens navigateurs côtoyaient toujours la terre. L'armée ennemie côtoyait la nôtre. C. la rivière. C. la rivière. Notre flotte n'osa prendre le large et ne fit que c.* ═ CÔTOYÉ, ÉE. part. ═ Conj. Voy. EMPLOYER.

COTRE. s. m. T. Mar. Petit bâtiment à un mât appelé aussi *Cutter*. Voy. ce mot.

COTRET. s. m. (R. *Côte de Retz*, forêt de Villers-Cotterets, d'où arrivèrent à Paris les premiers cotrets par la rivière d'Ourcq canalisée en 1564). Petit fagot, composé de morceaux de bois de moyenne grosseur et lié par les deux bouts. *C. de bois blanc. Un cent de cotrets.* || Chacun des morceaux de bois dont se compose le fagot. *Un coup de c.* — Fam., *Cet homme est sec comme un c.*, il est fort maigre et décharné. On dit de même, *Il a des jambes de cotrets.* || Fig. et pop., *De l'huile de c.*, Des coups de bâton. *On l'a frotté d'huile de c.* [T. Techn. Morceau de bois qui fait partie d'un moulin à vent.] Montants des grands métiers qui servent au tissage des tapis.

COTTABE. s. m. [Pr. *ko-tabe*] (gr. χόττα6ος, m. s., de ὄτεδος, bruit). T. Antiq. Jeu d'adresse originaire de Sicile, mais qui était en usage dans toute la Grèce et qui consistait à jeter d'une certaine distance dans un bassin métallique le vin contenu dans sa coupe sans en répandre une seule goutte. Il y avait encore quelques autres manières plus compliquées de le jouer.

COTTAGE. s. m. [Pr. *ko-taje*] (mot angl., de *cot*, cabane). Nom donné en Angleterre à l'habitation rurale des fermiers et cultivateurs. — Petite maison de campagne simple et élégante en même temps.

COTTBUS, v. de Prusse (Brandebourg), sur la Sprée ; 28,300 hab.

COTTE. s. f. (celt. *cat*, vêtement). Jupe, la partie de l'habillement des femmes qui est plissée par le haut et qui va depuis la ceinture jusqu'au bas de la jambe. Ne se dit guère que par plaisant., et en parlant de l'habillement des villageoises. — *C. de drap, de serge*, Pantalon que portent certains ouvriers. || *C. d'armes*, Tunique de peau que les chevaliers et les hommes d'armes mettaient autrefois par-dessus leur cuirasse et que portent encore les hérauts d'armes. *C. de mailles*, Armure en forme de chemise, faite de mailles de fer entrelacés (voy. la Fig.). Voy. CUIRASSE. || *C. morte*, chez certains religieux, Les habits, les meubles, l'argent, etc., qu'un religieux laissait en mourant. *Ce religieux a laissé une bonne c. morte. L'abbé avait la c. morte des moines.*

COTTE. s. m. T. Ichl. Genre de poissons. Voy. Joues cuirassées.

COTTERON. s. m. [Pr. ko-teron] (Dimin.). Petite cotte
courte et étroite. Vx.

COTTIENNES (Alpes). Voy. Alpes.

COTTIÈRE. s. f. T. Mét. Barre de fer plus large qu'une
barre ordinaire.

COTTIN (M**e**), femme de lettres française (1770-1807).

COTTIS. s. m. Maladie de la vigne.

COTTIUS, roi des tribus ligariennes des Alpes, d'où le nom
des Alpes Cottiennes. Vivait au temps d'Auguste.

COTTON (Pierre), jésuite, prédicateur, fut le confesseur
de Henri IV (1564-1626).

COTUNNITE. s. m. (R. Cotunni, n. d'homme). T. Min.
Chlorure de plomb en petites aiguilles blanches et petites,
dans les laves du Vésuve.

COTUTELLE. s. f. (R. co, préf., et tutelle). Tutelle dont
on est chargé avec une autre personne.

COTUTEUR, TRICE. s. (R. co, préf., et tuteur). T. Droit.
La personne chargée d'une tutelle conjointement avec une
autre personne. Voy. Tutelle.

COTYLE. s. m. (gr. κοτύλη, petite écuelle). T. Métrol.
Mesure de capacité athénienne valant environ 0,28. Voy.
Capacité.—L'Académie fait ce mot féminin. || T. Anat. Cavité
d'un os qui reçoit la tête d'un autre os. Inus.

COTYLÉDON. s. m. (gr. κοτυλη(δὸν, cavité). || T. Bot. Nom
des feuilles primordiales, ordinairement épaisses et charnues,
qui naissent sur les parties latérales de l'axe de l'embryon.
(Le haricot au moment de la germination, lorsqu'il sort
de terre, se divise en deux parties qui sont les cotylédons.)
Voy. Graine. — Nom scientifique du genre Cotylet, de la
famille des Crassulacées. Voy. ce mot. || T. Anat. Voy.
Fœtus.

COTYLÉDONAIRE. adj. 2 g. T. Bot. Qui a rapport aux
cotylédons. Corps c. Voy. Graine.

COTYLÉDONÉ, ÉE. adj. T. Bot. Se dit des végétaux dont
l'embryon est pourvu d'un ou de plusieurs cotylédons.

COTYLÉMORPHE. adj. 2 g. (gr. κοτύλη, petite cavité ;
μορφή, forme). T. Hist. nat. Qui est en forme de cotyle.

COTYLÉPHORE. adj. 2 g. (gr. κοτύλη, petite cavité ; φορός,
qui porte). T. Bot. Qui porte de petites cupules. Qui porte une
cotyle, en parlant des bras des céphalopodes.

COTYLET. s. m. (gr. κοτύλη, cavité). T. Bot. Genre de
plantes Dicotylédones (Cotyledon) de la famille des Crassulacées. Voy. ce mot.

COTYLOÏDE. adj. (gr. κοτύλη, petite cavité ; εἶδος, forme).
T. Anat. Cavité c., Cavité de l'os iliaque qui reçoit la tête
du fémur. Voy. Articulation.

COTYLOÏDIEN, IENNE. adj. T. Anat. Qui appartient à la
cavité cotyloïde.

COU. s. m. (lat. collum, m. s. Quelquefois on dit, par eu-
phonie, Col, surtout en poésie ; on dit aussi Col lorsque ce
mot s'emploie en parlant des choses). La partie du corps qui
joint la tête au thorax, soit chez l'homme, soit chez les animaux. Le c. d'un homme, d'un cheval. Long c. Grand c.
Gros c. Avoir mal au c. Porter à son c. Tordre le c. à un
poulet. Se casser le c. Les vertèbres du c. Avoir un c. de
cigogne. Avoir le c. long et grêle. — Fig., Un c. d'ivoire,
d'albâtre, etc., Un c. remarquable par sa blancheur. — Couper le c. à quelqu'un, Séparer la tête de son corps, lui trancher la tête. — Par exag., Se casser le c., Se blesser en
tombant ; et fig., Échouer dans une entreprise, dans un projet.
— Fig. et fam., Rompre, casser le c. à quelqu'un, Lui en-

lever ses espérances de fortune, d'avancement, ou lui rendre
de mauvais offices qui l'empêchent de réussir. — Sauter au
c., se jeter au c. de quelqu'un, L'embrasser avec beaucoup
d'affection. Fam., Se pendre au c. de quelqu'un, Passer les
bras autour du c. de quelqu'un et l'embrasser à plusieurs reprises. Cet enfant est toujours pendu au c. de sa mère.
— Fig., Prendre ses jambes à son c., voy. Jambe. || Le col
ou le c. d'une bouteille, d'une cruche, d'une cornue, d'un
matras, etc., La partie longue et étroite par laquelle on emplit et on vide ces vases. La bride sur le c., Se dit d'un che-
val auquel on abandonne la bride || Fig. Personne sur laquelle
on n'exerce aucune contrainte. Laisser la bride sur le c. à
ses enfants. || T. Carross. C. de cygne, voy. Cygne. || T. Or-
nith. C.-Coupé, Espèce de Gros-Bec. C. jaune, Espèce de
Boitelet. C.-Rouge, Le Rouge-Gorge. C.-Tors, Le Torcol. || T.
Min. Travail à c. tordu, Manière de travailler dans laquelle
le mineur est couché sur le côté.

COUA. s. m. (Onomatopée du cri de l'oiseau ainsi nommé).
T. Ornith. Genre d'oiseaux grimpeurs. Voy. Coucou.

COUAC. s. m. (Onomatopée). Terre argileuse que les nègres
mangent dans certains pays. || Certain son faux qui s'échappe
du gosier.

COUAGGA. s. m. (Onomatopée du cri de l'animal). T.
Mam. Espèce du genre Cheval, voisine du Zèbre.

COUAQUE. s. f. Nom donné en Amérique à la fécule de la
racine du Manihot edulis préparée d'une façon spéciale ; on
exprime la pulpe de la racine, on la sèche, on la crible, puis
on la torréfie légèrement.

COUARD. s. m. (Pron. coart, ital. codardo, m. s. du lat.
cauda, queue). Poltron, qui n'a point de courage. C'est un c.
Fam. — Anciennement on disait adjectiv., Couard, arde. ||
T. Manège. Tronçon de la queue d'un cheval. || T. Agric.
Extrémité par laquelle on applique le manche à la faux.

COUARDISE. s. f. (R. couard). Lâcheté, poltronnerie.
Fam.

COUBLE-SOIFFIÈRE. s. m. Filet avec lequel on barre
une portion de rivière et que l'on tire à terre en le traînant.

COUBRE (Pointe de la), située à l'ouest du dép. de la
Charente-Inférieure et au nord de l'embouchure de la
Gironde.

COUCAL. s. m. (R. coucou et alouette). T. Ornith. Genre
d'oiseaux grimpeurs. Voy. Corcou.

COUCHAGE. s. m. Action de coucher à l'auberge. || En-
semble des objets qui servent au coucher. || T. Hort. Action
de mettre les graines en couche. || Action de coucher des ra-
meaux afin qu'ils deviennent des marcottes.

COUCHANT, ANTE. adj. Qui se couche. Ne se dit guère
que dans ces deux loc. : Chien c. et Soleil c. — Chien c.,
Chien d'arrêt qui se couche sur le ventre pour arrêter le gibier. — Fig., Flatteur, d'un esprit rampant. — Soleil c., se dit
du soleil quand il est près de descendre sous l'horizon. Il
arriva chez vous au soleil c. — Fig. et prov., On adore
plutôt le soleil levant que le soleil c., On courtise plutôt
la puissance, la faveur naissante que celle qui est sur son
déclin. == Couchant. s. m. Le lieu de l'horizon où le soleil se
couche. Syn. d'ouest. Ma maison est exposée au c. Le c.
d'hiver, d'été. — Par ext., La région de la terre qui, par rapport à celui qui parle, est située du côté où le soleil se couche.
Cette région est au c., Entre le midi et le c. || Fig. et poét.
Être, toucher à son c., se dit d'une personne qui vieillit ou
dont le génie baisse.

COUCHE. s. f. (R. coucher). Lit. N'est guère usité que dans
le style poétique et soutenu. La c. nuptiale. La c. royale.
Partager la c. de quelqu'un. Fig., Souiller la c. nuptiale,
se dit d'une femme qui manque à la fidélité conjugale. — Fig.,
Dieu a béni leur c., leur a donné beaucoup d'enfants. ||
Dans le langage ordinaire, le bois d'un lit. Une c. de bois de
noyer. Ce sens a vieilli. On dit plus ordinairement couchette.
== Le temps pendant lequel une femme demeure au lit à cause
de l'enfantement ; dans ce sens, s'emploie le plus souvent
au plur. Elle étoit en c. Elle fit ses couches chez sa

mèrr. *Elle est relevée de couches.* || Par ext., l'accouchement lui-même. *Une heureuse c. Une mauvaise c. C'est une suite de c.* || *Fausse c.*, Accouchement avant terme. *Faire une fausse c.* — Fig. et fam., se dit quelquefois d'un projet avorté. *C'est une fausse c.* || Le linge do., on enveloppe un petit enfant. *Une c. de batiste. Changer un enfant de couches.* = T. Jardinage. Planche relevée, c. faite ordinairement de fumier mêlé avec de la terre, pour semer certaines plantes qui viennent de graines. *C. de fumier. Une c. de melons. Faire des couches. Semer des melons sur c. Champignon de c. C. sourde*, Celle qui ne s'élève point au-dessus de la superficie de la terre. || Toute substance qui est étendue, appliquée sur une autre, de manière à en couvrir. *Recélir un mur d'une c. de plâtre, de mortier. On a étendu une c. d'or sur ce cadre.* || Se dit encore de certaines choses qu'on dispose par lits. *Il faut arranger ces pommes par couches. Une c. de beurre, de lard.* || T. Géol. Les différents lits qui composent un terrain. *Une c. de sable, de craie, de houille. C. horizontale, inclinée.* || T. Bot. *Couches ligneuses, couches corticales*, Diverses parties de la tige. Voy. TIGE. = Fig. Région, catégorie. *Les nouvelles couches sociales. Les différentes couches du peuple.* = A certains jeux, comme le lansquenet, ce qu'on met sur une carte. *La moindre c. devait être de cinq francs, la plus haute de quarante.* On dit, *Tant de c. et de telle*, pour dire qu'on met tant sur la carte et que celui qui es pris paye tant à ceux qui ont encore leur carte.

COUCHÉE. s. f. (R. *coucher*). Le lieu où on se la nuit en voyageant. *Nous arriverons bientôt à la c.* || Le souper et le coucher dans une hôtellerie, une auberge. *La c. nous coûta six francs.*

COUCHE-POINT. s. m. Trépointe du talon d'un soulier ou d'une botte.

COUCHER. v. n. (lat. *collocare*, placer avec, de cum, avec, et locus, lieu). Etre étendu pour prendre son repos. *C. dans un lit, sur un lit de camp, sur la terre, sur la dure. C. seul. C. avec quelqu'un.* — *C. avec une femme*, Avoir commerce avec elle. — Fig. et prov., *C. dans son fourreau comme l'épée du roi*, ou simplement, *C. dans son fourreau*, Tout habillé. || Passer la nuit dans quelque endroit. *C. dans un cabaret. C. en ville. C. chez soi. C. dans la rue, dans un bois.* — Fig. et fam., *C. à la belle étoile* ou *à l'enseigne de la lune*, En plein air. == COUCHER, v. a. Mettre quelqu'un au lit, l'aider à se déshabiller et à se mettre au lit. *C. un enfant, un malade.* || Etendre de son long sur la terre, sur un lit, etc. *Il coucha le blessé sur l'herbe.* — *C. quelqu'un par terre, le c. sur le carreau*, Le renverser sur la place, ou tué ou très dangereusement blessé. *Il coucha son homme par terre. Notre première décharge coucha cinquante ennemis par terre.* — Se dit aussi en parlant des choses. *C. une statue par terre. C. par terre une armoire, une poutre, etc.* || *C. en joue*, Ajuster un fusil et viser pour tirer sur quelqu'un, sur quelque chose. *Il le tenait couché en joue, j'avais déjà couché l'animal en joue.* — Fig. et fam., Observer, ne pas perdre de vue une personne ou une chose sur laquelle on a quelque dessein. *Je sais comme que c'est un escroc, et depuis qu'il est au jeu, je le couche en joue.* || Inscrire, insérer. *C. une clause dans un acte, dans un traité. La clause est couchée tout au long dans le contrat. Cet article n'est pas couché sur le registre.* Ces façons de parler vieillissent; on dit *Porter.* — *C. par écrit*, Mettre par écrit. *Je lui ai fait c. sa promesse par écrit.* || Renverser, courber, incliner une chose naturellement droite. *La pluie a couché les blés. C. un cep de vigne. C. le poil d'une étoffe.* — Pencher. *Couchez un peu votre papier, vous en écrirez plus commodément. C.* Etendre une chose sur une autre. *C. des galons, une dentelle sur une étoffe. C. une couleur sur une plinthe. C. de l'or sur un cadre. Papier couché*, Papier sur lequel est étendu une couche qui le rend meilleur pour l'impression. || *C. des couleurs*, Les étendre avec le pinceau l'une à côté de l'autre, avant de les fondre. || Fig., Mettre au jeu. *Il est grand joueur, il couche mille francs sur une carte.* — *C. gros*, Jouer gros jeu; hasarder beaucoup dans quelque affaire que ce soit, ou faire des promesses difficiles à tenir, ou encore avancer des choses peu croyables. *Cela loc. sent aujourd'hui peu usité; on dit ces choses sur les loc.* == se COUCHER. v. pron. S'étendre de tout son long sur quelque chose. *Il se mettre au lit. Se coucher au premier étage. Ils se couchent sur le lit tout habillés. Se mettre au lit. Se mettre à bonne heure.* — Fig. et popul., *Allez vous c.*, Laissez-moi tranquille. *Qu'il aille se c.*, Qu'il nous laisse en repos, il nous ennuie.

— Fig., en parlant du soleil et des autres astres, descendre sous l'horizon. *Le soleil se couchera bientôt.* == COUCHÉ, ÉE. part. — *Etre couché*, Etre au lit. — Prov., *On est plus couché que debout*, Le temps que dure la vie est bien peu de chose en comparaison du temps qui la suit. *A soleil couché*, Aussitôt après l'heure où le soleil se couche. On dit aussi, *Avant* ou *après soleil couché.* || T. Bot. *Tige couchée*, Tige qui rampe, reste étendue sur la terre. Voy. TIGE.

COUCHER. s. m. Action de se coucher. *C'est l'heure de son c. J'assistais à son c.* — *Le c. du roi*, ou simplement, *Le c.*, L'heure à laquelle le roi recevait ceux qu'il admettait à lui faire leur cour avant de se retirer pour se coucher. *Le petit c. du roi*, ou simpl., *Le petit c.*, L'espace de temps qui restait depuis que le roi avait pris sa chemise et donné le bonsoir, jusqu'à ce qu'il se mit au lit. || Fig., *Le c. d'un astre*, Le moment où il descend et disparaît sous l'horizon. *Le c. du soleil, d'une planète, d'une étoile. Au c. du soleil.* — *Ce tableau représente un c. du soleil.* Il représente un paysage éclairé par les rayons du soleil couchant. On dit aussi, *Un c. de soleil*, Un tableau qui représente un c. de soleil. *Il a dans son cabinet deux magnifiques couchers de soleil.* — Voy. LEVER. || La façon dont on est couché, soit bien, soit mal. *Il est fort délicat pour le c.* || La garniture d'un lit, comme matelas, etc. *Un bon, un mauvais c.*

COUCHES-LES-MINES, ch.-l. de c. (Saône-et-Loire), arr. d'Autun; 2.800 hab. Mines de fer.

COUCHETTE. s. f. [Pr. *kou-chète*]. Dimin. de *Couche.* Bois de lit. Lit de fer.

COUCHEUR, EUSE. s. Qui couche avec un autre. *C'est un bon c. C. incommode. Une mauvaise coucheuse.* || Fig. et fam., *C'est un mauvais c.*, C'est un homme difficile à vivre. Ouvrier qui dans une papeterie reçoit la forme de papier et la renverse sur les flotres. || *Coucheuse*, Ouvrière en dentelles.

COUCHIS. s. m. (R. *coucher*). Lit de sable et de terre qu'on met sur les madriers d'un pont de bois, pour asseoir le pavé. || Pièces de bois qu'on pose sur les fermes des cintres pour supporter une voûte pendant sa construction. || *C. de lattes*, Lattis d'un plancher.

COUCHOIR. s. m. (R. *coucher*). Instrument de relieur. || Instrument de bois avec lequel le doreur prend les feuilles d'or.

COUCHURE. s. f. (R. *coucher*). Défaut des dents d'un peigne d'acier qui se renversent.

COUCI-COUCI et **COUCI-COUÇA.** (ital. *cosi-cosi*: du lat. *cum*, avec, *sic*, ainsi. — La loc. primitive était *couci-couci*, qu'on a écrit avec deux *ss* : *coussi-coussi*. La prononciation vulgaire en a fait *couci-couça* parce qu'on a cru y voir une contraction de *comme ceci, comme cela*, ce qui est inexact.) loc. adv. et fam. A peu près; passablement. *Es-tu content? couci-couci. Il fait son devoir couci-couça.*

COUCOU. s. m. (lat. *cuculus*; gr. κόκκυξ; all. *kuckuk*, mots qui paraissent dérivés d'une onomatopée du cri de l'oiseau). Oiseau de la grosseur d'une grive, dont le chant est représenté par les deux syllabes de son nom, et dont la femelle pond ses œufs dans le nid d'autres oiseaux. *Cri de cet oiseau.* || *Pendule à c.*, ou simplement, *C.*, Horloge de bois dont la sonnerie imite le chant du coucou. || Se disait naguère de petites voitures qui desservaient les environs de Paris. *Aller en c.* || Les jardiniers appellent *C.* un fraisier qui produit des fleurs, mais point de fruits. || Fig. et pop. S'emploie dans le même sens que *cocu* pour désigner un mari trompé.

Ornith. — Dans les systèmes ornithologiques modernes, l'oiseau si connu chez nous sous le nom de *Coucou* constitue le type d'une famille assez nombreuse appelée *Coucous* ou *Cuculidés*, qui appartient à l'ordre des *Grimpeurs* ou *Zygodactyles*. Cette famille se subdivise assez naturellement en 7 genres, que nous allons passer sommairement en revue.

1. — Le genre *Coucou* (*Cuculus*) a pour caractères : bec peu élevé, convexe en dessus, comprimé à la pointe, recourbé et un peu crochu, ailes longues et pointues, à rémiges graduellement étagées; queue arrondie; tarses médiocres; doigt antérieur externe fort long. — Ce genre s'est représenté chez nous que par une seule espèce, le *C. ordinaire* (*Cuc. canorus*) (Fig. 1). Les individus adultes dans le sexe mâle ont

28 contim. de longueur; les femelles sont un peu plus petites. Toutes les parties supérieures, le cou et la poitrine sont d'un cendré bleuâtre, qui devient plus foncé sur les ailes; le ventre, les cuisses et les couvertures inférieures de la queue sont blanchâtres avec des raies transversales d'un brun noirâtre; les rectrices sont noirâtres avec de petites taches blanches disposées le long de la baguette; le bord membraneux du bec et le tour des yeux sont d'un jaune orangé; enfin, l'iris et les pieds sont jaunes. Les jeunes, quand ils sortent du nid, ont toutes les parties supérieures d'un cendré

Fig. 1.

brun, des taches rousses sur les ailes et une grande tache blanche à l'occiput. Il se tient dans les bois, au voisinage des prairies. Ces oiseaux sont presque exclusivement insectivores et nous rendent ainsi de grands services. Ils détruisent surtout une quantité innombrable de chenilles, car ils ont l'estomac très ample et sont extrêmement voraces. Le c. peut s'apprivoiser, mais ceux qui sont ainsi tenus en captivité meurent en général à l'entrée de l'hiver, époque de la mue. Le c. est un oiseau migrateur qui nous quitte pendant la mauvaise saison pour aller passer l'hiver en Afrique et dans les contrées chaudes de l'Asie, et revient entre le 23 mars et le 14 avril, suivant la température. Date moyenne du retour : 2 avril, d'après M. de Bocquigny-Adanson.

Tout le monde connaît le chant dissyllabique simple et uniforme du c.; Beethoven l'a noté comme il suit dans sa *Symphonie pastorale* :

Les coucous sont célèbres par la singulière habitude de pondre leurs œufs dans les nids d'autres oiseaux insectivores. La cause de ce phénomène, unique dans l'histoire des oiseaux, n'est pas encore bien connue. Hérissant l'attribuait à la position du gésier, qui est en effet plus en arrière dans l'abdomen et moins garanti par le sternum que chez les autres oiseaux; mais cette opinion est d'autant plus invraisemblable que cette conformation existe aussi dans quelques espèces, notamment dans le hibou et le casse-noix, qui cependant couvent très bien leurs propres œufs. L'explication donnée par Florent Prévost est beaucoup plus probable. Suivant ce naturaliste, et c'est aussi l'opinion de Vieillot, dans cette espèce les mâles sont beaucoup plus nombreux que les femelles. En conséquence, tandis que chez tous les oiseaux polygames les mâles ont plusieurs femelles, ce sont ici les femelles qui ont plusieurs mâles. A leur arrivée dans nos contrées, les mâles, qui nous viennent par troupes, se partagent le terrain; chacun d'eux choisit un petit canton dans quelque bois et ne souffre pas que d'autres viennent s'y établir. Les femelles, au contraire, n'ont pas de demeure attitrée : elles prennent pour ainsi dire un certain nombre de cantons dans lesquels résident des coucous mâles et se tiennent tantôt avec l'un, tantôt avec l'autre. Lorsque la femelle doit pondre, elle se met en quête du nid de quelque petit oiseau insectivore (c'est le plus souvent un rouge-gorge, un troglodyte, une bergeronnette, un pouillot, un pipit, une farlouse, quelquefois une fauvette,

une grive, un merle, etc.), épie l'absence du propriétaire du nid et y dépose furtivement un œuf. Assez souvent le propriétaire du nid surprend la femelle du c., et défend si vigoureusement son domicile qu'elle se hâte de fuir sans oser revenir. Mais, lorsqu'elle a réussi à déposer son œuf dans le nid étranger, elle examine curieusement ce qui se passe. Parfois son œuf est jeté hors du nid; alors elle le ramasse et le porte ailleurs, elle en fait autant si elle ne juge pas son œuf en sûreté. Ainsi, Florent Prévost a observé que, lorsqu'il tourmentait les oiseaux que le c. avait chargés d'élever son œuf, celui-ci le retirait et le portait dans le nid d'un autre couple. Un jour, ce naturaliste retira d'un nid l'œuf qu'un c. venait d'y déposer; mais la mère, qui veillait à peu de distance, le reprit aussitôt et le replaça dans le nid. Dans certains cas, vraisemblablement lorsqu'elle en a le temps, le c. femelle, avant de déposer son œuf dans un nid, jette dehors ceux qui s'y trouvent déjà. On a dit que cet oiseau ne pond jamais directement dans le nid, mais simplement à terre, et qu'ensuite il porte avec son bec son œuf dans le nid qu'il a choisi. Il est aujourd'hui prouvé que le c. femelle, toutes les fois qu'il le peut, pond directement dans le nid (Naumann a été témoin du fait); c'est donc seulement quand la chose ne lui est pas possible qu'il agit autrement. Ainsi Prévost, Levaillant et d'autres auteurs ont tué des femelles de coucous au moment où elles portaient un œuf dans leur gorge, laquelle est, à cet effet, très dilatée. La femelle pond ordinairement deux œufs en peu de jours; elle place le second dans un nid voisin du premier, mais non dans celui-ci. Cette précaution est nécessaire; car les coucous étant très voraces, les petits passereaux, qui ont déjà besoin d'une grande activité pour nourrir un seul c., ne pourraient certainement suffire aux besoins de deux. — Après que le c. femelle est sûr que ses œufs seront soignés, il abandonne le canton où il s'était tenu pendant quelques jours et passe chez un autre mâle, où il fait une seconde ponte. Il lui faut, suivant Prévost, deux mois environ pour pondre tous ses œufs; c'est pourquoi on trouve de jeunes coucous non seulement en mai et en juin, mais encore en juillet et en août. Les œufs que les femelles pondent dans la même saison sont au nombre de 6 et même de 8 ou 10; leur couleur varie du blanc jaunâtre au verdâtre, avec des taches olivâtres ou cendrées. D'après ce qui précède, il est facile de concevoir que la femelle, pondant ses œufs en 6 semaines ou 2 mois, ne peut couver comme les autres oiseaux; car elle serait obligée de nourrir un petit et de converser plusieurs œufs, ce qui est impossible. De plus, comme elle ne s'attache à aucun mâle, elle se trouve dans le cas des femelles à mâles polygames, qui sont chargées à elles seules du soin de couver leurs œufs et d'élever leurs petits. Mais les poules, les cailles, etc., sont granivores, et se tiennent isolément à portée de leur nourriture, dans les prairies ou les champs cultivés, qu'il leur suffit de faire quelques pas pour se la procurer; d'ailleurs, les petits, en naissant, sont capables de marcher, de suivre leur mère et de manger seuls. Le c., au contraire, étant insectivore, la femelle serait obligée, pour chercher sa nourriture, de faire de longues absences pendant lesquelles les œufs se refroidiraient, ou pendant lesquelles les petits, qui sont d'une faiblesse extrême, deviendraient la proie de leurs ennemis.

Lorsque l'œuf du c. est éclos, malheur aux enfants de la famille qui l'a adopté ! Ils ne tardent pas à disparaître. Naumann pense qu'il avoir vu une femelle de c. jeter elle-même hors du nid les petits de l'oiseau à qui elle avait donné la charge de sa progéniture. D'autres observateurs ont vu le jeune c. se glisser sous le corps des enfants de sa nourrice, les prendre successivement sur son dos et les jeter hors du nid. Toutes les autres espèces du genre c. sont exotiques. Deux seulement, le *C. témirostre* et le *C. criard*, sont rangées par les auteurs avec notre *C. ordinaire*. Les autres ont été distribuées en trois groupes principaux : les *Édolius* (*Edolius*), les *Coucous gros becs* et les *Chalcites*. Le type des coucous édolios est le *C. geai* (*Cuc. glandarius*), qui habite l'Afrique. Cet oiseau, qui est taché et huppé, se voit quelquefois en Europe, dans l'Andalousie et aux environs de Marseille. Les chalcites sont des espèces africaines remarquables par leurs couleurs métalliques, qui les ont fait nommer *Coucous cuivrés* ou *éclatants*. L'espèce type est le *Didric* des environs du Cap, qui a le plumage vert doré avec des taches blanches sur les ailes, etc.

II. — Les espèces qui composent le genre *Coua* ou *Coulicou* (*Coccyzus*) ne diffèrent des coucous communs que par leurs tarses élevés. Ces oiseaux sont propres aux contrées chaudes des deux hémisphères. Les couas africains ont le plumage sec et dur, quoique métallisé; les couas asiatiques l'ont doux et soyeux; les couas américains ont le plumage de ces derniers avec des formes plus gracieuses. La plupart des couas vivent d'insectes et de chenilles; cependant le *C. Delalande*, qui habite Madagascar, se nourrit exclusivement d'escargots, dont il brise très adroitement la coquille contre les pierres. Tous construisent des nids dans des creux d'arbres et prodiguent à leurs petits les soins les plus empressés.

III. — Les *Coucals* (*Centropus*) sont propres à l'Afrique, à l'Asie et à la Malaisie. Ce sont de grands oiseaux qui varient de la taille de la pie à celle du corbeau. Le caractère auquel on les distingue est l'ongle long, droit et pointu dont leur pouce est armé. Comme les couas, les coucals nichent dans des troncs d'arbres. L'espèce la plus connue est le *Houhou*, appelé aussi *C. d'Égypte*, qui se nourrit de criquels et de sauterelles.

IV. — Le genre *Courol* ou *Vouroudrion* (*Leptosomus*) ne comprend que deux espèces, qui habitent Madagascar, et nichent dans les forêts les plus épaisses.

V. — Les espèces du genre *Indicateur* (*Indicator*) se distinguent par leur bec, qui est court, haut et presque conique

Fig. 2.

comme celui du moineau, dont elles ont la taille. On en connaît 3 ou 4 qui toutes sont propres à l'Afrique australe (Fig. 2. *Grand Indicateur*). Le plumage de ces oiseaux est sans éclat, mais leurs habitudes les rendent dignes d'intérêt.

Fig. 3.

Ils se nourrissent d'insectes, mais préfèrent le miel à tout autre aliment. En conséquence, ils se tiennent toujours dans les cantons où il y a des abeilles sauvages. Les voyageurs ou les Hottentots qui vont à la recherche des nids d'abeilles n'ont qu'à se diriger vers le lieu où ils entendent un indicateur. Aussitôt que celui-ci les aperçoit, il va se placer sur l'arbre qui renferme une ruche. Si les chasseurs tardent à s'y rendre, il redouble ses cris, vient au-devant d'eux et retourne à son arbre. Pendant qu'on recueille le contenu de la ruche,

il se tient à quelque distance, attendant la part qu'on ne manque jamais de lui laisser. Ces oiseaux ont la peau extrêmement dure, afin de les protéger contre les piqûres des abeilles; cependant, ces dernières, qu'ils tourmentent sans cesse, les attaquent aux yeux et les tuent quelquefois.

VI. — Les *Malcohas* (*Melias*) ont le bec très gros, plus long que la tête, rond à sa base, arqué vers le bout, et un large espace nu autour des yeux. Les diverses espèces de ce genre, au nombre de 6, sont remarquables par la beauté de leur plumage. Elles habitent l'Inde, Ceylan et l'archipel de la Malaisie. Toutes paraissent être frugivores.

VII. — Enfin, le genre *Scythrops* est formé par une seule espèce trouvée à la Nouvelle-Hollande. Cet oiseau (Fig. 3), qui est de la taille d'une corneille, a le bec plus long et plus gros que des malcohas, et creusé de deux sillons longitudinaux peu profonds. Le tour de ses yeux est nu; ses tarses sont glabres, annelés, courts et forts. Son plumage est gris cendré, varié, au bout de ses ailes, de taches oblongues noires, et en dessous de raies transversales blanches. Le scythrops semble faire la transition des cuculidés aux toucans, dont il se rapproche par son bec; mais il s'en sépare par sa langue, qui n'est pas ciliée.

COUCOURELLE. s. f. [Pr. *kourkou-rè-le*]. Variété de figue.

COUCOURON, ch.-l. de c. (Ardèche), arr. de Largentière; 1,300 hab.

COUCY (Raoul de), chevalier et trouvère français, périt en Palestine (1192).

COUCY-LE-CHÂTEAU. ch.-l. de c. (Aisne), arr. de Laon; 712 hab. Ruines du château de Coucy. Voy. CHÂTEAU.

COUDE. s. m. (lat. *cubitus*, m. s.). La saillie que forme à la partie postérieure du bras l'apophyse du cubitus. *Il était appuyé sur son c., sur le c.* La partie antérieure de l'articulation du c., celle où a lieu la flexion de l'avant-bras. Chez le cheval et les autres solipèdes, attache du bout de l'épaule avec l'extrémité du bras. — Fig. et pop., *Hausser le c.*, Boire beaucoup. *Il aime à hausser le c. Il a haussé le c.*, Il a trop bu. || *Donner un coup de c.*, Aider quelqu'un à arriver à une situation qu'il désire. || *Jusqu'au c.*, Sans réserve, sans restriction. || *Jouer des coudes*, Se faire un passage dans la foule. || Par ext., Partie de la manche qui couvre le c. *Un habit percé aux coudes.* || L'angle que fait un mur, une allée, une rivière, etc., à l'endroit où sa direction change brusquement. *La rivière fait un c. à cet endroit.* || Bout de tuyau formant un angle.

COUDÉE. s. f. (R. *coude*). L'étendue du bras depuis le coude jusqu'au bout du doigt du milieu. Ne se dit que dans cette phrase : *Avoir ses coudées franches*, *les coudées franches*, Pouvoir librement remuer les bras et étendre les coudes. — Fig. et fam., *Avoir les coudées franches*, Pouvoir agir ou faire quelque chose sans gêne, sans contrainte, sans obstacle. || T. Métrol. Mesure de longueur usitée chez les anciens et qui variait suivant les peuples et les époques. Voy. LONGUEUR (*Mesures de*).

COUDELATTES. s. f. pl. [Pr. *koude-la-te*]. T. Mar. Pièces de bois pour recevoir la tapière dans une galère.

COU-DE-PIED. s. m. Partie la plus élevée du pied, la partie antérieure de son articulation avec la jambe.

COUDER. v. a. Plier, courber en forme de coude. *C. une barre de fer.* || *C. une manche*, En former le coude. — Coudé, ée. part. || Adject., Qui fait le coude. *Une barre coudée.*

COUDER (Louis), peintre français (1789-1873).

COUDER (Alexandre), peintre français (1808-1879).

COUDOIEMENT. s. m. L'action de coudoyer les autres.

COUDOIR. s. m. (R. *coude*). Traverse pour poser le bras dans un canapé.

COUDOUS. s. m. T. Mam. Espèce d'antilope d'Afrique. Voy. ANTILOPE.

COUDOYER. v. a. [Pr. *koudo-ier*] (R. *coude*). Heurter quelqu'un du coude. *Pourquoi m'a-t-il coudoyé?* = SE COUDOYER. v. pr. || Fig. Être en contact, être fort voisin. *On se conduisait dans cette foule à qui mieux mieux.* = COUDOYÉ, ÉE. part. || Conj. Voy. EMPLOYER.

COUDRAIE. s. f. Lieu planté de coudriers.

COUDRAN. s. m. (corrupt. du mot *Goudron*). T. Mar. Goudron.

COUDRANNER. v. a. [Pr. *koudra-ner*]. T. Mar. Tremper une corde dans le goudron, *coudran*.

COUDRANNEUR. s. m. [Pr. *koudra-neur*]. T. Mar. Celui qui goudronne les cordes.

COUDRE. s. m. Coudrier. *Cerceaux de c.*

COUDRE. v. a. (lat. *consuere*, m. s., de *cum*, avec, et *suere*, coudre). Attacher, joindre ensemble deux ou plusieurs choses avec du fil, de la soie, etc., passée dans une aiguille ou à travers des trous pratiqués au moyen d'un poinçon, d'une alêne, etc. *C. deux choses ensemble. C. des boutons à un habit. C. des souliers. C. un cahier. C. une plaie, les bords, les lèvres d'une plaie,* En réunir les bords au moyen d'une suture. || *C. un bordage,* Le clouer sur les membres. — Absol., *Elle coud très vite. C. à grands points. Il s'est piqué en cousant. Machine à c.* — Fig. et prov., *C. la peau du renard à celle du lion,* Joindre la ruse à la force. || Fig., surtout en parlant des compositions littéraires. *Il s'imagine avoir fait un livre, parce qu'il a consu ensemble des passages d'auteurs anciens.* = COUSU, UE. part. *Des bottes mal cousues.* || Fig. et fam., *Être tout cousu d'or,* Être riche, avoir beaucoup d'argent comptant. *Être cousu de coups,* Être couvert de blessures. *Avoir le visage cousu, tout cousu de petite vérole,* Avoir le visage fort marqué de petite vérole.

Conj. — *Je couds, tu couds, il coud; nous cousons. Je cousais. Je cousis. J'ai cousu. Je coudrai. Je coudrais. Couds. Que je couse. Que je cousisse, qu'il cousît. Cousant.*

COUDRÉE. s. f. T. Agric. Terre desséchée.

COUDREMENT. s. m. T. Tanneur. Opération qui consiste à tremper les peaux dans une dissolution de noix de galle.

COUDRER. v. a. T. Tanneur. Soumettre les peaux au coudrement.

COUDRETTE. s. f. [Pr. *koudrète*] Dimin. de *Coudraie*. Vieux, et ne s'emploie que dans les chansons villageoises.

COUDRIER. s. m. (lat. *corylus*, noisetier). T. Bot. Genre d'arbres Dicotylédones (*Corylus*) de la famille des Cupulifères. — C'est aussi le nom par lequel on désigne souvent le Noisetier. Voy. CUPULIFÈRES.

COUÉ, ÉE. adj. (R. *coue*, anc. forme de *queue*). T. Chasse. Qui a sa queue. *Animal coué.*

COUENNE. s. f. [Pr. *kou-ane*] (lat. *cutis*, peau). La peau du cochon, surtout lorsqu'elle a été raclée. *C. de lard.* — La peau des marsouins. || T. Méd. Nom donné à certaines taches congénitales de la peau, de couleur brune, souvent couvertes de poils et accompagnées d'une surélévation de la peau. — *C. inflammatoire,* Concrétion d'un blanc jaunâtre qui se forme à la surface du sang des saignées. Voy. SANG et INFLAMMATION.

COUENNEUX, EUSE. adj. [Pr. *koua-neu*]. T. Méd. *Sang c.,* Qui est couvert d'une couenne inflammatoire.

COUESNON. fleuve côtier, a sa source dans le dép. de la Mayenne et son embouchure dans la baie de Saint-Michel; 90 kil.

COUET. s. m. T. Mar. Nom de grosses cordes différentes des écoutes servant à amarrer les voiles.

COUETTE. s. f. [Pr. *kou-ète*] (lat. *culcita*, matelas). Lit de plume. *C. bien molle.* Vx. || T. Méc. Pièce creuse de fer

dans laquelle tourne le pivot d'une porte ou l'arbre d'une machine. || T. Mar. Fortes pièces de bois placées sous un navire en construction et sur lesquelles on le fait glisser pour le lancer à la mer.

COUFIQUE. adj. 2 g. Nom d'une écriture arabe antérieure au IVe siècle de l'hégire, qui était surtout en usage à Coufa, ville de l'Irak arabe.

COUGOUAR. s. m. (mot brésilien). T. Mam. Grande espèce du genre Chat. Voy. JAGUAR.

COUGOURDE. s. f. (lat. *cucurbita*, courge). T. Bot. Nom vulgaire d'une variété de la Calebasse commune (*Lagenaria vulgaris*), plante de la famille des Cucurbitacées. Voy. ce mot.

COUGOURDETTE. s. f. [Pr. *kougour-dète*] (Dimin. de *Cougourde*). T. Bot. Nom vulgaire de la Courge à œufs (*Cucurbita ovifera*). Voy. COURGE.

COUHÉ, ch.-l. de c. (Vienne), arr. de Civray; 1,900 hab.

COUÏ ou **COUÏA.** s. m. T. Mam. Rongeur voisin du *Castor*. Voy. ce mot.

COUIER. s. m. Corde qui attache la poupe d'un bateau au rivage.

COUILLARD. s. m. [Pr. *kou-llar*, ll mouillées]. T. Mar. Sorte de cargue supplémentaire. || Pièce d'un moulin.

COULAGE. s. m. Action de couler. — Perte, diminution des liqueurs qui s'écoulent des tonneaux. *Le c. d'une pièce de vin. Marchandises sujettes à c., au c.* || Par ext., se dit, dans le commerce de détail, des pertes journalières qui arrivent par défaut d'une surveillance assez rigoureuse. *Ce commerce est sujet au c. Il y a beaucoup de c. dans cette maison.* || T. Artill. *C. plein,* Action de couler une bouche à feu massive et de la forer ensuite. || T. Techn. Défaut dans les couvertes de poterie. || T. Constr. Procédé employé pour couler le béton dans les constructions sous-marines. || T. Télégr. Excès de la longueur réelle d'un câble télégraphique sous-marin sur sa longueur géographique, excès qui est dû aux écarts dans la marche du navire et aux sinuosités du fond de l'eau. || Action de couler la lessive.

COULAMMENT. adv. [Pr. *koula-man*]. D'une manière coulante, aisée. Se dit en parlant des discours et du style. *Parler, écrire coulamment.*

COULANGES (Marquis de), parent et correspondant de Mme de Sévigné (1633-1716).

COULANGES-LA-VINEUSE, ch.-l. de c. (Yonne), arr. d'Auxerre; 1,200 habitants. Vins.

COULANT, ANTE. adj. Qui coule aisément. *Cette encre est bien coulante.* — *Vin c.,* Vin agréable à boire et qui passe aisément. — *Nœud c.,* Nœud qui se serre de lui-même par la traction sur la corde. Voy. NŒUD. || Fig., ce qui est ou paraît fait naturellement, et ne sent point le travail. *Style c. Ces vers sont bien coulants. Sa prose est coulante.* — Se dit aussi des œuvres musicales. *Sa musique n'a pas d'originalité, mais elle est coulante.* — T. Peint. *Dessin c.,* Dessin plus facile que correct. || Fig. et fam., *Être c. en affaires,* Être facile en affaires, accommodant en matière d'intérêt. *Je l'ai trouvé très c. Il faut être c. en affaires.*

COULANT. s. m. Diamant ou pierre précieuse que les femmes portent à leur cou et qui est enfilé sur un cordon de soie, en sorte qu'on le peut hausser et baisser à volonté. || Anneau métallique mobile au moyen duquel on maintient rapprochées les branches d'une tenaille ou d'une pince, les deux moitiés d'une espèce de bourse, etc. || T. Bot. Voy. STOLON.

COULAVAN. s. m. Espèce de loriot.

COULE. s. f. (bas-lat. *culla*, contraction de *cuculla*, capuchon). Capuchon porté par les religieux de certains ordres. On dit aussi CUCULLE.

COULÉ. s. m. (R *couler*). T. Mus. Trait composé de deux ou plusieurs notes, qui se fait d'un seul coup d'archet sur le violon, l'alto, la basse, etc., ou sans renouveler le coup de langue sur les instruments à vent, etc. *Le c. se ne que par la liaison qui couvre toutes les notes du trait.* ‖ Sorte de pas de danse. ‖ T. Peint. L'ensemble des premières teintes qu'on met sur une ébauche. ‖ T. Techn. Se dit de tout ouvrage jeté en moule.

COULÉE. s. f. et adj. (R. *couler*). Écrire en *coulée*. Écriture coulée. Écriture coulée. Voy. CALLIGRAPHIE. ‖ Coulée. s. f. T. Géol. Terrain non stratifié qui s'est répandu sous forme d'une pâte liquide, laquelle s'est ensuite solidifiée par le refroidissement. ‖ T. Techn. Action de jeter en moule. — Ouverture pratiquée au niveau du fond du creuset pour l'écoulement du métal fondu. — Flot de matière en fusion. ‖ T. Mar. Partie immergée d'un navire recouverte par es bordages. — Courbe de raccordement entre les genoux et a quille d'un vaisseau. — Courbure de la carène d'un navire.

COULEMENT. s. m. Action de couler. Mouvement des liquides se dirigeant suivant leur pente.

COULEQUIN. s. m. T. Bot. Nom vulgaire de la *Cecropia peltata*, plante de la famille des *Urticacées*. Voy. ce mot.

COULER. v. n. (lat. *colare*, filtrer) Se dit du mouvement des liquides. *Ce ruisseau coule lentement, coule de source, coule dans la prairie, entre les rochers*, etc. *La rivière coule au pied des coteaux. Le Rhône, à partir de Lyon, coule toujours au Midi, vers le Midi. Des larmes qui coulaient des yeux. Cette encre est trop épaisse, elle ne coule pas bien.* — Fam., *Les bons vins coulent agréablement.* On les boit avec plaisir. — *Faire c. le sang*, Être cause d'une guerre, d'un combat, d'une rixe sanglante. *L'ambition de cet homme a fait c. bien du sang.* ‖ Par méton., se dit d'un vase quelconque qui laisse échapper le liquide qu'il contient. *Le tonneau coule.* — *Ce bassin coule de toutes parts.* — *Cette bougie coule, la cire coule,* La cire, en fondant, va très vite, coule sur les côtés. — *Le nez lui coule,* Une humeur séreuse lui coule du nez. *La statue, la cloche a coulé,* Le métal en fusion s'est échappé par quelque fente du moule. ‖ Fig., en parlant du discours ou du style. *Cette phrase, ce vers, etc., coule bien,* Il est facile et harmonieux. — Fam., on dit qu'*une chose coule de source,* lorsqu'elle vient d'abondance, se produit sans la moindre apparence d'effort. *Il écrit avec une très grande facilité; cela coule de source.* ‖ Par ext., Circuler. *Le sang coule dans les veines.* — Fig., *L'or des nations y coulait par tous les canaux du commerce.* ‖ Fig., se dit du temps qui passe. *Les jours, les années, les siècles coulent insensiblement.* ‖ Il sser. Il se dit des choses solides qui glissent et s'échappent. *Comme il passait dans la rue, une ardoise coula d'un toit et lui tomba sur la tête.* — *Ce rasoir coupe bien,* Il rase légèrement, il n'est pas rude. — Fig., *C. sur un fait, sur une circonstance,* Ne mentionner une chose que légèrement et en passant. *Il n'a fait que c. sur les détails.* ‖ Passer sans faire de bruit, de manière à ne pas être aperçu. *Couler vite le long de cette muraille.* Le lièvre a coulé le long de la haie. ‖ *A fond, C. bas,* ou simplement Couler, se dit d'un navire qui s'enfonce dans l'eau. *Ce navire fait eau de toutes parts, il va c.* — Fig. et fam., se dit d'un homme qui a perdu sa réputation, son crédit, d'une entreprise d'une maison de commerce qui est près de sa ruine. *Ses intrigues sont dévoilées, il ne tardera pas à c. Leur entreprise a coulé.* ‖ T. Techn. Glisser doucement. *Dans cette basse-là, on ne fait que c. Faites deux pas et coulez.* ‖ T. Agric. En parlant de la chute de certains fruits, on dit *La vigne coule, la vigne a coulé, les melons ont coulé,* lorsque, au moment de la floraison, une cause quelconque, la pluie, le vent, le froid, la sécheresse, fait tomber le pollen des étamines, avant qu'il ait pu se répandre sur les pistils et les féconder. *La pluie a fait c. la vigne.* =COULER. v. a. Passer un liquide au travers d'un linge, du drap, du sable. *C. du lait dans un couloir. C. au travers d'un linge. C. la lessive,* Verser à plusieurs reprises de l'eau chaude sur le linge qui est dans un cuvier, avec la charrée par-dessus. ‖ Se dit des métaux ou autres substances en fusion. *C. une statue, une cloche, un obusier,* Verser le métal fondu dans le moule. On dit de même *C. une gueuse de fer. C. une glace.* — *C. les joints des dalles de pierre,* Verser du mortier fondu entre les joints pour les fermer. ‖ Passer. *C. des jours tranquilles. Il coule dans le repos le reste de ses jours.* ‖ Faire passer, glisser adroitement, subtilement, une chose en quelque

endroit ou parmi d'autres choses, sans qu'on s'en aperçoive. Se dit au sens physique et au sens moral. *Il a coulé ce billet parmi les autres papiers. Il espérait c. cette clause dans le contrat. Il lui en a coulé deux mots à l'oreille* ‖ Submerger. *Attaquer un vaisseau et le c. bas à coups de canon. Tirer à c. bas.* — Fig., *C. quelqu'un à fond, le c. bas,* Ruiner son crédit, sa fortune. — Se dit, dans le même sens, d'une mauvaise spéculation qui a coulé leur maison. *C'est cette mauvaise spéculation qui a coulé leur maison.* — *C. quelqu'un à fond dans une discussion,* Le réduire au silence, à ne savoir que répondre. — *C. à fond une matière,* La traiter d'une manière complète, à fond. *C. à fond une affaire,* L'achever complètement, de manière qu'il ne soit plus nécessaire d'y revenir. ‖ T. Danse. *C. un pas,* Le marquer légèrement. ‖ T. Mus. *C. des notes,* Les lier par un même coup de gosier, d'archet, de langue, etc. *De ces quatre notes, il en faut c. deux. C. un trait, un passage.* = SE COULER. v. pron. Se glisser adroitement, furtivement. *Je me coulai le long du bois. Il se coula dans la foule.* — Fam., Se perdre, se ruiner. *Cet homme s'est coulé par sa faute. Cette banque s'est coulée par ses fausses spéculations.* = COULÉ, ÉE. part. *Statue coulée en bronze.*

Syn. — *Rouler, Glisser.* — *Couler* marque le mouvement de tous les fluides et même des corps solides réduits en poudre impalpable. *Rouler* se dit d'un corps qui se meut en tournant sur lui-même. *Glisser,* c'est se mouvoir en conservant la même surface appliquée au corps sur lequel on se meut. — Au figuré, *c.* se dit du temps, pour marquer sa continuité; d'une période, d'un vers, d'un discours entier, pour indiquer que les parties en sont bien liées et qu'il ne s'y trouve rien de rude. *Rouler,* on dit tout haut action qui se répète souvent sur le même objet. Ainsi, on *roule* de grands desseins dans sa tête, lorsqu'on y réfléchit souvent; et un livre *roule* sur une matière, lorsqu'il envisage celle-ci sous tous ses aspects. *Glisser* marque ce qui se fait légèrement et sans insister, et ce qui se fait avec adresse ou d'une manière imperceptible.

COULERESSE. s. f. Bassin à l'usage du raffineur de sucre.

COULETTE. s. f. [Pr. *koulète*.] T. Mét. Brochette de fer qui sert à faire tourner un rochet de fil ou de soie. ‖ Sorte de filet de pêche.

COULEUR. s. f. (lat. *color*, m. s.). Impression que font sur l'œil les diverses sortes de lumière. Qualité particulière des divers rayons de lumière. *Les couleurs simples. Les couleurs composées. C. naturelle, artificielle. C. rouge, verte, noire, grise, changeante,* etc. *Cette étoffe est de telle c. La c. d'un fruit. Ce marbre, ce papier est d'une belle c. Voici la c. à la mode. C.* s'emploie au masc. dans ces loc. elliptiques, *Le c. de feu, de rose, de chair, de citron,* etc. *Le plumage tire sur le couleur de rose vers la racine* (LA FONTAINE). — S'emploie adjectiv. après un subst. *Ruban c. de feu. Des gants c. de chair.* — Se dit particulièrement, en parlant d'étoffes et de vêtements, d'une couleur toute autre c. que le noir, le gris, le blanc, etc., c.-à-d. pour désigner une c. moins sombre et plus gaie. *Elle avait une robe de c.* ‖ Fig., *Reprendre c.,* Rentrer en faveur, rétablir sa fortune; l'achever, Reparaître dans le monde après une chose retraite. Peu us. = *Couleurs,* au pl., se disait autrefois de la livrée dont on habillait les pages, les laquais, etc. *Il a des couleurs magnifiques. Les couleurs du roi.* ‖ *Porter les couleurs d'une dame,* Autrefois, avoir quelque partie de son vêtement de la c. qu'une dame affectionnait spécialement. On disait aussi en ce sens, *Porter une écharpe aux couleurs de sa dame.* — Fig., *Porter les couleurs d'une dame,* Se déclarer publiquement l'adorateur d'une dame. ‖ *Couleurs nationales,* La c. ou les couleurs qui caractérisent le drapeau d'une nation. *Les dames avaient des ceintures aux couleurs nationales.* — Par ext., Le drapeau national. — Fig., L'opinion particulière professée par quelqu'un par une feuille publique, par un parti politique. *La c. de ce journal est encore indécise.* On dit aussi, *Ses opinions ont bien changé de c. depuis un an,* Se sont bien modifiées. = *Le teint, la c. du visage. C. vermeille. C. pâle. Cet homme est bien en c. Ses couleurs lui sont revenues. Son teint a repris sa c. habituelle.* ‖ Par ext., L'altération subite qu'éprouve la c. du visage par l'effet de quelque douleur ou de quelque émotion violente. *Il entendit son arrêt sans changer de c. Elle tomba entre leurs bras, inanimée et sans c.* — Se dit aussi de la rougeur qui survient au visage par suite de quelque émotion subite. *La c. lui en monta au visage.* || *Les hommes de c.,* Les mulâtres. || T. Méd. *Pâles couleurs.* Voy. CHLOROSE. == La teinte particulière que doivent avoir les viandes qu'on rôtit, le pain, les pâtisseries que l'on met au feu, quand elles sont cuites comme il faut. *Faites du feu clair, afin que le rôti prenne c. Cette croûte n'a pas assez de c.* || Fig. et fam., *L'affaire prend c.,* Prend une bonne tournure, promet un bon résultat. On dit, dans le sens contraire, *Cette affaire prend une mauvaise c.* == Se dit aussi des matières colorantes. *Broyer, mêler, préparer des couleurs. Mettre en c. Donner la c. Teindre en c. de. Mon habit a perdu sa c.* || Se dit particulièrement des substances colorantes employées dans un tableau ou dans un ouvrage analogue. *Appliquer, coucher les couleurs. Il entend très bien l'art de fondre les couleurs.* — *Peindre à pleine c.,* Peindre avec un pinceau très chargé de c. || *C. locale,* La c. propre à chaque objet, indépendamment de la distribution particulière de la lumière et des ombres. — Fig., se dit de la reproduction exacte de la physionomie d'un peuple, d'un pays, etc. *Ce tableau manque de c. locale.* Se dit encore en parlant de la physionomie morale d'un peuple, de ses mœurs, de ses usages, etc. *Dans cette tragédie, dont l'action se passe à Rome, la c. locale est parfaitement observée.* || Le coloris, la manière dont un tableau est peint. *Ce tableau est d'une belle c., d'une bonne c.* On dit aussi, en parlant de la manière dont un peintre choisit et emploie ses couleurs, *La c. de ce peintre est bonne, mauvaise.* .|| T. Graveur. *Cette gravure est d'une belle c.,* La lumière et les ombres y sont bien distribuées. == Fig., se dit en parlant du style d'un écrivain, qui est pour ses œuvres ce que le coloris est pour un tableau. *Il peignit des plus vives couleurs la misère de cette époque.* — Se dit aussi du caractère même du style et de l'effet particulier qui en résulte. *Le style de cet ouvrage a une c. antique.* || L'aspect particulier, la physionomie que prend une chose. *Le roman prend, vers la fin, une c. plus dramatique.* == Fig., se dit de l'impression que les choses font sur nous selon notre état moral. *Aux yeux d'un homme mélancolique tout revêt de sombres couleurs.* — Fam., *Voir tout c. de rose,* Voir tout en beau. On dit de même, *Tout lui paraît c. de rose.* == Fig., Prétexte, semblant. *Il l'a trompé sous c. d'amitié.* == Par ext., Apparence spécieuse qu'on donne à un mensonge ou à une action mauvaise, pour la faire accepter ou excuser. *Revêtir un mensonge de belles couleurs.* || T. Jeu de cartes. Chacune des quatre marques appelées Pique, Trèfle, Cœur et Carreau. *J'ai des quatre couleurs dans mon jeu.* — Au lansquenet. *Prendre c.,* Jouer au jeu et couper. || T. Blas. Voy. ÉMAIL.

Phys. — Newton, célèbre physicien anglais du XVIIe siècle, reconnut le premier qu'un rayon de lumière passant à travers un prisme triangulaire de verre produit un *spectre* ou image composée de sept régions diversement colorées, disposées dans l'ordre suivant : *rouge, orangé, jaune, vert, bleu, indigo, violet.* Ce phénomène a reçu le nom de *dispersion.* Il en livre cette conclusion, complètement vérifiée depuis, que la lumière blanche est composée des sept couleurs précédentes. Il est remarquable qu'il n'est pas nécessaire de réunir les sept couleurs du spectre pour obtenir l'impression de la lumière blanche. Il en suffit de deux convenablement choisies. Deux couleurs qui réunies donnent du blanc sont dites *complémentaires.* Telles sont le rouge et le vert, le jaune et l'orangé, etc. Voy. DISPERSION. C'est à ce mot que nous étudierons les propriétés de la lumière sous le rapport de la couleur.

Parmi les corps de la nature, les uns *absorbent* complètement les rayons lumineux qui tombent sur eux, et dès lors ils sont *noirs,* tandis que d'autres les *réfléchissent* ou les renvoient de leur surface, et dans ce cas ils sont *blancs.* Mais la plupart des corps ne réfléchissent qu'une partie des rayons reçus. C'est là ce qui produit la différence des couleurs. Un corps est *rouge* lorsque sa surface réfléchit les rayons rouges ; il est *bleu* quand il renvoie à nos yeux les rayons bleus en majorité, et ainsi de suite. Les combinaisons variées presque à l'infini des rayons réfléchis donnent naissance aux innombrables nuances des couleurs que nous percevons. Il suit de là que les couleurs offertes par les corps ne leur appartiennent véritablement pas, que ce n'est autre chose qu'un effet physique qui se produit à leur surface. Mais comme les mêmes corps nous présentent presque toujours les mêmes nuances, il est évident que cette propriété d'absorber toujours certains rayons colorés et d'en réfléchir d'autres dépend de l'état de leur surface et de la nature chimique de quelques-uns de leurs principes constituants. En effet, on a su isoler, des corps organiques colorés, quelques substances

qui, dans leur état de pureté, sont remarquables par la variété et l'intensité de leurs nuances. On a donc, avec raison, regardé ces matières comme celles qui, parmi tous les matériaux constituant les plantes et les animaux, possèdent la faculté d'agir sur la lumière et d'en réfléchir certains rayons à l'exclusion des autres. Voilà pourquoi on les regarde comme les *principes colorants* ou les *matières colorantes* des corps. Voy. COLORANTES (*Matières*). — Les couleurs les plus communes dans le règne organique sont les rouges, les jaunes, les blancs et les verts. Il est remarquable que les couleurs les plus vives et les plus brillantes qui se montrent dans les fleurs et dans les parties des plantes exposées à la lumière solaire, soient de toutes les plus délicates et les plus difficiles à obtenir. Ces organes renferment si peu de principes colorants, et ces principes sont si fugaces, qu'ils disparaissent presque complètement quand on essaie de les extraire. Il en est tout autrement pour les organes qui sont soustraits à la lumière, comme les racines, les écorces, les bois. Ici, les couleurs sont toujours sombres et paraissent peu prononcées à la vue, et cependant quand on les sépare des principes étrangers qui les masquent, ce sont celles qui présentent généralement le plus d'intensité, de richesse et de solidité. — Il n'existe pas de couleur noire dans le règne organique ; les matières brunes proviennent de l'altération des matières jaunes.

Beaucoup d'observations tendent à faire croire que les principes immédiats qui fournissent de si brillantes couleurs, sont complètement incolores dans les organes vivants, tant qu'ils n'ont pas éprouvé l'influence de l'oxygène de l'air, et que c'est le contact ou la réaction de cet agent qui les convertit en substances colorantes. L'action de l'air est surtout très visible avec les feuilles des indigotiers et les racines de garance qui, à l'état de vie, ne sont pas colorées, et qui donnent bientôt, au contact de l'air, les premières une couleur bleue, les secondes une couleur rouge. Il en est de même dans les lichens qui fournissent l'*orseille* et le *tournesol* du commerce ; incolores à l'état vivant, ils offrent de superbes couleurs rouges et bleues, lorsque, après les avoir arrachés de terre, on les soumet à la double influence de l'air et des alcalis. Citons encore les bois de Campêche et du Brésil ; à peine colorés en jaune à l'état vert, l'un et l'autre rougissent intensivement au contact de l'air. Ce qui prouve bien qu'il en est ainsi, c'est que toutes les fois qu'on enlève de l'oxygène aux matières colorées de nature organique, en les mettant en présence d'agents réducteurs ou désoxydants, tels que le gaz hydrogène, l'acide sulfhydrique, les sulfures alcalins, etc., on les rend incolores, au moins tant que leur action se fait sentir.

Nous devons à Persoz une très jolie expérience qui démontre que les racines des plantes sont douées d'une propriété réductrice très prononcée, tandis que les fleurs sont le siège de phénomènes d'oxydation. Si l'on plonge les tiges de balsamine privées de leurs racines dans une dissolution de sulfate d'indigo, cette dissolution est décolorée au nature et les tiges colorées en bleu ne tardent pas à périr. Si l'on plonge la plante garnie de ses racines dans la même liqueur, elle continue à vivre en absorbant la dissolution, mais dans un état de désoxydation, c.-à-d. décolorée par l'action des racines, et la tige et les feuilles restent vertes. Mais dès que la dissolution arrive dans les pétales, elle reprend sa couleur bleue primitive, parce qu'elle se retrouve en présence de l'air, et toutes les fleurs deviennent bleues. Les dissolutions d'aniline, absorbées par les tiges, modifient profondément les couleurs de certaines fleurs ; aspirées par les racines, elles ne produisent aucun effet.

D'après tout ce qui précède, nous sommes donc portés à conclure que parmi les matières colorantes organiques, la plupart, sinon toutes, sont des résultats de l'oxydation de principes immédiats peu colorés ou tout à fait incolores ; que, par conséquent, dans l'intérieur des organes vivants, il n'existe que des matières *colorables.*

Techn. — Aux mots TEINTURE et COLORANTES (*Matières*), nous traitons des matières colorantes propres à la teinture des tissus. Ici nous ne parlerons que des couleurs employées dans la peinture artistique et la peinture en bâtiments.

Les matières usitées dans la peinture et l'industrie sont fournies par les trois règnes de la nature. En conséquence, on les divise en C. minérales, C. végétales et C. animales ; mais les premières sont de beaucoup les plus nombreuses.

1° *Blanc.* On fait les blancs avec le *Blanc de Kremtz* ou de *Krennitz,* appelé aussi *Bl. d'argent, Bl. d'écailles, Bl. léger, Bl. de Hollande purifié,* qui n'est qu'un carbonate de plomb d'une grande pureté. Le *Bl. de Venise* ou *Bl. d'Alle-*

magne est un mélange par parties égales de carbonate de plomb et de sulfate de baryte. Le B.. de plomb ou Céruse est également un carbonate de plomb auquel on mêle toujours une petite quantité de sulfate de baryte, ain de lui donner une opacité qu'il n'aurait pas sans cela. La Céruse commune, employée pour la peinture en détrempe, renferme toujours de l'argile blanche, de la terre de pipe ou du blanc d'Espagne. Voy. Plomb. Le Bl. de zinc est de l'oxyde de zinc produit par la combustion de ce métal. Nous nommerons encore les différentes variétés de Craie, parmi lesquels se celle connue sous le nom de Bl. de Troyes ou de Meudon a une certaine réputation. Comme nous l'avons dit ailleurs (voy. Chaux), le Bl. d'Espagne n'est que de la craie bien blanche qui a été concassée, triturée et réduite en pâte avec de l'eau. Enfin, ce qu'on appelle Bl. de Bougival est une terre marneuse, extrêmement fine, que l'on trouve dans la commune de ce nom.

2° Noir. La substance qui fournit le noir le plus intense et le plus pur est le Noir d'ivoire ou N. de velours; après lui vient le N. d'os ou N. animal. Tous deux s'obtiennent en faisant calciner de l'ivoire ou des os, en réduisant en poudre très fine les résultats de l'opération. Le N. végétal résulte de la carbonisation de noyaux de pêches et d'abricots, de fragments de liège, de sarments, etc. Il donne une nuance beaucoup moins belle que les précédents. Le N. de Troupe et le N. de fumée s'obtiennent en brûlant des chaux ou des substances résineuses. Voy. Carbone. La calcination du bleu de Prusse et celle du marc de café produisent encore deux noirs excellents, car ils sont très intenses et sèchent aisément. On les appelle N. de Prusse et N. de café.

3° Rouge. Les rouges sont particulièrement fournis par des substances métalliques : tels sont le Rouge de Saturne ou Minium (voy. Plomb), le Cinabre ou Vermillon (voy. Mercure), et plusieurs variétés d'Ocres qui sont des oxydes de fer relevés ou le résidu de la calcination du sulfate de fer, résidu qu'on nomme Colcothar; on les trouve aussi dans la nature. La variété rouge foncé est communément désignée sous les noms de Rouge d'Inde, Brun rouge, R. d'Angleterre, R. de Prusse et R. de montagne. Voy. Fer. Le Pourpre ou Rouge de Cassius est un composé de bioxyde d'étain et d'or. L'Écarlate des Anglais est un iodure de mercure, le Rouge pourpre un chromate du même métal, et l'Orpin rouge un sulfure d'arsenic. Le règne animal nous fournit la Cochenille et le Carmin. La Laque rouge de Venise, appelée aussi Vermillon de Chine ou de Hollande, est du carmin brûlé dans un vase d'argent. Quant au règne végétal, il donne la Laque rouge de garance ou Laque de Smyrne, et la Laque rouge qui s'extrait du bois de Brésil.

4° Jaune. Les substances qui donnent le jaune sont fort nombreuses. Le Jaune minéral appelé aussi J. de Paris, J. de Turner, J. de Kasler ou J. de Vérone est un oxychlorure de plomb; le Massicot calciné est un mélange de protoxyde et de bioxyde de plomb; la Mine-Orange s'obtient en calcinant la céruse; le J. de chrome est un chromate de plomb; le J. d'iode est un iodure de plomb; le J. de roi est un sulfure de cadmium; le J. d'or, nommé encore Orpiment et Orpin jaune est un sulfure d'arsenic; enfin le Jaune de Naples est un composé d'oxyde de plomb et d'antimoine. Les Ocres jaunes, qu'on désigne sous les noms d'Ocre de ru, Terre jaune et Terre de montagne sont des hydrates d'oxydes de fer, qui produisent des rouges par la calcination. Le J. de Mars et l'Orangé de Mars sont des ocres artificielles. Parmi les jaunes végétaux, le plus beau est la Gomme-gutte, sorte de gomme-résine produit par la Garcinia Morella. Voy. Clusiacées. Les laques, ainsi que les stils de grain jaunes, extraites de diverses plantes, et précipitées sur l'alumine ou des mélanges de sels calcaires et d'alumine. Nous citerons le J. de carthame, le J. de curcuma et la Laque de gaude ou Laque j. d'Anvers. Les stils de grain jaune se préparent avec le bois jaune, le quercitron, le brou de noix, l'écorce d'aune, etc. Le Stil de grain d'Angleterre s'extrait de la garance et de la gaude; mais, le plus souvent, on vend sous ce nom un produit composé de craie et d'une décoction de fruits de nerprun, dits Graines d'Avignon parce qu'on en retire beaucoup des environs de cette ville. La belle c. appelée Jaune indien est encore un produit végétal. Enfin, le J. doré ou Pierre de fiel s'extrait, dit-on, du fiel d'anguille.

5° Bleu. La c. bleue la plus employée est le composé de cyanogène et de fer connu sous le nom de Bleu de Prusse; mais elle a l'inconvénient de s'altérer par le contact prolongé de l'air et d'être décomposée par les alcalis. Voy. Fer. Le Bl. minéral n'est que du bleu de Prusse mélangé avec de la

craie. Le Bl. d'outremer naturel est aujourd'hui remplacé par l'Outremer artificiel de Guimet, qui est aussi bon et coûte presque 50 fois moins. Voy. Lapis. On fait aussi un grand usage du Bl. de cobalt ou Bl. Thénard, et du Bl. d'azur ou Smalt. Voy. Cobalt et Azur. Enfin, les Cendres bleues, appelées aussi Bl. de montagne, sont un composé cuprique. Voy. Cuivre. Le règne végétal nous fournit deux bleus remarquables, le Pastel et l'Indigo; mais il en sera question ailleurs. Voy. Pastel, Indigo.

6° Violet. On obtient un violet solide en calcinant fortement le peroxyde de fer. Le pourpre de Cassius, mêlangé à l'alumine, produit une belle c. violette. Le Violet végétal ou Laque violette provient de la décoction du bois de Fernambouc.

7° Vert. Les verts sont presque exclusivement fournis par des substances minérales. Le Verdet cristallisé et le Verdet gris ou Vert-de-gris sont des acétates de cuivre. Le Vert de Scheele est un arsénite de cuivre; le V. de Schweinfurth, V. métis, V. de Vienne ou de Brunswick est un composé d'arsénite et d'acétate de cuivre; le V. de montagne est un carbonate de ce dernier métal; le V. de chrome ou V. Guignet est un hydrate chromique. Le V. de cobalt, appelé aussi V. minéral, V. de Rinmann et V. de Prusse, est un composé d'oxyde de cobalt et de zinc. Le V. émeraude, encore nommé V. anglais et V. tendre, est un mélange de sulfate de chaux et de bi-arsénite de cuivre. Les Terres vertes de Vérone et de Chypre sont composées de silice, d'oxyde de fer, de potasse, de magnésie carbonatée et d'eau. Enfin, le Vert dit de vessie se fait avec les baies du nerprun, et doit son nom aux vessies dans lesquelles on le renferme.

8° Brun. Les Terres brunes de Cassel et de Cologne sont des argiles que le bitume surtout a brunies. La Terre d'Ombre est aussi une argile, mais colorée par les oxydes de fer et de manganèse, et par quelques traces de bitume. La Terre de Sienne est une argile ocreuse qui renferme de l'hydrate de sexquioxyde de manganèse. Elle est naturellement d'un jaune verdâtre foncé; mais la calcination lui communique une teinte rouge brun foncé. Le brun foncé, nommé bistre, se fait avec la suie. La meilleure provient de la houille. Le Brun de Prusse ou Br. de bistre se prépare en calcinant à nu du bleu de Prusse. Nous nommerons encore la Sépia, l'Asphalte, la Momie, etc. Cette dernière est tout simplement du bitume pris dans les cercueils de momies égyptiennes. Quant au Stil de grain brun, il provient de la matière colorante de la graine jaune d'Avignon fixée sur l'alumine.

Les couleurs que nous venons d'énumérer se vendent dans le commerce toutes préparées; mais il en est une foule d'autres qui s'obtiennent par le mélange des couleurs primitives. — Les matières colorantes dont la peinture fait usage, une fois extraites ou fabriquées, n'ont plus besoin, pour être employées, que de subir quelques opérations fort simples. On commence d'abord par les broyer très finement à l'eau sur le Porphyre, c.-à-d. sur une table horizontale de matière dure, telle que granit, verre, etc. L'instrument avec lequel on les broie est de forme conique et représente une petite meule, d'où son nom de Molette. Cette opération terminée, on met les couleurs en petits tas ou trochisques, qu'on laisse sécher, puis on les broie de nouveau, mais cette fois à l'huile, avec l'Amassette, espèce de couteau dont la lame est très flexible. Pour les couleurs à l'aquarelle, le second broyage, au lieu d'être fait à l'huile, s'exécute avec une solution de gomme arabique ou un peu de miel. Puis, on enferme les couleurs dans des tubes mous en étain, d'où l'on peut les extraire par compression au fur et à mesure des besoins; ou bien on les pétrit avec un liquide agglutinant pour en faire des pains ou des pastilles. Dans les grandes fabriques, on remplace le porphyre et la molette par les machines diversement combinées, qui suppriment le travail manuel. Ces machines, d'ailleurs, sont indispensables pour le broiement des couleurs dangereuses, comme toutes celles où il entre du plomb, du mercure, du cuivre ou de l'arsenic.

Hist. — Les Couleurs nationales de la France ont varié plus d'une fois. Le bleu est le plus ancienne; c'était celle de la bannière de Saint-Martin de Tours, que nos rois faisaient porter à la tête de leurs armées. Le rouge parut vers le XIIe siècle, quand le Vexin fut réuni à la couronne, c.-à-d. lorsque ces mêmes princes devinrent avoués de l'abbaye de Saint-Denis, dont la bannière, comme nous l'avons dit ailleurs (voy. Bannière), était la célèbre oriflamme. Les deux couleurs se maintinrent simultanément jusqu'au XVe siècle, mais à cette époque Henri VI, roi d'Angleterre, devenu maître de

Paris et de Saint-Denis, se fit proclamer roi de France et prit, à ce titre, notre étendard national. Dès lors, les Français se virent obligés d'abandonner une c. arborée par leurs ennemis. Le rouge disparut donc de nos drapeaux, et ce fut le *blanc* qui prit sa place. Le culte que Charles VII et son fils Louis XI avaient voué à la Vierge fut vraisemblablement une des causes qui firent choisir cette c. et qui la conservèrent dans nos armées. Toutefois, le blanc ne fut pas, même au temps des derniers Valois et des premiers Bourbons, adopté d'une façon absolument exclusive. En effet, dans plusieurs corps, le bleu réussit à se maintenir jusqu'au XVIe siècle. En outre, pendant les guerres de religion, Charles IX et Henri III donnèrent des écharpes et des drapeaux rouges à leurs soldats, tandis que les troupes calvinistes et le roi de Navarre portaient la bannière blanche. La c. tricolore (bleu, blanc et rouge) fut même plusieurs fois adoptée par nos rois, sinon comme un drapeau, au moins comme un uniforme ou une livrée ; c'est ce qui eut lieu sous François Ier, Henri II, François II et Henri III. Henri IV donna les trois couleurs à l'uniforme de ses hallebardiers et à la livrée de ses valets de pied. Bien plus, aux yeux de ce prince, le tricolore était réellement la c. nationale des Français. En effet, vers la fin de son règne, les Hollandais lui ayant demandé l'autorisation de prendre les couleurs françaises, il y consentit et le drapeau qu'il envoya au stathouder, en signe de consentement, portait les trois couleurs, rouge, blanche et bleue, disposées comme elles le sont encore aujourd'hui dans le drapeau des Pays-Bas. Les trois couleurs parurent de nouveau sur la livrée royale au mariage de Louis XIV, et se maintinrent depuis dans l'uniforme de la maison du roi. Il ne passa un fait plus singulier encore au commencement du XVIIIe siècle, lorsque la France, l'Espagne et la Bavière se coalisèrent contre le reste de l'Europe. Il fut convenu que, pour mieux figurer l'alliance des trois nations, on donnerait aux soldats de l'armée combinée une cocarde qui présenterait la réunion des couleurs propres à chacune d'elles. C'est ainsi que le blanc de la France se trouva réuni au rouge de l'Espagne et au bleu de la Bavière. Néanmoins, ce n'est pas à des circonstances fortuites comme celle-ci qu'il faut attribuer l'origine de nos couleurs actuelles. Ainsi que nous l'avons dit au mot COCARDE, elles datent de la Révolution et du 17 juillet 1789. Le choix fait alors par la population de Paris ne fut cependant consacré légalement qu'en 1793, par un décret de la Convention du 27 pluviôse an II (15 fév. 1793). Ce décret est ainsi conçu : « Le pavillon, ainsi que le drapeau national, sera formé des trois couleurs nationales, disposées en trois bandes égales, de manière que le bleu soit attaché à la garde du pavillon, le blanc au milieu et le rouge flottant. »

COULEUVRE. s. f. (lat. *coluber*). Espèce de serpent. || Fig., *Avaler des couleuvres.* Voy. AVALER.

Zool. — On désigne sous le nom de *Couleuvres* (*Coluber*), ou sous celui de *Colubridés*, une famille extrêmement nom-

Fig. 1.

breuse de serpents non venimeux, c.-à-d. qui sont dépourvus de glandes pour la sécrétion d'une liqueur vénéneuse, et qui, par conséquent, n'ont pas les dents cannelées et tubuleuses des Ophidiens venimeux. Les *Couleuvres* sont, en outre, caractérisées par leur tête ovalaire, déprimée, distincte du tronc par un col assez marqué, et couverte de 9 à 12 écailles plus grandes que celles du reste du corps, par l'absence de crochets aux côtés de l'anus, par leur queue conique, longue, grêle, revêtue en dessous d'une double série de scutelles, tandis que sous le ventre celles-ci ne forment qu'une série. Enfin, leurs

dents sont nombreuses, petites, aiguës, rétroverses et incapables de faire une morsure dangereuse. — Les couleuvres sont des serpents de moyenne ou de petite taille que l'on rencontre dans les deux hémisphères. Leur nourriture consiste en souris, mulots, lézards, grenouilles, œufs d'oiseaux, mollusques et autres animaux vivants. Grâce à la dilatabilité de leur mâchoire, ces serpents peuvent avaler des animaux beaucoup plus gros qu'eux-mêmes. Ils boivent à la manière des lézards par un mouvement d'aspiration, mais le préjugé vulgaire qui leur attribue la faculté de teter les vaches, chèvres, etc., n'a aucun fondement. En effet, leurs lèvres cornées ne peuvent permettre la succion ; de plus, la disposition de leurs dents en forme de carde blesserait l'animal, qui ne se laisserait point traire paisiblement, ainsi que le prétendent les habitants des campagnes. Les couleuvres sont ovipares. La femelle pond de 15 à 20 œufs ellipsoïdes et à enveloppe coriace, qui sont en général agglutinés les uns aux autres. Elle les abandonne dans le sable, les feuilles sèches, l'herbe coupée pour la pâture des bestiaux, ou dans les fumiers, où ils éclosent spontanément sous l'influence de la chaleur solaire ou de celle que développe une fermentation lente. L'éclosion des œufs déposés dans le fumier ne contribue pas peu, dans nos campagnes, à perpétuer la croyance à la fable des œufs de coq qui donnent naissance à des serpents. — Les couleuvres des pays froids et tempérés s'enfoncent dans la terre en automne et y restent tout l'hiver dans un état d'engourdissement. Ces serpents sont en général fluides ; leur prétendu dard n'est autre chose que leur langue, qui est en effet bifide à sa pointe, mais qui est parfaitement inoffensive. Leurs principaux moyens de défense sont la fuite et l'émission d'excréments demi-liquides et doués d'une odeur alliacée très pénétrante. Enfin, ces animaux sont même susceptibles de s'appivoiser. Dans quelques pays, on leur fait la chasse et on les mange sous le nom d'*Anguilles de haie ;* mais leur chair est sèche et d'un goût fade.

Le nombre des espèces de couleuvres est très considérable, plus de 150 ; et, comme les différences qu'elles présentent sont peu prononcées, il est fort difficile de les classer. En outre, chaque auteur a créé une foule de dénominations nouvelles, de sorte que la synonymie de ces serpents est un dédale presque inextricable H. Schlegel les distribue en trois groupes, savoir : les *Couleuvres terrestres*, les *C. d'arbres*, et les *C. d'eau douce.*

I. — Le g. *Couleuvre* proprement dit (*Coluber*) est répandu dans les climats chauds et tempérés des deux hémisphères. Notre pays en nourrit plusieurs. — La *C. verte et jaune* (*Col. viridiflavus*) est longue de 1 mètre à 1 m. 30, tachetée de noir et de jaune en dessus, et toute jaune verdâtre en dessous, avec des écailles lisses. Elle est répandue dans nos départements du Midi et dans la forêt de Fontainebleau. — La *C. à quatre raies* (*Col. quadrilineatus* ou *Col. Elaphis*) est fauve en dessus, avec 4 lignes brunes ou noires sur le dos ; le ventre est d'un jaune de soufre. C'est le plus grand de nos serpents d'Europe, car il atteint quelquefois deux mètres. Il se trouve dans le midi de la France et en Italie. — Le *Serpent d'Esculape* (*Col. Esculapii*) [Fig. 1] est plus gros et moins long que la C. à quatre raies. Il est brun dessus, jaune paille dessous et aux flancs, et a les écailles du dos presque lisses. Cette espèce qui habite l'Italie, la Hongrie, l'Illyrie et la Turquie, tire son nom du dieu auquel les anciens l'avaient consacrée. — La *C. lisse* (*Col. lævis* ou *austriacus*), qui se trouve par toute la France, est le type du genre *Coronelle* de plusieurs erpétologistes. Ce serpent a la tête petite, le corps grêle, et ne dépasse pas 1 mètre. Il est roux brun marbré, de couleur d'acier en dessous, avec deux rangs de petites taches noirâtres le long du dos. Les écailles sont lisses et portent chacune deux petits points noirs à leur extrémité postérieure. Nous nommerons encore parmi les couleuvres terrestres : le *Rhinechis d'Agassiz,* qui se trouve en Espagne, dans la France méridionale et dans l'Italie ; la *C. fer à cheval* (*Periops hippocrepis*) du midi de l'Europe et du Nord de l'Afrique ; et la *C. lacertine* (*Psammophis monspessulana*) qui a été trouvée dans le midi de la France.

II. — Les *Couleuvres d'arbres* sont propres aux régions équatoriales, où elles se tiennent dans les grandes forêts et les contrées boisées. Elles sont ainsi nommées parce qu'elles grimpent sur les arbres où elles poursuivent leur proie de branche en branche. Schlegel comprend dans ce groupe les trois genres *Dendrophis, Dryophis* et *Dipsas.* Ces serpents ont en général des formes grêles et allongées. Nous citerons le *Dendrophis colubria* (*D. colubrina*) [Fig. 2 de l'Afrique australe.

III. — Les espèces rangées dans le groupe des *Couleuvres*

Fig. 2.

d'eau douce sont fort semblables aux couleuvres proprement dites, mais elles ont en les formes plus ramassées. Elles vivent dans le voisinage des eaux douces ou dans ces eaux douces elles-mêmes, car elles sont très bonnes nageuses. La *C. à collier* (*Tropidonotus torquatus* ou *Natrix torquata*) [Fig. 3] est très répandue chez nous. Elle habite les prairies voisines des eaux douces dans lesquelles elle séjourne quelquefois. Ce serpent est de couleur cendrée, avec des taches noires le long des flancs, et trois taches blanches formant un collier sur la nuque; les écailles sont carénées, c.-à-d. relevées d'une arête. Il

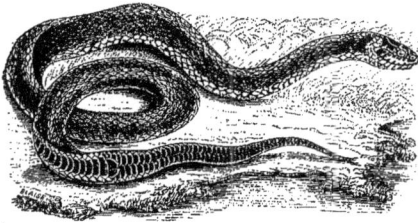

Fig. 3.

atteint une longueur de 1 m. à 1 m. 30. Or le mange dans plusieurs de nos provinces. La *C. vipérine Tropidonotus viperinus* ou *Natrix viperina*) est encore une espèce indigène du même genre. Sa couleur est gris brun, avec une suite de taches noires formant un zigzag le long du dos, et une autre de taches plus petites et aiguës des côtés, ce qui la fait ressembler à la vipère. Le dessous est tacheté en damier de noir et de grisâtre. Ses écailles sont également carénées. Ce serpent ne dépasse jamais 1 mètre. Il habite le midi de l'Europe, et a été rencontré jusqu'aux environs de Paris.

Le *Rachiodon*, espèce de c. particulière à l'Afrique australe, ne saurait être passé sous silence. Ainsi que l'a découvert le professeur de zoologie à la faculté de Lyon Jourdan, les vertèbres de la région œsophagienne ont le sommet de leurs apophyses épineuses inférieures garni d'une plaque émaillée semblable à une dent. Ces dents d'espèce si curieuse pénètrent dans l'œsophage à travers des perforations de la membrane de ce dernier. Cette disposition paraît avoir pour objet de permettre à ce reptile de briser les œufs qui composent sa nourriture habituelle. — Nous nous contentons de nommer le genre *Homalopsis* (Cerberus de Cuvier) qui appartient

aux parties chaudes de l'Asie et des deux Amériques. Il renferme des espèces de grande taille; leurs teintes sont en général lugubres.

COULEUVREAU. s. m. Petit de couleuvre.

COULEUVRÉE. s. f. (R. *couleuvre*). T. Bot. Nom vulgaire de la *Bryone dioïque*. Voy. CUCURBITACÉES.

COULEUVRIN, INE. adj. T. Hist. nat. Qui ressemble à une couleuvre.

COULEVRINE. s. f. Ancienne pièce d'artillerie plus longue que les canons ordinaires. Voy. ARTILLERIE.

COULEVRINIER. s. m. Soldat chargé de manœuvrer les coulevrines.

COULICOU s. m. T. Ornith. Synonyme de *Coua*. Voy. COUCOU.

COULIÈRE. s. f. (R. *couler*). Pièce d'un train de bois. || Fer aplati en verge carrée.

COULIN. s. m. Pigeon ramier.

COULINAGE s. m. T. Rur. Action d'échauffer l'écorce des arbres fruitiers pour les débarrasser des insectes.

COULIS. s. m. (R. *couler*). T. Cuis. Suc d'une chose consommée à force de cuire, passé par une étamine, etc. *C. de chapon, d'écrevisses.* || T. Maçonn. Plâtre gâché pour remplir les joints. || Métal fondu qu'on coule dans les joints. || Raclure de briques délayées dans l'eau.

COULIS. adj. m. (R. *couler*). *Vent c.*, Vent qui se glisse au travers des fentes et des trous. *Il vient un vent c. par cette porte.*

COULISSE. s. f. (R. *couler*). Rainure plus ou moins longue dans laquelle on fait glisser un volet, un châssis, une porte, etc. *Faire une c. Graisser une c.* — Le volet lui-même qui se meut dans cette rainure. — Fig. et fam., *Faire les yeux en c.*, Faire les yeux doux en regardant de côté. On dit aussi par ellipse, *Regarder en c.* || T. Théâtre. Châssis de toile qui est mobile et qui forme la décoration des deux côtés de la scène. *Le feu prit aux coulisses.* — Se dit des intervalles qui sont entre les coulisses, et, par ext., de toute la partie du théâtre où se tiennent les acteurs. *Pendant toute la pièce il reste dans les coulisses.* C'est un pilier de coulisses, Se dit aussi en parlant des acteurs et de ceux qui fréquentent les coulisses. *Intrigue, propos de coulisses.* || T. Constr. Étui de bois carré qui, partant du faîte de l'édifice, va porter les déblais jusqu'en bas. || *C. de Stephenson*, Organe d'une locomotive qui permet de faire varier la détente et de renverser la marche en modifiant le jeu des tiroirs. Voy. LOCOMOTIVE. || T. Hydraul. Rainure qui reçoit une trappe d'écluse. || T. Techn. Porte pratiquée dans la grande porte d'un poêle. — Le rempli ménagé dans un vêtement ou toute autre chose faite d'étoffe, et dans lequel on passe un cordon, un ruban, au moyen duquel on serre ou desserre ce vêtement. *Passer un lacet dans une c.* || T. Anat. Se dit des rainures profondes de la surface des os, qui sont tapissées par un périoste lisse ou une membrane synoviale pour faciliter le glissement des tendons qu'elles reçoivent. *Les coulisses des malléoles* || T. Impr. *C. de galée.* Voy. TYPOGRAPHIE. || T. Bourse. Se dit de l'ensemble des opérations qui se font à la Bourse sans l'intermédiaire des agents de change. Voy. BOURSE.

COULISSEAU. s. m. (R. *coulisse*). T. Constr. Bâti dans lequel on place des tiroirs. || T. Serrur. Mouvement de tirage pour sonner les domestiques. || T. Méc. Toute pièce qui se meut dans une coulisse. || Au plur. Coulisses de bois ou de fer sur lesquelles roule un lit à roulettes.

COULISSEUR. s. m. Outil qui sert à faire des coulisses.

COULISSIER. s. m. T. Bourse. Celui qui fait des affaires à la coulisse.

COULISSOIRE. s. m. Outil de fabricant d'instruments de musique pour faire les coulisses.

COULMIERS, village du dép. du Loiret où se livra, le 9 novembre 1870, une bataille gagnée par l'armée française, qui délogea les Allemands de leurs positions.

COULOIR. s. m. (R. *couler*). Écuelle de bois qui, au lieu de fond, a une pièce de linge par où l'on coule le lait ou le tirant. — Sorte de filtre. || Passage de dégagement d'un appartement à un autre. — Dans les salles de spectacle, passage pratiqué derrière les loges. || T. Anat. S'employait autrefois pour désigner tout conduit ou canal excréteur. *Les couloirs de la bile.* || T. Constr. Couloir-caisse à béton.

COULOIRE. s. f. (R. *couler*). Vaisseau propre à laisser passer, à faire égoutter la partie la plus liquide ou le suc de quelque substance qu'on veut en séparer.

COULOMB. s. m. (Nom d'un physicien). T. Phys. Unité de quantité électrique. Le c. est la quantité d'électricité qui traverse pendant 1 seconde une section quelconque d'un courant dont l'intensité est de 1 **ampère.** Voy. ce mot.

COULOMB, physicien français, inventeur de la *balance de torsion* pour mesurer les plus petites forces du magnétisme et de l'électricité (1736-1806).

COULOMBMÈTRE. s. m. (R. *coulomb*, et gr. μέτρον, mesure). T. Phys. Appareil destiné à mesurer la quantité d'électricité passant dans une canalisation électrique. Voy. COMPTEUR.

COULOMMIERS, ch.-l. d'arr. de Seine-et-Marne, sur le Grand-Morin, affluent de la Marne, à 47 kil. de Melun, 72 de Paris; 6,200 hab. Fromage de Brie. — Ville fort ancienne, car elle fut entourée de murs par Antonin, en 156.

COULONGES, ch.-l. de c. des Deux-Sèvres, arr. de Niort, 2,319 hab.

COULOTTE. s. f. (R. *couler*). Outil de plombier. || Pièce qui soutient le bois que refend le scieur de long.

COULPE. s. f. (lat. *culpa*, faute). T. Théol. Faute, péché. Voy. PÉNITENCE. — Prov., *Dire sa c. de quelque chose*, En faire l'aveu et en témoigner son regret.

COULT. s. m. Bois de marqueterie.

COULURE. s. f. (R. *couler*). T. Agric. Se dit de la vigne et de quelques autres végétaux, lorsqu'une circonstance atmosphérique quelconque empêche la fécondation. *La c. de la vigne a ruiné nos vignerons.* || T. Techn. La portion du métal qui s'échappe du moule où la fonte est jetée.

COULVIER-GRAVIER, observateur persévérant des étoiles filantes (1802-1868).

COUMAILLE. s. f. [Pr. les *ll* mouillées]. Roche des mines dans lesquelles la houille est divisée.

COUMARILIQUE. adj. 2 g. T. Chim. L'acide coumarilique $C^9H^6O^3$ s'obtient en chauffant la coumarine bromée avec de la potasse alcoolique. Il cristallise en aiguilles très solubles dans l'eau; il fond à 192° et bout à 315°. Chauffé avec de la chaux il se dédouble en anhydride carbonique et en coumarone. On peut donc le considérer comme un acide coumarone-carbonique, et, par suite, comme un dérivé du furfurane.

COUMARINE. s. f. (R. *Coumaron* ou *Coumarouna*). T. Chim. La c. constitue le principe odorant de la fève de Tonka (*Coumarouna odorata*); on la rencontre aussi, en même temps que l'acide coumarique et l'acide mélilotique, dans l'Aspérule odorante, le Mélilot, les fleurs de la *Flouve odorante*. On peut l'extraire de ces plantes en les épuisant par l'alcool; la solution en s'évaporant laisse déposer des cristaux de c. Depuis que Perkin en a réalisé la synthèse en 1867, on prépare industriellement la c. en traitant l'aldéhyde salicylique sodé par l'anhydride acétique. La c. se présente en lames ou en prismes orthorhombiques, fusibles à 67°, bouillant à 291°, assez solubles dans l'eau bouillante, l'alcool et l'éther. Elle répond à la formule $C^9H^6O^2$ et doit être considérée comme l'anhydride de l'acide orthocoumarique. Bouillie avec une lessive concentrée de potasse, elle s'hydrate en donnant du coumarate de potassium; inversement, l'acide coumarique,

chauffé avec l'anhydride acétique, perd de l'eau et se convertit en c. En solution aqueuse, la c. est transformée par l'hydrogène naissant en acides coumarique et mélilotique; en solution alcoolique, on obtient de l'acide hydrocoumarique. A haute dose la c. agit sur l'organisme comme un poison cardiaque; à petite dose elle est inoffensive. Elle est douée d'une odeur très agréable qui la fait employer dans la parfumerie.

COUMARIQUE. adj. 2 g. (R. *Coumarouna*). T. Chim. Les acides coumariques ou oxycinnamiques sont des acides phénols qui répondent à la formule $C^6H^4(OH).C^2H^2.CO^2H$. L'*acide ortho-coumarique*, qui accompagne la coumarine dans la fève de Tonka, le Mélilot, l'Aspérule odorante, etc., peut se préparer par synthèse en faisant agir l'azotite de soude sur l'acide ortho-amidocinnamique mélangé d'acide sulfurique. On l'obtient aussi en traitant l'aldéhyde salicylique par l'anhydride acétique. Il cristallise en aiguilles fusibles à 207°, solubles dans l'eau bouillante et dans l'alcool. Il perd facilement une molécule d'eau en donnant de la coumarine. Il forme deux séries d'éthers suivant qu'il fonctionne comme acide ou comme phénol. Fondu avec la potasse caustique il se transforme en acide oxybenzoïque. L'*acide méta-c.*, fusible à 191°, et l'*acide para-c.*, fusible à 206°, jouissent des mêmes propriétés chimiques que le précédent, sauf qu'ils ne donnent pas de coumarine par déshydratation; ils se préparent comme lui en partant des différents acides amidocinnamiques ou des aldéhydes oxybenzoïques. L'acide para-c. se forme aussi quand on fait bouillir une solution concentrée d'aloès avec l'acide sulfurique.

On connaît l'*aldéhyde coumarique* correspondant à l'acide ortho. C'est une substance cristallisable en fines aiguilles fusibles à 133°. On l'obtient en dédoublant, à l'aide de l'émulsine, l'aldéhyde *glucocoumarique* qui résulte de l'action de l'aldéhyde éthylique sur l'hélicine.

Par l'hydrogénation des acides coumariques, on obtient les trois *acides hydrocoumariques* correspondants. Ceux-ci ont pour formule $C^6H^5(OH).C^2H^4.CO^2H$. Le composé ortho, fusible à 82°, est contenu dans le Mélilot et porte le nom d'acide mélilotique. Le composé para, fusible à 125°, se produit dans la fermentation de la tyrosine et se rencontre dans les produits de putréfaction de la viande.

On connaît plusieurs *acides oxycoumariques* (appelés aussi dioxycinnamiques), entre autres les acides ombellique et caféique. A la fonction d'acide monobasique ils joignent une double fonction phénolique. Leur formule est $C^6H^3(OH)^2.C^2H^2.CO^2H$.

Enfin, il existe deux *acides dioxycoumariques* $C^6H^2(OH)^3.C^2H^2.CO^2H$, à la fois acides et triphénols. Ce sont les acides daphnétique et esculétique.

COUMARONE. s. f. T. Chim. Substance obtenue en chauffant l'acide coumarilique avec de la chaux. Elle existe dans le goudron de houille. Elle est liquide, assez dense, insoluble dans l'eau et les alcalis; son point d'ébullition est à 169°. Elle est très stable et résiste à la température du rouge, ainsi qu'à l'action de la potasse concentrée. Sous l'action de la chaleur elle se transforme en un polymère résineux. On admet que la c. est du benzofurfurane, c.-à-d. qu'elle est constituée par un noyau de furfurane soudé à un noyau de benzène, et on lui attribue la formule

$$C^6H^4\begin{matrix} \diagdown CH \\ || \\ \diagup CH \\ O. \end{matrix}$$

COUMAROUNA. s. m. T. Bot. Genre de plantes de la famille des *Légumineuses*, dont les graines de l'unique espèce (*C. odorata*) renferment un principe cristallisable très aromatique, que l'on appelle *Coumarine.* Voy. ce mot et LÉGUMINEUSES.

COUMASSIE, v. de Guinée; cap. des Achantis, prise par les Anglais en 1874; 20,000 hab.

COUMIER. s. m. T. Bot. Nom du *Coumia guianensis*, arbre laiteux et résineux des forêts de la Guyane, de la famille des *Apocynées.* Voy. ce mot.

COUMOUNDOUROS, homme politique grec (1812-1883).

COUNANI, rivière et territoire de l'Amérique du Sud, au nord du Brésil. En 1887, un écrivain français nommé Jules Gros avait essayé d'en faire un État indépendant sous le nom de « République de la Guyane indépendante », dont il était président.

COUP. s. m. [Pr. cou] (lat. *colaphus*, du gr. χόλαφος, soufflet, coup de poing). Effet produit par un corps qui en frappe un autre, résultat du choc de deux corps. — 1° Relativement à l'intensité, à la rapidité, etc. *Un grand coup. Un petit c. La violence du c. Un c. mal assuré.* — 2° Relativement au corps qui frappe. *Un c. de poing, de pied. C. de hache, d'épée. C. de lancette, de bistouri. Faire le c. de poing,* Se battre à coups de poing. — Par métan., *C. de fusil, de pistolet. C. de feu. Abattre une muraille à coups de canon.* — 3° Relativement à la personne qui frappe. *Donner, asséner un c. à quelqu'un. Assommer quelqu'un de coups. Manquer son c.* — 4° Relativement à la personne qui est frappée. *Recevoir un c. sur la tête. Il fut abattu, terrassé du c. Le c. ne fit qu'effleurer la peau.* — *Un c. mortel. Le c. de la mort. C. de feu,* Blessure que fait une arme à feu. *C. orbe,* voy. O **=**. — *C. de foudre, c. de tonnerre,* L'action de la foudre sur les corps qu'elle frappe. *Il fut tué d'un coup de foudre.* || Fig. et fam., *Frapper de grands coups dans une affaire,* Employer les moyens les plus énergiques pour la faire réussir. — *C'est un c. d'épée dans l'eau,* se dit d'un effort inutile, d'une tentative qui n'a point de suite, d'effet. — *Avoir un c. de marteau à la tête,* ou simplement *Avoir un c. de marteau,* Être un peu fou ; avoir quelque manie, quelque bizarrerie. — *C. de bec, c. de dent, c. de langue,* Médisance, raillerie méchante. *Cet homme est insupportable, il donne toujours quelque c. de dent.* On dit aussi : *Donner un c. de patte,* ou *des coups de patte à quelqu'un,* Lui lancer avec finesse quelque trait de raillerie, par une allusion, etc. — *Faire d'une pierre deux coups,* Venir à bout de deux choses par un seul moyen, ou profiter de la même occasion pour terminer deux affaires. — *Le c. de pied de l'âne,* L'insulte qu'adresse un homme lâche ou faible à celui dont il n'a plus à redouter le pouvoir ou la force. — *Ce fut pour lui un c. de foudre, un c. de massue,* se dit d'un événement imprévu et fâcheux qui vient tout à coup frapper quelqu'un. || Fam., on dit dans le même sens, *Il a eu un c. de massue sur la tête.* || *Sans c. férir,* voy. FÉRIR. || *C. de grâce,* Le dernier c. que l'exécuteur donnait sur la poitrine à un homme roué vif, afin de terminer ses souffrances. — Fig., Ce qui achève de perdre, de ruiner quelqu'un. *Cet événement fut pour lui le c. de grâce.* || T. Escrime. *C. fourré,* se dit quand chacun des deux adversaires donne un c. en reçoit un autre en même temps. *Ils ont fait c. fourré.* — Fig. et fam., *Porter un c. fourré,* Rendre en secret un mauvais office à quelqu'un. — Fig. et fam., *Rabattre les coups,* voy. RABATTRE. — Prov. et par allusion au duel où Jarnac tua La Châtaigneraye par un c. imprévu, *Donner à quelqu'un un c. de Jarnac,* lui faire un mauvais tour auquel il ne s'attendait pas, déconcerter ses projets, détruit sa fortune. Cela se dit toujours en mauvaise part. || T. Méd. *C. de sang,* voy. APOPLEXIE. — *C. de fouet,* Action vive et stimulante produite par un agent énergique. — *C. de soleil,* voy. ÉRYTHÈME et ÉRYSIPÈLE. — So dit aussi d'une affection cérébrale, hyperhémie, encéphalite ou apoplexie, survenant à la suite d'une longue exposition du crâne aux rayons chauds du soleil.— *C. d'air,* voy. AIR.— *C. de chaleur,* voy. plus loin. || T. Mar. *C. de talon,* Le choc qu'éprouve un navire lorsqu'il touche contre un écueil.— *C. de mer,* L'effet que produisent les choses qui nous nuisent, qui nous affectent péniblement. *Il supporta avec une constance admirable les coups du sort, de la fortune,* etc. *Il ne put détourner le c. qui le menaçait. Un tel c. n'a pu partir que de sa main.* || Fam., *Produire l'effet attendu. Il jouit d'une telle considération, que tout ce qu'il dit porte c. Cette démarche a porté c.* — Se dit particul. en parlant de ce qui nuit. *Ses calomnies ont fini par porter c.* || Le bruit, le son qui résulte du choc de deux corps. *C. sec, sourd. Un c. de cloche. Un c. de tambour.* — *Au c. de minuit, de midi, Ce deux heures,* etc., Au moment où minuit, où midi, où deux heures, etc., sonnent à une horloge. || La décharge de la détonation d'une arme à feu. *Tirer des coups de fusil, de canon.* — *C. de partance,* voy. PARTANCE.— *Faire le c. de fusil,* Combattre en tirant des coups de fusil, et partic., combattre en tirailleur. — *Fusil à plusieurs coups,* Fusil avec lequel on peut tirer plusieurs coups de suite, sans être obligé de recharger. — Se dit aussi du projectile.

Le coup passa si près que le chapeau tomba.
V. HUGO.

— La charge d'une arme à feu. *Les soldats avaient chacun vingt coups à tirer.* — *Tirer à c. perdu, à coups perdus,* Tirer au hasard ou hors de portée. — Comme il est de la nature du choc d'être instantané, on emploie, par anal., l'expression de *Coup* en parlant de certaines actions dont la durée est très courte et qui s'accomplissent en une seule fois. *Un c. de pinceau, de crayon. Un c. de lime, de ciseau. Un c. de piston, de gouvernail. C. d'aile,* etc.

Tes grands aigles qui font d'un coup d'aile une lieue.
V. HUGO.

Lier plusieurs notes d'un c. d'archet. || *C. de vent,* Mouvement subit et impétueux du vent. *Un c. de vent dispersa notre escadre.* On dit dans le même sens : *Un c. de tempête ; Un c. de mer.* || *C. de filet,* Le jet du filet dans l'eau pour prendre les poissons. *Il a pris dix livres de poisson d'un seul c. de filet. Acheter un c. de filet,* Acheter la quantité de poisson grande ou petite qu'amènera le jet du filet. — Fig., *Prendre plusieurs voleurs, plusieurs ennemis,* etc., *d'un seul c. de filet,* Envelopper et prendre à la fois plusieurs voleurs, etc. *Voilà un beau c. de filet !* se dit dans le même sens, et aussi en parlant de quelque gain ou bénéfice considérable fait dans une seule opération, ou bien au jeu, etc. || Fam., *Donner un c. de main à quelqu'un,* Lui aider momentanément. *Cet homme ne pourra jamais soulever à lui seul ce fardeau, si on ne lui donne un c. de main.* — Fig., *C. de main,* Expédition militaire faite à l'improviste pour surprendre l'ennemi, et sans prendre les dispositions ordinaires. *Il fortifia cette bicoque pour la mettre à l'abri d'un c. de main.* — Par anal., Toute entreprise hardie où la célérité est la condition du succès. *Faire un c. de main.* || Fig. et fam., *Donner un c. d'épaule,* voy. ÉPAULE. — *Donner un c. de collier,* Faire un nouvel effort pour venir à bout de quelque chose. — *Donner un c. de pied jusqu'à tel endroit,* Pousser jusqu'à tel endroit. N'est usité qu'en parlant d'un lieu situé à peu de distance. On dit dans le même sens : *Il n'y a qu'un c. de pied d'ici à cet endroit.* || *C. d'œil,* Regard prompt et de peu de durée. *Jeter un c. d'œil sur quelqu'un, sur quelque chose. Du haut de cette montagne, on embrasse d'un c. d'œil un horizon immense.* — Fig., *Jetons un c. d'œil sur les événements de ces dernières années. Jetons un c. d'œil sur les mœurs populaires.* — L'aptitude à saisir la simple vue, et de manière à s'en former immédiatement une idée exacte, la figure, les proportions et les dispositions des objets. *Avoir le c. d'œil juste. Le c. d'œil est une qualité essentielle à l'artiste.* — On dit, au sens moral, *Avoir le c. d'œil excellent,* Discerner rapidement ce qu'il y a d'important, de principal dans une affaire, etc. ; juger sur-le-champ le meilleur parti à prendre dans une circonstance donnée. On dit, également : *Avoir le c. d'œil juste, sûr, pénétrant,* et absol., *Avoir du c. d'œil. Ce général est remarquable par son c. d'œil.* — La vue d'ensemble d'un paysage, d'une assemblée, l'aspect général d'un édifice, etc. *Le c. d'œil de cette vallée est magnifique.* — *Le premier c. d'œil,* La première impression que fait sur nous une personne ou une chose. *Au premier c. d'œil la figure n'offre rien de remarquable.* || *C. de chapeau,* voy. CHAPEAU. || T. Impr. *C. de barreau, Presse à un c., à deux coups.* Voy. TYPOGRAPHIE. || T. Cuis. *C. de feu,* Le moment où l'on anime le feu pour donner aux mets le juste degré de cuisson. *La cuisinière est dans son c. de feu.* — Se dit aussi des actions humaines, des actes considérés relativement à leurs effets, à leurs résultats. *Un bon c. Un c. hardi. C'est un c. de désespoir. Faire un mauvais c.,* Commettre un méfait ou un crime. On dirait, à le voir, qu'il vient de faire un mauvais c. — On dit, fam., et le plus souvent en mauvaise part, *Faire son c. Manquer son c.,* Réussir ou échouer dans un dessein, dans une entreprise. || Fam., *Faire un c. de tête,* Faire étourdiment quelque chose de hardi. *Faire des c. de tête,* Faire des étourderies. — Fam., *Faire un c. de sa tête,* Agir sans avoir pris conseil de personne. Ne se dit guère que d'une action imprudente, qui peut avoir des conséquences fâcheuses pour son auteur. || *C. d'éclat,* Action qui doit naturellement causer beaucoup de bruit. || *C. d'essai,* La première action, le premier ouvrage par lequel on fait voir ce que l'on pourra devenir capable de faire. *C. de maître,* Action, ouvrage par lequel on fait preuve d'une grande habileté, d'une haute capacité.

Mes pareils à deux fois ne se font pas connaître,
Et pour leur coup d'essai veulent des coups de maître.
CORNEILLE.

— *C. d'État,* Mesure extraordinaire, toujours illégale et presque toujours violente, à laquelle un gouvernement a quelquefois recours. *Le c. d'État du 18 brumaire, du 2 décembre 1851.* — Action qui rétablit les affaires d'un État en danger. *La victoire de Denain fut un c. d'État.* — Figur., en parlant des affaires concernant de simples particuliers, se dit d'un acle, d'un événement important et décisif. *Ce mariage fut un c. d'État dans cette famille.* || *C. d'autorité,* Usage extraordinaire et en dehors des formes proscrites qu'une personne fait de son autorité envers ceux qui lui opposent de la résistance. *Ce c. d'autorité mit fin à la sédition.* || *C. du ciel, c. d'en haut, c. de la Providence,* Événement auquel il était impossible de s'attendre, et qui semble providentiel. || *C. de théâtre,* Événement inattendu qui change tout à coup la situation des personnages, soit en bien, soit en mal. — Fig., *La disgrâce de ce ministre fut un c. de théâtre.* — T. Jeux. Se dit de certaines manières de jouer, et des chances que l'on peut avoir au jeu. Au jeu de paume, par ex., on dit : *C. d'arrière-main; C. de grille; Couper un c.* ; et à tous les jeux : *Jouer, parier à c. sûr.* — Fig., *C. de fortune, de malheur,* Événement extraordinaire et imprévu. — Fig., Action qui décide du succès d'une affaire. *En arrêtant les meneurs de la sédition, le ministre a fait un c. de partie.* — Fig. et prov., *Ce c. vaut l'argent,* se dit d'une chose qui vaut la peine qu'on a prise à la faire. On dit de même, par a lus. au jeu de paume, *Le c. vaut la balle.* || *C. de dés,* Toute combinaison que les dés peuvent présenter. *Il a fait un beau c. de dés.* — Fig., *C'est un c. de dés* ou *de dé,* C'est une affaire dont le succès dépend du hasard. — *Rompre le c.,* Arrêter, détourner une chance des les en les empêchant de rouler. *Je vous romps ce c.-là.* — Fig., Empêcher le succès d'une entreprise, l'exécution d'un projet. *Il a essayé de me nuire, mais j'ai rompu le c.* || Au Trictrac. *C. et dés,* se dit pour faire entendre que celui qui amènera le dé le plus fort jouera le premier. = Fois. *Un c., deux coups, trois coups,* etc. — *Encore un c.,* Encore une fois. *Encore un c., je vous dix que je n'y puis consentir.* — *Pour le c., à ce c.,* Pour cette fois. *Pour le c., il ne m'échappera pas. Pour ce c.-ci je vous pardonne.* Cette dernière loc. vieillit. || Par ext., La quantité de vin, de liqueur, etc., que l'on boit en une fois. *Boire un c., deux coups. Un c. de vin. Boire à petits coups,* Boire en petite quantité à la fois. *Le c. du milieu,* La liqueur ou le vin de liqueur qui se boit quelquefois entre les deux services. = A *coup* sur. loc. adv. Certainement, immanquablement. *Nous réussirons à c. sûr.* = Après coup. loc. adv. Trop tard, après qu'une chose est faite, arrivée. *Il est venu après c.* = *Coup* sur coup. loc. adv. Immédiatement l'un après l'autre. *Il lui envoya deux courriers c. sur c.* = A tous coups. loc. adv. et fam. A tous propos, à tous moments. *Il vient à tous coups me quereller.* = Tout à coup. loc. adv. Soudainement, en un moment. *Ce mal l'a pris tout à c.* = Tout d'un coup. loc. adv. Tout en une fois. *Il a gagné mille écus tout d'un c.*

Méd. — *C. de chaleur,* Maladie aiguë causée par une chaleur excessive, aidée par les grandes fatigues et l'humidité exagérée de l'air et l'agglomération. Cette maladie, qui a les symptômes d'une asphyxie toxique, est fréquente dans l'Inde et les autres pays chauds. Elle n'est pas rare en France et dans les régions tempérées. La mort est très habituelle, et, d'après l'apparence du sang qui est noir et épais, du cœur et des poumons qui sont congestionnés, on admet que la maladie est causée par une altération du sang. En réalité la lésion mortelle n'est pas connue. On doit éviter de faire marcher en rangs serrés les troupes et les troupeaux dans les pays par des temps chauds et humides. Les vêtements doivent être amples, et l'exercice modéré et dangereuse. Dès que l'homme ou l'animal est pris de fatigue, de titubation, de dyspnée, il faut lui faire des affusions froides et, si c'est possible, le mettre dans un lieu frais et ombragé.

COUPABLE. adj. 2 g. (lat. *culpabilis,* m. s., de *culpa,* faute). Qui a commis quelque faute, quelque crime. *Être c., se rendre c. d'un crime, d'une faute. S'avouer c. Vous êtes bien c. S'il s'enfuit, on le croira. Être c. de trahison, de négligence.* || Se dit des choses qui rendent c. *Pensée, dessein, acte c. Négligence c.* || Qui appartient à un individu c. *Main c. Conscience c* || Subst. Celui qui a commis un crime, une faute. *La justice saura bien atteindre les coupables. C'est vous qui êtes le c. Punir un c.* — Souvent *l'innocent pâtit pour le c.* — Fam. et par plaisant., se dit de l'auteur d'une chose tout à fait innocente. *Vous voulez connaître l'auteur de ce livre, vous voyez le c.*

COUPABLEMENT. adv. D'une manière coupable.

COUPAGE. s. m. Action de couper, c.-à-d. de modifier les propriétés d'un liquide en le mélangeant avec un autre. *Le c. des vins.* || Action de couper les feuilles de tabac. || T. Halles. Action de diviser un chargement de marée.

COUPANT, ANTE. adj. Qui coupe. *Un outil c. Une herbe coupante.* Fam.

COUP-DE-POING. s. m. Poignée de fer que l'on tient dans la main fermée, et qui est armée de pointes. || Pistolet de poche. = Pl. *Des coups-de-poing.*

COUPE. s. f. (R. *couper*). Action de couper. *La c. des blés, la c. des cheveux. Cette étoffe est dure à la c.,* Résiste au ciseau. || *Certaine étendue de bois sur pied que l'on coupe ou qui est destiné à être coupé. J'ai vendu la c. tant. Ce bois n'est pas encore en c. Mettre un bois en c. réglée.* Voy. SYLVICULTURE. — On dit, *Acheter un melon à la c.,* A la condition qu'on le coupera pour s'assurer s'il est bon. || *L'endroit par où une chose a été coupée. Ce drap est beau à la c. On reconnaît aisément les fausses monnaies à la c.* — T. Dessin. La représentation d'un édifice, d'un vaisseau, d'une machine, etc., qu'on suppose coupés verticalement, ou même horizontalement, pour en montrer les détails intérieurs et les dimensions. || La manière dont on taille le drap, le cuir, etc., pour faire des vêtements, des chaussures, etc. *La c. de cet habit est parfaite. Ce tailleur entend bien la c.* || *C. des pierres,* L'art, la manière de tailler les pierres qui doivent entrer dans la construction d'un édifice. *Il entend très bien la c. des pierres.* Voy. STÉRÉOTOMIE. — L'action même de tailler les pierres. *La c. de ces pierres est difficile.* — Par ext., *La c. d'un cintre, d'un dôme, d'un escalier,* etc., L'inclinaison des joints, des voussoirs. On dit encore dans ce sens : *Donner plus de c. à une pièce de bois.* || Fig., *La c. d'un ouvrage, d'une pièce de théâtre,* La manière dont les parties en sont distribuées. — *La c. d'un vers, d'une phrase,* La manière dont les repos y sont ménagés. *La c. de ses vers est heureuse. Cette phrase a une c. hardie.* — *La c. du style,* se dit de l'emploi, dans un discours, de périodes ou de phrases de forme et de c. différentes. *La c. de son style est trop uniforme.* || T. Mus. La disposition des diverses parties dont se compose une pièce de musique. *C. binaire. C. ternaire.* || T. Jeux de cartes. La séparation qu'un des joueurs fait d'un jeu de cartes en deux parties, après que celui qui donne a mêlé. *Il a la c. malheureuse.* — *Faire une c.,* Rétablir subtilement en jeu de cartes dans l'état où il était avant la c. — *Être sous la c. de quelqu'un,* Être en pariant en cartes et ouvrir le jeu immédiatement après la c. et la distribution des cartes. — Fig. et fam., Être dans la dépendance de quelqu'un, ou exposé aux effets de son ressentiment. *Si tu tombes jamais sous ma c., tu te le rappelleras.* || T. Mar. *Maître de c.,* Ouvrier chargé de couper les manœuvres.

COUPE. s. f. (lat. *cupa* ou *cuppa,* m. s.). Sorte de vase à boire plus large que profond. *C. d'or, d'argent, de cristal. C. ciselée. Boire dans une c.* — Poét., Toute espèce de vase à boire. *Remplir sa c. d'un vin frais.* || Fig., *Boire à la c. des plaisirs.* — *La c. de douleur.* Épuiser *la c. du malheur,* etc.

Au fond de cette coupe où je buvais la vie,
Peut-être reste-t-il une goutte de miel.
LAMARTINE.

Boire la c. jusqu'à la lie, Souffrir un malheur, une humiliation dans toute son étendue. On dit ordinairement, *Boire le calice,* etc. || T. Théol. La communion sous l'espèce du vin. || T. Archit. *C. de fontaine,* Petit bassin de marbre ou de pierre posé sur un balustre ou sur un piédouche, pour recevoir l'eau d'un jet || T. Astron. Constellation australe entre le Corbeau et le Sextant. Voy. CONSTELLATION.

COUPÉ. s. m. Pas de danse. *Le c. se fait en se jetant sur un pied et en passant l'autre devant ou derrière.*

COUPÉ. s. m. Voiture bourgeoise dont la caisse n'a qu'un fond. — Le compartiment antérieur d'une diligence, lequel est en forme de c.

COUPE-AIR. s. m. T. Techn. Barrière constituée par un amas d'eau retenu dans un tuyau ou coudé et servant à arrêter les émanations des égouts, et les empêcher de remonter par les conduites d'eaux ménagères. = Pl. *Des coupe-air.*

COUPEAU. s. m. Le sommet, la cime d'une montagne. Vx.

COUPE-BALLOT. s. m. Sorte de couteau anglais. = Pl. *Des coupe-ballot* ou *des coupe-ballots.*

COUPE-CANNES. s. m. T. Tecm. Appareil pour couper en rondelles la canne à sucre afin c'en extraire le jus.

COUPE-CERCLE. s. m. Vilebrequin armé d'une couronne tranchante. || Instrument qui sert à couper le cart m circulairement pour en faire des pièces employées en astronomie, telles que les sphères. == Pl. Des *coupe-cercles.*

COUPE-CUL. s. m. T. Lansquenet. Se dit lorsque celui qui donne ne fait pas une seule carte et amène la sienne la première. — Partie sans revanche. Vx. == Pl. Des *coupe-cul.*

COUPÉE. s. f. T. Mar. Ouverture faite dans la muraille d'un navire au-dessus du pont supérieur.

COUPE-FILE. s. m. T. Adm. Carte de circulation délivrée par la police aux médecins, journalistes, fonctionnaires, etc., et leur permettant de passer sans prendre la *file*, la *queue*, ou de circuler là où la circulation est interdite au public. == Pl. Des *coupe-file.*

COUPE-FOIN. s. m. Instrument au moyen duquel on entame les meules de foin par fractions verticales. == Pl. Des *coupe-foin.*

COUPE-GAZON. s. m. Instrument pour détacher le gazon par plaques. == Pl. Des *coupe-gazon.*

COUPE-GORGE. s. m. Endroit où l'on court risque d'être assassiné ou volé. *Ne passez pas dans ce bois, c'est un vrai c.-g.* || Par ext., Tout endroit fréquenté habituellement des gens de mauvaise vie, où l'on joue, des escrocs, et où il se commet des violences, des flouteries. *Les cabarets dans la Cité étaient de francs c.-g.* || T. Lansquenet. Voy. COUPE-CUL. == Pl. Des *coupe-gorge.*

COUPEILLON. s. m. [Pr. les *ll* mouillées]. T. Pêc. Petite truble pour retirer le poisson des poches d'une bourdigue.

COUPE-JARRET. s. m. Brigand, assassin, homme toujours prêt à commettre quelque acte de violence. *Il était toujours accompagné de c.-jarrets.* == Pl. Des *coupe-jarret* ou *des coupe-jarrets.*

COUPE-LANDE. s. m. Sorte de houe en fer avec laquelle on coupe, entre deux terres, les ajoncs et les mauvaises plantes. == Pl. Des *coupe-landes.*

COUPE-LÉGUMES. s. m. Instrument composé de plusieurs lames pour couper les légumes en morceaux de formes déterminées.

COUPÉ-LIT. Coupé de wagon dont la banquette est disposée de façon à pouvoir servir de lit == Pl. Des *coupés-lits.*

COUPELLATION. s. f. [Pr. koupel-la-sion] (R. coupelle). T. Chim. Mode d'essai des métaux précieux, dans lequel on les fond dans une petite coupelle. Voy. ESSAI.

COUPELLE. s. f. [Pr. koupèle] [lat. *cupella*]. T. Chim. Petit vase en forme de tasse fait avec des os calcinés, dont on se sert pour séparer, par l'action du feu, l'or et l'argent des autres métaux avec lesquels ils sont alliés. — *Or de c., argent de c.,* L'or et l'argent du plus haut titre. — Fig., *Mettre, passer à la c.,* Mettre à une épreuve rigoureuse, examiner sévèrement. || T. Mar. Pelle en fer-blanc qui sert aux canonniers à prendre la poudre.

COUPELLER. v. a. [Pr. koupel-ser]. T. Chim. Mettre à la coupelle. == COUPELLÉ, ÉE. part.

COUPEMENT. s. m. T. Mét. Action de couper une pièce avec la scie. || Par ext., Action de couper.

COUPE-NET. s. m. Sorte de pince pour couper les fils métalliques. == Pl. Des *coupe-net.*

COUPE-PAILLE. s. m. Instrument pour couper la paille en très petits fragments. == Pl. Des *coupe-paille.*

COUPE-PAPIER. s. m. Couteau à deux tranchants, en métal, en bois, en ivoire, etc., avec lequel on coupe le papier

après l'avoir plié. || Instrument du relieur pour rogner le papier. == Pl. Des *coupe-papier.*

COUPE-PÂTE. s. m. T. Boulang. Instrument pour couper la pâte. == Pl. Des *coupe-pâte.*

COUPE-QUEUE. s. m. Platine de cuivre que l'on chauffe, sur laquelle on aplanit l'extrémité des chandelles à la baguette. || Instrument pour couper les queues des peaux qu'on passe à la mégie. == Pl. Des *coupe-queues.*

COUPER. v. a. (gr. κόπτειν, couper; sanscrit *çô*, couper; *api*, sur). Trancher, séparer, diviser un corps avec un instrument tranchant. *C. en deux. C. en morceaux. C. avec un couteau, avec un canif, avec un sabre, avec une hache, avec des ciseaux. C. une corde. C. la tête à quelqu'un. C. les cheveux. C. les ailes à un oiseau. C. de l'herbe. C. des blés. C. du bois. C. une étoffe à la pièce* — *C. la gorge; C. bras et jambes à quelqu'un.* Voy. GORGE et BRAS. — Fam., On dit par forme de menace, *Je lui couperai les oreilles.* — *C. un cheval, un chat,* etc., Le châtrer. — Se dit absol., en parlant des instruments qui servent à trancher. *Ce rasoir coupe bien. Ce couteau ne coupe pas.* || Fig. et fam., *C. la bourse à quelqu'un,* Lui voler adroitement sa bourse; ou tirer de l'argent d'une personne qui n'a pas envie d'en donner. *Se laisser c. la bourse,* Se dit encore d'une personne qui est dupe ou trop facile dans une affaire d'argent. *Il s'est laissé c. la bourse pour avoir la paix.* — *C. l'herbe sous le pied à quelqu'un,* Le supplanter dans une affaire, dans un dessein quelconque. — *C. le mal à sa racine,* L'extirper. On dit quelquefois dans le même sens, *Il faut c. pied à cet abus.* || Tailler suivant les règles de l'art. *C. un habit, une robe.* || Absol., *Ce tailleur coupe très bien.* || Par ext., *C. un rocher, une maison,* etc., En enlever, en démolir une partie. *Il a fallu c. la montagne pour y faire passer la grande route. C. en talus le bord d'un chemin.* || Entamer la peau, la chair, y faire une incision. *Vous m'avez coupé à la main.* — *C. dans le vif, jusqu'au vif,* Faire une incision profonde. — Fig., *C., trancher dans le vif,* Agir énergiquement. Se dit en parlant d'abus qu'on veut faire cesser, de relations qu'on veut briser, d'habitudes dont on veut se défaire. || Par anal., Se dit du froid, lorsqu'il fait gercer les lèvres. *Le froid m'a coupé les lèvres.* — Fig., *Ce vent coupe le visage,* Se dit d'un vent froid qui cingle le visage. — Traverser, partager. *Des routes magnifiques coupent la contrée en tous sens. Une chaîne de montagnes coupe cette province.* || T. Mar. *Notre flotte ne put c. la ligne ennemie,* Notre flotte ne put la traverser, la scinder en deux parties. || *C. l'eau,* Fendre l'eau en nageant. *C. le courant,* Le traverser à la nage ou en bateau. *C. la lame,* Diviser la lame; se dit de l'avant d'un navire. — *C. les eaux à une place assiégée,* Détruire ou détourner les conduits, les canaux, etc., qui portent de l'eau à cette place. *C. le cours d'un fleuve, d'un ruisseau,* Le détourner ou l'empêcher de suivre son cours naturel. — *C. chemin,* ou *le chemin à quelqu'un,* Se mettre au-devant de lui, sur son chemin pour l'empêcher de passer. || Fig., *C. chemin à quelque chose,* En arrêter, en empêcher le cours, les progrès. *On abattit sa maison pour c. chemin à l'incendie.* On dit aussi : *C. le feu. C. un incendie. C. la fièvre. C. les vivres à une ville assiégée, à une armée,* etc., Empêcher les vivres d'y entrer, d'y arriver. Fig. et fam., *C. les vivres à quelqu'un,* Lui retrancher les moyens de subsistance. — *C. les communications d'une ville, d'un quartier, d'une province,* Les intercepter, les empêcher. || *C. les ennemis,* Empêcher un corps d'ennemis de rejoindre le gros de l'armée, de rentrer dans la ville, dans la position d'où ils est sorti, en se plaçant entre ce corps et le gros de l'armée, etc. *Notre avant-garde, s'étant trop avancée, fut coupée par une division ennemie. Les assiégés, ayant fait une sortie, furent coupés.* || *C. la retraite,* Se dit de même, *C. la retraite à quelqu'un,* L'interrompre en prenant la parole, ou lui imposer silence. — *Les sanglots, les soupirs,* etc., *lui coupaient la parole, la voix,* L'empêchaient de s'exprimer d'une manière suivie. || Fig. et fam., *C. court,* Abréger son discours. *Pas tant de phrases, coupez court.* — *C. court à quelqu'un,* Se dit lorsqu'on fait une réponse brusque et catégorique à quelqu'un, et qu'on le quitte là-dessus. *Il voulait entrer dans des explications parfaitement inutiles, mais je lui coupai court.* || Fig., *C. le temps, la journée de quelqu'un,* Se dit d'une chose qui interrompt la continuité des occupations de quelqu'un, qui dérange la distribution qu'il avait faite de son temps. *Cette* course *va me c. ma journée de demain.* On dit de même, *C. les occupations, le travail de quelqu'un.* ‖ Se dit part. d'une chose qui se croise avec une autre. *La ligne droite qui coupe deux lignes parallèles se nomme sécante.* On dit aussi qu'un *solide est coupé par un plan,* etc. — *C. quelqu'un,* Le croiser en le dépassant. *Sa voiture coupa la nôtre.* Se dit, dans un sens anal., des chiens qui abandonnent la voie pour devancer la bête. — *C. par le plus court chemin, par le plus court, par un sentier.* Prendre en travers, par le chemin le plus court. — *C. l'équateur,* Passer d'un hémisphère dans l'autre, en traversant la ligne équinoxiale. ‖ T. Escr. *C. la mesure,* La dégager. ‖ T. Jeu de Paume. *C. le coup,* Pousser la balle de manière qu'elle ne fasse point de bond. ‖ T. Jeu de cartes. Diviser un jeu de cartes en deux parties, avant que celui qui a la main donne. *J'ai coupé les cartes.* —Absol., *C'est à vous à c.* — Au lansquenet, se dit neutral. et sign., Prendre carte et se mettre au nombre des joueurs. *Il coupait. Il ne coupait pas.* ‖ T. Mus. *C. les sons,* Marquer un silence entre chaque note, pour exprimer la douleur, la surprise, etc. ‖ T. Danse. Faire le pas que l'on nomme *coupé. Coupez, coulez.* = Mêler un liquide avec un autre. *C. du lait avec de l'eau.* —Absol., *C. son vin, c. du lait,* Y mêler de l'eau. == SE COUPER. v. pron. *Il s'est coupé jusqu'à l'os, jusqu'au vif.* *Cette pierre se coupe aisément,* Elle est facile à tailler. ‖ Se dit part. des personnes grasses et surtout des enfants, lorsque la peau se fend dans les plis qu'elle forme. *Cet enfant se coupe.*—T. Vét. Voy. plus bas. ‖ *Ce drap, ce velours,* etc., se coupe, Ce drap s'use promptement aux endroits où il s'est formé des plis. ‖ *Ces deux chemins, ces deux lignes, ces deux plans se coupent,* Ils s'entrecroisent. ‖ Se mélanger. *Le lait se coupe très bien avec une infusion de mauve.* ‖ Fig., Se contredire, se démentir soi-même dans ses discours. *Il est facile de se c. quand on ne dit pas la vérité.* — COUPÉ, ÉE. part. *Cheval c. Vin c.* ‖ *Pays c.,* Pays traversé de fossés, de canaux, de rivières. ‖ *Style c.,* Style dont les phrases sont courtes et peu liées. On dit aussi qu'une *strophe, une stance, est bien ou mal coupée,* selon que les repos y sont bien ou mal placés. ‖ T. Blas. Voy. Écu.

Méd. vét. — Un cheval se coupe quand pendant les mouvements et surtout le trot, un des membres antérieurs blesse le membre postérieur correspondant à l'appui. — Les lésions produites par ces rencontres sont variables. Le cheval se *frexe,* quand les poils sont déviés ou usés; il se *touche,* quand la peau est tuméfiée; quand il se blesse profondément, et même jusqu'à l'articulation du boulet, on dit qu'il *se taille* ou qu'il *s'entretaille,* quand les deux membres postérieurs sont blessés. Le vice peut dépendre d'une cause momentanée, telle que faiblesse, jeune âge, ou d'une cause continue telle qu'un défaut de conformation. — Dans ce dernier cas, le vice persiste, mais on peut l'atténuer en ferrant les sabots qui coupent à la turque ou à la turque renversée, ou avec des fers à lame de caoutchouc, et en garantissant les membres coupés par un bracelet en cuir ou en caoutchouc.

COUPE-RACINES. s. m. T. Techn. Instrument destiné à diviser les racines, principalement les betteraves en copeaux propres soit à la nourriture des bestiaux, soit à la fabrication du sucre.

Agric. — Tout le monde sait que les ruminants sont dépourvus d'incisives à la mâchoire supérieure, et que ces dents sont remplacées en haut par un bourrelet calleux. De là la difficulté qu'ils éprouvent à diviser les racines fourragères qu'on leur donne pour nourriture, et les affections plus ou moins graves de la bouche qu'ils contractent fréquemment en faisant effort pour les diviser. En outre, comme ils mangent souvent avec une extrême avidité, ils avalent quelquefois des tubercules entiers ou bien des morceaux trop volumineux, qui, s'arrêtant dans l'œsophage, amènent promptement la mort de l'animal si leur extraction immédiate n'est pas possible. Il est donc nécessaire de ne donner aux ruminants domestiques, bœufs, vaches et moutons, que des racines ou des tubercules coupés en fragments assez petits pour que l'animal n'ait plus qu'à les mâcher. On a imaginé une foule d'instruments nommés, d'après leur usage, *Coupe-racines.* Pour les petites exploitations, il est avantageux d'employer le c.-racines à main qui se compose simplement d'un couteau dont la lame de 0m10 de longueur est contournée en forme d'S, et fixée en dessous d'un manche ou bois. On le manœuvre dans le sens vertical, en le laissant tomber sur les betteraves disposées sur un plancher ou dans un baquet. — Dans les exploitations plus importantes, on a recours au c.-racines mécanique, dont le plus simple (Fig. 1), se compose d'un disque vertical mis en

mouvement par une manivelle autour d'un axe horizontal. Ce disque est percé dans le sens des rayons d'ouverture qui portent des lames de couteau inclinées, et adossé à une trémie qu'on remplit de tubercules. Ceux-ci, saisis par les lames,

Fig. 1.

sont débités en petits morceaux qui passent au travers des ouvertures. Dans d'autres modèles, les couteaux sont fixés le long des génératrices d'un cylindre ou d'un cône tournant placé au fond de la trémie. La forme des couteaux varie suivant la nature du bétail. Pour les bêtes bovines, on emploie des lames continues qui débitent les racines en larges copeaux nommés *tranches;* pour les bêtes ovines, on se sert de lames dentées qui donnent des sections appelées *cossettes.*

Techn. — Dans la fabrication du sucre par *diffusion* (voy. SUCRE), les betteraves doivent être divisées en copeaux ou lamières suffisamment minces nommées *cossettes.* Cette division s'opère à l'aide de machines spéciales qui présentent des formes variables. Il est clair que l'organe principal de ces

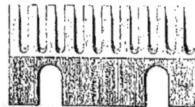

Fig. 2.

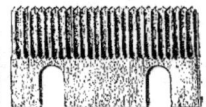

Fig. 3.

machines doit être un couteau de forme appropriée. Les Fig. 2, 3, 4, 5 et 6 représentent les diverses formes que l'on donne à ces couteaux (2. *Couteau à doigt;* 3. *Couteau Nopravil*

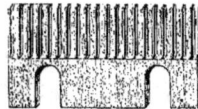

Fig. 4.

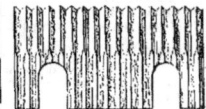

Fig. 5.

ou *à lamelles;* 4. *Couteau Goller;* 5. *Couteau faîtière;* 6. *Couteau Wannieck ondulé).* Ces couteaux doivent être fréquemment affûtés soit au moyen d'une lime, soit de préférence par l'emploi de machines spéciales. Ils sont fixés à un disque qui, dans les divers modèles de c.-racines, présente 3 dispositions principales: 1° *C.-racines à disque horizontal;* 2° *c.-racines à disque vertical;* 3° *c.-racines à disque cylindrique.* Dans la première disposition, les couteaux sont fixés par une pièce spéciale en regard d'ouvertures rectangulaires ménagées dans le disque, qui est placé au fond

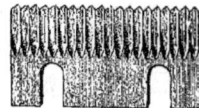

Fig. 6.

d'une trémie et animé, par un moteur à vapeur d'une rotation autour d'un axe vertical. En contre-lame, placé au-dessous du couteau, règle l'épaisseur des cossettes. On peut supprimer le contre-lame en donnant une inclinaison convenable aux couteaux. Une machine du poids de 2,500 kilog. peut débiter 200,000 kilog. de betteraves par 24 heures. Il importe que la trémie soit maintenue constamment pleine de betteraves, afin que celles-ci descendent régulièrement sur les couteaux par l'effet de la pesanteur sous une pression uniforme, et qu'elles ne tombent jamais de haut sur les couteaux, ce qui pourrait fausser les lames. — Dans la seconde disposition, le disque vertical tourne au tour d'un axe horizontal le long de la trémie. Les ouvertures sont circulaires. Cette machine a été perfectionnée par M. Albaret, qui a terminé la trémie en fonte par une pièce en spirale s'enroulant autour du

Fig. 7.

plateau. De la sorte, le disque ne se contente pas de couper les racines qui descendent sur sa moitié inférieure; mais il en entraîne une partie sur la moitié supérieure, de sorte que la surface utile du disque atteint environ les 4/5 de la surface totale. La Fig. 7 montre la machine allant avec la disposition de la trémie en coquille d'escargot. Le disque est à l'intérieur du bâti, sur la gauche. — Dans la troisième disposition, les couteaux sont placés à l'intérieur d'un cylindre horizontal fixe suivant les génératrices de celui-ci. Les racines sont amenées sur les couteaux par un poussoir, formé de deux palettes inclinées qui occupent l'une de l'extrémité du cylindre et font environ 300 tours par minute. La force centrifuge projette ainsi les racines sur les couteaux qui les divisent; mais cette machine absorbe plus de travail et fonctionne moins régulièrement que les précédentes.

COUPERAS. s. m. [Pr. koupe-rd]. T. Pêc. Poche pour prendre le poisson dans les courtines.

COUPERET. s. m. (R. couper). Couteau de cuisine ou de boucherie à lame très large et très forte qui sert à couper de la viande. || Couteau de la guillotine. || T. Techn. Outil d'acier dont on se sert pour couper les filets d'émail. || Marteau tranchant pour fendre les pavés.

COUPERIE. s. f. Atelier où se fait le coupage des poils pour la fabrication des chapeaux.

COUPERIN (François), le plus ancien des organistes français (1668-1733).

COUPEROSE. s. f. Origine inconnue. On a indiqué une forme allemande hypothétique : kupfer-asche, cendre de cuivre ; mais cela n'explique pas la c. médicale qui est rose, tandis que la c. chimique est bleue ou verte.

Chim. et Minér. — Le mot c. a d'abord servi à désigner le sulfate de cuivre, qu'on appela C. bleue. Ensuite, il a été appliqué au sulfate de protoxyde de fer, qui reçut le nom de C. verte. Enfin, on a nommé C. blanche le sulfate de zinc. Ces 3 substances existent à l'état naturel. La c. bleue est très rare.

Pathol. — On désigne sous cette dénomination vulgaire, ainsi que sous celle de Goutte-rose, une maladie cutanée nommée Acné rosacée par les médecins. Elle consiste en une inflammation chronique des follicules de la peau, caractérisée par de petites pustules discrètes, à base plus ou moins indurée. Ces pustules sont toujours environnées d'une auréole rosée, ce

qui a valu à cette maladie le nom sous lequel elle est généralement connue. Leur siège le plus ordinaire est le nez, les joues, le menton, le front et la partie supérieure de la poitrine. Les auteurs distinguent un grand nombre de variétés d'acné; mais on peut les ramener toutes aux quatre espèces décrites par Willan et Bateman, sous les dénominations d'Acné simple, A. ponctuée, A. rosacée et A. indurée. — L'acné simple est uniquement constituée par quelques petits boutons rouges qui causent un léger fourmillement et se convertissent bientôt en pustules à pointe blanche, à cause d'une gouttelette de pus qu'elles contiennent. Lorsque cette gouttelette purulente est évacuée soit naturellement, soit artificiellement, comme lorsqu'on presse la pustule ou qu'on l'ouvre avec une aiguille, il se forme une petite croûte très mince, qui se détache bientôt. En même temps, le bouton rouge lui-même ne tarde pas à disparaître. — Dans l'acné ponctuée, on remarque sur la peau des points noirs et saillants, qui sont le résultat de l'accumulation et de la rétention de l'humeur sébacée dans les follicules, lesquels s'enflamment ensuite en formant de petites pustules proéminentes. — L'acné rosacée, qui est la vraie c., commence par quelques points rouges sur le nez, les joues, le menton. Après le repas ou à la suite d'un écart de régime quelconque, on y éprouve un sentiment de tension et de chaleur incommodes. Au bout d'un temps plus ou moins long, ces points se multiplient et se rapprochent. La peau est alors rugueuse, comme si son tissu était parsemé de petites tumeurs. Plusieurs de ces tumeurs se transforment en pustules, qui se succèdent les unes aux autres sans que leur base indurée se résolve complètement. L'irritation que ces petites tumeurs pustuleuses entretiennent à la surface cutanée détermine un épaississement général de la peau, qui devient le siège permanent d'une coloration rouge violacée. Cette forme de l'acné s'observe surtout chez les femmes. — L'acné indurée se distingue par ses pustules nombreuses, rapprochées, volumineuses, violacées et indolentes : aussi ne suppurent-elles que longtemps après leur formation. Dans quelques cas, elles se rassemblent et forment une sorte de tumeur inflammatoire, et, lorsqu'elles se résolvent, laissent après elle une dépression et une teinte livides. Cette variété de l'acné peut succéder aux trois autres. — Les causes de l'acné sont fort peu connues. La c. (acné rosacée) est plus fréquente chez les individus pléthoriques, chez les femmes qui ont la peau très fine, et dans leur sexe elle se manifeste ordinairement vers l'âge de retour. — Cette maladie n'a par elle-même aucune gravité; mais elle fait souvent le désespoir des femmes qui en sont atteintes, soit parce qu'elle les défigure, soit parce qu'elles craignent que le public n'attribue cette affection à ce qu'elles auraient suivi un régime de vie peu convenable. — Quelle que soit la cause présumée ou inconnue de l'acné, le régime habituel des personnes qui sont atteintes de cette affection cutanée doit consister en viandes blanches, en légumes frais, en fruits aqueux et fondants; elles doivent s'abstenir complètement de liqueurs spiritueuses et même simplement fermentées, fuir les lieux où règne une température trop élevée, éviter les fatigues de corps et d'esprit, etc. Le traitement de la c., outre le régime végétal et alcalin, consiste à traiter la constipation et la dysménorrhée, à éviter le froid aux pieds : à laver, matin et soir, la face et le nez avec une éponge plongée dans de l'eau bouillante, additionnée, par verre, de 1 gr. d'acide borique et de 2 gr. de salicylate de soude (Monin). Ce traitement est préférable à la classique lotion de Goodland et surtout aux préparations sulfureuses, qui altèrent la finesse épidermique et rendent la peau noirâtre et rugueuse.

COUPEROSÉ, ÉE. adj. Qui est atteint de la maladie appelée Couperose. Elle a le visage c. Elle est toute couperosée.

COUPEROSER. v. a. Rendre couperosé.

COUPERU. s. m. T. Pêc. Nasse pour prendre le poisson qui reste dans les écluses ou les courtines après l'écoulement de l'eau.

COUPE-SÈVE. s. m. T. Jardin. Emporte-pièce pour enlever un anneau d'écorce afin d'avoir le fruit plus beau. ⹀ Pl. Des coupe-sève.

COUPE-TÊTE. s. m. Celui qui coupe des têtes.

Le cardinal ne va qu'avec son coupe-tête.
V. Hugo.

|| Sorte de jeu que jouent les enfants, en sautant de distance en distance les uns par-dessus les autres. = Pl. *Des coupe-tête.*

COUPEUR, EUSE. s. Celui, celle qui coupe. Se dit principalement : 1° de ceux qui coupent les grappes en vendange; 2° des ouvriers et ouvrières chargés spécialement de couper les vêtements; 3° de ceux ou celles qui, dans une imprimerie, coupent les feuilles; 4° de ceux qui jouent au lansquenet. || *C. de bourses.* Filou qui dérobe avec adresse l'argent et les autres choses qu'on peut avoir sur soi.

COUPEUR-GRANULATEUR. s. m. T. Techn. Machine inventée par M. de Saint-Riquier, employée dans certains procédés de mouture et effectuant à elle seule : le fendage, le concassage et le broyage des grains. Il en sort un mélange de farine, de son, de semoule et de gruau.

COUPEUSE. s. f. Machine servant à diviser la filasse dans une filature de lin.

COUPIS. s. m. T. Mar. Élévation verticale entre le pont coupé et le reste du pont. || Toile de coton des Indes.

COUPLAGE. s. m. T. Méc. Assemblage. || Seizième partie d'un train de bois. || Bateaux descendant une rivière, attachés deux par deux.

COUPLE. s. f. (lat. *copula*, lien). Deux choses de même espèce que l'on met ou que l'on considère ensemble. *Une c. de bœufs. Une c. de chapons, de lapins.* || Le lien dont on attache deux chiens de chasse ensemble. *Ces chiens ont rompu leur c.* || T. Mar. *C. de haubans,* Paire de haubans faite d'un même cordage plié ou deux vers le milieu. || T. Blas. *C. de chiens,* Meuble qui représente le petit bâton muni de deux liens dont on se sert pour coupler les chiens de chasse.
Syn. — *Paire.* Couple ne marque que le nombre, il ne se dit point des choses qui vont nécessairement ensemble, comme des bas, des souliers, etc. : on dit alors *Paire,* qui, à l'idée du nombre deux, ajoute celle de nécessité, de concours à une même opération. Un boucher achètera une *couple* de bœufs; un laboureur dira une *paire* de bœufs, parce qu'il veut les atteler à la même charrue.

COUPLE. s. m. (lat. *copula*, lien). Se dit de deux êtres animés d'un même sentiment, ou qui agissent ou sont destinés à agir de concert. *Un c. d'amis. Un c. de fripons. Un beau c. de chiens.* — Particul., Deux personnes unies ensemble par amour ou par mariage. *Heureux c. Beau c. C. fidèle. Ce serait dommage de séparer un si beau c.* || T. Mar. Se dit deux membres d'un bâtiment qui s'élèvent d'un même point de la quille et sont opposés l'un à l'autre. *Le maître c. Les couples d'un vaisseau.* Avirons qui sont montés deux à deux, un de chaque bord. || T. Méc. Système de deux forces égales parallèles et de sens contraire. *Un couple appliqué à un corps solide tend à le faire tourner autour de son centre de gravité* sans déplacer celui-ci. L'axe d'un couple est une perpendiculaire au plan de ce couple dont la longueur est égale au produit de chaque force du couple par leur distance mutuelle. Voy. Fonce, Statique.
Obs. gram. — Couple, vu l'étymologie, devrait être toujours féminin; mais la langue ayant hésité sur le genre, le mot est resté sous ses deux formes. Les grammairiens disent que *c.,* au masc., ne se dit que de deux personnes unies par amour ou par mariage, ou de deux animaux de sexes différents réunis pour la reproduction. Dans tous les autres cas, c. devrait être au fém. Cependant, la marine dit : Les *couples d'un vaisseau,* au masc., et la mécanique, *Un couple de forces.*

COUPLER. v. a. (R. *couple*). Attacher des chiens de chasse avec une couple pour les mener. *Il faut c. les chiens.* || Loger deux personnes ensemble, dans les occasions où les logements étaient marqués par les maréchaux des logis. *Il n'y avait pas où loger tout le monde séparément, on coupla les officiers de la marine du roi.* = Couplé, ée. part.

COUPLET. s. m. (R. *couple*). Un certain nombre de vers; espèce de stance qui fait partie d'une chanson, ou quelquefois constitue la chanson entière. *Un c. de chanson. Il tourne bien ses c.* — Au plur., se dit souvent pour *chanson. Faire des couplets contre quelqu'un.* || T. Théâtre. Morceau formant au sens complet qu'un acteur déclame ou chante sans

interruption. *Il a parfaitement dit le c. des imprécations.* || T. Serrurerie. Se dit de deux pattes de fer à queue d'aronde qui sont assemblées par une charnière et qui servent à unir un couvercle avec le corps d'une cassette, etc.

COUPLEUR. s. m. T. Électr. Appareil employé pour charger des accumulateurs au moyen d'une source variable et qui a pour objet de réunir l'accumulateur à la source d'électricité quand la force électromotrice de celle-ci est suffisante, et de rompre la communication quand la force est insuffisante, parce qu'alors l'accumulateur se déchargerait.

COUPLIÈRE. s. f. Partie d'un train de bois.

COUPOIR. s. m. (R. *couper*). Instrument dont on se sert dans la fabrication des monnaies et en différents arts et métiers, pour couper et rogner. — On dit aussi *Découpoir.* Voy. ce mot.

COUPOLE. s. f. (Dimin. de *coupe*). L'intérieur, la partie concave d'un dôme. || Se dit quelquefois du dôme même. Voy. Dôme. || Petite tasse servant à ceux qui dégustent les vins. || *C. tournante,* Tourelle dont on arme les vaisseaux cuirassés, pour pouvoir pointer le gros canon qu'elle renferme dans toutes les directions. || Ouvrage en métal dont se sert l'artillerie de forteresse pour abriter certains canons placés dans des forts, ainsi que le personnel de service. || *C. astronomique,* Dôme mobile qui abrite une lunette montée en équatorial, et dans lequel une trappe peut être dirigée vers tous les points du ciel. Voy. Équatorial et Observatoire.

COUPON. s. m. (R. *couper*). Morceau d'étoffe restant d'une pièce. *Un c. de toile, de drap,* etc. || Se dit de certains papiers de crédit, parce qu'ils sont détachés d'une souche, et représentent une partie aliquote d'une valeur. *Coupons d'intérêts,* Promesses d'intérêts qui sont jointes à une action, et que l'on en détache à l'échéance indiquée. *C. d'action,* Chacune des parties d'une action divisée entre deux ou plusieurs personnes. Voy. Action. || T. Théâtre. *C. de loge,* Chacun des billets qui donnent entrée dans une même loge.

COUPURE. s. f. (R. *couper*). Petite plaie faite avec un corps ou un instrument tranchant. *Se faire une c. au doigt.* — Par anal., Fente qui se produit dans les plis de la peau chez les enfants et les personnes grasses. — Par ext., Division partielle faite dans un corps. *Il y a une c. à cette étoffe, à ce cuir.* || Fig., se dit des suppressions, des retranchements que l'on fait dans une composition littéraire, principalement dans un article de journal, dans une pièce de théâtre. *Il a fait à sa pièce de nombreuses coupures.* — Se dit aussi des divisions d'un roman, d'un ouvrage pour sa publication en feuilletons de revues ou de journaux. || Se dit des rigoles, des petits canaux pratiqués pour empêcher l'écoulement des eaux ou en changer le cours. || T. Art. milit. Se dit des retranchements, fossés, palissades, etc., que l'on fait dans un ouvrage en arrière d'une brèche pour s'y défendre. *Les assiégés furent chassés de la brèche, mais ils avaient fait des coupures qui arrêtèrent longtemps les assiégeants.* || Roguures. *Coupures de loge.* || T. Banq. Billet de banque d'une valeur inférieure à 1,000 fr., ainsi nommé parce que dans l'origine il n'y eut que des billets de 1,000 francs.

COUR. s. f. (bas-lat. *curtis,* m. s., du gr. χόρτος, enclos). Espace découvert qui dépend d'une maison, d'un hôtel, etc., et qui est environné de murs ou de bâtiments. *C. d'entrée. C. principale. C. pavée, sablée. Maison entre c. et jardin. C. d'honneur,* La principale c. d'un château, d'un palais. *Basse-cour.* Voy. ce mot. — Le lieu où est le roi avec ses principaux officiers, les grands personnages de l'État. *Quitter la c. Vivre loin de la c.* — *Avoir bouche à c.* Voy. Bouche. = Se dit de la société particulière qui vit autour du souverain, et qui est formée par les grands personnages et officiers de la couronne, qui sont ordinairement auprès de lui. *La c. du roi, de l'empereur, du pape. C. galante, brillante, magnifique. Avoir une charge à la c. Il est fort connu à la cour. Le ton, les usages de la c.* — Par ext., se dit quelquefois de la suite d'un grand seigneur, d'un prince, quoiqu'il ne soit pas prince souverain. *La c. de la dauphine. La c. de Meudon.* — *Un seigneur, une dame, un homme de la c., les gens de la c.,* se dit de ceux qui suivent la c., et vivent à la manière de la c. — Se dit quelquefois pour l'air, le ton de la la c., la manière de vivre de la c. *Un*

crai homme de c. — Homme de c., Celui qui a le ton, les
manières en usage à la c. Se prend souvent en mauvaise part.
|| Poétiq., La c. céleste, Les anges, le paradis. || C. plénière.
Voy. PLÉNIÈRE. — Fig. et prov., C'est la c. du roi Pétaud ou
Pétaud, se dit d'un lieu, d'une réunion où règne la confusion,
soit parce que chacun y veut commander, soit parce que tout
le monde y veut parler à la fois. || Eau bénite de c. Voy.
BÉNIR. || Se prend aussi pour le souverain, comme chef du
pouvoir exécutif, comme dispensateur des grâces, des faveurs.
Recevoir un ordre de la c. Il est bien, il est mal à la c.
|| En parlant des États monarchiques, signif. encore le gou-
vernement considéré par rapport à la politique extérieure.
La c. d'Espagne. La c. de Rome. Ces deux cours ont ré-
solu de... || Fig., Les gens qui entourent une personne et se
montrent empressés à lui plaire. Cette dame a une nombreuse c. d'adorateurs. Depuis qu'il est devenu plusieurs
fois millionnaire, il a une petite c. || Par ext., Faire la c.,
faire sa c., se dit de tout ce qu'on fait à l'égard d'une personne pour lui plaire, obtenir sa bienveillance, etc. Faire sa
c. au roi, aux ministres. — Faire la c. à une femme,
L'entourer de ses soins, de ses assiduités, de ses complaisances, afin de gagner son cœur, de mériter ses bonnes
grâces. Il avait dessein de vous faire la c. Il y a longtemps qu'il fait la c. à cette demoiselle. — Fam., Faire un
doigt de c. à quelqu'un. — Faire sa c. aux dépens de
quelqu'un, Chercher à plaire, à se faire bien voir en disant du mal de quelqu'un. = Siège de justice. Se disait
autrefois de presque tous les tribunaux. C. du parlement.
C. supérieure. Arrêt de la c. On appelait Cours souve-
raines, Cours où les affaires se jugeaient en dernier ressort et
sans appel; et Cours subalternes, celles dont les jugements
pouvaient être portés à une c. supérieure. — Ne se dit maintenant que des tribunaux supérieurs. Son appel a été porté
à la c. de... La c. a confirmé le jugement. La c. vient de
se réunir, d'entrer en séance. Les membres de la c. Conseiller à la c. Avocat à la c. de... Prêter serment devant
la c. — C. des Aides, C. des Comptes, C. de Cassation,
C. d'Assises, voy. AIDE, COMPTES, CASSATION, ASSISES;
C. d'Appel, voy. ORGANISATION JUDICIAIRE. || Mettre hors
de c., hors de c. et de procès, Renvoyer les parties, ou l'une
des parties, comme n'y ayant pas lieu de prononcer juridiquement. Les deux parties ont été mises hors de c.
— Substant., Un hors de c., Un jugement qui met hors de c.
Prononcer un hors de c. Vx. || Le lieu où siège une c. de
justice. Je vais à la c. des Comptes.

Législ. — Ainsi que nous venons de le dire, le nom de Cour
a été donné à des juridictions fort différentes, dont plusieurs
n'existent plus aujourd'hui. Nous avons déjà parlé de la C. des
Aides, de la C. des Comptes, de la C. de Cassation, des
Cours d'Assises; en conséquence, nous renverrons le lecteur
aux articles AIDE, COMPTE, etc. Quant aux Cours d'Appel,
il en sera traité aux mots ORGANISATION JUDICIAIRE.
La charte de 1814 avait organisé une C. des Pairs en
vue de juger les crimes de haute trahison et les attentats à la
sûreté de l'État. Ce fut ce tribunal qui condamna à mort le
maréchal Ney; la loi de 1835 attribua en outre à cette juridiction la connaissance des attentats contre la charte de 1830:
c'est en vertu de ladite loi que la C. des pairs vit défiler successivement devant elle les ministres de Charles X, Louis
Bonaparte, le duc de Praslin, Barbès, Montalembert, etc.
La haute C. de justice, en 1848, reprit la connaissance des
délits autrefois soumis à la c. des pairs; le second empire
organisa dans l'article 54 de la Constitution de 1852 une
haute c. à l'imitation de celle de 1848. Abolie par le décret
du 4 novembre 1870, la haute c. fut rétablie par l'article 12
de la loi constitutionnelle du 16 juillet 1875, ainsi conçu :
« Le Sénat peut être constitué en c. de justice par un décret
du président de la République, rendu en conseil des ministres,
pour juger toute personne prévenue d'attentat commis contre
la sûreté de l'État. » Restait à organiser la procédure à suivre
devant cette juridiction : c'est ce que fit la loi du 10 avril 1889.
C'est devant la haute c. qu'eurent lieu le procès et la condamnation à la déportation dans une enceinte fortifiée de
MM. Boulanger, Dillon et Rochefort (21 avril, 14 août 1889).
Le nom de C. martiale a servi pendant quelques années à
désigner les tribunaux militaires réguliers appelés aujourd'hui
Conseils de guerre. Celui de C. prévôtale, au contraire, a
été donné à certains tribunaux exceptionnels. Voy. PRÉVÔTAL.
Voy. aussi CHAMBRE pour le terme C. des poisons, et CHE-
VALIÈRE pour celui de C. d'amour.

COURAGE. s. m. (ital. coraggio, d'une forme latine
coraticum, de cor, cœur). Fermeté de l'âme qui fait qu'on

affronte les périls, qu'on ne se laisse pas abattre par les revers, et qu'on supporte les souffrances physiques. Grand
noble c. C. fier, mâle, héroïque. C. physique. C. guerrier. Avoir peu, beaucoup de c. Donner c., du c. Rendre
le c. Exciter, enflammer, ranimer, relever le c. Refroidir, faire fléchir le c. Le c. lui manqua. Manque de c.
Faute de c. Montrer du c. Combattre avec c. Les plaisirs amollissent le c. Elle eut le c. de lui résister. Il est
plein de c. Il supporte ses douleurs avec le plus grand c.
S'armer de c. Ce revers ne put ébranler son c. Le c. moral est souvent plus difficile que le c. physique. En poésie
et dans le style élevé, on dit au pl., Enflammer les courages.
Prov., Il n'y a plus que c., se dit quand on approche de la
fin de quelque travail. — S'emploie en manière d'interjection
pour exhorter, pour animer. C., mes amis, c.! Allons, c.,
mes enfants! — Fig. et fam., Prendre, tenir son c. à
deux mains, Faire un effort plus qu'ordinaire pour accom-
plir quelque chose. || Se dit aussi de certains animaux d'un
naturel hardi ou qui passent pour tels, comme le lion, l'aigle,
le sanglier, le chien, etc. Le lion est de tous les animaux
celui qui a le plus de c. Ce petit chien est rempli de c. ||
Un grand c., se dit quelquefois, dans un sens plus général,
pour grandeur d'âme, caractère noble et ferme. Les grands
courages ne se laissent point abattre par l'adversité. ||
L'ardeur, le zèle qui poussent à faire, ou avec lesquels on
fait quelque chose. S'il en croyait son c. Il n'a pas fait
cela de bon c. || Avoir le c. de, signifie quelquefois avoir
assez de dureté de cœur pour... Auriez-vous bien le c. d'a-
bandonner ses enfants? Je n'ai pas eu le c. de le lui refuser.

Syn. — Bravoure, Valeur. — La bravoure tient autant
du physique que du moral; le courage et la valeur sont des
qualités essentiellement morales. La bravoure est une espèce
d'instinct qui n'est utile qu'à la guerre; le c. est une vertu
qui se manifeste dans tous les événements de la vie; la valeur est également propre à la guerre, mais elle est supérieure à la bravoure, en ce qu'elle a sa source dans le désir
de se distinguer: elle se montre partout où il y a un péril à
affronter et de la gloire à acquérir. Un c. est brave à telle
heure et selon les circonstances; on a du c. à tous les instants et dans toutes les occasions. La bravoure se contente
de vaincre l'obstacle qui lui est offert; la valeur le cherche;
le c. raisonne les moyens de le détruire. La bravoure est
d'autant plus impétueuse qu'elle est moins réfléchie; le c. est
d'autant plus intrépide qu'il est mieux raisonné : il sait obéir,
mais en même temps il est capable de commander.

COURAGEUSEMENT. adv. Avec courage. Se battre, se
défendre c. Il a agi c. dans cette circonstance. Supporter
c. l'infortune.

COURAGEUX, EUSE. adj. Qui a du courage. Il est trop
c. pour reculer. Un cœur c. Une âme courageuse. Se
montrer c. dans le malheur, dans les souffrances. || Se
dit des actions, des paroles, etc., qui témoignent du courage.
Un discours c. Une action courageuse.

COURALIN. s. m. Espèce de pirogue.

COURAMMENT. adv. [Pr. koura-man]. Sans hésitation,
facilement. Cet enfant lit et écrit déjà c.

COURANT, ANTE. adj. Qui court. Chien c. Voy. CHIEN.
Eau courante, Eau qui coule sans interruption. Monnaie
courante, Monnaie qui a cours légal. Écriture courante, Écri-
ture facile. || Se dit d'une période de temps dans laquelle on
se trouve, qui n'est pas encore terminée. L'année courante,
Le mois c. Le terme c. — Par ellipse, on dit Le dix, le
vingt du c., pour le dix, le vingt du mois c., du mois actuel. On dit encore, Fin c., pour la fin, le dernier jour du
mois c. — Par anal., Intérêts courants, Intérêts non échus.
Compte c. Voy. COMPTE. Main courante. Voy. TENUE DES
LIVRES. Prix c. Voy. PRIX. — Toise courante, aune courante, mètre c., pied c., etc., La mesure de quelque chose
que ce soit dont la longueur est évaluée en toises, aunes, mètres, etc., sans considérer sa hauteur ou sa largeur, laquelle
est censée toujours la même. Cette muraille a 21 toises
courantes. Cette étoffe vaut 6 francs le mètre c. J'ai
fait prix à tant le mètre c. || Fig., en parlant des affaires,
Ordinaire, habituel. Il est chargé des affaires courantes.
|| T. Marine. Manœuvres courantes, Cordages mobiles pou-
vant servir à tout moment Voy. MANŒUVRE. || T. Typog.
Titre c. Voy. TITRE. = TOUT COURANT. loc. adv. En courant,

en se hâtant très vite. *Il est venu tout c.* || Couramment, sans peine. *Il lit tout c. Il récita sa fable tout c. Au trictrac, je le gagne tout c.*

COURANT. s. m. Le mouvement des liquides dans la direction de leur pente. *Le c. de l'eau. Suivre le c. de la rivière,* ou simplement *le c. Il fut entraîné par le c. et se noya. Le c. est rapide en cet endroit.* — *Un c. d'eau,* se dit d'une certaine quantité d'eau vive qui se meut dans la direction de la pente du sol. *Ce c. d'eau fait aller plusieurs moulins.* — En parlant de la mer, mouvement que l'eau a en certains endroits, et qui est indépendant de l'action du vent. *Le c. emporta le vaisseau de ce côté-là. Il y a de dangereux courants sur cette côte. Il y a dans ce détroit un c. sous-marin très violent.* Voy. MER. || Par ext., dans les sciences, se dit d'un fluide quelconque qui se meut. — Dans le langage ordinaire, *C. d'air,* se dit de l'air en mouvement, lorsqu'il passe à travers un espace resserré. *Il vient par cette porte un c. d'air glacial. Prenez garde aux courants d'air.* || Fig., *Dans le c. de l'année, du mois, de la semaine, etc.,* Dans une époque indéterminée de l'année, du mois, de la semaine. *Je ferai ce voyage dans le c. de l'été.* || Fig., *Le c. des affaires,* Les affaires ordinaires, par opposition aux affaires extraordinaires. *J'abandonne à mon fils le c. des affaires de ma maison.* — *C. d'affaires,* La quantité moyenne d'affaires que fait un manufacturier, un commerçant, un banquier, un notaire, etc. *Ce négociant a un bon c. d'affaires.* || Fig., *Le c. du monde,* La marche ordinaire des affaires de ce monde. *Se laisser aller au c. du monde,* ou simplement *au c.* || Fig., *Mettre, tenir quelqu'un au c. d'une chose,* Le mettre, le tenir au fait d'une chose, l'informer de ses progrès, de ses changements, des incidents qui surviennent, etc. *Je l'aurai bientôt mis au c. de ce qu'il a à faire. Je vous mettrai au c. de... Je vous tiendrai au c. de tout ce qui se passera. Tenez-moi au c. des nouvelles.* — *Se mettre au c. d'une chose,* S'en informer, en être instruit, faire en sorte d'en être toujours instruit. *Il n'a pas tardé à se mettre, à être au c. de son nouvel emploi. Se tenir au c. des nouvelles.* — Par ellipse, lorsque l'objet dont on parle est connu, on dit simplem., *Je vous mettrai au c. Il est au c. Se tenir au c.* || T. Théât. Fig., *Mettre une pièce au c. du répertoire,* La mettre au nombre des pièces qui se jouent habituellement. || En matière de rentes, le terme qui court, qui n'est pas échu, par opposit. à *arrérages. Je consens à vous remettre les arrérages, mais sans préjudice du c.* — Se dit aussi des dépenses de chaque jour, par opposition à arriéré. *Il ne peut pas faire face au c.; comment payerait-il l'arriéré?* || T. Phys. *C. électrique.* Déplacement continu d'électricité dans un conducteur. Les courants parallèles s'attirent s'ils sont de même sens, se repoussent s'ils sont de sens contraires. Deux courants qui ne sont pas parallèles tendent à devenir parallèles et de même sens. Voy. ÉLECTRICITÉ, PILE, INDUCTION.

COURANTE. s. f. (R. *courir*). Espèce de danse grave, actuellement hors d'usage. || L'air sur lequel on dansait une c. || Diarrhée. *Il a la c.* Pop. || Sorte d'écriture cursive. || Meule supérieure d'un moulin.

COURANTIN, INE. s. m. et f. Celui ou celle qui court au lieu de travailler. = COURANTIN, s. m. Fusée qui court le long d'une corde tendue.

COURATARI. s. m. T. Bot. Arbre de la Guyane, de la famille des *Myrtacées.* Voy. ce mot.

COURAU. s. m. T. Pêc. Petit bateau.

COURAYER. v. a. [Pr. *koura-ier*]. T. Mar. Appliquer une couche de courée sur la carène.

COURBABLE. adj. 2 g. Qui peut être courbé.

COURBAGE. s. m. Action de courber.

COURBARIL. s. m. T. Bot. Nom vulgaire américain de l'*Hymenæa Courbaril,* arbre donnant le copal tendre, et appartenant à la famille des *Légumineuses.* Voy. ce mot.

COURBARINE. s. f. T. Chim. Résine du Courbaril.

COURBATON. s. m. T. Mar. Pièces de bois servant de contreforts dans une galère.

COURBATU, UE. adj. (lat. *curvatus,* courbé, ou plutôt de *court,* et *battu,* battu de court). Se dit d'un cheval atteint de courbature. Voy. ce mot.

COURBATURE. s. f. (lat. *corvatura,* courbature, suivant Ménage ; vient plutôt de *courbatu*). T. Manège. Malaise d'un cheval courbatu. Voy. plus bas. || T. Méd. La c. est une indisposition caractérisée par une sensation de brisement ou de contusion des membres, avec une extrême lassitude et quelquefois avec abattement des forces. Lorsqu'elle survient à la suite d'efforts violents ou de travaux pénibles, le repos absolu et les bains la dissipent très promptement. Dans le cas contraire, elle est le symptôme précurseur de quelque affection plus ou moins grave.

Méd. vét. — Les vétérinaires donnent aussi le même nom à une affection du cheval qui, à la suite d'un excès de fatigue, n'a plus le mouvement des jambes bien libre. La c. est mise par la loi au nombre des vices rédhibitoires.

COURBATURER. v. a. Causer une courbature. *Cela m'a tout courbaturé.* = COURBATURÉ, ÉE. part.

COURBE. adj. 2 g. (lat. *curvus,* m. s.). Se dit, par oppos. à toute ligne qui n'est ni droite ni composée de lignes droites, et de toute surface qui n'est ni plane ni composée de surfaces planes. *Ligne c. Surface c.* Fig. Détourné, dépourvu de franchise. *Aller en ligne c.* = COURBE. s. f. T. Géom. Ligne courbe. *Décrire une c.* — *C. algébrique.* || T. Charpenterie. Toute pièce de bois ou de fer cintrée. Se dit surtout des pièces de ce genre employées dans la construction des navires.

Géom. — On donne, en géométrie, le nom de *Courbe* à toute ligne qui n'est ni droite ni composée de lignes droites. — La théorie générale des courbes et des figures qu'elles limitent, forme l'une des parties les plus importantes et les plus étendues des sciences mathématiques. Cependant il est facile de comprendre que les courbes qui font l'objet de la science ne peuvent être que celles qui sont susceptibles d'une définition précise.

Quoique les géomètres de l'antiquité, indépendamment de leurs travaux sur les sections coniques, aient étudié les propriétés de quelques autres courbes, telles que la *cissoïde,* la *strophoïde,* la *conchoïde,* et différentes sortes de *spirales,* ils

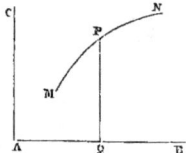

se sont cependant arrivés qu'à formuler un petit nombre de propositions particulières qu'ils ont déduites de la considération des circonstances de chaque cas particulier, et qui ne sont pas susceptibles d'une généralisation étendue. Les méthodes générales d'investigation que la géométrie moderne applique avec tant de succès sont dues à l'heureuse invention de la géométrie analytique par Descartes, qui permet de représenter les courbes par des équations et ramène ainsi toutes les questions qui concernent les courbes à de simples questions d'algèbre. Voy. COORDONNÉES, GÉOMÉTRIE ANALYTIQUE.

Toute portion limitée d'une c. A C B (voy. la Fig.) s'appelle un *arc de courbe* ; la droite A B qui joint les extrémités d'un arc est une *corde.*

On distingue les *courbes planes,* celles qui sont situées dans un plan, et *courbes gauches,* celles qui ne sont pas planes. Une courbe plane est représentée par une équation à deux variables entre les deux coordonnées de chacun de ses points, une courbe gauche par un système de deux équations à deux inconnues entre les trois coordonnées de chacun de ses points. Voy. COORDONNÉES. Si l'équation d'une courbe plane, ou les équations d'une courbe gauche, sont *algébriques* (voy. ÉQUATION), la courbe est dite *algébrique.* Dans le cas contraire, elle est dite *transcendante.* Voy. ce mot. Ces dénominations ont remplacé celles de *géométrique* et de *mécanique,* par lesquelles Descartes désignait respectivement ces deux catégories de courbes. Les courbes algébriques planes se classent suivant le degré de leurs équations en coordonnées cartésiennes. Une courbe est dite de l'ordre m quand son équation est du degré m. La seule ligne du 1er degré est la ligne droite ; les courbes du second degré sont les *coniques : hyperbole, parabole, ellipse,* comprenant le *cercle* comme cas particulier. Voy. CONIQUE. L'ordre d'une c. exprime le nombre des points d'intersection réels ou imaginaires de cette courbe avec une droite quelconque. Si on emploie les coordonnées tangentielles, le degré de l'équation s'appelle la *classe* de la courbe. Ce te classe exprime le nombre des tangentes réelles ou imaginaires qu'on peut mener d'un point du plan à la courbe. La ligne de la première classe se réduit à un point. Les courbes de la seconde classe sont les coniques qui sont aussi du second ordre; mais, audelà, l'ordre et la classe d'une même courbe ne sont plus énoncés par le même nombre, en général.

Les principales questions que comporte l'étude d'une c. plane sont relatives à la *tangente*, aux *asymptotes*, aux *points multiples*, c.-à-d. au point où se coupent deux ou plusieurs branches de la même c., à la *courbure*. Un article spécial est consacré à chacune de ces questions. Pour les courbes gauches, il faut ajouter les questions relatives au *plan osculateur* et à la *torsion*. Voy. TANGENTE, ASYMPTOTE, COURBURE, MULTIPLE (*Point*), OSCULATEUR (*Plan*), TORSION.— La question de la longueur d'un arc de courbe sera traitée au mot LONGUEUR. Pour les surfaces courbes, voy. SURFACE.

COURBE. s. f. T. Art vét. On nomme ainsi une tumeur osseuse qui s'observe chez les chevaux, et qui survient le plus souvent à la suite d'un coup, d'une chute, d'un effort, etc. Cette sorte de tumeur est oblongue et située en dedans du jarret sur l'extrémité interne et inférieure du tibia. Elle gêne fréquemment le mouvement de l'articulation. Lorsqu'elle est récente, on tâche de la résoudre; mais quand elle est devenue chronique, on a recours à l'application du feu.

COURBELIGNE. s. f. Nom d'un écusson de forme particulière que l'on trouve chez les vaches laitières. Voy. ÉCUSSON.

COURBEMENT. s. m. Action de courber.

COURBER. v. a. (lat. *curvare*, m. s.). Rendre courbe une chose qui était droite. C. une branche, une barre de fer, etc. C. un arc pour le bander. La vieillesse l'a tout courbé. — Poét., L'âge a courbé sa tête, a courbé son front. || Fig., C. le front, c. la tête devant quelqu'un, Lui donner des marques de respect et de soumission; se soumettre. = COURBER, v. n. Plier, fléchir. Il courbait sous le faix. = SE COURBER. v. pron. Devenir courbe, fléchir, se plier. Cette poutre se courbe. Il devient vieux, il commence à se c. || Fig., Céder, plier sous la volonté d'un autre. Tout se courbe devant lui. = COURBÉ ÉE. part. Il se tient tout c.

COURBET. s. m. Grande serpe avec laquelle on coupe les taillis.

COURBET (GUSTAVE), célèbre peintre français, né à Ornans, chef de l'école réaliste; exilé en 187., mort en Suisse (1819-1877).

COURBET, vice-amiral français, né à Abbeville; s'est distingué dans la guerre du Tonkin (1827-1885).

COURBETTE. s. f. [Pr. *kourbè-te*]. T. Man. Mouvement que le cheval fait en levant également les deux pieds de devant et se rabattant aussitôt. C. hurte, basse. Faire faire des courbettes à un cheval. || Fig. et fam., Faire des courbettes, Être bas et rampant devant quelqu'un.

COURBETTER. v. n. [Pr. *kourbè-té*]. T. Man. Faire des courbettes.

COURBEVOIE, ch.-l. de c. (Seine), arr. de Saint-Denis, sur la Seine, 17,600 hab.

COURBOTTE. s. f. [Pr. *kourbo-te*]. Balancier auquel on attache les chaînes des soufflets de forge.

COURBURE. s. f. Forme ou état d'une chose courbe. Il faut ajouter à cette pièce de bois plus de c. La c. d'un arc, d'une poutre.

Géom. — I. — On appelle c. *moyenne* d'un arc de courbe AB le quotient de l'angle des tangentes aux deux extrémités de cet arc par la longueur de l'arc, l'angle étant mesuré par la longueur de l'arc qu'il intercepterait sur une circonférence de rayon 1. Ce quotient a reçu le nom de c. parce qu'il est d'autant plus grand que la courbe est plus infléchie. Considérons, par exemple, une circonférence. Les tangentes aux extrémités d'un arc AB font le même angle φ que les rayons OA et OB, et, d'après les unités employées, la longueur de l'arc AB est égale à l'angle φ multiplié par le rayon R, soit φR. Donc, le quotient de l'angle par l'arc est l'inverse du rayon $\frac{1}{R}$, d'où il suit que la c. moyenne d'un arc de cercle est la même pour tous les arcs d'une même circonférence et que cette c. moyenne est d'autant plus grande que le rayon est plus petit. Ces conclusions sont bien conformes à l'idée vague qu'on pourrait se faire a priori de la c.

La c. en un point M d'une courbe est la limite vers laquelle tend la c. moyenne d'un arc MM' lorsque le point M' se rapproche indéfiniment du point M. Si ds est un élément d'arc compté à partir du point M et dα l'angle des tangentes aux deux extrémités de cet arc, angle infiniment petit, qui a reçu le nom d'*angle de contingence*, la c. est le rapport $\frac{d\alpha}{ds}$. Le rapport inverse $\frac{ds}{d\alpha}$ est égal au rayon d'un cercle qui aurait la même c. que la courbe : on lui a donné le nom de *rayon de c.* Si la courbe est plane et rapportée à des coordonnées rectangulaires, le rayon de c. est donné par la formule

$$\rho = \frac{ds}{d\alpha} = \frac{\left[1 + \left(\frac{dy}{dx}\right)^2\right]^{\frac{3}{2}}}{\frac{d^2y}{dx^2}}.$$

Si l'on porte sur la normale (perpendiculaire à la tangente) à partir du point M et dans le sens de la concavité une longueur égale au rayon de c., on obtient le *centre de c.* C. On démontre que ce centre de c. est la position limite du point d'intersection de deux normales infiniment voisines, et que le cercle décrit de C comme centre avec CM comme rayon, rencontre la courbe en trois points confondus, ce qui a fait donner à ce cercle le nom de *cercle osculateur*. Le lieu de tous les centres de c. de la courbe est aussi l'enveloppe des normales. On lui a donné le nom de *développée de la courbe*. — Pour les courbes gauches, le rayon de c. est donné par la formule

$$\rho = \frac{ds}{d\alpha} = \frac{1}{\sqrt{\left(\frac{d^2x}{ds^2}\right)^2 + \left(\frac{d^2y}{ds^2}\right)^2 + \left(\frac{d^2z}{ds^2}\right)^2}}$$

qui s'applique également aux courbes planes en supprimant le terme $\frac{d^2z}{ds^2}$. Seulement, dans les courbes gauches, il y a en chaque point une infinité de normales situées dans un plan perpendiculaire à la tangente, plan qui a reçu le nom de *plan normal*. Si, de plus, on considère trois points infiniment voisins sur la courbe, le plan de ces trois points tend vers une position limite quand ces trois points se confondent en un seul M. Ce plan limite qui est aussi la position limite du plan passant par les tangentes infiniment voisines, s'appelle le *plan osculateur*. Celle des normales qui est dans le plan osculateur, a reçu le nom de *normale principale*. C'est sur la normale principale à une distance du point M égale au rayon de c. et du côté de la concavité, que se trouve le *centre de c.* L'intersection de deux plans normaux infiniment voisins est la perpendiculaire au plan osculateur qui passe par le centre osculateur. On lui a donné le nom d'*axe de courbure*. Le lieu des centres de c. est une surface développable qui est l'enveloppe des plans normaux et qui a reçu le nom de *surface polaire* de la courbe. Voy. DÉVELOPPÉE, NORMALE, OSCULATEUR.

La c. d'une courbe gauche indique, pour ainsi dire, de combien la courbe s'écarte d'une ligne droite. Il y a lieu de considérer un deuxième élément, qui indiquerait de combien la courbe s'éloigne d'un plan. Cet élément, qui a reçu autrefois le nom de c. de seconde espèce, est plus connu aujourd'hui sous celui de *Torsion*. Voy. ce mot.

II. — La c. des lignes tracées sur une surface donne lieu à une série de propositions intéressantes, dont les plus importantes sont les théorèmes de Meunier et d'Euler. Le théorème de Meunier consiste en ce que les courbures de toutes les lignes tracées par un même point M sur la surface et tangentes entre elles en ce point, sont reliées entre elles par une relation très simple. Parmi toutes ces courbes se trouve l'intersection de la surface avec le plan qui passe par la normale et la tangente MT commune à toutes les courbes. Cette courbe plane s'appelle la *section normale*. Si, dès lors, on désigne par α l'angle que fait le plan osculateur d'une courbe avec le plan normal, le c. ρ de cette courbe sera égale à la c. ρ₁ de la section normale multipliée par le cosinus de l'angle α :

$$\rho = \rho_1 \cos \alpha.$$

Il résulte de ce théorème qu'il suffit d'étudier les courbures des sections normales. Or, le théorème d'Euler exprime la relation qui lie les courbures de toutes ces sections suivant leur direction. On peut tracer dans le plan tangent au point M une certaine conique ayant le point M pour centre. Cette conique, qui a reçu le nom d'*indicatrice*, définit, pour ainsi dire, la forme de la surface dans le voisinage du point M. Si l'équation de la surface est

$$f(x, y, z) = 0$$

et qu'on suppose, pour abréger, l'origine des coordonnées transportées au point M, l'indicatrice est l'intersection du plan tangent à la surface avec la surface du second ordre qui aurait pour équation

$$f''_{x^2} X^2 + f''_{y^2} Y^2 + f''_{z^2} Z^2 + 2f''_{yz} YZ + 2f''_{zx} ZX + 2f''_{xy} XY$$
$$= \sqrt{f'^2_x + f'^2_y + f'^2_z}.$$

Cela posé, le théorème d'Euler consiste en ce que la *section normale tangente à une droite* MT *du plan tangent a pour rayon de c. au point M la racine carrée de la longueur comprise sur* MT *entre le point M et l'indicatrice*. Il résulte de ce théorème que les sections normales dirigées suivant les axes de l'indicatrice sont celles qui ont les rayons de c. maximum ou minimum. Ces deux rayons de c. maximum ou minimum s'appellent les *rayons de c. principaux de la surface au point M*. Si l'indicatrice est une ellipse, le rayon de c. ne devient jamais infini; les rayons de c. de toutes les sections normales sont compris entre les deux rayons de c. principaux R₁ et R₂ et de plus toutes les sections sont courbes dans le même sens; enfin, le plan tangent ne coupe pas la surface qui est dite à c. *simple* ou à *courbures directes*. Tel est le cas de la sphère, de l'ellipsoïde, etc. Si, au contraire, l'indicatrice est une hyperbole, il convient de lui adjoindre l'hyperbole conjuguée, et la c. change de sens suivant que la section normale est dirigée de manière à couper l'une ou l'autre de ces deux hyperboles. Les rayons de c. des sections normales sont tous plus grands que le rayon de c. principal qui dépend de l'hyperbole correspondante. Enfin, les deux sections normales dirigées suivant les asymptotes de l'indicatrice, ont des rayons de courbure infinis. Dans ce cas, la surface est dite à *double c.* ou mieux à *courbures opposées*. Telles sont les surfaces réglées non développables, l'hyperboloïde à deux nappes, le paraboloïde, etc. Un col de montagne, une selle de cheval, une gorge de poulie, sont des exemples vulgaires de surfaces à courbures opposées.

III. — La mesure de la c. des surfaces a donné lieu à d'assez grandes difficultés, qui tenaient à ce que l'on ne s'entendait pas sur la définition de la c. On a reconnu qu'il y avait lieu de distinguer deux éléments : 1° *La c. totale*, qui est égale à l'inverse du produit des rayons de c. principaux $\frac{1}{RR'}$ et qui représente le rapport $\frac{d\Sigma}{dS}$ où dS est l'aire d'une portion de surface infiniment petite avoisinant le point M et $d\Sigma$ l'aire d'un élément de la sphère de rayon 1 dont tous les points ont leurs rayons parallèles aux normales des points correspondants de ds; 2° la c. moyenne $\frac{1}{2}\left(\frac{1}{R} + \frac{1}{R'}\right)$, qui est la moyenne des courbures des deux sections principales. Une surface a sa c. totale positive, négative ou nulle, suivant qu'elle est à courbures directes, à courbures opposées, ou développable. Les surfaces qui ont une c. moyenne nulle, sont les surfaces à courbures opposées, pour lesquelles les rayons de c. principaux sont en chaque point égaux et de sens contraire. Voy. Surface.

COURCAILLET. s. m. [Pr. les *ll* mouillées]. Cri des cailles. || T. Chasse. Voy. Appeau.

COURGE. s. m. Bois que laisse un vigneron en taillant la vigne.

COURCHOT. s. m. Ver à soie malade.

COURCIVE. s. f. T. Mar. Voy. Coursive.

COURÇON. s. m. T. Art. milit. Pieu caché dans l'eau. || Pièce de fer pour serrer les moules d'une pièce de fonte. || Fer en barres très courtes.

COURÇON. ch.-l. de c. (Charente-Inférieure), arr. de la Rochelle, 1,100 hab.

COUREAU. s. m. T. Mar. Sinuosité entre des bas-fonds et des roches que l'eau recouvre.

COURÉE. s. f. ou **COURAI.** s. m. T. Marine. Composition de brai, de soufre et d'huile ou de suif qu'on applique très chaude sur la carène d'un navire préalablement bien nettoyée par un chauffage. *Le c. a pour objet de garantir le bois de la piqûre des vers.*

COUREUR, EUSE. s. Personne exercée, rapide à la course. *C'est le meilleur c. qu'ait jamais vu. C. de bague, de tête,* Celui qui court les bagues, les têtes. || Par exag., Celui qui va et vient, qui est souvent par la ville ou en voyage. *C'est un grand c. qui est toujours par monts et par vaux.* || Fig. et fam., *C. de nuit,* Celui qui aime à passer les nuits dehors, qui fait de la nuit le jour. *C. de bals, de spectacles,* etc. *C. de filles,* Celui qui fréquente des femmes de mauvaise vie, qu'on appelle aussi *coureuses.* — *Coureur,* Celui qui a des maîtresses, des caprices, des aventures de femmes. *C'est un c.* || Domestique qui court à pied, et dont on se sert pour faire des messages. *Les grands seigneurs avaient autrefois des coureurs qui précédaient leur voiture.* || Cheval de selle que sa taille et sa légèreté rendent propre à la course. *Voilà un c. qui a remporté bien des victoires. Cette jument est une bonne coureuse.* || T. Guerre. Se dit, au plur., Des cavaliers détachés du corps de la troupe pour aller à la découverte. *Un parti de coureurs.* || T. Ornith. Genre d'oiseaux qui volent peu ou point, comme l'autruche. Voy. Brévipennes.

COURE-VITE ou **COURT-VITE.** s. m. T. Ornith. Genre d'Échassiers. Voy. Tachydromes. = Pl. *Des coure-vite* ou *des court-vite.*

COURG ou **KOURG,** province du sud de l'Inde anglaise. 178,300 hab. Cap. *Merkara.*

COURGE. s. f. (lat. *cucurbita*, m. s.) T. Bot. et Jardin. Genre de plantes Dicotylédones (*Cucurbita*) de la famille des *Cucurbitacées.* Dans le langage vulgaire on donne ce nom, non seulement aux espèces du genre *Cucurbita*, mais encore à celles du genre *Calebasse* (*Lagenaria*). Voy. Cucurbitacées.

Les *Courges* sont des plantes herbacées annuelles, à tige fistuleuse, rampantes ou grimpantes, en général munies de vrilles. Les feuilles, ainsi que le reste de la plante, à l'exception des fruits, sont couvertes de poils durs et roides. Les fleurs sont jaunes ou blanches, en entonnoir plus ou moins évasé. Le fruit, qui atteint parfois un volume prodigieux, offre des formes très variées. Nous nous contenterons de citer les espèces principales de ce genre important. — 1° Le *Cucurbita maxima,* appelé aussi vulgairement *Potiron, Courge* et *Citrouille,* se distingue aisément à son fruit qui est jaune, globuleux, aplati aux deux extrémités, pourvu de côtes et creux à la maturité. Ce fruit est souvent monstrueux : on en a vu qui pesaient 100 kilog. La pulpe est ferme et d'un grain assez fin, mais fade et peu sucrée. On connaît 4 variétés de cette espèce : le *Potiron jaune gros,* le *Pot. blanc gros,* le *Pot. vert* et le *Pot. d'Espagne.* — 2° Le *Cuc. Pepo* ou *Giraumon,* encore désigné sous les noms vulgaires de *Courge de Saint-Jean* et de *Citrouille iroquoise,* a un fruit de grosseur médiocre, comparativement à l'espèce précédente. Sa forme est assez variée ; mais, dans la race appelée *Pepo turban, Bonnet turc* ou *Turbanet* (*C.* Pepo var. *pileiformis*), et à la peau rougeâtre, marquée de bandes vertes, et sa partie supérieure présente une large excroissance, divisée en quatre parties, qui lui donne un peu l'aspect d'un turban. Sa pulpe est plus colorée, plus dense, plus sèche, plus fine et plus sucrée que celle du Potiron. — 3° Le *Cuc. Melopepo* ou *Pastisson,* nommé encore vulgairement *Bonnet d'électeur, Bonnet de prêtre* et *Artichaut de Jérusalem,* n'a qu'un fruit assez petit (1 kil. 1/2 au plus), qui est ordinairement blanc jaunâtre ou vert panaché de jaune, et déprimé avec quatre ou cinq cornes proéminentes. Il se distingue par la finesse de sa pulpe qui est d'un jaune tantôt vif, tantôt pâle. — 4° Le *Cuc. moschata*, appelé *Courge musquée* ou *Melonnée*, est très recherché dans nos départements du Midi, ainsi qu'en Italie et aux Antilles ; mais dans e nord de la France il ne réussit qu'avec le secours des couches chaudes. Son fruit, qui est tantôt aplati, sphérique ou ovale, et tantôt cylindrique, à massue ou en pilon, a une pulpe fine et de bon goût, dont la couleur varie depuis le jaune soufré jusqu'à rouge orangé. — 5° Le *Cuc. melanosperma* ou *Courge de Siam*, originaire de la Chine, dont les fruits sont, dans ce pays, employés à la nourriture du bétail. — 6° La *Courge à œufs* (*Cuc. ciifera*), nommée vulgairement *Cougourdette* et *Fausse poire*, est ainsi appelée de la forme de son fruit, qui est vert ou jaunâtre, et semblable à une poire ou à une figue allongée. On s'en sert simplement pour faire de petits vases.

Quoique l'on donne vulgairement e nom de *Citrouille* au Potiron commun, les botanistes appliquent exclusivement cette dénomination au genre *Citrulles* qui renferme deux espèces intéressantes, la *Pastèque* ou *Melon d'eau*, et la *Coloquinte*. Il en sera parlé au mot CUCURBITACÉES.

Les diverses variétés de Courges qui ap partiennent aux quatre premières espèces que nous venons de nommer sont d'une haute importance dans l'économie agricole. Elles viennent très bien dans toutes nos provinces et réussissent partout. Leur culture est en outre très facile. Le plus souvent on se contente de jeter les graines sur des buttes de fumier ou dans des trous remplis de terreau. On n'a d'autre soin à leur donner que de les arroser et de retrancher les branches latérales et les fruits surnuméraires. Cette culture se pratique en grand dans plusieurs de nos départements, où les courges sont employées soit à la nourriture de l'homme, soit à celle des bestiaux. On donne la pulpe crue, ou cuite et mêlée avec du son, aux vaches, et en général à toutes les bêtes bovines. On doit toujours la faire cuire pour la donner aux porcs, qui la mangent avec avidité et s'engraissent à vue d'œil à ce régime. On tire des semences ou pépins une huile de fort bon goût quand elle est extraite à froid ; mais elle a une couleur verdâtre. Celle qui est extraite à chaud sert à l'éclairage. Les tourteaux se donnent au bétail. Ces semences sont douées de propriétés ténifuges dues à la présence d'une matière résineuse âcre et amère appelée *péporésine*. — Voy. CUCURBITACÉES.

COURGE. s. f. (bas-lat. *corgo*, bâton). Bâton un peu recourbé à l'aide duquel on peut porter, sur l'épaule, deux seaux d'eau, l'un en avant, l'autre en arrière. || T. Archit. Corbeau de pierre qui supporte le manteau d'une cheminée sans chambranle. || T. Comm. Voy. COI-GE.

COURIER (PAUL-LOUIS), helléniste et pamphlétaire (1772-1825).

COURIR. v. n. (latin, *currere*, m. s.) Aller avec vitesse. Se dit des personnes et des choses. *C. légèrement. C. à toute sa force, à toutes jambes. C. à pied, à cheval. C. après quelqu'un. C. sur quelqu'un. C. l'un contre l'autre. C. à toute bride. Les nuages courraient avec une grande vitesse. Faire c. une boule.*

Rien ne sert de courir, il faut partir à point.
                                   LA FONTAINE.

Dans un sens plus partic., Lutter à la course. *Ceux qui devaient c. n'attendaient plus que le signal. Faire c. un cheval.* — Par exagération, Se dit de quelqu'un qui va simplement plus vite que le pas ordinaire. *Vous ne marchez pas, vous courez.* || Se porter rapidement ou avec empressement vers quelqu'un, vers quelque chose. *C. au feu. Je cours le prévenir à l'instant. C. aux armes. S'armer promptement ou à la hâte.* — *C. sus à quelqu'un*, voy. Sus. || Fig. *C. n'est pas le tout que de c., il faut arriver à temps*, Ce n'est pas assez de se hâter, il faut prendre ses mesures de loin quand on veut réussir dans une entreprise. — *C. au plus pressé*, S'occuper de ce qui importe le plus dans le moment. — *C. à l'hôpital, à sa perte, à sa ruine*, Se conduire de manière à se perdre, à se ruiner promptement. — *C. sur le marché, sur les brisées de quelqu'un*, voy. MARCHÉ et BRISÉES. — *C. à l'évêché, au chapeau de cardinal*, Être en passe de parvenir bientôt à un évêché, etc. — *C. à sa fin*, se dit des choses qui sont près de finir, qui n'ont pas longtemps à durer. *Le délai qu'on lui a donné court à sa fin. La saison court à sa fin.* — *C. après les honneurs, les places, les richesses.* — *C. après des chimères, des fantômes*, Se livrer à des espérances sans fondement. — *C. après l'esprit*, Faire effort pour se montrer spirituel, montrer avec affectation qu'on a de l'esprit. *Quand on court après l'esprit, on attrape la sottise*, et particul., d'une personne qui lit, qui prononce ou qui écrit trop vite. — *C. après l'argent, à l'argent*, Chercher avec empressement toutes les occasions de gagner de l'argent. *C. après son argent*, Continuer à jouer pour regagner ce qu'on a perdu ; ou, Faire des démarches, des poursuites pour se faire payer d'une somme qui est due. || Ne pas rester chez soi, aller de côté et d'autre sans but utile, par désœuvrement. *Il court depuis le matin jusqu'au soir; on ne le trouve jamais chez lui.* — Se dit aussi des courses, des démarches qu'on est obligé de faire pour quelque objet que ce soit. *Il a couru toute la journée pour cette affaire. Cette affaire m'a donné bien à c.* || Fig. se dit de toute action qu'on fait trop vite, et particul., d'une personne qui lit, qui prononce ou qui écrit trop vite. *Lisez plus doucement, ne courez pas. J'ai écrit cela en courant.* || T. Mar. Faire route. *C. au nord. C. au sud.* == Couler ; en ce sens se dit des ruisseaux et des rivières, ainsi que des choses liquides, comme le sang, le vin, l'huile, etc. *Un ruisseau court dans la prairie. Le sang court dans les veines.* == Se dit en parlant du temps. *L'année qui court. Par le temps qui court*, Dans les circonstances actuelles ; au temps présent. — Se dit aussi d'un temps déterminé au bout duquel on doit remplir une obligation. *On lui a donné trois mois qui courent à partir de tel jour.* — On dit encore en parlant des intérêts, des gages, des loyers, etc., *La mise en demeure du débiteur fait c. les intérêts. Vos gages courront dès aujourd'hui.* == Circuler, se propager. En ce sens, s'emploie souvent comme impersonnel *Faire c. un pamphlet. Il court des bruits fort désavantageux sur son compte.* — *Faire c. la voix*, Demander les avis à ceux qui composent une assemblée. *L'avis qui court*, L'avis qui a le plus de voix dans une délibération non terminée. Vx. — *Les billets de ce banquier courent à la place*, On les prend à s'en défaire. Vx. — *Faire c. le billet*, voy. BILLET. || Être en vogue. *La mode qui court.* == Se dit d'une chose qui se prolonge le long d'une autre, et partie. des côtes, des terres, des montagnes, etc., qui s'étendent dans une certaine direction. *Cette côte court de l'est à l'ouest. Cette chaîne court du nord au sud.* == COURIR. v. a. *C. la poste*, Aller en poste. Voy. POSTE. — Figur., *C. une carrière*, Être engagé dans une profession, une entreprise, etc. *C. la carrière des armes, des lettres.* || Poursuivre à la course, pour attraper, pour saisir. *C. quelqu'un pour le prendre. C. le cerf, le lièvre, le daim.* — Fig. prov., *C. le même lièvre*, se dit de deux personnes qui sont en compétition pour la même chose. *Il ne faut pas c. deux lièvres à la fois*, ou *Qui court deux lièvres n'en prend aucun*, Poursuivre deux affaires à la fois, c'est s'exposer à échouer dans toutes les deux. On dit dans des sens analogues : *C. la quintaine. C. les têtes. C. les taureaux*, etc. — Fig. *C. le cachet*, voy. CACHET. || *C. un bénéfice*, Envoyer un courrier à celui qui a la nomination du bénéfice pour être le premier à le demander. Fig. et fam., *C. un bénéfice, une charge* etc. Les poursuivre, les solliciter avec ardeur. || T. Mar. *C. des bordées, c. des bords*, Louvoyer. — *Le bon bord*, se disait autrefois pour pirater ; maintenant se dit encore fig. et fam. pour fréquenter les mauvais lieux. || Parcourir. *C. les rues. C. les champs. Il a couru toute la France. C. le pays, le monde*, Voyager. On dit aussi absol., *Il a bien couru.* — Fig. et fam., *Cette nouvelle, cette aventure, cette histoire court les rues*, Elle est sue de tout le monde. *L'esprit court les rues*, L'esprit est commun, tout le monde en a. || Parcourir un pays, etc. pour le piller, le ravager. *Les troupes ennemies ont couru pendant longtemps notre malheureux pays.* || Fréquenter. *C. les bals, les spectacles, les maisons de jeu*, etc. — Fig et fam., *C. les ruelles*, Aller de visite en visite chez les dames. Vx. et ne se dit plus que par dénigrement. || Fig., Rechercher avec empressement quelqu'un ou quelque chose. Se dit des personnes ou des choses qui sont en vogue. *On court ce prédicateur. Ce livre est fort couru.* || Fig., Être exposé, s'exposer à. *C. de grands risques. C. des chances. Il ne court aucun danger. — C. fortune, c. le risque, c. la chance*, Être en péril de. *Quoi qu'il arrive, j'en veux c. le risque, la chance. C. même fortune*, Être dans les mêmes intérêts, dans la même situation d'affaires. *C. une belle fortune*, Être en passe de parvenir à quelque chose de grand. || Fig., en parlant du temps. *Le jeune homme court sa vingtième année*, Il y dix-neuf ans révolus, il est dans sa vingtième année. — COURU, ue, part. *Un cerf couru. Un prédicateur couru. Un spectacle couru.*

Conjug. — *Je cours, tu cours, il court : nous courons, vous courez, ils courent. Je courais : nous courions. Je* *courus ; nous courûmes. Je courrai ; nous courrons. Je courrais ; nous courrions. — Cours ; courons. — Que je coure, que tu coures, qu'il coure ; que nous courions, que vous couriez, qu'ils courent. Que je courusse ; que nous courussions. — Courant.*

COURLAN ou **COURLIRI**. s. m. T. Ornith. Genre d'échassiers d'Amérique voisin des grues. Voy. GRUE.

COURLANDE, gouvernement de la Russie d'Europe ; 642.000 hab. Cap. Mittau.

COURLIS ou **COURLIEU**. s. m. T. Ornith. Échassiers longirostres de la famille des *Numeniidés*. Voy. ce mot.

COURMI. s. m. Bière faite d'orge fermentée.

COURNOT, savant mathématicien français, né à Gray (1801-1877).

COUROIR. s. m. (R. *courir*). T. Mur. Passage étroit entre des chambres.

COUROL. s. m. T. Ornith. Genre d'oiseaux de l'ordre des grimpeurs. Voy. COUCOU.

COURONNADE. s. f [Pr. *kouro-nade*]. Art milit. Opération par laquelle une troupe entoure le point qui doit être attaqué.

COURONNE. s. f. (lat. *corona*, m. s.). Ornement de tête en forme de cercle, fait de feuillage, de fleurs, etc., et qui se porte comme marque d'honneur, en signe de joie, ou simplement comme parure. *C. de laurier, de lierre, de myrte, de lis, de roses,* etc. *C. civique, triomphale, rostrale,* etc. *Mériter, gagner, obtenir une c.* Chez les anciens, dans les réjouissances publiques, on ornait de couronnes les statues des dieux, les temples, les maisons, les vases, les navires. Les peintres mettent ordinairement une *c.* d'étoiles sur la tête de la Vierge et une *c.* de rayons sur la tête des saints. — Fig., La gloire que les martyrs acquièrent en mourant pour la foi. *Recevoir la c. du martyre.* — Fig. et par anal., se dit des prix décernés dans les collèges, dans les concours académiques, etc. *Il a déjà obtenu plusieurs couronnes.* || L'ornement de tête que les rois, les princes, etc., portent pour marque de leur dignité, ou qui est représenté dans leurs armoiries, etc. *C. impériale, ducale. C. de comte, de marquis, de baron. C. à fleurons. C. fermée. C. ouverte. C. perlée.*

Tous deux également nous portons des couronnes :
Mais, roi, je la reçois ; poète, tu la donnes.
CHARLES IX.

La triple c., La tiare du pape. *La c. d'épines,* Celle que l'on mit sur la tête de Jésus. || Fig., La royauté, la puissance souveraine. *C. héréditaire, élective. Les droits, les prérogatives, les charges de la c. Héritier présomptif de la c. Les grands officiers de la c. A son avènement à la c. Aspirer, prétendre, parvenir à la c. Disputer la c. Affermir sa c. Perdre sa c. Les biens, le domaine de la c.* Voy. DOMAINE. — Fig., *Mettre la c. sur la tête de quelqu'un,* Lui donner la puissance souveraine. — Fig., *C'est un des plus beaux fleurons de sa c., le plus beau fleuron de sa c.,* se dit des plus belles prérogatives, des plus riches provinces, etc., que possède un souverain ; et, par ext., de ce qu'une personne peut avoir de plus précieux, de plus avantageux. On dit de même, *Ajouter un fleuron à sa c.; Perdre le plus beau fleuron de sa c.* || Fig., se dit d'un État monarchique, gouverné par un roi ou par un empereur. *La c. d'Italie, d'Espagne, d'Autriche, de Russie.* — *Traiter de c. à c.,* De souverain à souverain. || La tonsure cléricale. *C. d'évêque, de prêtre, de diacre, de religieux.* || Par anal., se dit de diverses choses qui ont une forme circulaire, qui ressemblent à une c. *Pain en c.,* ou simpl. *Couronne.* — *C. de la Vierge,* Sorte de chapelet qui n'a qu'une dizaine. || T. Agric. *Greffe en c.* Voy. GREFFE. || T. Anat. *C. d'une dent.* Voy. DENT. || T. Art milit. *Ouvrage à c.* Voy. FORTIFICATION. || T. Art vétér. Partie du pied du cheval. Voy. CHEVAL. || T. Astr. *C. boréale. C. australe.* Voy. CONSTELLATION. — *C. du soleil,* Espace lumineux qui environne le Soleil et qu'on observe pendant les éclipses totales. Voy. SOLEIL. || T. Bot. L'ensemble des appendices libres ou soudés qui naissent à la face interne de certaines corolles, comme dans le

Narcisse, le Laurier-rose, etc., et qui résultent d'un dédoublement normal des pétales qui se produit perpendiculairement à son plan. — Le limbe persistant du calice au sommet de certains fruits, comme la Poire, la Grenade, etc. — *C. impériale,* La Fritillaire, voy. LILIACÉES ; *C. royale,* Le Mélilot officinal, voy. LÉGUMINEUSES ; *C. de terre,* Le Lierre terrestre, voy. LAMIÉES ; *C. des blés,* l'*Agrostemma githago,* voy. Caryophyllées. || T. Hortic. La touffe de feuilles qui surmonte le fruit de l'ananas. || T. Méd. *C. de Vénus,* voy. SYPHILIS. || T. Météor. Voy. HALO. || T. Métrol. Voy. MONNAIE. || T. Techn. Voûte d'un fourneau. — Sommité d'un diamant taillé en rose. — Sorte de papier qui porte la marque d'une *c.* dans son filigrane. Voy. PAPIER. || T. Vénerie. Rudiment de corne chez les jeunes cerfs. Voy. CERF.

Hist. — Les anciens, selon Athénée, attribuaient l'invention de cet ornement (στέφανος, *corona*) à Janus Bifrons, qui passait également pour l'auteur de l'art de la navigation et de celui du monnayage. A en juger par le silence d'Homère, il ne paraît pas que les Grecs des âges héroïques aient fait usage de couronnes soit pour récompenser la valeur, soit pour servir d'ornement dans leurs fêtes. Néanmoins, dans l'hymne à Vénus attribué à Homère, la tête de cette déesse est ornée d'une *c.* d'or. C'est dans les jeux athlétiques de la Grèce que s'introduisit pour la première fois l'usage de décerner des couronnes aux vainqueurs comme récompenses honorifiques. Une *c.* était aussi le seul prix que se disputaient les Spartiates dans leurs luttes gymnastiques, et ils la portaient en allant au combat. Les Romains, après avoir emprunté cette coutume, la perfectionnèrent singulièrement, en inventant une grande variété de couronnes, formées de matières différentes et ayant chacune une dénomination et une destination particulières.

1. — Nous parlerons d'abord des couronnes destinées à récompenser la valeur, surtout chez les Romains.

1° La *c.* la plus honorable et celle qui se décernait le plus rarement était la *C. obsidionale.* On nommait ainsi celle qu'une armée bloquée offrait, après sa délivrance, au général qui l'avait dégagée. A ce juger par le silence d'Homère, Elle était faite de gazon ou d'herbes et de fleurs sauvages, d'où les noms de *Graminea corona* et *Graminea obsidionalis* que lui donnent les auteurs.

2° La *C. civique* était décernée à un soldat qui avait sauvé la vie d'un citoyen romain dans une bataille. Elle était accompagnée de l'inscription *Ob civem servatum* (pour avoir sauvé un citoyen), comme on le voit sur une médaille de M. Lepidus (Fig. 1), où les lettres H. O. C. S. signifient *Hostem occidit, civem servavit* (il a tué un ennemi et a sauvé un citoyen). Dans le principe, cette *c.* était d'yeuse ; plus tard, on la fit de marronnier d'Inde, et enfin on adopta le chêne. Cette *c.* était fort difficile à obtenir. Il fallait, pour y prétendre, satisfaire à ces trois conditions : avoir sauvé la vie d'un citoyen romain dans une bataille, avoir tué son adversaire et avoir conservé le terrain où l'action avait eu lieu. En outre, le témoignage d'un tiers n'était pas admis ; c'était au soldat qui avait été sauvé à proclamer lui-même le fait. Or, un soldat romain répugnait beaucoup à reconnaître un pareil service à cause des obligations qu'il lui imposait. Sauver la vie d'un allié, quand même c'eût été un roi, ne constituait pas un titre suffisant pour mériter cette *c.* Le soldat qui l'avait obtenue pouvait la porter constamment. Il avait une place réservée près du Sénat à tous les spectacles publics, et les sénateurs, aussi bien que les autres assistants, se levaient à son entrée. Il était exempt de tout impôt, lui, son père et son grand-père. Enfin, le citoyen qui lui devait la vie, était tenu de le chérir comme un père et de lui rendre tous les devoirs d'un fils. Sur la proposition de L. Gellius Publicola, une *c.* civique fut décernée à Cicéron après la découverte et la répression de la conjuration de Catilina. Plus tard, cet honneur fut décerné par pure flatterie à de nombreux empereurs.

3° *C. navale* ou *rostrale* (*rostrata*), appelée aussi *classica.* Il est difficile de dire si ces termes désignent une seule et même *c.,* ou s'ils s'appliquent à deux couronnes différentes. Néanmoins, il est probable que la première était infé-

Fig. 1.

rieure à la seconde, et qu'elle se connait au soldat qui, le premier, a-nit sauté dans un vaisseau ennemi. La seconde était décernée au général qui avait détruit la flotte ennemie ou qui avait remporté une victoire navale signalée. Quoi qu'il en soit, elles étaient d'or toutes deux, mais l'une au moins (*rostrata*) était armée d'éperons de navires comme les *rostres* du Forum, tandis que l'autre (*navalis*) [Fig. 2] représentait les proues tout entières.

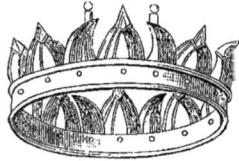

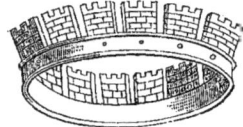

Fig. 2.

Fig. 3.

Fig. 4.

4° *C. murale.* Elle était décernée au soldat qui, le premier, escaladait les murs d'une ville assiégée : elle était d'or et décorée de créneaux (Fig. 3).

5° *C. vallaire (C. vallaris ou castrensis).* — On la décernait au soldat qui, le premier, forçait le retranchement (*vallum*) et pénétrait dans le camp ennemi. Comme la précédente, elle était d'or; mais ses ornements représentaient les palissades (*valli*) [Fig. 4] qui surmontaient la crête de retranchement ent. Voy. CASTRAMÉTATION.

6° *C. triomphale.* — On en distinguait trois sortes. La première ceignait la tête du général victorieux pendant la cérémonie du triomphe. Elle était faite de feuilles de laurier avec ou sans ses baies, ainsi qu'on le voit dans la médaille frappée en mémoire de la victoire de Ventidius, lieutenant d'Antoine, sur les Parthes (Fig. 5). Comme elle était la plus honorable des trois, on l'appelait *Laurea insignis* et *insignis corona triumphalis.* — La seconde était d'or et souvent enrichie de pierreries; mais comme elle était trop massive et trop lourde pour être portée, elle était tenue au-dessus de la tête du triomphateur par un officier public. — Les couronnes qui formaient la troisième catégorie étaient également d'or et d'une grande valeur; mais c'étaient simplement des présents envoyés au général par les provinces, aussitôt qu'on lui avait accordé le triomphe : aussi les appelait-on *Couronnes provinciales.* Dans les premiers temps, ces couronnes étaient des dons purement volontaires; mais, dès avant la chute de la République, elles étaient exigées comme un tribut, sous le nom d'*aurum coronarium.*

7° *C. ovale ou d'ovation (C. ovalis).* — Cette c. était également réservée aux seuls généraux. On la décernait à ceux qui n'avaient mérité que la simple ovation

Fig. 5.

Fig. 6.

Cette c. était de myrte, ainsi que la représente la médaille de César Auguste (Fig. 6) dont nous donnons le dessin.

8° *C. d'olivier (C. oleagina).* — Cette c. honorifique se décernait aux soldats aussi bien qu'aux chefs. Selon Aulu-Gelle, on l'accordait au général sous les auspices duquel on avait remporté une victoire, lui-même n'étant pas en personne présent à l'action. Cette c. est représentée dans la Fig 7, d'après une médaille de Lepidus.

En général, les Grecs, dans l'ancienne et meilleure période de leur histoire, firent peu d'usage des couronnes comme récompenses militaires. Ainsi que nous l'avons dit, elles étaient surtout usitées dans les luttes d'athlètes. Mais avant l'époque d'Alexandre le Grand, les couronnes d'or étaient prodiguées, du moins à Athènes, pour récompenser les services les plus insignifiants, soit civils soit militaires. Cependant, quoique ces couronnes fussent souvent accordées à des hommes peu dignes d'un semblable honneur, elles étaient soumises à certaines restrictions légales relativement au temps, au lieu et à la manière de les donner.

II. — Nous allons maintenant parler des couronnes emblématiques. Quant à celles-ci, ce n'était pas la loi, mais la coutume qui en réglait le choix. — 1° *Couronnes des divinités.* Les couronnes dont les anciens décoraient les statues et les images des dieux n'étaient pas choisies arbitrairement : chacun avait la sienne. Celle de Jupiter était de chêne dépourvu de glands, ou de laurier. Celle d'Apollon était de laurier, car cet arbuste lui était spécialement consacré. Minerve avait une c. d'olivier, Cérès une c. d'épis, Vénus une c. de myrte, Bacchus une c. de lierre ou de pampre, Flora une c. de roses. La c. de Pan était de pin, celle d'Hécate de chêne dépourvu de glands, celle d'Hercule de peuplier, parce qu'il avait apporté cet arbre dans la Grèce; celle des divinités des eaux était de roseaux, etc. — 2° Dans les sacrifices, le prêtre qui sacrifiait, les assistants et les victimes elles-mêmes avaient la tête ornée d'une c. faite en général du feuillage consacré à la divinité dont on célébrait le culte. Ammien Marcellin donne le nom de *Sacerdotale* à la c. que portaient les prêtres à l'exception du Grand Pontife et de son acolyte (*camillus*) lorsqu'ils offraient un sacrifice. A Rome, elle était quelquefois d'or, mais le plus souvent d'olivier ou d'épis de blé (*Corona spicea*). On la regardait, en outre, comme un emblème de paix; c'est pour cela qu'elle figure sur la médaille (Fig. 8) qui fut frappée en commémoration de la fin de la guerre civile entre Antoine et D. Albinus Brutus. — 3° Les Grecs furent les premiers qui imaginèrent de couronner les morts de guirlandes de fleurs et de feuillage. Les Romains les imitèrent en cela, comme en une foule d'autres choses. A Rome, lorsqu'un citoyen qui avait obtenu une c. pour récompense de sa valeur était mort, on le posait sur sa tête pendant la procession funèbre, ainsi que le prescrivait la loi des XII Tables. On décorait également de guirlandes de fleurs le cercueil, le tombeau et l'urne cinéraire. Dans la Grèce, ces *couronnes funèbres* ou *sépulcrales* étaient ordinairement faites d'ache. — 4° La coutume de porter des couronnes dans les festins avait également pris naissance dans la Grèce. A Rome, il était interdit aux citoyens de porter en public ces sortes de couronnes, qui étaient nommées *Coronæ convivales.* — 5° La *C. nuptiale* (*Corona nuptialis*, στέφος γαμήλιον) tirait aussi son origine de la Grèce. Les fleurs dont elle était faite devaient avoir été cueillies par la fiancée elle-même et non achetées, ce qui eût été de mauvais augure. A Rome, cette c. était de verveine, qui devait également avoir été cueillie par la fiancée; celle-ci la portait sous le *flammeum* qui l'enveloppait tout entière. Le fiancé avait aussi une c. sur la tête. Enfin, on décorait de guirlandes les portes de la maison et la couche nuptiale. — 6° On donnait le nom de

Fig. 7.

Fig. 8.

Corona natalitia à la c. qui, soit à Rome, soit à Athènes, était suspendue à la porte de la maison où un enfant venait de naître. A Athènes, cette c. était d'olivier, lorsque l'enfant était du sexe masculin, et de laine dans le cas contraire. A Rome, on la faisait de laurier, de lierre ou d'ache.

III. — Indépendamment des couronnes dont nous venons de parler, il y en avait d'autres qu'on désignait sous des dénominations particulières, selon la matière ou la façon dont elles étaient faites. La C. *radiée* (Cor. *radiata*) fut

Fig. 9.

d'abord réservée aux dieux et aux héros déifiés; mais ensuite elle fut prise par quelques empereurs comme un signe de leur divinité. On peut la voir sur les médailles de Caligula, de Trajan, de Marc-Aurèle, de Valerius Probus, de Théodose, etc. On la voit également sur la médaille de Marc-Antoine (Fig. 9).

Pour compléter cet article, nous aurions à parler des couronnes qui, chez les peuples anciens et modernes, sont le symbole de la souveraineté, ainsi que de celles qui sont usitées parmi les symboles héraldiques, comme marques des différents titres de noblesse; mais il nous paraît plus convenable de parler de ces diverses espèces d'emblèmes aux mots EMPEREUR, ROI, DUC, MARQUIS, COMTE, etc.

COURONNEMENT. s. m. [Pr. *kouro-neman*]. Action de couronner; la cérémonie dans laquelle on couronne solennellement un souverain. Le c. du roi, de la reine, du pape, etc. La cérémonie du c. Il assista au c. Son c. se fit en tel lieu. || T. Archit. Tout ornement, tel que corniche, entablement, statue, qui termine supérieurement un édifice ou quelqu'une de ses parties. L'arc de triomphe avait pour c. un quadrige de bronze. Une statue forme le c. de la colonne. Le c. d'un vaisseau, La partie qui est au-dessus de la poupe. — Par ext., se dit d'un ornement qui termine la partie supérieure d'un meuble, d'un vase. Ce c. est mesquin. || Fig., L'accomplissement, la perfection de quelque chose. C'est le c. de l'œuvre. Cette action éclatante fut le c. de tous ses exploits. Pour c. d'une si belle vie. || T. Blas. Ornement qui se met en tête d'un écusson. || T. Fortif. Retranchement que forme l'assiégeant pour s'abriter. || T. Art vétér. Lésion du cheval qui est couronné.

COURONNER. v. a. (lat. *coronare*, m. s., de *corona*, couronne). Mettre une couronne sur la tête de quelqu'un. C. d'une couronne d'or. C. de fleurs, de laurier, de myrte. Jésus-Christ fut couronné d'épines. || Particul., Mettre solennellement la couronne sur la tête d'un souverain. C. un roi, un pape. Il fut sacré et couronné. — Fig., Donner le titre de roi, de souverain. — On dit aussi qu'un souverain couronne la femme qu'il épouse.

> Le fier Assuérus couronne sa captive.
>
> RACINE.

Récompenser quelqu'un en lui décernant une couronne ou un prix. C. le vainqueur. On couronnera l'auteur du meilleur mémoire. — Par ext., se dit aussi des ouvrages, etc., dont l'auteur a mérité le prix. Le poème et le discours qu'a couronnés l'Académie sont en effet fort remarquables. || Fig., Honorer, récompenser. C. la vertu. Ses efforts ont été couronnés de succès. || Dans le style soutenu, se dit de ce qui orne ou entoure la tête en manière de couronne. De simples fleurs couronnaient sa tête charmante. Des cheveux blancs couronnent son front vénérable. || Se dit quelquefois des choses que l'on décore de couronnes. Les Athéniens, après une victoire, couronnaient de fleurs les proues de leurs na-

vires. — Se dit aussi de quelque représentation artificielle d'une couronne. L'écu de ses armes est couronné d'une couronne de comte. — Par anal., se dit des choses qui en surmontent d'autres, qui en occupent la partie la plus élevée. Un entablement couronne l'édifice. La croix qui couronne le dôme. Des troupes, des batteries couronnaient toutes les hauteurs. || Fig., Apporter la dernière perfection à quelque chose. Cette dernière action a couronné toutes les autres. Le succès a couronné son entreprise. Prov., La fin couronne l'œuvre. Voy. ŒUVRE. || — C., les vœux de quelqu'un, Les remplir. — SE COURONNER. v. pron. Dans leurs festins, les anciens se couronnaient de fleurs. — Fig., Se c. de gloire, S'illustrer. || En parlant des choses, S'orner, s'embellir. Déjà les bois se couronnent de feuillage. — On dit absol. qu'un arbre se couronne, Lorsque les branches qui forment le prolongement de sa tige se dessèchent et meurent. || T. Art vét. On dit qu'un cheval s'est couronné, lorsque, en heurtant contre un corps dur ou en tombant, il s'est blessé au genou, et que cette partie présente une place circulaire dégarnie de poils. Voy. plus bas. == COURONNÉ, ÉE. part. Arbre c.

> Qui de grâce, d'enfance et d'amour couronnées
> Complaient leurs ans par le printemps.
>
> VICTOR HUGO.

> Salut, bois couronné d'un reste de verdure.
>
> LAMARTINE.

Une tête couronnée, Un souverain. La république de Venise avait le rang des têtes couronnées. — Ouvrage c., syn. d'Ouvrage à couronne. Voy. FORTIFICATION. || T. Versif. Rime couronnée, Rime que l'on formait par la répétition des dernières syllabes de chaque vers.

> La blanche colombelle,
> Belle.

Méd. vét. — Se dit du cheval quand il y a blessure ou cicatrice sur les genoux. — Un cheval se couronne en tombant quand il a les membres antérieurs faibles; mais cet accident peut avoir lieu en dehors de toute faiblesse et par suite de coups, de collisions ou de maladresses du cocher. La blessure est plus ou moins grave; elle peut atteindre successivement la peau, l'aponévrose et les tendons, l'articulation, les os. La gravité croît à mesure de la profondeur de la blessure, et l'exploration permet d'en reconnaître le degré; l'aspect du liquide et la douleur de l'animal sont les éléments du diagnostic; quand le liquide est citrin, fluant, et que les animaux peuvent à peine marcher, il y a lésion ou ouverture de l'articulation, ce qui est de la plus haute gravité et les deux genoux sont atteints à ce degré, il n'y a place que pour l'abatage. — Les plaies superficielles se traitent par un pansement antiseptique ou la vaseline phéniquée ou iodoforme. Les plaies plus profondes exigent le pansement habituel des plaies graves.

COUROUCOU. s. m. T. Ornith. Le genre *Couroucou* (*Trogon*) appartient à l'ordre des *Grimpeurs*, dans lequel Cuvier le place à la suite des barbus. Aujourd'hui il constitue une famille sous le nom de *Trogonidés*. Ces oiseaux ont, avec les faisceaux de poils des barbus, le bec court, plus large que haut, courbé dès sa base, avec l'arête supérieure arquée et mousse, leurs petits pieds sont garnis de plumes jusque près des doigts, leur queue est longue et étagée, leur plumage fin, léger et très fourni. — Les couroucous le disputent aux colibris par l'éclat de leur plumage; mais la petitesse de leur cou et de leurs pieds, qui fait disparaître avec le volume de leur corps et la longueur de leur queue, leur donne un aspect lourd et pesant. Leurs plumes sont si faiblement implantées qu'elles tombent à la plus légère agitation, et leur peau est si délicate qu'elle se déchire à la moindre tension. Ces oiseaux vivent solitaires dans les parties les plus obscures des forêts, perchés sur les moyennes branches des arbres, où ils épient, pour les saisir au passage, les petits insectes dont ils font leur nourriture. Ils ne quittent guère leur retraite que le soir et le matin pour leur chasse. On les poursuit à cause de la délicatesse de leur chair et de la beauté de leurs plumes, dont on fait des ornements. Ils se laissent approcher de si près qu'on peut les tuer à coups de bâton. — Les couroucous habitent les régions intertropicales des deux hémisphères. Ceux de l'ancien continent ont les bords des mandibules lisses ou presque lisses; les espèces américaines, au contraire, les ont dentelés. Nous citerons comme exemple de ce genre le C. *resplendissant* (*Trogon splendens*) du Brésil et du

Mexique (Fig. ci-dessous) : il a la tête surmontée d'une huppe aplatie, la queue à quatre rectrices flottantes, longue de 60 à 80 centim., le tout brillant d'un vert d'émeraude glacé d'or

BLAISE, SC.

du plus bel effet, et les parties inférieures du corps rouge vermillon.

COUROUPITA. s. m. T. Bot. Genre de plantes Dicotylédones de la famille des *Myrtacées.* Voy. ce mot.

COURPIÈRE. ch.-l. de c. (Puy-de-Dôme), arr. de Thiers; 3,900 hab. Eaux minérales.

COURRADOUX. s. m. Voy. Courradoux.

COURRE. v. a. [Pr. *koure*] (anc. infin. de *courir*). T. Chasse. Poursuivre. *C. le cerf, le lièvre.* Absol., *Chasse à c.* — *Laisser c. les chiens,* ou, simpl., *Laisser c.,* Découpler les chiens, afin qu'ils courent après la bête. || Se dit quelquefois pour courir. *On fit u... après eux et ils furent arrêtés. C. la bague, les têtes,* etc. *C. le quilledou,* etc. Vx. *C. un cheval,* Le faire courir à toute bride quand on est monté dessus. *Voulez-vous faire c. votre cheval contre le mien?* Vx. = *Courre* se conj. comme *Courir,* avec lequel il confond ses temps, sauf à l'infin. prés. —Laisser-Courre. s. m. Le lieu où l'on découple les chiens. *Quand on fut arrivé au laisser-courre.* || L'air que le cor fait entendre quand on découple les chiens. *Sonner le laisser-courre.*

COURRE. s. m. [Pr. *koure*] (anc. infin. de *courir*). T. Chasse. Endroit où l'on place les lévriers, lorsqu'on chasse le sanglier, le renard ou le loup avec cette sorte de chiens. *C'est un beau c.,* se dit... d'un pays commode pour la chasse.

COURRIER. s. m. [Pr. *kou-rié*] (R. *courir*). Celui qui court la poste pour porter des dépêches. *C. ordinaire, extraordinaire. Recevoir, expédier, faire partir un... c.* Il faut me répondre c. par c. *C. de cabinet,* Celui qui porte les dépêches qu'expédie un gouvernement à ses agents diplomatiques. — Fig. et fam., *C. de malheur,* se dit d'une personne qui vient annoncer quelque mauvaise nouvelle. || Employé de l'administration des postes qui est chargé de porter les lettres d'une ville à une autre, ou de les transporter de la gare du chemin de fer au bureau de poste. || Fig., La totalité des lettres qu'on écrit ou qu'on reçoit par un seul c. *Faire son c. Lire son c.* || Tout homme qui court la poste à cheval, sans porter de dépêches. *J'ai rencontré quatre à cinq courriers. Voyager en c.* Vx. — Se dit particul. d'un domestique qui va en avant de celui qui voyage en poste et fait préparer les relais. *Il voyageait précédé d'un c.* Vx. — Toutes ces locutions ont à peu près disparu depuis l'établissement des chemins de fer. || Nom donné à certains articles de journaux qui donnent la chronique de Paris. || T. Mar. Petit bâtiment armé.

COURRIÈRE. s. f. [Pr. *kou-rière*] (fém. de *courrier*). Personne qui porte des nouvelles. N'est guère usité qu'en poésie et surtout en parlant de la lune, *La blanche c. des nuits. La renommée enfin, cette prompte c.*

COURROI. s. m. [Pr. *kou-roi*] (même mot que *courroie*). Rouleau sur lequel on étend les étoffes de laine sortant de la teinture. || Apprêt donné au sable par le fondeur.

COURROIE. s. f. [Pr. *kou-roi*] (lat. *corrigia,* m. s.). Pièce de cuir étroite et coupée en long, qui sert à lier, à attacher. *Attacher avec des courroies. Mettre, attacher, nouer, dénouer des courroies. Serrer, lâcher la c.* — Par anal., se dit d'une bande plus ou moins large, d'un tissu ou d'une matière quelconque qui sert aux mêmes usages. *La première poulie transmet le mouvement à la seconde au moyen d'une c. de cuir. Une c. de coton.* || Fig. et prov., *Allonger la c.,* Apporter une grande économie dans ses dépenses pour tirer le meilleur parti possible de ses ressources. *Serrer la c. à quelqu'un,* Restreindre ses ressources en diminuant l'argent qu'on lui donne.

Méc. — Les *courroies* servent à transmettre le mouvement entre deux poulies dont les axes sont parallèles. Le mouvement des deux poulies s'effectue dans le même sens si les deux brins sont à peu près parallèles, en sens inverse si les brins sont croisés. On distingue dans une c. en service le *brin conducteur* qui se déplace du tambour mené vers le tambour moteur, et le *brin conduit* qui revient de celui-ci à celui-là. Le brin conducteur est toujours beaucoup plus tendu que l'autre, et la différence de ces tensions constitue la force qui met en mouvement le tambour mené : elle est donc égale à la résistance de celui-ci. Pour que la c. puisse fonctionner, il est nécessaire qu'elle ne puisse pas glisser sur les tambours. Or, la seule force qui s'oppose à ce glissement, c'est le frottement qui augmente avec la tension de la c. Il y a donc un minimum de tension que les formules de la mécanique permettent de calculer, au-dessous duquel il n'y aurait pas de transmission. Ce minimum est d'autant plus grand que l'effort à transmettre est plus considérable, et la c. doit être assez résistante pour supporter cette tension sans se rompre ni même sans s'allonger outre mesure. Les cordes sont rarement employées à cause de leurs propriétés hygrométriques, qui font varier leur tension à chaque instant. Le plus souvent la c. est constituée par une lame de cuir sans fin et les tambours sur lesquels elle s'enroule sont légèrement bombés pour que la c. prenne d'elle-même et conserve la place qu'elle doit occuper.

Les courroies en cuir sont formées de lames de cuir d'égale largeur découpées à la main et à la machine, qu'on égalise ensuite par un raclage et qu'on passe au laminoir pour leur donner une épaisseur uniforme. Ces bandes sont jointes entre elles bout à bout par *collage,* par *couture,* par *vissage* ou par *rivage;* mais, quel que soit le procédé employé, il faut d'abord tailler les deux parties à joindre en biseau dans leur épaisseur, afin que le joint ne se traduise pas par un surcroît d'épaisseur. Ce biseau doit être très allongé, afin que le joint portant sur une grande surface puisse supporter, sans se défaire, la tension qu'il aura à subir. Cet amincissement graduel du cuir se faisait autrefois et se fait encore à la main dans certains ateliers; mais il existe des machines qui opèrent le travail plus rapidement et plus économiquement. La colle employée est la colle de poisson si les courroies doivent travailler à sec, ou de la gutta-percha dissoute dans le sulfure de carbone et additionnée de raclures de cuir si la c. doit travailler en humide; cette colle est tellement adhérente que la c. se rompra avant que le joint vienne à céder. La couture se fait, suivant la dimension des courroies, avec des lanières de cuir ou de parchemin, des fils de chanvre cirés ou des fils de cuivre Si l'on emploie des vis, ce sont des vis dont la tête plate sera noyée dans le cuir. Enfin, les rivets sont formés de deux parties, dont l'une creuse traverse l'épaisseur du cuir et dont l'autre se visse dans la première. Quand la c. est fabriquée, on lui fait subir une tension considérable, afin de détruire les courbes et surtout de lui donner un allongement maximum qui la rendra moins susceptible de s'allonger en service. Cet allonge ent peut atteindre 10 p. 100 de la longueur totale. Malgré cette précaution, les courroies s'allongent toujours plus ou moins après un certain temps d'usage, ce qui diminue nécessairement leur tension. On remédie à cet inconvénient par l'emploi d'un rouleau tenseur : c'est un rouleau monté sur un levier coudé qui vient s'appuyer sur la c.; en faisant tourner ce levier, on force la c. à s'éloigner de la ligne droite, ce qui équivaut à une augmentation de la distance des poulies et augmente par conséquent la tension. Le levier est même muni d'un contrepoids qui lui permet de fonctionner automatiquement; ce contrepoids tend à appuyer le rouleau sur la c. : il est équilibré par la tension de celle-ci, de sorte que si la tension vient à diminuer, le contrepoids s'abaisse et le rouleau pressant la c. rétablit la tension. Le rouleau tenseur est indispensable lorsque la distance des poulies varie par le fonctionnement même de la machine. Cependant, un moment arrive où il est nécessaire de raccourcir la c. Pour refaire la fermeture, on opère comme pour assembler les bouts ou bien on emploie divers systèmes d'attaches ou d'agrafes dont la description nous entraînerait trop loin Pour la mise en marche et l'arrêt de la transmission, voy. EMBRAYAGE. — On augmente la durée des courroies et on diminue leur allongement en les entretenant très proprement, et en les laissant reposer de temps à autre. Une c. qui ne travaille que le jour peut faire deux fois plus de service qu'une c. qui travaille jour et nuit.

On fabrique aussi, pour les transmissions très puissantes, des courroies formées de plusieurs lames de cuir superposées. — On fait aussi des courroies en coton, en poils de chameau, de buffle, et même en papier. Les Américains ont constaté que des courroies faites en papier de chiffons, de lin, offraient une résistance supérieure à celle des courroies en cuir; mais après les courroies de cuir, les plus employées sont les courroies en caoutchouc, qui sont formées de plusieurs plis de toiles superposées collées ensemble avec du caoutchouc, qu'on vulcanise ensuite au four. Ces courroies présentent le double avantage qu'on peut les obtenir sans jonction d'une longueur aussi grande qu'on veut, et qu'elles n'exigent presque aucune dépense d'entretien. C'est surtout pour les grandes courroies que ces avantages deviennent sensibles. Le prix de revient est à peu près le même que celui des courroies en cuir.

Pour les transmissions à très grande distance, les courroies sont remplacées par des câbles métalliques, qui sont nommés câbles télédynamiques. Voy. CABLE et TRANSMISSION.

COURROIR. s. m. [Pr. kou-roir] (R. courir). Canal d'alimentation des tables suantes qui débouche dans les aiguilles.

COURROUCER. v. a. [Pr. kou-rou-cé]. Mettre en courroux. Se dit surtout d'un père, d'un supérieur, d'une personne en dignité. Cette conduite courrouça son père contre lui. Par ext., se dit en parlant de certains animaux. C. un lion, un tigre. = SE COURROUCER. v. pron. Dieu se courrouce contre les méchants. || Fig. et poét., se dit de la mer. Quand la mer se courrouce, est courroucée. = COURROUCÉ, ÉE. part. Un père c. Un lion c. Les vagues courroucées. Les vents courroucés.

COURROUX. s. m. [Pr. kou-rou] (orig. inconnue). Colère. S'emploie surtout en poésie et dans le style soutenu. Le c. d'un prince, d'un père. Le c. de Dieu, du ciel. Être, se mettre, entrer en c. Provoquer, éviter le c. de quelqu'un. — Par ext., se dit de certains animaux. Le c. du lion, de l'éléphant, du tigre, du taureau, etc. || Fig., se dit en parlant de la mer, des vents, etc. Le c. des flots. La mer en c. Le c. des vents. = Syn. Voy. COLÈRE.

COURROYER. v. a. [Pr. kou-ro-ier]. Mettre au corroi.

COURROYEUR. s. m. [Pr. kou-ro-ieur]. Ouvrier qui étend les étoffes.

COURS. s. m. [Pr. kour] (lat. cursus, m. s., de currere, courir). Mouvement des choses liquides, et particul. de l'eau, des rivières et des ruisseaux. Le c. d'un fleuve, d'un torrent. C. lent, rapide, impétueux. Le torrent entraîna tout dans son c Arrêter, détourner, rompre le c. d'une rivière. Remonter le c. d'un fleuve. La rivière a pris son c. par cette vallée. Donner c. à des eaux stagnantes. C. d'eau se dit de toute eau vive et coulante. — Fig., Donner un libre c. à ses larmes, Les laisser couler, ne plus faire d'efforts pour les retenir. On dit de même, Donner un libre c. à ses transports, à sa fureur, à sa douleur, S'y abandonner, les manifester sans contrainte. || L'étendue que parcourt en longueur un fleuve, un ruisseau, etc. Cette rivière est navigable dans la plus grande partie de son c. || Le mouvement du sang et des humeurs qui circulent dans le corps de l'homme et des animaux. Il faut que cette humeur ait son c. Le c. du sang. — C. de ventre. Voy. DIARRHÉE. || Le mouvement réel ou apparent du soleil et des autres astres. Le c. du soleil, de la lune, des étoiles. || Fig. se dit de la marche, de la direction, de la tournure que prennent certaines choses. Arrêter, retarder le c. d'un procès. Le c. des événements. Le c. naturel des choses. Suivre le c. de l'opinion. Interrompre le c. des idées. S'abandonner au c. de son imagination. Il faut que la maladie suive son c. || Fig., Espace de temps pendant lequel une chose continue d'exister; durée. Pendant le c. de dix ou vingt ans. Pendant le c. de la journée. Le c. de notre existence. Dans le c. de cette funeste guerre. Terminer le c. de ses études. Finir, achever le c. de sa vie. Dans tout le c. de sa vie. — Navigation au long c. Capitaine au long c. Voy. CABOTAGE. || Fig., Suite, continuité, enchaînement. Une mort soudaine suspendit le c. de ses victoires. Le c. de nos infortunes, de nos prospérités. || T. Archil. C. d'assise, Rang continu de pierres de même hauteur, posées de niveau dans toute la longueur d'un mur. || Fig., Donner c., Avoir c., se disent en parlant d'une chose reçue dans le public, qui est accréditée, qui a du vogue. Donner c. à un bruit, à un préjugé, L'accréditer. Avoir c., Être accrédité, être en usage. Ce bruit eut c. pendant quelque temps. Cette locution n'a c. que parmi le peuple. — Se dit parmi les marchands, dans un sens anal., de la facilité plus ou moins grande avec laquelle se vend un produit, de la vogue qu'il obtient. C'est la mode qui donne le c. aux étoffes nouvelles. — Se dit aussi en parlant des monnaies, des billets de banque et effets de commerce, quand ils sont reçus dans les paiements, qu'ils circulent comme monnaie légale. Cette monnaie a c., n'a plus c. Les billets de cette banque n'ont pas c. hors de la localité. Donner c. à la monnaie étrangère, L'admettre comme monnaie légale. Donner c. forcé à des billets, Décréter qu'ils seront reçus en paiement sans qu'on puisse exiger leur remboursement en espèces. Voy. BANQUE. || T. Comm. Se dit du prix des marchandises constaté par les mercuriales, du taux de la rente et autres valeurs cotées dans les bourses de commerce. Acheter des marchandises, de la rente, au c. du jour. Le c. de la rente, des effets publics, des actions industrielles. — Fig. et fam., Le c. du marché, de la place, L'état et la situation d'une affaire. Je ne m'engagerai dans cette affaire qu'après avoir bien examiné le c. de la place. = Suite de leçons sur une matière quelconque. C. public. C. gratuit. C. de physique, de philosophie, d'histoire, de droit. C. de musique. Faire un c. Ouvrir un c. Suivre les c. de la Sorbonne. La durée, la fin d'un c. — Par ext., Ouvrage qui renferme une suite de leçons sur quelque matière. Ce professeur a publié un excellent c. de physiologie. Il a fait imprimer son c. C. complet d'économie politique. — Se dit aussi de l'étude qu'on fait, surtout lorsque cette étude se fait en suivant les leçons orales d'un professeur. Faire son c. de droit, de médecine. Mon fils vient de finir ses c. || Promenade plantée d'arbres. Il y avait beaucoup de monde et de voitures au c.

Législ. — On donne le nom de C. d'eau aux eaux courantes qui franchissent les limites de l'héritage dans lequel elles sortent de terre : elles cessent, dans ce cas, d'être considérées comme sources. — Les eaux courantes sont l'origine d'avantages considérables : soit comme moyen de communication et de transport, tels sont les fleuves, les rivières navigables ou flottables; soit comme puissance motrice, tels sont les c. d'eau qui mettent en mouvement une multitude d'usines; soit comme élément de production, tels sont les ruisseaux qui procurent aux vallées les bienfaits de l'irrigation. Dès lors, elles peuvent devenir l'objet de droits divers, qui ont été déterminés par la législation ou par la jurisprudence, mais sans porter atteinte à la jouissance que tous ont de l'eau envisagée comme chose commune. — La diversité des droits dont les c. d'eau peuvent être l'objet repose principalement sur la distinction de ceux-ci en *c. d'eau navigables ou flottables*, et en *c. d'eau non navigables ni flottables*.

I. — *C. d'eau navigables ou flottables.* — La loi distingue entre les c. d'eau *navigables* et *flottables*, et ceux qui ne sont que *flottables*, parce qu'une rivière peut être flottable, c.-à-d. présenter un fond suffisant pour permettre le transport des trains de bois, sans néanmoins être capable de porter des bateaux de commerce ; mais le flottage étant un mode particulier de navigation, qui a été de tout temps assimilé à la navigation véritable, les c. d'eau, qu'ils soient à la fois navigables et flottables, ou seulement flottables, sont régis par les mêmes principes. — Une ordonnance royale du 10 juillet 1835 a désigné pour toute la France les c. d'eau navigables et flottables ; mais il convient d'ajouter à cette liste tous ceux qui, depuis cette époque, ont été déclarés tels par l'autorité souveraine ou par l'autorité administrative.

La décision des contestations relatives à la question de navigabilité des c. d'eau appartenait, sous l'empire de l'ordonnance de 1669, concernant les eaux et forêts, aux grands maîtres et aux officiers des maîtrises ; elle est attribuée aujourd'hui à l'autorité administrative qui est seule compétente, aux termes de l'arrêté du Directoire du 2 niv. an IV (23 déc. 1795), pour déterminer, conformément aux lois, ce qui constitue la propriété publique. C'est également cette autorité qui doit connaître des questions relatives à l'étendue et à la limite du lit des c. d'eau navigables ou flottables. Cette limite est fixée au point où arrivent les plus hautes eaux dans l'état normal du fleuve ou de la rivière et au-dessus duquel elles commencent à déborder, et non pas au point où le c. d'eau est navigable par le halage.

La propriété des riverains d'un c. d'eau navigable ou flottable s'étend jusqu'à l'eau, lors même que les eaux se sont retirées d'une rive pour se porter sur l'autre. Les héritages sont seulement grevés de l'obligation de fournir les chemins de halage et les marchepieds nécessaires à la navigation et au flottage ; mais les propriétaires jouissent de ces chemins en tout ce qui ne porte pas atteinte à leur destination, et si le fleuve change de lit ou s'il cesse d'être navigable ou flottable, la servitude s'éteint de plein droit. Le *Chemin de halage* est celui que parcourent les hommes et les chevaux pour haler ou tirer les bateaux et trains de bois ; le *Marchepied* est sur la rive opposée.

A. *Domanialité des c. d'eau navigables et flottables.* — La loi romaine attribuait au domaine public la propriété des fleuves : *flumina omnia publica sunt*, dit-elle ; puis elle ajoute : *fluminum publicorum communis est usus sicuti viarum publicarum et littorum*. Ce grand principe n'a jamais cessé d'être en vigueur chez nous. Des ordonnances des XIIIe, XIVe et XVe siècles constatent que les c. d'eau navigables ou flottables faisaient partie du domaine du roi. D'après l'ord. de 1669, le domaine de la couronne comprenait « la propriété des fleuves et rivières portant bateau de leurs fonds, sans artifices et ouvrages de mains, sauf les droits de pêche, moulins, bacs et autres usages que les particuliers pouvaient y avoir par titres et possessions valables ». Aux termes de l'édit du 3 avril 1683, les fleuves et rivières navigables appartiennent au roi par le seul titre de la souveraineté, et nul n'y peut prétendre aucun droit, si ce n'est par possession, ou par titre exprès, c.-à-d. inféodation, engagement, aliénation, aveu ou dénombrement. L'art. 2 de la loi du 22 nov.-1er déc. 1790 porte « Les fleuves et rivières navigables sont considérés comme dépendances du domaine public. » Enfin, cette disposition a été reproduite dans l'article 538 du Code civil qui s'applique, en outre, aux rivières flottables.

Un c. d'eau déclaré navigable ou flottable est domanial dans les parties inférieures au point où commence la navigation ou le flottage, sans qu'il y ait lieu de distinguer entre les parties navigables ou flottables et les bras secondaires, contrefossés, ou dérivations qui ne pourraient servir à ces usages ; mais la partie supérieure demeure ainsi que les c. d'eau qui ne sont ni navigables ni flottables. Comme tout ce qui dépend du domaine public, les c. d'eau navigables et flottables sont inaliénables et imprescriptibles. Une autre conséquence de la domanialité des c. d'eau navigables et flottables, c'est l'attribution à l'État du droit de pêche. D'après ce même principe, l'État pourrait également prétendre au droit d'encaisser le produit des locations de places et permis de stationnement sur les c. d'eau et peut-être encore sur les quais ou les ports qui en dépendent. Mais, prenant en considération les charges qui pèsent sur les communes, la loi du 11 frim.

an VII (1er déc. 1798) relative à leurs ressources et à leurs dépenses, a rangé ce produit parmi les recettes qui s'effectuent à leur profit. Cet abandon a été confirmé par l'art. 31 de la loi du 18 juill. 1837 sur l'administration municipale, qui a classé au nombre des ressources des communes le produit des permis de stationnement et des locations sur la voie publique, sur les ports, rivières et autres lieux publics. (Voir également l'art. 133, 7e de la loi du 5 avril 1884 sur l'organisation municipale). — La domanialité des c. d'eau comporte celle des objets que les fleuves et rivières jettent sur leurs rives, lorsque ces objets n'ont pas de propriétaires reconnus et qu'ils ne sont pas réclamés dans le mois. Voy. ÉPAVE.

B. *Indemnités dues aux riverains.* — La déclaration de l'autorité portant qu'un cours d'eau est navigable ou flottable peut donner lieu à des indemnités de deux sortes. Les unes sont dues pour la perte du droit de pêche, et sont réglées par les tribunaux ordinaires (Loi du 15 av. 1829 sur la pêche fluviale). Les autres sont dues à raison de la servitude de halage (Déc. du 22 janv. 1808, art. 3), mais seulement dans le cas où elle n'a été établie que depuis la promulgation de ce décret. Comme la réserve du chemin de halage ne constitue qu'une servitude, et non une expropriation, les conseils de préfecture sont seuls compétents, à l'exclusion des tribunaux ordinaires, pour connaître des demandes en indemnité. — Pour la même raison, le règlement des indemnités dues en cas de suppression d'usines ou de réduction de force motrice, appartient à l'autorité administrative. Il est clair en effet que, comme il s'agit d'eaux qui ne sont pas susceptibles d'appropriation privée, le retrait d'une concession ou toute autre modification apportée dans le régime de ces eaux ne peut avoir le caractère d'une expropriation, circonstance qui, aux termes de la loi du 3 mai 1841, aurait pour conséquence de faire rentrer la question d'indemnité dans les attributions des tribunaux civils. — Quant à la démolition des constructions, il y a lieu de distinguer. Si elles sont élevées dans le lit du c. d'eau, leur suppression ne constitue qu'un dommage, parce que le lit, pas plus que les eaux, n'est susceptible de propriété privée ; l'action en indemnité doit donc être soumise aux conseils de préfecture. Si, au contraire, ces constructions sont élevées sur les terres riveraines, leur démolition a le caractère d'expropriation, et les tribunaux ordinaires doivent être appelés à régler l'indemnité. Enfin, conformément aux mêmes principes, c'est devant l'autorité administrative que doivent être portées les demandes en indemnité formées par des riverains sur le fondement que l'État, en rétrécissant par des travaux d'art le lit d'une rivière navigable ou flottable, a créé des terrains intermédiaires, qui privent leurs propriétés de l'usage des eaux et de l'accès immédiat à la navigation. Par compensation des inconvénients auxquels sont sujets les propriétaires riverains, ils ont, d'après une décision du 2 oct. 1844, concertée entre les ministres des finances et des travaux publics, la faculté d'acquérir, de préférence à tous autres, les terrains qui les séparent du nouveau lit du fleuve ou de la rivière, de même qu'ils jouiraient de ce privilège relativement à l'emplacement du lit lui-même, s'il s'agissait d'un c. d'eau supprimé.

La largeur des terrains réservés sur les bords des c. d'eau soit navigables, soit flottables, étant restreinte par l'autorité, conformément au déc. du 22 janv. 1808, à ce qu'exigent les besoins de la navigation, la servitude du marchepied est moins considérable que celle du chemin de halage. Si, dans cet état de choses, l'administration reporte le chemin de halage d'une rive sur l'autre, les riverains dont les intérêts sont lésés par cette modification, ont-ils droit à une indemnité ? Les auteurs répondent négativement, par le motif que l'administration ayant le pouvoir de prescrire l'ouverture d'un chemin de halage sur chacune des rives, elle peut, à plus forte raison, transférer le chemin d'une rive sur l'autre. Cette solution est exacte, s'il s'agit d'un c. d'eau soumis à la navigation ou au flottage antérieurement au déc. du 22 janv. 1808 et dont les riverains n'ont, par conséquent, droit à l'indemnité dans aucun cas, ou bien encore, si lors de l'établissement de la navigation ou du flottage, les indemnités ont été réglées sans qu'il fût tenu compte de la différence de largeur entre le marchepied et le chemin de halage. Mais, suivant nous, les propriétaires de la rive sur laquelle est transféré le chemin de halage ont un droit incontestable à une indemnité, si la navigation ou le flottage n'ayant été établis que depuis le décret de 1808, ils n'ont été indemnisés que pour la largeur du marchepied.

C. *Entretien et améliorations.* — Les travaux d'entretien des c. d'eau concernent non seulement la voie navigable elle-même, mais encore les quais et les ports ; les travaux d'amélioration ont pour objet des rectifications et des régularisations de rives, et des canalisations de rivières à l'aide de barrages et d'écluses. Les uns et les autres s'exécutent, comme tous les travaux publics, par voie d'adjudication ou sur soumission directe, ou, lorsqu'ils sont de peu d'importance, en régie. Indépendamment des avantages qui en résultent pour a navigation, ces ouvrages d'art peuvent profiter aux communes et aux communes, lorsqu'ils facilitent l'accès de la navigation à leurs ports, ou lorsqu'un chemin de halage difficile est remplacé par un quai spacieux qui sert à la circulation ; aux riverains, lorsqu'ils mettent leurs héritages à l'abri des ravages des eaux ou déterminent la formation d'alluvions dont les propriétés particulières recueillent le bénéfice. Il est dès lors équitable que les communes et les riverains participent aux dépenses occasionnées par les travaux, dans la proportion des avantages qu'ils doivent en retirer. A cet effet un décret rendu après enquête et avis du Conseil d'État décide qu'il y a lieu de réclamer une part de la plus-value que les travaux d'entretien et d'amélioration ont donnée aux propriétés riveraines. Cette part, dont le décret détermine la quotité, ne peut excéder la moitié. Trois experts nommés, l'un par les intéressés représentés par des syndics choisis parmi eux, l'autre par le préfet, et le troisième par le ministre, estiment les propriétés avant et après l'exécution des travaux. La plus-value est fixée au vu des procès-verbaux d'expertise par une commission composée de 7 membres nommés par le Président de la République et dont la décision peut être déférée au Conseil d'État. — Les propriétaires de moulins ou d'usines contribuent aussi, dans les proportions déterminées par les règlements d'administration publique, aux frais des travaux dont l'exécution les intéresse, et qui consistent ordinairement dans l'entretien des levées, des barrages et des écluses. — Il est généralement donné connaissance aux intéressés des projets de travaux à exécuter, et ils sont admis à fournir leurs observations, sans cependant que le désaccord qui s'élèverait entre eux et l'administration puisse entraver la marche des services.

D. *Police et répression*. — D'après l'ord. de 1669 (tit. 28, art. 7) dont la disposition a été interprétée par un arrêt du Conseil du 24 juin 1777, les riverains doivent laisser sur chaque bord une largeur de 24 pieds et ils ne peuvent planter des arbres, des haies ou des clôtures qu'à la distance de 30 pieds, à peine d'amende, de destruction à leurs frais, des plantations et clôtures, et de confiscation. Cette servitude, abrogée par le Code rural du 6 oct. 1791, art. 4, a été remise en vigueur par un arrêté du Directoire du 13 niv an V (2 janv. 1797) et par un décret du 22 janv. 1808, mais toutefois avec cette modification, que l'administration peut, lorsque le service ne doit pas en souffrir, restreindre la largeur des chemins. Les contraventions sont déférées aux conseils de préfecture et réprimées conformément aux règlements de la grande voirie. Au reste, les riverains qui veulent se clôturer ne sont pas obligés de demander alignement ; il leur suffit de s'assurer par eux-mêmes que leurs constructions ou plantations sont en dehors de la zone déterminée par l'administration. Mais l'exécution de travaux quelconques dans les limites de cette zone ou sur le lit des c. d'eau constitue une contravention, si elle n'a été précédée d'une autorisation. Toute demande en autorisation doit être adressée au préfet avec tous les renseignements propres à en faire connaître le but et les effets. Une enquête est alors ouverte, et, pendant 20 jours, tous les intéressés sont admis à consigner leurs observations sur un registre *ad hoc* déposé à la mairie ; puis l'ingénieur se transporte sur les lieux, entend et discute toutes les observations présentées par les intéressés et en rédige procès-verbal. Si le rapport de l'ingénieur en chef est favorable à la demande, une seconde enquête est ouverte pendant 15 jours. Enfin, l'autorisation est accordée, sous la réserve des droits des tiers. Ces autorisations, qui étaient autrefois des actes du pouvoir souverain, sont aujourd'hui comprises, en vertu du décret du 25 mars 1852, dans les attributions des préfets. Au reste, elles constituent des actes purement gracieux et ne peuvent, en aucun cas, faire l'objet d'un recours au contentieux.

L'ord. de 1669 renferme, en outre, une multitude de prescriptions qui ont été reproduites dans l'arrêt du Conseil du 24 juin 1777, ainsi que dans plusieurs règlements postérieurs ; mais, pour obvier aux inconvénients de ces longues énumérations, souvent incomplètes malgré leur prolixité, le Conseil d'État, s'inspirant du principe qui domine toute la matière, a décidé que toutes les dispositions de la loi du 29 floréal an X (19 mai 1802) et des divers règlements généraux ou particuliers, sont purement énonciatives et non limi-

tatives, et que tout fait de nature à porter obstacle à la liberté ou à la sûreté de la navigation constitue une contravention.

Les infractions à la police de la navigation sont constatées par des procès-verbaux, dont la connaissance appartient au Conseil de préfecture. Pendant longtemps, la peine a consisté en une amende qui variait de 300 à 1,000 livres ; mais la loi du 23 mars 1842 a autorisé les Conseils de préfecture à réduire la peine jusqu'au chiffre de 16 francs. Si la contravention résulte de la construction d'un ouvrage sans autorisation, ou bien de l'exécution de travaux nuisibles soit à la navigation, soit aux ouvrages qui ont pour objet d'en garantir la liberté et la sûreté, le Conseil de préfecture doit ordonner la suppression, aux frais du contrevenant, des travaux exécutés par lui ou pour son compte. — En matière de contravention, il doit être statué sur la question de propriété que le contrevenant soulèverait comme préjudicielle.

L'action publique se prescrit par une année, conformément à l'art. 640 du C. inst. crim. ; mais il n'en est pas ainsi des peines prononcées ; la prescription est de 2 ans pour l'amende, et de 30 pour les dommages-intérêts et pour les frais.

II. — C. *d'eau non navigables ni flottables*. — On range dans cette catég rie les c. d'eau qui n'ont été déclarés ni navigables ni flottables et qui, en fait, ne sont susceptibles de servir ni à la navigation ni au flottage. Le flottage dit à bûches perdues, et qui consiste à lancer à l'eau des pièces de bois que le courant entraîne vers les ports où elles sont recueillies et d'où elles sont dirigées vers les centres de consommation, ne saurait être considéré comme une sorte de navigation. Quand cette espèce de flottage est autorisée, les riverains doivent, aux termes de l'arrêté du 13 niv. an V, laisser sur les bords un chemin de 1m30 de largeur pour le passage des ouvriers chargés de diriger les bûches flottantes et de repêcher les bûches submergées. Les contraventions de toute nature commises sur les c. d'eau non navigables ni flottables sont de la compétence des tribunaux ordinaires.

Sous l'ancienne législation, les seigneurs hauts justiciers possédaient, en vertu du droit féodal, la pleine propriété de tous les c. d'eau non navigables ni flottables. L'État, qui a succédé à la seigneurie féodale dans la haute justice, a recouvré de plein droit avec celle-ci le domaine des petites rivières. La législation nouvelle a implicitement reconnu ce principe. En effet, d'une part, l'art. 644 du C. c., refuse aux riverains la propriété des eaux, puisqu'il les oblige à les rendre à leur c. naturel après qu'ils s'en sont servis ; et de l'autre les riverains n'ont pas davantage la propriété du lit, puisque, dans le cas où un c. d'eau est déclaré navigable et flottable, il n'ont droit à indemnité qu'à raison du chemin de halage, du marchepied et de la perte du droit de pêche. Les riverains sont donc de simples usagers. Toutefois, les c. d'eau non navigables ni flottables ne font pas précisément partie du domaine public, car l'art. 538 du C. c. ne range dans cette classe que les fleuves et rivières navigables ou flottables. La jurisprudence les rattache au domaine commun, dont la nature n'est pas encore bien définie et qui, d'après l'art. 714 du C. c., se compose des choses qui n'appartiennent à personne et dont l'usage est commun à tous. La conséquence de cette distinction serait, selon nous, que la propriété des c. d'eau non navigables ni flottables pourrait être acquise par prescription, ce qui permettrait aux propriétaires de réclamer, le cas échéant, une indemnité pour expropriation, au lieu de la simple indemnité due pour le halage, le marchepied et le droit de pêche, mais ne les affranchirait pas, à l'égard des usagers inférieurs, de l'obligation de jouir conformément à la loi civile au titre des *Servitudes*. — Comme complément à cet article, voy. les mots ALLUVION, IRRIGATION, etc.

COURS, comm. de France (Rhône), arr. de Villefranche ; 6,000 hab. Fabrication de toiles dites *beaujolaises*.

COURSAN, ch.-l. de c. (Aude), arr. de Narbonne, 3,800 h. Toiles et couvertures.

COURSE. s. f. (lat. *cursus*, m. s.). Action de courir. C. légère. Longue c. Être léger, infatigable à la c. Mon chien prend les lièvres à la course. — Fournir une c. Fournir sa c. Il a fait une belle c. C. de bague, de têtes, etc. Pas de c., Pas militaire plus vif que le pas accéléré, Prendre le c., prendre sa c., Se mettre à courir. Prendre sa c., sign. aussi prendre son élan. Il sauta ce mur sans prendre sa c., sans prendre c. — Se dit partic.,

COU COU 143

des luttes à la c. *Les courses des Jeux Olympiques*, *du Champ de Mars. C. à pied. C. de chevaux, de chars. Disputer le prix de la c. Gagner, remporter le prix à* *a c., *le prix de la c.* — Se dit aussi des attaques dans les tournois. *En trois courses il rompit trois lances.* || Poétiq. et dans le style soutenu, le mouvement des astres. *L'astre du jour va commencer sa c. La lune poursuivait sa c. paisible.* || Fig., Le mouvement en avant, la marche, le progrès d'une personne, d'une chose. *Rien ne put arrêter ces conquérant, ce fléau dans sa c. Le torrent emporta tout dans sa c. rapide.* — En parlant des personnes, la carrière qu'elles parcourent. *Sa c. fut longue et pénible. La mort vint l'arrêter au milieu de sa c.* — *Il a fini sa c.*, il a terminé ses jours. || Se dit aussi du trajet parcouru ou à parcourir, soit à pied, soit en voiture. *Vous avez encore une c. de trois lieues à faire.* — Le trajet que fait une voiture de place en transportant une ou plusieurs personnes d'un lieu dans un autre. *Prendre un fiacre à la c.* — Par ext., Le prix de la c. — Se dit encore, dans ce sens, en parlant du voyage que fait un courrier porteur de dépêches. *Le courrier a en tant pour sa c.* || Dans un sens particulier, se dit des actes d'hostilité que l'on fait en courant les mers, ou en faisant des incursions sur le territoire ennemi. *Les ennemis firent des courses jusque dans telle province.* — Se dit spécialement en parlant des corsaires. *Armer un vaisseau en c. Aller en c. Faire la c.* Voy. CORSAIRE. || S'emploie en parlant des allées et venues qu'on fait dans une journée, des pas et démarches qu'on fait pour une affaire. *Il commence ses courses dès le matin. J'y passerai dans mes courses. Il est en c.* || Se dit quelquefois, surtout au plur., pour voyages, excursions. *Il a fait bien des courses dans les diverses provinces de la France pour en étudier la géologie.* || T. Techn. L'espace que peuvent parcourir certaines pièces mobiles d'un mécanisme. *Le piston, arrivé au bout de sa c., redescend...* || T. Techn. Va-et-vient de la navette des fabriques de soie. On dit aussi cours.

Hist. et Législ. — 1. — L'origine des *courses de chevaux* remonte à une très haute antiquité, mais chez les anciens, elles n'étaient pas destinées, comme chez les modernes, à servir d'encouragement à la production chevaline. Elles n'avaient guère pour objet que de servir d'amusement au peuple Voy. CIRQUE et STADE.

Les courses modernes ont pris naissance en Angleterre, mais on ne sait pas à quelle époque précise. Toutefois, cette époque paraît antérieure au règne de Henri II (1154-1189). William Fitz-Stephen, qui vivait au temps de ce prince, nous apprend qu'à Londres on menait au marché de Smithfield les chevaux dont on voulait se défaire, et qu'afin d'en montrer les qualités, on les faisait courir ensemble et lutter de vitesse. Les amateurs choisissent ensuite pour lieu de leurs luttes les landes d'Epsom, à 7 lieues de Londres. Édouard III (1327-1377), Édouard IV (1461-1483) et Henri VIII (1509-1547), s'occupèrent activement de la production chevaline et eurent dans leurs écuries des coureurs renommés. Ce dernier publia même où l'on tint les courses et en établit à Chester le celle qu'elles sont aujourd'hui. L'art de l'entraînement n'existait pas encore; de plus, le terrain n'était pas préparé à l'avance. On laissait les concurrents à travers la campagne, et très souvent, c'était aux terrains les plus accidentés que l'on donnait la préférence. À cette époque, en effet, ce que l'on recherchait surtout, ce n'étaient pas des chevaux susceptibles d'une grande vitesse, mais principalement des chevaux de guerre et de fatigue capables de porter un cavalier armé de toutes pièces. Le vainqueur recevait une cravache, une clochette, d'abord de bois orné de fleurs, puis d'or ou d'argent, enfin un prix de 10 à 12 livres sterling. Dans les courses telles qu'elles existaient alors, il arrivait souvent qu'un cheval médiocre battait un concurrent doué de qualités supérieures, uniquement parce que le premier avait rencontré moins d'obstacles que le second dans la carrière. Aussi ne tarda-t-on pas à comprendre que, pour apprécier exactement les vitesses respectives de deux chevaux, il fallait les placer tous deux dans des conditions identiques, et par conséquent les faire lutter sur un sol aussi uni que possible. On reconnut que les terrains les plus convenables sous ce rapport sont ceux que recouvre un gazon ras; de là le nom de *Turf* (en anglais, gazon) qui a été donné depuis à tous les champs de c. Les premiers hippodromes anglais datent du règne de Jacques Ier (1603-1625). Ce roi chercha à régulariser les courses, et en établit de nouvelles à New-Market, à Croydon, et à Enfield-Chase. C'est sous ce prince que l'art de l'entraînement commence à se montrer. Charles Ier imprima un grand développement aux exercices du

turf. Son exemple fut suivi par Charles II, qui fit courir ses chevaux sous son propre nom. Vers 1680, ce prince, pour encourager les courses, fonda un prix de 100 liv. st. En 1711, la reine Anne donna une coupe de la valeur de 45 liv. et fonda des prix royaux dans plusieurs localités. Cette époque vit naître l'usage des paris. George Ier (1714-1727) encouragea la reproduction par le sang arabe, et remplaça les prix d'argenterie par des prix de 100 liv. C'est de son temps que parut *Godolphin Arabian*, qui a produit la meilleure race de coureurs anglais. *Eclipse* date du règne de George II (1727-1760). Les paris étaient déjà si énormes sous le règne de ce prince, qu'en dix-sept mois Éclipse gagna 625,000 fr. à son maître. Depuis cette époque, les courses se sont généralisées dans toute l'Angleterre et y ont acquis une telle importance qu'il n'est peut-être pas une ville qui ne possède les siennes. Toutefois, les plus célèbres et les plus suivies sont celles d'Epsom, d'Ascot, de New-Market, d'York, de Goodwood, de Doncaster et de Liverpool.

D'Angleterre, les courses de chevaux se sont répandues dans les différentes parties de l'Europe. Nous ne les suivrons pas dans ces divers pays; nous nous bornerons à dire quelques mots de leur propagation en France. — C'est à lord Pascoël qu'on attribue généralement l'introduction des courses parmi nous. Ce riche amateur paria, au mois de novembre 1754, de franchir en 2 heures les 14 lieues qui séparent Paris de Fontainebleau, et il gagna sa gageure de 12 minutes. Deux ans après eurent lieu, d'abord dans la plaine des Sablons, puis à Fontainebleau et au bois de Vincennes, de grandes courses auxquelles prirent part les chevaux appartenant à la première noblesse de France. Interrompues par la Révolution, nos courses reprirent faveur sous l'Empire. Néanmoins, ce fut seulement après la Restauration qu'elles entrèrent véritablement dans une voie de progrès. Plusieurs hippodromes furent créés, et des prix furent établis, soit par le gouvernement, soit par des sociétés d'amateurs. L'impulsion donnée aux courses par les Bourbons de la branche aînée, se continua sous le gouvernement de Louis-Philippe. Ce fut, en effet, sous le patronage du duc d'Orléans que se fonda, en 1833, la société d'une sorte de parti, à l'imitation d'une société anglaise établie, au dernier siècle, à New-Market, le nom de *Jockey-Club* (littéralement, le club des jockeys). C'est de la même année (ord. roy. du 3 mars) que date l'établissement du *Stud-book* (livre de haras) français, sorte de registre matricule destiné à constater la généalogie des chevaux et à recueillir l'historique des courses.

II. — On distingue trois sortes de courses : la *C. plate*, la *C. de haies* et la *C. au clocher* ou *Steeple-chase*. Les courses de la première espèce ont lieu sur un terrain uni ou presque uni, et leur objet spécial est de comparer la vitesse des concurrents. Elles sont particulièrement employées pour le pur sang. Les courses de haies ou avec saut de barrières sont des courses plates combinées avec un certain nombre d'obstacles, consistant en barrières hautes de 1 mètre à 1m10, établies sur deux, quatre ou six rangs, sur toute la longueur de l'hippodrome, et faites avec des barres de bois, tantôt nues, tantôt entourées de paille, ou avec des claies souvent garnies de branchages pour simuler des haies. Ces courses sont quelquefois dangereuses et demandent à être dirigées avec prudence. On y fait souvent figurer le demi-sang ou le trois-quarts de sang à côté du pur sang. Les courses au clocher n'ont pas lieu, comme les précédent s, dans un hippodrome, mais bien en rase campagne. Les concurrents parcourent au grand galop l'espace qui les sépare du but, à travers monts et vallées, et en franchissant les fossés, les haies, les murailles, les ruisseaux, en un mot, tous les obstacles que présente le terrain. Ce dernier genre de c. doit son nom à ce que, dans le principe, on choisissait ordinairement pour but une église ou un village, dont le clocher pouvait s'apercevoir de loin. C'est le 1er avril 1834 qu'a eu lieu chez nous le premier exemple de steeple-chase, celui de la Croix-de-Berny, sur la route de Versailles à Choisy-le-Roy. Les courses au clocher sont, pour les chevaux, l'épreuve suprême de la vitesse et de la force; mais elles occasionnent si fréquemment des accidents déplorables qu'elles ne méritent pas d'être encouragées. D'autre part, si l'on cherche à prévenir les dangers de cet exercice, on lui enlève tout l'intérêt qu'il peut offrir. — On distingue encore les courses en *C. de grande vitesse* et *C. de fonds*. Dans les premières, l'espace à parcourir est fort limité, de sorte que les chevaux n'ont qu'à déployer leurs forces que pendant une durée fort courte, tandis que dans les secondes, la carrière étant beaucoup plus longue, les efforts des animaux ont réellement doivent être soutenus assez longtemps. Tel cheval qui sera vainqueur dans une c. à grande vitesse de quelques minutes, sera aisément battu dans une c. de fonds qui durera un quart d'heure ou davantage, par un concurrent moins rapide. Ces deux sortes d'exercices exigent donc des chevaux de qualités assez différentes. L'expression de C. au trot n'a pas besoin d'explication. Quant aux courses appelées *Handicap* et *Omnium*, elles ne diffèrent en rien des courses de grande vitesse : ces dénominations sont dérivées simplement des conditions d'admissibilité des chevaux au concours.

III. — Aucun champ de courses ne peut être ouvert actuellement en France, d'après la loi du 2 juin 1891, sans l'autorisation préalable du ministre de l'agriculture. Sont seules autorisées les courses de chevaux ayant pour but exclusif l'amélioration de la race chevaline et organisées par des sociétés dont les statuts sociaux ont été approuvés par le ministre de l'agriculture, après avis du conseil supérieur des haras. Le budget annuel et les comptes de toute société de courses sont soumis à l'approbation et au contrôle des ministres de l'agriculture et des finances. La loi du 2 juin 1891 édicte, en outre, certaines prescriptions concernant les paris aux courses, et notamment le pari mutuel. Voy. PARI. Nous avons, en France, environ 60 champs de courses. Les prix qu'on y dispute sont fondés par l'État, les départements, les communes, ou bien par les sociétés. Les prix de l'État ne sont accordés que pour les courses au galop. Ils comprennent les prix *classés* et les prix *non classés*. Les prix classés comprennent les prix *nationaux* et les prix *principaux* (voir l'arrêté du 1er mars 1875). Signalons, parmi ces prix, le *grand prix de Paris*, fondé en 1861, qui était à l'origine de 100,000 fr., payés moitié par la ville de Paris, moitié par les cinq grandes Compagnies de chemins de fer ; il consiste aujourd'hui en une somme de 200,000 francs ; tous les poulains ou pouliches de 3 ans, sans exclusion de nationalité, sont admis à la c. du grand prix de la ville de Paris, qui a lieu tous les ans, au mois de juin, sur l'hippodrome de Longchamps. Nous mentionnerons également le grand prix du Conseil Municipal de Paris, institué en 1893. Il consiste en une somme de 100,000 fr. ; la course a lieu tous les ans, vers la fin d'octobre.

Les prix des sociétés et des particuliers varient naturellement de valeur suivant les localités. Plusieurs, tels que le *Derby*, le *Saint-Léger* et le *Oak's*, portent des dénominations particulières dont nous devons donner l'explication En Angleterre, on appelle *Derby* un prix annuel pour poulains de 3 ans qui est fondé à Epsom, et dont l'institution est due à un lord de ce nom. Sur le turf français, on donne le même nom à un prix analogue qui a été fondé par le Jockey-Club, et se dispute à Chantilly, au mois de mai de chaque année. Le *Saint-Léger* est également d'origine anglaise.

Il a été établi à Doncaster par le comte de Saint-Léger, pour chevaux et juments de 3 ans ; son analogue parmi nous a reçu la même dénomination. Enfin, le terme de *Oak's*, littéralement « le prix des chênes », désigne également, en Angleterre, un prix qui ne peut être disputé que par des pouliches de 3 ans, et qui a été ainsi appelé parce que le lieu où l'on courait à l'époque de sa fondation était orné d'une magnifique plantation de chênes. Comme les précédents, ce prix a son analogue en France, lequel porte aussi le même nom. Enfin, on donne le nom de *Sweep-Stake* (de *sweep*, balayer, et *stake*, mise de fonds) à un prix qui consiste en une somme provenant des souscriptions convenues entre les propriétaires des chevaux, et qui s'ajoute au prix officiel. — Outre le prix le vainqueur gagne encore à les *entrées*. On appelle ainsi la somme d'argent que paie le propriétaire de tout cheval pour être admis à concourir. Cette somme se réunit ordinairement au prix, à moins, toutefois, de conditions contraires.

IV. — Tout cheval admis à courir doit réunir certaines conditions d'âge, de poids et d'origine, qui sont déterminées par les règlements. Un cheval est *qualifié*, quand il présente l'ensemble de ces conditions ; dans le cas contraire, on dit qu'il est *disqualifié*. Il perd alors tout droit à courir, et on nomme *disqualification* la cause, quelle quelle soit, qui le frappe ainsi d'incapacité. Il arrive quelquefois qu'on s'écarte des règles établies, du moins en ce qui concerne l'âge ; c'est ce qui a lieu notamment pour le *Handicap*. On nomme ainsi des mots anglais *hand in cap*, qui signifient « la main dans la toque », une sorte de c. de fonds à laquelle tous les chevaux sont admis à prendre part, sous la seule condition d'être chargés d'un certain poids, lequel est fixé par des commissaires et varie suivant les qualités qu'on leur suppose. Cette espèce de c. a été établie afin de donner, même aux chevaux médiocres, la possibilité de gagner le prix. En effet, on égalise les chances en chargeant d'autant plus les concurrents qu'ils sont plus renommés pour leur vitesse. Il existe, en Angleterre

principalement, des hommes dont le coup d'œil est si juste qu'ils peuvent apprécier l'âge et les forces des animaux à un degré de justesse qui tient presque du prodige. — Ce qu'on appelle *Omnium* est également une c. pour chevaux de tout âge, à partir de deux ans. — Enfin, on désigne sous le nom de *Catch-Weights* (poids de surprise) une sorte de c. où les parties conviennent de ne pas indiquer le poids que portera chacun des concurrents. Chaque propriétaire de cheval cherche alors le jockey le plus léger, afin de s'en servir le jour de la lutte et de surprendre ainsi ses adversaires. — On appelle *Épreuve* la course d'une longueur donnée fournie par les concurrents, et l'on donne le nom de *Piste* à la voie suivie par les chevaux. Dans les hippodromes, cette voie est ordinairement renfermée entre une double ligne de cordes qui sert de barrière. Quand la course est circulaire, les concurrents courent en obliquant toujours à droite : il en résulte que le cheval qui est le plus près de la corde, de ce côté, a l'avantage sur les autres ; c'est ce qu'on exprime par les mots *avoir la corde*. Mais cette place, ainsi que les autres, se tire au sort. Enfin, le terme de la c. est indiqué par un poteau, dit *Poteau gagnant*, qui est placé en face de la tribune des juges, et qui est presque toujours divisé en deux parties égales par une ligne noire, perpendiculaire, laquelle sort de limite suprême. Le cheval gagnant est celui dont la tête arrive la première au poteau. — Tantôt la c. consiste en une seule épreuve, tantôt elle en comprend plusieurs. On dit qu'une épreuve est *nulle* lorsque les concurrents arrivent ensemble, c.-à-d. tête à tête. Les Anglais se servent, dans ce cas, de l'expression *dead-heat* (course morte), qui est passée dans l'argot de nos hippodromes. Lorsque le prix doit être gagné en deux épreuves, c'est la place occupée par le cheval *dérobé*, quand il quitte, malgré son cavalier, soit la piste, soit tout autre itinéraire tracé, pour se jeter à travers champs. *Il est distancé*, lorsqu'il y a une distance de 220 mètres entre lui et le premier arrivé. On emploie la même expression lorsqu'il se dérobe, lorsqu'il est retiré avant que le prix soit gagné, lorsque, sorti de la piste, il ne court pas la reprendre à l'endroit même où il l'a quittée, ou enfin lorsque son jockey croise ou coudoie en courant un autre jockey. — Le terme de *Sport* ne s'applique pas seulement aux exercices de l'hippodrome ; il a un sens plus général et désigne tous les exercices du corps auxquels prend part le cheval, et particulièrement la chasse. La qualification de *Sportsman* se donne à ceux qui s'occupent théoriquement et pratiquement de l'éducation du cheval, à l'amateur qui suit les chasses, qui court ou fait courir ; celle de *Gentleman-Rider* (gentilhomme-cavalier) est méritée par celui qui fait de l'équitation et des exercices équestres son occupation favorite ; mais ce terme exotique ne s'emploie guère chez nous qu'avec une nuance d'ironie.

V. — Pour qu'un cheval soit en état de soutenir les efforts prodigieux qui sont exigés de lui dans le système de nos courses, il faut le préparer convenablement. Cette préparation constitue un art spécial, qui a reçu le nom d'*Entraînement*, de l'anglais *training*, qui signifie proprement *dressage*. On appelle *Entraîneur* l'homme chargé de diriger l'entraînement, et on dit d'un cheval qui est soumis à cette préparation particulière, qu'il est *en traîne*. — L'entraînement a pour but de mettre les chevaux en *bonne condition*, expression consacrée qui signifie cet état particulier du cheval qui a les muscles fermes et bien développés, et débarrassé de la graisse et des fluides blancs inutiles, et peut se présenter avec honneur sur l'hippodrome. Dans l'entraînement, le cheval est assujetti à un régime alimentaire tout particulier. La nourriture doit être essentiellement excitante et contenir, sous un petit volume, une grande quantité de principes alibiles. On a recours aux purgatifs pour le débarrasser de sa graisse et des fluides blancs superflus. On lui fait subir des sudées abondantes qui produisent le même effet. Enfin, on le soumet à des exercices gradués qui ont pour objet d'assouplir les articulations, de fortifier les muscles et les tendons et d'habituer peu à peu l'animal aux efforts violents qu'on exigera de lui au jour suprême. Les jonkeys eux-mêmes, lorsqu'ils dépassent un certain poids, sont également soumis à une sorte d'entraînement, pour les réduire au poids qu'ils ne doivent pas dépasser.

VI. — Nous avons déjà blâmé les courses de haies e. es courses au clocher comme trop dangereuses pour la vie des hommes et des animaux. D'autre part, leur utilité est très contestable. Quant aux courses de grande vitesse, telles qu'elles sont pratiquées, elles ont été l'objet de jugements fort divers. Si, comme nous le pensons, on doit les juger au point de vue de l'amélioration de la race chevaline, et si nous entendons par là la production de chevaux de plus en plus aptes aux divers services que cette espèce est appelée à nous rendre, le système actuellement suivi donne lieu à de graves objections. Le succès, même dans les courses de très long train haleine, n'est pas un critérium infaillible de l'aptitude à créer de bons produits. Combien de fois n'a-t-on pas vu les coureurs les plus renommés causer, par leurs productions, les plus grands désappointements aux éleveurs, tandis qu'il est arrivé souvent que des étalons fort médiocres pour la c. ont donné naissance à des coureurs de premier ordre — Les courses et les préparations qu'elles exigent sont surtout nuisibles aux poulains, parce qu'on est obligé de les entraîner trop jeunes. Elles altèrent leur constitution, et leur occasionnent des maladies de poitrine, des efforts de reins, des écarts, et d'autres affections non moins graves. On attribue aux luttes de l'hippodrome les tares dont sont trop souvent atteints les chevaux pur sang parvenus à l'âge de 4 à 5 ans, et quelquefois au moment de la naissance, car ces tares sont devenues héréditaires. C'est aussi en altérant la constitution des animaux que les courses agissent sur la production chevaline. On a constaté, en Angleterre, que l'entraînement nuit aux poulinières, que celles qui ont couru donnent des chevaux médiocres, tandis que les étalons n'engendrent en général de très bons produits que plusieurs années après avoir cessé de courir. Il peut être bon de conserver les courses à l'anglaise, pour entretenir l'émulation chez les grands propriétaires, pour donner le goût du cheval à des hommes en état de faire des sacrifices pour en produire ; mais il en faudrait d'autres pour mettre en évidence les meilleurs chevaux parmi ceux qui sont destinés à nos divers services, particulièrement à celui de l'armée. Dans les courses de ce genre, les animaux auraient à parcourir 6, 8 et même 10 kilom., chargés de 50, 70 à 80 kilog. selon leur âge, leur taille ou leur race. Ils ne seraient admis à concourir qu'à l'âge de 4 ans. Seraient exclus des concours ceux qui auraient des maladies, des tares héréditaires. La valeur des plus forts prix ne devrait pas dépasser 1500 ou 2000 fr., et il y en aurait beaucoup au-dessous de 1000 fr. Nous les voudrions plutôt nombreux que fort élevés, afin que personne ne fût tenté de faire de grandes dépenses pour l'entraînement ni pour le déplacement des chevaux. Nous voudrions, en un mot, que la masse des éleveurs ne fût pas exclue de ces concours par ceux qui peuvent faire les plus grands sacrifices. Il n'y aurait nécessité à exiger des animaux une très grande vitesse ; les courses pourraient avoir lieu sur une route ou sur une terre en friche. Nul besoin ne serait d'établir des hippodromes. Avec ces conditions, les poulains ne souffriraient ni de la préparation, ni des courses, et la récompense serait accordée, à peu près toujours, pour les chevaux les plus capables de remplir les services qu'on exige ordinairement de ces animaux. Des prix de 1000 fr., de 800 fr., de 500 fr. même, encourageraient les éleveurs qui font des chevaux pour les vendre, à choisir et à conserver les belles poulinières, à donner de bons étalons à leurs juments, à bien nourrir les poulains et à les faire dresser. Dans cette circonstance la récompense ne serait qu'un accessoire de la rémunération de l'élevage ; car alors les éleveurs compteraient principalement sur le prix de vente des animaux pour retirer dans leurs déboursés.

VII. — Outre les courses de chevaux on a imaginé de c. de bateaux, de ballons, de voitures sans chevaux, de c étons, d'échassiers, de vélocipèdes, et même tout récemment (mars 1895) d'infirmes à jambes de bois. La plupart de ces tournois n'ont aucune valeur ; quelques-uns ont servi à d'utiles comparaisons, comme pour les divers modes de traction : vapeur, électricité, air comprimé, etc.

COURSIER. s. m. (R. *course*). Cheval de bataille. Ce mot n'est guère usité qu'en poésie et dans le style soutenu. *Noble, généreux c. Un c. fougueux.* N'est presque plus employé. || T. Mar. Autrefois, le passage qui conduisait de la proue à la poupe, dans une galère, entre les bancs des forçats. *Se promener sur le c.* — Par ext, le canon qui était sur le c. et dont la bouche sortait par la proue. — Se dit encore aujourd'hui du canon de chasse des chaloupes canonnières, etc.

lequel est placé à l'avant. || T. Hydraul. Passage, canal qui conduit l'eau sous les aubes d'une roue de moulin.

COURSIÈRE. s. f. (R. *course*). T. Métal. Rigole destinée à conduire le métal fondu dans le moule. || T. Min. *Galeries de c.* Dans les mines de Saint-Étienne, galeries d'essai.

COURSIVE. s. f. (R. *course*). T. Mar. Se dit d'une ou de deux planches établies horizontalement le long du plat-bord, de chaque côté de certains bâtiments non pontés, pour passer de l'avant à l'arrière. — Tout passage pratique entre les soutes, etc., dans le sens de la longueur d'un bâtiment.

COURSON. s. m. (R. *court*). T. Agric. Branche de vigne taillée et réduite à trois ou quatre yeux. — Branche d'arbre de 12 à 18 centimètres, que le jardinier conserve lorsqu'il est obligé de couper les autres. || T. Pêc. Endroit dans une rivière où il reste des vestiges d'un ancien moulin.

COURSON, ch.-l. de c. (Yonne), arr. d'Auxerre ; 1200 hab. Carrières de pierres.

COURT, COURTE. adj. (latin, *curtus*, m. s.) Qui a peu de longueur, qui n'a pas la longueur convenable, qui n'a pas la même longueur qu'une autre chose. — Il est opposé à Long. *Trop c. Bien c. Très c. Un peu c. Cheveux courts. Cerises à courte queue. Manteau c. Cette robe est plus courte derrière que devant. Vous avez le bras trop c. pour atteindre à cette hauteur. Il a les jambes trop courtes pour sa taille. Herbe courte. Bride trop courte. Épée courte et épaisse. Une courte distance Le trajet est c. Le chemin le plus c. Ce chemin est plus court de la moitié.* — Prov., *A vaillant homme, courte épée,* La valeur supplée aux armes. — Fig. et fam., *Son épée est trop courte,* Il n'a pas assez de crédit ou assez de force pour faire ce qu'il se propose. On dit de même, *Il a les bras trop courts pour atteindre jusque-là, pour atteindre si haut.* — Fam., *Être c.,* Avoir la taille petite et épaisse. *Il est c. et trapu. Cette femme est courte et ramassée.* — *Vue courte,* Vue qui ne distingue pas les objets un peu éloignés ; et fig., défaut de prévoyance, de pénétration. *Il faut que sa vue soit bien courte pour qu'il ne comprenne pas les conséquences de cet événement.* On dit aussi, *des vues courtes,* des vues bornées et étroites. *Cet homme n'a que des vues courtes.* — Par ellipse, on dit *Le plus c.,* pour le chemin le plus c. *Passez par ici, c'est votre plus c.* Fig., *Le chemin le plus c.,* ou simplement *le plus c.,* Le moyen de terminer plus promptement quelque chose. *Pour arriver à votre but, le meilleur et le plus c. est de faire...* Prov., *Le chemin le plus long est quelquefois le plus c.,* En se hâtant point trop, en suivant le grand chemin, on rencontre quelquefois moins d'obstacles et l'on arrive plus tôt à son but. || Qui est peu considérable, insuffisant. *Le dîner était vraiment trop c. pour douze personnes.* || Qui a peu de durée. *Fig. En été les nuits sont courtes. La vie de l'homme est courte. Son erreur fut courte. Son triomphe fut c. Il est mort après une courte maladie. A de courts intervalles. Après une courte délibération.* — *Courte haleine,* voy. HALEINE. — Prov., *Faire courte messe et long dîner,* Être sensuel et peu dévot. || Bref, de peu d'étendue. Ne se dit guère, en ce sens, que des discours et des ouvrages d'esprit en général. *Votre lettre est beaucoup trop courte. Une courte harangue.* — Être c., Se dit d'un orateur, d'un écrivain, et sign. ne pas parler longtemps. *Soyez c. dans vos explications.* || Fig. Borné, peu étendu. *La science humaine est courte Ses pouvoirs sont trop courts pour cela.* — Fam., *Être c. d'argent,* Avoir peu d'argent. — *Avoir courte mémoire,* Avoir peu de mémoire, oublier facilement. *Avoir l'esprit c., l'intelligence courte,* Avoir l'esprit très borné. || Fig., Prompt, facile. *Le plus c. expédient. Il a trouvé plus c. de ne rien répondre.* := **Court,** adv. *Il s'est fait couper les cheveux si c. que... Il finit trop c.* — Pop., *Pour vous le faire c., pour le faire c.,* Pour le dire en quelques mots. — *Demeurer, rester c., tout c.,* se dit de quelqu'un qui vient à manquer de mémoire en récitant un discours, etc., appris par cœur ; ou qui ne trouve plus ce qu'il doit dire ; ou bien encore qui est, dans une discussion, réduit à ne savoir que dire, que répondre. *Il est resté tout c. au beau milieu de son sermon. Ce n'est pas lui qui resterait c.* — Fig., *Se trouver c.,* Être forcé de s'arrêter dans une affaire, dans une entreprise, faute de moyens suffisants. *Son commanditaire a fait faillite, et il s'est trouvé c.* On dit aussi, *Se trouver à c. d'argent,* ou *Se trouver à c.* || Brusquement, subitement. *Il s'arrêta tout*

229

c. — *Tourner* c., voy. TOURNER. || *Tout* c., sign. aussi, Sans rien ajouter de plus. *Il me répondit non tout* c. — *Couper* c , voy. COUPER. || T. Mar. *Temps* c., Temps ne permettant pas de voir au loin. || T. Vét. C. *d'haleine*, Se dit d'un animal qui a la respiration courte. || T. Manège. C. *jointé*, Se dit d'un cheval qui a le paturon c.

Syn. — *Bref, Succinct.* — *Bref* ne se dit guère qu'à l'égard de la durée ; c. se dit de la durée et de l'étendue ; *succinct* se dit exclusivement à l'égard de l'expression. Le *long* est l'opposé des deux premiers, et le *diffus* du dernier.

COURTAGE. s. m. La profession d'un courtier ; la négociation qu'il fait. *Faire le* c. *des vins. Se mêler de* c. || *Droit de* c., ou simpl. C., La prime de tant pour cent qu'on donne au courtier. *Il a deux pour cent de* c.

COURTAILLE. s. f. [Pr. les *ll* mouillées] (R. *court*). Épingle manquée.

COURTANELLE. s. f. Variété de raisin.

COURTAUD, AUDE. s. (R. *court*). Celui, celle qui est de taille courte et ramassée. Fam., et ne se dit, en ce sens, que des personnes. *Un gros* c. *Une grosse courtaude.* — En signe de mépris, on appelle *Courtauds de boutique*, ou simplement *Courtauds*, les garçons de boutique chez les marchands. Ce terme vient de ce qu'autrefois les gens du peuple portaient des habits courts, tandis que les gens de distinction portaient des vêtements longs. || Cheval de selle épais et robuste qui, au moyen âge, était la monture de voyage des chevaliers. *Les jours de combat ou de cérémonie, on quittait le* c. *pour le destrier.* — Aujourd'hui, cheval auquel on a coupé les oreilles et la queue. *Il était monté sur un* c. || S'emploie adj. dans ce sens, et se dit d'un cheval ou d'un chien à qui on a coupé la queue et les oreilles. — Prov., *Étriller, frotter quelqu'un en chien* c., Le bien battre.

COURTAUDER. v. a. (R. *courtaud*). C. *un cheval*, Lui couper la queue. = COURTAUDÉ, ÉE. part.

COURT-BANDAGE. s. m. T. Techn. Sorte de barre de fer. = Pl. *Des courts-bandages*.

COURT-BÂTON. s. m. T. Mar. Courbe de charpenterie qui soutient les bouts des bancs et des barrots. = Pl. *Des courts-bâtons*.

COURT-BOUILLON. s. m. Liquide préparé pour faire cuire le poisson, composé d'eau avec du vin ou du vinaigre, du beurre, du sel et des épices. *C.-b. blanc. C.-b. bleu. Mettre un brochet au* c.-b. == Pl. *Des courts-bouillons*.

COURT-BOUTON. s. m. Pièce de l'attelage des bœufs. = Pl. *Des courts-boutons*.

COURT-CÔTÉ. s. m. Partie du harnais placée au porte-mors et au-dessus de la tête. == Pl. *Des courts-côtés*.

COURT-CUREAU. s. m. Partie de l'équipage du gros marteau de forge. = Pl. *Des courts-cureaux*.

COURT DE GÉBELIN, écrivain français né à Nimes (1725-1784).

COURTE-BOTTE. s. f. Homme de petite taille. Pop. = Pl. *Des courtes-bottes*.

COURTE-GRAISSE. s. f. Nom donné dans certains pays aux vidanges fraîches employées comme engrais.

COURTE-LETTRE. s. f. T. Fondeur. Lettre dont le corps a été coupé à l'extrémité de l'œil. == Pl. *Des courtes-lettres*.

COURTEMENT. adv. D'une manière brève.

COURTENAY, ch.-l. de c. (Loiret), arr. de Montargis, 2,800 hab.

COURTENAY, maison illustre de France, dont trois membres ont été empereurs de Constantinople, au XIIIe siècle.

COURTE-POINTE ou COURTEPOINTE. s. f. Couverture de parade qu'on place sur un lit. = Pl. *Des courtes-pointes* ou *des courtepointes*.

Étym. — Les éléments de ce mot ne sont ni *courte* ni *pointe*, mais *coute* ou *couette pointe*, c'est-à-dire une coute ou couverture pointe, *puncta*, piquée.

COURTE-POINTIER. s. m. Celui qui fait des courtes-pointes ou qui en vend. == Pl. *Des courtes-pointiers*.

COURTE-QUEUE. s. f. Variété de cerise. == Pl. *Des courtes-queues*.

COURTER. v. n. T. Comm. Faire le courtage. == v. a. Courter une marchandise.

COURTEROLLE. s. f. Nom vulgaire de la *Courtilière*.

COURTES-CORNES. s. f. pl. Nom donné aux bovidés de la race anglaise de Durham ; en anglais, *shorthorn*.

COURTES-PATTES. s. f. pl. Nom d'une race de poules.

COURTI. s. m. T. Blas. Tête de More portant un collier d'argent.

COURTIER, IÈRE. s. (bas-lat. *curatarius*, m. s., du lat. *curare*, soigner). Celui ou celle qui, moyennant une prime, s'entremet pour la vente et l'achat de certaines marchandises, pour les affrêtements, pour les assurances. — Par raillerie, C. ou *Courtière de mariage*, Celui ou celle qui se mêle de faire des mariages. || *Courtiers de change*, Agents sans caractère public, qui exercent le courtage du papier de banque et de commerce. || C. *marron*, Celui qui fait, pour le compte d'autrui, la négociation des effets publics sans être agent de change, les agents de change ayant seuls le droit de traiter ce genre d'affaires. On dit aussi *Coulissier*. Voy. AGENT et BOURSE.

Légis. — Les *Courtiers* sont des agents servant d'intermédiaires entre vendeurs et acheteurs. — Cette profession existait dans l'antiquité ; le monde romain avait ses courtiers marchandiaux, et dès la fin du XIIe siècle on en trouve en France, sous le nom de *Couratiers* ou *Côraliers*. Jusqu'à 1789, le courtage en matière de commerce et le courtage en matière de change demeurèrent confondus dans les mêmes mains ; mais le Consulat, en rétablissant les agents de change et les courtiers supprimés par la Révolution, sépara en principe les deux professions. Il existe actuellement chez nous cinq sortes de courtiers : les courtiers de marchandises ou de commerce ; les courtiers d'assurances ; les courtiers interprètes et conducteurs de navires ; les courtiers de transport par terre et par eau ; les courtiers gourmets piqueurs de vins.

I. *Courtiers de marchandises.* — Ces courtiers, appelés plus communément *Courtiers de commerce*, étaient autrefois des officiers publics institués par le chef de l'État ; ils avaient le droit, à l'exclusion de tous autres, de constater le cours légal des marchandises ; ils avaient également le droit exclusif : 1° de procéder, par préférence à tous autres officiers publics, à la vente de marchandises aux enchères et en gros ; 2° de s'entremettre pour faciliter les opérations de vente et d'achat de marchandises. Depuis la loi du 18 juillet 1866, le courtage des marchandises est libre ; tout le monde a le droit de se livrer à cette profession sans autorisation préalable. Il y a cependant une restriction à la liberté du courtage : le droit de vendre publiquement les marchandises aux enchères et en gros, ainsi que celui de constater le cours légal des marchandises, sont exclusivement réservés aux courtiers inscrits sur une liste dressée par le tribunal de commerce et remplissant à cet effet certaines conditions, le paiement d'un droit au Trésor, par exemple. Ces droits sont exercés dans une ville où il n'y a pas de courtiers inscrits, par des courtiers que le tribunal de commerce a spécialement désignés dans ce but sur la demande des parties. Notons en passant qu'il est interdit, sous peine d'amende variant de 500 à 3,000 fr., à tout courtier inscrit ou non de s'entremettre dans une affaire où il aurait des intérêts personnels, à l'insu des parties.

II. *Courtiers d'assurances* — À l'époque où fut rédigé le Code de commerce, on ne connaissait guère, en France, que le système des assurances appliqué aux chances de mer ; en conséquence, le législateur ne songea pas à organiser ou monopole le courtage des assurances contre l'incendie, la grêle, etc., et tout ce que dit le Code de commerce, lorsqu'il parle des courtiers d'assurances, n'a trait qu'aux assurances maritimes. La loi n'exige de ces courtiers aucune justification autre que celles qui sont imposées aux courtiers qui appartiennent aux autres catégories. Néanmoins, un décret du 22 janv. 1813 porte qu'à Marseille les aspirants devront subir, devant un jury composé du président du Tribunal de commerce, du président de la Chambre de commerce, de deux armateurs et de deux assureurs, ces quatre derniers nommés par le préfet, un examen relatif aux obligations professionnelles des courtiers et aux règles des contrats d'assurance et des contrats à la grosse. Cette disposition, qui que spéciale à la ville de Marseille, pourrait, cependant, être appliquée dans toute autre localité par les tribun aux de commerce appelés à donner leur avis sur l'aptitude des candidats. — Les courtiers d'assurances ont le droit exclusif de certifier le taux des primes pour tous les voyages de mer et de rivière; ils s'entremettent pour opérer les assurances maritimes, et ils en rédigent les contrats concurremment avec les notaires. Ils sont tenus de consigner les détails de toutes leurs opérations sur un registre timbré qu'ils représentent aux employés de l'enregistrement à toute réquisition. L'amende, en cas de contravention, est de 50 francs.

III. *Courtiers interprètes et conducteurs de navires.* — Outre les conditions ordinaires, les courtiers qui veulent exercer, non seulement à l'égard des navires français, mais encore à l'égard des navires étrangers, doivent justifier, au moyen d'une déclaration émanée de quatre négociants ayant fait le commerce avec l'étranger et désignés par le Tribunal de commerce, qu'ils connaissent les langues qu'ils demandent à interpréter. Leur titre de courtier en désigne expressément les langues pour lesquelles ils sont commissionnés. Ces courtiers, appelés habituellement *Courtiers de navires* ou *Courtiers maritimes*, ont le droit exclusif de constater le cours légal du fret ou nolis; ils exercent également, à l'exclusion de tous autres, mais seulement dans les localités où ils sont établis, le droit de faire le courtage des affrètements, de traduire, en cas de litige, tous les actes de commerce dont la traduction est nécessaire, et de servir de truchement dans les affaires contentieuses de commerce. — Les courtiers d'assurances et les courtiers maritimes sont des officiers publics institués par décret; ils fournissent un cautionnement et leurs charges sont transmissibles. Ajoutons qu'il est permis de cumuler les fonctions suivantes : c. de commerce, c. d'assurance, c. maritime, agent de change.

IV. *Courtiers de transport par terre et par eau.* — Cette catégorie de courtiers n'existe qu'en théorie; le Code de commerce (art. 82), qui les a institués, est resté sur ce point lettre morte.

V. *Courtiers gourmets piqueurs de vins.* — Un décret du 15 déc. 1813 avait institué près de l'entrepôt des vins à Paris, 50 agents nommés par le ministre du commerce sur la présentation du préfet de police, et ayant le privilège exclusif soit de servir d'intermédiaires dans les transactions relatives aux boissons, soit de remplir l'office d'experts dans les contestations relatives à la qualité de la marchandise. Cette catégorie de courtiers a presque complètement disparu en fait, sinon en droit, depuis que la loi du 18 juillet 1866 a proclamé le principe de la liberté de la profession.

VI. — L'utilité des fonctions que remplissent les courtiers ne saurait être contestée. En effet, le chef d'un grand établissement industriel qui serait obligé de suivre personnellement l'achat et la vente, perdrait un temps précieux qu'il doit consacrer à ses opérations intérieures; et s'il se faisait remplacer par des commis, il aurait, en fin de compte, souvent dépensé des sommes énormes sans arriver à son but. Le c. fait mieux que le chef lui-même, et coûte moins qu'un commis : car il ne perçoit ses honoraires que sur des opérations réalisées, et ces honoraires sont peu de chose sur chaque affaire. La spécialité de ses fonctions lui donne tout d'abord une connaissance du client; de plus, il est impartial et désintéressé, attendu qu'il doit satisfaire également les deux parties. Mais si l'existence de courtiers particuliers est utile, comme l'est toute division du travail, on a souvent mis en doute la nécessité du privilège légal dont quelques-uns sont revêtus. Nous ne discuterons pas cette question qui, d'ailleurs, a perdu beaucoup de son intérêt depuis 1865. Notons seulement qu'avant cette époque il n'existait dans toutes les grandes places le commerce qu'un plus ou moins grand nombre d'individus désignés sous le nom de *Courtiers marrons*, qui faisaient le courtage sans être revêtus d'aucun caractère officiel. La loi de 1866 n'a fait que régulariser leur situation.

COURTIÈRE. s. f. T. Techn. Espace dans lequel tourne la roue d'un moulin à eau.

COURTIL. s. m. [Pr. *courtil* (gr. χόρτος, enclos). Petit jardin attenant à une maison de paysan. Vx.

COURTILIÈRE. s. f. (R. *courtil*). T. Entom. Genre d'insectes orthoptères. Voy. **GRYLLIDES.**

COURTILLE (LA), ancien quartier de Paris, sur les hauteurs de Belleville, qui était ombragé d'arbres séculaires et où s'établirent sous la Régence des cabarets célèbres. C'est là que se tenait le carnaval vers 1840.

COURTILZ DE SANDRAS, écrivain français né à Montargis (1644-1712).

COURTINE. s. f. (lat. *cortina*). Rideau de lit. Vx. || T. Art milit. Voy. **FORTIFICATION.** || T. Archit. Façade terminée par deux pavillons. || T. Blas. Partie du pavillon royal formant le manteau.

COURTINE (LA), ch.-l. de c. (Creuse), arr. d'Aubusson, 1,100 hab.

COURTISAN. s. m. (ital. *cortigiano*, m. s., de *corte*, cour, bas-lat. *curtis*). Celui qui vit à la cour, qui fréquente la cour. *Un vieux c. Un c. souple, adroit, fin, rusé.* || Par ext., Celui qui courtise quelqu'un, qui cherche à lui plaire, pour en obtenir quelque chose. *Ceux qui ont des emplois à donner ne manquent jamais de courtisans.* — *Une coquette aime à se voir entourée de nombreux courtisans.* Il vieillit dans ce dernier sens.

COURTISANE. s. f. (ital. *cortigiana*, m. s.) Se dit d'une femme de mœurs déréglées qui met ses faveurs à prix, mais se distingue des prostituées vulgaires par une certaine élégance de manières. *Il ne se plaît que dans la société des courtisanes.* — Dans le style élevé, se dit en parlant de toute femme qui se prostitue. *Une vile c.* — Se dit aussi quelquefois, par ext., d'une femme sans mœurs. *Ce n'est qu'une c.* || Se dit particul. des femmes de cette espèce chez les peuples de l'antiquité et dans les grandes villes de l'Italie. *Corinthe était célèbre par ses courtisanes. Les courtisanes de Venise.*

Hist. — Les courtisanes grecques avaient souvent un caractère de distinction, de bonne éducation et d'instruction qui s'est complètement perdu dans l'empire romain et au moyen âge. Les hommes les plus considérables et les mieux considérés se réunissaient chez les courtisanes célèbres pour y causer des affaires publiques, de la science, de la philosophie, etc. Ce rôle social, assez singulier, des courtisanes antiques s'explique par la condition des femmes mariées, que les mœurs reléguaient à l'intérieur du gynécée, où elles s'occupaient exclusivement des soins de leur ménage et de leurs enfants, sans pouvoir vivre jamais dans la société des hommes. Dès lors, les demeures des grandes courtisanes devinrent de véritables salons, au sens qu'a pris ce mot dans le cours du XVIIe siècle.

COURTISER. v. a. (ital. *corteggiare*, m. s., du bas-lat. *curtis*, cour). Faire la cour à quelqu'un dans l'espérance d'en obtenir quelque chose. *C. les grands. C. un ministre.* — Fam., *C. une femme, une jeune fille,* Être assidu près d'elle, chercher à lui plaire. *Il passe sa vie à c. les dames.* || Fig., *C. les Muses,* S'adonner aux lettres, et particulièrement à la poésie. = **COURTISÉ, ÉE.** part.

COURT-JOINTÉ, ÉE. part. T. Man. *Cheval c.-j. Jument court-jointée,* Cheval, etc., dont les articulations inférieures sont trop courtes.

COURT-MONTÉ, ÉE. adj. T. Man. *Cheval c.-m.,* Cheval qui a les reins bas.

COURTOIS, OISE. adj. (ital. *cortese*; esp. *cortes*, m. s., du bas-lat. *curtis*, cour). Civil, gracieux dans ses paroles et dans ses manières. *C. envers les dames. Il n'est guère c. Chevalier c.* || Se dit aussi des manières, des paroles, etc. *Façons, manières courtoises. Paroles courtoises.* — *Armes courtoises.* Voy. **TOURNOI.** = Syn. Voy. **AFFABLE.**

COURTOIS (JACQUES), dit le *Bourguignon,* peintre français (1621-1676).

COURTOIS (EDM.-BONAVENTURE), conventionnel, puis membre du Conseil des Anciens (1750-1816).

COURTOIS (BERNARD), chimiste français, né à Dijon, a découvert l'iode (1777-1838).

COURTOISEMENT. adv. D'une manière courtoise. *Il le reçut très c.*

COURTOISIE. s. f. (ital. *cortesia*, m. s.). Civilité, affabilité. *Il l'a traité avec beaucoup de c.* — Par ext., Bon office. *Je vous remercie de votre c.* Fam.

COURTOMER, ch.-l. de c. (Orne), arr. d'Alençon ; 1,100 hab.

COURTON. s. m. Troisième qualité de filasse.

COURTRAI ou **COURTRAY**, ch.-l. d'arr. de la Flandre Occidentale (Belgique), sur la Lys ; 29,100 hab. Défaite des Français par les Flamands en 1302, sous Philippe le Bel. Courtray est le centre d'un grand commerce de toiles fines.

COURT-TOUR. s. m. Écheveau de soie qui doit être porté à la teinture. — Pl. *Des courts-tours.*

COURT-VITE. s. m. Voy. COURE-VITE.

COURUE. s. f. (part. pass. de *courir*). Temps pendant lequel on laisse écouler l'eau, hors des étangs, dans le ruisseau qui sert à flotter le bois.

COURVILLE, ch.-l. de c. (Eure-et-Loir), arr. de Chartres ; 1,700 hab.

COUSCOU. s. m. Graine de maïs mondée.

COUSCOUS ou **COUSCOUSSOU**. s. m. Sorte de mets fait avec de la semoule de blé dur qu'on arrose de bouillon et qu'on mêle avec de la viande. *Le c. est le mets favori des indigènes de l'Algérie.*

COUSEAU. s. m. Botte de paille, de froment et de seigle mélangés.

COUSÉRANITE, s. f. (R. *Couserans*, n. de pays). T. Minér. Silicate d'alumine et de chaux.

COUSERANS. Voy. CONSERANS.

COUSEUSE. s. f. Femme qui coud. Se dit particulièrement des femmes qui cousent les livres pour les brocher. || Machine à coudre.
Techn. — L'idée d'exécuter mécaniquement les travaux de couture paraît avoir pris naissance aux États-Unis. Les premiers essais dans ce genre datent de la fin du dernier siècle ; mais ils ne furent pas couronnés de succès. Depuis lors, le problème a été complètement résolu, et nous possédons aujourd'hui un très grand nombre de machines à coudre qui fonctionnent convenablement. Notons encore que la plupart d'entre elles sont d'invention américaine. — Ces appareils peuvent se diviser en trois classes : machines à un seul fil et à une seule aiguille, produisant le point de chaînette ; machines avec deux fils, une aiguille et une navette produisant le point de navette, et machines avec deux fils et deux aiguilles, produisant un double point de chaînette. — Parmi les *couseuses* mécaniques qui appartiennent à la première caté-

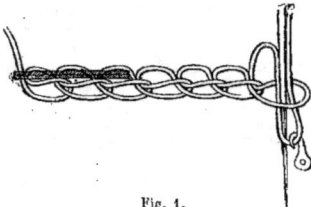

Fig. 1.

gorie, nous nommerons celle de l'Américain Singer, qui date de 1854. L'aiguille est fixée dans une broche verticale et percée à une petite distance de la pointe. Elle reçoit le fil d'une bobine placée sur la partie supérieure du bâti et qui se dévide au fur et à mesure du travail. C'est une pédale qui met l'aiguille en mouvement. Lorsque la pédale s'abaisse,

l'aiguille s'enfonce verticalement dans l'étoffe, et remonte aussitôt ; mais au moment où elle va s'élever, le fil qu'elle ramène en haut forme une boucle dans laquelle s'engage un crochet horizontal, qui l'empêche de s'échapper, et qui, reprenant sa première position, l'entraîne avec lui. Lorsque l'aiguille est remontée, le mécanisme fait parcourir à l'étoffe l'espace nécessaire pour former un point. Aussitôt l'aiguille s'enfonce de nouveau et forme, en remontant, une seconde boucle dans laquelle s'engage encore le crochet horizontal. Ce dernier, en se retirant, attire à lui cette deuxième boucle et abandonne la première. La même opération se renouvelant à chaque instant, on obtient un point de chaînette en dessous et un point en arrière en dessus (Fig. 1). Le point de chaînette ayant le défaut de se défiler très facilement quand le fil vient à se rompre, l'inventeur a prévenu cet inconvénient en munissant sa machine d'un organe qui forme un nœud tous les huit points. D'autres organes assurent la tension uniforme du fil et permettent de varier l'étendue du point (depuis 1 centim jusqu'à 1/2 millim.). Quand la couture est rectiligne, le mécanisme seul conduit l'étoffe ; si elle doit être courbe, c'est la main de l'ouvrière chargée de faire fonctionner l'appareil qui dirige le tissu. Enfin, la machine peut faire 500 points et même plus par minute. — Les machines à point de navette ont été imaginées dans le but d'éviter les inconvénients du *déraillement* inhérents au point de chaînette avant l'invention dont nous venons de parler. Dans ces machines, une aiguille verticale, percée près de la pointe, et alimentée par une bobine, comme dans le cas précédent, conduit le fil à travers

Fig. 2.

l'étoffe pour former une boucle. Alors une navette à mouvement circulaire ou rectiligne vient, en traversant cette boucle, y déposer un second fil. Ces deux fils forment ainsi un croisement dont l'intersection doit, pour donner un bon résultat, se loger dans l'épaisseur du tissu. On distingue dans cette catégorie les couseuses des Américains Elias Howe, Seymour et Singer. Celle de Howe date de 1846 ; elle est la première machine à coudre qui ait été inventée pour l'usage général, et on la regarde comme l'origine de l'industrie de la couture mécanique aux États-Unis. Du reste, ces machines présentent au-

Fig. 3.

jourd'hui de grandes variétés. Le point qu'elles forment est représenté par les Fig. 2 et 3, suivant que les tensions des deux fils sont égales ou inégales. — Comme type des machines de la troisième classe, nous citerons celle qui a été inventée en 1851 par les Américains Grover et Baker. Les deux aiguilles de cette machine sont alimentées par des bobines particulières. L'une de ces aiguilles est verticale et droite ; l'autre, qui tient lieu de la navette mentionnée précédemment, est circulaire et animée d'un mouvement de va-et-vient rotatif dans un plan horizontal. Le mouvement alternatif des deux aiguilles est combiné de telle sorte qu'il en résulte un double

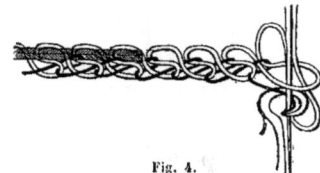

Fig. 4.

point de chaînette dans lequel les boucles successives du fil supérieur sont traversées et embrassées par celles que forme le fil inférieur (Fig. 4). Nous nommerons encore la couseuse d'Otis Avery (de Pennsylvanie). Ses deux aiguilles marchent par va-et-vient, à peu près dans le plan vertical qui renferme la ligne de la couture, mais en suivant des directions obliques, l'une au-dessous, l'autre au-dessus, de manière qu'en fonctionnant elles se croisent entre les deux étoffes. Cette machine produit un double point de chaînette, qui a cela de particulier que, la chaînette se trouvant entre les deux tissus, la couture ne présente qu'une piqûre ordinaire sur chacune des surfaces extérieures.

Les machines à navette sont les plus employées. Les machines à double point de chaînette présentent, il est vrai, sur celles-là, l'avantage de pouvoir desservir les deux organes par des bobines continues, ce qui évite la perte de temps résultant de l'enroulement du fil sur la navette; mais, en revanche, elles consomment beaucoup plus de fil. — Quel que soit le système adopté, la machine est mise en mouvement par une pédale ou une manivelle. Le plus souvent, les pédales, qui ont l'avantage de laisser les mains libres, sont réservées aux machines de grandes dimensions servant à la confection industrielle, et les petites machines employées aux usages domestiques sont à manivelle.

COUSIN, INE. s. (lat. *consobrinus*, m. s., de *cum*, avec, et *sobrinus*, cousin). Titre des parents qui n'ont pas de nom spécial. *Cousin germain* (du lat. *germanus*, frère, se dit de ceux qui sont issus de frères ou de sœurs. *Cousins issus de germains*, sont les cousins au second degré. || Autrefois, en France, le roi, dans ses lettres, traitait de *Cousin*, non seulement les princes de son sang, mais encore plusieurs princes étrangers, les cardinaux, les pairs, les ducs, les maréchaux de France, les grands d'Espagne et quelques seigneurs du royaume. — Prov. et fam., *Si telle chose m'arrivait, le roi ne serait pas mon c.*, Je m'estimerais bien plus heureux que lui. || Fig. et fam., se dit de ceux qui sont bons amis, qui vivent en bonne intelligence. *Si vous faites telle chose, nous ne serons pas cousins.*

COUSIN (JEAN), grand artiste français, né à Soucy, près de Sens, fut à la fois peintre, sculpteur, graveur et écrivain (1501-1590).

COUSIN (LOUIS), érudit français, directeur du *Journal des Savants* (1627-1707).

COUSIN D'AVALLON, compilateur et historien français (1769-1840).

COUSIN (VICTOR), philosophe français, chef de l'École dite éclectique (1792-1867).

COUSIN. s. m. (bas-lat. *culicinus*, dimin. de *culex*. m. s.). T. Entom. Nom vulgaire d'un insecte de l'ordre des diptères, dont la larve est aquatique et qui, à l'état d'insecte parfait, pique l'homme ou les animaux, produisant ainsi une enflure et une démangeaison des plus désagréables. Voy. NÉMOCÈRES. — Fam., et par un mauvais jeu de mots, *Être mangé des cousins* ou *Avoir toujours des cousins chez soi* Avoir souvent chez soi des parasites qui se disent cousins ou amis.

COUSINAGE. s. m. La parenté qui est entre cousins. *Il s'est introduit dans la maison sous prétexte de c.* Fam. |L'ensemble de tous les parents de quelqu'un. *Il invita tout le c.* Fam.

COUSINER. v. a. Traiter quelqu'un de cousin *Je vous cousine; de quel côté est-il votre cousin?* = COUSINER. v. n. Faire le parasite chez l'un ou chez l'autre sous prétexte de parenté ou d'amitié. *Il va c. chez l'un, chez l'autre.* || Famil., on dit de deux personnes d'humeur opposée, qu'*elles ne cousinent pas ensemble.* = SE COUSINER. v. pron. Se traiter réciproquement de cousin. *Je ne sais s'ils sont parents, mais ils se cousinent.* Vx. = COUSINÉ, ÉE. part.

COUSINIÈRE. s. f. Rideau de gaze dont on entoure un lit pour se garantir des cousins.

COUSIN-MONTAUBAN, comte de PALIKAO, général français, dirigea l'expédition de Chine en 1860 (1796-1878).

COUSOIR. s. m. T. Techn. Métier sur lequel on coud les livres. Voy. RELIURE. || Métier qui sert à la couture et au montage des gants.

COUSSIN. s. m. (all. *kissen*, ital. *cuscino*. m. s.). Sorte de petit sac cousu de tous les côtés et rempli de plume, de bourre ou de crin, etc., pour s'appuyer, pour s'asseoir ou pour mettre les pieds dessus. *Un c. de velours, de tapisserie. C. de voi-*

ture, de canapé, etc. || T. Mar. Pièce de bois tendre pour préserver les barres. || T. Artill. Gros billot de bois qui supporte la culasse d'une bouche à feu. || T. Chir. Sac rembourré qu'on emploie pour adoucir la compression de certains appareils. On dit aussi *Coussinet* || T. Techn. Sac plein de sable que les ciseleurs orfèvres mettent sous la pièce à ciseler. — Planche rembourrée sur laquelle le relieur coupe l'or. — Tissu de bitord que l'on place en divers endroits pour adoucir les frottements.

COUSSINE. s. f. T. Chim. Syn. de COSINE.

COUSSINER. v. a. Garnir de petits coussins.

COUSSINET. s. m. Petit coussin. *C. de selle, de cuirasse.* || T. Archit. Voussoir qui se trouve à la base d'un arc. Voy. ARCADE. || T. Techn. Pièce de fonte destinée à supporter les rails à double champignon. — Le cylindre ou demi-cylindre en bois, en métal, ou en pierre dans lequel tournent les tourillons de l'axe d'une machine. — Voy. aussi CHEMIN de fer. || T. Chir. Voy. COUSSIN.

COUSSINETTE. s. f. Variété de pomme.

COUSSO. s. m. Voy. KOUSSO.

COUSTIL. s. m. *Coustil à croix*, Épée analogue à l'épée de passot.

COUSTILLADE. s. f. [Pr. les *ll* mouillés] (R. *coustel*, une. et mauvaise orthogr. de *Coutel*, couteau). Coup de couteau. .

COUSTON. s. m. (Dimin. de *coste* ou *côte*). Filaments qui restent après que l'on a passé le chanvre écru.

COUSTOU, nom de trois sculpteurs français célèbres : NICOLAS (1658-1733), son frère GUILLAUME (1677-1740) et GUILLAUME, fils du précédent (1716-1777); ils embellirent de leurs œuvres Lyon, Paris, Versailles.

COÛT. s. m. Ce qu'une chose coûte. Il n'est guère usité qu'en style de palais. *Le c. d'un exploit. Les frais et loyaux coûts.* — Prov., *Le c. fait perdre le goût*, Le trop haut prix d'une chose en fait passer l'envie.

COUTANCES (anc. *Constantia*), ch.-l. d'arr. du dép. de la Manche, à 29 kil. de Saint-Lô; 8 100 hab. Belle cathédrale gothique des XIIe et XIIIe siècles. Évêché.

COÛTANT. adj. m. *Prix c.* Se dit du prix qu'une chose a coûté. *Je vous le céderai au prix c.*

COUTARDE. s. f. Espèce de pâtisserie.

COUTARÉA. s. m. T. Bot. Genre de plantes Dicotylédones de la famille des *Rubiacées.* Voy. ce mot.

COUTEAU s. m. (lat. *cultellus*, dimin. de *culter*, couteau). Instrument tranchant composé d'une lame et d'un manche, qui sert à couper, surtout à table. *C. de table, de poche, de cuisine. C. à manche d'ivoire, de nacre, d'argent. C. à deux lames, à deux tranchants. Il lui a donné un coup de c. Il lui mit le c. à la gorge, sur la gorge. — C. de tripière. C.* qui tranche des deux côtés Fig. et prov., on dit de celui qui dit du bien et du mal de la même personne: *C'est un c. de tripière, un c. à deux tranchants, qui tranche des deux côtés. — Jouer des couteaux*, Se battre à coups de c. || *Être sous le c.* Avoir le c. sur la gorge, Être menacé par un moment puissant; être sous l'influence d'une vive crainte qui détermine à faire ce qu'on ne voudrait pas faire. — *Aiguiser ses couteaux*, Se préparer à un combat ou à la dispute. *Ils sont à couteaux tirés*, Il existe entre eux une vive inimitié, une grande querelle. || *On vous en donnera des petits couteaux pour les perdre*, Se dit aux enfants à qui l'on refuse quelque chose. || Dans le style poét., *C.* se dit quelquefois d'un poignard, ainsi que de l'instrument avec lequel on égorgeait les victimes chez les anciens. *Il porta, il enfonça le c. dans le sein qui l'avait nourri. Le c. sacré. Les couteaux sacrés*, Épées courtes qu'on portait autrefois au côté. *Son ennemi avait une épée de longueur et lui n'avait qu'un c.* Vx. || *C. de chasse*, Courte épée qui d'ordinaire ne tranche que d'un côté, pour couper les branches, quand on passe au travers des bois, ou pour achever le sanglier et le cerf. || Dans les arts et métiers, on donne le nom de C. à une foule d'instruments tranchants qui servent à des usages fort différents. C. à amputation. C. interosseux. C. à cataracte. C. à doler. — C. circulaire. T. Pap. D.s-ques tranchants en acier, animés d'une assez grande vitesse de rotation entre lesquels passe le papier, qui est ainsi découpé comme par une paire de ciseaux, mais d'une manière continue. || C. à papier, C. de bois, d'os, d'ivoire, etc , pour couper les feuillets d'un livre broché, etc. || C. à pied. Sorte d'instrument du sellier. || T. Zool. Manche-de-c. Voy. Enfelumes. || T. Mar. Partie fixe et saillante du faux étambot; mè-he du gouvernail qui lui est opposée. || T. Mécan. Prisme triangulaire en acier dont l'arête la plus vive supporte le fléau d'une balance. — Voy. Coutellerie.

COUTEL. s. m. (anc. forme de couteau). Serpe pour couper les roseaux.

COUTELAS. s. m. (R. coutel, anc. forme de couteau). Sorte d'épée courte et large, qui ne tranche que d'un côté. || T. Blas. Meuble d'armoiries figurant un coutelas. || T. Mar. Petite voile appelée aussi Bonnette en étui. || T. Techn. Outil de papetier pour rogner le papier.

COUTELÉ, ÉE. adj. T. Mégisserie. Peau coutelée, Peau endommagée par le couteau.

COUTELET. s. m. (Dimin. de coutel ou couteau). T. Pêc. Entrée des bourdigues. || Petit couteau.

COUTELIER, IÈRE. s. (R. coutel, anc. forme de couteau). Celui, celle dont le métier est de faire ou de vendre des couteaux, ciseaux, rasoirs, lancettes, canifs, etc.

COUTELIÈRE. s. f. Étui dans lequel on met des couteaux. Inus. ; on dit maintenant, Une boîte à couteaux, et Une boîte de couteaux, lorsqu'elle est pleine de couteaux.

COUTELINE. s. f. Grosse toile de coton des Indes.

COUTELLERIE. s. f. [Pr. koutè-lerĕ] (R. coutel, anc. forme de couteau). La fabrication des couteaux, etc. Il apprend la c. || Fabrique de couteaux, ciseaux, canifs, etc. Rtablir une c. || Collectiv., Les produits fabriqués ou vendus par les couteliers. Il se fait un grand commerce de c. dans cette ville. La c. de Langres est depuis longtemps célèbre.

Techn. — On divise généralement la coutellerie en C. de cuisine, C. de table, C. fermante, Ciselerie, Rasoirs, et Instruments tranchants de chirurgie. Chacune de ces classes se divise en outre en commune, ordinaire et fine ou de luxe. Mais quel que soit l'article que l'on veuille fabriquer, il faut qu'il passe par quatre séries d'opérations successives : 1° le Forgeage, parfois suivi d'un travail à la lime, qui donne la première forme à la lame; 2° la Trempe et le Recuit, qui communiquent à l'acier la dureté nécessaire; 3° l'Émoulage, l'Affilage et le Polissage, qui donnent à la lame sa forme définitive, le tranchant et l'éclat; 4° le Montage ou l'Assemblage, qui consiste à joindre ensemble les diverses parties de chaque instrument.

Le Forgeage et le travail à la lime sont, en général, des opérations purement manuelles; cependant on a essayé d'y substituer en partie le travail mécanique. L'une des premières machines inventées à cet effet est due à un fabricant de Sheffield, nommé Smith. Cette machine, qui fonctionne depuis 1827, consiste en une espèce de laminoir dont le cylindre s portent, gravés en creux, les deux moitiés du moule de l'objet à fabriquer. Si l'on veut, par ex., faire des lames de couteau, on présente à ces cylindres une vergette d'acier chauffée au rouge, et on obtient une suite de lames p.n des les unes au bout des autres, et qui n'ont pas besoin d'être forgées On n'a qu'a séparer chacune d'elles au m yen d'une cisaille, après qu il on la termine par les procédés ordinaires

La Trempe et le Recuit ne peuvent être exécutés que par des ouvriers très intelligents, parce que c'est de ces opérations que dépend la qualité des tranchants. Les objets a tremper sont d'abord chauffés au rouge plus ou moins vif, puis plongés brusquement s it dans l'eau pure, soit dans de l'eau aiguisée de diverses substances acides ou salines, soit encore dans des bains essentiellement formes de corps gras. L'opération s'exécute ordinairement sur chaque pièce iso émeut; cependant, quand il s'agit des très petites lames, elle a lieu souvent sur un paquet de pièces. Enfin, pour quelques instruments spéciaux, la trempe ne se donne qu'après que le métal

a déjà été façonné à la meule. — Les pièces trempées ayant ordinairement une p.us grande dur.té qu'il ne convient pour l'usage auqu l on les d.stine, on la diminue en les soumettant au Recuit. Cette opération consiste à les porter lentement à une température assez élevée, mais toujours inférieure au rouge naissant.

L'Émoulage, l'Affilage et le Polissage s'exécutent au moyen d'une série de meules de différentes grandeurs et de différentes matières, auxquelles on imprime un mouvement plus ou moins rapide à l'aide d'un moteur quelconque, et sur la circonférence desquelles l'ouvrier presse l'objet à façonner. Lorsqu'il s'agit d'émoudre l'acier, c.-a-d. de l'entamer forcement p ur donner à une lame, par ex., sa for.ne définitive, on se sert de meules de grès quartzeux à grain fin. Quant à l'affilage et au polissage, il en a été parlé au mot Aiguisement.

Le Montage et l'Assemblage terminent la série des manipulations de la c. Tantôt, comme dans la fabrication des ciseaux, ces opérations se réduisent à une revision du travail qui a précédé le po.issage ; tantôt, comme pour les couteaux f.rmants et même pour certains c uteaux de table, elles comprennent des opérations secondaires très multipliées et donnent l.eu, en main-d'œuvre et en matières premières, à une dépense beaucoup plus considérab e que toutes les autres manipulations réunies. Autrefois, le même ouvrier terminait entièrement les objets, mais aujourd'hui la division de ce te partie du travail est poussée fort loin. La fabrication des manches, par exemple, exige de nombreuses opérations: sciage, polissage, ciselure, etc.

La fabrication de la c. a été pendant longtemps entièrement livrée à l'industri domestique. Encore aujourd'hui (1895) elle se fait dans une multitude de petits ateliers qui sont groupés autour d'un centre commun. Cependant la fabrication mécanique a fait de grands progrès. Parmi les vi les où cette industrie est surtout développée, nous citerons Birmingham et Sheffield, en Angleterre; Solingen, dans la Prusse rhénane ; Liège et Namur en Belgique. En France, les lieux où elle est concentrée sont Langres. Nogent-le-Roi (Haute-Marne), Thiers, Châtellerault et Saint-Étienne. A Langres, on ne fabrique presque plus ; mais il y a encore dans cette ville un grand commerce de c. que les négociants font venir de Nogent ou de Paris. L'usine la mieux installée est celle de Domine, près Chatelerault.

COUTELURE. s. f. (R. coutel, anc. forme de couteau) Défaut du parchemin endommagé par le couteau.

COÛTER. v. n. (lat. constare; ital. costare). Se dit du prix auquel une chose a été achetée. C. peu, beaucoup. C. cher Cette étoffe coûte 20 fr. le mètre. Ce domaine ne lui a pas coûté trop cher. || Par ext., se dit de la dépense qu'on fait pour une chose quelconque L'entretien d'un cheval coûte cher à Paris Sa nourriture ne lui coûte rien, Son pro ès lui a coûté cher. || Fig. et fam., Cela ne lui coûte guère, se dit de quelqu'un qui prodigue une chose ou ne la ménage pas assez. L'argent ne lui coûte guère. || Fig. Se dit encore en parlant des perles, des peines, des soins, qu'une chose nous occasionne, des sacrifices qu'elle nous impose, etc. Cela lui a coûté la vie. Cette faute lui coûta bien des larmes, bien des regrets. Cette victoire a coûté bien du sang Cette sottise lui coûtera cher. Cette place lui a coûté bien des bassesses. La peine qu'il m'en coûte. Il sait ce qu'il en coûte. || S'emploie absol. dans toutes les acceptions qui précèdent. Les plaisirs coûtent. La manie de bâtir coûte. Cette victoire doit coûter. Ce discours a dû lui c. — Rien ne lui coûte, Il n'épargne rien. Tout lui coûte, Tout ce qu'il fait exige beaucoup de travail de sa part. — Coûte que coûte, A que.que prix que ce soit, ou quoi qu il puisse arriver. || Figur , se dit encore des ch es qu'on ne fait qu'à regret, qu'avec répugnance. Je vous avouerai que cette démarche me coûte beaucoup, ou absolum., me coûte. Cela me coûte à dire. Il m'en coûte de vous faire des reproches. Il n'y a que le premier pas qui coûte. On dit aussi, dans ce sens, Rien ne lui coûte; tout lui coûte.

Obs. gram. — Coûter étant, d'après les grammairiens, un verbe neutre, on ne doit jamais, dit-on, faire accorder son participe. Ainsi, il faut dire i s vingt mille francs que cette maison m'a coûté ; l s peines que votre conduite m a coûté. Cette règle est fondue sur l'usage et la décision de l'Académie. Littré essaie de la justifier en faisant remarquer que le verbe C. ne s'emploie jamais au passif (on ne dit pas Dix francs ont été coûtés) et en affirmant que dans la locution, Cet objet coûte dix francs, il y a ellipse de la préposition *pour*. A la vérité, ces distinctions paraissent bien subtiles; elles compliquent inutilement l'orthographe, et nous ne voyons pas pourquoi c. ne serait pas un verbe actif. Le fait qu'il n'est pas usité au passif ne prouve rien. A ce reste, de grands écrivains l'ont considéré et traité comme tel.

> *Que de soins m'eût coûtés cette tête si chère.*
> RACINE.

> *Il mérite surtout les pleurs qu'il m'a coûtés.*
> VOLTAIRE.

> *Mes manuscrits raturés... attestent la peine qu'ils m'ont coûtée.*
> J.-J. ROUSSEAU.

COÛTEUX, EUSE. adj. Qui nécessite une grande dépense. *Les voyages sont c. La réparation de cette maison sera très coûteuse.*

COUTHON (PIERRE), conventionnel, second de Robespierre au Comité de salut public, périt avec lui sur l'échafaud (1756-1794).

COUTIER. s. m. Ouvrier qui fait des coutils. Fabricant qui en produit.

COUTIÈRES. s. f. pl. T. Mar. Gros cordages servant de haubans aux mâts d'une galère.

COUTIL. s. m. [Pr. *kouti*] (R. *couette*, du lat. *culcita*, matelas). Espèce de toile lissée et fort serrée, faite de fil de chanvre ou de lin, et qui sert à faire les lits de plume, des toies d'oreiller, des tentes, etc. *C. de Flandre, de Normandie. Il y a du coton dans ce c. Des coutils.*

COUTILLE. s. f. [Pr. les *ll* mouillées] (vx fr. *coutel*, couteau). Au moyen âge, sorte d'arme tranchante.

COUTISSÉES. s. f. pl. T. Broderie. Ensouples garnies d'une bande de grosse toile à laquelle on coud l'étoffe à broder.

COUTRAS, ch.-l. de c. (Gironde), arr. de Libourne; 4 200 h. Victoire de Henri de Navarre sur le duc de Joyeuse (1587). = Nom des hab. : COUTRILLON, ONNE.

COUTRE. s. m. (lat. *culter*, couteau). T. Agric. La pièce de fer d'une charrue qui est tranchante et sert à fendre la terre. Voy. CHARRUE. || Fer tranchant pour fendre le bois à échalas.

COUTRIER. s. m. Sorte de charrue entamant profondément la terre.

COUTRILLON. s. m. [Pr. les *ll* mouillées]. Espèce de bateau sur le canal du Midi.

COUTUME. s. f. (lat. *consuetudo*, m. s.). Usage qui existe chez un peuple. *C. ancienne, bizarre, barbare. Garder les vieilles coutumes. Nos pères avaient pour c. de... Cette c. s'est introduite, s'est conservée. C'était une c. reçue. C'est la c. du pays de... La c. était que...* || Se dit des institutions juridiques nées de l'usage d'un pays. *A Lacédémone, il n'y avait pour lois que des coutumes non écrites. C. locale.* — Dans ce sens, s'emploie spécialement en parlant du droit particulier qui existait, en France, avant 1789, dans différentes provinces, ainsi que dans certaines villes. *La c. de Bretagne, de Paris, etc. Rédiger une c. par écrit. Se marier suivant la c. de Normandie. Un point de c.* Se dit encore de certains droits et de certains impôts d'une nature spéciale qui existaient autrefois. *Payer la c. La c. qui se lève en cet endroit sur le vin.* — Us et coutumes, Règles, pratiques qu'on observe dans certains pays, certaines circonstances. *Cette marchandise ne doit pas la c.* || Habitude individuelle. *Chacun a sa c. Bonne, mauvaise c. Il a c. de se lever matin. Avoir c. de mentir. Il s'en est fait une c.* — Tourner une chose en c., S'autoriser de ce qu'on l'a déjà faite pour vouloir la faire toujours. *Si vous lui permettez cela une fois, il le tournera, il cherchera à le tourner en c.* Prov., *Une fois n'est pas c.* || Se dit aussi en parlant de ce qui arrive souvent aux choses inanimées. *Ce pommier a c. de donner beaucoup de fruits. Cette cheminée a coutume de fumer.* = DE COUTUME. loc. adv. A l'ordinaire. *Il en use comme de c. Il est plus gai que de c.*

Obs. gram. — On dit *Avoir c.* et *Avoir la c.*; mais ces deux locutions ne s'emploient pas indifféremment l'une pour

l'autre. *Avoir c.* se dit de l'habitude qu'a une personne de faire une certaine chose, et *Avoir la c.*, de l'usage particulier suivi par un peuple. *Mon frère a c. de se lever fort tard. Il y a des pays où les femmes ont la c. de se percer le nez pour y pendre des joyaux.*

Syn. — *Habitude.* — La *coutume* regarde l'objet, elle le rend familier; l'*habitude* a rapport à l'action même, elle la rend facile. L'une résulte de l'uniformité; l'autre s'acquiert par la répétition. Un ouvrage auquel on est *accoutumé* coûte moins de peine : ce qui est tourné en *habitude* se fait presque naturellement, et quelquefois même involontairement.

COUTUMIER, IÈRE. adj. Qui a coutume de faire ou de dire quelque chose, etc. *Il est c. de mentir.* Fam. et peu us. — *Il est c. du fait,* Il a coutume de faire une chose; se prend ordinairement en mauvaise part. || *Qui appartient à la coutume. Droit c.* — *Pays c.,* se dit, par oppos. à *Pays de droit écrit*, de tout pays où l'on suivait une coutume. Voy. DROIT.

COUTUMIÈREMENT. adv. D'une façon coutumière. — Suivant la coutume.

COUTUMIER. s. m. Recueil des coutumes d'un pays. *Le c. de Normandie. Grand c.* ou *C. général,* Recueil général des différentes coutumes de France.

COUTURE. s. f. (R. *coudre*). La réunion de deux choses qui sont cousues ensemble. *Grosse c. C. fine, plate,* etc. *Faire une c. Les coutures d'un habit, d'une chemise, d'un gant, d'une botte,* etc. *Un habit brodé sur toutes les coutures.* — *Rabattre les coutures,* Les replier et les aplatir sous le carreau. -- Fig. et pop., *Il faut lui rabattre les coutures,* se dit à un homme qui a un habit neuf, en le frappant par manière de plaisanterie; ou en parl. d'un homme dont l'orgueil aurait besoin d'être rabaissé. — Fig. et fam., *Battre une armée à plate c.,* La battre, la défaire complètement. || L'action de coudre. *Cette c. est aisée.* || Le métier de celui ou de ce qui coud. *Apprendre la c. Elle ne veut pas quitter la c.* || Par anal., La cicatrice qui reste d'une plaie, soit qu'elle ait été recousue ou non, et même des grandes marques que laisse la petite-vérole sur le visage. *Il a le visage tout rempli de coutures.* — Fil de fer tortillé pour assujettir les pièces d'un treillage. — Marque des joints du moule sur une figure coulée en plâtre ou en métal. || T. Archit. Assemblage de deux tables de métal. || T. Archit. navale. L'intervalle qui se trouve entre deux bordages et que les calfats remplissent d'étoupe; l'étoupe même qu'on fait entrer dans l'intervalle des bordages. || *C. mécanique.* Voy. COUSEUSE.

COUTURE (THOMAS), peintre français, né à Senlis (1815-1879).

COUTURÉ, ÉE. adj. Qui porte des cicatrices résultant de plaies ou de blessures et ressemblant à des coutures. *Il a le visage c. Il est tout c. de petite vérole.*

COUTURER. v. a. Couvrir de cicatrices ou coutures.

COUTURERIE. s. f. Atelier de couture.

COUTURIER. s. m. (R. *couture*). Celui dont le métier est de coudre. On emploie souvent ce terme maintenant comme synonyme de tailleur. Il y a même des couturiers pour dames — et il y en a toujours eu. || T. Anat. Se dit d'un muscle du membre inférieur qui fléchit la jambe sur la cuisse et la cuisse sur le bassin. *Les deux couturiers, en se contractant ensemble, quand on est assis, font croiser les jambes.* — Adjectiv., *Le muscle c.*

COUTURIÈRE. s. f. Celle qui travaille en couture. *C. en linge, en robes.* || T. Entom. Genre d'insectes coléoptères. Voy. CARABIQUES.

En 1675, un édit de Louis XIV fit remarquer qu'il était « bienséant et conforme à la pudeur » que les femmes fussent habillées par des femmes, et l'on retira aux tailleurs le droit de le faire. Mais il semble bien que les plus habiles couturières aient toujours eu au-dessus d'elles des couturiers plus habiles encore.

COUVADE. s. f. L'action de couver.

COUVAIN. s. m. coll. (R. *couver*). Se dit des œufs des abeilles, des fourmis, des punaises, et de quelques autres insectes. || T. Apic. On donne ce nom à l'ensemble des œufs, des larves et des nymphes contenus dans une ruche. L'œuf qui donnera une ouvrière subit son évolution complète en 21 jours, celui du mâle en 24 jours et celui de reine en 15 à 16 jours. Voy. ABEILLE.

COUVAISON. s. f. Temps où couvent les poules et autres oiseaux de basse-cour.

COUVÉE. s. f. coll. Se dit de tous les œufs qu'un oiseau couve en même temps, ou des petits qui en sont éclos. *Il y avait vingt œufs à la c. La poule et toute sa c.* || T. Poét. ou fam., Famille. *Sa chère couvée.* || Fig. et termes de mépris, Race, engeance. *Le père, la mère, les enfants sont tous fripons; toute la c. n'en vaut rien.*

COUVENT. s. m. (lat. *conventus*, réunion). Maison habitée par des religieux ou des religieuses; monastère. *C. de capucins, de chartreux. C. de filles*, Pensionnat de jeunes filles tenu par des religieuses *Mettre, enfermer une fille au c. La menacer du c. La vie de c.,La vie religieuse.* || Coll., La totalité des religieux ou religieuses qui vivent dans une même maison. *Tout le c. était rassemblé pour l'élection de l'abbesse.*

COUVER. v. a. (lat. *cubare*, être couché). Se dit des oiseaux qui se tiennent sur leurs œufs afin de les faire éclore. *Une poule qui couve ses œufs. Faire c. à une poule des œufs de canard.* — Absol., *C'est l'époque où les oiseaux couvent, Mettre à c. des poules. Cette poule veut c.* || Fig. et fam., *C. des yeux* une personne ou une chose, La regarder avec complaisance, ne pouvoir en détacher les yeux. *Elle couvait son fils des yeux. L'avare couve des yeux son trésor.* || Fig., en parlant des desseins, des projets, Y penser sans cesse, en attendant le moment de les mettre à exécution. *Cet homme couve de mauvais desseins. C'est un projet qu'il couve depuis longtemps.* || Fig.,*Tout cela couve une guerre civile, quelque grand malheur*, Tout cela prépare, finira par amener une guerre civile, etc. == COUVER. v. n. Se conserver à l'état latent; se dit d'une chose qui ne se manifeste par aucun signe extérieur, mais peut éclater tout à coup par suite d'une circonstance particulière. *La conspiration couvait depuis longtemps. Depuis ce moment, une haine violente couva dans son cœur. Le feu couve sous la cendre.* — Fig., *C'est un feu qui couve sous la cendre*, se dit d'une passion qui sommeille, mais n'attend que l'occasion d'éclater. — Fig. et fam., *Il faut laisser c. cela*, se dit d'un projet qui n'est pas mûr ou pour l'exécution duquel l'occasion ne paraît pas favorable. == SE COUVER. v. pron. Se préparer. *Il se couve quelque chose là-dessous.* — Couvé, ÉE. part.

COUVERCLE. s. m. (lat. *cooperculum*, m. s., de *cooperire*, couvrir). Ce qui est destiné, ce qui sert à couvrir un vase, une boîte, un coffre, etc. *Le c. d'une marmite, d'un pot. Mettre un c. sur... Attacher un c. à... Baissez le c.*

COUVERSEAU. s. m. (R. *couvrir*). Couvercle en planche pour la meule d'un moulin.

COUVERT. s. m. (part. pass. de *couvrir*). Tout ce qu'on met sur une table pour un repas, à l'exception des mets. *Mettre, ranger, ôter le c. — Grand c.*, Repas qu'un monarque fait en public avec un certain cérémonial. || L'assiette, la serviette, etc. destinées à chacun des convives. *Il y a tant de couverts sur la table. Mettez un c. pour monsieur. Avoir toujours son c. mis chez quelqu'un*, dans une maison, Être certain qu'on y sera toujours reçu à dîner comme un ami de la maison. || Un étui garni d'une cuil er, d'une fourchette et d'un couteau. *Quand il va à la campagne, il porte toujours son c. avec lui. — Une cuiller et une fourchette réunies. Une douzaine de couverts d'argent à filets* == Signifie aussi le logement, et, dans ce sens, il prend toujours l'article *le. Donner le c. à quelqu'un. Il n'est pas nourri dans cette maison, il n'y a que le c. Il aura du moins le vivre et le c.* || Lieu planté d'arbres qui donnent de l'ombre. *Allons nous mettre sous le c. de ces grands arbres.* || T. Fortif. Glacis qui couvre un chemin de ronde. || T. Blas. Édifice c. d'une toiture. == Sous LE COUVERT, avec une enveloppe portant l'adresse d'un tiers. *Cela est arrivé franc de port sous le c. du ministre. Adressez-moi vos lettres sous le c. de M' X.* || Fig. Avec

l'apparence de quelque chose. *Sous le c. de l'amitié, il lui fait le plus grand tort.* — Sous la responsabilité d'un supérieur. *Il agit en tout cela sous le c. du préfet.* == A COUVERT. loc. adv. ou préposit. A l'abri de. *Être à c. Être, se mettre à c. de la pluie, du mauvais temps.* — Se dit aussi dans un sens analogue en termes de guerre. *Être à c. Se mettre à c. du canon. L'attaque ne sera pas dangereuse de ce côté, on peut y aller à c.* On dit aussi : *Être à c. d'un bois, d'un marais, d'une rivière*, etc., Être protégé par un bois, etc. || Fig., s.gn., en sûreté, et se dit tant au sens physique qu'au sens moral. *Être à c. de ses ennemis. Mettre son bien, ses effets à c. Rien ne met à c. de la calomnie Son honneur est à c.* — Fig., *Être à c.*, sign., dans le langage du commerce, Avoir des sûretés qui garantissent les prêts ou les avances que l'on a faites à quelqu'un. || *Vendre à c.*, Vendre des valeurs qu'on a en sa possession au moment même du marché.

COUVERTE. s. f. (part. pass. fém. de *couvrir*). Objet qui sert à couvrir, s'emploie au lieu de *couverture* chez les militaires. || T. Mar. Toiture dont on couvre un bâtiment désarmé. Pont ou Tillac. || T. Techn. Matière vitrifiable dont on couvre la faïence et la porcelaine. Voy. CÉRAMIQUE. || T. Pap. Cadre à jour que l'on pose sur la forme et qui détermine l'épaisseur du papier fabriqué à la main. —Courroie sans fin qui suit la tôle métallique dans la fabrication du papier et qui sert à envoyer la pâte sur les rouleaux.

COUVERTEMENT. adv. Secrètement et en cachette. Vx.

COUVERTURE. s. f. (ital. *coprilura*, m. s. L'anc. fr. avait *covertur*, q., qui venait du lat. *coopertorium*). Ce qui sert à couvrir, à envelopper quelque chose. Se dit ordinairement d'une étoffe quelconque employée à cet usage. *Une c. de charrette, de fauteuil, de canapé*, etc. — Employé absol., il s'entend ordinairement d'une c. de lit. *C. de laine, de coton, de soie. C. piquée. — Faire la c.*, Replier le drap et la c. d'un lit, afin qu'on puisse y entrer plus facilement. — Fig., *Tirer la c. à soi.* Voy. TIRER. || Le papier, la peau, etc. dont on recouvre un livre. *La c. d'un livre. C. dorée C. imprimée.* || Ce qui forme la surface extérieure d'un toit. *La c. d'une maison. C. de chaume, de tuiles, d'ardoises, de plomb, de zinc. Abattre, réparer la c. Travailler à la c.* || Fig., Prétexte. *Sous c. d'amitié. Quelle c. peut-il donner à cette vilaine action?* Peu us. || T. Banq. et Comm. Garantie donnée pour assurer un paiement. Voy. BOURSE. || T. Techn. Pièce de gros acier dont on recouvre un morceau d'acier fin. || Plaque de tôle qui cache l'intérieur d'une serrure. || T. Agric. Couche de paille, de feuilles, de fumier, dont on couvre les semis. || T. Ornith. Plumes recouvrant le dessus et le dessous des pennes des ailes et de la queue. Voy. OISEAU.

COUVERTURIER, IÈRE. s. m. Celui ou celle qui fait ou vend des couvertures.

COUVET. s. m. (R. *couver*). Sorte de pot dans lequel on met de la braise et que les femmes du peuple mettent sous elles en hiver.

COUVEUSE. s. f. Poule qui couve, ou qui aime à couver. *Cette poule est une bonne c.* || Four dans lequel on fait les couvaisons artificielles.

Techn. — *Couveuse artificielle.* — L'idée de l'incubation artificielle des œufs de poule remonte aux anciens Égyptiens et aux Chinois. Le principal avantage de ce procédé est de rendre à la production des œufs tout le temps que les poules couveuses emploient à couver. On peut aussi l'appliquer aux œufs de cailles et de perdrix, qu'on trouve dans les champs au moment de la moisson. Il existe un grand nombre de couveuses artificielles. Dans tous les cas, elles se composent d'une boîte en bois de dimensions variables dans laquelle on place les œufs, et où l'on entretient une chaleur de 40° à 41°. Le plus souvent, cette température est obtenue au moyen d'un réservoir plein d'eau qui surmonte la boîte et qui est chauffé par une ou plusieurs lampes. Les œufs reposent sur du foin : il faut les retourner tous les jours. Après l'éclosion, les jeunes poussins doivent encore rester dans le c., au moins 24 heures. Ensuite on les transporte dans un autre appareil appelé *poussinière*. C'est une sorte de cage où l'on entretient une température moins élevée que dans la c., en y plaçant un réservoir d'eau plus ou moins chaude suivant la saison. Au bout de huit jours de réclusion, les poussins sont assez vigoureux pour sortir à l'air libre; mais il faut les laisser à portée de la poussinière ouverte, dans laquelle ils peuvent se réfugier à volonté. Pendant tout ce temps on les nourrit avec une pâte de son, de farine et de lait, qu'on dispose en gâteaux compacts sur lesquels ils viennent picorer.

Nous élevons en France 40 millions de poulets par année, et cette production est insuffisante pour les besoins de la consommation et de l'exportation ; plus de 4 millions de poules sont occupées à cette besogne et pondent environ 100 journées chacune à l'époque de l'année où la ponte a le plus d'activité. En estimant le déficit à 50 œufs par tête, on arrive à constater une perte de 200 millions dans la production des œufs, perte d'autant plus réelle que l'incubation artificielle, une fois installée, nécessite fort peu de frais et seulement quelques minutes de soins matin et soir.

Couveuse d'enfants. — Appareil destiné à élever dans les meilleures conditions de température et d'hygiène les enfants venus avant terme. C'est une caisse de bois contenant un panier d'osier garni d'ouate dans laquelle l'enfant est enveloppé, et fermé par un couvercle vitré. On y entretient une température moyenne de 32°. On ne sort l'enfant que pour lui donner sa nourriture, qui est de lait de vache ou d'ânesse coupé d'eau sucrée. Les plus grandes précautions doivent être prises pour garantir les enfants des germes pathogènes pour lesquels ils ont à cet âge une grande réceptivité ; les personnes qui les soignent doivent laver leurs mains et leurs vêtements avec une liqueur antiseptique. L'usage des couveuses permet de sauver environ 30 p. 100 des enfants nés trois mois avant terme, lesquels mouraient tous autrefois.

COUVI. adj. m. (R. *couvé*). Œuf c., Œuf gâté pour avoir été à demi couvé ou gardé trop longtemps.

COUVOIR. s. m. Appareil pour couver les œufs artificiellement.

COUVRE-CHEF. s. m. Bonnet, chapeau. Vieux et ne se dit plus que par plaisanterie. || T. Chir. Sorte de bandage pour la tête. *Le grand c.-chef se fait avec une serviette, et le petit c.-chef avec un mouchoir.* Les couvre-chefs sont peu usités. = Pl. Des couvre-chefs.

COUVRE-FEU. s. m. Ustensile de cuivre ou de fer qu'on met sur le feu pour le couvrir et le conserver pendant la nuit. || Le coup de cloche qui, dans certaines villes, marque l'heure de se retirer et de couvrir le feu. *Sonner le c.-feu.* Cet usage est aujourd'hui abandonné. = Pl. Des couvre-feu.

COUVRE-GIBERNE. s. m. Étui de cuir verni dans lequel on enveloppe la giberne. = Pl. Des couvre-gibernes.

COUVRE-JOINT. s. m. T. Techn. Maçonnage qui cache le joint de deux dalles. — Triangle de bois dont on couvre les joints des planches. = Pl. Des couvre-joints.

COUVRE-LIT. s. m. Pièce d'étoffe dont on recouvre un lit. = Pl. Des couvre-lits.

COUVRE-NUQUE. s. m. Partie d'un casque ou de toute coiffure qui couvre la nuque. = Pl. Des couvre-nuques.

COUVRE-PIED. s. m. Sorte de petite couverture qui ne s'étend que sur une partie du lit et qui sert à couvrir les pieds. *Un c.-pied de taffetas.* = Pl. Des couvre-pieds.

COUVRE-PLAT. s. m. Couvercle qu'on place sur un plat. = Pl. Des couvre-plats.

COUVRE-PLATINE. s. m. T. Artill. Plaque de plomb dont on recouvre la batterie-platine d'un canon. = Pl. Des couvre-platines.

COUVREUR. s. m. Artisan dont le métier est le couvrir les maisons.

COUVRIR. v. a. (latin, *cooperire*, m. s., de *cum*, avec, et *operire*, ouvrir). Se dit d'une chose qui est mise sur une autre, pour la cacher, la protéger, l'orner, etc., et s'emploie, soit en parlant de l'action de celui qui est la chose, soit du fait même de couvrir résultant de la chose mise sur une autre. *Je vais c. cette statue, ce tableau. C. son visage, se c. le visage d'un voile. C. une maison. La c. de chaume. C. une couche avec des paillassons. C. un livre de parchemin. C. un canapé de velours. C. un plat, un pot, etc.* On enleva

la terre qui couvrait le cercueil. — *C. une personne qui est au lit,* Mettre sur elle des couvertures en nombre suffisant pour la garantir du froid ou pour la faire transpirer. *C. le feu,* Mettre de la cendre dessus pour le conserver. || En parlant des vêtements, sign. Revêtir. *C. les pauvres. Ces malheureux étaient couverts de haillons.* || Par ext., Garantir, mettre à l'abri. *Il le couvrit de son bouclier, de son corps. Des gabions couvraient ceux qui travaillaient à la tranchée.* — Fig., *C. quelqu'un de sa responsabilité, de sa protection, de sa faveur.* || T. Guerre. Protéger, défendre. *Une armée de quarante mille hommes couvrit nos frontières de ce côté.* — *C. un siège,* Protéger un siège au moyen d'un corps d'armée chargé d'empêcher que l'ennemi ne vienne troubler les assiégeants. — Fig., *Le pavillon couvre la marchandise,* Les marchandises à bord d'un navire neutre, quelle que soit leur origine et leur destination, et pourvu qu'elles ne soient pas contrebande de guerre, doivent être à l'abri de la confiscation de la part des puissances belligérantes. || Fig. Cacher, dissimuler. *Une nuit profonde couvrait sa naissance. Il sait bien c. son jeu, ses desseins, ses défauts.* — T. Guerre. *C. sa marche,* La cacher, la dérober à l'ennemi ; et au sens moral, cacher ses desseins, ulcer à ses fins, sans que personne s'en aperçoive. || Fig., Pallier, excuser, faire pardonner. *On pourrait c. ses fautes en disant que... Quelques beautés ne sauraient c. les nombreux défauts de cet ouvrage.* || Sign. encore Mettre, répandre, jeter en grande quantité une chose sur une autre ; et se dit aussi des choses qui se répandent, qui s'étendent sur d'autres. *C. un habit de galons, un manteau de broderies. On couvrit de fleurs les rues où il devait passer. C. la mer de vaisseaux. C. une province de soldats. C. une table de mets. Les eaux débordées couvrirent toute la plaine. La neige couvre déjà nos campagnes. La foule qui couvrait la place publique. Une rougeur, une pâleur subite couvrit son visage.* — Fig., D'épaisses ténèbres couvrirent ses yeux. *Son discours fut couvert d'applaudissements. Le malencontreux orateur fut couvert de huées. C. quelqu'un de confusion. Cette action le couvrit de gloire.* — Fig. et par exag., *C. d'or un tableau, un domaine, etc.,* En offrir un prix excessif. || Fig., se dit d'un son ou d'un bruit qui en domine un autre et ne permet pas de l'entendre ou de le distinguer celui-ci. *L'orchestre couvrait les voix des chanteurs. Le bruit qui se faisait dans l'assemblée couvrait entièrement la voix de l'orateur.* || Fig., se dit aussi des recettes que l'on fait et que l'on considère par rapport aux frais, aux dépenses que l'on fait. *Le produit de la recette n'a pas été suffisant pour c. les frais.* || En parlant des animaux qui s'accouplent avec leurs femelles, on dit : *Il faut faire c. cette jument. Cette chienne a été couverte d'un épagneul,* ou mieux *par un épagneul.* || T. Jurisp. *C. une enchère,* Enchérir au-dessus de quelqu'un. — *C. la prescription,* L'interrompre. On dit de même, *C. la péremption, C. une nullité, une fin de non-recevoir,* Faire qu'elle ne puisse plus être opposée. Dans un sens analogue, on dit, *C. un crime. L'amnistie a couvert son crime,* ou *Son crime a été couvert par l'amnistie,* Grâce à l'amnistie, on ne peut plus le poursuivre pour ce crime. || T. Jeu. *C. une carte,* Mettre une carte sur une autre, ou mettre de l'argent sur sa carte. = Se Couvrir, v. pron. S'envelopper, se revêtir. *Se c. d'un manteau. Il n'a pas de quoi se c. Il fait froid, couvrez-vous bien.* — Dans un sens particulier, sign. mettre son chapeau sur sa tête. *Couvrez-vous, Monsieur. Les grands d'Espagne ont le droit de se c. devant le roi.* || Se mettre à l'abri derrière quelque chose. *Se c. de son bouclier.* — Par ext., *Se c. de son épée,* Se servir assez adroitement de son épée pour mettre à l'abri toutes les parties de son corps. — Fig., *Se c. d'un grand nom, d'un vain titre.* || T. Guerre. *Se c. d'un bois, d'une colline, d'une éminence, d'un marais,* Se poster près d'un bois, etc., en sorte qu'on ne puisse être attaqué que difficilement de ce côté. || Fig., Se cacher, se dissimuler. *Le vice cherche souvent à se c. des apparences de la vertu.* — *Se c. d'un prétexte,* Excuser sa faute sous un prétexte spécieux. || Mettre sur soi ; se dit en parlant d'une grande quantité. *Se c. de diamants, de pierreries.* — Fig., *Se c. de lauriers,* Avoir de grands succès militaires ; remporter une grande victoire. On dit également, *Se c. de gloire.* — *Se c. de boue,* S'avilir, tomber dans le dernier mépris. On dit dans le même sens, *Se c. d'opprobre, d'infamie. Se c. de crimes.* — *Se c. du sang de quelqu'un,* Tuer ou faire tuer quelqu'un ; se dit aussi que d'une action criminelle. Se dit aussi pour marquer qu'une chose est répandue ou se trouve en grande quantité sur une autre. *Son front se couvrit d'une aimable rougeur.* — Fig., *Ses yeux se couvrirent d'un*

230

nuage. — *Le ciel, le temps, l'horizon se couvre,* Il est obscurci par des nuages. Fig., *L'horizon se couvre,* Des événements malheureux semblent se préparer. || T. Jeu. Au Trictrac, *Se c.,* Placer une seconde dame sur la flèche qui n'en avait qu'une, parce qu'une dame seule peut être battue. == COUVERT, ERTE. part. *Une statue couverte d'un voile. Il arriva c. de sueur et de poussière. L'horizon était formé par des montagnes couvertes de neige.* — Fam., *Être bien c.,* Être bien vêtu, chaudement vêtu. || *Allée couverte,* Allée en berceau.* — Pays c.,* Pays rempli de bois. || Fig. et fam., *Servir quelqu'un à plats couverts,* Lui rendre en secret de mauvais offices. *Je serai plus loyal que lui, je ne le servirai pas à plats couverts.* || *Chemin c.,* voy. FORTIFICATION. || Dissimulé, caché. *Un homme c. Ennemi c. Haine couverte.* — Fig., *Mots couverts,* Mots qui cachent un autre sens que celui qui se présente d'abord. *Il lui fit entendre en mots couverts, à mots couverts que...* || Chargé, rempli de. *Une table couverte de mets. Être c. de blessures. Une contrée couverte de bois, de marécages.* — Fig., *C'est un homme c. d'opprobre, de dettes, de vices. Ce général revint c. de gloire.* || Protégé, dégagé de toute responsabilité. *Ce fonctionnaire est couvert par le ministre.* C'est le ministre qui a seul la responsabilité des actes du fonctionnaire. || *Vin c.,* Vin qui est d'une couleur trop foncée. == Conj. Voy. OUVRIR.

COUZA (ALEXANDRE), premier prince de Roumanie, de 1858 à 1866 ; mort en 1873.

COUZÉRANITE. s. f. Fausse orthographe de COUSÉRANITE.

COVARRUBIAS, célèbre jurisconsulte espagnol (1512-1577).

COVADO. s. m. T. Métrol. Mesure de longueur pour les étoffes, usitée en Portugal où elle vaut de 0ᵐ,66 à 0ᵐ,68.

COVARIANT. s. m. (R. *co,* préf. et *variant*). T. Math. Une fonction F déduite d'une ou de plusieurs fonctions données S, d'après une règle quelconque, est un *C.* lorsque, en transformant les variables de toutes les fonctions suivant une même fonction linéaire, la fonction F transformée ne diffère que par un facteur constant de la fonction F que l'on obtiendrait en appliquant la même règle aux fonctions S transformées. Il résulte de cette définition que si les fonctions S égalées à 0 représentent des courbes ou des surfaces, un *C.* sera le premier membre de l'équation d'une courbe ou d'une surface dépendant des courbes ou surfaces S par une règle indépendante du choix des coordonnées : car il est clair qu'en transformant les coordonnées on trouvera le même résultat soit en opérant sur la fonction F, soit en opérant sur les fonctions S et reformant ensuite la fonction F d'après la règle. Cette remarque donne la définition géométrique des covariants. — *C.* s'emploie aussi adject. *Fonction, courbe covariante.*
Si la fonction F, au lieu d'être une fonction des mêmes variables que les fonctions S, est une fonction de coordonnées tangentielles, les fonctions S étant des fonctions de coordonnées ponctuelles, et la courbe ou surface représentée par l'équation F = 0 étant toujours liée aux courbes ou surfaces S par des conditions indépendantes du choix des coordonnées, alors la fonction F sera dite un *contrevariant.* Si l'on effectue une transformation de coordonnées, la substitution qu'il faudra faire dans F ne sera plus la même que dans S.

COVELLINE. s. f. (R. *Covelli,* nom d'un chimiste italien). T. Miner. Sulfure naturel de cuivre CuS, en masses amorphes bleu foncé ou en lamelles rhomboédriques.

COVENANT. s. m. Ligue ou convention formée par les Écossais, en 1536, pour maintenir l'église dite presbytérienne telle qu'elle était alors. *Signer le c. Adhérer au c. Refuser le c.* Le *c. fut renouvelé* en 1638.

COVENANTAIRE. s. m. Celui qui avait adhéré au covenant.

COVENDEUR. s. m. (R. *co,* préf. et *vendeur*). Celui qui vend avec un autre un objet possédé en commun.

COVENTRY. v. du comté de Warwick (Angleterre) ; 42,500 hab. Rubans et montres.

COVID. s. m. T. Métrol. Mesure de longueur valant en Chine 0ᵐ,356 et aux Indes de 0ᵐ,457 à 0ᵐ,474.

COVILHA, ville de Portugal (Beira), 10,800 hab.

COVILHAM, voyageur portugais du XVIᵉ siècle, visita les côtes de l'Inde et de la mer Rouge.

COWLEY (ABRAHAM), poète anglais, né à Londres (1618-1667).

COW-POX. s. m. [Pr. *co-poxʼ*] (angl. *cow,* vache ; *pox,* variole). T. Méd. Éruption varioleuse qui se manifeste sur le pis des vaches sous forme de pustules dont le contenu constitue le *vaccin.* Voy. VACCINE.

COXA. s. f. Pl. *Coxæ.* T. Zool. Mot latin qui signifie hanche, et qu'on emploie pour désigner le premier article des pattes des animaux articulés, c.-à-d l'article qui s'articule avec le corps de l'animal et qu'on nomme aussi *article coxal.*

COXAL, ALE. adj. (gr. κοξά, hanche). T. Anat. Qui appartient à la hanche. *Os coxal,* voy. SQUELETTE. || T. Zool. *Article coxal,* voy. COXA.

COXALGIE. s. f. (gr. κοξά, hanche ; ἄλγος, douleur). T. Méd. L'expression de *C.* désigne fort inexactement la maladie à laquelle elle s'applique ; celle de *Coxarthrocace,* formée des trois mots grecs κοξά, ἄρθρον, articulation, et κακία, vice, qui signifient vice de l'articulation de la hanche, serait préférable si elle n'était pas aussi barbare ; enfin, celle de *Luxation spontanée du fémur,* qui est la plus usitée, a le défaut de n'indiquer qu'un symptôme particulier de l'affection, symptôme qui ne se produit que lorsque celle-ci est déjà fort avancée. — Quoi qu'il en soit de la valeur respective de ces termes, ils désignent une affection de l'articulation coxo-fémorale qui offre tous les caractères anatomiques et physiologiques des tumeurs blanches des articulations. Dans sa première période, la *c.* ne se révèle localement que par une douleur sourde et profonde de la hanche. D'abord intermittente et erratique, cette douleur devient fixe et plus vive ; fort souvent, elle se manifeste bien plus au genou qu'à la hanche elle-même. A cette époque, le malade se plaint de la faiblesse de membre affecté et commence à boiter. La seconde période est marquée par l'allongement du membre, et la troisième par son raccourcissement. Le second de ces phénomènes est la conséquence du premier. En effet, l'allongement du membre résulte de l'altération plus ou moins profonde des surfaces articulaires. Mais, lorsque cette altération est arrivée au point que la cavité cotyloïde n'a plus une profondeur suffisante pour loger et maintenir la tête du fémur, où il est ramené en haut de la cavité par les muscles qui s'y insèrent, et l'on observe tous les phénomènes caractéristiques de la luxation. Enfin, l'altération des parties affectées suit la marche qui lui est propre ; il se forme des abcès dans l'articulation et dans son voisinage, et dans l'immense majorité des cas le malade finit par succomber. — C'est qu'en effet, la *c.* ne constitue pas une simple lésion locale : elle est toujours liée à une affection générale, à la *scrofule,* c.-à-d. à la tuberculose latente à marche lente et insidieuse. Ainsi qu'il est facile de le comprendre, un traitement purement local est donc complètement insuffisant dans cette grave affection. Il faut s'adresser à la cause, à la tuberculose, en même temps qu'on a recours aux moyens thérapeutiques dont l'action est purement topique, comme les révulsifs appliqués sur le trajet de l'articulation et la cautérisation au thermo-cautère.
La thalassothérapie, l'huile de foie de morue iodée et les appareils orthopédiques constituent la traité thérapeutique anti-coxalgique : car la révulsion n'agit guère qu'aux débuts du mal. Non on est souvent obligé d'en arriver à des opérations chirurgicales.

COXALGIQUE. adj. 2 g. Qui a rapport à la coxalgie.

COXCIE, peintre flamand né à Malines (1499-1592).

COXO-FÉMORAL, ALE. adj. (lat. *coxa,* hanche ; *femur,* cuisse). T. Anat. Qui a rapport à la hanche et à la cuisse. *Ligament c.-f. Articulation coxo-fémorale.* Voy. ARTICULATION.

COYAU ou **COYER.** s. m. T. Charpent. Poutre placée horizontalement sans l'arêtier d'un comble. Voy. ARÊTIER. || Pièce de bois fixée sur la roue d'un moulin pour soutenir les aubes.

COYER. s. m. T. Techn. Voy. COYAU. || Ustensile de fer contenant de l'eau dans lequel les faucheurs mettent leur pierre à aiguiser.

COYOT. s. m. T. Impr. Sorte d'élargisseur qui se place sur les machines où l'étoffe passe au large et à l'état mouillé.

COYPEL (Noel), peintre français (1628-1707), directeur de l'Académie française à Rome, peintre du roi.—Antoine (661-1722), fils du précédent, premier peintre de Louis XV.—Noel-Nicolas, frère du précédent (1690-1734).

COYPOU. s. m. T. Mam. Nom spécifique d'un Rongeur du genre *Myopotame*. Voy. ce mot et Castor.

COYSEVOX, sculpteur français, décora de ses œuvres Paris et Versailles (1640-1720).

COYTHIER ou **COITIER**, médecin de Louis XI.

COZES, ch.-l. de c. (Charente-Inférieure), arr. de Saintes; 1700 hab.

CRABBE, prédicateur et poète anglais (1754-1832).

CRABE. s. m. (lat. *carabus*, m. s.) T. Zool. Genre de *Crustacés*. Voy. Brachyoures.

CRABIER. s. m. (R. *crabe*). T. Ornith. Espèce de Héron. Voy. ce mot. || T. Mam. Variété de chien. Voy. Chien. — Nom donné aussi à deux autres animaux qui se nourrissent de crabes. Voy. Raton et Marsupiaux.

CRABOTAGE. s. m. Première façon d'une ardoisière.

CRABRON. s. m. (mot lat). T. Entom. Nom scientifique du Frelon. Voy. ce mot.

CRABS ou **KRABS**. Jeu de dés d'origine anglaise. On dit aussi Creps, Chaps et Kraps.

CRAC. Onomatopée par laquelle on exprime le bruit particulier que font certains corps durs et secs lorsqu'on presse dessus ou lorsqu'ils éclatent. *J'entendis c., et ma chaise était cassée. La solive fit c. en éclatant.* || S'emploie aussi fam. et en manière d'interjection, pour marquer la soudaineté d'un fait. *Il me dit adieu, et puis c., le voilà parti !*

CRACHAT. s. m. (R. *cracher*). La salive et les mucosités que l'on crache. *Crachats muqueux, sanguinolents*, etc. — Prov. et par exag., *Il se noierait dans un c., dans son c.*, se dit d'un homme malhabile et malheureux. — Fig. et prov., *Cette maison n'est pas faite que de boue et de c.*, Elle n'est bâtie que de mauvais matériaux. || *C. de grenouille*, T. Entom. Nom vulgaire du *Cercope écumeur*. Voy. Cicadaires. || La plaque que portent les membres des ordres de chevalerie qui sont revêtus d'un grade supérieur. Pop. || T. Serrur. Défaut d'une glace qui ressemble assez à une toile d'araignée.

CRACHE. s. f. (R. *cracher*). T. Métall. Rejet de matière par le devant de la tuyère.

CRACHEMENT. s. m. Action de cracher. || T. Mach. Fuite à jet intermittent par les soupapes de sûreté des cylindres ou par un point quelconque. || T. Armur. *C. d'une capsule*, C. des gaz par la culasse d'une pièce.

Physiol. — Le mot *Crachement* est un terme générique qui désigne l'action de chasser de la bouche une matière quelconque qui y est contenu. Le c. reçoit le nom d'*Expulsion*, lorsque la matière vient de la bouche seulement, comme la salive, et celui d'*Expectoration*, quand elle vient de la trachée ou des bronches — Le terme de *Crachat*, au contraire, s'applique à toutes les matières évacuées par la bouche, sauf les substances introduites du dehors et les matières du vomissement. Les crachats sont le produit de la sécrétion qui s'opère dans les cryptes muqueuses des branches, de la trachée, du pharynx et de la cavité buccale, mêlé avec une certaine quantité de salive. Les crachats sont dits *sanguinolents*, quand à la mucosité se trouve mêlée une certaine quantité de sang ; *sanglants*, quand ils sont formés par du sang presque pur ; *striés*, lorsque le sang est répandu par filets dans la matière muqueuse ; *rouillés*, quand il est fondu avec celle-ci, et lui communique une couleur de rouille ; *éruginaux*, lorsque leur couleur ressemble à celle de la rouille verdâtre du cuivre ; *bilieux*, quand ils semblent colorés en jaune verdâtre par de la bile, et *porracés*, quand ils sont d'un vert de poireau. Voy. Hémoptysie.

CRACHER. v. a. (origine germanique ; anc. scand. *hrdk*, salive ; *hrœkia*, cracher). Pousser, jeter dehors la salive, les mucosités ou toute autre chose qu'on a dans la bouche, la gorge, le poumon. *Il crache du sang. Il crache le sang.* — Par exag., *C. ses poumons.* — Absol., *Il n'a fait que c. toute la nuit. C. au nez, au visage de quelqu'un.* || Fig. et fam., *C. des injures*, Injurier, dire beaucoup d'injures. — Fig. et prov., *Il crache contre le ciel*, se dit d'un homme qui parle contre Dieu, ou contre des puissances que ne peuvent atteindre ses ridicules attaques. *Il a craché en l'air et cela lui est retombé sur le nez*, se dit de quelqu'un qui a dit ou fait une chose dont il lui est arrivé quelque désagrément. On dit aussi, *C. en l'air*, Faire ou dire une chose absolument inutile. *C. du latin, C. du grec*, Parler latin ou grec à tout propos, et par conséquent mal à propos. On dit de même, *C. des sentences, des proverbes*, etc., Les prodiguer à tout propos dans la conversation. — Fig. et fam., *Cela est à c. dessus*, se dit d'une chose pour laquelle on veut témoigner le plus profond mépris. *C. au bassin.* Voy. Bassin. — Fig. et fam., *Cette plume crache*, se dit d'une plume mal taillée qui fait jaillir l'encre de côté et d'autre. — On dit de même qu'un *fusil crache*, lorsqu'une partie de l'amorce s'échappe en étincelles. Dans les fonderies, on dit également que *le moule a craché*, lorsque, renfermant quelque humidité, il rejette une partie du métal en fusion. — Dans les chemins de fer, se dit d'une locomotive quand elle projette l'eau que la cheminée l'eau que la vapeur a entraînée. = Craché, ée. part. — Fig. et fam., *C'est son père tout c.*, se dit d'un fils qui ressemble beaucoup à son père.

CRACHEUR, EUSE. s. Qui crache souvent.

CRACHOIR. s. m. Petit vase de faïence, de zinc ou d'autre matière, rempli de sable ou de sciure de bois, et dans lequel on crache.

CRACHOTEMENT. s. m. Action de crachoter.

CRACHOTER. v. n. fréquentatif. Cracher souvent et peu à la fois. *Il ne fait que c.*

CRACOVIE, v. d'Autriche sur la Vistule, anc. métropole de la Pologne; 66,400 hab.

CRACOVIENNE. s. f. (R. *Cracovie*, n. de ville). Danse populaire vive et légère.

CRACQUE. s. f. T. Mines. Fente dans les exploitations de mines.

CRADEAU. s. m. T. Pêc. Nom vulgaire de la sardine.

CRAESBEKE (Joseph van), peintre de l'École flamande, né à Bruxelles (1610-1661).

CRAFFE. s. f. (cell. *crag*, pierre). T. Mines. Banc de pierre qui gêne l'exploitation d'une ardoisière.

CRAG. s. m. (mot celt sign. *pierre*). T. Géol. Calcaire coquillier de l'étage supérieur du terrain supercrétacé.

CRAI. s. m. (même mot que *crag*). Gravier calcaire qui recouvre la plaine de la Côte-d'Or.

CRAIE. s. f. (lat. *creta*, m. s.). Sorte de pierre calcaire et tendre, qui est blanche et propre à marquer. Voy. Chaux. — *C. de Briançon.* Voy. Talc.

CRAILLEMENT. s. m. [Pr. les *ll* mouillées]. Cri de la corneille.

CRAIN. s. m. Solution de continuité dans les couches de houille. || Nom que les mineurs donnent aux fissures de séparation des couches. || Sorte de terrain très dur. Voy Chou.

CRAINDRE. v. a. (lat. *tremere*, m. s. ?). Redouter, appréhender, avoir peur. *C. quelqu'un. Il le craint peu. Je ne vous crains pas. On le craint plus qu'on ne l'aime. Que craignez-vous de lui ? Je n'ai rien à craindre de lui. C. le tonnerre. C. le péril, les dangers. C. la violence, l'injustice. C. la douleur. C. les reproches. C'est un homme qui ne craint rien. Il craint ce mariage. C. des obstacles. Cette circonstance lui fit c. un changement dans la disposition des esprits. Se faire c. de quelqu'un. C. pour sa fortune, pour sa réputation, pour sa vie*, etc. *C. de fâcher quelqu'un. Je crains qu'il ne vienne. Ce malheur est* à c. — Fam., *Il ne craint ni Dieu ni diable*, se dit d'un méchant homme, ou d'un homme déterminé qui ne reculerait devant rien. — Absol., *On voit bien qu'il craint.* — *Je ne crains pas de le dire, de l'affirmer*, Je ne crains pas de le dire, etc., parce que j'en suis certain. || Se dit aussi des animaux. *Un chien qui craint son maître. Ce cheval craint l'éperon. Cet animal craint l'eau*, N'entre dans l'eau qu'avec répugnance. || Respecter, révérer. *C. Dieu. C. son père, sa mère.* || Se dit aussi des choses par rapport à celles qui leur sont contraires, qui peuvent leur nuire. *Cet arbre ne craint pas le froid. Ce vase ne craint pas le feu. Cette couleur craint le soleil.* == CRAINT, AINTE. part. == Conjug. Voy. PEINDRE. == Syn. Voy. APPRÉHENDER.

Obs. gram. — L'emploi de la négation après le verbe *Craindre* présente parfois quelques difficultés. « Il y a, dit Girault-Duvivier, deux cas à considérer : lorsqu'on désire la chose exprimée par le complément du verbe, ou lorsqu'on ne la désire pas. — 1° Lorsqu'on désire la chose, on *craint* qu'elle n'arrive pas. La proposition subordonnée est donc toujours négative, et prend *ne pas*, quelle que soit la forme de la proposition principale. *Je crains qu'il ne réussisse pas. Craignez-vous qu'il n'arrive pas ?* — 2° Lorsqu'on ne désire pas la chose, on la craint. Dans ce cas, la proposition subordonnée prend *ne* sans *pas*, pourvu que c. n'ait ni la forme négative, ni la forme interrogative. *Il craint que son père ne revienne.* » Quand le verbe *C.* est affecté d'une négation, la proposition subordonnée ne doit pas prendre *ne*, parce qu'alors il n'y a ni incertitude ni inquiétude. On doit donc dire : *Il ne craint pas que son père arrive.* Lorsque c. a la forme interrogative, il faut, lorsque la proposition subordonnée ne prenne pas *ne*, que le verbe *C.* ait lui-même un sens purement négatif. *Comme il est innocent, peut-il c. que la justice fasse une enquête ?* L'innocent, en effet, ne craint pas que la justice fasse des recherches. Mais si *C.*, dans sa forme interrogative, présente une idée d'incertitude, la proposition subordonnée exige *ne*, comme dans cet ex. : *Craignez-vous qu'il ne soit arrivé quelque chose de fâcheux à vos enfants ?* — Enfin, lorsque *C.* est négatif et interrogatif en même temps, on doit joindre *ne* au verbe subordonné : *Ne craignez-vous pas que votre père ne vienne ?* car ici il y a inquiétude, au moins dans l'esprit de la personne qui parle. — Les mêmes observations s'appliquent aux verbes *Appréhender, Trembler* et *Avoir peur.*

CRAINTE. s. f. (part. pass. de craindre). Sentiment de trouble et d'inquiétude déterminé dans l'âme par l'idée d'un mal plus ou moins prochain ou simplement possible. *Grande, vaine, juste c. C. fondée, mal fondée. C. salutaire. La c. du châtiment. La c. de la honte. La c. de la mort. La c. de déplaire. Mouvement de c. Avoir de la c. Sentir, éprouver de la c., des craintes. Être saisi, pénétré, rempli de c. Perdre, abjurer toute c. Donner, inspirer, imprimer de la c. ou des craintes. C'est la c. qui lui a fait faire cela. Il était troublé de c. Il vit toujours en c. Surmonter ses craintes. Flotter entre la c. et l'espérance. La c. est empreinte sur son front. Il passa de la fureur à la c. la plus lâche. Cet événement porta la c. dans toute la ville. Jeter, semer des craintes. C. grave*, Celle que peut produire un danger considérable et présent; se dit par opposit. à *C. légère. C. servile*, Celle qui naît de la seule appréhension du châtiment. || Sentiment mêlé de respect et de vénération. *C. filiale, C. respectueuse. La c. de Dieu est le commencement de la sagesse.*

Je crains Dieu, cher Abner, et n'ai point d'autre crainte.
           RACINE.

T. Droit. *C. révérentielle*, Celle qui naît du respect que nous devons à nos parents. — *De c. de, de c. que*, loc. conj. De peur de, de peur que. *De c. d'être surpris. De c. qu'il ne fût parti.* De nul quelquefois, *C. de malheur, d'accident. C. de pis*, etc. == Syn. Voy. EFFROI.

CRAINTIF, IVE. adj. (R. *crainte*). Timide, peureux, sujet à la crainte. *Un enfant c. Un naturel c. Une âme craintive. Un amour c. Cet animal est c. de son naturel. Les mauvais traitements l'ont rendu c.*

CRAINTIVEMENT. adv. Avec crainte, *Agir, parler c.* Peu us.

CRAMAILLIER. s. m. [Pr les *ll* mouillées] (même origine que *crémaillère*). T. Horlog. Râteau denté dont se sert l'horloger. — Pièce des montres à répétition.

CRAMBE. s. m. (gr. κραμϐή, chenille du chou; == (gr. κράμϐη, chou). T. Entom. Genre de papillons. Voy. TINÉITES. || T. Bot. Genre de plantes Dicotylédones appartenant à la famille des *Crucifères*. Voy. ce mot.

CRAMER (J.-André), poète lyrique, historien et romancier allemand (1723-1788). == Son fils, CHARLES-FRÉDÉRIC, a traduit en français le *Messiade* de Klopstock (1752-1807).

CRAMER (J.-B.), compositeur et pianiste allemand distingué (1771-1860).

CRAMEUX. s. m. (R. *crème*). Vase à faire prendre la crème.

CRAMINER. v. a. Fouler les peaux avant de les tanner.

CRAMOISI. s. m. (ital. *cremisino*, de l'ar. *karmesi*, dérivé de *kermès*). Couleur de rouge foncé. || Procédé de teinture qui rend les couleurs où on l'emploie plus vives et plus durables. *Étoffe teinte en c.* — Fig. et prov., *Être sot, être laid en c.*, Être extrêmement sot, extrêmement laid. Vx.

CRAMOISI, IE. adj. Qui est de couleur cramoisie. *Rouge c. Velours c.* || Fig. et fam., *Devenir tout c.*, Rougir extrêmement, soit de honte, soit de dépit, etc. *Il est devenu tout c. quand je lui ai dit cela.*

CRAMOISIÈRE. s. f. Variété de poire à couteau.

CRAMPE. s. f. (all. *krampf*, m. s.) T. Méd. Contraction convulsive et douloureuse du tissu musculaire. *Avoir des crampes. Il lui prit une c. en nageant.* Autrefois on disait aussi, *Goutte-crampe.* || T. Mar. Espèce de crampon. — Pièce de cuir pour attacher la gaine des pistolets à la selle d'un cheval. || T. Techn. Pièce de fer qui maintient le mât sur ses tins. || T. Techn. Pièce de cuir pour attacher la gaine des pistolets à la selle d'un cheval.

Méd. — On donne ce nom à une contraction involontaire et douloureuse de certains muscles, surtout de ceux de la jambe, du bras, des doigts et du cou. Les crampes de la jambe surviennent le plus souvent pendant la nuit : elles sont également très fréquentes quand on se livre à l'exercice de la natation. Il suffit, pour les faire cesser, d'appuyer fortement le pied sur le sol, en étendant le membre inférieur de façon à empêcher les contractions musculaires. Les crampes résultent ordinairement d'une fausse position, ou bien de la compression directe d'un muscle ou d'un nerf. Quelquefois, cependant, elles paraissent dépendre d'un état anormal du système nerveux, comme dans les affections saturnines et le choléra-morbus. — On appelle *C. d'estomac*, une douleur vive qui semble avoir son siège dans les parois de ce viscère. On suppose qu'elle est due à la contraction spasmodique de la tunique musculaire de cet organe.

Crampe des écrivains. — Névrose caractérisée par une contraction spasmodique involontaire, très douloureuse, des muscles de la main et des doigts. On l'observe chez les gens qui écrivent beaucoup, surtout ceux qui écrivent à main levée, sans appuyer l'avant-bras horizontalement sur une table, et qui font usage de porte-plumes trop minces et de plumes trop dures. La maladie débute par une raideur des doigts qui rend l'écriture tremblée et irrégulière; sa marche est progressive, et quoiqu'elle ne mette pas la vie en danger, elle est cependant très sérieuse, puisqu'elle peut obliger les personnes qui en sont atteintes à abandonner leur profession, l'écriture devenant souvent tout à fait impossible. Duchenne de Boulogne et Onimus ont obtenu quelques résultats favorables par le moyen de l'électricité, mais la plupart du temps, les divers moyens qui ont été proposés pour la guérison demeurent impuissants. Alors, pour continuer à écrire le malade doit avoir recours à un appareil mécanique. Autrefois on disait de Velpeau ou de Duchenne de Boulogne. Ces appareils immobilisent les doigts, et celui qui en fait usage doit tracer les lettres par le mouvement du poignet et de l'avant-bras. Pour éviter cette affection, on recommande aux personnes qui écrivent beaucoup d'employer des porte-plumes gros et légers, comme ceux de liège, et des plumes très grosses. — Il existe aussi une crampe des télégraphistes qui présente les mêmes symptômes.

CRAMPON. s. m. (all. *krampe*, m. s.). Pièce de fer recourbée, à une ou plusieurs pointes, qui sert dans les ouvrages de maçonnerie, de charpenterie ou de menuiserie, à attacher fortement quelque chose. *Attacher avec un c. Cela est tenu par des crampons de fer.* || Bout recourbé qu'on fait exprès aux fers d'un cheval, quand on veut le ferrer à glace. || T. Blas.

Figure héraldique en forme de Z, laquelle représente un instrument de fer, de même forme et de même nom, qu'on plantait dans les murailles, et auquel on attachait une échelle de cordes, quand on voulait escalader une place. || Se dit d'un homme ou d'une femme dont on ne peut se défaire. *C'est un vrai c.* Pop. || T. Bot. Nom donné à des racines adventives naissant sur toute la longueur de certaines tiges (celles du Lierre, par ex.) et qui demeurent courtes et inactives, ne servant qu'à fixer la plante aux murs ou aux arbres le long desquels elle grimpe.

CRAMPONNER. v. a. [Pr. *kran-po-ner*]. Attacher avec un crampon. *Il faut c. cette pièce de bois.* — *C. des fers de cheval*, Y faire des crampons. — *C. un cheval*, Le ferrer avec des fers à crampon. == SE CRAMPONNER. v. pron. S'accrocher. *La tige du lierre se cramponne aux corps voisins.* || Fig., S'attacher fortement à quelque chose pour n'en être point arraché. *Il se cramponna si fort à ces barreaux de sa prison qu'on eut de la peine à l'en arracher.* — Fig., au sens moral. *C'est un homme qui se cramponne à vous jusqu'à ce qu'il ait obtenu ce qu'il demande.* == CRAMPONNÉ, ÉE. part. — Fig. et prov., *Avoir l'âme cramponnée dans le corps*, Avoir la vie dure || T. Blas. Se dit des croix et autres pièces qui ont à leurs extrémités une demi-potence.

CRAMPONNET. s. m. [Pr. *kran-po-nè*] (Dimin . Petit crampon. Partie d'une serrure dans laquelle on met le pêne. || Conduit du verrou d'une targette.

CRAMPTON (THOMAS RUSSEL), célèbre ingénieur anglais, inventeur des premières locomotives à grande vitesse (1816-1888).

CRAN. s. m. (lat. *crena*, ou all. *karn*, m. s.). Entaille qu'on fait à un corps dur pour accrocher ou arrêter quelque chose. *Le c. d'une arbalète. Hausser, baisser la c. d'une carabine* || Fig. et fam., *Monter, descendre d'un c.*, Passer de l'emploi qu'on occupait à l'emploi immédiatement au-dessus ou au-dessous. *Au lieu de l'avancer, on l'a fait descendre d'un c.* — On dit également que *la fortune, le crédit, la santé, l'esprit de quelqu'un a baissé d'un c.*, pour exprimer qu'il a diminué sensiblement. On dit aussi quelquefois, dans le sens contraire, *Hausser d'un c.* || *C. de mire*, Entaille sur les bouches à feu pour déterminer la ligne de mire. || T. Exploit. houill. Crevasse par où se perdent les eaux. || T. Métal. Défaut d'un métal mal forgé ou mal étiré || T. Mar. *Mettre un vaisseau en c.*, Le mettre en carène, le radouber. || T. Techn. Petite entaille vers le bas de chaque caractère d'imprimerie. Voy. TYPOGRAPHIE. || T. Bot. Nom vulgaire donné au *Raifort sauvage (Cochlearia Armoracia).* Voy. CRUCIFÈRES.

CRANACH (LUCAS DE), peintre allemand (1472-1553).

CRANAGE. s. m. Horlog. Opération qui consiste à enlever l'excès de matière qui reste à la base des dents d'une roue que l'on vient de former.

CRANAÜS, roi d'Athènes, succéda à Cécrops, vers le XVIe s. av. J.-C.

CRANCELIN. s. m. (all. *krantzlein*, dimin. de *krants*, couronne). T. Blas. Portion de couronne à fleurons posée en bande à travers l'écu, du chef à la pointe. Voy. ARMOIRIES, fig. 12.

CRÂNE. s. m. (gr. χρανίον, m. s.). T. Anat. Les anatomistes divisent la *Tête*, ou l'extrémité supérieure du corps humain, en deux parties principales, qui sont le *C.* et la *Face*.

1. — Le *C.* est la boîte osseuse ou l'assemblage des os qui renferment et protègent l'encéphale. Il forme les parties supérieure et postérieure de la tête. Sa partie supérieure, arrondie et courbée régulièrement (Fig. 1) est la *voûte*; sa partie inférieure, plate et irrégulière, est la *base* (Fig. 2. Face supérieure et interne de la base; 3. Face inférieure de cette même base). Il se compose de huit os : le *Frontal* ou *Coronal*, les deux *Pariétaux*, les deux *Temporaux*, l'*Occipital*, le *Sphénoïde* et l'*Ethmoïde*. Le *Frontal* (Fig. 3), ainsi que son nom l'indique, occupe la partie antérieure du c., et constitue le front. Les *Pariétaux* (Fig. 1, L) forment la partie supérieure et une grande partie des parois latérales du c. Les *Temporaux* (Fig. 1, T), placés à la partie inférieure et antérieure des pariétaux, concourent à former les parois latérales et la base. La partie du temporal appelée *Rocher* (Fig. 2, L) est de consistance éburnée, et se trouve percée de cavités multi-

ples pour loger le sens de l'ouïe. L'*Occipital* (Fig. 2 et 3, O) complète la voûte au-dessous et en arrière des pariétaux, et

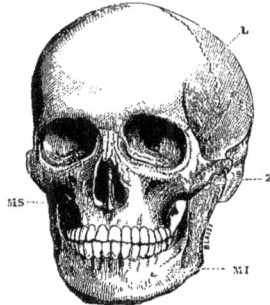

Fig. 1.

constitue une partie de la base, en s'enclavant par son extrémité antérieure, dite *basilaire*, entre les temporaux et en se soudant avec le corps du *Sphénoïde*. Ce dernier (Fig. 2, S) constitue, pour ainsi dire, ainsi que l'indique son nom (du gr. σφήν, coin ; εἶδος, forme) la clef de la base du c. : il s'articule, en effet, avec tous les os de la boîte crânienne. L'*Ethmoïde* (Fig. 2, E) remplit le vide que les deux frontaux laissent inférieurement entre eux : son nom lui vient du gr. ἠθμός, crible, parce qu'il est percé d'un grand nombre de petits

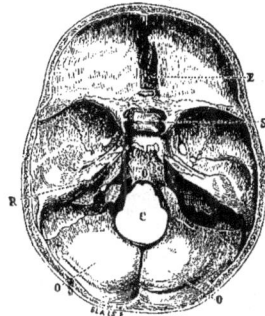

Fig. 2.

trous pour le passage des nerfs olfactifs. Outre ces huit os principaux, le c. présente encore quelques petits os surnuméraires, appelés *Os wormiens*. Ces os, en nombre variable, sont ordinairement placés aux angles des sutures de la voûte, et particulièrement à l'angle de la *suture lambdoïde*, c.-à-d. au point de réunion de l'occipital avec les deux pariétaux. Chez l'enfant qui vient de naître, il existe sur ce point, ainsi qu'à la réunion des pariétaux avec le frontal, un espace dépourvu de paroi osseuse, de sorte que, dans ces endroits, le c. est seulement formé par l'adossement de deux membranes, l'une externe et l'autre interne. Ces espaces ont été nommés *Fontanelles (fontes pulsatiles)*, parce que leur peu d'épaisseur et leur souplesse permettent de sentir les mouvements d'élévation et d'abaissement du cerveau. La fontanelle occipito-pariétale est appelée *Grande fontanelle*, ou *Fontanelle bregmatique*, ou simplement *Bregma*. Ces fontanelles s'oblitèrent au fur et à mesure des progrès de l'ossification. Le périoste qui revêt la surface externe des os du c. est nommé *Péricrâne*, et la *Dure-mère*, membrane de nature fibreuse, leur tient lieu de périoste interne. — Les diverses parties de la surface externe du c. ont reçu des noms particuliers. Sa région antérieure se nomme *Front*, la supérieure *Sinciput* ou *Vertex*, la postérieure *Occiput*, et enfin on appelle *Tempes* les régions latérales comprises entre l'œil et l'oreille. Le c.,

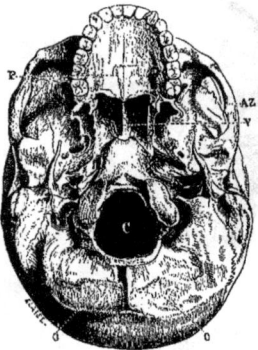

Fig. 3.

ou, pour mieux dire, la tête tout entière est supportée par la colonne vertébrale, dont elle forme le prolongement. La cavité de la colonne se continue avec la cavité crânienne par le *Trou occipital* (Fig. 2 et 3, C). Les dimensions internes du c. sont, en moyenne, les suivantes : diamètre antéro-postérieur, 14 centim.; diamètre transversal, 12 centim.; diamètre vertical, 11 centim.

II. — La *Face* est la partie antérieure et inférieure de la tête. On la divise en *Mâchoire supérieure* et *Mâchoire inférieure*. — Celle-ci est formée par un seul os, le *Maxillaire inférieur* (Fig. 1, MI). La portion moyenne et horizontale de cet os est appelée *corps de la mâchoire*, tandis qu'on donne le nom de *branches* aux portions montantes qui forment un angle droit avec le corps. Chacune de ces branches se termine supérieurement par deux apophyses qui sont appelées, l'antérieure *Apophyse coronoïde*, et la postérieure *Condyle maxillaire* : celle-ci s'articule avec une cavité correspondante du temporal, dite *Cavité glénoïde*. — Les os qui entrent dans la composition de la mâchoire supérieure sont au nombre de treize. Ce sont : les deux *Maxillaires supérieurs* (Fig. 1, MS) qui présentent, en bas, l'*arcade alvéolaire supérieure*, qui, en haut, constituent la plus grande partie de la paroi inférieure de l'orbite, et qui, en dedans, forment la partie antérieure de la voûte palatine; les deux *Malaires*, appelés également *Zygomatiques* et *Os de la pommette* (Fig. 1, Z), dont une apophyse, en se joignant avec une apophyse correspondante du temporal, forme l'*arcade zygomatique* (Fig. 3, AZ); les deux *Nasaux* ou *Os propres du nez*, qui, par leur bord supérieur, s'articulent avec le coronal; les *Unguis*, petits os très minces, qui sont situés à la partie antérieure de la paroi interne de la cavité orbitaire; les *Palatins* (Fig. 3, P), qui sont situés à la partie postérieure des fosses nasales et complètent en arrière la voûte du palais; le *Vomer* (Fig. 3, V), qui forme la partie postérieure de la cloison qui sépare l'une de l'autre les deux fosses nasales; et, enfin, les deux *Cornets inférieurs*, qui sont situés, un de chaque côté, à la partie inférieure de la paroi externe des fosses nasales. La face présente, en outre, à considérer quatre cavités, les deux *Orbites* ou *Cavités orbitaires*, qui logent et protègent l'o. gane de la vue, et les *Fosses nasales*, qui renferment l'organe de l'odorat. La face est revêtue de muscles nombreux qu'il est inutile d'énumérer ici; ses artères qui viennent de la carotide externe; ses veines aboutissent à la jugulaire, et ses nerfs tirent immédiatement leur origine du cerveau.

III. — Chez les mammifères, la tête est essentiellement constituée par les mêmes pièces que chez l'homme; mais sa forme présente des variations extrêmement remarquables, dont il sera parlé ailleurs. Dans l'espèce humaine elle-même on observe aussi, dans la configuration osseuse du c., et de la face, des différences soit individuelles, soit particulières à certaines races. L'étude de la forme et des dimensions des diverses parties du crâne est la base de l'*Anthropologie*. Voy. Mammifères, Anthropologie, Homme et Phrénologie.

CRÂNE. adj. 2 g. (même mot que le précédent). Se dit d'un homme qui fait le rodomont, le tapageur. *Tu n'as pas toujours été si c. Il a l'air c.* Très fam. || Hardi, audacieux, habile. *C'était un c. soldat. C'est un c. tireur.* Pop. || Subst., *C'est un c. Faire le c.* Très fam.

CRÂNEMENT. adv. D'une manière crâne. *Il s'est conduit. Cela est c. peint.* Pop.

CRANEQUIN. s. m. (bas-all. *kræncke*, grue). Instrument en pied de biche, formé d'une crémaillère s'engrenant avec une roue dentée, qu'on mettait en mouvement au moyen d'une manivelle. *Le c. servait aux arbalétriers pour bander leur arbalète*, d'où le nom de *Cranequiniers* qu'on leur donnait quelquefois.

CRANER. v. a. (lt. *cran*). T. Horlog. Faire l'opération du cranage.

CRÂNERIE. s. f. (R. *crâne*). Affectation de bravoure, rodomontade; caractère du crâne. *Ses crâneries n'épouvantent personne. Sa c. me déplaît souverainement.* Pop. || T. B.-Arts. Fierté d'exécution.

CRANGON. s. m. (gr. κραγγών, m. s.). T. Entom. Nom latin de la crevette grise.

CRANIACÉS ou **CRANIDÉS.** s. m. pl. T. Zool. Sous-ordre de *Brachiopodes*. Voy. ce mot.

CRANIE. s. f. T. Zool. Genre de *Brachiopodes*. Voy. ce mot.

CRÂNIEN, IENNE. adj. T. Anat. Qui appartient, qui a rapport au crâne. *La cavité crânienne. Les nerfs crâniens.*

CRANIO-ABDOMINAL, ALE. adj. T. Méd. *Tempérament c.-a.*, Celui où prédomine l'influence du cerveau et celle des viscères abdominaux.

CRANIO-FACIAL, ALE. adj. T. Anat. Qui appartient ou crâne et à la face.

CRANIOGRAPHE. s. m. (gr. κρανίον, crâne; γράφω, je décris). Celui qui a fait une description du crâne.

CRANIOGRAPHIE. s. f. Description du crâne.

CRANIOGRAPHIQUE. adj. 2 g. Qui a rapport à la craniographie.

CRANIOLOGIE ou **CRANOLOGIE.** s. f. (gr. κρανίον, crâne; λόγος, discours). T. Physiol. Syn. de *Phrénologie*, seul usité aujourd'hui. Voy. Phrénologie.

CRANIOLOGIQUE. adj. Qui a rapport à la craniologie.

CRANIOLOGISTE. s. m. Celui qui s'occupe de la craniologie.

CRANIOMANCIE. s. f. (gr. κρανίον; μαντεία, divination). Art prétendu de deviner les dispositions intellectuelles d'un individu à l'inspection de son crâne.

CRANIOMÈTRE. s. m. (gr. κρανίον; μέτρον, mesure). Compas d'épaisseur avec lequel on mesure les diamètres du crâne.

CRANIOMÉTRIE. s. f. Mesure du crâne et de ses diverses parties. La c. est devenue un art très délicat, indispensable aux études anthropologiques, les diverses races d'hommes tant actuelles que passées étant caractérisées par les dimensions des diverses parties du crâne. Voy. Homme.

CRANIOMÉTRIQUE. adj. Qui a rapport à la craniométrie.

CRANIOSCOPIE. s. f. (gr. κρανίον; σκοπεῖν, examiner). Art d'examiner le crâne et d'en déduire les facultés intellectuelles et morales.

CRANIOSCOPIQUE. adj. Qui a rapport à la cranioscopie.

CRANIOSTAT. s. m. (gr. κρανίον; στατὸς, stable). Planche sur laquelle on fixe les crânes pour en étudier les caractères anthropologiques.

CRANIO-THORACIQUE. adj. 2 g. T. Méd. Tempérament c.-t., Celui où prédomine l'influence du cerveau et celle de la poitrine.

CRANIOTOME. s. m (gr. κρανίον; τομὸς, qui coupe). T. Chir. Nom des instruments qui servent à pratiquer la craniotomie.

CRANIOTOMIE. s. f. (gr. κρανίον crâne; τομή, action de couper). T. Chir. Section des os du crâne d'un enfant mort-né quand l'accouchement ne peut se faire autrement.

CRANMER (THOMAS), premier archevêque protestant de Cantorbéry, prononça le divorce de Henri VIII avec Catherine d'Aragon, fut brûlé comme hérétique sous le règne de Marie Tudor (1556).

CRANOIR. s. m. Sorte de lime servant à craner.

CRANON, anc. ville de Grèce en Thessalie. Défaite des Athéniens en 322 av. J.-C.

CRANSAC, commune de l'Aveyron, arr. de Villefranche; 5,600 hab. Eaux minérales.

CRANSON. s. m. T. Bot. Nom vulgaire du Cochlearia officinalis. Voy. CRUCIFÈRES.

CRAON, ch.-l. de c. (Mayenne), arr. de Château-Gontier; 4,500 hab.

CRAON (PIERRE DE), seigneur français, meurtrier du connétable de Clisson (1393).

CRAONAIS. s. m. Nom d'une variété de porcs.

CRAOUILLE ou CRAOUILLÈRE. s. f. [Pr. les ll mouillées]. Pic grièche.

CRAPAUD. s. m. (origine germanique; anglo-saxon creopan; nodand. kruipen; angl. to creep, ramper). Genre de reptile amphibie de l'ordre des batraciens. Les coassements des crapauds. — Prov. et popul. Suer comme un c., Faire le dispos lorsqu'on ne l'est guère. Être chargé d'argent comme un c. de plumes, N'avoir point d'argent. || Fig. et fam., C'est un vilain c., se dit d'un petit homme fort laid. On dit dans le même sens, Être laid comme un c. || Petite bourse de soie dans laquelle les hommes enfermaient autrefois leurs cheveux par derrière. || Petit fauteuil très bas dont on se sert pour s'asseoir au coin du feu || T. Mar. Forte plate-bande de fer coudée pour maintenir le gouvernail à la même hauteur. || T. Techn. Tache noire qui diminue le diamant et les pierres précieuses. || Pierre grossière qui se trouve dans un bloc de marbre. || T. Artill. Sorte d'affût de mortier, qui est plat et sans roues. || T. Art vétér. Maladie du sabot du cheval qui est caractérisée par le suintement d'une humeur fétide sur les côtés de la fourchette, par le ramollissement de la corne et par le développement de végétations cornées en forme de filaments.

Zool. — Les Crapauds (Bufo) appartiennent à l'ordre des Anoures dans la classe des Batraciens. Quoique les animaux qui composent cette famille présentent d'assez grandes analogies avec les raniformes ou grenouilles, ou les hylæformes ou rainettes, il est cependant facile de les en distinguer. En effet, les crapauds diffèrent essentiellement des grenouilles en ce que leurs deux mâchoires sont dépourvues de dents, tandis qu'il en existe toujours chez celles-ci, au moins à la mâchoire supérieure. Quant aux rainettes, elles se distinguent des crapauds et des grenouilles par leurs doigts que terminent à leurs extrémités des pelotes ou disques élargis, à l'aide desquels elles grimpent et se fixent sur les arbres.

Les crapauds sont peu nageurs; on les trouve toujours à terre, souvent même assez loin des eaux. Ils marchent et courent plus qu'ils ne sautent. Pendant le jour, ils se tiennent dans des trous, sous des pierres ou dans des creux d'arbres; mais, la nuit, ils abandonnent leurs retraites pour faire la chasse aux petits mollusques, aux insectes et aux vers dont ils se nourrissent. Ils sortent également à la suite des pluies chaudes d'été, et ils sont alors quelquefois si nombreux dans certains lieux qu'ils couvrent, pour ainsi dire, le sol. À l'époque des amours, qui a lieu en général au commencement du printemps, ces animaux se rapprochent des eaux. Ils font alors entendre un son plaintif et flûté, qui, dans certaines espèces, rappelle celui des oiseaux de nuit. La femelle dépose ses œufs dans l'eau, sous la forme de deux chapelets, qui, réunis bout à bout, ont quelquefois, suivant Rose, plus de 10 mètres de longueur totale. Dix à douze jours après la ponte, les œufs doublent de volume. Les petits têtards naissent dans le vingtième jour, acquièrent leurs branchies deux ou trois jours après, et suivent les mêmes phases que ceux des grenouilles. Les crapauds paraissent vivre très longtemps et acquièrent parfois une très grande taille.

Ce sont des animaux très utiles, de véritables auxiliaires de l'homme : car ils mangent des quantités de vers, de limaces, d'insectes, et c'est à leur aspect répugnant qu'est due l'aversion qu'ils inspirent. On doit les protéger. — Si chez les crapauds la vie manque d'activité, elle est en revanche d'une extrême ténacité. Comme ils ont une respiration fort peu active, et qu'ils sont susceptibles d'hibernation, il est facile de comprendre qu'ils puissent vivre assez longtemps enfermés dans des espaces très resserrés. Ainsi, par ex., on a emprisonné des crapauds dans des blocs de plâtre clos de toutes parts, et on les a trouvés encore vivants plusieurs années après; mais il a été constaté que, dans ces expériences, l'air arrivait encore jusqu'à eux en passant à travers les pores du plâtre. Quand on a eu soin d'empêcher le passage de l'air, la mort s'en est suivie au bout d'un temps assez court. Il faut donc se garder de prendre à la lettre les récits populaires au sujet de crapauds qu'on aurait trouvés vivants au milieu de vieilles constructions ou de roches de formation très ancienne. Ces récits sont le résultat d'observations superficielles et doivent leur naissance à la facilité qu'ont ces animaux de pouvoir se blottir dans les moindres failles. — Les prétendues pluies de crapauds ont en général la même origine, c.-à-d. des observations faites par des personnes étrangères à l'art d'observer. Le plus souvent, on s'est laissé imposer par la multitude de petits batraciens qui, dans certaines localités, sortent du sol après une pluie d'orage. Mais il a été observé que, dans quelques cas, rares d'ailleurs, des trombes ont enlevé à des mares et transporté au loin des quantités parfois considérables de têtards et même de petits crapauds, qui tombaient ainsi du ciel, pendant une pluie de tempête.

La famille des crapauds comprend une cinquantaine d'espèces qu'on a réparties en 12 à 15 genres; mais nous n'en

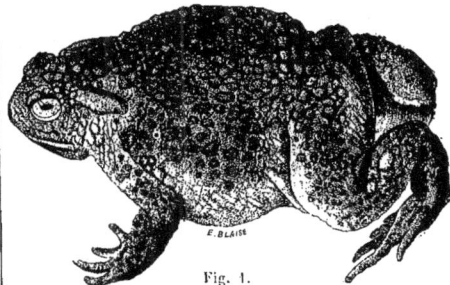

F. BLAISE

Fig. 1.

avons en Europe que deux, qui appartiennent au genre Bufo ou c. proprement dit. Les espèces de ce genre sont reconnaissables aux glandes, nommées à tort parotides, qu'elles ont au-dessus du cou, en arrière du tympan. Les mâles sont généralement pourvus d'une poche sous-gulaire, qui donne à leur voix son timbre caractéristique. Nous venons de dire que nous avions chez nous 2 espèces de crapauds; ce sont le C. commun (B. vulgaris) et le C. vert (B. viridis). — Le c. commun (Fig. 1) est en général gris roussâtre ou gris brun, mais parfois olivâtre ou noirâtre. Il a les parties supérieures plus ou moins tuberculeuses, quelquefois même couvertes d'épines; les parotides bordées de brun inférieurement. Enfin, le mâle est dépourvu de vessie vocale, et son cri à quelque rapport avec l'aboiement d'un chien. Cette espèce s'approche assez souvent de nos habitations. Quelquefois même elle y pénètre et s'y établit. Pennant rapporte l'histoire d'un c.

commun qui, s'étant réfugié sous un escalier, avait pris l'habitude de venir tous les soirs dans la salle à manger aussitôt qu'il y apercevait de la lumière. Il se laissait prendre et mettre sur une table, où on lui donnait des vers, des mouches et des cloportes. Il semblait même, par son attitude, demander qu'on le mît à sa place quand on tardait trop à s'occuper de lui. Cet animal vécut ainsi 36 ans, et mourut à la suite d'un accident. Les prétendues espèces désignées par les auteurs sous les noms de *C. vulgaire*, de *C. cendré*, de *C. épineux*, etc., ne sont que des variétés du *c. commun*.

Le *C. vert* (Fig. 2) se distingue spécifiquement de l'espèce précédente par la présence sur chaque jambe d'une grosse

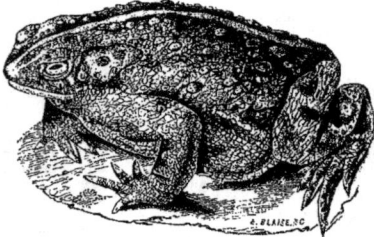

Fig 2.

glande semblable aux parotides. Il porte, en outre, une très faible arête cutanée le long du bord interne du tarse, et a le dos marqué ou non d'une raie longitudinale jaune; il existe, chez le mâle, une vessie vocale sous-gulaire. Ce *c.* est blanchâtre, à taches tranchées d'un vert foncé, et remarquable par les changements de nuance de sa peau, selon qu'il veille ou qu'il dort, qu'il est à l'ombre ou au soleil. — Les autres genres de la famille des *Bufoniformes* sont étrangers à l'Europe, et offrent d'ailleurs peu d'intérêt. Nous nous contenterons de citer le genre *Brachycéphale* du Brésil et de la Guyane, remarquable par l'espèce de petit bouclier qu'il porte à la région dorsale, et le genre *Dendrobate*, qui se distingue par ses doigts lobes analogues à ceux des rainettes. C'est à ce dernier qu'appartient la *Rainette à tapirer*. Le nom de cette espèce lui vient d'un préjugé bizarre répandu dans le nouveau monde. Les Américains croient que le sang de ce batracien répandu sur les petites plaies produites sur les perroquets verts par l'arrachement de leurs plumes, donne naissance à un plumage qui se forme un mélange de teintes rouges ou jaunes, et, par conséquent, que ce sang est propre à faire des *Perroquets tapirés*.

Les espèces européennes de batraciens qu'on désigne sous les noms de *C. accoucheur, C. brun, C. éperonné, C. ponctué* et *C. sonnant*, appartiennent à la famille des raniformes. — Voy. Grenouille.

CRAPAUDAILLE. s. f. (Pr. les *ll* mouillées). Corruption du mot *Crépodaille*). Sorte de crêpe fort clair. *Une coiffe de c.*

CRAPAUDIÈRE. s. f. Lieu où se trouvent beaucoup de crapauds. || Demeure entourée de fossés. || Fig. et fam., Lieu bas, humide, malpropre, etc. *Son jardin est une vraie c.*

CRAPAUDIN. s. m. Plaque creuse en fer dans laquelle on tourne les fers à friser l'étoffe.

CRAPAUDINE. s. f. (R. *crapaud*). Espèce de pierre qu'on croyait autrefois se trouver dans la tête d'un crapaud, et qui est une dent de spare pétrifiée. *La c. est employée en joaillerie; on en fait quelquefois des bagues.* || Plaque de plomb, de tôle, etc., percée de trous, qu'on met à l'entrée d'un tuyau de bassin, de réservoir, etc., pour empêcher que les crapauds ou les ordures n'y entrent, tout en permettant l'écoulement de l'eau. — Soupape de décharge qui est au fond d'un bassin, d'un réservoir, d'une baignoire. || T. Mécan. Boîte de métal qui reçoit le pivot d'un arbre vertical. — Morceau de fer ou de cuivre creux, dans lequel entre le gond d'une porte. || T. Typogr. Espèce de boîte de fer qui sert à recevoir la grenouille et à maintenir dans cette boîte l'extrémité du pivot. || T. Art milit. Punition qui fut employée en Algérie dans l'armée française et qui consistait à lier les

membres du patient et à l'exposer ainsi aux intempéries d. l'air. || T. Bot. Nom vulgaire du *Stachys recta*. Voy. Lamiées. || T. Art vétér. Crevasse que le cheval se fait aux pieds par les atteintes qu'il se donne sur la couronne avec ses fers. -- *C. humorale*, Ulcération située au-devant du pâturon, directement au-dessus de la couronne, et qui provient ordinairement d'une cause interne. = *A la c.*, T. Cuis., qu'on emploie en parlant de pigeons ouverts, aplatis et rôtis sur le gril. *Mettre des pigeons à la c.*

CRAPONE. s. f. Lime bâtarde à l'usage des horlogers.

CRAPONNE (Adam de), ingénieur français (1549-1559), forma le plan d'unir la Méditerranée à l'Océan. Son nom a été donné au canal de Craponne, qui fertilise la Crau.

CRAPONNE, ch.-l. de c. de la Haute-Loire, arr. du Puy; 3,500 hab.

CRAPOUSSIN, INE. s. (R. *crapaud*). Se dit par dérision de gens petits et contrefaits. *Ce n'est qu'un c.* Popul.

CRAPPE. s. f. Graisse de la meule du moulin.

CRAPULE. s. f. (gr. χραιπάλη, lat. *crapula*, ivresse). Débauche grossière et habituelle. *Vivre dans la c.* || Par ext., se dit collect. d'individus qui vivent dans la c. *N'allez pas avec ces gens-là, c'est de la c.* Fam.

CRAPULER. v. n. Vivre dans la crapule. *C'est un homme qui aime à c.* Pop. et peu usité.

CRAPULEUSEMENT. adv. D'une manière crapuleuse. *Vivre c.*

CRAPULEUX, EUSE. adj. Qui se plaît dans la crapule. *Homme c.* || Qui a rapport à la crapule. *Avoir des goûts c. Mener une vie crapuleuse.*

CRAQUANT, ANTE. adj. Qui craque, qui fait entendre des craquements.

CRAQUE. s. f. (R. *craquer*). T. Minér. Cavité pleine de cristaux, dans une roche. || T. Pop. Hâblerie, mensonge. *Il nous a conté des craques. Quelle craque!*

CRAQUELAGE. s. m. Procédé par lequel on craquelle la porcelaine.

CRAQUELÉ. s. m. Porcelaine qui a reçu un émail fendillé. Procédé employé pour obtenir ce résultat.

CRAQUELER. v. a. (R. *craquer*). Donner à la porcelaine et au verre un émail fendillé. Quand la pièce a été parée, on la promène sur une plaque de fer recouverte de verre ou de cristal irrégulièrement concassé. Les fragments adhèrent à la masse vitreuse, puis on ré-hauffe cette dernière pour la ramollir, on la souffle, et l'on en termine la façon par les procédés ordinaires. = Craquelé, ée. part.

CRAQUELIN. s. m. (R. *craquer*). Espèce de pâtisserie qui craque sous la dent. *Manger des craquelins.* || T. Mar. Bâtiment mal charpenté qui joue ou craque à la mer. || T. Pêche. *Craquelins* ou *Craquelots*, Crustacés qui viennent de changer de peau et qui sont encore mous.

CRAQUELOT. s. m. (R. *craquer*). Hareng saur nouveau. || Hareng peu salé et peu fumé. || T. Pêche. Voy. Craquelin.

CRAQUELURE. s. f. (R. *craquer*). T. Peint. Défaut du vernis et de la couleur qui s'écaillent.

CRAQUEMENT. s. m. (R. *craquer*). Le bruit que produisent certains corps lorsqu'on appuie dessus, lorsqu'ils se choquent, se brisent, etc. En m'asseyant sur le fauteuil, *il a fait un c. tel que je l'ai cru brisé. Un c. de dents.*

CRAQUER. v. n. (R. *crac*). Se dit par onomatopée, du bruit produit par certains corps lorsqu'on marche dessus, lorsqu'ils éclatent, etc. *La table craque. On entendit c. l'essieu. Les vis du pressoir craquaient. C. ses dents. Faire c. ses doigts en les tirant.* — Par ext. Se briser en faisant du bruit. — Fig. et fam. Ne pas réussir.

L'affaire lui a craqué dans la main. || Dire des hâbleries, des mensonges. Il ne fait que c. Popul.

CRAQUERIE. s. f. Menterie, hâblerie. Pop., on dit plutôt craque.

CRAQUÊTEMENT. s. m. Bruit particulier que font les dents lorsqu'on les fait craquer. Inus.

CRAQUETER. v. n. Fréquentatif de Craquer. Craquer souvent et avec petit bruit. Quand on jette du sel dans le feu, on l'entend c. || Se dit du bruit que certains oiseaux font en frappant l'une contre l'autre les mandibules de leur bec. On entend c. les cigognes. = Conjug. Voy. CAQUETER.

CRAQUETTE. s. f. Petit billot de fer à l'usage des tailleurs. || Écume que l'on retire du beurre quand on le fait fondre.

CRAQUEUR, EUSE s. Celui, celle qui ne fait que craquer. Ne l'écoutez pas, c'est un c. Pop.

CRASE. s. f. (gr. κρᾶσις, mélange). T. Gram. Contraction de deux voyelles dont le son se fond en un seul. Voy. CONTRACTION. || T. Méd. Se dit de la composition, de l'état du sang et des fluides de l'économie animale. Dans le choléra, la c. du sang est évidemment altérée.

CRASHAW, ecclésiastique anglais, auteur d'un poème dans lequel il explique le miracle des noces de Cana en disant que :

En voyant Dieu l'eau rougit !

CRASIOGRAPHIE. s. f. (R. crase, γράφειν, décrire). T. Didact. Description des diverses crases ou tempéraments.

CRASIOLOGIE. s. f. (R. crase, λόγος, traité). T. Didact. Traité des crases et de leur doctrine.

CRASIORISTIQUE. s. f. (R. crase, ὁρίζειν, déterminer). T. Didact. Connaissance des signes des divers tempéraments.

CRASSANE. s. f. T. Hortic. Sorte de poire, dite aussi Bergamote crassane. — On dit aussi Cresane. Voy. POIRE.

CRASSAT. s. m. Mamelon couvert de végétations sous-marines découvert à marée basse. On y élève les huîtres.

CRASSATELLIDES. s. f. pl. T. Zool. et Paléont. On a réuni dans cette famille des mollusques lamellibranches du groupe des Siphonites (voy. ce mot), qui sont actuels et fossiles depuis le crétacé.

La coquille, lisse ou à stries concentriques, est ovale et un peu allongée en arrière. Le ligament interne est situé sous les crochets dans une fossette. Chacune des valves offre une à trois dents cardinales, et les dents latérales sont faibles ou même peuvent manquer.

CRASSE. adj. f. (lat. crassus, m. s.). Épais, grossier. Humeur c. et visqueuse. || Figur., Ignorance c., Ignorance grossière et inexcusable.

CRASSE. s. f (lat. crassus, épais, visqueux. L'anc. fr. écrivait cras l'adj. qu'on écrit aujourd'hui gras). Ordure qui s'amasse sur la peau, dans le poil de l'homme ou des animaux, etc. La c. des mains. La c. de la tête. Il est plein de c. — Se dit aussi des vêtements. Il porte un habit luisant de c. || La couche sale qui se forme à la longue sur les peintures anciennes. On dit d'un tableau qui est en cet état, qu'il est sous la c. || Scorie qui se sépare l'un métal quand on le fond. || Fig. et fam., C'est un homme né dans la c., sorti de la c., se dit, par injure, d'un individu d'une naissance ou d'une condition très basse. — La c. du collège. La c. de l'école. L'absence de savoir-vivre, le défaut de politesse de ceux qui ont toujours demeuré dans le collège, et n'ont aucun usage du monde. Il a toujours conservé la c. du collège. Cela sent la c. de l'école. || Fig , Avarice sordide. Il a toujours vécu dans la c. || Indélicatesse. C'est une c.

CRASSEMENT. s. m. Action de crasser ; état d'une arme crassée.

CRASSER. v. a. Terme employé en parlant des armes à feu qui se remplissent de crasse, résidu de la poudre.

CRASSERIE. s. f. T. Popul. Avarice sordide.

CRASSES. s. f. pl. Les écailles qui se séparent de quelques minéraux, lorsqu'on les frappe à coups de marteau.

CRASSEUX, EUSE. adj. Plein de crasse, couvert de crasse. Visage c. Cheveux c. Mains crasseuses. Bonnet c. || Subst. Venez que je vous débarbouille, petite crasseuse || Se dit encore tant adjectiv. que substant., d'un individu très avare. Il a toujours vécu en c. C'est bien la femme la plus crasseuse que j'aie encore vue.

CRASSI. - Ce mot, dérivé du lat. crassus, épais, entre dans la composition de plusieurs termes d'histoire naturelle avec la sign. qui lui est propre.

CRASSICAUDE. adj. 2 g. (lat. crassus, épais ; cauda, queue). T. Zool. Qui a une queue épaisse.

CRASSICAULE. adj. 2 g. (lat. crassus ; caulis, tige). T. Bot. Qui a une tige épaisse.

CRASSICEPS adj. 2 g. (lat. crassus, et fr. ceps, de caput, tête). T. Zool. Qui a une tête épaisse.

CRASSICOLE. adj. 2 g. (lat. crassus ; collum, cou). T. Zool. Qui a un cou épais.

CRASSICORNE. adj. 2 g. (lat. crassus, épais ; corne). T. Zool. Qui a des cornes ou des antennes épaisses.

CRASSIER. s. m. (R. crasse). Lieu dans une usine où l'on dépose les déchets du minerai.

CRASSIFOLIÉ. adj. 2 g. (lat. crassus, épais ; folium, feuille). T. Bot. Qui a des feuilles épaisses.

CRASSILABRE. adj. f. (lat. crassus ; labrum, lèvre). T. Zool. Coquille c., Coquille dont le bord droit offre un épais bourrelet.

CRASSILINGUE. adj. 2 g. (lat. crassus ; lingua, langue). T. Zool. Qui a la langue épaisse. || s. m. Nom d'une famille de reptiles sauriens.

CRASSILOBÉ, ÉE. adj. (lat. crassus ; lobe). T. Bot. Qui a des lobes volumineux.

CRASSINERVÉ, ÉE. adj. (lat. crassus ; nervus, nervure). T. Bot. Qui a des nervures épaisses.

CRASSIPÈDE. adj. 2 g. (lat. crassus ; pes, pedis, pied). T. Entom. Qui a les cuisses renflées.

CRASSIPENNE. adj. 2 g. (lat. crassus ; penna, plume de l'aile). T. Zool. Qui a des ailes épaisses.

CRASSIROSTRE. adj. 2 g. (lat. crassus ; rostrum, bec). T. Zool. Qui a un bec épais.

CRASSISQUAMME. adj. 2 g. (lat. crassus ; squamma, écaille). T. Hist. nat. Qui a des écailles épaisses.

CRASSITUDE. s. f. (lat. crassitudo, m. s.). Latinisme. Épaisseur. La c. des paupières.

CRASSULACÉES. s. f. pl. (R. Crassule). T. Bot. Famille de végétaux Dicotylédones de l'ordre des Dialypétales supérovariées diplostémones.

Caractères bot. : Plantes herbacées ou arbustes à feuilles et tiges charnues. Feuilles entières ou pennatifides, sans stipules. Fleurs ordinairement en cymes sessiles, souvent disposées d'un seul côté. Sépales, de 3 à 20, libres, rarement soudés. Pétales insérés au fond du calice, tantôt distincts, tantôt soudés en une corolle gamopétale. Étamines libres, tantôt en nombre égal aux pétales et alternant avec eux, tantôt en nombre double, et alors celles qui sont opposées aux pétales sont plus courtes et arrivent à maturité plus tard que les autres ; filets distincts, subulés ; anthères biloculaires, s'ouvrant longitudinalement. Entre l'androcée et le pistil, le réceptacle porte plusieurs écailles, une à la base de chaque carpelle, quelquefois à peine apparentes. Carpelles en nombre égal à celui des pétales, auxquels ils sont opposés, formant un ovaire à autant de loges ; styles continus avec les ovaires, ovales suturaux, multiples ou en nombre déterminé, horizontaux ou ascendants, anatropes. Fruit composé d'autant de folli-

cules que de carpelles. Graines attachées aux bords de la suture, en nombre variable ; embryon droit dans l'axe d'un albumen charnu, avec une radicule dont la pointe est dirigée vers le hile. (Fig. 1. *Sedum acre* ; 2. Sa fleur. — 3 *Sem-*

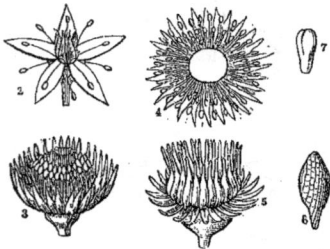

pervivum aureum, fleur ; 4. Pétales et étamines ; 5. Fruit mûr ; 6. Graine ; 7. Embryon.

Cette famille comprend 14 genres et 400 espèces qui sont répandues dans les régions les plus opposées. Il en existe en Europe, aux États-Unis, au Mexique, dans le Levant, dans la Chine, dans la Sibérie, etc. ; mais le plus grand nombre appartient à l'Afrique australe. On a rencontré un *Sedum* dans le succin. On les trouve dans les lieux les plus arides, là où ne pourrait croître ni un brin de gazon, ni une touffe de mousse, sur des roches nues, sur les vieux murs ou dans des plaines de sables brûlants, exposées tour à tour à la rosée glaciale de la nuit, et aux rayons d'un soleil dévorant pendant le jour.

Les C. se distinguent par des propriétés rafraîchissantes et détersives, jointes chez quelques-unes à une certaine âcreté. Les pêcheurs de l'île de Madère frottent leurs filets avec les feuilles fraîches de la *Joubarbe glutineuse* (*Sempervivum glutinosum*) qui les rend aussi durables que s'ils avaient été tannés, pourvu qu'on ait soin de les tremper ensuite dans une solution alcaline. La *Grande Joubarbe* (*Semp. tectorum*), appelée vulgairement *Artichaut des toits*, *Artichaut sau-*

vage, et *Barbe de Jupiter*, contient du malate de chaux. On employait autrefois le suc de ses feuilles contre les hémorroïdes et les brûlures. Le *Kalanchoe brasiliensis* est usité dans les pays comme rafraîchissant. Le *Bryophyllum calicinum*, et le *Cotyledon Umbilicus* (*Umbilicus pendulinus*) vulgairement *Nombril de Vénus*, *Cotylet*, *Cymbalion*, jouissent de propriétés semblables. L'*Orpin reprise* (*Sedum Telephium*) est regardé comme astringent, vulnéraire et résolutif. Les habitants de la campagne emploient contre la diarrhée les feuilles de cette plante bouillies dans du lait. L'*Orpin âcre* (*Sed. acre*), connu encore sous les dénominations vulgaires de *Joubarbe âcre*, de *Poivre de muraille* et de *Vermiculaire brûlante*, doit ses divers noms à son âcreté qui le rend rubéfiant, émétique et purgatif. Au cap de Bonne-Espérance, on emploie contre la dysenterie la *Crassule tétragone* (*Crassula tetragona*), bouillie dans du lait. Voy. les Groënlandais mangent, en guise de légume, le rhizome charnu du *Rhodiola rosea*, appelé encore *Orpin rose*. Cette plante communique une odeur de rose à l'eau qu'on distille dessus. — Plusieurs espèces de cette famille sont cultivées dans les jardins à cause de la beauté de leurs fleurs ou de la bizarrerie de leur port.

CRASSULE. s. f. (lat. *crassus*, épais). T. Bot. Genre de plantes Dicotylédones (*Crassula*) qui sert de type à la famille des *Crassulacées*. Voy. ce mot.

CRASSUS (Licinius), jurisconsulte et orateur romain (140-91 av. J.-C.).

CRASSUS (Marcus Licinius), triumvir avec César et Pompée, périt dans une expédition contre les Parthes (23 av. J.-C.).

CRATÆGUS. s. m. T. Bot. Genre de plantes Dicotylédones de la famille des *Rosacées*. Voy. ce mot.

CRATÈRE. s. m. (gr. χρατήρ ; lat. *crater*, coupe). Chez les anciens, grand vase où l'on mêlait le vin avec l'eau. || T. Géol. Ouverture par laquelle se fait l'éruption d'un volcan. Voy. Volcan. || T. Techn. Ouverture pratiquée dans la partie supérieure d'un fourneau de verrerie.

CRATÈRE, lieutenant d'Alexandre le Grand, battit avec Antipater les Grecs à Cranon, fut tué dans un combat contre Eumène (321 av. J.-C.).

CRATÉRIFORME. adj. 2. g. (lat. *crater*, coupe ; *forma*, forme). T. Hist. nat. En forme de coupe. || Qui ressemble à un cratère.

CRATÉROÏDE. adj. 2 g. (gr. χρατήρ, coupe ; εἶδος, apparence). Syn. de *Cratériforme*. Voy. ce mot.

CRATÈS, philosophe cynique du IVe siècle av. J.-C., disciple de Diogène.

CRATÉVIER. s. m. T. Bot. Genre de plantes Dicotylédones (*Cratæva*) de la famille des *Capparidées*. Voy. ce mot.

CRATICULAIRE. adj. 2 g. (lat. *craticula*, petite grille). T. Didact. En forme de grille. *Divisions craticulaires*.

CRATICULATION. s. f. [Pr. ...*sion*). Opération qui consiste à craticuler un dessin.

CRATICULE. s. f. (lat. *craticula*, petite grille). Grille au dessus du cendrier d'un fourneau de chimie. Vx.

CRATICULER ou **GRATICULER**. v. a. (lat. *craticula*, petite grille). Tracer sur un dessin qu'on veut copier un réseau de petits carrés qu'on reproduit sur la copie à une autre échelle et qui facilite la mise en place des diverses parties du modèle. Voy. Dessin.

CRATINUS d'Athènes, poète de la vieille comédie (519-422 av. J.-C.).

CRATIPPE, philosophe grec (1er s. av. J.-C.).

CRATOXYLON. s. m. (gr. χράτος, force ; ξύλον, bois). T. Bot. Genre de plantes Dicotylédones de la famille des *Hypéricacées*. Voy. ce mot.

CRATTE. s. f. Corbeille servant de cueilloir.

CRATYLE, philosophe grec de l'école d'Héraclite, fut, dit-on, l'un des maîtres de Platon, qui donna son nom à l'un de ses ouvrages.

CRAU (LA), vaste plaine des Bouches-du-Rhône, couverte de cailloux et de galets, entre l'étang de Berre et le delta du Rhône, que fertilisent peu à peu les eaux dérivées de la Durance.

CRAVACHE. s. f. (all. *karbatsch*, mot slave, en russe *korbatsch*, m. s.). Espèce de fouet d'une seule pièce qui a la forme d'une badine, et dont on se sert quand on monte à cheval. *Donner des coups de c.*

CRAVACHER. v. a. Frapper avec une cravache. *Il l'a cravaché d'importance.* = CRAVACHÉ, ÉE. part. Peu us.

CRAVAN ou **CRAVANT.** s. m. T. Ornith. Espèce d'oie de petite taille. Voy. OIE. || T. Zool. Nom vulgaire donné, en quelques lieux, à l'anatife.

CRAVANT, bourg et commune du dép. de l'Yonne, au confluent de l'Yonne et de la Cure; 1,200 h. || Victoire des Anglais et des Bourguignons sur les Français (1423).

CRAVATE. s. m. (corrupt. de *Croate*). Cheval de Croatie. *Les cravates sont des chevaux qui supportent très bien la fatigue.* — Adject., *Cheval c.* On dit aussi *Cheval croate.* || Se disait aussi autrefois des soldats de certains régiments de cavalerie légère. *Les régiments de cravates avaient été formés sous Louis XIV, à l'imitation de la cavalerie croate.*

CRAVATE. s. f. (corruption de *Croate*). Morceau d'étoffe légère, de mousseline, de soie, etc., que les hommes se mettent ordinairement autour du cou, et qui se noue par levant. *L'usage de la c. nous est venu des Croates.* À différentes époques et suivant la mode, les femmes en portèrent aussi. || *C. de drapeau,* Morceau d'étoffe de soie longue, étroit et garni à ses extrémités de franges d'or ou d'argent qu'on attache, comme une c., au haut d'une hampe d'un drapeau. *Les premières cravates furent distribuées en 1668, aux corps d'infanterie.* || T. Mar. On appelle c. différents cordages. — *Prendre l'ancre en c.,* La tenir suspendue à l'arrière d'une chaloupe. || T. Comm. Sorte de mousseline des Indes. || T. Jeu. Au trictrac, marque que l'on met à son fichet pour montrer qu'on a grande brelouille. || T. Art. vét. *Cravates œsophagiennes,* Bandes musculaires disposées en c. autour de l'orifice œsophagien de l'estomac du cheval.

CRAVATER. v. a. Mettre une cravate. = SE CRAVATER. v. pron. Mettre sa cravate. *Il ne sait pas se c.* = CRAVATÉ, ÉE. part. *Il est toujours admirablement c.* Fam.

CRAVE. s. m. T. Ornith. Espèce de passereau. Voy. COR-NEAU.

CRAYER (GASPARD DE), célèbre peintre flamand, né à Anvers (1582-1669).

CRAYER. s m. [Pr. krè-ier]. Cendre du charbon vitrifiée par un feu ardent. || T. Mar. Petit bâtiment long de 50 à 60 mètres portant trois mâts à pible en usage sur la Baltique.

CRAYÈRE. s. f. [Pr. krè-ière] (R. craie). Lieu d'où l'on extrait de la craie.

CRAYEUX, EUSE. adj. [Pr. krè-ieu] (R. craie). T. Géol. Qui contient de la craie. *Terrain c. Plaine crayeuse.*

CRAYON. s. m. [Pr. krè-ion] (R. craie). Petit morceau d'une substance quelconque, solide, grenue et colorée, dont on peut se servir pour tracer des lignes, écrire ou dessiner. *C. noir, blanc, rouge. C. de sanguine, de charbon. C. d'ardoise. C. lithographique. C. de pastel. Dessiner avec un c., au c. Dessin au c. Manier le c. En quelques coups de c., il vous fait un dessin charmant.* — Dans un sens plus particu., Petit morceau de plombagine ou de quelque autre substance analogue renfermé dans une baguette de bois. *Tailler un c. Une note écrite au c.* || Fig., La manière dont un artiste dessine, ou dont une chose est dessinée. *Cet artiste a un c. facile, ferme, large, moelleux.* || Par extens., se dit de tout

dessin fait au c., et partie. d'un portrait fait de cette manière. *Les crayons de cet artiste sont fort recherchés. Il a fait le c. d'un tel.* — Fig., La description qu'on fait d'une personne. *Il nous a fait un fidèle c. de ce singulier personnage.* Vx. || La première idée, la première ébauche d'un tableau qu'on trace au c. *Il n'a pas encore commencé son tableau, il n'en a fait qu'un c., que le c.* — Fig. et par anal., se dit des ouvrages d'esprit. *Cette pièce n'est pas achevée, ce n'est encore qu'un c., qu'un premier c., qu'un faible c.* || *C. médicinal,* Substance médicamenteuse coulée dans un moule cylindrique de manière à en rendre l'usage externe plus facile: tels sont les c. d'azotate d'argent (pierre infernale), de sulfate de cuivre, de menthol et paraffine pour rafraîchir le front, etc.

Techn. — Dès les temps antiques, on se servait d'un poinçon de métal pour régler le parchemin et obtenir une écriture régulière ; mais ce procédé laissait un sillon creux qui endommageait le parchemin. Au XIVe siècle, on commença à se servir d'un poinçon de plomb taillé en forme de style, qui laisse sur le papier une marque grasse sans creuser le parchemin ou le papier. Ces crayons de plomb sont restés en usage jusque vers le milieu du XIXe siècle quoique leur emploi se restreignît de plus en plus devant la diffusion des crayons de graphite, qui ont fini par les remplacer totalement. C'est d'eux que vient le nom de *mine de plomb,* donné improprement à la plombagine ou graphite, qui est la base de la substance des crayons. Le graphite est un carbure de fer naturel qui se rencontre en Angleterre dans le Cumberland, en France près de Briançon, en Bohême, en Sibérie. Voy. CARBONE. On ignore à quelle époque a pris naissance la fabrication de ces sortes de crayons; mais elle existait sûrement au XVIe siècle. A cette époque et jusqu'à la fin du XVIIIe siècle, le graphite des crayons était exclusivement tiré de la mine de Borrowdale, près de Kiswick, dans le Cumberland (Angleterre). Pour fabriquer les crayons, on chauffait fortement la matière première en vase clos, puis on la sciait en très petits parallélipipèdes qu'on enchâssait ensuite dans des cylindres de bois Mais la difficulté du travail, la cherté de ces crayons et l'épuisement de la mine de Borrowdale, limitaient considérablement l'emploi de ces crayons. En 1795, le chimiste français N. Conté, qui avait été invité, dès 1793, par le Comité de Salut public, à rechercher les moyens de remplacer les crayons de graphite qui ne pouvaient plus arriver d'Angleterre, imagina un procédé de fabrication de la mine artificielle qui a popularisé son nom. On prépare cette mine en broyant finement le graphite, préalablement lavé avec soin, pour le débarrasser au sable, avec de l'argile parfaitement purifiée. On fait avec cette poudre et de l'eau une pâte très homogène, que l'on coule dans des rigoles parallèles pratiquées dans une plaque de bois, préalablement bouillie dans de l'huile afin de détruire sa propriété hygrométrique. On recouvre cette plaque avec une planche, également bouillie dans l'huile, et l'on serre fortement les deux pièces. En pénétrant peu à peu par les extrémités des rigoles, l'air dessèche graduellement les crayons, qui se détachent du bois par suite du retrait qu'ils éprouvent, et l'on achève leur dessiccation dans une étuve. Cela fait, les crayons sont placés verticalement dans des creusets, dont on remplit les vides avec du charbon pulvérisé ou des cendres tamisées, puis chauffés à une température d'autant plus élevée qu'on veut obtenir une dureté plus grande Cette opération de la cuisson doit être conduite avec beaucoup de soin; c'est d'elle, en grande partie, que dépend la qualité du produit. On laisse ensuite refroidir les creusets; après quoi il ne reste plus qu'à monter les crayons, c.-à-d. à introduire les bâtonnets argileux dans les cylindres de bois. Les crayons communs renferment, le plus souvent 2 ou 3 parties de plombagine ou 1 d'argile. En variant les proportions de ces substances, ainsi que le degré de calcination, on gradua à volonté la dureté des produits. Enfin, en ajoutant au mélange une quantité plus ou moins grande de noir de fumée, on obtient toutes les nuances possibles du noir. L'invention de Conté permit d'utiliser les mines des Alpes et de Bohême, dont le graphite n'était pas assez dur pour être scié en petits prismes comme le graphite de Borrowdale, et les crayons devinrent d'un prix abordable. Lorsque, vers 1860, Alibert eut découvert en Sibérie des gisements de graphite aussi beaux que ceux du Cumberland, on aurait pu, sans doute, reprendre, avec cette matière, la fabrication anglaise; mais on préféra traiter la mine par la méthode Conté, qui permet d'obtenir des produits de dureté variable, et aujourd'hui tous les crayons sont faits d'après cette méthode, qui, du reste, a été considérablement perfectionnée par M. L. Gilbert, de Givet. — Le bois destiné à fournir la gaine des crayons est exclusivement, pour les crayons fins, le cèdre rouge de Floride ou genévrier de Virginie; pour les crayons communs on emploie le tilleul, le sapin, etc. — On utilise aussi le graphite sans l'enfermer dans une gaine de bois. A cet effet, la mine est moulée sous forme de cy indre de petit diamètre, qu'on place dans un support approprié de forme variable connu sous le nom de *porte-mine*.

Les *crayons à dessin* se font à peu près de la même manière que ceux de plombagine. On prépare les crayons noirs avec une pâte composée d'argile et de noir de fumée qu'on passe à la filière, ou que l'on comprime dans des moules quadrangulaires, suivant qu'on veut avoir des crayons ronds ou carrés. Ce s nt ces crayons que l on désigne aujourd'hui plus particulièrement sous le nom de *crayons Conté*. Le commerce les livre en bâtonnets ronds ou carrés qu'on place dans un porte-crayon, ou sous forme de grosse mine enveloppée de bois. Ils donnent un trait absolument noir, tout à fait mat, et s'effaçant plus facilement que celui du graphite. Ils se prêtent donc très bien au travail de l'estompe, mais ne sauraient convenir aux dessins qui exigent un trait fin et délié. — Les *crayons de couleur* sont faits avec un mélange d'argile et de substances colorantes, telle que la terre d'ombre, le carmin, l'indigo, etc. — Les *crayons blancs* s'obtiennent en débitant à la scie des pains de craie blanche de bonne qualité. — Les *crayons rouges*, dits *de sanguine*, se préparent avec la substance de ce nom, qui n'e t autre chose qu'un mélange de sidéroxyde oligiste et d'argile. Lorsque le volume des morceaux de sanguine le permet, il suffit de les débiter en fragments de la forme et de la grosseur convenables. Dans le cas contraire, on mêle cette substance, préalablement broyée à l'eau, avec du mucilage de gomme arabique, auquel on ajoute quelquefois un peu d'eau de savon. — Les *crayons au pastel* se fabriquent avec un mélange de terre de pipe extrêmem nt fine et de matières colorantes convenables, comme le jaune de Naples, le vermillon, le bleu de Prusse, le vert de Brunswick, etc. On forme avec ces substances et de la gomme arabique une pâte bien homogène, que l'on transforme en petits cylindres au moyen d'un appareil approprié. Il n'y a plus alors qu'à les faire sécher lentement et à une douce température. — Les *crayons gris* ou *crayons d'ardoise* ne sont le plus souvent que des fragments d'ardoise tendre. — Les *crayons noirs* à l'usage des charpentiers sont des morceaux d'ampélite, sorte de schiste carbonifère, qu'on tai le en baguettes et qu'on renferme dans des cylindres de bois blanc. — Enfin, les *crayons lithographiques* sont des composés de noir de fumée et de corps gras qu'on prépare spécialement pour les travaux de la *Lithographie*. Voy. ce mot.

CRAYONNER. v. a. [Pr. *kré-io-ner*]. Dessiner au crayon. *C. une tête, une main, un arbre*, etc. — Absol., *Il aime à c.* || Dessiner une chose à grands traits, en marquant seulement les lignes principales. *Cela n'est encore que crayonné.* — Fig. *Il nous a parfaitement crayonné le caractère de cet homme.* || Écrire rapidement avec un crayon. *Je n'ai eu que le temps de c. quelques mots.*

CRAYONNEUR, EUSE. s. [Pr. *kré-io-neur*]. Celui cel c qui crayonne. Ne se dit que par dénigrement. *Ce n'est pas un peintre, c'est un c.*

CRAYONNEUX, EUSE. adj. [Pr. *kré-io-neu*]. Qui est de la nature du crayon. *Pierre crayonneuse.*

CRAYONNISTE. s. m. [Pr. *kré-io-niste*]. Marchand de crayons.

CRÉABLE. adj. 2 g. (R. *créer*). Qui peut être crée.

CRÉADIER. s. m. T. Pêc. Filet de l'espèce du traîneau.

CRÉANCE. s. f. (lat. *crèdere*, croire). Croyance que l'on accorde à une chose. *Les choses les plus absurdes trouvent souvent c. chez les personnes qui pensent être le plus dégagées de préjugés. Cette nouvelle ne mér.te aucune c., n'est pas digne de c.* — *Donner r. foi à une chose. Ne donnez aucune c. à ce qu'il dit.* — Signifie aussi faire qu'une chose mérite c. *Son caractère donne c. à ses paroles.* || La confiance que quelqu'un inspire, qui fait qu'on croit à ce qu'il dit. *Il a beaucoup de c. parmi le peuple. Il a perdu toute c. dans son propre parti.* || Se dit quelquefois pour croyance religieuse. *La c. des Juifs. La pureté de sa c.* Vx. || T. Diplom. Instruction secrète d'un souverain à son mi-

nistre, pour traiter avec un autre souverain. *Il lui exposa sa c.* — *Lettre de c.*, Lettre par laquelle un souverain annonce que confiance doit être donnée à celui qui le remet. *Cet ambassadeur a présenté ses lettres de c.* — En T. de Banque, *Lettre de c.*, se dit quelquefois pour *Lettre de créd.t.* || T. Vén. *Chien de bonne c.*, Chi n sur lequel on peut compter. — T. Faucon. *Oiseau de peu de c.*, Oiseau peu sûr. || T. Mar. *Mouiller en c.*, Faire porter l'ancre d'affourche avec tout le câble par la chaloupe, qui, l'ayant mouillé, rapporte à bord le bout du câble.

Syn. — Voy. **CROYANCE**.

CRÉANCE. s. f. (même mot que le précédent). Droit qu'on a de demander à quelqu'un le paiement d'une somme d'argent. *C. chirographaire, pr.vilégiée, hypothécaire, solidaire. C. à terme. C. échue, exig ble. Bonne, mauvaise c. C. véreuse Vieille, ancienne c. Céder une c. Contester une c. Faire payer une c. Avoir des créances sur quelqu'un.*

CRÉANCIER, IÈRE. s. Celui, celle à qui il est dû quelque chose et spécialement une somme d'argent. *C. chirographaire, pr.vilég é. C. importun, fâcheux. Les créanciers de la succession. C'est un de ses créanciers. Faire perdre tant pour cent à ses créanciers. S'accommoder, prendre des arrangements avec ses créanciers.*

CRÉAT. s. m. (ital. *creato*, serviteur, du lat. *creare*, créer). Celui qui sert de sous-écuyer dans une école d'équitation.

CRÉATEUR. s. m. (lat. *creator*, m. s., de *creare*, créer). Celui qui a créé toutes choses. *Dieu est le c. du ciel et de la terre. Le souverain c. de toutes choses.* Absol., *Le C.* || Par ext., Celui qui a inventé, établi, fondé une chose. *Lavoisier est le c. de la chimie moderne. Homère est regardé comme le c. de l'épopée. Pitt fut le c. de la caisse d'amortissement en Angleterre.* = **CRÉATEUR, TRICE.** adj. S'emploie dans les deux sens ci-dessus. *La puissance d'un Dieu c. Un génie c. Une force créatrice. Feu c.*

CRÉATIANISME. s. m. Opinion de ceux qui croient à la création. || Opinion de ceux qui croient que Dieu crée les âmes, soit au moment de la conception, soit entre la conception et l'accouchement.

CRÉATINE. s. f. (gr. κρέας, chair). T. Chim. La *Créatine* C⁴H⁹Az³O⁴, découverte par Chevreul en 1835, étudiée surtout par Liebig, est une substance azotée qu'on rencontre dans la chair musculaire, dans le bouillon et l'extrait de viande, quelquefois dans les urines. Elle cristallise en prismes clinorhombiques très solubles dans l'eau bouillante, contenant une molécule d'eau de cristallisation qu'ils perdent à 100°. Quoique neutre au papier de tournesol, la c. se comporte comme une base vis-à-vis des acides étendus et s'y dissout en donnant des sels bien définis. Les acides concentrés à chaud, ou une longue ébullition de ses so utions, lui enlèvent une molécule d'eau et la transforment en créatinine. Au contraire, quand on la fait bouil ir avec l'eau de baryte, elle fixe de l'eau et se dédouble en sarcosine et en uré. Bouillie avec de l'oxyde de mercure, el.e s'oxyde en donnant de l'oxalate de méthylguanidine. Pour extraire la c. de la chair musculaire, on épuise par l'eau la viande hachée, on fait bouillir cette solution ou on la neutralise par la baryte; la liqueur filtrée laisse déposer la c. par évaporation. La c. se retire aussi de l'extrait de viande. Vo hard a pu l'obtenir par synthèse en combinant la cyanamide avec le méthylgly ocolle ou sarcosine. — La synthèse, ainsi que les propriétés de la c., montrent que ce c rps constitue l'acide méthylguanidine-acétique et répond à la formule :

$$Az H = C - Az(CH^3) - CH^2 - CO^2H.$$
$$Az H^2.$$

On a donné le nom générique de *créatines* à des composés résultant, comme la c. ordinaire, de la combinaison de la cyanamide avec un acide amidé. Telle est par ex la glycocyamine, qui se forme par l'union directe de la cyanamide et du glycocolle. En traitant la cyanamide par l'alanine, qui est un acide amido-propionique, on obtient l'*alacréatine* ou acide guanidine-propionique, qui est isomérique avec la créatine.

CRÉATININE. s. f. T. Chim. La C. C⁴H⁷Az³O est un

anhydride de la créatine ; on la rencontre surtout dans l'urine ainsi que dans les autres produits de sécrétion, et en petite quantité dans la chair musculaire. On l'extrait de l'urine concentrée, à l'aide du chlorure de zinc avec lequel elle forme un chlorure double peu soluble, qu'on décompose par l'hydrate de plomb. On l'obtient aussi en concentrant une dissolution de créatine dans l'acide chlorhydrique La c. cristallise en prismes clinorhombiques brillants, très solubles dans l'eau bouillante. C'est une base forte, à réaction alcaline, a saveur caustique ; elle déplace l'ammoniaque de ses sels, et forme avec les acides des combinaisons bien définies. Bouillie longtemps avec l'eau de baryte elle se transforme en méthylhydantoïne. Les réactifs oxydants la convertissent, de même que la créatine, en méthylguanidine.

La c. contenue dans l'urine est fournie principalement par la décomposition de la créatine des muscles ; une autre partie est int roduite dans l'organisme par les aliments azotés tels que la viande et le bouillon. Un homme adulte sécrète environ 1 gr. de c. par jour. Cette quantité diminue par la diète et le repos ; elle augmente par une alimentation animale et par le travail musculaire ; elle devient abondante dans sa période d'excitation des maladies mentales, dans le typhus, la pneumonie, le tétanos, le surmenage.

La c. ordinaire est le principal représentant d'une série de corps portant le nom générique de *créatinines* ; le terme le plus simple de cette série est la glycocyamidine. Quand on combine la cyanamide avec les différents acides amidés, on obtient tantôt des créatinines, tantôt des créatines ; ces dernières fournissent facilement, par déshydratation, les créatinines correspondantes.

On rencontre, dans la chair musculaire et dans l'extrait de viande plusieurs bases que leurs caractères rapprochent des créatinines ou des créatines. Les principales sont : '*amphicréatine*, la *crusocréatinine* et la *xenthocréatinine*.

CRÉATION. s. f. (lat. *creatio*, m. s., de *creare*, créer). Action par laquelle Dieu de rien fait quelque chose. *La c. du monde. La c. de l'homme.* — Absol., se dit de la c. du monde. *Moïse est l'historien de la c. Depuis la c.* || L'univers, l'ensemble des êtres créés. *Les merveilles de la c.* | Se dit encore en parlant de ce que l'homme invente, établit. *La c. d'un nouveau genre en peinture. La c. du drame moderne. L'admirable c. de ce poète. Les grandes créations de Michel-Ange.* || Action de créer un rôle au théâtre, d'être le premier à le jouer. || Première représentation d'un ouvrage dramatique. || L'action de fonder quelque institution nouvelle, d'établir de nouveaux emplois, de nouvelles rentes. *La c. d'une académie. La c. de l'ordre de la Légion d'honneur. La c. de nouveaux emplois. La c. d'une rente, d'une pension, d'un impôt.*

Philos. — La c. est l'acte par lequel la puissance infinie, sans le secours d'aucune substance préexistante, a produit le monde et tout ce qu'il renferme. Cette définition implique que Dieu est la cause libre et intelligente de l'univers, et que l'univers est distinct de Dieu.

I. — En dehors des doctrines athéistes qui considèrent nécessairement le monde comme éternel, il y a deux systèmes qui nient directement l'existence de Dieu, niant la c.

1° Le *Dualisme* admet que l'univers a été tiré d'une matière première, éternelle et nécessaire, comme Dieu luimême. Le dualisme se retrouve au fond de toutes les doctrines de la philosophie grecque ; il a été la base de la religion connue sous le nom de *Sabéisme*, qui a régné longtemps dans une partie de l'Asie, et qui, dans les premiers siècles de l'ère chrétienne, est devenu l'hérésie des Manichéens. Voy. MANICHÉISME. Il ne faut pas confondre le dualisme dont nous parlons ici avec la religion dualiste des anciens Perses, établie par Zoroastre, qui admettait deux dieux, le dieu du bien, Ormuz, et le dieu du mal, Ahriman ; car la religion de Zoroastre et celle de Moïse sont les seules religions antiques qui admettent la c. telle que nous l'entendons, c.-à-d. le monde tiré du néant. Cependant, il y a des rapports incontestables entre le manichéisme et la religion de Zoroastre. Voy. Cos-MOGONIE, DUALISME, ZEND-AVESTA.

2° Le *Panthéisme*, qui se retrouve au fond de toutes les religions de l'Inde et a été soutenu au XVIIe siècle par Spinoza, admet que rien n'existe que Dieu : il n'y a pas d'autre substance que Dieu ; l'univers et tout ce qu'il renferme fait partie intégrante de Dieu, d'où il suit que le monde n'a pas été créé et existe éternellement comme Dieu dont il fait partie.

II. — Enfin, il est encore un troisième système qui, sans nier que Dieu soit la cause unique de l'univers, nie cependant la c. comme fait isolé, en admettant que Dieu a créé, crée et

créera de toute éternité, de sorte que le monde, quoique produit uniquement par la volonté de Dieu, est cependant éternel comme lui. Il y a en effet deux manières de se représenter la c. Dans la première, qui est celle du dogme chrétien, on admet que Dieu, par sa toute-puissance et sa volonté, à un moment donné, crée en plusieurs fois le monde avec tout ce qu'il renferme et les lois de son évolution ; puis il est rentré dans le repos et le monde a marché comme une mécanique bien faite et pourvue d'un moteur. L'action de Dieu, au moins en ce qui regarde le monde matériel, ne se manifestera plus qu'au jour où il voudra détruire son œuvre et le précipiter dans le néant. Dans l'autre, on se représente toute existence comme un effet de la volonté divine ne pouvant se maintenir que par cette volonté même, de telle sorte que Dieu n'est jamais inactif, et que le monde ne continue d'exister que parce qu'il le veut constamment ainsi ; tout cesserait d'exister si Dieu cessait un seul instant de vouloir ; c'est cette volonté divine constamment agissante qui constitue l'action créatrice. Dans cette manière de voir, cette action est continue et rien ne s'oppose à ce qu'elle soit éternelle ; mais rien non plus ne s'oppose à ce qu'elle n'agisse que pendant un temps fixé.

III. — Tous les arguments qui ont été donnés pour ou contre la durée finie ou éternelle du monde sont d'une faiblesse remarquable. Les théologiens ne sont élevés énergiquement contre l'idée d'une c. éternelle et continue ; mais leur argumentation porte à côté de la question, car ils se bornent à répondre aux objections qu'on a soulevées dans l'autre camp contre la création dans le temps et la durée finie du monde, et ne sera pas l'œuvre de Dieu, ou bien que le monde et Dieu constitueraient deux infinis qui se limiteraient l'un l'autre ; deux assertions également fausses dès qu'on admet que Dieu crée le monde, puisqu'il le crée pendant toute l'éternité.

Les arguments contre la c. ne sont pas beaucoup plus solides, quoique plus spécieux et plus accessibles aux esprits vulgaires. Ces arguments sont de deux sortes : les uns qu'on pourrait appeler théologiques ont été soutenus au IIIe siècle par Origène, qui admettait la c. successive et éternelle d'une infinité de mondes se succédant les uns aux autres, et consistent à affirmer que la perfection divine ne peut rester inactive, ou bien que l'être étant meilleur que le néant, il est contraire à la bonté de Dieu de laisser subsister le néant quand il peut créer l'être. A cela les théologiens ont répondu avec beaucoup de raison : 1° que les spéculations sur ce qui est conforme ou non à la perfection divine sont absolument oiseuses et blasphématoires, parce que la perfection de Dieu ne peut se révéler à nous que par ses actes, et que ce qui nous paraît bon ou mauvais dans la sphère de nos connaissances et de notre activité, ne peut suffire à nous faire comprendre en quoi consiste la perfection divine ; 2° que si la perfection ou la nature de Dieu l'obligeait à agir dans un sens ou dans l'autre, ce Dieu ne serait plus libre ; il n'obéirait à un ne sait quelle cause supérieure à lui, et par conséquent ne serait plus Dieu ; 3° que le néant n'est nullement supérieur à l'être, et qu'il est déraisonnable d'opposer ces deux termes comme si le néant était lui-même un être. Là où il n'y a rien, il n'y a ni être ni néant, ce dernier mot n'ayant de sens que si quelque chose existe et exprimant seulement la possibilité pour cette chose de n'être pas ; 4° que Dieu étant infini, et le monde fini, au moins par rapport à lui, la création de cette chose finie n'ajoute absolument rien aux perfections infinies de Dieu. Cette réfutation paraît absolument inattaquable.

Les objections de l'autre catégorie sont d'un ordre métaphysique ; elles reposent sur une analyse imparfaite des idées de substance, de temps et d'espace. La c., dit-on, est incompatible avec l'axiome de la philosophie ancienne : *Ex nihilo nihil fit*, rien ne peut venir de rien, qui est aussi la base de la science moderne. Il faudrait d'abord démontrer la vérité de cet axiome, car c'est la toute la question ; il n'y a donc qu'une pétition de principe. Tout au plus pourrait-on prétendre que l'idée d'une c. est incompatible avec la science moderne, qui repose sur cet axiome ; mais cela même ne serait pas exact. Il est parfaitement vrai que la science moderne admet l'indestructibilité de la matière et de l'énergie ; mais il ne faut pas oublier que c'est à titre d'hypothèse et par suite d'une induction, fort légitime d'ailleurs. En admettant même la vérité complète de cette hypothèse, le prétendu axiome ne serait que l'expression d'une loi du monde actuel, qui aurait été créé en même temps que ce monde lui-même, qui pourrait sans doute être utile dans les spéculations relatives à ce monde, mais qu'il est impossible de vouloir appliquer au delà. Mais, ajoute-t-on, cet axiome n'est pas du tout l'expression d'une loi contingente qui pourrait être autrement qu'elle n'est ; c'est un principe fondamental de la raison : il est impossible de croire que quelque chose puisse être fait avec rien. Or, si l'on analyse cette prétendue impossibilité, on reconnaît bien vite qu'elle provient uniquement de l'induction et de l'expérience. Nous n'avons jamais vu quelque chose naître de rien, cela est parfaitement vrai, et nous en concluons que la chose est impossible ; c'est ainsi qu'on est arrivé à formuler toutes les lois naturelles actuellement connues ; le prétendu axiome est une de ces lois, formulée, il est vrai, d'une manière très vague, mais ce n'est pas un principe supérieur de la raison. Mais il y a plus : analysé complètement, le principe *Ex nihilo nihil* perd toute signification.

Qu'est-ce, en effet, que l'existence de l'univers ? Que connaissons-nous de cet univers ? Il ne se se révèle à nous que par la matière dont il impressionne nos sens, c'est-à-dire par les phénomènes dont il est le siège. Mais qu'est-ce que la substance de l'univers ? qu'est-ce que la matière en un mot ? Nous n'en savons absolument rien ; quand la chimie moderne affirme que la matière est indestructible, elle dit simplement que les corps conservent leur poids à travers toutes leurs modifications ; or le poids est un phénomène et le principe de l'indestructibilité de la matière n'est que la loi naturelle de l'invariabilité du poids qui règle les phénomènes chimiques. Malgré leur simplicité apparente, il n'y a peut-être pas d'idées plus obscures que celles de substance et d'existence. En quoi une substance qui n'est le siège d'aucun phénomène, différe-t-elle du néant ? Le fameux principe *Ex nihilo nihil fit* n'a donc de sens précis que si on l'applique aux phénomènes ; alors il acquiert une importance véritable et devient un principe supérieur de la raison : le principe de causalité (voy. ce mot). Mais le principe de causalité n'est nullement en contradiction avec l'idée d'une création. En définitive, l'éternité ou le commencement du monde ne peut s'entendre clairement que de l'éternité ou du commencement des phénomènes, et aucun axiome ne s'oppose à ce que ces phénomènes aient eu pour point de départ un acte de la volonté divine.

On a déclaré aussi qu'il est impossible à la raison d'admettre que le monde ait un commencement et une fin, parce qu'avant et après l'existence du monde il n'y aurait rien eu, et qu'on ne comprend pas l'éternité sans rien. D'abord il n'y a pas rien, puisqu'il y a Dieu. Ensuite la prétendue impossibilité de concevoir une éternité de néant provient de ce que, dans ce néant, on laisse subsister l'espace et le temps dont on fait les êtres infinis, et qu'on se représente le néant comme une immense chambre vide meublée seulement avec l'horloge, attendant les meubles et les hôtes. Cette conception est radicalement fausse. L'espace et le temps ne sont pas des êtres comme on le croit trop souvent : ce sont des qualités, des modes d'existence de tout ce qui existe, ou plutôt de ce qui tombe sous nos sens ; d'après Kant, ce sont les formes de la sensibilité.

L'espace est le mode d'existence des corps, la possibilité de leur déplacement ; le temps est le mode d'existence des phénomènes, la possibilité qu'ils ont d'exister sans se confondre, et de se succéder les uns aux autres. Quand on dit que l'espace est infini, on veut simplement dire que les corps peuvent s'éloigner indéfiniment les uns des autres ; quand on dit que le temps est infini, on veut dire simplement qu'avant et après un phénomène, il peut y en avoir d'autres. Là où il n'y a ni corps ni phénomènes, il n'y a ni temps ni espace. Le temps et l'espace ont donc été créés avec le monde, et l'éternité qui précède la création ainsi que celle qui suit la fin du monde ne doivent pas être représentées comme quelque chose de vide, ce qui, en effet, choque la raison, mais comme un mode de l'existence de Dieu en dehors de toute création matérielle. Au reste, la question, sous ce rapport, est la même que celle des dimensions finies ou infinies de l'univers dont il a été parlé au mot Cosmogonie.

IV. — Au point de vue scientifique, la question de la création et celle de la fin du monde qui lui est connexe, se réduisent à une question de fait : Le monde est-il éternel ou non ? Il est clair qu'il est impossible d'aborder cette question directement ; cependant, elle n'est pas, autant qu'elle le paraît, inaccessible aux investigations scientifiques. L'étude attentive de l'univers peut, en effet, nous apprendre s'il est organisé pour durer éternellement, ou s'il porte en lui-même des germes de destruction, et d'autre part, si son état actuel peut s'expliquer par une succession indéfinie d'états antérieurs. Si les lois du monde physique ne lui permettent pas de se soutenir éternellement dans le passé et dans le futur, il faudra

bien admettre qu'il a commencé et qu'il finira, malgré tous les arguments métaphysiques. Si, au contraire, les lois physiques assurent par elles-mêmes la stabilité de l'univers, il y aura des chances pour que celui-ci soit éternel. Il s'agit ici, bien entendu, de l'univers pris dans son ensemble, et non pas de la terre seulement, ou même du système solaire. Des recherches de cette nature n'ont pu être abordées que dans un état déjà avancé des sciences astronomiques et physiques, c.-à-d. depuis cent ans à peine. Les savants du XVIII° siècle inclinaient volontiers à l'athéisme et au matérialisme ; c'est dire qu'ils n'admettaient guère l'idée de la création ; cet état d'esprit se révèle dans les efforts qu'ils ont faits, d'une part pour chercher à expliquer l'état actuel du monde par le simple jeu des lois physiques, et, d'autre part, pour arriver à démontrer que les mêmes lois assuraient la stabilité du monde. Les travaux les plus remarquables en ce sens sont dus au célèbre astronome et géomètre Laplace, qui a imaginé la fameuse hypothèse cosmogonique qui porte son nom, et qui a sinon démontré, du moins rendu très probable la stabilité du système solaire, en admettant toutefois que ce système n'est pas soumis à d'autres forces que l'attraction universelle. Voy. Cosmogonie, Planète. Quoique ces remarquables travaux ne concernent que le système solaire, il n'est pas douteux que Laplace, et avec lui la plupart de ses contemporains, en étendaient hardiment les conclusions à l'univers entier. Ils pensaient que celui-ci était organisé pour durer éternellement dans un état peu différent de celui que nous lui connaissons aujourd'hui, les modifications qu'il pouvait subir n'ayant jamais qu'un caractère périodique et transitoire.

Cependant Fourier, dans sa célèbre *Théorie de la chaleur* qui est un chef-d'œuvre, était arrivé, à la même époque, à une conclusion d'une nature toute différente. Il a démontré en s'appuyant uniquement sur la loi de la propagation de la chaleur, et les progrès récents n'ont rien changé à sa démonstration, qu'il serait impossible d'expliquer l'état actuel de l'univers par une succession indéfinie d'états antérieurs ; mais qu'en remontant dans le passé, on arrivait à un état qui ne pouvait être la conséquence d'aucun autre.

La portée philosophique du travail de Fourier ne fut pas remarquée à son époque, tellement on était imbu de l'idée préconçue de la stabilité générale de l'univers ; mais les nouvelles découvertes qui ont donné naissance à la thermodynamique ont fini par la mettre en pleine lumière.

Dans le cours du XIX° siècle, deux idées nouvelles sont venues détruire la croyance à la stabilité de l'univers : ce sont la doctrine de l'évolution et celle de la conservation de l'énergie. D'après les principes que résume le mot *évolution*, on s'est habitué à considérer l'univers comme subissant une série de modifications non pas periodiques, mais définitives, qui le transforment complètement en des périodes de temps prodigieusement longues, et l'on s'est préoccupé de rechercher l'état initial et l'état final de cette longue suite de transformations insensibles. La théorie mécanique de la chaleur et le principe de la conservation de l'énergie ont permis de commencer la solution de cet important problème ; en même temps, certains phénomènes mieux étudiés ont révélé leur importance ; c'est ainsi, pour ne parler que du système solaire, que l'on s'est aperçu, grâce aux travaux de M. Georges Darwin, que les marées venaient compromettre la stabilité du système solaire presque démontrée par Laplace et ameneraient, après de longues périodes de siècles, la chute de toutes les planètes sur le soleil. Mais c'est la théorie de l'énergie qui donne une réponse définitive ; elle nous apprend que toutes les formes de l'énergie, chaleur, lumière, mouvement, etc., tendent à se répartir uniformément sur tous les corps ; ainsi la chaleur ne passe jamais spontanément du corps le plus froid au corps le plus chaud. De ce principe qu'on appelle le principe de la *dégradation de l'énergie*, il résulte que, quoique la somme totale de l'énergie répandue dans l'univers soit invariable, celui-ci évolue cependant vers un état final où toutes les parcelles de matières seront douées de la même quantité d'énergie ; alors aucun échange ne pourra plus se produire, ce n'est par parties égales ; aucun des phénomènes actuels ne pourra plus s'accomplir ; l'univers sera comme une masse gazeuse, homogène, en équilibre. Il est difficile de voir une bien grande différence entre cet état et le néant Ce qui fait la vie de l'univers, pour ainsi dire, c'est justement ce passage de l'énergie des corps qui en est le plus à ceux qui en ont le moins, en sorte que l'univers est, sous ce rapport, de moins en moins *différencié*.

D'autre part, les travaux de Fourier ont montré qu'on remontant dans le passé, on rencontre un état infiniment différencié, c.-à-d. un état où toute l'énergie est concentrée sur quelques corps seulement, et que cet état ne peut provenir d'aucun autre. Ainsi, l'univers évolue d'un état infiniment différencié à un état nullement différencié.

Il reste à savoir si cette évolution s'accomplira en un temps fini ou infini. D'après les calculs de Fourier, le temps est fini dans le passé. Dans l'avenir, il est plus douteux que l'état nul ailleurt différencié puisse être atteint dans un temps fini; mais, si même cette durée est infinie, dès que la différenciation sera suffisamment faible, les échanges d'énergie seront insignifiants et, pendant toute l'éternité, ses phénomènes de plus en plus rares et de plus en plus faibles, feront de l'univers quelque chose qui ressemblera singulièrement au néant.

Comme on le voit, la science moderne n'est guère favorable à l'idée d'un univers éternel; elle nous le montre au contraire avec un commencement et une fin. Il faut en conclure ou que les principes fondamentaux de la science moderne sont erronés ou incomplets par quelques points, ou que réellement l'un vers a commencé d'exister dans un état d'infinie différenciation et qu'il finira dans un état de différenciation nulle, ce qui impliquerait la création et la fin du monde.

Bibliog. — Sir WILLIAM THOMSON, *Constitution de la matière et Conservation de l'énergie;* HELMOTZ, *Origine du système planétaire;* BALFOUR STEWART et TAIT, *L'Univers invisible;* JOUFFRET, *Introduction à la théorie de l'énergie;* FLAMMARION, *La fin du Monde.*

CRÉATIONISME. s. m. Opinion de ceux qui croient que les espèces animales et végétales ont été créées distinctes et sont invariables. C'est l'opposé du *Transformisme.* Voy. ce mot.

CRÉATURE. s. f. Tout être créé. *Les créatures animées inanimées, raisonnables, visibles, invisibles — La c.* se dit pour l'être humain considéré par rapport à Dieu. || Se dit particul. d'un individu de l'espèce humaine qu'on veut qualifier en bien ou en mal. *C'est la meilleure c. du monde. Voilà une étrange c. Quelle sotte c.!* On dit d'une femme grande et belle: *C'est une belle c.;* d'un joli enfant: *C'est une jolie c.,* etc. — S'emploie quelquefois par mépris en parlant des femmes. *Cette c.-là l'aura bientôt ruiné. Comment peut-on aimer une pareille c.? C'est une vile c.* || Fig., se dit d'une personne qui tient sa fortune ou sa position d'une autre. *Ce ministre s'est fait beaucoup de créatures, a beaucoup de créatures. C'est la c. d'un tel.* — On dit qu'un *cardinal est la c. d'un tel pape,* pour exprimer qu'il a été fait cardinal par tel pape.

CRÉBILLON (PROSPER JOLYOT DE), poète tragique français (1674-1762), dont les chefs-d'œuvre sont *Électre, Rhadamiste.* = CLAUDE, fils du précédent, romancier, né à Paris (1707-1777).

CRÉCELLE. s. f. Moulinet de bois qui fait un bruit aigre, et dont on se servait autrefois, au lieu de cloches, le jeudi et le vendredi de la semaine sainte. *Sonner la c.* Cet usage existe encore dans quelques pays. || Instrument dont se servent certains marchands ambulants pour attirer la pratique. || Instrument dont se servaient les lépreux, au moyen âge, pour annoncer leur approche. || Jouet d'enfant. || *Voix de c.,* voix criarde et désagréable.

CRÉCERELLE. s. f. Oiseau de proie du genre *Faucon.* Voy. ce mot.

CRÉCERELLETTE. s. f. [Pr. *kré-se-rè-lète.*] T. d'ornith. Oiseau de proie du genre *Faucon.* Voy. ce mot.

CRÈCHE. s. f. [all. *krippe,* m. s. ?]. Mangeoire à l'usage des bestiaux. *Mettez du foin dans la c.* || Objet de même genre où Jésus aurait été déposé au moment de sa naissance, dans l'étable de Bethléem. *Le Fils de Dieu a voulu naître dans une c.* || Par ext., Petit édifice représentant l'étable de Bethléem et les scènes de la naissance de Jésus. || ?. Tech. Établi dans une corderie sur lequel se trouve fixé divers peignes servant à dégrossir le chanvre. || Maçonnerie servant à préserver un ouvrage hydraulique des filtrations. || C. *de pourtour,* enceinte de pieux remplie de maçonnerie, autour d'une pile de pont. || Établissement de bienfaisance où, moyennant une faible rétribution, et quelquefois même gratuitement, on garde et l'on soigne pendant la journée les enfants des mères pauvres qui sont obligées de travailler hors de leur domicile.

L'idée première des crèches appartient à Mme Pastoret, mais c'est le vénérable Marbeau, ancien adjoint au 1er arr. de Paris,

qui a eu l'honneur de la mettre à exécution. La première c. a été ouverte à Paris le 14 nov. 1844. Depuis cette époque, l'institution s'est répandue dans les départements, et, passant la frontière, a pénétré dans plusieurs États voisins, mais particulièrement en Angleterre et en Allemagne. Il est facile, quand on connaît les difficultés de tout genre contre lesquelles ont trop souvent à lutter les classes pauvres et laborieuses, de comprendre les services que peuvent rendre les crèches à une foule de ménages d'ouvriers, où, le salaire du père étant insuffisant, il faut que la mère travaille au dehors pour gagner, elle aussi, un salaire quotidien.

Pour fonder une c., quand on a calculé le nombre probable des enfants à recevoir, ainsi que le chiffre de la recette et celui de la dépense, on forme une société et l'on nomme un comité. Ce comité rédige un règlement, choisit une directrice, délègue la surveillance à une ou plusieurs dames qui prennent le nom d'*Inspectrices,* et leur adjoint, pour la partie hygiénique du service, un ou plusieurs médecins. Une *berceuse* est nécessaire pour chaque groupe de 5 à 6 enfants. Une garderie comprend en général : 1° Le dortoir où se trouvent les berceaux; 2° La salle de jeux ou *Pouponnière;* 3° Une pièce à usage de cabinets d'aisances et de toilette; 4° Une salle de bains; 5° Une cuisine; 6° Le bureau de la directrice; 7° Une salle d'attente. — Le matin, chaque mère apporte son enfant emmailloté, et vient le reprendre le soir à une heure déterminée. Elle est libre de venir, dans la journée, autant de fois que l'exigent les nécessités de l'allaitement. Si l'enfant est sevré, il lui suffit de déposer, à l'heure de rentrée, un panier garni de provisions pour la journée. Enfin, les crèches sont fermées les dimanches et jours fériés, parce que ces jours-là les mères peuvent et doivent soigner elles-mêmes leurs enfants.

Nulle c. ne peut être ouverte avant que le préfet du département n'ait déclaré que les locaux qui y sont affectés satisfont aux conditions d'hygiène, et que les personnes qui y sont préposées présentent des garanties suffisantes (Art. 2 du décret du 26 février 1862).

Le règlement du 30 juin 1862 détermine en outre les conditions de fonctionnement de ces établissements, ainsi que le taux de la rétribution exigée des parents (0,20° à Paris, par enfant ; 0,30° pour deux enfants).

Les crèches sont le plus souvent des institutions de charité privée, mais elles font presque toutes appel au secours de l'État, du département, des communes. Il existe quelques crèches *municipales,* celle de Courbevoie, par ex. Enfin, on compte un certain nombre de crèches *industrielles,* fondées par des manufacturiers dans leur usine et pour leurs ouvrières (crèches de la manufacture de tabacs de Nantes, de la faïencerie de M Boulanger à Choisy-le-Roi, de la société cotonnière à Saint-Étienne-du-Rouvray, des usines de M. Ménier, à Noisiel, de M. Godin à Guise, de M. Bodin à Barentin).

Les enfants ne sont généralement admis dans les crèches avant l'âge de deux mois ; jusqu'à cet âge, on remplace la crèche par l'institution des secours à domicile, secours en nature et en argent qui permettent à la mère d'allaiter son enfant en restant au logis.

En 1889, il existait à Paris 70 crèches, et 250 environ dans les départements. Le nombre des journées de présence dans les crèches de Paris a dépassé la même année ce chiffre de 200.000.

CRÉCISE. s. f. Instrument employé dans la construction des fourneaux et des pierres factices.

CRÉCY. s. f. (R. *crécy*). Variété de carotte très estimée. *Purée, potage à la c.*

CRÉCY, ch.-l. de c. (Somme), arr. d'Abbeville, 1600 hab. = Bataille de Crécy, où Philippe de Valois fut battu par Édouard III, roi d'Angleterre, en 1346.

CRÉCY-SUR-SERRE, ch.-l. de c. (Aisne), arr. de Laon, 1900 hab.

CRÉDENCE. s. f. (ital. *credenza,* m. s.). Sorte de petite table qui est près de l'autel et où l'on met les burettes, le bassin et les autres choses qui servent à la messe ou à quelque autre cérémonie religieuse. *Il y a ordinairement deux crédences, l'une à droite, l'autre à gauche de l'autel.* || Tasseau de bois placé au dessous de la banquette d'une stalle dans les chapelles. || Meuble de salle à manger sur lequel on dépose les objets qui doivent servir pendant le repas. || Dans certains établissements publics, tels que collèges, séminaires, etc., l'endroit où l'on tient les provisions de bouche.

CRÉDENCIER. s. m. Celui qui tient la crédence, qui, dans un séminaire ou tout autre établissement, est chargé de la garde et de la distribution des provisions de bouche.

CRÉDIBILITÉ. s. f. (lat. *credibilis*, croyable). Qualité par laquelle une chose est rendue croyable; motif qu'on a d'y croire.

CRÉDIRENTIER. s. m. [Pr. *krédi-ran-tié*] (R. *crédit*, et *rente*). Celui qui a des rentes à son crédit.

CRÉDIT. s. m. (lat. *creditum*, part. pass. de *credere*, confier). Faculté qu'on possède de se procurer des capitaux par suite de la confiance qu'on inspire, ou de la solvabilité qu'on présente. *C. privé. C. public. Ce négociant a beaucoup de c. sur la place. Cette maison n'a aucun c., il n'a pas su conserver son c.* — *Prêter son c. à quelqu'un*, Garantir le remboursement de la somme qu'il emprunte. ‖ La transmission des capitaux, des marchandises à titre d'avances, à titre de prêt, relativement à sa plus ou moins grande facilité. *Le c. est nécessaire au commerce. Faire des opérations de c. C. hypothécaire. C. agricole. C. commercial. Cette révolution ruina le c.* ‖ *Faire c., donner à c.*, Donner des marchandises sans en exiger le paiement immédiat. On dit aussi, dans le même sens, *Prendre des marchandises à c. Vendre, acheter à c. Avoir du c. chez un marchand.* — Fam., *Faire c. de la main à la bourse*, Ne point faire de c., vendre argent comptant. — *Ouvrir son c. à quelqu'un*, S'engager à lui faire des avances jusqu'à concurrence d'une certaine somme. *Un banquier lui a ouvert un c. de cinquante mille francs.* Se dit aussi relativement à la personne sur l'ordre de laquelle on fait ces avances. *Son père lui a fait ouvrir un c. chez un banquier.* On dit également, *Avoir un c. ouvert chez un banquier.* — *Lettre de c.*, Lettre par laquelle on mande à quelqu'un de mettre à la disposition du porteur une certaine somme, ou toutes les sommes dont il aura besoin. *Il avait sur la maison R. une lettre de c. illimité.* ‖ Établissements, etc., destinés à faciliter l'avance des capitaux. — Nom que prennent certaines sociétés de banque. *Crédit foncier, Crédit industriel, Crédit lyonnais.* ‖ Partic., Confiance que l'on a dans les effets de commerce, les actions de compagnies, etc. *Les billets de la banque de France jouissent du plus grand c. Les effets de cette maison n'ont aucun c.* ‖ T. Comptabilité. Partie d'un compte où l'on inscrit au nom d'un créancier réel ou fictif ce qui lui est dû. Voy. COMPTABILITÉ. ‖ La confiance qu'inspire une personne, la considération dont elle jouit, l'influence qu'elle exerce. *Être en c., en grand c. auprès d'un prince, d'un ministre. Avoir du c. sur l'esprit de quelqu'un. Il jouit d'un grand c. dans l'assemblée. Le c. dont il jouissait près de ses concitoyens. Se mettre en c. Cela le mit en c., lui a acquis du c. Établir, rétablir son c. Essayer son c. User, abuser de son c. Son c. peut beaucoup. Il a perdu beaucoup de son c., tout son c. Il est bien déchu de son c.* — Fig. et par anal., *La vertu a toujours du c. auprès des gens de bien.* ‖ Fig., *Cette nouvelle prend c.*, acquiert du c., Elle trouve de la créance. *Mettre une opinion en c.*, La faire prévaloir, lui donner de la vogue. ‖ *Lettre de c.*, Lettre du souverain qu'il présente un ambassadeur au prince étranger près duquel il est envoyé. = *A c.*, se dit quelquefois au fig. pour inutilement, en vain, sans profit. *Vous consumez votre temps et votre bien à c.* — Sans preuve, sans fondement. *Vous affirmez cela à c.; quelle preuve en avez-vous?* Peu us.

Syn. — *Faveur.* — Le c. est la facilité de déterminer la volonté de quelqu'un suivant nos désirs, en vertu de l'ascendant que nous avons sur son esprit, ou de la confiance qu'il a prise en nous. La *faveur* est la facilité que nous trouvons dans une personne disposée à faire tout ce qui nous est agréable, en vertu d'une faiblesse qu'elle a pour nous, ou d'une bienveillance qu'elle nous prodigue. Le c. est une faculté, une force, une puissance que nous exerçons sur autrui, il est dans nos mains; la *faveur* est un sentiment, un penchant, une faiblesse de celui qui se livre à nous, elle est dans son cœur. On dit, la *faveur du prince*, la faveur du peuple, et non le c. *du prince*, le c. *du peuple*; parce que la *faveur* est la bienveillance même du prince, du peuple qui se porte vers nous, et que le c. est l'ascendant que nous avons nous-mêmes, et dont nous usons sur le prince, sur le peuple. Les lumières, les talents, les services, les vertus acquièrent le c., par la bonne opinion, l'estime, la considération, la confiance qu'ils inspirent; les complaisances, les flatteries, les adulations, le dévouement servile, gagnent la faveur par une sorte de gratitude, par le retour, l'affection, l'attachement, le besoin de nous. Un bon ministre acquiert du c. sur un roi sage; un courtisan habile

à satisfaire les goûts du prince, gagne sa *faveur*. On gagne la *faveur* du peuple qui aime sans raison; on acquiert du c. dans une compagnie où la justice est consultée. Le c. de Sully triompha souvent de la *faveur* des maîtresses du roi.

Écon. polit. — Cet article sera divisé en trois sections. Dans la première, nous dirons ce qu'est le c. en général; dans la seconde, nous parlerons des différentes sortes de *Banques*; dans la troisième, nous exposerons l'état de la science au sujet des principales questions relatives à la théorie et à l'organisation des banques de circulation.

I. *Crédit.* — La France est assurément l'un des pays de l'Europe où les questions relatives au c. sont le plus mal comprises et le moins étudiées; il n'y a donc rien d'étonnant à ce qu'elle soit en même temps le pays où l'on se fasse le plus d'illusions à ce sujet, où il se produise le plus de conceptions fantastiques dans le but d'universaliser le c. Afin de donner une idée nette du c., nous procéderons pas à pas, et nous ferons tous nos efforts pour que notre langage soit aussi clair que possible.

A. *Nature et définition du c.* — Nous définirons le c. : *la transmission des capitaux, des mains des détenteurs qui ne veulent pas les faire valoir eux-mêmes, dans d'autres mains disposées à les utiliser.* Cette transmission a lieu sur le simple engagement du crédité, c.-à-d. sur la confiance qu'inspirent son habileté au travail et sa probité : c'est là le C. *personnel*; tantôt le capitaliste ne consent à faire des avances au demandeur que sur la garantie d'un gage spécial offert par ce dernier : c'est alors le C. *réel*. Dans les relations industrielles et commerciales, les avances se font sans exiger du crédité un gage particulier; celui-ci se contente de remettre à son créditeur un engagement écrit et susceptible de circuler de main en main, par lequel il s'oblige à rembourser dans un bref délai les capitaux à lui fournis. Si l'engagement n'est pas rempli à l'échéance, son exécution se poursuivra sur tout ce qu'il possède. Le c. qui a lieu dans ces conditions est nommé C. *commercial.* Chez tous les peuples industriels, le plus grand nombre des actes de c. se consomment dans le cercle même des producteurs, c.-à-d. de travailleur à travailleur, de commerçant à commerçant. « Le producteur de la matière première, dit Coquelin, en fait l'avance au fabricant qui doit la mettre en œuvre, en acceptant du lui une obligation payable à terme. Ce dernier, après avoir exécuté le travail qui le concerne, et dans l'état et aux mêmes conditions cette matière déjà préparée à quelque autre fabricant, qui doit lui faire subir une préparation nouvelle, et c. s'étend ainsi de proche en proche, d'un producteur à l'autre, jusqu'au consommateur. Le marchand en gros fait des avances au marchand en détail, après en avoir reçu lui-même du fabricant ou du commissionnaire. Chacun emprunte d'une main et prête de l'autre, quelquefois de l'argent, bien plus souvent encore des produits. Ainsi se fait, dans les relations industrielles, un échange continuel d'avances qui se combinent et s'entrecroisent dans tous les sens. »

La définition que nous avons donnée du c., et qui, d'ailleurs, est au fond la même que les définitions données par Ad. Smith, J.-B. Say, Mac Culloch, J. Stuart-Mill, etc., est à nos yeux la seule exacte et précise; exacte, car les différentes formes sous lesquelles se font les avances de capitaux, formes que nous venons d'énumérer à l'instant, y sont toutes contenues; précise, car elle écarte virtuellement toutes les théories chimériques qui se sont produites à diverses époques, et dont nous parlerons ailleurs (voy. PAPIER-MONNAIE). Néanmoins, il est deux autres définitions du c. dont nous devons dire ici quelques mots, parce qu'elles ont abusé des esprits d'ailleurs excellents.

Ainsi, on a défini le c. *une anticipation de l'avenir.* Cette définition, dont nous ignorons l'auteur, n'exprime qu'un phénomène particulier du c. commercial. En effet, lorsqu'un producteur de matières premières fait l'avance à un autre producteur qui doit les mettre en œuvre, contre la simple obligation de ce dernier, on peut dire, avec raison, de l'un et de l'autre, qu'ils anticipent l'avenir : celui-ci, parce qu'il compte, pour remplir son engagement, sur un fabriqué et vendu le produit œuvre de son travail; celui-là parce que, en consommant ses avances, il liquide moralement pour faites des valeurs qui ne peuvent exister qu'au bout d'un certain temps. Mais cette circonstance, attendu qu'elle est spéciale à une forme particulière de c., ne peut servir de fondement à une définition générale. Nous le répétons, le fait essentiel, fondamental, qui constitue le c., est la transmission des capitaux.

Le c., suivant le comte Cieszkowski, *est la transformation des capitaux stables ou engagés en capitaux circulants ou dégagés.* Quoique acceptée par plusieurs économistes distingués, cette définition nous paraît non seulement complètement fausse, mais encore grosse de conséquences déplorables. D'abord, que signifie en français cette expression : transformer un capital engagé en capital dégagé, si ce n'est faire passer une valeur de l'état de capital fixe à l'état de capital circulant? Or, si tel est le sens qu'y a attaché l'auteur, sa définition est inexacte. En effet, bien qu'il soit assez rare que le c. se fasse sous la forme de capital engagé, il n'en est pas moins vrai que le dégagement des capitaux engagés n'est pas une condition *sine qua non* du c., et que, d'ailleurs, ce n'est pas le dégagement qui constitue celui-ci : il représente simplement un de c. préalable au c. Ainsi, par exemple, je veux créditer un industriel pour la somme de 50,000 fr., mais je n'ai pour toute fortune qu'une terre qui en vaut 100,000 ; je dégage donc mon capital fixe, c.-à-d. je vends ma terre; puis je fais c., c.-à-d. je transmets les 50,000 fr. au producteur qui me les a demandés. — Mais l'interprétation que nous venons de donner de la définition du noble économiste n'est point du tout la sienne ; notre interprétation littérale contient quelque chose de vrai; celle de l'auteur est radicalement fausse. L'ingénieux écrivain n'entend pas faire passer le capital fixe à l'état de capital circulant; il entend simplement faire fonctionner le même capital sous la forme de capital engagé et sous celle de capital dégagé. Reprenons donc notre exemple. Au lieu de vendre ma maison et de dégager mon capital, j'emprunte 50,000 fr., et je donne hypothèque sur mon immeuble. Dans ce cas, je vois bien que ma terre continuera de produire à mon profit comme capital fixe, mais je ne la vois pas fonctionner comme capital circulant. Le capital circulant dont je me trouve possesseur est constitué par les 50,000 fr. (espèces ou marchandises) qu'on m'a avancés contre hypothèque, et qu'à mon tour je peux avancer à qui il me plaira. Ce capital circulant existait déjà entre les mains d'un tiers, lequel m'a fait c. en me l'avançant, sans que mon capital engagé se soit dédoublé de façon à engendrer de lui-même un capital circulant. Que l'hypothèque favorise le c., nul n'en doute, car le vieil adage : *Plus cautionis in re quam in persona*, est encore et sera peut-être toujours vrai. Qu'il soit possible de faciliter encore le c. par le gage au moyen de certaines réformes, cela ne nous paraît pas contestable; mais le gage n'est point le c., et que que parfaite que soit la constitution du gage, quelque multipliées que soient les garanties réelles offertes par les demandeurs de c., tout cela ne multipliera pas les capitaux existants et disponibles. — Pour le dire en passant encore là ce qu'il tend l'ingénieux écrivain par sa transformation des capitaux stables en capitaux dégagés. Ce qu'il entend, c'est la création d'un papier-monnaie, garanti par des valeurs réelles (terres, maisons, marchandises), et portant intérêt. Les morceaux de papier une fois imprimés, on les baptise du nom de capital, et le miracle est accompli. Le propriétaire d'une terre de 100,000 fr. garde la terre (capital engagé), laquelle lui produit un revenu; puis il émet des bons hypothécaires (capital dégagé) jusqu'à concurrence de 50,000 fr. ; on a, de cette façon, la solution du problème du c., d'où se déduit la merveilleuse définition que nous étudions en ce moment. La prétendue définition du c. imaginée par Cieszkowski n'est donc que la formule d'un système de papier-monnaie, papier-monnaie qui, pour le dire en passant, serait bien inférieur à celui de nos anciens assignats. Or, une conception pareille n'a rien de commun avec le c. qui exige, non point des signes représentatifs, mais des capitaux, ou, en d'autres termes, des marchandises, la monnaie métallique elle-même n'étant capital que parce qu'elle est marchandise.

Comment donc se fait-il que cette définition singulière ait obtenu une certaine vogue, et qu'elle se trouve reproduite même par des économistes qui repoussent absolument, et avec raison, toute idée de papier-monnaie? C'est, nous croyons, parce qu'elle n'est pas exprimée en termes vulgaires, et qu'elle a une certaine tournure philosophique qui impose. Du reste, ainsi que l'observe très bien M. Baudrillart, il est facile de juger toutes les conceptions fantastiques imaginées au sujet du c., et, nous ajouterons, la valeur des définitions qu'on a proposées de ce grand phénomène économique, par ce principe fort simple : « Le c. suppose toujours un *capital préexistant* le prêteur, de même qu'il suppose chez l'emprunteur un *travail productif*, en mesure de rembourser le capital avancé avec les intérêts. Cette préexistence du capital est une nécessité qu'il ne faut pas perdre de vue un seul instant. Dans le fait, quelle que soit la somme de numéraire et de papier qui circule, l'ensemble des emprunteurs ne peut recevoir plus de charrues, plus d'outils plus d'approvisionnements de matières premières que l'ensemble des prêteurs n'en peut fournir. »

B. *Utilité du crédit.* — Une opinion assez répandue, c'est que le c. multiplie les capitaux; cette opinion ainsi formulée est une erreur véritable. « Le c., dit à ce sujet J. Stuart-Mill, n'est que la permission d'user du capital d'autrui; il n'augmente pas les moyens de production; il ne fait que les transporter de l'un à l'autre. Si l'emprunteur obtient du c. le moyen de produire davantage et d'employer plus de travail, le prêteur diminue d'autant ses moyens de produire et d'employer du travail. La même somme ne peut être employée comme capital en même temps par le propriétaire et par l'emprunteur; elle ne peut fournir des salaires, des outils et des matières pour toute sa valeur à deux séries de travailleurs à la fois. Il est vrai que le capital emprunté à Pierre par Paul, et dont celui-ci se sert dans ses affaires, forme encore une partie de la fortune de Pierre pour une autre destination ; il peut compter sur ce capital lorsqu'il prend des engagements; il peut même emprunter, s'il en a besoin, à Jacques, par ex., une somme équivalente, en déléguant la propriété de la première en garantie de cet emprunt, de telle sorte qu'il semble, à regarder les choses superficiellement, que Paul et Pierre se servent à la fois de la même somme ; mais la moindre réflexion suffit pour montrer que lorsque Pierre a remis son capital aux mains de Paul, celui-ci seul se sert de ce capital, et que Pierre ne sert uniquement de l'obligation à lui souscrite par Paul pour obtenir d'un tiers, Jacques, l'usage d'un autre capital équivalent. Tout capital qui n'appartient pas à celui qui s'en sert réellement est autant de retranché d'un autre. » Toutefois, ainsi que le fait remarquer Yves Guyot, si le c. n'augmente pas la quantité des capitaux existants au moment où il se produit, il augmente le pouvoir producteur de ces capitaux.

S'il n'existait rien de pareil au c., ou si l'insécurité générale et le défaut de confiance empêchaient l'extension du c., une foule de particuliers, qui possèdent des capitaux plus ou moins considérables, mais qui, par suite de leurs occupations, ou faute de la science et de l'habileté nécessaires, ne pourraient les employer utilement, se trouveraient obligés de les laisser improductifs. D'autres fois ces capitaux seraient anéantis par des efforts inhabiles pour en obtenir un profit; plus souvent ils seraient gaspillés et dépensés improductivement. Or, grâce au c., tous les capitaux de cette catégorie sont prêtés à intérêt à l'industrie et au commerce, où ils sont consacrés à la production, et fournissent du travail à une infinie variété de producteurs. En outre, le c. fournit le moyen de tirer le meilleur parti possible, dans l'intérêt de la production, de toutes les capacités industrielles qui existent dans un pays. Tel individu qui n'a que peu ou point de capitaux, mais dont l'aptitude pour les affaires est connue et appréciée par quelques capitalistes, peut obtenir, soit des avances en espèces, soit des marchandises à c., et, de cette manière, utiliser au profit de la production générale sa capacité industrielle. Ainsi, bien que les capitaux d'un pays ne soient aucunement multipliés par le c., ils sont appelés à une activité plus grande dans la production. A mesure que la confiance sur laquelle repose le c. prend de l'extension, on trouve moyen, ainsi que nous le dirons plus loin, d'appliquer à la production jusqu'aux plus petites fractions de capital, jusqu'aux sommes qu'un simple particulier garde par-devers lui pour subvenir aux éventualités, jusqu'à la fraction de salaire que l'ouvrier peut économiser sur sa dépense quotidienne. De cette façon, le c. stimule l'épargne et la féconde, non seulement au profit de celui qui s'y livre, mais encore au profit de la société tout entière. De plus, en stimulant l'épargne, il favorise le développement, chez les classes laborieuses, des habitudes d'ordre, d'économie et de prévoyance, effets moraux qui ne doivent pas être oubliés parmi les avantages du c. Nous n'avons pas besoin de dire que le crédit produit le même effet moralisateur sur les entrepreneurs d'industrie qui sont obligés d'y avoir recours, car on s'enquiert avec soin de leur probité, de leur moralité et de leur manière de vivre.

Ces considérations ne s'appliquent qu'au c. accordé aux classes industrielles. « Le c. accordé par les marchands aux consommateurs qui ne produisent point, dit John Stuart-Mill, n'ajoute rien à la production et diminue même ses forces. Il met pour un temps le capital de ceux qui travaillent au service de ceux qui ne travaillent pas, et non plus le capital de ceux-ci au service des travailleurs. Si Pierre, marchand, fait des fournitures à Paul, propriétaire ou rentier, et lui accorde un crédit de 5 ans, toute la portion du capital de Pierre que représentent les fournitures faites, reste 5 ans improductive. Si les fournitures avaient été faites comptant, la somme qu'elles représentent aurait pu être, pendant cette période, dépensée et reproduite plusieurs fois. Si Paul paie à l'échéance, Pierre est personnellement indemnisé, parce qu'il a vendu ses marchandises à un prix plus élevé qui lui est, en définitive, payé par Paul; mais il n'y a point d'indemnité pour les classes laborieuses qui souffrent le plus de tous les détournements temporaires ou durables qui enlèvent les capitaux aux emplois productifs. » Ce système de vente à c. au consommateur est, en outre, fâcheux pour ce dernier. Outre qu'il paie plus cher et se trouve moins bien servi, alléché qu'il est par les facilités qui lui sont offertes, il se laisse presque toujours entraîner à des dépenses plus considérables que ses moyens ne le lui permettent, et par suite il tombe souvent dans une situation déplorable. — Ceci dit, en général, est absolument vrai. Il y a cependant certaines observations de détail à faire. En premier lieu, si le consommateur, comme cela se pratique souvent, remet à son fournisseur des billets à ordre à une échéance peu éloignée, trois mois, par exemple, le fournisseur peut faire escompter ces billets, ou les employer lui-même à ses propres paiements. Ces billets circulent ainsi comme une véritable monnaie et le capital qu'ils représentent n'est nullement immobilisé. Il n'y a aucune perte pour la société; il n'y en a que pour le consommateur, parce qu'il paie plus cher qu'au comptant. Mais cela ne s'applique qu'aux courtes échéances, les billets à longue échéance ne circulant pas dans le commerce. D'autre part, il y a certaines catégories de dépenses qui, quoique faites par des particuliers, peuvent être soldées à terme sans encourir les reproches signalés. Nous avons déjà cité, à l'article CONSOMMATION, le cas d'un médecin ou d'un avocat qui meuble son cabinet à crédit. En dehors des cas analogues où la dépense est représentée par un véritable capital reproductif, il y en a d'autres où l'usage du crédit se justifie par la grandeur de la dépense, la nécessité des objets qu'on veut acquérir et surtout leur longue durée : meubles, livres, instruments de musique, voitures, immeubles, etc., même consacrés à l'agrément, et non à l'étude ou à l'industrie. Le crédit permet alors au consommateur de jouir des avantages inhérents à la possession de ces objets plus tôt qu'il n'aurait pu le faire s'il avait dû économiser préalablement la somme nécessaire à leur acquisition. Souvent même l'obligation d'avoir à payer certaines sommes à échéances fixes détermine le consommateur à faire, sur d'autres dépenses plus futiles, des économies qu'il n'aurait pas faites autrement, et le conduit ainsi à employer ses revenus d'une manière plus intelligente et plus conforme à ses véritables intérêts. Toutefois, il importe que les crédits obtenus de cette manière soient contenus dans de sages mesures; c'est une question de prudence de la part du consommateur; c'est à lui à régler les obligations qu'il contracte sur les revenus qui lui sont assurés. Ce qui est absolument condamnable, et cela sans aucune restriction, c'est le crédit accordé pour des dépenses inutiles, du luxe, ou pour l'acquisition d'objets que la consommation détruit presque aussitôt : crédit des tailleurs, des couturières, des restaurateurs, des limonadiers, etc. C'est celui-là qui mérite au plus juste titre les reproches que lui ont faits les économistes. Il est véritablement dangereux pour l'économie sociale, sans compter qu'il est immoral au plus haut degré, car il constitue manifestement un encouragement à la prodigalité et au vice.

C. *Moyens du crédit.* — Nous avons vu que dans les opérations de c. qui s'effectuent dans le cercle immense de la production, quiconque a livré des capitaux ou des marchandises à c. devient porteur d'obligations à lui souscrites par le crédité, et par lesquelles celui-ci s'engage à payer, à des termes fixes, la valeur des avances qu'il a reçues. Ces obligations, qu'on désigne communément par le nom d'*Effets de commerce*, constituent, si l'on peut parler ainsi, la *forme* essentielle du c., dont le capital est la *matière*; car c'est sur elles que roulent presque toutes les opérations de banque. Au mot CHANGE, nous avons parlé des diverses espèces de billets-promesses créés par les industriels, les commerçants, etc., et nous avons fait voir que leur emploi a pour résultat d'éviter les transports d'espèces, etc., par conséquent d'économiser les frais que coûteraient ces transports, de limiter l'emploi de la monnaie métallique, et de permettre de restituer une partie des métaux précieux à la fonction de capital productif. Lorsqu'un titre de ce genre (lettre de change, billet à ordre, billet au porteur, etc.) est conservé par celui qui l'a reçu, évidemment il ne remplit point les fonctions de monnaie; il est lui-même, au contraire, acheté et vendu contre la monnaie ou contre les marchandises qui ont donné lieu à sa création; mais lorsqu'il circule et sert à plusieurs opérations, il remplit, *jusqu'à un certain point*, les fonctions des espèces métalli-

ques. Supposons qu'un cultivateur s'acquitte d'une dette de 100 fr. envers l'épicier voisin, en lui donnant un billet souscrit à lui-même par son marchand de blé à Paris; l'épicier, après avoir endossé le billet, le transmet au raffineur auquel il doit du sucre; le raffineur, après endossement, l'envoie à un négociant qui fait le commerce avec les Antilles, et celui-ci le remet à son banquier, lequel en touche le montant à l'échéance. Le billet, dans cet exemple, a fait cinq paiements successifs, et a évité le transport et l'emploi d'au moins 400 fr. en espèces métalliques. Une multitude d'effets se négocient ainsi de marchand à marchand, de banquier à commerçant; ils y font donc évidemment partie de l'intermédiaire circulant (*currency*).

En énumérant tout à l'heure les bénéfices dont le c. est la source, nous n'avons pas cité un résultat de la substitution de l'usage du papier de c. à celui du numéraire. Ces avantages, cependant, méritent d'être signalés. On peut aisément se faire une idée de l'économie qu'elle peut produire en épargnant les frais de transport d'espèces; nous dirons ailleurs (voy. MONNAIE) la perte qui résulte pour la société de l'usure, ou *frai*, qu'éprouvent les métaux précieux par le fait de la circulation, perte qui n'est point à négliger; mais ce qu'il importe surtout de considérer, c'est l'application qui peut se faire à des emplois productifs de la somme totale des valeurs employées auparavant à faire la fonction, improductive en soi, d'agent des échanges. D'après M. W. Fowler, 99 p. 100 des affaires sérieuses se font en Angleterre à l'aide des instruments de c. Le *Clearing-house* (Chambre de compensation) anglais fait pour 150 milliards de transactions sans un sou de numéraire. En France, au contraire, 44 p. 100 des transactions sont effectuées par billets de banque ou monnaie. — Supposons que le mouvement commercial de la France soit égal en somme à celui de l'Angleterre, ce qui est loin d'être l'exacte vérité, il est évident que nous pourrions, si les combinaisons économiques que le c. emploie de l'autre côté de la Manche étaient aussi généralement répandues chez nous, suffire à tous nos échanges avec la même somme de numéraire circulant. Or, notre circulation métallique s'élève à 8 milliards 200 millions, tandis que celle de l'Angleterre atteint au plus 3 milliards 200 millions. Ce serait donc une somme de près de 5 milliards que la France pourrait détourner de cet emploi stérile pour la consacrer à des travaux reproductifs. Partant de là, voyons ce que nous coûte l'imperfection de notre système de circulation. L'intérêt de ce capital inutile, calculé à 3,50 p. 100, s'élève déjà à la somme de 175 millions de fr. Mais ce n'est pas ainsi qu'il faut évaluer cet intérêt. Comme ces 5 milliards seraient convertis en agents reproductifs, ils donneraient, en moyenne, comme tous les capitaux appliqués à l'industrie, le double de l'intérêt ordinaire, c.-à-d. 7 p. 100, ou une somme totale d'environ 350 millions par an. Ainsi donc, le service de nos échanges, en supposant que ceux de l'Angleterre ne soient pas supérieurs aux nôtres, nous coûte annuellement 350 millions de plus qu'à nos voisins. Cependant, ce calcul ne tient pas encore compte de tous les éléments. « En effet, dit Coquelin, si ces millions que la France emploie de trop dans ses échanges, «sous la forme d'une monnaie stérile, étaient convertis en capitaux reproductifs, ils ne rapporteraient sans doute que 7 p. 100 à ceux qui les feraient valoir, mais quelle activité et quel bien-être ne répandraient-ils pas dans le pays? Supposez-les convertis en usines, outre les profits des exploitants, n'y aurait-il pas à mettre en ligne de compte cette masse de travaux qu'ils offriraient à tant de bras inoccupés? Supposez-les convertis en chemins de fer : il faudrait encore ajouter à tout cela les précieuses facilités que le commerce y trouverait pour la circulation de ses produits. Qui ne sait d'ailleurs qu'un capital nouveau, appliqué au pays, ne profite pas seulement à ceux qui l'exploitent? C'est pour les classes ouvrières une nouvelle source de travail; c'est pour la société tout entière un principe de vie dont la bienfaisante influence se fait sentir au loin. »

Les combinaisons à l'aide desquelles on est parvenu, chez les peuples les plus avancés en civilisation et en industrie, à réaliser les effets merveilleux que nous venons d'attribuer au c., se sont développées successivement et dans un ordre logique, ainsi qu'on le verra dans la section deuxième; mais auparavant, nous dirons un mot de la nécessité de certains intermédiaires qui remplissent entre les producteurs, à l'égard du c., le même rôle que les intermédiaires à l'égard des échanges : c'est là un simple phénomène de division du travail.

D. *Intermédiaires du crédit.* — Nous savons que la circulation de billets négociables, c.-à-d. la faculté pour chaque producteur de négocier les billets qu'il a reçus en paiement de ses marchandises, est le fondement même du c. Sans cela, le mouvement de la production et des échanges se trouverait arrêté dès le début, puisque d'une part l'avance faite par un producteur ne lui donnerait aucun moyen d'en obtenir ailleurs l'équivalent sous une autre forme, et que, de l'autre, il se verrait lui-même hors d'état de la renouveler le lendemain. Cette négociation des engagements que les producteurs se souscrivent entre eux est tellement la base du c., qu'on peut très bien supposer un état de choses où le c. serait parfait, quoique réduit à ce mécanisme primitif. « Pour cela, dit Coquelin, que faut-il ? Une seule chose : que les billets de l'un soient aisément acceptés par l'autre, et qu'ils circulent de main en main. Ainsi, le négociant qui aura reçu un billet pour des marchandises livrées par lui à c., s'en servira pour acheter ou les matières premières ou les instruments nécessaires à son travail, puisqu'il le passera à son tour à l'ordre de son vendeur, ce dernier le passera à son tour à l'ordre d'un autre producteur dont il aura des marchandises à recevoir; ainsi de suite, jusqu'à l'échéance. Si une pareille circulation pouvait s'établir d'elle-même et se maintenir toujours suffisamment active et générale, on n'aurait besoin ni des banquiers ni des banques publiques, et le c. porterait, sans l'intervention de personne, tous ses fruits. On peut même concevoir que l'emploi du numéraire deviendrait alors presque inutile dans les transactions commerciales, son office étant rempli par le papier des commerçants. Comme chaque négociant aurait à la fois donné et reçu des billets, on pourrait, aux jours des échéances, faire la *compensation* des uns et des autres, et par cette seule compensation éteindre, sans l'emploi du numéraire, tous les engagements réciproques. — Mais, continua le savant économiste, ceci suppose, ce qui n'est pas, que tous les commerçants se connaissent entre eux, qu'acheteurs et vendeurs, écartés de la distance comme ils le sont, peuvent toujours au besoin se rapprocher et s'entendre, qu'ils ont tous les uns dans les autres une confiance égale. Cela suppose encore que l'importance des billets dont un commerçant est porteur cadre toujours avec celle des achats qu'il veut faire ou des paiements qu'il doit effectuer, et que l'échéance même des billets se rapporte. Or, il s'en faut bien que les choses soient ainsi dans la réalité; et c'est parce que cette circulation libre, et pour ainsi dire spontanée, rencontre dans le monde commercial des obstacles matériels ou moraux de tous les genres, que le commerce a besoin d'une assistance étrangère pour le favoriser ou le remplacer. »

Il y a deux manières de s'entremettre dans la circulation du papier commercial. La première est celle des courtiers ou agents de change : elle consiste à opérer purement et simplement la négociation des billets pour le compte de ceux à qui ils appartiennent, sans s'y intéresser soi-même, et en se bornant à chercher des tiers qui aient besoin de ces billets ou veuillent bien s'en charger. La seconde est celle des escompteurs et des banquiers. Un exemple suffira pour la faire comprendre. Pierre, fabricant de papier, vend à Paul, libraire, 200 rames de papier moyennant le prix de 3,000 fr., et en livrant son papier il reçoit un billet à ordre de pareille somme payable dans trois mois. Un mois après ce marché, Pierre a besoin de cette somme de 3,000 fr.; il se présente chez un banquier, et offre de lui céder son effet sur Paul, moyennant que le banquier lui avancera la somme de 3,000 fr., déduction faite d'un certain intérêt pour le temps qui reste à courir. Si celui-ci accepte, Pierre lui transmet par un endossement la propriété du billet de Paul, et touche la somme convenue. Cette opération s'appelle un *Escompte*, et l'on donne le même nom, ainsi que celui d'*Agio*, à la fraction retenue par le banquier à titre d'intérêt, de commission, etc. A voir le nombre immense de billets qu'escomptent ainsi certains individus, on croirait qu'ils ont constamment en caisse des quantités énormes d'espèces métalliques. C'est une erreur. S'il y a des banquiers fort riches, il n'est pas indispensable qu'ils le soient. D'ailleurs, quelque riches qu'ils soient, s'ils étaient réduits à leurs ressources personnelles, ils ne tarderaient pas à se voir à bout de moyens, et le cercle de leurs opérations serait toujours fort limité. Par quel moyen parviennent-ils donc à effectuer cette masse d'escomptes dont ils se chargent ? La chose est fort simple. — Les banquiers se mettent en rapport avec des capitalistes et avec des fonds disponibles. Ils leur empruntent ces fonds pour un temps plus ou moins long, en leur payant un intérêt pour cela, et ils se servent de ces fonds pour multiplier leurs escomptes. Quand un capitaliste leur retire ses fonds, il s'en présente un autre qui leur en apporte, de telle façon que leur caisse est toujours convenablement

garnie. De plus, lorsque les fonds ainsi déposés entre les mains du banquier ne sont pas suffisants, il a la ressource de rentrer dans une partie au moins des fonds qu'il a avancés aux commerçants. Si, par exemple, notre banquier veut rentrer dans les fonds qu'il vient d'avancer à Pierre, et cela avant l'échéance du billet que lui a cédé celui-ci, il revêt de sa propre signature ce même billet et le remet dans la circulation. Cette possibilité de remettre dans la circulation le billet en question s'explique aisément, quand on considère que, dans une foule de cas, un commerçant aime mieux un billet que de l'argent, comme lorsqu'il a un paiement à faire dans une ville éloignée, et que l'envoi d'une bonne lettre de change payable dans cette ville peut lui épargner un transport de numéraire. Le commerçant qui n'aurait pas osé se charger du billet souscrit par un autre commerçant qu'il ne connaît pas, le prend sans difficulté dès qu'il le voit endossé, c.-à-d. garanti par le banquier. On voit donc que le banquier joue également le rôle d'intermédiaire entre des capitalistes et des commerçants qui ne se connaissent pas les uns les autres, et entre des commerçants qui ne se connaissent pas davantage entre eux. Il sert à tous de trait d'union, parce qu'il est lui-même connu de tous.

Quoiqu'il ne soit question ici que du rôle d'intermédiaire que joue le banquier, il est facile de reconnaître qu'il se mêle à son fait quelque chose de la fonction élevée de l'*Assureur*. « En effet, dit Coquelin, il est assureur en ce qu'il garantit par des engagements personnels l'emploi des capitaux qu'on lui confie; il l'est encore en ce qu'il revêt de sa propre signature, avant de les rendre à la circulation, les billets qu'il a reçus. Autant comme assureur que comme intermédiaire, il facilite l'usage du c. et en favorise l'essor. » Grâce à lui, les commerçants sont, à bien des égards, dispensés des embarras et des soucis que leur causerait le placement des billets qu'ils ont reçus. Pourvu qu'ils ne dépassent point une certaine limite convenue avec leur banquier, ils n'ont d'autre soin à prendre, quand ils reçoivent des billets, que de les lui remettre : aussitôt celui-ci leur en verse le montant, sauf escompte, et se charge du reste, c.-à-d. de les toucher à l'échéance, ou de les remettre dans la circulation.

II. *Des diverses espèces de banques.* — L'histoire du c., ainsi que le dit très bien Baudrillart, nous montre que si le c. est un instrument de progrès, lui-même a obéi dans ses transformations à une loi de perfectionnement continu. Nous allons exposer succinctement les principales phases de cette évolution.

A. Des banques dans l'antiquité. — Le change des monnaies sur place est, de toutes les opérations de banque, la plus anciennement connue. Dans l'antiquité, ce commerce était d'une haute importance, à cause de l'extrême variété des monnaies qui existaient alors, chaque État ayant son système monétaire particulier. En général, les changeurs joignaient à ce négoce le trafic des matières d'or et d'argent, ainsi que l'industrie de la fonte et de l'affinage des métaux précieux. De plus, ils faisaient des prêts pour un temps plus ou moins long, et recevaient eux-mêmes en dépôt, moyennant intérêt, les fonds des particuliers pour ensuite les faire valoir à leurs propres risques et périls. A Athènes, au temps d'Isocrate et de Démosthène, les banquiers (τραπεζῖται) jouissaient d'une telle réputation de probité, qu'on ne leur donnait pas même de reconnaissance des fonds qu'on leur remettait en dépôt et qu'ils étaient crus sur parole. Ils recevaient, au contraire, de ceux auxquels ils prêtaient, une reconnaissance (χειρόγραφον), qu'ils gardaient entre leurs mains ou qu'ils négociaient quelquefois avec capitalistes, selon leurs besoins. Ils faisaient aussi des *virements* pour le compte de leurs déposants. Cette opération, qui consiste en un échange de créances ou de dettes soit au moyen d'un transfert sur les livres du banquier, soit au moyen de délégations sur un débiteur éloigné, économisait déjà l'usage du numéraire et évitait les mouvements matériels de fonds. — A Rome, les banquiers étaient appelés *argentarii*. Comme ceux d'Athènes, ils faisaient le change des monnaies, après s'être assurés de leur poids et de leur titre; ils recevaient des dépôts sans intérêt ou à intérêt (dans le premier cas, le dépôt était nommé *depositum* ou *vacua pecunia*, et dans le second *creditum*); ils servaient d'intermédiaires (*interpretes*) aux acheteurs dans les ventes publiques; bref, ils se livraient à toutes sortes de négociations pécuniaires pour le compte de leurs clients, négociations qui étaient régulièrement inscrites sur leurs livres. De là dérivent les locutions, *rationem accepti scribere*, emprunter de l'argent; *rescribere*, rembourser, etc. Le mot *nomen*, qui signifiait proprement un article en compte, servait aussi à désigner une *dette* ou même un *débiteur*, comme lorsque Cicéron dit qu'il a acquis la réputation d'un bon débiteur (*hoc sum assecutus, ut bonum nomen existimer*). — Les boutiques des banquiers de l'antiquité étaient installées autour des marchés et dans les lieux les plus fréquentés. Ils se tenaient assis derrière les tables ou comptoirs (τράπεζα, *mensæ*), où ils plaçaient leurs monnaies et leurs livres. A Rome, ils se tenaient de préférence sous les portiques qui entouraient le Forum. C'est de cette circonstance que l'on appelait *æs circumforaneum* l'argent emprunté chez un banquier, et que *foro cedere* ou *abire* ou *mergi* signifiait faire banqueroute. Les argentiers de Rome devaient être ingénus, c.-à-d. nés libres; ils étaient divisés en corporations et formaient un collège (*collegium*), de même que les *mensarii*, autre catégorie de banquiers. Mais ces derniers étaient des officiers publics nommés par l'État, qui prêtaient, pour le compte du trésor public, de l'argent comptant aux citoyens qui pouvaient fournir de bonnes garanties. L'institution de ces *mensarii* remontait à l'an 352 av. J.-C., époque où les plébéiens étaient tellement écrasés de dettes et si âprement poursuivis par les patriciens, leurs créanciers, qu'il y aurait eu danger pour la république si on ne leur avait facilité les moyens de se libérer. A cette occasion, les *mensarii* furent autorisés à accepter en paiement les bestiaux et les terres au prix de leur estimation loyale.

B. *Banque de dépôt.* — Au moyen âge, le commerce de banque resta à peu de chose près ce qu'il avait été dans l'antiquité, sauf l'invention de la lettre de change, qui vint faciliter singulièrement les opérations de transfert des créances et des dettes; mais il était devenu, *de fait*, un monopole exclusif entre les mains des Juifs et des Lombards. Alors, comme tous les individus investis d'un monopole, ils abusèrent tellement de leur position et commirent de telles exactions dans leur double office de changeurs et de prêteurs sur nantissement, qu'on songea à organiser contre eux une concurrence efficace. Ce fut là l'origine des *Banques de dépôt.* Elles durent naturellement prendre naissance dans les grandes cités commerçantes. La plus ancienne est celle de Venise, fondée en 1171. Les Vénitiens lui donnèrent le nom de *Banco del giro*, c.-à-d. comptoir de virement, parce que, à cette époque, les changeurs, en Italie, avaient l'habitude de faire leur négoce sur les places publiques, assis devant une table ou un comptoir (*banco*), et parce que les virements constituaient l'une des principales opérations du nouvel établissement. La Banque de Venise périt en 1797, avec la république de ce nom. La Banque de Gênes, dite de Saint-Georges, fut de 1407; elle eut le même sort que la précédente, et cessa d'exister avec la République de Gênes. Celle d'Amsterdam fut établie en 1600; elle a duré jusqu'en 1820. Enfin, la Banque de Hambourg, fondée en 1619, dix ans après celle d'Amsterdam, subsiste encore aujourd'hui et fonctionne sur les mêmes bases: c'est la seule institution de c. de ce genre qui n'ait subi aucune transformation. La Banque de Nuremberg et celle de Rotterdam, fondées la première en 1621, et la seconde en 1635, ont, comme les autres, cessé d'exister.

Les opérations propres aux banques de dépôt étaient peu variées. Elles faisaient en grand le commerce des matières d'or et d'argent et des monnaies étrangères, de sorte que le commerce était toujours assuré de trouver, pour les espèces et métaux qu'il rapportait en échange de ses exportations, un acheteur intègre. Elles faisaient le change de toutes sortes de monnaies, selon le poids et le titre, c.-à-d. selon la valeur intrinsèque de chacune d'elles. Pour cela, toutes les monnaies quelconques étaient ramenées à un type *abstrait*, d'un titre et d'un poids définis, qu'on appelait *monnaie de banque*. On concevra facilement la haute importance de cette fonction à une époque où les souverains, se figurant avoir le droit et le pouvoir de déterminer la valeur des espèces, altéraient à chaque instant le titre et le poids des monnaies de leur pays. Les commerçants prirent dès lors l'habitude de régler tous leurs comptes entre eux en monnaie de banque, et de cette façon parvinrent à se soustraire au brigandage des princes faux-monnayeurs. Les banques recevaient en dépôt (de là le nom générique sous lequel on les désigne) les espèces et les lingots en les évaluant de la même manière, et elles délivraient à leurs dépositaires des certificats transférables, au moyen d'un léger droit. Comme l'estimation des dépôts était toujours un peu inférieure à leur valeur intrinsèque, on comprend comment les certificats purent obtenir une valeur supérieure à celle de l'argent courant, et comment un agio ou différence put s'établir en faveur de la monnaie de banque. Quoique ces établissements, loin de payer un intérêt pour les valeurs métalliques déposées dans leurs caisses, exigeassent au contraire des déposants un droit de garde de 1/4 à 1/2 pour 100, tous les

commerçants y apportaient une partie de leurs fonds, à cause de la facilité qu'ils y trouvaient pour effectuer leurs paiements entre eux. En effet, un négociant qui avait un paiement à faire à un autre négociant n'avait pas besoin de déplacer les espèces qu'il avait déposées à la banque: il lui suffisait de donner une simple délégation sur son compte, et par un simple *transfert* ou *virement*, la somme changeait de propriétaire.

C. *Banques d'escompte.* — On a quelque lieu de s'étonner que les banques dont nous venons de parler se soient constamment renfermées dans un rôle aussi borné. Les dépôts effectués dans leurs caisses se montant à des sommes considérables, il est aisé de comprendre l'immense service qu'elles auraient pu rendre au commerce, en utilisant avec profit pour elles-mêmes ces valeurs oisives, en les reversant par une autre voie dans la circulation, et particulièrement en se livrant à l'escompte. Il n'y aurait eu, d'ailleurs, aucun péril à redouter pour la sécurité des dépôts confiés à leur garde: car il eût suffi de constituer à part une réserve spécialement destinée à couvrir les pertes possibles. Coquelin pense qu'on peut expliquer cette singularité par les deux raisons que voici: « D'abord, dit-il, il faut se rappeler que partout où existaient ces banques, les dépôts étaient reçus sous l'autorité de la ville ou de l'État qui s'en rendait caution. Disposer de ces dépôts, même dans les vues louables et avec des garanties satisfaisantes, c'eût été à certains égards violer la foi publique. En second lieu, les banques de dépôt n'avaient pas été instituées seulement pour effectuer par des virements de parties le paiement de toutes les dettes respectives des négociants; elles avaient en encore pour objet de créer une monnaie idéale inaltérable, qu'on appelait argent de banque: de là cette règle d'effectuer tous les paiements par des cessions de titres ou par de simples écritures, de manière à éviter l'usage alors si dangereux des monnaies courantes. Or, on comprend que si les banques avaient remis immédiatement en circulation, sous forme de prêts ou d'avances, l'argent qu'elles recevaient à titre de dépôt, cet objet essentiel de leur institution eût manqué. » — Quoi qu'il en soit, il est certain que, pendant toute la période des banques de dépôt jusqu'à la fin du XVIIe siècle, les crédits à découvert, déjà usités dans l'antiquité, et les opérations d'escompte, qui étaient la conséquence nécessaire de la lettre de change, furent exclusivement abandonnés aux simples particuliers et aux banques privées. On suivit, dans l'escompte, les procédés que nous avons décrits plus haut en expliquant la fonction fondamentale des intermédiaires du crédit.

D. *Banques de circulation.* — Les banques ainsi nommées réunissent nécessairement les différentes fonctions que remplissent séparément les banques de dépôt et les banques d'escompte: or cette simple réunion est féconde en conséquences. — D'une part, l'expérience des banques de dépôt avait appris: 1° qu'un établissement qui, par son organisation et la sagesse de son administration, a su gagner la confiance publique, peut avoir constamment dans ses caisses une masse considérable de dépôts, même sans en payer intérêt, et à la simple condition d'effectuer les paiements pour le compte des déposants, par des virements de parties ou du transferts sur les livres; 2° que ces fonds, bien que restituables à la première réquisition du déposant, varient seulement dans de certaines limites, de nouveaux dépôts venant en général remplir la place laissée vide par les retraits. D'autre part, l'expérience des banques d'escompte avait prouvé que les billets de commerce escomptés par le banquier, et mis de nouveau dans la circulation avec la signature de celui-ci, circulaient avec beaucoup plus de facilité et dans un cercle plus étendu. Partant de là, il était évident qu'il était possible à une grande institution réunissant un capital de garantie suffisant de se livrer largement à l'escompte des effets de commerce, au moyen, non de son propre capital, mais au moyen de la masse moyenne des fonds confiés par les déposants, et même de porter la somme des escomptes bien au delà de la valeur représentée par la masse des dépôts, en remettant en circulation, après les avoir *assurés* par la signature de la banque, les effets de commerce qu'elle aurait escomptés, ou mieux, en leur substituant d'autres billets portant sa signature unique, et payables dans ses bureaux, à vue et au porteur. Ce sont ces billets qu'on désigne sous le nom de *Billets circulants*, ou plus communément sous celui de *Billets de banque.*

Rien ne paraît, au premier abord, plus simple que cette conception si féconde pourtant en résultats merveilleux. Mais pour bien apprécier la valeur et la portée de cette substitution du billet de banque à l'effet de commerce, il faut les comparer l'un à l'autre. « Il y a, dit à ce sujet Coquelin, dans la forme et la teneur des effets de commerce deux circonstances essentielles qui les empêcheront toujours de devenir d'un usage général et régulier : la première, c'est la détermination d'une échéance fixe qui fait que le porteur, s'il a besoin de réaliser avant le terme, est obligé de négocier ces billets, parfois avec peine et toujours avec quelques sacrifices ; la seconde, c'est la nécessité de les endosser à chaque transfert : car outre l'inconvénient matériel qui peut résulter de la surcharge des endossements, n'est-ce pas, pour chaque endosseur, une chose grave que la responsabilité qu'il accepte, surtout quand il ne connaît pas les endosseurs précédents ? Si petit que soit le risque, il y regardera à deux fois avant de l'accepter, et s'il l'accepte, ce ne sera qu'avec un dédommagement bien légitime. C'est par toutes ces raisons et quelques autres, qu'il est inutile de rappeler, que les effets de commerce seront toujours d'un usage coûteux et pénible, et, par conséquent, d'un placement difficile et borné. On reconnaît là tout d'abord un terme fatal, et même assez prochain, où le c. commercial s'arrête par une sorte d'obstacle matériel. Les banques particulières ont reculé cet obstacle, mais ne l'ont pas détruit. C'est ici qu'on va reconnaître l'utilité des grandes compagnies de banque. De prime abord, on comprend qu'une compagnie, sous quelque rapport qu'on l'envisage, soit comme intermédiaire, soit comme assureur, aurait toujours, quand elle se renfermerait dans le même cercle d'opérations, plus de puissance qu'un banquier particulier. En cela donc, la seule substitution d'une compagnie aux maisons particulières est un progrès : elle recule d'autant la limite où s'arrête le c. commercial. Mais c'est surtout par leur manière de procéder que les grandes compagnies financières se distinguent des banquiers particuliers. Au lieu de rendre à la circulation les billets qu'elles viennent d'escompter, après y avoir simplement apposé leur signature à titre de garantie, elles les gardent dans leur portefeuille, et à leur place émettent d'autres billets créés par elles et qu'elles, ainsi que nous venons de le voir, sont payables à vue et au porteur, c.-à-d. sont échangeables contre espèces à la simple présentation qui en est faite. En promettant de les payer à vue, toutes les difficultés qui résultaient d'une échéance à terme fixe se sont trouvées supprimées, car un billet payable à volonté égale en valeur un billet qui serait arrivé à son jour d'échéance. De plus, cette valeur que le billet ordinaire ne possède qu'un seul jour, au terme de sa circulation (attendu que s'il n'est pas présenté au paiement ce jour-là même, il peut lui arriver de perdre toute sa valeur par la libération des endosseurs), le billet de banque la possède dès son principe et dans tous les temps. En promettant de payer au porteur, la banque supprime les embarras qui résultent des endossements, des protêts, des recours etc., la seule signature du directeur de la banque équivalant, pour ainsi dire, à l'endossement successif de tous les actionnaires de l'établissement. Dès lors, le billet de banque rivalise, pour la facilité et la rapidité de la transmission, avec la monnaie métallique. Il est même, dans bien des cas, d'une transmission plus commode et plus sûre en raison de sa légèreté.

Ce qui démontre de la façon la plus évidente la perfection avec laquelle le billet de banque remplit sa fonction d'intermédiaire circulant, c'est qu'on ne le présente au remboursement que lorsqu'on a besoin de monnaie de moindre valeur, comme quand on change une pièce de 20 fr pour quatre pièces de 5 fr. (Les autres cas qui donnent lieu au change des billets de banque sont exceptionnels.) Au lieu donc de ne circuler que dans un cercle limité d'industriels et de commerçants, il est accepté par tout le monde. Au lieu de ne répondre qu'à certains besoins spéciaux, il remplit presque complètement la fonction de la monnaie métallique. Au lieu que la durée de sa circulation soit limitée par le terme du jour de son échéance, il peut circuler indéfiniment, et souvent il ne rentre à la banque que lorsque la « vétusté du papier » y contraint le porteur. Ces conséquences qui résultent de la forme et de la nature du billet de banque soient toujours à une haute importance. En effet, bien que les billets de banque soient toujours échus, ils ne représentent en réalité, pour l'établissement qui les a délivrés, que des billets à échéance lointaine. Si, par ex., l'on suppose qu'en moyenne ces billets restent pendant trois mois dans la circulation, c'est pour la banque absolument la même chose que si elle émettait des effets payables à trois mois. Ainsi, ces billets jouissent de deux propriétés en apparence inconciliables : pour les porteurs, ils représentent des effets constamment échus ; pour la banque, au contraire, ils représentent des billets à terme.

Il convient de plus de remarquer que, théoriquement, la banque ne prête rien que sa garantie, puisqu'elle ne délivre pas de numéraire à ceux qui ont recours à elle. Le mécanisme de l'opération se comprend très bien sur un exemple. Pierre, commerçant, achète à Paul, manufacturier, pour 10.000 fr. de marchandises et le paie avec un billet de 10.000 fr. à échéance de trois mois. Paul fait escompter son billet à la banque qui lui remet 100 billets de cent francs moins la retenue due à l'escompte. Paul solde toutes ses dépenses, paie ses ouvriers, ses employés, etc., avec ces 100 billets qui, dès lors, circulent comme la monnaie métallique. Pendant les trois mois qui courent jusqu'à l'échéance, Pierre vend ses marchandises, peut-être même aux ouvriers et employés de Paul, et ceux-ci le paient en billets de banque, peut-être les mêmes qui ont été livrés à Pierre. Au bout des trois mois, Pierre retire son billet en lui rendant les 100 billets de 100 fr. qu'elle a livrés à Paul, de sorte que tous les échanges se sont faits sans la circulation du moindre numéraire, et ce résultat est dû à ce simple fait que la banque a substitué sa garantie à celle de Pierre et de Paul. Les billets signés par ceux-ci n'auraient pas été acceptés par le public qui ne les connaît ni l'un ni l'autre, tandis que les billets de banque circulent avec facilité, parce que chacun a confiance dans la solidité des promesses de la banque. Grâce à ce merveilleux mécanisme, la banque peut faire ses escomptes à très bon marché, puisqu'elle ne prête rien : elle n'a qu'à se couvrir des frais d'administration et des chances de perte. Dans la pratique, cependant, les choses ne se passent pas tout à fait ainsi. d'abord, la banque est obligée de sortir un peu d'argent moyennant de ses coffres pour faire l'appoint ; mais surtout elle est obligée de conserver une encaisse métallique assez forte pour le cas où, par suite de circonstances quelconques, la confiance qu'elle inspire venant à baisser, le public viendrait lui demander le remboursement de ses billets. Quoiqu'elle ne prête réellement que des fonds retirés de cette encaisse, elle est néanmoins obligée de récupérer l'intérêt de cette encaisse, ce qui empêche le taux de l'escompte de s'abaisser aussi bas que semblerait l'indiquer la théorie précédente. Quoi qu'il en soit, l'encaisse métallique d'une banque ne représente jamais qu'une fraction de la totalité des billets en circulation, de sorte que c'est une erreur, assez répandue, il est vrai, de croire que les billets de banque soient garantis par les lingots et les espèces monnayées que la banque garde dans ses caves. S'il en était ainsi, c.-à-d. si l'encaisse de la banque devenait égale à la somme totale des billets en circulation, l'emploi des billets de banque perdrait son plus grand avantage ; autant vaudrait rendre à la circulation les sommes enfouies dans les caves, c.-à-d. autant vaudrait que la banque donne du numéraire, au lieu de papier, à ses clients ; cela ne lui coûterait ni plus ni moins. Or, le billet de banque a pour fonction principale de faire circuler la valeur des marchandises que ses commerçants ont dans leurs magasins, avant que celles-ci soient vendues, et la véritable garantie des billets de banque est constituée par ce stock de marchandises.

Ce qui précède suffit pour faire comprendre le mécanisme général des banques de circulation ; maintenant nous allons parler de quelques-unes de ces grandes institutions pour montrer les principales différences que la pratique y a introduites dans les divers pays.

1° *Banque de France*. — Nous n'avons actuellement chez nous qu'un seul établissement de c. qui émette des billets à vue et au porteur, la loi interdisant cette faculté à toute personne et à toute autre association. Cet établissement, qui a reçu le nom de *Banque de France*, est organisé, à quelques légères différences près, sur le modèle de la *Banque d'Angleterre* ; comme celle-ci, il a acquis de grands liens avec le gouvernement du pays.

« La Révolution, dit Courcelle-Seneuil, avait laissé la France sous le régime de la liberté des banques, et aucune disposition législative ne gênait, vers la fin du dernier siècle, l'émission des billets à vue et au porteur. Aussi, dès que la catastrophe des assignats et des mandats territoriaux fut un fait accompli, dès que le gouvernement cessa d'émettre du papier-monnaie, le c. privé reparut. En 1796, une association de banquiers formée sous le nom de *Caisse des comptes courants*, s'établit pour faire à Paris toutes les opérations de banque dont le commerce aurait besoin. L'intérêt courant était alors à 9 p. 100 sur la place de Paris . la caisse créa des billets à vue et au porteur dont l'émission lui permit d'abaisser à 6 p. 100 le taux des escomptes. Deux ans plus tard fut fondée, par une association de négociants, la *Caisse d'escompte du commerce*, et successivement plusieurs compagnies s'établirent, qui toutes émettaient des billets à vue et au porteur. Les choses allaient ainsi sans abus ni plainte d'aucune part, lorsque, à la suite de la Révolution du 18 brumaire, un arrêté des Consuls, en date du 23 niv. an VIII (18 janv. 1800), décréta la formation d'une compagnie appelée à faire, sous le nom de *Banque de France*, le service du commerce, et aussi à être la banque de l'État. » Il ordonna, en outre, que la moitié des cautionnements imposés aux receveurs généraux serait employée à être la banque de cet établissement. Un mois après, le 24 pluviôse (13 fév.), une assemblée générale des actionnaires délibéra dans un acte dans lequel furent posées toutes les bases de l'organisation de la Banque. Cet acte portait le capital à 30 millions divisés en 30,000 actions de 1,000 fr. chacune. Les actionnaires de la Caisse des comptes courants s'entendirent avec ceux de la Banque de France, et le premier de ces établissements se fondit dans le second en lui apportant ses capitaux et sa clientèle. Les opérations de la Banque, ainsi constituée, commencèrent le 1er ventose an VIII (20 février 1800).

Trois années ne s'étaient pas encore écoulées, que le gouvernement, pour accroître la puissance d'un établissement qui l'assistait de son crédit, fit porter une loi (24 germinal an XI-24 avril 1803) qui attribuait à la Banque de France, pour une durée de 15 années, le privilège exclusif d'émettre des billets à vue et au porteur. Les banques qui en avaient émis durent les retirer dans un délai fixé, et il fut en outre statué qu'aucune banque ne pourrait se former dans les départements qu'avec l'autorisation du gouvernement, qui pourrait leur en accorder le privilège, et qui fixerait la somme des émissions à faire. Tout commerce fut interdit à la Banque de France, hors celui des matières d'or et d'argent. Son capital fut fixé à 45 millions de fr.; le maximum des dividendes annuels fut fixé à 6 p. 100; le surplus des bénéfices devant former un fonds de réserve destiné à être colloqué en rentes sur l'État inaliénables, à domicile d'autorisation du gouvernement; la moindre coupure des billets fut fixée à 500 fr. Enfin, la représentation de l'universalité des actionnaires fut attribuée aux 200 actionnaires propriétaires, depuis plus de six mois, du plus grand nombre d'actions; leur réunion, sous le nom d'*Assemblée générale*, fut investie du pouvoir d'élire les membres de l'administration, laquelle fut confiée à 15 *Régents* ou *Censeurs*, renouvelés chaque année, les premiers par cinquième, les seconds par tiers, et susceptibles d'être réélus; il fut institué un *Conseil d'escompte* composé de douze négociants de Paris, choisis par les censeurs sur une liste triple formée par les régents, renouvelés par quart chaque année, mais rééligibles, conseil destiné à concourir, avec voix délibérative, aux opérations de l'escompte. Enfin, l'autorité exécutive fut remise à un président et à 2 régents élus à cet effet par le conseil général.

En 1805, la Banque, ayant été contrainte de faire des avances considérables au Trésor, se trouva dans l'impossibilité de continuer l'échange, à bureau ouvert, de ses billets contre espèces, et se vit réduite à en limiter le remboursement à 500,000 fr. par jour. Cette crise fut l'occasion de la loi du 22 avril 1806. Celle-ci éleva le capital à 90 millions, non compris la réserve; introduisit trois receveurs généraux au nombre des 15 régents; remit l'autorité exécutive à un gouverneur suppléé par 2 sous-gouverneurs, tous trois nommés par l'empereur et ayant voix délibérative dans le conseil général; attribua au gouverneur un véto sur toutes les décisions de l'administration, en statuant qu'aucune ne serait exécutée qu'après avoir été revêtue de sa signature; déféra à la juridiction du Conseil d'État les infractions aux lois et règlements qui régissent la Banque et les contestations auxquelles donnerait lieu son administration; prorogea de 25 ans le privilège de la Banque; et enfin, pour faire mieux accepter aux actionnaires les restrictions apportées à leurs droits, ajouta aux distributions annuelles du dividende, déjà établi à 6 p. 100, les deux tiers des bénéfices destinés auparavant à l'acquisition de rentes inaliénables.

Quelque temps après, un décret du 16 janvier 1808 établit les statuts qui, sauf de légères modifications, régissent encore la Banque. Aux dispositions déjà connues, il ajouta : que la transmission de la propriété des actions s'opérerait par de simples transferts sur des registres tenus doubles et à cet effet; que les actions de la Banque pourraient être immobilisées et servir à la constitution de majorats héréditaires; que les seules opérations que la Banque était autorisée à faire consisteraient : 1° à escompter des effets de commerce à des échéances déterminées qui ne pourraient excéder trois mois, garantis par trois signatures notoirement solvables; par un transfert d'actions de la Banque ou de fonds publics; 2° à se charger, pour le compte des particuliers ou des établissements publics du recouvrement des effets qui lui seraient remis; 3° à recevoir en compte courant les sommes

versées chez elle, et à payer, jusqu'à concurrence de leur montant, les dispositions qui seraient faites sur elle; 4° à faire des avances sur effets publics à échéance déterminée, sur dépôt de matières ou monnaies d'or et d'argent; 5° à tenir une caisse de dépôts volontaires pour tous titres, lingots et monnaies. Il fut statué, en outre, que la Banque pourrait établir des comptoirs dans les villes de départements où les besoins du commerce en feraient sentir la nécessité. Le 18 mai de la même année, un autre décret régularisa l'usage de la faculté qui venait d'être accordée à la Banque d'établir des succursales dans les départements. Deux comptoirs furent ouverts à Lyon et à Rouen, le 10 janv. 1809, et un troisième à Lille, le 29 mai 1810. Ces établissements eurent peu de succès, soit parce que la loi leur imposait la charge d'une administration hors de proportion avec l'importance des affaires, soit parce qu'elle les soumettait aux mêmes règles que la Banque mère. Après une expérience de quelques années, celle-ci liquida ses trois comptoirs. En même temps la Banque, se trouvant gênée par l'exubérance de son capital dont elle ne pouvait trouver l'emploi, sollicita et obtint du gouvernement l'autorisation de le diminuer par le rachat d'un certain nombre d'actions. En 1816, les actions rachetées avaient déjà réduit le capital réel de la Banque à 67,900,000 fr., non compris la réserve, et, depuis lors jusqu'en 1848, il resta fixé à ce chiffre.

Aucun changement important ne fut opéré dans la Banque de France, soit sous le gouvernement de la Restauration, soit sous celui de Juillet qui se contenta de proroger son privilège jusqu'en 1867. Toutefois, le premier permit la fondation de trois banques départementales, à Rouen (1817), à Nantes et à Bordeaux (1818), et le second autorisa successivement l'établissement des banques de Lyon et de Marseille (1835), de Lille (1836), du Havre (1837), de Toulouse et d'Orléans (1838). De son côté, la Banque de France tenta de nouveau de fonder des comptoirs. Malheureusement, les banques départementales furent soigneusement isolées par leurs statuts : il leur était interdit de faire aucune opération hors de la ville où elles étaient établies; de payer réciproquement les billets émis par elles; d'étendre le rayon de leurs comptes courants, même avec élection de domicile par le négociant au siège de l'établissement; d'escompter les effets à deux signatures, même garantis par le dépôt de leurs propres actions; de payer aucun intérêt pour les dépôts, etc. Quant aux comptoirs de la Banque de France, quoique soumis en général aux mêmes restrictions, ils avaient sur les banques l'immense avantage de pouvoir admettre à l'escompte et au recouvrement du papier sur plusieurs places, et notamment sur Paris. Malgré les entraves ridicules qu'on leur avait imposées, les banques départementales rendirent au commerce d'immenses services, bien supérieurs, il faut le reconnaître, à ceux que rendaient les comptoirs de la Banque de France, parce qu'elles se prêtaient mieux que ces derniers aux habitudes et aux besoins particuliers des localités. — Disons encore que deux lois du 14 mars 1834 et du 10 juin 1847 autorisèrent la Banque de France, l'une à prêter sur fonds publics français à échéance non déterminée (rentes), et l'autre à émettre des billets de 200 francs.

Il est presque superflu de rappeler combien la Révolution de 1848 fut fatale au c. « La Banque de France, dit Courcelle-Seneuil, se trouvait en présence d'une de ces paniques extrêmes et aveugles auxquelles on ne peut opposer ni la raison ni l'habileté. Du 26 fév. au 14 mars au soir, l'encaisse de Paris était descendue de 140 millions à 70, et le lendemain au soir, elle était tombée à 59 millions. Il fallait liquider ou suspendre le remboursement des billets. Liquider était impossible; car alors quelle eût été la valeur du portefeuille de la Banque? Le conseil général demanda donc : 1° que les billets de la Banque fussent considérés comme monnaie légale sur tout le territoire de la France; 2° qu'on lui accordât la faculté d'émettre des billets de 100 fr. en addition à ceux de 200 fr. autorisés par la loi du 10 juin 1847; 3° que le maximum de ses émissions fût fixé à la somme de 350 millions; 4° que son bilan fût publié chaque semaine. Ces mesures, qui furent consacrées par un décret du 15 mars, étaient fort habilement conçues. La première opposait à la peur un obstacle matériel; les billets de 100 fr. permettaient d'étendre les émissions; la fixation d'un maximum présentait une garantie contre les abus ordinaires des émissions de papier-monnaie; enfin, la publicité du bilan était un appel à l'opinion. Toutefois la mesure violente du cours forcé ne pouvait réussir qu'à la condition d'être habilement soutenue. Il ne s'agissait pas de retenir les écus et de répondre à toutes les demandes avec des billets; il fallait fournir des espèces aux besoins réels, tels que les paiements de salaires, de solde, de subsistances : c'est ce que fit la Banque, et par ces moyens, par un appui intelligent donné au c industriel, elle eut, en quelques jours, raison de la panique, et put maintenir au p r le cours de ses billets. »

Les neuf banques départementales indépendantes n'eurent pas moins à souffrir de la crise que la Banque de France. D'abord le gouvernement accorda le cours forcé à leurs billets ; mais comme cette mesure se trouva sans efficacité, le décret du 2 mai 1848 ordonna la réunion de ces neuf banques à la Banque de France. Par l'effet de cette fusion et l'absorption des établissements départementaux, le capital de celle-ci se trouva porté de 67,900,000 fr. à 43,250,000 fr. Elle acquit une encaisse de 49,450,000 fr., et le limite maximum de ses émissions fut élevée de 350 à 452 millions.

« Pendant l'année 1848, dit encore Courcelle-Seneuil, la Banque fournit en espèces aux particuliers ou au Trésor une somme de 506 millions. Le 31 mars, elle prêtait à l'État, sans intérêt, 50 millions contre dépôt de bons du Trésor ; e 5 mai, elle consentait à la Caisse des dépôts et consignations un prêt de 50 millions sur transfert de rentes ; le 3 juin, elle ouvrait à l'État une c. de 150 millions, avec compensation des intérêts de part et d'autre au compte courant. Le gouvernement, après avoir usé de ce c. jusqu'à concurrence de 50 millions, ayant jugé à propos de contracter l'emprunt onéreux du 24 juillet, la Banque s'empressa d'escompter la part qu'elle y avait souscrite et qui s'élevait à 22 millions et demi. La ville de Paris, celle de Marseille, le département de la Seine, les hospices de Paris et de Lyon trouvèrent en même temps auprès d'elle des crédits pour une somme de 20 millions. Les grandes usines métallurgiques, engagées pour des sommes considérables avec les compagnies de chemins de fer, voyaient à la fois suspendre leurs commandes et la réalisation de leurs créances : la Banque consentit en leur faveur des avances sur hypothèque pour une somme de 34 millions. Enfin, les prêts sur dépôts de marchandises s'élevèrent à 60 millions. »

Pour donner une idée complète de la crise produite par la révolution de Février, nous rappellerons que, malgré la circonspection bien connue que la Banque apporte dans le choix du papier admis à l'escompte, le total général des effets en souffrance s'éleva à 84,501,000 fr., dont 57,877,000 pour Paris, et 26,624,000 pour les départements. Mais nous devons ajouter aussi qu'à la fin de 1849, le solde à payer était déjà réduit à 8,419,416 fr., et que la perte subie par la Banque ne dépassa pas 700,000 francs.

A la suite de cette effroyable tourmente, la Banque de France, désormais investie du monopole des émissions pour toute la France, reprit ses allures ordinaires. Elle songea à étendre sur les principaux points du territoire le réseau de ses succursales. La loi du 7 août 1850 supprima le cours forcé des billets de la Banque, et deux décrets en date des 3 et du 28 mars 1852 lui permirent de prêter sur les obligations de la ville de Paris, ainsi que sur les actions et obligations des chemins de fer français. Enfin, la loi du 9-10 juin 1857 a prorogé jusqu'au 31 déc. 1897 le privilège de la Banque. Son capital, qui était représenté par 91,250 actions, a été porté au chiffre de 182,500 actions, d'une valeur nominative de 1,000 fr. par action. Sur le produit de cette émission, la Banque dut verser une somme de 100 millions au Trésor et reçut en échange des rentes 3 p. 100 au cours de 75 fr. La Banque a été autorisée à faire des avances sur les obligations émises par la société du Crédit foncier, à élever au-dessus de 6 p. 100 le taux de son escompte, et à abaisser à 50 fr. le moindre compte de ses billets.

La nouvelle loi ne tarda pas à recevoir son application et, pendant la crise de 1857, la Banque haussa le taux de son escompte à 10 p. 100.

Bien que les lois constitutives de la Banque de France aient établi en sa faveur un privilège exclusif, elle trouva une concurrente dans la Banque de Savoie, qui, d'italienne à son origine, était devenue française en 1860, par l'annexion de la Savoie. Le litige qui s'éleva à cette occasion, se termina par un arrangement entre les deux banques.

Jusqu'en 1870, l'histoire de la Banque ne contient aucun fait saillant à noter. Mais les événements de 1870 amenèrent une série de mesures exceptionnelles, qui mirent ce grand établissement financier à une épreuve, la plus grave de toutes celles qu'il ait traversées, et dont il sortit triomphant.

A la suite des premiers revers, une loi du 12 août 1870 prorogea d'un mois les échéances des effets de commerce. La Banque, dont le portefeuille contenait 1,246 millions d'effets, ne pouvant plus compter sur les rentrées qui lui eussent permis de rembourser ses billets, dut recourir au cours forcé.

En même temps la Banque mettait à la disposition du gou-

vernement des ressources qui s'élevaient à 1530 millions à la fin de la guerre, lesquels lui furent remboursés par annuités dont la dernière fut versée le 14 mars 1879.

A la guerre succéda l'insurrection communaliste : celle-ci, maîtresse de Paris, somma la Banque de lui fournir les fonds dont elle avait besoin. La Banque dut céder à la force. Elle ne le fit qu'à la dernière extrémité ; elle trouva d'ailleurs un appui inespéré dans la personne du délégué de la Commune, Beslay. De ces 16,695,202 fr. dont 7,293,383 fr. ont été définitivement perdus par la Banque, la Chambre ayant plus tard refusé de les lui rembourser sur les fonds de l'État.

Au mois de décembre 1871 les paiements faits à l'Allemagne sur l'indemnité de guerre, les achats de grains à l'étranger amenèrent une crise monétaire qui obligea à porter à 2,800 millions la limite légale des émissions. En outre la Banque fut autorisée à émettre des coupures de 5 et de 10 francs. Les premières seules furent émises. Après avoir atteint un chiffre de 144 millions, en 1873 elles ont été retirées de la circulation.

Mais la limite de 2,800 millions devint insuffisante, il fallut l'élever à 3,200 millions. Elle est actuellement (1893) de 4 milliards.

Le chiffre le plus élevé atteint par la circulation des billets avant la suppression du cours forcé a été de 3,071,912,300 fr. au 31 octobre 1873.

L'encaisse se reconstitua avec une extrême rapidité : de 554,500,000 francs en 1871 elle était remontée, en 1877, à 2,195,900,000 (chiffre moyen). Aussi la Banque put-elle dès la fin de 1873 recommencer à échanger ses billets contre espèces métalliques ; à la fin de 1874 le cours forcé n'était plus que nominal : il dura néanmoins jusqu'au 1er janvier 1878.

Le tableau ci-après donne les chiffres maxima de la circulation fiduciaire, du portefeuille et de l'encaisse métallique qui en est la contre-partie, à différentes époques :

ANNÉES.	CIRCULATION FIDUCIAIRE.	PORTEFEUILLE.	ENCAISSE MÉTALLIQUE.
	millions.	millions.	millions
1808	108,4	142,9	79,8
1830	238,6	196,1	172,5
1840	255,3	211,1	261,2
1851	583,3	459,8	628,3
1862	869	683	431,3
1871	2,360	4,945,7	604,5
1883	3,097,5	4,248,6	2,083,4
1892	3,335,6	870,7	2,983,5

Étant donnée la dépréciation actuelle du métal blanc, il est intéressant de faire, dans l'encaisse de la Banque, la part de l'or et celle de l'argent.

Pendant la première moitié du siècle, la Banque n'avait jamais eu plus d'une cinquantaine de millions d'or ; elle s'est même trouvée en 1825, 1828, 1830, 1832, 1833 et 1834 absolument dépourvue de ce métal, l'encaisse argent l'emportant de beaucoup sur l'encaisse or avant la découverte des mines de l'Australie et de la Californie. Mais dès 1856 l'encaisse argent tombe à 20 millions ; elle remonte qu'en 1869 à 593 millions. Après la guerre, la dépréciation de l'argent commence et les écus de 5 fr. vont s'accumuler dans les caves de la Banque : elle en avait pour 1,059 millions en 1878, pour 4,267 millions à la fin de 1892 Ces évaluations sont basées sur la valeur nominale de la monnaie d'argent, mais elles se réduiraient dans une énorme proportion si l'on donnait à l'encaisse métallique argent sa valeur marchande : c'est là pour la Banque et pour l'État un sujet de grave préoccupation.

On voit que l'encaisse métallique a pris, dans ces dernières années, comparativement au portefeuille, un développement extraordinaire qui paraît en contradiction avec la théorie que nous avons exposée plus haut. Il serait trop long d'expliquer les causes du phénomène auquel la dépréciation de l'argent n'est pas étrangère. Quoi qu'il en soit, l'encaisse métallique est devenue le principal gage de la circulation fiduciaire, rôle réservé autrefois au portefeuille, c.-à-d., aux effets souscrits par les commerçants ; cependant l'encaisse métallique de la Banque a toujours une réserve nécessaire. Aussi la Banque la défend lorsqu'à la suite de trop nombreuses demandes, l'encaisse est menacée de descendre au-dessous d'un certain chiffre. C'est en élevant le taux de l'escompte qu'elle ralentit le mouvement des demandes. C'est ainsi que le taux de l'escompte a été élevé à 6 1/2 p. 100 du 14 au 21 octobre 1857, à 8, 9 et 10 p. 100, suivant l'échéance, du

11 au 20 nov. 1857 ; il a été élevé à plusieurs fois, en 1864, à 7 et à 8 p. 100 ; en 1873 le taux de 7 p. 100 a été de nouveau atteint du 8 au 20 novembre. Depuis il s'est toujours maintenu au-dessous de 6 p. 100. Il oscille actuellement entre 2 et 3 p. 100.

Le montant total des escomptes annuels de la Banque n'avait jamais atteint 3 milliards avant 1852 ; il montait à 5 milliards 600 millions en 1857, à 6 milliards 700 millions en 1869, à 11 milliards 400 millions en 1881, à 8 milliards 415 millions en 1892.

Nous ne nous occuperons pas ici des autres opérations de la Banque (encaissements, virements, ouverture de comptes courants, etc.), qui atteignent des sommes considérables. Un seul des articles de son bilan, celui des avances sur titres, s'est élevé de 480 millions en 1869 à 751 millions en 1892.

Avances permanentes de la Banque au Trésor. — Nous avons vu incidemment que depuis le commencement du siècle, à toutes les époques critiques et notamment en 1848 et en 1870-71 le gouvernement avait dû recourir, dans une large mesure, au c. de la Banque.

En dehors de ces prêts exceptionnels, la Banque fait à l'État des avances permanentes pour les besoins de son service de trésorerie. Ces avances, fixées à 60 millions au maximum par un traité passé le 10 juin 1857 entre le Ministre des Finances et la Banque de France, ont été portées à 140 millions par un nouveau traité du 29 mars 1878. Des bons du Trésor garantissent dans le portefeuille de la Banque sa créance sur le Trésor. La Banque recevant chaque jour l'encaisse disponible du Trésor, les intérêts que l'État ne sont calculés que sur la différence dont il se trouve réellement débiteur après compensation entre les sommes portées au débit du Trésor à titre d'avances et le solde créditeur de son compte courant. Cet intérêt est fixé au taux de l'escompte du papier de commerce pour les 60 premiers millions, sans pouvoir dépasser 3 p. 100, et à 1 p. 100 pour les 80 millions de surplus.

Les impôts qui frappent la Banque se sont élevés en 1882 à la somme de 3,195,455 fr. Dans ce chiffre le droit de timbre sur les billets en circulation — droit que la Banque paie par abonnement — a atteint 1,040,000 francs.

Voici quels ont été à différentes époques les bénéfices de la Banque, le cours des actions et les dividendes payés aux actionnaires :

ANNÉES.	BÉNÉFICES GÉNÉRAUX. (milliers de fr.)	COURS DES ACTIONS.		DIVIDENDE. (3 mois)
		(maximum)	(minimum)	
1806	1,887	1,865	1,072	20
1830	9,743	1,920	1,462	85
1840	10,854	3,800	2,350	139
1848	12,825	3,230	950	75
1865	39,947	3,800	3,440	154
1880	42,386	3,810	3,200	150
1892	»	4,500	3,825	130

En 1873, le dividende atteignit 350 francs à la faveur des immenses opérations de Banque auxquelles donnèrent lieu le paiement de l'indemnité de guerre et le règlement des avances faites à l'État et à la ville de Paris pendant la période désastreuse 1870-71, etc.

Banques départementales. — Comme nous l'avons vu, la création des banques départementales remonte aux premières années de la Restauration. Elles étaient au nombre de 9 lorsqu'en 1848 le gouvernement, frappé des inconvénients que présentait la multiplicité de la monnaie fiduciaire en présence du cours forcé que l'on avait été obligé de décréter, décida la fusion des banques départementales avec la Banque de France. Cette fusion s'opéra de la manière la plus simple : la Banque de France prit le passif et l'actif de chaque établissement, et les actionnaires reçurent une action de la Banque de France contre une action de la banque locale : la Banque de Lyon, dont les actions valaient 3.700 fr., se trouva seule lésée par cet arrangement.

Par contre, lors du renouvellement du privilège de la Banque en 1857, le gouvernement se réserva le droit d'exiger la création de succursales dans les départements qui n'en étaient pas encore pourvus : cette disposition a reçu son entière exécution depuis le 1ᵉʳ janvier 1877.

Banque de l'Algérie. — La Banque de l'Algérie a été établie par la loi du 4 août 1851. Son organisation est calquée sur celle de la Banque de France. Elle jouit du privilège d'émettre des billets jusqu'à concurrence du triple du numéraire existant en caisse après déduction des sommes dues en comptes courants.

Les chiffres suivants résument les opérations de cette banque à différentes époques :

EXERCICES. —	EFFETS ESCOMPTÉS. millions.	CIRCULATION MOYENNE. millions.	INTÉRÊTS ET DIVIDENDES. par action.
1861-62	168,4	7	51,45
1871-72	203,3	42,7	77
1882-83	475,9	63,7	100
1892-93	396,6	69,3	51,10

Banques coloniales. — Sous cette dénomination on désigne généralement cinq établissements de crédit qui doivent leur origine à la loi du 30 avril 1849. Chacun d'eux forme une société anonyme distincte ayant son siège et son administration dans les colonies de la Martinique, de la Guadeloupe, de la Réunion, de la Guyane et du Sénégal.

En outre, par un décret du 15 janvier 1875, une banque dite de l'*Indo-Chine* a été créée pour la Cochinchine et pour l'Inde, mais son siège est à Paris. Elle a des succursales à Pondichéry et à Saïgon et, bien que ses opérations soient sensiblement les mêmes que celles des institutions de crédit ci-dessus désignées, elle n'est pas soumise à la législation spéciale aux *banques coloniales*.

Ces dernières sont des banques d'émission qui se distinguent sur un point très important des banques similaires : elles sont autorisées à prêter, dans certaines conditions, sur récoltes pendantes. Cet essai de crédit agricole paraît avoir donné, au moins pour certaines colonies, de bons résultats. Il a d'ailleurs permis aux colonies de traverser avec succès la période si critique qui a suivi l'émancipation des esclaves. C'est grâce aux *banques coloniales* que moins de dix ans après cette grande mesure humanitaire la production de nos colonies était remontée au-dessus des chiffres antérieurs à 1848.

2ᵉ *Banques en Angleterre.* — La Banque d'Angleterre doit être citée la première parmi les banques de circulation, non seulement parce qu'elle est l'établissement de c. le plus colossal qui existe au monde, mais encore et surtout parce que c'est elle qui a introduit dans le mécanisme du c. cette admirable invention du billet à vue et au porteur. Sa fondation remonte au règne de Guillaume III. Ce fut un gentilhomme écossais, nommé W. Patterson, qui conçut et proposa le plan de son organisation adopté aussitôt et secondé dans son exécution par le gouvernement, lequel, pour les mains de qui, d'après une des conditions de ce plan, devait être versée, à titre de prêt, la totalité du capital de l'établissement. La souscription fut remplie en dix jours, et le 27 juillet 1694, la Banque reçut sa charte d'incorporation. Cette charte, originairement accordée pour onze années, a été successivement prorogée ou renouvelée à diverses époques. Le capital primitif de la Banque n'était que de 1,200,000 liv. sterl. Il a été augmenté à plusieurs reprises, et il s'élève à 14,553,000 liv. sterl. (363,825,000 fr.) et est représenté par 14,553 actions de 1,000 liv. chacune entièrement libérées. — Toute entreprise commerciale autre que l'escompte des lettres de change et billets à ordre et le commerce des monnaies et matières d'or et d'argent, est interdit à la Banque, ainsi que les achats de propriétés et de revenus fonciers. Néanmoins la Banque est autorisée à faire des prêts sur marchandises, et, par conséquent, à revendre, à défaut de remboursement, le gage non retiré. La Banque n'accorde aucun intérêt sur les fonds déposés chez elle. Elle escompte, outre les obligations de l'État à échéance déterminée, les effets de commerce dont l'échéance n'excède pas trois mois ; le taux de l'intérêt qu'elle peut exiger a cessé d'être limité. Elle prête sur transfert d'effets publics et de diverses autres natures de valeurs. Elle émet des billets au porteur et à vue, et des billets qui ne sont transmissibles que par endossement à 7 jours ou plus de vue ; ces derniers sont appelées *post-bills* et de coupure indéterminée. La moindre coupure des billets au porteur est aujourd'hui de 5 liv. sterl. (125 fr.). Tous les billets au porteur et à vue sont *legal tender* (offre légale) pour tous paiements de plus de 5 liv. sterl., aussi longtemps que la Banque continue de les rembourser en or à la demande des porteurs : en d'autres termes, l'offre de billets de la Banque d'Angleterre en paiement de toute dette excédant 5 liv., ne peut pas être refusée.

— En outre des fonctions qu'elle remplit comme institution de c., la Banque d'Angleterre en a d'autres qui en font un véritable instrument financier du gouvernement anglais. Ainsi elle est chargée de recouvrer les revenus publics, de payer les créanciers de l'État, de constater et de surveiller les mutations qui surviennent dans la propriété de la dette publique, de négocier les billets de l'Échiquier ou Trésor public, et de faire à ce dernier des avances sur le produit des impôts.

Malgré le grand rôle qu'a joué la Banque d'Angleterre, il y a dans l'organisation de ce grand établissement un vice radical qui l'a maintes fois exposé aux plus grands dangers; nous voulons parler de son union avec le gouvernement, qui est, comme nous venons de le voir, tellement étroite que la fortune de la Banque dépend absolument de celle de l'État. Dès le principe, comme elle avait versé son capital de fondation entre les mains de ce dernier, elle n'avait d'autres fonds à sa disposition que l'intérêt de ce même capital et une somme de 4,000 liv. sterl. qui lui était allouée par l'État en paiement des frais résultant du service de trésorerie dont elle était chargée. A peine fondée, elle fut sur le point de périr : car en 1696, elle fut obligée de suspendre le paiement de ses billets. Alors, pour rétablir son c., elle essaya de ruiner celui des autres banques qui fonctionnaient dans le pays. Sur sa demande, le Parlement rendit, en 1708, un acte qui interdisait, dans l'Angleterre et le pays de Galles, le commerce de banque et l'émission des billets à toute compagnie, autre que la Banque d'Angleterre, composée de plus de six associés : c'était, non pas interdire le commerce de banque, mais ne l'autoriser qu'à la condition que les établissements qui s'y livreraient n'eussent aucune solidité, et fussent incapables de remplir leur mission : c'était, comme le dit énergiquement Coquelin, décréter l'instabilité des banques et la c. Sous l'empire de cette loi absurde, il se fonda, en effet, une multitude de petites banques appelées *private banks*, sans solidité aucune, et qui, par les désastres dont elles couvrirent le pays, justifièrent parfaitement l'imputation, sinon la législateur qui n'avait pas vu la portée de son acte, du moins celle des actionnaires de la Banque d'Angleterre. — En 1797, la Banque d'Angleterre suspendit encore ses paiements; cette suspension dura jusqu'en 1820. Pendant cette période, le gouvernement fit les efforts les plus énergiques pour sauver la Banque, dont le maintien d'ailleurs lui était alors indispensable pour soutenir son propre c. Il décréta le cours forcé des billets de la Banque et lui permit d'abaisser ses comptoirs jusqu'à 2 et même 1 liv. sterl.; néanmoins, ces billets perdirent jusqu'à 25 p. 100. En 1826, à la suite d'une crise commerciale qui avait déterminé en moins de six semaines la chute de 70 banques privées, le Parlement, tout en maintenant, dans l'intérêt de la Banque centrale, la loi de 1708 dans un rayon de 65 milles environ (environ 105 kilom.) autour de Londres, la rapporta pour toutes les localités situées en dehors. En même temps, il interdit toute émission de billets au porteur de moins de 5 liv. sterl. Alors seulement il put se former en Angleterre des banques plus solides que les *private banks*. Cependant ces nouveaux établissements, qu'on désigne sous le nom de *joint-stock-banks*, ou banques à fonds réunis, manquent souvent des conditions de sécurité qu'on y devrait rencontrer : car la loi anglaise n'admettant point, pour les associés d'une entreprise commerciale quelconque, la faculté de limiter leur obligation aux sommes qu'ils y versent ou s'engagent à y verser, il est difficile de trouver des capitalistes riches consentant à prendre des actions d'une banque qu'ils n'administrent pas eux-mêmes, pour se voir engagés indéfiniment corps et biens. Il résulte de là qu'assez fréquemment les banques comptent parmi leurs actionnaires plus d'aventuriers que de capitalistes sérieux. De ces banques, dans les deux catégories (*private-banks* et *joint-stock-banks*) les unes se bornent aux opérations ordinaires de nos banquiers, et les autres émettent des billets à vue et au porteur; mais, en 1838, le Parlement, pour agrandir encore le privilège et la prépondérance de la Banque d'Angleterre, a déclaré les billets de celle-ci *legal tender*.

La dernière modification importante introduite dans l'organisation de la Banque d'Angleterre date de 1844, où, sur la proposition de sir Robert Peel, le Parlement a décidé qu'à l'avenir la Banque serait divisée en deux départements : celui des émissions, et celui des escomptes ou des opérations de banque. Le département des émissions reçut l'encaisse métallique et le capital de la Banque. Il peut émettre des billets jusqu'à concurrence du capital augmenté du montant de l'encaisse, c.-à-d. que toute émission au delà des 14.553,000 liv. sterl. ci-dessus doit être garantie par la présence d'une égale somme en espèces dans les caisses de la Banque. Le département de l'escompte reçoit les billets du département des émissions de la même façon que le public, c.-à-d. contre de l'or, et il agit d'ailleurs comme une banque particulière. Le but des auteurs de l'acte de 1844 est facile à voir. Ils ont voulu fixer systématiquement la quantité des billets de banque en circulation, et que les variations nécessitées par les besoins

du commerce dans la somme du numéraire circulant de toute nature, portassent exclusivement sur les espèces métalliques, tout cela dans l'intention avouée d'empêcher les émissions exagérées de monnaie de papier.

Les principes qui avaient inspiré le bill de Peel étaient erronés, et, trois ans après son adoption, une grande crise commerciale obligea le gouvernement à suspendre lui-même cette loi; la même nécessité s'est reproduite dans la crise de 1857, et il a fallu suspendre l'application de l'acte de 1844, élargir la circulation fiduciaire et dépasser, malgré l'absence de contrepartie en espèces, les limites qu'il avait fixées. Tout à l'heure, nous verrons encore combien est mal fondée cette séparation des fonctions de l'escompte et de l'émission en vigueur en Angleterre, et qu'en règle générale ce sont les escomptes qui doivent régler les émissions. — Mais en même temps que le bill de 1844 prétendait améliorer l'organisation de la Banque d'Angleterre, il portait la main sur la constitution des banques provinciales, soit banques privées, soit banques à fonds réunis. Depuis le jour de la promulgation de cet acte, aucune nouvelle banque de circulation ne peut être établie dans le Royaume-Uni; le maximum de circulation de chacune des banques existantes ne peut dépasser la moyenne de sa circulation en avril 1844. Toute banque appartenant à moins de six associés, dans laquelle on voudrait introduire des associés nouveaux, perd le droit d'émettre des billets. Si deux banques de circulation se réunissent, elles n'ont le droit d'émettre qu'autant de billets qu'en pouvait émettre l'une des deux. Si une banque provinciale vient à liquider, la Banque d'Angleterre peut obtenir l'autorisation d'ajouter à ses émissions les deux tiers de ce que la feue banque avait le droit d'émettre. Enfin, indépendamment de ces dispositions légales, la Banque d'Angleterre n'accorde la faculté de réescompter chez elle à aucune des banques provinciales qui continuent à émettre des billets. L'objet évident de ces mesures est de subalterniser absolument les banques locales, et de favoriser leur absorption par la banque centrale. Aussi, sur 217 banques privées et 72 banques par actions qui avaient, en 1844, le privilège d'émettre des billets, il ne reste aujourd'hui que 103 banques privées et 47 banques par actions.

Banques en Écosse. — Le plus ancien établissement de c. de ce pays est la Banque d'Écosse. Elle fut fondée à Édimbourg, en 1695, et le Parlement lui attribua, pour vingt ans, le privilège de se livrer aux opérations de banque, à l'exclusion de toute autre compagnie. Mais à l'expiration de ces vingt années, ce privilège ne fut point renouvelé, et bientôt après il s'établit à Édimbourg deux nouvelles banques *incorporées*, la *Banque royale d'Écosse* (1727) et la *British linen Company* (1746), et ailleurs diverses autres banques, fondées sous la forme des sociétés commerciales ordinaires, d'après les principes du droit commun. En Écosse, tous les établissements de c., et même les simples particuliers, ont la faculté d'émettre des billets à vue et au porteur. La seule différence qui existe entre les banques incorporées et les banques ordinaires, c'est que les actionnaires des premières ne sont pas solidaires entre eux, et ne sont obligés que jusqu'à concurrence de leurs actions. Ceux des secondes, au contraire, sont obligés solidairement sur leurs personnes et sur tous leurs biens, conformément à la loi dont il a déjà été question en parlant des banques anglaises. Le nombre des banques écossaises, qui était un moment de 37, s'est réduit à 40, par des fusions successives. Mais cette diminution dans le nombre des établissements n'a porté aucune atteinte à l'importance des affaires. Ce qui le prouve, c'est l'augmentation constante des dépôts effectués dans les caisses de ces établissements. Ces dépôts qui se montaient à 500 millions en 1826, étaient portés au double en 1835; ils atteignaient 1,960 millions en 1875 et ils dépassent actuellement 2 milliards.

La raison du succès étonnant des banques d'Écosse tient à deux innovations qui forment leur caractère distinctif :

1° Elles offrirent un intérêt aux dépôts, tandis que les banques établies en Angleterre n'en accordaient aucun;

2° Elles ouvrirent des crédits à découvert; elles firent le crédit personnel, moyennant caution, aux petits commerçants et industriels ainsi qu'aux cultivateurs.

Par le paiement d'un intérêt aux déposants, les banques d'Écosse forment le complément des caisses d'épargne. Il résulte de là que les économies des classes ouvrières ne constituent point, comme chez nous, un embarras pour le gouvernement qui lui créant une dette énorme et toujours exigible à volonté. En outre, ces fonds étant mis à la disposition d'établissements de c. seront aussitôt employés d'une façon reproductive. Ils vont féconder l'industrie et le commerce, et commander du travail à ceux-là mêmes qui les ont déposés. Ce système adopté par les banques écossaises a fait la richesse du pays. C'est lui qui a fondé la prospérité industrielle et commerciale des villes, qui a porté l'agriculture à un degré inouï d'avancement, qui a créé cette race d'hommes prudents et hardis, probes et laborieux qui peuplent aujourd'hui l'Écosse. Grâce à la masse des dépôts qu'elles ont su attirer, les banques écossaises peuvent, non seulement se livrer aux opérations de banque ordinaires, mais encore consentir des prêts hypothécaires et faire des crédits à découvert sous caution solvable. « Après avoir été d'abord pour les ouvriers de simples caisses d'épargne, dit Coquelin, ces banques deviennent ensuite pour eux des protecteurs. Lorsque l'ouvrier, après avoir fait preuve pendant plusieurs années d'un esprit de prévoyance et d'ordre, arrive enfin à se constituer un capital suffisant pour former un établissement à son propre compte, il peut, avec confiance, s'adresser à la banque qui jusque-là avait tenu ses fonds en dépôt : il est déjà connu d'elle, et il y trouvera presque sûrement assistance et appui. Il a été constaté qu'en 1826, le nombre des crédits à découvert s'élevait à 40,000 pour toute l'Écosse, chiffre considérable pour un si petit pays, et qu'ils variaient de 100 à 5,000 liv. (2,500 à 125,000 fr.), quoique, pour la plupart, ils fussent renfermés dans les limites de 200 à 500 liv. (5,000 à 12,500 fr.). L'importance totale de ces crédits était à cette époque de 5,000,000 liv. (125 millions de francs), dont environ le tiers avait été effectivement avancé. »

Le mécanisme des crédits à découvert (*Cash Credit*) faits sur simple caution aux clients des banques d'Écosse, est très simple : La Banque accorde à son client la permission de tirer sur elle pour une somme *déterminée*, variant de 2,500 à 25,000 fr., soit pour le tout, soit pour une fraction à sa convenance, et de la rembourser par jour, comme il lui plaît, en ne payant d'intérêt que sur le débit de son compte journalier.

Un fermier dont la réputation est bonne peut, sur la présentation de son bail et l'appui d'un ami, se faire ouvrir un *Cash Credit*.

Pendant longtemps, les banques d'Écosse purent légitimement se dire les plus solides du monde. Mais elles ne surent pas toujours se préserver des entraînements de la spéculation. Quelques-unes d'entre et ces oublièrent toutes les règles de la prudence et contribuèrent beaucoup à amener la crise de 1857, qui amena la ruine de la *Western-bank*.

Plus de 75 millions de francs furent engloutis dans ce désastre. Plus récemment, en 1878, la *City of Glasgow*, qui comptait 133 succursales, a suivi le sort de la *Western-bank*, en laissant un passif de près de 430 millions de francs.

Mais cette faillite, due à la facilité avec laquelle de sommes énormes ont été mises à la disposition de quelques grands établissements insolvables, employées à des spéculations aléatoires avec différentes sociétés du Nouveau Monde et de l'Australie, ne saurait être imputable à un vice du système des banques d'Écosse, puisqu'elle est due précisément à l'oubli des règles en usage dans le pays.

3° *Banques d'Allemagne*. — Les banques d'émission sont régies, en Allemagne, par la loi impériale du 14 mars 1875, qui les a divisées en deux classes : la Banque de l'Empire et les banques privées.

La Banque de l'Empire, dont le siège est à Berlin, n'est pas une banque d'État, en ce sens que son capital a été formé par actions et que les actionnaires prennent part à son administration ; elle est cependant placée sous la *surveillance* et la *direction* de l'Empire, qui *participe à ses bénéfices*.

Le capital de la Banque de l'Empire est de 120 millions de marks divisé en 40,000 actions.

Les banques privées — qui ont concurremment avec la Banque de l'Empire le privilège d'émettre des billets — sont au nombre de 17. Elles sont autorisées à faire les mêmes opérations que la Banque de l'Empire, mais elles ne peuvent y consacrer au maximum que la moitié de leur capital et de leur fonds de réserve.

4° *Banque Nationale de Belgique*. — Créée par la loi du 5 mai 1850, elle est la seule du royaume qui soit autorisée à émettre des billets au porteur. La Banque Nationale n'est pas une banque d'État, mais le gouvernement contrôle ses opérations, notamment celles d'émission des billets, et prélève une part de ses bénéfices.

Une particularité spéciale à la Banque de Belgique est qu'elle ne possède pas de dépôts. Une autre particularité, qui a eu pour conséquence un remarquable développement de ses opérations, consiste dans l'établissement de comptoirs responsables. Pour stimuler le zèle des membres des comptoirs et les tenir éventuellement indemnes du chef des engagements qu'ils prennent envers la Banque, celle-ci leur abandonne une part du produit des escomptes qu'ils lui procurent.

Enfin, aux termes des lois de son institution, la Banque Nationale de Belgique est chargée de remplir, moyennant une indemnité minime de 175,000 fr. par an, les fonctions de caissier de l'État. Elle encaisse les versements faits par les agents de recettes de l'État et emploie les sommes ainsi recueillies au paiement des créanciers de l'État, des provinces et des localités.

5° *Banques des États-Unis*. — L'histoire des banques aux États-Unis se divise en trois périodes : celle du début de 1780 à 1837, où l'institution d'une banque centrale d'État est en butte aux compétitions des deux grands partis politiques qui ont exercé alternativement le pouvoir et qui se termine par la liquidation de la *Bank of United states*; la période de 1837 à 1863, où les États jouissent de toute liberté pour la constitution et l'organisation des banques d'émission.

Cette deuxième période se termine par une crise intense à la suite de laquelle 722 banques, ayant toutes émis des billets, se trouvèrent dans l'impossibilité de les rembourser. La Banque d'Angleterre refusa l'escompte du papier des États-Unis et les banques de New-York elles-mêmes durent suspendre momentanément leurs opérations.

La troisième période commence avec la loi fédérale du 25 février 1863, qui range les banques en deux catégories : en *National banks* et en *State banks*, c. banques régies par la législation générale établie par le Congrès et en banques régies par les lois édictées par chaque État.

Les banques nationales sont obligées notamment à garantir leur circulation en déposant dans les caisses du Trésor des États-Unis une valeur proportionnelle en obligations fédérales.

Les États-Unis comptaient en 1888, 3,140 banques nationales. Elles avaient un capital collectif de près de 3 milliards, un actif de plus de 14 milliards, un encaisse métallique de 900 millions, et 7 milliards de dépôts. A côté des banques nationales, pullulent d'autres établissements qui figurent, au nombre de 3,527 dans le dernier rapport du contrôleur de la circulation. Ces 3,527 banques (les *Saving banks* ou caisses d'épargne y sont comprises) avaient 1,325 millions de capital, 923 millions de fonds de réserve, 800 millions d'encaisse, plus 12 milliards de dépôts (dont 6 milliards 800 millions pour les caisses d'épargne).

Ce que nous venons de dire des banques de France, d'Angleterre, etc., nous dispense de parler des établissements de c. qui existent dans les autres pays civilisés.

III. *Observations particulières.* — « Les fonctions des banques, dit Ch. Coquelin, peuvent se formuler ainsi : 1° Escompter les effets du commerce, en prenant un intérêt variable selon les temps, le plus souvent calculé d'après l'éloignement de l'échéance. 2° Émettre des billets payables à vue et au porteur, qu'elles donnent soit en échange des effets de commerce qu'on leur présente, soit en paiement de toute autre dette qu'elles contractent, et qui peuvent circuler dans le public jusqu'à ce qu'il plaise aux porteurs de les présenter à la caisse pour les convertir en argent. 3° Faire des avances aux particuliers, soit en billets de banque, soit en argent, moyennant des garanties, telles que dépôt de marchandises, particulièrement de matières d'or et d'argent, dépôts de titres ou de valeurs publiques, hypothèques sur des biens-fonds. 4° Ouvrir à des particuliers ou à des établissements publics des crédits à découvert, jusqu'à concurrence d'une somme déterminée, soit après avoir exigé préalablement une caution, soit sur la seule garantie de la moralité ou de la solvabilité du crédité. 5° Recevoir en dépôt l'argent des particuliers, à charge de le rendre à toute réquisition, tantôt en s'obligeant à payer un intérêt pour les sommes déposées, tantôt en se chargeant seulement d'effectuer sans rétribution, pour le compte des déposants, tous les paiements et recouvrements d'effets de commerce, tantôt enfin en se bornant à effectuer les paiements par des virements de parties ou des transferts sur les livres, comme faisaient les anciennes banques de dépôt. » Nous avons vu que telles sont, en effet, les opérations essentielles auxquelles se livrent les différentes sortes d'établissements de crédit dont nous avons parlé. Maintenant il nous reste à présenter quelques observations sur ces opérations elles-mêmes, ainsi que sur les conditions d'organisation que doit réunir une banque pour accomplir normalement ses diverses fonctions.

1° *De l'escompte.* — Pour qu'un effet soit admissible à l'escompte, il est indispensable qu'il présente le caractère commercial : il doit donc porter deux *signatures* au moins. Sans cela, la banque ferait non pas un escompte, mais une avance à découvert. Quant à exiger trois signatures, ce peut être une mesure de précaution bonne dans une foule de cas ; mais on ne saurait ériger cette pratique en règle absolue. En effet, lorsque les deux signatures sont celles de négociants notoirement solvables, la troisième ajoute bien peu de chose à la sécurité de la banque: elle a simplement pour effet de forcer le porteur du billet à se servir d'un intermédiaire qui fait toujours payer plus ou moins chèrement son concours. Si donc, à Paris, la règle des trois signatures est utile à conserver, car il arrive fort souvent que la Banque ne connaît réellement que la troisième signature, qui est ordinairement celle d'un banquier, elle pourrait être mise de côté dans les villes moins populeuses, où la solvabilité de chaque négociant est en général bien connue. — Quant au *taux* de l'escompte lui-même, il doit nécessairement varier selon les circonstances. Lorsqu'un pays possède un grand nombre de banques on peut être assuré que la concurrence le maintiendra aussi bas que possible. Ainsi, par ex., avant 1848, c.-à-d. à une époque où la Banque de France maintenait invariablement son escompte au taux de 4 p. 100, les banques de Lyon et de Bordeaux escomptaient à 3 p. 100. Mais, dans un moment de crise commerciale, une banque est obligée ou de restreindre ses escomptes, ou bien de réduire la longueur des échéances admise ordinairement, ou bien encore d'élever le taux de l'intérêt. Les deux premières mesures sont mauvaises, car, en agissant ainsi, une banque peut mettre une maison très solvable, et qui comptait sur l'escompte de son papier pour faire face à ses engagements, dans la nécessité de suspendre ses paiements. Plus d'une fois la banque d'Angleterre a soulevé, par ces mesures, l'animadversion publique, et a été accusée, non sans quelque apparence de raison, d'augmenter, par sa conduite, la gravité des crises. L'élévation du taux de l'escompte est au contraire parfaitement légitime, car il faut que la banque élève la prime du risque qu'elle court dans les circonstances difficiles, et elle n'a pas d'inconvénient grave. Il n'y a pas un industriel ou un commerçant qui ne se résigne alors à un sacrifice momentané pour être en état de satisfaire à ses obligations.

2° *Des émissions.* — Nous avons déjà établi que le *billet de banque* ne diffère pas essentiellement du billet à ordre et des effets de commerce; qu'il n'est qu'un simple perfectionnement de ces derniers, dont il supprime les inconvénients; que, comme eux, il est une promesse de payer; qu'il ne circule qu'à la valeur que par la croyance où l'on est de pouvoir l'échanger contre espèces à volonté. Le billet de banque n'est donc point une monnaie : il épargne simplement l'emploi des espèces métalliques, absolument au même titre, quoique d'une façon plus commode, que les effets de commerce. On ne saurait trop le répéter, tant les idées fausses que se font une foule de gens au sujet du billet de banque, sont enracinées et vivaces; la monnaie est une marchandise qui circule à cause de la valeur intrinsèque et spécifique qu'elle possède : le billet de banque, ainsi que tout autre effet de commerce, est un chiffon de papier, sans valeur propre, qui circule seulement comme promesse de payer, et quelque probable que soit ce paiement, il n'est jamais une *certitude mathématique*. La monnaie métallique satisfait à toutes les conditions de l'échange; elle est reçue comme marchandise, et opère un paiement effectif : il n'y a pas de débiteur. L'effet de commerce est un titre de créance; celui qui l'accepte consent simplement à un changement de débiteur, et même le plus souvent il conserve son recours contre celui dont il tient le billet. Si le billet de banque accepté libère le débiteur, c'est parce que le créancier, ayant confiance entière dans la solvabilité de l'établissement, consent à ce que celui-ci soit complètement substitué à son débiteur. Du reste, si, par une métonymie regrettable, on persiste à appliquer la qualification de monnaie au billet de banque, il convient également de la donner à tous les effets de commerce qui remplissent le même office que lui, et c'est ce que font les économistes en désignant toutes les promesses de payer, propres à la circulation, sous le nom générique de *monnaie fiduciaire*.

Après ce qui précède, nous croyons superflu de démontrer longuement qu'il ne saurait y avoir aucun rapport entre le droit de *battre monnaie* et celui d'émettre des billets à vue et au porteur. C'est donc un non-sens que de prétendre que l'émission des billets de banque doit constituer un *droit régalien* comme celui du monnayage : les auteurs qui avancent une assertion aussi étrange, semblent même n'avoir jamais compris ce en quoi consiste réellement le droit du souverain relativement à la monnaie métallique. Au reste, si un gouvernement quelconque s'avisait d'émettre des chiffons de papier et ordonnait de les accepter en tous paiements comme monnaie, c.-à-d. comme marchandise, il échouerait complètement, nonobstant tous les droits régaliens imaginables.

En règle générale, dans une banque commerciale, l'escompte et l'émission des billets ne se conçoivent pas l'un sans l'autre. D'une part, sans la faculté d'émettre des billets, une banque d'escompte, réduite à n'opérer qu'avec de l'argent comptant, se verrait bientôt à bout de ressources, et ne pourrait rendre au commerce que des services fort limités. D'autre part, sans la faculté d'escompter, une banque de circulation ne saurait, le plus souvent, à quelle occasion émettre ses billets. L'escompte et l'émission sont donc des fonctions complémentaires l'une de l'autre. Si une banque de circulation n'émettait jamais de billets qu'en échange d'effets de commerce choisis avec prudence, elle ne courrait aucun risque. Elle n'aurait pas besoin de capital, et il lui suffirait d'une encaisse des plus minimes pour rembourser quelques billets de la plus petite coupure. On peut donc poser comme un principe général que l'émission des billets circulants doit être réglée par l'escompte des effets de commerce, car alors la banque est assurée de ne pas dépasser les besoins de la circulation. Toutefois, comme les émissions de billets de banque ont encore lieu pour d'autres causes que l'escompte, il faut tenir un compte particulier des émissions faites pour ces causes elles-mêmes. Si, par exemple, les émissions se font contre dépôts d'espèces et de lingots, elles ne peuvent être l'occasion d'aucun inconvénient. Mais quand elles ont lieu contre dépôts de titres (rentes, actions de chemins de fer), contre des marchandises consignées, contre garanties hypothécaires, etc., la banque peut courir de graves périls. Pour les avances de ce genre, la science ne saurait poser aucun principe absolu. En effet, la somme de ces émissions doit varier d'après le chiffre du capital de la banque et selon que ce capital est plus ou moins disponible, d'après le chiffre de l'encaisse métallique normale de la banque, et selon que cette encaisse lui appartient ou bien provient de dépôts soit à terme, soit exigibles à volonté.

C'est une opinion accréditée chez une foule de personnes, et même, il faut bien l'avouer, chez quelques économistes, que les banques ont le pouvoir de mettre et de maintenir dans la circulation autant de billets qu'il leur plaît. Nous avons fait justice de cette doctrine dans notre article CIRCU-LATION; nous n'avons donc pas à y revenir ici.

Une autre idée peu exacte dont nous devons dire quelques mots est celle-ci. On affirme que l'accepteur d'un billet de banque fait à l'établissement qui l'a émis un c. égal à la somme que représente ce billet, et cette assertion étant supposée vraie, on en conclut que le bénéfice que peut faire une banque doit revenir au public, ou, en d'autres termes, à l'État. A nos yeux, cette manière de voir est fausse, pour la plupart des cas, et notamment pour celui des émissions qui ont lieu à l'occasion d'escomptes. En effet, supposons qu'un négociant fasse escompter par la Banque de France un billet à ordre de 500 fr. qu'on lui a donné en paiement, et il en échange il reçoive de la Banque un billet de 500 fr. à vue et au porteur. Aussitôt notre négociant s'en va, avec ce billet de banque, payer une dette de 500 fr. qu'il a contractée à l'égard d'un fabricant. A-t-il fait un c. à la banque en acceptant le billet de banque qui n'est qu'une simple promesse? Évidemment, c'est à l'individu inconnu qui a créé le billet à ordre de 500 fr.; car c'est lui qui est la cause de l'émission du billet de banque de même somme. On objectera sans doute que le fabricant n'aurait pas accepté le billet à ordre souscrit par l'inconnu. La chose est vraisemblable, répondrons-nous; mais cela ne change rien à la question, car le fabricant aurait pris ce même effet souscrit par cet inconnu, si la banque, au lieu de donner un de ses propres billets à l'individu admis à l'escompte, lui avait rendu l'effet présenté en se contentant d'écrire dessus : *garanti par la banque et payable à volonté à sa caisse.* Le véritable créateur du billet de banque est donc cet individu inconnu dont la banque a emprunté l'effet, et c'est à lui que font successivement c. tous les preneurs du billet de banque. En effet, la banque, supposons que nous l'avons montré, n'est qu'un intermédiaire qui fait en même temps la fonction d'assureur. Ce que nous disons des émissions déterminées par l'escompte est également vrai pour celles qui ont lieu à l'occasion de toutes autres avances, sauf des avances qui se font contre dépôts d'espèces métalliques ou de lingots. Celui qui, après avoir déposé à la Banque 100,000 fr. espèces, prend des billets chez elle jusqu'à concurrence de cette somme, lui fait véritablement crédit.

Ces crédits faits à la Banque par les déposants sont assurément utiles à celle-ci, car elle a l'usage (gratuit en France et à Londres, mais payé en Écosse) des sommes que représentent les billets émis à propos de ces dépôts. Mais une banque ne peut pas s'approprier totalement le bénéfice résultant de cet usage. On peut dire, sans exagération, que la circulation fiduciaire qui résulte des émissions d'une banque est plus avantageuse encore aux classes productrices et à la société en général qu'aux actionnaires mêmes de l'établissement. En effet, grâce à ces émissions de billets, la Banque peut escompter le papier du commerce à un taux bien inférieur à celui que sans cela elle serait obligée de demander. De plus, cette circulation fiduciaire diminuant l'emploi des espèces métalliques, il en résulte, ainsi qu'on l'a vu, un double avantage : d'abord une économie sur le frai de la monnaie, puis la possibilité de donner une destination productive à cette partie du capital social qui a cessé de circuler improductivement sous forme d'espèces. Enfin, elle réduit presque à zéro le transport des valeurs de place en place.

3° *Coupures des billets.* — Les coupures des billets de banque exercent une grande influence sur la circulation de ce genre d'effets, et par suite sur leur émission. Quand les coupures sont trop élevées pour être en rapport avec les besoins du grand nombre, comme l'étaient naguère celles de 1,000 et de 500 fr., seules autorisées pour la Banque de France, les billets se présentent bientôt au remboursement. Plus les coupures sont faibles, plus elles restent dans la circulation, ainsi qu'on l'observe en Écosse, où les billets d'une livre st. (25 fr.) épargnent tellement l'emploi des espèces métalliques que celles-ci ne sont plus nécessaires que pour former l'appoint de ces billets. Ces derniers cependant constituent seulement un peu plus du tiers de la circulation fiduciaire du pays.

4° *Legal tender; Cours forcé.* — Dans les pays où les banques sont libres, il serait plus qu'imprudent de déclarer leurs billets *legal tender*, de leur donner cours légal; mais cette mesure ne nous paraît avoir aucun inconvénient lorsque l'émission des billets est constituée en monopole, comme en France et en Angleterre. Néanmoins, il faut se garder de confondre le *cours légal* avec le *cours forcé*. Les billets de la Banque d'Angleterre ont cours légal, c.-à-d. sont reçus comme espèces par le Trésor et ne peuvent être refusés en paiement par les citoyens, *tant que* la Banque les rembourse à bureau ouvert. Quand, au contraire, les billets sont soumis au cours forcé, ils doivent être reçus en paiement, *quoique* la Banque ne les rembourse pas. Le cours forcé est le plus funeste présent qu'un gouvernement, à moins de circonstances exceptionnelles, puisse faire à une banque et à son pays. En effet, lorsque les billets d'une banque ont cours forcé et sont devenus, nominalement du moins (ils ne sauraient l'être autrement), *monnaie légale*, il n'existe plus de règle pour la limite de ces émissions. La Banque a beau procéder avec prudence, rien ne peut l'avertir du moment où elle a atteint la limite utile de ses émissions, c.-à-d. où elle a toute la quantité juste nécessaire pour les besoins des transactions intérieures. Lorsque ses billets ont simplement cours légal, la Banque sait qu'elle doit s'arrêter aussitôt qu'elle les voit arriver au remboursement. Dans le cas du cours forcé, cet avertissement lui manque. Cependant la baisse survient, marche avec une rapidité effrayante, et enfin, la panique s'en mêlant, ne s'arrête plus que lorsque la valeur des billets est tombée à zéro; témoin les billets de la Banque de Law et les assignats. — On ne saurait raisonnablement invoquer en faveur du cours forcé l'histoire de la Banque de France en 1848 et en 1870; nous parlons en effet du cours forcé considéré comme régime habituel, et non envisagé comme un simple expédient. La déclaration légale du cours forcé aurait d'ailleurs échoué, sans la conviction intime où était tout le monde que les billets de la Banque étaient encore solidement garantis par son capital et par son portefeuille. En 1848, la déclaration du cours forcé fut une sorte d'atermoiement imposé par ordre supérieur aux créanciers de la Banque, c.-à-d. aux porteurs de ses billets. Si le public eût vu autre chose dans cette mesure, nulle puissance humaine n'aurait maintenu son papier au pair.

5° *Avances sur valeurs et crédits à découvert.* — Les banques de circulation qui sont spécialement fondées dans le but de féconder le travail et de favoriser le développement de l'industrie, s'imposent comme règle absolue de ne prêter qu'à très courts termes. En conséquence, elles n'escomptent le papier de commerce, quelle que soit sa solidité, que lorsqu'il a au plus trois mois à courir. C'est donc par une dérogation grave au principe qui doit les régir, qu'elles font des avances sur des valeurs à échéance non déterminée, ou même sans échéance. Assurément les avances consenties sur dépôts de titres de rente, d'actions de chemins de fer, de titres hypothécaires, etc., peuvent rendre de grands services, surtout quand elles sont faites à des individus qui appliquent ces avances à des travaux productifs; mais nous n'en croyons pas moins qu'elles constituent un danger sérieux. Nous savons bien qu'en faisant de pareilles avances, les banques ont la précaution de se faire souscrire des engagements aussi courts que ceux des effets de commerce admis à l'escompte, engagements qui sont renouvelés indéfiniment; mais supposons

une circonstance qui oblige la banque à suspendre ces renouvellements. Les emprunteurs se verront contraints de jeter sur la place une masse énorme de titres qui écrasera les cours et portera la plus rude atteinte au c. public et privé. Or, cette éventualité est surtout à redouter, lorsque c'est une banque privilégiée qui a l'habitude de faire ces avances : car une banque de ce genre conduit ses opérations non pas à l'aide de son capital, mais uniquement au moyen des dépôts qu'on lui confie et qui peuvent être retirés par les propriétaires d'un instant à l'autre. Ce danger serait moindre, si la banque en question bonifiait un intérêt à ses déposants : alors, en effet, les dépôts seraient plus stables. Enfin, il serait presque nul, si elle employait à cet usage une partie de son capital. A ce sujet, notre conviction est entière : une banque d'escompte et de circulation devrait s'interdire toutes opérations de ce genre; mais celles-ci peuvent faire l'objet d'une autre sorte d'établissement de crédit.

Les observations qui précèdent s'appliquent, à plus forte raison, aux crédits à découvert et aux prêts sur hypothèques. Les banques d'Écosse sont les seules qui aient pu se livrer sans inconvénient à ces sortes d'opérations; mais cela tient, ainsi qu'on l'a vu, à l'organisation particulière de ces établissements, qui amène entre leurs mains une énorme quantité de dépôts permanents. Les avances faites à un gouvernement quelconque donnent lieu à des objections analogues. Si la Banque d'Angleterre s'est maintes fois trouvée en péril, cela ne lui est jamais arrivé que par suite des avances qu'elle avait consenties à l'Échiquier. « Ce n'est pas, disait un de nos plus habiles ministres des finances, Hipp. Passy, dans son rapport sur le budget de 1852, ce n'est pas sur des valeurs à échéance courte et certaine, transférables en cas de besoin, que le Trésor emprunte; c'est sur des gages non susceptibles de réalisation immédiate et prochaine, et de là des émissions auxquelles manquent plusieurs des conditions exigées par les statuts des banques, afin d'assurer pleinement la facilité des conversions en numéraire. »

6° *Capital.* — Les partisans du papier-monnaie citent souvent, à l'appui de leurs doctrines, une note d'un ancien ministre du Trésor sous l'empire, l'habile financier Mollien, qui affirme qu'une banque entourée d'une grande confiance pourrait suffire à un vaste courant d'affaires sans aucun capital. Théoriquement, la chose est vraie, à la condition, toutefois, que la banque ne se livre pas à d'autre opération que l'escompte du bon papier de commerce. Mais, pratiquement, il est incontestable que le public donnera toujours sa confiance à la banque qui aura le plus fort capital. En outre, les banques de circulation ne limitant pas leurs opérations à l'escompte, et cela seul suffit, on doit le comprendre après ce que nous venons de dire, pour changer l'état de la question. Ainsi donc, nous affirmons, au contraire, qu'une banque, normalement constituée, doit avoir un capital propre. Évidemment les banques libres ne sauraient s'en passer; car, recevant peu de dépôts, c'est au moyen de leur capital propre qu'elles conduisent leurs opérations. Pour les banques d'Écosse, dont les actionnaires sont tous solidaires et engagés sur tout leur avoir, leur capital réalisé peut être très minime : elles ont, en outre, la faculté de se servir de dépôts considérables et presque permanents qui se trouvent entre leurs mains, parce qu'elles paient un intérêt pour cet usage. Mais il en est autrement des banques privilégiées, comme la Banque d'Angleterre et celle de France. En effet, un établissement de ce genre ne recevant que des dépôts toujours temporaires et constamment exigibles, parce que, en sa qualité de banque privilégiée, il ne bonifie aucun intérêt à ses déposants, a besoin d'un capital élevé, lequel constitue la garantie non seulement des porteurs de billets, mais encore des déposants dont il utilise les fonds à son profit. — Quant à la disponibilité de ce capital, elle doit être, en général, aussi complète que faire se peut. Si cela n'est pas nécessaire aux banques d'Écosse, attendu leur constitution particulière, il en est autrement pour les banques libres qui opèrent avec leur capital, et pour les banques privilégiées qui reçoivent beaucoup de dépôts gratuits. Cependant, on ne saurait exiger qu'elles conservent ce capital dans leurs caisses : elles le placent, en général, en rentes sur l'État, de façon à en tirer un produit. Cette habitude n'est point à blâmer, car elle permet aux banques d'abaisser le taux de leurs escomptes et de leurs avances, et de diminuer le prix des autres services qu'elles rendent au public. Mais, lorsque les dépôts se retirent, elles devraient dégager une certaine partie de ce même capital; et, malheureusement, c'est ce qu'elles ne font pas, parce que cette réalisation leur causerait une perte et les obligerait à diminuer les dividendes auxquels leurs actionnaires sont accoutumés.

7° *Encaisse.* — La question du rapport que l'on suppose devoir normalement exister entre l'encaisse des banques et leurs émissions, a été fort agitée parmi les financiers et les économistes. « Depuis un certain nombre d'années, dit Coquelin, les directeurs de la Banque d'Angleterre ont adopté, comme règle, d'avoir autant que possible, dans leurs caisses, en or ou en lingots, une valeur égale au tiers du montant total des obligations de la banque, en comprenant, sous ce titre général d'obligations, les dépôts exigibles et les billets qui circulent dans le public. Il s'en faut bien, il est vrai, que cette mesure ait été constamment gardée dans la pratique; mais enfin elle est admise en théorie, et on s'efforce, autant qu'on le peut, d'y revenir. S'autorisant de cet exemple, on a cru pouvoir, en France, adopter une proposition semblable et en faire l'application à tous les cas, en oubliant quelquefois, il faut le dire, les dépôts reçus par les banques et dont elles sont aussi débitrices envers le public, pour ne considérer que les billets. Mais sur quoi cette règle s'appuie-t-elle? Où sont les calculs qui lui servent de base ou les données qui la confirment? Pourquoi le tiers plutôt que le quart ou la moitié? Quand même l'expérience aurait montré la convenance de cette proportion par rapport à la Banque de Londres, sera-t-ce une raison pour l'admettre par rapport à des établissements placés dans de tout autres conditions (et, ajouterons-nous, organisés tout autrement)? Je ne pense pas qu'on ait jamais fourni sur tout cela aucune explication satisfaisante, ni même qu'on ait essayé de la donner. Le fait est qu'il n'y a entre l'encaisse métallique d'une banque et le montant des billets en émission aucune proportion fixe à établir. Cela dépend essentiellement et de l'importance de l'établissement, et de l'étendue de son rôle, et du milieu dans lequel il opère, et de beaucoup d'autres circonstances encore fort difficiles à rassembler. » Parmi ces circonstances, Coquelin cite la proportion des coupures émises par les banques, lesquelles, comme nous l'avons déjà vu, restant dans la circulation beaucoup plus longtemps que les billets représentatifs de sommes élevées, permettent de beaucoup diminuer l'encaisse. Puis il continue : « Après tout, cependant, ce mot d'*encaisse métallique* est bien vague. Ce serait encore un point important de savoir de quels éléments cette réserve se compose. Si elle ne consistait, comme c'est le cas ordinaire pour les banques privilégiées, que dans une partie des fonds déposés en compte courant par les particuliers, ou dans ceux que les gouvernements laissent momentanément disponibles entre leurs mains, on comprend que ce serait là une ressource bien précaire, et qu'une encaisse ainsi formée pourrait n'pas suffire toujours, alors même qu'en temps ordinaire elle excéderait la moitié de la valeur des billets en circulation. Il ne faut pas l'oublier : ce n'est pas seulement au paiement de leurs billets que ces banques doivent pourvoir, mais au remboursement des dépôts des particuliers, dépôt qui constitue précisément le fonds de leur réserve métallique. Que devient cette réserve, lorsque les déposants, ce qui n'arrive que trop souvent, se présentent en masse, même sans l'explosion d'aucune panique, à cause de la nature gratuite de ces dépôts, et par le seul besoin que les propriétaires éprouvent de les utiliser? C'est ce qui explique comment, dans les temps les plus prospères, lorsqu'il venait à s'ouvrir un nouveau débouché pour les capitaux disponibles, on a vu le vide se faire tout à coup dans les caisses de la Banque d'Angleterre et de la Banque de France. »

En fait, comme on l'a vu plus haut, la proportion entre l'encaisse et les émissions varie prodigieusement suivant les temps et les lieux. Quant à nous, croyons que pour juger de la suffisance ou de l'insuffisance des encaisses, il faut considérer principalement deux choses : 1° A qui appartiennent les espèces qui constituent l'encaisse? 2° A quel sujet ont eu lieu les émissions? Evidemment, si l'encaisse appartient à la banque et si les billets circulants ont été émis en échange d'effets de commerce choisis avec prudence (bien entendu qu'il n'y ait pas de dépôts), l'encaisse peut être réduite à fort peu de chose, et la solidité de la banque être néanmoins complète.

8° *Dépôts.* — Parmi les fonctions des banques, l'une des plus importantes, ainsi que nous l'avons établi, est celle par laquelle elles provoquent l'épargne, favorisent la formation des capitaux, et leur procurent aussitôt un emploi productif. Malheureusement toutes les banques sont loin de remplir également bien cette fonction. En Europe, les banques d'Ecosse sont les seules qui se soient réellement préoccupées de cette partie de leur rôle, et nous savons avec quels succès. Mais quelle différence n'observons-nous pas, sous ce rapport, entre le système des banques libres et celui des banques privilégiées! Les établissements privilégiés semblent croire que cette fonction ne les regarde pas. La masse énorme de dépôts gratuits,

c.-à-d. de capitaux inactifs et attendant un emploi, que les particuliers confient aux banques de France et d'Angleterre, prouve surabondamment que ces établissements négligent complètement cette partie de leur mission. Plus ces dépôts sont considérables, plus ils condamnent le système. En outre, ainsi que le démontrent péremptoirement Carey et Coquelin, partout où les dépôts sont relativement considérables, si les déposants ont le droit de demander leur argent, il se produit des changements brusques et pernicieux dans le c. et le mouvement des affaires. Les déposants agissent comme si l'argent était dans leur poche; la banque, de son côté, agit comme si l'argent lui appartenait. Or, comme il n'y a pas deux capitaux, mais un seul en réalité, le mouvement ascendant des transactions, favorisé par un pareil état de choses, ne tarde pas à se ralentir, et la crise s'ensuit infailliblement. Ce ne sont donc pas les dépôts remboursables qu'il faut accroître, mais les dépôts fixes et le capital des banques, pour qu'elles puissent faire leurs avances en toute sécurité. Or, c'est ce qui est interdit aux banques privilégiées, non moins par l'intérêt privé de leurs actionnaires que par les statuts qui les régissent. Il y a plus : il ne serait pas sage à ces banques d'attirer des dépôts en leur bonifiant un intérêt. En effet, d'un côté, comme cet intérêt serait nécessairement inférieur aux profits ordinaires du capital, ces dépôts, pour être devenus un peu moins mobiles, ne constitueraient cependant qu'un placement temporaire ; et d'un autre côté, la banque, pour être en état de payer ce même intérêt, se verrait forcée de faire travailler constamment la totalité des fonds ainsi déposés dans sa caisse, ce qui l'entraînerait à des opérations aventureuses.

Cette question des dépôts est donc insoluble dans le système des banques privilégiées. Elle se résout, au contraire, d'elle-même dans celui des banques libres. Aussi est-ce aux banques libres seulement que l'on est en droit d'appliquer ce que dit M. Baudrillart des établissements de c. en général : « Le c. réalise d'une manière extrêmement remarquable la solidarité du travail et du capital. Il crée une véritable association entre le riche et le pauvre, ou plutôt entre la richesse accumulée et la richesse en voie de formation, de même qu'il vient en aide à l'esprit d'épargne. Le c. seul peut combattre les fâcheux effets qu'aurait à ce dernier point de vue le morcellement démocratique des fortunes, en y remédiant par l'agglomération des capitaux composés des petites épargnes, capitaux qu'il reverse en profits et en salaires aux mains de ceux-là mêmes qui ont contribué à les former. Ces profits et ces salaires deviennent à leur tour une nouvelle source de placements, et cela dans un cercle sans fin. »

9° *Monopole et liberté des banques.* — La question de savoir si l'industrie des banques doit être libre, ou faire l'objet d'un monopole légal, est certainement la plus grave de celles que soulève le problème du c. En France, le monopole d'une grande compagnie a été établi par l'Etat. En Angleterre, la Banque de Londres marche à grands pas vers ce monopole. Dans les autres Etats de l'Europe, à l'exception de l'Ecosse, la faculté d'émettre des billets à vue et au porteur fait partout l'objet d'un privilège conféré par les gouvernements. L'opinion publique, cela est incontestable, est en faveur du monopole. Les économistes eux-mêmes sont partagés en deux camps : les uns se prononcent pour le régime de la liberté, et les autres pour celui du privilège. Toutefois, ces derniers ne considèrent le monopole que comme une nécessité temporaire, et ils préféreraient la liberté des banques, si l'éducation morale et économique des populations était plus avancée. Pour nous, nous ne discuterons pas ici ce point important de la science ; néanmoins, les considérations que nous avons présentées au sujet de la nature du billet de banque et des différentes fonctions que doit remplir un établissement de c., ont dû dissiper, dans l'esprit de tout lecteur attentif, les erreurs principales qui servent de fondement à l'opinion vulgaire, et même, nous l'espérons au moins, ont dû faire reconnaître quelques-uns des avantages que peut procurer le régime de la liberté. Au reste, liberté des banques ne veut pas dire que la loi n'ait rien à voir dans ce commerce : nous pensons, avec Courcelle-Seneuil, qu'elle doit toujours exiger de toute banque qui veut se former, une garantie, une seule, celle qui présente un capital important et effectivement réuni. Le plus grave inconvénient des banques privilégiées, c'est qu'elles ne sont point stimulées par l'aiguillon de la concurrence, et négligent certaines parties fort importantes de leurs fonctions, dès qu'elles sont assurées de pouvoir distribuer d'abondants dividendes à leurs actionnaires. Cependant, il ne paraît point nécessaire que les actionnaires des banques privilégiées fassent des profits plus considérables que les prêteurs ordinaires. Ceux-ci d'ailleurs sont exposés à de bien plus grands risques que ceux-là, qui sont toujours assurés de la protection et de la faveur de l'État.

Les bénéfices anormaux que peuvent faire et font toujours les banques privilégiées ont même tellement frappé le public, qu'il a été proposé à plusieurs reprises, soit en Angleterre, soit en France, de conférer à l'État le monopole des émissions de billets à vue et au porteur. Heureusement, cette utopie ne résiste pas à l'examen le plus superficiel. « S'il est vrai, dit Courcelle-Seneuil, que l'administration d'un propriétaire soit préférable à celle de l'État, c'est surtout en matière de banque et de c. Il est facile à un gouvernement d'émettre des billets circulants; il ne lui est pas aussi facile d'employer le capital emprunté par ces émissions, de manière à posséder toujours un gage facilement réalisable du remboursement. Une administration bien conduite marche suivant une consigne rigide et invariable, à laquelle les opérations de banque ne sauraient être astreintes. Une administration mal conduite accepterait de mauvaises valeurs ou se laisserait dominer par l'esprit de parti et sortirait de toutes les conditions commerciales. La Banque d'État ne peut être qu'une fabrique de papier-monnaie ou le premier pas dans un régime communiste. »

IV. — Dans l'article qui précède, nous avons parlé presque exclusivement du c. industriel et commercial. Nous n'oublierons pourtant pas les institutions de c. qui ont été fondées en vue de besoins particuliers; mais il en sera question sous le mots CRÉDIT FONCIER. C'est à l'art. DETTE que nous traiterons du C. public. Enfin, à l'art. BUDGET, on trouvera la signification qui s'attache au mot C. dans le langage financier.

CRÉDITER. v. a. T. Comm. Écrire sur le journal et sur le grand-livre ce que l'on doit à quelqu'un ou ce que l'on a reçu de quelqu'un. *Je vous ai crédité des sommes que vous m'avez prêtées, que vous m'avez remboursées.* || *Être crédité sur une ville,* Avoir des lettres de crédit sur cette ville. — CRÉDITÉ, ÉE, part.

CRÉDITEUR, TRICE. s. T. Comm. Celui ou celle qui a ouvert un crédit à toute autre personne. || Adj., *Compte c.,* Compte qui énonce les sommes avancées à quelqu'un.

CRÉDITIVITÉ. s. f. (lat. *creditum,* sup. de *credo,* je crois). T. Phil. Faculté par laquelle l'homme est porté à croire sur parole sans exiger de preuves.

CREDNÉRITE. s. f. (Pr. *credner,* n. d'homme). T. Minér. Manganite de cuivre, en masses noires, accompagnant les minerais de manganèse.

CREDO. s. m. [Pr. *krédo*]. Mot lat. qui sign. *Je crois,* et par lequel on désigne communément le symbole des apôtres, qui commence d'ailleurs par ce mot. *Dire, réciter son C. A la grand'messe, on a chanté un C. en musique.*

CRÉDULE. adj. 2 g. (lat. *credulus* m. s.). Qui croit trop facilement. *Esprit c. Simplicité c. Le peuple est c. de même que les enfants.*

CRÉDULITÉ. s. f. (R. *crédule*). Trop grande facilité à croire. *Vous avez trop de c. Une sotte c. C. aveugle.* On a abusé de sa c.|| T. Jurid. *Serment de c.,* Serment qu'on défère en justice à une personne sur le point de savoir si elle a eu connaissance ou non des faits imputés à son auteur.

CRÉER. v. a. (lat. *creare*). Produire par le seul acte de la volonté; de rien faire quelque chose, tirer du néant. Ne se dit que de Dieu. *Dieu a créé le ciel et la terre. Dieu créa l'homme à son image. Dieu a créé toutes choses de rien.* || Par ext., s'emploie en parlant des choses que les hommes imaginent, inventent. *C. une science, un système philosophique. Eschyle créa la tragédie grecque. C. des mots. Se c. des chimères. L'homme se crée sans cesse de nouveaux besoins.* Absol., *Le génie crée, l'esprit arrange.*

Le poète divin
Qui peut créer un monde avec une parole.
V. HUGO.

|| T. Hist. nat. *C. un genre, une espèce,* etc., Établir un nouveau genre, etc., pour y ranger des êtres qui ne rentrent pas dans les genres admis auparavant. || *Fonder, organiser, établir, instituer. C. une académie. C. un établissement industriel. C. une armée, une marine formidable. C. une législation nouvelle. C. des impôts. C. des charges, des emplois.* — *C. une rente, une pension,* La constituer.

C. des rentes sur l'État. Il lui a créé une pension sur le plus clair de son bien. On dit dans un sens analogue, *C. des actions,* Émettre des actions. — *C. une pension sur un bénéfice,* se dit lorsque le pape octroie l'établissement d'une pension sur un bénéfice. || T. Théât. *C. un rôle,* se dit du premier acteur qui joue un rôle dans une pièce nouvelle. || En parlant des choses, se dit dans le sens de produire, faire naître, susciter. *De nouveaux besoins créent de nouvelles industries. Les intérêts qu'avait créés la Révolution.* — CRÉÉ, ÉE, part. *Les êtres créés. Des offices nouvellement créés. Une rente créée sur tel fonds.*

Conj. — *Je crée, nous créons. Je créais, nous créions. Je créai, nous créâmes. J'ai créé. J'eus créé. J'avais créé. Je créerai, nous créerons. J'aurai créé. Je créerais, nous créerions. J'aurais ou j'eusse créé. — Crée, créons. — Que je crée, que nous créions. Que je créasse, que nous créassions. Que j'aie créé. Que j'eusse créé.* — CRÉANT. CRÉÉ, CRÉÉE. — Au futur et au conditionnel, les poètes suppriment toujours l'e muet, soit dans ce verbe, soit dans ceux qui, comme *Agréer, Récréer, Suppléer,* se conjuguent de même.

CREFELD ou **CREVELT,** v. d'Allemagne (Prusse); 105,000 h. Défaite des Français (1758).

CREIL, ch.-l. de c. (Oise), arr. de Senlis; 8,200 hab.

CREMA. s. f. (lat. *cremare,* brûler). T. Métall. Le résultat de l'oxydation du fer dans le fourneau.

CREMA, v. d'Italie (Lombardie); 8,700 hab.

CRÉMAGE. s. m. (R. *crème*). T. Filature et Tissage. Demi-blanchiment des fils de lin et de chanvre qui se fait au moyen d'un lessivage au carbonate de soude suivi d'un lavage, puis on passe au chlorure de chaux et à l'acide. Après ces opérations, les fils ont encore une teinte jaunâtre.

CRÉMAILLÈRE. s. f. (Pr. les *ll* mouillées). (gr. χρεμάω, je suspends). Instrument de fer, qui est ordinairement muni de crans et recourbé en crochet à son extrémité inférieure, qu'on scelle au fond des cheminées de cuisine, et qui sert à suspendre au-dessus du feu les chaudrons, les marmites, etc. *Petite c. Grosse c. Baisser, hausser la c. de deux crans.* Ces anciennes cheminées disparaissent peu à peu dans les constructions modernes. — Prov., *Pendre la c.,* Donner un repas pour inaugurer son entrée en ménage ou son installation dans un nouveau logement. On dit, en parlant des personnes invitées à un repas de ce genre, *Aller pendre la c. chez quelqu'un* || T. Mar. Adents d'une vergue d'assemblage. || Instrument dont on se sert pour rider les haubans. || T. Mécan. Organe rectiligne denté propre à transformer un mouvement de rotation en mouvement rectiligne ou *vice versa. La roue dentée s'engrène avec une c.* || T. Techn. Se dit de certaines pièces de bois ou de métal, munies de crans qui servent à supporter, accrocher, arrêter, abaisser, relever, etc. *Fauteuil à c.* — *C. d'une armoire, d'une bibliothèque.* Pièce de bois verticale, munie de crans. On en place quatre aux angles du meuble, et sur les crans on dispose les tasseaux qui doivent recevoir les planches, de sorte que celles-ci peuvent être placées à telle hauteur qu'on le désire. || T. Art. milit. *Ouvrage à c.* Voy. FORTIFICATION.

CRÉMAILLON. s. m. [Pr. les *ll* mouillées]. Petite crémaillère qui s'accroche à une plus grande.

CREMANIUM. s. m. [Pr. *kréma-ni-ome*] (gr. χρεμάω, je suspens). T. Bot. Genre de plantes de la famille des *Mélastomacées.* Voy. ce mot.

CRÉMATOIRE. s. m. (lat. *cremare,* brûler). Appareil à brûler les corps. = Adj. 2 g. *Four crématoire.*

CRÉMATORIUM. s. m. [Pr. *krémato-ri-ome*] (mot lat. de *cremare,* brûler). Édifice dans lequel on opère la crémation des corps des morts.

CRÉMASTER. s. m. [Pr. *kréma-stèr*] (gr. χρεμάω, je suspens). T. Anat. Muscle suspenseur du testicule. Voy. ce mot.

CRÉMATION. s. f. [Pr. ...sion] (lat. *cremare,* brûler). Usage de brûler les cadavres. La c. a été en usage chez presque tous les peuples de l'antiquité, soit d'une manière générale, soit comme marque d'honneur réservée aux grands personnages, soit enfin que le mode de funérailles, inhumation ou incinération, fût laissé à la liberté des familles. Voy. FUNÉRAILLES. On sait que pendant la République romaine et au commencement de l'Empire, les Romains brûlaient leurs cadavres sur un bûcher et que les cendres, renfermées dans des urnes, étaient conservées dans les familles ou déposées dans des monuments funèbres. Le christianisme fit peu à peu disparaître cet usage pour le remplacer par l'inhumation. Les premiers chrétiens imitèrent la coutume des Hébreux qui enterraient les cadavres, à l'exception de ceux des grands personnages, lesquels étaient embaumés ou brûlés. Du reste, le dogme de la résurrection des corps contribua à répandre l'usage de l'inhumation en admettant qu'il était conforme aux intentions de Dieu de retarder le plus possible la destruction des corps. L'inhumation de Jésus-Christ dans un caveau d'où la foi enseigne qu'il sortit ressuscité deux jours après, fut considérée comme le type de la sépulture. Aussi, les premiers chrétiens, dans les temps de persécution, déposaient leurs cadavres dans les catacombes de Rome. Plus tard, la liberté leur ayant été assurée, ils les enterrèrent dans des cimetières, comme nous le faisons aujourd'hui. Pendant tout le moyen âge, et jusqu'à l'époque actuelle, l'incinération des cadavres fut considérée comme impie.

Aujourd'hui, la c. existe encore dans l'Inde et le royaume de Siam : les cadavres sont brûlés sur des bûchers à la mode antique. Cependant les Anglais ont fait prévaloir l'usage de l'inhumation dans un grand nombre de régions de l'Inde.

La question de la c. a été remise à l'ordre du jour à l'époque contemporaine à cause de l'encombrement des cimetières et des dangers que peuvent faire courir à la santé publique ces agglomérations de cadavres dans des espaces très restreints. À la fin du XVIIIᵉ siècle, sous le Consulat, l'Institut de France proposa un prix de 1,500 fr. pour l'étude de la question et le Conseil des Cinq-Cents ne rejeta qu'à une faible majorité l'article de loi qui admettait la liberté du choix entre l'inhumation et la c. Il faut toutefois arriver vers le milieu du XIXᵉ siècle pour voir le réveil de la question. Le premier cri d'alarme contre l'insalubrité des cimetières a été jeté en Italie vers 1857 par Moleschott et Coletti. Depuis lors, de nombreuses sociétés de c. se sont fondées et des appareils de plus en plus perfectionnés sont entrés en fonctionnement à Milan, à Lodi, puis dans les principales villes d'Europe. La première c. solennelle autorisée par le gouvernement italien eut lieu à Milan le 22 janv. 1876, et le corps qui fut brûlé était celui de M. Keller, mort deux ans auparavant. En France ce ne fut qu'en 1886 qu'on construisit à Paris, au cimetière du Père-Lachaise, un four crématoire qui fut inauguré le 1ᵉʳ mars. Enfin, le 31 mars 1886, la Chambre des députés vota un article de loi portant que tout majeur ou mineur émancipé, en état de tester, pourrait déterminer, par testament, le mode de sa sépulture et opter entre l'inhumation et la c. La même disposition législative existe aujourd'hui dans presque tous les États européens.

Voici le nombre annuel des crémations à Paris :

ANNÉES.	EMBRYONS.	DÉBRIS HUMAINS PROVENANT D'ANATOMIE.	VOLONTAIRES.
1890	1,079	2,138	251
1891	1,238	2,349	254
1892	1,426	2,389	259
1893	1,461	2,251	189
1894	1,529	2,247	246

On voit qu'il y a bien peu de crémations volontaires. Le nombre des décès annuels à Paris est de 56,000. Et sur le nombre des incinérations volontaires, il y en a quelques-unes d'étrangères à Paris.

Dans la pratique, la c. présente d'assez graves difficultés. Ce n'est pas une chose facile que de réduire en cendres un corps humain, et de nombreux appareils ont été imaginés dans ce but. Les premiers, construits d'après les principes du docteur Giovanni Polli, utilisaient le gaz d'éclairage dont la combustion brûlait le cadavre et la bière placés dans une cornue en terre réfractaire. Plus tard, on remplaça le gaz d'éclairage par des gaz combustibles produits directement dans l'appareil. À cet effet, le four est muni d'un gazogène, vaste cavité fermée dans laquelle on dispose le combustible. Une disposition spéciale du tirage amène à la fois dans la chambre d'incinération les gaz venus du gazogène et un courant d'air atmosphérique, ce qui élève considérablement la température de la combustion et peut l'amener jusqu'à 1500°. C'est ainsi que sont construits le crematorium Pomai-Vernini et le crematorium Siemens, qui paraît le plus parfait de tous et permet, dans de bonnes conditions, de réduire en cendres un

corps humain en moins d'une demi-heure. Les cendres sont recueillies dans une urne et déposées dans un monument spécial appelé columbarium. Le crematorium construit à Paris, au Père-Lachaise, contient un four à bois qui permet d'opérer l'incinération d'un cadavre en deux heures ; en moyenne le poids des cendres recueillies varie de 1,500 à 2,300 gr. et le poids de bois consumé varie de 230 à 260 kilog. Ce monument représenté par la Fig. ci-jointe contient aussi un four système Siemens qui se chauffe au coke et effectue l'incinération en une heure avec une dépense de 40 à 50 kilog. de coke.

La c. ne se pratique aujourd'hui qu'à titre exceptionnel ; elle répugne, en général, au sentiment public, et si ses partisans ont trouvé pour la défendre d'excellents arguments, elle soulève cependant de graves objections. Le principal avantage que présenterait la c. si elle devenait d'un usage général, serait la disparition des cimetières et des dangers qu'ils font courir à la santé publique, surtout en temps d'épidémie ; mais

cet avantage est subordonné à l'emploi d'appareils d'une perfection presque absolue qui n'émettraient dans l'atmosphère aucune fumée ; car ces fumées, nécessairement infectes, sont composées de particules organiques imparfaitement brûlées qui seraient aussi dangereuses et plus incommodes pour le voisinage que les émanations des cimetières. Le mal serait évidemment plus grave en temps d'épidémie. Nous ne nous arrêterons pas à la prétendue facilité qu'on aurait de conserver dans les familles les cendres des défunts ; il est bien clair que cette accumulation de reliques funéraires n'est pas compatible avec nos mœurs, nos logements exigus et nos fréquents changements de domicile. Il est bien entendu que les urnes doivent être conservées dans les cimetières ou dans les columbaria. — Les objections contre la c. sont d'ordre religieux, d'ordre sentimental, d'ordre hygiénique et d'ordre légal. L'Église catholique s'est toujours vivement élevée contre l'usage de brûler les cadavres, qu'elle déclare impie. L'origine de cette doctrine est vraisemblablement le dogme de la résurrection des corps. Cependant, le corps inhumé finit, au bout d'un temps plus ou moins long, par être aussi complètement détruit, sauf le squelette, que s'il avait été brûlé. Croit-on que le miracle soit plus grand de reconstituer le corps avec les cendres que de le refaire avec un squelette presque pulvérulent ? Les arguments tirés du sentiment sont certainement plus graves. Il est certain qu'il nous répugne de voir, même par la pensée, les corps de nos parents bien-aimés se tordre dans les flammes et de sentir une odeur de viande brûlée se dégager de leurs restes à demi consumés, et ce ne peut être qu'une immense douleur de savoir qu'on une heure ou deux le feu n'aura rien laissé de cet organisme graduellement formé par les forces de la vie et ainsi détruit tout d'un coup ! Mais, à tout prendre, est-il moins triste de songer à la lente décomposition dans la terre, aux vers qui rongent le cadavre? Question de mœurs et d'habitudes, question industrielle aussi : car l'horreur de l'opération peut être singulièrement diminuée par la perfection de l'appareil; il faudrait qu'aucune fumée, aucune odeur ne pût se dégager du four crématoire, et que l'incinération s'opérât rapidement en vase clos, pour éviter à la famille des sensations douloureuses et répugnantes. Nous avons déjà dit quelques mots des objections d'ordre hygiénique; elles dépendent presque exclusivement de la perfection des appareils et du soin avec lequel ils seront employés par les agents chargés de l'opération; mais il faut reconnaître d'une part que les appareils actuels sont encore loin de cette perfection désirable, qu'ils laissent encore échapper assez de fumée pour que le danger devienne sérieux si l'usage de la c. venait à se généraliser. Il suffit de songer qu'il meurt à Paris en moyenne 150 personnes par jour, et qu'en temps d'épidémie ce nombre peut être décuplé et au delà. Enfin le dernier ordre d'objections a été soulevé par les médecins légistes, et consiste dans la difficulté des expertises judiciaires dans le cas où un crime par empoisonnement serait soupçonné après l'incinération du cadavre. Les partisans de la c. répondent que les poisons organiques sont aussi bien détruits par l'inhumation et que les poisons minéraux se conservent plus sûrement et seront plus facilement retrouvés dans les cendres que dans le cadavre abandonné à la terre. Cela est vrai, mais il y a une autre difficulté, celle de l'identité du cadavre. Autant il est difficile de se tromper sur ce point avec la police actuelle des cimetières, autant cela deviendrait facile quand, au lieu de chercher une tombe ayant sa place bien marquée sous la terre, on aurait à se débrouiller au milieu d'un grand nombre d'urnes toutes semblables et distinguées seulement par des étiquettes. La négligence ou la mauvaise foi d'un gardien soudoyé par les intéressés pourrait avoir les conséquences les plus désastreuses.

Bibliog. — Lami, *Dictionnaire industriel*; Dr Prosper de Piétra Santa et Max de Nansouty, *La Crémation, sa raison d'être, son historique*, etc.; Dr Édouard de Hornstein, *La Crémation devant l'histoire, la science et le christianisme*; Dr Bertillon, *Statistique municipale*.

CRÈME. s. f. (lat. *cremor*). La partie la plus grasse du lait, la couche jaunâtre qui se forme à la surface du liquide, et avec laquelle on fait le beurre. *Fromage à la c. Cette c. est aigre. Le lait de cette vache rend beaucoup de c.* — *C. fouettée*, Crème qui, à force d'être battue, devient tout en écume. — Fig. et fam., *C. fouettée*, se dit d'un écrit ou d'un discours qui a quelque éclat, mais qui est dépourvu de solidité. || Sorte de mets fait ordinairement de lait et d'œufs, et qui a la consistance de la c. *C. au chocolat, à la vanille*, etc. *C. frite. C. brûlée. Tarte à la c.* — *C. de riz*, Espèce de bouillie faite avec de la farine de riz. || Se dit aussi de certaines liqueurs fines. *C. des Barbades. C. de moka*. || Fig. et fam., Ce qu'il y a de meilleur, de plus estimable dans une chose. *Il a extrait cet auteur avec soin, il en a pris toute la c.* — Se dit aussi des personnes. *C'est la c. des hommes*, C'est le meilleur des hommes. || T. Chim. *C. de chaux*, Pellicule de carbonate de chaux qui se forme à la surface de l'eau de chaux, au contact de l'air. *C. de tartre*, Tartrate de potasse. Voy. Tartrique.

Hist. nat. — La c. est une substance de couleur jaunâtre, qui monte par le repos à la surface du lait, et avec laquelle on fait le beurre. Sa consistance augmente graduellement par l'exposition à l'air; au bout de quelques jours, elle est si épaisse, qu'on peut renverser le vase qui la contient, sans qu'elle se déplace. En moins de huit à dix jours, elle moisit à la surface, perd sa saveur douce et onctueuse et acquiert celle des fromages gras. La c. est d'autant plus abondante dans le lait que celui-ci est de meilleure qualité. A une densité moyenne de 1,024, la c. présente d'ordinaire la composition suivante, sur 100 parties : beurre, 45; caséine insoluble, 35; sérum, 20. — Après l'extraction du beurre par l'opération du barattage, le lait de beurre, ou babeurre, résidu de la c., est composé comme il suit : caséine et sels insolubles, 34,1; beurre non extrait, 15,8; sucre de lait et sels solubles, 53,4; eau, 896,7. Voy. Beurre, Caséine, Fromage, Lait.

CRÊMÉ. s. m. Fil de chanvre ou de lin auquel on fait subir l'opération du crémage.

CRÉMENT. s. m. (lat. *crementum*, accroissement). T. Gram. Voy. ci-dessous. || T. Physiol. Partie des aliments qui est absorbée par opposition à celle qui est rejetée sous forme d'*excrément*.

Gram. — On nomme ainsi toute syllabe intercalée entre le radical d'un substantif, d'un adjectif ou d'un verbe, et sa terminaison. — Les créments se rencontrent surtout dans les langues anciennes : il n'y en a jamais plus de trois, et on les compte à partir de la dernière syllabe exclusivement. — Le terme de c., dans les langues sémitiques, s'applique spécialement aux lettres ou syllabes préfixes qui servent à indiquer les temps du verbe.

CRÉMER. v. n. Se couvrir de crème. Ne se dit que du lait. *En été, le lait crème mieux qu'en hiver.* = Conjug. Voy. Céder.

CRÉMERIE. s. f. Boutique où l'on vend de la crème, des œufs, du beurre, etc.

CRÉMEUSE. s. f. (R. *crème*). Appareil servant à séparer la crème du lait.

Dans les laiteries beurrières, on laisse généralement le lait en repos pendant vingt-quatre heures au moins, avant d'enlever la première crème, et la séparation complète de la matière grasse n'a lieu qu'après un temps beaucoup plus long. Or, on sait que le beurre est d'autant plus fin, toutes choses égales d'ailleurs, que la crème est plus fraîche. D'un autre côté, le petit-lait passe rapidement à l'aigre et perd une partie considérable de sa valeur nutritive, quand on conserve le lait pour en extraire la presque totalité du beurre. L'écrémage du lait a donc une très grande importance dans l'exploitation industrielle de la ferme, et c'est pour effectuer une opération plus rapide qu'on a inventé les *crémeuses mécaniques*, fondées sur l'action de la force centrifuge. La plus perfectionnée de ces machines consiste en un récipient de forme sphéroïdale et de 25 centimètres de diamètre qui, monté sur un axe creux, tourne avec une vitesse de 600 tours à la minute. Immédiatement après la traite, le lait versé, d'une manière continue, et arrive dans l'axe de l'appareil. Peu d'instants après, la crème sort par une ouverture pratiquée dans le voisinage de cet axe, tandis que le petit-lait s'échappe par un tube disposé près de la circonférence. Mis en mouvement par un seul cheval attelé à un manège ou par une petite machine à vapeur, l'appareil peut traiter 150 litres de lait à l'heure. — Les crémeuses augmentent le rendement du beurre dans la proportion de 5 à 6 p. 100, et ce beurre ne diffère en rien de celui qui est fait par les vieilles méthodes. En outre, le petit-lait qu'elles donnent est bien supérieur. Enfin, ces machines possèdent une propriété remarquable, celle de débarrasser complètement le lait des impuretés de toutes sortes qu'il pourrait renfermer. La constatation de cette propriété a été mise en évidence d'une manière fort simple. On a mêlé du noir de fumée à du lait frais, et lorsque ce liquide s'est trouvé presque noir, on l'a traité par la c. Or, la crème et le petit-lait sont sortis parfaitement blancs, et l'on a trouvé le noir de fumée étalé, avec quelques autres corps étrangers, en couche mince et très adhérente à la surface intérieure du sphéroïde.

CRÉMEUX, EUSE. adj. Qui a beaucoup de crème.

CRÉMIER, IÈRE. s. Celui, celle qui vend de la crème, du laitage, des œufs.

CRÉMIÈRE. s. f. Petit vase où l'on met de la crème.

CRÉMIEU, ch.-l. de c. (Isère), arr. de la Tour-du-Pin, 1,700 hab.

CRÉMIEUX, avocat et homme politique français, né à Nîmes (1796-1880).

CRÉMILLÉE. s. f. [Pr. les *ll* mouillés]. L'une des gardes d'une serrure.

CRÉMOCARPE. s. m. T. Bot. (gr. χρεμάω, je suspens; χαρπός, fruit). Fruit se divisant en deux moitiés qui restent suspendues (Ombellifères) ; on dit mieux *Méricarpe*. Voy. Fruit.

CRÉMOMÈTRE. s. m. (R. *crème*, et gr. μέτρον, mesure). Instrument de verre servant à déterminer la proportion de la matière grasse contenue dans le lait.

CRÉMONE. s. m *Un c.*, Un violon fabriqué à Crémone. = s. f. T. Techn. Espèce d'espagnolette pour la fermeture des croisées. Voy. Espagnolette.

CRÉMONE. v. d'Italie sur le Pô; 32,000 hab.

CRÉMOSPERME. adj. 2 g. (gr. χρεμάω, je suspends; σπέρμα, graine). T. Bot. Dont la graine est comme suspendue. Inus.

CRÉNAGE. s. m. T. Techn. Action de créner des caractères d'imprimerie.

CRÉNATÉ, ÉE. adj. Qui contient des crénates. Eaux minérales crénatées.

CRÉNATES. s. m. (R. crénique). T. Chim. Nom des sels que forme l'acide crénique.

CRÉNEAU. s. m. (R. cran). T. Archit. milit. Nom des ouvertures pratiquées dans les parapets des tours des forteresses, séparées par des merlons de maçonnerie pleine, et du haut desquelles on pouvait tirer sur les assaillants. Se dit aussi de l'ensemble du parapet crénelé. Cet édifice, quoique moderne, est décoré de créneaux. — Ouverture pratiquée dans un mur pour tirer sur l'ennemi. Voy. Chateau. ¶ T. Tactique. L'intervalle que les pelotons laissent entre eux dans l'ordre de bataille, et où se placent les chefs de peloton. || T. Mar. Tuyau servant au passage des ordures. || T. Techn. Ouverture aux fourneaux des potiers.

CRÉNELAGE. s. m. T. Monnayeur. Cordon fait sur l'épaisseur d'une pièce de monnaie. || Ensemble des créneaux d'une fortification.

CRÉNELER. v. a. C. une muraille, La munir de créneaux. C. une roue de machine, * faire des crans, des dents. C. une pièce de monnaie, Faire un cordon sur son épaisseur. = Crénelé, ée. part. Muraille crénelée. || T. Blas. Se dit des pièces qui ont des créneaux sur l'un des bords. Pal c. Croix crénelée. || T. Bot. Se dit des parties d'une plante dont le bord est découpé par des dents arrondies. Les feuilles du lierre terrestre sont crénelées. — S'emploie dans le même sens en zoologie.

CRÉNELURE. s. f. Dentelure faite en créneaux, découpure faite en dents arrondies. Il y a des feuilles de plantes, des dentelles qui sont en c., à c. || T. Bot. Les dents arrondies et obtuses, séparées par des angles aigus, que présentent certaines feuilles à leur circonférence, certains fruits sur leurs côtés ou sur leurs angles. Les feuilles de la Bétoine, du Lierre terrestre, du Tremble, etc., sont bordées de crénelures. || T. Chir. Disposition des pièces qui servent à guider les instruments tranchants, lorsqu'on incise. || T. Art. Dentelures des bords des os du crâne.

CRÉNER. v. a. T. Fondeur en caractères. Évider en dessous la partie de l'œil d'une lettre qui déborde le corps. On crène les lettres longues afin que la partie excédente puisse se placer sur la lettre voisine. Créné, ée. part. Lettre crénée. = Conj. Voy. Céder.

CRÉNERIE. s. f. Action de créner les lettres.

CRÉNEUR. s. m. Ouvrier chargé de créner les caractères d'imprimerie.

CRÉNIFÈRE. adj. 2 g. (fr. cran; lat. fer, qui porte). T. Hist. nat. Qui porte des crénelures.

CRÉNILABRE. s. m. (lat. crena, fente; labrum, lèvre). T. Hist. nat. Genre de poissons. Voy. Labroïdes.

CRÉNILLÉ, ÉE. adj. [Pr. les ll mouillées] (R. cran). T. Hist. nat. Qui a des crénelures petites et nombreuses.

CRÉNIOT. s. m. Auge du verrier.

CRÉNIQUE. adj. 2 g. (gr. χρήνη, source). T. Chim. L'acide c. est une substance organique, de nature ulmique, que l'on rencontre dans les dépôts ocreux des eaux ferrugineuses. Il est amorphe, d'un jaune pâle, d'une saveur acide, puis astringente. Ses sels alcalins sont solubles dans l'eau, insolubles dans l'alcool. L'acide apocrénique, qui accompagne le précédent, est une substance analogue, formant des sels alcalins noirâtres. Les crénates se transforment facilement en apocrénates. La constitution de tous ces composés est encore inconnue.

CRÉNIROSTRE. adj. 2 g. (fr. cran; lat. rostrum, bec). T. Zool. Qui a le bec crénelé.

CRÉNON. s. m. Première division d'un bloc d'ardoise au fond de la carrière.

CRÉNOTHRIX. s. m. (gr. χρήνη, fontaine; θρίξ, cheveu). T. Bot. Genre d'Algues de la famille des Bactériacées, qui se développent surtout dans les sources ferrugineuses.

CRÉNURE. s. f. Trou dans les barres d'un châssis de presse d'imprimeur.

CRÉOGÉNIE. s. f. (gr. χρέας, chair; γεννάω, j'engendre). T. Didact. Génération, production de la chair.

CRÉOGRAPHIE. s. f. (gr. χρέας, chair; γράφειν, décrire). T. Didact. Description des chairs.

CRÉOLE. s. 2 g. (esp. criollo m. s., origine inconnue) Nom qu'on donne aux individus issus de race blanche nés dans les colonies tropicales (Antilles, Brésil, Mexique, Louisiane, île Maurice, Réunion, Cuba, etc.), et chez lesquels il n'y a aucune espèce de croisement avec d'autres races. Un riche c. Une jeune créole.

Un œil noir où luisait des regards de créole.

V. Hugo.

|| s. m. T. Linguist. Français corrompu que parlent les habitants des colonies françaises d'Amérique.

CRÉON. ch.-l. de c. (Gironde), arrondissement de Bordeaux, 1,100 hab.

CRÉON. frère de Jocaste, roi de Thèbes, après la mort de Laïus, fut tué par Thésée.

CRÉOPHAGE. adj. (gr. χρέας, chair; φαγεῖν, manger). T. Zool. Qui se nourrit de chair. On dit plutôt Carnivore.

CRÉOPHAGIE. s. f. Habitude de se nourrir de chair.

CRÉOPHILE. adj. 2 g. (gr. χρέας, chair; φίλος, qui aime). T. Zool. Qui aime la chair, en parlant des insectes diptères.

CRÉOSOL. s. m. (R. créosote, et Suff. ol, sign. phénol). T. Chim. Le c., qu'on rencontre dans le goudron de hêtre et dans les produits de la distillation sèche de la résine de gaïac, est un liquide incolore, d'une odeur agréable, bouillant à 219°, insoluble dans l'eau, soluble dans l'alcool et dans l'éther. Il constitue l'éther méthylique de l'homopyrocatéchine et répond à la formule $C^7H^6(OH)OCH^3$; il fonctionne à la fois comme phénol et comme éther. Traité par l'acide chlorhydrique, il se transforme en homopyrocatéchine. Comme le phénol et se dissout dans les alcalis on donnant des créosolates. Traité par un courant d'anhydride carbonique en présence du sodium, il se transforme en acide créosol-carbonique $C^7H^5(OH)(OCH^3)CO^2H$, fusible à 180°.
Le goudron de hêtre renferme également du Méthylcréosol $C^7H^6(OCH^3)^3$, éther diméthylique de l'homopyrocatéchine; c'est un liquide incolore, bouillant vers 217°, soluble dans l'alcool et dans l'éther, ne se dissolvant pas dans les alcalis.

CRÉOSOTE. s. f. (gr. χρέας, chair; σώζειν, conserver). T. Chim. La c. est un liquide huileux, d'une saveur âcre et brûlante, d'une odeur pénétrante et désagréable. D'abord incolore, elle prend une teinte brun rouge par le contact prolongé de l'air et de la lumière. La c. ne gèle pas à — 27° centigrades; elle bout à + 200° sans se décomposer, et produit, en brûlant, une flamme fuligineuse. Presque insoluble dans l'eau, elle se dissout facilement dans l'alcool, l'éther, les huiles, le naphte et le sulfure de carbone. Elle dissout le phosphore, le soufre, l'iode, les résines, les graisses et les matières colorantes. Enfin, elle forme, avec la potasse et la soude, des combinaisons cristallines dont elle se sépare, sans altération, par l'action des acides. Elle est constituée par un mélange complexe de phénols et d'éthers méthyliques des diphénols et du pyrogallol; on y rencontre, en effet, le crésol, le phlorol, le gaïacol, le créosol et ses homologues. La c. cautérise les tissus organiques, coagule l'albumine et jouit de propriétés antiputrides très développées. Elle a obtenu une grande vogue comme antiseptique avant l'introduction de l'acide phénique. C'est à la présence de la c. dans la fumée que Reichenbach attribue la propriété que possède celle-ci de conserver les viandes. Mais l'odeur désagréable de la c. n'a pas permis d'employer directement cette substance à la préparation des conserves animales. Son application à la conservation des bois a été couronnée de succès; mais ici encore un autre obstacle, l'élévation de son prix, n'a pas permis l'extension de ce procédé. La c. n'est pas non plus sans usages médicaux. On l'emploie avec succès contre la carie des dents : souvent, en effet, elle fait cesser instantanément la douleur. Il faut, dans ce cas, éviter de la mettre en contact avec les gencives à cause de son action caustique. Prise à l'intérieur, elle rend de bons services dans la phtisie pulmonaire et diminue rapidement l'expectoration des tuberculeux; on l'emploie à la dose de 4 à 6 décigr. ; à dose élevée, elle agirait comme un poison violent à la façon de l'acide phénique. La c. du goudron de hêtre est seule employée en médecine; les autres goudrons donnent des substances analogues qui, dans le commerce, portent également le nom de c., mais dont la composition et les propriétés thérapeutiques peuvent être bien différentes. La c. doit son nom à ses propriétés antiputrides. Elle a été découverte, en 1832, par Reichenbach dans les produits que donne la distillation du goudron de bois. C'est encore de cette dernière substance qu'on l'extrait aujourd'hui. On recueille, dans la distillation de ce goudron, les portions qui passent à 200°; on les traite par une solution de potasse caustique qui dissout la créosote; cette solution, chauffée pendant quelque temps à l'air, puis refroidie et purifiée, est alors additionnée d'acide sulfurique étendu, qui met la c. en liberté. On la redistille avec de l'eau alcaline et l'on répète les opérations précédentes jusqu'à ce que la c. se dissolve sans résidu dans les lessives alcalines.

CRÉPAGE. s. m. Apprêt qu'on donne au crêpe.

CRÊPE. s. m. (lat. *crispus*, frisé). Sorte d'étoffe très claire. *C. blanc, rose, noir. Un voile, une robe de c. C. funèbre.* — Absol., Morceau de c. noir qui se porte en signe de deuil et que l'on attache ordinairement au chapeau. *Porter un c. à son chapeau. Les militaires portent le c. au bras.* || Fig. et poét., se dit de l'obscurité qui enveloppe les objets pendant la nuit. *L'ombre d'un c. noir enveloppait la ville.*

Techn. — Le *Crêpe* est un tissu clair, léger et non croisé, qui se fabrique avec de la soie brute non décreusée ou avec de la laine d'une grande finesse. Dans tous les cas, les fils employés sont tordus à l'excès, afin que l'étoffe se frise par la détorsion de ses fils. Il sert à faire des vêtements de deuil quand il est noir, et des voiles, des écharpes, ainsi que plusieurs autres objets de la toilette féminine, quand il est blanc. Ce tissu a été inventé à Bologne, en Italie. On le fabrique principalement aujourd'hui à Lyon en France, et à Norwich en Angleterre. Les variétés désignées sous les noms de *C. crêpé, C. lissé, C. simple* et *C. double*, diffèrent entre elles, soit parce que leur chaîne a reçu divers degrés de torsion, soit parce qu'elles ont été soumises, après le tissage, à quelques manipulations particulières. Le *C. anglais* est obtenu par des cylindres métalliques gravés ; la perfection de cette fabrication est due à des secrets d'atelier. Aussi, les Anglais, inventeurs du procédé, ont gardé la supériorité malgré les beaux crêpes anglais qui se fabriquent à Lyon. Le *C. de Chine* est un tissu plein et opaque, connu depuis des siècles à la Chine, qui en arrive encore en Europe. Il est fait de soie écrue ; la chaîne n'a pas de torsion extraordinaire; la trame se compose de passées alternatives de deux cordonnets tordus en sens inverse. Lyon en fabrique d'admirables.

CRÊPE. s. f. Sorte de pâte grasse, plus délayée que celle des beignets, et qu'on fait cuire en l'étendant sur la poêle graissée.

CRÊPELAGE. s m. Action de couper les tiges de blé avec la faucille dite *Volant.*

CRÊPELEUR. s. m. Moissonneur qui fait le crêpelage.

CRÊPELINE. s. f. (Dimin. de *crêpe*). Étoffe légère dont on garnit les chapeaux de dame.

CRÊPER. v. a. (lat. *crispare*, friser). *C. des cheveux,* Les faire bouffer en les frisant. — *C. une étoffe,* Lui donner une façon qui fait qu'elle a quelque ressemblance avec le crêpe. = SE CRÊPER. v. pron. Être crêpé. *Ses cheveux se crêpent.* = CRÊPÉ, ÉE. part. *Chevelure, étoffe crêpée.*

CRÊPEUR. s. m. Ouvrier qui crêpe les étoffes après le tissage.

CRÉPI. s. m. (R. *crépir*). Couche de mortier ou de plâtre qu'on applique sur une muraille, avec la truelle ou un balai. *Le c. diffère de l'enduit en ce qu'il n'est pas lissé comme ce dernier et reste raboteux. Donner un c. à mur.*

CRÉPIDE. s. f. (gr. χρηπίς, χρηπῖδος, m. s.) T. Antiq. gr. Espèce de chaussure lâche que portaient les hommes et les femmes. Voy. BRODEQUIN et CHAUSSURE. || T. Bot. Genre de plantes Dicotylédones (*Crepis*) de la famille des *Composées.* Voy. ce mot.

CRÉPIDULE. s. f. (lat. *crepidulum*, dimin. de *crepida,* crépide). T. Zool. Genre de mollusques acéphales. Voy. CAPULOTDES.

CRÉPIN. s. m. (de *saint Crépin*, patron des cordonniers). Les cordonniers appellent le sac dans lequel ils portent leurs outils, *Un saint-crépin.* De là, les expressions proverbiales et populaires : *Porter tout son saint-crépin; perdre son saint-crépin,* Porter, perdre tout ce qu'on a. = CRÉPINS. s. m. pl. Menues fournitures des cordonniers. *Marchand de crépins.*

CRÉPIN et **CRÉPINIEN** (SAINTS), frères, vinrent de Rome en Gaule pour prêcher l'Évangile et s'établirent à Soissons. Ils furent décapités en 287. Patrons des cordonniers, ils sont honorés le 25 octobre.

CRÉPINE. s. f. (R. *crêpe*). Ouvrage de passementerie travaillé à jours par le haut et pendant en grands filets ou franges par en bas. *C. d'or, d'argent, de soie. La c. d'un dais, d'un lit, d'une tapisserie. De riches crépines.* || T. Boucherie. L'épiploon des agneaux, des veaux, etc. || T. Techn. Pièce sphérique percée de trous qu'on adapte à l'extrémité d'un tuyau de pompe ou de conduite en fonte et qui est baignée dans le cabinet d'eau ou dans le puits.

CRÉPINÉ, ÉE. adj. Garni de crépines. *Draperies crépinées.*

CRÉPINETTE. s. f. (R. *crépine*). Saucisse plate entourée de crépine.

CRÉPIR. v. a. (lat. *crispare*, friser). *C. une muraille,* L'enduire de mortier ou de plâtre. — *C. du cuir,* Faire venir le grain. — *Crépir le crin,* Le faire bouillir dans l'eau après l'avoir cordé, pour le faire friser et le rendre propre aux selliers, tapissiers et autres artisans. = CRÉPI, IR. part.

CRÉPISSAGE ou **CRÉPISSEMENT.** s. m. Action de crépir.

CRÉPISSOIR. s. m. Outil qui sert à crépir les murs.

CRÉPISSURE. s. f. Le crépi appliqué sur une muraille. Peu usité ; on dit *Crépi.*

CRÉPITACLE. s. m. (lat. *crepitare,* faire du bruit). T. Bot. Fruit qui s'ouvre avec bruit.

CRÉPITANT, ANTE. adj. Qui produit un bruit de crépitation. || T. Méd. *Râle c.* Voy. AUSCULTATION.

CRÉPITATION. s. f. [Pr. ...*sion*] (R. *crépiter*). Bruit particulier que produit un corps qui flambe en brûlant, ou du sel qu'on jette sur le feu. || T. Physiol. Bruit que produit l'air ou un gaz quelconque dans les cellules du tissu pulmonaire, ou dans les aréoles du tissu cellulaire des parties emphysémateuses, lorsqu'on comprime ces parties. || T. Chir. Bruit que produisent les fragments d'un os, quand on imprime certains mouvements à un membre fracturé.

CRÉPITEMENT. s. m. Action de crépiter, de produire une crépitation.

CRÉPITER. v. n. (lat. *crepitare,* m. s.). Produire un bruit de crépitation.

CRÉPITUS. s. m. [Pr. *krépi-tuss*] (mot lat.) T. Méd. Crépitation brusque et très prononcée.

CRÉPODAILLE. s. f. [Pr. les *ll* mouillées]. Voy. CRAPAUDAILLE.

CRÉPON. s. m. (R. *crêpe*). Sorte d'étoffe de laine ou de soie, frisée comme le crêpe, mais beaucoup plus épaisse.

|| Petit morceau d'étoffe légère dont on se sert pour étendre le fard sur la figure.

CREPS. s. m. [Pr. l's]. Sorte de jeu de dés originaire d'Angleterre. *Le c. est un jeu prohibé.* || Sorte de crépon.

CRÉPU, UE. adj. (lat. *crispatus*, frisé). Se dit des cheveux courts qui frisent naturellement et ont quelque ressemblance avec la toison des brebis. *Les nègres ont les cheveux crépus.* || T. Bot. et Zool. Se dit d'organes irrégulièrement plissés sur toute leur surface.

CRÉPURE. s. f. Action de créper; qualité de ce qui est crépé.

CRÉPUSCULAIRE. adj. 2 g. T. Astron. Qui appartient au crépuscule. *Lumière c.*, Dont la lueur est semblable à celle du crépuscule. *Sous la lueur fantastique d'un ciel c.* || Fig. Qui est sur son déclin : *C'est une femme d'un âge et d'une beauté crépusculaires.* || *Cercle c.*, Petit cercle horizontal de la sphère, qu'on suppose passer par le point où se trouve le soleil quand le crépuscule cesse. *Le cercle c. est parallèle à l'horizon et abaissé au-dessous de lui de 18 degrés.*

Météor. — *Lueurs crépusculaires.* On a donné ce nom notamment aux magnifiques lueurs rougeâtres qui ont été remarquées sur tout l'ensemble du globe, longtemps après le coucher du soleil, pendant les mois qui suivirent l'éruption du Krakatoa du 25 août 1883. Elles ont commencé en France le 26 novembre et ont duré plus d'un an.

CRÉPUSCULAIRES. s. m. pl. T. Entom. Latreille a donné ce nom à l'une des trois sections qu'il a établies dans l'ordre des *Lépidoptères*, les caractérisant en ces termes : « Les *Crépusculaires* ont près de l'origine du bord externe de leurs ailes inférieures une soie roide, écailleuse, en forme d'épine ou de crin, qui passe dans un crochet du dessous des ailes supérieures, et les maintient, quand elles sont en repos, dans une situation horizontale ou inclinée. Ce caractère se retrouve encore dans la section des *Nocturnes;* mais les c. se distinguent de ceux-ci par leurs antennes en massue allongée, soit prismatique, soit en fuseau. Leurs chenilles ont toujours seize pattes. Leurs chrysalides ne présentent pas ces pointes ou ces angles qu'on voit dans la plupart des chrysalides des lépidoptères *diurnes*, et sont ordinairement renfermées dans une coque, ou cachées soit dans la terre, soit dans l'intérieur des tiges, soit sous quelque abri. Ces lépidoptères ne volent *souvent* que le soir ou le matin. » En effet, ajouterons-nous, parmi les espèces classées dans cette section, il en est plusieurs, telles que les sésies, les zygènes, etc., qui ne volent qu'aux heures de la journée où luit d'ordre ses rayons avec le plus de force. L'expression de c. est donc jusqu'à un certain point inexacte, ainsi que le reconnaissait Latreille lui-même. — Cette section a été divisée en quatre familles : les *Hespéri-sphingides* les *Sphingides*, les *Sésiades* ou *Sésiades* et les *Zygénides.*

1. — Les *Hespéri-sphingides* ont les antennes toujours simples et épaissies vers leur milieu ou à leur extrémité, qui forme le crochet, se rétrécit en pointe et n'a pas de houppe

Fig. 1.

d'écailles au bout. Tous ont une trompe très distincte. Enfin, leurs palpes inférieurs sont composés de trois articles bien apparents. Les principaux genres de cette famille ont reçu les noms d'*Hécatésie, Agariste, Coronis* et *Castnie:* mais toutes les espèces qui le composent sont étrangères à l'Europe. Nous citerons seulement comme exemple la *Castnie lycus* (Fig. 1) qui habite l'Amérique méridionale.

II. — Chez les *Sphingides*, les antennes sont toujours terminées par un petit flocon d'écailles. Leurs palpes inférieurs sont larges ou comprimés transversalement et très fournis d'écailles, avec le troisième article généralement peu distinct. Les lépidoptères qui composent cette famille sont remarquables par la puissance de leurs ailes et de leur vol. On les voit planer longtemps en bourdonnant au-dessus des fleurs, puis souvent pomper, à l'aide de leur longue trompe, le suc des nectaires, sans même être obligés de se poser. La plupart de leurs chenilles ont le corps massif, ras, allongé, avec une corne dorsale à leur extrémité postérieure, et les côtés rayés obliquement ou longitudinalement. Elles vivent de feuilles et se métamorphosent, en général, dans la terre, sans filer de coque. — Le genre *Sphinx* proprement dit a pour type le *Sph. du troène* (*Sph. ligustri*) dont les ailes antérieures sont d'un gris rougeâtre, veiné de noir, avec 2 lignes blanches sinueuses près de la côte, et les ailes postérieures d'un rose vif, orné de bandes noires. — Le type du genre *Achérontie* est le papillon si connu chez nous sous le nom vulgaire de *Sphinx tête de mort.* Cette espèce (*Acherontia Atropos*) [Fig. 2] est la plus grande de notre pays. Elle a les ailes supérieures variées de brun foncé, de brun jaunâtre et de jaunâtre clair; les inférieures jaunes avec 2 bandes brunes; une tache jaunâtre avec 2 points noirs sur le thorax, et l'abdomen jaunâtre avec des anneaux noirs. La tache de son thorax qui imite assez bien une tête de mort, et le bruit aigu qu'il fait entendre ont rendu ce lépidoptère un objet de terreur superstitieuse dans nos campagnes, particulièrement en Bretagne. La chenille de ce papillon est jaune avec des raies bleues sur les côtés d'un vert tendre, et la queue recourbée en zigzag. Elle vit sur la pomme de terre, le troène, le jasmin, etc. — Les *Déiléphiles* font de plus beaux insectes de cette famille. Le *Déil.* ou *Sph. du laurier-rose* (*Deilephila nerii*) [Fig. 3] est un magnifique papillon, dont les ailes antérieures, agréablement nuancées de vert et de rose, avec un point noir à la base des ailes, ont de 9 à 10 cent. d'envergure. Les ailes postérieures, noirâtres vers leur base, sont vertes à leur extrémité, avec une ligne blanche de séparation très sinueuse. Le *Sphinx de la vigne* (*Deil. elpenor*) a le corps rose et les ailes d'un vert tendre, avec des bandes roses. Sa chenille vit sur les épilobes aussi bien que sur la vigne. Le *Sph. du tithymate* (*Deil. euphorbiae*) est l'espèce du genre la plus répandue chez nous. Ce lépidoptère a le dessus du corps d'un vert olive, les antennes blanches, le dessus des ailes supérieures d'un gris rougeâtre, avec trois taches et une large bande verte, et le dessus des inférieures rouge, avec une tache blanche et une bande noire. Sa chenille est noire, avec des points et des taches jaunes, une ligne rouge sur le dos, la queue et les pieds rouges. — Le type du genre *Macroglosse* est le *Sphinx du caille-lait* (*Macroglossa galii*) [Fig. 4], qui est très commun dans toute l'Europe. C'est un papillon à ailes obscures, remarquable par sa trompe qui est plus longue que son corps. — Le genre *Ptérogon* a pour type la jolie espèce à ailes antérieures vertes, qui n'est pas rare dans le midi de la France. — Parmi les *Smérinthes* qui habitent notre pays, nous nommerons seulement le *Sm. ocellé* (*Smerinthus ocellata*) connu sous le nom vulgaire de *Sph. demi-paon* (Fig. 5). Cette espèce est remarquable par ses ailes postérieures d'un rouge carmin, ornées d'une grande tache ocellée bleue à centre noir. Sa chenille vit sur les saules.

III. — Les *Sésiides* ou *Sésiades* ont les antennes simples, en fuseau allongé, souvent terminées par un petit faisceau de soies ou d'écailles. Leurs palpes inférieurs, grêles et étroits, ont 3 articles très distincts, et leurs jambes postérieures ont à leur extrémité des ergots très forts. Chez la plupart, l'abdomen est terminé par une sorte de brosse. Leurs ailes antérieures sont étroites et allongées, et les inférieures, en général, tout à fait transparentes. Plusieurs de ces lépidoptères offrent une ressemblance singulière avec divers hyménoptères ou diptères. Leurs chenilles, qui ont la forme de vers mous, cylindriques et décolorés, rongent l'intérieur des tiges et des racines des végétaux, où elles se construisent avec les débris des matières dont elles se sont nourries, la coque dans laquelle elles doivent subir leur dernière transformation. — L'espèce la plus grande du genre *Sésie* (*Sesia*) est la *S. opiforme* (Fig. 6). Elle est noire, avec 4 taches jaunes sur le vertex et des anneaux jaunes à l'abdomen. Ses ailes sont transparentes, avec les nervures et les bords noirs. On la trouve dans presque toute l'Europe, sur les saules et les peupliers. — L'espèce-type du genre *Thyride* (*Thyris*) est la *Th. fénestrée*, qui habite l'Europe méridionale.

IV. — Les *Zygénides* sont caractérisés par leurs antennes ronflées vers l'extrémité, souvent très fortement, mais toujours dépourvues de houppe d'écailles; par leurs palpes inférieurs de moyenne grandeur ou petits, presque cylindriques et constamment formés de 3 articles distincts; par leur abdo-

l'été. Ce papillon a le corps d'un vert noir ou bleuâtre. Ses ailes supérieures sont d'un bleu d'acier et ornées de 6 taches rouge carmin, tandis que les inférieures sont rouges, avec le bord postérieur bleu noirâtre. Sa chenille est d'un jaune

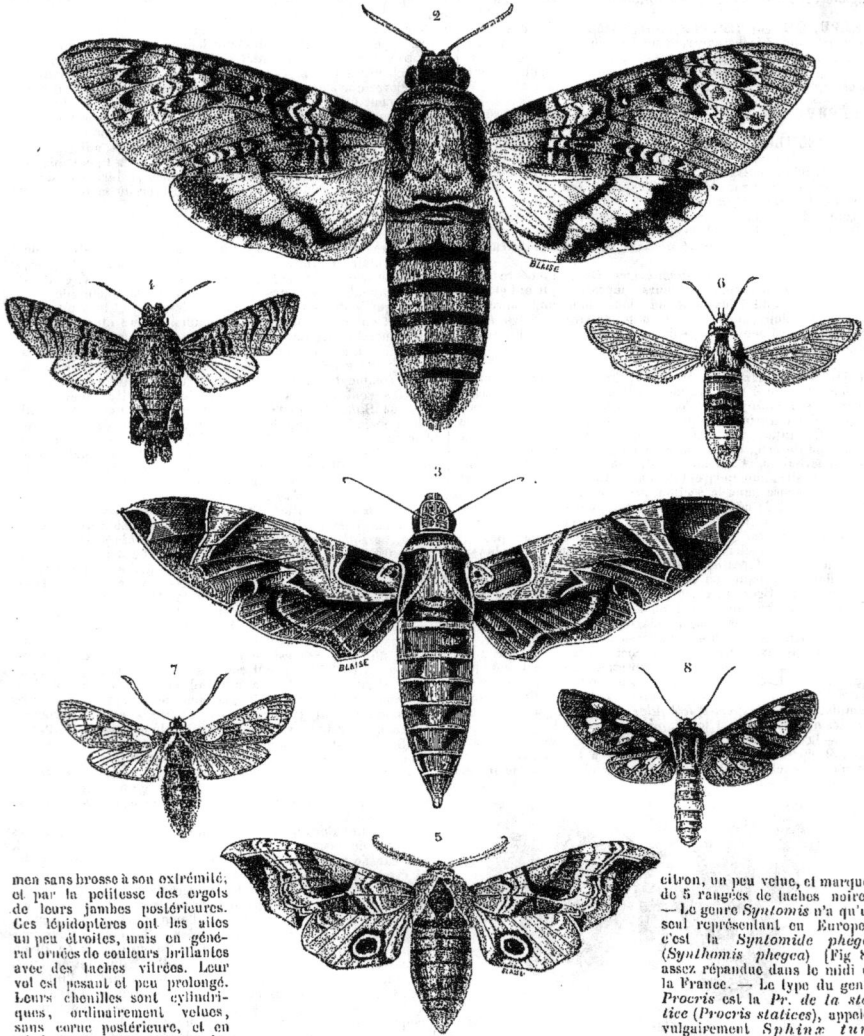

men sans brosse à son extrémité, et par la politesse des ergots de leurs jambes postérieures. Ces lépidoptères ont les ailes un peu étroites, mais en général ornées de couleurs brillantes avec des taches vitrées. Leur vol est pesant et peu prolongé. Leurs chenilles sont cylindriques, ordinairement velues, sans corne postérieure, et en général jaunâtres avec des taches noires. Elles vivent sur des plantes basses, surtout sur des légumineuses. Pour se transformer en chrysalides, elles se fabriquent une coque de soie allongée, ovoïde ou fusiforme, lisse et comme vernissée, qu'elles attachent aux tiges des végétaux. — Le type du genre *Zygène* et de la famille des Zygénides, est la *Zyg. de la filipendule* (*Zygæna filipendulæ*) [Fig. 7] qui est très commune chez nous pendant tout

citron, un peu velue, et marquée de 5 rangées de taches noires. — Le genre *Syntomis* n'a qu'un seul représentant en Europe : c'est la *Syntomide phégée* (*Synthomis phegea*) [Fig 8], assez répandue dans le midi de la France. — Le type du genre *Procris* est la *Pr. de la statice* (*Procris statices*), appelée vulgairement *Sphinx turquoise*, petit papillon d'un beau vert brillant, avec les ailes postérieures gris cendré. La *Pr. de la vigne* (*Pr. vitis*) est entièrement noirâtre. A l'état de chenille, elle cause parfois d'assez grands ravages dans les vignobles. — Le genre *Aglaope* ne renferme qu'une seule espèce, appelée *Agl. infausta*, dont la chenille est un fléau pour les amandiers dans la France méridionale.— Le genre *Heteroyynis*, qui est propre à l'Espagne, est ainsi nommé parce que les femelles demeurent privées d'ailes et très semblables à leurs chenilles. — Enfin, le genre *Atychie* ou *Chimère*, dont les espèces appartiennent au midi de l'Europe, a été érigé en famille par divers entomologistes.

CRÉPUSCULE. s. m. (lat. *crepusculum*, m. s , de *crepe-rus*, vague, incertain). T. Astron. et Météor. Lumière diffuse qui se répand dans l'atmosphère peu de temps avant le lever et après le coucher du soleil. Il y a donc deux crépuscules; toutefois, dans le langage vulgaire on désigne particulièrement sous ce nom le c. du soir, tandis que celui du matin est appelé *Aurore*. || Fig. Commencement et fin des choses

Si vous voulez que j'aime encore,
Rendez-moi l'âge des amours.
Au crépuscule de mes jours
Rejoignez, s'il se peut, l'aurore.

VOLTAIRE.

Astr. et Météor. — I. — Le c. résulte de l'illumination des couches supérieures de l'atmosphère par les rayons du soleil, lorsque ce dernier se trouvant au-dessous de l'horizon mais toutefois à une certaine distance seulement, ne peut nous éclairer directement. Ainsi, quand, suivant l'expression vulgaire, le soleil est couché, les molécules d'air des régions atmosphériques supérieures nous renvoient une portion de la lumière qu'elles ont reçue, et produisent une clarté qui va toujours en diminuant à mesure que l'astre s'abaisse sous l'horizon. Le c. a fait place à la nuit pleine dès que les étoiles de 6e grandeur deviennent visibles. On désigne ce c. sous le nom d'*astronomique*, pour le distinguer du c. *ordinaire*, qui se termine aussitôt que l'obscurité empêche de continuer les travaux en plein air. Le même phénomène a lieu le matin, mais en sens inverse, c.-à-d. que la clarté crépusculaire va en augmentant jusqu'au moment où l'astre se montre directement à notre vue. Il est évident que, si l'atmosphère terrestre n'existait pas, il n'y aurait point de c.; la nuit succéderait au jour et le jour à la nuit brusquement et sans transition.

II. — La lueur crépusculaire ne présente pas une intensité uniforme sur toute l'étendue du ciel. Elle est plus intense vers le point de l'horizon dont le soleil se trouve le plus rapproché, et de là va en s'affaiblissant dans toutes les directions. Ce point plus éclairé est situé dans le plan vertical qui passe par le centre du soleil. Mais, à mesure que le soleil s'abaisse au-dessous de l'horizon, aussitôt après son coucher, le plan vertical qui lui correspond change de direction, attendu que l'astre, dans son mouvement diurne, nous paraît décrire un cercle oblique à l'horizon; en conséquence, le point où la lueur crépusculaire est le plus intense se déplace en même temps que le soleil. Il s'éloigne de plus en plus de la position qu'il avait au moment même du coucher du soleil, e plan vertical qui lui correspond change de direction, attendu que l'astre, dans son mouvement diurne, nous paraît décrire un vers le nord si l'observateur est dans l'hémisphère boréal, et vers le midi si ce dernier se trouve dans l'hémisphère opposé. Le c. du matin présente des circonstances analogues; mais dans l'ordre inverse.

Il est à peine besoin de dire que l'intensité de la lueur crépusculaire ne dépend pas uniquement de la quantité dont le soleil se trouve abaissé au-dessous de l'horizon. Elle est plus ou moins modifiée par l'état de l'atmosphère et la quantité, excessivement variable, de vapeurs qu'elle renferme. Ainsi, plus il y a de vapeur condensée pendant le jour, plus le ciel paraît mat, et plus avant la lumière qui traverse l'atmosphère est affaiblie, tandis que les rayons réfléchis sont en fort grand nombre; ce sont circonstances, le c. est extrêmement long, tandis qu'il est très court dans le cas contraire. Au Sennaar, par ex., où l'air est si pur que Bruce y voyait Vénus en plein jour, la nuit succède immédiatement au coucher du soleil. La durée du c. doit en outre varier, dans le même pays, suivant les saisons. En été, où les vapeurs vésiculaires sont plus élevées qu'en hiver, le soleil est, à la fin du c., plus bas au-dessous de l'horizon que dans l'hiver. De même, le matin, au commencement du crépuscule, il est plus élevé que dans la fin du c.; vraisemblablement parce qu'une partie de la vapeur d'eau s'est précipitée à la surface de la terre. Il résulte de là que la fin du c. du soir et le commencement du c. du matin ne correspondent pas toujours à un même abaissement du soleil au-dessous de l'horizon, et qu'on ne peut évaluer qu'approximativement leur durée, en prenant l'abaissement de l'astre pour base unique de calcul. Néanmoins, on admet généralement que, dans les conditions ordinaires, la lueur crépusculaire disparaît seulement lorsque le soleil se trouve abaissé de 18° au-dessous du plan de l'horizon.

En prenant cette moyenne, il devient facile de calculer la

durée du c., tant du matin que du soir. Supposons, par ex., que l'observateur soit en un point quelconque de l'équateur terrestre et que le soleil se trouve à l'un des équinoxes. Comme l'astre, en vertu du mouvement diurne, se ment suivant un cercle qui coïncide avec l'équateur céleste, il parcourra 360° en 24 heures, ou un arc de 15° en 1 heure. Or, dans les circonstances admises, son mouvement aura lieu dans un plan vertical; il lui faudra donc, pour s'abaisser de 18° au-dessous de l'horizon, décrire un arc de 18° sur son cercle diurne. Par conséquent, la durée du crépuscule sera égale au temps qu'il emploiera pour décrire cet arc, c.-à-d. 1 heure 12 minutes. Mais le temps que met le soleil à s'abaisser de 18° au-dessous de l'horizon varie suivant la position du lieu de l'observation et avec la déclinaison de l'astre. Il est en général plus grand que celui que nous venons de trouver pour un point situé sous l'équateur et pour l'époque de nos équinoxes. Il y a même un grand nombre de lieux où le c. dure toute la nuit, c.-à-d. où le soleil, entre son lever et son coucher, ne descend pas jusqu'à 18°. Paris se trouve dans ce dernier cas au solstice d'été. En effet, à cette époque, le plus grand abaissement du soleil, pendant la nuit, au-dessous du plan de l'horizon, ne dépasse pas 17°42'; alors le c. du matin suit immédiatement celui du soir. Vers le pôle, la lueur crépusculaire doit paraître 1 mois 1/2 avant que le soleil soit sur l'horizon, et l'éclairer encore 1 mois 1/2 après qu'il a disparu; ce qui réduit à environ 3 mois la durée de la nuit complète.

Durée des crépuscules. — Le C. civil finit et le jour tombe au moment où le soleil est abaissé de 6° au-dessous de l'horizon. A ce moment, les planètes et les étoiles de 1re grandeur commencent à paraître. Voici sa durée pour le milieu de chaque mois :

Durée du crépuscule civil :

LATITUDE	JANVIER	FÉVRIER	MARS	AVRIL	MAI	JUIN	JUILLET	AOÛT	SEPTEMBRE	OCTOBRE	NOVEMBRE	DÉCEMBRE
	m.	m.	m.	m.	m.	m.	m.	m.	m.	m.	m.	m.
42°	33	31	30	31	34	36	35	32	30	30	32	33
43	33	31	30	31	35	37	36	32	30	30	33	34
44	34	32	31	32	35	38	37	33	31	31	33	35
45	35	32	31	33	36	39	38	34	32	32	34	35
46	35	33	32	34	37	40	38	35	32	32	34	36
47	36	34	33	34	38	41	39	36	33	34	35	37
48	37	34	34	35	39	43	41	36	33	34	36	38
49	38	35	34	36	40	44	42	37	34	34	37	40
50	39	36	34	36	41	46	43	38	35	35	38	40
51	40	37	35	37	43	47	44	39	36	36	39	42

Le *C. astronomique* finit et la nuit complète est arrivée, au moment où le soleil est abaissé de 18° au-dessous de l'horizon.

Le tableau suivant (voy. p. 190) est calculé pour toutes les latitudes et se rapporte à l'hémisphère boréal. Pour l'hémisphère austral il suffit d'ajouter six mois aux dates indiquées.

III. — Lorsque le temps est serein, on voit, le soir, à mesure que le soleil s'approche de l'horizon, la partie du ciel voisine de cet astre se colorer en jaune ou en rouge, les rayons qui ont traversé une grande épaisseur de l'atmosphère perdant en chemin la plupart de leurs rayons bleus, de sorte que nous ne recevons que les rayons rouges. En même temps, le ciel blanchit vers le zénith, et la clarté va toujours en augmentant vers l'horizon occidental. Peu à peu on remarque aussi à l'orient une teinte rouge qui atteint son maximum au moment où le soleil descend sous l'horizon. Cette coloration à l'orient est produite par les derniers rayons du soleil couchant, car cet astre n'envoie dans cette région du ciel que des rayons rouges, lesquels, après leur réflexion, traversent de nouveau l'atmosphère, et arrivent à l'œil de l'observateur complètement dépouillés de rayons bleus. Selon l'état de l'atmosphère, cette coloration varie du rouge de feu au pourpre foncé. De même, à l'occident, le c. offre toutes les teintes intermédiaires entre le jaune doré et le rouge foncé; néanmoins, ce dernier rouge n'est jamais aussi foncé que celui qu'on voit à l'orient.

Lorsque le soleil est descendu un peu au-dessous de l'horizon, on aperçoit au ciel oriental un segment plus ou moins

DURÉE DU CRÉPUSCULE ASTRONOMIQUE

DATES	0°	5°	10°	15°	20°	25°	30°	35°	40°	45°	50°	55°	60°	65°
	h. m.	h. m.	h. m.	h. m.	h. m.	h. m.	h. m.	h. m.	h. m.	h. m.	h. m.	h. m.	h. m.	h. m.
Janv... 1	1,16	1,16	1,18	1,20	1,23	1,27	1,32	1,39	1,48	2, 1	2,19	2,48	3,42	
16	1,15	1,15	1,15	1,17	1,19	1,21	1,25	1,30	1,37	1,46	1,58	2,14	2,39	3,22
31	1,13	1,13	1,14	1,15	1,17	1,20	1,28	1,28	1,34	1,43	1,54	2, 9	2,30	3, 3
Févr... 15	1,11	1,12	1,12	1,14	1,15	1,18	1,22	1,26	1,32	1,40	1,50	2, 4	2,23	2,51
Mars... 1	1,10	1,11	1,11	1,13	1,14	1,17	1,21	1,25	1,31	1,39	1,49	2, 3	2,21	2,49
17	1,10	1,10	1,11	1,12	1,14	1,17	1,21	1,26	1,32	1,40	1,51	2, 5	2,26	2,58
Avril... 1	1,10	1,10	1,11	1,13	1,15	1,18	1,22	1,27	1,34	1,43	1,55	2,13	2,44	3,35
16	1,11	1,11	1,12	1,14	1,17	1,20	1,25	1,31	1,39	1,49	2, 5	2,30	3,22	(¹)
Mai... 1	1,12	1,13	1,14	1,16	1,19	1,23	1,28	1,35	1,45	1,59	2,21	3, 7	(¹)	(¹)
16	1,14	1,15	1,16	1,18	1,22	1,26	1,32	1,41	1,53	2,11	2,47	(¹)	(¹)	(¹)
31	1,15	1,16	1,18	1,20	1,24	1,29	1,36	1,45	2, 0	2,25	3,45	(¹)	(¹)	(¹)
Juin... 15	1,16	1,17	1,19	1,21	1,25	1,31	1,38	1,48	2, 5	2,35	(¹)	(¹)	(¹)	(¹)
30	1,16	1,17	1,19	1,21	1,25	1,30	1,38	1,48	2, 4	2,34	(¹)	(¹)	(¹)	(¹)
Juill... 15	1,15	1,16	1,18	1,20	1,24	1,28	1,35	1,45	1,5)	2,23	3,25	(¹)	(¹)	(¹)
30	1,14	1,14	1,16	1,18	1,21	1,25	1,32	1,40	1,51	1, 9	2,41	(¹)	(¹)	(¹)
Août... 14	1,12	1,13	1,14	1,16	1,19	1,22	1,28	1,34	1,44	1,57	2,18	2,58	(¹)	(¹)
29	1,11	1,11	1,12	1,14	1,17	1,20	1,24	1,30	1,38	1,49	2, 4	2,27	3,12	(¹)
Sept... 13	1,10	1,10	1,11	1,13	1,15	1,18	1,22	1,27	1,34	1,43	1,55	2,12	2,38	3,26
28	1,10	1,10	1,11	1,12	1,14	1,17	1,21	1,25	1,32	1,40	1,50	2, 5	2,25	2,56
Oct... 13	1,10	1,11	1,11	1,13	1,15	1,17	1,21	1,25	1,31	1,39	1,49	2, 3	2,21	2,48
28	1,12	1,12	1,12	1,14	1,16	1,18	1,22	1,26	1,33	1,40	1,51	2, 5	2,24	2,52
Nov... 12	1,13	1,13	1,14	1,15	1,17	1,20	1,24	1,28	1,35	1,43	1,54	2, 9	2,31	3, 4
27	1,15	1,15	1,15	1,17	1,19	1,22	1,26	1,30	1,37	1,46	1,58	2,15	2,40	3,21
Déc... 12	1,16	1,16	1,16	1,18	1,20	1,23	1,27	1,32	1,39	1,48	2, 1	2,19	2,48	3,44
27	1,16	1,16	1,17	1,18	1,20	1,23	1,27	1,32	1,39	1,49	2, 1	2,20	2,49	3,47

(¹) *Le Soleil n'est pas abaissé de 18° au-dessous de l'horizon.*

circonscrit de couleur bleu foncé, au-dessus duquel se montre toujours la couleur rouge dont il vient d'être question. En général, la séparation des deux nuances est assez tranchée; mais, parfois, on observe entre elles un liséré blanc ou jaune. Ce segment, qui a reçu de Mairan le nom de *Second c.* ou *d'Anti-c.*, est dû à l'ombre de la terre qui se projette sur le ciel. « Cette partie du ciel, dit Kaemtz, n'est plus éclairée par les rayons directs du soleil, mais seulement par la lumière diffuse; et, comme celle-ci est bleue, elle communique cette teinte au segment tout entier. Tant que la limite supérieure de l'ombre terrestre a une faible hauteur, les teintes rouges du ciel occidental et oriental se confondent vers le haut. Peu à peu, l'arc anticrépusculaire s'élève vers le zénith, le ciel y paraît bleu, la rougeur du ciel occidental devient plus foncée, et quelques étoiles iso.ées deviennent visibles; quelquefois une seconde coloration rouge se montre au ciel oriental. A mesure que le soleil s'abaisse, le segment rouge du ciel occidental, qui s'abaisse avec lui, devient plus net, et l'on voit au-dessus de lui un espace blanc en forme d'arc que l'on pourrait appeler, avec Brandes, *Lueur crépusculaire.* » Le soleil s'abaissant de plus en plus, l'obscurité va en augmentant, la plupart des étoiles commencent à briller, et le c. est chassé par la nuit.

CRÉPUSCULIN, INE. adj. Qui appartient au crépuscule. *Lueur crépusculine.* On dit mieux *crépusculaire.*

CRÉPY ou **CRESPY-EN-VALOIS**, ch.-l. de c. de l'Oise, arr. de Senlis; 4,000 hab.

CRÉPY ou **CRESPY-EN-LAONNAIS**, bourg et commune du dép. de l'Aisne, arr. et c. de Laon, à 11 kil. de Laon, où fut conclu le traité qui mit fin aux guerres de François Ier et de Charles-Quint en 1544; 1,700 hab.

CRÉQUI ou **CRÉQUY**, anc. famille de France, originaire de l'Artois; elle compte parmi ses membres Charles de Créqui, qui enleva le pas de Suze, en 1.29, et son fils François de Créqui, maréchal de France, qui conquit la Lorraine, en 1670.

CRÉQUIER. s. m. Sorte de prunier. N'est plus usité que dans le langage héraldique. *La maison de Créqui porte d'or au c. de gueules.*

CRESANE. Voy. CRASSANE.

CRESCENDO. adv. [Pr. *krès-sindo*, ou à l'italienne *krè-chiudo*] (at. et ital. *crescendo*, en croissant). T Mus. emprunté de l'ital. qui sign., En renforçant, en enflant par degrés les sons de la voix ou des instruments. Les passages qui doivent être exécutés en c. sont indiqués par le signe <. — Figur. et fam., En augmentant. *Sa mauvaise humeur va c.* || Substant., se dit du passage même que l'on exécute c. *Cette symphonie se termine par un c. admirable.*

CRESCENTIE. s. f. [Pr. *krè-sin-ti*] (R. *Crescentji*, agronome italien). T. Bot. Genre de plantes Dicotylédones (*Crescentia*) de la famille des *Gesnéracées.* Voy. ce mot.

CRESCENTIÉES. s. f. pl. [Pr. *krè-sin-sié*]. T. Bot. Tribu de végétaux de la famille des *Gesnéracées.* Voy. ce mot.

CRESCENTINI, célèbre soprano italien (1769-1846).

CRESCENTIUS, tribun romain qui fit étrangler le pape Benoît VI; il fut mis à mort, en 998, par l'empereur Othon III.

CRESCIMBENI, littérateur italien; fondateur de l'Académie des Arcades (1663-1728).

CRÉSOL. s. m. (R. *créosote*, et suff. *ol* sign. *phénol*). T. Chim. Les crésols ou crésylols $C^{14}H^7OH$ sont les phénols correspondant au toluène. On les rencontre dans le goudron de houille, mélangés avec le phénol ordinaire et surtout dans le goudron de bois et la créosote. On peut les obtenir par synthèse soit en fondant les acides toluène-sulfoniques avec la potasse, soit en faisant bouillir avec l'eau les sels diazoïques du toluène, soit enfin en oxydant directement le toluène par l'oxygène en présence du chlorure d'aluminium. Les crésols ressemblent beaucoup au phénol par leur odeur, leurs propriétés physiques et chimiques et leur pouvoir antiseptique. Ils fixent l'acide carbonique et se transforment en acides crésotiques. Traités en solution alcaline par le chloroforme, ils donnent les aldéhydes crésotiques. L'orthocrésol cristallise en prismes fusibles à 30° et bouillant à 190°. Le métacrésol est un liquide incolore, rougissant à l'air ; il est solide à 4° et bout à 202°. Le paracrésol forme la majeure partie des crésols extraits de la créosote ; il fond à 36° et bout à 202°.

Bien que les crésols soient des antiseptiques puissants, ils n'ont pas trouvé d'application en médecine, à cause de leur odeur désagréable et de leur peu de solubilité dans l'eau. Mais l'industrie de la teinture emploie les *dinitrocrésols* $C^7H^5(AzO^2)^2OH$. Ceux-ci se préparent en diazotant le chlor-hydrate de toluidine au moyen du nitrite de soude et en traitant le produit par l'acide azotique. Ils fonctionnent comme acides ; leur sel de potassium constitue la matière colorante appelée *jaune de crésol* ou *jaune Victoria*, qui teint les tissus en jaune orange.

CRÉSOTIQUE. adj. 2 g. (R. *créosote*). T. Chim. Les aldéhydes et les acides crésotiques (appelés aussi oxytoluiques [?]) dérivent des crésols $C^6H^3(CH^3)OH$ par la substitution de CHO ou de CO^2H à un atome d'hydrogène du noyau benzénique. Ce sont les homologues immédiats des aldéhydes et des acides oxybenzoïques. On les divise en composés homosalicyliques, homoparoxybenzoïques et homométoxybenzoïques ; ces derniers sont précédés des préfixes ortha, méta et para, suivant l'espèce de crésol dont dérive le composé crésotique.

Les *aldéhydes crésotiques*, qui répondent à la formule $C^8H^8(CHO)OH$, fonctionnent à la fois comme aldéhydes et comme phénols. On les obtient par l'action du chloroforme sur un crésol dissous dans de la soude caustique.

Les *acides crésotiques* $C^7H^6(CO^2H)OH$ sont des acides-phénols qui se produisent lorsqu'on oxyde les aldéhydes précédentes, soit en les fondant avec la potasse, soit en les traitant par le permanganate de potassium. Ils se forment également par l'action de l'acide carbonique sur un crésol en présence du sodium.

CRESPELÉ. adj. (lat. *crispus*, frisé). Crépi, frisé. *Des cheveux crespelés.*

CRESPI, nom de plusieurs peintres italiens distingués (XVI° et XVII° siècles). Le plus connu est DANIEL. (1590-1630).

CRESPY. Voy. CRÉPY.

CRESSERELLE. s. f. Voy. CRÉCERELLE.

CRESSICULTEUR. s. m. (R. *cresson*, et *cultiver*). Celui qui cultive le cresson, qui entretient des cressonnières.

CRESSON. s. m. (Pr. *krè-son*). T. Bot. Genre de plantes Dicotylédones (*Nasturtium*) de la famille des *Crucifères.* Voy. ce mot. Vulgairement, ce nom est donné à plusieurs espèces de plantes appartenant surtout à cette famille. *C.* de fontaine (*Nasturtium officinale*), *C.* alénois (*Lepidium sativum*), *C.* des prés (*Cardamine pratensis*), *C.* de rivière (*Nasturtium sylvestre*), *C.* sauvage (*Senebiera Coronopus*), *C.* de terre (*Barbarea praecox*). Voy. CRUCIFÈRES. || *C.* du Brésil ou *C.* de Para (*Spilanthes oleracea*). Voy. COMPOSÉES. || *C.* doré ou *C.* de roche (*Chrysosplenium oppositifolium*). Voy. SAXIFRAGACÉES. || *C.* d'Inde ou *C.* du Pérou (*Tropaeolum majus*). Voy. GÉRANIACÉES. || *C.* de cheval (*Veronica beccabunga*). Voy. SCROPULARIACÉES.

Agric. — *Culture du cresson de fontaine.* — Une certaine quantité d'eau courante, eau de source à température constante de préférence, un sol argileux ou argilo-calcaire, sont des conditions indispensables à la production du c. de fontaine. Cette culture a lieu dans des fosses de dimensions variables : au maximum 60 à 80 mètres de long, 3 mètres de large et 0m,50 de profondeur, dont la pente est réglée à 0m,01 par 10 mètres environ. La quantité d'eau nécessaire est de 25 litres par minute pour chaque mètre de large. Les fosses sont parallèles et séparées les unes des autres par des sentiers de 1 mètre de large ; l'eau arrive en tête par un canal qui a autant de bras qu'il y a de fosses à desservir, les traverse dans le sens de la longueur et est rejetée par l'autre extrémité. En avril-mai, le sol étant bien fumé et préparé, on plante des fragments de rameaux à 0m,10 en tous sens ; après 4 ou 5 jours le c. commence à pousser des racines ; on donne alors l'eau, mais avec prudence et sans submerger la plante ; au fur et à mesure de la pousse on augmente la quantité d'eau jusqu'à 0m,40 de haut, qui est le maximum. La récolte se fait en coupant les tiges avec une serpette et en les liant en petites bottes ; elle commence un mois après la plantation et se reproduit dans la même fosse tous les 15 jours

au printemps, tous les 25 jours en hiver. Une fosse de 70 mètres de long sur 2m,60 de large peut donner 1,000 à 1,200 bottes par an valant environ 750 francs.

CRESSONNIÈRE. s. f. (Pr. *krè-so-nière*). Lieu baigné d'eau où il croît beaucoup de cresson. *C. artificielle.* || Marchande de cresson.

CREST, ch.-l. de c. de la Drôme, arr. de Die, sur la Drôme ; 5,600 hab.

CRÉSUS, dernier roi de Lydie, de la race des Mermnades, qui fut célèbre par ses richesses, et régna vers l'an 559 av. J.-C. || s. m. Homme fort riche. *C'est un C.* Fam.

CRÉSYLE. s. m. T. Chim. Radical univalent $(C^7H^7)'$ qui entre dans certains dérivés du toluène, tels que les crésols. Il est isomérique avec le benzyle $C^6H^5.CH^{2'}$; mais, dans celui-ci, la valence libre appartient à la chaîne latérale, tandis que, dans le crésyle $CH^3.C^6H^{4'}$, elle appartient au noyau benzénique.

CRÉSYLÈNE. Radical bivalent $(C^7H^6$ ou $CH^3.C^6H^{3''})$ contenu dans les acides et les aldéhydes crésotiques, et dans les crésylènes-diamines. Il dérive du crésyle par soustraction d'un atome d'hydrogène dans le noyau benzénique. Il est isomérique avec le benzylène ; mais dans ce dernier les deux valences libres proviennent de la chaîne latérale.

Les *crésylènes-diamines* $C^7H^6(AzH^2)^2$, appelées aussi *toluylènes-diamines*, sont les dérivés deux fois amidés du toluène ; on les obtient par la réduction des dinitrotoluènes ou des nitrotoluidines. On en connaît six : les plus importantes sont une métacrésylène-diamine fusible à 99°, et une orthocrésylène-diamine fusible à 88°,5. La première se rencontre dans les résidus de la fabrication de l'aniline ; traitée par le chlorhydrate de nitrosodiméthylaniline, elle donne naissance à une matière colorante appelée *bleu de toluylène*, qui perd facilement de l'hydrogène pour donner le *rouge de toluylène* ou *rouge neutre* employé pour la teinture du coton. L'orthocrésylène-diamine sert à obtenir un grand nombre de produits de condensation qui répondent le plus souvent aux

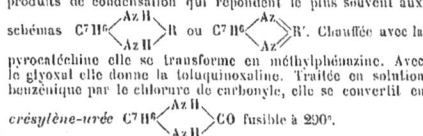

schémas $C^7H^6\diagup\genfrac{}{}{0pt}{}{AzH}{AzH}\diagdown R$ ou $C^7H^6\diagup\genfrac{}{}{0pt}{}{Az}{Az}\diagdown R'$. Chauffée avec la

pyrocatéchine elle se transforme en méthylphénazine. Avec le glyoxal elle donne la toluquinoxaline. Traitée en solution benzénique par le chlorure de carbonyle, elle se convertit en

crésylène-urée $C^7H^6\diagup\genfrac{}{}{0pt}{}{AzH}{AzH}\diagdown CO$ fusible à 290°.

Le bleu de crésylène est une matière colorante de la classe des indulines ; on l'obtient en chauffant l'induline avec la paracrésylène-diamine ; on s'en sert pour teindre le coton en bleu indigo.

CRÉSYLOL. s. m. T. Chim. Synonyme de *crésol.*

CRÉTACÉ, ÉE. adj. (lat. *creta*, craie). T. Hist. nat. Qui est ou qui tient de la nature de la craie. *Terrain c.* Étage supérieur des terrains secondaires. Paris repose sur le terrain crétacé, qui l'enveloppe et passe au-dessous de lui. Voy. GÉOLOGIE.

CRÈTE (anc. *Candie*), grande île de la Méditerranée au sud de la Grèce (aux Turcs) ; 200,000 hab., cap. *Candie.* Fut le théâtre de plusieurs révoltes sanglantes des habitants contre le despotisme des Turcs. Nom des hab. : CRÉTOIS, OISE.

CRÊTE. s. f. (lat. *crista*, m. s.). Caroncule charnue et rouge qui vient sur la tête des coqs, des poules et de quelques autres oiseaux. *Ce coq a la c. droite. Il baisse la c. Un pâté avec des crêtes de coq.* — Fig. et famil., *Lever la c.,* Montrer de la hardiesse ; devenir arrogant ; faire l'important. *Il commence à lever la c.,* il ne veut plus écouter personne. *Baisser la c.,* Être abattu, humilié, mortifié ; perdre de son orgueil, de sa vigueur, de ses forces. *Rabaisser la c. à quelqu'un,* Rabattre l'orgueil de quelqu'un, le mortifier. || Par ext., la huppe qui surmonte la tête de certains oiseaux. *La c. d'une alouette.* — La partie relevée et saillante qu'on voit sur la tête de certains reptiles et de quelques poissons. *C. de morue,* Endroit proéminent du dos de la morue vers la tête. || Par anal., on dit : *La c. d'un fossé,* La partie la plus élevée de la terre qui est relevée sur le bord d'un fossé. *La*

c. *d'un rocher, d'une montagne, d'une chaîne*, La partie la plus élevée d'un rocher, d'une montagne, etc., surtout lorsque le sommet ne forme point plateau. || T. Techn. Pièce de fer élevée en forme de crête sur un casque ou sur quelque autre coiffure semblable. *La c. d'un casque, d'un morion.* — *C. du chien*, Partie du chien d'une arme à feu sur laquelle on appuie le pouce. — *C. de coq*, Passementerie à dents très fines. || T. Architect. L'ensemble des tuiles faîtières d'un toit. — Sommet d'une muraille. — Ornement découpé à jour qui couronne certains édifices du moyen âge. || T. Fortif. Arête formée par l'intersection de deux talus, ou d'un parapet et d'un talus. || T. Anat. Se dit de certaines saillies osseuses. *La c. de l'ethmoïde, du tibia*, etc. || T. Chir. *C. de coq*, Excroissance charnue qui se forme dans certaines maladies. || T. Bot. Se dit d'appendices charnus qui peuvent appartenir aux organes les plus différents. — *C. de coq*, Celosia cristata, famille de *Chénopodiacées;* et Corydalis bulbosa, voy. PAPAVÉRACÉES. — *C. de paon*, Adenanthera pavonina. Voy. LÉGUMINEUSES.

CRÊTÉ, ÉE. adj. Qui a une crête. *Un coq bien c.*

CRÉTELLE. s. f. (R. *crête*). T. Bot. Nom vulgaire d'une Graminée fourragère (*Cynosurus cristatus*). Voy. GRAMINÉES.

CRÊTER. adj. Cacher le cloutage d'un meuble avec la passementerie appelée *Crête.*

CRÉTIFICATION. s. f. [Pr. ... *sion*] (lat. *creta*, craie; et le suff. *fication*, de *facere*, faire). Passage d'un corps à l'état crayeux. || T. Méd. Formation de concrétions de carbonate de chaux dans l'épaisseur d'un certain tissu.

CRÉTIN. s. m. (all. *kreidling*, m. s., de *kreide*, craie, à cause de la pâleur des crétins). Celui qui est affecté de crétinisme. *Les crétins du Valais.* || Fig. et fam., *C'est un c.*, se dit d'un homme inintelligent.

CRÉTINEAU-JOLY, écrivain français, né à Fontenay (Vendée) (1803-1875).

CRÉTINISER. v. a. Faire tomber dans l'idiotisme. = SE CRÉTINISER. v. pron.

CRÉTINISME. s. m. (R. *crétin*). T. Méd. Les *Crétins* sont des idiots d'une espèce particulière. Ils diffèrent des autres individus dont l'intelligence n'a pas reçu son développement normal en ce que chez eux l'idiotisme s'accompagne presque toujours de certains vices de conformation. En outre, l'arrêt de développement qu'a éprouvé leur intelligence paraît résulter, non d'une cause interne, mais de l'influence de circonstances purement extérieures. Comme les idiots ordinaires, les crétins sont paresseux, indolents, apathiques, et n'ont guère que les instincts de la brute; mais ils s'en distinguent par leurs goîtres volumineux, par leurs chairs molles et flasques, par leur peau ridée, flétrie, jaunâtre ou d'une pâleur cadavéreuse. Ils ont, en outre, la langue épaisse et pendante, les paupières grosses et saillantes, les yeux chassieux et rouges, saillants et écartés, le nez épaté, la bouche béante et habituellement inondée de salive, la figure écrasée, souvent bouffie et violacée, la mâchoire inférieure allongée. On en rencontre beaucoup dont le front, large inférieurement, est aplati et déjeté en arrière supérieurement, ce qui donne à leur crâne la forme d'un cône arrondi vers sa petite extrémité. Les crétins sont souvent muets de naissance. Leur vie ne dépasse rarement 1^m65., et leur vie ne va guère au delà de 30 ans. Leurs membres sont en général contrefaits, et ils se tiennent presque toujours fléchis.

Les individus atteints de c. n'offrent pas invariablement tous les dehors hideux que nous venons d'énumérer. Dans cette affection, comme dans toutes les autres, il existe des degrés qui peuvent provenir, soit de la constitution elle-même des sujets, soit de diverses circonstances particulières. Ainsi, on rencontre des crétins qui ne sont pas goîtreux, et dont le cou est gros et court, ou maigre et allongé. On remarque, en outre, que ceux qui appartiennent à des familles aisées, et ont été soumis à un régime hygiénique meilleur, ne présentent pas, d'une manière aussi prononcée et aussi générale, l'extérieur repoussant des crétins nés dans la classe pauvre. Il en est même qui sont simplement idiots et goîtreux, et dont la conformation extérieure est à peu près régulière.

Les crétins sont très nombreux dans cette partie des Alpes qu'on appelle le Valais, la vallée d'Aoste et la Maurienne. On en trouve également dans tous les pays couverts de hautes montagnes et de profondes vallées, tels que la Suisse, le Tyrol, l'Écosse, l'Auvergne, les Pyrénées, etc. On en a aussi rencontré dans les gorges du Caucase, de l'Oural, de l'Himalaya, des Cordillères des Andes, ainsi que dans la Tartarie chinoise, à Sumatra, et dans plusieurs parties de l'Afrique.

Quoique le c. ait été l'objet de beaucoup de recherches, sa cause est encore une question controversée. Saussure attribuait cette affection à l'air échauffé, stagnant, étouffé et corrompu qu'on respire habituellement dans les basses vallées. D'autres ajoutent à l'action de l'air l'usage habituel de boissons non stimulantes, d'aliments lourds, mal assaisonnés, peu ou point aromatisés, tels que le laitage, les bouillies et les pâtes farineuses, d'où résulterait une nutrition incomplète, le ramollissement des os, l'atonie du système nerveux, etc. — Plusieurs observateurs ont attribué l'origine du c. aux mauvaises qualités des eaux dans les pays où cette affection est endémique. On a d'abord supposé que ces eaux contenaient des sels capables d'exercer sur l'organisme une influence funeste; mais des travaux plus récents, poursuivis avec persévérance par le docteur Chatin, ont démontré que les eaux des vallées où règne le c., se caractérisent surtout par l'absence presque complète d'iode. Maintenant, si l'on fait attention, d'une part, que la constitution scrofuleuse est constante chez les crétins et que ces malheureux sont presque toujours affectés de goître, et, d'autre part, que l'iode est le spécifique par excellence de la cachexie strumeuse, on est naturellement amené, avec le savant moderne, à attribuer le développement du c. à l'absence ou à l'insuffisance de l'iode dans les eaux, et, par suite, dans les substances alimentaires.

Le c. recule, d'ailleurs, singulièrement, devant les progrès de l'hygiène publique, et tout doit nous faire espérer la disparition prochaine de cette dégénérescence humaine, bien moins fréquente aujourd'hui qu'autrefois.

Méd. vét. — Le c. accompagnant le goître, a été observé aussi sur des chiens et des chevaux. Des observations semblables manquent sur d'autres animaux porteurs de goître dans les pays endémiques. Ces animaux atteints ont un aspect maussade, les organes des sens sont altérés, ils sont très indolents.

CRÉTIQUE. adj. m. (gr. χρητιχὸς, crétois, nom de peuple). T. Versific. anc. Les anciens donnaient le nom de *Pied* c. à l'espèce de pied plus connue sous le nom d'*Amphimacre* (‾ ˘ ‾), et celui de *Vers* c. à une sorte de vers qui étaient composés de quatre pieds de ce genre; tels sont ces deux vers de Plaute :

> Hoc vide, ut | dormiunt | pessuli | pessumi,
> Nec mea | gratiâ | commovent | se ocius !

CRETONNE. s. f. (R. *Creton*, nom du premier fabricant de cette toile). Sorte de toile blanche très forte, dont la chaîne est en fils de chanvre, et la trame en fils de lin.

CRETONNIER. s. m. [Pr. *kreto-nié*]. Celui qui achète les résidus des suifs.

CRETONS. s. m. pl. T. Techn. Partie grossière des graisses de bœuf et de mouton et servant à la confection de pain pour chien de chasse et de basse-cour. || En charcuterie, on appelle c. la graisse de porc frais ou panne apprêtée. V. SUIF.

CREUSAGE. s. m. Action de creuser. Se dit chez les graveurs. || On dit aussi le c. d'un puits.

CREUSE, riv. de France, affl. de la Vienne, arrose Aubusson et Le Blanc; 240 kil.

CREUSE (Dép. de la), formé de la Haute-Marche et de quelques territoires du Poitou, du Berry, du Bourbonnais, du Limousin ; ch.-l. Guéret; 3 autres arr. *Aubusson, Bourganeuf, Boussac;* 284,700 hab.

CRÉUSE, femme d'Énée, mère d'Ascagne, disparut en fuyant après la prise de Troie.

CREUSEMENT. s. m. Action de creuser. Peu us.

CREUSER. v. a. (R. *creux*). Rendre creux; faire un creux. *C. une pierre, un tronc d'arbre. C. la terre.* — Faire une chose en creusant. *C. un puits, un fossé. Cet animal se creuse un terrier sur le bord des eaux.* — Absol. *C. en terre, sous terre. C. dix pieds en terre. C. bien avant. C. sous les fondements. C. dans le sable, dans le roc.* || Fig., *C. sa fosse, son tombeau,* se dit d'un homme qui, par ses excès, altère sa santé et se rend lui-même la cause de sa mort. || *C. un abime,* Préparer ce qui doit causer la perte, la ruine de quelqu'un ou de quelque chose. || Fig. et fam., *Se c. la tête, l'esprit, le cerveau,* Se donner beaucoup de peine pour approfondir une matière, pour résoudre un problème, pour imaginer quelque chose. *J'ai beau me c. la tête, je ne trouve rien. Il s'est creusé le cerveau à chercher le mouvement perpétuel.* || Fig., Approfondir une matière. *C. un sujet, une question.* || Abs., *Personne n'avait encore creusé si avant dans cette science.* = SE CREUSER. v. pron. Devenir creux. *Cet arbre commence à se c. Une dent qui se creuse.* = CREUSÉ, ÉE, part. = Syn. Voy. APPROFONDIR.

CREUSET. s. m. Vase de terre ou de métal dont on se sert pour faire fondre certaines substances. || Partie inférieure d'un fourneau dans laquelle se tient le métal fondu. || Fig., se dit en parlant de l'examen sérieux que l'on fait subir aux idées, aux opinions; des épreuves auxquelles la vertu, etc. est soumise. *Cette pensée s'évapore au c. du bon sens. L'adversité est le c. des âmes fortes.* || Moyen, cause de destruction. *Sa main est un c. où l'argent se fond.*

Étym. — Le mot *c.* parait venir, non pas de *creux* mais du bas-lat. *crucibulum,* nom que les alchimistes donnaient à ce vase et qui était dérivé lui-même de *crux,* croix parce qu'il a signifié primitivement une sorte de lampe portant deux mèches en croix.

Techn. — On donne ordinairement aux *Creusets* la forme d'un cône tronqué dont le sommet est rond ou triangulaire, et qui est ouvert à la base. La matière dont on les fait varie suivant l'usage auquel on les destine. Les plus usités sont les creusets dits *de Hesse,* qu'on fabrique avec de l'argile réfractaire mélangée de sable et de ciment. Ils résistent à des températures d'autant plus élevées qu'ils contiennent moins de chaux et de fer, et supportent sans se casser, les variations de température les plus brusques. Toutefois, on ne peut pas les employer dans les opérations où la potasse, la soude, l'oxyde de plomb et celui de bismuth entrent pour quelque chose, parce que ces substances dissolvent et vitrifient une partie de la matière du c. Quoique moins attaquables et moins poreux que ceux-ci, les creusets de grès ou de porcelaine sont plus rarement employés parce qu'ils se cassent sous l'action des plus faibles variations de température. — Les creusets dits *de plombagine* se fabriquent avec de l'argile mélangée d'une certaine quantité de graphite, qu'on doit préalablement débarrasser des matières étrangères et surtout du fer, qui augmenterait la fusibilité. On arrive à ce résultat en grillant au rouge sombre la plombagine broyée. Quoique bien plus coûteux que les creusets en terre, ils leur sont souvent préférés à cause de leur grande résistance au feu, et de leur plus longue durée. — Les creusets *brasqués* sont des creusets de terre dont les parois intérieures sont garnies d'une couche de charbon. — Les creusets de fer sont usités dans toutes les opérations où l'on emploie des alcalis. Ceux d'argent ne conviennent guère que pour fondre l'azotate d'argent et quelques autres sels, la fusibilité de ce métal s'opposant à ce qu'il supporte des températures un peu élevées. Quant au platine, qui n'est fusible qu'au chalumeau à gaz oxhydrique, il sert à faire des creusets dont l'usage est journalier dans les laboratoires. Cependant il faut avoir soin de ne pas y chauffer les alcalis, les sulfures et les oxydes dont les métaux sont facilement réductibles, parce qu'ils dissolvent le platine ou forment un alliage avec lui; il faut également éviter de les chauffer à haute température au contact des charbons, car le silice que ceux-ci contiennent pourrait être réduite en donnant un siliciure de platine fusible — Les qualités qu'on recherche dans un creuset sont, l'infusibilité, la propriété de supporter une température élevée sans se percer ni se fendre, et la possibilité d'aller au feu le plus grand nombre de fois possible. Dans les creusets en terre, l'infusibilité dépend exclusivement de l'argile employée; en général, les creusets les plus réfractaires sont fabriqués avec des mélanges judicieux d'argile de diverses provenances. Quant à la résistance au feu, elle dépend bien de la matière du c., mais surtout de la manière dont on l'expose au feu, tout coup de feu amenant infailliblement la cassure du c. La fabrication par tournage, simple et expéditive, ne donne que des produits de qualité médiocre et ne peut convenir qu'à des pièces de petites dimensions. Les bons creusets sont fabriqués par moulage, qui permet d'exercer sur la pâte des pressions énergiques et d'obtenir ainsi des produits compacts et homogènes. On a imaginé dans ce but plusieurs machines à comprimer la pâte. Les creusets ne doivent subir qu'une cuisson modérée, autrement ils sont trop sensibles aux coups de feu.

On fabrique aussi des creusets avec diverses matières qui se rapprochent des argiles, comme la magnésite, la bauxite, la stéatite, etc.

Pour la fonte de l'or et de l'argent, on emploie des creusets en fer ou en acier, dont la fabrication a toujours été un travail délicat. Cependant, les méthodes perfectionnées de fusion de l'acier ont facilité considérablement cette fabrication. Les creusets de fer sont aujourd'hui forgés d'une seule pièce au marteau-pilon.

CREUSISTE. s. m. Fabricant de creusets. Ouvrier qui les fabrique.

CREUSOIR. s. m. Outil pour creuser.

CREUSOT (LE), ch.-l. de c. (Saône-et-Loire), arr. d'Autun, 28,600 hab. Houillères, hauts fourneaux. Grande usine fondée en 1774.

CREUSURE. s. f. T. Art. Cavité dans une pièce.

CREUTZER. s. m. Voy. KREUTZER.

CREUX, EUSE. adj. (lat. *crypta,* grotte?). Qui a une cavité intérieure. *Ce bâton est c. à l'intérieur. Cette statue, cette colonne est creuse. Un pilier qui est c. en dedans. Une dent creuse.* — Fam., *Avoir le ventre c.,* Avoir besoin de manger. — Fig. et fam., on dit d'un repas insuffisant servi à quelqu'un, et plus figur. encore, d'un gain peu considérable dû à quelqu'un ou qui aurait fort avide ou fort dépensier : *Il n'y en a pas pour sa dent creuse.* || Profond. *Une assiette creuse. Un fossé c. de six pieds. Des chemins c.* || Cave, concave. *Avoir les joues creuses. l'abdomen c.* — *Des yeux c.,* Des yeux très enfoncés dans leurs orbites. || Fig. et fam., *Il a la tête creuse, c'est une tête creuse,* se dit de quelqu'un qui a peu d'idées saines, qui manque de bon sens. On dit de même *Cerveau c. Cervelle creuse. Esprit c.* — En parlant des idées, chimérique, sans fondement. *Cette pensée est bien creuse. Des visions creuses.* || Fig. et fam., *Viande creuse,* se dit d'un mets très léger et peu substantiel. *De la crème fouettée est une viande creuse pour un homme de bon appétit.* — Se dit aussi des divertissements qu'on donne ou qu'on propose à une personne qui a besoin de manger. *Il arriva mourant de faim; au lieu de lui offrir à dîner, on le régala de musique : c'était de la viande un peu creuse pour lui.* — Se dit encore des ouvrages futiles et où l'on ne peut puiser aucune instruction. *Idée creuse. Ces romans sont une viande creuse pour l'esprit.* — Se repaître de *viandes creuses,* Se remplir l'esprit d'idées chimériques, d'espérances mal fondées. || *Trouver buisson c.* Voy. BUISSON. = CREUX. adv. *Sonner c.,* se dit des corps dont le son, quand on les frappe, indique l'existence d'une cavité intérieure. *Cette statue sonne c. Ce tonneau sonne bien c.* || *Songer c.,* Se repaître d'idées vaines et chimériques. = SONGE-CREUX. s. m. Celui qui se repait d'idées vaines et chimériques. Voy. SONGE-CREUX.

CREUX. s. m. (même mot que le précédent). Cavité, espace vide dans l'intérieur d'un corps. *Le c. d'un arbre, d'un rocher, d'une colonne. Faire un c. Tomber dans un c. Cacher quelque chose dans un c.* || Dépression plus ou moins considérable que présentent certaines parties extérieures du corps humain. *Le c. de la main, de l'estomac, de l'aisselle, etc.* || T. Mar. *Le c. d'un vaisseau,* La profondeur ou la distance qui existe entre le dessus de la quille et le pont supérieur. — *Le c. d'une voile,* L'enfoncement que le vent fait dans une voile quand il l'enfle. || Pop., on dit d'un homme qui a une voix de basse-taille, *qu'il a un beau c. On dit encore de l'individu lui-même, C'est un beau c. Quel c.!* || T. Techn. Moule de plâtre ou d'autre matière dont on se sert pour mouler ou pour imprimer quelque figure en relief. *Un c. de plâtre. Un c. d'acier. Graver en c.* || Matrice de coin à frapper les médailles ou les monnaies.

CREUZE DE LESSER, littérateur français, né à Paris (1771-1839).

CREUZER, savant allemand, auteur de la *Symbolique*

ou *Mythologie des peuples de l'antiquité* (1771-1858).

CREVANT. s. m. Nom d'une variété ovine de la race berrichonne ; elle se rencontre dans l'arrondissement de La Châtre (Indre).

CREVASSE. s. f. (R. *crever*). Fente qui se fait à une chose qui s'entr'ouvre ou qui se crève. *Il y avait plusieurs crevasses à la muraille. La sécheresse fait des crevasses à la terre. Avoir des crevasses aux mains.* || T. Géol. Fentes qui se produisent dans le sol à la suite des tremblements de terre et dans les glaciers par le retrait des neiges (Fig.). Ces crevasses offrent le plus grand danger aux alpinistes, d'autant plus qu'elles sont parfois masquées par une couche de neige fraîchement tombée. || T. Artill. Dégradation des bouches à feu en bronze résultant de l'arrachement d'une partie du métal, en arrière de l'emplacement du projectile. || T. Mar. Ouverture dans la carène d'un vaisseau. || T. Art vét. Fente qui survient au paturon des solipèdes. || T. Grav. Tailles confondues. || T. Méd. Voy. GERÇURE.

CREVASSER. v. a. (R. *crever*). Faire des crevasses. *Le froid lui a crevassé les mains. La sécheresse fait c. la terre.* = SE CREVASSER. v. pron. *Cette muraille commence à se c.* = CREVASSÉ, ÉE. part. || T. Grav. *C. sa planche.* Faire un pâté, un pochis.

CREVAUX (J.), explorateur français, visita la Guyane et fut tué par les Indiens Tobas (1847-1882).

CREVÉ. s. m. Ouverture qu'on pratique à certaines manches et qui laisse voir une autre étoffe de couleur différente. || *Petit c.* Nom donné à de petits jeunes gens ridicules, affectant l'épuisement dans leurs gestes, leur manière de marcher. Leur accoutrement, aussi réduit que possible, laissait deviner leurs formes grêles et leur tout petit chapeau donnait une idée du peu de cervelle qu'il abritait.

CRÈVE-CŒUR. s. m. Grand déplaisir, chagrin mêlé de dépit. *Ce fut pour lui un grand crève-c. de se voir dédaigné par sa famille.* Fam. || T. Zool. Race de poules à pelage noir ; c'est la plus remarquable de nos races françaises au point de vue de son volume et de la délicatesse de sa chair. La poule donne en moyenne 120 œufs par an du poids moyen de 75 gr. Elle ne couve jamais.

CRÈVECŒUR-LE-GRAND, ch.-l. de c. (Oise), arr. de Clermont ; 2.300 hab.

CRÈVECŒUR (PHILIPPE DE), capitaine au service de Charles le Téméraire, passa dans le parti de Louis XI, à qui il rendit de grands services militaires et diplomatiques ; m. en 1494.

CREVELT. Voy. CREFELD.

CREVER. v. n. (lat. *crepare*, m. s.). Se rompre par suite d'une cause intérieure. *Son fusil lui creva dans la main. La bombe creva en l'air. Le nuage est près de c. L'abcès crèvera bientôt.* — Fam. et par exag., *C. d'embonpoint,* Être excessivement gras. — Fig. et fam., *C. dans sa peau,* se dit dans le même sens, et aussi de quelqu'un qui éprouve un très grand dépit et s'efforce de le dissimuler. || Fig. et fam., *C. de biens,* Regorger de biens. *C. de chaud,* Avoir excessivement chaud. *C. de rire,* Rire avec excès. *C. de faim, de soif,* Avoir une faim extrême, etc. *C. d'orgueil, de dépit, de rage,*

d'envie, etc., Être rempli d'orgueil, etc. || *Faire c. du riz,* Le faire gonfler à l'eau bouillante jusqu'à faire crever les grains. || *Mourir.* Ne se dit que des animaux. *Ce chien avala du poison et il en creva. C'est une médecine à faire c. un cheval.* — Par mépris, se dit quelquefois des personnes. *Il but tant d'eau-de-vie qu'il en creva. Manger à c.,* Manger avec excès. — Popul., *Dussé-je en c., je ferai ce que j'ai dit.* || A certains jeux, Perdre la partie pour avoir fait plus de points qu'il n'en fallait pour la gagner. = CREVER, v. a. Rompre avec un effort plus ou moins considérable. *Les eaux en débordant ont crevé la digue. Le poids des grains a crevé le plancher du grenier. C. ses bas, ses bottes,* etc., en les mettant. *Un gros poisson creva le filet. C. un tambour,* une vessie. *C. les yeux à quelqu'un.* — *C. un cheval,* Le fatiguer tellement qu'il en meure ou qu'il reste fourbu. || Fig. et fam., *C. les yeux.,* se dit des choses qu'on a sous les yeux et qu'on ne voit pas. *Le livre que vous cherchez est sur votre table, il vous crève les yeux.* Se dit aussi d'une chose évidente. *Cela crève les yeux.* — *C. le cœur,* Causer une grande compassion, navrer. *Ce spectacle vous crève le cœur.* || Fig. et fam., Faire boire et manger avec excès. *Il les creva de bonne chère.* = SE CREVER. v. pron. Éclater, se rompre. *Mes bas se crevèrent en les mettant. Le ballon s'était crevé en plusieurs endroits.* || *Se c. de boire et de manger,* ou simpl., *Se c.,* Boire et manger avec excès. = CREVÉ, ÉE part. *Un œil c. Des souliers crevés.* Conjug. Voy. ACHEVER.

CREVET. s. m. Lacet de tresse ferré aux deux bouts.

CREVETTE. s. f. (lat. *carabus,* écrevisse de mer). Petit crustacé. || T. anc. Art. milit. Espèce de grenade à feu. || S'est dit au moment de femmes coquettes et de mœurs légères par allusion aux petits crevés.

Entom. — On nomme ainsi vulgairement des crustacés décapodes macroures, pêchés dans les plages sablonneuses de la mer, qui sont servis sur nos tables ; les uns appelés crevettes grises, chevrettes ou salicoques, appartiennent au genre *Crangon* ; les autres, plus gros, qui deviennent rouges à la cuisson, connus sous les noms de crevettes roses ou *Bouquet* rentrent dans le genre *Palémon.* On donne également les noms de *C.* ou *Crevettines* à de petits crustacés amphipodes du genre *Gammarus ;* l'un d'eux se trouve dans tous les ruisseaux, dans les sources (*G. fluviatilis*), un autre est très commun sur les côtes de France (*G. marinus*). Ce sont les plus vulgaires, mais il y en a un grand nombre d'autres. Voy. AMPHIPODES et MACROURES.

CREVETTIÈRE. s. f. Espèce de haveneau qui sert à prendre les crevettes.

CREVETTINE. s. f. (Pr. *krevè-tine*) (Dimin.). T. Entom. Voy. CREVETTE.

CRÈVE-VESSIE. s. m. Appareil de physique formé d'un vase recouvert d'une membrane, et dans lequel on fait crever une membrane par la pression atmosphérique en faisant le vide dans le vase.

CREVIER, continuateur de l'*Histoire romaine* de Rollin, et auteur d'une *Histoire des empereurs jusqu'à Constantin* (1693-1765).

CRI. s. m. (R. *crier*). Ton de voix aigu ou élevé que l'homme fait entendre, soit lorsqu'il est sous le coup d'une douleur ou d'une émotion violente, soit pour se faire entendre de loin. *C. aigu, perçant, horrible, effrayant, épouvantable. Des cris plaintifs, douloureux. Les cris d'un enfant, d'une femme. Un c. de douleur, d'effroi, de joie, d'allégresse, d'horreur. Jeter un c. Faire un c. Pousser de grands cris. Jeter les hauts cris. J'entends un c.*

Et son cri, ce doux cri qu'une nourrice apaise.

VICTOR HUGO.

— *Demander une chose à grands cris,* L'exiger impérieusement. — Fig. et fam., *Jeter, pousser les hauts cris,* Se récrier, se plaindre hautement. *Le nouvel impôt fera jeter les hauts cris à tout le monde.* || Se dit quelquefois au sing. des cris poussés par plusieurs personnes à la fois. *Un cri s'éleva dans l'assemblée. Ce ne fut qu'un c. dans toute cette foule.* || La voix de certains animaux, oiseaux, etc. *Le c. de cet animal est un rugissement prolongé. Le cri lugubre de la chouette.* || *Chasser à cor et*

à c., *Demander quelque chose à cor et à c.* Voy. Cor. ||
Par anal., Le bruit aigu que produisent certaines choses. *Le c. de la scie.* — *Le c. de l'étain,* Le petit craquement que ce métal fait entendre lorsqu'on le ploie. || Se dit aussi de certaines phrases très brèves et que l'on articule de toutes ses forces soit pour demander secours, soit pour manifester quelque émotion vive, etc. *Entendez-vous ces cris? On a poussé un cri d'alarme, de détresse. J'entends le c. au feu! au meurtre! à l'assassin! Toute l'armée défila aux cris de Vive l'Empereur! Les groupes poussaient des cris séditieux.* || Se dit aussi de l'annonce de leur commerce, de leur industrie que font à haute voix, dans les rues, les marchands et les ouvriers ambulants. *Tous les soirs, à la même heure, j'entends le c. de ce marchand. Les cris de Paris.* || Proclamation du magistrat pour défendre ou ordonner quelque chose. *Il a été défendu par c. public. Publier une ordonnance par c. public.* || Fig. L'opinion manifestée hautement par certaines personnes qui toutes blâment, désapprouvent quelqu'un ou quelque chose. *Il n'y eut qu'un c., un c. général s'éleva contre ce projet de loi.* — Se dit aussi, mais plus rarement, en parlant de personnes qui louent, approuvent. *Un c. unanime d'admiration.* — *Le c. public,* L'opinion publique, favorable ou contraire. *Apaiser le c. public. Le c. public est la meilleure des protections.* — Fam., *N'avoir qu'un c. après quelqu'un,* se dit de plusieurs personnes qui en désirent, qui en attendent une autre avec impatience. || Fig., se dit des plaintes et des gémissements des personnes qui sont dans l'affliction, l'oppression, etc. *Le c. de l'opprimé. Ne fermez pas l'oreille au c. de la misère. Le c. de la douleur publique.* || Fig., Le mouvement intérieur qui nous porte à faire ou à ne pas faire une chose. *Étouffer les cris de sa conscience. Le c. du cœur, de l'amour maternel. Le c. du sang. Le c. de la nature.*

Cri des animaux :

L'abeille	bourdonne.
L'aigle	trompette ou glapit.
L'alouette	grisolle.
L'âne	brait.
Le bœuf	beugle, mugit, meugle.
La brebis	bêle.
Le buffle	souffle, beugle.
La caille	margotte.
Le canard	nasille.
Le cerf	brame.
Le chat	miaule.
Le cheval	hennit.
Le chien	aboie, jappe, hurle.
La chouette	hue.
La cigale	craquette.
La cigogne	craquette ou claquette.
Le cochon	gogne.
La colombe	roucoule.
Le coq	coquerique.
Le corbeau	croasse.
La corneille	craille.
Le crocodile	lamente.
Le dindon	glougloutte ou glouglaute.
L'éléphant	barète.
Le faon	râle.
Le geai	cageole ou cajole.
La gélinotte	glousse.
La grenouille	coasse.
La grue	glapit, trompette.
L'hirondelle	gazouille.
Le lapin	glapit.
Le lion	rugit.
Le loup	hurle.
Le merle	siffle.
Le moineau	pépie.
La mouche	bourdonne.
Le mouton	bêle.
L'oie	criaille.
L'ours	gronde.
Le paon	braille ou criaille.
La perdrix	cacabe.
Le perroquet	parle.
La pie	jacasse.
Le pigeon	roucoule.
Le pinson	ramage.
La poule	piaule, glousse.
Le poulet	piaule.
Le ramier	caracoule, roucoule.

Le renard	glapit.
Le sanglier	grommelle.
Le serpent	siffle.
Le taureau	mugit.
La tourterelle	gémit.

Hist. — *Cri de guerre.* — Tous les peuples anciens poussaient des cris au moment d'engager le combat. Les Grecs criaient en chantant pendant le combat. Les Romains accompagnaient leurs cris en frappant leurs boucliers avec leurs javelots. Le c. se renouvelait chaque fois qu'on revenait à la charge et n'était poussé que par la partie de l'armée qui chargeait. Le c. de guerre des Germains faisait tressaillir les Romains les plus courageux. Les cris de guerre disparurent lorsqu'on introduisit dans les armées une discipline régulière : le silence devint alors nécessaire à l'audition des commandements.

Cri d'armes. — On désignait jadis sous ce nom certains mots en usage chez les peuples de l'Europe, à l'époque de la féodalité, pour animer les soldats au combat, ou pour se faire connaître dans les batailles ou dans les tournois. Ce c. était en outre représenté sur les drapeaux et les cottes d'armes. — Le c. le plus ordinaire des princes, des chevaliers et des bannerets était leur nom ; quelques-uns prenaient le nom des maisons d'où ils étaient sortis ; d'autres, celui de certaines villes, parce qu'ils en portaient la bannière : ainsi par ex., le comte de Vendôme criait *Chartres* ; le comte de Hainault avait pour c., *Hainault au noble comte,* et le duc de Brabant, *Louvain au riche duc.* La seconde espèce de cri était celui d'*Invocation.* Les seigneurs de Montmorency criaient : *Dieu aide,* et ensuite, *Dieu aide au premier chrétien.* Les ducs de Normandie criaient : *Diez aye, Dam Diez aye.* Le duc de Bourbon avait pour cri *Notre-Dame, Bourbon,* et le duc d'Anjou, *Saint Maurice.* La troisième sorte de cri était celui de *Résolution,* comme celui que prirent les Croisés : *Diez le volt.* Une quatrième espèce de c. était celui d'*Exhortation.* Tel était celui du seigneur de *Montoison,* de la maison de Clermont, à qui Charles VIII cria : *A la rescousse, Montoison,* ou celui des seigneurs de Tournon : *Au plus dru,* c.-à-d. au plus fort de la mêlée. La cinquième sorte de cri était dite de *Défi,* comme celui des seigneurs de Chauvigny : *Chevaliers pleuvent.* La sixième était appelée de *Terreur* ou de *Courage.* Les seigneurs de Bar criaient : *Au feu! Au feu!* et ceux de Guise : *Place à la bannière.* On donnait à la septième le nom de *Cri d'Événement ;* tel était celui des seigneurs de Prie, *Cant* (chante) *l'oiseau,* parce qu'un seigneur de cette maison avait chargé l'ennemi dans un bois où chantaient des oiseaux. Enfin, le *Cri de Ralliement* constituait la huitième et dernière espèce admise par les héraldistes. Tel était le cri de France, *Montjoie Saint-Denis,* c.-à-d. Ralliezvous sous la bannière de saint Denis. L'usage pouvait prendre et porter sur ses enseignes et ses cottes d'armes le c. de guerre du sa maison ; les puînés le changeaient. Ainsi les ducs de Bourgogne, de la maison de France, criaient : *Montjoie au noble duc,* ou *Montjoie Saint-Andrieu.* Dans un écu où il y a cri et *devise,* le premier se place au-dessus du casque ou de la couronne, et la seconde au bas de l'écu.

Législ. — *Cris séditieux.* — On désigne sous ce nom les cris proférés publiquement en vue de porter atteinte à l'autorité légitime ou au respect des lois. La loi du 11 août 1848 en a fait un délit puni d'emprisonnement (15 jours à deux ans) et d'amende (100 à 4.000 francs).

Cris sur la voie publique. — La liberté laissée aux crieurs de journaux sur la voie publique d'annoncer le contenu des articles entraîna de nombreux abus, auxquels la loi du 19 mars 1889 est venue remédier. En voici le texte :

Art. 1er. — Les journaux et tous les écrits ou imprimés distribués ou vendus dans les rues et lieux publics ne pourront être annoncés que par leur titre, leur prix, l'indication de leur opinion et les noms de leurs auteurs ou rédacteurs.

Aucun titre obscène ou contenant des imputations, diffamations ou expressions injurieuses pour une ou plusieurs personnes ne pourra être annoncé sur la voie publique.

Art. 2. — Les infractions aux dispositions qui précèdent seront punies d'une amende de 1 à 15 francs, et, en cas de récidive, d'un emprisonnement de 1 à 5 jours. Toutefois, l'article 463 du Code pénal pourra toujours être appliqué.

CRIAILLER. v. n. [Pr. *kri-aller,* ll mouillées]. Crier, gronder, se plaindre souvent pour de sujets de peu d'importance et même sans sujet. *Il ne fait que c. Cette femme criaille sans cesse après ses domestiques.* Fam.

CRIAILLERIE. s. f [Pr. *kri-alle-ri*, *ll* mouillées]. L'action, l'habitude de criailler. *Que cette c. est fatigante!* || Cri, gronderie, plainte importune et sans motif suffisant. *Je suis las de vos criailleries. Cet enfant est insupportable avec ses criailleries continuelles.*

CRIAILLEUR, EUSE. s. [Pr. *kri-alleur*, *ll* mouillées]. Celui qui a l'habitude de criailler. Fam.

CRIANT, ANTE. adj. Qui excite à se plaindre hautement. *Une injustice criante. Cela est c. Des abus criants.*

CRIARD, ARDE. adj. Qui crie souvent. *Un enfant c. Cette petite fille est bien criarde.* Fam. — Subst., *C'est un grand c. Faites taire cette petite criarde.* Fam. || Qui se plaint, qui gronde souvent et sans motif suffisant. *Il est c. de son naturel.* On dit aussi, *Humeur criarde.* || *Oiseaux criards,* Ceux qui crient souvent et d'une manière désagréable. *Le geai et la corneille sont des oiseaux criards.* || *Voix criarde,* Voix aigre qui déplaît à l'oreille. On dit de même, *Un instrument c.* || Fig., *Tons criards, couleurs criardes,* Tons, couleurs qui tranchent trop fortement, qui offensent la vue. || *Dettes criardes,* Petites sommes que l'on doit à des ouvriers, à des fournisseurs.

CRIBLAGE. s. m. Action ou opération de cribler.

CRIBLANT, ANTE. adj. (R. *cribler*). Qui est propre à laisser passer certains objets, à en retenir d'autres.

CRIBLE. s. m. (lat. *cribrum*, m. s.). T. Techn. Appareil essentiellement composé d'un van percé de trous laissant passer les objets de dimensions inférieures à celles des trous, et retenant les autres. || T. Arith. *C. d'Ératosthènes,* Méthode pour trouver tous les nombres premiers jusqu'à une limite donnée. Voy. NOMBRE.

Techn. — L'opération du criblage est commune à un grand nombre d'industries : elle se pratique toutes les fois qu'on veut purger un produit utile des matières étrangères ou classer un même produit par grosseurs diverses. Ainsi, on c. les sables, les graviers, etc., mais quelle que soit la matière à cribler, la manière de procéder est la même et la construction des cribles se fait d'après les mêmes principes. Il suffira donc de parler des cribles à blé qui servent à séparer du blé, d'une part, les matières lourdes d'une grosseur supérieure à celle d'un très beau grain, et d'autre part toutes les matières : mauvais grains, cailloux, sable, etc., d'une grosseur plus petite que celle d'un petit grain de blé.

Le *C. ordinaire* se compose d'un cercle de bois appelé *Cerche,* de 10 centim. de hauteur environ, sur lequel est tendue une peau de porc, d'âne, de mouton ou de cheval, percée de trous dont la grandeur est proportionnée à la grosseur de la céréale à nettoyer. On verse les grains dans cet appareil, qu'on agite ensuite avec régularité, de sorte que les impuretés mêlées aux grains passent à travers les trous du c.

et tombent à terre. Les cribles de petite dimension se tiennent des deux mains ; les grands se suspendent au plancher à l'aide de trois cordons. Cet appareil fait peu de besogne, et la fait en outre très imparfaitement. Un grand nombre de machines plus ou moins remarquables ont été imaginées pour remplacer cet ancien et mauvais instrument. — Parmi ces machines, nous citerons d'abord le *C. alternatif à plan incliné* de Quentin-Durand. Il se compose essentiellement d'une trémie ordinaire et de 2 grilles parallèles dont on peut varier l'inclinaison à volonté. Le grain introduit dans la trémie est versé sur toute la largeur de la grille supérieure, laquelle est formée de fils de fer placés en long dans le sens de la pente, et assez espacés pour laisser passer les grains. Cette première grille retient seulement les corps étrangers, qui, en vertu de leur propre poids, glissent ensuite vers le bas où ils tombent dans une boîte qui leur est destinée. Quant au grain, après avoir traversé la première grille, il tombe sur la seconde, où il est débarrassé soit de la poussière, soit de la grenaille, soit des grains avortés qui le salissaient, et lui-même finit par glisser au bas du c., où il arrive complètement épuré. On a perfectionné cet appareil en établissant entre les deux grilles un courant d'air artificiel qui agite le blé et facilite le triage des matières. Ainsi disposée, la machine à cribler a reçu le nom de *Tarare.* — A côté de ce c., nous devons placer le *Cylindre-crible* ou *Crible trieur,* de Pernollet (Fig. cidevant). Cet appareil consiste en un cylindre de forte tôle étamée, qui est divisé en 4 compartiments et placé dans une position inclinée, la partie la plus élevée étant voisine de la trémie. Le premier compartiment, celui qui reçoit directement le grain de la trémie, est percé de trous *longs* atteuant à de petits trous *ronds.* Il laisse échapper l'ivraie, la poussière, les petites graines et quelques grains de blé avariés. A peine si ces criblures valent la peine d'être données à la volaille. Les trous *ronds* dont est percé le second compartiment, donnent passage à ce qui a pu franchir le premier, et, en outre, à toutes les nielles et graines rondes, ainsi qu'au petit blé impropre à la mouture. Ce second lot constitue les criblures proprement dites, et se met de côté pour les poules et les pigeons. Dans le troisième compartiment, les trous sont également *ronds,* mais un peu plus grands. Les gros trous qui ont franchi le second c. n'échappent pas à celui-ci, et tombent mêlés à tout le blé qu'on peut appeler de seconde qualité. Ce blé doit se mettre à part pour être repassé à la fin de l'opération. Arrivé au quatrième compartiment, le blé rencontre des trous *longs* au travers desquels il passe entièrement : ces trous, néanmoins, sont disposés de manière que les pierrailles soient retenues dans le cylindre. Elles viennent alors tomber en avant de celui-ci dans une corbeille qu'on place à cet effet au-dessous du O. Le bâti sur lequel tourne le cylindre cribleur est tout en fer. Le coffre est divisé en 4 trémies inférieures qui correspondent à chacune des divisions du cylindre, et sous chacune de ces trémies on place deux corbeilles destinées à recueillir le grain. L'ouverture par laquelle le grain s'échappe de la trémie T est fermée par une coulisse C au moyen de laquelle on règle sa sortie, selon qu'il est plus ou moins chargé de saletés. Le mouvement est communiqué au cylindre par une manivelle et un engrenage ; on doit l'accélérer d'autant plus que le grain est plus net, et le modérer, au contraire, en raison de ce qu'il est plus sale. La pente de l'appareil doit être d'autant plus faible que le grain est plus sale. Cette machine peut nettoyer 20 hectolitres de grains par jour. Ces *Cribles trieurs* sont disposés de façon à permettre le remplacement facile des tôles suivant la grosseur des grains à trier.

CRIBLER. v. a. Nettoyer avec le crible. *C. du blé.* || Par allus. aux trous du crible, Percer en beaucoup d'endroits. *C. quelqu'un de coups de couteau. Les balles ont criblé ce mur.* == CRIBLÉ, ÉE. part. *Il est c. de blessures, de petite vérole,* etc., Il est couvert de blessures, de marques de petite vérole, etc. || Fig., *Être c. de dettes, de ridicules,* en avoir un grand nombre.

CRIBLEUR, EUSE. s. Celui qui crible. || Adject. Machine qui sert à cribler le grain.

CRIBLEUX, EUSE. adj. Percé de trous comme un crible. || T. Anat. *Os c.,* L'ethmoïde.

CRIBLIER. s. m. Fabricant ou marchand de cribles.

CRIBLURE. s. f. Le mauvais grain et les ordures qui sont séparées du bon grain par le crible. *On donne les criblures à la volaille.*

CRIBRATION. s. f. [Pr. ...sion] (lat. *cribrare,* cribler). T. Pharm. Opération par laquelle on sépare les parties les plus ténues de certains médicaments d'avec celles qui sont plus grossières, et pour laquelle on se sert d'une espèce de tamis.

CRIBRIFORME. adj. 2 g. (lat. *cribrum,* crible; *forma,* forme). T. Hist. nat. Qui est en forme de crible. || T. Méd. Se dit de l'os ethmoïde.

CRIC. s. m. [Pr. *kri*]. T. Mécan. Machine qui sert à soulever d'une petite quantité les corps très lourds. || T. Chir. c. *Faucon*, Instrument pour ranger les dents déplacées. | T. Techn. Pièce de fer dentée, qui tien' tendue charce soi pente d'une voiture. || Sorte de poignard malais. Voy. Cris ... — Méc. — Le C. simple (Fig. 1) se compose d'une barre ce fer dentée appelée *Crémaillère*, engrenant avec une peti'e roue ou *Pignon*, qu'on fait tourner avec une manivelle. La crémaillère et le pignon sont logés dans l'épaisseur d'un fort madrier de bois qu'on appelle *Chape*. L'axe de la roue est solidement fixé au madrier, mais la crémaillère est mobile, et peut monter et descendre. L'extrémité supérieure de celle-ci, qu'on nomme *Tête du c.*, est munie d'une espèce de croissant

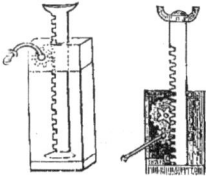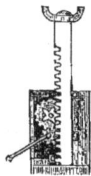

en fer, que l'on engage sous l'objet à soulever, la base de la chape étant préalablement bien fixée sur le sol ou sur quelque corps résistant. Alors il suffit de faire tourner la petite roue dentée au moyen de la manivelle pour soulever la crémaillère et le fardeau qu'elle supporte. Pour empêcher que le poids de l'objet ne fasse redescendre la crémaillère, quand on veut suspendre le travail, on fixe en dehors de la chape sur

Fig. 1.   Fig. 2.

l'axe de la manivelle, une autre petite roue à rochet dans les dents de laquelle s'engage un fort cliquet, qui empêche que l'axe et la manivelle ne tournent en sens inverse. — Le C. composé est absolument construit comme le c. simple, à cette différence près que la manivelle fait tourner un pignon qui s'engrène avec une roue dentée située au-dessus, laquelle roue dentée tourne avec un second pignon qui fait mouvoir la crémaillère (Fig. 2). Cette seconde sorte de c. est beaucoup plus puissante que la première. On calcule la puissance d'un c. d'après les diamètres comparés de la manivelle et du pignon ou des deux pignons si le c. est composé. Soit R le rayon de a manivelle, r celui des deux pignons et r' celui de la roue; une force F appliquée à la manivelle pourra faire équilibre à un poids P égal à : $P = F \times \dfrac{R}{r} \times \dfrac{r'}{r''}$. Si, par exemple, $R = 0^m,32$, $r = 0^m,02$ et $r' = 0^m,12$; $P = F \times 16 \times 6 = F \times 96$. Un seul homme pourra ainsi produire le même effort que 96 réunis agissant directement.

On remplace quelquefois la crémaillère par une vis qui est mue par un pignon à dents hélicoïdes; on a alors un C. à *vis*; mais cette disposition est moins avantageuse que la précédente. — On donne encore le nom de C. à *vis* à un appareil destiné à tendre les chaînes de fer qui servent à serrer fortement les gros ballots, ainsi qu'à les assujettir sur les voitures de roulage. Il consiste en deux forts écrous que l'on fixe au moyen de deux crochets aux anneaux extrêmes de la chaîne, et en une pièce de forme carrée dans laquelle se trouvent deux vis, ayant leur pas, l'une à droite, l'autre à gauche. Quand les écrous sont accrochés, on engage les vis dans leur ouverture et l'on fait tourner la pièce carrée en introduisant un petit levier dans les trous qui y sont pratiqués à cet effet. À mesure que le bloc tourne, les écrous se rapprochent, et, par conséquent, la chaîne se trouve tenue avec une grande puissance. — Une autre machine, appelée C. à *noix*, sert au même usage que la précédente. Elle représente un c. simple en fer de petite dimension, qui est muni de deux crochets fixés, l'un à la chape, l'autre à la crémaillère. On engage ces crochets dans les extrémités de la chaîne, et ils se tendent en se rapprochant, à mesure qu'on tourne la manivelle.

GRIC-CRAC. [Pr. *krik-krak*]. Onomatopée dont on se sert pour exprimer le bruit que fait une chose en se cassant ou en se déchirant. Fam.

GRICÉAL, ALE. adj. (gr. κρίκος, anneau). T. Anat. *Os c.*, La quatrième paire d'os auxiliaires des arcs bronchiaux, chez les poissons.

CRICHNA, huitième incarnation du dieu Vichnou.

CRICHNA, Plisna, philosophe indien, époque incertaine.

CRICHTONITE. s. f. [Pr. *krich-tonite*] (R. *Crichton*, n. pr.). T. Minér. Syn. d'*Ilménite*.

CRICKET, jeu de balle anglais.

CRICO-ARYTÉNOÏDIEN, IENNE. adj. T. Anat. Nom de plusieurs muscles qui s'attachent aux cartilages cricoïde et aryténoïde. || Subst. *Les Crico-aryténoïdiens*.

CRICOÏDE. adj. et s. m. (gr. κρίκος, anneau; εἶδος, aspect). T. Anat. Se dit du cartilage annulaire du larynx. Voy. Larynx.

CRICO-PHARYNGIEN, IENNE. adj. T. Anat. Qui appartient au cartilage cricoïde et au pharynx. *Muscles crico-pharyngiens*, ou subst., *Les Crico-pharyngiens*.

CRICOSTOME. adj. 2 g. (gr. κρίκος, cercle ; στόμα, bouche). T. Zool. Qui a la bouche ronde.

CRICO-THYROÏDIEN, IENNE et mieux **CRICO-THYRÉOÏDIEN, IENNE.** Qui appartient à la fois aux cartilages cricoïde et thyroïde. *Muscles crico-thyréoïdiens*, ou subst., *Les Crico-thyréoïdiens*.

CRICO-TRACHÉAL, ALE. T. Anat. Qui appartient au cartilage cricoïde et à la trachée-artère.

GRI-CRI. s. m. Nom vulgaire du Grillon domestique. || Petit jouet d'enfant imitant les castagnettes.

CRID. s. m. Poignard des Malais, dont la lame, longue d'environ 35 centimètres, est en zig-zag. On dit aussi, mais peu exactement, *Cric*.

CRIÉE. s. f. T. Prat. Proclamation publique pour annoncer une vente de biens en justice. || L'annonce faite à haute voix du montant des enchères sur un objet dont la vente se fait publiquement. *Vente à la c. Audience des criées*.

CRIER. v. n. (gr. κράζω, je crie? ou lat. *quiritare*, appeler les quirites, les citoyens à son secours). Pousser un ou plusieurs cris. *Votre enfant crie. Ne le faites pas c. Votre chien crie à la porte*. — Fam., *C. comme un fou, comme un enragé, comme un beau diable. Crier à tue-tête*, Jeter de grands cris, c. de toute sa force. On dit dans le même sens, *Il crie comme si on l'écorchait*. || Par dénigr., se dit d'un chanteur qui force trop sa voix. *Cet acteur ne chante pas, il crie*. || Élever la voix très haut. *Discutez tranquillement et sans c. C'est à qui criera le plus fort. Je lui ai crié de se détourner, mais il n'a pas fait semblant de m'entendre*. || Par ext., Gronder, réprimander quelqu'un en élevant la voix. *Vous allez faire c. votre femme. Elle crie toute la journée après ses domestiques*. || Fig., Blâmer, censurer publiquement. *Les moralistes crient contre le vice. Toute la ville criait après lui*. — Se plaindre hautement. *Le peuple crie. Faire c. ses créanciers*. || Fig., *C. vers quelqu'un*, L'implorer. *C. vers Dieu*. || Fig., Dire une chose hautement, la répéter sans cesse, pour se plaindre, blâmer, avertir, conseiller. *Il crie aux oreilles de tout le monde qu'on lui a fait un passe-droit. Voilà déjà dix ans qu'il crie que tout est perdu*. Fam. — On dit encore, *La conscience nous crie que l'intérêt ne doit jamais prévaloir sur la justice*. || Proclamer, annoncer une chose au nom de l'autorité. *On a crié à son de trompe qu'on eût à ne plus porter d'armes à feu*. — Autrefois, on disait, *C. à son de trompe, C. à ban, C. à trois briefs jours*, lorsqu'on citait des criminels à comparaître dans un délai fixé. || Par ext., en parlant des choses, produire un bruit plus ou moins aigu, résultant du frottement ou d'une cassure. *Cette porte crie quand on l'ouvre. L'essieu crie et se rompt*. — Pop., *Les boyaux me crient*, se dit lorsqu'on a des borborygmes. == **Crier**, v. a. Se dit des choses que l'on crie. *C. les hauts cris*, Jeter de grands cris. || Se dit particul., de certains mots ou de quelques phrases très brèves qu'on articule d'un ton de voix très élevé pour avertir, pour demander secours, implorer, pour rallier des combattants, pour exprimer sa joie, etc. *On lui a crié garc! gare! C. au feu, au meurtre, à l'assassin, au voleur. C. au secours, à la garde, à l'aide. C. miséricorde. C. merci*. Autrefois, dans les réjouissances publiques, on criait *Noël. La Maison du roi s'élança dans la mêlée en criant Montjoie et Saint-Denis!* — Fig., *C. à l'injustice, à l'oppression, à la calomnie*, etc. *C. à l'immoralité, au scandale, à l'exagération*, etc., Accuser hautement quelqu'un de scandale, etc. — Fig. et fam., *C. famine*, Se plaindre.

hautement de la disette qu'on éprouve ou qu'on appréhende. *C. famine sur un tas de blé*, Se plaindre comme si l'on manquait de tout, quoiqu'on soit dans l'abondance. On dit dans le même sens, *C. misère.* — Fig., *C. vengeance*, se dit des choses qui poussent à la vengeance, qui méritent punition. *Cette injustice crie vengeance. Le sang du juste crie vengeance*, ou absol., *crie.* || Dire une chose hautement; la répéter sans cesse pour se plaindre, blâmer, avertir ou conseiller. *Il ira crier cela partout, Il y a longtemps que je lui crie : Changez de conduite!* || Annoncer publiquement. *Faire c. un objet perdu*, Faire publier que l'on a perdu un objet, afin que les personnes qui l'auraient trouvé sachent à qui il appartient. *C. une marchandise*, Annoncer le prix auquel elle se vend. *C. des meubles*, etc., Les mettre à l'enchère. *Ces meubles ont déjà été criés.* — Se dit aussi, dans ce sens, en parlant de ceux qui courent les rues pour vendre ou pour acheter. *C. des pommes, des fraises. C. de vieux habits. C. des journaux*, etc. = SE CRIER. v. pron. Être crié, annoncé. *Cette nouvelle se crie par toute la ville.* = CRIÉ, ÉE. part. = Conjug. Voy. PRIER.

CRIERIE. s. f. [Pr. *kri-rî*]. Le bruit que quelqu'un fait en criant, en grondant, ou que font plusieurs personnes qui sont en contestation. *C. importune. Qu'espériez-vous gagner avec toutes vos crieries?* Fam.

CRIEUR, EUSE. s. Celui, celle qui crie, qui a l'habitude de crier : *C'est une crieuse insupportable.* || *C. public*, Celui qui proclame quelque chose au public. *Les crieurs de la Bourse. Le c. de ville.* || Autrefois, on appelait *Juré-crieur*, ou simplement *Crieur*, un officier public qui publiait les édits, etc., au son de la trompette. On donnait aussi le même nom à certains officiers publics chargés d'aller par la ville pour annoncer les marchandises à vendre, les choses perdues, pour inviter aux funérailles, etc. || Se dit encore des gens qui courent les rues en annonçant ce qu'ils vendent ou ce qu'ils achètent. *Une crieuse de pommes.*

CRILLON, fameux capitaine français, ami de Henri IV (1541-1615).

CRIME. s. m. (lat. *crimen*, m. s.). Action coupable punie par la loi pénale. *C. capital. Un grand c. C. inouï, affreux, atroce, détestable, monstrueux, irrémissible. C. contre les personnes, contre la sûreté de l'État. C. de lèse-majesté, de haute trahison, de meurtre, de viol, de faux*, etc. *Commettre, faire un c. Se rendre coupable, complice d'un c. C'est l'auteur du c. Être prévenu d'un c. Imputer un c. Imputer à c. Poursuivre un c. Convaincre d'un c. Punir un c. Porter la peine de son c. Se purger d'un c. Être condamné pour c. de..., pour ses crimes. Atteint et convaincu du c. de... Ce n'restera pas impuni. Son c. est couvert par l'amnistie, par la prescription. Un homme couvert, souillé, chargé de crimes. Il fut absous de ce c. Pardonner un c.*

Quelques crimes toujours précèdent les grands crimes.
RACINE.

Le crime fait la honte, et non pas l'échafaud.
CORNEILLE.

|| Par ext., Toute infraction grave aux prescriptions de la religion ou de la morale. *C'est un c. devant Dieu que de... Faire pénitence de ses crimes. La calomnie est un c. des plus lâches.* || Par exagération, se dit des choses qu'on blâme, qu'on désapprouve. *Cet un c. que d'avoir abattu cet antique monument. Faire un c. à quelqu'un de quelque chose*, Donner, par malveillance, une importance exagérée à une faute légère, ou faire un reproche d'une chose qui est indifférente ou qui même mérite des éloges. *On lui faisait un c. de sa laideur. Imputer à c.* — *Tout son c. est de*, se dit en parlant d'une personne, d'une faute légère, ou même pour une action indifférente ou louable, mais traitée comme un criminel, ou éprouve les malheurs qu'entraîne généralement le c. *Tout son c. était de s'être trouvé parmi eux. Son mérite a fait tout son c.* On dit de même, *Voilà tout son c.*, etc. — Fam., *Ce n'est pas un grand c.*, se dit d'une faute qu'on veut atténuer, excuser. On dit dans le même sens, *Est-ce un si grand c.?* etc. || *Crime* se dit aussi absol. au sing., en parlant des dispositions vicieuses qui portent un individu à commettre des crimes. *Être porté au c. Encourager quelqu'un au c. Être endurci dans le c.* || Dans le

style soutenu, se dit quelquefois des personnes criminelles. *Poursuivre, désarmer, châtier le c. Le c. marchait tête levée.*

Législ. — Par opposition à *délit*, le mot *crime* s'emploie dans le langage juridique pour désigner spécialement les infractions à la loi pénale punies d'une peine afflictive et infamante, ou simplement infamante, et jugées par la cour d'assises. Voy. DÉLIT.

CRIMÉE (anc. *Chersonèse*), presqu'île de la Russie d'Europe, dans la mer Noire. V. principales : *Sébastopol, Simféropol, Eupatoria, Balaklava.* || En 1854, la guerre qui éclata entre la France et la Russie eut la Crimée pour théâtre principal.

CRIMINALISANT, ANTE. adj. Qui cause, anime, produit la criminalité.

CRIMINALISER. v. a. T. Prat. Faire d'un procès civil un procès criminel. *C. une affaire.* = CRIMINALISÉ, ÉE. part.

CRIMINALISTE. s. m. Celui qui écrit sur le droit criminel, ou qui est versé dans les matières criminelles. *C'est un bon c., un savant c.*

CRIMINALITÉ. s. f. T. Jurisp. Qualité de ce qui est criminel. *La c. d'un acte.*

CRIMINEL, ELLE. adj. Coupable d'un crime. *Un homme c. Une femme criminelle. C'est par là qu'il s'est rendu c.* || Fig., se dit de ce qui appartient à un individu coupable d'un crime. *Une main criminelle. Un cœur c. Une âme criminelle.* || Par ext., Qui est condamnable, ou mauvais au point de vue moral. Se dit aussi des actes, des passions, etc. *Une action criminelle. Un amour c. Un dessein c. Intention criminelle.* || Se dit de tout ce qui a rapport à la répression pénale. *Législation criminelle. Instruction criminelle. Juge c. Affaire, matière criminelle. Procès c. Intenter une action criminelle.* = CRIMINEL. s. m. Tout individu convaincu de crime; se dit quelquefois, mais abusivement de celui qui en est simplement accusé. *Un grand c. Un c. d'État. Punir un c. Interroger, juger un c.* || Se dit aussi de la juridiction criminelle. *Le grand, le petit c. Poursuivre quelqu'un au c. Procéder au c.* — Fig. et prov., *Prendre quelqu'un au c.*, S'en tenir offensé. *Aller d'abord au c.*, Juger malignement de quelque chose par la moindre apparence. Vx.

CRIMINELLEMENT. adv. [Pr. *krimi-nè-leman*]. D'une manière criminelle. *Agir c. Poursuivre une affaire* ou *quelqu'un c.*, Les poursuivre au criminel. On dit aussi, *Juger c.* || Fig., *Expliquer c. quelque chose, en juger c.*, L'expliquer, l'interpréter en mauvaise part.

CRIN. s. m. (lat. *crinis*, m. s.). Poil long et rude, qui vient au cou et à la queue des chevaux et de quelques autres animaux. *Nouer, tresser, natter les crins d'un cheval. Faire le c., peigner le c. d'un cheval. Les crins d'un lion. Matelas de c.* — *Cheval à tous crins*, Qui a tous ses crins. *Être comme un c.*, Être toujours prêt à se récrier, à se révolter. || T. Min. Nom donné par les mineurs aux filets de quartz ou de carbonate calcaire qui divisent certaines roches en blocs cuboïdes ou rhomboïdaux.

Techn. — Dans le commerce, on distingue le *C. droit* ou *plat*, c.-à-d. tel que le fournit l'animal, et le *C. crépi* ou *frisé.* Ce dernier est d'abord tordu, de manière à en faire une sorte de corde, puis on le fait bouillir, afin de le dégraisser et de lui conserver la torsion qui lui est indispensable pour faire ressort. Le c. droit est employé par les luthiers, pour garnir les archets. On l'emploie encore pour fabriquer des tissus appelés *Crinolines*, qui servent à recouvrir les meubles, à confectionner des chaussures, des sacs, des tamis, et à faire des cols de cravate, des jupes, etc. La trame seule de ces étoffes est en c.; la chaîne est en fil. Le c. crépi sert aux tapissiers pour garnir les matelas, les chaises, les fauteuils, etc.; aux bourreliers et aux selliers pour rembourrer les bâts, les selles et les coussins de voitures.

On donne le nom de *C. végétal* à diverses sortes de fibres végétales qui s'emploient aux mêmes usages que le c. ordinaire. Il vient d'Algérie, d'Amérique ou d'Asie. Celui d'Algérie se prépare avec les fibres des feuilles du Palmier nain (*Chamaerops humilis*), qui croît en abondance dans toute la Barbarie. Celui d'Amérique provient surtout de la Nouvelle-

Orléans; il s'obtient des fibres du *Tillandsia usneoides*, de la famille des *Amaryllidacées*. Enfin, celui d'Asie est tiré des feuilles de diverses espèces de *Caryo a*, famille des *Palmiers*.

CRINAL, ALE. adj. T. Hist. nat. Qui est de la grosseur d'un crin.

CRINCRIN. s. m. Onomatopée dont on se sert pour désigner un mauvais violon. *Nous avions deux crincrins pour danser.* Très fam. || Sorte de jouet d'enfant.

CRINICORNE. adj. (R. crin et corne). T. Zool. Qui a les antennes velues.

CRINIER. s. m. Artisan qui prépare le crin pour être employé.

CRINIÈRE. s. f. collect. L'ensemble des crins qu surmontent le cou d'un cheval ou d'un lion. — *La c. d'un casque.* La touffe de crin qui garnit la crinière d'un casque de dragon, de cuirassier, etc., et qui flotte par derrière. || Fig., Chevelure longue et en désordre; vilaine perruque. *Sa c. est toujours malpropre.* || T. Rural. Portion de terre laissée en friche, là où aboutissent les sillons. || T. Manège. Sorte de filet adapté au caparaçon et couvrant la tête et le cou du cheval.

CRINIFÈRE, adj. 2 g. (lat. *crinis*, crin; *fero*, je porte). T. Zool. Qui porte une crinière.

CRINIFLORE. adj. 2 g. (lat. *crinis* flor, fleur). T. Bot. Qui a la corolle partagée en segments longs et grêles. Peu us.

CRINIFORME. adj. 2 g. (lat. *crinis*; *forma*, forme). T. Hist. nat. Qui a la forme d'un crin.

CRINOÏDES. s. m. pl. (gr. χρίνον, is; εἶδος, aspect). T. Zool. et Paléont. Les c. constituent l'une des classes principales de l'embranchement des *Échinodermes*. Vulg. ce mot. Ils sont fixés par une tige pendant leur jeunesse ou toute leur vie, ou directement par la face inférieure de leur corps. Un calice, dont la face supérieure porte la bouche et l'anus, entoure la cavité générale, et, du bord de ce calice s'élèvent des bras articulés, au nombre de 5 ou 10 ou 2, 4, 6, et munis de pinnules latérales contenant les organes reproducteurs. On les a divisés en trois groupes : *Tesselata*, *Articulata*, *Costata*. Les *Tesselata* se rencontrent dans les terrains antérieurs, dénommés carbonifères, surtout mais quelques-uns de ces êtres ont vécu pendant la période crétacée. Les deux autres groupes sont plus reculés et se rencontrent dans les terrains secondaires et tertiaires. Certaines espèces du groupe des articulés, comme les *Pentacrinos* et les *Comatula*, sont fossiles et actuelles.

CRINOLINE. s. f. Étoffe de crin dont on faisait les cols, des jupons, etc. *Un jupon de c.* — Voy. Crin. || Vaste jupon bouffant, maintenu par des lames d'acier ou des baleines, qui fut à la mode pendant le second Empire.

CRINUM. s. m. (Pr. *kri-nome*) (lat. *crinis*, cheveu). T. Bot. Genre de plantes de la famille des *Amaryllidacées*.

CRIOCÉPHALE. adj. 2 g. (gr. χριὸς, bélier; χεφαλή, tête). Qui a une tête de bélier.

CRIOCÈRE. s. m. (gr. χριὸς, bélier; χέρας, corne). T. Entom. Coléoptères du groupe des cryptopentamères et de la famille des chrysomélides, chez lesquels les antennes sont filiformes, aussi longues que la moitié du corps. La tête et le front présentent un profond sillon. Le prothorax est beaucoup plus étroit que les élytres. Le scutellum est triangulaire. L'espèce la plus connue en France est la *C. merdigera*, qui vit sur le lis. Elle est ainsi nommée parce que la larve se recouvre de ses excréments. Une autre espèce, *C. asparagi*, vit sur les asperges.

CRIQUE. s. f. (angl. *creek*). Petite baie, petit enfoncement que la mer fait dans la côte, et où de petits bâtiments peuvent entrer et se mettre à l'abri. || T. Art. milit. Se dit de certains fossés qu'on creuse quelquefois dans les environs des places fortes, pour couper le terrain de façon que l'ennemi ne puisse pas y conduire de tranchée. || T. Métall. Fissure qui survient quelquefois dans le fer ou l'acier pendant la trempe.

CRIQUER. v. n. Se dit en parlant de l'acier qui se fendille au refroidissement.

CRIQUET. s. m. T. Entom. Genre de sauterelles volantes. || Fig. et par dénigrement, Petit cheval faible et de peu de prix. *Il était monté sur un mauvais c.* || Fig. et fam., Homme petit et maigre. *Ce petit criquet-là est plein de prétentions.* || T. Métall. Acier qui se fendille par le refroidissement quand il y a inégalité de chaleur dans la masse.

Entom. — Le genre *Criquet* (*Acridium*) est le type de la famille des *Acridiens*, qui constituent l'une des tribus de la famille des *Orthoptères sauteurs* de Latreille. — Les Acridiens sont caractérisés par leurs antennes tantôt filiformes ou cylindriques, tantôt en forme d'épée ou terminées en massue, et toujours aussi longues au moins que la tête et le corselet. Tous ont les élytres et les ailes en toit ou inclinés, les cuisses postérieures très renflées, et 3 articles aux tarses. La languette du plus grand nombre n'a que deux divisions. Tous ont 3 yeux lisses distincts, le labre échancré, les mandibules très dentelées, l'abdomen conique et comprimé latéralement. Les femelles n'ont point de tarière saillante. Les acridiens ont un corps lourd et des ailes qui, malgré leur développement, ne leur permettent pas de se soutenir longtemps dans les airs, du moins pour la plupart; ils se nourrissent de végétaux, dont ils sont très voraces. Les Acridiens produisent une stridulation perçante, qui paraît être produite par le frottement des cuisses postérieures contre les nervures des élytres, à la manière d'un archet frottant contre les cordes d'un violon. Beaucoup d'espèces offrent, de chaque côté, près de l'origine de l'abdomen, une grande cavité, fermée intérieurement par un diaphragme très mince, membraneux et d'un blanc nacré; vraisemblablement cet appareil sert à renforcer le son. Le chant de ces Orthoptères se fait surtout entendre vers la fin de l'été et dans les beaux jours d'automne. Les différentes espèces d'Acridiens, notamment les Criquets proprement dits, se multiplient avec une très grande rapidité. Chaque femelle pond environ 90 œufs qu'elle entoure d'une matière glutineuse; elle dépose cette masse dans des trous creusés en terre.

Cette tribu comprend un certain nombre de genres; mais nous nous contenterons de citer les principaux. — Le genre

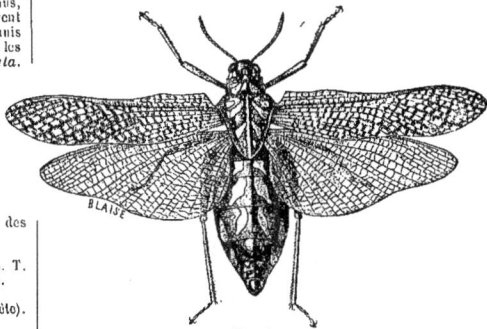

BLAISE

Fig. 1.

Pneumore (*Pneumora*), qui est propre à l'Afrique méridionale, est remarquable par la singularité de sa conformation (Fig. 1 *Pneumore tachetée*). Les mâles ont un abdomen très gonflé et assez semblable à une vessie remplie d'air. La stridulation qu'ils produisent est d'autant plus aiguë que le son est renforcé par ce singulier appareil. — Le g. *Proscopie* (*Proscopia*) ne renferme que des insectes aptères, à corps long et grêle et à tête pyramidale, qui habitent l'Amérique méridionale. — Les *Truxales* (*Truxalis*) se caractérisent par leurs antennes prismatiques et ensiformes, ainsi que par la forme de leur tête qui est élevée en pyramide. Nous citerons comme ex. le *Truxale vermillon* (Fig. 2) qui se rencontre en Égypte.

Les espèces du genre *Criquet* sont dispersées dans presque toutes les régions du monde. Plusieurs d'entre elles atteignent une taille considérable. Leurs ailes sont souvent agréablement colorées, et particulièrement de rouge et de bleu, comme on le voit dans plusieurs espèces de notre pays. Parmi celles qui sont étrangères, le corselet présente souvent des crêtes, de grosses verrues, en un mot, des formes très bizarres. Certaines espèces, nommées par les voyageurs *Sauterelles de passage*, se réunissent quelquefois par bandes innombrables,

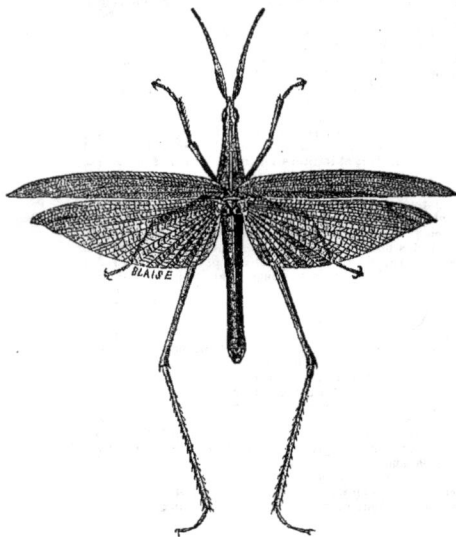

Fig. 2.

prennent leur vol et forment un nuage épais tel que celui qui porte la grêle ou la foudre. En un instant, elles ont détruit toute végétation dans la contrée où elles s'abattent et l'ont changée en désert. Elles causent ainsi des famines terribles ; même leur mort est un nouveau fléau, l'air étant corrompu par la quantité effroyable de leurs cadavres restés sur le sol. C'est surtout en Afrique qu'apparaissent ces essaims destruc-

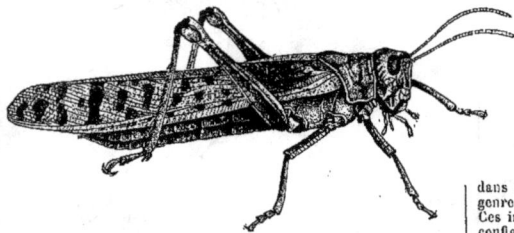

Fig. 3.

teurs. Cependant on les a quelquefois vus en Europe, et à plusieurs reprises la France méridionale a eu beaucoup à souffrir de leurs ravages. « Les apparitions de Criquets, dit Émile Blanchard, furent redoutables pendant les années 1813, 1815, 1822 et 1824. Des fonds ayant été alloués pour la destruction de ces insectes dévastateurs, la ville de Marseille fit, à la première de ces époques, une dépense de 20,000 fr. et la petite ville d'Arles une de 25,000 fr. Cependant on ne payait que 50 centimes par kilogr. d'œufs et 25 seulement par kilogr. d'insectes. Les années suivantes furent moins malheureuses : on ne dépensa en 1822 que 2,227 fr. ; en 1824 que 5,842 fr., et 6,200 en 1825. En Afrique et dans l'Asie

orientale, quelques peuplades mangent ces insectes. On leur arrache ordinairement les ailes et les pattes, et on les fait bouillir ou frire dans du beurre, ou dans de l'huile. Quelquefois aussi on les conserve dans de la saumure. Enfin, on les réduit encore en farine après les avoir fait sécher. Les anciens donnaient le nom d'*Acridophages* aux peuplades qui faisaient usage de cette sorte d'aliment. Nous citerons comme type du g., le *C. pèlerin* (*Schizocerca peregrina* (Fig. 3), long de 65 millim., ordinairement jaune brun, avec des taches obscures, les mandibules noires, les élytres d'un jaune citron chez les mâles et d'un brun clair chez les femelles, tachetés de noir.

Nous citerons encore les genres *Pachytylus* dont une espèce,

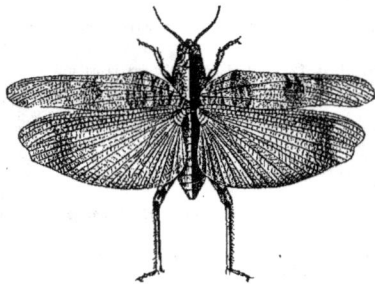

Fig. 4.

P. migratorius, cause de grands dommages en Russie ; aux États-Unis, le *Caloptenus spretus* des montagnes Rocheuses, et en Algérie le *Stauronotus maroccanus*, exercent de véritables ravages. Les *Œdipodes* (*Œdipoda*) se distinguent surtout des Criquets propres en ce que leur prosternum ne présente pas de tubercule. L'*Œdipode germain* (Fig. 4) est commun dans toute l'Europe. Il se trouve quelquefois en immense quantité

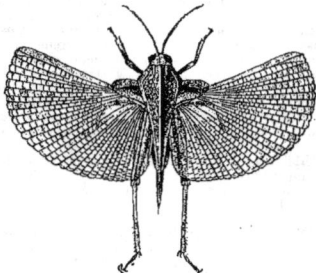

Fig. 5.

dans les prairies basses et humides. — Enfin, les espèces du genre *Tetrix* sont dispersées sur toute la surface du globe. Ces insectes sont de petite taille, mais remarquables par leur configuration. En effet, leur corselet se prolonge en arrière, en forme d'écusson, et recouvre tout leur corps. L'espèce type est le *Tetrix subulé* (Fig. 5) qui est commun dans notre pays.

Depuis les temps les plus reculés le nord de l'Afrique a été ravagé par les Criquets ; la Bible transmet le récit de la dixième plaie d'Égypte, et de nos jours chacun connaît les dégâts formidables que les Acridiens ont causés dans notre colonie d'Algérie ; mais l'Europe a été à plusieurs reprises également ravagée ; il y a eu des invasions en Provence, en Espagne, en Italie, en Corse, en Sardaigne, en Grèce ; puis dans la Russie méridionale, en Hongrie, en Allemagne. L'Asie est soumise aux ravages des Criquets et l'Amérique n'en est pas exempte. Dans le nord de l'Algérie on est aux prises avec la *Schizocerca peregrina*, le *Stauronotus maroccanus* et le *Pachytylus migratorius*. Dans la Russie méridionale, c'est contre cette dernière espèce que l'on a à lutter aux États-Unis, c'est le *Caloptenus spretus* qui est l'ennemi.

Les criquets pèlerins arrivent en nuées formidables, qui n'obscurcissent pas le ciel, mais qui, de loin, offrent une apparence de flocons de neige qui tombe. Ils s'abattent sur les champs, dans les prés, sur la lisière des bois, dévorant tout.

Lorsqu'ils veulent s'envoler, ils se donnent un violent élan à l'aide de leurs pattes de la troisième paire qu'ils détendent comme un ressort et qui restent pendantes durant quelques instants. Si l'insecte veut continuer son vol et monter davantage, il replie les jambes sur les cuisses de la troisième paire, de façon à ce qu'elles soient parallèles à l'abdomen. Les ailes des deuxième et troisième paires se relèvent et s'appliquent contre le thorax, la jambe repliée contre la cuisse. Les antennes sont dirigées en avant. Si l'insecte veut se poser, il laisse pendre toutes ses pattes et relève ses ailes, se laissant alors soutenir dans l'air à la façon d'un parachute.

Pour les criquets s'envoler en même vol l'accouplement a lieu pendant plus de huit jours consécutifs, c.-à-d. que tous ne s'accouplent pas le même jour. Il en résulte que les éclosions se font dans le même rapport. Ils ne s'envolent pas lorsqu'on s'approche, ils sautillent et même la plupart du temps le mâle reste cramponné sur sa femelle. Si on les observe sans les effrayer, on voit que, pendant l'accouplement, le mâle remresse par moment ses pattes de la troisième paire et frémit véritablement de plaisir. La femelle agite aussi ses pattes postérieures, tandis que le mâle lui chatouille en quelque sorte les côtés du thorax avec ses deux paires de pattes antérieures. Il en est de même pendant la ponte : le mâle reste sur sa femelle et ses pattes de la troisième première sont encore agitées fiévreusement, il semble vouloir l'aider à accoucher. La femelle enfonce alors son abdomen dans le sol, même dans les terrains les plus durs : on en a vu sur les routes battues ; souvent elle fait des trous qu'elle abandonne sans avoir pondu, semblant ainsi ne point tenir compte de la nature du sol. L'abdomen s'enfonce à une profondeur qui varie entre 5 et 8 c. Des observateurs n'ont pas rencontré de femelle ayant enfoncé son abdomen à une plus grande profondeur, bien qu'on ait dit souvent le contraire. La femelle dépose au fond du trou une sorte de bave qui se solidifie, bave légère, blanchâtre, ressemblant à du blanc d'œuf battu. Elle dépose ses œufs et les recouvre encore de cette substance spumeuse. Les pontes ne sont pas isolées ; en général les criquets se réunissent en certains points qui peuvent avoir une superficie de plusieurs mètres carrés ; là ils sont entassés, serrés les uns contre les autres ; il y en a même souvent trois ou quatre les uns sur les autres.

Les grandes plaques de pontes ne sont pas distantes les unes des autres, et lorsqu'on les voit de loin on croirait qu'elles ne forment qu'une seule et immense plaque jaune.

On trouve une moyenne de 35 pontes dans un décimètre carré, chacune chaque de 80 à 90 œufs, c.-à-d. plus de 3,000 œufs par décimètre carré ; on peut juger de ce qu'il peut y avoir d'œufs dans des lieux où les pontes recouvrent une superficie de plusieurs centaines de mètres carrés : 70 millions d'œufs dans 100 mètres carrés !

Après la ponte, les insectes restent en général anéantis et meurent. M. Durand a cependant constaté qu'un dixième seulement des femelles meurent après la ponte ; les survivants, dit-il, mâles et femelles prennent leur vol vers le nord et disparaissent. Il en est ainsi lorsque tout se passe naturellement, mais il y a des cas où ces acridiens meurent sans pouvoir pondre, c'est lorsqu'ils sont atteints d'une maladie cryptogamique ; nous en parlerons plus loin.

Le sol où ont eu lieu les pontes est facile à reconnaître, même de loin ; il est craquelé, éclaté, effrité ; en outre, les trous de pontes sont surmontés de ces bouchons spumeux dont il a été question plus haut.

Les œufs cylindriques sont longs de sept à dix millimètres au moment de la ponte, sur un à deux millimètres de diamètre. Ils sont disposés un peu obliquement dans le trou de ponte. Leur couleur est d'un gris brunâtre et leur surface est recouverte de petits filaments blanchâtres qui ne sont autre chose que des dépôts de la substance spumeuse sécrétée par la femelle.

On a suivi, dans leur développement, des criquets pèlerins qui se sont abattus le 15 mai 1891 à Birmandreis, près Alger, dans un champ planté en choux-fleurs. Ils dévorèrent tout immédiatement, à tel point qu'il ne restait plus que les tiges de ces plantes. Le lendemain, 16 mai, l'accouplement commença, et le 17 mai eurent lieu les premières pontes.

Le 5 juin, c.-à-d. au bout de 19 jours, eurent lieu les premières éclosions, qui se succédèrent sans interruption pendant

dix jours ; mais dans les lieux labourés les éclosions n'eurent pas lieu, ou furent retardées de deux ou trois jours, là où les mottes de terre n'avaient pas été suffisamment divisées. On avait fait tasser le sol en certains points, espérant empêcher les éclosions, mais cela ne fit que les retarder d'une huitaine de jours. Sous des cloches en toile métallique de 25 centim. de diamètre, placées sur des lieux de pontes, sortirent des centaines de diptères, déjà signalés par M. Künckel comme vivant à l'état larvaire aux dépens des œufs des criquets (*Sarcophaga clathrata*). Au moment de l'éclosion, si l'on examine les œufs, on constate qu'ils sont bien plus gros qu'ils n'étaient au moment de la ponte ; ils ont de 10 à 12 millimètres de long sur 3 millimètres de diamètre. On voit déjà deux points noirs qui indiquent l'emplacement des yeux.

À un moment donné, la membrane de l'œuf s'ouvre à l'extrémité supérieure et l'on voit apparaître, non pas la tête, mais la partie antérieure et dorsale du prothorax. La jeune larve, après des efforts répétés, sort sa tête, puis ses pattes antérieures, l'abdomen, les autres pattes auxquelles reste souvent accrochée une membrane pellucide. En effet la larve vient de sortir de l'œuf et d'opérer la première mue.

Le jeune acridien est à son second état ; le premier état n'a duré que quelques instants pendant le temps qu'il a mis à sortir de l'œuf et à opérer la première mue. L'éclosion se fait généralement pendant la nuit ou aux premières lueurs du soleil. Le jeune c. est de couleur vert d'eau ; il brunit petit à petit et devient noir au bout de douze heures environ.

Six jours après il change de peau pour la seconde fois. Cette seconde mue est celle qui a été regardée en général comme la première, parce qu'on négligeait de compter celle qui se fait au sortir de l'œuf. De noir qu'il était, le jeune c. devient noir, avec des bandes blanches sur les anneaux thoraciques, des points blancs sur le dessus de l'abdomen et une ligne rosée sur les côtés de l'abdomen où s'ouvrent les stigmates.

C'est généralement au bout de six à huit jours que la troisième mue s'opérera. La teinte générale est la même, mais le rose s'accentue ; la tête devient brune de noire qu'elle était. Huit jours s'écoulent, la quatrième mue se produit, le c. long déjà de 35 millimètres change tout à fait de couleur, les taches sont les mêmes mais au blanc et au rose fait place une couleur jaune citron ; la ligne des stigmates est marquée de blanc. Enfin l'insecte a les premiers rudiments des ailes. Il est extrêmement actif et dévore tout ce qu'il trouve. Il lui faut une dizaine de jours pour arriver à opérer la cinquième mue ; l'insecte a une longueur de 40 millimètres ; les teintes jaunes deviennent plus vives ou bien font place à des tons rougeâtres. Le prothorax offre un pointillé jaune fort remarquable, l'insecte mange beaucoup et son abdomen s'allonge notablement. Quinze ou vingt jours après, la sixième mue a lieu ; l'insecte s'accroche la tête en bas et quitte sa dépouille, il est adulte. De ses moignons d'ailes longs de 10 à 12 millimètres sortent des ailes plissées d'abord, mais qui sont bientôt longues de 50 millimètres.

Les criquets qui se sont abattus sur les environs d'Alger pendant l'été de 1891 étaient, les mâles d'un jaune brillant uniforme avec des taches brunâtres sur les ailes, les femelles moins jaunes, plus brunâtres, quelquefois grisâtres même, avec le dessous de l'abdomen et du thorax d'une teinte plombée.

Mais les criquets auxquels ils ont donné naissance, ceux que j'ai suivis dans leurs métamorphoses, sont d'une tout autre couleur. Ils ne sont pas jaunes, mais roses, bleutés et noirs. Seul le prothorax offre quelques points jaunes.

La tête en avant, les antennes, les yeux sont bruns ; la tête est grise sur les côtés ; le prothorax est noir sur les côtés, rougeâtre ou noirâtre au-dessus, parsemé de points blancs ou jaunes. Le mésothorax et le métathorax sont brunâtres, l'abdomen est gris rosé avec des bandes brunes. Les pattes sont d'un rose vif, les ailes sont roses, bleutées, marquées de taches de pigment noir.

M. J. Künckel d'Herculais a signalé, le 2 février 1891, à l'Académie, des criquets pèlerins qu'il avait reçus de l'Extrême-Sud de l'Algérie et chez lesquels les colorations jaunes étaient également remplacées par « de belles nuances rouge carminé très foncé, passant au rose sur les ailes inférieures et les pattes ». Ces individus étaient donc plus foncés que ceux que j'ai élevés.

« À quoi tient cette différence de coloration des pigments ? dit M. Künckel. Les générations sud se développent dans les régions septentrionales, par rapport à l'habitat normal, y perdent-elles leur teinte primitive ? » Les criquets jaunes produisent-ils des criquets roses, et réciproquement ? Il semblerait plutôt que les criquets changent de couleur pendant la durée de leur existence, le pigment jaune envahirait peu à peu toutes les parties du corps, de sorte que les criquets jaunes seraient ceux qui ont voyagé, les criquets roses ceux qui viennent de muer. Il y aurait là, ce me semble, une constatation intéressante, qui aurait une portée pratique; car les criquets roses étant ceux qui viennent de muer, là où on en trouverait, on serait bien près de leur point d'origine, et ce serait là qu'il faudrait les combattre principalement.

Or, quels sont les moyens de les combattre?

Tous sont fort chers. Lorsque les criquets arrivent, les propriétaires des champs sur lesquels ils veulent descendre allument des feux, espérant que la fumée écartera ces rongeurs; il n'en est rien. On fait du bruit en tapant sur des casseroles ou autres ustensiles; cela ne chasse évidemment, mais de cette façon on se contente de les faire passer chez le voisin. Le mieux est de les laisser pondre et de détruire les œufs en labourant après la ponte. Mais, pour que ce moyen puisse réussir, il faut consciencieusement émietter les mottes de terre, sinon l'éclosion est simplement un peu retardée. Encore ne peut-on labourer partout. Tasser la terre est un moyen nuisible aux cultures dans la plupart des cas; d'ailleurs, nos essais ont montré que cela ne faisait que retarder l'éclosion de huit jours.

Le moyen le plus sûr jusqu'ici est celui qui consiste à arrêter les jeunes criquets dans leur marche, au moyen des appareils cypriotes, c'est-à-dire de bandes de toile bordées en haut par de la toile cirée, et maintenues par des piquets. On dirige alors les criquets de façon à ce qu'ils tombent dans des fosses profondes creusées régulièrement et bordées de lames de zinc pour les empêcher de remonter. Lorsque les fosses sont pleines, on les comble on les désinfectant, ou bien on porte leur contenu dans une grande fosse commune.

Mais ces fosses provisoires ne sont pas commodes, et M. Rolland, administrateur adjoint de la commune d'Aïn-Bessem, a imaginé un appareil qui peut avantageusement remplacer les petites fosses; c'est ce qu'il appelle des fosses mobiles, sortes d'entonnoirs en toile qui font corps avec l'appareil en toile (appareil cypriote). Lorsque ces grandes poches sont remplies de criquets, qui y sont tombés, on les vide par le fond dans des sacs dont on va déverser le contenu dans de grandes fosses communes. On économise ainsi de la peine et du temps.

Quelquefois, au lieu de l'appareil en toile, on emploie des lames de zinc que l'on fixe au moyen de pieux spéciaux en fer. On peut, par ce moyen, diriger les tout jeunes criquets vers les fosses; mais le zinc a l'inconvénient de s'oxyder, et les criquets peuvent grimper sur les parois.

Mais les criquets ont des ennemis naturels. Ce sont d'abord les oiseaux, tels que les étourneaux, les alouettes, les cailles, qu'on détruit malheureusement beaucoup trop. On a cherché à acclimater en Algérie le martin triste (*Acridotheres tristis*), oiseau de l'Inde, sans succès, hélas! car c'est un destructeur acharné de criquets.

Certains insectes aussi détruisent les criquets, notamment des larves de diptères (*Sarcophaga clathrata*), et certains mylabres parmi les coléoptères.

Nous ne devons pas non plus passer sous silence les parasites cryptogames qui font périr, avant la ponte, un nombre considérable de criquets.

Ces parasites cryptogames ont été observés en Russie par Metschnikoff, par Krassilstchick; ce sont: *Isaria destructor*, *Isaria ophioglossoides*. J'eus la bonne fortune de trouver sur les criquets pèlerins un autre type, un *Botrytis*, c.-à-d. une forme imparfaite d'un champignon dont la forme parfaite nous est inconnue; et ce botrytis est très voisin de celui qui cause de si grands dommages dans nos magnaneries, de la muscardine en un mot.

Ce botrytis des acridiens a lui-même des champignons parasites, des saprophytes. C'est ce qui a induit en erreur certains auteurs qui ont pris le saprophyte pour le parasite du c.

Ce botrytis, comme l'a montré M. Charles Brongniart, peut être cultivé dans les milieux artificiels, et peut tuer en quelques jours les criquets.

Il est probable qu'il se développerait également sur d'autres insectes nuisibles, tels que les courtilières, les blattes, les altises, voire même le phylloxera. L'avenir nous montrera si son emploi est pratique.

Mais d'où viennent ces criquets qui envahissent le nord de l'Afrique? Ici il faut séparer le c. pèlerin du stauronote marocain. Le premier vient évidemment du centre de l'Afrique; c'est là sa *région permanente*; il gagne petit à petit la région

qui s'étend du Sahara jusqu'au Sénégal (*région sub-permanente*). Puis il envahit le nord de l'Afrique, où il ne demeure pas plus de deux ans, c'est là sa *région temporaire*.

Pour le stauronote, le Tell est la *région temporaire*, tandis que les hauts plateaux sont la *région sub-permanente*, et que la région permanente occupe les montagnes qui vont du golfe de Gabès à l'Océan, en coupant la Tripolitaine, la Tunisie, l'Algérie et le Maroc. C'est une espèce plus septentrionale.

Le c. voyageur (*Pachytylos migratorius*) a sa région permanente à l'embouchure du Danube. Il se répand ensuite dans la Russie méridionale, en Hongrie, et dans les provinces Danubiennes.

Aux États-Unis, le *Caloptenus spretus* habite d'une façon permanente les montagnes Rocheuses, puis se répand ensuite par étapes dans une région sub-permanente et dans des régions temporaires.

CRIQUETOT-L'ESNEVAL, ch.-l. de c. (Seine-Inférieure), arr. du Havre, 1,400 hab.

CRIQÛRE. s. f. T. Métall. Crique ou fissure dans le fer ou dans l'acier.

CRISE. s. f. (lat. *crisis*; gr. κρίσις, séparation, de κρίνειν, séparer). T. Méd. Se dit de certains phénomènes qui surviennent dans le cours d'une maladie, et sont le signe d'un changement soit en bien, soit en mal. *Cette c. a sauvé le malade. Cette c. sera funeste.* || Fig., Moment périlleux ou décisif d'une affaire, perturbation qui dérange le cours ordinaire des choses. *Une c. se prépare. Voilà le moment de la c. C. ministérielle. C. commerciale. Les affaires sont dans un état de c. Dans la c. actuelle.*

Méd. — Dans l'ancienne médecine où l'on supposait dans les maladies l'existence de deux forces opposées, une *cause morbifique* et la *force médicatrice* de la nature, on nommait *Crise* la perturbation causée par la lutte de ces deux principes contraires, lutte qui avait nécessairement pour objet d'expulser ou de neutraliser la cause morbifique. L'école humoriste alla plus loin. Partant de cette hypothèse qu'il y a dans toute maladie une matière morbifique qui se développe spontanément dans l'organisme ou qui est introduite du dehors dans les fluides de l'économie, elle donnait le nom de c. aux phénomènes morbides qui lui paraissaient se lier à l'expulsion de cette *matière peccante*. Ces théories surannées sont aujourd'hui abandonnées par tous les hommes de l'art. Aujourd'hui cependant le terme de c. s'emploie encore dans le langage médical; mais il désigne simplement la ligne de démarcation que l'on peut quelquefois entrevoir et signaler, tantôt entre l'accroissement et le décroissement d'une maladie et tantôt entre la marche ascendante de celle-ci et la chute des forces vitales, de sorte que la crise ainsi conçue peut être interprétée comme l'expression du retour à la santé ou l'indice d'une mort prochaine. Dans les maladies, il y a en général *tendance* vers le retour à l'état normal, tendance qui est due à l'action des forces inhérentes à l'organisme vivant. Lorsque cette tendance est efficace, on voit les organes dont les opérations régulières avaient été suspendues reprendre leurs fonctions caractéristiques. Ce retour des fonctions à leur type régulier, qui est la simple conséquence du déclin de la maladie, est surtout facile à constater lorsqu'il s'agit de fonctions sécrétoires. Or, les phénomènes auxquels on applique surtout le nom de *critiques*, sont précisément des phénomènes de sécrétion. Ajoutons que, lorsqu'une fonction de ce genre a été suspendue pendant quelque temps, son retour se manifeste habituellement par une certaine exagération du phénomène : c'est un effet de réaction. Les médecins anciens ont donc pris l'effet pour la cause; suivant eux, la c. était le moyen employé par la nature pour amener la guérison, tandis qu'elle est simplement l'indice ou le retour, le résultat de la tendance de l'organisme au rétablissement des fonctions normales.

Écon. polit. — On a donné le nom de *crises* à des périodes de malaise que subissent parfois le commerce ou l'industrie et pendant lesquelles les profits de tel ou tel genre de commerce ou d'industrie diminuent jusqu'au point de n'être plus rémunérateurs. Les causes de ces crises sont très variables et difficiles à préciser. Certaines industries, particulièrement les industries de luxe, sont sujettes aux caprices de la mode et subissent des crises plus ou moins graves quand la mode cesse de rechercher leurs produits. D'autres fois, il arrive que certaines industries donnant d'assez beaux bénéfices, les capitaux et les intelligences cherchent à s'y employer et développent ces industries au delà des besoins, si bien que les produits fabriqués en trop grande abondance ne peuvent t plus s'écouler qu'à vil prix. La c. résulte alors d'une erreur d'appréciation de la part des industriels eux-mêmes; elle disparaît d'elle-même, mais après la ruine des moins favorisés parmi ceux qui ont partagé l'erreur commune.

Mais les crises les plus graves et les plus pénibles sont celles qui, à certaines époques, intéressent à la fois presque tout le commerce et l'industrie d'un pays. On les voit le plus souvent succéder rapidement à une période de grande prospérité. Au reste, il faut bien reconnaître que l'on confond sous le nom de crise des phénomènes et des accidents très différents qui n'ont de commun que le malaise et les ruines qu'ils produisent.

C'est ainsi que les crises agricoles, capables de produire par répercussion la ruine de plusieurs établissements financiers, comme cela s'est vu récemment en Italie, sont très différentes des crises commerciales et monétaires. Au mo Agriculture, nous avons traité ce qui concerne la c. agricole dont notre pays souffre encore, quoique à un degré moindre qu'à l'époque où était écrit cet article.

M. Clément Juglar, qui a fait des crises commerciales une étude approfondie, désigne sous ce nom un phénomène qui trouble profondément le marché, s'accompagne toujours d'une crise monétaire, et se reproduit à des intervalles plus ou moins éloignés, toujours après une période de grande prospérité. Voici, d'après cet éminent économiste, comment les choses se passent. Pendant la période de prospérité, les affaires se développent considérablement sur la foi du crédit. Les capitaux trouvant facilement des emplois rémunérateurs, se placent avec facilité, et pour qu'il en reste le moins possible d'improductifs, les réserves métalliques des banques s'épuisent peu a peu pour se placer, souvent à l'étranger. Malheureusement ces affaires si belles doivent leur prospérité beaucoup moins à la production normale d'objets utiles qu'au succès d'une spéculation ininterrompue sur la hausse progressive des prix des marchandises. On s'enrichit bien plus en achetant pour revendre plus cher qu'en produisant des marchandises nouvelles. La prospérité dure tant que les prix continuent à s'élever, c.-à-d. tant que le nombre des acheteurs augmente; mais cette situation ne peut toujours durer. Dès que les prix cessent de monter, la spéculation à la hausse cesse de donner des bénéfices, et comme on a des engagements à remplir, il faut liquider. Les prix s'avilissent alors très vite et, comme on ne veut pas vendre à perte, on épuise tous les procédés de crédit pour se procurer de l'argent, c.-à-d. qu'on s'adresse à la réserve métallique des banques; celles-ci, pour défendre leur réserve, élèvent le taux de l'escompte. Cette élévation rapide et considérable du prix de l'escompte constitue la c. proprement dite. C'est pendant cette période, du reste très courte, de dix à quinze jours au plus, que les spéculateurs les plus engagés périssent; c'est alors que se produisent les faillites. Ensuite, le taux de l'escompte s'abaisse presque aussi vite qu'il s'était élevé, et la c. se liquide par l'écoulement des marchandises à un prix inférieur. Cette liquidation qui peut durer des années constitue encore un état de langueur et ce n'est que, qui se prolonge jusqu'à ce que les épargnes accumulées sollicitent la création d'affaires nouvelles qui rouvrent une nouvelle période de prospérité.

Cette théorie, très ingénieuse, se rapproche certainement beaucoup de ce qui se passe dans la réalité. Elle ne nous paraît cependant pas complète, et prête même à quelques objections assez graves. Ainsi, elle ne donne pas la raison de cette hausse continuelle des prix qui est indiquée comme étant la vraie cause des crises; on ne s'explique même pas bien comment le prix de toutes les marchandises peut s'élever à la fois. C'est une vérité reconnue que les produits ne s'échangent que contre des produits. Il semble donc que si certains produits augmentent de prix, d'autres doivent diminuer. Cependant, les prix de tous les produits peuvent augmenter à la fois; mais alors c'est qu'il y a dépréciation du numéraire, comme cela est arrivé à la suite de la découverte des mines d'or de Californie. Si donc la théorie précédente est exacte de tous points, le phénomène fondamental et primordial de la c. est mal désigné par hausse des marchandises: il consiste essentiellement dans la dépréciation du numéraire, et la c. commerciale devient essentiellement monétaire. Il nous semble que c'est là restreindre singulièrement la question. Nous admettons volontiers que le développement du crédit qui se produit nécessairement sur une grande échelle pendant une époque de prospérité, rende la monnaie moins nécessaire et détermine une diminution dans la valeur relative des métaux précieux; nous admettrons aussi que les spéculateurs

cherchent à exploiter cette situation en escomptant d'avance la hausse apparente qui doit en résulter dans le prix des marchandises, mais il nous semble que ces phénomènes, d'un caractère relatif, doivent rester compris entre certaines limites et leur influence nous paraît avoir été exagérée. Ce qui est certain, c'est que la c. se produit parce que non seulement les échanges, mais aussi la production subissent un ralentissement considérable: attribuer ce ralentissement à un changement dans la valeur relative de la monnaie nous semble excessif; nous dirions presque que c'est prendre la question par le petit côté.

En définitive, la théorie économique des crises commerciales est encore à faire. C'est l'un des points les plus obscurs de l'économie politique. Au reste, comme nous l'avons déjà dit dans une autre occasion, si les théories économiques sont parfaitement établies en ce qui concerne les états d'équilibre ou de régime permanent, elles laissent singulièrement à désirer pour tout ce qui regarde le passage d'un état d'équilibre à un autre, et il faut bien reconnaître que c'est essentiellement dans ce passage que consiste une crise, de quelque nature qu'elle soit. Pour employer des expressions empruntées à la mécanique, l'économie politique statique est établie aujourd'hui sur des bases indiscutables; l'économie politique dynamique est presque entièrement à faire, et même la distinction entre ces deux parties de la science n'est peut-être pas bien comprise de la plupart des économistes modernes. De là vient sans doute l'espèce de discrédit que certains esprits distingués, mais d'un caractère un peu acerbe, ont jeté de nos jours sur cette partie essentielle de la science sociale. Quoi qu'il en soit, il paraît certain que les crises commerciales sont l'un des effets de l'abus du crédit, par un mécanisme qu'il reste à expliquer d'une manière suffisamment précise. Voy. CRÉDIT, ÉCONOMIE POLITIQUE.

Bibliogr. — Dictionary of political economy. Bankes crisis, par MAC LEOD, 1863; CLÉMENT JUGLAR, Du change et de la liberté d'émission; des crises commerciales et de leur retour périodique, 1889; LÉON SAY, Dictionnaire d'économie politique.

CRISIAQUE. s. m. et f. Celui, celle qui est dans l'état de crise magnétique. || Adj. Accès crisiaque.

CRISPATIF, IVE. adj. 2 g. (R. crisper). T. Bot. Préfoliation crispative, celle où les feuilles sont pliées, comme crispées.

CRISPATION. s. f. [Pr. ...sion] (R. crisper). Contraction, resserrement, plissement qu'éprouvent certains corps à l'approche du feu ou par quelque autre cause. || T. Méd. Contraction très faible et involontaire de certains muscles. Ce bruit me donne des crispations. Vulgair., on dit aussi Crispations de nerfs. || Fig. et fam., Impatience, contrariété plus ou moins vive. Sa manière de parler me donne des crispations.

CRISPER. v. a. (lat. crispare, friser). Causer de la crispation, des crispations. Il fait un froid qui crispe la peau, les nerfs. || Fig. et fam., Causer de l'impatience, de la contrariété. Sa lenteur me crispe. Ce bruit me crispe les nerfs, me crispe. — SE CRISPER. v. pron. Se resserrer, se replier. Le parchemin, les cheveux se crispent lorsqu'on les approche du feu. — CRISPÉ, ÉE. part. Avoir les nerfs crispés.

CRISPIFLORE. adj. 2 g. (lat. crispus, frisé; flor. fleur). T. Bot. Qui a des pétales frisés sur les bords.

CRISPIFOLIÉ. ÉE. adj. (lat. crispus, frisé; folium, feuille). T. Bot. Qui a des feuilles frisées sur les bords.

CRISPIN. s. m. Nom d'un valet de comédie. || Fig., C'est un c., se dit d'un homme qui se plaît à faire le facétieux. || Espèce de manteau court à l'usage des femmes et des enfants. || Manchette de cuir qu'on ajoute aux gants de salle d'armes pour protéger le poignet.

CRISPITE. s. f. (lat. crispus, frisé). T. Minér. Synonyme de RUTILE.

CRISPUS, fils de Constantin, que son père fit empoisonner sur une fausse accusation de sa belle-mère Fausta (326 ap. J.-C.).

CRISSER. v. n. (Onomatopée?). Se dit des dents quand elles font un bruit aigu parce qu'on les serre et qu'on les grince fortement.

CRISSURES. s. f. pl. T. Techn. Crispures formées dans les barres ou les feuilles de métal.

CRISTA-GALLI. s. m. T. Anat. Apophyse de la face supérieure de l'os ethmoïde.

CRISTAL. s. m. (gr. κρύσταλλος, glace). T. Minéral. et Chim. Se dit de toute substance non organisée qui se présente sous l'aspect d'un corps de forme régulière et terminé par des surfaces planes disposées suivant une loi géométrique. *Les cristaux de sel marin sont cubiques. Il existe des cristaux de différentes couleurs.* Voy. Cristallisation et Cristallographie. — *C. de roche* ou simplement *Cristal.* Quartz hyalin incolore et transparent. Voy. Quartz. || Sorte de verre très limpide, plus fusible, plus réfringent et plus dispersif que le verre ordinaire, qualités qu'il doit à la présence du plomb combiné à la silice. Voy. Verre. || Se dit aussi, surtout au pl., des objets faits de c. de roche ou de c. factice. *Magasin de cristaux.* || Fig. et poét., *Le c. d'une onde pure, le c. des eaux,* se dit pour exprimer l'extrême limpidité des eaux.

CRISTALLERIE. s. f. [Pr. *krista-le-ri*]. L'art de fabriquer le cristal, de fabriquer les objets de cristal. || Le lieu où l'on fabrique et travaille les cristaux.

CRISTALLIER. s. m. [Pr. *krista-lié*]. Graveur en cristal artificiel. || Armoire où l'on range des cristaux.

CRISTALLIÈRE. s. f. [Pr. *krista-lière*]. Mine de cristal de roche. || Machine sur laquelle on travaille les cristaux.

CRISTALLIFÈRE. adj. [Pr. *krista-lifère*] (R. *cristal,* et lat. *fero,* je porte). T. Didact. Qui contient des cristaux.

CRISTALLIN, INE. adj. [Pr. *krista-lin*]. T. Minér. Qui appartient aux cristaux. *Formes cristallines.* || Poétiq., Qui est clair et transparent comme du cristal de roche. Ne se dit guère que des eaux. *Des eaux cristallines.*

CRISTALLIN. s. m. T. Anat. Corps lenticulaire et transparent qui fait partie de l'œil, et qui sert à concentrer les rayons lumineux sur la rétine pour y faire l'image des objets extérieurs. On dit quelquefois aussi adject., *Corps c. Humeur cristalline.* Voy. Œil. || T. Astron. Se dit, dans le système de Ptolémée, des cieux transparents et concentriques qui, selon cet astronome, enveloppaient la terre. *Le premier, le second c.*

CRISTALLINE. s. f. [Pr. *krista-line*] (R. *cristallin*). T. Bot. Nom du *Mesembryanthemum cristallinum,* appelé aussi *glaciale.* Voy. Aizoacées. || T. Pathol. Pustule syphilitique remplie d'une humeur limpide qui se développe au prépuce. || T. Chim. Substance organique qui se trouve dans le cristallin de l'œil, nommé aussi *Globuline.* Voy. ce mot.

CRISTALLINIEN, IENNE. adj. [Pr. *krista-lini-in*]. T. Anat. L'ensemble des organes représentés par la capsule du cristallin ou cristalloïde et le cristallin même.

CRISTALLINITÉ. s. f. [Pr. *krista-linité*]. Qualité de ce qui est cristallin.

CRISTALLISABLE. adj. 2 g. [Pr. *krista-li-zable*]. Qui est susceptible de cristalliser.

CRISTALLISATION. s. f. [Pr. *krista-liza-sion*]. T. Phys. et Chim. Phénomène par lequel les parties d'une substance qui est dissoute dans un liquide, se réunissent pour former un cristal. || Se dit aussi d'un groupe de cristaux. *Voilà de belles cristallisations!*

Phys. et Chim. — On appelle ainsi le phénomène ou l'opération par laquelle un corps passe de l'état liquide ou gazeux à l'état de cristal. — La C. peut s'opérer de trois manières: 1° par *fusion,* 2° par *volatilisation* ou *sublimation;* 3° par *dissolution.* La première s'emploie pour les corps qui, comme le bismuth et le soufre, fondent à une température peu élevée. On fait fondre ces corps dans un creuset dont le diamètre égale à peu près la profondeur; puis, la fusion terminée, on retire le creuset du feu et on le laisse refroidir lentement. La solidification se fait de l'extérieur au centre. Enfin, quand on pense que l'opération est assez avancée, on enlève une par-

lie de la couche extérieure, et on renverse le creuset afin de faire écouler tout ce qui est liquide; il reste alors dans le vase une géode tapissée de cristaux. — La seconde méthode s'applique aux substances qui passent directement de l'état solide à l'état gazeux, tel est l'arsenic. On introduit le corps dans la partie inférieure d'une cornue qu'on chauffe jusqu'à ce que le corps se réduise en vapeurs. Or, comme la voûte et le col du vase sont moins chauds que le fond, les vapeurs se déposent, sous forme de cristaux, sur ces parties froides. — La troisième méthode, appelée aussi méthode par la *voie humide,* par opposition aux procédés ci-dessus qui constituent la méthode par la *voie sèche,* est celle qui est la plus usitée. On introduit le corps à cristalliser dans un dissolvant approprié; on porte la liqueur à la température nécessaire pour déterminer son ébullition, puis on l'abandonne à un refroidissement gradué; ou bien on opère la dissolution à la température ordinaire, et on l'abandonne à l'évaporation spontanée. Plus le liquide s'évapore lentement et uniformément, plus les cristaux qui se déposent sont réguliers et volumineux. Ces cristaux obtenus par voie humide renferment presque toujours une plus ou moins grande quantité d'eau, appelée à cause de cela *Eau de c.* Leblanc a indiqué un moyen très simple pour obtenir des cristaux d'un volume considérable. Pour cela, on ne laisse dans une dissolution qui s'évapore spontanément qu'un petit nombre de cristaux choisis parmi les plus réguliers qui se sont d'abord produits; puis on les retourne de temps en temps pour que leur accroissement s'opère également sur toutes leurs faces. Toutefois, ainsi que l'observe Regnault, la régularité des cristaux qu'on a ainsi *nourris,* c'est l'expression consacrée, n'est le plus souvent qu'apparente. Ils sont rarement transparents; leurs faces sont presque toujours plus ou moins ondulées, et une foule d'imperfections existent à l'intérieur. Si, au lieu d'un cristal entier, on nourrit ainsi un cristal brisé, on observe que toute l'activité de la c. s'exerce d'abord sur la partie lésée, de manière à reconstituer le fragment qui avait été enlevé, et c'est seulement lorsqu'elle est achevée que l'accroissement du cristal reprend son cours régulier; le résultat final est le même que si l'on avait nourri un cristal entier. Ce phénomène curieux a reçu le nom de *Cicatrisation* des cristaux.

On n'a encore que des conjectures bien vagues sur les causes de la c. Néanmoins, on ne peut guère douter qu'elles ne résident, comme les causes des phénomènes chimiques, dans les attractions moléculaires, qui, comme on le sait, ne s'exercent qu'à des distances infiniment petites. On conçoit, en effet, que les particules similaires d'un corps ont l'une pour l'autre une attraction réciproque ou *attraction de cohésion,* et qu'un liquide capable de le dissoudre a pour lui une *attraction de combinaison,* celle-ci tendant à séparer les molécules et celle-là à les rapprocher. C'est du rapport qui existe entre ces deux forces opposées que naissent les différents états d'un corps. Si donc l'action du dissolvant est prédominante, le corps sera dissous; si, au contraire, celle est la plus faible, le corps restera intact; ou, s'il a été dissous auparavant et que l'attraction de combinaison devienne trop faible, le corps sera réagrégé par l'attraction de cohésion, et, dans le plus grand nombre des cas, il passera à l'état solide et pourra cristalliser. L'action de la chaleur produit les mêmes résultats: car elle tend à écarter les molécules des corps et se trouve, par conséquent, en opposition avec l'attraction de cohésion: si les forces d'expansion sont plus puissantes que la cohésion, elles font passer le corps de l'état solide à l'état liquide, et, si elles augmentent encore, à l'état gazeux; le retour de ce dernier état aux précédents a lieu quand l'action de la chaleur diminue, et l'on sait que ces divers changements d'état se produisent à des degrés de température qui sont toujours les mêmes pour chaque espèce de corps.

Mais à quelles lois ces attractions moléculaires elles-mêmes sont-elles soumises? Quelle est la cause qui construit les polyèdres géométriques si réguliers, qui détermine la mesure de leurs angles et la maintient invariablement? Pourquoi telle substance cristallise-t-elle d'une manière et non pas d'une autre? Quels rapports y a-t-il entre la composition chimique d'un corps et les formes régulières qui lui sont propres? Quelles sont encore les causes qui déterminent les variétés de forme que prend une même substance? Il faut l'avouer: toutes ces questions sont insolubles dans l'état actuel de la science. A peine possédons-nous quelques notions très imparfaites sur les phénomènes qui ont lieu pendant la formation des cristaux dans nos laboratoires, et sur les circonstances qui en font varier les résultats: encore ces notions sont-elles surtout relatives à la c. des substances qui se précipitent d'une solution. En résumant les faits observés à ce sujet par les divers expérimentateurs, on reconnaît : 1° que a c. est en général plus active dans une solution très concentrée, par une évaporation prompte, et par conséquent par un air chaud, sec et qui se renouvelle rapidement ; que la nature des apparels, le dépôt de corps étrangers dans la solution, et surtout l'introduction d'un cristal du sel qui y cristallise, ont une grande influence pour la déterminer ; que la c. est au contraire retardée ou même empêchée par des circonstances opposées ; — 2° que les cristaux ont en général des formes plus nettes, quand l'évaporation est lente et la solution tranquille ; — 3° que les cristaux sont en général plus gros par une évaporation lente et une solution plus saturée ; — 4° que, dans l'état actuel de nos connaissances, les seules causes qui paraissent produire des variations de forme dans les cristaux d'un même sel peuvent se réduire à quatre, savoir : A. les mélanges mécaniques de matières étrangères qu'un sel peut entraîner dans sa c. ; B. l'influence des corps étrangers, solides, liquides ou gazeux, qui peuvent se trouver dans la solution sans que les cristaux en soient aucunement changés ; C. les mélanges chimiques de matières étrangères qu'un sel peut entraîner et retenir avec lui dans ses cristaux ; D. les variations entre les proportions relatives des principes constituants des sels. — Voy. SEL et CRISTALLOGRAPHIE.

CRISTALLISER. v. a. [Pr. krista-lizer]. T. Chim. Déterminer la cristallisation d'une substance. C. du sucre. || T. Techn. C. la soie, la laisser se couvrir de petits cristaux d'alun. = SE CRISTALLISER. v. pron. Se former en cristaux. Ce sel se cristallise en cubes. = CRISTALLISER. v. n. Se dit dans le même sens, mais est beaucoup plus usité. Le soufre cristallise en octaèdres ou en aiguilles prismatiques. Faire c. un sel. = CRISTALLISÉ, ÉE. part. Azotate d'argent c.

CRISTALLISOIR. s. m. [Pr. krista-izoir]. T. Chim. Vase où l'on fait cristalliser une liqueur. || Bassin dans lequel les eaux saturées laissent déposer le sel.

CRISTALLO-ÉLECTRIQUE. adj. 2 g [Pr. krista-o-élektrike]. T. Phys. Qui est relatif aux propriétés électriques des cristaux.

CRISTALLOGÉNIE. s. f. [Pr. krista-lo-géni]. (P. cristal, et gr. γεννάω, j'engendre). T. Didact. Science de la formation des cristaux.

CRISTALLOGRAPHE. s. m. [Pr. krista-lo-grafe]. Celui qui s'occupe de cristallographie.

CRISTALLOGRAPHIE. s. f. [Pr. krista-lo-graf]. (gr. κρύσταλλος, cristal ; γράφειν, décrire). T. Hist. nat. — Quand on observe superficiellement les différents minéraux qui existent dans la nature, on est d'abord porté à les considérer comme des agglomérations de molécules réunies au hasard, à croire que le nombre de leurs formes extérieures est infini ; mais un examen plus attentif ne tarde pas à montrer que la plupart d'entre eux peuvent cristalliser, c.-à-d. prendre, dans certaines circonstances, une structure et une forme régulières qui sont absolument semblables chez les individus de même nature. Bien plus, on acquiert la conviction que presque toutes les matières minérales, même celles qui nous apparaissent avec les formes extérieures les plus irrégulières, offrent, dans leur cassure récente, des traces évidentes d'une texture régulière, et qu'elles ne sont que des agrégations de cristaux enchevêtrés les uns dans les autres et de dimensions quelquefois si petites qu'on ne peut les reconnaître sans l'assistance du microscope. On donne le nom de Formes cristallines à ces formes polyédriques régulières que peuvent prendre les minéraux. Enfin, on reconnaît, d'une part, que la similitude des formes cristallines, dans les individus de même nature, est telle qu'elle peut servir à distinguer les unes des autres les diverses substances cristallisées, et d'autre part que ces formes, quoique paraissant au premier abord varier à l'infini, se réduisent en réalité à un petit nombre de types auxquels il est facile de les ramener toutes. — La C. est la science qui étudie les formes cristallines et les lois auxquelles elles sont assujetties.

I. Éléments des formes cristallines. — On trouve toujours quatre choses dans un cristal : ces faces, des angles, des arêtes et des axes.

A. Faces. — Ce sont les plans qui terminent les cristaux. On trouve rarement des cristaux qui présentent des surfaces convexes : cependant le gypse et le diamant nous offrent cette particularité ; mais on peut toujours, ou ramener ces cristaux convexes à des cristaux à faces planes, connus et déterminés, dont les faces auraient été contournées, ou, dans d'autres cas, considérer ces surfaces convexes comme n'étant que l'assemblage de plusieurs faces planes réunies sous des angles très obtus. — On distingue dans un cristal deux espèces de faces : les faces principales ou dominantes, qui sont les plus étendues et dont l'ensemble détermine la forme du cristal ; et les faces secondaires ou facettes, qu'on peut regarder comme additionnelles, parce que la forme générale n'est pas sensiblement altérée par leur présence. — Les faces des cristaux sont soumises à deux lois principales. — 1° En général, à chaque face d'un cristal correspond une autre face qui lui est rigoureusement parallèle, du moins quand il est isolé et régulièrement formé. Toutefois, cette proposition n'est pas toujours facile à vérifier, parce que les cristaux se présentent ordinairement implantés dans une masse solide, disposition qui ne permet d'en examiner qu'une moitié. C'est par suite de cette tendance générale à produire toujours deux faces parallèles, que les cristaux ne présentent jamais de pyramides complètes, le cas du tétraèdre excepté, mais bien la forme de double pyramide, etc. — 2° Les faces des cristaux, sauf un très petit nombre d'exceptions, sont ordonnées symétriquement, soit toutes ensemble, soit par parties, relativement à leur axe. Tantôt la plupart de ces faces, ou au moins les principales et les plus étendues, sont parallèles à l'axe, et alors le cristal a réellement la forme d'un prisme ; tantôt elles sont, en totalité ou par parties, également inclinées à l'axe, et alors chacun des sommets du cristal a la forme d'une pyramide plus ou moins régulière. Il y a aussi des cristaux dont deux faces seulement sont inclinées à l'axe, ou bien dans lesquels plusieurs faces ont 2 à 2 la même inclinaison. On en rencontre d'autres où plusieurs faces ont 3 à 3 ou 4 à 4, vers une même extrémité de l'axe, la même inclinaison à cet axe. Enfin, les formes prismatiques et pyramidales dont nous venons de parler sont fréquemment combinées ensemble dans le même cristal, et, dans ce cas, les faces qui tendent à former le prisme et celles qui tendent à former la pyramide sont ordinairement coordonnées au même axe.

B. Angles. — On reconnaît trois espèces d'angles dans les cristaux. On appelle Angles dièdres ceux que forment les faces prises 2 à 2, et l'on donne le nom d'Angles plans à ceux qui sont produits par deux arêtes qui se rencontrent. Les angles de la troisième espèce sont les Angles solides ; ceux-ci résultent de la réunion d'au moins trois plans en un même point commun, et on les dit Angles à trois, à quatre, à cinq faces, suivant le nombre des plans qui les composent. On se sert aussi, dans les mêmes cas, des expressions triple, quadruple, quintuple, etc. (Fig. 1. Angle triple ou à 3 faces ; 2. Angle (aux sommets) sextuple ou à 6 faces.) Enfin, on dit qu'un angle solide est de même espèce qu'un autre, lorsque les angles plans qui le forment sont égaux, chacun à chacun, à ceux qui déterminent celui-ci. — Les angles des cristaux, et l'on entend par là les angles dièdres et les angles plans, sont toujours constants et invariables dans chacune des formes de la même substance et pour une même température ; cette loi fondamentale de la C. a

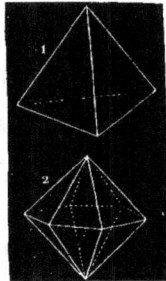

été démontrée expérimentalement par Romé de l'Isle. De plus, les cristaux ont toujours des angles saillants et jamais d'angles rentrants. Cette deuxième proposition semble infirmée par les masses cristallines que nous voyons journellement, et où nous remarquons une infinité d'angles rentrants ; mais il ne faut pas oublier que ces masses étant des réunions symétriques de cristaux réguliers, les angles rentrants qu'on y observe sont produits par l'accolement de deux de ces derniers : jamais on ne trouve d'angles de cette sorte dans un cristal isolé.

D'après le principe de la constance des angles, une face est complètement déterminée par les angles qu'elle forme avec les autres faces ou avec les axes ; si on la déplace parallèlement à elle-même (c.-à-d. si on la remplace par une section qui lui est parallèle), ses dimensions varient, mais les angles se conservent et la forme cristallographique ne change pas. On dit que deux ou plusieurs faces sont *de même espèce* quand elles sont caractérisées par les mêmes angles. Il arrive souvent que dans les cristaux naturels les faces de même espèce, s'étant développées avec des vitesses différentes, ne sont pas toutes égales entre elles, bien qu'elles présentent les mêmes angles ; mais on peut toujours imaginer qu'elles soient déplacées parallèlement à elles-mêmes de façon à devenir égales, et, dans tout ce qui va suivre nous supposerons qu'il en est ainsi. Dans ce cas, tout cristal possédera un *centre*, c.-à-d. un point intérieur tel que toute droite qui y passe en se terminant aux faces se trouve partagée en ce point en deux parties parfaitement égales.

C. *Arêtes.* — On nomme *arêtes* d'un cristal les lignes suivant lesquelles les faces de ce cristal se coupent, et on les divise en *arêtes obtuses* et *arêtes aiguës*, suivant que les plans ou faces qui les déterminent forment entre eux un angle dièdre obtus ou un angle dièdre aigu. — Une arête est *de même espèce* qu'une autre lorsqu'elle se trouve à l'intersection de 2 plans de même espèce et de même inclinaison mutuelle que ceux qui déterminent celle-ci ; elle est *différente* lorsque les plans qui la déterminent ne sont pas de même espèce que ceux qui forment l'arête à laquelle on la compare, ou lorsque, étant de même espèce, ils sont inclinés différemment.

D. *Axes.* — Les *axes* sont des lignes idéales qui passent par le centre des cristaux et autour desquelles les faces sont disposées symétriquement. Ils peuvent aboutir aux angles, aux arêtes ou au centre des faces, quelquefois même à ces divers points dans le même cristal. Les cristaux qui se trouvent dans ce dernier cas sont dits *à plusieurs systèmes d'axes*. Tel est, par ex., l'hexaèdre régulier ou cube, dans lequel on obtient un premier système de 3 axes en joignant par des droites les centres des faces opposées (Fig. 3), puis un second de 4 axes, en réunissant les angles solides (Fig. 4), et, enfin un troisième de 6 axes en opérant de la même manière sur le centre des arêtes (Fig. 5). Dans ce cristal, les axes d'un même système sont égaux entre eux, mais cette particularité ne se rencontre pas toujours. Ainsi l'octaèdre oblique (Fig. 6) à base rhombe a pour axes 3 lignes qui, réunissant les angles opposés, sont toutes les trois inégales et inclinées l'une sur l'autre.

Afin de faciliter l'étude des cristaux, on a imaginé de leur donner une position déterminée. En conséquence, on est convenu de les placer de manière qu'un de leurs axes soit toujours vertical. Lorsque les axes sont parfaitement semblables entre eux, on peut prendre indifféremment l'un ou l'autre, parce que, quel que soit celui que l'on choisisse, le cristal présentera toujours le même aspect. C'est ce qui arrive, par ex., pour le cube ou hexaèdre, où il est ordinairement d'usage d'adopter un des trois angles rectangulaires. Mais si, dans un système d'axes, il s'en trouve un qui n'ait point son analogue, c'est celui-là que l'on préfère, et on lui donne le nom d'*axe principal*, tandis que les autres sont appelés *axes secondaires*. Enfin, lorsque les axes d'un système sont tous inégaux, on peut indifféremment prendre l'un ou l'autre ; une seule fois qu'on a fait son choix, il est convenable de s'y tenir tant que dure l'examen du cristal.

II. *Des formes cristallines.* — Ces formes sont excessivement nombreuses, soit parce que chaque substance peut affecter une forme particulière, soit parce qu'on peut en trouver de très variées dans le même corps. Celles que l'on connaît aujourd'hui se comptent par milliers, et il est des substances qui en présentent un nombre très considérable. Ainsi, pour ne citer qu'un ex., on en a compté jusqu'à 1,400 dans la chaux carbonatée, toutes parfaitement régulières et ne différant entre elles que par la position, le nombre et la grandeur des faces. Cette multiplicité des formes cristallines semble devoir rendre leur étude aussi longue que difficile ; mais il n'en est rien,

parce que, comme nous le savons déjà, elles ne sont que des modifications d'un petit nombre de formes typiques, qu'il suffit de bien connaître pour se rendre compte de toutes les autres.

On distingue dans les cristaux des *formes simples* et des *formes composées*. Dans les premières, les faces sont toutes semblables entre elles. Tels sont le cube ou hexaèdre régulier qui se termine par 6 carrés (Fig. 3), et le dodécaèdre hexagonal, dont les 12 plans sont des triangles isoscèles (Fig. 2). Les formes composées sont celles qui offrent des faces différentes : tel est le cas des Fig. 7 et 8 qui se composent, la première de 6 faces carrées et de 8 triangles équilatéraux ; et la seconde de 6 faces rectangulaires et de 12 triangles isoscèles. Nous ferons remarquer que si, dans une forme composée, on prolonge les faces d'une espèce de manière à faire disparaître les faces de l'autre espèce, on arrive à une forme simple. Ainsi, en prolongeant les plans triangulaires de la Fig. 7, on obtient un octaèdre régulier, tandis que, en opérant sur les faces carrées, on a un hexaèdre. En conséquence, on est fondé à dire que les formes composées résultent de la combinaison d'autant de formes simples qu'il y a de faces d'espèces différentes dans les formes composées. Cependant il arrive quelquefois qu'en prolongeant les faces de même espèce d'une forme composée, on ne peut obtenir une forme simple entièrement limitée. Tel est le cas de la Fig. 8, où le prolongement des faces rectangulaires ne peut donner qu'un prisme régulier à 6 faces indéfinies, tandis que, au contraire, les faces triangulaires aboutiraient à un solide parfaitement fermé, le dodécaèdre hexagonal. On voit, d'après cela, que les faces qui donneraient lieu à un solide illimité, ne peuvent à elles seules produire un cristal.

Presque toujours l'une des formes simples qui constituent les cristaux composés est beaucoup plus développée que les autres, et donne au cristal l'aspect qui le caractérise (Fig. 9 et 10). Cette forme porte le nom de *forme dominante*, tandis que les autres sont appelées *formes secondaires*. Les faces de ces dernières se nomment également *faces modifiantes*. Ainsi, la forme représentée par la Fig. 9 est une combinaison de l'hexaèdre avec l'octaèdre ; mais comme l'aspect du premier domine, on dira que c'est un *hexaèdre modifié par les faces de l'octaèdre*.

Lorsqu'une facette qui n'appartient pas à la forme dominante occupe la place d'une arête ou d'un solide de cette forme, on exprime cette modification en disant que l'arête ou l'angle est *tronqué*, et la facette modifiante s'appelle *Facette*

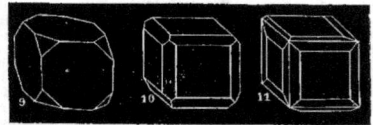

de troncature de l'arête ou *de l'angle* (Fig. 9. Troncature sur les angles ; 10. Troncature sur les arêtes). Évidemment cette idée de troncature n'est pas exacte, puisque cette arête ou cet angle n'a point existé, et, par conséquent, n'a pas été tronqué ; mais comme le résultat est le même, et que cette expression rend bien la disposition relative de cette facette additionnelle, elle est généralement adoptée. Si la facette de troncature est également inclinée sur les deux faces de la forme dominante, comme dans la Fig. 10, on dit qu'elle est *droite* ou *tangente* à l'arête qu'elle remplace ; dans le cas contraire, la troncature est dite *oblique*, et alors il convient de déterminer l'angle qu'elle présente. Pour les facettes de troncature des angles, on les distingue aussi en *droites* ou *tangentes* et en *obliques*, suivant que leurs inclinaisons sur les faces principales qui déterminent les angles sont égales ou inégales. La Fig. 9 offre un exemple du premier cas. Dans le cas de troncature oblique, on distingue encore leur position relativement aux deux faces qui forment l'une des arêtes de l'angle.

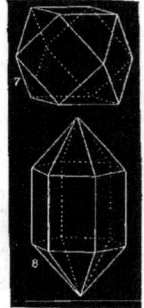

Les arêtes de la forme dominante sont souvent remplacées par deux facettes parallèles à ces arêtes et également inclinées sur les faces principales adjacentes, comme le représente la fig. 11. On dit alors que l'arête est remplacée par un *biseau*.

Il arrive assez fréquemment qu'un angle solide de la forme dominante est remplacé par un angle plus obtus, dans ce cas, on dit qu'il s'est formé un *pointement* sur cet angle. En général, les pointements ont lieu à l'extrémité de l'axe ou de l'un des axes de la forme dominante. De plus, le nombre de leurs faces est le plus souvent égal à celui des faces de la forme dominante qui sont semblablement placées par rapport à l'axe (Fig. 12). Dans quelques cas, cependant, le nombre des faces du pointement est double, et, dans l'autre, il n'est que la moitié (Fig. 13) de celui des faces de la forme dominante.

III. *Lois de symétrie et de dérivation*. — On vient de voir que les formes cristallines peuvent passer les unes aux autres au moyen de certaines modifications de leurs arêtes ou de leurs angles.

Ces modifications n'ont point lieu au hasard; loin de là, elles sont soumises à des lois qui ont été découvertes par Haüy, et qu'il importe de connaître avant de passer à la description des groupes cristallins. La *loi de symétrie* se réduit à ceci : *Dans un cristal quelconque, les parties de même espèce sont toutes modifiées à la fois et de la même manière, tandis que les parties d'espèces différentes sont modifiées d'une manière différente;* mais cet énoncé général se compose de quatre cas. — 1° Les arêtes ou les angles solides de même espèce sont tous modifiés à la fois et de la même manière. Ainsi, par ex., lorsqu'on considère le cube, les arêtes, étant toutes de même espèce, restent toutes intactes ou sont toutes modifiées à la fois de la même manière; il en est de même de tous les angles solides. — 2° Les arêtes ou les angles solides d'espèces différentes sont modifiés différemment. Par ex., dans le prisme à bases carrées, les 8 arêtes des bases étant de même espèce, sont modifiées de la même manière ou restent intactes, tandis que les arêtes latérales qui sont d'espèce différente se modifient d'une autre façon. De même, dans un prisme rhomboïdal, les arêtes latérales qui correspondent à l'angle obtus peuvent être modifiées d'une certaine manière, tandis que les deux autres, qui correspondent à un angle aigu, restent intactes ou sont modifiées tout autrement. — 3° Lorsqu'une arête ou un angle solide est formé par des plans de même espèce, les modifications produisent le même effet sur chacun de ces plans. Dans le cube, par ex., où toutes les faces sont égales, les arêtes sont toujours modifiées par une seule facette également inclinée sur les plans adjacents (Fig. 10), ou par 2 facettes de même espèce (Fig. 11) qui sont inclinées de même sur les faces correspondantes. Quant aux angles solides, qui sont formés de 3 angles plans égaux, ils sont modifiés par une seule facette qui est également inclinée sur les 3 plans (Fig. 9) ou par 3 facettes qui sont également inclinées sur les plans correspondants. — 4° Lorsqu'une arête ou un angle solide se trouve formé par des plans d'espèces différentes, les modifications produisent des effets différents sur chacun de ces plans. Soit, par exemple, un prisme à bases carrées : si la modification porte sur les arêtes supérieures qui sont formées chacune par des faces d'espèces différentes, on reconnaît que cette facette (Fig. 50) ne fait pas le même angle sur chacun des plans. Si la modification a lieu sur l'angle solide (Fig. 62), la facette qui en résulte est également inclinée sur les plans du prisme qui sont de même espèce, et s'incline différemment sur la base qui est d'espèce différente.

Quelque compliquée que soit une forme cristalline, elle pourra toujours être considérée comme dérivant, par des modifications conformes à la loi de symétrie, d'une forme prismatique appelée *forme primitive*. Toutes les formes primitives des cristaux peuvent se classer en 6 catégories appelées *systèmes cristallins*, qui correspondent à autant de modes distincts de symétrie et qui sont représentés par les 6 types suivants : le cube, le rhomboèdre, les prismes droits à base carrée et à base rectangle, et les prismes obliques à base rectangle et à base de parallélogramme.

Les différentes substances qui cristallisent dans un même système n'ont pas pour cela les mêmes formes primitives; celles-ci ne sont identiques que pour les cristaux du type cubique. Les prismes droits diffèrent entre eux par les lon-

gueurs relatives de leurs arêtes; les rhomboèdres, par les valeurs de leurs angles; les prismes obliques, à la fois par les angles et par les arêtes. De plus, les modifications que peut éprouver une même forme primitive obéissent, non seulement à la loi de symétrie dont nous venons de parler, mais encore à une *loi de dérivation*, appelée aussi *loi des troncatures rationnelles* ou *loi de rationalité des axes*, qui s'énonce ainsi : *Toute face modifiante intercepte sur les arêtes de la figure primitive des longueurs proportionnelles à des multiples simples de ces arêtes.* Soient par exemple a, b, c les longueurs relatives des arêtes de la forme primitive; toute face modifiante coupera ces arêtes à des distances qui seront respectivement proportionnelles à $\frac{a}{m}, \frac{b}{n}, \frac{c}{p}$, les coefficients m, n, p représentent des nombres entiers généralement très simples, comme 1, 2, 3, etc.; toutefois, dans le cas très fréquent où la face devient parallèle à l'une des arêtes, le coefficient correspondant devient infini.

IV. *Systèmes cristallins.* — On vient de voir qu'un système cristallin est constitué par l'ensemble des formes qui se rapportent à un même type; nous allons étudier successivement chacun de ces types avec les principales formes qui en dérivent :

1° *Système cubique ou régulier, octaédrique, etc.* — Dans ce système, qui présente 3 axes de symétrie égaux et perpendiculaires entre eux (voy. Fig. 3), toutes les formes peuvent

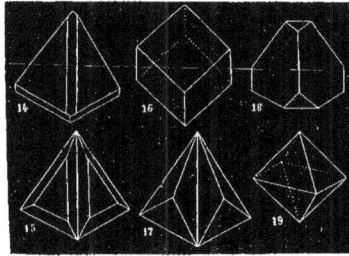

se ramener au cube. Les Fig. 14 à 19 proviennent de modifications sur les arêtes et de leur remplacement par une ou deux facettes. — Le *Cube* ou *Hexaèdre* (Fig. 3 à 5) est un solide terminé par 6 faces carrées et égales, avec 8 angles solides égaux et 12 arêtes égales. Les 3 axes de ce solide réunissent les centres des faces opposées, de sorte que chaque face est perpendiculaire à un des axes et parallèle aux

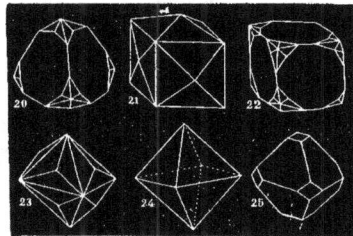

deux autres. Ses arêtes peuvent être modifiées par une seule facette (Fig. 10) ou par deux (Fig. 11). Dans le premier cas, les facettes, au nombre de 12, prolongées jusqu'à ce qu'elles se rencontrent, donnent lieu à la formation du dodécaèdre rhomboïdal (Fig. 27); dans le second, le prolongement des facettes, au nombre de 24, conduit à des cubes pyramidés, présentant 24 faces triangulaires et appelés *Hexatétraèdres* (Fig. 21). Quant aux angles, ils peuvent être modifiés par une seule facette (Fig. 9), par 3 facettes correspondantes aux angles du cube, par 3 facettes correspondantes aux arêtes, et enfin par 6 facettes (Fig. 22). Lorsque les facettes des angles sont uniques, chacune d'elles produit un plan triangulaire équilatéral, et leur ensemble conduit à l'octaèdre régulier (Fig. 24). Lorsque le cristal présente 3 facettes correspondantes aux angles du cube, si on les prolonge suffisamment, elles produisent des *Icositétraèdres* (Fig. 31) solides dont les faces, au nombre de 24, sont des quadrilatères. La modification par 3 facettes correspondantes aux arêtes produit également des solides à 24 faces : ce sont des octaèdres pyramidés appelés *trioctaèdres* (Fig. 23); mais ici les faces sont des triangles isocèles. La modification des angles du cube par 6 facettes donne des *Hexoctaèdres*, polyèdres de 48 faces triangulaires qui ont l'aspect du cube, de l'octaèdre ou d'un sphéroïde, suivant l'inclinaison que prennent les facettes en se prolongeant; l'un de ces polyèdres est représenté dans la Fig. 26. — L'*Octaèdre régulier* (Fig. 24) est formé par 8 faces triangulaires équilatérales, 6 angles solides composés de 4 plans et 12 arêtes égales. Quand elles sont modifiées par une seule facette, elles donnent lieu à un dodécaèdre rhomboïdal (Fig. 27); quand elles le sont par 2 facettes, il en résulte un trioctaèdre pareil à ceux que nous avons déjà déduits du cube (Fig. 23). La modification des angles par une seule facette (Fig. 25) ramène au cube; celle par 4 facettes correspondantes aux faces reconduit à l'icositétraèdre (Fig. 31); celle par 4 facettes correspondantes aux arêtes donne des solides à 24 faces triangulaires (Fig. 21); et celle par 8 facettes produit des *hexoctaèdres* (Fig. 26) comme ceux qui résultent du cube. — Le *Dodécaèdre rhomboïdal* (Fig. 27) est formé par 12 faces rhombes toutes égales et inclinées entre elles de 120°. Il a 24 arêtes égales, 8 angles solides triples et 6 angles solides quadruples. Il peut être modifié sur les arêtes par 1 ou par 2 facettes, et sur les angles par une ou par plusieurs facettes. La modification des arêtes par une seule facette donne un solide à 24 faces, et

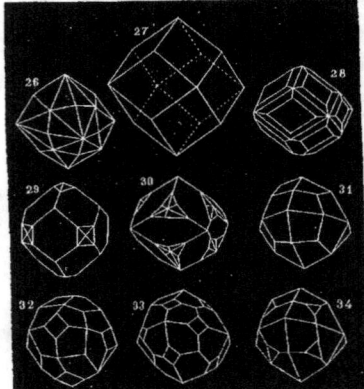

par 2 facettes un solide à 48 faces (Fig. 28). Quant aux modifications sur les angles, on les partage en deux genres, attendu qu'il y a deux sortes d'angles, les uns quadruples et les autres triples. Dans la Fig. 29 les angles solides quadruples sont remplacés par 4 facettes; dans la Fig. 30, au contraire, les angles triples sont remplacés par 6 faces. — Les *Icositétraèdres* (Fig. 31), appelés souvent à tort *Trapézoèdres* ou *Leucitoèdres*, ont 6 angles quadruples qui correspondent aux faces du cube, 12 autres angles quadruples qui correspondent aux faces du dodécaèdre, et 8 angles triples qui correspondent aux faces de l'octaèdre. On peut donc déduire de cette forme cristalline ces trois sortes de solides : cube, dodécaèdre et octaèdre, en remplaçant chacun des angles cités par un plan également incliné sur les plans adjacents, comme le montrent les Fig. 32, 33 et 34.

C'est au premier système cristallin que se rapportent le sel commun, l'alun, le grenat, le diamant, etc.

2° *Système rhomboédrique ou hexagonal.* — Ce système est caractérisé par 4 axes de symétrie dont 3 sont égaux, situés dans un même plan et inclinés à 60°; le quatrième axe, que l'on convient de placer verticalement, est différent et perpendiculaire au plan des trois autres. — Comme type de ce

système, on prend ordinairement le *Rhomboèdre* (Fig. 35, 36, 37) : c'est un solide à 6 faces rhombes, toutes égales, semblables, et disposées symétriquement autour d'un axe passant par 2 angles solides opposés et égaux. Par conséquent, 3 arêtes aboutissent à chaque sommet, et les 6 autres sont disposées latéralement. Les angles dièdres des faces qui forment les arêtes du sommet sont tous égaux entre eux; ceux des faces qui forment les arêtes latérales sont différents, mais encore égaux entre eux et supplémentaires des premiers. Il peut exister un nombre infini de rhomboèdres, puisqu'on peut faire un nombre infini de plans rhombes dont chacun est susceptible de produire deux solides, l'un aigu et l'autre obtus; néanmoins il existe certaines limites hors desquelles cette espèce de solide ne peut avoir lieu : ainsi, l'angle dièdre du sommet ne peut être plus petit que 60°. Le rhomboèdre présente un grand nombre de modifications; car elles peuvent porter sur les arêtes culminantes, sur les arêtes latérales, sur les angles culminants et sur les angles latéraux.

En partant d'un rhomboèdre quelconque, on peut produire par des modifications un nombre infini d'autres rhomboèdres,

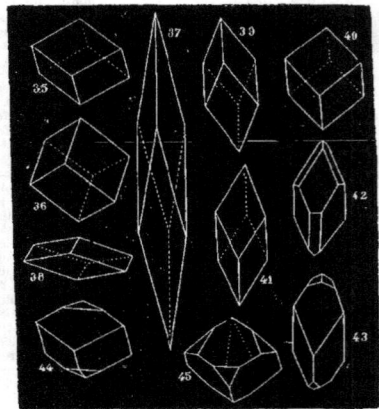

qui diffèrent du premier, et aussi les uns des autres. En partant de la Fig. 35, par exemple, on peut arriver aux rhomboèdres représentés par les Fig. 38, 36, 39 et 37, qui diffèrent les uns des autres par les angles, et qui diffèrent du premier en ce qu'ils ont leurs faces en sens inverse des siennes. On peut également arriver à une autre série de rhomboèdres (Fig. 40 et 41) qui diffèrent des précédents par la position respective des faces. Un rhomboèdre conduira en outre à d'autres rhomboèdres toutes les fois que les faces modifiantes de même espèce, sans être parallèles, se trouveront au nombre de 6 : ainsi il s'en produira par la modification des arêtes du sommet (Fig. 42), par celle des angles supérieurs correspondant aux arêtes (Fig. 43), par celle des angles supérieurs correspondant aux faces (Fig. 44), et enfin par celle des angles latéraux (Fig. 45). — Tous les rhomboèdres dont il vient d'être parlé, et beaucoup d'autres peuvent être dérivés de l'un quelconque d'entre eux. En outre, ils peuvent se combiner dans le même solide, et parfois former des polyèdres qu'on a peine à reconnaître au premier abord.

Un rhomboèdre quelconque peut produire le prisme hexagonal régulier de deux manières, par la modification des angles latéraux par une seule face parallèle à l'axe, ou par le remplacement des arêtes latérales au moyen d'une seule facette également inclinée sur les faces adjacentes (Fig. 46). Ces facettes, suffisamment prolongées, donnent lieu à un prisme terminé par des sommets rhomboèdres (Fig. 47), et au prisme hexagonal simple, lorsque le sommet a été modifié par une seule face (Fig. 48). — Le rhomboèdre donne naissance à un dodécaèdre toutes les fois que les facettes modifiantes de même espèce sont au nombre de 12, ce qui a lieu lorsque 6 parties semblables d'un rhomboèdre sont modifiées chacune par 2 facettes. Ces sortes de modifications peuvent avoir lieu sur les arêtes qui concourent au sommet, sur les angles solides du sommet, sur les angles latéraux et sur les arêtes latérales. Les formes qui en résultent sont des dodécaèdres en général à triangles scalènes, ainsi que les représentent les Fig. 49, 50 et 51 (*Scalénoèdres*). — De même qu'on peut passer du rhomboèdre à 2 espèces de prismes à base d'hexagone régulier, on peut passer de ces prismes à diverses sortes de rhomboèdres. Toutefois, ce passage ne saurait se faire par des modifications complètement symétriques; car, dans ces prismes, les parties de même espèce qui peuvent se modifier pour produire un solide pyramidal sont au nombre de 12. Or, le rhomboèdre n'ayant que 6 faces, il ne peut se produire que lorsqu'il manque la moitié des modifications. Ces modifications doivent donc s'opérer seulement sur 3 des arêtes des bases (Fig. 52), ou sur 3 des angles solides (Fig. 53), pris alternativement. Nous reviendrons plus loin sur ces formes dissymétriques qui ont reçu le nom de *formes hémièdres*. — Lorsque toutes les arêtes basiques, ou tous les angles d'un prisme hexagonal sont modifiés de la même manière, les facettes prolongées conduisent à la formation d'une pyramide à 6 faces triangulaires isoscèles à chaque extrémité du prisme (Fig. 8). Mais si elles se prolongent de manière à effacer aussi les pans du prisme, il en résulte des dodécaèdres dont toutes les faces sont des triangles isoscèles

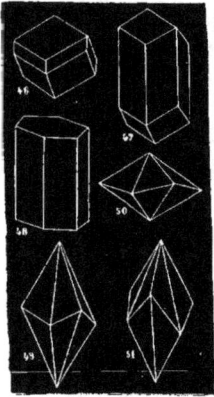

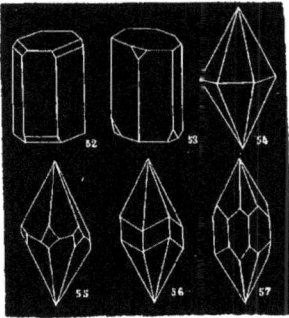

et qu'on appelle *Isoscéloèdres* (Fig. 2 et 54). Les dodécaèdres à triangles scalènes peuvent aussi se dériver du prisme : c'est ce qui a lieu lorsque les angles solides sont modifiés par des facettes inégalement inclinées sur les faces adjacentes. Enfin, du prisme hexagone on peut encore dériver des prismes à 12 faces, par des modifications sur les arêtes latérales.

Comme les prismes à base d'hexagone régulier, les dodécaèdres peuvent à leur tour donner naissance à des rhomboèdres. Les dodécaèdres à triangles isoscèles ne peuvent donner de rhomboèdres que par des modifications non symétriques, en ne prenant que la moitié des faces qui conduisent à d'autres dodécaèdres. Quant aux dodécaèdres à triangles scalènes, ils peuvent produire un nombre infini de rhomboèdres par des modifications parfaitement symétriques. La Fig. 55, par ex., représente la formation d'un rhomboèdre par la modification des 6 angles latéraux par une facette. Les prismes hexagones se déduisent également des dodécaèdres soit à triangles isoscèles, soit à triangles scalènes. Les Fig. 56 et 57 nous montrent la dérivation du prisme hexagone par la modification des arêtes latérales au moyen d'une seule

facette parallèle à l'axe, et par la modification des angles latéraux.

C'est à ce système cristallin qu'appartient le nitrate de soude, la pierre calcaire, le cristal de roche, l'émeraude, etc

3° Le *Système quadratique* ou *Système du prisme droit à base carrée* possède 3 axes rectangulaires dont 2 sont égaux. — Le prisme droit à base carrée (Fig. 58) est un polyèdre à 6 faces, qui n'a qu'une seule espèce d'angles solides, au nombre de 8, et 12 arêtes, 4 latérales et 4 à chaque base. Lorsque ce prisme est modifié sur ses arêtes latérales par une seule facette, il fournit un prisme octogone; par deux facettes il donne un prisme à 12 ou 8 pans, suivant que les nouvelles faces sont combinées avec les primordiales ou les font disparaître. La modification des arêtes des bases par une seule facette (Fig. 59) donne lieu, lorsque les facettes sont assez étendues, à des octaèdres quadratiques, c.-à-d. à base carrée (Fig. 60). La Fig. 61 montre le passage à cette forme. Modifié sur les angles par une seule face (Fig. 62), le prisme produira encore un octaèdre à base carrée; mais s'il est modifié sur chacun de ses angles par 2 facettes, celles-ci, en se prolongeant suffisamment, donneront des solides à 16 faces appelés *Dioctaèdres* (Fig. 63). Tout ce que l'on a obtenu du prisme (Fig. 58) s'obtient également de son dérivé (Fig. 64)

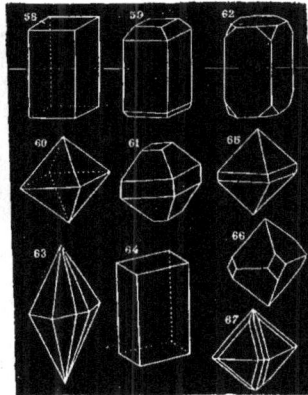

obtenu par des modifications tangentes sur les arêtes latérales; mais celui-ci étant en sens inverse, ce qui se faisait sur les arêtes du premier se fera sur les angles du second et réciproquement.

Les modifications de l'octaèdre direct par une face sur les arêtes de la base (Fig. 65), reproduisent le prisme et le donnent complet, lorsqu'étant combinées avec la modification du sommet par une face (Fig. 61), toutes ces faces sont suffisamment prolongées. Les modifications sur les angles solides de la base par une seule facette (Fig. 66) reproduisent, en se combinant avec la modification du sommet, le prisme carré inverse (Fig. 64). Les modifications des arêtes culminantes par 2 facettes (Fig. 67) reproduiront les solides pyramidaux à

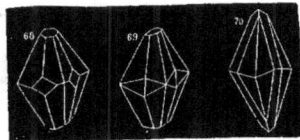

à 16 faces. Il s'en formera également par la modification des sommets par 8 facettes, ou des angles latéraux par 4 facettes. D'après ce qui vient d'être dit des octaèdres directs, il est facile de trouver ce qui doit arriver aux octaèdres inverses, car ceux-ci ne différent des premiers que par leur position.

Quant aux solides à 16 faces, il faudra, si l'on veut en déduire les formes précédentes, ne modifier que la moitié des arêtes ou des angles latéraux. Ainsi, la modification de 4 des 8 angles latéraux par une face parallèle à l'axe (Fig. 68) donne le prisme (Fig. 58) ; celle des mêmes angles par des facettes tournées vers les arêtes des bases (Fig. 69) ramène au prisme octogone, et celle de 8 des 16 arêtes culminantes (Fig. 70) reproduit un octaèdre.

C'est au système quadratique que se rapporte le protochlorure de mercure, le minerai d'étain, etc.

4° *Système orthorhombique ou Système du prisme droit à base rectangle ou à base rhombe*. — Les trois axes de symétrie sont encore rectangulaires, mais inégaux. On peut prendre indifféremment pour type de ce système le prisme droit à base rectangle ou le prisme droit à base rhombe. — Le prisme rectangulaire droit (Fig. 71) a 6 faces, 8 angles solides droits de même espèce et 12 arêtes, dont 4 latérales égales ; pour celles des bases, les unes correspondent aux plus larges faces du prisme, et les autres aux plus étroites. — Les modifications sur les arêtes latérales par une seule facette qui, en général, est inégalement inclinée sur les faces adjacentes, donnent lieu à un prisme octogonal irrégulier (Fig. 72) ; mais elles produisent un prisme à base rhombe (Fig. 73), si les facettes sont assez prolongées, parce que celles-ci, devant toutes

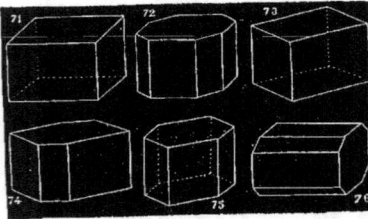

être inclinées également sur les faces du solide primordial, seront nécessairement toutes égales entre elles. Il peut arriver, d'après l'exception à la loi de symétrie qui a reçu le nom d'*hémiédrie*, que ces modifications ne se présentent que sur deux des quatre arêtes latérales ; elles produisent alors des prismes hexagonaux (Fig. 74 et 75). — Les arêtes qui limitent les bases d'un prisme rectangulaire étant inégales, il y en aura quatre, parallèles les unes aux autres, qui pourront être modifiées d'une certaine manière, les quatre autres, qui sont aussi parallèles, restant intactes ou étant modifiées d'une façon différente. Ainsi la Fig. 76 représente la modifi-

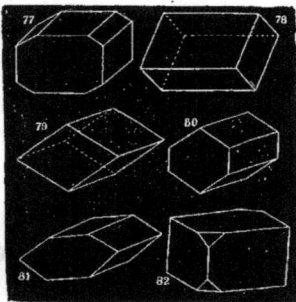

cation par des facettes sur les grandes arêtes, et la Fig. 77 celle sur les petites arêtes. Lorsque ces facettes se prolongent de manière à masquer le prisme rectangulaire, elles produisent des prismes rhomboïdaux (Fig. 78 et 79), ou des prismes à bases hexagones (Fig. 80 et 81). — Les facettes qui correspondent aux faces du prisme rectangulaire devant se trouver sur les angles des prismes rhomboïdaux à axe vertical (Fig. 82 et 83), on est conduit à reconnaître l'existence de 2 sortes

d'octaèdres rectangulaires qui sont différents l'un de l'autre (Fig. 84 et 85), et qui peuvent être allongés dans un sens (Fig. 86) ou dans l'autre (Fig. 87). Si les modifications des

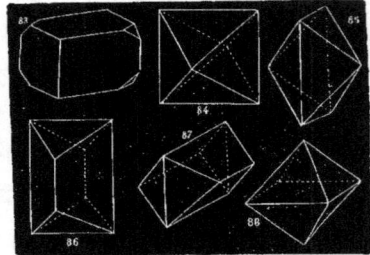

arêtes basiques du prisme qui produisent les deux octaèdres ci-dessus sont réunies et prolongées suffisamment, elles produisent une troisième sorte d'octaèdre également rectangulaire (Fig. 88), mais à axe vertical, tandis que celui des précédents est horizontal. — Les angles solides du prisme rectangulaire étant tous égaux, ils seront tous modifiés à

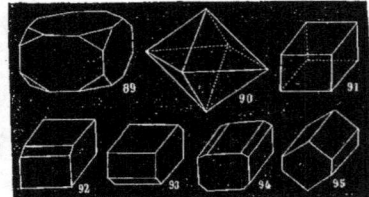

la fois (Fig. 89), et la facette pourra prendre, d'ailleurs, toute espèce de positions. Si ces facettes modifiantes s'étendent de manière à masquer le solide, on aura un quatrième genre d'octaèdres (Fig. 90) fort différent des trois autres ; ce seront, en effet, des octaèdres à base rhombe qui pourront varier à l'infini, suivant la position des facettes. — Notre cadre nous interdit d'exposer, et les modifications dont les solides dérivés simples de ce système sont susceptibles, soit les combinaisons que ces diverses formes peuvent présenter entre elles et qui sont à l'infini.

Le règne minéral nous offre la réalisation d'un très grand nombre de ces formes et de ces combinaisons. Le soufre, la topaze, le sulfate de plomb, le sulfate de baryte, le tartrate d'antimoine et de potasse, etc., appartiennent à ce système.

5° *Système clinorhombique ou unioblique, monoclinique, rhomboïdal oblique*, appelé aussi *Système du prisme oblique à base rectangle ou à base rhombe*. — Les 3 axes de symétrie sont inégaux ; deux sont perpendiculaires entre eux, et le troisième est oblique sur le plan des deux autres. Comme type de ce système nous prendrons le prisme oblique à base rectangle ; mais on pourrait aussi bien prendre le prisme oblique à base rhombe. — Le prisme rectangulaire oblique (Fig. 91) présente 4 arêtes latérales semblables, 2 arêtes aux angles dièdres aigus des faces obliques, 2 aux angles obtus des mêmes faces, 4 arêtes qui appartiennent aux angles dièdres droits formés par les faces obliques et les faces latérales, enfin 2 sortes d'angles solides. En se modifiant toutes à la fois, car elles sont égales, les 4 arêtes latérales donnent d'abord le prisme octogone oblique irrégulier. Elles peuvent aussi produire un prisme hexagone, généralement irrégulier, en faisant disparaître soit les petites faces, soit les grandes faces primordiales ; mais en faisant disparaître ces deux séries de faces, elles donnent naissance au prisme rhomboïdal oblique. — Les arêtes de la base, étant de plusieurs espèces, éprouvent des modifications différentes qui peuvent exister isolément ou se trouver réunies. Lorsque les facettes affectent isolément les arêtes de même espèce, on a des prismes hexagones (Fig. 92 et 93), ou octogones (Fig. 94), mais placés dans un autre sens. Si les facettes modifiantes de la Fig. précédente sont prolongées de façon à se rencontrer, elles donnent lieu à deux autres genres de prisme hexagone Fig. 95), ou même au prisme rhomboïdal oblique (Fig. 96), quand elles naissent à à la fois les 2 faces Parmi les positions que peuvent prendre les facettes sur les arêtes aiguës (Fig. 93), celle où la facette est perpendiculaire à la face oblique est à remarquer; car elle réduit le prisme oblique à un prisme rectangulaire droit. — Ce qui a lieu sur les arêtes des bases dans le prisme rectangulaire, se fait aussi sur les angles solides des prismes rhomboïdaux qui en sont dérivés. Les facettes peuvent être assez étendues pour réduire à des triangles les faces du solide qu'elles modifient; alors on a, selon les angles qui ont été

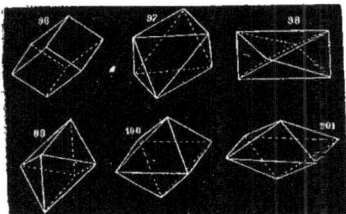

modifiés, trois sortes d'octaèdres différents (Fig. 97, 98 et 99). Enfin, quoique les trois modifications sur les arêtes des bases puissent exister isolément, elles peuvent aussi se trouver réunies, et de là il résulte trois nouveaux genres d'octaèdres (Fig. 100, 101, 102). Ces six genres d'octaèdres peuvent d'ailleurs présenter un nombre infini d'espèces. — Les angles solides du prisme rectangulaire oblique étant de deux espèces, ils peuvent être modifiés séparément. Si ce sont les angles

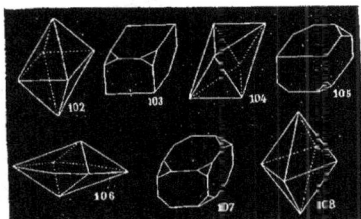

solides obtus qui sont modifiés (Fig. 103), les faces les, nécessairement triangulaires, pourront s'étendre de manière à produire une septième espèce d'octaèdre (Fig. 104) qui sera à base rectangle. Si les modifications ont lieu sur les angles aigus (Fig. 105), et si ces facettes s'étendent suffisamment, il en résultera une huitième sorte d'octaèdre (Fig. 106) aussi à base rectangle. Enfin, si les 4 faces produites par la modification des angles existent en même temps (Fig. 107), elles pourront, par leur prolongement, donner lieu à un neuvième genre d'octaèdre (Fig. 108), mais à base rhomboïdale.

Tout ce qui se fait sur les 4 arêtes latérales du prisme rectangulaire ne se fait que sur 2 arêtes latérales du prisme rhomboïdal, soit sur les 2 arêtes obtuses, soit sur les 2 arêtes aiguës. Tout ce qui se fait sur les arêtes de la base du prisme rectangulaire a lieu également sur les angles des prismes rhomboïques, et réciproquement ce qui se fait sur les angles du premier se fait sur les arêtes correspondantes des autres ou aux angles des facettes tournées vers ces arêtes. — Les divers genres d'octaèdres rectangulaires que nous avons obtenus (Fig. 98, 99, 100, 101, 102 et 104) sont aussi susceptibles de se modifier chacun de telle manière qu'en partant de l'un quelconque d'entre eux, on puisse obtenir tous les solides possibles du système.

Les cristaux formés par la pierre à plâtre sulfate de chaux), le sulfate de fer, l'acide oxalique, etc. appartiennent à ce groupe.

6° *Système anorthique ou dissymétrique, ou Système du prisme oblique à base de parallélogramme.* — On lui donne aussi les noms de *Système clinoédrique, bioblique, bi-* et *triclinique.* Les axes de symétrie sont au nombre de 3, obliques entre eux et inégaux. — Le prisme oblique à base de parallélogramme, qui est le type de ce système, présente deux sortes d'arêtes latérales; toutes les arêtes des bases sont inégales, et les angles solides sont de 4 espèces à chaque base. Ce solide est donc susceptible de modifications beaucoup plus nombreuses que les précédents; mais chaque modification donnant au plus deux facettes, il faut, pour obtenir de nouveaux solides simples, comme des octaèdres, le concours d'un plus grand nombre de lois que dans le type du prisme rectangulaire oblique. Au reste, la nature nous présente fort peu de substances qui se rapportent à ce système : nous citerons cependant le sulfate de cuivre et le quadroxalate de potasse.

V. *De l'Hémiédrie* — D'après la loi de symétrie, tous les éléments géométriques semblables d'un cristal doivent être modifiés simultanément et de la même manière. Mais la nature nous offre assez fréquemment des cristaux dans lesquels cette loi n'est vérifiée que pour la moitié des éléments semblables; ces cristaux sont dits *hémiédriques,* par opposition à ceux qui obéissent complètement à la loi de symétrie et qu'on appelle *holoédriques.*

On peut arriver facilement aux formes hémiédriques en imaginant qu'on supprime la moitié des faces modifiantes d'un cristal holoèdre. Cette suppression peut se faire de trois façons différentes qui correspondent à autant de modes distincts d'hémiédrie. Considérons, en effet, un cristal holoédrique, dans lequel un même élément E soit modifié par plusieurs facettes semblables entre elles; nous savons que tous les éléments semblables à E seront modifiés de la même manière et qu'à chacun d'eux en correspondra un autre, diagonalement opposé, dont les facettes seront respectivement parallèles à celles du premier. Cela posé, nous pouvons : 1° supprimer toutes les facettes d'un même élément en conservant celles qui leur sont parallèles (il va sans dire que cette opération doit se répéter sur tous les éléments semblables pris deux à deux); nous obtiendrons ainsi l'*hémiédrie à faces inclinées,* qui produit des cristaux doués de la pyroélectricité ; 2° supprimer autour d'un même élément la moitié seulement des facettes semblables, en conservant sur l'élément opposé leurs parallèles ; nous aurons une deuxième espèce d'hémiédrie dite *à faces parallèles*; 3° en faisant disparaître comme précédemment la moitié des facettes d'un même élément, nous pouvons supprimer leurs parallèles ; cette opération pourra, en général, se faire de deux façons différentes et donner naissance à deux formes cristallines non superposables ; les cristaux de ce genre font tourner le plan de polarisation de la lumière, l'un à droite, l'autre à gauche. Cette troisième espèce d'hémiédrie, assez rare, est dite *plagièdre.* — La combinaison de deux formes hémiédriques de la première et de la seconde espèce peut également donner naissance à des cristaux non superposables et doués du pouvoir rotatoire.

Nous allons maintenant passer en revue les principales formes hémiédriques du système cubique :

1° En supprimant la moitié des faces de l'octaèdre (Fig. 19), on obtient le *Tétraèdre régulier* (Fig. 1), qui nous offre un exemple d'hémiédrie à faces inclinées. Les faces de ce tétraèdre sont des triangles équilatéraux; il y a 4 angles solides égaux et 6 arêtes égales et semblablement placées. La modification des arêtes par une seule facette (Fig. 14) nous ramène au cube (Fig. 16) ; la troncature des angles solides (Fig. 18) reproduit l'octaèdre régulier (Fig. 19).

2° A l'icositétraèdre (Fig. 31) correspond également une forme hémiédrique à faces inclinées : c'est un dodécaèdre à faces triangulaires représenté sous la Fig. 17; ce solide pourrait se déduire du tétraèdre par un biseltement sur les arêtes, comme on le voit en comparant les Fig. 45 et 17.

3° L'hémiédrie à faces parallèles est représentée par le *Dodécaèdre pentagonal* (Fig. 114); c'est un solide dont les 12 faces, parallèles deux à deux, sont des pentagones, et qui est caractérisé par des inclinaisons mutuelles d'environ 127° entre certaines faces, et d'environ 143° 30' entre les autres. Il se produit par la moitié des modifications qui conduisent à l'hexatétraèdre. Les faces du dodécaèdre pentagonal, en se combinant avec celles de l'octaèdre régulier, donnent lieu à un *Icosaèdre,* c.-à-d. à un solide de 20 faces, qui est formé de 8 triangles équilatéraux correspondant aux faces de l'octaèdre et de 12 triangles isocèles (Fig. 115). Souvent il arrive que les faces de l'octaèdre sont fort agrandies par rapport aux autres.

4° Du trioctaèdre (Fig. 23) on déduit, par une hémiédrie à faces inclinées, un dodécaèdre à faces quadrilatères.

5° Enfin, en partant des solides à 48 faces que nous avons appelés hexoctaèdres, on peut obtenir les trois modes d'hémiédrie ; il en résulte trois espèces de solides à 24 faces : les uns plagièdres, les autres à faces parallèles ou à faces inclinées. Une de ces formes, en se combinant avec le cube, donne le *Triacontaèdre* (Fig. 116), solide à 30 faces dont 6 sont des rhombes et 24 des trapèzes. Dans ce solide, comme dans l'icosaèdre, on voit les formes hémiédriques se combiner avec les formes holoèdres. Mais elles peuvent aussi se combiner entre elles, par ex. le tétraèdre avec le dodécaèdre pentagonal ; dans ce cas, on obtient des cristaux non superposables qui jouissent du pouvoir rotatoire.

Dans le système prismatique carré, nous citerons simplement, comme exemples de dissymétrie, certains prismes qui

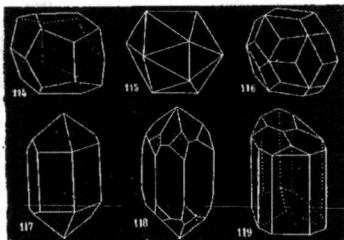

semblent être à bases carrées et qui présentent une facette modifiante sur deux arêtes latérales opposées (Fig. 117), lorsque, pour avoir la symétrie, il en devrait exister sur les 4 arêtes.

Le système rhomboédrique nous offre deux cas importants d'hémiédrie, l'un dans le quartz ou cristal de roche, et l'autre dans la tourmaline. Ainsi, par ex., il existe des cristaux de quartz qui sont modifiés par des facettes tournées seule à seule vers un pan du prisme (Fig. 118), et des cristaux de tourmaline où les prismes hexagones se combinent entre eux de manière que tantôt l'un, tantôt l'autre, n'offre que la moitié de ses faces, et qu'il en résulte des prismes à 9 pans (Fig. 119), etc. Lorsqu'on prend certains cristallographes, le prisme hexagonal pour type du système rhomboédrique, le rhomboèdre devient une forme hémiédrique de ce prisme hexagonal, ainsi que nous l'avons vu plus haut. (Voy. les Fig. 52 et 53 et les explications qui s'y rapportent.)

Dans le système orthorombique les Fig. 74 et 75 représentent également des cas d'hémiédrie.

Dans le système anorthique, les faces semblables ne sont jamais qu'au nombre de deux ; l'hémiédrie se bornera à la suppression de l'une d'elles et sera toujours non superposable.

VI. *Hypothèse des décroissements moléculaires de Haüy.* — Afin d'expliquer ses lois de symétrie et de dérivation, Haüy a imaginé une hypothèse d'une extrême simplicité et qui donne de ces lois une idée pour ainsi dire matérielle. — Si l'on prend un cristal de galène ou sulfure de plomb, qui appartient au premier système, et si l'on essaie de le diviser au moyen d'une lame tranchante, on observe que ce cube se clive, c.-à-d. se divise avec une grande facilité suivant trois directions parallèles à ses faces, tandis qu'il résiste suivant toutes les autres. Les fragments ainsi obtenus, ainsi que le noyau restant, ont la forme de parallélépipèdes rectangles. En poussant cette division mécanique aussi loin que possible, on reconnaît, à l'aide du microscope, que les plus petites poussières cristallines présentent cette même forme. De ce fait on conclut naturellement que les particules du cristal les plus ténues, celles même qui sont matériellement indivisibles, affectent toujours la forme d'un parallélépipède rectangle. Si maintenant nous opérons sur un cristal octaédrique de galène (Fig. 24) et essayons de le cliver parallèlement à ses faces, nous n'y parviendrons pas. Mais si nous agissons suivant des plans également inclinés sur les 4 faces qui composent les angles solides de cet octaèdre, nous ferons successivement disparaître la forme de l'octaèdre, et nous aurons un noyau en forme de parallélépipède rectangle qui, par le clivage, continuera à se modifier jusqu'au cristal cubique que nous considérions tout à l'heure. Nous en conclurons donc que les molécules cristallines du cristal octaédrique, de même

que celles du cristal cubique, sont de petits parallélépipèdes rectangles. Ce sont ces dernières particules insécables, dont chacune est sans doute formée d'un grand nombre de molécules chimiques, qui constituent les *molécules cristallines intégrantes* des minéralogistes. — Maintenant, quand un corps à l'état de dissolution passe à l'état solide, ses molécules tendent, en vertu d'une force inconnue qui leur paraît inhérente, à se réunir entre elles. Si cette force n'est pas modifiée par des causes étrangères, les molécules s'accumuleront dans tous les sens également. Si, par ex., leur forme primitive est cubique, leur réunion donnera lieu à un cube, lequel s'accroîtra sur chacune de ses faces par l'addition de lames parallèles successives, composées de petits cubes. (La Fig. 119 *a* donne une idée de ce mode de formation ; elle représente un cube composé de lames qui se croisent et se subdivisent en une multitude de très petits cubes.) Mais si une force extérieure quelconque vient gêner ou modifier la force d'attraction des molécules entre elles dans une direction déterminée, par ex. vers une arête, elles se réuniront en

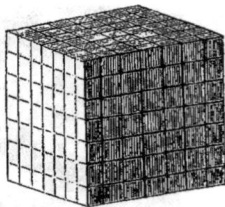

Fig. 119 *a*.

moins grand nombre dans cette direction que les autres ; et cet effet se produisant nécessairement sur toutes les molécules nouvelles qui viendront s'appliquer sur les précédentes, il s'ensuivra que chaque lame successive de molécules, comparée à celle qu'elle recouvrira, sera un peu moins étendue que cette dernière d'une quantité constante égale à une ou plusieurs rangées de molécules ; de plus, cette quantité sera la même pour chaque lame. On exprime ce résultat en disant que chaque lame a subi un *décroissement sur une arête* (Fig. 119 *b*). Si la cause modifiante a été dirigée vers un angle, ou, ce qui revient au même, vers la diagonale qui lui est opposée, on a un *décroissement sur un angle* (Fig. 119 *c*).

Fig. 119 *b*.

Enfin, on nomme *décroissement intermédiaire* celui qui se produit quand la force étrangère agit selon une ligne intermédiaire entre un côté et une diagonale. Dans toutes ces expressions, le terme *décroissement* signifie qu'il y a eu un certain nombre de rangées de molécules soustraites sur chaque lame successive appliquée parallèlement à une face déterminée. — Le décroissement étant égal pour chaque lame, quel que soit le nombre de rangées soustraites, il en résulte que, dans la Fig. 119 *b*, toutes les arêtes saillantes *rr*, *r'r'*, *nn*, des lames successives seront dans le

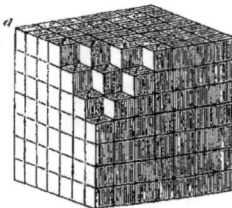

Fig. 119 *c*.

même plan avec l'arête *ab*, et que, dans la Fig. 119 *c*, tous les angles saillants *t*, *t*, *t*, des molécules voisines de celles qui ont été soustraites, seront également dans un même plan, lequel coupera le plan supérieur selon une diagonale allant de *d* en *b*. En outre, comme l'épaisseur de chaque lame est infiniment petite, il en résulte que, dans les deux cas, ces arêtes ou ces angles saillants formeront réellement un plan continu, ou, en d'autres termes, une face secondaire.

Nous venons de voir que le décroissement a lieu sur chaque lame par la soustraction d'une ou plusieurs rangées de molécules; mais rien ne s'oppose à ce qu'on imagine que la force qui produit le décroissement puisse être, dans certains cas, capable d'opérer une soustraction égale sur deux ou plusieurs lames à la fois, ce qu'on peut concevoir encore en supposant que l'épaisseur ou la hauteur de chaque lame décroissante, au lieu d'être celle d'une molécule, soit égale à deux ou plusieurs hauteurs de molécule. Les longueurs interceptées sur les arêtes par une face modifiante seront donc des multiples entiers des longueurs d'arêtes de la molécule intégrante, et nous retrouvons ainsi la loi des troncatures rationnelles. — Dans tout ce qui précède, il n'est question que de décroissements s'opérant sur une seule arête et d'un côté seulement de cette arête, ou bien sur un seul angle et vers un seul des plans qui le composent. Mais, suivant la marche symétrique adoptée par la nature dans les modifications des cristaux, chaque partie de même espèce de la forme primitive est modifiée de la même manière, ou, en d'autres termes, subit le même décroissement. On conçoit, d'après cela, que le décroissement sur l'arête d'un cube (Fig. 119 b) ayant lieu sur toutes les autres arêtes, produira, s'il s'opère par une rangée, le solide représenté par la Fig. 119 d, où l'on reconnaît aisément le dodécaèdre rhomboïdal régulier (Fig. 27). En effet, si l'on suppose les molécules cubiques infiniment petites, les aspérités résultant des soustractions de rangées disparaîtront, et les faces du dodécaèdre deviendront tout à fait planes. On peut donc dire que le dodécaèdre rhomboïdal dérive du cube par un décroissement suivant les arêtes du cube, lequel décroissement se fait par une rangée en largeur et une rangée en hauteur. Supposons maintenant que le décroissement ait lieu sur l'arête du cube par deux rangées en hauteur ou par une demi-rangée en largeur, d'un côté, et par deux rangées de l'autre, on obtiendra 12 faces secondaires qui, en s'abaissant, feront disparaître les faces du cube, et mèneront au dodécaèdre pentagonal symétrique. Si le décroissement se fait sur l'angle solide d'un cube par une rangée, on arrivera à l'octaèdre régulier. Enfin, on produira le trapézoèdre au moyen d'un décroissement par deux rangées sur chacun des 3 angles plans composant chaque angle solide d'un cube. Ces exemples suffisent pour faire voir comment des cristaux secondaires peuvent être produits par des décroissements sur les parties semblables d'une forme primitive. Nous les avons choisis dans le premier système cristallin; mais le même mode de génération s'applique aux autres systèmes.

L'hypothèse de Haüy explique bien la loi de symétrie et celle des troncatures rationnelles, mais elle ne rend pas compte de l'hémiédrie. D'ailleurs on ne peut pas admettre que les cristaux soient des particules solides juxtaposées, empilées les unes sur les autres comme dans une construction de maçonnerie. Les variations de volume et de forme que les corps solides, éprouvent sous l'influence de la chaleur et des forces mécaniques montrent au contraire que les molécules d'un solide sont séparées par des intervalles relativement très grands. Il faut donc considérer un corps cristallisé comme un assemblage réticulaire, c.-à-d. comme un réseau à trois dimensions, formé de mailles parallélépipédiques. Ces mailles sont identiques, quant à la forme, avec les polyèdres que Haüy appelait molécules intégrantes; mais les véritables molécules du cristal n'occupent que les nœuds du réseau, c'est-à-dire les sommets des polyèdres de Haüy. Dès lors, on peut expliquer l'hémiédrie, comme l'a fait pour la première fois Delafosse, en admettant que la forme des molécules est différente de celle de la maille et possède une symétrie moindre. Ainsi, un cristal cubique pourra être composé de petits tétraèdres également orientés et distribués aux nœuds d'un ré-

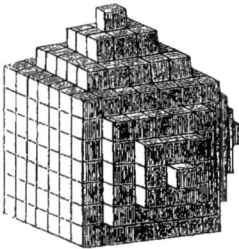
Fig. 119 d.

seau cubique; dans ce cas, les 8 angles du cube, au lieu d'être tous de même espèce, se partageront en deux groupes dissemblables; une troncature symétrique sur les angles n'en affectera que 4 à la fois, et donnera naissance au tétraèdre régulier, au lieu de produire la forme holoédrique de l'octaèdre. — La théorie des assemblages réticulaires a été développée surtout par Bravais, qui a déduit toutes les lois cristallographiques par des considérations de pure géométrie. Cette théorie ne faisant intervenir que le mode de distribution et les éléments de symétrie des particules matérielles, est indépendante de toute hypothèse sur la constitution de ces particules et subsisterait alors même qu'on nierait l'existence de ces molécules en les remplaçant par des vibrations ou les tourbillons d'un fluide universel.

VII. *Mesure des angles.* — D'après ce que nous avons dit des formes cristallines, de la constance de leurs angles et de ce qu'on appelle système cristallin, il est clair que, pour déterminer exactement la forme d'un cristal, il faut d'abord rechercher ses caractères géométriques. Or, il suffit, pour cela, de mesurer ses angles avec toute la rigueur possible. En cristallographie, quand il s'agit de mesurer des angles, c'est toujours, à moins de spécification contraire, des angles dièdres qu'il est question. La mesure de ces angles sert ensuite à déterminer par le calcul celle de tous les autres, c'est-à-dire des angles solides et des angles plans. — Les instruments employés à cet usage sont appelés *Goniomètres*, du grec γωνία, angle, et μέτρον, mesure.

Le plus simple de tous est le *Goniomètre par application.* Il consiste essentiellement en un demi-cercle gradué auquel sont ajustées deux alidades métalliques. L'une de ces alidades est fixée au 0 de la division, tandis que l'autre est mobile et marque sur le limbe du demi-cercle l'angle du cristal. Ainsi, quand on veut mesurer un angle dièdre, on applique une de ses faces sur l'alidade fixe, de manière que l'arête de l'angle soit perpendiculaire au plan du limbe; puis on fait mouvoir l'alidade mobile jusqu'à ce qu'elle vienne s'appuyer sur l'autre face de l'angle. Cela fait, on n'a qu'à lire sur le limbe la valeur de l'angle cherché. Cet instrument ne peut donner que des valeurs approchées; et en outre, il a l'inconvénient de rayer ou de déformer, en les comprimant, certains cristaux qui n'ont pas assez de dureté. — On a donc aujourd'hui recours à d'autres instruments appelés *Goniomètres par réflexion.* Ce sont des demi-cercles ou des cercles entiers, gradués, et disposés de manière à observer un angle dièdre au moyen de la réflexion d'un objet sur l'une et l'autre des faces qui le forment. Les plus usités parmi les instruments de ce genre sont le goniomètre de Wollaston et celui de Babinet. Nous nous contenterons de décrire ce dernier. Cet instrument (Fig. 119 e) peut être tenu à la main ou monté sur un pied. Il se compose d'un cercle gradué, muni d'un collimateur fixe a, d'une lunette mobile b et d'une alidade c portant un vernier et pouvant tourner autour du centre du cercle. Le collimateur est un tube qui porte à l'une de ses extrémités une lentille convergente et, à l'autre extrémité a, une fente éclairée,

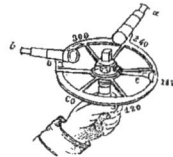
Fig. 119 e.

étroite, perpendiculaire au plan du cercle; cette fente est placée au foyer principal de la lentille, de sorte que l'ensemble produit le même effet qu'une mire située à l'infini. La lunette b se meut de façon que son axe optique passe toujours par le centre du cercle; et elle contient un réticule formé de deux fils croisés rectangulairement; en modifiant le tirage de la lunette et la position du réticule, on s'arrange de manière que l'image de l'un de ces fils coïncide avec celle de la fente du collimateur. Enfin, le cristal à examiner est fixé avec de la cire molle sur un petit support placé au centre du cercle et pouvant tourner autour de ce centre, grâce à l'alidade c. L'arête de l'angle dièdre qu'on veut mesurer doit être perpendiculaire au plan du cercle. L'appareil étant ainsi disposé, on fait tourner la lunette et le support jusqu'à ce que l'image de la fente, après s'être réfléchie sur l'une des faces du cristal, vienne se former dans la lunette et coïncider avec l'image du fil du réticule. Ensuite, la lunette immobile, on fait tourner le support au moyen de l'alidade jusqu'à ce que la même coïncidence se produise, l'image de la fente étant cette fois réfléchie par la seconde face du cristal. L'angle dont il aura fallu faire tourner l'alidade sera le supplément de l'angle cherché. Nous avons supposé que l'arête du cristal était perpendiculaire au plan du cercle; s'il n'en était pas ainsi, l'image réfléchie de la fente ne pourrait pas coïncider avec celle du fil; alors on devra modifier la position du cristal jusqu'à ce que cette coïncidence se produise dans les deux réflexions. Il arrive parfois que la lumière extérieure qui tombe sur le cristal est plus forte que celle qui arrive par le collimateur a. Dans ce cas, il est impossible d'apercevoir l'image de la fente, parce qu'elle se perd dans cette lumière. On remédie à cet inconvénient en entourant le cristal d'écrans noirs, afin de le mettre à l'abri de toute lumière qui ne vient pas du collimateur. Le goniomètre de Babinet offre donc le grand avantage de se prêter facilement aux observations en un lieu quelconque, et la nuit aussi bien que le jour.

VIII. *Du clivage.* — Les corps cristallisés sont souvent traversés par des fissures planes dans une multitude de sens, suivant lesquels les molécules adhèrent entre elles avec plus ou moins d'énergie. Si l'on essaie de les briser par la percussion, l'effet du choc, se propageant dans les directions de la moindre cohérence, agrandit ces fissures et détermine la division de la masse suivant des surfaces planes, lisses et éclatantes. Ce mode particulier de cassure a reçu le nom de *Clivage*, et l'on appelle *plans de clivage* ou *joints naturels* les faces intérieures qu'il met à découvert. La dénomination de clivage s'applique encore à l'opération par laquelle on obtient cette sorte de cassure. — La propriété de se cliver n'existe pas au même degré dans toutes les substances cristallisées. Ainsi, il y a des cristaux qui en sont à peu près entièrement privés. Dans d'autres, la percussion produit simplement des fissures qui correspondent toujours aux faces naturelles : on dit alors qu'il y a des *indices de clivage*. Enfin, il en existe un grand nombre qui la possèdent à un degré très remarquable; nous nommerons, parmi ces derniers, le fluorine et le diamant, qui se brisent en octaèdres; le sulfate de baryte et la topaze, qui se divisent en prismes orthorhombiques; le saphir et la pierre calcaire cristallisée, qui se partagent en rhomboèdres. Plusieurs corps cristallisés de ce dernier système, le mica, par ex., se clivent en lames plus ou moins minces; on dit alors qu'ils sont *lamellaires* ou *feuilletés*. — Les cristaux qui sont susceptibles de se cliver possèdent en général plusieurs clivages. Ils en ont ordinairement 3, 4, 5 ou 6, mais parfois davantage; l'antimoine fondu qui en présente jusqu'à 40. Quelquefois, tous les clivages d'un même cristal ont le même degré de *netteté*, c.-à-d. que chacun d'eux est aussi facile ou difficile à obtenir que les autres. Quand une masse cristalline a tous ses clivages également nets et faciles, on remarque que les plans de ces clivages se coordonnent symétriquement autour d'un point ou d'un axe central, en sorte qu'on peut obtenir de leur réunion un solide dont toutes les faces semblables soient égales. C'est à ce solide intérieur que Haüy a donné le nom de *forme primitive* ou *noyau*, parce qu'il est le type dont on peut faire dériver toutes les formes polyédriques extérieures des cristaux de la même espèce, ainsi que nous l'avons déjà dit. — Le clivage est d'une grande utilité dans l'industrie des pierres précieuses. Les lapidaires en tirent surtout parti pour abréger la taille du diamant, ou les séparent par la cassure les parties nuageuses ou mal colorées. Enfin, les différences que présentent les clivages dans leur nombre, leurs inclinaisons respectives, leur éclat, la facilité et la netteté avec laquelle on les obtient, sont autant de caractères dont les minéralogistes se servent pour distinguer les unes des autres les substances cristallisées.

IX. *Dimorphisme et Isomorphisme.* — En général, chaque substance cristallisable est caractérisée par une forme primitive déterminée, distincte de celles qui appartiennent aux autres substances, et la connaissance de cette forme primitive donne un moyen aussi exact que facile pour distinguer les différents minéraux; mais il existe deux phénomènes qui diminuent jusqu'à un certain point l'importance de ce caractère; nous voulons parler du *Dimorphisme* et de l'*Isomorphisme*.

A. — Pendant longtemps on a cru qu'un même corps ne pouvait affecter que des formes cristallines dérivées d'une forme primitive unique; on sait actuellement que cette règle souffre de nombreuses exceptions. Ainsi, la chaux carbonatée cristallise ordinairement dans le système rhomboédrique; cependant, elle se trouve encore sous des formes qui appartiennent au système prismatique rectangulaire droit. Dans le premier cas, on l'appelle *Spath d'Islande*, et, dans le second, *Aragonite*. Le soufre cristallise également sous deux formes différentes. Lorsqu'on le fait cristalliser par fusion et refroidissement, il produit des cristaux en prismes allongés obliques, à bases rhombes, qui appartiennent au cinquième

système; mais quand on le fait cristalliser à la température ordinaire par voie de dissolution dans le sulfure de carbone, il prend la forme d'octaèdres droits à bases rhombes, qui dépendent du quatrième. On appelle *dimorphes* les substances qui ont la propriété de cristalliser sous deux formes primitives distinctes, et l'on donne le nom de *Dimorphisme* à cette propriété elle-même, ainsi qu'au phénomène par lequel elle se manifeste. Il n'est pas nécessaire que ces deux formes appartiennent à deux systèmes cristallins différents; il suffit qu'elles soient incompatibles, c.-à-d. qu'on ne puisse point passer de l'une à l'autre par une série de troncatures rationnelles. En général, ces deux formes, tout en étant essentiellement distinctes, diffèrent peu par leurs angles. Ainsi, les prismes clinorhombiques du soufre possèdent des angles de 90°32' très voisins de celui de 90° qui caractérise les cristaux quadratiques. Lorsqu'une même substance est susceptible de présenter plus de deux formes incompatibles, on dit qu'elle est *polymorphe*. — La principale cause qui détermine la production de l'une de ces formes à l'exclusion des autres est la température à laquelle s'opère la cristallisation. C'est ce qu'on vient de voir pour le soufre. De même, lorsqu'on produit un précipité de carbonate de chaux à la température ordinaire, il se dépose de très petits rhomboèdres, tandis qu'à 100° le précipité formé se compose de prismes microscopiques d'aragonite. On remarque fréquemment que des cristaux qui, formés à une haute température, étaient parfaitement transparents, deviennent bientôt, sous l'influence de la température ordinaire, opaques et pulvérulents. Le plus souvent, et c'est ce qui a lieu notamment pour le soufre, on reconnaît que les cristaux microscopiques qui forment la poussière cristalline résultant de cette désagrégation, présentent la forme propre à la substance dont ils proviennent, lorsque celle-ci cristallise à la température ordinaire.

On a distingué deux espèces de corps dimorphes ou polymorphes. Les uns, comme la benzophénone, présentent une forme stable et une forme instable; cette dernière ne se produit qu'exceptionnellement, par ex. quand on refroidit brusquement le corps fondu; elle se transforme aisément dans la variété stable, surtout par le contact d'un cristal appartenant à cette variété. Les corps dimorphes de la seconde espèce se comportent comme le soufre : l'une de leurs modifications est stable au-dessus d'une température déterminée appelée température de transformation; l'autre modification n'est stable qu'au-dessous de ce point. A la température de transformation, les deux formes peuvent coexister et le passage de l'une à l'autre est réversible. La température de transformation du soufre est de 95°,6; au-dessus de ce point, la cristallisation fournit normalement des prismes clinorhombiques; au-dessous, il se forme des octaèdres orthorhombiques; les prismes sont stables à chaud, mais ils se transforment peu à peu en chapelets d'octaèdres quand on les refroidit plus bas que 95°,6; la transformation inverse s'opère sur le soufre octaédrique quand on le chauffe au-dessus de cette température. L'azotate d'ammoniaque présente le cas d'un corps polymorphe qui cristallise sous quatre formes différentes avec des températures de transformation de 35°, 85° et 123°. En général, le passage d'une forme cristalline à l'autre est accompagné d'un phénomène thermique; les cristaux qui sont stables à chaud dégagent de la chaleur au moment où ils se transforment dans l'autre variété : ainsi, le soufre prismatique dégage 0 calorie 08 (par atome) en passant à l'état octaédrique. Jusqu'à présent nous avons supposé que la cristallisation s'effectuait sous la pression atmosphérique. Lorsqu'on opère sous de fortes pressions, la température de transformation est modifiée; par ex., si les cristaux stables à chaud ont une densité plus faible que les autres, comme cela a lieu pour le soufre, une augmentation de pression aura pour effet d'élever la température de transformation.

B. — Il y a des substances de nature différente qui prennent les mêmes formes cristallines ou des formes très rapprochées, ne différant entre elles que par les dimensions de leurs parties. Tels sont, entre autres, les carbonates de chaux, de protoxyde de manganèse, de magnésie et d'oxyde de zinc, qui cristallisent tous en rhomboèdres, et offrent tous le clivage rhomboédrique. Les angles de leurs cristaux sont respectivement de 105°5', 107°, 107°20', 107°25' et 107°40'. On donne à ces corps le nom d'*isomorphes*, et l'on appelle *Isomorphisme* la propriété en vertu de laquelle ils affectent les mêmes formes. — Les composés isomorphes sont, en général, une composition chimique semblable et sont formés du même nombre d'atomes; aussi peuvent-ils se remplacer quand ils cristallisent ensemble dans le même milieu. Ce phénomène s'observe très bien, par ex., dans le sulfate de fer et le sulfate de cuivre. Lorsqu'on les fait dissoudre dans l'eau, chacun de ces sels se combine avec des quantités semblables d'eau, et affecte, en cristallisant, des formes presque identiques si la cristallisation s'opère à des températures convenables. Ces températures ne sont pas les mêmes pour l'une et l'autre substance, mais elles ne diffèrent que de quelques degrés. Maintenant, si l'on place un cristal de sulfate de cuivre dans une dissolution de sulfate de fer à une température voisine de celle où ce dernier cristallise sous la même forme, on observe que le cristal de cuivre continue de croître dans la dissolution en s'emparant d'un certain nombre de molécules de sulfate de fer facilement reconnaissables à la différence de leur couleur. Cela fait, si l'on remet le cristal dans une dissolution de sulfate de cuivre, il s'accroît de nouveau en s'assimilant des molécules de sulfate de cuivre, et ainsi de suite. De cette façon, on obtient un gros cristal régulier composé de couches alternativement vertes et bleues comme les sels qui le constituent. Enfin, si l'on mélange ces dissolutions de sulfate de cuivre et de sulfate de fer, et qu'on fasse évaporer lentement la liqueur il se produit des cristaux qui contiennent à la fois du sulfate de fer et du sulfate de cuivre, et qui offrent des formes semblables à celles de ce dernier sel, sauf quelques différences dans les angles. Les proportions dans lesquelles les deux sulfates se trouvent combinés peuvent, au reste, varier à l'infini suivant les quantités des deux sels qu'on a mélangées dans la dissolution.

X. *Groupement des cristaux.* — Il est rare de rencontrer dans la nature des cristaux isolés: en général, ils sont groupés entre eux de différentes manières, et offrent une multitude de dispositions plus ou moins remarquables. En examinant ces groupements, on reconnaît qu'ils obéissent aux deux lois suivantes: 1° Les plans de jonction de deux cristaux sont toujours parallèles à des faces existantes ou possibles; en d'autres termes, le plan qui joint deux cristaux ou le plan par lequel un cristal se pose sur un autre, est toujours un de ceux que forment les cristaux ou qu'ils pourraient former d'après les lois de cristallisation. 2° Pour qu'un groupement soit régulier, il faut que les cristaux se réunissent par des faces et des côtés homologues de même étendue. Lorsque les cristaux n'ont de faces que d'une seule espèce, et que celles-ci sont bien proportionnées, ils offrent toujours des groupements de même figure mais quand ils ont plusieurs espèces de faces, comme alors ils peuvent se réunir par les unes ou par les autres, il en résulte des groupements ou d'espèces différentes ou bien d'apparence très différente. Certains cristaux peuvent se réunir entre eux de deux manières, d'une manière *directe* et l'une manière *inverse*,

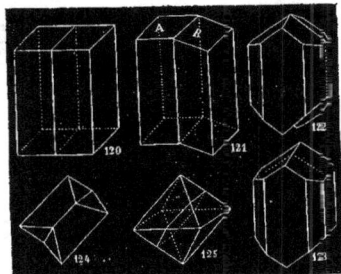

c.-à-d. qu'on supposant un cristal dans une certaine position, un autre peut se réunir à lui en se plaçant exactement de la même manière, ou bien dans une posit on inverse, ainsi que le représentent les Fig. 120 et 121; mais le second mode d'accolement ne peut avoir lieu que dans les prismes rhomboïdaux, ou dans les prismes obliques quand ils se réunissent par leurs bases, tandis qu'il n'y a que des groupements directs dans les solides rectangulaires. Pour les cristaux qui se réunissent par des faces appartenant à des pyramides, il y a toujours inversion, attendu que la réunion doit nécessairement se faire par des faces égales et des côtés égaux. Dans le groupement ci-dessus (Fig. 121), il faut remarquer que le cristal B se trouve placé comme un cristal, étant d'abord dans la même position que A, il avait fait une demi-révolution qui ait amené sa base supérieure en bas et l'inférieure en haut d'où serait résultée l'inversion. La différence de position ne dépasse jamais une demi-

révolution, car au delà ou bien les cristaux se croiseraient, ou bien, après une révolution complète, ils se retrouveraient dans la position directe. Mais cette différence de position est souvent plus petite, et dans les cristaux dont les faces ont tous leurs côtés égaux, comme les octaèdres réguliers, elle n'est que d'un sixième de circonférence. Lorsque, dans un groupement régulier quelconque, on considère seulement deux cristaux, on observe toujours que les choses se passent comme si un cristal avait été coupé en deux et qu'une des moitiés eût tourné sur l'autre en faisant une demi-révolution, ou un sixième de révolution. Ainsi, dans le groupe représenté par la Fig. 122, les choses se passent comme si un cristal (Fig. 123) eût été coupé en deux suivant la ligne ponctuée, et que la moitié postérieure de celui-ci eût fait une demi-révolution sur l'autre. Dans le groupe Fig. 124 les choses se passent comme si l'octaèdre (Fig. 125) eût été coupé en deux parties égales par un plan, et que la moitié inférieure eût fait un sixième de révolution sur l'autre. Les minéralogistes donnent au premier cas le nom d'*Hémitropie*, qui signifie demi-retournement, et au second celui de *Transposition*. On désigne encore ces groupes réguliers sous le nom de *Macles*, vraisemblablement parce que les premiers qu'on ait observés appartenaient aux dispositions qui présentent des angles rentrants, dont la forme en losanges avec facettes rappelle celle des mailles ou mailles des anciennes armures.

Les *groupements directs* sont assez nombreux dans la nature. On rencontre assez fréquemment de petits cristaux cubiques dont la réunion forme un cube plus ou moins volumineux (Fig. 109); des dodécaèdres qui se groupent par le sommet (Fig. 126) ou par les faces du prisme, ou à la fois de l'une et de l'autre manière; des dodécaèdres scalènes qui produisent des cristaux de la même forme (Fig. 127). Souvent

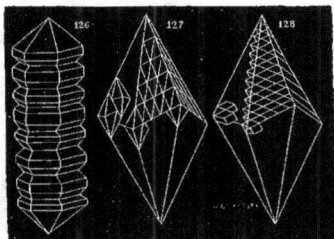

aussi ces sortes de groupements donnent naissance à des formes différentes de celles des cristaux composants. Ainsi, par ex., on voit des cristaux cubiques produire des octaèdres, des groupements de rhomboèdres produire des dodécaèdres à triangles scalènes (Fig. 128), etc. Il faut encore remarquer dans ces divers groupements que tantôt les cristaux ne se joignent pas assez bien pour ne laisser aucun vide, circonstance d'où résultent des cavités plus ou moins nombreuses et apparentes, et que tantôt ils ne sont pas rigoureusement placés dans le même ordre, ce qui détermine diverses irrégularités ou défectuosités dans leurs différentes parties.

Les *groupements inverses* offrent une bien plus grande variété; aussi le savant minéralogiste Beudant les partage-t-il en plusieurs sections, savoir: groupement par des faces prismatiques, ou parallèle à l'axe des solides; groupement par des faces pyramidales, ou parallèle à des faces inclinées à l'axe, et groupement perpendiculaire à l'axe. — Dans la première section, nous nous contenterons de citer quatre exemples. La Fig. 129 représente un groupement de 2 prismes rhomboïdaux accolés par l'arête obtuse; la Fig. 130 représente 6 prismes rhomboïdaux groupés par l'angle aigu, les vides du l'étoile qu'ils forment étant remplis par d'autres prismes de même nature, ce qui donne au groupement la forme hexagonale; le groupement de la Fig. 131 est formé de prismes carrés, réunis par les faces qui conduisent au prisme carré dérivé; et la Fig. 132 représente des prismes rectangulaires réunis par les faces des modifications qui conduisent au prisme rhomboïdal. — Les Fig. 133 à 138 feront aisément comprendre la formation des groupements de la deuxième section. Ainsi la Fig. 133 représente une double pyramide à base de pentagone, creuse à son centre, avec des angles rentrants aux angles solides, qui est constituée par des octaèdres formés par l'élargissement de

4 de leurs faces. La Fig. 134 représente un groupement en croix de 4 prismes rhomboïdaux unis par les angles solides aigus de leurs sommets ; cette forme s'observe dans la *Staurotide*, qui est un silicate d'alumine et de fer, et qui doit son

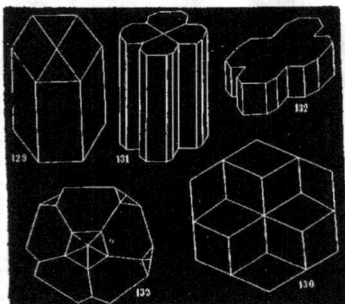

nom, dérivé de σταυρός, croix, à sa configuration. Les Fig. 135 et 136 représentent 2 prismes obliques unis par leurs bases ; mais, dans celle-là, toutes les parties du prisme sont intactes, tandis que dans celle-ci les prismes sont modifiés sur l'angle

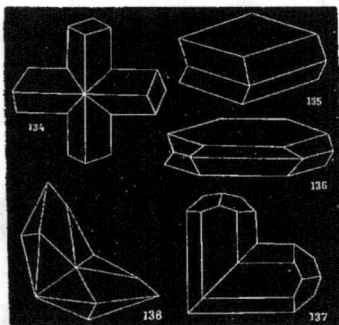

abtus. Le groupe Fig. 137 résulte de l'accolement de 2 cristaux prismatiques terminés par des rhomboèdres qui sont unis par des faces appartenant à un rhomboèdre inverse différent. La Fig. 138 nous montre un groupement par des faces de 2 dodécaèdres à triangles scalènes. — Enfin, les Fig. suivantes

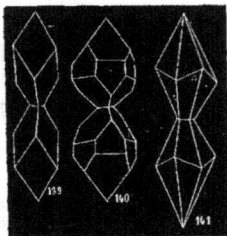

nous offrent des exemples de groupements de la troisième section, c.-à-d. par des faces perpendiculaires à l'axe. Le premier (Fig. 139) est un groupement de rhomboèdres simples ; le second (Fig. 140) est un groupement de prismes terminés par

des rhomboèdres ; et le troisième (Fig. 141) est un groupement de dodécaèdres à triangles scalènes.

XI. *Cristaux déformés.* — Si la matière tend en général à prendre des formes régulières, il arrive fréquemment que ces formes sont *oblitérées*, au point même de devenir tout à fait méconnaissables. Dans certains cas, ces oblitérations résultent de ce que certaines faces se sont considérablement élargies relativement aux autres, et quelquefois même les ont fait entièrement disparaître. Ainsi par ex., dans le système cubique, on voit l'octaèdre régulier avoir 4 faces beaucoup plus larges que les autres, lesquelles peuvent même se trouver réduites à de très petits triangles. Ce mode d'oblitération donne lieu à une foule de variations qu'il serait trop long d'exposer ici. — D'autres fois, les cristaux se trouvent modifiés sur leurs arêtes ou sur leurs angles solides par un grand nombre de facettes, de telle sorte qu'ils ne présentent plus que des configurations cylindroïdes, sphéroïdes, ovoïdes, doliformes, lenticulaires, etc. — Une autre sorte d'oblitération fort curieuse est celle où les faces du cristal, au lieu d'être planes et unies, sont creuses dans leur milieu. En général, ces faces offrent alors une suite de lames qui décroissent successivement avec plus ou moins de régularité (Fig. 142). On obtient artificiellement cette disposition en faisant cristalliser rapidement des solutions très concentrées, ou encore en opérant cette cristallisation dans une matière pulvérulente un peu lourde. Les choses se passent probablement ainsi dans la nature, car les cristaux qui offrent cette particularité se rencontrent au milieu de sables et d'argiles, où ils ont évidemment pris naissance. — Lorsque les cristaux se forment ainsi avec une grande rapidité au milieu de ces matières pulvérulentes, il arrive fréquemment qu'ils en entraînent une portion dans leur intérieur, et que celle-ci se place à leur centre en suivant plus ou moins leur diagonale. Ce phénomène, que nous pouvons reproduire à volonté dans nos laboratoires, explique la disposition singulière que nous offrent certains cristaux. C'est

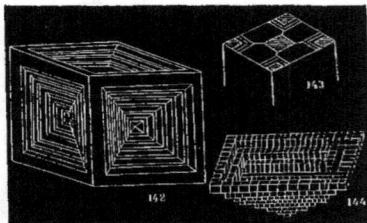

évidemment de cette manière que s'est produite la variété d'*Andalousite* appelée *Macle de Bretagne* (Fig. 143). Elle se rencontre en effet au milieu de roches formées de particules de mica très divisées, que l'on peut supposer s'être trouvées à l'état pâteux au moment de la formation des cristaux en question. — Enfin, au dernier terme des formes qui présentent encore quelque régularité, nous citerons les groupements de cristaux qui sont désignés sous le nom de *Trémies*. Une trémie est une pyramide creuse qui semble formée de cadres appliqués les uns sur les autres, et diminuant successivement de grandeur de la base au sommet. Il y a des trémies carrées (Fig. 144), rhomboïdales, etc., suivant la forme des cristaux qui les composent et l'espèce des faces par lesquelles ils s'accolent. Ces groupements n'existent pas dans la nature, mais on les produit journellement dans les ateliers où l'on prépare les différentes espèces de sels, et particulièrement à la surface des chaudières d'évaporation. On voit d'abord un petit cristal paraître à la surface du liquide. Ce cristal s'enfonce plus ou moins suivant le rapport qui existe entre son poids spécifique et celui du bain, et la partie qui reste à la surface devient un centre autour duquel se forment une multitude d'autres petits cristaux qui se groupent en forme de cadre sur les bords du premier. La masse s'enfonce alors davantage, et un nouveau cadre se montre, puis un troisième, et ainsi de suite.

XII. *Formes irrégulières ou accidentelles.* — Outre l'infinie variété de formes géométriques que prennent les substances minérales, elles en affectent aussi un grand nombre d'autres qui n'ont aucune régularité, quoique, dans plusieurs d'entre elles, on aperçoive encore des traces de cristallisation plus ou moins troublée par des circonstances extérieures. Rendant classe ces formes irrégulières d'après les causes accidentelles qui les ont produites, et divise ces dernières en huit genres que nous allons passer rapidement en revue :

1° En se *groupant irrégulièrement*, les cristaux produisent des masses *globuleuses* ou *ovoïdes*, plus ou moins aérisées de pointes cristallines, tantôt isolées, tantôt réunies de manière, à représenter des corps *réniformes*, *uviformes*, etc., tantôt appliquées sur d'autres corps et n'offrant que des demi-globes souvent fort nombreux et donnant lieu à ce qu'on appelle *Configuration mammelonnée*. D'autres fois, ces groupements donnent lieu à des configurations variées, *lenticulaire*, *doliforme*, *cylindroïque*, *bacillaire*, etc., par l'accolement d'une multitude de prismes parallèlement à leurs axes.

-- Dans certaines circonstances, les cristaux se groupent de manière à produire de petits arbres avec leurs rameaux et leurs branches. On leur donne alors le nom de *Dendrites* ou d'*Arborisations* (voy. ce mot). C'est à ce mode de groupement que l'on rapporte les groupements *coralloïdes*. Ces derniers sont simplement des accumulations de petites aiguilles qui sont comme implantées plus ou moins obliquement autour d'un axe, et dont la réunion produit de petits cylindres, lesquels sont greffés les uns sur les autres, de façon à constituer une masse branchue comme les rameaux du corail. On regarde encore comme une variété du groupement dendritique certaines configurations qui ressemblent tantôt à des têtes de choux-fleurs ou de champignons, tantôt aux folioles et aux bractées des plantes, et d'autres qui ne sont pas sans analogie avec des lames d'herbe : ces dernières ont reçu la dénomination de *Spiculaires*. — Enfin, la dernière catégorie des configurations accidentelles par groupement comprend ces petits godets arrondis, ces cornets calcaires qui se forment, à la manière des trémies, dans les cavités souterraines très aérées, à la surface des eaux chargées de carbonate de chaux.

2° Parmi les configurations accidentelles dues au mouvement des eaux, nous citerons d'abord les *Stalactites* du gr. σταλάζω, tomber goutte à goutte. On nomme ainsi des dépôts qui se forment de haut en bas à la paroi supérieure des cavités souterraines par la condensation des eaux chargées de diverses matières en solution ou en suspension. Les stalactites ont ordinairement la forme de cônes allongés ou de cylindres, tantôt creux, tantôt pleins, le plus souvent droits, à surface tantôt lisse, tantôt onduleuse ou garnie de mamelons confus. Leur formation est facile à comprendre. Les premières gouttes qui arrivent à la paroi supérieure du voûte de la cavité, en perdant un peu de leur volume par l'évaporation, laissent un petit anneau de matière solide qui s'arrondit par le passage des gouttes suivantes, et produit bientôt un tube à parois minces. Les parois de ce tube se recouvrent de nouvelle matière à mesure que l'eau passe sur elles ; mais l'intérieur, toujours très petit, se remplit promptement, et l'extérieur qui peut prendre seul de l'accroissement ; il en acquiert davantage à la partie supérieure, où l'eau commence toujours par déposer avant d'arriver plus bas, et c'est de là que provient la forme conique de la masse. Les stalactites se forment chaque jour dans les galeries des travaux des mines, dans les creux des roches, mais plus particulièrement dans les grottes ou cavernes, où elles présentent souvent les dispositions les plus bizarres. Toutes les substances minérales peuvent leur donner naissance ; mais celles qui se produisent le plus ordinairement sont le carbonate de chaux dans les grottes, les oxydes et les hydroxydes de fer et de manganèse dans les galeries des mines. — Les gouttes qui tombent des parois d'une grotte sur le sol, étant encore chargées de particules matérielles, y forment d'autres dépôts, appelés *Stalagmites*, qui présentent des protubérances ou mamelons plus ou moins élevés. Les stalagmites s'accroissent naturellement dans le sens de la verticale, de telle sorte qu'à la fin elles rejoignent les stalactites et, par leur réunion avec celles-ci, forment comme des espèces de colonnes irrégulières qui semblent destinées à soutenir la voûte. — Les suintements qui s'opèrent sur les parois latérales donnent lieu à des dépôts saillants, isolés, de peu d'épaisseur, qui ont l'aspect de draperies plissées et festonnées de mille manières : ces configurations ont reçu le nom de *panniformes*. — Les *Pisolithes* (du gr. πίσον, pois, et λίθος, pierre) sont des globules, en général, de la grosseur d'un pois ou d'une noisette, qui sont formés de ces couches concentriques très minces et produits par les eaux en mouvement et fortement chargées de matières en solution, particulièrement de matières calcaires. Lorsque le mouvement de ces eaux est assez fort pour soulever continuellement les grains de sable qui se trouvent sur leur passage, chacun de ces derniers se recouvre d'une pellicule de la matière dissoute, et augmente de

volume à mesure qu'une nouvelle couche vient s'ajouter aux précédentes. Quand les globules sont devenus trop lourds, ils tombent au fond du liquide, où souvent ils s'agglutinent entre eux. Ce phénomène se produit continuellement dans certaines localités, notamment à Vichy dans le dép. de l'Allier, à Karlsbad en Bohême, et à Saint-Philippe en Toscane. Les pisolithes dont nous venons de parler ont constamment un petit grain de matière étrangère à leur centre, mais ce n'est pas une condition essentielle, car le petit noyau par lequel le globule commence peut n'être que le résultat de la réunion de plusieurs particules de la matière qui se dépose : dans ce cas, il est impossible de distinguer des couches qui le recouvrent.

3° La *résistance des milieux* est une des causes qui déterminent le plus fréquemment la forme particulière que nous offrent les corps inorganiques. Tels sont les minéraux qui se sont consolidés au milieu de matières molles et qui affectent des configurations arrondies, noueuses, tuberculeuses, et qu'on désigne sous le nom *Rognons* proprement dits. Leur surface lisse les distingue des rognons hérissés de cristaux qui sont produits par des groupements irréguliers. On peut citer comme ex. de ce mode de formation les rognons de silex que se rencontrent dans les matières calcaires. Dans ce cas, il est vraisemblable que la silice s'est trouvée d'abord à l'état de gelée au milieu de la craie, et que c'est la pression de la matière environnante qui l'a seule empêchée de prendre une figure régulière. Lorsque les rognons sont creux à l'intérieur, ils reçoivent le nom de *Géodes*. Souvent alors leur cavité est tapissée de cristaux, tantôt de la même nature que l'enveloppe, tantôt de nature différente. Quelquefois cette matière intérieure se dessèche et éprouve un retrait qui la sépare des parois : alors quand on agite la géode, on entend résonner l'espèce du noyau renfermé dans sa cavité. Voy. AÉTITE. — Les substances métalliques pures affectent assez souvent des formes *capillaires* qui paraissent résulter de la résistance de la matière environnante. En effet, si l'on suppose que le métal à l'état liquide soit soumis à une pression énergique, il s'échappera par les moindres pores des corps enveloppants, et prendra la forme dont il s'agit. C'est la seule manière d'expliquer la production de certains filaments, aussi déliés que des cheveux, que forment parfois l'argent natif, le sulfure d'argent, etc., et qui ne présentent extérieurement aucune trace de cristallisation régulière.

La *résistance de l'air* est également capable d'imprimer à la matière, lorsque celle-ci est à l'état fluide ou pâteux, des formes contournées. Nous nous contenterons de citer comme ex. les *Bombes volcaniques*. On nomme ainsi des masses plus ou moins arrondies, globuleuses ou ovoïdes, quelquefois creuses à l'intérieur, que l'on rencontre autour de certains volcans. Ce sont des fragments de matières fondues que les feux souterrains ont lancés dans l'atmosphère où, sous l'influence d'un mouvement de rotation plus ou moins rapide, ils ont pris la configuration qui leur a valu leur nom.

4° Certaines formes accidentelles se produisent aussi par *agglutination*. Ainsi, par ex., lorsqu'une eau contenant des substances pierreuses en dissolution vient à filtrer dans des matières pulvérulentes, il lui arrive souvent d'agglutiner celles-ci, ou même de les entraîner dans sa cristallisation et de leur donner par là une forme régulière qui leur est absolument étrangère. C'est ce qu'on observe particulièrement dans le grès cristallisé de Fontainebleau. Des eaux chargées de carbonate de chaux se sont infiltrées dans les sables fins de cette localité, les ont agglutinés de diverses manières, et notamment en rhomboèdres aigus. Or, on n'a qu'à dissoudre le calcaire de ces cristaux par l'acide nitrique pour rendre au sable sa forme pulvérulente, preuve incontestable que cette configuration est due à la simple agglutination.

5° Les configurations accidentelles qui sont produites par *incrustation*, c.-à-d. par simple dépôt de matières à la surface d'un corps quelconque, varient à l'infini. Les sédiments dont il s'agit sont surtout formés par les eaux chargées de carbonate de chaux, telles que celles de Saint-Allyre dans le dép. du Puy-de-Dôme, et de Saint-Philippe en Toscane. Dans ces deux localités, il suffit de soumettre à l'action de ces eaux des nids d'oiseaux, de petits paniers de fruits, etc., pour que ceux-ci se trouvent recouverts d'une couche incrustante qui leur donne une apparence pierreuse. A Saint-Philippe, où le sédiment calcaire est d'un très beau blanc, le docteur Vegny a imaginé de tirer un parti plus utile de la propriété incrustante des eaux. Il a fait ajuster sur des moules exécutés avec soin, et obtient ainsi des bas-reliefs qui semblent avoir été sculptés sur le marbre. — Les matières déposées par les eaux se présentent quelquefois sous la forme de cristaux bien distincts ; mais ce n'est jamais qu'à la surface d'autres corps cristallisés que se déposent ces incrustations cristallines.

6° Il suffit de mentionner les formes qui résultent du *moulage* d'une matière inorganique dans des cavités préexistantes. Les formes de ce genre que nous présente la nature sont variées à l'infini. Les plus curieuses sont celles qui offrent la forme de corps organisés, comme coquillages, plantes, polypiers, etc.

7° Le *Retrait* qu'éprouvent les matières pâteuses en se desséchant, et les matières fondues en se refroidissant, donne quelquefois lieu à des fendillements, d'où résultent des fragments polyédriques approchant plus ou moins de la régularité. Ainsi, la houille et le schiste argileux sont souvent divisés en parallélipipèdes rectangles ou rhomboïdaux, et le basalte offre des prismes à 6 pans. Mais la plus remarquable de ces formes est celle que présentent les marnes de Montmartre, à Paris. Ces marnes sont divisées çà et là en 6 pyramides quadrangulaires, dont les sommets se réunissent en un centre commun. Le vide assez considérable qu'on remarque entre les faces de ces pyramides prouve évidemment que leur configuration est un simple phénomène de retrait. — C'est également le retrait qui est la cause première de ces formes bizarres qu'on désigne sous le nom de *Ludus Helmontii*. En effet, ce sont simplement des rognons qui se sont fendillés par dessèchement ou refroidissement, et dans les fentes desquels sont venues se déposer des matières étrangères. Ces sortes de rognons étaient jadis extrêmement recherchées comme amulettes, et on leur attribuait les propriétés les plus merveilleuses.

8° Enfin, il existe certaines formes accidentelles qui sont produites par la *substitution* d'une substance à une autre ; il s'agit ici d'un véritable phénomène chimique, auquel les minéralogistes ont donné le nom d'*Épigénie*. Tantôt les principes constituants de l'ancien corps ont disparu dans cette opération, comme lorsque du quartz s'est substitué à du carbonate de chaux ; tantôt quelques-uns d'entre eux sont simplement remplacés par d'autres, comme lorsque les cristaux de carbonate de plomb sont convertis en sulfure de plomb, ou des cristaux d'oxyde de cuivre en carbonate de cuivre, sans perdre leur forme primitive. C'est ainsi encore que l'on rencontre fréquemment dans les fosses d'aisances des monnaies d'argent qui, par un séjour prolongé dans un milieu saturé d'hydrogène sulfuré, se sont transformées en sulfure d'argent, et ont néanmoins conservé sans altération leur forme et les empreintes qu'elles avaient reçues. — C'est évidemment par une opération analogue que le test calcaire des coquilles, des madrépores, etc., se change parfois en silice dans le sein de la terre. Enfin, c'est sans doute aussi de la même manière que se fait la pétrification des animaux mous et des bois qui se trouvent enfouis dans les différentes couches du globe. Dans tous ces cas, la pierre présente non seulement la figure extérieure du corps, ce qui pourrait résulter d'un simple moulage, mais encore toute son organisation intérieure jusque dans les moindres détails. Ce sont là les véritables *Pétrifications*, car c'est fort improprement qu'on applique ce nom aux simples incrustations. — Voy. MINÉRALOGIE.

CRISTALLOÏDE. adj. 2 g. [Pr. *kristal-lo-ide*] (R. *cristal*, et gr. εἶδος, forme). T. Hist. nat. Qui a l'apparence d'un cristal. || T. Anat. La capsule cristalline ou du cristallin. || T. Chim. Les substances qui se diffusent facilement dans les liquides ont reçu le nom de *Cristalloïdes* ; elles comprennent les corps solides cristallisables et la plupart des liquides ; par ex. le sucre, les sels, les acides. Au contraire, les colloïdes, c.-à-d les substances peu ou point diffusibles, telles que l'albumine et la gélatine, sont incapables de cristalliser. La dialyse permet de séparer les cristalloïdes des colloïdes quand ils sont mélangés. Voy. COLLOÏDE et DIALYSE.

CRISTALLOMANCIE. s. f. [Pr. *kristal-lomansi*] (gr. κρύσταλλος, cristal ; μαντεια, divination). Divination à l'aide d'un miroir ou d'un vase de cristal. Voy. DIVINATION.

CRISTALLOMÉTRIE. s. f. [Pr. *kristal-lo-...*] (gr. κρύσταλλος, cristal ; μέτρον, mesure). Mesure des formes géométrique des cristaux.

CRISTALLOPHYLLIN. adj. m. [Pr. *kristal-lofi-lin*] (gr. κρύσταλλος, et φύλλον, feuille). T. Géol. Terrain c., Terrain talqueux.

CRISTALLOTECHNIE. s. f. [Pr. *kristal-lotek-ni*] (gr. κρύσταλλος, et τέχνη, art). T. Didact. Art de travailler les cristaux.

CRISTALLOTOMIE. s. f. [Pr. *kristal-lotomi*] (gr. κρύσταλλος, et τομή, coupe). Art de couper les cristaux.

CRISTATELLE. s. f. (lat. *crista*, crête). T. Zool. Genre de Bryozoaires. Voy. ce mot.

CRISTÉ, ÉE. adj. 2 g. (lat. *cristatus*, de *crista*, crête). T. Hist. nat. Qui est couronné d'appendices en forme de crête.

CRISTELLARIDES. s. f. pl. [Pr. *kristel-laride*] (lat. *crista*, crête). T. Zool. Famille de *Foraminifères*, du groupe des perforés calcaires, ayant des loges disposées suivant un axe curviligne ou en une spirale plane. Leur bouche est tournée vers la convexité. Voy. FORAMINIFÈRES. — Le genre *Flabellina* est fossile du trias au miocène. Les genres *Marginulina*, *Vaginulina*, *Cristellaria*, se trouvent depuis le trias jusqu'à nos jours, de même que le genre *Robulina*.

CRISTELLE. s. f. T. Techn. Ficelle qui fixe les mailles des lisses dans le métier à tisser.

CRISTE-MARINE. s. f. T. Bot. Voy. CHRISTE-MARINE.

CRITÈRE. s. m. Voy. CRITERIUM.

CRITERIUM. s. m. [Pr. *Critériome*] (mot lat. dérivé du gr. κριτήριον, ce qui sert à juger). La marque, le caractère auquel notre esprit reconnaît la vérité. Voy. CERTITUDE. || T. Sport. Course pour les poulains ou pouliches de deux ans, afin d'apprécier leur valeur future.

CRITHME. s. m. T. Bot. Genre de plantes Dicotylédones (*Crithmum*) de la famille des *Ombellifères*. Voy. ce mot.

CRITIAS, le plus connu des trente tyrans établis à Athènes par les Spartiates (450-403 av. J.-C.).

CRITICISME. s. m. T. Philos. Nom par lequel on désigne fréquemment le système philosophique de Kant.

Philos. — L'originalité du c. consiste en ce qu'au lieu de poser des principes à priori et d'en déduire des conséquences comme le faisaient les anciens philosophes, Kant commence par se poser pour objet principal de déterminer les limites et les conditions de notre faculté de connaître. De là le titre de *Critique* qu'il a imposé à ses principaux ouvrages : *Critique de la raison pure* (1781), *Critique de la raison pratique* (1788), *Critique du jugement* (1790). L'œuvre de Kant représente dans l'histoire du progrès de la philosophie une étape considérable, et son importance égale au moins celle de Descartes. Elle ouvre une voie nouvelle, sauve pour ainsi dire la science philosophique qui s'abîmait dans le scepticisme et devient l'origine de toutes les recherches des philosophes du XIXe siècle ; elle ne peut être bien comprise que par la comparaison avec les doctrines qui l'ont précédée et les systèmes modernes qui en sont pour ainsi dire la continuation. Aussi, nous l'exposerons et la discuterons en détail au mot *Philosophie*. Nous nous bornerons ici à résumer les conclusions du grand philosophe dans les deux propositions suivantes : 1° La raison pure est insuffisante à nous garantir la vérité des principes fondamentaux, et, par suite, impuissante à nous rien faire connaître sur les grands problèmes de la liberté, de la vie future, de l'existence de Dieu, etc. ; 2° la loi morale s'impose à notre volonté avec le caractère d'un *impératif catégorique*, auquel nous ne pouvons échapper, mais auquel cependant nous sommes libres de désobéir, et ce double caractère de la loi morale nous assure de notre liberté, nous garantit l'immortalité et nous révèle l'existence de Dieu. La première proposition est la conclusion de la *Critique de la raison pure* ; la seconde, celle de la *Critique de la raison pratique*. La partie du second ouvrage qui traite de l'obligation morale est véritablement admirable. Kant a été longtemps méconnu, soit parce qu'il heurtait trop vivement les idées vulgaires de son époque, soit à cause de son style lourd et pénible. Comme son second ouvrage n'a paru que sept ans après le premier qui paraissait conclure au scepticisme, Kant a pu, avec quelque vraisemblance, être classé parmi les sceptiques, et cette opinion a survécu à la publication de la *Critique de la raison pratique*, qui le range, au contraire, parmi les spiritualistes les plus décidés, quoique ce spiritualisme soit assez différent de celui de Descartes. Voy. CERTITUDE, PHILOSOPHIE.

CRITICISTE. adj. T. Philos. Qui appartient au criticisme. || Subst. Partisan de ce système.

CRITIQUABLE. adj. 2 g. Qui peut donner prise à la critique, qui peut être justement critiqué.

CRITIQUE. adj. 2 g. (gr. κριτικός, qui juge; de κρίνειν, juger). T. Méd. Qui annonce une crise, qui a rapport aux crises. *Phénomènes critiques. Jour c.* Voy. CRISE. *Temps, âge c.*, Époque de la ménopause où la femme cesse de pouvoir concevoir. Voy. AGE et MÉNOPAUSE. || Par anal., se dit des circonstances, des événements qui doivent déterminer un changement en bien ou en mal, et par ext., sign. Difficile, dangereux. *L'instant c. est venu. Les moments critiques de la vie. Les circonstances sont critiques. Se trouver dans une position c.* || Qui a pour objet l'examen, la discussion d'un ouvrage, d'une doctrine, d'un point controversé. *Observations critiques. Dissertation c. Histoire c.*, l'histoire où l'auteur se propose surtout d'établir les faits, et de les dégager de toute altération de tout élément étranger. *Philosophie c.* Voy. CRITICISME. — On dit de quelqu'un qui discerne promptement le vrai et le faux, en quelque matière que ce soit, ou qui juge sainement et avec goût, en fait d'art et d'ouvrages littéraires, qu'*Il a l'esprit c.* Dans le cas contraire, on dit qu'*Il n'a pas l'esprit c.* || Disposition à censurer, et surtout à censurer avec légèreté. *C'est un esprit c. et chagrin. Humeur c.* || T. Phys. *Température c.*, Température au-dessus de laquelle un gaz ne saurait être liquéfié, quelle que soit la pression à laquelle on le soumette. Voy. GAZ, LIQUIDE. || T. Chim. *Température c.* ou *température de transformation*, Température à laquelle un corps cristallin se transforme brusquement et passe d'un système cristallisé à un autre. MM. Mallard et Le Châtelier ont démontré que cette température varie avec la pression. Les cristaux prismatiques d'iodure d'argent jaune se transforment en cristaux octaédriques à la température de 146°, sous la pression ordinaire; mais sous une pression d'environ 3,000 atmosphères la transformation s'accomplit à la température ordinaire.

CRITIQUE. s. f. (gr. κριτική, qui juge, de κρίνειν, juger). L'art, le talent de juger des œuvres littéraires ou artistiques. *Les règles de la c. Sa c. est toujours sûre et impartiale. Soumettre un écrit à la c. de quelqu'un. La c. est la taxe que le public prélève sur les hommes éminents* (SWIFT). *La c. n'a jamais tué ce qui sait vivre* (CHATEAUBRIAND). *La critique est aisée, et l'art est difficile.*
DESTOUCHES.
La critique des sots est l'encens du génie.
MILLEVOYE.
L'examen, l'appréciation que l'on fait d'une production artistique ou littéraire. *Faire la c. d'un livre, d'un théâtre. C'est lui qui fait dans tel journal la c. des théâtres.* || La discussion des faits obscurs, des dates incertaines, de la pureté des textes, de l'authenticité des manuscrits. *La c. d'un texte. C. philologique. C. historique.* On dit qu'un savant manque de c., quand il ne sait pas discuter les faits ou manque de l'esprit c. || Toute observation par laquelle on signale quelque défaut dans une production de l'esprit ou de l'art, dans un système philosophique, etc. *Voilà une c. bien sévère. Votre c. n'est pas fondée. On lui adressa plusieurs critiques.* — Par ext., *Cette parodie est une c. fort spirituelle de telle pièce.* || Toute censure que l'on fait d'une personne ou d'une chose. *Rien n'est à l'abri de sa c. Faire la c. des actes du gouvernement. On ne lui a pas épargné les critiques.* — Par ext., *Sa conduite est une c. de la vôtre.* || Se dit aussi de tous ceux qui critiquent, en quelque genre que ce soit. *La c. des salons. Nul ne peut se flatter d'échapper aux traits de la c.* || T. Jurispr. Discussion des moyens de la partie adverse; ensemble des moyens qu'on leur oppose.

CRITIQUE. s. m. (gr. κριτικός, qui juge, juger). Celui qui examine et juge les ouvrages littéraires et les œuvres d'art. *C'est un excellent c., un c. sévère, mais plein de goût.* || Se dit aussi des savans qui s'occupent de la discussion des faits historiques, des textes, etc. *C'est un c. profond.* || Se dit d'un homme porté à censurer, qui trouve à redire à tout. *C'est un c. fâcheux.*

CRITIQUEMENT. adv. Selon les lois de la critique.

CRITIQUER. v. a. (R. *critique*). Censurer quelque chose, y trouver à redire. *C. un livre, un auteur, un peintre, un tableau, un monument. C. un arrêt. C'est un homme qui critique tout.* — Absol., *Les individus qui aiment à c. sont ordinairement impuissans à rien faire.* — *C. une personne*, Trouver à redire dans ses actions, dans ses manières, etc. = CRITIQUÉ, ÉE. part.

CRITIQUEUR. s. m. Celui qui se plaît à critiquer. *C'est un c. perpétuel.* Fam. et se dit par dénigrement.

CRITOLAÜS, philosophe péripatéticien du IIe siècle av. J.-C.

CRITOLAÜS, général de la ligue Achéenne, fut défait par Métellus en 146 av. J.-C.

CRITON, disciple et ami de Socrate.

CRITOPHAGE. adj. 2 g. (gr. κριθή, orge; φαγεῖν, manger). T. Zool. Qui vit d'orge.

CROARD. s. m. Crochet du fondeur pour arracher le laitier.

CROASSEMENT. s. m. Le cri du corbeau et de la corneille. || Fig., Production de mauvais poète. || Critiques jalouses.

CROASSER. v. n. (gr. κόραξ, corbeau). Se dit du cri des corbeaux. *Les corbeaux croassent.* || Fig. et fam., *Il laisse c. les critiques.*

CROATE. s. m. Voy. CRAVATE.

CROATIE, pays au N.-E. de l'Adriatique, partagé entre l'Autriche-Hongrie (cap. *Agram*), et la Turquie (annexe du gouv. de Bosnie; cap. *Bosna-Séraï*). || CROATIE ET ESCLAVONIE, pays de la couronne hongroise; 2,193,000 hab. cap. *Agram*. Nom des hab. : CROATES.

CROBYLE. s. m. (gr. κρώβυλος, m. s.). T. Antiq. Aigrette sur le cimier d'un casque.

CROC. s. m. [Pr. *Cro*] (mot d'origine à la fois germanique et celtique; scand. *krôkr*; breton *krôk*). Instrument de fer, de bois, etc., qui a une ou plusieurs pointes recourbées, et dont on se sert pour y pendre ou pour y attacher quelque chose. *Pendre de la viande au c.* — Fig. et fam., *Mettre les armes au c. Pendre son épée au c.*, Quitter le métier de la guerre. *Mettre un procès au c.*, le pendre au c., L'ajourner, y renoncer. On dit de même : *Cette affaire est au c. Mon ouvrage est au c., je l'ai mis au c. pour quelque temps.* — *Arquebuse à c.* Voy. FUSIL. || Longue perche terminée par une pointe et un crochet de fer. *Un c. de batelier. Tirer avec un c.* Dans ce sens s'appelle aussi *gaffe.* || Instrument en fer formé de deux dents recourbées pour ramasser le fumier. || *Les crocs de la ville*, se disait autrefois, à Paris et dans d'autres villes, de grands crocs dont on se servait dans un incendie pour abattre les parties du bâtiment qui étaient en flammes. || *Crocs*, au plur., se dit quelquefois de grandes moustaches recourbées en forme de crochet. — Se dit aussi des dents canines de quelques animaux. *Les crocs d'un chien, d'un cheval.* || Fig. et pop., *Celui qui vole au jeu.* Vx. On dit aujourd'hui *escroc*.

CROC [Pr. *krok*] (Onomatopée). S'emploie famil. pour exprimer le bruit que les choses sèches et dures font sous la dent quand on les mange. *Cela fait c. sous la dent.*

CROCÉINE. s. f. (lat. *croceus*, jaune safran). T. Chim. On a donné le nom de *Crocéines* à une classe de matières colorantes tétrazoïques jaunes ou rouges, qu'on obtient en combinant les dérivés dinzoïques de l'amidobenzène ou de l'amidotoluène avec les acides sulfoniques des naphtols. Voy. AZOÏQUE. Elles servent à teindre la laine et la soie, ainsi que le coton mordancé.

CROCÉIPENNE. adj. 2 g. (lat. *croceus*, safrané; *penna*, aile). T. Hist. nat. Qui a des ailes safranées.

CROC-EN-JAMBE. s. m. [Pr. *kro-kan-janbe*]. Manière de passer sa jambe entre les jambes de l'individu avec lequel on lutte, pour lui faire manquer le pied et le renverser. || Fig. et fam., Moyen adroit, mais souvent peu loyal, qu'on emploie pour supplanter quelqu'un ou l'empêcher de réussir. *On lui a donné un c.-en-j. bien subtil. Les crocs-en-jambes qu'il a voulu me donner ne lui ont pas réussi.* = Au plur., *Crocs-en-jambes* se pron. *Crok-in-jambes* et non *Crok-z-en-jambes*.

CROCÉ-SPINELLI, aéronaute français qui périt avec Sivel dans la catastrophe du *Zénith* le 25 avril 1875. Les deux aéronautes périront asphyxiés par la raréfaction de l'air à une hauteur d'environ 12,000 mètres. Leur compagnon de voyage, Gaston Tissandier, a survécu (1843-1875).

CROCÉTINE. s. f. T. Chim. Voy. CROCINE.

CROCHE. adj. 2 g. (R. croc). Qui est courbe et tortu. Jambe c.

CROCHE. s. f. T. Mus. (ainsi dite à cause de sa forme). Note qui vaut le quart d'une blanche ou la moitié d'une ronde. || Double-croche, Moitié d'une c.; Triple-croche, Tiers d'une c. Voy. NOTATION.

CROCHER. v. a. T. Grav. Tirer au burin les queues des notes de musique. || T. Mar. Passer le croc d'une poulie là où elle doit agir.

CROCHES. s. f. pl. Tenailles pour tenir les barres de fer rouge sur l'enclume.

CROCHET. s. m. (Dimin. de croc). Petit croc, ou plus généralement instrument recourbé à l'une de ses extrémités, et dont on sert pour suspendre certains objets ou pour maintenir une chose contre une autre. C. de fer. Un c. à pendre une montre. Un c. d'or. Mettre un c. à une porte. Mettre le c. d'une porte. Ce volet est retenu par un c. — Clou à c., Clou dont la tête est en c., au lieu d'être plate ou ronde. — C. de serrurier, ou simplement C., Instrument courbé en forme de 4, dont les serruriers se servent pour ouvrir une serrure dont on n'a pas la clef. — C. de chiffonnier, Petit bâton muni à l'une de ses extrémités d'un morceau de fer recourbé et pointu, dont les chiffonniers se servent pour ramasser les morceaux de papier, etc. — C. de brodeuse, Espèce d'aiguille qui a un petit manche et dont la pointe est recourbée. — C. d'accoucheur, Sorte d'instrument de chirurgie dont on se servait autrefois dans certains accouchements. — Crochet se dit quelquefois pour désigner l'instrument de pesage appelé Peson ou Romaine. || Fig. et prov., Aller aux mûres sans c., Entreprendre une chose sans avoir tout ce qu'il faut pour l'exécuter. || Fig. et fam., Changement de direction. La route fait un c. à tel endroit. Il a fait un c. pour m'éviter. || T. Archit. Ornement représentant des feuillages et des bourgeons enroulés. || On dit aussi Crosse. || T. Fortif. C. de tranchée ou de retour, Petite place d'armes pratiquée sur la longueur d'un boyau, pour garantir les troupes contre l'enfilade. || T. Agric. Outil de fer à deux dents recourbées qui sert à biner et à retirer le fumier des étables. || T. Typogr. Sorte de parenthèse formée de lignes droites [ ]. — Se dit aussi de certaines figures recourbées qui servent à unir un ou plusieurs articles, et de ces petits traits qui s'ajoutent à la queue de certaines notes de musique ♪. || Petite boucle de cheveux que les femmes portent quelquefois auprès de chaque tempe. Vos crochets sont défrisés. || T. Zool. Se dit des canines de quelques animaux. Ce mâtin a des crochets énormes. — Se dit encore de divers organes recourbés qu'on observe chez une multitude d'insectes. Les pièces qui terminent les tarses sont appelées crochets. — Les deux protubérances coniques et recourbées qu'on observe près de la charnière de certaines coquilles bivalves. Voy. CONCHYLIOLOGIE. || Crochets, au plur., sert encore à désigner un instrument muni de crochets que les portefaix s'attachent sur le dos avec des bretelles, pour porter plus aisément leurs fardeaux. — Fig. et prov., Être sur les crochets, vivre aux crochets de quelqu'un, Vivre à ses dépens. || T. Min. C. de sûreté, Appareil appelé aussi Évite-molette, qui a pour but d'empêcher que les bennes ou cages qu'on remonte du puits ne viennent heurter la molette sur laquelle s'enroule le câble qui, les suspend; il consiste en un levier de forme variable qui rencontrant un obstacle, disposé spécialement, décroche le câble. Alors la cage n'est plus suspendue et c'est le parachute qui la maintient en place.

CROCHETABLE. adj. Qui peut s'ouvrir avec des crochets. Serrure c.

CROCHETAGE. Opération qu'exécute le métier rectiligne dans la bonneterie.

CROCHETÉE. s. f. T. Mar. Étendue d'une toile à voiles que l'ouvrier fait sans reprendre son crochet.

CROCHETER. v. a. Ouvrir la serrure d'une porte, d'un

secrétaire, etc., avec un crochet. C. une serrure, une porte. — CROCHETÉ, ÉE. part. — Conj. Voy. ACHEVER.

CROCHETEUR. s. m. Celui qui porte des fardeaux au moyen de crochets, portefaix. Fort comme un c. Des injures de c. — Fam., Santé de c., Santé forte et robuste. || C. de portes, de serrures, etc., Celui qui crochète des portes, etc. Ce voleur était signalé comme un très habile c. de portes.

CROCHEU. s. m. Outil pour mettre les pointes des cardes. || Instrument à l'usage des cordiers.

CROCHON. s. m. (R. croc). Nom donné dans les charbonnages au coude qui raccorde certaines portions de couches. || Retour d'une couche de charbon qui revient sur elle-même.

CROCHU, UE. adj. (R. croc). Courbé en crochet. Cela est c. Bec c. Nez c. Doigts crochus. — Fig. et prov., Avoir les mains crochues, se dit des personnes avides qui s'approprient volontiers ce qui ne leur appartient pas. || T. Anat. Os c. ou unciforme, Quatrième os de la seconde rangée du carpe. || Petit os du genou chez le cheval. Cheval c., Cheval dont les genoux se rapprochent. || T. Anat.

CROCIDISME. s. m. (gr. κροκιδίζειν, ramasser de légers flocons). T. Méd. Voy. CARPHOLOGIE.

CROCIDOLITE. s. f. (gr. κροκίς, κροκίδος, poil, fibre; λίθος, pierre). T. Minér. Silicate de fer, de soude et de magnésie avec un peu d'eau. Se présente en masses fibreuses d'un bleu de lavande.

CROCINE. s. f. (lat. crocus, safran). T. Chim. Glucoside constituant le principe colorant du safran. On l'obtient sous forme d'une masse jaune brunâtre, soluble dans l'eau ou rouge. L'acide sulfurique la dissout en prenant une coloration rouge qui passe au violet, puis au brun. Chauffée avec l'acide chlorhydrique étendu, la c. se dédouble en un glucose et en crocétine. Cette dernière substance est une poudre rouge, soluble dans l'alcool, l'éther et les alcalis étendus; en se dissolvant dans l'acide sulfurique elle produit les mêmes colorations que la crocine.

CROCIPÈDE. adj. 2 g. (lat. crocus, safran; pes, pedis, pied). T. Zool. Qui a les pattes de couleur safranée.

CROCODILE. s. m. (lat. crocodilus; gr. κροκόδειλος, m. s.). Genre de reptiles amphibies qui sont très redoutables par leur force et leur voracité. || Fig. et prov., Larmes de c., Larmes hypocrites versées dans le dessein de tromper. || T. Techn. Nom donné au contact fixe sur une voie de chemin de fer en communication avec une source d'électricité pour transmettre un signal.

Zool. — Le terme de Crocodile (κροκόδειλος) a d'abord été employé par les Grecs pour désigner un petit lézard (le Stellion des modernes) très commun dans leur pays, où on le désigne encore aujourd'hui sous le nom de Koslordytos. Hérodote l'appliqua plus tard au c. d'Égypte, à cause de la ressemblance qu'il lui trouva avec l'animal de son pays. — G. Cuvier avait fait du genre c. de Linné la première famille de l'ordre des Sauriens, dans la classe des reptiles; mais aujourd'hui les zoologistes s'accordent généralement à l'ériger en ordre sous le nom de Crocodiliens.

1. — Les crocodiliens se distinguent aisément des sauriens par leur stature, qui est en général beaucoup plus grande. Ils ont une queue longue, forte et aplatie sur les côtés, qui constitue leur principal moyen de propulsion dans l'eau. Leurs membres sont courts et plus propres à la natation qu'à la marche : aussi leurs doigts sont-ils toujours ou palmés ou au moins demi-palmés. Leur langue charnue est plate et attachée jusque près de ses bords, ce qui a fait croire aux anciens que ces reptiles en manquaient, tandis que chez les sauriens cet organe est extensible. Leurs dents sont simples, coniques, aiguës et implantées sur une seule rangée dans les alvéoles des os maxillaires et incisifs. — À ces différences essentielles on peut ajouter les caractères suivants : les membres antérieurs ont 5 doigts et les postérieurs 4; 3 doigts seulement à chaque pied sont armés d'ongles. Le dos et la queue sont couverts de grandes écailles carrées, très fortes et relevées d'une arête sur leur milieu; la queue présente une crête de fortes denticulures dont elle double à sa base; les écailles du

ventre sont carrées, minces et lisses. L'œil est pourvu de 3 paupières, et l'oreille externe se ferme à volonté par 2 lèvres charnues. Sous la gorge, on remarque 2 petits trous qui sont les orifices d'une glande qui sécrète une pommade musc.ée. Les narines, ouvertes sur le bout du museau par 2 pet.tes fentes en croissant que ferment des valvules, communiquent dans l'arrière-bouche par un canal long et étroit. La mâc oire inférieure se prolongeant derrière le crâne, il semble, comme le croyaient les anciens, que la supérieure soit mobile; mais elle ne se meut qu'avec la tête tout entière. Les vertèbres du cou appuient les unes sur les autres au moyen de petites fausses côtes : aussi ces animaux ont-ils de la peine à changer de direction, et on les évite aisément en tournoyant. Leurs poumons ne s'enfoncent pas dans l'abdomen, et leur cœur, qui est divisé en 3 loges et où le sang venu du poumon ne se mêle pas avec celui du corps aussi complètement que dans les autres reptiles, rapproche un peu les crocodiliens des quadrupèdes à sang chaud. — Ces animaux sont ovipares et leurs œufs ont une coque résistante. Ces œufs sont déposés par les femelles dans des lieux favorables, où ils s'éclosent sans que la mère les couve. Toutes les espèces de cet ordre se tiennent dans les eaux douces et se nourrissent surtout de poissons. Cependant il leur arrive souvent de s'embusquer pour attraper des oiseaux aquatiques, des mammifères et même d'autres reptiles. Quand ils ont saisi une proie volumineuse, ils l'entraînent sous l'eau pour la noyer; puis, ils la placent dans quelque endroit retiré, où ils la laissent putréfier avant de la manger. C'est ainsi que des hommes sont parfois enlevés par des crocodiles; mais c'est un tort de croire qu'ils sont avalés par ces animaux : ces reptiles, en effet, ne peuvent avaler dans l'eau. Le cri qu'ils font entendre a été comparé au vagissement d'un enfant.

Les crocodiliens appartiennent à l'ancien et au nouveau continent, où ils vivent sur le bord des fleuves et des lacs d'eau douce. Toutefois, ils n'existent pas en Europe, et n'ont pas encore été rencontrés dans la Nouvelle-Hollande. Ces animaux ont besoin d'une température assez élevée; aussi, dans les parties froides de l'Amérique, où ils existent encore, passent-ils la mauvaise saison dans un engourdissement complet. Dans les contrées équatoriales, les grandes chaleurs les engourdissent également, et cette espèce d'estivation coïncide avec le desséchement des lacs où ils aiment à se tenir. Dans nos climats, il faut, pour les conserver vivants en captivité, les soustraire à la sécheresse et au froid.

Les crocodiliens se divisent en 3 genres, savoir : les *Crocodiles* proprement dits, les *Gavials* et les *Caïmans* ou *Alligators*, qui comprennent ensemble 15 ou 18 espèces; mais nous ne citerons que les principales.

II. — Les *Crocodiles proprement dits*, que Merrem appelle *Champsés*, de l'ancien nom donné à ces reptiles par les Égyptiens, ont le museau oblong et déprimé, les dents inégales, les quatrièmes d'en bas passant dans des échancrures et non pas dans des trous de la mâchoire supérieure, et les pieds plus complètement palmés que les caïmans. — L'espèce la plus anciennement connue est le *C. vulgaire* (*Crocodilus vulgaris*), qui se reconnaît aux 6 rangées de plaques carrées et à peu près égales qu'il présente le long du dos. Cette espèce, dont on distingue plusieurs variétés, se trouve particulièrement dans le Nil et dans les cours d'eau du Sénégal, de la Cafrerie, de l'île de Madagascar et de l'Hindoustan. Le crampsé était autrefois commun en Égypte, où il vivait jusque dans le Delta; mais il ne se trouve plus aujourd'hui que dans la partie supérieure du cours du Nil, depuis que les habitants de l'Égypte, au lieu de le vénérer, lui font la chasse. Tout le monde sait, en effet, que les anciens Égyptiens avaient mis le c. au rang de leurs divinités. Strabon rapporte que dans la ville d'Arsinoé, nommée plus anciennement *Crocodi'epolis*, il y avait une piscine consacrée où les prêtres nourrissaient avec soin le c. choisi, qu'on appelait *Suchus* (Σοῦχος). Ces animaux sacrés étaient religieusement embaumés, et il existe de ces momies dans tous les grands musées de l'Europe. La taille du c. ordinaire atteint quelquefois jusqu'à près de 10 mètres; sa couleur est d'un vert tirant sur le bronze. La femelle pond deux ou trois fois par an une vingtaine d'œufs qu'elle enterre dans le sable, où elle les abandonne à la chaleur du soleil qui les fait éclore au bout de 15 à 20 jours. Les mangoustes-ichneumons détruisent beaucoup de ces œufs, dont la grosseur est double de ceux de l'oie. Le développement du c. est très lent, et sa vie est sans doute fort longue : les petits, au sortir de l'œuf, ne dépassent pas 20 centim. Parmi les nombreuses fables répandues jadis au sujet du c., nous en mentionnerons seulement une qui nous a été transmise par Hérodote, parce qu'elle est encore répandue dans le

vulgaire : « Comme le c. se nourrit particulièrement dans le Nil, il a toujours l'intérieur de la gueule tapissé d'insectes (*bdella*) qui lui sucent le sang. Toutes les espèces d'animaux

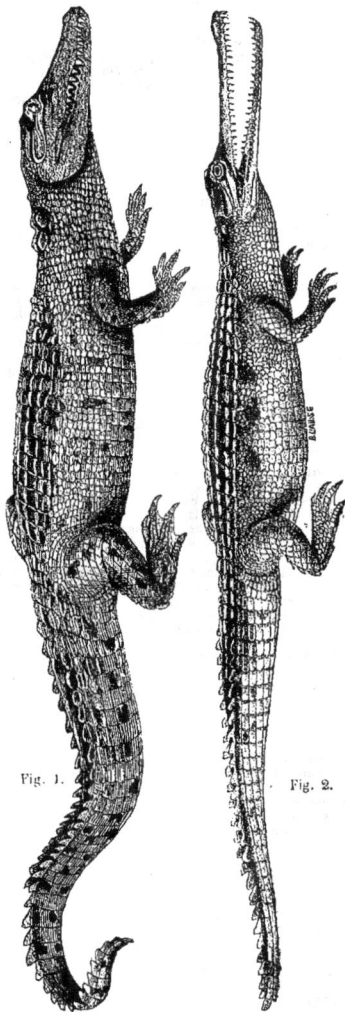

Fig. 1.   Fig. 2.

terrestres ou d'oiseaux le fuient; le *Trochilus* seul vit en paix avec lui, parce que ce petit oiseau lui rend un grand service. Toutes les fois que le c. sort de l'eau pour aller sur terre et qu'il s'étend, la gueule entr'ouverte, ce qu'il a coutume de faire en se tournant vers le vent du midi, le trochilus s'y glisse et avale tous les insectes qui s'y trouvent. Le c. reconnaissant ne lui fait aucun mal. »

Le *C. à deux arêtes* (*C. biporcatus*) [Fig. 1] est surtout caractérisé par la présence de deux arêtes saillantes sur le haut du museau. Cette espèce vit dans l'Inde, à Ceylan, aux Seychelles, à Java et dans plusieurs îles de l'Océanie. — Le *C. à museau effilé* (*C. acutus*) se trouve dans les mares et les rivières de l'île d'Haïti et dans les autres grandes Antilles. Il atteint jusqu'à 5 mètres de longueur. La femelle place ses œufs dans la terre, et les découvre au moment où ils doivent éclore. — C'est aussi aux Antilles qu'appartient le *C. à losange* (*C. rhombifer*). Ce reptile se distingue aisément des autres espèces du même genre en ce qu'il n'a point de crête dentée le long des jambes. On croit que sa taille ne dépasse guère 1^m,50.

III. — Les espèces du genre *Gavial* (*Gavialis*) se reconnaissent facilement à leur museau, qui est grêle et très allongé, d'où le nom de *Longirostris* que Cuvier avait imposé à ce genre. Mais ces animaux présentent encore les caractères suivants : dents à peu près égales, les quatrièmes d'en bas passant, quand la bouche est fermée, dans des échancrures et non dans des trous de la mâchoire supérieure; pieds de derrière dentelés au bord externe et palmés jusqu'au bout des doigts. — On ne connaît encore que deux espèces de gavials, toutes deux propres à l'Asie méridionale. Le *Gavial du Gange* (*Gav. gangeticus*) [Fig. 2] vit dans les rivières de l'Inde, particulièrement dans le Gange. Il atteint de 6 à 8 mètres de longueur. Cette espèce se fait remarquer par une grosse proéminence cartilagineuse qui entoure ses narines et se rejette en arrière. C'est cette proéminence qui avait fait dire à Élien qu'il existe dans le Gange des crocodiles qui ont une corne au bout du museau. Le même auteur dit en outre que ce reptile est inoffensif. Il paraît, en effet, qu'il vit exclusivement de poissons, et n'attaque jamais ni l'homme ni les animaux domestiques.

IV. — Le genre *Caïman* ayant été l'objet d'un article spécial, nous n'y reviendrons pas ici. Voy. ALLIGATOR.

Paléont. — On a divisé les crocodiles fossiles, suivant la structure des vertèbres, en quatre groupes : 1° les *Amphicœlides* ou *Téléosauriens*, c.-à-d. ceux qui ont des vertèbres biconcaves ou biplanes, tels que les *Teleosaurus*, *Ocelodon*, *Gnathosaurus*, etc., qui ne sont que fossiles, et dont on ne rencontre les restes depuis le lias jusqu'au jurassique supérieur; 2° les *Bélodontides* qui ne sont également que fossiles dans le keuper et le trias; 3° les *Gavialides* qui sont fossiles depuis le crétacé et encore vivants aux Indes; 4° les *Crocodilides* qui sont vivants et qui se que se trouvent à l'état fossile dans le purbeckien, dans l'argile de Londres, du Soissonnais, dans le gypse tertiaire de Montmartre.

CROCOÏSE ou **CROCOÏSITE.** s. f. (gr. κροκόεις, jaune safran). T. Minér. Chromate de plomb naturel qu'on trouve en Sibérie, et dans lequel Vauquelin a découvert le chrome. Voy. CHROME.

CROCONIQUE. adj. m. (gr. κρόκος, safran). Chim. On donne le nom d'*Acide croconique* à un corps cristallin jaune, soluble dans l'eau, découvert par L. Gmelin. Cet acide, qui répond à la formule $C^5O^5H^2$, est bibasique et forme avec les bases des jaunes cristallisables appelés *Croconates*. Le sel de potasse $C^5O^5K^2$ s'obtient par l'action ménagée de l'eau sur le carboxyde de potassium qui se forme dans la préparation du potassium. Ce croconate, traité par l'alcool absolu mélangé d'acide sulfurique, donne par évaporation des cristaux d'acide croconique. On obtient également de l'acide cr. par l'ébullition de la perquinone avec de l'eau. Traité par les corps réducteurs, l'acide cr. se décolore et se change en acide *hydrocroconique* $C^5 H^4 O^5$. Traité par les réactifs oxydants tels que l'acide azotique, il se convertit en acide *leuconique* ou *oxycroconique* $C^5 H^{10} O^{10}$, incolore, extrêmement soluble dans l'eau.

CROCQ, ch.-l. de c. (Creuse), arr. d'Aubusson; 1,100 h.

CROCUS. s. m. [Pr. *kro-kuss*] (lat. *crocus*, safran). T. Bot. Genre de plantes Monocotylédones de la famille des IRIDÉES. Voy. ce mot. || T. Chim. anc. Nom donné par les alchimistes à différentes combinaisons métalliques dont la couleur rappelait celle du safran. *Crocus cupri* désignait l'oxyde cuivreux; *Crocus metallorum*, l'oxysulfure d'antimoine; *Crocus martis aperiens*, l'hydrate ferrique.

CROIRE. v. a. (lat. *credere*). Estimer qu'une chose est

véritable, la tenir pour vraie. *Je crois ce que vous me dites. Je ne le crois pas. Je le crois fermement. Vous ne me ferez jamais c. cela. Il ne croit que ce qu'il voit. Il croit tout ce qu'on lui dit. Permettez-moi de n'en rien c.* — Se dit partic. en matière de religion. *C. les mystères. C. l'Évangile. C. la présence réelle. Mais encore faut-il c. quelque chose au monde.* — Fam., C. *une chose comme l'Évangile, comme article de foi,* La c. fermement. *Il croit tout comme article de foi,* Il est fort crédule. *Si vous ne le croyez pas, allez-y voir; J'aime mieux le c. que d'y aller voir,* se dit quand on doute d'une chose qu'il n'est pas aisé de vérifier. || Absol., C. *légèrement. C. sans preuve. Vous êtes trop facile à c.* — Se dit partic. en matière de religion. *A la première prédication des Apôtres beaucoup de Juifs crurent. Heureux ceux qui croient.* || Ajouter foi à ce que dit quelqu'un, déférer à son opinion, à son avis. *Je vous crois. Je ne vous crois pas. C'est un menteur que personne ne croit plus. Croyez-moi, ne faites point cela. Si vous aviez voulu me c., tout cela ne serait pas arrivé. Il est parvenu à se faire c. de ces gens-là.* — En c. quelqu'un, en c. quelque chose, S'en rapporter à quelqu'un, à quelque chose. *Voulez-vous m'en c. sur parole? Je ne veux en c. que mes yeux. Il n'en sera pas cru. A l'en c., s'il faut l'en c., l'affaire est terminée. S'il faut en c. les apparences. Si j'en crois ce que j'ai entendu.* || Penser, estimer, s'imaginer, présumer. *Je crois cela bon. Il a eu tort, à ce que je crois. Je le croyais honnête homme. Qui l'aurait jamais cru? Que va-t-on c. de moi? Je crois tout de lui. Il lui croit du talent. Il croyait bien faire. Il croyait entendre du bruit. Je ne crois pas qu'il vienne. Croyez-vous qu'il veuille vous tromper? Ce bruit nous fit c. que...* — Absol., *Vous ferez bien, je crois, d'aller le voir de suite.* = CROIRE. v. n. C. à quelqu'un, à quelque chose, Avoir confiance en quelqu'un, etc., s'y fier. On est forcé de c. au témoignage de ses sens. Vous n'en avez cru ni à ma parole ni à l'expérience des autres. C. aux discours, à la parole, aux serments de quelqu'un. Auquel des deux dois-je c.? La loc. C. à, en parlant des personnes, est aujourd'hui peu usitée: on dit C. quelqu'un. — C. à quelque chose, sign. aussi Être persuadé de l'existence ou de la vérité de quelque chose. C. aux revenants, aux sorciers. Je ne puis c. à son innocence. C. à l'immortalité de l'âme. C. aux miracles. On dit dans le même sens, C. en Dieu, en Jésus-Christ, en la divinité de Jésus-Christ. = se CROIRE. v. pron. S'imaginer être. Il se croit habile. Il se croyait au moment de réussir. || S'en c., S'écouter. Si je m'en croyais, je ne sais ce que je lui ferais. — S'en c. beaucoup, Avoir une haute opinion de son mérite, de ses forces, etc. Il s'en croit beaucoup trop. Fam. = CRU, UE. part. = Syn. Voy. ACCROIRE.*

Conj. — *Je crois, tu crois, il croit; nous croyons, vous croyez, ils croient. Je croyais; nous croyions, vous croyiez, ils croyaient. Je crus. J'ai cru. Je croirai. Je croirais. — Crois; croyons. — Que je croie; que nous croyions. Que je crusse, que tu crusses, qu'il crût; que nous crussions, que vous crussiez, qu'ils crussent. — Croyant.*

Obs. gram. — Lorsque le v. *Croire* est suivi d'une proposition subordonnée, on se trouve quelquefois embarrassé pour savoir si le verbe de cette proposition doit être mis à l'indicatif ou au subjonctif; cette difficulté étant commune à un grand nombre de verbes, nous la résoudrons au mot SUBJONCTIF.

CROISADE. s. f. (R. *croiser*). Ligue, expédition faite contre les infidèles ou les hérétiques, ainsi nommée parce que ceux qui s'y engageaient portaient une croix sur leur habit. *Prêcher une c. Publier une c. La première, la seconde c. La c. contre les Albigeois. Dans le temps des croisades.*

Hist. — On désigne spécialement sous le nom de *Croisades*, les expéditions entreprises du XI° au XIII° siècle par l'Europe chrétienne contre l'Orient musulman. Il y en eut huit.

1re *Croisade* (1096-1099), prêchée par Pierre l'Ermite. Il y eut deux expéditions distinctes. La première, dirigée par Pierre l'Ermite et Gauthier-Sans-Avoir, était composée de malheureux qui, dénués d'organisation militaire, périrent pour la plupart le long de la route; le peu qui parvint en Asie fut exterminé par le sultan de Nicée. La seconde, dirigée par Godefroy de Bouillon, Baudouin, etc., s'empara de Jérusalem et y fonda un royaume dont Godefroy de Bouillon fut proclamé roi.

2ᵉ *Croisade* (1147-1149), prêchée par saint Bernard et dirigée par l'empereur Conrad III et le roi de France Louis VII, le Jeune. L'armée chrétienne assiégea Damas sans succès et revint en Europe après un échec complet.

3ᵉ *Croisade* (1189-1193), prêchée par Guillaume, archevêque de Tyr, et conduite par l'empereur Frédéric Barberousse, le roi de France Philippe-Auguste et le roi d'Angleterre Richard Cœur de lion. Elle avait pour cause la prise de Jérusalem par le Turc Saladin; mais elle échoua misérablement. L'empereur se noya en Cilicie; les deux rois prirent Saint-Jean d'Acre, mais furent bientôt contraints de faire la paix avec Saladin. Au retour, Richard fut retenu captif par l'archiduc d'Autriche.

4ᵉ *Croisade* (1202-1204), prêchée par Foulques, curé de Neuilly, et dirigée par Beaudouin IX, comte de Flandre. Les croisés furent détournés de la route de Jérusalem par l'empereur d'Orient *Isaac l'Ange*, que venait de détrôner son frère Alexis III, et qui les appela à son secours. Ils le rétablirent, en effet, sur le trône; mais, presque aussitôt, Isaac mourut, et les croisés, s'emparant définitivement de Constantinople, dévastèrent la ville et y fondèrent un *Empire Latin* avec Beaudouin pour souverain. Cet empire dura 57 ans, c.-à-d. jusqu'en 1261, où les Français furent chassés par Michel VIII, Paléologue. La 4ᵉ Croisade eut pour historien le sénéchal de Champagne Villehardouin, qui était un des chefs de l'expédition, et dont la chronique, sous le titre de *Conquête de Constantinople*, est le premier monument en prose d'une certaine importance de l'ancienne langue française.

5ᵉ *Croisade* (1217-1221), conduite par Jean de Brienne, roi nominal de Jérusalem, et André II, roi de Hongrie. Ces deux princes firent en Égypte une expédition sans résultat.

6ᵉ *Croisade* (1228-1229), dirigée par l'empereur Frédéric II, héritier de Jean de Brienne au trône de Jérusalem. Ce prince obtint sans combattre, et par traité, du sultan Melek-Kamel, la reddition de la ville sainte et l'Europe eut le spectacle extraordinaire du drapeau chrétien relevé sur le Saint-Sépulcre par un prince excommunié.

7ᵉ *Croisade* (1248-1254), conduite par saint Louis pour l'accomplissement d'un vœu. Le roi de France porta la guerre en Égypte; mais, après qu'il eut pris Damiette, la défaite de Mansourah l'obligea à abandonner ses conquêtes et à revenir en Europe.

8ᵉ *Croisade* (1270), dirigée aussi par saint Louis. Dans le chimérique espoir de convertir au christianisme le roi maure de Tunis, il porta ses armes sur la côte septentrionale de l'Afrique, et mourut de la peste devant Tunis avec un grand nombre de ses chevaliers. Les croisades de saint Louis ont été racontées par le sire de Joinville.

Avec saint Louis finit l'ère des croisades. L'Occident se désintéressa complètement des événements d'Orient; les villes de la Palestine retombent les unes après les autres au pouvoir des Musulmans. Comme toutes les grandes guerres dans les temps où les communications étaient rares et difficiles, les croisades ont eu sur la marche de la civilisation une influence considérable et plutôt bienfaisante, malgré les souffrances qu'elles ont infligées aux générations contemporaines. Causées à la fois par l'exaltation religieuse, les passions guerrières et le besoin d'aventures d'une population ignorante et malheureuse, elles eurent pour résultats principaux de débarrasser les États occidentaux d'une foule d'aventuriers et de bandits, d'établir des communications commerciales jusqu'alors inconnues entre l'Orient et l'Occident, de faire pénétrer en Europe quelques restes de la civilisation antique conservés à Constantinople et de favoriser ainsi le développement des lettres, des sciences et des arts. D'autre part, les seigneurs, pour se procurer des ressources, se virent contraints de vendre à leurs vassaux et aux bourgeois des villes des libertés et privilèges de toute nature, circonstance qui a grandement facilité l'émancipation des communes, l'accroissement du pouvoir central et la ruine finale de la féodalité.

Croisade contre les Albigeois. — Expédition sanglante conduite avec une cruauté incroyable par Simon de Montfort contre certaines populations hérétiques du midi de la France (1209-1229). Voy. ALBIGEOIS.

Bibliogr. — MICHAUD, *Histoire des Croisades*; HENRI MARTIN, *Histoire de France*; MICHELET, *Histoire de France*; CH. MILLS, *Histoire des Croisades* (en anglais, traduite en français par Tiby).

CROISÉ. s. m. Celui qui a pris la croix pour aller combattre les infidèles ou les hérétiques. *L'armée des croisés.* || T. Tiss. Se dit de toutes les étoffes dont l'armure est disposée de manière à produire des sillons obliques.

CROISÉE. s. f. (R. *croiser*). Fenêtre, ouverture qu'on laisse dans le mur d'un bâtiment pour donner du jour à l'intérieur. *Les croisées sont ainsi nommées parce qu'autrefois elles étaient le plus souvent divisées en quatre parties par un montant et une traverse.* || Par ext., Le châssis vitré qui sert à fermer cette ouverture. *Poser une c. Fermer la c.* || T. Mar. *C. d'une ancre.* Voy. ANCRE. || T. Techn. Rayons en croix d'une roue d'horlogerie. — Châssis ou cadre d'une machine à lainer dans lequel sont encadrés les chardons. — Pièces fixées en croix dans l'axe d'un dévidoir. — Petites croix de bois à l'usage du couvreurier et du potier d'étain. — Branches d'une croix d'orfèvrerie. — Entrelacements de fils très serrés dans un tissu. — Triangle destiné à mettre en oscillation le babillard d'un moulin. || T. Typogr. Bois en croix placés au tourillon supérieur de la presse. || T. Agric. Bâtons croisés en haut d'une ruche. || T. Opt. *C. des fils d'un réticule,* Point où se croisent les fils d'un réticule. Voy. RÉTICULE, LUNETTE.

CROISELLE. s. f. Espèce de papier.

CROISEMENT. s. m. Action par laquelle deux choses se croisent; le résultat de cette action. — T. Escrime. *Le c. du fer,* L'action de croiser les épées, les fleurets. || T. Physiol. Action d'accoupler des animaux du même genre, mais de races ou même d'espèces différentes. Les produits qui en résultent sont des *hybrides* ou des *métis.* Voy. ces mots. *C'est au moyen de croisements bien entendus qu'on améliore nos animaux domestiques.*

Chem. de fer. — *Croisement de voies,* Endroit où se croisent deux voies. Pour permettre le passage des boudins des roues, il est indispensable de laisser un évidement à l'intersection des rails. On a proposé divers systèmes pour boucher cet évidement par des pièces mobiles, qui, tout en laissant le passage des boudins, offrent cependant un support au bordage des roues; mais ces systèmes ont été abandonnés, et pour diminuer les chocs et éviter les déraillements à l'interruption du rail, on se contente de placer, le long de l'intersection et le long du rail opposé, des contre-rails qui limitent le déplacement latéral des essieux. Voy. CHEMIN DE FER.

CROISER. v. a. (R. *croix*). Mettre, disposer quelque chose en forme de croix. *C. les bras, les jambes. C. les épées* ou *c. le fer.* — *C. la baïonnette,* Tenir son fusil de manière que la baïonnette soit dirigée en avant. *Il fit former le carré et c. la baïonnette.* || En parlant des vêtements, Mettre un côté sur l'autre. *C. son habit. Croisez votre châle.* || Aller, passer à travers de... *Le lièvre a croisé le chemin. Cette route croise celle de Paris.* — Fig., *C. quelqu'un,* Le contrarier dans ses desseins. || Biffer d'un trait de plume. *Il a croisé trois articles de votre compte. Il faut c. tout ce passage.* Peu us. || Accoupler des animaux de races différentes. *Il faut c. les races pour les empêcher de dégénérer. C. des moutons français avec des mérinos.* || T. Techn. *C. les fils, les soies,* Les tordre légèrement avec un moulinet. ═ CROISER. v. n. Se dit des vêtements dont un des côtés passe sur l'autre. *Cet habit croise bien. Ma redingote ne croise pas assez.* || T. Mar. Se dit d'un ou de plusieurs vaisseaux qui vont et viennent dans un parage déterminé pour attendre des bâtiments ennemis, pour bloquer un port, etc. *Il y avait des vaisseaux qui croisaient dans la Manche. C. au large,* en vue de terre. *L'escadre destinée à c. devant Cadix, sur la côte de Guinée.* ═ SE CROISER. v. pron. Se dit des choses que l'on met ou qui sont disposées en croix. *Les branches qui se croisent.* Par extens. *au moment où les épées se croisaient.* — Se dit du lieu où deux lignes, deux routes se traversent. *Cette route se croise avec telle autre. Leurs directions se croisent.* || Se dit de deux personnes ou de deux choses qui font le même trajet, mais en sens contraire. *Ces deux courriers se sont croisés. Mon frère vient de sortir pour aller chez vous, vous vous êtes croisé avec lui. Nous nous sommes croisés sans nous rencontrer. Nos lettres se croisèrent.* || Se c. les bras, Rester dans l'inaction. — Fig., *Ils se croisent dans leurs entreprises, leurs prétentions, etc.,* Ils se contrarient, ils se nuisent mutuellement. || Se dit aussi de plusieurs objets qui sont en mouvement dans des directions contraires. *Le fleuve était couvert de barques qui se croisaient dans tous les sens.* — Fig., *Des intrigues qui se mêlent et se croisent.* || Se dit encore de ceux qui autrefois s'engageaient par un vœu solennel à aller faire la guerre aux infidèles ou aux hérétiques, et qui portaient comme marque de ce vœu une croix sur leurs habits. *Les plus illustres chevaliers de* l'Europe se croisèrent contre les infidèles. || S'accoupler. Celte race se croise très bien avec cette autre. = CROISÉ, ÉE, part. Étoffe croisée, Étoffe fabriquée à quatre marches, en sorte que les fils y sont beaucoup plus serrés que dans les étoffes qui ne se font qu'à deux marches. Serge croisée. — Substant., Voilà un beau c. Acheter du c. || T. Guerre. Feux croisés, Feux partant de différents côtés et dirigés vers un même point ou qui prennent en écharpe les points battus. || T. Versif. Rimes croisées. Voy RIME. || T. Danse. Chassé c. Chassé que le danseur et la danseuse font en même temps, l'un à droite, l'autre à gauche. || T. Anat. Ligaments croisés, Nom donné à deux forts ligaments qui se trouvent à la partie postérieure de l'articulation du fémur avec le tibia. || T. Blas. Se dit du globe impérial, des bannières et des besants qui ont des croix.

CROISETTE. s. f. (Dim.). Petite croix. T. Blas. Voy. CROIX. || T. Bot. Nom vulgaire du Galium cruciatum. Voy. RUBIACÉES.

CROISETTE (CAP), dép. des Bouches-du-Rhône, au sud de Marseille.

CROISEUR. s. m. T. Mar. Bâtiment de guerre qui croise dans certains parages. Il y avait sur cette côte un grand nombre de croiseurs. Nos croiseurs firent plusieurs riches captures. || Adjcct., Un vaisseau c. Les bâtiments croiseurs. || T. Mines. Filon qui en coupe un autre.

CROISIC (LE), ch.-l. de c. (Loire-Inférieure), arr. de Saint-Nazaire, port; 2,400 hab. = POINTE DU CROISIC, au nord de l'embouchure de la Loire.

CROISIÈRE. s. f. T. Mar. Action de croiser. Notre c. a duré quatre mois. Vaisseau en c. Aller en c. Tenir la c. Arriver de c. || Par ext., Les parages où l'on croise. La Manche est une mauvaise c. — Les bâtiments croiseurs. Notre c. se composait de tant de vaisseaux. || T. Art milit. Garde du sabre et de l'épée-baïonnette. || T. Chem. de fer. État de deux voies ferrées qui se croisent à niveau.

CROISILLE. s. f. Pièce du rouet des fileurs de corde qui porte les molettes.

CROISILLES, ch.-l. de c. (Pas-de-Calais), arr. d'Arras; 1,500 hab.

CROISILLON. s. m. [Pr. les ll mouillées] (R. croix). La traverse d'une croix. || La traverse d'une croisée.

CROISOIRE. s. f. Instrument pour rayer les dessus des biscuits de mer.

CROISSANCE. s. f. (lat. crescere, croître). Développement progressif d'un corps organisé, particulièrement en hauteur. Âge de c. Ce jeune garçon n'a pas encore toute sa c. Arrêter la c. d'un arbre.

CROISSANT. s. m. (lat. crescens, qui croît). La figure qu'offre la lune dans les quelques jours qui précèdent ou suivent la nouvelle lune. La c. de la lune. — La lune est dans son c., se dit de la nouvelle lune jusqu'à son premier quartier. || Ce qui ressemble au c. de la lune. Une agrafe en forme de c. Les cornes de cet insecte forment le c. Les armes de l'Empire ottoman sont un c. || Absol. Le style soutenu, se dit des armoiries, des étendards de l'empire turc ; et fig., de cet empire lui-même. Arborer le croix à la place du c. L'empire du c. || T. Mar. Arc de cercle décrit par la barre du gouvernail. || Massif de bois dur servant au pointage des canons. || Nom donné à différentes tringles courbées. || T. Mus. Chacune des ouvertures semi-circulaires pratiquées dans une table d'harmonie. || T. Fortif. Sorte d'ouvrage de défense. || T. Techn. Évidement dans une platine de serrurerie. || Petit pain ayant la forme d'un c. || T. Hortic. Instrument de fer en forme de c. ou de faucille, dont les jardiniers se servent pour tailler les arbres. || Branche de fer recourbée qu'on scelle dans les jambages des cheminées, pour y mettre les pelles à feu, les pincettes, etc. || Branche recourbée de fer ou de cuivre, dont on se sert pour arrêter les portières et les rideaux de fenêtre.

CROISSANT, ANTE. adj. Qui s'accroît, qui va en augmentant. Une population croissante. Le peuple était opprimé par des impôts toujours croissants. Un bruit sans cesse c. Haine, fureur croissante. || T. Math. Fonction c. Fonction qui varie dans le même sens que la variable dont elle dépend. Voy. FONCTION.

CROISURE. s. f. Tissure d'une étoffe croisée. || T. Littér. Disposition des vers par rimes croisées. || T. Mar. Position relative des vergues et des mâts lorsqu'ils sont placés en croix. || Endroit où se rencontrent les doubles d'un cordage.

CROÎT. s. m. (R. croître). Augmentation. Se dit de l'augmentation d'un troupeau par la naissance des petits.

CROÎTRE. v. n. (lat. crescere, m. s.). Se dit de l'accroissement des corps, soit bruts, soit organisés, et signifie partie. Acquérir une plus grande longueur. Les corps organisés croissent par intussusception, et les corps inorganiques par juxtaposition. C. insensiblement. C. très vite. C. à vue d'œil. Les animaux croissent jusqu'à un certain âge. Il faut laisser c. cet arbre jusqu'à telle hauteur. Se laisser c. la barbe, les cheveux. — Par ext., se dit des jours. Les jours croissent d'une heure dans le mois de janvier. — Prov., Ne faire que c. et embellir, se dit d'une jeune personne qui devient tous les jours plus grande et plus belle; et fig. et iron., de certaines choses qui vont en augmentant. Ses défauts ne font que c. et embellir. Son mal ne se guérit pas, il ne fait que c. et embellir. — Fig., C. en beauté, en sagesse, en vertu, etc., Acquérir tous les jours plus de beauté, etc. || Se dit des choses dont le volume, les dimensions, l'intensité augmentent. La rivière a crû. Les marées croissent dans l'équinoxe. Le bruit croît. Le tumulte allait croissant. La sédition croissait. Le luxe de la cour croissait avec la misère publique. La fièvre croît tous les jours. Son courage croissait avec les périls. Sa rage, sa furie allait toujours croissant. Il sentait c. son amour. — La lune croissante à c., se dit de l'accroissement de surface éclairée qu'offre la lune jusqu'à ce qu'elle ait atteint son plein. || Devenir plus nombreux, multiplier. Dieu a dit à l'homme : Croissez et multipliez. Sa famille croît chaque année. Ce parti croît avec rapidité. Ses biens croissent. Nos désirs croissent sans cesse. — Fig., Les abus croissaient de toutes parts. || En parlant des plantes et des productions végétales, venir, être produit. Cette plante croît sur les montagnes, dans les marais, sur le bord des ruisseaux. Cette plante y croît naturellement. Il n'y croît ni blé ni vin. C'est un excellent pays, il y croît tout ce qu'il faut pour vivre. = CROÎTRE. v. a. Augmenter. Cet honneur va c. son audace. N'est usité qu'en poésie. = CRÛ, CRUE. part. = Syn. Voy. AUGMENTER.

Conj. — Je crois, tu crois, il croît; nous croissons, vous croissez, ils croissent. Je croissais, nous croissions. Je crûs; nous crûmes. J'ai crû. Je croîtrai; nous croîtrons. Je croîtrais; nous croîtrions. — Crois, croissons. — Que je croisse; que nous croissions. Que je crusse; que nous crussions. — Croissant.

Obs. gram. — On dit d'une chose, mais non pas indifféremment, qu'elle a crû ou qu'elle est crue. On emploie l'auxiliaire Avoir quand il s'agit d'exprimer une action, et l'auxil. Être quand on veut exprimer un état. C'est ainsi qu'on dira : En deux jours la rivière a crû de deux pieds; Depuis hier, la rivière est crue de deux pieds. La même observation s'applique au verbe Décroître.

CROIX. s. f. (lat. crux, crucis, m. s.). Instrument de supplice composé de deux pièces de bois qui se coupent et se traversent ordinairement à angles droits, et sur lequel on attachait anciennement les malfaiteurs pour les faire mourir. Planter une c. Élever une c. Étendre sur la c. Mettre en c. Jésus-Christ est mort sur la c., est mort en c. Les bras, le pied de la c. — La vraie c., ou simpl., La c., Le bois de la c. où Jésus-Christ fut attaché. L'invention de la c. Du bois de la vraie c. Adorer la vraie c. || Dans le langage de la religion, Le mystère, le sacrifice de la c., Le mystère de la rédemption par la mort que J.-C. a soufferte sur la c. || Fig. et abs., La c., se dit, en poésie et dans le style soutenu, pour désigner la religion chrétienne. L'étendard de la c. Faire triompher la c. || Fig., Mettre ses injures, son ressentiment, etc., aux pieds de la c. Les oublier, en faire le sacrifice à Dieu pour l'amour de Jésus-Christ crucifié. Mettre, déposer ses peines, ses afflictions, etc., aux pieds de la c., Les supporter avec résignation pour l'amour de N.-S. J.-C. || Fig., Toute peine, toute affliction que Dieu nous envoie. Chacun a sa c. dans ce monde. C'est une grande c. que des enfants ingrats. == Toute représentation figurée de la c. de J.-C. *On porte la c. à la procession. Mettre, élever une c. en quelque endroit. Planter une c. dans un carrefour. C. d'argent, d'or de diamants. C. d'évêque.* — *Prendre la c.,* se dit de ceux qui s'engageaient par un vœu solennel à aller combattre les infidèles ou les hérétiques, et qui, pour marque de ce vœu, portaient une c. sur leurs habits. — *Le signe de la c.,* Le signe en forme de c. que les chrétiens font avec la main, le plus souvent en disant : « Au nom du Père, du Fils et du Saint-Esprit. » *A chaque coup de tonnerre elle faisait un grand signe de c.* || Se dit aussi des choses mises en travers l'une sur l'autre ou disposées de façon à présenter une figure à quatre branches. *Des bâtons disposés en c. Les pétales des crucifères sont disposés en c.* — *Avoir, mettre les jambes en c.,* Avoir, mettre les jambes l'une sur l'autre. || Décoration à peu près en forme de c. que portent les membres des différents ordres de chevalerie. *La c. du Saint-Esprit. La c. de Malte. La c. de Saint-Louis. La c. de la Légion d'honneur, la c. d'honneur,* ou simpl., *La c. Donner la c. à quelqu'un.* — *Grand-c.,* Celui qui a le grade le plus élevé dans la plupart des ordres de chevalerie chez les peuples chrétiens. || Marque formée de deux traits croisés, qu'on fait avec la plume ou autrement, sur du papier, sur un mur, etc. *Faire une c. au bas d'un acte en guise de signature.* || Fig. et fam., on dit *Il faut faire une c à la cheminée,* quand on voit arriver une chose à quoi on ne s'attendait pas. — *Quand nous serons à dix, nous ferons une c.,* se dit en parlant de certains faits qui menacent de se reproduire souvent. — *Faire la c. sur une chose,* La tenir pour perdue. *Vous n'aurez jamais le livre que vous lui avez prêté, vous pouvez faire une c. là-dessus.* || Le côté d'une pièce de monnaie qui porte l'autrefois et qui porte encore, dans quelques États, la figure d'une c. Ce côté est la même que l'on appelle aujourd'hui *Figure* ou *Face,* et se dit par opp. à *Pile,* qui désignait le revers où sont empreintes les armes du souverain. Ce dernier écrit son nom à un mot gaulois qui, dit-on, signifiait navire parce qu'on figurait jadis un navire sur ce côté des pièces de monnaie. — *C. ou pile,* Jeu de hasard où l'on jette une pièce de monnaie en l'air ; un des joueurs nomme à son choix un des côtés de la pièce, et il gagne si, lorsqu'elle est tombée, elle présente le côté qu'il a choisi. *Jouer à c. ou pile. Je m'tiens pile.* On dit plus souvent aujourd'hui *pile ou face.* || Fam., on dit en parlant de deux choses entre lesquelles on ne fait guère de différence, *Je les jetterais à c. et pile, ou c c. ou à pile, ou à c. ou face.* || Prov., *N'avoir ni c. ni pile,* N'avoir point d'argent. || T. Astron. *La c., la grande c, la c. australe ou du sud,* Constellation à s'y rattache. Voy. CONSTELLATION. || T. Bot. *C. de Jérusalem ou de Malte,* Nom vulgaire de la *Chalcedonia Lychnis.* Voy. CARYOPHYLLÉES. || T. Archit. Grande nef, chœur, sanctuaire et transept d'une église formant ensemble une espèce de grande c. || T. Mar. Situation des deux câbles d'un navire passés un sur un autre câble qui ne travaille pas. Position d'une vergue placée à poste sur ses bras et balancines. || Grosse sangle en c. appelée *C. de Saint-André,* avec laquelle on soutient la voile de misaine. || T. Techn. Morceau de bois qui porte les têtes de chardons à carder. || Nom donné par les tisseurs à toute fausse direction dans l'ordre de placement des fils de chaîne, du remettage, etc. || T. Chir. *C. de Malte,* Sorte de bandage en c. || T. Typogr. Signe en forme de c. latine (+), dont on se servait autrefois pour renvoyer aux notes marginales. On ne l'emploie aujourd'hui que dans les dictionnaires ou livres d'église avec une valeur de convention.

Hist. — I. — Presque tous les peuples de l'antiquité ont, dès les premiers temps de leur histoire, employé la C. comme instrument de supplice ; cet usage prit vraisemblablement naissance en Orient, où il subsiste encore dans certaines contrées. Les Égyptiens et les Carthaginois l'employaient souvent. Il était bien connu des anciens Perses et des Scythes. C'est probablement aux Perses que les Grecs l'ont emprunté. On sait qu'après la prise de Tyr Alexandre fit crucifier 2,000 de ses habitants. Quant aux Juifs, il paraît que ce genre de supplice leur était primitivement inconnu et qu'ils l'ont reçu d'une nation étrangère, peut-être des Romains : car nulle part, dans l'ancien monde, le supplice de la c. ne fut aussi usité qu'à Rome. Sous le gouvernement des rois, il était infligé indistinctement aux coupables de tous les rangs. Mais, plus tard, on en vint à regarder ce supplice comme le plus ignominieux de tous les genres de mort, et, sauf le cas de lèse-majesté, on n'y condamna plus que les esclaves et les plus vils malfaiteurs. L'horreur qu'inspirait ce supplice est admirablement exprimée par Cicéron, lorsqu'il l'appelle *crudelissimum et teterrimum.* D'après les détails que nous trouvons dans les écrivains de l'antiquité, il paraît que le supplice de la c. s'inf igeait de

plusieurs manières. Le récit de la passion de J.-C. dans les Évangiles nous fait connaître tous les détails du supplice de la c. tel que le pratiquaient les Romains, détails qui, du reste, concordent absolument avec les renseignements fournis par les auteurs latins. Suivant la loi romaine, le condamné (*cruciarius*) était battu de verges soit dans le prétoire, soit pendant qu'on le conduisait au lieu du supplice où il devait porter lui-même sa c sur son dos. Arrivé là, on le dépouillait de ses vêtements et on l'attachait à la c. posée à terre, tantôt au moyen de cordes, tantôt en enfonçant des clous dans ses mains et dans ses pieds. Puis on dressait la c. près d'une grande route et on la maintenait en équilibre par quatre pieux placés obliquement autour du pied, enfoncé dans le sol légèrement creusé. La loi juive voulait que le corps du supplicié fût détaché le jour même de l'exécution pour être enterré ; mais auparavant on lui brisait les articulations, ou on lui perçait le corps avec un pieu ou une lance. Les Romains, au contraire, laissaient habituellement le condamné mourir lentement dans d'atroces souffrances. Le supplice durait trois jours et quelquefois plus, puis ils laissaient le corps exposé jusqu'à ce qu'il tombât en lambeaux. « *Suffixorum corpora crucibus,* dit Sénèque, *in suam sepulturam defluunt.* » En général, l'instrument du supplice était élevé près d'une grande route afin de produire un effet d'intimidation. Mais après avoir embrassé le christianisme, Constantin, par respect pour J.-C., défendit d'infliger à l'avenir le supplice de la c aux criminels.

II. — La c. n'était pas toujours faite de la même manière. Quelquefois c'était une simple poutre ou un tronc d'arbre sur lequel le condamné était attaché, les mains croisées au-dessus de la tête. Le plus souvent il consistait en deux pièces de bois assemblées en forme de X (*crux decussata*) : telle est la c. sur laquelle on pense que saint André fut martyrisé, et que l'on appelle, à cause de cela, *C. de Saint-André.* D'autres fois, la c. avait la forme d'un T ou d'une double potence : aussi nommé-t-on cette variété *C. en T en tau,* ou *C. de potence ;* c'est la *crux commissa* des écrivains latins. On lui donne le nom de *C. haute,* lorsque la pièce perpendiculaire dépasse un peu la pièce transversale ou *croisillon.* La croix haute s'appelle encore *C. du Christ* et *C. latine,* parce que c'est la forme que l'Église latine a de tout temps adoptée pour représenter l'instrument de la passion de J.-C. Dans la c. haute, le croisillon est placé au tiers ou au quart de la hauteur de l'arbre lui-même à partir du sommet. Quand il est fixé au milieu, la c. prend le nom de *C. mixte.* Enfin, on appelle *C. grecque* une c. disposée comme la c. mixte, mais dont les quatre bras sont égaux, parce que c'est ainsi que l'Église d'Orient représente l'instrument de la mort de Jésus-Christ.

Archéol. — On a longtemps cru que la c., considérée comme emblème religieux, était spéciale aux chrétiens. Il n'en est rien. On a découvert dans les régions les plus diverses des symboles en forme de c., qui ont manifestement un caractère religieux ; seule, la c. latine proprement dite, date bien certainement du christianisme ; quant à l'emblème crucifère de forme variable, on l'a retrouvé sur des urnes cinéraires qui datent de l'âge de bronze, sur les plus anciens monuments de l'Inde, sur les cylindres de Babylone, sur les statues de certains rois d'Assyrie qui le portaient suspendu au cou, sur les objets découverts par le Dr Schliemann, dans la Troade, sur de nombreuses médailles, où il est associé à la figure d'Astarté, la Vénus syrienne, dans les bas-reliefs des anciens temples du Mexique, sur la c. ansée des dieux égyptiens, etc. Ce signe n'a rien de surprenant, car il est d'une origine extrêmement simple : deux traits se coupant à angle droit. Il n'est donc pas étonnant qu'on le retrouve dans les ornementations les plus primitives ; mais on peut remarquer qu'il a été associé dès la plus haute antiquité à des idées religieuses. M. de Mortillet, qui a fait paraître, en 1866, un intéressant ouvrage sur ce sujet : *Le signe de la croix avant le christianisme,* fait remarquer qu'on ne trouve jamais la c. associée à des idoles ; d'où il conclut que, dès les temps préhistoriques, il existait une religion non idolâtre dans laquelle la c. était un emblème important. Dans l'antiquité païenne, la c. en *tau,* T, s'interprétait comme un souhait de bonheur.

Blas. — La C. est une des pièces honorables de l'art héraldique. On la trouve généralement seule ; cependant plusieurs écus en portent deux. Quand ce dernier nombre est dépassé, la figure perd le nom de c. et prend celui de *Croisette.* En outre, la c. est presque toujours pièce principale. Lorsque, ce qui est rare, elle charge une autre pièce honorable, il faut qu'elle remplisse entièrement celle-ci, c.-à-d. que ses branches s'étendent jusqu'aux bords de l'écu ; sans cela, elle ne serait qu'une croisette. — De toutes les pièces honorables, la c. est celle qu'on rencontre le plus souvent dans les armoiries, car une foule de seigneurs et de chevaliers tenaient à marquer leurs armes du symbole du christianisme. Toutefois, chaque chevalier lui faisait subir quelque modification plus ou moins considérable. Ainsi, le P. Ménétrier compte 40 variétés de c.; Vulson de la Colombière en admet 72; enfin, un autre héraldiste renonce à les énumérer, tant, dit-il, elles sont nombreuses. Il suffira d'indiquer les variétés les plus importantes.

Dans sa forme la plus simple, la c. présente la réunion de la fasce et du pal; elle est dite alors *simple* ou *pleine*;

Fig. 1. Fig. 2. Fig. 3.

on ne l'exprime pas en blasonnant. D'ASPREMONT : *D'argent à la c. de gueules* (Fig. 1). On l'appelle *C. au pied fiché*, quand son pied est aiguisé pour être enfoncé en terre; DE ROUSSET : *De gueules à la c. d'argent au pied fiché* (Fig. 2). La c. est dite *pattée*, quand elle est élargie à ses quatre extrémités; D'ARGENTRÉ : *D'argent à la c. pattée d'azur* (Fig. 3). Elle est *potencée*, lorsque ses mêmes extrémités sont terminées par des potences. Les armes du royaume de JÉRU-

Fig. 4. Fig. 5. Fig. 6.

SALEM étaient : *D'argent à la c. potencée d'or, cantonnée de quatre croisettes de même* (Fig. 4). La c. est dite *repotencée*, quand ses extrémités sont deux fois potencées; et *recroisetée*, quand ses quatre branches forment elles-mêmes des c.; DE BIERLEY : *D'argent à la c. recroisetée de gueules* (Fig. 5). — La c. *alésée* ne touche les bords de l'écu par aucun de ses côtés; XAINTRAILLES : *D'argent à la c. alésée de gueules* (Fig. 6). La c. *ancrée* est celle dont les

Fig. 7. Fig. 8. Fig. 9.

extrémités se terminent comme des ancres de vaisseau; DE DAMAS : *D'argent à la c. ancrée de gueules* (Fig. 7). La c. ancrée prend le nom de *recercelée*, lorsque les pointes courbes font deux circonvolutions. La c. *bourdonnée* ou *pommetée* a ses extrémités terminées par des boules; DE L'ISLE : *De gueules à la c. pommetée d'or* (Fig. 8). La c. *cléchée*, dite aussi *c. de Toulouse*, parce qu'elle figure dans les armes de cette ville, est *vidée*, c.-à-d. percée à jour

Fig. 10. Fig. 11. Fig. 12.

de manière à laisser voir le fond de l'écu, et ses branches, s'élargissant aux extrémités, présentent trois angles rentrants et trois angles sortants, ceux-ci ornés de petits boutons; VÉNASQUE : *D'or à la c. vidée, cléchée, pommetée d'azur*; ou *D'or à la c. de Toulouse d'azur* (Fig. 9). La c. *fleurdelisée*, *florencée* ou *de Florence*, a ses extrémités terminées par des fleurs de lis; DE VILLEQUIER : *De gueules à la c. fleurdelisée d'or, cantonnée de douze billettes d'argent* (Fig. 10).

La c. est *fleuretée*, quand elle porte une fleur à chacune de ses extrémités; *fourchée*, quand ces mêmes extrémités sont découpées de manière à former trois pointes; *gringolée* ou *givrée*, quand elles finissent en tête de serpent; *tréflée*, quand c'est par un trèfle. La c. *retranchée* a ses extrémités disposées en une sorte de pignon affaissé; MANFREDI : *D'argent à la c. retranchée et pommetée d'azur* (Fig. 11). — La c. est dite *cantonnée*, quand d'autres figures sont placées entre ses branches (Fig. 4 et 10). On l'appelle *anglée*, lorsque des figures longues et pointues sont mouvantes de ses angles; *herminée*, quand elle est formée de quatre mouchetures d'hermine; *ansée*, quand elle est en tau et porte un anneau au sommet. Elle peut encore être *accompagnée*, *bastillée*, *bordée*, *bretessée*, *chargée*, *coupée*, *componée*, *dentelée*, *écartelée*, *échiquetée*, *écotée*, *frettée*, *fuselée*, *losangée*, *mâclée*, *ondée*, *vairée*, etc.; mais ces divers attributs appartenant également aux autres pièces honorables, nous en donnerons l'explication en leur lieu et place.

Quelques autres formes de c., sans être particulières au blason, y figurent assez souvent. De ce nombre sont la *C. latine*, la *C. de potence* et la *C. grecque*. La *C. patriarcale*, *C. russe* ou *C. de Lorraine* est une c. latine à deux croisillons placés l'un au-dessus de l'autre, le supérieur plus petit que l'inférieur; DE BOUQUEVAL : *Écartelé, aux 1 et 4, d'argent à la c. de Lorraine de sable; aux 2 et 3, d'or à la bande d'azur chargée de trois fleurs de lis du champ* (Fig. 12). La *C. à triple traverse*, qu'on rencontre quelquefois, est considérée comme un emblème de la papauté, signifiant peut-être, comme les trois couronnes de la tiare, la triple royauté du vicaire de J.-C. Nous remarquerons, en passant, que l'écu des évêques porte la c. ordinaire, celui des archevêques la c. à double traverse, tandis que la c. à trois traverses appartient exclusivement aux papes. Toutefois, ces distinctions hiérarchiques ne remontent pas au delà du XVe siècle. Les archéologues chrétiens donnent le nom de *C. de passion* à une c. latine très massive; c'est un véritable gibet. La *C. de résurrection*, qu'ils appellent aussi *C. pascale* et *C. triomphale*, en diffère par sa légèreté et par sa forme aérienne; on l'accompagne ordinairement d'une bannière. *La C. de Saint-Jean-Baptiste* est une simple c. pascale dont la bannière est remplacée par une simple bandelette portant les mots : *Ecce Agnus Dei*. La *C. de Malte*, ainsi appelée parce qu'elle figurait sur les vêtements des chevaliers de cet ordre célèbre, est une c. pattée dont les extrémités présentent une sorte d'échancrure triangulaire. Enfin, la *C. de Bourgogne*, appelée encore *C. en sautoir*, ou simplement *Sautoir*, n'est autre chose que la c. de Saint-André; D'ARGENNES : *De sable au sautoir d'argent* (Fig. 13).

Fig. 13.

CROMLECH. s. m. (celt. *kroumm*, courbe; *lech*, pierre sacrée). T. Archéol. Monument mégalithique formé de pierres

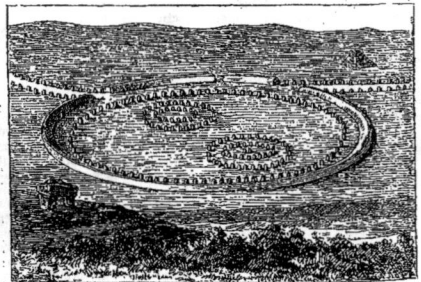

Fig. 1.

plantées debout, en cercle ou en ellipse, autour d'une pierre plus grande, ou autour d'un ou plusieurs cercles plus petits disposés à l'intérieur. On trouve des monuments de ce genre en France, en Angleterre, en Norvège, en Espagne et même en Amérique. On en reconnaît plusieurs parmi les pierres de Carnac, en Bretagne; mais le plus beau c. du Morbihan est celui de l'Ile aux Moines. Le plus célèbre de tous est e *Stone-henge*, d'Avebury, dans le Wiltshire, qui mesure environ 300 mètres de diamètre. La Fig. 1 le représente tel qu'il a été restitué par le Dr Britton. La ligne qui joint les doubles cercles concentriques intérieurs, est orientée du nord au sud. Un fossé, d'au moins 14 mètres de profondeur sur 18 de large,

Fig. 2.

entourait le tout et était interrompu aux deux extrémités par deux avenues de pierre qui aboutissaient au c. Il existe encore dans la plaine de Salisbury les ruines d'un autre c., découvertes par King, en 1799. Celui-ci n'a guère que 35 mètres de diamètre; mais il est remarquable en ce que les pierres verticales en supportaient d'autres horizontales. La Fig. 2 le représente dans l'état actuel; et la Fig. 3 montre une restauration due à M. de Quatrefages. La plupart des archéologues considèrent les cromlechs, ainsi que tous les autres monuments mégalithiques, comme ayant un caractère funéraire. Voy. ARCHITECTURE, DOLMEN, MENHIR.

CROMORNE. s.m. (all. *krummhorn*, m. s., de *krumm*, tordu; *horn*, cor). T. Mus. Instrument à vent qui était fermé par le bas, et où le son ne sortait que par deux trous. *Le c. était en usage au XVe et au XVIe siècle.* Voy. ORGUE.

CROMWELL (OLIVIER), un des plus grands noms de l'Angleterre, né en 1599, d'une famille de gentilshommes campagnards. Sa première jeunesse fut souillée de désordres graves; mais à l'âge de 21 ans il se maria, changea de conduite, et se dévoua au triomphe du parti des *Puritains*. Membre du Long-Parlement (1640), il organisa pendant la guerre civile une armée avec laquelle il battit les troupes du roi Charles Ier Stuart, qui tomba entre ses mains. Quatre ans plus tard, il figura comme juge au procès de Charles Ier (1644-1645), et après le supplice du roi, il chassa d'Écosse Charles II; enfin, s'appuyant sur le corps des officiers, il gouverna seul l'Angleterre avec le titre de *Protecteur* (1653). Craint et flatté de toute l'Europe, il mourut en 1658. Son fils RICHARD, qui lui succéda comme Protecteur, donna sa démission onze mois après, et mourut obscur en 1712.

CRON. s. m. Terre sablonneuse où il reste beaucoup de débris de coquillages.

CRÔNE. s. m. (altér. du mot angl. *crane*, grue). T. Mar. Machine qui sert dans les ports de mer pour charger et décharger les navires. Voy. GRUE.

CRÔNE ou **CROSNE.** s. f. T. Pêch. Endroit plein d'herbages et de racines où se retire le poisson. || T. Bot. *Crosnes du Japon*, nom donné aux tubercules comestibles du *Stachys tuberifera*, de la famille des *Labiées*. Voy. ce mot.

CRONOGRAPHIE. s. f. (gr. Κρόνος, Saturne; γράφειν, décrire). Description de la planète Saturne.

CRONSTADT, v. de la Russie d'Europe, dans une île, à l'embouchure de la Néva, à 30 kil. de Saint-Pétersbourg, dont elle forme le port; 48,300 hab.

CRONSTEDT, chimiste et minéralogiste suédois (1722-1765).

CRONSTEDTITE. s. f. (R. *Cronstedt*, nom d'un chimiste suédois). T. Minér. Silicate hydraté de fer, de magnésie et de manganèse, en masses réniformes, composées d'aiguilles divergentes.

CROOKÉSITE. s. f. (R. *Crookes*, nom d'un chimiste anglais). T. Minéral. Variété d'eukaïrite contenant une forte proportion de thallium.

Fig. 3.

CROQUADE. s. f. (R. *croquer*). T. Peint. Croquis fait rapidement et à grands traits.

CROQUANT. s. m. (R. *croquer*). Un homme de néant, un misérable. *Ce n'est qu'un c.* Fam. et vx. || *Croquants*, au pl., s'est dit des paysans qui se révoltèrent en Guienne sous Henri IV et sous Louis XIII. *La révolte des Croquants*.

CROQUANT, ANTE. adj. Qui croque sous la dent. *Biscuit c. Tourte croquante.* || Subst. et au fém., *Une croquante*, Une tourte croquante.

CROQUE-AU-SEL (A LA). loc. adv. ellipt. qui sign. Sans autre assaisonnement que du sel. *Manger quelque chose à la c.-au-sel.* — Pop. et par menace, on dit d'un homme à qui l'on se croit très supérieur en force, *Je le mangerais à la c.-au-sel.*

CROQUE-LARDON. s. m. Écornifleur, parasite. Familier.

CROQUEMBOUCHE. s. m. Toute sorte de pâtisserie croquante, et petits bonbons glacés dont on se sert pour orner les pâtisseries.

CROQUEMANT. s. m. Bruit d'un objet que l'on croque. Peu us.

CROQUEMITAINE. s. m. Être imaginaire et terrible dont on a coutume de menacer les enfants. *Si tu n'es pas sage, C. viendra.* || Fig., Épouvantail.

CROQUE-MORT. s. m. Celui qui fait métier de transporter les morts au cimetière. *Les croque-morts sont au cabaret.* Pop. — Fig. et fam., *Une figure de c.-mort,* Une figure lugubre.

CROQUE-NOTE. s. m. Se dit fam. et par dénigr., d'un musicien qui sait lire la musique avec facilité, mais qui manque de goût et d'expression. *Renvoyez-moi d'ici tous ces croque-notes.* — On dit aussi *C.-sol.*

CROQUER. v. n. (R. croc). Se dit du bruit que font sous la dent, quand on les mange, les choses dures ou sèches. *Cela croque sous la dent.* = CROQUER. v. a. Manger des choses qui font du bruit sous la dent. — Fig. et fam., *N'en c. que d'une dent,* N'avoir pas ce que l'on désire. || Par ext. et fam., Manger avidement et entièrement. *Il croqua un poulet en moins de rien.* — Fig. et fam., *Elle est jolie à c., gentille à c.; elle est à c.,* se dit d'une personne très jolie. On dit aussi, *Cet enfant est gentil à c.* || *C. le marmot,* Attendre longtemps. Vulgaire. || T. Peint. Esquisser rapidement. || T. Mar. *C. un palan,* Accrocher. || T. Mus. *C. des notes,* Les passer dans l'exécution. || T. Jeux. *C. une balle prisonnière,* La chasser après qu'elle a touché une balle prisonnière. = CROQUÉ, ÉE. part.

CROQUE-SOL. s. m. Voy. CROQUE-NOTE.

CROQUET. s. m. (R. croquer). Sorte de pain d'épice très sec et très mince. || Jeu anglais qui se joue avec des maillets, des boules et de petites arcades que l'on plante sur le terrain.

CROQUETTE. s. f. (R. croquer). T. Cuisine. Boulette de pâte de pommes de terre, de riz, etc., qu'on fait frire après l'avoir trempée dans du jaune d'œuf et saupoudrée de mie de pain.

CROQUEUR. s. m. Celui qui croque. *Un vieux renard grand c. de poulets.*

CROQUIGNOLE. s. f. Espèce de chiquenaude donnée sur la tête. || Espèce de petite pâtisserie sèche et très dure.

CROQUIS. s. m. (R. croquer). T. Peinture. Esquisse qui indique seulement les traits principaux d'une œuvre d'art. *Faire le c. d'un paysage, d'une figure, etc. La main d'un maître se reconnaît même dans un simple c.* || Par ext., se dit en parlant d'œuvres littéraires. *Je vous envoie le c. de ma nouvelle pièce.*

CROS (CHARLES), savant français d'une haute originalité (1842-1888).

CROSSARQUE. s. m. T. Mam. Genre de mammifères de la tribu des *Viverridés.* Voy. CIVETTE.

CROSSE. s. f. (bas-lat. crucia, crocia, pour crux, croix). Bâton pastoral d'évêque ou d'abbé, qui dans l'origine avait la forme d'une croix en tau, **T**, et qui plus tard prit une forme recourbée. || Bâton courbé par le bout, dont les enfants se servent pour pousser une balle, une pierre. Vx. || T. Archit. Voy. CROCHET. || Cette partie recourbée du fût d'un fusil, d'une arquebuse, etc., qu'on appuie généralement contre l'épaule pour tirer. *La c. d'un fusil, d'un mousquet, d'un pistolet. On enfonça la porte à coups de c.* || T. Anat. Partie recourbée de l'aorte. *C. de l'aorte,* voy. AORTE. || T. Bot. *Inflorescence en c.,* Celle dans laquelle l'axe qui porte les fleurs est recourbé sur lui-même. Voy. PRÉFOLIAISON et INFLORESCENCE.

|| T. Mar. Pièce d'un gouvernail. || T. Techn. Barre de fer que l'on scelle à la loupe du creuset. || T. Méc. Tête de la tige du piston d'une machine à vapeur. On dit aussi *coquille.*

Hist. relig. — La *Crosse* ou bâton pastoral que portent les évêques et les archevêques, est une marque de leur autorité, un symbole de suprématie. Les écrivains ecclésiastiques l'appellent le plus souvent *Pedum* (houlette), à cause de sa ressemblance avec la houlette du berger ; *Ferula* (férule) et *Virga* (verge), parce que c'est avec la férule ou des verges que le maître corrige ses disciples.

On distingue trois parties dans une c. : le *Bâton,* la *Boule* ou le *Globe,* et la *Recourbure* ou *Volute.* Dans le principe, le bâton constituait seul la c. ; on le faisait souvent de bois,

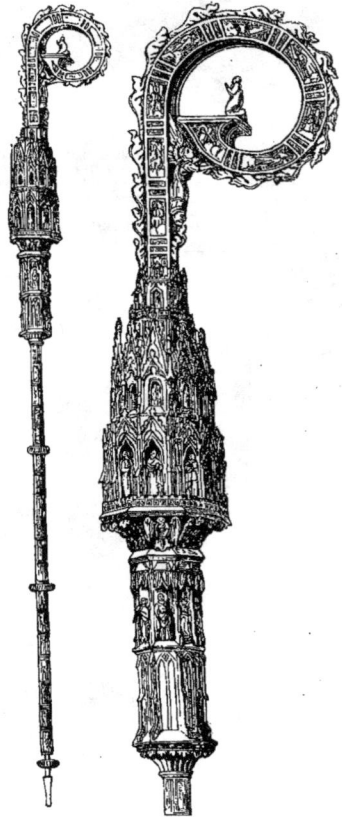

particulièrement de bois de cyprès. Plus tard, on termina ce bâton par un croisillon qui lui donnait la forme d'une croix, puis par une tête humaine ou par une boule que surmontait presque toujours une petite croix. Enfin, on ajouta à cette même boule la volute, qui toutefois n'a pris ses dimensions actuelles qu'à une époque relativement assez récente. En même temps, on substitua les métaux précieux au bois primitivement employé, et on fit de la c., particulièrement de sa partie supérieure, un travail d'orfèvrerie d'une grande richesse. La c. représentée ci-dessus donne une idée de ce qu'étaient les belles crosses du moyen âge ; elle appartient à la fin du XIVe siècle.

Les évêques ne tiennent la c. que dans les processions ou quand ils donnent la bénédiction pastorale. Dans toute autre circonstance, ils la font porter devant eux par un prêtre qui, pour cette raison, s'appelle *Porte-crosse*. A Rome, aucun évêque n'a le droit de porter la c., attendu que c'est le souverain pontife qui est l'évêque propre de la ville — La c. en usage dans l'église grecque consiste en un bâton terminé par une boule, une croix, un tau ou deux serpents entrelacés dont les têtes se regardent. Celle des évêques arméniens est recourbée, mais la courbure représente un serpent, symbole de la prudence épiscopale.

CROSSÉ, ÉE. adj. Qui a droit de porter la crosse. *Un abbé c. et mitré. Une abbesse crossée.*

CROSSER. v. n. Pousser une balle, une pierre, etc., avec une crosse. Vx. = CROSSER. v. a. *C. une balle, une pierre,* etc., La pousser avec une crosse. || Fig. et fam., Traiter quelqu'un avec mépris, lui dire des choses dures et désagréables. *C'est un homme à c. Il l'a joliment crossé.* = SE CROSSER, v. pron. S'invectiver, se battre, *Ils se sont crossés d'importance.* Pop. = CROSSÉ, ÉE. part.

CROSSETTE. s. f. [Pr. *kro-sè-te*] (Dimin. de crosse). T. Agric. Branche de vigne, de figuier, etc., où on laisse un peu de bois de l'année précédente et qui sert à faire des boutures. Voy. BOUTURE. || T. Archit. Partie d'un voussoir qui est prolongée horizontalement au delà du joint. Dans la figure ci-jointe, les lettres *a, a, a, a,* indiquent les crossettes.

CROSSEUR. s. m. Celui qui crosse, qui s'amuse à crosser. *Cette allée est pleine de crosseurs.* Vx.

CROSSEUR, EUSE. adj. T. Pop. Qui aime à crosser, à battre ou à se battre.

CROSSILLON. s. m. [Pr. les *ll* mouillées]. Extrémité recourbée d'une crosse.

CROSSOPTÉRYGIIDES. s. m. pl. (gr. χρωσός, frange ; πτέρυξ, nageoire). T. Paléont. Zool. Les C. forment l'une des principales familles de *Ganoïdes* (voy. ce mot). Ce sont des poissons allongés, à nageoire caudale étirée, hétérocerque, à nageoires pectorales et ventrales refoulées en arrière et portées par une base écailleuse. Il n'y a pas de fulcres ; les écailles sont minces et cycloïdes, ou fortes et rhomboïdales. Il y a de larges plaques jugulaires à la place des rayons branchiostèges. Ces poissons forment un passage vers les Dipnoï ; ils sont fossiles à l'exception toutefois d'un groupe, les Polyptérides qui viennent d'Afrique.

Les *Dipterus* proviennent du dévonien inférieur ; les *Holoptychius* du vieux grès rouge et du dévonien moyen. D'autres, tels que les *Cœlacanthus* sont propres au carbonifère et au lias ; les *Macropoma* ont été rencontrés dans le crétacé.

CROT. s. m. Récipient dans lequel on recueille la résine au pied des arbres.

CROTALAIRE. s. f. (gr. χρόταλον, castagnette, grelot). T. Bot. Genre de plantes Dicotylédones (*Crotalaria*) de la famille des *Légumineuses*. Voy. ce mot.

CROTALE. s. f. (gr. χρόταλον, m. s.). T. Archéol. Espèce

de castagnette dont se servaient particulièrement les prêtres et les prêtresses de Cybèle, et qui consistaient en morceaux

de buis, d'os ou de métal que l'on frappait l'un contre l'autre entre les doigts de la main.

CROTALE. s. m. (gr. χρόταλον, castagnette, grelot). Sorte de serpent venimeux. T. Erpét. Les *Crotales* (*Crotalus*) constituent, parmi les Ophidiens venimeux, un genre bien tranché, mais peu nombreux. En effet, ils sont caractérisés par la présence d'un appendice caudal singulier, qui leur a valu le nom de *Serpents à sonnettes*. Cet appareil consiste en un nombre variable de petites capsules (10 à 15 ou plus), sèches, mobiles et emboîtées l'une dans l'autre, qui produisent, quand l'animal agite rapidement sa queue, un bruit qu'on a comparé à celui que font entendre des gousses de légumineuses desséchées et renfermant encore leurs graines. Néanmoins, dans les jeunes, il n'y a point encore de grelot. Les Crotales se reconnaissent encore à leurs formes trapues, et à leur tête, qui est assez grosse et terminée par un museau court et arrondi. Leurs écailles, épaisses et libres au sommet, sont surmontées d'un tubercule très prononcé. Enfin, ils sont ordinairement d'un brun jaunâtre tacheté de larges plaques plus foncées et en

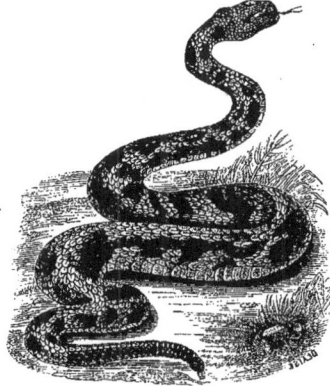

forme de losange. Ces serpents dépassent rarement 1 mètre de longueur ; on en a vu cependant qui avaient près de 2 mètres. Ils n'attaquent les animaux de grande taille que lorsqu'ils sont provoqués et se nourrissent habituellement d'Oiseaux, de petits Reptiles et de petits Mammifères. Ces Ophidiens méritent d'être rangés parmi les serpents venimeux les plus redoutables. Leur morsure amène presque toujours la mort au bout de quelques minutes. Un individu qui montrait une ménagerie, à Rouen, ayant été mordu au doigt par un de ces serpents, se coupa immédiatement avec une hache la partie blessée ; mais ce fut en vain : peu d'instants après il succombait. Le venin du C. n'est pas seulement redoutable quand l'animal est vivant. Les crochets venimeux conservent indéfiniment leur propriété léthifère. Aussi faut-il manier avec précaution les squelettes préparés même depuis plusieurs années et les sujets conservés dans l'alcool. Malgré le danger de leur morsure, les Crotales ne font pas cependant tout le mal qu'on pourrait supposer au premier abord. Comme ces Ophidiens n'habitent que les lieux secs et arides, l'homme est rarement l'objet de leurs attaques ; ils ne mordent d'ailleurs, en général, que lorsqu'on les irrite. Enfin, leurs mouvements ne sont pas très vifs, et le bruit que fait leur appareil caudal avertit de leur présence qui s'entend d'une trentaine de pas. Il paraît même que ces animaux sont susceptibles de s'apprivoiser.

Les Crotales sont, comme les autres Serpents venimeux, des animaux vivipares. Les 4 espèces qui composent ce genre sont propres au Nouveau Continent. Le *C. commun* (*C. durissus* (Fig. ci-dessus) se rencontre aux États-Unis, au Mexique et en Californie. Suivant Catesby, il s'introduit quelquefois dans les maisons et même dans les lits ; mais il ne fait pas de mal si on ne l'inquiète pas. — Le *C. millet* (*C. miliarius*) habite les provinces méridionales des États-Unis ; le *C. cas-*

carel (*C. horridus*), le Brésil, et le *C. muet* (*C. lachesis*), ce même pays et la Guyane.

CROTALURE. adj. 2 g. (gr. χρόταλον, grelot ; οὐρά, queue). T. Zool. Qui a des grelots à la queue.

CROTAPHAL, ALE. adj. (gr. χρόταφος, tempe). T. Anat. Qui a rapport à la tempe. *L'os c.*

CROTAPHIQUE. adj. 2 g. (gr. χρόταφος, tempe). Qui appartient à la tempe. *Artère c.*

CROTAPHITE. adj. et s. m. (gr. χρόταφος, tempe). Se dit du muscle, autrement appelé *Temporal*, qui occupe la tempe.

CROTON. s. m. [Pr. *kroton* et non *krotone*] (gr. χρότων, ricin). T. Bot. Genre de plantes Dicotylédones de la famille des *Euphorbiacées.* Voy. ce mot. || Huile de c. tiglium, extraite de la graine de pignon d'Inde (semence de c. tiglium), purgatif drastique énergique. En friction sur la peau, elle fait naître des éruptions.

CROTONE. s. f. (R. *crotone*, espèce de champignon parasite). T. Méd. Tumeur fongueuse qui se développe sur le périoste.

CROTONE, ville de l'Italie ancienne, dans le Brutium, à l'embouchure de l'Æsarus, aujourd'hui Cotrona, fondée en 710 av. J.-C. Patrie de Milon ; résidence de Pythagore.

CROTONIQUE. adj. (R. *croton*). T. Chim. Se dit de composés non saturés correspondant aux combinaisons butyriques et isobutyriques.

L'*alcool crotonique* ou *crotonylique* C^4H^8O est un liquide d'odeur irritante, qui bout à 117°. Il correspond à l'alcool butylique ; il s'unit en effet directement au brome en donnant de l'alcool butylique bibromé.

L'*aldéhyde c.*, appelée aussi *acraldéhyde*, a pour formule C^4H^6O ; on l'obtient en décomposant l'aldol par la chaleur, ou en chauffant à 100° une solution aqueuse d'aldéhyde ordinaire avec du chlorure de zinc. C'est un liquide incolore, bouillant à 104°, doué d'une odeur âcre et pénétrante. Traité par l'acide chlorhydrique, il se transforme en aldéhyde chlorobutyrique. Avec l'hydrogène naissant, il donne de l'alcool butylique mélangé d'alcool crotonique.

On connaît trois acides crotoniques répondant à la formule $C^4H^6O^2$: ils correspondent aux acides butyriques. — 1° L'*acide c.* ou *tétracrylique* est solide, doué d'une odeur irritante et désagréable ; très volatil, il se sublime déjà à la température ordinaire ; il fond à 72° et bout à 190°. Il s'unit directement aux hydracides en donnant les produits de substitution de l'acide butyrique. Sa formule développée est $CH^3CH = CH \cdot CO^2H$. — 2° L'*acide isocrotonique* ou *quarténylique*, auquel on attribue la formule $CH^3 = CH \cdot CH^2 \cdot CO^2H$, paraît n'être qu'un isomère stéréochimique du précédent. C'est un liquide huileux, incolore, d'une odeur pénétrante analogue à celle de l'acide butyrique. Il bout à 172°. Maintenu pendant quelques heures à 180°, il se transforme en acide c. — 3° L'*acide méthacrylique* $\overset{CH^2}{\underset{CH^3}{>}}C.CO^2H$ correspond à l'acide isobutyrique ; il cristallise en longs prismes incolores fusibles à 16°, bouillant à 160°, très solubles dans l'eau. Il s'unit à l'hydrogène naissant pour se transformer en acide isobutyrique ; il donne un dérivé bromé de ce dernier se combinant avec l'acide iodhydrique. C'est l'acide méthacrylique qui est contenu dans l'huile de croton tiglium ; les deux autres acides crotoniques ne s'y trouvent pas, comme on l'avait cru d'abord ; on les rencontre dans le vinaigre de bois brut.

CROTONYLÈNE. s. m. (R. *croton*). T. Chim. Les crotonylènes sont des hydrocarbures non saturés répondant à la formule C^4H^6. On en connaît quatre : 1° Le *crotonylène* ordinaire, ou *érythrène*, ou *diétylène* $CH^2: CH. CH: CH^2$ est un carbure éthyliénique qu'on rencontre en petite quantité dans le gaz d'éclairage. Il se forme dans un grand nombre de réactions pyrogénées, par ex. quand on chauffe de l'acétylène avec de l'éthylène, ou lorsqu'on fait passer des vapeurs de pétrole dans un tube chauffé au rouge. On l'obtient aussi en réduisant l'érythrite par l'acide formique. Il est liquide, doué d'une odeur alliacée, et bout à 18°. Il s'unit au brome en donnant un bibromure et un tétrabromure. — 2° L'*isocrotony-*

lène ou *éthylacétylène* $CH^3. CH^2. C \equiv CH$ se comporte de même avec le brome. Il est liquide et bout à 18°. Il possède les propriétés des hydrocarbures acétyléniques et donne comme eux des précipités avec les sels de cuivre et les sels d'argent. — 3° Le *diméthylacétylène* $CH^3. C \equiv C. CH^3$ est également un carbure acétylénique. Il se forme quand on chauffe le précédent avec de la potasse alcoolique. Son point d'ébullition est à 27°. — 4° Le *méthylallène* $CH^3. CH : C : CH^2$ bout vers 19°.

CROTONYLIQUE. adj. 2 g. T. Chim. *Alcool c.* Voy. CROTONIQUE.

CROTOPHAGE. s. m. (gr. χρότων, ricin ; φάγειν, manger). T. Ornith. Syn. d'*Ani.* Voy. ce mot.

CROTOY (LE), v. de la Somme, arr. d'Abbeville; 2,000 h.

CROTTE. s. f. [Pr. *krote*] (orig. inconnue. Le sens primitif est *fiente*. Prov. *crota de cabra*, crotte de chèvre). Se dit de la boue en tant qu'elle salit ou qu'elle est susceptible de le faire. *Votre robe est couverte de c.* Il fait bien de la c. dans les rues. Trotter par la c. — Fig. et très fam., *Être, vivre, tomber dans la c.*, Être, etc., dans une misère honteuse. || La fiente de certains animaux, comme brebis, chèvres, lapins, souris, etc. = Syn. Voy. BOUE.

CROTTER. v. a [Pr. *kro-ter*]. Salir avec la crotte. = SE CROTTER. v. pron. Se salir avec la crotte. *Prenez garde de vous c.* — CROTTÉ, ÉE. part. Famil., *C. comme un barbet, c. jusqu'à l'échine, c. jusqu'aux oreilles*, Fort c. — *Il fait bien c. dans les rues*, Les rues sont pleines de boue. || S'emploie adjectiv. en parlant d'une personne dont l'extérieur est sale et misérable. *Il a l'air c.*, il est bien c. Pop. — Figur. et fam., *Un poète c.*, Un mauvais poète.

CROTTIN. s. m. [Pr. *kro-tin*] (Dimin. de *crotte*). Se dit des excréments solides des chevaux, des moutons et de quelques autres animaux.

CROU. s. m. Terre argileuse et pierreuse dans laquelle les plantes ne peuvent prendre racine. On dit aussi *crain*.

CROUCHANT. s. m. Pièce de bois qui fait la rondeur du devant d'un bateau.

CROULANT, ANTE. adj. Qui croule. *Édifice c.*

CROULEMENT. s. m. Action de crouler.

CROULER. v. n. (bas-lat. *corotulare*, rouler avec). Tomber en s'affaissant. *Ce bâtiment va c. C'est une terre marécageuse qui croule sous les pieds.* — Fig., Tomber. *L'empire croulait de toutes parts. Cette objection fait crouler tout votre système.* || T. Mar. *C. un vaisseau,* Lancer un vaisseau à la mer. || T. Véner. *C. la queue.* Se dit de l'animal qui, pris de peur, agite la queue en tous sens.

CROULIER, IÈRE. adj. Se dit d'un sol dont le fond est mouvant. *Des terres croulières.*

CROULIÈRE. s. f. Terrain mouvant, impropre à toute culture.

CROUP. s. m. [Pr. *kroup*] (celt. *crup*, resserrer, contracter). T. Méd. On nomme ainsi une inflammation *sui generis* de la muqueuse des voies aériennes, c.-à-d. de l'arrière-bouche, du larynx et de la trachée-artère. Cette affection est caractérisée par la formation de fausses membranes ; mais celles-ci n'apparaissent pas tout d'abord, du moins ordinairement. Le c. est une des maladies les plus spéciales de l'enfance, et s'observe surtout vers l'âge de 2 ans à celui de 8 ans. Lors donc que, chez un enfant, les voies aériennes sont atteintes d'inflammation, il importe d'étudier attentivement les symptômes extraordinaires qui peuvent survenir. Quelquefois l'invasion du c. est tout à fait brusque ; plus souvent il est simplement annoncé par un peu de malaise et un léger enrouement. Tout à coup, et presque toujours pendant la nuit, l'enfant se réveille tourmenté par une suffocation imminente. La toux qui survient est sèche, rauque, éteinte, métallique, et résonne à l'intérieur de la poitrine plus qu'à l'extérieur. La peau est brûlante, le pouls fréquent, l'anxiété extrême, le visage alternativement rouge et pâle. L'enfant éprouve une vive douleur au larynx, et semble vouloir arracher avec la main l'obstacle qui l'empêche de respirer. La toux a lieu par quintes de plus en plus rapprochées, pendant lesquelles des matières filantes, épaisses, mêlées de fragments membraniformes, sont fréquemment expulsées. Les exacerbations plus fréquentes, la respiration convulsive, la suppression de l'expectoration, la pâleur, l'abattement et une sueur froide précèdent la mort de quelques instants. Le c. dure ordinairement 4 ou 5 jours et se termine presque toujours d'une manière fatale. à l'examen du cadavre, on trouve, en général, la muqueuse des voies respiratoires tapissée par une fausse membrane grisâtre, qui a occasionné l'asphyxie en interceptant le passage de l'air.

La rapidité avec laquelle marche cette terrible affection, exige que, dès le début, on ait recours à une thérapeutique des plus actives.

Un nouveau traitement, basé sur l'étude du microbe de la diphtérie, la *sérothérapie* de Behring et Roux, a remplacé, avec un abaissement de plus de la moitié de la mortalité, tous les traitements usités auparavant. La description de cette méthode à la fois *préventive* et *curative*, appliquée aujourd'hui par le Dr Roux à toutes les manifestations de la diphtérie, angine, croup, ophtalmie, etc., trouvera mieux sa place à l'article *Diphtérie*. Voy. Diphtérie.

Il ne faut pas confondre le c. vrai avec la laryngite striduleuse et quelques autres affections des voies aériennes, telles que l'asthme aigu et le catarrhe suffocant. Dans ces maladies, il ne se forme point de fausse membrane, et le larynx, la trachée et les bronches ne présentent qu'une rougeur et un gonflement plus ou moins considérables. Le *Faux-croup* ou *Pseudo-croup* de quelques auteurs n'est qu'une affection des plus bénignes.

Le c. vrai a été décrit pour la première fois d'une manière exacte et distingué comme une maladie spéciale, par un médecin écossais, Home, en 1765; mais c'est surtout dans ce siècle qu'il a été étudié avec soin. Nous citerons parmi les travaux les plus importants publiés sur cette affection, ceux de Double, de Bretonneau, et de Trousseau, puis ce Peter, de Jules Simon, d'Espine, Gaucher, Tersin, etc. Bretonneau lui a donné le nom de *Diphtérite trachéale* qui n'a pas prévalu; celui de c. par lequel les Écossais désignaient cette maladie (sans doute à cause de l'analogie de la voix *croupale* avec le chant du coq, *crow*), est resté dans le langage scientifique comme dans le langage vulgaire.

Littér. — Ce terrible fléau, effroi des mères, a inspiré à Victor Hugo l'une de ses plus belles pages :

Le croup, monstre hideux, épervier des ténèbres,
Sur la blanche maison brusquement s'abattit,
Horrible, et, se ruant sur le pauvre petit,
Le saisit à la gorge; ô noire maladie!
De l'air par qui l'on vit sinistre, perfidie!
Qui n'a vu se débattre, hélas! ces doux enfants
Qu'étreint le croup féroce en ses doigts étouffants!
Ils luttent; l'ombre emplit leurs yeux d'ange,
Et de leur bouche froide il sort un râle étrange,
Et si mystérieux, qu'il semble qu'on entend,
Dans leur poitrine, où meurt le souffle haletant,
L'affreux coup du tombeau dans l'ombre obscure.

Croup chez les animaux. — Voy. Diphtérie.

CROUPADE. s. f. (R. *croupe*). T. Manège. Saut plus relevé que la courbette, dans lequel le devant et le derrière du cheval doivent être à une égale hauteur, en sorte que l'animal trousse ses jambes de derrière sous le ventre, sans les allonger ni montrer les fers.

CROUPAL, ALE. adj. T. Méd. Qui a le caractère du croup. *Voix croupale,* Voix des enfants affectés du croup.

CROUPE. s. f. (cell. *crup*, radical qu'on trouve aussi dans les langues germaniques et qui signifie quelque chose de ramassé). Partie du cheval, du mulet, de l'âne, qui s'étend depuis la région lombaire jusqu'à l'origine de la queue. *C. avalée,* Celle qui tombe trop tôt ; *C. coupée,* Celle qui, regardée de profil, est étroite et peu arrondie; *C. tranchante,* Celle d'un cheval, etc., dont les cuisses sont trop placées. *Ce cheval n'a point de c.* est chatouilleux *sur la c.* — *Monter en c.,* Se mettre à la c. du cheval, derrière celui qui est en selle. *On dit de même, Prendre, mettre, avoir quelqu'un en c.* — *Gagner la c. de son ennemi,* c'est lorsqu'on se trouve en présence d'un cavalier ennemi, faire un demi-tour

pour le prendre en c. || La partie de certaines montagnes, de certaines collines, qui se prolonge en forme de c. *Il retrancha ses troupes sur la c. d'une colline.* || T. Archit. La partie arrondie du comble qui surmonte le chevet d'une église. — La partie extrême du comble qui se compose de trois plans inclinés. Voy. Comble. || Fig., Intérêt que l'on donne dans les bénéfices d'une place ou d'une entreprise de finance. Vx. — Se disait surtout des présents que les fermiers généraux faisaient à des personnages influents pour obtenir leur appui et faire passer leurs malversations sans être inquiétés. On a accusé Marie-Antoinette d'avoir touché des *croupes.* Cela s'appelle aujourd'hui des *pots-de-vin.*

CROUPÉ, ÉE. adj. *Cheval bien c., jument bien croupée,* Qui a une belle croupe.

CROUPEUX, EUSE. adj. T. Méd. Qui appartient au croup. Qui est affecté du croup.

CROUPIAT. s. m. T. Mar. Nœud qu'on fait sur le câble. Grelin que l'on fait passer par un des sabords de l'arrière.

CROUPIEN, IENNE. adj. T. Anat. Nom des trois muscles qui forment la croupe.

CROUPIER. s. m. (R. *croupe*, dans le sens de part de bénéfice). Dans les maisons de jeu, celui qui assiste le banquier, l'avertit des cartes qui passent, paie les pontes et retire avec un râteau l'argent que ceux-ci ont perdu. || Celui qui est de part au jeu avec la personne qui tient la carte ou le jeu. || Celui qui a un intérêt dans quelque entreprise de finance, soit qu'il ait ou non fourni des fonds. Vx et inus. || *Croupier d'agent de change,* Personne qui prend part aux intérêts de bourse.

CROUPIÈRE. s. f. (R. *croupe*). Morceau de cuir rembourré, qu'on passe sous la queue d'un cheval, d'un mulet, etc., et qui tient à la selle ou au bât pour l'empêcher d'avancer sur le garrot. || Fig. et prov., *Tailler des croupières à l'ennemi,* Le mettre en fuite et le poursuivre vivement. — *Tailler des croupières à quelqu'un,* Lui susciter des difficultés, des embarras. || T. Mar. Grelin pour une ancre avant de la mouiller et qui fait abattre ou éviter un navire. — Grosse bosse à aiguilleté à l'avant des bittes. — Petite erse sur l'arrière d'un affût. — *Mouiller en c.,* Jeter une ancre du côté de la poupe par un gros temps. || T. Techn. Pièce de rouelles servant à maintenir en état l'avant ou l'arrière d'un train de bois.

CROUPION. s. m. (R. *croupe*). L'extrémité postérieure du tronc chez les oiseaux, et particul. la partie où sont implantées les plumes de la queue. || Très fam. L'extrémité inférieure de l'échine de l'homme. *Se démettre le c.* Ne se dit que par manière de plaisanterie.

CROUPIR. v. n. (R. *croupe*). Anciennement S'accroupir. Inus. dans ce sens aujourd'hui. || Se dit des liquides qui se corrompent faute de mouvement. *Les eaux stagnantes ne tardent pas à c.* ; — des matières qui se corrompent et se pourrissent dans une eau stagnante. *La paille croupit dans une mare.* — Se dit des petits enfants et des malades qu'on ne laisse pas proprement. *Cet enfant croupit dans son ordure, dans ses langes.* || Par ext. *Rester dans son ordure.* || Figur., se dit de l'état misérable et honteux dans lequel demeure quelqu'un. *C. dans le vice, dans le péché, dans l'oisiveté.* — Croupi, ie. part. Eau croupie.

CROUPISSANT, ANTE. adj. Qui croupit. *Des eaux croupissantes.* || Fig. Qui demeure inactif, inutile, improductif.

CROUPISSEMENT. s. m. État de ce qui croupit.

CROUPON. s. m. Cuir de bœuf tanné, sans la tête ni le ventre.

CROUSTADE. s. f. (R. *croûte*). Sorte de mets dans la préparation duquel il entre de la croûte de pain. *C. de truffes, de champignons.*

CROUSTILLANT, ANTE. adj. [Pr. les *ll* mouillées]. Qui croque un peu sous la dent. *J'aime les pâtisseries crous-*

tillantes. — Fig., Qui excite les appétits. *Voilà une petite femme assez croustillante.* || Se dit aussi dans le sens de *croustilleux.*

CROUSTILLE. s. f. [Pr. les *ll* mouillées]. Petite croûte de pain. *Donnez-moi une c.* Fam.

CROUSTILLER. v. n. [Pr. les *ll* mouillées]. Manger de petites croûtes de pain pour boire après le repas et pour rester plus longtemps à table. *Il aime à c.* Fam.

CROUSTILLEUSEMENT. adv. [Pr. les *ll* mouillées]. D'une manière croustilleuse. Fam. et peu us.

CROUSTILLEUX, EUSE. adj. [Pr. les *ll* mouillées]. Ne s'emploie qu'au fig. pour dire Plaisant, libre, graveleux. *Des contes c. Ces vers sont c. L'histoire en est trop croustilleuse.*

CROÛTE. s. f. (lat. *crusta*, m. s.). La partie extérieure du pain qui a été durcie par la cuisson. *C. de pain. C. épaisse, dure, brûlée. Ce pain est tout en c.* — Prov., *Ne manger que des croûtes,* Faire mauvaise chère. — Fig. et pop., *Casser une c. Casser la c. avec quelqu'un,* Manger un morceau amicalement et sans façon avec quelqu'un. || *Gros morceau de pain où il y a plus de c. que de mie, et qu'on a fait tremper longtemps avec du bouillon. Manger une c. au pot.* || La pâte plus ou moins durcie qui forme la partie extérieure d'un pâté, d'une tourte. *La c. d'un pâté. C. feuilletée.* [Par anal., Tout ce qui se forme et se durcit sur quelque chose. *Il s'est formé une c. de tartre autour de ce tonneau. Dans la sécheresse, il se forme sur la terre une c. qui la rend difficile à labourer.* || T. Méd. Toute plaque plus ou moins dure qui se forme à la surface de la peau ou aux orifices des muqueuses. *Toutes les croûtes sont formées par le dessèchement et la solidification d'un produit de sécrétion. Croûtes varioleuses. C. dartreuse. Croûtes de lait,* Celles qui se forment sur le cuir chevelu et au visage, chez les enfants à la mamelle. — Par exagér. et fam., *Tout son corps n'est qu'une c.,* se dit d'un homme dont la peau est plus ou moins couverte de croûtes varioleuses, dartreuses, etc. || T. Peint. Vieux tableau dont la couleur est noire et gercée; et plus ordinair. Mauvais tableau. *Une vieille c. Ce portrait est une vraie c. Il ne fait que des croûtes.* || T. Techn. Première ébauche du porcelainier qui a travaillé la pâte sur le tour.

CROÛTELETTE. s. f. Même signif. que *Croustille.* Petite croûte de pain.

CROÛTON. s. m. Morceau de croûte de pain. || T. Cuis. Se dit de petits morceaux de pain frits qu'on met dans une purée, ou qui servent à garnir certains mets. *Purée, omelette aux croûtons. Mettez des croûtons sur des épinards.* || Fig. et fam., Mauvais peintre.

CROWN. s. m. [Pr. *craoune*]. Mot angl. qui sign. *couronne* et désigne une monnaie d'argent valant 6 fr. 25. Voy. MONNAIE.

CROWN-GLASS. s. m. (mots angl. sign. *verre de couronne*). Verre blanc de très belle qualité à base de potasse. Voy. VERRE.

CROY, maison illustre de Picardie, descendant du roi de Hongrie André III, qui a produit des cardinaux, des évêques, des maréchaux, des généraux, des ambassadeurs, etc.

CROYABLE. adj. 2 g. [Pr. *kro-iable*] (R. *croire*). Qui peut ou qui doit être cru. *Un homme c. Cela est-il c.? Cela n'est pas c.*

CROYANCE. s. f. [Pr. *kro-ianse*] (R. *croire*). Conviction, persuasion entière où l'on est de la réalité, de la vérité d'une chose. *J'ai cette c. Il a la ferme c. que...* || Confiance dans la véracité de quelqu'un. *J'ai c. en lui.* — S'emploie dans un sens anal., en parlant des choses. *Cette nouvelle me paraît mériter c. Je n'y ai aucune c.* || Opinion que l'on a, idée qu'on se forme d'une chose. *Cela est arrivé contre la c. de tout le monde. Cela passe toute c.* || En parlant de doctrines religieuses, se dit ici aux dogmes des religions. *Telle est la c. des chrétiens. La c. des Juifs était que.. Que serait une société sans croyances?*

Syn. — *Créance, foi, opinion.* — *Croyance* se dit d'une persuasion déterminée par l'examen de la chose que l'on croit, tandis que la *foi* est la persuasion fondée sur la véracité et l'autorité de celui qui a parlé; ce mot convient surtout quand il s'agit des choses de la religion. La *foi* exprime en outre une persuasion entière et absolue, tandis que *croyance* n'est pas incompatible avec une certaine incertitude, une certaine hésitation de l'esprit. *Créance* ne s'applique jamais à une croyance particulière, mais à une croyance indéterminée relativement aux personnes qui croient. On dit qu'*un récit ne mérite aucune créance.* — *L'opinion* est une c. toute personnelle, généralement fondée sur des motifs qui dérivent plus ou moins du sentiment et qui n'est pas susceptible de démonstration. *L'opinion publique* est l'opinion la plus répandue dans la population, ou plutôt les préférences non raisonnées de la foule pour tel ou tel système, telle ou telle personne.

CROYANT, ANTE. s. [Pr. *kro-ian*]. Celui, celle qui croit ce que la religion lui enseigne. *C'est un c. très sincère.* Dans un sens particulier, se dit des sectateurs du mahométisme. *Les mahométans appellent Abraham le père des croyants.*

CROZAT, riche financier français (1655-1738).

CROZON, ch.-l. de c. (Finistère), arr. de Châteaulin; 8,300 hab.

CROZOPHORA. s. m. T. Bot. Voy. CHROZOPHORA.

CRU. s. m. (R. *croître*). La quantité dont une chose a crû. *Voyez sur ces arbres le c. de cette année.* || Terrain où quelque chose croît; se dit ou des denrées agricoles et surtout du vin. *Ce foin est de mon c. Ce vin-là est-il de votre c.?* — *Vin du c.,* Vin fait avec le raisin recueilli dans l'endroit où on le consomme. *Nous avons goûté le vin du c.* Prov., *Il faut se méfier du vin du c.* || Fig. et fam., se dit des choses imaginaires ou inventées que la personne même qui parle ou qui écrit. *Oh! cela est de votre c. Ce livre n'est qu'une compilation, l'écrivain n'y a rien mis de son c.* || Accroissement. *Ces arbres ont bien poussé, voilà le c. de cette année.* || *Bouilleur de c.,* Celui qui distille le vin ou les fruits de sa récolte pour en faire de l'eau-de-vie destinée à sa consommation personnelle. *Les bouilleurs de c. sont affranchis de l'impôt sur l'alcool qu'ils produisent.*

Obs. gram. — *Cru* n'étant que le participe passé du verbe *croître* devrait s'écrire comme lui *crû,* de même qu'on écrit : Réclamer son *dû.* C'est à tort que l'Académie a supprimé l'accent circonflexe de ce substantif.

CRU, UE. adj. (lat. *crudus*). Qui n'est point cuit. *Viande, chair crue. Pomme crue. Des fruits crus. Cela se mange c.* || T. Techn. *Chanvre c.,* Celui qui n'a pas été trempé dans l'eau. *Soie crue.* Voy. SOIE. — *Cuir c.* Voy. CUIR. — *Métal c.,* Celui qui est tel qu'il est sorti de la mine. *Antimoine c. Mercure c.* || T. Méd. *Excréments crus,* Ceux qui sont rendus sans avoir été complètement élaborés par la digestion. *Humeurs crues, urines crues,* Celles qui n'ont pas été suffisamment élaborées par la chaleur naturelle. Cette dernière expression est empruntée à la doctrine, aujourd'hui abandonnée, de l'humorisme. — Difficile à digérer. *Évitez les aliments trop crus, comme le concombre, etc.* || *Eau crue,* Eau peu propre à la consommation à cause de l'abondance des sels qu'elle renferme en dissolution. Voy. EAU. || Fig., s'emploie en parlant des choses que l'on dit à quelqu'un sans prendre de détour, sans ménagement, sans crainte de blesser ou de faire de la peine. *Voilà une parole, une réponse bien crue. Si vous voulez savoir ma pensée, la voilà toute crue.* — Par ext., Libre, inconvenant. *On a trouvé elle des discours un peu trop crus.* || Se dit aussi d'idées, de pensées qui n'ont point encore reçu leur dernière forme. *Au fur et à mesure que les idées me viennent, je les jette toutes crues sur le papier.* || T. Peint. *Ton c., Couleur crue,* Ton, couleur qui tranche trop fortement avec le ton, la couleur qui l'avoisine. On dit de même qu'*une lumière, qu'une ombre est crue,* lorsqu'il n'y a pas d'harmonie entre les lumières et les ombres. || T. Techn. Pâte céramique qui est simplement séchée et non cuite. || *Sculpture en pâte crue,* Genre de décoration spécial à la porcelaine. || *Teindre sur le c.,* Teindre les soies sans les avoir décrusées. — À CRU. loc. adv. Sur la peau nue. *Chaussé à c. Monter un cheval à c.* || T. Archit. Se dit d'une construction qui porte directement sur le sol. *Ce château était construit à c. sur le roc.*

CRUAUTÉ. s. f. (lat. *crudelitas*, m. s.). Inclination à verser ou à voir verser le sang, à faire souffrir ou à voir souffrir les autres. *Avoir, montrer de la c. La c. des peuples sauvages. Il traita ses prisonniers avec une c. farouche. Sa c. était froide et réfléchie.* — Se dit aussi en parlant de certains animaux. *La c. du tigre, du lion,* etc. — Par exagér., *Les cruautés d'une maîtresse,* Son indifférence, ses rigueurs. — Fig., *La c. du sort, du destin, de la fortune,* etc., La rigueur du sort, etc. || Action qui décèle de la c. *Des actes de c. La c. d'un acte. Les troupes commirent des cruautés révoltantes. Faire, exercer des cruautés inutiles.* — Par exagér., *Tout acte rigoureux, injuste,* etc. *C'est une c. que de séparer ces deux amants.* Voy. BARBARIE.

Syn. — *Barbarie, Férocité, Inhumanité.* La *barbarie* tient aux mœurs et à l'ignorance. La *cruauté* est une disposition individuelle qui a quelque chose de voulu et de réfléchi. La *férocité* est instinctive; elle appartient surtout aux animaux. *Inhumanité* ne peut se dire que des hommes; c'est un terme négatif qui indique l'insensibilité et l'absence de pitié. On dira la *barbarie* des anthropophages, la *cruauté* de Néron, la *férocité* du tigre, l'*inhumanité* d'un créancier.

CRUCÉ, un des massacreurs les plus féroces de la Saint-Barthélemy (1572).

CRUCHE. s. f. (kymrique *crue*, dont le radical se retrouve dans les langues germaniques; all. *krug*). Vase de terre ou de grès muni d'une anse, qui est ordinairement large par le bas et rétréci par le haut. *Mettre de l'eau, porter de l'eau dans une c. C. à eau, C. dans laquelle on met de l'eau. C. d'eau, C. remplie d'eau.* || Ce que contient une cruche. *Une c. de vin de Falerne se vendait cent deniers romains* (MONTESQUIEU). — Fig. et prov., *Tant va la c. à l'eau, qu'à la fin elle se casse, elle se brise,* Lorsqu'on commet souvent la même faute, on finit par s'en trouver mal, ou à force de s'exposer à un péril on finit par y succomber. || Fig. et fam., se dit d'une personne très sotte. *Cette jeune fille est jolie, mais qu'elle est c.! C'est une vraie c.*

CRUCHÉE. s. f. Ce que peut contenir une cruche.

CRUCHON. s. m. Petite cruche. *Boire un c. de bière.*

CRUCIAL, ALE. adj. (lat. *crucialis*, m. s., de *crux, crucis,* croix). Fait en croix. N'est guère usité que dans cette loc., *Incision cruciale.*

CRUCIANELLE. s. f. (lat. *crux,* croix). T. Bot. Genre de plantes Dicotylédones de la famille des *Rubiacées* Voy. ce mot.

CRUCIBULUM. s. m. [Pr. *kru-si-bu-lom*] (lat. *crux, crucis,* croix). T. Bot. Genre de Champignons de la famille des *Gastromycètes.* Voy. ce mot.

CRUCIFÈRE. adj. 2 g. (lat. *crux, crucis,* croix; *fero,* je porte). T. Archit. Colonne c., Colonne surmontée d'une croix. | T. Bot. Se dit d'une plante dont les pétales sont disposés en forme de croix. Dans ce sens, s'emploie plus souvent comme subst. fém. *Une c.*

CRUCIFÈRES. s. f. pl. T. Bot. Famille de végétaux Dicotylédones de l'ordre des Dialypétales supérovariées méristémones à carpelles ouverts.

Caract. bot. : Plantes herbacées, annuelles, bisannuelles ou vivaces, très rarement suffrutescentes. Feuilles alternes. Fleurs ordinairement jaunes ou blanches, rarement pourpres, sans bractées et ordinairement en grappes. Sépales, 4, caducs, imbriqués ou valvaires. Pétales, 4, disposés en croix (d'où le nom de la famille), alternant avec les sépales. Étamines, 6, dont deux plus courtes, solitaires et opposées aux sépales latéraux, tandis que les quatre plus longues sont par paires opposées aux sépales antérieurs et postérieurs, et ont parfois leurs filets soudés deux à deux. Disque avec différents nectaires verts entre les pétales, les étamines et l'ovaire. Pistil formé de deux carpelles concrescents en un ovaire uniloculaire, avec des placentas pariétaux, se réunissant ordinairement au milieu et formant une fausse cloison. Style unique. Stigmates, 2, opposés aux placentas. Fruit consistant en une

silique ou une silicule, uniloculaire, polysperme, ordinairement déhiscent par la séparation des deux valves, quelquefois monosperme et indéhiscent (*Pastel*), quelquefois encore lomentacé, c.-à-d. divisé par de fausses cloisons en log-s superposées et se séparant en articles dont chacun contient une graine (*Radis*). Graines fixées sur un seul rang par un funicule à chacun des côtés du placenta, généralement pendantes.

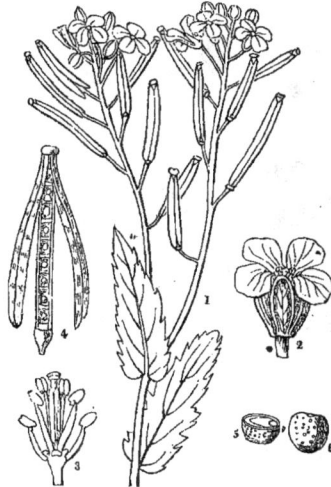

Albumen nul. Embryon oléagineux à radicule pliée sur les cotylédons qui sont quelquefois fendus ou lobés. (Fig. 1. *Erucastrum canariense;* 2. Fleur; 3. Étamines; 4. Silique avec la valve écartée; 5. Coupe transversale d'une graine; 6. Graine

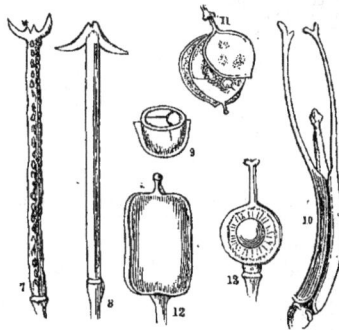

parfaite. — 7. Silique de *Mathiola livida*. — 8. *Id.* de *Math. oxyceras.* — 9. Sa graine. — 10. Fruit de la *Parolinia ornata,* avec ses appendices. — 11. Silicule de *Lunaria annua.* — 12. *Id.* de *Farsetia.* — 13. *Id.* d'*Alyssum spathulatum.* — 14. *Id.* de *Schivereckia podolica.* — 15. *Id.* de *Thlaspi latifolium.* — 16. *Id.* de *Menonvillea linearis.* — 17. Graine de *Lepidium africanum.* — 18. Silicule d'*Æthionema cristatum.* — 19. *Id.* de *Didymus ægyptius.* — 20. Sa graine. — 21. Silicule de *Senebiera serrata.* — 22. Graine d'*Etiophila crithmifolia*.)

Cette famille est un groupe tellement naturel que tous les

botanistes l'ont reconnu et admis. En effet, les étamines tétradynames qui caractérisent ces plantes dans le système de Linné, se retrouvent, presque sans exception, dans toutes les espèces, qui s'élèvent cependant à environ 1,200, réparties en 172 genres. Les C. habitent, pour la plupart, la zone tempérée de l'hémisphère boréal; plus rares dans l'hémisphère austral, elles se montrent encore assez abondamment dans les climats très froids; mais, sous la zone torride, elles ne se

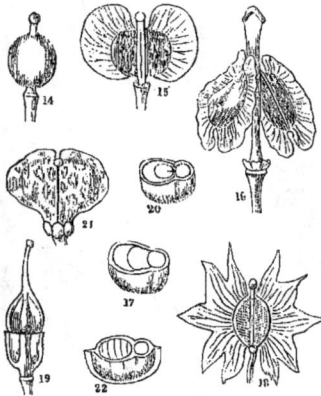

rencontrent guère que sur les montagnes et à des hauteurs où elles jouissent d'une température analogue à celle des latitudes septentrionales. Les restes fossiles connus se réduisent à quelques fruits de *Lepidium* et de *Clypeola*, trouvés dans le tertiaire d'Œningen. — Linné avait divisé cette famille en deux sections, *Siliqueuses* et *Siliculeuses*, selon que les espèces avaient pour fruit une silique ou une silicule. Aujourd'hui les auteurs la partagent, avec Van Tieghem, en dix tribus, de la façon suivante :

1. Silique ou silicule à cloison large, déhiscente :
Tribu I. — *Arabidées*. — Cotylédons accombants, silique (*Mathiola*, *Cheiranthus*, *Nasturtium*, *Barbarea*, *Arabis*, *Cardamine*, etc.).
Tribu II. — *Alyssées*. — Cotylédons accombants, silicule (*Lunaria*, *Alyssum*, *Draba*, *Cochlearia*, etc.).
Tribu III. — *Sisymbriées*. — Cotylédons incombants plans, silique (*Sisymbrium*, *Erysimum*, *Malcomia*, *Hesperis*, etc.).
Tribu IV. — *Camélinées*. — Cotylédons incombants plans, silicule (*Camelina*, *Subularia*, etc.).
Tribu V. — *Brassicées*. — Cotylédons incombants, ployés en long, silique (*Brassica*, *Diplotaxis*, *Sinapis*, *Eruca*, etc.).

2. Silicule à cloison étroite, déhiscente :
Tribu VI. — *Lépidiées*. — Cotylédons incombants (*Capsella*, *Senebiera*, *Lepidium*, etc.).
Tribu VII. — *Thlaspidées*. — Cotylédons accombants (*Biscutella*, *Thlaspi*, *Iberis*, *Teesdalia*, etc.).

3. Fruit indéhiscent, au moins en partie :
Tribu VIII. — *Cakilées*. — Silicule biarticulée (*Crambe*, *Rapistrum*, *Cakile*, *Erucaria*, etc.).
Tribu IX. — *Raphanées*. — Silique indéhiscente (*Raphanus*, *Sterigma*, etc.).
Tribu X. — *Isatidées*. — Silicule indéhiscente (*Clypeola*, *Isatis*, *Myagrum*, *Bunias*, etc.).

Les espèces de la famille des C. sont généralement douées de propriétés antiscorbutiques et toniques, qu'elles doivent à la formation dans les diverses parties de la plante d'une huile volatile, âcre et stimulante. Cette essence, le plus souvent sulfurée, ne préexiste pas dans la plante; elle se forme par l'action d'un ferment, la *myrosine*, sur une sorte de glucoside, le *myronate de potassium* ou *sinigrine*. Ce glucoside est dédoublé en glucose, sulfate acide de potassium et *sulfocyanate d'allyle* ou *Essence de moutarde*; c'est cette essence que l'on rencontre dans la Moutarde noire, le Raifort, le Navet, le Radis, etc. Mais la composition chimique du corps sur lequel agit la myrosine peut changer, et le produit obtenu aussi. C'est ainsi que l'essence de Moutarde blanche est du *Sulfocyanate d'orthoxybenzyle*; celle du *Cochlearia officinalis* est le *sulfocyanate de l'alcool butylique secondaire*; celle de l'Alliaire est un mélange de *sulfure et de sulfocyanate d'allyle*; celle du Cresson de fontaine est le *nitrile de l'acide phénylpropionique*, etc. Parmi les espèces spécialement usitées comme antiscorbutiques, il nous suffira de nommer le *Cresson de fontaine* (*Nasturtium officinale*); le *Cr. sauvage* (*Nast. sylvestre*); le *Cochléaria* (*Cochl. officinalis*), vulgairement appelé *Cranson* et *Herbe aux cuillers*; le *Raifort* (*Cochlearia Armoracia*), connu encore sous les noms vulgaires de *Cran de Bretagne* et de *Moutarde des Capucins*; la *Cardamine* (*Cardamine pratensis*), nommée aussi *Cresson des prés*; la *Card. amère* (*C. amara*) ou *Cresson amer*; le *Cresson alénois* ou *Cr. des jardins* (*Lepidium sativum*); la *fausse Roquette* (*Diplotaxis tenuifolia*); le *Cakile maritima*, vulgairement nommé *Caquilier* ou *Roquette de mer*; la *Roquette cultivée* (*Eruca sativa*); la *Senebiera coronopus*, communément appelé *Corne-de-Cerf*; le *Bunias Erucago* ou *fausse Roquette*; la *Barbarée vulgaire* ou *Herbe de Sainte-Barbe* (*Barbarea vulgaris*); la *Barbarée précoce* ou *Cresson de terre* (*Barbarea præcox*), etc. D'autres espèces sont particulièrement employées, au moins dans la médecine populaire, comme vulnéraires et astringentes : telles sont le *Sisymbre sagesse* (*Sisymbrium Sophia*), nommé encore *Thalitron* et *Sagesse des chirurgiens*; l'*Alliaire* (*Sisymbrium Alliaria*); la *Dentaire digitée* (*Dentaria digitata*); la *Lunaire bisannuelle* (*Lunaria biennis*), vulgairement appelée *Bulbonac*, *Satinée* et *Médaille de Judas*; et la *Bourse à pasteur* (*Capsella bursa pastoris*). L'*Erysimum officinal* (*Erysimum officinale*), nommé encore *Tortelle*, *Vélar* et *Herbe aux chantres*, est assez usité comme béchique, et sert à préparer le *Sirop d'Erysimum* des pharmacopées. Les graines de l'*Arabette de Chine* (*Arabis chinensis*) s'administrent dans l'Inde comme stomachiques et légèrement stimulantes. Il en est de même des graines du *Sénevé de Chine* (*Sinapis chinensis*). Le *Passerage* (*Lepidium graminifolium*) doit son nom à la propriété qu'on lui attribuait jadis de guérir de la rage. Les fleurs séchées de *Cardamine des prés* étaient également réputées contre l'épilepsie. Il n'est pas besoin de dire que les vertus attribuées à ces deux plantes étaient tout à fait imaginaires. Personne n'ignore que, parmi les espèces que nous avons citées plus haut, il en est plusieurs, telles que le *Cresson*, la *Roquette*, etc., qui sont employées chaque jour comme plantes alimentaires ou comme assaisonnement. Nous citerons encore, comme végétaux utiles sous ce rapport, le *Crambé maritime* (*Crambe maritima*), vulgairement appelé *Chou marin*, parce que ses jeunes pousses, blanchies par l'étiolement, fournissent un légume excellent qui se mange comme l'Asperge et le Chou-fleur. En Hongrie, la racine charnue et volumineuse du *Crambé de Tartarie* (*Cr. tatarica*), quelquefois nommé *Pain de Tartarie*, se mange soit cuite, soit en salade comme la Betterave. Le *Radis cultivé* (*Raphanus sativus*) est assez connu pour qu'il suffise de le mentionner : on en distingue deux variétés : la *Petite Rave* (*Raph. radicula*) à racine charnue, petite, à chair blanche ou rose, et de saveur piquante; et le *Radis noir* ou *Raifort des Parisiens* (*Raph. niger*), dont la racine plus grosse est noire extérieurement, à chair très ferme et une saveur très âcre. Le genre *Chou* (*Brassica*) est celui qui fournit les espèces les plus utiles pour l'homme, savoir : le *Chou proprement dit*, le *Navet*, la *Rave*, le *Colza*, la *Navette* et le *Chou chinois*, dont il a déjà été question. Voy. Chou. Les graines de l'*Arabette* appelée vulgairement *Chou bâtard* (*Arabis sagittata*, *A. thaliana*, etc.) renferment une huile fixe qu'on emploie dans l'industrie. La *Cameline cultivée* (*Camelina sativa*), qui fournit une huile propre à l'éclairage, mérite d'être citée à la suite du Colza et de la Navette. La *Buniade* est employée en Orient comme plante fourragère. Enfin, nous nous contenterons de mentionner ici le *Sénevé* (*Sinapis*), qui fournit une sorte de *Moutarde*, et le *Pastel* ou *Guède* (*Isatis tinctoria*), car nous en parlerons ailleurs. Voy. Moutarde et Pastel.

Les C. renferment encore un certain nombre de plantes d'ornement qui contribuent à la décoration de nos parterres, de nos jardins. Il nous suffira de nommer la *Julienne des jardins* (*Hesperis matronalis*), appelée vulgairement *Beurrée*, *Damas* et *Cassolette*; la *Giroflée de muraille* ou *Violier jaune* (*Cheiranthus Cheiri*); la *Mathiole blanchâtre* et la *Math. annuelle* (*Mathiola incana* et *annua*), appelées *Giroflées quarantaines*; la *Giroflée de Mahon* (*Malcomia maritima*); l'*Alysse des rochers* (*Alyssum saxa-*

ile), nommé aussi *Corbeille d'or* et *Thlaspi jaune*; la *Tabouret des champs* (*Thlaspi arvense*): *Ibéride en ombelle* (*Iberis umbellata*) ou *Thlaspi des jardiniers*, etc. Nous terminerons en mentionnant l'*Anastatique hygrométrique* (*Anastatica hierochuntica*), communément appelée *Jéricée* ou *Rose de Jéricho*. Cette espèce est une plante annuelle ; si se trouve à l'état sauvage dans les déserts voisins de l'Égypte. Lorsqu'elle a atteint toute sa croissance, ses rameaux desséchés se contractent en une touffe globuleuse qui ne tarde pas à être enlevée par les vents et promenée de place en place. Mais dès qu'elles sont mises en contact avec l'eau, ces branches se détachent et s'étalent comme si la vie y était revenue. D'après une croyance populaire, cette plante n'est que l'extrémité des rameaux d'un arbrisseau sur lequel la sainte Vierge étendait les langes de l'enfant Jésus. Le vulgaire attribue à cette plante la propriété de prédire la façon dont un accouchement doit se faire. On place un pied de cette plante dans l'eau et suivant la rapidité plus ou moins grande avec laquelle les branches s'étalent, l'accouchement doit être plus ou moins heureux.

CRUCIFIEMENT ou **CRUCIFÎMENT**. s. m. L'action de crucifier, de mettre en croix. *Le c. de Notre-Seigneur.* || Tableau qui représente le c. de Jésus-Christ. *Le C. de Rubens.*

CRUCIFIER. v. a. (lat. *crux, crucis,* croix ; *figere,* attacher). Attacher à une croix, mettre en croix. *Les Juifs crucifièrent Jésus-Christ.* — Fig., *Être crucifié avec Jésus-Christ,* Être entièrement mort au monde. || Fam. et par exag., *Je me ferais c. pour cela,* Je souffrirais tout pour cela. *C'est un homme qui se ferait c. pour ses amis,* Il est capable de tous les actes de dévouement pour eux. = CRUCIFIÉ, ÉE. part.

CRUCIFIX. s. m. [Pr. *crucifi*] (lat. *crucifixus,* crucifié). Représentation de Jésus-Christ attaché à la croix. *Crucifix d'or, d'argent, d'ivoire,* etc. *Se mettre aux pieds du c. Baiser le c.* — Fig., *Mettre les injures qu'on a reçues aux pieds du c.,* En faire le sacrifice à Dieu, les oublier pour l'amour de Jésus-Christ crucifié. || Fig. et pop., *Un mangeur de c.,* Un faux dévot, un hypocrite.

CRUCIFORME. adj. 2 g. (lat. *crux, crucis,* croix ; *forma,* forme). Qui est en forme de croix.

CRUCIGÈRE. adj. 2 g. (lat. *crux, crucis,* croix ; *gerere,* porter). T. Hist. nat. Qui porte une croix.

CRUCIROSTRE. adj. 2 g. (lat. *crux, crucis,* croix ; *rostrum,* bec). T. Hist. nat. Qui a le bec crucial.

CRUDITÉ. s. f. (lat. *cruditas,* m. s.). Qualité de ce qui est cru. *La c. des fruits. La c. de l'eau.* — Se dit aussi des fruits, légumes, etc., qui peuvent se manger crus. *Manger des crudités. Mon estomac ne peut supporter les crudités.* || T. Méd. Se dit des matières contenues dans le canal alimentaire, lorsque, n'y ayant pas subi une élaboration convenable, elles donnent lieu à des rapports, des aigreurs, des flatuosités. — Autrefois, dans le système des humoristes, se disait des humeurs qui, suivant eux, n'avaient pas été convenablement cuites ou élaborées. || T. Peint. Effet que produisent des tons crus, des couleurs crues. *Il y a dans ce tableau une c. de tons qui me déplaît.* || Fig., Grivelure, passage libre que l'on trouve dans un ouvrage, propos peu décents que l'on tient dans la conversation. *Ce roman contient des crudités un peu fortes.*

CRUE. s. f. (R. *croître*). Augmentation. Se dit surtout en parlant des rivières, des ruisseaux, etc. *La c. des eaux. C'est l'époque des grandes crues.* || Croissance. *La c. de cet arbre est très rapide. Cet enfant n'a pas encore pris toute sa c.* || Autrefois, se disait de l'augmentation des tailles. *La c. de la taille. Nouvelle c. sur les tailles.* || T. Droit anc. Supplément de prix qui, dans certain cas, était dû, outre le montant de la prisée des meubles, par ceux qui devaient en rendre la valeur. *La c. est abolie* (Code civ. 825-368; Code Proc. 943).

GRUEL, ELLE. adj. (lat. *crudelis,* m. s.). Qui aime le sang, qui prend plaisir à faire souffrir, à être cruel, inhumain. *Un homme c. Un peuple sauvage et c. Avoir l'âme, l'humeur cruelle. Un caractère farouche et c.* — Se dit aussi de certains animaux. *Le tigre est c. Une bête cruelle.* Fig., *Destin c., sort c., fortune cruelle,* Destin, etc., qui s'acharne après nous; se dit en parlant d'une vie malheureuse et tourmentée. *La fortune lui a toujours été cruelle.* || Qui dénote la cruauté, où il y a de la cruauté. *Action cruelle. Ordre c. Guerre cruelle,* Guerre acharnée, très meurtrière. || Par exag., Sévère, dur, inflexible. *Un père, un tuteur c. Une marâtre cruelle.* — S'emploie quelquefois dans le sens de fâcheux, ennuyeux, incommode, et alors se place ordinairement devant son subst. *Quel homme c. C'est une cruelle femme.* Se dit particul. d'une femme qui n'écoute point ses adorateurs. *Elle fut longtemps cruelle. Beauté cruelle. Elle n'a pas toujours été aussi cruelle.* || En parlant des choses, douloureux, pénible, intolérable. *C'est une cruelle maladie, une cruelle mort. Cela est c. Il a fait une perte cruelle. Il a reçu un c. affront. On lui fit de cruels reproches.* = CRUEL, ELLE. s. Barbare, impitoyable. *Les cruels voudraient nous séparer. C., tu veux donc m'abandonner? La cruelle fut sourde à ses plaintes.* — *Faire le c., la cruelle,* Dédaigner l'amour de quelqu'un. — *Ne pas trouver de cruelles,* Être toujours heureux en amour.

CRUELLEMENT. adv. [Pr. *kru-è-leman*]. D'une manière cruelle. *Traiter quelqu'un c. Il a été c. humilié.*

CRUMÉNIFÈRE. adj. 2 g. (lat. *crumena,* bourse; *fer,* qui porte). T. Hist. nat. Qui porte une bourse.

CRÛMENT. adv. (R. cru). D'une manière dure, sans aucun ménagement, sans crainte de blesser ou de faire de la peine. *Je le lui ai dit fort c. Il me répondit tout c. que...* || T. Peint. D'une façon criarde, sans souci d'adoucir les effets, de les rendre harmonieux.

CRUOR. s. m. (lat. *cruor,* sang). T. Anat. et Chim. Caillot de sang. Partie du caillot colorée par les globules.

CRUORINE. s. f. (R. cruor, sang). T. Chim. Syn. d'HÉMOGLOBINE.

CRURAL, ALE. adj. (lat. *crus, cruris,* cuisse). T. Anat. Qui appartient à la cuisse. *Le muscle c. Les nerfs cruraux. Artère crurale,* Artère principale de la cuisse. *Arcade crurale,* Repli que forme l'aponévrose abdominale entre l'épine iliaque et le pubis.

CRUSCA (Académie de la), célèbre académie de Florence, établie en 1582.

CRUSEILLES, ch.-l. de c. (Haute-Savoie), arr. de Saint-Julien; 1,900 hab.

CRUSOCRÉATININE. s. f. (Mot mal formé du gr. χρυσός, or, et de *créatine.* On aurait dû écrire *chrysocréatine*). L'un des alcaloïdes contenus dans la chair musculaire et dans l'extrait de viande. La c. forme de beaux cristaux jaunes, solubles dans l'eau bouillante, très peu solubles dans l'alcool. C'est une base faible, possédant les caractères de la créatinine et répondant à la formule $C^8 H^8 Az^2 O$.

CRUSTACÉ, ÉE. adj. (lat. *crusta,* croûte). T. Hist. nat. Se dit des corps organisés couverts d'une membrane dure ou moins mince, dure et cassante, et des parties qui, étant peu épaisses, sont dures et fragiles.

CRUSTACÉS. s. m. T. Zool. Sous ce nom, les zoologistes comprennent une classe nombreuse d'animaux articulés qui sont essentiellement caractérisés par la présence d'un appareil branchial et de 5 à 7 paires de pattes. C'est leur appareil respiratoire qui distingue surtout les crustacés des insectes, les myriapodes et les arachnides.

1. — Le corps des crustacés se compose toujours d'une série d'anneaux; néanmoins il se présente à nous sous des aspects si dissemblables, qu'au premier abord on serait tenté de refuser à un grand nombre d'entre eux la qualification d'animaux articulés. Ainsi, tandis que, dans certains genres, les segments qui composent le corps jouissent d'une assez grande mobilité à l'égard l'un de l'autre, il en est chez lesquels ces segments sont presque tous soudés ensemble de manière à ne laisser reconnaître leur caractère d'animal articulé qu'aux sillons situés aux points de jonction de chaque anneau. Enfin il y en a d'autres où l'union des anneaux est tellement intime que

l'analogie seule a pu nous révéler la véritable composition de leur corps. Les Cloportes et les Talitres nous offrent des exemples de la première conformation, les Crabes de la seconde, et les Limnadies de la troisième. En effet, chez les Talitres, on remarque une tête distincte, 7 anneaux thoraciques portant autant de paires de pattes, et 7 anneaux abdominaux. Dans les crabes, au contraire, la tête ne forme, avec le thorax, qu'une seule pièce recouverte d'un grand bouclier, nommé *Carapace*; quant à l'abdomen (c'est la partie qui, chez les crustacés, est vulgairement désignée sous le nom de queue), il est peu développé et reployé au-dessous du thorax. La carapace, suivant Milne-Edwards, est simplement constituée par la portion dorsale de l'un des anneaux céphaliques, qui a acquis un développement extraordinaire, et a chevauché sur les anneaux voisins. Enfin, les Limnadies sont revêtues d'un double bouclier ovalaire et transparent qui se réunit sur le dos; mais il suffit d'enlever l'une de ces valves pour reconnaître que l'animal est réellement formé d'une série d'anneaux.

Les appendices que portent les anneaux des crustacés sont ordinairement très nombreux et varient singulièrement, tant sous le rapport de leur conformation que sous celui de l'usage auquel ils sont destinés. La tête porte en général 2 paires d'antennes filiformes et très allongées. Les yeux sont également, chez un grand nombre de ces animaux, fixés à l'extrémité d'un pédicule mobile qui naît de la partie céphalique. C'est des anneaux thoraciques que naissent les pattes articulées de ces animaux. Le plus souvent, elles sont au nombre de 7 : toutefois, chez beaucoup d'espèces, telles que les Crabes et les Écrevisses, on n'en compte que 5; mais alors il existe, en avant de ces pattes, d'autres organes analogues qui sont nommés *Pattes-mâchoires*, parce qu'ils servent à la mastication, et constituent de véritables pattes qui se sont simplement modifiées en vue de cette nouvelle fonction. Les pattes destinées à la locomotion présentent de grandes différences dans leur structure. « Chez quelques Crustacés, dit Milne-Edwards, elles sont toutes foliacées, membraneuses et appropriées à la natation exclusivement; chez d'autres, elles représentent de petites colonnes articulées et coudées qui ne peuvent servir qu'à la progression; chez plusieurs espèces, elles servent non seulement à la marche, mais encore à fouir la terre : dans ce cas, leur extrémité devient lamellaire et s'élargit de façon à figurer une sorte de bêche. Chez les Écrevisses, et d'autres encore, elles servent également à deux fonctions, à la locomotion et à la préhension; mais afin de remplir cette-ci, elles se terminent par une pince plus ou moins complète. » A la suite des pattes proprement dites, on trouve habituellement fixée aux anneaux abdominaux une double rangée d'appendices appelés *Fausses pattes*, qui sont fort peu développés, mais qui néanmoins aident à la natation et dont la femelle se sert pour porter ses œufs. Enfin, dans les crustacés nageurs, tels que la Langouste, l'Écrevisse, etc., l'abdomen acquiert un grand développement, et se termine par une large nageoire qui constitue le principal organe locomoteur de ces animaux.

Le squelette, chez les animaux articulés, est représenté par l'appareil tégumentaire, d'où le nom de *Dermato-squelette*, sous lequel on le désigne quelquefois. Mais, dans les crustacés, cet appareil est remarquable par son extrême consistance. Il possède habituellement une dureté pierreuse, due à la forte proportion de carbonate de chaux qu'il renferme. Néanmoins, l'enveloppe solide qui revêt le corps de ces animaux, représente réellement un simple épiderme, attendu qu'au-dessous d'elle on trouve une membrane qui ressemble au derme des animaux supérieurs et qui sécrète le tégument carbonaté, comme le derme sécrète l'épiderme. En outre, cette enveloppe pierreuse se renouvelle à des époques régulières, elle se détache et tombe tout d'une pièce. Le nouveau tégument est toujours mou; en conséquence, aussitôt après la mue, l'animal se cache dans quelque réduit pour se mettre à l'abri de ses ennemis; mais il suffit de quelques jours pour que l'enveloppe nouvelle ait acquis la consistance de l'ancienne. — Il arrive quelquefois encore que, soit pendant la mue, soit par un accident quelconque, un c. brise quelqu'un de ses membres. La nature y remédie en en faisant renaître un nouveau; mais pour cela il faut que la cassure se fasse dans une articulation.

II. — Le système nerveux des Crustacés a été surtout étudié par Victor Audouin et Milne-Edwards. « Il se présente, disent ces savants zoologistes, sous deux aspects très différents, qui constituent les deux extrêmes des modifications multiples qu'il offre dans cette classe d'animaux. Tantôt, comme cela a lieu dans le Talitre, cet appareil est formé par une série de renflements nerveux, semblables entre eux, disposés par paires, et réunis par des cordons de communication, de manière à former 2 chaînes ganglionnaires, distinctes l'une de l'autre et occupant toute la longueur de l'animal. Alors, le nombre des renflements correspond en général à celui des segments distincts qui composent le corps, et toujours ceux de la première paire sont logés dans la tête, au-devant de l'œsophage, où ils constituent une espèce de cerveau. Tantôt, au contraire, l'appareil nerveux se compose uniquement de 2 ganglions ou renflements noueux, dissemblables par leur forme, leur volume et leur disposition, mais toujours simples et impairs, et situés l'un à la tête, l'autre au thorax. Enfin, dans un certain nombre, cette concentration arrive à son maximum, et tous les ganglions sont réunis en une seule masse, située vers le milieu du thorax : c'est ce qu'on observe, par ex., dans le genre Maïa. » Évidemment, dans ce dernier cas, il y a fusion des renflements nerveux, car on voit cette centralisation du système se prononcer toujours davantage à mesure que l'on examine des crustacés d'un ordre plus élevé. Les animaux qui nous occupent n'ont pas les organes sensoriels fort développés. Ils ont en général munis de 2 yeux à facettes, mais rarement d'yeux lisses, et ces organes, ainsi que nous l'avons déjà dit, sont souvent portés à l'extrémité d'un pédicule mobile plus ou moins allongé. Chez quelques espèces, comme le Cyclope, il n'existe qu'un seul organe visuel. Un certain nombre possèdent un appareil auditif qui, d'après Milne-Edwards, est situé à la base des antennes, et qui consiste en une petite membrane semblable à un tympan, au-dessous de laquelle on trouve une sorte de vestibule rempli de liquide et renfermant un nerf particulier. Quant aux sens du goût et de l'odorat, on ignore s'ils existent dans cette classe d'animaux. Plusieurs auteurs placent le siège du premier dans les antennes; mais aucun fait concluant.

III. — Les Crustacés étant pour la plupart des animaux aquatiques, doivent respirer au moyen de branchies. Chez les Brachyoures, les Macroures et les autres espèces supérieures, ces organes se composent d'un grand nombre de pyramides dont chacune est formée d'une multitude de cylindres disposés comme les poils d'une brosse ou de petites lames empilées les unes sur les autres. Ils sont attachés de chaque côté au bord inférieur de la voûte des flancs et renfermés dans deux cavités spacieuses comprises entre cette voûte et la carapace. Deux ouvertures situées l'une entre la base des pattes et le bord de la carapace, l'autre sur les côtés de la bouche, servent, la première à l'entrée de l'eau, et la seconde à sa sortie. Les formes de l'appareil respiratoire varient beaucoup dans les autres espèces. Chez les Stomapodes, par ex., les branchies sont fixées aux anneaux de l'abdomen, ont la forme de panaches, et flottent librement à l'extérieur; chez les Amphipodes, elles représentent des sacs membraneux attachés à la base des pattes thoraciques; enfin, chez les Isopodes, elles consistent en lames foliacées qui sont portées à la partie inférieure des fausses pattes abdominales. — Les espèces de Crustacés qui vivent plus sur terre que dans l'eau, et celles-là même qui ne peuvent pas vivre dans ce dernier élément, respirent également à l'aide de branchies. Chez les premières, ainsi que l'a observé Milne-Edwards, il existe dans la cavité respiratoire une espèce d'auge qui conserve l'eau nécessaire pour maintenir l'appareil branchial à un état d'humidité convenable, ou bien une membrane spongieuse qui semble être destinée au même usage. Chez les secondes, la respiration aérienne s'accomplit au moyen de lames foliacées situées sous l'abdomen : tels sont les Cloportes. — Le sang des Crustacés est le plus souvent incolore; mais parfois il offre une légère teinte bleue ou lilas. La circulation est double et analogue à celle des mollusques. Le sang se rend du cœur, qui est situé sur le dos, aux différentes parties du corps, d'où il revient aux branchies, et de là retourne au cœur. Le système veineux est fort défectueux : car il consiste généralement en simples lacunes tapissées par une membrane cellulaire mince.

Les Crustacés se nourrissent presque tous de substances animales; mais, tandis que les uns vivent d'aliments solides, les autres ne prennent que des matières liquides : de là, d'énormes différences dans la construction de l'appareil manducateur. Ainsi, chez les premiers (Cr. b oyeurs), on distingue des mand.bules qui portent souvent un appendice articulé appelé *Palpe mandibula.re*. Les mandibules sont suivies de *mâchoires* en forme de lames cornées, dont le bord est découpé et garni de prolongements filiformes. Outre ces mâchoires, beaucoup de crustacés ont encore jusqu'à 3 paires de *mâcho.res auxiliaires*, appelées, comme nous l'avons vu, *Pattes-mâchoires*, à cause de leur double destination. Chez les seconds (*Cr. suceurs*) qui vivent toujours en parasites sur d'autres animaux, les parties de la bouche se modifient de façon à former un tube, dans l'intérieur duquel se trouvent des appendices grêles et pointus, qui font l'office de petites lancettes et représentent les mandibules propres. Les mâchoires restent alors à l'état rudimentaire, et les pattes-mâchoires servent à fixer l'animal sur sa proie. Quant au tube digestif, il est le même chez tous. Il présente un œsophage court; un estomac spacieux et composé de deux parties, dans lesquelles on remarque en général des prolongements plus ou moins osseux qui paraissent servir à broyer les aliments; et un intestin qui est égal dans toute sa longueur, et qui aboutit à un anus formé par une fente horizontale à la partie antérieure du dernier anneau abdominal. Chez quelques Crustacés, la bile est sécrétée par des vaisseaux biliaires assez semblables à ceux des insectes; mais la plupart possèdent un foie volumineux, composé de plusieurs lobes glanduleux, et dont le canal excréteur débouche dans l'intestin, au-dessous de l'estomac.

IV. — Les sexes sont presque toujours séparés : quelques espèces cependant sont hermaphrodites. Les organes de la reproduction sont situés sous le thorax, à la naissance de l'abdomen, jamais à l'extrémité. Tous les Crustacés sont ovipares. Après avoir pondu ses œufs, la femelle les porte suspendus sous les fausses pattes. Chez quelques-uns, les œufs sont renfermés dans une sorte de sac formé par des appendices appartenant aux pattes. Parfois même ils éclosent dans cette poche et les petits y restent jusqu'à ce qu'ils aient subi leur première mue. Ces animaux ne deviennent adultes, c.-à-d. capables de se reproduire, qu'après un certain nombre de métamorphoses.

En général les jeunes éclosent sous des formes très différentes de l'état adulte et que les anciens naturalistes avaient décrites comme des espèces distinctes; ce n'est qu'à partir

Fig. 1.

de 1830 qu'on s'est aperçu que les C présentaient des métamorphoses comparables à celles des Batraciens et des insectes. De l'œuf sort une larve active, appelé *Nauplius* (Voy. ce mot), dont le corps mou et non segmenté présente un œil unique médian et trois paires d'organes locomoteurs qui seront plus tard les antennules, les antennes et les mandibules (Fig. 1, Nauplius de Balane). Après une ou plusieurs mues, on observe

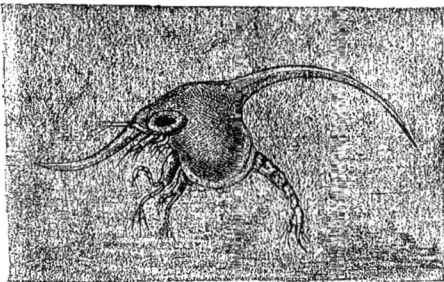

Fig. 2.

une deuxième forme larvaire que l'on appelle *Proto-Zoé*; les anneaux du thorax et de l'abdomen apparaissent ainsi que les mâchoires et les deux premières pattes mâchoires; de plus la partie antérieure du corps est recouverte par une carapace.

Bientôt cette larve mue et de nouveaux appendices apparaissent sur le thorax; les deux yeux latéraux sont très développés, mais l'œil médian du nauplius se voit toujours; enfin la carapace présente souvent des apophyses épineuses très longues : telle est la larve appelée Zoé (Fig. 2. Zoé de Crabe). A ce stade succède la phase *Mysis* caractérisée par la conformation définitive des appendices et par l'atrophie de l'œil médian (Fig. 3, Mysis d'Hippolyte). Enfin après quelques mues, le crustacé parvient à l'état adulte. Telles sont les métamorphoses les plus complètes que l'on peut observer chez les C.; mais, de même que chez les insectes, on trouve des métamorphoses incomplètes ou nulles ou encore des formes larvaires toutes particulières; parfois même (Cirripèdes), la larve, après avoir mené une vie libre, se fixe et acquiert une nouvelle organisation plus simple que la première.

Fig. 3.

V. — On divise actuellement les Crustacés en trois sous-classes subdivisées elles-mêmes de la manière suivante : — A. Les *Entomostracés* sont de petits animaux dont le corps présente un nombre très variable de segments; ils renferment sept ordres : PHYLLOPODES, OSTRACODES, COPÉPODES, CIRRIPÈDES, XIPHOSURES, TRILOBITES (fossiles) et GIGANTOSTRACÉS (fossiles). — B. Les *Leptostracés* forment un petit groupe de passage et ne renferment que deux genres. — C. Les *Malacostracés* ont toujours le corps composé de vingt segments; ils renferment six ordres que l'on groupe en deux sections; les *Arthrostracés* ou *Edriophtalmes* ont les yeux sessiles et les anneaux thoraciques libres (ISOPODES et AMPHIPODES); les *Thoracostracés* ont les yeux pédonculés et les anneaux céphaliques et thoraciques réunis par une large carapace (CUMACÉS, STOMATOPODES, SCHIZOPODES et DÉCAPODES). Voy. les noms imprimés en majuscules et LEPTOSTRACÉS.

Paléont. — Les premiers Crustacés ont apparu dès l'époque cambrienne; c'étaient des Trilobites qui ont disparu complètement et des Ostracodes qui se sont prolongés jusqu'à nos jours; les derniers apparus sont les Crabes, qui datent du crétacé.

CRUSTODERME. adj. (lat. *crusta*, croûte ; gr. δέρμα, peau). T. Zool. Poissons dont la peau est dure et croûteuse.

CRUSTULIFORME. adj. 2 g. (lat. *crustula*, dimin. de *crusta*, petite croûte; *forma*, forme). T. Hist. nat. Qui a la forme d'un échaudé.

CRUVEILHIER, célèbre médecin français, né à Limoges (1791-1874).

CRUZADE. s. f. (port. *cruz*, croix). Petite monnaie d'or et d'argent de Portugal. — Monnaie d'argent du Brésil. Voy. MONNAIE.

CRYMOPHILE. adj. 2 g. (gr. κρυμός, froid; φίλος qui aime). T. Hist. nat. Qui aime les pays froids.

CRYOHYDRATE. s. m. (gr. κρύος, glace, et *hydrate*). T. Chim. Le nom de *Cryohydrate* sert à désigner des hydrates de nature particulière, qui se forment lorsqu'on refroidit les dissolutions salines et qui ne se solidifient qu'à des températures inférieures à 0°.

On sait que l'eau, quand elle contient un sel en dissolution, ne commence à se congeler qu'au-dessous de 0°; le point de congélation s'abaisse d'autant plus que la solution est plus concentrée Voy. CRYOSCOPIE. Si donc on refroidit lentement au-dessous de 0° une solution étendue, de l'eau se séparera peu à peu à l'état de glace et la concentration du liquide restant augmentera de plus en plus. Si, au contraire, l'on part d'une solution concentrée, comme la solubilité diminue par le refroidissement, c'est du sel qui se déposera et la concentration de la liqueur diminuera graduellement. Dans les deux cas, le résultat final est le même : on arrive à une solution de concentration déterminée, qui est précisément saturée à la température de sa congélation; à partir de ce moment, la solidification se produira sans faire varier la composition du mélange, et la température se maintiendra constante pendant toute la durée de cette congélation. Inversement, si l'on réchauffe ce mélange solidifié, il se liquéfiera comme un composé unique, et la température restera la même tout le temps que durera la fusion. Ces mélanges d'eau et de sel qui se comportent comme des hydrates définis ont été appelés *Cryohydrates* par Guthrie qui les a découverts en 1875. Ils se rapprochent des combinaisons chimiques proprement dites par la constance de leur composition et de leur point de fusion ou de solidification. Ils s'en écartent en ce que leur formation n'est accompagnée ni d'une variation de densité, ni d'un dégagement ou d'une absorption de chaleur, et que leur composition ne peut être exprimée par des formules simples. Par ex., le bromure de potassium donne un c. qui se congèle à — 13° et dont la formule serait $KBr + 13,94 H^2O$. Celui du sulfate d'ammoniaque est représenté par $(AzH^4)^2SO^4 + 10,2H^2O$ et se solidifie à — 17°,5. — La température de congélation d'un c. est la température la plus basse que puisse atteindre le mélange réfrigérant qu'on formerait en mêlant le sel du c. avec de la glace. On voit, d'après tout ce qui précède, que les c. peuvent servir à produire de basses températures constantes. Pour cela, dans un vase entouré d'un mélange réfrigérant, on placera le c. à l'état liquide et l'on en ajoutera de nouvelles quantités à mesure qu'il se solidifiera; on pourra ainsi maintenir la température de solidification aussi longtemps qu'on voudra.

CRYOLITHE. s. f. (gr. κρύος, froid; λίθος, pierre). Spath du Groënland, constitué par un fluorure double d'aluminium et de sodium Al^2Fl^6, $6NaFl$, employé pour la fabrication de l'aluminium.

CRYOMÈTRE. s. m. (gr. κρύος, froid; μέτρον, mesure). T. Phys. Instrument servant à faire connaître l'intensité du froid.

CRYOPHORE. s. m. (gr. κρύος, froid : φορός, qui porte). T. Phys. Instrument congelant l'eau par l'évaporation.

CRYOPHYLLITE. s. f. (gr. κρύος, glace; φύλλον, feuille). T. Minér. Silicate d'alumine, de potasse et de lithine, avec fer, magnésie et fluor, en masses compactes, facilement fusibles, d'aspect micacé, d'une couleur vert émeraude par transmission à travers les lames de clivage.

CRYOSCOPIE. s. f. (gr. κρύος, glace; σκοπεῖν, examiner). T. Chim. Étude de la congélation des dissolutions. — Quand l'eau contient un sel en dissolution, elle ne se congèle qu'à des températures inférieures à 0°, et l'abaissement du point de congélation est proportionnel à la concentration de la liqueur, c.-à-d. au poids de sel dissous dans 100 grammes d'eau. Cette loi fut découverte par Blagden en 1788 et retrouvée en 1861 par Rudorff. Connaissant l'abaissement produit par la dissolution de 1 gramme de sel dans 100 grammes d'eau, on peut donc calculer l'abaissement que produirait, dans 100 grammes d'eau, un poids de ce sel égal à son poids moléculaire exprimé en grammes; c'est ce qu'on appelle *l'abaissement moléculaire*. De Coppet, en 1871, fit voir que cette constante est sensiblement la même pour tous les sels d'une même constitution; il s'ensuit que l'abaissement du point de congélation est proportionnel au nombre de molécules dissoutes et ne dépend pas de leur nature. Raoult, à partir de 1882, étendit ces recherches à un grand nombre de combinaisons organiques et à d'autres dissolvants que l'eau. Il trouva que pour la plupart des substances organiques l'abaissement moléculaire est de 39° quand elles se dissolvent dans l'acide acétique, de 29° dans l'acide formique, de 49° dans le benzène, de 73° dans le nitrobenzène, etc. Toutefois, certaines dissolutions ne présentent que la moitié de l'abaissement normal. Ainsi, par ex., quand les acides organiques se dissolvent dans le benzène, l'abaissement moléculaire n'est que de 25°. Pour expliquer ces anomalies, on admet que le corps dissous est polymérisé dans sa solution, de manière à y former des molécules doubles. Lorsqu'on prend l'eau comme dissolvant, on rencontre des exceptions d'un autre genre. L'abaissement moléculaire normal produit par la dissolution de la plupart des substances organiques dans l'eau est égal à 18°,5. Mais on trouve des abaissements beaucoup plus forts, pouvant s'élever au double et même au triple de ce nombre, quand on examine les solutions aqueuses étendues des acides forts, des bases fortes et des sels. Ces composés, loin de rester polymérisés, paraissent donc se dissocier quand ils se dissolvent dans une grande quantité d'eau; fait qui vient appuyer l'hypothèse de la dissociation électrolytique imaginée par Arrhenius. Voy. DISSOLUTION.

En divisant l'abaissement moléculaire qui caractérise chaque dissolvant par le poids moléculaire de ce liquide, Raoult avait trouvé un quotient à peu près constant et égal à 0,62. Il fut ainsi conduit à énoncer la règle suivante : L'abaissement que produit la dissolution d'une molécule-gramme d'un corps quelconque dans 100 molécules d'un liquide quelconque est constant et égal à 0°,62. Des travaux plus récents ont montré que cette loi empirique souffre de nombreuses exceptions; il faudrait doubler le poids moléculaire de certains dissolvants et même tripler celui de l'eau pour les faire rentrer dans la règle générale. Van t' Hoff, en s'appuyant sur les principes de la thermodynamique, est arrivé à une loi théorique mieux d'accord avec les données de l'expérience : l'abaissement moléculaire dans les solutions étendues est proportionnel au carré de la température absolue de congélation du dissolvant, et inversement proportionnel à sa chaleur latente de fusion.

Grâce aux découvertes de Coppet et de Raoult, la c. a pris une importance considérable en chimie, car elle permet de déterminer le poids moléculaire d'un composé et par suite sa formule exacte lorsqu'on connaît sa formule brute. Soit, en effet, x le poids moléculaire d'un corps, A l'abaissement du point de congélation qu'on observe après avoir dissous 1 gramme du corps dans 100 grammes du liquide, K l'abaissement moléculaire normal qui caractérise le dissolvant employé (par ex. 39 pour l'acide acétique); on aura la formule

$$Ax = K ; \text{ d'où l'on tire } x = \frac{K}{A}.$$ Pour éviter les erreurs qui pourraient provenir de la polymérisation du corps dissous, on opère successivement avec plusieurs dissolvants et l'on choisit le plus petit des nombres trouvés. — La méthode cryoscopique peut être employée dans presque tous les cas, tandis que la méthode ordinaire, où l'on détermine le poids moléculaire à l'aide de la densité de vapeur du composé, ne s'applique qu'à des corps facilement volatils.

CRYPHIE. s. f. (gr. κρύφιος, caché). T. Paléog. Signe ponctué au centre ⌣, en forme de demi-circonférence, pour noter les passages obscurs.

CRYPSIRINA. s. m. T. Ornith. Genre d'oiseaux de la famille des *Corvidés*, appelé aussi *Témia*. Voy. CORBEAU.

CRYPSORCHIDE. s. m. Voy. CRYPTORCHIDE.

CRYPTANDRE ou **CRYPTANDRIQUE.** adj. 2 g. (gr. κρυπτός, caché; ἀνήρ, ἀνδρός, homme, mâle). T. Hist. nat. Qui a ses d'organes mâles apparents.

CRYPTANTHE. adj. 2 g. (gr. κρυπτός, caché, et ἄνθος, fleur). T. Bot. Dont les fleurs sont très peu apparentes.

CRYPTANTHÉRÉ, ÉE. adj. (gr. κρυπτός, caché; *anthère*). T. Bot. Dont les étamines ne sont pas apparentes.

CRYPTE. s. f. (gr. κρυπτός, caché). Lieu secret et souterrain. || T. Archit. Caveau construit au-dessous d'une église. — Chapelle souterraine dans une église. || T. Anat. Nom donné aux follicules, sortes de petites glandes composées simplement d'un tube terminé en cul-de-sac, qu'on rencontre dans la peau et les muqueuses. — Dans ce sens, les anatomistes font souvent ce mot masculin. C'est une anomalie regrettable. Voy. GLANDE, PEAU, MUQUEUSE. = s. m. T. Entom. Genre d'insectes hyménoptères. Voy. PUPIVORES.

Archéol. — Les Romains appliquaient d'une manière générale le nom de *Crypte* (*crypta*) à toute construction voûtée longue et étroite, qui était située, soit en totalité, soit en partie, au-dessous de la surface du sol, comme un égout, un silo, les couloirs du cirque. Ils le donnaient encore à une espèce de portique qui, au lieu d'être supporté par des colonnes ouvertes, était formé par des murailles simplement percées de fenêtres. Cette sorte de galerie était aussi appelée *Crypto-portique*, parce qu'elle était plus ou moins enterrée dans le sol. On voit un de ces crypto-portiques presque entier dans la villa suburbaine d'Arrius Diomède à Pompéi. Pendant l'été, cette partie de l'habitation servait de refuge contre les grandes ardeurs du jour. Dans les théâtres il existait habituellement un portique de ce genre où les acteurs faisaient leurs répétitions. Le véritable tunnel, si connu sous le nom de grotte du Pausilippe, qui est sur la route de Pouzzoles à Naples, était appelée *Crypta neapolitana*. Certains temples souterrains consacrés à quelque culte secret, comme celui de Priape, par ex., recevaient encore le nom de *cryptæ*. Enfin, lorsque la coutume de brûler les corps commença à tomber en désuétude, on appliqua la même dénomination aux Lieux où les cadavres des morts étaient ensevelis.

Au mot CATACOMBES, nous avons fait la description de ces galeries souterraines, et nous avons vu comment elles constituèrent les premiers temples chrétiens. Lorsque, enfin, sous le règne de Constantin, les fidèles purent exercer librement leur culte et construire des églises, ils conservèrent l'usage de placer dans un caveau au-dessous de l'autel le corps d'un martyr ou d'un confesseur de la foi. Le caveau où les corps de ces saints personnages étaient déposés conserva le nom de *crypta* ; il fut également appelé *confessio* et *martyrium*. On y descendait par un double rang de marches placées derrière l'autel à ses côtés. Ces caveaux, d'abord fort petits, prirent un si grand accroissement, du IXe au XIIe siècle, qu'ils devinrent des chapelles, et parfois même de véritables églises souterraines, qui s'étendaient non seulement sous le

chœur, mais encore sous la nef. La Fig. ci-dessus représente le plan de la c. de Saint-Paul d'Issoire. Les 4 colonnes centrales correspondent au maître-autel placé dans 'église ; celles qui sont en hémicycle sont sur le même axe que les colonnes de cette dernière ; les chapelles rayonnantes du sanctuaire sont répétées dans la c. ; enfin celle-ci est couverte de voûtes d'arêtes entrelacées avec art, et éclairée par quelques fenêtres étroites et allongées. — Les cryptes n'ont pas toujours la forme en hémicycle du sanctuaire : il y en a de carrées, de quadrilatères, et même de disposées en forme de croix grecque. Elles sont parfois plafonnées, mais le plus souvent elles sont voûtées. Dans ce dernier cas, la voûte repose tantôt sur des colonnes analogues à celles de l'église supérieure, tantôt sur des supports trapus et très multipliés. Enfin, il n'est pas rare de trouver des cryptes sans ouvertures extérieures.

CRYPTIDINE. s. f. (gr. κρυπτός, caché). T. Chim. L'un des homologues de la quinoléine contenu dans le goudron de houille et distillant vers 274°. Sa formule est C¹¹H¹¹Az.

CRYPTIE. s. f. (gr. κρύπτω, je cache). T. Hist. grecque. Massacre d'ilotes qu'exécutait la jeunesse de Lacédémone. Voy. ILOTE.

CRYPTO. (gr. κρυπτός, caché). Préfixe qui signifie caché.

CRYPTOBIOTE. adj. 2 g. (gr. κρυπτός; βιότης, vie). T. Hist. nat. Dont la vie est à l'état latent.

CRYPTOBRANCHES. s. m. pl. (gr. κρυπτός, caché; βράγχια, branchies). T. Zool. Dans les classifications ichthyologiques et carcinologiques, plusieurs auteurs ont désigné sous ce nom certains groupes de poissons ou de crustacés, les espèces qu'ils y plaçaient ayant pour caractère commun d'avoir les branchies peu apparentes.

CRYPTOCARPE. adj. 2 g. (gr. κρυπτός; καρπος, fruit). T. Bot. Dont les fruits sont cachés.

CRYPTOCARYER. s. m. (gr. κρυπτός, caché; κάρυον, noix). T. Bot. Genre de plantes Dicotylédones (*Cryptocarya*) de la famille des *Lauracées.* Voy. ce mot.

CRYPTOCÉPHALE. adj. 2 g. (gr. κρυπτός; κεφαλή, tête). T. Hist. nat. Dont la tête est cachée.

CRYPTOCÉPHALIDES. s. pl. (gr. κρυπτός, caché; κεφαλή,

tête). T. Entom. Pour certains auteurs, les Cryptocéphales, appelés vulgairement *Gribouris*, forment une tribu des Chrysomélides ; pour d'autres, au contraire, ils ont le type d'une famille spéciale, celle des C., caractérisée par de longues antennes filiformes et par leur tête qui est enfoncée profondément dans un corselet voûté aussi large à la base que les élytres. Cette famille renferme un grand nombre de genres (25 environ) dont le principal (*Cryptocephalus*) comprend des espèces à couleurs vives et brillantes qui vivent surtout sur les Composées et les Légumineuses ; quand on veut les prendre, elles replient les pattes et les antennes et se laissent tomber en simulant la mort. Le *Gribouri soyeux* (C. *sericeus*) que nous figurons est long de 6 à 7 millimètres, d'un vert doré et soyeux en dessus et d'un beau bleu en dessous ; les antennes sont noires avec la base verte ; il se trouve communément au fond des fleurs des Composées.

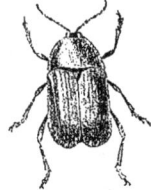

CRYPTOCÈRE. adj. 2 g. (gr. κρυπτός; κέρας, corne). T. Entom. Dont les antennes sont cachées.

CRYPTOCORYNE. s. f. (gr. κρυπτός; κορύνη, massue). T. Bot. Genre de plantes Monocotylédones de la famille des *Aroïdées.*

CRYPTODÈRE. adj. 2 g. (gr. κρυπτός, caché ; δέρη, cou). T. Erpét. Groupe de tortues. Voy. CHÉLONIENS.

CRYPTOGAME. adj. et s. f. (gr. κρυπτός, caché ; γάμος, mariage). T. Bot. On donne le nom de C. à tous les végétaux dont la reproduction ne se fait pas au moyen de fleurs ; comme les plantes de ce groupe, n'ayant pas de fleurs, n'ont pas de graines et par conséquent ne peuvent avoir de cotylédons, on les a souvent désignées, depuis de Jussieu, par le nom d'*Acotylédones.*

Les organes de reproduction des *Cryptogames* sont excessivement variés, mais le mode même de leur reproduction est des plus simples. Ces végétaux peuvent en effet se reproduire de deux façons, par *spores* ou par *œufs.* La spore (du gr. σπόρος, semence) est une cellule produite par une partie quelconque de la plante, et a la propriété de reproduire à elle seule, sans le secours d'aucun autre élément, un individu semblable à celui d'où elle provient. Quand la C. se reproduit par spores, on dit que la reproduction est *simple* ou *asexuée.* Les spores peuvent être situées à l'extérieur de la plante : elles sont alors *exogènes* ; ou bien elles sont disposées à l'intérieur, et elles sont alors *endogènes.* Dans ce dernier cas, elles se trouvent renfermées dans des cavités de forme spéciale ; ce sont des *sporanges.* Les spores peuvent encore être recouvertes d'une membrane cellulosique ou bien en être dépourvues ; quand elles sont nues, elles sont généralement mobiles et portent plus particulièrement le nom de *Zoospores* (gr. ζῶον, animal ; σπόρος, semence) ; quand elles sont pourvues d'une membrane de cellulose, celle-ci se divise le plus souvent en 2 couches : une couche externe, épaisse, cutinisée, l'*exospore,* et une couche interne, mince, non cutinisée, l'*endospore.*

Beaucoup de *Cryptogames* n'ont qu'une seule sorte de spores ; mais on voit fréquemment la plante adulte produire, suivant les conditions de nutrition où elle se trouve placée, plusieurs sortes de spores, souvent très différentes les unes des autres, appropriées respectivement à la multiplication de la plante dans ces conditions. Parmi ces diverses sortes de spores, il en est une qui ne manque jamais et qui conserve toujours ses caractères dans l'étendue du groupe considéré ; c'est à elle que l'on réserve le nom de spores. A celles qui manquent souvent et dont les caractères varient beaucoup dans des plantes très voisines, on donne le nom de *Conidies.*

Le deuxième mode de reproduction des *Cryptogames* est la reproduction par *œufs* ou *reproduction sexuée,* parce qu'ici la fusion de 2 protoplasmes est toujours nécessaire. Deux cellules A et B, incapables isolément de reproduire la plante, se fusionnent en se contractant et produisent une troisième cellule C, qui est dès-lors susceptible de produire une plante nouvelle ; cette troisième cellule est l'*œuf* et les deux cellules qui se sont fusionnées pour produire l'œuf sont des *gamètes.*

Les deux gamètes peuvent être en tout semblables et pour s'unir font chacun la moitié du chemin ; il y a alors *isogamie* et l'on nomme *isogames* les Cryptogames qui forment leur œuf de cette façon. Mais le plus souvent les deux gamètes diffèrent à la fois par l'origine, la forme, la dimension, la mobilité et la structure ; il y a alors *hétérogamie* et les plantes sont dites *hétérogames*. Celui des deux gamètes qui fait tout le chemin pour s'unir à l'autre est *mâle ; celui qui demeure en place est *femelle*. Lorsque la différence s'accuse en même temps par la dimension, le gamète le plus petit, mobile, porte le nom d'*anthérozoïde*, tandis que le gamète le plus gros, le plus souvent immobile, porte le nom d'*oosphère*. Lorsque l'œuf entre en germination, il peut produire directement la plante, ou lui donner naissance à des spores qui donneront chacune un individu nouveau.

La classification des Cryptogames a été l'objet de nombreuses tentatives de la part des botanistes : nous nous contenterons de citer les principales. — En 1703, J. Ray proposait déjà de les diviser en 3 ordres naturels : les *Champignons*, les *Mousses* et les *Fougères*. Linné adoptait 4 divisions : les *Fougères*, telles qu'elles sont encore de nos jours ; les *Mousses*, de même ; les *Algues*, peu modifiées depuis ; et une 4° division sous le nom de *Vagues*, pour les Cryptogames qu'il ne savait où caser. La Cryptogamie de Linné (1764) ne comprenait d'ailleurs que 32 genres et 414 espèces. Dix ans plus tard, en 1774, A.-L. de Jussieu, entrant dans les vues que J. Ray avait exposées le premier, forma des Cryptogames sa première classe (Acotylédones) et les partagea en 6 divisions : les *Champignons*, les *Algues*, les *Hépatiques*, les *Mousses*, les *Fougères* et les *Naïades*. De Candolle, sans s'écarter beaucoup des idées de de Jussieu, basa sa division des Cryptogames sur un fait anatomique important. Il sépara les végétaux cryptogamiques pourvus de vaisseaux de ceux qui en sont dépourvus, et constitua ainsi ses 2 divisions des *Cryptogames vasculaires* et des *Cryptogames cellulaires*. Dans la première, il rangea les *Équisétacées*, les *Marsiléacées*, les *Lycopodiacées*, les *Filicées*, les *Mousses* et les *Hépatiques* ; et dans la seconde, il plaça les *Lichens*, les *Hypoxylons*, les *Champignons* et les *Algues*. Dans la classification d'Endlicher, le règne végétal est divisé en deux grands groupes : les *Thallophytes* et les *Cormophytes*. Les *Thallophytes* comprennent les *Algues*, les *Lichens* et les *Champignons*. Les *Cormophytes* Acrobryés comprennent les autres Cryptogames, à savoir : les *Hépatiques*, les *Mousses*, les *Équisétacées*, les *Fougères*, les *Hydroptéridées* et les *Sélaginées*. Dans ce groupe rentraient encore les *Zamiées* et les *Rhizanthées*. Lindley divise les Cryptogames en deux classes : les *Thallogènes* et les *Acrogènes*. Enfin, dans la classification de M. Van Tieghem, les Cryptogames forment 3 embranchements : les *Thallophytes*, les *Muscinées* et les *Cryptogames vasculaires*. Voy. BOTANIQUE.

CRYPTOGAMIE. s. f. T. Bot. Étude des Cryptogames. Nom par lequel Linné désignait la 24° classe de son système.

CRYPTOGASTRE. adj. 2 g. (gr. κρυπτὸς, caché ; γαστήρ, ventre). T. Entom. Qui a l'abdomen caché.

CRYPTOGÈNE. adj. 2 g. (lat. *crypta*, crypte ; gr. γενὴς, engendré). T. Hist. nat. Qui est engendré dans un lieu caché.

CRYPTOGRAMME. s. m. (gr. κρυπτός ; γράμμα, écrit). T. Didact. Petit écrit en caractères secrets.

CRYPTOGRAPHE. s. m Celui qui écrit en chiffres. || Instrument pour écrire en caractères qui ne puissent être lus que par celui qui a la clef du système.

CRYPTOGRAPHIE. s. f. (gr. κρυπτός, caché ; γράφειν, écrire). L'art d'écrire en caractères secrets. || L'art d'exprimer secrètement ses pensées soit par des mots obscurs, soit par des mouvements ou des signes.

La *C.*, qu'on a aussi appelée *stéganographie* (gr. στεγανὸς, couvert, impénétrable) ; *polygraphie* (gr. πολὺς, beaucoup) ; et *poligraphie* (gr. πόλις, cité) et d'écrire les secrets d'État, est l'art d'écrire de manière à dérober à autrui la connaissance de ce que l'on a tracé. Elle remonte à la plus haute antiquité, ainsi que le montre le procédé célèbre employé chez les Spartiates pour rendre les dépêches qu'ils envoyaient à leurs généraux inintelligibles à l'ennemi, dans le cas où elles seraient interceptées. Ils faisaient fabriquer deux baguettes

rondes de même diamètre et de même longueur, dont l'une était remise au général, et l'autre déposée dans les archives de l'État. Quand on voulait faire quelque communication au général, les magistrats prenaient leur baguette, et roulaient autour et en spirale une bande étroite de peau, en ayant soin qu'il n'y eût aucun intervalle entre les spires. Cela fait, ils écrivaient sur cette bande, transversalement, les lignes allant d'un bout à l'autre ; après quoi, ils la déroulaient et l'envoyaient à son adresse. Sous cette dernière forme, la dépêche n'offrait que des lettres tronquées, en sorte que si elle tombait entre les mains de l'ennemi, celui-ci ne pouvait la lire. Mais, lorsque le général la recevait, il l'enroulait autour de sa baguette, et les caractères, revenant dans leur ordre primitif, pouvaient être facilement déchiffrés. Toute dépêche ainsi écrite s'appelait *Scytale* (σκυτάλη, bâton). Nous savons par Suétone comment César et Auguste s'y prenaient pour tenir leur correspondance secrète. Au lieu de la lettre dont il aurait eu besoin dans l'écriture ordinaire, César employait la troisième qui la suivait dans l'alphabet, c.-à-d. mettait *d* pour *a*, *e* pour *b*, etc. Quant à Auguste, il remplaçait l'*a* par le *b*, le *b* par le *c*, et ainsi de suite. Durant le moyen âge, les procédés cryptographiques furent peu usités. Cependant Raban Maur, archevêque de Mayence, nous a conservé deux exemples d'un système dont on se servait de son temps. Dans l'un d'eux, les voyelles étaient représentées par des points ; l'*i* par un point, l'*a* par deux points, l'*e* par trois, l'*o* par quatre, et l'*u* par cinq, et l'on écrivait les consonnes comme à l'ordinaire. A l'époque de la Renaissance, le besoin de moyens occultes de communication se faisant de plus en plus sentir au milieu des intrigues diplomatiques qui se croisaient en tous sens, on imagina une multitude d'écritures secrètes, que l'on désigna sous la dénomination générique d'*écritures en chiffres* ou simplement de *chiffres*, bien qu'elles ne se composassent pas toujours des signes de l'arithmétique. Quelques-unes d'entre elles sont restées jusqu'à présent, plus ou moins modifiées, dans la pratique des chancelleries. Toutefois les principaux personnages ne se contentèrent pas toujours des méthodes généralement employées ; ils se créèrent souvent des chiffres particuliers, dont la lecture n'était possible qu'à leurs confidents. Ainsi, dans certaines circonstances, le cardinal de Richelieu faisait usage d'une écriture composée de traits, de lettres et de chiffres arabes. Un trait signifiait un mot tout entier d'une ligne de Saint Augustin, et la page et la ligne où il se trouvait étaient indiqués par des chiffres placés au-dessous. Nous citerons encore les cartes mystérieuses dont se servait, sous Louis XVI, le comte de Vergennes. Elles offraient, en caractères ordinaires, les instructions qu'il semblait vouloir donner ; mais le sens réel de ces instructions était indiqué par la couleur et la forme du papier, ainsi que par des figures qui semblaient être de simples ornements.

Les écritures secrètes usitées de nos jours sont de plusieurs sortes. On les compose surtout de signes dont le sens est convenu entre les correspondants. On emploie les lettres de l'alphabet, les chiffres, des points, des lignes, des figures quelconques, etc. On se sert de mots et de phrases auxquels on fait dire le contraire de ce qu'ils signifient ordinairement. On fait usage de ce qu'on appelle des *non-valeurs*, afin de dérouter les curieux. Souvent, on fait entrer dans une dépêche des mots appartenant à diverses langues, et l'on exprime chaque lettre par des chiffres diversement combinés. On forme aussi des espèces de dictionnaires dans lesquels les mots sont remplacés par d'autres. On donne le nom de *chiffre chiffrant* au tableau qui contient les lettres et les mots dont on doit se servir, ainsi que les nombres, chiffres ou caractères qui les représentent. Le *chiffre déchiffrant* est un tableau semblable mais inversement disposé, c.-à-d. contenant d'abord tous les nombres, chiffres ou caractères du précédent, puis, en regard, les lettres et les mots qu'ils signifient. Ces deux tableaux ou chiffres peuvent être *à simple clef* ou *à double clef* : dans le premier cas, la même figure désigne toujours la même lettre, tandis que, dans le second, on change d'alphabet à chaque mot, ou bien on emploie des mots inutiles. Les gouvernements donnent souvent un chiffre différent à chacun de leurs ministres ; mais, comme il est souvent nécessaire qu'ils correspondent entre eux, on leur remet à cet effet un chiffre qui leur est commun à tous : c'est ce que l'on nomme un *chiffre banal*.

Une méthode cryptographique fort simple consiste à écrire à la manière ordinaire avec une *grille* ou châssis, qui consiste en une feuille de carton découpé par intervalles sur la longueur des lignes. Après avoir appliqué le châssis sur le papier, on écrit dans les ouvertures l'avis qu'on veut transmettre ; puis, enlevant l'instrument, on remplit les vides qui se trouvent entre les mots avec d'autres mots choisis de telle sorte qu'ils forment un sens raisonnable avec les premiers. A la réception de la dépêche, le correspondant, qui est muni d'un châssis tout semblable, le pose sur l'écriture, et n'a ainsi sous les yeux que les mots qui expriment l'avis qu'on a voulu faire passer. Une autre manière d'employer la *grille* consiste à découper une grille carrée de manière qu'on la retournant dans les quatre sens, les vides ne se retrouvent jamais à la même place. Alors on écrit dans tous les vides, la grille étant placée dans la première position, puis on continue en plaçant la grille dans une seconde position, et ainsi de suite. Pour déchiffrer la dépêche, le correspondant doit avoir une grille semblable et de mêmes dimensions, et connaître l'ordre de succession des quatre positions, lequel est convenu à l'avance.

L'invention de la télégraphie, qui livre les dépêches ouvertes à un assez grand nombre de personnes, a rendu nécessaire dans certains cas l'emploi des méthodes cryptographiques; mais alors on ne peut employer ni les grilles ni les signes de forme quelconque; il faut se restreindre aux lettres de l'alphabet et aux chiffres que seule la télégraphie peut transmettre. Dès lors, il reste pour la rédaction d'un télégramme chiffré : 1° la méthode du livre dont chaque correspondant possède un exemplaire; la dépêche est alors écrite exclusivement en chiffres arabes à moins qu'on ne convienne d'employer des lettres avec une valeur mécanique; 2° des alphabets de con-

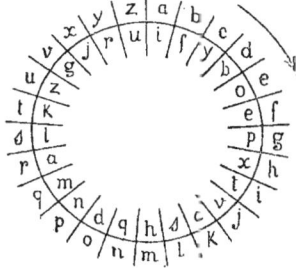

vention, obtenus en remplaçant les lettres par d'autres suivant une loi déterminée. Si l'on craint d'être déchiffré, il ne faut pas se contenter d'un seul alphabet pour toute la dépêche; on peut en changer à chaque mot ou bien établir une loi de correspondance d'après laquelle la lettre qui remplace une lettre donnée change d'une lettre à la suite. On peut à cet effet imaginer une foule de combinaisons variées; par ex., on disposera en cercles concentriques dans des ordres différents les 25 lettres de l'alphabet, on fera correspondre les lettres placées les unes en regard des autres en convenant qu'après chaque lettre on fera tourner l'un des cercles d'un rang, ou même d'un nombre quelconque de rangs qui peut varier suivant une loi déterminée. Ainsi en prenant les deux cercles ci-dessus et en convenant qu'on fait tourner le cercle extérieur à chaque fois de gauche à droite, successivement à partir de la seconde lettre, d'un nombre de rangs donné par les chiffres successifs du nombre 1893, le mot C. s'écrira : *ylibrxnluakm.* Le système précédent a l'inconvénient d'exiger l'emploi d'un appareil. Il y a des cas où la clef ne doit être confiée qu'à la mémoire. Voici le procédé classique qui résout le problème : Imaginons qu'on fasse correspondre aux lettres de l'alphabet les lettres mêmes de l'alphabet prises dans le même ordre, mais avec une autre origine, par ex., *a* à *m*, *b* à *n* : *b* à *o*, etc., en continuant naturellement après *z* par *a b c*, etc., de sorte qu'on poursuivant on arrivera à représenter *m* par *z*, *n* par *a*, *o* par *b*, etc. Il est clair que si l'on veut se contenter d'un seul alphabet pour toute la dépêche, il suffit de se rappeler quelle lettre correspond à l'*a* pour pouvoir écrire ou déchiffrer une dépêche sans le secours d'aucun document. Pour varier l'alphabet, on fait usage d'une *clef* qui se compose d'un mot ou d'une courte phrase facile à retenir et dont les lettres successives indiquent les origines des alphabets employés pour les lettres successives de la dépêche. Par ex., si l'on prend pour clef les mots *Dictionnaire Encyclopédique*, la première lettre de la dépêche sera traduite par un alphabet commençant au *d*, la seconde par un alphabet com-

commençant à l'*i* et ainsi de suite; quand les lettres de la clef sont épuisées, on les reprend dans le même ordre. Ainsi, avec la clef précédente, le mot *Cryptographie* s'écrira : *faojedtfoyzmi.* Il est clair qu'on peut encore compliquer le système et le rendre ainsi presque impossible à découvrir par l'emploi de doubles ou triples clefs contenues dans des phrases très simples. Seulement, il faut bien reconnaître que plus le système est compliqué, plus la rédaction et la lecture de la dépêche deviennent pénibles.

Un autre procédé plus simple encore et plus facile consiste à convenir d'un livre connu, qui sert, pour ainsi dire, de vocabulaire. Alors chaque mot de la dépêche est représenté par un groupe de trois chiffres, le premier indiquant la page, le second la ligne et le troisième le mot, de manière à pouvoir retrouver ce mot dans le livre.

Lorsqu'une pièce de ce genre est interceptée, on arrive souvent à la déchiffrer, mais la solution de ce problème exige une patience et une sagacité des plus grandes. Lorsque le procédé cryptographique employé consiste simplement dans l'usage d'un alphabet de convention et qu'on connaît la langue dans laquelle est écrite la dépêche, on a un indice presque sûr, fondé sur ce que, dans chaque langue il y a une lettre beaucoup plus fréquemment employée que les autres. Ainsi en français et en anglais, c'est la lettre *e*. Dès qu'on connaît une lettre on en trouve aisément d'autres, en s'aidant des mots de deux lettres, si les mots sont séparés, et des lettres doubles, si les caractères se suivent sans interruption. Cependant, ces indices peuvent faire défaut, si la dépêche est bien ourlée. Ainsi nous citerons la phrase : *Didon dîna, dit-on, du dos d'un dodu dindon,* qui ne contient pas un seul *e* et où la lettre la plus fréquente est un *d.* Le problème offre surtout les plus grandes difficultés quand la lettre est courte; quand on ignore la langue dans laquelle elle est écrite, ou qu'elle est écrite avec un mélange de plusieurs idiomes; quand l'auteur s'est servi de plusieurs alphabets et a multiplié les non-valeurs avec intelligence; quand les mêmes syllabes ou les mêmes mots sont exprimés par des signes différents; enfin, quand les mots sont disposés les uns à la suite des autres sans séparation, ou que, étant séparés, ils le sont d'une manière arbitraire et non suivant les règles de la grammaire. Malgré ces difficultés, les personnes qui s'occupent de ce genre de recherches arrivent à des résultats vraiment merveilleux. Ainsi au XVI° siècle, pour établir entre les membres épars de leur vaste monarchie une communication qui ne pût être devinée, les Espagnols avaient imaginé une écriture de convention, composée de plus de cinquante signes, dont ils changeaient la clef de temps en temps; cependant l'illustre géomètre Viète réussit non seulement à la lire, mais encore à la suivre dans toutes ses variations, ce qui fit accuser la cour de France par celle de Madrid d'avoir le *diable* à ses gages. On pourra voir dans une charmante nouvelle d'Edgard Poë, traduite par Baudelaire, *le Scarabée d'Or*, expliqués sur un ex. simple, les procédés d'analyse qui servent aux déchiffreurs de cryptogrammes. Un roman de Jules Verne, *Mathias Sandorf*, contient une analyse de même genre relative au déchiffrement d'une dépêche grillée. M. A. Hermann a présenté en 1892 à la *Société philomathique*, une méthode de cryptographie assez simple à appliquer, mais qui, par le grand nombre de combinaisons mises en jeu, assure l'impossibilité du déchiffrement. Malheureusement, il serait trop long de l'exposer ici et nous ne pouvons que renvoyer au *Bulletin de la Société philomathique,* 1892.

En France l'administration des télégraphes transmet les dépêches chiffrées pour le compte des particuliers; mais elle se réserve le droit de ne pas remettre la dépêche au destinataire, si elle soupçonne qu'il s'agit d'une correspondance politique de nature à troubler la paix publique. Les dépêches chiffrées sont taxées comme les dépêches ordinaires en comptant pour un mot chaque groupe de cinq caractères.

Bibliogr. — TRITHÈME (Abbé), *Stéganographie*, 1635; — J. R. DU CARLET, *Cryptographie*, 1644; — KLUBER, *Cryptographie*, 1809 (en all.); — DU MONCEL, *Exposé des applications de l'électricité*, 1855; — EDGAR POE, *Le Scarabée d'Or*; — JULES VERNE, *Mathias Sandorf*; — *Société philomathique,* 1892.

CRYPTOLITHE. s. f. (gr. κρυπτός, caché; λίθος, pierre). T. Minér. Phosphate de cérium trouvé dans l'apatite verte ou rouge.

CRYPTOMÉTALLIN, INE. adj. (gr. κρυπτὸς, caché; μέταλλον, métal). Qui renferme du métal sans que cela soit annoncé par aucun signe extérieur.

CRYPTOMONADACÉES. s. f. pl. (R. *Cryptomonade*).
T. Bot. Famille d'Algues de l'ordre des Phéophycées.
Caract. bot : Thalle cloisonné en cellules dissociées par gélification de la substance intercellulaire. Multiplication à l'aide de zoospores ; la phase de zoospore peut être transitoire et le thalle est immobile (*Hydrurées*) ; ou la phase de zoospore est durable et le thalle est mobile, soit avec 2 cils antérieurs (*Cryptomonades*), soit avec un seul cil antérieur (*Chromulinées*). De là 3 tribus :

Tribu I. — *Hydrurées.* — Thalle immobile (*Hydrurus, Chromophyton*, etc.). Les Hydrurées vivent dans les étangs et les mares ou dans les ruisseaux froids et rapides. Dans chaque cellule le chromoleucite est étalé en forme de calotte et l'on trouve 2 vacuoles pulsatiles. Dans l'Hydrure, les cellules du thalle demeurent adhérentes dans une gangue élastique de gélatine et forment ainsi un cordon qui peut atteindre 30 centimètres de longueur. Pour se multiplier, chaque cellule se divise en 2 ou 4 parties qui s'arrondissent ; puis la gelée se dissout, et toutes les cellules sont mises en liberté dans l'eau, où elles ne tardent pas à former un bec et à se mouvoir, constituant ainsi autant de zoospores Celles-ci germent et donnent par cloisonnements successifs un thalle nouveau.

Tribu II. — *Cryptomonadées.* — Thalle habituellement mobile avec 2 cils (*Cryptomonas, Hymenomonas, Synura*, etc.).

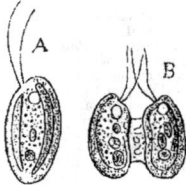

Fig. 1.

Dans ces plantes, l'état de zoospore dure très longtemps au lieu d'être éphémère comme chez les Hydrurées. Chez les Cryptomonades, par exemple, la zoospore est aplatie latéralement, de forme ovale, échancrée en avant, avec 2 cils partant de l'échancrure (Fig. 1, A). A l'intérieur de la cellule se trouvent 2 chromoleucites en forme de lames, un noyau

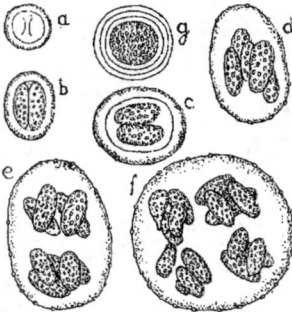

Fig. 2.

dans le tiers postérieur et une vacuole contractile dans la partie antérieure. De temps à autre, la zoospore se divise en deux dans sa longueur ; les 2 moitiés se séparent, grandissent, l'une des deux émet 2 nouveaux cils, et l'on a ainsi 2 nouvelles zoospores (Fig. 1, B). A certains moments, la zoospore perd ses cils (Fig. 2, *a*), épaissit sa membrane et se divise en deux à plusieurs reprises ; chaque fois les cellules se dissocient dans la gelée, de manière à former de petits amas (Fig. 2, *b, c, d, e, f*) ; plus tard chacune de ces cellules immobiles se transforme en zoospore. Parfois, avant de se diviser comme il vient d'être dit, la zoospore s'arrête et s'enkyste (Fig. 2, *g*). La structure et la marche du développement sont identiques dans les genres voisins.

Tribu III. — *Chromulinées.* — Thalle mobile avec 1 seul cil (*Chromulina, Microglena, Uroglena*, etc.). Les cellules sont libres comme dans la tribu précédente, mais elles n'ont qu'un seul cil. A certains moments la zoospore s'arrête, perd

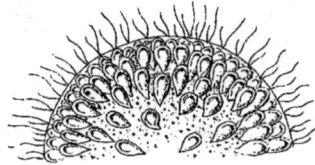

Fig. 3.

son cil, et se divise à plusieurs reprises pour former un amas sphérique de cellules englobées dans une matière gélatineuse (Fig. 3). Dans les Uroglènes, la zoospore munie de 2 cils se divise longitudinalement un grand nombre de fois, et toutes les cellules provenant de ces divisions successives demeurent englobées dans une épaisse couche de gélatine, de manière à former une colonie sphérique mobile.

CRYPTOMONADE. s. f. (gr. χρυπτός, caché, et *monade*). T. Bot. Genre d'Algues (*Cryptomonas*) servant de type à la famille des *Cryptomonadacées*. Voy. ce mot.

CRYPTOMONADÉES. s. f. pl. T. Bot. Tribu d'Algues de la famille des *Cryptomonadacées*. Voy. ce mot.

CRYPTOMORPHITE. s. f. (gr. χρυπτός, caché ; μορφή, forme). T. Minér. Borate hydraté de chaux.

CRYPTONÉMIACÉES. s. f. pl. (R. *Cryptonémie*). T. Bot. Famille d'Algues de l'ordre des Floridées.
Caract. bot. : La forme du thalle est très variable : il est tantôt foliacé, tantôt diversement ramifié. Il s'incruste souvent

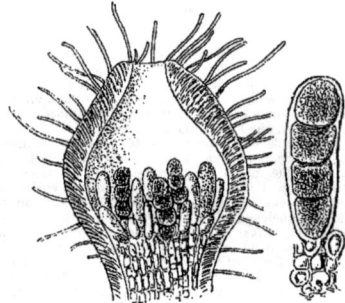

Fig. 1.

de carbonate de chaux et acquiert la dureté de la pierre, et quand il est rameux, l'aspect d'un corail. Les tétraspores se développent dans la plupart des genres, et elles sont quelquefois superposées. Les tétrasporanges occupent parfois aussi le fond d'un conceptacle en forme de bouteille (Fig. 1). Les anthéridies naissent d'ordinaire au sommet des filaments corticaux, et les oogones dans la couche corticale ; les uns et les autres peuvent être disposés au fond de conceptacles. L'œuf bourgeonne directement et pousse plusieurs filaments qui se répandent dans la couche corticale en s'anastomosant en de nombreux points avec certaines cellules du thalle ; l'anastomose est latérale et le filament peut continuer à s'allonger au delà (Fig. 2). La portion anastomosée du filament se renfle en une ampoule et sur cette ampoule se produit une branche courte qui est l'origine d'un massif sporifère dont la structure varie avec les espèces. Grâce à ce mode de végétation analogue à celui d'un Fraisier, un même sporogone produit un grand nombre de massifs sporifères (*Cystocarpes*) et

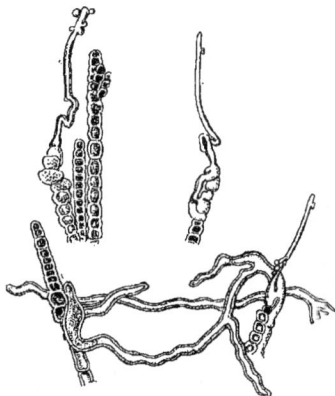

Fig. 2.

constitue un sporogone composé. On divise cette famille en trois tribus :

Tribu I. — *Cryptonémiées*. — Thalle massif libre, non incrusté de calcaire (*Polyides*, *Dudresnaya*, *Cryptonemia*, etc.).

Tribu II. — *Squamariées*. — Thalle membraneux appliqué, ordinairement non incrusté de calcaire (*Cruoria*, *Peyssonelia*, etc.).

Tribu III. — *Corallinées*. — Thalle appliqué ou libre, incrusté de calcaire; conceptacles (*Melobesia*, *Corallina*, *Jania*, etc.).

La Coralline (*Corallina mediterranea*) est usitée comme anthelminthique faible. Certaines espèces appartenant aux genres *Grateloupia*, *Jania*, *Corallina*, entrent dans la constitution de la *Mousse de Corse*, qui est employée, depuis la plus haute antiquité, comme vermifuge.

CRYPTONÉMIE. s. f. (gr. κρυπτός, caché; νᾶμα, tissu). T. Bot. Genre d'Algues (*Cryptonemia*) de la famille des *Cryptonémiacées*. Voy. ce mot.

CRYPTONÉMIÉES. s. f. pl. T. Bot. Tribu d'Algues de la famille des *Cryptonémiacées*. Voy. ce mot.

CRYPTONEURE. adj. 2 g. (gr. κρυπτός; νεῦρον, nerf). T. Zool. Qui n'a pas de nerfs apparents.

CRYPTONYME. adj. 2 g. (gr. κρυπτός; ὄνομα, nom). T. Didact. Dont le nom est caché. || *Auteur c.*, qui a caché son nom.

CRYPTONYX. s. m. (gr. κρυπτός; ὄνυξ, ongle). T. Ornith. Espèce de *Faisan*. Voy. ce mot.

CRYPTOPENTAMÈRES. s. m. pl. (gr. κρυπτός, caché; πέντε, cinq; μέρος, partie). T. Entom. Troisième section des *Coléoptères*. Voy. ce mot.

CRYPTOPHAGIDES. s. m. pl. (gr. κρυπτός, caché; φαγεῖν, manger). Famille de *Coléoptères pentamères*, voisine de celle des Cucujides et qui comprend un grand nombre d'espèces très petites réparties en plusieurs genres. Les individus du genre *Cryptophage* (*Cryptophagus*) que l'on trouve en France, dans les endroits obscurs, se nourrissent de matières végétales en décomposition et de cryptogames; le cryptophage des celliers (*C. cellaris*) se rencontre sur les tonneaux, *C. dentatus*, dans la chaume des toits.

CRYPTOPHONE. s. m. (gr. κρυπτός, caché φωνή, son). Appareil destiné à révéler les bruits cachés ou souterrains pour la surveillance d'un terrain, d'une région sous-marine,

d'un fleuve, etc. Il a été inventé par le commandant du génie R. Henry, et se compose essentiellement d'un microphone renfermé dans une boîte qu'on enfouit à l'endroit qu'il s'agit de surveiller, d'un conducteur électrique qu'on enterre et qui relie le microphone au poste d'observation, lequel peut être éloigné de plusieurs kilomètres; enfin, d'un tableau avertisseur et enregistreur de la nature des bruits. Le c. peut rendre de grands services dans la guerre et la marine; il peut être utilisé à la protection des maisons contre les voleurs; enfin, on l'a employé à contrôler la vitesse des trains de chemin de fer en un point déterminé de la voie.

CRYPTOPHONIE. s. f. Ensemble des procédés électriques et microphoniques employés pour révéler les bruits cachés ou souterrains. Voy. CRYPTOPHONE.

CRYPTOPINE. s. f. (gr. κρυπτός, caché, et fr. *opium*). T. Chim. Alcaloïde contenu en très petite quantité dans l'opium.

CRYPTOPODE. adj. 2 g. (gr. κρυπτός; πούς, pied). T. Zool. Qui a les pattes cachées.

CRYPTOPORE. adj. 2 g. (gr. κρυπτός; fr. *pore*). T. Hist. nat. Qui a des pores peu apparents.

CRYPTOPORTIQUE. s. m. (gr. κρυπτός; *portique*). T. Archit. Portique souterrain. || Décoration de l'entrée d'une grotte. || Arc pris en sous-œuvre au-dessous du rez-de-chaussée.

CRYPTORCHIDE. s. m. (gr. κρυπτός, caché; ὄρχις, testicule). Celui dont le scrotum ne renferme pas de testicule.

CRYPTORYNCHUS. s. m. [Pr. *krip-to-rin-kuss*] (gr. κρυπτός; ῥύγχος, bec). T. Entom. Genre d'insectes Coléoptères de la famille des *Curculionides*. On n'en rencontre en Europe qu'une seule espèce, le *C. Lapathi*, dont la larve creuse des galeries dans le tronc des Aunes, Saules et Peupliers.

CRYPTOSTÉMONE. adj. 2 g. (gr. κρυπτός, caché; στήμων, filet). T. Bot. Qui n'a point d'étamines visibles. Inus.

CRYPTOTÉLÉGRAPHIE. s. f. (gr. κρυπτός; *télégraphie*). T. Techn. Télégraphie en signes conventionnels qu'on ne peut déchiffrer qu'à l'aide d'une clef tenue secrète.

CRYPTOTÉTRAMÈRES. s. m. pl. (gr. κρυπτός, caché; τέτταρα, quatre; μέρος, partie, à cause du quatrième article des tarses qui est rudimentaire). Groupe de *Coléoptères* (voy. ce mot), qui renferme deux familles, les *Coccinélides* et les *Eudomychides*.

1° Les *Coccinélides* ont le corps hémisphérique, convexe en dessus avec la tête enchâssée dans le corselet; les antennes comprennent de 8 à 11 articles dont les derniers sont renflés en massue; les pattes sont courtes, terminées par des griffes en général bifides et peuvent se replier dans une rainure de la cuisse; le premier anneau abdominal forme une saillie plus ou moins prononcée entre les hanches. Les Coccinélides sont de petits animaux qui rendent des services à l'homme en détruisant les pucerons aussi bien à l'état de larves qu'à celui d'insecte parfait; quand on les saisit, elles replient les antennes et les pattes et exsudent par leurs articulations un liquide jaune d'une odeur désagréable. Elles se rassemblent en groupes de 5 à 6 pour passer l'hiver sous les feuilles mortes ou sous les écorces des vieux chênes. La famille des Coccinélides a été divisée en un grand nombre de genres qui ont des représentants sous tous les climats. Dans le genre *Coccinella*, le plus répandu en France, les élytres présentent une couleur uniforme, le plus souvent noire ou rouge, piquetée de points ou de taches de couleur différente qui servent à désigner les espèces : Coccinelle à deux points (*C. bipunctata*), Coccinelle à sept points (*C. septempunctata*).

2° Les *Eudomychides* diffèrent des précédents par le corps oblong, les antennes non rétractiles, les cuisses lisses et les crochets des tarses non divisés. Ils renferment plus de 300 espèces réparties surtout dans l'Amérique du Sud; quelques-unes se trouvent en France. Ce sont de petits insectes qui se nourrissent de champignons et n'offrent d'intérêt que pour les collectionneurs.

CRYPTOTILE. s. f. (gr. κρυπτός, caché; τῖλος, excrément). T. Minér. Silicate hydraté d'alumine.

CRYPTOTUNGSTITE. s. f. (gr. κρυπτὸς, caché, et fr. *tungstène*). ϯ. Minér. Tungstate hydraté de cuivre.

CRYSTAL et ses dérivés. Voy. Cristal, etc.

CSAR. s. m. Titre de l'empereur de Russie. Voy. Tsar.

CTÉNOBRANCHES. s. m. pl. (gr. χτείς, χτενὸς, peigne; βράγχια, branchies). (Synonymie : Pectinibranches, Anisobranches, Monotocardes). T. Zool. Sous-ordre de mollusques Gastéropodes Prosobranches caractérisé par une coquille plate ou plus souvent spiralée, qui présente en général une ouverture pour le siphon du manteau. Cavité respiratoire dorsale renfermant deux branchies, dont une seule est bien développée et dentée comme un peigne; les mâles possèdent un pénis situé sur le côté droit du corps. La plupart des c. sont marins et carnassiers; on les a divisés en quatre groupes, d'après la structure de leur langue ou radula.

1° *Pténoglosses* (gr. πτηνός, agile ; γλῶσσα, langue). Radula sans dents médianes ; nombreux crochets sur les côtés; Familles : Janthixides, Solaridues, Scalaridues. — 2° *Rhachiglosses* (gr. ῥάχις, épine dorsale). Radula très longue présentant sur chaque rangée transversale une dent médiane et quelquefois deux dents au crochet de chaque côté. Familles : Volutides, Olivides, Nuricides, Buccinides. — 3° *Toxiglosses* (gr. τοξικὸν, poison). Pas de dents médianes; dents latérales sous forme de longs crochets creux que l'animal peut lancer sur sa proie comme des flèches ; la morsure de quelques espèces paraît être venimeuse. Familles : Conides, Térébrides, Pleurotomides, Cancellariides. — 4° *Tænioglosses* (gr. ταινία, ruban). Radula très longue, présentant en général sept dents sur chaque rangée transversale; deux mâchoires à l'orifice buccal. — A. Ouverture de la coquille présentant une échancrure pour laisser passer le siphon : Cypræides, Tritonides, Dolides, Strombides, Aporrhaides. — B. Péristome continu : Cérithides, Nélanides, Turritellides, Vermetides, Naticides, Capuloïdes, Littorinides, Poludinides, Valvatides, Ampullariides, Cyclostomides. (Voy. tous ces mots).

CTÉNODONTE. adj. 2 g. (gr. χτείς, χτενὸς, peigne; ὁδοὺς, ὁδόντος, dent). T. Zool. Qui a les dents en forme de peigne.

CTÉNOPHORES. s. m. pl. (gr. χτείς, χτενὸς, peigne ; φορὸς, porteur, à cause de l'aspect des palettes natatoires). Les c. forment le troisième sous-embranchement des *Cœlentérés* (voy. ce mot) ; ils faisaient partie des Acalèphes de Cuvier ; ce sont de petits animaux libres ne formant jamais de colonies, présentant à la surface huit rangées de palettes natatoires. Leur corps, transparent comme du cristal, permet en général de reconnaître la disposition des organes internes ; la bouche, quelquefois entourée de lobes qui battent continuellement comme des ailes, conduit dans un estomac d'où partent des canaux gastro-vasculaires ; à l'opposé se voit une dépression du corps au fond de laquelle est une cloche transparente contenant un otolithe, cet organe audible, le seul organe sensoriel connu chez ces animaux, s'élève et s'abaisse à chaque instant. Beaucoup d'espèces sont pourvues de deux longs tentacules ramifiés et couverts de nématocystes avec lesquels ils saisissent leur proie. Ce sont des animaux hermaphrodites qui se développent directement sans métamorphoses ; d'après l'examen de certaines espèces que l'on a trouvées dans les grandes profondeurs, Hœckel pense que les C. ne sont que des méduses modifiées. A certaines époques de l'année, ces animaux pullulent à la surface de toutes les mers, où on peut les recueillir en traînant un filet fin au large. On les divise en quatre ordres : 1° les *Eurystomes* sont les seuls dépourvus de tentacules ; leur corps allongé et un peu comprimé ressemble à un tonnelet ; 2° les *Globuleux* ont le corps sphérique ou ovoïde ; 3° les *Rubanés* ont le corps en forme de large ruban présentant la bouche en son milieu ; 4° les *Lobés* ont le corps comprimé latéralement et pourvu de deux lobes très développés.

CTÉSIAS, médecin, voyageur et historien grec, qui vécut à la cour d'Artaxerxès II Mnémon, et qui écrivit une *Histoire de Perse*.

CTÉSIBIUS, mécanicien égyptien, né à Alexandrie, du III° siècle avant notre ère, inventeur des horloges d'eau ou clepsydres, d'un fusil à vent, d'orgues hydrauliques, de la pompe aspirante et foulante.

CTÉSIPHON, v. de Babylonie, sur le Tigre, résidence d'hiver des rois Parthes.

CTÉSIPHON, Athénien, proposa de décerner une couronne d'or à Démosthène, fut accusé par Eschine, défendu par Démosthène et acquitté.

CUARTINE. s. f. Mesure de capacité usitée aux îles Baléares pour les vins et les spiritueux. Sa contenance est de 26ˡ,67.

CUBA, la plus grande des Antilles, entre le Yucatan et l'île d'Haïti, est séparée de l'un par le canal du Yucatan (200 kil.), de l'autre par le canal Saint-Nicolas (90 kil.). Sa plus grande longueur est de 1,200 kil., sa largeur moyenne de 110 (minimum 38, maximum 190). Sa superficie totale est de 118,800 kil. car., et sa population de 1,650,000 hab.

Les côtes de Cuba sont basses et entourées d'une ceinture de corail ; l'intérieur est montagneux, le plus haut pic, le pic de Tarquino, atteignant 2,650 mètres ; quelques baies et rades sur le littoral ; de nombreux, mais petits cours d'eau (rio Negro au S.-O. ; rio San-Pedro au sud ; rio Canto à l'est) ; le climat est très chaud. La température moyenne est, à la Havane, de + 25°. La saison chaude, qui comme dans tous les pays tropicaux est aussi la saison pluvieuse, dure de juin à octobre. La fièvre jaune y est fréquente depuis un siècle.

Cuba est une colonie espagnole. La population est composée en majeure partie d'Espagnols immigrés d'Europe, et, pour une part plus faible, de nègres importés d'Afrique. Du mélange de ces races sont issus les créoles, qui pourtant se rapprochent davantage de la race blanche et figurent dans son contingent. Toutefois, les Espagnols continentaux se sont réservés presque toutes les fonctions, au grand mécontentement des créoles. De là, des tendances séparatistes dans la population indigène, qui ont failli amener plusieurs fois la rupture avec l'Espagne.

C'est en 1492 que Cuba avait été découverte par Christophe Colomb. Le capitaine Vélasquez la conquit pour le compte de l'Espagne en 1511 et en fut son premier gouverneur jusqu'en 1524. Ses successeurs anéantirent presque toute la population indigène. Pendant les XVI° et XVII° siècles, la colonie eut à repousser plusieurs attaques des Français ou des Anglais. Sa prospérité commença au XVIII° siècle avec les plantations de canne, la culture du tabac et enfin celle du café. Au moment où les autres colonies espagnoles de l'Amérique se séparèrent de la mère patrie, Cuba élisait des députés aux Cortès ; aussi demeura-t-elle féodale. Mais bientôt les sentiments autonomistes dont nous venons de parler commencèrent à se manifester, et des révoltes éclatèrent. La plus importante et la plus sérieuse est celle qui commença en 1869 et dura jusqu'en 1877. Elle fut écrasée par le général Martinez Campos, qui dut promettre aux insurgés l'amnistie, l'abolition de l'esclavage, celle des monopoles et des taxes d'exportation. Le 13 avril 1884, la constitution espagnole fut introduite dans l'île. Cependant elle ne donna pas aux Cubains toute satisfaction. Aux griefs politiques que la colonie articulait contre la métropole, s'ajoutaient depuis longtemps des griefs économiques. En prétendant monopoliser le commerce de l'île, l'Espagne en arrêtait tout développement. Aussi es sentiments autonomistes, assoupis en 1877, se réveillèrent avec plus de vivacité en 1895 et une nouvelle insurrection éclata. Les promoteurs furent Estrada Palma, proclamé chef du gouvernement révolutionnaire, Flor Crombet, Carlos Roloff et le général mulâtre Antonio Macio. Quel sera l'avenir définitif de Cuba ? les uns entrevoient l'annexion aux États-Unis d'Amérique, les autres croient à une république indépendante, comme Saint-Domingue.

Au point de vue politique, Cuba forme une capitainerie générale, à laquelle est préposée un capitaine général. Au point de vue administratif, l'île était jadis divisée en trois provinces : occidentale, centrale et orientale ; elle forme aujourd'hui six départements qui sont :

La Havane.	450,000 hab.
Matanzas.	300,000
Pinar del Rio	200,000
Puerto-Principe	75,000
Santa-Clara	325,000
Santiago-de-Cuba	230,000

Les villes de plus de 30,000 hab. sont : La Havane 200,000, Santiago et Matanzas 60,000, Cienfuegos et Puerto-Principe 40,000; Manzanillo 35,000; Santa-Clara et Holguin 34,000 hab. La Havane, la capitale, résidence du gouverneur colonial et d'un archevêque, a un excellent port, très fortifié, des arsenaux, des chantiers de constructions et une université. Matanzas est un bon port; manufacture de tabac. Santiago fait de l'exportation. Puerto-Principe, dans l'intérieur, est un centre pour l'élevage des bestiaux.

Les Espagnols gardent à Cuba par des effectifs importants : 20,000 hommes environ. Il faut y ajouter des miliciens blancs et de couleur, 9 compagnies de guerillas, 1 régiment de volontaires, des escadrons de milice et une garde nationale.

La grande richesse de Cuba est l'agriculture, bien que le nombre des établissements agricoles diminue chaque année. Les cultures les plus importantes sont celles de la canne à sucre et du tabac : le tabac donne environ 200,000 balles et ne suffit pas à la consommation locale. On demande le supplément un Honduras et aux pays voisins. Vient ensuite le café, puis le miel et la cire. Le manque de bras ou plutôt les résistances au travail sont le principal obstacle au développement du pays.

L'industrie est nulle et le Cubain est obligé d'aller chercher toutes ses ressources à l'étranger, ce qui contribue nécessairement à diminuer son bien-être.

Le commerce d'exportation comme celui d'importation approche du chiffre de 400 millions. La moitié se fait avec les États-Unis, le quart avec l'Espagne. Les principaux articles d'exportation sont le sucre, le café, le miel, le tabac, etc. Il est exporté environ 600,000 kilos de sucre par an.

Les navires qui entrent dans le port de la Havane sont environ 1 millier, jaugeant ensemble 1,250,000 tonnes. Il existe dans l'île 1,600 kilomètres de chemins de fer en exploitation.

CUBAGE. s. m. Action de cuber, de mesurer un volume. Méthode pour cuber. || Se dit aussi du résultat de cette mesure. *Déterminer le c. d'une pièce de bois.* — On donne les noms de *Cubage* et de *Cubature* à l'opération qui consiste à évaluer le volume ou la capacité d'un corps. On les emploie aussi en parlant du nombre qui mesure ce volume. Toutefois le premier de ces termes est presque exclusivement usité dans le langage technologique, tandis que le second est propre à la langue des mathématiques. — Lorsque le corps dont on veut connaître le volume présente une forme géométrique régulière, comme celle du parallélépipède, du prisme, du cylindre, du cylindre, du cône, de la sphère, etc., il est très facile de calculer son volume au moyen des procédés élémentaires qu'enseigne la géométrie. Dans le cas contraire, il faut avoir recours à un ou deux moyens. On ramène le solide à celui des formes géométriques dont il se rapproche le plus. S'il s'agit, par ex., d'une pièce de bois en grume, c.-à-d. ayant son écorce et son aubier, on la considère comme un cône tronqué, et l'on applique la formule :

$$V = \frac{1}{3} \pi H (R^2 + r^2 + Rr),$$

où π représente le rapport de la circonférence au diamètre, H la distance des deux bases, r et R leurs rayons. Souvent on se contente de considérer le tronc comme un cylindre; seulement on adopte pour base une section prise à égale distance des deux extrémités, et pour hauteur la longueur mesurée sur la surface. Ce procédé, assurément, est loin de donner des résultats bien exacts; mais comme il est très expéditif, on peut s'en servir quand les rayons des bases ne sont pas trop différents. Il existe encore d'autres formules empiriques et des tables à l'usage des agents forestiers, des employés des douanes et des octrois, etc., de sorte que l'opération à faire se réduit à une routine d'une extrême simplicité. Enfin, on a imaginé divers instruments plus ou moins ingénieux, appelés *Dendromètres* (du gr. δένδρον, arbre; μέτρον, mesure), à l'aide desquels on évalue la hauteur d'un arbre sur pied, le diamètre de son tronc et la quantité de bois qu'il peut fournir. Voy. VOLUME.

CUBANE. s. m. T. Minér. Sulfure de fer et de cuivre, analogue à la chalcopyrite, mais renfermant plus de fer.

CUBATURE. s. f. (R. *cuber*). T. Géom. Détermination du volume d'un solide. La c. d'un solide peut se faire par l'application des théorèmes de la géométrie ou par le calcul. Comme le calcul d'un volume se réduit à une intégrale double :

$$\iiint f (xy) \, dx \, dy,$$

on donne aussi le nom de c. au calcul numérique d'une pareille intégrale. Quand un problème se ramène au calcul d'une intégrale double, on dit que le problème se ramène à une c. Voy. VOLUME.

CUBE. s. m. (gr. κύβος, m. s.). T. Géom. Corps solide qui a six faces carrées et égales, et dont tous les angles sont droits. || T. Alg. Troisième puissance, ou tout nombre multiplié deux fois par lui-même. 8 est le cube de 2 ($2 \times 2 \times 2 = 8$) ; 27 est le cube de 3 ($3 \times 3 \times 3 = 27$); 64 est le cube de 4, etc. = Adjectiv., on dit *Pied c., mètre c.*

— Géom. — Le *Cube*, appelé aussi *Hexaèdre*, à cause de ses six côtés égaux, est l'un des cinq solides réguliers de Platon. — Le problème de la *Duplication du c.*, c.-à-dire de la construction d'un c. dont le volume est double de celui d'un autre c. donné, est célèbre dans l'histoire de la géométrie ancienne. On raconte qu'Athènes se trouvant désolée par une épidémie meurtrière, les habitants envoyèrent consulter l'oracle d'Apollon à Délos. Le dieu répondit que le fléau cesserait quand on aurait doublé son autel. Or, le monument étant cubique, il s'agissait de construire un autre qui eût exactement deux fois le volume du premier. On se mit donc à l'œuvre et on éleva un nouvel autel en doublant chacun des côtés de l'ancien. On obtint ainsi un c., non pas double, mais octuple du précédent. Malgré cela, l'épidémie ne cessant pas ses ravages, on alla de nouveau consulter l'oracle qui fit encore la même réponse. On raconta qu'il était question de la duplication géométrique du c.; mais la solution de ce problème exige la résolution d'une équation du 3e degré, et ne peut s'obtenir au moyen de la ligne droite et du cercle, les seules lignes que les anciens admissent dans leurs constructions géométriques. Toutefois, Hippocrate de Chio la réduisit à une autre recherche, c.-à-dire à l'insertion de deux moyennes proportionnelles à deux droites données. Sous cette forme donnée, le problème de la duplication occupa plusieurs des grands géomètres de l'antiquité, notamment Archimède, Eutocius, Pappus, Dinostrate et Nicomède, et donna lieu à la découverte de plusieurs courbes supérieures, telles que la conchoïde, la quadratrice et la cissoïde. Parmi les géomètres modernes qui n'ont pas dédaigné de traiter la même question, on remarque Newton et Huyghens.

Le volume du c. s'obtient en élevant la longueur de son arête à la troisième puissance, si toutefois on a pris pour unité de volume le c. construit sur l'unité de longueur : $V = a^3$. De là vient qu'en arithmétique et en algèbre le mot *Cube* signifie la troisième puissance. Voy. PUISSANCE. — On voit ainsi que le problème de la duplication du c. se ramène à l'équation : $x^3 = 2 a^3$.

CUBÈBE. s. m. (ar. *cubaba*, m. s.). T. Bot. Fruit du *Cubeba officinarum* (Piper Cubeba), de la famille des *Pipéracées.* Voy. ce mot.

CUBÉBINE. s. f. (R. *cubèbe*). T. Chim. Substance cristallisable, fusible à 125°, contenue dans le cubèbe et répondant à la formule $C^{10} H^{10} O^3$. Par oxydation elle se transforme en acide pipéronylique.

CUBER. v. a. (R. *cube*). T. Géom. Évaluer le nombre d'unités cubiques que renferme un volume donné. *C. un solide. C. des bois de construction.* || T. Arithm. *C. un nombre,* L'élever au cube.

CUBICITE. s. f. T. Minér. Synonyme d'*Analcime*. Voy. ce mot.

CUBICULAIRE. s. m. (lat. *cubiculum*, chambre à coucher). T. Hist. Nom sous lequel on désignait les chambellans des empereurs romains. || Gardien des corps des martyrs dans les premiers siècles de l'Église chrétienne.

CUBICULUM. s. m. [Pr. *kubiku-lome*] (mot. lat. sign. chambre à coucher). Chambre sépulcrale dans les catacombes.

CUBIÈRES (Le chevalier de), poète français, né à Roquemaure (1752-1820).

CUBILOT. s. m. T. Métall. Four à cuve destiné à la fusion rapide de la fonte ou d'autres matières métalliques. On introduit, par la partie supérieure, le combustible et le métal par couches alternées. L'air nécessaire à la combustion est soufflé à l'aide de machines spéciales, et arrive dans la masse par des tuyères disposées à la partie inférieure et au-dessous desquelles se rassemble le métal fondu dans une sorte de creuset d'où il peut être coulé au dehors. Généralement, les cubilots sont construits en maçonnerie de briques réfractaires dans une enveloppe cylindrique en fonte ou mieux en tôle de fer.

CUBIQUE. adj. 2 g. T. Mathém. Qui appartient au cube. *Figure c. — Racine c.* Voy. RACINE.

Math. — En Algèbre, on nomme *Équation cubique*, ou plus souvent équation du troisième degré, celle où l'inconnue entre à la troisième puissance. D'après la théorie générale des équations, l'équation cubique admet toujours trois racines réelles ou imaginaires, dont l'une au moins est réelle. L'équation cubique la plus simple est l'équation binôme $x^3 = a$ dans laquelle a est un nombre quelconque, positif, négatif ou imaginaire, et sa résolution équivaut à l'extraction de la racine cubique du nombre a. Un nombre a donc toujours *trois* racines cubiques réelles ou imaginaires. Si α désigne l'une d'elles, par ex., si a est réel, la racine arithmétique apprend à calculer, l'équation pourra s'écrire : $x^3 - \alpha^3 = 0$. Si alors on pose $\dfrac{x}{\alpha} = z$ ou $x = \alpha z$, l'équation prend la forme $z^3 - 1 = 0$, et l'on est ramené à chercher les racines cubiques de l'unité. Pour les trouver, on remarque que le premier membre se décompose en deux facteurs et devient :

$$(z-1)(z^2 + z + 1) = 0,$$

d'où il suit, qu'outre la racine 1, elle admet aussi les racines de l'équation de second degré

$$z^2 + z + 1 = 0,$$

qui sont :

$$j = \frac{1}{2}\left(-1 + \sqrt{-3}\right)$$

et

$$j' = \frac{1}{2}\left(-1 - \sqrt{-3}\right)$$

On peut remarquer, soit par la théorie générale des équations binômes (voy. BINÔME), soit par un calcul direct, que chacune de ces deux quantités est le carré de l'autre, de sorte que les trois racines cubiques de l'unité sont : 1, j et j^2. Dès lors, les trois racines de l'équation $v^3 = \alpha^3$, sont : α, αj et αj^2.

Une équation c. complète a la forme

$$x^3 + A x^2 + B x + C = 0,$$

où A, B et C désignent des quantités connues, positives ou négatives. Si l'on pose $x = y - \dfrac{1}{3} A$, l'équation se transforme en une autre dans laquelle le second terme manque, et qui est de la forme

$$y^3 + py + q = 0,$$

les coefficients p et q étant connus et dépendant de ceux de la première. Si donc nous pouvons réussir à trouver les va-

leurs de y qui vérifient cette équation, nous connaîtrons aussi celles de x par la formule : $x = y - \dfrac{1}{3}$ A.

La réalité des racines de l'équation réduite $x^3 + px + q = 0$ se discute aisément par l'application du théorème de Rolle (Voy. ÉQUATION). La dérivée est, en effet, $3x^2 + p = 0$, dont les racines sont $\pm \sqrt{-\dfrac{p}{3}}$; pour que ces racines soient réelles, il faut d'abord que p soit négatif. Si, enfin, on les substitue dans le premier membre de l'équation, on sait que pour que celle-ci ait ses trois racines réelles, il faut et il suffit que les deux résultats de substitutions soient de signe contraire. Cette condition donne l'inégalité

$$\frac{p^3}{27} + \frac{q^2}{4} < 0,$$

qui comprend la condition déjà trouvée $p < 0$ et qui exprime ainsi la condition nécessaire et suffisante pour que les trois racines soient réelles.

L'équation c. peut se résoudre par radicaux. Cette résolution a été trouvée pour la première fois par le géomètre italien Nicolas Tartaglia; cependant, les formules auxquelles elle conduit sont plus connues sous le nom de formules de Cardan.

Pour résoudre l'équation $x^3 + px + q = 0$, on pose

$$x = u + v,$$

et l'équation devient :

$$u^3 + v^3 + 3uv(u+v) + p(u+v) + q = 0.$$

Mais entre u et v on peut établir une deuxième relation arbitraire. Nous poserons :

$$u^3 + v^3 = -q,$$

et l'équation se réduit à

$$(3uv + p)(u+v) = 0.$$

Cette équation serait vérifiée par $u + v = 0$; mais cette supposition est inadmissible si q n'est pas nul, puisque $u + v = x$. Donc, il faut que le premier facteur soit nul, d'où :

$$3uv = -p$$

On en déduit $u = -\dfrac{p}{3v}$, et en portant dans l'autre équation :

$$u^3 - \frac{p^3}{27 u^3} = -q,$$

équation du second degré qui fait connaître u^3; si α^3 et β^3 sont les deux racines de cette équation, on aura pour déterminer u et v les six solutions :

$$u = \alpha \qquad v = -\frac{p}{3\alpha}$$
$$u = \alpha j \qquad v = -\frac{p}{3\alpha j},$$
$$u = \alpha j^2 \qquad v = -\frac{p}{3\alpha j^2},$$

et trois autres où α serait remplacée par β; mais, à cause de la symétrie des deux équations en u et v, il est clair qu'à une solution $u = \alpha,\ v = \beta_1$ doit en correspondre une autre $u = \beta_1,\ v = \alpha_1$, de sorte que les trois autres solutions ne diffèrent des premières que par le changement de u en v et de v en u; c'est, du reste, ce qu'on peut vérifier directement en remarquant que le produit des racines α^3 et β^3 de l'équation du 2e degré est $\dfrac{-p^3}{27}$, de sorte que $\alpha\beta = -\dfrac{p}{3}$ ou $-\dfrac{p}{3}j$ ou $-\dfrac{p}{3}j^2$.

Si l'on choisit les racines cubiques α et β de α^3 et β^3 de telle sorte que $\alpha\beta = -\dfrac{p}{3}$, ce qui est toujours possible, on aura, en remarquant aussi que $j^3 = 1$, les nouvelles formules symétriques :

$$u = \alpha \qquad v = \beta,$$
$$u = \alpha j \qquad v = \beta j^2,$$
$$u = \alpha j^2 \qquad v = \beta j.$$

Il en résulte que la valeur de x qui est $u + v$ ne change pas si l'on échange les deux racines α et β, et les trois racines de l'équation du 3e degré sont :

$$x_1 = \alpha + \beta,$$
$$x_2 = \alpha j + \beta j^2,$$
$$x_3 = \alpha j^2 + \beta j.$$

Il ne reste plus qu'à trouver les expressions de α et β. Or, l'équation en u^3 peut s'écrire

$$u^6 + q\,u^3 - \frac{p^3}{27} = 0,$$

et ses racines sont :

$$-\frac{q}{2} \pm \sqrt{\frac{q^2}{4} + \frac{p^3}{27}}.$$

La valeur de x est alors représentée par la formule :

$$x = \sqrt[3]{-\frac{q}{2} + \sqrt{\frac{q^2}{4} + \frac{p^3}{27}}} + \sqrt[3]{-\frac{q}{2} + \sqrt{\frac{q^2}{4} + \frac{p^3}{27}}}$$

avec cette condition que parmi les trois racines que l'on peut représenter chaque radical, il faut choisir celles dont le produit est égal à $-\dfrac{p}{3}$, de sorte que le choix de la valeur du premier radical entraîne celui de la valeur du second.

Cette formule est la formule de Cardan. Si p et q sont réels, ce qui est le cas des applications, on voit que le calcul ne peut se faire que si $\dfrac{q^2}{4} + \dfrac{p^3}{27}$ est positif, c.-à-d. si l'équation n'a qu'une racine réelle. Dans ce cas, il faudra prendre pour les radicaux cubiques leurs valeurs réelles, c.-à-d. les racines arithmétiques, et l'on sera sûr que leur produit sera réel et, par suite, égal à $-\dfrac{p}{3}$. On aura ainsi la racine réelle.

Si $\dfrac{q^2}{4} + \dfrac{p^3}{27} < 0$, la formule de Cardan est compliquée d'imaginaires et ne peut se calculer numériquement. Cependant, l'équation a ses trois racines réelles, comme on l'a vu plus haut. Dans ce cas, qui a reçu le nom de *cas irréductible*, il faut avoir recours aux méthodes générales de calcul des racines par approximation (voy. ÉQUATION), ou à la méthode trigonométrique suivante :

La valeur de $\sin 3\varphi$ en fonction de $\sin \varphi$ est :

$$\sin 3\varphi = 3\sin\varphi - 4\sin^3\varphi.$$

Si on remplace φ par $\dfrac{\varphi}{3}$, on voit que le sinus de l'arc $\dfrac{\varphi}{3}$ est l'une des racines de l'équation :

$$\sin^3 \frac{\varphi}{3} - \frac{3}{4}\sin\frac{\varphi}{3} + \frac{1}{4}\sin\varphi = 0,$$

où l'inconnue est $\sin\dfrac{3\varphi}{3}$, et qui a ses trois racines réelles, comme il est facile de s'en assurer.

La triple valeur de $\sin\dfrac{\varphi}{3}$ provient de ce que l'arc φ, mal défini par son sinus, est compris dans la formule :

$$\varphi = k\pi + (-1)^k\varphi,$$

où k est un nombre entier quelconque positif ou négatif, de sorte que l'arc $\dfrac{\varphi}{3}$ est compris dans la formule :

$$\frac{\varphi}{3} = \frac{k\pi}{3} + (-1)^k\frac{\varphi}{3}.$$

Si k augmente de 6 unités, le second terme ne change pas et le premier augmente de 2π, de sorte que l'arc $\dfrac{\varphi}{3}$ augmentant de 2π, son sinus ne change pas; il suffit donc de considérer les 6 valeurs de k : -1, 0, 1, 2, 3, 4. Or, les couples de valeurs -1 et 4, 0 et 3, 1 et 2, donnent des arcs supplémentaires dont le sinus est le même; il suffit donc de considérer les 3 valeurs -1, 0 et 1, qui donnent 3 arcs ayant des sinus différents.

Cela posé, nous pouvons identifier l'équation précédente avec l'équation donnée :

$$x^3 + px - q = 0,$$

en posant :

$$x = h\sin\frac{\varphi}{3}.$$

Alors l'équation trigonométrique deviendra :

$$\frac{x^3}{h^3} - \frac{3}{4}\frac{x}{h} + \frac{1}{4}\sin\varphi = 0,$$

ou

$$x^3 - \frac{3}{4}h^2 x + \frac{1}{4}h^3\sin\varphi = 0,$$

et l'on posera pour l'identification :

$$-\frac{3}{4}h^2 = p \qquad \frac{1}{4}h^3\sin\varphi = q,$$

ce qui détermine h et φ par les formules :

$$h = \pm\sqrt{-\frac{4p}{3}} \qquad \sin\varphi = \frac{4q}{h^3} = \frac{4q}{\pm\sqrt{-\left(\frac{4p}{3}\right)^3}}$$

$$\sin\varphi = \frac{q}{\pm\sqrt{-\frac{4p^3}{27}}}.$$

Il est inutile de calculer la valeur de h; nous supposerons seulement qu'on prenne devant le radical le signe de q pour que $\sin\varphi$ soit positif.

Alors, les tables trigonométriques donneront une valeur de φ comprise entre 0 et $\dfrac{\pi}{2}$, et les trois racines de l'équation donnée seront données par la formule :

$$x_1 = \pm\sqrt{-\frac{4p}{3}}\sin\frac{\varphi}{3},$$

$$x_2 = \pm\sqrt{-\frac{4p}{3}}\sin\left(-\frac{\pi}{3} - \frac{\varphi}{3}\right),$$

$$x_3 = \pm\sqrt{-\frac{4p}{3}}\sin\left(\frac{\pi}{3} - \frac{\varphi}{3}\right),$$

le radical devant être pris avec le signe de q.

Pour que la méthode puisse s'appliquer, il faut et il suffit qu'on puisse calculer $\sin\varphi$, ce qui exige d'abord que p soit négatif pour que la valeur de $\sin\varphi$ soit réelle, et ensuite que le carré de cette valeur soit inférieur à 1, ce qui donne :

$$q^2 < -\frac{4p^3}{27},$$

ou

$$\frac{p^3}{27} + \frac{q^2}{4} < 0,$$

condition qui entraîne $p < 0$ et qui est bien celle de la réalité des trois racines.

Il existe aussi une méthode trigonométrique pour calculer la racine réelle dans le cas où l'équation en x n'a qu'une racine réelle; mais cette méthode revient à calculer la formule de Cardan à l'aide d'un arc auxiliaire. Nous ne nous y arrêterons pas.

CUBISTIQUE. s. f. (gr. κυβιστάω, je fais la culbute). T. Archéol. Sorte de danse grecque dans laquelle on exerçait des mouvements d'acrobate. Voy. DANSE.

CUBITAL, ALE. adj. (lat. *cubitalis*, m. s. de *cubitus*, coude). T. Anat. Qui a rapport au coude, à l'os cubitus ou à la partie interne de l'avant-bras où se trouve cet os. *Nerf* c. *Artère cubitale. Muscles cubitaux.*

CUBITIÈRE. s. f. (lat. *cubitus*, coude). T. Archéol. Pièce de l'ancienne armure qui enveloppait le coude. Voy. ARMURE.

CUBITO-CARPIEN, ENNE. adj. T. Anat. Qui a rapport au cubitus et au carpe. *Muscle c.-carpien.*

CUBITO-CUTANÉ, ÉE. adj. T. Anat. Qui appartient ou se rapporte à la peau du coude.

CUBITO-PHALANGIEN, IENNE. adj. T. Anat. Nom donné par les vétérinaires à un muscle fléchisseur situé à l'avant-bras du cheval.

CUBITUS. s. m. (Pr. l's) (lat. *cubitus*, coude). T. Anat. L'os qui occupe la partie interne de l'avant-bras, et dont l'extrémité supérieure, nommée *Olécrâne*, forme, dans la flexion, la saillie qu'on appelle *Conde*. — Le radical *Cubito* entre dans plusieurs termes anatomiques, tels que *Cubito-cutané*, *Cubito-digital*, *Cubito-métacarpien*, etc., dont la signification est assez évidente par elle-même.

CUBOCUBE. s. m. (gr. κυβόκυβος, m. s.). Cube du cube ou neuvième puissance.

CUBOÏCITE. s. f. T. Minér. Synonyme de *Chabasie*. Voy. ce mot, imprimé par erreur *Chabasée*.

CUBOÏDE. adj. et s. m. (gr. κύβος, cube; εἶδος, apparence). T. Anat. Os du tarse. Voy. Pied.

CUBO-PRISMATIQUE. adj. T. Minér. Qui participe du cube et du prisme.

CUCUBALE. s. m. (altér. du gr. κακὸς, mauvais; βάλλω, je lance). T. Bot. Genre de plantes Dicotylédones (*Cucubalus*) de la famille des *Caryophyllées*.

CUCUJE. s. m. (mot mexicain). T. Entom. Genre d'insectes Coléoptères. Voy. Cucujides.

CUCUJIDES. s. m. pl. (R. *cucuje*, et gr. εἶδος, aspect). T. Entom. Famille de Coléoptères pentamères caractérisée par un corps allongé, aplati, par les articles des tarses postérieurs au nombre de cinq chez les femelles et de quatre chez les mâles, le premier étant toujours très court. Ce sont de petits insectes que l'on trouve, en France, sous l'écorce des chênes et des pins. La Fig. représente le *Cucuje sanguinolent*, qui doit son nom à la couleur rouge de son thorax et de ses élytres; le reste du corps est noir; il vit sur le chêne.

CUCULÉS ou **CUCULIDÉS.** s. m. pl. (lat. *cuculus*, coucou). T. Ornith. Famille d'oiseaux de l'ordre des Grimpeurs. Voy. Coucou.

CUCULLE. s. f. (lat. *cucullus*, capuchon). Anciennement, espèce de vêtement qui couvrait à la fois le corps et la tête, et que portaient les voyageurs, ainsi que les membres de certains ordres religieux.

CUCULLIFÈRE. adj. 2 g. [Pr. *kukul-lifère*] (lat. *cucullus*, capuchon; *fero*, je porte). T. Hist. nat. Qui porte des appendices en forme de capuchon.

CUCULLIFOLIÉ, ÉE. adj. [Pr. *kukul-lifolié*] (lat. *cucullus*, capuchon; *folium*, feuille). adj. T. Bot. Qui a des feuilles en forme de capuchon.

CUCULLIFORME. adj. 2 g. [Pr. *kukul-liforme*] (lat. *cucullus*, capuchon; *forma*, forme). T. Bot. Se dit des parties d'une plante qui sont roulées en cornet et ont plus ou moins la forme d'un capuchon. *Les pétales de l'Ancolie sont cuculliformes*.

CUCURBITACÉES. s. f. pl. (lat. *cucurbita*, courge). T. Bot. Famille de végétaux Dicotylédones de l'ordre des Campélales inférovariées.

Caract. bot. : Herbes annuelles ou vivaces, à tiges grêles, grimpantes, s'accrochant par des vrilles foliaires. Feuilles ordinairement palmées ou à côtes palmées, très succulentes, chargées de nombreuses aspérités, quelquefois ternées. Fleurs blanches, rouges ou jaunes, monoïques ou dioïques, très rarement hermaphrodites. Calice à 5 dents, quelquefois à peine distinct. Corolle à 5 pétales, tantôt libres (*Ecballium*), tantôt concrescents en une corolle gamopétale. Fleurs mâles : Étamines, 5, insérées sur la corolle, alternant avec ses segments, rarement réduites à 3 ou même à 2, tantôt libres, tantôt monadelphes, ou bien combinées de façon que 4 d'entre elles sont réunies en deux paires avec anthères à 4 loges et que la cinquième reste libre avec une anthère à 2 loges. Fleurs femelles : Pistil formé de 3 carpelles concrescents en un ovaire uniloculaire, avec trois placentas pariétaux, qui souvent font saillie à l'intérieur de la cavité, pour se réunir en une colonne centrale solide, tandis que les ovules restent attachés au bord libre. Ovules habituellement nombreux et anatropes, quelquefois un seul ovule pendant; style court; stigmates très épais,

veloutés, lobés ou frangés. Fruit bacccien plus ou moins succulent, couronné par la cicatrice du calice. Graines plates, ovales, recouvertes d'une peau, soit succulente, soit sèche et membraneuse; test coriace, souvent épais sur les bords, quelquefois ailé; embryon plat, sans albumen; cotylédons foliacés

1.

et veinés; radicule près du hile. (Fig. 1. *Bryonia dioica*. — 2. *Coccinia indica*. Fleur; 3. Étamines; 4. Stigmates; 5. Coupe d'une graine. — 6. *Cucumis melo*. Coupe d'une fleur mâle. — 7. *Cucumis sativus*. Coupe d'un fruit très jeune; 8. Coupe du même à une période beaucoup plus avancée.) La famille des C. comprend 68 genres et plus de 500 es-

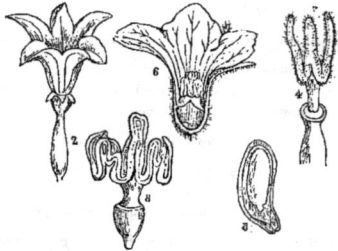

pèces croissant à l'état sauvage dans les pays chauds des deux hémisphères, particulièrement entre les tropiques. Plusieurs sont indigènes du cap de Bonne-Espérance, et on en trouve un petit nombre dans le nord de l'Europe et dans l'Amérique septentrionale. L'Inde paraît être leur station de prédilection; il en existe beaucoup au Pérou et au Brésil; mais elles sont peu connues. Enfin, on en a trouvé une espèce à l'île Norfolk et quelques autres dans l'Australie. Les espèces annuelles s'accommodent bien du climat des pays septentrionaux pendant la belle saison; c'est pourquoi, bien qu'originaires des pays chauds, nous les rencontrons dans tous les jardins de l'Europe.

Quoique les C. nous soient surtout connues par l'emploi que nous faisons chaque jour dans notre alimentation des fruits de certaines espèces (Courge Concombre, Melon, Pastèque, etc.), cependant un grand nombre d'autres sont pénétrées d'un principe âcre qui leur donne des propriétés très irritantes. Les fruits de plusieurs d'entre elles sont des purgatifs d'une énergie remarquable, qui, même à faible dose, agissent avec beaucoup de puissance sur presque toute l'étendue du tube digestif. Ces propriétés sont faibles dans les racines et les feuilles; mais c'est dans la pulpe qui entoure des graines qu'elles sont à leur maximum de développement.

Quant aux graines elles-mêmes, elles ne participent point aux qualités de cette pulpe; avez la plupart des espèces, elles sont huileuses et douces. Il y a lieu de croire que, dans quelques-unes au moins, la culture a fait disparaître toute propriété nuisible, ce qui les a rendues comestibles, car chez ces mêmes espèces à l'état sauvage le principe actif existe avec toute son énergie. La Gourde commune (Lagenaria vulgaris) en offre un exemple remarquable. Des marins ont été empoisonnés pour avoir bu de la bière qui avait séjourné dans une bouteille faite avec un de ces fruits, et le docteur Royle cite un cas où les symptômes du choléra se manifestèrent chez un individu immédiatement après avoir mangé la pulpe amère d'une Gourde sauvage.

Les fruits de certaines espèces sont des purgatifs violents. La Coloquinte officinale, dont les propriétés drastiques sont bien connues, est le fruit du Citrullus Colocynthis.

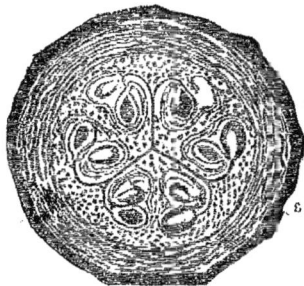

Le fruit de plusieurs espèces du genre Luffa, telles que le L. amara, le L. Bindaal de Roxburgh, le L. drastica et le L. purgans de Martius, est un violent purgatif. Au contraire, le fruit du L. acutangula est extrêmement salubre, et constitue même un des légumes favoris des naturels de l'Inde. Diverses espèces du genre Bryone (Bryonia), particulièrement la B. blanche (B. alba) et la B. dioïque (B. dioica) qu'on appelle vulgairement Couleuvrée et Vigne blanche, participent à un très haut degré aux qualités purgatives de la famille dont elles font partie. Tandis que le suc des racines de ces plantes est fortement purgatif et quelquefois encore s'administre comme tel, les jeunes pousses sont complètement inertes et se mangent en guise de légume; elles ont, dit-on, le goût de l'asperge. La racine de Bryone, qui est connue dans nos campagnes sous le nom de Navet du diable, est au moins aussi active que le Jalap lorsqu'elle est sèche et pulvérisée; à l'état frais, elle l'est beaucoup plus. La B. africana et la B. americana paraissent posséder les mêmes vertus médicinales; néanmoins, on assure qu'on peut manger, sans inconvénient, les racines de la B. abyssinica. Mais une plante plus active encore que celles dont il est parlé ci-dessus est l'Ecballium élastique (Ecballium elaterium). Cette espèce, qui est indigène de l'Europe et commune dans la France méridionale, où on l'appelle Concombre sauvage, Conc. d'âne ou Giclet, était en usage chez les anciens qui employaient le suc épaissi tiré de son fruit. Ce suc, nommé Élaterium doit ses propriétés drastiques à un alcaloïde, qu'on appelle Élatérine. Il suffit de moins d'un centig. d'Élatérium pour faire vomir, et de quelques centigr. pour donner lieu à des symptômes d'empoisonnement. Cette plante est encore remarquable par la déhiscence de son fruit. Ce dernier est ovoïde, très allongé, obtus et couvert de poils rudes : quand on le touche à l'époque de sa maturité, il s'ouvre avec élasticité et lance ses graines à une assez grande distance.

Dans l'Inde, la plupart des espèces du g. Momordique (Momordica), sinon toutes, sont considérées comme inoffensives. La Mom. balsamine (Mom. balsamina) au fruit verruqueux d'une conformation singulière, et la Mom. Papareh (Mom. Charantia), macérées dans l'huile, ont une certaine réputation comme vulnéraires. Leur fruit confit dans le vinaigre à l'état frais et avant sa maturité forme un agréable hors-d'œuvre. Le fruit de la Bénincase cérifère (Ben. cerifera), plante de l'Inde qui répand une odeur de musc, sécrète à sa surface une substance analogue à la cire. Dans l'Inde, les naturels, aussi bien que les colons européens, font journellement usage, comme condiment, du fruit de plusieurs espèces du genre Trichosanthes, et surtout de celui de l'Anguine (Tric. anguina); mais on s'abstient de manger celui du Tric. palmata, regardé par les Hindous comme un poison. Il en est de même des fruits de la Coccinie de l'Inde (Coccinia Indica), sous-arbrisseau qui est excessivement commun dans les haies de l'Inde. Néanmoins, arrivés à maturité, époque où ils ont une couleur rouge et une chair pulpeuse, ils semblent être l'aliment favori d'une foule d'oiseaux. La partie fibreuse des fruits de Luffa est constituée par un lacis de faisceaux de fibres qui constituent de véritables éponges végétales; on s'en sert aussi pour confectionner des articles de fantaisie, tels que des corbeilles, etc. Le genre Calebasse (Lagenaria) est représenté chez nous par la Cal. commune (Lag. vulgaris), vulgairement appelée Gourde, Cougourde et Courge-bouteille. C'est une plante à tige grimpante, à fleurs blanches, à odeur de musc et à fruits ligneux, tantôt rétrécis au milieu en deux renflements inégaux, tantôt ventrus inférieurement et à col oblong, tantôt allongés en forme de massue. Ces trois variétés de la calebasse servent aux voyageurs et aux ouvriers à contenir du vin ou de l'eau-de-vie. On peut en faire aussi divers ustensiles assez commodes. Les fruits de certaines variétés sont mangés soit crus, soit en marmelades ou en confitures.

Les semences de toutes les C. donnent une huile douce qui peut également servir pour la cuisine et pour l'éclairage. Néanmoins, cette huile se rancissant très promptement, elle n'est réellement propre à la préparation des aliments que lorsqu'elle est très récente. Ces semences sont également employées pour faire des émulsions rafraîchissantes; l'émulsion des semences de la Courge est fréquemment employée comme un ténifuge énergique. L'espèce la plus précieuse sous le rapport de l'huile qu'elle produit, est la Telfairie volubile (Telfairia pedata), arbrisseau grimpant qui croît sur la côte de Zanguebar. Elle produit des fruits d'environ 90 centim. de longueur qui sont remplis de graines aussi grosses que des châtaignes (on en a compté 264 dans un seul fruit) et d'un goût semblable à celui de l'amande. Ces graines donnent, par la pression, une grande quantité d'huile que l'on prétend égaler la meilleure huile d'olive; mais la pulpe du fruit est excessivement amère, et, appliquée sur la langue, elle cause une céphalalgie instantanée. La remarque de De Candolle, que les graines des C. ne participent jamais aux propriétés de la pulpe qui les entoure, ne serait pas absolument exacte : en effet, les graines huileuses de la Feuillea cordifolia, sous-arbrisseau des Indes Occidentales, sont excessivement amères, et agissent violemment sur le tube digestif en provoquant des vomissements et des évacuations alvines. Celles de la F. trilobata donnent une huile grasse qu'on emploie, sous forme d'embrocations, contre les douleurs rhumatismales. Au reste, les Américains brûlent, dans leurs lampes, l'huile de ces deux espèces. Le fruit du Zanonia indica a le goût et l'odeur du Concombre. Ses feuilles broyées servent à préparer des bains médicinaux, et, mêlées à du beurre, on les emploie comme liniment antispasmodique. Les graines de l'Angourie à feuilles pédiformes (Anguria pedata) sont émulsives; la pulpe du fruit s'emploie pour préparer des cataplasmes émollients; enfin, le fruit lui-même, quand il est vert, se mange, aux Antilles, comme nos cornichons.

Un grand nombre d'espèces de C. sont usitées chez nous comme aliments, telles que le Concombre, le Melon, le Potiron, la Courge, etc., dont il est question ailleurs Voy. Concombre, Courge et Melon. Nous devons cependant signaler encore quelques espèces comestibles. La *Pastèque* ou *Melon d'eau* (*Citrullus vulgaris*), dont la culture est si répandue dans nos départements du Midi, fournit un fruit très gros, presque globuleux, lisse et vert. Sa chair blanche a un goût sucré et légèrement acidulé; mais, par-dessus tout, elle est extrêmement rafraîchissante. Le fruit du *Sechium edule* ou *Chayotte* constitue aussi un excellent aliment : la culture de cette plante, originaire du Brésil, commence à se répandre en Algérie.

CUCURBITE. s. f. (lat. *cucurbita*, courge). T. Techn. Partie inférieure de l'alambic qui entre dans le fourneau. Récipient où s'opère une distillation. Voy. ALAMBIC. || T. Minér. Pierre argileuse ayant la forme d'un concombre.

CUCUYO. s. m. Nom générique de tous les insectes phosphorescents au Mexique.

CUDWORTH (RAOUL), célèbre philosophe et théologien anglais, 1617-1688. Ses idées sont originales et profondes, malgré certaines excentricités. Comme il arrive le plus souvent, la critique qu'il a faite des opinions philosophiques de son temps est bien supérieure aux systèmes qu'il a imaginés. Il croyait à un *médiateur plastique*, substance intermédiaire entre l'âme et la matière, et à une *nature plastique*, intermédiaire entre Dieu et la Nature, chargée de veiller à l'exécution des lois naturelles. C'est à la Nature plastique qu'il attribuait l'exécution des actes inconscients accomplis sous l'empire de l'habitude.

CUEILLAISON. s. f. [Pr. *keu-llè-zon*, *ll* mouillées]. T. Agric. Époque de cueillir.

CUEILLE. s. f. [Pr. *keu-lle*, *ll* mouillées]. T. Agric. Action de cueillir. || T. Mar. Largeur d'une pièce de toile à voile.

CUEILLE-FRUITS. s. m. [Pr. *keu-lle-frui*, *ll* mouillées]. Instrument pour cueillir les fruits sans les endommager. — Pl. *Des cueille-fruits.*

CUEILLETTE. s. f. [Pr. *keu-llè-te*, *ll* mouillées] (R. *cueillir*). Récolte de certains fruits. La c. *des olives*, *des pommes*, *des poires*, *des amandes*, etc. La c. *est bonne cette année.* || Par ext., se dit des offrandes en menue monnaie que l'on recueille pour les pauvres ou pour quelque œuvre pieuse ou publique. *Faire une c. pour les pauvres.* Vx : on dit aujourd'hui *Collecte.* || T. Mar. marchandise. *Charger un navire à la c.*, en c., le charger de marchandises appartenant à différents expéditeurs. || T. Techn. Opération qui consiste à retirer les feuilles de papier sur les cordes où on les avait mises à sécher.

CUEILLEUR, EUSE. s. [Pr. *keu-lleur*, *ll* mouillées]. Celui, celle qui cueille des fruits, des fleurs. || T. Techn. Ouvrier chargé de cueillir le verre. || Pièce du rouet à filer l'or.

CUEILLIR. v. a. [Pr. *keu-llir*, *ll* mouillées] (lat. *colligere*). Détacher des fruits, des fleurs, des légumes, de leurs branches ou de leurs tiges. *C. des fruits*, *des fleurs*, *des légumes*, *de l'herbe. Des fruits prêts à c.*, A être cueillis. — *C. un bouquet*, C. des fleurs pour en former un bouquet. || Fig., *C. des palmes*, *des lauriers*, Avoir des succès, remporter des victoires. — *C. un baiser*, Prendre ou donner un baiser à une femme. || T. Mar. *C. une manœuvre.* La plier en rond ou en ellipse. || T. Techn. *C. les fils*, Couper le fil dont on fait les épingles. *C. la soie*, Bouclier la soie étendue sur les platines en faisant descendre les platines à ondes. — CUEILLI, IE. part.

Conj. — *Je cueille*, *tu cueilles*, *il cueille*; *nous cueillons*, *vous cueillez*, *ils cueillent. Je cueillais*; *nous cueillions. Je cueillis*; *nous cueillîmes. Je cueillerai*; *nous cueillerons. Je cueillerais*; *nous cueillerions.* — *Cueille*; *cueillons.* — *Que je cueille*; *que nous cueillions. Que je cueillisse*; *que nous cueillissions.* — *Cueillant.*

CUEILLOIR. s. m. [Pr. *keu-lloir*, *ll* mouillées]. Panier dans lequel on met les fruits que l'on cueille.

CUENCA. v. et prov. d'Espagne (Nouvelle-Castille); la ville à 8,000 hab., la province 245,030.

CUENCA. v. de la République de l'Équateur; 30,000 hab.

CUERS, ch.-l. de c. (Var), arrondissement de Toulon; 3,400 hab.

CUFFAT. s. m. Sorte de tonne qui, dans les mines, sert à faire monter le minerai, ainsi qu'à transporter les ouvriers.

CUFIQUE ou **KOUFIQUE.** adj. 2 g. (R. Koufa, ville de l'Irak-Arabi). Se dit de l'ancienne écriture des Arabes. *Caractères koufiques. Une inscription k. L'écriture k. ressemble beaucoup à l'estranghelo ou syriaque écrit* — *Monnaies koufiques*, Celles qui portent des inscriptions en caractères koufiques.

CUIDER. v. a. (lat. *cogitare*, croire). Vieux mot qui se trouve encore dans Marot, Régnier, La Fontaine, etc., et sign. croire, penser.

Tel, comme dit Merlin, cuide engeigner autrui
Qui souvent s'engeigne soi-même.

LA FONTAINE.

CUILLER ou **CUILLÈRE.** s. f. [Pr. *kui-llère*, *ll* mouillées] (lat. *cochlear*, m. s., de *cochlea*, coquille). Ustensile de table dont on se sert ordinairement pour manger le potage et d'autres aliments liquides ou de peu de consistance. *C. de bois*, *de fer*, *d'argent*, *de vermeil. C. à soupe. C. à café. C. à potage.* L'usage des cuillers remonte à une époque fort reculée, *mais on ne peut préciser.* — *Biscuit à la c.*, Biscuit long et menu, fort léger. || Ustensile de cuisine à l'aide duquel on sert le potage. *C. à pot.* Dans certains pays cette c. est appelée *Poche*, *Louche*, etc. || T. Techn. Se dit de divers ustensiles en forme de c. dont on se sert dans certaines professions. *C. de plombier*, *de fondeur*, *de potier d'étain. C. à brai.* La c. *d'une sonde.* Les cuillers *d'un forceps.* || T. Bot. *Pétales en c.*, *feuilles en c.*, Pétales, etc., qui ont la forme d'une c. || T. Art milit. *C. à boulets rouges*, Outil servant à transporter le boulet du fourneau dans la pièce. || T. Pêc. Pièce de métal brillante et munie d'hameçons qui sert de leurre pour attirer et prendre le poisson.

CUILLERÉE. s. f. [Pr. *kui-lle-ré*, *ll* mouillées]. Ce que contient une cuiller.

Méd. — Beaucoup de médicaments sont ordonnés par cuillerées. En moyenne, et d'après le *Codex*, une cuiller à soupe contient 20 gr. d'eau, une cuiller à dessert 10 gr. et une cuiller à café 5 gr. Ajoutons que la cuiller à soupe correspond à peu près comme contenance au verre à liqueur.

CUILLERON. s. m. [Pr. *kui-lle-ron*, *ll* mouillées]. La partie creuse d'une cuiller. || T. Ent. Lame cornée demi-circulaire, qui existe à la base de l'aile des insectes diptères. Voy. DIPTÈRES.

CUIR. s. m. (lat. *corium*, m. s.). La peau épaisse de certains animaux. *Le cuir du mulet* et *de l'âne* est extrêmement épais et dur. — Se dit quelquefois de la peau de l'homme. *Le c. chevelu. Il y a un épanchement de sérosité entre c. et chair.* || Plus ordinairement, la peau des animaux, quand elle est séparée de la chair et corroyée. *C. de laine*, Étoffe de laine croisée et très forte. || Fig., *Entre c. et chair*, Secrètement, sans oser éclater. *Pester*, *enrager*, *jurer entre c. et chair.*

Techn. — Dans le langage ordinaire, on donne le nom de *Cuir* à la peau épaisse de certains mammifères, tels que l'éléphant, le rhinocéros, l'hippopotame, le buffle, le bœuf, etc.; mais dans le langage de l'industrie ce terme désigne toute peau rendue imputrescible à l'aide d'une matière quelconque. La préparation des cuirs varie d'ailleurs suivant l'usage auquel on les destine, et alimente un grand nombre d'industries particulières.

1. — La *Tannerie* constitue la plus importante de ces industries. C'est elle qui a pour objet de rendre imputrescible la dépouille cutanée des animaux. Elle est ainsi nommée parce que c'est l'écorce de chêne moulue, appelée *Tan*, qu'elle emploie le plus souvent à cet effet. La manière de préparer cette écorce pour la rendre propre au tannage des cuirs sera exposée au mot TAN. — La dénomination de *Tannage* s'applique à l'ensemble des manipulations auxquelles les peaux sont successivement soumises.

Les peaux destinées au tannage sont *fraîches*, *sèches* ou *salées.* Les premières, qu'on appelle aussi *Cuirs crus* ou *Cuirs verts*, sont directement fournies par les bouchers, tandis que les autres, venant des pays étrangers, et surtout de l'Amérique où l'on élève d'immenses troupeaux, ont dû être soumises à une préparation spéciale afin de se conserver pendant la traversée. Il est reconnu que la salaison est préférable à la dessiccation, parce qu'il est rare que les cuirs secs ne soient pas plus ou moins altérés par les mites. On emploie les peaux de vache, de veau et de cheval pour faire les *Cuirs mous;* celles de bœuf et de buffle pour obtenir les *Cuirs forts.* Quant aux *Cuirs minces et très flexibles,* particulièrement employés par les maroquiniers, on les prépare avec des peaux de chèvre ou de mouton et par des procédés spéciaux.

'A. *Cuirs mous.* — Le tannage des cuirs mous, tel qu'il se pratique généralement en Europe, comprend un très grand nombre d'opérations. Aussitôt que le tanneur a reçu les peaux, il en retranche l'*émouchet,* c.-à-d. les parties inutiles, telles que les oreilles et la queue; après quoi, il les jette dans une eau courante. Cette opération, appelée *Trempage,* est destinée à les nettoyer et à les ramollir. Quand elles sont fraîches, il suffit d'une immersion de 2 ou 3 jours et de quelques rinçages; mais lorsqu'elles sont sèches ou salées, le trempage dure beaucoup plus longtemps. Il faut, en outre, les sortir chaque jour du bain pour les fouler aux pieds et les examiner, c.-à-d. les étirer sur le chevalet, afin de es bien assouplir et de les priver parfaitement des matières étrangères. Quand les peaux ont été convenablement lavées et ramollies, on s'occupe de les *débourrer,* c.-à-d. de les débarrasser de leurs poils, opération qui porte aussi les noms de *Dépilage* et *Dépilement.* Pour cela, il faut d'abord les gonfler et dilater leurs pores, ce qui se fait au moyen de plusieurs procédés dont les principaux sont connus sous les noms de *Travail à la chaux, Tr. à l'orge ou au seigle, Tr. à la jusée* et *Tr. à l'échauffe.* — 1° Le *Travail à la chaux,* appelé aussi *Plainage, Plamage* et *Pelanage,* consiste à faire passer successivement les peaux dans 4 ou 5 cuves ou *Plains,* contenant un lait de chaux plus ou moins fort. On commence par un *Plain mort,* c.-à-d. par une cuve déjà épuisée par une opération précédente. On continue par des *Plains faibles* et l'on termine par un *Plain fort o neuf,* ou en d'autres termes par un plain dont le lait de chaux n'a pas encore servi. Le plainage dure ordinairement 2 à 3 mois. Dans cet intervalle on retire tous les 8 jours les peaux des cuves et on les laisse en piles 8 autres jours sur leurs bords; c'est ce que l'on nomme *mettre en retraite.* — 2° Dans le *Travail à l'orge,* on met les peaux en contact avec une eau dans laquelle on a délayé une pâte aigrie de farine d'orge. On nomme *Passement,* dans cette méthode, ce qu'on appelle *Plain* dans la précédente. On commence de même par un *Passement mort* pour continuer par un *Passement faible* et terminer par un *Passement neuf.* Cela fait, on immerge les peaux dans l'eau pure et l'on introduit entre chacune d'elles 2 ou 3 poignées de tan; c'est ce qu'on appelle *donner le passement rouge.* On met en retraite 2 fois tous les 15 jours. Les cuirs soumis au travail à l'orge sont dits *Cuirs à l'orge.* On leur donne le nom de *Cuirs de Valachie* ou *Façon de Valachie,* quand, au lieu de les soumettre à des passements froids, on les prépare dans un passement bien chaud, et que le passement rouge est fait avec du *Gros* ou *Regros,* c.-à-d. avec du tan haché gros comme le doigt. Enfin, on les nomme *Cuirs façon de Transylvanie,* lorsque, dans les passements, on substitue le seigle à l'orge. — 3° Le *Travail à la jusée* tire son nom de ce qu'on passe les peaux dans de la *Jusée,* c.-à-d. dans de l'eau aigrie en séjournant sur de la *Tannée* ou tan plus ou moins épuisé. On emploie toujours plusieurs passements dont la force, d'abord très faible, augmente graduellement, et dont le dernier, dit *Coudrement,* est fait avec du tan neuf. L'opération dure ordinairement 7 à 8 mois, et 2 fois par jour, soir et matin, on met les peaux en retraite pendant 3 heures. C'est ce procédé qui est le plus généralement usité; les cuirs auxquels on l'a appliqué sont dits *Cuirs à la jusée.* — 4° Le *Travail à l'échauffe,* peu employé pour les cuirs mous, consiste à exposer les peaux dans un lieu dont la température est élevée; il s'établit alors une fermentation qui détruit l'adhérence des poils avec la peau et produit le même effet que les alcalis ou les acides.

Quand on reconnaît que le poil peut s'enlever avec les doigts, tout en faisant éprouver une certaine résistance, on fait tremper les peaux dans l'eau pour les nettoyer, puis on les place sur le chevalet et l'on promène de haut en bas, sur chacune d'elles, un couteau émoussé, dit *Couteau rond,* ce qui suffit pour les dépiler entièrement. Les peaux, ainsi débourrées et rincées, se nomment *Cuirs en tripe.* On passe alors au *Travail de rivière,* qui consiste à *écharner* les peaux, c.-à-d. à détacher, avec un couteau semblable à une plane, la chair et les autres impuretés qui peuvent souiller chacune de leurs

faces, à rogner les parties inutiles, particulièrement les bords, qui sont plus épais que le reste, à les *queurser,* c.-à-d. à les frotter avec une pierre à aiguiser appelée *Queurse,* afin de faire disparaître les inégalités qui se trouvent du côté de la *Fleur* ou du poil, et enfin à les *recouler,* c.-à-d. à les presser avec le couteau rond jusqu'à ce que les matières qu'elles peuvent retenir soient entièrement chassées, et que l'eau de lavage sorte parfaitement limpide.

Dans l'état où elles sont arrivées, les peaux sont propres à être *mises en fosses.* Cette opération, qui est la dernière, constitue le *Tannage proprement dit.* Elle se pratique dans des fosses circulaires de maçonnerie ou dans des cuves de bois cerclées de fer, ayant ordinairement 3 mètres de diamètre et autant de profondeur. Chacune d'elles est enfoncée dans la terre et peut contenir 50 à 60 peaux. On dispose alternativement une couche de tan et une couche de peaux, puis on place sur le tout un lit épais de tannée, qu'on appelle *Chapeau,* et qu'on recouvre de planches chargées de pierres. On fait alors arriver dans les cuves une certaine quantité d'eau, qui, humectant toutes les parties, dissout le tanin contenu dans l'écorce du chêne, et facilite sa combinaison avec la matière animale. Le c. reste 3 mois dans cette *première écorce* ou *première poudre,* qui doit être très fine, afin de ne pas *bosseler* le c. La *seconde écorce* se donne comme la première, mais elle est moins fine; elle dure 3 autres mois, au bout desquels on dit que le c. est *tanné à cœur,* c.-à-d. jusque dans l'intérieur.

Au sortir des fosses, les cuirs sont portés au séchoir, où on les suspend à des perches ou à des crochets disposés pour cet usage. Leur dessiccation doit être lente; aussi l'opère-t-on à l'ombre et à l'abri des courants d'air. Quand ils commencent à devenir roides, on les *dresse* en les étendant sur une surface unie, où, après les avoir frottés avec du tan sec, on les frappe avec la plante du pied pour en détruire les inégalités. Enfin, on les met en presse pendant 24 heures sous des planches chargées de pierres. Ceux qui ne sont pas assez fermes, ou qui *tirent du grain,* c.-à-d. qui sont crispés ou froncés, sont *maillés* ou battus avec des maillets de bois sur des tables de pierre bien unies. Cette opération a pour but de rendre les surfaces bien lisses. On appelle *Cuirs plaqués* les cuirs qui l'ont subie. On reconnaît que le c. est parfaitement tanné par l'examen de la tranche nouvellement coupée. L'intérieur doit être luisant, avoir de la *Ferdure,* c.-à-d. être marbré, et ne pas présenter en son milieu une raie blanche, appelée *Corne* ou *Crudité des cuirs.* Les cuirs où ce signe se remarque n'ont pas été assez *nourris* par l'écorce, et leur tissu est lâche et poreux. Ils sont désignés, dans le commerce, sous le nom de *Cuirs creux,* et toujours rejetés par les connaisseurs.

B. *Cuirs forts.* — La marche suivie pour la préparation des cuirs forts diffère sur quelques points de celle que nous venons de décrire. Ainsi, c'est le procédé à l'échauffe que l'on substitue au plainage. Pour cela, on entasse les peaux dans une chambre chauffée entre 20° et 25° centigr., ou bien on les soumet à l'action d'un courant de vapeur. Au bout de 24 heures, la chaleur a développé une fermentation putride suffisante pour que le dépilage soit facile. Cette dernière opération terminée, on gonfle les peaux en les immergeant dans plusieurs bains à la jusée, dont on augmente l'énergie en y introduisant de l'acide sulfurique. Enfin, la mise en fosses dure de 18 mois à 2 ans. Au sortir des fosses, les cuirs ont une texture spongieuse. On les rend compacts en les martelant sur des blocs de pierre ou de marbre, ou en les soumettant à l'action de rouleaux lamineurs.

C. *Procédés divers.* — Le tannage étant, comme nous venons de le voir, excessivement long, on a proposé plusieurs modifications pour en abréger la durée. Ainsi, Gibbon-Spilsbury a imaginé de coudre ensemble plusieurs peaux, de manière à en faire une espèce de réservoir imperméable, de remplir la cavité avec de l'eau et d'introduire de l'eau sous une forte pression. W. Drake remplit les sacs avec une solution froide de tan. Il remet dans le même sac la liqueur qui en exsude, et, quand les peaux commencent à durcir, il élève la température de l'atelier à 60° centigr., et la maintient à ce point jusqu'à ce qu'elles soient devenues dures et fermes. Knowlys suspend les peaux dans un réservoir qui renferme une dissolution de tan où l'on a fait le vide. À l'époque de la Révolution, notre compatriote Seguin avait prétendu qu'au moyen de l'acide sulfurique employé pour le gonflement et le dépilage, on pouvait transformer les peaux en c. dans l'espace de 6 semaines. Le procédé appelé *Tannage au sippage* ou *Apprêt à la danoise* ne dure que 2 mois. Il consiste à coudre les peaux dépilées et gonflées en forme de sacs, à les remplir de tan et d'eau, à fermer ces sacs et à les coucher dans des fosses pleines de bonne eau de tannée, où on les charge de planches et de pierres. Enfin, on donne le nom de *Tannage à la flotte* à un procédé particulier qui réduit à 3 mois le contact du tan avec les peaux. Il suffit, pour cela, de tenir ces dernières, préalablement gonflées, dans des dissolutions de tan neuf de plus en plus fortes. Plusieurs de ces procédés ont déjà été reconnus comme ne pouvant donner que de mauvais produits, et la supériorité des autres n'a pas encore été démontrée. Jusqu'à présent, tout faire croire que, pour obtenir un tannage parfait, il faut que la combinaison du tanin avec la matière animale ait lieu avec une grande lenteur.

D. *Tannage électrique.* — Cependant, l'intervention de l'électricité peut réduire la durée du tannage dans des proportions considérables, au point que l'opération peut être achevée dans un temps variant de 24 à 96 heures. L'idée d'employer l'électricité au tannage remonte à 1850. Des essais d'application, malheureusement infructueux, ont été faits en 1850 par Crosse, en 1860 par Nord, en 1861 par M. Rehn. En 1874, M. de Méritens imagina une disposition encore appliquée, paraît-il, dans une tannerie de Saint-Pétersbourg, et qui permet de tanner le c. en 35 jours. Les peaux recouvertes de tan sont empilées entre une plaque de charbon à la partie inférieure et une plaque de zinc à la partie supérieure. Le charbon communique avec le pôle positif et le zinc avec le pôle négatif d'une machine dynamo-électrique dont le courant traversant les peaux accélère l'action du tanin. En 1887, deux Suédois, faisant passer des courants alternatifs dans une fosse contenant des peaux et du jus de tan, obtenaient le tannage en 45 jours.

Le procédé nouveau de MM. Worms et Balé donne des résultats beaucoup plus rapides, grâce à la combinaison de l'agitation des peaux avec la circulation d'un courant électrique. Les opérations préparatoires au tannage proprement dit ne sont en rien modifiées par la nouvelle méthode. On procède d'abord au *dessaignage*, opération qui dure deux ou trois jours pour les peaux fraîches et plus longtemps pour les peaux sèches ou salées; elle a pour but de les débarrasser, par des lavages à l'eau pure, du sang et des saletés qui, d'ordinaire, les souillent. Ces peaux sont ensuite *foulées* et *étirées*.

La seconde opération est le *pelanage*; les peaux passent dans une série de bassins où elles sont soumises à l'action d'un lait de chaux et cela pendant 15 jours. A la sortie de ces bassins, les poils et l'épiderme s'enlèvent facilement; cette opération constitue le *débourrage*. C'est à ce moment que commence le tannage électrique. L'opération se fait dans un tambour cylindrique de 3m,50 de diamètre sur 2m,50 de long, pouvant tourner autour de son axe placé horizontalement. Au-dessus du tambour est un bac pouvant contenir 4,000 litres de jus de tan, qui arrive peu à peu dans le tambour par un tube débouchant à travers l'un des tourillons. Le courant électrique continu d'une machine dynamo-électrique arrive sur deux ressorts de cuivre qui frottent contre deux anneaux de cuivre placés aux deux extrémités du cylindre et reliés aux deux électrodes placées à l'intérieur. Chaque tambour reçoit de 500 à 700 kilogrammes de peaux préparées à la chaux comme dans la fabrication ordinaire et 1,200 à 1,500 litres de jus tannique, auxquels on ajoute un peu d'essence de térébenthine. Le tambour est mis en rotation et l'on fait passer un courant de 10 ampères et d'une force électromotrice de 70 à 100 volts. La rotation du tambour et le passage du courant durent de 2 à 6 jours, suivant l'épaisseur des peaux. Au bout de ce temps, le tannage est terminé. D'après le professeur Müntz, de l'Institut agronomique, le c. ainsi obtenu ne se distingue, ni par les qualités physiques, ni par les réactions chimiques du c. ordinaire. L'action de l'électricité uniforme sur toute l'épaisseur des peaux, ainsi que le montre l'examen de la tranche de l'une d'elles coupée, a été expliquée en admettant que le c. est un tannate de gélatine. Le courant activerait la combinaison de l'acide tannique avec la gélatine de la peau. Quoi qu'il en soit, il faut attendre que l'avenir ait prononcé sur la valeur de ce nouveau procédé, qui serait appelé à révolutionner l'industrie du tannage, si toutefois sa supériorité se trouve définitivement démontrée.

E. *Richesse des jus de tan.* — Les tanneurs ont le plus grand intérêt à connaître la richesse en tanin des jus qu'ils emploient. Le *Pèse-tanin* est un aréomètre qui ne fait connaître que la densité du liquide et duquel on ne peut tirer des renseignements exacts. Il existe un grand nombre de méthodes de dosage; les meilleures sont : 1° celle de MM. Müntz et Ramspacher, basée sur l'absorption du tanin par la peau; 2° celle de Lowenthal, basée sur l'oxydation du tanin par le permanganate de potasse; 3° celle de Wagner consistant dans la précipitation du tanin par le sulfate de cinchonine; 4° le *Tanomètre* Terreil, fondé sur la propriété que possède le tanin d'absorber très rapidement l'oxygène en présence des solutions alcalines, propriété observée pour la première fois par Chevreul.

II. *Corroierie.* — Les cuirs tannés ne sont employés directement que pour la fabrication des semelles de chaussures, et encore sont-ils soumis à un battage pour en régulariser la souplesse et l'épaisseur. Pour tous les autres usages, le c. tanné doit être *corroyé*, c.-à-d. soumis à certaines opérations qui ont pour objet de l'assouplir, de le lustrer et de le mettre en couleur, afin de le rendre propre aux divers usages auxquels on peut le faire servir. En arrivant du tannage, les peaux sont *défoncées*, c.-à-d. ramollies avec de l'eau, puis *refoulées*, c.-à-d. assouplies au moyen d'une espèce de piétinement que l'ouvrier pratique en les jetant sur une claie et les frappant dans tous les sens, soit avec le talon, soit avec une masse de bois appelée *Bigorne*. On les nettoie ensuite, du côté de la chair, avec un couteau à tranchant émoussé nommé *Butoir*, et on les rend d'une épaisseur à peu près égale partout en les écharnant, sur les côtés, avec un autre couteau appelé *Drayoire* ou *Couteau à revers*, et, sur le milieu, avec un troisième couteau nommé *Lunette*. Cette opération se fait sur un *Pavois*, pièce de bois cylindrique soutenue par des solives scellées dans le mur. Quand les cuirs sont nettoyés et écharnés, on les *met à l'essui*, c.-à-d. on les fait sécher en les suspendant à des chevilles. Lorsqu'ils sont à moitié secs, on les *retient*, c.-à-d. on les humecte de nouveau, après quoi on les foule une seconde fois. Cette opération terminée, on les *tire à la paumelle*. On appelle *Paumelle* ou *Marguerite* un outil de bois dur, de forme rectangulaire, de 30 centim. de long sur 14 de large, dont le dessus est plat et uni, tandis que le dessous est bombé dans le sens de la longueur et muni de cannelures transversales peu profondes. Le dessus porte en outre une *Manicle* ou bande de c. clouée à ses deux extrémités, sous laquelle l'ouvrier passe la main. La paumelle sert à *corrompre* et à *rebrousser* le c. pour le rendre plus doux et plus lisse. On le corrompt en passant fortement l'outil sur la *Chair*; on le rebrousse en répétant la même opération sur la *Fleur*. Cette opération très pénible s'effectue souvent à l'aide d'une machine composée d'une paumelle attelée à un balancier, qui se meut au-dessus d'une table où l'on place la peau repliée en deux. Le balancier est mobile d'avant en arrière et de bas en haut, et la table est mobile de façon que toutes les parties de la peau soient conduites sous l'outil.

Les cuirs reçoivent encore plusieurs manipulations qui varient suivant l'usage auquel on les destine. Ils sont dits *étirés*, quand après le passage à la paumelle, on se contente de les étirer, c.-à-dire de les rendre aussi uniformes que possible, en promenant fortement sur le côté de la fleur un instrument de cuivre ou de fer appelé *Étire*. Ces cuirs sont pour principales qualités d'être fermes et polis. Ils sont fournis par les vaches ou les jeunes veaux, et servent à faire des semelles minces ou des empeignes. L'opération de l'étirage appelée aussi *Mise au vent* peut s'effectuer à l'aide de machines composées d'un rouleau qui entraîne le c. et le fait passer entre une table et une ou plusieurs étires qui pressent dessus. — Les *Cuirs en suif*, particulièrement employés par les selliers et les bourreliers, se préparent en flambant légèrement les cuirs étirés à un feu clair, après quoi on les imbibe de suif fondu sur les deux faces. Quand le suif les a bien pénétrés, ce qui a lieu dans l'espace de 8 à 10 heures, on les noircit au moyen d'une teinture composée de vin ou de bière aigrie, dans laquelle on a fait digérer de la vieille ferraille. Il ne reste plus alors qu'à leur *donner le grain* avec la paumelle, et le lustre avec une décoction d'épine-vinette. — Ce qu'on appelle *C. lissé* n'est autre chose qu'un c. de vache ou de bœuf passé en suif et mis en noir, mais dont on a *abattu le grain* et qui a été lustré avec de la bière aigrie et *éclairci* avec du jus d'épinette-vinette. — On donne le nom de *Vaches grises* ou celui de *Vaches grasses* à des cuirs de vache en suif travaillés avec plus de soin que les cuirs ordinaires. — Les *Cuirs en huile* se préparent de la même manière que les cuirs en suif; seulement on remplace le suif par de l'huile de poisson ou par le dégras des chamoiseurs. Quand on veut conserver aux cuirs en suif et en huile leur couleur naturelle, on supprime la teinture noire et l'on donne le lustre avec une infusion de safran et de graine d'Amérique dans de la bière. — Parmi les autres sortes de cuirs que prépare le corroyeur, nous citerons : les *Vaches en cire*, qui sont destinées aux travaux les plus délicats du bourrelier; les *Cuirs façon d'Angleterre*, qui sont des cairs ordinaires de vache ou de bœuf auxquels on a conservé la nuance fauve naturelle malgré le suif dont on les a imprégnés, et qui servent à faire des harnais ; et les *Vaches blanches*, qui sont des cuirs de vache en huile préparés à peu près comme ces derniers, et qu'on emploie pour la chaussure. Le *Veau ciré* s'emploie presque exclusivement pour la confection des souliers et des tiges de bottes. Il réclame un tannage soigné. Après la *Mise au vent*, qui est très importante, car de sa bonne exécution dépend la qualité du produit, le c. est mis en huile sur ses deux faces, et recouvert, après séchage, décrassage et graissage, d'un cirage composé d'huile de poisson, de suif et de noir de fumée. Enfin, le c. est recouvert de colle de peau, lissé et séché.

III. *Mégisserie*. — Le mégissier travaille les peaux blanches pour la ganterie et les doublures de chaussures, ainsi que les peaux *non pelées*, c.-à-d. non dépouillées de leur poil, qui servent à faire des housses et des fourrures. Au lieu de tan, il emploie le chlorure d'aluminium qui se forme par double décomposition au moyen d'un mélange d'alun et de sel marin. — Après l'écharnage et les façons données sur le chevalet, le mégissier fait gonfler les peaux en les immergeant dans un bain d'eau pure et de son, nommé *Confit*. Au sortir de ce bain, il les *passe au blanc* en les plongeant dans une dissolution chaude appelée *Étoffe*, qui renferme par peau, de 600 à 900 gram. d'alun et de 150 à 200 gram. de sel marin. Après cette opération, il les fait tremper dans un mélange formé par la liqueur saline de l'étoffe avec addition de 600 à 700 gram. de farine et un demi-jaune d'œuf pétris ensemble : c'est ce qu'on appelle *mettre en pâte*. Enfin, il les fait tremper 5 ou 6 minutes dans de l'eau claire, puis il les ouvre, c.-à-d. les étire en largeur sur un instrument appelé *Palisson*, qui consiste en une plaque de fer large d'environ 33 centim. et montée sur une planche solidement fixée dans une position verticale. Cette manipulation a pour objet d'étendre le plus possible les peaux et d'augmenter par là leur souplesse. Il faut surtout avoir soin de ne pas y laisser de la *Cire*, c.-à-d. des parties dures. — Les peaux qui doivent être dépilées sont débarrassées de leur poil au moyen d'une bouillie de chaux et de sulfure d'arsenic dont on barbouille le côté de la fleur. Les peaux *non pelées* ne sont pas soumises à cette opération. En outre, leur préparation réclame les plus grandes précautions pour que le poil ne soit pas endommagé.

IV. *Chamoiserie*. — La chamoiserie a pour objet de préparer les peaux destinées aux vêtements, à la ganterie et aux touches de piano. Le caractère particulier de ses produits consiste dans une extrême souplesse qui s'obtient en remplaçant le tannage par une simple absorption d'huile. Le chamoiseur travaille les peaux de chamois, de daim, de cerf, d'élan, de renne, de bouc, de chèvre, de mouton, d'agneau, de bœuf et de veau. Ses premières opérations sont les mêmes que celles du mégissier ; seulement, au sortir du *Confit* ou bain de son, il humecte les peaux d'huile de poisson et accélère l'absorption du liquide au moyen de foulages répétés dans une sorte de moulin à foulon. Il les expose ensuite dans une étuve légèrement chauffée, afin de les dilater et de faciliter la pénétration de la substance huileuse. Cette opération terminée, on *remaille* les peaux, c.-à-d. on enlève les parties d'épiderme qui ont été laissées par les manipulations précédentes ; puis on les *dégraisse*, c.-à-d. on les débarrasse de l'huile surabondante, on les faisant tremper dans une liqueur savonneuse chaude, dite *Dégras*, qui n'est autre chose qu'une lessive de cendres de bois neuf ou de potasse à 2 degrés de Baumé. Il ne reste plus alors qu'à les tordre, à les étendre et à les étirer au palisson.

V. *Maroquinerie*. — Les véritables *Maroquins* sont des peaux de chèvre tannées au sumac ou à la noix de galle, et mises en couleur du côté de la fleur. Une extrême souplesse et une grande vivacité de couleurs sont les qualités qu'on recherche dans ces sortes de cuirs. Pendant très longtemps tous les maroquins employés en Europe ont été fournis par les Orientaux et les Barbaresques ; leur préparation n'a été introduite en France qu'à la fin du dernier siècle. On travaille de la même manière les peaux de mouton ; mais celles-ci sont désignées dans le commerce sous le nom *Moutons maroquinés*. — Les peaux arrivent sèches et en poil ; après les avoir ramollies dans une eau croupie, on les décharne, on les épile à la chaux, on les rince on les tanne, et enfin on les met en couleur. Les plus belles sont réservées pour les maroquins rouges. On les teint en rouge en les passant d'abord dans un bain de chlorure d'étain, puis dans l'un ou l'autre de cochenille. Le noir se donne à la brosse avec une dissolution d'acétate de fer qu'on obtient en faisant digérer de la ferraille

rouillée avec de la bière aigrie. Le maroquin bleu se teint à froid dans la cuve à indigo. Le jaune se fait avec une dissolution d'épine-vinette. Pour le violet, on donne une ou deux couches de bleu, puis on passe les peaux dans un bain de cochenille. Aujourd'hui la cochenille est le plus souvent remplacée par des couleurs dérivées de l'aniline. Les maroquins verts sont teints d'abord en bleu, puis en jaune. Enfin, en combinant des couleurs premières et y ajoutant quelques mordants particuliers, on obtient toutes les autres nuances. — Quelle que soit leur couleur, on termine les maroquins en les amincissant avec un couteau droit à fil relevé ; après quoi on leur donne le lustre avec des cylindres lamineurs. Enfin, on leur donne le grain avec une plaque de liège appliquée sous une paumelle de bois blanc, ou à l'aide d'un cylindre de bois dur.

VI. — Pour terminer, il nous reste à dire quelques mots de différentes espèces de cuirs qui réclament une préparation spéciale.

A. Les *Cuirs de Russie* se préparent par les procédés ordinaires du tannage ; seulement, après l'écharnage et les façons sur le chevalet, on les fait tremper 48 heures dans un bain d'eau claire et de farine de seigle fermentée ; on les lave à la rivière ; on les immerge et on les travaille 2 fois par jour, pendant 15 jours, dans une décoction d'écorce de saule ; enfin, on les imprègne d'huile de bouleau ou *dégut*, qui leur communique une odeur agréable et les met à l'abri des attaques des insectes. Ils sont généralement teints en rouge par une décoction de bois du Brésil, de cochenille ou de bois de santal après mordançage à l'alun. Le c. de Russie est employé pour la gainerie, la reliure et les ouvrages de luxe.

B. Les *Cuirs hongroyés* ou *Cuirs de Hongrie* se préparent au chlorure d'aluminium comme les cuirs mégissés. Dans leur fabrication, on substitue un rasage soigné à l'épilage à la chaux. Après l'écharnage, on plonge les peaux et on les piéting dans une dissolution chaude d'alun et de sel marin. Ensuite, on les passe dans de l'eau chaude, et l'on recommence une seconde fois la même série d'opérations. Enfin, on les fait tremper 8 jours dans de l'eau alunée, on les sèche, on les piétine de nouveau, on les blanchit en les exposant au soleil, et on les passe au suif. Les cuirs hongroyés ont beaucoup de force et de souplesse ; ils sont particulièrement employés par les selliers-bourreliers.

C. On appelle *Basanes* des peaux de mouton travaillées de différentes manières suivant l'usage particulier auquel on les destine. Elles servent principalement à faire des couvertures de livres, des garnitures de chapeaux, des dessus de tables, de chaises, de fauteuils, des gaines, des étuis, des portefeuilles, etc. Elles peuvent, pour certains de ces emplois, recevoir les nuances et le brillant des maroquins, mais sans toutefois en acquérir les qualités. — On distingue plusieurs sortes de basanes. Les *Basanes tannées* ou de *couche* sont ainsi nommées parce qu'elles sont soumises à l'opération du tannage. On les emploie principalement pour faire des tapisseries en cuir doré. On appelle *Basanes coudrées* celles qui, après avoir été débourrées au moyen de la chaux, ont été plongées dans un bain d'eau chaude et de tan, juste assez de temps pour prendre une teinte rousse. On donne le nom de *Chippées* ou *Sippées* aux basanes tannées en sippage, et celui de *Passées en mesquis* aux mesquis à celles dans la préparation desquelles le tan a été remplacé par le redoul. Enfin, les *Aludes* sont des basanes qui ont été travaillées avec de l'alun. On les emploie surtout pour la reliure. Un de leurs côtés est velu, tandis que l'autre est très souvent teint en jaune, en vert, etc.

D. Le *Chagrin* est une espèce de cuir qui se caractérise par son aspect grenu et par sa grande solidité. Le meilleur sort des fabriques de Constantinople, de Tunis, de Tripoli, d'Alger et d'Astrakhan. Les Orientaux préparent le chagrin avec les peaux de la croupe du cheval, de l'âne et du mulet. Après avoir tanné et aminci ces peaux, ils les saupoudrent régulièrement de graine de moutarde, les mettent en presse et les font sécher. Les graines s'incrustent dans le cuir et y produisent une multitude de petits mamelons très rapprochés les uns des autres. Loin de s'affaisser, lorsqu'on fait tomber les grains de moutarde, le grenu du chagrin est tellement solide que le frottement ne peut pas l'écorcher. — En Europe, on imite le chagrin avec des peaux de chèvre ou de mouton auxquelles on donne le grain en les imprimant avec des planches gravées ; mais ces peaux, dites *chagrinées*, s'écorchent facilement et ne sont pas d'une longue durée. Les maroquins chagrinés se préparent de la même manière et ont les mêmes inconvénients.

E. L'industrie des *Cuirs vernis* est née en Angleterre vers.

1780, d'où elle a été introduite en France par Plummer, au commencement de ce siècle. D'abord ses produits ne purent servir qu'à la sellerie et à la carrosserie ; c'est seulement en 1830 que Longagne et Nys ont réussi à les approprier aux usages de la cordonnerie en leur donnant la solidité et surtout la souplesse nécessaires. — La fabrication des cuirs vernis comprend deux opérations : la préparation des peaux et le vernissage. — La peau, tannée et corroyée avec beaucoup de soin, est soumise à plusieurs *Ponçages* qui ont pour but de faire un *fonds* propre à recevoir l'*apprêt*. On emploie deux apprêts. Le premier consiste en un mélange de minium et d'huile de lin auquel on ajoute des ocres ou de la craie. On en applique plusieurs couches successives, tantôt sur la fleur,

tantôt sur la chair. Quand le cuir est bien sec, on le couvre du second apprêt, qui est également composé d'huile et de minium, mais où les matières terreuses sont remplacées par du noir d'ivoire ou du bleu de Prusse. On y ajoute une certaine quantité d'essence de térébenthine, et l'on a ainsi un fond bien noir, bien glacé, et parfaitement propre à recevoir le vernis. Ce dernier est un mélange du dernier apprêt ci-dessus avec du bleu de Prusse, du bitume de Judée et du vernis gras au copal. Quand il est appliqué, on n'a plus qu'à faire sécher les cuirs dans une étuve chauffée à 60° environ, et on peut les livrer au commerce. Ce qui précède se rapporte à la fabrication des vernis noirs, qui sont les plus employés. La préparation des vernis bleus, gris, etc., a lieu par les mêmes procédés ; il n'y a de changées que les substances colorantes nécessaires pour produire la couleur désirée. Un ponçage est nécessaire entre l'application de chaque couche d'apprêt. Ces ponçages, qui se faisaient autrefois à la main avec de la pierre ponce pulvérisée, constituaient la partie la plus pénible de l'opération ; ils devaient être opérés avec beaucoup de soin. Aussi la machine à poncer, inventée par M. Soyer, a-t-elle rendu un grand service à cette industrie. Cette machine se compose essentiellement d'une plaque circulaire portant la ponce qui est animée d'un mouvement de rotation et qui est suspendue à l'extrémité d'une sorte de balancier mobile de manière qu'on puisse l'appliquer successivement sur toutes les parties de la peau.

F. *Cuir bouilli*. — Le c. acquérant une grande flexibilité lorsqu'on l'a fait bouillir avec de la cire mêlée de quelques substances résineuses, on tire parti de cette propriété pour en faire au moyen de moules appropriés, des tabatières, des bouteilles, des cornets, des écritoires de poche, des chapeaux, des casques et une foule d'autres objets.

G. — Ce qu'on appelle *C. à rasoir* n'est autre chose qu'une bande de cuir souple collée sur une planchette de bois et enduite d'une pâte ou pommade dont la composition peut varier à l'infini, bien que l'émeri en fasse toujours la base. Ce c. est destiné à rendre le fil au rasoir, et l'on obtient ce résultat en passant ce dernier sur sa surface.

II. *C. d'ornement*. — *C. doré, gaufré et peint*. — L'usage du c. gaufré, doré, etc., remonte au moins au XIe siècle ; il paraît d'origine arabe et a été introduit de bonne heure en Espagne, d'où le nom de *cuirs de Cordoue* ou *Cordouans*, donné aux cuirs ainsi préparés. Le gaufrage était obtenu en comprimant le c. sur une matrice en bois portant en creux les ornements qui devaient saillir en relief. Ce mode de fabrication existe encore, sauf que la matrice en bois est remplacée par une matrice en cuivre. Quant à la peinture, dorure, argenture, etc., elle se fait par les procédés ordinaires et ne présente rien de particulier. La Fig. ci-contre représente un maroquin doré constituant une reliure du XVIIe siècle.

I. *C. factice*. — On donne improprement cette désignation à des déchets de c. provenant du *drayage* des peaux tannées, agglomérés à l'aide d'un encollage et d'une pression convenables et préparés en plaques par la cordonnerie à bon marché.

CUIR. s. m. Très fam. Vice de langage qui consiste à prononcer à la fin d'un mot un *t* lorsqu'il y a une *s*, et réciproquement, ou à employer à tort l'une de ces deux lettres pour lier deux mots ensemble. *Faire un c.* — Un acteur novice s'étant laissé aller à dire : En vous parlant *z*'ainsi, je dois *t*'être écouté, un plaisant du parterre interrompit par ces mots : *Avec z'un cuir*, qui provoquèrent les rires de toute la salle. — On distingue quelquefois le « cuir » et le « velours ». *Il va-t-à-Paris* est un cuir ; *il va-z-à-Paris* est un velours. Le velours est plus doux.

CUIRASSE. s. f. (R. *cuir*). Arme défensive qui actuellement est faite de fer, et qui est destinée à protéger le corps par devant et par derrière, depuis les épaules jusqu'à la ceinture. *C. légère, pesante. C. à l'épreuve des mousquets, de la balle. Il a eu sa c. percée, faussée d'un coup de feu. Prendre, endosser sa c. S'armer d'une c.* — *Défaut de la c.*, L'intervalle qui les sépare et où les autres pièces ne s'y joignent. Il fut *blessé au défaut de la c. Il trouva le défaut de la c.* — Fig. et fam., *Le défaut de la c.*, L'endroit faible d'un homme, d'un écrit. *J'ai trouvé le défaut de la c.* — Fig., *Endosser la c.*, Embrasser la carrière des armes. || T. Zool. L'ensemble des plaques anguleuses et dures qui, dans certains poissons, couvrent tout ou partie du corps. — L'enveloppe protectrice qui couvre le corps de certains Infusoires. || T. Mar. Enveloppe métallique destinée à protéger certains navires de guerre. Voy. CUIRASSÉ. || Appareil de natation et de sauvetage.

Art milit. — Si on la considère dans son objet plutôt que dans sa forme, qui est variable à l'infini, on peut définir la **C.** toute armure défensive du tronc fixée sur le tronc lui-même. Il y a tout lieu de croire que les premières cuirasses consistèrent tout simplement en une sorte de justaucorps sans manches fait avec un cuir épais et solide. Mais les premiers monuments historiques nous montrent déjà les guerriers munis de cuirasses métalliques et même de cuirasses de lin, c.-à-d. de cuirasses formées de plusieurs pièces de toile cousues l'une sur l'autre.

L'épithète de λινοθώρηξ, appliquée par Homère à deux guerriers armés à la légère (*Iliade*, II, 529, 830), et opposée à celle de χαλκοχίτων, que le poète donne aux soldats de l'armée grecque en général, nous fait voir que dès cette époque les cuirasses de lin étaient en usage dans les combats. Bien longtemps après, cette dernière sorte d'armure était encore portée par les peuples asiatiques, notamment par les Perses, les Chalybes, les Phéniciens et les Égyptiens. Iphicrate en fit momentanément revivre l'emploi chez les Athéniens. Enfin, elle fut imitée à plusieurs reprises usitée chez les Romains. Ainsi, par ex., Caracalla arma d'une c. de lin un corps de troupes organisé sur le modèle de la phalange macédonienne.

Certains peuples de l'antiquité faisaient particulièrement usage de la corne dans la fabrication de leurs cuirasses : tels étaient les Sarmates et les Quades qui, d'après Ammien Marcellin, taillaient cette substance en polissaient les lames, et, après les avoir bien polies, les cousaient sur un tissu de lin. Pausanias rapporte que les Sarmates employaient d'une manière analogue les sabots de leurs chevaux morts. « Ils les nettoient, les divisent et les façonnent en écailles de serpent; puis ils percent ces écailles et les cousent ensemble de manière à former des imbrications. » De même que la simple c. de cuir, cette invention précéda sans doute celle des cuirasses métalliques. Les Rhoxolans, tribu alliée aux Sarmates, portaient, suivant Tacite, un vêtement de cuir fort revêtu de minces lames de fer. Les Perses faisaient usage d'armures semblables : seulement les écailles qui recouvraient le vêtement étaient de bronze ; quelquefois, cependant, elles étaient d'or. Héliodore décrit la manière dont ces écailles étaient liées ensemble de façon à former des imbrications et à s'adapter à la forme du corps sans gêner les mouvements de ce dernier ; il nous apprend, en outre, que les Perses munissaient leurs chevaux d'armures de ce genre. Les guerriers de la Dacie, de la Parthie et d'autres pays où ces sortes de cuirasses étaient usitées, sont comparés par les auteurs anciens à des statues vivantes d'acier resplendissant.

Chez les écrivains grecs, l'épithète de φολιδωτός, appliquée à une c., signifie qu'elle était formée de bandelettes de fer longues et étroites, parce qu'on les comparait à des écailles de serpent (φολίσιν) ; ces bandelettes étaient ajustées de façon

Fig. 1.   Fig. 2.

à se recouvrir en partie les unes les autres pour suivre les mouvements imprimés au corps. Cette sorte de c. est fréquemment représentée sur les monuments romains de l'époque des empereurs (Fig. 1). L'épithète de λεπιδωτός, au contraire, s'appliquait aux cuirasses formées de petites lames imbriquées, semblables à des écailles de poisson (λεπίαν), ainsi que le représente la Fig. 2, prise, comme la précédente, d'un arc de triomphe antique. Les hastaires romains portaient des cuirasses en tissu de mailles, c.-à-d. ce véritables *Lamberts* ou *Haubergeons* (ἁλυσιδωτὸς θώραχας). Virgile mentionne à plusieurs reprises des cuirasses de ce genre où les anneaux accrochés ou insérés les uns dans les autres étaient d'or pur (*loricam consertam hamis auroque trilicem*). Ces sortes d'armures défensives paraissent également avoir été connues de divers autres peuples, même barbares, tels que les Sarmates. Au reste, nous pouvons dire en passant que les guerriers du Bornou, dans l'Afrique centrale, portent un vêtement de mailles qui leur couvre la tête et le corps tout entier ; leurs chevaux mêmes sont protégés de la même manière.

En opposition aux cuirasses flexibles ou *Cottes de mailles*, dont il vient d'être question, il en était d'autres également en usage chez les Grecs et chez les Romains, surtout dans les premiers siècles de leur histoire. Cet autre genre de c. était appelé θώραξ στάδιος ou στατός, parce que quand on le posait sur la partie inférieure, elle restait droite et debout. Ces sortes de cuirasses se composaient essentiellement de deux moitiés, appelées γύαλα, c.-à-d. cavités, l'une qui couvrait la poitrine (*pectorale*) et l'autre qui protégeait le dos : les deux moitiés de la c. s'adaptaient exactement à la forme du corps. Ces cuirasses étaient faites de cuir, de bronze, de fer, ou même de métaux précieux. Les figures 3 et 4 montrent la différence de forme et d'aspect que présentent en général la c. (θώραξ) grecque et la c. (lorica) des Romains, telle que la portaient les généraux et les empereurs. La Fig. 3 est prise

d'un vase grec de la collection Hope, et la Fig. 4 est le dessin de la statue de marbre de Caligula, trouvée à Gabies. La tête de Gorgone et les griffons qui ornent la c. de cet empereur fournissent un spécimen exact du genre de décoration qu'on appliquait à ces armures. — Les deux moitiés de l'armure

Fig. 3.   Fig. 4.

étaient le plus souvent jointes ensemble, soit par une espèce de charnière, soit au moyen d'agrafes ou de boucles (περόναι) et de bandes de cuir ou de métal ; dans la Fig. 4, ces bandes sont terminées par une tête de lion. D'autres bandelettes, longues de 11 à 13 centimètres, ordinairement de cuir, mais souvent aussi recouvertes de lames métalliques, étaient en outre suspendues au bas de la c. ; elles servaient à la fois d'ornement et de défense pour la région inférieure du corps : les Grecs leur donnaient le nom d'*ailes* (πτέρυγες). Quelquefois aussi la c. était munie, sur l'épaule droite, d'appendices de ce genre afin de protéger la partie du corps que le soldat laissait à découvert en levant le bras pour frapper. Voy. BOUCLIER, Fig. 1, 2 et 3. Enfin, il existait encore des demi-cuirasses (ἡμιθωράκια), c.-à-d. des cuirasses qui se composaient uniquement du *plastron* ou *pectoral*. Polybe rapporte

Fig. 5.

qu'Alexandre le Grand donna des cuirasses de ce genre aux moins braves de ses soldats, afin de diminuer leur propension à tourner le dos à l'ennemi.

A leur arrivée en Gaule, les Francs ne connaissaient pas la c., et, au dire de Sidoine Apollinaire, ils suppléaient au manque de cette partie de l'armure par la rapidité avec laquelle ils faisaient tourner leurs boucliers devant la poitrine ; mais ils l'adoptèrent après qu'ils eurent conquis le pays, et imitèrent plus ou moins grossièrement les formes usitées dans l'armée romaine. Au XV° siècle, Adalbéron, évêque de Laon, parle de cuirasses de toile, qui étaient vraisemblablement piquées et remboursées. Des miniatures de la même époque représentent des guerriers couverts de vêtements garnis de petits anneaux ou d'écailles de fer ; on remarque aussi des armures de ce dernier genre sur la célèbre tapisserie de Bayeux (Fig. 5). On voit sur d'autres monuments des armures analogues avec des plaques en forme de macles, de rustres, etc (*Armures à macles, à rustres*, etc.). — C'est à l'époque des croisades que parut le *Haubert* ou *Cotte de mailles ;* les croisés l'avaient emprunté aux populations orientales, où, comme nous l'avons vu, il était connu de toute antiquité. Le haubert était une chemise faite de mailles de fer, c.-à-d., composée de petits anneaux de ce métal passés les uns dans les autres de manière à laisser entre eux le moindre intervalle possible. Cette armure devint, au XIIIᵉ siècle, d'un usage général dans les armées chrétiennes, mais sans faire, pour cela, abandonner entièrement les armures simplement formées de lames métalliques, car ces dernières étaient d'un prix beaucoup moins élevé.

La cotte de mailles descendait jusqu'aux genoux ; elle était munie de manches et d'un capuchon qui recouvrait la tête en encadrant tout le visage, et se rabattait à volonté sur les épaules. Dans la cotte ordinaire, les anneaux n'étaient passés qu'un à un l'un dans l'autre, tandis que, dans celle qu'on appelait *Haubert doublier*, ils étaient passés deux à deux, ce qui rendait la texture du tissu plus serré et augmentait considérablement sa résistance. Le haubert se transformait quelquefois en un vêtement de mailles complet qui enveloppait

Fig. 6.

l'homme tout entier, corps, tête, bras et jambes, comme on le voit dans la Fig. 6. — Par-dessous le haubert, les chevaliers portaient une épaisse camisole à manches faite de taffetas bourré de crin et piqué. Cette camisole se nommait *Gambeson, Gambisson, Gobisson* ou simplement *Gambe*. Enfin, on mettait par-dessus le haubert une sorte de tunique flottante, primitivement très longue, plus tard très courte, mais ordinairement faite d'une étoffe précieuse, et appelée *Cotte d'armes*, parce qu'on y faisait ordinairement broder ses armoiries. Le haubert était l'armure exclusive des chevaliers. Quelquefois, cependant, ils le remplaçaient par une grande veste matelassée et piquée, nommée *Cotte gamboisée*. Les écuyers portaient un *Haubergeon*, c.-à-d. une cotte de mailles très courte, à manches n'allant qu'au coude, avec ou sans capuchon ; et les combattants d'un rang inférieur, particulièrement les gens à pied, étaient revêtus d'une casaque de cuir ou d'un gilet piqué et rembourré, nommé *Auqueton, Hocqueton* ou *Hoqueton*.

Au commencement du XIVᵉ siècle, on se dégoûta de l'armure de mailles, que ses garnitures rendaient accablante surtout pendant les chaleurs, comme les croisés en avaient fait l'expérience en Égypte et en Syrie, et l'on fit revivre la c. de fer plein ou d'acier des anciens. Toutefois cette arme fut d'abord réservée aux cavaliers ; on la munit de *Faltes*, afin de protéger le bas-ventre, ainsi que de *Tassettes, Tasses* ou *Tuiles*, pour défendre le haut des cuisses, et l'on vissa sur le côté droit du devant une sorte de crochet, appelé *Faucre*, qui servait à soutenir la lance en arrêt. En même temps, la cotte d'armes se transforma en une simple tunique, qui descendait à peine jusqu'aux genoux et s'ouvrait sur les côtés. Sous cette forme nouvelle, elle reçut le nom de *Tabard*, et se maintint jusqu'au règne de François Iᵉʳ ; mais, à cette époque, elle fut réservée au costume des hérauts. — Quant aux fantassins, ils

continuèrent à porter des vestes de cuir ou des gilets rembourrés et piqués. On leur donna aussi tantôt de petites cottes de mailles appelées *Jazerans* ou *Jusserans, Jaques* ou *Jaquettes de mailles ;* tantôt des cuirasses légères faites simplement de cuir fort, particulièrement de cuir de buffle, d'où la dénomination de *Buffle* sous laquelle elles sont fréquemment désignées dans les titres ; tantôt, enfin, une casaque courte et sans manches, presque toujours rembourrée et recouverte, soit d'un plastron métallique, soit de plaques de fer diversement disposées. Le *Corselet*, le *Hallecret* et la *Brigandine* ou *Brigantine* étaient des cuirasses de cette dernière catégorie. — Au XVᵉ siècle, la cotte de mailles fit entièrement place à la c. pleine ; mais celle-ci reçut, dans ce siècle et dans les siècles suivants de très nombreuses modifications, soit dans sa forme générale, soit dans ses parties accessoires. De plus, son usage finit par être réservé à certains corps spéciaux. Vers la fin du XVᵉ siècle, s'introduisit la mode des cuirasses cannelées, et sur celles qui étaient unies on pratiqua au milieu une côte ou arête saillante. Enfin, à l'époque de François Iᵉʳ, on fabriqua des cuirasses dites *à éclisses* ou *à écrevisse*, qui étaient composées de lames horizontales mobiles se recouvrant de bas en haut, disposition qui permettait au corps de se courber, chose impossible quand le plastron et le dos étaient d'une seule pièce. Ces variétés, ainsi que d'autres qu'il est inutile de nommer, furent définitivement remplacées, vers la fin du XVIᵉ siècle, par la c. unie à côte médiane (Fig. 7). Au reste, cette armure commençait dès lors à être abandonnée. A force de l'alourdir pour la rendre capable de résister aux projectiles lancés par les armes à feu, on avait rendu son emploi désormais impossible. L'infanterie fut la première à

Fig. 7.

quitter la c., et la cavalerie ne tarda pas à suivre son exemple. Ce fut inutilement qu'en 1638 et en 1639, Louis XIII ordonna aux cavaliers de se munir d'armes défensives. Ils aimèrent mieux courir un peu plus de dangers que de supporter tous les jours une fatigue devenue intolérable. — Louis XIV renouvela les prescriptions de son père, et prêcha lui-même d'exemple dans tous les sièges auxquels il assista, mais toujours en vain. Sous son règne, un seul régiment conserva encore la c. Cette armure n'a véritablement recommencé à jouer un rôle important dans notre armée que pendant la période des grandes guerres du consulat et de l'empire. Elle fut portée jusqu'en 1870 par deux corps de grosse cavalerie, les *Cuirassiers* et les *Carabiniers*, ainsi que par l'escadron des Cent-gardes. Enfin, pendant les travaux de siège, les soldats du génie étaient armés d'un plastron ou demi-cuirasse.

Depuis la réorganisation de l'armée en 1873, la c. est exclusivement portée par les régiments de cuirassiers. Il a même été question de la supprimer complètement, et pendant quelques années la moitié de ces régiments en ont été dépourvus.

Cuirasses invulnérables. — En 1893, un ancien tailleur de Mannheim, Mʳ Dowe, imagina une sorte de cuirasse qu'il prétendait être à l'épreuve de la balle des fusils les plus perfectionnés. Les expériences qui ont été faites à ce sujet ont paru donner raison à ses prétentions ; la balle resterait noyée dans le tissu de la cuirasse sans pouvoir la traverser. On n'a du reste que des renseignements très vagues sur ce tissu ; ce serait, paraît-il, une sorte de feutre contenant des mailles métalliques. Il semble certain que la cuirasse Dowe possède une réelle efficacité ; cependant, malgré de nombreuses expériences effectuées en présence d'officiers anglais et allemands, aucune conclusion favorable ne fut émise par les membres des jurys désignés, et l'on cessa assez vite de parler de l'invention allemande. — Vers le milieu de 1894, un tireur américain, Mʳ Lorris, reprit l'idée de Mʳ Dowe et exhiba un plastron absolument invulnérable. Des expériences sérieuses ont été exécutées à Paris, d'où il ressort que le plastron n'a jamais été traversé par les balles, et que les plus violents coups de poignard n'ont pu aboutir qu'à une pénétration de 2 centimètres au plus. Naturellement, la composition de cette cuirasse reste le secret de l'inventeur ; elle ne pèse que 4 kilogr. 500 et son prix ne dépasse pas 5 fr. L'avenir apprendra si ces inventions ont bien le mérite extraordinaire que semblent indiquer les expériences. Malgré tout, il paraît dès aujourd'hui certain qu'on peut trouver des cuirasses capables de constituer un moyen de protection efficace contre les balles des fusils. Un pareil moyen de protection ne devrait pas être absolument délaissé. Avec les armes si meurtrières que possèdent aujourd'hui les armées européennes, il n'y a pas de doute que des engins de cette nature constitueraient un avantage sérieux pour celui des deux adversaires qui en armerait, sinon tous ses soldats, au moins ceux qui seraient le plus exposés au feu.

CUIRASSÉ. s. m. T. Mar. Employé comme adjectif, le mot C. s'applique à tous les navires qui sont protégés contre les effets de l'artillerie par des plaques de blindage, en fer ou en acier. Mais, employé comme substantif, le mot C. désigne seulement les plus puissants de ces navires, ceux qui remplissent le rôle des anciens vaisseaux de ligne. C'est à bord d'un c. que l'amiral établit à la mer le siège de son commandement. Selon la classification du 28 août 1884, la flotte française comprend des *cuirassés d'escadre*, des *cuirassés de croisières*, des *canonnières cuirassées*, et des *garde-côtes cuirassés*. Les premiers cuirassés étaient munis d'une mâture, afin de pouvoir naviguer à la voile à l'occasion ; mais, aujourd'hui, la mâture est définitivement abandonnée. Les grands cuirassés et les *canonnières* ou *monitors*, destinés à naviguer sur les grands fleuves, portent des canons de dimensions colossales, qui sont installés dans une ou plusieurs tourelles blindées s'élevant au-dessus du pont du navire, et pouvant tourner sur leur axe, afin qu'on puisse diriger le tir dans tous les sens. D'autres canons sont disposés soit sur le pont, soit dans la batterie. Enfin, plusieurs tubes sont ménagés en divers endroits pour lancer des torpilles.

L'idée de protéger les navires par des plaques de métal remonte à une haute antiquité. Les Grecs et les Carthaginois avaient des galères cuirassées. En 1530, dans l'escadre commandée par André Doria, figurait la caraque blindée de plomb des Chevaliers de Saint-Jean-de-Jérusalem. Cependant, c'est dans notre siècle, et en France, que fut réalisé, l'une façon pratique, le cuirassement des navires. Déjà, en 1845, Dupuy de Lôme avait présenté un projet de navire c. ; mais ce fut seulement en 1854, à l'occasion de la guerre de Crimée, que furent construites les premières batteries flottantes cuirassées qui, l'année suivante, effectuèrent, avec succès, le bombardement de la flotte russe de Kinburn. Depuis cette époque, des progrès considérables ont été faits, tant dans la perfectionnement de l'artillerie que dans celui des cuirasses des navires, car il s'est établi une lutte sensible entre l'arme d'attaque et l'armure de défense. Dès l'apparition des premiers cuirassés, on s'efforça de construire des canons plus puissants, capables de percer les plaques de blindage. On put alors augmenter l'épaisseur de celles-ci, ce qui provoqua l'apparition d'une artillerie plus puissante, puis de plaques plus résistantes et ainsi de suite, de sorte que l'avantage est resté tantôt à la cuirasse, tantôt au canon. Il semble cependant que le dernier mot restera définitivement à l'artillerie ; car l'augmentation considérable des dimensions et du poids des cuirasses nuit aux qualités du navire, part entièrement à sa mobilité, et atteindra une limite infranchissable. Déjà, il a fallu renoncer à protéger la surface entière du navire et se borner à cuirasser le voisinage de la ligne de flottaison et le pont. Dans l'origine, le cuirassement avait surtout pour but d'assurer la sécurité du navire en empêchant les projectiles ennemis de trouver la muraille. On arrive au même résultat sans cuirasse par le *break-system*, qui consiste à partager le navire en chambres étanches, surtout le long de la muraille, de sorte que certaines d'entre elles peuvent être envahies par l'eau, sans qu'il en résulte d'accident sérieux : ces chambres sont employées comme soutes à charbon. Le système *cofferdam* ne diffère du précédent que par ses plus petites dimensions des cellules, qui n'ont qu'environ 1 mètre de longueur. Dès lors, la cuirasse n'ayant plus beaucoup d'utilité comme moyen de protection contre la submersion, son véritable rôle se réduit à protéger les hommes contre les projectiles ennemis. Avec les énormes canons qu'on possède actuellement, il serait très facile, en tirant à mitraille, de balayer entièrement le pont du navire ennemi et de le rendre complètement inhabitable.

On a été ainsi conduit à abandonner entièrement la ceinture cuirassée pour renforcer le blindage du pont et du *réduit*. On nomme ainsi une sorte de fort central dans lequel se trouvent les machines, les chaudières, les cheminées, les tourelles tournantes et un certain nombre de canons. Quoi qu'il en soit, l'épaisseur de la cuirasse est toujours max ma à la ligne de la flottaison, et le bord ou *can* inférieur de la cuirasse ne descend guère qu'à 1m50 ou 1m80 au-dessous de la ligne de flottaison.

DICTIONNAIRE ENCYCLOPÉDIQUE. — T. III.

Les premières plaques de blindage fabriquées en 1854 n'avaient que 0m11 d'épaisseur ; en 1872 elles atteignaient 0m30 ; en 1884 on dépassait 0m55. Pendant longtemps les plaques furent exclusivement fabriquées en fer forgé. La difficulté d'obtenir des plaques d'une grande épaisseur fit imaginer en Angleterre le blindage *sandwich*, qui se compose de deux ou trois plaques séparées par des matelas de bois. Cependant on a reconnu qu'une plaque unique était préférable et, d'autre part, les progrès de la métallurgie ont permis d'obtenir des épaisseurs considérables. L'invention des nouvelles variétés d'acier fit faire un nouveau progrès à la construction des cuirasses de navires ; mais on fut cependant assez longtemps avant de trouver un métal qui convint parfaitement à cet usage. Les expériences montraient invariablement que si les plaques d'acier résistent mieux à la perforation que les plaques de fer forgé, elles résistent moins bien au choc, se fendent et se brisent. C'est alors que les Anglais, pour obtenir les avantages des deux métaux, imaginèrent le système *compound* ou *composite*, qui consiste à souder ensemble une plaque de fer et une plaque d'acier, l'acier étant placé vers l'extérieur. Enfin, en 1876, l'usine du Creusot parvint à fabriquer des plaques d'un acier spécial, nommé *Acier Schneider*, qui présentent des qualités de résistance supérieures à celles des plaques compound, parce que celles-ci ont l'inconvénient de se décoller sous l'action des chocs répétés. Il est vrai que M. Krupp a su rendre la soudure, plus solide en interposant une lame mince de nickel entre les deux plaques de fer et d'acier. Cependant, l'avantage paraît rester aux plaques du Creusot. Les forges de Saint-Chamond fabriquent aussi d'excellentes plaques de blindage en acier corroyé et soudé.

Du reste, la métallurgie a fait dans ces dernières années, et fait encore de tels progrès qu'on obtient aujourd'hui une variété considérable d'aciers doux ou durs, dont quelques-uns possèdent des qualités incomparables de résistance à la perforation par les projectiles. La Compagnie des Forges de Châtillon-Commentry prépare des plaques minces de 15 à 50 millimètres d'épaisseur, d'une résistance considérable. Ces plaques sont en acier chromé ; pour les forger, on ne les chauffe pas au feu ; mais on les trempe dans un bain de plomb fondu dont on peut faire varier la température suivant les résultats qu'on veut obtenir.

Quel que soit le système adopté, la cuirasse n'est jamais appliquée directement sur la muraille du navire ; elle en est toujours séparée par un matelas en bois d'une épaisseur presque égale. Ce matelas présente une certaine élasticité qui répartit l'effet du choc sur une plus grande surface et protège ainsi la carène contre les réactions que détermine le choc entre le blindage et la muraille. Ce matelas présente encore l'avantage d'aveugler les voies d'eau, les fibres du bois se rejoignant après le passage des projectiles, surtout si le matelas a une épaisseur suffisante. Le bois qui convient le mieux à cet usage est le bois de teck, qui présente l'avantage de ne pas être attaqué par le fer.

Les plaques de cuirasse sont reliées à la muraille, soit au moyen de vis à bois à tête tronconique logées dans une portion de l'épaisseur de la plaque, soit par des boulons à écrous, l'écrou étant serré à l'intérieur du bâtiment et venant buter sur une cuvette, dans laquelle est ajustée une rondelle creuse dont la gorge porte une bague de caoutchouc. Cette disposition assure aux boulons une élasticité qui prévient leur rupture. Dans l'origine, parfois les cuirasses sur des navires en bois recouverts d'un doublage de cuivre. Il arrivait alors que le cuivre et le fer plongés dans l'eau de mer formaient un couple électrique qui déterminait l'usure rapide du fer. On a essayé de remédier à cet inconvénient en recouvrant le fer d'un dépôt galvanique de cuivre ; mais, comme il était facile de le prévoir, cette disposition n'a donné aucun résultat. La meilleure protection des plaques de fer appliquées sur les navires en bois est un doublage en bois, sur lequel on fixe un second doublage en cuivre. Sur les navires en fer, l'inconvénient n'existe pas et la cuirasse reçoit les mêmes enduits et les mêmes peintures que le reste de la carène.

Bibliogr. — DISLÈRE, *la Marine cuirassée ; la Guerre d'escadre et la guerre de côtes ; Aide-mémoire à l'usage des officiers d'artillerie ;* LISBONNE, un article du *Génie civil* (12 mai 1888).

CUIRASSEMENT. s. m. T. Mar. et Fortif. Action de cuirasser.

Mar. → C. des navires. Voy. CUIRASSÉ.

Fortif. — *Cuirassement des ouvrages de fortification.* — A part l'antiquité et le moyen âge, où, paraît-il, il existait des fortifications blindées de fer ou d'airain, les Anglais sont les premiers qui aient essayé d'appliquer aux ouvrages de terre ou de maçonnerie les cuirasses métalliques déjà employées sur les navires. Les forts destinés à la défense de Gibraltar, de Malte et d'autres colonies ont été protégés par des boucliers métalliques composés de plaques en fer forgé appuyées à des arcs-boutants en tôle. Plus tard ils employèrent des cuirasses aussi épaisses que celles des navires, séparées de la maçonnerie par un matelas en bois ou mieux par du sable bien bourré. Les Russes à Cronstadt, les Belges à Anvers, imitèrent les travaux des Anglais. Vers 1868, on eut l'idée d'appliquer aux ouvrages de terre ferme les coupoles ou tourelles tournantes déjà usitées sur le pont des navires cuirassés. Ces coupoles, qui renferment un ou deux canons et peuvent tourner autour de leur axe, permettent le tir dans toutes les directions, et n'offrent aux projectiles ennemis que des surfaces courbes sur lesquelles ils peuvent glisser facilement.

A terre, on n'est pas, comme sur un navire, limité par le poids. Aussi peut-on, au lieu du fer et de l'acier, employer

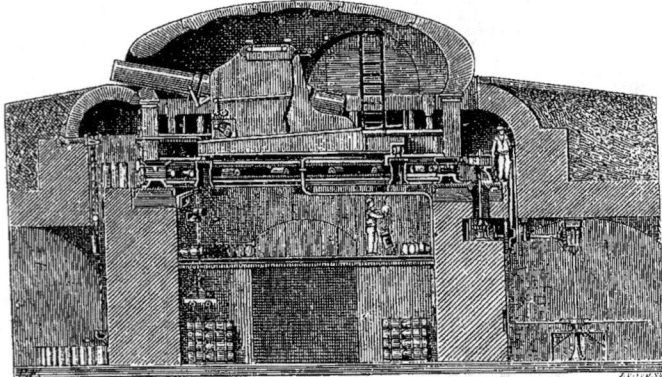

la fonte dure, qui exige une plus grande épaisseur pour une égale résistance, mais qui présente des avantages d'élasticité et de facilité de construction. Ainsi l'emploi de la fonte dure permet de supprimer les matelas et les boulons. Les diverses pièces de fonte sont coulées en forme de voussoirs qui tiennent les uns aux autres, grâce à leur forme, par simple juxtaposition, comme les voussoirs d'une voûte. On se contente de rendre les joints étanches en coulant dans des rainures pratiquées à cet effet une soudure au zinc ou au plomb. Lorsqu'un bloc se trouve fendu par le choc d'un projectile, l'irrégularité de la cassure assure la stabilité des morceaux et la résistance de l'ensemble n'en est pas sensiblement diminuée. Enfin, la facilité d'obtenir par la coulée toutes les formes qu'on peut désirer, est une cause sérieuse d'économie. La fonte dure, destinée aux cuirassements des casemates et des forts, est obtenue par le coulage en coquilles d'une fonte grise et d'une fonte blanche : elle présente une grande dureté jointe à une grande ténacité.

Les cuirasses en fonte d'acier sont connues sous le nom de système Gruson, du nom de leur inventeur, dont les brevets ont été achetés par l'usine française de Saint-Chamond. On en fabrique aussi au Creusot.

Les ouvrages cuirassés en fonte dure sont de deux espèces : les casemates, où les pièces ne peuvent tirer que dans une direction déterminée, et les tourelles tournantes, qui permettent le tir dans toutes les directions. Une casemate cuirassée est formée de plaques de fonte dans lesquelles sont percées les embrasures et qui reposent sur des plaques de fonte ordinaire engagées dans les fondations en maçonnerie. Le toit est formé de plaques de fonte, reposant en arrière sur des piliers en maçonnerie, et recouvert d'une couche de béton surmontée elle-même d'une couche de sable d'au moins 2 mètres d'épaisseur. Quand les embrasures sont trop exposées, elles sont masquées par un obturateur en fonte, qui peut glisser dans une rainure, de manière à démasquer la pièce

au moment du tir. Une tourelle se compose essentiellement d'une coupole construite au moyen de voussoirs en fonte, qui présente la forme d'un ellipsoïde de révolution très aplati et qui repose sur un cylindre de maçonnerie, par l'intermédiaire de galets coniques lui permettant de tourner sur son axe. Cette coupole contient une ou deux pièces d'artillerie et le mouvement de rotation est produit au moyen d'une crémaillère circulaire tournant autour d'une chaîne sans fin et de treuils mus à bras ou à l'aide de machines à vapeur (Fig.). Généralement, la tourelle tourne d'un mouvement continu assez lent pour que les servants puissent charger la pièce avant qu'une révolution soit accomplie, et un dispositif électrique donne le feu automatiquement dès que la pièce se trouve dans la direction voulue. Quelquefois, pour diminuer la résistance à la rotation, la coupole repose aussi sur un piston qui plonge dans un puits hydraulique, de sorte qu'elle se soulève légèrement quand on amène de l'eau dans le puits à l'aide d'une presse hydraulique.

Tout récemment (1893), on a proposé l'emploi de tourelles cuirassées de campagne, pouvant être montées sur chariot et disposées sur le terre-plein d'un ouvrage de fortification passagère. La tourelle de campagne Schumann, qui a été construite en Allemagne, se compose d'un cylindre de tôle d'environ 1m30 de diamètre intérieur, desservi par une porte recouverte d'un toit en forme de calotte sphérique, et contenant une pièce de 34 ou 53 millimètres à tir rapide. Le tout est supporté sur un essieu courbé portant les roues, lequel est démontable, de manière que la tourelle puisse être entièrement noyée dans le massif des terres du parapet, le toit et le tube de la pièce dépassant seuls au-dessus de ce parapet. Peut-être le peu de mobilité de ces appareils sera-t-il un obstacle à leur emploi. Il faut six chevaux pour déplacer une pareille tourelle. Que serait-ce s'il fallait, comme on semble le désirer, augmenter le calibre de la pièce de canon située dans la tourelle?

CUIRASSER. v. a. Revêtir quelqu'un ou quelque chose d'une cuirasse. *Il faudra c. ces cavaliers. C. un navire, un fort.* = SE CUIRASSER. v. pron. Se revêtir d'une cuirasse. *Il refusa de se c.* || Fig. et fam., Se mettre en garde contre une influence quelconque. *Elle n'a pu parvenir à le fléchir; il s'était cuirassé.* = CUIRASSÉ, ÉE. part. *Il ne sortait jamais que c.* || Fig. et fam., se dit d'un individu qui se tient sur ses gardes et est bien préparé contre toute surprise. *On n'a rien pu obtenir de lui, il était bien c.* — Qui est endurci aux affronts, ou qui n'est plus capable de sentir le remords. *C'est un homme c., dont la conscience est cuirassée.*

CUIRASSIER. s. m. Cavalier armé d'une cuirasse. || T. icht. Espèce de poisson. Voy. SILUROÏDES.

Art milit. — Nous avons vu à l'art. CUIRASSE que l'arme défensive de ce nom fut abandonnée au XVIIe siècle par la cavalerie française. Un régiment cependant l'avait conservée : c'était le 7e de cavalerie, qui fut changé plus tard (1749) en *Cuirassiers du Roi*. Ce régiment fut maintenu en 1791, lors de la réorganisation de l'armée, et prit le n° 8 parmi les corps de troupes à cheval. Le 23 déc. 1802, un arrêté du gouvernement consulaire organisa en cuirassiers les 5e, 6e et 7e régiments de cavalerie ; puis, deux ans après, il fut créé 9 autres régiments semblables, ce qui porta à 13 la force totale de l'arme. Réduits pendant longtemps à 12, puis reportés récemment à 13, ces régiments ont pour armes défensives un casque de fer poli à cimier de cuivre, orné d'une crinière noire pour les officiers et la troupe, rouge pour les trompettes, et d'un plumet rouge, et une cuirasse de même métal, retenue par deux épaulières de cuivre. Leurs armes offensives sont le revolver et le sabre à lame droite, vulgairement appelé *Latte*.

L'uniforme se compose d'une tunique, dolman b'eu sou bre, avec épaulettes rouges et boutons blancs. Le pantalon est garance et la bufflcterie noire ou fauve. Les épaulettes des trompettes sont blanches. — L'arme des cuirassiers existe chez presque toutes les nations européennes. Elle est destinée à renverser les obstacles les plus redoutables. En conséquence, on la compose d'hommes vigoureux et de haute stature, et on lui réserve les chevaux les plus forts et les plus élevés.

CUIRASSINE. s. f. Petite cuirasse qu'on portait sur les vêtements.

CUIRE. v. a. (lat. *coquere*, m. s.). Soumettre une chose à l'action du feu, de la chaleur, pour la rendre propre à un usage quelconque ; se dit le plus souvent des aliments. *C. des côtelettes. On cuisait partout du pain pour les troupes. C. de la brique, du plâtre. Un fourneau à c. de la brique.* — Absol., se dit pour *C. du pain. Ce boulanger cuit deux fois par jour. Autrefois tous les habitants du village étaient obligés d'aller c. au four banal.* — Prov. et par menace, *Vous viendrez c. mon four,* Vous aurez quelque jour affaire à moi, et j'aurai alors l'occasion de me venger. || Se dit aussi de l'action du feu, de la chaleur, sur les choses que l'on y soumet. *Un trop grand feu brûle les viandes au lieu de les c. L'eau de cette source est tellement chaude qu'elle cuit un œuf en cinq minutes.* || Par anal., se dit des fruits que le soleil mûrit. *Voyez comme le soleil a cuit ces abricots.* || T. Méd. anc. Se disait autrefois de l'élaboration des aliments dans l'estomac, des humeurs dans leurs réservoirs, etc. *Il y a des aliments que l'estomac a peine à c. Le punch est très bon dans certains cas pour c. le rhume.* = **CUIRE.** v. n. Être soumis à l'action du feu pour devenir propre à un usage quelconque. *Le souper est au feu, il cuit. Mettre c., faire c. un gigot. Ces briques n'ont pas assez cuit. Mettre des raisins c. au four, au soleil.* — Fig. et fam., *On cuit au soleil,* On y éprouve une chaleur excessive. — *Ces légumes cuisent bien, cuisent mal, ne cuisent pas,* Ils sont faciles ou difficiles à c. — Fig. et pop., *Un boute-tout-c.,* Celui qui mange tout, qui dissipe tout. ¶ Causer une douleur âpre et aiguë, comme celle que détermine une brûlure, une écorchure, l'application d'une substance corrosive. *Je me suis écorché la main, cela me cuit. Cette brûlure me cuit. La main me cuit.* Prov., *Trop parler nuit, trop gratter cuit.* — Fig. et fam., *Il vous en cuira quelque jour,* Vous vous en repentirez. On dit de même, *Il pourrait bien vous en c. ; Il m'en cuit d'avoir...* == **SE CUIRE.** v. pron. Être cuit. *Ce gibier doit se c. rapidement.* = **CUIT, ITE.** p. *Du vin c. Pommes cuites. Vase de terre cuite.*

CUIR-LAINE. s. m. Sorte de drap croisé très solide et très consistant.

CUISANT, ANTE. adj. Qui cause une douleur âpre et aiguë ; qui fait éprouver une sensation analogue à celle d'une brûlure. *Un froid c. Une douleur cuisante* | Fig., se dit des peines de l'esprit. *Des soucis, des remords cuisants.*

CUISEAUX, ch.-l. de c. (Saône-et-Loire), arr. de Louhans, 1,500 hab.

CUISERY, ch.-l. de c. (Saône-et-Loire), arr. de Louhans, 1,700 hab.

CUISEUR. s. m. Ouvrier qui conduit le feu d'un four de poterie, ou autre industrie.

CUISINE. s. f. (lat. *coquina*, m. s., de *coquere*, cuire). L'endroit d'une maison, la pièce d'un appartement où l'on apprête les mets. *Une grande c. Une c. claire. La c. est dans les caves. La c. d'un vaisseau. Batterie de c.* || Chef, garçon, aide de c. Servante de c. Faire la c., Apprêter à manger. *Bonne c., maigre c., pauvre c., Maison où l'on fait bonne, mauvaise chère.* — Fig. et fam., *La c. est bien froide dans cette maison,* On y fait mauvaise chère. *C'est un homme qui recherche les bonnes cuisines* Qui recherche les maisons où l'on mange bien. *Faire aller sa c.,* Subvenir aux dépenses de la table. || Par ext., se dit *Les domestiques attachés à la c. Il a mené sa c. avec lui.* || L'art d'apprêter les mets, *de faire la c. Elle fait bien la c. La c. française, anglaise,* etc. || La manière dont les mets sont apprêtés, et les mets eux-mêmes. *Voilà une excellente c., une bonne c. bourgeoise.* || Petite boîte longue divisée en compartiments où l'on mettait autrefois diverses sortes d'épiceries, et qu'on

portait souvent dans la poche. || *Latin de c.,* Latin détestable, mauvais latin. || T. Techn. Laboratoire où se fait la préparation et le mélange des couleurs employées en teinture. — Appareil servant à concentrer ces couleurs et les mordants. || T. Mar. Partie du vaisseau où s'apprêtent les subsistances de l'équipage.

Techn. — *C. à vapeur.* — On désigne sous ce nom des appareils destinés à la préparation économique des aliments dans un grand établissement. La c. à vapeur Egrot, qui réalise une économie de combustible de moitié, se compose essentiellement de marmites à double fond de formes diverses, montées sur des tourillons qui leur permettent de basculer pour qu'on en puisse extraire le contenu. Les aliments à cuire sont placés dans la marmite d'un générateur, circule dans le double fond où elle est amenée par les tourillons creusés à cet effet. Un orifice particulier donne issue aux eaux de condensation. Ce système présente en outre l'avantage que le générateur peut fournir de la vapeur pour le chauffage des locaux, séchoirs, chambre de bains, etc. Il convient très bien aux établissements qui ont à nourrir un nombreux personnel.

CUISINER. v. n. Apprêter les mets, faire la cuisine. *Elle aime à c. Il cuisine bien, mal.* Fam.

CUISINIER, IÈRE. s. Celui, celle qui fait la cuisine, qui apprête à manger ; et plus ordinair., Celui dont le métier est de faire la cuisine. *Ma femme est très bonne cuisinière. Vous avez à votre service un excellent cuisinier, une bonne mauvaise cuisinière.* || *Le Parfait C., La Cuisinière bourgeoise,* Titres de livres où l'on traite de la cuisine.

CUISINIÈRE. s. f. Ustensile de fer-blanc qui sert à faire rôtir la viande.

CUISSAGE. s. m. Ancienne coutume qui conférait à certains seigneurs le droit de passer une jambe nue dans le lit de la nouvelle mariée, ou de passer avec la femme d'un vassal ou d'un serf la première nuit des noces.

CUISSARD. s. m. T. Archéol. Partie de l'armure qui protégeait la cuisse. Voy. ARMURE. || T. Techn. Tubulure rivée reliant le cylindre bouilleur au corps cylindrique de la chaudière.

CUISSART. s. m. T. Chir. On nomme ainsi un appareil destiné à recevoir le moignon de la cuisse après l'amputation du membre inférieur. Il reçoit le moignon dans un cône creux rembourré pour rendre la pression moins douloureuse. Le sommet du cône se termine par un support de fer ou de bois destiné à poser sur le sol par son extrémité, qui est un peu élargie pour rendre la station plus sûre. Enfin, le côté externe de la base du cône est surmonté d'un prolongement qui s'élève jusqu'au-dessus de la hanche, et qu'on fixe autour du corps par une ceinture de cuir. On appelle aussi *c.* le grand bas élastique ou en peau de chien destiné à comprimer les varices de la veine fémorale.

CUISSE. s. f. (lat. *coxa,* hanche). T. Anat. et Zool. Partie supérieure de la jambe. || T. Archit. *C. de triglyphe,* Côte qui se trouve entre deux glyphes. || T. Techn. Pilier qui supporte la couronne et l'arche dans une verrerie. || Matière vitrifiée qui a coulé des pots dans le fond du four. || T. Anat. *Cuisses du cerveau,* Pédoncules cérébraux servant d'origine à la moelle épinière. || T. Manège. *Aide des cuisses,* Action qu'à l'aide des cuisses le cavalier exerce pour diriger le cheval dans un sens voulu. || T. Zool. Troisième pièce d'une patte simple chez les crustacés. — Articles premier et deuxième des pattes des insectes hexapodes. || Espèce d'huître. || *Cuisse de nymphes,* Couleur d'un rose pâle.

Anat. — La C. est la partie du membre inférieur qui s'étend depuis le bassin jusqu'au genou. Supérieurement, elle est bornée en dedans par l'aine, en dehors par la hanche, et en arrière par le pli de la fesse ; inférieurement, elle a pour limites le genou en avant et le jarret en arrière. Il n'y a à la c. qu'un seul os, le *Fémur* ; mais on y compte 21 muscles. — Chez les Ruminants et les Solipèdes, la partie qu'on nomme vulgairement c. est, à proprement parler, la *Jambe* : car l'os de la c. est très court et comme caché dans les chairs, contre l'abdomen. Voy. CHEVAL. — Chez les Articulés, on donne généralement le nom de c. au deuxième article des pattes, et le premier reçoit celui de *Hanche.*

CUISSEAU. s. m. T. Boucherie. Partie du veau prenant

un peu au-dessous de la queue dans toute la circonférence de l'animal, et se prolongeant jusque vers le rognon.

CUISSE-MADAME. s. f. T. Hortic. Nom donné à une variété de poire de forme allongée et de couleur fauve. Voy. POIRIER.

CUISSON. s. f. L'action de faire cuire une chose ; le résultat de cette action. *Il a pris tant pour la c. du rôti. Il faudrait à ce pain un peu plus de c. Degré de c. — Pain de c.*, Pain de ménage qu'on fait chez soi. || Douleur particulière que fait éprouver une brûlure, une écorchure, la piqûre des orties, etc.

CUISSOT. s. m. Cuisse de cerf, de chevreuil, de sanglier, etc. Ne se dit qu'en parlant de venaison.

CUISTRE. s. m. (lat. *custos*, gardien). Nom que l'on donnait autrefois, par injure, aux valets de collège. *Un c. de collège.* || Se dit encore, par mépris, d'un homme pédant et grossier. *C'est un c. fieffé.*

CUISTRERIE. s. f. Pédantisme. Affectation du cuistre.

CUITE. s. f. T. Techn. Action de cuire de la porcelaine, de la poterie, de la brique, des sirops, du pain, etc. Voy. SUCRE. *Cette porcelaine doit subir deux cuites.* || La réunion des objets que l'on fait cuire ensemble. *On a trop chauffé le four, et toute la c. a été perdue.* || *Eaux de c.*, Eaux qui sont assez chargées de salpêtre pour être évaporées || Écon. rur. Petit-lait fourni par la fabrication du fromage de gruyère.

CUIVRAGE. s. m. T. Techn. Action de recouvrir une surface d'une mince couche de cuivre. — Cette couche de cuivre elle-même. || Dans l'impression sur étoffes, le c. est un accident dû à une mauvaise composition de la couleur qui prend un aspect cuivré, lequel paraît dû à l'oxyde cuivreux. On l'évite en remplaçant le cuivre par un autre mordant.

Techn. — Le c. s'applique surtout au fer, à la fonte, à l'acier. Il s'effectue par trois procédés différents. Le plus ancien, le procédé Oudry, est l'application pure et simple de la *Galvanoplastie* (voy. ce mot). On plonge la pièce à cuivrer dans un bain de sulfate de cuivre, et l'on fait passer le courant. Mais, comme la couche de cuivre ainsi obtenue n'adhère pas directement au fer, on est obligé, d'une part, de la faire plus épaisse, et, d'autre part, d'enduire le fer de minium, de plombagine, etc., qui empâtent nécessairement les ornements délicats des pièces. Le procédé d'Elkington donne du cuivre directement adhérent : c'est encore un procédé galvanique ; mais le sulfate de cuivre est remplacé par du cyanure double de potassium et de cuivre. Les pièces doivent être préalablement bien décapées. Les inconvénients de ce procédé sont le prix élevé du cyanure double, l'insalubrité due à l'emploi du cyanure et la difficulté de bien décaper les grandes pièces qui s'oxydent au sortir du bain de décapage. Le troisième procédé, ou procédé Frédéric Weil, présente des avantages appréciables. Il consiste à plonger les pièces de fer ou de fonte dans un bain renfermant des sels organiques de cuivre tenus en dissolution par un alcali caustique. On emploie de préférence le tartrate de cuivre et la soude. Ce bain présente l'avantage de dissoudre la rouille sans attaquer le fer, ce qui achève ainsi le décapage avant que le c. commence. De plus, le procédé est surtout chimique, car le dépôt de cuivre se produit sans l'action d'aucun courant électrique. On peut cependant hâter la production de ce dépôt en faisant passer dans le bain le courant d'une pile ou d'une machine dynamo-électrique ; mais qu'on emploie ou non l'électricité, on obtient une couche adhérente de cuivre qui présente une nuance très pure et n'altère nullement les détails de l'ornementation. De plus, le bain ne s'altère pas et est d'une innocuité parfaite sous le rapport de l'hygiène.

CUIVRE. s. m. (lat. *cuprum*, m. s.) Métal rougeâtre quand il est pur. || Planche gravée sur cuivre. *On va vendre les cuivres de cet ouvrage.* || T. Mus. Se dit collectiv. des instruments à vent dont le corps est métallique. *Les cuivres donnent trop de cuivre cette mélange contre ouverture. Il y a trop de cuivres dans cet orchestre.* || *Eau de c.*, Eau préparée pour nettoyer les objets de c.

I. — Le *Cuivre* est un corps simple métallique, de couleur rouge, doué d'un vif éclat, et qui, par le frottement entre les doigts, acquiert une odeur désagréable très prononcée. Il possède aussi une saveur *sui generis*. Réduit en pellicules

très minces, il devient transparent et présente la couleur rouge à la lumière réfléchie, et une belle couleur verte à la lumière transmise. Il cristallise dans le système cubique régulier (octaèdre, hexaèdre, dodécaèdre). Sa pesanteur spécifique est 8,85 lorsqu'il est fondu, et 8,96 lorsqu'il a été écroui. Il est très ductile et très malléable, lorsqu'à une température élevée ; il ne le cède pas beaucoup au fer en ténacité. Un fil de 2 millim. de diamètre ne se rompt que sous un poids de 451 kilogr. Il fond à la chaleur rouge vif, vers 1,150° ; à la chaleur blanche il se volatilise sensiblement, et sa vapeur en brûlant colore la flamme en vert. Le c. en fusion absorbe différents gaz tels que l'hydrogène et l'oxyde de carbone ; au moment de la solidification ces gaz se dégagent en produisant le phénomène du rochage, auquel il faut attribuer les soufflures du métal coulé. Le c. est très bon conducteur de la chaleur et de l'électricité ; sa résistance au courant électrique est six fois moindre que celle du fer. Le symbole du c. est Cu, et son poids atomique, 63,5.

À la température ordinaire, le c. ne s'oxyde pas quand l'air est sec ; mais il s'altère promptement à l'air humide. Il se produit alors une matière verte appelée communément *Vert-de-gris*, qui est un mélange d'hydrate et de carbonate de protoxyde de c ; mais cette altération reste superficielle. Si l'on élève la température jusqu'au rouge, le c. se recouvre d'une couche d'abord d'un brun rouge, mais qui peu à peu prend une couleur noire : c'est du protoxyde de c. anhydre. Le c. s'unit avec incandescence au chlore, au brome, à l'iode, ainsi qu'au soufre en ébullition. Il décompose l'eau à une température très élevée avec dégagement de gaz hydrogène. L'acide chlorhydrique en dissolution concentrée attaque le c. très divisé, avec dégagement d'hydrogène ; mais il attaque à peine ce métal lorsque celui-ci est agrégé. L'acide sulfurique étendu n'agit pas sur le c. ; mais à chaud et concentré il le dissout en dégageant de l'acide sulfureux. L'acide azotique fumant n'a pas d'action sur ce métal ; mais l'acide ordinaire, même étendu à froid, l'attaque vivement ; il se forme un azotate de c. en même temps qu'il se dégage du bioxyde d'azote : si l'opération s'opère au milieu de l'air, ce gaz se transforme en vapeurs rutilantes. L'eau régale le dissout également avec énergie. Le gaz ammoniac est décomposé à chaud par le c. en hydrogène et en azote, dont une partie est retenue par le métal. Les dissolutions d'ammoniaque provoquent en présence de l'air une oxydation rapide du c. ; l'oxyde formé se dissout en donnant une liqueur bleue qui renferme en même temps de l'azotite de c. ; cette liqueur est employée sous le nom de réactif de Schweizer, pour dissoudre la cellulose. Les dissolutions de sel marin agissent sur le c. comme une eau régale faible et le chlorurent lentement ; cette action est plus vive quand la dissolution est étendue que lorsqu'elle est concentrée, ce qui explique la détérioration rapide du doublage de c. des vaisseaux et certains accidents qui se produisent parfois dans nos ménages. À ce propos, nous ferons encore observer que les principes acides renfermés dans les substances grasses agissent assez promptement sur le c. : aussi voit-on les parois d'un vase de c. qui contient de l'huile, se couvrir bientôt de vert-de-gris. Ce métal est également corrodé par la plupart des acides organiques, tels que l'acide acétique, l'acide lactique, l'acide malique, etc. Par conséquent, il est prudent de ne jamais laisser refroidir aucun aliment, quel qu'il soit, dans un vase de c., tous les sels de ce métal étant vénéneux sans exception.

II. *Combinaisons du cuivre avec l'oxygène.* — Les plus importantes sont l'*oxydule de c.* ou *oxyde cuivreux* (Cu²O) et l'*oxyde cuivrique* (CuO) ; on connaît en outre un *quadrantoxyde* (Cu⁴O) et un *peroxyde* (CuO²). Ces deux derniers composés sont très instables et sans intérêt : aussi ne parlerons-nous que des deux premiers :

1° *Oxydule de cuivre* ou *oxyde cuivreux* Cu²O. — Il se trouve dans la nature, tantôt cristallisé en octaèdres et en dodécaèdres couleur de rubis, quand les cristaux sont transparents, tantôt en masses feuilletées d'un beau rouge. On l'obtient artificiellement en calcinant au rouge un mélange de chlorure cuivreux et de carbonate de soude secs. Il se forme du chlorure de sodium, de l'oxydule de c., et il se dégage de l'acide carbonique. On sépare le chlorure de sodium en versant de l'eau sur le mélange : on décante, et l'oxydule de c. reste au fond du vase sous forme d'une poudre cristalline d'un rouge foncé. — Chauffé au rouge l'oxydule de c. fond, et, si l'on opère au contact de l'air, il se change en protoxyde. Chauffé en présence de l'hydrogène ou du charbon, il se transforme en c. métallique. Chauffé avec les acides concentrés, il se décompose ordinairement en protoxyde qui se dissoul et en c. qui se sépare. Enfin, quand on le fait fondre avec une matière vitreuse, il donne des verres d'une belle couleur rouge. Voy. VERRE et BRONZAGE. — L'hydrate d'oxyde cuivreux s'obtient sous forme de précipité jaune lorsqu'on traite le chlorure cuivreux par la potasse.

2° *Protoxyde de cuivre* ou *oxyde cuivrique* CuO. — Le protoxyde s'obtient le plus souvent sous forme d'une poudre noire ou de couleur brun foncé. C'est une base stable qui donne naissance à des sels intéressants. — Les acides le dissolvent en se colorant en bleu ou en vert; fondu avec le verre, il lui donne une couleur verte; précipité à froid par la potasse ou la soude caustique, il forme un hydrate de protoxyde bleu qui, dans l'eau bouillante, repasse à l'état de protoxyde brun. Dans l'hydrogène, il suffit de le chauffer un peu pour le réduire en c. métallique. Le carbone lui enlève aussi fort aisément son oxygène pour se transformer en acide carbonique. L'ammoniaque le dissout en prenant une couleur bleue magnifique, connue sous le nom de *bleu céleste*. — On peut préparer l'hydrate de protoxyde de c. en chauffant jusqu'à ébullition une dissolution de sulfate de c., et en le précipitant par la potasse caustique. Il suffit ensuite de chauffer cet hydrate pour avoir le protoxyde noir à l'état anhydre. — A l'état impur, c.-à-d. lorsqu'il se trouve mélangé d'oxydule de c., le protoxyde est employé pour la coloration des cristaux et la préparation de certains émaux, ainsi que dans la fabrication du sulfate et de l'acétate de c. A l'état pur et anhydre, il est d'un usage indispensable dans l'analyse des substances organiques, à cause de la facilité avec laquelle il transforme leur hydrogène en eau et leur carbone en acide carbonique. L'hydrate bleu de protoxyde est employé dans la peinture en bâtiments. C'est sur l'action que l'ammoniaque exerce sur le c. qu'est fondé le procédé de nettoiement des objets d'or et d'argent qui contiennent du c. et qui se sont ternis à la longue. Enfin, l'eau céleste dont nous avons parlé est assez généralement employée par les pharmaciens en guise d'enseigne; pour cela, ils en remplissent de grands vases de verre qu'ils exposent devant les fenêtres de leur officine.

III. *Combinaisons du c. avec les métalloïdes.* — Le c. se combine avec l'hydrogène, l'azote, le phosphore, l'iode, le brome, le chlore et le soufre, etc.; mais la plupart de ces combinaisons étant sans utilité, nous ne parlerons que de celles qu'il forme avec les deux derniers métalloïdes.

1° Il existe deux *chlorures de c.* — Le *protochlorure* Cu Cl², appelé aussi *chlorure cuivrique*, s'obtient en faisant dissoudre le c. dans l'eau régale ou en protoxyde de c. dans de l'acide chlorhydrique. La dissolution verte laisse déposer des cristaux aciculaires très déliés et de même couleur, qui tombent en déliquescence à l'air, et sont très solubles dans l'alcool, auquel ils communiquent la propriété de brûler avec une belle flamme verte. Chauffés à une douce chaleur, ils abandonnent l'eau qu'ils contiennent et prennent une couleur brun jaune; mais ils redeviennent verts à l'air humide. Si on les chauffe plus fortement, ils se transforment en sous-chlorure brun. La dissolution étendue de c. peut servir d'encre sympathique. Les caractères qu'on trace sur le papier sont invisibles; mais en chauffant légèrement ils apparaissent en jaune, puis ils s'effacent à l'air humide. — Le *sous-chlorure de c.* ou *chlorure cuivreux* Cu² Cl² peut se préparer en faisant chauffer du protochlorure à une chaleur modérée; alors il se dégage du chlore, et il reste une masse cristalline brune qui, au contact de l'air, se transforme en une poudre verte qui est une combinaison de protochlorure et d'oxyde de c. hydraté. Ce sous-chlorure se dissout très bien dans l'ammoniaque, et donne une liqueur incolore qui, au contact de l'air, acquiert bientôt une coloration bleue très intense. Cette dissolution s'emploie dans l'analyse comme réactif et comme absorbant de l'oxygène. En solution chlorhydrique, le sous-chlorure de c. absorbe l'oxyde de carbone et l'hydrogène phosphoré gazeux, lesquels y forment des combinaisons cristallisées peu stables. — On connaît plusieurs oxychlorures de c., entre autres l'*atakamite* qu'on rencontre dans la nature, et le *vert de Brunswick* que l'on obtient par l'action du sel ammoniac sur le c. au contact de l'air.

2° Il existe également deux *sulfures de c.*, qui correspondent à l'oxydule et au protoxyde. Tous deux se trouvent dans la nature; mais le premier seul s'y rencontre en grande abondance, et fournit la plus grande partie des minerais cuivreux exploités. — Le *sous-sulfure* (Cu²S) se rencontre quelquefois, dans les fourneaux métallurgiques, cristallisé en octaèdres réguliers. On le prépare artificiellement en faisant fondre ensemble du soufre avec de la limaille de c. en excès. La

limaille brûle avec une vive incandescence, et il en résulte une masse d'un noir grisâtre douée d'un éclat métallique. Le *sulfure* (CuS) s'obtient en chauffant le sous-sulfure avec un excès de soufre, ou en précipitant un sel cuivrique à l'état de dissolution par l'hydrogène sulfuré. Sous l'action de la chaleur, ce sulfure abandonne aisément une partie de son soufre et se transforme en sous-sulfure. Les deux sulfures, au reste, se transforment en sulfate de c. quand on les soumet au grillage.

IV. *Sels de cuivre.* — Les *sels cuivreux* sont sans application. Ils s'obtiennent en dissolvant l'hydrate d'oxydule dans les acides étendus; mais ces acides concentrés décomposent l'oxydule en c. métallique et en protoxyde. Ils sont aisés à reconnaître aux caractères suivants : ils donnent des dissolutions incolores que les alcalis précipitent en jaune orange, et l'hydrogène sulfuré en noir. L'ammoniaque les précipite en jaune orangé; mais un excès d'ammoniaque les redissout en donnant une liqueur incolore qui passe rapidement au bleu par le contact de l'air. — Les *sels cuivriques* sont bleus ou verts quand ils renferment de l'eau de cristallisation. A l'état anhydre, ils sont d'un blanc sale lorsque l'acide est incolore. Leurs dissolutions sont bleues ou vertes; elles donnent du c. métallique quand on les traite par le fer ou le zinc, un précipité noir par l'hydrogène sulfuré et les sulfhydrates, et un précipité bleu par l'ammoniaque; mais ce précipité se redissout dans un excès de réactif et la liqueur prend une belle couleur bleue. Le prussiate jaune (ferrocyanure de potassium) produit un précipité brun marron, qui prend une nuance pourprée quand le précipité est très faible. Cette réaction est la plus caractéristique et la plus sensible, car elle permet de constater la présence des plus petites quantités de c., même dans des dissolutions très étendues : une seule goutte d'une dissolution de ferrocyanure de potassium suffit pour déceler la présence du $\frac{1}{40000}$ de c. Enfin, les sels de c. donnent, dans la flamme intérieure du chalumeau, avec le carbonate de soude et le charbon, des grains de c. métallique. Avec le borax, ils donnent une perle verte dans la flamme extérieure, et rouge dans la flamme intérieure ou réductante, parce qu'alors le protoxyde de c. se change en oxydule.

1° *Carbonates.* — Le carbonate neutre, qui aurait pour formule Cu CO³, n'a pas été obtenu. Lorsqu'on verse dans un sel de c. soluble un carbonate alcalin neutre, on obtient un précipité gélatineux bleu clair; c'est un hydrocarbonate qui répond à la formule CuCO³, CuO, 2H²O. Sous l'action de la chaleur il perd la moitié de son eau d'hydratation et se transforme en une poudre verte usitée dans la peinture à l'huile sous le nom de *Vert minéral*. — On rencontre dans la nature deux autres hydrocarbonates, l'un appelé *Malachite* CuCO³, CuO, H²O, et l'autre *Bleu de montagne* ou *Cendres bleues naturelles* 2CuCO³, CuO, H²O, dont nous parlerons tout à l'heure. — C'est encore un hydrocarbonate de c. qui constitue l'espèce de rouille verte appelée *Vert-de-gris* ou *Patine verte*, qui se forme à la surface des objets de c., de bronze, et, en général, des alliages où le c. domine, lorsque ces objets sont exposés à l'air ou ensevelis dans le sol. On peut l'imiter artificiellement, c.-à-d. donner aux objets d'art cette patine recherchée des amateurs, en les enduisant à plusieurs reprises d'une dissolution d'azotate de c., à laquelle on ajoute du sel marin, du tartre et du sel ammoniac. Au bout de quelque temps, la patine verte apparaît : alors on les chauffe avec précaution et on les frotte avec de la cire chaude ou de la cire molle au moyen d'une brosse.

2° *Azotate.* — En traitant le c. par l'acide azotique on obtient des cristaux bleus déliquescents d'azotate de c. Cu (AzO³)² + 3H²O. Ce sel est employé dans la teinture et dans l'impression sur étoffes. On s'en sert aussi, comme nous venons de le dire, pour donner une patine verte aux objets de bronze.

3° *Sulfate.* — Le sulfate de c., plus connu dans le commerce sous les noms de *Couperose bleue*, de *Vitriol bleu* et de *Vitriol de c.*, cristallise en parallélipipèdes à base oblique, d'une belle couleur bleue. Sa formule est CuSO⁴ + 5H²O. Ce sel s'effleurit superficiellement à l'air. Il est soluble dans 3,3 parties d'eau froide et dans 0,55 d'eau bouillante. Quand on le chauffe, il abandonne facilement 4 équivalents d'eau; puis, en élevant encore la température, il se décompose en protoxyde de c. avec dégagement d'acide sulfureux et d'oxygène. Lorsqu'on lui a simplement enlevé 4 équivalents d'eau, il devient incolore; mais, remis en contact avec de l'eau, il s'hydrate de nouveau et redevient bleu. Le sulfate de c. est isomorphe avec les sulfates de zinc, de magnésie et du protoxyde de fer. Voy. CRISTALLOGRAPHIE, IX Le vitriol bleu est fort employé dans la teinturerie et pour la fabrication des couleurs. On peut l'utiliser comme agent antiseptique; il détruit surtout les champignons et les moisissures. Il entre, avec le sulfate de fer, dans la préparation de l'encre; on s'en sert encore pour le chaulage du blé, pour la galvanoplastie et pour la préparation d'autres composés de c.; aussi est-il l'objet d'une industrie importante. On le prépare dans les fabriques par plusieurs procédés, dont le plus usité est le suivant. On chauffe au rouge sombre, dans un fourneau à réverbère, des plaques minces de vieux c. provenant surtout du doublage des navires, puis on y projette du soufre après avoir fermé toutes les issues du fourneau. La surface des feuilles se couvre bientôt d'une couche de sous-sulfure de c. Alors on rétablit les courants d'air et l'on chauffe de nouveau. Pendant ce grillage, une partie du soufre se dégage à l'état d'acide sulfureux, tandis qu'une autre se change en acide sulfurique qui forme, en se combinant avec le protoxyde, du sous-sulfate de c. Cela fait, on lessive les feuilles avec de l'eau contenant un peu d'acide sulfurique, le sulfate formé à leur surface se dissout, et on le fait ensuite cristalliser par évaporation. Quant aux feuilles lavées, on les soumet derechef à plusieurs grillages successifs, jusqu'à ce qu'elles aient été entièrement converties en sulfate. — Mais le sulfate de c. du commerce contient toujours une certaine quantité de sulfate de fer. Pour l'avoir chimiquement pur, il faut donc en séparer ce dernier. A cet effet, on dissout le sulfate de c. dans l'eau, et l'on verse dans la dissolution de l'acide azotique, qui suroxyde le protoxyde de fer sans altérer d'ailleurs le sulfate de c. Alors, comme le peroxyde de fer ainsi formé est une base beaucoup plus faible que le protoxyde, il suffit de faire bouillir la liqueur avec un peu d'hydrate de protoxyde de c., qui précipite le fer. Enfin, il ne reste plus qu'à décanter la dissolution et à faire cristalliser le sulfate de c. pur qu'elle contient.

Le sulfate de c. forme avec la potasse, l'ammoniaque et quelques autres oxydes métalliques, ainsi qu'avec les sulfates alcalins, des sels doubles parfaitement cristallisés. En saturant une dissolution de sulfate de c. avec de l'ammoniaque, et en y ajoutant de l'alcool, on obtient des cristaux prismatiques d'un bleu d'azur, qui deviennent plus clairs et passent au vert par l'action de l'air, mais qui se décomposent lorsqu'on les dissout dans l'eau et qu'on fait évaporer. Ce composé est employé dans les impressions sur étoffes; on s'en sert aussi en pyrotechnie pour produire des feux bleus.

4° *Silicates*. — L'acide silicique se combine, en toutes proportions, par voie de fusion, avec le protoxyde de c., et donne ainsi naissance à des masses vitreuses usitées dans la cristallerie et la peinture sur porcelaine.

5° *Acétates*. — L'acétate neutre de c. s'obtient en faisant dissoudre de l'hydrate de protoxyde de c. ou du vert-de-gris dans l'acide acétique. On a ainsi une liqueur verte qui, lorsqu'on la fait évaporer, laisse déposer de beaux cristaux verts qui ont pour formule Cu (C²H³O³)², H²O. Ce sel, qui est connu dans le commerce sous le nom de *Verdet cristallisé*, s'effleurit à l'air; il est soluble dans 5 p. d'eau bouillante et très peu soluble dans l'alcool. Chauffé au contact de l'air, il brûle avec une belle flamme verte. Quand on le calcine dans une cornue, il distille un liquide vert très acide, appelé *Vinaigre radical*, et formé principalement d'acide acétique et d'acétone. — Dans quelques départements du Midi, et surtout dans l'Hérault, on prépare un *sous-acétate de c.* en laissant oxyder à l'air des lames de c. mouillées avec du vinaigre, ou bien en disposant dans des pots de grès des lames de c. alternant avec des couches de marc de raisin. Au bout de deux ou trois semaines, on retire les lames des vases et on les expose à l'air en les mouillant de temps en temps. Ces lames se recouvrent ainsi d'une matière bleu verdâtre, qui est le *Vert-de-gris* du commerce : on le racle, et l'on recommence l'opération jusqu'à ce que les plaques de c. soient usées. Quand on traite par l'eau ce sous-acétate, il s'en sépare une poudre cristalline insoluble, et il se dissout un mélange d'acétate neutre et d'acétate basique. — Enfin, on prépare, à Grenoble, un sous-acétate vert en exposant, dans des cuves chauffées, des feuilles de c. mouillées avec du vinaigre. — Le verdet cristallisé s'emploie surtout pour la préparation de plusieurs sortes de couleurs. Une partie de verdet broyée avec 1 p. de sel ammoniac et additionnée de 10 p. d'eau, donne une encre qui tient très solidement sur le zinc, et qui, par conséquent, peut servir à faire des étiquettes fort durables pour les jardins. Le sous-acétate ou vert-de-gris sert également à la fabrication des couleurs, soit pour la peinture, soit surtout pour l'impression sur étoffes. Il est encore employé, dans les fabriques, pour préparer le verdet cristallisé. Il suffit de le dissoudre dans le vinaigre pour le transformer en acétate neutre.

6° *Arsénites*. — Nous avons déjà parlé au mot ARSENIC de

l'*Arsénite de c.* ou *Vert de Scheele*; il ne nous reste donc à mentionner ici que le *Vert de Schweinfurth*, qui est un sel double formé d'arsénite et d'acétate de c. On le prépare en mélangeant ensemble deux dissolutions bouillantes contenant l'une 1 p. d'acide arsénieux, et l'autre 1 p. d'acétate de c. dans 12 p. d'eau, et en faisant encore bouillir le mélange jusqu'à ce que la liqueur soit incolore et limpide. Le précipité pulvérulent qui se forme est ensuite lavé à l'eau froide et séché. Il a une belle couleur verte et est fort employé dans la peinture.

V. *Usages médicaux*. — Un assez grand nombre de préparations cuivreuses ont été employées en médecine; toutes agissent de la même manière, sauf une certaine différence dans l'énergie de leur action. A l'intérieur, elles stimulent, irritent ou enflamment la muqueuse des voies digestives; à l'extérieur, elles agissent comme stimulantes, styptiques et corrosives. Les acétates de c., particulièrement le sous-acétate qui faisait la base des fameuses pilules de Cerbier, ont été jadis fort préconisés contre le cancer. Le chlorure hydraté a été également fort vanté (*Teinture verte de Stisser*, *Teinture bleue d'Helvétius*) contre les scrofules et le rachitisme. Mais actuellement ces remèdes sont abandonnés avec raison comme inefficaces, quoique Latou ait essayé de ressusciter les sels de cuivre pour le traitement de la phtisie. Le sulfate de c. et le sulfate d'ammoniaque ont été administrés dans plusieurs maladies nerveuses : on paraît en avoir obtenu quelques succès dans les cas d'épilepsie. Le sulfate de c. est en outre regardé, en Angleterre, comme le vomitif le plus énergique; toutefois on n'en fait presque aucun usage chez nous. L'azotate de c. a réussi dans certaines formes d'affections syphilitiques qui s'étaient montrées rebelles au mercure. — A l'extérieur, les préparations cuivreuses s'emploient sous forme d'emplâtres, de collyres, d'injections et comme escharotiques. Le vert-de-gris (sous-acétate) sert à préparer l'*Emplâtre divin*, l'*Onguent égyptiac*, la *Cire verte de Baumé*, etc., qu'on emploie quelquefois comme stimulants dans le traitement de certains ulcères. Le chlorure de c. et d'ammoniaque, et le sulfate de c., entrent dans la composition d'une foule de collyres stimulants ou styptiques. Le sulfate de c., le nitrate de c. et le sulfate double de c. et d'ammoniaque ont été employés avec succès en injections dans certaines blennorrhagies et leucorrhées chroniques. Enfin, on s'est quelquefois servi du sulfate, de l'azotate ou du sous-acétate de c. pour toucher des ulcères fongueux ou indolents.

VI. *Toxicologie*. — Le C. pur n'est pas vénéneux, mais il est susceptible de le devenir quand il est placé dans certaines circonstances. Les principales sont l'exposition à l'air humide, et le contact avec les liquides aérés ou avec des aliments, surtout quand ils renferment un acide libre. L'oxyde de c. et tous les sels de ce métal sans exception sont toxiques; ceux qui déterminent le plus souvent des phénomènes d'empoisonnement sont les acétates et le carbonate. Les symptômes sont ceux que déterminent les poisons les plus irritants. Le malade éprouve à la gorge une saveur âcre et cuivreuse, et quelquefois un resserrement spasmodique; la langue est sèche et la soif vive. Des douleurs déchirantes se font sentir à la région précordiale et dans tout l'abdomen, qui est souvent ballonné. Il y a des vomissements de matières bleuâtres, des selles abondantes et muceuo-sanguinolentes, des crachotements continuels, une violente céphalalgie, de la dyspnée; le pouls est petit, fréquent, irrégulier. La mort est précédée d'une insensibilité presque complète ou de mouvements convulsifs, et même de secousses tétaniques. A l'autopsie, on trouve la muqueuse digestive rouge, épaissie, rugueuse, quelquefois érodée. Dans quelques cas, on a rencontré des points gangrenés et des perforations. — Lorsque la substance vénéneuse a été ingérée avec les aliments, et c'est ce qui a lieu le plus souvent, les accidents ne se déclarent guère que plusieurs heures après le repas.

Les sels de cuivre, étant très vomitifs, sont fréquemment rejetés avant d'avoir pu produire l'empoisonnement.

Le traitement de l'empoisonnement par les préparations cuivreuses consiste d'abord à neutraliser le poison au moyen de l'albumine. Pour cela, on fait prendre au malade la plus grande quantité possible d'une solution de 6 à 8 blancs d'œufs dans un litre d'eau. Après quoi, on provoque le vomissement pour évacuer les matières contenues dans l'estomac. Si elles ont déjà passé dans l'intestin, on administre un purgatif. Enfin on traite par les moyens ordinaires les accidents inflammatoires, nerveux ou autres qui peuvent se développer pendant l'empoisonnement ou en être la conséquence. Les coliques étant en général le symptôme qui persiste le plus longtemps, les boissons mucilagineuses émollientes, les potions huileuses et les lavements huileux sont alors particulièrement indiqués.

Les accidents autrefois décrits sous le nom de *Colique de c.* ressortissent au saturnisme. Il paraît même que les ouvriers en cuivre sont préservés de l'anémie (Pécholier) et du choléra (Vernois), plutôt qu'intoxiqués par les poussières métalliques de leur profession.

Il y a quelques années, certains boulangers mêlaient à la pâte, lorsque celle-ci était faite avec des farines avariées, une petite quantité de sulfate de c. pour favoriser la levée et donner au pain une couleur plus blanche. Ce procédé frauduleux, qui pouvait donner lieu à des accidents plus ou moins graves, a été sévèrement interdit. Au reste, il semble résulter des travaux les plus récents que le sulfate de c., s'il n'est pas inoffensif, est cependant bien moins dangereux qu'on ne le croyait autrefois. A petite dose il est sans danger. Aussi a-t-on autorisé le verdissage au cuivre des conserves alimentaires, à la condition expresse qu'une étiquette en informe le public.

Nous ne nous occuperons pas des recherches médico-légales auxquelles peuvent donner lieu les empoisonnements par les préparations cuivreuses, attendu que ces préparations sont fort rarement employées dans un but criminel, soit à cause de leur couleur, soit à cause de la saveur remarquable qu'elles possèdent, quelque minime qu'en puisse être la dose.

Nos animaux domestiques peuvent aussi être empoisonnés par le c., mais plus par les vases de cuivre où ont longtemps séjourné des aliments humides que par les sels de ce métal. L'intoxication peut être aiguë, alors les symptômes physiques sont les mêmes que chez l'homme; — ou chronique (elle a été reproduite sur des moutons par expérience) avec albuminurie, hématurie et ictère, affaiblissement graduel, diarrhée terminale et mort. Dans ce dernier cas, l'autopsie montre les lésions de l'ictère grave chez l'homme. Même traitement que pour l'homme.

VII. *Minéralogie.* — Les espèces minérales dont le c. forme la base principale sont au nombre de 25 environ, mais plusieurs d'entre elles n'offrant d'intérêt qu'au point de vue de la minéralogie pure, nous nous contenterons de les nommer.

A. Le *C. natif* ou libre de toute combinaison se trouve dans tous les dépôts de c. sulfuré, de c. pyriteux et de c. carbonaté; néanmoins on l'y rencontre moins dans les minerais mêmes qu'engagé dans les roches ou les matières terreuses qui les accompagnent. Il est souvent cristallisé dans les formes propres au système cubique. On le rencontre encore fréquemment sous forme de dendrites, de lamelles ou de filaments plus ou moins allongés. Enfin, on l'observe aussi en grains ou en masses arrondies et isolées, quelquefois très volumineuses: on en cite une trouvée dans les mines du lac Supérieur qui pesait plus de 800 000 kilogr. Le c. natif se rencontre surtout dans l'Amérique du Nord, et aussi au Chili, au Pérou, en Bolivie et dans l'Oural.

B. Le *C. oxydulé*, ou *Zigueline* ou *Cuprite*, encore nommé *C. oxydé rouge* et *C. vitreux*, à cause de sa couleur rouge et de son aspect vitreux ou lithoïde, n'est autre que l'oxyde cuivreux. Cette espèce constitue, au Pérou et au Chili, des mines très importantes; mais le plus souvent elle accompagne les dépôts de sulfure et de carbonate de c., comme dans les mines de l'Altaï, celles de Chessy, près de Lyon, et elle devient alors une partie plus ou moins importante des minerais auxquels elle est associée. — La *Mélaconise*, ou *C. oxydé noir*, est l'oxyde cuivrique; on la rencontre dans toutes les mines de c., mais généralement en très petite quantité; elle est abondante dans les mines du lac Supérieur.

C. *L'Atakamite*, appelée aussi *C. muriaté* ou *C. chloruré*, est un oxychlorure de c.; on la rencontre surtout dans les gîtes argentifères du district de Tarapaca, où elle se présente sous la forme de très petits cristaux. C'est cette substance qui constitue le *Sable vert du Pérou*. Elle est réduite en poudre fine par les habitants du désert d'Atakama, qui la vendent comme sable à mettre sur l'écriture.

D. La *Chalkosine* est un sulfure de c. qui contient très peu ou point de fer. C'est en général une substance accidentelle des gîtes de c. pyriteux, où elle ne se trouve qu'en très petite quantité. Cependant elle abonde dans certaines mines de l'Oural, où le c. pyriteux manque presque entièrement, et y fait l'objet d'exploitations particulières. — Le *C. pyriteux*, appelé encore *Pyrite de c.* et *C. jaune*, a reçu des minéralogistes le nom de *Chalkopyrite*. C'est un sulfure double de fer et de c., remarquable par sa couleur jaune de bronze. On le trouve tantôt sous forme de cristaux, tantôt en amas ou en filons. Quoique moins riche que l'espèce précédente, il fournit près des 3/5 de tout le c. qui se trouve dans le com-

merce, parce qu'il est beaucoup plus commun. Ses principaux dépôts, en Europe, se trouvent dans le comté de Cornouailles en Angleterre, à Rio-Tinto et à Huelva en Espagne, dans la Norwège, la Suède, la Hongrie et l'Allemagne. En France, les gîtes de chalkopyrite sont assez nombreux; mais ils sont épars et trop peu volumineux pour pouvoir être exploités avantageusement. — Le *C. pyriteux panaché*, *Phillipsite* de Beudant, est une espèce particulière de pyrite de c. qui ne se rencontre qu'accidentellement et presque toujours associée à la chalkosine. — La *Panabase*, appelée vulgairement *C. gris*, à cause de la couleur gris d'acier qu'elle présente, est une autre sorte de sulfure à base multiple (antimoine, arsenic, cuivre, fer, zinc et argent), qu'on rencontre soit à l'état cristallisé, soit à l'état amorphe. C'est un minéral assez commun; il se trouve surtout en Saxe, au Harz, en Angleterre, au Mexique, à Baigorry dans les Pyrénées, à Sainte-Marie-aux-Mines dans les Vosges, à Mouzaïa en Algérie. Cette matière est exploitée parfois comme minerai de c., et elle est souvent assez importante à cause de l'argent qu'elle renferme. — Une seconde espèce de *C. gris*, appelée *Tennantite* par les minéralogistes, n'est autre chose qu'un sulfure de c., de fer et d'arsenic: on ne la connaît que comme matière accidentelle dans les gîtes cuivreux de chalkosine.

E. Il nous suffira de nommer la *Berzeline* et l'*Euchaïrite*, qui sont des séléniures, l'un de c., l'autre de c. et d'argent. Ces deux substances sont rares et ne se trouvent que dans les mines de la Suède.

F. Il existe trois carbonates de c., l'un anhydre, appelé *Mysorine*, du lieu où il se trouve, et les deux autres hydratés. De ces deux derniers l'un est nommé *Malachite* et l'autre *Azurite*. La *Malachite*, qu'on désigne encore sous les noms de *C. carbonaté vert*, *Vert de montagne* et *Cendres vertes*, se présente sous différents aspects, cristallisée, mamelonnée, fibreuse, compacte, etc. Cette matière est ordinairement subordonnée aux gîtes de c., et se trouve presque partout, mais les plus beaux échantillons proviennent des mines de l'Oural et du Banat. Lorsqu'elle est abondante, elle constitue dans les fourneaux des mines avec les autres minerais pour la préparation du c.; cependant, suivant l'observation de Beudant, il serait alors plus avantageux de la transformer en sulfate de c. La variété fibreuse de malachite, qui est en général d'un beau vert très brillant, se débite en plaques très minces, dont on fait, en les ajustant avec soin ensemble, des tables, des coffrets, des vases et d'autres meubles d'un très grand prix. Le poli de cette substance met en évidence les veines de nuances différentes, qui sont produites par la surface mamelonnée de la masse, et ajoutent à sa beauté. — L'*Azurite*, appelée aussi *Chessylithe*, *C. bleu*, *C. carbonaté bleu*, *C. azuré* et *Azur de c.*, se rencontre dans la nature le plus souvent à l'état cristallin, mais quelquefois aussi à l'état terreux, globuliforme, et plus ou moins impur: on l'appelle alors *Bleu de montagne* et *Pierre d'Arménie*. Cette substance, qui est en général subordonnée aux gîtes cuivreux, forme quelquefois des dépôts assez considérables, comme à Chessy, près de Lyon. Dans les lieux où cette substance est assez abondante, on l'emploie pour la préparation de c.; mais, à Chessy, on la fait servir à la fabrication du sulfate de c. Réduite à l'état de poudre fine, l'azurite s'emploie comme matière colorante dans les fabriques de papiers peints, où on lui donne le nom de *Cendres bleues naturelles*. En Angleterre, on fabrique, en faisant digérer le sulfate de c. avec de la craie, des *Cendres bleues artificielles* dont la bleu nuance que le produit naturel.

G. On nomme *Cyanose*, *Couperose bleue naturelle* et *Vitriol bleu naturel*, un sulfate de c. de couleur bleue qu'on rencontre à l'état cristallin ou d'incrustation. Cette matière est le résultat de la décomposition des sulfures de c. Elle est dissoute et entraînée par les eaux dites de *cémentation*; puis elle cristallise dès et là dans les travaux. Ce sulfate existe presque partout; mais quand il se forme en suffisante quantité, on recueille les eaux qui le tiennent en dissolution dans de grands bassins. Alors, ou bien on les fait évaporer pour en retirer le sel, ou bien dans au fond des bassins de la vieille ferraille qui sépare le c. à l'état métallique. Celui-ci se précipite alors sous la forme d'une poudre cristalline, et une quantité équivalente de fer se dissout. Le c. qu'on obtient ainsi est nommé *C. de cément*. Il ne reste plus qu'à le soumettre au raffinage. — La *Brochantite* est un sous-sulfate de c. hydraté, couleur vert d'émeraude. Elle est rare et n'offre aucun intérêt.

H. Il en est de même des deux espèces de phosphates de c. admises par les auteurs, et nommées par eux, l'une *Aphérèse*, *C. phosphaté vert olive*, *Lunnite* et *Libéthénite*;

l'autre *Hypoteime*, *Pseudo-malachite* et *C. phosphaté vert émeraude*.

I. Les *Arséniates cuivreux* ne nous arrêteront pas davantage ; nous les avons d'ailleurs énumérés au mot AUSENIC.

J. Enfin, nous terminerons cette nomenclature en citant les deux espèces de *Silicates de c. hydratés*. L'une, nommée *Chrysocolle* et *Hydrophane cuivreuse*, est une substance verte ou vert bleuâtre, compacte et à cassure conchoïdale et résineuse, qui se trouve en petits amas dans un grand nombre de gîtes cuivreux. L'autre, appelée *Dioptase* et *Achirite*, est une substance cristalline, vitreuse et d'un vert pur, qui provient du pays des Kirghiz.

VIII. *Métallurgie*. — Le c. est vraisemblablement le premier métal que les hommes aient sinon connu, du moins exploité et travaillé. Le χαλκός dont parle Homère, dont lequel Vulcain fabriquait les armes des dieux et des héros, était très probablement du c. métallique ou plutôt du c. allié à l'étain, car les Phéniciens faisaient depuis longtemps un commerce considérable de ce métal. Le σίδηρος des Grecs, que les traducteurs rendent par *fer*, n'était aussi le plus souvent qu'un alliage de c. Les peuples de l'Orient savaient du reste, ainsi que les Grecs et les Romains, tremper cet alliage de manière à lui donner une grande dureté. Les mines de c. de l'île de Chypre paraissent aussi avoir été exploitées de très bonne heure, car le mot *Cuprum*, dont nous avons fait *C.*, dérive du nom grec de cette île, Κυπρός.

Ainsi que nous venons de le voir, les seuls minerais de c., assez abondants pour donner lieu à des exploitations régulières, sont : le cuivre natif, l'oxydule, les carbonates, le sulfure simple, et enfin les c. pyriteux et les c. gris. Le traitement des trois premières espèces est de la plus grande simplicité. — En effet, pour l'oxydule et le carbonate, il suffit de les faire fondre au contact du charbon dans des fourneaux à cuve, avec des scories siliceuses. On obtient ainsi du c. brut, appelé *C. noir*, qu'on débarrasse aisément des produits étrangers au moyen du raffinage. Quant au c. natif, il est fondu avec les scories provenant d'opérations précédentes, puis raffiné comme le c. noir. — Le traitement du sulfure simple n'est guère plus compliqué. On soumet ce minerai au grillage, opération qui a pour résultat de convertir le soufre en acide sulfureux qui se dégage, et de faire passer le c. à l'état d'oxyde. Alors on n'a qu'à réduire ce dernier par le charbon, sous l'influence d'une température élevée, et le métal se trouve isolé.

Les cuivres pyriteux exigent un traitement beaucoup plus complexe. On les soumet d'abord à plusieurs grillages successifs, soit en tas, soit dans des fours à réverbère, en y ajoutant des scories et d'autres fondants quand il n'existe pas assez de matières siliceuses dans le minerai lui-même. Il est facile d'expliquer ce qui se passe dans cette opération. Le c. a pour le soufre plus d'affinité que le fer, mais il en a beaucoup moins pour l'oxygène que ce dernier, surtout en présence de la silice. Par conséquent, lorsqu'on grille le minerai pyriteux, le c., le soufre et le fer qui le composent s'unissent en partie avec l'oxygène de l'air ; le c. se forme ainsi de l'acide sulfureux qui se dégage à l'état de gaz, et des oxydes de fer et de c. ; mais ce dernier oxyde, à cause de son affinité pour le soufre, repasse à l'état de sulfure en enlevant du soufre au sulfure de fer, qui, de son côté, à cause de son affinité pour l'oxygène, se convertit en oxyde et s'unit alors avec la silice en produisant une scorie qui renferme la plus grande partie du fer de la pyrite. Le sulfure de c. qui s'est produit de la façon que nous venons de dire est nommé *Matte cuivreuse* ; il n'est certes pas pur, car il contient encore du sulfure de fer, mais il en renferme beaucoup moins que le minerai primitif. Par conséquent, il suffit de soumettre la matte cuivreuse à un second, puis à un troisième grillage (toujours avec de la silice) pour éliminer successivement les parties restantes de fer, jusqu'à ce qu'on obtienne cette sorte de c. impur auquel on donne le nom de *C. noir*, qu'il suffit ensuite de raffiner pour obtenir du c. marchand.

Pour le c., comme pour tout d'autres substances, on appelle *Affinage* ou *Raffinage* l'opération qui a pour objet de le débarrasser des matières étrangères qu'il renferme. Elle s'opère dans un petit foyer (la Fig. ci-après en représente une coupe verticale) qui se compose d'un creuset hémisphérique revêtu à l'intérieur d'une brasque formée de 1 partie d'argile et de 2 parties de charbon. En outre, il est muni, du côté opposé à la tuyère, d'un trou de coulée pour donner issue aux scories qui résultent de l'opération. Lorsque le c. noir est en pleine fusion, on projette, avec le soufflet, une certaine quantité d'air à sa surface. Il se dégage alors de l'acide sulfureux, accompagné de vapeurs blanches d'oxyde d'antimoine, quand

ce métal existe dans le c. De plus, le bain ne tarde pas à se couvrir d'une couche de scories que l'on retire au fur et à mesure avec un ringard : cette opération constitue le *Décrassage*. Les premières scories ont une teinte verdâtre, qui est due à la présence de l'oxyde de fer ; les suivantes sont colorées en rouge foncé, et très riches en oxyde de c. Lorsque l'ouvrier qui est chargé de l'opération reconnaît que l'affinage est terminé, il arrête le vent, éteint le foyer, enlève la couche de scories minces qui surnagent le bain, et verse sur le métal une petite quantité

d'eau qui solidifie une portion de ce dernier sous forme de disque. Il enlève ce disque, jette encore de l'eau pour former un second disque qu'il enlève, et ainsi de suite, jusqu'à ce qu'il ne reste plus de métal dans le creuset. Ces disques ont une apparence bulleuse et une couleur rouge violacé, qui leur a valu le nom de *Rosettes*, sous lequel on les désigne ordinairement. Cette première opération constitue l'affinage.

Mais le *C. rosette*, retenant toujours de l'oxydule en dissolution, est très peu malléable. Pour lui donner cette malléabilité qui est indispensable au c. employé par l'industrie, on le soumet à une nouvelle opération (*raffinage*) qui demande une grande habileté de la part de l'ouvrier. On refond les rosettes dans un petit foyer semblable au précédent, et quand leur fusion est complète, on les recouvre de petits charbons de bois, et l'on brasse le bain avec une branche de bois vert qui donne des gaz réducteurs. De cette manière, l'oxydule se réduit progressivement, et le métal acquiert la malléabilité désirée. Il faut à l'ouvrier un tact singulier pour saisir le moment exact où l'oxydule se trouve réduit, car bientôt le métal perd sa malléabilité en se combinant avec une petite quantité de carbone. Afin donc de saisir l'instant précis, l'ouvrier plonge de temps en temps une tige de fer dans le bain, et en retire un petit dé de c. qu'il soumet au martelage. Enfin, quand le métal présente les qualités convenables, il arrête la fusion, et le coule dans des moules qui lui donnent les formes usitées dans le commerce.

Lorsque les minerais de c. sont argentifères, il est le plus souvent avantageux de retirer l'argent qu'ils contiennent. Cette opération se pratique tantôt sur le c. noir, tantôt sur les dernières mattes grillées. Le traitement du c. noir, pour en extraire l'argent, se fait au moyen de la *liquation*, et celui des mattes par l'*amalgamation*. Mais comme nous avons déjà exposé ailleurs ces deux méthodes, nous n'y reviendrons pas ici. Voy. ARGENT.

L'idée d'employer au traitement du minerai de c., préalablement fondu, le convertisseur Bessemer qui a révolutionné l'industrie de l'acier, s'était présentée à nombre de personnes ; malheureusement, la solidification du c. qui se produit vers la fin de l'affinage, empâtait les tuyères placées à la partie inférieure de l'appareil. Voy. ACIER. — M. Manhès, de Lyon, a su remédier à cet inconvénient en disposant les tuyères latéralement, et le convertisseur Bessemer est employé couramment à l'usine des Éguilles (Vaucluse). Le minerai de c. est d'abord traité pour matte dans des demi-hauts fourneaux ; puis la matte est introduite à l'état liquide dans le convertisseur. On charge deux tonnes et l'on donne le vent ; il se produit une abondante quantité d'acide sulfureux par la combustion du soufre de la matte, et le métal se rassemble au fond de l'appareil. Il se forme une scorie contenant de 2 à 3 p. 100 de c. que l'on repasse aux fourneaux qui produisent la matte. L'avantage considérable de ce procédé consiste dans l'économie du combustible, puisque la majeure partie de la chaleur nécessaire à l'opération est empruntée à la combustion du soufre, l'un des éléments du minerai.

IX. *Alliages*. — Les alliages de c. les plus intéressants sont ceux qu'il forme avec l'étain et avec le zinc. Il a déjà été question des premiers au mot BRONZE ; nous ne parlerons donc ici que des seconds. Le principal de ces alliages a reçu le nom de *Laiton* ou *C. jaune*. Les deux métaux s'y trouvant combinés en proportion variable, il en résulte que sa couleur est d'un jaune plus ou moins vif quand le c. y domine, tandis qu'elle devient d'un blanc grisâtre lorsque c'est le zinc. De plus, l'alliage renferme presque toujours de petites quantités de plomb, de fer et d'étain, qui lui communiquent des propriétés particulières. Ainsi, la présence du plomb l'empêche de *graisser la lime*, c.-à-d. de boucher les petites cavités de cet outil, ce qui a toujours lieu dans le cas contraire. — Le laiton est plus dur que le c., s'altère beaucoup moins sous l'action de l'air, est plus propre au moulage et se travaille plus facilement au tour. Il jouit, en outre, d'une ductilité et d'une malléabilité remarquables. Enfin, il est cassant à chaud et aisément fusible. Sa densité varie de 8,20 à 8,90, selon sa composition. Le laiton destiné à être tourné devant être un peu dur afin de ne pas graisser la lime, on le compose de 64 à 65 parties de c., 36 à 38 de zinc, 2,15 à 2,5 de plomb, et 0,25 à 0,40 d'étain. Celui qu'on destine à la tréfilerie, exigeant une très grande ténacité, renferme 64 à 65 parties de c., 33 à 34 de zinc, et 0,8 de plomb et d'étain. On emploie environ 70 parties de c. et 30 de zinc quand l'alliage doit être travaillé au marteau. Enfin, dans les fonderies de la marine, on fabrique deux variétés de laiton, l'une, le première qualité, en alliant 76 parties de c. et 24 de zinc, et l'autre, de deuxième qualité, en fondant ensemble 85 parties de c., 14 de zinc et 1 de plomb.

Le laiton se fabrique aujourd'hui en alliant directement le c. et le zinc. On prend le c. rouge à l'état de rosettes, et on le réduit en grenaille, en le coulant, après l'avoir préalablement fondu, dans un récipient rempli d'eau. Quant au zinc, on l'emploie à l'état de plaques réduites en fragments. Les deux métaux sont introduits, avec la *Mitraille*, ou morceaux de vieux laiton dont on peut disposer, dans des creusets pouvant contenir de 15 à 20 kilogr. d'alliage et placés dans un fourneau ovoïde revêtu intérieurement de briques réfractaires, et partagé en deux étages par une voûte percée de plusieurs trous. Les creusets sont disposés dans la voûte, et il reçoivent par ces trous la flamme du foyer, lequel occupe la partie inférieure de la construction. Une ouverture pratiquée au sommet du four sert à les charger, et une autre ouverture, établie au niveau de la voûte, permet de les retirer quand la fusion est opérée. Il ne reste plus alors qu'à couler l'alliage dans des moules revêtus d'argile. Quelquefois on transforme directement celui-ci en plaques en versant le métal fondu entre deux dalles de granit dressées avec soin et maintenues à l'écartement voulu par des barres de fer. — Dans le procédé ci-dessus les métaux sont employés dans la proportion de 66 parties de c. et 34 de zinc. — Autrefois on fabriquait aussi le laiton en chauffant un mélange de calamine (carbonate de zinc) grillée, de charbon et de c. Dans ce cas, il n'était pas possible de faire entrer dans l'alliage plus de 27 à 28 parties de zinc, et si la proportion de ce métal devait être plus grande on faisait l'opération en deux fois. On fabriquait d'abord un alliage appelé *Arcot*, composé de 80 p. de c. et de 20 de zinc ; on traitait ensuite cet alliage comme le c. neuf par une nouvelle quantité de calamine. Le laiton ainsi obtenu était très recherché pour certaines applications à l'époque où le zinc métallique était toujours de mauvaise qualité. Depuis que les progrès réalisés dans l'industrie du zinc permettent d'obtenir ce métal suffisamment pur, le procédé à la calamine est abandonné.

Les autres alliages que nous avons à passer en revue servent principalement à faire la bijouterie fausse. Les uns imitent l'or et les autres l'argent. — Les alliages désignés sous les noms de *Similor, Or de Manheim, Pinchbeck* et *Métal du prince Robert* appartiennent à la première classe. Leur composition varie beaucoup ; mais ceux dont on fait principalement usage présentent les éléments suivants : c. 80, zinc 20 ; c. 84, zinc 16 ; c. 86, zinc 14 ; c. 88, zinc 12. En ajoutant à ces alliages un peu de plomb, on leur donne un reflet qui, après le polissage, les fait ressembler à l'or vert ; mais ils se trahissent toujours par leur pesanteur spécifique, leur odeur et leur oxydabilité au contact de l'air. Le *Chrysocale* ou *Chrysocalque* est un autre alliage du c. même genre qui est ordinairement formé de 92 parties de c., 6 de zinc et 2 d'étain.

Les alliages destinés à imiter l'argent portent, en général, le nom de *C. blanc*. De plus, chacun d'eux a une dénomination particulière due presque toujours au caprice des fabricants. Les uns contiennent du nickel qui leur donne leur couleur ; les autres se rapprochent de la poterie d'étain. Le *Tombac* renferme 97 parties de c., 2 de zinc et 1 d'arsenic. L'*Argentan* ou *Maillechort* ou *Métal d'Alger* se fabrique de plusieurs manières. A Paris, on l'a fait pendant longtemps avec 650 parties de c., 168 de nickel, 130 de zinc, 34 de fer, et 2 d'étain et de cobalt. Trois variétés de cet alliage sont actuellement exploitées en Allemagne sous le nom de *Neusilber* (nouvel argent), *Chinasilber* (argent de Chine) et *Perusilber* (argent du Pérou) ; elles contiennent ordinairement 4 partie de nickel, 2 de zinc et 3 de c. Le *Nickel silver* (argent de nickel) et le *German silver* (argent d'Allemagne), on

usage en Angleterre, sont également des alliages de la famille du maillechort. Le *German silver*, qui est identique avec le *Packfong* ou *Toutenague* des Chinois, se compose de 7 parties de c., 6,5 de zinc, et 2,5 de nickel. Enfin, le *Britannia métal* ou *Imperial metal*, qui se fabrique dans le même pays, est un alliage d'antimoine, de c. et d'étain. — Après ces alliages, nous citerons encore le *Potin*, dont on fabrique deux espèces. Le *Potin gris* se fait avec des lavures de laiton, auxquelles on ajoute un peu de plomb ou d'étain. Le *Potin jaune* est une sorte de bronze où il entre habituellement d'autres métaux, tels que le plomb et le fer. Ce dernier se polit aisément ; mais il est cassant. On s'en sert pour fabriquer des boutons, des robinets, des boîtes de roues, des chandeliers, etc.

CUIVRÉ, ÉE. adj. Qui a la couleur du cuivre. *Teint c. Couleur cuivrée.*

CUIVRÉE. s. f. Fausse dorure faite avec du cuivre en feuilles.

CUIVRER. v. a. Revêtir de cuivre. Faire l'opération du cuivrage. Voy. CUIVRAGE. || T. Mus. *C. un son*, Lui donner de la force, l'enfler.

CUIVRERIE. s. f. Fabrique, magasin d'ustensiles de cuivre.

CUIVRETTE. s. f. T. Mus. Petite anche de cuivre dans certains instruments.

CUIVREUX, EUSE. adj. T. Chim. et Minéral. Qui contient du cuivre. *Gîte c. Préparation cuivreuse.* — *Oxyde c.* Se dit d'un oxyde qui est le premier degré d'oxydation du cuivre. *Sels c.*, se dit des sels de cuivre qui correspondent à l'oxyde c. || Qui rend le son du cuivre. *Son c. Voix cuivreuse.*

CUIVROT. s. m. (R. *cuivre*). T. Techn. Petite poulie de laiton, à l'usage des horlogers, qui est percée pour recevoir les tiges des différentes pièces qu'on veut tourner. *La corde de l'archet enveloppe la gorge du c., pour faire tourner la pièce.*

CUJAS (JACQUES), célèbre jurisconsulte français, auteur de savants commentaires sur le droit romain ; l'un des esprits les plus profonds du xvie siècle. Il contribua dans une large mesure à l'émancipation et à la formation du droit moderne, et au développement de la société moderne (1522-1590).

CUJELIER. s. m. T. Ornith. Nom vulgaire de l'alouette des bois. Voy. ALOUETTE.

CUL. s. m. [L'*l* ne se prononce jamais, même devant une voyelle] (lat. *culus*, m. s.) Le derrière, partie postérieure de l'homme et de la femme, qui comprend les fesses et le fondement. *Être assis sur le c. Tomber sur son c. Donner des coups de pied au c. à quelqu'un. S'asseoir à c. nu. Renverser quelqu'un c. par-dessus tête.* Très fam. et souvent bas. — *Avoir le c. sur la selle*, Être à cheval. *Pendant toute la nuit, nous avons eu le c. sur la selle.* — *Jouer à c. levé*, Jouer les uns après les autres en prenant la place de celui qui perd. — Fam., *La tête a emporté le c.*, se dit en parlant d'une personne qui est tombée la tête en bas. — Figur. et pop., *Montrer le c.*, se dit de quelqu'un qui a montré de la faiblesse, quand on attendait de lui beaucoup de courage ou de fermeté. *Tenir quelqu'un au c. et aux chausses*, Le tenir de manière qu'il ne puisse s'échapper, ou critiquer avec sévérité la conduite de quelqu'un. *Se trouver, être, demeurer entre deux selles le c. à terre*, se dit de quelqu'un qui, poursuivant deux choses à la fois, n'en obtient aucune, qui, ayant deux moyens de réussir dans une affaire, les voit échouer tous les deux. *Mettre une personne à c.*, Lui enlever tout faux-fuyant, la mettre dans la nécessité de répondre catégoriquement. *Être à c.*, N'avoir plus de ressources, ne savoir plus que devenir. || T. de Cost. Nom donné quelquefois, dans le vêtement féminin, à ce qu'on appelle *tournure* aujourd'hui. *Voilà une belle toilette et un très joli c.* (Mme de GENLIS). || *C. de plomb*, se dit d'un homme très laborieux et très sédentaire. — *C.-de-jatte*, se dit d'une personne qui n'a ni jambes ni cuisses ou qui ne peut s'en servir. *Les culs-de-jatte sont ainsi appelés parce qu'ils se traînent comme ils peuvent, le derrière dans une grande écuelle de bois nommée jatte.* — *C. de basse-fosse*, Cachot souterrain creusé dans une fosse. || Le derrière des animaux, l'anus par où sortent les excréments. *Ce singe était assis sur son c.* Le *c. d'une poule, d'un pigeon.* || Par anal., se dit de la partie inférieure, du fond de certaines choses. *Le c. d'un verre, d'une bouteille, d'une lampe, d'un pot, d'un panier, d'une hotte,* etc. — *Mettre un tonneau sur c.,* Le lever sur son fond, ou bien fig. et fam., Le vider. — *C. d'artichaut,* Partie charnue de l'artichaut sur laquelle les feuilles sont implantées. || T. Mar. *Ce bâtiment est sur c.,* Son arrière est trop enfoncé dans l'eau. || *C.-de-sac,* Petite rue qui n'aboutit pas à une issue. *Des culs-de-sac.* On dit mieux *Impasse.* — Fig. et fam., se dit d'une place médiocre, où l'on n'a aucune espérance d'avancement. || *C. de charrette,* La partie postérieure d'une charrette. *Mettre une charrette à c.,* La mettre les timons en haut. || *Faire la bouche en c. de poule* ou *en « chemin d'œuf »,* se dit d'une certaine moue que l'on fait en avançant et arrondissant les lèvres. || T. Artill. Partie du canon qui comprend le relief de la culasse et du bouton. || T. Techn. Faux fond d'une serrure. || Bouton de porte. || T. Pêche. Enceinte formée en dehors des bords d'un étang pour retenir l'eau. || *C. de four,* Voûte sphérique, voy. VOÛTE. || T. Peint. *Couleur c. de bouteille,* Couleur verte très foncée. || T. Art vétér. *Ce cheval a l'œil c. de verre,* Le cristallin de son œil présente une opacité qui dénote une cataracte. || *Paille-en-c.,* Nom vulgaire du phaéton. || *C.-de-lampe.* Voy. CUL-DE-LAMPE.

CULAIGNON. s. m. T. Pêche. Fond du filet.

CULART. s. m. Partie d'un gros marteau de forge.

CULASSE. s. f. (R. *cul*). Pièce qui ferme l'ouverture postérieure du canon d'une arme à feu. || T. Mar. S'est dit pour désigner l'arrière d'un bâtiment. || T. Techn. Partie inférieure d'un diamant taillé en biseau. || T. Agric. Partie inférieure d'un cep de vigne. Voy. FUSIL et CANON.

CULASSEMENT. s. m. Action de culasser une arme à feu.

CULASSER. v. a. Mettre la culasse à une arme à feu.

CULATE. s. f. T. Artill. Partie placée tout à fait à l'arrière d'un canon, et qui aboutit à un gros bouton de métal.

CULAVE. s. f. Vase pour faire recuire des ouvrages de verre.

CUL-BLANC. s. m. T. Ornith. Nom vulgaire de la Bécassine, du Motteux, de l'Autour, du Dongo. — *On chasse toute l'année des culs-blancs à l'île d'Yeu.*

CULBUTABLE. adj. Qui peut être culbuté, renversé.

CULBUTAGE. s. m. Action de culbuter. || T. Apic. Opération pratiquée surtout dans la Beauce et le Gâtinais et qui consiste à renverser une ruche en paille l'ouverture en l'air, en la recouvrant d'une ruche vide destinée à servir de magasin à miel.

CULBUTE. s. f. (R. *cul* et *buter* sign. *heurter*). Saut que l'on fait en mettant la tête en bas et les jambes en l'air, pour retomber de l'autre côté. *Faire la c.* || Par ext., Chute que l'on fait la tête en avant. *En descendant l'escalier, il a fait une horrible c.* — Fig. et fam., *Faire la c.,* se dit d'un homme qui, du haut des grandeurs, tombe dans la disgrâce, la pauvreté, etc. *Une intrigue parlementaire culbuta le ministère. La faillite de ce banquier a culbuté plusieurs maisons de notre ville.* || T. Typogr. *C. la feuille,* La retourner sur la même forme après l'avoir tirée en blanc. = CULBUTER. v. n. Tomber en faisant la culbute. *Il fit un faux pas et culbuta du haut en bas de l'esca-*

CULBUTER. v. a. (R. *culbute*). Renverser cul par-dessus tête, ou renverser avec violence. *Il le culbuta du haut en bas de l'escalier. Il courait comme un furieux en culbutant tout ce qui s'opposait à son passage. Un coup de vent culbuta notre canot. Le cheval s'emporta et nous culbuta tous dans le fossé. Notre cavalerie se précipita sur leur infanterie et la culbuta.* || Fig. et fam., Renverser, faire tomber, ruiner, etc.

-lier. || Fig. et fam., Tomber, se ruiner, faire faillite. *Le ministère était sur le point de c. Cette maison de commerce vient de c.* = CULBUTÉ, ÉE. part.

CULBUTEUR. s. m. T. Phys. Petite figure qui descend un escalier ou un plan incliné, par une série de culbutes, effet produit par un poids mobile placé dans l'intérieur, lequel descend toujours à la partie inférieure et fait ainsi tourner la figure. || T. Techn. Appareil pour faire culbuter les wagons ou wagonnets chargés.

CULBUTIS. s. m. Amas confus de choses culbutées. Fam.

CUL-DE-CHIEN. s. m. Nom vulgaire de la Nèfle.

CULDÉE. s. m. (lat. *cultor Dei,* serviteur de Dieu). On nommait jadis ainsi les membres d'un ordre religieux fondé par saint Colomban, moine d'Irlande, qui évangélisa l'Écosse au VIᵉ siècle, et établit un monastère célèbre dans l'île d'Iona.

CULDÉEN, ENNE. adj. Qui appartient à une église culdéenne.

CUL-DE-LAMPE. s. m. T. Archit. Ornement d'un lambris ou d'une voûte, qui offre une certaine analogie avec le dessous d'une lampe d'église. — Petit cabinet saillant en dehors d'une maison, et dont la partie inférieure a cette forme. || T. Typogr. *C.-de-lampe,* Ornement que l'on met à la fin d'un livre, d'un chapitre, etc., pour remplir un blanc qui serait désagréable à la vue. *Nouvelle édition ornée de vignettes, fleurons et culs-de-lampe.* = Pl. *Des culs-de-lampe.*

CUL-DE-POULE. T. Vétér. On nomme ainsi un bourrelet graisseux qui entoure la base de la queue du cheval quand il est trop gras. || On donne encore ce nom chez les bestiaux aux ulcères à bords saillants. = Pl. *Des culs-de-poule.*

CULÉE. s. f. (R. *culer*). T. Archit. Massif de maçonnerie destiné à recevoir la retombée de la première arche d'un pont. Voy. PONT. || T. Ponts et chauss. Rang de pieux servant à soutenir les terres. || T. Min. Endroit d'où l'on extrait l'ardoise. || T. Mar. On dit qu'un bâtiment *donne des culées* lorsqu'il donne des coups de sa quille sur le fond. || T. Techn. Partie du cuir proche de la queue.

CULER. v. n. (R. *cul*). T. Mar. Aller en arrière, reculer. *Brasser les voiles à c.*

CULERON. s. m. (R. *cul*). T. Manège. Partie de la croupière qui porte la queue du cheval.

CULETIN. s. m. T. Pêche. Voile que les pêcheurs mettent pour hâter la dérive d'un vaisseau.

CULETON. s. m. T. Forg. Partie opposée à la tétière d'un soufflet.

CULICIDES. s. m. pl. (lat. *culex, culicis* cousin ; gr. είδος, apparence). T. Ent. Famille d'insectes diptères. Voy. NÉMOCÈRES.

CULICIFORME. adj. 2 g. (lat. *culex, culicis* cousin ; *forma,* forme). T. Hist. nat. Qui ressemble à un cousin.

CULICIVORE. adj. 2 g. (lat. *culex, culicis* moucheron ; *vorare,* manger). T. Hist. nat. Qui se nourrit de moucherons.

CULIER. adj. m. (R. *cul*). *Boyau c.,* Le gros intestin qui se termine à l'anus. Bas ; on dit mieux *Rectum.*

CULIÈRE. s. f. (R. *cul*). Sangle de cuir qu'on attache au derrière du cheval pour empêcher le harnais de couler en avant. || T. Archit. Pierre plate creusée pour recevoir les eaux d'un tuyau de descente et les conduire dans le ruisseau.

CULILAWAN. s. m. (malais *kulit lawang,* cannelle girofiée). T. Bot. Nom donné à une écorce fournie par un arbre de la famille des *Lauracées,* le *Cinnamomum Culilawan.* Voy. LAURACÉES.

CULINAIRE. adj. 2 g. (lat. *culinarius,* m. s.) Qui a rapport à la cuisine. *L'art c. Préparation c.* Se dit surtout par plaisanterie.

CULLODEN, village d'Écosse où fut vaincu, en 1746, le dernier des Stuarts.

CULMIFÈRE. adj. 2 g. (lat. *calmus*, chaume; *fer*, qui porte). T. Bot. Qui porte un chaume, tels le blé, le seigle.

CULMINANCE. s. f. (R. *cuminant*) T. Géol. Nom donné aux points les plus élevés d'un terrain.

CULMINANT. adj. m. (lat. *cul men*, sommet). T. Astron. *Point c.*, Le point du ciel où se trouve un astre quand il atteint sa plus grande hauteur au-dessus de l'horizon. — Par ext., La partie la plus élevée de certaines choses. *Le point c. d'une chaîne de montagnes.* — Fig., Le point principal, ou le plus haut degré d'une chose. *C'est là le point c. de la question. Arrivé au point c. des grandeurs.*

CULMINATION. s. f. [Pr... *sion*] (lat. *cu men*, *inis*, sommet). T. Astron. Le passage d'un corps céleste au méridien, ou au point le plus élevé de son cercle diurne.

CULMINER. v. n. (lat. *culmen*, *inis*, sommet). T. Astr. Se dit d'un astre quand il passe au méridien.

CULOT. s. m. (R. *cul*). L'oiseau le dernier éclos d'une couvée, et le dernier-né des autres animaux. — Fam., *Le c. d'une compagnie*, Le dernier reçu dans une compagnie. || Partie de la fronde sur laquelle on pose le projectile qu'on veut lancer. || T. Archit. Ornement de chapiteau corinthien, d'où partent les volutes ou les rinceaux de feuillage. || T. Artill. Capsule de tôle de fer ou de zinc, que l'on fixe à certaines balles explosives.—Fond de gargousse.—Partie plus épaisse de la bombe, opposée à la fusée et qui a pour but d'empêcher le projectile de tomber sur la mèche. || T. Pyrotechn. Base sur laquelle on appuie une fusée pour la charger. || T. Techn. La partie métallique qui reste au fond d'un creuset après la fusion, et qui s'est séparée des scories. — Le résidu épais et noirâtre qui se forme et s'amasse dans le foyer d'une pipe; et par ext., La teinte noirâtre qu'acquiert une pipe lorsqu'elle sert depuis longtemps. — Petit plateau ou indrique de terre cuite sur lequel on pose le creuset dans le fourneau, pour le garantir de l'action trop vive du feu. — La partie inférieure d'une lampe d'église. — Partie la plus basse d'un bénitier portatif. — Entonnoir mobile dont se sert le chandelier. — Support sur lequel le miroitier pose sa capsule à vif-argent.

CULOTTAGE. s. m. [Pr. *kulo-taje*] Action de culotter une pipe, c.-à-d., de la noircir en fumant.

CULOTTE. s. f. (R. *cul*). Partie du vêtement des hommes qui couvre depuis la ceinture jusqu'aux genoux. *C. de soie, de drap, de velours, de peau.* On dit aussi, *Une paire de culottes*, ou simpl., *Des culottes. Porter des culottes.* — Fig. et fam., *Cette femme porte la c.*, porte les culottes, Elle est plus maîtresse dans la maison que son mari. — Fig. et fam., *C'est une c. de peau*, se dit d'un vieux soldat. Ne s'emploie que par dénigr. || T. Bouch. *C. de bœuf*, La partie supérieure de la fesse. *La c. constitue un morceau de choix.* — *C. de pigeon*, La partie de derrière d'un pigeon. || T. Techn. *C. d'un pistolet*, Le morceau de métal rond et creux qu'on attache au bout de la poignée d'un pistolet. — Demi-tisse à mailles simples qui fait partie du métier à tisser la gaze simplement. || T. Mécan. *C. d'échappement*, Pièce en fonte qui se place dans la boîte à fumée des locomotives qui reçoit la vapeur pour la diriger dans la cheminée.

Dans le costume masculin, on devrait réserver le nom de *c.* au vêtement qui s'arrête aux genoux et nommer *pantalon* celui qui descend jusqu'aux talons. Dans la toilette féminine, le même vêtement est appelé des deux noms.

Hist. — La culotte avait disparu depuis le commencement de ce siècle pour faire place au pantalon. On l'a cependant portée en costume de soirée jusqu'à la fin du second empire; malgré quelques tentatives pour la rétablir, elle a complètement disparu de la toilette de cérémonie et de la toilette de ville, et ne s'est plus maintenue que pour certaines livrées de domestiques. Cependant l'usage de la bicyclette en a fait revenir la mode pour les costumes de sport, de campagne, de bains de mer, etc.

CULOTTER. v. a. [Pr. *kulo-te*]. Mettre une culotte à quel-

qu'un. *Il faut c. cet enfant.* || Absol., Faire des culottes. *Ce tailleur culotte bien.* || Fumer une pipe de manière à la revêtir régulièrement d'une couche noirâtre, surtout dans le bas du fourneau. *Il sait bien c. une pipe.* = SE CULOTTER. v. pron. Mettre sa culotte. *Cet enfant ne peut pas encore se c.* || En parlant d'une pipe, se couvrir d'une teinte noirâtre. *Ces sortes de pipes se culottent aisément. Fam.*

CULOTTEUR. s. m. [Pr. *kulo-teur*]. Ne se dit que dans cette loc. fam., *C. de pipes*, Celui qui culotte des pipes.

CULOTTIER. s. m. [Pr. *kulo-tié*]. Celui qui fait, qui vend des culottes de peau, des guêtres, des gants, etc. *Marchand c.* || Adj. *Ouvrier c. Ouvrière culottière.*

CULPABILITÉ. s. f. (lat. *culpa*, faute). T. Droit. — Nous définirons la *C.* l'état moral de celui qui a commis un crime ou un délit. Nous disons état moral, parce qu'il ne suffit pas qu'un individu ait réellement commis une infraction punie par la loi, pour qu'il soit *coupable*, et, comme tel, passible de la peine portée par la loi pénale. En effet, ce n'est pas l'acte matériel, quelque fâcheux qu'il soit, que punit la loi, mais bien la volonté coupable de causer un préjudice. *L'intention* mauvaise est donc l'élément essentiel de la criminalité de l'acte, et par conséquent de la *c.* de l'individu. Là où cette intention manque, le crime ne saurait exister. Ainsi, par ex., lorsqu'un individu commet, par accident et sans le vouloir, un homicide, le fait d'homicide ne constitue pas un crime, au sens que la loi attache à ce mot, c.-à-d. il n'y a ni intention criminelle, ni *c.*, lorsque celui qui a commis le fait n'a pas agi librement et avec connaissance de cause. Dans ce dernier cas, on dit que le crime n'est pas imputable à celui qui l'a commis, ou, comme s'exprime la loi pénale elle-même, qu'il n'y a ni crime ni délit. Par conséquent, toutes les fois qu'un individu est accusé d'un crime ou d'un délit, il s'agit de savoir s'il y a eu intention criminelle, et d'examiner s'il n'existe pas des circonstances qui font que le crime n'est pas imputable à celui qui l'a commis.

1° *Age.* — La première de ces circonstances est l'âge. L'homme n'est réellement responsable de ses actes, c.-à-d. ne peut être considéré comme ayant agi librement et avec pleine et entière connaissance de cause, que lorsqu'il a atteint tout son développement. En effet, pendant les premières années de son existence, l'homme manque du discernement nécessaire (*ratio*) pour bien apprécier la valeur de ses actes : il ne peut donc en être responsable. Plus tard, le discernement lui vient; mais tant que ses facultés ne sont pas entièrement développées, il n'a encore qu'une liberté imparfaite, d'où doit résulter une moindre responsabilité. Chez tous les peuples civilisés, ces distinctions fondamentales sont inscrites d'une manière plus ou moins complète dans la législation pénale. En France, par ex., la loi elle-même fixe l'âge auquel elle considère l'individu comme ayant atteint l'âge *de discernement* : cet âge est 16 ans. A partir de cet âge, l'individu est entièrement responsable de ses actes; mais tant qu'il ne l'a pas atteint, la loi *présume* qu'il n'a pas agi avec pleine connaissance de cause. Toutefois ceci n'est qu'une présomption qui doit céder devant la preuve contraire : en conséquence, la loi exige, quand il s'agit d'un individu âgé de moins de 16 ans accomplis, qu'on pose toujours la question de savoir s'il a agi avec discernement. Si la réponse est négative, l'accusé est acquitté (C. pén. 66); si, au contraire, elle est affirmative, le crime lui est imputable. Néanmoins la peine qui, dans ce cas, est infligée au coupable, est considérablement atténuée (C. pén. 67, 68, 69). Voy. CORRECTION.

2° *Démence.* — « Il n'y a ni crime ni délit, dit l'art. 64 du C. pén., lorsque le prévenu était en état de démence au temps de l'action. » Par *démence*, la loi entend toute maladie susceptible d'apporter un *trouble complet* dans les facultés mentales, et par conséquent d'enlever à l'individu l'exercice de sa liberté. Mais ici il est impossible d'établir aucune règle générale; chaque fait individuel doit nécessairement donner lieu à un examen médico-légal qui offre souvent de très grandes difficultés. — *L'ivresse*, considérée comme apportant un trouble plus ou moins grand dans les facultés intellectuelles de l'homme, et comme pouvant, en conséquence, détruire plus ou moins complètement son discernement et sa liberté, se range sous le chef de la démence. Les criminalistes admettent unanimement que lorsque l'ivresse est telle qu'elle enlève à l'individu l'entier exercice de la raison, elle doit avoir pour effet d'empêcher l'imputation du crime, à la condition toutefois que l'individu qui a commis le crime en état d'ivresse ne soit pas un ivrogne d'habitude, ou qu'il ne se soit pas enivré pour commettre son crime. Si, au contraire, il est constant que le crime a été conçu, résolu avant l'ivresse, cette dernière ne pourra plus ni détruire ni même atténuer la c. de l'individu. Mais l'ivresse, lorsqu'elle est habituelle, doit-elle être regardée comme circonstance atténuante ? C'est là une opinion controversée par les auteurs ; néanmoins, chez nous, les juges et le jury la considèrent habituellement comme telle. Il est encore d'autres influences qui peuvent altérer le discernement et détruire plus ou moins la liberté des individus : tels sont l'état d'*hypnotisme*, de *somnambulisme*, ou encore l'état de *grossesse*; ce sont là des cas qui ne peuvent être résolus que par la conscience du jury éclairée par les lumières de la science et l'examen des circonstances du fait.

3° *Violence.* — « Il n'y a ni crime ni délit, porte l'art. 64 déjà cité du Code pénal, lorsque le prévenu a été contraint par une force à laquelle il n'a pu résister. » Il est évident que, dans ce cas, celui qui commet le crime ne peut être considéré comme ayant agi librement : *non agit, sed agitur*. Mais quels sont les cas où la violence existe au sens de la loi ? Les criminalistes sont d'accord pour décider que le crime n'est pas imputable en cas *de péril de mort, de mutilation* ou *de tourments corporels;* mais ils sont divisés relativement au péril qui ne regarde que les biens. Quant à nous, nous inclinons à penser que ce dernier péril ne constitue pas, en général, une violence suffisante pour rendre le crime non imputable, et qu'il doit simplement être considéré comme circonstance atténuante. Il en est de même de la *crainte révérentielle.* — « Il n'y a ni crime ni délit, dit encore le Code pénal, art. 328 et 329, lorsque l'homicide, les blessures et les coups sont commandés par la nécessité actuelle de la *légitime défense de soi-même et d'autrui.* Sont compris dans les cas de nécessité actuelle de défense les deux cas suivants : 1° si l'homicide a été commis, si les blessures ont été faites, ou si les coups ont été portés en repoussant pendant la nuit l'escalade ou l'effraction des clôtures, murs ou entrée d'une maison ou d'un appartement habité, ou de leurs dépendances ; 2° si fait a eu lieu en se défendant contre les auteurs de vols ou de pillages exécutés avec violence. » Voy. Excuse.

CULPEU. s. m. T. Mamm. Espèce de carnassier. Voy. Renard.

CULTE. s. m. (lat. *cultus*). L'hommage qu'on rend à Dieu, par des actes de religion. Le c. *du vrai Dieu.* Le c. *divin.* — Se dit aussi en parlant de l'idolâtrie. Le c. *des idoles, des faux dieux.* Le c. *de Jupiter, de Minerve,* etc. || Fig. et poét., *Se vouer au c. des Muses,* S'adonner à la poésie, aux lettres. || Se dit quelquefois pour religion. *Changer de c. Renoncer, retourner au c. de ses pères.* || Par anal., Vénération profonde, admiration passionnée. *Il avait voué à sa mère un véritable c. Ils rendaient à sa mémoire une espèce de c. Il a pour les anciens une sorte de c.*

Heureuse la beauté que le poète adore.
Toi, qu'en secret son culte honore...
      LAMARTINE.

Philos. — Toutes les religions ont eu un *C. public* caractérisé par des prières et des sacrifices faits en commun, suivant des règles déterminées; mais la complication des ces règles et des prescriptions relatives au c. a été très différente suivant le caractère plus ou moins mystique des peuples. On a remarqué que plus les cérémonies, sacrements, liturgie, etc., étaient compliqués, plus les prêtres prenaient d'importance dans la société, et plus celle-ci devenait théocratique. C'est ainsi que dans l'Inde, où les sacrifices ne pouvaient s'accomplir que suivant des rites extrêmement nombreux et dont les détails complexes ne pouvaient être connus que par les prêtres, ceux-ci ont acquis une telle importance qu'ils sont arrivés à constituer la première caste de la société. C'est ainsi encore qu'au moyen âge le pouvoir politique des évêques et de la papauté s'est accru en même temps que se développaient et se précisaient tous les détails de la religion catholique. Au contraire, chez les Grecs et les Romains moins portés au mysticisme, le c. s'est toujours réduit à des pratiques fort simples et le sacerdoce a toujours été subordonné au pouvoir civil. Ces circonstances s'expliquent facilement par ce fait que plus le c. est compliqué, plus les rites deviennent nombreux et difficiles à connaître, plus le rôle du prêtre est considérable, personne ne pouvant se passer de lui pour l'accomplissement des rites sacrés. Bientôt le prêtre est considéré comme le dispensateur des faveurs et des grâces des dieux, comme leur représentant direct sur la terre, et, en cette qualité, son intervention dans les affaires

civiles devient non seulement naturelle, mais nécessaire. C'est de lui que les rois tiennent leurs pouvoirs; c'est lui qui juge les consciences, qui délie des serments, qui autorise ou condamne les actions du pouvoir temporel et qui finit ainsi par acquérir la puissance souveraine.

Une autre circonstance importante est la corrélation qu'on a remarquée entre la complication du c. et celle du dogme, l'une et l'autre étant à la fois cause et effet. On imagine des dogmes nouveaux pour justifier des rites anciens dont la véritable signification s'est perdue, et ces dogmes entraînent logiquement comme conséquence d'autres dogmes qui appellent de nouveaux rites. Le plus grand danger des cultes compliqués de nombreuses cérémonies et prescriptions, c'est le déplacement et la perversion du sentiment moral. Comme il est plus facile d'accomplir scrupuleusement une série de prescriptions rituelles que de réformer son cœur et de pratiquer la justice et la charité, les cérémonies extérieures du c. prennent dans l'esprit des populations plus d'importance que les devoirs moraux proprement dits, et l'on s'habitue à vivre sans moralité, ni dans la pensée, ni dans les actes, et à commettre les actions les plus répréhensibles en s'imaginant qu'on rachète toutes ses fautes par l'observation scrupuleuse des rites, ou même qu'on ne pèche pas dès qu'on accomplit pieusement et rigoureusement toutes les prescriptions du c., qui finit ainsi par être considéré comme le seul objet de la religion et le seul devoir de l'homme. Mais cette sorte de perversion du sens moral ne se produit pas sans choquer les hommes de cœur qui ont conservé l'amour de la justice et le sentiment religieux, et bientôt il s'établit dans la société un antagonisme entre le formalisme cultuel et le sentiment moral et religieux. C'est de cet antagonisme que sont sorties presque toutes les révolutions religieuses. Toutes les religions nouvelles ont présenté au début un caractère libéral et moral ; toutes ont prêché qu'il fallait honorer Dieu par la pratique de la vertu et l'amour du prochain, et non par de vaines cérémonies. Le bouddhisme était plutôt moral que religieux. On sait avec quelle vigueur Jésus-Christ s'élevait contre les Pharisiens, scrupuleux observateurs du c. rituel, mais orgueilleux et égoïstes, et leur opposait les gens au cœur simple naturellement justes, bons et charitables. La Réforme protestante est née du même sentiment; mais, dans l'exaltation mystique où l'entraînait la puissance d'un profond sentiment religieux, elle tomba dans un autre danger. En proclamant la supériorité de la foi sur les œuvres, le protestantisme entendait surtout condamner les pratiques du catholicisme où il ne voyait que de vaines superstitions; mais par la logique de sa théologie, il fut conduit à confondre sous le nom d'*œuvres* les rites du c. avec les actions charitables et la conduite même de la vie; la question de la foi lui devint plus importante que la moralité même de la vie, et cette tendance, plus intellectuelle que morale, le conduisit à des doctrines sur la grâce et la prédestination qui n'arrivaient à rien moins qu'à nier la liberté humaine, et qui ont contribué à sa division en un nombre incroyable de sectes.

Les philosophes déistes ne sont pas d'accord sur la question de la nécessité d'un c. extérieur et public. Les uns considèrent le c. comme nécessaire pour obliger l'âme à s'élever dans l'adoration de Dieu, à méditer sur ses devoirs et sa destinée. Les autres ne voient dans le c. qu'un ensemble de pratiques vaines et inutiles parce que l'homme, être borné, ne peut avoir aucune action sur l'être parfait, et considèrent qu'il suffit de se conformer à la loi morale. Kant, sans nier l'utilité du c., ne reconnaissait que deux espèces de devoirs : devoirs envers soi-même et devoirs envers ses semblables. Il pensait que le c. extérieur est dangereux si l'on en fait un but et ne doit être envisagé que comme un moyen de fortifier dans les âmes le sentiment de la moralité.

Si l'on envisage la question sous un aspect purement humain, il est permis de croire que le sentiment religieux est une nécessité de la nature humaine, et qu'il a besoin de se manifester par des actes extérieurs qui constituent le c. Le c. intérieur que recommandent certains philosophes et qui consiste uniquement dans une sorte d'élévation de l'âme vers la divinité, exige une culture intellectuelle qui n'est pas donnée à tout le monde. D'autre part, les paroles sont nécessaires pour fixer la pensée, les cérémonies pour captiver l'attention, et la suppression de tout c. public équivaudrait en pratique à la suppression de toute religion et même de tout sentiment religieux, au moins pour les masses. Nous ne discuterons pas ici si cette suppression serait conforme à la raison et à la vérité, ou si elle est désirable. Nous nous demandons seulement si elle est possible. Quoi qu'il en soit, la question du c. et de la religion constitue l'un des problèmes les plus graves que soulève l'organisation de nos sociétés modernes. Voy. Prêtre, Religion.

Législ. — I. *Des cultes exercés en France.* — Taat que le c. est simplement intérieur et ne consiste que dans la pensée qui s'élève vers l'Être suprême, il n'est soumis à aucune loi humaine : car nul, pour nous servir de l'expression de Portalis, « ne peut forcer le retranchement impénétrable de la liberté du cœur »; nous dirions aujourd'hui « de la liberté de conscience ». Mais lorsque le c. devient extérieur, et surtout public, le législateur peut et doit intervenir pour veiller, soit à ce que la morale privée et publique ne souffre aucune atteinte de la pratique d'une religion quelconque, soit à ce que la diversité des cultes qui peuvent exister dans un même pays n'y devienne pas une cause de trouble ou de désordre, par suite des animosités et des passions dangereuses que peuvent soulever ces dissidences, ainsi que pour régler, de concert avec l'autorité spirituelle, ces questions mixtes qui prennent naissance aussitôt qu'un c. quelconque se manifeste et se réalise extérieurement; parmi ces matières, l'entretien des temples et les intérêts temporels des ministres du c. et des établissements ecclésiastiques figurent au premier rang. Si la liberté de conscience est aujourd'hui pleinement reconnue, il n'en est pas de même de la liberté des cultes qui n'existe, en principe, que pour les cultes reconnus par l'État, les autres cultes ne pouvant être exercés qu'avec la permission de l'autorité civile. Mais en revanche, une fois autorisés, les cultes non reconnus jouissent d'une liberté d'exercice beaucoup plus grande que les autres, l'État n'intervenant jamais dans leurs affaires, la seule obligation qui leur est imposée consistant à respecter les lois de droit commun.

En France, le principe fondamental sur lequel repose la législation des cultes, c'est que le pouvoir spirituel et le pouvoir temporel sont réciproquement indépendants l'un de l'autre. Il suit de là que le gouvernement et les autorités locales qui le représentent ne doivent en aucun cas intervenir dans les affaires qui touchent au for intérieur, aux dogmes religieux, aux fonctions purement spirituelles. Si donc il était porté atteinte à la liberté que les lois et ces règlements garantissent aux ministres des différents cultes, ces ministres pourraient former un recours au Conseil d'État. De leur côté, les ministres des divers cultes ne doivent s'immiscer en aucune façon dans les fonctions des autorités civiles; ils n'ont aucun ordre à leur donner, mais ils sont fondés à réclamer leur appui dans le cas où quelque entrave est apportée à l'exercice de leurs fonctions. — Depuis 1789, toutes les constitutions qui ont successivement régi notre pays ont proclamé le principe de la liberté de conscience et du libre exercice des cultes, au moins pour les cultes reconnus, principe qui forme aujourd'hui l'une des bases du droit public français. — Les cultes reconnus en France sont : 1° le c. catholique; 2° les deux cultes protestants officiels, savoir : l'Église réformée et l'Église de la confession d'Augsbourg ; 3° le c. israélite; 4° le c. musulman pour l'Algérie. La principale différence qui existe entre les deux catégories de cultes, c'est que les cultes exercés sont salariés, tandis que les autres ne le sont pas. Autres différences : en règle générale, les fonctions des cultes reconnus doivent être exercées gratuitement par leurs ministres; néanmoins les prêtres catholiques ont le droit de recevoir certaines *oblations* autorisées qui forment ce qu'on appelle le *Casuel*. Enfin, aucune dispense de service militaire n'est établie pour les ministres des cultes non reconnus; au contraire, les jeunes gens admis, à titre d'élèves ecclésiastiques, à continuer leurs études en vue d'exercer le ministère dans l'un des cultes reconnus par l'État, ne sont astreints qu'à un an de présence sous les drapeaux, à la condition toutefois qu'à l'âge de 26 ans ils aient obtenu un emploi de ministre dans l'un de ces cultes (art. 23, 4° combiné avec l'art. 24, 4° alinéa, loi du 15 juillet 1889 sur le recrutement de l'armée). — Les fonctions municipales sont incompatibles avec celles de ministre de l'un des cultes reconnus exerçant dans la commune.

II *Du culte catholique.* — A. *Organisation.* — Ce c. est celui que professe l'immense majorité de la population française. Le c. catholique n'est pas organisé en France autrement que dans les autres pays catholiques de l'univers. Le pape, chef de l'Église, confère à tous les évêques les pouvoirs spirituels, mais c'est le gouvernement qui les nomme et qui les présente au Saint-Siège. Le territoire est divisé en diocèses, gouvernés chacun par un évêque; les diocèses sont partagés en paroisses, et chaque paroisse est dirigée par un curé sous l'autorité et la direction épiscopales. Nous avons vu au mot Concordat quel était le mode adopté de concert par le souverain pontife

et le gouvernement français pour la délimitation des diocèses et la nomination des évêques. Nous étudierons dans un article spécial, au mot Évêque, en raison de l'importance de cette matière, le nombre et la répartition des diocèses, ainsi que les attributions, traitements, etc., des évêques et des archevêques. Quant aux nominations des vicaires généraux, chanoines et curés, elles sont faites par les évêques, sous la condition d'être agréés ou approuvées par le gouvernement. — Sont également soumis à l'approbation du gouvernement : la fondation des établissements ecclésiastiques et des communautés religieuses; les plans de circonscription des paroisses ; les érections de curés, succursales, chapelles, annexes et oratoires particuliers; les règlements épiscopaux fixant les oblations que les prêtres catholiques sont autorisés à recevoir pour l'administration des sacrements; les acceptations des dons et legs qui ont pour objet l'exercice du c. et l'entretien de ses ministres; les acquisitions, ventes, transactions et tous les actes importants qui sont faits, sur l'avis de l'autorité diocésaine, par les établissements ecclésiastiques et les communautés religieuses.

Les *Curés* sont nommés et institués canoniquement par les évêques ; mais ils doivent être agréés par le gouvernement. Indépendamment des conditions prescrites par les lois canoniques, la législation civile en exige deux pour être curé : 1° le candidat doit d'abord avoir été ordonné prêtre, et par conséquent être âgé de plus de 22 ans; 2° nul ne peut être nommé curé dans un chef-lieu de département ou d'arrondissement, s'il n'a obtenu le diplôme de licencié en théologie, ou s'il n'a rempli pendant 15 ans les fonctions de curé ou de desservant; pour être curé de chef-lieu de canton, il suffit d'être bachelier en théologie ou d'avoir exercé pendant 10 ans les fonctions de curé ou de desservant. Cette seconde condition est depuis longtemps tombée en désuétude. Les avantages temporels des curés consistent dans : 1° le traitement qui leur est payé sur le fonds du budget de l'État, qui est de 1,500 francs pour les curés de première classe, de 1,200 pour celles de seconde; 2° le supplément de traitement que les conseils municipaux ont la faculté de voter en leur faveur; 3° le produit des oblations et des droits curiaux qui constituent le *casuel*; 4° la jouissance du presbytère ou l'indemnité de logement qui en tient lieu ; 5° l'usufruit des biens de la cure. A l'âge de 70 ans, un supplément de traitement de 100 fr. par année est accordé aux curés non pensionnés. En outre, l'art. 2 de l'arrêté du 27 frimaire an XI autorise le gouvernement à élever au traitement de 1re classe le dixième des curés de 2e classe, en conférant cette faveur à ceux qui se sont le plus distingués par leur zèle, leur piété et les vertus de leur état. Cette sorte de promotion est appelée *Personnat*, parce qu'elle est personnelle et non attachée à la cure elle-même. Enfin, les curés sont inamovibles. Toutefois, dans des cas très graves ils peuvent être dépossédés de leur titre par une ordonnance épiscopale rendue selon les formes canoniques et approuvée, quant à ses effets civils, par un décret du chef de l'État. De plus, l'évêque a le droit de leur interdire l'exercice de leurs fonctions et de remplacer dans cet exercice, par un *Pro-curé* ceux qui sont temporairement éloignés de leur paroisse pour cause de maladie ou de mauvaise conduite : dans ce cas, une indemnité est prélevée sur le traitement du curé qui conserve son titre, en faveur du pro-curé : ce dernier jouit en outre du logement et du casuel.

Les églises et les circonscriptions territoriales qui ne sont point érigées en *cures* et *paroisses*, sont désignées sous le nom de *succursales*, et les prêtres qui sont chargés de leur administration sont appelés *Desservants*, bien que, dans le langage ordinaire, on donne à ces derniers le titre de *curé* et celui de *paroisse* au territoire qui dépend de leur église. — Ce que nous avons dit des cures s'applique en général aux succursales. Il est établi autant de succursales que l'exigent les besoins religieux des populations. — A la différence des curés, les *desservants* sont nommés et peuvent être révoqués par l'évêque seul, sans le concours du gouvernement. Au reste, les droits, les attributions et les obligations du desservant dans l'étendue du territoire dépendant de la succursale, sont les mêmes que ceux du curé dans sa paroisse. Le curé n'a aucune juridiction, ni sur les desservants des succursales établies dans le canton, ni sur les fidèles demeurant dans la circonscription de ces succursales. Le traitement des desservants est déterminé d'après leur âge. Il est fixé à 900 fr. pour les desservants âgés de moins de 60 ans, à 1,100 fr. pour les desservants de 60 à 70 ans, à 1,200 fr. pour les desservants de 70 à 75 ans, et à 1,300 fr. à partir de 75 ans. Depuis 1873, un crédit annuel a été accordé par les Chambres pour augmenter de 100 francs le traitement de 503 desservants âgés de 50 à 60 ans.

Indépendamment des avantages temporels qui sont attribués aux ministres du c. catholique, les lois civiles les exemptent du service militaire pour partie, des fonctions de juré, et des tutelles qui s'ouvrent dans un autre département que celui de leur résidence.

Considérée comme titre ecclésiastique, une cure est assimilée à un établissement public. Elle constitue une personne civile capable de posséder, d'acquérir, de recevoir des dons et legs, toutefois avec l'autorisation du gouvernement. Lorsque les libéralités sont faites dans l'intérêt de la cure ou pour la subsistance des ecclésiastiques appelés à la desservir, elles sont acceptées par le curé, tant en son nom qu'en celui de ses successeurs. Mais quand on considère les cures comme églises paroissiales, elles sont représentées par le *conseil de fabrique*, attendu que les biens des *fabriques* sont exclusivement consacrés au paiement des dépenses du c. et des frais d'entretien des édifices religieux, tandis que les biens des cures servent à l'usage personnel des curés qui les administrent. — La même distinction existe entre les biens des succursales et ceux de leurs fabriques, les succursales et leurs fabriques constituant également des personnes civiles capables de posséder et d'acquérir.

B. *Exercice du culte catholique.* — Le c. catholique est exercé sous la direction des archevêques et évêques dans leurs diocèses, et sous celle des curés dans leurs paroisses. Ceux-ci doivent se conformer aux règlements de l'évêque pour tout ce qui concerne le service divin; ils ne peuvent ordonner des prières publiques extraordinaires dans leurs paroisses sans la permission expresse de l'évêque. Tout exercice du c. catholique en dehors de la juridiction épiscopale est illégal. En conséquence, il est interdit d'introduire dans une église catholique le c. d'une secte quelconque, ou des cérémonies religieuses que l'évêque n'aurait pas approuvées.

Aucune fête ne peut être établie sans l'autorisation du gouvernement. Les fêtes conservées comme étant seules obligatoires sont, outre le dimanche, Noël, l'Ascension, l'Assomption et la Toussaint. Si la fête de Pâques et celle de la Pentecôte ne figurent pas dans cette énumération, c'est qu'elles tombent nécessairement un dimanche.

Les lieux où le c. catholique peut être célébré sont les églises, les chapelles des établissements publics ou particuliers, les voies publiques et les cimetières. — La destination d'un édifice qui a été régulièrement affecté au c. ne peut être changée sans l'autorisation du gouvernement. La commune, bien qu'elle en soit propriétaire, n'a pas le droit d'en disposer pour d'autres usages sans cette autorisation. — Le c. ne peut être exercé soit dans les maisons des particuliers, soit dans les établissements publics ou privés, sans une permission spéciale de l'évêque et sans l'autorisation du gouvernement.

Les cérémonies extérieures du c. peuvent être interdites sur la voie publique pour raisons d'ordre public par l'autorité civile, et notamment par les maires.

Les principales peines disciplinaires que l'évêque peut prononcer contre un prêtre soumis à sa juridiction, sont l'avertissement, le blâme, la censure, le changement de résidence, l'envoi dans un séminaire ou une maison religieuse avec ordre d'y passer un certain temps, l'interdiction partielle ou totale de ses fonctions, la suspense des curés et desservants et leur remplacement provisoire par un pro-curé, la révocation des titulaires amovibles, et la destitution des titulaires inamovibles prononcée par ordonnance épiscopale conformément aux règles canoniques. L'intervention du gouvernement doit être provoquée dans deux cas seulement : 1° quand un curé ou desservant est temporairement éloigné pour cause de mauvaise conduite, parce qu'il faut alors un arrêté ministériel pour fixer l'indemnité à prélever sur le traitement du titulaire; 2° quand il s'agit de la destitution des chanoines et des curés, parce que le concours de l'évêque et du gouvernement ayant été nécessaire pour les mettre en possession de leurs titres, ce même concours est indispensable pour les en priver. Le décret qui est rendu dans ce cas, approuve l'ordonnance épiscopale de destitution quant à ses effets civils.

La police exercée par l'autorité temporelle sur le c. catholique a pour but, soit de protéger l'exercice de ce c., la liberté et la sûreté de ses ministres, soit de réprimer les fautes commises par les ecclésiastiques dans leurs fonctions. — La législation criminelle (C. pénal, art. 257 à 263, et Loi du 25 mars 1822) contient un grand nombre de dispositions protectrices du c. et de ses ministres. — D'un autre côté, lorsqu'un ecclésiastique est accusé d'avoir, dans l'exercice du c.,

contrevenu aux lois, trois moyens de répression peuvent être employés : 1° les mesures disciplinaires; 2° le recours au Conseil d'État; 3° la poursuite devant les tribunaux. Pour le premier, il faut s'adresser à l'évêque diocésain; le recours au conseil d'État ne peut avoir lieu que pour les faits qui rentrent dans les cas prévus par l'art. 6 de la loi du 18 germinal an X (8 avr. 1802); enfin, lorsque les faits reprochés à un ecclésiastique, *dans ses fonctions*, constituent un crime, un délit ou une contravention, il peut être traduit devant le juge compétent, mais seulement après que le conseil d'État a autorisé la poursuite.

Il n'existe plus maintenant de différence entre les prêtres catholiques et les autres citoyens à l'égard des délits qu'ils commettent *hors de l'exercice du c. et de leurs fonctions*. Tous les privilèges créés en faveur des prêtres catholiques en matière de juridiction civile ou criminelle, tous les tribunaux d'exception et d'attribution, ainsi que les officialités, ont été abolis et supprimés par les lois du 16 août 1790 et du 18 germ. an X.

Les prêtres catholiques sont, en outre, à raison de leurs fonctions, soumis à des obligations spéciales qu'ils doivent, sous les peines édictées par la loi, scrupuleusement remplir. Ainsi, par exemple, ils ne peuvent procéder aux cérémonies religieuses d'un mariage sans la justification d'un acte de mariage préalablement reçu par un officier de l'état civil. Ils ne peuvent non plus, sans l'autorisation de l'officier de l'état civil, aller lever le corps d'une personne décédée pour procéder à son inhumation.

II. *Des cultes protestants.* — Parmi les nombreuses Églises engendrées par le protestantisme, deux seulement sont reconnues en France : ce sont l'*Église réformée* (ou calviniste), et l'*Église de la confession d'Augsbourg* (ou luthérienne). — Les rapports de ces deux cultes avec l'État sont établis et réglés par la loi du 18 germinal an X, qui fut sanctionnée de même que le Concordat de 1802 intervenu entre le pape et le gouvernement consulaire. Toutefois l'œuvre de la loi précitée se trouvant incomplète, le décret du 26 mars 1852 et la loi du 1er août 1879 sont venus remplir les lacunes qu'elle présentait.

A. Les deux cultes protestants posent en principe que le droit ecclésiastique réside exclusivement dans la société des fidèles, et repoussent toute hiérarchie entre les pasteurs : par conséquent ceux-ci sont tous égaux entre eux.

B. L'Église réformée a des *pasteurs*, des *conseils presbytéraux*, des *consistoires locaux*, des *synodes*, un *conseil central*, et une *faculté de théologie* à Montauban.

Les pasteurs sont préposés à chaque paroisse, qui a en outre son conseil presbytéral, présidé par le pasteur et composé de 4 à 7 membres laïques, élus par tous les membres de l'Église portés sur le registre paroissial. — Il y a un consistoire pour 6,000 membres de l'Église réformée : on nomme ainsi le conseil presbytéral du chef-lieu de la circonscription territoriale, dont le nombre des membres est doublé et qui comprend de plus tous les pasteurs et un délégué laïque de chaque conseil presbytéral de la circonscription. Ce sont les consistoires qui nomment les pasteurs sur la présentation du conseil presbytéral. Le président du consistoire est choisi par les membres de cette assemblée parmi les pasteurs qui en font partie; l'élection doit être soumise à l'agrément du gouvernement.

L'Église réformée a de plus des synodes. Chaque synode est formé par la réunion des pasteurs et d'un ancien ou notable de cinq églises consistoriales. Les synodes veillent sur tout ce qui concerne la célébration du c., l'enseignement de la doctrine et la conduite des affaires ecclésiastiques. Toutes les décisions qui émanent d'eux, de quelque nature qu'elles soient, sont soumises à l'approbation du gouvernement. L'assemblée d'un synode ne peut se réunir sans la permission du gouvernement. Enfin, il est établi à Paris un *Conseil central des églises réformées*, composé de notables protestants nommés par le gouvernement et des 2 plus anciens pasteurs de Paris. Il a pour mission de représenter les Églises réformées auprès du gouvernement, de s'occuper des questions d'intérêt général pour tout ce qui concerne le c. calviniste, et de transmettre, avec son avis, au ministre les candidatures présentées par les consistoires aux chaires vacantes de la faculté de théologie.

C. L'Église de la confession d'Augsbourg ou luthérienne a des *pasteurs*, des *inspecteurs ecclésiastiques*, des *conseils presbytéraux*, des *consistoires*, des *synodes particuliers*, un *synode général* et une *faculté de théologie*. Les pasteurs et les conseils presbytéraux de cette Église sont soumis à des règles analogues à celles des pasteurs et conseils presbytéraux de l'Église réformée. Les paroisses et consistoires de la confession d'Augsbourg sont en outre subordonnés à des inspections ecclésiastiques. Les inspecteurs sont chargés de la consécration des pasteurs et de la surveillance des églises, qu'ils doivent périodiquement visiter. Chaque année, ils font un rapport sur les résultats de leur inspection à un synode particulier et ils font partie de droit du synode général. — Le consistoire, dont la mission consiste à maintenir la discipline et à contrôler l'administration des conseils presbytéraux, se compose de tous les pasteurs de la circonscription, et d'un nombre double d'anciens, délégués par ces dernières assemblées. — La réunion de plusieurs consistoires forme le ressort du synode particulier, qui siège une fois par an, pour traiter les questions intéressant l'administration ou le bon ordre du c., et se prononcer sur toutes les contestations survenues dans l'étendue de la circonscription. Le synode particulier se compose de tous les membres des consistoires du ressort. Dans l'intervalle des sessions, une commission synodale recrutée parmi les membres du synode et élue par eux, a pour mission de donner aux affaires soumises à cette assemblée la suite qu'elles comportent. — Enfin, l'autorité suprême de l'Église de la confession d'Augsbourg, c'est le *Synode général*, qui se compose : 1° de pasteurs et d'un nombre de laïques double de celui des pasteurs élus par les synodes particuliers; 2° d'un délégué de la faculté de théologie. Le synode général tient ses réunions tous les trois ans; il est le gardien de la constitution de l'Église; c'est ce conseil qui désigne les livres liturgiques, et nomme la *Commission exécutive* chargée de représenter auprès du gouvernement les intérêts de la Confession d'Augsbourg, et de juger en dernier ressort les contestations survenues dans tous les groupes ressortissant à son autorité. Le synode général peut également, si besoin est, convoquer un *Synode constituant*, dont le nombre des membres doit être double de celui des membres du synode général.

D. Pour être nommé *Pasteur*, il faut être né ou naturalisé Français, être âgé de 25 ans accomplis, et avoir pris ses grades dans l'une des deux facultés de théologie protestante. Le traitement des pasteurs est réglé d'après la population des communes où ils résident. Il est de 1,800 à 3,000 fr.; en Algérie, 3,500 et 4,000 fr. Le montant du crédit inscrit annuellement au budget pour les traitements des pasteurs s'élève à 1,125,400 fr. Ceux-ci n'ont pas droit à la pension de retraite : un fonds annuel de secours s'élevant à 80,000 fr. est réparti entre les anciens pasteurs et les veuves. De plus, l'État accorde chaque année 30,000 fr. environ pour la construction et l'entretien des temples protestants.

E. Dans le territoire de l'Algérie, les cultes protestants forment une Église mixte organisée par l'ordonnance royale du 31 octobre 1839, et placée sous l'autorité de trois consistoires institués au chef-lieu de chacun des départements algériens.

III. *Du culte israélite.* — L'organisation du c. israélite est réglée par les décrets des 17 mars et 11 décembre 1808, qui furent rendus après la convocation, à Paris, d'une assemblée de notables israélites, et ceux du 29 août 1862 et du 12 septembre 1872.

Toutes les *Synagogues* sont réparties aujourd'hui dans les circonscriptions de 8 *Consistoires départementaux*. Chaque synagogue a un *Rabbin communal* qui est élu par le consistoire, assisté d'une délégation d'électeurs spéciaux. Chaque consistoire départemental se compose de 6 membres laïques et du *Grand rabbin* de la circonscription. L'administration et la police des temples, la délivrance des diplômes de rabbin du 1er degré, et la nomination des assemblées chargées d'élire les rabbins municipaux et les *Ministres officiants* ou *Chantres* : telles sont les principales attributions de ces consistoires. — Au-dessus d'eux est institué un *Consistoire central* qui siège à Paris. Il se compose d'un *Grand rabbin* et d'autant de membres laïques qu'il y a de consistoires départementaux en France et en Algérie. Le consistoire central nomme son président et son grand rabbin. Il est chargé de la haute surveillance des intérêts du c. et de la police ecclésiastique générale; il délivre les diplômes de rabbin de 2e degré, et sert d'intermédiaire entre le ministre des cultes et les consistoires départementaux. — Le Grand rabbin du consistoire central a droit de surveillance et d'admonition sur tous les ministres du c. israélite. Les grands rabbins des consistoires départementaux ont droit de surveillance sur les ministres officiants et sur les rabbins de leur ressort. — Toutes les élections faites par les consistoires et assemblées doivent être soumises à l'approbation du gouvernement. Depuis la loi du 3 mai 1831, le traitement des ministres du c. israé-

lite est à la charge du trésor public. Les traitements des rabbins sont très variables (de 600 à 2,600 pour les ministres officiants, de 1,750 à 2,500 pour les rabbins communaux, 4,000, 5,000 et 12,000 pour les rabbins des consistoires et le grand rabbin). Les ministres du c. israélite n'ont pas droit à pension : une somme de 8,000 fr. leur est répartie chaque année à titre de fonds de secours; un crédit de 8,000 fr. est en outre inscrit au budget des cultes pour la construction et l'entretien des temples. — L'Algérie possède 3 consistoires israélites, l'un à Alger, l'autre à Oran et le troisième à Constantine.

IV. *Du culte musulman.* — La plus grande partie de la population de l'Algérie professant l'*Islamisme*, le c. musulman figure au budget de l'État, comme les cultes dont nous venons de parler. Il est compris parmi les services indigènes et porté au chapitre des dépenses pour la somme de 215,000 fr. environ.

V. *Cultes non reconnus.* — Les cultes non reconnus sont ceux dont l'État ne salarie pas les ministres, et dans l'organisation desquels il n'intervient en aucune manière. Telle est la situation des *Anabaptistes* congrégationalistes, *Bouddhistes*, etc. Ces différentes communautés sont donc complètement indépendantes. Néanmoins, comme les réunions pour l'exercice d'un c. sont assimilées à toute autre réunion publique, elles sont soumises à la nécessité d'une autorisation préalable de l'autorité.

Cons., pour plus de détails, BLOCK, *Dictionnaire de l'Administration française.*

CULTELLAIRE. adj. 2 g. [Pr. *kul-tel-lère*] (lat. *cultellus*, petit couteau). Qui a la forme d'un couteau.

CULTELLATION. s. f. [Pr. *kul-tel-la-sion*] (lat. *cultellare*, niveler). Méthode d'évaluation de la surface d'un terrain en pente qui consiste à la remplacer par sa projection sur un plan horizontal. Voy. ARPENTAGE.

CULTÉRANISME. s. m. Voy. CULTISME.

CULTISME. s. m. (esp. *culto*, poli). T. Littér. Système de recherche et d'affectation particulière qu'on trouve dans certains écrivains espagnols de l'école du poète Gongora. On dit aussi CULTÉRANISME, CULTORISME et GONGORISME.

CULTISTE. s. m. T. Littér. Se dit d'un écrivain affecté. Voy. CULTISME.

CULTIVABLE. adj. 2 g. Susceptible d'être cultivé.

CULTIVATEUR. s. m. Celui qui cultive la terre, soit pour son compte, soit pour celui d'un propriétaire. Les c. sont le premier soutien d'un pays. || Nom donné à divers instruments agricoles. Le soc. c. || Adject., Un peuple c. = Syn. Voy. AGRICULTEUR.

CULTIVATEUR, TRICE. adj. Qui se livre à la culture des terres. Qui sert à la culture.

CULTIVATION. s. f. [Pr. ...sion]. Travail nécessaire pour mettre la terre en culture. Voy. DÉFRICHEMENT, LABOURAGE, etc.

CULTIVER. v. a. (lat. *colere*, sup. *cultum*, m. s.) Faire les travaux nécessaires pour rendre la terre plus fertile et améliorer ses productions. C. la terre. C. un champ, un jardin, une vigne, etc. — Faire venir au moyen de la culture. C. des fleurs, des plantes médicinales. || Fig., en parlant des facultés de notre âme, Former, développer, perfectionner par l'instruction et par l'exercice. C'est lui qui a cultivé votre enfance. Il se faisait une gloire de c. son génie naissant. C'est un goût qu'il faut c. C. son âme, son esprit, sa mémoire, sa raison. || Fig., en parlant des arts, des sciences, etc., S'y adonner, s'y exercer assidûment. C. les sciences, les arts, les lettres, la poésie, la philosophie. Pour réussir dans un art, il faut c. toute sa vie. — C. le bien, c. la vertu, Pratiquer le bien, la vertu. || Fig., en parlant des relations, des sentiments qui unissent les personnes entre elles, sign. Conserver, entretenir, augmenter. C. la connaissance, l'amitié, la bienveillance, l'affection de quelqu'un. — On dit dans un sens anal., C. ses amis, ses connaissances, Les voir souvent, ne pas les négliger. C'est un homme qu'il faut c., c'est une connaissance à c., C'est un homme dont il faut gagner ou entretenir la bienveillance. = CULTIVÉ, ÉE. part. *Des terres bien cultivées. Un esprit cultivé.*

CULTRICOLE. adj. 2 g. (lat. *culter*, couteau; *collum*, col). T. Hist. nat. Qui a le cou ou le corselet en forme de couteau.

CULTRIDENTÉ, ÉE. adj. (lat. *culter; dens*, dent). T. Zool. Qui a les dents en forme de couteau.

CULTRIFOLIÉ, ÉE. adj. (lat. *culter; folium*, feuille). T. Bot. Qui a les feuilles en forme de couteau.

CULTRIFORME. adj. 2 g. (lat. *culter; forma*, forme). T. Hist. nat. Qui a la forme d'un couteau.

CULTRIROSTRE. adj. 2 g. (lat. *culter* couteau; *rostrum*, bec). Qui a le bec en forme de couteau. = CULTRIROSTRES. s. m. pl. T. Ornith. Famille d'*Échassiers* à bec long et pointu. Voy. ÉCHASSIERS.

CULTURAL, ALE. adj. Qui est relatif à la culture.

CULTURE. s. f. (lat. *cultura*, m. s.). Le travail appliqué à la terre pour la rendre plus fertile. *Sully encouragea surtout la c. des terres. Dans ce pays-ci la c. est bonne, intelligente, mauvaise, négligée, arriérée. Frais de c. Terre sans c.* — Par ext., se dit des soins que l'on donne à certains végétaux. *La c. du blé, de la vigne, du tabac, du coton, de la betterave. Les cultures industrielles. On modifie les végétaux par la c. et les hommes par l'éducation.* — Par anal., se dit encore de certains produits qui ne proviennent pas directement de la terre. *La c. de la soie. La c. des abeilles.* || Fig., L'application que l'on met aux choses de l'esprit, l'étude qu'on en fait. *La c. des lettres, des sciences. des arts.* — Se dit aussi des soins donnés à l'esprit, aux facultés intellectuelles de l'homme, pour les développer, les perfectionner. *La c. de l'esprit, de la mémoire. Un esprit sans goût et sans c.* — Voy. PROPRIÉTÉ.

CUMACÉS. s. m. pl. Ordre de Crustacés malacostracés de la division des Thoracostracés, ayant deux paires de pattes-mâchoires et six paires de pattes. Ils n'ont pas d'yeux pédonculés.

CUMANA. v. de la république du Venezuela, ch.-l. de la province du même nom; 8,000 hab.

CUMBERLAND, comté du N.-O. de l'Angleterre, ch.-l. *Carlisle;* 251,000 hab. || Nom de plusieurs comtés et villes des États-Unis d'Amérique.

CUMBERLAND (Duc de), troisième fils de George II, roi d'Angleterre, fut vaincu par les Français à Fontenoy (1745), et vainquit du prétendant Charles-Édouard à Culloden (1746).

CUMÈNE. s. m. (R. *Cumin*). T. Chim. Le *Cumène* ou *Isopropylbenzène* est un hydrocarbure de la formule C^9H^{12} qui se produit dans la distillation sèche de l'acide cuminique avec un excès de chaux ou de baryte. On en a fait la synthèse en traitant le benzène par le chlorure d'isopropyle en présence du chlorure d'aluminium. C'est un liquide à odeur forte et agréable, insoluble dans l'eau, très soluble dans l'alcool, l'éther et les huiles essentielles. Il bout à 153°. Avec le brome il donne des dérivés bromés, avec l'acide azotique des dérivés nitrés. La réduction du nitrocumène donne naissance à la cumidine ou amidocumène; la réduction du dinitrocumène produit le diamidocumène. L'acide sulfurique transforme le c. en acides cumène-sulfoniques; ces acides, fondus avec la potasse caustique, donnent les cumophénols correspondants (isopropylphénols).

Le *pseudocumène*, isomère du précédent, est un triméthylbenzène qu'on rencontre dans tous les pétroles; il existe, mélangé au mésitylène, dans les portions des huiles de goudron bouillant entre 150° et 170°. On peut l'obtenir par synthèse en traitant le toluène par du chlorure de méthyle en présence du chlorure d'aluminium. Il est liquide, insoluble dans l'eau, soluble dans l'alcool et l'éther. Il bout à 170°. L'acide azotique concentré le transforme en pseudonitrocumène, qui par réduction donne la pseudocumidine. Avec l'acide sulfurique on obtient des acides pseudocumène-sulfoniques qui, par fusion avec la potasse, se convertissent en pseudocuménols.

On réunit souvent, sous le nom de *Cumènes*, les hydrocar-bures dérivés du benzène qui répondent à la formule C^9H^{12}. En voici la liste : 1° L'*isopropylbenzène* C^6H^5.CH : $(CH^3)^2$ ou c. proprement dit, a été décrit plus haut. 2° Le *propylbenzène* C^6H^5.C^3H^7, liquide incolore, bouillant à 159°, se comporte comme le précédent vis-à-vis du brome, de l'acide azotique et de l'acide sulfurique. Les oxydants le transforment en acide benzoïque. 3° Les *éthyltoluènes* ou *méthyl-éthylbenzènes* C^6H^4 (CH^3) (C^2H^5), au nombre de trois (ortho-méta- et para-), sont des liquides dont les points d'ébullition sont compris entre 158° et 161°; ils se forment par l'action du sodium sur les toluènes bromés, mélangés de bromure d'éthyle. 4° Les *triméthylbenzènes* $C^6H^3(CH^3)^3$ comprennent : le *mésitylène*, l'*hémellitène* (voy. ces mots) et le pseudo-cumène décrit ci-dessous.

CUMÉNOL. s. m. (R. *cumène*). T. Chim. Les *Cuménols* sont des phénols correspondant au cumène et répondent à la formule C^6H^4 (C^3H^7) OH. On les obtient en fondant avec la potasse caustique les acides cumène-sulfoniques ou en traitant la cumidine par le nitrite de soude. L'orthocuménol est un liquide bouillant à 212°, et restant facilement en surfusion au-dessous de son point de fusion qui est de 15°. Le paracuménol fond à 61° et bout à 229°.

Le *pseudocuménol* C^6H^2 $(CH^3)^3$ OH s'obtient de même que les précédents, en partant de l'acide pseudocumène-sulfonique ou du nitrate de pseudocumidine. Il fond vers 72° et bout à 235°.

Les propylphénols et le mésitol sont des phénols isomères des précédents et correspondent au propylbenzène et au mésitylène.

CUMES, anc. v. d'Italie, aujourd'hui ruinée, près de Naples, célèbre par sa sibylle.

CUMIDINE. s. f. (R. *Cumène*). T. Chim. La *Cumidine* C^9H^{11}AzH^2 est un liquide huileux, incolore, jaunissant à l'air, soluble dans l'alcool, l'éther, le sulfure de carbone et les huiles grasses; elle bout à 225°. On la prépare en réduisant le nitrocumène par le sulfure d'ammonium, ou en chauffant l'aniline avec l'alcool isopropylique en présence du chlorure de zinc. C'est une base faible dont les solutions sont neutres au tournesol et qui s'unit aux acides en formant des sels cristallisables à réaction acide.

La *pseudocumidine*, base isomérique avec la précédente, se produit par la réduction du nitropseudocumène; elle forme de longues aiguilles fusibles à 68°, bouillant à 235°. Dans l'industrie on obtient sous pression à 280° le chlorhydrate de la xylidine commerciale avec de l'alcool méthylique; on obtient ainsi un mélange de c. brute et de pseudocumidine. En diazotant ce produit et en le combinant avec le β-naphtoldisulfonate de soude on obtient le *rouge* ou *ponceau de c.*, matière colorante azoïque analogue aux ponceaux de xylidine.

CUMIDIQUE. adj. T. Chim. Voy. CUMYLIQUE.

CUMIN. s. m. (gr. χύμινον, m. s.). T. Bot. Genre de plantes (*Cuminum*) Dicotylédones de la famille des *Ombellifères.* Voy. ce mot.

CUMINAL. s. m. (R. *Cumin*). T. Chim. Syn. d'*Aldéhyde cuminique.* Voy. CUMINIQUE.

CUMINIQUE. adj. 2 g. (R. *Cumin*). T. Chim.
1. — L'*aldéhyde c.* $C^{10}H^{12}O$ existe, mélangée à cymène, dans l'essence de cumin. Quand on soumet cette essence à la distillation fractionnée, le cymène passe au-dessous de 200°; on recueille les portions qui passent au-dessus de cette température et on les agite avec du bisulfite de soude; celui-ci forme avec l'aldéhyde une combinaison solide qu'on décompose par le carbonate de soude. On obtient ainsi l'aldéhyde c. sous forme d'un liquide incolore, à odeur forte, à saveur brûlante, bouillant à 236°. Sous l'action des oxydants les plus faibles et même, à la longue, au contact de l'air, elle se transforme en acide c. Elle est isomérique avec les essences d'anis, d'estragon, du fenouil et de badiane.

Quand on traite l'aldéhyde c. par la potasse en solution alcoolique, on obtient du cuminate de potasse et de l'*alcool c.* $C^{10}H^{14}O$. Cet alcool, isomère du thymol, est un liquide incolore, à odeur aromatique faible, bouillant à 243°; l'acide azotique le convertit en acide c.; la potasse alcoolique à l'ébullition le détruit peu à peu en donnant du cuminate de potasse et de l'isocymène.

II. — L'acide c. $C^{10}H^{12}O^2$ se prépare en faisant couler de l'aldéhyde c. ou de l'essence de cumin sur de la potasse en fusion; de l'hydrogène se dégage et l'on recueille du cumi nate de potasse qu'on décompose par l'acide chlorhydrique. L'acide c. cristallise en aiguilles incolores, d'odeur désagréable, solubles dans l'eau bouillante, l'alcool et l'éther; il fond à 115° et bout à 250°. Distillé avec de la chaux en excès, il se dédouble en acide carbonique et en cumène. Traité par l'acide azotique il se transforme en acide *nitrocuminique* $C^9H^{10}(AzC^2)CO^2H$, qui par réduction se convertit en acide *amidocuminique* $C^9H^{10}(AzH^2)CO^2H$. Avec le perchlorure de phosphore, l'acide c. donne du *chlorure de cumile* $C^{10}H^{11}OC^l$, liquide qui bout à 257°, et que le cuminate de potasse transforme en *anhydride c.* $(C^{10}H^{11}O)^2O$.

CUMINOÏDE. adj. (gr. κύμινον, *cumin*; εἶδος, apparence). T. Bot. Qui ressemble au cumin.

CUMINOÏNE. s. f. (R. *cumin*). T. Chim. Alcool cétonique, répondant à la formule $C^{20}H^{24}O^2$, obtenu en chauffant l'aldéhyde cuminique avec du cyanure de potassium en solution dans l'alcool étendu. La c. fond vers 100°. Oxydée par l'acide chromique, elle se transforme en une dicétone, le *cuminile* $C^{20}H^{22}O^2$ cristallisé en prismes jaunâtres fusibles à 84°.

CUMINOL. s. m. T. Chim. Ce mot a été employé pour désigner tantôt le cuménol, tantôt l'aldéhyde cuminique.

CUMOL. s. m. T. Chim. Synonyme de *Cumène*.

CUMONITRILE. s. m. T. Chim. Nitrile de l'acide cuminique. C'est un liquide bouillant à 235°, qu'on obtient par la distillation sèche du cuminate d'ammoniaque. Sa formule est $C^{10}H^{11}Az$.

CUMOPHÉNOL. s. m. T. Chim. Synonyme de *Cuménol*.

CUMUL. s. m. (lat. *cumulus*, amas). T. Droit. — Le mot *Cumul*, qui signifie action de cumuler une chose avec une autre, s'emploie en matière civile, en matière pénale et en matière administrative. — 1° En matière civile, la loi défend le cumul du pétitoire et du possessoire, ainsi que celui de l'opposition et de l'appel. — 2° En matière pénale, ces peines ne se cumulent pas. Par conséquent, lorsqu'un accusé est convaincu de plusieurs crimes ou délits, au lieu de lui appliquer autant de peines différentes, on ne lui en applique qu'une seule; mais c'est la plus forte de celles qu'il a encourues. — 3° En matière administrative, on appelle c. la réunion de deux ou plusieurs fonctions publiques rétribuées. Il est facile de concevoir les inconvénients qui pourraient résulter pour les services publics de la réunion d'un trop grand nombre de fonctions sur une seule tête: aussi, plusieurs dispositions législatives ont-elles été portées contre cet abus. D'après le décret du 9 mars 1852, les professeurs, gens de lettres, savants et artistes peuvent remplir plusieurs fonctions et occuper plusieurs chaires rétribuées sur les fonds du trésor public; néanmoins le montant des traitements cumulés, tant fixes qu'éventuels, ne peut dépasser 20,000 fr. Le cumul du traitement de fonctionnaire et de l'indemnité de sénateur et de député est réglé par l'article 96 de la loi du 15 mars 1849 et par la loi du 9 février-19 avril 1872. En outre, il n'est pas permis, en principe, de cumuler un traitement d'activité avec une pension de retraite de l'État.

CUMULARD. s. m. Celui qui occupe plusieurs places et jouit de plusieurs traitements en même temps. Fam., et ne se dit que par dénigr.

CUMULATIF, IVE. adj. T. Jurispr. Qui résulte de l'accumulation. *Droit c.*

CUMULATION. s. f. (Pr. ...sio n]. Action de cumuler.

CUMULATIVEMENT. adv. Par accumulation.

CUMULER. v. a. (lat. *cumulare*). T. Palais. Réunir, joindre ensemble plusieurs choses. *C. plusieurs genres de preuves.* || *C. plusieurs places, plusieurs emplois,* on absolum., *Cumuler*, Occuper plusieurs places, toucher plusieurs traitements à la fois. = **Cumulé, ée.** part.

CUMULUS. s. m. [Pr. *kumu-luss*] (lat. *cumulus*, tas,

amas). T. Météor. Nom de nuages ressemblant à des montagnes de neige. — *Cumulo-stratus*, nuages plus entassés. Voy. **Nuage.**

CUMYLE. s. m. (R. *cumène*, et le suffixe *yle*, du gr. ὕλη, matière). T. Chim. Radical univalent, contenu dans l'acide, l'aldéhyde et l'anhydride cuminiques, et dans le chlorure de cumyle. Il répond à la formule $C^{10}H^{11}O$. Voy. **Cumylique.** — Le radical bivalent $C^{10}H^{12}$ porte le nom de *Cumylène*. Le chlorure de cumylène $C^{10}H^{12}Cl^2$ se forme par l'action du perchlorure de phosphore sur l'aldéhyde cuminique.

CUMYLIQUE. adj. T. Chim. Quand on fait bouillir le durène avec de l'acide azotique étendu, on obtient un mélange d'acides cumylique et cumidique. Si l'on chauffe ce mélange au moyen de la vapeur d'eau, il distille de l'*acide cumylique* $C^{10}H^{12}O^2$, qui cristallise en prismes solubles dans l'alcool et l'éther, fusibles à 150°, et se sublimant facilement au-dessus de cette température. Il reste de l'*acide cumidique* $C^{10}H^{10}O^4$ solide, insoluble dans l'eau et dans l'éther, soluble dans l'alcool, et qui, à une température élevée, se sublime sans fondre.

CUNAXA, v. de l'Asie anc. (Babylonie), célèbre par la défaite de Cyrus le Jeune, que vainquit son frère Artaxerxès (401 av. J.-C.).

CUNÉAIRE. adj. 2 g. (lat. *cuneus*, coin). T. Bot. Qui a la forme d'un coin.

CUNÉEN, ENNE. adj. (lat. *cuneus*, coin). Qui appartient aux os cunéiformes.

CUNÉGONDE (Sainte), impératrice d'Allemagne, femme de Henri II de Bavière; morte en 1040. Fête le 3 mars

CUNÉIFOLIÉ, ÉE. adj. (lat. *cuneus*, coin; *folium*, feuille). T. Bot. Qui a des feuilles cunéiformes.

CUNÉIFORME. adj. 2 g. (lat. *cuneus*, coin; *forma*, forme). T. Hist. nat. Qui a la forme d'un coin. *Os c. Feuilles cunéiformes.* || T. Minér. Octaèdre c., Octaèdre dans lequel quatre des faces sont des triangles et les quatre autres des trapèzes. || T. Philol. Se dit de certaines écritures employées anciennement dans l'Assyrie, la Perse et la Médie. *Écriture c. Caractères cunéiformes.*

Philol. — Les caractères cunéiformes doivent leur nom à la forme de l'élément fondamental, qui est celle d'un coin ou

$$|||\cdot|^{\ell}\rceil=|\rightleftarrows\square|\lhd\dot\searrow\rightleftharpoons$$
$$\dashv\leftarrow\ \rightleftharpoons\rhd\vdash\overline{|||}\ |||\rhd\gtreqless||$$
$$\diamondsuit\sqsubseteq\rightleftharpoons\sqsupset\overline{\bowtie}\vdash\overline{|}\rightleftharpoons|$$

plutôt d'un clou à tête large (Fig.). Les inscriptions cunéiformes ne se rencontrent que dans la Perse ou la Turquie d'Asie; on les trouve gravées sur des rochers, des pierres taillées ou des briques d'argile dont on a découvert des monceaux dans les ruines de Ninive et de Babylone. Restées longtemps indéchiffrables, ces inscriptions ont fini par être traduites grâce aux travaux persévérants d'un grand nombre de savants, parmi lesquels nous citerons le Dr Hincks, W. Rawlinson et M. Oppert. Les inscriptions cunéiformes appartiennent à plusieurs langues, dont les principales sont le persan, le médique et l'assyrien.

Les caractères qui les composent sont généralement phonétiques, c.-à-d. qu'ils représentent des sons; on y rencontre parfois, au milieu des caractères phonétiques, des groupes qui ont une signification idéographique, comme les hiéroglyphes d'Égypte, et cette circonstance n'a pas peu contribué à en rendre la lecture extrêmement difficile.

Dans les inscriptions persanes, les caractères représentent des lettres; mais dans les inscriptions médiques, et surtout assyriennes, l'écriture est syllabique, c.-à-d. que chaque groupe représente une syllabe. Les assyriologues furent très longs à découvrir ce fait, dont la connaissance pouvait seule leur permettre de déchiffrer les inscriptions. La lecture des inscriptions cunéiformes marque un progrès considérable, non seulement dans la science philologique, mais encore dans la connaissance de l'histoire d'Orient. Elle nous a fait connaître l'ancienne civilisation des Assyriens; elle nous a révélé sur les mœurs, les croyances et l'histoire de ces anciens peuples bien des circonstances absolument ignorées, et nous a fait comprendre le rôle important qu'ils ont joué dans le développement de la civilisation occidentale.

CUNÉIROSTRE. adj. 2 g. (lat. *cuneus*, coin; *rostrum*, bec). T. Zool. Qui a le bec en forme de coin.

CUNÉO-CUBOÏDIEN, IENNE. adj. (lat. *cuneus*, coin; *cuboïde*). T. Anat. Qui a rapport aux os cunéiformes et à l'os cuboïde.

CUNÉO-SCAPHOÏDIEN, IENNE. adj. (lat. *cuneus*, coin; *scaphoïde*). T. Anat. Qui a rapport aux os cunéiformes et à l'os scaphoïde.

CUNETTE. s. f. (lat. *cuniculus*, galerie souterraine). Canal pratiqué dans le fond d'un fossé de fortification. On dit aussi *cuvette*. Voy. FORTIFICATION. || Partie d'un aqueduc où circulent les eaux. || Petit canal destiné à évacuer l'eau des marais saumants.

CUNICULÉ, ÉE ou **CUNICULEUX, EUSE.** adj. (lat. *cuniculus*, galerie souterraine). T. Didact. Qui renferme une excavation longue et profonde.

CUNILE. s. f. (lat. *Cunila*, nom de plante). T. Bot. Genre de plantes de la famille des *Labiées*. Voy. ce mot.

CUNLHAT, ch.-l. de c. (Puy-de-Dôme), arr. d'Ambert; 3,000 hab.

CUNNINGHAM, poète écossais (1784-1842).

CUNNINGHAMIA. s. m. (R. *Cunningham*, nom d'homme). T. Bot. Genre de plantes de la famille des *Conifères*.

CUNNINGHAMITES. s. m. (R. *Cunninghamia*). T. Bot. et Paléont. vég. Genre de Conifères dont une seule espèce, encore vivante, habite la Chine. Les autres espèces qui sont fossiles: *C. elegans*, *C. oxycedrus*, *C. Sternbergii*, se trouve trent dans le crétacé supérieur, et le *C. miocenicus*, dans le miocène.

CUNONIE. s. f. (R. *Cuno*, nom d'un botaniste allemand). T. Bot. Genre de plantes Dicotylédones (*Cunonia*) de la famille des *Saxifragacées*. Voy. ce mot.

CUNONIÉES. s. f. pl. (R. *Cunonie*). T. Bot. Tribu de plantes de la famille des *Saxifragacées*. Voy. ce mot.

CUPANIE. s. f. (R. *Cupani*, nom d'un botaniste italien). T. Bot. Genre de plantes Dicotylédones (*Cupania*) de la famille des *Sapindacées*. Voy. ce mot.

CUPHÉA. s. f. (gr. κυφός, bossu). T. Bot. Genre de plantes Dicotylédones de la famille des *Lythracées*. Voy. ce mot.

CUPIDE. adj. 2 g. (lat. *cupidus*, m. s.). Qui a de la cupidité. *C'est un homme c.*

CUPIDITÉ. s. f. (lat. *cupiditas*, m. s.). Désir immodéré, convoitise; se dit particulièr. de l'amour immodéré de l'argent, des richesses. *Il n'y a rien au monde de plus aveugle que la c. C. insatiable. Cela éveilla sa c.* = Syn. Voy. AVIDITÉ.

CUPIDON. s. m. T. Mythol. Dieu de l'amour, fils de Vénus. Voy. AMOUR.

CUPRÉINE. s. f. T. Chim. Alcaloïde contenu en petite quantité dans le *Quinquina cuprea*, qui est constitué par l'écorce du *Remijia pedunculata*. La c. répond à la formule $C^{19}H^{22}Az^2O^2$. Elle est solide, cristallisable, et fond à 197°. C'est une base diacide, pouvant former, comme la quinine, des sels basiques et des sels neutres. Elle possède en outre une fonction phénolique qui lui permet de s'unir aux bases minérales et organiques. Grimaux et Arnaud, en chauffant la c. avec de l'iodure de méthyle en présence du sodium et de l'alcool méthylique, ont réussi à transformer la c. en quinine. Cette synthèse montre que la quinine est l'éther de

la c. En remplaçant l'iodure de méthyle par d'autres iodures alcooliques, on peut préparer des bases nouvelles, homologues de la quinine.

CUPRÉOL. s. m. T. Chim. Substance isomère du cinchol, contenue en petite quantité dans le *Quinquina cuprea*.

CUPRESSÉES. s. f. pl. (lat. *cupressus*, cyprès). T. Bot. Tribu de végétaux appartenant à la famille des *Conifères*. Voy. ce mot.

CUPRESSIFOLIÉ, ÉE. adj. (lat. *cupressus*, cyprès; *folium*, feuille). T. Bot. Dont les feuilles ressemblent à celles du cyprès.

CUPRESSIFORME. adj. 2 g. (lat. *cupressus*, cyprès; *forme*). T. Bot. Qui ressemble au cyprès.

CUPRESSINÉ, ÉE. adj. (lat. *cupressus*, cyprès). T. Bot. Qui ressemble au cyprès.

CUPRESSINITES. s. m. [Pr. *cu-pré-si-ni-tès*] (lat. *Cupressus*, cyprès). T. Paléont. vég. Genre de Conifères fossiles que l'on trouve dans le crétacé inférieur (*C. obtusifolius*), dans l'éocène (*C. globosus* et *C. elongatus*), et dans le miocène (*C. recurvatus*).

CUPRESSITES. s. m. (lat. *cupressus*, cyprès). T. Paléont. vég. Genre de Conifères fossiles rencontrés dans le miocène (*C. Brongniarti*), et dans le pliocène (*C. Linkianus*).

CUPRESSOXYLON. s. m. (lat. *cupressus*, cyprès; gr. ξύλον, bois). T. Paléont. Bot. Genre de Conifères fossiles rappelant le Cyprès, dont on trouve le bois depuis le crétacé supérieur jusque dans le tertiaire.

CUPRICOLLE. adj. 2 g. (lat. *cuprum*, cuivre; *collum*, col). T. Entom. Qui a le cou de couleur cuivreuse.

CUPRIDES. s. f. pl. (lat. *cuprum*, cuivre). T. Minér. Famille qui renferme le cuivre.

CUPRIFÈRE. adj. (lat. *cuprum*, cuivre: *ferre*, porter). T. Minér. Qui renferme du cuivre.

CUPRIPENNE. adj. 2 g. (lat. *cuprum*, cuivre; *penna*, aile). T. Zool. Qui a les ailes couleur de cuivre.

CUPRIROSTRE. adj. 2 g. (lat. *cuprum*, cuivre; *rostrum*, bec). T. Zool. Qui a le bec ou la trompe couleur de cuivre.

CUPRITE. s. f. (lat. *cuprum*, cuivre). T. Minér. Oxyde cuivreux Cu^2O, ordinairement cristallisé en octaèdres réguliers. Voy. CUIVRE, VII, B.

CUPROAMMONIAQUE. s. f. (lat. *cuprum*, cuivre, et *ammoniaque*). T. Chim. Nom donné aux dissolutions ammoniacales d'oxyde de cuivre, obtenues par l'action de l'ammoniaque concentrée sur le cuivre en présence de l'air. Ces dissolutions ont la propriété de dissoudre la cellulose et servent à imperméabiliser le papier, le carton, la toile à voiles et à injecter le bois pour le préserver de la putréfaction. L'une d'elles est le réactif de Schweizer, fréquemment utilisé dans les laboratoires pour reconnaître et dissoudre la cellulose.

CUPROMAGNÉSITE. s. f. (lat. *cuprum*, cuivre, et *magnésium*). T. Minér. Sulfate de cuivre et de magnésie.

CUPROMANGANÈSE. s. m. T. Métall. Alliage de cuivre et de manganèse qui contient 75 parties de cuivre et 25 de manganèse. Introduit en petite quantité dans le cuivre ou le bronze en fusion au moment de la coulée, il absorbe complètement le peu d'oxygène que pourrait retenir le cuivre. Ce cuivre ou cet alliage de manganèse passe dans les scories, et l'on obtient un métal d'une homogénéité parfaite très malléable et très résistant, employé pour les canons et le doublage des navires.

CUPROPLOMBITE. s. f. (lat. *cuprum*, cuivre, et *plomb*). T. Minér. Sulfure de cuivre et de plomb.

CUPROPOTASSIQUE. adj. 2 g. (lat. *cuprum*, cuivre, et *potasse*). T. Chim. La *liqueur cupropotassique* ou *cuprotartrique* est une solution alcaline de tartrate double de cuivre et de potassium ou de sodium. A 100°, le glucose la réduit en donnant un précipité rouge d'oxyde de cuivre; le sucre ordinaire ne présente pas cette réaction tant qu'il n'est pas interverti. Cette liqueur est utilisée pour la recherche et le dosage du glucose et pour l'analyse des sucres. Suivant le procédé employé pour la préparer, elle porte différents noms: liqueur de Barreswill, de Fehling, etc.

CUPROXYDE. s. m. (lat. *cuprum*, cuivre; *oxyde*). T Minér. Oxyde de cuivre.

CUPULAIRE et **CUPULIFORME.** adj. 2 g. T. Bot. En forme de cupule.

CUPULE. s. f. (lat. *cupula*, petite coupe). T. Bot. Se dit de divers organes en forme de petite coupe, mais surtout de l'involucre du fruit dans la famille des *Cupulifères*. Voy. Bractée.

CUPULÉ. adj. 2 g. T. Bot. Muni d'une cupule.

CUPULIFÈRES. s. f. pl. (lat. *cupula*, petite coupe, *fero*, je porte). T. Bot. Famille de végétaux Dicotylédones de l'ordre des Apétales inférovariées.

Caractères bot. : Arbres ou arbustes à feuilles stipulées, alternes, simples. Fleurs unisexuées et monoïques; fleurs mâles en épis allongés, rarement globuleux. A l'aisselle de chaque bractée de l'épi, une seule fleur avec 2 bractées latérales (*Coudrier*) ou sans bractées (*Chêne*), le plus souvent une

Fig. 1.

cyme à 3 ou 7 fleurs; calice nul ou formé de 4 ou 5 sépales, souvent concrescents en coupe; étamines en même nombre que les sépales, ou en nombre plus grand, ou bien réduites à 2 (*Bouleau*). Fleurs femelles en épis allongés ou globuleux; tantôt solitaires à l'aisselle des bractées avec 2 bractées latérales (*Chêne*), le plus souvent groupées par 2 (*Aulne, Coudrier*), ou 3 (*Bouleau, Châtaignier*); calice nul (*Bouleau*) ou formé de 4 ou 6 sépales. Pistil comprenant 2 ou 6 carpelles et formant un ovaire à 2, 3 ou 6 loges; 2, 3 ou 6 styles libres; dans chaque loge, 1 ou 2 ovules anatropes pendants. Le fruit est un akène, parfois ailé, par avortement de toutes les loges, et d'un ovule dans la loge qui reste, si celle-ci est biovulée; en même temps les bractées mères et les bractées propres des fleurs s'accroissent de diverses manières autour du fruit en formant une involucre ou *cupule*. Graines dépourvues d'albumen; cotylédons charnus et plan-convexes; radicule petite et supère.

La famille des *C.* comprend seulement 10 genres renfermant 400 espèces. Les espèces qui la composent habitent les forêts des pays tempérés de l'ancien et du nouveau continent. Très communes en Europe, en Asie et dans l'Amérique du Nord, elles sont plus rares dans le nord de l'Afrique, au Chili et dans la partie sud de l'Amérique méridionale. On n'en trouve aucune au Cap de Bonne-Espérance. Ce sont surtout les *Chênes* et les *Châtaigniers* que l'on trouve dans les régions intertropicales des deux hémisphères; les espèces de ces genres sont fort communes sur les plateaux élevés, mais elles sont inconnues dans les vallées de la zone équatoriale. Le genre *Hêtre* est celui qui s'avance le plus vers le sud; on en rencontre quelques espèces dans la Nouvelle-Zélande, dans la Tasmanie et dans les terres australes de l'Amérique méridionale. On assure que le *Fagus procera* dépasse en grandeur les *Auracarias*. Quelques espèces, notamment les *Bouleaux*, s'élèvent jusque dans les régions polaires et jusqu'à la limite des neiges éternelles. Il y faut ajouter plus de 300 espèces fossiles trouvées depuis le crétacé jusque dans le quaternaire et appartenant aux genres actuellement vivants.

On divise cette famille en trois tribus :

Tribu I. — *Bétulées.* — Pas de calice à la fleur femelle; carpelles uniovulés; pas de cupule (*Alnus, Betula*). [Fig. 1. — 1. Chatons mâle et femelle de *Betula alba.* 2. Chatons de *Betula lenta.* 3. Fleurs mâles. 4. Fleurs femelles. 5. Coupe perpendiculaire d'un fruit mûr. 6. Coupe transversale du même.]

L'écorce des Bouleaux est astringente, et on l'emploie quelquefois comme fébrifuge. Leur bois est en général léger et de qualité inférieure, mais celui du *Bouleau noir (Betula nigra)*, de l'Amérique septentrionale, est un des plus durs et des plus précieux que nous connaissions. L'écorce de cette espèce se distingue par un goût singulièrement âcre : elle renferme une huile essentielle et une substance résineuse particulière appelée *Bétuline* ou *Camphre de Bouleau*. L'huile qu'on extrait du *Bouleau commun (B. alba)* est employée dans la préparation des cuirs dits de Russie, et leur communique cette odeur agréable qui les caractérise. Les Indiens du nord de l'Amérique enlèvent par longues bandes l'écorce épaisse et flexible du *Bouleau à papier (B. papyracea)*, et s'en servent pour fabriquer leurs canots, leurs chaussures et divers ustensiles domestiques. Quand, au printemps, on recueille la sève du Bouleau commun, ce qui se fait en pratiquant des incisions au tronc de l'arbre, et qu'on la laisse fermenter, elle se transforme, grâce au sucre qu'elle contient, en forte proportion, en une liqueur pétillante assez agréable, fort estimée dans le nord de l'Europe. Cette liqueur, qui renferme de l'acide acétique libre et quelques matières salines, a reçu le nom de *Vin de Bouleau*. Ce vin jouit d'une réputation populaire fort grande comme remède contre la pierre et la gravelle. Le *Bouleau noir* et le *B. flexible (B. lenta)* fournissent aux habitants de l'Amérique septentrionale du sucre d'aussi bonne qualité que celui qu'on obtient de l'Érable du Canada. L'écorce de l'*Aune commun (Alnus viscosa)* est amère et astringente : on s'en est servi pour faire des gargarismes, et on l'a employée avec succès dans les fièvres intermittentes. Dans quelques pays, l'écorce, ainsi que les chatons mâles et femelles de l'Aune commun, servent au tannage et à la teinture en noir et en brun. Son bois, qui se pourrit très promptement à l'air, est incorruptible dans l'eau : aussi l'emploie-t-on à faire des pilotis. En outre, sa dureté, son élasticité et la finesse de son grain le font rechercher des tourneurs, des sabotiers et des ébénistes. Enfin, il fournit un excellent charbon pour la fabrication de la poudre. Cet arbre vient très bien dans les lieux trop marécageux pour convenir au Saule et au Peuplier.

Tribu II. — *Corylées.* — Un calice à la fleur femelle; carpelles uniovulés; cupule partielle (*Corylus, Carpinus, Ostrya, Ostryopsis*). Les principales espèces du genre Noisetier (*Corylus*) sont le Noisetier Avelinier (*C. Avellana*), dont le fruit appelé *Noisette* ou *Aveline* est si connu que nous n'avons pas besoin de le décrire, et le Noisetier franc (*C. tuberosa*), dont l'amande est encore plus estimée que celle de l'Avelinier. Outre leur excellent goût qui fait rechercher ces fruits pour la table, on en peut retirer une huile fort bonne et peu inférieure à celle d'amandes douces. La tige de ces arbrisseaux n'atteint pas d'assez fortes proportions pour pouvoir être employée dans la menuiserie; mais elle fournit un charbon léger, très propre à la fabrication de la poudre. — Le *Charme (Carpinus betulus)* forme en grande partie l'essence de nos forêts, où il atteint une hauteur de 12 à 15 mètres. Il est surtout précieux par la qualité de son bois, qui est blanc, un charbon pesant, d'un grain fin et serré. Les charrons et les mécaniciens en font un grand usage : on en fait des roues de moulin, des vis, des pressoirs, des manches d'outils, etc. C'est aussi un très bon bois de chauffage, qui donne beaucoup de chaleur avec une flamme vive et claire, et qui produit un excellent charbon.

TRIBU III. — *Quercées* — Un calice à la fleur femelle; carpelles biovulés, cupule générale (*Castanea, Castanopsis,*

Fig. 2.

Fagus, Quercus). [Fig. 2. — 1. *Fagus sylvatica;* aa, Chatons mâles ; bb, Chatons femelles ; 2. Fleur femelle avec les écailles de l'involucre arrachées pour montrer les carpelles au sommet ; 3. Fleur mâle ; 4. Fleur femelle à moitié de son développement, avec sa cupule qui consiste alors en écailles soudées qu'on a rabattues. — 5. *Quercus pedunculata.* Fleur mâle ; 6. Fleur femelle ; 7. Coupe verticale de celle-ci

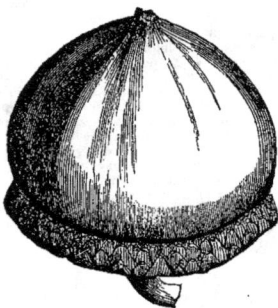

Fig. 3.

montrant une jeune cupule et les ovules ; 8. Coupe transversale de l'ovaire. — Fig. 3. *Quercus Skinneri*, Gland et cupule de grandeur naturelle.]

Il a été déjà question du Chêne (*Quercus*) et du Châtaignier (*Castanea*) dans des articles spéciaux ; nous n'y reviendrons pas ici. — Le *Hêtre commun* (*Fagus sylvatica*), appelé vulgairement *Fau, Foyard* et *Fayard*, est un des arbres les plus utiles de nos forêts. Il atteint en moyenne la hauteur de 20 mètres, croît plus vite que le Chêne, réussit

dans presque tous les terrains, et fournit un bois excellent pour la charpente, à la simple condition de le couper au moment où l'arbre est encore en sève, ou de le laisser dans l'eau pendant 4 ou 5 mois avant de l'employer. Comme il est presque incorruptible dans l'eau, il est excellent pour la construction des ouvrages submergés. Enfin, son grain serré et sa dureté le font aussi employer pour les pièces exposées à de nombreux frottements. Les fruits du Hêtre ajoutent un nouveau prix à cet arbre. Ces fruits, qu'on désigne sous le nom de *Faines*, sont fort recherchés par les animaux frugivores, notamment par les Porcs, qui en sont très friands. Leur amande, quoiqu'un peu astringente, est agréable à manger. On la fait quelquefois torréfier pour l'employer en guise de café. Mais ce qui la rend surtout précieuse, c'est qu'elle fournit en abondance une huile qui peut servir à la préparation des aliments, et qui a l'avantage, quand elle a été convenablement préparée, de se conserver plusieurs années sans rancir.

CUPULIFORME. adj. 2 g. Voy. CUPULAIRE.

CUQ-TOULZA, ch.-l. de c. (Tarn), arr. de Lavaur, 1050 h.

CURABILITÉ. s. f. (It. *curable*). T. Méd. Qualité d'une maladie qui est susceptible de guérison.

CURABLE. adj. 2 g. (lat. *curare*, guérir). Qui peut être guéri.

CURAÇAO. s. m. [Pr. *kura-so*]. Liqueur faite avec de l'écorce d'oranges amères, de l'eau-de-vie et du sucre, et qui doit son nom à l'île de Curaçao. *Un verre de C.* C'est en Hollande que la fabrication de cette excellente liqueur a pris la plus grande extension.

CURAÇAO, île des Antilles hollandaises dans le groupe des Iles sous-le-Vent. Ch.-l. Wilhelmstadt, 32.000 hab.

CURAGE. s. m. Action de curer, de nettoyer, ou le résultat de cette action. *Le c. d'un puits, d'un canal, d'une rivière, d'un port,* etc. || T. Bot. Nom vulgaire du Poivre d'eau (*Polygonum hydropiper*) de la famille des *Polygonacées*. Voy. ce mot.

Techn. — Le c. des puits et cours d'eau a pour objet d'enlever la vase ou le sable qui les obstrue, soit dans le but de rendre à l'eau sa pureté primitive, soit pour rétablir la profondeur de l'eau nécessaire à la navigation, soit enfin pour en assurer le cours régulier. Pour les puits et les ruisseaux, on emploie la drague à main ; pour les petits cours d'eau tels que les petits d'usine, les petits canaux, on se sert de la drague à godets, mue à bras d'homme, enfin pour les fleuves et les grandes rivières on emploie exclusivement la drague à vapeur. Voy. DRAGUE.

Législ. — Le curage des cours d'eau navigables ou flottables est assuré par l'État ; celui des autres cours d'eau incombe aux propriétaires riverains : un arrêté préfectoral règle les conditions et les époques du curage. Les propriétaires riverains peuvent se former en associations syndicales en vue d'y procéder.

Le curage des puits et des fosses d'aisances est à la charge du bailleur, sauf convention contraire (art. 1756 C. c.).

CURAIN. s. m. Incrustation qui se forme au fond des poêles. On l'appelle aussi *Schlot.*

CURARE. s. f. T. Bot. Poison terrible dont les Indiens des rives de l'Orénoque, de l'Amazone et de leurs affluents se servent pour empoisonner leurs flèches. On le prépare avec plusieurs *Strychnos* et diverses plantes appartenant à des familles différentes. Voy. LOGANIÉES.

Toxic. — Les symptômes de l'empoisonnement par le c. sont une paralysie progressive qui commence par les membres et finit par les muscles de la respiration, de sorte que la victime paraît s'éteindre dans le sommeil sans agitation ni convulsion. Cependant l'intelligence et la sensibilité subsistent tout entières jusqu'au dernier moment et la mort arrive par asphyxie à cause de la paralysie du diaphragme.

Il résulte des nombreuses expériences entreprises par les physiologistes, particulièrement par Claude Bernard, que l'action du c. est strictement localisée dans les nerfs de la motricité, dont elle anéantit les fonctions. Le c. est sans effet sur tous les autres organes. Du reste, son action, même sur les nerfs, n'est que passagère et disparaît avec l'élimination du poison. Il en résulte qu'on peut toujours sauver l'individu intoxiqué en pratiquant la respiration artificielle pendant un temps suffisant pour que tout le poison ait passé dans les urines, qui constituent sa voie d'élimination et où l'on peut le retrouver en évaporant le liquide. Le c. s'emploie en piqûre; il suffit de la dose minime que peut porter le dard d'une flèche empoisonnée pour entraîner, dans un délai de cinq à dix minutes, la mort des plus gros animaux. Le poison se dissout dans les humeurs et passe dans la circulation. Il est d'abord ramené au cœur et aux poumons par le sang veineux. Dans cette première phase de l'empoisonnement, la victime n'éprouve aucun symptôme, surtout si la piqûre est légère. Dans tous les cas, la blessure qui a servi de porte d'entrée au c. n'est le siège d'aucune lésion particulière; mais la paralysie arrive rapidement dès que le sang, devenu artériel, amène le poison dans les organes où il accomplit son effet Il en résulte que la mort est d'autant plus rapide que la circulation est plus active. Les oiseaux périssent plus vite que les mammifères et les animaux à sang chaud plus vite que les animaux à sang froid.

Claude Bernard a montré qu'on pouvait préserver certaines parties du corps de la paralysie au moyen de ligatures qui empêchent ou retardent considérablement la circulation du sang dans ces parties; mais il y a plus. Si aussitôt après la piqûre on lie le membre blessé au-dessus de la blessure, le sang veineux ne pourra plus revenir au cœur et l'intoxication ne se produira pas; mais tous les symptômes apparaîtront peu après la suppression de la ligature. Tous les nerfs ne sont pas également sensibles à l'action du c. Les nerfs des membres se paralysent plus vite que ceux de la respiration et une dose très faible de poison amène la paralysie des premiers, sans détruire la fonction des derniers. De là résulte un moyen de traitement de l'empoisonnement par le c. plus commode que celui de la respiration artificielle prolongée pendant plusieurs heures. Après avoir lié le membre piqué au-dessus de la blessure, on desserre un peu la ligature, de manière à laisser passer un peu de sang curarisé; mais, dès que les membres commencent à se paralyser, on resserre la ligature et on attend que la paralysie ait disparu par suite de l'élimination du poison; alors, on en laisse passer une nouvelle dose, et on continue de la sorte jusqu'à élimination complète. On peut aussi laisser en place une ligature qui n'est pas serrée à force et qui laisse passer assez de sang veineux pour que le poison puisse s'éliminer peu à peu, mais pas assez pour que la dose introduite dans la circulation générale y produise des effets mortels. A moins de très fortes doses, le c. peut être introduit impunément dans l'estomac. Les Indiens mangent, sans ressentir aucun effet, les animaux qu'ils ont empoisonnés à la chasse avec leurs flèches curarisées. Cela tient à la lenteur de l'absorption stomacale et intestinale et à l'élimination plus rapide des substances introduites par cette voie. Cependant, chez un animal à jeun dont la muqueuse intestinale jouit d'une plus grande faculté d'absorption, l'empoisonnement peut être déterminé de cette manière.

On a essayé d'employer le c. en médecine contre le tétanos et l'épilepsie, mais sans succès. On a employé des bombes curarisées pour la pêche à la baleine. Mais c'est dans les expériences de physiologie que le c. trouve une application précieuse, parce qu'il empêche chez l'animal soumis à l'expérience les mouvements volontaires ou réflexes qui gênent les opérations et empêchent les observations. Il va sans dire qu'il faut entretenir la vie du sujet par la respiration artificielle.

CURARINE. s. f. Principe actif extrait du curare. Très soluble dans l'eau et l'alcool, insoluble dans l'éther; se présente en masse amorphe, jaunâtre, cornée, déliquescente, à réaction alcaline.

CURARISANT. s. m. T. Méd. Se dit de tout composé exerçant sur l'organisme une action analogue à celle du curare.

CURARISER. v. a. T. Physiol. Soumettre à l'influence du curare pour étudier ses effets.

CURATELLE. s. f. (lat. curatio, m. s., de curare, avoir soin). T. Jurisp. La charge du curateur. Avoir la c. d'un mineur émancipé. Pendant la durée de sa c. || T. Bot. Genre de plantes Dicotylédones (Curatella) de la famille des Dilléniacées. Voy. ce mot.

CURATEUR. s. m. (lat. curator, de curare, avoir soin). T. Droit. — Dans notre système de droit, le terme de Curateur s'applique proprement à celui qui est nommé par le conseil de famille pour assister le mineur émancipé quand on lui rend les comptes de sa tutelle, quand il reçoit un capital

mobilier ou en fait emploi, et quand il soutient un procès relatif à des droits immobiliers. Le c. diffère du tuteur en ce qu'il assiste simplement le mineur, tandis que le tuteur agit en son propre nom. — Cependant on désigne encore, sous cette dénomination, mais avec un complément qui indique la fonction spéciale dont elles sont revêtues, certaines personnes auxquelles la loi confie un mandat dans l'intérêt d'autrui. Le C. au ventre est celui qui est nommé par le conseil de famille pour veiller aux intérêts d'un enfant dont la mère est enceinte au moment du décès du père. Le C. à une succession vacante est celui qui est nommé par le tribunal de première instance pour administrer les biens d'une succession lorsqu'il n'y a point d'héritier reconnu. Le C. aux biens de l'absent est celui qui est chargé d'administrer les biens d'une personne présumée absente. Il est encore nommé des curateurs dans certains cas spéciaux; ainsi, l'acceptation d'une donation faite à un sourd-muet qui ne sait pas écrire, doit être faite par un c. nommé à cet effet. On appelle C. à la mémoire celui qui est chargé de poursuivre la revision d'un procès criminel en faveur d'un condamné décédé: il est nommé par la cour de cassation. Autrefois, celui qui était chargé de défendre la cause d'un homme accusé de s'être donné la mort, était désigné sous le nom de C. du mort ou C. au mort. Enfin, dans notre ancien droit, comme dans le droit romain, on appelait Curateur celui qui était chargé de l'administration des biens d'un interdit: il reçoit maintenant le nom de Tuteur.

Sous les empereurs romains, ce terme de Curateur (Curator) servait à désigner certains officiers publics chargés de fonctions fort diverses. Nous nous contenterons de nommer les Curateurs du lit et des rives du Tibre, les Curateurs de l'annone, qui étaient chargés de veiller aux approvisionnements de Rome; les Curateurs des eaux, qui étaient chargés de la surintendance des aqueducs; les Curateurs des jeux publics; les Curateurs des travaux publics; les Curateurs des routes; les Curateurs des quartiers de Rome (curatores regionum); les Curateurs de la République, appelés aussi Logistes (logistæ), qui administraient les propriétés terriennes des municipes; et enfin les Curateurs du calendrier (curatores kalendarii), qui, dans les municipes, étaient chargés des registres appelés Kalendaria, où étaient inscrits les noms des individus auxquels il avait été prêté, moyennant intérêt, des sommes appartenant à la caisse de la ville.

CURATIER. s. m. Tanneur ou corroyeur.

CURATIF, IVE. adj. (lat. curare, guérir). Qui a pour but la guérison d'une maladie. Moyens curatifs. Méthode curative. || Substantivem., Employer les curatifs, Employer les moyens curatifs.

CURATION. s. f. [Pr. kura-sion] (lat. curatio, m. s., de curare, guérir). L'ensemble des moyens employés pour obtenir la guérison d'une maladie. Méthode de c.

CURATRICE. s. f. (lat. curare, avoir soin). Autrefois, celle qui était chargée de l'administration des biens de son mari interdit. On dit maintenant Tutrice.

CURCAS. s. m. T. Bot. Genre de plantes Dicotylédones de la famille des Euphorbiacées, fondu par beaucoup de botanistes dans le genre Jatropha. Voy. Euphorbiacées.

CURCULIGO. s. m. (lat. curculio, charançon). T. Bot. Genre de plantes Monocotylédones de la famille des Amaryllidacées. Voy. ce mot.

CURCULIONIDES. s. m. pl. (lat. curculio, charançon). T. Entom. Famille d'insectes coléoptères.

Entom. — Les insectes appelés de ce nom constituent, dans l'ordre des Coléoptères cryptopentamères, une famille des plus naturelles. Cette famille est aussi l'une des plus nombreuses du règne animal, car le chiffre des espèces connues dépasse 10,000. Les c. se distinguent essentiellement des autres coléoptères par le prolongement antérieur de la tête qui forme une sorte de museau, de bec ou de trompe, d'où les noms de Rynchophores et de Porte-Bec que leur a donné Latreille. Ce bec ou museau-trompe, qui varie de forme et de longueur, et qui est tantôt courbé et tantôt droit, se termine par une bouche d'autant plus petite qu'il est lui-même plus effilé. La plupart ont l'abdomen gros; le pénultième article des tarses est presque toujours bilobé; les cuisses postérieures sont dentées dans un grand nombre. Enfin, les antennes sont le plus souvent en massue, tantôt droites, tantôt, et le plus fréquemment, coudées après le premier article. On rencontre dans ces coléoptères les formes les plus diverses, depuis ceux qui sont presque linéaires ou très allongés (Fig. 3 et 8) jusqu'à ceux qui sont ovoïdes ou globuleux (Fig. 4 et 9); mais en général ce sont des insectes trapus et organisés plutôt pour grimper et se cramponner aux corps sur lesquels ils se trouvent que pour marcher sur une surface plane. Leur démarche, sauf dans le genre *Orcheste*, est fort lente, et, comme ils ne peuvent échapper au danger par la fuite, étant pour la plupart dépourvus d'ailes ou en faisant très peu usage quand ils en ont, la nature leur a donné des téguments extrêmement durs, surtout dans les espèces aptères. — Les larves ont le corps oblong, semblable à un petit ver très mou, blanc, avec la tête écailleuse, et sont dépourvues de pieds, ou n'ont à leur place que de petits mamelons d'où suinte une humeur visqueuse qui les fait adhérer aux végétaux dont elles se nourrissent. Elles rongent différentes parties des plantes. Plusieurs vivent uniquement dans l'intérieur de leurs fruits ou de leurs graines, et nous causent souvent de grands dommages. Beaucoup de c. nous nuisent, même à l'état parfait. Ils piquent les bourgeons et les feuilles de plusieurs végétaux cultivés, utiles ou nécessaires, et se nourrissent de leur parenchyme.

Schœnherr partage les c., selon que leurs antennes sont droites ou coudées, en deux grandes sections, les *Orthocères* et les *Gonatocères;* on a créé plus de 1,400 genres dans cette famille. Nous nous contenterons d'indiquer quelques-unes des espèces les plus intéressantes de cette famille :

1. *Orthocères.* — Le type du genre *Apodère* est l'*Ap. du coudrier (Apoderus Coryli)* [Fig. 1, grossie] qui se trouve aux environs de Paris : c'est un insecte d'un rouge vermillon

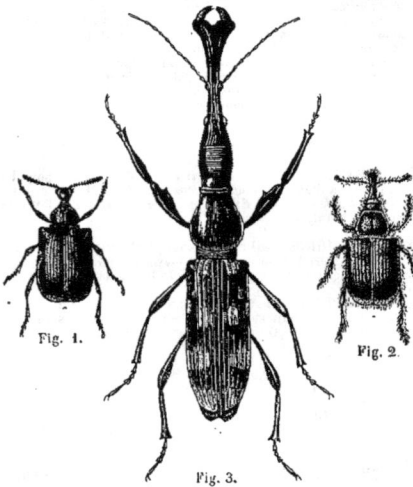

Fig. 1.   Fig. 2.

Fig. 3.

luisant en dessus, avec la tête, l'écusson et l'extrémité des pattes noirs. Sa larve ne pouvant vivre qu'aux dépens des feuilles flétries, mais non totalement desséchées, la femelle fait une entaille au pétiole des feuilles sans les couper tout à fait, et y dépose un œuf : la feuille se flétrit, se contourne sur elle-même et enveloppe la larve sous forme de tuyau ou de cornet. — Les *Attelabes (Attelabus)* ont les mêmes habitudes que les précédents : l'*Att. curculionoïde* est commun aux environs de Paris. — Dans le genre *Rhynchyte (Rhynchites)*, on remarque le *Rh. bacchus* (Fig. 2, grossie), joli insecte d'un rouge cuivreux, pubescent, avec les antennes et le bout de la trompe noirs, mais qui cause souvent des dégâts considérables dans les pays vignobles. En effet, les

larves de cette espèce vivent dans les feuilles roulées de la vigne, et l'en dépouillent quelquefois entièrement. Dans plusieurs de nos provinces, les cultivateurs donnent aux rhynchytes les noms de *Bêche*, de *Lisette*, etc. — Le genre *Apion* renferme un très grand nombre d'espèces, pour la plupart européennes, mais toutes très petites et ne dépassant guère 2 à 3 millim. Quelques-unes sont nuisibles à nos vergers et à nos prairies. — Le genre *Brente (Brentus)* est remarquable par l'étroitesse de son corps et la longueur de sa trompe. Il est propre, sauf une seule espèce qui habite l'Italie, aux régions les plus chaudes de l'Amérique, de l'Afrique et de l'Asie. Le *B. de Temminck* (Fig. 3) appartient à l'Amérique du Sud. C'est parmi les orthocères que certains auteurs rangeaient autrefois les genres *Anthribe* et *Bruche* et quelques autres, dont on a fait depuis une famille distincte. Voy. BRUCHIDES.

II. *Gonatocères.* — Les *Brachycères (Brachycerus)* sont propres à l'Europe méridionale et à l'Afrique. Leur corps est très raboteux et iné-

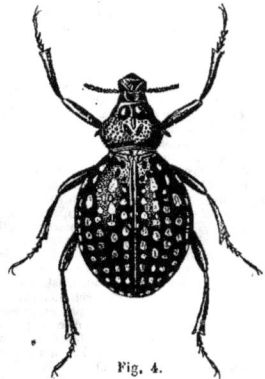

gal. Leurs antennes sont courtes et à peine coudées. Ils sont dépourvus d'ailes et vivent à terre dans le sable. Le *Br. sacré* (Fig. 4) est porté au cou, en guise d'amulette, par les femmes éthiopiennes. — Les *Charançons proprement dits (Curculio)* sont très nombreux en espèces. Beaucoup d'entre elles se distinguent par la vivacité de leur coloration, par leur éclat métallique et parfois aussi par leur grandeur. Le *Ch. impérial (C. imperialis)* [Fig. 5] est d'un vert d'or brillant, avec des bandes noires sur le corselet, et des rangées de points enfoncées d'un vert

Fig. 4.

doré sur les élytres, et les intervalles noirs. Il est très commun dans l'Amérique du Sud. Les espèces du genre *Cyphus (C. élégant)* [Fig. 6, grossie] sont aussi rangées parmi les plus beaux insectes de l'Amérique méridionale. — Le *Thylacite du coudrier (Thylacites coryli)* est un très petit insecte d'un gris

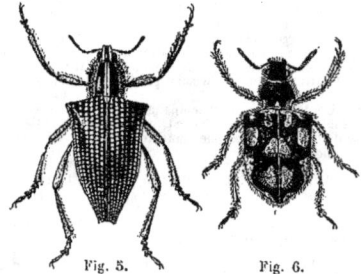

Fig. 5.   Fig. 6.

brunâtre et aux élytres striés, mais qui est très nuisible à divers arbres. Il en est de même de plusieurs espèces du genre *Polydrose (Polydrosus)*, qui d'ailleurs possèdent une belle teinte d'un vert doré ou argenté. Le genre *Sitone (Sitona)* nous offre la *Sit. lancéolée*, très petite espèce aussi, mais qui, suivant Ratzeburg, fait beaucoup de mal aux pins sauvages. — Le genre *Hylobie (Hylobius)* renferme plusieurs espèces indigènes dont l'une, appelée *Hyl. des pins*, cause de grands dégâts dans les forêts de conifères du nord de l'Europe. — Les *Coniates (Coniatus)* sont remarquables par la vivacité et l'éclat de leurs couleurs, or, rouge et vert. Le *C. du tamarisc* (Fig. 7, très grossie) se trouve dans le midi de la France. — Dans le genre *Phyllobie (Phyllobius)* nous citerons le *Ph. argenté*, joli insecte d'un vert argenté et long de 5 à 6 millim. qui, en été, se trouve par myriades sur les herbes et les fleurs : il est quelquefois nuisible aux végétaux. — Le genre *Lyxe (Lyxus)* se distingue par sa forme allongée un peu cylindrique. Il a pour type le *L. paraplectique* (Fig. 8, grossie), qui est entièrement d'un gris jaunâtre. Sa larve vit dans les tiges du phellandrion, et, selon un préjugé populaire, cause aux chevaux, lorsqu'ils la mangent avec la plante, la maladie appelée *Paraplégie*. Une autre espèce voisine, le *Rhinocellus antiodontalgique*, doit son surnom à la propriété qu'on lui attribue, dans certaines localités, de calmer les douleurs de dents. — Les genres *Pissode* et *Anthonome* renferment plusieurs espèces fort nuisibles : nous mentionnerons le *Piss. du pin (Pissodus pini* et *P. piceæ)*, et l'*Anth. des pommiers (Anthonomus pomorum*. — Le genre *Balanine (Balaninus)* est curieux par la longueur de sa trompe qui excède souvent celle du corps : l'espèce-type est la *Bal. des noix* (Fig. 9, très grossie), insecte de couleur fauve grisâtre avec quelques marbrures, dont la larve se nourrit de l'amande

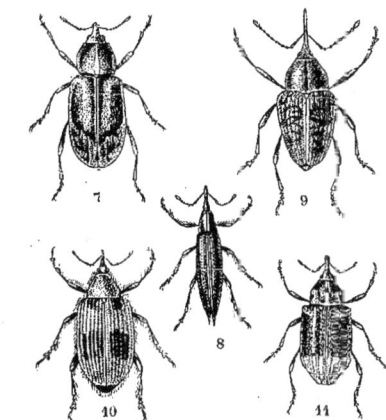

de la noisette. — Le genre *Bagous* ne comprend que de très petits insectes qui habitent les bords des marais. — Les *Orchestes* se distinguent des autres insectes de la famille par le développement de leurs pattes postérieures, qui leur donnent la faculté de sauter. Nous citerons comme exemple de ce genre l'*Orch. de l'Aulne (Orchestes alni)* (Fig. 10, très grossie). — Les espèces du genre *Baridie (Baridius)* ont le corps lisse et brillant, et présentent des couleurs rouges, blanches, etc., très vives : toutes sont de petite taille. — Le genre *Cryptorhynque*, ainsi nommé parce que le rostre est reçu dans un sillon du thorax, renferme très peu d'espèces européennes; nous citerons comme type de celles-ci le *Cr. de l'oseille* (Fig. 11, très grossie). Nous pourrions citer encore un assez grand nombre de genres qui sont représentés par diverses espèces indigènes de notre pays; mais comme cette énumération n'offrirait aucun intérêt, nous terminerons cet article par le genre *Calandre*. C'est à lui qu'appartient l'espèce appelée communément *Charançon*, et dont le nom véritable est *Cal. du blé (Calandra granaria)*. A l'état parfait, l'insecte a le corps allongé, brun, et le corselet ponctué; il vit aux dépens du blé amassé dans nos greniers. Les femelles déposent leurs œufs sur les grains, et aussitôt qu'elle est éclose, chaque petite larve pénètre dans l'intérieur d'un grain et en dévore la substance amylacée sans endommager l'enveloppe. C'est seulement en tâtant le grain qu'on s'aperçoit à sa légèreté qu'il est vide; mais alors, en examinant celui-ci, on remarque le petit trou circulaire par lequel l'insecte est sorti après avoir subi sa métamorphose. L'un des meilleurs procédés pour détruire cet insecte consiste, ainsi que chacun le sait, à agiter fréquemment les tas de blé

(voy. CÉRÉALES). La *Cal. du riz (Cal. orizæ)* est pour les pays où l'on cultive cette graminée, un aussi grand fléau que celle du blé pour l'Europe. La *Cal. du palmier (Cal. palmarum)*

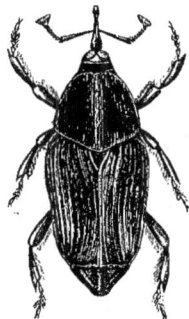

Fig. 12.

[Fig. 12] est longue de 5 centimètres. C'est un insecte noir velouté, avec les élytres sillonnés. Sa larve, connue sous le nom de *Ver palmiste*, est très grosse, d'un blanc sale, et vit dans les troncs des palmiers. Les naturels de la Guyane, et même les créoles, la font griller et la mangent comme un mets fort délicat. — Le genre *Cosson (Cossonus)* des naturalistes ne nous offre rien de remarquable : nous le citons uniquement pour prévenir qu'il ne faut pas le confondre avec les espèces de *Bruches* qui vivent dans les semences farineuses alimentaires, et qui sont désignées vulgairement sous cette même dénomination.

CURCUMA. s. m. (ar. *kurkuma*, m. s.). ǁ T. Bot. Genre de plantes Monocotylédones de la famille des *Scitaminées*. Voy. ce mot. ǁ T. Chim. Poudre extraite du *C. longa*. Elle contient une matière colorante jaune appelée *Curcumine*, qu'on peut extraire par l'éther et qui cristallise en prismes orthorhombiques jaunes, fusibles à 178°, insolubles dans l'eau, solubles dans l'alcool et l'éther, se dissolvant dans les alcalis avec une coloration rouge brun. Avec l'acide borique, la curcumine forme une combinaison que l'eau chaude transforme en une matière résineuse appelée *pseudocurcumine*, et que les acides énergiques convertissent en *rosocyanine*, substance cristalline pourpre. — Le c. contient en outre une huile volatile, isomère du thymol : c'est le *Curcumol* $C^{10}H^{14}O$, qui bout à 140°. Le c. teint, sans mordant, la laine, la soie et le coton en nuances d'un beau jaune; mais il est sans application industrielle, car les couleurs ainsi produites sont très peu solides au lavage et à la lumière. On l'emploie dans les laboratoires comme réactif coloré, servant à reconnaître les alcalis et l'acide borique.

CURCUMINE. s. f. T. Chim. Matière colorante jaune. Voy. CURCUMA.

CURE. s. f. (lat. *cura*, m. s.). ǁ Soin, souci; n'est usité en ce sens que dans quelques phrases familières. *Le meunier n'en a c.* (LA FONTAINE). — Prov., *A beau parler qui n'a c. de bien faire*, se dit d'un homme qui fait de belles promesses sans se soucier de les tenir. On dit aussi, *On a beau parler à qui n'a c. de bien faire*, Il est inutile de donner des conseils à celui qui n'en veut pas profiter. C'est abusivement que, dans ces phrases, quelques-uns disent *Cœur* au lieu de *Cure*. ǁ Traitement, guérison, surtout en parlant d'affections graves ou chroniques. *C. heureuse, merveilleuse. C. difficile, imparfaite. Vous avez fait là une très belle c. Il a été heureux dans cette c. Ces eaux font des cures extraordinaires.* ǁ Fonction ecclésiastique à laquelle est attachée la direction spirituelle d'une paroisse. *C. de village. Obtenir une c. Desservir une c. Permuter une c. Les cures obligent à résidence.* — Se dit aussi relativement aux avantages attachés à cette fonction. *Une bonne, une mauvaise c.* — Par ext., Le presbytère, la demeure du curé. *La c. est trop éloignée de l'église.* ǁ T. Techn. Revêtement des moules à laiton fait avec de la bouse de vache.

CURE, rivière de France, affluent de l'Yonne; 116 kil.

CURÉ. s. m. Prêtre pourvu d'une cure. Voy. CULTE. — Fig. et prov., *C'est gros Jean qui en remontre à son c.*, se dit d'un ignorant qui prétend instruire quelqu'un qui en sait plus que lui. || T. Pop. Prêtre, ecclésiastique : se dit surtout par dénigrement. || T. Techn. Morceau de chapeau qui sert au coutelier pour tenir les pièces sur le polissoir.

CUREAU. s. m. T. Techn. Instrument du tondeur de draps.

CURE-DENT. s. m. Petit instrument avec lequel on se nettoie les dents. *Vendre des cure-dents.*

CURÉE. s. f. (R. *cuir*, parce que la curée était servie aux chiens dans la peau de la bête). T. Vén. Ce qu'on donne à manger aux chiens de la bête qu'ils ont prise. *C. de cerf. Sonner la c. Donner la c. aux chiens.* — *Faire c.*, se dit des chiens lorsque, sans attendre le veneur, ils mangent la bête qu'ils ont prise. — *Défendre la c.*, Empêcher à coups de fouet que les chiens ne se jettent sur la c. — *Mettre les chiens en c.*, Leur donner plus d'ardeur à la chasse par la c. qu'on leur fait. On dit dans un sens anal., *Les chiens sont en c.* — Fig. et fam., *Être âpre à la c.*, Être très avide de gain, de butin, de places lucratives. *Mettre en c., être en c.*, se dit des personnes lorsque le gain qu'elles ont fait leur donne de l'ardeur et les excite à continuer. *Le profit qu'il trouva tout d'abord dans cette affaire, le mit en c.* Peu us.

CURE-MÔLE. s. m. Sorte de bateau ponté muni d'un appareil propre à curer les ports. Voy. DRAGUE. — Pl. *Des cure-môles.*

CURE-OREILLE. s. m. Petit instrument dont on se sert pour se nettoyer les oreilles. *Des cure-oreilles.*

CURER. v. a. (lat. *curare*, avoir soin). Nettoyer; se dit d'une chose creuse dont on enlève les ordures, la boue, la terre, etc. *C. un fossé, un puits, un étang, un égout, un port*, etc. On dit aussi, *Se c. les dents, les oreilles.* — Par ext., *C. la charrue*, Enlever la terre qui s'y est attachée. — *C. une vigne en pied*, Ôter du cep tout le bois inutile. = CURÉ, ÉE. part.

CURÈTES. s. m. pl. T. Antiq. Prêtres de Rhéa qu'on confondait souvent avec les Corybantes, prêtres de Cybèle. Voy. CYBÈLE. || Peuple de la Grèce primitive appartenant à la race pélasgique, auquel on a attribué l'invention des métaux.

CURETTE. s. f. (R. *curer*). T. Chir. Instrument formé d'un manche allongé et d'une espèce de cuiller, dont on se sert pour extraire les corps étrangers, et surtout les petits calculs de la vessie, dans l'opération de la taille. || T. Minér. Tige de fer plat terminée par une racle destinée à retirer les débris du forage, après le travail du fleuret. || T. Art milit. Sorte de cuiller montée sur un manche, dont on se sert pour nettoyer l'âme des mortiers et des obusiers. || Outil de bois pour nettoyer les armes. || T. Mar. Sorte de gratte placée au bout d'un manche et servant à nettoyer l'intérieur des pompes. || T. Techn. Instrument du couverturier qui sert à dépouiller les chardons de la laine qu'ils retiennent.

CUREUR. s. m. Celui qui cure; n'est guère usité que dans ces locut. : *C. de puits, C. d'égouts.*

CURIAL, ALE. adj. Qui concerne une cure. *Fonction curiale. Droits curiaux. La maison curiale*, Le presbytère.

CURIACES, famille d'Albe, illustrée par les trois jeunes gens qu'elle envoya combattre contre les trois Horaces.

CURIE. s. f. T. Hist. rom. Subdivision de la tribu chez les Romains. || Ensemble des administrations du pape. *La Curie romaine*, Voy. COMICES.

CURIEUSEMENT. adv. Avec curiosité, minutieusement, soigneusement. *Observer, apprendre c. S'informer, s'enquérir c. d'une chose. Rechercher c. Conserver c. quelque chose.*

CURIEUX, EUSE. adj. (lat. *curiosus*, m. s.). Qui a un grand désir de voir, de savoir, de connaître, d'apprendre. *J'étais c. de savoir ce qu'il me dirait. Je fus c. de voir ce spectacle, de lire ce livre. Il n'y a personne de moins c. d'apprendre que ceux qui ne savent rien. Il avait un esprit c. et observateur.* Par ext., on dit *Des regards curieux; Un désir c.; Une demande curieuse.* — Subst. et au masc., *Ce spectacle avait attiré beaucoup de c. Une foule de c. remplissait la rue. J'y assistais en simple c.* || Se prend souvent en mauvaise part, et se dit de celui qui cherche indiscrètement à connaître, à savoir les secrets d'autrui. *Il est c. jusqu'à écouter aux portes. Elle était tellement curieuse qu'elle décachetait mes lettres. Fi! que c'est vilain d'être c.!* — Subst., *Je déteste les c. Allez-vous-en, petite curieuse. Un c. indiscret.* || Celui qui aime les choses rares en quelque genre que ce soit, qui en fait collection. *Il était surtout c. de tableaux, d'objets antiques, de belles éditions. Il est c. de tulipes, de fleurs rares*, etc. — Subst., *Le cabinet d'un c. Un c. donnerait un haut prix de cette médaille.* || En parl. des choses, Rare, extraordinaire, singulier, bizarre, étrange. *Voilà un livre fort c. Un bijou c. Des remarques curieuses. Cette aventure est assez curieuse. Ce spectacle est c. à voir.* — Subst., *Le c. de l'affaire est que...*

CURILLON. s. m. [Pr. les *ll* mouillées]. T. Forger. Barres de fer double.

CURION. s. m. (lat. *curio*, m. s.). T. Hist. rom. Magistrat ou prêtre qui présidait chacune des trente curies et avait soin des fêtes et des sacrifices particuliers à chacune d'elles. *Les curions formaient un collège auquel présidait un c.* dit *Curio maximus.*

CURIOSITÉ. s. f. (lat. *curiositas*, m. s.). Désir, empressement de voir, de connaître, de savoir, de s'instruire. *C. blâmable. Une c. louable. Une noble c. Ce récit excita, redoubla ma c. Il y alla par c. Satisfaire, contenter sa c. Il eut la c. de voyager. La c. de connaître l'avenir. Ils me regardaient avec une sorte de c. La c. publique avait été mise en éveil.* || Se prend souvent en mauvaise part, et se dit du désir indiscret qu'ont certaines gens de connaître les affaires secrètes d'autrui, etc. *Sa c. lui a aliéné tous ses amis. Sa c. fut cruellement punie. La c. est le fléau des petites villes.* || Le goût qui porte à rechercher les choses rares, singulières, etc. *Donner dans la c. Vx.* || Toute chose rare, singulière, qui est recherchée pour ce motif. Ne s'emploie guère qu'au plur. *Un cabinet, un magasin de curiosités. Il passe sa vie à rassembler des curiosités.*

CURIUM, ancienne ville de l'île de Chypre où l'on a trouvé, en 1875 et 1876, des trésors d'objets archéologiques, de provenance égyptienne, assyrienne et grecque.

CURIUS DENTATUS, consul romain, vainqueur des Samnites et de Pyrrhus.

CURLE. s. f. Rouet de cordier pour le fil de caret.

CUROIR. s. m. Bâton pour nettoyer la charrue.

CURRENTE CALAMO, mots latins qui signifient « au courant de la plume », c'est-à-dire rapidement.

CURRER BELL, pseudonyme de *Charlotte Brontë*, romancière anglaise (1824-1855).

CURSEUR. s. m. (lat. *cursor*, coureur). T. Phys. Petite lame, règle ou pointe de métal ou d'autre matière, qui glisse à volonté dans une coulisse pratiquée sur un autre instrument tel que règle, compas, etc. || T. Techn. Morceau de bois qui traverse la flèche de l'arbalète. — Petit anneau demi-circulaire qui dans les nouveaux métiers à filer remplit les mêmes fonctions que l'ailette dans les anciens métiers. Voy. FILATURE. || T. Astron. Fil mobile qui traverse le champ d'un micromètre et qui sert à mesurer le diamètre apparent d'un astre. || T. Hist. ecclés. *Curseurs apostoliques*, Officiers du pape chargés de faire les invitations aux consistoires et autres réunions solennelles.

CURSIF, IVE. adj. (lat. *cursim*, à la hâte). *Écriture cursive. Caractères cursifs.* Voy. CALLIGRAPHIE.

CURSOMÈTRE. s. m. (lat. *cursus*, course, et μέτρον, mesure). Petit sablier servant à mesurer la vitesse d'un train entre deux poteaux kilométriques.

CURSORIPÈDE. adj. (lat. *cursor*, coureur; *pes, pedis*, pied). T. Ornith. Qui a des pattes propres à la course.

CURTIPÈDE. adj. (lat. *curtus*, court; *pes, pedis*, pied). T. Hist. nat. Qui a un pied ou un support court.

CURTIROSTRE. adj. (lat. *curtus*, court; *rostrum*, bec). T. Hist. nat. Qui a le bec ou le rostre court.

CURULE. adj. 2 g. (lat. *curulis*, m. s., même rad. que *currus*, char, parce que la chaise curule se portait sur un char à travers la ville.) T. Hist. rom. *Chaise c.*, Siège d'honneur dont l'usage était exclusivement attribué aux titulaires de certaines dignités. || *Magistrats curules*, Ceux qui avaient droit de se servir de la chaise c. — Voy. Chaise.

CURVATION. s. f. [Pr. *kurva-sion*] (lat. *curvare*, courber). Action de courber.

CURVEMBRYÉ, ÉE. adj. (lat. *curvus*, courbé, et *embryon*). T. Bot. Qui a un embryon recourbé.

CURVI- (lat. *curvus*, courbe). Préfixe usité dans le langage scientifique et qui ajoute au mot suivant l'idée de courbure.

CURVIFOLIÉ, ÉE. adj. (lat. *curvus*, courbe; *folium*, feuille). T. Bot. Qui a des feuilles recourbées.

CURVIGRAPHE. s. m. (lat. *curvus*; gr. γράφειν, tracer). Instrument servant à tracer des courbes.

CURVIGRAPHIQUE. s. m. (lat. *curvus*, courbe; gr. γράφω, j'écris). Petit appareil permettant d'exécuter rapidement les calculs de la marche d'une colonne de troupes.

CURVILIGNE. adj. (lat. *curvus*, courbe; fr. *ligne*). T. Géom. *Figure c.*, Formée par des lignes courbes.

CURVIMÈTRE. s. m. (lat. *curvus*, courbe; gr. μέτρον, mesure). Petit instrument servant à mesurer sur une carte, la longueur d'une route. Il se compose d'une molette de cuivre nickelé de 0ᵐ01 de diamètre environ, montée sur une vis fixée dans un petit manche en bois. La circonférence en est striée pour qu'elle ne puisse glisser sans rouler. On commence par faire tourner la molette avec le doigt pour l'amener au bout de sa course, puis, tenant le manche vertical pour le plan de la molette le soit lui-même, on fait rouler celle-ci le long du chemin qu'il s'agit de parcourir en en suivant toutes les sinuosités; après quoi on fait rouler la molette en *sens inverse* sur l'échelle du dessin sur laquelle on lit la distance parcourue quand on arrive au bout de la course. Le c. est d'un usage facile et rapide; malheureusement il ne donne pas une grande précision. Il est remplacé avec avantage par le campylomètre du colonel Gaumet. Voy. Campylomètre.

CUSA (Nicolas de), cardinal et l'un des esprits les plus profonds du XVᵉ siècle. Il admettait la possibilité de la fusion des religions par la tolérance. En Astronomie, il renouvela l'ancienne hypothèse pythagoricienne du mouvement de la terre et ouvrit ainsi la voie à Copernic (1401-1464).

CUSCAMINE. s. f. (R. *Cusco*, nom de lieu, et *amine*). T. Chim. Alcaloïde cristallisé, fusible à 218°, qu'on trouve dans certaines écorces de quinquina.

CUSCO, v. du Pérou. Voy. Cuzco.

CUSCONINE. s. f. (R. *Cusco*, nom de lieu). T. Chim. Alcaloïde contenu dans l'écorce de quinquina de Cusco. Il se présente en lamelles blanches, solubles surtout dans le chloroforme, et fusibles à 110°. Ses solutions sont lévogyres. Il présente une réaction alcaline très faible et forme avec les acides des sels non cristallisables, peu solubles. Sa formule est $C^{23}H^{26}Az^2O^4 + 2H^2O$. Il est accompagné d'une base amorphe appelée *Cusconidine*.

CUSCUTE. s. f. (arabe *kochcut*, m. s.). Genre de plantes Dicotylédones parasites (*Cuscuta*), de la famille des Convol-

vulacées, appelées vulgairement *Cheveux du diable*. Voy. Convolvulacées.

CUSCUTÉES. s. f. pl. T. Bot. Tribu de végétaux de la famille des *Convolvulacées*. Voy. ce mot.

CUSCUTEUSE. s. f. Crible mécanique servant à séparer les graines de luzerne des graines de cuscute avec lesquelles elles sont souvent mêlées.

CUSPARIA. s. m. T. Bot. Genre de plantes Dicotylédones de la famille des *Rutacées*. Voy. ce mot.

CUSPARINE. s. f. T. Chim. Alcaloïde cristallisable, fusible à 92°, retiré de l'Angusture vraie (*Galipea cusparia*). Sa formule est $C^{19}H^{17}O^3$.

CUSPIDÉ, ÉE. adj. (lat. *cuspis, idis*, pointe). T. Hist. nat. Qui est terminé par une pointe aiguë et dure.

CUSPIDIFÈRE. adj. (lat. *cuspis*, pointe; *fero*, je porte). T. Hist. nat. Qui porte des pointes.

CUSPIDIFOLIÉ, ÉE. adj. (lat. *cuspis*, pointe, *folium*, feuille). T. Bot. Qui a des feuilles cuspidées.

CUSPIDIFORME. adj. (lat. *cuspis*, pointe; *forma*, forme). T. Hist. nat. Qui a la forme d'une pointe.

CUSPIDINE. s. f. (lat. *cuspis, idis*, pointe). T. Minér. Fluosilicate de calcium.

CUSSET, ch.-l. de c. (Allier), arr. de La Palisse, 6,400 h.

CUSSO. s. m. Voy. Kousso.

CUSSONÉ, ÉE. adj. [Pr. *ku-so-né*] (R. *cusson*, ou *cosson*, sorte de ver). Piqué par les vers en parlant du bois.

CUSTINE (Philippe, comte de), général français, fut condamné à mort et guillotiné pour avoir mal défendu Mayence contre les Prussiens (1793).

CUSTODE. s. f. lat. *custodia*, garde). T. Liturg. La couverture ou pavillon qu'on met sur le saint ciboire où l'on garde les hosties consacrées. — Petit ciboire contenant une hostie que l'on porte aux mourants. — Les rideaux qui, dans certaines églises, sont suspendus à côté du maître-autel. || T. Carross. Partie intérieure de chaque côté du fond d'une voiture de luxe, pour s'appuyer. || Autrefois, se disait pour rideau de lit; de là est venue la loc. fig. et prov., *Donner le fouet sous la c.*, Châtier en secret.

CUSTODE. s. m. (lat. *custos*, gardien). Dans certains ordres mendiants, le religieux qui fait l'office du provincial, en l'absence de celui-ci, et qui a lui-même l'inspection d'une partie de province. || Titre de dignité dans quelques églises.

CUSTODI-NOS. s. m. [Pr. l's finale] (mots latins qui signifient, *garde-nous*). Celui qui garde un bénéfice ou un office pour le rendre à un autre dans un certain temps, ou qui n'en a que le titre et en laisse les fruits à la personne dont il est le prête-nom. *Il faisait tenir ses bénéfices par des custodi-nos.*

CUTAMBULE. adj. (lat. *cutis*, peau; *ambulare*, aller, marcher). T. Zool. et Méd. Qui rampe sur ou sous la peau, en parlant des parasites. Inus.

CUTANÉ, ÉE. adj. (lat. *cutis*, peau). T. Anat. et Méd. Qui appartient à la peau. *Muscle c. Nerfs cutanés. Absorption cutanée. Maladies cutanées. La gale est une maladie cutanée.*

CUTICOLE. adj. (lat. *cutis*, peau; *colere*, habiter). T. Zool. Qui vit dans ou sur la peau.

CUTICULE. s. f. (lat. *cuticula*, dimin. de *cutis*, peau). T. Anat. Pellicule extrêmement mince. || T. Bot. Nom donné à l'ensemble des couches cutinisées des cellules épidermiques. Voy. Épiderme.

CUTICULAIRE. adj. T. Anat. Qui appartient à la cuticule.

CUTIGÉRAL, ALE. adj. (lat. *cutis*, peau; *fero*, je porte). T. Vétér. Se dit d'une dépression de la muraille du pied du cheval.

CUTINE. s. f. (lat. *cutis*, peau). T. Chim. Synonyme de *Cutose.*

CUTINISATION. s. f. T. Bot. Nom donné au phénomène de la transformation de la cellulose en cutine.

CUTINISER (SE). v. pron. T. Bot. Se dit des parties d'une plante dont la cellulose se transforme en cutine. = CUTI-NISÉ, ÉE. part.

CUTISATION. s. f. [Pr. ...*sion*] (lat. *cutis*, peau). Trans-formation d'une muqueuse qui devient dure et sèche.

CUTOSE. s. f. (lat. *cutis*, peau). T. Chim. Substance constituant la cuticule qui protège les feuilles et les autres organes aériens des végétaux. Elle est chimiquement identique avec la subérine contenue en forte proportion dans le liège. Elle est insoluble dans tous les dissolvants neutres tels que l'alcool, l'éther, le benzène, etc. Ses autres propriétés la distinguent nettement de la cellulose, avec laquelle on l'avait d'abord confondue. En effet, la c. ne se dissout pas dans le réactif de Schweizer; elle résiste à l'acide sulfurique et à l'acide chlorhydrique bouillant; chauffée avec l'acide azotique, elle se transforme en acide subérique. Traitée par les solutions alcalines bouillantes, elle semble s'y dissoudre; en réalité, elle se dédouble en deux acides qui se combinent à l'alcali : l'*acide stéarocutique*, solide, cristallisable, fusible à 76°, soluble dans le benzène et dans l'acide acétique; et l'*acide oléocutique*, liquide très soluble dans l'alcool et dans l'éther. Sous l'action de la chaleur, ces deux acides perdent leur solubilité et éprouvent des modifications qui les rapprochent de la c. primitive.

CUTTER. s. m. [Pr. *keut-teur*]. T. Mar. — Ce terme em-prunté de l'anglais, mais que nous écrivons fort souvent et que nous prononçons *Côtre*, sert à désigner une sorte de petit bâtiment jaugeant ordinairement de 20 à 80 tonneaux, et qui se distingue aisément en ce qu'il n'a qu'un mât vertical et un beaupré (Fig. ci-dessous). Une très grande voile s'élève

sur une *Bome* ou *Gui* à l'arrière de ce mât vertical. Le beaupré porte un foc et, entre ce foc et l'avant du mât, une autre voile également triangulaire qu'on nomme *Trinquette.* Les grands cutters ont encore d'autres voiles légères au som-met de leur mât. Ce genre d'embarcation s'appelle aussi *Sloop* ou *Sloup;* mais ce dernier nom s'applique particuliè-rement aux cutters de petites dimensions, aux bâtiments qui font le cabotage pour le commerce. Ces bâtiments marchent ordinairement fort bien, ce qui leur a valu le nom de *Cutter* (coupeur).

CUVAGE. s. m. (R. *cuve*) T. Teint. Ensemble des opéra-tions par lesquelles on dépose l'indigo sur les tissus.

CUVE. s. f. (lat. *cupa* ou *cuppa*, m. s.). Grand vaisseau n'ayant qu'un fond et fait le plus souvent de bois, qui sert à faire le vin. Se dit aussi d'autres vaisseaux du même genre dont se servent les brasseurs, les raffineurs, les teinturiers, etc. — Fig. et prov., *Déjeuner, dîner à fond de cuve,* Dé-jeuner, dîner amplement. || *Fossé à fond de c.,* Fossé qui est revêtu des deux côtés à pied droit. || T. Techn. Partie cylin-drique de certains fourneaux employés dans l'industrie. Dans les *fours à c.,* le combustible et la matière à traiter sont chargés par la partie supérieure; mais la combustion ne s'opère que dans la partie inférieure, de sorte qu'il règne dans ces fours deux courants : un courant gazeux de bas en haut qui emporte les gaz de la combustion, et un courant des-cendant de matières solides. Le four à chaux, le haut four-neau sont des fours à c.

CUVEAU. s. m. Petite cuve.

CUVÉE. s. f. (R. *cuve*). Ce qui se fait de vin à la fois dans une cuve. || Fig. et prov., *En voici d'une autre c.,* se dit lorsque, après avoir entendu un conte plaisant, quelqu'un en commence un autre. || T. Comm. Mélange de plusieurs vins, opéré par les marchands.

CUVELAGE. s. m. (R. *cuve*). L'opération par laquelle on revêt de planches ou de solives l'intérieur d'un puits qui des-cend dans une mine, pour empêcher les éboulements.

CUVELER. v. a. Faire un cuvelage. C. *les puits d'une mine.* = CUVELÉ, ÉE. part.

CUVELIER, auteur dramatique français, né à Boulogne-sur-mer (1766-1824).

CUVELLE. s. f. Petite cuve dans une savonnerie.

CUVER. v. n. Demeurer dans la cuve. Ne se dit que du vin qu'on laisse dans la cuve avec la grappe pendant quelques jours, pour qu'il y fermente. *Ce vin n'a pas assez cuvé. Il faut laisser c. ce vin plus longtemps.* = CUVEN. v. a. Fig. et fam., *C. son vin,* Dormir, reposer après avoir bu avec excès; et au sens moral, Laisser passer sa colère, son irritation. *Il faut lui laisser c. son vin.* = CUVÉ, ÉE. part. *Le vin trop longtemps c. sent la rafle.*

CUVETTE. s. f. (Dimin. de *Cuve*). Vase dont on se sert pour se laver les mains ou pour d'autres usages. || T. Archit. Vaisseau de plomb disposé pour recevoir les eaux d'un tuyau ou celles qu'on y verse, et à les conduire au dehors par un tuyau de descente. || T. Hydraul. Vaisseau de plomb, de cuivre ou de pierre qui reçoit les eaux d'une source ou d'un aque-duc, pour les distribuer ensuite à différents endroits. || T. Chir. Pièce ovale située à l'extrémité supérieure d'un pessaire. || T. Phys. La c. d'un baromètre, voy. BAROMÈTRE. || T. Horlog. *Montre à c.,* Celle qui est munie d'une seconde boîte inté-rieure du côté du mouvement. || T. Techn. Petite pièce à l'entrée d'un fourreau de sabre pour maintenir la lame. — Creuset de forme différente, qui dans la fabrication des glaces coulées sert à faire fondre et à couler le verre fondu.

CUVIER. s. m. Cuve où l'on fait la lessive. || Lieu où sont les cuves et les pressoirs. || T. Techn. Cuve à tremper l'acier.

CUVIER (GEORGES), illustre naturaliste, né à Montbéliard, créateur de l'anatomie comparée, fondateur de la paléonto-logie, auteur du *Discours sur les révolutions du globe* (1769-1832). = Son frère FRÉDÉRIC (1773-1838) a publié des ouvrages sur l'histoire naturelle.

CUVILLIER-FLEURY, littérateur et critique français (1802-1887).

GUY. s. m. Tronc d'arbre percé dans sa longueur et faisant communiquer deux bassins séparés par une digue.

CUYABA, v. du Brésil, ch.-l. de la prov. de Matto-Grosso, 30,000 hab.

CUYP, peintre hollandais (1606-1683).

CUZCO, v. du Pérou, anc. cap. des Incas ; 48,400 hab.

CYAME. s. m. (gr. κύαμος, fève). T. Zool. Genre de crus-

tacés isopodes qui vivent en parasites sur la baleine. Voy. Læ-
MODIPODES.

CYAMÉLIDE. s. f. (R. *cyanogène*). T. Chim. Substance
amorphe, polymère de la carbimide ou acide isocyanique, et
se produisant dans la transformation spontanée de cet acide.
Elle est solide, blanche, inodore, insoluble dans l'eau, l'alcool
et l'éther. Les alcalis la dissolvent en donnant des cyanurates.
Soumise à la distillation sèche, elle reproduit la carbimide.

CYAMÉTHINE. s. f. (R. *cyanogène*, et *méthyle*). T. Chim.
Substance basique, solide, volatile, obtenue par l'action du
sodium sur l'acétonitrile ou cyanure de méthyle dont elle est
un polymère.

CYAMIDINE. s. f. T. Chim. Voy. CYAMINE.

CYAMINE. s. f. T. Chim. Nom générique des composés
formés par l'union de la cyanamide et des acides amidés. Les
plus simples de ces corps sont la glycocyamine et la créatine.
Ce sont des acides guanidiques qui perdent facilement une
molécule d'eau en donnant des produits de condensation appelés *cyamidines*, tels que la glycocyamidine et la créatinine.

CYANACÉTIQUE. adj. (R. *cyanogène* et *antique*). T. Chim.
L'*acide c.* est un nitrile de l'acide malonique. Il s'obtient par
l'action du cyanure de potassium sur l'éther chloracétique. Il
est à la fois acide et nitrile, comme le montre sa formule
CAz CH²CO²H. En s'unissant aux aldéhydes il donne naissance à d'autres acides-nitriles plus complexes.

L'*éther cyanacétique* répond à la formule CAz Cl²CO²C²H⁵.
Il forme avec le sodium un dérivé sodé qui, traité par les
iodures alcooliques, fournit une série d'éthers-nitriles tels que
les éthers cyanopropionique et cyanobutyrique. Avec les chlorures d'acides, ce dérivé sodé donne des éthers-nitriles cétoniques pouvant jouer le rôle d'acides, entre autres l'éther
acétlcyanacétique.

CYANALKINE. s. f. T. Chim. Nom générique des corps
qui possèdent la même composition que les nitriles, mais avec
un poids moléculaire triple. On prépare ces composés soit par
l'action d'un métal alcalin sur les nitriles, soit en faisant
réagir les chlorures d'acides sur le cyanate de potassium. La
cyaméthine, par exemple, résulte de l'action du sodium sur le
propionitrile; la cyaphénine s'obtient en traitant le cyanate
de potassium par le chlorure de benzoyle.

Au point de vue de leur constitution chimique, les cyanalkines se partagent en deux groupes : la cyaméthine et ses
homologues dérivent d'un noyau de pyrimidine

et répondent à la formule $\overset{Az}{\underset{Az}{R''C}}\underset{CH'}{\overset{CAz H²}{CH}}$ où R R' R'' dési-

gnent des radicaux hydrocarbonés ou de l'hydrogène. Ce sont
des bases assez fortes, peu solubles dans l'eau. Chauffées
sous pression avec de l'acide chlorhydrique elles donnent des
oxybases par la substitution de OH à Az H². — La cyaphénine
est le type d'un second groupe de cyanalkines dérivant du

noyau $\underset{Az}{\overset{HC}{\underset{CH}{Az}}}\underset{Az}{\overset{CH}{}}$. Ce noyau, qui n'a pas été isolé, mais

dont on connaît un assez grand nombre de dérivés, a été
appelé acide tricyanhydrique.

CYANAMIDE. s. f. (R. *cyanogène* et *amide*). T. Chim. La
C., dont la formule est Cy Az H² ou Az : C. Az H², se forme par
l'action du gaz ammoniac sec sur le chlorure de cyanogène ;
on la prépare ordinairement en traitant la sulfo-urée par
l'oxyde de mercure. Elle cristallise en petits prismes déliquescents très solubles dans l'eau, l'alcool et l'éther. Elle fond à
40° et se transforme au-dessus de 150° en un polymère, la mé-
lamine. Le param est un autre polymère qui se forme spontanément quand on conserve la c. à la température ordinaire.
Cette facilité avec laquelle elle se polymérise montre que la c.
se comporte comme un composé non saturé; aussi donne-
t-elle naissance à un grand nombre de produits d'addition.
Ainsi elle s'unit directement à l'acide chlorhydrique sec en

donnant un chlorhydrate solide, et elle se comporte de même
avec l'acide bromhydrique. Avec l'hydrogène sulfuré elle forme
de la sulfo-urée. Sous l'action des acides étendus, elle fixe une
molécule d'eau et se convertit en urée. Elle s'unit aux acides
amidés en donnant des cyamines : par ex., en se combinant
avec une molécule de glycocolle (acide amidoacétique), elle
donne naissance à la glycocyamine; avec l'alanine (acide
amidopropionique) on obtient de même l'alacréatine; avec le
méthylglycocolle, la créatine. La c. s'unit également au chlorhydrate d'ammoniaque en formant du chlorhydrate de guani-
dine. — Quant aux produits de substitution de la c., ils
résultent du remplacement de son hydrogène par des radicaux
acides et des radicaux alcooliques, ou par des métaux. Les
dérivés métalliques s'obtiennent en faisant réagir la c. sur
des sels métalliques ; on a l'argent-cyanamide CAz²Ag²,
le cuivre-cyanamide CAz²Cu. Ces dérivés, traités par les
anhydrides ou les chlorures d'acides, engendrent les cya-
namides à radicaux acides, comme l'acétylcyanamide
CAz²H.C²H³O ; avec l'anhydride carbonique en particulier
on obtient les cyanamido-carbonates, par ex. (CAz²H CO²)²Cu.
Enfin les c. à radicaux alcooliques se forment par l'action du
chlorure de cyanogène sur les amines ; ce sont des bases
faibles, donnant avec les acides forts des sels décomposables
par l'eau.

CYANATE. s. m. T. Chim. Voy. CYANIQUE.

CYANÉICOLLE. adj. 2 g. (gr. κύανος, bleu ; lat. *collum*,
cou). T. Zool. Qui a le cou bleu.

CYANÉPHIDROSE. s. f. (gr. κύανος, bleu; ἐφίδρωσις, transpiration). T. Méd. Sueur abondante qui colore le linge en
bleu.

CYANÉTHINE. s. f. (R. *cyanogène*, et *éthyle*). T. Chim.
Substance basique qui se forme quand on fait agir le potassium sur le cyanure d'éthyle ou propionitrile. Elle est solide,
fusible à 190°, soluble dans l'alcool et dans l'eau bouillante.
Sa formule (C³H⁵Az)³ montre que c'est un polymère du cyanure d'éthyle.

CYANÉTHOLINE. s. f. (R. *cyanogène* et *éthyle*). T. Chim.
Synonyme de *Cyanate d'éthyle*. Voy. CYANIQUE.

CYANHYDRATE. s. m. (R. *cyanhydrique*). Autrefois on
appelait *cyanhydrates* les cyanures métalliques, qui sont en
réalité des composés du cyanogène, dérivés par substitution de
l'acide cyanhydrique. Aujourd'hui le nom de c. ne sert plus
qu'à désigner les produits d'addition de cet acide, tels que le
le c. *d'ammoniaque* AzH³.HCy. Ce sel, qui se forme par
l'union directe de l'ammoniaque et de l'acide cyanhydrique,
peut aussi s'obtenir en faisant passer du gaz ammoniac sur
du charbon chauffé au rouge. On connaît encore des combinaisons de l'acide cyanhydrique avec certains chlorures métalliques, par ex. le c. *de perchlorure d'étain* SnCl⁴.2HCy, le
c. *de perchlorure d'antimoine* SbCl⁵.3HCy, etc.

CYANHYDRIQUE. adj. (R. *cyanogène*, et *hydrogène*).
T. Chim. L'*acide c.*, qui répond à la formule HCAz ou HCy,
a été découvert en 1782 par Scheele et fut d'abord appelé
acide prussique, parce qu'il avait été extrait du bleu de
Prusse. Gay-Lussac en 1811 l'obtint à l'état de pureté et fit
une étude complète de ses propriétés. D'après Hœfer, cet acide,
qui est très vénéneux, aurait été connu des prêtres de l'ancienne Égypte, et leur aurait servi à faire périr les initiés qui
avaient révélé les secrets de l'art sacré. Lorsqu'on distille avec
de l'eau les feuilles du laurier-cerise, les feuilles ou les fleurs
du pêcher, les amandes amères de l'amandier, du pêcher, du
cerisier, etc., le produit de la distillation renferme de l'acide
cyanhydrique qui, le plus souvent, s'est formé aux dépens de
l'amygdaline contenue dans ces végétaux. Voy. AMYGDALINE.
L'acide c. se produit en outre dans un certain nombre de
réactions : par ex., quand on soumet à des étincelles électriques un mélange d'acétylène et d'azote ou un mélange de cyanogène et d'hydrogène, quand on fait passer du gaz ammoniac
sec sur du charbon chauffé au rouge, quand on décompose
certains cyanures par les acides, etc. On peut facilement le
préparer par le procédé de Gay-Lussac, en chauffant un mélange de cyanure de mercure et d'acide chlorhydrique. On
préfère aujourd'hui chauffer au bain de sable le ferrocyanure
de potassium (prussiate jaune) avec de l'acide sulfurique étendu
d'eau ; les vapeurs d'acide c. qui se dégagent sont condensées
dans un appareil réfrigérant ; si l'on veut obtenir l'acide

anhydre, on dessèche préalablement ces vapeurs au moyen du chlorure de calcium.

L'acide c. est un liquide incolore, très mobile, d'une saveur d'abord fraîche, puis brûlante, et d'une odeur étourdissante qui rappelle celle du kirsch et des amandes amères. Il rougit faiblement la teinture de tournesol, et jouit de propriétés acides peu prononcées. Il se solidifie à — 15° sous forme d'une masse fibreuse; il bout à + 26°,5; sa volatilité est telle, à la température ordinaire, que si l'on en verse quelques gouttes sur du papier, la portion qui se vaporise produit assez de froid pour congeler l'autre. La densité de l'acide cyanhydrique est 0,697 à l'état liquide, et 0,947 à l'état gazeux. Il se mêle en toutes proportions avec l'eau, l'alcool et l'éther, et brûle avec une flamme violacée, en produisant de l'acide carbonique, de l'eau et de l'azote. — Il est difficile de le conserver long-temps sans altération. A 100°, il se transforme en une masse noire; même à froid il s'altère facilement en donnant des composés bruns de nature ulmique. Le contact de l'eau et de la lumière et la présence de traces d'alcalis hâtent surtout sa décomposition; des traces d'acides la retardent. En présence de l'eau il se convertit aisément en ammoniaque et acide formique.

L'acide c. doit être envisagé comme le nitrile de l'acide formique; il se produit en effet par la déshydratation de la formiamide ou du formiate d'ammoniaque; on vient de voir qu'inversement il peut, en fixant de l'eau, régénérer les éléments de ce formiate. De plus il possède les propriétés générales des nitriles. Il s'unit aux hydracides en donnant des combinaisons cristallisées (par ex. le chlorhydrate d'acide c. HCAz,HCl), que l'eau détruit et transforme lentement en acide formique. Avec les acides organiques, vers 250°, il produit des composés très stables qu'on peut regarder comme des amides secondaires; ainsi avec l'acide acétique on obtient de la formoacétamide. Il fixe l'hydrogène naissant en donnant de la méthylamine. Il s'unit aux aldéhydes et aux acétones pour former des nitriles-alcools, tels que le lactonitrile, produit par sa combinaison avec l'aldéhyde ordinaire. — Mais par d'autres propriétés l'acide c. diffère des nitriles et présente une analogie frappante avec les hydracides. En présence des solutions alcalines il se comporte comme l'acide chlorhydrique et donne des cyanures, véritables sels analogues aux chlorures, susceptibles de double décomposition, pouvant régénérer l'acide c. par l'action des acides, et s'unir entre eux pour former des cyanures doubles. Dans une dissolution d'azotate d'argent, l'acide c. dépose un précipité blanc, qui noircit à la lumière, qui est insoluble à froid dans l'acide azotique et soluble dans l'ammoniaque, tout comme le chlorure d'argent. Enfin le chlore, le brome et l'iode transforment l'acide c. en produits de substitution : chlorure, bromure et iodure de cyanogène.

L'acide cyanhydrique est le poison le plus violent que l'on connaisse. Lorsqu'il est pur, il suffit d'une seule goutte placée sur la langue ou la conjonctive d'un chien de forte taille pour le faire périr après deux ou trois respirations. Cinq à six gouttes tuent un homme avec la rapidité de la foudre. Il est à remarquer cependant que, lorsque la dose n'est pas assez forte pour tuer, les symptômes de l'empoisonnement disparaissent assez promptement sans laisser de traces. Ce fait, ainsi que la rapidité de l'action de l'acide prussique, s'explique par la facilité avec laquelle il se volatilise. Quand il est étendu d'eau, il a d'autant moins d'énergie qu'il est plus dilué. L'acide c. en vapeur n'est pas moins délétère qu'à l'état liquide. — Les symptômes de l'empoisonnement par cet acide sont les suivants : il y a tout aussitôt perte de connaissance, et abolition du mouvement; l'individu tombe; la pupille est fixe, dilatée; la respiration bruyante devient de plus en plus difficile; la bouche est écumeuse et exhale quelquefois une odeur d'amandes amères; le pouls devient petit; les extrémités se refroidissent; le corps se couvre de sueur; le coma survient, le plus souvent sans convulsions, et le malade succombe. Si, comme nous venons de le dire, la dose n'a pas été assez forte, ces symptômes se dissipent peu à peu, et au bout d'une demi-heure environ il ne reste plus qu'une anxiété précordiale très vive, qui peut se prolonger un certain temps. — A l'autopsie des individus qui ont succombé à l'empoisonnement par l'acide prussique, on trouve ordinairement le système veineux et surtout les gros vaisseaux gorgés d'un sang très noir et très fluide : c'est là le phénomène cadavérique le plus remarquable. La muqueuse de la trachée et des bronches est parfois injectée. Quelquefois aussi on trouve des plaques rouges disséminées çà et là le long de la surface interne de l'estomac et des intestins.

Il n'existe qu'un antidote de l'acide prussique, c'est le chlore, qui le décompose immédiatement. Quand on n'a pas d'eau chlorée à sa disposition, on peut administrer de l'ammoniaque en dissolution affaiblie. Enfin, les affusions froides jouissent d'une certaine efficacité; mais elles n'agissent que par la stimulation qu'elles produisent sur l'organisme tout entier. — Des accidents graves, et même de véritables empoisonnements ont été quelquefois causés par les feuilles et les noyaux des fruits du laurier-cerise, ainsi que par les amandes amères, etc. Comme ces substances agissent par l'acide prussique qu'elles contiennent, il faut, en pareil cas, avoir recours aux moyens que nous venons d'indiquer.

Lors de la découverte de l'acide prussique et de l'action si violente qu'il exerce sur l'économie animale, on crut d'abord que la matière médicale venait de s'enrichir d'un agent des plus précieux. On se hâta de l'administrer contre toutes les maladies où l'art médical a échoué jusqu'à présent, le cancer, la phtisie, l'épilepsie et les névroses de toute espèce. Mais la vogue du nouveau médicament ne fut pas de longue durée. Administré par des mains peu prudentes, il causa plusieurs fois des accidents graves et même mortels; administré avec sagesse et dans les cas où il semblait le mieux indiqué, c.-à-d. dans les affections nerveuses, il détermina parfois quelque soulagement, et ne produisit peut-être pas une seule guérison durable. C'est ce qu'il est d'ailleurs facile de comprendre quand on fait attention que l'action de cet agent, toute violente qu'elle soit, est toujours extrêmement fugace. Les autres préparations cyaniques, telles que les cyanures de potassium, de fer, de mercure, d'or, de zinc, etc., après avoir été fort vantées, sont à peu près abandonnées aujourd'hui. Il est rare, en effet, de rencontrer des cas où ces substances ne puissent être très avantageusement remplacées par d'autres médicaments plus faciles à manier.

Lorsqu'on a à rechercher l'acide c. dans un cas d'empoisonnement, il faut distiller les matières avec soin dans un appareil fermant bien, et dont le récipient soit refroidi avec de la glace. Le produit distillé est ensuite examiné au moyen des réactifs convenables. 1° Le nitrate d'argent donne lieu à un précipité blanc, floconneux, de cyanure d'argent, qui est tout à fait insoluble dans l'eau, ainsi que dans l'acide azotique faible et froid, mais qui est soluble dans l'ammoniaque. Ce précipité se distingue du chlorure d'argent en ce qu'il ne brunit pas difficilement à la lumière, et en ce qu'il se dissout dans l'acide azotique concentré et bouillant. 2° Si à la liqueur qui contient de l'acide c. on ajoute un peu de potasse, puis un mélange de sulfates ferreux et ferrique, on obtient un précipité formé de bleu de Prusse et d'hydrate de fer; on ajoute de l'acide chlorhydrique qui dissout l'oxyde de fer et laisse apparaître le bleu de Prusse insoluble. 3° On peut aussi chauffer quelques gouttes de la liqueur avec du sulfhydrate d'ammoniaque jusqu'à décoloration du mélange; il se forme du sulfocyanate d'ammoniaque qui, additionné de chlorure ferrique, se colore en rouge intense. — Quand on a affaire à des cyanures quelconques, on les traite par l'acide chlorhydrique pour dégager l'acide cyanhydrique, puis on recherche méthodiquement, au moyen des réactifs appropriés, quelle était la base unie au cyanogène.

Les éthers cyanhydriques ou cyanures à radicaux alcooliques ne sont autre chose que les nitriles. Ainsi le cyanure de méthyle CH³C Az est identique avec l'acétonitrile. Voy. Nitrile.

Les éthers isocyanhydriques ou isocyanures alcooliques, isomères des précédents, sont désignés le plus souvent par le nom de Carbylamines. Voy. ce mot.

Suivant que l'on considère l'acide c. comme correspondant aux nitriles ou aux carbylamines, on peut le représenter par l'une ou l'autre des formules de constitution H — C = Az et H — Az = C. Voy. Desmotropie.

CYANI- (gr. χύανος, bleu). Préfixe signifiant *bleu*.

CYANICORNE. adj. (gr. χύανος, et *corne*). T. Zool. Qui a les cornes ou les antennes bleues.

CYANINE. s. f. (gr. χύανος, bleu). T. Chim. Matière colorante bleue obtenue en faisant agir l'iodure d'amyle sur la quinoléine brute ou sur un mélange de quinoléine et de lépidine. Elle est peu stable, et sans importance au point de vue industriel. ‖ T. Bot. Nom donné à la matière colorante bleue des fleurs. Elle est soluble dans l'eau et l'alcool; elle vire au rouge par les acides et au vert par les alcalis.

CYANIPÈDE. adj. (gr. χύανος; lat. *pes, pedis*, pied). T. Zool. Qui a les pattes bleues.

CYANIPENNE. adj. [Pr. *si-anip&-ne*] (gr. κύανος; lat. *penna*, aile). T. Zool. Qui a les ailes bleues.

CYANIQUE. adj. 2 g. (R. *cyanogène*). T. Chim. Les composés dits cyaniques appartiennent à deux classes bien distinctes. — 1° Les composés *cyaniques* proprement dits contiennent le groupe cyanogène et répondent à la formule générale CyOR, c.-à-d. Az = C-O R; le radical simple ou composé désigné par R est attaché à l'oxygène, tandis que les trois atomicités de l'azote sont saturées par le carbone. Ces composés sont les cyanates métalliques, le chlorure, le bromure et l'iodure de cyanogène, et les éthers cyaniques découverts par Cloëz. On peut les considérer comme dérivant d'un acide inconnu qui aurait pour formule CyOH et qui serait l'acide c. proprement dit. — 2° Les composés *isocyaniques*, isomères des précédents, sont représentés par la formule O = C = AzR; le radical R est attaché à l'azote dont les deux autres atomicités sont satisfaites par le groupe bivalent CO. Les corps de cette classe sont de véritables imides qui dérivent de l'acide isocyanique ou carbimide, fréquemment appelé à tort acide c. Ils comprennent les isocyanates métalliques et les éthers isocyaniques découverts par Wurtz. — Pendant un certain temps l'acide isocyanique et ses dérivés ont été regardés comme des composés cyaniques, et vice versa. Pour éviter les confusions, on appelle souvent éthers de Cloëz les éthers de la première classe, et éthers de Wurtz ceux de la seconde. Nous allons passer en revue les principaux composés des deux séries.

Composés cyaniques proprement dits. — Le véritable acide cyanique aurait pour formule CyOH, c.-à-d. Az = COH; il est inconnu à l'état de liberté; lorsqu'on cherche à l'isoler, il se transforme immédiatement en son isomère, a carbimide. Mais on connaît un grand nombre de ses dérivés. Son amide est la *cyanamide*. Voy. ce mot. Son chlorure, qu'on obtient en dirigeant un courant de chlore dans de l'acide cyanhydrique à 0°, est connu sous le nom de *chlorure de cyanogène liquide*. Voy. CYANOGÈNE. Ce corps sert à préparer les autres composés cyaniques. Ainsi en réagissant sur la potasse caustique il donne le cyanate de potassium. Avec le gaz ammoniac sec il produit la cyanamide. Enfin les *éthers cyaniques* (éthers de Cloëz) tels que le cyanate de méthyle (H²O CAz, le cyanate d'éthyle ou cyanéthéoline C⁴H⁵O CAz, s'obtiennent par l'action du chlorure de cyanogène liquide sur le dérivé sodé d'un alcool. Ce sont des liquides huileux, non volatils, qui se comportent en présence de la potasse comme de véritables éthers, se dédoublant en alcool et en cyanate de potasse.

Composés isocyaniques. — L'acide isocyanique H Az : CO, souvent encore appelé cyanique, n'est autre que le *carbimide*, c.-à-d. l'amide de l'acide carbonique. On le prépare, soit en chauffant l'urée avec de l'anhydride phosphorique, soit par la distillation sèche de l'acide cyanurique. La carbimide est un liquide incolore, à odeur forte et irritante, exerçant une action vésicante sur la peau. Au contact de l'eau elle se dédouble rapidement en acide carbonique et ammoniaque. Abandonnée à elle-même au-dessus de 0° elle se transforme en un polymère solide appelé cyamélide. On connaît d'autres polymères qui sont l'acide *fulminique* et l'acide *cyanurique*. (Voy. ces mots). — Comme les autres imides, l'acide isocyanique forme des dérivés métalliques qu'on appelle *Isocyanates*. Ces sels sont peu stables; la plupart, lorsqu'on les conserve, subissent une transformation isomérique. Chauffés avec l'eau ou traités par les acides étendus, ils fixent de l'eau et se dédoublent en carbonate et en ammoniaque. L'isocyanate de potasse, qui peut servir à préparer tous les autres, s'obtient en oxydant le cyanure de potassium par la litharge, ou le ferrocyanure par le peroxyde de manganèse. Il cristallise en lamelles transparentes très solubles dans l'eau; il absorbe l'humidité de l'air en donnant du carbonate d'ammoniaque et un carbonate de potasse. L'isocyanate d'ammoniaque AzH⁴Az²CO, qui est isomérique avec l'urée, se prépare en mélangeant les vapeurs de la carbimide avec du gaz ammoniac bien sec. Il est solide, blanc, très soluble dans l'eau. Si on l'abandonne à lui-même ou si l'on fait bouillir sa solution, il se convertit en urée. — Les *éthers isocyaniques* (éthers de Wurtz) se produisent par la distillation sèche de l'isocyanate de potasse avec le sel potassique d'un acide sulfoconjugué d'un alcool. Ce sont en général des liquides dont le point d'ébullition est peu élevé et qui se polymérisent lentement en des composés cyanuriques. Ils diffèrent des éthers ordinaires en ce que la potasse, au lieu de les saponifier les dédouble en acide carbonique et en amines. Ils se combinent avec les alcools en formant des éthers carbamiques. En s'unissant à l'ammoniaque ou aux amines secondaires et tertiaires, ils donnent naissance aux urées composées. — Dans la nouvelle nomenclature les éthers isocyaniques sont désignés par le suffixe *carbonimide*.

CYANIROSTRE. adj. (gr. κύανος; lat. *rostrum*, bec). T. Zool. Qui a le bec bleu.

CYANITE. s. m. (gr. κύανος, bleu). T. Minér. Syn. de DISTHÈNE.

CYANOCARBONIQUE. adj. 2 g. (R. *cyanogène*, et *carbone*). T. Chim. Les *éthers cyanocarboniques* ou *cyanocarbonates* répondent à la formule AzC. CO²R où R désigne un radical alcoolique. On les obtient en chauffant les éthers oxamiques avec l'anhydride phosphorique. Sous l'action de l'eau, ils se dédoublent en alcool, acide cyanhydrique et anhydride carbonique. Le cyanocarbonate d'éthyle AzC. CO²C²H⁵ est un liquide incolore, bouillant à 115°, qui, traité par le zinc et l'acide chlorhydrique, se transforme en glycocolle; avec l'acide chlorhydrique concentré il donne de l'acide oxalique. — L'*acide c.* dont dérivent ces éthers serait un nitrile correspondant à l'acide oxamique et aurait pour formule AzC. CO²H. Il n'a pas été isolé; quand on cherche à le préparer, par ex. en traitant les éthers cyanocarboniques par l'eau, il se dédouble en anhydride carbonique et acide cyanhydrique.

CYANOCARPE. adj. (gr. κύανος, bleu; καρπός, fruit). T. Bot. Qui a des fruits bleus ou bleuâtres. Inus.

CYANOCÉPHALE. adj. (gr. κύανος, bleu; κεφαλή, tête). T. Zool. Qui a la tête bleue.

CYANOCHALCITE. s. f. (gr. κύανος, bleu; χαλκός, cuivre). T. Minér. Silicophosphate de cuivre hydraté, d'un bleu d'azur.

CYANODERMIE. s. f. (gr. κύανος, bleu; δέρμα, peau). T. Méd. Coloration en bleu de la peau.

CYANOFER. s. m. (R. *cyanogène*, et *fer*). T. Chim. On appelle *c.* ou *ferrocyanogène*, le radical tétratomique Fe Cy⁶ dont on admet l'existence dans les ferrocyanures. — Le papier dit *c.* est un papier photographique préparé aux sels de fer et servant à tirer des épreuves en bleu.

CYANOFERRURE. s. m. T. Chim. Synonyme de FERRO-CYANURE.

CYANOGASTRE. adj. (gr. κύανος, bleu; γαστήρ, ventre). T. Zool. Qui a le ventre bleu.

CYANOGÈNE. s. m. (gr. κύανος, bleu; γένος, génération). T. Chim. Le nom de c. sert à la fois à désigner un radical hypothétique et un composé réel qui résulte de la combinaison de ce radical avec lui-même.

Le *Radical c.* est un groupe univalent, formé de carbone et d'azote, représenté par la formule Az = C — ; trois des valences du carbone sont saturées par l'azote et la quatrième est libre. Ce groupe, dans la plupart des réactions, se transporte sans altération d'un composé à un autre, en se comportant à la façon d'un métalloïde de la famille du chlore. Les principales combinaisons qui renferment ce radical sont les cyanures, l'acide cyanhydrique et les composés cyaniques; elles présentent des analogies frappantes avec les chlorures, l'acide chlorhydrique et les dérivés de l'acide hypochloreux. C'est Gay-Lussac qui, en 1815, mit ses analogies en lumière et compara le cyanogène au chlore; c'était le premier exemple d'un radical composé, c.-à-d. d'un complexe d'atomes jouant le même rôle qu'un corps simple. Très souvent on désigne le radical cyanogène par le symbole unique Cy qui correspond à un poids atomique 26.

Le *C. libre*, qu'on devrait appeler dicyanogène, répond à la formule Cy² ou Az = C — C = Az. C'est un gaz incolore, doué d'une saveur piquante et d'une odeur *sui generis*, aussi pénétrante que celle de l'ammoniaque, mais qui rappelle celle du kirsch et des amandes amères. L'eau en dissout 4 fois 1/2, l'alcool 23 fois son volume. Sa densité rapportée à celle de l'air est 1,806. Si le liquéfie à la température ordinaire sous une pression de 4 à 5 atmosphères, ou bien à la température de — 25° environ, sans augmentation de la pression atmosphérique. A l'état liquide, il se présente sous la forme d'un fluide incolore et très mobile, dont la densité est 0,9, et qui dissout facilement le camphre, l'iode, le sulfure et le chlorure de carbone. Il peut être solidifié en une masse cristalline et transparente, fusible à — 34°,4. Le c. est un gaz inflammable;

il brûle en donnant une flamme bleuâtre bordée de pourpre, qui est très caractéristique. Il se forme alors de l'acide carbonique et l'azote devient libre. Mis en contact avec du fer chauffé au rouge, le c. cède le carbone au métal et laisse dégager son autre élément. Soumis à une série d'étincelles électriques, il se décompose en carbone et en azote.

Par certaines de ses réactions, le gaz c. présente une analogie complète avec le chlore et les éléments halogènes. Ainsi il se combine à 500° avec l'hydrogène pour former de l'acide cyanhydrique ; chauffé avec le potassium ou le sodium, il donne des cyanures isomorphes avec les chlorures ; il est absorbé par la dissolution de potasse, qui le transforme en cyanure et cyanate de potassium. Mais dans bien des cas le c. agit d'une façon toute différente et se comporte comme un nitrile. Sa préparation par la distillation sèche de l'oxalate d'ammoniaque ou de l'oxamide montre en effet qu'il doit être envisagé comme le nitrile de l'acide oxalique. Inversement, au contact de l'eau, le c., après s'être dissous, se transforme peu à peu en oxamide et en oxalate d'ammoniaque ; il se produit en même temps du carbonate d'ammoniaque, de l'acide cyanhydrique et des flocons bruns qui ont reçu le nom d'acide azulmique. Ces composés prennent également naissance au contact d'une dissolution ammoniacale. Dans l'action de la potasse aqueuse, le cyanure et le cyanate qui se forment sont accompagnés d'oxalate de potassium. On obtient de l'oxamide quand on traite le c. par l'eau mélangée d'aldéhyde, ou par les acides chlorhydrique ou iodhydrique à froid. Avec l'acide iodhydrique à chaud, le c. donne du glycocolle. Avec l'hydrogène naissant il se transforme en éthylène-diamine.

Le c. ne se trouve pas dans la nature à l'état libre. On ne peut pas l'obtenir par la combinaison directe du carbone et de l'azote ; car sa formation correspond à une forte absorption de chaleur (— 38 calories). Cette chaleur ainsi emmagasinée constitue une réserve d'énergie qui explique les puissantes affinités du c. Il se forme des composés cyanogénés quand le carbone et l'azote se trouvent à une température élevée en présence d'un alcali ou d'un carbonate alcalin ; on peut obtenir de cette manière les cyanures de potassium, de sodium, de baryum. Le gaz ammoniac, en passant sur du charbon au rouge, forme du cyanhydrate d'ammonium. Enfin les matières organiques azotées (sang, muscles, cuir), chauffées avec de la potasse à haute température, donnent naissance à du cyanure de potassium ; c'est là le principe de la préparation industrielle des cyanures. Quant au c. lui-même, on le prépare dans les laboratoires en décomposant le cyanure de mercure par la chaleur ou bien en déshydratant l'oxamide à l'aide de l'anhydride phosphorique.

Quand on chauffe le c. entre 400° et 500°, il se convertit partiellement en un polymère solide, noirâtre, appelé *para-cyanogène*. Sous l'action de la chaleur, ce composé reproduit à son tour le gaz qui lui a donné naissance. En vase clos, ces deux transformations sont limitées par la tension de transformation du c. gazeux. Il se forme souvent de grandes quantités de paracyanogène dans la préparation du c. par le cyanure de mercure.

Combinaisons du cyanogène. — On a vu plus haut que le c. peut s'unir à l'hydrogène et aux métaux ; les composés ainsi formés sont décrits aux mots CYANHYDRIQUE et CYANURE.

Le phosphore, le chlore, le brome, l'iode et le soufre se combinent indirectement avec le c. Nous ne citerons que les plus importants de ces composés. Le *Chlorure de c. liquide* CyCl s'obtient par l'action du chlore sur l'acide cyanhydrique refroidi à 0° ; le produit distillé et purifié par l'oxyde de mercure se présente sous la forme d'un liquide limpide, qui bout à 15°,5 et se solidifie à — 5°. Ses vapeurs, d'une odeur très forte, irritent fortement les bronches et provoquent le larmoiement. Il peut être considéré comme dérivant de l'acide cyanique et sert à préparer la plupart des composés de la série cyanique. Pour peu qu'il retienne une trace de chlore, il se transforme bientôt en un polymère solide. Ce dernier, appelé *Chlorure de c. solide*, a pour formule (CyCl)³ et correspond à l'acide cyanurique : on le prépare en effet en distillant cet acide avec du perchlorure de phosphore, et inversement il reproduit de l'acide cyanurique quand il est soumis à l'action de l'eau ou de l'alcool. — L'*iodure de c.* s'obtient en chauffant légèrement un mélange d'iode et de cyanure de mercure bien sec. Il se produit sous forme d'une neige légère ; c'est un corps d'une odeur très piquante et très caustique. — Le *bromure de c.* CyBr se prépare de même en faisant agir du brome sur le cyanure de mercure ; il se sublime en beaux cristaux cubiques très volatils. — Le *sulfure de c.* Cy²S se forme par l'action du chlorure de soufre sur le cyanure de

mercure ; il est solide, jaune, soluble dans l'eau, l'alcool et l'éther ; il fond à 60°, mais se sublime dès 30°.

Les combinaisons oxygénées du c. comprennent les acides cyanique et isocyanique et leurs dérivés, ainsi que leurs polymères, l'acide cyanurique et l'acide fulminique. Voy. CYANIQUE, CYANURIQUE, FULMINIQUE. A ces composés correspondent des combinaisons sulfurées qui en diffèrent en ce que l'oxygène y est remplacé par du soufre ; les principales sont l'acide isosulfocyanique et ses dérivés. Voy. ISOSULFOCYANIQUE.

Le c. et ses composés sont des poisons redoutables ; ce sont surtout l'acide cyanhydrique et les cyanures qui donnent lieu à des empoisonnements ; il en a été question au mot CYANHYDRIQUE.

CYANOGYNE. adj. (gr. χύανος, bleu ; γυνή, femme). T. Bot. Qui a le pistil bleu. Inus.

CYANOLEUQUE. adj. (gr. χύανος, bleu ; λευκός, blanc). T. Hist. nat. Qui est bleu et blanc.

CYANOMÈLE. adj. (gr. χύανος, bleu ; μέλας, noir). T. Hist. nat. Qui est bleu et noir.

CYANOMÈTRE. s. m. (gr. χύανος, bleu ; μέτρον, mesure). T. Phys. Instrument imaginé par Saussure pour déterminer l'intensité de la couleur bleue de l'atmosphère. Il consiste en une bande circulaire de carton divisée en 51 parties, qui sont toutes peintes d'une couleur bleue, mais dont la nuance va croissant depuis la teinte la plus claire (n° 1) jusqu'à la teinte la plus foncée (n° 51), qui approche du noir. On note à quel numéro du c. correspond la couleur du ciel, et l'on peut marquer ainsi très exactement les différentes teintes de l'atmosphère à divers moments donnés.

CYANOPATHIE. s. f. (gr. χύανος, bleu ; πάθος, maladie). T. Méd. Syn. de CYANOSE.

CYANOPHTALME. adj. 2 g. (gr. χύανος, bleu ; ὀφθαλμός, œil). T. Zool. Qui a les yeux bleus.

CYANOPHYCÉES. s. f. pl. (gr. χύανος, bleu ; φῦκος, algue). T. Bot. Les C. sont des Algues répandues à profusion dans la mer, dans les eaux douces et sur la terre humide ; elles sont caractérisées par la présence d'un pigment complexe qui les colore en vert bleu, parfois nuancé de brun, de pourpre, de violet et de noir et qui imprègne uniformément le corps protoplasmique. Les C. sont en outre dépourvues de noyaux. Diverses C. peuvent vivre en société avec certains Champignons pour former des Lichens (*Ephebe, Collema*, etc.) ou se nicher dans les espaces intercellulaires de certaines plantes (Hépatiques, feuilles des *Azolla*, racines des Cycadées). Quelques Cyanophycées, entièrement dépourvues de chlorophylle, ont leur protoplasme coloré en rouge par un pigment rouge, la *bactériopurpurine*, qui retient les radiations infra-rouges à l'aide desquelles il peut décomposer l'acide carbonique, fixer le carbone et dégager l'oxygène. Un grand nombre de ces Algues sont dépourvues de pigment assimilateur et sont dans la nécessité, comme les Champignons, de se nourrir avec des matières organiques en voie de décomposition ou aux dépens d'organismes vivants.

Les C. se multiplient à l'aide de spores toujours immobiles ; on ne leur connaît pas d'œufs. Elles peuvent aussi se conserver à l'aide de kystes. D'après leur mode de reproduction on les divise en deux familles : les *Nostocacées* qui se reproduisent par spores exogènes ou kystes, et les *Bactériacées* qui se reproduisent par spores endogènes.

CYANOPODE. adj. 2 g. (gr. χύανος ; πούς, ποδός, pied). T. Zool. Qui a les pattes bleues.

CYANOPTÈRE. adj. 2 g. (gr. χύανος ; πτερόν, aile). T. Zool. Qui a les ailes bleues.

CYANOPYGE. adj. 2 g. (gr. χύανος ; πυγή, croupion). T. Zool. Qui a le croupion bleu.

CYANOPYRRHE. adj. 2 g. (gr. χύανος, bleu ; πυῤῥός, roux). T. Hist. nat. Qui est bleu et roux.

CYANOSE. s. f. (gr. χύανος, bleu). T. Méd. et Minér.
Méd. — On donne le nom de *Cyanopathie*, de *Maladie bleue*, ou mieux de C. à un état de maladie où la surface du corps présente une coloration bleue, et quelquefois noirâtre ou livide. Cet état est tout simplement un symptôme

d'une altération organique très variable. Quelquefois il dépend d'un vice de conformation congénital, c.-à-d. de la non-occlusion du trou de Botal, d'où résulte le mélange du sang veineux avec le sang artériel ; mais ce cas est rare. Le plus souvent, il dépend de la présence d'un obstacle quelconque au cours du sang, situé soit aux orifices du cœur, soit dans les gros vaisseaux qui partent de cet organe ou y aboutissent. La c. se développe ordinairement aussitôt après ou même dès la naissance ; cependant on l'a vue apparaître des semaines, des mois, et même des années plus tard. On peut vivre très longtemps avec elle, quoiqu'en général elle entraine plus ou moins promptement la mort. Il n'est pas besoin de dire que cet état est au-dessus des ressources de l'art, surtout lorsqu'il est déterminé par un vice originel de conformation. — Nous avons parlé ailleurs de la c. qui s'observe habituellement dans le choléra-morbus asiatique (voy. CHOLÉRA) ; nous n'avons donc pas à y revenir ici.

Minér. — Les minéralogistes désignent aussi, sous le nom de C., un sulfate de cuivre naturel, qui est de couleur bleue ; il en a été question au mot CUIVRE (VII, G).

CYANOTE. adj. 2 g. (gr. χύανος, bleu ; οὖς, ὠτὸς, oreille). T. Zool. Qui a les oreilles bleues.

CYANOTIS. s. m. (gr. χύανος ; οὖς, ὠτὸς, oreille). T. Bot. Genre de plantes Monocotylédones de la famille des *Commélinacées.* Voy. ce mot.

CYANOTRICHITE. s. f. (gr. χύανος ; θρίξ. τρίχος, cheveu). T. Minér. Sulfate naturel de cuivre et d'alumine en cristaux capillaires bleus de smalt, d'un aspect velouté.

CYANOTYPE. adj. 2 g. (gr. χύανος ; τύπος, empreinte). T. Photogr. Se dit du papier sensible au prussiate de fer qui donne des épreuves bleues.

CYANURATE. s. m. T. Chim. Voy. CYANURIQUE.

CYANURE. s. m. (R. *cyanogène*). T. Chim. Le nom de c. a été donné aux composés que forme le cyanogène avec les métaux. Il sert également à désigner les éthers de l'acide cyanhydrique. Ces cyanures alcooliques sont identiques avec les NITRILES (voy. ce mot). Quant aux *Isocyanures alcooliques,* ils ont été traités au mot CARBYLAMINE.

Les *Cyanures métalliques* peuvent être considérés comme de l'acide cyanhydrique dont l'hydrogène est remplacé par un métal. On ne les rencontre pas dans la nature. Ils se produisent dans un grand nombre de réactions. La plupart peuvent s'obtenir en traitant les hydrates métalliques par l'acide cyanhydrique. Les cyanures alcalins se forment par l'union directe du cyanogène avec le métal ; dans l'industrie on les prépare en chauffant fortement les matières organiques azotées avec des alcalis ou des carbonates alcalins. Le c. d'ammonium ou d'ammoniaque prend naissance par l'action du gaz ammoniac sur le charbon ou sur l'oxyde de carbone à la température du rouge.

Les cyanures des métaux alcalins et alcalino-terreux sont solubles dans l'eau et indécomposables par la chaleur seule ; chauffés en présence de l'air ils se transforment en cyanates. Les autres cyanures sont insolubles dans l'eau, mais se dissolvent dans les solutions de cyanures alcalins ; la chaleur les décompose en cyanogène et en métal, ou bien en azote et en carbure métallique. La plupart des c. sont facilement décomposables par les acides même en dégageant de l'acide cyanhydrique. Tous sont décomposés par l'acide sulfurique concentré et chaud, qui s'empare du métal ; il se produit soit de l'acide cyanhydrique, soit de l'oxyde de carbone qui se dégage et de l'ammoniaque qui s'unit à l'acide sulfurique. Par le chlore, les cyanures lui cèdent leur métal en formant un chlorure, tandis que le cyanogène se dégage ou se combine avec le chlore. — Les dissolutions de cyanures donnent avec l'azotate d'argent un précipité blanc, insoluble dans l'acide azotique, soluble dans l'ammoniaque et dans l'hyposulfite de soude, se décomposant par la calcination en argent et cyanogène. En ajoutant à une solution de c. un mélange de sulfates ferreux et ferrique, puis de l'acide chlorhydrique, on observe une coloration bleue très sensible. Toutefois ces deux réactions ne réussissent pas avec le c. de mercure ; il faut d'abord en précipiter le métal.

Les cyanures métalliques possèdent, comme les chlorures, une grande tendance à former des se s doubles ; c'est entre eux, soit avec les chlorures. Les *Cyanures doubles* se partagent en deux classes bien distinctes. Les uns sont décomposés par

les dissolutions d'acides minéraux en dégageant de l'acide cyanhydrique. Les autres ne subissent pas cette décomposition et leurs propriétés ne rappellent nullement celles de leurs générateurs : ainsi les ferrocyanures ne présentent ni les réactions caractéristiques des cyanures, ni celles du fer. Les composés de cette classe sont généralement regardés comme dérivant d'acides particuliers dans lesquels le cyanogène est intimement uni au métal. Plusieurs de ces acides ont été isolés : tels sont l'acide ferrocyanhydrique $H^4 Fe Cy^6$, l'acide platino-cyanhydrique, $H^2 Pt Cy^4$, etc. — L'eaucoup de cyanures sont employés soit dans les laboratoires, soit dans l'industrie. Il sera parlé de ces divers composés aux mots FER, MERCURE, POTASSIUM, etc. — Le c. de potassium, très employé en photographie, est un poison violent.

CYANURIQUE. adj. 2 g. (R. *cyanogène* et *urée*). T. Chim. L'acide cyanurique $C^3 Az^3 O^3 H^3$ fut découvert par Scheele en distillant l'acide urique. Il se forme par la polymérisation spontanée de l'acide isocyanique, par l'action de l'acide hypochloreux sec sur l'acide cyanhydrique, par l'action de l'acide sulfurique concentré et chaud sur la cyamélide ; il se produit aussi quand on enlève de l'ammoniaque à l'urée, soit sous l'influence de la chaleur seule, soit à l'aide du chlore ou de l'acide phosphorique. Pour le préparer, on dirige un courant de chlore sec dans de l'urée en fusion ; on lave le résidu à l'eau froide pour le débarrasser du chlorhydrate d'ammoniaque ; on le dissout dans l'eau bouillante et on le fait cristalliser. L'acide c. forme des cristaux clinorhombiques efflorescents, incolores et inodores, solubles dans l'eau et l'alcool bouillants. Chauffé vers 360°, il se volatilise et se transforme en acide isocyanique. Il fonctionne comme un acide tribasique, formant avec les bases des sels monométalliques, bimétalliques et trimétalliques. Les *cyanurates métalliques,* polymères des isocyanates, sont généralement peu solubles ; traités par les acides forts, ils donnent de l'acide cyanurique ; chauffés, ils fondent et se transforment en isocyanates. — Le chlorure correspondant à l'acide c. s'obtient par l'action du perchlorure de phosphore sur cet acide ou sur les cyanates ; il a reçu le nom de *chlorure de cyanogène solide* et a pour formule $C^3 Az^3 Cl^3$; sous l'action de l'eau ou des alcalis, il reproduit l'acide c. — Les *éthers cyanuriques* ou *cyanurates alcooliques* se produisent en même temps que les éthers isocyaniques dont ils sont des polymères, et dont ils possèdent les réactions ; comme eux, ils se décomposent en acide carbonique et en amines lorsqu'on cherche à les saponifier.

D'après ce qui précède, on voit que ces éthers ainsi que les cyanurates métalliques correspondent aux composés isocyaniques et devraient s'appeler *éthers isocyanuriques* et *isocyanurates.* En fait de composés cyanuriques proprement dits, on connaît les polymères des éthers cyaniques : ce sont les *éthers cyanuriques normaux,* tels que le cyanurate de méthyle ; ils sont saponifiables par la potasse, qui les dédouble en acide c. et en alcool.

Si l'on considère l'acide c. comme engendré par ces éthers normaux, il faut lui attribuer la formule :

$$
\begin{array}{c}
\text{COH} \\
\text{Az} \quad \quad \text{Az} \\
\text{HOC} \quad \quad \text{COH} \\
\text{Az}
\end{array}
$$

D'autre part, si on l'envisage comme le générateur des composés isocyanuriques dont il a été question plus haut, on devra l'appeler acide isocyanurique et le représenter par la formule :

$$
\begin{array}{c}
\text{CO} \\
\text{HAz} \quad \quad \text{HAz} \\
\text{OC} \quad \quad \text{CO} \\
\text{AzH}
\end{array}
$$

Il semble donc que ce corps possède deux formules de constitution différentes. C'est là un cas de *Desmotropie.* Voy. ce mot.

CYAPHÉNINE. s. f. (R. *cyanogène,* et *phénol*). T. Chim. Substance solide, fusible vers 230°, qu'on obtient par l'action du chlorure de benzoyle sur le cyanate de potassium. D'après sa formule, $C^{21} H^{15} Az^3$, elle est un polymère du benzonitrile. L'hydrogène naissant la décompose en donnant de l'ammoniaque et une nouvelle base appelée lophine.

CYATHE. s. m. (gr. χύαθος, coupe ; lat. *cyathus*). T. Archéol. Petit vase, ordinairement muni d'un manche, dont on se servait pour puiser le vin dans le cratère et le verser dans les coupes. || T. Métrol. Mesure de capacité usitée chez les Athéniens et les Romains, et valant environ 0l,045. || T. Bot. Genre de Champignons (*Cyathus*) de la famille des *Gastromycètes*. Voy. ce mot.

CYATHÉACÉES. s. f. (R. *Cyathée*). T. Bot. Famille de Fougères presque toujours arborescentes; la tige est dressée, simple, souvent recouverte de racines et porte au sommet une rosette de grandes feuilles finement découpées. Elles habitent la zone tropicale et les contrées chaudes de l'hémisphère austral. Cette famille est caractérisée par ce fait que les sporanges sessiles ont un anneau complet, longitudinal, et s'ouvrent par conséquent par une fente transversale. Principaux genres: *Cyathea, Cibotium, Dicksonia, Alsophila*, etc. Un certain nombre de Cyathéacées fossiles se rencontrent depuis le houiller jusqu'à l'éocène. Principaux genres: *Protopteris, Laccopteris*, etc.

CYATHÉE. s. f. (gr. κύαθος, coupe). T. Bot. Genre de fougères (*Cyathea*) de la famille des *Cyathéacées*. Voy. ce mot.

CYATHICÈRES. s. m. pl. (gr. κύαθος, coupe; κέρας, corne). T. Zool. Groupe de *Bryozoaires*. Voy. ce mot.

CYATHIFORME. adj. 2 g. (gr. κύαθος, coupe, et *forme*). Qui a la forme d'une coupe.

CYATHOPHORE. adj. (gr. κύαθος, coupe; φορός, qui porte). T. Hist. nat. Qui porte des excavations en forme de coupe.

CYAXARE, roi des Mèdes, détruisit Ninive (606 av. J.-C.). Pendant une guerre qu'il fit contre les Lydiens, arriva une éclipse de soleil dont la date n'a pu être exactement fixée par les astronomes modernes, mais qui est restée célèbre sous le nom d'*éclipse de Thalès*, parce que ce philosophe l'avait prédite. || CYAXARE II, fils d'Astyage, eut pour successeur son neveu Cyrus.

CYBÈLE. s. f. (gr. Κυβέλη). T. Myth. Les mythographes gréco-romains ont de bonne heure confondu, sous ce nom, deux déesses d'origine différente, *Cybèle*, surnommée la *Grande déesse*, dont le culte appartenait à la Phrygie, et *Rhéa*, dont le culte avait pris naissance dans l'île de Crète. — Suivant Diodore de Sicile, *Cybèle* était fille de Méon, roi de Phrygie et de la reine Dindyme. Irrité qu'il ne lui fût pas né un fils, son père la fit exposer sur le mont Cybélon, qui lui donna son nom, et où elle fut d'abord nourrie par des lionnes et des panthères, puis recueillie par des bergères. Elle se révéla de bonne heure comme civilisatrice, et les anciens lui attribuaient l'invention du chalumeau, de la cymbale et du tambour, au moyen desquels elle guérissait les hommes et les animaux, ce qui lui valut, de la part des populations de la campagne, le surnom de *Bonne mère de la montagne*. Elle passait encore pour avoir appris aux hommes à se fortifier au moyen de tours, et c'est pour cela qu'on la figura plus tard la tête ornée d'une couronne murale. Reconnue à la fin par le roi son père, elle obtint d'être reçue dans sa famille; mais Méon ayant ensuite appris qu'elle avait épousé secrètement le berger Atys, il fit mutiler et égorger ce dernier. Éperdue et folle de désespoir, Cybèle se mit à parcourir les campagnes en poussant de grands cris et en battant du tambour, et bientôt elle mourut de faim et de douleur. Pendant son absence, la peste et la stérilité frappèrent la Phrygie, et le double fléau ne cessa que lorsque, sur l'ordre de l'oracle, on eut fait ensevelir l'image d'Atys, car ses restes ne purent être retrouvés, et rendu les honneurs divins à Cybèle.

Rhéa est à peine mentionnée dans Homère; ce poète dit seulement qu'épouse de Kronos ou Saturne, et mère des Kronides, elle confia Junon, enfant, aux soins de Téthys et de l'Océan. Hésiode en fait la fille du Ciel (Uranus) et de la Terre, et l'épouse de Saturne, dont elle eut Vesta, Déméter ou Cérès, Junon, Pluton, Neptune et Jupiter. On sait comment Saturne dévorait ses enfants et à quelle ruse Rhéa fut obligée d'avoir recours pour sauver Jupiter. — Rhéa paraît avoir été la personnification de la terre, mais de la terre inculte; elle représentait surtout le sol pierreux et abrupte, les cavernes et les montagnes. Le chêne lui était particulièrement consacré.

Les Grecs regardaient également Cybèle comme la déesse des montagnes. Ils l'appelaient la *Grande déesse*, la *Mère des dieux*, épithète qui, dans le principe, ne pouvait appartenir qu'à Rhéa. Ils lui donnaient encore les surnoms d'*Idéenne*, de

Dindymène, de *Bérecynthia*, etc., parce qu'elle était particulièrement adorée sur les monts Ida, Dindyme et Bérécynthe. Le temple ou *metroon* de Pessinonte, en Phrygie, était le centre principal de son culte; on l'y adorait sous la forme d'une pierre tombée du ciel, qui était sans doute un uranolithe. Ses fêtes consistaient en cérémonies bruyantes et désordonnées, qui avaient surtout lieu à l'équinoxe d'automne. Ses prêtres étaient les *Corybantes* et les *Galles*, qui, d'abord distincts, se réunirent plus tard en un seul corps ou collège. Les Corybantes primitifs étaient regardés comme très habiles en métallurgie, et on leur attribuait l'invention de l'airain et de plusieurs armes offensives, ainsi que l'introduction de nombreux perfectionnements dans l'agriculture. En mémoire des courses de Cybèle après la mort d'Atys, ils parcouraient les villes et les campagnes, armés de torches et poussant des hurlements accompagnés du vacarme des cymbales et des tambours. Ils exécutaient, aux sons de ces mêmes instruments et au bruit d'hymnes vociférés à grands cris, des danses guerrières en heurtant leurs épées et leurs boucliers les uns contre les autres. Les plus exaltés poussaient la frénésie jusqu'à se faire de cruelles blessures, et même jusqu'à se mutiler. Leur chef portait le titre d'*Archigalle*. — Les *Curètes* étaient les prêtres du culte de Rhéa. Ils étaient au nombre de 9 seulement; leurs danses, comme celles des Corybantes, avaient un caractère guerrier.

Lorsque le culte de la déesse phrygienne se fut introduit dans la Grèce, vers l'époque de la guerre médique (500 ans av. J.-C.), il ne tarda pas à se confondre avec celui de la divinité crétoise. Une confusion analogue se produisit lors de l'introduction du culte de Cybèle à Rome. Les Romains identifièrent cette déesse avec la Terre, Ops, la Bonne déesse, etc. Néanmoins, le culte de Cybèle ne prit de l'importance en Italie que pendant la deuxième guerre punique. A cette époque, une pluie de pierres ayant frappé les esprits d'épouvante, on consulta les livres sibyllins, et l'on y trouva une prédiction portant que l'on pouvait chasser l'ennemi si l'on faisait venir à Rome la *Mère idéenne* (*Mater Idea*) de Pessinonte. Aussitôt une députation de cinq sénateurs fut envoyée au roi Attale, à Pergame. Les ambassadeurs reçurent de ce prince une pierre noirâtre, sculptée en forme de femme, qu'ils emportèrent précieusement à Rome (203 ans av. J.-C.) dans le temple de la Victoire, en attendant qu'on

eût élevé un monument particulier pour la renfermer. En même temps, un corps de Galles fut organisé pour desservir le nouveau culte, et, afin de perpétuer le souvenir de l'arrivée de la déesse, on institua des jeux annuels nommés *Jeux mégalésiens* (*Megalesia, Megalenses ludi*). Ces jeux passaient pour les plus religieux de tous; aussi les appelait-on *maxime casti, solemnes, religiosi*. Ils avaient lieu le 4 avril et duraient sept jours. Ces solennités religieuses n'admettaient pas les jeux du Cirque, mais seulement les représentations dramatiques. Dans le principe, ces représentations s'exécutaient sur le mont Palatin, devant le temple même de Cybèle. Parmi les comédies de Térence qui sont parvenues jusqu'à nous, il en est quatre qui ont été spécialement composées pour les Mégalésies. Les esclaves ne pouvaient assister à ces fêtes, et les magistrats y paraissaient avec la toge de pourpre et la prétexte; de là l'expression proverbiale, *purpura megalensis*. — Mais bientôt le culte de Cybèle dégénéra de la manière la plus honteuse, et tomba dans la licence la plus effrénée, au point qu'à Rome même les prêtres de la Bonne déesse furent fustigés par ordre du magistrat pour leurs déréglements. Vers la fin de la république et sous l'empire, les Galles allaient mendiant par les rues, et faisaient métier de dire la bonne aventure à la partie la plus crédule et la plus superstitieuse de la populace.

Cybèle paraît avoir été d'abord figurée par une simple pierre brute. Il est probable que les pierres consacrées au culte de Cybèle étaient des uranolithes dont la chute avait frappé les populations d'une épouvante mystérieuse. Plus tard, vers la 115e olympiade, le peintre Nicomaque la représenta assise sur un lion, parce que cet animal lui était consacré. Mais c'est à Phidias que nous devons le type constamment reproduit depuis lui par les artistes grecs et romains. Ordinairement, cette déesse est représentée assise sur un cube ou sur un trône entre deux lions, et ayant sur la tête une couronne murale de laquelle descend un voile (la Fig. ci-dessus est la reproduction d'un bas-relief antique qui existe au Musée Pio-Clémentino, à Rome). D'autres fois, elle est portée sur un char traîné par deux ou par quatre lions.

CYBIANTHE. s. m. (gr. κύβος, cube; ἄνθος, fleur). T. Bot. Genre de plantes de la famille des *Myrsinées*. Voy. ce mot.

CYBISTIQUE. s. f. (gr. κυβιστάω, se jeter la tête en avant). Art du plongeur.

CYCADACÉES. s. f. pl. (R. *Cycas*). Famille de végétaux de l'ordre des Gymnospermes à carpelle ouvert.

Caract. bot. : Petits arbres ou arbustes dont le port offre quelque ressemblance avec les Fougères. Tige simple,

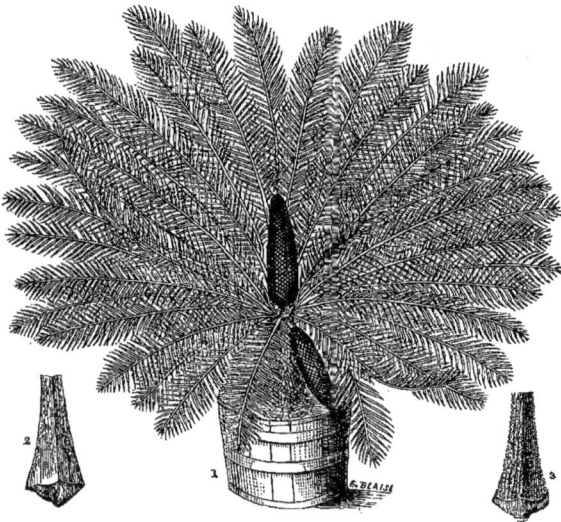

tantôt cylindrique, tantôt sphéroïdale, terminée par un bouquet de grandes feuilles et portant l'empreinte profonde, en forme de losange, des pétioles ligneux des feuilles. A l'intérieur la tige offre la structure ordinaire avec un grand développement de l'écorce et de la moelle qui contiennent de nombreux canaux sécréteurs gommifères; cette large moelle est remplie d'amidon. Feuilles composées-pennées, pouvant mesurer deux à trois mètres de longueur, dures et ligneuses, vivaces, en général enroulées en crosse lorsqu'elles sont jeunes, mais quelquefois plates; folioles à veines fines, simples, légèrement obliques sur le pétiole commun, dont elles finissent par se désarticuler. La tige des Cycadacées porte aussi d'autres feuilles, qui sont arrêtées de bonne heure dans leur croissance et forment de petites écailles coriaces, brunes,

velues; ces écailles alternent régulièrement avec les feuilles vertes. Fleurs toujours dioïques, se développant au sommet de la tige soit isolées, soit groupées par deux ou davantage. Fleurs mâles allongées en cône dont l'axe porte sur ses flancs un très grand nombre de feuilles spiralées qui sont des étamines pourvues, à la face inférieure, de nombreux sacs polliniques. Dans les *Cycas*, la fleur mâle se compose d'un grand nombre de feuilles très petites, dépourvues de folioles (Fig. 2) et portant, à leur face inférieure, un grand nombre de sacs polliniques (Fig. 3). Les anthères s'ouvrent par une fente longitudinale. Fleurs femelles en cônes comme les fleurs mâles; les écailles ou carpelles sont en forme de T dont chaque branche porte à sa face interne un ovule pendant. Dans les *Cycas*, la fleur femelle comprend une rosette de petites feuilles analogues aux feuilles vertes. Les folioles y sont remplacées par autant d'ovules qui ont, avant la fécondation, la grosseur d'une prune (Fig. 4). Ovules orthotropes. Graines volumineuses avec tégument différencié en une couche externe charnue et une couche interne scléreuse, ce qui lui donne l'aspect d'une drupe; albumen charnu abondant; embryons multiples situés la partie inférieure d'un long suspenseur, mais dont un seul arrive à maturité; cotylédons en nombre variable. [Fig. 1. *Cycas revoluta*, plante mâle. — 2. *Cycas circinalis*, étamine vue du côté supérieur. 3. La même vue du côté inférieur où se développent les sacs polliniques. 4. Portion d'un carpelle avec de jeunes ovules. 5. Graine mûre. 6. Coupe de l'ovule. 7. Embryon.]

Cette famille comprend 10 genres et 90 espèces, qui appartiennent à la Flore des contrées tropicales et tempérées de l'Asie et de l'Amérique; elles ne se rencontrent pas dans l'Afrique centrale, bien qu'il en existe plusieurs au cap de Bonne-Espérance et à Madagascar. Le *Dioon edule* se trouve au Mexique, et semble même y être commun dans quelques localités. Les *Zamia* sont au nombre des plantes qui donnent un caractère particulier à la végétation de la partie orientale du territoire du Cap, spécialement vers la frontière de la Cafrerie. Un *Zamia*, qu'on croit être le *Ma-*

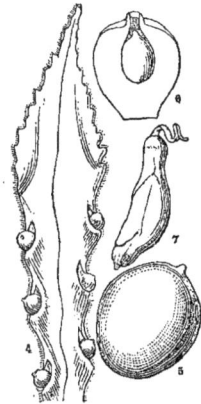

crozamia spiralis, s'élève à la hauteur de 9 à 10 mètres sur la côte occidentale de l'Australie. On divise cette famille en 2 tribus :

TRIBU I. *Cycadées*. — Ovules nombreux insérés latéralement sur un carpelle penné (*Cycas*).

TRIBU II. *Zamiées*. — Ovules au nombre de 2, pendant à la face inférieure d'un carpelle pelté (*Encephalartos, Bowenia, Macrozamia, Dioon, Zamia, Ceratozamia*, etc.).

Toutes les Cycadacées contiennent en abondance un suc mucilagineux, d'une saveur désagréable. Néanmoins, dans certaines espèces, il se trouve associé à une quantité considérable de fécule, ce qui les fait admettre dans l'alimentation ordinaire des habitants des pays où elles croissent. Au Cap, on donne vulgairement le nom de *Pain de Cafre* à plusieurs espèces d'*Encephalartos*. Au Mexique, les graines volumineuses du *Dioon edule* fournissent une espèce d'*Arrow-root*. Aux des Lucayes et dans quelques autres îles des Indes Occidentales, une fécule analogue et d'excellent goût s'extrait du *Zamia pumila*. Au Japon, on prépare une sorte de *Sagou* avec la substance amylacée qui se trouve dans la moelle de la tige du *Cycas revoluta*. Thunberg ajoute que ce sagou est d'excellente qualité, que des soldats ont longtemps vécu sans autre nourriture qu'une très faible ration de cet aliment, et que les lois au Japon défendent de laisser sortir ce végétal du pays; on en mange aussi le fruit. Une sorte de sagou s'extrait également du *C. circinalis*. La graine de ce dernier se mange aux Moluques, et les noyaux pilés dans un mortier donnent une espèce de farine de qualité inférieure. Cette même espèce fournit encore une gomme transparente, assez semblable à la gomme adragante, qui se prend en masse par sa dessiccation à l'air libre. Appliquée sur les ulcères de mauvaise nature, cette gomme y ranime la vitalité et provoque la suppuration avec une promptitude incroyable.

Cycadacées fossiles. — La famille des Cycadacées était autrefois plus nombreuse et répandue sur toute la terre; on en connaît plus de 250 espèces fossiles formant environ 40 genres. Elles sont représentées le plus souvent par des feuilles, quelquefois par des écailles, par des tiges, par des fleurs ou par des graines. La plupart se rattachent à la tribu des Zamiées; deux seulement à celle des Cycadées. Elles commencent dans le terrain houiller, sont encore rares dans le trias, mais deviennent déjà nombreuses à la fin de la période triasique dans le grès bigarré; c'est vers le milieu de la période jurassique qu'elles sont le plus nombreuses: dans le rhét en 15 espèces, dans le lias 17, dans l'oolithe 63, dans le jurassique supérieur 16, dans le wealdien 30. Elles diminuent ensuite à mesure qu'on s'élève dans le tertiaire. Principaux genres : *Cycadites, Cycadospadix, Zamites, Otozamites, Dioonites, Podozamites, Pterophyllum, Nœggerathia*, etc.

CYCADÉES. s. f. pl. (R. *Cycas*). T. Bot. Tribu de végétaux de la famille des *Cycadacées*. Voy. ce mot.

CYCADITES. s. m. pl. (R. *Cycas*). T. Paléont. Bot. Genre de Cycadées fossiles voisin du genre *Cycas*. Voy. CYCADACÉES.

CYCADOPTERIS. s. m. (R. *Cycas*, et gr. πτέρις, fougère). T. Paléont. Bot. Genre de fougères fossiles, exclusivement propre à l'oolithe.

CYCADOSPADIX. s. m. (R. *Cycas*, et gr. σπάδιξ, branche de palmier). T. Paléont. Bot. Genre de Cycadacées fossiles. Voy. CYCADACÉES.

CYCAS. s. m. (gr. χυχάς, χυχάδος, sorte de palmier). T. Bot. Genre de plantes Gymnospermes de la famille des *Cycadacées*. Voy. ce mot.

CYCHRUS. s. m. [Pr. *Si-kruss*]. T. Entom. Genre d'insectes coléoptères. Voy. CARABIQUES.

CYCLADE. s. f. T. Zool. Famille de mollusques acéphales. Voy. CARDIACÉS.

CYCLADES (gr. χύχλος, cercle), groupe d'îles de l'Archipel (à la Grèce).

CYCLAME ou **CYCLAMEN.** s. m. (gr. χύχλος, cercle) T. Bot. Genre de plantes Dicotylédones appartenant à la famille des *Primulacées*. Voy. ce mot.

CYCLANTHACÉES. s. f. pl. (R. *Cyclanthe*). T. Bot. Famille de végétaux Monocotylédones de l'ordre des Graminées.

Caract. bot. : Plantes herbacées à rhizomes, ou ligneuses grimpantes à racines aériennes. Feuilles distiques ou spiralées, pétiolées, entières ou bipartites. Fleurs unisexuées monoïques, disposées en un épi axillaire contenant des fleurs mâles et femelles régulièrement entremêlées. Fleurs mâles formées de nombreuses étamines entourées d'un périanthe tubuleux ou de 6 étamines sans périanthe. Fleurs femelles ayant un calice de 4 sépales et 4 carpelles alternes avec les sépales ouverts; ovaire uniloculaire, surmonté de 4 stigmates sessiles; ovules anatropes nombreux. Fruit composé, formé de baies soudées latéralement. Graine avec un albumen charnu ou corné; embryon droit, petit.

Cette famille comprend 4 genres et 35 espèces habitant toutes l'Amérique tropicale. On a trouvé 2 espèces fossiles dans l'éocène appartenant au genre *Ludoviopsis*.

On divise cette famille en 2 tribus :

TRIBU I. *Carludovicées.* — Fleurs mâles groupées par 4 autour de chaque fleur femelle (*Carludovica, Ludovia*, etc.). Le *Carludovica palmata*, qui croît au Pérou, à la Nouvelle-Grenade, dans la Bolivie, etc., fournit une paille très estimée qui sert à la fabrication des chapeaux dits de *Guayaquil*, et nommés en France *panamas*. On récolte la feuille encore jeune, on la découpe en lanières de largeur variable que l'on décolore par des procédés spéciaux. Les bords de chacune de ces lanières se replolent en arrière, ce qui leur donne une forme cylindroïde qui augmente beaucoup leur solidité. La paille du *Carludovica* sert aussi à fabriquer des porte-cigares.

TRIBU II. *Cyclanthées.* — Fleurs mâles et femelles groupées en cycles alternants (*Cyclanthus*).

Les inflorescences de plusieurs *Cyclanthus*, et notamment du *C. bipartitus*, cultivé au Brésil dans les jardins, ont une odeur suave qui tient le milieu entre l'arome de la vanille et celui de la cannelle. Les Indiens le font cuire avec des viandes pour en préparer des aliments aphrodisiaques.

CYCLANTHE. s. m. (gr. χύχλος, cercle; ἄνθος, fleur). T. Bot. Genre de plantes Monocotylédones (*Cyclanthus*) de la famille des *Cyclanthacées*. Voy. ce mot.

CYCLANTHÉES, s. f. pl. (R. *Cyclanthe*). T. Bot. Tribu de végétaux de la famille des *Cyclanthacées*. Voy. ce mot.

CYCLANTHÈRE. s. f. pl. (χύχλος, cercle, et *anthère*). T. Bot. Genre de plantes Dicotylédones (*Cyclanthera*) de la famille des *Cucurbitacées*.

CYCLAMINE. s. f. (R. *cyclamen*). T. Chim. La *Cyclamine*, appelée aussi *Arthanitine*, est un glucoside contenu dans les tubercules du *Cyclamen europæum*, d'où on l'extrait en épuisant ces tubercules par l'alcool bouillant. Elle se présente sous la forme d'une poudre blanche, cristalline, irritant les muqueuses, attirant l'humidité de l'air et se dissolvant lentement dans l'eau; cette solution est opalescente, elle mousse comme l'eau de savon et se coagule quand on la chauffe vers 70°. Sous l'influence de la chaleur, de l'émulsine ou des acides, la c. se dédouble en glucose et en *cyclamirétine*, poudre amorphe, fusible à 198°. Cette dernière substance paraît identique avec la sapogénine, tandis que la cyclamine se confondrait avec la saponine.

On a aussi donné le nom de c. à une matière colorante artificielle dérivée de la fluorescéine et servant à teindre la laine et la soie en rouge.

CYCLE. s. m. (gr. χύχλος, cercle). T. Chron. Littér. Thermod. et Bot. Voy. plus bas. || T. Techn. Vélocipède, bicycle, bicyclette ou tricycle. Voy. VÉLOCIPÈDE.

Chron. — En termes de chronologie, on appelle *Cycle* ou *Période* une série d'un nombre déterminé d'années après laquelle certains phénomènes se reproduisent constamment dans le même ordre. Dans le principe, l'invention des cycles eut pour objet d'établir une correspondance exacte entre la révolution lunaire et l'année solaire. L'année grecque était primitivement de 12 mois ayant alternativement 29 et 30 jours, de manière à suivre assez bien le mouvement de la Lune; mais ainsi composée, l'année n'avait que 354 jours, ce qui la faisait beaucoup trop courte, et on la ramenait pas les mêmes dates aux mêmes saisons. C'est pour remédier à cet inconvénient que l'on imagina d'ajouter des mois intercalaires à la suite de périodes régulières appelées *Cycles*. Le premier c. qu'on employa est connu sous le nom d'*Octaétéride*, parce qu'il se composait de 8 années Il fut imaginé par *Cléostrate de Ténédos*, qui remarqua que 8 années solaires de 365 jours 1/4, comprennent 2,922 jours qui font à peu près 99 lunaisons. En conséquence, il établit dans une période de 8 ans, 5 années de 12 mois qui furent appelés *cares*, et 3 années de 13 mois qui furent appelés *abondantes* ou *embolismiques*. Les années cares étaient de 354 jours, et les 3 mois intercalaires de 30 jours chacun, ce qui complète le nombre de 2,922 jours pour tout le c. Les années abondantes étaient la 3°, la 5° et la 8°.

C. de Méton. — Mais le calcul de Cléostrate laissait à désirer. La durée de la lunaison étant de 29 j. 5306, 99 lunaisons font 2923 j. 5 au lieu de 2,922. Le c. de Cléostrate était donc trop court de 1 j. 1/2 environ, de sorte qu'à la fin du c. les mois ne recommençaient plus aux néoménies, mais 1 j. 1/2 plus tôt. C'est alors, vers l'an 433 av. J. C., que les astronomes athéniens Méton et Euctémon proposèrent le c. de 19 *ans* ou *ennéadécaétéride*, qui comprend 6,940 jours et 235 lunaisons, à 1/4 de jour près. Or, 19 années de 12 mois ne donneraient que 228 lunaisons ; il y aura donc 7 mois supplémentaires à intercaler. Méton les plaça aux années numérotées 3, 6, 8, 11, 14, 17 et 19 qui furent ainsi les années abondantes. D'autre part, 19 années de 354 jours donnent 6,726 jours et il en manque 214 pour obtenir les 6,940 jours du c. Si l'on faisait les 7 mois intercalaires de 30 jours, il manquerait encore 4 jours. Méton a donc dû augmenter d'un jour et porter à 30 jours quatre mois du c. qui, par la règle de l'alternance, n'auraient été que de 29 jours. Telle fut la réforme de Méton, qui excita chez les Grecs un tel enthousiasme, qu'on décréta que le calcul de l'astronome serait gravé en lettres d'or sur des tables de marbre. De là le nom de *Nombre d'or*, donné au numéro qu'occupe chaque année dans le cycle de Méton. Voy. COMPUT.

C. de Calippe. — Le c. de Méton comprend 19 années solaires de 365 jours et 1/4 plus 1/4 de jour. Il en résulte que les années étaient en moyenne trop longues par rapport au Soleil, et que le début de l'année se reproduisait à des saisons de plus en plus avancées avec une variation de 1/4 de jour en 19 ans. Ce cycle fut amélioré par Calippe vers l'an 331 av. J.-C. Le c. de Calippe se compose de 4 cycles de Méton, soit 76 années solaires qui font 27,759 jours et 940 lunaisons à moins de 1/4 de jour près, ce qui n'aurait introduit qu'un jour d'erreur en 304 ans ; mais comme le calcul est fait dans l'hypothèse que l'année tropique est de 365 j. 1/4 la concordance n'est pas aussi parfaite. La réforme de Calippe qui consistait, comme on le voit, à supprimer un jour sur quatre cycles de Méton, ne fut adoptée que par les astronomes d'Alexandrie.

D'autres cycles ont été imaginés pour des motifs différents. — Ainsi le *C. solaire* avait été imaginé tout simplement pour faire coïncider la série nominale des jours de la semaine avec une certaine période d'années. Si le nombre des jours de l'année était toujours le même, il suffirait de prendre une période de 7 années pour voir les jours de la semaine revenir aux mêmes jours de l'année ; mais dans le calendrier Julien le jour intercalaire revient chaque 4° année ; par conséquent, la période doit se composer de 4 × 7 = 28 ans, après laquelle le premier jour de chaque année et celui de chaque mois tombent aux mêmes jours de la semaine. On donne encore au c. solaire le nom de *C. des lettres dominicales*. Les auteurs de la réforme Grégorienne proposèrent un nouveau c. solaire qui se compose d'une période de 400 ans, laquelle comprend un nombre exact de semaines. Après cette période le soleil se trouve au même point du zodiaque et les jours de la semaine reviennent aux mêmes dates.

Le *C. pascal* est une période de 532 ans, qui s'obtient en multipliant le nombre des années du c. solaire par celui des années du c. lunaire, c.-à-d. 28 par 19. La formation de ce c. est fondée sur cette remarque qu'après 532 années révolues on voit se reproduire une série nouvelle de la laquelle, depuis la 1re année jusqu'à la 532e, les différentes combinaisons chronologiques relatives au c. lunaire, au c. solaire, aux lettres dominicales, aux épactes, aux clefs des fêtes mobiles, et généralement à tous les éléments du comput ecclésiastique, se représentent exactement dans le même ordre. Sa dénomination de *C. pascal* vient de ce qu'après cet espace de 532 ans, les nouvelles lunes, et par conséquent la fête de *Pâques*, reviennent aux mêmes jours de a semaine et du mois, pourvu toutefois que l'on n'ait pas égard à la réforme de Grégoire XIII. On l'appelait primitivement *Période victorienne* du nom de son inventeur, Victorius d'Aquitaine, qui l'avait imaginée, en 457, à l'occasion de la dispute survenue entre les Grecs et les Latins au sujet de la fête de l'an 455. Ce computiste en avait fixé le commencement à l'an 28 de l'ère chrétienne ; mais ses calculs furent modifiés en 526 par Denis le Petit, qui, reculant de 29 ans la date adoptée jusqu'alors, fit commencer le c. au an avant l'ère vulgaire. De cette manière, la première année de J. C. se trouva répondre à la deuxième année du c. pascal, ainsi déterminé, reçut le nom de *Période dyonisienne*. On ne s'en sert plus aujourd'hui, parce qu'il n'est plus d'accord avec le calendrier grégorien.

On appelle *C. de l'indiction* ou *Indiction romaine*, une période de 15 années, qui ne repose sur aucune considération astronomique et dont on ne connaît ni l'auteur ni le but. On présume que cette période fut introduite par l'empereur Constantin vers l'an 312 de notre ère. Dans les calculs chronologiques, on la considère comme ayant commencé le 1er janvier de l'an 313. Mais, en la faisant rétrograder jusqu'au commencement de l'ère chrétienne, on trouve que la première année

de cette ère aurait correspondu à la 4° année du c. Par conséquent, lorsqu'on veut trouver le rang qu'occupe une année quelconque dans le c. de l'indiction, *il faut ajouter 3 au nombre de l'année donnée, et diviser la somme par 15*. Le reste de la division, s'il y en a un, est l'indiction demandée ; s'il n'y en a pas, l'indiction est 15. Ainsi, par ex., pour avoir l'indiction de l'année 1138, je divise 1138 + 3 = 1141 par 15, ce qui me donne le reste 1. L'indiction de l'année 1138 est 1. De même, pour l'année 1887 : 1887 + 3 = 1890 qui est divisible par 15. L'indiction de 1887 est donc 15. L'indiction est encore usitée aujourd'hui par la chancellerie romaine.

La *Période Julienne* est un c. de 7,980 années, pendant laquelle il ne peut se trouver deux années qui aient les mêmes nombres pour les trois cycles lunaire, solaire et de l'indiction. Elle a été imaginée par *Jules* César Scaliger (d'où son nom de *Julienne*), qui la composa du produit des trois cycles (28 × 19 × 15 = 7980) pour servir de mesure chronologique universelle. Elle est généralement employée par les computistes. La première année de l'ère chrétienne répond à l'an 4,713 de cette période.

C. caniculaire ou *sothiaque* des Égyptiens. — Période de 1,460 ans à la suite de laquelle le Soleil se retrouvait occuper les mêmes positions parmi les étoiles, aux mêmes dates de l'année vague de 365 jours des anciens Égyptiens. Voy. ANNÉE, CALENDRIER, COMPUT, ÉCLIPSE.

Enfin, nous signalerons le *Saros* ou *période chaldéenne*, qui sert à prédire les éclipses et se compose de 18 ans 11 jours, formant 18 lunaisons à la suite desquelles la Lune, le Soleil, et le nœud de l'orbite lunaire se retrouvent à peu près dans la même position relative, de telle sorte que dans chacune de ces périodes les éclipses de Lune et de Soleil se reproduisent à peu près dans le même ordre et avec les mêmes circonstances. Voy. ÉCLIPSE.

Littér. — On donne le nom de *Cycle* à un ensemble de poèmes qui embrasse toute une série d'événements, et les auteurs de ces poèmes sont appelés *Poètes cycliques*. Dans l'antiquité grecque, le plus célèbre de ces cycles poétiques était celui qui était relatif au siège et à la prise de Troie ; malheureusement, il ne nous en reste que de rares fragments. — Par anal., on a donné le nom de *C. de Charlemagne*, de *C. d'Artus*, etc., à des séries de poèmes ou de romans composés au moyen âge qui avaient rapport aux princes de ce nom.

Thermod. — On dit qu'un corps décrit un c. *fermé*, quand il subit diverses modifications, après lesquelles il se retrouve dans les mêmes conditions de température et de pression. Si l'on représente graphiquement la température et la pression à l'aide d'un système de coordonnées cartésiennes, le c. fermé sera représenté par une ligne fermée. Le c. de *Carnot* ou *réversible* est composé de deux lignes isothermes et de deux lignes adiabatiques. Voy. THERMODYNAMIQUE.

Bot. *Cycle foliaire.* — Nom donné en *phyllotaxie* à l'étendue de la ligne spirale comprise entre deux feuilles qui se correspondent exactement sur une même génératrice. Voy. PHYLLOTAXIE.

CYCLIQUE. adj. 2 g. (gr. χυχλιχός, circulaire). Qui a rapport à un cycle. || En chimie, on donne le nom de composés cycliques aux composés dont la molécule, par suite de l'échange des atomicités, forme une chaîne fermée. Le benzène, la pyridine, le naphtalène sont des hydrocarbures cycliques.

CYCLIQUES. s. m. pl. (gr. χυχλιχός, circulaire, à cause de la forme générale de leur corps). T. Entom. Famille de *Coléoptères cryptopentamères* instituée par Latreille, et que les auteurs modernes ont démembrée en un certain nombre de familles : les principales : *Chrysomélides*, *Galérucides*, *Eumolpides* et *Cryptocéphalides* font le sujet d'articles spéciaux.

CYCLISTE. s. m. (gr. χύχλος, cercle, roue). Individu qui pratique le sport vélocipédique.

CYCLITE. s. f. (gr. χύχλος, cercle). T. Méd. Inflammation de la choroïde.

CYCLOBRANCHE. adj. 2 g. (gr. χύχλος, cercle et *branchies*). T. Zool. Qui a les branchies disposées en cercle.

CYCLOBRANCHES. s. m. pl. (gr. χύχλος, cercle ; βράγχια, branchies). T. Zool. Les Mollusques ainsi nommés forment dans la méthode de Cuvier un ordre de la classe des *Gasté-*

ropodes, que l'on désigne encore sous le nom de *Proso-branches* (gr. πρὸ, devant). Ils sont essentiellement caractérisés par la disposition de leurs branchies qui sont en forme de petits feuillets ou de petites pyramides situées en avant du cœur, et qui s'attachent en cordons plus ou moins complets tout autour du corps sous les rebords du manteau. Tous les Cycl. sont hermaphrodites et se fécondent eux-mêmes. Cet ordre comprend deux genres ou familles, les *Pa-telles* et les *Oscabrions.*— Les *Patelles (Patella)* ont le corps entier recouvert d'une coquille d'une seule pièce en cône évasé. Leur tête a une trompe grosse et courte, et en outre est munie de deux tentacules pointus et oculifères à leur base externe. L'animal rampe lentement sur un pied charnu et en forme de disque, à l'aide duquel il se fixe aux rochers avec tant de force qu'il se laisse déchirer sur place plutôt que de lâcher prise, à moins qu'on ne l'en-lève à l'improviste et par un mouvement oblique. Nous en avons quelques espèces en abondance sur nos côtes (Fig. 1, *Pat. commune*). — Les *Osca-brions (Chiton)* ont le corps ovale, déprimé, plus ou moins convexe, arrondi aux extrémités, débordé tout autour par une peau très coriace, et en partie recouvert par une série longitudinale de huit pièces testacées, imbriquées, mobiles et en-

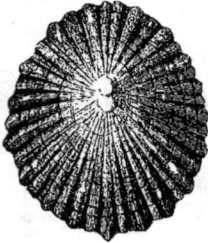

Fig. 1.

Fig. 2.

châssées dans les bords du manteau (Fig. 2, *Osc. écailleux*). Ces pièces sont beaucoup plus petites et presque rudimentaires dans les espèces dont a voulu faire le genre *Osca-brelle (Chitonellus)*. Le bord du manteau dépassant les écailles dorsales est garni tantôt d'une peau nue, tantôt de petites écailles qui lui donnent l'aspect du chagrin, tantôt enfin d'épines, de poils ou de faisceaux de soies. La tête de ces Mollusques est sessile, surmontée d'un rebord membraneux en forme de voile, mais dépourvue de tentacules et d'yeux. Les Oscabrions rampent au moyen d'un disque charnu, et leurs mouvements sont fort lents. Ils vivent dans la mer, près du rivage, et s'attachent fortement sur les rochers et les coquilles. Quand on les détache, ils se courbent à la manière des Hérissons. Ces animaux se trouvent dans toutes les mers ; néanmoins les espèces septentrionales sont généralement petites, et l'on n'en trouve de grandes que dans les mers tropicales. Certains chitons exotiques montrent des yeux sur toutes les pièces de leur coquille.

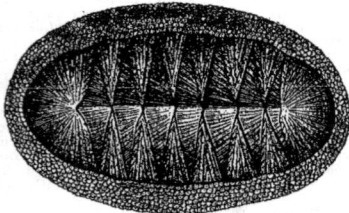

Les Oscabrions, qui forment avec quelques autres types le sous-ordre des *Placophores* (gr. πλαχὸς, tablette, et φορὸς, qui porte), établissent un lien de passage entre les Mollusques et les Annélides.

CYCLOCARPE. adj. 2 g. (gr. κύκλος, cercle ; καρπὸς, fruit). T. Bot. Qui a des fruits arrondis. Inus.

CYCLOCÈLE. adj. 2 g. (gr. κύκλος, cercle ; κοῖλος, creux). T. Zool. Qui a un canal intestinal disposé en cercle.

CYCLOCÉPHALE. s. et adj. m. (gr. κύκλος, cercle ; κεφαλὴ,

tête). T. Térat. Monstre unitaire dont les yeux sont extrêmement rapprochés ou même confondus en un seul. Voy. Téra-tologie.

CYCLOGASTRE. adj. (gr. κύκλος, cercle ; γαστήρ, ventre) T. Zool. Qui a le ventre orbiculaire.

CYCLOGRAPHE. s. m. (gr. κύκλος, cercle ; γράφω, je trace). Appareil servant à tracer des cercles de grand rayon.

CYCLOÏDAL, ALE. adj. T. Géom. Qui appartient à la cy-cloïde, qui en a la forme. || *Pendule cycl.*, Pendule dont le mobile décrit une cycloïde. Voy. Cycloïde et Pendule.

CYCLOÏDE. s. f. (gr. κύκλος, cercle ; εἶδος, forme). T. Géom. La *C.* est une courbe transcendante décrite par un

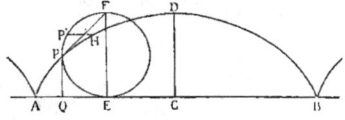

Fig. 1.

point P de la circonférence d'un cercle qui roule sans glisser sur une ligne droite AB (Fig. 1). La c. se compose donc d'une infinité d'arceaux juxtaposés tels que AB, et présente des points de rebroussement aux extrémités des arceaux. La ligne droite AB, qu'on appelle la base de la c., est égale à la circonférence du cercle générateur, et CD, qui est l'axe de la c., est nécessairement égal au diamètre de ce dernier. Si l'on désigne par φ l'angle dont a tourné le cercle générateur de rayon r, quand le point de contact s'est déplacé de A en E, on aura ::

$$AE = \text{arc } EP = r\varphi ; \quad EQ = r \sin \varphi ;$$
$$AQ = AE - EQ = r(\varphi - \sin \varphi) ; \quad PQ = r - r \cos \varphi ;$$

de sorte que si l'on rapporte la courbe à la base AB, pour axe des x et à la perpendiculaire en A pour axe des y, la courbe sera représentée par les équations :

$$x = r(\varphi - \sin \varphi) \qquad y = r(1 - \cos \varphi).$$

Les principales propriétés de la c. s'établissent facilement au moyen de ces équations, ou mieux encore par la théorie du déplacement des figures planes. Ainsi, il est clair que le centre instantané du cercle générateur est au point E, d'où il suit que la c. décrite par le point P est normale à PE et tangente à la corde perpendiculaire PF, proposition qui donne le tracé de la tangente. Le mouvement du point P peut être considéré comme résultant d'un mouvement de rotation autour du centre du cercle générateur et d'un mouvement de translation le long de AB, les déplacements PP′ et P′H dans ces deux mouvements étant égaux. L'arc élémentaire de la c. est donc représenté par la base HP du triangle isoscèle infiniment petit PP′H. Or cette base est le double de l'accroissement négatif de FP, puisque la perpendiculaire abaissée de P′ sur P′H tombera au milieu de PH. Il en résulte que la longueur de l'arc de c. comprise entre le sommet PF et le point P est égale au double de la corde FP du cercle générateur, et par suite la longueur d'un arceau est égale à 4 fois le diamètre du cercle générateur. On démontre aussi que le rayon de courbure est proportionnel à la racine carrée de l'ordonnée, proposition d'où l'on déduit presque immédiatement que la *développée*, ou lieu des centres de courbure, est une c. égale à la première, mais placée au-dessous de manière que les re-broussements de l'une correspondent au sommet de l'autre. Réciproquement la développante d'une c. est une c. égale, pourvu que le point de départ de la développante soit au sommet d'un arceau de c. est égale au triple de la surface du cercle générateur. La c. jouit encore de deux propriétés mécaniques importantes :

1° Si l'on imagine une c. dont la base est horizontale et qui tourne sa convexité vers le sol, un point pesant, assujetti à se mouvoir sur cette courbe, mettra toujours le même temps à descendre au plus bas point, quel que soit son point de départ. Cette propriété a valu à la c. le nom de courbe d'égale descente, ou courbe *tautochrone* (gr. ταυτός, le même ; χρόνος, temps). Abandonné à lui-même, le mobile remontera par sa vitesse acquise et exécutera une série d'oscillations parfaitement *isochrones*, c.-à-d. s'accomplissant dans des temps égaux. (ἴσος, égal ; χρόνος, temps).

2° Si l'on imagine qu'on relie un point A à un point B situé plus bas, mais non sur la même verticale, par une ligne de forme quelconque, et qu'on assujettisse un point pesant à se mouvoir sur cette ligne, c'est une c. qu'il faudra tracer pour que le mobile arrive dans le minimum de temps au point B. Cette propriété a fait donner à la c. le nom de courbe de plus vite descente ou courbe *brachistochrone* (gr. βράχιστος, le plus court, superl. de βραχύς, court; χρόνος, temps).

Il est peu de courbes qui aient été l'objet d'autant de recherches que la cycl. Galilée, le premier, signala cette courbe vers 1615. En 1634, Roberval détermina son aire; quelques années plus tard, Descartes et Fermat lui montrèrent des tangentes; en 1644, Roberval trouva le volume des solides engendrés par sa révolution autour de sa base et de son axe. En 1659, Pascal publia la solution de divers problèmes relatifs à cette courbe qu'on appelait alors *roulette* ou *Trochoïde*. Slusius, Wren, Wallis, s'en occupèrent également. Dès 1658, Huyghens avait rectifié cette courbe; mais, plus tard ayant découvert qu'elle était tautochrone, et qu'elle produisait par son développement une c. semblable, il appliqua ces découvertes au perfectionnement du pendule, et montra que l'on pouvait obtenir, théoriquement du moins, des oscillations parfaitement isochrones, en faisant osciller entre des lames cycloïdales une verge flexible supportant un poids, parce que ce poids décrirait la cycloïde dont la développée est constituée par les lames; mais la difficulté de construire des cycloïdes solides, et les déformations qu'elles subissent par l'action de la température rendent cet appareil inapplicable. La propriété de la c. d'être la courbe de plus vite descente a été découverte, en 1696, par Jean Bernoulli.

Cycl. allongée, raccourcie. — On peut imaginer que, dans le mouvement du cercle mobile le point mobile soit à

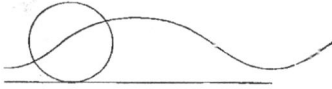

Fig. 2.

l'intérieur ou à l'extérieur du cercle. Dans le premier cas, on a une courbe ondulée et, dans le second, une courbe à boucles. La première (Fig. 2) est une c. raccourcie, l'autre

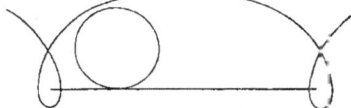

Fig. 3.

(Fig. 3) une c. allongée. Les équations de ces courbes sont :

$$x = r\varphi - a\sin\varphi; \quad y = r - a\cos\varphi,$$

où r désigne le rayon du cercle générateur et a la distance au centre du point décrivant.

CYCLOMÉTOPES. s. m. pl. (gr. κύκλος, cercle; μετά, sur; ὀπή, ouverture). T. Zool. Famille de Crustacés de l'ordre des Décapodes Brachyoures qui correspond au groupe des *Arqués* de Latreille. Voy. BRACHYOURES.

CYCLONAL, ALE. adj. T. Météor. Qui appartient au cyclone.

CYCLONE. s. m. (gr. κύκλος, cercle). T. Météor. Ce mot était autrefois féminin. Il sert à désigner les plus grands mouvements giratoires de l'atmosphère, ceux de moindres dimensions ayant reçu les noms de *typhons, tornados et trombes.* Les cyclones sont l'origine des tempêtes et des perturbations atmosphériques qui sévissent dans toutes les régions du globe, et la cause de tous les phénomènes désastreux qui les accompagnent. Ce sont d'immenses tourbillons de vent qui occupent souvent des milliers de kilomètres carrés d'étendue et dont la vitesse à la circonférence atteint 40 mètres par seconde, produisant ainsi d'épouvantables ouragans. Ils prennent nais-

sance à la limite de la zone des calmes qui entoure l'équateur et s'éloignent de celui-ci suivant une courbe parabolique dirigée d'abord vers le nord-ouest et ensuite vers le nord-est. Dans l'Océan Atlantique, leur trajectoire est généralement dirigée des États-Unis vers le nord de l'Écosse. C'est pourquoi le mauvais temps nous arrive toujours d'une dépression barométrique venant du sud-ouest. En même temps, ils s'élargissent, et leur diamètre qui, à l'origine, ne dépasse pas 2°, atteint jusqu'à plus de 10° dans les zones tempérées. Dans toute l'étendue du cyclone, le ciel est couvert et la pluie et les orages fort violents, sauf au centre même des girations, où le ciel est serein et l'air calme. Le centre du cyclone est un minimum de pression barométrique, ce qui a fait donner le nom d'anticyclones aux points où la pression barométrique est maximum. L'étude des cyclones se rattache à toutes les questions météorologiques qui concernent les tempêtes, et les moyens de les prévoir et de se défendre contre elles, question d'un intérêt capital pour les navigateurs et même pour les populations continentales. Nous exposerons au mot TEMPÊTE l'état de la science météorologique touchant cette matière importante.

CYCLONIQUE. adj. Qui appartient au cyclone, qui le produit.

CYCLONOMIE. s. f. (R. *cyclone*, et gr. νόμος, loi). Théorie des cyclones. Voy. TEMPÊTE.

CYCLONOMIQUE. adj. Qui est relatif aux cyclones.

CYCLONOTE. adj. (gr. κύκλος, cercle; νῶτος, dos). T. Zool. Qui porte un cercle coloré sur le dos.

CYCLOPE. s. m. (gr. κύκλωψ, œil rond). T. Mythol. — Dans la cosmogonie hellénique, le mot *Cyclopes* servait à désigner plusieurs espèces de personnages. — Dans Homère, les Cyclopes sont un peuple de pasteurs anthropophages, qui se distinguent par leur taille gigantesque, leur œil unique, leurs mœurs sauvages et féroces. Polyphème, qui fait l'objet de l'un des plus curieux épisodes de l'*Odyssée*, est le type de ces mangeurs de chair humaine, vivant solitaires dans des cavernes, sans crainte des dieux ni de Jupiter. — Dans la théogonie d'Hésiode, les Cyclopes, de même que les Titans, sont enfants d'Uranus et de la Terre, et forment les forces de la nature. Ils sont trois, tous enfants d'Uranus et de la Terre, et personnification des forces de la nature. Ils s'appellent *Argès* (le brillant ou l'éclair), *Brontès* (le tonnerre), et *Astéropès* ou *Stéropès* (la foudre). Le poète d'Ascra les dépeint comme n'ayant qu'un œil, de forme ronde, au milieu du front, d'où le nom générique sous lequel on les

désigne. Ces Cyclopes furent tués par Apollon, parce qu'ils avaient forgé le trait avec lequel Jupiter avait foudroyé Esculape. — Plus tard, les Cyclopes sont simplement les ouvriers forgerons qui assistent Vulcain dans ses travaux. Ils sont, en outre, devenus plus nombreux : ainsi, nous trouvons dans les poètes les noms d'*Acamas* (infatigable) et de *Pyracmon* (feu-enclume). Les mythographes placent les Cyclopes avec les forges de Vulcain, tantôt en Sicile au fond de l'Etna, tantôt dans les îles volcaniques de Lipari. La Fig. ci-dessus représente, d'après un bas-relief antique conservé au musée Capitolin, à Rome, Vulcain travaillant à sa forge assisté de trois Cyclopes : deux frappent le fer avec lui, « *inter se brachia tollunt in numerum* », comme dit Virgile, tandis qu'un troisième attise le feu avec un soufflet. Au pied de l'enclume on voit un vase d'eau pour y tremper le métal. On remarquera que les Cyclopes figurés dans ce bas-relief semblent avoir trois yeux ; toutefois l'œil situé au milieu du front est l'organe visuel véritable : les yeux ordinaires ne sont que pour la symétrie humaine.

CYCLOPÉEN, ENNE. adj. Qui a rapport aux Cyclopes. **Hist.** — *Monuments cyclopéens*, nom donné à des constructions gigantesques établies avec des blocs de pierre énormes et qui constituaient des sortes de fortifications. On en trouve en Grèce, en Toscane, en Sicile et en Sardaigne. On ignore par quelles populations elles ont été élevées ; on sait seulement qu'elles sont plus anciennes que les plus vieilles constructions helléniques et datent d'une époque antérieure à la guerre de Troie. Le nom de *cyclopéens* a été donné à ces monuments par les Grecs, qui y voyaient l'ouvrage des Cyclopes. Voy. ARCHITECTURE.

CYCLOPS. s. m. [Pr. *Si-klops*] (gr. κύκλος, cercle ; ὀψ, œil). T. Zool. Petits crustacés longs de quelques millimètres, qui se nourrissent de débris organiques et servent ainsi à l'épuration des eaux stagnantes où ils vivent en très grand nombre. Ils ne sont pas capables de révivISCENCE comme on l'a cru, mais ils peuvent rester pendant longtemps à l'état de vie latente, lorsqu'ils sont emprisonnés par la glace. C'est en buvant de l'eau contenant des Cyclops que l'on peut gagner la maladie appelée *dracontiase* ou *dracunculose*. Voy. FILAIRE.

CYCLOPTÈRE. s. m. (gr. κύκλος, cercle, et πτερόν, aile.) T. Icht. Genre de poissons. Voy. DISCOBOLES.

CYCLOPTÉRIS. s. m. (gr. κύκλος, cercle ; πτέρις, fougère) T. Paléont. et Bot. Genre de Fougères fossiles que l'on rencontre dans le dévonien, le carbonifère et le houiller.

CYCLOSCOPE. s. m. (gr. κύκλος, cercle ; σκοπέω, j'examine). Appareil mesurant la vitesse de rotation des machines.

CYCLOSE. s. f. (gr. κύκλος, cercle). T. Bot. Nom employé autrefois pour désigner le mouvement de giration du protoplasma qui a lieu dans les cellules de certaines plantes.

CYCLOSPERME. adj. 2 g. (gr. κύκλος, cercle ; σπέρμα, graine). T. Bot. Qui a des graines orbiculaires.

CYCLOSTOME. s. m. (gr. κύκλος, cercle ; στόμα, bouche). T. Zool. Ordre de bryozoaires fossiles et genre de mollusques gastéropodes. Voy. CYCLOSTOMIDES et TROCHOÏDES. — Famille de poissons.

Icht. — Dans la méthode de Cuvier, ce nom de *Cyclostomes* sert encore à désigner une famille particulière de *Poissons cartilagineux*, fort remarquables par la singularité de leur organisation ; on en fait aujourd'hui une sous-classe spéciale des Poissons. Les Cyclostomes, appelés aussi *Suceurs*, ont tous un corps cylindrique, arrondi en avant, comprimé en arrière, et dépourvu de pectorales et de ventrales. Leur corps allongé se termine antérieurement par une lèvre charnue circulaire ou demi-circulaire, et l'anneau cartilagineux qui supporte cette lèvre résulte de la soudure des os palatins et des os de la mâchoire inférieure. Derrière les os de la face est une sorte de crâne contenant un cerveau assez simple. La colonne vertébrale est réduite à une série d'anneaux cartilagineux plus ou moins soudés ensemble, et qui sont traversés par un cordon tendineux, rempli d'une substance mucilagineuse. Ce cordon, qu'on appelle vulgairement *Corde dorsale*, se durcit plus ou moins selon les saisons. La colonne vertébrale ne porte pas de côtes ordinaires ; mais les côtes branchiales sont fort développées ; elles sont en outre unies par des lames cartilagineuses, de manière à former une espèce de cage thoracique. Les branchies, au lieu de former des peignes, comme dans les autres poissons, présentent l'apparence de bourses résultant de la réunion d'une des faces d'une branchie avec la face opposée de la branchie voisine. L'eau y pénètre et en sort par des trous ouverts sur les côtés du cou et au moyen d'un mécanisme variable selon les genres. Le canal intestinal est droit et mince, et une valvule parcourt en spirale son intérieur. — Cette classe comprend deux ordres : les *Pétromyzontes* (Lamproies) et les *Myxinoïdes* (Myxines).

I. Les *Lamproies* (*Petromyzon*) se reconnaissent aux 7 ouvertures branchiales qu'elles ont de chaque côté. Elles

Fig. 1.

ont l'habitude de se fixer par la succion et par leurs dents fortes et crochues aux pierres, aux bois submergés et aux autres corps solides : de là le nom scientifique sous lequel on les désigne (πέτρος, pierre, et μύζω, je suce). C'est aussi le moyen qu'elles emploient pour attaquer les grands poissons qu'elles parviennent souvent à percer et à dévorer. Cependant leur nourriture principale consiste en Annélides et en poissons très jeunes. — La *Grande Lamproie* (*Petr. marinus*) est longue de 80 centimètres à 1 mètre, marbrée de brun sur un fond jaunâtre, avec la 1re dorsale bien distincte de la 2e, et 2 grosses dents rapprochées en haut de l'anneau maxillaire. Elle habite la Méditerranée d'où, au printemps, elle remonte dans les embouchures des fleuves, quelquefois portée par les saumons et les aloses sur le corps desquels elle se fixe. Sa peau est très visqueuse et sa chair est fort estimée. — La *Lamproie de rivière* (*Petr. fluviatilis*), appelée aussi *Pricka*, *Septœil* (Fig. 1. — Fig. 2, sa tête vue en dessous avec la bouche et les dents) ne dépasse pas 50 centimètres de longueur. Elle diffère de la précédente par l'écartement de ses 2 dents et par sa coloration ; elle est en effet argentée, noirâtre ou olivâtre sur le dos. On la trouve dans

Fig. 2.

toutes les eaux douces, mais surtout dans les lacs et les rivières du Nord. — La *Petite Lamproie de rivière* ou *Succt* (*Petr. Planeri*), longue de 20 à 25 centimètres, habite aussi les eaux douces ; elle a les dents et les couleurs de la précédente, mais ses 2 dorsales sont contiguës ou réunies. On la considère aujourd'hui comme une simple variété de la précédente.

II. Les *Myxines* (*Myxine*) n'ont qu'une seule dent au haut de l'anneau maxillaire, qui est lui-même tout à fait membraneux ; mais les denticules latérales de la langue sont fortes et disposées sur 2 rangs de chaque côté, en sorte que ces poissons ont l'air de ne porter que des dents latérales. La bouche est circulaire, entourée de 8 barbillons, et son bord supérieur est percé par un évent qui communique avec l'intérieur de la cavité buccale. Les yeux sont rudimentaires, situés profondément sous le muscle latéral. Ces singuliers animaux répandent par les pores de leur ligne latérale une mucosité si abondante qu'ils semblent couvertir de couches de vases où on les tient. Les espèces de cet ordre habitent l'Océan et vivent en parasites sur d'autres poissons : telle est la *Myx. glutineuse*, qui se trouve dans la mer du Nord. Bloch a donné à cette espèce le nom de *Gastrobranche*, parce que les poches branchiales, au lieu d'avoir chacune son issue particulière au dehors, s'ouvrent dans un canal commun pour chaque côté. Ces deux canaux aboutissent à 2 trous situés sous le cœur. La *Myx. de Dombey* (*Heptatrème* de Duméril) a 7 trous de chaque côté comme les Lamproies. Cette espèce est propre à la mer du Sud.

III. — Naguère les auteurs décrivaient sous le nom d'*Ammocœte*, et les pêcheurs désignent encore sous celui de *Lamprillon*, *Lamproyon* ou *Chatouille*, un petit poisson vermiforme, long de 10 à 20 centim., fort semblable à la lamproie, et qui vit enfoncé dans la vase des ruisseaux où on le recherche pour servir d'appât. Sa bouche, dépourvue de dents, et entourée de petits barbillons, est garnie d'une langue charnue simplement demi-circulaire, de sorte qu'il ne peut se fixer aux corps étrangers. L'eau arrive aux branchies par l'œsophage; les yeux, cachés sous la peau, ne se voient que par la dissection; les 2 dorsales sont réunies entre elles et avec la

arrière, et plus haut que large à sa base, avec les narines à peu près au milieu de sa longueur. Leur cou, fort allongé, ne compte pas moins de 23 vertèbres, et leur trachée n'a point de renflement.

I. — Les Cygnes ont les eaux pour domaine et en sont le

Fig. 3.

caudale; enfin toutes les parties qui devraient constituer le squelette sont tellement molles, qu'on pourrait considérer cet animal comme n'ayant point d'os du tout (Fig. 3). *Amm. vulgaire*; 4. Sa tête vue en dessous). Mais les travaux d'Aug. Müller, de Berlin, ont démontré que la prétendue Ammocœte est une véritable larve du *Sucet* ou *Petite Lamproie de rivière*, comme le têtard est une larve de batracien. C'est à trois ans seulement que l'animal revêt les caractères complets de la lamproie. Aussitôt qu'il a subi cette transformation, il se reproduit et meurt.

Fig. 4.

Les Cyclostomes sont des poissons dégradés qui ont de commun avec l'Amphioxus la persistance de la corde dorsale, l'absence de membres pairs et l'organisation du système musculaire. C'est probablement un type très ancien, mais dont on ne retrouve pas de traces certaines dans les couches géologiques.

CYCLOSTOMIDES. s. m. pl. (gr. κύκλος, cercle; στόμα, bouche). T. Zool. et Paléont. Famille de *Mollusques gastéropodes* de l'ordre des *Prosobranches-Cténobranches*. Leur coquille en forme de toupie à sommet obtus est lisse ou striée; son ouverture arrondie présente un opercule calcaire. L'extrémité antérieure du corps de l'animal se prolonge en un long mufle. Les c. sont des mollusques qui vivent sur terre, dans les lieux humides, en Europe, en Afrique, en Asie; on les divise en un grand nombre de genres ou sous-germes : *Cyclostoma, Otopoma, Leptopoma*, etc. Le genre *Cyclostoma* de Lamark est le genre *Delphinula* actuel, de la famille des *Trochidés*. — Les C. ont apparu dans le crétacé moyen.

CYCLOTHÈLE. adj. 2 g. (gr. κύκλος, cercle; θηλή, papille). T. Zool. Qui a des papilles orbiculaires.

CYCLOTHRAUSTIQUE. adj. 2 g. (gr. κύκλος, cercle; θραυστός, friable). T. Chim. L'acide c. $C^{17}H^{12}Az^2O^3$ est un produit d'oxydation de l'α biquinolyle (diquinoléine d'Anderson). Il cristallise en aiguilles fusibles à 252°, solubles dans l'alcool et dans le benzène.

CYCLURE. adj. 2 g. (gr. κύκλος, cercle; οὐρά, queue). T. Zool. Qui a une queue orbiculaire.

CYDNUS. riv. d'Asie (Cilicie), dans laquelle Alexandre le Grand faillit périr. L'empereur Frédéric Barberousse s'y noya en 1190.

CYGNE. s. m. (lat. *cycnus*, m. s.). Oiseau aquatique dont le plumage est le plus souvent blanc, et dont le cou est long et gracieux. — On dit, en parlant d'une personne qui a la peau très blanche, *Elle est blanche comme un c.; Elle a la blancheur du c.* On dit aussi d'une personne qui a un long cou, *qu'elle a un cou de c.* — Fig., *C'est le chant du c.*, se dit du dernier ouvrage que produit un homme de talent avant sa mort un poète, un musicien; se dit aussi en parlant des orateurs. || Fig., se dit, dans le style élevé, d'un poète, d'un orateur, d'un musicien remarquable. *Le c. de Mantoue* (Virgile). *Le c. thébain* (Pindare). *Le c. de Cambrai* (Fénelon). *Le c. de Pesaro* (Rossini). || T. Carross. *Cou de c.*, Partie de l'avant-train d'une voiture à quatre roues, qui est courbée, afin de laisser passer les roues de devant par-dessous lorsque la voiture tourne. || T. Astron. *Constellation boréale*. Voy. Constellation.

Ornith. — Le *Cygne* (*Cycnus*) constitue l'un des genres les plus intéressants de l'ordre des *Palmipèdes*, famille des *Lamellirostres* de Cuvier (*Anatidés* de Vigors et de G.-R. Gray), que les ornithologistes actuels ont érigé en tribu sous le nom de *Cygnidés*. — Les espèces qui composent ce genre ou cette tribu ont le bec aussi large en avant qu'en

plus bel ornement. Ils vivent sur les fleuves, les rivières, les lacs et les étangs. Les graines, les petits mollusques, les vers et les différentes parties des plantes aquatiques constituent leur principale nourriture; aussi leurs intestins, et surtout leurs cæcums, sont-ils très longs. Les dentelures de leur bec leur donnent une grande facilité pour couper les plantes dont ils se nourrissent et permettent en même temps l'issue de l'eau qui pénètre dans la cavité buccale lorsqu'ils coupent ces végétaux. Au reste, ils mangent également des grenouilles, des sangsues, et même, selon quelques naturalistes, des poissons : toutefois ce dernier point est contesté. — Ces oiseaux sont monogames. Ils font leur nid sur la terre ferme au bord des eaux : les jeunes la quittent, nagent et mangent aussitôt qu'ils sont nés. Les Cygnes, qui nagent avec une facilité telle qu'un homme, en marchant rapidement, a de la peine à les suivre, ont encore un vol puissant et rapide qui leur permet d'entreprendre de longs voyages. Le mouvement de leurs ailes produit un bruit sonore et harmonieux qui se fait entendre à une très grande distance, et Sonnini est assez disposé à croire que c'est ce bruit qui a donné naissance aux fables antiques relatives au *chant du C.* Le caractère de ces oiseaux les porte à vivre en société; aussi les voit-on toujours par troupes plus ou moins nombreuses, soit qu'ils se tiennent sur les eaux, soit qu'ils entreprennent quelque migration. — Les Palmipèdes, en général, ont pour habitude de se lisser les plumes afin de les rendre imperméables à l'eau; mais le c. se distingue particulièrement sous ce rapport : rien ne peut le distraire du soin de sa toilette. Les femelles seules font exception pendant le temps où elles couvent. On a prétendu que la manière dont les Cygnes se comportent sur l'eau est un indice certain des changements qui doivent s'opérer dans l'état atmosphérique. Lorsqu'ils plongent à mi-corps, c'est, dit-on, signe de beau temps; lorsque, au contraire, ils battent l'eau de leurs ailes et la font jaillir autour d'eux, c'est signe de pluie. — La vie du c. semble se prolonger au delà d'un siècle; d'après Buffon et Nauman, des cygnes auraient vécu 300 ans (?). La chair de ces animaux est noirâtre et dure, et l'on a sans doute par pure ostentation qu'on les faisait jadis figurer dans les festins. Quand à leur duvet, il est d'une finesse exquise : aussi l'emploie-t-on pour faire des espèces de fourrures.

II. — Le *C. commun* (*Cygnus olor*), appelé aussi *C. muet* et *C. à bec rouge* (Fig. 1), est caractérisé par la couleur de son bec qui, d'ailleurs, est bordé de noir, et porte en outre sur sa base une protubérance arrondie. Son plumage est d'un blanc de neige tellement éclatant, qu'on en a fait de cet oiseau l'emblème de la beauté et de l'innocence. — A l'état sauvage, le c. commun habite les grandes mers intérieures ou les lacs du nord-est de l'Europe. Mais aujourd'hui on le rencontre à l'état domestique dans un grand nombre de pays. Il était autrefois beaucoup plus commun en France qu'il ne l'est maintenant; mais il est fort répandu en Angleterre, en Prusse et en Hollande. La domestication générale et, on peut le dire, volontaire du c. est due sans doute à la manière dont il est traité et au soin que l'on prend de ne pas le tenir en captivité. Ceux que l'on garde dans des cours fermées sont mélancoliques, et font de continuels efforts pour s'échapper. Aussi, quand on oublie de leur rogner les ailes à chaque mue, ils prennent leur vol et s'échappent dès qu'ils entendent des cygnes sauvages. — La force et la vigueur de cet oiseau sont égales à sa grâce. On assure que d'un seul coup de son aile il peut briser la cuisse d'un homme. Parmi les Rapaces, l'Aigle est le seul qui ose s'attaquer à lui; mais le c., on le frappant à coups redoublés de son aile vigoureuse, repousse généralement avec succès ses attaques. Parfois même, il lui arrive de sortir vainqueur d'un combat qu'il ne recherche pas, mais devant lequel il dédaigne de fuir. Lorsque deux cygnes sont en rivalité d'amour, ils se battent entre eux avec un acharnement incroyable : chacun d'eux fait tous ses efforts pour étouffer son adversaire en lui tenant la tête dans l'eau. Ces duels, qui durent quelquefois des jours entiers, finissent ordinairement par la mort de l'un des champions. — Cette espèce de c. fait son nid sur les bords les moins fréquentés des lacs et des rivières. La femelle pond de 6 à 8 œufs oblongs et d'un gris verdâtre. L'incubation dure environ six semaines.

Fig. 1.

Lorsque la mère quitte momentanément ses œufs pour satisfaire aux besoins de la nature, elle les recouvre de plumes et de joncs. Pendant tout ce temps, le mâle se tient à ses côtés prêt à la défendre contre tout assaillant. C'est alors qu'il est le plus dangereux : Lewin dit l'avoir vu attaquer et renverser des enfants et des adolescents. Les jeunes cygnes ont le bec plombé et le plumage gris. C'est seulement lorsqu'ils ont atteint l'âge adulte qu'ils prennent leur plumage blanc.

III. — Le *C. à bec noir* (*C. canorus, C. musicus, C. ferus* Ray), appelé aussi, mais improprement, *C. chanteur, C. siffleur* et *C. sauvage*, a le bec noir avec la base jaune, le corps blanc, mais teinté de gris jaunâtre. Les jeunes ont le plumage tout gris ; les adultes mesurent plus d'un mètre et

Fig. 2.

demi de long. Cette espèce, fort semblable à la précédente pour l'extérieur, s'en distingue essentiellement par sa trachée-artère qui se recourbe et pénètre en grande partie dans une cavité de la quille du sternum. En outre, elle n'est point devenue domestique. — Les Cygnes à bec noir habitent les parties septentrionales des deux continents, où ils font leur nid, et ne les quittent que lorsqu'ils y sont forcés par la rigueur du froid. Ils passent alors en Écosse, en Hollande, dans le nord de la France, etc. Enfin, quand les hivers sont très rigoureux, ils s'avancent quelquefois dans l'intérieur du continent, jusque sur les bords de la mer Noire. Le vol de ces oiseaux est en général très élevé. On a observé des bandes composées de jeunes et de vieux cygnes : les jeunes se tiennent au centre, les mâles sont en tête à une certaine distance en avant, et les femelles forment l'arrière-garde. C'est à cette espèce que les anciens attribuaient une voix mélodieuse ; mais cette opinion, bien qu'elle fût généralement répandue, n'était pas reçue par tout le monde, ainsi que le prouvent divers

passages de Pline, d'Élien, de Lucien et même de Virgile.

IV. — Nous nous contenterons de nommer le *C. de Bewick* (*C. minor* Pall.) qui habite les contrées les plus froides de l'Europe et de l'Amérique, et le *C. buccinateur* de Richardson, ou *C. trompette* à cause de sa forte voix, fort multiplié dans les régions arctiques du nouveau continent. Tous deux sont blancs ; mais le second se distingue de ses congénères par une tache rouge orangé sur le devant de la tête. — Le *C. à cou noir* (*C. nigricollis* Gm.) [Fig. 2] habite l'Amérique méridionale, le Paraguay, la Patagonie et

Fig. 3.

surtout le Chili. Il est très peu voyageur, et ne se trouve jamais sur les rivières et les fleuves, mais dans les lagunes à demi salées. Sur les lagunes du Chili central, on en voit parfois des bandes de 2 à 3.000 dans un espace de 2 lieues carrées. — Le *C. noir* (*C. plutonia*) [Fig. 3] est exclusivement propre à la Nouvelle-Hollande et à la terre de Van-Diémen. Cet oiseau est de la taille du c. commun, mais d'un port moins élégant. Il est tout

Fig. 4.

noir, à l'exception des pennes primaires, qui sont blanches, ainsi que du bec et de la peau nue de sa base, qui sont rouges. Le c. noir s'acclimate très bien en Europe. On en trouve, à l'état de domesticité, en Angleterre et dans quelques parties du continent.

V. — Cuvier rapproche des Cygnes quelques espèces qui forment la transition entre les Oies et les Cygnes proprement dits. Elles ont en effet le même bec que ces derniers, et plusieurs ont un tubercule à sa base : telles sont l'*Oie de Gambie* (*Anas Gambensis*), et l'*Oie de Guinée* (*An. cygnoïdes*). La première (Fig. 4) est remarquable par sa taille, par la hauteur de ses jambes, par le tubercule qu'elle porte sur le front, et par les deux gros éperons dont le fouet le son aile est armé. Son plumage est d'un noir pourpré ; mais l'aile, la gorge, le devant et le dessous du corps sont blancs. La seconde est d'un gris blanchâtre, à manteau gris brun. Le mâle se reconnaît au fanon emplumé qui pend sous son bec, et au gros tubercule qui en surmonte la base. L'Oie de Guinée s'élève fort bien dans nos basses-cours et produit aisément avec nos Oies.

CYLINDRACÉ, ÉE. adj. T. Hist. nat. Qui se rapproche de la forme du cylindre.

CYLINDRAGE. s. m. T. Techn. *C. des étoffes*, Opération qui consiste à faire passer une étoffe sous pression entre deux cylindres de fer ou de bois. Le c. se fait à froid ou à chaud. A froid, il porte aussi le nom de calandrage, et ne produit qu'un simple écrasement qui donne de l'éclat à l'étoffe. Le c. entre des cylindres métalliques chauffés par l'introduction de barres rouges, du gaz ou de la vapeur modifie les tissus d'une manière bien plus énergique et leur donne un aspect brillant et une résistance particulière au toucher. Du reste cet effet varie suivant que l'étoffe est avec ou sans apprêt. Pour beaucoup d'étoffes, le c. est l'opération du finissage.

C. des chaussées empierrées. — Action de passer le rouleau compresseur sur les cailloux destinés à l'empierrement des routes. Le c. à vapeur consiste dans l'emploi d'un cylindre compresseur mû par la vapeur. Voy. EMPIERREMENT.

CYLINDRE. s. m. (gr. κύλινδρος, m. s.). T. Géom. — On appelle *surface cylindrique*, la surface engendrée par une ligne droite qui se meut parallèlement à elle-même et qui porte le nom de génératrice. Le mouvement de cette génératrice peut être défini par une courbe appelée *directrice* que décrit un des points de la génératrice. Le c. est le solide compris entre une surface cylindrique à directrice fermée, et deux plans parallèles dont les sections par la surface sont les *bases* du c. Ces bases sont deux figures égales. La hauteur du c. est la distance des deux bases, mesurée sur une perpendiculaire commune. Le c. est dit droit, si les bases sont perpendiculaires à la génératrice ; il est oblique dans le cas contraire. — Le *C. droit à base circulaire* peut être considéré comme engendré par la révolution d'un rectangle ACBD autour de l'un de ses côtés AB supposé immobile.

Si dans le cercle de base (Fig.) nous inscrivons le polygone KNODML, et si, sur ce polygone, considéré comme base, nous élevons un prisme droit, égal en hauteur au c., ce prisme sera *inscrit dans le c.* En multiplie indéfiniment le nombre des côtés du polygone inscrit à la base du c., le périmètre de ce polygone approchera indéfiniment de la circonférence de cette base. Mais en même temps la surface latérale du prisme approchera indéfiniment de la surface convexe du c. et le volume du prisme approchera indéfiniment de celui du c. C'est une façon d'exprimer en disant que le *C. droit à base circulaire* peut être considéré comme la *limite* vers laquelle tend un prisme inscrit, à mesure que les côtés de sa base deviennent plus nombreux et ses faces plus petites. Ces considérations de limite s'appliquent évidemment à un c. de forme quelconque, droit ou oblique. Il en résulte que toutes les propriétés des cylindres peuvent se déduire de celles des prismes, et que l'on peut étendre aux cylindres toute propriété des prismes *indépendante* du nombre et de la grandeur des surfaces de ces derniers. Les propositions suivantes, dont la démonstration est donnée au mot PRISME, s'appliquent exactement au c. ainsi, il suffira de les énoncer.

1° La surface latérale ou convexe d'un c. droit a pour mesure le périmètre de sa base multiplié par sa hauteur. — Si pour le c. à base circulaire on désigne la surface du c. par S, le rayon de sa base par R, et sa hauteur par H, nous aurons $S = 2\pi RH$. — La surface convexe du c. oblique ne peut être obtenue par les procédés de la géométrie élémentaire.

2° Le volume d'un c. quelconque, droit ou oblique, a pour mesure la surface de sa base multipliée par sa hauteur. — Pour le c. circulaire, droit ou oblique, on a en désignant le volume par V :

$$V = \pi R^2 H.$$

3° Deux cylindres de même base sont entre eux comme leurs hauteurs, et deux cylindres de même hauteur sont entre eux comme leurs bases.

4° Deux cylindres *semblables*, c.-à-d. dans lesquels les axes ont le même rapport que les diamètres des bases, sont entre eux comme les cubes des hauteurs ou comme les cubes des diamètres des bases.

Il résulte, de la construction même du c. circulaire, que toute section faite par un plan parallèle à la base est un cercle égal à la base ; que toute section faite par un plan parallèle à l'axe est un parallélogramme (dans le c. droit ce parallélogramme est rectangle) ; et que, dans le c. droit circulaire, la section faite par un plan passant par l'axe est un rectangle double du rectangle générateur. — Les sections du c. droit par des plans inclinés à l'axe donnent des ellipses. Il en est de même pour le c. circulaire oblique ; cependant, dans certains cas, ces sections sont des cercles. Ainsi, si l'on n'envisage que la surface cylindrique, le c. circulaire oblique et le c. elliptique sont une seule et même surface.

On donne aussi le nom de c. à la surface cylindrique.

L'équation la plus générale d'un c. en coordonnées cartésiennes s'obtient en égalant à 0 une fonction quelconque de deux fonctions linéaires des coordonnées. En effet, la génératrice peut être considérée comme l'intersection de deux plans qui se déplacent parallèlement à eux-même : $P = \lambda$, $Q = \mu$, P et Q désignant les fonctions linéaires des coordonnées, et λ et μ des paramètres variables. Si λ et μ restaient arbitraires, la droite d'intersection des deux plans décrirait tout l'espace ; pour qu'elle décrive une courbe déterminée, il faut établir une relation entre λ et μ :

$$f(\lambda, \mu) = 0,$$

et l'élimination des deux paramètres donne l'équation de la surface :

$$f(P, Q) = 0,$$

qui est bien de la forme annoncée.

Techn. — On désigne sous le nom de *Cylindre* un grand nombre d'outils, d'instruments, ou de parties d'un appareil mécanique qui tantôt ont exactement la forme du solide géométrique ainsi appelé, et tantôt s'en rapprochent plus ou moins. Ainsi, les pièces d'un laminoir qu'on appelle *Cylindre* (voy. LAMINOIR), et le corps de pompe dans lesquels se meuvent les pistons d'une machine à vapeur, à gaz, ou à air chaud (voy. MOTEUR), et qui ont reçu le même nom, doivent avoir une forme cylindrique aussi exacte que possible ; mais les premières sont en général pleines et les seconds sont nécessairement creux. On nomme également C. un gros rouleau de bois, de pierre ou de fonte dont on se sert, en agriculture ou dans les travaux publics, pour écraser les mottes d'une terre labourée, pour aplanir les routes, les allées, etc. On appelle *C.* ou *rouleau compresseur*, un grand c. de fonte qu'on traîne par la force des chevaux ou de la vapeur sur les cailloux disposés à dessein sur une chaussée, afin de faire pénétrer ceux-ci dans le sol et de donner ainsi à la chaussée la résistance nécessaire. Voy. EMPIERREMENT. Les rouleaux armés de lames de fer qu'on emploie, dans les papeteries, pour broyer les chiffons, sont encore appelés *Cylindres*. La même dénomination s'applique aussi à des vases de cuivre ou de tôle, dont la forme est plus ou moins cylindrique, comme ceux qu'on plonge, après les avoir remplis de braise, dans un bain plein d'eau afin de chauffer celle-ci. Les pélographes nomment C. le petit rouleau de bois, d'ivoire, etc., autour duquel on enroulait une pièce de papyrus ou de parchemin pour en faire un volume.

Le même nom est encore usité en Histoire naturelle, mais dans un sens peu rigoureux. On nomme ainsi le sommet de certaines montagnes, lorsqu'il offre quelque analogie avec la forme du solide géométrique, comme le *C. du Marboré*, dans les Pyrénées. On a encore désigné sous ce nom certains coquillages du genre *Voluta* ; mais cette dénomination n'a pas été adoptée par les auteurs.

CYLINDRE-AXE. s. m. T. Anat. Substance solide, flexible

fragile, qui se trouve au centre de chaque tube nerveux.

CYLINDRER. v. a. T. Didact. Donner la forme d'un cylindre. || Faire passer au cylindre.

CYLINDREUR. s. m. Ouvrier qui fait passer au cylindre.

CYLINDRIFORME. adj. T. Hist. nat. Qui a la forme cylindrique.

CYLINDRIMÈTRE. s. m. (gr. κύλινδρος, cylindre; μέτρον, mesure.) Instrument pour fabriquer avec précision les roues d'horlogerie.

CYLINDRIQUE. adj. 2 g. Qui a rapport au cylindre ou qui en a la forme.

CYLINDRO-CONIQUE. adj. Qui est en forme de cylindre et de cône.

CYLINDROÏDE. adj. 2 g. (gr. κύλινδρος, cylindre). Qui a presque la forme du cylindre. || T. Géom. Solide qui ressemble au cylindre ordinaire, mais dont les bases sont des ellipses au lieu d'être des cercles. On dit plutôt aujourd'hui cylindre elliptique.

CYLINDRO-OGIVAL, ALE. adj. Forme que l'on donne à la balle dans les armes à feu.

CYLINDROSE. s. f. T. Anat. Suture du crâne. Inus.

CYLINDROSOME. adj. 2 g. (gr. κύλινδρος, cylindre, σῶμα, corps). T. Zool. Qui a le corps cylindrique.

CYMAISE. s. f. (gr. κυμάτιον, m. s.) T. Archit. Moulure en forme d'S à la partie supérieure d'une corniche. Voy. Moulure. || Dans les musées, petite plate-forme à hauteur d'appui, qui règne sur tout le pourtour de la salle et sur laquelle reposent les tableaux placés le plus bas, ce qui est la place la plus avantageuse. *Ce tableau a été placé à la c.*

CYMBALAIRE. s. f. (R. *cymbale*) T. Bot. Nom vulgaire de la *Linaria cymbalaria*, de la famille des *Scrofulariacées*. Voy. ce mot.

CYMBALE. s. f. (gr. κύμβαλον, m. s.). T. Mus. Instrument de percussion qui se compose de deux disques de cuivre qu'on frappe en mesure l'un contre l'autre, et qui ont à leur centre une

petite cavité pour renforcer le son. (Fig.) — Cet instrument, d'une extrême simplicité, remonte à la plus haute antiquité. Mais, chez les anciens, chaque c. représentait un demi-globe de bronze, de façon que les deux moitiés de l'instrument figuraient, suivant Servius, les deux hémisphères du ciel qui entourent la terre. Les cymbales étaient tenues par des manches de forme différente. Tantôt leur partie convexe se terminait en pointe ou par un petit manche en forme de croix; tantôt elles avaient un anneau ou une bande de métal pour les tenir avec la main. On les employait surtout dans les cérémonies religieuses célébrées en l'honneur de Cybèle, qui passait pour les avoir inventées, ainsi que dans celles de Bacchus, de Junon, etc. Cet instrument était également fort usité chez les Juifs.

CYMBALIER. s. m. Celui qui joue des cymbales.

CYMBALION. s. m. (gr. κυμβάλιον. m. s.) T. Bot. Un des noms vulgaires de l'*Umbilicus pendulinus*.

CYMBALOÏDE. adj. (gr. κύμβαλον, cymbale; εἶδος, forme). T. Hist. nat. Qui a la forme d'une cymbale, d'une clochette.

CYMBELLE. s. f. (lat. *cymba*, petite barque). T. Bot.

genre d'Algues (*Cymbella*) de la famille des *Diatomacées*. Voy. ce mot.

CYMBELLÉES. s. f. pl. (R. *Cymbella*). T. Bot. Tribu d'Algues de la famille des *Diatomacées*. Voy. ce mot.

CYMBIFOLIÉ, ÉE. adj. (lat. *cymba*, nacelle; *folium*, feuille). T. Bot. Qui a des feuilles en forme de nacelle.

CYMBIFORME. adj. (lat. *cymba*, nacelle; *forma*, forme). T. Hist. nat. Qui a la forme d'une nacelle.

CYMBULIE. s. f. (Dimin. de *cymbe*). T. Zool. Genre de mollusques *ptéropodes*. Voy. ce mot.

CYME. s. f. (lat. *cyma*, cœur de chou, du gr. κῦμα, jeune pousse.) T. Bot. Nom donné à un mode particulier d'*inflorescence*. Voy. ce mot.

CYMÈNE. s. m. (gr. κύμινον, cumin.) T. Chim. Le nom de *Cymène* a été donné aux méthylpropylbenzènes, c.-à-d. aux hydrocarbures ayant pour formule $C^6H^4{<}^{CH^3}_{C^3H^7}$. On peut les obtenir, par synthèse, en traitant les dérivés monobromés du toluène par le bromure de propyle et le sodium. Il en existe trois : l'ortho-, le méta-, et le paracymène ; ils sont liquides, et leurs points d'ébullition respectifs sont 182°, 177° et 184°. — On connaît aussi deux *Isocymènes*, isomériques avec les précédents, mais renfermant le radical isopropyle au lieu du propyle.

Le plus important de tous ces composés, celui qui d'ordinaire naire est désigné simplement par le nom de cymène, est en réalité le para-isocymène. Il existe tout formé dans l'essence de cumin; pour l'en extraire, on agite cette essence avec du bisulfite de soude afin de séparer l'aldéhyde cuminique, et l'on distille le liquide restant en recueillant les portions qui passent au-dessous de 200°. On obtient encore du para-isocymène quand on fait agir le chlore, l'iode ou l'acide sulfurique sur l'essence de térébenthine; les essences d'eucalyptus et d'absinthe en fournissent également. Le plus souvent on le prépare en déshydratant le camphre à l'aide de l'anhydride phosphorique. Le c. obtenu par ces différents procédés est un liquide incolore, d'une odeur aromatique, insoluble dans l'eau, soluble dans l'alcool et surtout dans l'éther; il bout à 175°. Les oxydants le transforment en acides toluique, propylbenzoïque et téréphtalique. Avec le chlore et le brome, il fournit des produits de substitution : les chloro- et bromo-cymènes. L'acide azotique fumant le convertit en nitrocymènes $C^{10}H^{13}(AzO^2)$ et dinitrocymènes $C^{10}H^{12}(AzO^2)^2$. Avec l'acide sulfurique on obtient deux acides cymène-sulfoniques $C^{10}H^{13}SO^3H$ qui, fondus avec la potasse caustique, donnent les deux phénols correspondant au cymène, c.-à-d. le carvacrol et le thymol.

Le méta-isocymène est un liquide bouillant à 174° qu'on a obtenu dans la distillation des huiles légères de résine. Ce composé se comporte d'une façon analogue au précédent, lorsqu'on le traite par l'acide nitrique ou l'acide sulfurique.

CYMEUX, EUSE. adj. T. Bot. Qui a ses fleurs disposées en cyme.

CYMIDINE. s. f. T. Chim. La *Cymidine* $C^{10}H^{15}Az$ est un alcaloïde qu'on obtient en réduisant le dérivé nitré du cymène du cumin; elle se présente sous la forme d'un liquide huileux, inodore, bouillant à 250°. C'est une base faible, sans action sur le tournesol; son chlorhydrate colore la peau en rouge. La cymidine est isomérique avec la cymylamine; mais la première est un dérivé amidé du cymène, tandis que la seconde est l'amine de l'alcool cymylique; c'est ce qu'expriment ces deux formules :

$$C^6H^3(AzH^2){<}^{CH^3}_{C^3H^7} \qquad C^6H^4{<}^{CH^2AzH^2}_{C^3H^7}$$
Cymidine   Cymylamine

Il existe d'autres cymidines, correspondant aux différents cymènes.

CYMINDIS. s. m. T. Entom. Genre d'insectes coléoptères de la famille des Carabiques. Voy. ce mot.

CYMODOCÉE. s. f. (nom mythol.). T. Bot. Genre de plantes Monocotylédones (*Cymodocea*) de la famille des *Naïadacées*. Voy. ce mot.

CYMOL. s. m. T. Chim. Synonyme de *Cymène*. — Le *Carvacrol* est aussi quelquefois désigné par le nom de *Cymol*.

CYMOPHANE. s. f. (gr. κῦμα, vague; φαίνομαι, je parais). T. Minér. Pierre fine de couleur verdâtre, composée d'alumine et de glucine. Voy. SPINELLE.

CYMOPHÉNOL. s. m. T. Chim. Synonyme de *Carvacrol*.

CYMOPOLIE. s. f. (gr. κῦμα, flot; πολιά, cheveux blancs). T. Zool. Genre de crustacés. Voy. BRACHYOURES.

CYMOTHOÉ. s. m. (gr. κῦμα, flot; θεός, agile) T. Zool. Genre de crustacés parasites. Voy. ISOPODES et *Cymothoïdes.*

CYMOTHOÏDES. s. m. pl. (R. *Cymothoé*). Famille de Crustacés Isopodes dont la bouche est disposée pour la succion. Les espèces du genre *Cymothœ* vivent en parasites sur la peau et dans la bouche de différents poissons de la Méditerranée; les pêcheurs les connaissent sous le nom de *poux de mer*. Les espèces du genre *Æge* qui ressemblent à des Cloportes vivent en liberté également dans la Méditerranée.

CYMYLAMINE. s. f. (R. *cymile*, et *amine*.) T. Chim. La *Cymylamine* est l'amine qui correspond à l'alcool cymylique. Elle est liquide, incolore, de consistance oléagineuse, et bout à 280°; elle est insoluble dans l'eau, soluble dans l'alcool bouillant et dans l'éther. Elle possède des propriétés basiques assez énergiques, bleuit le papier de tournesol, et absorbe l'acide carbonique de l'air. Isomérique avec la cymidine et la diéthylaniline, elle répond à la formule $C^{10}H^{13}$, AzH^2 ou $C^6H^4 \begin{cases} C^4H^9 & AzH^2 \\ C^3H^ \end{cases}$. On prépare la c. en traitant le chlorure de cymyle par l'ammoniaque en solution alcoolique. Il se forme en même temps de la *dicymylamine* $(C^{10}H^{13})^2AzH$ et de la *tricymylamine* $(C^{10}H^{13})^3Az$.

CYMYLE. s. m. (gr. κύμινον, cumin; ὕλη, matière). T. Chim. Le *Cymyle*, qu'on ne doit pas confondre avec le camyle, est le radical univalent $C^{10}H^{13}$ ou $C^6H^4 \begin{cases} CH^3 \\ C^3H^7 \end{cases}$, dont on suppose l'existence dans le chlorure de cymyle et les cymylamines. — Le *chlorure de cymyle* $C^{10}H^{13}Cl$ est l'éther chlorhydrique de l'alcool cymylique et s'obtient en traitant cet alcool par l'acide chlorhydrique. Les cymylamines se forment quand on fait réagir le chlorure de c. sur l'ammoniaque en solution alcoolique concentrée.

CYMYLIQUE. adj. T. Chim. L'alcool et l'aldéhyde cymyliques sont ordinairement appelés *cuminiques*. Voy. ce mot.

CYNANCHE. s. m. (gr. κύων, κυνός, chien; ἄγχω, étrangler). Genre de plantes Dicotylédones (*Cynanchum*) de la famille des *Asclépiadées.* Voy. ce mot.

CYNANCIE. s. f. (gr. κύων, chien; ἄγχω, j'étrangle). T. Méd. anc. Nom qu'on donnait à une angine violente, lorsque le malade tirait la langue à peu près comme font les chiens haletants. T. Vx mot. On disait aussi *Cynanchie*, *Sinancie.*

CYNANTHROPIE. s. f. (gr. κύων, κυνός, chien; ἄνθρωπος, homme). T. Méd. Espèce de mélancolie dans laquelle le malade s'imagine être changé en chien.

CYNAPINE. s. f. T. Chim. Alcaloïde qui se trouve dans la *Petite Ciguë (Æthusa Cynapium)*, de la famille des Ombellifères.

CYNARA. s. m. Voy. CINARA.

CYNARÉES. s. f. pl. Voy. CINARÉES.

CYNAROCÉPHALE. adj. 2 g. Voy. CINAROCÉPHALES.

CYNÉGÉTIQUE. adj. 2 g. (gr. κύων, κυνός, chien; ἄγω, je conduis). Qui concerne la chasse. *Plaisirs cynégétiques.* — s. f. L'art de la chasse. *Oppien a écrit un poëme grec intitulé* Cynégétiques.

CYNÉGIRE. héros grec, frère du poète Eschyle, périt à Marathon.

CYNÈNE. s. m. T. Chim. Hydrocarbure produit par l'action de l'anhydride phosphorique sur l'essence de semen contra; il est identique avec le cymène de cumin.

CYNICTIS. s. m. [Pr. *si-nik-tis*] (gr. κύων, κυνός, chien; ἰκτίς, fouine). T. Mamm. Genre de viverridés. Voy. CIVETTE.

CYNIPS. s. m. (gr. κύων, chien; κυνός, et ἴψ, sorte d'insecte). T. Entom. Genre d'insectes hyménoptères. Voy. GALLICOLES.

CYNIQUE. adj. 2 g. (gr. κυνικός, m. s., de κύων, chien). Se dit d'une secte de philosophes anciens à qui l'on reprochait d'être sans pudeur, comme les chiens. *La philosophie c. Un philosophe c.* || Par ext., Impudent, obscène, sans vergogne. *Cet homme est c. dans son langage. Un écrivain c. Discours c. Conduite c. Mœurs cyniques.* || Subst., *Diogène le C. C'est un c.* || T. Méd. Spasme c., Mouvement convulsif de la face. Les joues du malade se contractent, les lèvres s'écartent et laissent voir les dents serrées comme ferait un chien en courroux.

Philos. — Les cyniques portaient une besace et un bâton; ils vivaient de pain, de racines et d'eau, portaient des vêtements troués, couchaient sur les parvis des temples ou dans un tonneau, comme Diogène. Ils faisaient profession de mépriser les commodités et les plaisirs de la vie, et invectivaient les passants en leur reprochant la corruption des mœurs et l'amour des richesses. Sans doute, il y avait une bonne part d'affectation et d'orgueil dans leur conduite et leur misanthropie; mais ils méritent mieux que le mépris et le ridicule dont on les a si souvent accablés. En définitive, leurs principes et leurs tendances indiquent chez eux un idéal social bien au-dessus de ce qu'ils avaient sous les yeux. Ils ont surtout fait une guerre acharnée aux préjugés de leur époque: mépris du travail manuel et des esclaves, orgueil de la noblesse, patriotisme étroit de la cité, superstition d'une religion sans moralité qui divinisait tous les vices. Pour juger impartialement les cyniques, il ne faut pas oublier qu'ils ont préparé le stoïcisme. Les premiers et les plus célèbres des philosophes cyniques ont été Antisthène et Diogène. Zénon, le stoïcien, passait pour un de leurs disciples, et, de fait, sa doctrine, si pure et si majestueuse, était bien celle des cyniques débarrassée de l'affectation d'orgueil et de misanthropie qui avait été l'écueil de leur vertu. Ainsi, la philosophie c., en perdant un peu de sa rudesse effrontée, a donné naissance à l'une des conceptions morales les plus élevées auxquelles soit parvenu le génie de l'antiquité. Voy. STOÏCISME.

CYNISME. s. m. La philosophie cynique. || Par ext., Impudence, effronterie. *Le c. de sa conduite, de son langage. Cet homme affecte un c. révoltant.*

CYNOCÉPHALE. s. m. (gr. κύων, κυνός, chien; κεφαλή, tête). T. Mamm. Les *Cynocéphales (Cynocephalus)* forment la quatrième et dernière tribu des *Quadrumanes catarrhiniens* ou *Singes de l'ancien continent.* La plupart des animaux de cette tribu appartiennent à l'Afrique; quelques espèces, cependant, sont propres à l'Asie méridionale. Leur taille, en général, est à peu près celle d'un grand chien. Leurs formes sont lourdes et trapues, aussi sont-ils moins agiles que les singes des tribus supérieures. Leurs membres sont forts et vigoureux, la paire antérieure un peu plus courte que la paire postérieure; leurs jambes n'ont pas de mollets prononcés. Leur museau est très allongé et comme tronqué au bout, ce qui leur a valu le nom générique sous lequel on les désigne. Leur face est munie d'abajoues remarquables par leur ampleur, et couverte de poils clairsemés dont la coloration varie suivant les espèces. Les crêtes sourcilières, fort développées, donnent un aspect féroce. L'angle facial est de 30 à 35 degrés. Les uns ont une queue, les autres en sont dépourvus; leur museau, aux fesses, de larges callosités. — Les cynocéphales n'habitent pas tous les forêts: plusieurs préfèrent les montagnes ou les coteaux parsemés de rochers; aussi l'allure quadrupède leur est-elle surtout familière. Chaque espèce paraît circonscrite dans des régions distinctes. Ces animaux vivent en troupes assez nombreuses qui défendent avec opiniâtreté, même contre les hommes, l'accès des cantons où ils ont fixé leur domicile. Bien que les canines de ces singes soient, chez les mâles adultes, aussi longues que celles du tigre, ils ne sont pas pour cela carnassiers; leur alimentation est, en effet, presque entièrement végétale, et ils sont un véritable fléau pour les vergers et les jardins auprès desquels ils habitent, et qu'ils dévastent avec la même tactique que les cercopithèques. Enfin, autant du moins qu'on peut en juger par les individus en captivité, leur caractère est assez docile jusqu'à l'âge de puberté, à partir duquel ils deviennent d'une extrême méchanceté, que les châtiments sont impuissants à réprimer. Leur lubricité acquiert en même temps des proportions qu'on ne rencontre jamais chez les autres espèces de singes. — La tribu des cynocéphales se divise assez naturellement en 3 genres : *Cynopithèque, Théropithèque* et *Cynocéphale* proprement dit.

I. — Le genre *Cynopithèque* (*Cynopithecus*) forme la transition des macaques aux cynocéphales proprement dits. Indé-

Fig. 1.

pendamment de l'absence de queue, ils diffèrent de ces derniers par plusieurs autres caractères, dont le plus remarquable consiste dans la position des narines, qui sont placées à peu près comme chez les premiers. Ces singes ont, en outre, le corps court, porté sur des membres assez longs; le museau avancé, large et aplati; les mains allongées, avec les pouces postérieurs assez développés. — La seule espèce connue est le *Cynop. nègre* (Fig. 1), qui habite les Philippines. Ce singe se reconnaît assez aisément à son pelage noir et dur qui forme une aigrette élargie sur sa tête, à son visage, qui est presque carré, et à sa petite taille, qui ne dépasse pas 40 à 45 centimètres de la tête à l'anus.

II. — Le genre *Théropithèque* (*Theropithecus*), établi par Isid. Geoffroy Saint-Hilaire, n'est également représenté que par une seule espèce, le *Thér. gélada* (Fig. 2), découvert par Ruppell en Abyssinie. Ce singe tient aussi des macaques et des cynocéphales. Il a les quatre mains noirâtres et de longs poils bruns couvrent ses parties supérieures, tandis que ceux des flancs et de l'extrémité de sa queue, laquelle est de longueur médiocre, sont de couleur fauve.

III. — Les espèces qui composent le genre *Cynocéphale* (*Cynocephalus*) ont le museau allongé et très gros à son extrémité antérieure, les narines tubuleuses, saillantes et prolongées jusqu'aux lèvres, les abajoues très amples, les formes lourdes et trapues, les membres forts et vigoureux, et des callosités très larges qu'entourent des surfaces nues. Quant à leur queue, elle a des dimensions assez variables pour que les zoologistes aient cru devoir diviser ce genre en deux sousgenres, selon la longueur de cet organe.

1° *Cynocéphales à queue assez allongée.* — Ce sousgenre comprend 4 espèces. — Le *C. Babouin* a le pelage jaune olivâtre en dessous, blanchâtre en dessous et à la face interne des membres. Ses poils sont colorés de jaune et de noir par anneaux assez étendus, mais en petit nombre. Ce singe habite l'Afrique septentrionale, surtout l'Égypte et l'Abyssinie. — Le *Cyn. Anubis* a été, pour la première fois, décrit par F. Cuvier. Il habite les mêmes pays que l'espèce

précédente. Son pelage est verdâtre foncé, avec la partie nue des fesses violâtre, et la face interne des membres blanc grisâtre. De plus, la partie antérieure de la face est noire, ainsi que les oreilles et les pieds; les favoris sont d'un jaune pâle, et les joues et le tour des yeux d'une teinte couleur de chair. — Le *C. Papion* (*C. Sphinx*) est l'espèce la mieux connue du genre. Ce singe a les narines proéminentes au delà du museau, la face, les oreilles et les mains noires, avec les paupières supérieures blanches. Son pelage, peu fourni sous le corps et à l'intérieur des membres, est brun jaunâtre, à teinte

Fig. 2.

moins foncée en dessous qu'en dessus. Chaque poil est alternativement annelé de noir et de roux, ce qui fait que l'animal, vu de près, semble liqueté de ces deux couleurs; les favoris sont fauves et dirigés en arrière. Les papions vivent en troupes sur les rochers des hautes montagnes de l'Afrique occidentale. Ils se font remarquer par une grande pénétration, une adresse étonnante, une activité extrême et une facilité de conception véritablement extraordinaire. — Le *C. Hamadryas* ou *Tartarin* est surtout caractérisé par sa face que sa couleur de chair, ainsi que les mains et les oreilles, et par le camail, long et touffu, et d'une teinte gris verdâtre, qui couvre les parties supérieures de son corps, de manière à lui former

Fig. 3.

une véritable crinière. Son pelage est de la même couleur que le camail, mais les parties antérieures sont plus foncées que les postérieures, et les bras sont presque noirs. La femelle a la crinière beaucoup moins développée que le mâle, et les petits ne la prennent qu'après leur seconde dentition. L'hamadryas a été décrit par Buffon sous les noms de *Lowando* et de *Singe de Moco*. Il est propre à l'Abyssinie, où on l'appelle *Tota*, et à l'Arabie, où on le nomme *Robba*; c'était un animal sacré chez les anciens Égyptiens. Les bateleurs orientaux le dressent aux mêmes exercices que leurs confrères d'Europe font exécuter aux sapajous. Malgré cela, le naturel de ce singe passe pour très méchant, du moins en captivité. — Le *C. Chacma* (*C. porcarius*) [Fig. 3] a le pelage noir verdâtre sur le dos et sur le cou, où il forme une espèce de crinière, mais beaucoup moins développée que celle de l'hamadryas. La peau de la face et des oreilles est d'une teinte noir violacé, et les favoris sont grisâtres et dirigés en arrière. La femelle manque de crinière. Le chacma est propre à l'Afrique australe. Les habitants du Cap et les Hottentots l'emploient quelquefois à des travaux utiles, par ex., à garder les habitations, à tirer la corde d'un soufflet de forge, etc.; mais il ne faut pas le perdre un instant de vue, car aussitôt il abandonne le travail qu'on lui a confié.

2° *Cynocéphales à queue très courte*. — Ce sous-genre se compose de 2 espèces seulement, toutes deux remarquables

Fig. 4.

en outre par la longueur de leur museau. — Le *C Mandrill* ou *Mormon* (*C. Mormon*) [Fig. 4], qui est propre à la Guinée, a le pelage gris brun, verdâtre en dessus, avec une barbe et une collerette jaune citron, et les parties latérales du nez, qui est rouge vif, bordées d'une masse de tissu érectile formant des sillons de couleur bleue. — Dans le *C. Drill* (*C. Leucophæus*), qui habite également la Guinée, le pelage est verdâtre, foncé dans les parties supérieures, et blanchâtre dans les inférieures. Ce genre diffère surtout du précédent par la couleur noire de la face, et par la queue, qui est encore plus courte.

CYNODON. s. m. (gr. χύων, χυνὸς, chien; ὀδοὺς, ὀδόντος, dent). T. Bot. Genre de plantes Monocotylédones de la famille des *Graminées*. Voy. ce mot.

CYNOGALE. s. m. (gr. χύων, χυνὸς, chien; γαλῆ, belette). T. Mamm. Genre de Viverridés. Voy. CIVETTE.

CYNOGLOSSE. s. f. (gr. χύων, chien; γλῶσσα, langue). T. Bot. Genre de plantes Dicotylédones (*Cynoglossum*) de la famille des *Borraginées*. Voy. ce mot.

CYNOGRAPHIE. s. f. (gr. χύων, chien; γράφειν, décrire). T. Didact. Histoire du chien.

CYNOMORIUM. s. m. (gr. χύων, chien; μεῖον, pénis). T. Bot. Genre de plantes Dicotylédones de la famille des *Balanophoracées*. Voy. ce mot.

CYNOMORPHE. adj. (gr. χύων, chien; μορφή, forme). T. Zool. Qui ressemble à un chien.

CYNOPHILE. adj. (gr. χύων, chien; φίλος, ami). Qui aime les chiens.

CYNOPITHÈQUE. s. m. (gr. χύων, χυνὸς, chien; πίθηχος, singe). T. Mamm. Genre de singes. Voy. CYNOCÉPHALE.

CYNOREXIE. s. f. (gr. χύων, chien; ὄρεξις, faim). T. Méd. Faim canine. Inus. Voy. APPÉTIT.

CYNORRHODON. s. m. (gr. χύων chien; ῥόδον, rose). T. Bot. Nom donné au fruit de l'Églantier de la famille des *Rosacées*. Voy. ce mot.

CYNOSCÉPHALES ou **CYNOCÉPHALE**, champ de bataille célèbre par la victoire de Flaminius sur les Macédoniens (197 av. J.-C.).

CYNOSURE. s. f. (gr. χύων χυνὸς, chien; οὐρά, queue). T. Astr. Nom donné quelquefois à la constellation de la Petite Ourse. Voy. CONSTELLATION. || T. Bot. Genre de plantes Monocotylédones (*Cynosurus*) de la famille des *Graminées*. Voy. ce mot.

CYNTHIA. s. f. (nom mythol.). T. Zool. Genre d'Ascidies. Voy. TUNICIERS.

CYNURÉNIQUE. adj. (gr. χύων, χυνὸς, chien; οὖρον, urine). T. Chim. L'acide *cynurénique* $C^{10}H^7Az O^3 + H^2O$ a été découvert dans l'urine de chien. C'est un acide faible, monobasique, qui en se combinant avec les bases donne des sels solubles et cristallisables. Il peut également s'unir à l'acide chlorhydrique. Chauffé, il fond à 258° et se décompose en anhydride carbonique et en *cynurine;* cette dernière substance est une base qui a pour formule C^9H^7AzO et qui cristallise en prismes clinorhombiques, fusibles à 201°.

CYPARISSIDIUM. s. m. [Pr... *di-ome*] (gr. χυπάρισσος, cyprès). T. Paléont. Bot. Genre de Conifères fossiles comprenant deux espèces, le *C. septentrionale* dans le lias et le *C. gracile* dans le crétacé inférieur.

CYPÉRACÉES. s. f. pl. (lat. *cyperus*, souchet). T. Bot. Famille de végétaux Monocotylédones de l'ordre des Graminées.

Caract. bot.: Plantes herbacées ordinairement vivaces à l'aide d'un rhizome rameux, dont les branches se renflent quelquefois en tubercules amylacés. Tige aérienne constituée par le seul entre-nœud supérieur des branches du rhizome,

ordinairement anguleuse, quelquefois cylindrique. Feuilles étroites ou terminées en pointe; lorsqu'elles sont engainantes, la gaine est entière et sans fente latérale. Fleurs hermaphrodites ou unisexuées, toujours disposées en épis rarement solitaires et terminaux, le plus souvent groupés en ombelles, en grappes, etc. Dans les genres à fleurs unisexuées, on trouve, à l'aisselle de chaque bractée de l'épi mâle, une fleur nue composée de 3 étamines; dans l'épi femelle, chaque bractée forme à son aisselle une bractée adossée, et c'est à l'aisselle de cette bractée adossée que se forme une fleur femelle nue, composée de 3 carpelles réunis en un ovaire uniloculaire. Dans les genres à fleurs hermaphrodites, chaque bractée fertile produit à son aisselle une fleur périanthée ou non, avec 3 étamines ordinairement, qui peuvent se réduire à 2 ou à 1, ou être portées à 6 ou un plus grand nombre. Le pistil est constitué comme dans les fleurs femelles unisexuées. Ovule droit, anatrope; style unique, trifide ou bifide; stigmate non divisé, quelquefois bifide. Akène crustacé ou osseux, rarement charnu. Albumen charnu ou farineux, de même forme que la graine; embryon lenticulaire, non divisé, enfermé dans la base de l'albumen; gemmule très peu apparente. [Fig. 1. *Scirpus lacustris*; 2. Fleur isolée; 3. Graine du même; 4. Coupe de la graine pour montrer l'embryon lenticulaire. — 5. *Eriophorum angustifolium* en fleur. — 6. Fleur mâle de *Carex riparia*.]

La famille des Cyp. comprend 61 genres et environ 2,200 espèces; on compte plus de 800 *Carex* et plus de 700 *Cyperus*.

Les Cyp. sont au nombre des végétaux les plus répandus; il en existe partout où la végétation phanérogame peut exister, depuis le cercle polaire arctique jusqu'au cercle antarctique. On les rencontre dans les marais, dans les fossés, dans les eaux courantes, dans les prairies, dans les landes incultes, dans les forêts, dans les sables mouvants des bords de la mer, et au sommet des montagnes. Humboldt remarque qu'en Laponie les Cyp. et les Graminées sont en nombre égal; mais de la Laponie, en s'avançant vers l'équateur, la proportion des Cyp. par rapport aux Graminées va constamment en diminuant. Quand on se rapproche de l'équateur, on remarque, en outre, un changement dans le caractère des premières. Ainsi, les *Carex*, les *Scirpus*, les *Choins* et les genres voisins cessent d'en constituer la masse principale; ils sont remplacés par une multitude d'espèces de *Cyperus*, par des *Cladions* et d'autres genres analogues, à peu près inconnus dans les contrées septentrionales, ou qui du moins n'y donnent nulle part un caractère dominant à la végétation. Quelques espèces seulement sont communes à des régions du globe fort différentes : tels sont les *Scirpus triqueter*, l'*Eleocharis capitata* qu'on trouve en Australie et dans l'Amérique méridionale, et quelques espèces de *Scirpus* qui habitent à la fois l'Europe et l'hémisphère méridional. On ne connaît environ 50 espèces fossiles trouvées dans le terrain tertiaire.

On divise cette famille en 2 tribus :

TRIBU I. — *Scirpées*. — Fleurs hermaphrodites (*Cyperus*, *Heleocharis*, *Scirpus*, *Cladium*, *Eriophorum*, *Schœnus*, etc.).

Les racines des espèces du g. *Souchet* (*Cyperus*) sont remplies d'un mucilage nourrissant et d'une saveur agréable. Dans le *Souchet long* (*Cyp. longus*) il s'y joint un principe amer qui lui donne des propriétés stomachiques et toniques. Hardwicke rapporte que les médecins hindous administrent avec succès contre les tubercules du *Cyp. hexastichus* ou *rotundus*, plante qu'ils nomment *Mootha*. Dans l'Inde, les femmes se servent, pour parfumer leur chevelure, des racines du *Cyp. pertenuis* ou *Nagur-Mootha*, après les avoir fait sécher et les avoir réduites en poudre. Dans le même pays, l'infusion des racines du *Cyp. odoratus*, qui sont douées d'une saveur chaude et aromatique, s'administre comme stomachique. Autrefois, on classait, en Europe, parmi les plantes officinales le *Scirpe des étangs* (*Scirpus lacustris*), vulgairement appelé *Jonc d'eau* et *Jonc des chaisiers* ou *des tonneliers*, dont les racines passaient pour astringentes et diurétiques. La *Remirea maritima*, plante très commune dans l'Amérique tropicale, est fort estimée comme diaphorétique et diurétique. Les feuilles de l'*Eriophorum*, vulgairement appelé *Linaigrette*, *Lin des pauvres* et *Herbe à coton*, étaient jadis employées contre la diarrhée, et la moelle spongieuse de sa tige s'administrait comme anthelminthique. Dans tout le nord de l'Europe, les longues touffes de filaments qui accompagnent les graines sont récoltées par les pauvres gens pour rembourrer des oreillers et pour ouater des courtes-pointes et des vêtements. Le *Cyp. Iria* est en grande réputation dans l'Inde comme emménagogue et comme remède contre la colique. On y emploie également, contre le diabète et les affections de l'estomac, les racines âcres de la *Kyllinga triceps*, mêlées à diverses substances aromatiques. A la côte de Malabar, on attribue des propriétés antinéphrétiques à la racine d'une espèce de *Scléria* (*Scleria lithosperma*). Dans le midi de l'Europe, on emploie comme aliment, les tubercules du *Cyp. esculentus*, plus connus sous les noms vulgaires de *Souchet comestible* et *d'Amande de terre*. Ces tubercules torréfiés ont été proposés comme succédanés du café et du cacao. Les Chinois cultivent comme plantes alimentaires

plusieurs espèces de Cyp., mais surtout le *Pi-tsi* ou *Scirpus tuberosus*. Royle dit que les tubercules grillés ou bouillis du *Cyp. bulbosus* de Vahl, appelé *Shilandie-Aresi* à Madras, et *Puri Drempa* par les Télingas, ont le goût de la pomme de terre, et seraient un excellent aliment s'ils n'étaient pas si petits. Selon le même auteur, le *Scirpus dubius* de Roxburgh, l'*Alliki* des Télingas, donne des tubercules que les Hindous estiment autant que l'igname. — Le *Papyrus* des bords du Nil (*Papyrus antiquorum*), dont les anciens faisaient des nattes, des voiles, des chaussures, des cordes, et surtout du papier, appartient à la famille des Cyp. En Syrie, cette plante est nommée *Babir*; elle est décrite par les auteurs arabes sous le nom de *Fafir* et de *Burdi*. Une autre espèce du même genre, le *P. corymbosus*, n'est guère moins usitée aux Indes que ne l'était le *P. antiquorum* chez les anciens Égyptiens. On s'en sert surtout pour confectionner les nattes dont on couvre le plancher des appartements. Le Dr Ainslie dit que, dans toute la péninsule indienne, on emploie au même usage une autre espèce de Cyp. nommée *Kora* et *Tounghi*, qu'il croit être le *Cyp. textilis* de Thunberg. Quelques espèces de Scirpes, notamment le *Sc. lacustris*, sont quelquefois substitués au jonc pour faire des corbeilles et pour empailler des chaises. Le *Cyp. textilis* sert aussi à faire des cordes et divers autres objets. En Angleterre, où la *Linaigrette* (*Eriophorum*) est très commune, on a essayé de faire du papier et des mèches pour les bougies avec la matière soyeuse ou cotonneuse qui enveloppe son fruit à sa base. Une autre espèce du même genre, l'*Erioph. comosum* ou *camabinum*, nommée *Bahbhur* par les Hindous, sert, dans l'Himalaya, à faire des cordes. Mais, pour cela, on emploie exclusivement les feuilles de la plante avant que celle-ci ait fleuri. Il est probable que le *Cyp. inundatus* et quelques autres espèces contribuent efficacement à garantir et à protéger les rives du Gange contre les dégradations provenant de la rapidité du courant et de la violence des grandes marées. Aux Antilles, on regarde comme un fléau le *Cyp. hydra* : en effet, lorsque cette plante s'empare d'un champ de cannes à sucre, elle les étouffe, et la récolte est perdue.

TRIBU II. — *Caricées*. — Fleurs unisexuées (*Kobresia*, *Uncinia*, *Carex*, etc.).

Les racines de plusieurs espèces du genre *Laîche* ou *Carex*, telles que les *C. arenaria*, *disticha* et *hirta*, possèdent des propriétés diaphorétiques qui leur ont fait donner le nom de *Salsepareille d'Allemagne*. En Hollande, on plante sur les digues la *Laîche des sables* (*Carex arenaria*), dont les rhizomes traçants, entrelacés les uns dans les autres, contiennent des sables mouvants et donnent aux chaussées une grande solidité.

CYPERUS. s. m. [Pr. l's finale] (mot lat. sign. Souchet). T. Bot. Genre de plantes Monocotylédones (Souchet) qui a servi de type à la famille des *Cypéracées*. Voy. ce mot.

CYPHIA. s. f. (gr. κύφος, courbe). T. Bot. Genre de plantes Dicotylédones de la famille des *Campanulacées*. Voy. ce mot.

CYPHOSE. s. f. (gr. κύφωσις, courbure, gibbosité). T. Méd. Courbure anormale de la colonne vertébrale en arrière.

CYPHUS. s. m. [Pr. si-fuss] (gr. κυφός, courbé). T. Entom. Genre d'Insectes coléoptères Voy. CURCULIONIDES.

CYPRÆIDES. s. f. (R. *Cypræa*, un des genres de la famille, du gr. Κυπρίς, un des noms de Vénus). T. Zool. Famille de Mollusques gastéropodes cténobranches (Voy. ces mots) qui habitent toutes les mers chaudes : Méditerranée, mer Rouge, etc. Coquille ovale, enroulée, convexe en dessus et présentant à ses deux extrémités un court canal. Cette coquille est souvent parée des plus vives couleurs, d'où le nom de *Porcelaines* que l'on donne encore à certaines espèces; plusieurs, telle que la porcelaine orange (*Cypræa aurora*) sont très recherchées par les collectionneurs et les paient jusqu'à 500 et 600 francs; dans la Nouvelle-Hollande, les chefs de tribu s'en servent comme signe distinctif. Les coquilles du genre *Monetaria* qui appartient à cette famille sont utilisées comme monnaie sous le nom de *Cauri* ou *Kaur* dans l'Afrique tropicale et l'Asie méridionale,

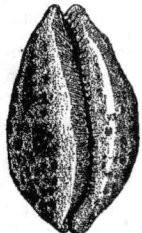

au Siam principalement. Les cyprées ont commencé à apparaître dans le crétacé ou même dans le jurassique supérieur; elles atteignent leur plus grand développement à l'époque actuelle. Genres : *Cyprœa, Epona, Eratopsis, Monetaria, Trivia*. (Fig. ci-dessus. *Porcelaine géographique*, appelée vulg. *Carte géographique*).

CYPRE. Voy. CHYPRE.

CYPRÈS. s. m. (lat. *cupressus*, m. s) T. Bot. Genre d'arbres Gymnospermes, de la famille des *Conifères* Voy. ce mot. La Fig.

montre le port de l'arbre. || Fig. et poét., se dit en parlant de la mort, du deuil, de la tristesse, parce que, chez les anciens, il était le symbole de la mort, l'emblème du deuil. *Les tristes c. Les c. funèbres. Changer les myrtes, les lauriers en c.*

CYPRICARDE. s. f. (gr. Κυπρις, surnom de Vénus; καρδία, cœur). T. Zool. Genre de mollusques. Voy. MYTILACÉS.

CYPRIEN (SAINT), docteur de l'Église latine, évêque de Carthage, auteur de nombreux traités, souffrit le martyre en 258.

CYPRINE. s. f. (rac. Κύπρις, surnom de Vénus à Chypre). T. Zool. Genre de mollusques. Voy CARDIACÉS.

CYPRINIDÉS ou **CYPRINOÏDES.** s. m. pl. (gr. κυπρῖνος, carpe). T. Icht. Dans la méthode ichtyologique de Cuvier et Valenciennes, les *C.* forment la première famille de l'ordre des *Malacoptérygiens abdominaux;* aujourd'hui les *Cyprinidés* constituent une des familles les plus nombreuses de l'ordre des *Chysostomes.* Les *C.* se reconnaissent à leur bouche peu fendue, à leurs mâchoires faibles, le plus souvent sans dents, et dont le bord est formé par les intermaxillaires; à leurs pharyngiens fortement dentés qui compensent le peu d'armure des mâchoires; à leurs rayons branchiaux peu nombreux, et enfin à leurs ventrales abdominales et à l'absence de dorsale adipeuse. Leur corps est écailleux; leur estomac n'a point de dilatation, et leur pylore point d'appendices cæcaux. Ils ont une vessie natatoire grande, le plus souvent

double, quelquefois triple. Ce sont les moins carnassiers des Poissons. — Valenciennes établit dans cette famille deux grandes divisions; la première pour les *C.* dont la bouche est dépourvue de dents, la seconde pour ceux où elle est armée de petites dents. Nous indiquerons seulement les genres les plus importants de la famille.

I. — La première section peut elle-même se partager en deux tribus, les *Cyprins* et les *Cobitides.*

A. Les *Cyprins* sont caractérisés par la petitesse de leur bouche, l'absence de dents et les trois rayons plats de leurs ouïes. Leur langue est lisse ; leur palais est garni d'une substance épaisse et molle, désignée vulgairement sous le nom de *langue de Carpe;* mais leur pharynx offre un puissant instrument de mastication, savoir de grosses dents adhérentes aux os pharyngiens inférieurs, et un disque pierreux enchâssé dans une large cavité sous une apophyse du basilaire. C'est le genre *Carpe* (*Cyprinus*) qui a donné son nom à la tribu et à la famille; mais comme nous lui avons consacré un article spécial, nous n'y reviendrons pas ici. Voy. CARPE. Les *Barbeaux* (*Barbus*) se distinguent des Carpes par leur dorsale et leur anale courtes, et par l'existence de 4 barbillons, dont 2 sur le bout et 2 aux angles de la mâchoire supérieure. Ils ont une forte épine pour second ou troisième rayon de la dorsale. Le *B. commun* est très répandu chez nous dans les eaux claires et vives, où il atteint quelquefois une grosseur et un poids considérables. Quoi qu'en aient dit quelques naturalistes qui affirment avoir mangé impunément les œufs de ce poisson, ils sont en général malsains et agissent comme un drastique violent. — Le genre *Goujon* (*Gobio*) diffère du précédent en ce qu'il est dépourvu d'épines et n'a que 2 barbillons. Nous en avons une espèce à nageoire piquetée de brun, qui vit par troupes dans nos eaux douces, et ne dépasse

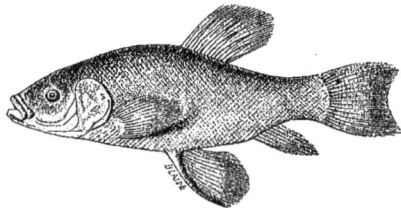

Fig. 1.

guère 20 centim. de longueur. — Les *Tanches* (*Tinca*) se distinguent surtout des Goujons par l'extrême petitesse de leurs écailles. La *T. vulgaire* (Fig. 1), fort commune dans nos étangs, est courte et grosse, d'un brun jaunâtre. Elle prend quelquefois une belle couleur dorée. Sa chair est fade et peu estimée. — Les *Brèmes* (*Abramis*) sont dépourvues d'épines et de barbillons; leur dorsale est courte et placée en arrière des ventrales. La *B. commune* a 29 rayons à l'anale et toutes les nageoires obscures. La *Petite Brème*, appelée aussi *Bordelière* ou *Hazelin*, n'a que 24 rayons à l'anale; ses pectorales et ses ventrales sont rougeâtres. La première est recherchée et se multiplie aisément; la seconde est peu estimée, et ne sert guère qu'à nourrir les Poissons dans les viviers. — Le genre *Able* (*Leuciscus*), assez nombreux en espèces indigènes, a été décrit ailleurs (voy. ABLE). — Enfin, les genres *Cirrhine, Catastoma* et *Gonorhynque* ne renferment que des espèces étrangères à l'Europe.

B. La tribu des *Cobitides* se compose d'espèces ayant la tête petite, le corps allongé, revêtu de petites écailles et enduit de mucosité. Les ventrales sont fort en arrière, et au-dessus d'elles il n'existe qu'une seule petite dorsale. Leur bouche est peu fendue et sans dents, mais entourée de lèvres propres à sucer et de barbillons; leurs ouïes sont ouvertes et n'ont que 3 rayons. Enfin, leur vessie natatoire est très petite et renfermée dans un étui osseux. Cette tribu ne contient que le seul genre *Loche* ou *Dormille* (*Cobitis*), dont nous avons 3 espèces dans nos eaux douces. — La *Loche franche* (*Cob. barbatula*, Fig. 2) est un petit poisson long de 10 à 12 centim., nuagé et pointillé de brun sur un fond jaunâtre. Elle a 6 barbillons. Sa chair est estimée. — La *L. d'étang* (*Cob. fossilis*) a 10 barbillons, 6 à la lèvre supérieure et 4 à l'inférieure. Elle abonde surtout dans les étangs, où elle se maintient longtemps enfoncée dans la vase, même lorsque ces étangs sont gelés ou desséchés. Elle atteint 35 à 40 centim. de longueur ; mais sa chair est molle et sent la

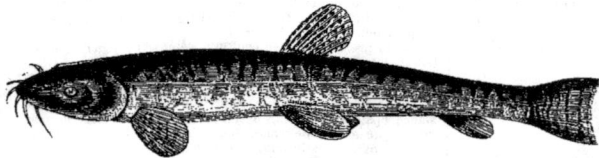

Fig. 2.

vase. — La *L. de rivière* (*Cob. tœnia*) a 6 barbillons dont 2 à la lèvre supérieure et une épine fourchue près de chaque œil. Elle ne dépasse guère 10 centim., et sa chair est peu recherchée.

II. — Tous les Poissons qui appartiennent à la seconde section des Cyprinoïdes, c.-à-d. qui ont la bouche armée de dents, sont étrangers à l'Europe, à l'exception d'un seul. Ce dernier, qui constitue le genre *Lebias*, est un petit poisson

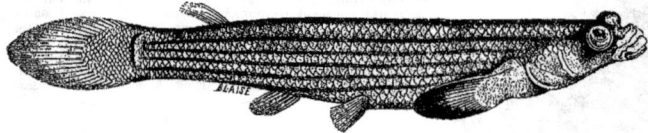

Fig. 3.

qui vit sur les côtes de la Sardaigne. Parmi les genres exotiques nous citerons cependant l'*Anableps* et le *Molinesia*, qui ne renferment chacun qu'une seule espèce. — L'*Anableps* (Fig. 3) vit dans les eaux douces de la Guyane, mais encore de tous les Vertébrés par la conformation de ses yeux. Ces organes se font d'abord remarquer par leur saillie. En outre, ils ont la cornée de l'iris partagés en deux portions par deux bandes transversales, de sorte qu'ils ont deux pupilles et

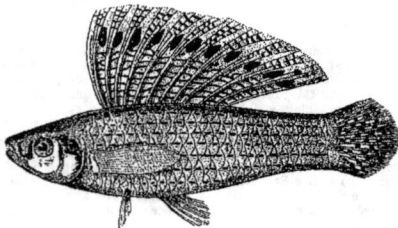

Fig. 4.

deux chambres antérieures de l'œil, quoiqu'ils n'aient qu'un seul cristallin, qu'une seule chambre postérieure, qu'une seule chambre vitrée et qu'une seule rétine. Il paraît que la nature a organisé l'œil de ce Poisson de manière qu'il puisse voir dans l'air en même temps que dans l'eau. Ce poisson a le corps cylindrique et couvert d'écailles solides, avec la queue peu comprimée. La tête est aplatie ou comme creusée, à cause de la saillie des yeux ; les dents sont en *velours*. Voy. ce mot. — Le *Molinesia à haute nageoire* (Fig. 4) doit son nom à l'ampleur de sa nageoire dorsale. Cette espèce vit dans les eaux douces de la Nouvelle-Orléans.

CYPRINS. s. m. pl. (lat. *cyprinus* ; gr. χυπρίνος, carpe). T. Icht. Genre de poissons. Voy. CYPRINIDÉS.

CYPRIPÈDE. s. m. (gr. χύπρις, un des noms de Vénus ; πέδιλον, chaussure). T. Bot. Genre de plantes Monocotylédones (*Cypripedium*) de la famille des *Orchidées*. Voy. ce mot.

CYPRIPÉDIÉES. s. f. pl. T. Bot. Tribu de végétaux de la famille des *Orchidées*. Voy. ce mot.

CYPRIS. s. m. (gr. Κύπρις, nom de Vénus à Chypre). T. Zool. Genre de Crustacés. Voy. OSTRACODES.

CYPRITE. s. f. T. Min. Sulfure cuivreux Cu^2S, appelé aussi chalcosine, cristallisant dans le système orthorhombique en tables d'apparence hexagonale. La c. se rencontre aussi en masses compactes, noires, accompagnant la chalcopyrite.

CYRANO DE BERGERAC (SAVINIEN), écrivain français, né à Bergerac, en Périgord, remarquable par son originalité et la profondeur de ses vues scientifiques (1620-1655).

CYRÉNAÏQUE. adj. 2 g. Habitant de la ville de Cyrène. ‖ T. Philos. Se dit de la doctrine et des disciples d'Aristippe, fondateur de l'École de Cyrène.

Philos. — Aristippe était disciple de Socrate ; comme son maître, il dédaigna la physique et s'occupa surtout de la personne morale de l'homme ; mais il s'éloigna complètement des préceptes si élevés de Socrate en proclamant que toute la sagesse consistait à rechercher le plaisir et à éviter la peine. Il ajoutait qu'il ne faut songer qu'au présent, lequel seul nous appartient, ne jamais penser au passé et ne se point préoccuper de l'avenir. Il recommandait la tempérance et la modération, mais seulement dans le but d'éviter les conséquences pénibles des excès. Plus tard, les cyrénaïques, tout en prêchant la même morale, firent une large part à ce qu'ils appelaient les plaisirs de l'esprit, à côté des plaisirs du corps ; mais, ayant remarqué que les passions obscurcissent l'esprit et lui font perdre sa liberté, ils ne trouvèrent rien de mieux que de recommander au sage de céder sans scrupule à tous ses désirs, afin de conserver la liberté de son esprit. C'était le comble de l'immoralité. D'autres sectes cyrénaïques aboutirent au scepticisme ; d'autres encore en vinrent à prêcher le suicide. L'École de Cyrène n'a eu qu'une influence restreinte. En un siècle elle ne produisit ni un grand homme ni un grand ouvrage, et ses doctrines ne dépassèrent guère les limites de la ville de Cyrène.

CYRÈNE. s. f. (gr. Κυρήνη, nom d'une nymphe). T. Zool. Genre de mollusques. Voy. CARDIACÉS.

CYRÈNE, ancienne ville du Nord de l'Afrique, à l'ouest de l'Égypte, colonie grecque fondée vers le milieu du VIIe siècle av. J.-C., capitale de la Cyrénaïque ou Pentapole, détruite par les barbares.

CYRIAQUE (SAINT), patriarche de Constantinople, de 596 à 606.

CYRILLE. s. f. T. Bot. Genre de plantes Monocotylédones (*Cyrilla*), qui est le type de la famille des *Cyrillées*. Voy. ce mot.

CYRILLE (SAINT), Père de l'Église grecque, patriarche de Jérusalem (315-386). Fête le 18 mars.

CYRILLE (SAINT), patriarche d'Alexandrie (376-444). Fête le 28 janvier.

CYRILLE (SAINT), surnommé le Philosophe ; il inventa un alphabet d'où dérivent les écritures russe et serbe ; mort en 868. Fête le 9 mars.

CYRILLÉES. s. f. pl. (R. *Cirillo*, nom d'un botaniste italien). T. Bot. Famille de végétaux Dicotylédones de l'ordre des Gamopétales supérovariées.

Caract. bot. : Arbustes à feuilles simples, toujours vertes et dépourvues de stipules. Fleurs régulières, hermaphrodites, ordinairement en grappes. Calice, 4-5-parti. Pétales, 5, distincts, à préfloraison imbriquée. 5 ou 10 étamines sur 2 rangs.

Anthères à déhiscence longitudinale. Pistil formé de 5, 3 ou 2 carpelles clos. Ovaire 2-3-5 loculaire ; ovules solitaires, anatropes, suspendus ; style court ; stigmate multilobé, les lobes étant égaux en nombre aux loges de l'ovaire. Fruit capsulaire

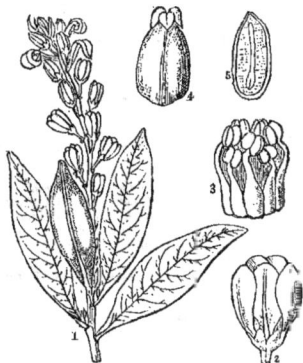

succulent ou un akène. Graines renversées. Embryon dans l'axe d'un albumen abondant, avec une radicule supère très longue. [Fig. 1. *Cliftonia ligustrina* ; 2. Fleur ; 3. Étamines ; 4. Ovaire ; 5. Coupe de la graine]. — Cette petite famille ne comprend que 3 genres et 5 espèces, toutes propres à l'Amérique du Nord ; aucune espèce ne paraît utile.

CYRTANDRE. s. f. (gr. κυρτός, courbé ; ἀνήρ, ἀνδρός, mâle). T. Bot. Genre de plantes Dicotylédones (*Cyrtandra*) de la famille des *Gesnéracées*. Voy. ce mot.

CYRTOCÉPHALE. adj. 2 g. (gr. κυρτός, court, ramassé ; κεφαλή, tête). T. Zool. Qui a la tête courte et ramassée.

CYRTOCÉRAS. s. m. (gr. κυρτός, courbé ; κέρας, corne). T. Paléont. Mollusques céphalopodes fossiles dont la coquille est arquée et présente une ouverture simple avec des cloisons concaves également simples. Les C. qui appartiennent au groupe des *Nautiles*, ne diffèrent des *Orthocéras* que par la courbure de la coquille et par le siphon qui est submarginal et en général ventral. On les rencontre depuis le cambrien jusqu'à la fin du carbonifère ; leur maximum de développement est le silurien. Voy. NAUTILE.

CYRTOMÈTRE. s. m. (gr. κυρτός, cage ; μέτρον, mesure). T. Méd. Instrument destiné à mesurer la poitrine.

CYRTOPODIUM. s. m. [Pr. *sur-topo-di-ome*] (gr. κυρτός, courbé ; πούς, ποδός, pied). Genre de plantes Monocotylédones de la famille des *Orchidées*. Voy. ce mot.

CYRUS, fondateur de l'empire des Perses, fils de Cambyse et de Mandane, enleva le trône de Médie à Cyaxare II (559 av. J.-C.), vainquit Crésus, roi de Lydie, s'empara de Babylone, et périt, dit-on, dans une expédition contre les Scythes (529). || CYRUS LE JEUNE, frère d'Artaxercès II, périt à Cunaxa (401 av. J.-C.)

CYSOING, ch.-l. de c. (Nord), arr. de Lille ; 3,300 hab.

CYSTALGIE. s. f. (gr. κύστις, vessie ; ἄλγος, douleur). T. Méd. Douleur nerveuse de la vessie.

CYSTÉINE. s. f. T. Chim. Substance obtenue par la réduction de la cystine. On lui attribue la formule :

$$C^3H^3.C(AzH^2)(SH).CO^2H,$$

en la considérant comme un dérivé amidé et sulfuré de l'acide lactique. La c. se présente sous la forme d'une poudre blanche, soluble dans l'eau et dans les acides. A l'air ou en

présence des oxydants, sa solution aqueuse régénère facilement la cystine.

CYSTÉOLITHE. s. m. (gr. κύστις, vessie ; λίθος, pierre). T. Méd. Calcul vésical.

CYSTEUX, EUSE. adj. (gr. κύστις, vessie, kyste). T. Didact. Qui est rempli de vessies ou de kystes.

CYSTHÉPATIQUE. adj. 2 g. (gr. κύστις, vessie ; fr. *hépatique*). T. Anat. Qui appartient à la vésicule biliaire et au foie.

CYSTIBRANCHE. adj. (gr. κύστις, vessie ; *branchies*). T. Zool. Dont les branchies sont contenues dans des cavités vésiculaires.

CYSTICERQUE. s. m. (gr. κύστις, vessie ; κερκός, queue). T. Zool. Genre de vers intestinaux. Voy. PLATHELMINTHES et LADRERIE.

CYSTIDE. s. f. (gr. κύστις, vessie). Nom donné à de longues cellules qu'on observe souvent dans l'Hyménium de certains Champignons (Pézizes, Agarics, Bolets, etc.) mêlées aux organes reproducteurs (asques ou basides) et aux paraphyses.

CYSTIDÉES ou **CYSTOÏDES.** s. f. pl. (gr. κύστις, vessie). T. Paléont. Zool. Groupe fossile d'*Echinodermes*, de la classe des *Crinoïdes*. Le corps de ces animaux était entouré par un calice globuleux formé de plaquettes calcaires imbriquées, souvent percées de trous ou de fentes disposées en losangos ; ce calice était en général fixé sur les rochers marins par un court pédoncule cylindrique, composé d'articles emboîtés les uns dans les autres et que les anciens auteurs ont décrits sous

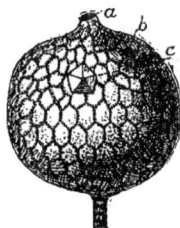

le nom de *Cornulites*. Les c. ont des formes variables qui se rapprochent en général de celles des Encrines et des Oursins ; elles vivaient au milieu des récifs coralliaires, sur des fonds calcaires ; elles apparaissent dans le terrain cambrien, prennent un grand développement dans le silurien et s'éteignent complètement dans le carbonifère. On a cependant trouvé dans le détroit de Torrès un échinoderme vivant qui ressemble beaucoup aux c. et qu'on a décrit sous le nom d'*Hypnomone Sarsii*. On trouve ces fossiles en Angleterre, en Bohême, en Suède, dans l'Amérique du Nord, mais les exemplaires les mieux conservés nous viennent de Russie. (Fig. : *Echinosphærites aurantium*. *a*, bouche ; *b*, anus ; *c*, ouverture de l'ovaire.)

CYSTINE. s. f. T. Chim. Substance organique sulfurée, constituant certains calculs très rares de la vessie ou du rein chez l'homme. Elle forme des cristaux hexagonaux, solubles dans l'ammoniaque. Elle peut s'unir aux acides en formant des sels très peu stables. Elle se transforme en cystéine quand on la réduit par l'étain et l'acide chlorhydrique. Sa formule est $(C^3H^6AzSO^2)^2$.

CYSTINEUX, EUSE. adj. Qui contient de la cystine.

CYSTINURIE. s. f. Émission d'urine cystineuse.

CYSTIPATHIE. s. f. (gr. κύστις, vessie ; πάθος, maladie). T. Méd. Maladie de la vessie considérée d'une manière générale.

CYSTIQUE. adj. 2 g. (gr. κύστις, vessie). T. Anat. Qui

appartient à la vésicule biliaire. *Artère c. Bile c. Conduit c. Calculs cystiques.* || T. Chir. *Tumeurs cystiques*, Tumeurs composées de nombreux kystes. On dit plutôt *kystique.*

CYSTIRRHAGIE. s. f. (gr. χύστις, vessie ; ῥαγή, éruption de sang). T. Méd. Hémorragie de la vessie. — On écrit aussi *Cystirragie.*

CYSTIRRHÉE. s. f. (gr. χύστις, vessie ; ῥεῖν, couler). T Méd. Catarrhe vésical. — On écrit aussi *Cystirrée.*

CYSTITE. s. f. (gr. χύστις, vessie). T. Méd. Inflammation de la vessie. Elle peut être aiguë ou chronique. — Les symptômes les plus saillants de la *C. aiguë* sont une douleur et une chaleur continues et vives dans la région hypogastrique, des efforts fréquents, pénibles et souvent inutiles pour uriner, des douleurs cuisantes pendant la sortie de l'urine, des épreintes et du ténesme. Ces phénomènes s'accompagnent de fièvre, avec soif vive, agitation, insomnie. Parfois il survient des hoquets, des vomissements, des sueurs urineuses. Si l'urine contient des mucosités, elles sont peu abondantes, peu consistantes et rougeâtres. Le c. aiguë résulte le plus souvent de causes accidentelles, et surtout septiques : l'action des cantharides, le cathétérisme mal exécuté; les manœuvres de la cystotomie et de la lithotritie malproprement faites, etc. Le traitement est essentiellement accompagné, quand cela est nécessaire, de lavages aseptiques ou antiseptiques de la vessie ; mais, en outre, il faut s'efforcer d'empêcher le séjour de l'urine dans la vessie. Si, au début, on parvient à placer aisément une sonde à demeure et que l'urine demeure en soit peu incommodé, les accidents peuvent être fort légers. La c. aiguë dure de 15 à 20 jours. Quand elle doit se terminer par résolution, on voit sortir avec les urines un mucus visqueux de couleur blanchâtre, grisâtre ou jaunâtre. Elle finit aussi par suppuration ; alors le pus formé sort ordinairement avec les urines. D'autres fois elle passe à l'état chronique. — La *C. chronique* succède parfois, comme nous venons de le voir, à la c. aiguë ; mais le plus souvent elle survient sans être précédée de celle-ci. Ce n'est pas que la c. chronique puisse être considérée comme une maladie primitive ; au contraire, elle est en général consécutive à divers états pathologiques de l'appareil urinaire et des tissus voisins, et s'observe principalement chez les individus avancés en âge. Ses symptômes habituels sont : pesanteur et gêne au périnée ; besoin fréquent d'uriner qu'on ne satisfait qu'avec peine, ou même qu'on ne peut satisfaire ; urines jaunes, déposant un mucus abondant semblable à du blanc d'œuf, quelquefois du pus ou une matière blanchâtre ; amaigrissement, teinte jaune de la peau, etc. La c. chronique dont les causes sont des plus variées, tuberculose, tumeurs, etc., est une maladie rebelle contre laquelle les efforts de l'art échouent le plus souvent, parce qu'elle se lie ordinairement à des altérations organiques, soit de la muqueuse vésicale, soit de la prostate ou des tissus voisins. Quant à son traitement, on n'en peut rien dire de général, car il varie suivant les circonstances ; cependant, ce sont les lavages antiseptiques répétés qui se trouvent le plus souvent indiqués.

Méd. vét. — Elle est assez fréquente chez le chien, le cheval et le bœuf. Outre les causes communes à l'homme et aux animaux, la c. de ceux-ci reconnaît d'autres telles que la rétention d'urine chez le chien d'appartement ou en voyage, l'élimination des produits toxiques de la cantharide, essence de térébenthine, des champignons, des microbes des maladies infectieuses. Elle a les mêmes formes et les mêmes symptômes que chez l'homme, exprimés d'une façon différente, bien entendu : mictions fréquentes, peu abondantes, d'une urine trouble, chargée, parfois sanguinolente ou purulente ; les organes génitaux sont en demi-érection, il y a légère constipation et coliques. Dans ce cas du voulé, un peu de fièvre, peu d'appétit. La maladie se résout, passe à l'état chronique ou s'aggrave, ce qui amène de la septicémie. Le traitement doit être calmant : on fait avaler des médicaments qui, éliminés, agissent sur la vessie par leur action sédative ou antiseptique ou excitante. Dans la c. aiguë, les bromures de potassium et de camphre, le crésyl, l'acide salicylique ; dans la c. chronique, ce sont les résineux que l'on donne, et dans les cystites graves il n'y a plus place que pour les lavages antiseptiques et les opérations chirurgicales. Le vétérinaire juge en ce cas s'il vaut mieux soigner ou abattre les animaux.

CYSTITOME. s. m. (gr. χύστις, vessie ; τομή, section). T. Chir. Nom de deux instruments dont l'un sert à l'opération de la cataracte, et l'autre à l'opération de la taille.

CYSTOCARPE. s. m. (gr. χύστις, vessie ; χαρπός, fruit). T. Bot. Nom par lequel on désigne les amas de spores ou *sporogones* des *Floridées.* Voy. ce mot.

CYSTOCÈLE. s. f. (gr. χύστις, vessie ; χήλη, tumeur). T. Chir. Hernie de la vessie. La c. s'observe le plus souvent chez la femme, la vessie sortant par le vagin.

CYSTOCOPE. s. m. (gr. χύστις, vessie ; χόπος, coup). T. Chir. Sonde munie d'une plaque pour entendre le bruit des calculs au choc de la plaque.

CYSTOÏDE. adj. 2 g. (gr. χύστις, vessie ; εἶδος, forme). T. Hist. nat. Qui ressemble à une vessie. Voy. CYSTIDÉES.

CYSTOLIPOME. s. m. (gr. χύστις, vessie, kyste ; et *lipome*). T. Méd. Lipome enkysté.

CYSTOLITHE. s. m. (gr. χύστις, vessie ; λίθος, pierre). T. Méd. Calcul vésical. Voy. CALCUL. || T. Bot. Amas de carbonate de chaux que l'on rencontre dans les différents organes et surtout dans la feuille des plantes de certaines familles, telles que les *Urticacées, Acanthacées*, etc.

CYSTOLITHIQUE. adj. 2 g. T. Méd. Qui a rapport aux calculs vésicaux.

CYSTOPE. s. m. (gr. χύστις, vessie ; πούς, ποδὸς, pied). T. Bot. Genre de Champignons (*Cystopus*) de la famille des *Péronosporées.* Voy. ce mot.

CYSTOPÉES. s. f. pl. (R. *Cystope*). T. Bot. Tribu de Champignons de la famille des *Péronosporées.* Voy. ce mot.

CYSTOPLASTIE. s. f. (gr. χύστις, vessie ; πλάσσειν, former). T. Chir. Restauration de la vessie qui a subi une perte de substance.

CYSTOPLÉGIE. s. f. (gr. χύστις, vessie ; πλήσσειν, frapper, paralyser). T. Méd. Paralysie de la vessie.

CYSTOPTERIS. s. m. (gr. χύστις, vessie ; πτέρις, fougère). T. Bot. Genre de Fougères de la famille des *Polypodiacées.* Voy. ce mot.

CYSTOPTOSE. s. f. (gr. χύστις, vessie ; πτῶσις, chute). T. Chir. Relâchement de la membrane interne de la vessie.

CYSTORRHAGIE. s. f. (gr. χύστις, vessie ; ῥάγειν, faire sortir). T. Méd. Hémorragie vésicale. — On écrit aussi *Cystorragie.*

CYSTOSCOPE. s. m. (gr. χύστις, vessie ; σκοπέω, j'examine). T. Chir. Instrument propre à explorer la vessie.

CYSTOSIRE. s. f. (gr. χύστις, vessie ; σειρά, chaîne). T. Bot. Genre d'Algues (*Cystosira*) de la famille des *Fucacées.* Voy. ce mot.

CYSTOSPASME. s. m. (gr. χύστις, vessie, et fr. *spasme*). T. Méd. Contraction spasmodique de la vessie.

CYSTOSTÉATOME. s. m. (gr χύστις, vessie ; et *stéatome*). T. Méd. Stéatome enkysté.

CYSTOTOME. s. m. (gr. χύστις, vessie ; τομή, section). T. Chir. Instrument qui sert à inciser la vessie dans l'opération de la taille.

CYSTOTOMIE. s. f. (gr. χύστις, vessie ; τομή, section). T. Chir. Incision de la vessie dans l'opération de la taille. Voy. TAILLE.

CYTHÈRE, aujourd'hui *Cérigo*, île de l'Archipel, au nord-ouest de la Crète. Elle était consacrée à Vénus, qui, d'après une tradition grecque, aurait abordé à Cythère après être née du sein des flots. Une autre tradition la fait aborder à l'île de Chypre. || Dans le langage poétique, Cythère signifie le pays des amours. *La déesse de Cythère*, Vénus. *L'enfant de Cythère*, Cupidon. || *Faire le voyage de Cythère*, Se livrer aux plaisirs de l'amour.

CYTHÉRÉE. adj. et s. f. (R. *Cythère*, nom d'une île).

T. Mythol. Un des noms de Vénus. Vénus CYTHÉRÉE. || T. Zool. Genre de mollusques. Voy. CARDIACÉS.

CYTHÉRIDÉS. s. m. pl. (R. *Cytaère*). T. Zool. Famille de *Crustacés Ostracodes* (voy. ces mots) caractérisée par la présence d'une carapace dure et rugueuse, par des antennes très développées, sans soies natatoires, mais terminées par de forts crochets, par trois paires de pattes ambulatoires et par un abdomen rudimentaire bilobé. Cette famille ne renferme guère que des espèces marines qui ont été réparties en plusieurs genres : *Cythere, Cytheridea, Cytherura Bobales, Bairdia*, etc. Les C. ont beaucoup de rapports avec les *Cypris*, dont ils diffèrent principalement par la présence d'une troisième paire de pattes ambulatoires; le genre *Bairdia*, qui date de l'époque silurienne, forme le passage entre les deux familles.

CYTINELLE. s. f. (gr. χύτινος fleur de Grenadier). T. Bot. Nom vulgaire du *Cytinus hypocistis*, plante de la famille des *Rafflésiacées*. Voy. ce mot.

CYTINET. s. m. (gr. χύτινος, fleur du Grenadier). T. Bot. Genre de plantes Dicotylédones (*Cytinus*) de la famille des *Rafflésiacées*. Voy. ce mot.

CYTISE. s. m. (lat. *cytisus*, m. s.). T. Bot. Genre de plantes Dicotylédones (*Cytisus*) de la famille des *Légumineuses*. Voy. ce mot.

CYTISINE. s. f. T. Chim. Alcaloïde vénéneux qu'on a extrait des semences du *Cytisus leburnum*, et qui cristallise en aiguilles amères, solubles dans l'eau, fusibles à 154°, sublimables. Sa formule est $C^{20}H^{27}Az^3O$.

CYTOGÈNE. adj. (gr. χύτος, cavité; γεννάω j'engendre). T. Hist. nat. Qui se rapporte à la génération des cellules.

CYTOGÉNIE. s. f. T. Hist. nat. Génération des cellules animales ou végétales.

CYTOLOGIE. s. f. (gr. χύτις, cavité; λόγος, traité). Partie de l'histoire naturelle qui traite des cellules.

CYTOPLASME. s. m. (gr. χύτος, cavité; πλάσμα, action de façonner). T. Hist. nat. Synonyme peu usité de *Protoplasme*. Voy. ce mot.

CYZICÈNE. s. m. (gr. Κύζικος, ville de Mysie). T. Archit. Chez les Grecs, Grande salle ornée de sculptures et exposée au nord : c'était à peu près le *Cénacle* des Romains.

CYZIQUE, v. célèbre de Mysie. Patrie d'Eudoxe.

CZAR. s. m. Titre de l'empereur de Russie. Voy. TSAR, qui est la seule orthographe correcte.

CZARNIECKI, le *Du Guesclin* de la Pologne, combattit victorieusement contre Gustave-Adolphe (1599-1664).

CZARTORYSKI, illustre famille polonaise issue des Jagellons. ADAM-GEORGES CZARTORYSKI essaya d'obtenir de l'empereur de Russie Alexandre Ier la reconstitution du royaume de Pologne, prit part à l'insurrection de Pologne, fut, en 1831, président du gouvernement provisoire de Varsovie, et mourut exilé en France (1770-1861).

CZEGLED, v. de Hongrie; 24.900 hab.

CZERNOWITZ, v. d'Autriche, capitale de la Bukowine, sur le Pruth; 32,000 hab.

CZERNY (GEORGE) ou KARA GEORGE, général des Serbes pendant leur insurrection contre les Turcs; m. étranglé (1770-1817).

CZERNY (CHARLES), pianiste-compositeur né à Vienne (Autriche) (1791-1857).

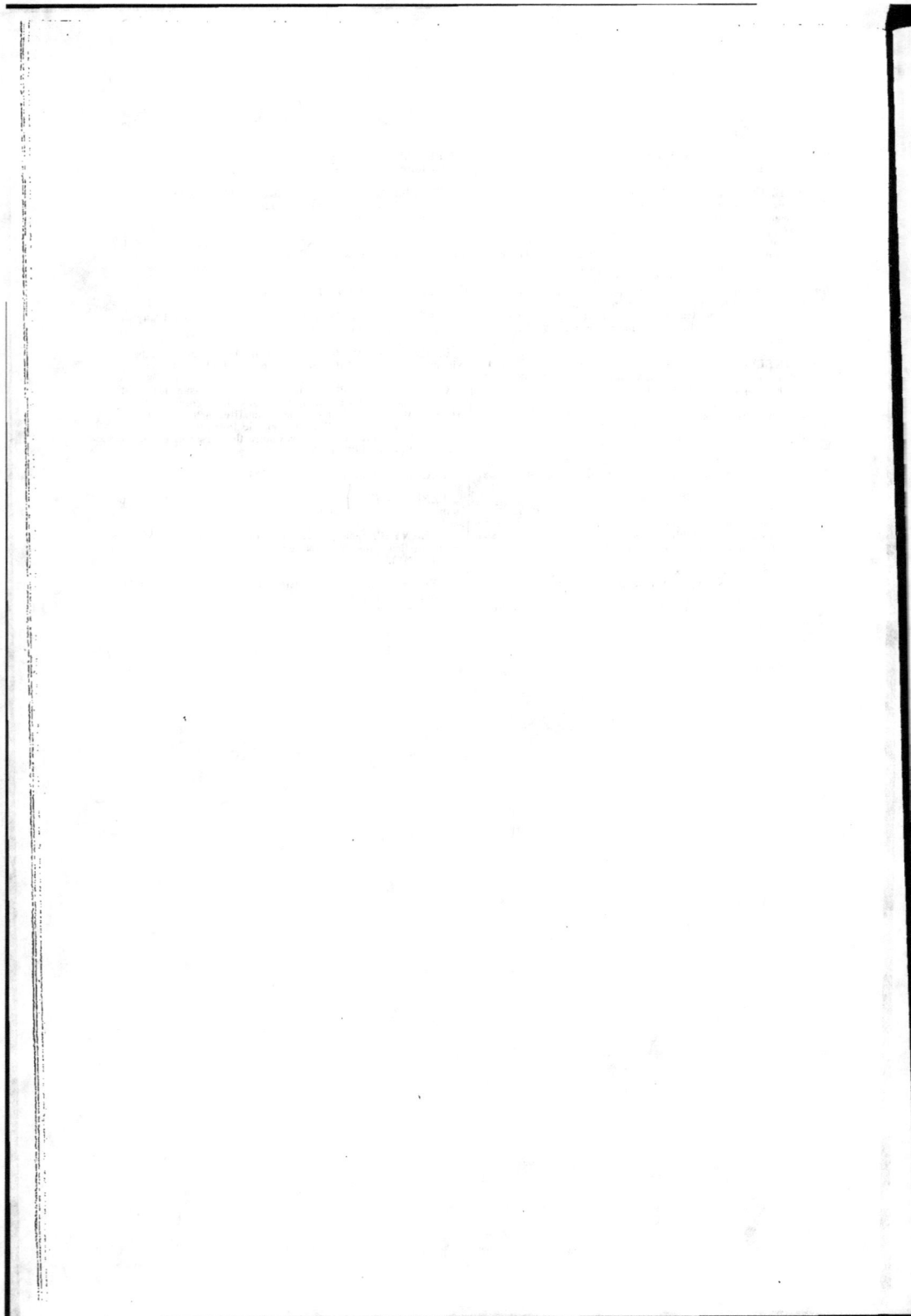

D

D. s. m. La quatrième lettre de notre alphabet et la troisième de nos consonnes. Suivant l'appellation ancienne on la nomme *Dé;* suivant la moderne, *De. Un* D *majuscule. Un petit* d.

Philol. — La lettre D occupe la quatrième place dans l'alphabet des langues gréco-latines et germaniques et dans l'alphabet hébreu. La forme que nous lui donnons, après les Romains, est presque identique à celle qu'elle avait dans l'alphabet grec Δ et δ; et celle-ci dérive évidemment de la figure du *dal* ou *daleth* phénicien.

Le D figure très souvent sur les médailles et dans les inscriptions latines, où il signifie *decurio, decit, decimus, dictator, dicatum,* etc. Deux DD veulent dire tantôt *dedit, dedicavit* (a donné, a dédié), tantôt *decreto decurionum* (par décret des décurions), etc. Sur les pierres tumulaires le sigle D. M. veut dire *Diis Manibus* (aux Dieux mânes). Sur les frontons des temples les lettres D. O. M. se traduisent par *Deo Optimo Maximo* (au Dieu très bon et très grand). Comme signe numérique, D signifiait cinq cents. || D est l'abréviation de *Don*, titre des seigneurs espagnols : *D. Pedro,* et de *Dom*, titre donné aux moines bénédictins. *D. Reinart.*

Obs. gram. — Les grammairiens rangent cette lettre dans la classe des consonnes dentales, avec le T et le θ, à cause de l'analogie qu'elle offrent dans le mécanisme de leur articulation. De là encore les nombreuses permutations qu'on observe dans toutes les langues entre ces consonnes : souvent ces permutations n'ont lieu que dans la prononciation; d'autres fois elles s'opèrent également dans l'écriture : Θεός, en grec, *Deus,* en latin, Dieu; de même du latin *pater, mater,* les Italiens et les Espagnols ont fait *padre, madre,* etc.

Dans notre langue, D conserve le son qui lui est propre au commencement et dans le corps des mots; ex. : *dame, démon, adhérer, entendre, adorer.* Il la conserve également à la fin de quelques noms propres, tels que *Obed, David, Joad, Mahmoud, Sud.* Mais il prend le son du T en liaison, quand il termine un mot et que le mot suivant commence par une voyelle ou une H muette : *profond abîme, grand homme, comprend-on? Il me rend enfin justice,* que l'on prononce *profon-tabîme, gran-tomme,* etc.

Quelques mots présentent le D redoublé. Dans ce cas, il est d'usage de prononcer les deux lettres, et nonobstant l'avis contraire de quelques grammairiens, nous pensons que cette règle est sans exception.

DA (gr. δή, certes, assurément). Partic. qui se joint quelquefois, dans le langage fam., à l'affirmative *Oui,* et à la négative *Nenni,* pour exprimer plus formellement une adhésion ou un refus. *Oui-da, Non ni-da.*

DAA, homme politique norvégien (1809-1877).

D'ABORD. loc. adv. Voy. Abord.

DA-CAPO. T. Mus. Cette loc. italienne, qui sign. *depuis la tête,* et que souvent on écrit par abrév. D. C. se met à la fin d'un morceau de musique pour indiquer qu'il faut le reprendre depuis le commencement jusqu'au signe de terminaison.

DACCA. v. de l'Hindoustan (présidence du Bengale), ch.-l. de la province du même nom, 79.200 h.

D'ACCORD. loc. adv. Voy. Accord.

DACIE, contrée de l'anc. Europe comprise entre la Theiss, le Pruth, le Danube et les monts Karpathes. = Nom des hab. : Dace.

DACIER (André), savant traducteur français (1651-1722). || Sa femme, née Lefebvre, est célèbre par une traduction d'Homère (1654-1720).

DACRYADÉNALGIE. s. f. (gr. δάκρυ, larme; ἀδήν, glande; ἄλγος, douleur). Douleurs névralgiques dans la glande lacrymale.

DACRYADÉNITE. s. f. (gr. δάκρυ, larme, ἀδήν, glande). T. Méd. Inflammation de la glande lacrymale.

DACRYAGOGUE. adj. 2 g. (gr. δάκρυ; ἄγω, je conduis). T. Anat. Qui conduit les larmes.

DACRYDIUM. s. m. [Pr. *dacri-di-ome*] (gr. δάκρυ, larme; εἶδος, aspect). T. Bot. Genre de plantes Gymnospermes de la famille des *Conifères,* tribu des *Taxinées.* Voy. Conifères.

DACRYELCOSE. s. f. (gr. δάκρυ; ἕλκωσις, ulcération). T. Pathol. Ulcération des voies lacrymales.

DACRYOCYSTE. s. m. (gr. δάκρυ, larme; κύστις, sac). T. Anat. Sac lacrymal.

DACRYOCYSTITE. s. f. (gr. δάκρυ; κύστις, sac). T. Méd. Inflammation du sac lacrymal. On en distingue deux formes : 1° la *d. aiguë,* qui se termine généralement par suppuration et laisse souvent une *fistule lacrymale* plus ou moins difficile à guérir; 2° la *d. chronique,* ou catarrhe du sac lacrymal qui peut durer des années et se terminer aussi le plus souvent par un abcès et une fistule lorsqu'elle n'est pas traitée à temps.

DACRYOÏDE adj. (gr. δάκρυ, larme; εἶδος, forme). T. Didact. Qui est en forme de larme, de poire.

DACRYOLINE. s. f. (gr. δάκρυ, larme). Principe organique existant normalement dans le liquide lacrymal, en faible quantité, mais qui est abondant dans les cas de conjonctivite.

DACRYOLITHE. s. m. (gr. δάκρυ, larme; λίθος, pierre). T. Méd. Calcul lacrymal.

DACRYOLITHIASE. s. f. (gr. δάκρυ, larme; λιθίασις, production de pierres). T. Méd. Production de calculs dans les voies lacrymales.

DACRYOMYCE. s. m. (gr. δάκρυ, larme; μύκης, champignon). T. Bot. Genre de Champignons (*Dacryomyces*) de la famille des *Hyménomycètes*. Voy. ce mot.

DACRYOMYTRA. s. m. (gr. δάκρυ, larme; μίτρα, bandeau). T. Bot. Genre de Champignons de la famille des *Hyménomycètes*. Voy. ce mot.

DACRYOMYTRÉES. s. f. pl. (R. *dacryomytra*). T. Bot. Tribu de Champignons de la famille des *Hyménomycètes*. Voy. ce mot.

DACRYON. s. m. (gr. δάκρυ, larme). Point situé près de la racine du nez, à l'angle interne de l'orbite.

DACRYONOME. s. m. (gr. δάκρυ, larme; νομή, action de dévorer). Ulcère rongeant qui affecte les voies lacrymales.

DACRYOPÉ, ÉE. adj. (gr. δάκρυ, larme; ποιεῖν, faire). T. Méd. Qui détermine le larmoiement.

DACRYOPS. s. m. (gr. δάκρυ, larme; ὤψ, œil). Tumeur des voies lacrymales.

DACRYOPTOSE. s. f. (gr. δάκρυ, πτῶσις, chute). T. Méd. Chute des larmes, larmoiement.

DACRYOPYOSE. s. f. (gr. δάκρυ, πύωσις, suppuration). T. Pathol. Suppuration des voies lacrymales.

DACTYLE. s. m. (gr. δάκτυλος, doigt). T. Versifie. gr. et lat. Sorte de pied composé d'une longue et de deux brèves. *Le d. a été ainsi nommé par analogie avec le doigt, qui est formé de trois phalanges dont la première est plus longue que les deux autres.* || T. Métrol. anc. Mesure de longueur des Grecs qui valait environ 0m,02. Voy. LONGUEUR. || T. Mythol. *Dactyles idéens*, Génies phrygiens, au nombre de trois ou de cinq, auxquels on attribuait la découverte et la mise en œuvre du fer et de l'airain, de la musique, de l'arithmétique, etc. : dans la suite on les identifie avec les Curètes.

DACTYLÈTHRE. s. m. (gr. δακτυλήθρα, proprement dé à coudre). Erpét. Genre de Batraciens anoures de l'ordre des Aglosses.

DACTYLIE. s. f. (gr. δάκτυλος, doigt). Nom donné quelquefois à l'inflammation des doigts. Voy. PANARIS.

DACTYLIN, INE. adj. (gr. δάκτυλος, doigt). T. Zool. Qui a la forme d'un doigt. || Qui a un ou plusieurs doigts remarquables par quelque caractère.

DACTYLIOGRAPHIE. s. f. (gr. δακτύλιος, anneau, bague; γράφω, je décris). Description d'une collection de pierres précieuses gravées.

DACTYLIOLOGIE. s. f. (gr. δακτύλιος; λόγος, science). T. Archéol. Partie de l'archéologie qui traite des anneaux et pierres gravées.

DACTYLIOLOGUE. s. m. Celui qui s'occupe de dactyliologie.

DACTYLIOMANCIE. s. f. (gr. δακτύλιος, anneau; μαντεία, divination). Divination au moyen d'anneaux. Voy. DIVINATION.

DACTYLION. s. m. (δάκτυλος, doigt). T. Mus. Petit instrument qui, adapté à un piano, sert à exercer et à fortifier les doigts.

DACTYLIOTHÈQUE. s. f. (gr. δακτύλιος, anneau; θήκη,

coffre). Collection de bagues ou de pierres gravées. *Suivant Pline, Scaurus, gendre de Sylla, fut le premier qui forma une collection de ce genre.*

DACTYLIQUE. adj. 2 g. (gr. δακτυλικός, m. s.). T. Versifie. anc. Qui contient des dactyles. *On appelait vers d. tétramètre catalectique un vers qui était composé de trois dactyles.*

Parva etiam fuit Idalia.   AUSONE.

On appelait aussi vers d. un hexamètre composé entièrement de dactyles, sauf le dernier pied qui est un spondée :

Quadrupedante putrem sonitu quatit ungula campum.

VIRGILE.

DACTYLIS. s. m. (Pr. *dak-ti-liss*) (gr. δάκτυλος, doigt). T. Bot. Genre de plantes Monocotylédones de la famille des *Graminées*. Voy. ce mot.

DACTYLITE. s. m. (gr. δάκτυλος, doigt). Fossile ayant la forme d'un doigt. || T. Pathol. s. f. Inflammation du doigt. On dit plus souvent *Panaris*. Voy. ce mot.

DACTYLOGRAPHE. s. m. (gr. δάκτυλος, doigt; γράφειν, écrire). Instrument à clavier servant à établir des communications entre les aveugles et les sourds-muets. ✠ DACTYLOGRAPHE. s. 2 g. Celui ou celle qui transcrit à l'aide d'une machine à écrire les lettres ou compositions quelconques qu'il a recueillies sous la dictée soit par la sténographie, soit par une écriture rapide. L'emploi des dactylographes permet aux commerçants et industriels d'économiser beaucoup de temps dans la rédaction de leur correspondance.

DACTYLOGRAPHIE. s. f. (gr. δάκτυλος; γράφειν, écrire). Art de converser au moyen de signes faits avec les doigts. || Art de se servir de la machine à écrire.

DACTYLOÏDE. adj. (gr. δάκτυλος; εἶδος, forme). T. Hist. nat. Qui a l'apparence d'un doigt.

DACTYLOLALIE. s. f. (gr. δάκτυλος doigt; λαλεῖν, parler). Art de parler avec les doigts.

DACTYLOLOGIE. s. f. (gr. δάκτυλος, doigt; λόγος, discours). Art de converser au moyen de signes faits avec les doigts. Voy. SOURD-MUET.

DACTYLONOMIE. s. f. (gr. δάκτυλος, doigt; νόμος, règle). Art de compter avec les doigts.

DACTYLOPTÈRE. s. m. (gr. δάκτυλος; πτερὸν, nageoire). T. Icht. Genre de Poissons acanthoptérigiens. Voy. JOUES CUIRASSÉES.

DACUS. s. m. (gr. δήξ, δηκός, ver qui ronge le bois). T. Entom. Genre d'insectes diptères appartenant à la tribu des *Muscides*. Voy. ce mot.

DADA. s. m. Terme dont se servent les enfants et quelquefois ceux qui leur parlent pour désigner un cheval. — Le bâton dont un enfant se sert en guise de cheval. || Fig. et famil. Idée fixe sur laquelle on revient sans cesse. *C'est son d.; il revient sur son d.*

DADAIS. s. m. Niais, nigaud, homme gauche dans son maintien. *Que faites-vous de ce grand d.? Il a l'air d'un d.* Fam.

DADOUQUE. adj. 2 g. (gr. δαδοῦχος, qui porte une torche). T. Archéol. Se disait des divinités représentées avec ces flambeaux. ✠ s. m. Prêtre de Cérès. Voy. CÉRÈS.

DÆDALEA. s. m. (R. *Dædalus*, nom myth.). T. Bot. Genre de Champignons de la famille des *Hyménomycètes*. Voy. ce mot.

DAGHESTAN, prov. de la Russie, au N. du Caucase et au bord de la mer Caspienne, 529,000 hab.; cap. *Derbent*.

DAGOBERT Ier, fils de Clotaire II, roi d'Austrasie en 622, de Neustrie en 628, l'un des plus grands rois de la dynastie mérovingienne, fit publier la loi des Francs Ripuaires et bâtit la basilique de Saint-Denis; mort en 638. || **Dagobert** II fut détrôné par Grimoald et mis à mort en 679. || **Dagobert** III, roi de Neustrie, régna sous la mairie de Pepin d'Héristal (711-715).

DAGOBERT, général fr., né à La Chapelle, près Saint-Lô; mort à Puycerda en combattant les Espagnols (1736-1794).

DAGUE. s. f. (bas-lat. *daca*, m. z.). Espèce d'épée très courte. — Fig. et fam., *Il est fin comme une d. de plomb*, se dit d'un homme qui a l'esprit pesant et obtus, et qui veut faire le fin. || T. Techn. Lame de sabre emmanchée à ses deux bouts d'une poignée de bois, et dont les relieurs se servent pour ralisser les peaux dont ils recouvrent les livres. || T. Zool. et Vén. Bois de jeune cerf qui ne présente qu'une simple tige sans branche. Voy. Cerf.

DAGUER. v. a. Frapper de coups de dague. *Il le f d. dans son lit*. Vx. || T. Filat. Battre ou foueter la filasse suspendue à des pinces mobiles. || T. Vén. Se dit du cerf, lorsqu'il s'accouple avec la biche. || T. Faucon. Voler de toute sa force. — Dagué, ée. part.

DAGUERRE, peintre et décorateur français (1789-1851), établit le *Diorama* en 1822, et inventa avec Niepce le *Daguerréotype*.

DAGUERRÉOTYPE. s. m. (de *Daguerre*, l'inventeur, et gr. τύπος, empreinte). Art de fixer les images de la chambre noire sur une plaque d'argent recouverte d'une mince couche d'iodure d'argent. Voy. Photographie.

DAGUERRÉOTYPER. v. a. Reproduire l'image d'un objet au moyen du daguerréotype. *D. un paysage. Il s'est fait d.* = Daguerréotypé, ée. part. *Un portrait d.*

DAGUET. s. m. T. Vén. et Zool. Bois du cerf après la première année, lorsqu'il n'a qu'une tige sans branches. Voy. Cerf.

DAHCOTA Voy. Dakota.

DAHL, littérateur russe né à Saint-Pétersbourg (1800-1872).

DAHLIA. s. m. (R. *Dahl*, nom d'un botaniste suédois). T. Bot. Genre de plantes à belles fleurs, très recherchées comme plantes d'ornement. Voy. Composées.

DAHLINE. s. f. (R. *Dahlia*). T. Chim. Synonyme d'*Inuline*.

DAHLLITE. s. f. (R. *Dahl*, nom d'homme). T. Minér. Phosphocarbonate de calcium hydraté.

DAHNA, désert d'Arabie entre la mer Rouge et le golfe Persique.

DAHOMEY, royaume de la Guinée septentrionale (Afrique), 10,080 k. c., 800,000 hab. Ce pays a été longtemps célèbre par les sacrifices humains qui s'y célébraient tous les ans sous le nom de *Grande Coutume*, et par le régiment d'*Amazones* comprenant 5,000 guerrières qui étaient vouées au célibat et formaient la garde du roi. Cap. *Abomey*. — Le Dahomey a été conquis en 1892, par les Français, qui ont détrôné et chassé le roi Behanzin. = Nom des hab. : Dahoméen, enne.

DAHRA, région montagneuse de l'Algérie.

DAIGNÉE. s. f. T. Min. Veine de charbon de terre de quatre pieds d'épaisseur.

DAIGNER. v. n. (lat. *dignare*). Avoir pour agréable, condescendre à...; est toujours suivi d'un v. à l'infi i. *Il n'a pas daigné lui faire une réponse.*

DAIL. s. m. [Pr. *dal*, *l* mouillé] (sanscrit *dal*, fendre, couper). T. Zool. Nom vulgaire de la *Pholade*. Voy. Enfermés.

D'AILLEURS. Loc. adv. Voy. Ailleurs.

DAILLOT. s. m. [Pr. les *ll* mouillées]. T. Mar. Anneau pour enverguer les voiles.

DAIM. s. m. (sanscrit *dam*, dompter; *damya*, jeune taureau). T. Mamm. Voy. Cerf.

DAÏMIO. s. m. T. Relation. Nom donné aux princes féodaux du Japon.

DAINE. s. f. La femelle du daim. Les chasseurs prononcent *Dine* ou *Dène*. Voy. Cerf.

DAÏRA. s. f. Nom, en Égypte, des biens personnels du khédive.

DAÏRI. s. m. Souverain spirituel du Japon. Voy. Mikado.

DAIS. s. m. (all. *dach*, toit). Ouvrage d'architecture et de sculpture qui sert à couvrir et à couronner un autel, un trône, etc. *Un autel surmonté d'un d. Autrefois les princes, les ducs, etc., avaient le d.* — Poét., *Sous le d.*, Sur le trône, au sein des grandeurs. || Par ext., Espèce de pavillon portatif de soie brodée, garni de franges, et soutenu par deux ou quatre petites colonnes, sous lequel on porte le saint-sacrement dans les processions, et où se placent aussi les rois, les princes, etc., dans certaines circonstances solennelles. *Porter le d. Tenir les cordons du d.* || Figur. et poét., *Un d. de feuillage, de verdure*, Une voûte, un couvert de feuillage.

DAÏS. s. f. T. Bot. Genre de plantes Dicotylédones de la famille des *Thyméléacées*. Voy. ce mot.

DAKAR, ville et port du Sénégal, 9,500 hab.

DAKOTA, peuple indigène de l'Amérique du Nord, de la famille des Sioux Osages, voisins du Mississipi. Leur calendrier marquait chaque année, par un signe, l'événement principal de l'année; celle-ci commençait à l'équinoxe du printemps. || Nom de deux États de l'Amérique du Nord : le Nord-Dakota a 225,000 et le Sud-Dakota 375,000 hab., v. princ. *Yanylon*.

DAL (Le), fleuve de la Suède centrale; se jette dans le golfe de Bothnie, 460 kil.

DALAÏ-LAMA. s. m. Chef suprême de l'Église bouddhiste du Thibet. Voy. Bouddhisme.

DALAYRAC (Nicolas), célèbre compositeur français (1753-1809), auteur de *Camille*, d'*Adolphe et Clara*, etc.

DALBERG (Baron de), prélat et homme politique allemand, électeur de Mayence (1744-1817).

DALBERG (Duc de), neveu du précédent, contribua au changement de gouvernement qui eut lieu en France en 1814. (1773-1833).

DALBERGIE. s. f. (R. *Dalberg*, nom d'un savant suédois). T. Bot. Genre de plantes Dicotylédones (*Dalbergia*) de la famille des *Légumineuses*. Voy. ce mot.

DALÉCARLIE, ancien pays de la Suède, patrie de Gustave Vasa.

DALER. s. m. Voy. Thaler.

DALHOUSIE, homme politique anglais (1812-1860).

DALILA, courtisane qui livra Samson aux Philistins (Bible).

DALLAGE. s. m. [Pr. *da-laje*]. Action de daller; pavé fait de dalles.

DALLE. s. f. [Pr. *dale*] (celt. *dar*, m. s.). Tablette de pierre dure ou de marbre, d'épaisseur médiocre, et dont on se sert pour couvrir les terrasses, paver des salles, des vestibules, etc. || T. Const. Récipient situé à la partie supérieure d'un édifice qui reçoit les eaux de pluie et les déverse dans les tuyaux de descente. || T. Techn. Gouttière en fer, qui dans une tréfilerie, reçoit les barres travaillées au martinet. — Bassin en cuivre rouge d'un tuyau par lequel le sucre passe de la chaudière à clarifier dans la chaudière à cuire. || Tranche de quelque gros poisson. Peu us. ; on dit *Darne*. || T. Mar. Petite jumelle que l'on emploie quelquefois pour conduire les manches des pompes aux dalots. || Petite auge employée dans les brûlots pour conduire la poudre aux diverses parties de l'édifice. || Pièce de bois creusée dans sa longueur pour servir de conduit. = DALLE TUMULAIRE, Nom que l'on donnait aux plaques de marbre ou de métal que l'on mettait dans les églises à l'endroit où était enterré un corps avec le nom et l'effigie du mort.

DALLER. v. a. [Pr. *daler*]. Couvrir ou paver de dalles. *D. un vestibule.* == DALLÉ, ÉE. part.

DALL'ONGARA, homme politique et écrivain italien (1809-1873).

DALLOZ, jurisconsulte français (1795-1869).

DALMANITES. s. f. pl. (R. *Dalmania*, n. fr.). T. Paléont. Zool. Genre de *Trilobites* (voy. ce mot) voisins des Phacops, dont ils diffèrent par la présence de pointes géniales et pleurales bien développées. Les D. comprennent un grand nombre d'espèces que l'on trouve dans le silurien et le dévonien.

DALMATIE, prov. de l'empire d'Autriche, sur les bords de l'Adriatique, 524,200 hab. ; cap. *Zara.* = Nom des hab. : DALMATE.==*Duc de Dalmatie,* titre donné par Napoléon Ier au maréchal Soult.

DALMATIQUE. s. f. (lat. *dalmatica,* sorte de vêtement). Espèce de tunique à longues manches dont, suivant saint Isidore, les Romains empruntèrent l'usage aux populations de la Dalmatie. Ce vêtement était ordinairement blanc et bordé de pourpre, et ses manches descendaient jusqu'aux mains, ce qui le fit aussi appeler *Chiridota.* Son introduction dans le costume romain fut d'abord considérée comme une atteinte à la gravité des mœurs antiques : car au Italie, comme en Grèce, on tenait pour efféminés ceux qui ne laissaient pas leurs bras découverts ; néanmoins l'usage s'en répandit peu à peu. Les empereurs et les rois aimaient surtout à s'en parer les jours de grande cérémonie. L'admission de la d. au nombre des vêtements sacrés est attribuée au pape S. Sylvestre (314-336), qui la donna d'abord aux diacres de l'Église de Rome, à la place du *colobium* ou tunique à manches courtes. Aujourd'hui ce vêtement est réservé aux diacres, aux sous-diacres et aux évêques, lorsqu'ils sont à l'autel. La d. des évêques est de soie, sans broderie ni dorures, et recouverte de la chasuble pontificale ; celle des diacres et des sous-diacres, au contraire, est ornée d'*orfrois,* c.-à-d. de bandes de galons ou de brocart. — N'oublions pas de dire que les rois de France, à la cérémonie de leur sacre, étaient revêtus d'une d. sous leur manteau royal. Voy. COSTUME.

DALOÏDE. s. f. (gr. δαλός, tison ; εἶδος, forme). T. Minér. Houille ressemblant à un tison éteint.

DALOT. s. m. T. Mar. Petit canal qui sert à faire écouler les eaux hors d'un navire. || Ouverture pratiquée sur le côté d'un vaisseau pour faire écouler les eaux. || Ouverture ménagée pour le passage d'une pompe. || *Dalots à feu,* Conduits destinés à faire communiquer la dalle avec différentes parties des artifices d'un brûlot.

DALTON (JEAN), physicien et chimiste anglais, inventeur de la théorie des atomes et des équivalents (1766-1844). *Lois de Dalton, ou des proportions multiples.* Voy. CHIMIE.

DALTONIEN, ENNE. adj. Qui est affecté de daltonisme.

DALTONISME. s. m. (R. *Dalton,* physicien anglais qui était affecté de cette infirmité). T. Médec. Vice de la vue qui empêche de distinguer les couleurs. On en distingue de plusieurs sortes, suivant que la perception des couleurs est complètement ou partiellement abolie, et suivant les couleurs qui ne sont pas perçues ou qui sont confondues. La variété la plus fréquente est celle où le sujet confond le vert et le rouge, couleurs complémentaires. Le D. rend impropre à certains emplois où il est indispensable de distinguer des signaux colorés, tels que ceux du mécanicien de chemin de fer, pilote de navire, officier de marine, etc. Comme il peut arriver que le sujet ait intérêt à cacher son infirmité, on la met en évidence en l'invitant à classer par couleurs et par nuances des écheveaux de laine colorés et mêlés à dessein.

DAM. s. m. [Pr. *Dan*] (lat. *damnum*). Dommage, préjudice. N'est plus usité que dans ces loc. adv. *A son dam, A votre dam,* qui elles-mêmes ont vieilli. || T. Théol. Peine des damnés, privation de la vue de Dieu.

DAMAN. s. m. (altération du mot arabe *ghanam,* qui signifie *agneau*). T. Zool. Petits Mammifères à organisation toute particulière que l'on a rangés autrefois parmi les Rongeurs (Pallas), puis parmi les Marsupiaux (Oken), et enfin parmi les Rhinocéros (Cuvier) ; Buffon les a décrits sous le nom de *Marmottes du Cap.* On en fait aujourd'hui un ordre spécial que l'on place entre les Proboscidiens et les Rongeurs. Voy. HYRACIENS.

DAMANHOUR, v. de la Basse-Égypte, 23.400 hab.

DAMAR, v. d'Arabie (Yémen), 6.000 hab.

DAMARAS, peuplade hottentote du Sud-Ouest de l'Afrique.

DAMAS. s. m. [Pr. *Dama*]. Espèce de satin à fleurs et à deux envers, ainsi nommé parce qu'il se fabriquait originairement à Damas, ville de Syrie. *Lit de d. D. de Lyon, de Gênes.* — Par ext., se dit des étoffes de laine, de fil ou de coton qui imitent le d. de soie. *Des rideaux de d. de laine.* || Lame faite d'un acier excellent, qui offre un aspect particulier, et qu'on fabriquait jadis à Damas. *Ce sabre est un vrai d.* || T. Hortic. Voy. PRUNIER. || Cigares de la Havane très doux et destinés aux dames.

DAMAS. v. de la Turquie d'Asie (Syrie), 150,000 hab. Ancienne résidence des califs Ommiades, autrefois célèbre par la fabrication des armes blanches ; assiégée inutilement par les Croisés en 1148. == Nom des hab. : DAMASCÈNE.

DAMAS [Pr. ...ace], nom d'une famille noble de France dévouée au parti du Louis XVI et de l'émigration.

DAMASCÈNE (Saint JEAN) ou **DE DAMAS,** écrivain ecclésiastique grec (676-756).

DAMASE Ier (Saint), pape de 366 à 384. Il chargea saint Jérôme de la traduction latine de la Bible connue sous le nom de *Vulgate.* Fête le 11 décembre. = DAMASE II, pape en 1048.

DAMASQUETTE. s. f. Riche étoffe de soie chargée de dorures qui se fabrique à Venise et se vend en Orient.

DAMASQUINE. s. f. Imitation du damas. Voy. DAMASQUINERIE.

DAMASQUINER. v. a. (R. *Damas*). Incruster des filets d'or ou d'argent dans du fer ou de l'acier. *D. une épée d'or, d'argent.* == DAMASQUINÉ, ÉE. part. *Cuirasse damasquinée. Pistolets damasquinés.* — Se dit aussi du linge damassé. Voy. DAMASSER.

DAMASQUINERIE. s. f. L'art de damasquiner.

Techn. — L'art de *damasquiner* était certainement connu des anciens, puisqu'on en trouve de nombreuses traces dans les produits industriels grecs, romains et égyptiens parvenus jusqu'à nous. Il a été aussi de tout temps pratiqué chez les Orientaux, qui en faisaient surtout usage pour orner leurs armes. Quant à son nom, il vient de la ville de Damas, en Syrie, qui était, au moyen âge, le centre principal de la fabrication des objets damasquinés. La damasquinerie était également pratiquée par les artistes occidentaux ; néanmoins c'est à l'armurier Cursinet, qui vivait sous le règne de Henri IV, que cet art doit ses plus grands progrès parmi nous. On la pratique de deux manières. Dans la première, l'ouvrier trace, avec un burin, sur le fer ou l'acier, les traits du dessin, mais de façon à donner aux incisions la forme d'une queue d'aronde. Quand ce travail de gravure est achevé, il remplit les creux avec un fil d'or ou d'argent d'épaisseur convenable, et il y fixe solidement en promenant sur la surface un instrument qui le force à se loger sous les côtés des tailles. — Dans le second procédé, on couvre la plaque à damasquiner de hachures extrêmement fines qui se coupent à angles droits, et sur lesquelles on dessine avec un poinçon le dessin que l'on veut obtenir. Il suffit alors d'introduire le fil d'or ou d'argent dans les traits du poinçon, et de l'enfoncer avec précaution dans les hachures au moyen d'un outil appelé *Repoussoir.* Ensuite, à l'aide d'un autre instrument, nommé *Matoir,* on refoule les petites bavures produites par le passage du premier instrument.

Le prix élevé de la véritable damasquinerie a fait surgir dès le XVIIe siècle des procédés qui imitaient parfaitement le travail des anciens damasquineurs. Le premier de ces procédés présente une grande analogie avec la gravure à l'eau-forte. On recouvrait la pièce d'un vernis protecteur qu'on enlevait avec un burin ou une pointe dans les endroits qu'on voulait recouvrir d'or ou d'argent. Le dessin ainsi préparé, on soumettait le métal à l'acide nitrique, qui creusait les régions non protégées par le vernis. Alors on enlevait le vernis pour le remplacer par une autre substance destinée à faire adhérer la dorure; puis on plaçait la feuille d'or ou d'argent, et avec une lame d'acier on enlevait le métal précieux sur la plaque, de manière à ne le laisser que dans les creux. — Les inventions modernes de la photographie et de la galvanoplastie ont fourni une méthode bien plus avantageuse. On répand sur la plaque d'acier ou de cuivre un vernis impressionnable, et l'on fait agir la lumière au moyen d'un transparent qui figure le dessin à obtenir. On dissout ensuite, comme dans tous les procédés photographiques, à l'aide d'un liquide approprié, le vernis qui n'a pas été impressionné par la lumière, et l'on dore ou on argente à la pile galvanique les régions métalliques ainsi mises à nu. Ce procédé est du reste susceptible de nombreuses modifications. Ainsi quelquefois on prend une plaque d'acier et on la recouvre d'une couche galvanique de cuivre qu'on enlève ensuite dans les parties non réservées en la dissolvant dans l'acide chromique. La dorure ou l'argenture se fait sur le cuivre ménagé. L'action des acides permet aussi d'obtenir des creux et par conséquent des reliefs suivant les dessins qu'affecte la réserve des vernis.

DAMASQUINEUR. s. m. Celui qui damasquine.

DAMASQUINURE. s. f. Le travail de ce qui est damasquiné. *La d. de cette épée est fort belle.*

DAMASSADE. s. f. Étoffe damassée, soie et fil.

DAMASSER. v. a. Fabriquer une étoffe quelconque en façon de damas. Voy. plus bas. || Produire des moirures sur l'acier. = DAMASSÉ, ÉE. part. Se dit surtout en parlant du linge de table. *Linge damassé. Des serviettes damassées.* — Subst., *Un service de damassé.* || Se dit aussi de l'acier. *Lame damassée.*

Techn. — Le damassage de l'acier s'obtient en soumettant la surface du métal à l'action d'un acide qui l'attaque inégalement dans ses diverses parties. Cette inégalité d'attaque est due à un défaut d'homogénéité du métal. Pour l'imiter en prenant des verges d'acier de différente dureté et en les entrelaçant d'une manière confuse avant de les souder au marteau. Les moirures apparaissent quand on polit et décape le bloc ainsi obtenu. C'est ainsi que se font les canons de Paris pour fusils de chasse. Le linge damassé représente toutes sortes de dessins qui sont obtenus par les variétés de dispositions de la trame et de la chaîne : ornements géométriques, fleurs, fruits, etc. Il n'est pas de difficulté en ce genre qu'on ne parvienne à surmonter par l'emploi des métiers « acquart »; seulement la mise en carte se complique naturellement avec le dessin. La France n'importe presque pas de damassés. Elle exporte une certaine quantité de produits de luxe.

DAMASSERIE. s. f. Fabrique de linge damassé.

DAMASSEUR. s. m. Ouvrier qui fabrique du linge damassé.

DAMASSURE. s. f. Dessin figuré sur la toile damassée. *Voilà une belle d.*

DAMAZAN, ch.-l. de c. (Lot-et-Garonne), arr. de Nérac; 1.600 hab.

DAMBONITE. s. f. (R. *N'dambo*, liane du Gabon). T. Chim. Principe cristallique contenu dans le caoutchouc du Gabon. Ce caoutchouc est extrait par incision de certaines lianes appelées n'dambo. La dambonite, qui a pour formule $C^8H^{16}O^6$, est une substance solide, blanche, cristallisable, de saveur sucrée; elle est très soluble dans l'eau, moins soluble dans l'alcool; elle fond à 190° et se volatilise vers 210°. L'acide iodhydrique la décompose en iodure de méthyle et en dambose, dont elle constitue l'éther diméthylique.

DAMBOSE. s. m. T. Chim. Matière sucrée, non fermentescible, obtenue par l'action de l'acide iodhydrique sur la dambonite. Le d., dont la formule est $C^6H^{12}O^6$, paraît être identique avec l'inosite; il est solide, blanc, cristallisable, très soluble dans l'eau, insoluble dans l'alcool absolu; il fond vers 230°. Il n'a pas d'action sur la lumière polarisée, et ne réduit pas la liqueur cupro-potassique. L'acide azotique le convertit en un dérivé nitré qui détone par le choc. — La bornésite est l'éther méthylique du d., et la dambonite est son éther diméthylique.

DAMBRAY (CHARLES), chancelier de France sous la Restauration (1760-1829).

DAME. s. f. (lat. *domina*, maîtresse). Titre d'honneur qui autrefois appartenait exclusivement aux femmes nobles, possédant, soit de leur chef, soit de celui de leur mari, une seigneurie avec autorité et commandement sur des vassaux. *La d. de tel lieu. Haute et puissante d. — D. à carreau.* Celle qui occupait la première place à l'église où elle avait droit à un carreau. — *Notre-Dame,* la sainte Vierge. — *Les dames de France,* Les filles du roi. — Par ext., La femme à laquelle un chevalier avait voué sa foi : de là les expressions, *Rompre une lance pour sa d.; Porter les couleurs de sa d.; La d. de ses pensées; Être fidèle à sa d.* || Titre donné aux femmes ayant certains offices auprès des reines et des princesses. *D. d'honneur, d. d'atour, d. du lit, d. du palais.* — *Brevet de d.,* Brevet par lequel le roi conférait à une demoiselle le titre de *Dame.* Sans ce brevet, aucune fille, sauf les filles du roi, ne pouvait prendre le titre de *D.* — *Dames de la halle,* Les marchandes de la halle, qui autrefois étaient admises sous ce titre chez le roi et chez les princes à certaines époques et à l'occasion de certains événements. || Titre donné aux chanoinesses, aux religieuses de certaines abbayes. *Les dames de Remiremont, de Fontevrault,* etc. On dit encore aujourd'hui, *Les dames du Sacré-Cœur. Les dames de Saint-Denis. — Dames du chœur,* Les religieuses qui siègent dans les hautes stalles du chœur, à la différence des novices, qui sont dans les stalles basses, ainsi que les sœurs converses. — *Dames de charité,* Femmes désignées pour recueillir les aumônes pour les pauvres. Voy. CHARITÉ. || Se dit particul. d'une femme appartenant aux classes élevées. *C'est une grande d. Les dames de la cour.* — Ironiq., on dit d'une femme qui affecte un ton, des manières supérieures à la condition où elle se trouve, qu'*Elle fait la d., la grande d.* — Par politesse, ce titre se donne aujourd'hui à toutes les femmes mariées qui sont au-dessus de la dernière classe du peuple. *C'est une dame fort aimable.* — T. Pratiq. *La d. une telle. Ladite dame déclare...* etc. || S'emploie encore, d'une façon générale, en parlant de toute personne du sexe. *Une d. et son cavalier. Il y aura des places réservées pour les dames. Il faut être poli avec les dames. Il sait se bien faire venir des dames.* — Aux courses de bagues, *La course pour les dames,* La première course, qui n'est point comprise dans le nombre de celles qu'on doit courir pour le prix. On dit, dans le même sens : *C'est pour les dames. Voilà pour les dames.* Au jeu de paume, on appelle également *Les dames,* le premier coup qui se sert sur le toit et qui renvoie pour rien. *C'est pour les dames. Je n'ai pas eu mes dames.* || *Dame de compagnie,* Personne qu'une dame ou un monsieur âgé prennent chez eux moyennant rétribution, pour se faire une société. || *Dame de comptoir,* Personne qui, dans un établissement quelconque (mais surtout dans un café ou un restaurant), se tient constamment à la caisse pour recevoir l'argent et surveiller le personnel. || S'applique encore, par manière de déférence, aux femmes d'une condition tout à fait inférieure, mais en le faisant suivre du nom de la personne à laquelle on parle ou dont on parle. *Je vous dis, d. Françoise,...* || Figur. et fam., on dit, en manière de plaisanterie, *D. belette. D. nature.* || T. Jeu de cartes, Chacune des quatre cartes sur lesquelles est peinte la figure d'une d. Voy. CARTE. || T. Jeu d'échecs. La seconde pièce du jeu; on l'appelle habituellement *Reine.* — Chacun des petits disques, les uns blancs, les autres noirs, avec lesquels on joue au jeu qu'on échiquier au jeu appelé, du nom de ces pièces, *Jeu de dames,* ou simplement *Dames.* On nomme de même les disques plus grands avec lesquels on joue au trictrac, etc. — *Aller à d.,* sign., aux échecs, pousser un pion, et, aux dames, pousser une pièce jusqu'aux dernières cases du côté de celui contre qui on joue. — *Dames rabattues,* Sorte de jeu qu'on joue sur le trictrac avec les mêmes pièces. *Jouer aux dames rabattues.* || T. Bot. *D. d'onze heures,* Nom vulgaire de l'Ornithogale, plante de la famille des *Liliacées.* Voy. ce mot.

DAME. s. f. (all. *damm*, digue). T. Ponts et Chaussées. Digue qu'on laisse en travers d'un canal, tandis qu'on le creuse, pour séparer la partie déjà occupée par les eaux de celle où les travailleurs sont encore. || Petit côue en terre placé dans une fouille pour servir de repère quand on fera le métrage. || T. Métall. Petit mur incliné placé à la partie antérieure du creuset d'un fourneau et par-dessus lequel les laitiers s'écoulent. — Plaque de fonte sur laquelle s'écoulent les laitiers. || T. Mar. Appareil destiné à servir de point d'appui à l'aviron. — Nom de deux chevilles de fer plantées sur l'arrière d'une embarcation pour fixer le grelin. || T. Fort. Petite tour à contre plein qui surmonte le milieu du batardeau d'un fossé inondé pour qu'on ne puisse le franchir.

DAME. interj. (lat. *dominus*, seigneur). Formule d'affirmation. *Dame, oui. Oh! dame, non. Dame, il n'est pas jeune non plus.*

DAME-AUBERT. s. f. Prune jaune d'un goût médiocre. = Pl. : *Des dame-aubert.*

DAME-JEANNE. s. f. Espèce de grosse bouteille de verre ou de grès qui sert à transporter du vin, des acides, etc. = Pl. : *Des dames-jeannes.*

DAMELOT. s. m. Variété de pommes.

DAMER. v. a. T. Jeu de dames. *D. un pion,* Le rendre dame en le couvrant d'un autre pion de même couleur, lorsqu'on l'a poussé au dernier rang des cases de son adversaire. *Damez ma dame* ou *damez-moi.* Fig. et fam., *D. le pion à quelqu'un,* L'emporter sur quelqu'un, lui montrer qu'on est plus fort, plus habile que lui. = DAMÉ, ÉE. part. *Dame damée,* ou simplem. *Dame,* La pièce qu'on a fait aller à dame et sur laquelle on en met une autre pour la distinguer. *Une dame damée peut sauter d'une extrémité à l'autre du damier.*

DAMERET. s. m. Se dit, par dénigr., d'un homme fort soigneux de sa personne et de sa parure, et très empressé auprès des dames. *C'est un d. Un vieux d.*

DAMETH, économiste fr. né à Paray-le-Monial (1812-1884).

DAMICORNE. adj. (lat. *dama*, daim; *corne*). T. Hist. nat. Qui a la forme d'une corne de daim.

DAMIEN, frère de saint Cosme, fut martyrisé avec lui sous Dioclétien. Fête le 27 septembre.

DAMIEN (PIERRE), docteur de l'Église né à Ravenne (988-1072).

DAMIENS, frappa Louis XV d'un coup de canif (1715-1757) et fut mis à la torture, puis écartelé en un horrible supplice.

DAMIER. s. m. Échiquier, tablier qui est divisé en un certain nombre de *Cases* ou carrés égaux et alternativement blancs et noirs, et dont on se sert pour jouer aux dames, aux échecs, etc. *Le d. ordinaire est composé de 64 cases; au jeu des dames polonaises, il en a 100.* || T. Archit. Ornement composé de carrés ou de rectangles et qui est souvent employé dans l'architecture romane. || T. Zool. Nom vulg. d'un coquillage du genre Côue (*Conus marmoreus*).

DAMIETTE, v. d'Égypte, sur la branche orientale du Nil, 34¹,000 hab.; prise par les Croisés en 1219 et en 1249.

DAMILAVILLE, écrivain fr. ami de Voltaire et de Diderot (1723-1768).

DAMIRON, philosophe français (1794-1862).

DAMMAR. s. m. (mot malais). T. Bot. Sorte de résine fournie par les *Dammara orientalis* et *D. australis* de la famille des *Conifères,* et le *Shorea robusta* de la famille des *Diptérocarpées.* Cette résine est de couleur ambrée, difficile à briser, à cassure brillante et à odeur de térébenthine. Dissoute dans la benzine, elle sert à la conservation des objets microscopiques. Voy. CONIFÈRES et DIPTÉROCARPÉES.

DAMMARA. s. m. (B. *Dammar*). T. Bot. Genre de plantes Gymnospermes de la famille des *Conifères.* Voy. ce mot.

DAMMARTIN-EN-GOËLE, ch.-l. de c. (Seine-et-Marne), arr. de Meaux; 1.700 hab.

DAMNABLE. adj. 2 g. [Pr. *dâ-nable*]. Qui peut attirer la damnation éternelle, *Une action d.* || Par exagér., Pernicieux, abominable, détestable. *Une entreprise d. Avancer des maximes damnables.*

DAMNABLEMENT. adv. [Pr. *dâ-nable-man*]. Abominablement, d'une manière détestable. Inus.

DAMNATION. s. f. [Pr. *dâ-na-sion*]. La punition des damnés. *La d. éternelle. Sous peine de d.* || Action de damner, de se damner. *Vous avez fait des vœux pour leur d. Sa d. est certaine.* Voy. ENFER. || T. Jurisp. Amendes, défenses ou proscriptions prononcées dans les ateliers et interdites par l'art. 415 du Code pénal. || Interj. Juron inspiré par la colère. *Le prêtre cria : Damnation! et tomba.* (V. HUGO.)

DAMNER. v. a. [Pr. *dâ-ner*] (lat. *damnare*). Condamner aux peines de l'enfer, punir des peines de l'enfer. *Dieu damnera les méchants.* || Rendre digne des peines de l'enfer, causer la damnation. *Ce péché damne ceux qui le commettent.* On dit dans un sens anal., *D. son âme.* || Fig. et fam., *Faire d.,* Tracasser, exaspérer. *Il a une femme qui le fait d.* = SE DAMNER. v. pron. S'exposer à la damnation, encourir les peines de l'enfer. *Vous vous damnerez si vous continuez de vivre ainsi.* = DAMNÉ, ÉE. part. — Famil. et par exag., *Souffrir comme un damné,* Souffrir horriblement. || Fig. et famil., *C'est son âme damnée,* se dit de quelqu'un qui est entièrement dévoué aux volontés d'une autre personne, et qui exécute aveuglément tout ce que celle-ci lui ordonne. || Subsant., *Le supplice des damnés. Souffrir comme un damné.*

DAMOCLÈS, courtisan de Denys le Tyran, vantait sans cesse le bonheur de son maître. Celui-ci l'invita un jour à un banquet, le revêtit des habits royaux, et lui fit servir par de belles courtisanes le plus délicieux des banquets. Damoclès était enchanté de son nouveau sort, lorsque Denys lui dit de regarder au-dessus de sa tête. Il aperçut alors, avec terreur, une lourde épée suspendue simplement par un crin de cheval. Son bonheur était empoisonné, il comprit l'apologue et ne demanda qu'à s'en aller.

DAMOISEAU. s. m. (bas-lat. *dominicellus,* dimin. de *dominus,* seigneur). Titre qu'on donnait autrefois à un jeune gentilhomme qui n'était point encore reçu chevalier, et qui aspirait à l'être. On disait aussi *Damoisel.* Voy. CHEVALERIE. || Famil. et ironiq., se dit d'un homme qui fait le beau, le galant auprès des femmes, et qui se donne pour homme à bonnes fortunes.

DAMOISEAU, astronome français (1768-1846).

DAMOISEL. s. m. Voy. DAMOISEAU.

DAMOISELLE. s. f. Voy. DEMOISELLE.

DAMON, pythagoricien de Syracuse, se porta caution du retour de son ami Pythias, qui, condamné à mort par Denys le Jeune, avait demandé à s'absenter pour régler ses affaires. Pythias revint au jour marqué, et Denys fit grâce aux deux amis.

DAMOPHON, célèbre sculpteur grec, IVᵉ s. av. J.-C.

DAMOURITE. s. f. (R. *Damour,* nom d'homme). T. Minér. Mica alumino-potassique.

DAMPIER (WILLIAM), navigateur anglais né en 1652, découvrit, en 1700, le détroit de Dampier entre la Nouvelle-Bretagne et la Nouvelle-Guinée.

DAMPIERRE, vge du dép. de Seine-et-Oise, arr. de Rambouillet; très beau château appartenant à la famille de Luynes.

DAMPIERRE (GUY DE), comte de Flandre, fit la guerre à Philippe le Bel, perdit son comté et mourut prisonnier (1305).

DAMPIERRE (Marquis de), général français, joua un rôle décisif à Jemmapes (1792). Successeur de Dumouriez, il fut tué près de Valenciennes (1793).

DAMPOSCOPE. s. m. (angl. *damp*, vapeur; gr. σκοπέω, j'examine). T. Min. Instrument servant à déterminer la proportion de grisou contenue dans l'atmosphère des mines de houille. Il a été inventé par le Dr Forbes et est fondé sur les propriétés acoustiques des gaz, d'après lesquelles un même son sonore doit avoir des longueurs différentes pour rendre la même note dans différents gaz. Il se compose d'un diapason fixé à un tuyau dont on fait varier la longueur jusqu'à ce qu'il rende le son du diapason, ce qui se reconnaît au renforcement du son. La proportion de grisou se lit sur un cadran au moyen d'une aiguille dont le déplacement dépend de la longueur du tuyau. Le cadran est recouvert d'une peinture phosphorescente pour qu'on puisse opérer dans l'obscurité. Cet instrument donne une approximation de 1 à 1/2 p. 100.

DAMRÉMONT, général français, tué au siège de Constantine en 1837.

DAMVILLE, ch.-l. de c. (Eure), arr. d'Évreux; 1.300 h.

DAN, 5e fils de Jacob, père de la tribu de Dan. V. de Judée, dans la tribu de Nephtali.

DANA, écrivain américain (1815-1882).

DANAÉ, fille d'Acrisius, fut séduite par Jupiter qui s'introduisit près d'elle sous forme d'une pluie d'or, et devint la mère de Persée (Mythol.).

DANAÏDE. s. f. (nom mythol.). T. Entom. Genre d'insectes lépidoptères. Voy. DIURNES.

DANAÏDES, les 50 filles de Danaüs; ayant épousé, contraintes par la force, les fils de leur oncle Ægyptus, elles les tuèrent et furent condamnées dans les Enfers à remplir éternellement un tonneau sans fond (Mythol.).

DANAÏS. s. m. (nom mythol.). T. Bot. Genre de plantes Dicotylédones de la famille des *Rubiacées.* Voy. ce mot.

DANAÏTE. s. f. (R. *Dana,* nom d'un naturaliste américain). T. Minér. Mispickel cobaltifère.

DANÂKIL, peuples pasteurs de l'Afrique orientale qui vivent entre la mer Rouge, la chaîne éthiopienne et la riv. de l'Aouach.

DANALITE. s. f. T. Minér. Silicate de fer, de zinc, de glucinium, de manganèse, avec du sulfure de zinc.

DANAÜS, Égyptien, fils de Bélus et d'Anchinoé, passa en Grèce et devint roi d'Argos (XVe s. av. J.-C.).

DANBURYTE. s. f. (R. *Danbury,* nom de lieu). T. Min. Silicoborate de chaux.

DANCOURT, auteur dramatique français (1661-1725).

DANDIN. s. m. (angl. *to dandle,* bercer). Se dit d'un homme niais et sans contenance. *C'est un grand d.*

DANDINANT, ANTE. adj. Qui dandine.

DANDINEMENT. s. m. Action de dandiner; mouvement de celui qui se dandine *Il est insupportable avec son d. continuel.*

DANDINER. v. n. SE DANDINER. v. pron. (angl. *to dandle,* bercer). Balancer son corps nonchalamment, soit exprès, soit faute de contenance. *Il marchait en se dandinant. Il ne fait que se d.*

DANDOLO, famille de Venise, qui donna quatre doges à la république. Le 1er est célèbre par la part qu'il prit à la 4e croisade et le 4e par une *Chronique* latine de Venise.

DANDY. s. m. (R. *dandin?*). Mot anglais qui s'applique, de l'autre côté de la Manche, à un homme à la mode. S'emploie quelquefois chez nous, mais toujours ironiq., en parlant d'un homme qui affecte une trop grande recherche dans sa toilette. *Il fait le d. Tous les dandys de Paris s'y trouvaient.*

DANDYSME. s. m. Manières et habitudes du dandy.

DANEBROG (Ordre du), décoration fondée au XIIIe siècle par le roi de Danemark.

DANÉE. s. f. (R. *Danae,* nom mythol.). T. Bot. Genre de Fougères (*Danæa*) de la famille des *Marattiacées.* Voy. ce mot.

DANÉÉES. s. f. pl. (R. *Danée*). T. Bot. Tribu de Fougères appartenant à la famille des *Marattiacées.* Voy. ce mot.

DANEMARK, État de l'Europe septentrionale, composé d'une partie continentale fort réduite, appelée Jutland, qui confine à l'empire d'Allemagne, et d'une partie insulaire moins importante, située entre le Jutland et la grande péninsule scandinave. Il a une superficie de 38.302 kil. carrés, dont 25.300 pour le continent et 13.000 pour les îles, et une population de 1.980.000 habitants, non compris le Groenland et l'Islande.

Le littoral a un développement de 1.550 kil. environ, dont 830 pour la partie continentale et 720 pour la partie insulaire. La côte orientale du Jutland présente une série de golfes ou fjords assez profonds, derrière lesquels on voit en plat pays des landes interminables. Au nord s'ouvre le *Lim-fjord,* qui fut un golfe et qu'une irruption de la mer, en 1825, a transformé en un véritable bras de mer, au milieu duquel est située l'île de Moro. — Les principales îles sont Fionie, Seeland, et à 40 kil. des côtes danoises, dans la mer Baltique,

Bornholm. — Les détroits qui séparent ces îles entre elles et du continent sont : le Skager-Rack, le Kattegat, le Sund, le grand et le petit Belt.

Le terrain est généralement plat, entrecoupé de collines et de vallées. La hauteur moyenne est de 40 mètres au-dessus du niveau de la mer ; le point culminant atteint 150 mètres. Les îles présentent un aspect mamelonné sur les côtes et sont monotones à l'intérieur ; l'île de Bornholm est la plus élevée de toutes.

Les cours d'eau, désignés sous le nom générique de *aav*, n'ont que peu d'étendue ; le plus important est le Guden-aav (132 kil.). Les lacs sont plus nombreux : ils couvrent la vingt et unième partie de la superficie du royaume.

Le climat est tempéré. Le vent y règne souvent, l'humidité toujours. La température moyenne est de + 6° centigrades. Le climat est plus doux dans les îles que dans le Jutland ; l'été est de courte durée ; en hiver, les détroits sont quelquefois gelés pendant deux mois ; on les a passés sur la glace en 1871.

Les Danois descendent de la grande nation des Goths, qui, après les Cimbres, vint peupler la Scandinavie, et se répandit de là sur toute l'Europe occidentale. Leur histoire propre commence vers le IXᵉ siècle. Sous Kanut le Grand (1014-1036), le Danemark domina sur l'Angleterre et la Norvège. Après lui, l'empire se démembra. A la fin du XIVᵉ siècle, Marguerite de Danemark, la *Sémiramis du Nord*, réunit les deux couronnes de Norvège et de Danemark, puis celle de Suède. Les trois États proclamèrent leur union perpétuelle au congrès de Kalmar (1397). Cette union fut de courte durée ; les Suédois la rompirent les premiers. Les Danois les rétablirent momentanément de 1520 à 1523 ; mais leurs cruautés les firent chasser du pays par Gustave Wasa. En 1448, une nouvelle dynastie, celle des Oldenbourg, s'était établie avec Christian Iᵉʳ. Un de ses successeurs, Frédéric II, introduisit le luthéranisme en ses États ; un autre, Christian IV, intervint dans la guerre de Trente ans, mais sans succès. Il y perdit la Scanie qu'il dut rendre à la Suède en 1660.

Au commencement de notre siècle, le Danemark adhéra à la Ligue des neutres, puis devint notre alliée en 1807, à la suite du bombardement de Copenhague par les Anglais. Elle y perdit la Norvège aux traités de 1815. En 1848 s'éleva la grave question des duchés de l'Elbe ; des tendances séparatistes se manifestèrent dans le Lauenbourg et le Holstein ; une insurrection éclata ; elle fut réprimée. Le traité de Londres (1852) garantit l'intégrité de la monarchie danoise. La question se reposa douze ans plus tard ; mais alors la Prusse et l'Autriche intervinrent en faveur des séparatistes : le Danemark résista héroïquement, mais perdit encore le Lauenbourg et le Holstein, qui étaient allemands, et le Slesvig, qui était danois.

La Constitution actuelle a été établie par la charte de 1849. Le roi gouverne assisté d'un parlement ou Rigsdag, composé d'un Sénat de 66 membres au *Landsthing* et d'une Chambre des communes de 102 membres au *Falkething*. — Le culte luthérien est celui de la presque totalité des habitants : 1,970,000 contre 10,000 de confessions diverses.

Le Danemark est divisé en 5 provinces (*stift*), subdivisées en 18 baillages (*amter*) et 136 arrondissements (*herreder*). Les 5 provinces sont : 1° Seeland, Moen et Samsö ; v. pr. : Copenhague, Helsingor ou Elseneur, Röskilde et Sorö. — 2° Fionie ; v. pr. : Rönne. — 3° Fionie, Langeland, Arrö et Taasin ; v. pr. : Odense et Nyborg. — 4° Laaland et Falster ; v. pr. : Maribo. — 5° Jutland ; v. pr. : Viborg, Aarhuus, Aalborg, Horsens et Fredericia.

Les villes les plus peuplées sont : Copenhague (dan. *Kjöbenhavn*), la capitale (300,000 hab.) ; Aarhuus (25,000) ; Odense (21,000) ; Aalborg (15,000) ; Randers (14,000) et Horsens (13,000).

L'agriculture, longtemps négligée, s'est peu à peu élevée au niveau du progrès le plus sagement entendu. L'exploitation des forêts de chênes, de bouleaux et de frênes fait vivre de nombreuses familles dans le Jutland ; sur les côtes on se livre de préférence à la pêche ; partout on récolte avec abondance : céréales, fruits, colza, lin, chanvre, houblon, etc. L'élève du bétail est une des ressources sur lesquelles comptent le plus les populations rurales. Les terres arables et jardins sont dans la proportion de 32 p. 100 ; les prairies et jachères, 37 p. 100 ; les bois et forêts, 5 p. 100 ; enfin, les landes, marais et cours d'eau, 26 p. 100.

L'industrie, faute de houille et de métaux, est peu développée ; aussi le paupérisme est-il moindre qu'en tout autre pays. L'État a conservé le monopole de trois établissements de premier ordre, qui sont : la manufacture de porcelaines de Copenhague, la fabrique de draps d'Hilleröd et les manufactures d'armes de Fredericksvark.

Le Danemark, malgré les pertes territoriales qui lui ont enlevé le grand port à la fois militaire et marchand de Kiel, a su néanmoins faire prospérer son commerce. Les seuls ports qui fassent le commerce avec l'étranger sont Copenhague et Helsingor ; Copenhague à lui seul fait le tiers du commerce de tout le royaume. Le commerce d'importation consiste principalement en houille, machines, objets manufacturés, vins, et s'élève à 350 millions de francs : le pays exporte du bétail, des fruits, du beurre, des draps, des gants et de la tourbe pour 300 millions. La marine marchande se compose de 3.300 navires, dont 280 à vapeur, jaugeant ensemble 280,000 tonnes.

Le Danemark possède, en dehors de l'agglomération qui constitue son unité, les îles Fär-öer, l'Islande, le Groenland et, dans les Antilles, les petites îles de Sainte-Croix, Saint-Jean et Saint-Thomas.

Liste chronologique des rois de Danemark. — Harald II, à la dent bleue, vers 940. — Suénon Iᵉʳ, 985. — Canut II, le Grand, 1016. — Canut III, ou Hardi-Canut, 1036. — Magnus Iᵉʳ, le Bon, 1042. — Suénon II, 1047. — Harald III, 1077. — Canut IV, le Saint, 1080. — Olaüs IV, le Famélique, 1086. — Éric Iᵉʳ, le Bon, 1095. — Nicolas, 1103. — Éric II, 1134. — Éric III, 1137. — Suénon III et Canut V, 114ᵉ ; — Waldemar Iᵉʳ, le Grand, 1157. — Canut VI. 1182. — Waldemar II, le Victorieux, 1202. — Éric IV, 1241. — Abel, 1250. — Christophe, 1252. — Éric V, 1259. — Éric VI, 1286. — Christophe II, 1320. — Waldemar III, 1340. — Olaüs V, 1376. — Marguerite, 1387, réunit les deux couronnes du Danemark et de la Norvège. — Éric VII, le Poméranien, possède les trois royaumes scandinaves, 1397. — Christophe III, 1439. — Christian Iᵉʳ, 1448, par suite de la rupture de l'union, ne règne plus que sur le Danemark et la Norvège. — Jean, 1481. — Christian II, 1512. — Frédéric Iᵉʳ, 1523. — Christian III, 1534. — Frédéric II, 1559. — Christian IV, 1588. — Frédéric III, 1648. — Christian V, 1670. — Frédéric IV, 1699. — Christian VI, 1730. — Frédéric V, 1746. — Christian VII, 1766. — Frédéric VI, 1808 : la Norvège lui est enlevée en 1814. — Christian VIII, 1839. — Frédéric VII, 1848. — Christian IX, 1863.

DANGEAU (Marquis de), auteur d'un *Journal historique* de la cour de Louis XIV et de Louis XV, de 1684 à 1720.

DANGER. s. m. (lat. *damnum gerens*, qui porte dommage). Se dit de tout ce qui expose à un malheur, à une perte, à un dommage ; péril, risque. D. évident, inévitable, imminent, imminent. La grandeur du d. Le mépris du d. Craindre, redouter, mépriser, chercher le d. S'exposer au d. Braver, affronter les dangers. Courir un d., les plus grands dangers. Tomber, se précipiter dans le d. Le d. des mauvaises compagnies. Cela n'est pas sans d. Il y a du d., il n'y a point de d. à le faire. Se mettre en d. Être hors de d., de tout d. — Être en d. de... Être sur le point de... Il a été en d. de mourir, de perdre sa place. — On dit aussi, Il n'y a pas de d. qu'il le fasse, que je le fasse, Il ne faut pas craindre qu'il le fasse, que je le fasse. || Inconvénient. Quel d. y a-t-il de lui faire part de cette nouvelle ? Je ne vois pas de d. à ce que vous alliez le voir. Fam.

Syn. *Péril, Risque.* — Au sens littéral, le *danger* est une disposition des choses qui nous menace de quelque malheur, de quelque dommage ; le *péril* est un danger immédiat et pressant ; le *risque* est une situation dans laquelle on a lieu de craindre un mal ou d'espérer un bien. Quand on craint le *danger*, on l'évite ; quand on redoute le *péril*, on se sauve ; quand on compte plus sur les chances favorables que sur les chances défavorables, on court le *risque*. Ainsi, un général court le *risque* d'une bataille pour se tirer d'un mauvais pas, et il est en *danger* de la perdre si ses soldats l'abandonnent dans le *péril*.

DANGEREUSEMENT. adv. D'une manière dangereuse. Il est d. malade, d. blessé.

DANGEREUX, EUSE. adj. Qui expose à quelque danger, ou simpl. Nuisible, pernicieux. Une maladie, une blessure dangereuse. La rivière est très dangereuse en cet endroit. Ce chemin est fort d. Il est d. de se baigner immédiatement après avoir mangé. N'approchez pas de cet animal, il est d. Une navigation dangereuse. Cette côte est très dangereuse. Liaisons dangereuses. Un livre, un écrit *d. Cet ouvrage n'est ni mauvais ni dangereux à publier*. || En parlant des personnes, sign.. Qui a les moyens de nuire, ou à qui on ne peut se fier, avec lequel il est 1. de se lier. *Ce sont des gens d. Ne vous liez pas avec lui, c'est un homme d.* — Dans un sens partic., se dit d'une personne que l'on croit capable d'inspirer de l'amour à une autre et d'en abuser. *C'est un séducteur d. C'est une coquette dangereuse.*

DANIEL, prophète hébreu, fut emmené captif à Babylone ; il expliqua les songes de Nabuchodonosor, et, dans le festin de Balthazar, les trois caractères mystérieux. Jeté dans la fosse aux lions, il en sortit sain et sauf. Il obtint de Cyrus le renvoi des Juifs en Palestine.

DANIEL (Le Père GABRIEL), auteur d'une *Histoire de France* (1649-1728).

DANNECKER, sculpteur allemand né à Stuttgard (1758-1841).

DANNEMARIE. anc. ch.-l. de c. (Haut-Rhin) arr. de Belfort, 1,200 hab. (à l'Allemagne depuis 1871).

DANOIS, OISE. s. et adj. Habitant du Danemark. || T. Zool. Race de chiens. Voy. CHIEN.

DANRÉMONT, général fr. né à Chaumont, gouverneur de l'Algérie, tué sous les murs de Constantine (1783-1837).

DANS. prép. (lat. *de, intus,* à l'intérieur ; d'où l'on a fait successivement *deins, déans* et *dans*). 1° Dans son acception la plus générale, cette prépos. sert à marquer, soit au propre, soit au fig., le rapport qui existe entre deux choses dont l'une contient ou reçoit l'autre. *Mettre du linge d. une armoire. Plonger un objet dans l'eau. Verser du vin d. un verre. Mettre quelque chose d. sa bouche, dans sa poche. Le feu est dans cette maison. Le choléra est d. telle ville. Recevoir un coup de feu d. le bras, un coup d'épée d. la cuisse. Prendre quelqu'un d. ses bras. Se regarder d. une glace. Ce passage se trouve d. tel auteur. Se mettre une chose d. la tête. Il n'y a rien à reprendre d. sa conduite. Entrer d. les sentiments de quelqu'un. Entrer d. la magistrature, d. les ordres. Tomber d. l'oubli.* || 2° S'emploie en parlant du temps, et marque la durée, l'époque. *Il fait d. le même temps deux fois plus d'ouvrage qu'un autre. On ne sait de quoi se réjouir ou s'affliger d. la vie. Cela arriva d. la première année de son règne. D. ma jeunesse. On était d. l'hiver, d. le plus fort de l'été. Il arrivera d. quelques jours. D. combien de temps viendrez-vous ?* || 3° Par anal., s'emploie pour marquer des rapports de circonstances, d'état, de situation, de disposition morale ou physique, etc. *Les hommes insolents d. la prospérité sont toujours lâches d. la disgrâce. Le courage qu'il montra d. cette affaire. On confie son secret d. l'amitié, mais il échappe d. l'égarement. Il commit ce crime d. un moment d'égarement. Il fut grand d. la paix comme d. la guerre. C'est d. l'industrie qu'il a fait sa fortune. On peut être heureux d. toutes les conditions. Passer la nuit d. la débauche. Être d. la peine, d. l'inquiétude, d. les larmes. Être d. une posture contrainte. Être d. un grand embarras. Être d. l'attente, d. l'espérance. Être d. l'intention, d. la résolution de... J'ai fait cela d. la pensée de vous être utile. Il est soigneux d. sa mise. Exact d. ses paiements. Ferme d. ses amitiés. Il est changeant d. ses idées, grossier d. ses paroles. Il est très versé d. les lettres. Devenir habile d. un art.* || 4° S'emploie quelquefois pour selon. *Il entend cela d. le sens de saint Augustin. Ce mot est employé d. telle acception. Cela est exact d. les principes d'Aristote. Il prend ce passage d. un tout autre sens.* == Obs. gram. Voy. EN.

DANSABLE. adj. Qu'on peut danser, qui peut servir à faire danser.

DANSANT, ANTE. adj. Propre à faire danser. *Musique dansante.* || Où l'on doit danser. *Soirée dansante.*

DANSE. s. f. (R. *danser*). Mouvements rythmiques du corps, sauts et pas cadencés, qui sont ordinairement réglés par le son des instruments ou de la voix. *Une d. grave, simple, légère. D. grotesque. D. champêtre. D. de caractère. D. figurée. Figure de d. D. de corde. Le menuet* était la *d. de prédilection de nos pères. Aimer la d. Prendre des leçons de d. Maître de d.* — Fig. et pop., *Donner une d. à quelqu'un,* Le battre, le châtier. || Se dit particulièrement des danses que plusieurs personnes exécutent à la fois. *Commencer la d. Mener la d. Il y aura des danses dans le parc. Salle de d. Entrer en d., Se mettre au nombre des danseurs.* — Fig. et prov., *Commencer la d., mener la d.,* Être le premier à faire ou à souffrir une chose que d'autres feront ou souffriront ensuite. *Entrer en d.,* S'engager dans une affaire, une entreprise, à laquelle on n'avait d'abord pris aucune part. *Nous nous battrons l'un après l'autre, et c'est vous et moi qui commencerons la d. Il faudra bien qu'il se décide et qu'il entre en d.* — Prov. et pop., *Après la panse vient la d.,* Après avoir fait bonne chère, on ne songe qu'à se divertir. || La manière de danser d'une personne. *Sa d. est noble, gracieuse, légère. Elle a une d. contrainte.* || Air à danser. *Jouer une d.* || Pop., Lieu où l'on d. *Aller à la d., revenir de la d.* || T. Méd. *Danse de Saint-Guy.* Voy. CHORÉE. || T. Iconogr. *D. macabre* ou *D. des morts,* Peinture, dessin ou sculpture représentant une d. à laquelle la mort prend part sous la figure d'un squelette, et où toutes les conditions sociales sont représentées. Ce lugubre mnémogramme du moyen âge a été représenté en un grand nombre de villes. Les plus célèbres peintures de d. macabre sont celles de Bâle, de Lucerne, de Berne. Plusieurs ont été attribuées à Holbein.

Hist. — I. — Chez les Grecs, ainsi que chez les Romains, la *Danse* (ὄρχησις, *saltatio*) n'avait qu'une ressemblance éloignée avec l'exercice qui porte chez nous le même nom. On peut la diviser en deux genres : la *D. gymnastique* et la *D. mimique.* La première n'était à proprement parler qu'un exercice corporel, tandis que la seconde exprimait par des gestes, des attitudes et des mouvements variés, tantôt des idées ou des sentiments, tantôt des événements isolés ou des séries d'événements, comme nos ballets modernes. D'ailleurs, ces deux genres de danses avaient cela de commun qu'ils étaient toujours réglés par le son des instruments. Mais les mots ὄρχησις et *saltatio* avaient une signification bien plus étendue que notre mot *danse* ; car ils servaient à désigner jusqu'aux simples jeux de physionomie, même quand le corps restait immobile ; c'est ce qu'Apulée exprima par ces mots : *Saltare solis oculis.*

II. — Nous trouvons la d. en faveur chez les Grecs dès les temps les plus reculés. Il en est fréquemment question dans l'*Odyssée* de Pénélope et dans la musique, et Ulysse assister à la cour d'Alcinoüs, aux exercices d'habiles danseurs, qui excitent son admiration par la rapidité de leurs mouvements. Du reste, les bons danseurs furent toujours tenus en grande estime chez les Grecs. Plutarque nous apprend qu'on décerna des couronnes d'or à plusieurs d'entre eux, et qu'on alla même jusqu'à leur élever des statues ou à leur consacrer des inscriptions. — Les Grecs inventèrent une multitude de danses différentes. On ne porte pas, en effet, à moins de 200 le nombre de celles dont les noms sont parvenus jusqu'à nous. Nous nous contenterons de mentionner quelques-unes de ces danses pour donner une idée de ce que les anciens entendaient sous le nom de *Saltatio.*

A. *Danses religieuses.* — A l'origine, la d. fut intimement liée à la religion. Platon pensait même que toute espèce de d. devait être basée sur le culte, comme cela, dit-il, avait lieu en Égypte. — Dès les temps les plus anciens, nous voyons une d. religieuse, nommée *Hyporchème* (ὑπόρχημα), liée au culte d'Apollon, surtout chez les peuples d'origine dorienne. Cette d. s'exécutait avec accompagnement de chants, et les personnes des deux sexes y prenaient part. Un chœur de danseurs accomplissait, autour de l'autel du dieu, certaines évolutions réglées par le chant et le son des instruments, tandis qu'un autre chœur accompagnait le premier en faisant des gestes appropriés au sens des paroles. L'hyporchème était donc une d. lyrique ; mais, plus tard, cette d. prit un caractère plus léger et plus joyeux ; aussi Athénée la compare-t-il à la d. comique nommée *Cordace.* De même que la musique et la poésie des Doriens, l'hyporchème, suivant O. Müller, avait pris naissance en Crète, mais il fut de bonne heure importé dans l'île de Délos, où il était encore en usage à l'époque de Lucien (II° siècle après J.-C.). On donnait également le nom d'*Hyporchèmes* aux hymnes qui accompagnaient cette d. C'étaient des poésies d'un caractère léger et joyeux, en harmonie avec celui de la fête elle-même, ainsi que le prouvent d'ailleurs les fragments de Pindare qui sont parvenus jusqu'à nous.

Toutes les danses religieuses consistaient en évolutions

exécutées autour de l'autel du dieu qu'on voulait honorer. Les danses *dionysiaques* ou *bachiques* et les danses *corybantiques* faisaient seules exception ; quoiqu'on en distinguât plusieurs variétés, ces deux sortes de danses avaient cela de commun qu'elles prétendaient représenter les aventures de la divinité à laquelle elles étaient consacrées. Ainsi, par ex., la d. appelée Βαχύτη par Lucien, et qui était surtout en usage dans l'Ionie et le Pont, figurait le retour de Bacchus victorieux après son expédition dans l'Inde. C'était une d. satyrique à laquelle prenaient part les plus illustres personnages du pays, déguisés en Faunes, Satyres, Titans, Corybantes et autres compagnons du dieu. Cette d. inspirait aux assistants un tel intérêt qu'ils passaient la journée entière à jouir de ce spectacle. Une autre d. bachique était la *Cordace* (*Cordax*), dont nous avons ailleurs signalé l'indécence et l'obscénité. Voy. COMÉDIE. — Les danses *corybantiques* avaient un caractère tout à fait sauvage : elles étaient surtout en honneur dans la Crète et dans la Phrygie. Les danseurs qui les exécutaient étaient armés : ils frappaient leurs boucliers avec leurs épées, et se livraient aux transports du délire le plus frénétique.

B. *Danses gymnastiques.* — Dans les cités d'origine dorienne, ces danses avaient pour objet non seulement de développer la force et l'agilité des hommes, mais encore de les préparer aux exercices et aux évolutions militaires. Les anciens pensaient que ces danses n'avaient pas peu contribué aux succès militaires des peuples doriens, particulièrement des Spartiates. — Déjà, avant Homère, les Grecs avaient des danses qui servaient de préparation à la guerre : car, dans

Fig. 1.

l'*Iliade*, le poète applique aux meilleurs soldats de l'armée grecque la dénomination de πρυλέες du nom d'une d. guerrière appelée πρύλις, par les Crétois. La plus célèbre de ces danses était la *Pyrrhique*, que Platon regarde comme le type des danses guerrières. Parmi les auteurs anciens, les uns la font remonter à l'âge mythique, et rapportent son invention à un certain Pyrrhicus ; d'autres l'attribuent, sans doute à cause de la ressemblance du nom, à Pyrrhus ou Néoptolème, fils d'Achille ; enfin, la plupart, et c'est là l'opinion la plus vraisemblable, car celle d. est évidemment d'origine dorienne, la font naître à Sparte ou dans la Crète. La pyrrhique se dansait au son de la flûte, sur un rythme vif et léger. Platon la décrit comme représentant, par les rapides mouvements du corps, la manière d'éviter les traits, de tous les coups et d'attaquer l'ennemi. Chez les populations qui n'étaient pas d'origine dorienne, la pyrrhique cessait sans doute d'être considérée comme une d. exclusivement guerrière et n'était plus qu'une simple d. mimique : car Xénophon nous apprend qu'elle était quelquefois dansée par des femmes pour amuser les assistants. Cette danse était également exécutée à Athènes, aux grandes et aux petites Panathénées, par des jeunes gens appelés *Pyrrhistes*. Aujourd'hui encore, dans les parties montagneuses de la Thessalie et de la Macédoine, on voit quelquefois des hommes, armés d'épées et de mousquets, exécuter ensemble des danses qui rappellent la pyrrhique des anciens. — Le dessin ci-dessus (Fig. 1) pris de l'un des vases antiques de la collection de Hamilton, représente trois pyrrhichistes, dont deux exécutent une d., tandis que le troisième se tient debout l'épée nue à la main. Au-dessus est une femme qui appuie sa main sur la tête de l'un des danseurs pour faire un saut périlleux. L'autre femme est une simple spectatrice qui, par ses gestes, témoigne son étonnement.

La pyrrhique fut introduite à Rome, dans les jeux publics, par Jules César. Il paraît qu'elle plut beaucoup à la population : car Caligula, Néron et Adrien renouvelèrent plusieurs fois ce spectacle. Athénée dit que, de son temps (IIIe siècle après J.-C.), elle était encore en usage à Sparte, où on la faisait exécuter par des enfants âgés de 15 ans, mais que, dans d'autres villes, elle s'était transformée en une espèce de d. bachique, où l'on représentait l'histoire de Bacchus, et où les danseurs portaient, au lieu d'armes, des thyrses et des torches.

Outre la pyrrhique, les Grecs avaient plusieurs autres danses armées, mais celles-ci étaient purement mimiques et n'étaient pas, comme la précédente, destinées à servir de préparation à la guerre. Elles étaient en général exécutées par des danseurs de profession, qu'on faisait venir pour amuser les convives pendant les festins. Telles étaient, en particulier, les danses qui constituaient la *Cubistique* ou *Cybistique* des anciens. Les danseurs qui exécutaient les danses de cette dernière sorte étaient appelés *Cubistères*, de χυβιστάω, je fais

Fig. 2.

la culbute, parce qu'ils interrompaient de temps en temps leurs mouvements pour se jeter tout à coup sur les mains et rebondir ensuite sur les pieds. Ces hardis sauteurs exécutaient parfois leurs tours de force au milieu d'épées ou de poignards plantés en terre la pointe en haut (Fig. 2, d'après une peinture du Musée Borbonico, à Naples). On les appelait souvent dans les festins ; mais Socrate condamnait cet exercice, parce qu'il le trouvait plus dangereux que divertissant. Enfin, il existait, en Grèce comme à Rome, plusieurs autres espèces de danses à l'usage des festins, que l'on faisait exécuter par des courtisanes, et dont les plus souvent étaient fort lascives et fort indécentes. On en trouve de nombreuses représentations dans les peintures d'Herculanum et de Pompéi.

Parmi les danses exécutées sans armes, l'une des plus célèbres se nommait ὅρμος ; elle était particulière à Sparte, et les jeunes gens et les jeunes filles y figuraient ensemble. Lucien dit qu'elle avait beaucoup de ressemblance avec celles qu'on exécutait, dans la même ville, à l'époque de la grande fête appelée *Gymnopédie*. Une autre d., également propre à Sparte, portait le nom de *Bibasis*. Elle consistait à sauter en jetant les pieds en arrière, de manière à se frapper le corps avec les talons. Les hommes et les femmes s'y livraient également. On comptait les coups et le danseur ou la danseuse qui s'était le plus souvent frappé les fesses avec les talons recevait le prix.

III. — Chez les Romains, dans les premiers siècles de la République, la d. était aussi liée, comme chez les Grecs, aux fêtes et aux cérémonies religieuses, parce que, suivant Servius, les anciens pensaient que notre corps tout entier devait subir l'influence de la religion. Parmi les danses romaines, nous citerons d'abord celle des Saliens, qui était purement religieuse et exécutée par des hommes de famille patricienne. Dans leurs danses, les Saliens portaient à la main droite une pique, et à la gauche l'un des boucliers sacrés (*Anciles*). Denys d'Halicarnasse mentionne encore une d. armée qui avait lieu dans les grands jeux (*Ludi Magni*), et qu'il nomme pyrrhique, par suite de son système de rapporter à la Grèce l'origine de toutes les institutions latines. Une troisième d. armée propre aux Romains était la *Bellicrepa saltatio*, dont Festus attribue l'établissement à Romulus, après l'enlèvement des Sabines.

Ce qu'on appela plus tard à Rome la d. *italique* (*Saltatio italica*) était tout simplement la cordace grecque qui, introduite assez tard en Italie, fut modifiée par les mimes Pylade et Bathylle. On distinguait trois variétés de la d. italique, désignées sous les noms de *Cordace*, d'*Emmélia* et de *Sicinnis*; l'emmélia était la plus noble des trois; la sicinnis, la plus vive, et la cordace la plus voluptueuse : toutefois celle-ci, quoique peu décente, avait perdu ce caractère grossièrement obscène qu'elle avait eu chez les Grecs. Voy. PANTOMIME.

Au reste, à l'exception des danses intimement liées à la célébration du culte, et auxquelles prenaient part même des fils de sénateurs et de nobles matrones, les Romains regardaient cet exercice comme indigne de la gravité d'un citoyen. C'est ainsi que, vers les derniers temps de la République, on voit Cicéron reprocher à Caton d'avoir traité Muréna de danseur (*saltator*). Le grand orateur ajoute même qu'à moins d'être fou, un homme qui n'est pas ivre ne d. jamais (*nemo fere saltat sobrius, nisi forte insanit*).

IV. — Le christianisme bannit absolument la d. des cérémonies religieuses, et si les auteurs citent quelques faits contraires, ce sont des cas exceptionnels et particuliers à certaines localités. Les danses guerrières étaient fort en honneur chez les peuples barbares qui envahirent l'empire romain. Aujourd'hui encore, on trouve de grandes variétés de danses chez tous les peuples sauvages, surtout chez les nègres d'Afrique. Les Orientaux ne dansent pas eux-mêmes; mais ils prennent grand plaisir aux danses lascives des almées et des bayadères.

V. — La d. languit pendant tout le moyen âge. On la retrouve en honneur au XVe siècle. Le concile de Trente fut terminé par un grand bal où les évêques et les cardinaux firent leur partie avec les nobles dames. Les grands ballets et les grands bals eurent une vogue extraordinaire en Italie; puis la mode s'en répandit en France avec Catherine de Médicis et Henri IV. Louis XIV était un grand danseur. Il fonda en 1661 l'académie de d. Enfin, ce fut dans un opéra de Lulli, le *Triomphe de l'Amour*, que l'on vit pour la première fois des danseurs sur la scène française. Depuis cette époque, la d. pour le théâtre a été considérablement perfectionnée et elle est devenue un art difficile, où l'on ne peut réussir qu'après de longues et pénibles études commencées dès l'enfance. D'autre part, la d. n'a pas cessé d'être le principal divertissement des réunions mondaines; les pas et les figures ont varié suivant la mode, mais ce qui ne varie pas, c'est le plaisir qu'y trouvent les jeunes gens, surtout les jeunes filles. On a beaucoup discuté sur le plus ou moins de moralité de ce plaisir. Il est bien certain que la valse, par exemple, est loin d'être un exercice moral. Il est assez malsain, d'autre part, de veiller la nuit, dans un air confiné, et de dormir le jour. Mais pour ceux qui s'amusent de la sorte, les usages mondains excusent tout.

Bibliogr. — BLASIS et VERGNAUD, *Manuel de la danse;* — A. BARON, *Lettres sur la danse ancienne, moderne, religieuse et théâtrale;* — CASTIL-BLAZE, *La Danse et les Ballets, depuis Bacchus jusqu'à Mlle Taglioni.*

DANSER. v. n. (anc. haut all. *dansôn*, tirer, étendre). Mouvoir le corps en cadence, et à pas mesurés, le plus ordinairement au son des instruments ou de la voix. *D. avec légèreté, avec grâce. Nous avons dansé toute la soirée. Il ne danse pas en mesure. Aimer à d. Apprendre à d.* — Prov., *Toujours va qui danse,* Il importe peu de bien d., pourvu qu'on danse; et fig., Il ne fait pas bien ce qu'on lui demande, mais il fait le mieux qu'il peut. — *D. sur la corde,* Exécuter des pas mesurés, faire des tours de force sur une corde tendue; et fig., Être engagé dans une entreprise hasardeuse, se trouver dans une situation difficile, périlleuse. — Fig. et fam., on dit que *Le cœur danse de joie,* pour exprimer qu'on éprouve un plaisir très vif. || Fig. et fam., *Ne savoir sur quel pied d.,* Être dans un grand embarras; ne savoir que faire, que devenir. — Fig., fam. et prov., *Faire d. quelqu'un,* Le contraindre à faire une chose en lui suscitant des embarras, des désagréments. = DANSER. v. a. Exécuter une danse. *D. un menuet, une contredanse. D. la bourrée. D. un ballet.* || Fig. et pop., *Il la dansera,* Il me le paiera, je me vengerai de lui. = DANSÉ, ÉE. part. *Un ballet bien dansé.*

DANSEUR, EUSE. s. Celui, celle qui danse, soit pour son propre plaisir, soit parce que telle est sa profession. *Il y avait à ce bal deux fois plus de danseurs que de danseuses.* — *Un d., une danseuse de l'Opéra.* — D., *danseuse de corde,* Celui, celle qui danse sur une corde tendue. Voy. FUNAMBULE.

DANTAN (ANT.-LAUR.), statuaire français (1798-1878).

= Son frère, JEAN-PIERRE, s'est distingué par ses plâtres-caricatures (1800-1869).

DANTE ALIGHIERI, grand poète italien, né à Florence en 1265. Ayant pris part aux luttes intestines de sa patrie, il fut exilé et mourut à Ravenne en 1321. Il s'est immortalisé par sa *Divine Comédie*, poème divisé en trois chants : l'*Enfer*, le *Purgatoire* et le *Paradis*.

DANTON, membre de la Convention et du Comité de salut public, né en 1759, mourut sur l'échafaud en 1794. Une des plus grandes figures de la Révolution. Après le 10 août, il fut nommé ministre de la justice, circonstance qui l'a fait accuser, vraisemblablement à tort, d'être l'instigateur des massacres de Septembre, qu'il ne sut pas empêcher. A la Convention, il siégea avec la Montagne, et vota la mort de Louis XVI. Au Comité de salut public, il se brouilla avec Robespierre, qui le fit condamner par le Tribunal révolutionnaire et guillotiner. L'œuvre de Danton consiste surtout dans l'influence qu'il exerça sur la Convention et qu'il employa à faire décréter les mesures les plus énergiques pour la défense du territoire envahi.

DANTZIG ou **DANTZICK,** v. d'Allemagne (Prusse), sur la Baltique, port de guerre à l'embouchure de la Vistule, 120,000 hab. Commerce considérable de blé et de graines oléagineuses. Siège de Dantzig, en 1807, par le maréchal Lefebvre, et les généraux Lariboisière et Chasseloup-Laubat. = *Duc de Dantzig,* titre donné au maréchal Lefebvre par Napoléon.

DANUBE, grand fleuve de l'Europe (2,800 kil.), prend sa source dans la forêt Noire, traverse le plateau de l'Allemagne du Sud (Ulm et Ratisbonne), l'Autriche (Vienne), la Hongrie (Buda-Pesth), sépare la Roumélie de la Serbie (Belgrade), de la Bulgarie (Roustchouk), de la Russie (Ismaïl), se jette par trois bouches dans la mer Noire.

Allus. litt. — *Paysan du Danube,* apologue de La Fontaine qui fait flétrir la corruption romaine par un paysan arrivé du Danube.

DANZÉ. s. m. Masse de fer servant au glacier à fixer le manche de son outil quand il puise le verre mou sur l'aire.

DAOURITE. s. f. (R. *Daourie,* n. de lieu). T. Minér. Tourmaline rouge de Sibérie.

DAPHNÉ. s. m. (nom myth. d'une nymphe changée en laurier). T. Bot. Genre de plantes Dicotylédones de la famille des *Thyméléacées.* Voy. ce mot.

DAPHNÉTINE. s. f. (R. *daphné*). T. Chim. La *Daphnétine* C11H6O4 est un produit de dédoublement de la daphnine. On peut l'obtenir par synthèse en chauffant un mélange de pyrogallol et d'acide malique avec de l'acide sulfurique. Elle cristallise en prismes jaunâtres, fusibles à 255°, solubles dans l'eau et dans l'alcool. Par la distillation sèche elle se transforme en ombelliférone. Cette dernière substance est une oxycoumarine qui dérive de la résorcine, tandis que la d. est une dioxycoumarine dérivée du pyrogallol.

DAPHNIE. s. f. (gr. δάφνη, laurier). T. Zool. Petits crustacés d'eau douce appartenant au sous-ordre des *Cladocères* et appelés vulgairement *Poux aquatiques, Puces d'eau.* Ils formaient autrefois, avec les *Cyclops,* le groupe des *Monocles.* Voy. CLADOCÈRES.

DAPHNINE. s. f. (R. *daphné*). T. Chim. Glucoside contenu dans l'écorce du Bois-gentil (*Daphne Mezereum*). La d., qui a pour formule C31H16O9, est solide, douée d'une saveur amère, puis astringente; elle cristallise en prismes ou en aiguilles solubles dans l'eau chaude, très solubles dans l'alcool, et contenant deux molécules d'eau de cristallisation qu'elle perd à 100°. A 200° elle fond et se décompose en donnant de l'ombelliférone. Sous l'action des acides étendus, de l'émulsine ou des ferments, elle fixe l'eau et se dédouble en glucose et en daphnétine.

DAPHNIS, berger, fils de Mercure et d'une nymphe sicilienne (Mythol.).

DAPHNITE. s. f. (gr. δάφνη, laurier). Pierre figurée qui imite les feuilles de laurier.

D'APRÈS. loc adv. Voy. APRÈS.

DARAISE. s. f. Déchargeoir d'un étang.

DARBO. s. m. Vase où les cloutiers jettent les clous finis.

DARBOY, archevêque de Paris, né en 1813, fusillé le 24 mai 1871 par les insurgés de la Commune qui l'avaient pris comme otage.

DARC (JEANNE), héroïne française, née à Domrémy, petit village du bailliage de Chaumont (Champagne) à la frontière de la Lorraine, en 1409. Il lui semblait entendre des voix qui lui ordonnaient d'aller sauver la France, désolée par l'invasion des Anglais. Elle partit, alla retrouver le roi Charles VII à Chinon, fit lever le siège d'Orléans (1429), vainquit les Anglais à Patay, et mena le roi jusqu'à Reims où il fut sacré. Elle essaya ensuite de reprendre Paris, qui était au pouvoir des Anglais ; mais trahie, abandonnée par l'ingrat Charles VII, elle fut prise au siège de Compiègne par les Anglais, qui la firent brûler vive à Rouen en 1431, après un odieux procès où on l'accusait de sorcellerie. L'histoire de Jeanne Darc paraît aussi merveilleuse qu'une légende antique, et cependant elle est connue dans tous ses détails par des témoignages irrécusables. C'est l'une des plus belles pages de notre histoire, qui marque l'éveil du sentiment national en France.

DARCE. s. f. Voy. DARSE.

DARCET (JEAN), chimiste français, fut directeur de la manufacture de Sèvres, inventeur d'un alliage très fusible (1725-1801).

DARD. s. m. (celt. dar, pointe). Arme de jet garnie par le bout d'une pointe de fer et qu'on lance avec la main. || Bâti qui porte une pièce d'artifice incendiaire ou propre à éclairer les travaux de l'ennemi. || T. Arquebusier. Mandrin d'acier avec lequel on s'assure que l'intérieur du canon d'un fusil est bien uni et cylindrique. — Nom donné au couvercle des pièces à poudre et dans lequel on mesure la poudre. || T. Mar. Nom donné à un genre particulier de fœne ou harpon. || T. Techn. Langue de feu pointue et allongée que l'on fait sortir dans les opérations du chalumeau.

DARDANELLES (Détroit des), l'Hellespont des anciens. Détroit situé entre l'Archipel et la mer de Marmara.

DARDANIE, ancien nom de la Troade.

DARDANIQUE. adj. T. Zool. Terrain placé entre la période tertiaire moyenne et la période tertiaire supérieure

DARDANUS, fondateur de Troie, ancêtre des Troyens et des Romains (Mythol.).

DARDEMENT. s. m. Action de darder.

DARDER. v. a. Lancer une arme ou quelque autre chose, de la même manière qu'on lancerait un dard. D. un javelot, un stylet, un harpon. || T. Mar. D. une pièce de bois, La creuser dans le sens des fibres du bois. — Par anal., on dit, L'abeille darde son aiguillon. Le serpent darde sa langue. || Fig., on dit, Le soleil darde ses rayons. — Au sens moral, D. une épigramme, un trait malin, Lancer une épigramme, etc. || Frapper, blesser avec un dard. D. une baleine. = DARDÉ, ÉE. part.

DARDILLON. s. m. (Pr. les ll mouillées). T. Pêc. Languette pointue d'un hameçon.

DARFOUR, royaume de l'Afrique centrale, entre la Nubie et le Soudan ; ville principale Kobbé.

DARIOLE. s. f. Petite pièce de pâtisserie contenant de la crème.

DARIQUE. s. f. T. Métrol. Monnaie perse, du temps de Darius. La darique d'or valait environ 25 fr. Voy. MONNAIE.

DARIUS, nom de trois rois de Perse : DARIUS Ier, fils d'Hystaspe (521-485 av. J.-C.) || DARIUS II (425-405) || DARIUS III, Codoman (336-330), vaincu par Alexandre le Grand à la bataille d'Arbelles, et assassiné par un de ses propres généraux.

DARIVETTE. s. f. Perche qui sert à la construction d'un train de bois flotté.

DARMSTADT, v. d'Allemagne, cap. du grand-duché de Hesse-Darmstadt ; 43,150 hab.

DARNE. s. f. (celt. darn, morceau). Tranche d'un poisson, tel que le saumon, l'alose, l'esturgeon. Une d. de saumon.

DARNÉTAL, ch.-l. de c. (Seine-Inférieure), arr. de Rouen ; 6,500 hab. Filatures.

DARNEY, ch.-l. de c. (Vosges), arr. de Mirecourt ; 1,500 hab.

DARNIS. s. m. T. Ent. Genre d'insectes de la famille des Cicadaires. Voy. ce mot.

DARNLEY (HENRI STUART, lord), petit-fils de Henri VIII, époux de Marie Stuart, assassiné par Bothwel (1541-1567).

DARSE ou **DARCE.** s. f. (ital. et esp. Darsena, de l'ar. dar canah, maison de travail). T. Mar. Partie du port que l'on ferme avec une chaîne et où l'on abrite les petits bâtiments. || Nom de ports militaires, particulièrement de celui de Toulon. Voy. PORT.

DART. s. m. T. Comm. Sorte de papier de pâte grise.

DARTOS. s. m. (gr. δαρτός, écorché). T. Anat. Membrane qui enveloppe les testicules. Voy. TESTICULE.

DARTRE. s. f. (gr. δαρτός, écorché). T. Méd. Dartre est un terme générique par lequel on désignait naguère un grand nombre d'affections cutanées, bien que fort différentes les unes des autres. Aujourd'hui ce mot est complètement banni du langage scientifique ; mais il restera longtemps encore dans le langage vulgaire. Nous nous contenterons de donner ici la synonymie médicale de ce terme : 1° D. furfuracée, Pityriasis et lepra vulgaris ; 2° D. squammeuse, Psoriasis, lichen et eczéma ; 3° D. crustacée, Impétigo ; 4° D. pustuleuse, Acné et sycosis ; 5° D. phlycténoïde, Herpès ; 6° D. rongeante, Lupus. Voy. DERMATOSE.
Méd. vét. — Voy. ECZÉMA.

DARTREUX, EUSE. adj. T. Méd. Qui tient de la dartre. Humeur dartreuse, Ophthalmie dartreuse. || Subst., Celui, celle qui a des dartres. Le traitement des d. La salle des d.

DARTRIER. s. m. (R. dartre, par allusion à ses propriétés médicales). T. Bot. Nom vulgaire du Cassia alata de la famille des Légumineuses

DARU (Comte), littérateur et homme d'État français, auteur de l'Histoire de Venise (1767-1829).

DARWIN, médecin et célèbre poète anglais (1731-1802).

DARWIN, naturaliste anglais (1809-1883), auteur d'une doctrine qu'il publia en 1859 dans le livre intitulé : Sur l'origine des espèces. Voy. DARWINISME et TRANSFORMISME.

DARWINIEN, ENNE. adj. Qui a rapport à la théorie de Darwin. Doctrine, hypothèse darwiniennes.

DARWINISME. s. m. Théorie de Darwin touchant les transformations des espèces animales et végétales.
L'idée que les animaux et les végétaux actuels pouvaient être dérivés des espèces préexistantes par des transformations successives n'appartient pas à Darwin, et c'est à tort que l'on considère quelquefois les expressions darwinisme et transformisme comme synonymes. Avant ce naturaliste, les partisans de la variabilité des espèces n'avaient émis que des hypothèses le plus souvent fantaisistes sur les causes qui avaient pu amener ces transformations ; Darwin, le premier, ramena ces causes à des faits qui se passent sous nos yeux, à l'observation des espèces vivant actuellement et par là fit entrer la théorie du transformisme dans un domaine vraiment scientifique.
Le D. peut se résumer ainsi : 1° Les animaux et les plantes présentent quelquefois des différences individuelles assez prononcées pour mériter le nom de variations ; — 2° Ces variations peuvent se transmettre des ascendants aux descendants

par hérédité; — 3° De même que l'homme choisit dans les animaux domestiques, comme reproducteurs, les individus présentant des caractères avantageux (*sélection artificielle*), de même la concurrence vitale ou *lutte pour l'existence* opère une sélection semblable chez les animaux sauvages en ne laissant survivre, ou du moins reproduire, que les individus ayant acquis des caractères utiles à l'espèce (*sélection naturelle*). Le développement de cette dernière partie est l'œuvre même de Darwin et c'est à elle seule qu'on pourrait, à la rigueur, réserver le nom de D.; il est juste de dire, cependant, qu'un autre naturaliste anglais, A. R. Wallace, émettait à la même époque une théorie à peu près semblable.

Les idées de Darwin furent acceptées avec enthousiasme par un grand nombre de savants, parce qu'on montrant comment les espèces avaient pu se transformer, elle apportait une des meilleures preuves à la doctrine du *transformisme*. Mais elle permettait aussi de rechercher l'origine de l'homme en dehors des traditions religieuses, d'édifier pour ainsi dire une nouvelle morale basée sur les lois physiques qui régissent le monde et d'attaquer ainsi la religion dans ses bases les plus solides; déductions hasardeuses, parfois même fantaisistes, qui appartiennent plus à quelques-uns de ses disciples qu'à Darwin lui-même. Et c'est là surtout ce qui a donné lieu à ces critiques justifiées parfois, mais trop souvent acerbes, devant lesquelles le grand naturaliste anglais a su garder la plus noble dignité.

Aujourd'hui qu'une trentaine d'années ont passé sur l'œuvre de Darwin, nous pouvons la juger avec plus de justesse. Sa portée fut immense; elle donna lieu à un mouvement scientifique extraordinaire qui se continue toujours et, en indiquant de nouvelles voies aux chercheurs, elle occasionna de nombreuses découvertes. Mais on admet généralement maintenant que le D., tel que nous l'avons restreint, n'est pas suffisant pour expliquer à lui seul toutes les transformations; si le plus célèbre continuateur de Darwin, A. R. Wallace, attribue toujours à la sélection une influence exclusive, nous voyons, par contre, les naturalistes américains rejeter complètement cette théorie pour revenir aux idées du Français Lamarck, un des plus célèbres précurseurs de Darwin. Voy. LAMARCKISME et TRANSFORMISME.

DARWINISTE. s. m. Partisan de la théorie de Darwin.

DASH (Comtesse), romancière française, née à Paris (1804-1872).

DASHPOT. s. m. [Pr. *dach-potte*] (angl. *to dash*, heurter; *pot*, vase). T. Techn. Piston à air employé dans les machines pour absorber la force vive d'un organe déclenché, et amortir ainsi le choc.

DASH-WEEL. s. m. [Pr. *dach-ou-il*] (angl. *to dash*, rejeter; *wheel*, roue). T. Techn. Machine à laver employée dans la teinture et l'impression des étoffes. Elle se compose essentiellement d'un tambour de 1m,50 à 2m,50 de diamètre sur 0m,75 d'épaisseur, divisé en quatre compartiments par des cloisons percées de trous, et animé d'une vitesse de rotation de 20 à 25 tours par minute. Les pièces d'étoffe sont introduites dans les compartiments, l'eau arrive par un tuyau d'un réservoir supérieur, et l'étoffe est lavée par suite du mouvement qui la projette sur la cloison et fait ainsi sortir l'eau qu'elle renferme.

DASY. (gr. δασὺς, garni de poils). Préfixe employé en histoire naturelle et qui signifie velu. Ex. : *Dasyanthe*, *Dasycarpe*, *Dasycaule*, *Dasyure*, *Dasycéphale*, *Dasygastre*.

DASYCLADÉES. s. f. pl. (R. *Dasycladus*). T. Bot. Tribu d'Algues de la famille des *Siphonées*. Voy. ce mot.

DASYCLADUS. s. m. (gr. δασὺς, touffu; κλάδος, rameau). T. Bot. Genre d'Algues de la famille des *Siphonées*. Voy. ce mot.

DASYPE. s. m. (gr. δασὺς, velu; ποῦς, pied). T. Mamm. Nom scientifique du genre *Tatou*.

DASYPHYLLE. adj. Qui a des feuilles velues; sign. respectivement : qui a les fleurs, les fruits, la tige, la tête, le ventre, les feuilles, la queue velus.

DASYPODE. s. m. (gr. δασὺς, velu; ποῦς, ποδὸς, pied).

T. Ent. Genre d'Insectes hyménoptères de la famille des *Andrénettes*. Voy. ce mot.

DASYURE. s. m. (gr. δασὺς, velu; οὐρα, queue). T. Mamm. Genre de Mammifères Didelphes. Voy. MARSUPIAUX.

DATAIRE. s. m. Officier de la cour de Rome qui préside à la daterie. *Lorsque le d. est un cardinal, il prend le titre de Prodataire.*

DATAMES, général perse qui se révolta contre Artaxercès Mnémon, et fut mis à mort en 362 av. J.-C.

DATE. s. f. (lat. *datum*, donné). Indication du temps et du lieu où un acte a été fait, où une lettre a été écrite; se dit plus particulièrement de l'indication du temps. *La date d'une lettre, d'un jugement, d'un contrat. Il m'a montré votre lettre en date du... Sa lettre est sans d. Cet acte porte la date du... Cette d. est fausse.* — *Prendre d.*, se dit dans les circonstances où la priorité peut constituer un droit, et sign. prendre rang, en faisant constater sa demande, sa prétention, etc. *J'ai pris d. avant vous, je dois vous être préféré.* On dit dans un sens anal., *Il est le premier en d.* — *Prendre d.*, *retenir d.*, sign. aussi, Prendre jour, s'engager. *Je ne puis aller dîner aujourd'hui chez vous, mais je prends date pour la semaine prochaine. Peu us.* || L'époque où un événement a eu lieu, et l'indication de cette époque. *La d. d'un événement. A la même d. Sous la même d. Vérifier la d. d'un événement. Erreur de d. D. incertaine.* — *De nouvelle d., de fraîche d.*, se dit de ce qui est récent. *Une connaissance de nouvelle d.* Dans le sens contraire, on dit, *Cela est d'ancienne d. Une amitié de vieille d.*

Diplomatique. — On désigne, sous le nom de *Date*, l'indication du temps où les diplômes, les actes, les lettres, etc., ont été donnés ou écrits. La formule ordinaire de cette annotation commençait jadis par les mots, *datum*, *data* (d'où le français *date*), ou par ceux-ci, *acta*, *scripta*, *facta*. Lorsque ces mots étaient un singulier, on y joignait l'un des substantifs *donatio*, *charta*, *epistola*, *notitia*, *scriptura*, etc.; lorsqu'ils étaient au pluriel, on n'exprimait point le titre de la pièce, mais l'on disait en termes généraux, *facta sunt hæc*; *acta sunt hæc*, etc. — On distingue 4 espèces de dates : dates de temps, dates de lieu, dates de personnes, et dates de faits.

1° Les *dates de temps* sont vagues ou précises. — Les premières n'annoncent qu'une suite indéfinie d'années : telles sont, par ex., celles-ci, *Regnante Domino nostro J. C.*; *Carolo rege imperante*, etc. C'est ainsi que sont presque toujours datés des actes des martyrs, et cet usage prévalut dans les chartes du VIIe au XIIe siècle. Néanmoins, les actes où figurent ces formules vagues renferment, en général, des indications qui permettent d'en préciser l'époque. — Les dates de la deuxième espèce sont plus fréquentes. Elles indiquent non seulement l'année, mais encore le mois et la semaine, quelquefois même le jour et l'heure de la rédaction des chartes. On y voit figurer toutes les ères en usage dans la chronologie chrétienne, ainsi que tous les termes du comput ecclésiastique. L'année est fréquemment désignée par les noms d'*année de l'Incarnation*, de la *Nativité du Seigneur*, de la *Trabéation*, de la *Circoncision*, etc. On l'appelait aussi *an de grâce*, parce qu'alors elle commençait le jour de la naissance du Christ. Toutefois, cette dernière dénomination ne fut fréquemment employée qu'à partir du XIIe siècle, en sorte qu'un acte antérieur à cette époque où l'on la trouverait, devrait, suivant Dom de Vaines, être tenu pour suspect. — Du XIe au XIVe siècle, la d. du mois est quelquefois indiqué d'une manière particulière. On divisait le mois en deux parties : l'une, nommée *mois entrant* (*mensis intrans*) ou entrée du mois (*mensis introitus*), allait du 1er au 15 ou au 16, selon que le mois avait 30 ou 31 jours; l'autre, dite *mois sortant* (*mensis stans* ou *exiens*) ou *sortie du mois* (*exitus mensis*), commençait le 15 ou le 16 et finissait le 30 ou le 31. Les jours du mois entrant conservaient l'ordre direct 1, 2, 3, etc., tandis que ceux du mois sortant se comptaient dans l'ordre inverse. D'après cela, le 15 janvier sortant correspondait au 17 de ce mois, le 14 au 18, et ainsi des autres. — La d. du jour se trouve dans les plus anciens monuments diplomatiques. Jusqu'au XIIIe siècle, l'on compte par nones, ides et calendes; mais, à partir de cette époque, le système moderne prévaut généralement. Aujourd'hui même, la chancellerie romaine suit encore l'usage ancien pour les bulles, tandis qu'elle l'a abandonné pour les brefs depuis

1450. Enfin, au lieu d'appeler les jours de la semaine par leurs noms païens, *lundi*, *mardi*, etc., on adopta l'habitude, surtout après le IXᵉ siècle, de les désigner par le mot *féric* (*feria*). On disait donc *feria prima*, pour dimanche ; *feria secunda*, pour lundi ; et ainsi des autres jusqu'au samedi qui était appelé *f. septima*. — Pendant tout le moyen âge, le dimanche a souvent été désigné, surtout dans les actes ecclésiastiques, par les premiers mots de l'introït de la messe du jour. Ainsi, par ex., les mots *Factus est Dominus*, désignaient le 2ᵉ dimanche après la Pentecôte ; ceux-ci, *In excelso throno*, le 1ᵉʳ dimanche après l'Épiphanie. Le calendrier actuel offre encore des traces de cette manière de compter pour le 3ᵉ et le 4ᵉ dimanche de carême, ainsi que pour celui de la Passion et le 1ᵉʳ dimanche après Pâques, que l'on appelle respectivement dimanche d'*Oculi*, de *Lætare*, de *Judica me* et de *Quasimodo*. Enfin, en marquait fréquemment les jours de la semaine par la fête du saint qui s'y rapportait.

2° Les *dates de lieu* indiquent le pays, la ville, le château où l'acte a été passé. Cette indication ne devint habituelle que dans le courant du XIIᵉ siècle ; mais au siècle suivant l'exactitude fut poussée si loin qu'on alla jusqu'à désigner la salle ou la chambre où les écritures avaient été passées. Enfin, en 1476, une ordonnance de Louis XI obligea les notaires à relater le lieu et la maison où ils instrumentaient.

3° On appelle *dates de personnes* celles qui ment cunent le nom d'un roi, d'un pape, d'un évêque, etc., et qui prennent pour point de départ chronologique le commencement de leur règne ou de leur épiscopal. A l'exemple des empereurs romains, les rois francs indiquaient, dans leurs actes, l'année de leur règne ; mais les indications de cette sorte présentent parfois des contradictions apparentes avec les données historiques communément admises. Cela tient à ce que souvent l'on faisait commencer à des époques différentes le règne d'un même prince. Ainsi, pour ne citer qu'un ex., on distingue au moins quatre dates du commencement du règne de Lothaire Iᵉʳ : 31 juillet 817, quand il fut associé à l'empire par Louis le Débonnaire ; 822, quand il fut envoyé dans le royaume de Lombardie ; 823, quand il reçut la couronne impériale des mains du pape ; et 840, quand il prit possession du trône impérial après la mort de son père. — C'est au VIIᵉ siècle que les Papes ont commencé à dater de leur pontificat. Cet usage devint commun au siècle suivant ; néanmoins, il est à remarquer que la chancellerie romaine a pris pour point de départ, tantôt le jour de l'élection du souverain pontife, tantôt celui de son couronnement. Les évêques ont daté de leur épiscopat depuis le VIIIᵉ jusqu'au XVᵉ siècle ; mais quelques-uns ont continué du jour de leur élévation, et d'autres du jour de leur consécration. Le premier système était général au XIᵉ siècle. — Enfin, les grands vassaux ont fréquemment daté de leur avènement ; c'est ce que l'on voit surtout dans les actes des XIᵉ et XIIᵉ siècles.

4° Les *dates historiques* consistent dans la seule énonciation d'un fait historique. Dans ce cas on prenait pour époque un événement remarquable, tel qu'un mariage, une mort, une grande bataille, un traité de paix, l'apparition d'une comète, etc. C'est ainsi qu'un grand nombre de chartes sont datées de l'arrivée de Pierre l'Ermite, du départ pour la terre sainte, de la prise de Jérusalem, etc.

Législ. — En Droit, la d. est nécessaire pour la validité des actes ; elle doit indiquer le lieu, l'année, le mois et le jour du mois. Les actes sous seing privé n'ont de d. *certaine*, c.-à-d. n'ont de d. contre les tiers que du jour où ils ont été enregistrés, ou du jour de la mort de ceux qui l'ont de l'un de ceux qui les ont souscrits, ou du jour où leur substance est constatée dans des actes dressés par des officiers publics, tels que procès-verbaux de scellé ou d'inventaire (C. c. 1328). Toutefois, la d. est indispensable pour certains actes sous seing privé, tels que les testaments olographes, les lettres de change, billets à ordre, contrats et polices d'assurances. Les actes authentiques et publics font foi par eux-mêmes de la d. qui y est énoncée. Pour ces actes, la d. est requise, sous peine de nullité, comme actes authentiques ; car ils seraient encore comme actes sous seing privé, quand ils ne mentionnent pas la d. Les actes de l'état civil doivent mentionner à date en toutes lettres ; de même pour les actes notariés. Enfin, c'est par ordre de dates que les commerçants, agents de change et courtiers doivent tenir les livres prescrits par le code de commerce.

DATER. v. a. Mettre la date. *D. une lettre, un contrat, une expédition.* = **DATER.** v. n. Se dit d'une chose qui a eu lieu ou a commencé d'exister à une telle époque. *La découverte du nouveau monde date du XVᵉ siècle. Mettre ami-*

tié date de loin. — *A d.ⁿ de ce jour*, A partir de ce jour. || *Courir. Mes appointements dateront d'aujourd'hui.* || *Faire époque. Cette circonstance datera dans sa vie.* = DATÉ, ÉE. part. *Une lettre datée de Lyon. Une lettre qui n'est pas datée.*

DATERIE. s. f. Division de la chancellerie romaine où l'on expédie au nom du pape toutes les grâces relatives aux bénéfices et aux dispenses. *Cela a passé en d. Il a obtenu des lettres à la d.* || L'office de dataire. *Le pape a donné la d. au cardinal un tel.*

DATHOLITE. s. f. Orthogr. vicieuse. Voy. DATOLITHE.

DATIF. s. m. (lat. *dare*, donner). T. Gram. Cas qui, dans les langues à déclinaison, marque généralement l'attribution et correspond à la préposition française à. Voy. CAS.

DATIF, IVE. adj. (lat. *dativus*, qu'on peut donner). T. Droit. *Tuteur d. Tutelle dative.* Voy. TUTELLE.

DATION. s. f. [Pr. *da-sion*] (lat. *datio*, m. s.). T. Jurispr. N'est usité que dans cette locution, *D. en paiement*, qui s'emploie lorsqu'il s'agit d'un paiement effectué en nature.

DATIS, général de Darius Iᵉʳ, fut vaincu par Miltiade à Marathon (490 av. J.-C.).

DATISCÉES. s. f. pl. [Pr. *datis-sé*] (R. Datisca, Datisque). T. Bot. — Famille de végétaux Dicotylédones de l'ordre des Apétales inférovariées.

Caract. bot : Plantes herbacées rameuses (*Datisca* et *Tricerastes*) ou de grands arbres (*Octomeles* et *Tetrameles*). Feuilles alternes, divisées, simples ou composées, sans stipules. Fleurs dioïques en grappes axillaires ou en panicules terminales. Calice des fleurs mâles formé de 4, 6, ou 8 sépales ; calice des fleurs femelles 3-4 denté, adhérent à l'ovaire. Fleurs mâles : 6-12 étamines ; anthères à 2 loges, membraneuses, linéaires, s'ouvrant longitudinalement. Fleurs femelles : pistil formé de 3 carpelles concrescents en un ; ovaire uniloculaire à 3-5 placentas pariétaux polyspermes ; ovules anatropes ; stigmates en même nombre que les placentas, et opposés aux lobes du calice. Fruit capsulaire, s'ouvrant au sommet entre les styles. Graines entourées d'un tégument membraneux finement réticulé, avec un arille membraneux cupuliforme ; embryon droit, à radicule très longue dirigée vers le hile ; albumen peu abondant. Cotylédons très courts [Fig. 1. *Tricerastes glomerata*. — 2. *Datisca cannabina*, Fleur mâle ; 3. Fruit ; 4. Coupe transversale du même ; 5. Graine ; 6. Embryon.]

Cette famille ne comprend encore que quatre genres (*Datisca, Tricerastes, Octomeles, Tetrameles*) et 4 espèces, qui sont dispersées dans l'Amérique du Nord, la Sibérie, l'Inde septentrionale, l'Archipel indien et l'extrémité méridionale de l'Europe orientale. Le *Datisca cannabina*, appelé vulgairement Chanvre de Crète, est amer et purgatif. En Italie, on l'administre quelquefois dans les fièvres, ainsi que dans les affections gastriques et scrofuleuses. Sa racine contient une substance qui a reçu le nom de *Datiscine*.

DATISCINE. s. f. [Pr. *datis-sine*] T. Chim. La *datiscine* $C^{21}H^{22}O^{12}$ est un glucoside contenu dans les feuilles

et les racines du *Datisca cannabina*, d'où on l'extrait à l'aide de l'alcool. Elle cristallise en aiguilles ou en lamelles transparentes et soyeuses, fusibles à 180°, neutres et amères, très solubles dans l'alcool, fort peu solubles dans l'eau. Les alcalis la dissolvent en jaune foncé. Les acides étendus ou la potasse concentrée la dédoublent en glucose et en datiscétine.

La *datiscétine* $C^{15} H^{10} O^6$, qui résulte de ce dédoublement, se présente en aiguilles incolores, presque insolubles dans l'eau, facilement solubles dans l'alcool, l'éther et les dissolutions alcalines. L'acide nitrique étendu la transforme en acide nitrosalicylique.

DATISME. s. m. (gr. δατισμός, m. s.). Accumulation de synonymes pour exprimer la même chose, comme lorsqu'on dit : *Je me réjouis beaucoup, je suis content, je suis enchanté de votre arrivée.*

DATISQUE. s. m. T. Bot. Genre de plantes Dicotylédones (*Datisca*) de la famille des *Datiscées*. Voy. ce mot.

DATOLITHE. s. f. T. Minér. Silico-borate de chaux hydraté, cristallisé en prismes clinorhombiques transparents, contenu dans les cavités des roches basiques et principalement dans les trapps.

DATTE. s. f. (gr. δάκτυλος, doigt). Fruit du Dattier.

DATTIER. s. m. T. Bot. Nom donné au *Phœnix dactylifera* qui produit les *dattes*. Voy. PALMIER.

DATURA. s. m. (probablement de l'indien *datiro*, nom de plusieurs espèces de ce genre). T. Bot. Genre de plantes Dicotylédones de la famille des *Solanacées*. Voy. ce mot.

DATURINE. s. f. T. Chim. Principe actif du *Datura stramonium*. C'est un mélange de deux alcaloïdes isomères : l'*atropine* et l'*hyoscyamine*.

DAUBAN, historien français (1820-1876).

DAUBE. s. f. (R. *dauber*). T. Cuisine. Manière de préparer les viandes qui consiste à les battre préalablement, puis à les enfermer, avec un assaisonnement relevé, dans un vase bien clos, et enfin à les soumettre longtemps à une douce chaleur. *Gigot à la d., en d. Faire une d.* || La viande qui a été accommodée de cette manière. *Servir une d. D. froide.*

DAUBENTON, naturaliste français, collaborateur de Buffon (1716-1799).

DAUBER. v. a. (anc. all. *dubban*, frapper). Battre à coups de poing. *On l'a bien daubé.* Pop. || Fig. et fam., Railler, injurier quelqu'un, mal parler de lui. *Cette vieille péronnelle daube tout le monde.* || T. Art culin. Mettre en daube. *D. une oie.* = SE DAUBER. v. pron. Se battre. *Ces écoliers se sont bien daubés.* Fam. = DAUBÉ, ÉE. part.

DAUBEUR. s. m. (R. *dauber*). Celui qui raille, qui médit. Fam. et peu usité. || T. Métall. L'aide qui bat le fer que lui présente le forgeron.

DAUBIÈRE. s. f. Vase dans lequel on cuit une daube.

DAUBIGNY, paysagiste français (1817-1877). || Son fils KARL-PIERRE, peintre fr. (1846-1886).

DAUBRÉITE. s. f. (R. *Daubrée*, nom d'un minéralogiste français). T. Minér. Oxychlorure de bismuth.

DAUBRÉLITE ou **DAUBRÉELITHE.** s. f. (R. *Daubrée*, nom d'un minéralogiste français). T. Minér. Sulfure double de fer et de chrome.

DAUCUS. s. m. [Pr. *do-kusse*]. T. Bot. Genre de plantes de la famille des *Ombellifères*. Voy. ce mot. || DAUCUS DE CRÈTE. Nom vulgaire sous lequel on désigne dans les officines l'*Athamantha cretensis*, plante de la famille des *Ombellifères*.

DAULIS, ville anc. de la Phocide.

DAUMAS, statuaire français, né à Toulon (1801-1887).

DAUMAS, général français, auteur d'ouvrages sur l'Algérie (1803-1871).

DAUMER, philosophe et poète allemand né à Nuremberg (1800-1875).

DAUMESNIL (PIERRE), dit la *Jambe de bois*, général français, né à Périgueux, connu par l'énergie avec laquelle il défendit Vincennes en 1814 (1777-1832).

DAUMIER, caricaturiste français né à Marseille (1808-1879).

DAUMONT. s. m. *Attelage à la D.* Voy. AUMONT.

DAUN, général autrichien, vainquit Frédéric II à Kollin en 1757 (1705-1766).

DAUNOU, conventionnel et historien français, auteur d'un *Cours d'études historiques* (1761-1840).

DAUPHIN. s. m. (gr. δελφίν, porc de mer). T. Mamm. Voy. plus bas. || T. Astr. Constellation boréale. Voy. CONSTELLATION. || T. Constr. Pierre percée d'un trou coudé pour le passage des eaux. || T. Techn. Extrémité coudée d'un tuyau de descente représentant un dauphin la gueule ouverte. || T. Pyrotech. Pièce d'artifice qui plonge dans l'eau et en ressort. || T. Mar. Pièces d'artifice de bois courbes qui servent à lier l'éperon et le guibre d'un bâtiment avec l'étrave, les aiguilles et les corps. || T. Comm. Espèce de papier. — Étoffe de laine.

Mamm. — Le *Dauphin* (*Delphinus*) est le type d'une nombreuse famille de *Cétacés carnivores* désignée sous le nom de *Delphinidés* ou *Delphiniens*. Les Delphinidés sont essentiellement caractérisés par la petitesse relative de leur tête, ainsi que par leur système dentaire qui consiste tantôt en un plus ou moins grand nombre de dents généralement coniques tantôt en longues défenses horizontales. En outre, tous les Delphinidés ont le corps fusiforme, s'amincissant insensiblement vers la queue ; leurs évents n'ont qu'une ouverture unique placée au sommet de la tête ; les mamelles, au nombre de deux, sont logées dans un pli de la peau, près des organes de la reproduction, et leurs mamelons ne font saillie en dehors que lorsqu'elles sont gonflées de lait. Plusieurs espèces ont la boîte crânienne fort grande et un cerveau très volumineux, avec des circonvolutions plus nombreuses et plus profondes que chez tous les autres animaux. — A en croire les anciens, le Dauphin (mais il est impossible de déterminer l'espèce qu'ils nommaient ainsi) était un animal doux, intelligent, aimant la musique, susceptible de se familiariser et même de s'attacher à l'homme ; de là, une foule d'histoires plus ou moins merveilleuses qui avaient cours alors au sujet de cet animal. Malheureusement, aucun des observateurs modernes n'a jamais rien vu de semblable. « Les Dauphins, dit Cuvier, sont les plus carnassiers et, proportionnellement à leur taille, les plus cruels de l'ordre des Cétacés. » — « Les Dauphins de nos jours, dit Boitard, sont des animaux stupides, brutaux, voraces, n'ayant d'intelligence que juste ce qu'il en faut pour dévorer leur proie et reproduire leur espèce. Toutefois, en étudiant les véritables mœurs de ces Cétacés, peut-être arriverons-nous à deviner l'origine de ces contes puérils. Lorsqu'un navire est à la voile, il est constamment escorté par des troupes de poissons attirés par les débris de cuisine, les balayures et les vidanges qui leur fournissent une nourriture abondante. Les Dauphins, attirés à leur tour par ces légions de poissons dont ils ont l'habitude de faire leur nourriture, se rassemblent aussi autour des navires et les suivent pour avoir continuellement une proie à leur portée, et en cela ils sont imités par les Requins. Des matelots auront remarqué que ces derniers attaquaient et dévoraient les hommes qui tombaient à la mer, tandis que les autres ne leur faisaient aucun mal, et, au lieu d'attribuer simplement ce fait à une différence d'organisation, ils l'auront mis sur le compte d'une prétendue pitié des Dauphins auraient pour l'espèce humaine. » Il est vrai que, parmi les auteurs anciens qui racontent les merveilles auxquelles nous faisons allusion, il en est un qui dit avoir été témoin oculaire de ce qu'il rapporte : « J'ai vu moi-même, à Poroséléné, dit Pausanias, un D. qui, blessé par des pêcheurs et guéri par un enfant, lui témoignait sa reconnaissance ; je l'ai vu venir à la voix de l'enfant, et, quand celui-ci le désirait, lui servir de monture pour aller où il voulait. » Si l'on admet la véracité de l'écrivain grec, il faut nécessairement admettre en même temps qu'il s'est trompé d'espèce. « S'il a pris, comme je n'en doute pas, dit Boitard, un Phoque pour un D., son histoire s'explique parfaitement, et peut être vraie de tout point. »

La famille des *Delphinidés* (voy. ce mot) a été divisée en un grand nombre de genres dont les principaux seront étudiés dans cet article.

Les *Dauphins proprement dits* (*Delphinus*) se reconnaissent à leur museau étroit qui se prolonge en forme de bec, et a presque trois fois la longueur du crâne. Chez quelques espèces, ce museau est séparé du crâne, qui est bombé, par une dépression très marquée. Ces animaux ont une nageoire dor-

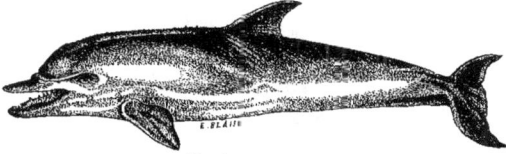

Fig. 1.

sale, et les dents droites et coniques aux deux mâchoires. Leur taille est généralement petite les plus grands ne dépassant guère 3 mètres. On en trouve dans toutes les mers. — Le *Dauph. commun* (*Delphinus delphis*) [Fig. 1] a le bec déprimé et armé de chaque côté de la mâchoire de 42 à 47 dents grêles, arquées et pointues; il est noir dessus, blanc dessous, et long de 3 mètres au plus. Ses nageoires pectorales sont de grandeur médiocre et en forme de faux; la dorsale est pointue et assez élevée; la caudale est un croissant et échancrée dans son milieu. C'est l'espèce qui se rencontre le plus souvent sur nos côtes, où les matelots l'appellent *Oie de mer*. C'est probablement celle dont ont parlé les auteurs grecs et latins. On la voit même quelquefois remonter les grands fleuves et y séjourner assez longtemps. Le *Souffleur Nésarnak* (genre *Tursio*) diffère du précédent par son museau, qui est plus court, plus

Fig. 2.

large et plus déprimé. De plus, il est entièrement noirâtre, à l'exception d'une petite partie du ventre qui est blanchâtre. Ses dents sont coniques et obtuses, et au nombre seulement de 21 à 25 à chaque côté des deux mâchoires. Ce cétacé est long de 3 mètres à 3 m. 35. Il est propre aux mers du Nord; mais on le voit aussi dans la Manche, et quelquefois même il remonte la Seine jusqu'à Rouen.

Fig. 3.

Les *Marsouins* (*Phocæna*) diffèrent des précédents par leur museau court, uniformément bombé, et n'ayant pas la forme d'un bec. Ils ont, en outre, les dents irrégulièrement placées sur chaque mâchoire. Leur nom, qui signifie, en allemand, *Cochon de mer*, vient de la quantité considérable de graisse qui se trouve sous leur peau. Le *Marsouin commun* (*Phoc. communis*) [Fig. 2] est le plus petit de tous les Cétacés, car il ne dépasse pas 1 m. 70 de longueur; c'est aussi l'espèce la plus commune sur nos côtes. Cet animal aime à se

tenir à l'embouchure des fleuves, qu'il remonte quelquefois fort loin. Il n'est pas rare d'en voir dans la Garonne à Bordeaux, dans la Loire à Nantes, dans la Seine à Rouen. Ce Cétacé est blanc en dessous et noir à reflets violacés ou verdâtres en dessus. Le bourrelet qui lui tient lieu de lèvre est couleur de chair, et sa mâchoire inférieure est bordée de noir; ses nageoires sont également noires. Les *Orques* (*Orca*) sont les plus grands de tous les D. L'*Epaulard* (*Orca gladiator*) dépasse quelquefois 9 mètres de long, et son diamètre peut atteindre jusqu'à 1 m. 30. Sa nageoire dorsale, haute de 1 m. 30 environ, est pointue et recourbée en arrière. Son corps est blanc en dessous, mais noir en dessus, avec une tache blanchâtre et en forme de croissant sur l'œil. Cette espèce habite les mers d'Europe, et se montre parfois sur nos côtes; mais on la rencontre surtout dans les mers du Nord, où elle fait une guerre acharnée à la Baleine.

Les *Globicéphales* ont la partie antérieure de la tête sphérique et le museau très court. Leurs dents sont en nombre variable. — Le *Gl. de Risso* (*Globicephalus Rissoanus*) [Fig. 3] habite la Méditerranée. Il atteint une longueur de 3 mèt. à 3 m. 50. La femelle est d'un brun uniforme et le mâle d'un blanc bleuâtre. De plus, les deux sexes sont couverts en dessus d'une multitude de petites lignes plus claires que le reste. — Le *Gl. noir* ou *conducteur* (*Gl. melas, deductor*), vulgairement appelé *Chaudron*, est très commun dans les mers du Nord, surtout autour de l'Islande, des îles Féroé, etc., où on le pêche activement pour son huile. Cet animal se rencontre par bandes quelquefois composées de 500 individus. Chaque troupe est, dit-on, conduite par un chef qu'elle n'abandonne jamais, en sorte qu'il suffit de faire échouer ce dernier pour que toute la troupe vienne s'échouer après lui sur le même banc de sable. Ce fait est arrivé le 7 janv. 1812 sur nos côtes de Bretagne, près de Paimpol, où l'on a pris 74 de ces animaux.

Les *Delphinorhynques* (*Delphinorhynchus*, Lesson, Steno, Gray) se distinguent par leur museau excessivement étroit et dont la longueur est quelquefois quatre fois plus longue que celle du crâne. Le type du genre est le *Delphinorh. à long bec* (*D. rostratus*). Cet animal, qui a ordinairement près de 3 mèt. de longueur, a le dessus du corps noir, et le dessous d'un blanc rosé avec quelques petites taches isolées. Il habite l'Océan Atlantique.

Le genre *Delphinaptère* est dépourvu de nageoire dorsale. Il se compose de deux espèces seulement. — L'une a le museau séparé du crâne par un sillon profond : c'est le *D. de Péron* (*D. Peroni*) qui est propre aux mers antarctiques; l'autre, appelé *D. Béluga* (*D. leucas*), n'a pas de sillon entre le crâne et le museau. Ce dernier est entièrement d'un blanc d'ivoire quand il est adulte. Il appartient aux mers arctiques.

Les *Narvals* (*Monodon*) n'ont pas de dents proprement dites, mais seulement deux défenses droites et pointues formées par le grand développement des canines supérieures, et dirigées dans le sens de l'axe du corps. La forme de leur corps et celle de leur tête ressemble d'ailleurs beaucoup à celles des Marsouins. On n'en connaît bien qu'une espèce, appelée *Monodon monoceros*, dont la défense, sillonnée en spirale et quelquefois longue de 3m,50, a été longtemps appelée *corne de licorne*. L'animal a bien le germe de deux défenses, mais il est très rare qu'elles croissent toutes les deux : ordinairement celle du côté gauche est la seule qui se développe; chez la femelle elles restent toutes les deux rudimentaires. Le corps du Narval n'a guère que le double de la longueur de sa défense. Sa peau est marbrée de brun et de blanchâtre, son museau bombé et sa bouche petite. Enfin, au lieu de nageoire dorsale, il a une arête saillante sur toute la longueur de l'épine. Le Narval habite les mers de l'Islande et du Groënland. Il vit en troupes parfois assez nombreuses et nage avec une très grande vitesse. On lui fait la chasse pour sa graisse, qui fournit une huile aussi bonne que celle de la Baleine, et pour sa défense, qui sert aux mêmes usages que l'ivoire : quant à sa chair, les Groënlandais la mangent avec délices. Les mœurs de cet animal sont fort peu connues. Néanmoins il suffit d'étudier son organisation pour voir qu'il faut reléguer au rang des fables tout ce qu'on raconte de la guerre acharnée qu'il ferait à la Baleine.

Il n'est pas vrai non plus qu'il se nourrisse de cadavres,

comme le croient les Islandais et comme l'exprime son nom (*nar*, cadavre, et *whal*, baleine). Il se nourrit de Mollusques, de Crustacés et de Poissons de taille moyenne, qu'il tue d'abord avec sa défense. — On voit dans les musées quelques défenses de Narvals tout à fait lisses : peut-être proviennent-elles d'une autre espèce.

Le genre *Plataniste* ou *Sousou* est caractérisé par la forme étroite des mâchoires et par les crêtes minces et saillantes que les maxillaires projettent en avant de chaque côté des conduits de l'évent. Il ne comprend qu'une seule espèce, le *Platanista gangetica*, qui habite tous les grands fleuves de l'Inde sans aller dans la mer.

Le genre *Inie* (*Inia*) est surtout caractérisé par ses dents mamelliformes ; en outre, la nageoire dorsale est représentée par une simple élévation de la peau. Les Inies habitent les lacs de l'intérieur du haut Pérou et de la Bolivie ; on en trouve dans l'Amazone et dans tous ses affluents.

Les *Hyperoodons* ont le corps et le museau à peu près conformés à l'extérieur comme les Dauphins proprement dits ; mais leur crâne est relevé sur les bords par des cloisons osseuses verticales qui se développent sur les maxillaires supérieurs. Ils n'ont que deux petites dents à la mâchoire inférieure, mais leur palais est hérissé de petits tubercules ossiformes. Cette réduction du système dentaire les rapproche des Cachalots. L'*Anarnak* (*H. rostratus*), type du genre, atteint 8 à 10 mèt. de long et habite le Nord de l'Atlantique.

Paléont. — Voy. DELPHINIDÉS.

Hist. — Le titre de *Dauphin* a d'abord servi à qualifier les comtes du Viennois. Il a été porté, pour la première fois, par Guigues IV, qui vivait au XIIe siècle, et le plus ancien texte où on le trouve est un acte passé en 1140 entre ce seigneur et Hugues II, évêque de Grenoble. On ne connaît pas l'origine de cette qualification ; mais il est assez probable qu'elle provient d'un dauphin que Guigues portait sur son

   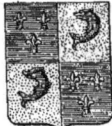

Fig. 1.   Fig. 2.

écu. Cet animal a, du reste, toujours figuré dans les armoiries de ses États, devenus plus tard notre ancienne province du Dauphiné (Fig. 1, d'or, au dauphin d'azur, allumé, lorré et peautré de gueules). — Humbert II, se voyant sans enfants et accablé de dettes, abandonna ou plutôt vendit ses États à Philippe VI (23 avril 1342, 30 mars 1349), sous la condition que les fils de France prendraient à l'avenir le titre de *Dauphin*. Charles, devenu roi sous le nom de Charles V, dit le Sage, reçut l'investiture du Dauphiné en 1349 et fut le premier Capétien qui se qualifia *Dauphin*. Le dernier prince qui ait porté ce titre est le duc d'Angoulême, fils aîné de Charles X. Les

Fig. 3.

Dauphins de France écartelaient leurs armes de France et de Dauphiné (Fig. 2). Ils portaient en outre une couronne royale dont les diadèmes avaient la forme de dauphin, et soutenaient une double fleur de lis (Fig. 3).

DAUPHINE. s. f. Femme du dauphin de France.

DAUPHINÉ, anc. province de France, cap. *Grenoble*. Acquise en 1349, elle a formé le dép. de l'Isère, des Hautes-Alpes, de la Drôme. = Nom des hab. : DAUPHINOIS, OISE.

DAUPHINELLE. s. f. (Dimin. de *dauphin*). T. Bot. Genre de plantes Dicotylédones (*Delphinium*) de la famille des *Renonculacées*. Voy. ce mot. = DAUPHINELLE. s. m. Espèce de pince très forte qui sert au dentiste pour extraire les dents qui n'ont qu'une racine.

DAURADE. s. f. (lat. *deaurata*, dorée ; en provençal, *daurada*). T. Icht. Genre de Poissons osseux de l'ordre des Acanthoptérygiens et de la famille des *Sparoïdes*. Voy. ce mot. || Ne pas confondre avec *Dorade*.

D'AUTANT. loc. adv. Voy. AUTANT.

DAUW ou **DAW**. s. m. T. Mamm. [Pr. *Dô*]. Nom que les Hottentots donnent à une espèce de Zèbre (*Equus Burchellii*). Voy. ZÈBRE.

DAVALLIE. s. f. T. Bot. Genre de Fougères (*Davallia*) de la famille des *Polypodiacées*. Voy. ce mot.

DAVALLIÉES. s. f. pl. (R. *Davallié*) T. Bot. Tribu de Fougères de la famille des *Polypodiacées*. Voy. ce mot.

DAVANTAGE. adv. (R. *De*, et *avantage*). Plus, bien plus. S'emploie toujours absol. *Le père était savant, mais le fils l'est bien d. Cela me plaît d. Je n'en sais pas d. Ne m'en demandez pas d. Je vous aimerais bien d., si vous changiez de conduite.* || Plus longtemps. *Je ne puis rester d.*

DAVID. s. m. Voy. DAVIS.

DAVID, roi d'Israël et prophète, succéda à Saül en 1055 av. J.-C. et mourut en 1016.

DAVID Ier, roi d'Écosse (1124-1153).

DAVID II, roi d'Écosse, succéda à son père Robert Bruce en 1329, fut pris par les Anglais, et mourut en 1370.

DAVID (GÉRARD), peintre flamand (1450-1525).

DAVID (LOUIS), célèbre peintre français, membre de la Convention, organisateur des fêtes de la Révolution, puis peintre des grandeurs impériales, mourut à Bruxelles exilé (1748-1825).

DAVID D'ANGERS, statuaire français, auteur du fronton du Panthéon (1789-1856).

DAVID (FÉLICIEN), compositeur français (1810-1876), auteur du *Désert*, de *Lalla-Roukh*.

DAVIER. s. m. T. Chirur. Instrument d'acier en forme de tenaille courbée, dont les dentistes se servent pour arracher les dents. Voy. DENTISTE. || T. Typogr. Petite patte servant à maintenir le petit tympan de la presse dans l'enchâssure du grand. || T. Techn. Outil dont se servent les tonneliers pour faire entrer les cercles d'un tonneau. — Barre de fer qu'on fixe au moyen de crampons à la pièce qu'on veut forger et qui sert à porter celle-ci sur l'enclume. — Outil de menuisier composé d'une barre coudée à l'un des bouts et d'une pièce mobile pour serrer et assembler les pièces. || T. Mar. Rouleau de bois mobile placé horizontalement à la poupe ou à la proue d'une grande embarcation. || Roue placée dans le bas d'une pompe à chapelet et engrenant avec les plateaux.

DAVILA, Italien, auteur d'une *Histoire des guerres civiles de France* (1576-1631).

DAVILLA. s. f. T. Bot. Genre de plantes de la famille des *Dilléniacées*. Voy. ce mot.

DAVIS. s. m. T. Techn. Instrument du tonnelier. On dit aussi *David*.

DAVIS (JOHN), navigateur anglais, découvrit en 1585 le détroit qui porte son nom et qui unit la mer de Baffin à l'Atlantique.

DAVIS (JEFFERSON), président des États confédérés du Sud, en Amérique, pendant la guerre de la Sécession (1861-1865).

DAVOUT, duc d'Auerstaedt, prince d'Eckmühl, maréchal de France, s'illustra dans les guerres du 1er Empire (1770-1823).

DAVY (HUMPHRY), célèbre chimiste anglais, découvrit le potassium et le sodium, et inventa la lampe de sûreté pour les mineurs (1778-1829).

DAVYNE. s. f. (R. *Dary*, nom d'homme). T. Minér. Variété de néphéline.

DAVYUM. s. m. [Pr. *davi-ome*] (R. *Davy*, n. d'homme). T. Chim Métal d'un blanc d'argent, de densité 9.49, facilement attaquable par l'eau régale. Kern, qui l'a découvert dans certains échantillons de platine russe, le considère comme un corps simple dont le poids atomique serait compris entre 470 et 454; mais cette assertion ne paraît pas suffisamment prouvée.

DAW. s. m. Voy. Dauw.

DAWSONITE. s. f. (R. *Dawson* nom d'un géologue anglais). T. Minéral. Hydrocarbonate d'alumine et de soude, en masses fibreuses, blanches, translucides.

DAX, ch.-l. d'arr. du dép. des Landes, à 50 kil. de Mont-de-Marsan, sur l'Adour; 10,200 hab. Eaux thermales. = Nom des hab. : Dacquois, oise.

DAY (Thomas), philosophe moraliste anglais (17-8-1789).

DAYAKS ou **DYAKS**, peuples sauvages habitant l'intérieur de l'île de Bornéo.

DE. prép. (lat. *de*). Les rapports que cette prép. sert à exprimer sont extrêmement nombreux et, de plus, il existe encore un grand nombre d'idiotismes dans lesquels la prép. De joue un rôle singulier, qui tantôt peut s'expliquer par une ellipse, mais tantôt se refuse à toute interprétation logique. Pour mettre quelque ordre dans cette longue énumération de rapports, nous diviserons cet article d'après la considération de la nature des mots unis par la préposition et de la nature des rapports qu'elle indique. — On sait que *De*, suivi de l'article donne lieu aux contractions suivantes : *du* pour *de le*, et *des* pour *de les*. I. — De entre deux substantifs — La plupart ces rapports de ce genre étaient exprimés en latin par le génitif. || 1° Rapports de possession, propriété. *Le livre de Paul. La bonté de Dieu. La beauté d'une femme. Le roi de France. Les esclaves de Caton. Les soldats de ce régiment. Les arbres des forêts. Les gens de sa profession. La nature, la qualité, les propriétés d'une chose. La lumière du soleil. L'importance d'une affaire. Le sens d'un mot. C'est là le fait d'un ignorant.* — Rapport d'une relation plus ou moins intime assimilée à la possession : *Les héritiers du défunt. Les disciples de Kant. Les amis, les parents d'une personne. Les ennemis de la République.* — For. souvent le complément de la prép. de est indéterminé. *Un bien de famille. La qualité d'ambassadeur. La profession d'avocat. Caprice d'enfant. Eau de fontaine. Couleur d'or.* || 2° Rapport de la partie à l'ensemble. *Le derrière de la tête. Le bout du doigt. La lame d'une épée. Une lame d'épée. Les colonnes d'un temple. Le pied d'une table. Une main d'enfant. Le commencement, la fin, le milieu, l'extrémité de quelque chose. Une branche d'arbre. Les branches d'un arbre. La roue du chariot.* || 3° Rapport de la fraction à la totalité. *Il m'a remis le quart de la somme. Le reste du temps. Une partie du territoire. Donnez-moi un morceau de ce pain, un verre de cette liqueur. Il fait partie de notre société. Plusieurs de ces personnes y étaient. Il envoya dix hommes de sa troupe. La moitié de l'assemblée se leva pour... Il a perdu la moitié de sa fortune. Que vous a-t-il donné? rien du tout.* || 4° Rapport du contenant au contenu. *Une cruche d'eau. Un panier de cerises.* || 5° Rapport d'une chose à celui qui l'a produite, qui l'a faite. *L'Iliade d'Homère. Les comédies de Térence. La philosophie d'Aristote. Le système de Copernic.* || 6° Rapport d'une personne ou d'une chose au lieu d'origine, au lieu où elle a été faite. *Le vent du nord. Des soieries de Lyon. Le concile de Nicée. La paix d'Amiens.* — C'est dans un sens analogue que la prép. *de* s'emploie devant les noms propres de nobles, qui sont ordinairement au lieu d'origine, une terre, etc. *Malfieu de Montmorency. Madame de Grignan. Le duc de Bouillon.* Par allus. à cette signification, de se prend quelquefois substantiv. *Mettre le de devant son nom.* Fam. || 7° Rapport de temps, d'époque, de durée. *Les mœurs de l'antiquité. Les coutumes du moyen âge. Les institutions de notre temps. Du vin de telle année. Une guerre de trente ans. L'ègne de dix années. Un enfant de six mois A l'âge de trente ans. Du vivant de mon père. De mémoire d'homme.* || 8° Rapport

de cause, de motif. *Une pluie d'orage. Trait de courage. Acte de dévouement. Des cris de fureur. Larmes de joie. Le cri de sa douleur.* || 9° Rapport d'instrument, de moyen. *Coup de bâton, d'épée, de fusil, d'archet. Trait de plume. Signe de tête. Serrement de main.* | 10° Rapport d'une chose à la matière dont elle est faite, ou aux éléments dont elle est composée. *Une colonne de marbre. Un vase d'argent. Un collier de perles. Une cotte de mailles. Un escadron de cuirassiers. Une famille de plantes. Une douzaine d'huîtres. Une couple de pigeons. Un faisceau d'armes. Un recueil d'épigrammes.* — Fig. *Un bras de fer. Un cœur de rocher.* || 11° Rapport de dimension, de mesure, de distance, de nombre, de valeur, etc. *Un homme de cinq pieds six pouces. Une terre de vingt hectares. Un navire de cent mètres de longueur. Une terre de vingt hectares. Un hectolitre de vin. Il se vit à deux doigts de sa perte. Une armée de soixante mille hommes. Une maison de cinq étages. Une pièce de vingt francs. Un froid de dix degrés. Des vers de huit syllabes.* || 12° Rapport de qualité. *Un homme, un animal de haute taille. Une femme de mauvaise mine. Un homme de génie. Un enfant d'un bon naturel. Des denrées de mauvaise qualité. Une étoffe de durée, de prix, d'un grand prix. Fruit de forme ovale. Remède d'un effet sûr. Affaire d'importance.* || 13° Rapport de condition, de profession. *Un fils de famille. Un homme de haute naissance, de qualité, de condition. Une dame de haut parage. Un individu d'extraction vile. Un homme du peuple. Un homme de rien. Un homme de lettres. Une femme de chambre.* || 14° Rapport de destination, soit habituelle, soit temporaire. *Salle de spectacle, de concert, de danse. Vêtement d'homme, de femme. Habit de cérémonie. Port de débarquement. Place d'armes. Chien de chasse, de garde. Pierre de touche. Les hommes de garde, de corvée, de service.* || 15° Rapport d'une chose à son objet. *Traité, cours de droit. Manuel de philosophie. Résumé de l'histoire de France. Leçons de peinture, de danse, etc.* — On dit dans un sens anal., *Professeur d'histoire; Maître de danse, etc.* — Par ellipse des mots *Traité, Cours, etc.*, on dit, surtout dans les titres de livres, *De l'usure, Des rapports de l'économie politique avec la morale.* || 16° Rapport de comparaison. *La différence de Pierre à Paul n'est pas grande. Une chose de même grandeur, de là même grandeur qu'une autre. Il y a entre ces deux choses une différence du tout au tout.* — Elliptiq. on dit pour marquer l'excellence absolue d'une personne ou d'une chose: *Le sage des sages; Le brave des braves; Le saint des saints, Le lieu le plus saint du temple; Le Cantique des cantiques, Le cantique par excellence; Vanité des vanités, La plus grande des vanités; et en parlant de Dieu, L'Être des êtres.* (Dans les premières loc., les adjectifs sont pris substantiv.) || 17° Sert encore à unir à une chose le nom qui la désigne ou une indication qui la caractérise. *La ville de Paris. La république des États-Unis. Le fleuve du Rhin. L'opéra de Tancrède. Le mois de mai. Le cri de Vive la République!* || 18° Enfin, il est souvent impossible de préciser l'espèce de rapport que marque la prép. *de*; néanmoins la nature de celui-ci résulte très clairement de la signification des deux termes unis par la prép. qui alors fait simplement fonction de copule. *L'administration des finances. Le ministère de la guerre. Société d'assurance. Le commerce des bestiaux. La jouissance d'un bien. Un droit de chasse. Un port de mer. Après sa sortie de prison. Vœu de pauvreté. La nouvelle d'un événement. Le mépris des richesses. L'amour de la justice. L'horreur du vice. La haine des méchants. L'amour de Dieu. Faire fi de quelque chose. Leur acte plein foi de cette convention. Faire justice d'un traître. Rendre compte de sa gestion. Demander réparation d'une injure. Des rivaux de gloire. Le possesseur d'une chose. Possesseur de fait. Héritier de droit. Un chirurgien de profession. Les hommes de l'art. Gouvernement de fait. Nom d'homme. Pièce d'artillerie. Ménage de garçon. Les cérémonies d'usage.*

II. — De entre un subst. et un pronom. — Le pronom remplace le substantif; mais, dans le cas d'un rapport de possession, on n'emploie pas la préposition; on se sert des adjectifs possessifs. Alors de n'exprime guère que des rapports d'origine ou d'éloignement. *Il était à quelque distance de moi. Je l'aperçus à quelques pas de vous. C'est de lui que je tiens cette histoire.*

III. — De entre un subst. et un verbe à l'infinitif, comme l'infinitif, joue le rôle d'un substantif qui complète et précise le sens du premier: *Faites-lui signe d'approcher. Je lui ai donné le conseil de partir. J'ai le désir de l'en-*

tendre, l'espérance de le revoir bientôt. La liberté de penser. La crainte d'être tourné en ridicule.

IV. — De entre un adjectif et un subst., un pronom ou un verbe à l'infinitif qui complète et précise le sens de l'adjectif. — Il est natif de Lyon. Originaire d'Espagne. Il est né en Italie, mais il est Français de cœur. Long de trois mètres. Âgé de trente ans. Facile de caractère. Humble de cœur. Bien fait de sa personne. Paralysé d'un bras. Responsable de sa négligence. Avide d'argent. Digne d'envie, d'estime, de louange. Ma maison de campagne est peu distante, voisine, proche de la ville. — Elle est fort jalouse de vous. — Il est impatient de revoir sa femme. Il serait juste de récompenser cette action. Elle est incapable d'avoir dit cela. Vous êtes bien bon de le croire. || De s'emploie après un adjectif au superlatif. — Le plus célèbre des philosophes de l'antiquité. Quel est le plus savant des trois frères? le plus profond génie d'Archimède ou de Newton? Le plus honnête des deux. || Dans les loc. familières ci-après, de représente une simple copule: aussi, en latin, on les exprimerait par un substantif et un adjectif. Chien de métier! Quelle chienne de vie! Ce bourreau d'homme. Mon traître d'époux. C'est un drôle de corps. Une drôle d'idée. Quel diable d'homme! Une diable d'affaire.

V. — De entre un nom de nombre et un autre nom exprime la partie d'un ensemble. — Un de mes amis. Deux de ses serviteurs. Plusieurs de vos soldats n'ont pas répondu à l'appel. Souvent le nombre s'élide. Il est de mes amis. Voy. XI, 3°, et XII, 1°.

VI. — Dans un grand nombre de circonstances, la préposition De fait la fonction de mot partitif; et d'autres termes, elle désigne une portion d'une chose, une quantité vague et indéterminée prise sur un tout, sur une collection. C'est ainsi que le mot des, contraction de de les, est devenu synonyme de plusieurs et constitue un véritable article indéfini au pluriel: Un homme, des hommes. Goûtez de ce vin. Servez-moi de ceci. Prendre de la nourriture. Boire du vin bon, du vin vieux. Avez-vous de l'eau bonne à boire? Avez-vous de bonne eau? J'ai d'excellent tabac. J'ai rencontré des jeunes gens, de jeunes fous. J'y ai vu de jeunes et jolies filles. Il faut choisir de braves soldats, des soldats braves pour exécuter ce coup de main. Des hommes se sont rencontrés qui... Ces locutions peuvent s'expliquer par l'ellipse d'un mot tel que : Une certaine quantité; mais en réalité la préposition de n'exprime plus aucun rapport entre le verbe et le substantif, et, jointe ou non à l'article, elle équivaut tout à fait à un nom de nombre ou de quantité indéterminé. Dire de bonnes plaisanteries, des bons mots. Je veux du bon et du beau. Donner de l'argent. Je n'ai pas d'argent. Je n'ai pas de l'argent pour le dépenser follement. Il ne peut vivre sans faire des fautes. Maintenant il écrit sans faire de fautes. Il s'occupe à des choses futiles. — On y voit des milliers d'arbres, c.-à-d. plusieurs milliers d'arbres. Nous avons été des années sans nous voir, c.-à-d. plusieurs années.

VII. — De entre un verbe et un substantif ou un pronom qu'elle régit. — Dans la plupart des cas où nous faisons usage de cette prép. après un verbe, les Latins employaient l'ablatif précédé ou non des prépositions de, ou ex, a ou ab. Le plus souvent, notre prép. de sert à marquer l'extraction, l'origine, la cause et autres rapports analogues. || 1° Rapport de séparation, d'extraction, de départ. Séparer une chose d'une autre. Arracher un clou de la muraille. L'huile qu'on extrait des olives. Sortir de sa maison, de la ville, du pays. Il est parti de Madrid. Délivrer quelqu'un de prison. Descendre de cheval. Exclure, chasser quelqu'un d'une compagnie. Priver quelqu'un de ses biens, de la vue. Les mots qu'on a retranchés de ce passage. Retirer quelqu'un du vice. Les conséquences qu'on tire d'un principe. Que conclure se réponse? || 2° Rapport d'origine, de provenance, de cause. Cette rivière vient des Vosges. L'eau qui jaillit d'un rocher. Le vent vient du nord. Des denrées, des marchandises qui arrivent d'Amérique. Obtenir quelque chose de quelqu'un. Je n'en attendais pas moins de vous. Il m'écrira de Berlin. Sa lettre est datée de Lisbonne. Les branches qui naissent du tronc. Cette terre se transmet de père en fils, de génération en génération. Il naquit de parents pauvres. Il descendait des Stuarts. Je suis fatigué de la route, accablé de sommeil. Il est mort de la peste. Souffrir de la goutte. Se réjouir d'une victoire. Se glorifier de ses succès. Trembler d'effroi. || 3° Avec un autre substantif précédé de la préposition à : rapport d'éloignement, de distance. L'es-

pace qui s'étend du fleuve à la montagne. Il est allé de Lyon à Marseille. Tirer une ligne d'un point à un autre. Lire un roman du commencement à la fin, d'un bout à l'autre. Passer de la tristesse à la joie. — Par anal., lorsqu'il y a mouvement, soit au propre, soit au fig., de sert à marquer le point de départ du mouvement ou sa direction. Il tomba du haut de la tour. Se mouvoir de haut en bas, de bas en haut. Regarder du haut d'une montagne. Il l'examina de la tête aux pieds. Toiser quelqu'un de haut en bas. — C'est encore un rapport de direction ou de situation relative qu'indiquent les locutions Du côté de, De ce côté, De ce côté-ci, De ce côté-là, etc. Il vient du côté de Meudon. Cette robe est plus longue de ce côté-ci que de l'autre. Mettez-vous de ce côté-ci, de ce côté-là. J'ai eu beau regarder de côté et d'autre, de tous côtés, je n'ai rien aperçu. Il a été convenu d'une et d'autre part, des deux parts, de part et d'autre. Je m'engage de mon côté. || 4° Rapport de temps, d'époque, de durée. Il partira de lundi en huit. Il travaille du matin au soir. Il s'arrêtait de temps en temps. On l'attend d'heure en heure, de moment en moment. A commencer, à partir de ce jour. J'irai vous prendre, je serai chez vous de cinq heures à six. Il ne m'a pas quitté de tout le jour, d'un instant. De ma vie je n'ai vu pareille chose. De mémoire d'homme on n'a rien oui de pareil. Nous partirons de nuit. || 5° Rapport de nombre. Ils étaient de cinquante à soixante. De dix qu'ils étaient, il n'en revint pas un. || 6° Rapport d'instrument, de matière, de moyen. Il le frappa de son épée. Il fut tué d'un coup de pistolet. Il se nourrissait de racines. Se servir d'un couteau. Se munir d'un fusil. Frapper la terre du pied. Faire de ce bloc une statue admirable. Envelopper de paille. Frotter d'huile. Charger de briques un bateau. Déjeuner d'un jambon. Il veut faire de son fils un médecin. User d'adresse. S'armer de résolution. Accuser d'un crime. Toucher de compassion. Faire de nécessité vertu. Elliptiq., de son soul. Boire d'un trait. De quelle manière avez-vous fait cela? Je me vengerai de façon ou d'autre. Agir de concert. Tous deux étaient d'intelligence. Agir de son propre mouvement. Cela va de soi. Jouer de bonheur. Parler d'abondance. Regarder de côté. Cela est placé tout de travers. Tous s'écrièrent d'une voix unanime. Aimer de tout cœur. Posséder de droit. Il hérite de droit. || 8° Rapport d'égalité et de comparaison. Traiter d'égal à égal, de pair à compagnon, de puissance à puissance. || 9° Rapport de manière d'être, de sentir, plus souvent exprimé par la prép. avec :

S'il ne nous traite ici d'entière confidence.
CORNEILLE.

Et traitant de mépris les sens et la matière.
MOLIÈRE.

Les fausses voluptés après lesquelles les mortels ignorants courent d'une telle fureur (BOSSUET). Ce mode d'emploi de la prép. de a vieilli. || 10° Dans bien des cas, le rapport entre le verbe et le substantif se prête difficilement à l'analyse et n'est déterminé que par la signification de deux mots. Je l'informerai de votre arrivée. Médire de quelqu'un. Parler d'une affaire. Il jouit d'une fortune considérable. S'ingérer, se mêler des affaires d'autrui. Trafiquer de quelque chose. Il se plaint de vous. Décider du sort des rebelles. Répondre de quelqu'un. S'apercevoir d'une fraude. S'acquitter de ses devoirs. Ils se sont moqués de toi. Nous nous souvenons des choses passées. Traiter de la paix. Le chapitre traite de l'usure. Que dire, que penser de cela? Différer d'avis. Justifier de sa qualité. Taxer de folie, de sottise. Le fils tient du père et la fille de la mère. Il m'a tout raconté de point en point. Se ranger du parti de quelqu'un. Je ferai suivre de ses gens. || 11° De entre un verbe et un pronom personnel exprime la spontanéité. On n'agit pas toujours de soi-même. Cela va de soi, Se comprend sans explication. || 12° De s'emploie après certains verbes accompagnés d'une négation. C'est un gallicisme où la prép. n'a aucun sens et pourrait être logiquement supprimée. Je ne connais pas d'homme plus ennuyeux que lui. Je n'ai pas d'autre désir que celui de vous plaire. Je ne veux pas de votre cadeau. Ces exemples montrent que si le régime est au pluriel, *de* n'a nullement le sens partitif. *Je ne veux pas de vos cadeaux*, ne signifie pas : Je refuse quelques-uns de vos cadeaux, mais bien, Je refuse les cadeaux que vous m'offrez. Le régime est ici parfaitement déterminé. || 13° *De* se met entre un verbe passif ou une locution à sens passif et son complément. *Il ne voulait être vu de personne. Je ne suis pas connu de vous. Il est respecté de tous. Se faire aimer, bien venir, haïr de quelqu'un.*

VIII. — DE entre un verbe et un adjectif. — *Tra ter quelqu'un de lâche, le qualifier de traître.* Ici l'adjectif est pris substantivement. — Il en est de même dans ce gallicisme : *On dirait d'un fou, d'un démoniaque*, etc.. A en juger par ses actions ou ses paroles, on le prendrait pour un fou, etc. Fam. — Fam., *Dire d'un, puis d'un autre; Parler d'une façon, puis d'une autre.*

IX. — DE entre deux verbes. — Le second est toujours à l'infinitif et remplit la fonction de substantif abstrait. La prép. indique simplement l'existence d'un rapport dont la nature variable est exprimée par le verbe antécédent et le verbe complément. *Je vous conseille de céder. Je me charge de lui écrire. Tâchez d'obtenir cette place. On l'accusait d'avoir conspiré. Il m'a dissuadé d'entreprendre cette affaire. Désespérer de réussir. Il se repent d'avoir cru à ses promesses. S'excuser de faire une chose. Il s'efforça de se lever. Il a accepté de dîner chez moi. Il mérite d'être couronné. Il commençait à peine de parler. Il est pauvre, mais il ne laisse pas d'être honnête homme.* Lorsque le verbe qui précède *de* peut se supprimer sans que la clarté de la phrase en souffre, on retranche quelquefois le verbe, mais seulement dans le langage fam. *Aussitôt les voleurs (se hâtèrent) de s'enfuir en abandonnant les paquets qu'ils avaient déjà faits. Il se retira tout penaud et vous (commençâmes) de rire. — Il vient d'arriver, de partir, de sortir, Il n'y a qu'un moment qu'il est arrivé*, etc.

X. — DE entre un substantif et un adjectif : *Rien de plus simple que cela. Il y a dans son récit quelque chose de vrai. Sa conduite envers vous n'a rien de généreux. Je ne vois rien de merveilleux à cela. On n'a jamais rien ouï de pareil. Il y eut cinq cents hommes de tués. Acceptez sur-le-champ, sinon, rien de fait.* Cet emploi de la prép. de est un gallicisme qui peut en général se résoudre par un pronom relatif suivi du verbe *Être. Rien qui soit plus simple que cela; Il y a dans son récit quelque chose qui est vrai*, etc.

XI. — DE entre la prép. *de* après certains verbes; gallicismes. || 1° *De*, employé après un verbe impersonnel indique simplement qu'il y a une certaine relation du verbe et le terme quelconque régi par la prép. *Il convient d'agir promptement. Il convient dans ces vues de leur laisser ignorer cela. Il suffit de cela. Il suffira de vous dire que... Il s'agit de vous. Il s'agit de bien autre chose. Il ne s'agit pas de cela. Il n'est point question de cela. Quand il irait de tout mon bien. Il y va de ma vie. Il en va de même des autres. Il n'en ira pas de cela comme vous le pensez. Il s'en faut de cent écus que je n'aie mon compte. Il s'en faut de tout.* Dans ces phrases et beaucoup d'autres, il est facile de ramener l'idiotisme aux formes ordinaires du langage, en substituant au pronom *il,* qui répond à l'*illud* des Latins, le terme vague *la chose.* Ainsi, dans les exemples qui précèdent, nous aurons : *La chose (il) d'agir promptement convient. La chose (il) de leur laisser laisser ignorer cela entre,* etc. Certaines locutions que rapprochent de la forme impersonnelle ci-dessus s'expliquent également très bien par l'introduction du mot chose dans la phrase. *A quoi sert ou que sert* (la chose) *de dissimuler?* — Mais il n'en est pas toujours ainsi : *Il commence de la neige. Il faisait du verglas. Il sort de la fumée de ce cabinet.* Dans ces exemples, les locutions *du, de la* jouent le rôle d'une sorte d'article indéfini partitif. C'est la même locution que : *Il surgit un homme qui sauva la patrie. Il se trouva plusieurs députés pour s'opposer à cette mesure.* || 2° Avec le verbe *Faire* pris impersonnellement, *de* entraîne l'idée d'une perte assurée : *C'est fait de nous. C'en est fait de vos espérances.* || 3° *De* après le verbe *Être.* Cette prép. s'emploie après le verbe absolu dans un grand nombre de gallicismes, qui peuvent en général s'expliquer par une ellipse : *Il est* (un) *de mes amis. Je ne suis pas* (un) *de ceux qui disent : Ce n'est rien, c'est une femme qui se noie* (LA FONTAINE). *Il fut* (un) *des premiers à protester.*

Ôui de ta suite, ô roi, de ta suite j'en suis.
VICTOR HUGO.

Ce vin est (un vin) *de Bourgogne. Je suis* (natif) *de*

Paris. Il est* (homme) *de robe. Ces vers sont* (vers) *de Virgile.* — Les exemples suivants : *Être de garde, de service; Être du repas, de la noce; Être de bal, de soirée; Être d'un repas, d'une partie*, etc.; *Être de moitié; Être d'un avis, du goût de quelqu'un*, peuvent s'interpréter d'une façon analogue. *Être* (momentanément homme) *de loisir; Être* (l'un des convives) *du repas; Être* (en société) *de moitié; Être* (partisan) *de l'avis*, etc. — Cela n'est pas de la bienséance; Cela n'est pas du jeu; Cela n'est pas d'usage; Cela est de mise, de rigueur*, etc., peuvent s'analyser ainsi : *Cela n'est pas* (dans les règles) *de la bienséance; Cela n'est pas* (dans les choses) *d'usage; Cela est* (chose) *de mise, de rigueur*, etc. — *La peste soit du maraud;* ou *Peste du maraud; Foin de moi*, offrent encore des exemples de l'ellipse. — Lorsque le verbe est employé à la forme impersonnelle, la présence de la prép. *de* s'explique de la manière que nous avons signalée plus haut. *Il est de fait que... Il est glorieux de mourir pour sa patrie. Il n'est pas d'homme parfaitement heureux. Il en est des vers comme des melons : s'ils ne sont excellents, ils ne valent rien. Il en sera de cela comme du reste.* — On analyse de même les phrases dont suivent : *Cela n'est pas d'un honnête homme. Pour ce qui est de lui, Ceci est de vous à moi* ou *Ceci de vous à moi. Si j'étais de vous. C'est à vous de décider cela. C'est de sa bouche que je le tiens. C'était bien de chansons qu'alors il s'agissait. C'est connaître bien mal les hommes de croire que... Concevez quel déplaisir ce m'est de croire que...*

XII. — DE avec un adverbe. — Cette prép. s'unit fréquemment à différents adverbes; mais alors ces derniers remplissent la fonction de véritables substantifs abstraits se comportent de la même manière. || 1° Adverbes de quantité (Voy. V). *Combien d'hommes couvent après les honneurs! Combien de blé vous produit ce champ? Que de fleurs dans ce jardin! Beaucoup de sang a été versé inutilement dans cette guerre. Il s'en faut de beaucoup. Peu d'hommes sont capables d'un pareil sacrifice. Il a peu de fortune, peu d'ambition. Elle a déjà répandu trop de larmes. J'ai assez d'amis. Je n'ai pas assez de tranquillité. Un homme d'assez peu d'esprit. J'ai assez de vous. Que vous faut-il de plus? Il a déjà éprouvé tant de disgrâces que...* || 2° Adverbes de lieu, de situation, de rang (Voy. VII, 1°, 2° 3°). *D'où venez-vous? Otez-vous de là. Il vient de loin, d'ici près. Il était près de moi. Parler de loin, de près. D'ici à ce temps-là il se passera bien des choses. Il sort de dessous terre. Il vient de derrière la maison. Ensuite de cela.* || 3° Adverbes de temps (Voy. VII, 4°). *Il partira d'aujourd'hui en huit. Les hommes d'autrefois et ceux d'aujourd'hui. Lors de son avènement.* || 4° Adverbes de comparaison. *Il a plus de courage que de force. Il devient de plus en plus aimable. Je ne vois rien de mieux. Autant de pris, autant de tués. Ce livre est estimable, mais il y en a d'aussi bons. Il l'a traité de même. Ainsi du reste.* || 5° *De* s'unit encore à une foule d'adverbes composés et de locutions adverbiales. *Il pensa d'abord à vous. Il vient d'en bas. Ce mur est long d'au moins vingt mètres. Percer d'outre en outre.*

XIII. — DE uni à une autre prép. — Ce que nous avons dit des adverbes auxquels s'unit la prép. *De*, s'applique également aux prépositions auxquelles se joint cette dernière pour former des prépositions composées ou des locutions soit adverbiales, soit prépositives. *D'après lui. L'instant d'après. Il vient d'auprès de la place Royale. Avant de partir. Il sortait de chez son père. Le plus brave d'entre eux. Il était hors de la maison. En voici bien d'une autre.* — Dans cette formule judiciaire, *De par le roi*, on peut supposer celle ellipse, De (l'ordre donné) par le roi. *De par le roi, la loi et justice.*

XIV. — DE uni à une conjonction. — Dans les locutions, *Comme de raison, comme de juste*, il y a évidemment une ellipse : *Comme* (il est de) *raison*, etc. — On peut admettre qu'il y a ellipse dans cette phrase : *Il y a plus de bonheur que* (il n'y a) *de prudence.* Mais dans les phrases suivantes, la prép. *de* pourrait être supprimée; elle n'a par elle-même aucun sens. *C'est une imprudence que de se fier à la promesse d'un ennemi. C'est être fou que d'entreprendre cela. Ce que c'est que d'être heureux. Il aima mieux périr que de se rendre. Plutôt mourir que d'être esclaves.* — Les gallicismes suivants semblent se refuser à toute analyse rigoureuse : *Si j'étais que de vous, Si j'étais à votre place. Il n'était que de nom, Il avait seulement le nom de roi. Il ne fait que de sortir, Il est sorti tout à l'heure, il vient de sortir. Il est pauvre, cependant il ne laisse pas que d'être honnête homme*, Cependant il ne cesse pas de se conduire en honnête homme.

Obs. gram. — Tout le monde sait que la prép. *De*, suivie des articles *le* et *les*, se contracte en *Du*, pour *de le*, et en *Des*, pour *de les*. Cette dernière contraction a lieu dans tous les cas (*des hommes*, *des femmes*, *des enfants*); la première, au contraire, n'a lieu que lorsque le mot devant lequel se trouve l'article *le*, commence par une consonne ou une *h* aspirée (*du père*, *du héros*). Devant un mot commençant par une voyelle ou une *h* non aspirée, l'*e* de la prép. *de* se retranche, et on le remplace par l'apostrophe (*aimer d'amitié*; *un homme d'honneur*).

L'emploi de la prép. *de* donne fréquemment lieu à certaines difficultés grammaticales. La principale de ces difficultés est la détermination des cas où il convient soit d'employer la prép. *de* toute seule, soit d'employer cette même prép. avec l'article (*du*, *de la*, *des*). Cette question ayant été traitée au mot ARTICLE, il est inutile de l'exposer ici une seconde fois. Les autres difficultés que peut présenter l'usage de cette prép. sont peu susceptibles de solutions générales. Leur solution se trouve donnée dans ce Dictionnaire, pour chaque cas individuel, au mot même à propos duquel on peut soulever une difficulté quelconque.

De sert à former un grand nombre de mots composés. Le plus souvent il modifie la signification des mots primitifs par une idée d'origine, de séparation, de dérivation. *Débarrasser*, ôter l'embarras; *Découler*, couler de haut en bas; *Dénouer*, défaire ce qui est noué; *Dévier*, écarter de la voie; *Démontrer*, montrer la vérité d'une chose en faisant voir qu'elle dérive d'une chose déjà admise comme vraie, etc. Néanmoins, le préfixe *Dé* ne vient pas toujours de la prép. *De*. Dans beaucoup de mots, il représente les particules latines *di* et *dis*, comme dans *Désunir*, *Départir*, qui sont analogues à *Disperser*, *Dissoudre*. Enfin, il y a des cas où on peut lui attribuer l'une ou l'autre origine : tels sont les mots *Déjoindre*, *Dépouiller*, etc., qui en latin présentent les deux formes *Dejungere* et *Disjungere*, *Despoliare* et *Dispoliare*, etc.

DÉ. s. m. (lat. *datum*, pris dans le sens de ce qui est jeté). Petit cube d'os, d'ivoire ou de bois dont les six faces sont marquées d'un nombre différent de points, depuis un jusqu'à six, et qui sert à jouer. (Dans le cas où ce mot pourrait être confondu avec son homonyme, on dit *Dé à jouer*). *Jouer aux dés. Tenir les dés. Dés pipés. Dés chargés.* — *Avoir le dé*, Être le premier à jouer. — *Flatter le dé*, Jeter doucement les dés en jouant, dans l'espoir de n'amener qu'un petit nombre de points; fig. et fam., Atténuer dans l'expression ce qu'une chose peut avoir de fâcheux. — *Rompre le dé*, Arrêter les dés quand ils sortent du cornet afin de rendre le coup nul. — Fig. et fam., Obliger quelqu'un à céder, à renoncer à quelque entreprise. On dit dans le même sens, *Faire quitter le dé à quelqu'un*. — Fig. et fam., *Tenir le dé dans la conversation*, ou simplement *Tenir le dé*, Se rendre maître de la conversation, la diriger à son gré. *A vous le dé*, C'est à vous à répondre, à agir. — *Je jetterais, je jouerais cela à trois dés*, se dit lorsque, ayant à faire un choix entre deux ou plusieurs choses, on veut marquer que l'on ne tient pas plus à l'une qu'à l'autre. — Fig. et prov., *Le dé en est jeté*, se dit pour marquer qu'on a pris son parti, qu'on est résolu de faire une chose, quoi qu'il puisse arriver. — Fig. et fam., *Coup de dés ou de dé*, se dit des choses où le hasard a la plus grande part. *Tout est coup de dé dans le monde.* || T. Archit. La partie cubique d'un piédestal. — Pierre cubique qu'on met sous un poteau, une colonne, un vase, etc., pour les isoler de terre.

DÉ. s. m. (lat. *digitale*, m. s., de *digitus*, doigt). Petit cylindre creux, fait de métal, d'ivoire, etc., dont une personne qui coud munit le doigt avec lequel elle pousse l'aiguille. *Dé fermé. Dé ouvert.* (Dans les cas où ce mot pourrait être confondu avec son homonyme, on dit *Dé à coudre*.) || T. Art milit. Douille que l'on place au bas de la hampe d'un drapeau ou d'un guidon. || T. Techn. Tampon de bois avec lequel le charpentier bouche les trous de nœuds des bois debout. || Morceau de bois percé de trous dans lequel les orfèvres assujettissent les pièces à restreindre. || Garniture métallique qui reçoit l'axe d'une poulie. || T. Typogr. Morceau d'acier carré qu'on place dans la grenouille pour recevoir le pivot de la vis. || T. Mar. Petit cylindre de bois dur employé dans les constructions navales. || *Dé de voiliers*, Plaque de métal fixée sur une bande de cuir dont les voiliers se servent pour pousser leur aiguille. || *Dé d'une poulie*, Garniture intérieure du trou d'une poulie. || T. Chemins de fer. Pierre de taille

DICTIONNAIRE ENCYCLOPÉDIQUE. — T. III.

cubique sur laquelle on fixe des coussinets. || T. Pyrotechn. *Dé de fer*, Morceau de fer carré dont on se sert pour emplir les cartouches.

DEAK, homme politique hongrois (1803-1876).

DÉAL, ville maritime du comté de Kent (Angleterre), 8,000 hab. .

DÉALBATION. s. f. [Pr. ...*sion*] (lat. *albus*, blanc). Action de blanchir. Peu us. et ne se dit guère que des os qu'on prépare pour les études anatomiques.

DÉAMBULATION. s. f. [Pr. ...*sion*] (lat. *deambulatio*, m. s., de *ambulare*, se promener). T. Didact. Action de marcher, de prendre de l'exercice.

DÉAURATION. s. f. [Pr. ...*sion*] (R. *de*, préf. et lat. *aurum*, or). T. Didact. Action de dorer, de donner la couleur de l'or.

DÉBÂCHER. v. a. Ôter la bâche. *D. une voiture.* = DÉBÂCHÉ, ÉE. part.

DÉBÂCLAGE. s. m. Action de débâcler un port, une rivière, etc.

DÉBÂCLE. s. f. (R. *débâcler*). Rupture ordinairement subite de la glace qui couvrait une rivière. *Les débâcles de la Loire causent souvent de grands désastres.* || Fig. et fam. Changement subit et imprévu dans une affaire, qui amène le désordre ou la ruine. *Il y eut une d. générale. Nous ne tarderons pas à voir la d. de cette fortune insolente.* || Se dit quelquefois pour *Débâclage*. Voy. ce mot.

DÉBÂCLEMENT. s. m. Le moment de la débâcle des glaces. || L'action de débâcler un port, des navires, des bateaux. Peu us. dans l'un et l'autre sens.

DÉBÂCLER. v. a. (R. *de*, et *bâcler*). Débarrasser un port des bâtiments vides qui l'occupent, une rivière des barques ou trains de bois qui l'obstruent, afin d'en rendre l'accès libre ou d'y rétablir la navigation. *D. un port. D. des bateaux.* || Pop., Ouvrir ce qui était bâclé. *D. une porte, une fenêtre.* = DÉBÂCLER. v. n. Se dit d'une rivière gelée lorsque la glace vient à se rompre. *La rivière a débâclé cette nuit.* == DÉBÂCLÉ, ÉE, part.

DÉBÂCLEUR. s. m. Celui qui est chargé de faire débâcler un port, une rivière.

DÉBAGOULER, v. n. (lat. *de*, et *gula*, gorge). Vomir. Pop. et bas. = DÉBAGOULER. v. a. Fig., et bassement, Dire indistinctement tout ce qui vient à la bouche. *Il se mit à d. tout ce qu'il avait sur le cœur.* = DÉBAGOULÉ, ÉE. part.

DÉBAGOULEUR, EUSE. s. Celui ou celle qui débagoule. Bas.

DÉBÂILLONNER. v. a. [Pr. *débâ-llo-ner*, *ll* mouillées]. Ôter un bâillon. || Fig. *D. la presse.*

DÉBALLAGE. s. m. [Pr. *déba-laje*]. Action de déballer.

DÉBALLE. s. f. [Pr. *déba-le*]. Nom que les forestiers donnent à deux planches irrégulières qu'ils enlèvent à la scie sur une pièce de bois.

DÉBALLER. v. a. [Pr. *déba-ler*] (R. *balle*, paquet). Défaire un emballage. *D. des marchandises, des meubles.* || Fig. *D. sa marchandise*, Montrer ce qu'on sait, ce dont on est capable. = DÉBALLÉ, ÉE. part.

DÉBALLEUR. s. m. [Pr. *déba-leur*]. Marchand ambulant qui déballe sa marchandise dans les villes qu'il parcourt.

DÉBANDADE (A LA). Loc. adv. Confusément et sans ordre. *Nos troupes s'en allaient à la d.* Fam. et fam., *Mettre tout à la d.*, Mettre le désordre, la confusion dans quelque endroit, dans quelque affaire. *Laisser tout à la d.*, Laisser par négligence, ou par découragement, le désordre s'introduire dans les choses dont on a la direction. On dit dans un sens anal., *Tout va à la d.*, pour marquer le

252

désordre qui s'est introduit quelque part faute de direction. — *Vivre à la d.*, Ne mettre aucune suite dans sa conduite, vivre au jour le jour sans plan ni but.

DÉBANDEMENT. s. m. Action de se débander. Peu us. et ne se dit que des troupes. *Il y eut un d. général.*

DÉBANDER. v. a. (R. *bande*). Oter une bande, un bandage, un bandeau. *D. une plaie. D. les yeux.* || Détendre. *D. un arc, un pistolet.* — Fig., *Se d. l'esprit*, Donner après une longue application un peu de relâche à son esprit. = SE DÉBANDER. v. pron. Se détendre. *Son arc s'était débandé. Son fusil se débanda.* — Fig., *Le temps se débande*, Il s'adoucit. || En parlant d'une troupe, se disperser confusément et sans ordre. *Toute l'armée se débanda.* — Se séparer d'une troupe dont on fait partie. *Quelques soldats se débandèrent pour aller à la maraude.* = DÉBANDÉ, ÉE. part.

DÉBANQUER. v. a. (R. *banque*). T. Jeu. Épuiser le banquier, lui gagner tout l'argent qu'il a devant lui. *On le débanqua deux jours de suite.* || T. Mar. Dépouiller de ses bancs en parlant d'une embarcation. Peu us. = DÉBANQUER. v. n. Quitter un banc sur lequel on naviguait. = DÉBANQUÉ, ÉE. part.

DÉBAPTISER. v. a. [Pr. *déba-ti-zer*]. Au prop., n'est usité que dans cette phrase fam., *Il se ferait plutôt u. que de faire telle chose*, Il renoncerait plutôt à son baptême que... || Fig. et fam., Changer le nom de quelqu'un. *C'est par erreur que je vous ai débaptisé.* = SE DÉBAPTISER. v. pron. Changer de nom. *Pour échapper aux recherches il avait cru prudent de se d.* = DÉBAPTISÉ, ÉE. part.

DÉBARAQUEMENT. s. m. (R. *baraque*). Action d'ôter les planches qui entourent un objet quelconque, une statue, etc.

DÉBARBARISER. v. a. Oter la barbarie, polir.

DÉBARBER. v. a. (R. *barbe*). Couper les petites racines de la vigne.

DÉBARBOUILLAGE. s. m. [Pr. les *ll* mouillées] (R. *débarbouiller*). Action de se laver la figure ou les mains ou de les laver à autrui.

DÉBARBOUILLER. v. a. [Pr. les *ll* mouillées] (R. *barbouille*). Nettoyer, ôter ce qui salit; ne se dit guère que du visage. *D. un enfant. Se d. le visage.* = SE DÉBARBOUILLER. v. pron. Se nettoyer le visage. *Allez vous d.* || Fig. et fam., Se tirer d'une affaire désagréable. *Débarbouillez-vous maintenant comme vous pourrez.* = DÉBARBOUILLÉ, ÉE. part.

DÉBARBOUILLOIR. s. m. ou **DÉBARBOUILLOIRE.** s. f. [Pr. les *ll* mouillées]. Serviette à débarbouiller.

DÉBARCADÈRE. s. m. (R. *débarquer*). T. Mar. Espèce de cale, de jetée qui du rivage s'avance un peu dans la mer ou dans un fleuve, et qu'on nomme aussi *Embarcadère*, parce qu'elle est destinée à servir à l'embarquement comme au débarquement. || T. Chemin de fer. *D.* et *Embarcadère* se disent aussi des gares principales d'un railway.

DÉBARDAGE. s. m. Action de débarder.

DÉBARDER. v. a. (R. *bard*). Enlever le bois qui est placé sur des bateaux, sur des trains, et le porter sur le rivage. *D. des coffrets. D. un train de bois flotté.* || T. Forêts. *D. le bois*, Le transporter hors du taillis où il a été coupé, afin que les voitures n'y entrent pas, ce qui endommagerait les nouvelles pousses. || T. Mar. Démolir, en parlant des bateaux hors de service. = DÉBARDÉ, ÉE. part.

DÉBARDEUR. s. m. (R. *débarder*). Ouvrier qui travaille à débarder les bateaux, à dépecer les trains de bois, à déchirer les bateaux hors de service, etc. = DÉBARDEUR, EUSE. s. Personnage de carnaval vêtu de la veste et du large pantalon des ouvriers débardeurs.

DÉBARQUAGE. s. m. Action de tirer d'une barque.

DÉBARQUEMENT. s. m. (R. *débarquer*). Action par la-quelle on fait passer sur le rivage les personnes ou les choses que contient un navire, un bateau. *Le d. des marchandises, des passagers. Le d. des troupes s'effectua sans aucune difficulté.* — *Troupes de d.*, Troupes destinées à faire une descente sur une côte. || Action d'une personne qui descend à terre. *Il fut arrêté à son d.* || *Débarquement administratif*, Décision disciplinaire du conseil du bord, ordonnant qu'un officier ou un matelot quittera le navire sur lequel il était embarqué. || *Compagnie de d.*, Partie de l'équipage qui doit descendre à terre en cas de guerre. || Chaîne à godets servant à vider les chalands qui ramènent à terre les sables ou autres matières retirés de l'eau par les dragues.

DÉBARQUER. v. a. (R. *barque*). Faire passer sur le rivage les personnes ou les choses que contient un navire, un bateau. *Notre navire s'arrêta à Alger, où il débarqua des marchandises, des passagers, des troupes, des munitions,* etc. *Où devez vous nous d.?* = DÉBARQUER. v. n. Quitter le navire, le bateau et descendre à terre. *Nous débarquerons à Marseille. Les troupes débarquèrent dans le plus grand ordre.* || Subst., *Au d.*, Au moment même du débarquement. *On l'attendait au d.* = DÉBARQUÉ, ÉE. part. || Fig. et fam., s'emploie subst. dans cette loc., *Un nouveau débarqué*, Un homme nouvellement arrivé de province.

DÉBARRAGE. s. m. [Pr. *déba-rage*] (R. *débarrer*). Une des dernières opérations qu'on fait subir aux tissus-nouveautés.

DÉBARRAS. s. m. [Pr. *dé-bara*] (R. *barre*). Cessation d'embarras, délivrance de ce qui embarrassait. *J'ai vendu cette marchandise, c'est un grand d. Les voilà partis, quel débarras!* Fam. || Lieu où l'on met les objets dont on serait embarrassé ailleurs.

DÉBARRASSER. v. a. [Pr. *déba-ra-ser*] (R. *débarras*). Enlever ce qui embarrasse, ce qui gêne; se dit au prop. et au fig. *D. les rues, les chemins. Débarrassez cette chambre, ce bureau.* || Délivrer d'un embarras, d'une gêne; se dit au prop. et au fig. *Elle vint au-devant de moi et me débarrassa de mon manteau. Le commerce a pris une immense extension depuis qu'on l'a débarrassé des entraves qui le gênaient. Il faut d. de cette affaire désagréable, de ses créanciers.* = SE DÉBARRASSER. v. pron. Se délivrer d'un embarras, d'une gêne; se dit au prop. et au fig. *Il l'aida à se d. de ses chaînes. Il faut vous d. de vos créanciers, de vos dettes. Il ne sait comment se d. de cet importun. Il n'est pas facile de se d., Il faut vous d. de ce fâcheux souvenir.* = DÉBARRASSÉ, ÉE. part.

DÉBARRER. v. a. [Pr. *déba-rer*]. Oter la barre. *D. une porte, une fenêtre.* || T. Mus. *D. un violon*, En ôter l'âme. || T. Techn. *D. une étoffe*, En faire le débarrage. = DÉBARRÉ, ÉE. part.

DÉBARREUR, EUSE. s. [Pr. *déba-reur*]. Ouvrier, ouvrière qui fait le débarrage.

DÉBARRICADER. v. a. [Pr. *déba-rica-der*]. Oter les barricades.

DÉBAT. s. m. (R. *débattre*). Contestation, discussion. *Être en d. de quelque chose. Mettre quelque chose en d. Vider, apaiser un d. Entre voisins il y a souvent des débats. Il s'éleva un grand d. sur ce sujet.* || Prov., en part. de deux hommes qui ont ensemble une contestation dont on ne veut pas se mêler, on dit, *A d. vert l'un de l'autre.* || *D. de compte*, se disait, dans l'ancien droit, d'une contestation qu'on élevait au sujet d'un compte et des écritures faites à ce sujet. *Faire juger les débats d'un compte.* Jugement qui appointe les parties à fournir débats et soutènements. || En polit. Discussion réglée, où les adversaires prennent alternativement la parole. *Les débats du Sénat.* || En matière criminelle, *Débats*, au plur., se dit de la partie de l'instruction qui comprend la lecture de l'acte d'accusation, l'interrogatoire du prévenu, l'audition des témoins à charge et à décharge, et les plaidoiries. *Ouvrir, fermer les débats. Les débats ont duré plusieurs jours. Les débats ont eu lieu à huis clos.*

DÉBATELAGE. s. m. (R. *débateler*). Décharge des bateaux, des navires.

DÉBATELER. v. a. (R. *de*, et *bateau*). Faire le débatelage.

DÉBÂTER. v. a. Ôter le bât. *D. un mulet, un âne.* = Débaté, ée. part.

DÉBÂTIR. v. a. Démolir ce qu'on a bâti. Ôter les bâtis d'un objet de couture.

DÉBATTABLE. adj. [Pr. *déba-table*]. Qui peut être débattu.

DÉBATTRE. v. a. [Pr. *déba-tre*] (R. *battre*). Se dit des personnes qui ont des prétentions opposées ou des opinions différentes relativement à une même chose, et sign., Discuter. *D. une affaire, une cause. D. un compte, les articles d'un compte. D. une question. C'est une question qui n'a jamais été bien débattue. C'est à vous à d. vos intérêts.* — Absol., *Nous avons longtemps débattu ensemble.* = se Débattre. v. pron. S'agiter beaucoup, faire beaucoup de mouvements, d'efforts pour résister, pour se dégager. *Il se débattait comme un furieux, comme un possédé. Il s'est longtemps débattu contre les soldats qui l'entraînaient. Se d. des pieds et des mains. A force de se d., il finit par s'échapper.* ‖ Fig., Se d. contre une erreur. Se d. contre la mort. = Débattu, ue. part. *Compte bien débattu. Affaire, cause bien débattue.*

DÉBAUCHE. s. f. (R. *débaucher*). Excès dans le boire, dans le manger et dans les plaisirs sensuels. *Faire d. Faire la d. Aimer la d. C'était une d. continuelle.* — Fam., se dit parfois, sans idée de blâme, de l'action de se livrer un peu plus que de coutume aux plaisirs de la table. *Ce jour-là nous fîmes une petite d.* ‖ Incontinence, dérèglement de mœurs. *C'est un homme plongé dans la d., perdu de débauches.* — *Vivre dans la d. Les fruits de la d. Contracter des habitudes de d. Se jeter dans la d. Entraîner à la d. La loi punit ceux qui aident et facilitent la d. des mineurs. Les honteuses débauches de Tibère.* ‖ Au prop ; Action de se déranger du travail. ‖ Fig., *D. d'esprit ou d'imagination,* se dit de toute œuvre qui montre un usage déréglé de l'esprit ou de l'imagination. *Cet ouvrage n'est qu'une d. d'esprit. Je n'ai pas le moindre goût pour toutes les débauches d'imagination.*

DÉBAUCHEMENT. s. m. Action de débaucher.

DÉBAUCHER. v. a. (R. *de* et *bauche*, ancien mot sign. lieu de travail). Jeter dans la débauche. *Ce sont les mauvaises compagnies qui l'ont débauché. D. une fille.* ‖ Détourner quelqu'un de ses devoirs. *On essaya en vain de d. les troupes. D. une femme mariée.* — Par ext., *D. un domestique, un ouvrier,* L'engager à quitter son maître, son patron, pour passer au service d'un autre. *D. un ouvrier de son travail,* L'en détourner. — Par exag., Faire quitter momentanément à quelqu'un son travail ou une occupation sérieuse pour un divertissement honnête. *Un de ces jours j'irai vous d. Laissez-vous d.* = se Débaucher. v. pron. Se livrer à la débauche, *Malheur au jeune homme qui se débauche.* ‖ Abandonner momentanément son travail, ses occupations pour se divertir. *Laissez là vos livres et débauchez-vous un peu.* = Débauché, ée. part. ‖ Substantiv., se dit d'un homme adonné à la débauche, d'un libertin. *C'est un débauché, un vieux débauché.* — Fam., *C'est un agréable débauché,* se dit d'un homme qui est agréable dans la débauche de table.

DÉBAUCHEUR, EUSE. s. Celui, celle qui débauche, qui excite à la débauche. *Une débaucheuse de filles.*

DÉBAVER. v. a. ou tr. Se dit des cocons quand on les débarrasse de leur bave.

DÉBAVURE. s. f. Bave retirée des cocons.

DÉBET. s. m. (lat. *debet*, il doit). T. Fin. Ce qui reste dû après l'arrêté d'un compte ; reliquat à solder après la balance faite entre l'actif et le passif. *Le d. d'un compte. Rester en d. Être constitué en d.* — *Payer une charge en d.,* signifiait, lorsque les charges étaient vénales, payer une charge en acquittant les dettes du vendeur. — *Enregistrer en d.,* voy. Enregistrement.

DÉBIELLER. v. a. [Pr. *débiè-ler*]. T. Techn. Opérer le démontage d'une bielle.

DÉBIFFER. v. a. (R. *biffer*). Affaiblir, déranger. Fam., et n'est guère usité que dans cette phrase, *Être tout débiffé.* = Débiffé, ée. part. *Visage débiffé,* Visage fatigué, abattu. *Estomac débiffé,* Estomac fatigué, qui ne fait pas bien ses fonctions.

DÉBILE. adj. 2 g. (lat. *debilis*, m. s.) Faible, affaibli, qui manque de forces. Ne se dit guère que des personnes. *Un enfant d. Ce malade est encore bien d. Avoir l'estomac d., les jambes débiles. Un corps d.* — S'emploie quelquefois en Bot., surtout en parlant d'une plante dont la tige est trop faible pour se tenir droite sans appui. *Plante d. Un arbrisseau d.* ‖ *Dessin d.,* Dessin qui manque de vigueur. ‖ Fig., *Avoir le cerveau d., l'esprit d.,* Avoir l'esprit faible. *Avoir la mémoire d.,* Avoir peu de mémoire. = Syn. Voy. Faible.

DÉBILEMENT. adv. D'une manière débile.

DÉBILITANT, ANTE. adj. T. Méd. Se dit des moyens employés pour diminuer l'énergie des organes. *Remède d. Médication débilitante.* ‖ Subst., *La diète et la saignée sont les débilitants par excellence.*

DÉBILITATION. s. f. [Pr. *...sion*]. Affaiblissement. *D. de l'estomac.*

DÉBILITÉ. s. f. (lat. *debilitas*, m. s. de *debilis*, faible). *D. d'une chose qui est débile. La d. de son estomac, de ses jambes. La d. de la vue. D. de cerveau.*

DÉBILITER. v. a. (lat. *debilitare*, m. s., de *debilis*, faible). Rendre débile, affaiblir. *Cela débilite l'estomac, la vue, le cerveau, l'esprit.* = Débilité, ée. part.

DÉBILLARDEMENT. s. m. [Pr. les *ll* mouillées]. Action de débillarder.

DÉBILLARDER. v. a. [Pr. les *ll* mouillées] (R. *billard,* dans le sens de bille de bois). Couper une pièce de bois diagonalement.

DÉBILLER. v. a. [Pr. les *ll* mouillées] (R. *bille,* pièce de bois). Détacher les chevaux auxquels on fait tirer les bateaux sur les rivières.

DÉBINE. s. f. (lat. *debere,* devoir). État de gêne où se trouve une personne. *Il était tombé dans la d.* Pop.

DÉBINER. v. a. T. Pop. Dire du mal de quelqu'un.

DÉBIRENTIER. s. m. (R. *débit,* et *rentier*). Celui qui a une rente à son débit.

DÉBIT. s. m. (lat. *debitum,* ce qui est dû). La vente que l'on fait d'une marchandise ; se dit surtout des choses qui se vendent en détail. *Il se fait un grand d. dans cette boutique.* — *Cette marchandise est ou n'est pas de d., est de bon d., de mauvais d.,* Elle se vend bien ou se vend mal.

Afin qu'il fût plus frais et de meilleur débit.
        La Fontaine.

— Par ext., L'endroit où l'on vend. *Il y a dans cette rue trois débits de tabac, et six de liqueurs.* ‖ Droit de vendre certains produits dont le gouvernement s'est réservé le monopole. *Il obtint un d. de tabac, un d. de poudre.* ‖ Fig., Manière de s'énoncer, de réciter. *Il a un beau d., un d. aisé, agréable, pénible, fatigant. Le charme de son d. D. oratoire,* voy. Déclamation. ‖ T. Mus. Manière de chanter très rapide, et ce qu'on appelle récitatif. ‖ T. Technol. Manière dont on détaille les pièces de bois selon l'objet auquel on les destine. *Le d. du châtaignier en planches est plus profitable qu'en bois à brûler.* ‖ T. Compt. Voy. Tenue des livres. ‖ T. Hydraul. *D. d'une fontaine, d'une conduite,* Ce qu'une fontaine, une rivière, etc., fournit d'eau dans un temps donné. ‖ T. Élect. Quantité d'électricité fournie par une source d'électricité dans l'unité de temps.

DÉBITABLE. adj. Qui peut être débité.

DÉBITAGE. s. m. Action de débiter.

DÉBITANT. s. m. Petit laminoir mobile à l'usage des chaînistes pour écraser leur fil.

DÉBITANT, ANTE. Celui, celle qui vend en détail quelque marchandise. *Un d. de tabac.*

DÉBITE. s. f. (R. *débiter*) T. Administ. des Fin. Vente des papiers timbrés.

DÉBITER. v. a. (R. *débit*). Vendre ; ne se dit guère que de la vente en détail. *D. des marchandises, des denrées.* — Absol., *On débite beaucoup dans cette boutique.* — Fig. et prov., *Il débite bien sa marchandise,* Il sait faire valoir ce qu'il dit. || Fig., Réciter. *D. un rôle, un discours, un compliment.* — Absol., *Cet acteur débite froidement.* || Raconter, répéter, répandre de côté et d'autre. *D. des nouvelles, des mensonges. D. des injures.* || T. Musiq. Dire un récitatif avec l'accent de la parole plutôt qu'avec l'accent musical. || T. Techn. Détailler, couper des pièces de bois, des blocs de marbre, de pierre, selon l'usage auquel on les destine. *D. du bois en planches, en madriers. D. le marbre à la scie. D. des pierres en dalles.* || T. Hydr. Fournir une certaine quantité d'eau dans un temps donné. *Cette fontaine débite tant de litres par heure.* || T. Comptab. Inscrire quelqu'un sur les livres comme débiteur de telle somme ou de tel article. *Je vous ai débité de telle somme.* == SE DÉBITER. v. pron. Se vendre. *Cette marchandise se débite très bien.* || Se couper, se détailler. *Ce bois se débite très aisément en planches. Ces ardoises se débitent mal.* || Être raconté, se répéter. *Il ne faut pas ajouter foi à tout ce qui se débite sur son compte.* = DÉBITÉ, ÉE, part.

DÉBITEUR, EUSE. s. (R. *débiter*). Celui, celle qui débite ; ne se dit que fig. et en mauvaise part. *Un d. de mensonges.*

DÉBITEUR, TRICE. s. (lat. *debitor*, m. s.) Cela, celle qui doit ; est opposé à *Créancier. Un bon d. Un d. solvable. Un d. de mauvaise foi. Elle est votre débitrice.* — Voy. PRÊT.

DÉBITIF, IVE. adj. Compte qui est au débit.

DÉBITTER. v. a. (R. *bitte*). T. Mar. Détourner le câble de la bitte.

DÉBLAI. s. m. (R. *déblayer*). Enlèvement des terres pour mettre un terrain de niveau, pour creuser des fondations, etc. *L'exécution de cette route a nécessité des déblais considérables.* — Par ext., Les terres mêmes qu'on a enlevées. *On emploiera ces déblais à combler les fondrières.* — On dit encore qu'un *terrain est en d.,* lorsqu'il faut y enlever des terres pour lui donner le niveau voulu. || Fig. et fam. on dit, *C'est un beau d.,* lorsqu'on est débarrassé de quelqu'un ou de quelque chose qui incommodait.

DÉBLAIEMENT. s. m. Voy. DÉBLAYEMENT.

DÉBLANCHI. s. m. (R. *de,* et *blanchir*). Opération qui consiste à enlever d'une cuve d'indigo de toute la couleur bleue qu'elle peut fournir.

DÉBLANCHIR. v. a. (R. *de,* et *blanchir*). Enlever la croûte qui se forme à la surface des métaux en fusion. || Ôter la croûte d'étain des tables de plomb.

DÉBLATÉRATION. s. f. (Pr. ...*sion*). T. Néol. Action de déblatérer.

DÉBLATÉRER. v. n. (lat. *deblaterare,* m. s.). Parler en mal contre quelqu'un en y mettant un certain emportement. *Ce médecin déblatère continuellement contre ses confrères. Il déblatère contre tous les gouvernements.* Fam. == Conjug. Voy. CÉDER.

DÉBLAYEMENT. s. m. Action de déblayer.

DÉBLAYER. v. a. (bas-lat. *debladare,* de *de* et *bladum,* blé ; propr., ôter le blé coupé). Enlever ; se dit surtout en parlant de terres et de décombres. *Voilà des terres, des décombres qu'il faudra d.* || Débarrasser, dégager un lieu des choses qui l'encombrent. *D. une maison, une salle, une cave, une rue.* — Fig., *D. le terrain,* Faciliter l'exécution d'un projet, d'une entreprise, en faisant disparaître les obstacles. == DÉBLAYÉ, ÉE. p. — Conjug. Voy. PAYER.

DÉBLOCAGE. s. m. T. Typ. Action de débloquer.

DÉBLOCUS. s. m. (Pr. *dé-blo-kuss*). T. Guerre. Action de faire lever le blocus d'une place par l'armée ennemie. *Cette victoire amena le d. de Mayence.*

DÉBLOQUER. v. a. (R. *de,* et *bloquer*). T. Guerre. Faire lever un blocus. *C'est ainsi qu'il parvint à d. la place, la garnison.* || T. Typog. Ôter d'une composition les lettres retournées ou renversées, pour les remplacer par celles qui conviennent. || T. Jeux. Au billard. Sortir de la blouse, en parlant d'une bille. = DÉBLOQUÉ, ÉE. part.

DÉBOIRE. s. m. (R. *de,* et *boire*). Mauvais goût qui reste de quelque liqueur après qu'on l'a bue. *Le vin pris à jeun laisse toujours du d.* || Fig., Le dégoût, le vide, la tristesse qui suit ordinairement les plaisirs. *Rien ne montre mieux la vanité des plaisirs que le d. qu'ils laissent après eux.* — Se dit aussi des mécomptes, des choses pénibles ou désagréables que l'on éprouve. *Ses enfants lui ont donné bien des déboires dans sa vie.* || Opération qui consiste à vider les viviers, au bord de la mer.

DÉBOISEMENT. s. m. Action de déboiser ; résultat de cette action. *Le d. des montagnes.* — Voy. FORÊT.

DÉBOISER. v. a. Détruire les bois qui couvrent une contrée. *D. un pays.* = DÉBOISÉ, ÉE. part.

DÉBOISEUSE. s. f. On donne ce nom à une charrue destinée à cultiver un bois défriché.

DÉBOÎTAGE. s. m. (R. *déboîter*) Action de retirer un livre de la reliure.

DÉBOÎTEMENT. s. m. (R. *déboîter*). Syn. vulgaire du mot *Luxation.* Peu us. || T. Art. milit. Abandon momentané d'une place occupée par les soldats pendant les manœuvres.

DÉBOÎTER. v. a. (R. *boîte*). Disloquer. Au prop., ne se dit que des os qui sont luxés. *La chute qu'il a faite lui a déboîté l'épaule.* On dit mieux *Luxer.* || Par extens., se dit des ouvrages de serrurerie et de menuiserie, etc., qui viennent à se déjoindre. *A force de pousser la porte, on l'a toute déboîtée.* == SE DÉBOÎTER. v. pron. *L'os finira par se d. Une table qui se déboîte.* == DÉBOÎTÉ, ÉE. part.

DÉBONDANT, ANTE. adj. Ce qui débonde, coule en abondance.

DÉBONDER. v. a. Ôter la bonde. *D. un tonneau. D. un étang.* || Popul. et bas, se dit quelquefois de l'action d'un purgatif. *Il était très constipé, la médecine qu'il a prise l'a débondé* = DÉBONDER. v. n. S'écouler. *L'eau a débondé cette nuit par cette ouverture.* || Fig. et fam., Les pleurs qu'elle avait longtemps retenus débondèrent à la fin. — *J'ai le cœur plein, il faut que je débonde* (VOLTAIRE). == SE DÉBONDER. v. pron. Se dit d'un tonneau, d'un étang qui a perdu sa bonde et qui laisse écouler le liquide ou l'eau qu'il contient. *L'étang s'est débondé.* || Popul. et bas. Évacuer abondamment par le bas. = DÉBONDÉ, ÉE, part.

DÉBONDONNER. v. a. (Pr. *débondo-ner*). Ôter le bondon d'un tonneau, d'une cuve, etc. *D. un tonneau.* = DÉBONDONNÉ, ÉE. part.

DÉBONNAIRE. adj. 2 g. (Pr. *débo-nère*) (Vieux franç., *De bonne aire,* de bon nid, de bonne extraction). Vieux. *Louis le D.* || Bon, doux, clément. *Un prince d.* || Aujourd'hui, ne se dit guère qu'iron., et sign. alors bon et indulgent jusqu'à la faiblesse. *C'est un homme d. Une humeur d.* — *Un mari d.,* Un mari qui souffre patiemment la mauvaise conduite de sa femme.

DÉBONNAIREMENT. adv. (Pr. *débo-nè-reman*). Avec bonté, avec douceur. *Le vainqueur les traita d.* Vx.

DÉBONNAIRETÉ. s. f. (Pr. *débo-nè-reté*). Bonté, douceur. *On traita les prisonniers avec beaucoup de d.* Vx. || Aujourd'hui ne s'emploie guère qu'ironiq., et sign., Bonté qui va jusqu'à la faiblesse. *La d. de ce mari est incroyable.*

DÉBOQUETER. v. a. ou tr. Ponts et Chauss. En parlant d'un pilotis, le dépouiller des planches dont il était environné.

DÉBORA, prophétesse juive qui gouverna les Hébreux au XIVe siècle av. J.-C.

DÉBORD. s. m. (R. *bord*). T. Monn. La partie d'une pièce qui passe les bords du flan. || Partie d'une route qui borde le pavé. || Partie de la doublure qui excède l'étoffe. || T. Méd. Débordement. *D. de bile, d'humeurs.* Vx et inus.

DÉBORDANT, ANTE. adj. Qui déborde, qui passe les limites. || Fig. Qui ne peut contenir son activité, l'expression de ses sentiments.

DÉBORDÉ, ÉE. adj. (R. *déborder*). Dissolu, débauché. *C'est un jeune homme fort d. Une femme débordée. Mener une vie débordée.*

DÉBORDEMENT. s. m. (R. *déborder*). Action par laquelle un fleuve, une rivière, etc., sort de son lit et franchit ses bords. *Le d. de la Seine. Les débordements périodiques du Nil.* || Par ext., Évacuation abondante de quelque matière excrémentitielle. *Il a eu un violent d. de bile.* || Fig., Irruption d'un peuple barbare dans un pays où il veut s'établir. *Le d. des barbares dans l'empire romain.* || Par anal. et plus fig., mais au sens moral. *Le d. des passions.* || Fig., se dit encore des injures, des louanges, des critiques, des écrits qu'on répand avec profusion. *Un d. de paroles, d'injures, de pamphlets,* etc. || Fig., Débauche, dérèglement. *Vivre dans le d. Les scandaleux débordements de sa vie. Le d. de ses mœurs.*

DÉBORDER. v. n. (R. *bord*). Couler par-dessus les bords; se dit proprement des fleuves, des rivières, etc. *La rivière a débordé deux fois cette année. Le fleuve est débordé. Les pluies ont fait d. l'étang.* — Par ext., Le vase va d. — Fig., *Son cœur est plein et voudrait d. Les mauvaises mœurs débordent de toutes parts.* || Se dit d'une chose dont le bord dépasse celui d'une autre. *La doublure de votre gilet déborde.* || T. Mar. Se détacher d'un vaisseau qu'on avait abordé. *Après l'abordage, il ne put d. D. un bâtiment,* En enlever les bordages. *D. les voiles,* En larguer les écoutes. *D. les avirons,* Les ôter du bord, les retirer. = DÉBORDER. v. a. Se dit d'une chose dont le bord dépasse celui d'une autre. *Cette pierre déborde l'autre de 2 centimètres. Il faut que la dentelle déborde un peu la passe de ce chapeau.* || T. Tact. milit. ou navale. Se dit d'une ligne de troupes ou de vaisseaux dont le front est plus étendu que la ligne ennemie. *Il est dangereux de se laisser d. par l'ennemi. L'avant-garde de notre flotte débordait celle des ennemis.* || Fig., Dépasser, aller au delà. *Les événements nous débordent.* || Ôter la bordure. *D. des souliers, un chapeau.* = T. Techn. *D. une table de plomb,* En couper avec une plane sur les bords. — *D. une peau,* Enlever une couche sur le bord. = SE DÉBORDER. v. pron. Sortir de ses rives. *La rivière se déborde.* — Par anal., se dit des humeurs. *La bile se déborde.* || Se dit d'une pièce de vêtement dont la bordure s'en va, se détache. *Mon chapeau se déborde.* || Fig. Faire irruption. *C'est du Nord que se débordèrent ces multitudes de barbares qui inondèrent l'Europe.* || Fig. et famil., *Se d. en injures, en imprécations,* Exhaler sa colère en injures, vomir des injures, des imprécations. *Faire déborder le vase,* Combler la mesure, pousser la patience à bout. || T. Mar. Se détacher d'un vaisseau qu'on avait abordé. *Nous fîmes tous nos efforts pour nous d.* Écarter du bord en parlant des bois de flottage. = DÉBORDÉ, ÉE. part.

DÉBORDEUR, EUSE. s. Ouvrier, ouvrière qui coupe avec des forces la laine des peaux d'agneaux.

DÉBORDOIR. s. m. Outil dont les plombiers se servent pour déborder. || Bassin dans lequel l'opticien travaille les verres de lunettes.

DÉBOSSELER. v. a. Faire disparaître les bosses d'un objet.

DÉBOSSER. v. a. T. Mar. Démarrer la bosse qui tient le câble.

DÉBOTTER. v. a. [Pr. *débo-ter*]. Tirer les bottes à quelqu'un. *On le débotta. Il se fit d.* = SE DÉBOTTER. v. pr. Retirer ses bottes. *Je me débotterai bien moi-même.* = DÉBOTTÉ, ÉE. part.

DÉBOTTER. s. m. [Pr. *débo-té*]. Le moment où quelqu'un se débotte. *Il se trouva au d. du roi.* || Par ext., Le moment où quelqu'un arrive de voyage. = Dans ces deux acceptions, quelques personnes écrivent *Débotté.*

DÉBOUCHAGE. s. m. Action ou manière de déboucher des flacons, des bouteilles, etc.

DÉBOUCHÉ. s. m. (R. *déboucher*). L'extrémité d'un défilé, d'une vallée, du col d'une montagne. *L'ennemi nous attendait au d. de la vallée, au d. des montagnes.* || Ponts et chauss. *Débouché d'un pont,* Distance entre ses culées. || Fig., Moyen d'écouler un produit. *Ouvrir des débouchés au commerce. Ce pays manque de débouchés.* — Par ext., se dit en parlant des effets négociables. *J'ai enfin trouvé un d. pour les billets que j'avais reçus.* || Par anal., Le lieu où l'on trouve à écouler ses produits. *Le meilleur d. d'un pays très industrieux est un autre pays également industrieux.* || Fig., Expédient. *Il cherche un d. pour se tirer d'affaire, d'embarras,* etc. Peu us.

Écon. pol. La théorie des débouchés a été particulièrement élucidée par J.-B. Say, qui le premier en a compris toute l'importance, et a su déduire de la formule si simple de cette théorie, « On n'achète des produits qu'avec des produits », les conséquences éminemment fécondes qu'elle renferme. Il est indispensable, pour juger sainement des nombreuses questions relatives à l'échange et au commerce, d'avoir parfaitement compris cette formule et de ne la jamais perdre de vue. Nous ne croyons pas pouvoir mieux faire que de reproduire les principaux passages de la théorie du célèbre économiste.

« Les entrepreneurs des diverses branches d'industrie ont coutume de dire que la difficulté n'est pas de produire, mais de vendre; qu'on produirait toujours assez de marchandises si l'on pouvait facilement en trouver le débit. Mais si on leur demande quelles circonstances, quelles causes sont favorables au placement de leurs produits, on s'aperçoit que le plus grand nombre n'a que des idées confuses sur ces matières, observe mal les faits, et les explique plus mal encore. — L'homme donté l'industrie s'applique à donner de la valeur aux choses en leur créant un usage quelconque, ne peut espérer que cette valeur sera appréciée et payée que là où d'autres hommes auront les moyens d'en faire l'acquisition. Or, ces moyens en quoi consistent-ils? En d'autres valeurs, d'autres produits, fruit de leur industrie, de leurs capitaux, de leurs terres : d'où il résulte, quoiqu'au premier aperçu cela semble un paradoxe, que c'est la production qui ouvre des débouchés aux produits. — Que si un marchand d'étoffes s'avisait de dire : Ce ne sont pas d'autres produits que je demande en échange des miens, c'est de l'argent, on lui prouverait aisément que son acheteur n'est mis en état de le payer en argent que par des marchandises qu'il vend de son côté. « A tel fermier, peut-on lui répondre, achèterez-vous étoffes si ses récoltes sont bonnes; il achètera d'autant plus qu'il aura produit davantage, et il ne pourra rien acheter s'il ne produit rien. Vous-même, vous n'êtes mis à même de lui acheter son froment et ses laines qu'autant que vous produisez des étoffes. Vous prétendez que c'est de l'argent qu'il vous faut : je vous dis, à moi, que ce sont d'autres produits. En effet, pourquoi désirez-vous cet argent? N'est-ce pas dans le but d'acheter des matières premières pour votre industrie, ou des comestibles pour votre bouche? Autrement, comment ferait-on pour acheter maintenant en France, dans une année, six ou huit fois plus de choses qu'on n'en achetait sous le règne de Charles VI? Il est évident que c'est parce qu'on y produit six ou huit fois plus de choses, et qu'on achète ces choses les unes avec les autres. »

« Lors donc qu'on dit : La vente ne va pas, parce que l'argent est rare, on prend le moyen pour la cause; on commet une erreur qui provient de ce que presque tous les produits se résolvent en argent avant de s'échanger contre d'autres marchandises, et de ce qu'une marchandise qui se montre si souvent, paraît la vulgaire de la marchandise par excellence, le terme de toutes les transactions dont elle n'est que l'intermédiaire. On ne devrait pas dire : La vente ne va pas parce que l'argent est rare, mais parce que les autres produits le sont. Il y a toujours assez d'argent pour servir à la circulation et à l'échange réciproque des autres valeurs lorsque ces valeurs existent réellement. Quand l'argent vient à manquer à la masse des affaires, on y supplée aisément par des moyens connus des négociants, et bientôt la monnaie afflue, par la raison que la monnaie est une marchandise et que toute espèce de marchandise se rend aux lieux où l'on en a besoin. Lorsqu'une marchandise surabondante ne trouve point d'acheteurs, c'est si peu le défaut d'argent qui en arrête la vente, que les vendeurs de cette marchandise s'estimeraient heureux d'en recevoir la valeur en ces denrées qui servent à leur consommation, évaluées au cours du jour; ils ne chercheraient point de numéraire, et n'en auraient nul besoin, puisqu'ils ne souhaitaient que pour le transformer en denrées de leur consommation. — Le producteur qui courail que ses acheteurs se composent, outre ceux qui produisent de leur côté, de beaucoup d'autres classes qui ne produisent pas matériellement, comme fonctionnaires publics, médecins, gens de lois, prêtres, etc., et qui de là tirerait cette induction qu'il y a des débouchés autres que ceux que présentent les personnes qui produisent elles-mêmes; le producteur, dis-je, qui raisonnerait ainsi, prouverait qu'il s'attache aux apparences, et ne pénètre pas le fond des choses. En effet, un prêtre va chez un marchand pour y acheter une étoffe ou un surplis. La valeur qu'il y porte est sous la forme d'une somme d'argent : de qui la tient-il? D'un percepteur qui l'avait levée sur un contribuable. De qui le contribuable la tenait-il? Elle avait été produite par lui. C'est cette valeur produite, échangée d'abord contre des écus, puis donnée à un prêtre, et a permis à celui-ci d'aller faire son achat. De toute manière, l'achat d'un produit ne peut être fait qu'avec la valeur d'un autre.

« La première conséquence qu'on peut tirer de cette importante vérité, c'est que, dans tout État, plus les producteurs sont nombreux et les productions multipliées, plus les débouchés sont faciles, variés et vastes. Dans les lieux qui produisent beaucoup, se crée la substance avec laquelle seule on achète : je veux dire la *valeur*. L'argent ne remplit qu'un office passager dans ce double échange, et les échanges terminés, il se trouve toujours qu'on a payé des produits avec des produits. Il est bon de remarquer qu'un produit terminé offre, *dès cet instant*, un débouché à d'autres produits pour tout le montant de sa valeur. En effet, lorsque le dernier producteur a terminé un produit, son plus grand désir est de le vendre pour que la valeur de ce produit ne chôme pas entre ses mains. Mais il n'est pas moins empressé de se défaire de l'argent que lui procure sa vente pour que la valeur de l'argent ne chôme pas non plus. On voit donc que le fait seul de la formation d'un produit ouvre, dès l'instant même, un débouché à d'autres produits. C'est pour cela qu'une bonne récolte n'est pas seulement favorable aux cultivateurs, et qu'elle l'est en même temps aux marchands de tous les autres produits. On achète davantage toutes les fois qu'on recueille davantage. Une mauvaise récolte, au contraire, nuit à toutes les ventes. Il en est de même des récoltes faites par les arts et le commerce. — Cela étant ainsi, d'où vient, demandera-t-on, cette quantité de marchandises qui à certaines époques, encombrent la circulation, sans pouvoir trouver d'acheteurs? Pourquoi ces marchandises ne s'achètent-elles pas les unes les autres? Je répondrai que des marchandises qui ne se vendent pas, ou qui se vendent à perte, excèdent la somme des besoins qu'on a de ces marchandises, soit parce qu'on en a produit des quantités trop considérables, soit plutôt parce que d'autres productions ont souffert. Certains produits surabondent parce que d'autres sont venus à manquer. En termes plus vulgaires, beaucoup de gens ont moins acheté parce qu'ils ont moins gagné, et ils ont moins gagné parce qu'ils ont trouvé des difficultés dans l'emploi de leurs moyens de production, ou bien parce que ces moyens leur ont manqué. Aussi l'on peut remarquer que les temps où certaines denrées ne se vendent pas bien sont précisément ceux où d'autres denrées montent à des prix excessifs; et comme ces prix élevés seraient des motifs pour en favoriser la production, il faut que des causes majeures ou des moyens violents, comme des désordres naturels ou politiques, maintiennent forcément d'un côté cette pénurie qui cause un engorgement de l'autre. Cette cause de maladie vient-elle à cesser, les moyens de production se portent vers les routes où la production est demeurée en arrière; en avançant dans ces voies-là, elle favorise l'avancement de la production dans toutes les autres.

« Une seconde conséquence du même principe, c'est que chacun est intéressé à la prospérité de tous, et que la prospérité d'un genre d'industrie est favorable à la prospérité de tous les autres. En effet, quels que soient l'industrie qu'on cultive, le talent qu'on exerce, on en trouve d'autant mieux l'emploi, et l'on en tire un profit d'autant meilleur qu'on est plus entouré de gens qui gagnent eux-mêmes. Un marchand placé dans une ville industrieuse et riche vend pour des sommes bien plus considérables que celui qui habite un canton pauvre où dominent l'insouciance et la paresse. Que feraient un actif manufacturier, un habile négociant dans une ville mal peuplée

et mal civilisée de certaines portions de l'Espagne ou de la Pologne? Quoiqu'il n'y rencontrât aucun concurrent, il y vendrait peu parce qu'on y produit peu; tandis qu'à Paris et à Londres, malgré la concurrence de cent marchands comme lui, il pourra faire d'immenses affaires. La raison en est simple : il est entouré de gens qui produisent beaucoup dans une multitude de genres, et qui font des achats avec ce qu'ils ont produit, c.-à-d. avec l'argent provenant de la vente de ce qu'ils ont produit. Telle est la source des profits que les gens des villes font sur les gens des campagnes, et que ceux-ci font sur les premiers : les uns et les autres ont d'autant plus de quoi acheter qu'ils produisent davantage. Une ville entourée de riches campagnes y trouve de nombreux et riches acheteurs, et dans une ville opulente les produits de la campagne ont bien plus de valeur. C'est par une distinction futile qu'on classe les nations en nations agricoles, manufacturières et commerçantes. Si une nation réussit dans l'agriculture, c'est une raison pour que ses manufactures et son commerce prospèrent; si ses manufactures et son commerce sont florissants, son agriculture s'en trouvera mieux. — Une nation, par rapport à la nation voisine, est dans le même cas qu'une province par rapport à une autre province, qu'une ville par rapport aux campagnes : elle est intéressée à la voir prospérer et assurée de profiter de son opulence.

« Une troisième conséquence de ce principe fécond, c'est que l'importation des produits étrangers est favorable à la vente des produits indigènes; car nous ne pouvons acheter les marchandises étrangères qu'avec des produits de notre industrie, de nos terres et de nos capitaux, auxquels ce commerce par conséquent procure un débouché. — C'est en argent, nous dira-t-on, que nous payons les marchandises étrangères. — Quand cela serait, notre sol ne produisant point d'argent, il faut acheter cet argent avec les produits de notre industrie; ainsi donc, peu importe que les achats qu'on fait à l'étranger soient acquittés en marchandises ou en argent, celles-ci procurent à l'industrie nationale des débouchés pareils.

« Par une quatrième conséquence du même principe, la consommation pure et simple, celle qui n'a pas pour objet de provoquer de nouveaux produits, ne contribue point à la richesse du pays. Elle détruit d'un côté ce qu'elle fait produire d'un autre côté. Pour que la consommation soit favorable, il faut qu'elle remplisse son objet essentiel, qui est de satisfaire à des besoins. »

Parmi les conséquences que Say a si bien déduites de la belle théorie des débouchés, et ces deux au sujet desquelles nous ajouterons quelques mots :

1° Les produits ne s'achetant qu'avec des produits, il s'ensuit que *le dommage de l'un ne profite jamais à l'autre*. Cette vérité si importante, qui commence à peine à pénétrer dans quelques esprits éclairés, était absolument méconnue à la fin du siècle dernier, où Voltaire écrivait ces étranges paroles : « Telle est la condition humaine que souhaiter la grandeur de son pays, c'est souhaiter du mal à ses voisins... Il est clair qu'un pays ne peut gagner sans qu'un autre perde. » Ce préjugé de Voltaire règne encore dans l'immense majorité de la population des pays qui se glorifient le plus de leur civilisation et de leurs lumières : cependant la maxime « qu'un pays ne peut gagner sans qu'un autre perde » est la consécration de la guerre, et dissimule, sous le voile du patriotisme, les plus mauvais instincts de l'humanité. La maxime opposée, au contraire, tend à unir les hommes et à établir la fraternité sur la base même de l'intérêt individuel.

2° La seconde vérité qui se trouve implicitement contenue dans la formule de la théorie des débouchés, est celle-ci : *Il ne saurait y avoir excès de production*. C'est en vain que quelques auteurs estimables ont contesté la rigoureuse exactitude de ce principe économique et ont objecté les crises commerciales où l'on voit une multitude de produits rester invendus. Suivant eux, la vente fait défaut parce qu'il y a un excès dans la production générale, parce que celle-ci a été supérieure aux besoins. Il suffit pour renverser cette objection de faire remarquer, avec l'illustre professeur Rossi, que si l'on mettait toutes les richesses que le monde renferme à la disposition des hommes pour les appliquer à leurs besoins, si l'on ouvrait aux premiers venus tous les docks de l'Angleterre, tous les magasins de la France, tous les entrepôts des deux hémisphères, tout serait consommé dans peu de jours, sans qu'il fût besoin d'imaginer pour cela une consommation folle et désordonnée. Il est donc évident que, dans aucun cas, la production ne peut être supérieure aux besoins. Ce qui est vrai seulement, mais la chose est bien différente, c'est que la production et l'offre de tel ou tel article peuvent être supérieurs à la demande de ce produit, et ici nous rentrons dans les termes de la formule de Say. Comme tout individu qui se présente sur le marché pour acheter doit apporter avec lui un autre produit pour l'échanger contre celui qu'il désire, il est clair que, toutes les fois qu'un article se trouve excéder la demande, c'est qu'il n'a pas été amené au marché un assez grand nombre d'autres produits pour les échanger contre l'article en question. Il y a *encombrement* d'un côté, uniquement parce qu'il y a eu défaut de production de l'autre; mais il n'y a pas eu excès de production pris dans le sens absolu du mot. Les crises commerciales résultent simplement d'un manque d'équilibre entre deux ou plusieurs genres de production différents, quelle que soit la cause qui a déterminé ce défaut d'équilibre. Quant à cette cause elle-même, elle varie selon les temps, les lieux, les circonstances de la vie économique des peuples, et les événements politiques qui trop souvent viennent jeter le désordre dans les relations du travail et du capital.

Bibliogr. — J.-B. SAY, *Traité d'Économie politique;* Rossi, *Cours d'Économie politique,* vol. II, leçons X à XIII; LÉON SAY et JOSEPH CHAILLEY, *Nouveau Dictionnaire d'Économie politique,* 1890.

DÉBOUCHEMENT. s. m. Action de déboucher. *Le d. des canaux.* || Se dit quelquefois dans les divers sens du mot. *Débouché,* sauf les trois derniers.

DÉBOUCHER. v. a. (R. *boucher*). *D. une bouteille, un flacon,* En ôter le bouchon. || Par ext., Enlever ce qui empêche de passer. *D. une porte. D. les chemins, les passages.* ═ DÉBOUCHER, v. n. Sortir d'un endroit resserré pour passer dans un lieu plus ouvert. *L'armée déboucha des montagnes dans la plaine. Chaque fois que notre colonne essayait de déboucher, un feu violent nous arrêtait.* || Se dit d'un cours d'eau, d'un canal, en parlant de l'endroit où il se termine. *La Seine débouche dans la Manche. Ce canal débouche dans le Rhône.* ═ DÉBOUCHÉ, ÉE. part.

DÉBOUCHOIR. s. m. Instrument qui sert à déboucher. || T. Métall. Sorte de pointe avec laquelle on enlève les rondelles de cuir qui bouchent les évents des fusées d'obus. || Outil du lapidaire qui sert à repousser une queue de coquille brisée. || Bâton terminé en pointe qui sert à dégager le soc de la charrue quand il est recouvert de terre.

DÉBOUCHURE. s. f. (R. *déboucher*). Noyau de forme cylindrique expulsé dans l'opération du POINÇONNAGE.

DÉBOUCLER. v. a. Défaire la boucle ou les boucles de ce qui est bouclé. *D. un ceinturon, une ceinture.* — *D. une jument,* Retirer les boucles qu'on lui avait mises, pour empêcher qu'elle ne fût saillie. || *D. ses cheveux, une perruque,* En défaire les boucles, les défriser. ═ SE DÉBOUCLER. v. pron. *Mon soulier s'est débouclé. Sa perruque s'est toute débouclée.* ═ DÉBOUCLÉ, ÉE. part.

DÉBOUILLI. s. m. [Pr. les *ll* mouillées] (R. *bouillir*). T. Teinture. Opération qui consiste à faire bouillir dans de l'eau, avec certains ingrédients, des échantillons de tissus teints, pour éprouver si la teinture en est bonne, ou des étoffes pour leur rendre leur première blancheur. *Mettre une étoffe au d.*

DÉBOUILLIR. v. a. [Pr. les *ll* mouillées[(R. *bouillir*). Mettre au débouilli. ═ DÉBOUILLI, IE. part.

DÉBOUILLISSAGE. s. m. [Pr. les *ll* mouillées] (R. *débouillir*). Action de soumettre à l'effet de l'eau bouillante.

DÉBOULER. v. n. (R. *boule*). Partir à l'improviste en parlant du lièvre. || T. Popul. Fuir précipitamment, comme en roulant. || T. Bas. Accoucher.

DÉBOULONNAGE. s. m. [Pr. *déboulo-naje*]. Action de déboulonner.

DÉBOULONNER. v. a. [Pr. *déboulo-ner*]. Démonter ou démolir ce qui est boulonné.

DÉBOUQUEMENT. s. m. (espag. *bocca,* bouche). T. Mar. Se dit, dans la navigation des Antilles, d'un canal, d'un détroit, ou d'un passage resserré entre des îles. *Le d. de Saint-Domingue.* || L'action de débouquer.

DÉBOUQUER. v. n. T. Mar. Sortir d'un débouquement. ═ DÉBOUQUÉ, ÉE. part. On dit qu'un *bâtiment, une escadre,* etc., *sont débouqués,* quand ils ont quitté un débouquement.

DÉBOURBAGE. s. m. T. Métall. Action d'ôter la bourbe, la gangue. || T. Mines. Lavage en eau courante que l'on fait subir au minerai quand il est sorti de la mine. || Fig. Action de retirer d'un état de bassesse.

DÉBOURBER. v. a. Ôter la bourbe. *D. un étang, un fossé,* etc. — *D. une voiture,* La tirer de la bourbe. — *Faire d. du poisson,* Le mettre dans de l'eau claire, pour qu'il perde le goût de bourbe. ||T. Métall. Séparer de la boue en parlant d'un minerai. || T. Écon. rurale. En parlant du vin, Soutirer, décanter après la fermentation. || Fig. Tirer de la fange du vice. ═ DÉBOURBÉ, ÉE. part.

DÉBOURBEUR. s. m. Ouvrier qui débourbe des minerais.

DÉBOURGEOISER. v. a. Faire perdre à quelqu'un les manières bourgeoises.

DÉBOURRAGE. s. m. [Pr. *débou-raje*] (R. *débourrer*). Opération qui consiste à enlever la bourre des organes des cardes.

DÉBOURRER. v. a. (R. *débou-rer*). Ôter la bourre. *D. un fusil.* — *D. une pipe,* Ôter le tabac qu'elle contient. || Fig. et famil., *D. un jeune homme,* Le former, le façonner aux manières et aux usages du monde. — *D. un cheval,* Commencer à l'assouplir, à le rendre propre au service auquel on le destine. ═ DÉBOURRÉ, ÉE. part.

DÉBOURREUR, EUSE. s. [Pr. *débou-reur*]. Celui, celle qui débourre. || Mécanique adaptée à une corde pour en faire le débourrage.

DÉBOURRURE. s. f. [Pr. *débou-rure*]. Déchets, résidus enlevés des organes des cardes.

DÉBOURS. s. m. (R. *débourser*). Ce que l'on a payé ou dépensé pour le compte de quelqu'un; ne s'emploie qu'au plur. *On lui a payé ses d. Vx.* — On dit *Déboursés.*

DÉBOURSEMENT. s. m. Action de débourser. Peu usité.

DÉBOURSER. v. a. Tirer de l'argent de sa bourse pour faire un paiement, un achat. *Je n'ai rien eu à d. Vous me rendrez ce que vous aurez déboursé pour moi.* || DÉBOURSÉ, ÉE. part. *Il faut d'abord lui rendre l'argent d.* || Substant., L'argent qu'on a d. *Il ne réclame que son d. Vous m'enverrez la note de vos déboursés.*

DEBOUT. adv. (R. *de, bout*). Se dit de ce qui est dressé et tient sur un de ses bouts. *Mettre un tonneau d. Une chose qui est, qui se tient d.* || *Être d., être encore d.,* se dit des choses qui ont échappé à la destruction. *Le Colisée est encore d. Une colonne du temple était seule restée d.* — Fig., *Malgré tous ses revers, ce vieil empire est encore d.* || Au prop., en parlant des personnes, sign. Droit sur ses pieds. *Se tenir d. Il eut l'impolitesse de nous laisser d. tout le temps de notre visite.* — Par anal., on dit d'un quadrupède qu'il se met d., qu'il se tient d., lorsqu'il se dresse sur ses pieds ou sur ses pattes de derrière. — T. Vén., *Mettre une bête d.,* la lancer. || *Être d.,* Être hors du lit, être levé. *Dès la pointe du jour, tout le monde était d. Il se porte mieux, il est d.* — Absol., on dit *Debout,* Quand on veut faire lever quelqu'un qui est assis ou couché. *Allons, d.! et partons.* || Par exag., *Dormir d., tout d.,* Être tellement accablé du sommeil qu'on s'assoupit sans être couché ou assis. || *Mourir d.,* Montrer une grande force d'âme au moment de mourir. || T. Littér. *Se tenir d,* Avoir une valeur propre en parlant d'une, d'une phrase. Inversement, on dit *qu'un ouvrage, un raisonnement ne se tient pas d.* quand il est très aisé d'en montrer la fausseté ou le peu de valeur. — Fig. et famil., *Conte à dormir d.,* Conte ou récit extrêmement ennuyeux. || Fig. et fam., *Tomber d.* Voy. TOMBER. || T. Mar. On dit qu'*une embarcation est d. à la lame, au courant, au vent,* lorsqu'elle présente son avant à la lame, etc. Quand c'est au vent, on dit qu'*elle a le vent d.* Dans ces phrases, quelques-uns écrivent *De bout* en deux mots.

— *Mât debout*, Chacun des trois mâts verticaux par opposition au beaupré qui est incliné — D. *les amorons!* Commandement du patron d'un canot qui fait lever les avirons quand passe l'embarcation d'un officier général. — D. *en avant!* Cri d'appel des matelots pour réveiller ceux qui doivent leur succéder au quart.

DÉBOUTÉ. s. m. (R. *débouter*). Rejet d'une demande au fond.

DÉBOUTEMENT. s. m. Action de débouter.

DÉBOUTER. v. a. (R. *de*, et *bouter*, propr., *bouter hors de*). T. Prat. Déclarer quelqu'un non recevable dans la demande qu'il a faite en justice. *On l'a débouté de sa demande.* || T. Métall. Enlever les aiguilles sur une partie de la largeur d'un ruban de carde et aux deux extrémités, afin de faciliter la disposition normale de celui-ci sur le tambour. — DÉBOUTÉ, ÉE. part.

DÉBOUTONNER. v. a. [Pr. *débouto-ner*]. Défaire les boutons de son vêtement. D. *son habit, son gilet, ses guêtres.* == SE DÉBOUTONNER. v. pron. D. son habit, etc. *Je me déboutonnai pour respirer plus à l'aise.* — Par ext., *Mon habit s'était déboutonné.* — Fig. et fam., Parler librement, franchement, à cœur ouvert. *Se tint d'abord sur la réserve, mais à la fin il se déboutonna.* == DÉBOUTONNÉ, ÉE. part. *Rire, boire, manger à ventre déboutonné*, Rire, etc., excessivement. || T. Escrime. Fleuret *déboutonné*, Fleuret dont on a ôté le bouton.

DÉBRAILLER. v. a. [Pr. *dé-bra-ller*, *l* mouillées] (R. *de*, et *braies*). Ouvrir, déranger les vêtements. || SE DÉBRAILLER. v. pron. Se découvrir la gorge, la poitrine avec quelque indécence. == DÉBRAILLÉ, ÉE. part.

DÉBRAISAGE. s. m. T. Techn. Opération qui consiste à enlever la braise qui encombre les alandiers et empêche le tirage.

DÉBRAISEMENT. s. m. Action de débraiser un four.

DÉBRAISER. v. a. Enlever la braise d'un four qu'en a chauffé.

DEBRAUX, poète et chansonnier fr. né à Ancerville (1796-1831).

DEBRAY (HENRI), chimiste français (1827-1888).

DÉBRAYAGE. s. m. [Pr. *débré-iaje*] (R. *braie*). Action de débrayer.

DÉBRAYAGE. s. m. [Pr. *débré-iaje*] (R. *brai*). Action d'enlever un enduit de brai.

DÉBRAYER. v. a. [Pr. *débré-ier*] (R. *de* et *braie*). T. Méc. Retirer le lien qui unit un arbre moteur à l'arbre d'une machine-outil. Voy. EMBRAYAGE.

DÉBRAYER. v. a. [Pr. *débré-ier*] (R. *de*, et *brai*). Enlever un enduit de brai.

DÉBRAYEUR. s. m. [Pr. *débré-ieur*]. T. Méc. Mécanisme servant à débrayer. Voy. EMBRAYAGE.

DEBRECZIN, v. de Hongrie; 52.000 hab.

DÉBREDOUILLER. v. a. [Pr. les *ll* mouillées] T. Trictrac. Faire ôter la bredouille, ou empêcher que l'adversaire ne puisse gagner partie double ou quadruple. *Je vous débredouille.* || On dit aussi, Se d. == DÉBREDOUILLÉ, ÉE. part.

DÉBRICOLER. v. a. Ôter la bricole.

DÉBRIDEMENT. s. m. Action d'ôter la bride à une bête de somme. || T. Chirurg. Opération qui consiste soit à enlever les brides qui, en présence d'un pus, dans une plaie, un abcès, mettrait obstacle à la libre sortie du pus, soit à couper un tissu membraneux qui comprime ou étrangle les parties sous-jacentes.

DÉBRIDER. v. a. D. *un cheval*, Le débarrasser de sa bride. — Absol., en parlant de cavaliers, sign. S'arrêter, se reposer. *Notre escadron fit dix lieues sans d. Il est temps de d.* — Fig. et fam.. *Sans d.*, Tout de suite et sans interruption. *Nous avons travaillé dix heures sans d. Il est homme à parler quatre heures sans d.* || *Débrider les yeux à quelqu'un*, Les lui faire ouvrir, lui faire voir la vérité. || Fig. et fam., se dit de certaines choses qu'on fait avec une extrême précipitation. *Voyez comme il débride. Il eut bientôt débridé son bréviaire.* || T. Chirur. Opérer un débridement. D. *une plaie, une hernie.* || T. Techn. Détacher le câble de la pierre, lorsqu'elle est arrivée au haut de la carrière. == DÉBRIDÉ, ÉE. part.

DÉBRIDEUR, EUSE. s. Celui, celle qui débride une bête de somme. || T. Techn. Ouvrier qui détache les câbles dans une carrière.

DÉBRILLANTER. v. a. [Pr. les *ll* mouillées]. Ôter le brillant de...

DÉBRIS. s. m. (R. *de*, et *bris*). Fragment d'une chose qui a été brisée ; s'emploie surtout au plur. *Les débris d'un meuble, d'une statue, d'un vase.* D. *épars. On voyait çà et là flotter quelques d. du naufrage. Il se sauva à la nage en s'aidant d'un d. du navire. On trouve dans la terre des d. de coquillages, de végétaux.* || Restes d'un homme ou d'un animal mutilé. *Quand ce conquérant entra dans la ville, il était suivi de boiteux, de manchots : d. humains.* || Restes d'un ou de plusieurs êtres organisés qui ont péri : D. *fossiles, d. organiques.* — Figur. et famil., *Les d. d'un souper, d'un pâté*, Les restes d'un souper, etc. || Fig., se dit de ce qui reste d'une chose collective qui a été détruite dans son ensemble. *Il lui reste encore quelques d. de son ancienne opulence. Il réunit les d. de sa fortune. Plusieurs États se formèrent des d. de ce vaste empire. Les glorieux d. de la Grande Armée. Il fit dégât avec tout une hôtellerie une nombreuse société. On donna tant à l'hôte pour le d. Vs.*

Syn. — *Décombres, Ruines.* — *Débris* se dit des fragments d'une chose quelconque qui a été brisée, mise en pièces ; *décombres* et *ruines* ne se disent que des édifices : ce dernier même ne s'emploie qu'en parlant d'édifices considérables. *Décombres* n'est usité qu'au propre ; *débris* et *ruines* se disent au propre et au figuré. En outre, *ruines* emporte l'idée d'une destruction plus complète.

DÉBROCHAGE. s. m. (R. *débrocher*). Action de remettre en feuilles un livre broché.

DÉBROCHER. v. a. (R. *de*, et *brocher*, de *broche*). D. *un livre, un volume*, Diviser par feuilles un livre broché. || Retirer de la broche en parlant des viandes embrochées. == SE DÉBROCHER. v. pron. Se dit d'un livre dont les feuilles, mal réunies, se séparent les unes des autres. *Il faut faire relier cet ouvrage ; il se débroche déjà.* == DÉBROCHÉ, ÉE. part. || Adjectiv., *Un livre tout débroché.*

DEBROSSE (JACQUES), architecte français, mort en 1624, construisit le palais du Luxembourg à Paris et la salle des Pas-perdus du Palais de justice.

DEBROSSES (CHARLES), premier président du parlement de Dijon, littérateur fr. connu par son *Traité de la formation des langues*.

DÉBROUILLABLE. adj. [Pr. les *ll* mouillées]. Qui peut être débrouillé, éclairci.

DÉBROUILLARD, ARDE. s. [Pr. les *ll* mouillées]. T. popul. Celui, celle qui se débrouille, qui se tire d'affaire facilement.

DÉBROUILLEMENT. s. m. [Pr. les *ll* mouillés]. Action de débrouiller une chose embrouillée, confuse. *Il faut lui confier le d. de cette affaire.*

DÉBROUILLER. v. a. [Pr. les *ll* mouillées] (R. *de*, et *brouiller*). Démêler, mettre en ordre des choses confuses. D. *du fil, de la soie. Les poètes anciens disaient que c'était l'Amour qui avait débrouillé le chaos. D. des pièces, des titres, des papiers.* — Fig. Éclaircir. *C'est une affaire très difficile à d. D. une intrigue. Donnez-lui le temps de d. ses affaires.*

Villon sut le premier, dans ces siècles grossiers,
Débrouiller l'art confus de nos vieux romanciers.
BOILEAU.

|| T. Mar. *D. les cordages*, Parer les cordages qui gisent sur le pont après une manœuvre. = Débrouillé, ée. part.

DÉBROUILLEUR, EUSE. s. [Pr. ... *ou-lleur*, *ll* mouillées]. Celui, celle qui débrouille un fait obscur.

DÉBROUSSAILLEMENT. s. m. [Pr. ... *a-lleman*, *ll* mouillées]. Action de débroussailler.

DÉBROUSSAILLER. v. a. [Pr. ... *a-ller*, *ll* mouillées]. Enlever les bois morts, les broussailles.

DÉBROUSSAILLEUR. s. m. [Pr. ... *a-lleur*, *ll* mouillées]. Ouvrier qui débroussaille.

DÉBRUTALISER. v. a. (R. *de*, et *brute*). Ôter la grossièreté, l'impolitesse.

DÉBRUTIR. v. u. (R. *de*, et *brut*). Dégrossir, ôter ce qu'un corps présente de rude et de brut. *D. une glace, un diamant, un marbre*. = Débruti, ie. part.

DÉBRUTISSEMENT. s. m. Action de débrutir; le résultat de cette action.

DÉBUCHER. v. n. (all. *busch*, bois). Sortir du bois; se dit des bêtes fauves qui sortent de l'endroit du bois où elles s'étaient retirées. *Le cerf a débuché.* = Débucher. v. a. Faire sortir une bête de son fort. *D. le cerf.* = Débucher. s. m. Le moment où la bête sort de son fort. *Se trouver au d.* || Fanfare que l'on sonne quand le cerf débuche.

DEBURAU (Jean-Baptiste-Gaspard), célèbre mime fr. (1796-1846), et son fils, Charles (1829-1873), créèrent aux Funambules le type de Pierrot.

DÉBUSCABLE. adj. Qui peut être débusqué.

DÉBUSQUEMENT. s. m. Action de débusquer.

DÉBUSQUER. v. a. (all. *busch*, bois). Chasser quelqu'un d'un poste, d'une position qu'il occupe. *Nous débusquâmes les ennemis qui occupaient les hauteurs.* || T. Véner. Faire sortir du bois, du terrier. || Fig. et famil., Déposséder quelqu'un d'un emploi, etc.; le supplanter. *Il avait un fort bel emploi au ministère, on l'en a débusqué, on l'a débusqué.* = Débusqué, ée. part.

DÉBUT. s. m. (R. *but*). Le premier coup à certains jeux, comme à la boule, au mail, au billard; mais, par extens., se dit à tous les jeux. *Voilà un beau d. Faire un beau d. — Cette boule est en beau d*, On peut aisément l'ôter d'auprès du but. || Fig. et par anal., Commencement. *Au d. de la maladie, de la guerre. de la session. Le d. d'un poème, d'un discours.* Vous un d. qui promet, un d. très maladroit. — *Dès le d.*, En commençant tout d'abord. *On réussit rarement dès le d. — Le premier ouvrage d'un auteur. Œdipe fut le d. de Voltaire au théâtre.* || Fig., La manière dont on commence une entreprise, les premiers pas que l'on fait dans une carrière. *Son d. dans le monde ne fut pas heureux. Les débuts de ce général avaient fait espérer une campagne glorieuse.* || Fig., se dit aussi d'un acteur qui paraît pour la première fois sur la scène, ou qui joue sur un nouveau théâtre, particul. pour se faire agréer du public. *Le d. de cet acteur a été fort brillant. Un rôle de d. Il a terminé ses débuts. Les débuts ont duré trois semaines.* — Fam., *Il n'est pas, il n'en est pas à son d.*, Ce n'est pas la première fois qu'il a fait cette chose.

DÉBUTANT, ANTE. s. Celui, celle qui débute; se dit surtout des acteurs.

DÉBUTER. v. n. (R. *début*). Jouer le premier coup à certains jeux, comme à la poule, au mail, au billard; mais, par ext., se dit à tous les autres jeux. *C'est à moi à d. Il a débuté par un beau coup.* || Figur. et par anal., Commencer. *Il débuta par solliciter l'indulgence de l'auditoire. Le poème de Lucrèce débute par une invocation à Vénus.* || Fig., se dit aussi en parlant des premiers ouvrages que l'on produit, des premiers actes, des premières démarches que l'on fait dans une carrière, dans le monde, etc. *Il a débuté par un poème fort remarquable. Si vous débutez ainsi dans le monde, vous ne réussirez pas. Ce jeune homme a bien débuté.*

C'était là bien mal d. — Se dit particul. en parlant des acteurs. *Il débutera par le rôle d'Othello. Elle a débuté dans Phèdre.* = Débuter. v. a. Ôter d'auprès du but. *D. une boule.* = Débuté, ée. part.

DÉCA. Mot grec (δέκα) qui sign. *Dix*. Préfixe indiquant que la valeur du radical est multipliée par le nombre Dix; il est surtout usité en histoire naturelle et dans la nomenclature du système métrique : *Décagramme, Décalitre, Décamètre*, etc. Voy. Métrique (*Système*).

DEÇA. prép. (R. *de*, *çà*). De ce côté-ci, par oppos. à *Delà* qui sign. De ce côté-là. *D. la rivière les paysans parlent allemand. D. et delà la montagne, le pays n'est pas le même.* — On dit quelquefois, *De d., Par d. D. de la rivière. Par d. la montagne*, Peu us.; on dit plus ordinair. *En d. En d. de la rivière. Il demeure en d. du pont.* = De deçà, Par deçà, En deçà. loc. adverbiales Les deux premières ont vieilli, la troisième seule est usitée aujourd'hui. *Il est situé en d. Tournez-vous un peu plus en d.* = Deçà et Delà. loc. adv. D'un côté et de l'autre; de côté et d'autre. *La navette du tisserand va d. et delà. Il courait d. et delà sans savoir que devenir.* — Fam., *Jambe d., jambe delà*, Une jambe d'un côté, une jambe de l'autre à califourchon.

DÉCACANTHE. adj. 2 g. (gr. δέκα, dix; ἄκανθα, épine). T. Bot. Pourvu de dix épines. Peu us.

DÉCACHÈTEMENT. s. m. Action de décacheter.

DÉCACHETER. v. a. Ouvrir ce qui est cacheté. *D. une lettre, un paquet.* = Se décacheter. v. pron. *Le paquet ne s'est pas décacheté tout seul.* = Décacheté, ée. part. = Conjug. V. Caqueter.

DÉCACRYLIQUE. adj. 2 g. (gr. δέκα, dix; fr. *acrylique*). T. Chim. *L'acide décacrylique* $C^{10}H^{18}O^2$ est un acide gras, solide, jaune, fusible à 86°, contenu dans l'extrait alcoolique du liège.

DÉCADACTYLE. adj. (gr. δέκα, dix; δάκτυλος, doigt). T. Zool. Qui a dix doigts.

DÉCADAIRE. adj. Qui se rapporte aux décades du calendrier républicain.

DÉCADE. s. f. (gr. δέκας, dizaine). T. Chron. Période de dix jours dans le calendrier républicain Voy. Calendrier. || T. Littér. Se dit aussi des parties d'un ouvrage dont chacune est composée de dix livres. *Les décades de Tite-Live.* || T. Bibliogr. Nom de quelques journaux qui paraissent tous les dix jours.

DÉCADENASSER. v. a. Enlever un cadenas.

DÉCADENCE. s. f. (lat. *cadere*, tomber). État de ce qui dépérit et tend à sa ruine. *Tomber, aller en d.* N'est presque plus d'usage au propre. || Figur., État d'une chose qui va en déclinant. *La d. d'une ville, d'un empire. La d. des mœurs, des lettres, des arts, de l'industrie. Une famille, une maison qui tombe en d. Nous vivons à une époque de d.*

Syn. — *Déclin.* — *Décadence* vient du latin *cadere*, tomber, d'où *déchoir*, commencer à tomber, aller à sa chute; *déclin* vient du latin *declinare*, qui est lui-même dérivé du grec κλίνειν, pencher: il signifie donc littéralement pente, descente. La *décadence* est l'état de ce qui va tombant, et le *déclin* l'état de ce qui va baissant. On dit la *décadence* d'un édifice, des fortunes, des lettres, des empires, des choses sujettes à des vicissitudes: ces choses se dégradent et tombent. On dit le *déclin* du jour, de l'âge, de la maladie, des choses qui n'ont qu'une certaine durée et qui s'affaiblissent vers leur fin: ces choses baissent et passent. Ainsi donc, la *décadence* amène la chute et la ruine; le *déclin* mène à l'expiration et à la fin. *Décadence* ne se dit guère qu'au figuré; *déclin*, au contraire, se dit au moral comme au physique. = *Ruine.* — Les mots *décadence* et *ruine* diffèrent en ce que le premier prépare le second, qui en est ordinairement l'effet. Exemple: la *décadence* de l'empire romain, sous Théodose, annonçait sa *ruine* totale.

DÉCADENT, ENTE. adj. Qui commence à déchoir, à tomber en ruine. || Qui appartient à une époque de décadence littéraire et artistique. || Nom que se sont donné les adeptes d'une école littéraire contemporaine qui, à force de rechercher la subtilité dans les expressions et les tournures grammaticales, en arrive à produire des œuvres absolument incompréhensibles. Quelques auteurs appartenant à cette école manifestent cependant un talent très réel et un véritable sentiment poétique. La littérature décadente est une forme bizarre de la réaction idéaliste contre la tendance réaliste d'autres écoles.

DÉCADI. s. m. (gr. δέκα, dix ; lat. *dies*, jour). Dixième jour de la décade, dans le calendrier républicain. C'était un jour férié comme notre dimanche. Voy. CALENDRIER *républicain*.

DÉCAÈDRE. adj. 2 g. T. Géom. Qui a dix faces.

DECAEN, général fr. né à Caen (1769-1832).

DÉCAFIDE. adj. 2 g. (gr. δέκα ; lat. *fissus*, fendu). T. Hist. nat. Qui a dix découpures.

DÉCAGONAL, ALE. adj. T. Géom. Qui a dix angles. || Dont la base est un décagone.

DÉCAGONE. adj. et s. m. (gr. δέκα, dix ; γωνία angle). T. Géom. Polygone qui a dix angles et par conséquent dix côtés. Voy. POLYGONE et AIRE. || T. Fortif. Ouvrage composé de dix bastions.

DÉCAGRAMME. s. m. (gr. δέκα, et *gramme*). T. Métrol. Mesure de poids qui vaut dix grammes. Voy. MÉTRIQUE.

DECAGYNE. adj. 2 g. (gr. δέκα ; γυνή, femme, organe femelle). T. Bot. Qui a dix pistils.

DÉCAGYNIE. s. f. Ordre des 13 premières classes, dans le système de Linné, comprenant les plantes qui ont dix pistils. Voy. BOTANIQUE.

DÉCAILLER. v. a. [Pr. *déca-ller*, ll mouillées] Rendre fluide ce qui est caillé.

DECAISNE (JOSEPH), botaniste fr. né à Bruxelles (1807-1882).

DÉCAISSER. v. a. Tirer d'une caisse. On va d. ces marchandises. D. des orangers. == DÉCAISSÉ, ÉE. part.

DÉCALÂBRER. v. n. T. Techn. Détacher sur la muraille des ardoisières les blocs qui n'ont pas une solidité suffisante.

DÉCALAGE. s. m. Action de décaler.

DÉCALCOMANIE. s. m. (R. *décalque*, et *manie*). Néol. Art de décorer divers objets à l'aide de dessins coloriés que l'on colle et qui laissent leurs couleurs.

Techn. — Les dessins employés pour la d. sont imprimés sur un papier fortement aluné, recouvert d'une couche d'albumine contenant un peu d'alcool et de gomme adragante. Cette couche légèrement humectée adhère sur les objets sur lesquels on l'applique, et le côté du mouillé, le dos du papier pour que celui-ci s'enlève facilement, laissant l'albumine et la peinture où on l'a déposée. Une couche de vernis déposée par-dessus protège ensuite le décor.

DÉCALER. v. a. Ôter les cales.

DÉCALITRE. s. m. (gr. δέκα, et *litre*). T. Métrol. Mesure de capacité qui vaut dix litres. Voy. MÉTRIQUE.

DÉCALOBÉ, ÉE. adj. (gr. δέκα, fr. *lobe*). T. Bot. Qui a le limbe partagé en dix lobes ou divisions arrondies.

DÉCALOGUE. s. m. (gr. δέκα ; λόγος, précepte). Les dix commandements de Dieu. Les tables, les préceptes du Décalogue.

DÉCALOTTER. v. a. [Pr. *déca-o-ter*]. Ôter le dessus d'une chose. == SE DÉCALOTTER. v. pron. Perdre le dessus, la calotte.

DÉCALQUE. s. m. Action de décalquer. Voy. CALQUE.

DÉCALQUER. v. a. Reporter un calque sur une matière quelconque. == DÉCALQUÉ, ÉE. part.

DÉCALVANT, ANTE. adj. (lat. *de*, et *calvus*, chauve). T. Méd. Qui rend chauve.

DÉCAMÈRE. s. m. (gr. δέκα, dix ; μέρος, partie). T. Zool. Qui a dix articles aux antennes.

DÉCAMÉRIDE. s. f. (gr. δέκα ; μέρος, partie). T. Mus. 3010⁰ partie de l'octave, imaginée en 1700 par Sauveur qui, pour faire la théorie de la gamme, divisait l'octave en 43 *mérides*, chaque méride en sept *septamérides*, et chaque septaméride en dix *décamérides*.

DÉCAMÉRON. s. m. (gr. δέκα ; ἡμέρα, jour). Ouvrage contenant le récit des événements de dix jours ou une suite de récits faits en dix jours. Le D. de Boccace. || Par extension. Société dépeinte dans le Décaméron de Boccace.

DÉCAMÈTRE. s. m. (gr. δέκα, et *mètre*). T. Métrol. Mesure de longueur qui vaut dix mètres. Voy. MÉTRIQUE.

DÉCAMÉTRIQUE. adj. Qui a rapport au décamètre.

DÉCAMPEMENT. s. m. Action de décamper. S'emploie surtout dans l'armée. || Batterie de décampement, Batterie qui annonce aux troupes de lever le camp.

DÉCAMPER. v. n. Lever le camp. L'armée a décampé pendant la nuit. || Fig. et fam., Se retirer précipitamment de quelque lieu, s'enfuir.

DECAMPS, peintre français (1803-1860).

DECAN, DEKAN ou **DEKKAN.** Nom que l'on donne à la partie de l'Hindoustan située au S. des monts Vindhya.

DÉCANAILLER. v. a. [Pr. ...a-ller, ll mouillées]. Tirer hors de la canaille.

DÉCANAL, ALE. adj. Qui appartient au décanat.

DÉCANAT. s. m. (lat. decanus, doyen). Dignité de doyen. Le d. du sacré-collège. Le d. de la Faculté des lettres, etc. || L'exercice des fonctions de doyen. Pendant son décanat.

DÉCANDRE. adj. 2 g. (gr. δέκα ; ἀνήρ, homme, organe mâle). T. Bot. Qui a dix étamines.

DÉCANDRIE. s. f. Classe du système de Linné qui renferme les plantes dont la fleur a dix étamines libres entre elles et égales. Voy. BOTANIQUE.

DÉCANE. s. m. (gr. δέκα, dix). T. Chim. Nom donné aux hydrocarbures saturés de la formule C¹⁰H²². Le décane connu est le biamyle, liquide bouillant à 160°, qu'on prépare en traitant l'iodure d'amyle par l'amalgame de zinc. Le décane normal bout à 173°; on l'obtient par l'action de l'acide iodhydrique et du phosphore sur l'acide caprique. Le goudron contient un décane bouillant à 174°. Les pétroles en renferment plusieurs autres, dont les points d'ébullition sont compris entre 152° et 168°.

DÉCANILLER. v. n. [Pr. les ll mouillées]. T. Popul. S'en aller malgré soi.

DÉCANONISER. v. a. (R. de, et canoniser). Rayer du canon des saints.

DÉCANTAGE. s. m. Action de décanter.

DÉCANTATION. s. f. [Pr. ...sion]. Action de décanter.

DÉCANTER. v. a. (lat. de, hors de ; cantharus, sorte de vase). Transvaser doucement une liqueur au fond de laquelle il s'est fait un dépôt. == DÉCANTÉ, ÉE. part.

DÉCANTEUR. s. m. Appareil propre à opérer la décantation.

DÉCANTHÈRE. adj. 2 g. (gr. δέκα, et anthère). T. Bot. Qui a dix anthères. Peu us.

DÉCAPAGE. s. m. (R. *cape*). T. Techn. Dans l'industrie des métaux, on donne le nom de *Décapage* à une opération qui consiste à débarrasser la surface des pièces à souder ou à étamer de la rouille et des crasses qui le recouvrent. Les doreurs décapent ou *dérochent* les métaux avec de l'acide nitrique étendu d'eau. Les bijoutiers et les orfèvres emploient le même procédé, mais ils font aussi usage du borax. Ils en saupoudrent les objets d'orfèvrerie, et ce sel, en fondant, dissout l'oxyde métallique qui peut les recouvrir. On décape le fer en le trempant dans une solution d'acide chlorhydrique, et le cuivre en le chauffant avec du sel ammoniac. On peut également traiter ces deux métaux par le chlorure double de zinc et d'ammoniaque. Enfin, les épingliers décapent les épingles en les faisant bouillir dans de la lie de vin ou de bière, ou dans une solution de crème de tartre. Le d. est une opération assez délicate. Souvent il faut le faire précéder d'une autre opération pour enlever les matières grasses répandues à la surface du métal. La grande difficulté du d. consiste à faire rentrer l'action de l'acide jusqu'à parfaite dissolution de l'oxyde sans cependant la prolonger au delà, ce qui amènerait l'attaque et la détérioration de la surface métallique et même la production de sels adhérents.

DÉCAPARTI, IE. adj. (gr. δέκα; lat. *partitus*, partager). T. Bot. Se dit des calices et des corolles divisés jusqu'à la base en dix parties.

DÉCAPELAGE ou **DÉCAPÈLEMENT.** s. m. T. Mar. Action de décapeler.

DÉCAPELER. v. a. T. Mar. Oter de la tête d'un mât tous les cordages qu'on y avait capelés.

DÉCAPEMENT. s. m. Action de décaper.

DÉCAPER. v. a. Débarrasser un métal de la rouille, de l'oxyde qui s'est formé à sa surface. ═ Décapé, ée. part. || T. Ponts et Chauss. *Décaper un accostement*, Mettre les contre-allées de niveau avec la chaussée.

DÉCAPER. v. n. (R. *cap*). T. Mar. Passer un cap en dedans duquel on naviguait. *Nous avons décapé*.

DÉCAPÉTALE. adj. 2 g. (gr. δέκα, et *pétale*). T. Bot. Qui a dix pétales. Peu us.

DÉCAPEUR. s. m. Ouvrier qui décape les métaux.

DÉCAPHYLLE. adj. 2 g. (gr. δέκα, dix; φύλλον, feuille). T. Bot. Qui est composé de dix folioles. Peu us.

DÉCAPIDES ou **DÉCAPODES.** s. m. pl. (gr. δέκα, dix; πούς, pied). T. Zool. Sous-ordre de Céphalopodes Dibranches, caractérisé par la présence de dix bras autour de la bouche, dont deux (situés entre la 3ᵉ et la 4ᵉ paire) très longs, terminés en massue et rétractiles; ces bras portent des crochets (*Bélemnites*) ou des ventouses pédiculées et soutenues par un anneau corné. Les d. présentent toujours une coquille interne qui varie beaucoup dans sa forme; chez la Spirule, elle est enroulée et cloisonnée comme chez le Nautile, mais les tours de spire ne sont pas contigus; chez les Bélemnites, la coquille est formée de trois parties placées bout à bout, dont l'une (*phragmocone*) correspond à la coquille cloisonnée des Tétrabranchiaux, et dont les deux autres (*rostre* et *proostracum*) sont de simples appendices de soutien (voy. Bélemnites); chez d'autres espèces fossiles, le phragmocone et le rostre subissent une régression de plus en plus complète, et la coquille des Seiches et des Calmars n'est plus représentée que par le *proostracum* hypertrophié.

Les d. renferment un grand nombre de genres (*Belemnites, Loligo, Loligopsis, Sepiola, Sepia, Spirula*, etc.), dont la plupart vivent encore de nos jours et que nous avons étudiés aux mots Bélemnites et Céphalopodes.

DÉCAPITALISATION. s. f. [Pr. ...*sion*]. Action de décapitaliser.

DÉCAPITALISER. v. a. Oter à une ville la qualité de capitale.

DÉCAPITATION. s. f. [Pr. ...*sion*]. Action de décapiter.

DÉCAPITER. v. a. (lat. *de*, privatif; *caput*, tête). Tran-

cher la tête de quelqu'un. Ne se dit guère qu'en parlant d'un individu exécuté par ordre de justice. || Fig. et fam. Déboucher en parlant d'une bouteille. || Décapité, ée. part.

DÉCAPODES. s. m. pl. (gr. δέκα, dix; πούς, ποδός, pied). T. Zool. Ordre de *Crustacés-Podophtalmaires*, c.-à-d. à yeux pédonculés, caractérisés par la présence d'une carapace soudée généralement en haut avec la tête et le thorax (*céphalothorax*) et formant sur les côtés une cavité où sont contenues les branchies. Trois paires de pattes-mâchoires; cinq paires thoraciques (d'où leur nom). L'abdomen est très grand et terminé par une nageoire caudale chez les d. nageurs (*Macroures*), court et replié sous le céphalothorax chez les d. marcheurs (*Brachyoures*).

Le corps et tous les organes des d. sont entourés par une carapace chitineuse et calcaire, qui constitue une armure défensive et offensive des plus puissante. Tout est bizarre dans ces êtres. Les yeux proéminents, à facettes, voient devant et

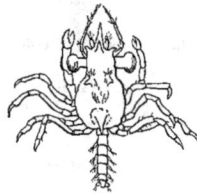

Fig. 1.

derrière, embrassent une partie de l'horizon. Les palpes, organes d'essai, d'avertissement, ont le tact au bout; à la base sont l'ouïe et l'odorat. De leurs dix pieds, les uns des mains, les pinces, des ancres, et de plus, par leurs extrémités internes, portent les organes de la respiration. D'ailleurs, leur organisation répond parfaitement au travail qu'ils ont à faire. Celui qui creusa la mer et ses abîmes s'est occupé de la question d'assainissement des rivages. En conséquence, il a placé les écrevisses, comme des sentinelles avancées, dans les affluents des eaux douces; les homards, les crabes, les Macroures en général ont été chargés du soin de nettoyer les océans; enfin, les mignons caliges ont eu pour mission de faire la toilette aux

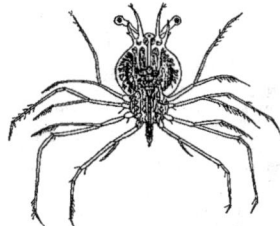

Fig. 2.

grands habitants des mers, les gros poissons, qui n'ont ni mains, ni pattes, pour débarrasser leur surface des ordures qui s'y attachent. Ainsi, tout a été réglé avec ordre et mesure. Les estomacs de tous les D. ont été désignés pour recevoir les immondices, les absorber, les détruire. Ces agents de salubrité sont armés d'un luxe d'outils formidables : deux grosses pattes antérieures, instruments de préhension, tenailles redoutables qui coupent et déchirent; quatre plus petites pour saisir les ordures de moindre volume; six mâchoires; de plus, à l'entrée de l'estomac, un appareil à broyer, constitué par deux disques calcaires à saillies rugueuses, toujours en activité; machine alimentée au moyen de trois épieux rougeâtres, disposés en manière de trident, qui prennent la nourriture à la sortie des organes masticateurs et la poussent entre les pierres meulières. Enfin pour assurer ces puissantes usines contre le chômage, leurs propriétaires ont été dotés d'appétits toujours ouverts et d'un goût tout particulier pour les choses pourries et les senteurs nauséabondes.

Le développement de ces animaux varie beaucoup (voy. Crustacés); les Pénées et les Sergestes sont les seuls qui sortent de l'œuf sous la forme *Nauplius* et traversent les deux phases *Protozoé* et *Mysis* avant d'arriver à l'état adulte; les crabes et la plupart des d. éclosent à l'état de Zoé, se transforment en larve *Mégalope* (Fig. 1) et deviennent ensuite adultes; les langoustes traversent une phase larvaire très curieuse, transparente et aplatie comme une feuille de papier, qu'on avait décrite autrefois sous le nom de *Phyllosome* (Fig. 2) et dont on avait fait une espèce appartenant au groupe des Stomatopodes; les homards éclosent au stade *Mysis*, qui diffère peu de l'état adulte; l'écrevisse et les astacides en général viennent au jour sous une forme qui diffère peu de l'adulte; mais on a remarqué qu'elles présentent une véritable phase nauplienne à l'intérieur même de l'œuf.

Les d. sont les plus élevés de tous les crustacés par la perfection de leur système nerveux et celle de leurs organes des sens. Milne-Edwards les divise en *Brachyoures, Macroures* et *Anomoures*, d'après la conformation de leur abdomen; nous ne parlerons ici que de la dernière section, les deux premières faisant le sujet d'articles spéciaux.

Les *Anomoures* (gr. α, privatif; νόμος, règle; ούρά, queue) établissent le passage entre les deux autres sections de l'ordre, et présentent des caractères qui les rapprochent ou les éloignent plus ou moins de chacune de ces dernières. Chez

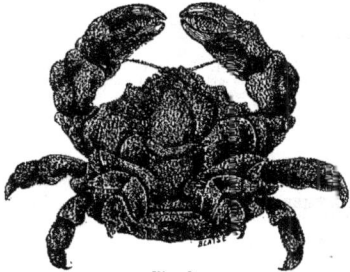

Fig. 3.

Fig. 4.

ces crustacés, l'abdomen est moins développé que le thorax et de forme anormale, tantôt membraneux tantôt lamelleux. En général, le dernier segment du thorax n'est pas soudé aux segments précédents, et on est séparé par une membrane articulaire; quelquefois même il n'est pas recouvert par la carapace et forme un anneau complet. Enfin, les pattes de la cinquième paire sont ordinairement impropres à la locomotion. Les Anomoures constituent un groupe de passage, leur composition est forcément hétérogène; aussi les auteurs modernes tendent-ils à en faire abstraction, rattachant les *Dromies*,

les *Homoles*, les *Ranines* et les *Porcellanes* aux Décapodes Brachyoures d'une part, les *Pagures* et les *Birgues* aux Décapodes Macroures d'autre part. Nous dirons quelques mots de ces différents genres.

Le genre *Dromie (Dromia)* renferme 10 espèces dont le type est la *Dr. commune* (Fig. 3), qui vit dans l'Océan et la Méditerranée. Les Dromies, qu'on appelle vulgairement *Araignées de mer*, se logent, dès leur première jeunesse, sous

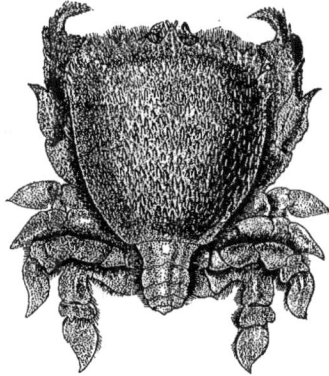

Fig. 5.

une colonie naissante de polypes qui croît avec eux. D'autres fois, c'est une espèce d'éponge d'alcyon qui couvre la carapace, se développe et s'adapte parfaitement à toutes les

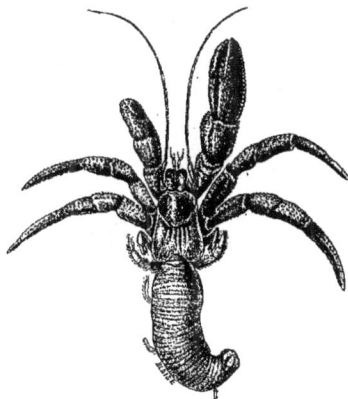

Fig. 6.

inégalités du céphalothorax; on dirait une partie intégrante du crabe. Des sertulaires, des algues se développent sur cette éponge, et la dromie disparaît sous l'épaisseur d'une forêt de plantes marines. Ce crustacé vit dans les eaux tranquilles; le regard plonge en vain dans la nappe liquide et fouille ses profondeurs. On passe, on n'a rien vu. Masquée par une végétation en pleine activité qu'elle porte sur ses robustes épaules, la dromie marche sûrement, et sans se presser, à la conquête de sa proie. Les Arabes n'ont pas inventé le buisson mouvant. Les *Homoles (Homola)* ont la carapace munie de pointes épineuses, et leur front étroit et proéminent forme une espèce de petit rostre. L'espèce la plus curieuse est l'*Homole à front épineux* (Fig. 4), qui est répandue dans toute la

Méditerranée. — Le genre *Ranine* (*Ranina*) a la carapace en forme de triangle renversé et un peu arrondi postérieurement. Son bord antérieur est armé de fortes dents, dont celle du milieu forme un petit rostre. Rumph assure que la *Ranine dentée* (Fig. 5), qui habite la mer des Indes, se rend à terre et a l'habitude de grimper sur le toit des maisons.

Le genre *Pagure* (*Pagurus*) a pour type le *Pagure Bernard* (Fig. 6), qui est commun dans la Manche et dans l'océan Atlantique. Ces animaux, plus connus sous le nom de *Bernard-l'Ermite*, sont assez semblables à des homards. Mais le défaut de cuirasse et un abdomen d'une mollesse extrême laissent ces êtres sans défense à la merci de nombreux ennemis. D'ailleurs, la lutte inexorable pour l'existence les force à batailler sans cesse. Les pagures ont eu un trait de génie qui a sauvé leur race et les a rendus redoutables. Ils ont trouvé au fond de l'Océan des coquilles abandonnées, et ils s'en sont emparés pour abriter leur faiblesse et leur misère. Il est juste de noter qu'il n'entre pas dans leurs habitudes d'assassiner le propriétaire pour se fourrer dans sa maison. Cette coquille, qui fut jadis le domaine d'un être inoffensif, ramassée par un bernard d'aventure, n'est pas habitée par lui seul. Cette maison, qui porte une enseigne honnête, est devenue un repaire de maraudeurs de la pire espèce. Elle abrite, outre le bernard, le capitaine, au moins deux ou trois crustacés petits, mais voraces, et une annélide, un ver allongé, dont le corps souple, onduleux, est armé, le long de ses flancs, de lames, de piques et de poignards qui font de dangereuses blessures. Quand un pagure se met en marche, sa bande sème la désolation et la mort sur son passage ; ses exploits ne cessent que quand tout est ravagé dans le voisinage.

L'espèce la plus intéressante du genre *Birgue* (*Birgus*) est le

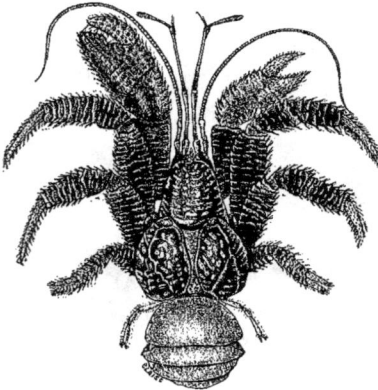

Fig. 7.

Birgue larron (Fig. 7) qui est propre aux mers de l'Asie. Ce crustacé est remarquable en ce qu'il n'a pas l'abdomen retourné sur lui-même. En outre, ses cavités branchiales et la voûte garnie de végétations vasculaires ; aussi passe-t-il presque tout son temps en dehors de l'eau, au milieu des racines des palétuviers, grimpant même sur les branches pour aller chercher sa nourriture. — Le genre *Porcellane* (*Porcellana*) renferme une vingtaine d'espèces répandues dans toutes les mers, où on les rencontre habituellement sous les pierres. Nous ne nommerons que la *Porcellane à longues pinces* qui est assez commune sur toutes nos côtes.

Paléont. — Les Crustacés Décapodes ont leurs premiers représentants dans le dévonien et le carbonifère ; ce sont de rares représentants du groupe des Macroures qui ne prendra tout son développement qu'aux époques triasique et éocène, où apparaissent des espèces d'eau douce. Les plus anciens Brachyoures datent du crétacé ; les Anomoures (*Pagurus*) de l'éocène ; ces derniers sont très intéressants à étudier, car ils

nous montrent la régression graduelle de l'abdomen des Macroures, d'où ils dérivent.

DÉCAPTÉRYGIEN, IENNE. adj. (gr. δέκα, dix ; πτέρυξ, nageoire). T. Zool. Qui a dix nageoires.

DÉCAPTIVER. v. a. (R. *de*, et *captif*). Mettre en liberté.

DÉCAPUCHONNER. v. a. Enlever le capuchon.

DÉCARBONATÉ, ÉE. adj. T. Chim. Qui a perdu l'acide carbonique avec lequel il était combiné. *Chaux décarbonatée.*

DÉCARBURATION. s. f. [Pr. ...*sion*] T. Métall. Opération par laquelle on enlève le carbone contenu dans le fer. On la nomme aussi *Affinage*. Voy. ACIER et FER.

DÉCARBURER. v. a. Enlever au fer le carbone qu'il contient. = SE DÉCARBURER. v. pron. *L'acier se décarbure quand on l'expose à une haute température.* = DÉCARBURÉ, ÉE. part.

DÉCARBUSNÉINE. s. f. (R. *de*, *carbone*, et *usnique*). T. Chim. Produit de dédoublement de l'acide usnique. La d. se présente en aiguilles jaunes, rougissant à l'air, fusibles à 175°. Lorsqu'on la fait bouillir à l'abri de l'air avec une solution concentrée de potasse, elle donne naissance à l'*acide décarbusnique*, cristallisable en prismes jaunes qui fondent à 198°.

DÉCARDINALISER. v. a. Rayer de la liste des cardinaux.

DÉCARÊMER (SE). v. réfl. Faire un bon repas pour se dédommager de l'abstinence du carême.

DÉCARRELAGE. s. m. [Pr. *déka-relaje*]. Action de décarreler.

DÉCARRELER. v. a. [Pr. *déka-reler*] (R. *de*, et *carreler*). Enlever les carreaux qui pavent une pièce. = DÉCARRELÉ, ÉE. part.

DÉCASEMENT. s. m. Action d'ôter de sa case ou des cases.

DÉCASTÈRE. s. m. (gr. δέκα, dix ; fr. *stère*). T. Métrol. Mesure de volume qui vaut dix stères. Voy. MÉTRIQUE.

DÉCASTYLE. s. m. (gr. δέκα ; στύλος, colonne). T. Arch. Édifice à dix colonnes de face.

DÉCASYLLABE. adj. 2 g. [Pr. *déka-sil-labe*] (gr. δέκα ; fr. *syllabe*). Qui a dix syllabes. *Vers d.*

DÉCASYLLABIQUE. adj. 2 g. [Pr. *déka-sil-labike*]. Qui est de dix syllabes.

DÉCATIR. v. a. T. Techn. *D. le drap*, C'est lui enlever le lustre et le brillant produit par la presse à chaud ou le cylindre. Le décatissage s'opère en mettant les draps en contact avec de la vapeur d'eau dans des appareils spéciaux. || *D. la toile de lin*, c'est la passer à l'eau de savon pour enlever une partie de l'apprêt. = DÉCATI, IE. part.

DÉCATISSAGE. s. m. Action de décatir ; l'effet de cette action. Voy. DRAP.

DÉCATISSEUR, EUSE. s. Ouvrier, ouvrière qui fait le décatissage des étoffes de laine.

DÉCATOME. adj. (gr. δέκα, dix ; τομή, section). T. Zool. Qui est partagé en dix parties.

DÉCAVAILLONNER. v. a. [Pr. *déka-va-llo-ner*, ll mouillées]. T. Vitic. Enlever le *cavaillon* ou petit cavalier de terre laissé par la charrue déchausseuse sur la ligne des ceps.

DÉCAVAILLONNEUSE. s. f. [Pr. *déka-vallo-neuze*, ll mouillées]. Charrue de construction spéciale employée pour décavaillonner la vigne.

DÉCAVER. v. a. (R. *cave*). T. Jeu au brelan ou à la

bouillotte : gagner toute la cave de l'un des joueurs. = SE DÉCAVER. v. pron. Perdre sa cave. = DÉCAVÉ, ÉE part.

DECAZES (Duc), ministre et favori de Louis XVIII (1780-1861).

DECAZEVILLE, ch.-l. de c. (Aveyron), arr de Ville-franche; 8,900 hab. Mines de houille, hauts fourneaux, forges.

DÈCE, DÉCIE ou **DÉCIUS**, empereur romain (249-251), persécuta cruellement les chrétiens.

DÉCÉDER. v. n. (lat. *decedere vitâ*], sortir [de la vie]). Mourir de mort naturelle; ne se dit que des personnes, et n'est guère usité qu'en termes de jurisprudence et d'adminis-tration. *Il décéda tel jour. Elle est décédée à l'âge de soixante ans.* = DÉCÉDÉ, ÉE. part.

DÉCEINDRE. v. a. Défaire ce qu. est ceint.

DÉCÈLEMENT. s. m. Action de déceler.

DÉCELER. v. a. (R. *de*, et *celer*). Faire connaître, découvrir ce qui est caché. *Il ne veut pas être connu, n'allez pas le d. D. un crime. Un coupable que son trouble décèle. Une telle conduite décèle une âme bien corrompue. Le bruit de ses pas décela sa présence.* = SE DÉCELER. v. pron. Laisser connaître ce que l'on voulait soi-même tenir caché, se laisser apercevoir. *Elle s'est décelée involontai-rement. Un menteur qui n'a pas de mémoire ne tarde pas à se d. Son véritable caractère n'a pas tardé à se d.* || T. Vén. Quitter sa retraite en parlant du cerf. = DÉCELÉ, ÉE. part. — Conj. Voy. CELER.

Syn. — *Déclarer, Découvrir, Dévoiler, Divulguer, Ma-nifester, Publier, Révéler.* — Apprendre à autrui, de diffé-rentes manières, des choses qui ne sont pas connues, telle est la signification commune de ces mots. A la lettre, *Découvrir* signifie ôter ce qui couvre; *déceler*, indiquer ce qu'on celait; *dévoiler*, enlever le voile; *révéler*, retirer de dessous le voile; *déclarer*, mettre au clair au jour; *manifester*, mettre sous la main, en évidence; *divulguer*, rendre vulgaire, commun; *publier*, rendre public, faire connaître à tout le monde. Ce qui était caché aux autres, on le *déco-uvre*, on le communique. Ce qui était dissimulé, on le *décèle* et le faisant remarquer. Ce qui n'était pas apparent et nu, on le *dévoile* en levant ou écartant les obstacles. Ce qui était secret, on le *révèle* en le faisant connaître. Ce qui était inconnu ou incer-tain, on le *déclare* en l'exposant et en l'appuyant d'une ma-nière positive. Ce qui était ignoré ou obscur, on le *mani-feste* ou le développant ouvertement ou l'étalant au grand jour. Ce qui n'était pas su, du moins de la multitude, on le *divulgue* en le répandant de côté et d'autre. Ce qui n'était pas public ou notoire, on le *publie* en lui donnant l'éclat et l'authenticité qui parvient à la connaissance de tout le monde.

DÉCELEUR. s. m. Celui qui décèle.

DECEM [Pr. *Dé-sème*]. Mot latin qui sign. *Dix*, et qui s'emploie en composition avec d'autres mots, de la même ma-nière que *Déca*.

DÉCEMBRE. s. m. (lat. *december*, de *decem*, dix). Le dernier mois de l'année. *Le mois de d. Le dix d. D.* est ainsi nommé parce que, dans le calendrier romain, où l'année commençait en mars, il était le dixième mois de l'année.

DÉCEMDIURNE. adj. 2 g. [Pr. *dé-sèmm-di-urne*] (lat. *decem*, *diurnus*, qui a rapport au jour). Qui se reproduit tous les dix jours.

DÉCEMFIDE. adj. 2 g. [Pr. *dé-sèmm-fide*] (lat. *decem*, *fissus*, fendu). T. Bot. Qui est découpé en dix parties.

DÉCEMLOCULAIRE. adj. 2 g. [Pr. *dé-sèmm-loculère*] (lat. *decem*, *loculus*, loge). T. Bot. Qui est divisé en dix loges.

DÉCEMMENT. adv. [Pr. *dé-sa-man*]. D'une manière dé-cente. *Se vêtir d. Parlez donc un peu plus d. Se com-porter d.* — Convenablement, avec bienséance. *Nous ne pouvons d. nous dispenser de faire cette visite. D., vous ne pouvez le refuser.*

DÉCEMNOVAL. adj. m. [Pr. *de-sèmm-noval*] (lat. *decem*, *novem*, neuf). T. Chron. Cycle lunaire de dix-neuf ans. *Cycle d.*

DÉCEMPARTI, IE. adj. [Pr. *dé-sèmm-parti*] (lat. *decem*, *partitus*, divisé). T. Bot. Qui est divisé jusqu'à la base en dix parties. *Calice d.*

DÉCEMPÈDE. adj. 2 g. [Pr. *dé-sèmm-pède*] (lat. *decem*; *pes*, *pedis*, pied). T. Zool. Qui a dix pattes.

DÉCEMPONCTUÉ, ÉE. adj. [Pr. *dé-sèmm-ponctué*] (lat. *decem*; *ponctué*). T. Hist. nat. Qui est marqué de dix points.

DÉCEMVIR. s. m. [Pr. *dé-sèmm-vir*] (lat. *decem*, *vir*, homme). T. Hist.

Hist. — A Rome, le titre de *Décemvirs* a été attribué à divers corps de magistrats ou de fonctionnaires publics qui se composaient de dix membres.

I. — Mais on désigne plus particulièrement sous ce nom les deux groupes de dix citoyens qui, successivement, au Ve siècle avant notre ère, furent chargés de rédiger un code de lois, et auxquels on remit, pendant ce temps, le gouvernement de la République. — Les premiers décemvirs rédigèrent un corps de lois divisé en dix sections. Ces lois, après avoir été approu-vées par le Sénat et par les centuries, furent gravées sur dix tables de bronze. Les membres du deuxième décemvirat pro-mulguèrent plusieurs lois nouvelles qui furent approuvées par les centuries et gravées sur deux tables ajoutées aux an-ciennes. — Les dix tables des premiers décemvirs et les deux nouvelles de leurs successeurs formèrent le corps de lois si fameux sous le nom de *Lois des XII Tables*.

II. — On donnait encore le nom de *Décemvirs* aux membres d'un collège sacerdotal composé de dix citoyens (*decemviri sacris faciundis* ou *decemviri sacrorum*). Ils étaient prin-cipalement chargés de garder les *Livres sibyllins* et de les consulter, sur l'ordre du Sénat, dans les circonstances criti-ques.

DÉCEMVIRAL, ALE. adj. [Pr. *dé-sèmm-viral*]. Qui appar-tient aux décemvirs.

DÉCEMVIRAT. s. m. [Pr. *dé-sèmm-vira*]. La dignité des décemvirs, la magistrature décemvirale. || Le temps pendant lequel Rome fut soumise à l'autorité décemvirale. *Sous le d.*

DÉCENCE. s. f. (lat. *decentia*, m. s., de *decere*, convenir). Honnêteté extérieure. *Mettez-y au moins un peu de d. Malgré tous ses débordements, il conserva toujours une certaine d.* || Bienséance en ce qui concerne la pudeur, con-formité à ce qu'exige la pudeur. *Elle est toujours vêtue avec d. Avoir un maintien plein de d. Il n'y avait au-cune d. à parler ainsi devant une jeune fille. Garder, observer, blesser la d.*

Syn. — *Bienséance, Convenance.* — La d. (de *decet*, qui est en état de paraître) est, à la lettre, la manière dont on doit se montrer pour être considéré, approuvé, honoré. La *bienséance* (de *bien séant*, bien assis, assis à sa place) est la manière dont on doit être dans la société pour y être bien, à sa place, comme il faut. La *convenance* (de *cum venire*, aller avec, cadrer, s'assortir) est la manière dont on doit dis-poser, arranger, assortir ce qu'on fait, pour s'accorder avec les personnes, les choses, les circonstances. La d. règle l'ex-térieur selon les bonnes mœurs; la *bienséance* règle nos actions selon les mœurs et les usages civils. La *convenance* pure s'attache aux choses moralement indifférentes en elles-mêmes, mais elle s'accommode à elles. Une femme est habillée avec d., lorsque son costume n'a rien qui blesse la pudeur et la modestie; avec *bienséance*, lorsqu'elle est vêtue suivant son rang, sa condition; avec *convenance*, lorsqu'elle l'est suivant la saison et les circonstances. La d. est, en général, une et la même pour tous. La *bienséance* varie selon le sexe, l'âge, la condition, l'état des personnes. La *convenance* s'ac-commode aux conjonctures.

DÉCÈNE. s. m. T. Chim. Syn. de *Décylène*.

DÉCENNAIRE. adj. 2 g. [Pr. *dé-sènn-naire*] (lat. *decem*). Qui procède par dix.

DÉCENNAL, ALE. adj. [Pr. *dé-sènn-nal*] (lat. *decennalis*, de *decem*, et *annus*, année). Qui dure dix ans; qui revient tous les dix ans. *Magistrature décennale. Prix décennaux. Fêtes décennales.* Voy. FÊTE.

DÉCENNIE. s. f. [Pr. *dé-sènn-ni*]. Période de dix ans.

DÉCENT, ENTE. adj. (lat. *decens*). Conforme à la bienséance, convenable. *Être en habit d. Se présenter d'une manière décente. Votre conduite n'a pas été décente.* || Conforme à ce qu'exige la pudeur. *Elle a un maintien d. Se servir de termes peu décents.* || T. Néol. Ce qui est raisonnable, ce qui part d'un jugement sain, *Faire telle chose est-ce décent?*

DÉCENTOIR. s. m. Outil de carreleur.

DÉCENTRAGE. s. m. Action de décentrer.

DÉCENTRALISABLE. adj. T. Néol. Qui peut, qui doit être décentralisé.

DÉCENTRALISATION. s. f. [Pr. ...*sion*]. Action d'abolir ou de restreindre la centralisation. Voy. CENTRALISATION.

DÉCENTRALISER. v. a. Opérer la décentralisation. = DÉCENTRALISÉ, ÉE. part. Voy. CENTRALISATION.

DÉCENTRATION. s. f. [Pr. ...*sion*]. T. Techn. Action de décentrer. || T. Phys. Position défectueuse des lentilles d'un instrument d'optique dont les centres ne sont pas en ligne droite.

DÉCENTRER. v. a. T. Techn. Déplacer parallèlement les deux bouts d'un tube qui a été ramolli au milieu. || T. Phys. *D. les verres d'une lunette*, Les placer de manière que leurs centres optiques ne soient pas sur la même droite.

DÉCENYLÈNE. s. m. (lat. *decem*, dix, et le suff. *ylène* employé pour désigner les hydrocarbures). T. Chim. Hydrocarbure non saturé ayant pour formule $C^{10}H^{18}$. On en connaît plusieurs. L'un d'eux est le rutylène, liquide attirant l'oxygène de l'air, possédant l'odeur de l'essence de térébenthine; il bout à 159°; on le prépare en faisant agir la potasse en solution alcoolique sur le bromure de biamylène. En traitant de même le bromure de décylène préparé au moyen du pétrole, on obtient un d. liquide qui bout à 165°. La distillation sèche du sébate de chaux en fournit un autre appelé sébacine, qui est solide et se présente en lames incolores, inodores, plus légères que l'eau, fusibles à 55°, bouillant au-dessus de 300°. L'allyldipropylcarbinol, l'un des alcols décyléniques, chauffé avec l'acide sulfurique, donne un d. qui bout vers 159°. Enfin, le camphre, chauffé à 200° avec de l'acide iodhydrique, donne naissance à un hydrocarbure de la même formule, bouillant à 163°.

DÉCÉNYLÉNIQUE. adj. 2 g. T. Chim. Se dit des composés dérivant des décénylènes. Les *alcools décényléniques* répondent à la formule $C^{10}H^{18}O$. Le diallylpropylcarbinol (voy. DIALLYLCARBINOL) et l'hydrate de divalérylène, liquide bouillant à 180°, qui se produit dans l'action de l'acide sulfurique concentré sur le valérylène, appartiennent à cette classe d'alcools. On y range aussi certains hydrates de terpènes, de la formule $C^{10}H^{18}O$, contenus dans les essences de rose, de géranium, de coriandre, de mélisse, etc. Le géraniol, par ex., est considéré comme un alcool d. primaire; son aldéhyde est le géranial, qu'on rencontre dans un grand nombre d'huiles essentielles.

DÉCEPTEUR. s. m. (lat. *deceptor*, m. s.). Celui qui déçoit.

DÉCEPTIF, IVE. adj. (lat. *deceptum*, sup. de *decipere*, tromper). Qui est propre à décevoir.

DÉCEPTION. s. f. [Pr. ...*sion*] (lat. *deceptio*, m. s., de *decipere*, tromper). Tromperie, surprise. *Cela n'est fait sans fraude ni d. C'est une véritable d.* || Mécompte. *Ce fut pour lui une cruelle d.*

DÉCEPTIVEMENT. adv. D'une manière frauduleuse.

DÉCERCLER. v. a. (R. *de*, et *cercler*). Ôter les cercles, les cerceaux. *D. un tonneau.* == DÉCERCLÉ, ÉE. part.

DÉCERNER. v. a. (lat. *decernere*, m. s.). Accorder, donner; se dit en parlant des récompenses, des honneurs accordés par les pouvoirs publics, par des supérieurs. *D. des récompenses. D. le triomphe. Le sénat décerna les honneurs divins à*

Auguste. Le roi lui décerna des éloges pour sa belle conduite. || Par ext., se dit des prix qu'accordent les académies, les sociétés littéraires et autres. *L'Académie française lui décerna le prix d'éloquence, le prix de vertu*, etc. — Fig., *D. la palme à quelqu'un*, Le déclarer supérieur à tous ses concurrents. || Édicter, en parlant des peines portées par la loi. *Il y a des actes que la loi morale défend et contre lesquels cependant la loi ne décerne aucune peine.* — Se dit aussi des mesures de précaution ordonnées par un magistrat, etc. *D. un mandat d'amener.* == DÉCERNÉ, ÉE. part.

DÉCÈS. s. m. (lat. *decessus*, départ). Mort naturelle d'une personne; s'emploie surtout en T. Jurisp. et Admin. *Les d. ont surpassé les naissances. Au jour de son d. Acte de d. Constater le d. d'une personne. Vente après d.* — Voy. ÉTAT CIVIL.

DÉCEVABLE. adj. 2 g. Facile à tromper; sujet à être trompé. Peu us.

DÉCEVANT, ANTE. adj. Qui trompe. *Espoir d. Paroles, apparences décevantes. Rien de plus d. que tous ces systèmes de réorganisation sociale.*

DÉCEVOIR. v. a. (lat. *decipere*, m. s.). Abuser, tromper par quelque chose de spécieux. *Il m'a bien déçu avec toutes ses belles paroles. Ses espérances ont été déçues. Il a été déçu dans ses espérances.* == DÉÇU, UE. part. == Ce v. se conjugue comme *Recevoir*, mais il n'est plus usité aujourd'hui qu'à ses temps composés. = Syn. Voy. ABUSER.

DÉCHAÎNEMENT. s. m. L'état de ce qui est déchaîné; ne s'emploie que fig., pour marquer la violence de certaines choses. *Le d. des passions. Le d. des vents, de la tempête.* — Se dit partic., des attaques violentes, de la vive irritation dont une personne est l'objet. *Le d. contre lui était universel. On ne vit jamais un pareil d. Il est dans un perpétuel d. contre vous. Le d. de l'envie contre le mérite.*

DÉCHAÎNER. v. a. Ôter la chaîne ou les chaînes; détacher de la chaîne. *D. des captifs. D. un chien.* — Fig., *Il semblait que tous les vents fussent déchaînés contre notre navire.* || Fig., Exciter, soulever. *Il déchaîne toute sa cabale contre lui. Si vous déchaînez les passions populaires, vous ne pourrez plus les calmer.* = SE DÉCHAÎNER. v. pron. Se dégager de sa chaîne. *Les chiens se sont déchaînés.* — Fig., *Les vents s'étaient déchaînés contre nous.* || Fig., Parler avec violence et sans ménagement contre quelqu'un ou contre quelque chose. *Je ne sais pas pourquoi vous vous déchaînez ainsi contre lui. Tous les faux savants se déchaînèrent contre Descartes.* == DÉCHAÎNÉ, ÉE. part.

DÉCHALANDER. v. a. Faire perdre les chalands.

DÉCHALASSER. v. a. Ôter les échalas.

DÉCHALER. v. n. T. Mar. Être à découvert en parlant de la carène d'un bâtiment échoué.

DÉCHAMBRE. médecin français, auteur d'un important *Dictionnaire des Sciences médicales* (1812-1868).

DÉCHANT. s. m. (bas-lat. *discantus*, chant double). T. Mus. Nom qu'on donnait, au XIII° siècle et au XIV°, au contrepoint à plusieurs parties sur le plain-chant.

DÉCHANTER. v. n. (R. *de*, et *chanter*). Changer de ton, rabattre de ses prétentions, de ses espérances; n'est guère usité que dans ces phrases famil. : *Il a bien eu à d. Il faudra le d. Je le ferai d.*

DÉCHAPELLEMENT. s. m. [Pr. *déchapè-leman*]. Action d'enlever la couronne d'une dent cariée dont on veut conserver la racine.

DÉCHAPER. v. a. (R. *de*, et *chape*). T. Fond. Retirer le modèle de la chemise.

DÉCHAPERONNÉ, ÉE. adj. [Pr. *déchapero-né*]. T. Maçonnerie. Se dit d'un mur dont le chaperon est ruiné. *Une muraille déchaperonnée.*

DÉCHAPERONNER. v. a. [Pr. *déchape-ro-ne*.] T. Fauc. *D. un oiseau*, Lui ôter le chaperon dont on lui avait couvert les yeux. = DÉCHAPERONNÉ, ÉE. part.

DÉCHARGE. s. f. (R. *de*, et *charge*). Action d'enlever les marchandises, les ballots, etc., dont une voiture, un bateau, une bête de somme, sont chargés. *Faire la d. des marchandises. Assister à la d. d'une voiture.* — *Navire en d.*, Navire dont on débarque la cargaison. || T. Affaires. Écrit, acte par lequel on déclare tantôt qu'une personne a remis des fonds, les pièces, les effets mobiliers reçus par et en dépôt, les sommes qu'elle avait été chargée de toucher, tantôt qu'elle a acquitté certains droits. *Donner une d. à un notaire, à un avoué. Vous deviez exiger une d. D. bonne et valable, Donner quittance et d.* — *Payer à la d. de quelqu'un, à la d. d'un compte*, Payer ce que doit une autre personne, payer en déduction de ce qui est porté sur un compte. On dit encore : *Porter une somme en d.*, Marquer sur le compte, sur le registre, une somme qui a été payée. — Action de retirer à un contribuable une imposition abusive. || Dinçon qui, appliqué sur une pièce d'argenterie, justifie l'acquit de ses droits. || Soulagement. *Ce fut une d. considérable pour l'État.* — *La d. de la conscience*, L'acquit de la conscience. *Si je vous le dis, c'est pour la d. de ma conscience.* || L'écoulement des eaux d'un bassin, d'un canal, etc. *Tuyau de d. La d. des eaux surabondantes.* — L'ouverture qui donne issue aux eaux d'un étang, d'une fontaine, etc. *Pratiquer une d. La fontaine a sa d. à vingt pas de là. L. de fond*, Ouverture pratiquée au fond d'un bassin, qui sert à le vider entièrement quand on veut le nettoyer. *D. de superficie*, Ouverture pratiquée sur le bord d'un bassin ou d'un réservoir, et qui empêche que l'eau ne dépasse un niveau déterminé. — Bassin ou réservoir qui reçoit le trop-plein d'une rivière, d'un lac, d'une fontaine, etc. *Établir une d.* || T. Voirie. Excavation pratiquée dans le sol pour y verser les débris de toutes sortes. — Fig. et fam., *La d. des humeurs*, L'excrétion des humeurs du corps. || Le lieu d'une maison où l'on serre les choses qui ne sont pas d'un usage habituel. *Il faudra mettre ces caisses dans la d.* On dit encore dans ce sens, *Pièce de d.* || T. Archit. Construction faite pour soulager quelque partie d'un édifice du poids qui pèse sur elle. — Pièce de bois inclinée dans une construction en charpente. Voy. CHARPENTERIE. || T. Jurispr. crim. Se dit de tout ce qui tend à la justification d'un accusé. *Informer à charge et à d. Les témoins à d. Toutes les dépositions sont à la d. de l'accusé. J'ai parlé à votre d.* || T. Typogr. Feuille de papier destinée à recevoir les parcelles d'encre du premier côté qui se détachent par l'effet du contre-foulage. || L. Art milit. Action de tirer à la fois plusieurs armes à feu. *Une d. de mousqueterie, d'artillerie. Faire, essuyer une d. Le bruit d'une d.* || T. Mécan. *Tuyau de d.* Dans une machine à vapeur : conduit qui refoule les eaux dans la bâche par la pompe à air. — Par ext., et fam., *Une d. de coups de bâton*, Une bastonnade. || T. Phys. *D. électrique*, Action de décharger un condensateur. Voy. ÉLECTRICITÉ. || T. Manèg. Avantage accordé à certains chevaux et qui consiste à leur retirer quelques kilogrammes du poids qu'ils devraient porter.

DÉCHARGEMENT. s. m. Action de décharger ; se dit surtout des navires, des voitures, etc. *Le d. d'un bateau, d'un wagon.* || T. Artill. *D. d'une bouche à feu*, Opération qui consiste à retirer la charge d'une arme. || T. Mar. Opération qui consiste à changer de bord le chargement, et même à couper la mâture d'un navire couché sur le flanc, qu'il s'agit de relever.

DÉCHARGEOIR. s. m. T. Techn. Cylindre autour duquel le tisserand roule la toile. || T. Const. hydr. Écluse qui tire de fond pour vider un bief. — Ouverture de décharge.

DÉCHARGER. v. a. (R. *de*, et *charger*). Enlever les marchandises, les objets dont un navire, une voiture, etc., sont chargés. *D. une voiture, un bateau, un cheval, un porte-faix.* — Se dit aussi des objets mêmes qui constituaient la charge du navire, de la voiture, etc. *D. du blé, des briques, des ballots.* — Absol., Déposer les objets dont une voiture, un bateau, etc., sont chargés. *Les voitures doivent d. à la barrière.* || Débarrasser d'un surcharge. *D. un plancher, une poutre.* — Fig. et fam., *D. le plancher*, Sortir, se retirer de la chambre, de l'appartement. || *D. son estomac, son ventre*, ou *Se d. l'estomac*, etc., le soulager par quelque évacuation. || Fig., Diminuer les charges qui pèsent sur un peuple, sur un pays. *Ce département était trop imposé ; on l'a déchargé de tant.* || Fig., *D. son cœur*, Dire, déclarer les sujets de douleur, de souffrance, de plainte, etc., que l'on a. — *D. sa conscience*, se dit lorsqu'on fait une chose pour l'acquit de sa conscience. *Si j'ai fait cela, c'est uniquement pour d. ma conscience.* || Fig., *D. un accusé*, Dire des choses qui tendent à sa justification. *Les témoins l'ont bien déchargé.* — *D. d'accusation*, se dit d'un jugement qui prononce qu'un accusé est innocent. || Dispenser, débarrasser quelqu'un d'une chose. *Je vous déchargerai de ce soin. On l'a déchargé de cette tutelle. Je suis fort heureux d'en être déchargé.* || Tenir quitte, déclarer quitte. *Il a été déchargé de l'amende. D. quelqu'un d'une dette, d'un dépôt, d'une obligation. D. un registre, un contrat, une minute*, Y mettre la quittance de ce qu'on a reçu. *D. un compte*, Rayer d'un compte ce qui a été payé. *D. la feuille d'un messager*, Y mettre le récépissé des objets qu'on a reçus. || En parlant des armes à feu, Tirer, faire partir le coup. *D. un fusil. D. son pistolet sur quelqu'un.* — Retirer la charge que contient une arme à feu. *Je cherche le tire-bourre pour d. mon fusil.* || Par ext., *D. un coup de poing, de bâton, de sabre*, Asséner un coup de poing, etc. — Fig. et fam., *D. sa bile, sa colère sur quelqu'un*, voy. BILE. || T. Jardin. *D. un arbre*, En couper quelques branches, ou en retrancher quelques boutons, pour que les autres se développent mieux. || T. Typogr. *D. une forme*, Enlever l'encre qui se trouve dessus. || T. Mar. *Décharger un navire engagé*, Enlever tout le poids qui l'empêcherait de se relever. — Orienter une voile de manière qu'elle ait le vent dedans. — *D. la mâture*, Dépasser les mâts quand le vent devient trop fort. = DÉCHARGER. v. pron. *Se décharger d'un fardeau. Son estomac s'est déchargé.* || *Se d. sur quelqu'un du soin d'une affaire*, etc., Lui en remettre le soin. — *Se d. d'une faute sur quelqu'un*, La rejeter sur lui, la lui imputer. || *Cette couleur se décharge*, Elle se déteint et devient moins chargée. || En parl. des eaux, S'écouler, se jeter. *Le trop-plein de ce bassin se décharge par cette ouverture. Cette rivière se décharge dans la mer.* = DÉCHARGÉ, ÉE. part. || On dit aussi *Un cheval est d. d'encolure*, lorsqu'il a la taille fine, l'encolure fine. — Conj. Voy. MANGER.

DÉCHARGEUR. s. m. Celui qui décharge les marchandises. || Tonnelier qui marque les tonneaux de vin choisis par un acheteur et qui en fait faire la décharge. || T. Artill. Officier qui autrefois était préposé au soin de faire décharger les poudres et les autres munitions.

DÉCHARMEMENT. v. a. Ôter le charme, désensorceler.

DÉCHARNEMENT. s. m. État de ce qui est décharné.

DÉCHARNER. v. a. (R. *de*, et *chair*, anc. *charn*). Ôter la chair qui recouvre les os. *D. un cadavre.* — Fam. et par exagér., Amaigrir excessivement. *La maladie l'a tout décharné.* || Fig., en parl. du style, N'y admettre aucune espèce d'ornement. *Il décharne son style et croit le rendre simple.* = DÉCHARNÉ, ÉE. part. Des os décharnés. *Un corps décharné. Visage décharné. Main décharnée.* || Fig., *Un style décharné*, Un style trop sec, trop nu.

DÉCHASSER. v. n. T. Danse. Faire un chassé vers la gauche, après en avoir fait un vers la droite. *Chassez et déchassez.* || T. Techn. Faire sortir de force une cheville.

DÉCHATONNER. v. a. [Pr. *déchato-ner*.] T. Vét. Détacher avec la main le placenta des cotylédons ou chatons dans l'utérus des femelles des ruminants domestiques quand il tarde à en sortir naturellement.

DÉCHAUMAGE. s. m. Action de déchaumer. C'est une opération agricole dont la pratique suppose des connaissances agronomiques.

DÉCHAUMER. v. a. (R. *de*, et *chaume*). T. Agric. *D. une terre*, La retourner avec la bêche ou la charrue, pour enterrer ce qui reste de chaume depuis la moisson ; et par ext., en parlant d'une terre inculte, la défricher. = DÉCHAUMÉ, ÉE. part.

DÉCHAUSSEMENT. s. m. (R. *déchausser*). Action de déchausser, d'ôter la chaussure. || T. Agric. Façon qu'on donne aux arbres et aux vignes, lorsqu'on les laboure au pied, ou qu'on ôte quelque peu de la terre qui est sur les racines pour les recouvrir avec du fumier ou du terreau. || Action de déchausser une dent; état des dents quand elles sont déchaussées. || T. Constr. État d'une construction qui est déchaussée; action de la déchausser.

DÉCHAUSSER. v. a. (R. *de*, et *chausser*). Ôter, retirer à quelqu'un sa chaussure. *Il faut d. cet enfant.* — Fig. et fam., *N'être pas digne de d. quelqu'un*, Lui être fort inférieur en talents, en mérite. || Fig., *D. un mur, une construction*, Enlever la terre qui est autour de ses fondations. *La violence du courant a déchaussé les murs de ce quai.* || Fig., *D. un arbre.* Ôter la terre qui est autour du pied. *Les jardiniers déchaussent les arbres pour mettre du fumier au pied.* — T. Vitic. Labourer entre deux rangées de ceps. || Fig., *D. une dent*, Détacher du collet d'une dent qu'on veut arracher la gencive qui y est adhérente. — Se dit aussi des dents dont la racine n'est plus recouverte par la gencive. *Le scorbut lui avait déchaussé toutes les dents.* = SE DÉCHAUSSER. v. pron. *Il venait de se d. Ses dents commençaient à se d.* = DÉCHAUSSÉ, ÉE. part. || *Carmes déchaussés* ou *déchaux.* Voy. CARME.

DÉCHAUSSEUSE. s. f. Charrue employée pour labourer la terre comprise entre deux rangées de ceps de vigne. L'emploi de la d. supprime la pénible culture à la houe. La d. laisse de chaque côté deux cavaillons de terre qu'on enlève avec la *décavaillonneuse*, autre sorte de charrue.

DÉCHAUSSOIR. s. m. T. Chir. Lame d'acier épaisse et un peu recourbée dont les dentistes se servent pour déchausser les dents.

DÉCHAUX. adj. m. Déchaussé. *Carme d.* Voy. CARME.

DÈCHE. s. f. T. Pop. Misère.

DÉCHÉANCE. s. f. (R. *de*, et *choir*). T. Jurisp. Perte d'un droit ou d'une faculté, faute d'en avoir usé dans les délais fixés par la loi, ou selon les formes et les conditions prescrites. *Prononcez la d. A peine de d. d'utili privilège.* — Perte de la couronne. *Le 3 août 1792, la Commune de Paris demanda à l'Assemblée législative de prononcer la d. de Louis XVI.* || Se dit quelquefois pour chute, décadence. *Le d. de l'homme par le péché. On remarque chez ce peuple des signes certains de d. morale.*

DÉCHÉNITE. s. f. (R. *Dechen*, n. d'homme). T. Minér. Vanadate de plomb, brun rougeâtre, à poussière orangée.

DÉCHET. s. m. (R. *déchoir*). Diminution qu'une chose éprouve dans sa substance, ou perte qu'elle subit dans sa valeur. *Le d. que le pain éprouve par la cuisson. Il y a toujours du d. sur le blé, lorsqu'on le conserve longtemps. Ces denrées sont sujettes à d.* || Résidu. *Les déchets de la fabrication du sucre servent à engraisser les bestiaux.* || T. Mar. Allocation supplémentaire faite au commis des vivres pour le cas où il aurait à remplacer des vivres reconnus avariés.

DÉCHETEUX, EUSE. adj. Qui offre du déchet.

DÉCHEVELER. v. a. (R. *de*, et *chevelure*). Mettre une chevelure en désordre *Il l'a toute déchevelée.* = SE DÉCHEVELER. v. pr. Mettre sa chevelure en désordre. = DÉCHEVELÉ, ÉE. part. = Conj. Voy. GELER.

DÉCHEVÊTRER. v. a. Ôter le chevêtre d'une bête de somme.

DÉCHEVILLER. v. a. [Pr. les *ll* mouillées]. Ôter les chevilles.

DÉCHIFFRABLE. adj. 2 g. [Pr. *déchi-frable*]. Qui peut être déchiffré. *Ce chiffre n'est pas d. Une écriture qui n'est pas d.*

DÉCHIFFREMENT. s. m. [Pr. *déchi-freman*]. Action de déchiffrer; résultat de cette action. *Le d. de ce vieux manuscrit n'est pas facile. Apportez-moi le d. de cette dépêche.*

DÉCHIFFRER. v. a. [Pr. *déchi-frer*]. Expliquer ce qui est écrit en chiffres. *D. une lettre. Un chiffre impossible à*

d. Voy. CRYPTOGRAPHIE. || Par ext., Lire ce qui est mal écrit ou difficile à lire. *Il est impossible de d. votre écriture. Il s'occupait à d. et à copier de vieux parchemins.* || T. Mus. Exécuter un morceau de musique sans l'avoir étudié d'avance, en lisant à première vue l'écriture musicale. *D. un morceau de musique, une sonate.* || Fig. et fam., *D. une affaire, une intrigue*, La débrouiller. — *D. quelqu'un*, Découvrir son caractère, ses desseins, ce qu'il fait, etc., ou le faire connaître, le dévoiler. *Peu us., et ne se dit qu'en mauvaise part. Cet homme a beau s'envelopper de mystère, on saura bien le d. On a parlé de lui dans une compagnie où on l'a bien déchiffré.* = SE DÉCHIFFRER. v. pron. Ne se dit que dans le sens propre du verbe. *Cette dépêche, cette musique se déchiffre aisément.* = DÉCHIFFRÉ, ÉE. part.

DÉCHIFFREUR, EUSE. s. [Pr. *déchi-freur*]. Personne chargée du déchiffrement. — Celui qui a le talent de déchiffrer des lettres écrites en chiffre. || Par ext. et fam., Celui qui a le talent de lire ce qui est mal écrit ou difficile à lire. *Un d. de manuscrits, d'inscriptions.*

DÉCHIQUETER. v. a. (R. *chiquet*, vieux mot français qui signifiait petit morceau). Découper en petits morceaux, tailladér. *D. la peau, la chair. D. une étoffe.* || Découper. *Il faut d. avec soin la bordure de cette robe.* || Désassembler toutes les parties d'un bateau, d'une voiture. || T. Techn. Faire des trous à une poterie pour y appliquer un manche, une anse, etc. || Fig. Maltraiter en paroles, déchirer par la calomnie ou la médisance. = DÉCHIQUETÉ, ÉE. part. || T. Bot. *Feuille déchiquetée.* Voy. FEUILLE.

DÉCHIQUETEUR, EUSE. s. Personne qui déchiquette, qui aime à déchiqueter.

DÉCHIQUETURE. s. f. Découpure. *Il ne faut point de d. à cette robe.* Vx.

DÉCHIRAGE. s. m. Action de défaire un train de bois flotté, ou de désassembler les planches qui composent un bateau. — *Bois de d.*, Le bois qui provient du d. d'un bateau.

DÉCHIRANT, ANTE. adj. Qui déchire; n'est employé qu'au fig. *Un spectacle d. Des cris déchirants.*

DÉCHIREMENT. s. m. Action de déchirer; résultat de cette action. *Le d. des habits était parmi les Juifs une marque de douleur.* || Fig., Souffrance physique très vive. *J'éprouvais des déchirements d'entrailles.* — *D. de cœur*, Douleur vive et amère. || Fig., se dit encore, mais surtout au plur., des discordes intérieures causées par la lutte des factions. *Les déchirements auxquels Florence fut en proie... La Réforme causa en Europe d'affreux déchirements.* || T. Philol. Voy. DÉCHINURE.

DÉCHIRER. v. a. (de, et sansc. *cur*, coupe. Ce rad. sansc. se retrouve dans les langues germaniques: anc. all., *skerran*, couper; all. *scheren*, couper, *schere*, ciseaux, etc.) Diviser en morceaux, sans se servir d'un instrument tranchant. *D. un drap, du papier, une lettre, un billet, un contrat. Il déchira ses vêtements. On lui déchira la peau à coups de fouet. Se d. la main. Le tigre déchire sa proie.* — *D. la toile*, Exécuter sans ensemble des feux d'infanterie, par allusion au bruit que fait la toile quand on la déchire. — *D. un bateau*, Désassembler les planches qui le composent. — Fig. et prov., *Il ne s'est pas fait d. son manteau pour cela*, se dit d'un homme qui ne s'est pas trop fait prier pour faire ce qu'on lui demandait. || Fig., on dit de douleurs très vives, très aiguës, *qu'elles déchirent l'estomac, les entrailles*, etc. — Fig., *D. l'oreille, les oreilles*, se dit des sons aigres ou discordants qui affectent désagréablement le sens de l'ouïe. || Fig., mais au sens moral, se dit de ce qui excite une vive compassion, *de ce qui émeut douloureusement. Ce spectacle déchirait mon âme, me déchirait l'âme. Le souvenir de déchirait sans cesse. Vos lettres me déchiraient le cœur. Être déchiré de remords, de regrets.* || Fig., se dit encore des factions, des dissensions qui troublent un État, une ville, un corps, etc. *Pendant le dix-septième siècle la guerre civile a déchiré l'Angleterre. L'Église était alors déchirée par un schisme.* || T. Poét. Fendre, ouvrir, traverser. *La foudre déchire la nue.* || *D. la voile*, Mettre à nu, faire voir ou connaître. || Fig., dire du mal; outrager, offenser par des médisances ou des calomnies. *Cette méchante femme déchire tout le monde. D.*

la réputation d'un honnête homme — D. *quelqu'un à belles dents*, Mettre un certain acharnement dans le mal qu'on dit de quelqu'un. = SE DÉCHIRER. v. pron. *Mon manteau s'est déchiré. A cette vue, je sentis que mon cœur se déchirait. Les femmes se déchirent entre elles, se déchirent les unes les autres.* = DÉCHIRE, ÉE. part. || *Être déchiré, tout déchiré*, Avoir ses vêtements déchirés. — Fig. et fam., *Cette femme, cette fille n'est pas trop déchirée, n'est déjà pas si déchirée*, Elle n'est pas mal, elle est assez jolie, ou elle est encore bien conservée.

DÉCHIREUR. s. m. (R. *déchirer*). Ouvrier qui coupe, détruit les vieux bateaux.

DÉCHIRURE. s. f. Rupture faite en déchirant. *Il a fait deux déchirures à son habit.* || T. Chir. Solution de continuité d'un ou de plusieurs tissus, dans laquelle les bords de la division sont ordinairement inégaux et frangés. *Le d. du périnée.*

DÉCHOIR. v. n. (R. *de*, et *choir*). Tomber dans un état inférieur à celui où l'on était. D. *de son rang, de sa réputation, de son crédit. Il est déchu dans l'estime du public.* — D. *de ses espérances*, Les voir s'évanouir, être forcé d'y renoncer. — *Être déchu d'un droit d'un privilège*, etc., N'en plus jouir, en être dépossédé. || En parlant des choses, Diminuer, s'affaiblir, perdre de sa puissance, de ses forces. *Son crédit, sa réputation, sa faveur, sa fortune commencent à d. Lorsque la liberté disparut à Athènes, l'éloquence ne tarda pas à d. Cet établissement est déjà bien déchu. Ses facultés intellectuelles commencent à d. Il vieillit sans d.* || T. Mar. Dériver, sortir de la route. Vx et inus. = DÉCHU, UE. part. *Ange déchu. Souverain déchu.*

Conjug. — *Je déchois, tu déchois, il déchoit ; nous déchoyons, vous déchoyez, ils déchoient. Je déchoyais ; nous déchoyions. Je déchus ; nous déchûmes. Je décherrai ; nous décherrons. Je décherrais ; nous décherrions. — Déchois ; déchoyons. — Que je déchoie ; que nous déchoyions. Que je déchusse ; que nous déchussions. — Déchoir.* — Dans les temps composés ce v. prend l'auxiliaire *Avoir* ou l'auxiliaire *Être*. selon le sens qu'on y attache, c.-à-d. selon qu'on veut exprimer une action ou un état. — *Déchoir* n'a pas de participe présent.

DÉCHOUEMENT. s. m. T. Mar. Action de déchouer.

DÉCHOUER. v. a. (R. *de*, et *échouer*). T. Mar. Relever, remettre à flot en parlant d'un bâtiment. Voy. DÉFECHOUER.

DÉCHRISTIANISATION. s. f. [Pr. *dé-kris-ti-ani-za-sion*]. Action de déchristianiser, de se déchristianiser.

DÉCHRISTIANISER (SE). v. pron. Pr. *dé-kris-ti-ani-zer*]. Cesser d'être chrétien, en perdre le caractère.

DÉCI-. préfixe, dérivé du lat. *decimus*, dixième, s'emploie dans le système métrique pour désigner les unités qui sont dix fois plus petites que l'unité typique : *Décimètre, déciare, décigramme, décilitre*, etc. Voy. MÉTRIQUE.

DÉCIARE. s. m. T. Métrol. Mesure de superficie valant le dixième de l'are. Voy. MÉTRIQUE.

DÉCIDÉMENT. adv. D'une manière décidée. *Il a pris d. son parti.* || Fam., s'emploie absol., pour indiquer une résolution bien arrêtée, la conviction où l'on est de la réalité d'une chose. D. *je ne veux pas y aller.* D. *vous êtes fou.*

DÉCIDER. v. a. (lat. *decidere*, m. s., de *de* et *cædere*, couper). Donner la solution d'une chose douteuse. *C'est un point de droit qu'un jurisconsulte peut seul d. Cela décide la question.* || Terminer un différend, une affaire qui est en contestation. D. *un différend, une querelle par un combat.* || Arrêter, déterminer ce qu'on doit faire. *Que dois-je faire? décidez. Il a été décidé que vous partiriez.* || Déterminer quelqu'un à faire quelque chose. *Ce motif m'a décidé à vous écrire. Je suis décidé à en finir.* = DÉCIDER. v. n. Porter un jugement. *C'est un homme qui décide de tout, sur tout, à tort et à travers.* || Statuer, être oser, déclarer. *C'est la loi qui doit d. entre nous. Le sort en décidera. Cet événement décida de mon avenir. Le tribunal a décidé que le testament était nul.* D. *en faveur de quelqu'un. A Athènes, c'était le peuple qui décidait lui-*

même de la paix et de la guerre. = SE DÉCIDER. v. pron. Se terminer, recevoir une solution, prendre fin. *Cette querelle se décidera par le canon. Chez les peuples barbares, tout se décide par la force.* || Se fixer, se régler. *Votre sort va se d.* || Prendre un parti, une résolution, déterminer ce qu'on doit faire. *Vous êtes bien lent à vous d. Je me suis décidé à rester. Il s'est décidé bien légèrement.* || Se d. *pour quelqu'un, pour quelque chose*, Se prononcer pour quelqu'un, pour quelque chose. *La victoire s'est enfin décidée pour nous.* = DÉCIDÉ, ÉE. part. *Il me paraît décidé à faire cette entreprise. C'est une chose décidée.* || Adjectiv., Résolu, ferme dans ses principes, ses convictions. *C'est un homme décidé. Un caractère décidé.* Par anal., *Air décidé, ton décidé.* — Sign. aussi quelquefois, Qui a un caractère marqué, des allures décidées. *Son style n'a pas de caractère décidé. Le gouvernement prit une marche plus décidée.*

Syn. — *Décider, Juger.* — On *décide* une contestation ou une question ; on *juge* une personne et un ouvrage. Les particuliers et les arbitres *décident* ; les corps et les magistrats *jugent.* On *décide* quelqu'un à prendre un parti ; on *juge* qu'il en prendra un. [*Décider* diffère aussi de *juger* en ce que ce dernier désigne simplement l'action de l'esprit, qui prend son parti sur une chose après l'avoir examinée, et qui prend ce parti pour lui seul, souvent même sans le communiquer aux autres ; au lieu que *décider* suppose un avis prononcé, fort souvent même sans le moindre examen.

DÉCIDU, UE. adj. (lat. *deciduus*, qui tombe). T. Bot. Se dit de toute partie d'un végétal, lorsqu'elle se détache après avoir acquis tout son développement.

DÉCIE. Voy. DÈCE.

DÉCIGRAMME. s. m. T. Métrol. Mesure de poids qui vaut le dixième du gramme. Voy. MÉTRIQUE.

DÉCILITRE. s. m. T. Métrol. Mesure de capacité qui vaut le dixième du litre. Voy. MÉTRIQUE.

DÉCILLER. v. a. [Pr. les *ll* mouillées]. Voy. DESSILLER.

DÉCIMABLE. adj. 2 g. (lat. *decimus*, dixième). Sujet à la dîme. *Champ d.*

DÉCIMAIRE. adj. (lat. *decimus*, dixième). T. Didact. Qui procède par dix. On dit mieux *Décimal.*

DÉCIMAL, ALE. adj. (lat. *decimus*, dixième). T. Arith. *Fraction décimale*, Fraction dont le dénominateur est une puissance de dix. — *Système d.*, Système de numération où chaque ordre contient dix unités de l'ordre précédent. Voy. NUMÉRATION. — *Système* de poids et mesures, où les diverses unités de même espèce sont chacune dix fois plus grandes que la précédente. Voy. MÉTRIQUE (*Système*).

DÉCIMALITÉ. s. f. Caractère décimal.

DÉCIMANE. adj. f. (lat. *decimus*, dixième). T. Pathol. Se dit d'une fièvre intermittente qui revient tous les dix jours.

DÉCIMATEUR. adj. m. Celui qui avait droit de lever la dîme dans une paroisse.

DÉCIMATION. s. f. [Pr. ...sion (lat. *decimatio*, de *decimus*, dixième). T. Hist. Ce mode de punition militaire ainsi appelé a été surtout usité chez les Romains. Lorsque des soldats s'étaient rendus coupables de sédition ou de lâcheté, on mettait leurs noms dans un casque, et celui dont le nom sortait à chaque dixième nom était mis à mort. Les autres recevaient pour ration de l'orge au lieu de froment. Quelquefois on ne frappait qu'un soldat sur vingt (*vicesimatio*) ou sur cent (*centesimatio*). Dans les premiers temps de la République, on trouve peu d'exemples de l'emploi de cette punition ; mais elle fut souvent appliquée pendant les guerres civiles et sous l'empire. La d. resta en usage dans les armées européennes jusqu'à la fin du XVIIe siècle. La guerre de Trente ans en fournit plusieurs exemples. Aujourd'hui ce mode de punition barbare a disparu des codes militaires.

DÉCIME. s. f. et s. m. (lat. *decimus*, dixième).

Hist. — Autrefois ce terme, au f., s'employait pour désigner cette partie des revenus ecclésiastiques qui, dans les circonstances importantes, était perçue au profit du roi ou du pape. La première *décime* fut accordée par le clergé à Charles Martel, pour défendre le pape contre les Lombards; elle était, ainsi que nous l'indiquons, du dixième des revenus du clergé. Depuis lors, les contributions extraordinaires levées sur le clergé, comme la d. ou *dîme saladine*, par ex., continuèrent de recevoir le nom de décime lors même qu'elles étaient inférieures au dixième des revenus ecclésiastiques. Il en fut de même de la taxe annuelle qu'à partir de François Ier les possesseurs de bénéfices furent obligés de payer au roi. Cette imposition régulière, qui fut consentie et fixée par les prélats assemblés à Poissy, en 1561, fut nommée *Décimes du contrat* et *Décimes anciennes* ou *ordinaires*, pour la distinguer des *Décimes extraordinaires* que le clergé votait à des époques irrégulières, selon les besoins de l'État.

Métrol. — *Décime*, au masc., désigne aujourd'hui la dixième partie de notre unité monétaire, le *franc*, ainsi que la pièce de billon qui représente cette valeur.

Fin. — Le terme *Décime*, également au masc., a désigné deux sortes particulières de taxes, l'une appelée *D. sur les spectacles*, et l'autre *D. de guerre*. — Le *D. sur les spectacles* est une taxe de 10 centimes par franc qui se prélève sur le prix de tout billet d'entrée à un spectacle, à un concert, à un bal, etc. Le produit de cette taxe, dont l'établissement remonte à l'année 1796, appartient exclusivement à l'administration de l'assistance publique, d'où le nom de *Droit des pauvres* sous lequel on désigne habituellement cette sorte de contribution. — Le *D. de guerre* était une surtaxe d'un d. par franc, qui se payait en sus des droits d'enregistrement, timbre, hypothèque, greffe, douane, etc. Cette surtaxe avait été imposée pour une année seulement, par la loi du 6 prairial an VII (5 mars 1799), à titre de subvention extraordinaire de guerre; néanmoins elle n'a pas cessé d'être votée par les assemblées législatives subséquentes et payée par les contribuables. Sous le second empire elle fut même doublée et perçue jusqu'en 1870 sous le nom de *double décime*. Après la guerre de 1870, les nouvelles charges de la France ayant nécessité la création d'impôts nouveaux et l'augmentation définitive des anciens, le *D. de guerre* a disparu de notre système financier.

DÉCIME. adj. *Liqueur d.* employée dans le titrage des métaux précieux.

DÉCIMER. v. a. (lat. *decimare*, m. s., de *decem*, dix). Mettre à mort une personne sur dix. || Figur., se dit d'une maladie, d'un fléau qui fait périr un grand nombre de personnes. *Le choléra décime chaque année les habitants de certaines parties de l'Inde. La population de Londres est décimée par la phtisie.* = DÉCIMÉ, ÉE. part.

DÉCIMÈTRE. s. m. T. Métrol. Mesure de longueur qui vaut le dixième du mètre. Voy. MÉTRIQUE.

DÉCIMO. adj. Mot latin qui sign. Dixièmement. On l'écrit ordinairement ainsi : 10°.

DÉCINE. s. f. T. Chim. Syn. de *Décénylène*.

DÉCINIQUE. adj. 2 g. T. Chim. Syn. de *Décénylique*.

DÉCINTREMENT. s. m. T. Archit. Action de décintrer. *Le d. d'une voûte.*

DÉCINTRER. v. a. (R. *cintre*). Enlever les cintres dont on s'est servi pour construire une voûte. *On ne doit d. une voûte que lorsqu'elle est bien sèche.* || DÉCINTRÉ, ÉE. part.

DÉCINTROIR. s. m. Sorte de marteau à deux taillants en usage en maçonnerie.

DÉCIPIUM. s. m. [Pr. *dé-si-piome*] (lat. *decipere*, tromper). T. Chim. L'examen spectroscopique d'une variété de samarskite avait conduit Delafontaine à admettre l'existence d'un métal nouveau, qu'il fut appelé d. Ce corps paraît n'être qu'un mélange de samarium et de didyme.

DÉCISIF, IVE. adj. (R. *décider*). Qui amène une décision, qui fait cesser toute indécision. *Une pièce, une raison, une preuve décisive. Le point d. de la cause. Voici le moment d. Une bataille décisive.* || En parl. des personnes, sign. Qui décide hardiment. *C'est un homme d. Ces jeunes gens sont un peu trop décisifs. Rien n'est plus d. que l'ignorance.* On dit aussi, *Un esprit d. Un ton d.*

DÉCISION. s. f. Résolution, jugement; se dit des personnes qui décident et des matières qui sont décidées. *Former, prendre une d. Solliciter une d. On attend la d. du ministre. La d. d'une affaire, d'une question de droit. La d. d'un tribunal. Les décisions des conciles.*

Syn. — *Résolution.* — La *décision* est un acte de l'esprit, et suppose, en général, un examen préalable. La *résolution* est un acte de la volonté et suppose la délibération. La première attaque le doute et fait qu'on se déclare; la seconde attaque l'incertitude et fait qu'on se détermine. Il arrive souvent que soit par timidité, soit par crainte, soit par quelque autre motif, on n'est pas encore *résolu* à entreprendre une chose pour laquelle on s'est déjà *décidé*.

DÉCISIVEMENT. adv. D'une manière décisive. *Parler d.* Peu usité.

DÉCISOIRE. adj. 2 g. T. Droit. Qui a la propriété de décider. Voy. SERMENT.

DÉCISTÈRE. s. m. T. Métrol. Mesure de volume qui vaut le dixième du stère. Voy. MÉTRIQUE.

DÉCIUS MUS, nom de trois consuls romains qui se dévouèrent pour sauver des armées romaines (340-295 av. J.-C.).

DÉCIUS, empereur romain. Voy. DÈCE.

DÉCIVILISANT, ANTE. adj. Qui détruit la civilisation ou ses effets.

DÉCIVILISATEUR, TRICE. adj. Qui porte atteinte à la civilisation.

DÉCIVILISATION. s. f. [Pr. ...*sion*]. Action de détruire la civilisation.

DÉCIVILISER. v. a. Néol. Détruire la civilisation, y porter atteinte.

DECIZE, ch.-l. de c. (Nièvre), arr. de Nevers, dans une île de la Loire; 5,000 hab. Mines de houille, verreries, forges.

DÉCLAMATEUR, TRICE. s. Celui, celle qui déclame; se dit des anciens rhéteurs qui faisaient des exercices d'éloquence dans les écoles. || Se dit encore de celui qui débite en public des vers, un discours, etc. *C'est un excellent, un mauvais d.* Le sens est vieux. || Se dit plus ordinairement d'un orateur, d'un écrivain emphatique, boursouflé. *Ce n'est qu'un d. Style de d.* = Adjectiv., s'emploie dans le sens qui précède. *Il est un peu trop d.* — *Ton d.*, Ton emphatique.

DÉCLAMATIF, IVE. adj. Qui se rapporte à la déclamation.

DÉCLAMATION. s. f. [Pr. ...*sion*] (lat. *declamatio*, m. s.). La manière et l'art de déclamer. *D. théâtrale. D. oratoire. D. noble, aisée, fausse, outrée. Professeur, cours de d.* || Emploi affecté de termes pompeux, de figures déplacées. *Il tombe souvent dans la d. Bien qu'il y ait de la d. dans son discours, cependant...* || Se dit encore d'un discours qui, au lieu d'arguments solides, ne contient que des banalités ou des invectives. *Son plaidoyer n'est qu'une d. perpétuelle. Il est toujours mauvais pour un avocat de se livrer à des déclamations contre sa partie.* || T. Théor. anc. Pièce d'éloquence que l'on composait pour s'exercer à l'art de la parole. *Sénèque nous a laissé un recueil de Déclamations qui peut donner une idée de ces sortes d'exercices.* || T. Mus. Art de rendre dans la mélodie le sens qui convient aux paroles.

1. — Le *Débit* se distingue de la *Déclamation* comme la partie du tout. Le premier de ces termes ne s'emploie qu'en parlant de la récitation à haute voix; le second comprend la récitation et le geste qui accompagne naturellement celle-ci. Notre mot *Déclamation* correspond assez à ce que les anciens nommaient l'*Action oratoire*. La d. est un art à ses règles et ses préceptes. A Athènes et à Rome, cet art était cultivé avec le plus grand soin par les orateurs les plus illustres, qui le tenaient en très haute estime. Lorsque l'élo-

quence périt dans ces deux villes célèbres, l'art de la d. continue de fleurir ; mais comme il ne suffit pas pour faire des orateurs, on en vint non seulement à mépriser la d., mais encore à l'accuser d'avoir perdu l'éloquence elle-même. Cette accusation est injuste ; l'éloquence avait disparu avec la liberté. Cependant, aujourd'hui même, un gré l'utilité dont il pourrait être aux hommes si nombreux qui se livrent à l'art oratoire, l'art de la d. n'a pas repris l'importance qu'il avait dans l'antiquité. La cause en est dans les conditions nouvelles où s'exerce l'éloquence. Dans l'antiquité, l'orateur parlait en plein air devant une foule nombreuse plus accessible à l'émotion qu'à la logique du raisonnement. De plus, beaucoup des auditeurs ne pouvant entendre toutes ses paroles, il fallait que l'orateur y suppléât par le geste. Aujourd'hui les hommes qui prennent la parole en public, avocats, prédicateurs, orateurs des assemblées parlementaires ou des réunions publiques, s'adressent toujours à un public spécial, assemblé dans des salles fermées. Souvent ils ont à traiter des questions techniques et l'on a tend d'eux plus de science et de raisonnement que d'art et de rhétorique. Néanmoins, nous avons eu, à la tribune, au barreau et à la chaire, des hommes éminents qui faisaient revivre quelque chose de l'éloquence antique, et les préceptes que nous ont laissés les maîtres de la parole sont toujours bons à méditer.

II. — « L'Action, dit Cicéron, est, pour ainsi dire, l'éloquence du corps : elle se compose de la voix et du geste. Il y a autant d'inflexions de voix que de sentiments, et c'est la voix surtout qui les excite. L'orateur parfait prendra donc tous les tons qui conviendront aux passions dont il voudra paraître animé et qu'il voudra remuer dans les cœurs. On ne peut dire à quel point toute cette partie de l'art est essentielle à l'orateur. On a vu des hommes qui, sans avoir le don de la parole, ont recueilli, par le seul mérite de l'action, tous les fruits de l'éloquence ; et d'autres, qui avaient du talent, ont passé, à cause de l'inconvenance de leur action, pour ne pas savoir parler. »

III. — Après avoir ainsi témoigné de l'importance qu'il accorde à cette partie de l'art oratoire, l'orateur romain parle de la prononciation, ou, comme nous l'appelons aujourd'hui, du débit.

« L'orateur qui aspire à la perfection fera entendre une voix forte, s'il doit être véhément ; douce, s'il est calme ; soutenue, s'il est grave ; touchante, s'il veut exciter la compassion. Il y a en effet quelque chose de merveilleux dans la nature de la voix qui, avec trois tons seulement, l'aigu, le grave et le moyen, produit dans le chant une variété si prodigieuse et si pleine d'harmonie. L'orateur doit désirer cette voix ; et s'il ne dépend de lui de la posséder, il peut du moins cultiver et fortifier la sienne. En conséquence, il étudiera les diverses inflexions de la voix, et en parcourra soit dans le haut, soit dans le bas, tous les tons et tous les degrés.

« Grâce à sa flexibilité, la voix nous fournit trois tons principaux, le ton de l'entretien, celui de la discussion et celui de l'amplification ou des grands mouvements. Le ton de l'entretien est simple et ressemble à celui de nos conversations habituelles ; celui de la discussion est vif et animé, il convient à la confirmation et à la réfutation. Le ton de l'amplification doit être propre à exciter dans l'âme de l'auditeur l'indignation ou la pitié.

« Si l'entretien a le caractère de la dignité, il faut que les sons remplissent l'organe vocal, que la parole soit calme et très grave, sans cependant passer des habitudes oratoires au ton tragique. Dans la démonstration, la voix doit être moins pleine, et l'on doit multiplier les divisions et les repos, afin que la prononciation même fasse pénétrer dans l'esprit les choses démontrées, on les séparera pour que les unes des autres. La narration exige des tons plus variés pour que le récit reproduise toutes les nuances de chaque fait. Voulez-vous exprimer la promptitude d'une action, employez des paroles rapides ; pour peindre la lenteur, appesantissez vos phrases. Tour à tour âpre ou douce, triste ou gaie, la prononciation doit reproduire les mobiles variétés du discours. Si l'orateur a à raconter des discours, des questions, des réponses, des exclamations, il s'efforcera d'exprimer, par les inflexions de la voix, les sentiments et les pensées de chaque personnage. Si le discours prend le caractère de la plaisanterie, donnez à la voix, par un léger tremblement, l'expression d'un rire malin, et, sans descendre à la joie bruyante d'un bouffon, que la voix passe doucement du discours sérieux à une raillerie décente.

« Dans les amplifications, si c'est l'indignation que l'orateur veut exciter, il donnera à sa voix moins d'éclat, mais une force toujours égale. Il aura des cris étouffés, des intonations variées et une rapidité entraînante. Dans la plainte, il prendra une voix grave, des tons plus faibles ; il entrecoupera fréquemment ses paroles, fera de longs repos, et revêtira toutes les formes pour attendrir.

IV. — Parmi les préceptes que Cicéron donne au sujet du geste, il en est deux ou trois qui nous paraissent, à nous, modernes, assez singuliers ; mais il ne faut pas oublier que l'orateur de l'antiquité parlait le plus ordinairement devant des assemblées populaires, c.-à-d. devant des hommes que souvent il s'agissait d'émouvoir et de persuader, bien plutôt que de convaincre.

« L'orateur réglera aussi ses mouvements de manière que son geste ne pèche pas par l'excès. Il tiendra le corps droit et élevé. Il pourra, mais rarement, faire quelques pas dans la tribune. Il ne penchera pas la tête nonchalamment ; il ne gesticulera pas avec les doigts ; il ne s'en servira pas pour battre la mesure. Quant aux mouvements du corps même, il mettra encore plus de soin à les régler, afin de ne rien perdre de la dignité qui lui convient. On étend le bras quand on parle avec force ; on le ramène quand on prend un ton plus modéré. C'est le visage qui, après la voix, joue le plus grand rôle dans l'action : quelle grâce et quelle dignité n'y ajoute-t-il pas ! Mais il ne faut ni affectation ni grimace. On doit régler avec soin le mouvement des yeux, car si le visage est le miroir de l'âme, les yeux en sont les interprètes. Ils exprimeront, selon la nature du sujet, la joie ou la tristesse. »

V. — La d. théâtrale n'a pas en réalité d'autres règles que la d. oratoire. Les préceptes relatifs au débit sont identiquement les mêmes ; mais ceux qui concernent le geste sont beaucoup plus nombreux et plus variés. C'est qu'au théâtre l'acteur n'est plus lui-même, il est le personnage dont il porte le nom. Il ne se contente pas de parler, il agit, il accomplit à la vue du public la plupart des actes de la vie humaine. Les acteurs de notre ancien théâtre, dominés par de fausses idées de grandeur, auraient cru rabaisser les personnages qu'ils représentaient, s'ils les eussent fait parler comme les autres hommes. En conséquence, pour ne pas ressembler au vulgaire, ils avaient adopté une espèce de chant cadencé et emphatique, aussi dénué de mélodie que de variété. Baron et Adrienne Lecouvreur, au XVIIe siècle, Lorive, Lekain et Mlle Clairon, au XVIIIe, avaient bien opéré quelques réformes dans le système de la d. usité de leur temps. Néanmoins, c'est véritablement à Talma qu'appartient le mérite d'avoir ramené la d. théâtrale aux vrais principes en la rapprochant, autant qu'il convient, du langage vulgaire. Depuis ce grand artiste, les bons acteurs parlent et ne chantent pas. En outre, au lieu d'affecter des airs de grandeur, de prendre des attitudes exagérées, ils agissent naturellement, à peu près comme chacun de nous s'exprime et agit quand il est inspiré par un intérêt vif ou par une passion.

DÉCLAMATOIRE. adj. 2 g. Qui appartient à la déclamation. Art d. Inus. ‖ Qui ne renferme que des déclamations. Un ouvrage d. ‖ Emphatique, boursouflé. Style d. Ton d.

DÉCLAMER. v. a. (lat. declamare, de de, et clamare, crier). Réciter à haute voix avec le ton et les gestes convenables. D. des vers, un discours, une scène de tragédie. S'emploie absol. D. en public. Cet acteur déclame très bien. ‖ DÉCLAMER, v. n. Invectiver ; parler avec chaleur contre quelqu'un, contre quelque chose. D. contre la religion, contre le gouvernement. D. contre le vice, contre le luxe. — DÉCLAMÉ, ÉE. part.

DÉCLANCHE, DÉCLANCHEMENT, DÉCLANCHER. Voy. DÉCLENCHE, etc.

DÉCLARABLE. adj. Qui peut ou doit être déclaré.

DÉCLARATEUR. s. m. Celui qui déclare.

DÉCLARATIF, IVE. adj. T. Prat. Se dit d'un acte qui contient une déclaration. Un titre est d. et non attributif du droit.

DÉCLARATION. s. f. [Pr...sion] (lat. declaratio, m. s.). Action de déclarer ; discours, acte, écrit par lequel on déclare. D. publique, authentique, solennelle. Il lui fit une d. d'amour, ou simplement une d., sa d. Faire une d. à la douane. Faire sa d. au greffe. Signer une d. Prendre acte, demander acte d'une d. Quelle a été la d. du jury ? L'accusé a fait plusieurs déclarations importantes. — D. de guerre. Voy.

GUERRE. || T. Droit. *D. d'absence.* Voy. ABSENCE. *D. de command.* Voy. COMMAND. *D. de faillite.* Voy. FAILLITE. *D. d'hypothèque.* Voy. HYPOTHÈQUE. *D. de naissance, de décès.* Voy. ÉTAT civil. — Anciennement, on appelait *D. du roi,* un acte par lequel le prince expliquait, réformait ou révoquait une loi, une ordonnance, un édit, etc. || T. Prat. État détaillé. *Donner la d. de ses biens. D. de dépens.*

Méd. vét. — Mesure de police sanitaire par laquelle on informe les autorités de l'existence d'une maladie contagieuse. Toute personne qui possède, soigne ou garde un animal soupçonné de maladie contagieuse doit en faire immédiatement la d. Il en est de même pour le cas où l'animal est mort d'une maladie douteuse à caractère contagieux.

La d. obligatoire des maladies contagieuses de l'homme a été l'objet de la loi du 30 novembre 1892; aux termes de cette loi, tous docteur, officier de santé, sage-femme, sont tenus de faire à l'autorité publique, sur diagnostic établi, la d. des maladies épidémiques tombées sous son observation et qui sont les suivantes : 1° fièvre typhoïde; 2° typhus exanthématique; 3° variole et varioloïde; 4° scarlatine; 5° diphtérie (croup et angine couenneuse); 6° suette miliaire; 7° choléra et maladies cholériformes; 8° peste, fièvre jaune; 10° dysenterie; 11° infection puerpérale; 12° l'ophtalmie des nouveau-nés. — Cette d. doit être faite au maire et au sous-préfet de l'arrondissement, à l'aide de cartes détachées d'un carnet à souche portant la date, l'indication de l'habitation contaminée, la nature de la maladie désignée par un numéro d'ordre suivant la nomenclature inscrite à la première page du carnet. — Le but de cette d. est de permettre à l'autorité de reconnaître aussitôt un foyer épidémique et de le combattre, de façon à diminuer et à enrayer la contagion.

DÉCLARATOIRE. adj. 2 g. T. Prat. Se dit d'un acte par lequel on déclare juridiquement quelque chose. *Acte, sentence d.* Peu usité.

DÉCLARER. v. a. (lat. *declarare,* m. s., de *de,* et *clarus,* clair). Manifester, faire connaître. *D. son amour, sa passion. D. sa volonté, ses intentions, ses desseins. Il vient de d. son mariage. Je vous déclare que cela ne se fera pas. Je le lui ai déclaré tout net. Il a déclaré ses complices. D. des marchandises à la douane. D. la naissance d'un enfant, le décès de quelqu'un,* etc. — *D. la guerre,* Faire connaître qu'on va prendre les armes et faire des actes d'hostilité contre une puissance. Fig., on dit aussi, *D. la guerre aux préjugés, aux abus.* || Se dit aussi des actes publics qui prononcent, qui décrètent quelque chose. *Son mariage a été déclaré nul. On l'a déclaré coupable.* = SE DÉCLARER, v. pron. Se manifester, se faire connaître. *Il s'est déclaré l'auteur de ce livre.* — Fig., en parlant des choses, Apparaître, se révéler à des signes certains. *La petite vérole vient de se d. La peste se déclara au Caire.* || S'expliquer, faire savoir ses intentions, etc. *Il est temps que vous vous déclariez. Il s'est déclaré hautement.* || Prendre parti, se prononcer pour ou contre quelqu'un. *Le public s'est déclaré pour lui. Le ciel s'est déclaré en notre faveur. La victoire se déclara enfin pour nous. Tous les gens éclairés se déclarent pour votre opinion.* — Se dit également, dans ce sens, en parlant de la guerre entre les nations. *L'Angleterre vient de se d. pour nous. On força l'Autriche à se d.* = DÉCLARÉ, ÉE. part. || Adject., Avoué, reconnu. *Partisan déclaré. C'est un de ses ennemis déclarés.* || Synon. Voy. DÉCELER.

DÉCLASSÉ, ÉE. adj. Qui est hors de sa classe; ne s'emploie que dans le sens fig., en parlant des personnes qui n'ont pas dans la société une position matérielle en rapport avec l'éducation qu'elles ont reçue ou les prétentions qu'elles affichent.

DÉCLASSEMENT. s. m. Action de déclasser, de défaire un classement. || État des personnes ou des choses déclassées. || Mutation dans les classes sociales.

DÉCLASSER. v. a. Déranger ce qui est classé. || Faire sortir quelqu'un de la classe sociale à laquelle il appartient. || T. Mar. Rayer un marin du registre des classes.

DÉCLENCHE ou DÉCLANCHE. s. f. (R. *clenche*). T. Méc. Organe de liaison facultative entre la tige du tiroir et la bielle d'excentrique dans les machines à vapeur.

DÉCLENCHEMENT ou DÉCLANCHEMENT. s. m. (R.

clenche). Départ automatique ou facultatif d'un mécanisme par le déplacement d'une pièce qui empêchait son mouvement. C'est l'inverse de l'*Enclenchement.* Voy. ce mot.

DÉCLENCHER ou DÉCLANCHER. v. a. Lever la clenche d'une porte pour l'ouvrir. || Opérer le déclenchement.

DÉCLIC. s. m. (R. *cliquet*). Échappement d'un cliquet, d'un ressort. || *Armes de d.,* Armes munies d'un mécanisme à détente, comme l'arquebuse, le fusil, etc. || *Sonnette à d.* Voy. SONNETTE.

DÉCLIMATER. v. a. T. Hist. nat. Ôter à un homme, à une plante, à un animal la manière d'être qui provient du pays natal.

DÉCLIN. s. m. (gr. κλίνειν, pencher). État d'une chose qui penche vers sa fin, qui va baissant, qui perd de sa force, de sa vigueur, de son éclat. *Le d. du jour. Le d. de l'âge. Le d. de la lune. Une beauté qui est sur son d. Le d. d'une maladie, de la fièvre. Dans le d. de sa puissance. Ce colossal empire penchait sur son d.* || T. Arquebus. Le ressort par lequel s'abat le chien d'un pistolet, d'un fusil, etc. = Syn. Voy. DÉCADENCE.

DÉCLINABILITÉ. s. f. Qualité d'un mot déclinable.

DÉCLINABLE. adj. 2 g. Qui peut être décliné.

DÉCLINAISON. s. f. (lat. *declinatio,* m. s., de *declinare,* faire pencher). T. Gram. Liste méthodique des inflexions que prennent les noms dans les langues synthétiques pour exprimer leurs fonctions dans le discours. Voy. CAS. || T. Phys. *D. magnétique,* Angle du méridien magnétique avec le méridien astronomique. Voy. BOUSSOLE, MAGNÉTISME. || T. Astron. Voy. plus bas. || T. Gnom. *D. d'un cadran solaire vertical,* Angle du plan de ce cadran avec le plan méridien : c'est l'azimut du cadran || T. Philos. *D. des atomes,* Mouvement oblique et irrégulier que Démocrite et Épicure attribuaient aux atomes, afin qu'ils puissent se rencontrer et s'unir entre eux. Voy. MATÉRIALISME.

Astr. — La d. d'un astre est l'angle que fait avec le plan de l'équateur céleste la ligne droite qui joint l'œil de l'observateur à cet astre. Il est égal à l'arc du grand cercle de la sphère céleste perpendiculaire à l'équateur compris entre l'équateur et l'astre. La d. est le complément de la *distance polaire* ou distance angulaire de l'astre au pôle céleste. Elle est dite boréale, si l'astre est dans l'hémisphère nord; australe si l'astre est dans l'hémisphère sud. La d. est l'une des coordonnées qui servent à fixer la position d'un astre, l'autre est l'*ascension droite.* Voy. ASCENSION droite, COORDONNÉES. Les astronomes considèrent les déclinaisons boréales comme positives, les déclinaisons australes comme négatives, de sorte que la d. d'un astre peut varier de — 90° (Pôle sud), à + 90° (Pôle nord), en passant par 0° pour les astres qui sont dans l'Équateur, La d. des astres se mesure au moyen du *Cercle mural* ou du *Cercle méridien.* Voy. MÉRIDIEN.

DÉCLINANT. adj. Qui décline. N'est guère usité que dans cette loc., *Cadran d.* Voy. GNOMONIQUE.

DÉCLINATEUR. s. m. Voy. DÉCLINATOIRE.

DÉCLINATION. s. f. [Pr. ...sion]. Action de décliner, d'aller vers son déclin.

DÉCLINATOIRE. adj. 2 g. T. Procéd. Exception, moyen qu'on allègue pour décliner une juridiction. *Exceptions déclinatoires.* || Subst., Proposer une d. Voy. CONFLIT.

DÉCLINATOIRE. s. m. T. Phys. Boussole incomplète, en forme de rectangle, qu'on emploie dans le levé des plans. Voy. BOUSSOLE.

DÉCLINEMENT. s. m. Action de décliner.

DÉCLINER. v. n. (lat. *declinare,* m. s.). Pencher vers la fin, s'affaiblir, déchoir. *Le jour commence à d. La fièvre décline. Son génie commence à d. Ses forces déclinent. Sa fortune va en déclinant. Un empire qui décline.* — En parlant des personnes, se dit soit de la diminution de leurs forces physiques, soit de l'affaiblissement de leurs facultés intellectuelles. *Ce vieillard décline tous les jours. Il va en* *déclinant. Ce poète décline.* || T. Astron. Se dit des astres qui s'éloignent de l'équateur. *Un astre qui décline.* || T. Phys. Se dit de l'aiguille aimantée qui s'écarte du nord. *L'aiguille décline de tant.* || T. Gnom. Se dit d'un plan vertical qui s'écarte un peu du point cardinal qu'il regarde le plus. *Ce mur décline de deux degrés du sud à l'est.* = DÉCLINER. v. a. T. Gramm. Faire, dans les langues qui ont des cas comme le grec et le latin, passer un nom, un adjectif, etc., par toutes les inflexions qui caractérisent ces cas. *D. un substantif, un adjectif.* — Fig. et fam., *D. son nom*, Dire qui l'on est. || T. Procéd. *D. la juridiction, la compétence d'un juge, d'un tribunal*, Contester sa compétence et demander à être renvoyé devant un autre juge. — Fig. et fam., *Je décline un pareil honneur. J'ai décliné son invitation.* = SE DÉCLINER. v. pron. T. Gram. Se dit d'un mot qui a des cas, et qui peut être décliné : *Porta se décline comme Rosa.* = DÉCLINÉ, ÉE. part. || T. Bot. Adjec., se dit des étamines et du style, lorsqu'ils se portent vers la partie inférieure de la fleur, comme dans la capucine, le marronnier d'Inde, etc.; l'expression opposée est *Ascendant.*

DÉCLINOMÈTRE. s. m. (R. *décliner*, et gr. μέτρον, mesure). T. Phys. Appareil destiné à la mesure de l'inclinaison magnétique.

DÉCLINQUER. v. a. T. Mar. Enlever le bordage d'un bateau à clin.

DÉCLIQUER. v. a. T. Mécan. Lâcher un déclic.

DÉCLIQUETAGE. s. m. Action de décliqueter.

DÉCLIQUETER. v. a. T. Horlog. Dégager le cliquet des dents de son rochet.

DÉCLIVE. adj. 2 g. (lat. *declivis*, m. s.) Qui va en pente. *Des terres déclives.*

DÉCLIVITÉ. s. f. (lat. *declivitas*, m. s.). Situation d'une chose qui va en pente. *La d. d'un terrain, d'une route.*

DÉCLOÎTRER. v. a. (R. *de*, et *cloître*). Faire quitter la vie monastique à un religieux ou une religieuse. = SE DÉCLOÎTRER. v. pron. Quitter le cloître, renoncer à la vie monastique. = DÉCLOÎTRÉ, ÉE. par. *Une religieuse décloîtrée.* — Ce mot ne se prend guère qu'en mauvaise part.

DÉCLORE v. a. (R. *de*, et *clore*). Ôter la clôture. *Il a été condamné à d. son parc.* = DÉCLOS, OSE. part. Qui n'est plus clos ou dont une partie de la clôture est détruite. *Ce parc est déclos en plusieurs endroits.*

DÉCLOUER. v. a. (R. *de*, et *clouer*). Détacher quelque chose en arrachant les clous qui l'attachent. *D. une caisse.* = SE DÉCLOUER. v. pron. *Cette planche se décloue.* = DÉCLOUÉ, ÉE. part.

DÉCOAGULER. v. a. (R. *de*, et *coaguler*). Faire cesser un état de congulation.

DÉCOCHEMENT. s. m. Action de décocher. || Fig. Émission malicieuse.

DÉCOCHER. v. a. (R. *de* et *coche*, prop. Faire sortir de la coche). Tirer une flèche, un trait, avec un arc, une arbalète ou quelque autre machine semblable. *D. une flèche.* — Fig. et fam., *D. un trait de satire, une épigramme*, etc., Lancer un trait malin, une épigramme à quelqu'un. — En plaisantant, *D. un compliment*, lorsque ce compliment renferme quelque exagération railleuse. = DÉCOCHÉ, ÉE. part.

DÉCOCONNAGE. s. m. [Pr. *dékoko-naje*]. Action de décoconner.

DÉCOCONNER. v. a. [Pr. *dékoko-ner*] (R. *de*, et *cocon*). Enlever les bruyères et en détacher le cocon du ver à soie.

DÉCOCTE. s. m. Produit d'une décoction.

DÉCOCTION. s. f. [Pr. ...*sion*] (lat. *decoctio*, de *de*, et *coctio*, cuisson). Opération qui consiste à faire bouillir des médicaments ou des herbes dans un liquide. || La liqueur ainsi produite. Voy. INFUSION.

DÉCOGNOIR. s. m. T. Techn. Coin de buis à l'usage des typographes.

DÉCOIFFER. v. a. [Pr. *dé-kouè-fer*]. Ôter ce qui coiffe, défaire la coiffure. *Décoiffez cet enfant.* — Par ext., Déranger la coiffure. *Le vent vous a toute décoiffée.* || Fig. et fam., *D. une bouteille*, Enlever l'enveloppe de goudron ou de toute autre matière qui entoure le bouchon; par ext., La boire, la vider. = SE DÉCOIFFER. v. pron. Ôter, déranger sa coiffure. *Il ne faut pas vous d., vous avez trop chaud. Sa grande occupation était de se coiffer et de se d. Ces deux femmes, en se battant, se sont décoiffées l'une l'autre.* || Fig. Débarrasser d'une idée fixe ou d'une passion. *Il est coiffé de cette femme, vous n'arriverez pas à l'en d.* || T. Mar. *D. un navire*, Le faire tourner de manière à mettre le vent dans les voiles. = DÉCOIFFÉ, ÉE. part.

DÉCOINCER. v. a. Ôter un objet de dessus le coin qui le supporte.

DÉCOLÉRER. v. n. T. vulg. Cesser d'être en colère.

DÉCOLLATION. s. f. [Pr. *décol-la-sion*] (lat. *de* et *collum*, cou). Action par laquelle on coupe le cou. N'est guère en usage qu'en parlant du martyre de saint Jean-Baptiste. *La d. de saint Jean.* || T. Chir. Séparation de la tête du fœtus d'avec le tronc dans un accouchement difficile. Voy. DÉTRONCATION.

DÉCOLLEMENT. s. m. [Pr. *déko-teman*] (R. *colle*). Action de décoller, de se décoller; état de ce qui est décollé. || T. Chir. Se dit d'un tissu, d'un organe qui se détache de la partie à laquelle il adhérait. *Dans la brûlure au second degré, il y a d. de la peau. Le d. du placenta. Le d. de la rétine.* || Séparation de la tête du fœtus d'avec le tronc, lorsque celui reste dans la matrice. || T. Mar. Raccourcissement du tenon d'un mât. || T. Char. Entaille pratiquée par le charpentier pour déguiser la mortaise.

DÉCOLLER. v. a. [Pr. *déko-ler*] (lat. *decollare*; de *de*, privatif, et *collum*, cou). Couper le cou à quelqu'un. *Autrefois en France on ne décollait que les gentilshommes.* = DÉCOLLÉ, ÉE. part.

DÉCOLLER. v. a. [Pr. *déko-ler*] (R. *colle*). Séparer, détacher une chose qui était collée. *D. du papier.* || T. Jeu de billard. *D. une bille*, L'éloigner de la bande dont elle était trop rapprochée. = SE DÉCOLLER. v. pron. *Ce papier se décolle.* = DÉCOLLÉ, ÉE. part.

DÉCOLLETAGE. s. m. [Pr. *déko-le-taje*]. Action de décolleter. || T. Monn. Partie supérieure du coin de monnaie, ou de médaille, et qui forme la tranche de la pièce.

DÉCOLLETER. v. a. [Pr. *déko-leter*] (R. *de* et *collet*). Découvrir le cou, la gorge, les épaules. *Vous décolletez trop votre fille.* = DÉCOLLETER. v. n. Se dit d'un vêtement dont le collet se rabat et n'embrasse pas le cou. *Votre habit décollète un peu trop.* || T. Monn. Dégager la partie supérieure d'un coin de manière à lui donner les dimensions exigées. = SE DÉCOLLETER. v. pron. Se découvrir le cou, la gorge, etc. *Cette femme a la manie de se d.* = DÉCOLLETÉ, ÉE. part. *Habit trop décolleté. Une femme trop décolletée, toute décolletée.* || Fig. et fam., *Des propos décolletés*, Des propos un peu libres. = Conj. Voy. GELER.

DÉCOLORATION. s. f. [Pr ....*sion*] (lat. *decoloratio*, m. s.). Perte ou enlèvement de la couleur naturelle à une chose.

Chez l'homme, la déc. des téguments est souvent le symptôme d'une maladie; on l'observe particulièrement dans la chlorose, l'anémie, à la suite d'un grand nombre d'affections aiguës, et dans une foule de maladies chroniques. Cette d., néanmoins, n'est pas toujours un phénomène morbide proprement dit; elle résulte alors, du moins en général, de l'absence ou de l'insuffisance de certains *stimulus* vitaux, spécialement de la chaleur et de la lumière. Telle est la d. que présentent une multitude de femmes qui vivent confinées dans des lieux obscurs ou peu aérés. Lorsque la d. est congénitale, elle constitue l'un des degrés de l'albinisme. Ce que nous disons de l'homme s'applique de tous points aux animaux.

La d. des plantes a reçu le nom particulier d'*Étiolement*. Elle reconnaît pour cause la privation de lumière, la lumière étant indispensable à la formation de la chlorophylle. Les plantes *étiolées* poussent des tiges longues, effilées, blanchâtres, avec des feuilles maigres et d'un vert pâle. Leur tissu est pénétré de sucs aqueux. Enfin, elles deviennent plus ou moins insipides. L'horticulture a su tirer parti de ce phénomène physiologique pour faire perdre à certains végétaux les principes amers ou aromatiques qu'ils contiennent. Cette opération, qu'on appelle *faire blanchir*, consiste à enterrer la plante et à la priver de lumière soit en la recouvrant d'une couche de terre, soit en la cachant sous un vase à fleurs, soit en la cultivant dans un lieu sombre. C'est ainsi qu'on fait blanchir le Céleri, les Chicorées, etc.

Dans les arts, il est souvent indispensable de séparer de certaines substances les matières colorantes avec lesquelles elles sont combinées. Les procédés usités varient selon la nature des corps sur lesquels on doit agir. Les *décolorants* les plus employés sont le charbon, le chlore, l'acide sulfureux, le chlorure d'étain, l'acide chromique, l'eau oxygénée, et certains oxydes ou sulfures métalliques. La plupart des substances décolorantes agissent en oxydant la matière colorante, d'autres, au contraire, en la décomposant pour s'emparer de son oxygène. — Voy. CHARBON, CHLORE, SOUFRE, BLANCHIMENT, LAINE, SOIE, etc.

DÉCOLORER. v. a. (lat. *decolorare*, m. s.). Enlever, altérer la couleur. *Sa maladie l'a toute décolorée. Le soleil a décoloré ces soieries. On se sert du noir animal pour d. les sucres.* — Fig., *A force de vouloir polir son style, il l'a décoloré.* = SE DÉCOLORER. v. pron. Perdre sa couleur. *Son teint se décolore. Ces rubans se décolorent.* = DÉCOLORÉ, ÉE. part. *Un teint décoloré. Des lèvres décolorées. Des fleurs décolorées. Un tableau d. Un style d.*

DÉCOLORIMÈTRE. s. m. (R. *décolorer*, et gr. μέτρον, mesure). T. Techol. Instrument imaginé par Payen pour mesurer la puissance décolorante des charbons employés dans les raffineries de sucre. Il consiste en un tube de verre dans lequel on introduit des quantités déterminées de caramel et de charbon. On compare la teinte obtenue avec celle d'une autre quantité de caramel complètement décoloré, et cette comparaison fait connaître d'une manière suffisamment exacte la puissance décolorante du charbon sur lequel on expérimente.

DÉCOMBANT, ANTE. adj. (lat. *decumbere*, tomber). T. Bot. Se dit des tiges qui s'élèvent d'abord un peu à leur naissance, et qui retombent ensuite par débilité, et des étamines, lorsqu'elles sont déclinées.

DÉCOMBLER. v. a. (R. *de*, et *combler*). Ôter ce qui comble.

DÉCOMBREMENT. s. m. Action de décombrer.

DÉCOMBRER. v. a. Ôter les décombres, les plâtras, les immondices, etc., qui embarrassent un terrain ou qui obstruent un passage. *D. une rue. D. le pied d'une muraille.* = DÉCOMBRÉ, ÉE. part.

DÉCOMBRES. s. m. pl. (R. *de*, et lat. *cumulus*, tas). Débris qui restent sur le terrain après la démolition d'un bâtiment. *Un amas de d.* = Syn. Voy. DÉBRIS. || Fig. Restes d'un ancien ordre de choses détruit.

DÉCOMMANDER. v. a. [Pr. *déko-mander*] (R. *de*, et *commander*). Contremander une demande. || Annuler un ordre, une invitation.

DÉCOMMETTRE. v. a. [Pr. *déko-mètre*] (R. *de*, et *commettre*). T. Mar. Détordre un cordage.

DE COMMODO ET INCOMMODO (Mots lat. sign. touchant ce qui est commode et incommode). T. Admin. *Enquête de commodo et incommodo,* Enquête faite par les soins de l'administration avant l'exécution d'un projet de travaux publics, ouverture d'une rue, construction d'un pont; ou avant de donner à un solliciteur l'autorisation d'établir une industrie classée parmi les établissements insalubres ou incommodes.

DÉCOMPLÉTER. v. a. (R. *de*, et *compléter*). Rendre incomplet. *D. une collection.* || Fig. Priver d'une chose essentielle. = DÉCOMPLÉTÉ, ÉE. part. = Conj. Voy. ALLÉCHER.

DÉCOMPOSABLE. adj. 2 g. T. Chim. et Gramm. Qui est susceptible d'être décomposé. *Ce corps est facilement d. par la chaleur. Mot d.*

DÉCOMPOSANT, ANTE. adj. Qui amène la décomposition.

DÉCOMPOSER. v. a. (R. *de*, et *composer*). Séparer les parties, les éléments dont une chose est composée; analyser. S'emploie surtout dans le langage scientifique. *D. un corps, un sel, une substance organique. D. la lumière, les rayons solaires. D. un polynôme pour en évaluer la surface. D. un polynôme en facteurs. D. le mouvement d'un corps. D. une idée, une proposition, un raisonnement, un discours. D. un mot.* || Dans le langage ordinaire, *D.* a encore la même signification, mais alors on considère le fait de la destruction même du corps, plutôt que celui de sa résolution en ses éléments constitutifs. *La chaleur décompose les matières animales.* || Par anal., Altérer profondément. *Le venin du crotale décompose le sang.* — Se dit aussi, dans un sens partic., en parlant des traits du visage. *Cette maladie décompose ses traits. La terreur décompose le visage.* = SE DÉCOMPOSER. v. pron. Se dit dans toutes les acceptions qui précèdent. *Ce corps ne peut se d. qu'à l'aide de la pile. La lumière solaire se décompose en sept couleurs primitives. Cette proposition doit se d. ainsi. Son cadavre s'était décomposé avec une rapidité inouïe. Cette liqueur commence à se d. A cette vue, son visage se décomposa, tous ses traits se décomposèrent.* = DÉCOMPOSÉ, ÉE. part. || T. Bot. On appelle *feuilles décomposées* les feuilles qui sont découpées en un grand nombre de lanières, celles du Fenouil, par exemple.

DÉCOMPOSITION. s. f. [Pr. ...*sion*] (R. *décomposer*). Résolution d'une chose en ses éléments; séparation des diverses parties qui la composent. S'emploie ce sens dans le langage de toutes les sciences. Voy. ANALYSE, CHIMIE, SEL, FORCE, etc. || Destruction spontanée, corruption, altération profonde d'une substance organique. *La sécheresse et le froid empêchent la d. des corps les plus corruptibles. Le scorbut amène la d. du sang.*

DÉCOMPRESSION. s. f. (R. *de*, et *compression*). T. Techn. Dans les travaux à air comprimé, nom donné à la diminution de la compression, à la rentrée dans l'air libre.

DÉCOMPRIMER. v. a. (R. *de*, et *comprimer*). Opérer la décompression.

DÉCOMPTE. s. m. [Pr. *dé-konte*] (R. *de*, et *compte*). Ce qu'il y a à déduire ou à rabattre d'une somme qu'on doit payer. *Il y a tant de d. Faire le d.,* Rabattre sur une somme que l'on paie ou faire la supputation de ce qu'il y a à rabattre. *Payer le d.,* Payer ce qui est dû en retenant ce qui a été avancé. Fig. et fam., *Trouver du d. dans une affaire,* Trouver qu'elle n'est pas aussi avantageuse qu'on l'avait d'abord espéré.

DÉCOMPTER. v. a. [Pr. *dé-konté*] (R. *de*, et *compter*). Déduire, rabattre d'une somme. *Il faudra en le payant d. ce qu'il a reçu.* || Fig. et fam., Rabattre de l'opinion qu'on s'était formée au sujet d'une personne ou d'une chose. Dans ce sens, il s'emploie surtout absol. et n'est guère usité qu'à l'infinitif. *Il croit épouser une belle dot, mais il lui faudra bien d. On espère beaucoup de lui, mais on aura bien à d.* || T. Jeu. Démarquer les points qu'on avait faits. = DÉCOMPTÉ, ÉE. part. *Une somme décomptée.*

DÉCONCERTANT, ANTE. adj. Qui déconcerte.

DÉCONCERTEMENT. s. m. Action de déconcerter. || Perte de contenance.

DÉCONCERTER. v. a. (R. *de*, et *concerter*). Troubler un concert de voix ou d'instruments. *Il ne faut qu'une voix discordante pour d. toutes les autres. Peu us.* — Fig., Rompre les mesures prises par une ou plusieurs personnes, arrêter l'exécution de leurs projets. *Cela déconcerte tous ses projets. Une victoire déconcerta les alliés.* || Troubler, interdire quelqu'un, lui faire perdre contenance. *Un rien suffit pour le d. C'est un homme difficile à d.* — Se DÉCONCERTER. v. pron. Se troubler, perdre contenance. *Il se déconcerte, il ne se déconcerte pas facilement.* = DÉCONCERTÉ, ÉE. part. *Il avait l'air tout d.*

DÉCONE. s. m. T. Chim. Hydrocarbure liquide, bou lant vers 150°, obtenu par l'action de la potasse alcoolique sur le bromure de rutylène. Sa formule C¹⁰H¹⁶ montre qu'il est isomé rique avec l'essence de térébenthine. On a extrait de l'huile animale deux autres décones, dont les points d'ébu lition sont 165° et 172°.

DÉCONFÈS. adj. m. (R. *de*, et vx fr. *confès*, qui s'est confessé, du lat. *confessus*, m. s.). Ne s'emploie que dans cette loc., *Mourir d.*, Mourir sans s'être confessé.

DÉCONFIRE. v. a. (R. *de*, et lat. *conficere*, détruire). Mettre en déroute, tailler en pièces. *D. les ennemis.* Vx. || Fig. et fam., *D. quelqu'un*, Le réduire à ne savoir plus que dire, ni quelle contenance tenir. == DÉCONFIT, ITE. part.

DÉCONFITURE. s. f. (R. *déconfire*). Entière défaite. *La d. des ennemis.* Vx. — Fig. et fam., Grande destruction, grande consommation. *Il y avait d ce repas qu antité de volailles, force pâtés, etc.; on en fit une belle c.* || Fig. et fam., Ruine complète; ne se dit que d'un négociant, d'une banque, d'une entreprise industrielle *La d. de cette maison n'a étonné personne.* || T. Droit. État d'un débiteur non commerçant qui se trouve insolvable. Voy. FAILLITE.

DÉCONFORT. s. m. (R. *de*, et confort). Découragement d'une personne qui se voit sans secours. Vx.

DÉCONFORTER. v. a. (R. *déconfort*). Décourager, abattre. *Cet événement l'a extrêmement déconforté.* == DÉCON-FORTER. v. pron. Se désoler, s'affliger. == DÉCONFORTÉ, ÉE. part. — Ce mot est vieux et presque inusité.

DÉCONNAÎTRE. v. a. [Pr. *déko-nètre*] (R. *de*, et connaître). Ne pas reconnaître.

DÉCONSACRER. v. a. (R. *de*, et consacrer). Ôter l'état de consécration d'une chose, d'une personne.

DÉCONSEILLER. v. a. [Pr. *dékon-sè-ller*, ll mouillées] (R. *de*, et conseiller). Conseiller de ne pas faire une chose. *Je lui ai déconseillé de se mettre dans cette affaire. Si l'on m'avait consulté, j'aurais déconseillé ce mariage. Il fera ce qu'il voudra, je ne le conseille ni ne le déconseille.* Fam. == DÉCONSEILLÉ, ÉE. part.

DÉCONSIDÉRATION. s. f. [Pl. ...*sion*]. T. Néol. Perte de l'estime et de la considération publique.

DÉCONSIDÉRER. v. a. (R. *de*, et *considérer*). Faire perdre la considération, l'estime dont on jouissait. *Cette affaire achèvera de le d.* == SE DÉCONSIDÉRER. Perdre la considération, l'estime dont on jouissait. *Il se déconsidère tous les jours par sa conduite.* == DÉCONSIDÉRÉ, ÉE. part. Qui n'est plus jugé digne de considération, d'estime. *C'est un homme tout à fait d., un magistrat d. Cette compagnie est fort déconsidérée.*

DÉCONSTRUIRE. v. a. (R. *de*, et construire). Désassembler les parties d'un tout D. une machine pour la porter ailleurs.

DÉCONTENANCE. s. f. Défaut ou perte de contenance.

DÉCONTENANCER. v. a. Faire perdre contenance à quelqu'un. *Il n'est pas facile de le d.* == SE DÉCONTENANCER. v. pron. Perdre contenance. *Ce jeune homme se décontenance très aisément.* == DÉCONTENANCÉ, ÉE. part. Qui a perdu contenance, ou qui de soi-même n'en a point. *Quand il est en compagnie, il est tout d.*

DÉCONVENUE. s. f. (R. *de*, et convenir). Malheur, mauvais succès. *Il m'a conté se d.* Fam.

DÉCOR. s. m. (lat. *decus*, *decoris*, ornement). Se dit de l'ensemble des ornements peints ou dorés qu'on emploie pour décorer l'intérieur d'un édifice; de l'ensemble des dessins et peintures qui ornent un objet de céramique, un meuble, etc. || Se dit aussi des toiles peintes qui servent, dans les théâtres, à représenter les lieux où se passe l'action. *Cet architecte entend bien le d. Le d. de l'opéra nouveau n'est pas encore prêt. On ne va voir cette pièce que pour les décors, qui sont en effet admirables.*

DÉCORABLE. adj. Qui peut être décoré.

DÉCORATEUR. s. m. Celui qui décore, dont la profession est d'orner l'intérieur des appartements. || Celui dont la profession est de peindre des décors de théâtre, d'inventer, d'exécuter ou de disposer les décorations pour les pompes religieuses, les fêtes publiques, etc. *Cet architecte est un habile d.* || Adjectiv., *Un peintre d.*

DÉCORATIF, IVE. adj. Qui forme décoration. Qui est propre à la décoration. Qui a l'air d'une décoration. || Fig. Qui enjolive. || *Arts décoratifs*, Arts qui ont pour objet la décoration des objets d'utilité, tels que la peinture, la sculpture, la tapisserie, la céramique, etc., quand elles ne sont pas appliquées à produire des œuvres isolées, destinées aux musées et aux collections.

DÉCORATION. s. f. [Pr. ...*sion*] (R. *décorer*). Embellissement. *Le conseil municipal a voté des sommes considérables pour la d. de la ville.* — Plus particul., L'ensemble des ornements d'architecture, de peinture ou de sculpture qui servent à embellir les parties extérieures d'un édifice ou l'intérieur des appartements. *D. extérieure, intérieure. Cette d. est riche, mais dépourvue de goût. Les travaux de d. de la nouvelle église ne sont point terminés.* || Dans les théâtres, Représentation des lieux où l'action est supposée se passer. *La d. du premier acte représente la place Saint-Marc, à Venise. Changement de d.* — Se dit encore, surtout au plur., des châssis et des toiles peintes qui forment l'ensemble d'une d. *Le feu prit aux décorations.* || Insigne, marque extérieure qu'on porte comme récompense ou distinction honorifique, comme croix, rubans, colliers, médailles, etc. *Porter une d. Recevoir la d. La d. de la Légion d'honneur. L'art. 259 du Code pénal punit d'un emprisonnement de 6 mois à 2 ans celui qui porte publiquement une d. qui ne lui appartient pas.*

DÉCORATIVEMENT. adv. D'une façon décorative.

DÉCORDER. v. a. (R. *de*, et corde). Détortiller une corde, séparer les petites cordes dont elle est composée. == DÉCORDÉ, ÉE. part.

DÉCORDONNAGE. s. m. [Pr. *dékordo-naje*] (R. *décordonner*). T. Artill. Opération qui consiste à enlever la matière attachée aux pilons d'un moulin à poudre.

DÉCORDONNER. v. a. [Pr. *dékordo-ner*] (R. *de*, et cordon). T. Artill. Exécuter le décordonnage.

DÉCOREMENT. s. m. Action de décorer; état de ce qui est décoré.

DÉCORER. v. a. (lat. *decorare*, m. s., de *decus*, *decoris*, ornement). Orner, parer. *D. un temple, un théâtre, un édifice public, un salon, etc. La salle était magnifiquement décorée. Un jardin que décorent des statues. De nombreux monuments décorent cette ville.* — Fig., *Les myriades d'étoiles qui décorent le firmament.* || Honorer d'une décoration, revêtir d'un titre, d'une dignité. *Il était décoré de plusieurs ordres. Il le décora d'un nouveau titre, d'une nouvelle dignité.* — Absolum., Conférer la croix de la Légion d'honneur. *L'empereur l'avait décoré sur le champ de bataille.* — Fig., *Ils décoraient du nom de courage leur brutalité. Il décorait sa bicoque du titre de château, et son petit enclos du nom de parc.* == SE DÉCORER. v. pron. Poétiq., S'embellir. *Son visage se décora d'une aimable rougeur.* — Prendre une décoration, un titre auquel on n'a pas droit. *Il se décore de titres qui ne lui appartiennent pas.* == DÉCORÉ, ÉE. part. *Une chambre décorée avec goût. Un personnage d. de plusieurs ordres.* || Subst., *Les décorés de Juillet.*

DÉCORNER. v. a. (R. *de*, et corne). Arracher les cornes. Effacer la marque faite au moyen d'un pli à l'angle d'un livre, d'une carte. || T. Popul. *Vent à d. un bœuf*, Vent d'une extrême violence.

DÉCORPORATION. s. f. [Pr. ...*sion*] (mot formé comme *incorporer*, ou remplaçant le préfixe *in* par *de*). T. Milit. Action de dissoudre un corps militaire.

DÉCORTICAGE. s. m. ou **DÉCORTICATION.** s. f. [Pr. ....*sion*] (R. *décortiquer*). Opération qui consiste à écorcer ou peler les branches des racines, des graines, etc. *La d. des légumes, des arbres, des graines*, etc. || *D. naturelle*, Chute spontanée de l'écorce des arbres. || T. Chir. Opération qui consiste à enlever la poche épaisse de l'hématocèle de la tunique vaginale en protégeant le testicule.

DÉCORTICANT, ANTE. adj. (R. *décortiquer*). T. Hist. nat. Qui détache l'écorce des arbres.

DÉCORTIQUER. v. a. (lat. *de*, privatif; *cortex, icis*, écorce). Écorcer ou peler des branches, des racines, des graines, etc. *Machine à d.* = DÉCORTIQUÉ, ÉE. part. *Des haricots décortiqués.*

DÉCORTIQUEUR, EUSE. s. Machine qui sert à décortiquer les graines. || Ouvrier, ouvrière qui fait le décorticage.

DÉCORUM. s. m. [Pr. *décorome*]. Mot lat. qui signifie *Bienséance, Décence*, et qui n'est guère usité que dans ces phrases : *Garder, observer, blesser le d.*, Garder, choquer les bienséances.

DÉCOTTAGE. s. m. [Pr. *déko-taje*]. T. Métall. Mouvement de va-et-vient donné au moule pour détacher le modèle.

DÉCOUCHER. v. n. Coucher hors de chez soi, passer la nuit hors du logis où l'on a coutume de coucher. *Depuis quelque temps, il découche très souvent.* = DÉCOUCHER. v. a. Être cause que quelqu'un quitte le lit où il couche. *Je ne veux pas vous d.* Fam. et presque inus. = DÉCOUCHÉ, ÉE. part.

DÉCOUDRE. v. a. (R. *de*, et *coudre*). Défaire une couture, désassembler ce qui était uni par une couture. *D. une robe, un habit, une botte, un soulier.* || T. Vén. Se dit de la blessure, toujours longitudinale, que fait le sanglier avec ses défenses. *Le sanglier a décousu le ventre à un de nos chiens.* = DÉCOUDRE. v. n. N'est d'usage qu'avec la particule *En*, et se dit fig. et fam., en parlant des personnes qui se disposent soit à un combat, soit à quelque contestation, soit à quelque exercice qui simule plus ou moins un combat. *La guerre est déclarée, nous aurons à en d. Il veut absolument se battre avec vous, il faudra en d. Les parties veulent en d.* = DÉCOUSU. v. pron. Se dit des choses dont la couture vient à se défaire. *Ma bottine s'est toute décousue.* — Fig. et fam., *Les affaires se décousent*, Elles vont mal. *Leur amitié commence à se d.*, À se refroidir. Ces loc. vieillissent. = DÉCOUSU, UE. part. || Se dit adject. et fig., D'un style qui n'a point de liaison, de propos sans suite, d'idées qui se suivent sans rapport apparent entre elles, etc. *Il a un style tout décousu. Conversation décousue. Des propos décousus. Des idées décousues.* — Substantiv., *Le décousu* de son style. *Depuis quelques jours, on remarquait du décousu dans ses idées, dans ses paroles.* = Conj. Voy. COUDRE.

DÉCOULEMENT. s. m. (R. *découler*). Flux, mouvement de ce qui découle peu à peu et d'une manière continue. *Le d. des humeurs, de la pituite.* Inus.

DÉCOULER. v. n. Couler. Il ne se dit que des liquides qui tombent peu à peu et d'une manière continue. *La sueur qui découle de son visage. Le sang découlait de sa blessure. Ce suc découle naturellement du tronc de l'arbre.* — Impropr., *Les humeurs qui découlent du cerveau.* || Figur., se dit de certaines choses spirituelles et morales. *Toutes les vertus découlent du renoncement à soi-même. De ce principe découlent un grand nombre de conséquences.*

Syn. — *Provenir, Procéder, Émaner, Découler, Dériver.* — Ces termes indiquent le rapport des choses avec leur origine. *Provenir* désigne la cause et sa manière d'opérer. Une éclipse *provient* de l'interposition d'un corps opaque qui intercepte la lumière d'un astre. *Procéder* marque un principe, ou ce qui fait que les choses sont ainsi : le discours *procède* de la pensée; le mal *procède* d'un vice. *Provenir* est plus du langage ordinaire, et *procéder* est plus du langage de la métaphysique. En outre, *procéder* emporte particulièrement une idée d'ordre et de succession. *Émaner* indique une source qui se répand avec abondance de toutes parts, dans toutes les directions : c'est ainsi que la lumière *émane* du soleil, que les miasmes *émanent* des marais. *Découler* a plus de rapport avec la source d'où viennent les

choses, et avec la voie qu'elles suivent. Aussi disons-nous que l'eau *découle* d'une fontaine par un tuyau, que la sueur *découle* du corps par les pores de la peau, et qu'une conséquence *découle* des prémisses d'un raisonnement. *Dériver* regarde les choses tirées et détournées de leur source. Ainsi l'eau d'un canal *dérive* ou *est dérivée* d'un ruisseau; la plupart de nos erreurs *dérivent* de vérités incomplètes. Enfin, *provenir* et *procéder* ne se disent qu'au figuré, tandis que les trois autres verbes s'emploient et dans un sens figuré et dans le sens propre.

DÉCOUPAGE. s. m. Action, manière, art de découper.

DÉCOUPE. s. f. Action de couper le bois d'une certaine manière.

DÉCOUPER. v. a. Couper par morceaux; se dit surtout en parlant des viandes qu'on sert sur nos tables. *D. un poulet, un canard, un levraut.* — Absol., *Je ne sais pas d.* || En part. des étoffes, Les couper à petites taillades, soit qu'on enlève la pièce, soit qu'on ne l'enlève pas. *D. du satin, du taffetas*, etc. *D. une jupe, un col, un fichu.* — Se dit aussi du papier, des cartes à jouer, et autres choses analogues que l'on coupe de manière à représenter quelque figure. *Il s'amuse à d. du papier pour faire des bonshommes. D. une figure, un arbre. D. en festons. D. des fleurs à l'emporte-pièce.* Absol., *Il découpe avec beaucoup de goût.* — Enlever le fond en papier, en étoffe, etc., qui entoure une image pour isoler celle-ci. || T. Typogr. *D. la frisquette*, En mettre à jour les parties qui correspondent aux points de la forme destinés à fournir l'impression. = DÉCOUPÉ, ÉE. part. || T. Peint. *Les figures de ce tableau semblent découpées, sont découpées*, Tranchent trop sur le fond, soit à cause de la sécheresse des contours, soit à cause de la crudité des couleurs. || Adject., se dit des parties minces et foliacées des plantes, quand leur bord semble avoir été échancré en divers sens. || Substant., se dit d'un parterre formé de divers compartiments destinés à recevoir des fleurs.

DÉCOUPEUR, EUSE. s. Celui, celle qui travaille en découpure. || Machine qui fait le découpage.

Techn. — Les machines à découper se composent essentiellement d'une scie alternative ou à lame sans fin, montée sur un bâti de fonte et mise en mouvement par une pédale. La scie est très étroite afin de pouvoir suivre tous les contours du dessin qu'il s'agit de découper; la pièce de bois est placée sur la plate-forme de la machine, et on la fait glisser en amenant sur la scie tout le contour du découpage préalablement dessiné. Il existe aussi des découpeuses à vapeur destinées aux découpages des métaux. Les découpeuses ordinaires peuvent servir à découper des plaques très minces de métal; mais pour éviter que la feuille métallique se voile, on a recours à un artifice très simple qui consiste à placer entre deux minces plaques de bois auxquelles on l'assujettit avec des pointes. Enfin, les industries de vêtements de confection emploient des appareils analogues pour découper d'un seul coup plusieurs pièces de drap ou de cuir superposées et maintenues par des boulons.

DÉCOUPLE ou **DÉCOUPLER.** s. m. (R. *découpler*). T. Vén. Action de détacher les chiens pour qu'ils courent après le lièvre. *Sonner le d.*

DÉCOUPLER. v. a. (R. *de*, et *coupler*). T. Vén. *D. des chiens*, Détacher les chiens qu'on tenait accouplés, c.-à-d. attachés deux à deux. Absol., *Quand le cerf est lancé, le veneur doit d.* — Fig. et fam., *D. des gens après quelqu'un*, Lâcher des gens après quelqu'un. = DÉCOUPLÉ, ÉE. part. || Fig. et fam., *Être bien d.*, Être vigoureux et de belle taille. *C'était un grand gaillard bien découplé.*

DÉCOUPOIR. s. m. Instrument qui sert à faire des découpures. || T. Métall. Disques de fer qui, formant les taillants d'un appareil à couper, divisent le fer comme des cisailles.

DÉCOUPURE. s. f. Action de découper une étoffe, de la toile, du papier, etc.; le résultat de cette action. *Faire de la d. Travailler en d. Il passait son temps à faire de jolies découpures qui représentaient des soldats, des paysages*, etc. || Accident brusque dans le contour. *Les découpures de cette baie.* || T. Techn. Fentes transversales qui constituent des défauts dans les barres de fer.

DÉCOURAGEABLE. adj. Qui se laisse décourager.

DÉCOURAGEANT, ANTE. adj. Qui décourage, qui rebute. Cela est tout à fait d. Ce professeur est d. par sa sévérité. Des observations décourageantes.

DÉCOURAGEMENT. s. m. Perte de courage; abattement du cœur. Le d. s'empara de lui. Tomber dans le d. Se laisser aller au d. Ce mouvement rétrograde répandit le d. dans l'armée. Il renonça à son entreprise par d. = Syn. Voy. ABATTEMENT.

DÉCOURAGER. v. a. Abattre, ôter le courage. Les obstacles l'excitent au lieu de le d. Cette nouvelle découragea les soldats. — Absol.. Cela est fait pour d. || Faire perdre l'envie, le courage de faire quelque chose. Il est découragé de travailler. Ses amis l'en ont découragé, on dit mieux : Ses amis l'en ont détourné ou dissuadé. = SE DÉCOURAGER. v. pron. Perdre courage. Vous vous découragez trop vite. Il n'y a pas de quoi se d. = DÉCOURAGÉ, ÉE. part. Conj. Voy. MANGER.

DÉCOURONNEMENT. s. m. [Pr. dékouro-neman]. L'action de découronner, d'enlever la couronne.

DÉCOURONNER. v. a. [Pr. dékouro-ner]. Ôter la couronne. || T. Milit. Chasser les troupes, prendre les fortifications qui couronnent une hauteur.

DÉCOURS. s. m. (lat. decursus, m. s.). Décroissement de la lune. La lune qui était dans son plein avant-hier, est maintenant en d. || Déclin des maladies. La fièvre était en son d. Peu us.

DÉCOUSURE. s. f. L'endroit décousu d'une chose qui est cousue. Cela n'est pas déchiré, ce n'est qu'une d.

DÉCOUVERTE. s. f. Action de découvrir; la chose même qu'on a découverte. Travailler à la d. d'un trésor, d'une mine. Il a fait de grandes découvertes en physique. La d. de la boussole. Depuis la d. de l'Amérique. Un voyage de découvertes. Toute d. dans les sciences est un bienfait pour l'humanité. || T. Guerre. Aller ou envoyer à la d. du pays, à la d. des ennemis, à la d., Aller ou envoyer reconnaître le pays, le lieu où sont les ennemis, leur nombre, etc. || T. Techn. Action de se découvrir. || T. Techn. Changement qu'éprouve l'acier pendant la trempe où il prend une couleur gris blanc. — S'emploie aussi dans la marine et même dans le langage fam. : On envoya un canot à la d. J'ai envoyé un domestique à la d. de mes bagages.

Syn. — Invention. — L'idée de découverte a plus de rapport à la science pure et celle d'invention aux arts appliqués. On découvre ce qui existe, mais qui était inconnu; on invente ce qui n'existait pas : un appareil, un procédé, une méthode. Newton a découvert la loi de la gravitation universelle, et Atwood a inventé une machine pour démontrer expérimentalement les lois de la pesanteur. On voit à Harvey la découverte de la circulation du sang, et à Guttenberg l'invention de l'imprimerie. Christophe Colomb a découvert l'Amérique; Newton et Leibnitz ont inventé le calcul différentiel.

DÉCOUVERTURE. s. f. Action de découvrir une toiture.

DÉCOUVREMENT. s. m. Action de découvrir.

DÉCOUVREUR. s. m. Celui qui fait des découvertes.

DÉCOUVRIR. v. a. Ôter ce qui couvre. D. un pot, un plat, un panier. D. une maison. D. un homme qui est dans son lit. D. les racines d'un arbre. — Laisser voir ou laisser voir trop. Cette femme se découvre trop la gorge. — D. son jeu, Laisser voir ou montrer son jeu, ou jouer de manière à faire connaître son jeu ; et fig., en parlant d'affaires, donner à connaître ses desseins et les moyens qu'on emploie ou qu'on se propose d'employer pour les exécuter. || Écarter, enlever, détruire ce qui mettait à couvert, ce qui défendait ou protégeait. La cavalerie en se retirant découvrit notre aile droite. — Par anal., Au jeu d'échecs, D. une pièce, L'isoler de celles qui a défendaient ; au trictrac, D. une dame, La laisser seule dans une case exposée à être battue. On dit dans le même sens, D. son jeu. || Fig., Révéler, déclarer, faire connaître ce qu'on tenait ou ce qui était tenu caché, secret, Il m'a découvert ses sentiments. Il n'a découvert cela à personne. Découvrez-lui votre cœur. L'accusé a découvert ses complices. || Voir, apercevoir. Du haut de cette montagne, on découvre un magnifique horizon. Après une navigation de quelques jours, nous découvrîmes un îlot. Nous découvrîmes bientôt l'armée, la flotte ennemie. || Trouver ce qui n'était pas connu, ce qui était resté ignoré. D. une mine, un trésor, une source. D. des terres nouvelles. D. une comète, une nouvelle planète. Harvey a découvert la circulation du sang et Newton la gravitation universelle. D. la cause d'une maladie. || Parvenir à connaître ce qui était caché, secret, s'en apercevoir. Il a découvert votre dessein, votre secret, vos intentions. Elle ne tarda pas à d. qu'il la trompait. Je tiens à d. l'auteur de cette calomnie. On a fini par d. la vérité dans cette affaire. D. un complot. = SE DÉCOUVRIR. v. pron. Écarter ce qui nous couvre. Ce malade se découvre continuellement. — Se d. par respect devant quelqu'un, Ôter son chapeau, sa casquette, etc. || T. Jeu d'échecs, de dames, de trictrac. Écarter les pièces qui en protégent d'autres. Je ne puis jouer sans me d. || T. Grav. D. la planche, La dépouiller du vernis après que l'eau-forte a mordu. || Se faire connaître, révéler, déclarer ce qu'on cachait, ce qu'on voulait laisser ignorer. Il s'est entièrement découvert à vous. Vous vous découvrez trop, Vous laissez trop apercevoir ce que vous voulez tenir caché. || Être aperçu, se montrer. Le clocher de l'église se découvre de très loin. La mer se découvre dans le lointain. — Par ext., L'avenir se découvrait à lui sous les plus riantes couleurs. || T. Escrime. Donner prise à son adversaire en ne se tenant pas bien en garde. Il eut l'imprudence de se d. et reçut un coup d'épée dans la poitrine. — Se dit, dans un sens analogue, d'un soldat qui s'expose aux coups, au lieu de se tenir dans le lieu où il est à couvert. C'est de la bravoure hors de propos que de se d. ainsi. = DÉCOUVERT, ERTE. part. || T. Pratiq. Offrir une somme d'argent à deniers découverts, deniers à découvert, En deniers comptants. || T. Jardin. Allée découverte, Allée dont les arbres ne se joignent pas en haut. — Pays découvert, Pays où il y a peu d'arbres. = À DÉCOUVERT. loc. adv. Sans être couvert, sans que rien mette à couvert. Se promener à découvert. — Fig. en termes de Commerce. Être à découvert, Ne plus être garanti des avances que l'on fait à quelqu'un. — On dit, dans le même sens, Faire des avances à découvert. Crédits à découvert. || Figur. Manifestement, clairement, sans ambiguïté. Jamais il ne vous parle à découvert. — À VISAGE DÉCOUVERT. loc. adv. Sans masque, sans voile. En Orient, les femmes ne vont pas à visage découvert. || Fig., Ouvertement, sans déguisement, sans détour. C'est un homme qui agit toujours à visage découvert. Pour se faire admettre parmi les hommes, la vérité ne doit pas toujours se présenter à visage découvert. On dit, dans le même sens, Se montrer à découvert. = Conj. Voy. COUVRIR.

Syn. — Trouver, Inventer. On découvre ce qui est caché ou secret soit au moral, soit au physique; on trouve ce qui ne tombe pas de soi-même sous les sens dans l'esprit. Ce que vous découvrez n'était pas visible ou apparent; ce que vous trouvez était visible ou apparent, mais hors de la portée actuelle de vos regards. On trouve une chose égarée quand on arrive à l'endroit où elle est; Colomb a découvert un nouveau monde, on y trouve de nouvelles plantes, de nouveaux animaux. À mesure qu'on découvre les restes d'Herculanum, on y trouve une foule d'objets curieux. On découvre des conspirations parce qu'elles sont secrètes, mais on ne les trouve point. Pour inventer, voy. DÉCOUVERTE. — Voy. aussi DÉCELER.

DÉCRAMPILLER. v. a. [Pr. les ll mouillées]. Démêler la soie après qu'elle a été teinte.

DÉCRASSAGE. s. m. T. Techn. Opération qui consiste à débarrasser la grille d'un foyer des matières non combustibles. || T. Métall. Agitation du métal fondu pour faire surnager et enlever les crasses et scories qui y sont contenues.

DÉCRASSEMENT. s. m. Action de décrasser. || Fig. Ce qui fait passer de la roture à la noblesse.

DÉCRASSER. v. a. Ôter la crasse. — Se d. la tête, les mains, la peau. D. du linge. — Absol., Ce savon décrasse très bien. || Fig. et fam., D. quelqu'un, Lui enseigner ces rudiments des connaissances qu'on ne peut ignorer sans honte; ou le former aux habitudes du monde. — Se dit aussi d'une personne de basse extraction qu'on revêt d'un titre, d'une dignité. *On en a fait un baron pour le d.* = SE DÉ-CRASSER. v. pron. Se laver. *Allez vous d., petit malpropre.* || Figur. et fam, Commencer à acquérir quelque instruction ou à se former aux manières, aux usages du monde. *Il commence à se d. un peu.* — Cacher sa basse extraction sous un titre, etc. *Il acheta une charge pour se d.* = DÉCRASSÉ, ÉE. part.

DÉCRAVATER. v. a. Ôter la cravate.

DÉCRÉDITEMENT. s. m. Action de décréditer. Inus.

DÉCRÉDITER. v. a. Faire perdre à quelqu'un le crédit dont il jouissait. *Deux faillites successives qu'a faites ce négociant l'ont tout à fait décrédité.* || Fig., Faire perdre à quelqu'un la considération, l'autorité, l'estime dont il jouissait. *Sa conduite l'a décrédité. On a cherché à vous d. dans son esprit.* — Se dit également des choses. *Ce qui a décrédité cette doctrine, c'est le charlatanisme de ses adeptes. Ce remède est aujourd'hui tout à fait décrédité.* = SE DÉCRÉDITER. v. pron. *Il s'est décrédité par sa mauvaise conduite. Cette opinion commence à se d.* = DÉ-CRÉDITÉ, ÉE. part.
    Syn. — *Décrier, Dénigrer, Discréditer, Diffamer, Noir-cir.* — *Décrier* attaque l'honneur, et *décréditer* le crédit. On *décrie* une femme en disant d'elle des choses qui la font passer pour une personne peu régulière; on *décrédite* un commerçant en répétant partout qu'il est mal dans ses affaires. Il n'est pas de parti qui ne connaisse et n'emploie cette tactique: *décrier* ses adversaires, c'est le moyen le plus aisé de *décréditer* leurs opinions. — *Dénigrer* signifie proprement *noircir*; il se dit du talent, de la conduite et des mœurs. *Diffamer,* c'est porter atteinte à la réputation. *Discré-diter,* c'est diminuer le crédit; ce terme est moins énergique que *décréditer.*

DÉCRÉPIR. v. a. (R. *de,* et *crépir*). Enlever le crépissage.

DÉCRÉPISSAGE. s. m. Action de décrépir ou de se décrépir.

DÉCRÉPIT, ITE. adj. (lat. *decrepitus,* m. s.). Vieux et cassé. *Un homme d. Une vieille décrépite.* — Par ext., *Un âge d. Une vieillesse décrépite.*

DÉCRÉPITATION. s. f. (Pr. ...*sion*) (R. *décrépiter*). T. Chim. — On appelle ainsi le pétillement que certains sels font entendre quand on les projette sur des charbons ardents. Lorsque ces sels contiennent de l'eau simplement interposée, comme le sel marin ou sel de cuisine, la d. résulte de la vaporisation du liquide qui brise l'obstacle que lui opposent les molécules cristallines. Quand les sels ne contiennent pas d'eau, comme le sulfate de potasse, la d. est l'effet de la brusque séparation de leurs molécules opérée par la chaleur. — Quelques substances végétales telles que les feuilles de laurier, produisent également ce phénomène: il paraît tenir à la vaporisation instantanée de l'eau ou des huiles essentielles qu'elles renferment.

DÉCRÉPITER. v. n. (lat. *crepitare,* m. s.). Pétiller.

DÉCRÉPITUDE. s. f. (R. *décrépit*). État de vieillesse extrême. *Être dans la d. Une d. prématurée.* Voy. AGE. || Affaiblissement des forces morales.

DECRÈS, amiral fr., fut ministre de la marine sous Napoléon Ier (1761-1820).

DECRESCENDO. adv. (Pr. *dekrès-sindo,* ou à l'italienne *dékré-chin-do*) (mot lat. et ital. Sign. en décroissant). T. Mus. En diminuant l'intensité des sons. Voy. MUSIQUE. || Fam., En décroissant. *Sa réputation va d.*

DÉCRET. s. m. (lat. *decretum,* part. pass. de *decernere,* ce qui est décidé). Ordre, décision émanée de l'autorité souveraine. *Les décrets de la Convention. Par un d. en date du... D. du pape. Les décrets de l'Église. Les décisions de l'ancienne Sorbonne portaient le titre de Décrets. Rendre un d.* — Par anal., se dit surtout en parlant de la volonté de Dieu, des arrêts de la Providence, du destin.
    Hist. et Polit. — Sous la République romaine, on désignait sous le nom de *Décrets* les résolutions des consuls et certaines résolutions du sénat. Quant aux décrets du sénat,

ils différaient des sénatus-consultes en ce que les premiers statuaient pour les cas particuliers, tandis que les seconds statuaient d'une façon générale. Sous l'empire, ce même mot, *décret,* fut appliqué aux sentences rendues par les empereurs dans les affaires litigieuses. — Dans la hiérarchie catholique, les ordonnances rendues de leur propre mouvement par les souverains pontifes sont appelées *Décrets,* pour les distinguer des décisions des conciles qui reçoivent le titre de *Canons :* cependant ces dernières, quand elles sont relatives à la discipline, sont souvent désignées sous le nom de *Décrets.* — Avant 1789, le mot *Décret* était usité dans le style judiciaire, soit en matière civile, soit en matière criminelle. En matière civile, on appelait ainsi la sentence du juge qui portait autorisation de vendre les biens des mineurs, ou ceux d'un débiteur saisi. On distinguait le *D. volontaire* et le *D. forcé :* le premier avait pour objet d'affranchir de toute charge et hypothèque dans les mains des acquéreurs les immeubles qui leur avaient été vendus ; le second était la voie d'exécution offerte aux créanciers pour arriver à faire vendre judiciairement les immeubles de leurs débiteurs. En matière criminelle, il y avait le *D. d'assigné pour être ouï,* le *D. d'ajournement personnel* et le *D. de prise de corps,* qui correspondaient aux *Mandats de comparution, d'ame-ner et d'arrêt* de la législation actuelle. — Sous la Constituante et la Législative, on donna le nom de *Décrets* aux projets de lois votés par ces assemblées, en attendant qu'ils fussent convertis en *lois* par la sanction royale. La Convention, après avoir aboli la royauté, continua de donner à ses résolutions le simple titre de *Décrets,* quoiqu'elles fussent de véritables lois. Sous l'empire, le nom de *d.* fut appliqué aux règlements généraux ou particuliers émanés de l'empereur, soit pour l'exécution des lois, soit pour tenir lieu de lois. — Ce terme cessa d'être en usage sous la Restauration et le gouvernement de Louis-Philippe, où l'on nomma *Ordonnances* les règlements rendus par le roi pour l'exécution des lois; mais il reparut de nouveau en 1848, époque à laquelle on l'appliqua aux actes de la Constituante, puis, après le 2 décembre 1851, pour désigner d'abord les actes dictatoriaux et ensuite les ordonnances de l'empereur. Du 8 février au 31 août 1871, les actes émanés du pouvoir exécutif prirent le nom d'*Ar-rêtés* ; depuis cette époque, on ne se sert plus pour les désigner que du mot de *Décrets.* On distingue d'ailleurs parmi les décrets: 1° les *Règlements d'administration publique,* approuvés par l'assemblée générale du Conseil d'État; 2° les décrets rendus après avis de la section compétente de ladite assemblée; 3° les décrets ordinaires. Quelle que soit sa forme, tout d., même relatif au droit de grâce, doit être contresigné par un ministre ; d'autre part, on peut attaquer devant le Conseil d'État tout d. illégal ou de nature à porter atteinte aux droits des particuliers.

DÉCRÉTALE. s. f. (lat. *decretalis,* de *decretum,* décret). Droit canon. On donne le nom de *Décrétales* aux rescrits des papes, c.-à-d. aux lettres écrites par eux pour résoudre certaines questions de discipline ou d'administration ecclésiastique soumises à leur examen, tandis que les ordonnances rendues par les souverains pontifes de leur propre mouvement sont désignées sous le titre de *Décrets.* — On distingue les décrétales authentiques et les fausses décrétales. Les premières sont contenues dans différents recueils : *Collection des décrets des pontifes romains* (VIe siècle), *Concordance des canons discordants* (XIIe siècle) ou *Décret de Gratien, Décrétales de Grégoire IX* (XIIIe siècle), *Clémentines* (XIVe siècle), *Extra-vagantes* (XVe siècle) (ce dernier nom provient de ce que les décrétales contenues dans ce recueil n'avaient pas reçu à l'origine la sanction pontificale et restaient en dehors du corps du droit canonique: *vagantes extra corpus*). — Au milieu du IXe siècle parut une volumineuse collection de décrétales devenue si fameuse dans la suite sous le nom de *Fausses décrétales.* On trouve, parmi les recueils ajoutés à ceux des recueils antérieurs, il en est qui sont certainement dénués de toute authenticité, et d'autres qui sont évidemment supposés. Mais si ces pièces sont fausses par la forme, il ne s'ensuit pas nécessairement qu'elles soient fausses pour le fond ou pour la doctrine. Aussi, tout en reconnaissant leur non-au-thenticité, la plupart des canonistes s'accordent-ils à regarder leur contenu « comme étant l'expression de la pure doctrine de l'Écriture, des Pères et des conciles ». Cette compilation porte le nom d'Isidore Mercator ou Peccator, évêque de Badajoz ; mais on sait aujourd'hui que ce nom est un pseudonyme, sans que pour cela on connaisse celui de l'auteur véritable. Néanmoins la conjecture la plus probable est celle qui attribue cette collection à l'évêque de Reims, Ebbon, l'un des personnages les plus savants du règne de Louis le Débonnaire.

DÉCRÉTALISTE. s. m. Docteur en droit canon. Jurisconsulte expert dans la connaissance des décrétales.

DÉCRÉTER. v. a. (R. *décret*). Ordonner, régler par un décret. *La Convention décréta la création de l'École polytechnique. D. une levée en masse.* ‖ Dans notre ancien droit, lancer un décret contre quelqu'un. *D. quelqu'un d'ajournement personnel, de prise de corps.* On disait neutralement, dans le même sens, *D. contre quelqu'un.* — *D. une maison, une terre,* La faire vendre par arrêt pour le paiement des créanciers et la sûreté des acheteurs. ‖ Fig. Déterminer, rendre inévitable. == DÉCRÉTÉ, ÉE. part. == Conj. Voy. CÉDER.

DÉCREUSAGE. s. m. T. Techn. Action de décreuser; résultat de cette action.

DÉCREUSEMENT. s. m. T. Techn. Action de décreuser.

DÉCREUSER. v. a. (altération de *décruser*, de *e* et *cru*). Débarrasser une matière textile quelconque, sauf la laine, de la substance gommeuse ou gélatineuse qui adhère à ses fibres. *D. des fils de lin, de la soie,* etc. On *decreuse la soie en la faisant bouillir dans une dissolution d'eau de savon.* == DÉCREUSÉ, ÉE. part.

DÉCRI. s. m. (R. *de*, et *cri*). Se disait autrefois d'une proclamation par laquelle l'autorité interdisait la circulation d'une monnaie ou réduisait sa valeur nominale. ‖ Fig., Perte de la réputation, de la considération dont on jouissait. *Tomber dans le d.*

DÉCRIER. v. a. (R. *crier*). Défendre par une proclamation la circulation d'une monnaie, la vente d'une marchandise. *On a décrié les soieries des Indes, les monnaies de tel pays.* ‖ Enlever ou s'efforcer de faire perdre à quelqu'un la considération, l'estime dont il jouit. *Ce misérable décrie partout son bienfaiteur. Cette action l'a fort décrié. Il est décrié comme la fausse monnaie.* — Se dit aussi des choses. *D. un ouvrage. Ce peintre décrie les tableaux de tous ses confrères.* == DÉCRIER. v. pron. Perdre la réputation, la considération dont on jouissait. *C'est vous qui vous êtes décrié vous-même par votre conduite.* == DÉCRIÉ, ÉE. part. *Être d.,* Avoir une mauvaise réputation. *Un homme d.,* Un homme perdu de réputation. *Une conduite décriée,* Une mauvaise conduite connue et désapprouvée de tout le monde. == Syn. Voy. DÉCRÉDITER.

DÉCRIRE. v. a. (lat. *describere*, de *de*, et *scribere*, écrire). Faire la description d'une chose, la représenter, la dépeindre par le discours. *D. un pays, un édifice, une plante, un animal, la personne de quelqu'un. D. les mœurs, les usages d'un peuple. Comment vous d. son désespoir? Une joie impossible à d.* — Donner une idée générale d'une chose. *Il y a des choses qu'on ne peut définir exactement; il faut se contenter de les d.* ‖ T. Géom. Tracer. *Un point qui se meut décrit une ligne droite ou courbe.* ‖ Tracer avec le crayon, la plume, etc. *D. un cercle à l'aide du compas. D. une conique qui passe par cinq points donnés.* — Par ext., *Les planètes décrivent des ellipses autour du soleil. L'orbite que décrit cette comète. Le faucon, après avoir décrit plusieurs cercles dans les airs, fondit sur sa proie. Les sinuosités que décrit un ruisseau.* == DÉCRIRE. v. pron. Être représenté au moyen du discours. *Cette scène ne peut se d. Son étonnement ne saurait se d.* == DÉCRIT, ITE. part. == Conj. Voy. ÉCRIRE.

DÉCRIVANT, ANTE. adj. T. Géom. Qui, par son mouvement, décrit une ligne courbe.

DÉCROCHEMENT. s. m. Action de décrocher.

DÉCROCHER. v. a. (R. *croc*). Détacher une chose qui était accrochée. *D. une tapisserie, un tableau.* == SE DÉCROCHER. v. pron. *Le rideau s'est décroché.* == DÉCROCHÉ, ÉE. part.

DÉCROIRE. v. n. Ne croire pas; n'est usité que dans cette phrase fam., *Je ne crois ni ne décrois.*

DÉCROISEMENT. s. m. Action de décroiser.

DÉCROISER. v. a. (R. *de*, et *croiser*). Faire cesser le croisement. ‖ T. Chapel. Changer le pli des espades.

DÉCROISSANCE. s. f. État de ce qui est décroissant.

DÉCROISSANT, ANTE. adj. Qui va en décroissant. *Série décroissante. La lune est décroissante.*

DÉCROISSEMENT. s. m. (R. *décroître*). Diminution. *Le d. de la rivière. Le d. des jours.* ‖ T. Minér. *D. moléculaire.* Voy. CRISTALLOGRAPHIE.

DÉCROÎT. s. m. T. Astr. Décroissement de la lune, lorsqu'elle entre dans son dernier quartier.

DÉCROÎTRE. v. n. (lat. *decrescere*, m. s., de *de*, et *crescere*, croître). Diminuer. *Les jours décroissent. La rivière a décru cette nuit de trente centimètres. La rivière est considérablement décrue.* == DÉCRU, UE, part. == Conj. Voy. CROÎTRE. == Obs. gram. Voy. CROÎTRE.

DÉCROTTAGE. s. m. [Pr. *dékro-taje*]. Action de décrotter.

DÉCROTTER. v. a. [Pr. *dékro-ter*]. Ôter la crotte. *D. des bottes, des habits. Se faire d.* ‖ T. Techn. Nettoyer avec la truelle les vieux carreaux que l'on dépouille ainsi du plâtre qui y adhère. ‖ Fam. Dépouiller de sa rusticité, de son ignorance. == DÉCROTTÉ, ÉE. part.

DÉCROTTEUR. s. m. [Pr. *dékro-teur*]. Celui qui fait le métier de décrotter, de cirer les souliers et les bottes.

DÉCROTTOIR. s. m. [Pr. *dékro-touar*]. Lame de fer ou botte garnie de brosses qu'on met à la porte d'une maison ou d'un appartement, pour que les personnes qui viennent du dehors y décrottent leur chaussure avant d'entrer.

DÉCROTTOIRE. s. f. [Pr. *dékro-touare*]. Sorte de brosse dont on se sert pour décrotter.

DÉCROÛTAGE. s. m. (R. *de*, et *croûte*). Opération pratiquée sur le diamant brut et qui fait partie du brutage.

DÉCRUAGE. s. m. Action de décruer.

DÉCRUE. s. f. Quantité dont une chose a décru; ne se dit que des eaux. *La d. est de dix centimètres.*

DÉCRUER. v. a. (R. *de*, et *cru*). Préparer à recevoir la teinture au moyen d'une lessive. Voy. DÉCREUSER. == Conj. Voy. PUER.

DÉCRUEUR. s. m. Celui qui fait subir aux fils écrus un premier lessivage.

DÉCRÛMENT. s. m. Action de décruer le fil, de le lessiver.

DÉCRUSAGE. s. m. Voy. DÉCREUSAGE.

DÉCRUSEMENT. s. m. Voy. DÉCREUSAGE.

DÉCRUSER. v. a. Mettre les cocons dans l'eau bouillante pour en dévider la soie. Voy. DÉCREUSER.

DÉCUBITUS. s. m. [Pr. *l's*]. T. Méd. Mot latin francisé qui se dit de l'attitude que l'on prend quand on est couché.

DÉCUIRASSEMENT. s. m. Action d'ôter la cuirasse à un navire.

DÉCUIRASSER. v. a. Ôter la cuirasse.

DÉCUIRE. v. a. (R. *de*, et *cuire*). Corriger l'excès de la cuisson; se dit des confitures et des sirops trop cuits, lorsqu'on y met de l'eau pour les rendre plus liquides. *Il faut d. ce sirop.* == SE DÉCUIRE. v. pron. Se liquéfier faute d'avoir été assez cuit. *Ces confitures se décuisent.* == DÉCUIT, ITE. part. == Conj. Voy. NUIRE.

DÉCULASSEMENT. s. m. Action de dévisser la culasse d'une arme à feu.

DÉCULASSER. v. a. Oter la culasse d'une arme à feu.

DÉCULOTTER. v. a. [Pr. *dékulo-ter*]. Oter la culotte. = **SE DÉCULOTTER.** v. pron.

DÉCUPLE adj. 2 g. (lat. *decuplus*, m. s.). Qui vaut dix fois autant. *Une somme d. Une quantité d. d'une autre.* || Subst., *Je lui ai rendu le d. de ce qu'il m'avait avancé.*

DÉCUPLER. v. a. (R. *décuple*). Augmenter de dix fois autant. *Il a décuplé sa fortune en très peu de temps. Pour d. une somme* (en chiffres), *on y ajoute un zéro.* = **DÉCU-PLÉ, ÉE.** part.

DÉCURIE. s. f. (lat. *decuria*, m. s., de *decem*, dix). T. Antiq. romaine. Troupe de soldats composée de dix hommes et formant le dixième de la conturie. — Division du peuple comprenant le dixième d'une centurie.

DÉCURION. s. m. (lat. *decurio*, m. s.). T. Antiq. romaine. Le chef d'une décurie civile ou militaire. Voy. **MUNICIPAL.**

DÉCURRENCE. s. f. [Pr. *dékur-ranse*] (lat. *decurrere*, courir le long de). T. Bot. État d'un organe qui est décurrent.

DÉCURRENT, ENTE. adj. [Pr. *dékur-ran*]. T. Bot. S'applique aux feuilles dont le limbe se prolonge sur la tige avant de s'en détacher et y forme des espèces d'ailes foliacées. Voy. **FEUILLE.**

DÉCURSIF, IVE. adj. (lat. *decursum*, sup. de *decurrere*, courir le long de). T. Bot. Feuille dont le pétiole est collé à la tige. || *Style d.,* Style dont la base descend en rampant sur un des côtés de l'ovaire.

DÉCURTATION. s. f. [Pr. ... *sion*] (lat. *decurtatus*, raccourci). T. Bot. Maladie des arbres qu'on appelle aussi *Couronnement,* et dans laquelle la partie supérieure de l'arbre languit et meurt. *La d. attaque surtout les chênes, et résulte de la stérilité du sol, de l'action de la chaleur ou du froid,* etc.

DÉCUSSATIF, IVE. adj. [Pr. *dékus-sa-tif*]. T. Didact. et Bot. Qui est disposé en décussation ; opposé par paire et à angle droit.

DÉCUSSATION. s. f. [Pr. *dékus-sa-sion*] (lat. *decussare,* croiser). T. Anat. Croisement en forme d'X. *La d. des nerfs optiques.*

DÉCUSSÉ, ÉE. adj. [Pr. *dékus-sé*]. T. Bot. Qui est disposé en croix ou en sautoir.

DÉCUVAGE. s. m. Action de transvaser le vin de la cuve dans des tonneaux.

DÉCUVER. v. a. Retirer de la cuve. Mettre le liquide d'un tonneau dans un autre.

DÉCYLE. s. m. (gr. δέκα, dix, et le suff. *yle,* de ὕλη, matière). T. Chim. Nom donné au radical univalent $C^{10}H^{21}$. — Les *chlorures de d.* $C^{10}H^{21}Cl$, ou décanes monochlorés, se préparent en traitant les décanes par le chlore ; ce sont des liquides dont les points d'ébullition varient entre 180° et 200°.

DÉCYLÈNE. s. m. T. Chim. Nom donné aux hydrocarbures dont la formule est $C^{10}H^{20}$. Le premier qu'on ait obtenu est le bi-amylène découvert par Balard ; c'est un liquide bouillant à 155°, qu'on prépare en faisant agir l'acide sulfurique sur l'alcool amylique, ou le chlorure de zinc sur l'amylène. On rencontre des décylènes dans les pétroles de Burmah et de Bakou. On en a préparé d'autres en chauffant la paraffine à une haute température, en soumettant à la distillation sèche le savon calcaire de l'huile de poisson, en traitant par la potasse le chlorure de décyle provenant du pétrole. Tous ces hydrocarbures sont liquides ; leurs points d'ébullition sont compris entre 158° et 175°. Le d. normal, qui bout à 178°, a été préparé à l'aide de l'acide undécylique normal, que fournit la distillation sous basse pression de l'huile de ricin.

DÉCYLÉNIQUE. adj. 2 g. T. Chim. Se dit des composés non saturés, dérivés du décylène.
Les *alcools décyléniques* répondent à la formule $C^{10}H^{20}O$. Les mieux connus sont l'allyldipropylcarbinol et l'allyldiiso-propylcarbinol, liquides huileux, à odeur de térébenthine, dont les points d'ébullition respectifs sont 192° et 170°.
L'*aldéhyde décylénique* $C^{10}H^{18}O$ est un des produits de condensation que fournit l'aldéhyde valérique lorsqu'on le chauffe sous pression ou qu'on le traite par la potasse, le sodium, le zinc ou le zinc-éthyle.
Les *acides décyléniques* $C^{10}H^{18}O^2$ comprennent : l'acide *décacrylique* (voy. ce mot) ; l'acide amyldécylénique qui bout vers 242° et qu'on a obtenu par condensation et oxydation du valéral ; l'acide aménylvalérianique, huile épaisse, bouillant à 269°, qu'on a préparée en faisant agir l'oxyde de carbone sur le dérivé sodé de l'alcool amylique ; l'acide allylbutényltricarbonique, solide, fusible à 123°.

DÉCYLIQUE. adj. 2 g. T. Chim. On ne connaît qu'un acide d. ; c'est l'acide *caprique,* voy. ce mot. — Son sel de baryte, soumis à la distillation sèche avec du formiate de baryte, produit l'*aldéhyde d.* ou *caprique* $C^{10}H^{20}O$.
Les *alcools décyliques* ont pour formule $C^{10}H^{22}O$. Ce sont en général des liquides bouillant entre 200° et 230°, qu'on prépare en traitant les chlorures de décyle par la potasse. L'alcool d. normal, ou alcool caprique, s'obtient par l'hydrogénation de l'aldéhyde d. ; il est solide et fond à 7° en donnant un liquide huileux très réfrigérant. L'alcool isocaprique bout à 203° ; il se forme par l'action du sodium sur l'aldéhyde isovalérique. Le propylhexylcarbinol, huile épaisse bouillant à 211°, se prépare en faisant réagir le zinc-propyl sur l'œnanthol.

DÉDAIGNABLE. adj. Qui mérite d'être dédaigné.

DÉDAIGNER. v. a. (lat. *dedignari,* m. s., de *de,* et *dignus,* digne). Traiter avec dédain, marquer du dédain. *Cette nation dédaigne toutes les autres. D. le pouvoir. Depuis qu'il est parvenu, il dédaigne toute sa famille.* || S'abstenir d'une chose parce qu'on la considère comme indigne de soi. *Il dédaigne toutes ces timides précautions. Il dédaigne de nous parler.* || Rejeter, refuser une personne ou une chose parce qu'on la considère comme indigne de soi, ou comme ne méritant pas qu'on s'y attache. *Elle a dédaigné tous les partis qui se sont présentés. Ce n'est pas un parti à d. Il a dédaigné vos services, votre amitié. Beaucoup de personnes se contenteraient de la place que vous dédaignez. D. les grandeurs, les richesses.* = **DÉDAIGNÉ, ÉE.** part.

DÉDAIGNEUSEMENT. adv. Avec dédain, d'une manière dédaigneuse. *Regarder d. Traiter d.*

DÉDAIGNEUX, EUSE. adj. Qui marque du dédain, qui a du dédain. *Un air d. Une mine dédaigneuse. Paroles dédaigneuses. Une beauté fière et dédaigneuse. Un caractère d. Une humeur dédaigneuse.* || Subst., on dit, *Faire le d., la dédaigneuse.*

DÉDAIN. s. m. (R. *dédaigner*). Mépris vrai ou affecté, manifesté par l'air, le ton, les manières. *Un air de d. Avoir du d. pour... Recevoir avec d. Témoigner du d. Prendre d. Essuyer les dédains de quelqu'un.*
Syn. — *Fierté.* — La *fierté* est fondée sur l'estime, le plus souvent fort exagérée, qu'on fait de soi-même ; et le *dédain,* sur le peu de cas, fort souvent à tort, que l'on fait des autres. Il faut éviter les gens *fiers* et fuir les *dédaigneux.*

DÉDALE. s. m. (gr. Δαίδαλος ; lat. *Dædalus,* nom d'un artiste célèbre, qui passait pour avoir construit le prétendu labyrinthe de Crète). Labyrinthe, lieu où l'on s'égare, où l'on ne peut à cause de la complication des détours. || Fig., se dit de choses compliquées où il est difficile de se reconnaître. *Cette affaire est un vrai d. Le d. des lois. Vous avez eu tort de vous engager dans ce d. d'intrigues.* Voy. **LABYRINTHE.**

DÉDALÉEN, ENNE. adj. 2 g. Qui tient du dédale.

DÉDALLER. v. a. [Pr. *déda-ler*]. Enlever les dalles d'une salle, d'un trottoir.

DÉDAMER. v. n. T. Jeu de dames. Se dit lorsqu'un joueur déplace une des dames qui occupent le rang qui est le plus proche de lui.

DEDANS. adv. de lieu (R. *de,* et *dans*). Dans l'intérieur. *On* le cherchait hors de la maison, il était d. Il est là d. Entrez là d. — Fig. et fam., Ne pas savoir si l'on est d. et dehors, Être dans un état d'incertitude complète au sujet d'une chose quelconque; ne pas savoir où l'on en est. On dit de même, N'être ni d. ni dehors. On dit encore, Ne pas savoir si une personne est d. ou dehors, Ne pas savoir ce qu'elle pense, ce qu'elle veut faire, etc. — Fig. et fam., Mettre quelqu'un d., Le tromper; et Donner d., Se laisser tromper. || Mettre d., Mettre en prison. || T. Mar. Avoir vent d., se dit en parlant d'une voile qui reçoit le vent dans sa partie postérieure, ce qui donne au navire une impulsion en avant. == En dedans. loc. adv. A l'intérieur. Fermer une porte en d. Cet édifice est moins beau en dehors qu'en d. — Avoir les genoux en d., Être cagneux. — Porter la pointe des pieds en d., Marcher en ayant les pointes des pieds plus rapprochées l'une de l'autre que les talons. On dit, dans le même sens, Avoir les pieds en d. || Fig. et fam., Avoir l'esprit en d., se dit d'une personne d'esprit, mais qui le montre peu. Être tout en d., Être peu communicatif. == De dedans. loc. adv. De l'intérieur. Il vient de d. De d. en dehors. == Par dedans. loc. adv. et prép. Passez par d. Il a passé par d. la ville. == En dedans de. loc. prép. Même signification que en d. En d. et en dehors de la ville. == Dedans. s. m. La partie intérieure d'une chose Le d., les d. d'une maison. Au d. et au dehors de la ville. Le mal vient du d., est au d. Au dehors la guerre avec l'Europe entière, au d. la guerre civile. Il y au d. de nous quelque chose qui nous avertit. || T. Jeu de bague. Avoir deux d., trois d., Avoir emporté deux ou trois fois les bagues. Le d., les d. d'un jeu de paume, Petite galerie qui est à l'un des deux bouts de certains jeux de paume. || T. Man. La jambe du d., la rêne du d., la jambe, la rêne, etc., qui sont du côté de l'intérieur du manège, par opposition à la jambe, à la rêne, etc., qui sont du côté du mur.

DÉDICACE. s. f. (lat. dedicare, dédier).
Litur. — Le mot Dédicace signifie proprement attribuer une chose à quelqu'un, faire son objet que l'on dédie. — L'usage d'inaugurer par des cérémonies religieuses particulières et solennelles les édifices consacrés au culte, a existé de tout temps et chez tous les peuples. Le chapitre 29 du III livre des Rois décrit longuement la solennité de la d. du temple érigé par Salomon. Chez les Égyptiens, chez les Grecs et chez les Romains, la d. des temples à l'une quelconque des nombreuses divinités du paganisme s'accompagnait toujours de cérémonies solennelles présidées par les magistrats et les prêtres, telles que prières, sacrifices, processions et jeux publics. Il est impossible de supposer que les premiers chrétiens aient dérogé à une coutume aussi universelle, car elle est fondée sur les sentiments les plus naturels à l'homme. Aussi, bien qu'Eusèbe ne fasse remonter l'origine de la d. des églises qu'au règne de Constantin, il est probable que les disciples de la primitive Église ont toujours inauguré et consacré les lieux destinés au culte par des cérémonies particulières et solennelles, mais plus ou moins publiques, suivant les temps et les lieux, les persécutions ayant souvent obligé les fidèles à célébrer en secret les rites de la nouvelle religion.
La d. d'une église ne peut être faite que par un évêque. Aujourd'hui, on ne fait de d. solennelle en grande pompe et avec l'assistance d'un évêque que pour les églises très importantes. Les autres sont simplement bénites par un prêtre délégué à cet effet. La fête de la D., qu se célèbre le dimanche qui suit l'octave de la Toussaint, a pour objet de rappeler le rétablissement officiel du culte catholique en France après le concordat de 1802.
Litt. — Dédicace se dit pour désigner l'hommage qu'un auteur fait de son ouvrage à quelqu'un par une lettre ou une inscription placée à la tête du livre lui-même Ces sortes de dédicaces étaient déjà en usage dans l'antiquité. Lucrèce dédie son poème à Memmius Gemellus; Cicéron dédiait ses écrits à ses amis; l'Art poétique d'Horace est dédié aux Pisons; les Géorgiques de Virgile sont dédiées à Mécène. Lorsqu'une d. s'adresse à un personnage éminent par son savoir ou à quelque protecteur éclairé des lettres, des sciences et des arts, il n'y a rien à redire à ce genre public d'amitié, de respect ou de reconnaissance; mais à l'époque de la Renaissance, ainsi que dans les siècles suivants jusque vers la fin du siècle dernier, on fit de ces dédicaces l'abus le plus étrange et parfois le plus honteux. Il existe sur les dédicaces littéraires deux ouvrages curieux écrits par deux érudits allemands : De Dedica. Lib. vet. Lat., par Walt (Leip., 1715); Comment. de Dedica. Lib., par Tacke (Wolfenbüttel, 1733).

DÉDICATOIRE. adj. f. Épître d., Épître qu'on met à la tête d'un livre pour le dédier à quelqu'un.

DÉDIER. v. a. (lat. dedicare). Consacrer au culte divin, mettre sous la protection d'une divinité, sous l'invocation d'un saint. On dédia le nouveau temple à Jupiter. D. une église, un autel. D. une chapelle à un saint. || Figur., D. un livre, un ouvrage à quelqu'un, Lui en faire hommage par une épître ou par une inscription placée à la tête du livre. On dit aussi D. une gravure. == Dédié, ée. part.

> En ces jours solennels à l'orgueil dédiés.
>
> (RACINE).

== Conj. Voy. PRIER.

DÉDIRE. v. a. (R. de, et dire). Désavouer quelqu'un de ce qu'il a dit ou fait pour nous. N'allez pas me d. Vous n'en serez pas dédit. == SE DÉDIRE. v. pron. Se rétracter, dire le contraire de ce qu'on a dit. Vous avez dit du mal d'un tel, vous serez obligé de vous en d. Les témoins se sont dédits. || Revenir sur un engagement pris. Vous ne pouvez plus vous d. Il m'avait offert cinq cents francs de mon cheval, puis il s'en est dédit. — Fig. et fam., Ne pouvoir pas, ne pouvoir plus s'en d., Être trop engagé dans une affaire pour ne pas la pousser à bout. On dit aussi, Il n'y a pas où il n'y a plus à s'en d. == Dédit, ite. part. == Conj. Voy. DIRE. Toutefois, à la seconde personne du plur. du prés. de l'indic., Dédire fait Vous dédisez, et non Vous dédites.

DÉDIT. s. m. (R. dédire). Révocation d'une parole donnée. Un Normand a toujours son dit et son d., Est sujet à se dédire, à changer d'avis. Famil. || Peine stipulée dans une convention contre celui qui manque à l'exécuter. Il y a un d. de mille écus, mille écus de d., mille écus pour le d. J'aime mieux payer le d. — Par ext., L'acte où le d. est stipulé. On peut maintenant déchirer le d.

DÉDITE. s. f. (R. dédire). Renonciation à quelque engagement. Déclaration qu'on ne fera pas ce qu'on était convenu de faire.

DÉDOLATION. s. f. (Pr. ...sion). T. Chir. Action de dédoler.

DÉDOLER. v. a. (lat. dedolare, couper avec la doloire). T. Chir. Tailler en enlevant à chaque fois qu'une couche très mince. Il faut, pour enlever un cor, couper en dédolant. == Dédolé, ée. part.

DÉDOMMAGEMENT. s. m. [Pr. dédo-ma-je-man] (R. dédommager). Réparation d'un dommage. Il demande mille francs pour son d. Il a obtenu, il a reçu cent écus de d. || Compensation. C'est un bien faible d. de la perte qu'il a faite. Je trouve dans mon cœur un d. à tous mes malheurs.

DÉDOMMAGER. v. a. [Pr. dédo-majer] (R. de, et dommage). Indemniser. Il faudra le d. de ce que vous lui avez causée. || Fig., au sens moral. Il semblait vouloir me d., à force de soins, du chagrin qu'il m'avait causé. Rien peut-il d. de la perte d'un père? == SE DÉDOMMAGER. v. pron. Trouver un dédommagement, une compensation. Il a perdu dans cette affaire, mais il saura bien se d. Il se dédommage maintenant de la contrainte où le tenait son père. == DÉDOMMAGÉ, ÉE. part. == Conj. Voy. MANGER.
Syn. — Indemniser. — La racine commune de ces deux mots est dam, damnum, mal, préjudice, perte; ils signifient mettre quelqu'un hors de perte, réparer le mal qu'il a éprouvé. Indemniser, terme du palais, c'est dédommager quelqu'un d'une perte en vertu d'une obligation quelconque. Les indemnités sont dans l'ordre de la justice; les dédommagements sont accordés par la bonté, si toutefois ils ne sont pas rigoureusement dus. On indemnise en payant une valeur égale à la perte éprouvée; on dédommage, par une compensation quelconque, des pertes ou des privations de toute espèce, celui-là même à qui on aurait pu les laisser supporter. L'indemnité vous rend la même somme de fortune; le dédommagement tend à compenser les avantages que vous avez perdus.

DÉDORAGE. s. m. Action de dédorer. État d'un objet dédoré.

DÉDORER. v. a. (R. *de*, et *dorer*). Enlever la dorure en tout ou en partie. *A force de toucher à ce cadre, vous finirez par le d.* = SE DÉDORER. v. pron. Perdre sa dorure en tout ou en partie. *Ce cadre commence à se d.* = DÉDORÉ, ÉE. part.

DÉDOREUR, EUSE. s. adj. Celui, celle qui enlève la dorure.

DÉDORURE. s. f. Action de dédorer, de se dédorer.

DÉDOSSER. v. a. (R. *de*, et *dos*). Dresser à la scie une pièce de bois pour la mettre à vive arête. || Diviser une grosse touffe de racines vivaces en plusieurs petites touffes.

DÉDOUBLEMENT. s. m. Action de se dédoubler. *La non-soudure des deux moitiés d'un organe se prend souvent pour un d. de cet organe.*

DÉDOUBLABLE. adj. Qui peut être dédoublé.

DÉDOUBLAGE. s. m. Action de dédoubler. || Action de couper, d'atténuer l'alcool par un mélange d'eau. || T. Mar. Action d'enlever le doublage d'un navire. Résultat de cette action.

DÉDOUBLER. v. a. (R. *de*, et *doubler*). Ôter la doublure. *D. un habit, un manteau.* || T. Mar. *D. un navire*, Enlever son doublage pour visiter la carène. *D. les rabans*, Défaire plusieurs tours des rabans qui tiennent les voiles fermées. || Couper d'eau les vins. || T. Techn. *D. une pierre*, La diviser pour en faire deux pierres égales. || T. Tactique. *D. les rangs, les files*, Faire mettre sur un seul rang des soldats qui étaient sur deux rangs, etc. || T. Guerre. *D. un régiment, une compagnie*, Faire d'un régiment deux régiments, etc. = SE DÉDOUBLER. v. pron. *Mon habit s'est dédoublé. Cette pierre se dédouble très facilement.* = DÉDOUBLÉ, ÉE. part.

DÉDUCTIF, IVE. adj. T. Logiq. Qui a rapport à la déduction. *Méthode déductive*, Méthode de raisonnement où l'on déduit d'un principe posé toutes les conséquences qui en découlent. C'est l'opposé de la méthode *inductive*. Voy. LOGIQUE, RAISONNEMENT.

DÉDUCTION. s. f. (lat. *deductio*, m. s., de *deducere*, déduire). Soustraction, retranchement. *D. faite de ce que vous avez payé, vous redevez encore tant. Cette maison, d. faite des charges, non-valeurs et réparations, rapporte tant par an. On lui a payé tant en d. du principal.* || T. Logiq. Procédé de raisonnement par lequel on infère une chose d'une autre, on tire d'une vérité ou d'une hypothèse tout ce qu'elle renferme. *La d. est l'opposé de l'induction.* — Par ext., Conséquence tirée, par la méthode déductive, d'une vérité ou d'une hypothèse. *Cette d. est fausse. Une série de déductions.* — Voy. LOGIQUE et RAISONNEMENT. || Énumération, exposition détaillée. *Il nous a fait une interminable d. de ses raisons, de ses malheurs.* Vx.

DÉDUIRE. v. a. (lat. *deducere*, de *de*, indiquant l'extraction, et *ducere*, conduire; propr. faire sortir de). Retrancher, soustraire une somme d'une autre. *Pour connaître votre bénéfice, il faut d. vos frais. Il y a tant à d. sur cette somme.* || T. Logiq. Inférer, tirer comme conséquence. *Si vous déduisez toutes les conséquences de ce principe. Cette conséquence est très mal déduite. On peut en d. que...* || Narrer, exposer en détail. *D. son fait, ses raisons.* = DÉDUIT, ITE. part. = Conj. Voy. NUIRE.

DÉDUIT. s. m. (R. *déduire*, dans le sens de divertir). Divertissement Vx et ne s'emploie que dans le style badin. *Mener joyeux d.*

DÉDUPLICATION. s. f. [Pr. ...*sion*]. (R. *duplication*). T. Bot. Dédoublement.

DÉDURCIR. v. a. T. Didact. Faire cesser la dureté.

DEERINGIA. s. f. (R. *Deering*, nom d'un botaniste allemand). T. Bot. Genre de plantes de la famille des Chénopodiacées.

DÉÉSITE. s. f. (R. *Deesa*, n. de lieu). Minéral complexe trouvé dans certaines météorites d'origine éruptive.

DÉESSE. s. f. (lat. *dea*, m. s.). Divinité fabuleuse du sexe féminin. *La d. Junon. Les dieux et les déesses. Cérès, la d. des moissons.* || *Déesse aux cent voix*, Surnom de la Renommée. Voy. ce mot. || Fig., on dit d'une belle femme qui a l'air et le port majestueux, qu'*Elle a le port d'une d.* On dit encore, *C'est une d.* — Voy. MYTHOLOGIE.

DÉFÂCHER (SE). v. pron. S'apaiser après s'être fâché. *S'il est fâché, qu'il se défâche.* Fam. = DÉFÂCHÉ, ÉE. part.

DÉFAÇONNER (SE). [Pr. *défa-so-ner*] v. pron. Perdre les bonnes façons.

DÉFAILLANCE. s. f. [Pr. *défa-llanse*, ll mouillées] (R. *défaillir*). Faiblesse, évanouissement, pâmoison, résultant de la diminution soudaine de l'action du cœur. *Tomber en d. Il lui a pris une défaillance. Elle a souvent des défaillances.* — Pop., *D. de nature*, État de faiblesse extrême résultant de l'âge, de l'excès de travail, d'une maladie. || Fig., se dit des faiblesses, des chutes morales de l'homme. *Il n'est pas d'homme qui n'ait ses défaillances.* || T. Chim. anc. Se disait pour *Déliquescence.* || T. Jurispr. Non-exécution d'une clause au terme fixé.

DÉFAILLANT, ANTE. adj. [Pr. *défa-llan*, ll mouillées]. Qui s'affaiblit. *Sa main défaillante cherchait encore la mienne. On essaya en vain de ranimer ses forces défaillantes.*

DÉFAILLANT, ANTE. s. [Pr. *défa-llan*, ll mouillées]. T. Procéd. Celui, celle qui fait défaut. *Le d. a été condamné.*

DÉFAILLEMENT. s. m. [Pr. *défa-lle-man*, ll mouillées]. Action de défaillir.

DÉFAILLIBLE. adj. 2 g. [Pr. *défa-llible*, ll mouillées]. Qui peut défaillir.

DÉFAILLIR. v. n. [Pr. *défa-llir*, ll mouillées] (lat. *fallere*, tomber). Manquer. *Le jour vint à leur défaillir avant qu'ils fussent arrivés. Cette race a défailli en un tel.* Vx. || Diminuer, s'affaiblir. *Ses forces défaillent tous les jours. Il se sent d.* || Tomber en faiblesse, s'évanouir. *On la vit prête à d. Il se sent d.* — Fig., au sens moral, *Je sentis mon âme, mon cœur d.*

Conj. — Ce verbe, dit l'Académie, n'est guère usité qu'au pluriel du présent de l'indicatif. *Nous défaillons*; à l'imparfait, *Je défaillais*; au prétérit, *Je défaillis, J'ai défailli*; et à l'infinitif *Défaillir*. Il faut y ajouter le présent singulier de l'indicatif: *Je défaux, tu défaux, il défaut*; le futur: *je défaudrai*; le conditionnel présent: *je défaudrais*; le subjonctif: *Que je défaille, que nous défaillions, que je défaillisse*; le part. prés.: *défaillant*; et le part. passé: *défailli*, tous donnés par de bons auteurs.

DÉFAIRE. v. a. (R. *de*, et *faire*). Détruire ce qui est fait, changer l'état d'une chose, de manière qu'elle ne soit plus ce qu'elle était. *Ce que l'un fait, l'autre le défait. Un nœud que l'on ne peut d. Les causes qui font et défont les empires.* — *D. une malle, un paquet, un porte-manteau*, En ôter les effets qu'on y avait enfermés. — *D. sa cravate*, L'ôter. — Fig., *D. un mariage*, L'empêcher de se conclure. *D. un marché*, se dit dans le même sens, et aussi dans celui de le résilier. — Faire périr. *Cette malheureuse a défait son fruit, son enfant.* || Mettre en déroute, railler en déroute. *Après avoir défait les ennemis. La flotte ennemie fut complètement défaite.* || Abattre, amaigrir, exténuer. *Cette maladie l'a tout défait.* || Fig., L'emporter sur les choses semblables. *Au bal des défaits, par sa beauté, toutes les autres femmes. Le diamant défait toutes les pierres précieuses.* Vx et inus. || Délivrer, débarrasser. *Défaites-moi de cet importun.* — SE DÉFAIRE. v. pron. *Ce nœud s'est défait, sa cravate s'est défaite.* || *Se d. soi-même*, Se donner la mort.* Fam. || *Ce vin se défait*, Perd sa force et son bouquet. || Se délivrer, se débarrasser. *Il s'est enfin défait de cet importun. Se d. de sa fièvre.* — Renoncer à. *Se d. d'une mauvaise habitude, d'un défaut, d'un vice, d'une passion. Défaites-vous de ces manières-là.* — *Se d. d'un domestique*, Le congédier. — *Se d. de son ennemi*, Le faire mourir. — *Se d. d'une chose*, La vendre ou quelquefois la donner. = DÉFAIT, AITE. part. *Voilà un nœud défait, un mariage défait.* || S'emploie surtout dans le sens d'abattu, amaigri. *Elle est toute pâle et défaite. Depuis sa ma-*

ladie, il a le visage tout défait. = Conj. Voy. FAIRE. = Syn. Voy. BATTRE.

DÉFAITE. s. f. Bataille perdue; action à a suite de laquelle, après avoir perdu plus ou moins de monde, on cède à l'ennemi le champ de bataille. *Après cette d. sanglante. L'ennemi éprouva une d. complète. Nous commençâmes par des défaites et nous finîmes par des victoires.* || Débit *Ce sont des marchandises de prompte d., de bonne, de mauvaise d. Cela n'est pas de d.* || Fig., Excuse mauvaise, prétexte. *C'est encore une d. Voilà une mauvaise d. Il a toujours des défaites prêtes.*

DÉFALCATION. s. f. [Pr. ...sion] (R. défalquer). Déduction, retranchement. *D. faite des frais, il vous reste tant.*

DÉFALQUER. v. a. (R. de, et un verbe lat. hypothétique *falcare*, dérivé de *falx*, faux; propr. retrancher avec la faux). Déduire, retrancher d'une somme ou d'une quantité quelconque. *Il vous doit deux cents francs, mais il faut en d. ce qu'il a payé pour vous. On doit d. deux kilogrammes pour le poids de la caisse.* = SE DÉFALQUER. v. pron. Être défalqué. *Les frais de justice se défalquent avant tout dans une vente.* = DÉFALQUÉ, ÉE. part.

DÉFARDER. v. a. Oter le fard. = SE DÉFARDER. v. pron. S'ôter le fard.

DÉFATIGUER. v. a. Oter la fatigue. = SE DÉFATIGUER. v. pron. Cesser d'être fatigué.

DEFAUCONPRET, littérateur fr. né à Lille, traducteur des romans de Walter Scott et de Cooper (1767-1843).

DÉFAUFILER. v. a. Défaire une faufilure.

DÉFAUSSER. v. a. (R. de, et *fausser*.) Redresser ce qui a été faussé. *Défausser une tringle.* = SE DÉFAUSSER. v. pron. T. Jeu de cartes. Se dit du joueur qui, n'ayant pas de la couleur dans laquelle on joue, jette celle de ses cartes qu'il regarde comme la moins utile.

DÉFAUT. s. m. (R. de, et *faillir*). Le manque de quelque chose. *Le d. de blé a causé plusieurs émeutes. Le d. de munitions a forcé la garnison de se rendre. Le d. de preuves l'a fait acquitter. Lorsque le cœur fait d., le plus grand génie est incomplet.* — Se dit aussi de l'absence de certaines qualités, de certains avantages, etc. *D. d'esprit, de jugement, de mémoire. D. d'attention, de prévoyance, d'ordre. D. de fermeté, de constance, de courage. Il y a un d. de proportion dans les différentes parties de cet édifice.* || *Le d. des côtes,* L'endroit où se terminent les côtes. *Le d. de la cuirasse,* Intervalle entre deux pièces contiguës d'une armure. — Fig. L'endroit faible. Voy. CUIRASSE. || Ce qui manque à une chose pour être parfaite, imperfection. — Se dit des choses physiques. *Les défauts du corps. Il est rare de trouver un visage sans d. C'est un d. dans un cheval d'avoir le ventre trop gros et les jambes courtes. Il y a un d. dans ce bois. J'ai remarqué un d. dans cette pièce de drap.* — Se dit également des choses morales. *Chacun a ses défauts. Connaître, reconnaître, avouer ses défauts. Corriger ses défauts. Se corriger de ses défauts. Il n'y a personne sans d. Il a bien des défauts.* — Se dit encore des œuvres de l'art, des ouvrages de l'esprit. *Ce poème, cette statue a bien quelques défauts. Relever, critiquer les défauts d'un livre, d'un tableau.*

Un sonnet sans défaut vaut seul un long poème.

BOILEAU.

On dit de même, *Un auteur sans d. Les défauts d'un auteur, d'un écrivain.* || Chasse. Erreur, faute. *Les chiens sont en d., la bête les a mis en d.,* Ils ont perdu les voies de la bête. *Les chiens ont relevé le d.,* Ils se sont remis sur les voies. — Figur. et fam., *Être en d., Se tromper,* commettre quelque faute, quelque erreur. On dit de même, *Trouver, prendre, mettre quelqu'un en d.* — *Être en d.,* se dit aussi de certaines facultés intellectuelles, de certaines qualités. *Sa mémoire est souvent en d. Son adresse paraissait en d.* || T. Procédure. Manquement à l'assignation donnée. *Faire d. Donner un d. Juger par d.* Voy. JUGEMENT. = A DÉFAUT DE; AU DÉFAUT DE. loc. prépos. Au lieu de, à la place de. *A d. de vin, vous boirez de l'eau. Au d.*

d'autres armes, il prit un bâton. A son d., je vous offre mes services.

Syn. — *Faute, Manque, Privation.* — *Manque* indique simplement l'absence d'une chose; *Défaut* dit en plus que ce manque est un tort, une imperfection; *Privation* y joint l'idée de souffrance. — *Défectuosité. Faute, Imperfection.* — En parlant des choses, ces trois mots marquent absence d'une qualité quelconque. *Faute* renferme dans son idée un rapport nécessaire à l'auteur de la chose. *Défaut* n'exprime que ce qu'il y a de mal dans la chose, sans rapport à l'auteur. *Défectuosité* marque un défaut, mais qui n'a rapport qu'à la conformation, à la configuration. *Imperfection* indique seulement que la chose n'a pas le degré de perfection qu'elle pourrait avoir. — *Vice, Imperfection.* — En parlant des êtres moraux, *Vice* se dit d'une mauvaise qualité morale qui procède de la dépravation ou de la bassesse du cœur; *défaut* se dit d'une mauvaise qualité de l'esprit ou du caractère, et même d'une mauvaise qualité purement extérieure. *Imperfection* est simplement le diminutif de *défaut.* La négligence dans le maintien, la bonté un peu trop faible, sont des *imperfections;* la difformité, la timidité, l'irrésolution, sont des *défauts;* la lâcheté, l'avarice, la cruauté, sont des vices. Voy. FAUTE.

DÉFAVEUR. s. f. Cessation de faveur, disgrâce. *Il est tombé en d.* || Discrédit. *Les actions de cette compagnie sont en d.*

DÉFAVORABLE. adj. 2 g. Qui n'est pas favorable. *Ce juge m'a été d. dans mon procès. Le jugement lui fut d. Il a conçu de vous une opinion fort d. Des circonstances défavorables.*

DÉFAVORABLEMENT. adv. D'une manière défavorable. *Juger quelqu'un d. On l'a traité bien d.*

DÉFAVORISER. v. a. Mettre en défaveur.

DÉFÉCATEUR. s. m. Appareil propre à opérer la défécation.

DÉFÉCATION. s. f. [Pr. ...sion] (lat. de, fæces, lie). T. Chim. Séparation du sédiment qui se forme dans un liquide quelconque, spécialement dans les sucs végétaux, pendant qu'on les évapore. || T. Physiol. Acte par lequel le résidu des aliments, amassé dans le rectum, est rejeté hors de l'économie. La d. s'effectue par la contraction du rectum, et surtout par l'abaissement du diaphragme et la contraction des muscles de l'abdomen, qui, en comprimant toute la masse intestinale, parviennent à surmonter la résistance qu'opposent les sphincters de l'anus.

DÉFECTIBILITÉ. s. f. Qualité de ce qui est défectible.

DÉFECTIBLE. adj. 2 g. (lat. *defectum,* sup. de *deficere,* manquer). T. Didact. Imparfait, incomplet.

DÉFECTIBLEMENT. adv. D'une manière défectible.

DÉFECTIF, IVE. adj. (lat. *defectum,* sup. de *deficere,* manquer, m. s.). T. Gram. Se dit d'un verbe qui n'a pas toutes les formes de la conjugaison régulière. *Clore* est un verbe déf. Voy. CONJUGAISON. || T. Géom. *Hyperbole défective,* Courbe hyperbolique du 3ᵉ degré qui n'a qu'une seule asymptote rectiligne. || T. Minér. Se dit d'un cristal dans lequel quatre angles solides du cube primitif sont remplacés par autant de facettes.

DÉFECTION. s. f. [Pr. ...sion] (lat. *defectio*). Action d'abandonner le parti auquel on est lié; se dit surtout de sujets qui abandonnent leur prince, de troupes qui abandonnent leur général, d'alliés qui abandonnent leurs alliés. *La d. des alliés fut générale. La d. de ses troupes ne lui permit plus de disputer l'empire à son concurrent.*

DÉFECTIONNAIRE. s. m. [Pr. défek-sio-nère]. Celui qui fait défection, qui abandonne un parti, une opinion.

DÉFECTIONNER. v. n. [Pr. défek-sio-ner]. Faire défection.

DÉFECTUEUSEMENT. adv. D'une manière défectueuse. Peu us.

DÉFECTUEUX, EUSE. adj. (lat. *defectum*, sup. de *deficere*, manquer). Qui manque des qualités, des conditions requises. *Des marchandises défectueuses. Un travail d. Un poème d.* || T. Jurisp. Qui manque des qualités exigées par la loi. *Un acte d.* || T. Gram. Syn. de *Défectif.*

DÉFECTUOSITÉ. s. f. (R. *défectueux*). Défaut, imperfection ; ne se dit guère que des choses physiques. *Elle a une d. dans la taille. Les défectuosités de cet édifice sont sensibles.* = Syn. Voy. DÉFAUT.

DÉFÉMINISER (Se). v. pron. (R. *de*, et *féminiser*). Prendre les allures d'un homme en parlant des femmes.

DÉFENDABLE. adj. 2 g. Qui peut être défendu ; ne se dit guère qu'avec la négation. *Je ne crois pas que cette place soit d. Cette partie d'échecs n'est pas d.*

DÉFENDEUR, ERESSE. Celui, celle à qui l'on fait une demande en justice. Il est opposé à *Demandeur, eresse.*

DÉFENDRE. v. a. (lat. *defendere*, m. s.). Protéger, soutenir contre une agression ; se dit des personnes et des choses et en part. de toute espèce d'attaque. *D. quelqu'un au péril de sa vie. Je le défendrai toujours contre vos calomnies. D. sa vie, son honneur, ses intérêts. D. l'innocence, sa patrie, ses concitoyens. C'est un peuple qui n'a pas su d. son indépendance. D. un accusé, une cause, une opinion, un système. Il a tué l'agresseur à son corps défendant.* Voy. CORPS. — Se dit aussi des animaux. *L'aigle défend courageusement ses petits.* — Figur., *D. son pain*, se dit d'une personne qui a peu de bien et qui soutient un procès où il s'agit de tout ce qu'elle a. — *D. une place, un poste, un passage,* etc., Résister à ceux qui veulent s'en rendre maîtres. || Mettre à l'abri, garantir ; se dit au prop. et au fig. *Ce mur nous défend du froid. Cette chaîne de montagnes défend le pays des vents du nord. La rectitude de son jugement le défendait de l'utopie.* — Se dit particulièrement, en termes de guerre, de tout ce qui met à couvert de l'ennemi, et de ce qui garantit plus ou moins contre une attaque en opposant quelque obstacle à l'ennemi. *La ville est défendue par de bonnes fortifications. Une batterie défend l'entrée du port. De ce côté-là, plusieurs places fortes défendaient la frontière.* || Prohiber, interdire quelque chose. *On vient de défendre l'exportation des grains. D. les mauvais livres. D. les duels. L'Église défend de manger de la viande le vendredi. D. le vin à un malade. Il est défendu de poser des affiches sur ce mur. D. sa maison, sa porte à quelqu'un. On vous a défendu de le fréquenter. Je défends qu'on sorte. Nous ne devons jamais faire ce que la conscience nous défend.* = DÉFENDRE. v. n. T. Jurispr. Fournir des défenses aux demandes de la partie adverse. *Il a été condamné faute de d.* = SE DÉFENDRE. v. pron. Repousser une attaque, une agression quelconque, y résister. *Il se défendit vaillamment. Il se défendit seul contre quatre. Les assiégés se défendirent longtemps. L'accusé a voulu se d. lui-même.* — Figur., se dit des choses. *Un bon ouvrage se défend de lui-même, Il brave les attaques, les critiques. Cette place se défend d'elle-même,* Elle est extrêmement facile à d. On dit, dans le sens contraire, qu'*Elle n'est pas en état de se d.* || Se mettre à l'abri, se préserver ; se dit au prop. et au fig. *Il est impossible de se d. de l'humidité. J'ai un manteau pour me d. du froid. Il n'a pu se d. des séductions de cette femme. Il est difficile de se d. d'une certaine partialité pour les siens.* — S'excuser de faire une chose qu'on voudrait nous faire faire. *On m'a fort pressé d'aller le voir, mais je m'en suis défendu. On l'a tant prié de chanter qu'il lui a été impossible de s'en d.* — Nier quelque chose qu'on nous impute. *On l'accuse d'avoir emporté ce livre, mais il s'en défend.* || T. Mar. Se d. à la lame, S'élever bien à la vague et emporter peu de paquets de mer. = DÉFENDU, UE. part. Cause bien défendue. Place bien défendue. Livres défendus. Des marchandises défendues. Armes défendues.* — Fig. *Fruit défendu*, par allusion au fruit qui valut à Adam et à Ève la perte du paradis ; Objet qui tente violemment surtout à cause des obstacles qui empêchent de l'atteindre. *L'attrait du fruit défendu.*

Syn. — *Protéger, Soutenir.* — On *défend* ce qui est attaqué ; on *soutient* ce qui n'est pas assez fort par soi-même pour résister ; on *protège* ce qui a besoin d'être encouragé. On dit *défendre* une cause, *soutenir* une entreprise, *protéger* les sciences et les arts. On est *protégé* par ceux qui

vous sont supérieurs ; on peut être *soutenu* par ses égaux et *défendu* par ses inférieurs. Un petit État en temps de guerre est *défendu ouvertement* ou *soutenu* secrètement par un plus grand, qui se contente de le protéger en temps de paix. = *Prohiber.* Voy. DÉFENSE.

DÉFÉNESTRATION. s. f. [Pr. ...*sion*]. Ne s'emploie qu'en parlant de la *D. de Prague*, acte de violence par lequel les Protestants de Bohême, s'insurgeant, précipitèrent par la fenêtre de la salle du conseil deux des quatre gouverneurs, ce qui fut le prélude de la guerre de Trente ans.

DÉFENS ou **DÉFENDS.** s. m. (lat. *defensus*, défendu). T. Adm. *Bois en d.*, Bois dont la coupe était interdite au propriétaire, ou dans lequel il n'est pas permis de faire entrer des bestiaux.

DÉFENSABILITÉ. s. f. T. Adm. forest. Qualité de ce qui est défensable.

DÉFENSABLE. adj. 2 g. (lat. *defensus*, défendu). T. Adm. forest. Qui est suffisamment protégé contre les ravages des bestiaux et où l'on peut par conséquent les mener paître.

DÉFENSE. s. f. (lat. *defensum*, sup. de *defendere*, défendre). Action de repousser une agression dirigée contre une autre personne ou contre soi-même. *Prendre les armes pour la d. de son pays. Être dans le cas de légitime d. Prendre la d., se charger de la d. d'un innocent.* — Se mettre en d., Se mettre en position de se défendre. *Être hors de d.*, N'être plus en état de se défendre. || Par ext., Ce qu'on dit, ce qu'on écrit pour défendre quelqu'un, ou pour se défendre soi-même. *On ne voulut point écouter sa d. Il publia sa d. Bentham a écrit un traité intitulé, D. de l'Usure.* T. Procéd. Se dit partic. de ce qu'on répond, par écrit et par ministère d'avoué, à la demande de la partie adverse. *Donner, fournir, faire signifier ses défenses.* || Légist. crim. Violence autorisée dans certains cas pour repousser une agression. *J'ai tiré sur ces malfaiteurs qui m'attaquaient et je l'ai tué un ; c'est un cas de légitime d.* || T. Guerre. L'action ou la manière de défendre une place, un poste, etc., contre l'ennemi. *L'empereur lui confia la d. d'Anvers. Il fit une belle, une vigoureuse d. Les assiégés ne se rendirent qu'après la d. la plus opiniâtre. Ligne de d. Traité de l'attaque et de la d. des places. Cette place est en d.*, Elle peut soutenir un siège. *Mettre une place en état de d.* — *Défenses,* au plur., se dit encore des ouvrages de fortification qui servent à garantir, à protéger une place, un poste, un camp, et à mettre à couvert les soldats qui s'y trouvent. *Abattre, ruiner les défenses d'une place.* || T. Adm. forest. On dit qu'*Un bois est en d.*, Lorsque les arbres sont assez forts pour qu'il ne soit plus besoin d'empêcher les bestiaux d'y aller. || T. Hist. nat. Se dit des moyens à l'aide desquels les êtres organisés repoussent tout ce qui peut leur nuire, tels que l'aiguillon de l'abeille, les piquants du hérisson, le test de la tortue, etc. — Plus partic., se dit de chacune des deux longues dents qui sortent de la bouche de certains vertébrés. *Les défenses du sanglier, de l'éléphant, du narval,* etc. || Prohibition, interdiction. *D. expresse d'afficher contre ce mur. On lui a fait d. de récidiver. Publier les défenses.* — *Jugement, arrêt de d. ou de défenses,* ou simplement *Défenses, Jugement, arrêt qui défend de procéder, de passer outre à l'exécution de quelque chose. Obtenir des défenses. Le jugement porte la d...* || T. Techn. Corde de sûreté à laquelle s'attache le couvreur.

Syn. — *Prohibition.* — Littéralement, *défendre* signifie éloigner, repousser ce qui nous heurte, ce qui nous offense, et *prohiber*, tenir en avant, opposer une barrière. La *défense* a donc un motif déterminé par la valeur propre du mot, celui d'empêcher de nuire, de blesser, etc. ; la *prohibition* n'indique, par la valeur du mot, aucun motif ; elle ne fait qu'éloigner, rejeter la chose. On *défend* ce qui ne se doit pas se faire, ce qui est mauvais ; on *prohibe* ce qu'on pourrait laisser faire, ce qui en soi est moralement indifférent. La loi de tous les peuples *défend* le meurtre et le vol ; la loi française *prohibe* la chasse et la pêche à certaines époques. *Défense* est un terme générique qui embrasse toutes sortes d'objets et appartient à tous les styles ; *prohibition* est du style administratif et réglementaire.

DÉFENSEUR. s. m. (lat. *defensum*, sup. de *defendere*, défendre). Celui qui défend, qui soutient, qui protège. *Les défenseurs de la patrie. Vous avez en lui un* *excellent d. Donner un d. à un accusé.* || T. Proc. *Un d. d'office,* L'avocat nommé par le juge pour défendre un accusé qui n'a pas trouvé ou n'a pas voulu choisir de d. — *D. officieux,* Celui qui, sans être avocat, prend volontierement la défense de quelqu'un. — Voy. BARREAU.

DÉFENSIF, IVE. adj. (lat. *defensum,* sup. de *defendere,* défendre). Fait pour la défense. *Traité d. Ligue défensive. Armes défensives.* || Subst., on dit *Être sur la défensive, se tenir sur la défensive, Être prêt, se tenir prêt à se défendre, mais sans avoir l'intention d'attaquer.

DÉFENSIVEMENT. adv. En se défendant.

DÉFÉQUER. v. a. (lat. *defæcare,* clarifier). T. Chim. Ôter les fèces, les impuretés d'une liqueur. *D. des sucs, une liqueur.* = DÉFÉQUÉ, ÉE. part. = Conj. Voy. ALLÉGUER.

DÉFÉRANT, ANTE. adj. (R. *déférer*). Qui a de la condescendance, qui est complaisant. *Il s'est toujours montré d. à ce qu'on désirait de lui.* Peu us.

DÉFÉRENCE. s. f. (R. *déférer*). Condescendance ; cette sorte d'égards qu'on témoigne à quelqu'un soit en se soumettant à ses avis, soit en ne le contrariant pas dans ses opinions. *Il faut avoir de la d. pour quelqu'un. On doit marquer, témoigner de la d. à sa vieillesse. Rendre de grandes déférences à quelqu'un Il a toujours montré beaucoup de d. pour ce qu'on lui disait. Par d. pour son âge, je ne répondis rien.* = Syn. Voy. COMPLAISANCE et CONSIDÉRATION.

DÉFÉRENT. adj. m. (lat. *deferens,* part. prés., de *deferre,* porter). T. Anat. *Canal d.,* Conduit excréteur du testicule, qui porte le sperme des testicules dans la vésicule séminale. || T. Astr. *Cercle d.* ou DÉFÉRENT s. m. Cercle imaginé par les anciens pour expliquer le mouvement des planètes. Ils supposaient que chaque planète, y compris le Soleil et la Lune, décrivaient un cercle nommé *épicycle,* dont le centre décrivait un autre cercle nommé *d.,* concentrique à la Terre. La découverte des lois de Képler a définitivement ruiné cette théorie. Voy. PLANÈTE.

DÉFÉRENTIEL, ELLE. adj. [Pr. ...*siel*]. T. Anat. *Artère d.,* Artère qui accompagne le canal déférent.

DÉFÉRER. v. a. (lat. *deferre,* de *de,* et *ferre,* porter). Accorder, décerner. *Le peuple romain déféra le consulat à Scipion, et les honneurs du triomphe à Pompée avant l'âge. Les cardinaux lui déférèrent le pontificat. D. la couronne.* — T. Droit. *D. le serment à quelqu'un,* S'en rapporter à son serment. Voy. SERMENT. || Dénoncer. *D. quelqu'un à la justice, en justice.* = DÉFÉRER. v. n. Condescendre, céder. *D. à quelqu'un, à l'âge, à la dignité, au mérite de quelqu'un. D. au sentiment, au jugement, à l'avis, aux opinions des autres.* = DÉFÉRÉ, ÉE. part. = Conj. Voy. ALLÉGUER. = Syn. Voy. CONFÉRER.

DÉFERLAGE. s. m. T. Mar. Action de déferler ; résultat de cette action.

DÉFERLER. v. a. T. Mar. *D. les voiles,* Les déployer. = DÉFERLER. v. n. Se dit des vagues qui se déploient avec impétuosité, et dont la crête se brise en formant de l'écume. *La vague déferlait avec violence au pied du rocher.* = DÉFERLÉ, ÉE. part.

DÉFERREMENT. s. m. [Pr. *défè-reman*]. Action de déferrer ; résultat de cette action.

DÉFERRER. v. a. [Pr. *défè-rer*] (R. *de,* et *ferrer*). Ôter le fer dont une chose est garnie. *D. une malle, une porte,* etc. *D. un cheval, un mulet.* || Fig., Déconcerter. *C'est un homme qui n'est pas difficile à d.* || T. Mar. Couper ses câbles-chaînes ou les filer par le bout. = SE DÉFERRER. v. pron. Se dit surtout des fers d'un cheval lorsqu'ils tombent, et de la ferrure d'un lacet, d'une aiguillette, lorsqu'elle vient à se détacher. *Ce cheval s'est déferré. Votre lacet se déferre.* || Fig., Se déconcerter. *Il se défère aisément.* = DÉFERRÉ, ÉE. part. || Fig. et pop., *Être déferré d'un œil,* Avoir un œil de moins.

DÉFERVESCENCE. s. f. Diminution de la chaleur fébrile.

DÉFET. s. m. (lat. *defectum,* ce qui manque). T. Libr. Se dit des feuilles dépareillées d'une édition qui ne peuvent servir à former des exemplaires complets.

DÉFEUILLER. v. a. [Pr. les *ll* mouillées]. Enlever ou faire tomber les feuilles d'un arbre. *L'orage a défeuillé tous nos arbres.* = SE DÉFEUILLER. v. pron. Perdre ses feuilles. *La plupart des arbres se défeuillent en automne.* = DÉFEUILLÉ, ÉE. part. *Des mûriers tout défeuillés.*

DÉFEUTREUR. s. m. T. Filat. Engin qui défait le feutrage.

DÉFI. s. m. (R. *défier*). Provocation à un combat singulier, qu'elle soit faite de vive voix, par gestes ou par écrit. *Faire, porter, envoyer un d. à quelqu'un. Accepter un d. Un insolent d. Un cartel de d.* || Par ext., Toute provocation à un jeu où il y a lutte. *Il lui a fait un d. à la paume, aux échecs. — Mettre quelqu'un au d. de faire une chose,* L'en défier.

DÉFIANCE. s. f. (R. *de,* priv. ; et *fiance,* vieux mot qui sign. *confiance*). Manque de confiance dans autrui, crainte d'être trompé. *Avoir, concevoir de la d. Être dans la d. Entrer en d. Écartez d'injustes défiances.* — Prov., *La d. est mère de sûreté,* Pour éviter d'être trompé, il ne faut pas donner légèrement sa confiance. || Manque de confiance en soi-même. *Avoir une grande d. de soi-même, de ses propres forces,* etc. = Syn. Voy. DÉFIER.

DÉFIANCER. v. a. (R. *de,* et *fiancer*). Rompre des fiançailles. = SE DÉFIANCER. v. réfl. Rompre ses fiançailles.

DÉFIANT, ANTE. adj. Soupçonneux, qui craint toujours d'être trompé. *C'est un homme fort d.*

DÉFIBRAGE. s. m. Action de défibrer.

DÉFIBRER. v. a. Ôter les fibres d'une substance.

DÉFIBREUR. s. m. Engin propre à ôter les fibres d'une substance.

DÉFICELER. v. a. Ôter la ficelle d'un paquet.

DÉFICIENT, ENTE. adj. (lat. *deficere,* manquer). T. Arith. Se dit d'un nombre plus grand que la somme de ses diviseurs, non compris bien entendu, le nombre lui-même. Voy. NOMBRE.

DÉFICIT. s. m. [Pr. le *t*] (lat. *deficit,* cela manque, de *deficere,* manquer). Ce qui manque à certaines choses. *Il y a cette année un grand d. sur la récolte. Il faut combler le d. des finances. On a découvert un d. dans la caisse de ce receveur. Il y a plusieurs déficit dans cet inventaire.*

DÉFIER. v. a. (R. *de,* et *fier*). Provoquer quelqu'un au combat. *D. son ennemi. Ajax osa d. Jupiter.* — Par ext., se dit de toute provocation à une lutte quelconque. *D. quelqu'un à la course, aux échecs, à boire, à qui boira le plus.* — Fig., *Son teint pouvait d. les roses du printemps.* || Déclarer à quelqu'un qu'on ne le craint pas, qu'on se moque de ses menaces. *Vous me menacez de me faire un procès, je vous en défie.* Prov., *Il ne faut jamais d. un fou,* se dit lorsque quelqu'un propose de faire quelque chose d'extravagant. — Déclarer qu'on regarde une certaine chose comme impossible à quelqu'un. *Je vous défie de m'en donner la preuve. Je vous défie de le deviner. Je le défie bien de se tirer de là.* || Fig., *Braver un danger, un péril.* || Fig., *Braver un danger, un péril, s'y exposer hardiment. D. un danger. D. le courroux du ciel. D. la mort, la mauvaise fortune.* — En parlant des choses sign. ne pas redouter. *Ce monument semble d. les siècles. Notre vaisseau défiait la tempête.* = SE DÉFIER. v. pron. Se porter mutuellement un défi. *Étéocle et Polynice se défièrent au combat. Nous nous sommes défiés au piquet.* || Avoir de la défiance contre quelqu'un ou quelque chose. *Il ne se défie nullement de vous. C'est un homme dont il faut se d. Je me défie de ses intentions. Défiez-vous de ses caresses. Il faut vous d. de tous ces bruits. Je me défie de mon cœur.* — Se d. de soi-même, de ses forces, de son esprit, Avoir peu de confiance en soi-même, etc. || Se douter, prévoir. *Il ne se défiait pas de ce qui lui est arrivé. Je ne me serais jamais défié que vous dussiez m'abandonner ainsi.* = DÉFIÉ, ÉE. part. — Conj. Voy. PRIER.

Syn. — Se défier, Se méfier. — Il existe entre ces deux verbes, ainsi qu'entre leurs dérivés, *défiance* et *méfiance*, une différence essentielle : *se défier* indique l'absence de *fiance*, et *se méfier*, l'existence d'une *fiance* mauvaise. La *méfiance* est une crainte habituelle d'être trompé ; la *défiance* est un doute que les qualités désirées par nous existent réellement dans les hommes, dans les choses, ou en nous-mêmes. La *méfiance* est l'instinct du caractère timide et pervers ; le *méfiant* juge les autres par lui-même et les craint. La *défiance* est l'effet de l'expérience et de la réflexion. La *méfiance* ne raisonne pas ; la *défiance* s'appuie sur des motifs plausibles.

DÉFIGER. v. a. Rendre liquide ce qui est figé.

DÉFIGURANT, ANTE. adj. Qui défigure.

DÉFIGURATION. s. f. [Pr. ...*sion*]. Action de défigurer ; état de ce qui est défiguré.

DÉFIGURER. v. a. Gâter la figure, le visage. *La petite vérole l'a toute défigurée.* || Par ext., Gâter la forme, la figure de quelque chose, la dénaturer. *D. une statue, un tableau en voulant les retoucher.* — Fig., Altérer, dénaturer, rendre méconnaissable. *Il n'a fait que d. Homère en voulant le traduire. D. le langage. D. la vérité. D. l'histoire.* = SE DÉFIGURER. v. pron. Se gâter le visage. *Elle s'était défigurée volontairement.* || Fig., S'altérer. *Notre langue se défigure tous les jours par la manie du néologisme.* = DÉFIGURÉ, ÉE. part.

DÉFILADE. s. f. T. Mar. Action de défiler. || *Feu de d.*, Feu de vaisseaux qui tirent à mesure qu'ils défilent.

DÉFILAGE. s. m. Action d'ôter les fils. || Trituration par laquelle les chiffons sont réduits en une sorte de pâte. || Masse de chiffons défilés.

DÉFILATEUR. s. m. T. Fortif. Instrument qui sert à déterminer le plan de défilement d'un ouvrage.

DÉFILÉ. s. m. (R. *défiler*, v. n.) Passage étroit où quelques personnes seulement peuvent aller de front. *Un pays de défilés, plein de défilés. S'engager, être pris dans un d. S'assurer, se rendre maître d'un d. Garder un d. Attendre l'ennemi à un d.* || T. Art milit. Action de marcher par colonnes, en parlant d'une troupe. *Commander le d.* || Fig., Situation embarrassante dont il est difficile de sortir. *Il se trouve dans un étrange d.* || T. Techn. Pâte à papier que produit la pile défileuse.

DÉFILEMENT. s. m. (R. *défiler*, v. a.) T. Guerre. Art de régler le relief des ouvrages de défense de manière qu'ils mettent les combattants à l'abri du feu de l'ennemi. Voy. FORTIFICATION.

DÉFILER. v. a (R. *fil*). Ôter le fil, le cordon qui est passé dans quelque chose. *D. des perles, un collier, un chapelet.* — Fig., *D. son chapelet.* Voy. CHAPELET. || T. Fortif. *D. un ouvrage*, Le garantir d'enfilade, c.-à-d. garantir son prolongement des feux qui en balayeraient les défenseurs. = SE DÉFILER. v. pron. *Votre collier s'est défilé.* — Fig., *Le chapelet se défile.* Voy. CHAPELET. = DÉFILÉ, ÉE. part.

DÉFILER. v. n. (R. *file*). Se dit en parlant de plusieurs personnes, et sign., Marcher les uns après les autres, à la file, et ordinair. sur un petit nombre de front. *Il nous fallut d. un à un, deux à deux.* *La caravane défilait lentement entre les rochers. La procession mit longtemps à d.* || Dans un sens partic., se dit des troupes qu'on fait marcher par files devant un chef, ainsi que ce dernier ait le temps de les voir plus en détail. *Après la revue, les troupes défilèrent devant l'empereur.* || Fig. et fam., se dit de plusieurs personnes d'une même société qui meurent à peu d'intervalle les unes après les autres. *Notre académie défile, j'attends mon heure.*

DÉFILER. s. m. T. Art milit. Voy. DÉFILÉ.

DÉFILEUSE. s. f. (R. *défiler*, v. a.). Première pile de moulins dans laquelle on jette les chiffons destinés à faire du papier.

DÉFILOCHAGE. s. m. Parties qui se détachent de la laine et de la soie en forme de filoches.

DÉFINIR. v. a. (lat. *definire*, m. s., de *finis*, fin, terme.) Marquer, déterminer. *Dieu seul peut d. le temps et le lieu où cela doit arriver.* || Faire connaître ce qu'est une chose, en indiquant ses caractères essentiels, ceux qui la distinguent de toute autre. *On définit le triangle, une figure qui a trois côtés et trois angles. Il y a des choses qui sont claires par elles-mêmes et qu'il est impossible de d. Je ne saurais d. le sentiment que j'éprouve.* — *D. un mot, un terme, une expression,* Dire quel sens on y attache. — *D. une personne,* En faire connaître les qualités bonnes ou mauvaises. *C'est un homme qu'il est impossible de d. Je vais vous le d. en deux mots.* || Dans le style dogmatique, s'emploie dans le sens de décider. *Les conciles ont défini que... Le concile a défini là-dessus que...* = SE DÉFINIR. v. pron. *Les idées composées peuvent seules se d. Une idée simple, un sentiment ne se définissent pas. C'est un homme, un caractère qui ne peut se d.* = DÉFINI, IE. participe. *Un nombre défini. Une quantité définie.* || T. Gram. *Article défini.* Voy. ARTICLE. *Parfait, passé ou prétérit défini.* Voy. VERBE. || T. Bot. Se dit des étamines dont le nombre, constant dans la même espèce, ne dépasse pas 12, et d'une inflorescence dont le pédoncule est terminé par une fleur. Voy. INFLORESCENCE et ÉTAMINE.

DÉFINISSABLE. adj. Que l'on peut définir.

DÉFINISSEUR. s. m. Celui qui définit, qui aime à donner des définitions.

DÉFINITEUR. s. m. Titre donné, dans certains ordres religieux, à celui qui assiste le général ou le provincial dans l'administration des affaires de l'ordre. *D. général. D. provincial.*

DÉFINITIF, IVE. adj. (lat. *definitivus*, m. s., de *finis*, fin). Qui termine une chose, une affaire, de manière qu'on n'y devra plus revenir. *Traité d. Règlement d. Résultat d. Résolution définitive.* || T. Procéd. *Jugement d.,* Jugement qui statue sur le fait. Voy. JUGEMENT. — EN DÉFINITIVE. loc. adv. T. Palais. Par jugement définitif. *Il a gagné son affaire en définitive.* — Dans le langage ordinaire, Décidément. *En définitive, que demandez-vous ? que voulez-vous faire ?*

DÉFINITION. s. f. [Pr. ...*sion*] (lat. *definitio*, m. s., de *finis*, fin). Explication de ce qu'est une chose. *D. juste, exacte, complète, incomplète.* — *La d. d'un mot, d'un terme, etc.,* L'explication de ce qu'il signifie. || En matière dogmatique, Décision. *Les définitions des conciles font autorité dans l'Église. Avant la d. du concile sur cette matière.* || T. Phys. et Astr. Action de donner une vision nette. Vision plus ou moins nette d'un objet dans un instrument d'optique.

Logique. — Parmi les définitions, on distingue les *définitions de mots* ou *nominales*, qui se rapportent aux mots, dont elles fixent le sens, et les *définitions de choses* ou *réelles*, qui font connaître la nature de la chose définie.

Les définitions de noms sont arbitraires et ne sauraient être contestées. Je suis, en effet, le maître d'attribuer aux termes que j'emploie telle signification que bon me semble, pourvu que j'en avertisse les autres. Si, par ex., dépouillant le mot *trapèze* de toute signification, je donne ce nom à une figure qui a trois côtés et trois angles, je ne commets en cela aucune erreur, bien qu'on puisse me blâmer d'adopter ce terme au lieu du mot *triangle* qui est partout usité dans ce sens. Il en est tout autrement des définitions de choses ; car il n'est point en notre pouvoir de donner aux choses des attributs qu'elles ne possèdent pas. Ces définitions peuvent donc être contestées, et, le plus souvent, on doit exiger la preuve de leur exactitude.

Une d., pour être bonne, doit convenir à tout le défini et rien qu'au défini : c'est cette condition qu'expriment les logiciens quand ils disent que la d. doit être *universelle* et *propre*. Ils veulent aussi que la d. soit *réciproque*, c.-à-d. que l'on puisse, sans commettre d'erreur, mettre l'attribut à la place du sujet. *L'homme est un animal raisonnable ; L'animal raisonnable, c'est l'homme.* Ce dernier caractère se retrouve nécessairement toutes les fois que la d. ne s'applique exclusivement qu'au défini, et montre que cette condition est bien remplie. Il distingue la d. des propositions pures et simples dont es termes ne sont pas convertibles, comme ce lo-ci : *L'or est jaune ;* l'inverse ne saurait se dire, car il y a bien d'autres corps que l'or qui possèdent l'attribut *jaune.* Enfin, une d. doit être *claire, courte* et *précise,* et pour cela il convient d'éviter les expressions métaphoriques, et de n'employer que des mots parfaitement connus et expliqués.

Toutes les choses ne sont pas susceptibles de d. proprement dite, c.-à-d. ne sont pas susceptibles d'être définies par le *genre* et la *différence.* Celles-là seules peuvent être définies de cette façon, dont la nature est complexe et se prête à l'analyse. Les choses qu'on ne peut définir ainsi sont de deux sortes : celles qui sont simples et celles qui appartiennent à la même espèce. — Nous ne pouvons définir l'être, parce que c'est une idée simple, et que par conséquent nous ne concevons pas de genre supérieur à elle ; nous ne pouvons définir le jaune, le rouge, la faim, la soif, le chaud, le sec, l'humide, la lumière, etc., etc., parce que nous les connaissons uniquement comme impressions sensorielles ; nous ne pouvons définir le désir, la pitié, etc., parce que ce sont de simples états de l'âme. — D'autre part, nous ne pouvons définir les individus, tels que Pierre, Paul, Jacques, etc., parce qu'ils appartiennent à la même espèce, et ne se distinguent les uns des autres que par des attributs nombreux, accidentels et variables, qu'il est impossible de formuler avec rigueur. Dans ce cas, pour distinguer les choses les unes des autres, il faut procéder par *description.* Ce procédé est celui auquel nous sommes presque toujours obligés de recourir dans les sciences et dans les arts. Alors, nous nous efforçons de donner une idée claire des objets par leurs causes, par leur matière, par leur forme, par leur but, etc. Néanmoins, par analogie, nous donnons à ces descriptions le nom même de définitions. — De toutes les sciences, la géométrie est la seule qui ait le privilège de donner toujours des définitions certaines et rigoureuses. Ce privilège tient, ainsi que l'ont fait voir Pascal et Kant, à ce que les figures, et en général les objets de la géométrie sont des produits de la pensée, qui y met précisément ce qu'elle veut, et qui sait tout ce qu'elle y met. — Voy. sur ce sujet, *La Logique de Port-Royal,* les *Leçons de philosophie* de LAROMIGUIÈRE, le *Dictionnaire des Sciences philosophiques.*

DÉFINITIVE. s. f. Situation définitive, dernier état. || *En définitive.* loc. adv. Voy. DÉFINITIF.

DÉFINITIVEMENT. adv. D'une manière définitive. *Je veux savoir d. à quoi m'en tenir.* || Par jugement définitif. *Cette affaire a été jugée d.*

DÉFLAGRATEUR. s. m. (R. *déflagrer*). T. Phys. Appareil électro-magnétique propre à produire l'explosion de certaines matières.

DÉFLAGRATION. s. f. [Pr. . .*sion*] (lat. *deflagratio,* m. s.) T. Chim. Combustion rapide accompagnée d'un dégagement considérable de chaleur, d'une flamme vive et d'un bruit plus ou moins fort, mais souvent répété. *Le phosphore, les azotates, la poudre à canon, etc.,* brûlent avec d. || T. Géol. L'ensemble des phénomènes qui se manifestent ordinairement dans les éruptions volcaniques.

DÉFLAGRER. v. n. (lat. *deflagrare,* brûler). T. Phys. Éprouver le phénomène de la déflagration.

DÉFLÉCHI, IE. adj. T. Bot. Qui retombe et se courbant en arc. *Rameau d. Tige défléchie.*

DÉFLÉCHIR. v. a. (R. *fléchir*). Détourner de la direction. = DÉFLÉCHIR. v. n. Changer de direction naturel e. || T. Phys. Changer de direction en parlant des rayons lumineux.

DÉFLECTOR ou **DÉFLECTEUR.** s. m. Appareil magnétique qu'on place à une certaine distance de la boussole d'un navire afin de corriger une partie de l'influence fâcheuse qu'exercent sur les pièces de fer de ce navire. Voy. BOUSSOLE.

DÉFLEGMATION. s. f. [Pr. . .*sion*]. T. Chim. Distillation au moyen de laquelle on sépare d'un liquide spiritueux l'eau qu'il contient, et qu'on appelait autrefois *Flegme.*

DÉFLEGMER. v. a. (R. *flegme*). T. Chim. Séparer par la distillation la partie aqueuse d'une substance. *D. de l'esprit de vin.* = DÉFLEGMÉ, ÉE. part.

DÉFLEURAISON. s. f. Chute des fleurs d'une plante. On dit aussi *Défloraison.*

DÉFLEURIR. v. n. Se dit des arbres, des arbrisseaux qui viennent à perdre leurs fleurs. *Quand la vigne vint à d.* = DÉFLEURIR. v. a. Faire tomber les fleurs des arbres. *La gelée a défleuri les abricotiers.* || En parlant de certains fruits, Leur ôter le velouté. *En cueillant ces pêches, prenez garde de les d.* || Fig. Enlever le charme, la candeur. *Vos théories défleurissent la jeunesse.* = DÉFLEURI, IE. part.

DÉFLEXION. s. f. (lat. *deflexio,* m. s.). T. Phys. Changement de direction. *La d. des rayons lumineux.* = Voy. DIFFRACTION. || T. Obst. Action de ramener dans sa direction la tête du fœtus.

DÉFLORANT, ANTE. adj. Qui déflore, qui ôte le charme de la candeur.

DÉFLORATION. s. f. (lat. *defloratio,* m. s.). Action de déflorer. *Les signes de la d.*

DÉFLORER. v. a. (lat. *deflorare ;* de *flos,* fleur). Ôter la fleur de la virginité. || Fig., *D. un sujet,* se dit d'un auteur qui, en traitant mal ou d'une manière incomplète un sujet nouveau, lui enlève l'attrait résultant de la nouveauté, sans faire une œuvre capable de satisfaire le savant ou l'homme de goût. = DÉFLORÉ, ÉE. part.

DÉFOLIATION. s. f. [Pr. . .*sion*] (lat. *defoliatio,* m. s., de *folium,* feuille). T. Bot. Chute des feuilles des plantes ligneuses.

DÉFONÇAGE. s. m. Action de défoncer un terrain. || Opération qui consiste à ramollir le cuir en le frappant fortement après l'avoir trempé dans l'eau.

DÉFONCEMENT. s. m. Action de défoncer.

DÉFONCER. v. a. (R. *fond*). Ôter, enlever le fond. *D. un tonneau, une futaille, une pièce de vin,* etc., Enlever les douves qui leur servent de fond. || T. Agric. *D. un terrain.* Voy. DÉFRICHEMENT. — *D. une route,* La dégrader, y produire des creux, des ornières. || T. Mar. *D. une voile,* La déchirer au fond, vers le centre, en parlant du vent. || T. Techn. *D. un cuir,* Le ramollir avec de l'eau, puis le frapper fortement. On dit aussi *Fouler.* Voy. ce mot. = DÉFONCÉ, ÉE. part. || Adject., *Chemin défoncé,* Chemin rompu, effondré.

DÉFONCEUSE. s. f. Sorte de charrue sans versoir. Voy. DÉFRICHEMENT.

DÉFORMABLE. adj. Qui peut être modifié dans sa forme.

DÉFORMATEUR, TRICE. adj. Qui déforme ou corrompt.

DÉFORMATION. s. f. [Pr. . .*sion*] (lat. *deformatio,* m. s.). T. Méd. Altération de la forme d'un organe résultant d'une cause accidentelle et visible. *La déformation de la tête résulte souvent de la manière de coiffer les jeunes enfants.*

DÉFORMEMENT. s. m. Action de se déformer ; état de ce qui est déformé.

DÉFORMER. v. a. (lat. *deformare,* m. s., de *de,* et *forma,* forme). Altérer la forme d'une chose. *D. un chapeau, des souliers. Les corsets déforment la taille.* = SE DÉFORMER. v. pron. Perdre sa forme primitive. *Votre chapeau s'est déformé. Sa taille se déforme.* = DÉFORMÉ, ÉE. part.

DÉFORMEUR. s. m. Ouvrier qui donne la dernière façon aux chaussures.

DÉFORTIFIER. v. a. Démolir des fortifications.

DÉFOURNER. v. a. Tirer du four. *D. du pain. D. un gigot.* = DÉFOURNÉ, ÉE. part.

DÉFOURRER. v. a. (R. *de,* et *fourrer*). Ôter la fourrure.

|| T. Mar. Oter la fourrure d'une manœuvre dormante. || Retirer les enveloppes des cauchers pendant l'opération du battage de l'or.

DÉFRAÎCHIR. v. a. Oter la fraîcheur, le brillant à une étoffe, à un objet. = se DÉFRAÎCHIR. v. réfl. Être défraîchi.

DÉFRANCISER. v. a. Faire perdre les mœurs, le caractère français.

DÉFRAYEMENT. s. m. [Pr. défrè-man]. L'action de défrayer.

DÉFRAYER. v. a. [Pr. défrè-ier] (R. frais, dépense). Payer la dépense de quelqu'un. D. quelqu'un. Elle était défrayée de tout. || Fig. et fam., D. la compagnie, L'entretenir, l'amuser, surtout l'amuser à ses dépens, lui servir de risée. = DÉFRAYÉ, ÉE. part. = Conj. Voy. PAYER.

DÉFRAYEUR. s. m. Celui qui défraye.

DEFREMERY, arabisant français (1822-1883).

DÉFRICHAGE. s. m. Action de défricher un terrain.

DÉFRICHEMENT. s. m. Action de défricher. Résultat de cette action. L'ensemble des travaux par lesquels une terre inculte est rendue propre à la culture. — Par ext., se dit d'un terrain défriché ou qu'on défriche. La plupart de nos défrichements sont très productifs.
Agric. — Dans son sens le plus restreint et le plus absolu, le mot Défrichement désigne la mise en culture de toute terre en friche, c.-à-d. inculte ; mais, dans un sens plus général, on l'applique encore à la mise en culture annuelle d'un bois ou d'une prairie naturelle.
1. Défrichement des terres incultes. — Les procédés en usage pour défricher les terres incultes devant nécessairement varier selon la nature du terrain, nous aurons à considérer séparément celui d. des sols non caillouteux, celui des sols caillouteux, et celui des terres marécageuses.
1° Terrains non caillouteux. — Lorsque la terre qu'on se propose de défricher est, ainsi qu'il arrive fréquemment, couverte de broussailles, de bruyères, etc., il est indispensable de commencer par les extirper. Cela fait, on en forme de petits tas que l'on brûle sur place, puis on répand sur toute la surface les cendres qui en résultent et qui constituent un excellent amendement. — Le sol d'une terre qui n'a pas encore été soumise à la culture, a besoin d'être, tout d'abord, profondément remué pour devenir plus aisément perméable à l'air et à l'humidité. Cette opération, qui a reçu le nom de Défoncement, a encore pour résultat de détruire les plantes vivaces à racines traçantes et profondes, et souvent même d'améliorer la surface du terrain en y mélangeant une partie du sous-sol. Au reste, le défoncement doit être plus ou moins profond selon les espèces de plantes qu'on a dessein de cultiver, et selon la nature du sous-sol ; car il est des lieux où il serait nuisible de mélanger la couche profonde à la couche superficielle. La profondeur à laquelle il convient de pénétrer varie de 30 à 60 centimètres ; le plus souvent elle est de 40 environ ; la plupart des récoltes peuvent s'en contenter. C'est, en général, au moyen de la charrue que l'on pratique les défoncements. La charrue ordinaire peut servir à cet usage. Pour cela, on trace un premier sillon aussi profond que possible ; puis, dans ce même sillon on fait passer une seconde charrue qui achève de remuer le sol à la profondeur voulue. Mais lorsqu'on veut éviter ce double travail, il faut avoir recours à des charrues spéciales dites de défoncement à plus grande puissance. Il existe aujourd'hui un assez bon nombre de charrues propres au défoncement que les agronomes recommandent surtout la Charrue Rosé et la Charrue Bonnet. Le corps de la première est tout entier en fonte. Ces appareils exigent le concours de dix chevaux et de trois hommes, un pour conduire l'attelage, l'autre pour guider le soc, et le troisième pour débarrasser le sol des obstacles qui pourraient empêcher ou contrarier la marche de la machine. Ils peuvent défoncer près de 25 ares de terrain par jour. D'autres fois, on fait usage de charrues à deux socs placés l'un devant l'autre, le soc de devant se trouvant un peu plus élevé que celui de derrière : telle est, par exemple, la Charrue Roquebrune. — Un labour ordinaire coûterait beaucoup moins ; mais il serait insuffisant, parce que les gazons n'ayant pas été assez profondément enterrés, repousseraient en partie, et la dépense qu'il faudrait faire pour les détruire égalerait l'économie

qu'on aurait d'abord réalisée. D'ailleurs, on serait tôt ou tard obligé d'en venir au défoncement quand on voudrait tirer tout le parti possible de la nouvelle terre. Il vaut donc infiniment mieux débuter par le défoncement ; outre qu'il ameublit mieux le sol, il a l'avantage d'enfouir assez le gazon pour qu'il puisse se décomposer entièrement et se trouver à l'état d'engrais, lorsque, plus tard, un second labour profond viendra le ramener à la surface. Dans tous les cas, le défoncement doit être opéré avant l'hiver, afin que les couches inférieures que l'on ramène à la surface aient le temps d'être soumises à l'action de l'air, des pluies, de la neige et de la gelée, qui désassocient les éléments minéraux du sol, et les mettent dans un état tel qu'ils deviennent assimilables par les végétaux. Au printemps, on fume ; on donne un labour en travers pour enterrer le fumier, et on commence l'exploitation du terrain défriché en le chargeant d'une récolte de pommes de terre, d'avoine, etc.
Dans ce qui précède, nous avons supposé que le sous-sol n'est pas de nature à nuire à la qualité du sol de la superficie ; mais il n'en est pas toujours ainsi. Il faut alors éviter de mélanger aucune partie du sous-sol avec la couche superficielle, et par conséquent procéder autrement. Dans ce cas, le sillon ouvert avec la charrue ne doit pas dépasser l'épaisseur

de la couche superficielle ; quant au sous-sol, on se contente de le pulvériser au moyen d'une charrue dépourvue de versoir, qu'on nomme, à cause de sa destination, Charrue sous-sol. Il existe plusieurs modèles de ce genre de charrue : l'un des meilleurs est celui de Rosé et Laurent que représente la Fig. ci-dessus. Cet instrument est tout en fer. Il pénètre à une profondeur de 25 à 30 centim., qui, ajoutée aux 20 à 25 centim. produits par la première charrue, donnent une profondeur totale de 45 à 50 centim. Avec une charrue ordinaire et une sous-sol Rosé et Laurent, traînées chacune par 4 chevaux, on peut, suivant Dubreuil et Girardin, défoncer 40 ares par jour.
Nous mentionnerons, pour terminer, une machine agricole qui rend de grands services à l'agriculture. C'est la Défonceuse Guibal. Cette machine consiste essentiellement en un châssis ordinaire de voiture qui supporte un essieu sur lequel est montée une double roue en fonte, dont les jantes sont munies de dents recourbées, fixées au moyen de boulons. Ces dents, par le seul effet du poids de la machine, pénètrent dans la terre de toute leur longueur, de sorte que le mouvement en avant, en déterminant la rotation de cette lourde roue, produit un véritable déchirement de la terre à l'endroit même où les dents sont enfoncées, et d'où elles ne peuvent sortir qu'en décrivant un certain arc de cercle. Cette défonceuse convient spécialement dans les cas où l'on ne veut pas mélanger la terre du sous-sol avec celle de la surface arable, car elle ne fait que déchirer le terrain sans ramener au soleil la couche inférieure.
2° Terrains caillouteux. — Quand les terrains sont caillouteux, le d. se fait toujours à bras d'homme. On exécute avec la bêche un défoncement de 40 à 50 centim., et l'on enlève au fur et à mesure les pierres que renferme la couche superficielle, qui doit ensuite être soumise à l'action de la charrue pour les cultures ultérieures. Si la position des lieux ne permet pas de se défaire des pierres extraites du sol, on les enfouit au fond de fossés creusés à cet effet, après en avoir détaché avec soin la terre meuble. Le d. des terrains pierreux est en général fort coûteux ; cependant, il est des circonstances où il constitue une assez bonne spéculation.
3° Terrains marécageux. — La mise en culture de ces terrains doit toujours être précédée d'une opération préliminaire, celle du dessèchement (voy. DESSÈCHEMENT et DRAINAGE), après laquelle on procède au d. proprement dit. Ces terrains ont constamment pour base une couche argileuse qui

est recouverte, tantôt par un gazon très dense, épais de 20 centim. environ, qui résulte de l'entrelacement des racines des plantes aquatiques; tantôt par un banc tourbeux, de plusieurs mètres d'épaisseur, qui provient de la décomposition successive de ces mêmes végétaux. Dans les deux cas, un labour ne pourrait suffire, parce que cette espèce de gazon, une fois enterré, se décomposerait trop imparfaitement et trop lentement, et que, d'ailleurs, la plupart des plantes nuisibles ne tarderaient pas à reparaître. Le moyen le plus efficace est fourni par l'*Écobuage*. On nomme ainsi une opération qui consiste à brûler la couche superficielle du sol couverte d'herbes ou de plantes ligneuses, et à répandre ensuite uniformément sur la terre les produits de l'incinération. L'écobuage est une pratique très ancienne, puisqu'il en est question dans Virgile. L'Italie passe pour l'avoir fait connaître à la France vers le commencement du XVII° siècle, et l'on croit que l'Angleterre n'en fit usage qu'un cinquantaine d'années plus tard. Il est à cette heure répandu dans toute l'Europe. Quand il s'agit d'écobuer une terre marécageuse desséchée, on commence par découper le gazon en plaques aussi régulières que possible, en se servant soit d'instruments particuliers, mus par des chevaux, soit d'outils de main diversement disposés qu'on nomme *Écobues*, *Tranche-gazon*, *Lève-gazon*, etc. On fait sécher ces plaques, et, quand leur dessiccation est complète, on en forme de petits fourneaux coniques, au centre desquels on ménage un vide qu'on remplit de menu bois auquel on met le feu. On doit avoir soin de tourner les faces gazonnées vers l'intérieur, et d'ajouter de nouvelles plaques sur les points où la flamme se montre, afin que la combustion s'opère lentement. Aussitôt que les cendres sont refroidies, on les répand sur le sol; après quoi on les enterre par un labour superficiel. L'écobuage produit une double action. D'un côté, il diminue la consistance du sol et le rend plus friable et plus poreux, ce qui permet aux racines de pénétrer plus facilement et aux eaux pluviales de s'égoutter plus aisément. D'autre part, il introduit dans la terre des substances salines et alcalines stimulantes, et rend les parties argileuses beaucoup plus facilement attaquables par les agents atmosphériques, et susceptibles de fournir à la végétation des silicates alcalins dont certaines plantes, les céréales entre autres, ont un si grand besoin. Vraisemblablement aussi, il pénètre le sol de certains principes volatils ammoniacaux ou autres résultant de la combustion des plantes. Toutefois l'écobuage ne profite réellement qu'aux terres tourbeuses et marécageuses, aux vieilles prairies et généralement à toutes les terres glaiseuses ou argilo-marneuses; il produit, au contraire, de mauvais résultats quand on l'applique aux sols légers et sablonneux, qui sont peu riches en matières organiques.

II. *Défrichement des bois et prairies*. — Le d. d'un terrain inculte est toujours une œuvre qui profite, en définitive, à la société, car il rend productif ce qui ne l'était pas, bien que l'entrepreneur de culture puisse avoir très mal calculé et enfoui dans ce travail un capital trop considérable relativement au revenu qu'il en tire. Mais la question change, quand il s'agit d'opérer sur des bois ou des prairies, parce que le sol sur lequel on se propose d'agir donne déjà un certain revenu. Dans ce cas, il peut y avoir perte pour la société comme pour l'individu. Il ne convient donc de défricher que lorsque le produit en bois ou en fourrages est inférieur au revenu que donnerait le même sol converti en terre labourable.

1° *Défrichement des bois* — Il est reconnu qu'il n'y a avantage à défricher les bois que lorsque les fonds ainsi livrés à la culture peuvent constituer des terres classées par le cadastre dans une des deux premières classes. Encore même doit-on s'abstenir de tout travail de ce genre sur les bois situés sur des pentes rapides ou sur le sommet des montagnes, parce que, abstraction faite des causes d'utilité générale que nous examinerons ailleurs (voy. FORÊTS) les frais de culture y étant plus élevés que sur les terres en plaine, le revenu égalerait à peine celui des terrains de troisième classe, et descendrait même plus bas. On doit également s'abstenir de défricher les bois qui bordent la mer, parce qu'en fixant les sables ils les empêchent d'envahir les terres cultivées, et qu'en outre ils garantissent les récoltes contre les ravages des vents qui viennent du large.

Le d. des bois en plaine, le seul qui, venons-nous de dire, soit profitable, ne diffère pas sensiblement de celui des terrains ordinaires. On commence par arracher tous les arbres; après quoi on enlève les racines, soit au moyen d'un défoncement à bras d'homme, soit à l'aide de charrues ou de machines spéciales. Parmi les charrues les plus avantageuses

pour ce genre de travail, nous citerons particulièrement la *Charrue Trochu*, qui est armée d'un soc plat et bien acéré, d'un large contre de forme demi-circulaire fixé au soc, et de trois autres coutres dentés et disposés en échelons, qui agissent à la façon d'une scie sur les racines que rencontre la charrue. L'*Extirpateur* de Julien d'Alger, fort employée en Algérie pour les terres envahies par le palmier nain, mérite aussi d'être mentionnée. Nous nommerons encore l'*Extirpateur-scarificateur* de Smyth et Ashbys, qui est décrit et figuré dans l'ouvrage de Jourdier intitulé *le Matériel agricole*. — Le défoncement du sol et l'arrachement des racines exécutés, on donne aussitôt après un second labour ordinaire, on nivelle la terre par un hersage énergique, et on l'abandonne, pendant tout l'hiver, à l'action des agents atmosphériques.

2° *Défrichement des prairies* — Ce que nous avons dit des bois placés sur les pentes s'applique entièrement aux prairies naturelles placées dans les mêmes conditions. En effet, sur des prairies de cette nature, la culture annuelle serait très coûteuse, et, de plus, la terre ameublie par les labours serait très facilement entraînée par les eaux. Quant aux prairies situées sur le bord des cours d'eau qui y entretiennent une humidité constante, et souvent y déposent un limon fécondant, leur rendement est en général supérieur à celui des meilleures terres labourables. Aucun agriculteur sensé ne songera donc à les défricher. Il en est de même des pâturages de certaines contrées, comme ceux du pays d'Auge, en Normandie, où la nature du sol et les conditions atmosphériques sont tellement favorables à la production des fourrages, que leur rendement est, pour le moins, aussi grand qu'il pourrait être s'ils étaient cultivés de toute autre manière. Les prairies naturelles étant assises tantôt sur des terrains meubles, tantôt sur des terrains cailloutoux ou même quelquefois sur des terrains presque marécageux, leur d. suit en général les règles particulières que nous venons d'exposer.

DÉFRICHER. v. a. (R. *friche*). Convertir en terre propre à la culture une terre auparavant inculte. *Il y a encore en France bien des terres à d.* || Fig., Commencer à cultiver un idiome, à le polir par l'étude. *Amyot est un des premiers écrivains qui aient défriché notre langue.* || Fig. et fam., Démêler, éclaircir une chose difficile et embrouillée. *Il a entrepris de d. une matière bien difficile.* Peu us. = DÉFRICHÉ, ÉE. part.

DÉFRICHEUR. s. m. Celui qui défriche.

DÉFRISEMENT. s. m. Action de défriser.

DÉFRISER. v. a. Défaire la frisure. *Le temps humide défrise les cheveux. Finis donc de jouer ainsi, tu défrises ta sœur.* = SE DÉFRISER. v. pron. Quand le temps est humide, les cheveux se défrisent. Tu t'es tout défrisé en faisant le diable. = DÉFRISÉ, ÉE. part.

DÉFRONCER. v. a. (R. *de*, et *froncer*). Déplisser, défaire les plis d'une étoffe froncée. *D. une jupe.* || Fig. et fam., *D. le sourcil*, Se dérider le front, prendre un air serein. = DÉFRONCÉ, ÉE. part.

DÉFROQUE. s. f. (R. *froc*). Les biens meubles et de peu de valeur qu'un religieux laisse en mourant. *La d. des moines appartenait à l'abbé.* || Par ext., et fam., Les meubles et nippes de peu de valeur que quelqu'un abandonne. *Il lui a laissé toute sa d.* — Se dit aussi des vêtements qu'on ne porte plus. *Outre ses gages, la femme de chambre a la d. de sa maîtresse.*

DÉFROQUER. v. a. (R. *de*, et *froc*). Faire quitter le froc. Fam., *il ne se dit qu'en mauvaise part*, en parlant d'un religieux qui a quitté ou veut quitter l'état monastique. *On travaille à le d.* = SE DÉFROQUER. v. pron. Quitter l'état monastique. *Ce moine a bien envie de se d.* — Par ext., et en mauvaise part, Quitter l'état ecclésiastique. = DÉFROQUÉ, ÉE, part. *Un moine se défroque. Un prêtre d.*

DEFTERDAR. s. m. Titre persan qui signifie *Teneur de registre*, et qui en Perse, ainsi qu'en Turquie, est donné au fonctionnaire qui remplit l'office de ministre des finances.

DÉFUBLER. v. a. Oter un affublement. = SE DÉFUBLER. v. pron. Quitter son affublement.

DÉFUNER. v. a. (lat. *de; funis*, corde). T. Mar. Dégarnir un mât de ses cordages.

DÉFUNT, UNTE. adj. (lat. *defunctus* [*vita*], qui s'est acquitté [de la vie]). Qui est mort. Ne se dit qu'en parlant d'une personne dont le décès est assez récent. *Le roi d. La défunte reine. D. votre père.* || S'emploie ordinairement comme subst. *Les enfants du d. La pauvre défunte est déjà oubliée. Prier Dieu pour les défunts.*

DÉGAGEMENT. s. m. Action de dégager, de se dégager; le résultat de cette action. Se dit au propre et au figuré. *Le d. des effets déposés au mont-de-piété. Le d. de sa parole. On travaille au d. de la voie publique.* || T. Escrime. Action de dégager le fer. *Faire un d.* || T. Archit. Corridor, passage, petite pièce pratiquée dans un appartement, pour permettre d'aller et de venir sans passer par les grandes pièces. *Dans cette maison, chaque chambre a son d. Pratiquer un d.* On dit dans le même sens, *Porte de d. Escalier de d.* || T. Chirur. Quatrième temps de l'accouchement. Voy. **DÉFLEXION.** || T. Méd. Action de faciliter les fonctions des organes. *D. de la tête, de la poitrine*, etc. || T. Chorégr. Action de retirer un pied engagé derrière autre et de le faire passer devant ou à côté. || T. Grav. Action de repasser la pointe autour des traits gravés. || T. Techn. Espèce de moulure formée de grains d'orge detachés.

DÉGAGER. v. a. (R. *gage*). Retirer une chose qui avait été donnée en gage. *D. des effets du mont-de-piété. Il a dégagé sa montre.* — Par anal., se dit d'un immeuble hypothéqué. *Il a par son économie dégagé peu à peu toutes ses terres.* || Fig., *D. sa parole*, signifie également, Satisfaire à sa parole, et Retirer sa parole. *Je vous avais promis votre argent pour tel jour, je viens d. ma parole, le voilà. Vous n'avez pas rempli les conditions de notre engagement, je suis en droit de d. et je dégage ma parole.* On dit de même, dans les deux sens ci-dessus, *D. sa foi, sa promesse, ses serments.* — *D. quelqu'un de sa parole, de sa promesse, d'une responsabilité*, etc., Le dispenser de tenir sa parole, sa promesse, l'affranchir de la responsabilité qui pesait sur lui. — *D. son cœur*, Rompre un engagement ou une liaison avec une personne de l'autre sexe. — *D. un soldat*, lui faire obtenir son congé. || Débarrasser une chose de ce qui l'obstrue. *D. une porte, un passage. D. la voie publique.* — *D. la tête, la poitrine*, Rendre plus libre le jeu de ces organes. *Le grand air m'a dégagé la tête. Une application de sangsues est indispensable pour d. la poitrine.* — Fig., *D. son esprit d'un préjugé, d'une préoccupation*, etc. *Il faut d. notre âme des intérêts du monde. Une question de tout ce qui n'y a rapport direct.* || Tirer d'un embarras, d'un péril. *Nous avons eu la peine à le d. de la foule. On le dégagea de ses liens. D. quelqu'un de dessous son cheval. D. quelqu'un d'une mêlée, du milieu des ennemis. Une charge de cavalerie faite à propos dégagea notre régiment. Il parvint à d. la place qui était serrée de près par l'ennemi. D. un vaisseau.* || T. Arch. *D. un appartement*, Y pratiquer des dégagements. *J'ai fait faire un corridor qui dégage toutes les pièces.* || T. Escr. *D. le fer*, ou simplement *Dégager*, Faire passer son épée sous celle de son adversaire et la porter du côté opposé. || T. Chim. Séparer une substance d'une autre. *Pour d. l'acide carbonique du carbonate de chaux, on traite ce dernier par l'acide sulfurique.* — Se dit aussi des émanations que produisent certaines substances. *Ces eaux minérales dégagent une odeur sulfureuse. Ces marais dégagent des miasmes pestilentiels.* || T. Math. *D. l'inconnue*, Déterminer la quantité inconnue renfermée dans une formule algébrique. || T. Tailleur et couturière. On dit d'un habit, d'un corsage, etc., *qu'il dégage la taille*, lorsqu'il dessine bien celle-ci. = **DÉGAGER.** v. n. T. Danse. Détacher un pied ou une jambe de l'autre pied ou de l'autre jambe. = **SE DÉGAGER.** v. pron. *Il a contracté une obligation dont il voudrait se d. Je me suis dégagé de toute responsabilité. La rue commence à se d. Son esprit commence à se d. de ses préjugés puérils. Notre esprit parvint à se d. Se d. de ses liens. Le chlore se dégage alors à l'état de gaz.* = **DÉGAGÉ, ÉE.** part. *Chambre dégagée*, Qui a un dégagement. *Degré dégagé*, Petit degré qui sert d'issue secrète à un appartement. || Adject., Libre, aisé. *Taille dégagée. Air dégagé.* — Fam., *Avoir des airs dégagés*, Avoir des airs un peu trop libres. = Conj. Voy. **MANGER.**

DÉGAINE. s. f. (R. *dégainer*). Se dit d'une tournure gauche, ridicule, et ne s'emploie que dans ces locutions ironiques et très fam. : *Quelle d.! Voilà un homme d'une belle d.*

DÉGAINEMENT. s. m. Action de dégainer, de sortir d'une gaine.

DÉGAINER. v. a. Tirer de sa gaine, de son fourreau. Fam., et s'emploie en général absolument, dans le sens de Mettre l'épée à la main pour se battre. *Il vous faudra d. Il n'avait guère envie de d. On l'a forcé de d.* || Subst., on dit, au prop., d'un fanfaron, et fig., de quelqu'un qui promet beaucoup ou ne tient pas sa parole, *qu'il est brave jusqu'au d.* = **DÉGAINÉ, ÉE.** part.

DÉGAINEUR. s. m. Bretteur, ferrailleur, qui tire l'épée à tout propos.

DÉGALAGE. s. m. Action de dégaler.

DÉGALER. v. a. (R. *gale*, dans le sens d'ordure). T. Chapell. Débarrasser les peaux de ce qu'elles ont d'inutile.

DÉGALONNER. v. a. [Pr. *dégalo-ner*]. Ôter les galons.

DÉGANTER. v. a. Ôter les gants. *Dégantez cet enfant.* = **SE DÉGANTER.** v. pron. Ôter ses gants. *Laissez-moi donc me d.* = **DÉGANTÉ, ÉE.** part.

DÉGARNIR. v. a. Ôter ce qui garnit, ce qui forme la garniture d'une chose. *D. un jardin des statues qui l'ornaient. D. un vaisseau de ses agrès*, ou simplement *D. un vaisseau. D. une chambre, une maison, des meubles qu'elle contenait*, ou simplement *D. une chambre, une maison. D. un lit. D. une robe, un chapeau de femme. D. des bas.* || T. Guerre. *D. le centre, les ailes d'une armée*, Diminuer le nombre des troupes qui les forment. *D. une place*, En retirer une partie considérable de la garnison ou des munitions. On dit, dans un sens anal., *D. les côtes, les frontières, une province.* || T. Hortic. *D. un arbre*, En ôter les branches inutiles qui viennent mal. = **SE DÉGARNIR.** v. pron. Se dit d'une chose qui perd ce qui la garnit. S'emploie le plus souvent absolument, mais la signification du sujet est en général assez claire pour ne laisser aucun doute sur le mot qu'il faut sous-entendre. *La salle de bal commençait à se d. Déjà les loges se dégarnissaient. Les arbres se dégarnissent de leurs feuilles, se dégarnissent. Il s'est enrhumé pour s'être dégarni trop tôt.* || Fig., Se dessaisir de son argent comptant. *Dans ce moment-ci, il est bon de ne pas trop se d.* = **DÉGARNI, IE.** part.

DÉGARNISSAGE. s. m. (R. *dégarnir*). Action de défaire le jointoiement d'une muraille.

DÉGÂT. s. m. (R. *gâter*). Dommage fait à une ou plusieurs choses. *La grêle a fait beaucoup de d., un grand d., de grands dégâts dans cette contrée. Les bêtes fauves font bien du d. dans les terres. Les ennemis ont commis beaucoup de dégâts dans cette province. La foudre a fait de grands dégâts dans cet édifice. Faire constater le d.* — Abs., *Faire le d.*, Ravager, dévaster. *Les ennemis ont fait le d. dans notre province.* || Consommation de vivres, de denrées, faite avec désordre et sans économie. *On fait chez lui un grand d. de bois, de vin.*

DÉGAUCHIR. v. a. (R. *gauche*). T. Techn. Dresser le parement d'une pierre, d'une pièce de charpente ou de menuiserie, etc., en enlevant ce qu'elle a d'irrégulier. = **DÉGAUCHI, IE.** part.

DÉGAUCHISSEMENT. s. m. Action de dégauchir.

DÉGAUCHISSEUSE. s. f. Machine servant à dresser la surface des pièces de bois et des planches brutes.

DÉGAZONNER. v. a. [Pr. *dégazo-ner*]. Détruire ou enlever le gazon d'une pièce de terre.

DÉGEL. s. m. (R. *de* et *gel*). Fonte de la glace, de la neige, par suite de l'élévation de la température. *Le d. est venu tout à coup. Le temps s'est bien adouci, nous aurons du d., Au premier d.*

DÉG

DÉGÈLEMENT. s. m. Action de dégeler, de se dégeler.

DÉGELER. v. a. (R. *de*, et *geler*). Faire qu'une chose qui était gelée cesse de l'être. *Ce vent du sud-ouest a dégelé la rivière.* == **DÉGELER**, v. n. Cesser d'être gelé. *La rivière dégèle. Faire d. de l'eau, de l'huile, des fruits, etc.* || Impersonnellement, *Il dégèle. Il dégèlera bientôt.* == se **DÉGELER**. v. pron. Cesser d'être gelé. *La rivière commence à se d.* == **DÉGELÉ**, ÉE. part.

DÉGÉNÉRANT, ANTE. adj. Qui dégénère.

DÉGÉNÉRATIF, IVE. Qui a le caractère de la dégénération.

DÉGÉNÉRATION. s. f. [Pr. ...*zion*]. État de ce qui dégénère. Voy. DÉGÉNÉRESCENCE.

DÉGÉNÉRER. v. a. (lat. *degenerare*, m. s., de *de*, hors de, et *genus, eris*, genre). Se dit de tous les êtres vivants, hommes, animaux et plantes, lorsque leur constitution physique éprouve des altérations par suite desquelles ils sont moins beaux, moins vigoureux, moins bons que les individus dont ils tirent leur origine. *Les races du Nord dégénèrent dans les pays tropicaux. Le blé dégénère dans un mauvais terrain.* — Se dit particulièrement des personnes qui, sous le rapport moral ou intellectuel, sont inférieures à celles dont elles sont sorties. *Cette race, cette famille a bien dégénéré, est bien dégénérée.* Dans cette acception, *Dégénérer* se construit souvent avec la prép. *de*. *Cet homme a dégénéré de ses ancêtres, de la valeur de ses ancêtres, de la piété de ses pères.* — Par anal., se dit d'une personne qui devient inférieure à ce qu'elle était auparavant. *Il fut un héros dans sa jeunesse, mais depuis il a bien dégénéré. Cet écrivain a bien dégénéré de ce qu'il était, ou absol., a bien dégénéré.* || Changer de bien en mal, de mal en pis; *Dégénérer* est alors suivi de la prép. *En. La liberté non réglée dégénère en licence. La discussion finit par d. en querelle. Son sans-façon dégénéra bien vite en grossièreté. Le style pompeux dégénère souvent en galimatias.* || Changer de caractère. *La guerre de la Fronde dégénéra en plaisanterie.* — Se dit particulièrement en parlant de maladies. *La bronchite dégénère souvent en catarrhe. Sa diarrhée est dégénérée en dysenterie.* == **DÉGÉNÉRÉ**, ÉE. part. Espèce, *race, plante dégénérée.* == Con . Voy. CÉDER.

DÉGÉNÉRESCENCE. s. f. Les mots *Dégénération* et *Dégénérescence* se prennent généralement l'un pour l'autre, bien que le premier indique plutôt le fait d'avoir dégénéré, et le second la tendance à dégénérer. On entend par toutes les formes le changement qu'éprouve un corps organisé, lorsque, venant à passer sous l'empire d'influences modificatrices particulières, il perd en totalité ou en partie ses caractères propres, et acquiert des formes ou des propriétés nouvelles, la plupart du temps défavorables à sa vitalité. Le mot d. est donc surtout employé dans les sciences biologiques. Ainsi, la d. de la race, de l'espèce, du type, indique que la race, l'espèce sont modifiées sous l'influence de certaines conditions, de façon à former des individus différents du type primitif et moins aptes que lui à vivre. En pathologie générale, la d. de l'espèce est le résultat de l'hérédité accumulée des effets de maladies se répétant sous la même forme ou sous forme analogue pendant plusieurs générations, et cette d. peut se traduire par des stigmates apparents : malformations, tendance à l'avortement de telle ou telle partie, ou des stigmates qui demandent à être observés, comme la diminution de la fécondité, les altérations psychologiques, etc. C'est ainsi que par l'alcoolisme chronique de chiennes, on a vu celles-ci le plus souvent avorter ou produire moins de petits à chaque portée; en outre, les petits, chétifs et malingres, étaient le plus souvent épileptiques et n'avaient plus d'odorat.

En pathologie spéciale, mentale, par ex., on nomme, d'après Magnan, *dégénérés mentaux*, les individus possesseurs héréditaires d'une tare nerveuse de famille : ce sont les déséquilibrés, les demi-fous, les névropathes, les aliénés vésaniciels, qui occupent, de nos jours, une si vaste place du domaine de la pathologie psychique.

En pathologie ordinaire, on lit aussi, pour indiquer qu'elle s'est aggravée, que telle maladie a dégénéré en telle autre, sans attacher aucun rapport étroit entre les deux maladies.

En histologie animale, on désigne sous ce nom toutes les altérations pathologiques des cellules atteintes par des poisons chimiques, microbiens ou ptomaïniens, ou par des agents physiques de destruction, ou encore par les parasites ani-

maux ou végétaux, tels, le tubercule, le cancer; on appelle alors métamorphoses, les altérations des tissus dans lesquelles il y a remplacement d'un tissu normal par un autre tissu normal.

Méd. vét. — *Dégénérescence graisseuse des animaux nouveau-nés.* — Elle atteint les muscles et la plupart des viscères qui ont l'air cuits. Les petits des races très améliorées (porcs anglais, agneaux, plus rarement veaux et poulains) y sont prédisposés, surtout si les mères sont obèses, trop nourries, ou si les parents sont consanguins. Les malades faibles et apathiques ne peuvent marcher ou se tenir debout; les mouvements sont lents et gênés. La mort survient bientôt, quoi qu'on fasse. Il faut éviter les accouplements consanguins, surtout des animaux obèses; alimenter et faire faire de l'exercice modérément aux femelles pleines.

Hortie. — Pour les plantes, le mot. d. s'emploie aussi tout à fait à contre-sens. Lorsqu'on abandonne à elle-même une plante qui naguère donnait de magnifiques fleurs doubles, elle ne tarde pas à revenir au type normal, c.-à-d. à ne plus produire que des fleurs simples, et les jardiniers disent alors qu'elle a dégénéré. Cependant elle s'est, en réalité, régénérée, car d'inféconde qu'on l'avait faite, elle est redevenue fertile et susceptible de se reproduire.

DÉGÉNÉRESCENT, ENTE. adj. T. Didact. Qui subit une dégénérulation.

DÉGERMER. v. a. Se dit dans les brasseries en parlant de l'orge dont on ôte le germe.

DEGGUT. s. m. [Pr. *dé-gu*]. Goudron recueilli dans la distillation des pétroles.

DÉGINGANDÉ. ÉE, adj. Se dit d'une personne dont la contenance et la démarche sont mal assurées, comme si elle était toute disloquée. *Elle est toute dégingandée.* Famil.

DÉGINGANDEMENT. s. m. État, aspect d'une personne dégingandée.

DÉGINGANDER. v. a. (R. *gigue*, jambe). Donner à la taille, à la tournure, un air disloqué.

DÉGÎTER. v. a. T. Chass. Faire sortir du gîte.

DÉGLACER. v. a. Oter la glace. == se **DÉGLACER**. v. pron Se réchauffer.

DÉGLANDER. v. a. T. Vétér. Extirper chez le cheval les glandes de la morve.

DÉGLOBULISATION. s. f. [Pr. ...*sion*]. Diminution progressive des globules rouges dans le sang des anémiques.

DÉGLUEMENT. s. m. [Pr. *déglu-man*]. Action de dégluer.

DÉGLUER. v. a. Débarrasser de la glu. *Dégluez cet oiseau.* || Fig., D. les yeux, Oter la chassie qui colle les paupières. Se d. *les yeux avec de l'eau tiède.* == se **DÉGLUER**. v. pron. Se dépêtrer de la glu. *Cet oiseau n'a pu parvenir à se d.* == **DÉGLUÉ**, ÉE. part.

DÉGLUTINER. v. a. T. Chasse. Enlever la glu aux ailes d'un oiseau.

DÉGLUTIR. v. a. (lat. *deglutire*, m. s.). T. Physiol. Avaler. == se **DÉGLUTIR**. v. pron. Être avalé.

DÉGLUTITION. s. f. [Pr. ...*sion*] (lat. *deglutire*, avaler). T. Physiol. Les physiologistes nomment ainsi l'action d'avaler, le passage des aliments de la bouche dans l'estomac. Cette opération s'accomplit à l'aide d'un mécanisme fort remarquable et très compliqué, auquel concourent soit volontairement, soit involontairement, les divers muscles de la langue, du voile du palais, du pharynx, du larynx et de l'œsophage. — Il existe, pour ainsi dire, quatre ouvertures à la partie postérieure de la bouche dont trois, pendant l'acte de la d., doivent être fermées complètement, mais temporairement, tandis que la quatrième, à savoir celle que les aliments doivent traverser pour arriver à l'estomac, doit être ouverte et libre de tout obstacle. Les ouvertures qui doivent être fermées sont celles qui communiquent avec les fosses nasales, avec les oreilles et avec les poumons. En ce qui concerne la dernière, il est évident que la respiration ne peut être suspendue que pour très peu de temps, et, qu'en conséquence, au moment où le bol alimentaire est avalé ou a franchi le pharynx, la communication entre le pharynx et la cavité nasale doit redevenir libre. — Lorsque l'aliment a subi une mastication convenable, et se trouve suffisamment imprégné de salive, il s'en réunit une certaine quantité sur la langue, laquelle est alors pressée contre le palais par une action musculaire qui part de la pointe de celle-ci, de manière à pousser le bol vers le pharynx ou vers la partie supérieure du gosier. La partie molle du palais, jusque-là suspendue comme un voile flottant à l'arrière de la bouche, prend une position horizontale de manière à former, pour ainsi dire, une continuation de la partie osseuse et à fermer, en même temps, les fosses nasales. Le bol qui doit être avalé est à peine arrivé au pharynx que la base de la langue, l'os hyoïde et le larynx s'élèvent pour le rencontrer et le pousser, en franchissant la glotte, vers l'œsophage. Au moment où le larynx s'élève, la glotte se ferme hermétiquement, et aussitôt que le bol a franchi la glotte, le larynx s'abaisse, l'épiglotte s'élève et la glotte s'ouvre de nouveau pour laisser l'air pénétrer dans les poumons. De cette façon, l'aliment se dirige vers l'ouverture de l'œsophage, et ne peut passer ni dans les fosses nasales, ni dans les trompes d'Eustache, ni dans le larynx, toutes les opérations qui concourent à cette partie de l'acte de la d. s'accomplissant simultanément et involontairement. La contraction du pharynx achève de pousser le bol dans l'œsophage, et les fibres circulaires de ce dernier, en se contractant de proche en proche, le font descendre jusque dans l'estomac. Les fibres de l'œsophage se relâchent immédiatement après le passage du bol, mais la partie inférieure reste encore contractée quelques moments après que celui-ci a pénétré dans l'estomac. Nous n'avons pas besoin de dire que la sécrétion muqueuse qui lubrifie toutes les parties que doit parcourir le bol alimentaire, a pour objet de faciliter, et favorise en effet beaucoup la marche progressive de ce dernier. Voy. DIGESTION.

DEGO, bourg d'Italie, prov. de Gênes, sur la Bormida; 3.000 hab. Victoire de Bonaparte sur les Autrichiens en 1796.

DÉGOBILLAGE. s. m. [Pr. les *ll* mouillées]. Matières vomies. Bas.

DÉGOBILLER. v. a. [Pr. les *ll* mouillées] (R. *gober*). Vomir les aliments et les boissons qu'on a pris avec excès. *D. son dîner.* — Absol., *Il a dégobillé sous la table.* Bas. == DÉGOBILLÉ, ÉE. part.

DÉGOBILLIS. s. m. [Pr. les *ll* mouillées]. Les matières dégobillées. *Quel d.!* Bas.

DÉGOISEMENT. s. m. Action de dégoiser.

DÉGOISER. v. a. (R. *gosier*). Se disait autref. des oiseaux et signifiait Chanter, gazouiller. || Fig. et fam., sign. Parler beaucoup et avec volubilité. *Les injures qu'elle a dégoisées. En dégoise-t-elle!* — Absol., *Comme elle aime d.a.!* || Fig., Dire ce qu'on aurait intérêt de cacher. *Le prisonnier a dégoisé tout ce qu'il savait.* — Absol., *On a su le faire d.* Vx et peu us. == DÉGOISÉ, ÉE. part.

DÉGOMMAGE. s. m. [Pr. *dégo-maje*]. T. Techn. Opération par laquelle on enlève les matières gommeuses de certaines fibres textiles. Voy. DÉCREUSER.

DÉGOMMER. v. a. [Pr. *dégo-mer*] (R. *gomme*). T. Techn. Débarrasser certaines fibres textiles des matières gommeuses qui y adhèrent. *D. de la soie.* Voy. DÉCREUSER. || Fig. et très fam., Destituer d'un emploi. *On l'a dégommé.* == DÉGOMMÉ, ÉE. part.

DÉGONFLEMENT. s. m. Diminution ou cessation du gonflement.

DÉGONFLER. v. a. (R. *de*, et *gonfler*). Faire cesser le gonflement. *D. un ballon.* || Fig., Soulager d'une oppression morale. *D. son cœur par les larmes.* == SE DÉGONFLER. v. pron. Se dit d'une chose dont le gonflement diminue. *Le ballon se dégonfle. La tumeur commence à se d.* == DÉGONFLÉ, ÉE. participe.

DÉGOR. s. m. (R. *dégorger*). Tuyau par lequel on fait passer la liqueur distillée.

DÉGORGEAGE. s. m. Action de débarrasser un tissu de toute matière nuisible ou étrangère avant de le teindre.

DÉGORGEMENT. s. m. Action de dégorger. *Il lui survint un d. de bile.* Vieux et inus. || Écoulement des eaux, des immondices, etc., d'un endroit où elles étaient retenues. *Le d. d'un égout, d'un tuyau, d'un évier.* || T. Méd. Évacuation ou résorption des liquides séreux accumulés dans le tissu cellulaire sous-cutané. *On pratiqua quelques incisions pour opérer le d. des jambes.* || T. Techn. Action par laquelle on débarrasse certaines choses des matières étrangères et des impuretés. *D. des laines, des cuirs. Les moulins à foulon servent au d. du drap.* || T. Artill. Action d'enlever le masque en terre qui protégeait les travailleurs pendant la construction.

DÉGORGEOIR. s. m. T. Artill. Aiguille de fer qui sert à nettoyer la lumière d'un canon. Voy. CANON. || T. Techn. Extrémité d'un tuyau vertical qui déverse l'eau d'une pompe. — Appareil qui sert à tondre la laine pendant le nettoyage. — Outil de forgeron qui sert à faire les congés des pièces de forge et les angles droits intérieurs. — Sorte de gouge pour couper le fer à chaud.

DÉGORGER. v. a. Expulser de la gorge. *La femelle de cet oiseau dégorge dans le bec de ses petits la nourriture qu'elle leur a préparée.* || Débarrasser un conduit, un tuyau, etc., des matières qui l'obstruent, afin de faire écouler les eaux. *D. un tuyau, une gouttière, un égout.* || T. Artill. Percer avec le dégorgeoir le sachet qui renferme la charge de poudre d'un canon. || Art. vétér. Dissiper un engorgement en faisant promener l'animal. || T. Techn. Débarrasser une chose des impuretés, des matières étrangères qu'elle contient. *D. des cuirs, de la laine, du drap.* == DÉGORGER. v. n. Se dit d'eaux ou de matières liquides qui s'échappent. *Si cet égout vient à d., il infectera tout le quartier. Les ravines d'eau dégorgent dans l'étang.* — *Faire d. du poisson,* Le mettre dans de l'eau claire pour lui faire perdre le goût qu'il possède. — *Faire d. des sangsues,* Leur faire rendre le sang qu'elles ont pris. — *Faire d. des laines, des soies,* etc., Les débarrasser, par le lavage, des matières étrangères qu'elles renferment. == SE DÉGORGER. v. pron. S'épancher, se vider. || En parlant de certains poissons, Perdre le goût du milieu où ils se trouvaient. *La tanche a besoin de se d. dans de l'eau claire pour perdre son goût de bourbe.* == DÉGORGÉ, ÉE. part.

DÉGOTER. v. a. Déplacer, chasser d'une place. — Faire tomber avec une pierre un objet placé comme but. — Fig. Déposséder quelqu'un de son rang. Très fam. == DÉGOTÉ, ÉE. part.

DÉGOUDRONNAGE. s. m. [Pr. *dégoudro-naje*]. Action de dégoudronner en parlant des fûts.

DÉGOUDRONNER. v. a. [Pr. *dégoudro-ner*]. Enlever le goudron. *D. une toile, un cordage, un fût, un bateau.* SE DÉGOUDRONNER. v. pron. Être dégoudronné. == DÉGOUDRONNÉ, ÉE. part.

DÉGOUDRONNEUR. s. m. [Pr. *dégoudro-neur*]. Engin qui opère le dégoudronnage.

DÉGOUPILLER. v. a. [Pr. les *ll* mouillées]. Enlever des goupilles.

DÉGOURDI. s. m. Première cuisson de la porcelaine.

DÉGOURDIR. v. a. (R. *gourd*). Faire cesser l'engourdissement. *D. ses jambes. Se d. les mains. Marchez un peu, cela vous dégourdira.* || Fig. et fam., Faire perdre à quelqu'un sa gaucherie, sa timidité. *Il n'y a rien de tel que la vie de soldat pour d. un jeune homme.* || T. Techn. Dégourdir une pâte de poterie, Lui donner un léger coup de feu afin de la rendre assez solide pour qu'elle ne puisse se dissoudre dans la glaçure. — Dégourdir une glaçure, La soumettre à une légère cuisson. == SE DÉGOURDIR. v. pron. *Mes jambes commencent à se d. Vous restez trop longtemps assis, il faut vous d. un peu. Depuis qu'il va dans le monde, ce jeune homme commence, à se d.* || Fig., *Faire d. de l'eau,* La faire chauffer légèrement pour qu'elle ne soit pas tout à fait froide. Dans cette phrase, il y a ellipse du pron. Se. == DÉGOURDI, IE. part. || Adjectiv. *C'est un gaillard bien dégourdi,* C'est un gaillard très adroit, et à qui on

257

n'en fait point accroire. On dit dans le même sens d'une femme : *C'est une gaillarde bien dégourdie*. *Elle a l'air bien dégourdi ;* mais quelquefois il se prend aussi en mauvaise part, et se dit d'une femme dont les manières sont un peu libres. || Substantiv., on dit encore, *C'est un dégourdi, c'est une dégourdie*.

DÉGOURDISSEMENT. s. m. Cessation de l'engourdissement.

DÉGOÛT. s. m. (R. *de*, et *goût*). Manque de goût, d'appétit. Répugnance pour tous les aliments en général, ou seulement pour certains aliments. *Il éprouve un si grand d. qu'il ne saurait manger de rien. La fièvre a disparu, mais il a encore du d. Il avait un d. invincible pour la viande, pour le vin*. || Par extens., Répugnance, aversion pour une personne ou une chose quelconque. *Il lui a pris un grand d. pour le monde, pour tous les plaisirs. Il a toujours eu du d. pour l'étude. On ne peut voir sans d. un pareil spectacle. Elle prétendait n'avoir pu vaincre le d. que lui inspirait son mari. Je fermai le livre avec d. Il a conçu un profond d. de la vie*. || Fig., Déplaisir, chagrin, mortification ; en ce sens, il s'emploie surtout au plur. *Il fut abreuvé de dégoûts. Éprouver des dégoûts. Il ne sait pas tous les dégoûts et toutes les tracasseries qui l'attendent*.

DÉGOÛTAMMENT. adv. (Pr. *dégou-ta-man*]. D'une manière dégoûtante.

DÉGOÛTANT, ANTE. adj. Qui ôte l'appétit. *Une viande dégoûtante*. || Fig., Qui inspire de la répugnance, de l'aversion. *Une malpropreté dégoûtante. Un homme d. par sa laideur. Des manières dégoûtantes*. || Fig. et famil., Qui cause du déplaisir, rebutant, décourageant. *Il arrive bien des choses dégoûtantes dans la vie. Cela est d*.

Syn. — *Fastidieux. — Dégoûtant* a plus le rapport aux choses physiques, et *fastidieux* aux choses de l'esprit. Ce qui est *dégoûtant* cause de l'aversion ; ce qui est *fastidieux* cause de l'ennui.

DÉGOÛTEMENT. s. m. Effet de ce qui dégoûte, état de celui qui est dégoûté.

DÉGOÛTER. v. a. (R. *dégoût*, de *goût*). Ôter l'appétit. *Vous le dégoûtez en lui servant tous les jours le même chose*. — Inspirer de la répugnance. *Les moules me dégoûtent*. || Fig., Inspirer de l'éloignement, de la répugnance, de l'aversion pour une chose ou une personne quelconque *Sa malpropreté me dégoûtait. Il voulait épouser cette femme, mais on a tant fait qu'on l'en a dégoûté. J'avais envie de ce domaine, mais le prix m'en a dégoûté. Il l'a dégoûté de lui par ses mensonges. C'est ce qui l'a dégoûté du métier de soldat. Il est dégoûté de l'étude. Être dégoûté de la vie. Il est dégoûté de tout*. = SE DÉGOÛTER. v. pron. Prendre en dégoût, se dit au propre et au fig. *Il ne tarda pas à se d. de ce mets. Heureux ceux qui se dégoûtent des vains plaisirs du monde ! Se d. de son état, de sa maison. Il s'en est dégoûté de lui-même*. = DÉGOÛTÉ, ÉE. part. || Fam., On dit de quelqu'un qui aspire à une chose difficile à obtenir, qu'*il n'est pas dégoûté. Il voudrait tel emploi, il demande la fille d'un tel, il n'est pas dégoûté*. || Subst. *Faire le dégoûté*, Faire le délicat.

DÉGOUTTANT, ANTE. adj. (Pr. *dégou-tan*]. Qui dégoutte. *Ce linge n'est pas sec, il est encore tout d. Sa chemise était toute dégouttante de sueur. Il était tout d. de sang*.

DÉGOUTTEMEMT. s. m. (Pr. *dégou-te-man*]. Action de tomber goutte à goutte. || Ce qui dégoutte d'un objet.

DÉGOUTTER. v. n. (Pr. *dégou-ter*] (R. *goutte*). Couler goutte à goutte. *La sueur lui dégouttait du front. Le sang lui dégouttait du nez. L'eau dégoutte de cette voûte*. — Se dit aussi des choses d'où tombent des gouttes. *La pluie a cessé, mais les toits dégouttent encore. Ses cheveux, le front lui dégouttent de sueur. Un tonneau qui dégoutte*. — Fig. et prov., *A la cour, auprès des grands, s'il n'y pleut, il y dégoutte*, Si l'on n'y fait pas toujours fortune, on y gagne toujours quelque chose. *S'il pleut sur moi, il dégouttera sur vous*, S'il m'arrive quelque chose de bien ou de mal, vous en aurez votre part.

DÉGOUTTURE. s. f. (Pr. *dégou-ture*]. Ce qui dégoutte. *Les dégouttures du toit*.

DÉGRADAGE. s. m. (R. *dégrader*). T. Teint. Voy. DÉMONTAGE.

DÉGRADANT, ANTE. adj. Avilissant, propre à faire perdre toute considération, toute estime. *Une action, une conduite dégradante*.

DÉGRADATEUR. s. m. T. Phot. Sorte d'écran découpé en forme de dents ou recouvert d'une teinte rouge qui va en s'affaiblissant depuis les bords jusqu'au centre et qu'on place devant le châssis pour obtenir des épreuves à fond dégradé, c.-à-d. dont le fond, clair au centre, s'assombrit progressivement jusqu'au bord.

DÉGRADATION. s. f. (Pr. *... sion*] (R. *dégrader*). Destitution d'un ordre, d'une dignité, d'une qualité. *D. de noblesse. D. de magistrature. D. des ordres sacrés. D. civique*. Voy. CITOYEN. — Fig. Avilissement. *La d. des âmes est une suite de la servitude. Celui-là est arrivé au terme de la d. qui ne conçoit plus la honte et brave le mépris*. || Le constater les dégradations qui avaient été faites dans son appartement. Des dégradations faites à un mur, dans des bois*, etc. — Délabrement, dépérissement, qui résulte de la vétusté ou du défaut d'entretien. *On laisse ces vieux monuments dans un état de d. pitoyable*. || T. Peint. Affaiblissement graduel de la lumière, des ombres, des couleurs. *La d. des plans, des couleurs, de la lumière*. — Voy. DÉGOSITION.

Législ. — *Dégradation militaire*. — On entend par ces mots une peine prononcée par les conseils de guerre et qui consiste dans la perte du droit de faire partie de l'armée. Tout militaire qui doit subir la dégradation est conduit devant la troupe sous les armes. Après la lecture du jugement, le commandant prononce ces mots à haute voix : « N***, vous êtes indigne de porter les armes ; au nom du peuple français, nous vous dégradons. » Aussitôt après, tous les insignes militaires, boutons, parements, numéro de régiment, dont le condamné est revêtu, lui sont arrachés, ainsi que les décorations qu'il peut porter ; s'il s'agit d'un officier, son épée est brisée et jetée à terre devant lui.

Les peines qui entraînent la d. militaire sont les suivantes : la peine de mort dans certains cas, les travaux forcés, la déportation, la détention, la réclusion et le bannissement.

DÉGRADEMENT. s. m. Action de dégrader. || Perte d'un grade quelconque.

DÉGRADER. v. a. (R. *grade*). Dépouiller, avec ignominie, d'un grade, d'une dignité, d'un emploi, etc. *D. un militaire, un magistrat, un homme décoré d'un ordre de chevalerie*. — Fig., Faire perdre l'estime, la considération, avilir. *Cette conduite le dégrade aux yeux de tout le monde. L'ignorance dégrade l'homme*. || Endommager, détériorer. *D. des bois, une maison, un mur. Un monument que le temps a dégradé*. || T. Peint. Affaiblir insensiblement la lumière, les ombres, les couleurs d'un tableau. *Ce peintre sait bien d. les couleurs. La lumière est bien dégradée dans ce tableau*. || T. Mar. Dépouiller de ses agrès, en parlant d'un navire. || T. Techn. Saper par le pied en parlant d'une construction. = SE DÉGRADER. v. pron. Perdre la considération, l'estime dont on jouissait, s'avilir. *Il se dégrade en se faisant ivrognerie. C'est se d. que de louer un homme qu'on méprise*. || Se détériorer. *Faute d'entretien, ce bel édifice se dégrade tous les jours*. = DÉGRADÉ, ÉE. part. *Une âme dégradée. Un édifice dégradé*.

DÉGRAFER. v. a. Défaire l'agrafe ou les agrafes qui attachent ou maintiennent une chose. *D. un manteau, une robe, un corsage*. || T. Mar. *D. un navire*, Enlever les grappins d'abordage pour s'éloigner de l'ennemi. = DÉGRAFÉ, ÉE. part.

DÉGRAISSAGE. s. m. Action de dégraisser ; le résultat de cette action.

Techn. — Le mot *Dégraissage*, malgré son étymologie, désigne l'art d'enlever et de faire disparaître les taches, de quelque nature qu'elles soient.

Les taches produites par les *graisses* et les *huiles* se reconnaissent aux caractères suivants : 1° elles donnent à la couleur du tissu une nuance plus foncée ; 2° elles s'étendent constamment pendant plusieurs jours; 3° elles attirent et retiennent la poussière avec une telle force que la brosse ne peut la faire tomber, en sorte qu'au bout de quelque temps la place qu'elle recouvre blanchit sur une couleur foncée, et devient d'un gris sale sur une couleur claire et sur le blanc. Le savon est le corps qu'on emploie le plus habituellement pour les enlever. On peut s'en servir soit dans son état naturel, soit à l'état d'essence de savon, c.-à-d. dissous avec un cinquième de son poids de potasse dans de l'alcool à 80°. La craie, les terres savonneuses, et généralement toutes les terres absorbantes qui renferment une forte proportion de magnésie, sont également d'un très bon usage. Il suffit d'en former avec de l'eau une bouillie épaisse qu'on étend sur l'étoffe, et dont on débarrasse cette dernière, quand elle est sèche, au moyen d'un simple brossage. On emploie encore avec succès, surtout pour les tissus de couleur, le jaune d'œuf et le fiel de bœuf; mais cette dernière substance doit avoir été préalablement purifiée, sans quoi le principe verdâtre qu'elle renferme altérerait les couleurs de l'étoffe. L'essence de térébenthine, distillée sur la chaux vive, dissout parfaitement les taches de graisse ou d'huile, pourvu toutefois qu'elles soient récentes. La plupart des carbures d'hydrogène volatils dissolvent parfaitement les graisses sans laisser de trace apparente : telle est la benzine qui a joui longtemps d'une réputation méritée, mais qui est remplacée avec avantage par des mélanges variés où dominent les éthers de pétrole et qui sont connus dans le commerce sous les noms barbares de neufaline, cristalline, etc. A défaut de ces substances on peut employer utilement l'essence de pétrole qui sert pour l'éclairage. Quel que soit le liquide employé, il faut étaler l'étoffe à plat sur un chiffon destiné à absorber la tache dissoute, et frotter la partie tachée avec un morceau de flanelle imbibé du dissolvant. — Les corps résineux, tels que la cire, la poix, la térébenthine, etc., produisent des taches plus ou moins tenaces. On les enlève au moyen de l'alcool concentré, de la benzine ou de la neufaline, en opérant comme pour les taches de graisse. — Les taches de rouille disparaissent rapidement sur les tissus blancs au moyen de l'acide oxalique en poudre. On mouille l'étoffe, on étend dessus une couche légère de cette poudre et on frotte avec la main. Si le tissu est coloré, on remplace l'acide oxalique par de l'acide chlorhydrique étendu d'eau. Dans ce cas, néanmoins, on doit préférer la crème de tartre. On la pulvérise très finement, on l'étend sur les taches et on la mouille afin de faciliter son action. Au bout de huit à dix minutes, on frotte légèrement avec la main pour faire tomber le sel et on lave à grande eau. — Les taches de tabac, de bière, de cidre et de poiré cèdent à un lavage au savon. Il en est de même de celles de vin ou de framboise, de fraise, de cerise et de groseille, quand les tissus ne sont pas teints. Dans le cas contraire, les taches de café et de chocolat nécessitent d'abord un lavage à l'eau, puis un savonnage soigné, et l'on termine en exposant l'étoffe à l'action de la vapeur sulfureuse. Quand on a affaire à des couleurs délicates, on remplace le savon et le soufre par un lavage avec du jaune d'œuf délayé dans un peu d'eau chaude. Si les taches ne cèdent pas à plusieurs lavages de cette sorte, on ajoute quelques gouttes d'alcool à la liqueur, et l'on frotte légèrement avec une petite brosse de poils de sanglier. — L'encre à écrire se compose, comme on sait, d'une décoction de noix de galle et d'oxyde

de fer. Quand les taches sont tout à fait fraîches, un simple lavage à l'eau pure suffit quelquefois pour les enlever. Mais le plus souvent on fait succéder à ce lavage un savonnage qui enlève les matières végétales, et on fait disparaître l'oxyde de fer au moyen du jus de citron ou d'une dissolution très étendue d'acide sulfurique ou chlorhydrique. Quand les taches sont anciennes, il faut prendre 1 partie d'acide pour 10 à 12 parties d'eau environ. Dans les mêmes circonstances, on emploie avec succès l'acide oxalique ou l'oxalate de potasse (sel d'oseille) dissous dans 6 fois son poids d'eau. — Le cambouis, qui est un mélange de graisse et de fer à l'état d'oxyde noir, forme des taches qui participent de la nature de ces deux substances. Si les taches sont récentes, on les imbibe avec de l'essence de térébenthine et on les couvre de cendre tamisée ou de terre de pipe en poudre. Un quart d'heure après, on fait tomber la terre absorbante et on brosse la place. Lorsque les taches sont anciennes, les matières absorbantes enlèvent toujours la graisse, mais les parties ferrugineuses ne cèdent qu'à l'action de la crème de tartre ou à celle de l'acide oxalique ou chlorhydrique. On agit alors comme s'il s'agissait de vieilles taches d'encre. — La boue ordinaire cède à un ou plusieurs lavages à l'eau pure. Mais il en est autrement de celle des grandes villes, qui renferme toujours des particules de fer à l'état d'oxyde noir. En général, le jaune d'œuf réussit parfaitement à enlever ces taches. Néanmoins, si, après plusieurs rinçages successifs, le tissu n'était pas parfaitement nettoyé, il faudrait avoir recours à la crème de tartre. — Les taches d'urine récentes cèdent facilement à l'emploi de l'ammoniaque étendue d'eau; mais quand elles sont anciennes, après les avoir d'abord soumises à l'action de ce mélange, on les rince à l'eau pure, puis on les traite par l'acide oxalique. — Les taches de sueur s'enlèvent par les mêmes procédés. — Les taches de suie ou de dégoultures de tuyau de poêle doivent être imbibées d'essence de térébenthine; après quoi on les frotte à plusieurs reprises avec un morceau de cette même essence ou de jaune d'œuf. Enfin, on achève l'opération en employant l'acide oxalique ou chlorhydrique si le fer que ces taches contiennent habituellement. — Les taches de peinture, quand elles sont fraîches, disparaissent avec l'essence de térébenthine, la benzine, etc. Si elles sont anciennes, on enlève d'abord la matière grasse avec les dissolvants ordinaires; puis les matières colorantes à l'aide de substances variables suivant leur nature : fiel de bœuf, jaune d'œuf, acide oxalique, acide sulfurique étendu, etc. Comme ces taches sont généralement complexes, il faut souvent plusieurs opérations pour les faire disparaître. — Les taches de goudron s'enlèvent avec l'essence de térébenthine, l'alcool rectifié, l'éther. On peut aussi employer le beurre, qui délaye les taches, et enlever ensuite la matière grasse. — Les taches de bougie disparaissent avec de l'alcool concentré, qui dissout les acides gras. Il convient d'enlever d'abord par des moyens mécaniques la plus grande partie de la tache et de frotter à plusieurs reprises avec un morceau de flanelle imbibé d'alcool sur l'étoffe appliquée sur un chiffon. Comme les bougies que livre l'industrie n'ont généralement pas été assez comprimées pour chasser toute la matière grasse et que celle-ci n'est pas soluble dans l'alcool, il reste souvent une tache grasse qu'on enlève avec la benzine ou la neufaline. Un autre procédé consiste à recouvrir la tache d'un papier de soie ou papier buvard, et de passer à quelque distance un fer chauffé ou simplement d'approcher un cigare allumé. La bougie fond et est absorbée par le papier buvard. S'il reste une tache de graisse, on l'enlève à la manière ordinaire. — Pour terminer cet article, nous dirons que le procédé le plus simple pour nettoyer les gants consiste à les frotter avec un morceau de flanelle légèrement imbibée d'eau et saupoudrée de poudre de savon. — Voy., pour plus de détails, le Manuel pratique de l'art du dégraisseur, par LENORMAND.

DÉGRAISSEMENT. s. m. Action de dégraisser.

DÉGRAISSER. v. a. Enlever la graisse de quelque chose. D. du bouillon. D. un ragoût. — Fig. et pop., D. quelqu'un, Lui ôter une partie des grandes richesses qu'il avait mal acquises. || Dépouiller une chose de la matière grasse dont elle est imprégnée; enlever les taches faites par quelque substance grasse. D. une étoffe de laine. D. les cheveux. D. un habit, un chapeau. Savon à d. — D. le vin. Voy. VIN. || Fig., en parlant des terres en culture, Enlever l'humus qu'elles contiennent. Les torrents ont dégraissé toutes les terres de cette contrée. Peu us. ═ DÉGRAISSÉ, ÉE. part.

DÉGRAISSEUR, EUSE. s. Celui, celle qui dégraisse les habits, les étoffes. *Porter une robe chez le d.*

DÉGRAISSIS. s. m. Ce que l'on enlève par l'opération du dégraissage.

DÉGRAISSOIR. s. m. Instrument pour tordre la laine avant de la mettre sur le peigne. || Instrument pour enlever la graisse des boyaux.

DÉGRAPPINER. v. a. [Pr. *dégra-piner*]. T. Mar. Tirer un vaisseau hors des glaces par le moyen de grappins.

DÉGRAS. s. m. (R. *gras*). T. Chamoiseur. Mélange d'huile de poisson et d'acide nitrique. Voy. Cuir, IV.

DÉGRAT. s. m. *En dégrat*, se dit du bateau quittant le havre où il est ancré, pour aller chercher ailleurs meilleure pêche.

DÉGRAVOIEMENT ou **DÉGRAVOÎMENT.** s. m. Effet d'une eau courante qui déchausse des murs, des pilotis, etc.

DÉGRAVOYER. v. a. [Pr. *dégravo-ier*] (L. *gravier*). Dégrader, déchausser pilotis, des murs. *L'eau a dégravoyé ce mur.* = Dégravoyé, ée. part. = Conj. Voy. Employer.

DEGRÉ. s. m. (lat. *gradus*, m. s.). Chacune les marches qui forment un escalier. *Monter, descendre les degrés. Des degrés de pierre, de bois. Les degrés d'un escalier, d'un perron.* — Se dit particulièrement des marches qui servent d'entrée ou de soubassement aux grands édifices. *Les degrés de l'hôtel de ville. Les degrés d'un temple.* — L'escalier lui-même. *Un grand d. Un petit d. Un d. de dégagement.* || Fig., se dit, surtout au plur., des grades que l'on prend dans les universités. *Prendre ses degrés. Avoir tous ses degrés.* — Se dit aussi des grades, des postes successifs par où l'on passe en s'élevant dans une carrière. *Il a passé par tous les degrés. Il s'est élevé de d. en d. Il est arrivé au plus haut d. où il puisse parvenir. Ce modeste emploi fut le premier d. de sa fortune. Il a atteint le plus haut d. de la puissance.* — Plus figur. encore, en parlant des choses morales, se dit de tout ce qui peut impliquer une idée d'augmentation ou de diminution, de tout progrès en bien ou en mal. *Parvenir au plus haut d. de l'éloquence, au plus haut d. de gloire. Passer par tous les degrés du crime. C'est le dernier d. de l'avilissement. Être libéral au suprême d. Être ennuyeux au souverain d. Le d. d'intelligence que Dieu a départi à tout homme. Sa passion s'accrut à un tel d. que... D. d'affection. D. d'intérêt. D. de joie, de tristesse, d'abattement.*

Ainsi que la vertu, le crime a ses degrés.

RACINE.

T. Phys. Chacune des divisions principales qui sont marquées sur l'échelle des instruments destinés à mesurer les variations des phénomènes naturels. *Les degrés d'un thermomètre ou degrés de température, d'un pyromètre, d'un hygromètre, d'un aréomètre, d'un alcoomètre, d'un dynamomètre, d'une balance de torsion, etc., etc. Le thermomètre est à 20 degrés au-dessus de 0, est descendu à 4 degrés au-dessous de 0. Il y a 5 degrés de froid. Il a fait hier 30 degrés de chaleur. Alcool à 90 degrés.* On écrit en abrégé : 20°, 30°, 90° — Par anal., en phys. *Le d. d'une maladie,* Le point où une maladie est parvenue. On dit encore : *La fièvre est à quelques degrés moins forte qu'hier. La maladie arrivée à ce d. ne peut que décroître.* || T. Chim. *D. de feu,* Le point où il faut que le feu soit poussé pour arriver au résultat qu'on se propose. *Il faut bien savoir donner le d. de feu.* || T. Géom., Astron. et Géogr. Chacune des parties qui forment les divisions conventionnelles d'un cercle. *Le cercle est divisé en 360 degrés.* Ces divisions s'expriment par un petit zéro placé en exposant : 45°. Voy. Cercle, Latitude, Longitude, etc. || T. Alg. Degré d'un *monôme,* d'un *polynôme,* d'une *équation.* Voy. ces mots. || Chez les lapidaires, Facette de forme carrée allongée au biseau. || T. Sculpt. que. *Degrés métaphysiques,* se disait de la série des propriétés d'un objet, en commençant par la plus générale. || T. Mus. Position relative de chaque note de la gamme sur les lignes de la portée. On dit que *les parties de l'harmonie marchent par degrés conjoints* ou *par degrés disjoints,* selon qu'elles vont d'une note quelconque à la plus voisine ou qu'elles font des mouvements de tierce, de quarte, etc. || T. Gram. Voy. Comparaison. || T. Droit. *D. de parenté,* voy. Famille. *D. de juridiction,* voy. Judiciaire. || Par degrés, loc. adv. Graduellement. *Le son s'affaiblit par d. Ce n'est que par d. que l'on arrive à cette haute perfection.* On dit dans un sens anal., *De d. en d.*

DÉGRÉEMENT. s. m. T. Mar. Action de dégréer, d'ôter les agrès d'un vaisseau. — Perte accidentelle des agrès.

DÉGRÉER. v. a. (R. *de,* et *gréer*). T. Mar. Enlever les agrès d'un navire. *On a donné l'ordre de d. notre frégate. L'orage fut si violent qu'il dégréa complètement notre navire. La frégate fut dégréée dans le combat.* = Dégréée. ée. part.

DÉGRÉNAGE. s. m. Action de retirer du moulin les matières dont on fait les pâtes céramiques.

DÉGRÉNER. v. a. (R. *grain*). Exécuter le dégrénage. = Conj. Voy. Céder.

DÉGRÈVEMENT. s. m. Action de dégrever. *Demander, obtenir un d.* || *D. de frais d'études,* Bourse d'externe dans un lycée, quand un élève obtient de suivre les cours sans payer.

Fin. — On appelle *d.* un allégement d'impôts. Tout contribuable imposé indûment, c.-à-d. contrairement à la loi, pour la totalité ou pour partie de sa taxe, a droit à une *décharge* ou une *réduction.* Celui qui, légalement taxé, perd en totalité ou en partie les facultés et revenus qui font l'objet de la taxe peut réclamer une *remise* ou une *modération ;* ce sont là des dégrèvements individuels qui sont réglés par la loi. Voy. Contribution.

Il y a aussi des dégrèvements qui profitent à toute une catégorie ou même à l'universalité des contribuables. C'est ainsi que le principal de la contribution foncière, qui était de 240 millions en 1790, a été ramené à 155 millions en 1822. De même, on a réduit ou supprimé, depuis 1876, quelques-uns des impôts que l'on avait dû établir après nos désastres de 1870. Citons parmi ces dégrèvements — dont le total est évalué à 300 millions en chiffres ronds — la suppression de l'impôt qui grevait les transports en petite vitesse par chemins de fer (1878) ; la réduction des tarifs postaux (1878), la réduction des droits sur les sucres (1880) ; la réduction de l'impôt de la grande vitesse (1892). Mais la justice nous force à reconnaître qu'on fait l'ensemble des impôts s'accroît constamment.

DÉGREVER. v. a. (R. *de,* et *grever*). Diminuer les charges qui pèsent sur une propriété ; se dit spécialement en parlant d'impôts. *On dégreva la propriété foncière.* — Se dit aussi en parlant des personnes. *Il faut d. les petits contribuables.* = Dégrevé, ée, part. = Conj. Voy. Achever.

DÉGRINGOLADE. s. f. Action de dégringoler. Fam.

DÉGRINGOLER. v. n. Rouler de haut en bas. *La voiture a dégringolé dans un précipice.* Fam. || Fig. Déchoir rapidement. *Quand une maison de commerce se met à d., la faillite est proche.* = Dégringolen. v. a. Descendre avec précipitation. *Il a eu bien vite dégringolé la montagne. On lui a fait d. les escaliers plus vite qu'il ne voulait* — Absol., *Il a dégringolé jusqu'en bas.* Fam. = Dégringolé, ée. part.

DÉGRISEMENT. s. m. Action de dégriser : Cessation de l'état d'ivresse. || Fig. et fam., *Les imaginations vives passent promptement de l'ivresse au d.*

DÉGRISER. v. a. (R. *gris*). Dissiper l'ivresse. *Le sommeil l'a entièrement dégrisé.* — Absol., *L'ammoniaque, dit-on, a la propriété de d.* || Fig., Dissiper les illusions. *Il était fou de cette femme ; deux mois de mariage ont suffi pour le d.* = Dégrisé, ée. part.

DÉGROSSAGE. s. m. Action de dégrosser.

DÉGROSSER. v. a. (R. *de,* et *gros*). Faire passer l'or ou l'argent par la filière pour le rendre plus menu.

DÉGROSSIR. v. a. (R. *de,* et *grossir*). Se dit de la première façon qu'on donne à une matière, à un ouvrage qui doit être conduit, par des travaux successifs, au point de perfection voulu. || Au prop., se dit surtout du marbre, de la pierre, du bois, quand on les prépare à recevoir la forme que l'ouvrier ou l'artiste veut lui donner. *D. un bloc de marbre, une pièce de bois.* — Par métonymie, *D. une figure,* se dit d'un sculpteur lorsqu'il indique grossièrement les principaux traits, en enlevant le plus gros du marbre, etc., d'où elle doit être tirée. || Fig., Ébaucher. *D. les figures d'un tableau. D. un ouvrage, une pièce, un discours. D. un sujet.* — En parlant des affaires, commencer à les débrouiller, à les éclaircir. *Il n'est pas aisé de d. cette matière. D. la besogne.* == Dégrossi, ie. part.

DÉGROSSISSAGE. s. m. (R. *dégrossir*). T. Métall. Commencement d'étirage qui, succédant au cinglage, donne une forme plus régulière à la loupe.

DÉGROSSISSEMENT. s. m. Action de dégrossir; état de ce qui est dégrossi.

DÉGROSSISSEUR. s. m. Cylindre qui, dans les laminoirs, réduit la loupe en grosses barres. || Engin formé de cinq cases de bois pour filtrer l'eau.

DÉGUENILLÉ, ÉE. adj. [Pr. les *ll* mouillées] (R. *dégueniller*). Celui, celle dont les vêtements sont en lambeaux. *Elle était toute déguenillée.*

DÉGUENILLER. v. a. [Pr. les *ll* mouillées] (R. *guenille*). Déchirer les habits, mettre en guenilles.

DÉGUERPIR. v. a. (vx fr. *guerpir*, de l'all. *werfen*, jeter). T. Prat. Abandonner la possession d'un immeuble. *D. un héritage, une maison.* — Absol., *Il a été obligé de d.* == Déguerpir. v. n. Sortir d'un lieu malgré soi. *Allons, déguerpissez d'ici. Je le ferai bien d.* Fam. == Déguerpi, ie. part.

DÉGUERPISSEMENT. s. m. (R. *déguerpir*). T. Prat. Abandonnement de la possession d'un immeuble faite par le détenteur pour s'exempter de quelque charge réelle.

DÉGUEULER. v. n. (R. *gueule*). Vomir. *Il dégueula sous la table.* Terme bas et ignoble; se dit d'un vomissement causé par un excès de débauche.

DÉGUIGNONNER. v. a. [Pr. *dégui-gno-ner*, gn mouillés]. Faire cesser le guignon. *Ce beau coup m'a déguignonné.* Fam. — Déguignonné, ée. part.

DÉGUISABLE. adj. Qui peut être déguisé.

DÉGUISEMENT. s. m. Ce qui sert à déguiser une personne. *Louer un d. Je ne vous aurais jamais reconnu sous ce d.* — Fig., Cet homme sait prendre toutes sortes de déguisements. || État d'une personne déguisée. *Je l'ai reconnu malgré son d.* || Fig., Dissimulation, artifice pour cacher quelque chose. *Expliquez-vous sans d. La vérité se reconnaît toujours malgré les artifices et les déguisements. Pourquoi recourir à tous ces déguisements ?*

DÉGUISER. v. a. (R. *guise*). Travestir une personne de manière à la rendre méconnaissable. *On le déguisa en femme.* — Rendre méconnaissable. *Ce faux nez et cette fausse barbe vous déguisent très bien.* — *D. sa voix,* Parler avec un son de voix différent de sa voix naturelle. *D. son écriture,* Écrire en formant les caractères autrement qu'on n'en a l'habitude. *D. son style,* Écrire dans un style différent du sien. — *D. son nom,* Prendre un autre nom que le sien afin de n'être pas reconnu. — *D. les mets, les viandes,* Les apprêter de telle sorte qu'il soit difficile de les reconnaître. || Fig., Cacher quelque chose sous des apparences trompeuses, dissimuler les sentiments, le contraire de la vérité. *D. sa perfidie sous les dehors de l'amitié. D. une fraude. Ne cherchez point à d. votre faute. D. ses sentiments. Presque toujours on déguise aux rois la vérité. D. sa naissance. Pour ne vous rien d.* == Se Déguiser. v. pron. Se travestir. *Se d. en arlequin.* — Se rendre méconnaissable. *Il mit une perruque et des lunettes pour se d.* || En parlant des personnes, se montrer tout autre qu'on en est réellement. *Cet homme est très habile à se d.* — En parlant des choses, se montrer sous des apparences trompeuses. *Le vice cherche souvent à se d. à lui-même.* == Déguisé, ée. part. *Des gens déguisés. Des vertus déguisées. Des vins déguisés. Une fraude habilement déguisée.*

Syn. — *Travestir.* — *Travestir* vient de *tra* et *vêtir,* habiller d'une manière extraordinaire, et *déguiser,* de *guise* (allem. *weise*), qui signifie mode, manière. Ainsi *travestir* exprime simplement un changement de costume pour ne pas être reconnu. *Déguiser,* au contraire, se dit de toute sorte de changement, de toute apparence différente de l'apparence ordinaire et naturelle. Le *déguisement* convient à l'espion, le *travestissement* au comédien. *Déguiser* s'emploie, au fig., à l'égard de ce qui cache ou altère la vérité, la réalité; *travestir,* au fig., ne peut se dire que de l'expression, qui est comme le vêtement de la pensée. Ainsi, s'approprier adroitement les idées d'autrui, c'est *déguiser* ses larcins; traduire de manière à ne reproduire ni la pureté, ni l'élégance du style de l'original, c'est le *travestir.*

DÉGUSTATEUR. s. m. Celui qui déguste, vérifie et constate la qualité des boissons. || Adject. *Commissaire d.*

DÉGUSTATION. s. f. [Pr. ...*sion*]. Action de déguster, d'apprécier par le goût les qualités d'une substance quelconque. Essai qu'on fait des liqueurs en les goûtant.

DÉGUSTER. v. a. (lat. *degustare,* m. s). Goûter avec attention du vin ou quelque autre boisson, pour en connaître la qualité. *D. du vin, de l'eau-de-vie,* etc. || Fig. Apprécier, savourer avec une sorte de sensualité. *D. le plaisir.* == Dégusté, ée. part.

DÉGUT. s. m. [Pr. *dégu*]. T. Techn. Huile empyreumatique qu'on retire de l'écorce de bouleau, et dans laquelle on fait macérer les cuirs de Russie.

DÉHÂLER. v. a. Faire disparaître l'impression que le hâle a produite sur le teint. *Cette pommade l'a bien déhâlée.* Absol., *Ce cosmétique est excellent pour se d.* == Déhâler. v. pron. *Elle garde la chambre pour se d.* == Déhâlé, ée. part.

DÉHANCHÉ, ÉE. adj. Qui a les hanches disloquées. *Cet homme est tout d. Un cheval d.* || Fig. et fam., se dit d'une personne qui marche sans être ferme sur ses hanches. *Cette femme est toute déhanchée.* || Art. vétér. *Cheval d.,* Cheval chez lequel les hanches sont accidentellement effacées.

DÉHANCHEMENT. s. m. Action de se déhancher.

DÉHANCHER. v. a. Démettre les hanches. == Se Déhancher. v. pron. Fig., Affecter une démarche molle et abandonnée.

DÉHARNACHEMENT. s. m. Action de déharnacher.

DÉHARNACHER. v. a. Retirer le harnais à un cheval de trait. == Déharnaché, ée. part.

DÉHISCENCE. s. f. [Pr. *dé-is-sanse*] (lat. *dehiscere,* s'ouvrir). T. Bot. Rupture déterminée et régulière qui, à un moment donné, s'opère dans les organes clos pour laisser échapper leur contenu. Voy. Étamine et Fruit.

DÉHISCENT, ENTE. adj. [Pr. *dé-is-san*]. T. Bot. Se dit des organes clos qui s'ouvrent naturellement au moyen de sutures préexistantes.

DEHLI. Voy. Delhi.

DÉHONTÉ, ÉE. adj. Qui est sans honte, sans pudeur. *Un homme d. Une femme déhontée.*

DEHORS. adv. de lieu (R. *de,* et *hors*). Hors du lieu, hors de la chose dont il s'agit. *Je le croyais dans la maison, mais il est d. Il est d.* — Fig., *Mettre quelqu'un d.,* Le chasser, lui donner son congé. *Mettre d. un billet,* etc., Le mettre en circulation en le passant à l'ordre de quelqu'un. || T. Mar. *Ce bâtiment va mettre d.,* Il va prendre le large, va sortir du port, de la rade. *La mer est grosse d.,* La mer est grosse hors du port, etc. — *Toutes voiles d.,* Toutes les voiles étant déployées. == En dehors. loc. adv. À l'extérieur. *La porte s'ouvre en d. Cela avance trop en d.* — Porter la pointe des pieds en d., Marcher en ayant les pointes des pieds plus écartées l'une de l'autre que les talons. *Avoir les pieds en d.* — Fig. et fam., *Être en d., tout en d.,* Être d'une extrême franchise, ou très communicatif. || T. Mar. *Être en d.*, Être au delà d'un cap, en parlant d'un navire. || T. Chorég. *Être en d.*, Avoir les danseurs ouverts, les genoux et les pieds tournés en dehors. == DE DEHORS. loc. adv. De l'extérieur. *Vous venez de d. De dedans en d.* == PAR DEHORS. loc. adv. et prép. Par l'extérieur. *Cette maison est belle par d. Faire le tour par d. Il a passé par d. la ville.* == EN DEHORS DE. loc. prépos. Même sign. Me *En dehors, En dedans et en d. de la maison. Ce qui est en d. de cette ligne ne vous appartient plus.* — Fig. *Cela est en d. de la question*, Cela n'a pas rapport à la question. == DEHORS. s. m. La partie extérieure d'une chose. *Cette maison paraît belle par le d. Le mal n'est qu'au d. C'était une de ces douleurs qu'on n'aperçoit point au d.* || Ensemble des affaires extérieures d'une famille, d'une maison, d'un ménage. *L'homme s'occupe des affaires du dehors, la femme de celles du dedans.* || Les pays étrangers. *On fit venir du blé du d.* — Les d. *d'un château, d'une maison*, Les parties qui y sont adjacentes et en dépendent, telles que avenues, avant-cour, parc, etc. Les d. *d'une place*, Les ouvrages détachés de la place. *Les d. de cette ville sont bons, mais le corps de la place ne vaut rien.* Garder, défendre, prendre, emporter les d. || Fig., se dit, au plur., de l'extérieur d'un individu, de ses manières. *Sous des d. grossiers, il cachait une âme excellente. Des d. trompeurs.* — Apparences. *Sauver, garder les d. Il cachait les désordres de sa conduite sous les d. d'une vie régulière.* || T. Manège. *La jambe du d., la rêne du d.*, etc., La jambe, etc., qui est du côté du mur, par opp. à la jambe, etc., du côté de l'intérieur du manège. — Voy. DEDANS. || Syn. Voy. APPARENCE.

DÉHORTATOIRE. adj. 2 g. (lat. *de* priv. f; *hortari*, exhorter). T. Diplom. Lettre qui exhorte à ne pas faire une chose.

DÉHOUILLEMENT. s. m. Enlèvement de la houille dans les travaux souterrains.

DÉHYDRACÉTIQUE. adj. 2 g. (R. *de* priv., *hydrogène* et *acétique*). T. Chim. *L'acide d.* $C^8H^8O^4$, est un acide monobasique, dérivé de la pyrone, qui se présente en cristaux orthorhombiques, fusibles à 109°, bouillant à 250°, solubles dans l'alcool et dans l'éther. Les alcalis à l'ébullition le décomposent en acétate, carbonate et acétone. L'ammoniaque le transforme en lutidone. On l'obtient en faisant passer des vapeurs d'acétone acétylacétique dans un tube chauffé au rouge; l'éther se dédouble en alcool et en acide d.

DÉHYDROMUCIQUE. adj. 2 g. (R. *de* priv. *hydrogène* et *mucique*). T. Chim. *L'acide d.* $C^6H^4O^5$, se produit par la déshydratation de l'acide mucique, lorsqu'on chauffe ce dernier avec de l'acide bromhydrique concentré. Il se présente en aiguilles soyeuses, insolubles dans l'éther, très peu solubles dans l'eau et dans l'alcool. Chauffé brusquement il se dédouble en anhydride carbonique et en acide pyro-mucique; c'est donc un acide furfurane-dicarbonique C^4H^2O ($CO^2H)^2$.

DÉICIDE. adj. et s. m. (lat. *Deus*, Dieu; *cædere*, faire mourir). Meurtrier de Dieu. Se disait des Juifs, en parl. de la mort de Jésus. *Le peuple d.* == s. m. Action de tuer Dieu.

DÉIDAMIE, fille de Lycomède, roi de Scyros, épouse d'Achille, mère de Pyrrhus ou Néoptolème.

DÉIFICATION. s. f. [Pr. ...*sion*]. Action par laquelle on déifie. *La d. d'Hercule. La d. d'Auguste.* — Voy. APOTHÉOSE.

DÉIFIER. v. a. (lat. *Deus*, Dieu; *facere*, faire). Placer au rang des dieux, diviniser. *Hercule fut déifié sur le mont Œta. Les Romains déifièrent la plupart de leurs empereurs.* L'usage de d. *les hommes extraordinaires*, soit conquérants, soit législateurs, *se retrouve chez presque tous les peuples de l'antiquité.* == DÉIFIÉ, ÉE. part.

DÉILÉPHILE. s. m. [Pr. *dé-i-léfile*] (gr. δείλη, crépuscule; φιλέω, j'aime). T. Ent. Famille d'Insectes Lépidoptères du groupe des *Crépusculaires.* Voy. ce mo.

DÉIPHOBE, fils de Priam et d'Hécube, époux d'Hélène après la mort de Pâris, tué par Ménélas à la prise de Troie.

DÉISME. s. m. (lat. *Deus*, Dieu). T. Phil. — On donne le nom de *D.* à la doctrine de ceux qui admettent purement et simplement l'existence d'un Être suprême, créateur de l'univers, lumière de la conscience, base et sanction de la morale, mais qui rejettent tout culte extérieur et toute révélation. Quoique, à ne considérer que son étymologie, le mot *Théisme* signifie simplement, comme celui de *D.*, croyance en Dieu, l'usage a réservé ce dernier sens à *théisme;* par conséquent, on l'oppose à *polythéisme*, tandis que *d.* s'oppose à *religion révélée.* Le théisme a été le culte du peuple juif; le déisme n'a pas fondé de système religieux proprement dit : il est considéré comme une opinion philosophique. Voy. DIEU, PHILOSOPHIE.

DÉISTE. s. 2 g. Celui, celle qui fait profession de déisme. *C'est un d.* || Adject. *Les philosophes déistes.*

DÉITÉ. s. f. (lat. *deitas*, m. s.). Divinité, dieu ou déesse de la Fable. *Les déités terrestres. Les déités infernales.* N'est guère usité qu'en poésie. || Par ext. Personne ou chose à laquelle on rend une espèce de culte.

DÉJÀ. adv. de temps. (R. *dè, jà*). Dès à présent. *Vous êtes d. revenu? Il y a d. une heure que je suis avec vous. Quoi! vous avez d. fini votre ouvrage? Est-il d. midi? Quoi! d.?* || Dès le moment dont on parle ; s'emploie alors en parlant soit du passé, soit de l'avenir. *Il y avait d. longtemps qu'il était parti quand vous êtes arrivé. Voilà d. dix ans que nous nous connaissons. D. le soleil était levé lorsqu'il s'éveilla.* || Auparavant. *Je vous en avais d. prévenu.*

DÉJANIRE, fille d'Œnée, roi de Calydon, épouse d'Hercule. Elle fit périr le héros en lui envoyant une tunique imprégnée du sang empoisonné du centaure Nessus, que celui-ci lui avait donnée, après l'avoir enlevée, en lui faisant croire que c'était un philtre destiné à lui rendre l'amour de son époux. Quand elle apprit la mort d'Hercule, elle se tua de désespoir.

DÉJAZET (PAULINE-VIRGINIE), célèbre comédienne française (1797-1875).

DÉJAUGEMENT. s. m. (R. *déjauger*). T. Mar. Diminution dans le tirant d'eau.

DÉJAUGER. v. n. (R. *de*, et *jauger*). T. Mar. S'élever au-dessus de la ligne de flottaison, après avoir touché sur un fond. == Conj. Voy. MANGER.

DÉJEAN, général du génie et ministre de la guerre sous l'empire (1749-1824). || Son fils, général français et entomologiste (1780-1845).

DÉJECTEUR. s. m. T. Techn. Appareil ayant pour but d'éviter les incrustations des chaudières à vapeur en faisant circuler l'eau dans des circuits contournés où elle dépose les matières en suspension.

DÉJECTION. s. f. [Pr. ...*sion*] (lat. *dejectio*, de *dejicere*, rejeter). Évacuation des matières fécales. || Se dit aussi, surtout au plur., des matières évacuées. *Déjections alvines. Déjections abondantes.* || T. Géol. Se dit aussi, au plur., des matières vomies par un volcan.

DÉJETER (SE). v. pron. (lat. *dejectus*, jeté hors). S'écarter de sa direction naturelle, ou de la position donnée. — Se dit propr. du bois, qui par suite de l'évaporation des fluides qu'il contient, se courbe, se disjoint, ou gauchit. *Le bois de ce meuble s'est déjeté. Cette poutre commence à se d.* — Par ext., se dit de certaines parties du corps. *La colonne vertébrale s'est un peu déjetée.* == DÉJETÉ, ÉE. part. = Conj. Voy. JETER.

DÉJETTEMENT. s. m. [Pr. *déjè-teman*]. Action de ce qui se déjette. État de ce qui est déjeté.

DÉJEUNÉ. s. m. Voy. DÉJEUNER.

DÉJEUNER. v. n. Faire le repas du matin. *Avez-vous déjeuné? D. avec des amis. Donnez-lui à d. D. d'une côtelette, d'un pâté.*

DÉJEUNER ou **DÉJEUNÉ.** s. m. (R. *de, jeûne*, propr., détruire le jeûne, comme on dit en anglais *break-fast*). Le repas du matin. Les mots qui composent ce repas. *Servir le d. Que vous a-t-on servi à votre d.? Il prend à son d. du café ou du chocolat. D. froid. D. chaud. D. à la fourchette. Son d. lui pèse sur l'estomac.* — *D.-dîner. D. dînatoire,* Grand d. qui se fait plus tard qu'à l'ordinaire et qui tient lieu de dîner. || Fig. et fam., *Il n'en a pas pour un d.,* se dit d'un prodigue qui se dépêche de dissiper son bien. *Il n'y en a pas pour un d.,* se dit pour marquer le peu d'importance d'un bien, d'une somme d'argent; se dit aussi d'une place de guerre, d'un ennemi dont on croit pouvoir venir facilement à bout. — *C'est un d. de soleil,* se dit d'une étoffe dont la couleur se passe aisément. || Petit plateau garni d'une tasse, d'une soucoupe, d'un sucrier, etc. *Un d. de porcelaine.*

DÉJOCÈS, 1er roi des Mèdes, de 733 à 690 av. J.-C., fut le fondateur d'Ecbatane.

DÉJOINDRE. v. a. (R. *de,* et *joindre*). Faire que ce qui était joint cesse de l'être; ne se dit que des ouvrages de menuiserie, de charpenterie ou de maçonnerie. *C'est la sécheresse qui a déjoint ces bois. Ce meuble est tout déjoint.* = SE DÉJOINDRE. v. pron. *Les pierres de cette voûte commencent à se d.* = DÉJOINT, OINTE. part. = Conj. Voy. JOINDRE.

DÉJOTARUS, tétrarque de Galatie, qui s'allia avec les Romains contre Mithridate, reçut le titre de roi et combattit à Pharsale dans le parti de Pompée.

DÉJOUER. v. a. (R. *de,* et *jouer*). Faire manquer, faire échouer un dessein, un projet. *D. un projet. un dessein, une intrigue. Il déjoua leurs complots.* — *D. quelqu'un,* Empêcher l'effet de ses manœuvres, de ses intrigues. = DÉJOUER. v. n. N'être pas à son jeu, jouer plus mal qu'à l'ordinaire. *Mais vous déjouez aujourd'hui.* Fam. = DÉJOUÉ, ÉE. part.

DÉJOUR. s. m. (R. *jour*). T. Carross. Vide qui existe entre les jantes d'une roue.

DÉJOUTEMENT. T. Charp. Coupe biaise faite sur les faces de deux pièces de bois qui, assemblées, forment un angle aigu.

DÉJUC. s. m. (lat. *jugum*), joug). T. Faucon. Le temps du lever des oiseaux. Vx.

DÉJUCHER. v. n. (R. *de,* et *jucher*). Se dit proprement des poules, quand elles quittent le juchoir. *Les poules ont déjuché, sont déjuchées.* || Fig. et fam., Se déplacer d'un lieu élevé. *On vous fera bien d. de là.* = DÉJUCHER. v. a. Faire abandonner un lieu élevé. *On vous déjuchera bien de là-haut.* = DÉJUCHÉ, ÉE. part.

DÉJUDAÏSÉ, ÉE. adj. Qui a cessé d'appartenir au culte juif.

DEKAN ou **DEKKAN.** Voy. DÉCAN.

DELÀ. prép. (R. *de,* *là*). De l'autre côté de. *D. le fleuve. D. les monts.* — S'emploie quelquefois avec les prépositions *De* et *Par. Il est de d. le Rhin. Par d. les Alpes.* Peu us.; on dit plus ordinair. *Au delà de. Au d. des mers. Au d. du fleuve.* || Fig. et au sens moral, *Au d. de* et *Par d. de* se disent pour marquer qu'une chose est dépassée. *Il a réussi au d. de mes espérances. Il est de ce que je croyais. Le juste est récompensé par d. ses mérites.* = AU DELA, PAR DELA. loc. adv. Encore plus, encore davantage. *Il a regagné tout son argent et bien au d. On l'a satisfait, et par d.* = EN DELA. loc. adv. Plus loin. *C'est plus en d. Mettez-vous un peu en d.* = DEÇA et DELA. loc. adv. Voy. DEÇA.

DELABORDE, critique d'art fr. (1811-1882).

DÉLABREMENT. s. m. État d'une chose délabrée. *Le d. d'un édifice, d'un vêtement. Le d. de ses affaires, de sa santé. Sa maison est dans un d. incroyable.*

DÉLABRER. v. a. (lat. *delabor,* je tombe, je descends). Détériorer, mettre en mauvais état, hors d'usage. *D. des meubles, une machine. Le temps a bien délabré cette maison. Ces enfants ont tout délabré le tapis.* || Fig., Les fatigues, le manque de vivres, ont délabré cette armée. L'excès de travail a délabré sa santé. Cette mauvaise spéculation a bien délabré sa fortune, ses affaires.* = SE DÉLABRER. v. pron. *Cette tapisserie se délabre. Sa maison se délabre faute d'entretien. L'estomac se délabre par la privation de nourriture. Ses affaires se sont bien délabrées.* = DÉLABRÉ, ÉE. part. = Fam. *Être délabré,* Avoir des vêtements en fort mauvais état. *Le pauvre diable est bien délabré.*

DÉLACER. v. a. (R. *de,* et *lacer*). Relâcher ou retirer un lacet qui est passé dans des œillets, défaire ce qui est lacé. *D. un corset, un brodequin.* — *D. une femme,* Défaire le lacet de son corset, de sa robe. *Elle est décennié, il faut la d.* = T. Mar. *Délacer une voile,* Retirer le petit cordage qui servait à lacer une portion de voile pour l'attacher à une voile basse. = SE DÉLACER. v. pron. *Elle ne voulait pas se d. elle-même. — Voilà mon brodequin qui se délace.* = DÉLACÉ, ÉE. part.

DELACROIX (EUGÈNE), célèbre peintre français, chef de l'école coloriste (1799-1863). Principales œuvres : *La barque du Dante,* 1822; *Le Tasse dans la prison des fous,* 1824; *Milton aveugle,* 1827; *La Liberté sur les barricades,* 1830; *Les femmes d'Alger.* 1833; *Les peintures du salon du roi à la Chambre des députés,* 1836; *La justice de Trajan,* 1837; *La prise de Constantinople par les Croisés,* 1844; *Le Christ en croix,* 1847; *Le plafond de la galerie d'Apollon au Louvre,* 1848; *La chasse aux lions,* 1855; *Le bon Samaritain,* 1850; *Le Christ au tombeau,* 1859.

DELAFOSSITE. s. f. (R. *Delafosse,* n. d'un minéralogiste). T. Minér. Combinaison de sesquioxyde de fer et d'oxyde cuivreux, d'une couleur noir grisâtre, ressemblant au graphite.

DELAGOA (Baie), située au S.-E. de l'Afrique.

DÉLAI. s. m. (lat. *dilatum,* part. pass., de *differre,* retarder). Temps accordé pour faire une chose; remise d'un terme à une époque plus éloignée. *Ces travaux doivent être terminés dans un d. de deux ans. Assigner quelqu'un à bref d. Le d. expire tel jour. D. de grâce. Accorder, obtenir un d., des délais, de nombreux délais. Prendre, donner du d. Sans d., sans plus de d. Pour tout d. Pour dernier d.*

Législ. — Les *Délais* accordés par la loi, en matière de procédure, varient selon la nature des actes et selon les tribunaux. Comme il est parlé ailleurs de chaque espèce de d. (voy. CITATION, CASSATION, etc.), nous dirons seulement ici que les délais se comptent par jours et non par heures. Tous les jours compris dans un d. comptent utilement, sans distinguer ceux des dimanches et fêtes; mais on ne compte ni le jour qui sert de point de départ, ni celui de l'échéance. Les délais fixés par mois se comptent du quantième au quantième correspondant, sans distinguer si l'espace entre les deux quantièmes est de 28, 30 ou 31 jours. — Les tribunaux ont la faculté d'accorder des *Délais de grâce* au débiteur qui est actuellement dans l'impossibilité de satisfaire à son obligation, à moins, cependant, que ce dernier n'ait diminué, par son fait, les sûretés données par contrat à son créancier. — *D. de repentir.* Voy. DÉSERTION.

DÉLAINAGE. s. m. Opération qui consiste à retirer la laine des peaux de mouton pour utiliser laine et cuir séparément.

DÉLAISSEMENT. s. m. Action de délaisser. Manque de tout secours, de toute assistance. *Ses parents, ses amis l'ont abandonné, il est dans un entier d.*

Législ. — En termes de Droit maritime, on appelle *Délaissement* l'acte par lequel l'assuré abandonne à l'assureur l'objet assuré, en exigeant de lui le payement du montant de l'assurance. La loi limite à huit les cas où l'action en d. peut être exercée; ce sont : la prise, le naufrage, l'échouement avec bris, l'innavigabilité par fortune de mer, l'arrêt par une puissance étrangère, la perte ou détérioration des objets assurés, si elle égale au moins les trois quarts, l'arrêt de la part du gouvernement, après le voyage commencé, et le défaut de nouvelles pendant six mois ou un an, selon que le navire est parti pour un voyage ordinaire ou un voyage au long cours (C. Com. 369 et 375). Le d. ne peut être ni partiel ni conditionnel, et il doit être fait dans le terme de six mois, d'un an ou de dix-huit mois, suivant la distance du lieu où il est arrivé le sinistre (*Ib.* 372 et 373). Voy. AVARIE. — En Droit civil, on désigne sous le nom de *D. par hypothèque* l'abandon d'un immeuble fait par l'acquéreur pour se soustraire aux poursuites d'un créancier privilégié ou hypothécaire. Voy. HYPOTHÈQUE.

DÉLAISSER. v. a. Laisser sans aucun secours, sans aucune assistance. *Tous ses amis l'avaient délaissé. Dieu ne vous délaissera pas.* || T. Jurisp. Abandonner à quelqu'un son droit de propriété sur une chose. — Renoncer à. *D. des poursuites.* = DÉLAISSÉ, ÉE. part. = Syn. Voy. ABANDONNER.

DELAISTRE, statuaire français, né à Paris (1746-1832).

DÉLAITAGE. s. m. (R. *délaiter*). Opération qui se fait après le barattage et qui a pour objet d'enlever les parties liquides contenues dans le beurre.

DÉLAITER. v. a. (R. *de*, et *lait*). Pratiquer le délaitage.

DELAMBRE (JEAN-BAPTISTE-JOSEPH), astronome français, mesura avec Méchain un arc du méridien terrestre, de Dunkerque à Barcelone. On a de lui, notamment, des *Tables astronomiques*, un *Traité complet d'astronomie théorique et pratique* et une *Histoire de l'astronomie*. (1749-1822).

DELANOUITE. s. f. (R. *Delanoue*, n. d'un minéralogiste fr.). T. Minér. Variété d'argile compacte, tendre, la couleur rose.

DELAPLANCHE (EUGÈNE), statuaire français (1836-1891).

DÉLARDEMENT. s. m. T. Techn. Action de délarder. Le résultat de cette action.

DÉLARDER. v. a. (R. *de*, et *larder*). Ôter les lardons d'une pièce lardée. || T. Maçonn. Enlever une partie de la pierre. — Couper obliquement le dessous d'une marche d'escalier. || T. Charpent. Abattre les arêtes d'une pièce de bois. = DÉLARDÉ, ÉE. part.

DELAROCHE (HIPPOLYTE, et par abréviat. PAUL), célèbre peintre français (1797-1856). Principales œuvres : *l'Assassinat du duc de Guise*, 1835 ; *l'Hémicycle du palais des Beaux-Arts*, 1837-1841 ; *l'Ensevelissement au Christ*, 1853 ; *la Vierge sous les Saintes-Femmes*, 1855 ; et un grand nombre de portraits.

DÉLASSANT, ANTE. adj. Qui délasse. *Exercice d.*

DÉLASSEMENT. s. m. Repos, relâche qu'on prend pour se délasser. *Après le travail, un peu de d. est nécessaire. L'esprit a besoin de d. Son seul d. est de changer de travail.*

DÉLASSER. v. a. (R. *de*, et *lasser*). Faire cesser la lassitude. *Deux heures de sommeil m'ont assez délassé. Le changement d'occupation délasse l'esprit.* — Absol., *Rien ne délasse mieux que le sommeil.* = SE DÉLASSER. v. pron. *Se d. d'une longue fatigue, d'une longue application.* = DÉLASSÉ, ÉE. part.

DÉLATEUR, TRICE. s. (lat. *delator*, m. s., de *de*, et *latum*, sup. de *ferre*, porter). Celui, celle qui dénonce, qui fait métier de dénoncer. || T. Techn. Pièce adaptée à certaines serrures de sûreté pour indiquer si on a fait quelque tentative pour les ouvrir à l'aide de crochets ou de fausses clefs : on les appelle *Serrure à délateur.* = Syn. Voy. ACCUSATEUR.

DÉLATION. s. f. [Pr. *...sion*]. (lat. *delatio*, m. s.). Dénonciation. *Cet empereur encouragea la d. par des récompenses ; aussi les délations se multiplièrent d'une manière effrayante.* || T. Jurispr. Action de déférer. *La délation du serment.*

DÉLATTER. v. a. [Pr. *déla-ter*]. Ôter les lattes. *On a délatté ce toit.* = DÉLATTÉ, ÉE. part.

DELAUNAY (CHARLES-EUGÈNE), astronome et mathématicien français, célèbre surtout par les progrès qu'il fit faire à la théorie du mouvement de la lune (1816-1872) Directeur de l'Observatoire de Paris de 1870 à 1872. Mort noyé par accident dans la rade de Cherbourg.

DÉLAVÉ. ÉE. adj. Se dit des couleurs faibles, et blafardes. *Ce bleu est trop délavé.* || T. Joaillier. *Pierre délavée*, Pierre dont la couleur est faible.

DÉLAVER. v. a. (R. *laver*). Ne se dit que des couleurs et sign. les affaiblir en les étendant d'eau. = DÉLAVÉ, ÉE. part.

DELAVIGNE (CASIMIR), poète dramatique français (1793-1843), auteur des *Messéniennes*, de l'*École des vieillards* des *Enfants d'Édouard*, de *Louis XI*, etc.

DELAWARE, fleuve de l'Amérique du Nord, 5,000 kil. env.

DELAWARE, un des États de l'Union américaine ; 157,000 h. cap. *Dover*.

DÉLAYABLE. adj. 2 g. [Pr. *dé-lè-iable*]. Qui peut être délayé.

DÉLAYAGE. s. m [Pr. *délè-iage*]. Action de délayer. État de ce qui est délayé.

DÉLAYANT. s. m. [Pr. *délè-ian*]. T. Méd. Se dit des médicaments qui augmentent la fluidité du sang et des liquides organiques, en augmentant leur volume aux dépens de leur masse. *Toute boisson aqueuse prise en abondance est un d. Les délayants sont surtout usités dans les inflammations aiguës.* || Adj. *Remèdes délayants.*

DÉLAYEMENT. s m [Pr. *dé-lè-ie-man*]. Action de délayer.

DÉLAYER. v. a. [Pr. *délè-ier*] (lat. *dilatare*, étendre, allonger). Détremper dans un liquide. *D. de la farine. D. une couleur dans de l'eau* || Fig., *D. sa pensée*, L'exprimer avec diffusion. = DÉLAVÉ, ÉE. part. = Conj. Voy. PAYER.

DÉLAYURE s. f. [Pr. *délé-iure*]. Opération de boulangerie qui consiste à mêler la farine et le levain avec de l'eau.

DELEATUR. s. m. [Pr. *dé-lé-a-tur*]. T. Typog. Mot latin qui signifie *Qu'il soit effacé*, et désigne le signe usité, dans la correction des épreuves, pour indiquer les lettres ou les mots à supprimer. Voy. ÉPREUVE.

DÉLÉBILE. adj. 2 g. (lat. *delebilis*, m. s., de *delere*, effacer). T. Didact. Qui s'efface. *Qui peut être effacé.*

DÉLECTABILITÉ. s. f. Qualité de ce qui est délectable.

DÉLECTABLE. adj. 2 g. (R. *délecter*). Qui donne de la délectation. *Mets d. Un vin d. Un séjour d. Un sentiment d. Rien n'est plus d. que...* Syn. — Voy. AGRÉABLE.

DÉLECTABLEMENT. adv. D'une façon délectable.

DÉLECTATION. s. f [Pr. *...sion*]. Plaisir qu'on savoure, qu'on goûte avec sensualité. *Boire, manger avec d. Prendre trop de d. aux choses du monde.*

DÉLECTER. v. a. (lat. *delectare*, m. s.). Charmer, procurer de la délectation. *Quand on veut se mortifier, il faut éviter tout ce qui délecte les sens.* N'est guère usité que dans le style ascétique. = SE DÉLECTER. v. pron. Prendre beaucoup de plaisir à quelque chose. *Se d. à l'étude, à faire de la musique.* Fam. = DÉLECTÉ, ÉE part.

DÉLÉGANT. s. m. Celui qui délègue, qui donne une délégation.

DÉLÉGATAIRE. s. m. et f. Celui, celle qui reçoit la délégation.

DÉLÉGATEUR, TRICE. s. m. et f. Celui, celle qui donne la délégation.

DÉLÉGATION. s. f. [Pr. *...sion*]. (R. *déléguer*). Commission donnée à quelqu'un pour agir au lieu et place du mandant. *Par d. du prince, du tribunal. Agir en vertu d'une d. — D. de pouvoir*, etc., Acte par lequel nous autorisons quelqu'un à toucher une somme qui nous est due. *Il m'a donné une d. sur son banquier. Faire, accepter une d.* ||

T. Mar. Partie de la solde d'un marin que celui-ci destine à ses parents et payée à ceux-ci par la caisse du port d'armement pendant la durée d'une campagne.

DÉLÉGUÉ. s. m. Toute personne à qui on a remis une délégation.

DÉLÉGUER. v. a. (lat. *delegare*, m. s.). Commettre, envoyer quelqu'un avec pouvoir d'agir, d'examiner, de juger, etc. *Le tribunal a délégué un juge pour faire cette vérification.* — *D. son autorité, son pouvoir, ses pouvoirs*, etc., Investir quelqu'un de son autorité, lui donner le pouvoir nécessaire pour remplir une mission. || Se dit en parlant d'un débiteur qui autorise son créancier à toucher une somme qui est due au premier. *D. une somme, une créance.* On dit dans le même sens : *D. un fermier,* Donner une délégation sur un fermier. Vx. — *D. une dette,* Charger quelqu'un de la payer. ═ DÉLÉGUÉ, ÉE. part. || Substantiv., Celui qui a reçu une délégation, une commission. *Ses délégués furent fort mal reçus.* ═ Conj. Voy. ALLÉCHER.

DELÉMONT. v. de Suisse, canton de Berne; 3.400 hab.

DELESCLUZE (CH.), journaliste et homme politique fr., membre de la Commune, tué sur les barricades (1809-1871).

DELESSERT (BENJAMIN), fondateur des caisses d'épargne (1773-1847).

DELESSITE. s. f. (R. *Delesse*, n. d'homme). T. Minér. Silicate hydraté d'alumine, de magnésie et de fer, en concrétions d'un vert noirâtre.

DÉLESTAGE. T. Mar. Action de délester.

DÉLESTER. v. a. T. Mar. *D. un navire.* Enlever le lest dont il est chargé. || Fam. Alléger de son poids, dévaliser, ruiner. *Je lui pris son paquet pour le délester un peu. Il se fit délester de son argent par une fille.* ═ DÉLESTÉ, ÉE, part.

DÉLESTEUR. s. m. T. Mar. Celui qui est employé à délester un bâtiment. || Bateau employé au délestage.

DÉLÉTÈRE. adj. 2 g. (gr. δηλητήριος, m. s., de δηλεῖν, détruire). Qui attaque la santé ou la vie. *Gaz d. Plantes, miasmes délétères.*

DELFINO, nom d'une famille de Venise qui a donné le doge Jean (1356-1361).

DELFT, v. de Hollande, 20,000 hab. Fabr. d'instruments de mathématiques.

DELHI ou **DEHLI,** v. de l'Asie (Hindoustan, présidence de Calcutta); ancienne résidence du Grand Mogol; 200.000 hab.

DÉLIAISON. s. f. T. Mar. Action par laquelle les bordages se disjoignent. || T. Constr. Arrangement des pierres d'un mur ayant moins de six pouces de recouvrement.

DÉLIBATION. s. f. [Pr. ...*sion*] (lat. *delibatio*, m. s.) T. Prat. Prélèvement.

DÉLIBÉRANT, ANTE. adj. Qui délibère. Se dit surtout des assemblées politiques. *Assemblée délibérante.*

DÉLIBÉRATIF, IVE. adj. T. Rhétor. Genre d. Voy. ÉLOQUENCE. || *Voix délibérative.* Voy. VOIX.

DÉLIBÉRATION. s. f. [Pr. ...*sion*]. Action de délibérer. Discussion entre plusieurs personnes sur une résolution à prendre, sur une question à résoudre. *Mettre une affaire en d. On mit en d. si... Suspendre une d. La d. d'une assemblée, du jury. Pendant la d.* || Examen qu'on fait en soi-même relativement à un parti à prendre. *Il ne veut se décider qu'après mûre d.* || Décision, résolution. *Prendre une d. Par d. du conseil. La d. du conseil fut que...*

DÉLIBÉRÉ. s. m. T. Procéd. Se dit de toute délibération ou discussion qui a lieu à huis clos entre les juges d'un tribunal. *On a ordonné un délibéré.* — Se dit quelquefois du jugement qui ordonne un délibéré. *Rapport sur un délibéré.*

DÉLIBÉRÉ, ÉE. adj. Aisé, libre, déterminé. *Avoir l'air délibéré. Marcher d'un pas délibéré. Vous êtes bien délibéré.*

DÉLIBÉRÉMENT. adv. Hardiment, d'une manière délibérée. *Marcher d.*

DÉLIBÉRER. v. n. (lat. *deliberare*, m. s.). Examiner, consulter en soi-même ou avec les autres. *D. sur une question, sur une affaire importante. Il y a lieu à d. La loi donne à l'héritier bénéficiaire des délais pour faire inventaire et d. D. une chose. Ils veulent en d. entre eux. Il en a délibéré avec lui. Le jury, la cour a délibéré pendant fort longtemps.* || Prendre une résolution, se déterminer. *J'ai délibéré de faire telle chose. Il fut délibéré dans le conseil que...* T. Manég. Accoutumer un cheval à certaines allures. ═ DÉLIBÉRÉ, ÉE. part. *L'affaire fut mûrement délibérée. Délibéré tel jour.* — *C'est une chose délibérée,* C'est une chose arrêtée, conclue. — *De propos délibéré,* A dessein, après y avoir réfléchi; se dit presque toujours en mauvaise part. *C'est de propos délibéré qu'il a fait cette méchante action.* ═ Conj. Voy. CÉDER. ═ Syn. Voy. VOTER.

DELIBES (LÉO), compositeur fr. (1836-1891).

DÉLICAT, ATE. adj. (lat. *delicatus*, m. s., de *delicare*, rendre liquide). Fin, délié; s'oppose alors à *Grossier. Un tissu d. Un teint d. Des traits délicats.* — Se dit particul. de ce qui est travaillé minutieusement et avec un grand soin. *Travail d. Ouvrage d. Un camée d'une sculpture, d'une exécution très délicate.* — *Main délicate, Le ciseau d., le pinceau d.* || Fig., se dit des pensées, des sentiments peu communs, qui ont quelque chose d'élevé, de pur, de naïf. *Une pensée délicate. Un sentiment d.* — Se dit encore de ce qui est exprimé ou fait d'une manière ingénieuse et élevée. *Des attentions délicates. Une louange délicate. Il s'y prit de la manière la plus délicate et lui fit accepter ce secours.* — *De propos délibéré, L'expression en est très délicate. Tour d.* || Subtil. *La différence est tellement délicate qu'elle peut échapper à beaucoup d'esprits.* || Sign. aussi qui est capable de juger avec finesse, avec goût, qui sait apprécier les nuances. *Un esprit délicat. Un jugement d. Une oreille délicate. Des sens, des organes délicats.* — Qui est difficile à manier. *C'est là fort d. sur le manger. Être peu d. dans ses plaisirs. Il ne faut pas être si d.* — Prov., *Il est d. et blond,* se dit d'un homme fat et qui fait le dédaigneux. || En parlant des aliments, sign. Agréable au goût, mais à un goût exercé. *Un mets d. Un vin d. Une chère, une table fort délicate.* — Fig., *Plaisir d. Jouissance délicate,* Plaisir, etc., où l'esprit a plus de part que les sens. — *Avoir le sommeil d.,* se dit de quelqu'un que le moindre bruit suffit pour réveiller. — Faible, frêle, qui offre peu de résistance, qui peut être aisément altéré, endommagé; s'emploie alors par oppos. à *Robuste. Tempérament d. Santé délicate. Constitution, complexion délicate. Avoir la vue délicate. Cet enfant est extrêmement d. Une plante, une fleur, une couleur très délicate.* || Fig., se dit des affaires, des circonstances où il faut agir avec beaucoup de prudence, de réserve. *Une affaire délicate. Une question délicate à traiter. Il s'est tiré d'un pas bien d.* ═ Qui est susceptible, facile à offenser, à offusquer. *Il est très d. sur le point d'honneur, sur l'amitié, sur ce qui touche à la probité, aux convenances.* — Absol., sign. Scrupuleux sur l'honneur et même les simples bienséances. *C'est un homme très d. Il a la conscience très délicate. Il est de la plus délicate probité.* || En parlant des choses, sign. Conforme à l'honneur, à la probité, aux bienséances. *Le procédé est peu d. Il s'est conduit d'une manière très délicate.* ═ Subst., se prend pour difficile, dédaigneux. *Il fait le d. Les délicats sont malheureux.*

DÉLICATEMENT. adv. Avec délicatesse, d'une manière délicate. *Cela est travaillé fort d. Une pensée d. exprimée. Il a été élevé trop d. Une affaire qu'il faut traiter d. Juger d.*

DÉLICATER. v. a. Traiter avec délicatesse, accoutumer à la mollesse. *On gâte les enfants à force de les d.* ═ SE DÉLICATER, v. pron. *Il ne faut pas tant se d.* ═ DÉLICATÉ, ÉE. part. Vx.

DÉLICATESSE. s. f. Qualité de ce qui est Délicat, fin, délié. La d. de la peau. Des traits d'une extrême d. Une broderie d'une grande d. || Par ext., se dit de l'adresse, de la légèreté, du soin avec lesquels une chose est ou doit être faite. Ce bijou est remarquable par la d. de l'exécution. Ce peintre a une grande d. de pinceau. Cela demande à être manié avec une extrême d. — Fig., se dit de ce qui est senti, pensé, fait ou exprimé d'une manière délicate. La d. d'une pensée, d'un sentiment. Des procédés pleins de délicatesse. La d. de l'expression. Les délicatesses du langage, du style. Les finesses du langage, du style. || Fig., en parlant des affaires, sign. Prudence, précaution. Cette affaire veut être traitée avec beaucoup de d. || Apt tude à juger finement, à apprécier les nuances, les différences les plus légères. D. d'esprit, de jugement, de goût. D. l'oreille. || Qualité de ce qui satisfait un goût délicat. La d. d'un mets, d'un vin. Une chère pleine de d. Les délicatesses de la table. Des mets recherchés. || Faiblesse, débilité. La d. du tempérament, de la complexion, de la santé. La d. de son teint. — Par anal., se dit quelquefois pour Mollesse. Cet enfant est élevé avec trop de d. Cet homme est d'une d. ridicule. || Susceptibilité, facilité à s'offenser, à se choquer. Avoir une extrême d. sur le point d'honneur. Une fausse d. || Se dit aussi des scrupules en tout ce qui touche à l'honneur, à la probité, aux bienséances. C'est un homme qui a une grande d. || Se dit aussi des choses que la délicatesse fait dire ou fait faire. Un procédé plein de d. J'apprécie toute la d. de sa conduite.

Syn. — Finesse. — La finesse est l'art de saisir les vérités que tout le monde n'aperçoit pas; la délicatesse est le sentiment vif et habituel des convenances que tout le monde ne sent pas. La finesse est de l'esprit; la délicatesse est de l'âme; on analyse finement, on sent avec délicatesse. La finesse cherche dans les objets ce qui peut piquer la curiosité; la délicatesse ne s'attache qu'à ce qui éveille et attire le sentiment. On dit bien un toucher fin, un goût fin, un odorat fin; mais alors on considère le toucher, le goût et l'odorat comme distinguant les qualités des corps, pour les définir plutôt que pour les sentir. Mais lorsqu'on veut rendre l'impression que l'on reçoit plutôt que désigner la nature de l'objet qui la cause, on dit un toucher délicat, un goût délicat, la délicatesse de l'odorat. — La finesse, dans les ouvrages d'esprit comme dans la conversation, consiste dans l'art de ne pas exprimer directement sa pensée, mais de la laisser aisément apercevoir. La délicatesse est la finesse du sentiment exprimé avec la grâce qui lui convient. Il suffit d'avoir de l'esprit pour saisir ce qui est fin; il faut encore du goût pour entendre ce qui est délicat.

DÉLICES. s. f. pl. (lat. deliciæ, m. s.). Plaisir, volupté. Les d. des sens, de l'esprit. Les d. de la campagne, de la table. Les d. de Capoue. Les d. des premières amours. Se plonger, vivre, être nourri dans les d. Goûter les d. de la vie. Faire ses d. de l'étude. Mettre ses d. à faire quelque chose. Il la contemplait avec d. Cet enfant fait les d. de sa mère. On a dit de l'empereur Titus qu'il était les d. du genre humain. || S'emploie quelquefois au sing.; mais alors il est masc. (mot hétéroclite, comme orgue). C'est un délice. Quel délice!

DÉLICIEUSEMENT. adv. Avec délices, d'une manière délicieuse. Vivre d. Elle chante d.

DÉLICIEUX, EUSE. adj. (lat. deliciosus, m. s.). Extrêmement agréable. Vin d. Mets d. Séjour d. Un sentiment d. Musique délicieuse. = Syn. Voy. AGRÉABLE.

DÉLICOTER (SE). v. pron. (R. licou). T. Man. Se dit d'un cheval qui se défait de son licou. = DÉLICOTÉ, ÉE. part.

DÉLICTUEUX, EUSE. adj. T. Droit. Qui caractérise le délit.

DÉLIÉ, ÉE. adj. (R. délier). Mince, grêle, menu. Taille déliée. Étoffe déliée. Fil d. Un trait de plume fort d. || Fig., Être d. Avoir l'esprit d., Avoir beaucoup de finesse d'esprit, de pénétration, de subtilité, d'adresse. C'est un esprit très d. C'est une femme fine et déliée. Se dit quelquefois en mauvaise part. = DÉLIÉ. s. m. T. Callig. Se dit, par oppos. à Plein, de la partie fine ou d. déliée d'une lettre. La lettre O a deux pleins et deux déliés.

Syn. — Menu, Mince. — Ce qui est délié manque de grosseur, mais peut avoir une grande longueur. Ce qui est mince manque d'épaisseur. Ce qui est menu manque en général de grandeur dans toutes les dimensions. Ainsi, on dit un fil délié, une planche et une étoffe minces, de menus morceaux de bois, une écriture menue, etc. Voy. SUBTIL.

DÉLIER. v. a. (R. de, et lier). Détacher, défaire ce qui lie quelque chose. D. une gerbe. — Par anal., Dénouer. D. des cordons. || Fig. Dégager d'une obligation, d'un serment. D. quelqu'un d'un serment. On l'a déliée de ses vœux. || T. Théolog. Remettre les péchés, absoudre; s'emploie presque toujours absol. L'Église a seule le droit de lier et de d. = DÉLIÉ, ÉE. part.

DÉLIGATION. s. f. [Pr. ...sion] (lat. deligare, lier, bander). T. Chir. Se dit de l'application méthodique des bandages.

DÉLIGATOIRE. adj. Qui appartient à la déligation.

DELILLE (Abbé JACQUES), poète fr. (1738-1813), traducteur de Virgile.

DÉLIME. s. f. (lat. delimo, je lime). T. Bot. Genre de plantes de la famille des Dilléniacées. Voy. ce mot.

DÉLIMITATION. s. f. [Pr. ....sion]. Action de délimiter. Résultat de cette action. La d. des frontières.

DÉLIMITER. v. a. Fixer, tracer des limites. D. les frontières de deux pays. = DÉLIMITÉ, ÉE. part.

DÉLINÉAMENT. s. m. (lat. delineare, tracer, de linea, ligne). Trait qui indique le contour, la forme d'un objet.

DÉLINÉATEUR. s. m. (lat. delineare, tracer). Celui qui dessine le trait.

DÉLINÉATION. s. f. (lat. delineatio, m. s.). Action de tracer le contour d'un objet au simple trait. La figure qui en résulte.

DÉLINÉER. v. a. (lat. delineare, m. s.). Tracer le contour d'un objet au trait.

DÉLINQUANT, ANTE. s. (R. délinquer). T. Jurisp. Celui, celle qui a commis une contravention.

DÉLINQUER. v. n. (lat. delinquere, faillir). T. Jurisp. Commettre une contravention, une faute. Vx et n'est guère us. qu'au prétérit. En quoi ont-ils délinqué?

DÉLIQUESCENCE. s. f. [Pr. déli-kouès-sance] (lat. deliquescere, fondre). T. Chim. On nomme ainsi le phénomène par lequel certains corps, particulièrement les sels, absorbent la vapeur aqueuse de l'atmosphère et se dissolvent dans le liquide formé par cette vapeur. Lorsqu'un corps est passé à cet état, on dit qu'il est tombé en Deliquium, et on appelle déliquescents les corps qui sont doués de cette propriété. Tous les sels solubles peuvent tomber en d. dans une atmosphère suffisamment humide. On a mis à profit la d. de certains sels pour dessécher une foule de substances, principalement l'air et les gaz, dont ils absorbent l'humidité : le plus usité à cet effet est le chlorure de calcium.

DÉLIQUESCENT, ENTE. adj. [Pr. déli-kouès-san]. T. Chim. Qui possède la propriété de déliquescence.

DELIQUIUM. s. m. [Pr. déli-koui-iome]. T. Chim. État d'un sel fondu dans l'eau qu'il a absorbée sous forme de vapeur. Voy. DÉLIQUESCENCE.

DÉLIRANT, ANTE. adj. Qui est en délire; ne se dit guère qu'au fig. Imagination délirante. Conception délirante. || T. Pharm. Médicament qui cause le délire.

DÉLIRE. s. m. (lat. delirium, m. s., de delirare, délirer). Désordre des facultés intellectuelles causé par une maladie. || Fig., se dit du trouble, de l'agitation extrême qu'excitent dans l'âme les passions, les émotions violentes. Le d. de la passion, des passions. Le d. de la joie, de l'amour, de la colère, de l'ambition. Le d. de l'imagination, de l'esprit, des sens. Le d. poétique. Un beau d.

Méd. — En Médecine, on donne le nom de *Délire* à tout désordre des facultés intellectuelles résultant soit d'une altération organique du cerveau ou de ses annexes, soit d'une simple modification physiologique survenue dans l'état de cette partie des centres nerveux. D'après cela, on distingue essentiellement deux sortes de d.: le *D. idiopathique* et le *D. symptomatique*. Le premier constitue, à proprement parler, la *folie* (voy. ALIÉNATION *mentale*): il est ordinairement apyrétique. Le second est, ainsi que l'indique son nom, le symptôme d'une infection plus ou moins fébrile, ou d'un empoisonnement quelconque général ou local de l'économie, retentissant directement ou indirectement sur les éléments nerveux de l'encéphale. Aussi fait-on quelquefois le terme *D. chronique* synonyme de *folie*, tandis qu'on appelle *D. aigu* le d. symptomatique.

Parmi les affections fébriles qui s'accompagnent le plus fréquemment de d., on cite surtout les maladies inflammatoires du tube digestif ou de ses dépendances. Le d. symptomatique survient dans certaines affections apyrétiques, comme l'anémie, la chlorose, etc. Dans ces cas, le cerveau, par suite de l'appauvrissement du sang ou de la diminution de quantité de ce liquide, manque peut-être du stimulus nécessaire à l'accomplissement régulier de ses fonctions. Parmi les poisons qui déterminent également le d. symptomatique et apyrétique, citons l'usage de l'opium, l'abus des alcooliques, l'introduction dans l'organisme de certains poisons septiques, etc.; ces causes agissent évidemment par l'intermédiaire du fluide sanguin, qui est altéré dans sa composition ou dans ses qualités. Quant au d. résultant de l'absorption des sels de plomb, il constitue, suivant nous, un véritable d. idiopathique, une véritable aliénation mentale par altération propre de la substance cérébrale.

Nous venons de mentionner l'abus des alcooliques parmi les causes du d. symptomatique. Le d. qu'on observe dans ce cas a reçu le nom de *Delirium tremens* (*Délire tremblant*) à cause de la forme particulière qu'il affecte. En effet, il est caractérisé non seulement par le trouble de l'intelligence, l'hallucination des sens, l'insomnie, mais encore par le tremblement des membres et même du corps. Ce nom de d. cède en général aisément à l'abstention des liqueurs fermentées et à l'emploi de l'opium. Toutefois, l'excès des alcooliques peut à la fin déterminer le d. idiopathique ou la folie proprement dite. — Le d. qui survient parfois à la suite des opérations chirurgicales, et que Dupuytren, en le signalant pour la première fois, a nommé assez gratuitement *D. nerveux*, nous paraît dépendre du trouble apporté par l'opération à l'équilibre qui existe à l'état normal entre le sang et les centres nerveux : ce d. résulte donc, tantôt d'un défaut, et tantôt d'un excès de stimulation du cerveau. Il ressortit ordinairement aussi à l'intoxication alcoolique, dont le réflexe cérébral est soudainement éveillé par l'action excitante du choc traumatique.

DÉLIRER. v. n. (lat. *delirare*, m. s., de *de*, et *lira*, sillon; propr. s'écarter du sillon). Avoir le délire. || Fig., Être en proie à quelque passion exaltée.

DELIRIUM TREMENS. s. m. (mots lat. sign. *délire tremblant*). Espèce de délire et de tremblement des alcooliques. Voy. DÉLIRE.

DELISLE (GUILLAUME), géographe fr. (1675-1726).

DELISLE (JOSEPH-NICOLAS), astronome fr., frère du précédent (1688-1768).

DÉLISSAGE. s. m. (R. *délisser*). Action d'enlever à l'aide d'un instrument les coutures des chiffons destinés à faire du papier. || Action de classer les feuilles de papier suivant leurs qualités et défauts.

DÉLISSER. v. a. (R. *lisse*). Défaire ce qui était lisse. || Trier les feuilles de papier et les chiffons.

DÉLISSEUR, EUSE. s. Ouvrier, ouvrière qui fait le triage des feuilles de papier.

DÉLISSOIR. s. m. Atelier où se fait le délissage.

DÉLIT. s. m. (lat. *delictum*, m. s., de *delinquere*, manquer). T. Dr. Infraction plus ou moins grave à la loi.

Droit — Dans le langage ordinaire, le mot *Délit* s'entend de toute violation de la loi, mais, comme nous le verrons plus loin, cette expression peut être prise dans un sens plus restreint quand on l'oppose aux mots *crime* et *contravention*. Les criminalistes divisent les délits, au sens large, en plusieurs catégories qu'il est intéressant de passer en revue. Les délits sont *intentionnels* ou *non intentionnels*, suivant qu'ils supposent ou non l'intention coupable; comme exemple de d. non intentionnel, on peut citer *l'homicide par imprudence*, puni de trois mois à deux ans de prison. Les délits sont *instantanés* ou *successifs*.

Le d. *instantané* est complet par la perpétration de l'acte punissable, il consiste dans un fait; le d. *successif* ou *permanent* se continue pendant un temps plus ou moins long; c'est moins un fait qu'une situation; par ex. la désertion, la séquestration, qui ne court que du moment où le d. a pris fin. — Les délits sont *simples* ou *d'habitude* : le d. est simple, quand il consiste dans un fait *unique* ; on nomme au contraire, d. d'habitude celui qui suppose la réitération du même fait; exemple : le d. *d'usure*. — Les délits sont *flagrants* ou *non flagrants*. — Cette distinction est surtout intéressante au point de vue de la procédure. Voy. FLAGRANT. Le d. *flagrant* est celui qui se commet actuellement ou qui vient de se commettre. Cette qualification convient aussi au cas où le prévenu est poursuivi par la clameur publique et à celui où il est trouvé porteur d'armes, effets, instruments ou papiers qui font présumer sa culpabilité, pourvu que ce soit dans un temps voisin du d. — Les délits sont connexes ou non connexes; les délits sont dits *connexes*, soit lorsqu'ils ont été commis en même temps par plusieurs personnes réunies ; soit lorsqu'ils ont été commis par différentes personnes, mais en différents temps et en différents lieux, mais par suite d'un concert formé à l'avance entre elles ; soit encore lorsque les coupables ont commis un délit pour se procurer les moyens d'en commettre un autre, pour en faciliter, pour en consommer l'exécution, ou pour en assurer l'impunité. — Les délits sont *politiques* ou *de droit commun* : politiques, quand ils lèsent directement l'État dans son organisation sociale et politique, de droit commun dans le cas contraire. Cette distinction comporte plusieurs intérêts pratiques, au point de vue de la nature des peines (voy. ce mot), de la juridiction (voy. JUDICIAIRE), de l'extradition. Voy. ce mot. — Signalons encore la distinction en délits *communs* et délits *spéciaux ;* les délits communs sont ceux qui sont prévus par le Code pénal, et les délits spéciaux ceux que prévoient des lois particulières telles que la loi sur la chasse, les codes de justice militaire, etc.

Outre ces distinctions qui sont surtout en usage dans la jurisprudence, notre législation divise les délits en trois grandes classes : les *crimes*, les *délits* proprement dits et les *contraventions*. « L'infraction que les lois punissent des peines de police, dit l'article 1ᵉʳ du Code pénal, est une *Contravention* ; celle qu'elles punissent d'une peine correctionnelle est un *Délit* ; celle qu'elles punissent d'une peine afflictive ou infamante, est un *Crime*. La loi militaire établit une distinction analogue entre les crimes, les délits et les contraventions militaires. » Plusieurs auteurs ont cru voir dans cette classification une véritable définition des diverses infractions légales, et, en conséquence, ils l'ont critiquée avec une vivacité extrême. Suivant eux, notre législation classerait le fait incriminé uniquement d'après la nature de la peine et suivant la juridiction appelée à prononcer celle-ci. Ces critiques ne sont nullement fondées. La loi n'a pas entendu donner une définition, mais une simple méthode. En effet, notre Code pénal ne qualifie point *à priori* un fait quelconque, et ne punit pas, par ex., d'une peine afflictive et infamante telle ou telle infraction, parce que cela seul qu'il aura plu au législateur de lui appliquer la dénomination de crime. Procédant d'après un ordre contraire, le législateur a passé en revue les divers faits punissables, puis il a attaché à chacun d'eux une peine proportionnée à sa gravité ; et enfin, cela fait, il a établi *à posteriori* les trois catégories nominales, uniquement pour simplifier le langage juridique. Les infractions qui impliquent le plus haut degré de perversité, et auxquelles sont appliquées proportionnellement les peines les plus sévères, ont été qualifiées de *crimes* ; les autres de *délits*, etc. La nature de la peine, répétons-nous, a été d'abord mise en rapport avec la gravité de la faute, et ensuite de la nature de la peine est résultée la simple qualification du fait.

Le législateur a tourné le problème que les criminalistes ont vainement essayé de résoudre, celui de savoir où finit le d. et où commence le crime. En effet, il est absolument impossible de tracer entre les faits punissables une semblable ligne de démarcation, un même fait pouvant être crime ou délit selon les circonstances qui l'accompagnent ou selon la qualité des coupables. On voit, par ex., des vols qui, par eux-mêmes, peuvent ne donner lieu qu'à un simple emprisonnement, et qui, compliqués de circonstances aggravantes, peuvent rendre applicable la peine des travaux forcés à perpétuité. On est donc forcé de conclure qu'il y a lieu de renoncer à toute division systématique et logique et de s'en tenir à une énumération complète des diverses espèces de crimes et de délits.

La distinction entre les crimes, délits et contraventions offre de nombreux intérêts pratiques dont les principaux sont les suivants : 1° au point de vue de la compétence les crimes sont jugés par les Cours d'assises, les délits par les tribunaux correctionnels, les contraventions par les tribunaux de simple police ; 2° au point de vue de la procédure : l'instruction préparatoire est nécessaire pour les crimes, facultative pour les délits ; elle n'existe pas pour les contraventions ; 3° au point de vue de la tentative, toujours punissable en matière de crimes, punissable quelquefois en matière de délits, mais jamais en matière de contraventions ; 4° au point de vue de la prescription de l'action publique qui s'opère par 10 ans pour les crimes, 3 ans pour les délits et un an pour les contraventions, et de celle de la peine qui s'opère suivant la nature de l'infraction par 20, 5 et 2 ans ; 5° au point de vue du cumul des peines, admis seulement par la jurisprudence en matière de contraventions ; 6° au point de vue de l'action accordée à la victime de l'infraction, qui peut citer directement le prévenu devant les tribunaux pour un d. ou une contravention, mais pas pour un crime. — D'autres différences existent encore au point de vue de la complicité, de la récidive, de la réhabilitation, etc.

Corps du délit. — On entend par *corps du délit* le délit considéré en lui-même, abstrac ion faite de la personne du délinquant. Dans le cas de meurtre par exemple, c'est le fait d'avoir donné intentionnellement la mort à quelqu'un, fait révélé par l'existence d'un cadavre portant des traces de violence, ou simplement par des preuves certaines ou des témoignages formels émanant de personnes dignes de foi. Avant de prouver la culpabilité, il faut prouver le crime. Si le corps du délit fait défaut, l'accusation est dépourvue de base et la poursuite judiciaire ne peut avoir lieu.

DÉLIT. s. m. (R. *de* et *lit*, propr. ce qui est hors du lit). T. Maçonn. Le côté d'une pierre opposé au sens de sa stratification. Se dit relativement à la manière dont on pose les pierres dans une construction *Poser une pierre en d.* Le *granit n'étant pas stratifié, n'a ni lit ni d.* || T. de Géol. Joint ou veine que présente un bloc d'ardoise.

DÉLITAGE. s. m. Action de déliter les vers à soie. On dit aussi *délitement.*

DÉLITATION. s. f. Action de déliter, de se déliter. *La d. des pierres.*

DÉLITEMENT. s. m. T. Techn. Division des pierres suivant le sens des couches dont elles sont formées. || Pour les vers à soie, voy. DÉLITAGE.

DÉLITER. v. a. (R. *délit*, de *lit*). T. Maçonn. Poser une pierre en délit, c.-à-d. sur le côté opposé à lui qu'elle avait dans la carrière. *On ne doit pas d. les pierres, sans cela elles se dégradent rapidement.* || Détacher l'ardoise ou la pierre de la carrière. || *D. de la chaux,* Lui donner de l'eau. ═ SE DÉLITER. v. pron. *Cette pierre se délite,* Se fend naturellement dans le sens de ses couches. ═ DÉLITÉ, ÉE. part.

DÉLITESCENCE. s. f. [Pr. *délitès-sance*] (lat. *delitescere,* se cacher). T. Méd. On appelle ainsi la disparition subite d'une éruption, d'une tumeur, d'une collection purulente, avant qu'elle ait parcouru toutes ses périodes, et sans qu'il résulte de cette disparition aucun accident. Mais si ce phénomène est suivi de l'apparition, dans quelque autre partie du corps, de la même affection ou d'une affection différente qui paraît liée à la disparition de la première, on dit qu'il y a *Métastase,* c.-à-d. transport de la maladie sur un autre point ou sur un autre organe de l'économie.

DÉLITESCENCE. s. f [Pr. *délitès-sance*] (R. *déliter*). mot mal formé, par confusion avec le précédent. On devrait dire *délitance).* T. Chim. — Phénomène consistant en ce qu'un corps cristallisé perd son eau de cristallisation, de sorte que ses lames se détachent et se réduisent en menues

parcelles, ou bien en ce qu'un corps solide se désagrège et tombe en poudre en absorbant de l'eau. Les corps chez lesquels on observe ce phénomène sont dits *Délitescents.*

DÉLITEUR, EUSE. s. Celui, celle qui délite les vers à soie.

DÉLITOIR. s. m. Châssis pour déliter les vers à soie.

DÉLIVRANCE. s. f. Action par laquelle on délivre ; l'état de ce qui est délivré. *Heureuse d. La d. d'un captif. La d. d'une ville. La d. du peuple de Dieu. Travailler à la d. de son pays.* || T. Méd. Voy. ACCOUCHEMENT. || T. Droit. Action de remettre quelque chose entre les mains de quelqu'un. *La d. d'un legs. Je ne paierai qu'après d. des pièces, des marchandises,* etc. || T. Monn. Permission de donner le cours aux monnaies. || Permission spéciale de l'autorité dans les bois et forêts pour couper le bois.

Méd. vét. — Chez les femelles de nos mammifères domestiques, la délivrance ne diffère guère de celle de la femme ; cependant, au lieu de se faire rapidement en une 1/2 ou 1 heure au plus, elle peut n'avoir lieu qu'après plusieurs jours. Quand une partie du délivre est expulsée et tombe au dehors, pendante, il vaut mieux ne pas exercer de traction sur elle, pour la faire sortir complètement, car des tractions trop violentes pourraient amener le renversement de la matrice, accident fort grave. Pour accélérer la délivrance, on fait des injections chaudes d'eau boriquée à 40 p. 1.000, d'eau phéniquée à 2,5 p. 100 ou d'eau ordinaire bien bouillie. Si malgré cela, la délivrance n'a pas lieu, si l'accouchement a été laborieux, et si les parties génitales ont été meurtries, il faut la faire artificiellement, pour éviter un séjour trop prolongé dans la matrice et le vagin des décompositions putrides qui tuent les femelles par infection. Cette rétention du d. est surtout fréquente chez la vache, principalement quand elle avorte ou qu'elle vêle pour la première fois, chez la brebis et la chèvre ; la jument est rarement atteinte de cet accident. La délivrance artificielle se fait à l'aide de l'administration d'ergot de seigle, qui provoque les contractions de l'utérus, ou mieux par la main, qui pénétrant dans l'utérus, enlève les cotylédons un à un, et tous les caillots que l'utérus peut contenir. Cette opération doit être faite après son soigneusement désinfecté le bras et la main de l'opérateur, et les parties génitales de la femelle. On achève par des lavages réitérés intra-utérins, avec de l'eau phéniquée chaude.

DÉLIVRE. s. m. (R. *délivrer),* T. Méd. Nom vulgaire des enveloppes du fœtus. Voy. ACCOUCHEMENT. || T. Fauc. *Oiseau fort à d.,* Qui n'a point de corsage et est presque sans chair, comme le héron.

DÉLIVRER. v. a. (R. *de,* et lat. *liber,* libre, pour le sens de mettre en liberté ; *livrer,* pour le sens de remettre ; mais *livrer* vient lui-même de *liber,* libre, qui est alors la seule étymologie du mot). Mettre en liberté, affranchir de quelque mal, débarrasser de quelque chose d'incommode. *D. un captif, un prisonnier. D. de prison, de captivité. D. son pays du joug étranger. La ville fut délivrée du choléra. Il est enfin délivré de ses craintes. Il vous a délivré d'un grand péril, d'un grand fardeau. Je vous délivrerai de cette peine. Je voudrais bien être délivré de cet importun.* || T. Méd. *D. une femme,* Extraire l'arrière-faix. — Abus., se dit pour *Accoucher. Elle est heureusement délivrée.* || T. Mar. Enlever d'un bâtiment tout ou partie d'un bordage pour en visiter la membrure. — Enlever la mauvaise toile d'une voile. ═ Remettre entre les mains de quelqu'un. *D. une somme. D. les effets d'une succession. D. des marchandises. D. des papiers, des titres à quelqu'un. Il faut lui d. une expédition de son acte. D. des ouvrages à un entrepreneur, à un maçon,* Donner des travaux à faire à un entrepreneur, à un maçon. ═ *D. des ouvrages* se dit aussi pour les rendre terminés. ═ SE DÉLIVRER. v. pron. S'affranchir ; se débarrasser. *Se d. d'un péril, d'un fardeau, d'une inquiétude. Se d. d'un importun* ═ DÉLIVRÉ, ÉE. part.

Syn. — *Livrer.* — *Délivrer* a deux acceptions différentes : la première celle de mettre en liberté (voy. AFFRANCHIR) ; la seconde celle de *livrer,* remettre entre les mains de quelqu'un. *Livrer* n'exprime que la simple tradition à quelque titre que ce soit ; *d.* exprime l'action de *livrer* en vertu d'une charge ou d'une obligation. La livraison change la possession ; la *délivrance* acquitte celui qui *livre,* et satisfait celui qui reçoit. *D.*, c'est en outre *livrer* selon certaines formes ou certaines règles ; aussi s'emploie-t-il surtout en termes de palais et d'administration. On *délivre* des certificats, des passeports, la copie d'un acte, etc.

DÉLIVREUR, EUSE. s. Celui, celle, qui met en liberté. || T. Manég. Celui qui distribue l'avoine aux chevaux. || L'un des deux tambours des cardes à carder le coton. || Chacun des deux cylindres qui, dans les machines industrielles, distribuent la matière qui doit être travaillée.

DELLA-MARIA, compositeur fr. (1764-1800).

DELLA ROBBIA, nom de plusieurs artistes italiens célèbres du XVIe siècle. Luca Della Robbia a été à la fois un grand sculpteur et un grand céramiste.

DELLE, ch.-l. de c. (territoire de Belfort), 2,300 hab.

DELLYS, v. et port d'Algérie, dép. d'Alger, arr. de Tizi-Ouzou, 13,100 hab.

DÉLOCALISER. v. a. Oter le caractère local.

DÉLOGEMENT. s. m. Action de déloger. || Départ des gens de guerre logés par étape. || Décampement. — Ce mot a vieilli dans toutes ces acceptions.

DÉLOGER. s. m. Action de déloger, de s'en aller.

DÉLOGER. v. n. (R. *de*, et *loger*). Quitter un logement pour aller loger ailleurs. *Il lui fallut d. avant la fin du terme.* || En parlant de troupes de passage, se disait pour partir. *Le régiment a délogé au point du jour.* Vx et peu us. || Décamper. *L'approche de l'ennemi les a fait d. bien vite. Ils délogèrent sans trompette.* Fam. — Fig. et fam., *D. sans trompette, sans tambour ni trompette,* D. clandestinement ; se retirer secrètement sans faire de bruit. || Sortir d'un lieu, d'une place qu'on occupe. *On vous fera bien d. de là.* — Fig. et fam., *Ma fièvre ne veut pas d.* = DÉLOGER. v. a. Faire quitter à quelqu'un le logement qu'il occupe, *Je ne veux pas vous d.* || Faire quitter à des troupes ennemies le lieu qu'elles occupent. *Nous fîmes une charge et délogeâmes l'ennemi.* — Fam., Faire quitter à quelqu'un une place qui ne lui appartient pas. *Je le trouvai dans ma stalle, mais je le délogeai au plus vite.* = DÉLOGÉ, ÉE. part. = Conj. Voy. MANGER.

DÉLONGER. v. a. T. Faucon. Oter la longe à un oiseau. = Conj. Voy. MANGER.

DELORD (TAXILE), publiciste fr. (1815-1877).

DELORME (PHILIBERT), architecte français (1518-1577), commença la construction du palais des Tuileries en 1564.

DELORME (MARION), femme célèbre par sa beauté et ses aventures sous Louis XIII ; née en 1612 ; on ignore l'époque de sa mort.

DELORME (PIERRE-CLAUDE-FRANÇOIS), peintre français, (1783-1859).

DÉLOS, île de l'archipel grec, une des Cyclades, célèbre par la naissance d'Apollon et de Diane.

DÉLOT. s. m. (vx. fr. *deel*, dé à coudre). T. Mar. Garniture de cuir pour le petit doigt à l'usage des calfats.

DÉLOVER. v. a. (R. *lover*). Dérouler un câble qui était plié en cercle.

DÉLOYAL, ALE. adj. Qui manque de loyauté, perfide. *Un homme d. Un ami d.* || Qui marque de la déloyauté. *Conduite déloyale. Procédés déloyaux.*

DÉLOYALEMENT. adv. D'une manière déloyale. *Il en a usé d. avec moi.*

DÉLOYAUTÉ. s. f. Manque de loyauté. *Un acte de d. C'est une insigne d.*

DELPECH, savant chirurgien fr. (1777-1832).

DELPHAX. s. m. (gr. δέλφαξ, jeune cochon). T. Ent. Genre d'insectes hémiptères de la famille des *Cicadaires*. Voy. ce mot.

DELPHES, v. de l'ancienne Grèce (Phocide), célèbre par son temple d'Apollon, où la Pythie rendait ses oracles. Ce temple était fréquenté par tous les peuples civilisés de l'antiquité ; des hommes de toutes conditions, particuliers, princes, monarques, conquérants, allaient y consulter l'oracle et y apporter leurs offrandes. Aussi, le trésor de Delphes était-il le plus riche de la Grèce. Il excitait bien des convoitises et fut pillé à plusieurs reprises. Delphes fut attaquée par les Gaulois en 279 avant J.-C. ; mais un orage s'étant élevé après l'entrée des Barbares dans la ville sainte, ceux-ci furent saisis de panique et mis en déroute. Néron fit enlever et transporter à Rome un grand nombre de statues trouvées dans le temple. Aujourd'hui, Delphes est le siège de fouilles importantes qui font découvrir des trésors d'archéologie. On y a trouvé en 1894, entre autres choses, une inscription contenant un hymne à Apollon, paroles et musique. C'est, croyons-nous, le plus ancien monument de notation musicale que l'on connaisse. Ces fouilles sont faites par l'École française d'Athènes.

DELPHINAPTÈRE. s. m. (gr. δελφίν, dauphin ; ἄπτερος, sans ailes). T. Mam. Genre de Cétacés Denticètes de la famille *Dauphins*. Voy. ce mot.

DELPHINE. s. f. T. Chim. Alcaloïde retiré du *Delphinium Staphisagria* (Renonculacées). Formule C⁵⁴ H³⁸ AzO⁴. Abondant surtout dans les semences ; substance blanche, cristalline, inodore, à peine soluble dans l'eau, se dissolvant facilement dans l'alcool et l'éther ; savour d'abord amère, puis âcre. La d. est un poison violent, dont les effets peuvent être rapprochés de ceux de la vératrine ; elle paralyse les nerfs moteurs et diminue la sensibilité. On obtient la d. en épuisant par l'alcool les semences de Staphisaigre broyées. On filtre, on distille l'alcool. Il reste un extrait brun qu'on fait bouillir avec l'eau aiguisée d'acide sulfurique. Si la forme du sulfate de d. impur, d'où l'alcali est précipité par la potasse. On purifie par les moyens ordinaires.

DELPHINIDÉS. s. m. pl. (gr. δελφίν, dauphin). T. Zool. et Paléont. Groupe de *Cétacés Denticètes* comprenant un grand nombre de genres que nous avons étudiés au mot DAUPHIN. Certains auteurs séparent les Platanistes et les Inia ou Dauphins d'eau douce pour en faire une famille spéciale, celle des *Platanistidés* ; de même les Hyperoodons, qui forment le passage des *D.* aux Catodontidés ou Cachalots, constitueraient la famille des *Ziphiidés* ou *Ziphioïdes*. Voy. DAUPHIN et DENTICÉTINÉS.

    Paléont. — Les *D.* dérivent probablement des *Zeuglodontides* (voy. ce mot), qui vivaient à l'époque éocène, par l'intermédiaire du genre *Squalodon*, dont le crâne rappelait celui du dauphin et la dentition celle du zeuglodon. Les Platanistidés sont les plus anciens des *D.* actuels et les plus voisins des Squalodontes ; ils vivaient dans l'Amérique du Nord, certains genres étaient marins. Les *D.* proprement dits sont très communs en Europe depuis l'époque pliocène et sont représentés par des genres vivant encore de nos jours.

DELPHINORHYNQUE. s. m. (gr. δελφίν, dauphin ; ῥύγχος, museau). T. Mam. Genre de Cétacés Denticètes, de la famille des *Dauphins*. Voy. ce mot.

DELTA. s. m. Quatrième lettre et troisième consonne de l'alphabet grec, ainsi figurée Δ. || Triangle entouré de rayons dans lequel on dessine au œil où les lettres hébraïques forment le nom Jéhovah et qui est le symbole de la Trinité. || Constellation boréale nommée aussi Triangle boréal. || Alliage de cuivre, de fer et d'étain. || T. Géol. Terrain d'alluvion, ordinairement de forme à peu près triangulaire, qui se forme à l'embouchure d'un fleuve, entre deux ou plusieurs bras de ce fleuve.

    Géol. — En parcourant les terres qui constituent leur lit, les cours d'eau se chargent d'une plus ou moins grande quantité de matières qu'ils vont ensuite déposer sur les points plus ou moins éloignés de ceux où ils les ont enlevées. Les parties les plus pesantes s'arrêtent ordinairement sur les bords mêmes du fleuve, tandis que les plus légères sont transportées jusqu'à la mer, où le mouvement en sens opposé des vagues arrête leur marche et les refoule sur le rivage. Ces dépôts, qui s'accumulent incessamment pendant une longue suite de siècles, forment d'abord des hauts-fonds, des bancs ou des barrages; plus tard, ils s'élèvent au-dessus du niveau des eaux et donnent naissance à des îles ou à des groupes d'îles d'une étendue très variable. La même cause continuant toujours d'agir, l'espace qui sépare ces îles entre et es ou qui les isole du continent, finit par se combler peu à peu. Aux bras de mer succèdent des lagunes peu profondes, des bancs ou des barrages; plus tard, ils s'élèvent au-dessus du niveau des étangs et des marécages, et enfin de vastes plages entrecoupées de canaux naturels, que l'homme ne tarde pas à s'approprier, parce qu'elles sont toujours douées d'une fertilité remarquable. Il existe de ces plages d'alluvion dans toutes les parties du monde. La plus célèbre se voit dans la Basse Égypte. Les anciens lui avaient donné le nom de Delta à cause de sa forme triangulaire et de sa ressemblance avec la figure de la lettre grecque (Δ) ainsi appelée. Aujourd'hui, par analogie, on applique cette même dénomination à tous les terrains d'alluvion formés de la même manière, quelle que puisse être leur configuration. — Le D. du Nil commence à 14 kilom. au-dessous du Caire, où le fleuve se divise en deux branches, dont l'une courant dans la direction du nord, se jette dans la Méditerranée au-dessous de Rosette, et dont l'autre, coupant la Basse Égypte en deux parties presque égales, aboutit à la mer près de Damiette. Autrefois, le Nil arrivait à la mer par sept branches; mais la négligence des habitants pendant le moyen âge ayant laissé détruire les canaux et les digues, l'eau ne s'écoula plus que par les deux branches principales de Rosette et de Damiette. Néanmoins, de nombreux canaux sillonnent en tous sens cette contrée qui est l'une des plus fertiles du monde; malheureusement, le Delta du Nil manque d'eau potable. L'eau du Nil est bourbeuse pendant la saison des inondations, on ne peut être bue qu'après qu'on l'a laissée reposer; le reste du temps, elle est corrompue et l'on en est réduit à l'eau conservée dans les citernes. Les côtes du d. du Nil offrent un développement de près de 180 kilom. L'Afrique possède un autre d. bien plus considérable encore; c'est celui du Niger, dans le golfe de Guinée. On évalue sa superficie à plus de 88,000 kilom. carrés. — L'Asie renferme un grand nombre de deltas dont la superficie est également prodigieuse. Le plus fameux est celui du Gange, qui, à proprement parler, est formé par les branches réunies de ce fleuve et du Brahmapoutre. Il embrasse tout le fond du golfe de Bengale sur une largeur d'environ 300 kil., et remonte dans les terres à peu près à la même distance. Le Gange, à lui seul, charrie chaque année à l'Océan l'énorme quantité de 200 millions de mètres cubes de terre, qui troublent quelquefois l'eau de la mer jusqu'à une distance de 96 kil. de la côte. — Le D. de l'Indus, si fameux dans l'antiquité, a plus de 90 kilom. de longueur, et est baignée par les eaux du golfe d'Oman, dépasse 190 kilom. — Au Tonkin, il existe un grand d. formé par les alluvions que charrient le Song-Koï et le Thaï-Binh; la côte du d. a 120 kilom. de longueur; c'est la région la plus fertile et la plus riche de notre nouvelle colonie. Voy. Tonkin. — Parmi les deltas du Nouveau Continent, nous nous contenterons de nommer ceux du Mississipi et de l'Orénoque, le premier dans l'Amérique du Nord, le second dans celle du Sud. Nous citerons aussi la grande île fluviale de Marajo formée aux embouchures de l'Amazone et du Tocantins. — L'Europe, quoique ses fleuves n'aient qu'un cours comparativement fort peu étendu, possède aussi quelques deltas importants : le D. du Danube, qui commence à Toulcha, dans la Turquie; le D. du Pô, dans la Lombardie; et le D. du Rhône, appelé vulgairement Ile de la Camargue, qui commence un peu au-dessous d'Arles. Ce dernier offre une superficie de 74,000 hectares, dont plus de 50,000 sont couverts de marais, d'étangs et de pâturages. Les embouchures du Rhin, de la Meuse, de l'Escaut, de l'Ems, du Weser et de l'Elbe présentent également des terrains d'alluvion qui constituent de véritables deltas.

Plusieurs géologues ont essayé de calculer le temps qu'a pu exiger la formation des deltas actuels. Delue est le premier qui ait fait quelques recherches pour recueillir ces données auxquelles il donnait le nom de Chronomètres naturels. On croit avoir reconnu que le d. du Nil s'accroît de 3 à 4 mètres en moyenne par année. La ville de Rosette qui, il y a mille ans, était située sur le bord de la mer, en est maintenant éloignée de 9 kilom. Suivant Astruc, le d. du Rhône s'est accru de 15 kilom. depuis l'ère chrétienne. D'après la position d'Adria, l'antique Hadria, bâtie sur le bord de l'Adriatique et qui s'en trouve maintenant à 18,500 mètres, on a calculé que le d. du Pô s'accroît de 25 mètres en moyenne chaque année; mais cette rapidité exceptionnelle tient à ce que le fleuve est renfermé entre des digues extrêmement hautes. En

effet, de Prony a trouvé son niveau plus élevé que les toits des maisons de Ferrare. Au lieu donc de déposer sur ses rives une partie des matières qu'il charrie, le Pô porte à la mer leur masse tout entière.

S'il était permis de supposer que le niveau relatif de la terre et de la mer n'a cessé d'être stationnaire depuis le moment où les deltas existants commencèrent à se former, — ce qui entraînerait à admettre que l'accroissement de tous ces deltas date de l'instant même où les continents actuels eurent acquis la forme qu'ils ont aujourd'hui, — on pourrait alors calculer l'âge des deltas. Mais plus on étudie l'histoire des deltas, plus on acquiert la conviction que les mouvements de bas en haut et de bas à peu éprouvés par la terre ferme et par le lit contigu de la mer, ont exercé et continuent d'exercer sur la géographie physique de la plupart des bassins hydrographiques, une influence comparable, pour son étendue et son importance, aux effets que produit dans le même laps de temps, l'accumulation du dépôt fluviatile. Dans le bassin du Mississipi, par exemple, on a des preuves certaines que le sol a subi des mouvements, tant d'élévation que d'affaissement, sur une étendue verticale de plusieurs dizaines de mètres, depuis que les espèces actuelles d'eau douce et terrestres vivent dans cette région.

Le forage de puits artésiens qui a traversé à différentes profondeurs d'anciennes surfaces terrestres, — des couches de gazon, de tourbe, de terre forestière et des lits de boue, — démontre également que les deltas du Pô et du Gange ont éprouvé un affaissement graduel du sol dans la proportion de plusieurs dizaines de mètres. Les changements de niveau à l'embouchure de l'Indus dans le Cutch, et ceux qu'on observe à New-Madrid dans la vallée du Mississipi sont aussi dignes d'intérêt, en ce qu'ils témoignent des fluctuations incessantes qui s'opèrent dans le niveau de ces surfaces dans lesquelles l'eau courante va toujours transportant la matière sédimentaire. On voit donc qu'en connaissant même d'une manière exacte, l'âge de tous les deltas modernes, on n'en trouverait probablement pas deux qui donnassent une même date pour la formation originelle de leur premier dépôt.

DELTOÏDE. adj. 2 g. (gr. δέλτα; εἶδος, forme). T. Didact. Qui a la forme triangulaire de la lettre grecque appelée Delta. Feuilles deltoïdes. || T. Anat. Le muscle deltoïde, ou simplement le Deltoïde, s. m., Muscle qui s'attache en haut à l'extrémité de la clavicule et de l'omoplate, et en bas à la partie moyenne et externe de l'humérus. C'est la contraction de ce muscle qui élève le bras. Le muscle d. en se contractant élève le bras.

DELTOÏDIEN, IENNE. adj. T. Anat. Qui a rapport au muscle deltoïde.

DELTURE. adj. 2 g. (gr. δέλτα; οὐρὰ, queue). Qui a la queue triangulaire.

DELUC, célèbre physicien et géologue de Genève (1727-1817).

DÉLUGE. s. m. (lat. diluvium, de diluere, détremper). Inondation qui couvre une vaste étendue de pays. Le d. qui couvrit la Béotie. Le d. d'Ogygès. Le d. universel, ou absol., Le d. L'inondation qui, suivant la Bible, couvrit toute la terre et fit périr le genre humain, à l'exception de Noé et de sa famille. — Fam. et prov., Remonter au d., Remonter fort loin dans le passé. Passons au d., Abrégeons. Après moi le d., Peu m'importe ce qui arrivera quand je ne serai plus. || Par exagér., on dit d'une grande pluie, C'est un d., un véritable d. || Figur., ainsi, surtout dans le style poétique, en parlant de certaines choses, lorsqu'elles sont répandues avec profusion. Un d. de feu. Un d. de sang. Un d. de larmes. Un d. de maux. Un d. de paroles, d'injures, de mauvais livres.

La Bible raconte que Dieu, pour punir les hommes de leurs crimes, envoya sur la terre une inondation extraordinaire qui couvrit la totalité de la surface terrestre, et fit périr tout le genre humain à l'exception de Noé et de sa famille, qui seuls avaient trouvé grâce devant lui. Le récit de ce fait miraculeux est consigné dans les chapitres VI, VII et VIII de la Genèse. Suivant le récit biblique, Dieu ordonna à Noé de construire une arche de 300 coudées de long, 50 de large et 30 de haut, et de s'y enfermer avec sa famille et un couple de chaque espèce d'animaux. Un peu plus loin, la Bible dit deux couples de chaque espèce d'animaux impurs, et sept de ceux qui ne sont pas impurs. Noé s'étant conformé à ces instructions, Dieu ouvrit les écluses du ciel, et une pluie formidable se mit à tomber pendant 40 jours et 40 nuits, déversant sur la terre une masse d'eau qui s'éleva bientôt au-dessus des plus hautes montagnes et sur laquelle flottait l'arche de Noé. Après un séjour de plus de dix mois dans cette arche, les eaux ayant baissé, Noé aperçut les sommets des hautes montagnes. Alors, il lâcha la colombe qui, ne trouvant où se reposer, revint dans l'arche; sept jours plus tard, il la lâcha de nouveau, et elle revint avec une feuille d'olivier dans son bec. Malgré ce signe du desséchement du sol, Noé resta encore sept jours dans l'arche, au bout desquels il lâcha la colombe, qui ne revint pas. Alors il sortit lui et sa famille de l'arche qui s'était arrêtée sur le mont *Ararat* en Arménie, et son premier soin fut d'offrir un sacrifice à Jéhovah. Celui-ci, satisfait de la conduite de Noé, lui promit qu'il ne ferait plus périr les créatures par l'eau, et pour signe de sa promesse il fit apparaître l'arc-en-ciel.

Cette histoire invraisemblable et légendaire tire vraisemblablement son origine d'un fait réel. Il est probable qu'une inondation formidable aura ravagé l'Asie à une époque très reculée, car on trouve la mention du déluge dans les traditions de tous les peuples sémitiques ou aryens. Dans celles de la Chaldée, c'est Xisuthrus qui remplace Noé; on y retrouve l'histoire de l'arche et des oiseaux lâchés; mais il y a eu plus l'ordre donné par le dieu *Chronos* ou *Saturne* à Xisuthrus d'enterrer dans la ville de Sisparis les écrits sacrés qui traitent du commencement, du milieu et de la fin de toutes choses, afin de les retrouver après le déluge.

Les livres indiens ont trois récits du déluge. Le plus ancien est dans les *Vedas* : « Au matin, on apporta à Manu de l'eau pour se laver; et, quand il se fut lavé, un poisson lui resta dans les mains, et il lui adressa ces mots: Protège-moi et je te sauverai. — De quoi me sauveras-tu ? — Un déluge emportera toutes les créatures, c'est de ce déluge que je te sauverai. — Comment te protégerai-je ? — Tant que nous sommes petits, nous restons en grand péril, car le poisson avale le poisson. Garde-moi d'abord dans une cave. Quand je serai trop gros, creuse un bassin pour m'y mettre. Quand j'aurai grandi encore, porte-moi dans l'Océan. Alors je serai préservé de la destruction. Bientôt il devint un grand poisson. Alors il dit à Manu : Dans l'année même où j'aurai atteint ma pleine croissance, le déluge surviendra. Construis alors un vaisseau et adore-moi. Quand les eaux s'élèveront, entre dans ce vaisseau et je te sauverai. Après l'avoir ainsi gardé, Manu porta le poisson dans l'Océan, et, dans l'année indiquée, Manu construisit un vaisseau et adora le poisson; et, quand le déluge fut arrivé, il entra dans le vaisseau. Alors le poisson vint à lui en nageant, et Manu attacha le câble du vaisseau à la corne du poisson, et par ce moyen celui-ci le fit passer par-dessus la montagne du Nord. Le poisson dit : Je t'ai sauvé. Attache le vaisseau à un arbre pour que l'eau ne t'entraîne pas pendant que tu es sur la montagne. A mesure que les eaux baisseront, tu descendras. »

Les Grecs ont deux traditions du déluge : la première se rattache au nom d'Ogygès, personnage tout à fait mystique; la seconde, plus détaillée et mieux connue, est celle de Deucalion, fils de Prométhée, roi de Phthia en Thessalie et de sa femme Pyrrha. Le motif du déluge ordonné par Jupiter est, comme dans la Bible, la perversité du genre humain; mais c'est Prométhée qui conseille à Deucalion de se construire une arche dans laquelle il séjournera neuf jours et neuf nuits; l'arche s'arrête enfin au sommet du Parnasse. Deucalion offre alors un sacrifice à Jupiter, et celui-ci lui ordonne, ainsi qu'à sa femme, de jeter derrière eux les *os de leur mère*. Ils comprennent qu'il s'agit des pierres qui sont les os de la terre, leur mère commune. Les pierres lancées par Deucalion se changent en hommes, celles que lance Pyrrha deviennent des femmes et les deux héros règnent sur le peuple ainsi reconstitué.

Une tradition plus conforme au récit de la Bible avait certainement cours en Asie Mineure, ainsi qu'en témoignent certaines médailles de bronze trouvées dans la ville d'Apamée, en Phrygie, médailles qui remontent aux règnes de Septime-Sévère et de Caracalla. L'une d'elles est représentée par la figure ci-contre. Le coffre dans lequel on voit à mi-corps Noé et sa femme était appelé en grec κιϐωτός *l'arche*, et ce nom même servait plus anciennement à désigner la ville d'Apamée elle-même. Il a d'ailleurs tout à fait la forme des peintures des premiers chrétiens donnaient à l'arche dans les peintures des catacombes, par ex., dans la seconde chambre du cimetière de Calliste, dans les sculptures des sarcophages, etc. Enfin, en 1696, on a découvert aux environs de Rome un vase ayant la forme d'un petit baril qui renfermait 20 couples d'animaux,

savoir 12 de quadrupèdes, 6 d'oiseaux, 1 de serpents et 1 d'insectes, sans compter 2 insectes dépareillés. Il y avait de plus 35 figures humaines, les unes isolées, les autres en groupes, mais toutes, à l'exception de 2 ou 3, dans la posture d'individus qui cherchent à échapper à une inondation. Toutes les femmes sont échevelées et portées sur les épaules des hommes. On présume que ce vase servait aux fêtes qui se célébraient à Athènes, sous le nom d'*Hydrophories*, en mémoire de ceux qui avaient péri dans le déluge de Deucalion; mais ce n'est là qu'une supposition. On ignore en souvenir de quel événement se célébraient les Hydrophories.

Les Gaulois avaient aussi une tradition diluvienne qui a été conservée dans les *Triades*. Il est vrai que les Triades ne datent guère que du XIIIe siècle; mais il est certain qu'elles ont été écrites pour conserver des traditions fort anciennes. Il y a deux récits du déluge dans les Triades. Le premier, fort concis, dit seulement qu'un déluge fit périr toutes les créatures, à l'exception de *Dwyfan* et *Dwyfach* qui se sauvèrent dans un vaisseau, et que c'est par eux que l'île de Prydain fut repeuplée. Dans l'autre récit, l'arche s'appelle Nefydd Faf Neifion, et portait un couple de toutes les créatures; mais les détails sont tellement semblables à ceux de la Bible qu'il est permis d'y voir simplement l'histoire de Noé très peu défigurée.

On a prétendu que les Chinois avaient aussi des traditions relatives à un déluge universel; mais le grand déluge des Chinois qu'ils font remonter au temps de Yaou, c.-à-d. environ deux mille ans avant l'ère chrétienne, n'a rien de commun avec le déluge biblique. D'abord, la date en est beaucoup moins ancienne; de plus, les détails ne s'accordent pas avec l'idée d'un d. universel devant faire périr toutes les créatures : c'est un événement historique, une grande inondation, causée vraisemblablement par un débordement du fleuve Jaune.

Les Égyptiens ne paraissent pas avoir connu les traditions du déluge.

Un fait bien remarquable et bien difficile à expliquer, c'est que l'on rencontre en Amérique, particulièrement au Mexique et en Nouvelle-Californie, des traditions qui présentent la plus grande analogie avec le récit du d. de Noé ou avec celui de Xisuthrus. Noé s'y appelle Coxcox, la colombe est remplacée par le colibri. Chez d'autres peuples américains, on trouve aussi des légendes relatives à d'anciennes inondations; mais il fallait tout le parti pris des premiers missionnaires pour y retrouver un souvenir du d. biblique. Les traditions des peuples mexicains sont les seules qui présentent quelque garantie d'authenticité et des ressemblances certaines avec le récit hébreu, et encore est-il permis d'élever quelques doutes sur leur antiquité et d'admettre que l'influence de l'enseignement des missionnaires a pu modifier les détails de certaines légendes locales, quoique, à vrai dire, la lumière ne soit pas faite sur ce point.

En définitive, ce qui est certain, c'est que les peuples aryens et sémitiques ont un fonds de traditions communes très anciennes relatives à un *déluge*. On en peut conclure qu'à une époque indéterminée, mais certainement très reculée, il se produisit, soit par un déplacement du lit de la mer, soit par un affaissement du sol, une catastrophe qui ensevelit sous les eaux une vaste région de l'Asie occidentale et méridionale, et que quelques familles ou quelques tribus purent échapper au désastre, soit en se réfugiant dans des vaisseaux, soit en gagnant les sommets des hautes montagnes. Quant aux traditions américaines, si elles ont été fidèlement rapportées, elles prouveraient une émigration en Amérique de quelques tribus de race indienne ou sémitique, et poseraient de la sorte un problème fort intéressant. On sait bien que certains peuples asiatiques ont pu passer autrefois en Amérique par la Mandchourie et les îles Aléoutiennes; mais la tradition n'a pas passé par cette voie, puisqu'on n'en trouve aucune trace chez les habitants de la Sibérie orientale; il faudrait donc admettre une émigration par un autre chemin, hypothèse très peu acceptable.

Géol. — On sait que Cuvier s'est attaché à prouver que la terre a été bouleversée par des révolutions et des catastro-

phes qui, à diverses époques, en ont changé la face, et qui ont laissé des traces évidentes. Ces catastrophes consistaient en soulèvements de certaines régions et affaissements de certaines autres. Ces dernières se trouvaient ainsi englouties sous les flots de la mer. Il y aurait eu de la sorte, non pas un mais plusieurs déluges, à des époques très éloignées les unes des autres. Ajoutons que, suivant Cuvier et ses disciples, toutes ces révolutions se seraient accomplies avant l'apparition de l'homme. Depuis Cuvier, l'hypothèse des *révolutions du globe* a perdu beaucoup de terrain. Les géologues de nos jours admettent que les causes lentes qui agissent encore actuellement d'une manière insensible, suffisent à expliquer toutes les circonstances de la formation des terrains et des roches. Les soulèvements et les affaissements se produisent certainement, mais lentement; c'est avec les siècles que les montagnes s'élèvent et que les rivages de la mer se modifient par l'affaissement progressif de certaines régions.

La théorie des révolutions du globe et des déluges ne peut plus guère être soutenue. Il n'y a pas eu de déluge universel s'étendant sur la surface entière du globe, ni même sur un vaste continent. Mais un ou plusieurs déluges partiels peuvent s'être produits, ensevelissant des contrées fort étendues. Un pays situé au-dessous du niveau d'un lac ou d'une mer intérieure peut être submergé et disparaître entièrement. Une mer en communication avec l'océan, et de même niveau que lui, comme la Manche et la mer du Nord, peut, lors d'une forte marée, briser des digues et engloutir des populations nombreuses, comme l'histoire de la Hollande en offre tant d'exemples. Si les digues du Pô subissaient quelque jour une pression trop forte, il en résulterait une inondation formidable et désastreuse pour toute la contrée. Des tremblements de terre, des éruptions volcaniques, ont parfois amené des catastrophes terribles qui semblaient être la fin du monde pour les pays qui les ont subies, ainsi qu'on l'a vu, en 1883, dans la destruction des villes d'Anger, de Tjiringin, de Mérak, de Telok-Betong, à Java, à la suite de l'éruption du Karakatoa. Mais quelque étendues qu'elles soient, ces catastrophes sont toujours locales.

DÉLUSOIRE. adj. (lat. *delusum*, sup. de *deludere*, se moquer). Propre à induire en erreur. *Argument d.*

DÉLUSTRER. v. a. (R. *lustre*). Ôter le lustre. *D. une étoffe.* == DÉLUSTRÉ, ÉE. part.

DÉLUTAGE. s. m. T. Chim. Action de luter, d'ôter le lut. Résultat de cette action.

DÉLUTER. v. a. (R. *lut*). Ôter le lut d'un vase destiné à aller au feu. == DÉLUTÉ, ÉE. part.

DÉLUTEUR. s. m. Celui qui délute. Ouvrier qui, dans la fabrication du gaz, retire le coke des cornues.

DELVAU (ALFRED), écrivain fr. (1825-1867).

DELVAUXITE. s. f. (R. *Delvaux*, n. d'homme). T. Minér. Phosphate ferrique hydraté, brun rougeâtre.

DÉMACADAMISER. v. a. Ôter le macadam.

DÉMACLAGE. s. m. Action de démacler. Effet de cette action.

DÉMACLER. v. a. (R. *macle*). Remuer le verre fondu avec une barre de fer.

DÉMADE, orateur athénien, adversaire acharné de Démosthène, mis à mort par Antipater (318 av. J.-C.).

DÉMAGOGIE. s. f. (gr. ὁῆμος, peuple; ἄγω, je conduis). Ne se dit qu'en mauvaise part. Intrigues, menées qu'on emploie pour capter la faveur populaire. *Se a. le perdit.* || État social où les factions populaires dominent entièrement. *La d. aboutit inévitablement au despotisme.*

DÉMAGOGIQUE. adj. d. g. Propre à capter la faveur du peuple. *Opinion d. Menées démagogiques.*

DÉMAGOGISER. v. n. Faire le démagogue.

DÉMAGOGISME. s. m. Opinion, conduite de ceux qui poussent à la démagogie.

DÉMAGOGUE. s. m. (gr. ὁῆμος, peuple; ἄγω, je conduis). Celui qui dirige une faction populaire, ou celui qui affecte de soutenir les intérêts du peuple afin de le dominer. *Un habile d.* || Celui qui professe des opinions exagérées, uniquement propres à flatter les passions et les préjugés populaires. *Nos jeunes démagogues.* || Adjectiv., *Un orateur d.*

DÉMAIGRIR. v. n. Devenir moins maigre. Fam. et peu us. == DÉMAIGRIR. v. a. Rendre plus maigre. || T. Maçon. et Charpent. *D. une pierre, une pièce de bois.* En retrancher quelque chose pour la rendre moins épaisse. == DÉMAIGRI, IE. part.

DÉMAIGRISSEMENT. s. m. T. Const. Action de démaigrir une pièce de bois, une pierre, etc. || L'endroit où la pierre et le bois ont été démaigris.

DÉMAILLER. v. a. [Pr. *déma-ller*, *ll* mouillées] (R. *maille*). Défaire les mailles. || T. Mar. *D. la bonnette*, La détacher de la voile.

DÉMAILLOTER. v. a. [Pr. *déma-ioter*] (R. *maillot*). Ôter un maillot. *D. un enfant.* == DÉMAILLOTÉ, ÉE. part.

DEMAIN. (lat. *de et mane*, matin). adv. de temps servant à indiquer le jour qui suivra immédiatement celui où l'on est. *Nous devons partir d. matin, d. au soir.* — Par ext., se dit d'une époque qui en suit une autre de fort près, et, alors, s'oppose ordinair. à *Aujourd'hui. Vous dites cela aujourd'hui, d. vous direz le contraire.* — Prov., *A d. les affaires*, Songeons au plaisir aujourd'hui et remettons les affaires à d., à un autre jour. — Famil., *Aujourd'hui pour d.*, Dès à présent, ou d'un moment à l'autre. *Si aujourd'hui pour d. vous changiez d'avis, nous serions très embarrassés.* || Subst., *Rien ne ressemble plus à aujourd'hui que d. D. est un jour de fête.*

> Oh! demain c'est la grande chose.
> De quoi demain sera-t-il fait?
> L'homme aujourd'hui sème la cause;
> Demain, Dieu fait mûrir l'effet.

> Demain, ô conquérant! c'est Moscou qui s'allume
> La nuit, comme un flambeau!
> C'est votre vieille garde, au loin jonchant la plaine!
> Demain c'est Waterloo! Demain c'est Sainte-Hélène!
> Demain c'est le tombeau!
>
> V. HUGO.

DÉMANCHÉ. s. m. T. Mus. Action de démancher. *Ce violoncelliste abuse du d.* Voy. DÉMANCHER.

DÉMANCHEMENT. s. m. Action de démancher, ou l'état de ce qui est démanché. *Le d. d'une cognée, d'un balai.* || En parlant de certains instruments à cordes, l'action de démancher. On dit aussi *Démanché.* Voy. ARCHET et DÉMANCHER.

DÉMANCHER. v. a. (R. *manche*, s. m.) Ôter le manche. *D. une cognée, un balai.* == SE DÉMANCHER. v. pron. *Une cognée qui se démanche.* || Fig., Aller mal, clocher. *Il y a quelque chose qui se démanche dans cette affaire.* — Fam., en parlant d'un parti, d'une société, se désunir. *Ce parti commence à se d.* == DÉMANCHÉ, ÉE. part.

DÉMANCHER. v. n. (R. *manche*, s. f.) Sortir le bras de la manche. T. Mus. Porter subitement la main gauche vers le corps de certains instruments à cordes, de manière à tirer des sons plus aigus. || T. Mar. *Démancher* ou *Se démancher.* Sortir de la Manche ou d'un bras de mer quelconque.

Mus. — Sur les instruments à archet, le démanchement consiste à déplacer sa main gauche de la position naturelle pour l'avancer sur le manche, plus ou moins près de la caisse de manière à reporter les doigts plus près du chevalet, et à obtenir des sons plus aigus. Le démanchement est indispensable quand on doit faire entendre des notes plus aiguës que celles qu'on peut obtenir sur la chanterelle, dans la position naturelle; mais il est aussi employé pour faire entendre, à l'aide des autres cordes, des notes que, dans la position naturelle, on n'aurait que sur la chanterelle. Le démanchement constitue une des plus grandes difficultés de certaines sortes d'instruments, car il faut une merveilleuse habitude pour placer subitement sa main à la position juste. On démanche aussi sur la guitare, mais la difficulté est beaucoup moins grande, parce que la place des doigts est marquée par des points de repère. Voy. Archet.

DEMANDANT, ANTE. adj. (R. *demander*). Qui demande.

DEMANDE. s. f. Action de demander. *Faire, appuyer, rejeter une d. Satisfaire à une d. Tous les jours, il fait de nouvelles demandes. Être accablé de demandes. Il a fait sa d. par écrit. A la d. générale du public.* — *Écrit qui contient une d. Votre d. n'est pas encore parvenue à l'administration.* — Démarche par laquelle on demande une fille en mariage à ses parents. *C'est le père du jeune homme qui a fait la d.* ǁ Action que l'on intente en justice pour obtenir une chose à laquelle on prétend avoir droit. *D. principale, incidente, reconventionnelle. D. en garantie.* — Plus spécialement, l'acte par lequel le demandeur pose ses conclusions. ǁ Par ext., La chose demandée. *On lui a accordé sa d.* ǁ Question. *Votre d. est indiscrète. Le catéchisme est par demandes et par réponses.* — Fam. et iron., *Voilà une belle d.*, ou simplement *Belle d.*, Cela va sans dire, il n'y a pas de doute. — Prov., *A folle d., à sotte d., point de réponse.* ǁ T. Écon. pol. *Offre et d.* Voy. Valeur. ǁ T. Mar. *Filer à la d.*, Laisser un câble ou une chaîne filer lentement au fur et à mesure de leur tension.

DEMANDER. v. a. (lat. *demandare*, de *de*, et *mandare*, dont le sens propre est *confier* et aussi *donner ordre*, ou, peut-être d'un radical sanscrit *mdd!, menden* qu'on retrouve dans *mendicare, mendier*). Exprimer à quelqu'un le désir qu'il donne ou qu'il fasse quelque chose. *D. à quelqu'un son amitié, sa protection, sa bienveillance. Lui d. ses bontés. D. des secours, du pain, de l'argent, un abri. D. l'aumône. D. audience. D. une place, un emploi. D. la permission de faire quelque chose. D. qu'une cause soit remise à huitaine, ou la remise d'une cause. D. le paiement d'une dette. D. des dommages-intérêts. D. une enquête. D. communication des pièces. D. la punition des coupables. D. du travail. D. son congé. D. une fille en mariage à ses parents. C'est pour lui que je vous le demande. Il ne demandait qu'un peu de tranquillité. D. la vie, la vie sauve. D. pardon, grâce, quartier. D. en grâce. D. au nom de Dieu. Il demande seulement que vous l'écoutiez.* — *D. à boire, à manger, à sortir, à entrer. Il demande à être admis dans votre société. Il demandait seulement à être entendu. Je vous demande de m'écouter, de m'entendre.* — Absol., *Il demande toujours, il est toujours à d., il ne cesse de d., il ne fait que de d. Il demande à tout le monde. Il demande de porte en porte. Il n'a qu'à d. pour obtenir. Qu'avez-vous à d.?* A certains jeux de cartes, *D. s'emploie aussi absol. pour d. d'autres cartes. Je demande.* — *D. son pain, sa vie,* ou simplement *Demander,* D. l'aumône, mendier. — *D. la bourse, d. la bourse ou la vie,* D. à quelqu'un son argent, avec menace de le tuer s'il refuse de le donner. — *D. compte,* D. l'explication, la justification d'une chose. *Le monde nous demande également compte de nos amitiés et de nos haines.* — *D. raison.* Voy. Raison. — Famil., *Ne d. qu'à s'amuser, qu'à manger,* etc., N'avoir d'autre souci, d'autre désir que de s'amuser, etc. — Prov., *Ne d. que plaie et bosse.* Voy. Plaie. — Famil., *Je ne demande pas mieux,* Je suis fort content de ce que vous me proposez. — Fig. et prov. *Qui nous doit, nous demande,* se dit lorsque la personne dont nous avons à nous plaindre prend les devants et se plaint elle-même. ǁ Dire, prier, ordonner qu'on apporte, qu'on expédie une chose ou qu'on aille chercher une personne. *Garçon, on vous demande le journal. Ce marchand ne fait que ce que vous demandez. Elle demande son châle. Il demande sa voiture. Il a demandé un notaire, un médecin, un confesseur. On vous demande chez telle personne. Le général en chef a fait d. des renforts.* — Faire savoir, par les journaux ou autrement, qu'on a besoin de quelqu'un ou de quelque chose. *On demande un commis, un domestique. On demande un hôtel entre cour et jardin.* — Enquérir de quelqu'un, chercher quelqu'un pour le voir, pour lui parler. *Demandez-vous quelqu'un? Qui demandez-vous? Je demande M. un tel.* ǁ Interroger quelqu'un pour être informé de quelque chose. *Je lui demandai mon chemin. Il me demande de vos nouvelles, comment vous vous portiez. Il lui demanda son adresse. Je lui ai demandé de nouveaux éclaircissements. Il demande pourquoi vous n'êtes pas venu, si vous partirez. Demandez-lui d'où elle vient. Que demandez-vous? A-t-on jamais vu semblable chose?*

je vous le demande! Il faut aller lui d. son avis. — Famil., *Demandez-moi pourquoi,* se dit en parlant d'une chose dont on ne saurait rendre raison. ǁ Avec un nom de chose pour sujet, sign. Exiger, avoir besoin de. *Faites dans tous les temps ce que la vertu demande. Cela demande beaucoup de soin, de grands soins. Tout cela demande un peu de temps. La conduite de cette affaire demande beaucoup de prudence et de tact. La vigne ne demande que du beau temps.* — Famil., *Cet habit en demande un autre,* Il est usé et ne peut plus être porté. = se demander. v. pr. Être demandé. *Un conseil se demande moins volontiers qu'il ne se donne.* ǁ Être l'objet d'une question. *Cela ne se demande pas.* = Demandé, ée. part.

Obs. gram. — Il existe une nuance entre *demander à* et *demander de.* Le premier indique une simple prière; le second indique une exigence, et suppose un certain droit. Il *demande à* être secouru. On l'accuse, il *demande d'*être entendu.

Syn. — *Interroger, Questionner.* — On demande, ou questionne et on interroge pour obtenir une information; mais il semble que *questionner* fasse sentir un esprit de curiosité, qu'*interroger* suppose de l'autorité, et que *demander* ait quelque chose de plus respectueux. L'espion *questionne* les gens; le juge *interroge* les accusés; le subordonné *demande* ses ordres à son chef. En outre, *questionner* et *interroger* s'emploient absolument; au contraire, *demander,* pour faire un sens parfait, exige un complément.

DEMANDEUR, ERESSE. s. Celui, celle qui forme une demande devant un tribunal. ǁ Par ext., Celui, celle qui revendique un droit réel ou supposé.

DEMANDEUR, EUSE. s. Celui, celle qui demande habituellement. *C'est un d. perpétuel.* ǁ Questionneur, personne qui fait une question. ǁ T. Comm. Acheteur, par opposition à vendeur.

DÉMANGEAISON. s. f. (R. *démanger*). Picotement qu'on éprouve à la peau et qui excite à se gratter. *J'éprouve des démangeaisons par tout le corps.* ǁ Envie immodérée de faire une chose. *Avoir une grande d. d'écrire, de parler, de se battre,* etc.

Qu'il faut qu'un galant homme ait toujours grand empire
Sur les démangeaisons qui nous prennent d'écrire.

MOLIÈRE.

DÉMANGER. v. n. (R. *de*, et *manger*). Se dit de ce qui nous fait éprouver une démangeaison. Ne s'emploie qu'à l'infinitif et aux troisièmes personnes. *La tête lui démange.* ǁ Figur. et famil., *Les poings, les mains, les doigts, la langue, les pieds lui démangent,* Il a grande envie de se battre, d'écrire, de parler, d'aller. *Le dos lui démange,* se dit de celui qui fait tout ce qu'il faut pour se faire battre. Conj. Voy. Manger.

DÉMANILLAGE. s. m. (Pr. les *ll* mouillées). T. Mar. Séparation d'objets réunis par des manilles.

DÉMANTÈLEMENT. s. m. Action de démanteler; l'état d'une place démantelée.

DÉMANTELER. v. a. (R. *de*, et *mantel*, manteau, revêtement). Démolir les murailles, les fortifications d'une ville. *D. une place, une ville.* = Démantelé, ée. part. = Conj. Voy. Geler.

DÉMANTIBULER. v. a. (lat. *de; mandibula,* mâchoire). Rompre la mâchoire. N'est usité au propre que dans cette phrase: *Il criait à se d. la mâchoire.* ǁ Figur. et fam. Rompre, disloquer, déjoindre. *On a tout démantibulé ce piano en le transportant.* = Démantibulé, ée. part. *Une pendule toute démantibulée.*

DÉMARATE, Corinthien qui alla s'établir en Italie, fut le père d'Aruns et de Tarquin l'Ancien.

DÉMARATE, roi de Sparte, de 510 à 491 avant J.-C.; dépossédé par Cléomène, il s'enfuit en Perse et suivit Xerxès en Grèce.

DÉMARCATIF, IVE. adj. Qui sert de démarcation. *Borne d.*

DÉMARCATION. s. f. |Pr... *sion* (R. *marque*). Action de délimiter. Ne s'emploie guère que dans cette loc., *Ligne de d.*, Ligne tracée sur la mappemonde, en 1493, par le pape Alexandre VI, lorsque, pour mettre un terme aux querelles des Espagnols et des Portugais, il accord a aux premiers les terres qu'ils découvriraient à l'ouest de cette ligne, et aux seconds celles qu'ils découvriraient à l'est. || Par ext., Toute l gne tracée sur un terrain, sur une carte, etc., pour marquer les limites de deux territoires, de deux propriétés *Tracer une ligne de d. entre deux États, entre deux héritages.* — Fig., Tracer une ligne de d. entre le pouvoir administratif et le pouvoir judiciaire. *Une ligne de d. bien tranchée paraît séparer les phénomènes du monde inanimé de ceux du monde vivant.*

DÉMARCHE. s. f. (R. *marche*). Allure, manière dont quelqu'un marche. *D. vive, légère, majestueuse, lente, lourde, affectée, aisée, contrainte, embarrassée, incertaine, timide. On voyait à sa d combien il était agité.* || Fig., se dit des allées et venues de quelqu'un, de ce que l'on dit ou fait pour la réussite d'une affaire. *On surveille toutes vos démarches. Personne n'a le droit d'me demander compte de mes démarches. Il a fait bien des démarches pour obtenir cette place. Cela lui a coûté bien des démarches. Cette d. me répugnait beaucoup. Voilà une d. bien hardie. Une fausse d. Je crains bien que cette d. ne soit hasardée.* || T. Techn. Endroit d'un drap d'me demandé d'assez près. = Syn. Voy. ALLURE.

DÉMARGER. v. a. Oter la marge, ce qui es en marge. || Déboucher les orifices d'un four de verrerie.

DÉMARGUER. v. a. T. Métal. Enlever et démancher le marteau.

DÉMARIAGE. s. m. Action de démarier, de divorcer.

DÉMARIER. v. a. (R. *mariar*). Séparer juridiquement deux époux. = SE DÉMARIER, v. pron. Divorcer. = DÉMARIÉ, ÉE. part. Fam. = Conj. Voy. PRIER.

DÉMARQUAGE. s. m. Action de démarquer.

DEMARQUAY, chirurgien fr. (1815-1875).

DÉMARQUE. s. f. (R. démarquer). T. Jeu. *Jouer à la d.* Se dit de la partie à démarquer, c'est-à-dire perdre tous ses points quand l'adversaire ne gagne.

DÉMARQUE. s. m. Magistrat de l'Attique. Voy. DÈME.

DÉMARQUER. v. a. (R. marque). Oter une marque. On a démarqué dans ce livre les passages que j'avais cherchés. *D. un livre. D. du linge. Il faut d. cinq points.* = DÉMARQUER. v. n. T. Man. Se dit d'un cheval qui ne marque plus l'âge qu'il a. || T. Jeu. *Jouer à d.* =DÉMARQUÉ, ÉE. part.

DÉMARQUEUR. s. m. Celui qui démarque, qui ôte les marques d'un objet dans le but de tromper.

DÉMARQUISER. v. a. (R. marquis). Oter le titre de marquis.

DÉMARRAGE. s. m. [Pr. déma-raje] (R. démarrer). T. Mar. Déplacement d'un navire, soit qu'on le démarre du lieu qu'il occupe, soit que le mauvais temps fasse rompre ses amarres. Temps qu'un pêcheur reste en mer sans revenir à terre.

DÉMARRER. v. a. [Pr. déna-rer] (R. dé, et amarrer). T. Mar. Détacher ce qui est amarré. *Il faut d. ce navire, ce cordage, ce canot.* = DÉMARRER. v. n. Au propre, se dit des navires qui sortent du port, ou dont les amarres se sont rompues par accident. *Nous démarrâmes du port par le plus beau temps. La violence du temps fut telle que plusieurs navires démarrèrent.* || Par ext. et fam., Quitter un lieu, une place. Dans ce sens, il s'emploie surtout avec la négation. *Ne démarrez pas de là.* On dit aussi d'une personne qui est continuellement quelque part, qu'*elle n'en démarre plus, qu'il est impossible de l'en faire d.* = DÉMARRÉ, ÉE. part.

DÉMASCLAGE. s. m. Action d'ôter l'écorce. Se dit de la récolte du liège.

DÉMASCLER. v. a. Oter l'écorce, principalement, le liège.

DÉMASQUER. v. a. (R. masque). Oter à une personne le masque qu'elle a sur le visage. *C'est faire une insulte à une personne masquée que de vouloir la d.* Peu us., ou dit mieux, *Oter, arracher le masque à quelqu'un.* || Fig., Faire connaître quelqu'un pour ce qu'il est; dévoiler sa conduite, ses intentions cachées. *Je démasquerai le fourbe. Ses intrigues seront bientôt démasquées.* = T. Guerre. D. une batterie. Oter ce qui la cache, pour la mettre en état de tirer. = SE DÉMASQUER, v. pron. *Elle refusa obstinément de se d. Le fourbe ne tarda pas à se d.* = DÉMASQUÉ, ÉE. part.

DÉMASTIQUAGE. s. m. Action de démastiquer.

DÉMASTIQUER. v. a. (R. mastic). Oter le mastic.

DÉMÂTEMENT. s. m. T. Mar. État d'un navire qui est démâté. || Action de démâter un vaisseau.

DÉMÂTER. v. a. (R. mât). Oter tous les bas mâts d'un navire. *On a démâté les vaisseaux dans le port.* — Rompre, abattre le mât ou les mâts d'un navire. *D. un vaisseau à coups de canon. La tempête nous démâta entièrement.* = DÉMÂTER. v. n. Se dit d'un bâtiment qui est démâté par la tempête. *Notre vaisseau démâta du mât de misaine.* = DÉMÂTÉ, ÉE. part.

DÉMATÉRIALISER. v. a. (R. matière). Séparer de la matière. || Détourner des doctrines matérialistes.

DEMBÉA ou **TÉANA**, grand lac d'Afrique (Abyssinie), d'où sort le Nil Bleu.

DEMBOWSKI, astronome italien indépendant, auteur d'excellentes mesures d'étoiles doubles (1812-1881).

DÈME. s. m. (gr. δῆμος, m. s.). T. Antiquité grecque. **Hist.** — La signification primitive du mot *Dème* (δῆμος) est celle de « circonscription territoriale ». Quelques auteurs le font dériver de δέω, enclore, quoique le mot dérivé δὲ pour γᾶ, terre, paraisse l'étymologie la plus vraisemblable. Dans tous les cas, *Dème* signifiait d'abord un district rural, et s'employa par opposition à πόλις, ville; mais bientôt, par une extension naturelle, on appliqua ce nom à la population qui habitait hors de l'enceinte de la cité, ainsi que le témoignent divers passages des poètes les plus anciens. — Lorsque Clisthènes voulut diminuer la puissance de l'aristocratie athénienne, et jeter les fondements de cette démocratie qui joua un si grand rôle dans le monde hellénique, son premier soin fut de briser les quatre tribus de la constitution solonienne, et de leur substituer dix autres tribus locales appelées chacune du nom de l'un des héros de l'Attique. Ensuite, il divisa chaque tribu en dix *Dèmes* ou communes rurales, ayant chacune son chef-lieu. Enfin, chaque citoyen, à l'exception peut-être de ceux qui étaient nés à Athènes même, fut inscrit dans l'un de ces dèmes. Ces subdivisions correspondaient jusqu'à un certain point aux *Naucraries* des anciennes tribus, et, suivant Hérodote, elles étaient au nombre de 100. Au temps de Strabon on en comptait 174. Les noms des différents dèmes étaient empruntés, tantôt de leurs chefs-lieu, comme Marathon, Éleusis, Acharnæ, etc.; tantôt de certaines familles, comme Dædalidæ, Boutadæ, etc. Waschmuth en a donné une liste complète. Le plus considérable de ces dèmes était celui d'Acharnæ. À l'époque de la guerre du Péloponèse, il était assez important pour fournir jusqu'à 3,000 soldats pesamment armés.

Les dèmes constituaient des corporations indépendantes, chacun d'eux ayant ses magistrats locaux, ses biens territoriaux et autres, et même un trésor communal. Les membres de chaque d. s'assemblaient à des époques régulières. Les convocations étaient faites par le *Démarque* ou principal magistrat de chaque d. On y traitait des affaires générales de la commune, telles que l'affermage des terres communales, les élections des officiers, la revision des registres ou listes des *Démotes* ou membres du d., et l'admission des nouveaux membres. En outre, il paraît que dans chaque d. il était tenu un tableau d'assemblée (πίναξ ἐκκλησιαστικός), c.-à-d. une liste des démotes qui avaient droit de voter aux assemblées générales du peuple réuni. Sous le rapport financier, les dèmes avaient remplacé les anciennes naucraries des quatre tribus primitives; chacun d'eux était tenu de fournir à l'État une certaine somme d'argent et un certain contingent de troupes, toutes les fois qu'il en était besoin. Indépendamment de ces liens d'union, chaque d. paraît avoir eu ses temples propres et ses cérémonies religieuses particulières, dont les ministres étaient choisis par les démotes, de telle sorte qu'envisagés à la fois au point de vue civil et au point de vue religieux, les dèmes nous apparaissent comme autant de petites sociétés distinctes. Leurs magistrats, d'ailleurs, étaient obligés de se soumettre à l'épreuve de la *Docimasie*, tout comme les fonctionnaires publics de l'État. Mais, outre les magistrats municipaux, tels que les démarques et les trésoriers (ταμίαι) élus par chaque d., il y avait aussi des juges nommés δικασται κατὰ δήμους (*Dicastes nommés par les Dèmes*), au nombre d'abord de 30, puis de 40, qui faisaient des tournées dans les divers cantons du territoire pour y rendre la justice, mais seulement dans le cas où l'objet de la contestation n'excéderait pas la valeur de dix drachmes; les questions plus importantes étaient réservées aux juges appelés *Diétètes*, qui étaient nommés par les tribus.

DÉMÉLAGE. s. m. Action de démêler la laine pour la filer. || Opération du brassage de la bière.

DÉMÊLÉ. s. m. (R. *démêler*, *débattre*). Altercation, querelle, désaccord. *Nous n'aurons jamais de d. ensemble. Ils ont eu beaucoup de démêlés. Leurs démêlés sont finis.* = Syn. Voy. ALTERCATION.

DÉMÊLER. v. a. (R. *de*, et *mêler*). Séparer des choses qui sont mêlées ensemble. *D. du fil, un écheveau de soie. D. les les cheveux. Peigne à d.* || Fig., Débrouiller, éclaircir. *C'est une affaire difficile à d. D. une intrigue. D. ses idées.* — *Il n'est pas aisé à d.*, Se dit de quelqu'un dont il n'est pas aisé de connaître le caractère ou les intentions. — *Avoir à d.*, Avoir à débrouiller, à éclaircir, à régler, à contester. *Je n'ai rien à d. avec vous. Ils ont toujours quelque chose à d. ensemble. Ceux qui ont eu des intérêts à d. avec lui n'ont jamais eu à s'en plaindre.* || Distinguer une chose entre plusieurs autres, discerner une chose d'une autre. *Je n'ai pu le d. dans la foule. Il est souvent difficile de d. le vrai du faux, le vrai d'avec le faux. Combien peu de gens savent d. un ami sincère d'un faux ami! On démêle leurs desseins plus tôt qu'ils ne convenait à leurs intérêts.* || T. Vén. *D. les voies de la bête*, distinguer les nouvelles traces d'avec les anciennes. == SE DÉMÊLER. v. pron. Se débrouiller, se dit au prop. et au fig. *Cet écheveau ne veut pas se d. L'intrigue se démêle. Ces idées eurent d'abord de la peine à se d.* || Fig., Se tirer, se dégager de. *Il sut habilement se d. de cet embarras. Il en est heureusement démêlé. Il eut beaucoup de peine à se d. de cette bagarre.* || T. Techn. Remettre à l'eau chaude et fouler une étoffe qui vient d'être retirée de la pile. == DÉMÊLÉ, ÉE. part.

Syn. — *Discerner, Distinguer.* — Il faut de la lumière, de l'intelligence et une application convenable pour *distinguer*. On *distingue* d'après des signes visibles. Il faut de la science, de la sagacité, de la critique pour *discerner*. On *discerne* d'après des propriétés plus ou moins cachées; on *discerne* le meilleur du pire. Il faut du travail, un esprit d'ordre et d'analyse pour *démêler*. On *démêle* les choses entrelacées, brouillées, confondues.

DÉMÊLEUR, EUSE. s. Ouvrier, ouvrière qui fait le démêlage. || Ouvrier briquetier qui corroie la terre.

DÉMÊLOIR. s. m. Machine qui sert à démêler. — Sorte de peigne à dents fortes et espacées, qui sert à démêler les cheveux.

DÉMEMBREMENT. s. m. Action de démembrer; ne se dit qu'au fig. *Le d. de cette terre en a bien diminué la valeur. Plusieurs États se formèrent du d. de l'empire romain.* || La chose qui a été démembrée, détachée d'une autre. *Ce petit État était un d. de l'ancien empire d'Allemagne.*

DÉMEMBRER. v. a. (R. *membre*). Se dit d'un corps dont on sépare les membres, que l'on met en pièces. *On taille, on démembre messire Loup. Les bacchantes déchirèrent et démembrèrent Penthée. Il se feroit plutôt d. que de céder.* || Fig., Diviser une chose qui constitue un ensemble; en détacher une ou plusieurs parties. *D. un État. On a eu grand tort de d. cette terre. Cette province avait été*

démembrée de l'Empire. D. un ministère, une charge, lui retirer une partie de ses attributions. == DÉMEMBRÉ, ÉE. part.

DÉMÉNAGEMENT. s. m. Action de déménager; transport des meubles d'une maison dans une autre où l'on va loger. *Suivant Franklin, trois déménagements valent un incendie.*

Législ. — Les meubles constituant la garantie du propriétaire, on ne peut déménager qu'après avoir payé le terme courant et acquitté ses contributions mobilière et personnelle pour l'année entière. Quand il y a un bail, le propriétaire peut exiger avant le déménagement le payement de tous les termes à échoir jusqu'à la fin du bail.

DÉMÉNAGER. v. a. (R. *ménage*). Enlever ses meubles d'une maison où l'on déloge, et les transporter dans une autre. *D. ses livres, ses tableaux, tous ses effets.* == DÉMÉNAGER. v. n. Au prop., s'emploie dans le même sens que le v. actif. *Il est déménagé depuis un mois. J'ai déménagé il y a huit jours.* || Fig. et fam., Sortir, malgré soi, du lieu où l'on est. *On les fit d. bien vite. Allons, allons, déménagez.* — *Sa raison, sa tête déménage*, se dit d'un vieillard qui tombe en enfance et d'une personne qui devient folle. == DÉMÉNAGÉ, ÉE. part.

DÉMÉNAGEUR. s. m. Ouvrier qui fait les déménagements.

DÉMENCE. s. f. (lat. *dementia*, m. s., de *de*, priv., et *mens*, esprit). Folie, aliénation d'esprit. *Tomber en d. Être en d.* Voy. ALIÉNATION mentale. || Par exag., Action, conduite qui indique de la déraison, de l'extravagance. *Il y a de la d. à agir ainsi. C'est une véritable d. C'est le comble de la d. Le peuple en d. applaudissait à ces atrocités.*

DÉMENER (SE). v. pron. (R. *mener*). Se débattre, se remuer violemment. *Se démène comme un possédé.* Fam. || Fig., Se donner beaucoup de mouvement pour une affaire. *Elle s'est bien démenée pour cette affaire.* Famil. Conj. Voy. ACHEVER.

DÉMENTI. s. m. (R. *démentir*). Parole, discours par lequel on nie en face à quelqu'un la vérité de ce qu'il avance. *Donner, recevoir, souffrir un d. Je lui donnerai cent démentis.* || Se dit des choses qui se trouvent contraires à une assertion, à une conjecture. *Ces faits donnent un d. formel à votre assertion, à ceux qui prétendent que...* || Fig., Le désagrément qu'on éprouve lorsque, après avoir tenté de faire une chose, on ne peut y réussir. *J'ai entrepris cela, et je crois qu'il en aura le d. Je n'en aurai pas, je ne veux pas en avoir le d.*

DÉMENTIR. v. a. (R. *de*, et *mentir*). Dire à quelqu'un ou de quelqu'un qu'il a menti, qu'il n'a pas dit vrai. Dire le contraire de ce que quelqu'un a dit. *Vous m'avez osé me d. Il est capable de vous d.* || Nier la vérité, l'exactitude d'une chose, la déclarer fausse. *Ce sont de ces faits qu'il est impossible de d. D. un bruit, une nouvelle. D. un écrit. D. sa signature.* || Fig., Se dit des personnes qui n'agissent pas comme on l'avait dit, pensé, espéré. *Il a rendu de vous le meilleur témoignage, n'allez pas le d. Vous démentez par votre conduite la bonne opinion qu'on avait de vous. Ce jeune homme a démenti les espérances qu'il avait données.* — Par analog., *D. sa naissance, son caractère, etc.*, Faire des choses indignes de sa naissance, etc. *D. sa promesse*, Ne pas la tenir. || Fig., se dit aussi des choses qui ne répondent pas, qui sont contraires à ce que l'on dit, pense, espère. *Tous les autres témoignages démentent ses assertions. C'est une chose que l'expérience dément tous les jours. Que d'espérances l'événement a démentis! Ses actions démentent ses paroles. Sa mort n'a point démenti sa vie.* == SE DÉMENTIR. v. pron. Se contredire; Être contraire. *Vous vous démentez vous-même. Il dit cela aujourd'hui, et demain il se démentira. Ces nouvelles se démentent les unes les autres.* — Manquer à sa parole. *Vous l'avez promis, n'allez pas au moins vous d.* || S'écarter de son caractère, de ses principes. *Il fut toujours simple en tout, sans jamais se d. La nature ne se dément jamais.* — Se dit aussi des choses morales qui cessent d'être ce qu'elles étaient. *Sa bonté ne s'est jamais démentie à mon égard. Je vois dans le système du monde un ordre qui ne se dément jamais. Cet ouvrage se dément*

un peu vers la fin. == DÉMENTI, IE. part. == Conj. Voy.
SENTIR.

DEMERARY, fleuve de la Guyane anglaise; se jette dans
l'Atlantique à Georgetown, 260 kil. environ.

DÉMERGEMENT. s. m. T. Mar. Action de démerger. —
Diminution dans le tirant d'eau.

DÉMERGER. v. n. (lat. *de*, et *mergere*, plonger) T. Mar.
Éprouver un démergement. || Tirer hors d'une eau venue par
inondation.

DÉMÉRITE. s. m. (R. *de*, et *mérite*). Ce qui fait qu'on
perd son mérite. *Le d. d'une action. On m'en a fait un d.
auprès de vous.*

DÉMÉRITER. v. n. (R. *de*, et *mériter*). Faire quelque
chose qui prive de l'estime, de la bienveillance, de l'affection
de quelqu'un. *Je ne vois pas en quoi j'ai pu d. de vous,
auprès de vous.* || T. Théol. Faire quelque chose qui prive de
la grâce de Dieu. *A cet âge, l'enfant est capable de mériter et de d.* == DÉMÉRITÉ, ÉE. part.

DÉMÉRITOIRE. adj. Qui entraîne le démérite.

DÉMESURÉ, ÉE. adj. (R. *de* et *mesure*). Qui excède la
mesure ordinaire. *Un homme d'une grandeur démesurée.*
|| Fig. et au sens moral, Excessif, extrême. *Il avait une
envie démesurée de vous voir. Il cachait sous une feinte
modération une ambition démesurée.*

DÉMESURÉMENT. adv. D'une manière démesurée, excessivement. *Il était d. grand, d. ambitieux.*

DEMETRIAS. s. m. T. Entom. Genre d'Insectes Coléoptères.
Voy. CARABIQUES.

DÉMÉTRIUS Ier, surnommé *Poliorcète* (preneur de villes),
fils d'Antigone, soumit la Grèce révoltée et régna sur la Macédoine, de 295 à 287 av. J.-C. — DÉMÉTRIUS II, fils d'Antigone Doson, roi de Macédoine de 240 à 229, combattit les
Étoliens.

DÉMÉTRIUS Ier Soter (sauveur), roi de Syrie (162-150
av. J.-C.), fut battu par Judas Macchabée. == DÉMÉTRIUS II
Nicator (le vainqueur), roi de 146 à 125 av. J.-C.
== DÉMÉTRIUS III Eucœros (l'heureux), petit-fils du précédent, roi de Syrie de 95 à 84 av. J.-C.

DÉMÉTRIUS DE PHALÈRES, orateur athénien, gouverna
Athènes pendant dix ans sous Cassandre. Quand cette ville
fut prise par Démétrius Poliorcète, il s'enfuit en Égypte, où
il mourut (345-283 av. J.-C.).

DÉMÉTRIUS ou DMITRI, nom de cinq grands-princes de
Russie, dont le plus célèbre, Démétrius IV (1363-1389), fit de
Moscou sa capitale et bâtit le Kremlin.

DÉMETTRE. v. a. (lat. *dimittere*, de *mittere*, envoyer,
mettre). Luxer, faire sortir un os de sa place, disloquer. *Se
d. le bras.* == T. Proc. Débouter. *D. quelqu'un de son appel,
de sa demande.* || Fig., Destituer. *On l'a remis de son
emploi.* == SE DÉMETTRE, v. pron. Se luxer. *Son poignet
s'est démis.* || Quitter un emploi, une charge une dignité.
*Sylla venait de se d. de la dictature. Il se démit de son
évêché. On l'obligea à se d. de sa charge* == DÉMIS, ISE.
part. == Conj. Voy. METTRE.

DÉMEUBLEMENT. s. m. Action de démeubler; l'état de
ce qui est démeublé.

DÉMEUBLER. v. a. Dégarnir de meubles. *D. une maison.* == DÉMEUBLÉ, ÉE. part.

DEMEURANT, ANTE. adj. Qui est logé en tel endroit,
qui demeure, *M. Dupuis, d. à. . .* — En style de Prat., s'emploie quelquefois au fém. *Au lieu où ladite dame est
demeurante.* == AU DEMEURANT. loc. adv. et T. fam. Au reste,
au surplus. *Il est un peu bourru, mais bon homme, au d.
Je sais, au d., qu'il vous porte beaucoup d'intérêt.*

DEMEURE. s. f. (R. *demeurer*). Habitation, lieu où l'on

habite. *Belle, agréable d. Triste, sombre, vilaine d.
Choisir, établir sa d. quelque part. Changer sa d., changer de d.* — *Quelques animaux se creusent des demeures
souterraines.* || *Le temps pendant lequel on habite un lieu.
Il n'a pas fait longue d. parmi nous* || T. Droit. Le retard
qu'on met à accomplir une obligation dont le terme est expiré.
*Être en d. de livrer une chose. Être en d. avec ses créan-
ciers. Constituer, mettre quelqu'un en d.,* Le sommer
d'avoir à remplir son obligation. On dit dans le même sens,
Mise en d. Voy. CONTRAT. — T. Prat. *Il y a péril en la d.,*
Le moindre retard peut causer du préjudice. — Fig., *Être
en d. envers quelqu'un,* Être en reste de bienfaits, de bons
offices envers quelqu'un, rester son obligé. == A DEMEURE, loc.
adverb. Se dit d'une chose qui ne doit pas être déplacée.
Établir, poser un châssis à d. Cela est à d. || T. Agricult.
Labourer à d., Donner le dernier labour avant de semer.
Semer à d., Répandre la semence là où la plante doit rester.

Syn. — Domicile, Habitation, Résidence, Séjour. — La
demeure est le lieu où l'on est établi dans le dessein d'y
rester, ou même le lieu où l'on loge; la *résidence* est la
demeure habituelle ou fixe; le *domicile* est la demeure légale.
Les gens en place, attachés par une charge, un office, un
emploi à tel lieu, ont une *résidence* nécessaire. Les mineurs n'ont d'autre *domicile* que celui de leur père ou tuteur.
Il y a beaucoup de misérables qui n'ont point de *demeure.*
Quant au mot *habitation,* il indique la maison que l'on occupe, et s'emploie surtout quand on considère ses dépendances, tant intérieures qu'extérieures; une *habitation* est
commode ou incommode, saine ou malsaine, brillante ou
triste, etc. Le terme *séjour* se dit par opposition à *demeure.*
Le premier est une habitation passagère; le second est l'habitation habituelle. Après le *séjour* assez court que nous faisons sur la terre, un tombeau est notre dernière *demeure.*

DEMEURER. v. n. (lat. *demorari,* attendre, s'arrêter;
de *de,* et *morari,* tarder). Dans les deux premières acceptions ci-dessous, *Demeurer* se conjugue avec l'auxil. *Avoir;*
et, dans toutes les autres, il se conjugue avec le verbe *Être.*
Habiter, faire sa demeure. *D. à la campagne, à la ville. Il
demeure dans telle rue. Il a demeuré dix ans à Lyon.*
|| Tarder, mettre un certain temps à faire une chose. *Vous
avez demeuré bien longtemps en route. Voilà une pluie
qui demeure bien longtemps à guérir. Je n'ai demeuré
qu'un quart d'heure à le faire* (un sonnet) (MOLIÈRE).
== S'arrêter, rester en quelque endroit. *Notre vaisseau de-
meura trois jours à l'ancre. Demeurez là jusqu'à ce que
je vous appelle. Vous êtes demeuré bien tard dehors.
Notre voiture est demeurée au milieu de la route sans
pouvoir avancer.* || *D. court.* Voy. COURT. || Fig. et fam.,
D. en arrière, d. en reste, Rester débiteur ou l'obligé de
quelqu'un. *Ne pas d. en reste avec quelqu'un,* Lui rendre office
pour office. — Fig. et fam., *D. en chemin, D. en beau chemin,*
ou *En d. là,* Ne pas faire de progrès, ne pas avoir le succès
qu'on espérait ou qu'on faisait espérer. *Il pouvait prétendre
aux charges les plus élevées, et il est demeuré en chemin.
Avec des inclinations si perverses, ce jeune homme n'en
serait pas demeuré là, ou ironiq., il ne serait pas demeuré
en si beau chemin.* || *En d. là,* signifie aussi, en parlant des
personnes, ne point donner suite à une affaire. *Il ne veut
pas en d. là et se propose de le poursuivre. Il vaudrait
mieux pour vous en d. là.* — En parlant des choses, n'a-
voir point de suites, ne pas être continué. *L'affaire en est
demeurée là. Notre travail en demeurera là pour aujourd'hui.* — On dit aussi, *En d. là d'un travail, d'une
lecture,* etc. Discontinuer un travail, une lecture, etc.,
à tel moment, à tel endroit. *Où en êtes-vous demeuré
de... Voilà où nous en sommes demeurés.* — *Demeurons-en là,* N'en parlons pas davantage, cessons. Cette
phrase s'emploie ordinairement quand une discussion devient
trop vive et blessante. — On dit encore, lorsqu'il s'agit de
choisir entre plusieurs choses, *Demeurons-en là, demeurons-en à cela,* pour dire, arrêtons-nous à ce choix.
|| Fig. et fam., *D. pour les gages,* voy. GAGE. || *D. sur la
place,* Être tué. *Trois cents hommes demeurèrent sur la
place. Il est demeuré trois cents hommes sur la place.*
— *D. sur le cœur, sur l'estomac,* se dit d'un aliment dont
la digestion ne se fait pas. —Fig., *Cela lui est demeuré sur
l'estomac,* Il en conserva du ressentiment. — Fig., *D. sur
son appétit, D. sur la bonne bouche,* voy. APPÉTIT et
BOUCHE. == Rester, se trouver dans un certain état. *D. ferme,
inébranlable. D. confus, interdit, muet, immobile d'é-
tonnement. J'en demeure stupide* (CORNEILLE).

D. fidèle. D. froid. D. neutre. D. d'accord. D. estropié. Il demeure toujours dans le même état. D. les bras croisés. D. à ne rien faire. D. garant. D. civilement responsable. D. propriétaire d'une chose. = Être à demeure, persister, durer. *Cette construction n'est pas pour d. Les paroles s'envolent, les écrits demeurent. C'est une tache qui demeurera toujours. La cicatrice lui en est demeurée. Il lui en est demeuré une cicatrice.* == Être conservé, laissé à quelqu'un. *Ce bien lui est demeuré. Ce titre lui demeure.* || Fig., *La victoire nous demeure. La gloire lui en est demeurée tout entière.* = Rester, être de reste; en ce sens où l'emploie presque toujours impersonnellement. *De tous les biens qu'il avait, il ne lui est rien demeuré. Il en demeura plus de la moitié.* == DEMEURÉ, ÉE. part.

Syn. — Loger. — Ces deux mots sont synonymes dans le sens où ils signifient l'habitation ; mais *demeurer* se dit par rapport au lieu topographique, et *loger* par rapport à l'édifice. On *demeure* à Paris, en province, à la ville, à la campagne; on *loge* chez soi, dans un hôtel, en chambre garnie. **— Rester.** — L'idée commune à ces deux mots est de ne pas aller; leur différence consiste en ce que *demeurer* ne présente que cette idée simple, tandis que *rester* a de plus l'idée accessoire de laisser aller les autres. Le second de ces mots semble encore convenir mieux dans les cas où il y a nécessité de ne pas bouger de l'endroit, le premier dans ceux où il y a pleine liberté. Ainsi l'on dit que la sentinelle *reste* à son poste, et qu'une personne pieuse *demeure* longtemps à l'église.

DEMI, IE adj. (lat. *dimidius*, m. s.). Qui est la moitié d'une chose. *Une demi-heure. Un demi-cercle. Une demi-colonne. Une demi-douzaine. Toutes les demi-heures. Une aune et demie. Deux boisseaux et d. Quatre heures et demie.* — Midi et d., minuit et d., se disant abusivement pour demi-heure après-midi, etc. || Dans quelques locut. proverb., *D.* se met après certains mots qui expriment une qualité mauvaise, et alors il enchérit sur cette qualité. *A fourbe, fourbe et d. A trompeur, trompeur et d. A menteur, menteur et d. Battre quelqu'un en diable et d.* == DEMI. s. m. T. Arith. La moitié d'une unité. *Deux demis valent une unité. Trois quarts et un d.* = DEMIE. s. f. Une demi-heure. *Cette horloge sonne les heures et les demies. La d. vient de sonner.* — A DEMI. loc. adv. A moitié. *Cela est plus qu'à d. fait, plus qu'à d. fait.* || Par ext., En partie, imparfaitement. *Cela n'est cuit qu'à d. Faire les choses à d. S'expliquer à d. Il ne voit les choses qu'à d. Un peuple à d. barbare. Il n'y en a pas à d., Il y en a beaucoup.*

Obs. gram. — Ainsi qu'on le voit par les exemples ci-dessus, l'adjectif *d.* ne s'accorde en genre avec son substantif que lorsqu'il vient immédiatement après lui; quand il le précède, il reste invariable : *Une demi-heure; une heure et demie.* Demi entre, en outre, dans la composition d'un grand nombre de substantifs et d'adjectifs. 1° Tantôt il conserve sa signification littérale de *moitié*, comme dans les mots : *Demi-aune, Demi-livre, Demi-mètre, Demi-cercle, Demi-pause, Demi-ton, Demi-brigade, Demi-circulaire, Demi-cylindrique, Demi-sphérique, Demi-amplexicole*, etc. 2° Tantôt il exprime une simple diminution sans spécifier exactement la quantité, la grandeur ou l'intensité : *Demi-bain, Demi-castor, Demi-bosse, Demi-futaie, Demi-teinte*, etc. 3° Tantôt il signifie simplement incomplet : *Demi-cloison, Demi-loge, Demi-fleuron, Demi-clarté, Demi-jour, Demi-transparence, Demi-mal, Demi-mesure, Demi-savoir, Demi-cuil, Demi-flosculeux, Demi-palmé, Demi-savant, Demi-fou.* 4° Dans *Demi-dieu, Demi-métal*, il exprime que l'individu ou l'objet ainsi désigné participe à la qualité qu'exprime le substantif. 5° Enfin, il donne à quelques mots, tels que *Demi-mot, Demi-fortune*, etc., une signification particulière qui s'explique aisément par allusion ou par rapport.

DEMI-AIR. s. m. T. Man. Un des sept mouvements du cheval. = Pl. *Des demi-airs.*

DEMI-BANDE. s. f. T. Mar. *Donner une demi-bande*, c'est-à-dire incliner un bâtiment de ses côtés pour réparer sa carène. || T. Techn. Action de tendre un ressort de manière à lui faire exercer un effort égal à environ moitié de son effort maximum. = Pl. *Des demi-bandes.*

DEMI-BASTION. s. m. T. Fortif. Ouvrage qui ne se compose que d'un flanc et d'une face. = Pl. *Des demi-bastions.*

DEMI-BATTOIR. s. m. [Pr. *demi-ba-touar*]. Sorte de petit battoir pour jouer à la paume. == Pl. *Des demi-battoirs.*

DEMI-BAU. s. m. T. Mar. Chacune des pièces qui composent un bau. == Pl. *Des demi-baux.*

DEMI-BEC. s. m. T. Icht. Traduction du mot *Hémiramphus* qui désigne un genre de poissons osseux du groupe des *Ésoces.* Voy. ce mot. == Pl. *Des demi-becs.*

DEMI-BOSSE. s. f. Genre de sculpture qui tient le milieu entre le bas-relief et la ronde bosse. = Pl. *Des demi-bosses.*

DEMI-BOTTE. s. f. T. Escr. Action d'un effet plus avancé que la feinte et moins que la botte. || T. Cordonnerie. Sorte de botte montant moins haut que la botte proprement dite. == Pl. *Des demi-bottes.*

DEMI-CASE. s. f. T. Jeu au trictrac. Flèche sur laquelle il n'y a qu'une dame. == Pl. *Des demi-cases.*

DEMI-CERCLE. s. m. T. Escr. Sorte de parade. == Pl. *Des demi-cercles.*

DEMI-CHAÎNE. s. f. T. Danse. Sorte de pas figuré qui n'est que la moitié de la chaîne entière. == Pl. *Des demi-chaînes.*

DEMI-CLEF. s. f. T. Mar. Nœud fait avec le bout du cordage replié sur lui-même. == Pl. *Des demi-clefs.*

DEMI-CONSTITUTION. s. f. T. Tiss. Velours de coton d'Amiens.

DEMI-CÔTE. s. f. T. Tiss. Velours de coton d'Amiens.

DEMI-DEUIL. s. m. Seconde moitié du temps pendant lequel on porte le deuil. || Costume que l'on porte pendant cette deuxième période et qui est moins sévère que celui de la première période.

DEMI-DIEU. s. m. T. Myth. Nom donné aux enfants mâles issus du commerce d'un dieu avec une mortelle ou d'une déesse avec un homme. || Nom donné à des mortels déifiés. || Être immortel, un peu au-dessous des dieux. || Par ext., Homme exceptionnel par son génie et sa gloire. == Pl. *Des demi-dieux.*

DEMIDOFF, puissante famille russe; NICOLAS DEMIDOFF forma une célèbre galerie de tableaux (1774-1828); ANATOLE, fils du précédent, épousa la princesse Mathilde, fille de Jérôme Bonaparte (1812-1870).

DEMI-DOUBLE. s. m. Sorte de dégagement dans un appartement. == Pl. *Des demi-doubles.*

DÉMIELLER. v. a. [Pr. *démi-è-ler*] (R. miel). Enlever le miel de la cire.

DEMI-FIN, INE. s. f. T. Bijout. Or, argent demi-fin, qui contient moitié d'alliage.

DEMI-FORTUNE. s. f. Voiture bourgeoise à quatre roues, tirée par un seul cheval. == Pl. *Des demi-fortunes.*

DEMI-FRÈRE. s. m. **DEMI-SŒUR.** s. f. Celui qui n'est frère, celle qui n'est sœur que du côté paternel ou du côté maternel. == Pl. *Des demi-frères; des demi-sœurs.*

DÉMILITARISER. v. a. Ôter le caractère militaire.

DEMI-LUNE. s. f. T. Guerre. Ouvrage presque triangulaire que l'on construit vis-à-vis des courtines. Voy. FORTIFICATION. || T. Arch. Partie circulaire à l'entrée d'un palais, à l'extrémité d'un jardin, à la rencontre de plusieurs allées, de plusieurs routes. == Pl. *Des demi-lunes.*

DEMI-MEMBRANEUX. adj. m. et s. m. T. Anat. Muscles de la région postérieure de la cuisse.

DEMI-MONDAIN, AINE. adj. Homme, femme du demi-monde ou qui le fréquente.

DEMI-MONDE. s. m. Nom donné par Alexandre Dumas fils à une certaine catégorie de femmes déclassées : *Le* DEMI-MONDE *ne représente pas, comme on croit..., la cohue des courtisanes, mais la classe des déclassées. ...Il est séparé des honnêtes femmes par le scandale public, des courtisanes par l'argent* (ALEX. DUMAS fils).

DEMI-OPALE. s. f. T. Minér. Nom du quartz résinite dont la couleur est d'un blanc laiteux.

DEMI-PAON. s. m. [Pr. *demi-pan*]. T. Ent. Nom vulgaire du *Smérinthe ocellé*, lépidoptère du groupe des *Crépusculaires*. Voy. ce mot. = Pl. *Des demi-paons*.

DEMI-PORCELAINE. s. f. T. Céram. Nom que l'on donne à une variété de faïence fine. — Pl. *Des demi-porcelaines*.

DEMI-RELIURE. s. f. T. Techn. Reliure dans laquelle le dos seul est en peau. = Pl. *Des demi-reliures*.

DEMI-REVÊTEMENT. s. m. T. Fortif. Petite galerie reliée à la galerie parallèle au chemin couvert. || Paroi d'un fossé n'atteignant que la hauteur du niveau de campagne. |. Pl. *Des demi-revêtements*.

DEMI-ROND. s. m. T. Techn. Conteau mi-circulaire dont se servent les corroyeurs. = Pl. *Des demi-ronds*.

DEMI-SANG. Cheval provenant de l'accouplement d'un pur sang avec un individu d'une autre race. == Pl. *Des demi-sang*.

DEMI-SŒUR. s. f. Voy. DEMI-FRÈRE.

DEMI-SOLDIER. s. m. Celui qui touche une demi-solde. = Pl. *Des demi-soldiers*.

DÉMISSION. s. f. (lat. *demissio*, renvoi, de *dimittere*, renvoyer). Acte par lequel on se démet d'une dignité, d'un emploi. *D. volontaire, forcée. Donner sa d. On lui a demandé sa d. On n'a pas voulu recevoir, accepter sa d.* |. T. Jurisp. *D. de biens*, Acte par lequel une personne fait de son vivant un abandon général de tout ou partie de ses biens à ses héritiers présomptifs. = Syn. Voy. ABANDON.

DÉMISSIONNAIRE. s. 2 g. [Pr. *démi-sio-nère*] (R. *démission*). Autrefois, celui, celle en faveur de qui une démission était donnée. || Aujourd'hui, au contraire, celui, celle qui donne sa démission. || Adjectiv., *Un préfet d.*

DÉMISSIONNER. v. n. [Pr. *démi-sio-né*]. Donner sa démission.

DÉMISSOIRE. Voy. DIMISSOIRE.

DEMI-TENDINEUX. adj. m. et s. m. T. Anat. Muscle de la région postérieure de la cuisse, situé à côté du demi-membraneux.

DEMI-TON. s. m. T. Mus. Valeur de la moitié d'un ton. Il y a un demi-ton du *mi* au *fa*. Voy. GAMME. == Pl. *Des demi-tons*.

DÉMITRER. v. a. Oter la mitre, faire perdre le rang d'évêque.

DÉMIURGE. s. m. (gr. δημιουργός, artisan; de δήμος, commun, et ἔργον, œuvre). Nom donné par Platon et ses disciples au Créateur du monde. *Suivant les Alexandrins, le D. était un intermédiaire entre l'Être suprême et les choses créées.*

DEMI-VARLOPE. s. f. Rabot à deux poignées. = Pl. *Des demi-varlopes*.

DEMI-VOL. s. m. T. Art hérald. Meuble d'armoiries représentant une seule aile d'oiseau. == Pl. *Des demi-vols*.

DÉMOBILISATION. s. f. [Pr. ...*sion*]. Action de renvoyer chez eux des hommes qu'on a mobilisés.

DÉMOBILISER. v. a. (R. *de*, et *mobiliser*). Faire cesser l'état de mobilisation des corps militaires.

DÉMOCÈDE, célèbre médecin, né à Crotone; il fut médecin du roi de Perse Darius, fils d'Hystaspe (VIe siècle av. J.-C.).

DÉMOCRATE. s. m. Celui qui est partisan de la démocratie.

DÉMOCRATIE. s. f. [Pr. *démokra-si*] (gr. δῆμος, peuple; κράτος, puissance). Gouvernement où la souveraineté non seulement dérive en principe du peuple, mais encore est réellement exercée par lui. || État social qui exclut toute aristocratie constituée, quelle que soit, du reste, la forme du gouvernement.

DÉMOCRATIQUE. adj. 2 g. Qui appartient à la démocratie. *État, gouvernement d. Esprit d. Principes, tendances démocratiques.*

DÉMOCRATIQUEMENT. adv. D'une manière démocratique.

DÉMOCRATISER. v. a. Conduire à la démocratie, rendre populaire.

DÉMOCRITE, célèbre philosophe grec, né à Abdère, en Thrace, vers 460 av. J.-C. Il fut le fondateur de la théorie des atomes, développée plus tard par Épicure et Lucrèce, enseignant que tout ce qui existe, corps et âme, est composé d'atomes matériels. On peut considérer son système comme la base de tous les systèmes matérialistes ou sensualistes qui ont vu le jour depuis. Sa morale, qui est celle de l'intérêt bien entendu, prêche surtout la modération en toutes choses. Il y avait chez lui un fonds d'optimisme qui lui faisait voir les choses par le côté agréable. On prétend qu'il riait de tout et sans cesse.

DÉMODER. v. a. Mettre hors la mode. Peu us. == SE DÉMODER. v. pron. Cesser d'être à la mode. *Ce costume se démodera vite.* == DÉMODÉ, ÉE. part. *Porter des vêtements, des chapeaux démodés.*

DEMODEX. s. m. [Pr. *démo-deks*] (gr. δέμας, corps; δήξ, ver qui ronge le bois). Genre d'acariens (voy. HOLÈTRES) à corps mou, allongés, étroits, longs de un dixième à un huitième de millimètre. Parasites microscopiques qui se rencontrent dans nombre de follicules pileux des chiens et autres animaux domestiques. L'homme donne asile à un grand nombre d'entre eux, sans que nous ayons conscience de leur présence; témoin le *D. folliculorum*, qui ne craint pas d'attaquer la peau fine et délicate des plus jolis nez du monde. Ces infiniment petits se développent, de préférence, aux dépens du tissu graisseux des ailes du nez. Ils vivent en troupes, parqués dans chaque crypte ou méat, au nombre d'une douzaine et n'occasionnant ni cuisson ni démangeaison au visage qui les héberge. C'est leur abdomen gras et démesurément allongé qu'on expulse, par la pression des doigts, sous forme vermiculaire. Les petits parasites accrochés dans leurs cellules par quatre paires de pattes, n'éprouvent d'autre dommage de cette pression que la perte de la partie postérieure de leur individu, qui se renouvelle rapidement. D'autres d. font encore élection de domicile sur nos figures. Ces points noirs connus sous le nom de *Bolbos* ou *Comédons*, qui affectent plus spécialement la peau des joues, du front, sont des immondices qui obstruent l'entrée de cavernes hantées par des familles d'une espèce particulière.

C'est encore dans ce groupe que figure un acarien qui fit beaucoup parler de lui il y a cent ans, et qui donna naissance au proverbe : « Il a une araignée dans son plafond. » — Le 18 thermidor an 11, on fit à Strasbourg l'autopsie d'un individu mort d'une fracture au crâne, et en ouvrant la dure-mère, on vit courir sur le corps calleux une arachnide que l'on prit d'abord pour un parasite des membranes du cerveau. Il est probable que le d. avait été introduit, pendant l'opération, par une mouche qui cherchait à déposer ses œufs. Bien entendu qu'on n'en a jamais retrouvé depuis sous aucun crâne humain.

DÉMOGORGON, dieu antique qui était censé habiter le centre de la terre. Altération de *démiourgon* ou *démiurge*.

DÉMOGRAPHE. s. m. Celui qui s'occupe de démographie.

DÉMOGRAPHIE. s. f. T. Didact. (gr. δῆμος, peuple;

γράφω, écrire). Description des peuples, des populations, suivant les âges, les professions, etc.

DÉMOGRAPHIQUE. adj. 2 g. Qui a rapport à la démographie.

DEMOISELLE. s. f. (lat. *dominicella*, dimin. de *domina*, dame, maîtresse). Titre qui se donne aujourd'hui à toutes les filles d'honnête famille, pour les distinguer des femmes mariées. *Une d. très bien élevée. D. d'honneur*, jeune fille attachée à la cour d'une reine, d'une princesse; jeune fille qui accompagne une mariée à l'église, à la mairie. ‖ *D. de comptoir*, Personne employée au comptoir d'un magasin, d'une boutique. *D. de compagnie*, Jeune fille dont la fonction est de tenir compagnie à une personne. ‖ adj. Se dit d'une femme non mariée. *Être encore d. Rester d.* ‖ T. Entom. Nom vulgaire des *Libellules*. Voy. ce mot. ‖ T. Ornith. Nom vulgaire d'une espèce de grue. Voy. Grue. ‖ T. Techn. Pièce de bois cylindrique, haute d'environ 4 mètre, ferrée par le bout inférieur et munie de deux sortes d'anses, dont on se sert pour enfoncer les pavés. On l'appelle autrement *Hic*. — Verge de fer employée dans les fonderies. — Instrument de bois à deux branches servant à élargir les doigts de gants. — Jambier de cuir ou de drap dont se servent les scieurs de long pour se protéger les genoux. — Lucarne qui se trouve dans les raffineries de sucre. — Brosse à étendre le vermillon. ‖ Blocs verticaux de matière pierreuse, qui se rencontrent sur les versants de certaines montagnes.

Hist. — Autrefois, le titre de *Demoiselle* se donnait aux femmes ou filles nées de parents nobles. Ainsi, tandis que les femmes des chevaliers étaient appelées *Dames*, celles des écuyers étaient qualifiées du diminutif de *Damoiselles*, féminin de *damoiseau* (jeune gentilhomme). Toutefois ce titre ayant tenté la vanité des femmes mariées qui appartenaient à la bourgeoisie, elles ne tardèrent pas à s'en emparer; mais, jusqu'au XVII° siècle, elles n'osèrent usurper celui de *Dame*, qui resta la possession exclusive des femmes nobles. Au XVII° siècle, toutes les femmes mariées de la bourgeoisie conquirent enfin ce dernier titre, et alors le terme de *d.* ne s'appliqua plus qu'aux filles non mariées, à une exception près : car on continua encore de désigner sous le nom de *d.* toute femme attachée au théâtre, lors même qu'elle était en puissance de mari.

DÉMOISIR. v. a. (R. *de*, et *moisir*). Ôter la moisissure.

DÉMOLIR. v. a. (lat. *demoliri*, de *de*, priv., et *moliri*, entasser, de *moles*, masse). Détruire, abattre pièce à pièce; se dit surtout en parlant des bâtiments, des constructions. *D. un mur, une maison, des fortifications.* ‖ Fig. et fam., *D. une réputation usurpée. D. des institutions décrépites.* = DÉMOLI, IE. part. = Syn. Voy. ABATTRE.

DÉMOLISSEMENT. s. m. Action de démolir.

DÉMOLISSEUR. s. m. Celui qui travaille à démolir. *On laissa les démolisseurs faire tranquillement leur œuvre de destruction.* ‖ Fig., *Nos démolisseurs de la société ne se doutent pas qu'ils seraient les premiers ensevelis sous ses ruines.*

DÉMOLITION. s. f. [Pr. ...*sion*]. Action de démolir. *La d. de cette maison va commencer.* ‖ Fig., *Ce parti se propose pour unique but la d. de la société.* ‖ Opération qui consiste à défaire les cartouches. On appelle la poudre qu'on en tire, *Poudre de d.* ‖ Au plur., se dit des matériaux qui proviennent des constructions qu'on démolit. *Il faut enlever ces démolitions.*

DÉMOLOMBE, jurisconsulte fr. (1804-1887).

DÉMON. s. m. (gr. δαίμων, génie bon ou mauvais). Esprit méchant, ange déchu. *Les démons de l'enfer. Les ruses du d. Une inspiration du d. Le d. tente les hommes.* — Fig. et fam., *C'est un d., un vrai d., un d. incarné*, se dit d'une personne qui ne fait que tourmenter les autres, et par exag., d'un enfant turbulent. — Fig. et fam., *Faire le d.*, Tempêter, faire du bruit, tourmenter ceux qui nous entourent. On dit dans le même sens, *Faire le diable.* ‖ Se dit aussi, dans le sens où le prenaient les Anciens, pour génie, esprit, soit bon, mauvais. — Fig., *Quel d. vous agite? C'est un bon d. qui m'a inspiré cette idée. Le d. de la jalousie.* ‖ Poétiq., *Le d. de la guerre, des combats*, etc.

Théol. — Suivant son étymologie, le mot *Démon* signifie un être doué de raison. Ce terme n'a donc rien d'odieux dans son origine, mais les Livres saints le prennent toujours en mauvaise part et l'emploient pour désigner un esprit méchant, ennemi de Dieu et des hommes. L'Église enseigne que les démons sont des anges prévaricateurs que Dieu a chassés du ciel, et qu'il a précipités dans l'enfer pour y être tenus comme en réserve jusqu'au jour du jugement : « Il y eut, dit saint Jean, un grand combat dans le ciel : Michel et ses anges combattaient contre le dragon, et le dragon avec ses anges combattait contre lui. Mais ceux-ci furent les plus faibles, et leur place ne se trouva plus dans le ciel. Et ce dragon, cet ancien serpent, qui est appelé le *Diable* et *Satan*, qui séduit tout le monde, fut précipité en terre et ses anges avec lui (*Apoc.*, XII, 7 et suiv.).

La croyance aux démons est répandue chez tous les peuples sans exception. Il n'est pas une religion qui n'admette l'existence d'esprits bienfaisants et malfaisants, c.-à-d. de bons ou de mauvais anges. Les Hindous appellent les premiers *Souras* ou *Dévas*, et les seconds *Assouras*, *Daïtyas* ou *Dânavas*. Les Chinois donnent à ceux-ci le nom de *Tchïng-Lië*, et celui de *Chin* à ceux-là. Les partisans du culte de Zoroastre opposent les *Izeds* ou *Amschaspands*, esprits du bien, aux *Devs* ou *Darvands*, esprits du mal, et donnent, en outre, à chaque être un ange gardien ou *Feruez* pour l'aider à combattre les devs. Les Grecs avaient aussi des mauvais esprits (*Cacodémon*) et des bons esprits (*Agathodémon*). Les Romains distinguaient les *Lares*, dieux protecteurs de la famille, et les *Larves*, génies malfaisants. La doctrine des bons et des mauvais anges ou démons s'est conservée, au moyen de la tradition, chez tous les peuples, même chez ceux qui n'ont connu ni la religion mosaïque ni la religion chrétienne. Voy. EXORCISME.

DÉMONARCHISER. v. a. Détruire le système monarchique.

DÉMONAX, philosophe moraliste, contemporain de Marc-Aurèle (II° siècle après J.-C.).

DÉMONÉTISATION. s. f. [Pr. ...*sion*]. Action de démonétiser; l'état de ce qui est démonétisé.

DÉMONÉTISER. v. a. (lat. *de*, et *moneta*, monnaie). Déclarer qu'une monnaie, un papier-monnaie, n'aura plus cours légal. *D. des espèces, des assignats.* = DÉMONÉTISÉ, ÉE. part.

DÉMONIAQUE. adj. 2 g. (R. *démon*). Qui est possédé du démon. *Une femme d.* ‖ Substant., *Un d. Une jeune d. Les démoniaques dont parle l'Évangile.* — Fig., se dit d'une personne qui est colère, emportée, passionnée. *C'est une vraie d.*

DÉMONICOLE. s. m. (fr. *démon*, et lat. *colo*, j'adore). Adorateur des démons.

DÉMONISME. s. m. Croyance aux démons.

DÉMONISTE. s. m. Celui qui croit à l'existence des démons.

DÉMONOCRATIE. s. f. (gr. δαίμων, démon; κράτος, puissance). Influence des démons.

DÉMONOGRAPHE. s. m. (gr. δαίμων; γράφω, j'écris). Auteur qui a écrit sur les démons. *Les démonographes du XVI° siècle.*

DÉMONOGRAPHIE. s. f. Traité de la nature et de l'influence des démons.

DÉMONOLÂTRE. s. m. (gr. δαίμων, démon; λατρεύω, j'adore). Adorateur des démons.

DÉMONOLÂTRIE. s. f. Adoration des démons.

DÉMONOLOGIE. s. f. (gr. δαίμων, démon; λόγος, traité). Théorie des démons.

DÉMONOMANCIE. s. f. (gr. δαίμων, démon; μαντεία, divination). Divination par l'inspiration des démons.

DÉMONOMANE. s. Personne qui est affectée de démonomanie.

DÉMONOMANIE. s. f. (gr. δαίμων; μανία, folie). Sorte de folie où l'on se croit possédé du démon. Voy. ALIÉNATION *mentale.* || Titre d'un traité sur les démons. *La D. de Jean Bodin.*

DÉMONSTRATEUR. s. m. Celui qui démontre. *D. en anatomie, en botanique. D. de physique.* Ne se dit guère que dans ces locut. ; d'ailleurs, aujourd'hui, le mot *Professeur* est presque seul usité.

DÉMONSTRATIF, IVE. adj. Qui démontre, qui sert à démontrer. Ne se dit que des preuves par lesquelles on démontre. *Argument d. Preuve, raison démonstrative. Cela est d.* || T. Rhét. *Genre d.* Voy. ÉLOQUENCE. || T. Gram. *Adjectif, pronom d.* Voy. ADJECTIF et PRONOM. || Fig. et fam., se dit d'une personne qui témoigne vivement, par des signes extérieurs, son affection, son zèle, etc., pour les autres. *Il n'est pas d., il est peu d., mais il a un cœur excellent.*

DÉMONSTRATION. s. f. [Pr. *démon-stra-sion*] (lat. *demonstratio*, m. s., de *demonstrare*, de *de*, et *monstrare*, montrer). Suite du raisonnement au moyen duquel on prouve ou l'on essaie d'établir la vérité d'une proposition. *D. claire, nette, invincible. D. géométrique. Faire la d. d'une proposition. Donner, trouver une d. Votre d. n'a pas le sens commun.* — Par ext., *Tout ce qui sert à prouver quelque chose. Ces faits sont la meilleure d. que l'on puisse donner de...* — L'explication que donne un professeur en montrant sous les yeux de ses élèves les objets mêmes dont il leur parle. *Faire une d. d'anatomie sur un cadavre. Une d. de botanique.* || Au plur., Les signes extérieurs par lesquels on manifeste certains sentiments, certaines dispositions. *Donner de grandes démonstrations de joie. Faire des démonstrations d'amitié. Des démonstrations hostiles.* || T. Guerre. Se dit des manœuvres que fait un corps d'armée pour donner le change à l'ennemi. *Le général fit faire une d. sur la gauche. Il se laissa abuser par de fausses démonstrations.*

Logique. — On donne le nom de *Démonstration* à tout raisonnement qui établit, d'une manière évidente et convaincante, une vérité particulière, en *montrant* qu'elle est contenue dans une autre vérité évidente, ou du moins déjà admise. Comme méthode d'enseignement, la d. appartient exclusivement aux sciences qui ont pour objet l'étude des choses dans leurs qualités abstraites et absolues.

Par une extension naturelle et légitime, le terme de d. s'emploie encore dans les sciences d'observation, c.-à-d. dans les sciences qui ont pour objet l'étude des choses dans leur réalité concrète. Ainsi, par ex., lorsque le physicien, par une induction légitime, s'est élevé à la conception d'un principe général ou d'une loi qui régit une série plus ou moins nombreuse de phénomènes du même ordre, il a recours au procédé de la d. soit pour faire comprendre aux autres la série des faits qu'il a étudiés, soit pour rattacher ce principe un fait nouveau de même espèce. Mais ici, la d. ne saurait avoir cette puissance invincible qu'elle a dans les sciences déductives : car le principe qui sert au physicien de point de départ reste toujours plus ou moins hypothétique.

Le procédé de la d., à quelque objet qu'on l'applique, est partout et toujours le même, et consiste en une suite de *syllogismes* (Voy. ce mot). Cependant, malgré cette identité de fond, il peut revêtir des formes différentes. 1° Prenant pour point de départ un principe général, on peut descendre, par une suite d'intermédiaires, jusqu'à la conclusion que l'on affirme ou que l'on nie : c'est la *D. descendante.* 2° Partant du sujet lui-même ou de ses attributs, on s'élève d'abord de degrés en degrés jusqu'au principe général ; puis de ce principe lui-même on conclut la proposition mise en question : c'est la *D. ascendante.* 3° Dans certains cas, on suppose un instant que la proposition contradictoire à ce qu'on veut démontrer est vraie ; puis on fait voir que cette hypothèse conduit nécessairement à une impossibilité ou à une contradiction, c.-à-d. à une absurdité : c'est la *D. par l'absurde* ; on l'appelle aussi *D. indirecte*, par opposition aux deux autres modes qui constituent la *D. directe.* « La d. par l'absurde, dit la Logique de Port-Royal, n'est recevable que quand on n'en peut donner d'autre ; et c'est une chose de s'en servir pour prouver ce qui peut se prouver positivement ; car si elle peut convaincre l'esprit, elle ne l'éclaire point, ce qui est cependant le but principal de la science. Ce que l'esprit a besoin de savoir, c'est non seulement que la chose est, mais pourquoi elle est. »

Malgré cette condamnation formelle, la d. par l'absurde a repris une grande faveur dans notre siècle. Une analyse plus complète des formes du raisonnement a mis en lumière deux faits d'une grande importance :

1° En mathématiques, la d. par l'absurde et la d. directe ne diffèrent que par la forme du langage, et l'on peut toujours passer de l'une à l'autre par des modifications de mots qui ne changent rien à la suite des idées ; le plus souvent la forme directe est plus instructive, mais la forme par l'absurde est plus rapide. Le choix entre les deux formes reste donc une pure question de convenance. — 2° En philosophie, le procédé par l'absurde, ou plus exactement le procédé indirect, paraît être le seul capable de nous renseigner sur la valeur des conceptions fondamentales. Beaucoup de propositions d'un caractère très général semblent s'imposer à l'esprit avec une égale évidence ; mais parmi elles il y en a qui ne sont que l'effet du préjugé, c.-à-d. de l'habitude de croire sans réflexion ce qu'on a entendu affirmer par d'autres, à tel point qu'il s'est rencontré de bons esprits admettant comme également évidentes des propositions générales dont les conséquences sont radicalement contradictoires. Il n'y a donc pas d'autre moyen de faire la critique des principes métaphysiques que d'étudier leurs conséquences, ce qui est bien le procédé de démonstration indirecte.

Nous avons développé longuement cette question, qui est au fond celle de l'évidence, au mot CERTITUDE. Nous avons aussi fait remarquer à cette occasion, et au mot AXIOME, que la philosophie avait étrangement abusé du mot *Évidence*, et qu'en définitive il n'y a pas de *vérités évidentes par elles-mêmes.* Il est donc illusoire de vouloir édifier un système quelconque par le procédé purement déductif, en partant de certains principes réputés évidents. A plus forte raison, est-il absurde de prétendre *tout démontrer*, ou de prétendre n'admettre que ce qui est démontré. La démonstration n'a pas d'autre objet que de ramener certaines propositions à des propositions plus générales ; tant vaut le principe, tant vaudront les conséquences. En remontant par cette voie aussi loin qu'on voudra, on finit toujours par s'arrêter à des notions fondamentales qui échappent à toute définition, et à des principes primordiaux qui échappent à toute démonstration. Voy. AXIOME, CERTITUDE, DÉDUCTION.

DÉMONSTRATIVEMENT. adv. D'une manière démonstrative, convaincante.

DÉMONTABLE. adj. Que l'on peut démonter.

DÉMONTAGE. s. m. Action de démonter. || T. Teint. Dans les ateliers de dégraissage, le d., qu'on appelle aussi *dégradage*, désigne la destruction d'une couleur en vue de la remplacer par une autre.

DÉMONTER. v. a. (R. *de*, et *monter*). Renverser quelqu'un de sa monture, la lui ôter. *Il fut démonté par un coup de canon qui tua son cheval. D. quelqu'un de la cavalerie*, lui relirer ses chevaux, lui faire faire le service à pied. — Fig., *D. un capitaine de vaisseau*, Lui ôter le commandement de son bâtiment. || Fig. et fam., Renverser, tuer. *A chaque coup de fusil, il démontait un ennemi.* || *D. les batteries de quelqu'un*, Déconcerter ses projets. || Désassembler méthodiquement les différentes pièces qui composent une chose, une à une et sans rien briser. *D. une machine, une montre, un fusil. D. une armoire, un bois de lit, une voiture, un échafaudage.* — *D. des pierreries, des diamants.* Les séparer de la garniture dans laquelle ils sont sertis. — *D. un canon*, L'ôter de dessus son affût ; sign. encore, Le mettre à coups de canon hors d'état de servir, de tirer. *Nous cûmes bientôt fait de d. leurs batteries.* || T. Typogr. *D. un compositeur*, en dévisser le talon mobile pour en modifier la justification. || Fig., Troubler, déconcerter, réduire au silence. *Cette objection le démonta complètement. C'est un homme qu'on ne démonte pas facilement.* Absol., *Cela démonte ; cela se fait pour d.* || SE DÉMONTER, v. pron. Se dit d'une chose faite de telle sorte que les pièces qui la composent peuvent être séparées les unes des autres sans rien endommager. *Cette machine se démonte très aisément, quand on veut la nettoyer.* — Fam., *Bâiller à se d. la mâchoire*, Faire de grands bâillements. — Fig. et fam., *La machine commence à se d.*, se dit de tout ce qui commence à se détraquer, et partic. d'une personne qui, après avoir joui d'une bonne santé, devient sujette à des indispositions. — Fig. et fam., *Il a un visage qui se démonte, il se démonte le visage, il démonte son visage comme il lui plaît*, se dit de quelqu'un qui a les traits assez mobiles pour donner à son visage l'expression de la joie, de la tristesse, etc., selon qu'il lui convient. || Fig., Se déconcerter. *Il ne se démonte pas facilement.* == DÉMONTÉ, ÉE. part.

DÉMONTEUSE. s.f. Ouvrière employée dans les tréfileries.

DÉMONTOIR. s. m. Planche où l'imprimeur met les balles pour les monter et les démonter.

DÉMONTRABILITÉ. s. f. Qualité de ce qui peut être démontré.

DÉMONTRABLE. adj. 2 g. Qui peut être démontré.

DÉMONTRER. v. a. (lat. *demonstrare*, m. s., de *monstrare*, prouver). Prouver, au moyen du raisonnement, la vérité d'une chose. *D. une vérité, une proposition, un problème. D. clairement, nettement, d'une manière invincible. On ne démontre pas les vérités premières. J'ai commencé par vous d. que...* — Par ext., se dit de tout ce qui fournit la preuve ou l'indice de quelque chose. *L'ordre qui existe dans l'univers démontre l'existence de Dieu. L'événement ne tarda pas à lui d. son erreur. Tout démontre, tout tend à d. que ce dialogue est de Platon. Les cris de cet enfant démontrent qu'il souffre. Le calme de son visage démontre son innocence.* || Dans le langage des sciences naturelles, faire voir aux yeux la chose dont on parle, comme les parties du corps humain, d'un animal, d'une plante, etc. == SE DÉMONTRER. v. pron. Se dit d'une chose qui peut être prouvée par le raisonnement. *C'est une de ces vérités qui ne se démontrent pas.* == DÉMONTRÉ, ÉE. part.

Syn. — *Prouver.* — On *prouve* par des actes, des témoignages, en un mot par des preuves. On *démontre* par des arguments, en suivant le procédé déductif. Un fait ne se démontre pas, il se prouve. Cependant, *prouver* s'emploie aussi dans le sens de *démontrer.*

DÉMONTREUR. s. m. Celui qui démontre.

DÉMORALISANT, ANTE. adj. Qui démoralise. *Influences démoralisantes.*

DÉMORALISATEUR, TRICE. adj. Qui démoralise. *Un pouvoir d. Des doctrines démoralisatrices.* — Subst. Celui qui démoralise, qui détruit les bonnes mœurs.

DÉMORALISATION. s. f. [Pr. ...*sion*]. Action de démoraliser; ou l'état d'un peuple, d'un individu démoralisé. *Il s'effrayait de la d. de certaines classes de la société.*

DÉMORALISER. v. a. (R. *morale*). Corrompre les mœurs, ôter la moralité. *Le cabaret a pour effet de d. les ouvriers.* || Abattre, faire perdre courage. *Cet échec démoralisa d'abord nos jeunes soldats.* == SE DÉMORALISER. v. pron. *Les anciens soldats se démoralisent moins facilement que les jeunes recrues.* == DÉMORALISÉ, ÉE. part. *Un peuple démoralisé. Des troupes démoralisées.*

DÉMORDRE. v. n. (R. *mordre*). Quitter prise après avoir mordu. *Le chien saisit le sanglier à l'oreille, et ne démordit pas.* || Fig. et fam., Se départir de quelque entreprise, de quelque dessein, abandonner une opinion, un avis qu'on soutenait avec chaleur. *Il ne veut pas d. de cette poursuite, de cette utopie. Il n'en démordra point. Rien ne pourra l'en faire d.*

DÉMOSTHÈNE, le plus grand des orateurs grecs (385-322 av. J.-C.), prononça contre Philippe, roi de Macédoine, ses *Philippiques* et ses *Olynthiennes*, souleva Athènes contre Alexandre, recommença la lutte à la mort de ce prince, et s'empoisonna pour ne pas être livré à Antipater.

DÉMOTIQUE. adj. 2 g. (R. δῆμος, peuple). T. Antiq. Populaire. Se dit surtout d'un genre d'écriture égyptienne. *Écriture d.* Voy. HIÉROGLYPHE.

DÉMOUCHETAGE. s. m. Opération par laquelle le meunier réunit les grains avant de moudre.

DÉMOUCHETER. v. a. (R. *mouchette*). *D. un fleuret,* Le dégarnir de son bouton, et en aiguiser la pointe. == DÉMOUCHETÉ, ÉE. part. *Des fleurets démouchetés.* == Conjug. Voy. ACHEVER.

DÉMOULAGE. s. m. T. Techn. Action de retirer du moule une pièce qui a été moulée.

DÉMOULER. v. a. (R. *moule*). Opérer le démoulage.

DEMOUSTIER, littérateur français, auteur des *Lettres à Émilie sur la mythologie* (1760-1801).

DÉMOUVOIR. v. a. (lat. *demovere*). T. Prat. Faire qu'une personne se désiste de quelque prétention; n'est guère usité qu'à l'infin. *Rien ne l'a pu d. de cette prétention.* Vx. == DÉMU, UE. part.

DÉMUNIR. v. a. (R. *de*, et *munir*). Ôter les munitions d'une place. *D. une place.* == SE DÉMUNIR. v. pron. Ne pas conserver par devers soi ce qu'on aurait dû tenir en réserve. *Je me suis démuni de mon argent, je ne puis plus faire ce voyage.* == DÉMUNI, IE. part.

DÉMURER. v. a. (R. *mur*). Ouvrir une porte ou une fenêtre qui était murée. == DÉMURÉ, ÉE. part.

DÉMUSELER. v. a. (R. *de* et *museau*). Ôter la muselière d'un animal. *D. un ours.* == DÉMUSELÉ. ÉE. part. *Prenez garde, cet animal est démuselé.* || Fig., Déchaîner, rendre libre. *D. les passions.* == Conj. Voy. CELER.

DENAIN, ville de France (Nord), arr. de Valenciennes, 18,300 hab., célèbre par la victoire qu'y remporta Villars sur les impériaux, en 1712, et qui sauva la France. Houille fourneaux, forges, mines de houille, fabriques de sucre, distilleries; commerce important.

DÉNAIRE. adj. 2 g. (lat. *denarius*, m. s.). Qui a rapport au nombre dix. *Nombre d. Arithmétique d.* — On dit ordinairement, *Arithmétique décimale.*

DÉNANTIR (SE). v. pron. (R. *nantir*). Abandonner un gage, un nantissement. *Il avait un gage excellent, mais il commit l'imprudence de s'en dénantir, ou absol., de se d.* || Par ext., Se dépouiller de ce qu'on a. *Il s'est dénanti de tout ce qu'il avait. Il ne faut pas se d.* == DÉNANTI, IE. part.

DÉNATIONALISATION. s. f. [Pr. *déna-si-onali-za-sion*]. Action de dénationaliser.

DÉNATIONALISER. v. a. [Pr. *déna-si-onali-zer*]. Faire perdre à un peuple les caractères qui le distinguent comme nation. *Il n'est pas si facile qu'on le pense de d. un peuple.* == DÉNATIONALISÉ, ÉE. part.

DÉNATTER. v. a. [Pr. *déna-ter*]. Défaire ce qui était natté. *D. des cheveux. D. les crins d'un cheval.* == DÉNATTÉ, ÉE. part.

DÉNATURALISATION. s. f. [Pr. ...*sion*]. Perte de l'état de naturalisation.

DÉNATURALISER. v. a. Faire cesser l'état de naturalisation.

DÉNATURANT, ANTE. adj. Qui dénature.

DÉNATURATEUR. s. m. T. Mét. Industriel dont la profession consiste à fournir à d'autres industriels des alcools additionnés de substances dites *dénaturantes.*

DÉNATURATION. s. f. [Pr. ... *sion*]. Action de dénaturer.

DÉNATURER. v. a. (R. *nature*). Changer la nature d'une chose; lui faire perdre ses caractères essentiels et distinctifs. *Afin qu'on ne pût reconnaître les objets volés, il les avait dénaturés. En rendant la comédie larmoyante, cet auteur a dénaturée.* — *D. son bien,* Vendre les immeubles que l'on possède, pour n'avoir que des capitaux mobiliers. — *D. un mot,* le prendre dans une autre acception que celle qu'on lui donne habituellement. *D. une phrase, un passage, le sens d'une phrase,* L'altérer, l'interpréter autrement qu'il ne doit être. — *D. une question,* Changer l'état de la question. — *D. un fait, les faits,* Les tronquer, les présenter sous une couleur différente de celle qu'ils ont réellement. = SE DÉNATURER. v. pron. *Ce composé se dénature au contact de l'air. A faire sans cesse la guerre, son cœur s'était endurci et dénaturé. Les faits se dénaturent toujours quand ils passent par plusieurs bouches.* = DÉNATURÉ, ÉE. part. || Adject., Qui manque d'affection et de tendresse pour ses plus proches parents. *Père, fils enfant dénaturé. Mère, fille dénaturée.* — Qui est contraire aux sentiments naturels d'affection ou d'humanité. *Usage dénaturé. Action dénaturée.*

Tech. — L'alcool, le sucre et le sel destinés à la consommation étant frappés de droits fort élevés, on a dû diminuer considérablement ces droits lorsque ces substances sont employées à des usages industriels; mais alors, pour éviter que les substances exonérées ne rentrent dans la consommation, la régie exige qu'elles soient mélangées de produits qui leur donnent un goût infect et dont la séparation ultérieure est impossible ou au moins plus coûteuse que le droit même. C'est ce qu'on appelle la *dénaturation*. L'alcool est le plus souvent dénaturé par l'esprit de bois ou alcool méthylique impur, improprement appelé méthylène; en réalité, ce sont les impuretés de l'alcool méthylique qui sont les agents de dénaturation, car l'alcool méthylique pur n'a presque pas d'odeur et sa saveur diffère fort peu de celle de l'alcool éthylique. Si l'esprit de bois est trop pur, le but est donc manqué; s'il est par trop impur, sa présence peut gêner les industries qui emploient l'alcool, et même incommoder les ouvriers et leur causer des maladies. Pour concilier tous les intérêts, la régie a adopté un type de méthylène auquel les industriels sont tenus de se conformer. La dénaturation s'opère en présence des agents du fisc, et l'alcool dénaturé doit être employé sur place dans l'usine même. L'alcool dénaturé est soumis à une taxe de 30 francs par hectolitre, dite taxe de dénaturation. Dans certaines fabrications spéciales, pour lesquelles la présence de l'alcool méthylique serait un obstacle, on peut employer d'autres substances, suivant les formules qui ont été rédigées, pour chaque industrie, par le Comité consultatif des arts et manufactures, dont les décisions ont force de loi. Les sels destinés à être employés comme amendement sont dénaturés par l'addition de goudron de guano, de fumier ou de matières en putréfaction, suivant les formules indiquées par la régie. Enfin, les sucres destinés à renforcer les moûts de vendange ou à faire du vin de marcs sont aussi exempts de droits, à condition d'être dénaturés. La dénaturation s'opère en présence des agents du fisc, soit en versant ce sucre dans le moût, soit par l'addition au sucre, en mélange intime, d'un poids égal de raisins frais et foulés. Les fabricants de cidre et poiré sont également admis à bénéficier de la dénaturation des sucres, moyennant des conditions analogues.

DENBIGH, comté d'Angleterre (Galles), 111,700 hab., ch.-l. *Ruthin*.

DENDER. Voy. DENDRE.

DENDERAH, village de la haute Égypte, près duquel on voit les ruines de l'antique Tantyris; on a trouvé dans ces ruines un zodiaque célèbre, aujourd'hui au musée du Louvre.

DENDERMONDE. Voy. TERMONDE.

DENDRACHATE ou **DENDRAGATE**. s. f. (gr. δένδρον, arbre; ἀχάτης, agate). T. Minér. Agate arborisée.

DENDRE ou **DENDER** (La), rivière de Belgique qui se forme à Ath, se jette dans l'Escaut à Termonde, 105 kil.

DENDRITE. s. f. (gr. δένδρον, arbre). T. Minér. Arborisations visibles sur certaines pierres; pierre qui porte ces arborisations. Voy. AGATE, CRISTALLOGRAPHIE, ARBORISATION.

DENDRITIQUE. adj. 2 g. (gr. δένδρον, arbre). Syn. de *Dendroïde*. Voy. ce mot. || Se dit d'un minéral qui contient des dendrites.

DENDROBATE. s. m. (gr. δένδρον, arbre; βαίνω, je marche). T. Zool. Genre de *Batraciens Anoures* qui grimpent sur les arbres. Voy. CRAPAUD.

DENDROCŒLES. s. m. pl. (gr. δένδρον, arbre; κοιλία, ventre, intestin). T. Zool. Sous-ordre de *Vers turbellariés* (voy. ces mots), ainsi appelés à cause des nombreuses ramifications que présente leur intestin.

DENDROGRAPHIE. s. f. (gr. δένδρον, arbre; γράφω, j'écris). T. Didact. Traité sur les arbres.

DENDROÏDE. adj. 2 g. (gr. δένδρον, arbre; εἶδος, apparence). Qui a la forme d'un petit arbre. *Dendritique* s'emploie aussi dans le même sens.

DENDROLITHE. s. m. (gr. δένδρον, arbre; λίθος, pierre). T. Hist. nat. Arbre pétrifié.

DENDROLOGIE. s. f. (gr. δένδρον, arbre; λόγος, traité). T. Didact. Traité sur les arbres.

DENDROLOGIQUE. adj. Qui a rapport à la dendrologie.

DENDROMÈTRE. s. m. (gr. δένδρον, arbre; μέτρον, mesure). Instrument pour mesurer la hauteur et la grosseur d'un arbre, et la quantité de bois utile qu'il fournira.

DENDROMÉTRIE. s. m. Emploi du dendromètre; évaluation de la quantité de bois que peut produire un arbre.

DENDROMÉTRIQUE. adj. Qui a rapport au dendromètre.

DENDROPHAGE. adj. (gr. δένδρον, arbre; φαγεῖν, manger). T. Hist. nat. Qui ronge le bois, en parlant des insectes.

DENDROPHIS. s. m. (gr. δένδρον, arbre; ὄφις, serpent). T. Erpét. Genre de *Serpents non venimeux* de la famille des *Colubridés*. Voy. COULEUVRE.

DENDROPHORES. s. m. (gr. δένδρον, arbre; φόρος, qui porte) T. Antiq. Nom que l'on donnait à ceux qui portaient des branches d'arbres dans certaines cérémonies grecques.

DENEB, nom arabe de l'étoile α du Cygne, de première grandeur, abrégé de *Dhenab-ed-dajajeh* « à la queue de la Poule ».

DÉNÉBOLA, nom arabe de l'étoile β du Lion, de 2e grandeur, dérivé de *Dhenab-al-Asad* « à la queue du Lion ».

DENECOURT (C.-F.), surnommé le *Sylvain*, consacra son temps et sa fortune à faire connaître la forêt de Fontainebleau, à découvrir les sites les plus pittoresques et à les rendre accessibles par des chemins et sentiers qu'il construisait lui-même (1788-1875).

DÉNÉGATEUR, TRICE. s. T. Néolog. Celui, celle qui nie.

DÉNÉGATION. s. f. [Pr. ...sion] (lat. *denegatio*, m. s.). Action de nier vivement. *Il persiste dans sa d. Il lui opposa les plus formelles dénégations.*

DÉNÉRAL. s. m. Plaque ronde servant de modèle au monnayeur pour la grandeur et le poids voulu.

DENFERT-ROCHEREAU, officier français, défenseur de Belfort en 1870 (1823-1878).

DENGUE. s. f. Fièvre épidémique ayant les symptômes de la fièvre rhumatismale.

DENHAM (DIXON), voyageur anglais, compagnon de Clapperton (1785-1828).

DÉNI. s. m. (R. *dénier*). T. Jurisp. Refus d'une chose due. N'est guère usité que dans ces phrases : *D. d'aliments*, Refus d'un enfant de fournir des aliments à ses parents; *D. de renvoi*, Refus d'un juge de renvoyer au tribunal compétent une cause dont il ne peut pas connaître; *D. de justice*, Refus d'un juge de statuer.

Législ. — Le *D. de justice* ou refus de rendre la justice constitue un délit aux yeux de la loi. Il y a d. de justice : 1° lorsque le juge refuse de statuer, sous prétexte du silence, de l'obscurité ou de l'insuffisance de la loi ; 2° lorsqu'il refuse de donner suite aux requêtes qui lui sont présentées; 3° lorsqu'il néglige les affaires en état et en tour d'être jugées. — Le d. de justice se constate par des réquisitions faites aux juges en la personne des greffiers et signifiées de trois en trois jours ou de huitaine en huitaine au moins, suivant qu'il s'agit de juges de paix et de commerce, ou des autres jug*s. Après les deux réquisitions, le juge pourra être *pris à partie*.

Voy. Prise a partie. — De plus, aux termes de l'art. 185 du Code pénal, tout d. de justice, après réquisitions régulièrement faites, pourra être poursuivi et puni d'une amende de 200 à 500 francs, et de l'interdiction temporaire de l'exercice des fonctions publiques.

DÉNIAISEMENT. s. m. Action de déniaiser les niais.

DÉNIAISER. v. a. (R. *niais*). Rendre quelqu'un moins niais, moins simple, moins gauche. *Les voyages l'ont un déniaisé.* Fam. || Ironiq. *D. quelqu'un,* Le tromper, abuser de sa simplicité. *Des filous l'ont déniaisé. Il s'est laissé d.* Fam. = se déniaiser. v. pron. Devenir moins niais. *Il se déniaisera dans le monde.* Fur. = déniaisé, ée. part. || Subst., *C'est un déniaisé,* C'est un homme adroit et rusé. Fam. et peu us.

DÉNIAISEUR. s. m. Celui qui déniaise.

DÉNICHEMENT. s. m. Action de dénicher.

DÉNICHER. v. a. (R. *de* et *nicher,* de *nid*). D. *des oiseaux,* Les ôter de leur nid. — D. *une statue, un saint,* L'ôter de sa niche. || Fig. et fam., Faire sortir par force de quelque endroit; se dit surtout en parlant d'une bande, d'une troupe. *Nos tirailleurs eurent bientôt déniché les ennemis de ce poste. D. des voleurs de leur repaire. Faites donc d. de la cour ces petits polissons.* || Fig. et fam., Découvrir la demeure, l'endroit où se trouve quelqu'un. *Ce n'est pas sans peine que je vous ai déniché. Nous saurons bien le d.* — Se dit aussi des choses. *Je ne sais où il a été d. cela.* = dénichant. v. n. Abandonner son nid. *Les fauvettes ont déniché.* || Fig. et fam., S'évader, se retirer avec précipitation de quelque lieu. *Il a déniché cette nuit. Dénichez au plus vite. L'ennemi nous croyant en force dénicha aussitôt.* = déniché, ée. part. || Fig. et prov., *Les oiseaux sont dénichés,* se dit des personnes ou des choses que l'on croyait trouver dans un endroit et qui n'y sont plus.

DÉNICHEUR. s. m. Celui qui déniche les petits oiseaux. *C'est un petit d. d'oiseaux.* — Fig. et prov., *C'est un d. de merles,* se dit d'un homme fort appliqué à découvrir ce qui peut lui être agréable et fort adroit à en profiter. *A d'autres, d. de merles,* se dit lorsqu'on refuse de répondre à la question d'une personne que l'on soupçonne de vouloir profiter elle-même de quelque bonne aubaine qu'on a découverte.

DÉNIER. v. a. (lat. *denegare,* m. s. de *de,* et *negare,* nier). Soutenir qu'une chose n'est pas vraie, la nier. Il est principalement usité en jurisprudence. *D. un fait, une dette, un dépôt. Il avait d'abord fait des aveux, mais ensuite il a tout dénié.* || Refuser une chose que la justice, l'équité, l'humanité ne veut pas qu'on refuse. *On lui a dénié toute justice. Un fils ne peut d. des aliments à son père. C'est une chose qu'on ne peut vous d. Ne me déniez pas votre secours.* Peu us. = dénié, ée. part.

DENIER. s. m. (lat. *denarius,* de *deni,* dix à la fois, monnaie qui valait dix as). Monnaie romaine d'argent qui valut d'abord dix as et plus tard seize. Le d. de dix as pesait une drachme et valait environ 74 centimes. L'as était une monnaie de cuivre. Voy. Monnaie. *Judas vendit Jésus-Christ pour trente deniers.* — Ancienne monnaie française de cuivre, qui valait la douzième partie d'un sou tournois ou le tiers d'un liard. *Quatre sous six deniers. Payer jusqu'au dernier d. Cet homme n'a pas un d. vaillant.* — Fam., Rendre compte à livres, sous et deniers, Rendre compte avec la plus grande exactitude. — *D. fort* ou *Fort d.,* Ce qu'il faut ajouter à la fraction qui excède une somme ronde pour avoir la valeur de la plus petite ou d'une des plus petites monnaies de cours. *Le fort d. de 2 livres 4 deniers est 2 deniers,* parce que, pour payer intégralement cette somme, il fallait donner 2 livres 6 deniers, car il n'y avait pas de monnaie inférieure à 1 liard. *Le d. fort appartenait au percepteur.* — *D. à Dieu.* Voy. Arrhes. — Fig. et prov., *Le d. de la veuve,* se dit d'une faible somme qu'on donne par charité, en la prenant sur son nécessaire. *Cette chose vaut mieux d. qu'elle ne valait maille,* se dit d'une chose qui a été mise en meilleur état qu'elle n'était. || S'emploie, dans le sens de fraction de la livre tournois, pour désigner la part que l'on a dans une affaire, et en proportion de laquelle on participe au gain ou à la perte. *Il avait un d. dans la ferme des tabacs,* c.-à-d., un 240ᵉ, car il faut 20 sous valant chacun 12 deniers pour

faire une livre. *Ce négociant a six deniers dans telle entreprise,* c.-à-d. six 240ᵉˢ ou un 40ᵉ. Vx et inus. || Se dit encore dans le sens de fraction quelconque; mais alors il est accompagné d'un adjectif numéral qui indique la valeur de cette fraction. *L'amiral avait droit au dixième d. de toute prise maritime,* à la dixième partie, etc. *Il paye à l'État le quinzième d. de son revenu,* la quinzième partie de son revenu. Vx; on dit aujourd'hui, Le dixième, le quinzième, etc. — Autrefois, s'employait aussi pour exprimer le taux d'un capital placé à intérêt. *Placer son argent au d. vingt, au d. vingt-cinq,* c.-à-d. de façon à retirer annuellement 1 d. pour 20, pour 25 deniers prêtés, ou, en d'autres termes, placer à 5 ou 4 p. 100. Cette façon de calculer les intérêts est tombée en désuétude. — Il en est de même de ces phrases : *Estimer une chose au vendre une chose au d. vingt, au d. trente, au d. quarante,* etc., qui signifient estimer ou vendre une chose en calculant sa valeur ou son prix de vente de telle sorte que le produit annuel de cette chose représente 5 p. 100, ou 3,33 p. 100, ou 2,50 p. 100. — *Le d. de l'ordonnance, le d. du roi,* se disait autrefois du taux légal de l'intérêt. On appelait quelquefois *D. fort,* Le taux qui excédait le taux ordinaire. || Par ext., se dit, surtout au plur., d'une somme quelconque ou numéraire. *Vous serez payé sur les premiers deniers de la recette. Les deniers publics. Je l'ai acheté de mes propres deniers. Ce receveur a diverti les deniers de sa caisse. Dix mille écus sont un beau d. Tirer un grand d., un bon d. de quelque chose,* En tirer un bon profit. Peu us. *J'y mettrais bien mon d.,* se dit en parlant d'une chose qu'on achèterait volontiers, si elle était à vendre. — Fig. et prov., *Vendre quelqu'un à beaux deniers comptants.* Voy. Vendre. || T. Monnayage. *D. de poids,* ou absol., *Denier,* Poids valant 24 grains, ou la 24ᵉ partie de 1 once, ou 1 gramme 274 milligrammes. En parlant de la proportion de métal pur contenu dans un lingot ou dans la monnaie d'argent, on disait *D. de fin* ou *de loi. Je voudrais savoir le d. de fin de ce lingot. L'argent pur s'appelait de l'argent à 12 deniers; par conséquent, l'argent était dit à 11 deniers lorsqu'il renfermait 1 douzième d'alliage.* || T. Hist. D. de Pâques. Voy. Aides. — D. de Saint-Pierre, appelé vulgairement *Romescot,* taxe établie, en l'an 740, en Angleterre, pour être remise au pape comme offrande. Le d. de Saint-Pierre a été également perçu en France et en Allemagne. — Aujourd'hui on appelle D. de Saint-Pierre, une contribution volontaire des fidèles en faveur de la caisse pontificale. *Quête pour le d. de Saint-Pierre.*

DÉNIGRANT, ANTE. adj. Qui a l'habitude de dénigrer. *Les sots sont dénigrants et jaloux.*

DÉNIGREMENT. s. m. Action de dénigrer. *Terme de d. Ce mot ne s'emploie que par d.*

DÉNIGRER. v. a. (lat. *denigrare,* de *nigrare,* noircir, de *niger,* noir). Chercher à diminuer ou à détruire la bonne opinion que les autres ont de quelqu'un, à dépriser la qualité, la valeur de quelque chose. *Il ne cesse de vous d., de d. votre caractère, de d. votre talent.* = se dénigrer. v. pron. *Ils se dénigrent les uns les autres.* = dénigré, ée. part.

Syn. — *Noircir. — Noircir* se dit au propre et au figuré; *dénigrer* s'emploie toujours figurément. Celui qui vous *dénigre* veut vous nuire; il attaque votre réputation, il ravale votre mérite. Celui qui vous *noircit* veut vous perdre; il attaque votre honneur. Le calomniateur *noircit,* l'envieux *dénigre.* L'action de *noircir* est odieuse; celle de *dénigrer* est moins méchante. Il faut à celui qui vous noircit que vous paraissiez vicieux, méchant, criminel; il suffit à celui qui vous *dénigre* que vous passiez pour ignare, inhabile, ridicule. Par la raison que *noircir* attaque l'honneur, il ne se dit que des personnes ou de leurs actions morales. Par la raison que *dénigrer* s'attache à tout genre de mérite, il s'applique aux choses, comme aux œuvres de la littérature et de l'art, aux marchandises, etc. Voy. aussi Décréditer.

DÉNIGREUR. s. m. Celui qui dénigre.

DENINA, historien italien, bibliothécaire de Napoléon 1ᵉʳ (1731-1813).

DÉNIVELER. v. a. (R. *niveler*). Ôter le niveau.

DÉNIVELLATION. s. f. [Pr. *déni-vè-la-sion*]. Action de

déniveler. Résultat de cette action. État de choses qui ne sont pas au même niveau. *Un accident avait causé la d. des rails.* || Inégalité d'un terrain.

DÉNIVELLEMENT. s. m. [Pr. *déni-vè-leman*]. Le résultat de la dénivellation. Variation de niveau.

DENIS ou **DENYS** (l'Ancien), tyran de Syracuse (405-368 av. J.-C.), célèbre par ses cruautés, mais aussi par l'habileté de son administration et par son goût pour les lettres et la philosophie. = DENIS (le Jeune), son fils, lui succéda, fut chassé par Dion, puis par Timoléon, et mourut maître d'école à Corinthe (343 av. J.-C.).

DENIS ou **DENYS D'HALICARNASSE**, historien grec, vécut à Rome sous Auguste, et publia les *Antiquités romaines*, dont il ne nous reste que 4 livres sur 20 et des fragments.

DENIS ou **DENYS** (SAINT) l'*Aréopagite*, c.-à-d. juge de l'Aréopage, converti par saint Paul, fut le 1er évêque d'Athènes et martyr en 95.

DENIS ou **DENYS** (SAINT), pape de 259 à 269.

DENIS (SAINT), apôtre des Gaules, premier évêque de Paris, martyrisé vers 270. Fête le 9 octobre.

DENIS ou **DENYS** le *Périégète*, géographe de Byzance au IIIe ou IVe siècle de notre ère, a laissé une description de la terre (περιήγησις) en vers grecs hexamètres.

DENIS ou **DENYS** le *Petit*, théologien grec né en Scythie, mort vers l'an 530 de notre ère, introduisit l'usage de compter les dates à partir de la naissance de Jésus-Christ. Voy. ÈRE.

DÉNIZATION. s. f. [Pr. ...*sion*]. T. Jurispr. anglaise. — En Angleterre on donne le nom de *Lettres de d.* à des lettres patentes que le roi accorde à un étranger qui a formé le dessein de résider dans le royaume. L'étranger qui a obtenu la d. est appelé *Denizen*, mot que les Anglais font venir du gallois *dinasdin*, homme de la cité...a d. donne à l'étranger la faculté de posséder par achat ou succession, et de transmettre, de la même manière, des propriétés foncières dans le Royaume-Uni ; le *denizen* jouit des libertés et franchises accordées aux nationaux, mais il n'a pas la qualité de citoyen ; dès lors, il ne possède aucun droit politique, et ne peut remplir aucun office public. Les jurisconsultes d'Outre-Manche disent que la d. fait de l'étranger un sujet anglais ; néanmoins la jurisprudence de nos tribunaux a décidé qu'elle ne fait pas perdre la qualité de Français.

DENNERY, auteur dramatique français contemporain, né en 1811.

DENNEWITZ, village de Prusse où le maréchal Ney fut vaincu en 1813 par Bulow.

DÉNOIRCIR. v. a. (R. *noir*). Ôter la couleur noire. = SE DÉNOIRCIR. v. pron. Fig. Faire disparaître la calomnie qui vous a noirci.

DÉNOMBREMENT. s. m. (R. *dénombrer*). Compte que l'on fait des personnes ; ne se dit guère qu'en parlant d'un nombre considérable. *Faire le d. des habitants d'une ville, d'un État.* Voy. RECENSEMENT. || Se dit quelquefois des choses. *Il a fait le d. des vaisseaux qui composaient la flotte.* || T. de Féod. Voy. AVEU.

DÉNOMBRER. v. a. (lat. *denumerare*, m. s., de *de*, et *numerare*, compter). Faire un dénombrement. *On a dénombré tous les habitants de cette paroisse.* Peu us. = DÉNOMBRÉ, ÉE. part.

DÉNOMINATEUR. s. m. (lat. *de*, et *nominare*, nommer, de *nomen*, nom). T. Arithm. Voy. FRACTION.

DÉNOMINATIF, IVE. adj. (lat. *denominativus*, m. s.). Qui sert à nommer. *Un terme d.* Peu us.

DÉNOMINATION. s. f. [Pr. ...*sion*] (lat. *denominatio*, m. s.). Désignation d'une personne ou d'une chose au moyen d'un nom. *Cette d. caractérise parfaitement l'objet auquel* elle s'applique. *Dans les sciences et dans les arts, il ne faut rien changer sans nécessité aux dénominations reçues. Donner à quelqu'un une d. flétrissante.* || T. Arithm. *Réduire des fractions à même d.*, les réduire au même dénominateur. Voy. FRACTION.

DÉNOMMEMENT. s. m. [Pr. *dé-nome-man*]. Action de dénommer.

DÉNOMMER. v. a. [Pr. *déno-mer*] (lat. *denominare*, m. s., de *de*, et *nominare*, nommer). T. Prat. Nommer une personne dans un acte. *On doit d. toutes les parties dans un contrat. Vous n'êtes pas d. dans l'acte.* = DÉNOMMÉ, ÉE. part.

DENON (Baron), directeur général des musées, de 1804 à 1815, auteur d'un *Voyage dans la basse et la haute Égypte.*

DÉNONCER. v. a. (lat. *denuntiare*, m. s., de *de*, et *nuntiare*, annoncer). Déclarer, publier. *D. la guerre. D. la fin de l'armistice*, ou ellipt., *D. l'armistice.* — *D. un excommunié* ou *d. quelqu'un pour excommunié*, Déclarer publiquement, selon les formes ecclésiastiques, que telle personne a encouru la peine de l'excommunication. || Signaler quelqu'un ou révéler quelque chose à la justice, à l'autorité, à un supérieur. *D. un coupable. D. quelqu'un au magistrat. D. un crime. D. un complot. D. un livre.* — Absolum., *Il fait le métier de d.* = DÉNONCÉ, ÉE. part. || T. Jurisp. Faire une signification extra-judiciaire à quelqu'un. = SE DÉNONCER. v. pron. Se livrer en faisant connaître soi-même l'acte que l'on a commis.

DÉNONCIATEUR, TRICE. s. Celui, celle qui dénonce. || Adjectiv., Qui dénonce, qui trahit. = Syn. Voy. ACCUSATEUR.

DÉNONCIATION. s. f. [Pr. *dénon-sia-sion*] (lat. *denuntiatio*, m. s.). Déclaration, publication. || Accusation, révélation faite au magistrat, à l'autorité, à un supérieur. *Signer une d.* || T. Jurispr. Signification extrajudiciaire. *D. à des tiers. D. d'une usurpation.* — *D. de nouvel œuvre.* Voy. POSSESSOIRE.

Légis. — La *Dénonciation* diffère de la *plainte* en ce que celle-ci est faite dans le seul intérêt du plaignant, tandis que celle-là est faite dans l'intérêt public. Le code de brumaire an IV distingue deux sortes de dénonciations. La *D. officielle* ou *salariée* qui appartient aux officiers de police et aux autorités constituées, et la *D. civique* ou *officieuse* qui est faite par un citoyen, témoin désintéressé d'une action coupable. Les articles 29 et 30 du C. Instr. crim. ont confirmé cette distinction : « Toute autorité constituée, tout fonctionnaire ou officier public qui, dans l'exercice de ses fonctions, acquerra la connaissance d'un crime ou d'un délit, sera tenu d'en donner avis sur-le-champ au procureur de la République près le tribunal dans le ressort duquel ce crime ou délit aura été commis, ou dans lequel le prévenu pourrait être trouvé, et de transmettre à ce magistrat tous les renseignements, procès-verbaux et actes qui y sont relatifs. — Toute personne qui aura été témoin d'un attentat, soit contre la sûreté publique, soit contre la vie ou la propriété d'un individu sera pareillement tenu d'en donner avis au procureur du la République, soit du lieu du crime ou délit, soit du lieu où le prévenu pourra être trouvé. » Mais la loi n'attache aucune sanction pénale à l'exécution de ce devoir civique. En outre, dans le cas de *D. calomnieuse* ou même faite à la légère, l'accusé acquitté peut obtenir des dommages contre ses dénonciateurs (C. pén. 373).

Signalons en passant les dispositions souvent critiquées des art. 108, 138 et 144 du C. pén. qui donnent une sorte de prime au dénombrement, dans le cas de complot et dans celui de contrefaçon de la monnaie ou du sceau de l'État.

DÉNOTATION. s. f. [Pr. ...*sion*]. Désignation d'une chose par certains signes. Vx.

DÉNOTER. v. a. (lat. *denotare*, de *de*, et *notare*, noter). Désigner. *Il n'est pas nommé, mais il est si bien dénoté, qu'on le reconnaît aisément.* || Marquer, indiquer. *Tout en lui dénotait un ambitieux. Cela dénote un bon cœur.* = DÉNOTÉ, ÉE. part.

DÉNOUABLE. adj. Qui peut se dénouer.

DÉNOUEMENT ou **DÉNOÛMENT**. s. m. Action de dénouer. N'est guère d'usage qu'au fig., et se dit de la manière dont se termine une affaire, et surtout une pièce de théâtre, un roman, un poème. *On ne s'attendait pas que l'aventure aurait un pareil d. Le d. d'une intrigue. Un d. heureux. Un d. naturel. D. brusque, forcé. Amener, préparer le d. Sa pièce serait excellente, si elle ne péchait par le d.*

Syn. — *Catastrophe.* — En considérant ces mots dans leur rapport avec la conclusion d'une action dramatique, nous dirons que le *dénouement* défait le nœud, et que la *catastrophe* fait la révolution. Le *dénouement* est la dernière partie de la pièce ; la *catastrophe* le dernier événement de la fable. Le premier démêle l'intrigue ; la seconde termine l'action. Le *dénouement* amène la *catastrophe*, qui le complète lui-même. Celui-là fixe le cours des choses ; celle-ci en change la face. L'art est dans le *dénouement*, l'effet dans la *catastrophe*.

DÉNOUER. v. a. (lat. *denodare*, de *de*, priv. et *nodare*, nouer). Défaire un nœud ; détacher ce qui est retenu par un nœud. *D. des cordons. D. sa ceinture.* || Fig., Rendre plus souple, plus agile. *Les exercices gymnastiques, la danse, l'escrime, etc., dénouent le corps, les membres.* — *D. la langue.* Voy. LANGUE. || Fig., Donner une fin, un dénouement. *D. une difficulté. Il a très bien dénoué l'intrigue de sa pièce.* == SE DÉNOUER. v. pr. Se dit d'une chose nouée qui se défait. *La corde s'est dénouée. Votre ceinture se dénoue.* || Fig., Devenir plus souple, plus agile. *Ce jeune homme était lourd, pesant, mais il commence à se d. Les jambes de ce cheval se sont bien dénouées.* — *Cet enfant se dénoue, commence à se d.*, Les parties de son corps qui étaient nouées commencent à se dégorger, à prendre la forme et la souplesse qu'elles doivent avoir. — *La langue se dénoue*, il commence à parler. || Figur., Se terminer. *L'intrigue de cette pièce se dénoue fort bien.* == DÉNOUÉ, ÉE. part.

DÉNOÛMENT. s. m. Voy. DÉNOUEMENT.

DENRÉE. s. f. [Pr. *dan-ré*] (bas-lat. *denarieta*, chose valant cent deniers, de *denarius*, denier). Toute production qui se vend pour la nourriture des hommes ou des animaux. *Le prix des denrées. Grosses denrées. Menues denrées. Cette d. commence à manquer. Prestation en denrées. Toutes les denrées nécessaires à la vie y sont à très bas prix.* *Denrées coloniales*, Produits tirés des colonies : le café, le cacao, le poivre, etc. || Par ext., se dit de tout produit que l'on a à vendre. *C'est une bonne d., une mauvaise d.*, C'est une marchandise de bon ou de mauvais débit, ou encore c'est une marchandise de bon ou de mauvaise qualité. — Famil., *C'est une chère d.*, se dit de toute chose qu'on a vendre ou qu'on a vendue fort cher. *Il vend bien sa d.*, se dit de celui qui sait tirer un bon prix de qu'il vend, et fig., d'une personne qui sait se faire valoir.

DENSE. adj. 2 g. (lat. *densus*, épais, dense). Compact, dont les parties sont serrées ; il est opposé à *Rare. Ce bois est fort d.* || T. Physiq. Se dit d'un corps quelconque pour exprimer comparativement le rapport de sa masse à son volume. *L'eau est plus d. que l'alcool.* || T. Bot. Se dit des feuilles, des fleurs, etc., lorsqu'elles sont nombreuses et serrées les unes contre les autres. || Par ext., Nombreux, contenant beaucoup de personnes ou d'objets sous un petit volume. *Ce livre donne à l'esprit une nourriture abondante sous une forme dense.*

DENSIFLORE. adj. 2 g. (lat. *densus*, dense ; *flos, floris*, fleur). T. Bot. Qui porte des fleurs serrées les unes contre les autres.

DENSIFOLIÉ, ÉE. adj. (lat. *densus*, dense ; *folium*, feuille). T. Bot. Qui porte des feuilles nombreuses et serrées.

DENSIMÈTRE. s. m. (lat. *densus*, dense, et gr. μέτρον, mesure). Appareil servant à mesurer les densités.

DENSITÉ. s. f. (lat. *densitas*). Qualité de ce qui est dense. **Phys.** — I. — En termes de Physique, le mot *Densité* s'emploie pour désigner le rapport de la *masse* d'un corps à son volume. La masse est proportionnelle au *poids* du corps. Par conséquent, la d. d'un corps est d'autant plus grande que le poids de ce dernier est plus considérable et son volume plus petit : en d'autres termes, la d. d'un corps est en raison directe

de sa masse et en raison inverse de son volume. On appelle *densité* d'un corps la masse de l'unité de volume. La masse d'un corps s'obtient donc en multipliant son volume par sa densité. On appelle *poids spécifique absolu* d'un corps le poids de l'unité de volume ; enfin, on appelle *poids spécifique relatif* le rapport du poids d'un corps au poids d'un volume égal d'un corps pris pour terme de comparaison, lequel, pour les solides et liquides, est l'eau. En prenant pour unités le gramme et le centimètre cube, la densité d'un corps et son poids spécifique se trouvent exprimés par le même nombre. Dans le cas des gaz, c'est l'air que l'on prend pour terme de comparaison. Il suit de cette définition : 1° que si deux corps ont le même volume, leurs densités respectives seront entre elles comme les masses ou les poids de ces mêmes corps ; 2° que si deux corps ont la même masse ou le même poids, leurs densités seront respectivement en raison inverse de leurs volumes. Ainsi donc, la *D. ou le poids spécifique d'un corps est le nombre qui indique combien de fois ce corps est plus ou moins lourd qu'un volume égal d'eau, s'il s'agit d'un corps solide ou liquide, et qu'un volume égal d'air, s'il s'agit d'un gaz ou d'une vapeur.* Mais, connaissant le rapport des densités de l'air et de l'eau, il est aisé de ramener, par le calcul, la d. de tous les fluides aériformes à celle de l'eau, qui constitue ainsi l'unité commune. — Les données nécessaires pour calculer le poids spécifique d'un corps, données qu'il faut déterminer par l'expérience, sont donc le poids de ce corps et le poids d'un volume égal d'eau ou d'air.

II. *D. des liquides.* — C'est pour les liquides que ces données sont le plus facile à déterminer. Pour cela, il suffit de remplir jusqu'à une hauteur fixée par avance un flacon à col étroit, d'abord avec de l'eau, puis avec le liquide qu'on veut lui comparer, et de peser successivement le flacon au moyen d'une balance. On obtient alors la densité cherchée en divisant le poids du liquide que contient le flacon par le poids d'eau que peut contenir ce même flacon. On fait ordinairement usage de petits flacons qui offrent la forme représentée par la Fig. 1, et dont la contenance est de quelques centim. cubes. La tige étroite porte un point de repère. Le renflement supérieur du tube est bouché à l'émeri, afin d'éviter l'évaporation des liquides volatils. Lorsque la température n'est pas à 0°, il faut corriger les résultats des effets que la dilatation produit soit sur le verre du flacon, soit sur les liquides qu'on soumet à l'expérience. — Nous avons dit que l'eau était le corps que les physiciens avaient choisi comme type, et qu'ils comparaient à d. celle de tous les autres corps. Nous devons faire observer que l'eau ayant, par exception, son maximum de d. lorsque sa température est à 4° au-dessus de 0°, c'est la d. de l'eau à 4°, et non celle de l'eau à 0° qui est prise pour point de comparaison.

III. *D. des corps solides.* — Si c'est la d. d'un corps solide qu'on désire déterminer, on peut, pour rendre plus facile le calcul de son volume, lui donner une forme régulière, cubique, sphérique, etc. Ensuite, le poids absolu du corps se trouve au moyen de la balance, et le poids d'un volume égal d'eau est donné par le volume connu de même corps. Le quotient de ces deux poids donne la d. Mais ce procédé est le plus souvent inapplicable : car, non seulement on n'a pas toujours à sa disposition des morceaux assez volumineux pour les tailler à son gré, mais encore il est presque impossible de donner à un corps une forme rigoureusement régulière. On est donc obligé de recourir à d'autres méthodes, lesquelles sont fondées sur ce principe d'hydrostatique, qu'un corps solide plongé dans un liquide quelconque perd une partie de son poids égale à celle du volume de liquide qu'il déplace. Ces méthodes s'appliquent également à la détermination de la d. des corps solides, et à celle de la d. des liquides eux-mêmes. Voy. ARÉOMÈTRE et HYDROSTATIQUE.

Toutefois, la méthode suivante, dite *Méthode du flacon*, est indépendante du principe que nous venons d'énoncer. On l'emploie fréquemment pour déterminer le poids spécifique des corps solides en petits fragments. — On commence par remplir d'eau à 0° un petit flacon de la forme indiquée par la Fig. 2 ; puis on le met sur le plateau d'une balance et on établit l'équilibre. On place ensuite sur le même plateau les petits fragments du corps dont on cherche la d., et on détermine leur poids absolu. Cela fait, on retire les fragments et le flacon de la balance, on jette ces fragments dans le flacon et on remet le bouchon en place. Il s'échappe alors du flacon une certaine

Fig. 1.

Fig. 2.

quantité d'eau dont le volume est précisément égal à celui des petits fragments qui l'ont déplacée. Une nouvelle pesée fait connaître le poids de l'eau ainsi déplacée, et par suite le poids du volume d'eau égal à celui du corps en question. Le quotient du poids du corps par le poids de l'eau déplacée donne alors la densité.

Lorsque le corps dont on veut déterminer la d. est soluble dans l'eau, on remplit le flacon avec un autre liquide dans lequel ce corps est insoluble, soit avec de l'alcool, soit avec de l'essence de térébenthine, ou tout autre liquide. On trouvera ainsi le poids qu'pèse une quantité du liquide choisi précisément égale en volume au corps qu'on étudie. Si la d. de ce liquide est déjà connue, il sera facile de calculer le poids d'un volume égal d'eau.

IV. *Densité des gaz*. — La d. d'un gaz est le rapport du poids d'un certain volume de ce gaz au poids d'un même volume d'air, dans les mêmes circonstances de température et de pression.

Pour déterminer la d. des gaz, Regnault s'est servi d'un ballon ayant une capacité d'une dizaine de litres, muni d'un col se vissant à la machine pneumatique et pourvu d'un robinet (Fig. 3). On le remplit d'abord de gaz pur et sec sous la pression atmosphérique et à 0°, en entourant le ballon de glace fondante. Puis on le tare sous l'un des plateaux d'une forte balance de précision. On le reporte ensuite dans la glace fondante, puis on fait le vide aussi parfaitement que possible ; un manomètre donne la pression de la petite quantité de gaz qui reste. On reporte le ballon sur la balance, et le poids qu'il faut ajouter de son côté est précisément le poids du gaz qui occuperait le ballon à 0° sous une pression ayant pour valeur la différence entre la pression atmosphérique initiale et la pression du résidu gazeux dans la dernière expérience. La loi de Mariotte permet de calculer immédiatement le poids de gaz qui occuperait le volume du ballon à 0° et sous la pression de 76ᶜᵐ de mercure.

Fig. 3.

On répète les mêmes opérations avec de l'air pur et sec, et l'on en déduit le poids d'air que contient le ballon à 0° et 76. Le quotient du poids du gaz par le poids de l'air donne la d. du gaz à 0° et 76.

Ce résultat n'exigerait aucune espèce de correction relativement à la pression et à la température, si l'on pouvait expérimenter sur l'air et sur le gaz dans des circonstances absolument identiques; mais cela étant à peu près impossible, il y a lieu de faire un certain nombre de corrections.

Afin de dispenser l'expérimentateur d'une partie de ces corrections, Regnault a modifié ce procédé de la façon la plus ingénieuse. Il suspend à l'un des plateaux d'une balance le ballon destiné à peser le gaz, et à l'autre un second ballon de même volume et hermétiquement fermé, qui fait équilibre au premier. Les deux ballons se dilatant ensemble et de la même quantité, il s'ensuit que les variations de température et de pression sont sans influence sur les pesées. En outre, lorsqu'il remplit le premier ballon soit d'air, soit du gaz dont il s'agit de déterminer la d., il le place dans un vase de zinc entouré de glace, de telle sorte que le ballon et le gaz se trouvent à la température de la glace fondante, ce qui évite les corrections relatives à la température. Quant à ramener les poids des deux gaz à la pression de 76 centim., rien n'est plus aisé, ces poids étant proportionnels aux pressions.

Si l'air et le gaz suivaient rigoureusement la même loi de dilatation sous l'influence de la chaleur et la même loi de compressibilité, la d., serait constante; mais il n'en est pas ainsi. La d. varie donc légèrement avec la pression et la température.

Poids du litre d'air. — Les expériences précédentes permettent de déterminer le poids du litre d'air. Il suffit en effet de déterminer la volume du ballon en pesant le poids d'eau qu'il contient à 0°, et de diviser le poids d'air qu'il contient à 0° et 76ᶜᵐ par ce volume, pour avoir le poids du litre d'air. Regnault a ainsi trouvé qu'un litre d'air pesait 1ᵍʳ,293.

La d. *de la vapeur d'eau* se mesure d'une façon aussi simple que rigoureuse au moyen de l'appareil imaginé par Gay-Lussac (Fig. 4). Il consiste en un fourneau sur lequel repose une chaudière en fonte qui contient du mercure, dans lequel plonge une cloche graduée *g* longue de 30 à 40 cent.

Un manchon de verre *m* enveloppe la cloche dans toute sa longueur, et on le remplit d'eau. La traverse *t* est percée d'un trou par lequel passe à frottement une règle verticale et graduée *r*. On y fait passer une petite ampoule *a* scellée par les deux bouts et presque entièrement remplie d'eau. Tout étant ainsi préparé, on place des charbons ardents sous la chaudière, et l'appareil entier s'échauffe rapidement. À un certain moment, l'eau de l'ampoule se dilate, brise son enveloppe, et sa vapeur remplit le vide qui existe dans la cloche au-dessus du mercure, lequel s'abaisse nécessairement. On chauffe jusqu'à ce que toute l'eau de l'ampoule susdite soit complètement vaporisée, puis on maintient l'appareil à une température constante pendant qu'on fait les observations nécessaires.

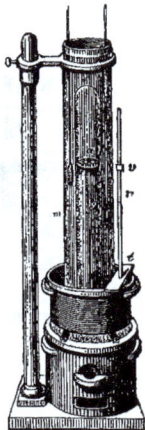

Fig. 4.

1° L'eau étant toute vaporisée, on connaît exactement le poids de sa vapeur (car on a d'abord pesé l'ampoulette vide, puis remplie d'eau) ; la différence des deux poids est le poids de l'eau, et, par conséquent aussi, le poids de la vapeur qui est actuellement contenue dans la cloche *g*. 2° On observe le nombre des divisions de la cloche qu'occupe la vapeur. Or, chacune de ces divisions ayant une capacité connue à la température de 0°, il est facile, en tenant compte de la dilatation du verre, de calculer leur capacité pour la température où l'on opère. On obtient ainsi le volume réel de la vapeur. 3° Des thermomètres indiquent la température de l'eau du manchon et de la vapeur d'eau de la cloche. 4° Enfin, la règle divisée *r* sert à observer la tension de la vapeur. On fait d'abord descendre son extrémité inférieure jusqu'à ce qu'elle affleure la surface du mercure de la chaudière, puis on place le voyant mobile *v* de telle façon qu'il y ait horizontalité parfaite entre lui et la surface du mercure. Mais nous pouvons aussi calculer avec facilité combien pèse 1 centim. cube d'air à la même pression et à la même température. Par conséquent, ayant le poids de volumes égaux d'air et de vapeur d'eau à la même température et sous la même pression, rien n'est plus simple que de déterminer le rapport de la d. de la vapeur d'eau à celle de l'air. D'après Gay-Lussac, le d. de la vapeur d'eau est 0,622 ou 5/8 de celle de l'air. — Si l'on prend l'eau pour unité, le poids spécifique de l'air atmosphérique à 0° et sous la pression de 76 centim. = 0,001293. Sous la même pression et à la température de 100°, le poids spécifique de ce dernier sera donc $\dfrac{0,001293}{1,365} = 0,000951$. Par conséquent, le poids spécifique de la vapeur d'eau à 100° sera $0,000951 \times 5/8 = 0,000594$. De même qu'on trouve le volume occupé par un corps en divisant son poids absolu par son poids spécifique, de même on trouve que l'espace occupé par 1 gramme de vapeur d'eau, à 100° et à la tension de 76ᶜᵐ est

$$\frac{1}{0,000594} = 1681 \text{ centimètres cubes.}$$

La vapeur d'eau saturée à 100° est donc environ 1700 fois moins dense que l'eau ; en d'autres termes, un volume d'eau donne 1700 volumes de vapeur à 100°.

L'appareil de Gay-Lussac peut encore servir à déterminer la d. de quelques autres vapeurs, mais non de toutes. En conséquence, Dumas a imaginé le procédé suivant. On prend un ballon à col effilé (fig. 4), on le dessèche, on le pèse avec soin, ouvert puis on y introduit une quantité suffisante du liquide sur lequel on veut expérimenter. Cela fait, on plonge le ballon dans un bain d'eau, d'huile ou de chlorure de zinc, selon que le point d'ébullition du liquide en expérience est plus haut ou plus bas. Le ballon est maintenu entre deux anneaux fixés à une tige mobile qui peut s'élever ou s'abaisser à volonté (Fig. 5). En chauffant le bain, on porte bientôt le liquide du ballon à l'ébullition ; la vapeur qu'il produit alors s'échappe avec force par le tube effilé. On maintient le bain à une température supérieure de 30° environ au point d'ébullition du

Fig. 5.

liquide du ballon, température qui est indiquée par un thermomètre suspendu, comme le ballon, à une tige mobile. Aussitôt que tout le liquide du ballon est vaporisé, ce qu'on reconnaît aisément par la cessation du courant de vapeur qui s'échappait par l'extrémité du tube effilé, en forme ce dernier au moyen du chalumeau. Au moment même où l'on scelle le tube, on note la température du bain accusée par le thermomètre, ainsi que la pression barométrique. On retire alors le ballon du bain, on le refroidit, on le dessèche et on le pèse de nouveau, maintenant qu'il est plein de vapeur, de la même manière qu'on l'avait pesé rempli d'air. La différence entre les deux pesées, que nous exprimerons par P, nous apprendra de combien le poids de la vapeur excède celui

de l'air déplacé par le ballon. Ce dernier se calcule aisément quand on connaît le volume V du ballon. Ce poids sera Vn, si l'on exprime par n le poids de 1 centim. cube d'air sec à la température et sous la pression auxquelles a été faite la seconde pesée, mais V est exprimé en centim. cubes. Par conséquent, le poids de la vapeur contenue dans le ballon est P + Vn. Maintenant, pour avoir le p. de la vapeur, il suffit de diviser son poids absolu par le poids d'un égal volume d'air à la même température et à la même tension. Si nous représentons par n′ le poids de 1 centim. cube d'air sec à la température t′ sous la pression barométrique notées à l'instant où l'on a scellé le tube, Vn′ sera le poids d'une quantité d'air ayant le même volume, la même température et la même tension qu'avait la vapeur contenue dans le ballon au moment où le tube a été scellé, V′ étant le volume du ballon dilaté dans le bain.

Le poids spécifique de la vapeur sera donc : $\dfrac{P + Vn}{V'n'}$, celui

de l'air étant supposé égal à 1. Pour déterminer le volume du ballon, on plonge son extrémité effilée et scellée dans une cuve d'eau, et on la brise la pointe. Comme la vapeur contenue dans le ballon s'est condensée par le refroidissement, l'eau se précipite dans le vide qui en est résulté et remplit le ballon. On détermine la quantité du liquide que contient ce dernier, soit en le pesant, soit en le mesurant dans un tube gradué, et l'on a ainsi le volume du ballon.

On doit à M. Perot divers procédés permettant de mesurer les densités des vapeurs saturées. L'un deux se rapproche de la méthode de Dumas. L'espace clos où l'on produit la vapeur est l'intérieur d'une chaudière en bronze dans laquelle on peut faire le vide. On y place un ballon analogue à ceux de Dumas et une ampoule contenant le liquide que l'on étudie. On fait le vide avec soin, puis on chauffe ; l'ampoule se brise et la vapeur remplit la chaudière et le ballon. On a pris suffisamment de liquide pour que l'espace soit saturé. Le ballon plein de vapeur est fermé à l'intérieur de la chaudière même au moyen d'un fil de platine recourbé autour de sa pointe et que l'on fait rougir à l'aide du courant électrique. On pèse ensuite le vide et le ballon comme nous venons de le décrire pour la méthode Dumas.

Voici quelques-uns des résultats de M. Perot :

Liquide.	Température.	Volume spécifique de la vapeur saturée.
Eau.	88°60	2531cc
	101°50	1583
	124°10	766
Sulfure de carbone.	84°60	116,3
	28°40	426,5
Éther.	31°90	373
	110°50	43,94

On voit que le volume spécifique (volume de 1 gramme en

centimètres cubes) diminue avec la température dans le cas des vapeurs *saturées*. Au *point critique* la densité de la vapeur saturée devient égale à celle du liquide. Voy. THERMODYNAMIQUE.

V. Il nous reste, pour terminer, à donner le tableau comparatif du poids spécifique des principaux corps, tant solides que liquides ou aériformes. Les chiffres qui suivent indiquent les poids obtenus par l'observation directe.

CORPS SOLIDES, à 0°. — Platine écroui 23,000 ; laminé 22,669 ; passé à la filière 21,042 ; forgé 20,338 ; purifié 19,500. — Or forgé 19,362 ; fondu 19,258. — Plomb fondu 11,352. — Argent fondu 10,474. — Bismuth fondu 9,822. — Cuivre forgé 8,960 ; fondu 8,780. — Cadmium 8,694. — Nickel forgé 8,666 ; fondu 8,279. — Laiton 8,393. — Arsenic 8,308. — Acier non écroui 7,816. — Cobalt 7,812. — Fer en barre 7,788 ; fondu 7,207. — Étain 7,291. — Zinc laminé 7,200 ; fondu 6,860. — Manganèse 6,850. — Antimoine 6,712. — Chrome 5,900. — Iode 4,948. — Sulfate de baryte (spath pesant) 4,700. — Diamant 3,501 à 3,531. — Flint-glass de Fraunhofer 3,780 ; anglais 3,329. — Tourmaline verte 3,155. — Perle 2,750. — Corail 2,680. — Aluminium écroui 2,670 ; fondu 2,560. — Cristal de roche 2,653. — Verre de Saint-Gobain 2,488. — Porcelaine de Chine 2,384 ; de Sèvres 2,145. — Gypse cristallisé 2,311. — Soufre 2,033. — Ivoire 1,917. — Albâtre 1,874. — Anthracite 1,800. — Phosphore 1,770. — Magnésium 1,743. — Calcium 1,584. — Houille compacte 1,329. — Jayet 1,259. — Succin 1,078. — Sodium 0,972. — Glace 0,930. — Potassium 0,865. — Le poids spécif. des substances ligneuses a été donné au mot Bois.

LIQUIDES, à 0°. — Mercure 13,598. — Brome 2,966. — Acide sulfurique 1,848. — Chloroforme 1,525. — Acide sulfureux anhydre à — 20° 48) 1,491. — Ac. azotique fumant 1,451. — Sulfure de carbone 1,293. — Ac. acétique monohydraté 1,048. — Lait 1,030. — Eau de mer 1,026. — Eau distillée 1,000 (à 4°). — Essence de térébenthine 0,872. — Alcool absolu 0,793. — Éther sulfurique 0,735.— Huile d'olive 0,915.

CORPS GAZEUX, à 0° et sous la pression de 76 centim. Acide iodhydrique 4,44. — Ac. fluosilicique 3,573. — Ac. chloroborique 3,420. — Chlore 2,486. — Ac. fluoborique 2,371. — Ac. sulfureux 2,193. — Acétylène 0,920. — Cyanogène 1,806. — Protoxyde d'azote 1,527. — Acide carbonique 1,524. — Acide chlorhydrique 1,247. — Hydrogène phosphoré 1,214. — Acide sulfhydrique 1,191. — Oxygène 1,105. — Bioxyde d'azote 1,038. — Air 1,000. — Éthylène (gaz oléfiant) 0,978. — Azote 0,975. — Oxyde de carbone 0,957. — Ammoniaque 0,596. — Formène (gaz des marais) 0,555. — Hydrogène 0,069.

VAPEURS, à 0° et sous la pression 76. Chlorure d'étain 9,200. — Iode 8,716. — Mercure 6,976. — Protochlorure d'arsenic 6,301. — Éther iodhydrique 5,475. — Essence de térébenthine 5,013. — Hydrogène arsénié 2,695. — Sulfure de carbone 2,645. — Éther éthylique 2,565. — Éther chlorhydrique 2,229. — Alcool 1,589. — Acide cyanhydrique 0,948. — Eau 0,623.

DENT. s. f. (lat. *dens, dentis*). Chacun des petits os recouverts d'émail qui sont enchâssés dans les mâchoires, et qui servent à la mastication. — *Fausses dents*, Dents artificielles, qu'on met à la place de celles qui manquent. *Beaucoup d'enfants meurent aux dents*, Meurent dans le temps de leur dentition. || Fig. :

Chacun, selon ses dents, se partagea la proie.
V. HUGO.

Fam., *N'avoir pas de quoi mettre sous sa d., se mettre sous la d.*, N'avoir rien à manger, n'avoir pas de quoi vivre. *Mordre à belles dents*, Mordre avec force. *Parler entre ses dents*, Ne pas parler assez haut ni assez distinctement pour être bien entendu. || Prov. et fam., *Quand on lui demande quelque chose, il semble qu'on lui arrache une d.*, se dit d'une personne qui ne donne qu'avec peine. *Il y a longtemps qu'il est guéri du mal de dents*, Il y a longtemps qu'il est mort. || Fig. et fam., *Avoir les dents longues, bien longues*, Être fort affamé, après avoir été longtemps sans manger. *Je n'en perdrai pas un coup de d.*, se dit pour faire entendre qu'on s'inquiète fort peu des menaces de quelqu'un, ou du quelque danger qu'on a à redouter. *Il n'en tdtera, il n'en cassera, il n'en croquera que d'une d.*, Il en aura peu ou point ; il n'aura pas ce qu'il désire. *Il lui vient du bien lorsqu'il n'a plus de dents*, se dit de quelqu'un à qui il vient de la fortune lorsqu'il est trop vieux pour en pouvoir jouir. — Fig. et fam., *Montrer les dents à quelqu'un*, Montrer à quelqu'un qu'on est en état de se défendre. *Parler des grosses dents à quelqu'un*, Le réprimander, lui parler avec menaces. *Donner un coup de d. à quelqu'un*, Médire de lui, ou dire quelque mot qui le pique, qui le blesse. On dit dans le même sens, *Tomber sous le d. de quelqu'un. Avoir une d. contre quelqu'un*, Avoir de l'animosité contre lui. *Avoir une d. de lait contre quelqu'un*, lui garder une *d. de lait*, Avoir contre lui une animosité de vieille date, lui garder rancune depuis longtemps. *Malgré lui, malgré ses dents*, En dépit de lui et de tout ce qu'il pourra faire. — Fig. et fam., *Être armé jusqu'aux dents*, Être armé plus qu'on n'a coutume de l'être. Par plaisanterie, *Être savant jusqu'aux dents*, Être extrêmement savant. — *Prendre le mors aux dents*, se dit improprement d'un cheval qui s'emporte et qui dans sa fureur ne sent plus le mors dans sa bouche. || Au fig. Se dit d'une personne qui s'emporte. *Pour un rien il prend le mors aux dents*. *Grincer des dents*, Donner des marques de fureur. || Fig. et fam., *Être sur les dents*, se dit des hommes et des animaux, lorsqu'ils sont harassés et épuisés de fatigue. On dit de même, *Mettre sur les dents*, Harasser, exténuer de fatigue. — Le mot *Dent* entre dans un assez grand nombre d'autres phrases figurées, proverbiales et familières : on en trouvera quelques-unes aux mots ARRACHEUR, CAUX, DÉCHIRER, DESSERRER, LUXE, MORS, MORT, ŒIL, etc. || *Dents d'éléphant*, Les défenses de l'éléphant, soit entières soit en morceaux. *Les dents de l'éléphant sont de l'ivoire brut*. || *D. de loup*, Outil formé d'une dent canine de loup ou de chien fixée au bout d'un manche. *Les brunisseurs, les relieurs, etc., se servent d'une d. de loup pour polir leurs ouvrages*. — *D. à brunir*, Instrument de relieur en agate ou en caillou. || Dans les arts et métiers, ainsi que dans le langage ordinaire, le mot *Dent* se dit encore, par analog., des pointes ou saillies en forme de dents que présentent la foule de choses. *Les dents d'une scie, d'une herse, d'un râteau, d'un pignon, d'une roue d'horloge, d'un peigne, etc. Ce couteau ne vaut rien, il a des dents*, Son tranchant est ébréché. — *Broderie, découpure à dents de loup*, Broderie, etc., qui forme une suite d'angles aigus || T. Techn. Broche plate, peu épaisse, en bois ou en métal pour confectionner les peignes des métiers à tisser.— Espèce de clavette dont on se sert pour arrêter le pied des chevrons, la soupente d'une voiture, etc. || T. Arch. *D. de scie*, Ornement des styles roman et ogival qui imite la forme des dents d'une scie pour la décoration des corniches, chapiteaux, etc. || T. Zool. Les saillies ou proéminences que présente le bec de certains oiseaux, les pattes, les ailes, etc., de certains insectes ; — l'orifice ou la charnière de certaines coquilles, etc. || T. Bot. Se dit des divisions courtes et triangulaires qui offrent le limbe d'une feuille, le bord d'un calice, etc. — *D. de chien*, voy. LILIACÉES. *D. de lion*, voy. COMPOSÉES.

Hist. nat. — I. *Anatomie*. — Il n'existe de *Dents* proprement dites que chez les animaux vertébrés qui s'en servent pour saisir, déchirer, couper ou broyer les êtres vivants ou les substances diverses dont ils font leur nourriture. Par extension, on donne aussi le nom de dents aux organes qui, chez les invertébrés, remplissent les mêmes fonctions ; mais ces organes diffèrent essentiellement des dents véritables par leur composition : car ils sont formés de substances beaucoup moins dures et le plus souvent de chitine. Cependant, chez quelques poissons, ainsi que chez les chéloniens et les oiseaux, et même, parmi les mammifères, chez la baleine et l'ornithorynque, les dents, ou les organes analogues qui en font les fonctions, sont simplement composés d'une substance cornée. En outre, dans les vertébrés, les dents sont généralement placées à l'entrée de l'appareil digestif, et jamais au delà du pharynx, tandis que, chez certains invertébrés, elles sont parfois situées dans l'intérieur du canal alimentaire et même dans l'estomac. Chez les poissons, les dents peuvent être situées sur les os maxillaires, les os intermaxillaires, les os mandibulaires, les palatins, le vomer, les os ptérygoïdiens et les os hyoïdes ou pharyngiens. En général, elles sont immédiatement fixées aux os par ankylose, ou bien constituent des espèces d'épiphyses des parties osseuses qui entrent dans la composition de la bouche. Dans quelques cas, cependant, elles sont implantées dans de petites cavités appelées *Alvéoles*, ou fixées à une base osseuse qui est elle-même attachée aux os de la bouche par une substance ligamenteuse. Les dents des poissons sont en général coniques et un peu courbées, comme un faible crochet. Quand elles sont disposées sur plusieurs rangs et assez espacées, on les nomme *Dents en carde* ; si elles deviennent serrées, et en même temps fines, on les appelle *Dents en velours* ; on leur donne le nom d'*Aspérités*, quand elles sont si courtes qu'elles deviennent en quelque sorte plus sensibles au tact qu'à la vue. Enfin, elles sont

quelquefois rondes et hémisphériques : on les appelle alors *Dents en pavé*. — Chez les reptiles, on peut trouver des dents non seulement sur les maxillaires et les intermaxillaires, mais encore sur les palatins, les ptérygoïdiens et le vomer. Elles sont généralement ankylosées avec la substance des mâchoires ; néanmoins, chez les crocodiles et les plésiosaures, elles sont implantées dans de véritables alvéoles. Chez les serpents venimeux, un certain nombre de dents de la mâchoire supérieure sont creusées d'un canal où vient aboutir le conduit excréteur des glandes à venin.

Les dents des mammifères sont toujours fixées sur les os maxillaires et intermaxillaires exclusivement, et implantées dans des alvéoles. En outre, c'est dans cette classe seulement qu'on trouve des dents pourvues de deux ou plusieurs racines.

Chez l'homme et chez les mammifères, chaque *d.* se compose de deux parties, la *Couronne*, qui fait saillie au-dessus du rebord de la mâchoire, et la *Racine*, qui est enclavée dans l'alvéole. Entre les deux parties se trouve le *Col* ou *Collet*, qui, bien que situé hors de l'alvéole, est cependant, dans l'état normal, recouvert par la gencive. — La racine et une partie de la couronne sont creusées d'une cavité qui s'ouvre au sommet de la racine par un ou plusieurs trous. Cette cavité contient une substance molle, riche en nerfs et en vaisseaux sanguins qu'on appelle *Pulpe, Germe, Noyau* ou *Bulbe*.

On distingue trois substances dans la structure des dents : la *Substance dentaire* proprement dite, appelée aussi *Ivoire* ou *Dentine*, qui en fait la masse principale ; l'*Émail* de la couronne, et la *Substance corticale* des racines, qu'on désigne également sous le nom de *Cément*. La *Substance dentaire* est parcourue par de nombreuses fibres tubuleuses qui partent de la cavité intérieure et se dirigent vers la surface extérieure. Au-dessous de l'émail, elles dégénèrent en corpuscules rayonnés. Ces fibres sont plus opaques que la substance interposée entre elles, et qui, dans l'intervalle de deux fibres, remplit un espace six fois aussi large que leur propre diamètre. Les sels calcaires sont, pour la plus grande partie, contenus dans la substance intermédiaire. — L'*Émail* se compose de fibres prismatiques qui sont perpendiculaires à la surface de la couronne, et forment plusieurs couches superposées. — Le *Cément* a tout à fait la structure des os, et contient des corpuscules osseux avec des canalicules rayonnants. (Fig. 1. Coupe longitudinale d'une dent en place dans l'os maxillaire : 1. émail ; 2. ivoire ; 3. cément ; 4. périoste alvéolo-dentaire ; 5. os maxillaire.)

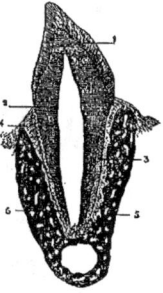

Fig. 1.

Composition chimique des dents d'adulte, d'après BIBRA.

	Ivoire.	Émail.
Substance organique. . .	27,61	3,39
Graisse.	0,40	0,60
Phosphate de chaux . .	66,72	89,42
Carbonate de chaux . .	3,36	4,37
Phosphate de magnésie. .	1,08	1,34
Sels solubles.	0,83	0,88
	100,00	100,00

Chez l'homme et chez un grand nombre de mammifères il existe trois espèces de dents ; nous les considérerons d'abord dans l'espèce humaine. L'homme adulte a 32 ans, 16 à chaque mâchoire. Les 8 dents antérieures (4 à chaque mâchoire) sont appelées *Incisives* ou *Cunéiformes*. On les distingue aisément à leur couronne cunéiforme, qui présente une face antérieure convexe et une face intérieure concave, et à leur racine unique et assez courte. Ainsi que l'indique leur nom d'*Incisives*, elles sont spécialement destinées à couper les substances dont l'homme se nourrit. Les dents *Canines, Laniaires* ou *Unicuspidées*, sont au nombre de 4 (2 à chaque mâchoire), et situées en dehors des incisives. Elles sont caractérisées par leur couronne conoïde et à pointe mousse, et par leur racine beaucoup plus volumineuse et plus longue que celles de toutes les autres dents. Les 2 canines de la mâchoire supérieure sont vulgairement appelées *Dents œillères*. Ces 4 dents ont pour fonction particulière de percer et de déchirer les aliments : de là leur nom de *Canines* (*canis*, chien) et celui de *Laniaires* (*laniare*, déchirer) sous lesquels on les désigne. Les autres dents sont nommées *Mâchelières* ou *Molaires* (de *mola*, meule), parce qu'elles servent à écraser les aliments. Elles sont au nombre de 20 (10 à chaque mâchoire), et occupent de chaque côté de la ligne médiane les 5 dernières alvéoles ; on les divise en petites et grosses molaires. Les *Petites molaires*, appelées aussi *Fausses molaires*, *Prémolaires* et *Bicuspidées*, sont au nombre de 8 (2 à chacun des côtés de chaque mâchoire, qui se distinguent d'après leur position par les noms de première et de deuxième); elles se reconnaissent aux deux tubercules conoïdes de leur couronne, et à leur racine qui est plus ou moins évidemment double. Les *Grosses molaires*, *Vraies molaires* ou *Multicuspidées*, au nombre de 12 dont 6 à chaque mâchoire, 3 à droite et 3 à gauche, se désignent aussi, en procédant d'avant en arrière, par les noms des 1re, 2e et 3e. Elles sont caractérisées par leur couronne armée de 4 tubercules séparés par un sillon crucial et par leurs racines toujours multiples, ordinairement triples, qui s'écartent ou divergent. La dernière des molaires est appelée vulgairement *D. de sagesse*, parce qu'elle ne vient que fort tard. Quelquefois, les racines des grosses molaires sont tortues ou croisées, de sorte qu'on ne peut les arracher sans fracturer l'arcade alvéolaire : alors, elles sont dites *Barrées*. (Les Figures suivantes représentent 8 dents prises sur le côté droit de la mâchoire d'un homme de

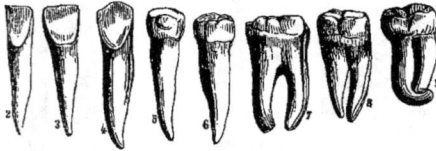

trente ans : 2, incisive moyenne; 3, incisive latérale; 4, canine; 5, première petite molaire; 6, seconde petite molaire; 7, première grosse molaire; 8, seconde grosse molaire; 9, troisième grosse molaire dont l'une des racines se termine en crochet.

Dans les différentes classes de mammifères, la disposition de l'appareil dentaire varie, d'après la nature des substances dont ceux-ci sont destinés à se nourrir. Chez les carnassiers qui se

Fig. 10.

nourrissent exclusivement ou principalement de chair, les canines sont très développées, et les molaires sont comprimées et plus ou moins tranchantes, de façon à agir à la manière de ciseaux. Chez certains carnivores, comme le chien, par ex. (Fig. 10), la première vraie molaire est plus développée que

Fig. 11.

les autres, et pourvue en outre d'un talon tuberculeux : c'est la *D. carnassière* (c) de Fréd. Cuvier. Les autres vraies molaires ont reçu le nom particulier de *Dents tuberculeuses* proprement dites. Chez les insectivores, les molaires sont hé-

rissées de pointes coniques, disposées de manière que les dents correspondantes des deux mâchoires se logent dans les interstices les unes des autres (Fig. 11. Système dentaire de la taupe commune). Les rongeurs ont des incisives fort développées et qui s'accroissent continuellement à mesure que la couronne s'use; l'espace occupé par les canines dans les

Fig. 12.

classes précédentes est vide; enfin, leurs molaires sont d'abord tuberculeuses; mais, comme elles s'usent à la manière des incisives, leur surface ne tarde pas à devenir tout à fait plane (Fig. 12. Mâchoire inférieure du lièvre ordinaire). En

Fig. 13.

outre, l'émail qui en revêt l'extérieur, forme aussi de chaque côté de la d., des replis plus ou moins profonds dans la substance de l'ivoire; et, comme il s'use moins que ce dernier, il en résulte que la surface de ces organes présente des stries transversales plus élevées que les parties intermédiaires (Fig. 13. Molaires inférieures du castor). Chez les ruminants, qui sont le type des herbivores, il n'existe pas d'incisives à la mâchoire supérieure; l'inférieure en compte 6 ou 8. Entre les incisives et les molaires il existe un espace ordinairement vide. Quant aux molaires, presque toujours au nombre de 6 de chaque côté de chaque mâchoire, elles ont une couronne large et marquée de deux doubles croissants, dont la convexité est tournée en dedans à la mâchoire supérieure, et en dehors à l'inférieure

Fig. 14.

(Fig. 14. Mâchoire inférieure du mouton). Tout le monde sait que chez les ruminants le mouvement des mâchoires, dans la mastication, se fait presque circulairement. — Relativement aux rapports qu'affectent entre eux l'émail et l'ivoire dans les différentes classes d'animaux, on distingue encore ces organes en *simples*, *composés* et *demi-composés*. Les dents sont simples lorsque l'ivoire est simplement recouvert, comme chez l'homme, par une couche d'émail qui ne pénètre pas dans son épaisseur (Fig. 1); elles sont composées, lorsque l'ivoire et l'émail forment des espèces de replis intérieurs, de manière qu'une section transversale les coupe plusieurs fois (Fig. 13); enfin, elles sont demi-composées quand ces replis ne pénètrent qu'à une certaine profondeur, comme chez les ruminants.

Ainsi qu'on vient de le voir, la considération de l'appareil dentaire peut jouer et joue en effet un grand rôle dans les classifications zoologiques. En conséquence, on a imaginé un système de notation particulière pour exprimer brièvement le nombre et la disposition de chaque espèce de dents chez les divers animaux. Ainsi, par ex., les animaux du grand genre chat étant caractérisés par la présence de 6 incisives, de 2 canines, de 4 fausses molaires à chaque mâchoire, de 4 molaires vraies à la mâchoire supérieure, et de 2 seulement à l'inférieure, on exprime cette disposition par la *Formule dentaire*

suivante : I. $\frac{6}{6}$, c. $\frac{2}{2}$, m. $\frac{4}{4}$, M. $\frac{4}{2}$ = 30. La formule dentaire de l'homme est celle-ci :

$$\text{I. } \frac{4}{4}, \text{ c. } \frac{2}{2}, \text{ m. } \frac{4}{4}, \text{ M. } \frac{6}{3} = 32.$$

Développement des dents. — Les dents se développent aux dépens de la membrane muqueuse qui recouvre le bord libre des mâchoires. Pour cela la couche épithéliale de cette muqueuse s'enfonce dans le derme sous-jacent sous forme

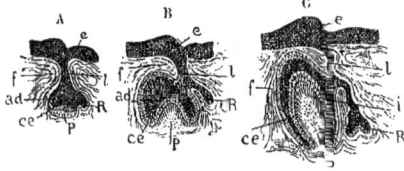

Fig. 15.

d'un *bourgeon* (*l*, Fig. 15, A), qui est bientôt arrêté par un épaississement local du derme appelé *papille*, *bulbe dentaire* ou *organe de l'ivoire* (P). Ce bourgeon épithélial recouvre peu à peu la papille de manière à l'entourer complètement, sauf à sa partie inférieure où pénètrent des vaisseaux et des nerfs ; il prend alors le nom d'*organe de l'émail* ou *organe adamantin*, parce que ses cellules centrales subissent bientôt une transformation muqueuse et forment une masse transparente comme le cristal (*a d*). La plus grande partie de l'organe adamantin est destiné à disparaître, sauf les cellules épithéliales qui le séparent de l'organe de l'ivoire et qui s'allongeront pour former les prismes de l'émail (*ce*, Fig. 15, C). L'ivoire ou dentine est au contraire une formation conjonctive c.-à-d. mésodermique ; elle est sécrétée par les cellules superficielles de la papille dentaire (P) qui portent le nom d'*odontoblastes*. Le cément se forme, comme le tissu osseux, aux dépens du tissu conjonctif condensé tout autour des formations précédentes, où il constitue un véritable *sac dentaire* (*f*). Les dents permanentes ou de a 2° dentition proviennent de bourgeonnements secondaires détachés du pédoncule de l'organe adamantin (R, Fig. 15, C) ; ces bourgeons s'enfoncent au-dessous des dents de la 1re dentition et forment un nouvel organe de l'émail qui évolue absolument comme on l'a vu plus haut.

Chez les Poissons, les Batraciens et les Reptiles, le remplacement des dents usées peut se faire pendant toute la vie. Chez la plupart des Mammifères, ce remplacement ne se produit normalement qu'une seule fois, de sorte qu'on a à distinguer une 1re et une 2° dentition ; les Cétacés et les

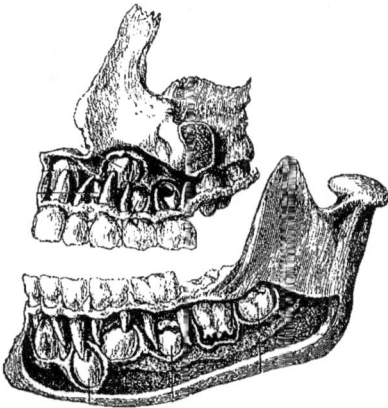

Édentés seuls n'ont qu'une seule dentition. La première dentition de l'Homme comprend 20 dents $\left(\text{i.} \frac{4}{4}; \text{c.} \frac{2}{2}; \text{m.} \frac{4}{4} \right)$, qu'on appelle *dents de lait* ou *dents temporaires*. La 2° dentition qui comprend en plus 6 grosses molaires à chaque mâchoire, apparaît vers la sixième année et n'est quelquefois pas achevée avant vingt-cinq ans. La Fig. ci-dessus représente

les deux dentitions en place dans la mâchoire d'un enfant de sept ans ; la première grosse molaire commence à sortir de son alvéole. Voy. DENTITION.

II. *Pathologie.* — L'appareil dentaire présente assez fréquemment des anomalies ou irrégularités qu'il est inutile d'énumérer ici. Quant à ses maladies, elles sont assez nombreuses ; mais la plus commune, comme la plus grave, est la *Carie*. La carie des dents doit être bien distinguée de celle des os organisés, car elle consiste en une simple décomposition. Le plus souvent, celle-ci paraît résulter de l'action des liquides de la bouche, car on a vu des dents qui avaient été implantées avec des fils métalliques, devenir carieuses, tout comme les dents vivantes. La carie marche alors de dehors en dedans : l'émail prend une teinte d'un blanc mat, puis jaune ou grisâtre ; le point carié ne tarde pas à se détacher, et laisse voir l'ivoire que le mal a envahi. D'autres fois, la carie procède de l'intérieur à l'extérieur : l'ivoire se décompose et noircit, ainsi qu'on peut le reconnaître à travers l'émail, grâce à la transparence de ce dernier. Quelquefois la carie s'arrête spontanément ; mais en général elle détruit toute la couronne. La carie des dents est surtout fréquente chez les individus d'un tempérament lymphatique, ou atteints de cachexie scrofuleuse. Lorsque la carie n'est pas assez avancée pour qu'il faille sacrifier la d., on enlève la partie altérée, on cautérise la pulpe dentaire avec une soie de sanglier ou un fil métallique rougi au feu, puis on *plombe* la cavité, en y insérant une petite feuille de plomb ou mieux d'or qu'on enfonce avec un poinçon appelé *Fouloir*. On emploie encore, au lieu de cette feuille, un alliage de plomb, de bismuth, d'étain et de mercure. La carie n'est pas seulement grave en ce qu'elle cause ordinairement la perte de l'organe attaqué ; habituellement elle cause des douleurs très vives et très persistantes. Cependant, l'*Odontalgie*, c.-à-d. la douleur des dents, s'observe dans certains cas où la d. elle-même n'a éprouvé aucune altération. Cette odontalgie idiopathique a été distinguée en *sanguine* ou *inflammatoire*, *rhumatismale* ou *goutteuse*, *catarrhale* ou *séreuse*, selon les phénomènes qui l'accompagnent, ou la cause qu'on lui attribue. Enfin, on l'appelle *odontalgie nerveuse* ou *névralgie dentaire*, quand la douleur est pure et simple, sans aucun cortège de phénomènes accessoires. A cette dernière forme de l'odontalgie on oppose surtout les narcotiques. Quant aux autres formes, on a recours, selon les cas et les indications particulières, aux saignées locales ou générales, aux émollients, aux purgatifs, aux sudorifiques, aux collutoires aromatiques, etc. On a préconisé sous le nom d'*Antiodontalgiques* ou sous la dénomination abusive d'*Odontalgiques*, une foule de préparations propres, selon leurs inventeurs, à calmer intérieurement les douleurs de dents. Ce sont en général des préparations opiacées et antispasmodiques, ou des substances cathérétiques. Il est facile de comprendre qu'aucun de ces moyens ne peut réussir dans tous les cas. Néanmoins, lorsque l'odontalgie accompagne la carie, ce sont les opiacés et les cathérétiques introduits directement dans la cavité de la d. malade qui réussissent le mieux. — Les autres maladies des dents qu'il nous suffira de nommer, sont l'*atrophie* ou l'*hypertrophie* de l'émail, la *luxation*, la *fracture*, l'*érosion*, l'*inflammation* de la pulpe, et celle de la membrane alvéolo-dentaire qui enveloppe la racine. Ces deux dernières se confondent avec l'odontalgie inflammatoire ou goutteuse. — Voy. DENTITION, DENTIFRICE et DENTISTE.

Méd. vét. — *Maladie des dents.* — Chez nos animaux domestiques, les maladies des dents consistent en *irrégularités*, *carie*, *fracture*. L'irrégularité dentaire atteint les molaires des chevaux et des bœufs ; quand ceux-ci sont arrivés à un âge un peu avancé, l'usure de la couronne fait que les molaires présentent sur les bords de cette couronne des aspérités qui, continuellement en contact avec les joues, finissent par les ulcérer : d'où mastication douloureuse, salivation, refus partiel des aliments, et odeur fétide de la cavité buccale par suite de la décomposition des aliments restés dans le vestibule. Il suffit de limer les aspérités qui se trouvent sur le côté externe aux molaires supérieures, et sur le côté interne aux molaires inférieures. La carie est, dit-on, héréditaire ; d'autres causes lui ont été données, mais elles sont peu connues. Elle ne diffère en rien de celle des dents humaines. On reconnaît la carie à l'odeur infecte de l'haleine ; quand elle est au début, c'est une tache noire, mais qui fait facilement un trou ; quand elle est ancienne, c'est une cavité en général remplie d'aliments décomposés et putrides. Le seul remède est l'avulsion. Pour ce qui est des *fractures* qui sont rares, il faut enlever le morceau qui branle, et émousser les angles de l'autre.

DENTAIRE. adj. 2 g. T. Anat. Qui appartient, qui a rapport aux dents. *Arcade d.*, Réunion de la série des dents qui forment toujours une ligne plus ou moins courbe. *Artères, nerfs dentaires*, Artères, nerfs qui se rendent aux dents. *Formule d.* Formule employée par les zoologistes pour indiquer le nombre des dents d'un animal (Voy. DENT). || T. Chir. *Prothèse dentaire*, Art de fabriquer et de mettre en place les dents artificielles. Voy. PROTHÈSE.

DENTAL, ALE. adj. (R. *dent*). T. Gram. Se dit de certaines consonnes, telles que D et T, qui ne peuvent se prononcer sans que la langue se mette en contact avec les dents. || Subst., *Les dentales.* Voy. PAROLE et CONSONNE. || T. Antiq. Nom que les Romains donnaient à la pièce de bois à laquelle le soc de la charrue était fixé.

DENTALE. s. f. (R. *dent*). T. Zool. Les *Dentales*, que Cuvier avait rangées parmi les Annélides, forment aujourd'hui le groupe des *Scaphopodes* ou des *Solénoconques*, dont on fait une classe ou un ordre des Mollusques.

La coquille des Dentales est un cône allongé, cylindrique ou polygonal, arqué et ouvert aux deux bouts. L'animal est enveloppé dans un manteau, que terminé antérieurement un bourrelet sphinctéroïde, frangé ou plissé. Le pied est terminé par un appendice conique reçu dans une sorte de calice à bords festonnés.

Sur la base du pied est une tête petite et aplatie, et la nuque porte des branchies en forme de cirres. Les diverses espèces du genre habitent surtout les mers des pays chauds; on les trouve sur les côtes sablonneuses, à une faible profondeur. Elles s'enforment dans le sable perpendiculairement, la petite extrémité en haut, et elles parviennent à se loger dans cette position au moyen de leur pied, dont les manœuvres sont tout à fait semblables à celles du même organe dans les Solen. La Fig. ci-contre représente la coquille de *Dentale éléphantine*, qui appartient aux espèces à coquille polygonale.

DENTALINIDES. s. f. pl. (R. *dent*). T. Zool. Famille de *Foraminifères* du groupe des Perforés calcaires, à loges disposées en une série curviligne; à bouche tournée vers la concavité. Voy. FORAMINIFÈRES.

DENTÉ, ÉE. adj. (R. *dent*). Qui est garni de pointes saillantes comme des dents. *Roue dentée. Barre dentée.* La *charnière de ce coquillage est dentée. Feuille dentée. Le calice des fleurs de l'olivier est d.* Voy. FEUILLE.

DENTÉE. s. f. (R. *dent*). T. Vén. Coup de dent. *Le lévrier a donné une d. au loup. D'une d. le sanglier a éventré un chien.*

DENTELAIRE. s. f. (R. *dent.* parce que cette plante était autrefois employée contre le mal de dents). T. Bot. Nom vulgaire du *Plumbago europæa* de la famille des *Plombaginées.* Voy. ce mot.

DENTELÉ, ÉE. adj. (R. *dent*). Qui est découpé en forme de dents. *Des falbalas dentelés. Feuilles dentelées.* || T. Anat. *Muscle grand d., muscles petits dentelés,* Muscles du tronc qui concourent à l'acte de la respiration, et sont ainsi nommés à cause des digitations que présente un de leurs bords. || Subst. T. Vét. Maladie des jeunes porcs.

DENTELER. v. a. Faire des entailles en forme de dentelure.

DENTELET. s. m. (R. *dent*). T. Const. Carré sur lequel on taille les ornements appelés dentelure.

DENTELEUR. s. m. (R. *dent*). Ouvrier qui fait des dents aux scies.

DENTELLE. s. f. [Pr. *dantèle*] (R. *dentelé*). Sorte de tissu à jours et à mailles très fines, qui se fait avec du fil de lin, avec de la soie, avec des fils d'or ou d'argent. — Plus spécial., celle qui est faite de fil de lin. — Au plur., se dit des objets de parure faits ou ornés de d. *Sa mère lui a donné toutes ses dentelles.* || T. Zool *D. de mer*, Nom vulgaire du *Rétépore celluleux.* Voy. BRYOZOAIRES. || T. Reliure. Dessin ouvragé à fleurs ou autrement, qui se fait avec un fer sur le plat de la couverture d'un livre, en suivant le bord dans tous les sens || T. Lapid. Nom donné aux huit facettes de forme triangulaire qu'on coupe sur une pierre fine. || T. Techn. Réunion des pointes qui forment le peigne du dominotier. || T. Typogr. Vignette servant d'entourage aux pages ou d'ornement aux titres des livres.

Techn. — La dentelle est un tissu très fin fait le plus souvent de fils de lin, mais quelquefois de coton, de soie et même d'or et d'argent. Le fond du tissu est un réseau à mailles régulières polygonales servant de support à des ornements qu'on appelle *les fleurs*, quelle que soit du reste la nature de ces ornements. On ignore la date de l'invention des dentelles. Les textes nous apprennent qu'on en portait déjà du temps de Charles V (milieu du XIVᵉ siècle). Depuis cette époque la fabrication et le goût des dentelles n'ont fait que se développer; au XVIIᵉ siècle on était arrivé à en faire l'usage le plus extravagant; on portait des canons de dentelles qui tombaient des genoux jusqu'à mi-jambes, on en mettait jusque sur les chaussures. Celles de Venise, de Gênes et de Bruxelles étaient les plus recherchées. Aujourd'hui la France et la Belgique tiennent le premier rang dans cette fabrication. Néanmoins, ces deux pays, quoique travaillant avec les mêmes matières et suivant les mêmes méthodes, donnent des produits qui n'ont entre eux aucune similitude. Aussi les désigne-t-on habituellement dans le commerce sous le nom des lieux où on les fabrique. Les dentelles se fabriquent aujourd'hui à la main ou à la machine. Celles qui sont faites à la main sont plus belles et plus recherchées.

I. *Dentelles à la main.* — On les fait, soit à l'aiguille, soit au fuseau, sur un petit métier appelé *Carreau* ou *Coussin*, que l'ouvrière tient sur ses genoux. Pour les unes, le fond ou *réseau* se fait en même temps que les fleurs, tandis que, pour les autres, les fleurs s'exécutent à part et *s'appliquent* ensuite sur le fond. Ces dernières sont appelées *Dentelles d'application* ou simplement *Applications.* On donne le nom de *Points* aux dentelles faites à l'aiguille, soit en totalité (réseau et fleurs), soit seulement en partie (fleurs). Dans tous les cas, ce qui caractérise le tissu c'est que tous les fils qui le constituent exécutent les mêmes actions, mais alternativement inverses, avec une torsion à chaque point de jonction, pour amener la fixité du croisement. Les fuseaux sont des sortes de poires allongées composées d'une poignée, d'une *tête* portant le fil appelé *casse*, et d'une *tête* qui est une autre bobine très petite. Le dessin étant fixé sur le carreau, on fixe les fils avec des épingles et l'on exécute la dentelle en faisant passer les fuseaux les uns par-dessus les autres. Le nombre des fuseaux varie suivant la nature de la dentelle de quatre à deux cents. Dans les anciennes valenciennes faites au fuseau, pour une dentelle de 1 centimètre de hauteur, il ne fallait pas moins de 800 fuseaux, de sorte que quand l'ouvrière avait produit 10 centimètres d'ouvrage, elle avait déplacé 64,000 fuseaux. — Dans la fabrication à l'aiguille, l'ouvrière suit un dessin exécuté sur parchemin ou sur papier. Cette méthode permet plus de variété que la fabrication au fuseau; on peut varier la forme et la grandeur des mailles et multiplier ainsi les effets du dessin, puisque, dans ces dentelles, les cordonnets qui servent à fixer les dessins sur le fond jouent un rôle assez considérable. Les dentelles les plus renommées sont celles de Bruxelles, de Malines, de Valenciennes, d'Alençon et de Chantilly.

1º La d. de *Bruxelles* ou *Point de Bruxelles* se fabrique dans cette ville et dans ses environs, où elle occupe plus de 25,000 ouvrières. C'est une d. d'application; par conséquent, son réseau et ses fleurs ne sortent pas de la même main : une personne fait les fleurs, une autre le réseau, une troisième applique les fleurs sur le réseau. Ces dentelles se reconnaissent à l'espèce de cordonnet fin et régulier qui entoure les fleurs. Le réseau de la dentelle de Bruxelles, qu'on nomme aussi *Vrai réseau* pour le distinguer du *réseau d'imitation* fait à la mécanique, et qui est à mailles hexagonales, s'exécute tout entier au carreau ou à l'aiguille par petites bandes de 3 cent. de large, qu'on réunit ensuite par un travail à l'aiguille, dit *point de raccroc.* Le fil de lin qu'on emploie pour les qualités supérieures est d'une si grande beauté qu'il coûte jusqu'à 8,000 fr. le demi-kilog. et même plus. Cette dentelle, qui est la plus belle, la plus recherchée et la plus chère de toutes, est encore quelquefois désignée, dans le commerce,

sous le nom inexact de *Point d'Angleterre*. L'origine de cette dénomination remonte à une époque où, en raison des prohibitions douanières, les marchands anglais ne pouvant faire entrer légalement les dentelles bruxelloises dans leur pays, imaginèrent de les importer en contrebande et de les vendre ensuite, en les débaptisant, comme le produit de leur fabrication. L'imitation de Bruxelles est également désignée sous le nom d'*Application sur tulle*. Elle imite à s'y méprendre le vrai réseau, et, comme elle est trois fois moins chère, elle a fait presque disparaître l'industrie de la vraie Bruxelles.

2° La *D. de Malines* diffère de la précédente en ce qu'elle se fait toute d'une seule pièce et au fuseau. Ce qui la caractérise particulièrement, c'est un fil plat qui borde les fleurs, en dessine les contours, et donne à cette d. l'aspect d'une broderie, d'où la dénomination de *Malines brodée* sous laquelle on la désigne souvent. Le réseau est à mailles octogonales. Anvers, Malines et Louvain sont les principaux centres de sa fabrication.

3° Les *Valenciennes* se fabriquent au fuseau, comme les Malines. Elles sont beaucoup moins riches et moins brillantes; mais elles les surpassent en solidité, et cette qualité, jointe à

Fig. 1.

leur extrême finesse et à l'égalité de tissu qui les distingue, leur a donné une vogue qui va toujours en augmentant (Fig. 1). Ces dentelles sont d'origine française et ont pris naissance dans la ville dont elles portent le nom; mais, depuis le XVII° siècle, leur fabrication s'est répandue dans toutes les Flandres. Elles se font surtout à Ypres, Menin, Bruges, Courtray et Alost. Dans notre département du Nord, les villes de Bailleul, Bergues, Cassel et Hazebrouck en produisent des

Fig. 2.

imitations qui ne manquent pas de mérite. Autrefois les mêmes fuseaux servaient à faire le réseau et les fleurs, d'où résultait une lenteur excessive dans la production. Aujourd'hui les fuseaux qui servent à la confection des fleurs ne concourent plus à la fabrication du réseau.

4° Le *Point d'Alençon*, *Point de France* ou *Point de Venise* diffère des autres dentelles en ce qu'il s'exécute tout entier à l'aiguille. Cette dentelle a été introduite en France par Colbert qui, vers 1665, fit venir des ouvrières de Venise, et les établit dans son château de Lonlay, près d'Alençon. La perfection inouïe à laquelle elle est arrivée de nos jours lui a fait donner le nom de *Reine des dentelles*, qu'assurément elle mérite sous tous les rapports.

5° La dentelle dite de *Chantilly* se fait au fuseau et avec de la soie, ordinairement blanche ou noire, mais quelquefois rose, bleue, verte ou marron. Celle qui est faite avec de la soie blanche porte le nom de *blonde* (Fig. 2). Depuis longtemps déjà, Chantilly a cessé cette fabrication. En France, on emploie, pour le fond de la blonde une variété de soie dite *trame-nankin*, qu'on tire de Bourg-Argental, et pour les fleurs une autre espèce de soie appelée *Alais*, qui provient des environs de la ville de ce nom. Pour la dentelle noire on se sert de soie *grenadine* pour le réseau, et de soie *Alais* pour le dessin. Les grandes pièces s'exécutent par bandes que l'on réunit ensuite au moyen du point de raccroc. Les centres principaux de la fabrication des blondes en France sont le Puy, Mirecourt, Bayeux et Caen. On fait encore avec la soie, sous le nom de *D. de soie*, un autre tissu qui diffère des précédents en ce qu'on l'exécute tout entier avec une seule variété de soie, la *trame-nankin* pour les espèces blanches, et la *grenadine* pour les noires.

II. *Dentelles à la mécanique.* — Pendant longtemps la fabrication mécanique s'est bornée à la confection du réseau. La machine produisait un tissu polygonal appelé *tulle* (Voy. ce mot), assez analogue au réseau de la vraie dentelle, sur lequel on appliquait les fleurs faites à l'aiguille ou au carreau. Le réseau mécanique ou *tulle* diffère cependant du vrai réseau par les caractères suivants: d'abord, à cause de la régularité de la tension des fils, il manque de ce flou, de ce moelleux, de cette irrégularité chatoyante qu'offre le réseau fait à la main. De plus, le tulle présente divers systèmes de fils; avec une trame et une chaîne, comme au vrai réseau à mailles carrées; avec une chaîne et deux fils de trame dans deux directions inclinées on obtient un réseau à mailles hexagonales; mais la trame peut toujours se distinguer de la chaîne, tandis que, comme nous l'avons déjà dit, dans le vrai réseau tous les fils jouent alternativement le même rôle. Enfin, le réseau à la main est bordé d'un côté d'une lisière droite qui porte le nom d'*engrelure* ou de *pied*, et de l'autre côté d'une série de petites boucles dites *picots* qui en font partie intégrante. Dans le réseau mécanique, les picots ne peuvent venir avec le reste du tissu, et doivent être rapportés: aussi on peut les arracher sans détruire le tulle. Malgré ces imperfections, et grâce à certains perfectionnements qui permettent, par l'emploi de fils auxiliaires, d'obtenir des toiles de mailles différentes, on est arrivé à des imitations très parfaites de dentelles riches, et les produits ainsi obtenus, bien moins chers que les vraies dentelles, sont entrés avec beaucoup de faveur dans le commerce. C'est ainsi que l'on fabrique des quantités considérables d'imitation de Bruxelles et que la dentelle de Cambrai est l'imitation mécanique de la dentelle de Chantilly. Enfin, en 1882, on inventa simultanément en Angleterre et en Amérique une machine qui reproduit exactement le travail de l'ouvrière aux fuseaux, et donne des dentelles absolument semblables à celles que fournit la main. Il nous est impossible de décrire cette machine nécessairement très compliquée; nous dirons seulement que les fuseaux ou bobines peuvent être transportés sur des broches disposées tout le long d'une couronne circulaire, qu'on obtient la torsion du fil par la rotation de ces broches et que des épingles d'acier mobiles servent à arrêter les croisements et à les transporter aux points voulus. Quant au moyen de diriger les nombreux organes de cette machine pour produire le travail voulu, il est obtenu, comme dans les métiers à la Jacquart, par une série de cartons percés de trous qui se déroulent successivement, les trous étant disposés de manière à laisser passer des tringles qui commandent telle ou telle partie de la machine; seulement, il faut, pour chaque dessin, deux séries de cartons, une pour le transport des fuseaux, une autre pour régler le jeu des épingles. Cette machine est une merveille d'ingéniosité; elle est appelée à amener une révolution dans la fabrication et le commerce des dentelles.

Bibliogr. — E. O. LAMI, *Dictionnaire industriel*; — DOMINIQUE SARA, *Le livre de lingerie*, 1584; — JOSEPH SÉGUIN, *la Dentelle*, 1878.

DENTELLERIE. s. f. [Pr. *dantè-le-ri*]. Fabrication, ouvrages de dentelles.

DENTELLIEN, ENNE. adj. (Pr. *dantè-li-in*). Qui appartient, qui a rapport à la dentelle.

DENTELLIÈRE. s. f. (Pr. *dantè-lière*). Ouvrière qui fait de la dentelle. || Machine à fabriquer la dentelle. Voy. DENTELLE.

DENTELURE. s. f. (R. *denteler*). Ornement de sculpture fait en forme de dents. || Se dit des découpures en forme de dents, ou de ce qui ressemble à ces découpures. *Faire des dentelures à un morceau de cuir. Les dentelures d'une feuille.*

DENTER. v. a. (R. *dent*). Munir de dents un outil, une roue, un ustensile quelconque.

DENTICÈTES ou **DENTICÉTIDES.** s. m. pl. (lat. *dens, dentis*, dent; gr. κῆτος, baleine). T. Zool. On range sous ce nom les Cétacés pourvus de dents simples et coniques, s'atrophiant quelquefois dans l'âge adulte (*Monodontides*), présentant un crâne asymétrique et des os maxillaires très développés, recouvrant parfois une partie du frontal. Les D. se divisent en trois familles qui sont les *Delphinidés*, les *Catodontides* et les *Monodontides*. Voy. ces mots.

DENTICIDE. adj. 2 g. (lat. *dens, dentis*, dent; *cædere*, fendre). T. Bot. Déhiscence se faisant par l'écartement des dents qui sont au sommet des capsules.

DENTICORNE. adj. 2 g. (R. *dent*, et *corne*). T. Entom. Qui a les antennes dentées.

DENTICRURES. s. m. pl. (lat. *dens, dentis*, dent; *crus, cruris*, jambe). T. Entom. Tribu d'insectes *Brachélytres*. Voy. ce mot.

DENTICULE. s. f. (lat. *denticulus*, dimin. de *dens*, dent). T. Bot. Se dit de dents très fines et très serrées. = DENTICULES. s. m. pl. T. Arch. Membre des corniches ioniennes et corinthiennes qui a plusieurs entaillures semblables à des dents.

DENTICULÉ, ÉE. adj. T. Arch. Ornement garni de denticules.

DENTIER. s. m. (R. *dents*). Rang de dents. *Cet homme a un beau d.* Fam. et peu us. || T. Chir. Série de dents artificielles montées sur une même pièce, pour remplacer une arcade dentaire. Voy. DENTISTE. || T. Techn. Instrument avec lequel on divise les pains de savon.

DENTIFICATION. s. f. (Pr. ...*sion*) (lat. *dens, dentis*, dent, et le suff. *ficare*, faire) T. Physiol. Génération de la dentine ou substance propre des dents.

DENTIFORME. adj. 2 g. (lat. *dens, dentis*, dent; *forma*, forme). T. Hist. nat. Qui a la forme d'une dent.

DENTIFRICE. adj. 2 g. et s. m. (lat. *dens, dentis*, dent; *frico*, je frotte). T. Hyg. On donne le nom de *Dentifrices* aux diverses préparations dont on se sert pour nettoyer les dents et faire disparaître le *Tartre*, c.-à-d. l'enduit ou incrustation phosphato-calcaire qui se forme à la surface de ces organes. On leur donne ordinairement la forme de poudre ou d'opiat. — Les dentifrices se distinguent en deux catégories: les dentifrices *acides* et les dentifrices *alcalins*. Les premiers contiennent de la crème de tartre qui constitue le principe actif de la préparation, et qui, par l'excès d'acide qu'elle renferme, nettoie et blanchit très bien les dents, mais en attaque l'émail. Les seconds contiennent un alcali libre, n'attaquant point les dents, saturent, au contraire, l'acide qui peut être accidentellement développé dans la salive, et agissent ainsi comme moyen préservatif de la carie. Le meilleur et le plus simple de tous les dentifrices est un mélange de craie préparée (40 grammes) et de magnésie (2 gram.), qu'on porphyrise avec soin, et auquel on ajoute 20 centigr. d'essence de menthe. Les élixirs dentifrices n'ont qu'une utilité relative, et peuvent être remplacés avantageusement par un alcool parfumé suivant le goût individuel. Il faut toujours préférer aux dentifrices du commerce ceux qui sont formulés par l'homme de l'art.

DENTIGÈRE. adj. 2 g. (lat. *dens*, dent; *gero*, je porte). T. Hist. nat. Qui est muni de dents.

DENTINAIRE. adj. (R. *dentine*). Qui concerne la dentine.

DENTINE. s. f. (R. *dent*). T. Chim. Nom donné à la substance propre des dents. Voy. DENT.

DENTIROSTRES. s. m. plur. (lat. *dens, dentis*, dent: *rostrum*, bec d'oiseau). Les D., qui formaient une des divisions de l'ordre des *Passereaux* de Cuvier, sont caractérisés par leur bec échancré aux côtés de la pointe. Ils renferment un grand nombre de genres, tels que les Pies-grièches, les Merles, les Bergeronnettes, les Becs-fins, etc.

DENTISTE. s. m. Chirurgien qui ne s'occupe que de ce qui concerne les dents. *C'est un habile d.* || Adj., *Chirurgien d.*

Chir. — L'art du *Dentiste*, pour être exercé avec succès, n'exige pas seulement une grande habileté de main, il faut faut encore que le chirurgien qui veut se consacrer à cette spécialité limitée, connaisse parfaitement l'anatomie et la physiologie de l'appareil dentaire et de ses annexes. En effet, son premier soin doit être de conserver les dents et de prévenir leurs maladies; le second doit être de les guérir, quand il n'a pu prévenir la maladie ou quand on le consulte trop tard; les opérations chirurgicales, et surtout l'extraction, ne viennent qu'en dernier lieu. Les opérations principales que le d. est appelé à exécuter sont le *Nettoyage* des dents, qui se pratique avec de petites rugines appropriées; le

Fig. 1.

Limage, qui se fait à l'aide de la lime ou de la scie; la *Cautérisation* et le *Plombage* des dents cariées (voy. DENT); et l'*Extraction* ou *Arrachement*. Cette dernière opération s'exécute au moyen d'instruments différents, appelés *Clefs, Daviers, Leviers*, etc., selon les dents qu'il s'agit d'extraire et les circonstances du cas. Au mot *Clef*, nous avons décrit la clef de Garengeot, dont l'invention a réalisé un important progrès et qui a été remplacée depuis par les daviers, encore

Fig. 2.

préférables. Ceux-ci sont des espèces de pinces de formes variées dont les Fig. 1 et 2 peuvent donner une idée suffisante. Il faut autant de daviers qu'il y a de formes de dents. Un d. bien monté doit en posséder huit ou dix. L'opération se pratique toujours en deux temps, la *luxation* ou le renversement de la dent et son *extraction* proprement dite. Les dentistes sont encore appelés à *redresser* des dents déviées, ou à *rapprocher* des dents que sépare un vide trop considérable. Enfin, beaucoup de dentistes, surtout dans les grandes villes, s'occupent spécialement de la *Prothèse dentaire*, c.-à-d. de l'art de remplacer, par des dents artificielles, les dents qu'on a été obligé de sacrifier, ou qui ont été détruites soit par la maladie, soit par les progrès de l'âge. Anciennement, l'art de la prothèse se bornait à substituer à la dent absente une autre dent naturelle, prise sur un cadavre, ou empruntée à un individu vivant; dans ce dernier cas, la transplantation de la d. se faisait immédiatement, afin qu'elle eût la chance de reprendre. Aujourd'hui le procédé de la *transplantation* ou mieux de la *Greffe dentaire* est assez rarement employé. On remplace les dents absentes par des dents artificielles faites soit avec des dents d'hippopotame, soit avec des pâtes minérales plus ou moins analogues à la porcelaine, qui ont l'avantage d'être inaltérables. Lorsqu'il reste dans la bouche une racine douloureuse, on fait choix d'une dent artificielle de même dimension que celle à remplacer, on la perce suivant sa longueur pour y fixer l'extrémité d'un pivot d'or ou de platine, et on la met en place en faisant entrer de justesse l'autre extrémité du pivot dans la racine restante, que l'on a préalablement rendue insensible par la cautérisation de la pulpe, puis taraudée: c'est ce qu'on appelle une *Dent à pivot*. D'autres fois, on fixe les dents artificielles aux dents voisines à l'aide de crochets ou de ligatures. On prend d'abord avec de la cire l'empreinte exacte de la brèche qu'il s'agit de remplir; sur cette empreinte, on coule un moule en plâtre qui sert de type pour construire une plaque d'or ou de platine sur laquelle on fixe la dent ou les dents artificielles au moyen de goupilles rivées. Deux autres plaques, soudées latéralement à celle qui porte les dents, s'adaptent à l'aide de crochets ou de fils métalliques aux dents voisines dont elles contournent le collet postérieurement. Dans les cas où il faut remplacer toutes les dents soit d'une mâchoire, soit de toutes les deux, on fabrique un *Dentier*, vulgairement *Râtelier*, simple ou double. Un dentier simple consiste en une série de dents artificielles montées sur une même pièce et disposées de manière à représenter exactement l'une des arcades dentaires; le dentier double est l'assemblage de deux dentiers simples, unis ensemble à leurs extrémités par des ressorts à boudin. Au grand nombre de dentistes se sont efforcés de perfectionner ces appareils dentaires artificiels; l'école américaine surtout a réalisé d'immenses progrès dans l'art de la prothèse, qui semble avoir dit aujourd'hui son dernier mot.

DENTITION. s. f. [Pr. ...*sion*] (lat. *dentitio*, m. s., de *dens*, dent). T. Physiol. On désigne par ce mot la série des phénomènes qui ont lieu pendant l'évolution et la sortie des dents. — Les germes des premières dents ou *dents de lait* sont visibles dans le fœtus vers la fin du second mois, et ils commencent à s'ossifier de la fin du troisième à celle du sixième. A la naissance, la couronne des incisives est formée; mais celle des canines n'est pas achevée, et les tubercules des molaires ne sont pas encore tous réunis. Peu à peu les racines se développent, et, vers l'âge de 6 à 10 mois, commence la *première d.* Les deux incisives moyennes de la mâchoire inférieure percent en général les premières. Au bout de 15 jours ou 3 semaines, paraissent les dents correspondantes de la mâchoire supérieure, puis les deux incisives latérales inférieures, ensuite les supérieures. Les canines percent au 12ᵉ au 14ᵉ mois, d'abord les inférieures, puis les supérieures. Enfin, on voit apparaître les huit premières molaires, deux de chaque côté des deux mâchoires. La première *d.* est alors achevée. L'enfant, à 2 ans ou 2 ans ½, a vingt-deux dents, mais toutes sont destinées à être remplacées; en conséquence, on les appelle *dents temporaires.* A la fin de la 4ᵉ année ou un peu plus tard, il perce à chaque mâchoire deux nouvelles molaires, mais celles-ci sont destinées à persister et constituent plus tard les premières grosses molaires. — La *seconde d.* a lieu vers l'âge de 7 ans. Les germes de ces secondes dents qu'on nomme aussi *dents permanentes* et *dents de remplacement*, sont déjà visibles dans le fœtus, à l'exception de ceux des petites molaires. Les alvéoles qui contiennent les dents destinées à succéder aux dents temporaires, communiquent par un petit orifice avec les alvéoles de celles-ci, tandis que ceux qui renferment les autres dents sont largement ouverts sous la gencive. Les alvéoles des nouvelles dents s'agrandissant peu à peu, la cloison qui les sépare de ceux des dents de lait correspondantes s'use et disparaît; la racine des dents de lait est également résorbée; enfin la couronne, privée de support, vacille et tombe, et les premières dents se trouvent successivement remplacées à peu près dans le même ordre qu'à la première d. De 7 à 9 ans, toutes les incisives sont remplacées; la première bicuspide paraît vers 10 ans; les canines se montrent ensuite; après elles apparaissent les secondes bicuspides. Les premières grosses molaires sortent de 10 ans 1/2 à 11 ans. Enfin, vers l'âge de 18 à 25 ans, l'éruption des dernières molaires vient terminer le travail de la dentition.

La première d., comme tout le monde le sait, s'accompagne fréquemment d'accidents plus ou moins graves. Tous ces phénomènes morbides, depuis les plus légers qui consistent en un mouvement fébrile peu intense et quelques rougeurs au visage, qu'on désigne sous le nom vulgaire de *feux de dents*, jusqu'aux délire et aux convulsions qui parfois emportent si rapidement les enfants, résultent de ce que la congestion sanguine vers la fin des dents, qui est la condition normale de l'évolution dentaire, s'opère avec plus ou moins d'intensité. Les moyens les plus propres à dissiper ces symptômes sont ceux qui diminuent la congestion, et par conséquent les dérivatifs et les évacuations sanguines. Il est quelquefois utile d'inciser la gencive, pour faciliter l'éruption de la dent; mais ce procédé est le plus souvent inefficace, car les accidents de la d. sont bien plus l'effet d'une cause physiologique générale que de la tension et de la douleur locale déterminées par la résistance de la paroi gingivale.

DENTU, UE. adj. Armé de dents.

DENTURE. s. f. (R. *dent*). Ordre dans lequel les dents sont rangées. *Une belle d.* || T. Mécan. Le nombre de dents qu'on donne à chaque roue. *C'est la grande roue qui règle la d. des autres.*

DÉNUDATION. s. f. [Pr. ...*sion*] (R. *dénuder*). État d'une chose qui est mise à nu, dépouillée de ses enveloppes naturelles, de ce qui la recouvrait. *Sa plaie est très grave; il y a d. de l'os. La d. de ces roches s'explique aisément par l'action des eaux.* || T. Géol. Déplacement de la matière solide par l'eau en mouvement, et mise à nu de certaines roches sous-jacentes.

DÉNUDER. v. a. (lat. *denudare*, m. s., de *de*, et *nudus*, nu). Enlever ce qui enveloppe, ce qui recouvre naturellement une chose. *Cette blessure lui a dénudé le crâne. D. une dent. Les torrents ont dénudé la partie supérieure de la vallée.* = SE DÉNUDER. v. pron. *Le tronc de cet arbre se dénude. Ses dents se dénudent.* = DÉNUDÉ, ÉE. part.

DÉNUEMENT ou **DÉNÛMENT.** s. m. Privation absolue des choses nécessaires ou regardées comme telles. *Je le trouvai dans le plus affreux d. Le d. de tout secours spirituel.*

DÉNUER. v. a. (lat. *denudare*, rendre nu, de *de*, et *nudus*, nu). Priver, dépouiller des choses nécessaires, ou regardées comme nécessaires. *La fortune l'a dénué de tout. Être dénué d'argent. Il est dénué d'esprit, de goût, etc.* = SE DÉNUER. v. pron. Se priver, se dépouiller. *Il s'est dénué de tout pour ses enfants. Se d. d'argent.* = DÉNUÉ, ÉE. part. || Adject., Dépourvu. *Dénué de secours, d'assistance, de conseils. Dénué d'entendement, de bon sens. Dénué de grâce, d'agrément. Un livre dénué de tout intérêt.*

Syn. — *Dépourvu.* — Pris à la lettre, *dénué* marque la nudité, une privation entière et absolue, tandis que *dépourvu* exprime seulement une disette plus ou moins grande, par défaut de *provision.* L'homme *dénué* est dans la misère; l'homme *dépourvu* est dans le besoin. *Dénué* ne se dit qu'au figuré; *dépourvu* se dit au propre et au figuré.

Étym. — *Dénuer* et *Dénuder* viennent tous deux du latin *denudare*, formé de *nudus*, nu; mais ils témoignent par leur forme de leur date. *Dénuer* est le mot populaire formé du mot latin par une suite de modifications dues à l'oreille de nos aïeux et conformes aux lois de l'étymologie française; *dénuder* est un calque inventé de toutes pièces à l'époque de la Renaissance, sans égard ni à l'accent tonique ni aux lois qui ont présidé à la formation de la langue française. On trouve dans notre langue beaucoup d'exemples de ces mots à double forme: *Pâtre* et *Pasteur*, du latin *pastor*, etc. Voy. ÉTYMOLOGIE.

DÉNÛMENT. s. m. Voy. DÉNUEMENT.

DENYS. Nom de plusieurs personnages historiques. Voy. DENIS.

DÉONTOLOGIE. s. f. T. Philos. Nom sous lequel Jérémie Bentham et les sectateurs de l'école utilitaire désignent la morale. Ce terme est dérivé du grec δέον, ce qui convient, ce qui est utile, et λόγος, science : il exprime donc parfaitement le point de départ de cette prétendue morale sans forme obligatoire, qui a pour base l'utile et pour objet le bonheur, et qu'on appelle plus communément aujourd'hui, *Morale de l'intérêt bien entendu.* Il en sera question à l'article MORALE.

DÉONTOLOGIQUE. adj. Qui est relatif à la déontologie.

DÉOPERCULÉ, ÉE. adj. T. Hist. nat. Qui est privé d'opercule.

DÉPAILLAGE. s. m. [Pr. *dépâ-llaje*, ll mouillées]. Action de dépailler; résultat de cette action.

DÉPAILLER. v. a. [Pr. *dépâ-ller*, ll mouillées]. Dégarnir de paille. = SE DÉPAILLER. v. pron. Perdre sa paille.

DÉPAISSANCE. s. f. (R. *de*, et *paître*). Action de paître, de faire paître. || Lieu où les bestiaux vont paître. || Droit de faire paître.

DÉPAISSELAGE. s. m. Action de dépaisseler.

DÉPAISSELER. v. a. Enlever les paisseaux ou échalas des vignes.

DÉPALER. v. n. T. Mar. Se dit quand un navire est entraîné par le vent ou le courant hors de sa position.

DÉPALISSAGE. s. m. Action de dépalisser.

DÉPALISSER. v. a. (R. palisser). T. Hortic. Détacher les branches d'un arbre qui étaient palissées.

DÉPANNEAUTER. v. a. [Pr. dépa-nô-ter] (R. panneau). T. Jardin. Ôter les panneaux de dessus les couches, melons, etc.

DÉPAQUETER. v. a. (R. paquet). Défaire, développer un paquet, ce qui est mis en paquet. D. des marchandises, des hardes. D. des lettres. || T. Mar. D. une voile, La déplier pour la mettre sur les vergues. = DÉPAQUETÉ, ÉE. part. = Conj. Voy. CAQUETER.

DÉPARAGER. v. a. (R. parage). D. une fille, La marier à une personne de condition inférieure. Vx et peu us. = DÉ-PARAGÉ, ÉE. part. = Conj. Voy. MANGER.

DEPARCIEUX, mathématicien français, auteur de Tables de mortalité (1703-1768).

DÉPAREILLER. v. a. [Pr. dépa-rè-ller, ll mouillés] (R. pareil). De deux ou de plusieurs choses pareilles qui doivent aller ensemble, comme des gants, des bas, des chevaux d'attelage, les volumes d'un même ouvrage, etc., en ôter une ou plusieurs. En vendant ce cheval, vous allez d. votre attelage. D. une paire de gants, une douzaine de mouchoirs. Prenez garde de perdre ce volume, vous me dépareilleriez l'ouvrage. = DÉPAREILLÉ, ÉE. part. Des gants dépareillés. Un attelage d. Un exemplaire d.

DÉPARER. v. a. (R. parer). Ôter ce qui pare; n'est guère usité qu'en parlant des parements extraordinaires d'un autel. Le service achevé, on dépara l'autel. || Par anal., D. la marchandise, Enlever ce qu'il y a de mieux parmi des choses semblables, comme le dessus d'un panier de fruits, qui est toujours formé des fruits les plus beaux. || Par ext., rendre moins agréable, nuire au bon effet de quelque chose. La manière dont elle se met la dépare beaucoup. Ce pavillon dépare toute la maison. — Fig., Son style, ordinairement pur et coulant, est quelquefois surchargé d'ornements qui le déparent. Ce sont de légères taches qui ne sauraient le d. Ce bel ouvrage. Ce trait ne déparerait pas la vie d'un grand homme. = DÉPARÉ, ÉE. part.

DÉPARIER. v. a. (R. de, et paire). Ôter l'une des deux choses qui font une paire. D. des gants, des bracelets, des souliers. D. des chevaux de même taille et de même poil. || Séparer l'un de l'autre le mâle et la femelle de certains animaux. D. des pigeons. = DÉPARIÉ, ÉE. part. = Conj. Voy. PRIER.

DÉPARLER. v. n. (R. parler). Cesser de parler; ne s'emploie guère qu'avec la négation. Il ne déparle point. Il n'a pas déparlé.

DÉPARQUEMENT. s. m. Action de déparquer.

DÉPARQUER. v. a. (R. parc). T. Vén. Pousser la bête hors du parc. || T. Rur. Faire sortir les moutons d'un parc. || T. Pêc. Tirer les huîtres du parc où on les engraisse. || T. Milit. Faire sortir le matériel du parc.

DÉPART. s. m. (R. de indiquant l'éloignement, et partir). Action de partir. Le jour du d. Avant, après un d. Avancer, hâter, précipiter, retarder son d. Un d. subit, imprévu. Préparatifs de d. On mettait à la voile, lorsque des ordres supérieurs suspendirent le d. Être sur son d., Être prêt de partir. || Point de d., Lieu d'où une personne, un animal ou une chose s'éloigne pour fournir une carrière. || T. Chim. et Métall. Opération par laquelle on sépare deux substances métalliques qui étaient mêlées ensemble. Voy. AFFINAGE.

DÉPARTAGER. v. a. (R. partage). T. Jurisp. Faire cesser le partage qui résulte, dans une délibération, de ce que deux avis opposés ont obtenu un égal nombre de voix, de suffrages.

On a nommé un troisième arbitre pour d. les voix. En matière criminelle, il n'y a pas lieu à d. les juges, l'avis le plus doux devant prévaloir. — Dans le langage ordinaire, Faire cesser le partage. = DÉPARTAGE, ÉE. part. = Conj. Voy. MANGER.

DÉPARTEMENT. s. m. (R. départir). T. Admin. anc. Distribution, répartition. Envoyer le d. des quartiers aux troupes. Faire le d. général des tailles. Faire le d. des intendants, etc. — Se disait aussi des lieux départis et distribués entre les divers intendants, et surtout des circonscriptions maritimes. Le d. de Toulon. Tous les officiers de marine eurent ordre de se rendre à leur d. || Chaque partie de l'administration des affaires publiques qui est attribuée à un ministre spécial. Le d. de la guerre, des affaires étrangères, de l'intérieur, etc. Cette affaire est dans son d. On a distrait les douanes de son d. Autrefois on disait dans le même sens, Cette province est du d. de tel secrétaire d'État. — Fam., Cela est ou n'est pas de son d., dans son d., Cela n'est pas dans ses attributions, ou cela n'est pas de sa compétence. || Chacune des principales divisions administratives de la France. — Absol. et au pl., se dit pour désigner la province, par opposition à la capitale. A Paris et dans les départements.

Admin. — I. Division territoriale de la France. — Avant la Révolution, la France était partagée en une multitude de circonscriptions administratives basées sur les anciennes divisions féodales. Ces circonscriptions avaient l'inconvénient d'établir, entre les différentes parties du pays, des inégalités révoltantes de droits et de charges, et, par suite, des rivalités qui devenaient, dans certaines circonstances, l'occasion de nombreuses difficultés gouvernementales. En 1789, l'Assemblée constituante résolut de substituer à ces barrières séculaires qui faisaient obstacle à toute organisation régulière du territoire. En conséquence, dès le commencement de sa session, sur la proposition de Sieyès et de Thouret, elle chargea son comité de constitution de préparer un projet de loi à cet effet. Le comité se mit aussitôt à l'œuvre, et, présenta, en novembre 1789, un premier travail qu'il modifia et compléta sur les observations qui furent faites. Enfin, la nouvelle division territoriale, proposée par lui, fut adoptée par les décrets des 15 janvier, 16 et 26 février 1790, qui reçurent la sanction royale le 4 mars de la même année. En vertu de ces décrets, la France fut partagée en 83 Départements, chaque département en un certain nombre de Districts, qui varia de trois au moins à neuf au plus, chaque district en Cantons, et enfin chaque canton en Municipalités ou Communes. Quelques années après, la Constitution de l'an III (22 août 1795) supprima les districts; mais cet état de choses dura peu. Le Consulat, revenant au système de la Constituante, rétablit le district sous le nom d'Arrondissement communal, mais en donnant à celui-ci une plus grande étendue que n'avait eue le district, et en faisant du canton toute importance administrative. Depuis cette époque, la France est restée divisée en départements, arrondissements, cantons et communes. Le nombre des circonscriptions et les bases de l'administration départementale ont seuls varié. Ainsi, en ce qui concerne les départements, nous en comptions 83 en 1790; mais, à la suite des victoires de la République et de l'Empire, nous en eûmes 100 en 1801, et 130 en 1813. Les événements de 1814 et de 1815 nous en ayant enlevé 44, il ne nous en restait plus que 86. Si ce dernier nombre était supérieur à celui qui existait au commencement de la Révolution, on le devait à la réunion du Comtat Venaissin, qui, d'abord incorporé dans les Bouches-du-Rhône, fut plus tard (23 sept. 1791) érigé en d., celui de Vaucluse, et à la formation des départements de la Loire (19 nov. 1793) et du Tarn-et-Garonne (21 nov. 1808), faite aux dépens de celui de Rhône-et-Loire, pour le premier, et de ceux du Lot, du Gers, de la Haute-Garonne et du Lot-et-Garonne pour le second. Le nombre des départements fut porté à 89 par le sénatus-consulte du 12 juin 1860, en vertu duquel la Savoie, la Haute-Savoie et les Alpes-Maritimes ont été érigées en départements. La guerre de 1870 nous a enlevé 3 départements : le Bas-Rhin, le Haut-Rhin (à l'exception du territoire de Belfort), la Moselle presque entière et le tiers de la Meurthe. La France n'en compte plus actuellement que 86, non compris les 3 départements de l'Algérie. Ils sont partagés en 362 arrondissements, 2,865 cantons et 35,989 communes.

II. Historique. — A l'origine, l'administration de chaque d. fut confiée à une assemblée de 36 membres, appelée Administration du d., et élue, à la suite d'un double vote, par les citoyens actifs, c.-à-d. par tous les Français âgés de

25 ans, payant une contribution di ecto égale à quatre journées de travail, et domiciliés dans leur canton depuis au
moins un an. Aussitôt installés, ces 36 membres élisaient
4 d'entre eux pour 4 ans. Ces 4 membres formaient le *Directoire du d.*; ils étaient chargés de l'administration active,
de l'expédition et de la suite des affaires, et résidaient au
chef-lieu pendant toute la durée de leur mandat. Les 32 autres
membres composaient le *Conseil du d.* Ce dernier se réunissait une fois chaque année; sa session durait un mois. Le
Conseil du d. avait dans ses attributions toutes ces branches
de l'administration; il avait même le droit de mettre sur
pied et de faire marcher la force armée, cumulant ainsi, en
quelque sorte, les attributions qui sont aujourd'hui partagées
entre les préfets et les conseils généraux. Néanmoins, il ne
pouvait ni établir d'impôts, ni contracter d'emprunts sans le
consentement de la législature, ni entreprendre des travaux
extraordinaires, ni délibérer sur des affaires d'intérêt général
sans l'autorisation du roi. Enfin, il avait droit de surveillance
sur l'administration des districts qui, à l'exemple de celle
du d., comprenait un *Conseil* et un *Directoire*. A côté de
ces diverses assemblées, il y avait un agent appelé *Procureur
général syndic*, qui était spécialement chargé de suivre les
affaires et de veiller à l'exécution des résolutions des conseils.
Il était procédé à la nomination de cet agent comme pour les
membres de l'administration départementale. Ainsi qu'il est
facile de le comprendre, les départements étaient, par le fait,
à peu près indépendants, et le pouvoir central était dans l'impossibilité de leur donner une impulsion commune et de les
faire agir dans des vues d'ensemble. Les vices de ce système
devinrent surtout évidents pendant la guerre civile. quand on
vit, sur plusieurs points de la France, les administrations
départementales voter des impôts, lever des troupes, suspendre les arrêtés des représentants du peuple, et même
annuler les lois. Afin de détruire le mal, la Convention, par
son décret du 14 frim. an II (4 déc. 1793), dépouilla les administrations de département de leurs plus importantes attributions, et les transporta aux municipalités et aux administrations de district. Enfin, elle réduisit à 2 ans la durée de leurs
fonctions, et créa, pour les surveiller, des *Agents nationaux*,
dont elle se réserva la nomination exclusive. La Constitution
de l'an III remplaça l'Administration du d. par une *Administration centrale* composée de 5 membres élus pour
5 ans, et supprima l'Administration du district, dont elle
transmit les pouvoirs à une *Administration municipale du
canton*, formée de la réunion des maires, ou, comme on disait
alors, des *Agents municipaux des communes* composant le
canton. Ces deux assemblées avaient, dans leurs attributions,
la répartition des impôts et l'administration. Il leur était
interdit de s'immiscer dans les fonctions judiciaires ou législatives, et de correspondre entre elles sur des matières d'intérêt général. L'élection de leurs membres se faisait à deux
degrés, comme en 1790; seulement le cens électoral et le cens
d'éligibilité étaient plus élevés. Enfin, il y avait, auprès de
chaque Administration centrale ou cantonale, un *Commissaire*
nommé par l'État, qui devait veiller à l'exécution des lois,
assister aux séances des assemblées, prévenir les troubles
civils, et donner son avis sur toutes les affaires. Les administrations cantonales étaient soumises aux administrations centrales, qui dépendaient elles-mêmes des ministres. Ceux-ci
avaient le pouvoir de les suspendre quand elles prévariquaient,
d'annuler ceux de leurs arrêtés qui étaient contraires aux
lois, de révoquer les administrateurs et de les traduire devant
les tribunaux. Le nouveau système, quoique bien supérieur
aux précédents, présentait encore l'inconvénient de livrer le
pouvoir exécutif à des assemblées délibérantes. D'un autre
côté, la multiplicité et le trop grand éloignement des cantons
rendaient très difficile la surveillance de leur administration, et
ces circonscriptions cantonales étaient en outre si peu étendues qu'il était rare d'y trouver un nombre suffisant d'hommes assez éclairés pour remplir les fonctions administratives.
De tous ces faits on conclut qu'il était nécessaire de rétablir
les districts et d'isoler complètement l'autorité exécutive du
pouvoir délibérant. En conséquence, la constitution de l'an VIII,
comme on l'a déjà vu, fit revivre les districts sous le nom
d'*Arrondissements*. Enfin, la loi du 28 pluv. de la même
année (17 fév. 1800) mit à la tête de chaque d. : 1° un
Préfet, agent actif et représentant immédiat du gouvernement; 2° un *Secrétaire général de préfecture*, chargé plus
spécialement de la direction et de la surveillance du travail
des bureaux; 3° un *Conseil général*, ayant pour fonctions de
délibérer sur les intérêts départementaux. Dans l'arrondissement, l'administration active fut confiée à un *Sous-Préfet*,
agissant sous les ordres du préfet, et un *Conseil d'arrondis-

sement* eut pour mission d'émettre des vœux et de délibérer
sur les intérêts de l'arrondissement. Dans la commune,
l'agent actif fut le *Maire*, et le corps délibérant, le *Conseil
municipal*. Quant au canton, il perdit toute importance
administrative, et ne fut conservé que comme circonscription
judiciaire, mais pouvant cependant servir quelquefois pour
certaines opérations de l'ordre administratif ou militaire
(tirage au sort, élections, etc.). Enfin, une sorte de tribunal,
dit *Conseil de préfecture*, fut institué au chef-lieu départemental pour juger le contentieux administratif. Le système
institué par la loi du 28 pluv. an VIII nous régit encore aujourd'hui, sauf un certain nombre de modifications secondaires qui y ont été introduites depuis.

III. *Du département.* — Le d. est la circonscription
fondamentale de l'administration française. Quelques services
spéciaux ont, il est vrai, une autre base, mais le plus souvent
cette diversité n'est qu'apparente. Ainsi, les divisions militaires ne se composent pas de territoires appartenant à
divers départements, mais de groupes de départements entiers.
Il en est de même des ressorts des Cours d'appel, des Académies universitaires, etc. Il y a, dans chaque d. une Direction
de l'Enregistrement et des Domaines, une Direction des
Contributions indirectes, une Recette générale des finances,
un Payeur du Trésor, un Ingénieur en chef des ponts et
chaussées, un Général de brigade, un Sous-Intendant militaire, une Cour d'assises. On trouve encore, dans les départements où cela est nécessaire, un Ingénieur en chef des
mines, un Conservateur des eaux et forêts, un Directeur des
douanes, etc. — Chaque d. constitue un être moral, une personne civile. En conséquence, il peut acquérir, posséder,
aliéner; en un mot, il a tous les droits inhérents à la qualité
de propriétaire.

1° *Propriétés départementales.* — Elles sont immobilières ou mobilières. Les premières, qui sont de beaucoup les
plus importantes, se divisent en deux classes : la première
comprend les immeubles affectés aux divers services déclarés
obligatoires par la loi; à cette catégorie appartiennent les
bâtiments destinés aux bureaux des préfectures et sous-préfectures, à l'habitation des préfets et sous-préfets, à la tenue
des cours d'assises et des tribunaux civils, au casernement de
la gendarmerie, etc.; les prisons et maisons d'arrêt départementales, les routes départementales, les palais épiscopaux et
archiépiscopaux, etc. Les propriétés de la deuxième classe
ont une utilité beaucoup plus restreinte et leur possession est
purement facultative; ce sont le plus souvent des pépinières,
des fermes-modèles, des sources thermales, des monuments
historiques, des bâtiments autrefois utilisés et actuellement
sans emploi, etc. Les propriétés mobilières comprennent le
matériel de bureau et autre qui se trouve dans les diverses
catégories d'édifices départementaux, et les droits dits *incor-
porels*, tels que les droits de péage que les départements
sont autorisés à percevoir pour la construction ou l'entretien
des voies de communication.

La propriété départementale se forme par des acquisitions,
des échanges ou des aliénations; mais il faut que chacun de
ces actes soit précédé d'une délibération du Conseil général.
Elle peut encore provenir de legs ou de donations; mais, dans
ce cas, il est indispensable que la libéralité ne présente aucun
caractère litigieux. Ces libéralités doivent être acceptées par
le Conseil général, et provisoirement par le préfet; en outre,
dans tous les cas où la libéralité donne lieu à des réclamations de la part des héritiers du sang, la délibération prise
par le Conseil général à ce sujet est soumise à l'approbation
du gouvernement, qui prononce sous forme de décret, le Conseil d'État entendu.

2° *Budget départemental.* — Aux termes de la loi du
10 août 1871 (titre V) le projet de budget départemental est
préparé et présenté par le préfet qui est tenu de le communiquer à la commission départementale (Voy. plus loin) avec
les pièces à l'appui dix jours au moins avant l'ouverture de
la session d'août. — Le budget, délibéré par le Conseil général, est définitivement réglé par décret. — Il se divise en
budget *ordinaire* et en *budget extraordinaire*. Les recettes
du budget ordinaire se composent : 1° du produit des centimes additionnels ordinaires ou spéciaux ; 2° du revenu et du
produit des propriétés départementales; 3° du produit des
expéditions d'actes de la préfecture, du produit des droits de
péage; 4° de la subvention allouée par l'État et inscrite au
budget du ministère de l'Intérieur; 5° du contingent de l'État
ou des communes pour certains services spéciaux, tels que
celui des aliénés ou celui des enfants assistés. — Les dépenses
du budget ordinaire comprennent : 1° le loyer, le mobilier et
l'entretien des hôtels de préfecture et de sous-préfecture, du

local nécessaire à la réunion du conseil départemental d'instruction publique (Voy. INSTRUCTION *publique*) et du bureau de l'inspecteur d'académie; 2° le casernement ordinaire des brigades de gendarmerie; 3° le loyer, l'entretien, le mobilier et les menues dépenses des cours d'assises, tribunaux civils et tribunaux de commerce; 4° les frais d'impression et de publication des listes pour les élections consulaires; les frais d'impression des cadres pour la formation des listes électorales et des listes du jury; 5° les dépenses ordinaires d'utilité départementale; 6° enfin les dépenses imputées sur les centimes spéciaux (cadastre, chemins vicinaux, instruction primaire).

Budget extraordinaire. — Les recettes de ce budget se composent : 1° du produit des centimes extraordinaires; 2° du produit des emprunts, 3° des dons et legs; 4° du produit des biens aliénés; 5° du remboursement des capitaux exigibles et des rentes rachetées; 6° de toutes autres recettes accidentelles. — Les dépenses du budget extraordinaire comprennent toutes celles qui sont imputées sur les recettes énumérées ci-dessus.

Compte d'administration départemental. — Le compte d'administration par le département est présenté par le préfet au Conseil général : il doit avoir été communiqué à la commission départementale, avec les pièces à l'appui, dix jours au moins avant l'ouverture de la session d'août. Le Conseil général, après avoir débattu le compte présenté par le préfet, l'arrête provisoirement hors de la présence de ce dernier. Il adresse ses observations directement au ministre de l'intérieur, par l'intermédiaire de son président. Le compte est définitivement réglé par décret.

Les budgets et les comptes du département, après avoir été définitivement réglés, sont rendus publics par la voie de l'impression.

Les recettes des budgets départementaux sont recouvrées par les agents ordinaires des contributions directes. Quant aux dépenses, les crédits nécessaires pour les couvrir sont mis à la disposition des préfets au fur et à mesure des besoins par des ordonnances de délégation émanées du ministère de l'intérieur.

IV. *Du préfet.* — Le préfet est le premier fonctionnaire du d. Il est nommé par le chef de l'État, sur la proposition du ministre de l'intérieur. Un décret portant la date du 22 mars 1887 réglemente les classes personnelles des préfets, sous-préfets, etc., et prévoit pour ces fonctionnaires des augmentations de traitement sur place. A ce point de vue, les préfectures sont divisées en trois classes et les traitements qui y correspondent sont de 35,000 fr., 24,000 fr. et 18,000 fr. (Décret du 23 déc. 1872).

Les attributions du préfet sont très nombreuses. En effet, ce fonctionnaire peut être considéré comme agent du pouvoir exécutif, comme administrateur des intérêts départementaux, comme tuteur des communes, et enfin comme juge.

1° Comme agent du gouvernement, le préfet étend son action sur tous les services publics sans exception. Il prend les mesures nécessaires pour assurer l'exécution des lois et règlements; il recueille et transmet au pouvoir central les renseignements propres à éclairer sa marche, et lui signale les améliorations ou les réformes qu'il serait utile d'introduire dans les différentes branches de l'administration; il donne son avis et fournit les explications sur toutes les réclamations adressées à l'autorité supérieure; il annule ou modifie les actes accomplis par les agents administratifs quand il les croit contraires aux lois ou à ses propres instructions. Bien qu'il dépende spécialement du ministre de l'intérieur, son chef hiérarchique, le préfet relève également de tous les ministres et correspond directement avec eux. Seul administrateur de l'administration dans le d., il a le droit, en cas d'urgence et dans des circonstances graves, de statuer provisoirement, même dans les cas qui sont de la compétence exclusive des ministres et du chef de l'État, et ses arrêtés sont forcément exécutoires. Dans les matières de sa compétence, il agit avec la liberté la plus entière, et il n'est pas tenu de justifier des motifs qui l'ont déterminé; il a la délégation spéciale pour chacun de ses actes. Ces matières sont beaucoup trop nombreuses pour que nous puissions les énumérer; il nous suffira de dire que le préfet nomme directement, sur la présentation des chefs de service, les titulaires d'un grand nombre de fonctions énumérées dans les décrets du 25 mars 1852 et du 13 avril 1861, dits de *décentralisation*; de plus, c'est le préfet qui désigne les titulaires de débits de tabacs dont le produit ne dépasse pas 1,000 francs. (débits de 2° classe). — En matière d'ordre public, le préfet a le droit de réquérir la force pour repousser les malfaiteurs, dissiper les séditieux, ou assurer l'exécution des lois. C'est également dans l'intérêt de l'ordre public qu'il délivre les permis de chasse, autorise l'ouverture des théâtres, etc.

— Le préfet représente l'État comme partie civile devant les tribunaux civils et administratifs. Sous ce rapport, il est soumis à toutes les règles et déchéances de la procédure ordinaire; néanmoins il est dispensé de constituer avoué, et fait présenter ses moyens et ses conclusions par le ministère public. — Les arrêtés des préfets agissant en qualité de représentants de l'État sont susceptibles de recours, soit devant le ministre, soit devant le Conseil d'État. Pour en appeler au ministre, il n'y a pas, du moins en général, à se préoccuper de la nature de la question tranchée par l'arrêté préfectoral, le ministre pouvant toujours réformer l'acte de son subordonné. Le recours devant le Conseil d'État peut toujours avoir lieu pour incompétence ou excès de pouvoir. Il y aurait excès de pouvoir, par exemple, dans le cas où le préfet aurait négligé de demander l'avis du conseil de préfecture, quand il y est obligé par la loi.

2° Comme administrateur des intérêts départementaux, le préfet passe tous les contrats concernant la gestion des biens du d., signe les baux de location des édifices nécessaires aux divers services départementaux, quand le d. ne les possède pas en propre, de même que ceux des propriétés départementales qui, n'appartenant pas à l'un des services obligatoires, peuvent être données à loyer: intente et soutient les actions du d. en vertu des délibérations du Conseil général, dans les circonstances ordinaires, mais de sa propre autorité, sauf à rendre compte à la commission départementale, quand il y a urgence ou utilité à agir promptement. Enfin, il est chargé de préparer le budget départemental, de le présenter à l'approbation du Conseil général, et de faire exécuter, en se conformant aux lois et règlements en vigueur, les délibérations de cette assemblée.

3° Les attributions du préfet comme tuteur des communes, étendues par les décrets de 1852 et de 1861, ont été notablement restreintes par les lois des 24 juillet 1867 et 5 avril 1884. Mais nous n'en parlerons qu'en traitant de notre système municipal.

4° Dans certains cas, le préfet statue plutôt comme juge que comme administrateur. C'est ce qui a lieu, par ex., en matière de demande d'autorisation d'établissements insalubres des deux premières classes (voy. ÉTABLISSEMENTS *insalubres*), de contraventions aux lois et règlements sur les mines, d'interdiction des fabriques de sel marin fondées sans autorisation préalable.

V. *Du Conseil général.* — Ce Conseil se compose d'autant de membres qu'il y a de cantons dans le d. Chaque canton du d. élit un membre au conseil général. Les *conseillers généraux* sont élus à la commune, sur les listes dressées pour les élections municipales; ils sont nommés pour 6 ans, renouvelés par moitié tous les 3 ans et indéfiniment rééligibles. Pour réunir les conditions d'éligibilité, il suffit d'être électeur, d'avoir 25 ans accomplis et d'être domicilié dans le d., ou du moins d'y payer une contribution directe. — Les conseils généraux ont chaque année deux sessions ordinaires, l'une commençant de plein droit le lundi qui suit le 15 août, l'autre s'ouvrant au jour fixé par le Conseil général dans la session du mois d'août précédent. Les Conseils généraux peuvent être réunis extraordinairement : 1° par décret du chef du pouvoir exécutif; 2° si les deux tiers des membres en adressent la demande au président. — Les séances des Conseils généraux sont publiques. Néanmoins, sur la demande de vingt membres, du président et du préfet, le Conseil général, par assis et levé, sans débats, décide s'il se formera en comité secret. — Les délibérations ne sont valables que si la moitié plus un des membres qui composent l'assemblée est présente. — Tout acte et toute délibération d'un Conseil général relatifs à des objets qui ne sont pas légalement compris dans ses attributions sont nuls et de nul effet. Il en est de même de toute délibération prise hors des réunions du Conseil, prévues ou autorisées par la loi. — Pendant les sessions de l'Assemblée nationale, la dissolution d'un Conseil général ne peut être prononcée par le chef du pouvoir exécutif que sous l'obligation expresse d'en rendre compte à l'Assemblée. En ce cas, une loi fixe la date de la nouvelle élection et décide si la commission départementale (voir plus loin) doit conserver son mandat jusqu'à la réunion du nouveau Conseil général, ou autorise le pouvoir exécutif à en nommer provisoirement une autre. Dans l'intervalle des sessions de l'Assemblée nationale, le Chef du pouvoir exécutif peut prononcer la dissolution d'un Conseil général pour les causes spéciales fixées par la loi. Le décret de dissolution doit être motivé. Il ne peut jamais être rendu par voie de mesure générale. Ce décret convoque les électeurs du d. pour le 4° dimanche qui suit sa date. Le nouveau conseil se réunit de plein droit le 2° lundi après l'élection.

Les attributions des Conseils généraux ont été considérablement étendues par le décret de 1866 et surtout par la loi du 10 août 1871. On peut les diviser en délibérations, avis et propositions, réclamations et vœux.

A. *Délibérations*. — Parmi celles-ci, la loi distingue : 1° celles *qui sont exécutoires par elles-mêmes*, telles que celles qui portent sur la répartition des impôts directs, sur les centimes additionnels départementaux, sur certains emprunts départementaux, sur la révision des sections électorales, sur les chemins vicinaux de grande communication et d'intérêt commun, sur la nomination et la révocation des titulaires de bourses départementales, sur un grand nombre de questions intéressant les biens et les revenus du département, sur le service des enfants assistés ; 2° *celles qui ne sont exécutoires qu'après approbation* du pouvoir exécutif ou du pouvoir législatif, savoir : 1° les délibérations portant sur les impositions extraordinaires qui dépassent le maximum fixé annuellement par la loi de finances ; 2° celles qui concernent les emprunts départementaux remboursables dans un délai excédant 15 années ; 3° celles qui sont relatives aux dons et legs faits aux départements, mais seulement dans le cas où il y a opposition dans la famille ; 4° enfin, celles qui ont trait au budget départemental et au compte d'administration du préfet (Voy. plus haut).

B. *Avis et propositions*. — Le Conseil général est appelé à donner son avis sur les changements proposés à la circonscription du territoire du d., des arrondissements, des cantons, des communes et à la désignation des cfs-lieux ; sur les délibérations des conseils municipaux relatives aux octrois et aux bois communaux, etc. C'est sur la proposition du Conseil général que sont répartis les secours et subventions de l'État pour travaux des églises, construction d'écoles, établissements de bienfaisance, comices et associations agricoles.

C. *Réclamations et vœux*. — Des réclamations peuvent être adressées directement par le Conseil général au ministre compétent pour les questions intéressant spécialement le d. ; cette assemblée peut également émettre des vœux pour toutes les questions économiques et d'administration générale. Tous vœux politiques lui sont formellement interdits

Signalons en terminant deux attributions nouvelles conférées aux Conseils généraux par la loi du 15 fév. 1872 et la loi constitutionnelle du 24 fév. 1875. Aux termes de la première de ces lois, dans le cas où les Chambres viendraient à être illégalement dissoutes ou empêchées de se réunir, les Conseils généraux devraient s'assembler immédiatement, de plein droit, au chef-lieu de d., ou, au besoin, partout ailleurs dans le d. ; chaque Conseil aurait à pourvoir au maintien de l'ordre légal. Une assemblée composée de deux délégués par conseil se réunirait dans le lieu où se seraient rendus les membres du gouvernement légal et les députés qui auraient pu se soustraire à la violence. Cette assemblée aurait qualité pour prendre des mesures d'ordre général et pourvoir provisoirement à l'administration du pays tout entier. La seconde des attributions politiques conférées aux Conseils généraux consiste en ce que leurs membres font partie de l'assemblée chargée de procéder à l'élection des sénateurs.

D. *Conférences interdépartementales*. — La loi de 1871 accorde aux Conseils généraux le droit de provoquer entre eux, par l'intermédiaire de leurs présidents, une entente sur les intérêts communs à plusieurs départements, par ex. sur la construction d'une route ou d'un chemin de fer, sur la création d'universités, sur la création ou la suppression d'hospices d'aliénés ; les décisions qui sont prises dans les conférences instituées à cet effet ne sont exécutoires qu'après avoir été ratifiées par tous les Conseils généraux intéressés.

VI. *Commission départementale*. — La commission départementale, créée par la loi du 10 août 1871, se compose de membres du Conseil général choisis par leurs collègues ; elle a pour mission de remplacer le Conseil général dans l'intervalle des sessions ; ses réunions ont lieu une fois par mois au moins, aux époques et pour le nombre de jours qu'elle détermine elle-même, sans préjudice du droit qui appartient à son président et au préfet de la convoquer extraordinairement.

Le rôle principal de la commission départementale consiste à contrôler les actes du préfet en ce qui touche les intérêts du d. ; nous avons vu, par ex., que les comptes d'administration doivent lui être soumis par le préfet, ainsi que le projet de budget du d. De plus, la commission départementale prend des décisions, tantôt par délégation du Conseil général, tantôt en

vertu du pouvoir qui lui est directement conféré par la loi ; c'est ainsi qu'elle assigne à chaque membre du Conseil général le canton pour lequel il doit siéger dans le conseil de révision, répartit les subventions diverses portées au budget départemental et dont le Conseil général ne s'est pas réservé la distribution, fixe l'époque et le mode d'adjudication ou de réalisation des emprunts départementaux, lorsqu'ils n'ont pas été fixés par le Conseil général, prononce, sur l'avis des conseils municipaux, la déclaration en décharge ou de révision, répartit les subventions diverses portées au budget départemental et dont le Conseil général ne s'est pas réservé la distribution, fixe l'époque et le mode d'adjudication ou de réalisation des emprunts départementaux, lorsqu'ils n'ont pas été fixés par le Conseil général, prononce, sur l'avis des conseils municipaux, la déclaration de vicinalité, approuve le tarif des évaluations cadastrales, etc., etc. — La commission départementale donne son avis au préfet sur toutes les questions qu'il lui soumet ou sur lesquelles elle croit devoir appeler son attention dans l'intérêt du d. Le préfet est même, dans certains cas, tenu de prendre son avis. Enfin, la commission départementale fait au Conseil général des rapports et des propositions aux époques et dans les conditions indiquées par la loi du 10 août 1871.

VII. *Du Conseil de préfecture*. — Aux termes du décret du 28 mars-9 avril 1852, le nombre des membres de ce Conseil était fixé à 5 pour le département de la Seine, à 4 pour 22 départements, et à 3 pour tous les autres. La loi du 21 juin 1865 a maintenu ces trois divisions, mais en modifiant le nombre des conseillers ; d'après cette loi, le conseil de préfecture de la Seine comprend 7 membres, celui de 30 départements 4 membres, celui des autres, 3 membres. Ce nombre s'augmente par l'adjonction du préfet, à qui appartient la présidence et dont la voix est prépondérante en cas de partage. — Les conseillers de préfecture sont nommés par le chef de l'État ; les candidats à cet emploi doivent être âgés de 25 ans, être pourvus de la licence en droit ou avoir rempli pendant dix ans certaines fonctions d'ordre administratif ou judiciaire, ou avoir été pendant le même temps maires ou conseillers municipaux. Leur traitement est de 8,000 fr. dans la Seine, et de 2,000, 3,000 et 4,000 fr., suivant la classe, dans les autres départements.

Les Conseils de préfecture ont des attributions contentieuses ou consultatives. — Comme tribunaux administratifs, ils prononcent sur une multitude de matières, parmi lesquelles nous citerons les demandes en décharge ou réduction des cotes de contributions directes ; les réclamations relatives au classement des immeubles dans les opérations cadastrales ; les difficultés entre les entrepreneurs de travaux publics, concernant le sens ou l'exécution des clauses des marchés ; les demandes et contestations relatives aux indemnités dues aux particuliers à raison de terrains pris ou fouillés pour la construction des travaux publics ; les difficultés qui surviennent en matière de grande voirie ; les oppositions aux arrêtés autorisant l'établissement d'ateliers insalubres, les réclamations élevées au sujet des listes électorales ou des opérations électorales pour les conseils municipaux ou départementaux, les demandes en autorisation de plaider formées par les communes, les hospices, les établissements de bienfaisance, les paroisses, etc. ; les comptes des receveurs des communes, des octrois, des hospices et autres établissements de bienfaisance, etc. Dans toutes ces affaires, les décisions des Conseils de préfecture sont de véritables jugements ; elles en ont la forme et portent le nom d'*Arrêtés*. La jurisprudence administrative admet ordinairement l'opposition à celles de ces décisions qui ont été rendues par défaut. Quant aux arrêtés contradictoires, ils sont toujours passibles du recours au Conseil d'État, à moins que ce ne soit par l'interdise formellement. — Dans certaines affaires contentieuses, le Conseil de préfecture ne juge pas : il ne fait qu'assister le préfet, à qui la décision appartient exclusivement et qui est alors statuer en *Conseil de préfecture*. Ces affaires sont très nombreuses et nettement déterminées par la législation. Nous nommerons, à titre d'exemple, l'approbation du tarif des évaluations cadastrales, l'approbation des délibérations des conseils municipaux concernant l'aliénation de biens à affecter pour exécution de travaux publics, et l'approbation des transactions consenties sur des biens appartenant aux communes par des conseils municipaux.

VIII. *Des secrétaires généraux de préfecture*. — Depuis la loi du 21 juin 1865, il y a dans chaque préfecture un secrétaire général titulaire. Les secrétaires généraux sont nommés par le chef de l'État. Ils sont chargés de l'enregistrement et de la conservation des pièces, du contre-seing des ampliations des actes administratifs et de la surveillance des employés. Ils remplissent en outre les fonctions de ministère public auprès du conseil de préfecture. Lorsque le préfet s'absente, il peut se faire représenter par le secrétaire général.

IX. *Des sous-préfets*. — Les sous-préfets sont nommés par le chef de l'État. Ils ne sont soumis à aucune condition spéciale de grade. Sous le rapport du traitement, ils sont rangés en trois classes : la 1re comporte un traitement de 7,000 francs, la seconde un traitement de 6,000 francs, la troisième un traitement de 5,000 francs. Ils peuvent d'ailleurs, comme les préfets, passer d'une classe inférieure à une classe supérieure sans changer de résidence. — Dans chaque d. les sous-préfets relèvent immédiatement du préfet, et ne peuvent communiquer directement avec l'autorité supérieure que dans les cas exceptionnels où cette autorité les y provoque elle-même. Ces fonctionnaires sont le plus souvent des agents de transmission, d'information, de surveillance et d'exécution ; cependant, dans trois cas, la loi leur reconnaît des attributions qu'ils remplissent sous leur propre responsabilité : 1° quand le préfet leur délègue expressément ses pouvoirs ; 2° quand il y a urgence ; 3° quand une loi ou un règlement leur confère une attribution propre en *matière administrative*, comme pour la légalisation des signatures de l'état civil, la délivrance des permis de chasse, l'approbation des budgets et comptes des bureaux de bienfaisance, l'acceptation des dons et legs de 3,000 fr au maximum faits à ces établissements ; *en matière contentieuse* : 1° au sujet des demandes d'autorisation des établissements incommodes et insalubres de la 3e classe ; 2° sur les difficultés relatives à la perception des droits d'octroi et de navigation intérieure.

X. *Du Conseil d'arrondissement.* — Ce Conseil se compose d'autant de membres qu'il y a de cantons dans l'arrondissement, sans que le nombre de ces membres puisse être au-dessous de 9. Les *Conseillers d'arrondissement* sont élus, dans chaque canton, par les citoyens inscrits sur les listes dressées pour les élections municipales. Leur mandat dure 6 ans, mais on les renouvelle par moitié tous les 3 ans. Ils ont régulièrement une session annuelle qui se divise en deux parties, l'une qui précède, et l'autre qui suit la session du Conseil général. Dans la première, le Conseil d'arrondissement *délibère* sur les réclamations relatives à la fixation du contingent des contributions directes fixé pour l'arrondissement, ainsi que sur les demandes en réduction de contributions formées par les communes. Il donne en même temps son avis sur tous les objets intéressant directement l'arrondissement, particulièrement sur les changements de circonscription, la direction et le classement des chemins vicinaux de grande communication, l'établissement, la suppression ou le changement des foires et marchés, les réclamations concernant la part contributive des communes respectives pour les travaux intéressant plusieurs communes, etc. Enfin, il émet, s'il y a lieu, son opinion sur l'état et les besoins des différentes parties des services publics. Dans la seconde partie de sa session, le Conseil répartit entre les communes le contingent des contributions directes, mais en se conformant aux décisions prises par le Conseil général. Si, pour une cause quelconque, il ne faisait pas cette répartition, le préfet y pourvoirait d'office en prenant pour base la répartition précédente.

XI. *Régime exceptionnel.* — L'établissement à Paris du siège du gouvernement central de la France, et la nécessité de pourvoir à la sûreté d'une capitale de deux millions et demi d'habitants ont fait placer le d. de la Seine sous un régime exceptionnel. Le d. de la Seine a deux préfets, le préfet de la Seine et le préfet de police : les attributions de ce dernier constituent un démembrement de celles du premier, ainsi que nous le verrons au mot POLICE. Le Conseil général du d. se compose des membres du Conseil municipal de Paris et de huit membres élus par le reste du d. Il n'existe pas, comme dans les autres départements, de commission départementale. De plus, le Conseil général de la Seine n'est élu que pour quatre ans, mais il se renouvelle intégralement ; enfin la capitale, le terme d'*Arrondissement* s'applique à une circonscription purement municipale. — La ville de Lyon est soumise à un régime exceptionnel analogue ; mais il ne peut entrer dans notre plan d'exposer en détail ces dérogations au système commun. — Voy. MUNICIPAL.

DÉPARTEMENTAL, ALE. adj. Qui appartient, qui a rapport au département. *Administration départementale.*

DÉPARTEUR. s. m. T. Mét. Ouvrier qui fait le départ des métaux.

DÉPARTIE. s. f. (R. *départ*). Départ, séparation. *Cruelle d. Vx.*

DÉPARTIR. v. a. (lat. *partiri*, partager). Distribuer, partager. *D. des grâces, des faveurs. Cela a été départi entre tous les habitants. La nature lui avait départi les*

plus belles qualités, l'avait doué des plus belles qualités. || T. Prat. *D. des causes*, Partager des procès entre les juges et leur distribuer les pièces qui en dépendent. || T. Vener. *D. les quêtes*, Assigner à chaque veneur la partie de forêt où il doit quêter. || T. Métallurg. Faire le départ des métaux. *D. l'or.* ⸗ SE DÉPARTIR. v. pron. Se désister. *Il s'est départi de sa demande, de ses prétentions. C'est une opinion dont il ne veut pas se d.* || S'écarter. *Se d. de son devoir. Il s'est tracé une règle de conduite dont il ne veut pas se d. Je ne me départirai jamais du respect que je lui dois.* ⸗ DÉPARTI, IE. p. ⸗ Conj. Voy. PARTIR.

DÉPARTITEUR. s. m. Celui qui départage ; qui fait cesser le partage.

DÉPASSEMENT. s. m. Action d'excéder. *D. de crédit.*

DÉPASSER. v. a. (R. *passer*). Aller plus loin, aller au delà. *D. les limites, le but. J'avais dépassé l'endroit où je voulais m'arrêter.*← Fig., *D. les instructions qu'on a reçues. D. ses pouvoirs. Le succès dépassa mes espérances.* || Devancer, laisser derrière soi, en allant plus vite. *Son cheval eut bientôt dépassé le mien.* — Fig., *Ce jeune homme aura bientôt dépassé tous ses condisciples.* || En parlant des dimensions des choses, Excéder. *Votre jupon dépasse votre robe. Cette montagne dépasse de beaucoup celles qui l'environnent.* Absol., *Votre jupon dépasse.* || Retirer un ruban, un cordon, qui était passé dans une boutonnière, un œillet, une coulisse, etc. *D. un ruban, un lacet, etc.* || T. Mar. *D. les mâts de hune ou de perroquet*, les descendre sur le pont. *D. un câble*, En faire sortir le bout par son écubier. *D. le lit du vent*, Avoir le vent du côté contraire au virement. *D. le tournevire*, Le changer de bord. ⸗ SE DÉPASSER. v. pron. *Les deux chevaux se dépassèrent l'un l'autre à plusieurs reprises.* ⸗ DÉPASSÉ, ÉE. part.

DÉPASSIONNER. v. a. [Pr. *dépa-sio-ner*] (R. *passion*). Effacer les traces d'une passion.

DÉPÂTISSER. v. a. (R. *pâte*). T. Imp. Distribuer les caractères d'imprimerie mêlés, mis en pâte.

DÉPATRIÉ, ÉE. adj. Qui n'a plus de patrie, qui a changé sa patrie. || s. *Un d.*

DÉPAVAGE. s. m. Action de dépaver.

DÉPAVER. v. a. (R. *paver*). Arracher, ôter le pavé qui est en place. *On dépave la rue. Faire d. une cour. Le torrent a dépavé la route.* ⸗ DÉPAVÉ, ÉE. part.

DÉPAYSEMENT. s. m. [Pr. *dépé-i-seman*]. Action de dépayser, changement d'habitude.

DÉPAYSER. v. a. [Pr. *dépé-i-zer*] (R. *de*, et *pays*). Faire sortir quelqu'un de son pays ou du lieu qu'il habite, afin de changer ses habitudes, de rompre ses relations, etc. *Si vous voulez qu'il rompe avec ses mauvaises connaissances, il faut le d.* || Dérouter. Au prop., *j'étais si dépaysé que je ne sus pas retrouver seul mon chemin.* — Fig. et fam., *Il essaya, en changeant l'entretien, de me d. ; mais je connaissais fort bien la matière sur laquelle il m'entreprit.* — Fig. et fam., Donner le change sur quelque chose. *Au moyen de cette fausse confidence, elle dépaysa son jaloux.* ⸗ SE DÉPAYSER. v. pron. Quitter son pays, ou le lieu dans lequel on a longtemps habité. *Il y a longtemps que cette famille s'est dépaysée.* ⸗ DÉPAYSÉ, ÉE. part. || Fig. et fam., *Être, se trouver dépaysé dans une société*, Y rencontrer un grand nombre de personnes qu'on ne connaît pas ; se trouver dans une société différente de celle que l'on fréquente habituellement.

DÉPEÇAGE. s. m. Action de dépecer les vieux bateaux.

DÉPÈCEMENT. s. m. Action de dépecer.

DÉPECER. v. a. (R. *pièce*). Couper en morceaux. *D. de la viande. D. une volaille. D. un vieux bateau. D. des hardes.* || T. Techn. Action chez les gantiers de diviser, d'étirer les peaux dans tous les sens. ⸗ DÉPECÉ, ÉE. part.

Conjug. — *Je dépèce ; nous dépeçons. Je dépeçais ; nous dépecions. Je dépeçai ; nous dépeçâmes. Je dépècerai ; nous dépècerons. Je dépècerais ; nous dépècerions.* — *Dé-*

pèce ; *dépeçons.* — *Que je dépèce ; que nous dépecions. Que je dépeçasse ; que nous dépeçassions.* — *Dépeçant.*

DÉPECEUR. s. m. Ouvrier qui met en pièces les vieux bateaux.

DÉPÊCHE. s. f. (R. *dépêcher*). Se dit des instructions, des ordres que transmet ou reçoit une personne publique. Les *dépêches d'un ministre, d'un ambassadeur. Envoyer, expédier, porter, recevoir, intercepter une d., des dépêches.* || Avis qu'une personne quelconque transmet à une autre, au moyen d'un courrier spécial, du télégraphe, etc. *Il vient de recevoir une d. télégraphique qui lui annonce la mort de son père.* || Fam., se dit, au plur., des lettres que les négociants et les banquiers écrivent, chaque ordinaire, à leurs correspondants. *Avez-vous terminé vos dépêches ?* || D. *chiffrée,* D. écrite en caractères convenus connus seulement des deux correspondants. Voy. CRYPTOGRAPHIE.

DÉPÊCHER. v. a. (bas-lat. *dispedicare,* débarrasser ; de *pedica,* piège. Voy. EMPÊCHER). Expédier quelqu'un, l'envoyer en diligence porter un ordre, un avis, une réponse, etc. *D. un courrier en Italie, à Madrid, vers un prince, à un général. Cet homme attend réponse, il faut le d. promptement.* Absol., *On a dépêché à Rome.* || Faire promptement, hâter. *Il faut d. cette besogne.* Absolum., *Allons dépêchons.* Fam. — Prov., *Travailler à dépêche compagnon, Travailler vite, promptement, sans souci de l'ouvrage lui-même.* On dit aussi, *C'est un ouvrage fait à dépêche compagnon,* Fig. et prov., *Se battre à dépêche compagnon, Se battre sans quartier.* || Fig. et fam., D. *quelqu'un,* S'en défaire en le tuant. — Par plaisant., on dit d'un mauvais médecin qu'il *a dépêché bien des malades.* = SE DÉPÊCHER. v. pron. Se hâter. *Allons, qu'on se dépêche. Dépêchez-vous. Ils se sont bien dépêchés.* = DÉPÊCHÉ, ÉE. part. = Syn. Voy. ACCÉLÉRER.

DÉPEINDRE. v. a. (lat. *depingere,* de *de* et *pingere,* peindre). Décrire et représenter par le discours. *D. une scène, une situation, le caractère de quelqu'un. On lui a parfaitement dépeint le personnage. D. la vertu avec tous ses charmes.* = DÉPEINT, EINTE. p. = Conj. Voy. PEINDRE.

DÉPELOTONNER. v. a. [Pr. *dépelo-to-ner*]. Défaire un peloton.

DÉPENAILLÉ, ÉE. adj. [Pr. *dé-pe-na-llé,* ll mouillées]. (lat. *de,* et vx fr. *pane* ou *penc,* drap, étoffe). Déguenillé, couvert de haillons. Fam. — Par exag., se dit d'une personne mise avec une telle négligence que les différentes parties de son habillement ne paraissent pas tenir ensemble. Fam. || Fig. et fam., *Visage d., figure dépenaillée,* Visage flétri, défait.

DÉPENAILLEMENT. s. m. [Pr. *dé-pe-nâ-lle-man,* ll mouillées]. État d'une personne ou d'une chose dépenaillée. Très fam.

DÉPENDAGE. s. m. T. Tiss. Opération qui a pour objet la séparation des maillons garnis des cordes auxquelles ils sont suspendus.

DÉPENDAMMENT. adv. [Pr. *dépan-da-man*]. D'une manière dépendante. *Cela se fera à la de telle chose.* Peu us.

DÉPENDANCE. s. f. (R. *dépendant*). État d'une personne qui dépend d'une autre. *Être dans la d., sous la d. de quelqu'un. Vivre dans la d. Tenir quelqu'un dans la d. Les enfants doivent demeurer dans la d. de leurs parents.* || T. Jurisp. féodale. Se disait des terres qui relevaient d'une autre terre. *Cette terre est de la d. de la mienne, de la d. d'un tel seigneur.* || Rapport de connexité, de liaison, qui existe entre certaines choses. *Ces phénomènes sont dans une d. mutuelle. L'étroite d. qui existe entre les diverses parties du corps, entre nos facultés.* || Se dit encore, surtout au plur., de tout accessoire d'une chose principale, de tout ce qui appartient ou a rapport à une affaire. *Ce jardin est une d. du château. Les écuries, le jardin et les autres dépendances. Vendre une terre avec toutes ses appartenances et dépendances. Je connais cette affaire et toutes ses dépendances.* || Nom donné aux colonies dans lesquelles le gouvernement de la mère patrie a laissé aux races indigènes la possession du sol.

DÉPENDANT, ANTE. adj. Qui dépend ; se dit des personnes et des choses. *Vous savez bien que vous êtes d. de lui. Cette affaire est dépendante de l'autre. La circulation et la respiration sont dépendantes l'une de l'autre.* || T. Jurisp. féod. *Un fief d.,* Qui relève d'un autre. || T. Mar. *Arriver en d.,* se dit d'un bâtiment sous voiles qui, se portant vers un objet quelconque, dirige sa course en inclinant peu à peu vers cet objet. On dit de même, *Venir, porter, gouverner en d.*

DÉPENDEUR. s. m. T. Pêche. Ouvrier qui dépend les harengs qui sont fumés.

DÉPENDRE. v. n. (lat. *dependere,* m. s., de *de,* et *pendère* [*e* long], être suspendu). Être assujéti, subordonné ; être sous l'autorité ou la domination de quelqu'un. *Les enfants dépendent de leurs parents. Les inférieurs dépendent de leurs supérieurs. Vous savez combien vous dépendez de lui. Il ne veut d. de personne. Ne d. que de soi.* || T. Dr. féodal. *Relever. Cette terre dépend de tel duché.* En Mat. bénéficiale, on dit dans un sens anal., *Ce prieuré, cette cure dépend de telle abbaye,* La nomination en appartient au titulaire de telle abbaye. || Se dit aussi des choses qui sont soumises à l'action, à l'influence d'autres choses, ou qui en résultent, qui en proviennent. *Cela dépendra des circonstances, de la manière dont vous vous conduirez. La réussite d'une affaire dépend souvent du hasard. Son avenir dépend de votre décision. La bonté des vins dépend du soleil, de la qualité du terroir, etc. L'effet dépend de la cause.* On dit encore qu'*une chose dépend de quelqu'un,* lorsqu'il est libre de la faire ou de ne pas la faire. *Cela ne dépend que de moi. Il dépend de vous de lui obtenir cette grâce.* || S'emploie en parlant des choses qui se rattachent à une autre comme accessoires, qui y appartiennent. *Ce bien dépend du château. Cette terre dépend de la succession. Cette commune dépend de tel arrondissement.*

DÉPENDRE. v. a. (R. *pendre*). Détacher ce qui était pendu. *D. un tableau.* = DÉPENDU, UE. part.

DÉPENDRE. v. a. (lat. *dependere,* m. s. de *de,* et *pendère* [*e* bref], payer). Dépenser. N'est plus usité que dans ces phrases prov. et fam. : *Qui bien gagne et bien dépend n'a que faire de bourse pour serrer son argent. Je suis à vous à vendre et à d.,* ou à *pendre et à d., Vous pouvez absolument disposer de moi.* On dit de même, *Ami à pendre et à d.* = DÉPENDU, UE. part.

DÉPENS. s. m. plur. (lat. *depensus,* dépensé, de *dependere,* dépenser). Ce qu'on dépense, les frais qu'on fait pour quelque chose. *Gagner ses d.,* se dit d'une personne qui nous rend des services équivalents à ce qu'elle nous coûte, ou de quelqu'un qui, dans une affaire, n'a fait que rentrer dans ses déboursés. — Fig. et fam., *Devenir sage à ses d., Apprendre une chose à ses d.,* à son détriment, par les sévères leçons de l'expérience. *Faire la guerre à ses d.* Faire dans l'exercice d'un emploi ou la poursuite d'une affaire des dépenses auxquelles on n'est pas obligé, et dont vraisemblablement on ne sera jamais remboursé. || *Aux d. de quelqu'un,* A ses frais. *Vivre aux d. d'autrui. S'enrichir aux d. du public. Vous serez obligé de le faire réparer à vos d. Tout flatteur vit aux dépens de celui qui l'écoute* (LA FONTAINE). — Fig., *Se divertir, s'amuser, rire aux d. de quelqu'un,* S'amuser en le tournant en ridicule, se moquant de lui. — Fig., *Aux d. d'une chose,* Au détriment ou par la perte, par le sacrifice de cette chose. *Faire quelque chose aux d. de son honneur, de sa réputation, de sa conscience. S'il acquis quelque célébrité, c'est aux d. de son repos. Sauver quelqu'un aux d. de sa propre vie, aux d. de ses jours.*

Législ. — Frais occasionnés par une poursuite judiciaire ; les dépens comprennent, outre les frais des actes judiciaires ou extrajudiciaires faits à la requête des deux parties, les droits de timbre, greffe, enregistrement, et les honoraires des officiers ministériels au tarif fixé par les règlements. En principe, c'est la partie qui succombe qui paie les dépens ; mais les juges sont autorisés à les répartir entre les deux parties, et même à les compenser, c.-à-d. à laisser à la charge de chacun des plaideurs les frais qu'il a faits, dans deux cas : 1° lorsque le procès a lieu entre conjoints, descendants, ascendants, etc. ; 2° lorsque les deux parties succombent respectivement sur quelques chefs. Le juge peut aussi *distraire les d.* au profit de l'avoué, c.-à-d. lui attribuer directement le bénéfice de la condamnation aux d., lorsqu'il affirme, lors du prononcé du jugement, qu'il a fait la plus grande partie des avances.

Le tribunal peut aussi ordonner qu'il sera fait *masse des d.* pour être dépensés par moitié, par tiers, etc., par telle ou telle partie. Les d. sont dits *réservés*, lorsque le juge remet à prononcer à leur sujet, après que le fond sera jugé. La *Taxe des d.*, soit en matière civile, soit en matière criminelle, est soumise à un *tarif* et à des règlements qui déterminent ce qui est relatif à leur liquidation et à la manière d'y procéder.

DÉPENSABLE. adj. Qui peut être dépensé.

DÉPENSE. s. f. (lat. *depensum*, sup. de *dependere*, dépenser). L'argent qu'on emploie à une chose quelconque. *Faire une grande d., une d. extraordinaire. Se livrer à de folles dépenses. Sa d. est excessive. Il ne regarde pas à la d. D. de bouche. Il fournit à la d. du ménage. Notre d. se monte à tant. Les dépenses publiques. Le budget des dépenses. — Faire la d.,* Être chargé du détail de ce qui se dépense dans un ménage. *Faire de la d.,* Faire beaucoup de d. *Se mettre en d.,* Faire une d. qui n'est pas ordinaire. *Forcer la d.,* Porter la d. plus haut qu'elle n'aurait dû aller, ou la donner comme plus grande qu'elle n'est en réalité. || La note, le compte où se trouve porté en détail ce qui a été dépensé. *Porter une somme, un article en d. Passer en d. Cela est alloué dans la d. La d. excède la recette.* || Fig. et fam., L'emploi importun ou inutile qu'on fait de son esprit, de sa science, de son temps, etc. *Vous avez fait inutilement une grande d. d'esprit. C'est faire en pure perte une grande d. de temps.*

Et ne pas vous mettre en dépense,
Pour ne me donner que l'espoir.

(MOLIÈRE. — Sonnet d'Oronte dans le *Misanthrope*.)

Le lieu où, dans un château, une communauté, un collège, etc., l'on reçoit et l'on distribue les objets en nature, où se fait le paiement des journaliers et des fournisseurs, etc. — Dans les maisons particulières, le lieu où l'on serre les provisions et différents objets à l'usage de la table. — Dans les vaisseaux, le lieu où l'on distribue les vivres. On dit aujourd'hui *Cambuse.* || T. Méc. *D. d'eau ou de vapeur,* La quantité d'eau ou de vapeur employée comme force motrice pour produire un effet déterminé. La *D. d'un courant d'eau* est la masse fluide qui passe par une de ses sections dans un temps déterminé.

Fin. — *Dépenses publiques.* — La question des dépenses publiques est à la fois une question économique et une question politique. En effet, la science économique a simplement à considérer ces dépenses au point de vue de leur emploi, tandis que c'est à la science politique qu'il appartient de dire quelles sont les dépenses dont un gouvernement doit être chargé. Plusieurs économistes, même parmi les plus éminents, sont assurément allés trop loin, en prétendant que les seules dépenses publiques légitimes sont celles qui ont trait à la police et à la justice : car c'est affirmer que l'État n'a d'autres fonctions à remplir que celles d'empêcher ou de réprimer la violation des droits d'un citoyen par un autre. Au reste, quelque opinion que l'on professe au sujet des fonctions gouvernementales, il faut bien reconnaître que les habitudes d'un pays, que les traditions d'un peuple, que certaines nécessités dérivées des circonstances intérieures ou extérieures, doivent exercer une influence considérable sur le rôle de l'État, sur le nombre et l'étendue de ses attributions, et, par conséquent, sur le chiffre des dépenses publiques.

La question politique écartée, la science économique ne saurait poser, à propos des dépenses publiques, des règles différentes de celles qui s'appliquent aux dépenses privées. « Si les dépenses publiques, dit J.-B. Say, affectent la somme des richesses précisément de la même manière que les dépenses privées, les mêmes principes d'économie doivent présider aux unes et aux autres. Il n'y a pas plus deux sortes d'économie qu'il n'y a deux sortes de probité, deux sortes de morale. Si un gouvernement comme un particulier fait des consommations desquelles il doive résulter une production de valeur supérieure à la valeur consommée, ils exercent une industrie productive; si la valeur consommée n'a laissé aucun produit, c'est une valeur perdue pour l'un comme pour l'autre, bien qu'on se dissipant elle ait pu rendre le service qu'on en attendait. Les munitions de guerre et de bouche, le temps et les travaux des fonctionnaires civils et militaires qui ont servi à la défense de l'État n'existent plus, quoique ayant été parfaitement bien employés; il en est de ces choses comme des denrées et des services qu'une famille a consommés pour

son usage. Cet emploi n'a présenté aucun avantage autre que la satisfaction d'un besoin; mais si le besoin était réel, s'il a été satisfait aux meilleures conditions possibles, cette compensation suffit pour balancer, souvent même avec beaucoup d'avantage, le sacrifice qu'elle a coûté. Si le besoin n'existait pas, la consommation, la d., n'ont plus été qu'un mal sans compensation. Il en est de même des consommations de l'État; consommer pour consommer, dépenser par système, réclamer un service pour l'avantage de lui accorder un salaire, anéantir une chose pour avoir occasion de la payer, est une extravagance de la part d'un gouvernement comme de la part d'un particulier, et n'est pas plus excusable chez celui qui gouverne un État que chez le chef de toute autre entreprise. Un gouvernement dissipateur est même bien plus coupable qu'un particulier : celui-ci consomme les produits qui lui appartiennent, tandis qu'un gouvernement n'est pas propriétaire, il n'est qu'administrateur de la fortune publique. — Que doit-on penser des lois de certains auteurs qui ont voulu établir que les fortunes particulières et la fortune publique étaient de nature fort différente; que la fortune d'un particulier se grossissait à la vérité par l'épargne, mais que la fortune publique recevait, au contraire, son accroissement de l'augmentation des consommations; et qui ont tiré de là cette dangereuse et fausse conséquence, que les règles qui servent à l'administration d'une fortune privée et celles qui doivent diriger l'administration des deniers publics, non seulement diffèrent entre elles, mais se trouvent souvent directement opposées? »

« Les saines idées d'économie politique, continue Say, étaient encore tellement étrangères aux meilleures têtes, même dans le XVIIIᵉ siècle, que le roi de Prusse, Frédéric II, écrivait à d'Alembert pour justifier ses guerres : « Mes nombreuses armées font circuler les espèces et répandent dans « les provinces, avec une distribution égale, les subsides que « les peuples fournissent au gouvernement. » Non, les subsides fournis au gouvernement par les provinces n'y retournent pas. Que ces subsides soient payés en argent ou en nature, ils sont changés en munitions de guerre ou de bouche, et, sous cette forme, consommés, détruits par des gens qui ne les remplacent pas, parce qu'ils ne produisent aucune valeur. En effet, pour l'approvisionnement d'une armée, deux valeurs entrent dans les mains du gouvernement ou de ses agents : 1° la valeur des subsides payés par les sujets; 2° la valeur des approvisionnements procurés par les fournisseurs. Ceux qui fournissent la première de ces valeurs (les contribuables) ne reçoivent point de compensation; ceux qui fournissent la seconde (les fournisseurs) reçoivent une contre-valeur qui est leur paiement; mais cette contre-valeur ne suffit pas pour que l'on soit autorisé à dire que le gouvernement rend d'une main ce qu'il reçoit de l'autre, qu'il n'y a dans tout cela qu'une circulation, et que la nation n'a rien perdu. Ce que le gouvernement a reçu est égal à deux; ce qu'il a restitué est égal seulement à un. La perte de la seconde unité retombe sur le contribuable, et comme les fortunes réunies de tous les contribuables forment la fortune de la nation, celle-ci se trouve diminuée de tout le montant des consommations non productives faites par le gouvernement. »

Les dépenses publiques, en France, se sont accrues, depuis un demi-siècle, dans la proportion suivante :

1835.	1,047,207,660
1845.	1,398,486,967
1855.	2,075,948,746
1865.	2,138,623,033
1875.	3,441,010,358
1885.	3,686,821,070
1895.	3,423,908,036

(L'Algérie est comprise dans ce dernier chiffre pour 73,478,315.)

DÉPENSER. v. a. (R. *dépense.* L'ancienne forme de ce mot était *dépendre,* formé régulièrement de l'infinitif du verbe lat. *dependere.* Dépenser vient du supin *depensum,* par l'intermédiaire du substantif *dépense,* ce qui est dépensé). Employer de l'argent à quelque chose. *Il dépense tout son argent en futilités. Il dépense tant par an; D. des sommes folles. D. follement son argent. D. son bien mal à propos.* Absol., *Il aime à d.* || Fig., et fam., *Il a dépensé en pure perte beaucoup de paroles et beaucoup d'efforts. D. son temps, sa vie, ses loisirs, etc.* == DÉPENSÉ, ÉE. part. *Voilà de l'argent bien mal dépensé.*

DÉPENSIER, IÈRE. adj. (R. *dépense*). Qui dépense beaucoup, qui aime à dépenser beaucoup. *Il a une femme fort*

DÉP

dépensière. || Substantiv., *C'est un grand d., une grande dépensière.* = **DÉPENSIER.** s. m. (lat. *dispensare,* administrer et partager de l'argent). Celui qui, dans quelques communautés et dans certains établissements, tels que les collèges, est chargé du soin de la dépense commune. — *Le d. d'un vaisseau,* Celui qui distribue les vivres ; on dit maintenant *Cambusier.*

DÉPENSIF, IVE. adj. Coûteux ; qui cause de la dépense.

DÉPERDITION. s. f. [Pr. ...sion] (lat. *deperdere,* perdre entièrement, de *de,* et *perdere,* perdre). T. Méduc. Perte, diminution. *Cette diarrhée continuelle lui a causé une grande d. de forces. Il y a eu d. de substance.*

DÉPÉRIR. v. n. (lat. *deperire,* de *de,* et *perire,* périr). Perdre graduellement de sa vigueur, de sa force. *Il dépérit tous les jours. Sa santé dépérit à vue d'œil. Un arbre qui dépérit. Il laissa d. l'armée.* || Par anal., Se détériorer *Il laisse d. tous ses meubles. Cette maison dépérit faute d'entretien. Le commerce dépérit.* || Fig., *Les sciences, les lettres, les arts dépérissent. Ces créances dépérissent,* elles deviennent plus difficiles à recouvrer. Être en décadence, perdre de son lustre, de sa valeur, de son éclat. || T. Jurisp. *Les preuves dépérissent par la longueur du temps,* elles deviennent plus faibles parce que les témoins meurent. = **DÉPÉRI, IE.** part. *Sa santé est bien dépérie, a bien dépéri.*

DÉPÉRISSANT, ANTE. adj. Qui dépérit, qui est dans un état de dépérissement.

DÉPÉRISSEMENT. s. m. État de ce qui dépérit ou est dépéri. *Le d. du corps, de la santé. Le d. d'une plante. Le d. de ses meubles. Cette maison est dans un grand d. Le d. des effets d'une succession.* || T. Jurisp. *Le d. des preuves,* L'altération ou la perte de ce qui peut servir à constater un fait.

DÉPERSÉCUTER. v. a. Cesser de persécuter.

DÉPERSUADER. v. a. (R. *persuader*). Ôter à quelqu'un la persuasion où il est de quelque chose. *Il ne vous sera pas difficile de le d.* Fam. = **DÉPERSUADÉ, ÉE.** part.

DÉPÊTRER. v. a. (*de,* et vx fr. *pestrer,* qui vient du lat. *pastorium,* entrave qu'on met au cheval pour le faire paître, de *pastor,* pasteur. Voy. **EMPÊTRER**). Débarrasser, dégager. Au prop., ne se dit qu'en parlant des pieds. *J. un cheval qui s'est embarrassé dans ses traits.* || Figur. *On parvint à le d. de cet embarras.* = **SE DÉPÊTRER.** v. pron. Se dit au prop. et au fig. Se d. *d'un bourbier. C'est un homme dont il est difficile de se d. Il aura bien de la peine à se d. de cette affaire, à s'en d.* = **DÉPÊTRÉ, ÉE.** part.

DÉPÉTRIFIER. v. a. (R. *de,* et *pétrifier*). Faire sortir de la stupéfaction.

DÉPEUPLEMENT. s. m. Action de dépeupler, ou état d'un pays dépeuplé. *La guerre a été, chez tous les peuples, et dans tous les temps, une grande cause de dépeuplement.*

DÉPEUPLER. v. a. (R. *de,* priv., et *peuple*). Dégarnir d'habitants une ville, un pays, en diminuer considérablement le nombre. *La peste a dépeuplé cette province, cette ville.* — Se dit aussi des animaux qui se trouvent dans un endroit. *D. un canton de gibier. D. une garenne, un colombier, un étang.* || Fig., *D. une forêt, une pépinière,* En tirer une très grande quantité d'arbres ou de plants. = **SE DÉPEUPLER.** v. pron. *Cette ville commence à se d. Une garenne qui se dépeuple.* = **DÉPEUPLÉ, ÉE.** part. || adj.

Un être seul vous manque, et tout est dépeuplé.

LAMARTINE.

DÉPHLEGMATION. s. f. [Pr. ...sion]. Voy. **DÉFLEGMATION.**

DÉPHLEGMER. v. a. Voy. **DÉFLEGMER.**

DÉPHLOGISTIQUÉ, ÉE. adj. Ancien T. Chim. Qui a perdu son phlogistique. Dans la théorie du phlogistique, les oxydes

métalliques étaient considérés comme des métaux déphlogistiqués par la calcination ; la combustion en général était regardée comme une perte de phlogistique. L'oxygène s'appelait *Air d.* ; le chlore, *Acide marin d.,* etc. Voy. **PHLOGISTIQUE.**

DÉPHOSPHORATION. s. f. [Pr. ...sion] (R. *de,* et *phosphore*). Opération qui a pour but d'enlever le phosphore du fer ou de l'acier.

DÉPIÉÇAGE. s. m. Action de dépiécer.

DÉPIÉCEMENT. s. m. Action de dépiécer ; état d'une chose dépiécée.

DÉPIÉCER. v. a. (R. *pièce*). Démembrer. = **DÉPIÉCÉ, ÉE.** part.
Conjug. — *Je dépièce ; nous dépiéçons. Je dépiéçais ; nous dépiécions. Je dépiéçai ; nous dépiéçâmes. Je dépiécerai ; nous dépiécerons. Je dépiécerais ; nous dépiécerions.* — *Dépièce ; dépiéçons.* — *Que je dépièce ; que nous dépiécions. Que je dépiéçasse ; que nous dépiéçassions.* — *Dépiéçant.*

DÉPIÉTER. v. a. T. Techn. Cotonner le drap ; le rendre uni.

DÉPILAGE. s. m. T. Techn. Action de dépiler. Voy. **CUIR.** || T. Min. Enlèvement des piliers d'une couche exploitée et que l'on veut épuiser pour l'abandonner. Pour ce dernier cas, on dit aussi *Dépilement.*

DÉPILANT, ANTE. adj. Qui fait tomber les poils.

DÉPILATIF, IVE. adj. (R. *dépiler*). Qui fait tomber le poil, les cheveux.

DÉPILATION. s. f. [Pr. ...sion]. Action de dépiler ; le résultat de cette action.

DÉPILATOIRE. adj. 2 g. (R. *dépiler*). Qui sert à faire tomber le poil, les cheveux. *Préparation d.* || Subst. et au masc. *Appliquer un d.* — Voy. **COSMÉTIQUE.**

DÉPILEMENT. s. m. Voy. **CUIR.**

DÉPILER. v. a. (lat. *de,* et *pilus,* poil). Faire tomber les cheveux, les poils. *On dépile les peaux avant de les tanner.* = **SE DÉPILER.** v. pron. Perdre son poil. *Cet animal se dépile.* = **DÉPILÉ, ÉE.** part.

DÉPIOTER. v. a. Pop. Ôter la peau, l'épiderme, la surface d'une chose.

DÉPIQUAGE. s. m. (R. *dépiquer*). T. Agric. Opération par laquelle on fait sortir le grain de l'épi, en le faisant fouler par des animaux ou presser sous des rouleaux. Voy. **BATTAGE.**

DÉPIQUER. v. a. (R. *piquer*). Défaire les piqûres faites à une étoffe. *D. une courte-pointe.* || Figur. et famil., Ôter à quelqu'un l'humeur qu'il a de quelque chose. *Le gain de ce procès l'a un peu dépiqué de ses pertes.* Peu us. = **SE DÉPIQUER.** v. pron. Perdre sa mauvaise humeur. *Il commence à se d.* Fam. et peu us. = **DÉPIQUÉ, ÉE.** part.

DÉPIQUER. v. a. (R. *épi,* anc. *espic*). Fouler des gerbes pour séparer le grain de l'épi. *D. du blé.* = **DÉPIQUÉ, ÉE.** part. — Voy. **BATTAGE.**

DÉPISTER. v. a. (R. *piste*). T. Chasse. Découvrir à la piste. *D. un lièvre.* || Fig. et fam., Découvrir ce qu'on veut savoir, en épiant les démarches de quelqu'un. *On eut quelque peine à d. cet intrigant.* — Par ext., *D. une affaire, un secret.* Fam. = **DÉPISTÉ, ÉE.** part.

DÉPIT. s. m. (lat. *despectus,* mépris). Légère colère causée par un désappointement, une contrariété. *Elle en eut beaucoup de d. Concevoir un d. ou du d. Faire éclater son d. contre quelqu'un. Faire quelque chose de d* ou *par d. Il en crevera de d.* — Fam., *En d. qu'il en ait,* Malgré qu'il en ait.

J'ai beau voir ses défauts, et j'ai beau l'en blâmer,
En dépit qu'on en ait, elle se fait aimer.

MOLIÈRE.

En d: de, Malgré. *Je le ferai en d. de lui, en d. de tout le monde.* Vig., *En d. du sort, de la fortune. En d. de tous les obstacles.* — Fig. et fam., *Faire quelque chose en d. du sens commun, du bon sens, etc.*, Le faire très mal.

DÉPITER. v. a. (lat. *despectare*, mépriser, de *de*, *pejor*, et *spectare*, regarder). Causer du dépit à quelqu'un, irriter. *Votre refus l'a fort dépité.* Absol., *Cela est bien fait pour d.*, = SE DÉPITER. v. pron. Concevoir du dépit, se fâcher. *Elle s'est dépitée de ce que vous lui avez dit. Se d. contre quelqu'un, contre quelque chose.* — Famil., *Se d. contre son ventre*, Se priver de manger par mauvaise humeur, comme font quelquefois les enfants; et figur., refuser par dépit une chose qu'on désire. = DÉPITÉ, ÉE. part.

DÉPIVOTER. v. a. Couper le pivot d'une racine.

DÉPLACEMENT. s. m. Action de déplacer ou de se déplacer. *Le d. d'un meuble, d'une borne. Cet emploi exige des déplacements continuels. On peut prendre communication des pièces, mais sans d.*, sans les déplacer. || Fig., Trouble apporté dans l'ordre naturel ou existant. *Le d. qu'apporta dans l'industrie cette invention nouvelle.* || T. Mar. *D. d'un vaisseau*, Volume d'eau déplacé par la carène d'un bâtiment qui flotte.
Chim. — On nomme *Déplacement* l'opération qui permet, par l'emploi d'un liquide approprié, d'entraîner les principes actifs contenus dans un corps qui sont solubles dans ce liquide. C'est par déplacement au moyen de l'eau chaude qu'on prépare le café. Lorsque l'opération doit se faire à la température de l'ébullition, et avec des liquides volatils, on appelle *digesteurs* les appareils qui servent au déplacement.

DÉPLACER. v. a. (R. *place*). Ôter une chose de la place qu'elle occupe. *D. un meuble, des livres. Ne déplacez rien.* || *D. quelqu'un*, Faire sortir, déranger quelqu'un de la place qu'il occupe, soit pour la prendre soi-même, soit pour la donner à un autre. *Je ne veux d. personne. Il ne faut d. personne pour moi.* — Fig., Ôter à quelqu'un sa place, son emploi, pour la donner à une autre personne. *Le nouveau ministre n'a déplacé aucune des créatures de son prédécesseur.* — Fig. *D. le point de la question*, Changer, dans une discussion, le point sur lequel porte la difficulté. = SE DÉPLACER. v. pron. Changer de place, se transporter d'un lieu dans un autre. *Que personne ne se déplace. Son emploi l'oblige à se d. souvent.* = DÉPLACÉ, ÉE. part. || Adjectiv., Qui n'est pas à la place qui convient. *Cet emploi n'est lui convient pas, il y est déplacé. Elle se trouverait très déplacée au milieu de ce monde-là. Il y a dans cette pièce beaucoup de traits brillants, mais la plupart déplacés.* — Fig., Inconvenant. *Ce que vous dites là est fort déplacé. Tenir des propos déplacés.*

DÉPLAIRE. v. n. (lat. *displicere*, de *dis*, mal, et *placere* plaire). Être désagréable. *Ce qui est fade déplaît au goût. Ce qui plaît aux uns déplaît aux autres. Cet homme a quelque chose qui déplaît. Cette femme n'est pas belle, cependant elle ne déplaît pas.* || Fâcher, donner du chagrin. *Il n'a pas dit cela pour vous d. Il serait désolé de vous d. Voire conduite lui déplaît beaucoup.* — S'emploie dans le même sens, avec la forme impersonnelle. *Il lui déplaît fort d'être obligé à cela. Il ne vous déplaira pas sans doute que j'aille le voir.* — Fam., *Ne vous déplaise, Ne vous en déplaise*, ces locutions s'emploient pour marquer opposition à l'avis, au sentiment, à la volonté de quelqu'un. *La chose ne se passa pas ainsi, ne vous en déplaise. N'en déplaise à Monsieur, je ne suivrai pas son avis.*

Je chantais, ne vous déplaise.
LA FONTAINE.

= SE DÉPLAIRE. v. pron. S'ennuyer, se trouver mal à son aise. *Il se déplaît beaucoup dans cette ville. Il n'aime pas le monde et s'y déplaît souverainement. Il se déplaît partout.* — Se dit aussi des animaux. *Les troupeaux se déplaisent dans ce lieu-là.* — Figur., Ces plantes se déplaisent en cet endroit, Le sol ou l'exposition de ce lieu ne leur est pas favorable. = Conjug. Voy. PLAIRE.

DÉPLAISAMMENT. adv. [Pr. *déplè-zaman*]. D'une manière déplaisante.

DÉPLAISANCE. s. f. Éloignement, répugnance, dégoût.

N'est guère usité que dans cette phrase, *Prendre quelqu'un en déplaisance.*

DÉPLAISANT, ANTE. adj. Qui déplaît, qui est désagréable. *Un homme d. Figure déplaisante. Manières déplaisantes. Maison déplaisante. C'est la chose du monde la plus déplaisante. Il n'y a rien de si d., rien n'est plus d. que...*

DÉPLAISIR. s. m. (R. *de*, et *plaisir*). Sentiment pénible que fait naître dans l'âme une chose qui déplaît; chagrin, affliction. *Grand d. D. mortel. Cela me donna un grand d. C'est avec un sensible d. que je me vois forcé de vous le dire. C'est à mon grand d. que...* || Mécontentement. Causer, donner de grands déplaisirs. *Il ne m'a jamais donné aucun sujet de d.*

DÉPLANCHER. v. a. Ôter les planches, le plancher.

DÉPLANTAGE. s. m. Action de déplanter.

DÉPLANTATION. s. f. [Pr. ...*sion*]. Action de déplanter un arbre.

DÉPLANTER. v. a. (R. *planter*). Ôter de terre un arbre, une plante, pour les planter ailleurs. *D. un cerisier. D. des laitues. D. des œillets.* — Par méton. *D. un parterre, un bosquet*, Arracher ce qui s'y trouve planté. — Par ext., *D. des échalas.* — Absol., *Cet homme ne fait que planter et d.* || T. Mar. *D. une ancre*, L'arracher du fond de la mer pour la faire mordre ailleurs. = DÉPLANTÉ, ÉE. part.

DÉPLANTEUR. s. m. Celui qui arrache des plantes.

DÉPLANTOIR. s. m. Outil avec lequel on déplante des racines ou des plantes.

DÉPLÂTRAGE. s. m. Action de déplâtrer.

DÉPLÂTRER. v. a. Ôter le plâtre. — En particulier, enlever le plâtre ajouté au vin. Voy. PLATRAGE.

DÉPLÉTIF, IVE. adj. (lat. *deplere*, vider). || T. Méd. Qui a pour effet de diminuer la quantité des liquides du corps. *Saignée déplétive. Moyens déplétifs.*

DÉPLÉTION. s. f. [Pr. ...*sion*] (lat. *depletio*, m. s., de *deplere*, vider). T. Méd. Action d'évacuer qui diminue la masse des humeurs.

DÉPLIER. v. a. (R. *plier*). Étendre, ouvrir une chose qui était pliée. *D. une serviette, du linge, des étoffes, un paquet.* — Fig., Exposer. *Si je pouvais d. à vos yeux l'histoire de cette époque.* || Étaler de la marchandise. *Ce marchand a déplié, on lui a fait d. toute sa marchandise*, Il a fait voir tout ce qu'il y a de meilleur dans sa boutique. = SE DÉPLIER. v. pron. Fig., Être exposé. *L'histoire de notre cœur se dépliera alors tout entière.* = DÉPLIÉ, ÉE. part. = Conj. Voy. PRIER.

DÉPLISSAGE. s. m. Action de déplisser.

DÉPLISSER. v. a. (R. *de*, et *pli*). Défaire les plis. *D. une chemise, des manchettes, etc.* = SE DÉPLISSER. v. pron. *Mon jabot se déplisse.* = DÉPLISSÉ, ÉE. part.

DÉPLOIEMENT ou **DÉPLOÎMENT.** s. m. [Pr. *dé-ploi-man*] (R. *déployer*). Action de déployer; l'état de ce qui est déployé. *Le d. d'une étoffe. Le d. d'une armée. Le gouvernement a fait un grand d. de forces.*

DÉPLOMBER. v. a. (R. *plomb*). Enlever le plomb que l'on a mis sur un ballot. || Extraire la feuille métallique ou la substance minérale qui a été insérée dans la cavité d'une dent cariée. = DÉPLOMBÉ, ÉE. part.

DÉPLORABLE. adj. 2 g. Qui mérite d'être déploré; qui inspire la compassion, la pitié. Ne se dit guère que des choses. *Il était dans un état d. Une situation d. Un événement d. C'est une chose d. que l'état où il est.* || En poésie et dans le style soutenu, se dit parfois des personnes. *Famille d. Une d. victime de la tyrannie.*

DÉPLORABLEMENT. adv. D'une manière déplorable. *Il s'est conduit d. dans cette affaire. Il a plaidé cette affaire d., c.-à-d. très mal.*

DÉPLORER. v. a. (lat. *deplorcre*, m. s., de *de*, et *plorare*, pleurer). Gémir, se lamenter sur quelque chose. Ne se dit guère qu'en parlant des choses. *D. la misère et la perversité humaines. Il ne se contentait pas de C. les maux de la guerre, il tâchait de les adoucir. D. les malheurs du temps. D. la disgrâce, la mort, la perte de quelqu'un. Il déplorait l'esclavage où son pays était réduit.* = DÉPLORÉ, ÉE. part.

DÉPLOYER. v. a. (Pr. *déplè-ier*; quelques-uns disent *déploi-ier*) (R. *ployer*). Étendre, développer ce qui était ployé. *D. les voiles d'un navire. D. des enseignes, des étendards. Un oiseau qui déploie ses ailes. D. les bras.* || T. Guerre. *D. une armée,* Lui faire occuper un plus grand espace de terrain. *Déployer la colonne,* Passer de l'ordre de colonne à l'ordre de bataille. || F g., Faire paraître, montrer, étaler. *D. son éloquence, ses talents, son énergie, son zèle. D. tous ses charmes. Il déploya en vain toutes les ressources de son art. Il déploie un luxe effréé. La nature y déploie toute sa magnificence.* = SE DÉPLOYER. v. pron. Se dit au prop. et au fig. *Des voiles qui se déploient. L'armée se déploie dans la plaine.* = DÉPLOYÉ, ÉE. part. *Voguer toutes voiles déployées. Rire à gorge déployée, Rire de toute sa force.* || T. Mar. *Déployer le pavillon,* Le laisser flotter au vent. = Conj. Voy. EMPLOYER.

DÉPLUMER. v. a. (R. *plume*). Ôter les plumes. *D. un oiseau.* On dit plus ordinairement *Plumer.* = SE DÉPLUMER. v. pron. *Ces oiseaux se déplument les uns les autres à coups de bec.* — Perdre ses plumes. *Les oiseaux se déplument pendant la mue.* = DÉPLUMÉ, ÉE. part. *Un oiseau tout d.* || Fig. et pop., on dit qu'*un homme a l'air d.,* lorsque, après avoir eu l'extérieur de l'opulence, il a celui de la misère.

DÉPOCHER. v. a. Débourser, tirer de la poche.

DÉPOÉTISER. v. a. Ôter le caractère poétique. *La littérature courante de la fin de ce siècle dépoétise tout.*

DÉPOINTAGE. s. m. (R. *pointe*). T. Filat. Période de mouvement qui suit la torsion et précède le renvidage dans certains métiers à filer.

DÉPOINTER. v. a. Déplacer une bouche à feu de sa position de pointage.

DÉPOLARISANT, ANTE. adj. 2 g. Qui dépolarise.

DÉPOLARISATION. s. f. (Pr. ...*sion*]. T. Phys. Action de dépolariser.

DÉPOLARISER. v. a. T. Phys. Détruire, faire cesser l'état de polarisation. *D. un barreau magnétique,* Lui faire perdre son état magnétique, par conséquent ses pôles. — *D. les électrodes,* Faire disparaître la polarisation des électrodes. — *D. un faisceau lumineux,* Faire en sorte que la lumière de ce faisceau cesse d'être polarisée. Voy. POLARISATION.

DÉPOLIR. v. a. Ôter le poli de quelque chose. *D. du marbre, des vitres.* = SE DÉPOLIR. v. pron. *Cette glace se dépolit.* = DÉPOLI, IE. part. *Verre dépoli,* Verre auquel le dépolissage a fait perdre sa transparence.

DÉPOLISSAGE. s. m. Action de dépolir du verre, une glace, soit pour y produire certains dessins, soit pour empêcher qu'on puisse voir les objets au travers. *Le d. des vitres s'opère avec de l'émeri très fin délayé dans de l'eau.*

DÉPONENT. adj. et s. m (lat. *deponens*, m. s., de *deponere*, déposer). T. Gram. Se dit principalement en latin des verbes qui ont le sens actif et la forme passive. Voy. VERBE.

DÉPONTILLAGE. s. m. [Pr. les *ll* mouillées] (R. *pontil*). T. Verr. Action de polir une glace avec le pontil.

DÉPONTILLER. v. a. [Pr. les *ll* mouillées]. T. Verr. Pratiquer le dépontillage.

DÉPOPULARISATION. s. f. [Pr. ...*sion*]. Perte de la faveur populaire, de la popularité. *La d. du gouvernement fut bientôt complète.*

DÉPOPULARISER. v. a. (R. *populariser*). Faire perdre l'affection, la faveur populaire. *On chercha en vain à le d.* = SE DÉPOPULARISER. v. pron. *Il commence à se d.* = DÉPOPULARISÉ, ÉE. part.

DÉPOPULATEUR, TRICE. adj. Ce qui dépeuple. || adj. *Fléau d. Hordes dépopulatrices.*

DÉPOPULATION. s. f. [Pr. ...*sion*] (lat. *depopulatio*, m. s., de *de*, et *populari*, ravager; de *populus*, peuple). État d'un pays qui a perdu ses habitants, ou dont la population va en diminuant. *La d. de ce pays marche rapidement.*

DÉPORT. s. m. (R. *de*, et *porter*). Retardement, délai. N'est employé que dans cette locution, d'ailleurs peu usitée, *Payer sans d. Il fut condamné à payer l'amende sans d.* || T. Jurisp. Acte par lequel un juge déclare qu'il doit s'abstenir de connaître d'une affaire, parce qu'il est dans le cas d'être récusé. || T. Législ. anc. Droit qu'avait un seigneur de jouir des revenus d'un fief la première année après la mort du possesseur, ou qu'avait un évêque, etc., de jouir, la première année, des revenus d'une cure vacante. || T. Bourse. Opération qui consiste à prêter des titres à ceux qui en ont vendu sans les avoir en leur possession, afin de leur permettre de continuer leurs spéculations à la baisse. Voy. BOURSE.

DÉPORTATION. s. f. [Pr. *sion*] (lat. *deportatio*, m. s.). T. Droit. Il a déjà été question, au mot BANNISSEMENT, de la *Déportation,* telle qu'elle était en usage sous les empereurs romains ; nous examinerons plus tard (voy. SYSTÈME PÉNITENTIAIRE) les avantages et les inconvénients de cette peine, telle qu'elle est pratiquée chez quelques nations modernes, soit comme mode de répression pénale, soit comme moyen de colonisation : en conséquence, nous allons simplement la considérer ici comme l'une des peines inscrites dans notre législation pénale.

En France, les premiers essais de d. eurent lieu sous Henri II, qui, par un édit de déc. 1556, décida que les condamnés à la d. iraient servir le roi en Corse, à toujours ou à temps, selon la gravité des cas. La déclaration du Régent du 8 janvier 1719 prononça la peine de la d. contre les vagabonds et les gens sans aveu, et contre les condamnés aux galères ou au bannissement qui, après leur libération, viendraient habiter Paris ou sa banlieue. Le but de cette mesure était, d'après la déclaration, d'envoyer dans les colonies des hommes aptes à cultiver les terres ou à exécuter tous autres travaux, sans lesquels le roi n'eût retiré aucun profit du pays soumis à sa domination. Mais des abus nombreux ne tardèrent pas à soulever l'opinion contre cette peine, qui fut flétrie par les parlements, et tomba en désuétude. — Néanmoins la d. fut remise en vigueur par le Code pénal de 1791 et la loi du 24 vendémiaire an II (15 oct. 1793), qui ordonna de déporter les mendiants âgés de 18 à 60 ans ; mais, au milieu des orages révolutionnaires, cette loi ne reçut point son exécution. La d. figure encore au nombre des peines édictées par le Code pénal de l'an IV, et par celui de 1810. Le Code pénal de 1791 ne classait la d. dans l'échelle des peines qu'après la mort, les fers, la réclusion et la détention ; dans celui de l'an IV, elle précéda tous rang après la mort ; enfin, dans le Code actuel, elle vient immédiatement après la mort et les travaux forcés à perpétuité, et se classe parmi les peines afflictives et infamantes. Les crimes auxquels le Code pénal de 1810 applique la peine de la d. sont énumérés aux articles 82, 84, 89, 94 et 124.

Le mode d'exécution de la peine de la d. a subi de fréquents changements. D'après les décrets des 26 août 1792, 21 et 24 avr., 19 juill., 1er août et 17 sept. 1793, les membres de la maison de Bourbon et les prêtres réfractaires devaient être déportés à la Guyane française. La loi du 24 vendémiaire an II fixa, comme lieu de d., la partie sud-est de Madagascar, et un décret du 11 mars 1807, la prison connue sous le nom de Chartreuse de Pierre-Châtel (Ain). Deux ordonnances royales des 2 avr. 1817 et 22 juill. 1833 désignèrent, l'une, la maison centrale du Mont-Saint-Michel, l'autre, la citadelle de Doullens (Somme) comme lieux de dépôt des condamnés « jusqu'à leur départ pour le lieu de d. définitive, qui serait ultérieurement déterminé ». La loi du 9 sept. 1835 disposa que, tant qu'il n'aurait pas été établi un lieu de d., le condamné subirait à perpétuité la détention dans une prison du royaume ou dans une prison située hors de la France continentale. La loi du 8 juin 1850 organisa régulièrement la d.; elle établit pour cette peine deux degrés : 1° la d. dans une enceinte fortifiée; 2° la d. simple. La première est destinée à remplacer la peine de mort dans tous les cas où elle était prononcée en matière politique avant la Constitution de 1848. La seconde remplace, en matière de crimes politiques, la peine des travaux forcés à perpétuité. La loi du 25 mars 1873 a réglé la condition des déportés. Signalons brièvement les différences qui séparent la d. simple de la d. dans une enceinte fortifiée : 1° ces deux peines s'exécutent dans des endroits différents : la presqu'île Ducos (Nouvelle-Calédonie) et, depuis la loi du 9 février 1895, les îles du Saint (Guyane Française) sont affectés à la d. dans une enceinte fortifiée; l'île des Pins (Nouvelle-Calédonie) est réservée à la d. simple; 2° les condamnés à la d. simple peuvent obtenir immédiatement une concession de terre, ainsi que l'autorisation de s'établir en dehors du périmètre de la colonie pénitentiaire, à la différence des condamnés à la d. dans une enceinte fortifiée qui ne peuvent solliciter ces faveurs qu'après cinq ans; 3° les condamnés de la première catégorie ont de plein droit l'exercice de leurs droits civils sur le territoire de la colonie; ceux de la deuxième ne peuvent exercer les mêmes droits qu'à titre de faveur individuelle. Voy. TRANSPORTATION.

DÉPORTEMENT. s. m. (R. *déporter*). Conduite, manière d'agir. S'emploie ordinairement au pluriel, et ne se prend qu'en mauvaise part. *Il a été chassé de cette maison pour ses déportements.* || T. Techn. Se dit de l'excès de dimension que l'on donne à un moule pour compenser le retrait que subira la matière coulée par le refroidissement.

DÉPORTER v. a. (lat. *deportare*, m. s., de *de*, et *portare*, porter). Transporter, exiler quelqu'un dans un lieu d'où il ne doit point sortir, et qui est ordinairement éloigné. = SE DÉPORTER. v. pron. Se désister, se départir. *Se d. de ses prétentions.* = *Se d. d'une accusation qu'on a intentée.* = DÉPORTÉ, ÉE. part. || Subst., *Un déporté*, Un condamné à la déportation.

DÉPOSABLE. adj. Qui peut être mis en dépôt. *Somme d.*

DÉPOSANT, ANTE. adj. T. Palais. Qui dépose et affirme devant un juge. *Tels et tels témoins déposants. Telles et telles femmes déposantes.* = Subst., *Tous les déposants sont en contradiction les uns avec les autres.* || Celui qui dépose de l'argent à la caisse d'épargne. *Le nombre des déposants a diminué cette année.*

DÉPOSE. s. f. (R. de, et *poser*). T. Constr. Enlèvement d'une charpente, d'un objet scellé. || On dit dans le même sens : *D. de rideaux.*

DÉPOSER. v. a. (lat. *deponere*, de *de*, et *ponere*, poser). Poser une chose que l'on portait. *Il déposa son fardeau.* || Fig., Quitter, se dépouiller. *D. sa fierté. Ils semblent avoir déposé leurs mutuels ressentiments.* — Se dit aussi en parlant de dignités, de charges, etc. *Sylla déposa la dictature.* || Destituer, ôter une dignité, un emploi. *On le déposa de sa charge, de son emploi. D. un empereur, un pape, un évêque.* || Placer, mettre; se dit surtout des choses qui ne doivent rester que momentanément dans l'endroit où on les a placées. *D. son parapluie à l'entrée d'un théâtre. D. des marchandises en lieu sûr. Le corps fut déposé trois jours dans une chapelle ardente.* || Mettre en dépôt, confier, donner en garde. *D. de l'argent entre les mains de quelqu'un, à la caisse d'épargne. D. son testament chez un notaire. D. son bilan au greffe.* — Fig., *D. ses peines, ses secrets dans le sein d'un ami. D. son autorité entre les mains de quelqu'un.* || Se dit aussi d'un liquide dont les parties grossières et hétérogènes tombent au fond d'un vaisseau, etc. *Cette eau a déposé beaucoup de sable. Ce vin a déposé beaucoup de lie. Les urines déposent un sédiment briqueté.* Absol., *Cette liqueur dépose.* = DÉPOSER. v. n. Dire comme témoin ce qu'on sait d'un fait. *D. en justice. Il a déposé contre lui, en sa faveur. D. d'un fait. Il a déposé que...* || Fig., en parlant des choses, attester, prouver. *Cela dépose en votre faveur.* = SE DÉPOSER. v. pron. Être mis en dépôt. *Les sommes qui se déposent à la Caisse d'épargne.* || Abdiquer, quitter le pouvoir, une dignité. *Les empereurs se déposaient* (BOSSUET). || Aller au fond, en parlant des impuretés d'un liquide. *Si*

l'on abandonne la dissolution à elle-même, on voit bientôt des cristaux réguliers se d. au fond du vase. = DÉPOSÉ, ÉE. part.

DÉPOSITAIRE. s. 2 g. Celui ou celle à qui l'on confie un dépôt. *Un d. infidèle. Elle est la d. de ses papiers.* || Fig., *Les dépositaires de l'autorité. C'est le d. de tous ses secrets.*

DÉPOSITEUR, TRICE. s. Celui, celle qui a fait un dépôt.

DÉPOSITION. s. f. [Pr. *dépo-zi-sion*] (lat. *depositio*, m. s., de *deponere*, déposer). Destitution, privation d'une fonction, d'une dignité. *La d. d'un évêque. La d. d'un empereur, d'un sultan.* || Ce qu'un témoin déclare et affirme devant le juge. *Faire, recevoir, entendre une d. Signer sa d. La d. formelle du témoin porte que... Il a varié dans ses dépositions.*

I. — En Droit canon, on donne le nom de *Déposition* à la sentence et à la peine ecclésiastique qui privent pour toujours de l'exercice de l'ordre ou du bénéfice, ou de l'un et de l'autre ensemble. On distingue deux sortes de d. : la D. *simple* ou *verbale* et la D. *actuelle* ou *solennelle*. La première est proprement la sentence qui prive un ecclésiastique de tous ses offices et bénéfices; la seconde est l'acte par lequel un évêque dépouille publiquement et solennellement un ecclésiastique de tous les ornements sacerdotaux, et lui enlève jusqu'à la tonsure. Cette cérémonie porte habituellement le nom de *Dégradation*. Autrefois on n'envoyait un ecclésiastique au supplice qu'après que son évêque l'avait dégradé; mais cet usage pouvant apporter des retards dans l'exécution des arrêts de la justice, la magistrature se décida, au commencement du dernier siècle, à passer outre, sans attendre cette dégradation.

II. — Dans l'*Histoire moderne*, on appelle d. l'acte par lequel un grand personnage est dépouillé de ses dignités; toutefois, ce terme s'emploie surtout quand il s'agit des rois ou des papes. Plusieurs dépositions sont devenues célèbres. L'une des plus anciennes est celle de Childéric III, le dernier prince de la race de Mérovée, qui fut déposé en 752 par Pépin le Bref, et enfermé dans un couvent. Nous citerons encore les dépositions de Louis le Débonnaire, qui fut déposé deux fois, en 823 et en 833; de Charles le Gros, déposé en 888 par la diète de Mayence; de Frédéric II, empereur d'Allemagne, déposé en 1245 par le pape Innocent IV; d'Adolphe de Nassau, empereur d'Allemagne, déposé en 1298 par le collège des Électeurs; du pape Jean XXII, privé de la tiare en 1328 par l'empereur Louis de Bavière; des papes Benoît XIII et Grégoire XII, tous deux déposés, en 1409, par le concile de Pise; enfin, de Jacques II, roi d'Angleterre, déposé, en 1688, par le Parlement anglais. Plus récemment, plusieurs princes (Louis XVI, Napoléon Ier, Louis-Philippe, Napoléon III) ont été également privés de la couronne; mais l'usage s'est introduit d'appeler, pour eux, *Déchéance* ce qu'on nomme *Déposition* pour leurs prédécesseurs.

DÉPOSSÉDER. v. a. Ôter la possession de quelque chose à quelqu'un. *On l'a dépossédé de sa maison, de sa charge.* = DÉPOSSÉDÉ, ÉE. part.

DÉPOSSESSION. s. f. T. Jurisp. Action de déposséder; l'état d'une personne dépossédée.

DÉPOSTER. v. a. (R. *poste*). T. Guerre. Chasser d'un poste, le faire abandonner. *On déposta l'ennemi de la hauteur qu'il occupait.* = DÉPOSTÉ, ÉE. part.

DÉPÔT. s. m. (lat. *depositum*, supin de *deponere*, déposer). Action de déposer, de placer une chose au quelque endroit, de remettre, de confier quelque chose à quelqu'un. *D. volontaire. D. judiciaire. Faire un d. Faire le d. d'une somme, d'un objet entre les mains de quelqu'un. Le tribunal a ordonné le d. de la pièce au greffe. Nier un d.* || La chose confiée, donnée en garde à quelqu'un pour être rendue. *Abuser d'un d. Rendre fidèlement, garder religieusement un d. Retirer un d. Le d. est une chose sacrée. Un secret est un d. sacré. En Égypte, les prêtres avaient seuls le d. des connaissances humaines.* || La convention qui résulte du d. Le d. est essentiellement gratuit. || Par ext., Le lieu où l'on dépose habituellement certains objets. *En sortant du théâtre, j'ai oublié ma canne au d.* || On y garde certaines choses pour s'en servir à l'occasion. *D. d'armes. D. de poudre de chasse.* — Autrefois, l'endroit où l'on déposait le sel, du tabac, jusqu'à ce qu'ils fussent voiturés aux lieux de leur distribution. — Le lieu où quelqu'un dépose, pour les faire vendre, les produits qu'il récolte ou qu'il fabrique. *Le d. de ce sirop se trouve chez un tel. Ce propriétaire a établi un d. de ses vins à tel endroit.* ‖ T. Admin. milit. La partie l'un régiment qui ne fait pas campagne ; le lieu où elle est établie. *Le d. a reçu l'ordre de partir sur-le-champ. Il fait partie du d. Rester au d. Les recrues quittèrent le d. pour aller rejoindre le corps.* ‖ T. Droit. *L. légal,* voy. plus loin. ‖ T. Droit crim. *Mandat de d.,* voy. MANDAT. ‖ T. Méd. Est synonyme d'*Abcès,* mais se dit surtout d'un abcès formé par des matières sorties de leurs voies naturelles. ‖ T. Chim. Se dit des matières qui se précipite et au fond d'un vase contenant une dissolution chimique ou un liquide quelconque. *Il y a un d. au fond de la bouteille.* ‖ T. Géol. Se dit des masses de roches ou de substances minérales qu'on croit avoir été déposées par les eaux. *Un d. crétacé. Les dépôts diluviens.* ‖ T. Mach. Accumulation à l'intérieur des chaudières des sels contenus dans l'eau d'alimentation. ‖ D. métallique, D. d'une mince couche d'un métal sur un objet quelconque qu'on obtient le plus souvent par la Galvanoplastie. Voy. ce mot. ‖ *D. de a préfecture de police. D. de mendicité.* Voy. plus loin (*Admin.*).

Droit. — Le Code civil définit le *Dépôt* « un acte par lequel on reçoit la chose d'autrui, à la charge de la garder et de la restituer en nature » (art. 1915). Le d. est un contrat de bienfaisance, car il a pour but, du moins en général, l'intérêt d'une seule des parties ; il est unilatéral et imparfait, attendu que le dépositaire, seul s'oblige principalement ; enfin, il est réel, car il ne se forme que par la tradition de la chose. Le d. n'enlève au propriétaire ni la *propriété,* ni la *possession* de la chose ; il ne fait qu'en donner la garde au dépositaire. — Il y a deux espèces de dépôts, le *D. proprement dit* et le *Séquestre.*

1. — Le *D. proprement dit* ne peut avoir pour objet que des choses mobilières ; il n'est parfait que par la tradition réelle de la chose, ou par sa tradition feinte, laquelle consiste à laisser on d., à une personne, une chose dont elle était déjà nantie à tout autre titre. Il est essentiellement gratuit. Enfin, il se distingue en *D. volontaire* et *D. nécessaire.*

1° *D. volontaire.* — Ce d. se forme par le consentement réciproque des parties, et ne peut être fait que par le propriétaire de la chose déposée ou avec son consentement exprès ou tacite. Il ne peut avoir lieu qu'entre personnes capables ; cependant, le d. fait par un incapable à une personne capable crée à la charge de cette dernière les obligations ordinaires du dépositaire ; c'est le dépositaire qui est incapable, le déposant n'a que l'action en revendication de la chose déposée, tant qu'elle existe dans les mains du dépositaire ou une action en restitution jusqu'à concurrence de ce qui a tourné au profit de ce dernier. Le d. peut être fait entre ou mains d'un officier public. Le d. volontaire doit être établi par écrit pour toute valeur au-dessus de 150 francs. — Le *Dépositaire* doit apporter à la garde de la chose déposée les mêmes soins qu'il apporte à la garde des choses qui lui appartiennent. Il n'est tenu des accidents de force majeure que s'il est en demeure de restituer la chose. Il doit rendre identiquement la chose même qu'il a reçue, dans l'état où elle se trouve, à moins que les détériorations ne soient survenues par sa faute ; la restitution doit comprendre les fruits produits par la chose. L'intérêt de l'argent déposé ne court que du jour de la mise en demeure. Si la chose a été enlevée par force majeure, le dépositaire ne doit restituer que ce qui lui a été remis en échange. Par ex., s'il est forcé, en temps de disette de vendre des grains déposés chez lui, il ne doit remettre au déposant que le prix qui lui a été payé. L'héritier du dépositaire, qui, dans l'ignorance du d., a vendu la chose déposée, ne doit rendre que le prix, ou céder son action contre l'acheteur, si le prix ne lui a pas été payé. La restitution doit être faite à l'endroit indiqué par le contrat, et, à défaut, dans le lieu du d. Le dépositaire doit restituer la chose à celui qui la lui a confiée, ou à celui au nom duquel le dépôt a été fait, ou à la personne désignée par le contrat. Après le décès du déposant, la chose déposée ne peut être rendue qu'à ses héritiers, chacun pour sa part et portion ; si elle est indivisible, ils doivent s'accorder pour en recevoir la remise. La restitution doit encore avoir lieu aussitôt que le déposant la réclame, à moins qu'il n'existe, entre les mains du dépositaire, une saisie-arrêt ou une opposition à la restitution et au déplacement de la chose. Si le dépositaire découvre que la chose déposée a été volée et s'il apprend quel est le véritable propriétaire, il ne peut valablement restituer qu'après avoir fait signifier à ce dernier une sommation de réclamer l'objet dans

un délai déterminé et suffisant. Le dépositaire infidèle n'est point admis au bénéfice de cession. — Le *Déposant* doit rembourser au dépositaire, qui peut retenir l'objet jusqu'à ce que ce remboursement ait été effectué, les dépenses qu'il a faites pour la conservation de la chose, et l'indemniser de toutes les pertes que le d. peut lui avoir occasionnées.

2° *D. nécessaire.* — Ce d., que les jurisconsultes anciens nommaient *Depositum miserabile,* prend sa source dans une nécessité de force majeure : tels sont les cas de ruine, incendie, naufrage, tumulte et autres calamités du même genre, qui obligent le propriétaire à sauver, par le moyen du d., sa chose menacée. La preuve par témoins peut être reçue, même quand il s'agit d'une valeur au-dessus de 150 fr. Les obligations du dépositaire et celles du déposant sont les mêmes que dans le cas du d. volontaire. — L'existence, dans une auberge, des effets apportés par les voyageurs, est considérée comme d. nécessaire. Le Code civil déclarait les hôteliers et aubergistes responsables pour le tout de ces effets. La loi du 18 avril 1889 a limité cette responsabilité, par trop dangereuse, en décidant que les commerçants de cette catégorie ne répondraient que jusqu'à concurrence de 1000 fr. des valeurs ou titres non déposés réellement entre leurs mains. Ils ne sont d'ailleurs pas responsables de la perte ou de la détérioration de ces objets quand elle provient d'un vol à main armée ou d'un cas de force majeure.

II. — Le *Séquestre* est le d. d'une chose contentieuse entre les mains d'un tiers qui s'oblige à la garder et à la remettre, après la contestation terminée, à celui auquel elle aura été adjugée. Le séquestre est *conventionnel* ou *judiciaire.* Il est conventionnel lorsqu'il résulte du simple consentement des parties. Il peut être gratuit, et avoir lieu pour des immeubles aussi bien que pour des meubles. Le séquestre judiciaire est celui qui est fait par l'ordre de la justice.

Fin. — *Caisse des Dépôts et Consignations.* — On nomme ainsi une administration publique qui est chargée de recevoir, sous sa responsabilité et sous la garantie de l'État, les consignations et dépôts obligatoires ou volontaires qui lui sont présentés, et d'administrer les fonds appartenant à divers services publics. — L'origine de cette institution remonte à l'année 1578, époque à laquelle une ord. d'Henri III créa dans tout le royaume des receveurs des dépôts et consignations. Ces offices ayant été supprimés à la Révolution, un décret de la Convention, en date du 23 sept. 1793, attribua les dépôts à la caisse de la Trésorerie pour Paris, et aux caisses de districts pour les départements. La loi du 8 pluviôse an XIII (28 janv. 1805) chargea la Caisse d'amortissement du service des dépôts et consignations. Enfin la loi de finances du 28 avril 1816 interdit à cette dernière de recevoir aucun d. ou consignation, et créa, à cet effet, un nouvel établissement qu'on désigna sous le nom de *Caisse des Dépôts et Consignations.*

1° *Organisation.* — L'administration centrale de cet établissement se compose d'un directeur général, de sous-directeurs et d'un caissier, nommés par le chef de l'État, de chefs et employés nommés par le directeur général. Celui-ci est chargé de la direction du service, de l'ordonnancement des dépenses et de la correspondance générale. Il présente, avant la fin de chaque année, à la commission de surveillance, un état des dépenses de l'année suivante, lequel, sur la proposition du Ministre des finances, est arrêté par le Chef de l'État. Les sous-directeurs remplacent, au besoin, le directeur général : l'un d'eux est, en outre, chargé du contrôle, et, à cet effet, il a sous ses ordres un contrôleur général. Le caissier fournit un cautionnement de 100.000 fr. et prête serment devant la Cour des comptes. Il est responsable, sauf les cas de force majeure, de l'intégrité des deniers ; en conséquence, il a le droit de présenter à la nomination du directeur général les employés attachés à la caisse. — Le directeur général, deux sous-directeurs et le caissier font partie d'un conseil d'administration qui comprend, en outre, les chefs des diverses divisions. Ce Conseil délibère sur tout ce qui concerne le service, ainsi que sur les questions relatives au personnel et aux traitements. — Dans les départements, les trésoriers-payeurs généraux et les receveurs particuliers, ceux-ci seulement pour ce qui touche le service des consignations, en Algérie les trésoriers-payeurs, dans les colonies les trésoriers, sont agents comptables de la Caisse des Dépôts et Consignations. C'est par leur intermédiaire qu'elle effectue, hors de Paris, les recettes et les dépenses qui la concernent. — Enfin, la surveillance générale est exercée par une Commission spéciale composée de deux sénateurs élus par le Sénat, de deux conseillers d'État nommés par le Gouvernement, d'un Président de la Cour des comptes, désigné par la Cour, du gouverneur ou d'un sous-gouverneur de la

Banque de France, du Président de la Chambre de commerce de Paris ou d'un membre de la Chambre choisi par elle, et du directeur du mouvement des fonds au Ministère des finances (Loi du 6 avril 1876, art. 4). Cette commission porte le titre de *Commission de surveillance.*

2° *Dépôts et consignations.* — Les consignations que reçoit la Caisse se divisent en consignations obligatoires et en dépôts volontaires. Les premières comprennent les consignations judiciaires et les consignations administratives prescrites par certaines lois ou ordonnances.

A. *Consignations judiciaires.* — La Caisse reçoit les deniers offerts par le débiteur et refusés par le créancier, les sommes formant la valeur des immeubles à l'égard desquels l'acquéreur ou le donataire a rempli les formalités prescrites pour la purge des hypothèques, le montant des effets de commerce dont le porteur ne se présente pas à l'échéance, les sommes versées par toutes personnes qui, en vertu de la loi ou d'un jugement, sont tenues de fournir caution, les deniers dont l'autorité judiciaire ou administrative a ordonné la consignation ou le séquestre, le prix des bâtiments de mer vendus par autorité de justice, les deniers comptants compris dans une saisie-exécution, quand les parties intéressées ne sont pas convenues, dans les trois jours de la saisie, d'un séquestre volontaire, et ceux qui se trouvent lors d'une apposition de scellés ou d'un inventaire, si le tribunal, sur le référé provoqué par le juge de paix, en ordonne la consignation, les sommes et prix de vente faisant l'objet de saisiesarrêts ou d'oppositions, le prix des objets vendus après faillite ou après saisie et des fruits provenant des biens saisis, les sommes et prix de vente dépendant des successions vacantes ou bénéficiaires, etc.

B. *Consignations administratives.* — Elles comprennent : les fonds de réserve destinés à être remis aux prisonniers lors de leur sortie, et qui sont composés d'une partie du produit de leur travail, lorsque ces prisonniers sont décédés sans laisser d'héritiers, les dépôts faits dans les caisses des consulats, les cautionnements des entrepreneurs de fournitures et travaux pour le compte de l'État, ceux des directeurs d'établissements privés d'aliénés, des fermiers des octrois des villes, des agents comptables des caisses d'épargne, etc., les inscriptions de rentes achetées par les caisses d'épargne pour le compte des déposants qui ne se sont pas présentés pendant trente ans, dans certains cas, les indemnités dues par l'État pour expropriation ou occupation de terrains à raison de travaux d'utilité publique, etc. — Enfin, la Caisse reçoit les versements que se sont imposés par leurs statuts les sociétés anonymes dûment autorisées : ces consignations sont considérées comme obligatoires.

C. *Consignations volontaires.* — Les dépôts volontaires peuvent être faits à Paris par les particuliers, et, chez les agents locaux, par les départements, communes et établissements publics. Les fonds portent intérêt à 1 p. 100 à partir du quinzième jour, et sont remboursés sur simple quittance au moyen de la représentation de l'acte de dépôt.

D. *Dépôts de fonds appartenant à divers établissements publics.* — La Caisse a été chargée, par la loi du 18 juin 1850, de gérer la Caisse des retraites pour la vieillesse (Voy. RETRAITE), et par la loi du 11 juillet 1868, de gérer les caisses d'assurances en cas de décès et d'accidents. En vertu de la loi du 31 mars 1837, elle reçoit et administre, sous la garantie du Trésor public, les fonds des Caisses d'épargne, mais sans se mettre en relations avec les déposants (voy. ÉPARGNE); elle reçoit en outre les fonds des sociétés de secours mutuels (voy. SECOURS). Elle recouvre les rentes et autres produits composant la dotation de la Légion d'honneur; elle paie, d'après les mandats de la grande chancellerie, les traitements des légionnaires et les autres dépenses du service de la Légion. Elle est chargée des fonds de retraite des employés des préfectures, sous-préfectures et de quelques mairies. C'est encore cette Caisse qui a la gestion des fonds constitués par les lois des 1er juin 1878 et 3 juillet 1880 pour la construction des lycées, collèges et écoles primaires. Enfin un décret en date du 25 juillet 1885 lui confie également la gestion des fonds provenant de dons et legs faits aux facultés ou aux écoles d'enseignement supérieur.

3° *Emploi des fonds de la Caisse.* — Pour faire fructifier les fonds qui lui sont confiés, la Caisse les place en rentes sur l'État, en compte courant ou en bons du Trésor, ou bien elle consent des prêts, soit à des départements, communes ou établissements publics, soit même à de simples particuliers. De plus, en vertu de plusieurs lois spéciales, la Caisse a été autorisée à faire des prêts à certains services publics (Légion d'honneur, Caisse des retraites), ainsi qu'aux caisses d'épargne.

En ce qui concerne l'emploi des fonds provenant des caisses spéciales confiées à la gestion de la Caisse des Dépôts et Consignations, celle-ci doit se conformer aux prescriptions contenues dans les lois qui ont organisé chacune de ces institutions.

Admin. — *Établissements divers appelés dépôts.* — Dans le langage administratif, on désigne, sous la dénomination de *Dépôt*, le nom de *Dépôt* sert encore à désigner divers établissements de nature fort différente. — Ainsi, à Paris, on appelle *D. de la préfecture* ou simplement *Dépôt*, de vastes salles qui font partie des bâtiments de la préfecture de police, où l'on amène et où l'on consigne toutes les personnes arrêtées, vagabonds, malfaiteurs de tout genre, aliénés, etc. Le séjour au d. des individus arrêtés dure quelquefois cinq ou six jours. — On donne le nom de *Dépôts de mendicité* aux établissements publics où l'on détient et nourrit les pauvres qui n'ont ni asile, ni ressources et qui sont incapables de travailler. Voy. MENDICITÉ. — Dans l'administration militaire, on désignait, sous la dénomination assez impropre de *D. de la guerre*, l'établissement où l'on conservait les archives du ministère de la guerre. Ce d., qui renfermait la plus riche collection existante de cartes, de mémoires militaires, de documents historiques, géographiques et statistiques sur les guerres que la France a eu à soutenir, avait été créé sous Louis XIII, par le secrétaire d'État Abel de Servien, marquis de Sablé. Un décret de 1887 a créé un service géographique distinct, dont la mission consiste à se tenir au courant de tous les perfectionnements à apporter aux procédés de confection des cartes et plans. Le D. de la guerre a dès lors été supprimé, et ses attributions autres que celles qui ressortissaient au service géographique ont été réparties entre les divers bureaux du ministère de la guerre. — Le *D. central de l'artillerie*, à Paris, qui comprenait le Musée d'artillerie, la Bibliothèque et les Archives et un atelier de précision pour l'exécution de tous les instruments vérificateurs, a été supprimé en 1886 et remplacé par la section technique de l'artillerie. — Le *D. général des Fortifications*, duquel dépendait la Galerie des plans en relief des places de guerre établie à l'Hôtel des Invalides, n'existe plus sous ce titre. Il a été rattaché à la *section technique du génie*. — Le *Dépôt des cartes et plans de la marine*, créé en 1720, a été réorganisé par le décret du 21 octobre 1890 et rattaché au service hydrographique de ce département.

Enfin, on appelle *Dépôt légal*, le d. de deux exemplaires qui doit être fait à Paris au Ministère de l'Intérieur, en province dans les endroits indiqués par la loi du 29 juillet 1881, au moment de la publication de tout imprimé. Voy. PROPRIÉTÉ.

DÉPOTAGE. s. m. Action de dépoter. || T. Raffinerie de sucre. Opération qui consiste à vider les sucres dans les bacs pour séparer les parties altérées pendant leur transport. On dit encore *Dépotement.*

DÉPOTEMENT. s. m. Action de dépoter, de changer de vase les liqueurs. || Action de dépoter une plante.

DÉPOTER. v. a. (R. *pot*). Oter une plante d'un pot pour la mettre en terre ou dans un autre pot. D. des œillets. || D. du vin, des liqueurs, Les changer de vase. = DÉPOTÉ, ÉE. part.

DÉPOTOIR. s. m. (R. *dépoter*). Lieu où l'on met les vidanges fraîches. || Vaisseau destiné à mesurer des liquides.

DÉPOUDRER. v. a. (R. *poudre*). Faire tomber la poudre des cheveux, d'une perruque. *Le vent a dépoudré sa perruque.* = SE DÉPOUDRER. v. pron. *Vous vous êtes tout dépoudré.* = DÉPOUDRÉ, ÉE. part.

DÉPOUILLE. s. f. [Pr. *dé-pou-lle*, *ll* mouillées] (R. *de*, préf., et lat. *spolium*, m. s.). Le tégument épidermique dont se débarrassent, à certaines époques, certains reptiles et certains animaux articulés. *La d. d'un serpent. La d. d'une araignée, d'un crabe.* — Par ext., en poésie et dans le style soutenu, se dit de la peau d'une bête féroce, lorsqu'elle est arrachée. *La d. d'un tigre. Hercule se revêtit de la d. du lion de Némée.* — Fig.,

Do la dépouille de nos bois
L'Automne avait jonché la terre.
MILLEVOYE.

Fig., *La d. mortelle d'une personne*, ou simplement,

La d., *les dépouilles d'une personne*, Le corps d'une personne après sa mort. || Se dit des vêtements et autres objets dont une personne décédée faisait habituellement usage. *La d. du défunt a été partagée entre ses domestiques.* — Fig., La charge, la dignité qui devient vacante par la mort d'une personne. *C'est un tel qui a obtenu sa d.* || Tout ce qu'on enlève à l'ennemi. *Il a remporté sur les ennemis de glorieuses dépouilles.* — Par ext., Tout ce dont on s'empare, tout ce qu'on acquiert au préjudice d'autrui. *Il s'est enrichi des dépouilles d'une multitude de familles qu'il a réduites à la misère. C'est un plagiaire qui se pare des dépouilles d'autrui.* Dans ces deux sens, *Dépouille* s'emploie le plus souvent au plur. || T. Antiq. rom. *D. opimes,* Armes d'un chef ennemi tué dans le combat par le chef de l'armée romaine, et enlevées par celui-ci pour être consacrées aux dieux. *Pendant tout le cours de l'histoire romaine, les dépouilles opimes ne furent remportées que trois fois :* 1° par *Romulus qui tua Acron, roi des Céniniens;* 2° par *Cornelius Crassus, qui tua Larte Tolomnius, roi des Véiens;* 3° par *Claudius Marcellus qui tua Vindomar, chef des Gaulois.* || T. Fond. Nom donné à la forme générale des pièces modèles qui servent à faire un moule dans le sable afin de garder l'empreinte de la matière qu'on enlève. || T. Techn. Nom donné par les corroyeurs aux parties d'un cuir qui correspondent à la tête et au ventre de l'animal. || Changement qu'éprouve l'acier lors de la trempe. On dit aussi *découverte*. || Fig., La récolte des fruits de l'année. *La d. de cette année est bonne. Vendre la d. de son jardin.* Peu usité.

DÉPOUILLEMENT. s. m. [Pr. *dé-pou-ie-man, ll* mouillées]. Ne se dit guère qu'au fig., et sign. Action de dépouiller, de priver quelqu'un de ses biens, ou état d'une personne qu'on a privée de ses biens ou qui s'en est privée elle-même. *Le d. de ce malheureux a été concerté entre eux. Il était dans un d. absolu.* || Relevé sommaire qu'on fait d'un registre, d'un compte, d'un inventaire, d'un ouvrage, etc. *Faire le d. d'un registre. Il résulte du d. de la correspondance que...* — *Le d. du scrutin,* l'action de compter les voix quand les membres d'une assemblée ont voté. || Opération par laquelle un ver à soie se débarrasse de son enveloppe.

DÉPOUILLER. v. a. [Pr. *dépou-ller, 'l* mouillées] (lat. *despoliare*, de *de*, et *spoliare*, m. s.). Enlever à quelqu'un ses vêtements. *Les voleurs l'ont dépouillé de tous ses habits. Ce soldat dépouilla l'ennemi qu'il venait de tuer.* — En parlant des animaux, Ôter leur peau pour les apprêter. *D. un lièvre, une anguille.* || Par anal., Mettre à nu la chair et même les os. *On lui jeta de l'eau bouillante qui lui dépouilla toute la jambe. L'os est entièrement dépouillé.* || Par ext., Enlever ce qui couvre ou garnit une chose. *L'hiver dépouille les arbres de leurs feuilles. D. un temple de ses ornements.* — Fig., Priver. *D. quelqu'un de ses biens, de ses honneurs. D. un prince de ses États.* || Quitter ses vêtements ou une chose quelconque dont on s'était enveloppé. *C'est à ce moment que l'insecte dépouille sa première forme.* — Fig., se dit des sentiments, des passions, des opinions, etc. *L'un orgueil, sa fierté. Elle avait dépouillé toute pudeur. Il faut avoir dépouillé tout sentiment d'humanité ou toute humanité pour...* Dans le langage de l'Écrit. sainte, *D. le vieil homme,* Se défaire des inclinations de la nature corrompue, et, dans le langage famil., Renoncer à ses vieilles habitudes. || Recueillir, récolter. *Ce fermier a dépouillé cette année pour mille écus de blé.* || Faire l'examen, le relevé sommaire d'un compte, d'un registre, etc. *D. des registres. D. de vieux papiers. D. sa correspondance. D. un scrutin,* Compter les voix, quand les membres d'une assemblée ont donné leurs votes. || T. Techn. *D. le moule,* Détacher complètement la pièce coulée dans le moule. | Se dit de l'acier quand, lors de la trempe, les parties oxydées par le feu se détachent et tombent. = SE DÉPOUILLER. v. pron. Ôter ses vêtements. *Il se dépouilla de ses vêtements pour se jeter à la nage.* — Fig., et prov., *Il ne faut pas se d. avant de se coucher,* Il ne faut pas se dessaisir de tout son bien avant sa mort. || En parlant des animaux, changer de peau. *Les serpents se dépouillent tous les ans.* || Se démuder. *On commence à se d.* || Se dégarnir. *L'hiver les arbres se dépouillent de leurs feuilles. Cet arbre commence à se d.* || Se priver. *Se d. en faveur de quelqu'un.* — Fig., Se défaire, renoncer à. *Se d. de toute passion. Se d. de ses préjugés.* || Se dit des vins trop vieux qui ont perdu leur

coloration. = DÉPOUILLÉ, ÉE, part. — *Vin dépouillé,* Vin qui a perdu sa couleur par l'action du temps, la matière colorante s'étant déposée avec le tartre. — *Jouer au roi dépouillé,* Jouer à une sorte de jeu où l'on ôte un à un les habits de celui qu'on a fait le roi du jeu. Fig. et fam., se dit d'une personne que ses parents, ses domestiques, etc., pillent et ruinent.

Syn. — On dit *se dépouiller d'une chose* et *dépouiller.* La première locution attire l'attention sur la personne et implique souvent une idée de privation : *Elle veut se dépouiller de ses biens pour ses enfants.* La deuxième attire l'attention sur la chose et implique l'idée d'un débarras. *On dépouille des haillons, on dépouille ses vices, ses passions,* etc.

DÉPOUILLEUR. s. m. [Pr. *dépou-lleur, ll* mouillées]. Celui qui dépouille.

DÉPOURPRER. v. a. (R. *pourpre*). Ôter la pourpre, rendre pâle.

DÉPOURRISSAGE. s. m. [Pr. *dépou-ri-saje*] (R. *pourri*). Action d'enlever aux fruits ce qui est pourri.

DÉPOURVOIR. v. a. (R. de *pourvoir*). Dégarnir de ce qui était nécessaire. *Il ne faut pas d. de munitions une place de guerre.* = SE DÉPOURVOIR. v. pron. Se d. *d'argent. Il s'est dépourvu de tout pour élever ses enfants.* = DÉPOURVU, UE. part. || Adjectiv., Qui manque de quelque chose. *Être dépourvu de sens, de raison, d'esprit. Il est dépourvu de toute moralité. Il est dépourvu des connaissances les plus élémentaires.* Il manque de tout :

> Se trouva fort dépourvue
> Quand la bise fut venue.

        LA FONTAINE.

= AU DÉPOURVU. loc. adv. Sans être pourvu des choses nécessaires, sans être préparé. *Si vous me prenez au dépourvu, vous aurez un mauvais dîner. Il ne me prendra pas au dépourvu.* = Conj. Voy. POURVOIR. = Syn. voy. DÉNUER.

DEPPING, historien français (1784-1853).

DÉPRAVANT. ANTE, adj. Qui cause la dépravation.

DÉPRAVATEUR, TRICE. s. Celui, celle qui déprave.

DÉPRAVATION. s. f. [Pr. ... *sion*]. Action de dépraver, et plus ordinairement l'état de ce qui est dépravé, altéré. *La d. du sang. La d. de la digestion. La d. du goût, de l'appétit.* — Fig., Corruption. *La d. des mœurs. La d. de l'esprit, du goût. La d. du siècle. Tomber dans la d.* = Syn. Voy. CORRUPTION.

DÉPRAVER. v. a. (lat. *depravare*, m. s., de *de*, et *pravus*, qui n'est pas droit). T. Méd. Altérer, corrompre, pervertir. *Cela déprave l'estomac, la digestion.* — Fig., *D. les mœurs, le caractère, l'esprit, le jugement, le goût.* = SE DÉPRAVER. v. pron. S'altérer, se corrompre. *Son sang s'est dépravé. Son appétit se déprave.* — Fig., Le goût se déprave en même temps que les mœurs. = DÉPRAVÉ, ÉE. part. Sang dépravé, Goût dépravé. Jugement dépravé. Siècle dépravé. Mœurs dépravées. Jeunesse dépravée.

DÉPRÉCATION. s. f. [Pr. ... *sion*] (lat. *deprecatio*, m. s., de *deprecari*, prier). Demande avec prières. Fig. oratoire par laquelle on interrompt son discours pour demander aux dieux d'écarter un malheur ou un danger. || Prière faite avec soumission pour obtenir le pardon d'une faute.

DÉPRÉCATOIRE. adj. 2 g. (lat. *deprecari*, demander avec prières, de *de*, et *precari*, prier). Qui écarte par la prière.

DÉPRÉCIATEUR, TRICE. adj. Qui déprécie.

DÉPRÉCIATION. s. f. [Pr. *dépré-sia-sion*]. État d'une chose dépréciée. *La d. d'une marchandise. La d. des assignats alla toujours croissant.*

DÉPRÉCIER. v. a. (lat. *depreciare*, m. s., de *de*, et *pretium*, prix). Rabaisser le prix, la valeur, le mérite. *D. des marchandises. D. un ouvrage. D. le mérite de quelqu'un. D. ses actions.* = SE DÉPRÉCIER. v. pron. *Vous vous dépréciez vous-même. Ils se déprécient mutuellement.* || Perdre de sa valeur. *Une denrée qui se déprécie.* = DÉPRÉCIÉ, ÉE. part.

DÉPRÉDATEUR, TRICE. s. Celui, celle qui fait ou tolère des déprédations. *Ce ministre est un grand d.* || Adjectiv., *Un ministre d.*

DÉPRÉDATION. s. f. [Pr....*sion*] (lat. *deprædatio*, m. s., de *deprædari*, dépréder). Vol, pillage ; se dit particulièrement des malversations commises dans l'administration ou la régie de quelque chose. *Faire des déprédations. La d. des finances. Les déprédations qui se commettent dans l'État. La d. des biens d'un mineur.*

DÉPRÉDER. v. a. (lat. *deprædari*, m. s., de *prædia*, proie). Piller avec dégât. = DÉPRÉDÉ, ÉE. part. — Inus.

DÉPRENDRE. v. a. (R. *prendre*). Détacher, séparer ; ne se dit guère qu'en parlant des êtres animés. *Ces deux dogues étaient si acharnés l'un contre l'autre, qu'on eut beaucoup de peine à les d.* = SE DÉPRENDRE. v. pron. Se dégager. *Cet oiseau s'est pris à la glu et ne peut plus s'en d.* — Fig. et fam., *Il est tellement attaché à cette femme, qu'il ne saurait s'en d.* Peu usité. — DÉPRIS, ISE. part.

DÉPRÉPUCÉ. adj. m. (R. *prépuce*). A qui le prépuce a été coupé ; circoncis.

DÉPRESSER. v. a. (R. *presse*). Dégager de la pression, rendre moins pressé.

DÉPRESSER. v. a. (R. *presser*). Oter le livre de la presse. || Enlever le lustre que la presse donne aux draps.

DÉPRESSICAUDE. adj. 2 g. (lat. *depressus*, déprimé ; *cauda*, queue). T. Zool. Qui a la queue aplatie.

DÉPRESSICOLLE. adj. 2 g. (lat. *depressus*, déprimé ; *collum*, cou). T. Zool. Qui a le cou ou le corselet aplati.

DÉPRESSICORNE. adj. 2 g. (lat. *depressus*, déprimé ; *corne*). T. Zool. Qui a les cornes ou les antennes aplaties.

DÉPRESSIF, IVE. adj. (R. *dépression*). Qui déprime.

DÉPRESSIMÈTRE. s. m. (R. *dépression*, et gr. μέτρον, mesure). Sorte de télémètre servant à mesurer les distances en pays accidenté. — Il se compose essentiellement d'une lunette, d'un niveau et d'un cercle divisé vertical, et donne la distance du point visé par la résolution d'un triangle rectangle dont on connaît un côté de l'angle droit, savoir la hauteur de la station d'observation au-dessus du point visé, et l'angle aigu adjacent à ce côté, lequel est fourni par l'instrument qui donne l'angle du rayon visuel avec l'horizon.

DÉPRESSIOMÈTRE. s. m. (R. *dépression* ; gr. μέτρον, mesure). T. Mar. Petit appareil pour apprécier la dépression de l'horizon. — Il permet de mesurer l'angle des rayons visuels qui aboutissent à des points opposés de l'horizon. La moitié de cet angle est le complément de la dépression.

DÉPRESSION. s. f. (lat. *depressio*, m. s. de *deprimere*, déprimer). T. Didactique. Abaissement au-dessous de la surface, du niveau ; enfoncement. *Cette partie présente une légère d. Il y a eu d. du pariétal. La d. du mercure dans un tube capillaire.* || T. Astron. D. *de l'horizon*, Angle que fait avec le plan horizontal le rayon visuel qui aboutit en un point de l'horizon sensible. D'autant plus grand que l'observateur est plus élevé. Voy. HORIZON. || T. Pathol. Diminution des forces, affaissement. || T. Météor. D. *barométrique*, Baisse du baromètre, diminution dans la pression atmosphérique.

DÉPRESSOIR. s. m. (lat. *depressus*, déprimé). T. Chir. Instrument dont on se sert, après l'opération du trépan, pour abaisser la dure-mère et placer le sindon.

DEPRETIS, homme politique italien (1811-1887).

DÉPRÊTRER ou **DÉPRÊTRISER.** v. a. (R. *prêtre*, ou *prêtrise*). Dépouiller de la qualité de prêtre.

DÉPRÉVENIR. v. a. (R. *prévenir*). Oter les préventions.

DÉPRIER. v. a. (R. *de*, et *prier*). Retirer une invitation qu'on avait faite. *Le bal ayant été remis à un autre jour, il a fallu d. les invités.* = DÉPRIÉ, ÉE. part.

DÉPRIMAGE. s. m. (R. *déprimer*). T. Agric. Action de déprimer les prairies.

DÉPRIMANT, ANTE. adj. (R. *déprimer*). Qui déprime, qui produit une dépression.

DÉPRIMER. v. a. (lat. *deprimere*, de *de*, et *premere*, presser). Enfoncer, abaisser. Ne se dit guère, au propre, qu'en termes de Chir. *Les os du crâne ont été fortement déprimés.* || Fig., Tâcher d'abaisser une personne ou une chose, de diminuer, de détruire la bonne opinion que les autres en ont conçue. *Vous avez tort de le d. comme vous le faites. Les méchants dépriment la vertu.* = SE DÉPRIMER. v. pron. *Les os du crâne se sont déprimés.* — Fig., *Les artistes se dépriment les uns les autres.* = DÉPRIMÉ, ÉE. part. || Dans le langage des sciences, s'emploie adjectiv. et sign. Qui est comme écrasé, comme aplati. *Les graines de cette plante sont déprimées. Cet oiseau a le bec déprimé. Cette coquille est déprimée.* || Être déprimé, Être affaibli. || T. Méd. *Pouls déprimé.* Voy. POULS.

DÉPRISER. v. a. (R. *prix*). Mettre une chose au-dessous du prix, de la valeur qu'elle a. D. *une marchandise.* || En parlant d'une personne ou d'une chose morale, Témoigner qu'on en fait peu de cas. D. *quelqu'un. Il déprise les qualités qu'il sait bien ne pas avoir.* = DÉPRISÉ, ÉE. part.

Syn. — *Mépriser.* — *Dépriser* signifie estimer peu, mettre une chose au-dessous de ce qu'elle vaut. *Mépriser*, c'est non seulement ne faire point d'estime, mais encore regarder comme mauvais. On *déprise* souvent les choses les plus estimables ; mais on ne saurait les *mépriser.* L'homme d'honneur *méprise* tout ce qui sent la bassesse ; l'envieux s'efforce de *dépriser* les belles actions, ce qui ne prouve pas qu'il les *méprise.*

DÉPRISONNEMENT. s. m. [Pr. *dépri-zo-neman*]. Action de déprisonner.

DÉPRISONNER. v. a. [Pr. *dépri-zo-ner*]. Tirer de prison.

DE PROFUNDIS. s. m. [Pr. *Dé profondiss*]. Le sixième des sept psaumes de la pénitence, qui commence en latin par ces mots, et qui sert ordinairement de prière pour les morts. *Chanter le De p. Dire un De p. pour l'âme de quelqu'un.*

DÉPROVINCIALISER. v. a. Dépouiller, corriger de ses manières provinciales. || Détruire la division en provinces.

DEPTFORD, v. d'Angleterre (Kent), près Londres ; 30,000 h.

DÉPUCELAGE. s. m. Action de dépuceler ; résultat de cette action. On dit aussi *Dépucellement.*

DÉPUCELER. v. a. (R. *de*, et *pucelle*). Oter le pucelage. Fam. et libre. = DÉPUCELÉ, ÉE. part. = Conj. Voy. APPELER.

DÉPUCELLEMENT. s. m. [Pr. *dépu-sè-leman*]. T. de Droit coutumier. Nom du droit du seigneur dans certains pays, avant la Révolution. || Fam. Se dit pour *Dépucelage.*

DEPUIS. prép. (R. *de*, et *puis*) qui indique un rapport de temps, de lieu ou d'ordre, et sign. À partir de. *Je vous attendrai d. midi jusqu'à deux heures. Je ne l'ai pas vu d. son mariage. Il est parti d. fort longtemps. D. quelle époque êtes-vous ici? Le pays qui s'étend d. le Rhône jusqu'aux Alpes. D. Clovis jusqu'à Louis XIV. Je les ai tous examinés d. le premier jusqu'au dernier. D. peu, D. quelque temps. D. quand? D. quel temps?* = DEPUIS. adv. de temps. *Je ne l'ai pas vu d. Tous les auteurs qui ont écrit d. Qu'est-il arrivé d.?* = DEPUIS QUE. loc. conj. D. *l'époque, le moment où. D. qu'il est parti. D. que je ne l'ai vu. D. que j'ai cessé de le voir.*

DÉPURATIF, IVE. adj. et s. m. (R. *dépurer*). T. Méd. Dans le langage de la médecine humorale, langage qui est encore celui de beaucoup de personnes étrangères à la science, on donnait le nom de *Dépuratifs* à divers médicaments auxquels on supposait la propriété d'enlever à la masse des humeurs, et particulièrement au sang, les principes qui en peuvent altérer la pureté et de les porter au dehors par quelqu'un des émonctoires naturels. Au nombre des dépuratifs de la médecine ancienne, on voit figurer les diurétiques, les sudorifiques, quelques purgatifs, et même des agents appartenant à la médication altérante. L'étude du mode d'action de ces divers agents thérapeutiques démontre assez qu'il n'existe pas de dépuratifs proprement dits. Ces médicaments ont en général pour effet de provoquer ou de stimuler tel ou tel appareil sécrétoire; mais il ne s'ensuit aucunement que les produits de sécrétion expulsés au dehors sous leur influence contiennent un principe ou des principes nuisibles et capables d'altérer la pureté du sang ou des humeurs. Au lieu donc d'admettre cette vieille hypothèse humorale que rien ne démontre, il est plus simple d'expliquer les prétendus effets de dépuration qui accompagnent l'emploi de certaines substances, par cette grande loi physiologique en vertu de laquelle toute activité particulière imprimée à un organe a lieu aux dépens de l'activité de quelque autre organe. Ainsi, par ex., lorsqu'une affection cutanée cède à l'administration longtemps continuée d'un laxatif, cela ne veut pas dire que ce laxatif ait la vertu de purifier le sang dont l'âcreté ou l'altération serait la cause de la maladie cutanée, mais simplement que l'activité anormale de la peau a disparu sous l'influence de l'activité extraordinaire de la muqueuse intestinale provoquée par le médicament. En d'autres termes, il s'agit là d'une véritable révulsion.

Les préparations pharmaceutiques auxquelles le public attache encore les vertus dépuratives sont généralement à base d'iode, d'iodures ou de plantes antiscorbutiques.

DÉPURATION. s. f. [Pr. ...sion] (R. *dépurer*). T Méd. et Chimie. Action de dépurer; le résultat de cette action. *La d. du sang. La d. d'une liqueur.* Voy. CLARIFICATION.

DÉPURATOIRE. adj. 2 g. (R. *dépurer*). Qui a la propriété de dépurer, qui sert à dépurer. *Fontaine x. La variole passait autrefois pour une maladie d. Remèdes dépuratoires.* Voy. DÉPURATIF.

DÉPURER. v. a. (R. *pur*). T. Méd. et Chim. Rendre plus pur. *D. le sang, les humeurs. D. un liquide.* = DÉPURÉ, ÉE. part. *Sucs dépurés.*

DÉPUTATION. s. f. [Pr. ...sien] (lat. *deputatio*, répartition, de *deputare*, assigner). Envoi d'une ou de plusieurs personnes chargées d'une mission. *On résolut d'envoyer une d. au roi.* || Collectiv., Les personnes envoyées comme députés. *Le roi refusa d'admettre la d. La d. du département de l'Isère.* || La charge de député; se dit surtout en parlant des représentants de la nation élus par leurs concitoyens pour siéger dans les assemblées politiques. *Aspirer à la d. Accepter, refuser la d.*

DÉPUTÉ. s. m. (R. *députer*) Celui qui est envoyé par une nation, une province, une ville, un corps, une assemblée pour remplir une mission particulière auprès de quelqu'un, soit seul, soit avec d'autres. *Les Athéniens envoyèrent trois députés à Philippe. Envoyer ces députés au roi.* — Dans un sens plus spécial, Celui qui est nommé, envoyé pour faire partie d'une assemblée où l'on doit s'occuper des intérêts généraux d'un pays, d'une province, d'une confédération, etc. *Les villes grecques envoyaient chacune un certain nombre de députés au conseil des Amphictyons.* C'était l'époque où se réunissaient les députés de la province. *Les députés du clergé, de la noblesse, du tiers état. Les députés des départements,* ou simplem. *Les députés. La Chambre des députés. Élire un d. Ce député siège à la droite. Un d. de la gauche. L'inviolabilité des députés.*

Droit polit. — Nous avons vu, au mot *Constitution*, que le pouvoir législatif s'exerce actuellement en France par deux assemblées, le Sénat et la Chambre des députés; nous allons dire ici quelques mots de l'organisation et des attributions de la seconde de ces assemblées.

Organisation de la Chambre des députés. — Les députés sont élus au suffrage universel, au scrutin d'arrondissement depuis la loi de 1889; chaque arrondissement élit un député; quand la population d'un arrondissement excède 100,000 habitants, il nomme un député de plus par 100,000 ou fraction de 100,000 habitants. Pour être éligible, il faut : 1° être électeur (voy. ÉLECTION); 2° avoir 25 ans; en vertu de la loi du 17 juillet 1889, nul ne peut être candidat dans

plus d'une circonscription; tout citoyen qui se présente ou est présenté aux élections générales ou partielles doit, par une déclaration signée ou visée par lui et dûment légalisée, faire connaître dans quelle circonscription il entend être candidat. Si des déclarations sont déposées par le même citoyen dans plus d'une circonscription, la première en date est seule valable. Si elles portent la même date, toutes sont nulles. — Sont inéligibles : 1° les membres des familles ayant régné en France; 2° les militaires en activité de service; 3° les personnes énumérées dans l'art. 12 de la loi du 30 nov. 1875 : présidents de cours d'appel, recteurs, inspecteurs d'académie, archevêques, évêques, etc. — L'exercice des fonctions publiques rétribuées sur les fonds de l'État, sauf un certain nombre d'exceptions, est incompatible avec le mandat de d. — Les députés sont élus pour quatre ans; la Chambre se renouvelle intégralement. En cas de vacance par décès, démission ou autrement, l'élection doit être faite dans le délai de trois mois à dater de la vacance. Quand il s'agit du renouvellement intégral, les élections doivent avoir lieu dans les soixante jours qui précèdent l'époque où expirent les pouvoirs de la Chambre. Par suite de la loi du 13 fév. 1889, le nombre des députés s'est élevé, en 1890, à 576. Chacun d'eux touche une indemnité annuelle de 9,000 fr.

Attributions de la Chambre des députés. — La Chambre des députés a deux sortes d'attributions, savoir : 1° des attributions législatives et financières. Les députés partagent avec les membres du Sénat et le pouvoir exécutif l'initiative des lois; ils discutent et les votent. L'assentiment de la Chambre est nécessaire pour les déclarations de guerre, certains traités de commerce, les déclarations d'état de siège, les amnisties, les déclarations d'utilité publique, en cas d'expropriation. En matière financière, la Chambre doit examiner le budget et le voter avant le Sénat; c'est ce qu'on nomme le droit de *priorité* de la Chambre des députés; 2° des attributions judiciaires : c'est encore cette Assemblée qui traduit devant la Haute Cour, s'il y a lieu, le Président de la République ou les ministres, pour crimes commis dans l'exercice de leurs fonctions. Voy. INVIOLABILITÉ.

Au début d'une nouvelle législature, dès que le président provisoire est installé, on procède par la voie du sort à la répartition de tous les membres de l'Assemblée en onze bureaux; la même opération se reproduit tous les mois; chaque bureau nomme son président et son secrétaire. Sauf exception, les bureaux se réunissent trois fois par semaine. — Pour l'ordre de leurs travaux, ils doivent se conformer à l'ordre du jour de l'Assemblée; leur mission consiste à se livrer à un examen préalable des affaires, avant qu'elles soient soumises à la discussion publique. Dans chaque bureau, la délibération sauf le cas d'urgence déclarée, ne peut s'ouvrir que vingt-quatre heures après la distribution des projets ou propositions; la délibération terminée, on procède à la nomination d'un ou parfois de plusieurs *commissaires* chargés d'étudier un projet spécial.

Ce système de répartition du travail entre les différents bureaux et les commissions prises dans leur sein, a l'avantage de porter à la connaissance de chacun des membres de la Chambre tous les projets ou propositions de loi, et de lui permettre de prendre part plus facilement à la discussion publique à laquelle ils donnent lieu. De plus, les commissaires étant élus par la majorité de chaque bureau, il y a des chances pour que les questions soient étudiées par les membres les plus compétents de l'Assemblée, d'une part, et que, d'autre part, le projet élaboré par la commission réunisse en sa faveur la majorité de la Chambre entière : or on suit, par expérience, combien il importe que des amendements imprévus ne viennent pas, au cours de la discussion publique, déranger l'économie d'un projet de loi et y introduire des contradictions ou des incohérences. Le système des bureaux et des commissions a, du moins, l'avantage de raréfier, sinon de supprimer les amendements de ce genre.

DÉPUTER. v. a. (lat. *deputare*, assigner, d'où le sens d'assigner ou confier une mission). Envoyer en députation ou comme député. *Les soldats députèrent trois d'entre eux. Il fut un de ceux que la province députa pour la représenter dans cette Assemblée.* — Absol. *Les Athéniens députèrent vers Philippe.* Voy. DÉPUTÉ.

DÉQUALIFICATION. s. f. [Pr. *dé-kalifika-sion*]. Action de déqualifier; perte d'une qualification ou d'une qualité.

DÉQUALIFIER. v. a. (R. *qualifier*). Priver, dépouiller de sa qualification ou de sa qualité.

DÉRACINABLE. adj. Qui peut être déraciné.

DÉRACINEMENT. s. m. L'action de déraciner, ou l'état de ce qui est déraciné. || Par ext., Extraction, extirpation. *D. d'une dent.* || Fig. Destruction radicale. *D. d'un abus, d'un préjugé.*

DÉRACINER. v. a. (R. *racine*). Tirer de terre un arbre, une plante avec ses racines. *L'orage a déraciné beaucoup d'arbres.* || Par anal., se dit de diverses choses qui ont une sorte de racine, et sign. extraire. *D. une dent, un cor, une verrue.* — Fig., *D. un mal,* Le guérir entièrement. *D. un abus, un préjugé,* etc., Le faire disparaître. *On aura bien de la peine à d. cette opinion.* == DÉRACINÉ, ÉE. part.

DÉRACINEUR. s. m. Celui qui déracine.

DÉRADELPHE. adj. et s. m. (gr. δέρη, cou; ἀδελφὸς, frère). *Monstre déradelphe* ou un *Déradelphe,* Monstre ayant deux corps et une seule tête.

DÉRADELPHIE. s. f. Conformation des déradelphes.

DÉRADER. v. n. (R. *rade*). T. Mar. Se dit d'un bâtiment qui est forcé, par le gros temps, de quitter la rade où il était mouillé.

DÉRAGER. v. n. (R. *rage*). Cesser d'être en rage, en colère. *Il n'a pas déragé de la soirée.*

DÉRAIDIR ou **DÉROIDIR.** v. a. (R. *raide*). Diminuer, ôter la raideur. *Il faut passer cette étoffe à l'eau pour la d.* *Ce bain m'a déraidi les membres.* == SE DÉRAIDIR. v. pr. Perdre de sa raideur. *Ses membres se déraidissaient.* || Fig., *Son caractère commence à se d.* == DÉRAIDI, IE. part.

DÉRAILLAGE. s. m. [Pr. *déra-llaje, ll* mouillées] (R. *rail*). T. Appr. Opération qui consiste à tirer certains tissus après l'apprêt dans tous les sens pour régulariser cet apprêt.

DÉRAILLEMENT. s. m. [Pr. *déra-lleman, ll* mouillées] (R. *rail*). Accident résultant de la sortie hors des rails d'un véhicule circulant sur une voie ferrée. Les déraillements des trains de chemin de fer sont des accidents qui peuvent avoir des conséquences très graves, si le train est animé d'une grande vitesse, ou si le d. se produit en haut d'un talus ou sur un pont ou un viaduc, parce qu'alors les véhicules peuvent être précipités au fond de la vallée. Le d. peut se produire en pleine voie par suite de la rupture du bandage d'une roue ou à cause d'un défaut de la voie; il peut se produire aussi aux aiguilles et particulièrement aux aiguilles en pointe, lorsque celles-ci ne fonctionnent pas parfaitement et que l'un des essieux d'une voiture s'engage dans une direction, tandis que l'autre suit l'autre direction. On a signalé aussi comme cause de d. la dilatation excessive des rails par un temps très chaud, dilatation qui produit des courbures des rails, soit dans le plan horizontal, soit surtout dans le plan vertical; il en résulte une dénivellation des deux rails, et les véhicules se trouvant inclinés sur le côté peuvent sortir facilement de la voie. On remédie à ce danger en laissant entre les rails un intervalle suffisant pour que chacun puisse se dilater sans être gêné par le rail voisin.

DÉRAILLER. v. n. [Pr. *déra-ller, ll* mouillées] (R. *rail*). Sortir des rails. || Fig. Se déranger, sortir de la bonne voie.

DÉRAISON. s. f. (R. *raison*). Défaut de raison, manière de penser ou d'agir déraisonnable. *Il est d'une d. inconcevable. Une telle conduite est le comble de la d.*

DÉRAISONNABLE. adj. 2 g. [Pr. *dérè-zo-nable*] (R. *de,* et *raisonnable*). Qui n'est pas raisonnable dans sa conduite, dans ses idées, dans ses projets, etc. *Un homme d.* || Qui est contraire à la raison. *C'est là un caprice tout à fait d. Des propositions déraisonnables.*

DÉRAISONNABLEMENT. adv. [Pr. *dérè-zo-na-bleman*]. Sans raison. *Parler, agir d.*

DÉRAISONNEMENT. s. m. [Pr. *dérè-zo-neman*]. Action de déraisonner, faux raisonnement.

DÉRAISONNER. v. n. [Pr. *dérè-zo-ner*] (R. *de,* et *raison*). Tenir des discours dénués de raison. *Vous déraisonnez. La malade commence à d. Il ne fait que d.*

DÉRALINGUER. v. a. (R. *ralingue*). T. Mar. Dépouiller de ses ralingues, déchirer le long des ralingues.

DÉRAMAGE. s. m. Action de déramer.

DÉRAMER. v. a. (R. *rame,* branche). Détacher des rameaux, des bruyères, en parlant des cocons de vers à soie.

DÉRANGEMENT. s. m. Action de déranger ou état de ce qui est dérangé; se dit au prop. et au fig. *Le d. de mes papiers m'empêche de trouver la pièce dont j'ai besoin. Le d. d'une machine. Il ne veut vous causer aucun d. Le d. de sa fortune. Le d. des saisons. Le d. de sa santé date de longtemps. Il y a du d. dans son esprit, dans ses facultés.*

DÉRANGER. v. a. (R. *ranger*). Ôter une chose de sa place, de la place qu'elle doit occuper, mettre en désordre ce qui était en ordre. *Quand il a placé une chose quelque part, il ne veut pas qu'on la dérange. J'avais défendu de rien d. sur mon bureau, dans mes papiers. C'est parce que vous avez dérangé ce ressort que la machine ne va plus. D. ses meubles. On a tout dérangé dans la maison.* — *D. une chambre, un cabinet, etc.,* Y mettre du désordre en ôtant de leur place habituelle les objets qui s'y trouvent. — *D. quelqu'un,* Le faire sortir de sa place. *Je ne veux d. personne. Il ne faut pas d. ces dames.* || Faire mal aller, altérer, troubler, contrarier. *Vous allez d. ma montre. Vous allez d. cette machine. Cela lui a dérangé l'estomac, le cerveau. Cet orage a bien dérangé le temps. Cet incident dérange tous mes projets.* || Figur., *D. quelqu'un,* Interrompre, troubler quelqu'un dans ses occupations. *Les importuns sont venus le d. Il m'est impossible de travailler, je suis dérangé à tout instant. Pourvu que cela ne vous dérange point.* — Altérer sa santé. *Il a mangé hier plus qu'à l'ordinaire, cela l'a dérangé.* — Contrarier ses projets. *Cet événement va me d. singulièrement.* Fam. — Lui faire quitter une conduite régulière. *Les mauvaises compagnies l'ont dérangé.* == SE DÉRANGER. v. pron. Se dit dans tous les sens qui précèdent. *Rien ne s'est dérangé dans les malles pendant le voyage. Ayez la complaisance de vous d. un peu. Il n'aime pas à se d. Ne vous dérangez pas, je ne suis pas pressé. Ma montre s'est dérangée. Sa santé, son cerveau commence à se d. Depuis un an, ses affaires se sont bien dérangées. Je crois que ce jeune homme se dérange.* == DÉRANGÉ, ÉE. part. *Il y a quelque chose de dérangé dans ma montre. Une santé dérangée. Un estomac dérangé. Il a le cerveau dérangé. Être dérangé dans sa conduite,* ou simplement, *Être dérangé.* == Conj. Voy. MANGER.

DÉRANGEUR, EUSE. Celui, celle qui dérange.

DÉRAPER. v. n. (R. *de,* et lat. *rapere,* enlever). T. Mar. Se dit de l'ancre qui se détache du fond de la mer, soit par suite de mauvais temps, soit qu'on la lève pour appareiller. — Voy. ANCRE.

DÉRÂPER. v. a. (R. *râpe,* grappe). Ôter la grappe des fruits avant de les presser.

DÉRASEMENT. s. m. Action de déraser.

DÉRASER. v. a. (R. *raser*). Abattre le sommet d'un terrain, d'un mur, etc.

DÉRATER. v. a. (R. *rate*). Enlever la rate. *On a prétendu qu'en dératant les chiens on les rendait plus agiles.* == DÉRATÉ, ÉE. part. *Un chien d.* || Subst., *Courir comme un dératé,* Courir comme on suppose que le ferait une personne à laquelle on aurait ôté la rate; les anciens croyaient que la rate empêche de courir.

DÉRAYER. v. n. [Pr. *dé-rè-ier*] (R. *raie*). Creuser profondément un sillon soit pour l'écoulement des eaux, soit pour servir de délimitation à deux champs contigus.

DÉRAYURE. s. f. [Pr. *dé-rè-iure*] (R. *dérayer*). Profond sillon séparant deux champs, deux cultures.

DERBENT, v. de Russie, cap. du Daghestan ; 14,000 h.

DERBY. s. m. Prix pour les courses de chevaux fondé en Angleterre, en 1780, par lord Derby, brillant cavalier. || Nom donné à la course d'Epsom, où l'on dispute le grand prix.

DERBY, v. d'Angleterre, ch.-l. du comté de ce nom, 89.700 hab. || Le comté a 462,000 hab.

DERBY (Lord), homme d'État anglais, chef du parti tory ou conservateur (1799-1869).

DERCYLLIDAS, général spartiate (Ve siècle av. J.-C.).

DERECHEF. adv. (R. de, re indiquant le redoublement, et chef, tête). Une seconde fois, de nouveau. Vx.

> Baiserai-je derechef, papa ?
> — Baisez, Thomas.
>
> MOLIÈRE.

DÉRÉGLEMENT. s. m. (R. dérégler). État d'une chose qui n'a plus son cours régulier, qui ne fonctionne plus d'une manière normale, qui n'est pas réglée. Le d. des saisons. Le d. du pouls. Le d. d'une horloge. Le d. de l'esprit. || Désordre dans la conduite, opposition aux règles de la morale. Vivre dans le d., dans un grand d. Le d. de sa vie de ses mœurs. Cet homme s'est ruiné par ses dérèglements. Infraction aux règles de la politique.

DÉRÉGLÉMENT. adv. (R. de, et règle). Sans règle. Inus.

DÉRÉGLER. v. a. (R. de, et règle). Faire négliger la règle de conduite, les règles du devoir ; n'est guère usité que dans cette phrase proverb., Il ne faut qu'un mauvais moine pour d. tout le couvent. || Faire qu'une chose ne suive plus sa marche accoutumée. Le froid dérègle les horloges. = SE DÉRÉGLER. v. pron. N'avoir plus son cours, sa marche régulière. Le temps se dérègle. Son pouls s'est déréglé. Son estomac se dérègle aisément. Ma montre se dérègle souvent. — DÉRÉGLÉ, ÉE. part || Adjectiv., Qui ne fonctionne pas d'une manière régulière, ou qui n'est pas réglé. A pétit déréglé. Esprit déréglé. Imagination déréglée. Désire déréglés. — Qui est contraire aux règles de la morale. Conduite, vie déréglée. Des mœurs déréglées. Un homme déréglé dans ses mœurs. — Conj. Voy. CÉDER.

DÉRENCÉPHALE. adj. et s. m. (gr. δέρη, cou, et encé-

phale). T. Térat. Monstre d. ou un Dérencéphale. Monstre qui manque de cerveau et de cervelet. (Fig.)

DÉRETOURNER. v. a. (R. retourner). Remettre à l'endroit ce qui avait été mis à l'envers.

DÉRIDER. v. a. (R. ride). Faire passer les rides. Pommade pour d. la peau, pour d. || Figur., D. quelqu'un, Lui faire perdre son air sombre, sévère, l'égayer. Tout le monde riait autour de lui, mais rien n'a pu le d. On dit dans un sens anal., La joie déride le front. Déridez un peu votre front. Déridez-vous le front. = SE DÉRIDER. v. pron. Sa

peau se déride. Allons, déridez-vous un peu. Son front ne se déride jamais. = DÉRIDÉ, ÉE. part.

DÉRIMER. v. a. (R. de et arrimer). T. Mar. Déranger l'arrimage de. D. des colis.

DÉRISEUR. s. m. (lat. deridere, se moquer, de ridere, rire). Railleur, qui tourne en dérision personnes et choses.

DÉRISION. s. f. (lat. derisio, m. s., de ridere, rire). Moquerie. Faire d'une chose un objet de d. Faire quelque chose par d. Il tourne tout en d. C'est une d., une d. amère.

DÉRISOIRE. adj. 2 g. Qui est fait par dérision. Proposition d. Offres dérisoires.

DÉRISOIREMENT. adv. D'une façon dérisoire.

DÉRITOIR ou **DÉRITOIRE**. s. m. (sans doute corrupt. de détritoire). T. Techn. Madrier servant à serrer et à desserrer la presse du moulin à olives.

DÉRIVABLE. adj. Qu'on peut dériver.

DÉRIVATEUR. s. m. (R. dériver). T. Phys. Appareil destiné à empêcher qu'on n'entende dans le téléphone les courants télégraphiques, dans le système de téléphone à grande distance de Van Rysselberghe qui utilise les lignes télégraphiques aériennes.

DÉRIVATIF, IVE. adj. T. Méd. Qui sert à opérer une dérivation. Topique d. Saignée dérivative. || Subst., Il faut d'abord employer les dérivatifs. Ce travail perpétuel le fatigue : cherchons-lui un d.

DÉRIVATION. s. f. [Pr. ...sion]. Action de dériver les eaux. Canal de d. || T. Phys. D. d'un courant électrique. Conducteur qui réunit deux points d'un circuit électrique et dans lequel passe une partie du courant. Voy. ÉLECTRICITÉ. || T. Méd. Action par laquelle le sang, les humeurs sont attirés sur une partie du corps pour les détourner d'une autre. Voy. RÉVULSION. || Changement d'idées, d'opinion. || T. Gram. Se dit de la manière dont les mots se tirent les uns des autres, ou de l'origine même d'un mot. Les règles de la d. La d. de ce mot est incertaine. || T. Algèb. Opération par laquelle on cherche la dérivée d'une fonction. || T. Artill. Déviation du projectile d'un canon rayé, due à la rotation de ce projectile, combinée avec la résistance de l'air. Les bouches à feu de l'artillerie de terre sont rayées de gauche à droite ; la rotation du projectile entraîne celui-ci à droite du plan vertical du tir ; au contraire celles de la marine étant rayées de droite à gauche, les projectiles sont déviés à gauche du plan de tir. — On dit quelquefois dans ce sens Déviation. — Voy. BALISTIQUE.

DÉRIVE. s. f. (l'ancienne forme drive montre que ce mot ne vient pas de de et rive. Il est d'origine germanique ; angl. to drive, aller, dériver ; all. treiben, pousser ; il y a eu ensuite confusion entre le verbe dériver et le verbe driver). T. Mar. Déviation qu'éprouve un bâtiment dans sa marche, par suite de son mouvement dans le sens perpendiculaire à l'axe ou par suite du courant. Aller à la d. Être en d. Voy. plus bas. || Espèce de quille supplémentaire qui consiste en un plan qu'on place verticalement au-dessous de la quille proprement dite pour diminuer le déplacement transversal de l'embarcation.

Mar. — Les marins donnent le nom de Dérive à la déviation qu'éprouve un bâtiment dans sa route, lorsqu'étant sous l'allure du plus près, la direction de sa marche est modifiée par l'impulsion du vent ou d'un courant latéral, et ils appellent Angle de la d., ou simplement Dérive, l'angle que fait la quille du navire avec la direction réelle de sa route. A l'exception des cas rares où le navire aurait vent arrière, ou du moins grand largue, l'obliquité des voiles le force toujours d'aller plus ou moins de côté, parce que le vent le frappant plus ou moins vite par le côté du vent, et le poussant du côté de dessous le vent, il en résulte nécessairement que la direction de la route réelle s'écarte de celle de la quille ou de l'aire du vent sur lequel on gouverne. La d. peut être à tribord ou à bâbord, c.-à-d. à droite ou à gauche, mais toujours du côté opposé au vent, ou à l'amure. Ainsi, quand le vent souffle à droite, on dit que l'amure est à tribord et la d. à *bâbord*, tandis que,·quand il souffle à gauche, l'*amure est à bâbord* et la d. à *tribord*. La connaissance de la quantité ou de l'angle de la d. est indispensable pour déterminer la route qu'il faut suivre ou celle qu'on a suivie. Il est à peu près impossible de la calculer directement, mais on peut toujours l'obtenir par l'observation immédiate. Il suffit, pour cela, de relever la *Hournche*, c.-à-d. la trace que le navire laisse derrière lui, et l'angle qu'elle fait avec l'aire du vent sur lequel on gouverne donne la d. cherchée. On peut aussi la trouver au moyen d'instruments appelés *Dérivomètres*. L'un des meilleurs, celui de Clément, consiste en une lame de cuivre fixée sous la quille et communiquant par le haut avec une tige de même métal munie d'une aiguille à sa partie supérieure. Pendant que le bâtiment d., l'impulsion imprimée à la lame par le mouvement de l'eau se communique à l'aiguille, qui marque sur un cadran la quantité de la déviation. — On dit encore, en termes de marine, qu'un *navire d.*, ou *va en d.*, quand les vents ou les courants le détournent de sa route : qu'*il y a de la d.*, que *l'on a belle d.*, quand on se trouve assez loin d'une côte ou d'un écueil pour ne pas avoir à craindre d'y être poussé; que *la d. vaut la route*, lorsqu'un navire étant en panne ou à la cape, il éprouve une d. qui le pousse du côté où il veut aller. — On applique l'expression *être en d.* à tout ce qui flotte abandonné au gré du vent, du courant, etc., et l'on dit dans ce sens qu'*un bateau*, qu'un *train de bois est en d.*

DÉRIVEMENT. s. m. Action, état d'une eau courante qui sort de son canal.

DÉRIVER. v. n. (R. *de* et *rive*). S'éloigner du bord, du rivage. *Il est temps de partir, dérivons.*

DÉRIVER. v. a. (lat. *derivare*, *de*, marquant éloignement, et *rivus*, ruisseau). Faire sortir les eaux de leur cours naturel. *Au moyen de rigoles, on fit d. dans les prairies une partie des eaux de la rivière.* || T. Méd. Détourner la tendance des fluides à se porter vers un centre malade. || T. Gram. Par ext., Indiquer l'origine d'un mot. *D'où dérivez-vous ce mot?* || T. Alg. *D. une fonction*, En chercher la dérivée. = **DÉRIVER.** v. n. Fig., Venir, tirer son origine. *C'est de là que dérivent tous ses malheurs. Voici les conséquences qui en dérivent. Il faut remonter à la source d'où sont dérivées tant d'erreurs.* || T. Gram. Tirer son origine. *Ce mot dérive de tel autre.* = **DÉRIVÉ, ÉE.** part. || T. Gram. S'emploie subst. en parlant d'un mot dérivé d'un autre. *Bonté est un dérivé de Bon. Le verbe Courir et ses dérivés.*

DÉRIVER. v. n. (R. *dérive*; ce mot a été écrit *driver*). T. Navig. Se dit d'un bateau, d'un bâtiment qui suit le courant de l'eau, ou que la force du vent, des courants écarte de sa route. *Afin de ne pas donner sur ce rocher, nous laissâmes d. notre navire. La force du courant nous fit d. de tant de lieues* || T. Artill. Se dit de l'action d'un projectile qui s'écarte du plan de tir.

DÉRIVER. v. a (R. *river*). T. Techn. Défaire la rivure, lisser la tête d'un clou pour le faire sortir de son trou. || Détacher de son axe, en parlant d'une pièce d'horlogerie.

DÉRIVÉE. s. f. T. Math. On sait qu'on appelle fonction d'une variable *x* une quantité *y* liée à *x* de telle manière qu'on puisse calculer sa valeur quand on connaît celle de *x*. Toute variation de *x* ou *y* s'appelle l'accroissement de cette quantité, accroissement qui du reste peut être positif ou négatif, suivant qu'il s'agit d'un accroissement proprement dit ou d'une diminution. Si *x* ayant reçu une valeur particulière, on lui donne un accroissement *dx*, *y* subira lui-même un accroissement *dy* et passera de la valeur *y* à la valeur *y* + *dy*. Si maintenant on suppose que *x* restant invariable, *dx* tende

vers 0, *dy* tendra aussi vers 0; mais le rapport $\frac{dy}{dx}$ tendra en général vers une limite déterminée, qui mesure pour ainsi dire la vitesse de variation de la fonction *y*. C'est cette limite, laquelle dépend naturellement de la valeur de *x*, qui a reçu le nom de *fonction d.* ou simplement *d.* Ainsi, on appelle *d. d'une fonction y par rapport à la variable x, la limite du rapport de l'accroissement de y à celui de la variable lorsque celui-ci tend vers 0.* — La notion de la d. est d'une importance capitale en mathématiques; elle se rencontre à chaque instant dans les applications. Ainsi, en mécanique, la vitesse d'un mobile à un instant déterminé est

la d. de l'espace parcouru par le mobile par rapport au temps. Voy. VITESSE. De même, l'accélération est la d. de la vitesse dans le mouvement rectiligne. Voy. ACCÉLÉRATION. En géométrie, lorsqu'une courbe est rapportée à des axes rectangulaires, la tangente à cette courbe fait avec l'axe des *x* un angle variable dont la tangente trigonométrique est la d. de l'ordonnée de la courbe par rapport à l'abscisse. Voy. COORDONNÉES, TANGENTE.

La d. d'une fonction *y* de *x*, qu'on représente le plus souvent par *y'*, ou simplement *y'*, est une fonction de *x* qui admet elle-même une d. *y''*, laquelle est appelée la d. *seconde* de la fonction *y*. La d. de la d. seconde est la d. *tierce*, et ainsi de suite, de sorte qu'on peut concevoir les dérivées des différents ordres d'une fonction *y*.

Les dérivées des fonctions simples se déterminent facilement en partant de la définition même. D'abord la d. *d'une somme* est égale à la somme des dérivées des parties. Si, en effet, *y* est la somme de plusieurs fonctions de *x*, *u*, *v*, *w*, quand *x* croîtra de *dv*, *u*, *v*, *w* croîtront chacun de *du*, *dv*, *dw*, et l'on aura :

$$y + dy = u + du + v + dv + w + dw,$$

d'où

$$dy = du + dv + dw,$$

et

$$\frac{dy}{dx} = \frac{du}{dx} + \frac{dv}{dx} + \frac{dw}{dx},$$

qui devient à la limite :

$$y' = u' + v' + w'.$$

La d. d'une constante *a* étant nécessairement nulle, celle de *a* + *y* est la même que celle de *y*. Enfin, le théorème s'applique aussi à la différence de deux constantes, car *u* − *v* = *u* + (− *v*) et la d. de − *v* est manifestement − *v'*. La d. *d'un produit* de deux facteurs *y* = *uv* est :

$$y' = uv' + vu',$$

car on a

$$y + dy = (u + du)(v + dv),$$

d'où

$$dy = u\,dv + v\,du + du\,dv,$$

et

$$\frac{dy}{dx} = u\frac{dv}{dx} + v\frac{du}{dx} + \frac{du}{dx}\,dv.$$

Le dernier terme tend vers 0 à cause du facteur *dv*, et on a à la limite :

$$y' = uv' + vu'.$$

En raisonnant de proche en proche, on obtient pour un produit de plusieurs facteurs la règle suivante :

$$y = uvwt...$$
$$y' = u'.vwt... + v'.uwt... + w'.uvt... + t'.uvwt... + ...$$

c'est-à-dire qu'on obtient la d. d'un produit en ajoutant tous les résultats obtenus en remplaçant successivement chacun des facteurs, et lui seulement, par sa d.

Dérivée d'un quotient :

$$y = \frac{u}{v},$$

$$y + dy = \frac{u + du}{v + dv},$$

d'où

$$dy = \frac{(u + du)\,v - (v + dv)\,u}{(v + dv)\,v} = \frac{v\,du - u\,dv}{(v + dv)\,v},$$

$$\frac{dy}{dx} = \frac{v\frac{du}{dx} - u\frac{dv}{dx}}{(v + dv)\,v},$$

et à la limite :

$$y' = \frac{vu' - uv'}{v^2}.$$

Dérivée de x^m. — Si *m* est entier et positif, x^m est un simple produit de *m* facteurs égaux à *x* dont chacun a manifestement pour d. l'unité. Alors l'application de la règle donne :

$$y = x^m,$$
$$y' = mx^{m-1}.$$

264

Si m est fractionnaire, supposons d'abord qu'il soit de la forme $m = \dfrac{1}{n}$, n étant entier et positif. Alors :

$$y = x^m = x^{\frac{1}{n}} = \sqrt[n]{x},$$
$$dy = (y + dy) - y = \sqrt[n]{x + dx} - \sqrt[n]{x}$$

ou en appliquant l'identité bien connue :

$$a - b = \frac{a^n - b^n}{a^{n-1} + a^{n-2}b + a^{n-3}b^2 + \ldots + b^{n-1}},$$

$$dy = \frac{(x + dx) - x}{\sqrt[n]{(x + dx)^{n-1}} + \sqrt[n]{(x + dx)^{n-2}}\sqrt[n]{x} + \ldots \sqrt[n]{x^{n-1}}}.$$

Si on divise par dx, le numérateur devient 1, et à la limite tous les termes du dénominateur deviennent égaux à $\sqrt[n]{x^{n-1}}$. On a donc :

$$y' = \frac{1}{n\sqrt[n]{x^{n-1}}} = \frac{1}{n}x^{-\frac{n-1}{n}} = \frac{1}{n}x^{\frac{1-n}{n}} = mx^{m-1}.$$

Si m est de la forme $\dfrac{p}{q}$, on a $x^m = x^{\frac{p}{q}} = \sqrt[q]{x^p}$, on opérera d'une manière analogue. Si m est incommensurable, on généralisera la règle par des considérations de limite. Enfin, si m est négatif, soit $m = - m'$, on aura $x^m = x^{-m'} = \dfrac{1}{x^{m'}}$, et l'on appliquera la règle de la d. d'un quotient. Dans tous les cas, on trouve que la d. de x^m est mx^{m-1}.

Si, en particulier, $m = \dfrac{1}{2}$, $x^m = x^{\frac{1}{2}} = \sqrt{x}$, et la d. de ce radical carré sera :

$$\frac{1}{2}x^{-\frac{1}{2}} \text{ ou } \frac{1}{2\sqrt{x}}.$$

Les *dérivées des fonctions transcendantes* log x, sin x, cos x, tg x se calculent par des procédés analogues, mais qui exigent des développements un peu longs qu'on trouvera dans les traités d'algèbre.

Pour les fonctions plus compliquées, qui résultent de la combinaison de fonctions simples, un seul théorème suffit à calculer leur d. : c'est le *Théorème des fonctions de fonctions*. Si y est une fonction de u, u étant lui-même une fonction de x, on aura évidemment :

$$\frac{dy}{dx} = \frac{dy}{du} \cdot \frac{du}{dx},$$

d'où à la limite $y'_x = y'_u \times u'_x$, c'est-à-dire qu'on prend les deux dérivées d'abord de y, comme si u était la variable indépendante, et ensuite de u par rapport à x et qu'on les multiplie l'une par l'autre. L'application réitérée de ce théorème suffit aux exemples les plus compliqués. Par exemple, si l'on a :

$$y = u^m,$$

on aura

$$y' = xu^{m-1}u';$$

si on a :

$$y = \sqrt{x^3 - x^2},$$

on aura, en posant $x^3 - x^2 = u$,

$$y = \sqrt{u}, \; y'_u = \frac{1}{2\sqrt{u}} \text{ et } u'_x = 3x^2 - x,$$

d'où

$$y'_x = y'_u \cdot u'_x = \frac{3x^2 - x}{2\sqrt{x^3 - x^2}}.$$

Si on a :

$$y = \sqrt{\left(\frac{x^4}{1 - x^3}\right)^3},$$

on aura :

$$y' = \frac{1}{2\sqrt{\left(\frac{x^4}{1-x^3}\right)^3}} \cdot 3\left(\frac{x^4}{1-x^3}\right)^2 \cdot \frac{4x^3(1-x^3) + 3x^2 \cdot x^4}{(1-x^3)^2}$$

ou, toutes réductions faites :

$$\frac{3x^6(4 - x^3)}{2(1 - x^3)^2\sqrt{1 - x^3}}.$$

Dérivée des fonctions inverses. — Si y est fonction de x, x est dite la fonction inverse de y. Comme on a évidemment :

$$\frac{dx}{dy} = \frac{1}{\left(\dfrac{dy}{dx}\right)},$$

on voit que la d. d'une fonction inverse est l'inverse de la d. de la fonction donnée. Ainsi, on démontre que la dérivée de $\sin x$ est $\cos x$, $y = \arcsin x$ est la fonction inverse de $x = \sin y$. On aura donc :

$$y' = \frac{1}{\cos y} = \frac{1}{\pm \sqrt{1 - x^2}}.$$

Voici maintenant le tableau des formules qui servent à calculer les dérivées de toutes les fonctions qu'on peut former avec les fonctions algébriques, logarithmiques ou circulaires :

$y = u + v + w$,	$y' = u' + v' + w'$;
$y = uvw\ldots$,	$y' = u'vw\ldots + v'uw\ldots + w'uv + \ldots$;
$y = \dfrac{u}{v}$,	$y' = \dfrac{vu' - uv'}{v^2}$;
$y = u^m$,	$y' = mu^{m-1}u'$;
$y = \sqrt{u}$,	$y' = \dfrac{u'}{2\sqrt{u}}$;
$y = a^x$,	$y' = a^x \log \text{nép. } x$;
$y = \log_a x$,	$y' = \dfrac{1}{x \log \text{nép. } a}$;
$y = \log \text{nép. } x$,	$y' = \dfrac{1}{x}$;
$y = \sin x$,	$y' = \cos x$;
$y = \cos x$,	$y' = \sin x$;
$y = \text{tg } x$,	$y' = \dfrac{1}{\cos^2 x}$;
$y = \arcsin x$,	$y' = \dfrac{1}{\pm\sqrt{1 - x^2}}$;
$y = \arccos x$,	$y' = \dfrac{1}{\pm\sqrt{1 - x^2}}$;
$y = \text{arc tg } x$,	$y' = \dfrac{1}{1 + x^2}$;
$y = f(u)$,	$y'_x = y'_u \times u'_x$.

Dérivées partielles. — Si y est une fonction de plusieurs variables, on peut calculer autant de dérivées qu'il y a de variables indépendantes, en supposant qu'une seule de ces variables varie, et que les autres restent constantes; c'est ce qu'on appelle les dérivées partielles. Ainsi soient :

$$y = x^z,$$

c'est une fonction de deux variables x et z. La d. par rapport à x, calculée comme si z était constant, est :

$$y'_x = zx^{z-1},$$

et la d. par rapport à z est

$$y'_z = x^z \log \text{nép. } x.$$

On peut aussi concevoir des dérivées partielles successives, en prenant la d. de la d. et ainsi de suite, soit par rapport à la même variable, soit par rapport à des variables différentes, qu'on représente par les notations suivantes : y'''_{x^3} désigne la d. prise trois fois par rapport à x; $y^{IV}_{x^3z}$ désigne la d. prise trois fois par rapport à x, et une fois par rapport à z. On démontre aisément, en s'appuyant sur la définition même, que la d. partielle d'un ordre quelconque est indépendante de l'ordre des dérivations. Ainsi :

$$f''_{xy} = f''_{yx} \quad \text{et} \quad f'''_{x^2y} = f'''_{yx^2}.$$

Dérivée des fonctions composées. — On nomme improprement *fonction composée* une fonction de plusieurs fonctions d'une seule variable. Ainsi : $y = f(u, v, w)$ est une fonction composée, si u, v, w sont des fonctions d'une variable x. La d. d'une pareille fonction se calcule par la règle des fonctions de fonctions dont la règle des fonctions de fonctions n'est qu'un cas particulier :

$$y'_x = u'_x f'_u + v'_x f'_v + w'_x f'_w.$$

L'application réitérée de cette règle, combinée avec celle de la d. d'une fonction, permet de calculer de proche en proche les dérivées des ordres successifs.

La connaissance de la d. d'une fonction permet d'étudier la variation de cette fonction et de déterminer ses *maxima* et ses *minima*, à l'aide de cette remarque fort simple que la fonction varie dans le même sens que la variable, ou en sens inverse suivant que la d., limite du rapport $\frac{dy}{dx}$, est positive ou négative. Il en résulte immédiatement que les *maxima* et *minima* ne peuvent se présenter que pour les valeurs de x pour lesquelles la d. change de signe. Nous donnerons sur ce sujet quelques détails complémentaires au mot FONCTION.

La théorie des dérivées se rattache intimement au calcul différentiel ; aussi la d. a-t-elle reçu de quelques géomètres le nom de *Coefficient différentiel*. Voy. INFINITÉSIMAL (*Calcul*).

DÉRIVETTE. s. f. (R. *dérive*). Sorte de pêche qui se fait avec des mannettes qu'on laisse dériver au gré du courant.

DÉRIVEUR. s. m. (R. *dérive*). T. Mar. Voile pour le mauvais temps.

DÉRIVEUR. s. m. (R. *dériver*, de *river*). T. Horlog. Instrument pour dériver les pignons et les séparer des roues.

DÉRIVOMÈTRE. s. m. (de *dérive*, et gr. μέτρον, mesure). T. Mar. Instrument pour mesurer la dérive. Voy. DÉRIVE.

DÉRIVOTE. s. f. (R. *dériver*). Grande perche pour éloigner un train de bois de la rive.

DERLE. s. f. Argile qu'on utilise pour fabriquer la faïence fine.

DERMAPTÈRE. adj. 2 g. (gr. δέρμα, cuir ; πτερόν, aile). T. Zool. Qui a des ailes coriacées. = DERMAPTÈRES. s. m. pl. Autre orthographe de *Dermoptères*.

DERMATALGIE. s. f. (gr. δέρματος, peau ; ἄλγος, douleur). T. Méd. Douleur à la peau.

DERMATITE ou **DERMITE.** s. f. (gr. δέρμα, peau). T. Méd. Inflammation de la peau.

DERMATOBRANCHE. adj. 2 g. (gr. δέρμα, peau, et *branchie*). Dont la peau fait l'office de branchies.

DERMATODONTE. adj. 2 g. (gr. δέρμα, δέρματος, peau ; ὀδούς, ὀδόντος, dent). T. Hist. nat. Qui est garni de denticules membraneuses.

DERMATODYNIE. s. f. (gr. δέρμα, peau ; ὀδύνη, douleur). T. Méd. Douleur à la peau.

DERMATOGRAPHE. s. m. Auteur d'une dermatographie ou description de la peau.

DERMATOGRAPHIE. s. f. (gr. δέρμα, peau ; γράφω, je décris). T. Anat. Description de la peau.

DERMATOÏDE. adj. 2 g. (gr. δέρμα, δέρματος, peau ; εἶδος, apparence). T. Anat. Qui a la consistance de la peau.

DERMATOLOGIE. s. f. (gr. δέρμα, δέρματος, peau ; λόγος, traité). La branche des sciences médicales qui traite de la peau et de ses maladies.

DERMATOLYSIE. s. f. (gr. δέρμα, peau ; λύω, je délie). T. Méd. Affection caractérisée par un relâchement de la peau.

DERMATOPATHIE. s. f. (gr. δέρμα, peau ; πάθος, maladie). Maladie de la peau en général.

DERMATOPATHOLOGIE. s. f. (gr. δέρμα, peau ; πάθος, maladie ; λόγος, traité). Traité des maladies de la peau.

DERMATOPHIDE. adj. 2 g. (gr. δέρμα, peau ; ὄφις, serpent). T. Zool. Qui a la peau nue en parlant des reptiles.

DERMATOPNONTE. adj. (gr. δέρμα, peau ; πνέω, je respire). T. Zool. Qui respire par la peau.

DERMATOPODE. adj. 2 g. (gr. δέρμα, peau ; πούς, ποδός, pied). T. Zool. Qui a les pieds couverts d'une peau.

DERMATOSE. s. f. (gr. δέρμα, δέρματος, peau). T. Méd. On désigne sous le nom de *Dermatoses* les maladies spéciales de la peau. Ces maladies ont été, depuis le commencement de ce siècle, l'objet de nombreux travaux qui ont singulièrement avancé cette partie auparavant si négligée de la science médicale. La classification des *Dermatoses* est généralement basée sur la forme primitive qu'affecte chacune de ces maladies. On les divise habituellement en 8 ordres, savoir : *Exanthèmes* (comprenant l'Érythème, l'Urticaire et la Roséole) ; *Bulles* (Pemphigus et Rupia) ; *Vésicules* (Eczéma, Herpès, Miliaire) ; *Pustules* (Couperose, Sycosis, Ecthyma, Impétigo) ; *Papules* (Lichen, Prurigo, Strophulus) ; *Squames* (Pityriasis, Lepra, Psoriasis, Ichtyose) ; *Tubercules* (Lupus, Éléphantiasis) ; *Taches* (Éphélides, Nævus, Purpura). La *Gale* et les *Teignes* constituent un 9e ordre, ces maladies étant causées, l'une par la présence d'un épizoaire, et l'autre par diverses espèces d'épiphytes. On peut aussi classifier les dermatoses d'après leur origine diathésique : *Syphilides, arthritides, diabétides, scrofulides*, etc. Enfin, on a essayé, dans ces derniers temps, de fonder une classification plus scientifique basée sur les lésions anatomiques intimes. — Nous ne partirons pas ici des diverses maladies que nous venons d'énumérer ; il en sera question aux articles EXANTHÈME, BULLEUSE, GALE, TEIGNE, etc.

DERMATOSQUELETTE. s. m. (gr. δέρμα, δέρματος, peau et *squelette*). T. Anat. comp. Le tégument externe des animaux invertébrés, et particulièrement des articulés, lequel, attendu sa solidité, leur tient lieu de squelette osseux.

DERMATOTOMIE. s. f. (gr. δέρμα, peau ; τομή, section). Dissection de la peau.

DERME. s. m. (gr. δέρμα, peau). T. Anat. Tissu qui forme la plus grande partie de la peau. Voy. ce mot.

DERMESTE. s. m. Genre de *Coléoptères*, de la famille des *Dermestides*. Voy. ce mot.

DERMESTIDES. s. m. (gr. δέρμα, peau ; ἐσθίω, je mange). T. Ent. Famille d'insectes *Coléoptères* caractérisée par des antennes plus courtes que la tête et le corselet, rétractiles et terminées en massue ; par le corps ovoïde, garni d'écailles ou de poils caducs qui le colorent diversement ; la tête est enfoncée dans le corselet jusqu'aux yeux, le prosternum est souvent dilaté antérieurement ; les pieds sont contractiles, mais non complètement, les tarses restant toujours libres, avec les jambes étroites et allongées. Parmi les genres que renferme cette famille, le plus remarquable est le genre *Dermeste* (*Dermestes*). Les insectes qui le composent, quand ils sont à l'état parfait, vivent sur les fleurs, et les femelles ne recherchent les substances animales que pour y déposer leurs œufs. Mais les larves sont connues par leur extrême voracité et font de grands ravages dans les magasins de pelleteries et dans les cabinets d'histoire naturelle. Elles détruisent en très peu de temps les collections zoologiques, et l'on, chez les fourreurs, des dégâts aussi rapides. Comme elles ne travaillent jamais à découvert, on ne s'aperçoit de leurs ravages que lorsque tout est consommé. Néanmoins elles sont d'une grande utilité dans la nature on ce qu'elles contribuent la destruction des cadavres, dont elles font des squelettes parfaits. Ces larves dévorent également les plumes, la reliure des livres, la graisse, le fromage et toute espèce de matières animales, de sorte qu'on les rencontre aussi dans les offices et les garde-manger. Elles ont le corps allongé, velu, et formé de 12 anneaux distincts dont le dernier est garni d'une touffe de poils ; leur tête est velue et allongée, leurs mandibules sont dures et tranchantes, leurs 6 pattes sont cornées et terminées par un ongle crochu. Pour préserver les collections zoologiques de leurs ravages, on a conseillé beaucoup de moyens, tels que l'alun, le sublimé corrosif, l'arsenic, l'orpiment, le réalgar, le vert-de-gris, le tan en poudre, le camphre, l'essence de térébenthine, l'huile de pétrole, le soufre, etc. On donne aujourd'hui la préférence au savon arsenical de Bécœur, qui est composé d'oxyde blanc d'arsenic, de potasse, de chaux en poudre, de savon et de camphre. On imbibe la surface interne des peaux d'une dissolution de cette pâte, en évitant d'en placer aux parties extérieures, et d'en laisser tomber sur les plumes ou sur les poils. Il convient, en outre, d'exposer souvent au grand air les objets qu'on veut conserver ; il est même bon de les soumettre de temps en temps à une chaleur de 80° à 160° au moyen d'un appareil au bain-marie, connu sous le nom de *Necrentome*. — Les insectes parfaits marchent lentement ; lorsqu'on les touche, ils contractent leurs antennes et leurs pattes, renfoncent leur tête dans le corselet et font les morts jusqu'à ce qu'ils croient le danger passé. L'espèce la plus redoutable et la plus répandue chez nous est le *Derm. du lard* (*D. lardarius*) [Fig. 1 grossie]. Cet insecte est long de 7 à 9 millim., noir, avec la base des étuis fauve et marquée de trois points noirs. Sa larve est assez longue, couverte de longs poils très touffus et d'un brun noirâtre, atténuée à l'extrémité et terminée par deux épines crochues. Les autres espèces qu'on rencontre en France sont le *Derm. marin*, le *Derm. des cadavres*, le *Derm. carnivore* et le *Derm. renard* (*D. vulpinus*). Ce dernier causa de si grands ravages dans les magasins de peaux de Londres, qu'une récompense de 500,000 francs fut offerte à celui qui trouverait le moyen d'anéantir cet

Fig. 1.

insecte. — Le genre *Aspidiphore* (*Aspidiphorus*) a pour type l'*Aspid. orbiculé*, qu'on trouve en Suède et aux environs de Paris. Cet insecte vit d'une espèce de Lichen qui croît sur les bois morts. — Le g. *Mégatome* (*Megatoma*) est répandu en Europe, en Amérique et dans la Nouvelle-Hollande. L'espèce la plus répandue chez nous est le *Még. des pelleteries* (*M. pellio*). C'est un petit insecte, long de 5mm,5 dont le corps est noir avec trois points blancs sur le corselet et un sur chaque étui : ces points sont formés par un duvet. La larve est fort allongée, d'un brun roussâtre, luisante et garnie de poils roux : ceux de l'extrémité postérieure forment une queue. — Les genres *Limnichus*, *Trogoderme* et *Attagène* ne comprennent que de petites espèces d'insectes qui n'offrent aucun intérêt. — Les *Anthrènes* (*Anthrenus*) sont très petits et presque globuleux. Les élytres et le corselet sont agréablement colorés par une poussière écailleuse analogue à celle des lépidoptères. À l'état parfait, ces insectes vivent sur les fleurs et dans nos maisons, comme les dermestes ; mais leurs larves, comme celles de ces derniers, font de grands ravages dans les collections zoologiques, particulièrement dans celles d'entomologie : elles attaquent aussi les pelleteries. Ces larves

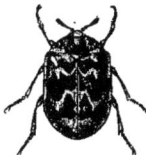

Fig. 2.

se distinguent de celles des dermestes par la présence de houppes de poils érectiles que l'animal redresse lorsqu'on l'irrite ou qu'on l'approche. Elles changent plusieurs fois de peau et mettent près d'un an avant de passer à l'état de nymphes. Cette métamorphose s'opère sans que la larve se dépouille de sa dernière peau, qui se fend le long du dos et sert de coque à la chrysalide. L'espèce la plus répandue et la plus commune est l'*Anth. des musées* (*A. museorum*) [Fig. 2, très grossie]. C'est un insecte long de 2mm,25 seulement, noir, avec trois bandes transversales, d'un blanc grisâtre sur les élytres. Sa larve est couverte de poils gris et brunâtres. — L'unique espèce du g. *Globicorne*, le *Globicornis rufitarsis*, a été trouvée sur le tronc des ormes de l'avenue de Saint-Cloud. Cet insecte n'a que 3 mill. de longueur.

DERMIQUE. adj. 2 g. (R. *derme*). T. Anat. Qui a rapport, qui appartient au derme.

DERMOBRANCHE. adj. 2 g. (gr. δέρμα, peau, et *branchies*). T. Zool. Dont les branchies sont situées sur la peau.

DERMOCHÉLYS. s. m. (gr. δέρμα, peau; χέλυς, tortue). T. Erpét. Genre de tortue marine, appelé aussi *Sphargis*. Voy. CHÉLONIENS.

DERMODONTE. adj. 2 g. (gr. δέρμα, peau; ὀδούς, ὀδόντος, dent). T. Zool. Dont les dents sont implantées dans la peau seulement.

DERMOGRAPHISME. s. m. (gr. δέρμα, peau; γράφω, je trace). T. Pathol. Trouble vasomoteur de l'une plus ou moins hystérique, qui se rencontre chez l'homme et les animaux, comme l'urticaire et l'érythème. || Aptitude de la peau à conserver, très amplifiés et plus ou moins durables, les traces qui y sont faites. Voy. *Étude sur le Dermographisme*, par le Dr Barthélemy, 1893.

DERMOPTÈRE. adj. 2 g. (gr. δέρμα, peau ; πτέρον, aile). T. Zool. Qui a des ailes ou des nageoires membraneuses. = DERMOPTÈRES. s. m. pl. T. Entom. Nom donné par quelques auteurs à la famille des *Forficulaires*. Voy. ce mot et ORTHOPTÈRES.

DERMORRHINQUE. adj. 2 g. (gr. δέρμα, peau; ῥύγχος, bec). T. Zool. Qui a le bec couvert de peau ou coriace.

DERNIER, IÈRE. adj. (lat. *de*, et *retro*, en arrière, sans doute par l'intermédiaire d'un adj. *deretranus*). Qui vient, qui est après tous les autres, ou après lequel il n'y en a point d'autre. *Il est arrivé le d. Il est le d. de sa classe, de sa race. Dans les derniers temps de sa vie. Rendre le d. soupir. Rendre à quelqu'un les derniers devoirs. Employer son d. sou, jusqu'à son d. sou. Voilà le d. avec qui me restait à vous faire. En d. lieu. En dernière analyse. Voilà mon d. mot. Je vous le dis pour la dernière fois. La dernière année de son règne. Le d. jour du mois.*

Voir le dernier Romain à son dernier soupir.
CORNEILLE.

|| Le plus récent. *Il n'était pas à la dernière séance. Dans la dernière guerre. — L'année dernière, le mois d., la semaine dernière, L'année, etc., qui a précédé immédiatement l'année, etc., où l'on est.* On dit de même, *Dimanche d., lundi d.*, etc. || Se dit aussi de ce qu'il y a d'extrême dans un genre, soit en bien, soit en mal. *Il est arrivé au d. degré de la perfection. On l'a traité avec la dernière indignité. Cela est du d. ridicule. — C'est le dernier des hommes*, C'est le plus vil, le plus méprisable des hommes. On dit de même d'une femme, *C'est la dernière des créatures. — C'est le d. homme à qui je me confierais*, etc., C'est l'homme auquel je voudrais le moins me confier, = S'emploie adverbialement. *Le dernier venu. Le dernier-né.* = Substantiv. *Ne vouloir jamais avoir le d.*, au propre, À certains jeux de mains, ne vouloir pas souffrir d'être touché le dernier. — Figur. et fam., dans une discussion, Vouloir toujours répliquer. || T. Jeu de paume. Chacune des deux ouvertures de la galerie qui sont les plus éloignées de la corde. *Chasser au d. Au d. la balle gagne.*

DERNIÈREMENT. adv. de temps. Depuis peu, il n'y a pas longtemps. *Cela est arrivé d.*

DERNIER-NÉ. s. m. L'enfant né le dernier.

DÉROBEMENT. s. m. T. Archit. Tracé fait avec l'épure et rapporté directement sur la pierre équarrie.

DÉROBER. v. a. (R. *robe*). Ôter la robe, l'enveloppe. Ne se dit guère qu'en parlant des fèves de marais qu'on a dépouillées de leur première enveloppe. *Des fèves dérobées.*

DÉROBER. v. a. (vx fr. *rober*, voler, du lat. *orbare*, priver). Commettre un larcin, prendre quelque chose à quelqu'un sans qu'il s'en aperçoive. *On lui a dérobé sa montre, sa bourse, son manteau.* Fam., *S'il a du bien, il ne l'a pas dérobé*, se dit de quelqu'un qui doit à son travail tout ce qu'il possède. — *D. prend parfois pour régime la personne volée elle-même. Ce domestique dérobe son maître.* || Fig., Prendre adroitement, enlever. *Il lui déroba un baiser. Il parvint à d. aux prêtres égyptiens une partie de leurs secrets. L'intrigue est habile à d. les récompenses dues au mérite. D. à quelqu'un la gloire, le mérite d'une belle action.* — Se dit aussi d'un auteur qui prend dans un autre quelque pensée, quelque phrase, quelque vers, et se les approprie. *Il ne craint pas de d. des chapitres entiers. Il n'y a rien de bon dans son livre que ce qu'il a dérobé.* — Se dit encore du temps que l'on prend sur d'autres heures consacrées à ses occupations ordinaires. *Il consacrait à sa mère les courts instants qu'il pouvait d. à ses travaux.* || Soustraire. *D. un coupable à la justice. D. quelqu'un à la fureur du peuple. Il le déroba au péril. D. quelque chose à la connaissance du juge.* || Cacher, empêcher de voir. *Ce mur me dérobe la vue de la campagne. Une brume épaisse déroba la flotte à nos yeux.* Fig., *Il pénétra le secret qu'on voulait lui d. — D. sa marche*, se dit, au prop., d'une armée qui fait une marche sans que l'ennemi s'en aperçoive; au fig., et fam., se dit de quelqu'un qui sait cacher les moyens qu'il emploie pour arriver à ses fins. — T. Véner. *D. la voie*, se dit du chien qui, à la tête de la meute, chasse sans crier. = SE DÉROBER. v. pron. Disparaître graduellement à la vue de quelqu'un. *Le vaisseau se déroba en peu de temps à nos regards. A mesure que le jour baissait, les objets se dérobaient insensiblement à notre vue.* || Se soustraire. *Se d. aux coups, aux poursuites, aux recherches de quelqu'un. Il est impossible de se d. à sa destinée. Il se déroba aux applaudissements du public.* || Se d. *d'une compagnie*, ou simplement *Se d.*, Se retirer d'une compagnie sans dire mot, sans qu'on s'en aperçoive. — *Se d. à son travail, à ses occupations*, Les interrompre momentanément. || Fig., *Ses genoux se dérobent sous lui*, Ses genoux vacillent, il va tomber. || T. Manège. *Ce cheval se dérobe de dessous l'homme*, ou simpl. *se dérobe*, se dit d'un cheval qui, tout à coup et par un mouvement irrégulier, s'échappe de dessous son cavalier. — On dit aussi *qu'un cheval se dérobe* quand, dans une course, il quitte, malgré son cavalier, l'itinéraire obligé. = DÉROBÉ, ÉE. part. *Un objet dérobé.* — *Escalier dérobé, porte dérobée, corridor dérobé*, Escalier, etc., de dégagement par lequel on peut entrer et sortir sans être vu. — *Faire quelque chose à ses heures dérobées*, Prendre sur ses occupations ordinaires le temps de la faire. = A LA DÉROBÉE. loc. adv. Secrètement, avec une sorte de mystère. *Il ne lui rend visite qu'à la dérobée.*

DÉROCHAGE. s. m. T. Technol. Action de dérocher. Le résultat de cette action.

DÉROCHEMENT. s. m. (R. *roche*). Enlèvement de roches en mer ou en rivière.

DÉROCHER. v. a. (R. *roche*). T. Techn. Nettoyer les métaux avec de l'acide. Se dit surtout d'une des phases du décapage. Voy. DÉCAPAGE.

DÉRODYME. s. m. (gr. δέρη, cou; δίδυμος, jumeau). Monstre ayant deux têtes et deux cous sur un seul corps.

DÉROGATION. s. f. [Pr. *sion*]. Action de déroger. Modification apportée à une loi, à un acte de l'autorité, à un traité, à une convention, etc. *Il y a dans la nouvelle loi une d. expresse, une d. tacite à l'ancienne. C'est une d. à l'usage. Le codicille renfermait une d. importante au testament. C'est une d. à nos droits.* — Voy. ABROGATION.

DÉROGATOIRE. adj. 2 g. Qui contient une dérogation. *Acte d.*, Qui en a le caractère.

DÉROGEANCE. s. f. (R. *déroger*). T. Chancell. anc. Action par laquelle on perdait les droits et les privilèges attachés à la noblesse.

DÉROGEANT, ANTE. adj. Qui déroge. *Un acte postérieur d. au premier. Des actions dérogeantes à la noblesse, à noblesse.*

DÉROGER. v. n. (lat. *derogare*, déroger à une loi). Modifier, de quelque façon que ce soit, une convention. *Faire quelque chose de contraire à la loi, à un usage, etc. D. à une loi. Cette loi déroge à l'ancienne en ce point. Les deux parties ont dérogé à leur contrat. D. aux droits de quelqu'un, à l'usage établi.* || *D. à noblesse*, ou simplem. *D.*, Faire quelque chose qui entraîne la perte des privilèges attachés à la noblesse. || Faire une chose indigne de... *C'est d. à la majesté du trône. Vous dérogez à votre caractère par cette coupable complaisance.* || Condescendre. *Il consentit à d. jusque-là.* Ne se dit guère que par ironie. = DÉROGÉ, ÉE. part. = Conjug. V. MANGER.

DÉROIDIR. v. a. Voy. DÉRAIDIR, qui est l'orthographe préférée par l'Académie, dans l'édition de 1878.

DÉRÔLEMENT. s. m. (R. *rôle*). Action d'effacer, de retrancher du rôle.

DÉROMPAGE. s. m. T. Appr. Opération mécanique qui a pour but d'enlever l'excès d'apprêt que l'on donne aux tissus, pour qu'ils aient plus de main.

DÉROMPOIR. s. m. Table munie d'une espèce de couteau avec lequel on divise les chiffons en petits morceaux au sortir du pourrissoir.

DÉROMPRE. v. a. (R. *rompre*). T. Papet. Diviser les chiffons en petits morceaux au sortir du pourrissoir. || T. Fauconn. Se dit de l'oiseau qui fond sur sa proie et la jette à terre par un coup violent. || T. Agric. *D. un pré*, Le transformer en une autre culture.

DÉROTRÈTES. s. m. pl. (gr. δέρη, cou; τρητός, percé). T. Erpét. Groupe de Batraciens ainsi appelés parce qu'on trouve, de chaque côté du cou, un trou ovale qui conduit dans une chambre respiratoire; on les nomme encore *Amphiumides*. Voy. SALAMANDRE.

DÉROUGIR. v. a. (R. *rouge*). Ôter la rougeur, ou la couleur rouge. *Ce cosmétique lui a dérougi le teint. Le soleil a dérougi cette étoffe.* = DÉROUGIR. v. n. = SE DÉROUGIR. v. pron. Perdre sa couleur rouge. *Cela commence à d., à se d.* = DÉROUGI, IE. part.

DÉROUILLEMENT. s. m. [Pr. *dérou-lleman*, ll mouillées]. Action de dérouiller. État de ce qui est dérouillé.

DÉROUILLER. v. a. [Pr. *dérou-ller*, ll mouillées] (R. *rouille*). Ôter la rouille. *Il faut d. ces armes.* — Fig., en parlant des personnes, Polir, former. *Le commerce du monde a bien dérouillé ce jeune homme. La lecture des bons livres dérouille l'esprit.* = SE DÉROUILLER. v. pr. Au prop., *Le fer se dérouille, lorsqu'on le travaille.* — Fig., *Son esprit commence à se d.* || Figur., Se remettre au courant d'une chose qu'on a sue autrefois, mais qu'on a négligée depuis plus ou moins longtemps. *Il y a longtemps que je n'ai lu du grec, il me faudrait un peu de travail pour me d.* = DÉROUILLÉ, ÉE. part.

DÉROULEMENT. s. m. Action de dérouler.

DÉROULER. v. a. (R. *rouler*). Étendre ce qui était roulé. *D. une étoffe, un manuscrit, un tableau.* — Fig., Montrer successivement. *Il déroulait aux yeux de ses auditeurs attentifs le tableau de cette grande époque.* || T. Typog. *D. une presse*, Faire retourner en arrière le train de la presse à l'aide de la manivelle et du rouleau. = SE DÉROULER. v. pr. *Le tapis s'est déroulé en tombant.* — Fig.,

Je promène au hasard mes regards sur la plaine,
Dont le tableau changeant se déroule à mes pieds.
LAMARTINE.

= DÉROULÉ, ÉE. part.

DÉROUTANT, ANTE. adj. Qui peut déconcerter, rompre les mesures.

DÉROUTE. s. f. (lat. *diruptio*, dispersion, de *de* ou *di*, et *ruptus*, rompu). Se dit d'une armée qui s'enfuit en désordre. *Une grande d. Une d. complète. Mettre une armée en d.* || Fig. et fam., se dit du désordre qui se met dans les affaires de quelqu'un. *Ses affaires sont en d. Cet événement a mis ses affaires en d.* On dit aussi *Depuis sa d., Depuis sa déconfiture.* — *Mettre quelqu'un en d. dans une discussion*, Le mettre hors d'état de répondre.

DÉROUTER. v. a. (R. *route*). Détourner, égarer quelqu'un de sa route, de son chemin. *Nous avions pris le bon chemin, c'est vous qui nous avez déroutés.* || Fig., Rompre les mesures prises par quelqu'un pour arriver à un but. *La chute du ministère l'a dérouté.* || Fig., Faire prendre le change. *Cette fausse confidence le dérouta tout à fait.* || Figur., Déconcerter. *Cette objection l'a dérouté.* = DÉROUTÉ, ÉE. part.

DERRIÈRE. prép. de lieu (lat. *de*, et *retro*, arrière). Se dit, par opposition à *Devant*, de ce qui est après une chose ou une personne. *D. la maison. D. le jardin. D. la porte. Avoir les mains d. le dos. Se cacher d. quelqu'un. Il s'enfuit sans regarder d. lui.* — Fig., *Il ne faut pas regarder derrière soi*, Quand une fois on s'est engagé dans une entreprise, dans une carrière, il faut marcher en avant. || Fig., *Laisser quelqu'un bien d. soi, bien loin d.*, L'emporter sur lui, le dépasser. = DERRIÈRE. adv. En arrière, après, ou du côté opposé au devant. *Regarder d. Nous l'avons laissé bien loin d. Qu'importe que cela soit de-*

vant ou d. Il marche d. Il a reçu une blessure par d. Le train de d. d'une voiture, d'un cheval. Porte de d. — Fam., Sens devant d. Voy. SENS. == DERRIÈRE. s. m. La partie postérieure d'une chose, le côté opposé au devant. Le d. de la maison, d'une charrette, de la tête. Il est logé sur le d. || Cette partie de l'homme et de quelques animaux qui comprend les fesses et le fondement. Montrer le d. S'écorcher le d. — Pop., Montrer le d., S'enfuir; et fig., Ne pouvoir exécuter ou n'oser pas tenir ce qu'on avait promis de faire. || T. Guerre. Se dit des derniers corps d'une armée en marche ou en bataille, du côté auquel l'armée tourne le dos, ou du pays qu'une armée laisse d. elle. Il fondit, il se jeta sur les derrières de l'ennemi, les derrières de l'armée. Une rivière couvrait, protégeait nos derrières. Assurer ses derrières.

DERRIS. s. m. T. Bot. Genre de plantes Dicotylédones de la famille des *Légumineuses.* Voy. ce mot.

DERVAL. ch.-l. de c. (Loire-Inférieure), arr. de Châteaubriant ; 3,300 hab. Ruines d'un château fort démantelé par ordre de Henri IV, en 1593.

DERVICHE. s. m. (persan *de-ouish*, pauvre). T. Hist. relig. Religieux mahométan vivant en communauté. Voy. MAHOMÉTISME.

DES. Particule qui tient lieu, par la contraction, de la prép. *De,* et de l'art. plur. *Les.*

DÈS. Prép. de temps et de lieu. (lat. *de, ex,* prép. sign. *hors de*). Depuis, à partir de. *D. cette époque-là* ou *D. là* (ce dernier a vieilli). *D. son enfance. D. le berceau. Ce fleuve est navigable d. sa source. D. cette ville, le pays n'est qu'une plaine. D. hier. J'y travaillerai d. demain, d. la semaine prochaine.* || *D. là, D. lors.* Voy. LA et LORS. == DÈS QUE. loc. conj. Aussitôt que. *D. qu'il parut, toute l'assemblée se leva.* || Puisque. *D. que vous êtes d'accord, tout est terminé.*

DÉSABONNEMENT. s. m. [Pr. *dézabo-neman*]. Action de se désabonner.

DÉSABONNER. v. a. [Pr. *dézabo-ner*]. Faire cesser l'abonnement. == SE DÉSABONNER. v. pron. Cesser d'être abonné.

DÉSABORDER. v. a. Faire cesser l'abordage.

DÉSABRITER. v. a. Oter l'abri.

DÉSABUSABLE. adj. Qui peut être désabusé.

DÉSABUSEMENT. s. m. État d'une personne désabusée. *Le d. des plaisirs du monde.*

DÉSABUSER. v. a. (R. *de,* et *abuser*). Détromper, tirer d'erreur, faire quitter une fausse opinion. *Vous êtes dans une grande erreur, on doit vous d. Vous aurez beau faire, vous ne le désabuserez pas. Cela le désabusa pour toujours des grandeurs.* == SE DÉSABUSER. v. pron. Cesser de se faire illusion sur... *Désabusez-vous de cela. Désabusez-vous de croire que tout le monde vous admire. Il se désabusa bientôt des plaisirs du monde.* == DÉSABUSÉ, ÉE, part.

Si mon père, un jour désabusé,
Plaint le malheur d'un fils faussement accusé.
RACINE.

DÉSACCEPTER. v. a. [Pr. *dé-zak-septer*] (R. *de,* et *accepter*). Refuser ce qu'on avait accepté.

DÉSACCLIMATEMENT. s. m. [Pr. *dé-za-klimateman*] (R. *de,* et *acclimatement*). Perte des conditions qui avaient procuré l'acclimatement.

DÉSACCLIMATER. v. a. [Pr. *dé-za-klimater*] (R. *de,* et *acclimater*). Changer de climat. Faire perdre l'habitude du climat. == DÉSACCLIMATÉ, ÉE. part.

DÉSACCOINTANCE. s. f. Pr. *dé-za-kointanse*] (R. *de,* et *accointance*). Abandon de la société, de la fréquentation de quelqu'un.

DÉSACCOINTER. v. a. [Pr. *dé-za-kointer*]. Rompre l'accointance.

DÉSACCOMMODER. v. a. [Pr. *dé-za-ko-moder*] (R. *de,* et *accommoder*). Cesser d'accommoder.

DÉSACCOMPAGNER. v. n. [Pr. *dé-za-kompagner*] (R. *de,* et *accompagner*). Cesser d'accompagner.

DÉSACCORD. s. m. [Pr. *dé-za-kor*] (R. *de,* et *accord*). État de ce qui n'est pas d'accord. Manque d'accord dans les instruments, dans les voix. Se dit surtout de la différence d'opinions ou de sentiments. *Ces discussions amenèrent le d. dans la famille.*

DÉSACCORDER. v. a. [Pr. *dé-za-korder*]. Détruire l'accord d'un instrument de musique. *Vous avez désaccordé ce piano.* == SE DÉSACCORDER. v. pron. Perdre l'accord. *Mon violon s'est désaccordé.* == DÉSACCORDÉ, ÉE. part.

DÉSACCOUPLEMENT. s. m. [Pr. *dé-za-koupleman*]. Séparation des objets accouplés.

DÉSACCOUPLER. v. a. [Pr. *dé-za-koupler*] (R. *de,* et *accoupler*). Séparer des choses accouplées. *D. des chiens. D. des draps de lit.* == SE DÉSACCOUPLER. v. pron. *Les chiens se sont désaccouplés.* == DÉSACCOUPLÉ, ÉE. part.

DÉSACCOUTRER. v. a. [Pr. *dé-za-koutrer*] (R. *de,* et *accoutrer*). Oter l'accoutrement de...

DÉSACCOUTUMANCE. s. f. [Pr. *dé-za-koutumanse*] (R. *de,* et *accoutumance*). Perte de quelque habitude, de quelque coutume. Vx.

DÉSACCOUTUMER. v. a. [Pr. *dé-za-koutumer*] (R. *de,* et *accoutumer*). Faire perdre une habitude. *C'est avec peine qu'on l'a désaccoutumé de mentir.* == SE DÉSACCOUTUMER. v. pron. Perdre l'habitude. *Il se désaccoutume, il s'est désaccoutumé, il ne peut se d. du jeu, de jouer.* == DÉSACCOUTUMÉ, ÉE. part.

DÉSACCUMULER. v. a. [Pr. *dé-za-kumuler*] (R. *de,* et *accumuler*). Détruire l'amas de... Peu us.

DÉSACHALANDAGE. s. m. Perte de chalands.

DÉSACHALANDER. v. a. (R. *de,* et *achalander*). Éloigner les chalands, faire perdre les pratiques. *Chercher à d. un marchand, une boutique.* == DÉSACHALANDÉ, ÉE. part.

DÉSACIDIFICATION. s. f. [Pr. ...*sion*]. T. Chim. Action de désacidifier.

DÉSACIDIFIER. v. a. T. Chim. Détruire l'acidité de...

DÉSACIÉRATION. s. f. [Pr. ...*sion*] (R. *acier*). T. Métall. Forme d'affinage à l'état solide. Peu us.

DÉSACIÉRER. v. a. *D. du fer,* En détruire l'aciération.

DÉSAFFAIRÉ, ÉE. adj. [Pr. *dé-za-féré*] (R. *de,* et *affaire*). Qui n'a rien à faire : on dit plutôt *désœuvré.*

DÉSAFFAMER. v. a. [Pr. *dé-za-famer*] (R. *de,* et *affamer*). Apaiser la grosse faim de quelqu'un.

DÉSAFFECTATION. s. f. [Pr. *dé-za-fekta-sion*]. T. Fin. Action de désaffecter, d'effacer une affectation.

DÉSAFFECTER. v. a. [Pr. *dé-za-fekter*] (R. *de,* et *affecter*). T. Fin. Cesser d'affecter une somme à un emploi déterminé.

DÉSAFFECTION. s. f. [Pr. *dé-za-fek-sion*] (R. *de,* et *affection*). Cessation ou diminution de l'affection. *La d. du peuple pour le prince va toujours croissant.*

DÉSAFFECTIONNEMENT. s. m. [Pr. *dé-za-fek-sio-neman*] (R. *désaffectionner*). Perte de l'affection.

DÉSAFFECTIONNER. v. a. [Pr. *dé-za-fek-sio-ner*] (R.

de, et affection). Détacher, détruire l'affection de... = DÉSAFFECTIONNÉ, ÉE. part. Qui n'a plus l'affection de...

DÉSAFFILIER. v. a. [Pr. *dé-za-filier*] (R. *de*, et *affilier*). Faire cesser une affiliation.

DÉSAFFLEUREMENT. s. m. [Pr. *dé-za-fleureman*]. Action de désaffleurer.

DÉSAFFLEURER. v. a. [Pr. *dé-za-fleurer*] (R. *de*, et *affleurer*). Faire ressortir certaines parties d'une surface sur les autres.

DÉSAFFOURCHEMENT. s. m. [Pr. *dé-za-fourcheman*]. Action de désaffourcher.

DÉSAFFOURCHER. v. n. (R. *affourche*). T. Mar. Lever l'ancre d'affourche. = DÉSAFFOURCHÉ, ÉE. part. Voy. ANCRE et AFFOURCHER.

DÉSAFFRANCHIR. v. a. [Pr. *dé-za-franchir*] (R. *de*, et *affranchir*). Assujettir de nouveau. Faire retomber dans la servitude.

DÉSAFFRONTER. v. n. [Pr. *dé-za-fronter*] (R. *de*, et *affront*). Faire réparation d'un affront.

DÉSAFFUBLER. v. a. [Pr. *dé-za-fubler*] (R. *de*, et *affubler*). Dépouiller ce qui affublait.

DÉSAGENCEMENT. s. m. Action de désagencer; état de ce qui est désagencé.

DÉSAGENCER. v. a. (R. *de*, et *agencer*). Détruire l'agencement d'une chose.

DÉSAGRÉABLE. adj. 2 g. (R. *de*, et *agréable*). Qui déplaît, de quelque manière que ce soit. *Personne, figure d. Caractère, humeur d. Un goût, une saveur d. Une chose, une affaire d. Cette nouvelle lui a été fort d. Sa prononciation a quelque chose de d. Cela est d. à voir, à entendre. Il est d. d'avoir affaire à des gens de cette espèce.*

DÉSAGRÉABLEMENT. adv. D'une manière désagréable. *Parler, rire d. Il a été fort d. surpris de vous voir.*

DÉSAGRÉER. v. n. (R. *de*, et *agréer*). N'agréer pas, déplaire. *Si ma proposition ne vous désagrée pas.* = Conj. voy. CRÉER.

DÉSAGRÉER. v. a. (R. *de*, et *agrès*). T. Mar. Ôter les agrès d'un bâtiment. — Se détacher d'un bâtiment qui perd ses agrès par l'effet du mauvais temps ou dans un combat. Vx; on dit maintenant, *Dégréer*. = DÉSAGRÉÉ, ÉE. part. = Conjug. Voy. CRÉER.

DÉSAGRÉGATION. s. f. [Pr. ...*sion*] (R. *de*, et *agrégation*). Séparation des parties d'un minéral par l'action d'une force quelconque qui le réduit en grains ou en poussière.

DÉSAGRÉGEABLE. adj. Qui peut être désagrégé.

DÉSAGRÉGEANT, ANTE. adj. T. Didact. Qui désagrège. || T. Médec. Qui disjoint des choses agrégées. = DÉSAGRÉGEANT. s. m. *Employer des désagrégeants.*

DÉSAGRÉGER. v. a. (R. *de*, et *agréger*). Décomposer en ses molécules, en ses parties constituantes. || Fig. Décomposer, désunir, en parlant d'un corps quelconque. Conj. — *Je désagrège, tu désagrèges, il désagrège; nous désagrégeons, vous désagrégez, ils désagrègent. Je désagrégeai. Je désagrégerai. Je désagrégerais. Désagrège. Que je désagrège. Que je désagrégeasse. Désagrégeant.*

DÉSAGRÉMENT. s. m. (R. *de*, et *agrément*). Chose désagréable; sujet de chagrin, d'ennui, de dégoût. *C'est un grand d. que d'être obligé d'entendre ce bavard. Il a eu, il a essuyé bien des désagréments dans cette place. Ce sont de petits désagréments qu'il faut savoir supporter. Il s'est attiré par sa faute beaucoup de désagréments. Il n'en a eu que du d.* || Défaut léger qui nuit à la beauté d'une

personne. *Il est malheureux que cette femme ait quelque d. dans le visage.*

DÉSAGUERRIR. v. a. [Pr. *dé-sa-guè-rir*] (R. *de*, et *aguerrir*). Déshabituer des combats, des dangers de la guerre.

DÉSAIGRIR. v. a. (R. *de*, et *aigrir*). Enlever l'aigreur.

DÉSAIGUILLETER. v. a. [Pr. les *ll* mouillées] (R. *de*, et *aiguillettes*). Détacher les aiguillettes.

DÉSAILER. v. a. (R. *de*, et *aile*). Ôter les ailes. Se dit surtout en parlant des graines.

DÉSAIMANTATION. s. f. [Pr. ...*sion*]. Action de désaimanter.

DÉSAIMANTER. v. a. (R. *de*, et *aimanter*). T. Phys. Faire cesser l'état d'aimantation d'un corps. = DÉSAIMANTÉ, ÉE. part.

DÉSAIRER. v. a. (R. *de*, et *aire*). Faire sortir de son aire, de sa volière.

DESAIX, général français, se distingua dans la campagne du Rhin en 1796 et dans l'expédition d'Égypte; fut tué à Marengo (1768-1800).

DÉSAJUSTEMENT. s. m. Action de défaire l'ajustement.

DÉSAJUSTER. v. a. (R. *de*, et *ajuster*). Déranger ce qui est ajusté. *D. un microscope, un canon, la parure de quelqu'un.* = SE DÉSAJUSTER. v. pron. *Sa coiffure s'est toute désajustée.* = DÉSAJUSTÉ, ÉE. part. || T. Man. On dit qu'un cheval est désajusté, lorsqu'il ne fait plus le manège avec la même justesse.

DÉSALIGNEMENT. s. m. Action de désaligner; état de ce qui est désaligné.

DÉSALIGNER. v. a. (R. *de*, et *aligner*). Détruire l'alignement.

DÉSALITER (SE). v. a. (R. *de*, et *aliter*). Faire quitter le lit à une personne alitée.

DÉSALLAITEMENT. s. m. [Pr. *dé-za-lè-teman*]. Sevrage. Action de cesser l'allaitement.

DÉSALLAITER. v. a. [Pr. *dé-za-lèter*] (R. *de*, et *allaiter*). Sevrer; cesser d'allaiter.

DÉSALLIER. v. a. [Pr. *dé-sa-lier*] (R. *de*, et *allier*). Désunir.

DÉSALTÉRANT, ANTE. adj. Qui désaltère, qui est propre à désaltérer.

DÉSALTÉRER. v. a. (R. *de*, et *altérer*). Apaiser la soif. *Rien ne désaltère mieux que l'eau pure avec quelques gouttes de vinaigre.* = SE DÉSALTÉRER. v. pron. *Se d. à une source.* = DÉSALTÉRÉ, ÉE. part. = Conj. voy. ALIÉNER.

DÉSAMARRER. v. a. [Pr. *dé-zama-rer*] (R. *de*, et *amarrer*). Détacher un bâtiment, un objet amarré.

DÉSAMASSER. v. a. (R. *de*, et *amasser*). Dissiper ce qu'on a amassé.

DÉSAMONCELER. v. a. (R. *de*, et *amonceler*). Défaire un monceau. = Conj. Voy. APPELER.

DÉSAMORÇAGE. s. m. Action de désamorcer.

DÉSAMORCER. v. a. (R. *de*, et *amorcer*). Ôter l'amorce.

DÉSAMOURACHER. v. a. (R. *de*, et *amouracher*). Faire cesser une amourette. = SE DÉSAMOURACHER. v. pron. Renoncer à une amourette.

DÉSANCHER. v. a. (R. *de*, et *anche*). Ôter l'anche.

DÉSANCRER. v. n (R. *de*, et *ancre*). T. Mar. Lever l'ancre. Vx.

DÉSANOBLIR. v. a. (R. *de*, et *anoblir*). Faire perdre la noblesse.

DÉSAPPAREILLER. v. a. [Pr. *dé-za-pe-rè-ller*, *ll* mouillées] (R. *de*, et *appareiller*). Se dit d'un certain nombre de choses pareilles, dont la réunion forme un ensemble : en ôter une ou plusieurs. *D. des chevaux, des vases.* == DÉSAPPAREILLER. v. n. || T. Mar. Faire les manœuvres contraires à celles que l'on avait faites pour appareiller. == DÉSAPPAREILLÉ, ÉE. part. On dit plus souvent *Dépareillé.*

DÉSAPPARIER. v. a. [Pr. *dé-za-parier*] (R. *de*, et *apparier*). Détruire ou enlever le mâle ou la femelle de deux oiseaux appariés. *D. des pigeons.* == DÉSAPPARIÉ, ÉE. part.

DÉSAPPLICATION. s. f. [Pr. *dé-za-plika-sion*]. Action de désappliquer, d'enlever ce qui était appliqué.

DÉSAPPLIQUER. v. a. [Pr. *dé-za-pli-ker* (R. *de*, et *appliquer*). Enlever, en parlant d'un objet appliqué sur un autre.

DÉSAPPOINTEMENT. s. m. [Pr. *dé-za-pouin-teman*] (R. *de*, et *appointer*, nommer à un emploi). Mécompte, contrariété qu'on éprouve, quand on est trompé dans ses espérances ou dans ses prévisions. *Ce d, le chagrina beaucoup. Ce fut pour lui un cruel d.*

DÉSAPPOINTEMENT (Îles du), archipel polynésien, au N.-O. des îles Pomotou.

DÉSAPPOINTER. v. a. [Pr. *dé-za-pouin-ter*] (R. *de*, et *appointer*). Ôter, rayer quelqu'un de l'état des officiers ou soldats entretenus. *D. un officier, un soldat.* | Fig., Tromper quelqu'un dans ses espérances, dans ses prévisions. *Cela le désappointa beaucoup. Il a été bien désappointé.* || D. une pièce d'étoffe, Couper les points de fil qui tiennent en état les plis de cette pièce. || Casser ou émousser une pointe. == DÉSAPPOINTÉ, ÉE. part.

DÉSAPPRENDRE. v. a [Pr. *dé-za-pran-dre*] (R. *de*, et *apprendre*). Oublier ce qu'on avait appris. *Il a désappris tout ce qu'il savait.* == DÉSAPPRIS, ISE. part. == Conj. Voy. PRENDRE.

DÉSAPPROBATEUR, TRICE. adj. [Pr. *dé-za-proba-teur*]. Qui désapprouve habituellement. *Esp-it d.* || Subst., *C'est un d. éternel.*

DÉSAPPROBATION. s. f. [Pr. *dé-za-pro-ba-sion*]. Action de désapprouver. *Votre d. lui a fait beaucoup de peine.*

DÉSAPPROPRIATION. s. f. [Pr. *dé-za-pro-pria-cion*] (R. *de*, et *approprier*). Action par laquelle on abandonne la propriété d'une chose. Inus.

DÉSAPPROPRIER (Se). v. pron. [Pr. *dé-za-pro-prier*] (R. *de*, et *approprier*). Se dépouiller d'une propriété. Inus. == DÉSAPPROPRIÉ, ÉE. part.

DÉSAPPROUVER. v. a. [Pr. *dé-za-prouver*] (R. *de*, et *approuver*). Ne pas approuver, trouver mauvais, blâmer. *D. un projet, une entreprise. Je ne désapprouve pas que vous preniez ce parti. Sa conduite a été généralement désapprouvée.* == DÉSAPPROUVÉ, ÉE. part.
Syn. — *Improuver, réprouver.* — *Dés*approuver signifie ne pas approuver, juger autrement ; *improuver* signifie être contre, blâmer ; *réprouver* signifie s'élever contre, condamner, proscrire. On *désapprouve* ce qui ne paraît pas bon, convenable ou sensé ; on *improuve* ce qu'on trouve mauvais, répréhensible, vicieux ; on *réprouve* ce qu'on juge odieux, détestable. Vous *désapprouvez* une manière de penser, une manière commune d'agir. On *improuve* une opinion dangereuse, une action blâmable. Dieu *réprouve* les méchants.

DÉSAPPROVISIONNEMENT. s. m. [Pr. *dé-za-provizio-neman*] (R. *de*, et *approvisionne-ment*). Action d'enlever un approvisionnement. Résultat de cette action.

DÉSARBORER. v. a. (R. *de*, et *arborer*). Abaisser, abattre, en parlant d'un objet qui était arboré.

DÉSARÇONNEMENT. s. m. [Pr. *dé-zar-so-neman*]. Action de désarçonner ; état de ce qui est désarçonné.

DÉSARÇONNER. v. a. [Pr. *dé-zar-so-ner*] (R. *de*, et *arçon*). Mettre hors des arçons, jeter hors de la selle. *Son cheval l'a désarçonné.* || Fig. et fam., Mettre hors d'état de répondre, déconcerter. *Son adversaire l'eut bientôt désarçonné. Cette question le désarçonna complètement.* == DÉSARÇONNÉ, ÉE. part.

DÉSARGENTAGE. s. m. (R. *de*, et *argent*). Action d'enlever l'argent sur des objets argentés. || Action de retirer l'argent contenu dans le plomb.

DÉSARGENTATION. s. f. [Pr. *...sion*]. Action de désargenter, de retirer l'argent d'un minerai ou d'un objet argenté.

DÉSARGENTER. v. a. (R. *de*, et *argent*). Enlever l'argent d'une chose qui était argentée. Retirer l'argent contenu dans un minerai. || Fig. et fam., Dégarnir d'argent comptant. *Toutes ces emplettes m'ont complètement désargenté.* == SE DÉSARGENTER. v. pron. *Ces flambeaux commencent à se d.* == DÉSARGENTÉ, ÉE. part.

DÉSARGENTEUR. s. m. Ouvrier qui retire l'argent contenu dans un métal.

DÉSARGENTURE. s. f. T. Techn. Opération qui a pour but de retirer l'argent qui recouvre une surface métallique.

DÉSARMEMENT. s. m. Action de désarmer, de faire rendre ou d'enlever les armes à ceux qui en sont détenteurs. *Il ordonna le d. des habitants, des régiments qui s'étaient révoltés.* || Licenciement des troupes. *Le d. progressif et général de l'Europe serait le seul salut des finances publiques.* || D. des avirons, Action de les retirer dans une embarcation après s'en être servi. || D. d'une bouche à feu, Action d'en retirer les projectiles qui s'y trouvent. || Action de désarmer un vaisseau. *On va procéder au d. de cette frégate.* || T. Escr. L'action par laquelle on fait sauter l'épée de son adversaire. *Tenter le d.*

DÉSARMER. v. a. (R. *de*, et *armer*). Ôter à quelqu'un son armure. *Après le combat, son écuyer le désarma.* — Enlever, arracher à quelqu'un ses armes. *On se jeta sur lui afin de le d.* — Fig., *Ces princes que la mort a désarmés de leur puissance.* — Obliger quelqu'un à rendre, à livrer ses armes. *On désarma la garde nationale.* || Fig. et fam. D. un vaisseau, le dégarnir de son artillerie, de ses agrès, de son équipage, et le laisser dans le port. || T. Escr. Faire tomber l'épée de son adversaire. *Il se contenta de d. son adversaire.* || T. Arquebusier. D. un fusil, un pistolet, Mettre la batterie à l'état de repos. || Fig., Fléchir, apaiser, Ses larmes le désarmèrent. *Se laisser d. par le repentir de quelqu'un. D. la colère, la haine, la vengeance, etc., de quelqu'un. D. la critique.* == DÉSARMER. v. n. Mettre les troupes sur le pied de paix, *Toutes les puissances belligérantes désarmèrent à la fois.* || Se dit aussi d'un vaisseau qu'on désarme. *L'escadre a désarmé.* || T. Escr. D. un cheval, le tenir en sujétion. == SE DÉSARMER. v. pron. Ôter son armure, quitter ses armes. *Il alla se d.* == DÉSARMÉ, ÉE. part. || Adjectiv., Qui est sans armes. *Il était seul et désarmé.*

DÉSARRANGER. v. a. [Pr. *dé-za-ranjer*] (R. *de*, et *arranger*). Ôter les choses de leur arrangement.

DÉSARRIMAGE. s. m. [Pr. *dé-za-rimage*]. Action de désarrimer.

DÉSARRIMER. v. a. [Pr. *dé-za-rimer*] (R. *de*, et *arrimer*). Déranger les objets arrimés dans la cale d'un navire.

DÉSARROI. s. m. [Pr. *dé-za-roi*] (R. *de*, et *arroi*). Désordre. *Le d. où nous sommes n'est pas près de finir. Ses affaires sont dans un grand désarroi. Toute la ville était en d. Mettre une armée en d.* Fam.

DÉSARRONDIR. v. a. [Pr. *dé-za-rondir*] (R. *de*, et *arrondir*). Détruire la forme ronde.

DÉSARTICULATEUR, TRICE. adj. T. Chir. Qui est propre à opérer la désarticulation.

DÉSARTICULATION. s. f. [Pr. ...*sion*]. Action de désarticuler, résultat de cette action.

Chir. — Grâce aux progrès généraux de la chirurgie basés sur l'antisepsie, l'asepsie et la chloroformisation, ce genre d'opération est d'une application plus courante qu'autrefois, surtout en ce qui concerne les grandes articulations. Le pronostic si grave des désarticulations de l'épaule et de la hanche, par exemple, est devenu beaucoup moindre. Ce genre d'opération qui a pour but d'enlever tout ou partie d'un membre en sectionnant au niveau d'une ou plusieurs articulations, est indiqué toutes les fois que la partie à enlever a été atteinte trop près de l'articulation ou à son niveau même, en cas d'une lésion intéressant une grande épaisseur du membre (fracture, broiement par armes à feu surtout, séparation incomplète, larges plaies, coutures, luxation compliquée de lésions profondes des parties molles ou dures, tumeurs, gangrène, phlegmon, *ostéomyélite*, etc.), souvent aussi on remplace une amputation par une d., quand on peut obéir au principe de la conservation de la plus grande partie possible du membre. — La gravité relative de cette opération croît avec l'importance et le nombre des articulations à ouvrir et aussi avec la circulation voisine : car plus large sera la section, plus l'anémie aiguë par perte de sang sera à craindre et cela malgré les pinces hémostatiques, l'hémostase préventive par bande élastique, compression de l'artère nourricière du membre, etc. L'opération, qui n'est qu'une amputation, il est vrai, plus difficile et dans laquelle la scie n'entre pas en jeu, exige au préalable la détermination exacte des surfaces articulaires, puis la fixation d'un lambeau de peau plus ou moins doublé de muscles capable de recouvrir la surface de la plaie opératoire. — Une fois les parties molles, peau et muscles coupés, on actionne le ligament capsulaire ou les ligaments périphériques de l'article, puis s'il en est besoin, le ligament intra-articulaire. D'une manière générale, on finit le détachement du membre par le côté où se trouve la principale artère, afin de ménager le sang le plus possible. Le pansement est antiseptique. Le malade doit être exactement surveillé quand il s'agit de grandes opérations : car les hémorragies secondaires, la plupart du temps mortelles, peuvent arriver. La cicatrisation est plus longue que dans l'amputation pour les grandes sections.

DÉSARTICULER. v. a. (R. *de*, et *article*). Désunir une articulation. || T. Chir. Amputer dans l'article. = SE DÉSARTICULER. v. pron. Sortir de l'articulation. *L'os de l'épaule s'est désarticulé.* = DÉSARTICULÉ, ÉE. part.

DÉSASSAISONNEMENT. s. m. [Pr. *dé-za-sè-zo-neman*]. État de ce qui est désassaisonné.

DÉSASSAISONNER. v. a. [Pr. *dé-za-sè-zoner*] (R. *de*, et *assaisonner*). Ôter l'assaisonnement.

DÉSASSEMBLAGE. s. m. Action de désassembler, état de ce qui est désassemblé.

DÉSASSEMBLEMENT. s. m. L'action de désassembler.

DÉSASSEMBLER. v. a. Séparer ce qui est joint par assemblage. *D. une armoire. Il faut d. cette charpente.* = DÉSASSEMBLÉ, ÉE. part.

DÉSASSERVIR. v. a. (R. *de*, et *asservir*). Tirer d'asservissement.

DÉSASSIÉGER. v. a. (R. *de*, et *assiéger*). Lever le siège.

DÉSASSIMILATION. s. f. [Pr. ...*sion*] (R. *de*, et *assimilation*). T. Physiol. Phénomène physiologique par lequel les principes constitutifs des différents organes vivants se séparent au bout d'un certain temps de ces derniers, et passent à l'état de résidus, de matières excrémentitielles.

DÉSASSIMILATEUR, TRICE. adj. Qui désassimile, qui produit la désassimilation.

DÉSASSIMILER (SE) (R. *de*, et *assimiler*). v. pron. T. Physiol. Se dit des éléments organiques qui se séparent des tissus dont ils faisaient partie. = DÉSASSIMILÉ, ÉE. part.

DÉSASSOCIATION. s. f. [Pr. ...*sion*]. (R. *de*, et *association*). Cessation, rupture d'une association.

DÉSASSOCIER. v. a. (R. *de*, et *associer*). Rompre, dissoudre une association.

DÉSASSORTIMENT. s. m. Action de désassortir.

DÉSASSORTIR. v. a. (R. *de*, et *assortir*). Se dit de choses assorties. En enlever, en déplacer une ou plusieurs. *D. des porcelaines, des livres*, etc. = DÉSASSORTIR. v. n. N'être pas assorti à..., n'être pas en conformité avec... = DÉSASSORTI, IE. part.

DÉSASSURER. v. a. (R. *de*, et *assurer*). Cesser d'assurer contre certains risques.

DÉSASTRE. s. m. (R. *de*, et *astre*; littéralement, *astre contraire*). Événement funeste, grande calamité, ou les effets qui en résultent. *Cela fut pour cette famille, pour ce pays, un grand, un affreux d., un d. épouvantable. Nous avons réparé tous les désastres que les ouragans et les inondations avaient causés. Ce fut le commencement de leurs désastres. Les désastres qu'éprouva notre armée. La vue d'un semblable d. lui navra l'âme.*

DÉSASTREUSEMENT. adv. D'une manière désastreuse. *Cette fête a fini d.* Peu us.

DÉSASTREUX, EUSE. adj. Funeste, malheureux. *Événement d. Mort désastreuse.*

DÉSATTELER. v. a. [Pr. *dé-za-teler*]. Ôter l'attelage. On dit mieux *dételer*. Voy. ce mot. = Conjug. Voy. APPELER.

DÉSATTESTER. v. a. Détruire son attestation.

DÉSATTRISTER v. a. [Pr. *dé-za-trister*] (R. *de*, et *attrister*). Faire cesser la tristesse. = SE DÉSATTRISTER. v. pron. Chasser son chagrin. *Donnez-lui le loisir de se d.* Fam. = DÉSATTRISTÉ, ÉE. part.

DÉSAUBAGE. s. m. Action de désauber.

DÉSAUBER. v. a. (R. *de*, et *aube*). Enlever l'aube, la robe blanche à un néophyte.

DÉSAUGIERS, auteur dramatique et chansonnier français (1772-1827).

DÉSAUGMENTER. v. a. (R. *de*, et *augmenter*). Cesser d'augmenter.

DESAULT, chirurgien français (1744-1795).

DÉSAURINE. s. f. (R. *de*, et lat. *aurum*, or). T. Chim. Composé sulfuré obtenu en faisant agir le chlorure de thiocarbonyle $CS Cl^2$ sur le désoxybenzoïne sodée. Sa formule est : $C^6 H^5 . CO . C(CS) . C^6 H^5$. La d. et ses dérivés possèdent une magnifique couleur jaune, et donnent avec l'acide sulfurique concentré une coloration violette intense. Mais leur insolubilité les rend impropres à la teinture.

DÉSAUTORISER. v. a. (R. *de*, et *autoriser*). Cesser d'autoriser, détruire une autorisation.

DÉSAVANCEMENT. s. m. Retard dans l'avancement. Vx.

DÉSAVANCER. v. a. (R. *de*, et *avancer*). Reculer, aller en arrière.

DÉSAVANTAGE. s. m. (R. *de*, et *avantage*). Ce qui est cause d'infériorité, en quelque genre que ce soit. *Le d. du poste, des armes. Notre vaisseau avait le d. du vent. La petitesse de sa taille était pour lui un grand d.* || Infériorité. *La lutte a été assez égale ; cependant un tel a eu du d., quelque d.* || Préjudice, dommage. *Cela est entièrement à votre d. Cela a tourné à son d. On ne fera rien à leur d.* || *Voir quelqu'un à son d.,* Le voir sous un aspect, sous un jour défavorable. On dit de même, *Se montrer à son d.*

DÉSAVANTAGER. v. a. (R. *de*, et *avantager*). Frustrer

d'une partie de l'héritage. || T. Comm. *D. les marchandises,* Leur enlever ce qui en faisait l'attrait.

DÉSAVANTAGEUSEMENT. adv. D'une manière désavantageuse. *Il juge de vous d. Il s'est marié fort d.*

DÉSAVANTAGEUX, EUSE. adj. Qui n'est pas avantageux, qui cause ou peut causer du préjudice, du dommage. *Mariage d. Parti d. Il y a dans ce contrat une clause très désavantageuse pour vous. Cette affaire lui a été très désavantageuse. Les discours qu'il tient sur vous sont fort d.* || T. Guerre. *Poste d.,* Où il est difficile de se défendre.

DÉSAVENANT, ANTE. adj. Qui n'est pas avenant.

DÉSAVEU. s. m. (R. *de,* et *aveu*). Déclaration par laquelle on affirme qu'on n'a pas dit ou fait quelque chose. *Il en a fait un d. formel.* — Par ext., Rétractation. *Il fut obligé de faire un d. public de sa doctrine* || Action de déclarer que l'on n'a point autorisé une personne à faire ou à dire ce qu'elle a fait ou dit. *Acte de d. Former une demande en d. contre un avoué. On exigea de ce gouvernement un d. formel de la conduite de son ambassadeur.* || Se dit de toute chose qui équivaut à un L *Sa conduite tout entière est le d. des principes qu'il professe.* || T. Droit. *D. de paternité.* Voy. FILIATION. || T Droit féod. Le refus d'un vassal de faire hommage à son seigneur, en lui déniant la mouvance de son fief.

Législ. — En matière de procédure civile, il est permis à un plaideur d'intenter une action ou d. contre son avoué, lorsque celui-ci excède les bornes de son mandat : « Aucune offre, aucun aveu ou consentement, ne pourront être faits, dit l'article 352, donnés ou acceptés sans un pouvoir spécial, à peine de d. » Les articles suivants règlent minutieusement les conditions dans lesquelles peut s'exercer cette action. Si le d. est déclaré valable, le jugement ou les dispositions du jugement relatives aux chefs qui y ont donné lieu, demeureront annulés et comme non avenus ; le désavoué sera condamné, envers le demandeur et les autres parties, à des dommages et intérêts ; il pourra même être puni d'interdiction, ou poursuivi extraordinairement, suivant la gravité du cas et la nature des circonstances. L'action en d. est admise également par la loi contre les huissiers et contre les avocats généraux à la Cour de cassation et au Conseil d'État.

DÉSAVEUGLEMENT. s. m. État de celui qui est désabusé. Peu us.

DÉSAVEUGLER. v. a. (R. *de,* et *aveugler*). Tirer quelqu'un de son aveuglement ; le détromper d'une erreur, le guérir d'une passion. *On est parvenu à le d.* = DÉSAVEUGLÉ, ÉE. part.

DÉSAVOUABLE. adj. Qui peut ou doit être l'objet d'un désaveu.

DÉSAVOUER. v. a. (R. *de,* et *avouer*). Nier avoir dit ou fait une chose. *Vous l'avez dit, vous n'oseriez le d. Je ne désavoue pas que j'en ai été fâché.* — Ne vouloir pas reconnaître une chose comme sienne. *D. un ouvrage. D. sa signature. Il désavoue les doctrines qu'on lui prête. D. un enfant. D. quelqu'un pour son parent.* — Par ext., Rétracter. *Il désavoue les doctrines qu'il a professées jusqu'à présent. Il ne veut rien d.* || Déclarer qu'on n'a point autorisé quelqu'un à faire ou à dire ce qu'il a fait ou dit. *D. un ambassadeur, un avoué, un mandataire.* On dit de même, *D. les paroles, la conduite, etc., d'un ambassadeur, d'un agent quelconque.* || Fig., Condamner, réprouver. *Ce sont là des maximes que désavoue la morale. Le bon goût désavoue une pareille image.* = DÉSAVOUÉ, ÉE. part. = Conj. voy. JOUER.

DÉSAZOTATION. s. f. [Pr. ...*sion*]. Action de désazoter.

DÉSAZOTER. v. a. (R. *de* et *azote*). T. Chim. Éliminer, soustraire l'azote contenu dans une substance.

DES BARREAUX, poète français (1602-1673).

DESBORDES-VALMORE (Mme), femme de lettres française (1785-1859).

DESCAMPS, peintre français (1714-1791).

DESCARTES (RENÉ), mathématicien, géomètre, physicien et surtout illustre philosophe français, regardé comme le père de la philosophie moderne à cause de son *Discours sur la méthode* (1596-1650). Voy. CARTÉSIANISME et PHILOSOPHIE.

DESCELLEMENT. s. m. [Pr. dé-sè-le-man]. Action de desceller.

DESCELLER. v. a. [Pr. dé-sè-ler] (R. de et sceller). Détacher ce qui est scellé. *Il faut d. ces barreaux.* || Ôter le sceau d'un acte, d'un titre. || Dégrossir une glace jusqu'à ce qu'elle soit parfaitement plane. = DESCELLÉ, ÉE. part.

DESCENDANCE. s. f. [Pr. dè-san-danse] (R. descendre). Filiation. *La généalogie et d. d'un tel. Il se prétend de telle maison, mais il ne peut prouver sa d.*

Hist. nat — D'après la théorie du *Transformisme* (Voy. ce mot), les végétaux et les animaux qui peuplent la terre descendent d'espèces végétales et animales qui vivaient pendant les époques géologiques et dont on retrouve les restes fossilisés dans les différents terrains. Pour bien comprendre toute la portée philosophique de cette théorie, prenons un exemple, que nous développerons en partie dans cet article. Les différentes races de chevaux qui existent actuellement ne sont que les modifications d'une seule race qui vivait à l'époque quaternaire ; cette race type provenait elle-même d'un ancêtre commun d'où étaient descendus l'âne et le zèbre en même temps que le cheval. Mais si on remonte plus haut dans l'histoire de la terre, on trouve que cet ancêtre commun au cheval, à l'âne et au zèbre descendait lui-même d'une forme plus ancienne qui a pu être en même temps la souche de plusieurs ordres distincts. Si on va ainsi de plus en plus loin dans le passé, on est amené à penser que tous les mammifères proviennent d'une souche unique et, en étendant ce raisonnement, on voit que l'ensemble des animaux descend d'un ou plusieurs types originels qui vivaient aux premiers âges de la terre et dont les transformations successives ont produit la grande diversité de formes que l'on trouve actuellement sur notre globe. La théorie admet enfin que le premier être qui pouvait porter le nom d'animal, descendait de la même matière vivante d'où est sorti, par des transformations semblables, le règne végétal.

L'ensemble des êtres organisés formerait donc une immense arbre généalogique, dont on devrait retrouver les différents rameaux enfouis dans les couches terrestres. Cependant, malgré le grand nombre de découvertes que l'on a faites dans cette voie, on est encore loin de pouvoir présenter une filiation continue de tous les êtres ; il est même probable qu'un pareil travail ne sera jamais possible : car beaucoup d'espèces, présentant des caractères intermédiaires, ne sont pas conservées, soit parce que leur corps mou n'a pas laissé de traces, comme c'est le cas pour les ancêtres des Vertébrés, soit parce que ces formes de passage étaient des animaux terrestres ou aériens qui n'ont laissé, par conséquent, que des représentants peu nombreux. D'autres causes encore sont intervenues pour rendre ces recherches très difficiles, sinon même impossibles ; tels sont, par ex., les phénomènes d'érosion ou de métamorphisme qui ont pu bouleverser de fond en comble les régions, en général restreintes, où sont apparues les formes nouvelles.

D'un autre côté l'*Embryologie* (Voy. ces mots) concorde parfaitement avec la Paléontologie (Voy. ce mot), et vient apporter une nouvelle base sérieuse à la théorie de la d. Depuis l'œuf jusqu'à la naissance, tout être vivant passe en effet par un certain nombre de formes successives qui apparaissent comme les différentes phases d'évolution que les ancêtres de cet être ont subies avant d'arriver à l'état où il se trouve actuellement. Dans cet article nous prendrons comme exemples de d., celles des Oiseaux et des Chevaux, et nous dirons quelques mots de la. d. de l'Homme.

I. *D. des Oiseaux.* — Il est à peu près démontré aujourd'hui que les Oiseaux ne sont que des Reptiles transformés, dont toute l'organisation s'est adaptée peu à peu à la locomotion aérienne. À l'époque du terrain jurassique (pour tous les noms de terrains, voy. GÉOLOGIE), ont apparu des Reptiles qui avaient un bassin très développé, un sacrum robuste et des pattes postérieures en général plus longues que les antérieures ; ces curieux animaux que l'on appelle *Dinosauriens* (Voy. ce mot), pouvaient se dresser et marcher sur leurs membres postérieurs, tous caractères qui les éloignaient complètement des autres Reptiles pour les rapprocher des Oiseaux. La distance avec ces derniers était encore très grande ; mais au fur et à mesure que nous nous éloignerons du jurassique pour nous rapprocher de notre époque, nous allons voir ces caractères de transition devenir plus nombreux et plus importants.

On trouve d'abord de petits reptiles, les *Ornithocœles*, qui s'avançaient en sautillant ; puis les *Compsognathes* qui avaient déjà une tête d'oiseau, des pattes antérieures très courtes et des postérieures longues et grêles avec le péroné réduit à un stylet accolé au tibia ; tous leurs os étaient pneumatiques comme ceux des Oiseaux et pourtant ils ne volaient pas encore. Chez l'*Hadrosaure*, qui avait des dents très peu développées, on voit apparaître un véritable bec corné. Chez le *Ptérodactyle* (Fig. 1), ces caractères intermédiaires entre les Reptiles et les Oiseaux s'accentuent de plus en plus ; le cou s'allonge alors que la queue se réduit, le

voilier ; car la crète sternale qui donne attache aux muscles de l'aile était très peu développée (Fig. 2, 3 et 4. Squelettes de la tête, de l'aile et de la queue de l'archæopteryx). A partir de cet être bizarre qu'un naturaliste allemand, Wagner, a pu prendre d'abord pour un reptile à plumes, nous trouvons des

Fig. 5.

cinquième doigt du membre antérieur prend un grand développement, de manière à servir de support à une membrane alaire dépourvue encore de plumes, mais au moyen de laquelle ces animaux pouvaient voler. C'est là le premier essai de locomotion aérienne, qui n'a dû donner que de mauvais résultats, car il ne s'est pas maintenu dans cette voie.

Avec l'*Archæopteryx* (Voy. ce mot), le type oiseau tel que

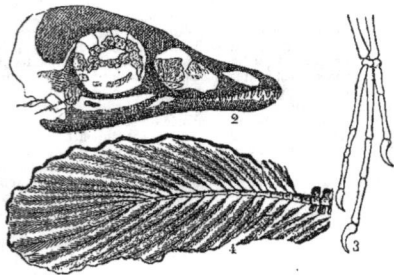

Fig. 1.

nous le connaissons maintenant est bien près d'être réalisé. Cependant, cet animal, qui avait la taille d'un pigeon, possédait encore une longue queue, des côtes ventrales, des dents et des doigts pourvus de griffes aux quatre pattes, tous caractères que l'on ne trouve jamais chez les oiseaux actuels. Mais, comme ces derniers, l'Archæopteryx avait des plumes bien développées qui s'inséraient sur l'avant-bras et de chaque côté de la queue. Ce devait être encore cependant un bien mauvais

êtres que l'on doit considérer comme des oiseaux véritables, bien qu'ils aient encore quelques caractères reptiliens. L'*Hesperornis* (Fig. 5. *H. regalis*. Squelette et restauration de l'animal. Une dent grossie montrant le germe de la dent de remplacement) qui vivait en Amérique à l'époque crétacée, possédait une queue composée de 11 vertèbres et des mâchoires de reptile avec de nombreuses dents aiguës et recourbées ; l'*Ichtyornis* avait encore des dents, des vertèbres et un cerveau de reptile, mais sa queue était très réduite et l'ensemble était bien celui des oiseaux actuels.

Toutes ces formes si curieuses se sont éteintes depuis longtemps, et c'est dans l'étude du développement de nos oiseaux qu'il faut aller chercher quelques-uns de ces caractères reptiliens. On les trouve dans la présence de nombreuses vertèbres caudales chez les très jeunes autruches, qui sont les descendants les plus directs des Reptiles, et de dents rudimentaires qui existent chez les embryons de Perroquets.

II. *D. des Chevaux.* — De même que les Oiseaux forment parmi les Vertébrés une classe complètement isolée à notre époque, de même les Chevaux forment, parmi les Mammifères vivants, un groupe à part caractérisé par la structure des dents et surtout par la présence d'un seul doigt à chaque pied. Ce doigt unique est bien un caractère d'*Adaptation* (Voy. ce mot) à une constitution plus forme du sol, car on sait maintenant d'une façon certaine que les chevaux descendent d'animaux qui possédaient cinq doigts.

A l'aurore de l'époque tertiaire vivaient en Europe et en Amérique de petits animaux qui ressemblaient tout à la fois aux Singes, aux Tapirs, aux Moutons et aux Chevaux ; ils marchaient sur la plante des pieds qui présentaient cinq doigts munis chacun d'un petit sabot ; tel est par ex., le *Phénacodus* (Fig. 6. Pied antérieur gauche). Chez ces animaux, on peut remarquer déjà que le 3e doigt, ou doigt du milieu, est notablement plus développé que les autres ; or, le poids du corps portant plus spécialement sur ce doigt et la résistance allant en diminuant au fur et à mesure qu'on s'en éloigne, on peut penser que cet organe ira en augmentant alors que les doigts extrêmes tendront à disparaître. C'est ce qui existe en effet chez les animaux qui vivaient à peu près à la même époque, l'*Hyracotherium* (Fig. 7) et l'*Eohippus*, où le 1er doigt interne a disparu. En se rapprochant de plus en plus de notre époque, on trouve toutes les formes transitoires qui nous font assister pas à pas, pour ainsi dire, à la réduction des doigts de la patte antérieure, le seul organe que nous ayons considéré ; le cadre de ce Dictionnaire nous force, en effet, à laisser de côté les modifications des autres parties du squelette, en particulier des dents, qui sont absolument corrélatives de celles du pied. C'est ainsi, pour ne citer que les

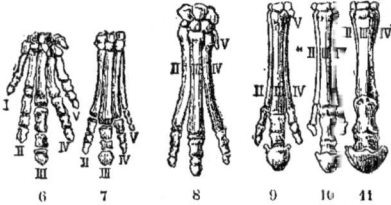

6   7   8   9   10   11

principaux types, qu'on trouve dans l'éocène supérieur, l'*Orohippus* ne présente plus que 4 doigts, puis, un peu plus tard, le *Palæotherium* (Fig. 8) et le *Mesohippus*, qui n'ont plus que 3 doigts avec un rudiment du 5ᵉ ou petit doigt. Dans le miocène inférieur, l'*Anchitherium* (Fig. 9) et le *Miohippus* ont encore trois doigts, mais il n'y a plus que le doigt du milieu qui atteigne le sol et qui puisse servir ; l'atrophie des deux doigts latéraux s'accentue encore chez l'*Hipparion* (Fig. 10) et chez le *Protohippus* qui vivaient à l'époque du miocène supérieur ; elle devient enfin complète chez le *Pliohippus* du pliocène inférieur qui nous conduit au genre *Equus* actuel (Fig. 11).

Notre cheval (*Equus caballus*) possède encore les restes de ces deux doigts sous forme de stylets accolés au seul doigt qui a persisté. Dans les foires, on montre quelquefois des chevaux à plusieurs doigts munis de sabots ; ce sont tout simplement des retours à l'organisation des anciens Hipparions, phénomène qu'on a désigné du nom d'*Atavisme*. Voy. ce mot.

III. *D. de l'Homme.* — L'homme étant un animal mammifère, comme l'indique toute son organisation, la théorie de la d. doit pouvoir s'appliquer à lui comme aux autres animaux. C'est en effet ce qu'ont essayé d'établir, à la suite de Lamark et de Darwin, les naturalistes modernes en s'appuyant sur un grand nombre de faits que nous ne pouvons qu'indiquer ici. La structure du corps de l'homme ressemble tellement à celle des singes supérieurs qu'un des adversaires du transformisme, de Quatrefages, a été obligé de reconnaître que leurs organes « se répondent presque rigoureusement terme à terme » La présence d'organes rudimentaires, tels que l'appendice vermiforme de l'intestin, les vertèbres caudales, les muscles de l'oreille, etc., qui sont inutiles ou même nuisibles à l'existence de l'homme, ne se comprend pas avec l'idée d'une création particulière, alors que son explication est toute simple par la théorie de la d. ; il en est de même pour les variations de race. D'un autre côté, l'étude de la physiologie et celle de la pathologie comparées nous apprennent que les animaux, et en particulier les singes, sont influencés de la même manière que l'homme. Enfin, l'embryologie nous montre que ce dernier se développe absolument comme les autres mammifères et possède même, à un certain moment de son existence, une véritable queue plus longue que les jambes. Seuls la stature verticale, le développement du cerveau et la complexité de ses facultés intellectuelles placent l'homme bien au-dessus des singes, mais il faut bien reconnaître que la plupart de ces facultés se retrouvent à l'état rudimentaire chez les animaux.

Pour les transformistes, l'homme descendrait, non pas des singes supérieurs ou anthropoïdes, mais d'un être qui aurait vécu vers la période miocène et d'où seraient dérivés : l'homme d'un côté, les anthropoïdes de l'autre. On n'a pas encore retrouvé, à l'état fossile, cet ancêtre commun ; on ne le retrouvera peut-être jamais. Mais on ne peut douter que l'homme n'a pas été créé séparément, qu'il descende d'ancêtres animaux, que le progrès soit une loi de la nature, et que l'arbre zoologique terrestre en forme une vaste unité, dont l'homme est l'épanouissement supérieur.

DESCENDANT, ANTE. adj. [Pr. dè-san-dan]. Qui descend. *Mouvement d. Sève descendante.* || T. Chem. de fer. *Trains descendants*, Ceux qui s'éloignent de la gare princi-

pale. || T. Anat. *Parties descendantes*, Parties des muscles qui se dirigent vers le bas du corps. — *Aorte descendante*, Partie de l'aorte qui commence au sommet de sa courbure. || T. Arith. *Progression descendante*, voy. PROGRESSION. || T. Astron. *Signes descendants*, voy. ZODIAQUE. || T. Bot. Se dit de toute partie d'un végétal qui se dirige vers la terre. || T. Droit. *Ligne descendante*, La postérité de quelqu'un, par oppos. à *Ligne ascendante.* || T Guerre. *Garde descendante*, Celle qu'on relève, par oppos. à *Garde montante*, Celle qu'on place dans un poste. || T. Mar. *Marée descendante*, ou subst., *Le descendant*, Le reflux de la mer. || T. Mus. *Gamme descendante*, Celle que l'on fait en allant de l'aigu au grave.

DESCENDANT, ANTE. s. [Pr. dè-san-dan]. L'individu issu d'une personne, d'une race. *Les descendants d'Abraham. C'est le seul d. de cette maison.*

Législ. — On appelle descendants les personnes qui sont issues l'une de l'autre : ainsi le fils ou le petit-fils par rapport au père ou au grand-père. Ce lien de parenté produit certains effets juridiques que nous retrouverons au fur et à mesure que nous aborderons les matières auxquelles ils se rattachent. Voy. notamment MARIAGE, PARTAGE, SUCCESSION. Rappelons seulement en matière criminelle les dépositions des descendants ne sont pas reçues, que la loi punit plus sévèrement les attentats aux mœurs quand ils émanent d'un ascendant ; les coups et blessures, quand ils sont le fait d'un d. ; enfin, que les soustractions commises de descendant à ascendant ou réciproquement ne sont pas considérées comme des *vols*, mais donnent seulement lieu à des réparations civiles.

DESCENDERIE. s. f. [Pr. dè-san-deri]. T. Min. Galerie qui suit la pente de la courbe exploitable.

DESCENDRE. v. n. [Pr. dè-sandre] (lat. *descendere*, m. s., de *de* et *scendere* pour *scandere*, marcher). En parlant des personnes, Aller de haut en bas. *D. d'une montagne, de sa chambre, d'un arbre, de cheval, de voiture, d'un bateau. D. à la cave, dans un puits. D. par la fenêtre. D. de ballon en parachute. D. aux enfers. Il a descendu plus vite qu'il ne l'aurait voulu. Est-il encore là-haut ? Non, il est descendu.* — *D. à terre*, ou simpl. *D.*, Débarquer. *Nous descendîmes dans une île.* — Poétiq., *D. au cercueil, au tombeau*, Mourir. || Fig., *D. du trône*, Cesser de régner. || Fig., *D. en soi-même, dans sa conscience*, Consulter, interroger sa conscience. — *D. dans le détail, dans les détails d'une affaire, d'une question*, En rapporter ou en examiner les particularités, les circonstances. || Fig., S'abaisser ; dans ce sens se dit soit en bonne, soit en mauvaise part. *Elle descendit jusqu'à la prière. Il ne voulut pas d. à se justifier. Comment a-t-il pu d. à cette bassesse ?* || Fig., Déchoir. *Parvenu à ce degré de prospérité, de puissance, il ne pouvait plus que d.* || Faire une irruption à main armée dans un pays, soit qu'on y arrive par mer, soit qu'on vienne d'un pays regardé comme plus élevé. *Les Sarrasins descendirent en Espagne. Les Goths descendirent en Italie.* — On dit dans un sens anal., *D. dans la rue.* || En parlant d'un voyageur, S'arrêter quelque part pour coucher, pour faire un séjour, etc. *Il descendit à l'hôtel d'Angleterre. Il alla d. chez un de ses amis.* || T. Palais. On dit que *la justice a descendu dans un lieu*, a descendu *chez quelqu'un*, lorsque les magistrats, les gens de police s'y sont transportés pour quelque opération. || T. Généal. Être issu, tirer son origine de. *Il descendait d'une des plus anciennes familles du pays. Les Français descendent surtout des Gaulois. Il descendait d'une race royale, mais par les femmes. D. de mâle en mâle en droite ligne. Les généalogistes vous feront d. d'où il vous plaira.* == En parlant des choses, Tendre, être attiré, porté, poussé de haut en bas. *Ce ruisseau descend de la montagne. Les corps pesants descendent au fond de l'eau. Le ballon descend.* — Fig., *La corruption ne tarda pas à d. des hautes classes dans le peuple.* || Buisser, *D. au niveau. Le thermomètre a descendu de cinq degrés. Le baromètre est descendu. Le trois pour cent, qui était à 105, a descendu à 103.* || S'étendre de haut en bas. *Ses cheveux lui descendaient jusqu'à la ceinture. Votre robe vous descend trop bas.* || Aller en pente. *La route descend beaucoup en cet endroit.* || T. Mus. Aller de l'aigu au grave. *D. d'un ton, d'une quinte*, etc. *Ma voix ne peut d. davantage.* == DESCENDRE. v. a. *D. une montagne, un escalier. D. la garde* descendait la rivière. || *D. la garde*, se dit d'une troupe qui se retire d'un poste, d'une tranchée, après avoir été relevée par une autre. — Fig. et pop., *D. la garde*, Mourir. || Mettre un objet quelconque dans un endroit plus bas que celui où il se trouve. *Il faut d. ce tableau. D. du vin a la cave, un cercueil dans la fosse. D. quelqu'un dans une mine. D. un homme de cheval.* || Débarquer. *On a descendu plusieurs passagers dans cette île.* = DESCENDU, UE. part.

DESCENSEUR. s. m. [Pr. *dè-san-seur*]. Nom générique des machines qui ont pour objet, dans les ateliers et magasins, la descente facile et rapide des matériaux ou marchandises. || Appareil de sauvetage permettant, en cas d'incendie, de descendre par la fenêtre.

Techn. — *D. Robert.* — C'est l'un des premiers descenseurs imaginés pour le sauvetage en cas d'incendie. Il se compose d'une armature en forme d'U, dont on place les deux branches sur une fenêtre, de manière que la partie courbe fasse saillie en dehors ; celle-ci est retenue par une chaine et porte une poulie. Pour opérer la descente, on s'attache par la ceinture à l'une des extrémités de la corde, et on se laisse descendre en retenant l'autre brin de la corde ; l'effort est considérablement diminué par un frein qui permet même l'arrêt complet.

Le *d. à spirale*, beaucoup plus commode que le précédent, se compose d'une corde de 20ᵐ de long et de 14ᵐᵐ de diamètre qui traverse un manchon métallique massif en s'enroulant de deux, trois ou quatre tours dans une gorge spirale intérieure. On fixe l'une des extrémités de la corde à la fenêtre ou à un meuble solide et l'on s'attache par la ceinture au manchon qui descend lentement le long de la corde. On peut encore ralentir la descente en opérant une traction sur la partie inférieure de la corde, ce qui augmente la pression de la corde contre la gorge. Comme les pieds et les mains sont libres, on peut même s'arrêter aux étages inférieurs pour sauver d'autres personnes. || Cet appareil fait partie du matériel de sauvetage de certaines compagnies de pompiers.

DESCENSION. s. f. [Pr. *dè-san-cion*]. Action de descendre.

DESCENSIONNEL, ELLE. adj. [Pr. *dè-san-sio-nel*]. Qui a ou produit un mouvement de haut en bas.

DESCENTE. s. f. [Pr. *dè-sante*] (R. descendre). Action de descendre. *La d. du Saint-Esprit sur les apôtres. La d. d'Énée aux Enfers. La d. dans une mine a quelque chose d'effrayant. Cette côte est rude à la d. Pendant la d.* — *A la d.,* Pendant la d. ou au moment où descend la personne au-devant de laquelle on va. *Il lui donna la main à la d. de l'escalier. On alla le complimenter à sa d. de la voiture, à la d. du vaisseau.* || Irruption des ennemis venus par mer ou par terre. *La d. des Sarrasins en Espagne. La d. des Goths en Italie. Les montagnards venaient de faire une d. dans les basses terres.* || Se dit aussi d'un magistrat, des agents de la justice qui se transportent dans un lieu pour procéder à quelque opération. *Le juge ordonna une d. sur les lieux. Une d. de justice. La police a fait une d. dans cet hôtel.* || *D. de lit,* Le tapis que l'on met devant le lit pour poser les pieds. || Le mouvement de haut en bas de quelque chose que ce soit. *La d. des eaux, d'un ballon,* etc. *Courbe de plus vite d.,* voy. CYCLOÏDE. — *D. de boyaux,* ou simpl. *Descente,* Hernie. — *D. de matrice,* voy. UTÉRUS. || Pente. *La d. de la colline est assez douce. Cet escalier est trop droit, la d. en est bien roide.* || T. Guerre. *D. de fossé,* voy. FORTIFICATION. || T. Archit. Tuyau qui porte les eaux d'un chéneau ou d'une cuvette jusqu'au sol, ou par lequel descendent les eaux d'un réservoir. *J'ai fait poser une d. de plomb.* On dit aussi *Tuyau de d.* || Voûte en berceau dite rampante en d., lorsque les génératrices du cylindre qui forme l'intrados sont inclinées à l'horizon. || Rampe d'escalier. || Poterie ou chausse d'aisances. || T. Manège. *D. de main,* Manœuvre consistant à quitter les rênes de la main gauche et à glisser la droite jusqu'au bouton pour s'assurer de leur égalité. || Action par laquelle on descend quelque chose. *La d. de la châsse d'un saint.* — *D. de croix,* Tableau, gravure représentant Notre-Seigneur lorsqu'on le descend de la croix. *La d. de croix de Rubens.*

Législ. — *D. sur lieux.* — Le tribunal peut, quand il le juge nécessaire, et dans certains cas, à condition qu'il en ait été requis par l'une ou l'autre des parties, ordonner que l'un des juges se transporte sur les lieux : celui-ci fixe par ordonnance les lieu, jour et heure de la descente, et il men-

tionne sur la minute de son procès-verbal le nombre de jours employés au transport, séjour et retour ; les frais de transport sont avancés par la partie requérante et par elle consignés au greffe.

Le juge de paix peut également ordonner la visite des lieux, à laquelle il procède lui-même, assisté de son greffier : il nomme au besoin des experts ; dans les causes sujettes à appel, le greffier dresse le procès-verbal de la visite, qui doit être revêtu de sa signature, ainsi que de celle du juge, et s'il y a lieu, des experts.

DESCHAMPS (EUSTACHE), poète français né vers 1320.

DESCHAMPS (ÉMILE), poète français, l'un des chefs du romantisme (1791-1871).

DESCLOIZITE. s. f. (R. *Des Cloizeaux,* nom d'un savant français). T. Minér. Vanadate hydraté de plomb, en petits cristaux orthorhombiques noirs ou brun olive.

DESCRIPTEUR. s. m. Celui qui décrit, qui fait des descriptions.

DESCRIPTIF, IVE. adj. Qui a pour objet de décrire. *Genre d. Poésie descriptive. Anatomie descriptive. Géométrie descriptive. Musique descriptive.*

DESCRIPTION. s. f. [Pr. *des-krip-sion*] (lat. *descriptio,* de *de* et *scribo,* j'écris). Discours par lequel on décrit, on dépeint. *Faire une d. La d. d'un palais, d'un jardin, d'un paysage, d'une tempête, des effets d'une passion. La d. d'un appareil, d'une machine, d'une plante, d'un animal. La d. d'un organe, d'un phénomène. La d. des symptômes d'une maladie. Faire une d. exacte et minutieuse. D. de l'Amérique. Cet auteur a publié une excellente d. de l'Égypte.* || Indication détaillée que l'on fait des meubles, des papiers, etc., compris dans un inventaire, une saisie. *Le procès-verbal de saisie contient la d. des meubles.* || T. Géom. Action de tracer une figure.

DESCROIZILLES, chimiste français (1745-1825).

DÉSÉCHOUAGE. s. m. Action de déséchouer un bâtiment.

DÉSÉCHOUER. v. a. (R. *de* et *échouer*). Remettre à flot un bâtiment qui était échoué. = DÉSÉCHOUÉ, ÉE. part.

DÉSÉCLUSEMENT. s. m. (R. *de,* et *éclusement*). Manœuvre pour faire rentrer à l'air libre un ouvrier travaillant dans l'air comprimé, ce qui se fait par l'intermédiaire d'une *écluse à air,* sorte de chambre communiquant à volonté, soit avec l'enceinte où se trouve l'air comprimé, soit avec l'air extérieur. Voy. ÉCLUSE.

DÉSÉLECTRISEUR. s. m. T. Techn. Nom donné aux nombreux appareils destinés à parer aux inconvénients produits par l'électrisation de la bourre de soie dans le travail des peigneuses et étireuses.

DÉSEMBALLAGE. s. m. [Pr. *dé-zan-ba-lage*]. Action de désemballer.

DÉSEMBALLER. v. a. [Pr. *dé-zan-ba-ler*] (R. *de* et *emballer*). Défaire l'emballage d'une caisse ou d'un ballot. = DÉSEMBALLÉ, ÉE. part.

DÉSEMBARGO. s. m. (R. *embargo*). T. Mar. Levée de l'embargo.

DÉSEMBARQUEMENT. s. m. Action de désembarquer *Le d. des troupes, des chevaux, des marchandises.*

DÉSEMBARQUER. v. a. (R. *de,* et *embarquer*). Retirer d'un vaisseau les marchandises qui y avaient été embarquées, soit avant le départ du navire, soit avant son arrivée au lieu de destination. — Se dit aussi des personnes qui quittent le vaisseau avant qu'il soit parti, ou avant son arrivée. *Au moment de mettre à la voile, il vint un contre-ordre de Paris, et il fallut tout d., voyageurs et marchandises.* = DÉSEMBARQUÉ, ÉE. part.

DÉSEMBARRASSER. v. a. [Pr. *dé-zan-ba-ra-ser*] (R. *de*, et *embarrasser*). Délivrer de ce qui embarrasse.

DÉSEMBATTAGE. s. m. [Pr. *dé-zan-ba-ta-je*]. T. Techn. Opération qui consiste à retirer le bandage d'une roue de véhicule de chemin de fer, pour le remplacer par un neuf. Cette opération se fait en chauffant le bandage sur toute la circonférence de la roue pour l'amener à un diamètre supérieur à celui de la roue. Voy. EMBATTAGE.

DÉSEMBATTRE. v. a. ou tr. T. Techn. Dépouiller de son bandage métallique.

DÉSEMBELLIR. v. a. [Pr. *dé-zan-bè-lir*] (R. *de*, et *embellir*). Diminuer, détruire la beauté.

DÉSEMBELLISSEMENT. s. m. [Pr. *dé-zan-bè-li-seman*]. État d'une chose désembellie.

DÉSEMBOÎTER. v. a. (R. *de*, et *emboîter*). Disloquer, disjoindre.

DÉSEMBOUGER. v. a. T. Métall. Oter le burasse d'un marteau.

DÉSEMBOURBER. v. a. (R. *de*, et *embourber*). Tirer hors de la bourbe. *Il fallut d. la voiture, le bateau.* == SE DÉSEMBOURBER. v. pron. Se tirer de la bourbe, en tirer sa voiture, etc. *Ce charretier ne pourra jamais se d. si on ne lui aide.* == DÉSEMBOURBÉ, ÉE. part.

DÉSEMBRASER. v. a. (R. *de*, et *embraser*). Faire cesser l'embrasement.

DÉSEMBRAYAGE. s. m. [Pr. *dé-zan-brè-iage*]. Action de désembrayer. || Mécanisme disposé de manière à pouvoir affoler ou à laisser immobiles des parties de machine qui, précédemment, étaient animées du même mouvement.

DÉSEMBRAYER. v. a. [Pr. *dé-zan-brè-ier*] (R. *de*, et *embrayer*). T. Mécan. Isoler un organe qui était en communication avec un moteur mécanique.

DÉSEMMANCHER. v. a. [Pr. *dé-zan-mancher*] (R. *de*, et *emmancher*). Oter le manche. On dit mieux *démancher*. == SE DÉSEMMANCHER. v. pron. == DÉSEMMANCHÉ, ÉE. part.

DÉSEMPAREMENT. s. m. Action de désemparer, état de ce qui est désemparé.

DÉSEMPARER. v. n. (R. *de*, et *emparer*, propr. cesser d'emparer, de tenir). Abandonner le lieu où l'on est, en sortir. *Il força les assiégeants à d. A l'arrivée des ennemis tous les habitants désemparèrent. Tenez-vous là et n'en désemparez pas que je ne sois de retour.* — *Sans d.*, Sans quitter la place. *L'assemblée décida qu'elle statuerait sans d.* == DÉSEMPARER. v. a. Quitter. *D. la ville, le camp.* || T. Mar. Démâter un bâtiment, en détruire les manœuvres. *Nous eûmes bientôt désemparé le vaisseau ennemi. Ce vaisseau fut désemparé à coups de canon.* == DÉSEMPARÉ, ÉE. part.

DÉSEMPÊCHER. v. a. (R. *de*, et *empêcher*). Oter ce qui empêche.

DÉSEMPENNÉ, ÉE. adj. [Pr. *dé-zan-pen-né*] (R. *de*, et *empenné*, du lat. *penna*, plume). Dégarni de plumes. Ne se dit que des plumes dont on garnit une flèche. *Il va comme un trait d.*, Il va de travers.

DÉSEMPESER. v. a. (R. *de*, et *empeser*). Oter l'empois d'une étoffe, en la faisant tremper ou en l'imprégnant d'humidité. *Il faut d. ce col.* == SE DÉSEMPESER. v. pron. == DÉSEMPESÉ, ÉE. part. *L'air est tellement humide que mes manchettes sont toutes désempesées.* == Conj. Voy. GELER.

DÉSEMPÊTRER. v. a. (R. *de*, et *empêtrer*). Débarrasser, dégager. On dit mieux *dépêtrer*.

DÉSEMPLIR. v. a. (R. *de*, et *emplir*). Vider en partie, rendre moins plein. *Ce coffre est beaucoup trop plein, il faut le d.* == DÉSEMPLIR. v. n. Ne s'emploie guère qu'avec la négation, et se dit d'une chose qui est toujours pleine. *La cour ne désemplit pas de voitures. La maison ne désemplit pas. Sa bourse ne désemplit pas, quelque dépense qu'il fasse. Ce canal ne désemplit pas, même dans le plus fort de l'été.* == SE DÉSEMPLIR. v. pron. Devenir moins plein. *Sa bourse se désemplit. Ce canal se désemplit tous les jours.* == DÉSEMPLI, IE. part.

DÉSEMPLOTOIR. s. m. T. Fauconn. Fer avec lequel on tire du gésier de l'oiseau la viande qu'il ne peut digérer.

DÉSEMPLUMER. v. a. (R. *de*, et *emplumer*). Dépouiller de ses plumes.

DÉSEMPOINTER. v. a. T. Techn. Oter les points qui retiennent les plis d'une étoffe.

DÉSEMPOISONNEMENT. s. m. [Pr. *dé-zan-poi-so-neman*]. Action de désempoisonner.

DÉSEMPOISONNER. v. a. [*dé-zanpoi-zo-ner*] (R. *de*, et *empoisonner*). Guérir d'un empoisonnement.

DÉSEMPOISSONNER. v. a. [Pr. *dé-zanpoi-soner*] (R. *de*, et *empoissonner*). Détruire, enlever le poisson d'un cours d'eau.

DÉSEMPRISONNER. v. a. [Pr. *dé-zanpri-zoner*] (R. *de*, et *emprisonner*). Faire sortir de prison.

DÉSÉNAMOURER. v. a. (R. *de*, et *énamourer*). Détruire l'amour.

DÉSENCAPUCHONNER. v. a. [Pr. *dé-zankapu-choner*] (R. *de*, et *encapuchonner*). Dépouiller de son capuchon.

DÉSENCARTER. v. a. (R. *de*, et *encarter*). T. Typogr. Enlever ce qui est encarté.

DÉSENCASTAGE. s. m. T. Céram. Action de désencaster.

DÉSENCASTER. v. a. (R. *de*, et *encaster*). T. Techn. Tirer les poteries de leur encastage.

DÉSENCHAÎNER. v. a. (R. *de*, et *enchaîner*). Délivrer de ses chaînes.

DÉSENCHANTEMENT. s. m. Action de désenchanter. || Sentiment qui fait éprouver de la désillusion. *Faire un d. Ce fut alors un d. universel.*

DÉSENCHANTER. v. a. (R. *de*, et *enchanter*). Rompre l'enchantement, le faire cesser. *Il y a encore des gens crédules qui croient que les sorciers peuvent enchanter et d.* || Fig., Faire cesser l'engouement de quelqu'un, dissiper ses illusions. *Cette parole suffit pour le d.* == SE DÉSENCHANTER. v. pron. *Il ne tardera pas à se d.* == DÉSENCHANTÉ, ÉE. part.

DÉSENCHANTEUR, ERESSE. adj. Qui désenchante, qui est propre à désenchanter.

DÉSENCHÂSSER. v. a. (R. *de*, et *enchâsser*). T. Joaill. Tirer une relique de sa châsse. || Action d'enlever une pierre de son chaton.

DÉSENCLAVER. v. a. (R. *de*, et *enclaver*). Supprimer une enclave.

DÉSENCLOUAGE. s. m. T. Artill. Action de désenclouer.

DÉSENCLOUER. v. a. (R. *de*, et *enclouer*). Tirer un clou de l'endroit où il est enfoncé; se dit principalement dans ces phrases : *D. un cheval*, Lui retirer du pied un clou qui le faisait boiter; *D. un canon*, Oter le clou qui avait été enfoncé dans la lumière pour le mettre hors de service. Voy. CANON. == DÉSENCLOUÉ, ÉE. part.

DÉSENCOLLAGE. s. m. [Pr. *dé-zan-kolage*] (R. *de*, et *encoller*). T. Techn. On donne quelquefois ce nom à l'opération du lavage qui suit le dégraissage des draps et qui a pour but de faire tomber la *colle* ou parement de la chaîne.

DÉSENCOMBREMENT. s. m. Action de désencombrer.

DÉSENCOMBRER. v. a. (R. de, et encombrer). Débarrasser de ce qui encombrait.

DÉSENCROÛTEMENT. s. m. Action de désencroûter.

DÉSENCROÛTER. v. a. (R. de, et encroûter). Débarrasser de ses incrustations.

DÉSENDETTER (SE). v. réfl. [Pr. dé-zan-dè-ter] (R. de, et endetter). Payer ses dettes.

DÉSENDORMIR. v. a. (R. de, et endormir). Ôter à quelqu'un l'air endormi.

DÉSENDUIRE. v. a. (R. de, et enduire). Enlever l'enduit.

DÉSENFILER. v. a. (R. de, et enfiler). Détacher ce qui était enfilé. (| Retirer une invitation. || T. Milit. Annuler l'enrôlement. ce fil *D. des perles.* = SE DÉSENFILER. v. pron. *Mon aiguille s'est désenfilée.* = DÉSENFILÉ, ÉE. part.

DÉSENFLAMMER. v. a. [Pr. dé-zan-fla-mer]. Étouffer la flamme. Éteindre la passion, l'amour. = SE DÉSENFLAMMER. v. pron. Cesser d'être enflammé.

DÉSENFLEMENT. s. m. Action de désenfler. On dit mieux *désenflure.*

DÉSENFLER. v. a. (R. de, et enfler). Faire cesser ou diminuer l'enflure d'une chose. *D. un ballon.* = DÉSENFLER. v. n. et SE DÉSENFLER. v. pron. Devenir moins enflé, ou cesser de l'être. *Son genou commence à d. Le ventre est bien désenflé. Ma joue se désenfle. Le ballon s'est désenflé.* = DÉSENFLÉ, ÉE. part.

DÉSENFLURE. s. f. (R. de, et enflure). Diminution ou cessation d'enflure. *La d. est complète.*

DÉSENFOUIR. v. a. (R. de, et enfouir). Tirer d'un enfouissement.

DÉSENFOURNER. v. a. (R. de, et enfourner). Retirer du four.

DÉSENFUMER. v. a. (R. de, et enfumer). Faire sortir la fumée.

DÉSENGAGEMENT. s. m. Action de désengager ou de se désengager.

DÉSENGAGER. v. a. (R. de, et engager). Retirer d'un engagement. (| Retirer une invitation. || T. Milit. Annuler l'enrôlement. = SE DÉSENGAGER. v. pron. Retirer un engagement qu'on avait pris, l'acceptation qu'on avait faite d'une invitation. || Fig., Se dégager, se détacher des choses extérieures.

DÉSENGEANCER. v. a. (R. de, et engeance). Débarrasser, purger de l'engeance. Vx.

DÉSENGOURDIR. v. a. (R. de, et engourdir). Retirer de l'engourdissement.

DÉSENGRENER. v. a. (R. de, et engrener). Faire cesser l'engrenage.

DÉSENGRENEUR. s. m. T. Mar. Instrument servant à désengrener les mailles des câbles-chaînes.

DÉSENIVREMENT. s. m. [Pr. dé-zan-nivreman]. Action de désenivrer.

DÉSENIVRER. v. a. [Pr. dé-zan-nivrer] (R. de, et enivrer). Faire passer l'ivresse. *Le sommeil l'a désenivré.* — Fig., *Cet échec le désenivrera complètement.* = DÉSENIVRER. v. n. Cet homme ne désenivre point. Il est toujours ivre. = SE DÉSENIVRER. v. pron. Dissiper son ivresse. *Il est allé dormir pour se d.* = DÉSENIVRÉ, ÉE. part.

DÉSENLACEMENT. s. m. Action de désenlacer.

DÉSENLACER. v. a. (R. de, et enlacer). Débarrasser des liens.

DÉSENLAIDIR. v. a. (R. de, et enlaidir). Corriger ou diminuer la laideur.

DÉSENNUI. s. m. [Pr. dé-zan-nui] (R. de, et ennui). Cessation de l'ennui.

DÉSENNUYER. v. a. [Pr. dé-zan-nui-ier] (R. de, et ennuyer). Dissiper, chasser l'ennui de quelqu'un. *Rien ne peut le d.* Absol., *La lecture désennuie.* = SE DÉSENNUYER. v. pr. *Jouons pour nous d.* = DÉSENNUYÉ, ÉE. part. = Conj. Voy. EMPLOYER.

DÉSENORGÜEILLIR. v. a. [Pr. dé-zan-nor-gueu-llir, ll, mouillées] (R. de, et enorgueillir). Détruire l'orgueil, abattre la fierté.

DÉSENRAYEMENT. s. m. [Pr. dé-zan-rè-man]. Action de désenrayer.

DÉSENRAYER. v. a. [Pr. dé-zan-rè-ier] (R. de, et enrayer). Ôter l'appareil qui enraye la roue d'une voiture. *Maintenant on peut d. la roue,* ou simpl. *désenrayer.* = DÉSENRAYÉ, ÉE. part. = Conj. Voy. PAYER.

DÉSENRHUMER. v. a. (R. de, et enrhumer). Faire cesser le rhume. *Ce sirop m'a désenrhumé.* = SE DÉSENRHUMER. v. pron. *Tenez-vous chaudement pour vous d.* = DÉSENRHUMÉ, ÉE. part.

DÉSENRÔLEMENT. s. m. Action de désenrôler.

DÉSENRÔLER. v. a. (R. de, et enrôler). Annuler l'enrôlement.

DÉSENROUEMENT. s. m. Guérison de l'enrouement.

DÉSENROUER. v. a. (R. de, et enrouer). Faire cesser l'enrouement. = SE DÉSENROUER. v. pron. *Si vous voulez vous d., il faut faire cela.* = DÉSENROUÉ, ÉE. part. = Conj. Voy. JOUER.

DÉSENSABLER. v. a. (R. de, et ensabler). Dégager, sortir du sable.

DÉSENSEIGNER. v. a. (R. de, et enseigner). Faire oublier ce qui avait été enseigné.

DÉSENSELLER. v. a. [Pr. dé-zan-sè-ler] (R. de, et selle). Jeter hors de la selle, faire tomber de cheval. Vieux.

DÉSENSEVELIR. v. a. (R. de, et ensevelir). Ôter le linge qui ensevelissait un mort. *On a désenseveli le corps pour le faire visiter par un médecin.* = DÉSENSEVELI, IE. part.

DÉSENSEVELISSEMENT. s. m. Action de désensevelir.

DÉSENSORCELER. v. a. (R. de, et ensorceler). Délivrer de l'ensorcellement. || Fig. et fam., Faire cesser une passion, un engouement aveugle. *Il est tellement épris de cette femme que rien ne peut le d.* = DÉSENSORCELÉ, ÉE. part. = Conj. Voy. APPELER.

DÉSENSORCELLEMENT. s. m. [Pr. dé-zan-sor-sèleman]. Action de désensorceler.

DÉSENTASSEMENT. s. m. Action de désentasser.

DÉSENTASSER. v. a. (R. de, et entasser). Déranger des objets entassés.

DÉSENTERRER. v. a. [Pr. dé-zan-tèrer] (R. de, et enterrer). Retirer de la terre.

DÉSENTÊTEMENT. s. m. Action de désentêter, de se désentêter.

DÉSENTÊTER. v. a. (R. de, et entêter). Tirer quelqu'un de l'entêtement où il est. *Il est impossible de le d. de cette opinion.* = SE DÉSENTÊTER. v. pron. *C'est un préjugé dont il ne peut se d.* = DÉSENTÊTÉ, ÉE. part. Fam.

DÉSENTOILER. v. a. (R. *de*, et *entoiler*) T. Techn. Dépouiller de ses toiles, en parlant des ailes d'un moulin.

DÉSENTORTILLER. v. a. [Pr. les *ll* mouillées] (R. *de*, et *entortiller*). Démêler ce qui était entortillé.

DÉSENTRAVER. v. a. (R. *de*, et *entraver*. Débarrasser de ses entraves.

DÉSENTRELACER. v. a. (R. *de*, et *entrelacer*). Détruire l'entrelacement.

DÉSENVELOPPER. v. a. [Pr. dé-zanve-lo-per] (R. *de*, et *envelopper*). Dépouiller de son enveloppe.

DÉSENVENIMER. v. a. (R *de*, et *envenimer*). Détruire le venin.

DÉSENVERGUER. v. a. (R. *de*, *en*, et *vergue*). Dépouiller de ses vergues.

DÉSÉPERONNER. v. a. [Fr. dé-zépe-ro-er] (R. *de*, et *éperon*). Enlever les éperons.

DÉSÉQUILIBRER. v. a. ou tr. Faire perdre l'équilibre.

DÉSÉQUIPER. v. a. (R. *de*, et *équiper*). T. Mar. Désarmer en parlant d'un navire.

DÉSERGOTER. v. a. (R. *de*, et *ergot*). Couper ou enlever les ergots.

DÉSERT, ERTE. adj. (lat. *desertus*, part. pass., de *deserere*, abandonner). Qui manque absolument d'habitants ou n'en a pas assez; peu fréquenté. *Ile déserte. Ville déserte. Campagne déserte. Lieu d., Rue déserte.* || T. Prat. anc. On disait qu'*Un appel était d.*, quand celui qui l'avait interjeté ne l'avait pas relevé par lettres dans les trois mois.

Syn. — *Inhabité, Solitaire.* — Le lieu *désert* est négligé : il est vide et inculte. Le lieu *inhabité* n'est pas occupé ; il est sans habitants, même sans habitations. Le lieu *solitaire* n'est pas fréquenté ; il est tranquille, ou y est seul. Vous trouverez dans les *déserts* des familles, des peuplades, mais rares, pauvres, nomades, barbares. Vous ne trouverez dans les régions *inhabitées* qu'une terre brute, sauvage, sans vestiges de société, sans aucun pas d'homme. Vous ne trouverez pas dans les endroits *solitaires* la foule des fâcheux, le bruit, la dissipation. On fuit dans les *déserts* pour fuir la société. On s'enfuit jusque dans des lieux *inhabités* pour se soustraire à la persécution. On se retire dans un lieu *solitaire* pour se délivrer du monde.

DÉSERT. s. m. (lat. *desertum*, ce qui est abandonné, de *deserere*, abandonné). Lieu, pays où il n'y a pas, où il y a peu d'habitants. *Les déserts de l'Afrique. Les Pères du d. Les Huns avaient fait des plus belles provinces de ce pays un vaste d.* || Fig. et par exagér., se dit d'un lieu quelconque où l'on se trouve isolé. *Depuis votre départ, Paris n'est plus pour moi qu'un vaste d.* || Fig. Grande solitude morale. || *Prêcher dans le d.*, Parler sans être écouté.

Géogr. — Le mot *Désert* désigne proprement un lieu inculte et inhabité ; mais, dans le langage ordinaire, ne l'emploie guère qu'en parlant de ces contrées arides, découvertes et souvent sablonneuses ou pierreuses contre lesquelles l'industrie humaine est impuissante, et où il est impossible à l'homme de fixer sa demeure.

Pris dans le premier sens, on peut justement donner le nom de *Déserts* à ces espaces plus ou moins considérables désignés, selon les pays, par les termes de *Savanes, Pampas, Silvas, Llanos, Steppes, Jungles* ou *Ljongles, Karrous, Landes*, etc. Les *Savanes* appartiennent à l'Amérique du Nord : ce sont de vastes plaines basses, inondées pendant la saison des pluies, et marécageuses pendant le reste de l'année. Elles se couvrent d'herbes hautes et abondantes pendant la saison humide, et deviennent stériles à l'époque des grandes chaleurs. — Les *Pampas* les *Silvas* et les *Llanos* appartiennent à l'Amérique du Sud. Les *Pampas* commencent au nord du Rio Colorado, s'étendent au nord presque jusqu'au plateau du Brésil, tandis que de l'est à l'ouest elles s'étendent depuis l'Océan Atlantique jusqu'aux Andes. Elles forment une plaine immense, presque dépourvue d'eau, d'arbres et même de pierres. Dans les pampas de Buenos-Ayres, on remarque quatre régions distinctes. Jusqu'à une distance de 200 kilom.

à l'ouest de Buenos-Ayres, le sol est couvert de jeunes chardons et de luzerne du vert le plus éclatant, pendant la saison humide. Au printemps, cette verdure disparaît, et un mois après les chardons ont atteint une hauteur de 3 mètres. Ils sont alors si denses et si bien protégés par leurs épines qu'ils sont impénétrables. Mais pendant les grandes chaleurs leurs tiges se dessèchent, et sont brisées par le vent qui les promène çà et là ; puis la luzerne couvre de nouveau la terre et la pare de la plus belle verdure. Sur un espace de 690 kilom. à l'ouest de cette région, les pampas représentent une prairie luxuriante et ornée de fleurs éclatantes, qui fournit une alimentation inépuisable à des milliers de chevaux et de bœufs sauvages. Vient ensuite une contrée parsemée d'étangs, de lacs et de marécages, à laquelle succède une contrée pleine de pierres et de ravins. Enfin, la quatrième zone, qui s'étend jusqu'au pied des Andes, est couverte d'arbres nains et d'arbrisseaux épineux formant un immense fourré presque impénétrable. Tous les ans, les lacs et marais de la troisième région débordent périodiquement, et les eaux inondent une immense étendue de terres où elles déposent un limon fécondant. Des multitudes d'animaux périssent dans ces inondations, et la sécheresse qui leur succède quelquefois en fait périr encore davantage. Entre les années 1830 et 1832, deux millions de têtes de bétail périrent faute de nourriture. Un autre fléau détruit encore des millions d'êtres vivants : ce sont les incendies effroyables qui, durant les grandes chaleurs, s'allument parfois dans les pampas, lorsqu'elles sont couvertes d'herbes et de chardons desséchés. — Les *Silvas* sont situées au centre du continent où elles s'étendent le long de l'Amazone, sur une longueur de 2,400 kilom. et sur une largeur de 800 à 1,200 kilom., et peut-être davantage. Leur sol, plus inégal que celui des pampas, est tout entier couvert par d'épaisses forêts inaccessibles à l'air et à la lumière, mais où la végétation doit sa prodigieuse activité à l'humidité des terres, qui sont inondées dans la saison des pluies, et à la chaleur intense qui leur est propre aux régions équatoriales. — Les *Llanos* de l'Orénoque et de Vénézuéla occupent un espace de 396,000 kilom. carrés, entre les deltas de l'Orénoque et la rivière Coqueta. Leur surface est presque aussi unie que les plaines de la mer, et parfois on ne trouve pas une éminence de 30 centim. de hauteur sur un espace de 700 kil. car. Ces llanos sont en général pourvus d'herbes et d'arbrisseaux ; cependant on y rencontre çà et là quelques espèces de palmiers, et entre autres le Mauritia. Dans la saison humide, qui dure depuis avril jusqu'à la fin d'octobre, les pluies tropicales font déborder les fleuves et inondent les llanos. Aussitôt que les eaux se sont écoulées, ces vastes plaines se tapissent de hautes herbes, que la chaleur du soleil vient bientôt dessécher et réduire en poudre. Parfois aussi ces herbes desséchées s'enflamment par suite de quelque accident, et il s'allume alors de vastes incendies qui détruisent tous les êtres vivants. — Les vastes plaines qui constituent l'extrémité orientale de l'Europe, sont désignées sous le nom de *Steppes*, mot qu'on suppose d'origine tartare, et qui signifie plaine dépourvue d'herbes. Le caractère des steppes varie d'ailleurs selon la nature du sol. Elles commencent au Dniéper et s'étendent le long des bords de la mer Noire. Elles renferment tout le pays au nord et à l'est de la mer Caspienne, ainsi que la Tartarie indépendante. On peut même dire qu'elles embrassent presque toute la Sibérie à l'est de l'Oural et au nord de l'Altaï. Au printemps, une grande partie de ces plaines sans fin sont couvertes de pâturages qui nourrissent d'immenses troupes d'herbivores ; mais, pendant l'été, au mois de juin, toutes les herbes se dessèchent, et l'été les ensevelit sous un manteau de neige. Dans certaines années la sécheresse de l'été est telle que l'air est rempli d'une poussière impalpable, et que toutes les sources se tarissent, ce qui entraîne la mort de milliers de bestiaux. Plusieurs parties de ces steppes sont couvertes d'une couche de terre peu épaisse, mais fertile, qui produit du blé en abondance ; toutefois l'argile qui forme le sous-sol ne permet pas de se développer aux végétaux dont les racines veulent une terre profonde. — Les *Djungles* ou *Jungles* sont des espèces de fourrés impénétrables, composés de taillis, de joncs, d'herbes élevées, de bambous, de buissons et de plantes grimpantes, qui s'étendent sur de grandes surfaces aux Indes Orientales, particulièrement au pied de l'Himalaya, dans les immenses deltas du Gange, du Brahmapoutre, etc. — Les plaines qui s'étendent au nord des montagnes du Cap de Bonne-Espérance, dans l'Afrique australe, et qu'on appelle *Karrous*, présentent alternativement l'aspect le plus opposé. Après les pluies, elles forment un immense tapis de verdure paré de toutes les richesses d'une flore remarquable par sa beauté, tandis que, dans la saison sèche, elles n'offrent plus qu'un sol aride et de toutes parts crevassé par la sécheresse. — Enfin, on donne le nom de *Landes* à de grandes terres à surface unie ou presque sans pente, constituées par une argile imperméable et recouverte de sable ou d'une mince couche d'humus. Ces sortes de terres sont très communes dans tous les pays. Nous citerons, en France, les landes de la Gascogne, de la Bretagne et de la Sologne. Quelquefois, elles ne produisent que des genêts et des bruyères, tandis qu'ailleurs on y rencontre des bouleaux, des pins et des chênes-liège. Dans quelques endroits même, on y peut cultiver le seigle et le sarrasin. Les landes de Gascogne sont célèbres par la manière heureuse dont elles ont été desséchées et consacrées à la culture forestière. Voy. DESSÉCHEMENT et LANDES.

Les *Déserts* proprement dits sont ces vastes espaces au sol toujours pulvérulent, privés d'eau, brûlés par le soleil, et où toute végétation est impossible. L'homme les parcourt en tous sens, mais son passage n'y laisse pas plus de traces que sur l'Océan. Ces plaines immenses sont fréquemment bouleversées par des vents embrasés qui suffoquent les animaux et soulèvent des tourbillons de sable qui ensevelissent des caravanes et des armées entières. Au milieu de ces mers sablonneuses se trouvent quelquefois des espaces resserrés, arrosés par des sources, ombragés par des groupes d'arbres, et où la nature reprend sa fécondité. Ces terres heureuses, placées au milieu des déserts comme les îles au milieu des mers, se nomment *Oasis*. — C'est dans l'ancien monde que se trouvent les déserts les plus vastes. Ceux qu'on rencontre dans l'Amérique sont beaucoup moins considérables. L'Amérique méridionale nous présente le *D. d'Atacama*, qui s'étend, entre les Andes et le Grand Océan, depuis Taracapa au nord jusqu'aux environs de Copiapo au sud; le *D. de Sechura*, qui occupe une grande partie de la côte du département péruvien de Truxillo; et le *D. de Pernambuco*, qui occupe la majeure partie du plateau nord-est du Brésil. Dans l'Amérique du Nord, on remarque surtout le vaste d. qui s'étend le long et à l'ouest des montagnes Rocheuses, depuis le 31° jusqu'au 41° degré de lat. nord, sur une largeur de 600 à 800 kilom. — Le plus vaste et le plus célèbre des déserts de l'ancien monde est le *Sahara* africain, qui ne compte pas moins de 5,000 kilom. de l'est à l'ouest, et 2,000 du nord au sud. Il est situé entre les États barbaresques ou la Méditerranée au nord, l'Océan Atlantique à l'ouest, la Sénégambie et le Soudan au sud, la Nubie et l'Égypte à l'est. Toute la côte d'*Ajan*, sur le bord oriental de l'Afrique, n'est qu'un d.; il en est de même de celle des *Cimbebas*, sur le bord occidental. Enfin, entre le Nil et la mer Rouge, dans la Nubie et l'Égypte, il existe encore une vaste plaine sablonneuse, appelée le *Grand désert*; mais ce d. n'est, en réalité, que la continuation du Sahara, dont il n'est séparé que par le Nil. Le *D. de Syrie* est aussi le prolongement de l'immense d. africain qui, par l'isthme de Suez, va inonder l'Arabie, traverse la Perse, jette de vastes amas de sable dans le Turkestan, puis continue sa marche à travers le Thian-Chan-Nan-Lou et la Mongolie, et ne s'arrête qu'aux frontières du pays des Tatares-Mandchoux, à l'extrémité orientale de l'Asie. Il est inutile d'indiquer ici les différents noms que prend successivement cette longue et inégale zone de terrains desséchés, qui envoie, en outre, à droite et à gauche de nombreux prolongements. Il nous suffira de signaler particulièrement la partie de cette immense région sablonneuse qui se trouve dans la Mongolie, séparée les Khalkhas des Mongols proprement dits, et constitue sous les noms de *Schamo*, *Gobi* ou *Kobi*, le plus grand d. de l'Asie. Les savantes observations de Bunge ont démontré que le centre du Gobi est le fond d'une mer desséchée. On a longtemps prétendu qu'en était de même du Sahara. C'était autrefois, disait-on, une mer qui communiquait avec la Méditerranée du côté des Syrtes. L'époque du dessèchement de cette mer serait relativement reculée, et certainement postérieure à l'époque tertiaire, ainsi que le démontrent les fossiles trouvés dans les sables du désert. Le reste de cette immense nappe d'eau serait concentré en quelques lacs salés appelés *chotts* dont le niveau est inférieur à celui de la mer, et qu'il ne serait peut-être pas impossible de remettre en communication avec elle au moyen d'un canal creusé dans la région des Syrtes. Ajoutons que la nature saumâtre des eaux de ces déserts, et les masses de sel marin qui y abondent attestent que le sol de la plupart d'entre eux est le produit des derniers dépôts marins avant l'émersion du continent africain. Cependant, cette théorie est aujourd'hui très contestée. Ce qui est certain, c'est que le Sahara ne doit son caractère de d. qu'à l'absence d'eau. Dans toute cette région, il ne pleut presque jamais; mais dès qu'on peut arroser le terrain en amenant à la surface les eaux du sous-

sol, il se forme au voisinage du puits une oasis d'une fertilité prodigieuse. Voy. SAHARA.

DÉSERTABLE. adj. Que l'on doit fuir.

DÉSERTER. v. a. (lat. *desertum*, sup. de *deserere*, abandonner). Abandonner un lieu. *D. la maison paternelle D. son poste. La guerre a fait d. cette ville.* — Absol., *La peste a fait d. tout le monde. Cet homme est si importun qu'il me fera d.* || En parlant des militaires ou marins, Quitter le corps sans permission, sans congé. *D. avec armes et bagages. La moitié de l'équipage avait déserté. D. à l'intérieur, à l'étranger, à l'ennemi.* Voy. DÉSERTION. || Fig., Abandonner. *D. la religion de ses pères. D. la bonne cause. Il déserta le parti pour lequel il avait si longtemps combattu.* = DÉSERTER, v. n. *Un soldat qui a déserté du régiment. Il a déserté à l'ennemi.* = DÉSERTÉ, ÉE. part. *Pendant le choléra, cette ville fut entièrement désertée.*

DÉSERTES. s. f. pl. T. Techn. Forces peu tranchantes, à l'usage des tondeurs de draps.

DÉSERTEUR. s. m. (lat. *desertor*, m. s. de *deserere*, abandonner). Militaire ou marin qui déserte ou a déserté. *C'est un d. On l'apprit par un d. ennemi.* || Fig., Celui qui abandonne une religion, une cause, un parti, etc. *D. de la bonne cause, de la foi de ses pères.* — Par plaisant., se dit de celui abandonne une société où il avait l'habitude d'aller, etc., *Je vous ramène notre d.*

DÉSERTICOLE. adj. 2 g. (lat. *desertum*, désert; *colo*, j'habite). Qui aime les endroits déserts. Peu us.

DÉSERTION. s. f. [Pr. dé-zer-sion]. Action de déserter. *Il y a plusieurs désertions dans ce régiment.* || Fig., se dit de celui qui abandonne un parti, une association, etc. || T. Prat. anc. *D. d'appel*, Abandonnement d'appel, faute de le relever dans le délai de trois mois.

Légis. — La *Désertion* est l'acte du militaire qui quitte sans ordre, permission ou congé, le corps ou le poste auquel il a été affecté. Celui qui a commis le crime de d., ou qui est en état de d., est appelé *Déserteur*. — Le Code de justice militaire, modifié sur ce point par la loi du 18 mai 1875, a déterminé les circonstances constitutives de la d. et les peines auxquelles elle donne lieu.

1° *Désertion à l'intérieur.* — La d. existe après 6 jours d'absence illégale, et seulement après un mois lorsque le coupable n'a pas 3 mois de service. La prolongation d'un congé ou d'une permission n'est réputée d. qu'après 15 jours. En temps de guerre, ces délais sont réduits des deux tiers. Les peines sont, en temps de paix, de 2 à 5 ans d'emprisonnement; en temps de guerre, ou si la d. a lieu d'un territoire en état de guerre ou en état de siège, de 2 à 5 ans de travaux publics. Le minimum de la peine est de 3 ans s'il y a récidive, si le coupable a emporté avec lui des armes ou des objets d'équipement, s'il a emmené un cheval, enfin, s'il a déserté étant de service. — Les dispositions qui précèdent ne concernent pas les officiers. A leur égard, l'art. 233 porte une peine de 6 mois à un an de prison pour l'absence illégale de plus de 6 jours ou la prolongation de plus de 15 jours d'un congé régulier. Si l'officier a abandonné son corps sur un territoire en état de guerre ou de siège, ces délais sont réduits des deux tiers et la peine est de 2 à 5 ans de prison, outre la destitution.

2° *Désertion à l'étranger.* — Elle consiste à franchir la limite du territoire français, ou à abandonner, hors de France, le corps auquel on appartient. La d. existe après 3 jours d'absence; elle entraîne, en temps de paix, la peine de 2 à 5 ans ou de travaux publics; en temps de guerre, la même peine pendant une durée de 5 à 10 ans. Le minimum est porté à 3 ans en temps de paix et à 7 ans en temps de guerre, s'il y a eu démembrement de cheval, d'armes ou d'objets d'équipement, si le coupable a déserté étant en service, ou s'il est récidiviste. L'officier convaincu de d. à l'étranger est puni de la destitution, et, en outre, de 1 à 5 ans de prison en temps de paix et de la détention en temps de guerre (art. 235 et 237). Les délais fixés par la loi militaire pour qu'il y ait état de d., sont vulgairement appelés *Délais de repentir*, parce qu'en effet c'est pendant ce temps que l'homme peut réfléchir et rentrer sous les drapeaux.

3° *Désertion à l'ennemi.* — Elle consiste à entrer dans les rangs de l'ennemi ou des rebelles. Ce crime est puni de la peine de mort et de la dégradation militaire. La d. en présence de l'ennemi est punie de la détention (art. 238 et 239). — En Autriche, la d. à l'ennemi est punie de la pendaison.

4° *Désertion avec complot.* — On appelle ainsi la d. qui est le résultat d'un concert entre deux ou plusieurs militaires. Les peines sont ainsi graduées : d. en présence de l'ennemi, la mort; d. à l'étranger, le maximum de la peine fixée pour ce crime, sauf à l'égard du chef du complot, lequel est puni de mort; d. à l'intérieur, le maximum de la peine. Le chef du complot est puni de 5 à 10 ans de travaux publics. S'il est sous-officier ou soldat, et de la détention s'il est officier (art. 240 et 241).

5° *Provocation à la d.* — Tout militaire qui provoque à la d. ou qui la favorise, est puni comme déserteur; tout individu non militaire qui se rend coupable des mêmes faits est condamné à la peine de 2 mois à 5 ans d'emprisonnement (art. 242). — Enfin, lorsqu'un militaire est reconnu coupable du fait de la d. et d'un crime donnant lieu à une peine plus grave, il ne peut obtenir le bénéfice des circonstances atténuantes. La peine la plus grave doit donc alors être appliquée sans réduction (art. 243).

Insoumission. — Est réputé coupable d'insoumission le jeune soldat appelé par la loi, engagé volontaire ou remplaçant, qui n'est pas rendu à son corps dans le mois qui suit le jour fixé par l'ordre de route. En temps de guerre ou en cas de mobilisation par voie d'affiches et de publications sur la voie publique le délai ci-dessus est réduit à deux jours. La peine est de 6 jours à un an d'emprisonnement en temps de paix, et de 2 à 5 ans en temps de guerre (art. 230).

DÉSESPÉRADE (A LA). loc. adv. (*désespérade* est une forme espagnole; la forme française serait *à la désespérée*. Cette loc. s'est introduite au XVI° siècle). A la manière d'un désespéré. *Se battre, jouer à la d.* Fam. et peu us.

DÉSESPÉRAMMENT. adv. [Pr. *dézes-péra-man* (R. *désespérant*). D'une façon désespérante.

DÉSESPÉRANCE. s. f. (R. *de*, et *espérance*). Manque de confiance, perte de l'espoir.

DÉSESPÉRANT, ANTE. adj. (R. *désespérer*). Qui jette dans le désespoir, qui cause un grand chagrin. *Cette pensée est désespérante.* — Fam. et par exag., *Cet enfant est d.* || Qui désespère l'émulation, qui ne peut être égalé. *Instrument d'une précision désespérante.*

DÉSESPÉRATION. s. f. [Pr. ...sion]. Action de se désespérer, d'être au désespoir (vieux mot).

DÉSESPÉRÉMENT. adv. (R. *désespéré*). Éperdument. Peu us.

DÉSESPÉRER. v. n. (R. *de*, et *espérer*). Perdre l'espérance, cesser d'espérer. *D. de réussir. D. du succès d'une affaire. D. de guérir un malade. Je désespère de gagner la partie ou de la partie. Il ne faut jamais d. de rien. On ne doit jamais d. de la miséricorde de Dieu. D. du salut de la république. C'est un jeune homme dont nous n'ayons du beau temps.* — *D. de quelqu'un,* Ne plus espérer qu'il se corrige, qu'il se conduise mieux, etc. *D. d'un malade,* Ne plus espérer sa guérison. == DÉSESPÉRER. v. a. Affliger profondément, réduire au désespoir, pousser à bout. *La conduite de son fils le désespère. Cette pensée me désespère. Il ne faut pas le tourmenter.* — Par exag., *Le froideur me désespère. Vous le désespérez par vos rigueurs.* == SE DÉSESPÉRER. v. pron. Se livrer, se laisser aller au désespoir. *Elle vient d'apprendre la mort de son fils, elle se désespère. Ce n'est pas le moment de se d., il faut agir.* == DÉSESPÉRÉ, ÉE. part. *Une affaire, une situation désespérée.* || Qui est dans le désespoir. *Elle est désespérée de la mort de son mari.* — Fig. et par exag., *Je suis désespéré de ne pouvoir vous accorder votre demande. Je suis désespéré de ce contre-temps.* || Qui est exaspéré par le désespoir. *Un parti désespéré. Une résolution désespérée.* || Incorrigible. *C'est un jeune homme tout à fait désespéré.* Peu us. *Un mal désespéré,* Un mal incurable. *Un malade désespéré,* Un malade que rien ne peut sauver. *Être dans un état désespéré,* se dit soit d'un malade désespéré, soit d'une chose dont la perte, la ruine, est regardée comme inévitable. *Sa fortune est dans un état désespéré.* == Substant. *Agir en désespéré,* se dit d'une personne qui agit comme si elle était

réduite au désespoir. On dit de même, *Se battre en désespéré. Jouer en désespéré.* — *Courir, crier, etc., comme un désespéré,* Courir, etc., avec violence, comme quelqu'un qui a perdu la tête.

DÉSESPOIR. s. m. (R. *de*, et *espoir*). État violent de l'âme causé par la présence d'un mal dont on a aucun espoir de se délivrer. *Cette nouvelle l'a jeté, l'a plongé dans le d. Tomber dans le d. Se livrer au d. Un sombre, un morne d. L'abattement du d. Le courage du d. Prenez garde de le réduire au d. Il n'écoute plus que son d.* || Par exag., *Être au d.,* Être bien fâché. *Mettre au d.,* Causer un vif déplaisir. *Je suis au d. d'être forcé de vous refuser. Il est au d. de ce qui vous est arrivé. Votre refus l'a mis au d.* || *Faire le d., Être le d.,* Causer de l'affliction. *La haute position où ce misérable est parvenu fait le d. des honnêtes gens. Son inconduite est le d. de ses parents. Ses succès font le d. de ses rivaux.* — *Être le d.* se dit encore des choses tellement parfaites, qu'elles sont regardées comme inimitables. *L'Iliade d'Homère est le d. des poètes. La Transfiguration de Raphaël est le d. de tous les peintres.* || *Faire une chose en d. de cause,* Essayer d'une dernière ressource, sans avoir grande espérance de réussir. *En d. de cause, il a tenté ce dernier moyen.* || T. Bot. *D. des peintres,* Nom d'une petite plante extrêmement frêle, dont la fleur est très difficile à reproduire par la peinture.

DES ESSARTS (ALFRED), écrivain français.

DÉSESTIMER. v. a. (R. *de*, et *estimer*). Retirer l'estime, cesser d'estimer.

DÉSÉTAMAGE. s. m. Action de désétamer.

DÉSÉTAMER. v. a. (R. *de*, et *étamer*). Enlever l'étain du fer-blanc.

DÉSEXCOMMUNIER. v. a. [Pr. *dé-zeks-ko-munier*] (R. *de*, et *excommunier*). Relever d'une excommunication.

DE SÈZE, avocat français, défenseur de Louis XVI en 1793 (1748-1828).

DESFONTAINES (Abbé), critique français, connu par ses démêlés avec Voltaire (1685-1745).

DESFONTAINES, botaniste français (1752-1833).

DESFORGES, acteur et poète dramatique français (1746-1806).

DESGENETTES (Baron), médecin en chef des armées françaises en Égypte, puis en Prusse, Russie, Allemagne (1762-1837).

DESGOFFE (ALEXANDRE), peintre français (1805-1882).

DÉSHABILITATION. s. f. [Pr. *dé-za-bilita-sion*]. Action de déshabiliter.

DÉSHABILITER. v. a. [Pr. *dé-za*...] (R. *de*, et *habile*). T. Jurisp. Déclarer incapable, inhabile.

DÉSHABILLÉ. s. m. [Pr. *dé-za-bi-llé, ll* mouillées]. Vêtement négligé dont on se sert chez soi ; n'est guère usité qu'en parlant des femmes. *D. simple, élégant. Elle était en d. du matin. Elle est charmante dans son d.* || Fig., *Se montrer, paraître dans son d., en d.,* Se montrer tel que l'on est, sans art, sans affectation.

DÉSHABILLER. v. a. [Pr. *dé-za-bi-ller, ll* mouillées] (R. *de*, et *habit*). v. a. Ôter à quelqu'un les habits dont il est vêtu. *D. un malade, un enfant, pour le mettre au lit. Elle se fait d. par sa femme de chambre.* || Fig. et fam., *D. saint Pierre pour habiller saint Paul,* Sortir d'un embarras en s'en créant un autre; faire une dette pour en payer une autre. == SE DÉSHABILLER. v. pron. Ôter ses vêtements. *Il ne peut se d. lui-même.* — Se dit particulièrement d'un ecclésiastique qui quitte ses vêtements sacerdotaux, d'un avocat, d'un magistrat qui quitte sa robe, d'un acteur qui quitte son costume de théâtre, etc. — Dans un sens plus particulier encore, quitter son habit de ville pour se mettre en robe de chambre, pour prendre des vêtements plus simples on plus commodes. || Fig. et prov., *Il ne faut pas se d. avant de se coucher*, Il ne faut pas se dépouiller de ses biens avant sa mort. = DÉSHABILLER. v. a. Se déshabiller. *Il a été plusieurs jours sans d.* Vx. == DÉSHABILLÉ, ÉE. part.

DÉSHABITÉ, ÉE. adj. [Pr. *dé-zabité*]. Qui n'est plus habité. *Pays d. Maison déshabitée.*

DÉSHABITER. v. a. [Pr. *dé-zabiter*] (R. *de*, et *habiter*). Ne plus habiter. Peu us.

DÉSHABITUDE. s. f. [Pr. *dé-zabitude*]. Perte d'une habitude.

DÉSHABITUER. v. a. [Pr. *dé-za-bitu-er*] (R. *de*, et *habituer*). Désaccoutumer, faire perdre l'habitude de quelque chose. *Il sera difficile de l'en d.* = SE DÉSHABITUER. v. pron. Perdre l'habitude. *Vous devriez bien vous d. de fumer.* = DÉSHABITUÉ, ÉE. part. = Conj. voy. TUER.

DÉSHARMONIE. s. f. [Pr. *dézar...*] (R. *de*, et *harmonie*). Défaut d'harmonie, désaccord.

DÉSHARMONIQUE. adj. [Pr. *dézar*]. Qui manque d'harmonie.

DÉSHARMONISATION. s. f. [Pr. *dé-zarmoni-zacion*]. Action de troubler l'harmonie.

DÉSHERBER. v. a. [Pr. *dé-zerber*] (R. *de*, et *herbe*). Ôter les mauvaises herbes, sarcler.

DÉSHÉRENCE. s. f. [Pr. *dé-zé-ranse*] (R. *de*, et *hoir* ou *heir*, héritier). T. Jurisp. État d'une succession vacante. *Ce beau domaine est tombé en d.* — Droit de d., Droit qu'a l'État de recueillir la succession des individus morts sans héritiers. *Le droit de d. appartenait jadis au roi ou aux seigneurs hauts justiciers.*

DÉSHÉRITEMENT. s. m. [Pr. *dé-zériteman*]. Action de déshériter. État de celui qui est déshérité.

DÉSHÉRITER. v. a. [Pr. *dé-zériter*] (R. *de*, et *hériter*). Priver de sa succession. *Son père l'a menacé de le d.* = DÉSHÉRITÉ, ÉE. part.
Législ. — Voy. SUCCESSION.
Syn. — *Exhéréder.* — *Déshériter* et *Exhéréder* signifient tous deux priver de sa succession ceux qui devraient naturellement la recueillir; mais le premier se dit en parlant des héritiers légitimes quels qu'ils soient, tandis que le second s'emploie seulement en parlant des enfants et descendants en ligne directe du testateur. De plus, *déshériter* est du langage ordinaire; *exhéréder* est un terme de législation ancienne.

DÉSHEURER. v. a. [Pr. *dé-zeurer*] (R. *de*, et *heure*). Déranger quelqu'un en l'empêchant de vaquer à ses occupations aux heures accoutumées. *Je craignais de vous d.* = SE DÉSHEURER. v. pron. Se déranger de ses heures ordinaires. *Il n'aime pas à se d.* = DÉSHEURÉ, ÉE. part. — Fam. et peu us.

DÉSHONNÊTE. adj. 2 g. [Pr. *dé-zo-nète*] (R. *de*, et *honnête*). Qui est contre la pudeur, la bienséance. *Pensées, paroles, gestes, actions déshonnêtes. Hanter des compagnies, des lieux déshonnêtes.*
Syn. — *Malhonnête.* — Ces deux mots ont des significations toutes différentes. *Déshonnête* est contre la pureté; *malhonnête* est contre la civilité ou contre la bonne foi, contre la droiture. Des pensées, des paroles *déshonnêtes*, sont des pensées, des paroles qui blessent la chasteté et la pureté. Des actions, des manières *malhonnêtes*, sont des actions, des manières qui choquent les bienséances du monde, l'usage des honnêtes gens ou la probité. *Déshonnête* ne se dit guère que des choses; *malhonnête*, au contraire, se dit également des choses et des personnes. — *Obscène.* — *Obscène* dit beaucoup plus que *déshonnête*. La chose *obscène* viole ouvertement les vertus que blesse la chose *déshonnête*. L'*obscénité* ajoute à la *déshonnêteté* l'impudence. Enfin, *déshonnête*, avons-nous déjà remarqué, ne s'applique qu'aux choses, tandis qu'*obscène* se dit très bien d'un peintre, d'un poëte, d'une personne quelconque.

DÉSHONNÊTEMENT. adv. [Pr. *dé-zo-nèteman*]. D'une manière déshonnête. *Parler d.*

DÉSHONNÊTETÉ. s. f. [Pr. *dé-zo-nèteté*]. Vice de ce qui est déshonnête. Inus.

DÉSHONNEUR. s. m. [Pr. *dé-zo-neur*] (R. *de*, et *honneur*). Perte de l'honneur, honte, opprobre. *Il a mis le comble à son d. Tenir à d. Vous faites d. à votre famille. Vous pouvez répondre de lui, il ne vous fera point d., de d. Quel d. pour une famille!* — Famil., *Prier quelqu'un de son d.*, Lui demander de faire ou d'accorder une chose qui le déshonorerait.

DÉSHONORABLE. adj. 2 g. [Pr. *dézo...*]. Qui cause du déshonneur. Peu us.; on dit ordinairement *Déshonorant.*

DÉSHONORABLEMENT. adv. D'une façon déshonorable.

DÉSHONORANT, ANTE. adj. [Pr. *dézo...*]. Qui déshonore ou tend à déshonorer. *Conduite déshonorante.*

DÉSHONORER. v. a. [Pr. *dézo...*] (R. *déshonneur*). Ôter l'honneur à quelqu'un, ternir l'honneur de quelqu'un. *Cette action l'a déshonoré. Un semblable outrage déshonore. Il cherchait par ses calomnies à le d.* — *D. une fille, une femme*, La séduire. *D. sa famille*, Commettre une action, mener une conduite qui fait déshonneur à sa famille. On dit dans un sens anal., *D. ses ancêtres, la mémoire de ses ancêtres.* || Flétrir, ternir. *Trop d'horreurs ont déshonoré les grandes actions des conquérants de l'Amérique. Il jeune homme déshonore le beau nom qu'il porte. Les vices déshonorent les talents. Tu déshonores ma vieillesse.* == SE DÉSHONORER. v. pron. Perdre son honneur. *Il s'est déshonoré par cette action. Une fille qui s'est déshonorée*, Qui s'est laissé séduire. == DÉSHONORÉ, ÉE. part.

DESHOULIÈRES (Mᵐᵉˢ), femme poëte (1633-1694).

DÉSHUILER. v. a. [Pr. *dé-zuiler*]. Enlever l'huile.

DÉSHUMANISER. v. a. [Pr. *dézu...*]. Faire perdre le caractère humain.

DÉSHYDRATER. v. a. [Pr. *dézi...*] (R. *de*, et *hydrater*). T. Chim. Priver d'eau.

DÉSHYDROGÉNATION. s. f. [Pr. *dé-zidro-jéna-sion*]. T. Chim. Soustraction de l'hydrogène qui entre dans la composition d'un corps.

DÉSHYDROGÈNER. v. a. [Pr. *dézi...*] (R. *de*, et *hydrogène*). T. Chim. Enlever l'hydrogène d'un corps en tout ou en partie. == SE DÉSHYDROGÉNER. v. pron. == DÉSHYDROGÉNÉ, ÉE. part. Qui a perdu tout ou partie de son hydrogène.

DÉSHYPOTHÉQUER. v. a. [Pr. *dézi...*] (R. *de*, et *hypothèque*). Purger d'hypothèques.

DESIDERATA. s. m. pl. Voy. DESIDERATUM.

DÉSIDÉRATIF, IVE. adj. (lat. *desiderativus*, m. s., de *desiderare*, désirer). Qui exprime le désir. *Forme désidérative.*

DESIDERATUM. s. m. Mot latin qui signifie ce qui manque à une chose, lacune. N'est guère usité que dans le langage des sciences. *Il y a là un d. regrettable.* — Se dit plus ordinairement au pluriel, sous la forme *Desiderata. Il est urgent de combler les desiderata de cette science.*

DÉSIGNATEUR. s. m. [*gn* mouillés]. Celui qui désigne. || Dans l'antiquité, Ordonnateur des funérailles.

DÉSIGNATIF, IVE. adj. [Pr. *dé-zig-natif* d'après l'Académie; mais il n'y a pas de raison pour ne pas mouiller *gn* comme dans *désigner* et *désignation*]. Qui désigne. *Les raisins sont un attribut d. de Bacchus.*

DÉSIGNATION. s. f. [Pr. *dézi-gna-sion*, *gn* mouillés]. Action de désigner. Indication d'une personne ou d'une chose par une ou plusieurs particularités propres à la faire connaître. *La d. d'un lieu, d'une personne. Cette d. est si précise* qu'il est impossible de s'y tromper. Le fait est rapporté sans d. de temps et de lieu, sans autre d. || A~ion de faire connaître d'avance la personne appelée à une charge, à une dignité. Il mourut après avoir fait la d. de son successeur.

DÉSIGNER. v. a. [Pr. gn mouillés] (lat. designare, m. s.; de de, et signum, signe). Indiquer une personne ou une chose par une ou plusieurs particularités propres à la faire connaître. Il n'a pu d. la personne qui l'avait frappé. Ce n'est pas là la maison qui nous a été désignée. || Signifier, annoncer, indiquer. Chez les Égyptiens, un serpent se mordant la queue désignait l'éternité. Ce vent-là désigne la pluie. || Signaler. D. quelqu'un au mépris des honnêtes gens. || Fixer, marquer. Désignez-moi le temps et le lieu, et je serai exact au rendez-vous. || Faire connaître d'avance la personne appelée à une charge, à une dignité On désigna les consuls pour l'année suivante. Cet empereur désigna son neveu pour son successeur. — Par anal., on dit, D. quelqu'un pour son héritier. = DÉSIGNÉ, ÉE. part. A l'heure désignée. Consul d. Un tel a été d. pour cette place.

Syn. — Indiquer, Marquer. — Le propre de marquer est de faire discerner un objet par des caractères particuliers, de façon qu'on ne puisse le méconnaître. Le propre d'indiquer est de donner des renseignements sur un objet qu'on cherche, de manière à le faire trouver. Le propre de désigner est de peindre la chose cachée de telle sorte que nous puissions la reconnaître aux signes donnés. Le cadran marque les heures; le thermomètre marque les degrés de la température. La table d'un livre indique la division et la place des matières; une carte nous indique notre route; votre doigt indique l'objet éloigné qu'on veut montrer. Le signalement désigne la personne; l'enseigne désigne le marchand; les pavillons différents servent à d. les bâtiments de chaque nation.

DÉSILLUSION. s. f. [Pr. dé-zil-lu-zion] (R. de, et illusion). État d'un esprit, d'une âme qui a perdu ses illusions. || Se dit d'une chose qui n'a pas répondu aux espérances qu'on s'en était faites. Ce voyage fut une d.

DÉSILLUSIONNANT, ANTE. adj. [Pr. dé-zil-lu-zio-nan]. Qui désillusionne.

DÉSILLUSIONNEMENT. s. m. [Pr. dé-zil-lu-zio-ne-man]. Perte de l'illusion. Action de se désillusionner.

DÉSILLUSIONNER. v. a. [Pr. dé-zil-lu-zio-ner] (R. désillusion). Faire perdre à quelqu'un son illusion ou ses illusions. = DÉSILLUSIONNÉ, ÉE. part. Nos enfants, et les en croire, sortent du collège désillusionnés de toutes choses.

DÉSINCORPORATION. s. f. [Pr. ...sion]. Action de désincorporer.

DÉSINCORPORER. v. a. (R. de, et incorporer). Séparer une chose de celle à laquelle elle avait été incorporée. Les terres unies au Domaine ne peuvent être désincorporées que par une loi. Cette compagnie a été désincorporée du régiment. = DÉSINCORPORÉ, ÉE. part.

DÉSINCRUSTANT. s. m. Substance servant à la désincrustation des chaudières.

Techn. — On a donné ce nom à diverses matières introduites dans les chaudières à vapeur pour empêcher l'adhérence aux parois des dépôts salins et terreux qu'abandonne, en s'évaporant, l'eau d'alimentation. Voy. CHAUDIÈRE. — On s'exposerait à de graves mécomptes si, prenant ce mot à la lettre, on croyait que les désincrustants ont pour effet de détruire les dépôts anciens : ils empêchent seulement la formation de nouveaux dépôts; mais aussi souvent il arrive que les dépôts anciens, non recouverts de dépôts plus récents, se rompent et se détachent lorsqu'on laisse refroidir la chaudière, à cause de la différence de contraction du métal et du dépôt. Celui-ci, moins dilatable, est comprimé par la contraction plus forte de la tôle et cette compression amène sa rupture, effet qui ne se produirait plus si le dépôt était consolidé par ce dépôt plus récent; c'est ainsi que les désincrustants peuvent rendre des services même dans l'eau d'une chaudière déjà incrustée. Quant à leur composition chimique, ce sont des alcalis minéraux et des matières astringentes qui ont la propriété de précipiter les sels de chaux sous forme d'une vase

qu'on peut évacuer par une simple purge de la chaudière. Cependant, l'analyse chimique de l'eau d'alimentation est indispensable pour déterminer la nature et le dosage des substances capables d'agir avec efficacité.

DÉSINCRUSTATION. s. f. [Pr. ...sion]. Action d'ôter les incrustations.

Techn. — On nomme ainsi l'opération qui consiste à enlever les dépôts adhérents qui se forment à l'intérieur des chaudières à vapeur. Voy. CHAUDIÈRE. — Le seul procédé véritablement efficace est le nettoyage à la main à l'aide d'outils appropriés. Pour les parties difficilement accessibles, comme les faisceaux de tubes, on se sert de chaînes dont les maillons portent des arêtes coupantes, et qu'on fait aller et venir autour du tube. L'usage des tubes mobiles rend le nettoyage beaucoup plus facile.

DÉSINCRUSTER. v. a. (R. de, et incruster). Ôter les incrustations de...

DÉSINCULPATION. s. f. [Pr. ...sion]. Action de désinculper.

DÉSINCULPER. v. a. (R. de, et inculper). Cesser d'inculper. Dégager d'une inculpation.

DÉSINENCE. s. f. (lat. desinere, se terminer). T. Gram. Terminaison. Ces mots ont la même d. Désinences grammaticales. Voy. SUFFIXE.

DÉSINENTIEL, ELLE. adj. [Pr. dézi-nan-siel]. Qui termine un mot. Langues désinentielles. Formes désinentielles.

DÉSINFATUATION. s. f. [Pr. dé-zinfatu-a-sion]. Action de désinfatuer.

DÉSINFATUER. v. a. (R. de, et infatuer). Faire cesser l'engouement de quelqu'un pour une personne ou pour une chose. Vous aurez de la peine à le d. de cette idée. = SE DÉSINFATUER. v. pron. Il s'est enfin désinfatué de cette femme. = DÉSINFATUÉ, ÉE. part.

DÉSINFECTANT, ANTE. adj. Qui désinfecte, qui est propre à désinfecter. Voy. DÉSINFECTION.

DÉSINFECTER. v. a. (R. de, et infecter). Ôter l'infection. D. un vaisseau, une salle d'hôpital, des étables. D. des vêtements. D. l'air, Le purifier. = DÉSINFECTÉ, ÉE. part. Voy. DÉSINFECTION.

DÉSINFECTEUR. adj. m. Qui est propre à désinfecter. Appareil d.

DÉSINFECTOIRE. s. m. Endroit où l'on désinfecte.

DÉSINFECTION. s. f. [Pr. dé-zinfek-sion]. T. Hygiène. — La Désinfection est l'action d'enlever toutes traces de substances contagieuses à l'air, aux habitations, aux vêtements, et, en général, à un corps quelconque. La purification de l'air vicié n'est pas à proprement parler la désinfection.

I. — Le cas de viciation de l'air qui s'observe le plus fréquemment est celui d'un espace clos où se trouve réunie une assemblée plus ou moins nombreuse. En même temps que l'oxygène de l'air diminue, il se produit alors un excès d'acide carbonique qui rend la respiration impossible et aussi des substances volatiles, ptomaïnes aériennes dont l'action toxique a été démontrée expérimentalement. Le meilleur, et l'on peut dire le seul moyen de prévenir ou de remédier à cette sorte d'infection, consiste à introduire dans la pièce de l'air frais puisé au dehors. Il en est de même lorsque l'altération de l'air résulte de la combustion dans un lieu confiné où l'air ne se renouvelle pas assez activement.

L'infection des fosses d'aisances donne encore assez fréquemment lieu à des accidents plus ou moins graves, causés par le dégagement d'azote ou de sulfhydrate d'ammoniaque que produisent les matières en décomposition. Pour reconnaître si l'air de la fosse est vicié, il suffit d'y descendre un réchaud contenant quelques charbons incandescents. Lorsque ces charbons brûlent difficilement et finissent par s'éteindre, il est certain que l'air est complètement altéré. Quand l'infection est produite par le sulfhydrate d'ammoniaque, ce qu'on reconnaît aisément à l'odeur d'œufs pourris qui s'exhale de la fosse, on assainit celle-ci en y introduisant, à l'aide de cordes, une terrine renfermant un mélange de chlorure de chaux, de carbonate de soude, d'eau et d'acide nitrique ou sulfurique (liqueur de Labarraque), qu'on y laisse jusqu'à ce que la d. soit complète. Si l'on n'a pas de chlorure de chaux, on fait des fumigations de chlore, mais alors on n'obtient pas des effets aussi prompts et aussi complets qu'avec la première de ces substances. Dans le cas où la fosse contient simplement de l'azote, gaz qui empêche la combustion tout comme le sulfhydrate d'ammoniaque, mais qui s'en distingue en ce qu'il est inodore, il faut absolument renouveler l'air de celle-ci. A cet effet, on y descend un brasier allumé qu'on remplace par un autre aussitôt qu'il s'éteint, jusqu'à ce que les charbons brûlent avec facilité. Ces foyers établissent des courants ascendants qui entraînent avec eux l'azote et tout autre gaz infectant. On prend des précautions analogues dans le curage des égouts et de certains puits. — On a aussi employé, pour désinfecter les fosses d'aisances, et en général tous les endroits contenant des liquides à odeur infecte, la poudre de charbon qui a la propriété d'absorber une grande quantité de gaz; mais ce procédé est aujourd'hui abandonné. — Quant aux procédés usités pour supprimer l'odeur désagréable qui s'exhale constamment des fosses d'aisances quand on les vide, il en sera parlé au mot VIDANGE. — Les *fumigations de chlore*, appelées aussi *fumigations guytoniennes*, du nom du savant qui les a mises en honneur, se font en décomposant le chlorure de sodium et du bioxyde de manganèse par l'acide sulfurique. Pour cela, on mêle, dans un vase de terre ou de verre, 300 grammes de chlorure de sodium (sel marin), 100 grammes de bioxyde de manganèse et 200 grammes d'eau; on triture le chlorure avec l'oxyde jusqu'à ce qu'ils soient bien pulvérisés et réduits en bouillie très liquide; puis on y verse peu à peu 200 gr. d'acide sulfurique à 66° Baumé (ces proportions suffisent pour désinfecter une salle de 110 à 120 mc). Le chlore se dégage sous forme de vapeurs jaune verdâtre, surtout si on agite le mélange avec une baguette de verre ou de porcelaine. La pièce que l'on veut désinfecter doit être tenue parfaitement close. — II. — Le mot *d.* a complètement changé de sens depuis l'apparition des théories antiseptiques. Il signifie aujourd'hui, et d'une façon presque exclusive, l'ensemble des moyens physiques et chimiques qui détruisent les parasites, cause première des maladies contagieuses et infectieuses. En comprenant sous ce terme l'antisepsie et la d. proprement dite, on montre bien que les agents de l'une sont ceux de l'autre. Mais tandis qu'on pratique l'antisepsie cherche à éviter l'introduction des parasites dans l'organisme en les tuant, la d. a surtout pour but d'anéantir ceux qui proviennent de l'organisme malade, souillant linges, vêtements, meubles, chambre, rue, écurie, gardes-malades, vétérinaires, médecins, etc. afin d'en prévenir la dissémination et, partant, la propagation de la maladie.

Les désinfectants *physiques* sont la chaleur, la lumière, l'air. — La *chaleur* est désinfectant sous différentes formes. A l'état de *flamme*, c'est le désinfectant le plus connu et employé de tous temps: on emploie l'*air chaud* dans des étuves en fer, mais il faut que la température atteigne 170° à 180° pour que la d. soit parfaite. A ce degré, en effet, les objets faits de cellulose, coton, bois, papier, commencent à roussir, c.-à-d. à se décomposer; et, comme les microbes en particulier sont composés de matières organiques analogues, sinon semblables, on comprend qu'ils soient tués tous, même dans leur forme de résistance, à cette température. — A l'état de *vapeur d'eau bouillante*, la chaleur humide est aussi un puissant désinfectant; mais si, en général, les microbes meurent au bout de 5 à 10 minutes dans la vapeur d'eau bouillante, leurs spores résistent au contraire, et, pour désinfecter un objet par la vapeur d'eau on est obligé de le placer en vase clos et de chauffer l'eau sous la *pression de 2 atmosphères*, c.-à-d. entre 115 et 120° et pendant 10 à 15 minutes. Après ce traitement, il n'y a plus trace de microbes ou de spores. — La *vapeur d'eau bouillante* est aussi un puissant désinfectant à la condition de désinfecter l'objet pendant *une heure*, et pendant *trois jours* au moins. Même à une plus basse température, à 50 ou 60°, comme Tyndall l'a démontré, la d. est certaine, pourvu qu'elle dure *une heure* et soit renouvelée pendant *trois* ou *quatre jours*. Cela tient à ce que dans la première d. on tue tous les microbes, les spores résistent; dans la seconde d., on tue les spores transformées en microbes. Affaiblies par la première d., leur vitalité a été diminuée et elles ont produit moins de spores. A la troisième d., on a tué toutes les spores transformées en mi-

crobes. On se sert aussi, comme moyen de d. calorique, de l'*huile bouillante* et de la *vapeur d'alcool* sous pression. — La *lumière* est aussi un désinfectant énergique, au point que les matières nutritives qui ont été insolées deviennent impropres à la vie d'un grand nombre de microbes, en particulier de la bactéridie charbonneuse. — Les recherches qu'on a faites sur la quantité de microbes qui vivent dans un coin éclairé et dans un coin obscur du même lieu, ont démontré toujours un très petit nombre pour le coin éclairé. La lumière solaire est surtout active. — L'*air* agit surtout sur les microbes anaérobies dont il empêche la pullulation; les microbes aérobies sont eux-mêmes atténués par un grand excès d'air; ainsi, beaucoup ne peuvent vivre dans de l'oxygène. On a observé que les lieux aérés contiennent moins de microbes que les lieux renfermés.

Les désinfectants *chimiques* sont innombrables; ce sont ceux qu'on appelle *antiseptiques*. En général, ce sont de violents poisons; ils tuent tout aussi bien la cellule attaquée que la cellule parasitaire; mais la première faisant partie d'un agrégat résiste mieux au poison, et le but est atteint par la mort ou l'atténuation du microbe. Car il faut savoir que si les antiseptiques ne tuent pas les microbes, du moins ils en atténuent la virulence, ce qui est tout aussi important. Il serait faux de penser qu'un même antiseptique, employé à la même dose, agisse de la même façon sur tous les microbes. Les microbes ont une résistance différente non seulement suivant l'espèce, mais encore suivant l'individu. Aussi, pour établir la dose toxique minimum d'un antiseptique, faut-il l'essayer sur les principaux microbes. Malgré cela, il existe quelques antiseptiques communs à tous les microbes. — Les antiseptiques *gazeux* sont très actifs, à cause de leur pouvoir pénétrant; le chlore, le brome, l'iode, l'anhydride hypoazotique, l'acide sulfureux, à l'état de vapeur, sont dans ce cas. Mais leur action est bien plus considérable s'ils sont à l'état humide; ainsi, l'eau de chlore, l'hypochlorite de soude, l'acide sulfureux dissous. L'ozone, qu'on a accusé de provoquer l'influenza, est un antiseptique assez puissant. — Les antiseptiques formés de *solutions de sels métalliques*, de mercure, d'or, d'argent, de cuivre, de zinc, de bismuth, de fer, sont les plus puissants, surtout le mercure et l'or. — Tous ces antiseptiques sont encore plus meurtriers pour les parasites, si on ajoute de l'acide chlorhydrique ou tartrique à leur solution. De cette façon, ils ne sont pas précipités ni annihilés par les matières albuminoïdes organiques. Le sulfate de cuivre, le chlorure de zinc, le sulfate de fer, les sels de bismuth, le sublimé, le nitrate d'argent, sont les plus employés. Quelques sels alcalins sont aussi très antiseptiques et très avantageux par leur bon marché: ainsi, la chaux fraîchement éteinte, la potasse, la soude. L'*eau de Javel* est aussi un très bon antiseptique, de même que le permanganate de potasse (1 p. 1000).

Les acides inorganiques sont assez actifs, mais d'un emploi peu commode. Seul, l'acide borique est employé; mais son pouvoir antiseptique est faible. — La chimie organique, surtout celle des dérivés de la houille, a mis à l'usage des antiseptiques d'une réelle puissance. — L'acide phénique est le plus connu; en solution acide dans l'eau à 5 p. 100, il agit sur presque tous les microbes au bout d'une heure; l'acide thymique ou thymol est presque aussi actif; l'acide salicylique est aussi très énergique. Les crésols, lysols, gayacols, sont du même genre, ainsi que les composés organiques à base de soufre. L'iodoforme, en solution éthérée, agit surtout sur les anaérobies. Enfin, une dernière classe de substances chimiques commence à être étudiée au point de vue antiseptique, c'est celle des essences. Elles ont de grands avantages; elles sont très énergiques et très diffusibles, ce qui en rend l'usage très pratique en médecine et pour les maladies de la peau.

Les désinfectants *mécaniques* n'agissent en général que de concert avec les désinfectants chimiques: tels sont le brossage, avec savon ou non, le raclage, le nettoyage des murs avec la mie de pain, la peinture à l'huile des parois, le crépissage à la chaux.

Désinfection proprement dite. — Elle s'applique aux individus, aux locaux, aux objets qui ont été contaminés ou soupçonnés de contamination infectieuse, et aux déjections. — Les *objets*, suivant leur nature et leur prix, sont désinfectés de différentes façons; les linges, malles, vêtements, tapis, literie, verrerie, etc., par l'étuve à vapeur sous pression, de grandes dimensions; les objets en métal par l'étuve à air chaud ou le feu; les objets en bois et ceux qui ne peuvent subir aucun des antiseptiques précédents par les antiseptiques liquides ou gazeux, etc., la vaisselle par l'eau bouillante. — Les *locaux* doivent être désinfectés par l'aspersion de suldimé acide à 1 p. 1000 ou d'eau de Javel diluée sur les murs, plafonds, planchers.

Les individus malades doivent être isolés; les personnes qui sont contaminées ou soupçonnées de l'être, les médecins, vétérinaires, etc., doivent se laver les mains dans une solution de sublimé acide à 1 p. 1000 après lavage et brossage au savon simple ou antiseptique. On pulvérise sur leurs vêtements de l'acide phénique à 5 ou 3 p. 100. Les corps des petits animaux sont brûlés ou jetés dans de la chaux vive. — Les déjections sont désinfectées sur place par l'addition de solution de sulfate de cuivre à 50 p. 1000, de sulfate de fer à 200 p. 1000, de chaux vive 1,25 p. 1000. — Les crachats, les vomissements, sont désinfectés par l'acide phénique à 5 p. 100 ou le sublimé à 1 p. 1000. Règle générale, es antiseptiques doivent être vivement agités dans la matière à désinfecter. Tout ce qui a été souillé par un malade doit être immédiatement lavé au sublimé ou à l'acide phénique, ou brûlé.

Antisepsie. — Née des théories de Pasteur et des expériences de Tyndall, elle a été réalisée par Lister tout d'abord. Le but de l'antisepsie chirurgicale et obstétricale est de détruire les germes introduits dans les plaies accidentelles et d'empêcher la pénétration ultérieure de germes venus de l'air ou des objets dans les plaies accidentelles ou opératoires. Il faut donc désinfecter la plaie et son voisinage, l'opérateur, les aides, les instruments, les objets de pansement, et même l'air. — La salle d'opérations ne doit contenir que les objets nécessaires en métal ou en verre pour être facilement désinfectés; ses parois sont en verre ou en faïence; elle est bien éclairée; le lit d'opération est un bâti de métal recouvert de matelas en toile cirée. — La région blessée ou à opérer est lavée au savon et à la brosse, puis à l'alcool ou à l'éther, et, enfin à l'acide phénique, au sublimé ou à l'acide borique, à doses variables (acide phénique 3,5 p. 100; sublimé à 1 p. 1000; muqueuse, acide phénique à 1—2 p. 1000; sublimé à 1/4 ou 1/3 p. 1000), puis protégée de tarlatane phéniquée ou sublimée. Les opérateurs et les aides sont vêtus de blouses longues descendant très bas; les bras nus jusqu'au coude ont été lavés et brossés comme la peau de la région d'opération; les ongles sont surtout fortement nettoyés. — Les instruments sont en métal (acier et maillechort ou nickel); après avoir été désinfectés à l'étuve à air chaud, dans l'étuve à vapeur sous pression, ou à la flamme (rarement à cause de la détérioration), ils trempent dans un bassin métallique contenant de l'acide phénique en solution à 5 p. 100, dans l'eau tiédie à l'aide d'une lampe. L'eau antiseptique les recouvre entièrement. Avant de commencer l'opération l'opérateur et les aides trempent leurs mains dans le sublimé et lavent la région à opérer au sublimé ou à l'acide phénique. Au-dessus d'elle, l'air est désinfecté à l'aide d'un pulvérisateur d'acide phénique à vapeur. Une fois l'opération commencée, l'opérateur et les aides se lavent très souvent les mains dans les solutions antiseptiques et ne doivent *toucher à rien qui n'ait été désinfecté*. Eux seuls peuvent toucher aux instruments désinfectés. — L'opération terminée, et la plaie lavée une dernière fois à l'eau phéniquée à 5 p. 100, on la panse avec des linges antiseptiques (soigneusement enfermés dans des vases métalliques ou de verre à l'abri des poussières de l'air), on la saupoudre d'abord de poudre d'iodoforme, de salol ou d'aristol, on place par-dessus de la gaze iodoformée, puis de la gaze sublimée ou phéniquée, puis de l'ouate hydrophile aseptique, et enfin de l'ouate ordinaire qui ne doit point toucher même de très loin à la plaie, des bandes de tarlatane phéniquée forment les liens de contention. Après l'opération, les instruments, les linges, les éponges le lit, doivent être désinfectés; ce qui n'a plus de valeur est brûlé. Les opérateurs et les aides se désinfectent les bras et les mains par un lavage et un brossage soigneux, plus leurs mains passées à l'étuve avant d'être lavées. — On voit quelles précautions sont prises pour détruire les microbes qui existent dans la plaie ou qui pourraient y venir, et aussi pour éviter la transmission de la maladie par les médecins. — L'*antisepsie obstétricale* est au moins aussi rigoureuse. La femme qui doit accoucher doit être lavée au sublimé à 1/4 p. 1000, tous les jours, pendant une quinzaine de jours, avant la délivrance possible. L'accoucheur ou la sage-femme doivent prendre les mêmes précautions que pour une opération chirurgicale, quant à la femme, à son lit, aux objets de pansement, aux instruments et à eux-mêmes. Les lavages antiseptiques tièdes et chauds doivent suivre l'accouchement et la délivrance. Le pansement doit être renouvelé plusieurs jours avec toutes les précautions; les instruments sont désinfectés et les opérateurs aussi. C'est par là qu'on évite les épidémies meurtrières de fièvre puerpérale. — Dans les opérations chirurgicales n'ayant

pas trait à des lésions microbiennes, on a peu à peu remplacé l'*antisepsie* par l'*asepsie*, c.-à-d. qu'on cherche à ne pas introduire de microbes dans le champ de l'opération, qui lui-même n'en a pas. L'asepsie n'est alors que la *propreté* chirurgicale poussée à ses extrêmes. C'est alors *d'eau bouillie* qu'on se sert pour les lavages. Mais le pansement lui-même reste le plus souvent antiseptique.

L'*antisepsie médicale* est à la fois préventive et thérapeutique. Les substances qu'elle emploie doivent être antiseptiques sans être des poisons; aussi se sert-on de substances peu solubles, tels que les sels de bismuth, le salol, le naphtol. Ceux-ci servent surtout pour la voie intestinale, dans les cas de diarrhée toxique par choléra, fièvre typhoïde, etc. L'antisepsie buccale ou des dents, et en général des cavités nasales, vaginales, se fait avec du thymol, de l'acide phénique, du sublimé; celle des voies respiratoires avec les essences de térébenthine, l'eucalyptol, le menthol, le guyacol, etc.

III. — De même que pour les maladies humaines contagieuses ou infectieuses, la d. est de toute nécessité pour arrêter la propagation des maladies virulentes. Les instructions ministérielles des 30 avril et 12 mai 1883 ont prescrit les mesures efficaces de d. La d. doit être complète; elle doit s'appliquer non seulement aux animaux et à leurs cadavres, mais encore aux locaux et objets y contenus dans lesquels ils séjournent, à tous les lieux et objets qui ont pu être souillés, soit par les déjections (ruisseaux, fosses à purin, dépôt de fumier, etc.), soit par le passage des animaux, rues et routes parcourues pendant le transport des malades, véhicules, et enfin aux personnes qui ont été contaminées par leurs rapports avec les animaux, leurs cadavres ou leurs produits. — On emploie le feu pour brûler les objets de peu de valeur et les cadavres des petits animaux, ou objets en métal, fer, cuivre; la vapeur d'eau bouillante, soit en étuve à 110 et 120°, soit en jet de vapeur surchauffée, et l'eau bouillante à plusieurs reprises, pour les ustensiles et objets dont la valeur est trop grande, ou qui pourraient être détériorés par le feu ou les agents chimiques; enfin, on emploie aussi l'acide sulfurique à froid dans lequel on plonge les cadavres des animaux; ceux-ci s'y dissolvent, et en faisant attaquer du phosphate de chaux par cet acide sulfurique, on obtient un excellent engrais (méthode Aimé Girard). Le sublimé à 1/1000 et à 1/5000, le chlorure de chaux délayé dans 10 fois son poids d'eau, le chlorure de zinc, l'acide phénique, le sulfate de cuivre à 3 p. 100 d'eau, servent à nettoyer les parois des locaux, les rigoles, les fosses. Les vapeurs de chlore et d'acide sulfureux purifient l'atmosphère, surtout quand elles ont été précédées par des fumigations de vapeur d'eau; enfin le permanganate de potasse à 5 p. 100, le sublimé, l'acide phénique aux doses indiquées plus haut servent à la désinfection des vêtements et des personnes qui ont eu affaire dans une épidémie ou dans des maladies contagieuses. En général, pour que la désinfection soit efficace, il ne faut pas chercher à sauver quoi que ce soit qui ait été sérieusement contaminé. Pour les locaux, il faut les laver, les brosser, les balayer avec des substances antiseptiques appropriées, remettre à neuf ce qui a pu être trop imprégné de liquides virulents, les aérer le plus possible et les laisser vacants un assez long temps, là où l'épidémie est grave, ou la maladie très contagieuse et tenace comme la morve. Les pâturages se désinfectent tout seuls, quand on n'y a pas enfoui de cadavres, par la concurrence vitale des microbes et autres parasites, et aussi par l'action des agents atmosphériques.

IV. — *Désinfection par l'électricité.* — M. Hermite, qui avait déjà trouvé un procédé de blanchiment par l'électricité, a imaginé d'employer des méthodes et des appareils analogues pour la désinfection. Le procédé consiste à décomposer par l'électrolyse une solution d'un chlorure, soit de l'eau de mer (chlorure de sodium), soit une solution de chlorure de calcium ou, de préférence, chlorure de magnésium. Ce chlorure est décomposé en même temps que l'eau : au pôle positif, il se forme un composé oxygéné de chlore très instable et doué d'un grand pouvoir oxydant; au pôle négatif, il se forme un oxyde. On peut opérer directement ou indirectement. L'action directe consiste à électrolyser le liquide à désinfecter, qu'on a préalablement additionné d'une quantité convenable de l'un des chlorures précités. Dans l'action indirecte, on fait passer dans les électrolyseurs une solution de chlorure, jusqu'à ce qu'elle arrive au titre que l'on veut obtenir en composés chlorés, et on la mélange ensuite au liquide à désinfecter, ou on l'emploie pour le lavage des égouts ou ruisseaux à assainir. Les appareils sont les mêmes que ceux qui servent au *Blanchiment électrique*. Ce procédé, qui n'exige qu'une dépense minime de force motrice, est surtout économique dans les ports de mer, parce qu'il suffit de faire circuler de l'eau de mer dans les électrolyseurs. Enfin, il a l'avantage de supprimer, pour l'évacuation des vidanges, les inconvénients du système du *tout à l'égout*, puisque la matière est désinfectée en arrivant à l'égout où circule le liquide électrolysé.

DESINIT IN PISCEM. loc. adv., tirée d'un vers d'Horace qui compare une œuvre d'art sans unité à un beau buste de femme qui se terminerait en queue de poisson. *Cet ouvrage desinit in piscem, finit en queue de poisson :* La fin n'est pas digne du commencement.

DÉSINSUFFLATION. s. f. [Pr. *dé-zin-su-fla-sion*] (R. *de*, et *insufflation*). T. Techn. Opération qui consiste à percer des boyaux secs pour laisser échapper l'air qu'ils renferment.

DÉSINTÉGRATEUR. s. m. Appareil à moudre le blé.

DÉSINTÉGRATION. s. f. [Pr. ...*sion*] (R. *désintégrer*). T. Néol. Action qui détruit l'intégrité d'un tout.

DÉSINTÉGRER. v. a. ou tr. (R. *de*, et *intégrer*). Détruire l'intégrité, ruiner peu à peu.

DÉSINTÉRESSÉ, ÉE. adj. Qui est détaché de son intérêt particulier. *C'est un homme très d.* — On dit dans un sens anal., *Action, conduite désintéressée.* — *Sentiments, conseils désintéressés,* En dehors de toute préoccupation d'intérêt personnel. || Qui n'a aucun intérêt à quelque chose. *Je suis complètement d. dans cette affaire.* || Impartial. *Un juge d. Esprit, jugement d.* — Fig., *Regarder une chose d'un œil d.*

DÉSINTÉRESSEMENT. s. m. Détachement de son intérêt particulier. *Montrer un entier d. Personne n'a jamais mis en doute son d. Vous avez fait preuve dans cette affaire d'un grand d.*

DÉSINTÉRESSÉMENT. adv. Sans aucune vue d'intérêt. *Je vous en parle d.* Inus.

DÉSINTÉRESSER. v. a. (R. *de*, et *intéresser*). Mettre quelqu'un hors d'intérêt en lui payant ce qu'il peut avoir à réclamer. *Il a désintéressé les plus forts créanciers. Il veut d. tous les autres héritiers.* = DÉSINTÉRESSÉ, ÉE. part.

DÉSINVERTIR. v. a. (R. *de*, et *invertir*). T. Art. milit. Ramener à l'état naturel ce qui avait été interverti.

DÉSINVESTIR. v. a. (R. *de*, et *investir*). T. Guerre. *D. une place,* Cesser de l'investir. = DÉSINVESTI, IE. part.

DÉSINVESTISSEMENT. s. m. Action de désinvestir.

DÉSINVITER. v. a. (R. *de*, et *inviter*). Retirer l'invitation.

DÉSINVOLTE. adj. (ital. *desinvolto*, m. s., du lat. *de, in* et *volvere*, rouler). Qui a l'allure dégagée. Qui a de la désinvolture.

DÉSINVOLTURE. s. f. (ital. *disinvoltura*, m. s., de *desinvolto*, désinvolte). Air dégagé et plein de grâce ; tournure élégante avec un certain laisser-aller.

DÉSIR. s. m. (lat. *desiderium*, privation). Mouvement de l'âme vers un objet dont elle éprouve le besoin ou qui a de l'attrait pour elle, et plus particul., appétit des sens. *D. vif, violent, déréglé, insatiable. D. innocent, criminel, aveugle.* Vain *d.* Le *d. de la gloire, des honneurs, des richesses.* Le *d. de plaire, de se distinguer. Avoir des désirs. Brûler de d.* Contenter, satisfaire, assouvir ses *désirs.* Allumer, exciter les désirs. Vaincre, surmonter, modérer ses désirs. Courir au-devant des désirs de quelqu'un. Mon *d.* s'est accompli. Au gré de ses désirs. Il sera fait selon vos désirs.

Qui borne ses désirs est toujours assez riche.
VOLTAIRE.

DÉSIRABLE. adj. 2 g. Qui mérite d'être désiré, qui excite le *d. La santé est un bien très d. Un sort, une situation d. Une femme d.*

DÉSIRADE (LA), colonie française, une des petites Antilles au N.-E. de la Guadeloupe ; 2,000 hab.

DÉSIRANT, ANTE. adj. Qui désire.

DÉSIRER. v. a. (lat. *desiderare*, avoir besoin, regretter). Avoir le désir de quelque chose. *D. les honneurs, les richesses, la santé. D. ardemment, avec passion. Il désire vous parler. Il désirait de vous rencontrer. Je désire qu'il réussisse. Il ne désirait rien tant que de... Il serait à d. que...* — Fam., Se faire *d.,* Mettre peu d'empressement à satisfaire le désir des autres, afin de rendre ce désir plus vif. Faire attendre sa personne. — *Il y a quelque chose à d. dans cette personne, dans cet ouvrage,* etc., Il y manque quelque chose. On dit dans le sens contraire, *Ne rien laisser à désirer.* Être parfait dans son genre. || Souhaiter. *Je vous désire toutes sortes de prospérités.* = DÉSIRÉ, ÉE. part. — SYN. voy. SOUHAITER.

OBS. GRAM. — L'Académie essaye d'établir une distinction entre *désirer de* et *désirer* suivi directement d'un infinitif : lorsque *d.,* devant un verbe à l'infinitif, exprime un désir dont l'accomplissement est incertain, difficile ou indépendant de la volonté, il veut la prép. *de.* Ainsi l'on dit : *Il désire de réussir ; Je désirerais bien d'en être débarrassé.* Quand, au contraire, il exprime un désir dont l'accomplissement est certain, ou facile, ou plus ou moins dépendant de la volonté, il s'emploie sans la prép. *Je désire le voir, amenez-le-moi ; Venez, elle désire vous parler.* Mais il faut reconnaître que cette distinction est bien subtile, et que l'usage réel ne fait aucune différence entre les deux locutions.

DÉSIREUX, EUSE. adj. Qui désire avec ardeur. *D. de gloire, d'honneur. Le peuple est d. de nouveauté. Il est fort d. de vous plaire.*

DÉSISTEMENT. s. m. Action de se désister, ou l'acte par lequel on se désiste. *Il a fait son d. à l'audience.* Donner, signifier son *d. D. de plainte, d'appel.* = SYN. voy. ABANDON.

LÉGISL. — Pour que le *d.* soit valable, il faut qu'il ait été accepté ; il peut avoir lieu à l'amiable ou judiciairement. Une fois accepté, il emporte de plein droit consentement que les choses soient remises de part et d'autre au même état qu'elles étaient avant la demande. Il emporte également obligation de payer les frais pour la partie qui se désiste.

Le *d.* peut avoir lieu en matière pénale aussi bien qu'en matière civile ; il y a seulement lieu de remarquer dans ce cas que la renonciation à l'action civile ne saurait arrêter ni suspendre l'exercice de l'action publique, et que, de plus, le *d.* des plaignants qui se sont portés partie civile n'est plus valable, une fois le jugement rendu.

DÉSISTER (SE). v. pron. (lat. *desistere*, de *de*, et *sistere,* assister). Se départir de quelque chose, y renoncer. *Se d. d'une poursuite, d'une demande, d'une prétention.*

DESJARDINS, sculpteur français, Hollandais de naissance (1640-1694).

DESJARDINS (ERNEST), épigraphiste français (1823-1886).

DÈS LORS. loc. adv. Voy. LORS.

DESLYS (CHARLES), romancier et auteur dramatique français (1821-1885).

DESMAN. s. m. T. Mam. Genre de Mammifères insectivores de la famille des *Soricidés,* formant le passage des Taupes aux Musaraignes. Voy. ce mot.

DESMARETS (JEAN), avocat général au parlement de Paris ; s'efforça de calmer la révolte des Maillotins et fut injustement décapité en 1383.

DESMARETS (NICOLAS), neveu du grand Colbert ; contrôleur général des finances de 1708 à 1715 ; mort en 1721.

DESMARETS DE SAINT-SORLIN, poète dramatique français (1595-1676), auteur de la comédie des *Visionnaires.*

DESMASURES, poète calviniste français, né à Tournai (1510-1580).

DESMICHELS, général français. Il signa avec Abd-el-Kader un traité secret humiliant pour la France (1779-18*5).

DESMIDIÉES. s. f. pl. (R. *Desmidium*). T. Bot. Tribu d'Algues de la famille des *Conjuguées*. Voy. ce mot.

DESMIDIUM. s. m. [Pr. *des-mi-di-ome*] [gr. δεσμός, lien; εἶδος, aspect). Genre d'Algues de la famille des *Conjuguées*. Voy. ce mot.

DESMINE. s. f. (R. *Desmin*, nom d'homme) T. Minér. Voy. **STILBITE**.

DESMODE. s. m. **DESMODIDÉS**. s. m. pl. (gr. ὁ ὀμός, lien; ὁδούς, dent, à cause des incisives supérieures qui sont soudées en une seule paire). || T. Mam. Genre et famille de Mammifères *Chéiroptères*. Voy. ce mot.

DESMODIUM. s. m. [Pr. *desme-diome*] (gr. ὀμός, lien). T. Bot. Genre de plantes de la famille des *Légumineuses*. Voy. ce mot.

DESMOTOMIE. s. f. (gr. δεσμός, lien; τομή, section). T. Anat. Dissection des ligaments.

DESMOTROPIE. s. f. (gr. δεσμός, lien; τροπή, tour, changement). T. Chim. Propriété en vertu de laquelle un même composé paraît répondre à deux formules de constitution différente. Par ex., pour expliquer la formation des dérivés de l'acide cyanhydrique, il faut attribuer à ce corps, tantôt la formule H—C≡Az, tantôt la formule H—Az—C≡. La première correspond aux nitriles ; la seconde, aux carbylamines. On ne peut pas expliquer ce fait par l'existence de deux somères, car on ne connaît qu'un seul acide cyanhydrique. D'autre part, il est évident que, dans une même molécule, les atomes ne peuvent pas être groupés à la fois de deux façons différentes. Laar appelle *tautomères* les composés présentant cette particularité ; il suppose que dans leur molécule l'arrangement des atomes est mobile et passe incessamment d'une forme à l'autre. Ainsi, dans le cas de l'acide cyanhydrique, l'hydrogène oscillerait continuellement en allant du carbone à l'azote, et vice versa. Huntzch, au contraire, admet qu'un composé tautomère possède une formule unique, dans des circonstances physiques bien déterminées, mais qu'il peut passer d'un état desmotropique à un autre, lorsque ces circonstances viennent à changer, par ex , lorsqu'on fait varier la température. Baeyer admet deux formes isomériques : l'une, stable, est celle sous laquelle nous connaissons le corps ; l'autre, appelée *pseudoforme*, est trop instable pour pouvoir être isolée et ne se manifeste que dans ses dérivés. Beaucoup de chimistes rejettent toutes ces hypothèses et expliquent le fait par une migration d'atomes qui s'opérerait pendant les réactions auxquelles on soumet le corps pour obtenir ses dérivés.

DESMOULINS (CAMILLE), né à Guise en 1760, avocat, donna, le 12 juillet 1789, au Palais-Royal, le signal de l'insurrection qui fit tomber la Bastille. Membre de la Convention, il soutint Danton contre Robespierre et mourut avec lui sur l'échafaud (6 avril 1794). Sa jeune et charmante femme, Lucile, l'y suivit dix jours plus tard : elle avait 23 ans.

DESMURGIE. s. f. (gr. δέσμος, lien ; ἔργον, travail). T. Chir. Art d'appliquer les bandages, les ligatures.

DESNOYERS (LOUIS), journaliste et romancier français, fondateur du journal le *Siècle* en 1836, et de la Société des gens de lettres en 1840; journaliste libéral et indépendant, auteur de *Jean-Paul Choppart* et *Robert-Robert* (1802-1863).

DÉSOBÉIR. v. n. (R. *de*, et *obéir*). Ne pas obéir, refuser d'obéir. D. au prince, à ses chefs, à ses parents. D. à la loi, aux ordres qu'on a reçus. = ÊTRE DÉSOBÉI. v. passif. Voir méconnaître ses ordres. Ce général fut presque toujours désobéi par ses officiers. Elle ne veut pas être désobéie.

DÉSOBÉISSANCE. s. f. Action de désobéir, manque ou refus d'obéissance. D. au prince, à la loi. Acte de d. || L'habitude de désobéir. La d. régnait dans toute l'armée. La d. est le grand défaut de cet enfant. || Acte de d. Les désobéissances de cet enfant lui attirent de fréquentes punitions.

DÉSOBÉISSANT, ANTE. adj. Qui désobéit.

DÉSOBLIGEAMMENT. adv. [Pr. *dé-zobli-jaman*]. D'une manière désobligeante.

DÉSOBLIGEANCE. s. f. Disposition à désobliger ; défaut d'obligeance. *Puisque vous connaissiez sa d., pourquoi lui avez-vous demandé ce service?* Fam.

DÉSOBLIGEANT, ANTE. adj. Qui n'aime pas à obliger. *C'est un homme fort d.* || Qui cause du déplaisir. *Procédé d. Paroles désobligeantes.*

DÉSOBLIGEANTE. s. f. Sorte de voiture étroite qui ne peut contenir que deux personnes.

DÉSOBLIGER. v. a. (R. *de*, et *obliger*). Faire de la peine, du déplaisir à quelqu'un. *Vous avez eu tort de le d. Il ne faut d. personne. Vous le désobligerez infiniment en n'acceptant pas son invitation. Se d.,* Se rendre un mauvais service à soi-même. = DÉSOBLIGÉ, ÉE. part. = Conj. voy. MANGER.

DÉSOBSTRUANT. adj. et s. m. Nom donné aux médicaments qui ont pour action de rétablir les fonctions intestinales, sans pour cela agir comme laxatifs.

DÉSOBSTRUCTIF. s. m. T. Méd. anc. Inus. Syn. de *Désobstruant.* Voy. ce mot.

DÉSOBSTRUCTION. s. f. [Pr. ... *sion*]. Action de désobstruer ; résultat de cette action.

DÉSOBSTRUER. v. a. (R. *de*, et *obstruer*). Débarrasser de ce qui obstrue. *D. une rue, un canal, un tuyau.* || T. Méd. Faire cesser une obstruction. *D. le foie.* Vx. = DÉSOBSTRUÉ, ÉE. part.

DÉSOCCUPATION. s. f. [Pr. *dé-zo-kupa-sion*]. État d'une personne désoccupée. Inus.

DÉSOCCUPÉ, ÉE. adj. [Pr. *dé-zo-kupé*]. Qui n'a point d'occupation, qui ne s'occupe de rien. *Une femme désoccupée. Un esprit d. Une vie désoccupée.*
Syn. — *Désœuvré.* — On est *désoccupé* quand on n'a rien à faire et ce qui occupe ; on est *désœuvré* quand on ne fait absolument rien, même rien qui amuse. On est souvent *désoccupé* sans être *désœuvré* : ainsi, l'homme actif et laborieux, lorsqu'il est *désoccupé* ou sans occupation, emploie son loisir à quelque exercice, à quelque distraction.

DÉSOCCUPER. v. a. [Pr. *dé-zo-kuper*] (R. *de*, et *occuper*). Soustraire à ses occupations.

DÉSŒUVRÉ, ÉE. adj. (R. *de* et *œuvre*). Qui ne sait pas s'occuper. *Il est tout d. Le temps pèse aux gens désœuvrés.* || T. Techn. Papier des désœuvrés, Papier divisé en feuilles. || Substantiv., *C'est là que se réunissaient tous les désœuvrés de la ville.* = Syn. Voy. DÉSOCCUPÉ.

DÉSŒUVREMENT. s. m. État d'une personne désœuvrée. *Passer sa vie dans le d.*

DÉSOLABLE. adj. Qui peut être désolé.

DÉSOLANT, ANTE. adj. Qui cause de l'affliction, qui désole. *Une nouvelle désolante. Ce que vous dites là est d.* — Par exag., se dit d'une simple contrariété. *Je ne pourrai pas aller au concert, cela est d.* || En parlant des personnes, sign. Ennuyeux, insupportable. *Il est d. avec toutes ses histoires.*

DÉSOLATEUR, TRICE. s. et adj. Qui désole, qui ravage, qui détruit. *Ce conquérant fut le d. de l'Asie. Guerre d.* Peu usité.

DÉSOLATION. s. f. [Pr. *dé-zola-sion*]. Ravage, ruine, destruction. *La guerre, la peste, la famine ont causé une grande d. dans ce pays. Ce fut une d. épouvantable.* || Affliction extrême. *C'était une d. universelle. Toute cette famille est plongée dans la d.* — Par exag., se dit d'une vive contrariété. *Vous la voyez dans la d. : son père ne veut pas qu'elle aille au bal.* = Syn. Voy. AFFLICTION.

DÉSOLER. v. a. (lat. *desolare*, de *de*, et *solus*, seul),

Ravager, ruiner, détruire. *A cette époque, la peste désolait la Provence. L'inondation avait désolé cette contrée. La guerre civile désolait ces provinces. Les maladies qui désolèrent l'armée assiégeante.* || Causer une grande affliction. *L'incendie de son fils la désole.* — Par exng., se dit d'une simple contrariété. *Ce contre-temps le désole.* || Tourmenter, importuner extrêmement. *La chaleur nous désole. Un cheval que les mouches désolent. Les solliciteurs le désolent.* = SE DÉSOLER. v. pron. Se livrer à une grande affliction. *Sa mère se désolait de son absence. Elle se désole jour et nuit.* = DÉSOLÉ, ÉE. part. *Une ville désolée par la guerre, par la peste.* || Adj., Qui éprouve une grande affliction. *Une veuve désolée. Il est désolé de la maladie de son fils.* — Par exng., *Je suis désolé de ne pouvoir vous rendre ce petit service.*

Syn. — *Dévaster, Ravager, Saccager.* — Les actions exprimées par chacun de ces verbes sont si fréquemment et si naturellement réunies et mêlées dans la plupart des cas qu'il n'est pas étonnant que leurs idées distinctives soient souvent confondues et même réduites à l'idée commune de destruction. Cependant l'idée rigoureuse de *ravager* est d'enlever, renverser, emporter, entraîner les productions et les biens par une action violente, subite, impétueuse; celle de *désoler* est de dissiper, chasser, exterminer, détruire la population jusqu'à faire d'une contrée une solitude, ou à la réduire à un sol nu; celle de *dévaster* est de tout moissonner, renverser, écraser, détruire, dans une étendue plus ou moins vaste de pays, de manière à n'y laisser qu'un désert sans habitants et sans traces de culture, sans un frein et sans bornes; celle de *saccager* est de livrer au carnage, remplir de meurtres, inonder de sang une ville, des lieux peuplés, avec une férocité et une rage aveugles. Les torrents, les flammes, les tempêtes *ravageront* les campagnes. La guerre, la peste, la famine *désoleront* un pays. Tous ces moyens terribles, la tyrannie fiscale surtout, des inondations de barbares, *dévasteront* un empire. Des soldats effrénés, des vainqueurs féroces, des barbares, *saccageront* une ville prise d'assaut.

DÉSOPILANT, ANTE. adj. T. Médec. anc. Qui est propre à désopiler. — Substantiv., *Un d.* || Fig., Qui fait rire beaucoup. *Un acteur d. Une pièce désopilante.*

DÉSOPILATIF, IVE. adj. T. Méd. *Remède d.*, Propre à désopiler. Inusité.

DÉSOPILATION. s. f. [Pr. ...sion]. T. Méd. anc. Débouchement d'une partie obstruée. *Ce remède est excellent pour la d. de la rate.* Inusité.

DÉSOPILER. v. a. (lat. *de*, et *oppilare*, boucher). Déboucher, détruire les opilations, les obstructions. *Ce médicament a la vertu de d. la rate.* || Fig. et fam., *D. la rate*, Faire rire beaucoup *Cette scène nous a désopilé la rate.* = DÉSOPILÉ, ÉE. part.

DESOR, géologue suisse (1811-1882).

DÉSORDONNÉ, ÉE. adj. [Pr. dé-zordo-né (R. *de*, et *ordonné*). Livré au désordre. *Une maison désordonnée. Une armée désordonnée.* || Déréglé. *Un homme d. dans sa conduite. Mener une vie désordonnée.* || Excessif. *Un appétit d. Une passion désordonnée.*

DÉSORDONNÉMENT. adv. [Pr. dé-zordo-né-man]. D'une manière désordonnée, excessive. Peu usité.

DÉSORDRE. s. m. (R. *de*, et *ordre*). Manque d'ordre, confusion, se dit en parlant de choses qui sont dérangées, qui ne sont pas à leur place, dans la disposition où elles devraient être. *Ses papiers et ses livres étaient dans le plus grand d. Ma chambre est encore tout en d. Sa coiffure est en d. On voyait au d. de ses vêtements qu'elle avait opposé une vive résistance. Le d. se mit dans les rangs de l'armée. On remarque un peu de d. dans ses idées. Le d. apparent de son style.* En parlant des ouvrages de poésie, on dit: *D. lyrique. Un beau d. Un d. pindarique.* || Le mauvais état de certaines choses, lorsqu'elles ne pas réglées ou dirigées comme elles devraient l'être. *Ses affaires sont en d. Le d. des finances. Le plus grand d. règne dans cette administration.* || Dérèglement de mœurs. *Vivre dans le d. Se livrer à toute sorte de désordres. Le d., les désordres de sa conduite.* || Trouble, égarement.

DICTIONNAIRE ENCYCLOPÉDIQUE. — T. III.

Le d. des sens. Le d. de son esprit. Son esprit est en d. Le d. de ses idées. Les passions mettent le d. dans l'âme. || Trouble, tumulte. *Le plus grand d. régnait dans l'assemblée. Un d. impossible à décrire.* || Trouble, dissension. *C'est lui qui a mis le d. parmi nous. Cela pourrait causer de graves désordres dans l'État.* || Dégât, dévastation, pillage, etc. *Les troupes ont passé sans commettre aucun d. La populace commit de grands désordres.*

DÉSORGANISATEUR, TRICE. adj. Qui désorganise; ne s'emploie qu'au fig. *Des principes désorganisateurs. Cette doctrine désorganisatrice.* || Subst., au masc., *Réprimer les tentatives des désorganisateurs.*

DÉSORGANISATION. s. f. [Pr. ...sion]. Action de se désorganiser, ou état de ce qui est désorganisé. *La d. du poumon est complète. La ruine des finances amena la d. de nos armées. La d. de l'administration.*

DÉSORGANISER. v. a. (R. *de* et *organiser*). Altérer profondément un organe ou un tissu, de façon à détruire sa texture et à abolir ses fonctions. *Le rein a été complètement désorganisé. La brûlure a désorganisé toute l'épaisseur du derme.* || Fig., *Avec toutes ces prétendues réformes on désorganisa toute l'administration. D. un service public.* = SE DÉSORGANISER. v. pron. Perdre son organisation. *Tout corps vivant finit par se d. Une armée sans discipline se désorganise bien vite.* = DÉSORGANISÉ, ÉE. part. *Un tissu d. Une armée désorganisée. Des finances désorganisées.*

DÉSORIENTATION. s. f. [Pr. ...sion]. Néol. Action de désorienter.

DÉSORIENTER. v. a. (R. *de*, et *orienter*, de *orient*). Au propre, Faire perdre la connaissance du véritable côté du ciel où le soleil se lève, par rapport à l'endroit où l'on se trouve. *Nous étions sans boussole, la brume acheva de nous d.* — Par ext., Faire que quelqu'un ne reconnaisse plus son chemin. *Il nous fit faire beaucoup de circuits afin de nous d.* || Figur., Déconcerter, embarrasser. *Toute sa science relance en quelques généralités qu'il débite à tout propos; si vous voulez le d., mettez-le sur quelque question spéciale.* = DÉSORIENTÉ, ÉE. part. *Être désorienté*, Être hors d'état de reconnaître son chemin; et fig., Se trouver dans des circonstances où l'on ne sait quelle conduite tenir. *Notre guide finit par avouer qu'il était désorienté. Au milieu de cette assemblée où il ne connaissait personne, il fut d'abord tout à fait désorienté.*

DÉSORMAIS. adv. de temps (R. *de*; vx fr. *ores*, maintenant, du lat. *hora*, heure, *mais*, davantage). Dorénavant, à l'avenir, dès ce moment-ci. *D. vous ne sortirez plus seul. Qui pourra d. se fier à lui? Trouvez bon que nous cessions d. tout commerce entre nous.*

DÉSORMES. Voy. CLÉMENT.

DÉSORNAGE. s. m. T. Métall. dans l'affinage du fer. Opération qui a pour but de séparer les sornes ou scories pour reporter au feu les parties ferreuses.

DÉSORNER. v. a. (R. *de*, et *orner*). Dépouiller de ses ornements. Peu usité.

DÉSOSSEMENT. s. m. Action de désosser.

DÉSOSSER. v. a. (R. *de*, et *os*). Ôter les os. *D. un lièvre, un jambon.* = DÉSOSSÉ, ÉE. part. *Viande désossée.* — Par ext., *Brochet désossé, Carpe désossée*, dont on a ôté les arêtes.

DÉSOUCI. s. m. [Pr. dé-sou-si]. (R. *de*, et *souci*). Cessation du souci. *Le courage qui donne la vertu, et le désouci de l'avenir.* (DIDEROT.)

DÉSOURDIR. v. a. [Pr. dé-zourdir] (R. *de*, et *ourdir*). Défaire ce qui a été ourdi. Inus. = DÉSOURDI, IE. part.

DÉSOXYBENZOÏNE. s. f. [Pr. *désoxydev* et *benzoïne*]. T. Chim. Produit de désoxydation de la benzoïne. On l'obtient en traitant ce corps par le zinc et l'acide chlorhydrique. La d. a pour formule: $C^6H^5.CH^2.CO.C^6H^5$. Elle est solide, cristallisable, soluble dans l'alcool et dans l'éther; elle fond à 60° et bout à 320°. C'est une acétone qui, par hydrogénation, fournit un alcool secondaire appelé hydrate de stilbène.

DÉSOXYDANT, ANTE. adj. T. Chim. Qui désoxyde. *Les moyens désoxydants les plus employés sont le charbon et l'hydrogène.* || Subst , au masc., *Cette substance est un d. fort énergique.* || On dit plus souvent *réducteur.*

DÉSOXYDATION. s. f. **DÉSOXYGÉNATION.** s f. T. Chim. Opération qui consiste à enlever, en totalité ou en partie, l'oxygène contenu dans une combinaison. On dit aussi *réduction.*

DÉSOXYDER. v. a. (R. *de,* et *oxyder*). T. Chim. Enlever, en totalité ou en partie, son oxygène à un oxyde ou à tout autre corps oxygéné. *La chaleur désoxyde un très grand nombre de corps.* On dit aussi *Désoxygéner.* = SE DÉSOXYDER. v. pron. Perdre son oxygène. *Ce corps se désoxyde à l'aide du charbon.* = DÉSOXYDÉ, ÉE. part

DÉSOXYGÉNATION. s. f. Voy. DÉSOXYDATION.

DÉSOXYGÉNER. v. a. (R. *de,* et *oxygène*). Voy. DÉSOXYDER.

DESPAUTERE, grammairien flamand (1460-1524).

DESFERRIERS (BONAVENTURE), écrivain français, auteur de *Contes,* mort vers 1544.

DESPOIS (EUGÈNE), écrivain fr. (1818-1876).

DESPORTES (PHILIPPE), poète français (1545-1606).

DESPORTES (FRANÇOIS), peintre français d'animaux et de natures mortes (1661-1743).

DESPOTAT. s. m. Dignité d'un despote. Territoire gouverné par un despote.

DESPOTE. s. m. (gr. δεσπότης, maître). Prince qui gouverne avec une autorité arbitraire et absolue. *Les despotes de l'Asie. Les cruels despotes noirs du centre de l'Afrique* || Par ext., Personne qui s'arroge une autorité tyrannique. *Cet homme est un vrai despote dans sa famille. Cette femme est un petit despote.*

Hist. — Chez les Grecs, le mot *Despote* était à peu près synonyme de *Monarque* ou de *Roi* : ils l'appliquaient surtout au souverain de la Perse dont le pouvoir était complètement absolu. Au Bas-Empire, ce terme de d. devint un titre de dignité que les empereurs tantôt prirent eux-mêmes et tantôt donnèrent à l'héritier présomptif du trône, en remplacement du titre de césar. Plus tard enfin, ils le conférèrent à de grands dignitaires, ordinairement choisis dans leur propre famille, auxquels ils conférèrent en même temps le gouvernement de certaines provinces. C'est ainsi qu'on vit, au XIIe s., la Servie, la Valachie, la Morée et l'Albanie gouvernées par des *Despotes.* On désignait alors, sous le nom de *Despotat,* et la dignité de despote et la province gouvernée par un despote : on disait donc le *Despote de Servie* et le *Despotat de Valachie.* — Aujourd'hui le mot de d., ramené jusqu'à un certain point à son sens primitif, ne s'emploie plus que pour désigner un souverain qui gouverne avec une autorité arbitraire et absolue, et il implique ordinairement une idée d'oppression et de tyrannie, car il est bien rare que l'homme revêtu d'un pouvoir sans contrôle et sans limites n'abuse pas de cette puissance.

DESPOTIQUE. adj. 2 g. Absolu et arbitraire. *Pouvoir, gouvernement, autorité d. Un commandement d.* || État, *pays d.,* Gouverné par un despote.

DESPOTIQUEMENT. adv. Avec une autorité, un pouvoir despotique. *Gouverner d.*

DESPOTISER. v. a. Soumettre à un pouvoir despotique.

DESPOTISME. s. m. Pouvoir absolu et arbitraire. Ce mot implique ordinairement l'idée de tyrannie, d'oppression. *Le d. des souverains de l'Asie.* — Par ext., se dit de toute espèce d'autorité absolue, tyrannique, oppressive, qu'on exerce ou qu'on s'arroge. *Il veut exercer son d. sur tous ceux qui l'entourent.*

DESPRÉAUX. Voy. BOILEAU.

DESPUMATION. s. f. [Pr. ...*sion*]. T. Chim. Action de despumer, d'ôter l'écume qui se forme à la surface d'un liquide en ébullition.

DESPUMER. v. a. (lat. *despumare,* m. s., de *de,* et *spuma,* écume). T. Méd. et Pharm. Clarifier en provoquant la formation des écumes pour les enlever ensuite.

DESQUAMATION. s. f. [Pr. *des-koua-ma-sion*] (lat. *desquamatio,* m. s., de *de* priv., et *squama,* écaille). T. Méd. Exfoliation de l'épiderme sous forme d'écailles plus ou moins grandes. || T. Pharm. Action de desquamer.

Méd. — La desquamation s'observe à la dernière période de certaines fièvres éruptives telles que la rougeole, la scarlatine, l'érysipèle, et dans certaines maladies chroniques de la peau, telles que le pityriasis, le psoriasis, etc.

DESQUAMER. v. a. [Pr. *des-koua-mer*] (lat. *desquamare,* m. s., de *de* priv., et *squama,* écaille). T. Méd. et Pharm. Débarrasser des parties qui s'exfolient sous forme d'écailles.

DESROCHES (MADELEINE et CATHERINE), mère et fille, femmes poètes du XVIe siècle.

DESQUELS, DESQUELLES. Voy. QUEL.

DESSABLER. v. a. (R. *de,* et *sabler*). Enlever le sable.

DESSACRER. v. a. (R. *de,* et *sacrer*). Priver du caractère imprimé par le sacre.

DESSAIGNER. v. a. [Pr. *dé-sè-gner, gn* mouillés] (R. *de,* et *sang*). T. Techn. Débarrasser les peaux par le lavage du sang et autres ordures.

DESSAISIR. v. a. (R. *de* et *saisir*). T. Jurisp. Ôter à quelqu'un une chose qu'il avait en sa possession. *D. quelqu'un d'un gage, d'un dépôt.* = SE DESSAISIR. v. pron. Remettre en d'autres mains une chose qu'on a en sa possession. *Cette pièce est très importante, il ne faut pas vous en d.* T. Mar. Détacher. = DESSAISI, IE, part.

DESSAISISSEMENT. s. m. T. Jurispr. Action par laquelle on se dessaisit. *Le d. des meubles du locataire fait perdre au propriétaire son privilège.*

DESSAISONNER. v. a. [Pr. *dé-sè-zo-ner*]. T. Agric. S'écarter de l'ordre habituellement suivi pour l'assolement des terres. *Il est d'usage dans les baux de défendre aux fermiers de d. les terres.*

DESSAIX (JOSEPH-MARIE), général fr. (1764-1834).

DESSALAISON. s. f. (R. *de* et *salaison*). Action de dessaler; état de ce qui est dessalé. *Il a inventé un nouveau procédé pour la d. de l'eau de mer.*

DESSALEMENT. s. m. (R. *dessaler*). Action de dessaler. *Le d. de la morue.*

DESSALER. v. a. (R. *de,* et *saler*). Faire qu'une chose ne soit plus salée ou le soit moins. *D. de la morue, des harengs. D. une sauce qui est trop salée. D. de l'eau de mer en la distillant.* = DESSALER. v. n. Perdre sa salure. *Faire d. de la morue. Mettre d. un jambon. Mettre un jambon à d.* = SE DESSALER. v. pron. Être dessalé. *L'eau de mer se dessale par la distillation.* — Dans l'argot des canotiers, Tomber à l'eau. = DESSALÉ, ÉE. part. Fig. et pop., *C'est un homme dessalé,* ou substantiv., *C'est un dessalé, C'est un homme fin, rusé.*

DESSALINES, esclave nègre d'Haïti, se fit proclamer empereur après avoir ordonné un massacre général des blancs, périt dans une révolte (1760-1806).

DESSALLE (Marquis), général français (1767-1828).

DESSANGLER. v. a. (R. *de,* et *sangler*). Lâcher ou défaire les sangles. *D. un cheval.* || Par ext., Déboutonner, desserrer les vêtements. = DESSANGLÉ, ÉE. part.

DESSAQUER. v. a. Tirer du sac.

DESSAU, v. d'Allemagne, cap. du duché d'Anhalt-Dessau, sur la Mulde, 27.800 hab.

DESSAUTEMENT. s. m. Nom donné à des seuils dans les canaux.

DESSÉCHANT, ANTE. adj. Qui dessèche. *Un vent. d.*

DESSÉCHEMENT. s. m. Action de dessécher, ou l'état de ce qui est desséché. *Le d. d'une terre, d'un marais.* || Maigreur extrême. *Je l'ai trouvé dans un d. qui fait craindre pour sa vie.* || Fig. Perte des sentiments tendres, de la sensibilité. *L'égoïsme conduit au d.*

Agric. — L'art du *Dessèchement* consiste à débarrasser le sol cultivable des eaux nuisibles, soit permanentes, soit temporaires, qui le pénètrent ou fondent à le pénétrer, comme aussi de celles qui, par la rapidité de leur écoulement, le ravinent, lui enlèvent les parties terreuses les plus meubles et les plus riches, et le frappent d'une stérilité plus ou moins complète en le couvrant de cailloux et de galets. Les procédés à employer pour obtenir ce résultat varient suivant la nature des lieux et l'origine des eaux.

1° *D. par dérivation.* — Il a pour objet d'empêcher l'introduction des eaux sur les terrains inférieurs que l'on veut assainir. A cet effet, tantôt on contient les eaux par des *chaussées, digues* ou *levées;* tantôt on les dirige, à l'aide de *canaux, fossés* ou *rigoles,* sur des points où elles ne peuvent pas nuire. Les chaussées sont construites soit simplement en terre, soit en terre renforcée par des clayonnages ou des travaux en pierre. D'autres fois, on est obligé de les faire entièrement en bonne maçonnerie. Enfin, il est des circonstances où elles peuvent ne consister qu'en claies vivaces. Dans tous les cas, il est utile d'augmenter leur résistance au moyen de plantations d'arbres à basse tige, tels que des têtards de peuplier ou de saule, des osiers et des aunes. Ces plantations s'établissent ordinairement en avant des ouvrages principaux et du côté d'où vient le courant. Elles servent à rompre sa violence, et, par suite, à empêcher la dégradation des travaux défensifs. En outre, les digues doivent être assises sur une couche imperméable, afin que l'eau ne puisse pénétrer par-dessous et compromettre leur solidité. Les constructions de ce genre, employées seules ou combinées avec des fossés, servent particulièrement, dans les pays de plaine, pour contenir les eaux des rivières. — Mais, dans les pays montagneux, quand il s'agit de se rendre maître d'eaux venant de lieux situés à un niveau supérieur, on a ordinairement recours au second moyen de défense. On creuse alors sur le flanc de la montagne, et transversalement aux ligues de plus grande pente, un fossé assez large pour recevoir et diriger les eaux. Si, au lieu de se diriger en nappe, l'eau se présente en sources disséminées, on pratique un nombre suffisant de fossés secondaires qui vont tous aboutir à un canal principal, appelé *Canal de rassemblement.*

2° *D. par ascension de l'eau.* — Ce procédé s'applique aux cas où le terrain à dessécher se trouve au-dessous du sol environnant. Il consiste à transporter l'eau des parties submergées à un étage supérieur. On se sert, pour cela, de machines hydrauliques, telles que les norias, les roues à godets, la vis d'Archimède, etc., mues par un moteur quelconque. Mais le vent est certainement le plus économique ; c'est celui qu'emploient les Hollandais pour l'assainissement de leurs polders.

3° *D. par écoulement.* — C'est le système le plus fréquemment suivi. On en fait usage quand le sol à dessécher a dans son voisinage un bassin inférieur avec lequel on peut le faire communiquer. La communication s'établit à l'aide de canaux à ciel découvert ou de drains souterrains, suivant la configuration des lieux.

Le plus souvent, il est nécessaire de combiner ce procédé avec le d. par dérivation et même avec le d. par ascension. La plupart du temps, il s'agit en effet de dessécher un marais qui est alimenté non seulement par les eaux de pluie qui tombent sur sa surface, mais encore par toutes celles qui tombent sur les terrains environnants plus élevés et qui descendent au marais, soit à ciel ouvert, sous forme de ruisseaux, soit par infiltrations souterraines, ce qu'on nomme les *eaux sauvages.* Dans la saison pluvieuse, le volume de ces eaux peut devenir considérable, et comme, en général, la pente du terrain est très faible, il faudrait donner au canal émissaire un diamètre beaucoup trop grand. Il importe donc d'empêcher que les eaux superficielles et les eaux sauvages arrivent au marais. On y arrive en entourant celui-ci d'un fossé ouvert dit *canal d'isolement.* Ce canal aura une ou

deux branches avec la pente la plus forte possible, et débouchera dans l'émissaire principal, ou aura son émissaire spécial. — Souvent aussi le fond du marais est en partie au-dessus du niveau moyen de la mer ou de la rivière voisine, et en partie au-dessous. Alors on divise le marais en deux parties : la plus élevée se dessèche directement par l'émissaire. Dans l'autre partie on creuse un bassin destiné à recevoir toutes les eaux, et l'on épuise ce bassin à l'aide de machines. Si la superficie du marais est très grande, la force du vent n'est pas suffisante pour vider rapidement le bassin ; il faut avoir recours aux moteurs à vapeur ; mais quand le dessèchement est opéré, le vent suffit généralement à expulser les eaux qui se rassemblent régulièrement dans le bassin collecteur. — Si le marais est voisin de la mer, il peut arriver que le sol soit au-dessous du niveau de la pleine mer, et au-dessus du niveau de la basse mer. Dans ce cas, il suffit de rassembler les eaux dans un bassin collecteur communiquant à la mer avec un canal qu'on peut fermer par des vannes. Dans les premiers temps du dessèchement on aura soin d'ouvrir les vannes pendant la basse mer et de les fermer à marée haute. Plus tard, il suffira de vider de temps en temps le bassin pendant la basse mer. On a même imaginé des systèmes très simples de vannes automatiques à bascules mues par la pression de l'eau ; elles restent ouvertes tant que le niveau du bassin est supérieur à celui de la mer, et se ferment d'elles-mêmes en cas contraire. — Quand la surface à dessécher est considérable, les canaux ont naturellement une certaine importance et peuvent servir de canaux de navigation.

4° *D. par absorption.* — L'emploi de ce procédé exige que le terrain présente un point central où les eaux puissent se réunir en vertu de la pente naturelle ou artificielle du sol, et qu'il y ait à une certaine profondeur une couche perméable susceptible de les recevoir sans nuire aux couches supérieures. Si cette profondeur ne dépasse pas 75 centimètres, des défoncements ou des labours profonds peuvent suffire pour faire communiquer la couche imperméable supérieure avec la couche perméable inférieure. Dans le cas contraire, on a recours aux *Puits absorbants* ou *Boitouts.* On nomme ainsi des puits artificiels creusés en forme de tronc de cône et dont le diamètre est, en général, de 5 à 6 mètres. Un trou de sonde est pratiqué au fond de ce cône et conduit jusqu'à la couche perméable. Cela fait, on y introduit un tuyau de bois ou de métal, et on recouvre l'ouverture supérieure avec des branchages pour que la terre ne puisse l'obstruer. Enfin, on place par-dessus ces branchages une grande pierre plate soutenue latéralement par deux autres pierres, et l'on termine en remplissant l'excavation conique de pierres ou de fascines, puis de terre végétale. Il ne reste plus alors qu'à diriger les eaux vers le puits absorbant au moyen de fossés ouverts ou souterrains.

5° *D. par exhaussement du sol.* — On n'a recours à ce procédé que lorsque les autres moyens seraient d'une application trop coûteuse ou trop difficile. Dans les cas les plus simples, l'exhaussement a lieu sur des surfaces très limitées, et peut se faire sans qu'il soit besoin de transporter des matériaux pris en dehors du sol à assainir. On se contente alors de sacrifier une partie du terrain, et d'y prendre la terre nécessaire pour exhausser l'autre. Le labour par *billons* en offre un exemple. Dans ce labour, on divise le terrain par planches bombées et plus ou moins larges, auxquelles on donne cette disposition en exhaussant leur niveau avec la terre des parties latérales. Dans les champs labourés de cette manière, les billons constituent autant de sol productif; tout le reste est converti en sillons profonds où les eaux séjournent. — Si les surfaces à dessécher sont très considérables, l'exhaussement du terrain présente de plus grandes difficultés, et ne peut s'obtenir qu'en y apportant des matériaux pris sur des points plus ou moins éloignés. On exécute alors deux sortes d'opérations, le *Colmatage* ou le *Limonement.* — Le *Colmatage* ou *Terrement* consiste à transporter, à l'aide des eaux courantes, des terres prises sur les hauteurs et à les faire déposer dans les bas-fonds à combler. Ces derniers sont munis de digues disposées de manière à arrêter les eaux troubles, et dans lesquelles on ménage des écluses pour faciliter l'évacuation du liquide quand il a déposé les matières dont on l'avait chargé. — Le *Limonement* repose sur les mêmes principes que le colmatage, on ce sens que ce sont toujours les eaux qui servent de véhicule aux matières terreuses, mais il en diffère par l'origine de ces mêmes matières. En effet, dans le colmatage c'est la main de l'homme qui prend au terrain supérieur et jette dans le courant d'eau la terre que celui-ci doit transporter, tandis que dans le limonement les eaux déposent simplement le limon qu'elles tiennent naturellement en suspension. Le limonement résulte très souvent des seuls efforts de la nature; mais, dans une foule de circonstances, on en augmente ou accélère les résultats par des moyens artificiels.

Dans tous les cas, le d. d'un marais est toujours une œuvre de longue haleine, qui ne peut être entreprise que par des propriétaires réunis en syndicat bien organisé ou par les gouvernements. Cependant, la plupart du temps, le dessèchement s'impose, sinon comme spéculation économique, du moins comme mesure hygiénique, à cause de l'insalubrité des marais. Cette insalubrité ne tient pas à la présence de l'eau, mais aux alternatives d'humidité et de d. total ou partiel pendant la saison chaude, lesquelles font périr chaque année sur le sol sec les organismes animaux ou végétaux qui vivent dans l'eau, et accumulent ainsi sur les marais une grande quantité de matières organiques en putréfaction. Le mal est peut-être plus grand quand il s'agit de marais communiquant avec la mer: car aux alternances de sécheresse et d'humidité s'ajoutent celles des eaux douces et des eaux saumâtres. Du reste, s'il est difficile de réunir les capitaux nécessaires au d., cependant l'opération ne demande pas de grands sacrifices. Presque toujours les terrains rendus à l'agriculture paient les frais, souvent même il y a bénéfice immédiat.

Il est profondément regrettable que le d. des marais fasse peu de progrès en France, quoiqu'il reste encore 200,000 hectares de terres inondées.

La première opération de d. qui ait été faite sur une grande échelle est celle des moëres de Dunkerque, sur la frontière de France et de Belgique. Les travaux commencés en 1629 donnèrent à l'agriculture 3,000 hectares de bonne terre. Il avait suffi de construire un canal d'isolement et deux émissaires pour jeter les eaux à la mer; les terres éclairées des fossés servirent à faire des routes. Bientôt on bâtit un village avec une église, Mœrkerke. Plus tard, le duc de Leyde fit détruire les digues, les eaux revinrent. Mais de 1800 à 1806 les travaux furent rétablis. Le sol de ces moëres est à 0m,50 au-dessus des basses mers et à 5m,44 au-dessous des hautes mers. En 1621, les eaux étaient élevées par des moulins à vent actionnant des vis d'Archimède. Actuellement, on emploie des roues à tympan qui élèvent l'eau à 3 mètres. Les moulins ont 108ml de voilure et élèvent par un bon vent 1 mètre cube d'eau à 1 mètre de hauteur par seconde.

Les Hollandais ont gagné près de 100,000 hectares d'excellent terrain par le d. du lac de Harlem, qui fut en 1573 le théâtre d'un combat naval entre les Espagnols et les Français. Cette opération avait été proposée par un ingénieur dès 1640; mais les travaux ne furent commencés qu'en 1841. Le lac fut entièrement desséché le 16 avril 1856. On y compte aujourd'hui 10,000 hab., 2,000 maisons et 4 églises. Les eaux de pluie et des terres voisines sont jetées à la mer par trois bouches. L'opération a coûté 23 millions; on a revendu immédiatement pour 18 millions de terrains. La valeur actuelle des terrains dépasse 80 millions.

Les landes de Gascogne étaient, avant 1850, un pays comprenant près de 300,000 hectares de terres inondées pendant six mois de l'année et d'une sécheresse absolue pendant les six autres, nourrissant une population rare misérable et décimée par les fièvres. Un ingénieur doué d'une persévérance peu commune, M. Chambrelent, entreprit le dessèchement dès 1850. Ayant acheté de ses propres deniers 500 hectares de terrain, il obtint des résultats si éclatants que les intéressés, communes et propriétaires, firent eux-mêmes les frais de d., sans recourir à une subvention de 6 millions qui avait été votée en 1858. Il suffit, pour opérer le d., de creuser de petits fossés de 0m,50 à 0m,60 de largeur, en ayant soin de les diriger dans le sens de la pente du terrain, pente très faible, il est vrai, mais très régulière. On trouve l'eau potable à 4 mètres de profondeur; mais il était indispensable de cimenter les puits pour rendre leurs parois imperméables. Enfin, on fit des plantations de pins qui ont admirablement réussi et qui sont devenues une grande source de richesses. Les fièvres disparurent. En vingt ans, de 1855 à 1875, la durée de la vie moyenne a monté de 34 ans et 9 mois à 58 ans et 11 mois. Le pays, autrefois si misérable, est aujourd'hui l'un des plus riches et des plus salubres de la France.

En Grèce, le lac Copaïs a été desséché de 1882 à 1889. Comme il est bien au-dessus du niveau de la mer, il a suffi de creuser un canal dont une partie est un tunnel. Sa superficie est de 25,000 hectares.

Mais c'est surtout en Italie que les dessèchements ont pris le plus d'extension. De 1850 à 1890, 350,000 hectares ont été gagnés sur les rives du Pô dans l'Émilie et la Vénétie, et les travaux continuent avec une certaine activité. On y emploie fréquemment le système par colmatage, car le Pô est un excellent fleuve charrieur.

En Amérique, une société, la *Disston Land and improvement Company* s'occupe de mettre en culture les espaces marécageux et les lacs de la Floride. Comme les lacs couvrent la ligne de faîte de la presqu'île, il suffit de creuser des canaux pour les faire communiquer entre eux et avec la mer.

Enfin, les Hollandais ont entrepris une œuvre gigantesque: le d. du Zuyderzée qui doit donner 200,000 hectares de terres. Une digue de 41 kilomètres de longueur séparera les plaines de la mer; sa crête dépassera de 2m,50 le niveau des plus hautes eaux. Vingt grands canaux à écluses seront ménagés dans le terrain reconquis pour desservir les ports actuels.

Comme complément de cet article, voy. DRAINAGE.

DESSÉCHER. v. a. (R. *de*, et *sec*). Rendre sec. *Le grand hâle dessèche la terre. La chaleur a desséché les feuilles de cet arbre. D. des plantes pour les mettre dans un herbier. D. une plaie.* || En parl. du corps humain, Exténuer, amaigrir. *Un corps que les veilles et les travaux, que les privations et les chagrins ont desséché.* || Figur., *D. l'esprit, l'imagination,* Leur ôter ce qu'ils ont d'élevé, de brillant. — *D. le cœur,* Le rendre froid, insensible. On dit aussi, dans un sens analogue, *D. l'âme.* — Tomber en consomption. Dans le langage ascétique, *D. le cœur,* se dit encore dans le sens de diminuer le goût de la piété. = Mettre à sec. *D. un fossé, un étang, un marais. D. le sang, les poumons, la poitrine, le cerveau,* etc. Les priver plus ou moins de l'humidité dont ils sont pénétrés. = SE DESSÉCHER. v. pron. Se dit dans tous les sens ci-dessus. *Un arbre, une plante qui se dessèche. Son corps se dessèche. D. d'ennui. Le cœur se dessèche au milieu des faux plaisirs du monde. Ces marais se dessèchent en partie pendant l'été. Sa poitrine se dessèche.* = DESSÉCHÉ, ÉE. part. — Conj. Voy. ALLÉCHER.

DESSEIN. s. m. (Ce mot ne diffère de *dessin* que par l'orthographe qui, du reste, n'était pas fixée au XVIIe siècle. On trouve à cette époque *dessin* écrit *dessein*. *Dessein* n'est que *dessin* au figuré.) Le projet, le plan d'un ouvrage. *Le d. d'un poème, d'une tragédie, d'un roman, d'un tableau.* Intention de faire quelque chose. *Il a d. de voyager. Changer de d. Faire, concevoir, former le d. de faire quelque chose. Pénétrer, découvrir, éventer le d. de quelqu'un. Mon d. n'est point d'entrer dans tous les détails. Il a entrepris cela de d. prémédité, de d. formé. Il y a là du d. Il y a du d. à cela. Il l'a fait sans d.* — Intention que l'on a en faisant quelque chose, but que l'on se propose. *A quel d. êtes-vous assemblés ici? Il était parti dans le d., dans le d. d'aller vous voir. Il ne va pas là sans d. Il est venu dans un bon d., à mauvais d. Il n'a fait cela que dans le d. de vous plaire.* — Résolution, ce qu'on a décidé de faire. *Beau d. D. généreux, noble, extraordinaire. Mauvais d. D. bizarre, horrible. Former, concevoir un d. Avoir de grands desseins. Venir à bout de ses desseins. Accomplir ses desseins. Les desseins de la Providence. Prévenir, traverser, ruiner les desseins de quelqu'un. Il laissa tous ses desseins encore imparfaits. Seconder quelqu'un dans ses desseins.*

A ses desseins secrets, tremblante, j'obéis.

RACINE.

= A DESSEIN. loc. adv. Exprès, avec intention. *Je l'ai fait, je ne l'ai pas fait à d.* = A DESSEIN DE. loc. prépos. Avec l'intention de. *Il est allé chez vous à d. de vous parler.* = A DESSEIN QUE. loc. conj. Avec le désir que. *Ce qu'il a dit, c'est à d. que vous en fassiez votre profit.*

Syn. — *Projet.* — Le *dessein* est ce qu'on se désigne à soi-même avec l'intention de l'exécuter; le *projet* est ce qu'on jette en avant. *Dessein* exprime donc quelque chose de plus arrêté que *projet.* — *Intention* est plus vague que d. qui suppose que l'on a réfléchi sur ce qu'on veut exécuter et sur les moyens à employer, tandis que l'intention laisse indécise l'époque, le lieu et les moyens d'exécution.

DESSELLER. v. a. [Pr. *dé-sè-ler*] (R. *de*, et *selle*). *D. un cheval.* Ôter la selle de dessus un cheval. = DESSELLÉ, ÉE. part.

DESSEMELER. v. a. [Pr. *dé-se-meler*] (R. *de*, et *semelle*). Ôter la semelle.

DESSERRAGE. s. m. [P. *dé-sèrage*]. Action de desserrer.

DESSERRE. s. f. [Pr. *dé-sère*] (R. *desserrer*). N'est usité que dans cette phrase famil., *Être dur à la d.*, N'aimer pas à payer, à donner de l'argent.

DESSERRER. v. a. [Pr. *dé-sérer*] (R. *de*, et *serrer*). Relâcher ce qui est serré. *D. une ceinture, une sangle, un nœud, un lien.* — *D. les dents à quelqu'un*, Lui écarter par force les deux mâchoires. Fig. et fam., *Ne pas d. les dents*, Se taire obstinément. *On n'a pu lui faire d. les dents*, On n'a pu l'obliger à parler. || Fig. et fam., *D. un coup de pied, un coup de fouet, un soufflet*, Donner un coup de pied, etc., avec violence. — *D. les nœuds*, Rendre moins intimes en parlant des nœuds de l'amitié. || T. Typogr. *D. une forme*, Chasser les coins dans le sens rétrograde à l'aide du décognoir, du marteau. *D. de la lettre*, D. une forme pour la distribuer. == SE DESSERRER. v. pron. Se relâcher. *Ma ceinture s'est desserrée.* == DESSERRÉ, ÉE. part.

DESSERRON. s. m. T. Techn. Nom de divers outils qui servent à desserrer. || Bûche plate qui sert à disposer les places vides qu'on se propose de remplir dans un train à flotter.

DESSERT. s. m. (R. *desservir*). Ce qu'on sert, ce qu'on mange à la fin du repas, comme les fruits, les confitures, la pâtisserie, etc. *On apporta du fromage pour tout d. Manger un raisin à son d., pour son d.* || Par ext., Le moment où le d. est sur la table. *Il arriva au d.*

DESSERTE. s. f. (R. *desservir*). Les mets qu'on a desservis, qu'on a ôtés de dessus la table. *Dans cette maison, on donne la d. aux pauvres.* || Meuble de salle à manger, sur lequel on pose les plats. || Le service d'une cure, d'une chapelle; s'emploie surtout en parlant d'un prêtre commis pour remplacer le titulaire. *On a commis un tel à la d. de la cure. Être chargé de la d. d'une succursale.* || T. P. et Chauss. *Chemin de d.*, Chemin spécialement affecté au service d'une exploitation.

DESSERTIR. v. a. (R. *de*, et *sertir*). Dégager une pierre précieuse, une pierre gravée, etc., de sa monture de métal. == DESSERTI, IE. part.

DESSERTISSAGE. s. m. Action de dessertir.

DESSERVANT. s. m. Celui qui dessert une cure, une succursale, une chapelle. Voy. CULTE.

DESSERVICE. s. m. Mauvais service rendu.

DESSERVIR. v. a. (R. *de*, et *servir*). Enlever les plats de dessus la table. *Desservez ce gigot.* Absol., *Desservez. On a desservi.* || Nuire à quelqu'un, lui rendre de mauvais offices. *Il vous a desservi auprès de votre oncle. Il fait tout ce qu'il peut pour me d.* || Faire le service d'une cure, d'une chapelle; se dit surtout en parlant d'un prêtre commis pour remplacer le titulaire. *D. une cure, une chapelle.* == DESSERVI, IE. part. == Conj. Voy. SERVIR.

DESSICCANT, ANTE. adj. [Pr. *dè-si-kan*]. Qui dessèche.

DESSICCATEUR. s. m. [Pr. *dè-si-kateur*] Appareil pour dessécher. || T. Chim. Voy. DESSICCATION.
Techn. — On nomme ainsi des appareils destinés à dessécher les échantillons de fibres textiles pour déterminer le poids relatif d'eau qu'ils contiennent et, par suite, le poids réel de marchandise contenue dans les ballots. Ce sont des étuves dont on peut régler la température en modérant, par des robinets et des registres, l'arrivée de l'air chaud et de l'air tiède. Il existe aussi un d. portatif usité surtout pour le lin et le coton. Il se compose d'une petite étuve surmontée d'une balance. À l'une des extrémités du fléau on attache par un long fil l'échantillon qui descend ainsi jusque dans l'étuve, et on le pèse à l'aide de poids marqués. La dessiccation s'opérant, l'échantillon diminue de poids, et le fléau s'incline du côté opposé. Pour rétablir l'équilibre, on met des poids marqués dans un petit plateau disposé à cet effet du côté de l'échantillon. Ces poids mesurent la quantité d'eau soustraite par la dessiccation.

DESSICCATIF, IVE. adj. [Pr. *dè-si-katif*]. T. Méd. Qui dessèche les parties sur lesquelles on les applique. *Onguent d. Poudre dessiccative.* || T. Peint. *Huiles dessiccatives* ou *siccatives*, se dit de certaines huiles qui, mêlées aux couleurs, les font sécher plus promptement. == Subst., ou dit, *Un bon d.*, *Un excellent dessiccatif.*
Méd. — On appelle *Dessiccatifs* les topiques propres à dessécher les plaies et les ulcères. Parmi ces topiques, les uns, tels que la poudre de lycopode et la charpie sèche agissent simplement en absorbant le pus ou les liquides sécrétés à la surface malade; les autres, comme la poudre de tan et la charpie imprégnée d'une liqueur styptique, agissent en déterminant l'astriction des tissus et en modérant ainsi la sécrétion morbide.

DESSICCATION. s. f. [Pr. *dè-si-kasion*] (lat. *siccus*, sec). Action de dessécher.
Pharm. — La *Dessiccation* est l'opération par laquelle on enlève à un corps quelconque l'humidité superflue qu'il renferme; mais elle s'applique surtout aux substances végétales. — Les substances végétales très succulentes doivent être desséchées promptement : on les étend par couches peu épaisses sur des châssis garnis de toile qu'on expose à l'action du soleil, ou dans une étuve dont la température, d'abord de 25° à 30° centigr. seulement, est ensuite portée à 40° ou 45°. La d. des plantes moins humide, s'opère à une température moins élevée. Les sommités fleuries et les fleurs séparées doivent être mises en petites bottes, qu'on fait sécher à l'ombre, et qu'on enveloppe ensuite de papier. Les semences se sèchent dans un lieu exposé à un libre courant d'air. Les fruits pulpeux, tels que la figue, la prune, etc., se sèchent à l'étuve, à une chaleur d'abord très douce, qu'on augmente peu à peu. Les racines se sèchent aussi à l'étuve; il suffit de suspendre par paquets celles qui sont ligneuses ou fibreuses; mais celles qui sont tuberculeuses doivent être coupées par tranches minces, dont on forme des chapelets. La conservation des produits pharmaceutiques desséchés a lieu dans des récipients appropriés dans lesquels l'air, la lumière, l'humidité, les poussières de l'air ne peuvent pénétrer. Une méthode très recommandable usitée dans certains pays consiste à comprimer fortement les substances sèches que l'on veut conserver; c'est ainsi que la Matica, la Lobélie enflée, le Capillaire du Canada, etc., sont expédiés dans ces conditions.
Chim. — La d. a pour objet d'enlever à un corps l'eau d'interposition, c.-à-d. l'eau qu'il contient et qui ne fait pas partie de sa composition chimique, ou bien, s'il s'agit d'un gaz, la vapeur d'eau qui lui est mélangée. La d. est indispensable dans un grand nombre d'opérations, notamment dans les analyses.
Pour dessécher les gaz, on les fait passer dans des tubes en U ou des tubes munis de boules et renfermant des corps très avides d'eau, tels que la potasse caustique en morceaux, des fragments de pierre ponce imbibée d'acide sulfurique, du chlorure de calcium, de la chaux vive, etc. En général, un seul tube ne suffit pas; on en place plusieurs à la suite, le dernier servant de témoin, c.-à-d. que son poids doit rester le même au début et à la fin de l'expérience, ce qui assure que toute la vapeur d'eau a été absorbée par les précédents. — Pour les solides, le procédé le plus simple consiste dans l'emploi d'un petit appareil appelé *dessiccateur*. Celui-ci se compose d'un vase dans lequel on place de l'acide sulfurique sur lequel est un support qui reçoit les corps à dessécher, le tout placé sur une plaque de verre que l'on recouvre d'une cloche de verre dont on a enduit les bords avec un corps gras. Quand ce moyen ne suffit pas, on peut employer les étuves à eau et à huile de Gay-Lussac, où l'on peut maintenir une température variant de 100° à 200°. Souvent on active la d. en faisant passer sur le corps un courant d'air sec. D'autres fois, il est nécessaire de dessécher par le vide qu'on obtient aisément avec une trompe d'Alvergniat.
Techn. — *Dessiccation des bois.* — Le bois, gorgé de sève au moment où on l'abat, ne peut servir aux usages industriels qu'après avoir été parfaitement desséché. C'est le plus souvent d'une d. imparfaite que proviennent les défectuosités des meubles ou autres ouvrages en bois. Pendant longtemps on s'est contenté d'empiler les bois en grume dans des hangars pour les laisser sécher. Cette pratique tend à être abandonnée, à cause du temps très long, sept à huit ans, qui est nécessaire pour obtenir une d. suffisante. On la remplace le plus souvent par la d. à vapeur. A cet effet, les bois découpés en billes ou en planches sont soumis, dans une chambre close, à l'action de la vapeur d'eau à 100°. On les empile

en laissant entre eux un passage à la vapeur et en évitant de les faire reposer sur le sol, pour qu'ils ne soient pas imbibés par l'eau de condensation. On arrête l'opération quand le liquide sort de la chambre limpide et incolore. Les bois sont ensuite exposés à l'action d'un courant d'air, ce qui constitue l'essorage, opération qui dure environ trois mois et qui est suivie d'un séchage à l'étuve, qui dure une quinzaine de jours pendant lesquels la température de l'étuve est portée graduellement de 25° à 32°. — On a aussi proposé des systèmes de d. où la vapeur d'eau est remplacée par l'air chaud. Enfin, de Lapparent a indiqué un moyen de d. par carbonisation superficielle, qui consiste à promener une flamme sur la surface du bois. Des précautions spéciales sont prises pour éviter les dangers d'incendie que cette manœuvre semble comporter. Dans tous les cas, les bois doivent être dépouillés de leur sève, soit par flottaison, soit par l'action de la vapeur, pour éviter la pourriture sèche.

DESSIGNER. v. n. [Pr. dé-si-gner, gn mouillé] (R. de, et signer). Rétracter une signature qu'on avait donnée.

DESSILLER. v. a. [Pr. dé-siller, ll mouillées] (lat. cilium, cil) [Quelques-uns écrivent Déciller, conformément à l'étymol.]. Ouvrir. Au prop., ne se dit que des paupières. Ses paupières étaient tellement collées qu'on a eu de la peine à les d. || Fig. D. les yeux de quelqu'un, à quelqu'un, Le désabuser, lui faire voir clair sur quelque chose. == se DESSILLER. v. pron. Ses paupières se dessillèrent. Mes yeux se dessillèrent et je reconnus mon erreur. == DESSILLÉ, ÉE. part.

Au XVIIe siècle, le mot CILLER existait encore.

DESSIN. s. m. (lat. designare, dessiner et désigner, de signum, signe). Représentation d'un objet quelconque, réel ou imaginaire, faite sur une surface plane, au crayon, à la plume, au pinceau, ou par tout autre moyen. Un d. de Raphaël, de Rembrandt, de Callot, une collection de dessins. La muraille était couverte de dessins grossiers tracés avec du charbon. — Dans un sens partic., se dit des représentations plus ou moins imaginaires, mais ordinairement symétriques, qui servent à orner des papiers de tenture, les tissus, etc. Le d. de ce ruban est fort élégant. Cette robe est d'un joli d. Le d. est rose sur un fond blanc. Je n'aime pas le d. de cette broderie. — Dans une acception plus restreinte, se dit par oppos. à Coloris, de la simple délinéation des figures et des objets que représente un tableau, une statue. D. correct, pur, facile, ferme, hardi. Il y a dans la jambe droite une incorrection de d. véritablement choquante. Ce peintre est un admirable coloriste, mais il pèche par le d. — Se dit encore de l'ordonnance, de la disposition générale d'un tableau. Le d. de ce tableau manque d'unité. Peu us. || L'art de dessiner. Le d. est un des parties essentielles de la peinture. Professeur de d. Montrer, apprendre le d. — Les arts du d., Les arts dont le d. fait la partie essentielle, comme la peinture, la sculpture, etc. || Le plan d'un bâtiment, d'un jardin. Son architecte lui a fait voir plusieurs dessins pour la maison qu'il veut construire. Le d. d'un jardin. |Fig., se dit, en T. Mus., de la disposition des différentes parties d'un morceau. Cette symphonie est fort belle; le d. du scherzo est surtout très original.

1. — Le Dessin est la reproduction d'un objet quelconque sur une surface plane. Il comprend deux parties bien distinctes, le contour et les ombres, dont la seconde est le complément de la première. Lorsqu'on se borne à reproduire les contours des objets à l'aide de simples traits, sans tenir compte des ombres ni du modelé, on fait un dessin au trait; et si, faisant abstraction de la perspective (Voy. ce mot), on représente les objets selon les règles géométriques des projections, on exécute ce qu'on appelle un d. linéaire, ou plus spécialement graphique ou géométrique, lorsqu'on fait usage de compas, d'équerres, de tire-lignes et d'autres instruments de précision. On divise encore le d. d'après les divers procédés qu'on emploie : c'est ainsi qu'on distingue le d. à la plume, au crayon, à l'estompe, au pastel, au lavis, à la sépia, etc. La manière dont on exprime les ombres établit encore d'autres divisions dans ce genre de travail (d. haché, grainé, pointillé, estompé, etc.). Enfin, sous le rapport de l'exécution, on distingue encore les esquisses ou croquis, premier jet de l'imagination, où l'on n'indique que les traits principaux; les dessins arrêtés, où l'artiste a ratifié les diverses parties de son œuvre; les études, qui sont faites d'après nature pour servir comme de matériaux dont l'auteur tirera parti plus tard dans ses compositions; les académies, figures entières faites d'après le mo-

dèle vivant ou d'après la bosse; et les cartons, qui sont des dessins arrêtés et en partie ombrés, faits pour être reproduits dans un tableau. En général, ces derniers sont tracés dans les dimensions mêmes des figures qu'on veut peindre.

Le d., il est à peine besoin de le dire, est le fondement et la base de la peinture, de la sculpture, de la gravure en tous genres et de l'architecture. Cependant, le talent du dessinateur n'est pas seulement indispensable aux individus qui se destinent à la pratique de l'un de ces arts; il est aujourd'hui nécessaire à l'exercice d'une foule d'industries, telles que l'orfèvrerie, l'ébénisterie, la fabrication des papiers de tenture et de la plupart des tissus de couleur, la construction des machines, etc. Le d. rend encore les plus grands services aux hommes mêmes qui se livrent à des travaux purement scientifiques, comme au botaniste, au zoologiste, à l'anatomiste, etc. C'est donc avec toute raison que les éléments de cet art étaient autrefois enseignés dans les divers établissements d'instruction secondaire. Aujourd'hui, avec l'immense extension qu'a prise l'instruction publique, le d. fait partie des programmes de l'enseignement primaire, et le nombre des écoles spéciales de dessin pour adultes, subventionnées par l'État, les municipalités ou les fondations particulières, est devenue considérable. On a espéré par cette grande vulgarisation de l'art du d. redonner un nouvel élan à nos industries artistiques nationales dont nous sommes fiers à juste titre, mais jusqu'à présent le résultat ne semble pas en rapport avec tant d'efforts. Cela tient à des causes multiples dont la recherche sort du cadre de cet article; nous en reparlerons au mot INDUSTRIE.

La nécessité, ou tout au moins la grande utilité de la diffusion de l'art du d. ayant été reconnue, beaucoup de professeurs ont cherché les méthodes les plus propres à atteindre ce but. De nos jours on a presque complètement abandonné l'ancien système qui consistait à faire copier des modèles des-

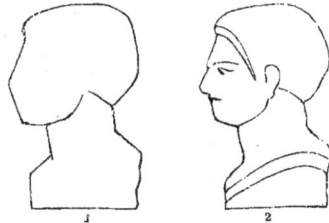

sinés (ordinairement des lithographies) d'abord très simples, (un nez, un œil, une main), puis présentant des difficultés progressives jusqu'à ce que l'élève soit capable de passer à

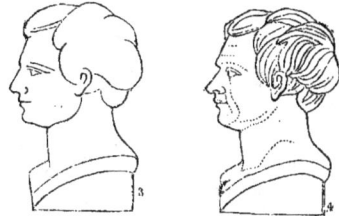

l'étude de la bosse, c.-à-d. du modèle en relief et plus tard à celle du modèle vivant. On a reconnu que cette méthode n'habituait pas assez tôt les jeunes gens à se rendre compte de l'ensemble des objets, des effets de relief, d'ombre et de lumière, et que tout le temps, quelquefois considérable, passé à copier des dessins, était presque absolument perdu; l'élève jugé digne d'être placé devant un plâtre se trouvait aussi novice que s'il n'avait jamais tenu un crayon. La méthode reconnue la meilleure et adoptée dans nos écoles municipales du d. consiste à mettre le débutant en présence d'un modèle en relief d'une simplicité extrême, il est vrai; un ornement régulier et symétrique, une rosace à quatre lobes, par ex., ou un fragment de grecque, une ove, etc., mais qui l'habitue de suite à voir les objets tels qu'ils se présentent à nos yeux. En suivant la progression régulière de ces modèles, l'élève, par la copie de ces objets dont le relief et la complication augmentent de plus en plus, arrive insensiblement à reproduire fidèlement des fragments de figure, des bustes et des figures entières.

Pour l'étude de la tête on a eu recours à des séries de modèles en bosse, imaginées par le professeur Dupuis, où les contours vont toujours en se précisant et les détails en augmentant. Ces modèles étaient au nombre de 16. Les 4 figures ci-dessus (Fig. 1, 2, 3, 4) représentent les modèles 1, 5, 9 et 13, et montrent suffisamment la progression du travail à faire. L'avantage de ce système était de forcer l'élève à procéder du simple au composé, de l'obliger à ne voir d'abord que des grandes lignes et des grandes masses et à ne pas se perdre dans des détails qui ne doivent être indiqués qu'à la fin pour parfaire le dessin. Ce système peut être très utile, mais il ne paraît pas être suivi à cause sans doute du matériel considérable qu'il exige.

Une autre méthode qui répudie également l'usage des modèles, et qui donne d'excellents résultats, est actuellement suivie dans un grand nombre d'écoles. Elle nous paraît surtout devoir s'appliquer avantageusement à l'enseignement du dessin d'art industriel et décoratif, dans lequel la perspective, les objets inanimés et les formes ornementales empruntées presque toutes au règne végétal, jouent un rôle plus grand rôle que la figure humaine. Elle consiste à faire débuter les commençants par le d. d'après nature d'objets très simples : un cube, un cône, une cuisse, un tabouret, une chaise, etc. On commence de préférence par des objets à contours rectilignes, parce que le tracé d'une ligne droite étant très simple, toute l'attention de l'élève est concentrée sur la recherche des proportions et la position relative des lignes droites qui constituent le contour de l'objet. On obtient ainsi un triple résultat. D'abord, l'enseignement débute, comme il est logique, par l'éducation de l'œil ; l'élève apprend à bien voir et à bien formuler les jugements de l'œil, ce qui, d'après les grands maîtres, est la première condition de l'art du d. et de la peinture ; en second lieu, les principes fondamentaux de la perspective, celui des lignes fuyantes, et celui de la diminution apparente des dimensions avec la distance sont appris par l'élève expérimentalement dès les premières leçons ; il suffit que le professeur les lui fasse remarquer en faisant regarder l'objet d'un seul œil ; enfin, l'élève s'intéresse immédiatement à son travail, ce qui est la première condition de succès. Il est bon, dès les débuts, pour habituer la main à tracer les lignes avec sûreté, de faire copier quelques figures géométriques simples : carré, rectangle, cercle, ellipse, spirale, ornements très simples, etc. Peu à peu, on choisit des modèles en relief de plus en plus compliqués qu'on peut prendre, du reste, parmi les objets d'usage ou d'ameublement : vases, lampes, meubles, etc. Ces objets se prêtent admirablement à la distinction de l'ensemble et des détails. On habitue ainsi l'élève à tracer d'abord le contour, puis les parties principales, et à finir enfin par tous les détails.

Arrivé à ce point de son éducation, pouvant dessiner à main levée, en perspective, un objet quelconque qui se présente à ses yeux, l'élève, on ne saurait trop l'y engager, devrait étudier les formes et les aspects que nous offre la nature, surtout dans les plantes et les fleurs non seulement dans leur ensemble, mais en cherchant à approfondir les beautés contenues dans les moindres détails et à interpréter ses études d'une façon réelle, ou ornementale ou décorative, suivant l'usage auquel il les destine. C'est le seul moyen pour lui de meubler sa mémoire, de rendre son imagination féconde et de développer ses facultés créatrices pour sortir de l'éternelle routine. Conjointement à cela, l'étude de la figure humaine d'après la bosse et le modèle vivant devra achever son éducation et faire de lui un artiste complet.

Quelle que soit la méthode adoptée, la correction du dessin de l'élève par le professeur est peut-être la partie la plus importante de la leçon ; il ne suffit pas de montrer à l'élève les fautes qu'il a pu commettre ; il faut tâcher de les lui faire trouver lui-même, et c'est nécessaire, son attention sur la partie défectueuse ; il arrive à voir lui-même en quoi il a péché, et cette habitude de critique personnelle est l'un des meilleurs éléments de progrès. L'exactitude des proportions doit toujours passer avant la pureté du trait et la finesse du rendu ; c'est l'œil et le jugement qu'il faut éduquer.

On dessine plus avec son œil et avec son cerveau qu'avec sa main.

Le porte-crayon, armé d'un crayon noir, et ayant un poids et une dimension raisonnables, c.-à-d. 18 cent. de longueur, est le meilleur instrument à mettre entre les mains de l'élève qui commence. Le premier objet que celui-ci doit considérer en esquissant son modèle, la Fig. 5, par ex., c'est le rapport qui existe entre la hauteur de l'ensemble et sa largeur. Ce point déterminé, il doit s'occuper d'obtenir le contour général sans s'inquiéter d'aucune des divisions internes ; puis cela fait, il s'attache aux subdivisions, en étudiant les proportions relatives de chacune d'elles, et en les comparant soit les unes avec les autres, soit avec l'ensemble. Supposons l'élève assis devant le modèle, à une distance telle de celui-ci que, d'un

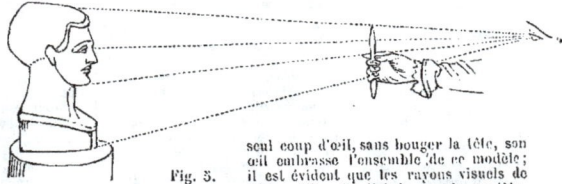

Fig. 5.

seul coup d'œil, sans bouger la tête, son œil embrasse l'ensemble de ce modèle ; il est évident que les rayons visuels de l'élève (Fig. 5) dirigés sur le modèle, peuvent se comparer aux branches d'un compas dont l'ouverture augmente à mesure que l'élève se rapproche du buste, et diminue à mesure qu'il s'en éloigne. En conséquence, toute mesure mobile, telle qu'un porte-crayon, par ex., interposée entre l'élève entre son œil et le modèle, à une distance constante, pouvant, quoique bien moindre que le modèle lui-même, embrasser tout le champ visuel, lui deviendra d'un grand secours pour établir

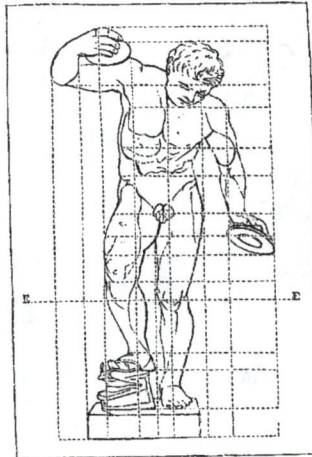

Fig. 6.

certaines mesures. En effet, en appliquant une pareille mesure à une seule division du modèle, il aura, pour ainsi dire, une unité à l'aide de laquelle il obtiendra aisément les dimensions des autres divisions et des subdivisions de l'objet à copier. Ainsi, par ex., en prenant la Fig. 1 qui est de profil, et en choisissant la largeur du cou pour unité, si celle-ci est contenue deux fois et demie dans la hauteur générale du buste, on a immédiatement les proportions de 1 à 2 1/2 qu'on peut de suite tracer soit sur le papier, soit sur la toile. Ce n'est pas tout : l'unité obtenue par le diamètre du cou servira également à tracer le diamètre horizontal de la tête ainsi que celui du buste, ce qui donnera de nouvelles proportions, qui faciliteront singulièrement le tracé de la forme générale. Maintenant, si l'on veut obtenir les proportions des divisions principales, comme la distance de la base du buste à la base du menton, on peut établir une nouvelle unité pour mesurer d'autres parties. Ainsi, par ex., si la distance de la base du buste à la base du menton est la même qu'à partir de ce dernier jusqu'au sommet de la tête, l'élève n'aura qu'à diviser la hauteur totale du modèle en deux parties égales. D'après le même principe, en passant des divisions aux subdivisions, on trouve que la distance entre la base du menton et le point d'où le nez commence à faire saillie, peut servir de mesure pour la hauteur du nez et celle du sommet du crâne. Avec un peu d'habitude, rien n'est plus facile que de découvrir les parties qui, pour un modèle donné, sont les plus propres à servir de commune mesure. Certes, nous ne prétendons pas que le d. doive s'enseigner d'après des règles purement mathématiques; nous disons seulement qu'il faut prendre exactement certains points fixes desquels partent et auxquelles reviennent les lignes onduleuses et variées que présente la tête humaine. Le porte-crayon habilement manié remplit ici l'office de compas, d'équerre, de niveau et de fil à plomb. Cependant, l'usage du fil à plomb pour reconnaître des points qui sont sur la même verticale, est d'un grand secours et ne doit pas être négligé; il était déjà recommandé par Léonard de Vinci. L'œil se familiarise ainsi avec le modèle; le jugement vient ensuite et dispose les diverses parties; enfin, la main s'enhardit et n'hésite plus, et les formes principales sont transportées rapidement sur le papier que l'on a soin pour être subdivisées en telles proportions que l'exige le degré de fini que l'on veut donner à son d. — Les principes relatifs à l'usage du porte-crayon dans le d. du buste s'appliquent également à celui de la figure complète. Dans la Fig. 6, nous avons indiqué plus particulièrement, par les lignes pointillées, l'emploi du porte-crayon dans le sens horizontal et vertical. Dans cette Fig., EE est la ligne de l'horizon, c.-à-d. celle qui est de niveau avec l'œil. On l'aperçoit passant à travers le genou de la jambe sur laquelle porte le poids principal du corps.

Aux yeux des artistes de l'antiquité, la géométrie et l'arithmétique étaient d'une telle importance pour le peintre que Pamphile, le maître d'Apelle, déclarait incapable d'arriver à la perfection l'artiste qui ignorait ces sciences. Vitruve répète les mêmes paroles et nous donne en ces termes les proportions de la figure humaine: « L'espace compris entre le menton et le sommet du front ou la racine des cheveux est la dixième partie de la hauteur du corps; entre le menton et la partie supérieure de la tête, il en forme le huitième. Il en est de même de l'espace compris entre la nuque et le sommet de la tête. Depuis la partie supérieure de la poitrine jusqu'à la racine des cheveux, l'intervalle équivaut à un sixième; mais il est d'un quart jusqu'au sommet de la tête. L'espace compris entre le menton et la partie inférieure du nez forme le tiers de la face; de ce dernier point jusqu'au milieu des sourcils, on trouve un autre tiers, et le tiers restant va jusqu'à la racine des cheveux, à l'endroit où finit le front. La longueur du pied est le sixième de la hauteur du corps; l'avant-bras en forme un quart; la largeur de la poitrine un autre quart. Les autres membres, continue notre auteur, ont pareillement des proportions déterminées, et c'est en tenant compte de ces proportions que les peintres et les sculpteurs de l'antiquité se sont acquis une si grande réputation. C'est exactement de la même manière que toutes les parties d'un temple doivent correspondre entre elles et avec l'ensemble de l'édifice. Le nombril est placé, naturellement, au centre du corps humain; et, si l'on suppose un individu couché, le visage élevé vers le ciel, les mains et les pieds étendus, et qu'à partir de son nombril on décrive un cercle, ce cercle ira toucher l'extrémité des doigts de ses mains et de ses pieds. Ce n'est pas seulement par un cercle que le corps humain est circonscrit: car si on l'inscrit dans un carré, les bras étendus horizontalement, on trouve que la ligne qui le mesure des pieds à la tête, et celle qui traverse les bras complètement étendus, en formant quatre angles droits avec la première, sont exactement égales, de

Fig. 7.

sorte que les verticales tirées sur les extrémités de ces deux lignes produiront un carré parfait. »

Nous terminerons ces observations en montrant l'utile emploi qu'on peut également faire du porte-crayon dans le d.

Fig 8.

du paysage. Le sujet des Fig. 7 et 8 est emprunté à un terrain situé à une petite distance de Rome; on aperçoit dans le lointain la tour de Cécilia Métella. Dans la Fig. 7, les masses sont simplement esquissées. On dessine d'abord avec soin la masse principale abcOld, sur le côté gauche, sous le rapport des lignes principales et des épaisseurs; puis on corrige jusqu'à ce qu'on ait obtenu le tracé exact de sa forme générale. L'œil est à la hauteur du point E qui, par conséquent, indique la hauteur de la ligne d'horizon et est le point de fuite des lignes horizontales et parallèles du mur et de la maison qu'on voit à droite de la gravure. En prenant avec le porte-crayon tenu horizontalement entre le pouce et l'index la distance OI, on trouve que deux fois cette mesure aux points 2 et 3 donnent la jonction du mur avec le pilier, et qu'une ligne prolongée horizontalement, à partir de d, coupe le sommet de la plinthe du pilier de la porte. Le paysage se trouve partagé en deux parties égales, par une ligne verticale tirée à travers la brèche du mur de la ville qu'on aperçoit dans l'éloignement. La ligne *cd*, prolongée supérieurement, donne l'un des côtés de la maison à droite de la route. La ligne *de* coupe le mur en saillie au point *e*, d'où en élevant une ligne verticale on obtient le côté gauche de la tour. Les autres lignes horizontales servent de même à déterminer le reste du paysage. Ainsi donc, il est évident que la disposition des divers éléments de notre *d*. s'est faite avec la plus grande facilité en prenant la masse *abcOtd* pour mesure ou pour unité, qui nous a servi de point de départ et de comparaison dans tout notre travail.

Quand on arrive à l'enseignement supérieur du *d*., l'étude de la perspective et celle de l'anatomie deviennent indispensables. Sans la perspective, il serait impossible de réaliser la moindre composition : les notions vulgaires fournies par l'expérience des dessins précédents sont tout à fait insuffisantes si l'on n'y joint les considérations théoriques nécessaires pour les coordonner. Voy. PERSPECTIVE. — L'anatomie, à l'usage de l'artiste, peut se borner à l'étude du squelette et des muscles, qui sont les parties apparentes du corps; mais cette étude doit être poussée assez loin et comprendre les positions et dimensions relatives de ces éléments anatomiques; sans cette connaissance, il est presque impossible de reproduire convenablement la figure humaine. La figure habillée, elle-même, ne peut être convenablement reproduite que si l'artiste a l'habitude de dessiner le nu : il faut, en effet, que le corps se sente sous les vêtements. Les grands artistes avaient l'habitude de dessiner leurs figures nues et de les habiller ensuite. Il est facile de comprendre que, pour l'artiste, l'enseignement d'après la bosse est insuffisant; il n'arriverait jamais ainsi à reproduire l'illusion de la vie. L'académie d'après le modèle vivant n'est pas non plus sans inconvénient, ou du moins n'est point suffisante à l'éducation de l'artiste. Les modèles qui vont poser, dans les ateliers, sont des personnes qui se font métier et qui savent ainsi habituées à des poses plus ou moins conventionnelles, que l'artiste qui n'aurait pas reçu d'autre éducation reproduirait plus tard dans ses tableaux. Il faut que l'artiste observe autour de lui, et saisisse sur le vif le mouvement des personnages qui l'entourent : c'est aujourd'hui une vérité reconnue de tout le monde, laquelle Diderot a, le premier, appelé l'attention.

A ce point de vue, la photographie, par son développement immense et ses merveilleux résultats offre une aide puissante au dessinateur. Elle immobilise les mouvements les plus rapides et fixe les positions les plus passagères; elle donne ainsi aux artistes des renseignements très utiles dont ils ont usé et même peut-être abusé quelquefois sans assez de discernement, car il est certaines postures étranges que nous révèle la photographie instantanée, qui n'auraient jamais dû être reproduites par un peintre, parce qu'elles représentent le sujet animé à des moments de transition qui n'existent pas pour notre œil, qui nous paraissent invraisemblables et qui ne peuvent par conséquent pas nous donner l'illusion du mouvement.

II. — Dans les arts industriels, on a imaginé une multitude de procédés pour copier exactement les dessins, sans avoir appris à dessiner. Nous ne parlerons ici que des plus simples, c.-à-d. de ceux qui s'exécutent au moyen de *Poncis* ou de *Patrons découpés*. Nous dirons, en outre, quelques mots de la *Craticulation* ou *Graticulation*.

1° *Poncis*. — On prend une feuille de papier végétal sur laquelle on trace ou on calque la figure qu'on veut reproduire. Cela fait, on fixe le papier sur un carton garni d'une d'une couverture de laine douce ou d'un morceau de drap plié en double, et l'on pique avec une aiguille fine tous les traits du dessin. C'est ce *d*., ainsi préparé qu'on appelle *Poncis*. Quand la piqûre est terminée, on enlève, en frottant légèrement avec la pierre ponce, les barbes produites par l'aiguille à l'envers du papier, et il ne reste plus qu'à reproduire le *d*. piqué. A cet effet, on pose le poncis d'aplomb sur la surface à dessiner, et, à l'aide d'épingles, de toute autre manière, on l'y assujettit solidement. On prend alors une *Ponce*, c.-à-d. un petit sachet de toile claire rempli d'une poudre colorante, ou bien un petit cylindre appelé *Poncette*, fait de feutre gris très fin ou de peau de buffle très souple, dont on frotte l'une des extrémités sur une plaque de glace chargée d'une poudre colorante; puis on promène cet instrument sur toute l'étendue du poncis. La poudre qui se détache de la ponce ou de la poncette, passant à travers les trous du papier, va se déposer sur la surface inférieure et forme des lignes de points colorés correspondant aux piqûres du poncis, de façon que le *d*. primitif se trouve reproduit avec une très grande exactitude. Ce procédé est surtout employé par les dessinateurs en broderie et sur étoffes.

2° *Patrons découpés ou Imprimures*. — Pour les préparer, on dessine ou on calque la figure sur une feuille de papier collé très mince et enduit de chaque côté de trois couches de gélatine ou de colle de poisson. On étend ensuite le papier sur une table bien unie, puis on découpe nettement avec un canif tous les traits de plume ou de crayon, en ayant soin toutefois de laisser de distance en distance de petites bandes intactes, afin de soutenir le *d*. Quand on veut se servir de ce patron, on l'étend sur l'objet qu'on veut imprimer, et l'on passe dessus une brosse à poils courts, légèrement trempée dans une encre liquide et gommée. Il est inutile d'expliquer comment, en pénétrant dans les découpures, la matière colorante va former sur la surface placée au-dessous les dessins à représenter.

3° *Graticulation*. — Ce procédé sert à reproduire un *d*., soit en lui conservant ses dimensions naturelles, soit en l'am-

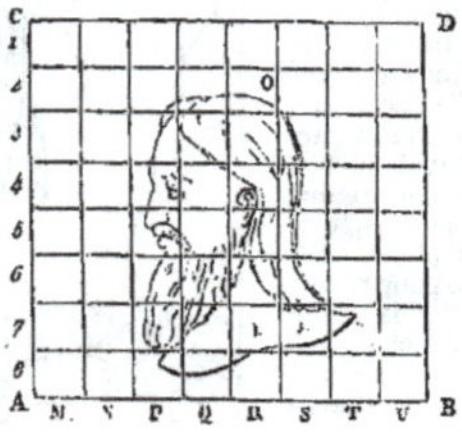

Fig. 9. 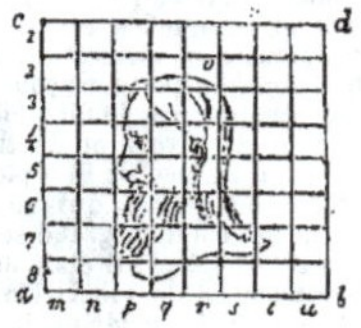   Fig. 10.

plifiant ou en le réduisant. On trace autour du sujet donné (Fig. 9) un carré qu'on divise en un certain nombre d'autres petits carrés égaux en menant des parallèles à ses côtés. Supposons maintenant qu'on veuille réduire toutes les lignes de la Fig. 9 dans le rapport de 5 à 3. On prend une droite *ab* (Fig. 10) égale aux 3/5 de AB (Fig. 9), et l'on construit sur cette droite le carré *abcd*, qu'on partage en autant de carrés égaux qu'il y en a dans le grand carré ABCD. On désigne par des lettres et par des chiffres semblables les colonnes correspondantes des deux figures. Ces préparatifs terminés, si l'on veut fixer sur la copie la position d'un point quelconque du modèle, le point O, par exemple, on trouve qu'il appartient, dans ce dernier, à un carré correspondant à la fois au chiffre 2 et à la lettre R. Il devra donc se trouver, sur la copie, dans le carré correspondant au chiffre 2 et à la lettre *r*. Quand les carrés sont assez petits, il suffit d'un peu d'habitude et de coup d'œil pour trouver exactement sa place. On détermine de la même manière tous les autres points de la figure; puis, en les joignant ensemble, on obtient le *d*. voulu. Si, au lieu de réduire le modèle, on veut lui conserver ses dimensions, on fait le second carré égal au premier. Veut-on au contraire l'amplifier, on procède d'une façon inverse; mais, dans ce dernier cas, le résultat est généralement moins exact que dans celui où l'on réduit. En effet, dans la réduction les erreurs tendent à diminuer, tandis qu'elles tendent à s'accroître quand on augmente les dimensions du modèle. Ce moyen appelé plus simplement « mise en carreaux » est le plus employé pour reproduire un dessin à une échelle quelconque. Les peintres s'en servent pour grandir les études dont ils veulent faire des tableaux.

Il convient aussi de parler des instruments d'optique qu'on emploie pour dessiner et qui peuvent rendre de réels services. Le plus simple est l'*Orthorama*. Il se compose d'une gaze transparente tendue sur un châssis et disposée verticalement. On dessine sur cette gaze avec un crayon de craie blanche en suivant le contour des objets éloignés qu'on voit au travers et qui composent la vue qu'on se propose de dessiner. Un œilleton qui peut se rapprocher ou s'éloigner à volonté de la gaze et par lequel on regarde, sert à fixer la position de l'œil qui ne doit pas bouger. L'exactitude des dessins ainsi obtenus est parfaite, le principe même de la perspective se trouvant réalisé.

On peut encore se servir d'une chambre noire en calquant l'image formée sur l'écran. La *Chambre noire* de Chevallier est disposée de telle sorte que l'image se forme sur une tablette horizontale. Il est très commode d'en suivre les traits en s'enfermant sous la tente qui enveloppe tout l'appareil. Mais le plus pratique et le plus employé de ces instruments est la *Chambre claire*. Elle se compose d'un prisme qui réfracte les rayons lumineux et fait voir sur la feuille de papier les objets qu'on a devant soi; avec un peu d'habitude, on arrive facilement à distinguer à la fois l'image de ces objets et la pointe de son crayon; on n'a plus qu'à suivre les contours de cette image. Cet instrument est très pratique et permet de faire des croquis d'une justesse parfaite avec une rapidité très grande. Il devrait être entre les mains de tous les artistes, amateurs ou professionnels. Voy. CHAMBRE.

Les Grecs attribuaient l'invention du d. à une jeune fille de Sicyone, Dibutade, qui, désespérée de voir partir son amant, imagina de conserver son image en traçant sur un mur les contours du profil qu'y projetait son ombre. Mais on ne peut regarder ce récit que comme une fable ingénieuse.

III. *Dessin géométrique et industriel.* — Le développement de l'industrie a rendu de plus en plus nécessaire l'emploi du d. géométrique. Sans parler de l'architecture, il n'est pas une pièce de machine qui ne s'exécute d'après un dessin préalable; la statique graphique qui se répand de plus en plus remplace les longs calculs de résistance des matériaux par le tracé d'épures suivant des règles déterminées. Tout grand établissement industriel comporte un *Bureau d'études* qui occupe un grand nombre de dessinateurs chargés d'exécuter, suivant les indications et les données des ingénieurs, tous les dessins nécessaires à l'exécution des machines ou constructions.

Le d. géométrique, appelé aussi D. *linéaire*, comprend le tracé des épures de géométrie descriptive, de perspective et de statique graphique, le d. d'architecture, de construction, le d. de machines et le d. topographique. Tous ces travaux s'exécutent avec les mêmes instruments. A la rigueur, la règle, le compas et la règle divisée dite *double-décimètre* pourraient suffire; mais on y joint toujours le té et l'équerre pour le tracé plus rapide des perpendiculaires et des parallèles, et souvent le compas de réduction. Voy. COMPAS. — A part le tracé des épures de géométrie descriptive et la détermination des ombres, qui, du reste, n'est qu'une application de la descriptive, tous ces dessins n'exigent que des connaissances géométriques très rudimentaires. Le d. s'exécute sur une feuille de papier collée et tendue sur une planchette. Pour obtenir cette tension, on mouille le côté de la feuille qui est en contact avec la planche, et on colle les bords du papier sur le bois avec la *Colle à bouche*. Le papier se contracte en séchant et se trouve ainsi parfaitement tendu. Le d. se fait d'abord au crayon. On emploie un crayon dur taillé très fin, qu'on ne doit pas appuyer sur le papier, pour que le trait puisse s'effacer facilement par le frottement de la gomme. Ensuite on met le dessin à l'encre; on emploie souvent des encres de couleurs différentes; les encres rouge, bleue, etc., sont des compositions variées; mais l'encre noire est toujours l'encre de Chine qui est à base de noir de fumée; pour les droites et les cercles on se sert du *tire-ligne*; pour les autres courbes on les trace à la plume. Il est d'usage de mettre des traits plus gros que les autres sur les arêtes qui sont du côté opposé à celui où vient la lumière : c'est ce qu'on appelle les *Traits de force.* Souvent ces dessins sont passés en couleur : c'est ce qu'on appelle les *Lavis.* On suppose généralement que la lumière vient de haut et de gauche à droite, de manière que ses deux projections fassent des angles de 45° avec le plan horizontal et avec le plan de l'élévation. Le noir sert pour indiquer les ombres et les dégradations de lumière; les autres couleurs sont *conventionnelles* et servent à distinguer les diverses substances qui entrent dans l'objet représenté : *bleu* pour le fer, *jaune* pour le bronze, etc. En architecture, les coupes de pierre sont passées en rouge. Dans tous ces dessins les objets sont représentés en *projections*. Il faut alors plusieurs projections pour représenter le même objet. La projection sur le plan horizontal s'appelle le *plan*; la projection sur un plan vertical est l'*élévation*; souvent on est obligé de représenter plusieurs élévations sur des faces différentes; enfin, pour montrer l'intérieur, on dessine des *coupes*, c.-à-d. des projections sur un plan horizontal ou sur un plan vertical qui coupe la construction, en supposant enlevé tout ce qui est au-dessus du plan horizontal ou en avant du plan vertical.

Indépendamment de ces dessins d'un caractère absolument technique, les architectes et les industriels font souvent exécuter des *dessins à l'effet*, qui doivent donner une représentation plus artistique de la construction ou de la machine; on les fait tantôt en projections, tantôt en perspective. Si l'on désire une représentation bien réussie, il faut abandonner le système des teintes conventionnelles, et représenter les diverses parties avec leurs couleurs naturelles. Alors, le tableau deviendra une véritable aquarelle qui plaira plus ou moins à

l'œil, suivant le talent du dessinateur. Mais pour bien exécuter de pareils ouvrages, il faut plus que l'habitude du dessin géométrique et l'habileté manuelle : il y a dans le rendu des couleurs et dans la dégradation des ombres et lumières des difficultés spéciales qui exigent, de la part de l'artiste, des qualités d'observateur et de coloriste qui le rapprochent du peintre, et qui font que son ouvrage se rattache, par un certain côté, à l'art de la peinture.

Législ. — *Dessins de fabrique.* — Voy. PROPRIÉTÉ.

DESSINATEUR, TRICE. s. Personne dont la profession est de faire des dessins. D. *pour étoffes, pour costumes.* || T. Peint. Celui qui entend bien le dessin; se dit par oppos. à *Coloriste. Ce peintre entend le coloris; mais il n'est pas d.*

DESSINER. v. a. (lat. *designare*, désigner et dessiner, de *de*, et *signum*, signe. *Désigner* et *dessiner* sont deux formes du même mot, auxquelles l'usage a assigné peu à peu des sens différents). Représenter un objet quelconque au moyen du dessin. D. *une figure d'après nature.* D. *le paysage.* D. *un jardin,* En tracer le plan. Absol., *Il dessine fort bien.* D. *au crayon, à la plume.* D. *d'après la bosse, d'après nature.* D. *de fantaisie.* — Par ext., se dit de la manière dont un peintre dessine. *Ce peintre dessine hardiment. Il entend le coloris, mais il dessine mal.* || Accuser, faire ressortir les formes du corps. *Ce vêtement dessine bien les formes.* || Fig., Tracer, esquisser. D. *le plan d'une histoire.* || T. Mus. Faire le dessin, tracer la marche et le mouvement. D. *une ouverture.* == SE DESSINER. v. pron. Se dit de ce qui se détache plus ou moins nettement sur un fond quelconque. *On voyait se d. sur la muraille l'ombre des gens qui allaient et venaient.* — T. Mar. On dit, dans un sens usuel, *qu'une terre se dessine dans la brume, se dessine légèrement à l'horizon.* || En parlant des formes, des contours du corps, se développer, devenir plus apparent. *Les formes de cette jeune fille commencent à se d.* || Prendre des attitudes propres à faire ressortir ses avantages extérieurs. *Cet acteur se dessine bien sur la scène. Cette danseuse se dessine avec grâce.* || Fig., Se manifester par des caractères non équivoques. *La marche du nouveau ministère ne se dessine pas encore.* == DESSINÉ, ÉE. part.

DESSOLEMENT. s. m. Action de dessoler un champ.

DESSOLER. v. a. (R. *de*, et *sole*). Oter la sole. D. *un cheval, un mulet, etc.* || Changer l'ordre des soles d'une terre cultivée. D. *les terres d'une ferme.* Voy. ASSOLEMENT. == DESSOLÉ, ÉE. part.

DESSOLURE. s. f. (R. *dessoler*). Action de détacher la sole ou corne qui garnit le pied d'un animal.

DESSOUCHEMENT. s. m. Action de dessoucher.

DESSOUCHER. v. a. (R. *de*, et *souche*). Arracher les souches. Labourer profondément.

DESSOUDER. v. a. (R. *de*, et *souder*). Oter la soudure, disjoindre des parties soudées. D. *une cafetière.* == SE DESSOUDER. v. pron. Perdre sa soudure. *Le fer-blanc se dessoude facilement au feu.* == DESSOUDÉ, ÉE. part.

DESSOUDURE. s. f. Action de dessouder. État d'un objet dessoudé.

DESSOUFFLER. v. a. [Pr. *dé-sou-fler*] (R. *de*, et *souffler*). T. Techn. Dégonfler en parlant d'un boyau soufflé.

DESSOUFRAGE. s. m. T. Techn. Action de dessoufrer. Résultat de cette action.

DESSOUFRER. v. a. (R. *de*, et *soufre*). Oter le soufre.

DESSOUILLER. v. a. [Pr. *dé-sou-ller*, *ll* mouillées] (R. *de*, et *souiller*). Oter la souillure.

DESSOÛLER. v. a. (R. *de*, et *soûler*). Faire cesser l'ivresse. *On l'a dessoûlé avec de l'ammoniaque.* Pop. == DESSOÛLER. v. n. Cesser d'être ivre. *Il ne dessoûle pas.* Pop. == DESSOÛLÉ, ÉE. part.

DESSOUS. adv. de lieu. (R. *de*, et *sous*). Marque la situation d'une chose qui est sous une autre. *Voyez sur la table,*

Cherchez dessus et d. — *Vêtement de d.*, Qui se porte ordinairement sous d'autres. — *Sens dessus d.* Voy. SENS. == DESSOUS. prép. Sous. *Regardez d. le lit.* Vx. == DESSOUS. s. m. La partie qui est d., l'envers, le côté inférieur. *Le d. d'une table. Le d. de cette étoffe est plus beau que le dessus.* — *Le d. des cartes.* Voy. CARTE. — *Les d. d'un théâtre,* Les étages à planchers mobiles qui sont au-dessous de la scène, et qui servent au jeu des décorations. *Il tomba dans le troisième d.* || T. Peint. *Le d. de...,* Épaisseur donnée aux couleurs. || Fig., *Avoir le d.,* Avoir du désavantage dans une lutte quelconque. *Les ennemis eurent le d. Vous avez eu le d. dans la discussion.* == AU-DESSOUS. loc. adv. Plus bas. *La citadelle est sur la colline, la ville est au-d.* On congédia les locataires qui étaient logés au-dessus de lui et au-d. || Fig., Marque l'infériorité en quelque genre que ce soit. *On prétend qu'Hérode fit tuer tous les enfants de l'âge de deux ans et au-d. Racine n'ira pas plus loin qu'Andromaque; Bajazet est au-d.* (Mᵐᵉ DE SÉVIGNÉ). == AU-DESSOUS DE, loc. prép. Plus bas. *Relativement au cours de la Seine, Rouen est au-d. de Paris. Je suis logé au-d. de lui. Il était assis au-d. de vous. Le thermomètre est au-d. de zéro. Sa tunique descendait au-d. du genou. Sa taille est au-d. de la moyenne.* — T. Mar. *Être au-d. du vent d'un vaisseau,* se dit d'un vaisseau sur lequel un autre a le vent. On dit aussi, dans le même sens, *Avoir le d. du vent d'un vaisseau.* || Fig., se dit pour marquer l'infériorité, en quelque genre que ce soit. *On enrôla tous les hommes au-d. de cinquante ans. Toute somme au-d. de mille francs. Vendre une chose au-d. de sa valeur, au-d. du cours, du taux, du prix ordinaire. Le caporal est au-d. du sergent. Il est au-d. de lui par la naissance. Vous êtes fort au-d. de lui en mérite, en richesse. C'est à tort que vous placez l'Arioste au-d. du Tasse. Son livre est au-d. du médiocre. J'ai trouvé cela fort au-d. de l'idée que je m'en étais faite.* || Fig., *Cette au-d. de sa place,* Elle n'est pas digne de lui. On dit dans un sens analogue, *Croire, tenir une chose au-d. de soi,* Ne pas la croire digne de soi. *Cet ouvrage est au-d. de la critique,* Ne mérite pas qu'on se donne la peine de le critiquer. == CI-DESSOUS. loc. adv. Au-d. du lieu où l'on est. *Ci-d. gît un tel.* || *Ci-après,* plus bas. *Voyez ci-d. Comme cela est expliqué dans la note ci-d.* == EN DESSOUS. loc. adv. Du côté inférieur, par-d. *Ce vêtement est fait pour se mettre en d.* || Fam., *Regarder en d.,* Regarder obliquement, en baissant les yeux. On dit aussi d'une personne qui regarde habituellement de cette manière, qu'*elle a le regard, la mine en d.* — Fig. et fam., *Être en d.,* Être dissimulé. == LA-DESSOUS. loc. adv. Sous cela. *Déposez votre panier là-d.* — Fig., *Il y a quelque piège, quelque chose là-d.* == PAR-DESSOUS. prép. Sous. *Porter une cuirasse par-d. ses vêtements. Passer par-d. la barrière. Prendre quelqu'un par-d. le bras.* — Avec ellipse du subst. *Passez par-d. Prenez la table par-d.* == DE DESSOUS. loc. prépos. indiquant que l'on tire quelque chose de ce qui est au-dessous. *Sortir de d. terre. On a tiré cela de d. la commode.*

Obs. gram. — Dans la première partie du XVIIᵉ siècle, *dessous* et *dessus* étaient couramment employés comme prépositions. Il est franchis que les puristes du XVIIᵉ siècle aient condamné cet usage sans aucune raison étymologique ou grammaticale. Quoi qu'il en soit, la règle s'est établie, et c'est aujourd'hui une faute d'employer ces deux mots comme préposition.

DESSOUVENIR. v. pron. (R. *de*, et *souvenir*). Ne pas se souvenir.

DESSUINTAGE. s. m. Action de dessuinter.

DESSUINTER. v. a. (R. *de*, et *suint*). T. Techn. Enlever le suint de la laine. Voy. LAINE.

DESSUS. adv. de lieu (R. *de*, et *sur* ou *sus*). Marque la situation d'une chose qui est sur une autre. *Voyez sur la table, cherchez d. et dessous. Cela n'est ni d. ni dessous.* — *Sens d.* dessous. Voy. SENS. == DESSUS. prép. Sur. *Cela n'est ni d. ni dessous la table.* Vx. == DESSUS. s. m. La partie qui est dessus, l'endroit, le côté supérieur. *Le d. d'une table, d'un livre, d'une étoffe. Le d. de la main, de la tête. On a brisé le d. de cette caisse. Dans ce corps de logis, ma sœur occupe le d. et moi le dessous.* — *Le d. d'une lettre, d'un paquet,* Le côté où l'on met l'adresse, la suscription. || T. Arch. *D. de porte,* Encadrement orné de moulures, de sculptures ou de peintures qu'on place au-d. du chambranle d'une porte. — *Les d. d'un théâtre,* Les étages qui sont au-d. de la scène, et qui servent au jeu des décorations. || T. Mar. *Avoir le d. du vent.* Voy. VENT. || *D. d'une voile.* Face de la voile tournée vers l'avant quand la vergue est perpendiculaire à l'axe du navire. || Fig., *Avoir le d.,* Avoir l'avantage dans une lutte quelconque. *Il a eu le d. dans le combat, dans la discussion. La maladie a été violente, mais la nature a enfin pris le d.* || T. Mus. La partie la plus élevée d'un morceau d'ensemble. *Lorsqu'il y a deux parties aiguës, on les distingue en premier et en second d.* Voy. VOIX. — Par ext., se dit des chanteurs et des chanteuses qui exécutent la partie du d. *C'est un bon d.* == AU-DESSUS. loc. adv. Plus haut. *L'église est près du pont, la fabrique est au-d.* || Fig., Marque la supériorité dans quelque genre que ce soit. *Ce tableau est admirable; l'auteur n'a rien produit qui soit au-d.* == AU-DESSUS DE. loc. prép. Plus haut. *Au-d. de la montagne. Au-d. des mers. Au-d. de l'horizon. Au-d. de la porte on lisait ces mots. La Marne se jette dans la Seine au-d. de Paris. Cet arbre s'élève au-d. de tous les autres. Le thermomètre marquait 26 degrés au-d. de zéro.* || Fig., se dit pour marquer la supériorité en quelque genre que ce soit. *On enrôla tous les citoyens au-d. de vingt ans. Toute somme au-d. de mille francs. Vendre une chose au-d. de sa valeur, au-d. du cours, du prix ordinaire. Un général est bien au-d. d'un simple officier. Il est au-d. de vous par la naissance. Il est bien au-d. de lui en mérite, en richesses, etc. Je place cet auteur au-d. de tous ses contemporains. Elle montra une fermeté au-d. de son sexe. Cela est au-d. de l'idée que je m'en faisais.* — Fig., *Être au-d. de sa place,* Avoir plus de capacité qu'il n'en faut pour remplir la place qu'on occupe. *Être au-d. de sa condition,* Avoir des sentiments, une capacité, des aptitudes qui ne se trouvent pas ordinairement chez les personnes de la même condition. *Avoir une mise au-d. de son état,* S'habiller avec une recherche qui n'est pas convenable dans la position qu'on occupe. — Fig., se dit encore pour marquer qu'on s'affranchit de certaines choses, ou qu'on les brave, qu'on ne s'en met point en peine. *S'élever au-d. des faiblesses humaines. Il est au-d. de toutes ces vaines terreurs. Se mettre au-d. des événements. Il s'est mis au-d. de tout ce qu'on peut dire de lui, au-d. des bienséances, au-d. de tout.* — S'emploie également pour marquer que certaines choses ne peuvent nous atteindre. *Être au-d. du besoin. Cet ouvrage est au-d. de la critique. Sa réputation est au-d. de la calomnie. Cela est au-d. de tout éloge,* Ne peut être loué assez dignement. — Fig. et fam., *Être au-d. du vent, Être en état de ne rien craindre. Cette loc. n'est point usitée au propre.* == CI-DESSUS. loc. adv. Plus haut. *Comme il a été dit ci-d. Voyez ci-d.* == EN DESSUS. loc. adv. Du côté supérieur, par-d. *Ce pain est brûlé en d. Mettez en d. les livres dont j'ai besoin.* == LA-DESSUS. loc. adv. Sur cela. *Mettez le paquet là-d.* || Fig., Sur ce sujet, sur cette affaire. *Pourquoi revenir toujours là-d.? Que n'a-t-on pas dit là-d.? Passons là-d., s'il vous plaît.* — A ces mots, aussitôt après. *Je lui dis que la chose n'était pas faisable, et là-d., il me quitta fort mécontent.* == PAR-DESSUS. prép. Sur, au delà, par dela. *Sauter par-d. une barrière. Il a jeté son ballon par-d. la muraille. Il porte un paletot par-d. son habit.* — *Avoir d'une chose par-d. les yeux, par-d. la tête,* En être fatigué, dégoûté, ou en avoir plus qu'on n'en peut faire, qu'on n'en peut supporter. — *Par-d. les maisons,* se dit en parlant d'une chose exorbitante, exagérée, excessive. *Il a des prétentions par-d. les maisons.* — *Par-d. tout,* Principalement, plus que tout le reste. *Je vous recommande par-d. tout d'être poli. C'est ce qu'il préfère par-d. tout.* || Fig., En outre. *Elle est belle, jeune, et par-d. tout cela elle est riche. Par-d. le marché,* En plus de ce qui était convenu. — Fig. et fam., *De plus, en outre.* S'emploie aussi avec ellipse du régime. *Il avait un habit et un manteau par-d. Il sauta par-d. On lui a donné ce qu'il demandait et quelque chose encore par-d.* == PARDESSUS. s. m. Vêtement que l'on porte par-d. les autres. S'écrit aujourd'hui sans trait d'union. Voy. PAR-DESSUS. || *Passer par-d. soi-même,* Ne pas tenir compte de soi. || PAR-DESSUS. Plus que. *Aimer quelqu'un par-d. toutes choses.* || T. Mus. *Par-d. de viole.* Voy. PAR-DESSUS. || DE DESSUS. loc. prép. Qui indique qu'une chose est tirée d'une autre située au-dessous. *Ôtez cela de d. le buffet. Il essuya la poussière de d. son visage.* — Fig.,

Il ne leva jamais les yeux de d. lu (VAUGELAS). *Détournant les yeux de d. la mort* (BOSSUET).
Obs. gram. — Voy. DESSOUS.

DESSUS DE PORTE. s. m. Morceau d'ornements placé au-dessus d'une porte.

DESSUS DE TÊTE. s. m. Une des pièces de la *Bride.* Voy. ce mot.

DESTIN. s. m. (lat. *destinatum*, sup. du verbe *destinare*, fixer : ce qui est fixé). Se dit de l'enchaînement nécessaire des événements et de leurs causes. *D. irrévocable, immuable. Les païens avaient fait du d. une puissance à laquelle les dieux mêmes étaient soumis. Le livre, l'ordre, les arrêts du d.* — Les poètes disent également *Destin* et *Destins. Le d. ennemi. Les destins ont ordonné* ‖ Le sort particulier d'une personne ou d'une chose; ce qui arrive aux hommes, en bien ou en mal, indépendamment de leur volonté. *Un heureux, un cruel d. D. funeste. Personne ne peut fuir son d. C'est le d. des grands hommes d'être malheureux pendant leur vie. C'est le d. des choses humaines de n'avoir qu'une courte durée.* ‖ En poésie, se dit pour vie, existence. *Il a terminé son d., ses destins. Trancher, abréger le d., les destins de quelqu'un.*
Syn. — *Destinée.* — Ces mots désignent une chose stable, arrêtée, fixée, déterminée d'avance. Par la terminaison du mot, la *destinée* annonce particulièrement la chose, la succession, la série des événements qui remplissent le d. Le d. règle, dispose, ordonne, et ce qu'il veut est notre *destinée.* L'un désigne plutôt la cause et l'autre l'effet. *D.* rappelle une idée de fatalité, de nécessité, de force invincible; *destinée* rappelle l'idée d'une vocation, d'une *destination* par laquelle nous sommes appelés à tel genre de vie ou de mort. Ainsi, selon les lois physiques, inévitables, le d. de l'homme est de souffrir; la *destinée* de l'homme est le malheur. Le d. est contraire ou propice; la *destinée* heureuse ou malheureuse. Tout cède au pouvoir du d., quoi qu'on puisse faire contre sa *destinée.* Le sage se soumet au d., et remplit sa *destinée.* Nous nous plaignons de notre *dest née*, et nous accusons le d. de nos maux. On dit unir ses *destinées*, s'attacher à la *destinée* de quelqu'un, suivre sa *destinée*, finir sa *destinée*, etc.
Enfin, *d.* n'est communément employé que par les poètes et les orateurs; *destinée* est le mot du langage ordinaire. *D.* rappelle une force aveugle et une philosophie fataliste, tandis que l'idée contenue dans le mot *destinée* s'accorde très bien avec la notion d'un Univers constitué en vue d'une fin déterminée où l'homme est appelé à jouer un rôle qu'il remplit bien ou mal, suivant les décisions de sa libre volonté.
Myth. — Le *D.* est le fils du Chaos et de la Nuit. Il est le véritable maître de l'Univers; les dieux eux-mêmes lui sont soumis. Il personnifie une force aveugle et irrésistible contre laquelle rien ne peut s'élever. Ses arrêts sont écrits éternellement dans un livre où les dieux les consultent, et les Parques les exécutent. Les Grecs le nommaient Μοῖρα ou Αἶσα, les Romains *Fatum*, et lui donnaient souvent les épithètes d'*inexorabile*, d'*insuperabile* et d'*ineluctabile*, qui toutes rappellent son caractère de puissance fatale, aveugle, irrésistible. Les peuples scandinaves avaient aussi le d. dans leur mythologie. — Les philosophes ont compris le d. de diverses manières, suivant les doctrines qu'ils professaient. Pour les Épicuriens et les Stoïciens, le d. est l'ensemble des lois nécessaires qui gouvernent le monde, et qui ne peuvent pas être autrement qu'elles ne sont; c'est une force qui règle tout, mais qui ne se connaît pas elle-même, notion à peu près identique à celle des *lois nécessaires* qu'admettent les positivistes et les matérialistes de nos jours. Pour Platon et Socrate, le d. est l'action d'une intelligence supérieure; c'est à peu près la *Providence* des religions modernes; telle était l'opinion de Cicéron. Avec le christianisme, le mot *Destin* a disparu du langage philosophique; les philosophies religieuses disent providence ou prédestination; les doctrines athées ou panthéistes parlent de nécessité naturelle, de lois nécessaires, etc.

DESTINATAIRE. s. 2 g. Celui, celle à qui on envoie une lettre, un paquet, etc.

DESTINATEUR, TRICE. s. Personne qui fait un envoi, une destination.

DESTINATION. s. f. (Pr... sion)(lat. *destinatio*). La mis-

sion, le rôle assigné à une personne; l'emploi auquel une chose est destinée. *La d. de l'homme sur la terre. On avait construit cette maison pour en faire une fabrique, c'était là sa première d. L'architecture de cet édifice ne répond nullement à sa d. On pouvait se rendre compte de la d. de cet instrument. Vous connaissiez cependant la d. de cet argent.* ‖ La prescription faite par quelqu'un relativement à l'usage, à l'emploi qu'on doit faire d'une chose. *On a employé cette somme suivant la d. qui en avait été faite. On ne doit rien changer à la d. des fondateurs.* ‖ T. Jurisprud., *Immeubles par d.* Voy. BIEN. — *D. du père de famille,* Voy. SERVITUDE. ‖ Le lieu où doit se rendre une personne, où une chose est envoyée; la détermination de ce lieu. *Des troupes qui se rendent à leur d. Votre lettre n'est pas parvenue à sa d. Ces marchandises sont arrivées à leur d. Arriver au lieu de sa d. La d. de cette escadre est pour l'Amérique.*

DESTINATOIRE. adj. Qui règle la destination.

DESTINÉE. s. f. (part. pass. du verbe *destiner*). Le destin ou l'effet du destin. *Être soumis à la d. La d. se joue des faibles mortels. Le cours des destinées.* ‖ Le sort d'une personne ou d'une chose. *D. heureuse, malheureuse. Suivre, remplir, accomplir sa d., ses destinées. Murmurer contre sa d. Leur d. est irrévocablement fixée. Quand on songe à la d. qui attend l'homme sur la terre, il faudrait arroser de pleurs son berceau. Il cherchait en vain à se dérober à sa d. Dieu tient notre d. entre ses mains* ‖ En poésie, se dit pour Vie, existence. *Finir sa d. Trancher la d. de quelqu'un.* = Syn. Voy. DESTIN.
Philos. — Le mot *destinée* peut être pris dans deux acceptions très différentes, qu'il importe de bien distinguer. 1° Tantôt il désigne les conditions naturelles et inévitables de notre existence, et les circonstances qui nous attendent dans cette existence par suite de ces conditions, des lois physiologiques et des nécessités sociales. C'est ainsi qu'on dira : la d. de l'homme est de vieillir et de mourir. Dans un sens analogue, le mot *d.* s'applique encore à l'avenir qui, suivant les écoles spiritualistes, est réservé à l'âme humaine après la mort. 2° Pris dans la deuxième acception le même mot implique l'idée d'une mission à accomplir, d'un rôle à jouer dans l'univers, et comporte nécessairement l'idée que l'Univers est organisé en vue d'une fin déterminée. Faute d'avoir bien compris cette distinction, plusieurs philosophes ont écrit sur la d. de l'homme de nombreuses pages aussi obscures que vagues; ce sont surtout les écoles matérialistes ou panthéistes qui, mélangeant les deux sens, pourtant très distincts, sont arrivées à des conclusions tantôt inintelligibles, tantôt pleines de contradictions. Il est clair que si l'on admet que l'Univers est gouverné par des forces aveugles et des lois nécessaires, toute idée téléologique, toute idée de but et de fin doit être écartée, le mot d. ne peut plus être compris que dans le premier sens, et le problème de la d. humaine perd tout son intérêt; quant à la d. d'outre-tombe, la logique oblige ces écoles à la nier formellement. Du reste, les mêmes doctrines sont inconciliables avec la croyance au libre arbitre, de sorte qu'il devient inutile de formuler des règles de conduite pour l'amélioration de notre d. Si, au contraire, on admet que l'Univers est construit en vue d'une fin déterminée, il faut admettre que cette fin existe de toute éternité, c.-à-d. qu'elle a été conçue par l'Être tout puissant qui a créé l'univers en vue de sa réalisation. La croyance en un Dieu créateur s'impose, et avec elle l'idée que l'homme est appelé à collaborer à cette fin; mais, comme l'homme est doué d'une volonté libre, il peut se révolter contre le rôle qui lui est assigné et se conduire de manière à ne pas accomplir sa d. On voit ainsi que le problème de la d. humaine se rattache à celui de la morale, quoiqu'il en diffère par un certain côté. La morale se présente à nous avec un caractère d'obligation que l'idée que l'on peut se bien conduire sans connaître la d. pour laquelle nous sommes créés; la conscience suffit à nous dicter notre conduite. En réalité, nous ignorons notre véritable d.; nous sentons bien que nous ne devons pas vivre pour nous seuls, que nous nous devons à l'espèce humaine tout entière et aux générations futures, et que nous devons travailler à l'amélioration des conditions d'existence de l'homme sur la terre; mais le problème de la d. d'outre-tombe, et celui même de l'espèce humaine tout entière nous échappent absolument. Les diverses solutions données par les religions ne paraissent pas satisfaire complètement la raison moderne; leur défaut capital est de s'attacher presque exclusivement à l'individu, et de laisser presque entièrement de côté l'action que l'homme exerce sur

le globe qu'il habite et les conditions de la société, action qui gouverne le bien-être et la moralité des générations futures.

Sans nous étendre davantage sur ce sujet, nous ferons seulement remarquer que, pour la pratique de la vie, le problème n'a peut-être pas l'importance qu'on serait tenté de lui attribuer. Ce qui est important, ce qui suffit à la conduite et à la dignité de la vie, c'est de croire à notre d., c'est d'être convaincu que nous ne sommes pas sur terre par l'effet de forces aveugles et d'un hasard inconscient, mais que nous avons une mission à accomplir, que nous avons reçu la vie pour collaborer à quelque œuvre grandiose et majestueuse, qui reste obscure pour nous, et que pour nous guider dans cette obscurité nous n'avons qu'à nous laisser conduire par les lumières de notre conscience : la dignité et le respect de soi-même, le respect de nos semblables dans leur existence, leur liberté, leur propriété, et l'amour de l'idéal sous ses formes sont des guides qui nous conduiront sûrement là où notre destinée doit s'accomplir. La plupart des philosophes appartenant aux écoles les plus opposées sont à peu près d'accord sur ce sujet. L'un des plus sceptiques, Renan, n'a-t-il pas déclaré que la vie est une chose incompréhensible et vaine si on ne se la représente pas comme une mission à accomplir, et l'éternel et vain effort des positivistes et des matérialistes n'est-il pas de concilier leurs doctrines avec les idées de morale et de mission à accomplir ? Est-il utile d'ajouter qu'ils n'y peuvent parvenir qu'au prix de contradictions flagrantes, et que ceux d'entre eux qui ont conservé le respect de la logique ont nécessairement abouti au système de morale dit de *l'intérêt bien entendu*, qui, lui-même est en contradiction avec sa doctrine, puisqu'il suppose comme une liberté d'action que les théories en question ont déjà repoussée. Pour remplir sa destinée physique, l'animal a l'instinct qui lui fait exécuter, sans qu'il en comprenne la portée, les actes qui doivent assurer son existence individuelle et celle de son espèce. Pour le même objet l'homme a une moindre part d'instinct, et une intelligence qui lui permet de comprendre le but de ses actions ; pour accomplir sa destinée morale il a la conscience, qui suffit à lui assurer une vie calme, pleine de dignité et de grandeur. Voy. MORALE.

DESTINER. v. a. (lat. *destinare*). En parlant des personnes, se dit de la carrière qu'on veut donner à quelqu'un, du rôle qui lui est assigné, du sort qui lui est réservé. *Il destinait son fils au barreau. Savons-nous à quoi le ciel nous destine ? Sa naissance le destinait à occuper un jour de grandes places. Il était destiné à périr de cette manière.* — En parlant des choses, se dit de l'usage qu'on en veut faire, du lieu où on veut les envoyer. *Il a destiné cet argent aux pauvres. Je destine mes soirées à cette occupation. Cet édifice est destiné au culte. Cette escadre est destinée pour l'Amérique.* || Préparer, réserver. *Dieu leur destinait d'autres couronnes. Vous savez l'accueil qu'il vous destine.* == SE DESTINER. v. pron. Se dit de la carrière que quelqu'un veut suivre. *Se destiner au barreau, aux armes*, etc. == DESTINÉ, ÉE. part. *Un homme destiné à une grande fortune, à de grandes choses. Un édifice destiné au culte. Une flotte destinée pour la Chine.*

DESTITUABLE. adj. 2 g. Qui peut être destitué. *Un fonctionnaire d. à volonté.*

DESTITUER. v. a. (lat. *destituere*. m. s. de *de*, et *statuere*, poser, fixer). Priver quelqu'un de la charge, de l'emploi, de la fonction qu'il avait. *D. un professeur, un fonctionnaire, un notaire. On l'a destitué de son emploi, de la tutelle de son neveu. Il a été destitué de sa place.* == DESTITUÉ, ÉE. part. || Adjectiv., Dépourvu, dénué. *Un homme destitué de tout secours, destitué de bon sens, de raison,* etc. — Ce sens vieillit en parlant des personnes : on dit maintenant, *Dénué de secours,* etc.

DESTITUTION. s. f. [Pr. ...*sion*]. Privation d'une charge, d'un emploi, etc. *Prononcer la d. d'un fonctionnaire, d'un tuteur. Sa d. ne l'a nullement surpris. Depuis sa d., il ne se mêle de rien.*

DESTOUCHES. poète comique (1680-1754), auteur du *Philosophe marié* et du *Glorieux.*

DESTOUCHES. peintre français (1794-1884).

DESTRIER. s. m. (lat. *dextra*, main droite). Vx mot qui signifiait cheval de main, de bataille. *D. s'employait par*

oppos. à *Palefroi, qui se disait d'un cheval de cérémonie.*

DESTRUCTEUR. s. m. Celui qui détruit. *Les Grecs furent les destructeurs de Troie.* || Celui qui commet des ravages, des dégâts. *Les soldats sont de grands destructeurs.* || Fig., *Cet homme a été le d. de sa maison par ses folles dépenses. Ce prince voulait être le d. de l'hérésie, le d. des abus.* || Adjectiv., *Un fléau d. Un animal d. Un système d. de toute morale.*

DESTRUCTIBILITÉ. s. f. Qualité de ce qui peut être détruit. Peu us.

DESTRUCTIBLE. adj. Qui peut être détruit.

DESTRUCTIF, IVE. adj. Qui détruit, qui cause la destruction. *Principe d. Cause destructive. Une doctrine destructive de toute morale.*

DESTRUCTION. s. f. [Pr. ...*sion*] (lat. *destructio*, m. s., de *destruere*, détruire). Ruine totale. *La d. de Carthage. La d. du temple de Jérusalem.* || Fig., *La d. d'une famille, d'un État, d'un empire. Travailler à la destruction de l'hérésie, des abus. Ces maximes tendent à la d. de la morale.*

Législ. — Le fait de détruire ou de dégrader des monuments, statues et autres objets destinés à l'utilité ou à la décoration publiques et élevés par l'autorité publique ou avec son autorisation, est puni, par l'art. 257 du Code pénal, d'un emprisonnement d'un mois à deux ans et d'une amende de cent à cinq cents francs. Le même code contient les dispositions suivantes concernant la d. : « Quiconque, volontairement, aura détruit ou renversé, par quelque moyen que ce soit, en tout ou en partie des édifices... ou autres constructions qu'il savait appartenir à autrui... sera puni de la réclusion et d'une amende qui ne pourra excéder le quart des restitutions et indemnités ni être au-dessous de cent francs. » — Quiconque brûle ou détruit volontairement des registres, minutes ou actes originaires de l'autorité publique, ou encore des effets de commerce ou de banque, est puni de la réclusion ; le même fait entraîne l'emprisonnement de deux à cinq ans si une amende de 100 à 300 fr., quand la destruction porte sur un titre, billet ou quittance ne rentrant pas dans les deux catégories précitées.

DESTRUCTIVITÉ. s. f. Penchant à la destruction.

DESTUTT DE TRACY. (Voy. TRACY.)

DÉSUDATION. s. f. [Pr. *dé-su-da-sion*] (lat. *desudatio*, sueur, de *de*, et *sudare*, suer). Éruption de petits boutons que l'on observe chez les enfants tenus malproprement.

DÉSUÉTUDE. s. f. [Pr. *dé-su-étude*] (lat. *desuetudo*, de *de*, et *suetudo*, habitude). Non-usage ; se dit des lois, des coutumes, etc., que l'on a cessé d'observer. *Cette loi est tombée en d.*

DÉSULFURATION. s. f. [Pr. *dé-sulfura-sion*]. T. Chim. Action de priver de soufre.

DÉSULFURER. v. a. [Pr. *dé-sulfurer*] (lat. *de*, et *sulfur*, soufre). Ôter le soufre.

DÉSULTEUR. s. m. [Pr. *dé-sulteur*] (lat. *desultor*, de *de*, et *sultare*, sauter). T. Antiq. Cavalier qui, dans les cirques, conduisait deux chevaux et sautait de l'un sur l'autre.

DÉSULTOIRE. adj. 2 g. [Pr. *dé-sultoire*] (lat *desultare*, sauter). Qui passe d'un sujet à un autre. *Style d.*

DÉSUNION. s. f. [Pr. *dé-zunion*] (R. de, et *union*). Séparation des parties qui composaient un tout, un assemblage. *La d. des planches d'une cloison.* || Disjonction, démembrement. *La d. de deux cures.* || *La d. de ces terres a diminué leur valeur.* || Fig. Mésintelligence, division. *C'est lui qui a mis la d. dans la famille. Une question d'intérêt amena entre eux la d. la plus complète.*

DÉSUNIR. v. a. [Pr. *dé-zunir*] (R. de, et *unir*). Disjoindre, séparer ce qui est uni. *D. les pièces d'un ouvrage de menuiserie. On avait réuni les deux communes, on a été forcé de les d. de nouveau.* || Figur., Rompre la bonne intelligence, l'union qui est entre des personnes. *C'est l'intérêt qui unit et désunit les princes. Le sort pourra nous séparer, mais jamais nous d.* = SE DÉSUNIR. ⌐. pron. *Les ais de cette porte se désunissent. Si cette famille se désunit, elle est perdue.* = DÉSUNI, IE. part. || T. Man. *Cheval désuni,* Cheval qui traîne les hanches, qui galope à faux.

DÉSUNISSANT, ANTE. adj. Qui produit la désunion.

DÉSURE. s. f. [Pr. *de-zure*]. Sorte de filet à mailles serrées.

DÉSUSITÉ, ÉE. adj. Qui n'est plus usité.

DESVAUXIACÉES. s. f. pl. T. Bot. Nom sous lequel certains botanistes ont autrefois désigné la famille des *Centrolépidées.* Voy. ce mot.

DESVRES. ch.-l. de c. (Pas-de-Calais), arr. de Boulogne; 4,800 hab.

DÉTACHANT, ANTE. adj. Qui enlève les taches.

DÉTACHEMENT. s. m. (R. *détacher*). État de celui qui s'est élevé au-dessus des choses qui, en général, captivent trop l'esprit ou le cœur. *Le d. des plaisirs. Le d. du monde. Être dans un entier d. de toute espèce d'intérêt.* || T. Guerre. Troupe de soldats qu'on tire d'un corps plus considérable. *Envoyer un d. à la découverte. Commander un d. J'étais de ce d.* — Réunion d'embarcations que l'on détache de l'escadre pour un service spécial.

DÉTACHER. v. a. (R. *de*, et *tache*). Ôter les taches. *D. une étoffe.* Absolum., *Savon à d.* = DÉTACHÉ, ÉE. part. — Voy. DÉGRAISSER.

DÉTACHER. v. a. (même origine qu'*attacher* avec le préfixe *de*, au lieu de *ad*). Dégager une personne ou une chose de ce qui l'attachait, de l'objet auquel elle était attachée. *D. un chien. D. une tapisserie. D. un fruit de l'arbre. On le détacha de l'arbre auquel il était lié. Ces rochers ont été détachés de la montagne par la violence du torrent.* || Défaire ce qui sert à attacher. *D. une épingle, une agrafe. D. un ruban.* || Par ext., Tenir écarté de. *Détachez vos bras du corps. Détachez le pied gauche du pied droit.* — Isoler. *Vous détacherez les mots du texte par un filet.* || Séparer une chose d'une autre dont elle fait partie, avec laquelle elle fait corps. *D. une vigne d'une ferme. D. une commune d'un département, une province d'un État. D. un chapitre d'un ouvrage.* || T. Guerre. Tirer une troupe de soldats d'un corps plus considérable, pour la charger d'un service particulier. *Il détacha deux compagnies pour aller à la découverte.* En parl. des vaisseaux, on dit de même, *On détacha de la flotte deux avisos.* — *D. des gendarmes,* etc., contre quelqu'un, Les mettre à sa poursuite. — Fam., *D. un soufflet, un coup de poing, une ruade,* Envoyer un soufflet, etc. || Fig., Détourner une personne, ne pas tenir un engagement, à renoncer à une occupation, à une passion, à une croyance, etc. *On ne saurait le d. de cet engagement. D. quelqu'un d'un parti. On ne parviendra jamais à le d. de cette passion, de cette opinion. Détachez votre esprit de cette idée. On n'a jamais pu le d. de cet absurde système.* || T. Mus. *D. des notes,* Exécuter chaque note au moyen d'une émission de son brève et non prolongée. || T. Peint. et Sculpt. Faire ressortir les formes d'un objet, leur donner une saillie réelle ou apparente. *Il faudrait le d. un peu plus cette figure.* = SE DÉTACHER. v. pron. S'emploie dans la plupart des acceptions ci-dessus. *Le chien de garde s'est détaché. Votre voile se détache. Ma jarretière se détache. Ce cheval est sur le point de se d. Ce titre ne se détache pas assez du reste. Quelques individus se détachèrent du groupe. Plusieurs vaisseaux se détachèrent de la flotte. Se d. d'une idée, d'une opinion. Ces notes doivent se détacher. Ces figures se détachent bien du fond.* = DÉTACHÉE, ÉE. part. || T. Fortif. *Pièces détachées,* Pièces qui se tiennent point au corps de la place. *On a construit autour de Paris dix-sept fort détachés.* || T. Littérature. *Pièces détachées, morceaux détachés,* Pièces qui n'ont aucune liaison entre elles, dont chacune forme un tout. || T. Turf. *Cheval détaché,* se dit de celui qui est en avant de tous les autres.

DÉTACHEUR, EUSE. s. Personne qui fait profession de détacher les étoffes.

DÉTACHOIR. s. m. T. Techn. Nom de l'une des pièces de la machine à couper les flaus des médailles et des monnaies.

DÉTAIL. s. m. [Pr. *dé-tal, l* mouillée] (R. *détailler*). T. Comm. Action de vendre des marchandises par petite quantité. *Ce marchand fait le gros et le d. Magasin de d.* || Énumération des différents articles d'un compte. *Voici le d. des travaux que j'ai faits pour vous, des fournitures que je vous ai faites.* — Par ext., se dit de ces différents articles. *Les détails d'un compte.* || Exposé de toutes les circonstances d'une affaire, d'un événement. *Il nous a fait le d., un long d., un d. minutieux, un d. fort exact de cette affaire, de cet événement. Je lui ai raconté l'affaire en gros, sans entrer dans le d., sans descendre dans le d.* — Se dit aussi, ordinair. au plur., des circonstances, des particularités d'une affaire, d'un événement. *Je n'omettrai aucun d. Il vous donnera tous les détails que vous pourrez désirer.* || S'emploie encore en parlant des objets particuliers, plus ou moins secondaires, qui sont relatifs à une affaire, à une administration, etc. *Il descend aux moindres détails du ménage. Il se perd dans les détails. Aucun d. de cette vaste administration ne peut lui échapper. C'est un homme de d., qui a l'esprit de d., C'est un homme qui s'occupe des moindres particularités d'une affaire, à qui il n'en échappe aucune.* || En termes Beaux-Arts et Littér., se dit des parties d'une œuvre d'art, d'un ouvrage littéraire, qui, bien qu'elles concourent à la formation de l'ensemble, peuvent être envisagées en elles-mêmes. *L'ensemble et les détails. Ce peintre ne soigne pas assez les détails. Ce sont les beautés de détail qui soutiennent les ouvrages de ce genre. On trouve dans sa pièce quelques détails spirituels.* = EN DÉTAIL. loc. adv. Par petites quantités. *Vendre en d. Vente en d. Marchand en gros et en d.* || Par ext., Pièce à pièce, partie par partie. *Lorsqu'on la considère en d., on s'aperçoit que... Il faudrait examiner cette chose en d.* || En faisant le d., en donnant le d. *Il nous a raconté le fait en d. On dit de même, Avec d., avec le plus grand d.* || T. Mar. Rapport du capitaine sur l'état de son navire. — Service relatif à l'embarquement et à la conservation du matériel et des munitions du bord. *C'est le second qui est chargé du d.*

Obs. gram. — Le pluriel de ce mot a un sens différent du singulier. Le *d.* est l'action de considérer, de prendre, de mettre la chose en petites parties ou dans les moindres divisions. Les *détails* sont ces petites parties ou ces petites divisions, telles qu'elles sont dans l'objet même. *Vous faites le d.* et non *les détails* de la chose jusqu'au dans les plus petites particularités. *Vous n'en faites pas les détails,* parce qu'ils existent par eux-mêmes dans la chose. Ce sont les petits objets ou les objets particuliers qu'on peut considérer en *d.* Il y a dans la police, dans le commerce, dans le ménage, dans la finance, mille petits *détails,* mille petites affaires dont le *d.* ou l'exposition détaillée n'aurait point de fin. *Détail* annonce la manière dont vous représentez les choses, et *détails* les choses mêmes que vous représentez.

DÉTAILLANT, ANTE. adj. [Pr. *déta-llan, ll* mouillées]. Qui vend en détail. *Marchand d.* || Substant. *C'est un d., une détaillante.*

DÉTAILLER. v. a. [Pr. *déta-ller, ll* mouillées] (R. *tailler*). Couper en morceaux, diviser en parties. *D. un bœuf, un mouton.* || Débiter, vendre en détail. *D. des marchandises.* || Raconter, exposer en détail. *Détaillez-nous toute l'histoire. Il serait trop long de vous d. toutes les circonstances de cette affaire.* || Réciter, lire ou chanter en faisant sentir toutes les nuances des expressions. *Il a très bien détaillé ce morceau.* — S'emploie absol. dans ce sens, *Cet auteur détaille très bien.* — On dit dans le même sens, *D. un morceau de musique,* et, dans un sens analogue, *D. un tableau,* En observer et en indiquer tous les détails. = DÉTAILLÉ, ÉE. part. *Un récit détaillé. Je ne ferai point une critique détaillée de cette pièce.*

DÉTAILLEUR. s. m. [Pr. *déta-lleur, ll* mouillées]. Marchand qui vend en détail. Vx. On dit aujourd'hui *Détaillant.*

DÉTAILLISTE. s. m. [Pr. *déta-lliste, ll* mouillées]. Écrivain ou artiste qui excelle dans les détails.

DÉTALAGE. s. m. Action de détaler des marchandises.

DÉTALER. v. a. (R. *de*, et *étaler*). Resserrer la marchandise qu'on avait étalée. *Ce sont des marchandises qu'on détale tous les jours.* Absol., *La foire est finie, les marchands ont détalé.* || Figur., Se retirer précipitamment et non pas volontairement. *Aussitôt qu'il l'aperçut, il détala. Je le ferai bien d. Allons, détalez au plus vite.*

Il met sur pieds sa bête et la fuit détaler.
                 LA FONTAINE.

= DÉTALÉ, ÉE. part.

DÉTALINGUER. v. a. (R. *de*, et *étalinguer*). T. Mar. Ôter le câble d'une ancre. *Il faut d.*

DÉTAPER. v. a. (R. *de*, et *tape*). T. Mar. Ôter les tapes du canon. || T. Techn. Ôter les tapes des formes à sucre.

DÉTAPISSER. v. a. (R. *de*, et *tapisser*). Ôter les tapisseries.

DÉTARIUM. s. m. [Pr. *déta-riome*] (Mot sénégalais latinisé). T. Bot. Genre de plantes de la famille des *Légumineuses.* Voy. ce mot.

DÉTARTRER. v. a. (R. *de*, et *tartre*). Enlever le tartre.

DÉTAXE. s. f. (R. *de*, et *taxe*). Remise, suppression d'une taxe.

DÉTAXER. v. a. (R. *de*, et *taxer*). Supprimer ou réduire la taxe.

DÉTECTEUR. s. m. (lat. *detector*, celui qui découvre, de *detegere*, découvrir). T. Techn. Appareil servant à reconnaître la présence du grisou dans les mines de houille. Le d. de W. Garforth se compose d'une poire en caoutchouc munie d'un ajutage. Après avoir pressé la poire pour chasser l'air, on introduit l'ajutage dans une crevasse de la paroi de la mine et on laisse la poire se remplir; puis on la vide dans l'intérieur d'une lampe de sûreté; si l'air est pur, cette insufflation ne fait qu'allonger la flamme, tandis que s'il y a du grisou, il brûlera avec une flamme bleue ou même fera détonation si la proportion en est considérable.

DÉTECTIVE. s. m. (mot angl. tiré du lat. *detectum*, sup. de *detegere*, découvrir). Agent de police chargé de découvrir l'auteur d'un crime.

DÉTEINDRE. v. a. (R. *de*, et *teindre*). Faire perdre la couleur, enlever la teinture. *Les acides déteignent les étoffes.* = SE DÉTEINDRE. v. pron. et DÉTEINDRE. v. n. Perdre sa couleur, se ternir. *Cette étoffe ne se déteint jamais. Cette couleur se déteint aisément. Cette indienne déteint au lavage.* || Fig. et fam., on dit d'une chose mauvaise qui exerce une influence fâcheuse sur une autre, *qu'elle déteint sur elle. La stupidité des gens avec lesquels il vivait avait fini par d. sur lui.* = DÉTEINT, EINTE. part.

DÉTELAGE. s. m. Action de dételer les chevaux d'une voiture.

DÉTELER. v. a. (R. *de*, et *atteler*). Détacher d'une voiture, d'une charrue, etc., les chevaux et autres animaux qui y sont attelés. *Il va d. ses chevaux, ses bœufs*, etc. — Absol., *Dételez promptement. Il n'a pas encore d.* = DÉTELÉ, ÉE. part. = Conj. Voy. APPELER.

DÉTENDEUR. s. m. T. Techn. Second cylindre d'une machine compound, où la vapeur se détend en chassant le piston, après avoir agi dans le premier cylindre.

DÉTENDOIR. s. m. Instrument pour tendre et détendre la chaîne d'une étoffe.

DÉTENDRE. v. a. (R. *de*, et *tendre*). Relâcher ce qui était tendu. *D. une corde, un arc, un ressort.* — Fig., *D. son esprit, se d. l'esprit*, Donner du repos à l'esprit lorsqu'il est fatigué. || Détacher, enlever ce qui était tendu. *D. une tapisserie, des rideaux, une tente, un pavillon.* — *D. une chambre, un appartement*, En ôter les tapisseries, les rideaux, etc. — S'emploie absol. en parlant des tapisseries, des chambres, des tentes et des pavillons qu'on détend. *On a détendu dans toute la maison. On avait déjà détendu*

dans tout le camp. || Fig. et fam., en parlant du temps, Adoucir. *Cette petite pluie a détendu le temps.* = SE DÉTENDRE. v. pron. Cesser d'être tendu. *Le ressort s'est détendu. L'esprit a parfois besoin de se d.* || Figur. et fam., se dit du temps qui s'adoucit. *Le temps qui était très froid s'est détendu tout d'un coup.* = DÉTENDU, UE. part.

DÉTENIR. v. a. (lat. *detinere*, de *de*, et *tenere*, tenir). Conserver, retenir par devers soi. *D. les effets d'une succession. D. le bien d'autrui.* — *D. quelqu'un en prison*, ou simplement *D. quelqu'un*, Le mettre, le retenir en prison. = DÉTENU, UE. part. Être détenu prisonnier. Être détenu *pour dettes.* || Subst., Celui qui est détenu ou a été détenu en prison. *Un détenu pour dettes. Les détenus politiques.* — *Colonie pour les jeunes détenus; Jeunes détenus.* Voy. PÉNITENTIAIRE (*Système*).

DÉTENTE. s. f. (R. *détendre*). Mécanisme qui fixe certaines parties d'une machine pendant un intervalle de temps et les abandonne ensuite tout à coup. — Plus particul., Petite pièce de fer ou d'acier qui sert à faire partir les armes à feu. *Presser la d.* || L'action de lâcher la détente. *Ce fusil est bien dur à la d.* — Figur. et pop., *Être dur à la d.*, Avoir de la peine à payer, à donner de l'argent. — Relâche, calme, repos. *Son âme eut une d. en entendant ces mots.* || T. Méc. Action de la vapeur qui se détend dans le cylindre d'une machine à vapeur. *La d. est réglée par le jeu du tiroir qui ouvre et ferme l'admission de la vapeur.* Voy. MOTEUR À VAPEUR.

DÉTENTEUR, TRICE. s. (R. *détenir*). Celui qui détient, qui possède actuellement une chose. *Légitime d. Injuste d. D. des deniers publics. Le d. d'un héritage. Elle a été condamnée comme détentrice des biens de la succession.* — *Tiers d.*, Celui qui détient actuellement un bien sur lequel une autre personne possède une hypothèque.

DÉTENTILLON. s. m. [Pr. les *ll* mouillées] (dimin. de *détente*). T. Techn. Détente que relève la roue des minutes dans une horloge.

DÉTENTION. s. f. [Pr. *détan-sion*] (lat. *detentio*, m. s. de *detinere*, détenir). T. Jurisp. État d'une chose dont on a la possession actuelle. *Le dépositaire n'a que la simple d. de l'objet déposé.* || État d'une personne détenue, privée de sa liberté. *D. illégale*, Celle qui a lieu sans l'autorité de la justice. *D. préventive*, Celle que subit un accusé avant son jugement. *La d. préventive ne compte pas pour l'expiation de la peine.* — Dans un sens plus spécial, peine afflictive et infamante qui consiste dans l'emprisonnement sur le territoire continental de la France, et qui entraîne la dégradation civique et l'interdiction du condamné. *La peine de la d. ne peut être prononcée pour moins de cinq ans, ni pour plus de vingt. Il a été condamné à la d. Maison de d.* Voy. PRISON.

Législ. La d. est une peine criminelle, afflictive et infamante d'ordre politique; sa durée est de 5 à 20 ans; elle entraîne comme peines accessoires la dégradation civique, l'interdiction légale et l'affichage de l'arrêt de condamnation. — Cette peine consiste à être renfermé dans une forteresse située sur le territoire continental de la République; depuis le 16 janvier 1874, elle peut être subie au fort de l'île Sainte-Marguerite (Alpes-Maritimes).

DÉTERGENT, ENTE. adj. T. Méd. Syn. de *Détersif, ive*, qui est plus us.

DÉTERGER. v. a. (lat. *detergere*, nettoyer). T. Méd. *D. une plaie, un ulcère*, Les nettoyer. — DÉTERGÉ, ÉE. part. = Conj. Voy. MANGER.

DÉTÉRIORANT, ANTE. adj. Qui détériore, qui est propre à détériorer.

DÉTÉRIORATION. s. f. [Pr. *...sion*]. Action par laquelle on détériore quelque chose, ou le résultat de cette action. *Le locataire est responsable des détériorations faites durant son bail.* || Fig. Décadence, dépravation.

DÉTÉRIORER. v. a. (lat. *deteriorare*, m. s. de *deterior*, comp. de *deter*, mauvais). Dégrader, gâter, rendre pire. *D. une terre, un héritage, une maison. D. la condition de quelqu'un.* || Fig. Dépraver, faire dégénérer. = SE DÉTÉRIOnen. *Cette maison se détériore. On a laissé ces marchandises se d.*, ou, avec ellipse du pronom, *ce a laissé d. ces marchandises.* == Détérioré, ée. part.

DÉTERMINABLE. adj. Qui peut être déterminé.

DÉTERMINANT. s. m. (R. *déterminer*, parce qu'un système d'équations linéaires à autant d'inconnues que d'équations admet une solution *déterminée*, quand le d. des coefficients des inconnues n'est pas nul). T. Alg. On sait que lorsqu'on résout un système de plusieurs équations à plusieurs inconnues, les valeurs de toutes ces inconnues sont données par des fractions qui ont toutes le même dénominateur. Ce dénominateur commun a reçu le nom de *Déterminant* du système. La manière de le former avec les coefficients des équations et les propriétés remarquables dont il jouit ont été étudiées avec soin, et sont devenues l'origine d'une des théories les plus ingénieuses et les plus fécondes de l'algèbre. Mais, pour bien comprendre cette théorie, il est nécessaire d'entrer dans quelques développements préliminaires.

On sait qu'on appelle permutations de *n* objets, toutes les manières de ranger ces *n* objets sur une seule ligne. Le nombre de ces permutations est égal au produit 1.2.3.....*n*. (Voy. Permutation.) Parmi elles, choisissons-en une que nous appellerons l'*ordre naturel*; si les objets sont des lettres, ce sera, par exemple, l'ordre alphabétique; si les objets sont des nombres, ce sera l'ordre des nombres croissants. Alors nous dirons que deux objets ou *éléments* d'une permutation forment une *inversion* ou un *dérangement*, si dans la permutation considérée ils se trouvent placés dans l'ordre contraire à l'ordre naturel. Pour compter les inversions d'une permutation donnée, il suffit de compter successivement les inversions que présente chaque élément avec tous ceux qui le suivent. Par exemple, la permutation:

$$2.6.4.5.1.3.$$

présente:

$$1 + 4 + 2 + 2 = 9 \text{ inversions.}$$

Cela posé, on distingue les permutations en deux classes, suivant que le nombre des inversions est pair ou impair, et l'on fait cette remarque importante qu'*une permutation change de classe si l'on y échange entre eux deux éléments*. Cela est d'abord évident si les deux éléments sont consécutifs, parce qu'ils forment une inversion dans l'une des deux permutations et n'en forment pas dans l'autre, de sorte que le nombre total des inversions a varié d'une unité par l'échange. Si maintenant les deux éléments sont séparés par *k* éléments, de manière à former le groupe:

$$a \wedge b,$$

on réalisera l'échange en échangeant *a* successivement avec les *k* éléments de A et avec *b*, ce qui donnera le groupe:

$$A b a,$$

puis en échangeant *b* avec les *k* éléments de A, ce qui donne:

$$b A a.$$

On a ainsi fait $2k + 1$ échanges d'éléments consécutifs, d'où résulte un nombre impair de changements de classes, et par suite, un changement définitif.

Il résulte de là que les permutations de chaque classe sont en nombre égal; car l'une des classes en se reproduit autant de l'autre classe par l'échange de deux mêmes éléments, de sorte qu'aucune classe ne peut être plus nombreuse que l'autre.

Définition du déterminant. — Considérons n^2 quantités rangées dans un tableau carré:

$$a_1 \, b_1 \, c_1 \ldots l_1,$$
$$a_2 \, b_2 \, c_2 \ldots l_2,$$
$$a_n \, b_n \, c_n \ldots l_n.$$

On appelle d. de ces n^2 quantités le polynôme ainsi formé: chaque terme du polynôme est un produit dont on trouve les facteurs en prenant un élément et un seul dans chaque ligne horizontale et dans chaque colonne verticale. Il faut faire cette opération de toutes les manières possibles pour avoir tous les termes du polynôme. Le signe de chaque terme se détermine en écrivant au-dessus de chaque élément le numéro de la ligne où il a été pris, et au-dessous le numéro de la colonne où il a été pris. Si les deux permutations formées par les numéros des lignes et des colonnes sont de même classe, on donne au terme le signe +, sinon le signe —.

Il résulte de cette définition que le signe d'un terme est indépendant de l'ordre dans lequel on écrit ses facteurs, comme cela doit être: car, si l'on permute deux éléments, on change à la fois la classe de la permutation de lignes et celle de la permutation de colonnes. Dès lors, on peut ranger les éléments dans l'ordre des lignes, par exemple; la permutation des lignes ne contenant aucune inversion sera de la première classe, et il n'y aura à considérer que la permutation de colonnes; si celle-ci est de la première classe, le terme aura le signe +, sinon il aura le signe —. On voit aussi que le nombre des termes du d. du n^e ordre est le produit 1.2.3.....*n*, et qu'il a autant de termes de chaque signe. On représente le d. en encadrant le tableau carré entre deux traits verticaux. Ainsi, pour le d. de 3e ordre, on aura:

$$\begin{vmatrix} a \, b \, c \\ d \, e \, f \\ g \, h \, k \end{vmatrix} = ack - afh - bdk + bfg + edh - ceg.$$

Propriétés des déterminants. — Ces propriétés découlent immédiatement de la définition:

1° *Le d. ne change pas si l'on écrit les lignes en colonnes et réciproquement* car, dans la définition les lignes et les colonnes jouent le même rôle.

2° *Si l'on échange deux lignes ou deux colonnes, le d. change de signe sans changer de valeur absolue*, car, d'une part, les termes restent les mêmes en valeur absolue, et d'autre part, l'une des permutations de lignes ou de colonnes changeant seule de classe, le signe de chaque terme est changé.

3° *Un d. qui a deux lignes ou deux colonnes composées d'éléments égaux est nul*, car, si l'on échange ces deux lignes ou ces colonnes, le d. ne change pas, et cependant il doit changer de signe.

4° *Un d. est un polynôme linéaire et homogène par rapport aux éléments d'une même ligne ou colonne*, puisque chaque terme contient un élément et un seul de la ligne ou colonne considérée. On appelle D. *mineur* correspondant à un élément, le d. obtenu en effaçant la ligne et la colonne qui se croisent sur cet élément.

5° *Le coefficient d'un élément dans le d. est le d. mineur correspondant à cet élément pris avec le signe + ou —*, suivant que la somme des numéros de la ligne et de colonne de cet élément est paire ou impaire. C'est évident, d'après la définition, pour l'élément qui est placé en haut et à gauche du tableau, qu'on appelle l'élément principal. Si l'on considère un élément quelconque, on l'amènera au premier rang, sans rien changer aux lignes et colonnes qui ne le contiennent pas, en permutant d'abord la ligne qui le contient avec toutes les précédentes successivement, puis la colonne qui le contient avec toutes les précédentes. Alors, le nombre des permutations opérées, et par suite des changements de signe, sera égal à la somme des numéros de sa ligne et de sa colonne moins *deux*, ce qui justifie la partie de l'énoncé relative au signe. — Il résulte de ce théorème que si tous les éléments d'une ligne ou d'une colonne sont nuls, excepté un, le d. se réduit au produit de cet élément par le mineur correspondant affecté du signe + ou — suivant les cas. On dit alors que l'ordre du d. s'abaisse d'une unité. Par exemple, on aura:

$$\begin{vmatrix} a & b & c & d \\ a' & b' & c' & d' \\ a'' & b'' & c'' & d'' \\ o & o & c''' & o''' \end{vmatrix} = - c''' \begin{vmatrix} a & b & d \\ a' & b' & d' \\ a'' & b'' & d'' \end{vmatrix}.$$

Les propositions 4 et 5 donnent le moyen de *développer un d. par rapport aux éléments d'une même ligne ou d'une même colonne*. Ainsi:

$$\begin{vmatrix} a & b & c & d \\ a' & b' & c' & d' \\ a'' & b'' & c'' & d'' \\ a''' & b''' & c''' & d''' \end{vmatrix} = a \begin{vmatrix} b' & c' & d' \\ b'' & c'' & d'' \\ b''' & c''' & d''' \end{vmatrix} - b \begin{vmatrix} a' & c' & d' \\ a'' & c'' & d'' \\ a''' & c''' & d''' \end{vmatrix}$$

$$+ c \begin{vmatrix} a' & b' & d' \\ a'' & b'' & d'' \\ a''' & b''' & d''' \end{vmatrix} - d \begin{vmatrix} a' & b' & c' \\ a'' & b'' & c'' \\ a''' & b''' & c''' \end{vmatrix}$$

Pour abréger, on désigne par de grandes lettres les coefficients de chaque élément, c.-à-d. les mineurs correspondants affectés du signe convenable, et l'on écrira:

$$\begin{vmatrix} a & b & c & d \\ a' & b' & c' & d' \\ a'' & b'' & c'' & d'' \end{vmatrix} = Aa + Bb + Cc + Dd = Aa + A'a' + A''a'' + A'''a''' = \text{etc.}$$

6° *Pour multiplier un d. par un nombre, il suffit de multiplier par ce nombre tous les éléments d'une lignes ou colonnes* : cela résulte immédiatement de la proposition 4. Il en est de même de la suivante :

7° Si deux ou plusieurs déterminants ne diffèrent que par une seule ligne ou colonne, on peut les ajouter en ajoutant les éléments correspondants des lignes ou colonnes différentes :

$$\begin{vmatrix} a & b & c \\ d & e & f \\ g & h & k \end{vmatrix} + \begin{vmatrix} a & b & c' \\ d & e & f' \\ g & h & k' \end{vmatrix} + \begin{vmatrix} a & b & c'' \\ d & e & f'' \\ g & h & k'' \end{vmatrix} = \begin{vmatrix} a & b & c + c' + c'' \\ d & e & f + f' + f'' \\ g & h & k + k' + k'' \end{vmatrix}$$

8° Un d. est nul s'il a deux lignes ou colonnes composées d'éléments proportionnels; car, en multipliant l'une des lignes ou colonnes par un nombre convenable, on trouve deux lignes ou colonnes égales, et, par suite, un d. nul.

9° Un d. est nul s'il existe une même relation linéaire et homogène entre tous les éléments d'une même ligne ou colonne; soit, par exemple, le d. du 4° ordre :

$$\begin{vmatrix} a & b & c & d \\ a' & b' & c' & d' \\ a'' & b'' & c'' & d'' \\ a''' & b''' & c''' & d''' \end{vmatrix}$$

Je suppose qu'il y ait une même relation linéaire entre les éléments d'une même ligne, c'est-à-dire qu'on ait identiquement :

$$\lambda a + \mu b + \nu c + \rho d = 0,$$
$$\lambda a' + \mu b' + \nu c' + \rho d' = 0,$$
$$\lambda a'' + \mu b'' + \nu c'' + \rho d'' = 0,$$
$$\lambda a''' + \mu b''' + \nu c''' + \rho d''' = 0,$$

λ, μ, ν, ρ étant 4 nombres dont l'un au moins, soit λ, n'est pas nul. Alors on tirera de ces relations :

$$a = -\frac{\mu}{\lambda} b - \frac{\nu}{\lambda} c - \frac{\rho}{\lambda} d,$$

$$a' = -\frac{\mu}{\lambda} b' - \frac{\nu}{\lambda} c' - \frac{\rho}{\lambda} d',$$

$$a'' = -\frac{\mu}{\lambda} b'' - \frac{\nu}{\lambda} c'' - \frac{\rho}{\lambda} d'', \quad \text{etc.,}$$

et le d. deviendra :

$$\begin{vmatrix} -\frac{\mu}{\lambda} b - \frac{\nu}{\lambda} c - \frac{\rho}{\lambda} d & b & c & d \\ -\frac{\mu}{\lambda} b' - \frac{\nu}{\lambda} c' - \frac{\rho}{\lambda} d' & b' & c' & d' \\ -\frac{\mu}{\lambda} b'' - \frac{\nu}{\lambda} c'' - \frac{\rho}{\lambda} d'' & b'' & c'' & d'' \\ -\frac{\mu}{\lambda} b''' - \frac{\nu}{\lambda} c''' - \frac{\rho}{\lambda} d''' & b''' & c''' & d''' \end{vmatrix}$$

qui est la somme changée de signe des trois suivants :

$$\begin{vmatrix} \frac{\rho}{\lambda} d & b & c & d \\ \frac{\rho}{\lambda} d' & b' & c' & d' \\ \frac{\rho}{\lambda} d'' & b'' & c'' & d'' \\ \frac{\rho}{\lambda} d''' & b''' & c''' & d''' \end{vmatrix}, \quad \begin{vmatrix} \frac{\mu}{\lambda} b & b & c & d \\ \frac{\mu}{\lambda} b' & b' & c' & d' \\ \frac{\mu}{\lambda} b'' & b'' & c'' & d'' \\ \frac{\mu}{\lambda} b''' & b''' & c''' & d''' \end{vmatrix}; \quad \begin{vmatrix} \frac{\nu}{\lambda} c & b & c & d \\ \frac{\nu}{\lambda} c' & b' & c' & d' \\ \frac{\nu}{\lambda} c'' & b'' & c'' & d'' \\ \frac{\nu}{\lambda} c''' & b''' & c''' & d''' \end{vmatrix}$$

lesquels sont nuls comme ayant deux colonnes proportionnelles.

Il résulte de ces théorèmes qu'on peut faire subir aux déterminants diverses modifications qui, du reste, rentrent toutes dans les suivantes : *on peut ajouter aux éléments d'une ligne ou colonne les éléments d'une autre ligne ou colonne multipliés par un même nombre, positif ou négatif*. Cette règle permet de transformer un d. de manière à abaisser son ordre; il suffit de s'arranger pour que tous les éléments d'une ligne ou d'une colonne deviennent nuls à l'exception d'un seul. Par exemple, soit le d. du 4° ordre :

$$\begin{vmatrix} 1 & 2 & -1 & 1 \\ 2 & 1 & -1 & -1 \\ 1 & 1 & -1 & -2 \\ 2 & 2 & -1 & 1 \end{vmatrix}$$

On pourra d'abord ajouter la deuxième ligne à la première, ce qui donne :

$$\begin{vmatrix} 3 & 3 & 0 & 0 \\ 2 & 1 & -1 & -1 \\ 1 & 1 & -1 & -2 \\ 2 & 2 & -1 & 1 \end{vmatrix}$$

puis retrancher la seconde colonne de la première :

$$\begin{vmatrix} 0 & 3 & 0 & 0 \\ 1 & 1 & -1 & -1 \\ 0 & 1 & -1 & -2 \\ 0 & 2 & -1 & 1 \end{vmatrix}$$

lequel, développé suivant les éléments de la première colonne, se réduit à :

$$-\begin{vmatrix} 3 & 0 & 0 \\ 1 & -1 & -2 \\ 2 & -1 & 1 \end{vmatrix}$$

lequel équivaut à

$$-3 \times \begin{vmatrix} -1 & -2 \\ -1 & 1 \end{vmatrix} = -3(-1-2) = +9.$$

Multiplication des déterminants. — Nous ne traiterons que le cas où les deux déterminants sont du même ordre. Le cas général se ramène à celui-là très facilement : il suffit, en effet, d'introduire dans un d. une ligne supérieure de 0, une colonne de gauche de 0, et un élément égal à 1 dans l'angle supérieur de gauche pour augmenter son ordre d'une unité sans changer sa valeur :

$$\begin{vmatrix} a & b & c \\ a' & b' & c' \\ a'' & b'' & c'' \end{vmatrix} = \begin{vmatrix} 1 & 0 & 0 & 0 \\ 0 & a & b & c \\ 0 & a' & b' & c' \\ 0 & a'' & b'' & c'' \end{vmatrix}$$

L'application réitérée de cet artifice permettra donc de ramener les deux déterminants au même ordre. Soit donc deux déterminants de 3° ordre :

$$\begin{vmatrix} a & b & c \\ a' & b' & c' \\ a'' & b'' & c'' \end{vmatrix} \quad \text{et} \quad \begin{vmatrix} \alpha & \beta & \gamma \\ \alpha' & \beta' & \gamma' \\ \alpha'' & \beta'' & \gamma'' \end{vmatrix}$$

On reconnaît d'abord, d'après la simple définition, que le produit est le d. de 6° ordre :

$$\begin{vmatrix} a & b & c & 0 & 0 & 0 \\ a' & b' & c' & 0 & 0 & 0 \\ a'' & b'' & c'' & 0 & 0 & 0 \\ 0 & 0 & 0 & \alpha & \beta & \gamma \\ 0 & 0 & 0 & \alpha' & \beta' & \gamma' \\ 0 & 0 & 0 & \alpha'' & \beta'' & \gamma'' \end{vmatrix}$$

car celui-ci contient avec leurs signes tous les produits de tous les termes des déterminants donnés, pris de toutes les manières possibles. Maintenant, on peut remplacer l'un des deux carrés de 0 par des nombres quelconques, car tous les termes qui les contiendront, contiendront nécessairement un 0 de l'autre carré, comme il est facile de s'en assurer; ils seront donc nuls. Nous écrirons donc le produit :

$$\begin{vmatrix} a & b & c & -1 & 0 & 0 \\ a' & b' & c' & 0 & -1 & 0 \\ a'' & b'' & c'' & 0 & 0 & -1 \\ 0 & 0 & 0 & \alpha & \beta & \gamma \\ 0 & 0 & 0 & \alpha' & \beta' & \gamma' \\ 0 & 0 & 0 & \alpha'' & \beta'' & \gamma'' \end{vmatrix}$$

Puis nous ajouterons à la première colonne les trois dernières multipliées respectivement par a a' a''; à la seconde les trois dernières multipliées respectivement par b b' b'', et à la troisième les trois dernières multipliées respectivement par c c' c'', ce qui donne :

$$\begin{vmatrix} 0 & 0 & 0 & -1 & 0 & 0 \\ 0 & 0 & 0 & 0 & -1 & 0 \\ 0 & 0 & 0 & 0 & 0 & -1 \\ a\alpha + a'\beta + a''\gamma & b\alpha + b'\beta + b''\gamma & c\alpha + c'\beta + c''\gamma & \alpha & \beta & \gamma \\ a\alpha' + a'\beta' + a''\gamma' & b\alpha' + b'\beta' + b''\gamma' & c\alpha' + c'\beta' + c''\gamma' & \alpha' & \beta' & \gamma' \\ a\alpha'' + a'\beta'' + a''\gamma'' & b\alpha'' + b'\beta'' + b''\gamma'' & c\alpha'' + c'\beta'' + c''\gamma'' & \alpha'' & \beta'' & \gamma'' \end{vmatrix}$$

Par l'application d'une remarque déjà faite, on peut, à cause du premier carré de neuf zéros, remplacer le carré de $\alpha\beta\gamma$ par des 0, et en développant suivant les éléments d'une des dernières colonnes, on trouve pour le produit le d. du 3° ordre :

$$\begin{vmatrix} a\alpha + a'\beta + a''\gamma & b\alpha + b'\beta + b''\gamma & c\alpha + c'\beta + c''\gamma \\ a\alpha' + a'\beta' + a''\gamma' & b\alpha' + b'\beta' + b''\gamma' & c\alpha' + c'\beta' + c''\gamma' \\ a\alpha'' + a'\beta'' + a''\gamma'' & b\alpha'' + b'\beta'' + b''\gamma'' & c\alpha'' + c'\beta'' + c''\gamma'' \end{vmatrix}$$

Comme on peut intervertir les lignes et colonnes du premier facteur, on peut écrire aussi le produit sous la forme suivante qui est la plus habituelle :

$$
\begin{vmatrix} a & b & c \\ a' & b' & c' \\ a'' & b'' & c'' \end{vmatrix} \times \begin{vmatrix} \alpha & \beta & \gamma \\ \alpha' & \beta' & \gamma' \\ \alpha'' & \beta'' & \gamma'' \end{vmatrix}
$$

$$
= \begin{vmatrix} a\alpha + b\beta + c\gamma & a'\alpha + b'\beta + c'\gamma & a''\alpha + b''\beta + c''\gamma \\ a\alpha' + b\beta' + c\gamma' & a'\alpha' + b'\beta' + c'\gamma' & a''\alpha' + b''\beta' + c''\gamma' \\ a\alpha'' + b\beta'' + c\gamma'' & a'\alpha'' + b'\beta'' + c'\gamma'' & a''\alpha'' + b''\beta'' + c''\gamma'' \end{vmatrix}
$$

Cette règle se généralise immédiatement pour les déterminants quelconques.

L'emploi des déterminants facilite singulièrement certaines théories algébriques par la forme condensée qu'il donne aux résultats; mais la principale application est la résolution des équations du premier degré à plusieurs inconnues. Cette question importante, étant la base de la théorie des *formes* ou polynômes homogènes, sera traitée au mot FORME.

DÉTERMINANT, ANTE. adj. Qui détermine, qui sert à déterminer. *C'est une raison déterminante.* || T. Gram. comparative. *Proposition déterminante*, Celle qui en détermine une autre.

DÉTERMINATEUR. s. m. T. Hist. nat. Celui qui détermine une espèce, un caractère.

DÉTERMINATIF. IVE. adj. T. Gram. Qui détermine, qui précise ou restreint la signification d'un mot. *Complément d. Adjectif d.* || Subst., *L'article est un d.*

DÉTERMINATION. s. f. [Pr. ...sion]. Résolution que l'on prend après avoir balancé entre plusieurs partis. *Prendre une d. Je n'attends que sa d.* || T. Philos. Action par laquelle une chose, également susceptible de plusieurs qualités ou manières d'être, est déterminée à recevoir l'une plutôt que l'autre. — *D. du mouvement*, Ce qui détermine un mouvement à aller d'un côté plutôt que d'un autre. || T. Math. Caractère d'un problème déterminable. — Action de déterminer les inconnus d'un problème. || T. Path. Tendance à rendre certain caractère ou certaine direction.

DÉTERMINÉMENT. adv. Résolument, absolument. *Il l'a voulu d.* || Expressément, précisément. *Je vous ai marqué d. ce que vous aviez à faire.* || Courageusement, hardiment. *Les soldats allaient d. à l'assaut.*

DÉTERMINER. v. a. (lat. *determinare*, de *de*, et *terminus*, terme, borne). Fixer, régler, décider. *C'est à vous à d. la marche que je dois suivre. D. les dimensions qu'une chose doit avoir. Le concile détermina que... C'est un point que l'Église a déterminé.* || Par ext., Résoudre, prendre une résolution. *Une fois qu'il a déterminé une chose dans son esprit, il est difficile de lui faire changer d'avis.* || Reconnaître, indiquer, établir d'une manière positive. *D. la distance qu'il y a de la terre au soleil. D. l'étendue d'un terrain. D. la courbe que décrit une planète. Il n'a pas été possible de d. d'une manière satisfaisante la signification de ce mot, le sens de cette phrase.* || Faire que telle chose ait telle qualité plutôt que telle autre. *Connaît-on la cause qui détermine ce corps à se mouvoir en ligne courbe plutôt qu'en ligne droite? La matière étant indifférente au repos et au mouvement, il faut une cause qui la détermine à l'un ou à l'autre.* || T. Gram. Préciser ou restreindre la signification d'un mot, d'une forme. *Ce mot est déterminé par celui qui précède. Dans cette phrase, Le livre de Paul, les mots de Paul déterminent le mot livre.* — *D. un mot, une expression, à un sens, à une signification*, lui donner précisément telle signification. *Ce mot est équivoque de lui-même; mais ce qui précède et ce qui suit le déterminent à ce sens. On dit mieux, En déterminent le sens.* || Être la cause immédiate d'une chose. *Le moindre choc suffit pour d. une explosion. La chute de ce mur a été déterminée par des infiltrations. C'est ce qui détermina sa maladie. D. le succès d'une affaire, d'une négociation. Cette manœuvre habile détermina le succès de la bataille.* || Faire prendre une résolution. *Ce conseil détermina Paul à partir.* || T. Man. *Déterminer un cheval*, Le déterminer à partir. || SE DÉTERMINER. v. pron. Prendre une résolution. *Il était indécis, mais il s'est déterminé. Il ne pourra jamais s'y d. Il ne peut se d. à rien. Se d. à faire une chose.*

== **DÉTERMINÉ, ÉE.** part. *Un sens bien d. En nombre d. A une époque d. Il n'y a rien de d. là-dessus.* || T. Math. *Problème d.,* Qui n'a qu'un certain nombre de solutions possibles. || T. Bot. Syn. de *Défini.* == Adject., Qui est entièrement adonné à quelque chose. *C'est un chasseur, un joueur, un buveur d.* || Hardi, courageux. *On choisit pour ce coup de main quelques soldats déterminés.* — Par anal., on dit, *Avoir un air, un maintien d. Une action déterminée.* — Qui est dû à quelqu'un qui est violent, emporté. *Il ne faut pas le fâcher, c'est un d. Cet enfant est un petit d.*

DÉTERMINISME. s. m. T. Philos. Un des systèmes de la scolastique qui subordonnait nos déterminations à l'action providentielle. || Système d'après lequel tout ce qui arrive dans le monde, y compris les actes de l'homme et des animaux, est la conséquence nécessaire des phénomènes antérieurs, conformément aux lois immuables de la nature inanimée ou animée.

Philos. — Dans l'étude du monde physique, le d. est la base de toute science et de toute découverte. La croyance à des lois immuables suivant lesquelles les phénomènes s'engendrent les uns les autres, est le fondement des sciences physiques, qui ont pour principal objet la découverte de ces lois. Sans cette croyance enracinée dans l'esprit, le physicien ne saurait songer à chercher par des expériences et des observations les relations suivant lesquelles les phénomènes qu'il observe se rattachent les uns aux autres. Ainsi compris, le d. est une application du principe de causalité. En l'absence de notions scientifiques suffisantes, entraînés par les illusions de l'anthropomorphisme, les premiers hommes attribuèrent les phénomènes naturels à l'action volontaire d'êtres supérieurs doués d'une puissance particulière sur certains éléments de la nature. De là dérivent en partie les cultes polythéistes qui divinisèrent les forces naturelles. Incapables de comprendre la cause des alternatives de sécheresse et de pluie, des apparitions des orages, du cours des astres, les partisans de ces cultes crurent que tous ces phénomènes dépendaient de la volonté de dieux particuliers dont chacun avait son attribution spéciale. On en arriva à diviniser les fontaines et les arbres. Cependant, des observations plus attentives montrèrent que certaines actions naturelles se reproduisaient périodiquement ou accidentellement dans des circonstances bien déterminées, de telle sorte que certains phénomènes étaient toujours invariablement suivis d'autres, et pouvaient servir à les prévoir. Cela fut évident dès l'antiquité la plus reculée pour la lumière et la chaleur qu'on reconnut dépendre du soleil et de son élévation au-dessus de l'horizon, pour la pluie et les orages reliés manifestement à l'apparition des nuages. Peu à peu, les relations de cette nature se multiplièrent et, par une généralisation facile, on en arriva à conclure qu'il en était de même de tous les phénomènes naturels. Aussi, l'opinion du d. naturel fut-elle professée par les grands philosophes de l'antiquité, et l'action divine limitée à la création de l'univers et à l'établissement des lois qui le régissent, ou même tout à fait supprimée, comme dans la doctrine d'Épicure et de Lucrèce, où les dieux ne sont conservés que pour jouir de leur immortalité dans une impuissante oisiveté. Cependant, les anciens ne sont pas arrivés à la notion du d., telle que nous la concevons aujourd'hui. Il n'y a qu'une seule chose qui ait essayé une explication purement mécanique de l'univers : c'est celle d'Épicure et de Lucrèce, qui prétendait tout expliquer par le choc et la combinaison des *atomes*. Ces atomes étaient supposés descendre éternellement du haut en bas de l'univers; mais, comme cette chute verticale attribuait à chacun d'eux des trajectoires parallèles qui ne laissaient place à aucune rencontre, et par suite, à aucune combinaison, on avait imaginé un déplacement latéral, une sorte d'oscillation sur laquelle on ne s'expliquait pas et à laquelle on avait donné le nom de *déclinaison*. La déclinaison permettait les chocs, les rapprochements et les agglomérations d'atomes avec lesquels on croyait pouvoir constituer tous les corps; mais quelles étaient la cause et les lois de cette déclinaison ? C'était là l'un des points les plus faibles de la doctrine. On pouvait bien s'expliquer la descente des atomes par assimilation avec la pesanteur, à une époque où l'on ignorait la gravitation universelle et où l'on n'avait que des notions très vagues sur la sphéricité de la terre et le mouvement des astres; mais la déclinaison restait livrée au hasard et par là le système sortait du d. proprement dit.

Aujourd'hui, la doctrine d'Épicure a été reprise sous une autre forme à peine différente au fond : la théorie atomique qui a joui et jouit encore d'une certaine vogue, prétend expliquer tous les phénomènes naturels par le choc d'innombrables atomes qu'on suppose parcourir l'univers dans toutes les directions et avec toutes les vitesses imaginables. Voy. MATÉRIALISME. En admettant, ce qui est loin d'être prouvé, ni même probable, que cette théorie puisse rendre compte de tous les phénomènes naturels, il reste à trouver la cause de ces mouvements variés imprimés aux atomes, et, par là, la théorie atomique sort elle-même du d. proprement dit. Du reste, l'esprit humain ne s'arrête jamais dans l'enchaînement des causes, et quel que soit l'état primitif par lequel on prétende expliquer l'univers actuel à la suite d'innombrables modifications, il se demandera quelle est la cause de cet état primitif et quelle est la cause des lois qui ont régi ces transformations. C'est là que gît l'écueil de toutes les théories purement mécaniques, là que paraît résider l'impossibilité d'imaginer un système satisfaisant méritant vraiment le nom de d.

Sous cette forme métaphysique, le d. mécanique s'oppose à la croyance en un Dieu créateur; mais si l'on veut laisser de côté la question de la cause première, si l'on se borne à étudier la cause prochaine des phénomènes observés, alors la notion de d. ne s'oppose plus à la croyance en Dieu, mais seulement à l'intervention arbitraire de ce Dieu dans le monde physique, à l'action providentielle sur les choses, au miracle, au surnaturel. Sans discuter ici cette question épineuse, nous rappellerons seulement que le d. ainsi limité est l'axiome fondamental de la physique. Il n'y aurait aucune science possible si, en présence d'un phénomène inattendu, l'homme de science pouvait se contenter de cette explication, qu'il assiste à une action directe de la divinité s'exerçant contrairement aux lois naturelles. Le devoir du savant est de chercher l'explication naturelle de ce qu'il voit : c'est la seule manière d'étudier la nature et de découvrir les secrets qu'elle nous cache encore. Quant aux miracles, s'ils existent, il est certain qu'ils sont fort rares, et la notion du d. s'est tellement répandue dans les esprits que toute une école philosophique, plus nombreuse qu'on ne le croit communément, comprenant les spirites, les théosophes, les occultistes, etc., admet la réalité des faits dits miraculeux, mais, loin d'y voir des dérogations aux lois naturelles, les considère au contraire comme des manifestations normales de forces naturelles encore inconnues dont l'action ne peut se produire que par suite d'un concours de circonstances assez rarement réalisé. Voy. MIRACLE.

Quoi qu'il en soit, le d. limité aux phénomènes du monde physique marque certainement une heureuse évolution de la pensée humaine et constitue un élément incontestable de progrès scientifique et intellectuel. Il est permis de douter qu'il en soit de même des doctrines qui l'étendent aux actions humaines. Ainsi compris, il devient une des formes du fatalisme et s'oppose radicalement à la notion du *libre arbitre*. C'est, du reste, dans cette application particulière que le mot d. est le plus souvent employé, parce que ce qui touche à la nature humaine nous intéresse en effet davantage que ce qui ne concerne que le monde des choses inanimées. Les partisans du d. se sont défendus du reproche de fatalisme fait à leur doctrine par une distinction assez subtile. Il y a, en effet, une différence capitale entre le d. moderne et le fatalisme, tel que le comprenait l'antiquité, tel que le comprennent encore certaines sectes religieuses. Dans son acception vulgaire, le mot fatalisme éveille l'idée d'une puissance mystérieuse qui nous dicte notre conduite et nous pousse à notre insu à accomplir certains actes, sans laisser aucune place à notre libre volonté. Pour le d., la cause de nos actions n'est pas à l'extérieur de nous, elle est à l'intérieur; chacune de nos actions est la conséquence forcée de nos sensations, de notre tempérament, en un mot des phénomènes qui s'accomplissent dans nos cellules nerveuses, toutes choses qui échappent forcément à notre volonté. Cette distinction donne certainement au d. une supériorité spécieuse sur le fatalisme religieux; mais elle n'empêche pas de conclure à la négation du libre arbitre, et de ne voir dans le sentiment que nous avons de notre liberté qu'une pure illusion. Le d. est la conséquence nécessaire de toutes les doctrines qui ne voient dans l'univers que de la matière et du mouvement, ou des phénomènes s'enchaînant nécessairement les uns les autres d'après des lois immuables et nécessaires : c'est à lui qu'aboutissent forcément les théories matérialistes et positivistes. Voy. MATÉRIALISME, POSITIVISME.

Un autre genre de d. est la théorie d'après laquelle, tout en conservant la volonté, on admet : 1° que la volonté ne se détermine pas sans motif; 2° que, parmi tous les motifs qui nous incitent à nous déterminer, il y en a nécessairement un

qui est plus fort que les autres et que c'est à celui-ci que nous obéissons. Cette théorie est encore une négation du libre arbitre; mais elle ne repose que sur un abus de mots. A quoi, en effet, reconnaît-on qu'un motif est plus fort qu'un autre ? A ce que la volonté lui a cédé. Tout revient donc à savoir si la force des motifs est une qualité qui leur est propre, ou si, au contraire, ce n'est pas le choix libre de la volonté qui leur donne cette prétendue force. En définitive, l'expression, *motif plus fort qu'un autre*, n'a pas de signification précise, puisqu'il nous est impossible de faire la part exacte de notre volonté.

Au point de vue moral, il n'y a aucune différence à établir entre les diverses formes que revêt le fatalisme ou le d. Toutes les doctrines qui nient le libre arbitre aboutissent aux mêmes conséquences déprimantes : absence de responsabilité et de morale, et, ce qui est peut-être plus grave encore, dégoût de l'action, anéantissement de toute énergie, affaissement des caractères. Voy. LIBERTÉ. — Au point de vue métaphysique, ces doctrines ébranlent les bases de la connaissance. La destruction du libre arbitre atteint le principe de causalité dont l'une des manifestations les plus importantes, la première peut-être, est précisément le sentiment que nous avons d'être une cause, lequel n'est plus qu'une illusion si nous cessons d'être libres. Une doctrine déterministe qui aboutit à la négation ou, au moins, à l'affaiblissement du principe de causalité, quelle contradiction ! D'autre part, la destruction de l'idée que nous avions de notre liberté nous autorise à mettre en doute les témoignages les plus intimes de notre conscience et ouvre ainsi la porte au pyrrhonisme le plus absolu, de sorte qu'en définitive, ces doctrines qu'on a coutume de présenter comme l'expression définitive et suprême de la science aboutissent, au contraire, à la négation même de toute science dont on est si fier, et à la négation de toute connaissance. Voy. CAUSE, LIBERTÉ, SCEPTICISME, etc.

Nous ne dirons rien du d. appliqué aux actes des animaux, parce qu'il nous semble impossible d'établir sur des bases sérieuses la question de leur libre arbitre. Ce qui paraît certain, c'est que, si les animaux supérieurs jouissent d'une certaine liberté, cette liberté ne peut s'exercer que dans un domaine extrêmement restreint, le principal motif des actions animales étant l'instinct dont les manifestations s'accomplissent en dehors de toute liberté. Il paraît donc assez naturel que jusqu'à nouvel ordre, au moins, le biologiste qui étudie la vie et les mœurs des animaux se croie fondé à adopter le d. et à faire reposer sur cette doctrine, comme base, ses études et ses expériences. Voy. LIBERTÉ.

DÉTERMINISTE. s. m. Partisan du déterminisme.

DÉTERRAGE. s. m. [Pr. *dété-raje*]. Action de soulever hors de terre; se dit surtout de l'action des socs de charrue.

DÉTERREMENT. s. m. [Pr. *dété-reman*]. Action de déterrer.

DÉTERRER. v. a. [Pr. *dété-rer*] (R. *de*, et *terre*). Retirer de terre ce qui s'y trouvait caché, enfoui. *D. un trésor, des médailles, une statue antique.* — Partie., Exhumer un corps, le retirer du lieu où il était enseveli. *Les hyènes déterrent les cadavres pour les dévorer.* ‖ Fig. et fam., Découvrir une chose ou une personne cachée. *En fouillant dans ces vieux papiers, il a déterré plusieurs pièces importantes. J'ai eu bien de la peine à vous d. Je ne sais où il a déterré ce secret.* == DÉTERRÉ, ÉE. part. ‖ Subst., *Avoir l'air d'un déterré*, une mine de d., Avoir le visage extrêmement pâle et défait. Fam.

DÉTERREUR. s. m. [Pr. *dété-reur*]. Personne habile à découvrir des choses rares ou cachées.

DÉTERSIF, IVE. adj. (lat. *detersum*, sup. de *detergo*, je nettoie). *Méd.* Qui nettoie les plaies, les ulcères, etc. *Remède d.* ‖ Subst., *Un excellent d.*

DÉTESTABLE. adj. 2 g. Qui doit être détesté. *Un crime d. Une maxime, une opinion, une pensée d. Un homme d.* ‖ Par exag. et fam., se dit de tout ce qui est très mauvais en son genre. *Ce vin est d. Ces vers sont détestables. Un style d. Une écriture d. Nous avons ici un temps d.* == Syn. Voy. ABOMINABLE.

DÉTESTABLEMENT. adv. Extrêmement mal. *Il écrit d.* Très fam.

DÉTESTATION. s. f. [Pr. ...zion]. Horreur qu'on a de quelque chose. *La pénitence renferme une sincère d. du péché.*

DÉTESTER. v. a. (lat. *detestari*, m. s., de *de*, et *testari*, attester. Le premier sens du mot est repousser avec serment une accusation). Avoir en horreur. *D. son crime, les désordres de sa vie passée. On ne peut trop d. cette action, de pareilles maximes. C'est un homme que je déteste. Il se fait d. de tout le monde.* — Par exag., et Fam., *D. les bavards et les bavardages. D. les compliments*, etc., Ne pouvoir les supporter. — Fam., *D. sa vie*, Maudire les misères, les malheurs de sa vie. = DÉTESTER. v. n. Faire des imprécations, blasphémer. *Il ne fait que jurer et d.* Fam. = DÉTESTÉ, ÉE. p. = Syn. Voy. ABHORRER.

DÉTIARER. v. a. (R. *de*, et *tiare*). Ôter la tiare.

DÉTIRER. v. a. (R. *tirer*). Étendre en tirant. *D. du linge, des rubans*, etc. = SE DÉTIRER. v. pron. Fam., Allonger ses membres. = DÉTIRÉ, ÉE. part.

DÉTIREUSE. s. f. Machine servant à élargir les tissus.

DÉTISER. v. a. (R. *de*, et *tison*). *D. un feu*, Éloigner les tisons l'un de l'autre afin qu'ils cessent de brûler. = DÉTISÉ, ÉE. part.

DÉTISSER. v. a. (R. *de*, et *tisser*). Défaire un tissu. = DÉTISSÉ, ÉE. part.

DÉTITRER. v. a. (R. *de*, et *titre*). Priver de son titre. *D. un noble.* — Priver d'une qualité, d'une propriété.

DETMOLD, v. d'Allemagne, cap. de la principauté de Lippe ; 8,000 hab.

DÉTONANT, ANTE. adj. Qui détone, qui produit une détonation. *Mélange d.*, Mélange de gaz qui en se combinant produisent une détonation.

DÉTONATEUR. s. m. T. Phys. Agent qui produit une détonation.

DÉTONATION. s. f. [Pr. détona-sion] (R. *détoner*). Bruit plus ou moins violent dû à l'ébranlement subit de l'air dans les combinaisons ou les décompositions chimiques qui s'opèrent instantanément. *Une forte d. Il fut réveillé par le bruit des détonations du volcan.* — Voy. POULLE.

DÉTONEMENT. s. m. Action de détoner, de produire des détonations.

DÉTONER. v. n. (lat. *detonare*, de *tonerre*, tonner). Faire entendre un bruit qui rappelle celui de la foudre. *Faire d. de la poudre.*

DÉTONNATION. s. f. [Pr. déto-na-sion] (R. *détonner*). Action de sortir du ton.

DÉTONNELER. v. a. [Pr. déto-neler] (R. *de*, et *tonneau*). Tirer du tonneau, transvaser un liquide contenu dans un tonneau.

DÉTONNER. v. n. [Pr. déto-ner] (R. *de*, et *ton*). Sortir du ton qu'on doit garder pour chanter juste. *Ce chanteur détonne à tout moment* || Fig. et fam., *Il y a dans ce livre des choses qui détonnent*, Des choses qui ne sont pas dans le ton général de l'ouvrage. Peu us.

DÉTORDRE. v. a. (R. *de*, et *tordre*). Remettre dans son premier état ce qui était tordu. *D. une corde, du fil, du linge. Il Se d. le pied, le bras, le poignet*, Se fouler le pied, etc. Vx. = SE DÉTORDRE. v. pron. Perdre sa torsion. *Ce fil se détord.* = DÉTORDU, UE. part. = Conj. Voy. TORDRE.

DÉTORQUER. v. a. (lat. *detorquere* tourner avec effort du côté opposé à la direction naturelle, de *de*, et *torquere*, tourner). S'emploie au fig. dans cette phrase figurée, d'ailleurs peu us. *D. un passage*, Lui donner une explication forcée, pour favoriser une opinion. = DÉTORQUÉ, ÉE. part.

DÉTORS, ORSE. adj. (R. *de*, et *tors*). Qui est détordu. *Du fil d.*

DÉTORSE. s. f. Syn. d'*Entorse*. Inus.

DÉTORSION. s. f. (R. *de*, et *torsion*). Action de détordre.

DÉTORTILLER. v. a. [Pr. les *ll* mouillés] (R. *de*, et *tortiller*). Défaire ce qui était tortillé. *D. un ruban, un cordon.* = DÉTORTILLÉ, ÉE. part.

DÉTORTILLONNAGE. s. m. [Pr. détorti-llo-naje, *ll* mouillées]. T. Techn. Opération qui consiste à détordre les rubans qui ont subi l'opération du tortillonnage.

DÉTORTILLONNER. v. a. [Pr. détorti-llo-ner, *ll* mouillées] (R. *de*, et *tortillon*). T. Techn. Pratiquer l'opération du détortillonnage.

DÉTORTILLONNEUSE. s. f. [Pr. détorti-llo-neuze, *ll* mouillées]. T Techn. Machine employée dans les filatures de laine pour exécuter l'opération du détortillonnage.

DÉTOUCHER. v. n. (R. *de*, et *toucher*). T. Mar. Remettre à flot en parlant d'un navire qui a touché.

DÉTOUPER. v. a. (R. *de*, et *étoupe*). Déboucher ce qui est bouché avec de l'étoupe.

DÉTOUPILLONNER. v. a. [Pr. détoupi-llo-ner, *ll* mouillées]. Débarrasser un oranger des rameaux inutiles.

DÉTOUR. s. m. (R. *de*, et *tour*). Changement de direction. L'endroit où un cours d'eau, un chemin, etc., change de direction. *A deux cents pas d'ici, le chemin fait un d. La rivière fait là plusieurs détours. Il y a un d. à droite, à gauche. Il l'attendit au d. de la rue. Les détours d'un labyrinthe. Je connais tous les détours de la forêt.* — Fig., *Les détours du cœur*, Les replis secrets du cœur. || Par extens., Chemin qui s'écarte de la ligne droite ou du chemin le plus court : circuit que l'on fait en prenant ce chemin. *C'est un d. de plus d'une lieue. Il y a plus d'une lieue de d. Prendre un d., un long d. Faire un d. Après bien des tours et des détours, nous finîmes par arriver.* || Fig. Toute espèce de subterfuge, de ruse, de moyen indirect qu'on emploie pour venir à bout de ce qu'on veut faire, ou pour éluder quelque chose. *User de d. Je connais ses tours et détours. Le d. était adroit, mais je ne m'y laissai pas prendre.* — Se dit partie. des discours qui ne vont pas directement au but. *Prendre, employer des détours, de longs détours. Pourquoi tous ces détours ? Parler sans d., sans aucun d.* — *Être sans d.*, Être franc, loyal, ne jamais user de détours.

DÉTOURNEMENT. s. m. Action de détourner. || T. Jurisp. Soustraction frauduleuse. *D. de fonds, de papiers, de titres, d'effets. D. des objets saisis.* Voy. SAISIE. || Fig., *D. de mineurs.* Voy. MINEUR.

DÉTOURNER. v. a. (R. *de*, et *tourner*). Écarter du chemin suivi ; changer la direction. *D. quelqu'un de son chemin. D. un cours d'eau. D. un fléau. D. la vue, les yeux de dessus quelque chose.* || Fig., *D. quelqu'un de son devoir*, ou mieux, *D. quelqu'un. D. les soupçons, une accusation. D. son esprit, sa pensée, d'un objet désagréable.* — D. le sens d'un passage, d'une loi, d'un mot, etc., leur donner une signification, en faire une application différente de celle qu'ils doivent avoir. || Fig., Distraire de quelque occupation. *D. quelqu'un d'un travail, d'une étude.* Absol. *Je ne voudrais pas vous d.* || Fig., Dissuader. *Il voulait donner sa démission, je l'en ai détourné. Tâchez de le d. de ce projet. D. du mal.* || T. Jurisp. Soustraire frauduleusement. *Il est accusé d'avoir détourné les fonds de sa caisse. D. des effets d'une succession.* || T. Chasse. Remarquer l'endroit où est une bête à la reposée, pour la courre ensuite, le chasseur. *D. un cerf, un sanglier.* = SE DÉTOURNER. v. pron. S'écarter, s'éloigner ; se dit au prop. et au fig. *Se d. de son chemin. Se d. du chemin de quelqu'un. Se d. de son devoir.* — S'emploie aussi absol., pour dire, Prendre un chemin plus long que le chemin ordinaire, faire un détour, un circuit. *Il se détourna pour m'éviter. Il s'était détourné de plusieurs lieues pour venir nous voir.* || Se déranger d'une occupation. *Se d. de son travail.* || *Se tourner d'un autre côté. Il se détournait afin qu'on ne pût le voir. Elle se détourna avec horreur de cet affreux spectacle.* == **DÉTOURNER.** v. n. Quitter le chemin que l'on suivait. *Lorsque vous serez arrivé à une croix, vous détournerez à gauche.* == **DÉTOURNÉ, ÉE.** part. Adject., se dit des petites rues peu fréquentées, des chemins écartés. *Rue détournée. Sentier détourné.* || Fig., *Voie détournée,* Voie indirecte. *J'ai reçu par une voie détournée une lettre que d'abord je n'ai pas crue envoyée par vous. J'ai appris cela par une voie détournée.* Se dit aussi des moyens secrets ou artificieux par lesquels on tâche d'arriver à un but. On dit également, *Chemin détourné. Moyen détourné. C'est un homme qui prend toujours des voies détournées, des chemins, des moyens détournés.* — *Reproche détourné,* Reproche indirect. *Louange détournée,* Louange indirecte. — *Sens détourné,* Sens qui n'est pas le sens naturel d'un mot, d'une phrase, etc.

Syn. — *Distraire, Divertir.* — On *distrait* des deniers, des papiers, des effets, etc., on les séparant du reste, en les mettant à part. On les *détourne* ou on les *divertit,* en les mettant à l'écart, en les éloignant de leur destination, en se les appropriant. Au fig., la signification de ces deux verbes est différente. Il suffit d'interrompre l'attention de quelqu'un pour le *distraire* de son travail ; il faut l'occuper, au moins pendant un certain temps, d'autre chose, pour l'en *détourner : divertir* quelqu'un, c'est l'amuser pour éloigner de lui toute pensée sérieuse ou pénible.

DÉTRACTER. v. a. (lat. *detractare,* m. s., de *de,* péjor., et *trahere,* tirer). Rabaisser le mérite d'une personne ou d'une chose. *D. un homme illustre. D. la vertu.* Peu us. == **DÉTRACTÉ, ÉE.** part.

DÉTRACTEUR. s. m. Celui qui détracte, qui parle mal de quelqu'un, de quelque chose, qui s'efforce d'en rabaisser le mérite, la valeur. *C'est un d. des anciens. Les détracteurs d'Homère. C'est l'envie qui fait les détracteurs.* == Adject., *Un esprit d.*

DÉTRACTION. s. f. [Pr. *détrak-sion*]. Action d'ôter, de retrancher, de détracter.

DÉTRANCHÉ, ÉE. adj. (R *de,* et *tranché*). T. Blas. Se dit d'un écu dans lequel une ligne en bande part du bord supérieur, au lieu de partir de l'angle dextre.

DÉTRANGER. v. a. T. Jard. (R. *de,* et *étranger*). Chasser les animaux qui nuisent aux plantes. *Il faut d. les mulots.* == **DÉTRANGÉ, ÉE.** part. — Conj. Voy. **MANGER.**

DÉTRANSPOSER. v. a. (R. *de,* et *transposer*). T. Typog. Remettre en place ce qui avait été transposé.

DÉTRANSPOSITION. s. f. [Pr. *détrans-po-zi-sion*]. T. Typogr. Action de détransposer.

DÉTRAPER. v. a. (R. *de,* et *trappe*). Débarrasser, éloiguer. Vx mot.

DÉTRAQUEMENT. s. m. (R. *détraquer*). Dérangement d'un objet qui se détraque, état d'un objet détraqué. || Fig. Trouble apporté dans la marche régulière ou habituelle.

DÉTRAQUER. v. a. (R. *trac,* vieux mot, qui signifiait allure). Faire perdre à une machine quelconque ou sign. la déranger. *D. une horloge, un tourne-broche.* || Fig., Troubler, déranger les fonctions d'un organe. *Ces vomitifs répétés lui ont détraqué l'estomac. Cela lui a détraqué le cerveau, l'esprit* — Mettre en désordre. *Il a détraqué toute cette administration.* == **SE DÉTRAQUER.** v. pron. Se dit dans les trois derniers sens ci-dessus. *Ma montre s'est détraquée. Son cerveau se détraque. Une administration qui se détraque.* == **DÉTRAQUÉ, ÉE.** part. — Fig., Bizarre, un peu fou. *Un esprit, un cerveau d.* — S'empl. subst. *Il convient d'éviter la société des détraqués.*

DÉTREMPE. s. f. (R. *détremper*). T. Peint. Voy. plus bas. || T. Métall. Opération qui consiste à ôter la trempe donnée à l'acier.

Techn. — On appelle *Détrempe* un genre de peinture qui se fait avec des couleurs broyées à l'eau et délayées avec de la colle, et dont on fait usage pour les objets qui ne doivent pas être exposés en plein air. La colle qu'il faut employer est la colle de peau. Pour éclaircir le ton des couleurs ou leur donner plus d'opacité, on emploie le blanc d'Espagne, ou blanc de Meudon, qui n'est que de la craie très tendre, se délayant facilement dans l'eau. On distingue la *d. commune,* la *d. au vernis,* et la *d.* dite *blanc des Carmes.* — La d. commune se fait avec des ocres ou terres colorées que l'on délaie dans de l'eau fortement encollée, et que l'on applique toutes chaudes sur les objets à peindre. C'est celle qu'on emploie généralement pour les plafonds, les lambris, les escaliers, etc. — La d. au vernis, dite aussi *d. Chipolin,* est beaucoup plus compliquée. On commence par encoller les surfaces à peindre, c.-à-d. par les couvrir d'une ou deux couches de bonne colle liquide ; puis on *prépare l'assiette en blanc,* c.-à-d. on applique sur les surfaces encollées plusieurs couches de peinture au blanc d'Espagne ; on *adoucit* ensuite un peu d'indigo, de térébenthine et d'alun. Cette peinture convient surtout pour les intérieurs ; on peut, en la frottant avec une brosse de sanglier, quand elle est sèche, lui donner le lustre et l'aspect du stuc.

faces, c.-à-d. on les polit au moyen de la pierre ponce. Cela fait, on donne aux objets la couleur voulue, après l'avoir broyée avec d'excellente colle ; ou encolle cette couleur ; et, enfin, quand cet encollage est bien sec, on le recouvre de deux ou trois couches de vernis à l'esprit-de-vin. — La peinture au blanc des Carmes ou *blanc mat* se fait avec une pâte de chaux ou de blanc d'Espagne très pure qu'on délaie avec de la colle blanche, en ajoutant au mélange un peu

DÉTREMPER. v. a. (R. *trempe*). Délayer dans un liquide. *D. de la farine avec du lait. D. quelque chose dans du vin. D. de la chaux, des couleurs.* — Par ext., *La pluie avait détrempé tous les chemins.* — **SE DÉTREMPER.** v. pron. || Fig., *L'âme la plus ferme se détrempe dans la volupté.* **DÉTREMPÉ, ÉE.** part.

DÉTREMPER. v. a. (R. *de,* et *trempe*). T. Métall. Ôter la trempe à de l'acier, en le faisant rougir au feu, et en le laissant refroidir peu à peu. *D. de l'acier. D. un ciseau.* == **SE DÉTREMPER.** v. pron. *L'acier se détrempe quand on le passe au feu.*

DÉTREMPEUR. s. m. Ouvrier qui détrempe l'acier ou les objets aciérés.

DÉTRESSE. s. f. (lat. *destrictum,* sup. de *destringere,* de *de,* augm. et *stringere,* étreindre). Angoisse, grande peine d'esprit causée par un besoin pressant, par un danger imminent. *J'ai été témoin de sa d. Être dans une grande d., dans une d. extrême. Elle est plongée dans la d. Un cri de d.* || Le danger, la situation même qui cause la d. *Mettre quelqu'un dans la d. Avoir pitié de sa d.* — T. Mar. *Signal de d.,* Signal par lequel un bâtiment annonce qu'il est en péril et qu'il a besoin de secours. *Le signal ordinaire de d.* consiste en un pavillon placé en berne à la poupe et appuyé de coups de canon. Fig., Toute action qui fait présumer qu'on se trouve dans un grand besoin. *La vente de sa terre est un signal de détresse.* || T. Chem. de fer. En train est dit « en détresse » quand quelque accident l'arrête subitement et s'oppose à ce qu'il puisse continuer sa marche.

DÉTRESSER. v. a. (R. *de,* et *tresser*). Défaire en parlant d'un objet tressé.

DÉTRET. s. m. (Prononciation normande de *détroit,* qui prop. sign. ce qui est serré). T. Techn. Étau à main.

DÉTRICHAGE. s. m. (R. *détricher*). T. Techn. Opération qui consiste à séparer par sortes les laines avant de les peigner.

DÉTRICHER. v. a. (lat. *de,* et *tricæ,* entortillement, qui a donné aussi *tresse*). T. Techn. Soumettre à l'opération du détrichage.

DÉTRICHEUR, EUSE. s. Ouvrier, ouvrière qui fait le détrichage.

DÉTRIMENT. s. m. (lat. *detrimentum,* m., s. de *deterere,* user). Dommage, préjudice. *Cela tournera à son d. Causer, recevoir un notable d. Il a fait son chemin, mais *au d. de son honneur.* || T. Hist. nat. Se disait autrefois dans le sens de *Détritus.*

Syn. — *Dommage, Préjudice, Tort.* — Le *tort* blesse le droit de celui à qui on le fait ; il comporte une injustice. Le *préjudice* nuit aux intérêts de celui à qui on le porte ; il en porte l'idée d'une atteinte à des droits réels ou l'une usurpation. Le *dommage* est une perte due à la malveillance ou à un accident. Le *détriment* est un *dommage* plus ou moins éloigné, causé par contre-coup ou par intermédiaire.

DÉTRIPLER. v. a. (R. *de,* et *tripler*). Défaire, diviser ce qui était triplé.

DÉTRITAGE. s. m. Action de détriter, de passer les olives sous la meule du détritoir.

DÉTRITER. v. a. (lat. *detritum,* sup. de *deterere,* broyer). Écraser sous la meule du détritoir.

DÉTRITION. s. f. [Pr. ...sion] (lat. *detritum,* sup. de *deterere,* broyer). Usure par frottement.

DÉTRITIQUE. adj. (lat. *detritum,* sup. de *deterere,* broyer). Qui se compose de détritus.

DÉTRITOIR. s. m. (R. *détriter*). Moulin sous la meule duquel on écrase les olives pour faire l'huile.

DÉTRITUS. s. m. [Pr. l's]. T. Hist. nat. — Ce mot latin, qui est le part. passé de *deterere,* broyer, a été francisé et introduit dans le langage des sciences naturelles pour désigner le résidu d'une substance quelconque, inorganique ou organique, qui a été décomposée. Ainsi, certains terrains sont formés de débris de roches désagrégées par l'action des eaux ou des agents météorologiques. Tandis que d'autres résultent principalement de la décomposition des végétaux qui couvraient ou couvrent le sol. Ces terrains sont désignés sous l'appellation générique de *terrains détritiques.* — En Pathologie, on emploie quelquefois ce terme de d. pour désigner un tissu organique quelconque, lorsqu'il a été tellement désorganisé, soit par une cause interne, soit par une cause externe, qu'il ne présente plus aucune trace de texture, mais une sorte de putrilage complètement amorphe.

DÉTROIT. s. m. (lat. *districtus,* resserré) Passage étroit. — Canal naturel par lequel deux mers ou deux parties d'une même mer communiquent ensemble. *Le d. de Gibraltar.* — Passage resserré entre des montagnes. *Le d. des Thermopyles.* || Autrefois, se disait pour *District.* Inus. || T. Anat. Nom donné à deux rétrécissements que présente la cavité pelvienne : le *d. supérieur* ou *abdominal,* le *d. inférieur* ou *périnéal.* Voy. SQUELETTE. || T. Mar. *Ancre de détroit,* Ancre qui est tenue sous le beaupré par son orin.

Géogr. — En Géographie, on appelle *Détroit* tout bras de mer resserré entre deux terres. Quand ce bras de mer est large à une extrémité et étroit à l'autre, on lui donne fréquemment le nom de *Manche ;* s'il est long et étroit, on l'appelle quelquefois *Canal ;* enfin, si ses dimensions ne sont pas considérables, on le nomme *Pas, Passage* ou *Pertuis.* Néanmoins ces diverses dénominations sont souvent employées l'une pour l'autre et d'une façon tout à fait arbitraire. — Il serait trop long et d'ailleurs parfaitement inutile d'énumérer ici tous les détroits que présente la mappemonde. Il nous suffira de nommer les plus importants, soit à cause de leur étendue, soit à cause des pays où ils séparent et des événements historiques dont ils rappellent le souvenir. — Le *Sund,* entre l'île danoise de Séeland et la côte suédoise de Malmöhus, joint la mer Baltique au Cattégat, et à la mer du Nord ; il a 100 kil. de longueur et de 4 à 25 kil. de largeur. Le *Pas de Calais,* entre la France et l'Angleterre, met en communication la Manche avec la mer du Nord : sa moindre largeur est de 33 kil. entre Calais (France) et Douvres (Angleterre). Le *D. de Gibraltar,* entre l'Espagne et le Maroc, sert de trait d'union entre l'Atlantique et la Méditerranée ; il compte 64 kil. de longueur, mais sa partie la plus étroite, sa largeur atteint à peine 15 kil. Le *D. de Bonifacio* sépare la Corse de la Sardaigne ; sa moindre largeur ne dépasse pas 12 kil. Le *D. ou Phare de Messine,* entre la côte nord-est de la Sicile et l'extrémité sud-ouest de l'Italie, joint la mer Tyrrhénienne à la mer Ionienne ; sa largeur varie de 3 à 7 kil. On y remarque les rochers de Scylla et le gouffre de Charybde, si redoutés par les marins de l'antiquité. Nous

avons déjà parlé, au mot *Bosphore,* des détroits appelés de ce nom par les anciens, c.-à-d. du *D. des Dardanelles* ou de *Gallipoli,* du *Canal de Constantinople,* et du *D. d'Iénikaleh* ou de *Kaffa.* — Le *D. de Bab-el-Mandeb* (en arabe, *Porte de tristesse*) est situé entre l'Arabie et l'Afrique, et met en communication la mer Rouge et la mer d'Oman. À son point le plus étroit, il est divisé en deux parties très inégales par un îlot aride appelé île de Périm, de Meyun ou de Bab-el-Mandeb. C'est du côté de l'Afrique que se trouve la passe la plus considérable. Elle a 17 kil. de large ; mais elle a si peu de profondeur que les navires d'un fort tirant d'eau n'y peuvent naviguer. L'autre passe, entre l'île de Périm et l'Arabie, a au plus 2.400 mètres de largeur. En outre, cette largeur est encore diminuée par un rocher appelé Roche du Pilote. Le chenal qui existe entre cette roche et la côte de l'Arabie est impraticable, de sorte que les navires sont obligés de passer entre Périm et le Pilote. Les Anglais s'étant, par la violation la plus flagrante du droit des gens, emparés de ces deux îlots, qu'ils ont fortifiés, tout navire qui veut entrer dans la mer Rouge ou en sortir, est exposé aux feux croisés de leurs batteries. — Le *D. de Behring,* entre l'extrémité nord-est de l'Asie et l'extrémité nord-ouest de l'Amérique, unit l'océan Glacial Arctique et l'océan Pacifique. Il est long de 200 kil. et large de 60 dans sa partie la plus resserrée. Le *D. de Malacca,* entre la péninsule de ce nom et l'île de Sumatra, établit la communication entre la mer de Chine et le golfe du Bengale. Il est long de 8.300 kil., et sa largeur varie de 40 à 300 kil. Le *D. de la Sonde,* entre l'île de Java et celle de Sumatra, joint la mer des Indes à celle de la Sonde. Il est long de 130 kil. et large de 30 à 100. — Le *D. de Magellan,* entre la Terre de Feu et l'extrémité australe du continent américain, unit l'Atlantique avec l'océan Pacifique austral. Il est long de 550 kil. et large de 2 à 60.

DÉTROIT, v. des États-Unis (Michigan), 235.000 hab.

DÉTROMPEMENT. v. m. Action de détromper, état de celui qui est détrompé. Peu usité.

DÉTROMPER. v. a. (R. *de* et *tromper*). Faire cesser l'erreur où se trouve quelqu'un. *Je veux vous d. sur le compte de cet homme-là. Il sera difficile de le d. L'événement l'a bien détrompé.* = SE DÉTROMPER. v. pron. Sortir d'erreur ; se désabuser. *Il a eu bien de la peine à s'en d. Détrompez-vous.* = DÉTROMPÉ, ÉE. part.

DÉTRONCATION. s. f. [Pr. ...sion] (lat. *de* et *truncus,* tronc). T. Chir. Opération qui consiste à séparer la tête d'avec le tronc, et se pratique quelquefois sur le fœtus, quand sa sortie naturelle présenterait des difficultés insurmontables. — On dit aussi *décollation.*

DÉTRÔNEMENT. s. m. Action de chasser du trône, état d'un souverain détrôné.

DÉTRÔNER. v. a. (R. *de* et *trôner*). Déposséder du trône ; dépouiller de la puissance souveraine. *Les Romains détrônèrent beaucoup de rois. La révolution qui détrôna Jacques II.* = DÉTRÔNÉ, ÉE. part.

DÉTROQUAGE. s. m. (R. *détroquer*). Action de détacher les huîtres du support où elles sont fixées.

DÉTROQUER. v. a. (R. *de,* et lat. *trocha,* vieux fr. *troche,* faisceau). Détacher l'huître du collecteur pour la parquer.

DÉTROUSSEMENT. s. m. Action de détrousser. État de celui qui est détroussé.

DÉTROUSSER. v. a. (R. *de* et *trousser*). Laisser ou faire retomber ce qui est troussé. *D. sa robe.* || Fig. et fam., Voler, enlever par violence les effets, les marchandises, etc., d'un passant, d'un voyageur, etc. *Il rencontra des voleurs qui le détroussèrent. D. les passants, les voyageurs.* = SE DÉTROUSSER. v. pron. Se dit de la personne qui détrousse son vêtement. *Elle se détroussa pour entrer dans le salon.* = DÉTROUSSÉ, ÉE. part. || T. Chass. Se dit d'un oiseau ou d'un chien qui arrache le gibier à un autre.

DÉTROUSSEUR. s. m. Voleur qui détrousse les passants. Vieux.

DETROY ou **DE TROY**, nom de quatre peintres français du XVII° et du XVIII° siècle.

DÉTRUIRE. v. a. (lat. *destruere*, m. s., de *de* et *struere*), édifier). Démolir, abattre, renverser. Se dit en parlant d'un édifice, d'une construction ou de toute chose analogue. *D. un palais, une église, une forteresse*, etc. *D. une ville de fond en comble. La violence des eaux a détruit toutes les digues. Le temps finit par d. les plus solides édifices.* || Fig., Faire qu'une chose quelconque ne soit plus, l'anéantir. *Le temps détruit tout. L'âge détruit la beauté. Les excès détruisent la santé. D. la fortune de quelqu'un. D. une armée, un empire. D. les animaux nuisibles. Ce raisonnement détruit toutes vos objections D. les abus, les préjugés, les erreurs. D. la confiance. D. les soupçons. D. une impression fâcheuse. D. les mœurs*, etc. — Absol. *Il n'a fait que d.* || Fig., *D. une personne dans l'esprit de quelqu'un*, la décréditer entièrement auprès de quelqu'un. ⁓ SE DÉTRUIRE. v. pron. Se dit au prop. et au fig. *Cet édifice se détruit tous les jours. Cette opinion se détruit d'elle-même. Tous ses projets se détruisaient l'un l'autre.* — Se donner la mort. *Le malheureux s'est détruit.* Ruiner en soi. *La plupart des jeunes filles se détruisent la santé en se serrant.* = DÉTRUIT, ITE. part. = Conj. Voy. NUIRE. = Syn. Voy. ABATTRE et ANÉANTIR.

DÉTRUISANT, ANTE. adj. Qui détruit.

DETTE. s. f. (lat. *debitum*, ce qui est dû, part. passé de *debere*, devoir). Ce que l'on doit à quelqu'un. Se dit partic. d'une somme d'argent qu'on s'est obligé de payer. *Une grosse d.* Faire, contracter des dettes. *Payer, acquitter une d., ses dettes. Les dettes de l'État. Dettes actives. D. hypothécaire, privilégiée, exigible.* — *Être accablé, perdu, criblé, abîmé de dettes.* Avoir beaucoup plus de dettes que de bien. Famil., on dit dans le même sens, *Avoir des dettes par-dessus la tête.* — *Avouer une d., avouer la d.*, Reconnaître qu'on doit la somme qui est réclamée. *Nier une d., nier la d.*, Nier qu'on doive. — *Dettes criardes*, Petites dettes dues à de petits fournisseurs et qui amènent de fréquentes réclamations. — *D. véreuse*, Dette dont le paiement est fort incertain. — *D. caduque*, Celle qui a cessé d'être exigible, pour laquelle il y a prescription. || Fig. et fam., on dit aussi, *Avouer la d., confesser la d.*, Reconnaître qu'on a tort, convenir d'un fait qu'on voulait cacher. Dans le sens contraire, on dit *Nier la d.* || Fig., se dit de tout ce qu'on est obligé de faire en conséquence des engagements naturels ou de ceux que le cœur a formés. *Acquitter la d. de la reconnaissance, de l'amitié. Payer sa d. à la patrie.* Faire son temps de service militaire. || *Payer la d. de la nature*, mourir. *à la nature*, Mourir. || T. Comm. *Dettes actives*, Créances, sommes dont on est créancier. *Dettes passives*, Sommes dont on est débiteur. || Prov. *Qui paye ses dettes s'enrichit*, on que la fortune payer d'abord ses dettes. — *Payer sa dette à la justice*, Subir la peine à laquelle on a été condamné.

Fin. — I. *Définitions.* — On nomme *D. publique* les sommes que doit le gouvernement par suite des emprunts qu'il a contractés. Pour qu'un gouvernement puisse emprunter, il faut que les prêteurs aient confiance en lui ; il faut qu'ils soient convaincus que l'État remplira exactement ses engagements : c'est cette confiance qui constitue le *Crédit public.* La libre discussion des affaires financières ajoute encore au crédit des États, car les créanciers aiment assez, et non sans juste motif, à voir comment leur débiteur conduit ses affaires.

II. *Des divers systèmes d'emprunts.* — Les conventions qu'un gouvernement peut faire avec les capitalistes auxquels il veut emprunter, sont très variables. Néanmoins on peut les ranger dans les cinq catégories suivantes : emprunts à terme, emprunts par annuités, emprunts à rentes viagères, emprunts aléatoires, et emprunts à rentes perpétuelles.

1° *Les emprunts à terme* sont ceux qui sont remboursables à époques dont en totalité ou en partie. Comme l'engagement de rembourser un capital considérable, par sommes déterminées et à époque fixe, deviendrait fréquemment pour eux une cause d'embarras, les gouvernements ont généralement renoncé à cette forme d'emprunts. Cependant, ce qu'on appelle la *Dette flottante* se compose, en majeure partie, d'obligations à payer dans des sommes déterminées.

2° *Les rentes par annuités* sont celles qui sont remboursées au moyen d'un certain nombre de paiements successifs, comprenant à la fois l'intérêt échu et une partie du capital,

lequel se trouve ainsi éteint peu à peu. Nous citerons comme exemples d'emprunts faits sous cette forme la plupart de ceux qui ont été contractés par les compagnies de chemins de fer. Ce système, en effet, convient très bien à des compagnies qui font du capital emprunté un emploi productif ; mais il convient, au moins en général, fort peu à un État ; car le paiement d'une annuité est bien plus onéreux que celui du simple intérêt d'un capital. Toutefois, ce mode d'emprunt a l'avantage d'obliger l'emprunteur à se libérer.

3° *Les rentes viagères* sont celles qui s'éteignent à la mort du créancier. Ce système se rapproche du système par annuités, mais il présente de plus un élément aléatoire. Les emprunts en rentes viagères ont été fort prônés et fort usités au dernier siècle ; on y a renoncé depuis, soit parce que, de même que les emprunts par annuités, ils sont trop onéreux pour l'emprunteur, soit parce qu'il est fort difficile d'estimer la vie probable des prêteurs qui, appartenant en général aux classes riches, ont une longévité supérieure à la longévité ordinaire.

4° *Les emprunts aléatoires* sont ceux par lesquels le gouvernement fait, en retour des fonds qu'on lui avance, des promesses basées sur un événement incertain. Les loteries, les tontines (sortes de rentes viagères, où la part attribuée à chaque prêteur, au lieu de s'éteindre avec la vie de celui-ci, se répartit entre les prêteurs survivants, de manière que le dernier survivant jouit de la rente de tous les prêteurs avec lesquels il a été associé), les obligations remboursables par la voie du sort, avec primes plus ou moins fortes pour les premiers numéros sortant à chaque tirage, appartiennent à cette catégorie. Ce dernier système, nous voulons parler des obligations avec primes, est celui que la ville de Paris a adopté avec succès pour ses emprunts.

5° *Les emprunts en rentes perpétuelles* sont ceux où le gouvernement ne s'oblige aucunement à rembourser le capital emprunté : il s'engage à une seule chose, à payer exactement, à des époques déterminées, l'intérêt convenu.

III. *Des emprunts non remboursables.* — Les conditions auxquelles un gouvernement trouve à emprunter ne peuvent être constamment les mêmes ; il lui faut, tout comme à un simple particulier, subir la loi commune, c.-à-d. se soumettre à des conditions plus ou moins onéreuses, selon l'état du marché des capitaux, et suivant la confiance qu'il inspire lui-même aux capitalistes. Mais, lorsqu'on emprunte, deux éléments seuls peuvent varier, le capital et l'intérêt. Quand le capital est fixe, c'est l'intérêt qui est variable, et *vice versa*, varier. On distingue donc deux formes différentes d'emprunts, les emprunts à *rente variable* et les emprunts à *rente fixe*.

1° *Emprunts à rente variable.* Lorsqu'un particulier veut emprunter 20,000 fr., par ex., il s'adresse à un capitaliste qui lui livre cette somme moyennant un intérêt que les deux contractants débattent entre eux, et qui varie selon les circonstances de l'emprunt. Il peut être de 3, de 4, de 4 1/2, de 5, de 6, etc., p. 100. Par conséquent, dans l'ex. ci-dessus, l'emprunteur doit purement et simplement rendre les 20.000 fr., et s'il a été obligé d'emprunter à 6, il lui sera facile, quand il lui sera à 5 sera plus de crédit ou quand les circonstances seront plus favorables, d'emprunter une pareille somme à 5 ou à 4 p. 100, et de rembourser son premier prêteur, à moins que celui-ci ne préfère consentir une diminution de l'intérêt qui lui est payé. C'est ainsi que se font tous les emprunts privés. Avant 1789, beaucoup d'emprunts publics avaient été faits de cette manière ; mais, depuis cette époque, le mode opposé a complètement prévalu.

2° *Emprunts à rente fixe.* — Dans ce mode d'emprunt, on procède ainsi : un gouvernement qui a besoin d'emprunter 100 millions, s'adresse aux capitalistes, et dit : « Je désire emprunter 100 millions (en p. 100, par ex.) ; combien me donnerez-vous pour chaque 5 francs de rente que je m'engage à vous payer annuellement ? » Selon les circonstances, les capitalistes répondent : « Nous vous donnerons 100 fr. (on dit alors que l'emprunt est *au pair*), ou 102 francs (l'emprunt est dit *au-dessus du pair*), ou 90 francs, 80 francs, 55 francs et même moins (l'emprunt est *au-dessous du pair*). Supposons que les capitalistes offrent au gouvernement 75 fr., pour chaque 5 fr. de rente que celui-ci s'engage à leur payer, le gouvernement s'oblige à payer en réalité 6 2/3 pour 100 du capital effectif qu'on lui verse, et de plus à rembourser (si plus tard il est en mesure de le faire) non pas simplement le capital de 100 millions qu'il a effectivement reçu, mais un capital de plus de 133 millions ; car pour obtenir 100 millions, au taux de 75 fr. pour 5 fr. de rente, il a reconnu un capital nominal de 133.333.333 fr. Ainsi donc, les gouvernements, quand ils empruntent, *vendent* des inscriptions de rentes perpétuelles dont le taux d'intérêt est établi d'après un capital nominal, et non d'après le capital réel fourni par le prêteur. Ils délivrent des rentes au taux de 5 fr., 4 fr. 1/2, 4 fr. ou 3 fr. d'intérêt pour 100 fr. de capital nominal, et ne reçoivent de ces 100 fr. qu'une somme plus ou moins grande, selon le crédit qu'on leur accorde au moment même de l'emprunt. Ceux qui ont acquis ces titres, les souscripteurs de l'emprunt, les revendent à d'autres, à des prix différents, selon que la confiance s'est accrue ou diminuée, et selon que les capitaux qui cherchent un placement sont plus abondants ou plus rares. Ces emprunts portent le nom du taux de l'intérêt stipulé. Le *cinq pour cent* et le *trois pour cent*, par ex., sont des emprunts par esquels le gouvernement s'est reconnu débiteur d'un capital de 100 fr. remboursable à sa volonté seulement, et d'un intérêt annuel de 5 ou de 3 fr. qu'il s'est engagé à payer régulièrement. « C'est là, dit Garnier, un système qui masque aux yeux du vulgaire, le véritable taux de l'intérêt. Il serait bien plus simple d'indiquer le capital réel et le taux réel de l'emprunt, les discussions financières y gagneraient en clarté, et les populations verraient positivement de quoi il s'agit : il est vrai qu'on n'y tient pas toujours. — En fait, ajoute l'auteur, par suite des conditions spéciales faites à telle ou telle catégorie d'emprunts et de l'éventualité d'une réduction ou de toute autre circonstance favorable ou défavorable aux détenteurs des titres, les prix des diverses rentes ne sont pas absolument proportionnels : il y a, comme on dit, un *écart* entre eux, ce qui donne lieu à des arbitrages et autres spéculations. »

3° *Comparaison des deux modes d'emprunts.* — Certains économistes ont vivement combattu le système d'emprunt qui est aujourd'hui généralement en usage. Ils ont montré combien il serait préférable que les gouvernements empruntassent, comme font les particuliers, un capital fixe moyennant un intérêt variable. C'est principalement parce qu'ils empêchent de retirer des créanciers tout l'avantage qu'elles peuvent procurer, que les emprunts souscrits, comme ils le sont encore, à un capital nominal plus élevé que celui que reçoit réellement le Trésor, sont aussi préjudiciables, aussi profondément nuisibles. Par là, en effet, le calme a succédé à l'inquiétude, la prospérité au dénuement, on reste soumis à l'intérêt qu'on a accepté au moment de la nécessité, au temps du besoin, puisque c'est l'intérêt normal qu'on a alors stipulé. Ce n'est pourtant pas parce qu'on reconnaît devoir 100 fr., lorsqu'on n'a touché réellement que 75, et qu'on se sert l'intérêt à 5, au lieu de payer 6 ou 7 des fonds réellement encaissés, que les lois sur le loyer de l'argent sont moins violées du fait de l'État. En 1818, lors que la maison Baring soumissionnait un de nos emprunts, un financier français convainçu de ces principes engagea le duc de Richelieu, alors premier ministre, à se soumettre à un intérêt de 7 ou de 8 p. 100, puisque les circonstances imposaient un emprunt onéreux, plutôt que de déclarer qu'il recevait une somme qui n'entrait pas au Trésor. Le duc de Richelieu parut un moment disposé à suivre cet avis ; mais le banquier Baring, prévoyant que nos affaires, et par suite notre crédit, se rétabliraient bientôt, s'y refusa afin de placer au pair, ou près du pair, ce qu'il ne soumissionnait qu'à 57 ou 66. Le ministre n'insista pas et se soumit à l'usage reçu. Cependant, s'il avait montré plus de fermeté, il aurait été, peu d'années après, possible de réduire l'intérêt élevé consenti en 1818 ; ou si ce moyen avait été rejeté, un nouvel emprunt offert dans des conditions favorables et souscrit au plus au pair, aurait aisément remboursé les 57 millions qui furent réellement versés, et qui jusqu'à la conversion de 1852 ont rapporté environ 8 5/4 p. 100 (après cette conversion ils rendaient encore 8 1/4). La prospérité, en renaissant, aurait de la sorte réparé les désastres de l'infortune ; sans que le passé eût été plus grevé, le présent serait dégagé.

4° *Négociation des emprunts.* — Il existe divers moyens de négocier les emprunts : on peut soit faire appel directement au public, soit traiter avec des intermédiaires, soit combiner ensemble ces deux modes. Lorsqu'il s'adresse à des intermédiaires, le gouvernement traite de gré à gré ou par adjudication avec la société financière qui lui offre, pour un intérêt déterminé, le capital le plus élevé. Lorsqu'il fait appel directement au public, le gouvernement fixe le prix, (ou taux d'émission) auquel il vendra 5 fr., 4 fr. ou 3 fr. de rente et il invite les capitalistes à souscrire la somme qui leur convient. Dans le système mixte la souscription est publique, mais le succès est garanti, moyennant une légère commission, par des intermédiaires qui se chargent de tous les frais de l'emprunt.

5° *Du placement et du classement des rentes.* — Les emprunts à capital variable, avons-nous dit, n'offrent qu'un seul avantage, c'est celui de se prêter aisément aux spéculations de bourse. Les banquiers qui souscrivent à un emprunt public achètent d'ordinaire les titres pour les revendre avec bénéfice aux petits capitalistes.

Lorsque les rentes sont arrivées entre les mains des capitalistes qui ne les ont acquises que pour les conserver et en toucher les arrérages, et qui ont fait cette acquisition comme un placement permanent, on dit qu'elles sont *classées*.

IV. *De l'extinction des dettes publiques.* — Il en est d'un pays comme d'un particulier ; il est avantageux qu'il s'exonère de ses charges les plus lourdes, et qu'il paie ses dettes le plus promptement possible, surtout quand il les a contractées à un taux élevé. Trois moyens sont usités à cet effet : ce sont *l'amortissement*, la *réduction* ou *conversion* de la rente, et le *remboursement* pur et simple.

1° *Amortissement.* — L'amortissement est une méthode graduelle de liquidation par laquelle un emprunt est remboursé par centièmes ou par cinquantièmes, selon qu'on affecte 1 ou 2 p. 100 au rachat de la dette contractée. Soit un emprunt de 100 millions de fr. avec une *dotation* de 1 p. 100 par an pour son amortissement : il est clair que la dette, au bout d'un an, ne sera plus que de 99 millions, au bout de deux, de 98 millions, et ainsi de suite jusqu'au rachat complet. Mais cette opération devant durer trop longtemps, on a imaginé, pour augmenter la puissance de l'amortissement, d'ajouter au principal de la dotation les arrérages des rentes ainsi rachetées. Voici, dans l'hypothèse, comment les choses se passent. L'État, après avoir emprunté 100 millions à 5 p. 100, par exemple, demande tous les ans à l'impôt 5 millions pour servir la rente, et 1 million pour amortir la dette. Il donne ce million à une caisse particulière appelée *Caisse d'amortissement*, qui l'emploie à racheter une pareille somme de la dette publique. La caisse se met alors au lieu et place des créanciers de l'État, elle touche les intérêts des sommes qu'elle a rachetées, et les emploie à racheter de nouvelles rentes. Elle recueille donc les intérêts des intérêts, et il est calculé qu'au bout de 36 ans, elle peut avoir un capital égal à 100 millions. Ces calculs sont arithmétiquement exacts ; et cependant il est certain qu'aucun État n'est parvenu à éteindre ou même à diminuer ses dettes au moyen de l'amortissement.

L'efficacité de l'amortissement serait incontestable : 1° si les emprunts étaient contractés en capital fixe et réel et non en capital nominal ; 2° si les gouvernements s'abstenaient de tout emprunt ultérieur. À défaut de ces deux conditions, la dette ne peut que s'accroître. D'un côté, d'un côté, quand un gouvernement s'engage à donner 5 fr. de rentes contre un versement réel de 75 fr. seulement, et se reconnaît cependant débiteur de 100 fr., il lui faut, pour racheter sa dette, payer à ses créanciers 25 p. 100 de plus qu'il n'a reçu. D'un autre côté, s'il continue d'emprunter, il le fait toujours et nécessairement à un taux supérieur à celui auquel le caisse d'amortissement rachète les rentes au même instant. La demande régulière et permanente de rentes qui est faite chaque jour par la caisse, tend d'ailleurs incessamment à provoquer la hausse de celles-ci, et à ralentir l'action libératrice du rachat. Joignez à cela les frais d'administration de la caisse, et les frais de perception de cette partie de l'impôt qui sert à l'alimenter, et il sera facile de comprendre qu'une pareille institution est une duperie, si elle n'est pas un leurre pour allécher les créanciers. Il y a plus, la loi a mis une condition essentielle à l'emploi du fonds d'amortissement : c'est la défense de racheter des rentes lorsqu'elles se sont élevées au-dessus du pair. L'action de la caisse doit alors se porter sur un autre fonds dont le taux n'a pas encore atteint le pair. En conséquence, lorsque notre 5 p. 100 était à 101, la caisse rachetait du 3 p. 100 à 72 et bien au-dessus. En dernière analyse les caisses d'amortissement, au lieu d'amortir et d'éteindre les dettes, ont simplement servi à dissimuler la vérité et à charger les budgets, à faire croire qu'on rembourse les emprunts, à rendre la négociation de ceux-ci plus aisée, et à en faire payer les intérêts de bonne grâce par le public. Les États-Unis n'ont jamais eu de caisse d'amortissement, et c'est le seul pays qui soit parvenu à se libérer.

Le premier plan d'une caisse d'amortissement fut proposé en Angleterre par lord Stanhope et adopté par Rob. Walpole, en 1716. Après avoir fonctionné plus ou moins irrégulièrement pendant quelques années, cette caisse fut suspendu. Ce fut le docteur Price qui, par ses écrits publiés en 1769 et 1771, remit en honneur le procédé de l'amortissement à intérêt composé pour éteindre la dette publique. Ses calculs vrais, arithmétiquement parlant, produisirent un effet prodigieux. Il démontrait, par ex., qu'un simple penny (gros sou) placé à intérêt composé depuis la naissance de J.-C. jusqu'à la fin du XVIII° siècle, se serait élevé à une valeur fantastique de plusieurs millions de globes d'or aussi gros que notre planète. Malgré les réfutations qui furent faites de ces écrits, le célèbre ministre Pitt adopta les vues du docteur, et ce fut sous son influence que le Parlement vota, en 1786, la création d'une nouvelle caisse d'amortissement, dont le même ministre sut tirer le plus habile parti pour obtenir les fonds nécessaires à sa guerre incessante contre la France. Néanmoins, l'erreur ne pouvait toujours durer dans un pays comme l'Angleterre, et, en 1829, « le triomphe des vrais principes et du bon sens sur le charlatanisme et la folie, — ainsi s'exprime Mac-Culloch, — fut enfin consommé » : en d'autres termes, l'amortissement fut supprimé. — En France, la *Caisse d'amortissement* (il est inutile de parler de la *Caisse de remboursement* créée en 1765, qui fut une véritable dérision, et ne remboursa rien) a été fondée par la loi du 16 avril 1816, laquelle fixa à 20 millions sa *dotation*, qui fut portée à 40 dès l'année suivante. De plus, il fut décidé que les intérêts des rentes successivement rachetées seraient employés en achats de nouvelles rentes inscrites en son nom ; que les rentes acquises par la caisse seraient immobilisées, c.-à-d. non transférables ; et qu'elles ne pourraient être annulées qu'aux époques et pour les quantités qui seraient déterminées par une loi spéciale. Cette caisse n'a pas cessé de fonctionner depuis cette époque jusqu'à la révolution de Février. Le décret du 14 juillet 1848 en suspendit l'action et, jusqu'à ce que la loi du 11 juillet 1866 l'eût réorganisée, la caisse d'amortissement ne fonctionna guère que pour le jeu de la caisse des retraites pour la vieillesse. En 1866 la caisse d'amortissement reçut, en échange d'une dotation nouvelle, la mission de payer des annuités diverses, de rembourser les obligations trentenaires et, avec le surplus de ses ressources, d'acheter des titres de rente au cours de la Bourse. Elle vécut ainsi jusqu'au 16 septembre 1871, époque où intervint la loi qui supprima le budget spécial de la Caisse et suspendit l'amortissement.

Pendant les 56 années qu'elle a duré la caisse d'amortissement a reçu 4.874.426.707 fr. Cette somme a été employée ainsi : dépenses générales des budgets de 1832, 33 et 41 : 286.086.409 fr. ; travaux extraordinaires de 1839, 40 et 41 : 182.429.501 fr. ; découverts du Trésor de 1840 à 1847 (1845 excepté) : 442.247.814 fr. ; dépenses des budgets de 1848 à 1866 : 2.172.088.256 fr. ; primes de remboursement : 4.775.825 fr. ; enfin, rentes rachetées : 1.786.799.500 fr. En résumé, 3.082.851.381 fr. ont été détournés de leur affectation, c.-à-d. qu'au lieu d'être employées à l'amortissement de la dette, les ressources de la caisse ont constitué des réserves qui ont balancé les découverts des budgets et qui ont alimenté les travaux extraordinaires. Ajoutons que les rentes rachetées s'élevaient au taux de 20 fr. 345 pour 1 fr. de rente et qu'en même temps l'État empruntait sur le taux de 1 fr. de rente pour 19 fr. 362. Si donc, au lieu de racheter 87.382.550 fr. de rentes, l'État avait créé au moins cette même quantité de rentes, le montant de la dette eût été le même, mais l'État eût économisé 86.429.566 fr. : ces résultats jugent le système.

2° Conversion de la dette. — Une conversion est une opération financière au moyen de laquelle un État fait disparaître une d. ancienne et la remplace par une d. constituée à des conditions différentes. Comme nous l'avons vu, les États modernes empruntent en émettant des rentes annuelles au-dessous du pair, c.-à-d. qu'ils vendent des rentes annuelles à un prix inférieur à 100 fr., mais rachetables à 100 fr. Les emprunts n'étant généralement contractés qu'en temps de crise, le taux de ces emprunts est sensiblement supérieur à celui qui est accordé, en temps normal, aux capitaux dans le pays emprunteur. Aussi, lorsque la crise est passée, lorsque la confiance est revenue, le cours de la rente s'élève, le pair est dépassé, et il arrive un moment où l'État a avantage à contracter un nouvel emprunt à un taux inférieur pour rembourser l'emprunt contracté à un taux supérieur. Prenons pour exemple les emprunts de 2 et de 3 milliards contractés en 1871 et en 1872 pour le paiement de l'indemnité de guerre à l'Allemagne. Ces emprunts, réalisés en rentes 5 p. 100 au taux de 82 fr. 50 et de 84 fr. 50 avaient rapidement atteint le pair. En même temps, le 3 p. 100 dépassait 70 fr. et le 4 1/2 se cotait au-dessus du pair. En d'autres termes, l'État pouvait, dès 1876, se procurer aisément un capital de 100 fr. moyennant une rente de 4 fr. 50. Dès ce moment, la conversion du 5 p. 100 en 4 1/2 p. 100 devenait réalisable, car il est bien évident que l'État pouvait offrir à ses créanciers primitifs de

leur rembourser leur créance en contractant un nouvel emprunt auprès de nouveaux capitalistes. Il pouvait également, — et c'est de cette façon que l'on procède d'ordinaire pour éviter des frais inutiles, — leur proposer de transformer leur créance productive de 5 p. 100 d'intérêts en une nouvelle créance ne produisant plus que 4 1/2 p. 100. C'est cette opération que l'on appelle plus particulièrement une conversion.

Le droit de l'État de racheter et par conséquent de convertir sa dette ne paraît pas douteux ; sous l'ancien régime, il n'a jamais été contesté. Dans le droit moderne, l'article 1911 du Code civil a déclaré essentiellement rachetable toute rente constituée en perpétuel. L'indication par la loi de l'an X du capital consolidé en même temps que la fixation du revenu n'auraient aucun sens si ce capital n'était pas remboursable. A cela on a objecté que l'art. 1911 du Code civil a pour corollaire nécessaire l'art. 1912 qui permet au créancier de réclamer le remboursement de son capital, lorsque le débiteur cesse de payer les arrérages ou diminue les sûretés du contrat. Or, l'art. 1912 ne pouvant être opposé à l'État, celui-ci n'a pas davantage le droit de se prévaloir de l'art. 1911. Si on prend la loi du 24 août 1793, créatrice du grand-livre de la dette publique, on remarque qu'elle n'a pas énoncé de capital remboursable pour les rentes. Enfin, la loi du 9 vendémiaire an VI garantit le tiers consolidé de toute retenue ou réduction future. On a fait valoir, en outre, que le créancier de l'État n'achète pas la reconnaissance d'un capital : il achète par ex. une rente de 5 fr. S'il a pour lui tous les risques de baisse d'un titre que l'on a vu tomber à 7 fr., il faut qu'en compensation il conserve les chances de hausse. En tous cas, si l'on rembourse, on doit le faire au cours du jour où l'opération s'accomplit sans tenir compte d'un capital purement fictif.

Quoi qu'il en soit de ces controverses qu'avaient tranchées ici les conversions *facultatives* de 1825 et de 1862 et la conversion édictée par un pouvoir dictatorial en 1852, la question a été définitivement résolue en 1883. (Voir plus loin.)

3° Remboursement. — C'est le moyen le plus simple et le seul vraiment efficace pour éteindre ou diminuer la d. publique : c'est celui qui a été employé par les États-Unis. Lorsque le budget d'un État se solde par un excédent, le gouvernement a le choix ou de diminuer les impôts les plus onéreux pour la population, ou d'employer cet excédent à racheter une partie de sa dette. S'il opte pour ce dernier parti, il rachète chaque année au prix courant, et en choisissant les fonds les plus avantageux, une somme convenue de rentes ; il annule ces rentes, et l'an d'après il n'en paie pas l'intérêt. Il est évident que cette opération sera analogue à celle d'une caisse d'amortissement, mais plus efficace ; car tous les ans, la d. se trouvera diminuée, non seulement de la somme annuelle rachetée, mais des intérêts des rentes précédemment rachetées.

V. Administration financière. — Le Grand-livre de la d. publique est le titre fondamental des créanciers de l'État. Sa création est l'œuvre de la Convention ; elle fut ordonnée par la loi du 24 août 1793, qui ouvrit à une seule *dette perpétuelle* toutes les dettes antérieures, sans distinction d'origine. Il y a autant de comptes que d'inscriptions, quoique beaucoup d'inscriptions appartiennent à la même personne. Il n'y avait autrefois d'inscription qu'au ministère des finances ; mais pour faciliter le développement du crédit public, la loi du 14 avril 1819 créa les *inscriptions départementales*. Il est ouvert au grand-livre, à Paris, au nom de la recette générale de chaque département, celui de la Seine excepté, un compte collectif comprenant, sur la demande des rentiers, les inscriptions individuelles dont ils sont propriétaires. Chaque rentier inscrit sur ce livre auxiliaire reçoit une inscription. Ces titres sont négociables dans les départements et peuvent toujours, sur la demande du propriétaire, être changés en une inscription directe. — Les rentes sont nominatives ou au porteur. Le propriétaire peut, à volonté, faire opérer la conversion d'un titre nominatif en un titre au porteur, et réciproquement. Les extraits d'inscriptions au porteur sont à talon, et peuvent être, à la volonté des parties intéressées, rapprochées de la souche. Chaque extrait est accompagné de dix coupons semestriels représentant cinq années d'arrérages. Quand ils sont épuisés, le Trésor en délivre de nouveaux. Les établissements publics et les individus possesseurs d'une forte somme de rentes peuvent se faire ouvrir des *comptes courants* au grand-livre. — Les *transferts* se font à la Bourse même A cet effet, l'agent de change vendeur remet au bureau des transferts un bordereau contenant les noms, prénoms, qualités et domicile des acquéreurs. Le transfert doit ensuite être signé par le vendeur ou son fondé de pouvoir, et certifié par l'agent de change. Pour les mutations autres que les ventes, pour celles, par ex., qui résultent de donations et successions, le nouvel extrait d'inscription est délivré à l'ayant droit sur la simple représentation de l'extrait ancien et d'un certificat constatant l'identité et les titres de propriété du donataire ou héritier. Les paiements des rentes sur l'État ont lieu par trimestre. Les jours de paiement, ou, comme on dit, les époques de *jouissance*, sont les 16 février, 16 mai 16 août et 16 novembre pour les rentes 3 1/2 p. 100; les 1er janvier, 1er avril, 1er juillet et 1er octobre pour les rentes 3 p. 100 perpétuel, et enfin les 16 janvier, 16 avril, 16 juillet et 16 octobre pour les rentes 3 p. 100 amortissables. Les arrérages des titres *nominatifs* sont payés au porteur de l'extrait d'inscription au grand-livre, sur la représentation qu'il en fait. Les rentes *au porteur* sont acquittées sur la remise du coupon détaché des extraits d'inscription. Après cinq ans, les arrérages non réclamés sont prescrits. Lorsqu'un titre a été perdu, on peut mettre opposition au paiement des semestres, et s'en faire délivrer un duplicata. Enfin, les rentes sur l'État sont exemptes d'impôt et le capital et les arrérages en sont insaisissables.

VI. *Emprunts forcés ou déguisés.* — Il est impossible de considérer les emprunts forcés comme un moyen de crédit public. Ces prétendus emprunts sont de véritables contributions qu'un gouvernement aux abois impose à une classe particulière de citoyens, c.-à-d. à ceux qu'il suppose, à tort ou à raison, être le plus en état de supporter cette charge extraordinaire. La promesse de payer l'intérêt ordinaire ne dissimule qu'en partie ce que cet expédient a d'injuste et d'odieux. Il y a toujours là une spoliation évidente : car le gouvernement ne rend pas à ceux auxquels il prend de force leur argent l'équivalent de leur sacrifice; autrement où serait le motif d'un emprunt de ce genre? En pareil cas, il vaudrait mieux ouvrir un emprunt libre à 10 et 12 p. 100, sauf à le rembourser, au moyen d'un nouvel emprunt moins onéreux, aussitôt que la situation serait devenue meilleure. — Les emprunts déguisés sont des moyens de finances plus fréquents. Ils consistent à appliquer aux besoins du Trésor des fonds destinés à d'autres usages ou des sommes que l'État a simplement en dépôt, telles que les fonds de la caisse d'amortissement, les cautionnements, etc. Ces moyens aboutissent toujours à un emprunt ordinaire qui vient combler le déficit et faire face aux demandes de restitutions de dépôt.

VII. *De l'usage et de l'abus du crédit public.* — Dans l'antiquité, les gouvernements ignorant la puissance et les usages du crédit, se contentaient d'amasser durant la prospérité, des trésors qui bientôt étaient dissipés par la guerre ou par la prodigalité. Ces trésors s'élevaient parfois à des sommes considérables. Après avoir conquis l'Asie, Cyrus, au rapport de Pline, amassa un trésor de 34,000 livres d'or. Celui qu'Alexandre trouva à Ecbatane, montait, suivant Strabon, à 380,000 talents. Appien porte à 740,000 talents celui qu'avait amassé Ptolémée Philadelphe. Malgré ses coûteuses débauches, Tibère avait recueilli 2 milliards 700 millions de sesterces, que Caligula dépensa en moins d'une année. Dans les temps modernes, plusieurs princes ont imité les gouvernements de l'antiquité. Charles-Quint, Henri IV, le grand Frédéric, les papes Paul II et Sixte-Quint, les Cantons suisses, ont tour à tour amassé des sommes plus ou moins importantes. De nos jours, Napoléon se servit des fonds qu'il avait amassés dans les caves des Tuileries pour payer les frais des campagnes de 1813 et de 1814. Ce système est encore celui des despotes de l'Asie et des États qui ne peuvent compter sur l'assistance du crédit. Assurément on peut trouver dans l'histoire de la Grèce antique, de l'ancienne Rome et de plusieurs États du moyen âge quelques cas particuliers d'emprunts; ainsi, par ex., Charles V, en 1375, avait créé des rentes qu'on payait encore sous Henri IV, en 1604. Néanmoins, on peut dire que le système des emprunts publics n'a commencé à être généralement compris et à être pratiqué régulièrement que vers la fin du XVIIe siècle, époque des emprunts contractés en Angleterre par Guillaume III et par la reine Anne. Dans le cours du XVIIIe siècle, les publicistes émerveillés de cette puissance nouvelle du crédit qui se révélait à eux pour la première fois, se prirent pour lui d'un engouement qu'aujourd'hui les hommes sensés ont peine à comprendre. Malheureusement, les erreurs que la plupart des financiers du dernier siècle ont consignées dans leurs écrits ont encore cours dans le public, et il est encore nécessaire de les réfuter. « On ne se borna pas, dit Baudrillart, à reconnaître dans le crédit public une des choses qui distinguent le plus les nations modernes des peuples anciens, et un des leviers les plus puissants dont les

États puissent disposer. On répéta, avec Melon, comme un axiome, qu'un État ne peut jamais être affaibli par ses dettes, parce que « les intérêts sont payés de la main droite à la « main gauche ». Voltaire lui-même, malgré son bon sens, avança « qu'un État qui ne doit qu'à lui-même ne s'appauvrit pas, et que ses dettes mêmes sont un nouvel encouragement pour l'industrie ». Les économistes ont fait justice de ces idées fausses et dangereuses. Il ne peut être indifférent, ont-ils dit, que des sommes soient enlevées à la main qui travaille pour être données à la main qui dissipe. Avec la phrase de Melon, il n'y a pas d'extorsion, de vol, qu'on ne puisse justifier. L'argent n'est jamais anéanti ; s'il n'est plus dans une main, il est dans une autre, ce qui est médiocrement consolant pour ceux qu'on dépouille. Quant à l'encouragement donné à l'industrie, il faudrait, pour justifier l'assertion de Voltaire, que l'argent emprunté reçût toujours un emploi industriel reproductif. Or, il arrive fréquemment que cet emploi, même utile, n'est pas reproductif, comme dans le cas d'une juste guerre; il est arrivé bien des fois qu'il n'a pas même eu caractère d'utilité, et qu'il s'est dissipé en folles dépenses. Dans le cas enfin où l'argent emprunté est employé en travaux, en construction de ponts, de canaux, etc., croit-on qu'entre les mains des particuliers il n'eût commandé aucun travail utile, et qu'il n'eût pas réussi à encourager l'industrie? On a dit encore que les emprunts favorisent la circulation. La réponse à cette assertion nous est devenue facile. De quelle circulation s'agit-il? Est-ce d'un pur déplacement de capitaux utilement employés? Dans la circulation cet insignifiante et peut être funeste. On ne crée pas de la richesse parce qu'on fait du mouvement. Condorcet a présenté un argument qu'il n'est pas rare non plus d'entendre mettre en avant. Il voit un avantage dans les emprunts, en ce qu'ils empêchent nos capitaux d'aller à l'étranger. Mais on peut répondre d'abord que si tous les peuples pratiquent cette maxime, il faudra, nous aussi, nous passer des capitaux étrangers, et ensuite que ces placements à l'étranger, qui rapportent un revenu, ne sont pas sans utilité. On a mieux raisonné selon nous, lorsqu'on a soutenu que les emprunts offrent un encouragement et un placement facile aux petites épargnes. Les petits capitaux n'ont malheureusement pas la même facilité que les gros à se placer, car ils ne peuvent pas se faire eux-mêmes entrepreneurs. Les banques ne leur offrent, dans l'état actuel de ces institutions dans la plupart des pays, que d'insuffisantes ressources. Le placement en fonds publics a ceci de bon qu'il n'exige pas des frais considérables, qu'il est solide, qu'il permet de rentrer sans peine dans son argent, et donne la facilité d'attendre des occasions favorables. Nous accordons, en conséquence, plus de valeur à cette raison qu'aux autres motifs qu'on allègue en faveur des emprunts au point de vue de l'avantage des particuliers. Quant à l'argument politique par lequel on a glorifié les emprunts, à savoir qu'ils étaient une manière de rattacher beaucoup de personnes à l'ordre de choses existant, et de les engager à défendre le gouvernement qui leur garantit le paiement de leurs rentes, il n'a pas une grande valeur. Ce n'est pas en s'endettant que les gouvernements se mettent à l'abri des changements de système : l'économie et une bonne administration forment une garantie tout autrement solide de durée pour les gouvernements que l'affection vacillante de quelques milliers de rentiers, moins empressés à défendre un gouvernement qui chancelle que prompts à s'inquiéter et à semer l'alarme. »

Ces sophismes n'abusent plus aujourd'hui aucun esprit sensé. Néanmoins, les économistes sont en complet désaccord au sujet de la préférence qu'on doit accorder, dans les circonstances difficiles, à l'emprunt ou à l'impôt. Le plus grand nombre pensent qu'un gouvernement ne doit se résoudre à emprunter qu'après avoir augmenté les taxes jusqu'à la limite du possible. Cette opinion, quoiqu'elle ait pour elle l'autorité d'hommes tels que Colbert, Quesnay, Hume, de Tracy, J.-B. Say, Ricardo, Mac-Culloch et J. Stuart Mill, nous paraît exagérée; elle est évidemment inspirée par l'abus qu'on a fait ou qu'on peut faire du crédit. « Le défaut capital du système des emprunts, dit Mac-Culloch, consiste en ce qu'il trompe le public en ne troublant pas soudainement le bien-être de chacun. Ses empiétements sont graduels et passent inaperçus. Il n'exige sur le moment que de légers sacrifices; mais il ne revient jamais sur ses pas. C'est un système d'illusion et de déception. Il ajoute les taxes aux taxes, sans que l'on puisse jamais abolir aucune de celles qui ont été ainsi établies, en sorte qu'avant que le public s'éveille au sentiment du danger, la propriété et le travail se trouvent grevés, à titre permanent, d'un tribut annuel beaucoup plus considérable, pour servir l'intérêt de la d., que celui auquel il aurait fallu les soumettre pour défrayer les charges temporaires, à mesure que la nécessité s'en présentait. » La façon, pour ainsi dire, subreptice dont s'accroît la d. publique, et la facilité avec laquelle les gouvernements empruntent et les peuples consentent à prêter, voilà véritablement le grand danger du système des emprunts, ainsi que l'observe très bien Mac-Culloch. Toutefois la seconde partie de sa proposition contient une exagération évidente. Ainsi, de 1871 à 1876, pour subvenir aux frais de la guerre de 1870-71, la France a emprunté 7,063,210,635 fr. Pourrait-on affirmer que le peuple français aurait pu payer une pareille somme en sus des impôts dont il était grevé et qui étaient déjà singulièrement augmentés? Évidemment, il est impossible de poser, au sujet de la préférence à donner à l'impôt ou à l'emprunt, aucune règle générale. « C'est, dit ailleurs l'auteur que nous venons de citer, une question où les difficultés se balancent, et dont la solution est en général subordonnée aux circonstances. » Telle est aussi notre opinion. Éviter de s'endetter est un précepte que les États doivent mettre en pratique tout comme les particuliers; mais il est des circonstances où la loi de la nécessité oblige cependant à emprunter. Une guerre juste à soutenir, les désastres d'une invasion à réparer sont assurément deux circonstances qui légitiment pleinement le recours à l'emprunt. Nous absoudrons encore l'emprunt opéré en vue d'une entreprise utile et de nature reproductive, comme routes, canaux et voies ferrées, lorsque les besoins du pays le réclament.

VIII. — HISTORIQUE DE LA DETTE PUBLIQUE EN FRANCE. — *La d. publique sous l'ancienne monarchie.* — La d. publique a pour origine les emprunts. Jusqu'à saint Louis, les rois s'étaient contentés de leurs revenus féodaux; mais à partir de Philippe le Bel, ces ressources ne leur suffirent plus. Ce dernier ne se contenta pas de falsifier les monnaies (35 sur 56 ordonnances rendues sous son règne sont consacrées à ces falsifications), il eut recours à des emprunts contractés auprès de banquiers italiens, auxquels il délégua le recouvrement des impôts dans diverses provinces.

Les successeurs de Philippe le Bel suivirent son exemple. Ils contractèrent des emprunts avec stipulation d'un intérêt variant de 5 à 10 p. 100 et clause de remboursement.

Avec François Ier la d. publique s'organise. De ce prince datent les premières rentes de l'Hôtel de ville de Paris créées par un édit du 15 octobre 1522, et gagées sur divers revenus du Trésor royal. On trouve là, pour la première fois, l'existence d'un contrat synallagmatique tel que celui qui lie aujourd'hui encore l'État et ses créanciers.

Henri II et les derniers Valois entrèrent largement dans la voie ouverte par François Ier. Lorsque Henri IV devint le roi incontesté de la France, il se trouva en présence d'un arriéré de 300 millions, dans lequel la d. figurait pour 157 millions. Sully entreprit la tâche difficile de faire disparaître les créances purement fictives et de réduire le taux de l'intérêt, et il réussit à diminuer la d. de 100 millions. Mais, moins de cinq années après la mort de Henri IV, les finances étaient retombées dans un désarroi complet, et le Florentin Concini, maréchal d'Ancre, n'imagina rien de mieux pour remédier à la situation que de signifier aux rentiers qu'ils ne recevraient plus que la moitié des rentes constituées sur les recettes générales et les trois quarts des rentes constituées sur les ailes.

Richelieu essaya vainement de relever le crédit du roi, que cette banqueroute partielle avait détruit. Il ne réussit à augmenter la d. de 76,741,000 livres de rentes.

Sous Louis XIV, Mazarin dut recourir, pour se procurer des ressources, aux plus fâcheux expédients : il emprunta à 20 et 25 p. 100, fit des emprunts forcés et ne put éviter de suspendre le paiement des rentes. Avec Fouquet, dont la seule préoccupation était de s'enrichir au moyen des emprunts qui lui rapportaient de gros bénéfices, le désordre des finances ne fait que croître.

Colbert, investi en 1662 du titre d'intendant des finances, reprend les traditions de Sully. Il fait faire une révision de la d., fait une conversion qui donne au Trésor une économie annuelle de 2 millions et demi.

Le Peletier, Pontchartrain, Chamillart, Desmarets, à qui la charge de contrôleur général des finances fut dévolue après la mort de Colbert (1683), subvinrent par des emprunts effectués aux formes aux besoins pressants nés des guerres qui marquèrent les dernières années du règne de Louis XIV. Mais, en 1710, on n'avait pas d'argent pour le paiement des rentes. On dut réduire au denier 20, et plus tard, en 1713, au denier 25, toutes les rentes dues par l'État. On remboursa même à raison des 3/5 de leur capital les

rentes perpétuelles créées de 1706 à 1712. Desmarets réussit par ces mesures de rigueur à réduire le service des rentes de 14 millions. Mais la mort de Louis XIV suspendit l'œuvre de Desmarets, et lorsque le Régent supprima le contrôle général des finances, on avait à solder un déficit de 820 millions et deux années de revenus étaient dévorés d'avance.

Cette situation déjà si fâcheuse fut encore aggravée par l'expérience désastreuse du système de Law, dont le résultat fut pour les rentiers un abaissement à 2 p. 100 de l'intérêt de la d. perpétuelle et à 4 p. 100 de l'intérêt des rentes viagères. Ce n'était pas le moyen de rétablir le crédit de l'État; aussi, tous les procédés sont bons pour se procurer de l'argent : Orcy (1737-1743) a recours à la loterie, que Chamillart avait déjà employée au rachat des bons de monnaies; aux tontines, dont la création avait été tentée avec succès en 1689. L'abbé Terray détourne les fonds d'amortissement, ne se contente pas de réduire les rentes à 2 1/2 p. 100 : il multiplie les artifices pour les réduire encore par des retenues et des impôts variés. Entre temps, Machault et Laverdy essaient bien de réagir et de mettre un frein, par la création de l'amortissement, à l'augmentation de la d., mais ils ne réussissent qu'à encourir la disgrâce royale ou à fournir de nouveaux éléments aux prodigalités de la cour.

Le premier soin de Louis XVI, en montant sur le trône, fut de confier les finances à l'homme qui était le plus capable de les relever, à Turgot. A ce moment, le service de la d. absorbait 155 millions par an et les recettes totales de l'État ne dépassaient pas 377 millions! Mais Turgot n'eut pas le temps d'appliquer ses idées, et ses successeurs, sans en excepter Necker, ne réussirent qu'à creuser davantage le gouffre du déficit, jusqu'au moment où la situation devint telle qu'il fallut convoquer les États généraux : la Révolution était faite.

La Dette publique depuis la Révolution. — L'Assemblée nationale n'était pas hostile aux rentiers. On sait tous les efforts qu'elle fit pour éviter la banqueroute, et le beau discours que Mirabeau prononça à ce sujet est présent à toutes les mémoires. Mais les événements étaient plus forts que les bonnes volontés. Pendant que Cambon débrouillait le chaos financier de l'ancien régime, pendant qu'il créait (loi du 24 août 1793) le grand-livre de la d. publique et jetait les fondements sur lesquels repose encore aujourd'hui le crédit de la France, la planche aux assignats jetait dans la circulation des masses énormes de papier-monnaie dont la valeur subissait chaque jour une dépréciation nouvelle. C'est avec des assignats, ainsi qu'il suit, que l'on paya les arrérages de la d. jusqu'au moment où, à bout d'expédients, le Directoire décréta la banqueroute des deux tiers (9 vendémiaire an VI).

Lorsque intervint la loi du 9 vendémiaire an VI, qui, d'un trait de plume réduisait des deux tiers la d. contractée par la France sous l'ancienne monarchie et pendant la Révolution, celle-ci, s'élevait en intérêts à 174,716,000 fr. Mais on n'eut à inscrire au grand-livre de la d. publique, sous la rubrique de *Tiers consolidé*, que 40,215,000 fr. de rente 5 p. 100, attendu qu'une certaine quantité de rentes avaient été reçues en paiement de biens nationaux ou annulées comme ayant été confisquées sur des émigrés ou des mainmortables. C'est donc à ce chiffre, représentant un capital nominal de 920 millions, que s'élevait la d. de la France au commencement du XIXe siècle. Il y a lieu d'y ajouter 6,086,000 représentant les dettes des pays réunis à la France.

Sous le Consulat et l'Empire la d. en arrérages s'augmenta d'une somme de 17,005,637 fr., dans laquelle la liquidation de l'arriéré entrait pour 11,255,637 fr. A première vue et pour son propre compte, Napoléon Ier n'aurait donc chargé le service de la d. que de 5,570,000 fr. de rentes. Cela tient à ce que Napoléon Ier avait pour principe de nourrir la guerre par la guerre. Mais il avait bientôt dû recourir à des expédients tels que l'emploi des fonds de la Caisse d'amortissement à solder les déficits du budget de 1807 à 1812, la confiscation des biens libres des communes prononcée en 1813, etc.

Restauration. — Du 1er avril 1814, date du retour des Bourbons, au 31 juillet 1830, date de leur chute, il a été créé des rentes 5 p. 100, 4 1/2 p. 100, 4 p. 100 et de 3 p. 100 pour une somme de 190,272,026 fr.; il en a été annulé pour 51,198,483 fr., soit un accroissement de 139,073,543 fr.

L'accroissement de la d. publique a eu pour causes :

1° La liquidation de l'arriéré antérieur au 1er avril 1816, qui absorba 34,362,284 fr. de rentes;

2° L'acquittement des contributions de guerre et autres charges de guerre résultant des invasions de 1814 et 1815, qui amena la création de 43,185,199 fr. de rentes;

3° Les insuffisances des budgets pour 52,603,000 fr. de rentes ;

4° L'acquittement des dettes contractées à l'étranger par la famille royale (29,993,000 fr.), les frais des guerres d'Espagne et de Grèce pour 8,634,604 fr. de rentes ;

5° L'indemnité aux émigrés (866,510,333 francs), pour 25,995,310 fr. de rentes 3 p. 100.

Les annulations résultèrent de rachats opérés par la Caisse d'amortissement et de la conversion du 5 p. 100 faite, en 1825, par M. de Villèle.

Monarchie de Juillet. — Pour faire face aux dépenses de la conquête de l'Algérie, de la campagne de Belgique, de l'occupation d'Ancône, des expéditions maritimes, des fortifications de Paris, des grands travaux publics, le gouvernement de Louis-Philippe augmenta la d. publique de 11,906,086 fr. de rentes.

République de 1848. — La république de 1848 se trouva aux prises avec des difficultés financières qui l'amenèrent à proclamer le cours forcé des billets de banque, à suspendre le remboursement des fonds des caisses d'épargne, qui furent remplacés par des rentes 5 p. 100 au pair. Elle eut à subvenir au rachat du chemin de fer de Paris à Lyon. Enfin, l'esclavage ayant été aboli aux colonies, on dut créer de nouvelles rentes pour indemniser les propriétaires d'esclaves : le total des rentes créées pendant la période du 24 fév. 1848 au 31 déc. 1851, s'est élevé à 54.942,559 fr. Mais, pendant la même période, la Caisse d'amortissement a fait annuler de son côté 56,455,338 fr. de rentes.

Second empire. — Les rentes créées par le second empire se sont élevées à 493,736,537 fr. Les rentes annulées par rachat, conversions, etc., à 333,133,499 fr., ce qui réduit les accroissements de l'Empire à 160,603,038 fr.

Les accroissements proviennent :

1° De la guerre de Crimée, qui nécessita trois emprunts qui imposèrent à nos budgets une charge annuelle de plus de 74,000,000 de francs ;

2° De la guerre du Mexique pour 14,249 339 francs de rentes ;

3° De l'emprunt de 429 millions (1868) qui accrut la d. de 19,514,315 fr. ;

4° Du premier emprunt de la guerre avec l'Allemagne (804,572,181 fr.) pour 37,830,306 fr.

Le surplus des accroissements provient d'opérations diverses telles que : création de rentes au profit de la Légion d'honneur, rachat du Palais de l'industrie, cession de rentes à la Banque de France, conversion des emprunts mexicains, etc.

Troisième république. — Le gouvernement issu de la révolution du 4 sept. 1870 poursuivit la lutte avec l'étranger au moyen de l'émission de bons du Trésor jusqu'à concurrence de 62 millions, d'une avance de 10 millions faite par la Banque de l'Algérie, d'avances de la Banque de France et des fonds fournis par l'emprunt de 750 millions et par l'emprunt de 250 millions, dit « Emprunt Morgan ». Lorsque la paix fut faite, il fallut payer l'énorme rançon que nous avait imposée l'Allemagne, réparer les dommages de la guerre et parer aux insuffisances des budgets de 1870 et de 1871.

Pour subvenir à toutes ces charges, on emprunta 7,063,210,635 fr. qui exigeaient 385,831,941 fr. de rentes pour la partie constituée en rentes perpétuelles et 37,800,000 fr. d'annuités à servir à la Compagnie de l'Est et aux détenteurs des titres de l'emprunt Morgan.

Depuis, pour faire face aux grands travaux d'utilité publique, on a émis pour 122,120,700 fr. de rente 3 p. 100 amortissable en 75 ans. Le paiement des intérêts et l'amortissement de cette rente exigent une annuité variable qui descendra à 134,413,000 fr. en 1907, pour se relever à 138,207,000 fr. en 1908, à 155,840,000 fr. en 1926, à 160,698,000 en 1951. La dernière annuité est payable en 1953. Le 3 p. 100 amortissable n'est pas convertible.

Il a été émis en outre, en 1886, un emprunt de 900 millions, dont 400 millions servirent à la consolidation partielle de la d. flottante et qui impose au budget une charge annuelle de 33,984,961 francs.

Capitaux remboursables à divers titres. — Outre la d. perpétuelle et la d. remboursable à long terme, telle que le 3 p. 100 amortissable, on a rangé au budget, sous le titre de capitaux remboursables à terme ou par annuités, un certain nombre de dettes dont le caractère commun est de pouvoir s'éteindre dans un délai déterminé : telles sont les obligations du Trésor, les annuités aux Compagnies de chemins de fer, etc., etc.

On appelle *Dette viagère* cette catégorie d'engagements du Trésor, dont aucune partie n'est exigible en capital et qui ne comporte qu'un paiement d'intérêts. L'extinction en est subordonnée à la mort de la personne qui est bénéficiaire de la rente ou de la pension. — La d. viagère ne se compose plus aujourd'hui que des rentes viagères d'ancienne origine (dont trois seulement subsistent encore) et des pensions.

C'est d'ailleurs par une confusion de mots que l'on a compris dans la *Dette publique* proprement dite les pensions. En réalité, si elles correspondent à des obligations également rigoureuses de l'État, elles ne se ressemblent ni par leur nature, ni par leurs causes, ni par leurs effets financiers. Les pensions sont de véritables traitements de retraite ; elles rentrent donc dans les dépenses administratives de chaque année, tandis que la *Dette* représente l'arriéré laissé par les années antérieures.

Les pensions imposent au budget des charges qui croissent constamment d'une année à l'autre. On a dépensé de ce chef 74,753,239 fr. en 1854, 114 millions en 1872. La dépense prévue au budget de 1895 dépasse 226 millions de francs. Les recettes (retenues sur les traitements, etc.) qui viennent en atténuation de cette dépense, ne se sont élevées, durant la même période, que de 23,137,181 fr. à 33,791,570 fr.

Enfin, sous le nom de *Dette flottante*, on comprend diverses créances sur l'État, fort différentes quant à leur nature, mais qui ont cela de commun d'être exigibles à terme ou à la volonté du créancier. — Lorsque les rentrées de l'impôt ne se font pas assez vite et assez régulièrement, lorsque des travaux urgents dépassent les moyens de crédit qui leur avaient été assignés, lorsque des nécessités imprévues exigent des dépenses extraordinaires pour lesquelles il n'y a aucun fonds alloué par le budget, etc., le gouvernement est obligé d'emprunter au fur et à mesure des besoins ; mais il le fait sans créer pour cela des rentes nouvelles. Il emprunte au mois, en créant des billets au porteur et payables à échéance fixe. Ces billets sont désignés sous le nom de *Bons du Trésor*. Ils portent un intérêt variable, selon les circonstances et la situation du marché. La loi du 4 août 1824, qui a créé chez nous les bons du Trésor, en avait limité l'émission à 140 millions : ce chiffre a été augmenté depuis, en vertu de nouvelles dispositions législatives. En Angleterre, les *Bons de l'Échiquier* correspondent à nos bons du Trésor. — La d. flottante en France comprend, outre les bons du Trésor, les fonds déposés à la Caisse des dépôts et consignations, de quelque source qu'ils proviennent, les avances des receveurs généraux à compte sur les rentrées qu'ils doivent opérer, etc. Mais les bons du Trésor seuls constituent de véritables titres de crédit, et, par conséquent, rentrent seuls dans l'étude du crédit public. Lorsque la d. flottante a pris de telles proportions qu'elle constitue un embarras pour les gouvernements, vient une loi qui la convertit en un emprunt perpétuel ; c'est ce qu'on appelle *consolider la d. flottante.*

En résumé, voici quel est actuellement (1895) le montant total des crédits inscrits au budget pour le service de la Dette publique :

Dette consolidée

Rentes 3 1/2 p. 100.	237,642,437
Rentes 3 p. 100.	456,126,154
Total	693,768,581

Dette remboursable

Rentes 3 p. 100 amortissables par annuités.	143,382,948
Annuité de conversion de l'emprunt Morgan.	16,490,118
Intérêts des obligations du Trésor à court terme.	7,394,490
Annuités aux Compagnies de chemins de fer pour garanties d'intérêts de 1871 et 1872.	2,482,500
Annuité à la Compagnie des chemins de fer de l'Est.	20,500,000
Remboursement des avances faites pour la liquidation des caisses des chemins vicinaux, etc.	32,161,989
Intérêts et amortissement de l'emprunt contracté pour l'amélioration de l'établissement thermal d'Aix.	9,450
Intérêts et amortissement de l'avance de la Société générale algérienne.	4,009,506
Remboursement aux hospices civils. .	49,002
A reporter.	226,740,003

Report.	226,540,003
Annuité pour construction destinée au service de l'intendance.	24,250
Annuités pour chemins stratégiques. . . .	480,000
Remboursement aux villes, pour construction d'hôtels des postes et des télégraphes	212,254
Redevance payée à l'Espagne pour droit de dépaissance sur la frontière des Pyrénées.	16,000
Remboursement des avances faites par la Caisse des dépôts pour le reboisement des montagnes.	627,416
Annuités aux Compagnies de Chemins de fer	41,139,400
Rachat de concessions de canaux. . . .	321,171
Annuité à la ville de Roubaix pour la construction de l'École des arts industriels.	87,000
Intérêts de la dette flottante du Trésor.	20,750,000
Intérêts de capitaux de cautionnements. .	9,162,000
Total de la dette remboursable. .	**299,359,494**

Dette viagère

Pensions civiles (Récompense nationale).	823,000
Rentes viagères d'ancienne origine	1,385
Pension de la Pairie et de l'ancien Sénat.	12,000
Pensions de donataires dépossédés.	317,500
Pensions militaires de la guerre.	91,000,000
Pensions militaires de la marine	34,323,000
Secours aux pensionnaires de l'ancienne liste civile des rois Louis XVIII et Charles X	9,514
Pensions aux employés de la liste civile du roi Louis-Philippe	24,800
Pensions à titre de récompense nationale.	85,200
Traitements des membres de l'ordre de la Légion d'honneur	10,983,413
Pensions civiles (loi du 9 juin 1853). . . .	60,025,600
Pensions des grands fonctionnaires	90,000
Pensions ecclésiastiques sardes	16,000
Anciens dotataires du Mont-de-Milan. . .	230,000
Service des suppléments de pension aux anciens militaires ou marins et à leurs veuves	9,325,000
Service de l'ancienne Caisse de dotation de l'armée	120,000
Indemnités aux victimes du coup d'État du 2 décembre 1851.	5,290,000
Pensions et indemnités de réforme de la magistrature.	1,004,000
Indemnités aux professeurs des Facultés de théologie catholique	49,935
Pensions viagères aux blessés de février 1848	157,600
Part de l'État dans les pensions civiles de la préfecture de la Seine en raison des services militaires des anciens sous-officiers.	3,000
Allocations supplémentaires aux officiers, sous-officiers, soldats et assimilés.	3,366,510
Total de la dette viagère	**226,257,487**
Total de la dette publique. . . .	**1,219,385,202**

Évaluation de la dette de la France. — Quel est, à l'heure actuelle, le montant total, en capital, de la dette de la France? Il est assez difficile, sinon impossible, de répondre, avec quelque précision à cette question, parce que les procédés d'évaluation suivis pour la détermination de ce capital ne reposent sur aucune base fixe.

En ce qui concerne les rentes perpétuelles ou amortissables, plusieurs modes de calcul ont été employés:

1° Prendre le montant des sommes primitivement reçues par le Trésor;

2° Chiffrer la valeur des rentes émises soit d'après leur cours d'émission, soit d'après les cours cotés à la Bourse;

3° Évaluer le capital au taux nominal de remboursement.

Ces procédés ont tous trois leurs avantages et leurs inconvénients.

Le premier pourrait donner des résultats si on connaissait exactement les sommes encaissées par l'État. Mais il est inapplicable à une série d'opérations réalisées au moyen d'annuités par ex. remises à des créanciers dont les droits n'étaient pas mathématiquement précisés.

Le procédé d'évaluation par les cours de la Bourse parait plus pratique, mais il a contre lui l'incessante variation des cours.

Le troisième procédé, qui est le plus usité, ne laisse pas que de donner prise à la critique: dans ce procédé, un emprunt à 3 p. 100 ayant produit 75 millions est compté pour la même somme qu'un emprunt à 4 p. 100, qui aura également produit 100 millions.

Une autre cause d'incertitude dans l'évaluation des dettes d'un pays, c'est la détermination des engagements que l'on range sous cette appellation.

Quoi qu'il en soit de ces difficultés d'évaluation, voici quel était, d'après M. Camille Pelletan, le montant de la dette de la France au 1er janvier 1890 (ce député a pris pour base le taux nominal de remboursement):

	Capital nominal
Rentes perpétuelles.	21,251,674,785
Emprunt Morgan.	271,562,147
3 p. 100 amortissable	3,901,396,000
Annuités aux C⁰⁸ de chemins de fer.	1,976,551,124
Obligations à long terme.	186,250,000
Bons de liquidation.	275,400,000
Obligations à court terme..	774,074,966
Annuités diverses...	150,936,235
Avances pour travaux publics.	65,468,043
Avances de la Caisse des Dépôts et Consignations.	146,026,816
Dette flottante.	998,645,170
Cautionnements.	305,724,308
Total	**30,302,709,594**

Voici, d'autre part, quel était au 1er janvier 1886 le capital nominal de la d. des principaux États de l'Europe ainsi que le crédit inscrit au budget de ces États pour le paiement des arrérages:

Prusse	4,814	millions.	220	millions.
Allemagne	526	—	20	—
Autriche	9,288	—	390	—
Hongrie.	3,178	—	207	—
Italie	11,131	—	532	—
Belgique	1,771	—	87	—
Espagne	6,042	—	274	—
Portugal	2,824	—	90	—
Angleterre	17,829	—	738	—
Turquie.	2,622	—	56	—
Russie	18,028	—	1,038	—

L'intérêt et l'amortissement — si tant est qu'il y ait amortissement réel quelque part — des dettes publiques de l'Europe coûtent annuellement cinq milliards et demi; les dépenses de la guerre et de la marine s'élèvent à près de cinq milliards.

Le tableau de la page 478 indique les emprunts faits par la France depuis 1816 en rentes perpétuelles. Il permet de se rendre compte exactement du taux réel de la plupart de ces emprunts. Le total de la dette publique des États européens s'élève à 120 milliards. C'est le militarisme qui partout obère le budget. Depuis 1870, il a fait dépenser à la France seule 700 millions par an.

Conversions. — En 1824, M. de Villèle avait tenté la conversion obligatoire du 5 p. 100 au 3 p. 100 au cours de 75 fr., avec faculté, pour les non-acceptants, de se faire rembourser le capital nominal. Ce plan rejeté par la Chambre des Pairs fut repris en 1825, avec cette modification toutefois que la conversion devenait facultative. Les résultats de l'opération ne répondirent pas à l'attente du ministre: l'allègement annuel de la charge du budget ne fut que de 6,230,157 fr. Par contre, le capital nominal de la d. fut augmenté de plus de 200 millions Repoussée obstinément par la Chambre des pairs durant le règne de Louis-Philippe, irréalisable pendant la seconde République, la conversion fut un des premiers actes qu'accomplit le gouvernement impérial. Un décret du 14 mars 1852 décida que le 5 pour 100 serait converti en 4 1/2. Cette opération ne réussit que grâce aux mesures énergiques que prit le ministre des finances, appuyé par la haute banque

MODE de négociation.	SOUSCRIPTEURS	DATE de la négociation.	NATURE de la rente p. 100	PRIX de négociation	RENTES constituées	CAPITAL encaissé par le Trésor	CAPITAL nominal.
Négoc. directe. .	Ventes sur la place. . .	1816–1817	5 »	57,26	6,000,000	69,763,000	120,000,000
Id.	Ventes à des compagnies et sur la place. . . .	1817–1818	—	57,51	30,000,000	345,064,815	600,000,000
Souscription. . .	Le public.	9 mai 1818	—	66,50	14,925,500	198,509,150	298,510,000
Négoc. directe. .	Baring, Hope et Cie. . .	9 oct. 1818	—	67 »	12,313,433	165,000,000	246,268,660
Publ. et concurr.	Hottinger, etc.	9 août 1821	—	85,55	9,585,220	164,003,114	191,704,400
Id.	Rothschild frères, etc. .	10 juill. 1823	—	89,55	23,114,516	413,980,981	462,290,320
Id.	Id.	12 janv. 1830	4 »	102,07 1/2	3,134,950	80,000,003	78,373,750
Id.	Diverses maisons. . . .	19 avril 1831	5 »	84 »	7,142,858	120,000,014	142,857,160
Souscription. . .	Le public.	1831	—	100 »	1,021,945	20,438,900	20,438,900
Publ. et concurr.	Rothschild frères, etc. .	8 août 1832	—	98,50	7,614,213	150,000,000	152,284,260
Id.	Rothschild frères. . .	18 oct. 1841	3 »	78,52 1/2	5,730,659	150,000,000	191,021,966
Id.	Id.	9 déc. 1841		84,75	7,079,646	200,000,000	235,988,200
Id.	Id.	10 nov. 1847		75,25	2,569,413	64,450,878	85,647,100
Souscription. . .	Le public.	mars 1848	5 »	100 »	1,309,104	26,182,080	26,182,080
Id.	Id.	27 juil. 1848	—	75,25	13,107,000	197,260,350	262,140,000
Id.	Id.	14-25 mars 1854	4 1/2	92,50	4,550,640	93,541,085	101,125,333
Id.	Id.	d.	3 »	65,25	7,159,590	155,721,085	238,653,000
Id.	Id.	3-14 janv. 1855	4 1/2	92 »	8,052,120	164,621,420	178,936,000
Id.	Id.	d.	3 »	65,25	15,857,530	344,901,226	528,584,333
Id.	Id.	18-29 juill. 1855	4 1/2	92,25	4,389,760	89,990,080	97,550,222
Id.	Id.	d.	3 »	65,25	31,699,740	689,469,352	1,056,658,000
Id.	Id.	2 mai 1859	4 1/2	90 »	573,710	520,000,000	852,481,900
			3 »	60 »	25,190,660		
Id.	Id.	déc. 1863	3 »	»	14,249,339	»	»
Id.	Id.	août 1868	3 »	»	19,514,315	450,456,720	650,477,100
Id.	Id.	août 1870	3 »	60,60	39,830,306	804,572,181	1,327,676,800
Négociation . . .	S. Morgan. . . .	oct. 1870	6 »	82,65	17,030,000	208,899,770	250,000,000
Souscription. . .	Le public.	juin 1871	5 »	82,50	138,975,295	2,293,092,377	2,779,505,900
Id.	Id.	juil. 1872	5 »	84,50	207,026,210	3,498,744,639	4,140,524,200
Id.	Id.	mai 1886	3 »	79,80	18,947,368	504,000,000	631,578,900
Consolidation . .	Caisse des dépôts. . . .	mai 1886	3 »	79,60	15,037,593	400,000,000	501,253,100
Souscription. . .	Le public.	1891	3 »	92,55	28,184,376	869,488,000	939,479,200

et les compagnies de chemins de fer, qui avancèrent 100 millions pour soutenir les cours. Cette conversion produisit une économie annuelle de 17,580,443 fr.

En 1862, M. Fould, ministre des finances, tenta une conversion du 4 1/2 et du 4 p. 100 en 3 p. 100, moyennant une soulte qui produisit 157,824,252 fr. Cette conversion — qui n'était autre chose qu'un emprunt déguisé — fut une déplorable opération financière qui augmenta le capital nominal de la d. de 1,600 millions.

En 1875, M. Léon Say opéra la conversion des obligations Morgan 6 p. 100 en obligations 3 p. 100 moyennant une soulte qui produisit 66,839,849 fr.

En 1883, le 5 p. 100, émis en 1871 et 1872, a été converti en 4 1/2 p. 100.

En 1887, le 4 1/2 p. 100 résultant de la conversion de 1852 et le 4 p. 100 ont été convertis en 3 p. 100. Cette conversion a été combinée avec un emprunt nouveau, en sorte qu'avec la même annuité inscrite au budget on a pu se procurer une somme de 173,430,931.

Enfin, la dernière conversion a été celle du 4 1/2 p. 100 émis en 1883 en remplacement du 5 p. 100 converti à cette époque. Cette conversion faite en 3 1/2 p. 100 a été autorisée par la loi du 17 janvier 1894. Elle a eu tout le succès que l'on pouvait souhaiter : les demandes de remboursement n'ont pas dépassé 62,692 fr. de rente donnant droit à un capital de 1,393,155.

Les arrérages des rentes 4 1/2 p. 100 s'élevaient, lors de la conversion, à la somme de 305,540,276

Les rentes 3 1/2 p. 100, émises pour remplacer le 4 1/2 p. 100, n'exigeant que 237,642,436

l'économie annuelle ressort à 67,897,840

La conversion de 1883 avait procuré une première économie de. 34,018,231

La réduction totale des charges de l'État s'est, en conséquence, élevée par rapport au service primitif du 5 p. 100 à 101,916,071

Ces conversions successives ont ramené le type de nos rentes perpétuelles à deux : le 3 p. 100 et le 4 1/2 p. 100. Ce dernier fonds est destiné, par des conversions successives, à se confondre avec le précédent, et le 3 p. 100 finira même par disparaître un jour devant les progrès du crédit public, qui abaissera probablement au-dessous de 3 p. 100 le taux auquel l'État pourra un jour emprunter.

DETTINGEN, village de Bavière, sur la rive droite du Mein ; bataille du 29 juin 1743, où les Français furent vaincus par les Autrichiens et les Anglais dans la guerre de la succession d'Autriche.

DÉTUMESCENCE. s. f. (lat. detumescere, se désenfler, de de, et tumescere, s'enfler). T. Méd. Résolution d'une tumeur, d'un gonflement. [|| Par ext., Dégonflement d'un objet quelconque.

DÉTURBATEUR, TRICE. adj. (lat. deturbare, troubler). Qui trouble, qui contrarie.

DEUCALION, fils de Prométhée et roi de Thessalie, échappa au déluge avec sa femme Pyrrha. Ils repeuplèrent le monde en jetant derrière eux des pierres qui furent changées en hommes.

DEULE, riv. de France, passe à Lille et se jette dans la Lys (86 kilom. de cours).

DEUIL. s. m. [Pr. deul, l mouillée] (lat. dolere, s'affliger). Douleur, tristesse qu'on éprouve de la perte de quelqu'un, ou par suite d'un événement funeste, déplorable. Quand ce grand homme mourut, tout le peuple en témoigna un grand d. Cette bataille a plongé bien des familles dans le d. Le jour de la mort de Henri IV fut un jour de d. pour la France. — Famil., Faire son d. d'une chose, la regarder comme une chose perdue, ou comme une chose sur laquelle il ne faut plus compter. [|| Se dit des vêtements particuliers ou des marques extérieures qui servent à témoigner de la douleur qu'on éprouve de la mort de quelqu'un. Vêtement, habit, voiture de d. S'habiller de d. Prendre, porter, quitter le d. Être en d. Il est en d. de son frère. — Se dit aussi des étoffes, ordinairement noires, dont on tend une chambre, une église, etc. *Tendre une chambre, une église de d.* || Le cortège des parents, amis, etc., qui assistent aux funérailles de quelqu'un. *Mener le d. Suivre le d.* | Le temps pendant lequel se porte le d. *On a abrégé les deuils. Le d. des veuves ne dure plus qu'un an. L'année de d.* || Figur. et poét., *Le d. de la nature.* L'aspect triste de la nature pendant la mauvaise saison. On dit dans le même sens, *La nature est en d.* || T. Ent. *Grand d. Petit d. Demi-d.* Voy. DIURNES.

L'homme éprouve naturellement le besoin d'exprimer par des signes extérieurs toute émotion vive, quelle qu'en soit la nature, dont son âme est affectée. Aussi trouvons-nous la coutume de manifester, par un changement quelconque dans le costume habituel, la douleur que cause soit la perte d'une personne aimée, soit une calamité publique, établie chez la plupart des peuples anciens et modernes.

I. *Temps anciens.* — Les *Juifs* prenaient le d., non seulement à la mort de leurs parents, mais encore à l'occasion d'un malheur public ou privé, comme une peste, une famine, une incursion d'ennemis, la mort, la maladie ou la captivité d'un ami, une accusation criminelle, etc. Les marques de d., chez les Israélites, consistaient à déchirer ses habits, sitôt que l'on apprenait une mauvaise nouvelle, ou que l'on se trouvait témoin de quelque grand mal, comme d'un blasphème ou d'un autre crime contre Dieu, à se frapper la poitrine, à mettre ses mains sur la tête, à se la découvrir en ôtant sa coiffure, et à y jeter de la poussière ou de la cendre, et à se raser la barbe et les cheveux. Tant que le d. durait, il ne fallait ni se parfumer, ni se laver, mais porter des habits sales et déchirés, ou des sacs, c.-à-d. des vêtements étroits et sans plis, qu'on nommait *cilices*, parce qu'ils étaient faits de poils de chameau ou de quelque étoffe semblable, rude et grossière. Les Hébreux en deuil avaient les pieds nus, aussi bien que la tête, qu'ils se couvraient le visage : quelquefois même ils s'enveloppaient d'un manteau pour ne point voir le jour et pour cacher leurs larmes. Le d. était accompagné de jeûne, c'est-à-dire que, tant qu'il durait, on ne mangeait qu'après le soleil couché, se contentant de mets fort communs et ne buvant que de l'eau. Ils demeuraient enfermés, assis à terre ou couchés sur la cendre, gardant un profond silence, et ne parlant que pour se plaindre ou pour chanter des cantiques lugubres. Le d. pour un mort était ordinairement de 7 jours. Quelquefois on le continuait pendant un mois, comme pour Aaron et pour Moïse; dans quelques cas, il allait jusqu'à 70 jours, comme pour le patriarche Jacob. Enfin, il y avait des veuves qui portaient le d. toute leur vie, comme Judith et Anne la prophétesse. Le seul grand prêtre ne prenait jamais le d.

En temps de d., les *Grecs* ne paraissaient ni aux jeux, ni aux banquets, ni à aucune autre réunion publique, et vivaient retirés dans l'intérieur de leurs maisons. Ils quittaient leurs vêtements ordinaires pour des vêtements plus grossiers, de couleur brune pour les hommes, et de couleur noire pour les femmes. Toutefois, à l'époque de la domination romaine, ces dernières adoptèrent le blanc pour couleur de d. Les Grecs se coupaient et quelquefois même se rasaient entièrement les cheveux, qu'ils déposaient sur le corps ou le tombeau du défunt. À la mort d'un grand personnage, chaque citoyen s'acquittait de ce pieux devoir. Chez les Athéniens, on voyait quelquefois les hommes, égarés par la douleur, se rouler dans la poussière, se couvrir la tête de cendres, se frapper violemment la poitrine et se déchirer le visage avec les ongles. Les femmes se livraient aux mêmes démonstrations, mais elles y apportaient une si grande exagération qu'on fut obligé de faire une loi spéciale pour en modérer les excès. Enfin, lorsqu'une grande calamité publique affligeait la cité, ou lorsqu'un des plus grands personnages de l'État venait à mourir, on suspendait les assemblées publiques, on fermait les temples, les magasins, on ne met tous les lieux de réunion, de sorte que la ville tout entière présentait l'aspect de la désolation. Ce qui précède est particulièrement relatif aux Athéniens; mais il est probable que les choses se passaient à peu près de la même manière chez les autres nations helléniques, à l'exception des Lacédémoniens. Lorsqu'un Spartiate était mort en combattant pour son pays, sa mère, sa femme et ses parents les plus proches auraient rougi de porter le d. et de manifester publiquement la moindre affliction. Mais à la mort d'un de leurs rois, tous les citoyens, sans distinction d'âge ni de sexe, se rassemblaient et se déchiraient à coups d'épingles et d'aiguilles, soit pour témoigner leur douleur, soit pour apaiser par ce sacrifice les mânes du mort.

À *Rome*, le d. était ordinairement fort court. Rien n'en déterminait la durée pour les hommes; mais les lois de Romulus défendaient aux femmes de porter au delà de dix mois celui d'un mari ou d'un père. Les hommes se laissaient pousser les cheveux et la barbe en désordre, s'abstenaient de tout divertissement, quittaient leurs anneaux, ainsi que les insignes des dignités dont ils étaient revêtus, et prenaient des vêtements de couleur brun foncé. Les femmes portaient le d. en noir sous la république, et en blanc sous les empereurs. Mais la mère qui avait perdu un fils substituait ordinairement le bleu de mer (*cærulea vestis*) à la couleur d'usage. Dans les deuils publics toutes les affaires étaient interrompues, les boutiques se fermaient, les tribunaux vaquaient, etc. Enfin, les sénateurs et les magistrats quittaient, ceux-ci les insignes de leur autorité, ceux-là le laticlave. Au sein même du sénat, les consuls, au lieu de s'asseoir sur leurs sièges ordinaires qui dominaient l'assemblée, se plaçaient sur un simple banc, comme les autres sénateurs.

II. *Temps modernes.* — Les démonstrations extérieures du d. ont suivi en *France*, comme partout ailleurs, les phases de la civilisation. Pour témoigner la douleur que leur causait la perte d'une personne aimée, nos ancêtres les Gaulois laissaient flotter au gré des vents leur longue chevelure qu'ils portaient d'ordinaire nouée sur le haut du front. Les textes que nous possédons ne font pas connaître la couleur des vêtements mis en usage chez nous avant le XIIIe siècle. Nous savons seulement qu'ils n'étaient pas noirs; car il paraît, d'après une lettre de Pierre le Vénérable, qu'on trouvait alors fort singulier que les Espagnols portassent le d. en noir. Au XIVe siècle, l'usage s'introduisit de porter, en signe de d., le chaperon rabattu sur le dos et sans fourrure, avec la cornette roulée autour du cou. Du temps de Charles VI, les grands seuls s'habillaient de noir, tandis que les personnes de condition inférieure prenaient des vêtements bruns. De plus, à la même époque, le d. des rois était violet; mais l'étiquette voulait qu'aussitôt après l'enterrement du prince défunt, le successeur de ce dernier se vêtît de pourpre, « pour ce que, dit Monstrelet, sitôt que le roy est mort, son fils plus prochain se nomme roy; car le royaume n'est jamais sans roy ». Pendant tout le moyen âge, les reines devenues veuves portèrent le d. en blanc : ce qui leur avait fait donner le nom de *reines blanches*. Cet usage existait encore au XVIe siècle, ainsi que nous l'apprend Pierre l'Étoile, qui applique cette dénomination à Élisabeth d'Autriche, veuve de Charles IX; mais il avait déjà été plusieurs fois violé, surtout par Anne de Bretagne, qui, à la mort de Charles VIII, enfreignit la première l'étiquette, en prenant des vêtements noirs. Un peu plus tard, le d. fut soumis à une réglementation minutieuse, qui s'étendit, particulièrement aux gens de cour, jusqu'à la décoration des appartements, ainsi qu'à la forme et à la matière des habits.

Actuellement, en France, le noir est la couleur du d. pour toutes les classes de la société. On distingue le *grand d.*, le *d. ordinaire*, et le *petit d.* ou *demi-d.* Ce dernier est simplement la dernière période du grand d. et du d. ordinaire.

Le *grand d.* dure pour *père* et *mère*, 6 mois; pour *aïeul* et *aïeule*, 4 mois 1/2; pour *mari*, un an et six semaines; pour *épouse*, 6 mois; pour *frère* et *sœur*, 2 mois. Les hommes, quel que soit le degré de parenté, portent des vêtements noirs et le crêpe au chapeau; les militaires et les fonctionnaires publics, lorsqu'ils sont en uniforme, mettent un crêpe à la poignée de l'épée, et en nouent un autre au bras gauche; enfin, les ecclésiastiques se contentent d'entourer d'un crêpe leur chapeau. Pour les femmes, le grand d. se partage en trois temps. Au premier temps appartiennent les tissus de laine noire; au deuxième, ceux de soie noire; et au troisième qui constitue le petit d., les étoffes blanc uni ou mélangées de blanc et de noir. Les dames portent le grand d. : pour *père* et *mère*, en laine noire, pendant les 6 premières semaines; en soie noire, pendant les 6 semaines suivantes; et en blanc uni ou en blanc et noir, pendant les 3 derniers mois; — pour *aïeul* et *aïeule*, en laine noire, le premier mois; en soie noire, les 6 semaines suivantes; en blanc uni ou en blanc mêlé de noir, les 2 derniers mois; — pour *mari*, en laine noire, les 3 premiers mois; en soie noire, les 6 mois suivants; en noir et blanc, les 3 autres mois; en blanc uni, les 6 dernières semaines; — pour *frère* et *sœur*, en laine noire, les 15 premiers jours; en soie noire, les 15 suivants; en noir et blanc, le dernier mois.

On prend le *d. ordinaire* pour oncles et tantes, pour cousins germains, pour oncles à la mode de Bretagne et pour cousins issus de germains. Sa durée est de 3 semaines dans le premier cas, de 15 jours dans le second, de 11 jours dans le troisième, et de 8 dans le quatrième. Les hommes le portent comme ci-dessus. Quant aux femmes, elles s'habillent : pour *oncles* et *tantes*, en soie noire les 15 premiers jours, et en petit d. les suivants; — pour *cousins germains*, en soie noire les 8 premiers jours, et en petit d. les 7 autres; — pour *oncles à la mode de Bretagne*, en soie noire ou noir et blanc les 6 premiers jours, et en petit d. les 5 derniers; — enfin, pour *cousins issus de germains*, en soie noire, les 5 premiers jours, et en petit d. les 3 qui suivent. Quelques familles portent le d. de leurs enfants; c'est une innovation de la mode qui tend à s'implanter.

Législ. — Pendant une année, la femme a le droit de réclamer des habits de d. aux héritiers du mari, quel que soit le régime adopté par contrat de mariage. La valeur de ce d. est réglée suivant la fortune du mari; il est dû même à la femme qui renonce à la communauté.

Quand la femme est mariée sous le régime dotal, elle a le choix d'exiger les intérêts de sa dot pendant l'an du deuil, ou de se faire fournir des aliments pendant le dit temps aux dépens de la succession du mari; mais, dans les deux cas, l'habitation, durant cette année, et les habits de d., doivent lui être fournis sur la succession et sans imputation sur les intérêts de sa dot.

DEUTERGIE. s. f. (gr. δευτὸς, secondaire; ἔργον, œuvre). T. Méd. Ensemble des effets secondaires des médicaments. Inus.

DEUTÉRIE. s. f. (gr. δευτέριον, arrière-faix, de δεύτερος, second). T. Chir. Rétention de l'arrière-faix dans la matrice. Inus.

DEUTÉROCANONIQUE. adj. 2 g. (gr. δεύτερος, second; κανὼν, canon). T. Théol. Se dit des livres sacrés qui n'ont été admis universellement comme canoniques par l'Église catholique qu'au Concile de Trente. Voy. CANONIQUE.

DEUTÉROGAME. s. (gr. δεύτερος, second; γάμος, mariage). Personne mariée pour la seconde fois.

DEUTÉROGAMIE. s. f. État du deutérogame.

DEUTÉROLOGIE. s. f. (gr. τὰ δεύτερα 'arrière-faix; λόγος, traité). Traité sur la nature et les connexions de l'arrière-faix.

DEUTÉROLOGIE. s. f. (gr. δεύτερος, second; λόγος, discours). T. Antiq. Réplique d'un avocat devant les tribunaux athéniens.

DEUTÉRONOME. s. m. (gr. δευτερονόμιον, m. s., de δεύτερος, second; νόμος, loi). Nom du 5e livre du Pentateuque. Voy. BIBLE.

DEUTÉROPATHIE. s. f. (gr. δεύτερος, second; πάθος, maladie). T. Méd. État morbide qui se développe sous l'influence d'une autre maladie.

DEUTÉROPATHIQUE. adj. T. Méd Qui a les caractères de la deutéropathie.

DEUTÉROSCOPIE. s. f. (gr. δεύτερος, second; σκοπέω, je vois). T. Méd. Hallucination de l'esprit ou seconde vue ; état particulier d'hypnose ou de somnambulisme dans lequel les sujets croient, à tort ou à raison, voir des choses éloignées ou futures. Voy. HYPNOSE.

DEUTÉROSE. s. f. (gr. δεύτερος, second). Répétition ou reproduction d'une chose quelconque. || T. Hist. Seconde loi des Juifs appelée aussi *Michna*.

DEUTO-. Partic. dérivée du gr. δευτὸς, second, secondaire. Elle se joint toujours comme préfixe à un autre mot. En chimie, elle sert, comme les préfixes *Bi-* et *Di-*, à exprimer qu'une substance est combinée à une autre substance dans une deuxième proportion. Ainsi, *Deutoxyde* de fer signifie oxyde de fer qui contient deux fois plus d'oxygène que le protoxyde. On dit de même *Deutochlorure*, *Deutosulfure*, *Deutosulfate*, etc. On désigne quelquefois les *Deutoxydes* en terminant par *ique* le nom du métal qu'ils contiennent : *Deutoxyde mercurique*, par ex., est synonyme de deutoxyde de mercure. L'emploi de ce préfixe disparaît peu à peu par suite de l'uniformité qu'on cherche à introduire dans la nomenclature chimique. Il est aujourd'hui remplacé par *bi-*

ou *di-*. Voy. NOMENCLATURE. — *Deuto-* est encore usité dans le langage de quelques anatomistes, comme dans les termes *Deutovertèbre, Deutovertébral*, etc., pour exprimer la relation de parties du même nom entre elles; mais cet emploi est fondé sur des vues spéculatives que nous ne pouvons exposer ici. — Voy. CRÂNE et VERTÈBRE.

DEUTZ, v. de Prusse, prov. du Rhin en face de Cologne; 15,000 hab.

DEUTZIE. s. f. (R. *Deutz*, nom d'un syndic d'Amsterdam). T. Bot. Genre de plantes Dicotylédones (*Deutzia*) de la famille des *Saxifragacées*. Voy. ce mot.

DEUX. adj. numéral 2 g. [Devant un mot commençant par une voyelle ou par une h non aspirée, l'x se lie, pr. comme un z] (gr. δύο ; lat. *duo*, m. s.). Nombre formé de un plus un. *D. hommes, D. femmes. D. à d. D. à la fois. D. fois autant. De d. jours en d. jours. A d. heures. Je les ai vus tous les d. ensemble. Partager en d. Quarante-d.* — Fam., *N'en faire ni un ni d.*, Se décider sur-le-champ. — *Piquer des d.* Voy. PIQUER. *A d. de jeu.* Voy. JEU. || Fam., se dit souvent pour marquer un très petit nombre indéterminé. *Il a d. mots à vous dire. Écrivez-lui d. lignes seulement. Il habite à d. pas d'ici.* || Se dit aussi pour deuxième. *Page d. Tome d. Article d. Henri d., roi de France. Catherine d., impératrice de Russie.* On écrit ordin., *Henri II, Catherine II.* — DEUX. m. s. Le nombre d. *Le produit de d. multiplié par neuf.* || Le chiffre qui sert à représenter le nombre deux. *Effacez ce d. Le chiffre d.* (2). *Deux cent vingt-deux s'écrivent par trois d.* (222.) On dit de même *Le numéro d.* || *Le d. du mois*, ou simpl. *Le d. Le deuxième jour du mois.* || T. Jeu. Une carte qui a d. marques; le côté d'un dé qui porte d. points. *Un d. de cœur. Amener cinq et d. Amener double d.*, Amener d. dés marqués chacun de d. points. Au domino, *Double-d.*, Le domino où le point de d. est répété. || *C'est d., Ça fait d.*, Ce sont des cas bien différents. || *Ne pas savoir dire d.* Être d'une ignorance complète. *Cela est clair comme d. et d. font quatre,* Cela est évident, incontestable. || T. Chasse. Sorte de plomb moins gros que le trois. *On se sert du d. pour tirer le lièvre.*

DEUXIÈME. adj. 2 g. [Pr. *deu-zième*]. Nombre ordinal de deux. *Le d. chapitre. Elle est la d. sur la liste. Loger au d. étage*, ou elliptiquement, *au d.* — DEUXIÈME. m. s. Personne qui occupe le rang qui suit le premier. *Le d. en classe.*

Syn. — *Second.* — On devrait dire *second* quand il n'y a que deux objets et *deuxième* quand il y en a plus de deux ; mais l'usage a effacé cette distinction un peu subtile, et aujourd'hui les deux mots s'emploient indifféremment ; *second* est plus usité.

DEUXIÈMEMENT. adv. [Pr. *deu-zième-man*]. En second lieu.

DEUX-MÂTS. s. m. T. Mar. Bâtiment à deux mâts.

DEUX-PONTS. s. m. T. Mar. Vaisseau à deux ponts ou à deux batteries couvertes.

DEUX-PONTS, v. de la Bavière rhénane ; anc. cap. du duché de Deux-Ponts ; 10,400 hab.

DEUX-QUATRE. s. m. T. Mus. Division d'une mesure composée de deux noires. || Par ext. Morceau dont la mesure est à deux-quatre.

DEUX-SÈVRES (Dép. des), formé d'une partie de l'ancien Poitou, doit son nom aux rivières qui l'arrosent (Sèvre Nantaise et Sèvre Niortaise), 354,300 hab. Ch.-l. *Niort* ; 3 autres arrondissements : *Bressuire, Melle* et *Parthenay.*

DEUX-SICILES, ancien royaume de l'Italie méridionale (Naples, Sicile), réuni au royaume d'Italie en 1860. La cap. était *Naples*

DEV. s. m. (mot persan dérivé du sanscrit). Nom, dans la religion de Zoroastre, des génies malfaisants. Chez les Musulmans, les devs sont devenus des *djinn* ou des *beni-al-djian.* Voy. ZEND.

DÉVA. s. m. (mot sanscrit). Nom des dieux et des bons génies dans la religion des Hindous. — *Déva* est propr. une épithète donnée par les anciens aryens aux personnes et aux choses divines.

DÉVALEMENT. s. m. Action de dévaler; état de ce qui est dévalé.

DÉVALER. v. a. (R. *val*). Faire descendre quelque chose. *D. du vin à la cave.* || Descendre. *D. les degrés. D. une montagne.* = DÉVALER. v. n. Aller d'un lieu haut à un lieu bas. *Il a dévalé du haut de l'escalier. Quand on a bien monté, il faut d.* = DÉVALÉ, ÉE. part. = Ce verbe n'est guère usité que dans le langage populaire.

DÉVALISEMENT. s. m. Action de dévaliser; état de celui qui est dévalisé. Peu us.

DÉVALISER. v. a. (R. *valise*). Voler, dérober à quelqu'un son argent, ses hardes, ses effets. *D. un voyageur.* = Par ext., *Les voleurs ont entièrement dévalisé sa chambre.* = DÉVALISÉ, ÉE. part. *Voyageur d.* — Par ext., *Une maison dévalisée.*

DÉVALISEUR, EUSE. s. Celui, celle qui dévalise.

DÉVANÁGARI. s. m. (sanscr. *déva*, divin; *nágari*, sorte d'écriture). Nom de l'écriture et des caractères de l'alphabet sanscrit.

DEVANCEMENT. s. m. Action de devancer.

DEVANCER. v. a. (R. *devant*). Aller, marcher en avant. *Les éclaireurs devancent l'armée.* — Gagner les devants, arriver avant quelqu'un. *D. quelqu'un à la course. Il a devancé le courrier.* || T. Art. milit. *Devancer l'appel,* S'engager avant d'être appelé. || Avoir le pas sur quelqu'un, précéder quant au rang. *Dans toutes les cérémonies je le devançais.* || Présider dans l'ordre des temps; venir, paraître, avoir lieu avant. *La génération qui a devancé la nôtre. Ceux qui nous ont devancé dans la carrière.* — Fig., *Son génie avait devancé son siècle.* || Fig., Faire quelque chose avant quelqu'un. *Je croyais être le premier à vous donner cette nouvelle, mais je vois que d'autres m'ont devancé.* || Fig., Surpasser, avoir l'avantage. *Le disciple eut bientôt devancé le maître.* = DEVANCÉ, ÉE. part. Conj. Voy. AVANCER.

Syn. — *Précéder.* — *Devancer* signifie proprement prendre les devants, aller plus vite. *Précéder* signifie marcher le premier, être en avant. Dans une marche militaire, les coureurs *devancent,* les chefs *précèdent.* Au fig., on dit *devancer* et non *précéder,* pour surpasser en mérite, en fortune, en talent. Lorsque ces mots marquent un rapport du temps, *devancer* indique une antériorité d'action, de progrès, et *précéder,* une priorité d'existence, de possession, d'ordre. La nuit *précède* le jour; l'aurore *devance* le soleil. L'instinct *devance* la raison, le désir *précède* la jouissance. Enfin, *devancer* implique toujours une idée de mouvement qui n'existe pas absolument dans *précéder,* il se dit souvent d'une chose qui était d'abord derrière une autre et qui finit par être devant. Le disciple *devance* le maître et ne le *précède* pas. La lettre A *précède* les autres lettres dans la plupart des alphabets; on ne peut pas dire qu'elle les *devance.*

DEVANCIER, IÈRE. s. Celui, celle qui a précédé quelqu'un dans un emploi, dans une fonction, ou en quelque autre chose que ce soit. *Je tiens cela de notre d. Cet auteur a profité de l'exemple de ses devanciers.* || Au plur., se dit quelquefois pour aïeux, ancêtres. *Imitons l'exemple de nos devanciers.*

DEVANT. prép. de lieu. (R. *de, avant*). Vis-à-vis, à l'opposite, en face. *Regarder d. soi. Se mettre d. quelqu'un. Mettre quelque chose d. le feu. Avoir toujours une chose d. les yeux. Mettre le siège d. une forteresse.* || Se dit aussi pour marquer le côté extérieur d'un objet. *Porter quelque chose d. soi. Il était assis d. la maison.* — Fam., *Avoir du temps d. soi,* Avoir tout le temps nécessaire pour faire une chose. || En présence de. *Il a prêché d. le roi. Cette scène a eu lieu devant plus de vingt personnes. Cela fut dit d. témoins. Il jura d. Dieu et d. les hommes de dire la vérité. Lorsqu'il fut arrivé d. les juges.* — *Cette affaire a été portée d. tels juges, tel tribunal, est d. tels juges, etc., Cette affaire a été soumise à tels juges, etc.* — *Être d. Dieu,* Être mort. || *Devant* s'emploie aussi comme prép. d'ordre, par oppos.

à *Après. Vous êtes notre ancien, vous devez marcher d. nous.* = DEVANT. adv. S'emploie dans les divers sens qui précèdent, sauf le troisième. *Il est là d. Les jambes de d. d'un cheval. Puisque vous êtes si pressé, courez d. Mettez cela d. ou derrière.* — Comme d., Comme autrefois. Vx. — Sens d. derrière. Voy. SENS. — Fig., *Les premiers vont d., Les plus diligents sont ordinairement l'avantage.* — T. Mar. *Être vent d.,* se dit d'un navire qui est debout au vent, qui reçoit le vent sur ses voiles, dans la direction de l'avant à l'arrière. = DEVANT. s. m. La face antérieure d'une chose, le côté opposé à celui de derrière. *Le d. de la tête, du cou. Le d. d'une voiture, d'une maison. Un d. d'autel, de cheminée. Le d. d'un habit, d'une robe. Un d. de chemise. Mettre le d. derrière. il habite sur le d. de la maison,* ou simpl. *sur le d.* || T. Peint. *Les devants d'un tableau,* Les premiers plans. — On dit aussi dans le même sens, *Le d. de la toile.* || *Prendre, gagner le d., les devants,* Partir avant quelqu'un, le dépasser en allant plus vite; et Fig., Prendre l'initiative, prévenir quelqu'un en faisant quelque chose. *Quand il sut que je me voulais plaindre, il prit les devants.* || T. Vét. Partie antérieure d'un cheval en de face. *Cheval serré, large du d.,* Cheval dont les membres antérieurs sont trop rapprochés ou trop écartés. = AU DEVANT DE. loc. prépos. À la rencontre de. *Envoyer au-d. de quelqu'un. Toute la ville se porta au-d. de lui.* — Fig., *Aller au d.,* Prévenir. *Aller au-d. d'une objection. Il va au-d. de tous ses désirs.* || Par ellipse, on dit quelquefois simpl. *Au d. La noce va arriver, allons au-d. Quand on s'aperçoit qu'il désire quelque chose, on va au-d.* = CI-DEVANT. loc. adv. Précédemment; ci-dessus. *Comme nous avons dit ci-d.* — Autrefois. *Il demeurait ci-d. en tel endroit. Ci-d. préfet de l'Eure.* || Adjectiv., *Les ci-d. nobles.* || Subst., *C'est un ci-d., une ci-d.,* se disait à une certaine période de la Révolution, pour désigner un ancien noble. Pop. = PAR-DEVANT. loc. prép. En présence de; ne s'emploie guère qu'en termes de pratiq. *Par-d. le magistrat. Ce contrat a été passé par-d. notaire. Un acte par-d. notaire.* || PAR-DEVANT. loc. adv. Par la partie antérieure. *C'est toujours par devant qu'ils se trouvent blessés.* = Syn. Voy. AVANT.

DEVANTIER. s. m. (R. *devant*). Tablier que portent les femmes du peuple. Popul.

DEVANTIÈRE. s. f. (R. *devant*). Sorte de jupe fendue par devant et par derrière, que portent les femmes quand elles montent à cheval à la manière des hommes.

DEVANTURE. s. f. (R. *devant*). T. Archit. Face antérieure; se dit partie, en parlant des objets qui ne présentent qu'une face. *La d. de cette maison a besoin d'être grattée.* || Le revêtement de boiserie qui garnit le devant d'une boutique, d'une alcôve, etc. *La d. d'une boutique, d'une alcôve, etc.* || Au plur., se dit des plâtres que les couvreurs mettent au-devant des souches de cheminée pour raccorder les tuiles ou les ardoises.

DÉVASEMENT. s. m. T. Techn. Action de dévaser. Dragage de la vase dans les ports des fleuves à faible courant.

DÉVASER. v. a. (R. *de,* et *vase*). Débarrasser de la vase.

DÉVASTATEUR, TRICE. adj. Qui dévaste. *Un torrent d. Une armée dévastatrice.* || Subst., *Les Espagnols ont été les dévastateurs de l'Amérique.*

DÉVASTATION s. f. [Pr. ...*sion*]. Action de dévaster; le résultat de cette action. *Tout le pays était livré à la d. La religion seule put arrêter les dévastations des barbares. Les dévastations causées par les torrents.*

DÉVASTER. v. a. (lat. *devastare,* m. s., de *de,* et *vastus,* vaste). Ruiner, saccager; se dit surtout d'un pays, d'un lieu ravagé par la guerre ou par quelque autre grand fléau. *Le pays fut entièrement dévasté par la guerre, par la peste. L'ouragan a dévasté la campagne. Les Turcs dévastèrent l'Asie Mineure.* = DÉVASTÉ, ÉE. part. = Syn. Voy. DÉSOLER.

DEVAUX (PAUL), journaliste et homme d'État belge; surnommé le Royer-Collard de la Belgique (1801-1880).

DÉVEINE. s. f. (R. *de,* et *veine,* chance). Mauvaise chance persévérante.

DÉVELOPPABLE. adj. 2 g. [Pr. *dévelo-pable*. T. Géom. Qui peut être développé sur un plan. *Surface d.* = Subst. *Une d.*, Une surface d.

Géom. — On appelle *surfaces développables* celles qui peuvent être appliquées sur un plan sans déchirure ni duplicature. Réciproquement, on reproduira la surface par une déformation convenable du plan, et dans cette déformation la partie du plan non encore déformée restera tangente à la portion de surface déjà obtenue; en d'autres termes, étant donnée une surface d., on obtiendra tous ses plans tangents par le déplacement de l'un d'eux, l'où il résulte que toute surface d. est l'enveloppe d'un plan mobile et, réciproquement, toute enveloppe d'un plan mobile est une surface d. Deux positions successives du plan mobile se coupent suivant une droite dont la position limite appartient tout entière à la surface et à son plan tangent. Or on conclut que les surfaces développables sont des surfaces réglées et qu'elles ont le même plan tangent tout le long de la génératrice. Cette génératrice a reçu aussi le nom de *caractéristique* du plan mobile. Voy. ENVELOPPE. On peut encore se représenter une surface d. comme la limite d'une surface polyédrique obtenue en repliant un plan d'un angle arbitraire et variable autour d'une série de droites tracées sur le plan. Deux arêtes successives de ce polyèdre étant dans une même face se rencontreront nécessairement, de sorte qu'on passe d'une arête à la suivante en la faisant tourner autour d'un de ces points. De là un deuxième mode de génération des surfaces développables : ce sont des surfaces réglées engendrées par une droite qui se meut en tournant successivement autour de ses différents points. Analytiquement, ce mode de déplacement se traduit par ce fait que la plus courte distance des deux génératrices infiniment voisines est un infiniment petit d'ordre supérieur par rapport à leur angle : on démontre que cet ordre est le troisième. On démontre aussi que cette condition est remplie par les tangentes successives à une courbe gauche. Donc la tangente à une courbe gauche engendre, en se déplaçant, une surface d. Réciproquement, sur toute surface d., le lieu des points de rencontre de deux génératrices infiniment voisines, ou, si l'on aime mieux, le lieu du centre instantané de rotation de la génératrice mobile est une courbe tangente à toutes les génératrices. Cette courbe a reçu le nom d'*arête de rebroussement*. Le plan tangent à une surface d. est la position limite de deux génératrices infiniment voisines. Le fait que les surfaces développables ont même plan tangent tout le long de la génératrice conduit à une conséquence importante, qui différencie encore ces surfaces des autres : c'est que pour définir un plan tangent à une surface d. il suffit d'une condition, tandis que pour définir un plan tangent à une surface quelconque il en faut deux. En d'autres termes, la condition qu'un plan soit tangent à une surface d. fournit deux équations pour déterminer les trois paramètres de ce plan, tandis que la condition qu'il soit tangent à une surface quelconque n'en fournit qu'une. Ainsi, tandis que par un point extérieur on peut mener à une surface quelconque une infinité de plans tangents enveloppant un cône circonscrit, on ne peut mener de ce point à une surface d. qu'un nombre limité de plans tangents si la surface est algébrique, et si elle est transcendante, on en peut bien mener une infinité; mais tous ces plans tangents ne forment pas une suite continue et n'enveloppent pas un cône : ils sont complètement isolés les uns des autres.

Si on considère une surface d. comme l'enveloppe d'un plan mobile, soit

$$ax + by + cz + h = 0,$$

l'équation de ce plan dans laquelle a, b, c, h doivent être considérées comme des fonctions d'un paramètre variable t, on aura l'équation de l'enveloppe en éliminant t entre cette équation et sa dérivée par rapport à t :

$$x \frac{da}{dt} + y \frac{db}{dt} + z \frac{dc}{dt} + \frac{dh}{dt} = 0.$$

Si on considère comme le lieu des tangentes à une courbe gauche, soient x, y, z, les coordonnées d'un point de cette courbe qui sera défini, si x, y, z sont des fonctions connues d'un paramètre t, les équations de la tangente seront :

$$(1) \quad \begin{cases} X = x + \lambda \dfrac{dx}{dt}, \\ Y = y + \lambda \dfrac{dy}{dt}, \\ Z = z + \lambda \dfrac{dz}{dt}, \end{cases}$$

et l'on aura l'équation de la surface en éliminant λ et t entre ces trois équations. En dérivant les équations précédentes on aura :

$$dX = dx + \frac{dx}{dt} d\lambda + \lambda \frac{d^2x}{dt^2} dt,$$

ou

$$dX = \left(\frac{dx}{dt} + \lambda \frac{d^2x}{dt^2} \right) dt + \frac{dx}{dt} d\lambda,$$

$$dY = \left(\frac{dy}{dt} + \lambda \frac{d^2y}{dt^2} \right) dt + \frac{dy}{dt} d\lambda,$$

$$dZ = \left(\frac{dz}{dt} + \lambda \frac{d^2z}{dt^2} \right) dt + \frac{dz}{dt} d\lambda.$$

Si alors on élimine dt et $d\lambda$, on aura la relation entre les différentielles dx, dy, dz, et en remplaçant ces différentielles par les binômes $X - X_0$, $Y - Y_0$, $Z - Z_0$, on aura l'équation du plan tangent qui est ainsi sous forme de déterminant :

$$\begin{vmatrix} X - X_0 & \dfrac{dx}{dt} + \lambda \dfrac{d^2x}{dt^2} & \dfrac{dx}{dt} \\ Y - Y_0 & \dfrac{dy}{dt} + \lambda \dfrac{d^2y}{dt^2} & \dfrac{dy}{dt} \\ Z - Z_0 & \dfrac{dz}{dt} + \lambda \dfrac{d^2z}{dt^2} & \dfrac{dz}{dt} \end{vmatrix} = 0.$$

Ce déterminant se décompose en une somme de deux autres, dont l'un est nul comme ayant des colonnes égales formées par les dérivées de x, y et z; l'autre contient un facteur λ qu'on peut alors supprimer, et il reste :

$$(2) \quad \begin{vmatrix} X - X_0 & \dfrac{dx}{dt} & \dfrac{d^2x}{dt^2} \\ Y - Y_0 & \dfrac{dy}{dt} & \dfrac{d^2y}{dt^2} \\ Z - Z_0 & \dfrac{dz}{dt} & \dfrac{d^2z}{dt^2} \end{vmatrix} = 0.$$

Cette équation ne contient plus λ; elle reste donc la même quand λ varie, c.-à-d. quand le point de contact se déplace sur la génératrice. De plus, on reconnaît sous cette forme que ce plan tangent est le plan osculateur de la courbe gauche qui sert d'arête de rebroussement.

Pour obtenir l'équation différentielle des surfaces développables, remarquons que si l'on désigne suivant l'usage par p et q les dérivées partielles $\dfrac{dZ}{dX}$ et $\dfrac{dZ}{dY}$ de Z considéré, d'après l'équation de la surface, comme fonction de X et Y, l'équation du plan tangent se mettra sous la forme :

$$Z - Z_0 = p(X - X_0) + q(Y - Y_0).$$

Voy. TANGENT.

En la comparant à l'équation (2), on voit que p, q et -1 seront proportionnels aux mineurs du déterminant qui sont de simples fonctions de t; on pourra donc écrire ces trois fonctions par α, β, γ :

$$\frac{p}{\alpha} = \frac{q}{\beta} = \frac{-1}{\gamma},$$

d'où l'on tire p et q qui sont de simples fonctions de t. Mais inversement t est une fonction de p, et q, qui est fonction de t, sera aussi fonction de p. Ainsi, ce qui caractérise les surfaces développables, c'est que les deux dérivées partielles p et q sont fonctions l'une de l'autre. Dès lors, leur déterminant fonctionnel (voy. FONCTIONNEL) est nul, et l'on a l'équation différentielle du second ordre :

$$\begin{vmatrix} \dfrac{dp}{dx} & \dfrac{dp}{dy} \\ \dfrac{dq}{dx} & \dfrac{dq}{dy} \end{vmatrix} = 0, \quad \text{ou} \quad \begin{vmatrix} r & s \\ s & t \end{vmatrix} = 0, \quad \text{ou enfin} \quad rt - s^2 = 0.$$

Cette équation, qui ne contient plus aucune trace des fonctions x, y, z, s'applique à toutes les surfaces développables. Les surfaces développables les plus simples sont les cônes dont l'arête de rebroussement se réduit à un point qui est le sommet, et les cylindres dont l'arête de rebroussement doit être considérée comme rejetée à l'infini, puisque toutes les génératrices sont parallèles.

DÉVELOPPANTE. s. f. [Pr. *dévelo-pante*]. T. Géom. La d.

d'une courbe est une courbe engendrée par un point d'une tangente à la première courbe quand cette tangente roule sur cette courbe, ou encore, ce qui revient au même, par un point d'une corde enroulée sur la première courbe que l'on déroulerait progressivement, en la maintenant tendue. Voy. DÉVELOPPÉE.

DÉVELOPPÉE. s. f. [Pr. *dévelo-pé*]. T. Géom. La d. d'une courbe plane est l'enveloppe de ses normales, ou, en d'autres termes, le lieu des points d'intersection de deux normales infiniment voisines. Pour tracer graphiquement la d. d'une courbe, il suffira donc de mener à cette courbe un certain nombre de normales suffisamment rapprochées, et de tracer en-

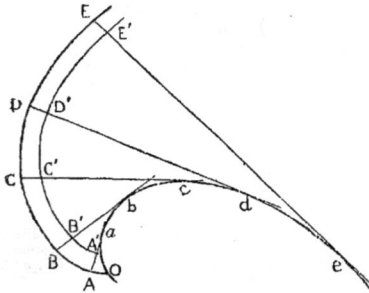

suite une courbe tangente à toutes ces normales. Ainsi, sur la Fig., la courbe *abcde* est la d. de la courbe ABCDE. Par opposition, la courbe ABCDE prend le nom de *développante* de la courbe *abcde*, d'où résulte, pour la développante, la définition donnée voisine. Voy. DÉVELOPPANTE. Le *centre de courbure* correspondant à un point d'une courbe étant, comme on sait, le point d'intersection de deux normales infiniment voisines, on voit que la d. est le lieu des centres de courbure de la développante. De plus, la portion de normale comprise entre la développante et son point de contact avec la d. est égale au rayon de *courbure de la développante*. Il résulte aussi du mode de génération de la développante que la longueur d'un arc de la d. est égale à la différence des rayons de courbure de la développante aux deux points qui correspondent aux extrémités de l'arc considéré. Ainsi, l'arc *a b* est égal à la différence des rayons de courbure *a*A et *b*B. Si on compte l'arc de la d. à partir du point où elle coupe à angle droit la développante, on pourra dire que le rayon de courbure de la développante est égal à l'arc de la d. :

$$\text{arc } Ob = bB.$$

Une courbe donnée n'a qu'une d.; mais elle a une infinité de développantes qui sont engendrées par les différents points de la tangente à cette courbe roulant sur celle-ci, ou encore par les différents points d'un fil qu'on enroule sur la d. commune. Toutes ces développées admettent les mêmes normales et la distance de la normale commune comprise entre deux d'entre elles est invariable, puisque c'est la distance des deux points décrivant A et A'. Pour cette raison, ces courbes sont dites *parallèles*.

Le moyen le plus simple d'obtenir l'équation de la d. consiste à éliminer un paramètre variable entre l'équation de la normale et de sa dérivée par rapport à ce paramètre; c'est la méthode générale pour trouver les équations des enveloppes. Supposons la courbe définie par les coordonnées rectangulaires de tous ses points x et y données comme fonction d'un paramètre t. L'équation de la normale sera :

$$(X - x)\,\frac{dx}{dt} + (Y - y)\,\frac{dy}{dt} = 0.$$

La dérivée par rapport à t est :

$$(X - x)\,\frac{d^2x}{dt^2} + (Y - y)\,\frac{d^2y}{dt^2} - \left(\frac{dx}{dt}\right)^2 - \left(\frac{dy}{dt}\right)^2 = 0.$$

Il suffit d'éliminer t entre ces deux équations pour obtenir l'équation de la d.

Quant à la développante, on peut trouver son équation de la manière suivante : soient x et y les coordonnées rectangu-

laires du point a de la d. exprimées en fonction d'un paramètre t. Les équations de la tangente seront :

$$X = x + \rho\,\frac{dx}{dt},$$

$$Y = y + \rho\,\frac{dy}{dt},$$

où X et Y représentent un point A de la tangente et ρ la distance Aa entre ce point et le point de contact divisée par $\sqrt{\left(\dfrac{dx}{dt}\right)^2 + \left(\dfrac{dy}{dt}\right)^2}$. Il suffira donc d'exprimer que $\rho\sqrt{\left(\dfrac{dx}{dt}\right)^2 + \left(\dfrac{dy}{dt}\right)^2}$ est égal à l'arc de la d. compté à partir d'un point fixe pour obtenir les coordonnées de chaque point de la développante en fonction du paramètre t. Si, en particulier, on a exprimé les coordonnées de la d. en fonction de l'arc s, on aura $\left(\dfrac{dx}{ds}\right)^2 + \left(\dfrac{dy}{ds}\right)^2 = 1$, donc $\rho = s + b$, et par suite les équations d'une développante quelconque seront :

$$X = x + (s + b)\,\frac{dx}{ds},$$

$$Y = y + (s + b)\,\frac{dy}{ds}.$$

En faisant varier la constante b qui dépend du choix du point à partir duquel on compte les arcs, on obtient toutes les développantes.

On reconnaît facilement, par l'application de ces équations, que la cycloïde et la spirale logarithmique jouissent de cette propriété d'avoir des développées égales à elles-mêmes. La développante de cercle est utilisée dans la construction des engrenages; c'est le profil qu'il faut donner au plan des dents d'une roue dentée lorsque les flancs des dents de l'autre roue sont rectilignes. Comme l'arc de cercle est proportionnel à l'angle des rayons extrêmes, il en résulte que la développante du cercle jouit de cette propriété que son rayon de courbure est proportionnel à l'angle de la normale avec une direction fixe. Pour trouver les équations de cette développante, remarquons que les équations du cercle sont :

$$x = r \cos \varphi,$$
$$y = r \sin \varphi.$$

Mais, si s est l'arc compté à partir de l'axe des x, on a : $\varphi = \dfrac{s}{r}$, d'où :

$$x = r \cos \frac{s}{r},$$

$$y = r \sin \frac{s}{r}.$$

Dès lors les équations de la développante seront, en supprimant la constante b :

$$X = r \cos \frac{s}{r} - s \sin \frac{s}{r},$$

$$Y = r \sin \frac{s}{r} + s \cos \frac{s}{r},$$

ou en rétablissant l'angle φ :

$$X = r\,(\cos \varphi - \varphi \sin \varphi),$$
$$Y = r\,(\sin \varphi + \varphi \cos \varphi).$$

La théorie des développées et développantes a été établie géométriquement par Huygens avant l'invention du calcul différentiel et intégral.

Les courbes gauches admettent aussi des développées; mais la théorie en est plus compliquée. En chaque point d'une courbe gauche il y a une tangente, un plan normal perpendiculaire à cette tangente, et une infinité de normales situées dans le plan normal. L'enveloppe des plans normaux est une surface développable qui a reçu le nom de *surface polaire*; c'est le lieu des droites d'intersection de deux plans normaux infiniment voisins, droite qui a reçu le nom d'*axe de courbure*. Si l'on imagine deux plans normaux infiniment voisins aux points A et A', se coupant suivant l'axe de courbure H K, on pourra mener du point une normale quelconque qui rencontrera cet axe en T. Alors la droite A'T, située dans le deuxième plan normal sera normale en A' à la surface et rencontrera en T' l'axe $H'K'$ formé par la rencontre de ce plan normal avec le troisième plan normal en A''; $T'A'''$ sera une troisième normale et ainsi de suite. Le lieu ces points T, T', T'', etc., sera une *développée* de la courbe gauche, qui sera l'enveloppe des normales AT, $A'T'$, $A''T''$, etc. On voit ainsi qu'on peut déplacer une droite de manière qu'elle reste normale à une courbe donnée et enveloppe une courbe qui est une développée de la première; seulement, comme on peut, en partant du même point de la courbe primitive, partir d'une normale quelconque, on voit que toute courbe gauche admet une infinité de développées qui sont toutes placées sur la surface polaire. Il y a plus, le plan osculateur de la développée est celui de deux normales consécutives à la courbe donnée, lequel contient aussi la tangente à cette courbe, puisqu'il en contient deux points infiniment voisins. Le plan tangent à la surface polaire est le plan normal à la courbe, plan dont cette normale fait partie, et qui est perpendiculaire à la tangente. Il en résulte que le plan osculateur de la développée est perpendiculaire au plan tangent à la surface polaire, c'est-à-dire que *les développées d'une courbe gauche sont des lignes géodésiques de la surface polaire*.

La courbe donnée peut être considérée comme engendrée par un point d'une tangente à l'une de ses développées lorsque cette tangente roule sur la développée, mode de génération identique à celui des développantes planes. Il en résulte que l'arc de développée est égal à la différence de longueur des normales à la courbe donnée aux deux points qui correspondent aux extrémités de l'arc considérées; mais les longueurs des normales ne sont plus des rayons de courbure. De plus la génération de la courbe primitive par un fil s'enroulant sur la développée ne s'applique plus ici, parce que la direction du fil n'est pas suffisamment définie par la courbe: le fil peut être tendu sans être tangent à la courbe. Mais si nous supposons la surface polaire solide, et si au deux points d'une même génératrice nous attachons deux fils que nous attacherons ensuite ensemble, la courbe engendrée par ce dernier point d'attache lorsque nous enroulerons ces deux fils à la fois sur la surface polaire, admettra aussi cette surface pour surface polaire, car dans le mouvement, les deux fils restant toujours tangents à la surface, leur plan lui restera aussi toujours tangent. De plus, ce plan sera constamment normal à la courbe engendrée, puisqu'il tourne toujours autour d'so sa droite de contact avec la surface polaire. Celle-ci sera donc bien l'enveloppe des plans normaux à la courbe. Il convient d'ajouter que les deux fils s'enrouleront sur la surface suivant des développées de la courbe obtenue. En faisant varier les longueurs des deux fils on obtiendra une infinité de courbes qu'on peut appeler des développantes et qui ont toutes la même surface polaire. Ce mode de génération suivant à faire rouler un plan sur une surface développable. Chaque point de ce plan décrit une courbe qui admet la surface donnée pour surface polaire, et toutes ces courbes peuvent être appelées parallèles, parce que la droite qui joint les deux points décrivants leur est normale à toutes deux et conserve une longueur invariable.

Tous les résultats précédents donnent lieu à des développements analytiques intéressants, mais qui nous entraîneraient beaucoup trop loin. Voy. un *Traité de calcul différentiel*, par ex., ceux de SERRET, HOUEL, JORDAN, etc.

DÉVELOPPEMENT. s. m. [Pr. *dévelo-peman*]. Action de développer, ou se développer, ou le résultat de cette action; se dit au propre et au figuré. *Le d. d'une pièce d'étoffe. Le d. d'un bourgeon, d'un germe. Le corps de l'homme n'atteint son entier d. que vers trente ans. Le d. de l'intelligence, des facultés. Le d. d'un système, d'une doctrine, d'une proposition. Le d. des caractères dans un roman, dans une pièce de théâtre. Le d. d'un ouvrage. Le d. d'une mélodie.* — S'emploie au plur. dans le sens de détails étendus, circonstanciés. *Entrer dans de longs développements. Cela exigerait trop de développements.* || T. B.-Arts. Ligne largement développée. § T. Archit. Dessin des plans, des coupes et des élévations sur toutes les faces d'un édifice. — Extension sur une surface plane des surfaces qui enveloppent un voussoir ou autre pièce de trait. || T. Géom. Réunion sur un plan de plusieurs figures planes qui, étant repliées ou rejointes ensemble, forment la surface d'un solide. | Déformation d'une surface développable par laquelle on l'applique sur un plan sans déchirure ni duplicature. — T. Algè. Action de développer une expression algébrique ou de développer une fonction en série. Voy. POLYNOME, SÉRIE. || T. Biol. Voy. EMBRYO-LOGIE.

Géom. — Le développement d'une surface polyédrique ou

d'une surface développable sur un plan a pour objet de tracer sur le plan la figure transformée de celle de l'espace, de telle sorte qu'en découpant la figure plane et en la repliant convenablement on reproduira la figure primitive. Cette opération est d'une grande utilité dans la pratique et elle est, pour ainsi dire, le fondement théorique de toutes les industries qui emploient comme matière première des surfaces planes, étoffes, papier, feuilles de tôle, etc. Telle est, en particulier, l'industrie de la grosse chaudronnerie. Le problème du d. se résout facilement par les méthodes de la géométrie descriptive. S'il s'agit d'un polyèdre, il suffit de déterminer par des rabattements la vraie grandeur de chacune des faces, et de dessiner ensuite toutes ces faces sur le plan, les unes à la suite des autres, dans l'ordre le plus convenable pour reproduire le solide en repliant les faces autour des arêtes. S'il s'agit d'une surface développable, cône, cylindre, etc., on les remplace par le polyèdre dont forment un certain nombre de génératrices suffisamment rapprochées pour qu'il n'en résulte pas d'erreur appréciable; les courbes d'intersection de deux surfaces seront de même remplacées par des lignes polygonales. Dès lors, on aura affaire à un polyèdre et l'on opérera comme précédemment; seulement, au lieu de replier la surface suivant les arêtes, on la courbera d'une manière continue. Lorsque la surface à développer est un cône ou un cylindre de révolution, on peut simplifier un peu la construction en remarquant qu'on connaît d'avance la forme et la longueur de certaines lignes. Par exemple, la section droite d'un cylindre, qui est un cercle, se développe suivant une droite dont la longueur est $2\pi r$, r étant le rayon du cylindre. On remarque aussi que, dans ce cas, les hélices se développent suivant des lignes droites. Dans le cône, une section perpendiculaire à l'axe qui est un cercle se développe suivant un arc de cercle qui a pour rayon l'arête ou la génération du cône. Pour avoir l'amplitude de cet arc, soit α le demi-angle au sommet du cône, c.-à-d. l'angle constant des génératrices avec l'axe. Si le rayon de la section du cône est r,

la génératrice aura pour longueur $\dfrac{r}{\sin \alpha}$, et les deux arcs de

cercle ayant la même longueur, leurs angles sont entre eux dans le rapport inverse de leurs rayons. Or, l'amplitude de la circonférence étant $360°$, celle du développement sera $360° \times \sin \alpha$. Connaissant ainsi le développement d'une ligne de la surface, pour avoir celle d'une autre ligne, il suffira de partager la ligne connue en un certain nombre de parties égales, aussi bien sur la figure courbe que sur le développement, et de mener par les points de division des génératrices sur lesquelles on portera dans le développement des longueurs égales à celles qui sont comprises dans la figure courbe, sur les mêmes génératrices, entre la ligne connue et la ligne qu'on veut développer.

DÉVELOPPER. v. a. [Pr. *dévelo-per*] (Orig. inconnue). Ôter l'enveloppe de quelque chose, ou déployer une chose enveloppée. *D. un paquet. D. du drap, des habits, une tapisserie.* — Fig., Montrer, déployer. *Il développa dans cette retraite tous les talents, toutes les qualités d'un grand général.* || Exposer, présenter en détail. *D. le sujet, le plan, le but d'un ouvrage. D. un système, les principes d'une science.* — Par ext., *D. les caractères dans une pièce de théâtre, dans un roman,* En montrer successivement, à mesure que l'action se déroule, les traits particuliers. || Débrouiller. *D. une affaire bien embrouillée. D. une difficulté.* § Fig., au sens physique et moral, faire qu'une chose prenne de l'accroissement, ou prenne son accroissement. *La chaleur développe les germes confiés à la terre. Ces exercices servent à d. le corps. Il mettait tous ses soins à d. l'intelligence, les facultés de son élève.* || T. Géom. et Archit. Représenter sur un plan les différentes faces d'un solide, d'une surface, d'un édifice. || T. B.-Arts. *D. une figure,* Lui donner une pose large, une allure pleine d'aisance. || T. Méd. *D. le pouls,* Lui donner plus d'ampleur et de force. = SE DÉVELOPPER. v. pron. Prendre de l'accroissement, prendre son accroissement. *Les bourgeons commencent à se d. Cet organe se développe lentement. Cet enfant se développe rapidement. Sa taille, ses traits commencent à se d. Son génie se développa tout à coup. Il est à l'âge où la raison doit se d.* || En parlant de l'action, de l'intrigue d'une pièce de théâtre ou d'un roman, marcher, se dérouler. *L'action de cette pièce se développe trop lentement. L'intrigue commence à se d.* || S'étendre, se déployer. *L'armée avait assez d'espace pour pouvoir se d. À l'extrémité de la vallée, le fleuve se dé-*

reloppe majestueusement. Le plus admirable paysage se développa à nos regards. ≈ DÉVELOPPÉ, ÉE. part.

Syn. — Éclaircir, Expliquer. — On éclaircit ce qui était obscur, parce que les idées étaient mal présentées; on explique ce qui était difficile à entendre, parce que les idées n'étaient pas assez immédiatement déduites les unes des autres; on développe ce qui renferme plusieurs idées implicitement contenues, ou même récemment exprimées, lorsque leur expression est tellement concise qu'on ne peut saisir d'un premier coup d'œil le lien qui les unit. Dans un livre élémentaire, il ne faut point d'autres éclaircissements que l'application des principes généraux aux exemples et aux cas particuliers; ces principes doivent sortir si évidemment les uns des autres que toute explication devienne inutile : l'explication doit en être faite avec tant de méthode que les dernières leçons ne paraissent être et ne soient en effet que les développements des premières.

DÉVELOPPOÏDE. s. f. [Pr. dévelo-po-ïde] (R. développée et gr. εἶδος, apparence). T. Géom. Courbe enveloppe d'une série de droites qui coupent une courbe donnée sous un angle constant.

DÉVELOUTÉ, ÉE. adj. (R. de et velouté). Qui a perdu son velouté.

DEVENIR. v. n. (lat. devenire, arriver, se rendre, de de et venire, venir). Se dit pour marquer le passage d'un état, d'une situation à une autre. D. grand, maigre, gros, fort. D. riche, pauvre. D. amoureux, prudent, sage, savant. Les cerises commencent à d. rouges. Dans la vieillesse, les mouvements deviennent plus lents, plus difficiles. Cela commence à d. fort ennuyeux. Tout ce qui s'élève au-dessus d'eux leur devient odieux et insupportable. Il devint l'objet de la haine générale. Cet homme finira par d. quelque chose. Ce qui est devenu ridicule ne peut plus être dangereux. — D. à rien, sign., en parl. des choses, se réduire considérablement, et, en parl. d'une personne, tomber dans un état de maigreur extrême. || Dans les phrases qui marquent doute, conjecture, etc., avoir tel ou tel sort, tel ou tel résultat, telle ou telle issue. Que deviendrai-je? Que vais-je d.? Je ne sais ce que deviendra cette affaire. J'avais bien prévu ce que tout cela deviendrait. Que deviendront tous ses enfants? Que sont devenues toutes vos belles promesses? — Qu'est devenue telle personne, telle chose? Où est-elle? où a-t-elle passé? Il y a deux ans qu'il est parti, on ne sait pas ce qu'il est devenu. Qu'étiez-vous donc devenu? Qu'est devenu cet anneau que je vous avais donné? Vous tremblez; qu'est donc devenu votre courage? — Que devenez-vous? Que faites-vous? Comment passez-vous le temps? — Que voulez-vous d.? Quel parti voulez-vous prendre? Quelle profession voulez-vous embrasser? On dit, dans un sens anal., Que d.? Ne savoir que d., Ne savoir que faire. — Que devins-je à cette vue, à ce discours! Quelle ne fut pas ma douleur, ma surprise, etc., lorsque je vis, lorsque j'entendis cela! ≈ DEVENU, UE. part. ≈ Conj. Voy. VENIR.

DEVENTER. v. de Hollande, pr. d'Over-Yssel; 22,100 hab.

DÉVENTER. v. a. (R. vent). T. Mar. Placer derrière un objet qui intercepte le vent. || Brasser au vent pour empêcher que les voiles ne portent.

DÉVERDIR. v. n. (R. de et verdir). Perdre sa couleur verte.

DÉVERGONDAGE. s. m. (R. dévergonder). Absence complète de toute pudeur, de toute retenue dans les actions. On ne vit jamais un pareil d. — On dit aussi, Le d. des mœurs. || Fig., D. d'esprit, d'imagination, se dit d'un auteur qui se laisse aller à tous les écarts de son imagination. On dit de même, D. d'idées.

DÉVERGONDÉ, ÉE. adj. (part. passé de l'ancien verbe dévergonder). Qui ne met aucune retenue dans son libertinage. Une femme dévergondée. || Subst., C'est une dévergondée.

DÉVERGONDEMENT. s. m. Action de se dévergonder.

DÉVERGONDER (SE). v. pr. (lat. de priv. et verecundia, pudeur). Perdre toute retenue, toute pudeur. ≈ Ce verbe était autrefois actif et signifiait perdre toute retenue. Jacques m'a dévergondée. (FROISSART.)

DÉVERGUER. v. a. (R. vergue). T. Mar. Syn. de Désenverguer.

DÉVERIA (ACHILLE), peintre et dessinateur fr. (1800-1857). ≈ EUGÈNE, son frère, peintre d'histoire (1805-1865).

DÉVERNIR. v. a. (R. de et vernir). Ôter le vernis.

DÉVERROUILLER. v. a. [Pr. dévè-rou-ller, ll mouillées] (R. de, et verrou). Tirer les verrous. D. les prisonniers.

DEVERS. prép. de lieu (R. de, vers). Du côté de. Il est allé quelque part d. Marseille. Il demeure en Normandie d. Rouen. Il est de d. Paris. Vieux; on dit maintenant, Vers, près de. ≈ PAR DEVERS. locut. prép. Se pourvoir par d. le juge, Se pourvoir à son tribunal. Retenir des papiers par d. soi. Les retenir en sa possession.

DÉVERS, ERSE. adj. (lat. deversus, de devertere, pencher). T. Techn. Qui n'est pas d'aplomb. Ce mur est d. Une pièce de bois déverse. || Subst., Il faut marquer ce bois suivant son d., Suivant sa pente ou son gauchissement. || T. Techn. Crochet dont les ouvriers se servent pour manier le fer dans les hauts fourneaux. — Écoulement des couches dans une carrière d'ardoise.

DÉVERSEMENT. s. m. Action de déverser. || T. Techn. Action de pencher de côté, de gauchir.

DÉVERSER. v. n. (lat. devertere, pencher). Pencher, incliner, devenir courbe. Ce mur déverse. ≈ DÉVERSER. v. a. D. une pièce de bois, La pencher, l'incliner. || SE DÉVERSER. v. pr. Devenir déversé. Du bois qui se déverse. ≈ DÉVERSÉ, ÉE. part.

DÉVERSER (R. verser). v. a. S'épancher, en parlant du trop-plein d'un canal, d'un étang L'eau décrevail par-dessus la chaussée. ≈ DÉVERSER. v. a. Faire couler les eaux d'un endroit dans un autre. || Fig., D. le mépris, l'opprobre sur quelqu'un, L'accabler de mépris, etc. ≈ SE DÉVERSER. v. pron. S'écouler; se dit des eaux surabondantes. Les eaux de ce bassin se déversent dans la rivière. || Fig., Lorsque les espèces métalliques surabondent dans un pays, elles se déversent au dehors. ≈ DÉVERSÉ, ÉE. part.

DÉVERSOIR. s. m. (R. déverser). Endroit de la conduite d'eau d'un canal, d'un moulin par où s'épanche l'eau en excès. || T. Ponts et Chaussées. Ouvrage de maçonnerie ou de charpente destiné à refouler l'eau dans un fossé. — D. de fond, Celui qui est muni d'un orifice pour l'écoulement des eaux de fond. || T. Chem. de fer. Dans les grandes compagnies, excédent des revenus d'un réseau déversé sur un nouveau.

DÉVESTITURE. s. f. (R. de et investiture). Dépossession.

DÉVÊTEMENT. s. m. Action de dévêtir, état de ce qui est dévêtu (peu usité).

DÉVÊTIR (SE). v. pron. (R. de et vêtir). Ne plus se vêtir autant que de coutume. Il ne fait pas encore assez chaud pour se d. Pour retirer ses habits. || Retirer ses vêtements, se déshabiller. || Fig., Se d. d'un héritage, S'en dessaisir. ≈ DÉVÊTU, UE. part. — Conj. Voy. VÊTIR.

DÉVÊTISSEMENT. s. m. T. Prat. Dessaisissement. Vx.

DÉVIATEUR, TRICE. adj. Qui produit la déviation.

DÉVIATIF, IVE. adj. T. Didact. Qui tend à dévier, à faire dévier.

DÉVIATION. s. f. [Pr. ...sion] (R. dévier). Action par laquelle un corps s'écarte de sa direction; le résultat de cette action. S'avancer en ligne droite sans aucune d. La d. du fil à plomb. — Fig., Il a toujours suivi ce principe sans d. Suivre sans d. les règles de la probité. || Action de changer la direction d'un cours d'eau, d'une rue d'un chemin, etc. || T. Assur. mar. Changement de route. || T. Balist. Déviation des projectiles. Voy. DÉRIVATION.

Méc. — Le mot Déviation est d'un fréquent usage dans le langage scientifique, surtout en physique, en astronomie et en mécanique. Nous nous bornerons ici à dire quelques mots de la D. *des corps dans leur chute libre.* On nomme ainsi la quantité dont un corps qui tombe librement à la surface de la terre, s'écarte de la verticale menée de son point de départ. Cette d. est due au mouvement de la terre. En effet, si le globe terrestre était immobile, un corps pesant, abandonné sans vitesse initiale, décrirait nécessairement la verticale; mais comme la terre tourne en 24 heures autour de son axe, il en résulte que le corps placé au-dessus de sa surface, et obéissant au mouvement commun, tant qu'il n'est pas libre, décrit forcément un cercle plus grand que celui que décrit le pied de sa verticale. D'après cela, à l'instant même où il tombe, c.-à-d. où il devient libre, le corps, en même temps qu'il est sollicité par son poids, lequel le ferait tomber suivant la verticale, est aussi animé d'un mouvement horizontal qui lui fait parcourir, pendant la durée de sa chute, plus de chemin que n'en décrit dans le même temps le point qui est verticalement au-dessous de lui. Le corps doit donc nécessairement tomber un peu en avant, c.-à-d. un peu à l'est du pied de la verticale de son point de départ. Cette déviation dont l'existence a été indiquée pour la première fois par Newton, sans que cet illustre physicien l'ait constatée par l'expérience, est une preuve du fait de la rotation de la terre sur son axe et de la direction de cette rotation qui se fait de l'ouest à l'est. La quantité de la d. se calcule d'après la hauteur de la chute, à l'aide d'une formule donnée par Laplace. L'expérience vérifie pleinement les conclusions de la théorie. Reich a déduit d'un très grand nombre de résultats obtenus en laissant tomber un corps dans les mines de Freyberg d'une hauteur de 158ᵐ,5, pour la déviation vers l'est : 0ᵐ,0283. Le calcul donne 0ᵐ,0276. La différence très minime (moins de 1ᵐᵐ) peut être attribuée aux erreurs d'observation ou aux causes accidentelles.

Méd. pathol. — On donne le nom de *Déviation* à toute direction vicieuse que prennent certaines parties. Ainsi, on dit qu'il y a d. du sang, de la bile, des urines, etc., quand ces liquides passent dans des vaisseaux qui ne leur sont pas destinés; qu'il y a d. de la colonne vertébrale, du fémur, de la cloison du nez, etc., quand ces parties s'écartent plus ou moins de la direction qui leur est propre. Enfin, quelques auteurs donnent abusivement le nom de *Déviations organiques* à tous les cas tératologiques, quels qu'ils soient. Mais, à moins d'altérer la signification propre de ce mot, on doit l'appliquer exclusivement aux vices de direction des os, ainsi qu'aux déplacements ou aux transpositions d'organes.

DÉVIATOR. s. m. Voy. Déflecteur.

DÉVIDAGE. s. m. Action de dévider.

DÉVIDER. v. a. (R. *de*, et all. *winden*, enrouler). Mettre en écheveau le fil qui est sur le fuseau, ou mettre en peloton le fil qui est en écheveau. == Dévidé, ée. part.

DÉVIDEUR, EUSE. adj. et s. Ouvrier, ouvrière qui dévide du fil, de la laine, de la soie, ou bien les met en pelotons ou en écheveaux. Appareil mécanique servant à dévider.

DÉVIDOIR. s. m. T. Techn. Instrument dont on se sert pour dévider.

Techn. — Le plus répandu de tous les instruments de ce genre est le D. à main, dont on fait usage dans toutes les campagnes. Il consiste en un bâton cylindrique, long d'environ 65 centim. et percé à ses extrémités de trous dont les diamètres ont des directions perpendiculaires entre elles. On passe dans ces trous de petites baguettes sur lesquelles la fileuse place alternativement le fil à mesure qu'elle le dévide avec la main. Quand l'écheveau est assez gros, la forme, avec ses bouts, une sorte de lien, appelé *Centaine*, avec lequel elle le lie par le milieu. Les dévidoirs en usage dans les ateliers de filature sont assez compliqués. Dans leur forme la plus simple, ils se composent de deux parties principales, savoir : un axe en fer ou en bois qui tourne sur u support, et un ensemble de bâtonnets parallèles à cet axe, auquel ils sont réunis par un égal nombre de bras égaux, sur lesquels le fil s'enroule en écheveaux quand l'appareil est en mouvement. L'ensemble de ces bâtonnets se nomme *Asple*. Enfin, l'axe est ordinairement muni d'un compteur, qui fait entendre un signal particulier toutes les fois que le d. a accompli un nombre déterminé de tours. On arrête alors le mécanisme, et l'on calcule la longueur du fil au moyen du contour de l'asple et du nombre de révolutions. Souvent le d. se compose essentiellement d'un prisme hexagonal appelé *guindre*. Le d. peut être mû à la main par une manivelle et par un moteur mécanique. Dans ce dernier cas, il faut prendre des précau-

tions spéciales pour qu'on puisse l'arrêter à volonté, dans le cas où le fil viendrait à casser. A cet effet, le mouvement est transmis au d. par un engrenage à friction, avec un levier qui permet d'écarter les galets de manière à laisser le d. entièrement libre.

DÉVIER. v. n. (lat. *deviare*; de *de*, et *via*, chemin). S'écarter, ou être écarté de sa direction. *D. de son chemin. Heureusement ma cuirasse fit d. la balle.* || Fig., *Il n'a jamais dévié des principes de la justice.* == se Dévier. v. pron. *Se d. de la bonne route.* == Dévié, ée. part. || T. Bot. S'emploie adject. en parlant des feuilles, quand elles sont disposées de telle manière que leur face supérieure ne regarde pas le ciel. == Conj. Voy. Pilier.

DÉVIGOGNER. v. a. [Pr. *gn* mouillés]. T. Mar. Gauchir, déformer.

DEVILLINE. s. f. (B. *Deville*, nom d'un chimiste fr.). T. Minér. Sous-sulfate de cuivre hydraté, de couleur bleu verdâtre.

DEVIN, INERESSE. s. (lat. *divinus*, celui qui a des clartés divines). Celui, celle qui se donne pour prédire les événements futurs et pour découvrir les choses cachées. *Aller au d. Consulter les devins. Elle passait pour devineresse.* — Prov., *Il ne faut pas aller au d. pour en être instruit,* se dit en parlant d'une chose qui est assez connue. — Fig. et fam., *Je ne suis pas d.,* se dit pour faire entendre qu'on ne pouvait se douter d'une certaine chose, ou qu'on ne saurait la comprendre, si elle n'est plus clairement expliquée. || T. Erpét. *Boa d.* ou *Boa Constrictor.* Voy. Boa.

Syn. — *Prophète.* — Le devin découvre le présent, le passé, l'avenir, et ce qui est caché. Le prophète prédit seulement ce qui doit arriver. Un homme instruit, et qui connaît le rapport que les moindres signes extérieurs ont avec les mouvements de l'âme, passe facilement dans le monde pour *devin.* Un homme sage, qui voit les conséquences dans leurs principes et les effets dans leurs causes, peut figurément être qualifié de *prophète.*

Législ. — L'article 479 du code pénal punit d'une amende de onze à quinze francs inclusivement « les gens qui font métier de deviner et pronostiquer, ou d'expliquer les songes ». En cas de récidive, ces mêmes personnes encourent la peine d'emprisonnement pendant cinq jours.

La loi ordonne, en outre, la saisie et la confiscation des instruments, ustensiles et costumes servant ou destinés à l'exercice du métier « de devin, pronostiqueur ou interprète de songes ».

On sait que la législation antérieure à 1789 condamnait les devins ou sorciers à être roués et brûlés. (Voir les ordonnances de Charles VII en 1490, et de Charles IX en 1560). En 1770, on vit encore, en France même, pendre, étrangler et ensuite brûler une femme condamnée pour sorcellerie.

DEVINABLE. adj. Qu'on peut deviner.

DEVINEMENT. s. m. Action de deviner.

DEVINER. v. a. (lat. *divinare*, m. s., de *divinus*, divin). Prédire ce qui doit arriver, ou découvrir ce qui est caché. *On ne saurait d. l'avenir. Il prétendait d. où était caché le trésor.* — Absol. *Prédire. L'art de d. est une chimère.* || Par ext., *Découvrir, parvenir à connaître par voie de conjecture. Devinez ce que j'ai fait aujourd'hui. Devinez d'où je viens. Il est facile de d. l'auteur de ce livre. D. la pensée de quelqu'un,* ou simpl., *D. quelqu'un.* — Absol., *Vous avez deviné très juste. Cela n'est pas difficile à d.* — *D. une énigme, un logogriphe, une charade,* En trouver le mot. — Fam., *Il n'y a pas à d.,* se dit d'une chose claire par elle-même. *Il faut toujours le d.,* se dit de quelqu'un qui parle ou qui écrit avec beaucoup d'obscurité. *Vous pouvez d'après cela d. le reste,* Juger du reste. — Prov., *Je vous le donne à d. en dix, en cent,* se dit d'une chose dont on suppose que celui à qui l'on parle ne se douterait jamais. — Fig. et prov., *D. les fêtes quand elles sont venues,* se dit de celui qui donne comme nouvelles des choses que tout le monde sait.

Devine si tu peux, et choisis si tu l'oses.
　　　　　　　　　　　　　　CORNEILLE.

se Deviner. v. pron. *Cela se devine aisément.* || Fig., *Nos cœurs s'étaient devinés.* == Deviné, ée. part.

DEVINERESSE. s. f. Voy. Devin.

DEVINETTE. s. f. [Pr. *devinè-te*]. Questions amusantes posées par une personne pour être devinées par d'autres.

DEVINEUR, EUSE. s. Celui, celle qui a la prétention de deviner. Fam., et se dit d'une personne qui aime à juger, à découvrir par voie de conjecture. *C'est un beau d., un habile d., un plaisant d.* Faire le d.

DÉVIOSCOPE. s. m. (R. *dévier*, et gr. σκοπέω, j'examine). T. Phys. Appareil imaginé par M. Sire pour vérifier les lois de la déviation du plan d'oscillation d'un pendule porté par une sphère mobile.

DÉVIRAGE. s. m. (R. *de*, et *virer*). Action de dévirer. ‖ T. Techn. Desserrement spontané d'une vis sous l'influence des chocs provoqués par le travail de la machine dont elle fait partie.

DÉVIRER. v. a. (R. *de*, et *virer*). T. Mar. Dérouler ; donner du renflement. *D. un cabestan.*

DÉVIROLAGE. s. m. T. Techn. Action de déviroler les pièces frappées.

DÉVIROLER. v. a. (R. *de*, et *virole*). T. Techn. Retirer de la virole les flans qui ont été frappés.

DEVIS. s. m. (lat. *divisum*, part. passé de *dividere*, deviser). Propos, discours, entretien familier. *Joyeux d.* Vieux et n'est usité que dans le style badin.

Techn. — Dans l'Architecture et les arts du bâtiment, on appelle *Devis* tout état détaillé des parties d'un ouvrage à exécuter. On distingue le *D. descriptif* et le *D. estimatif*. Le premier a pour objet de décrire les ouvrages à faire, de déterminer la qualité des matériaux à employer, et souvent aussi de fixer la durée des travaux, etc. Le second évalue le prix des matériaux, de la main-d'œuvre, etc. ; en un mot, il fait connaître le coût de chaque détail et l'évaluation totale des dépenses. Lorsque l'exécution du d. est donnée à une entreprise et contient les obligations respectives des deux contractants, il prend le nom de *D. et marché*, et constitue un contrat synallagmatique.

DÉVISAGER. v. a. (R. *de*, et *visage*). Défigurer, déchirer le visage. *Son chat l'a tout dévisagé.* = SE DÉVISAGER. v. pron. *En se battant, ces deux femmes se sont dévisagées.* ‖ T. Pop. Regarder quelqu'un longuement, avec obstination. = DÉVISAGÉ, ÉE. part. = Conj. Voy. MANGER.

DEVISE. s. f. (R. *devis*, propos ; ou du fait héraldique que l'on écrivait la légende sur une armoirie *divisée* en deux parties). Sentence qui sert à caractériser ou à indiquer les goûts, les qualités, la résolution, etc., de quelqu'un, comme *Paix et peu ; Plutôt mourir que changer ; Diversité, c'est ma d. ; Je meurs où je m'attache.*

Hist. — Les héraldistes donnent le nom de *Devise* à un des ornements extérieurs de l'écu. C'est ordinairement une sentence, presque toujours fort courte, qui rappelle un nom, une action mémorable, un sentiment, une aspiration, ou quelque circonstance particulière de la vie de celui dont elle accompagne les armoiries. Quelquefois une figure, soit naturelle, soit imaginaire, est jointe à cette sentence. On dit alors que les paroles sont *l'âme de la devise* et que la figure en est *le corps*. Le P. Ménétrier distingue huit espèces de devises. — 1° Devises qui se rapportent, comme les armes parlantes, au nom de celui qui les porte. Nous citerons pour exemples la d. de la maison de Vienne, en Bourgogne : *Tost ou tard vienne* ; et celle des sires de Beaujeu : *À tout venant beau jeu.* — 2° Devises faisant allusion à quelqu'un des ornements de l'écu. Les Simiane, de Provence, portaient d'or semé de lys et de tours d'azur, avec les mots *Sustentant lilia turres* (les lis soutiennent les tours). — 3° Devises énigmatiques, c.-à-d. qui n'avaient de sens que pour ceux à qui elles appartenaient. Telles étaient celles d'Antoine de Croy, *Souvenance* ; et de Jean de la Trémouille, *Ne m'oubliez.* Ces sortes de devises étaient d'un très grand usage dans les tournois. — 4° Devises formant des proverbes ou des sentences. Ces devises sont très nombreuses. L'une des plus connues est celle des Clermont-Tonnerre : *Etiamsi omnes, ego non* (quand même tous le feraient, moi je ne le ferai pas). Nous citerons encore la d. des Baronat, en Forez : *Vertu à l'honneur guide ;* et celle d'Euchaire Schenck en Allemagne : *Plutost rompre que fléchir.* — 5° Devises composées de mots historiques. Elles sont

en général très curieuses, mais il n'est pas toujours facile d'en connaître l'origine. À cette classe appartient la d. des Beaumanoir : *Bois ton sang, Beaumanoir, la soif passera,* qu'un de leurs ancêtres adopta après le célèbre combat des Trente. — 6° Les devises de la sixième classe sont fort souvent de véritables rébus, et ne se composent que de lettres initiales. Ainsi, la maison de Kerkos, en Bretagne, avait pour d. : *M qui TM* (aime qui l'aime) ; et la maison ducale de Savoie, les lettres *F. E. R. T.,* que l'on a interprétées de plusieurs manières, et dont on ne connaît pas le vrai sens. — 7° Devises représentées par une simple figure. Telles étaient celles des maisons d'York et de Lancastre, en Angleterre, qui consistaient en une rose blanche pour la première, et une rose rouge pour la seconde. — 8° Enfin, on range dans la dernière classe toutes les devises ayant un corps et une âme, qui s'écartent plus ou moins, quelquefois en apparence seulement, des règles établies pour la formation des précédentes. Telle était la d. d'André de Laval, maréchal de France, qui portait un aviron flamboyant, avec les mots : *Pour un autre, non.*

Les devises n'avaient rien de fixe dans les familles. On en changeait quand on voulait, et il arrivait même quelquefois que chacun des membres d'une même maison en avait une différente. Ainsi, par ex., chez les Rochefort d'Ailly, en Auvergne, Hector de Rochefort portait pour devise : *Bien fondé Rochefort* ; Guillaume de Rochefort : *Nasci, laborare, mori ;* Hughes de Rochefort : *Moderata durant ;* et Claude de Rochefort : *Per ardua virtus.* — Les devises peuvent se placer de différentes manières. Quand elles ne consistent qu'en mots, on les met ordinairement au-dessus de l'écu, et fort souvent dans des rouleaux que tiennent les animaux placés en cimier ; cependant elles sont très fréquemment situées au-dessous des armoiries, un peu plus bas que les étoiles des ordres de chevalerie. Celles qui ont un corps et une âme se placent, tantôt au-dessous, tantôt aux côtés de l'écu.

En général, les devises ont été des expressions d'orgueil et de vanité. Louis XIV portait pour d., sous un soleil d'or : *Nec pluribus impar ;* Charles-Quint, les colonnes d'Hercule avec les mots : *Plus ultra ;* les ducs de Rohan :

    Roi ne puis,
    Prince ne daigne,
    Rohan suis ;

La d. de Marie Touchet : *Je charme tout,* anagramme de son nom, est fort jolie ; Mme de Sévigné avait écrit : *Le froid me chasse,* sous une hirondelle.

La d. de la République française : *Liberté, égalité, fraternité,* date de juin 1791 et a été proposée par l'imprimeur Momoro, au club des Cordeliers, pour être inscrite sur la plaque des gardes nationaux. La d. de l'ordre de la Légion d'Honneur est : *Honneur et Patrie.*

Les imprimeurs et les libraires ont fait et font encore un grand usage des devises. L'article 16 de la déclaration du 31 août 1539 leur prescrivait même d'avoir chacun une marque particulière, qu'ils imprimaient sur la première page de chacun des exemplaires sortis de leurs presses. Parmi ces emblèmes, nous citerons l'*ancre* des Aldes, le *compas* des Plantins, la *sphère* et l'*olivier* des Elzévirs, le *caducée* des Wéchel, les *pensées* de Crapelet, l'*écusson* de Silvestrie, tous accompagnés de devises. Henri Estienne avait la d. : *Plus olei quam vini,* et sur d'autres livres : *Fortuna opes auferre non animum potest* (La fortune peut nous ravir nos richesses, mais non notre courage) ; Robert Estienne : *Non altum sapere.* Parmi les modernes, nous citerons la d. d'Ambroise-Firmin Didot : *Vitaï lampada tradunt,* hémistiche de Lucrèce, sign. : Ils transmettent les flambeaux de la vie. La maison Gauthier-Villars, bien connue par ses belles publications scientifiques, a pour d. une palme d'olivier avec la phrase de Platon : ἀεὶ ὁ Θεὸς γεωμετρεῖ (Dieu fait tout géométriquement).

DEVISER. v. n. (R. *devis*). S'entretenir familièrement, discourir de choses et d'autres par manière d'amusement. *Nous passâmes la nuit à d. Ce fut en devisant de la sorte que nous trompâmes la longueur de la route.* Fam.

DÉVISSEMENT. s. m. Action de dévisser.

DÉVISSER. v. a. (R. *de*, et *visser*). Défaire, ôter les vis qui servent à fixer quelque chose. *D. la platine d'un fusil.* = DÉVISSÉ, ÉE. part.

DÉVITRIFIABLE. adj. Qui peut être dévitrifié.

DÉVITRIFICATION. s. f. [Pr. ...*sion*]. T. Chim. Action de dévitrifier ; résultat de cette action.

DÉVITRIFIER. v. a. (R. *de*, et *vitrifier*). T. Chim. Détruire l'état de vitrification. = SE DÉVITRIFIER. v. pron. Perdre les qualités du verre.

DÉVOIEMENT ou **DÉVOÎMENT.** s. m. (Pr. *lévoîment*) (R. *dévoyer*). Flux de ventre, diarrhée. || T. Archit. Inclinaison ; se dit surtout des tuyaux de cheminée ou de descente. || T. Mar. Position de certains comples dans laquelle le plan des branches n'est pas perpendiculaire à la quille.

DÉVOILEMENT. s. m. Action de dévoiler. Ne s'emploie qu'au fig. *Le d. des mystères.*

DÉVOILER. v. a. (R. *de*, et *voile*). Relever le voile qui cache la figure d'une personne ; enlever le voile, e rideau, etc., qui cache un objet. *Il l'a dévoi'ée malgré sa résistance. D. une statue.* — Fig., Relever une religieuse de ses vœux. || Fig., Découvrir, révéler une chose qui était cachée, secrète. *D. un mystère, un secret, une intrigue.* = SE DÉVOILER. v. pron. Lever son voile. *Les femmes turques ne doivent pas se d. en public.* || Cesser d'être caché. *Leur intrigue finit par se d.* = DÉVOILÉ, ÉE. part. = Syn. Voy. DÉCELER.

DEVOIR. v. a. (lat. *debere*). Être obligé à donner ou à faire quelque chose ; se dit lorsque la chose due est une somme d'argent ou une chose matérielle appréciable à prix d'argent. *D. une somme d'argent. D. une rente. Il doit lui fournir tant de pièces de vin par mois. Il lui doit la moitié de toute la récolte. Chaque paysan lui devait tant de journées de travail.* Absol., *C'est un homme qui doit beaucoup. C'est lui qui me doit.* — Prov., *D. plus d'argent qu'on n'est gros ; D. à Dieu et à diable ; D. au tiers et au quart ; D. de tous côtés,* Avoir beaucoup de dettes. *Qui doit a tort,* Celui qui doit ne peut se dispenser de payer. — Fig. et fam., *Il m'en doit* ou *Je lui en dois,* Il m'a offensé, il m'a fait un tour, il m'a causé un préjudice ; je m'en vengerai. *Il croit toujours qu'on lui en doit de reste,* il n'est jamais content de ce qu'on fait pour lui. *Ils ne s'en doivent guère,* se dit de deux individus qui ne valen. pas mieux l'un que l'autre, ou qui ont des torts réciproques, ou qui se sont mutuellement joué de mauvais tours. || T. Compt. *Doit et avoir.* Voy. COMPTABILITÉ. || Être obligé à quelque chose par la morale ou la loi, la coutume ou la bienséance. *Un fils doit respect à ses parents. Un citoyen doit obéissance aux lois. Un homme d'honneur doit tenir sa parole. Il vous a rendu service, vous lui devez de la reconnaissance. Un soldat ne doit jamais abandonner son drapeau. Vous devez des égards à son âge. Il y avai longtemps que je lui devais une visite.* Prov., *Fais ce que dois, advienne que pourra.* — Se dit quelquefois des choses. *La loi doit protection à tous les citoyens.* || Être redevable à, tenir de. *Je lui dois mon bonheur. Vous lui devez tous vos succès. C'est à tel ministre qu'on doit ces réformes. Ce village doit son nom à tel événement.*

Tu sais combien je do s à ses heureux secours.

RACINE.

On le dit aussi en parlant de choses fâcheuses, funestes. *C'est à lui que je dois tous mes malheurs.* || Se dit pour marquer qu'il y a justice, raison, convenance pour qu'une chose soit. *Un bon ouvrier doit être plus recherché et plus payé qu'un autre. On aurait dû faire une pension à sa veuve. On devrait établir un pont sur cette rivière. Il me semble que cela aurait dû lui faire plaisir.* || Se dit encore pour marquer qu'une chose est plus ou moins certaine, qu'elle est probable, ou même qu'elle arrivera infailli lement. *La campagne doit être bien belle maintenant. Votre enfant doit être déjà grand. A en juger par ses démarches, cet homme doit être très riche. Le législateur doit avoir prévu ce cas. Vous devez être mouillé. Il doit y avoir bien de la haine entre eux. — Tous les hommes doivent mourir. Un projectile lancé dans l'espace doit nécessairement décrire une courbe.* || Se dit aussi de ce qu'on cro t, de ce qu'on présume ou qu'on suppose qui arrivera. *Le courrier doit arriver dans quelques instants. Je dois toucher de l'argent dans huit jours. Il doit y avoir quelque chose là-dessous.* || Avoir l'intention de. *Je dois partir demain. On m'a dit que vous deviez m'écrire à ce sujet.* = SE DEVOIR. v. pron. *Cela se doit,* se dit d'une chose à laquelle on est tenu, ou d'une chose qui doit être. | Par rapport aux personnes, signif. Être tenu de se dévouer, de se sacrifier. *On se doit à sa famille, à ses amis, à sa patrie.* — Quand le pron. Se est régime indirect, c.-à-d. est mis pour A soi, le v. Se d. sign.

être obligé. *Je me devais de faire cette démarche.* = Dû, UE. part. || S'emploie subst. et au masc., pour sign. ce qui est dû. *Il ne réclame que son dû. On lui a payé son dû.* = Conj. Voy. RECEVOIR.

Obs. gram. — Lorsque le v. *devoir* précède un infinitif, il se met généralement sans préposition. « *Je dois partir* dans un mois. Si la bonne foi était exilée de la terre, elle *devrait* se retrouver dans le cœur des rois. » Mais il est certaines phrases où le v. *devoir* a un régime sous-entendu, et dans ce cas il faut employer la préposition *de.* « *Je lui dois* (l'avantage) *de vous connaître.* Philosophe, tu appartiens à tous les peuples de la terre, et tu leur *dois* (l'exemple) *de mettre* en pratique les préceptes sublimes. On se *doit* à soi-même (la chose) *de respecter* les bienséances. » — Le part. *dû* reste quelquefois invariable dans certaines phrases où, au premier abord, il semblerait devoir s'accorder avec le régime qui le précède ; mais, dans les cas de ce genre, il importe d'observer qu'il y a toujours un infinitif sous-entendu à la suite du part. « *Je lui ai fait toutes les caresses que j'ai dû* (lui faire). » Il est évident qu'on n'a pas dû les caresses, mais qu'on a dû faire les caresses. Cette phrase est donc bien différente de celle-ci : « *Il m'a toujours exactement payé les sommes qu'il m'a dues* »; car ici c'est le relatif *que* qui est le véritable régime du part.

DEVOIR. s. m. (R. *devoir*, v.). Ce à quoi on est obligé par la morale, par la religion, par la loi, par un engagement, par la raison, par la bienséance, etc. *Les devoirs se divisent en devoirs envers Dieu, devoirs envers soi-même, et devoirs envers ses semblables. S'acquitter de son d. Faire son d. Remplir ses devoirs. Manquer à son d. S'écarter de son d. Négliger, oublier ses devoirs. C'est votre d. Un d. sacré. Les devoirs d'un père de famille. Le d. conjugal. Les devoirs de la bienséance, de l'honnêteté, de l'amitié. Les devoirs que nous impose la reconnaissance. Traité des droits et des devoirs. Il n'y a pas de droits sans devoirs. S'imposer des devoirs. Vous n'avez fait que votre d. Regarder une chose comme un d., s'en faire un d.* — Le *d.,* La règle morale elle-même. On dit aussi, *la loi du d.* — *Devoirs positifs,* Les devoirs qui prescrivent ce qu'il faut faire. *Devoirs négatifs,* Ceux qui prescrivent ce qu'il faut éviter. *Devoirs parfaits,* Ceux qui sont bien déterminés et dont on peut exiger l'accomplissement. *Devoirs imparfaits,* Ceux qui restent indéterminés et qui, bien qu'obligatoires pour la conscience, ne peuvent entraîner la coercition. Voy. MORALE. || *Être à son d.,* Être à son poste. — *Être dans son d.,* Se mettre dans son d., Se tenir dans l'état où l'on doit être devant les personnes à qui l'on doit du respect. — *Se mettre en d. de faire quelque chose,* Témoigner qu'on a dessein de le faire, se mettre en état de le faire, commencer à le faire. — *Rentrer dans son d., dans le d.,* Se remettre dans l'obéissance, dans la subordination dont on s'était écarté. On dit de même, *Ramener quelqu'un à son d., au d. Retenir quelqu'un dans le d.,* etc. — *Ranger quelqu'un à son d.,* L'obliger à faire ce qu'il doit. On dit de même, *Se ranger à son d. ;* et, par menace, *Je lui apprendrai son d., Je l'obligerai à remplir son d.* — *Aller rendre ses devoirs à quelqu'un,* Aller le saluer, lui faire une visite de politesse.— *Derniers devoirs,* Honneurs funèbres, cérémonie qu'on fait pour les funérailles de quelqu'un. *Rendre à quelqu'un les derniers devoirs.* — T. Dr. féodal. *Devoirs seigneuriaux,* Ce qui était dû par le vassal à son seigneur. || Dans les établissements d'instruction, le thème, la version ou toute autre composition qu'on donne à faire aux élèves. *Un d. difficile. Il n'a pas encore fini son d. Corriger les devoirs.* || Anc. Association d'ouvriers unis par les liens du compagnonnage. *Des ouvriers appartenant à des devoirs différents.* Voy. COMPAGNONNAGE.

Syn. — *Obligation.* — *Devoir* comporte une idée plus morale, plus élevée, plus désintéressée qu'*obligation.* L'*obligation* est plus personnelle et dépend des circonstances de toutes sortes qui nous obligent à agir. On dit l'*obligation du devoir* pour indiquer que le devoir doit être le mobile définitif de toutes nos actions ; on ne peut pas dire *le devoir de l'obligation.*

DEVOIRANT. s. m. Voy. DÉVORANT.

DÉVOLE. s. f. T. Jeu de cartes. Se dit, par opposit. à *Vole,* lorsque la personne qui fait jouer ne fait aucune levée. *Il a fait la d. Il est en d.*

DÉVOLER. v. n. T. Jeu de cartes. Être en dévole.

DÉVOLU. s. m. (R. *dévolu*, adj.). Provision d'un bénéfice vacant par l'incapacité ecclésiastique de celui qui en est en possession. *Avoir un bénéfice par d. Prendre, obtenir, poursuivre un d.* On dit dans un sens anal., *Un bénéfice tombé en d., vacant par d.* — *Jeter un d.*, Faire signifier un d. — Fig. et fam., *Jeter un d., jeter son d. sur une personne, sur quelque chose*, Arrêter ses vues, fixer son choix sur elle.

DÉVOLU, UE. adj. (lat. *devolutus*, roulé vers, de *de*, et *volvere*, rouler). T. Jurisp. Qui est acquis, qui passe, en vertu de la loi, à une personne, à défaut d'une autre. *A défaut de parents au degré successible dans l'une des lignes, leur part est dévolue aux héritiers de l'autre ligne. Sa pension vous est dévolue de droit. Terre dévolue à la couronne.* — On dit dans un sens anal., *Procès d. à la cour.*

DÉVOLUTAIRE. s. m. Celui qui a obtenu un dévolu.

DÉVOLUTIF, IVE. adj. T. Jurispr. *Appel d.*, Appel qui saisit de la connaissance d'une affaire un juge supérieur.

DÉVOLUTION. s. f. [Pr.... *sion*]. T. Droit. Transport, transmission d'un bien, d'un droit, etc., qui se fait d'une personne à une autre en vertu de la loi. *Cette terre revint au roi par d. A défaut de parents dans la ligne paternelle ou maternelle, il y a d. à l'autre ligne.*

Hist. — En Droit canon, on appelait *Dévolution* le droit qu'avait tout supérieur de conférer un bénéfice laissé trop longtemps vacant par le collateur légitime, et on donnait le nom de *Dévolutionnaire* à celui qui était pourvu d'un bénéfice en vertu de ce droit. La collation appartenait alors, selon les cas, au pape ou à l'évêque. La d. n'existe plus aujourd'hui en France. C'est l'évêque qui nomme aux places vacantes dans son diocèse et qui est l'unique collateur.

En Alsace et dans les Pays-Bas, on nommait *Droit de d.* un usage en vertu duquel les immeubles apportés en mariage par les conjoints ou acquis postérieurement par héritage, donation ou autrement devenaient la propriété exclusive des enfants du premier lit, quand le mari ou la femme convolait en secondes noces. C'est en s'appuyant sur ce droit qu'en 1665, à la mort de Philippe IV, roi d'Espagne, Louis XIV, époux de Marie-Thérèse, fille du premier mariage de ce prince, disputa les Pays-Bas espagnols à son beau-frère Charles II, qui était né d'une deuxième union. A cette occasion eut lieu, entre la France et l'Espagne, la guerre dite *Guerre de d.* Commencées en 1667, les hostilités furent terminées l'année suivante par le traité d'Aix-la-Chapelle, qui nous donna presque toutes les Flandres.

DEVON, nom d'une illustre famille anglaise qui a sa souche dans la famille française de Courtenay.

DEVON ou **DEVONSHIRE**, comté de l'Angleterre (au S.-O.); ch.-l. *Exeter*; 604,000 hab.

DÉVONIEN, IENNE. adj. T. Géol. Nom que l'on donne à certains terrains de l'époque *primaire* (Voy. ce mot) et qui tirent leur nom du comté de Devon, en Angleterre, où on les a étudiés pour la première fois. On dit également *période dévonienne* pour désigner l'époque où se sont formés ces terrains. *Le terrain d. se compose de schistes, de grès et de calcaires divers. Il est formé d'assises puissantes qui renferment une faune intermédiaire entre les terrains silurien et carbonifère.* — *A la période dévonienne succède dans l'histoire de notre globe la période houillère.* Voy. GÉOLOGIE et PRIMAIRE.

DÉVONITE. s. f. (R. *Devon*, n. de lieu). T. Minér. Phosphate hydraté d'alumine, contenant une petite quantité de fluor.

DEVONPORT, v. d'Angleterre (comté de Devon), beau port sur la Manche; 49,000 hab.

DÉVORANT. s. m. (R. *devoir*). Membre d'une association d'ouvriers appelée *Devoir.* — On écrit aussi et plus correctement *Devoirant.* Voy. COMPAGNONNAGE.

DÉVORANT, ANTE. adj. Qui dévore. *Lion d. Une nuée de sauterelles dévorantes.* — Par ext., Avide, insatiable. *Appétit d. Faim, soif dévorante. Estomac d.* || Fig., Qui consume, qui détruit avec plus ou moins de rapidité. *Une flamme dévorante. Le temps, sa marche dévorante. Un air d. Un climat d.* || Fig., tant au sens physique qu'au

sens moral, se dit pour extrême, excessif. *Un mal, une chaleur dévorante. Sentir dans les entrailles un feu d.*

DÉVORATEUR, TRICE. adj. Qui dévore. || T. Techn. *Cylindre d.*, Cylindre qui, dans les féculeries, sert à réduire les tubercules.

DÉVORATION. s. f. [Pr. ...*sion*]. Action de dévorer.

DÉVOREMENT. s. m. Action de dévorer.

DÉVORER. v. a. (lat. *devorare*, m. s. de *de*, et *vorare*, dévorer). Au prop., Manger une proie en la déchirant avec les dents; avaler sans mâcher. *Il a été dévoré par une bête féroce. Les requins dévorent quelquefois des hommes. Les brochets dévorent les autres poissons.* — Par ext., se dit de certains animaux qui détruisent les productions de la terre. *Les chenilles ont dévoré toutes les feuilles de cet arbre. Les oiseaux ont tout dévoré dans ce champ.* — Par anal., en parlant d'un homme, manger avidement et avec gloutonnerie. *En un instant, il dévora tout ce qui lui avait été servi.* Absol., *Cet homme ne mange pas, il dévore.* || Fig., *D. un livre, des livres*, Les lire avec une rapidité extrême. — *D. des yeux*, Tenir les yeux fixement attachés sur une personne ou sur une chose, par suite de l'attrait qu'elle inspire. — *D. une chose en espérance*, La désirer ardemment et avec l'espérance de la posséder bientôt. — *D. les difficultés*, Les surmonter courageusement et promptement. — *D. ses chagrins*, Ne pas les laisser paraître. *D. un affront, une injure*, etc., Cacher le ressentiment qu'on en éprouve. — *D. ses larmes*, Les retenir. — *D. la route*, La parcourir avec une très grande rapidité. *Nos chevaux dévorent la route, l'espace.* =Fig., Consumer. *Le temps dévore tout. Les flammes ont dévoré ces précieux manuscrits.* — *C'est une terre qui dévore ses habitants*, Une terre dont les habitants périssent promptement sous l'influence du climat. — Par anal., se dit de l'effet que produisent sur l'homme certains phénomènes physiques ou moraux. *La faim le dévore Une soif ardente me dévorait. La fièvre qui le dévore. L'ennui, le chagrin, les regrets la dévorent. Un feu secret la dévore. Une noble ardeur le dévore. Être dévoré d'inquiétude, de chagrin, d'ambition*, etc. = SE DÉVORER. v. pron. *Les brochets se dévorent les uns les autres.* = DÉVORÉ. ÉE. part.

DÉVOREUR, EUSE. s. Celui, celle qui dévore. || T. Fam. Personne qui lit avec avidité.

DÉVOT, OTE. adj. (lat. *devotus*, voué, consacré, de *de*, et *vovere*, vouer). Pieux, qui est très attaché aux pratiques religieuses. *Les personnes, les âmes dévotes. Être d. à la Vierge. La vie dévote.* — Par dénigr., se dit des personnes qui font consister la religion en certaines pratiques pieuses, et négligent les préceptes essentiels de la loi. *Un prince cruel et d.* || Se dit aussi de ce qui est fait avec dévotion, ou excite à la dévotion, ou bien encore de ce qui caractérise extérieurement certaines personnes dévotes. *Prière dévote. Chant d. Oraison dévote. Avoir le maintien d., l'air d. Un ton d.* || Subst., *Les faux dévots sont dangereux. Faire le d. Une vieille dévote.* — Par dénigr. se dit souvent pour Faux d. *Il s'est attiré la haine des dévots.* — Fam., *C'est une de ses dévotes*, se dit d'une femme qui est sous la direction d'un ecclésiastique. || Par ext., Personne vouée à quelqu'un ou à quelque chose. *Il s'entoura de ses dévots. Les dévots de la liberté.*

Syn. — Dévotieux. — Le *dévot* remplit avec amour et zèle tous ses devoirs religieux; le *dévotieux* les remplit avec scrupule, minutieusement, et s'attache aux plus petites pratiques de la dévotion. Aussi, le mot *dévotieux* se prend-il bien plus fréquemment que celui de *dévot*, dans un sens défavorable. Se rapproche beaucoup de *Bigot*.

DÉVOTEMENT. adv. D'une manière dévote. *Prier Dieu d. Entendre d. la messe.*

DÉVOTIEUSEMENT. adv. [Pr. *dévo-sieu-zeman*]. Dévotement. Vx.

DÉVOTIEUX, EUSE. adj. [Pr. *dévo-sieu*]. Dévot. *C'est un homme fort d.* = Syn. Voy. DÉVOT.

DÉVOTION. s. f. [Pr. *dévo-sion*] (lat. *devotio*, action de vouer, de consacrer, de *de*, et *vovere*, vouer). Piété, en tant qu'elle se manifeste surtout par l'attachement aux pratiques du culte. *La vraie d. Une d. claire. D. sincère, affectée,* *mal entendue. Fausse d. Avoir de la d. S'adonner à la d. Se mettre, se jeter, donner dans la d. Faire quelque chose par d. Exciter à la d. Donner, inspirer de la d. Être sans d. Des exercices, des pratiques de d. Un air de d. — Avoir grande d. à la Sainte Vierge, à un saint, à une église, Avoir u n attachement particulier au culte de la Sainte Vierge, etc. — Livres de d., Livres qui servent aux exercices de d. Tableau de d., Tableau représentant un sujet pieux.— Fête de d., jeûne de d., Fête, jeûne qu'on observe par pure d. et que l'Église n'a point commandé. — A l'offran de qui a d. L'offrande est à d., Va à l'offrande qui veut; on donne ce qu'on veut à l'offrande.* || *L'action d'accomplir des pratiques religieuses. Lorsque j'entrai, il était en d. Je n'ai pas voulu interrompre votre d.* — *Au pl., se dit des pratiques religieuses elles-mêmes, et partical. de la commun on. Après avoir fait toutes leurs dévotions au tombeau du saint, les pèlerins repartirent. Elle a fait hier ses dévotions.* || *Par ext., se dit de l'entière disposition à faire les volontés de quelqu'un, ou ce qui peut lui être agréable. Ma d. pour vous est sans bornes. Je suis entièrement à votre d. Tout ce que j'ai est à votre d.,* À votre disposition.

Syn. — *Piété, Religion.* — La *religion* est cette disposition morale de l'âme qui fait qu'on remplit tous ses devoirs envers Dieu. La *piété* fait qu'on s'en acquitte avec plus d'amour et de zèle. La *dévotion* ajoute un extérieur plus recueilli ou plus composé. La *religion* est plus dans le cœur qu'elle ne paraît au dehors. La *piété* est dans le cœur et paraît au dehors. La *dévotion* paraît quelquefois au dehors sans être dans le cœur.

DÉVOUEMENT ou **DÉVOÛMENT.** s. m. [Pr. *dévouman*] (R. *dévouer*). Disposition à tout faire pour servir quelqu'un; abnégation de soi-même en faveur d'autrui. *Il s'est donné à vous avec un entier d. Son d. pour lui ne connaît pas de bornes. Il sert ses amis avec le plus grand d. Acte de d. Une preuve de d.* || *L'action de s'exposer à un grand péril ou à une mort certaine par humanité, par patriotisme, etc. Le d. de d'Assas. Le d. de ce médecin a été admirable tout le temps qu'a duré l'épidémie. Sans le d. de ce bon citoyen, le village devenait la proie de l'incendie.*

Hist. — En Grèce et à Rome, on appelait *Sacrifice de d.* ou simplement *Dévouement* un acte religieux par lequel on dévouait soi-même ou un autre à la mort. Le but de cet acte était d'offrir une victime aux divinités infernales afin de détourner un malheur public. L'histoire mythique de la Grèce cite trois exemples de d. personnel: celui d'Agraulos, petite-fille d'Actæos, premier roi d'Athènes; de Codrus, dernier roi de cette même ville; et de Ménécée, fils de Créon, roi de Thèbes. La première se dévoua pour obtenir le retour de la paix, et les deux autres se dévouèrent pour assurer la victoire à leur pays. — Chez les Romains, le premier exemple de d. paraît avoir été donné par les sénateurs qui, à l'approche des Gaulois, s'assirent devant leurs portes pour y recevoir la mort des mains de l'ennemi. Marcus Curtius, l'an 362 av. J.-C., et les trois Décius, en 340, 295 et 279, se dévouèrent également pour leur patrie. A Rome, il fallait qu'un pontife présidât à cet acte religieux. Le dévoué prenait la robe prétexte, la ramenait sur le derrière de la tête, élevait par-dessous une main jusqu'à son menton, et se tenait debout, répétait à haute voix une formule consacrée que le prêtre lisait dans un rituel. En outre, quand la cérémonie avait lieu en présence de l'ennemi, il plaçait un javelot qui symbolisait les armes de ce dernier. Le dévoué devait périr dans le combat pour que le sacrifice fût véritablement consommé. S'il échappait au péril, on enterrait son effigie, et l'on immolait une victime expiatoire. Enfin, sous les empereurs, où le salut de l'État semblait attaché à la personne du souverain, des flatteurs introduisirent l'usage de se dévouer pour lui afin de détourner les malheurs dont il pouvait être menacé. Outre le d. dont nous venons de parler, il y avait encore, chez les Romains, ce qu'on appelait le *D. de l'ennemi* C'était, comme il a précédent, un acte religieux. Il consistait à lire une formule consacrée par laquelle Jupiter, Vejovis et les Mânes étaient priés d'inspirer aux villes ou aux armées qu'on se proposait d'attaquer la terreur du nom et des armes de la nation des Quirites.

DÉVOUER. v. a. (lat. *devovere*, m. s., *de de,* et *vovere,* vouer, consacrer). Vouer, consacrer, livrer sans réserve. *Il a dévoué ses enfants au service de la patrie. D. quelqu'un à l'exécration publique.* = SE DÉVOUER. v. pron. Se consacrer, se livrer sans réserve, s'abandonner. *Les religieux se dévouent au service de Dieu. Se d. aux volontés de quelqu'un. Se d. à ses amis, à sa famille, à sa patrie, au bien public.* || Absol., S'exposer à un grand péril, à une mort certaine. *Plusieurs fois il se dévoua pour sauver des individus qui se noyaient. Se d. pour son pays, pour sauver son pays. Il s'écria: S'il faut une victime, je me dévoue!* || DÉVOUÉ, ÉE. part. *Un homme dévoué. Une amie dévouée.* — *Être dévoué à quelqu'un,* Être disposé à tout faire pour lui, à accomplir toutes ses volontés. — Par exng., se dit aussi pour exprimer une simple disposition à obliger. *Je vous suis tout dévoué.* On dit encore, par formule de politesse, *Je suis votre dévoué serviteur,* ou plus famil., *Votre dévoué, votre très dévoué.* = Conj. Voy. VOUER.

Syn. — *Vouer.* — *Vouer,* c'est promettre, engager d'une manière étroite et irrévocable. *Dévouer,* c'est livrer sans réserve, sans restriction. *Dévouer* ajoute à *vouer* l'idée d'un détachement, d'un renoncement, d'une abnégation par laquelle on abandonne sans réserve une chose à la discrétion, à la volonté d'autrui. Ce qui est *voué* à telle destination, et n'en peut recevoir d'autre. On se *voue* à Dieu ou au public, lorsqu'on s'engage à consacrer tous ses moments à l'un ou à l'autre; on *voue* ses services à un prince; on se *voue* à une profession ou à un état. Celui qui est *dévoué* ne s'appartient plus; il n'a plus d'autres intérêts que ceux de la personne à laquelle il s'est *dévoué.* Dans le *dévouement,* le sacrifice est complet et absolu: c'est pourquoi l'on ne dit pas se *vouer,* mais se *dévouer* à la mort, le sacrifice n'admettant ici aucune réserve.

DÉVOULOIR. v. a. (R. *de,* et *vouloir*). Ne plus vouloir, cesser de vouloir.

DÉVOÛMENT. s. m. Voy. DÉVOUEMENT.

DÉVOYER. v. a. [Pr. *dé-vo-ier*] (R. *de,* et *voie*). Détourner de la voie, du chemin. *Votre guide vous a dévoyé.* || T. Constr. Tuyau dérangé de la ligne verticale. *D. un tuyau de cheminée, de descente,* etc., Le détourner de la ligne verticale, lorsqu'il rencontre un obstacle. *Le dévoiement de ce tuyau. Ces raisins l'ont dévoyé.* = T. Mar. *Couples dévoyés,* Couples qui ne sont pas parallèles au couple de levée. = SE DÉVOYER. v. pron. S'égarer. *Comme il ne connaissait pas bien le chemin, il s'est dévoyé. Vx et peu us.* || Figur. et famil., *Se d. du chemin de la vérité,* S'en écarter, le quitter. = DÉVOYÉ, ÉE. part. || S'emploie substantiv., dans le langage mystique, pour sign., Qui n'est pas dans la voie du salut. *Ramener les dévoyés.* = Conj. Voy. EMPLOYER.

DÉVRILLAGE. s. m. [Pr. les *ll* mouillées] (R. *de,* et *vrille*). Opération qu'on fait subir aux fils de laine, pour en faire disparaître les vrilles.

DÉVRILLER. v. a. [Pr. les *ll* mouillées] (R. *de,* et *vrille*) T. Pêche. Détordre une corde. || T. Techn. Pratiquer le dévrillage des fils de laine.

DÉVULGARISER. v. a. (R. *de,* et *vulgaire*). Dépouiller de son caractère vulgaire. = SE DÉVULGARISER. v. pron. Perdre le caractère vulgaire.

DEWALQUITE. s. f. (R. *Dewalque,* n. d'un géologue belge. T. Minér. Silicate hydraté d'alumine et de manganèse, avec magnésie, chaux, oxyde ferrique, acide arsénique et acide vanadique.

DEWSBURY, v. d'Angleterre (Comté d'York); 29,700 hab.

DEXTÉRITÉ. s. f. (lat. *dexteritas,* m. s., de *dextera,* la main droite). Adresse de la main. *Avoir de la d., beaucoup de d. Il fait cela avec une grande d.* || Fig., Adresse de l'esprit. *Il a conduit cette intrigue avec beaucoup de d. Il a fait preuve dans cette négociation d'une grande d.* = Syn. Voy. ADRESSE.

DEXTRANE. s. m. T. Chim. Matière gommeuse qui se dépose pendant la macération du jus de betterave. Elle se distingue des gommes en ce qu'elle ne donne pas d'acide mucique, lorsqu'on la traite par l'acide azotique. Elle ne réduit pas la liqueur de Fehling. Les acides étendus la transforment en glucose et en dextrine.

DEXTRE. s. f. (lat. *dextera,* m. s., f. de *dexter,* qui est à droite). La main droite. — Par ext., Le côté de la main droite, le côté droit. *Assis à sa d. de Dieu, à la d. du père.* Vx; on dit *A la droite.* || T. Blason. *A d.,* A droite; et Adjectiv., *Le côté d.,* Le côté droit. — Voy. Écu.

DEXTREMENT. adv. Avec dextérité. Vx.

DEXTRINE. s. f. T. Chim. On appelle ainsi, parce que sa solution dévie fortement à droite (*dextre*) la lumière polarisée, une substance particulière qui se produit par l'action de la diastase ou de la chaleur, quelquefois aidée par un acide, sur l'amidon. Cette substance, qui a été découverte en 1833 par Dubrunfaut, se présente en masse gommeuse et translucide. Elle est inodore, insipide, insoluble dans l'alcool absolu, mais très soluble dans l'alcool étendu, ainsi que dans l'eau qui devient alors mucilagineuse. Sa composition est la même que celle de la fécule ($C^6H^{10}O^5$)^n. La d. se distingue aisément de la matière amylacée, en ce qu'elle n'est pas altérée par l'iode qui bleuit celle-ci ; elle se distingue de la gomme en ce que, sous l'influence de l'acide azotique, elle se transforme en acide oxalique, et non en acide mucique, comme la gomme ; enfin, elle se distingue du sucre en ce que la levure de bière est sans action sur elle.

Pour obtenir la d. au moyen de la diastase, on chauffe à 75° une cuve dans laquelle se trouve de l'eau avec du malt, puis on y jette la fécule par portions successives. Quand celle-ci dissoute, on porte la température, pendant deux à trois heures, à 100° pour achever la transformation en d. en empêchant la formation de glucose. On évapore la liqueur jusqu'à consistance sirupeuse, et l'on a ainsi le *Sirop de d.* Quand on veut employer exclusivement la chaleur, on étend de l'amidon par couches minces sur une plaque que l'on chauffe par-dessous à une température d'environ 180°. La d. ainsi préparée par torréfaction est appelée *D. sèche* ou *Léiocome*. Elle est sous forme de poudre plus ou moins jaunâtre, et assez semblable à la farine de maïs. Mais ces deux procédés sont aujourd'hui peu usités. Dans la plupart des grandes fabriques, on emploie le procédé de Payen qui combine l'action des acides avec celle de la chaleur, et qui a l'avantage de donner des produits plus solubles et d'une blancheur presque complète. Ce procédé consiste à mêler 1,000 parties de fécule sèche avec 300 p. d'eau aiguisées de 2 p. d'acide azotique du commerce. On porte aussitôt cette masse, tout humide, dans un séchoir à air libre, et, quand la dessiccation est complète, on l'étend en couches de 3 ou 4 centim. d'épaisseur, dans une étuve dont on maintient la température de 110° à 120°, pendant une heure ou une heure et demie au plus, car au delà la d. produite se transformerait en glucose. Cependant elle contient toujours une certaine proportion soit de glucose, soit d'amidon, selon qu'elle a été fabriquée à l'aide de la diastase ou de la chaleur. Pour l'avoir plus pure, il faut prendre la d. fabriquée par la diastase et la traiter par l'alcool qui isole en dissolvant le glucose.

On distingue plusieurs variétés de dextrine, contenues à l'état de mélange dans les produits du commerce, et différant peu par leurs propriétés. Le premier produit défini de la transformation de l'amidon est l'*amylodextrine*, très peu soluble dans l'eau froide, mais soluble dans l'eau bouillante. Cette substance forme la majeure partie du produit connu sous le nom d'amidon soluble. Elle ne réduit pas la liqueur de Fehling. Sa solution aqueuse se colore en bleu sous l'action de l'iode. Les *érythrodextrines* sont colorables en rouge brun par l'iode ; elles se dissolvent dans l'eau froide et sont faiblement réductrices ; elles résultent du dédoublement de l'amylodextrine. Les *achroodextrines*, qui paraissent provenir de la transformation des précédentes, sont beaucoup plus réductrices, mais se transforment moins aisément en glucose sous l'action du malt. Elles sont solubles dans l'eau froide. L'iode ne les colore pas. Toutes ces variétés de d. sont dextrogyres, et saccharifiables par les acides minéraux. D'autres dextrines, assez différentes de celles-ci, ont été obtenues par synthèse, en faisant agir des acides minéraux sur la lévulose.

Usages de la dextrine. — Comme la d. est beaucoup moins chère que la gomme et peut remplacer celle-ci dans une foule d'applications industrielles, sa fabrication a pris une très grande importance. Toutefois, son emploi varie suivant le procédé adopté pour sa fabrication. La *D. glucose* est employée dans diverses préparations alimentaires, notamment pour édulcorer et gommer les tissus, pour fabriquer des pains de luxe dits *Pains de dextrine*, pour faire des sparadraps adhésifs, etc. On s'en sert également pour la préparation du paron des tisserands, ainsi que pour fabriquer la bière, le cidre, l'alcool, etc. La *D. amylacée* est préférée pour l'encollage et l'apprêt des tissus, l'épaississement et l'application des mordants, l'impression des papiers peints, la préparation des bains mucilagineux, etc. Mais l'une des applications les plus utiles de la d. est la confection des bandes agglutinatives pour consolider et maintenir la réduction des fractures. On délaie

100 grammes de d. dans 60 grammes d'eau-de-vie camphrée, et on ajoute 40 grammes d'eau. Au bout de 2 à 3 minutes, le liquide a acquis la consistance convenable, et aussitôt on enduit les bandelettes qui doivent servir au pansement. Celles-ci, une fois appliquées, ne tardent pas à sécher et à durcir en prenant exactement la forme des parties qu'elles servent à maintenir.

DEXTRINÉ, ÉE. adj. Enduit de dextrine.

DEXTRINIQUE. adj. 2 g. Qui appartient à la dextrine.

DEXTROCHÈRE. s. m. (lat. *dextrum*, droit ; gr. χείρ, main . T. Blas. Bras droit peint dans un écu ou en cimier, nu ou habillé, et le plus souvent armé. — Voy. au mot Cimier une figure de *D*.

DEXTROGYRE. adj. 2 g. (lat. *dexter*, droit ; *gyro*, je tourne). T. Phys. Qui dévie à droite le plan de polarisation.

DEXTRONIQUE. adj. 2 g. T. Chim. L'*acide d.* est un acide monobasique dont la formule est $C^6H^{12}O^7$. On l'obtient, de même que son isomère l'acide gluconique, en traitant la dextrine par le brome et l'eau à une douce chaleur et en faisant agir ensuite l'oxyde d'argent sur le produit ainsi formé.

DEXTRORSUM. s. m. (Pr. *dek-stror-some*) (mot lat. sign. vers la droite). Se dit d'un des deux sens d'enroulement en hélice, en parlant des plantes volubiles, des bobines d'induction, des solénoïdes, etc. L'hélice *d.* est celle qui, pour un observateur placé le long de l'axe, paraît s'élever de gauche à droite ; celle qui paraît s'élever de droite à gauche est dite *sinistrorsum*. On remarquera que cette définition est indépendante de la position de l'observateur suivant l'axe, car, si celui-ci se retourne, le haut prend la place du bas, mais en même temps le droit prend la place de la gauche.

DEXTROSE. s. f. T. Chim. Nom donné à la glucose qui est dextrogyre, par opposition à la lévulose qui est lévogyre. Voy. Glucose.

DEXTRO-VOLUBILE. adj. 2 g. (lat. *dexter*, droit ; *volubile*, qui s'enroule). T. Bot. Volubile à droite, Qui s'enroule de gauche à droite. Voy. Dextrorsum.

DEY. s. m. T. Hist. moderne. (Turc *dai*, oncle maternel). Avant la conquête de la régence d'Alger par la France, on donnait le nom de *Dey* au chef de la milice turque qui gouvernait ce malheureux pays avec un pouvoir absolu. Les premiers deys d'Alger ne furent d'abord que les chefs des troupes turques envoyés par la Porte. Le dey était alors complètement subordonné au pacha, gouverneur qui représentait immédiatement le sultan de Constantinople. Mais son influence ayant grandi peu à peu, il finit par réduire ce dernier au rôle de gouverneur nominal. Enfin, en 1710, Baba-Aly, élevé à la dignité de dey à la suite d'une insurrection contre et qui coûta la vie à son prédécesseur, fit arrêter le pacha, l'embarqua pour Constantinople, et obtint du sultan Achmet III qu'il n'y aurait plus de gouverneur turc à Alger, et que le dey serait toujours investi de la dignité de pacha. Ce nouvel état de choses dura cent vingt ans, pendant lesquels la régence se trouva alternativement livrée à l'anarchie la plus effroyable et au despotisme le plus complet. On vit, en 1732, six deys installés et assassinés par les deux partis différents, et en cela comme un phénomène le règne de Baba-Mohammed, qui dura 25 ans, de 1766 à 1791. Le règne du dernier dey avait duré 12 ans, pendant lesquels il n'avait épargné aucune vexation à la France et aux autres États européens riverains de la Méditerranée, lorsque l'armée française le chassa du trône et s'empara de la régence.

DEZENZANO, v. d'Italie, sur le lac de Garde, Lombardie, 4.500 hab.

DEZOBRY (Charles), écrivain fr. (1798-1871).

DHOLE. s. m. T. Mam. Variété de chien des Indes Orientales. Voy. Chien.

DHUIS, petite rivière de France (dép. de l'Aisne), dont les eaux sont amenées à Paris.

DI-. Préfixe dérivé du grec δίς, deux fois, qui entre dans la composition de plusieurs mots d'histoire naturelle et de chimie, et sert à indiquer un doublement, une dualité comme dans *Diadelphe*, *Dichorée*, *Didactyle*, *Disulfure*, *n méthylamine*, etc. Dans la nomenclature des composés substitués le préfixe *di* sert à indiquer une double substitution. Ainsi le diphénylméthane CH² (C⁶ H³)² résulte de la substitution de deux groupes de phényle dans le méthane. De même les préfixes *diamido-*, *dinitro-*, *dioxy-*, s'appliquent aux composés substitués contenant deux fois le radical AzH², ou AzO², ou OH. — Pour les corps résultant de la duplication d'un radical, le congrès international de nomenclature chimique a adopté le préfixe *bi*. Exemple : *biphényle* C⁶H⁵ C⁶H⁵. C'est donc aux mots *biallyle*, *bicrésyle*, *binaphtol*, etc., qu'on devra chercher la description des corps appelés autrefois *diallyle*, *dicrésyle*, *dinaphtol*, etc. — Voy. Dis.

DIA-. Mot dont se servent les charretiers pour faire aller leurs chevaux à gauche, comme ils se servent des mots *Hue*, *Huhau* ou *Hurhau*, pour les faire aller à droite. ‖ Fig., prov. et pop., *Il n'entend ni à dia ni à hue*, il ne veut rien entendre, on ne saurait lui faire entendre raison. On dit encore, *L'un tire à dia et l'autre à hue*, en parlant de deux personnes qui, étant dans une même affaire et ayant le même intérêt, se contrarient au lieu de combiner leurs efforts.

DIA. Prép. grecque (διά) qui sign. *A travers*, *Par*, *Entre*, *Avec*, et qui entre, comme préfixe, dans un grand nombre de mots tirés du grec, en ajoutant à leur signification celle qui lui est propre.

DIABASE. s. f. (gr. διάβασις, passage, de διά, à travers, et βάσις, action d'aller). T. Minér. Syn. de *Diorite*

DIABÈTE. s. m. (gr. διαβήτης, sorte de vase muni d'un siphon, de διαβαίνω, je traverse, de διά, à travers, et βαίνω, je vais). T. Phys. *D.* ou *Vase de Tantale*, Vase muni d'un siphon disposé de manière qu'au moment où il se trouve rempli jusqu'au bord, la liqueur qu'il contient s'écoule tout entière par ce siphon dans le pied. Voy. Siphon. ‖ T. Méd. Maladie caractérisée par une grande abondance d'urines qui contiennent souvent du sucre.

Pathol. — On distingue habituellement deux formes de diabète : le *d. insipide*, et le *d. sucré*. Mais l'usage réserve à ce dernier seulement l'appellation en question. On appelle ordinairement glycosurie les formes bénignes ou passagères, intermittentes du *d. sucré*.

I. — Le *D. insipide*, appelé autrement *Polyurie*, est essentiellement caractérisé par une hypersécrétion urinaire et une soif inextinguible. Les urines sont extrêmement abondantes, limpides, à peine colorées et peu ou point odorantes : car elles contiennent moins d'urée, d'acide urique et de sels que l'urine normale. La quantité de boissons que prennent les malades est en rapport avec l'exagération de la sécrétion urinaire. La soif est presque incessante ; la bouche est pâteuse, la salive rare, et il existe une sensation perpétuelle de sécheresse dans la bouche et le pharynx. La peau est généralement sèche et rugueuse ; la transpiration est nulle, et les malades sont fort impressionnables au froid. La polyurie a une durée indéterminée : elle est rarement moindre de plusieurs années, et se prolonge souvent pendant toute la vie, qu'elle ne paraît pas abréger sensiblement ; malgré cela, elle constitue une affection très pénible. Ses causes sont inconnues, et son traitement plus qu'incertain ; cependant il y a lieu de croire que l'hydrothérapie et l'extrait de valériane possèdent une certaine efficacité.

II. — Ainsi que l'indique son nom, le *D. sucré*, appelé aussi *Glucosurie* ou *Glycosurie* et *Phthisurie sucrée*, a pour caractère pathognomonique essentiel la présence du sucre dans les urines. L'existence du sucre dans l'urine de certains diabétiques a été signalée, pour la première fois, par Willis (1764), puis par Pool et Dobson (1775) ; mais c'est seulement dans ces dernières années que le *d. sucré* a été étudié avec persévérance et succès. Parmi les auteurs qui ont surtout contribué à ce résultat, nous citerons Rollo, Prout, en Angleterre ; Becquerel, Bouchardat, Cl. Bernard et Lécorché en France. Cette affection débute toujours d'une manière obscure ; les malades, après avoir présenté pendant plus ou moins longtemps divers troubles du côté des organes digestifs, s'aperçoivent d'un accroissement notable dans la sécrétion urinaire. La moyenne de la quantité est de 5 à 8 litres par jour ; mais on l'a vue s'élever progressivement jusqu'à 40 litres. Dans quelques cas rares, au contraire, l'urine n'est guère plus abondante que dans l'état de santé. La soif est généralement en proportion de la sécrétion urinaire. Dans le *d. sucré*, l'urine est peu colorée, inodore ou d'odeur fade analogue à celle du petit-

lait ; sa saveur est sucrée, et sa densité notablement accrue. Elle n'exhale pas ou presque pas d'odeur ammoniacale au bout de plusieurs heures ; mais elle subit la fermentation alcoolique, à cause du sucre qu'elle renferme. Le sucre extrait de l'urine des diabétiques est identique avec la glucose ou sucre de raisin : il n'y en a jamais d'autre dans les urines, alors même que le malade consommerait une grande quantité de sucre de canne. Sa proportion au reste est très variable. Bouchardat a analysé des urines qui contenaient jusqu'à un septième de leur poids de sucre, tandis que d'autres n'en renfermaient qu'un trentième. On peut constater la présence du sucre dans l'urine en faisant bouillir celle-ci avec parties égales d'eau, de potasse, de soude ou de chaux. Le mélange brunit et prend une couleur d'autant plus foncée que la proportion de sucre est plus forte. D'après Bouchardat, ce procédé permet de découvrir la présence d'un décigramme de sucre dans un litre d'urine. Un procédé plus sensible encore consiste dans l'emploi du réactif de Trommer, ou *réactif cupro-potassique*, qui se prépare en dissolvant dans l'eau des parties égales de sulfate de cuivre et de tartrate de potasse, en mêlant ces deux dissolutions, et en y ajoutant une quantité suffisante de potasse caustique pour dissoudre en grande partie le précipité : on a ainsi une liqueur d'une belle couleur bleue. Pour essayer l'urine, on la met dans un tube ; on y ajoute une quantité assez grande de réactif pour lui donner une faible réaction alcaline, puis on porte l'urine à l'ébullition. Si celle-ci ne contient pas de sucre, la liqueur reste bleue ; mais si elle en contient, le sel de cuivre est réduit, la liqueur se colore en jaune rougeâtre, et il se forme promptement un dépôt rouge de protoxyde de cuivre. En général, le *d. sucré* a une marche lente et progressive ; on peut parfois rendre la maladie stationnaire et même la suspendre plus ou moins longtemps, mais les guérisons complètes sont excessivement rares. Cependant il n'est pas ordinaire que les diabétiques succombent par les progrès seuls de la maladie : presque tous sont emportés par quelque affection intercurrente, plus ou moins liée au *d.* lui-même, comme la pneumonie, l'apoplexie séreuse, l'albuminurie, l'anthrax malin, le coma (*acétonémie diabétique*. Voy. Acétone), la phtisie, et la gangrène spontanée. Les causes de la glycosurie sont peu connues. Rare dans l'enfance, presque inconnu chez les vieillards, le *d. sucré* se rencontre spécialement dans la période de 30 à 40 ans et surtout de 40 à 50. Il est commun en France, mais plus encore en Angleterre et en Hollande, ce qui tient à l'humidité du climat de ces pays, selon plusieurs auteurs, et selon d'autres, au régime et à la manière de vivre des habitants. Les lésions du rein observées chez les diabétiques semblent n'être que consécutives, tandis que le foie, qui, comme on sait, a pour fonction de sécréter un sucre de fécule identique avec le sucre diabétique et qui passe ensuite dans la circulation, paraît être l'organe primitivement affecté. Lancereaux a également signalé, dans ces derniers temps, une forme du *d.* grave lié à des altérations, encore imparfaitement étudiées, du pancréas (*diabètes maigres*). Le traitement du *d. sucré* est presque entièrement composé de moyens hygiéniques : c'est surtout par le régime qu'on parvient à enrayer, sinon à guérir complétement la maladie. « Depuis Rollo, dit Grisolle, les médecins ont recommandé une alimentation azotée, exclusivement animale ; mais cette alimentation fatigue les malades, principalement quand on leur donne beaucoup de lard et de graisse. Les corps gras sont utiles pourtant : Cl. Bernard a vu, par ex., sous l'influence d'une alimentation exclusivement grasse, le sucre diminuer dans le foie comme si l'animal avait été soumis à une abstinence absolue. Bouchardat a particulièrement insisté pour qu'on administre aux malades le moins de pain et d'aliments féculents possible, car ils ont tout au moins pour action d'exciter la sécrétion glycosurique du foie. Pour obéir à cette indication, ce savant médecin a fait confectionner du pain de gluten, qui est léger, d'un goût agréable, et qui ne contient guère qu'un sixième de fécule, de sorte qu'un diabétique en mangeant 200 gr. de ce pain, ne consomme que 35 gr. de fécule. A ces moyens Bouchardat joint l'usage d'un vin généreux de Bordeaux ou de Bourgogne, à la dose de 1 à 2 litres par jour : on le boit pur ou coupé avec les eaux alcalines de table. Il proscrit la bière, à raison de la dextrine qu'elle renferme. Il fait de même pour le lait, à cause de la transformation de la lactine en sucre ; mais tous les fromages peuvent être permis. Le café, sans sucre, est un excellent adjuvant. Après l'alimentation, Bouchardat recommande de surveiller et d'exciter les fonctions de la peau, en faisant porter de la flanelle aux malades, en employant les frictions sèches et aromatiques, en administrant des bains stimulants, salés, alcalins, sulfureux, etc. ; on peut même recourir aux moyens hydrothérapiques, pourvu que la réaction se fasse aisément. L'exercice est un complément utile du traitement : il doit se faire en plein air. Enfin, les diabétiques étant fréquemment anémiques, il y a souvent indication de leur prescrire les amers, le quinquina et les ferrugineux. » — Dans ces derniers temps, Martineau a préconisé la lithine (formes arthritiques), Clemens le bromure d'arsenic (formes nerveuses), Monin le permanganate de potasse (d. hépatique), et Beaumetz l'antipyrine (formes chroniques anciennes). Ces traitements donnent des guérisons.

Quoi qu'il en soit, la cause même du d. reste inconnue. Il semble d'après les expériences de Claude Bernard que ce soit une maladie nerveuse ayant son siège à l'origine des nerfs pneumo-gastriques, c.-à-d. à l'endroit où la moelle épinière pénètre dans le crâne. D'autre part, MM. Heddon, Thivoloix, et d'autres ont déterminé un diabète expérimental chez le chien par l'ablation du pancréas, ce qui semble indiquer qu'il y a altération de cette glande au moins dans certaines formes de d.

Méd. vét. — Le d. sucré est rare chez nos animaux. Le chien en est le plus fréquemment atteint, surtout les femelles et les individus âgés ; le cheval et le bœuf le sont plus rarement. Les symptômes sont : tristesse, faiblesse, amaigrissement, soif et faim vives ; l'urine a sa densité augmentée et on y décèle plus ou moins de glucose ; les cataractes et les ulcères urinaires ne sont pas rares ; la maladie est longue et se termine d'ordinaire par la mort. Le diagnostic en est facile quand on pense à examiner les urines. Le traitement est médicamenteux et diététique : il faut donner des alcalins, sels de Carlsbad, éviter les substances amylacées, sucrées et gélatinogènes ; donner de la graisse et de la viande au chien. Le d. insipide n'est autre que la *Pisse.* Voy. ce mot.

DIABÉTIQUE. adj. 2 g. T. Méd. Qui tient du diabète. *Affection d. Flux d.* || s. Qui a le diabète. *Ce médecin a plusieurs diabétiques dans ses salles.*

DIABÉTOMÈTRE. s. m. (R. *diabète,* et gr. μέτρον, mesure). T. Méd. Instrument employé pour constater la présence du sucre dans l'urine des diabétiques et en déterminer la proportion.

DIABLAGE. s. m. Essorage de la soie teinte.

DIABLE. s. m. (lat. *diabolus,* gr. διάβολος, m. s., de διαβάλλω, je calomnie, je brouille). Démon, mauvais ange. *Une tentation du d. Être possédé du d. Chasser les diables. Les diables tourmentent les damnés. Invoquer le d. Faire un pacte avec le d.* || Le mot *Diable* s'emploie dans une foule de phrases figurées et proverbiales qui appartiennent au langage familier et même populaire. — Prov., *Le d. n'y perd rien, n'y perdra rien,* se dit d'une personne qui sait dissimuler les passions qui l'agitent ou qui éprouve de vives souffrances sans en rien manifester. *Il a un air bien tranquille, mais le d. n'y perd rien.* — On dit d'une femme qui, sans être jolie, a la fraîcheur de la jeunesse, qu'*elle a la beauté du d.* — *Quand le d. devient vieux, il se fait ermite,* se dit en parlant d'une personne qui, après avoir vécu dans le libertinage, devient dévote sur ses vieux jours. — *Les diables sont déchaînés,* se dit quand il arrive de grands mouvements, de grands malheurs. *Le d. bat sa femme et marie sa fille,* se dit quand il pleut et qu'il fait soleil en même temps. — On dit d'un grand mangeur, qu'*il mangerait, qu'il avalerait le d. et ses cornes.* — *C'est le d. à confesser,* se dit d'un aveu difficile à obtenir, et, dans un sens plus général, d'une chose difficile à faire. On dit aussi, dans ce dernier sens, *C'est le d. quand on veut avoir quelque chose de lui,* etc. — Fam., *C'est le d., C'est là le d., Voilà le d.,* se dit de ce qu'il y a de pénible, de difficile, de fâcheux, de contrariant dans la chose dont on parle. — *Quand le d. y serait,* se dit pour exprimer qu'une chose est difficile, impossible ou incroyable. *Quand le d. y serait, vous n'en viendrez pas à bout.* On dit aussi d'une chose qu'on regarde comme à peu près impossible, *Cette affaire ne se fera pas, à moins que le d. ne s'en mêle,* ou *Il faudra que le d. s'en mêle;* d'une chose qui se fera, malgré tous les obstacles, *Cela se fera, à moins que le d. ne s'en mêle,* etc. ; et d'une chose fort embrouillée, fort difficile à comprendre, *Le d. n'y verrait goutte.* Enfin, on dit encore, lorsqu'on est bien résolu de faire une chose, *Veuille Dieu, veuille d.,* je n'en aurai point le démenti — *Le d. ne lui ferait pas faire telle chose,* il serait bien difficile, sinon impossible, de lui faire faire telle chose. *Quand une fois il a dit non, le d. ne lui ferait pas dire oui.* — *Donner, envoyer quelq'un au d., à tous les diables, à tous les cinq cents diables,* Le maudire, le rebuter, le repousser avec colère, avec indignation. On dit de même d'une personne que l'on chasse ou d'une personne dont on voudrait bien être débarrassé, dont on ne veut plus entendre parler : *Va-t'en au d. ! Qu'il s'en aille au d., à tous les diables ! Que le d. t'emporte, l'emporte,* etc. *Je voudrais que tu fusses, qu'il fût au d., aux cinq cents diables.* On dit aussi d'une personne dont la présence est importune, ou qui par maladresse nous cause quelque désagrément, *Que le d. soit,* ou *Le d. soit de lui, de toi,* etc. *Au d. soit l'imbécile !* etc. — *Envoyer une chose au d., à tous les diables,* S'en rebuter, y renoncer. *Depuis longtemps j'ai envoyé ce travail à tous les diables.* On dit aussi, *Au d. !* pour marquer qu'on renonce à faire une chose trop difficile ou trop pénible. *Au d. ! je n'en viendrai jamais à bout.* — *Au d. celui qui le fera !* se dit pour faire entendre que personne ne pourra ou n'osera faire la chose en question. *Au d. le profit que j'en ai tiré !* se dit aussi pour faire entendre qu'on n'a tiré aucun profit d'une affaire. — Fig. et prov., *Brûler une chandelle au d.,* Flatter un pouvoir injuste pour en obtenir quelque faveur. *Tirer le d. par la queue,* Avoir beaucoup de peine à se procurer de quoi vivre. *Le d. n'est pas toujours à la porte d'un pauvre homme,* Un homme malheureux ne l'est pas toujours. *Il vaut mieux tuer le d. que le d. nous tue,* Dans le cas de défense personnelle, il vaut mieux tuer son ennemi que de se laisser tuer par lui. — Fig. et fam., *Se donner au d.,* se dit lorsqu'on se donne beaucoup de mouvement et de peine pour quelque chose. *J'ai eu beau me donner au d., l'affaire n'a pu réussir. Il n'y avait pas besoin de se donner au d. pour faire ce travail.* — Se dit aussi, le plus souvent par exagér., lorsqu'on désespère d'une chose, ou pour exprimer son mécontentement, son dépit. *C'est à se donner à tous les diables d'avoir si peu de chance. Vous me faites donner au d. avec toutes vos sottises.* — Les locutions : *Je me donne au d., Le d. m'emporte, Au d. si…, Du d. si…, De par tous les diables,* etc., s'emploient quelquefois par forme de serment pour donner plus de force à ce qu'on affirme ou à ce qu'on nie. *Je me donne au d., je veux que le d. m'emporte si je ne vous dis pas la vérité. Non, le d. m'emporte, je n'en savais rien. Du d. si je sors jamais avec vous. De par tous les diables, je n'en ferai rien.* — Fig. et fam., *Être au d., Être excessivement loin. Il est au d., en Californie, je crois.* On dit aussi, *Il est parti au d.* — *S'en aller au d., à tous les diables,* se dit d'une chose qui a disparu de telle sorte qu'on ne sait ce qu'elle est devenue, ou d'une affaire qui marche mal, qui est sur le point d'échouer. *L'affaire s'en est allée au d., à tous les diables.* On dit dans le même sens, *Être à tous les diables.* — Fig. et fam., *Faire le d., faire le d. à quatre,* Faire du bruit, du désordre, ou se donner beaucoup de peine, de mouvement pour une chose. Voy. **DIABLERIE.** *Ils ont fait le d. dans ce cabaret. Il a fait le d. pour obtenir cette place.* — *Faire le d. contre quelqu'un,* Faire tout ce qu'on peut pour lui nuire. *Dire le d. contre quelqu'un,* Le déchirer impitoyablement. — Fig. et fam., *Cela ne vaut pas le d.,* se dit d'une chose fort mauvaise dans son genre. — Fig. et fam., *Avoir le d. au corps,* Être violent, méchant, emporté. *Il cherche querelle à tous ses camarades, il a le d. au corps. Ce cheval a le d. au corps.* Se prend aussi en bonne part, en parlant d'une personne qui montre beaucoup de courage, de force, d'adresse, d'esprit. *Pour faire cela, il faut réellement avoir le d. au corps.* — On dit encore, *Avoir un esprit de tous les diables,* Avoir infiniment d'esprit. || Fig., *D.* se dit d'une personne très méchante ou violente et emportée, ou dont une pétulance et une turbulence excessives. *C'est un d., un d. incarné. Cette petite femme dont l'air est si doux est un vrai d. Cet enfant est un petit d., est bien d.* Prov., *Il n'est pas si d. qu'il est noir,* Il n'est pas aussi méchant qu'il le paraît. — Se dit encore, soit en bonne, soit en mauvaise part, d'une personne qui est remarquable par une qualité quelconque. *C'est un d. pour la force, pour l'adresse, pour l'audace. Comment ! il les a battus tous les trois; c'est donc un d. que cet homme-là ? Je ne sais où ce petit d. d'enfant va chercher ce qu'il dit. Cette d. de femme fait de son mari tout ce qu'elle veut.* — S'emploie aussi quelquefois comme expression de mécontentement, de dépit. *Ce d. d'homme est toujours à me contrecarrer. Cette d. de femme se mêle toujours de ce qui ne la regarde pas.* — Famil., on dit, *Un bon d.,* Un homme d'un bon caractère et facile à vivre. *Un méchant d.,* Un homme méchant et rusé. *Un pauvre d.,* Un homme qui est dans la misère. *Un grand d.,* Un homme de grande taille, mais de mauvaise tournure. || S'emploie également en parlant de certaines choses. *Une d. d'affaire, un d. de métier*, etc., Une affaire difficile, un métier pénible ou peu lucratif. *Une affaire du d., une difficulté du d.*, Une affaire très compliquée ou qui peut avoir de fâcheuses conséquences, une très grande difficulté, etc. On dit aussi, *Une peur de d., Une peur extrême. Un d., de vent, une d. de pluie*, se disent d'un vent, d'une pluie incommodes, qui surviennent mal à propos; *Un vent du d., une pluie du d., un froid du d.*, se disent d'un vent très violent, d'une pluie très forte, d'un froid excessif. || Toupie d'Allemagne double qu'on fait tourner rapidement sur une corde attachée à deux baguettes, et qui souffle avec beaucoup de bruit. — *Le jeu du d.*, Boîte à surprise qui laisse sortir subitement, quand on l'ouvre, une figure de d. || T. Méd. *Bruit de d.*, Bruit anormal que font entendre les grosses artères dans certains cas pathologiques. Voy. Auscultation. || T. Phys. *Diables cartésiens*, Petits plongeons de verre qui font divers mouvements dans un verre plein d'eau. Voy. Hydrostatique. || T. Techn. Espèce de charrette à quatre roues fort basses, qui sert au transport de marchandises fort lourdes, et qui fait beaucoup de bruit en roulant sur un pavé. — Sorte de chariot à 2 roues dont les maçons se servent pour transporter les pierres. — Sorte de brouette très basse, sans caisse, dont on se sert pour charger et décharger des marchandises. — Levier en usage dans les fabriques de glaces. — Machine employée au pétrissage du caoutchouc. — Machine employée au nettoyage des étoupes. — On a donné ce nom à l'essoreuse. — Ciseaux du plus petit modèle. — Tirebonde pour les futailles. — *Point du d.*, Point de tapisserie consistant en une double croix. | T. Artill. Instrument en usage dans les arsenaux pour constater l'état ou l'intérieur des canons. || T. Man. Sorte de machine en bois qu'on met sur le cheval pour l'habituer à porter ensuite un cavalier. — Voiture sans caisse à quatre roues pour essayer les chevaux. — Espèce de calèche dans laquelle on peut se tenir debout. || T. Hist. nat. Le nom de *D.* est vulgairement appliqué à diverses espèces d'animaux dont les formes présentent quelque bizarrerie apparente, à des insectes, à des reptiles, à des oiseaux et surtout à des poissons. *La baudroie commune est habituellement appelée d. de mer*. = *D.* est souvent usité comme interjection, pour marquer la surprise, l'admiration, le doute, le mécontentement, le Dépit, l'inquiétude, etc. *D.! comme vous y allez! D.! cela devient grave. Ah, d.! je n'y songeais pas. D.! comme allons-nous faire?* — S'emploie aussi interjectivement dans les phrases suivantes : *Où d. va-t-il prendre ce qu'il dit? Qui d. vous a envoyé? Que d. lui voulez-vous? Comment d. allez-vous vous y prendre? A quoi d. peut-il s'amuser? Que d.! on fait attention.* = En diable. loc. adv. Fort, extrêmement. *Frapper en d. Il est méchant en d. Cette absinthe est forte en d.* Dans un sens analogue, on dit aussi, *En d. et demi. Il l'a battue en d. et demi.* — On dit encore, *Comme le d.*, comme un beau d., *comme tous les diables. Il l'a battu comme un d. Il criait comme un beau d. Il ment comme tous les diables.* = A la diable. loc. adv. Très mal. *Cela est fait à la d.*, ou simplement, *Cela est à la d. On nous sert un ragoût à la d. Cette affaire va, marche à la d.* — *Être fait à la d.*, Être mal mis, ou avoir ses vêtements en désordre.

Hist. et Théol. — Dans la théologie chrétienne, le *Diable*, ou *Satan* est le chef des anges rebelles qui se révoltèrent, par orgueil, contre l'autorité de Dieu, et qui après avoir soutenu sans succès un combat contre les anges restés fidèles commandés par l'archange Michel, furent chassés du ciel et précipités dans l'enfer, où ils sont condamnés à des supplices éternels. Cependant, Dieu permet à ces démons de revenir sur la terre pour tenter les hommes et les induire au mal et au péché. L'origine du dogme est assez obscure. Il ne paraît pas qu'on la puisse trouver dans les livres juifs. Seul, le livre d'Hénoch raconte une sorte de révolte des anges; mais il ne s'agit pas de rébellion contre l'autorité de Dieu. Les anges révoltés veulent se faire hommes par amour pour leurs filles, ils s'unissent, en effet, aux filles des hommes, et de ce commerce naît une race de géants dont les crimes nécessitent le déluge. Dans la Genèse, il est vrai, Eve est tentée de désobéir à Dieu; mais, si l'on s'en tient au sens littéral du livre, le tentateur est le *serpent*, qui, à cause de ce crime, est condamné à ramper jusqu'à ce qu'une femme lui écrase la tête. A la vérité, il est assez probable qu'à côté du sens littéral de la Genèse il faille chercher un sens symbolique, ce qui explique comment les commentateurs ultérieurs ont pu dire que le serpent tentateur était la personnification du *Diable*. Cependant, il faut reconnaître que le caractère exclusivement monothéiste de la religion de Moïse s'accommode assez mal de l'intervention du *Diable*, tel qu'il a été compris plus tard. D'après cette notion absolument monothéiste, les Juifs devaient rapporter à Dieu seul, non seulement les événements heureux qui leur arrivaient, mais encore leurs misères et leurs souffrances, qui leur étaient envoyées comme épreuves ou châtiments. Le livre de Job, postérieur à ceux de Moïse, mentionne Satan; mais le Satan de Job est un ange qui a accès dans le ciel, et qui a besoin d'une permission spéciale de Dieu pour imposer à ce malheureux juste les cruelles épreuves par lesquelles il pense avoir raison de sa résignation et de sa fidélité. Il faut arriver jusqu'aux évangiles, jusqu'à cette scène étrange où le Fils de Dieu est tenté par le diable, pour voir le chef des démons se poser en adversaire résolu du Dieu toutpuissant, en une sorte de dualisme qui rappelle la religion des Perses. On sait que cette religion admettait deux principes incréés, deux dieux : Ormuzd, le dieu du bien, et Ahriman, le dieu du mal. Voy. Dualisme. Il semble ainsi que les croyances des Juifs aient subi, par la suite des siècles, l'influence de celles de leurs voisins, et l'on sait quelle importance prit le dualisme par la suite, quand, sous le nom de *Manichéisme*, il devint l'une des hérésies les plus tenaces contre lesquelles ait eu à lutter le christianisme naissant. Mais, pour en revenir aux Juifs du temps de Jésus-Christ, il est certain qu'à cette époque la croyance aux mauvais démons était chez eux très répandue; un grand nombre de maladies étaient attribuées à des démons qui avaient pris possession du corps des malades. C'est ainsi que dans les Évangiles on voit si souvent Jésus chasser les démons du corps des *possédés*.

Au moyen âge, la croyance au d. a pris toute son extension. Il est devenu l'adversaire résolu de Dieu, toujours présent, toujours en lutte. Sa grande préoccupation est de pousser les hommes à se damner, et il considère comme un bénéfice personnel chaque individu qu'il a réussi à séparer de Dieu et à faire condamner aux flammes éternelles de l'enfer. C'est à lui qu'on attribue, non seulement toutes les tentations qui assaillent la vertu des hommes, mais encore les malheurs, les maladies, et jusqu'aux plus légères indispositions. Bien plus, il entre en commerce avec les hommes et met à leur disposition, moyennant salaire, les pouvoirs surnaturels dont il dispose. Son salaire, c'est l'*âme* du contractant. En échange des biens matériels qu'il lui procure, il demande à celui-ci de lui livrer son âme après sa mort. Le contrat se fait en bonne et due forme, signé et paraphé par les deux contractants. Les légendes du moyen âge fourmillent d'histoires de ce genre. D'un autre côté, le peuple s'imagine voir le d. partout. C'est qu'on effet le d. a des pouvoirs fort étendus; il se métamorphose en toutes sortes d'animaux, même en homme ou femme, même en prêtre et en moine. Ces tristes superstitions n'étaient pas seulement le fait de la masse ignorante; les hommes les plus instruits et les plus haut placés, prêtres, magistrats, etc., y croyaient ou feignaient d'y croire, et les lois se ressentaient de l'opinion commune. Le pacte avec le d. était poursuivi par la justice laïque et religieuse comme un crime de droit commun et puni de la mort par le feu : c'était le crime de magie ou de sorcellerie, et ce qu'il y a de plus étrange, c'est que nombre de malheureux, accusés de ce crime imaginaire, avouèrent l'avoir commis, non pas seulement sous la pression des tortures qu'on leur faisait subir, mais de parfaite bonne foi, et par suite d'une aberration des sens et de la mémoire qu'on doit attribuer à ces étranges désordres du système nerveux qu'on commence à étudier de nos jours sous les noms d'*hypnotisme, suggestion*, etc. Voy. Démon, Magie, Sorcellerie, etc.

DIABLEMENT. adv. Excessivement. *Il est d. laid. Il fait d. chaud. Cela est d. mauvais.* Très fam.

DIABLERETS (Les), monts des Alpes bernoises entre les cantons de Vaud et de Valais.

DIABLERIE. s. f. Sortilège. *Il se mêle de d. Il crut qu'il y avait là quelque d.* || Ensorcellement. *La d. de Loudun. Ces diableries font hausser les épaules.* || Fig. et fam., se dit de tout mauvais effet dont on ne peut découvrir la cause, et surtout des machinations secrètes qui s'opposent à la marche ou au succès d'une affaire. *Je ne conçois rien aux retards qu'éprouve cette affaire, il y a quelque d. là-dessous, là dedans.* || Autrefois, on donnait ce nom à certaines pièces dramatiques, sortes de mystères religieux où le diable jouait le principal rôle. A Chaumont, en Champagne, la d. a été ouée jusqu'en 1663. *Une d. à quatre person-*

nages. Ces pièces se jouaient à deux, trois ou quatre personnages, et naturellement le développement en était d'autant plus bruyant et agité qu'il y avait plus de personnages. De là vient la loc. *jouer*, *faire le diable à quatre*. || Dessin, ordinairement en noir, représentant des diables plus ou moins grotesques.

DIABLESSE. s. f. T. Injure qui se dit d'une femme méchante et acariâtre. *C'est une d., une vraie d.* || Fam., on dit, *Une bonne d., une pauvre d., une méchante d., une grande d.*, dans le même sens que *Bon diable*, etc.

DIABLETEAU. s. m. Petit diable.

DIABLEZOT. Sorte d'exclamation fam. *Vous pensez qu'on doive vous croire, d.!* c.-à-d. Je ne suis point assez sot pour cela. Vx et inus.

DIABLOTIN, INE. s. (dim.). Petite figure de diable. — Fig., se dit d'un enfant turbulent. *Cet enfant est un vrai petit d.* || Espèce de dragée faite de chocolat et couverte de nonpareille. || Plat d'entremets consistant en de la crème aux œufs, divisée en petits carrés et frite. || T. Ornith. Oiseau voyageur, très commun aux Antilles. || T. Pharm. Tablette dans la composition de laquelle entrent des aphrodisiaques, tels que cantharides, phosphore, des stimulants, etc., tout ce qui peut exciter le système nerveux. || T. Mar. Voile d'étai du perroquet de fougue en forme de trapèze. || Petit nuage irrégulier qui apparaît dans les temps d'orage. || T. Techn. Ouvrier qui, dans un moulin, amène les olives sous la meule. || Cuve appelée aussi *reposoir*, qui reçoit l'indigo nageant encore dans les eaux mères.

DIABOLIQUE. adj. 2 g. (lat. *diabolus*, diable). Qui est du diable, qui vient du diable. *Tentation d. Des suggestions diaboliques.* || Fig., Qui est très méchant, ou dénote une grande méchanceté. *Esprit d. Méchanceté d. Un artifice d. Une invention d. Un sourire d.* — Qui est fort mauvais. *Des chemins diaboliques. On nous servit un ragoût d.* Fam. — Qui est très difficile, très pénible. *Vous avez là un travail d.* Fam.

DIABOLIQUEMENT. adv. Avec une méchanceté diabolique. *C'est une calomnie forgée d.*

DIABOTANUM. s. m. [Pr. *diabota-nome*] (gr. διά, à travers; βοτάνη, herbe). T. Pharm. Emplâtre qu'on employait autrefois comme maturatif et fondant, et dans la composition duquel il entrait un grand nombre de substances végétales. Inus.

DIABROSE. s. f. (gr. διά, à travers; βρῶσις, action de manger). T. Méd. Érosion, corrosion. Inus.

DIABROTIQUE. adj. 2 g. (R. *diabrose*). T. Pharm. Qui produit la corrosion. Inus.

DIACANTHE. adj. 2 g. (R. *di*, préf., et gr. ἄκανθα, épine). T. Entom. Qui porte deux épines. = DIACANTHE. s. m. T. Bot. Genre de plantes de la famille des *Composées*.

DIACARYON. s. m. (gr. διά, avec; κάρυον, noix). T. Pharm. Extrait préparé avec des noix vertes et du miel.

DIACAUSIE. s. f. (gr. διά, à travers; καῦσις, brûlure). T. Méd. Chaleur excessive. Inus.

DIACAUSTIQUE. adj. et s. f. (gr. διά, à travers, et *caustique*). Caustique par réfraction. Voy. CAUSTIQUE.

DIACÉTONE. s. f. T. Chim. Voy. DICÉTONE.

DIACHAINE. s. m. T. Bot. Voy. DIAKÈNE.

DIACHALAS. s. f. (gr. διά, à travers; χάλασις, relâchement). T. Chir. Écartement ou relâchement des sutures du crâne. Inus.

DIACHYLON ou **DIACHYLUM**. s. m. [Pr. *diachi-lon* ou *diachi-lome*] (gr. διά, avec; χυλός, suc). T. Pharm. Espèce d'emplâtre qu'on emploie généralement étalé sur une toile gommée. Voy. SPARADRAP.

DIACLASITE. s. f. (gr. διά, à travers; κλάσις, action de

briser). T. Minér. Silicate magnésien et ferreux hydraté; en cristaux orthorhombiques ou en masses cristallines, facilement clivables, translucides, d'un jaune verdâtre, à éclat nacré.

DIACLASTIE. s. f. (gr. διακλάω, je brise). T. Chir. Opération qui consiste à briser les os par une forte pression.

DIACODE. adj. et s. m. (gr. διά, avec; κωδία, tête de pavot). T. Pharm. *Sirop d.*, ou D. Sirop autrefois composé avec des têtes de pavots blancs. Se fait aujourd'hui avec l'extrait d'opium à la dose de 1 centigr. d'extrait pour 20 gr. de sirop.

DIACOMMATIQUE. adj. 2 g. [Pr. *dia-comm-matike*]. (gr. διά, avec, et *comma*). T. Mus. Se dit de transitions harmoniques au moyen desquelles on passe du ton majeur au ton mineur et réciproquement.

DIACONAL, ALE. adj. (lat. *diaconus*, diacre). Qui appartient, qui a rapport au diacre. *Fonctions diaconales.*

DIACONAT. s. m. Le second des ordres sacrés, ou office de diacre. *Être promu au d.*

DIACONESSE ou **DIACONISSE**. s. f. (lat. *diaconissa*, m. s. de *diaconus*, diacre). T. Hist. rel. Dans l'ancienne Église, on appelait *Diaconesses* des filles ou des veuves d'une piété reconnue et d'un âge mûr, qui, dans certaines cérémonies religieuses, remplissaient auprès des femmes le même rôle que les diacres auprès des hommes. Leurs fonctions principales consistaient à assister au baptême des personnes de leur sexe, à les instruire des vérités de la religion, à surveiller la partie de la basilique qui leur était spécialement destinée, et à distribuer les charités des fidèles. Elles faisaient partie du clergé et recevaient leurs pouvoirs de l'évêque, qui les ordonnait par l'imposition des mains; néanmoins, cette ordination n'était qu'une simple cérémonie et ne leur conférait aucun des caractères du véritable sacerdoce. Les diaconesses étaient d'institution apostolique: on croit qu'elles furent établies à l'occasion du baptême des femmes, qui se donnait alors par immersion. Mais cette institution ayant, avec le temps, donné lieu à des abus graves, l'Église se vit obligée de la supprimer. On fixe au VI° siècle l'époque de leur disparition dans l'Église latine. — Aujourd'hui, dans plusieurs pays protestants, le Wurtemberg, la Saxe et les Pays-Bas, on donne encore le nom de *Diaconesses* à des femmes pieuses et âgées qui se consacrent à l'instruction des enfants et au soulagement des malades.

DIACONIE. s. f. (lat. *diaconus*, diacre). T. Hist. rel. Charge de diacre. || Espèce d'hôpital dirigé par des diacres. Voy. DIACRE.

DIACONIQUE. s. m. (lat. *diaconus*, diacre). Partie du siège pontifical où siègent les diacres à la droite du pape.

DIACONIQUE. adj. 2 g. (R. *di*, préf., et *aconit*). T. Chim. L'*acide diaconique* a été obtenu en chauffant l'acide citrique avec de l'acide chlorhydrique vers 200°. Il résulte du dédoublement de l'acide aconitique qui se produit dans cette réaction. Il forme de petits cristaux sublimables et fusibles vers 200°, répondant à la formule $C^9 H^{10} O^6$. C'est un acide bibasique.

DIACONISER. v. a. (lat. *diaconus*, diacre). Faire diacre ou diaconesse.

DIACOPE. s. f. (gr. διακοπή, coupure). T. Chir. Fracture longitudinale d'un os et particulièrement des os du crâne. Peu us.

DIACOUSTIQUE. s. f. (gr. διά, à travers; ἀκούω, j'entends). T. Phys. Partie de l'acoustique qui traite de la réfraction du son.

DIACRÂNIEN, IENNE. adj. (gr. διά, à travers; κρανίον, crâne). Qui tient au crâne par une articulation mobile. Inus.

DIACRE. s. m. (lat. *diaconus*, m. s., du gr. διάκονος, serviteur). Ecclésiastique de rang inférieur. || Dans l'Église protestante, laïque remplissant diverses fonctions non rétribuées, relatives au culte et aux soins des indigents.
Dans l'Église catholique, les *Diacres* sont des ministres inférieurs de l'ordre hiérarchique dont les fonctions consistent

à servir le prêtre à l'autel, à chanter l'Évangile et à concourir à l'oblation du saint sacrifice. Ils peuvent encore porter le Saint-Sacrement enfermé dans le ciboire et l'ostensoir là même, avec la permission de l'évêque, donner la communion, conférer le sacrement de baptême et se livrer à la prédication. Leur institution remonte au temps des apôtres, car ceux-ci, ne pouvant suffire à tous les besoins au culte, se déchargèrent de certains détails sur sept de leurs disciples. Mais leur nombre, ainsi que leurs attributions, ne tarda pas à s'accroître. Ainsi, ils furent chargés de maintenir l'ordre parmi les fidèles pendant la célébration des saints mystères, d'instruire les catéchumènes, d'administrer les biens de l'Église, de recevoir les oblations, de distribuer les aumônes, de diriger les hôpitaux, qui, de leur nom, étaient appelées *Diaconies*, de servir d'intermédiaire entre les laïques et l'évêque, de tenir ce dernier au courant de ce qui survenait dans la communauté chrétienne, de l'accompagner dans ses voyages, etc. Comme on le voit, leur vie était très active, et c'est afin que leurs mouvements ne fussent point gênés qu'ils portaient simplement des tuniques et des dalmatiques, au lieu des manteaux et des grands vêtements qui étaient propres aux prêtres. — A l'origine, le corps des diacres était sous l'autorité de l'un d'entre eux qui portait le nom d'*Archidiacre*. Ce dernier était choisi par l'évêque et n'avait d'abord d'autres pouvoirs que ceux que lui conférait le chef du diocèse; mais, par la suite, les archidiacres parvinrent à réunir dans leurs mains toutes les attributions qui appartenaient précédemment au corps entier des diacres. Cet accroissement de fonctions et, par suite, d'influence fit de l'*Archidiaconat* la première dignité du diocèse après l'épiscopat. Peu à peu, cependant, les évêques, aidés par les conciles, parvinrent à dépouiller les archidiacres de la plupart de leurs prérogatives, et principalement des fonctions judiciaires qu'ils s'étaient arrogées. Le titre d'archidiacre existe encore dans l'Église de France, mais il ne confère aucun droit particulier. Chaque évêque, dans son diocèse, le donne et le révoque à son gré, et lui attribue seulement les pouvoirs qu'il juge utiles. — Comme leur nom l'indique, les *Sous-diacres* ont été institués pour servir d'aides aux diacres, et leur origine remonte également aux premiers temps de l'Église. Aujourd'hui, les sous-diacres sont chargés du soin des vases sacrés qui servent au saint sacrifice, de verser l'eau sur le vin dans le calice, de chanter l'épître à la grand'messe, de soutenir le livre de l'Évangile lorsque le diacre en fait la lecture et de le porter à baiser au prêtre, de porter la croix aux processions, de laver les linges sacrés, de recevoir les offrandes des fidèles, etc. Voy. ORDRE.

DIACRISE. s. f. (gr. διάκρισις, séparation). T. Méd. Nom donné à certaines lésions des organes sécréteurs. Voy. HYPERCRINIE.

DIACRITIQUE. adj. 2 g. (gr. διακρίνω, je distingue). T. Gram. et Paléogr. Se dit de toute marque qui sert à distinguer une lettre d'une autre, à indiquer sa prononciation, etc. || T. Méd. Se dit des signes qui servent à distinguer une maladie d'une autre.

DIADELPHE. adj. f. (R. *di*, préf., et gr. ἀδελφός, frère). T. Bot. Se dit des étamines dont les filets sont réunis en deux faisceaux.

DIADELPHIE. s. f. Nom donné par Linné à la dix-septième classe de son système qui comprenait les plantes à étamines diadelphes.

DIADELPHIQUE. adj. T. Bot. Qui appartient à la diadelphie.

DIADÈME. s. m. (gr. διαδέω, entourer d'un lien). Sorte de bandeau qui était la marque de la royauté, et dont les rois et les reines se ceignaient le front. *Ceindre le d. Ceindre son front d'un d.* — Par ext. dans le style élevé ou poétique, Royauté. *L'éclat du d.* — *Ceindre le d.*, Devenir roi ou reine. || T. Hist. nat. Le nom de *Diadème* a été donné, comme désignation spécifique, à diverses espèces d'animaux, oiseaux, poissons, insectes et échinodermes.

Hist. — A l'origine, on dormait le nom de *Diadème* à un simple bandeau blanc dont on se ceignait la tête. Pline attribue l'invention de cet ornement à Bacchus, et Diodore de Sicile dit que ce dieu l'avait imaginé pour prévenir les maux de tête, conséquences de ses fréquentes libations. En conséquence, dans les monuments de l'art antique, Bacchus est presque toujours représenté la tête ceinte du d. La Fig. ci-

dessous, d'après un vase antique, montre ce dieu avec le d., tenant d'une main un cep et de l'autre un *canthare*. — Ce qui est incontestable, c'est que le d., même sous sa forme la plus simple, a été d'abord propre à l'Orient. C'est ordinairement sur la tête des monarques orientaux qu'on le voit figurer. Justin rapporte qu'Alexandre le Grand adopta le large d. des rois de Perse, dont les extrémités retombaient sur les

épaules, et que ses successeurs conservèrent cette marque distinctive de la royauté. Antoine l'adopta également pendant sa liaison avec Cléopâtre, reine d'Égypte. Élien rapporte que les rois de ce pays portaient sur leurs diadèmes la figure d'un aspic. Dans la suite, les sculpteurs placèrent le d. sur le front de Jupiter et de plusieurs autres divinités. Enfin, il fut aussi adopté par les empereurs romains, à partir d'Aurélien, puis, à leur exemple, par les rois barbares de l'Occident. Il fut alors enrichi d'or, de perles et de pierres précieuses; puis augmenta sans cesse de magnificence, de dimension et d'éclat, il finit par se transformer en une véritable couronne métallique.

DIADÉMÉ, ÉE. adj. Orné d'un diadème.

DIADOCHITE. s. f. [Pr. *diado-kite*] (R. *diadoche*, nom d'une pierre précieuse citée dans Pline, du gr. διαδοχή, succession). T. Minér. Phosphate et sulfate ferrique hydraté, en masses jaunâtres, à éclat résineux.

DIAGNOSE. s. f. [Pr. *di-ag-nose*] (gr. διάγνωσις, action de discerner). T. Méd. Connaissance d'une maladie, acquise par l'ensemble des signes diagnostiques. || T. Hist. nat. Phrase descriptive concise renfermant les caractères importants d'un genre ou d'une espèce.

DIAGNOSTIC. s. m. [Pr. *di-ag-nostik*] (gr. διάγνωσις, action de discerner). T. Méd. — Le *Diagnostic* est cette partie de la médecine qui a pour objet la distinction des maladies et la connaissance des signes propres à chacune d'elles. Dans un sens plus restreint, on appelle aussi d. l'opinion que se forme le médecin sur la nature d'une maladie considérée individuellement. — On nomme *Symptôme* toute modification dans la constitution matérielle d'un organe, ou dans les fonctions organiques, qui se trouve liée à la présence d'une maladie. C'est par l'ensemble de la succession des symptômes que la maladie se révèle; mais il faut une opération intellectuelle de la part du médecin pour transformer les symptômes en *signes*. Le signe est donc une conclusion que l'esprit tire des symptômes observés. Les signes qui servent à distinguer une maladie d'une autre et à constater l'état actuel du malade, sont appelés *Signes diagnostiques*. Les uns se rencontrent dans plusieurs maladies, et par conséquent sont le plus souvent insuffisants par eux-mêmes pour faire reconnaître une maladie individuelle; telle est, par ex., la dyspnée, qui exprime une altération dans les fonctions respiratoires, mais qui est commune aux affections du poumon, de la plèvre, du cœur, du diaphragme, etc. : les signes de ce g nre sont donc nommés *Signes communs*. On appelle, au contraire, *Signes pathognomoniques* ceux qui sont inséparables d'une maladie, et suffisent à eux seuls à la caractériser ; tels sont le tintement métallique dans l'hydrothorax, l'éruption de boutons d'un aspect particulier dans la petite vérole, l'urine albumineuse dans la maladie de Bright, etc. Il ne faut pourtant pas conclure de là qu'une maladie ne puisse se reconnaître sans la présence de signes pathognomoniques proprement dits. Il est des cas où la succession et le concours de certains signes communs permettent de diagnostiquer l'affection d'une manière très précise. Dans d'autres cas, les symptômes communs servent simplement à mettre le médecin sur la voie ; tels sont ceux qu'on observe dans la première période des fièvres éruptives et autres. Ils ne caractérisent pas suffisamment la maladie, mais ils empêchent de s'égarer en attendant l'apparition des signes caractéristiques. On donne le nom de *Signes accidentels* ou d'*Épiphénomènes* aux phénomènes qui peuvent survenir ou ne pas survenir dans une maladie : ceux-ci peuvent quelquefois modifier les indications fournies par l'affection principale. Enfin, les *Signes commémoratifs*, c.-à-d. ceux qui résultent des maladies antérieures ou de celles des parents, peuvent, dans certains cas, fournir des renseignements importants pour la conduite que doit tenir le médecin. — La recherche des signes d'une maladie doit toujours se faire méthodiquement : car si l'on n'a pas pris l'habitude de procéder avec ordre, on risque fort d'oublier d'interroger l'appareil susceptible de fournir les révélations les plus importantes. Le meilleur ordre à suivre pour l'investigation des symptômes d'une maladie nous paraît être le suivant : 1° *habitus*, aspect extérieur ; 2° appareil nerveux sensitivo-moteur ; 3° appareil respiratoire ; 4° appareil circulatoire ; 5° appareil digestif ; 6° appareil génito-urinaire ; 7° ordre de succession des phénomènes ; 8° circonstances individuelles ou locales.

Les progrès récents de la physiologie, de la chimie et de la microbiologie ont ajouté à la science du diagnostic, sinon la rapidité, la précision : on doit toujours s'entourer de tous les renseignements que peuvent fournir les sciences accessoires de la médecine clinique.

DIAGNOSTIQUE. adj. 2 g. [Pr. *di-ag-nostike*]. T. Méd. Qui a rapport au *diagnostic*. Voy. ce mot.

DIAGNOSTIQUER. v. a. [Pr. *di-ag-nostiker*]. T. Méd. Établir le diagnostic d'une maladie. *Le médecin a diagnostiqué une fièvre typhoïde.* == DIAGNOSTIQUÉ, ÉE. part.

DIAGOMÈTRE. s. m. (gr. διάγω, je conduis à travers ; μέτρον, mesure). T. Phys. — C'est une sorte d'électroscope qui a été imaginé par Rousseau pour mesurer les plus faibles électrisations. Cet instrument se compose d'une pile sèche, communiquant par sa base avec le sol, et par son extrémité supérieure avec une tige métallique fixée dans un plateau isolateur de laque, et soutenant une aiguille aimantée horizontale. En face de cette aiguille se trouve une boule métallique, également isolée, qui communique avec la pile. Si l'on place le support de l'aiguille et la boule dans le méridien magnétique, de manière que l'aiguille soit en contact avec celle-ci, et qu'ensuite on approche un corps électrisé de l'appareil, tout le système reçoit, par contact, cette électricité ; il y a donc répulsion, et l'aiguille est douée d'une sensibilité si exquise qu'elle manifeste cette répulsion, quelque faible que soit le courant électrique. La d. a prouvé que des corps tels que la soie, le verre et la résine, jusqu'alors réputés non conducteurs, l'étaient cependant à un degré très appréciable. Toutefois, la laque et le charbon de fusain ont résisté à son action. On peut encore se servir du d. pour reconnaître le degré de pureté de l'huile d'olive : car il a été constaté que le courant électrique, lorsqu'on lui faisait traverser de l'huile pure, mettait beaucoup plus de temps à amener l'aiguille du d. au maximum de déviation qu'avec toutes les autres huiles grasses.

DIAGOMÉTRIE. s. f. Art ou action de comparer les degrés de conductibilité électrique des diverses substances.

DIAGOMÉTRIQUE. adj. Qui se rapporte au diagomètre ou à la diagométrie.

DIAGONAL, ALE. adj. (gr. διά, à travers ; γωνία, angle). Qui va d'un angle d'une figure rectiligne à l'angle opposé. *Une ligne diagonale.* || Substant. au fém., Ligne qui va d'un angle d'un parallélogramme, ou plus généralement de

l'angle d'une figure quelconque, à l'angle opposé. *La d. d'un carré.* || T. Tiss. Expression qui sert à désigner les tissus dont le mode de croisement représente une sorte de sillon oblique bien accusé.

DIAGONALEMENT. adv. D'une manière diagonale. *Une ligne qui coupe un plan d.*

DIAGORAS, philosophe grec, surnommé l'Athée, Vᵉ siècle av. J.-C.

DIAGRAMME. s. m. (gr. διάγραμμα, dessin). Figure ou tracé graphique quelconque qui sert à faciliter une démonstration, à faire comprendre une chose. || Tracé obtenu par l'emploi d'un appareil enregistreur. Voy. ENREGISTREUR || T. Bot. Figure représentant la coupe horizontale d'une fleur non encore épanouie et servant à faire rapidement comprendre le nombre et la position relative des différentes pièces. || T. Icht. Genre de poissons. Voy. SCIÆNOÏDES.

DIAGRAPHE. s. m. (gr. διαγράφω, je dessine, de διά, et γράφω, je trace). Instrument qui sert à reproduire rapidement le dessin des objets qu'on a sous les yeux.

On connaît l'emploi d'une vitre pour tracer sur cette vitre le contour des objets que sa transparence laisse apercevoir, l'œil parcourant les contours à travers un oculaire immobile. Le mécanisme du d. ne diffère pas, dans son principe, de celui de la vitre ; seulement, dans ce dernier, c'est la main qui trace sur la vitre elle-même les contours des objets, tandis que dans le d. c'est un petit châssis de vitre marqué d'un point à son centre qui parcourt les contours de l'objet. Le point-marque sur la vitre, suivant dans l'espace les contours par lesquels l'œil et la main le dirigent, ces mêmes mouvements ou déplacements du point sont répétés par un crayon traçant sur un

papier horizontal. Ainsi, c'est l'œil qui dirige le passage du point sur les contours de l'objet, mais c'est la main qui les lui fait parcourir, celle-ci imprimant à la fois et par la même

manœuvre, au point la marche qu'il exécute, et au crayon un mouvement correspondant : car il existe entre le mouvement du point et celui du crayon une corrélation parfaite. Quoique l'instrument (Fig. ci-dessus) ne manœuvre jamais que par des lignes droites, dans des directions à angles droits, il décrit très bien toutes les courbes possibles. En remplaçant par une lunette dont l'oculaire est marqué d'un point à son centre, le petit châssis de vitre de l'appareil ordinaire, on peut reproduire avec une exactitude rigoureuse les contours des objets éloignés. Enfin, à cette lunette on peut également substituer un microscope horizontal. Cette substitution permet au micrographe le plus ignorant dans l'art du dessin de reproduire avec toute la précision possible et dans leurs justes dimensions, les êtres ou les substances qui font l'objet de son étude. Cet appareil est d'une grande commodité et d'une parfaite exactitude. Cependant, on lui préfère généralement la chambre claire qui est plus simple et plus facile à installer. L'invention du d. est due à Gavard et date de 1830 : c'est à l'aide de son instrument que l'auteur a exécuté ou fait exécuter les nombreux dessins qui composent les *Galeries de Versailles*.

DIAGRAPHIE. s. f. Art de dessiner au moyen d'un diagraphe.

DIAGRAPHIQUE. adj. Qui a rapport au diagraphe ou à la diagraphie.

DIAGRAPHITE s. m. (gr. διαγράφω, je dessine. T. Minér. Roche schisteuse avec laquelle on fait des crayons.

DIAGRÈDE. s. m. (gr. διακρυδόνη petite larme) T. Pharm. Ancien nom de la *Scammonée*. || Poudre de scammonée employée en méd. vét.

DIAHOT (le), fleuve torrentueux du N.-O. de la Nouvelle-Calédonie; 150 kil.

DIAKÈNE. s. m. (R. *di*, préf., et *akène*). T. Bot. Fruit formé par la réunion de deux akènes. — L'orthographe correcte serait *diachène* ou *diachæne*. Voy. AKÈNE.

DIALECTAL, ALE. adj. Qui a rapport aux dialectes.

DIALECTE. s. m. (gr. διάλεκτος, m. s. de διαλέγομαι, je converse). T. Philol. — On donne le nom de *dialectes* aux formes diverses qu'offre une langue dans les divers pays où elle se parle. En général, les dialectes ont la même syntaxe et les mêmes mots que la langue type dont ils dérivent, et ne diffèrent guère de celle-ci que par des variations régulières d'orthographe et de prononciation, par des désinences particulières, par certaines contractions, etc. Lorsqu'un d. n'est pas soumis à des règles régulières et surtout lorsqu'il n'est pas usité par une population polie et n'a pas été consacré par des œuvres littéraires d'un certain ordre, on le flétrit du nom de *Patois*. — La langue de l'ancienne Grèce est celle dont les dialectes sont le mieux connus et ont été le plus étudiés. Cependant, il importe de remarquer que nous ne connaissons que ceux qui ont été consacrés par une littérature. Il est certain que la langue grecque, parlée sur une étendue de pays considérable, se partageait en un très grand nombre de dialectes différents, mais quatre seulement, le *Dorien*, l'*Éolien*, l'*Ionien* et l'*Attique*, atteignirent un plein développement. Le Dorien était en usage dans tout le Péloponèse et dans les colonies doriennes de l'Asie, de la Grande-Grèce et de la Sicile : Théocrite en est le plus parfait modèle. L'éolien se parlait en Thessalie en Béotie, et dans les colonies éoliennes de l'Asie Mineure : Alcée et Sapho écrivirent dans ce d. Ces deux dialectes, l'éolien surtout, se caractérisaient par leur dureté et leur rudesse. L'ionien était propre aux colonies ioniennes de l'Asie; ce qui le distinguait essentiellement, c'était sa mollesse et sa douceur. Il se divisa en deux branches : l'*ionien ancien*, qui fut employé par Homère et les poètes de son école; et l'*ionien nouveau*, dont Hérodote et Hippocrate sont les modèles. Le dialecte attique appartenait à la contrée qui lui a donné son nom ; c'était, par conséquent, la langue d'Athènes. Il tenait le milieu entre les trois autres, et réunissait les formes douces et agréables de l'ionisme au ton mâle et fort du dorisme et de l'éolisme. Il éprouva plusieurs modifications successives qu'on peut distinguer par les philologues l'*attique ancien*, l'*attique moyen* et l'*attique nouveau*. Le premier se retrouve dans les œuvres de Thucydide, d'Eschyle, de Sophocle, d'Euripide et d'Aristophane; le second dans celles de Platon et de Xénophon, et le troisième dans les écrits de Démosthène, d'Eschine et de leurs contemporains. Après la destruction de l'indépendance hellénique par Philippe, roi de Macédoine, le d. attique devint la *langue générale* de la Grèce. Mais bientôt, les conquêtes d'Alexandre ayant porté la langue grecque jusque dans l'Égypte et la Syrie, une f une de mots étrangers et de constructions particulières vinrent altérer sa pureté. Elle reçut alors le nom de *Langue commune* ou *Hellénique* : c'est la langue d'Apollodore, de Diodore de Sicile, de Plutarque, etc.

La langue latine avait aussi des dialectes ; mais l'absence de documents ne permet pas d'en connaître d'une manière précise les formes caractéristiques. On en trouve seulement quelques rares vestiges dans les écrits des poètes comiques. Les il mains désignaient les dialectes sous la dénomination générique de *Sermo rusticus*, *Sermo pedestris*, *Sermo vulgaris*, etc., tandis qu'ils donnaient le nom de *Sermo urbanus* à la langue de la littérature et du gouvernement, c.-à-d. au latin que nous appelons classique. Au reste, le latin lui-même n'était que l'un des nombreux dialectes parlés dans l'Italie centrale. Il dut son importance à la suprématie politique de Rome et au développement de la littérature latine. Il y a plus : les patriciens et les plébéiens ne parlaient pas à l'origine le même d., et la langue latine, dérivée du d. patricien, eût été différente de ce qu'elle est devenue, si les plébéiens avaient eu la supériorité politique.

Toutes les langues ont leurs dialectes plus ou moins nombreux, aussi bien à leur origine qu'à leur déclin. A l'origine, chaque tribu, chaque famille a sa manière propre de parler, et les groupements de familles ou de tribus qui se forment peu à peu, amènent la constitution d'un certain nombre de dialectes. Cependant, les relations des tribus entre elles nécessitent l'emploi d'une langue commune : c'est le d. de ceux qui ont la prééminence politique qui finit par remplir cet usage ; si une littérature se développe, c'est ce d. plus commun qu'elle choisira, et qui deviendra ensuite la langue type, réduisant les autres au rang de patois. Plus tard, la langue ayant atteint son plein développement se répand, comme l'ont fait le grec et le latin, sur une grande étendue de pays; elle est parlée par des populations d'origine et d'habitudes très différentes, qui le déforment peu à peu, chacun suivant son tempérament propre, et de là naissent de nouveaux dialectes ou patois, cette fois par corruption. Ainsi nous trouvons à l'origine une diversité nécessaire qui est dans la nature même de la formation des langues et qui tient en partie au défaut de communication des peuples entre eux, plus tard une langue littéraire bien fixée, et enfin des corruptions de cette langue dans diverses directions. La tendance naturelle du langage est une modification continuelle. Il n'y a que l'instruction, largement répandue sous l'autorité d'une puissance centrale, qui puisse réagir contre cette tendance, et maintenir pendant de longues périodes de temps, comme cela est désirable, une langue commode et bien faite, en ne permettant que les modifications de détail rendues nécessaires par le progrès des idées et le développement des connaissances.

DIALECTICIEN, IENNE. s. Celui, celle qui entend la dialectique ou qui discute d'une manière habile.

DIALECTIQUE. s. f. (gr. [τέχνη] διαλεκτική, [art] dialectique, ou art de disputer, de διαλέγομαι, je converse). T. Philos. — Pris dans son sens étymologique, le terme de *Dialectique* signifie simplement l'art de converser, de discuter. Les historiens de la philosophie font naître la d. en Italie, dans l'école d'Élée, et en attribuent l'invention à Zénon, chef de cette école. Ce philosophe, en effet, se servait d'une argumentation dialoguée pour établir sa doctrine de l'immobilité et des idées contre les partisans du mouvement et de l'expérience sensible. Plus tard, Platon désigna sous ce nom le dialogue employé comme méthode d'investigation scientifique. Dans un pareil dialogue, le plus éclairé des deux interlocuteurs, par une interrogation habile, réveille dans l'intelligence moins avancée à laquelle il s'adresse les idées qui semblent y dormir : c'est l'art d'accoucher les esprits de Socrate. Cette méthode, qu'il tenait de son maître, Platon l'a employée avec l'art le plus admirable dans plusieurs de ses dialogues, mais surtout dans le *Parménide*, le *Politique* et le *Sophiste*. Pour Aristote, la d. signifie, d'une manière générale, l'art de discuter, de défendre la thèse que l'on soutient, et de ruiner celle de son adversaire. Dans ce sens, on peut identifier la d. à la logique, comme on le faisait au moyen âge. On peut encore, si l'on tient à établir une distinction entre elles, dire que la d. est simplement une partie de la logique, et la considérer comme l'art de mettre en œuvre, de disposer les arguments formés d'après les règles de celle-ci. Aujourd'hui le terme de d. est peu usité, et on lui substitue habituellement celui de logique, qui a une plus grande compréhension. Bien plus, quand on en fait usage, on oppose assez fréquemment la d. à la logique; on dit par ex. d'un écrivain : C'est un habile *dialecticien*, quand on ne veut pas dire: C'est un fort *logicien*. Il se prend donc alors en mauvaise part, car on veut dire, dans ce cas, non pas que l'individu dont on parle raisonne avec force et justesse, mais seulement qu'il est habile à dérouter son adversaire et à déguiser le vice de ses propres sophismes. Dans sa *Critique de la raison pure*, Kant a employé adjectivement le mot *dialectique* dans un sens tout particulier, en le faisant synonyme de l'expression *purement probable*. C'est ainsi que ce philosophe oppose les *arguments dialectiques*, qui, n'ayant pour base que des faits contingents, ne peuvent conduire qu'à des probabilités, aux *arguments apodictiques*, qui, reposant sur des vérités nécessaires, mènent à la certitude absolue.

DIALECTIQUEMENT. adv. Selon les formes de la dialectique. *Il raisonne d.*

DIALECTIQUER. v. a. T Néol. Mettre sous forme dialectique

DIALEGMATIQUE. adj. 2 g. (gr. διαλέγομαι, je converse). Mot créé par Ampère pour désigner les sciences qui ont pour objet l'étude des signes servant à la transmission des idées, des sentiments, des passions La Philologie, ou étude des langues, en serait la plus importante.

DIALIUM. s. m. [Pr. *di-a-li-ome*] (gr. διάλιον, nom d'une plante). T. Bot. Genre de plantes de la famille des *Légumineuses* Voy. ce mot.

DIALLAGE. s. f. [Pr. *dia-lage*] (gr. διαλλαγή, échange). T. Min Silicate double de chaux et de magnésie. Voy. SERPENTINE.

DIALLAGIQUE. adj. 2 g. [Pr. *dia-lagik*]. Qui tient de la diallage ou qui en contient.

DIALLÈLE. s. m. [Pr. *di-al-lèle*] (gr. διάλληλα, l'un par l'autre). T. Phil. Syn. de *Cercle vicieux*. || T. Rhét. Espèce de renversement des mots, comme dans cette phrase d'admiration culinaire : *Voici le pâté des rois, qui est le roi des pâtés.*

DIALLOGITE. s. f. T. Minér. Carbonate de manganèse contenant plus ou moins de chaux, de fer et de magnésie ; cristaux rhomboédriques, d'un rose foncé.

DIALLYLCARBINOL. s. m. [Pr. *di-al-lil-carbinol*] (R. *di*, *allyle* et *carbinol*). T. Chim. Alcool non saturé obtenu en faisant réagir le zinc et l'iodure d'allyle sur le formiato d'éthyle. C'est un liquide à odeur aromatique, bouillant à 151°; sa formule est $C^7 H^{12} O$. En traitant de la même façon l'acétate d'éthyle, on obtient le *diallylméthylcarbinol* $C^8 H^{14} O$, liquide bouillant à 158°. Avec le butyrate d'éthyle on obtient le *diallylpropylcarbinol* $C^{10} H^{18} O$ qui bout à 194°. Ces deux corps sont également des alcools non saturés, susceptibles de s'unir directement au brome.

DIALLYLE. s. m. T. Chim. Voy. BIALLYLE.

DIALOGIQUE. adj. 2 g. Qui a la forme du dialogue. *Platon a donné à ses écrits la forme d.*

DIALOGIQUEMENT. adv. En forme de dialogue.

DIALOGISER. v. a. Mettre en forme de dialogue.

DIALOGISME. s. m. L'art, le genre du dialogue ; ou l'emploi des formes du dialogue. Peu us.

DIALOGISTE. s. 2 g. Celui ou celle qui a fait un dialogue ou des dialogues. Peu us.

DIALOGUE. s. m. (lat. *dialogus*, du gr. διάλογος, m. s). Entretien, conversation. *Ils ont eu un long d. ensemble.* || Se dit de la conversation que tiennent entre eux les personnages d'une pièce de théâtre, d'une églogue, d'un entretien supposé, de ce qu'ils disent entre eux, et de la manière dont l'auteur fait parler les personnages qu'il met en scène. *Cette pièce n'a pas d'action; elle est tout en d. Dans ses pièces, le d. est toujours vif, animé, sans suite, fatigant. Cet auteur ne sait pas écrire un d. il entend très bien l'art du d.* || Composition littéraire qui a la forme d'une conversation entre deux ou plusieurs personnes. *Les dialogues de Platon. Les dialogues des morts de Lucien. D. entre Alexandre et Diogène. Adopter la forme du d. Les personnages, les interlocuteurs d'un d.* || T. Mus. Composition à deux voix ou à deux instruments, qui se répondent l'un à l'autre et souvent se réunissent.

DIALOGUER. v. n. Converser. *Je les ai vus d. pendant au moins une heure.* Fam. — Se dit plus ordin. des personnages d'une pièce de théâtre, d'une églogue, etc. *Ses personnages dialoguent avec beaucoup de naturel. Il fait très bien d. ses personnages.* || Faire parler entre eux deux ou plusieurs personnages. *Cet auteur entend bien l'art de d.* || T. Mus. En parl. de deux voix ou de deux instruments qui se répondent l'un à l'autre et parfois se réunissent, on dit qu'on *les fait d. Il y a là un passage où le hautbois dialogue avec la flûte.* == DIALOGUER. v. a. Bien d. une scène, Faire bien d. les personnages qui y figurent. == DIALOGUÉ, ÉE. part. *Une pièce bien dialoguée.*

DIALOGUEUR. s. m. Auteur de dialogues. Interlocuteur, dans un dialogue.

DIALOSE. s. f. (R. *dialium*). Nom donné par Payen au marinage des gousses du *Gymnocladus chinensis*.

DIALURIQUE. adj. 2 g. T. Chim. *L'acide d.* $C^4 H^4 Az^2 O^4$ se forme par l'action des corps réducteurs sur l'alloxane ou sur l'alloxantine. Il cristallise en longues aiguilles incolores, assez solubles dans l'eau ; la solution rougit à l'air en s'oxydant et en reproduisant l'alloxane, puis l'alloxantine. L'acide d. est l'uréide de l'acide tartronique ; aussi porte-t-il quelquefois le nom de *tartronylurée*. Il joue le rôle d'acide vis-à-vis des bases et forme avec elles des sels appelés *dialurates*. Le dialurate d'ammoniaque, chauffé à 100°, absorbe l'oxygène de l'air et se convertit en murexide. L'acide azoteux transforme l'acide d. en allantoïne.

DIALYPÉTALE. adj. et s. f. (gr. διαλύω, je sépare, et *pétale*). T. Bot. Se dit d'une corolle dont les pétales sont indépendants les uns des autres.

DIALYSE. s. f. (gr. διάλυσις, séparation ; de διά, à travers, et λύω, je sépare). T. Chim. Analyse par diffusion d'un mélange de substances dissoutes. On sait que les liquides et les corps solides en dissolution se diffusent à travers une paroi poreuse avec des vitesses très différentes. La d. permet de séparer, dans une solution, les substances rapidement diffusibles de celles dont la vitesse de diffusion est faible ou nulle. L'appareil servant à cette analyse s'appelle *dialyseur;* il consiste ordinairement en un vase peu élevé dont le fond est formé par une membrane de parchemin ou une feuille de papier-parchemin. Le mélange à dialyser est placé dans ce vase, qu'on laisse ensuite flotter sur l'eau pure. Soit par ex. une dissolution contenant un mélange de sucre et de sel marin ; le sel traversera rapidement la membrane, tandis que le sucre, beaucoup moins diffusible, restera en majeure partie dans le dialyseur. La d. est surtout efficace lorsqu'on a affaire à un mélange de *cristalloïdes* et de *colloïdes* dissous. Voy. ces mots. En effet, les membranes animales, le papier-parchemin et, en général, tous les colloïdes insolubles s'opposent complètement à la diffusion des solutions colloïdales, et se laissent, au contraire, facilement traverser par l'eau et les cristalloïdes ; ces derniers passeront dans le liquide extérieur, tandis que la solution colloïdale sera retenue dans le dialyseur. Cette belle et simple méthode de d. avait été entrevue par Dutrochet qui, en 1826, découvrit la propriété des membranes organiques de se laisser traverser par certains corps, et d'en arrêter d'autres ; mais c'est Thomas Graham qui lui donna le développement nécessaire en perfectionnant les appareils, et en mesurant les coefficients de diffusibilité d'un grand nombre de corps. Depuis, la d. a rendu d'immenses services à la physiologie animale et végétale, en permettant une étude plus précise des liquides contenus dans les corps organisés. C'est ainsi que l'on place dans le dialyseur un mélange de sucre et de gomme, les trois quarts du sucre, sans trace de gomme, ont traversé le dialyseur au bout de 24 heures. Avec un mélange de silicate de soude et d'acide chlorhydrique traité de la même manière, il arrive qu'au bout de cinq jours les sept huitièmes de l'acide silicique restent dans le dialyseur sans qu'on y trouve trace d'acide chlorhydrique ou de chlorure de sodium. La d. peut servir à préparer les colloïdes à l'état de pureté, en débarrassant leurs solutions des cristalloïdes qui y sont contenus. C'est ainsi que Graham a pu obtenir la silice et l'alumine solubles, et qu'en pharmacie on prépare l'oxyde de fer dialysé et différents extraits végétaux. Elle est employée pour la fabrication de certains produits chimiques qu'elle permet d'obtenir rapidement à l'état de pureté : tels sont, parmi les cristalloïdes, l'urée, le protoxyde de chrome et l'acide stannique soluble, les ferrocyanures de cuivre et de fer ; parmi les colloïdes, l'albumine, l'acide gummique, les peptones, l'acide silicique soluble, l'alumine soluble, etc. Voy. OSMOSE.

En toxicologie, la d. sert à séparer les poisons cristalloïdes, tels que l'acide arsénieux, la strychnine, etc., quand leur mélange avec des substances organiques colloïdales rend leur recherche difficile. Une application importante de la d. au traitement des mélasses de betteraves a été réalisée dès 1853 par Dubrunfaut. Ces mélasses, lorsqu'elles résultent d'une première cristallisation des jus sucrés, contiennent encore une quantité notable de sucre que la présence des sels minéraux empêche de cristalliser. On les débarrasse de ces sels par d. dans un appareil appelé *osmogène*, formé d'un grand nombre de compartiments à cloisons de papier-parchemin D'un côté du papier circule de l'eau pure ; de l'autre côté, la solution de mélasse, dont les sels vont se diffuser dans l'eau. Ainsi purifié, le jus sucré peut abandonner une nouvelle quantité de sucre par cristallisation. Voy. OSMOSE.

DIALYSÉPALE. adj. 2 g. [Pr. *di-ali-sépale*] gr. διαλύω, je sépare, et *sépale*). T. Bot. Se dit d'un calice dont les sépales sont indépendants les uns des autres.

DIALYSER. v. a. T. Chim. Analyser par diffusion. || Préparer ou purifier une substance par voie de *dialyse*. Voy. ce mot.

DIALYSEUR. s. m. T. Chim. Appareil servant à la *dialyse*. Voy. ce mot.

DIAMAGNÉTIQUE. adj. 2 g. f. [Pr. *gn mouillés*] (gr. διά, à travers, et *magnétique*). T. Phys. Se dit des corps qui jouissent de la propriété d'être repoussés par les aimants. Voy. MAGNÉTISME.

DIAMAGNÉTISME. s. m. [Pr. *gn mouillés*] T. Phys. Propriété qu'ont certains corps d'être repoussés par les aimants. || Partie de la physique qui étudie le phénomène que présentent les corps diamagnétiques. Voy. MAGNÉTISME.

DIAMAGNÉTOMÈTRE. s. m. [Pr. *gn mouillés*] (R. *diamagnétisme*, et gr. μέτρον, mesure). T. Phys. Instrument servant à mesurer le diamagnétisme.

DIAMANT (LE), ch.-l. de c., arr. de Fort-de-France (Martinique) ; 2,100 hab. Port.

DIAMANT. s. m. (gr. ἀδάμας, indomptable). Pierre précieuse, la plus brillante et la plus dure de toutes. — *D. faux*, Pierre naturelle ou artificielle qui ressemble au d. vrai. || Fig., *C'est un d.*, se dit d'un petit ouvrage de littérature ou d'art d'un genre gracieux et soigneusement exécuté. || Outil dont sert à couper le verre, et qui consiste en une pointe de d. à arêtes courbes fixée à un manche. On l'appelait autrefois *Pointe de d.* || T. Mar. *D. d'une ancre*, Point de jonction de ses deux bras avec la verge. || T. Typog. Nom donné au plus petit de tous les caractères. Voy. CARACTÈRE. — *Édition d.*, Édition imprimée en très petits volumes avec des caractères très fins. || Forme d'une pierre à bossages. || T. Arch. Ornement taillé à facettes et qui dans l'architecture romano-byzantine décorait les archivoltes des portails et les moulures des corniches extérieures. || T. Sport. Marque que l'on dessine sous fait sur les hanches d'un cheval pour indiquer qu'il est en état de lutter avec ses rivaux.

Techn. — Jusqu'à ce jour, on n'a rencontré de diamants que dans cinq régions du globe : dans l'Inde (provinces de Bedjapour ou Visapour, de Golconde, d'Haiderabad, d'Orissa, d'Allahabad et du Bengale) ; au Brésil (dans la province de Minas-Geraes) ; dans la chaîne de l'Oural (près de Keskanar, à quelques kilomètres à l'ouest de Perm) ; à Ambawang et à Sandak, dans l'île de Bornéo, et enfin au Cap de Bonne-Espérance, où il en existe des gisements très riches. Au reste, les diamants se trouvent exclusivement dans des terrains de transport qui paraissent assez modernes et à peu près de même nature dans toutes les localités. Les dépôts les mieux connus, ceux du Brésil, que les Portugais désignent sous le nom de *cascalhos*, sont formés de cailloux roulés et de fragments quartzeux, unis entre eux par une matière argilo-ferrugineuse, sableuse et plus ou moins durcie. Les diamants sont disséminés dans ces dépôts, généralement à de grandes distances les uns des autres et toujours en très petite quantité. Ils se présentent, soit en cristaux, soit en grains irréguliers. Dans le premier cas, leurs formes cristallines les plus ordinaires sont l'octaèdre, le cube, le tétraèdre et le dodécaèdre rhomboïdal. Ils sont ordinairement recouverts d'une croûte terreuse qui y adhère plus ou moins fortement.

Le d. est du carbone pur cristallisé dans le système cubique : il brûle à une température élevée en donnant de l'acide carbonique. Les géologues ont émis bien des théories pour expliquer la formation du d. Aucune ne paraît complètement satisfaisante. Il paraît cependant certain que le d. a dû se former sous l'action d'une pression considérable et d'une haute température ; cela résulte du fait que Gorceix en a découvert qui étaient enchâssés dans des schistes micacés azoïques, au Brésil, et Chaper dans des pegmatites, dans l'Asie centrale. Il provient sans doute de la décomposition d'hydrocarbures dont on a trouvé des traces dans certaines gemmes ; mais ce ne sont là que des indications très vagues qui n'expliquent pas sa formation. On comprend, d'après cela, que toutes les tentatives faites par tant de chimistes pour reproduire artificielle-

ment le d. soient restées si longtemps infructueuses. Ce n'est qu'en 1893 que M. Moissan réussit à obtenir du d. artificiel en faisant cristalliser sous pression du carbone dissous dans du fer en fusion ; mais il reste à savoir jusqu'à quel point ce procédé de laboratoire ressemble à celui de la nature. — On s'est demandé, en présence de ce beau résultat, si le d. artificiel pourrait devenir un produit industriel capable d'avilir le prix des diamants naturels. Jusqu'à présent, cette éventualité n'est pas à craindre. Les diamants de M. Moissan sont très petits et reviennent à un prix beaucoup plus élevé que celui des diamants naturels de mêmes dimensions ; mais il se pourrait que, par la suite, le procédé, se perfectionnant, devînt applicable dans l'industrie ; cependant il est probable que le prix de revient en restera longtemps fort élevé. Voy. CARBONE.

On trouve aussi des diamants amorphes quelquefois d'un gris d'acier, d'autres fois entièrement noirs. Ces variétés sont impropres à la joaillerie ; ils n'ont longtemps servi qu'à faire de la poudre de d. ; mais depuis le milieu de ce siècle, ils ont trouvé une application industrielle pour le forage des roches dures. Enchâssés dans un anneau d'acier fondu, ils constituent un perforateur permettant d'attaquer les roches les plus résistantes, d'y forer des puits, ou d'y creuser des trous de mine pour le dérochement dans les travaux publics. C'est ainsi qu'ont été creusés les puits de Pottsville en Pensylvanie. On a aussi employé les diamants noirs au dressage et au rhabillage des meules de moulin. Un disque garni de six diamants et tournant à raison de 9,000 tours à la minute, rhabille complètement en 2 heures une meule de 1m,40 à 1m,50 de diamètre. Nous mentionnerons seulement l'emploi du d. pour couper le verre ; seulement, il y faut du d. cristallisé ; toutes les pointes du d. rayent le verre, mais ce sont seulement les angles des cristaux qui le coupent, ce qui tient à ce que les angles des diamants bruts sont formés par la réunion de trois arêtes recourbées. On sait qu'il y a bien d'autres corps que le d. capables de rayer le verre ; mais ce qui est plus curieux, c'est qu'on peut donner à certains genres, tels que le *topaze* et le *rubis*, la propriété de couper nettement ; il suffit pour cela de les tailler de manière que leurs angles aient la forme de ceux du d. brut ; seulement ces pointes s'émoussent vite, ce qui n'arrive pas pour le d.

Pour rechercher les diamants, il suffit de laver et de trier les matières qui les renferment. Si ces matières sont solides, on les brise, puis on lave les fragments pour les débarrasser des parties terreuses ; enfin, après avoir jeté de côté les cailloux grossiers, on cherche dans le reste les diamants qui peuvent s'y trouver. Dans l'Inde, l'exploitation des terrains *diamantifères* paraît abandonnée à qui veut s'en occuper. Mais, au Brésil, le gouvernement l'a érigée en monopole. La récolte annuelle est assez difficile à évaluer, parce qu'une partie des produits, et ce sont presque toujours les plus beaux, sont soustraits par la contrebande à la surveillance des agents du gouvernement : néanmoins, on l'estime à 5 ou 6 kilogrammes qui fournissent 1,700 à 1,900 grammes de pierres propres à la bijouterie ; le reste sert à divers usages. — Au Cap, le gisement le plus riche est celui de Kimberley, qui fournit à lui seul les trois quarts de la production totale, soit pour 25,000,000 de francs par an ; mais les diamants du Cap ont une teinte jaune qui leur enlève beaucoup de leur valeur, et ne leur permet pas de lutter sur les marchés avec ceux du Brésil et des Indes, quoiqu'ils soient en moyenne plus gros. La fraude est parvenue à masquer cette teinte jaune en trempant le d. dans une teinture violette, qui est la couleur complémentaire du jaune ; le d. paraît alors absolument incolore ; mais il suffit d'un simple lavage pour enlever la légère couche de teinture, faire réapparaître la teinte jaune et démasquer la fraude.

Le *D. brut* est fort peu translucide, et sa surface présente des inégalités assez prononcées. Quelquefois, cependant, il est naturellement poli et assez transparent ; on l'appelle alors *brut ingénu*. Enfin, on le dit *à pointes naïves* quand il offre une cristallisation régulière. Les petites pierres de ce genre, lorsqu'elles sont à arêtes courbes, servent à fabriquer les *Diamants de vitrier*. Les anciens ont fréquemment employé le d. sous ces deux formes ; mais les modernes ne font usage de cette pierre précieuse qu'après l'avoir soumise à la *taille*, qui a pour objet d'accroître son pouvoir réfringent en augmentant le nombre de ses facettes. Néanmoins, il est des diamants, dits *Diamants de nature*, qui résistent au lapidaire et ne peuvent être taillés. On les pulvérise dans un mortier pour en faire de l'*égrisée*.

Le d., étant le plus dur de tous les corps, ne peut être entamé que par sa propre poussière. La découverte de cette propriété de la poudre de d. ou égrisée a été longtemps attribuée à un lapidaire de Bruges, nommé Louis de Berquen, qui l'aurait exploitée dès 1476; mais on sait aujourd'hui que la manière de travailler le d. à l'aide de sa propre poussière était connue au moins depuis le XIII° siècle. On taille le d. en l'usant contre une plate-forme d'acier très doux à laquelle on imprime un mouvement de rotation très rapide, après l'avoir préalablement arrosée avec de l'égrisée délayée dans l'huile d'olive. Pour que la pierre ne s'échappe pas, on la fixe avec de la soudure d'étain dans une coquille de cuivre qui est elle-même pincée au moyen d'une tenaille d'acier. Quand une face est usée, on passe à la voisine, et on continue ainsi jusqu'à ce qu'on ait obtenu la forme désirée. Souvent, afin d'abréger l'opération, qui est toujours très longue, on profile du clivage du d. pour le fendre dans le sens du clivage et produire ainsi plusieurs facettes; ou bien encore on le scie avec un fil de fer très fin, enduit d'égrisée huilée. Jusqu'à ces derniers temps, la taille du d. avait été monopolisée par les Juifs d'Amsterdam; mais aujourd'hui Paris possède des tailleries importantes où le polissage des facettes est produit par des meules auxquelles une machine à vapeur fait exécuter 2,500 tours à la minute. — Anciennement, les lapidaires se contentaient de dresser les deux faces principales du d. et d'abattre les côtés en biseau: on donnait aux pierres ainsi taillées le nom de *Pierres en table* ou de *Pierres faibles*. D'autres fois, ils ne dressaient que la face supérieure et taillaient l'inférieure en prisme: les pierres ainsi travaillées étaient appelées *Pierres épaisses*. On voit qu'alors on cherchait plutôt à polir le d. sans trop lui ôter de son poids qu'à lui donner une forme propre à augmenter son pouvoir réfléchissant. C'est, au contraire, ce dernier but qu'on s'est proposé quand on a inventé la taille *en rose* et la taille *en brillant*, employées aujourd'hui: la première pour les petites pierres et la seconde pour les plus grandes. La taille en rose (Fig. 1) est fort simple. Le dessous consiste en une large base plate, destinée à être cachée dans la monture, tandis que le dessus s'élève en

dôme et est garni de facettes. Le plus souvent on pratique au centre six facettes triangulaires qui se réunissent par leurs sommets, et dont les bases s'appuient sur un autre rang de figures semblables, mais tournées en sens inverse. Le sommet de ces derniers triangles aboutit au contour tranchant de la pierre, et les espaces libres qu'ils laissent entre eux sont coupés en deux parties également triangulaires, ce qui porte à 24 le nombre total des facettes. La partie supérieure du d. en rose est appelée *Couronne* et l'autre *Dentelle*. — Le *Brillant* (Fig. 2 et 3) comprend deux parties principales. Le dessus offre une face assez large, appelée *Table*, et son pourtour présente huit pans partagés en losanges et en facettes triangulaires ou *Dentelles*. Le dessous, nommé aussi *Culasse*, offre une pyramide garnie de facettes ou *Pavillons*, correspondantes et symétriques à celles de la partie supérieure; il se termine encore inférieurement par une petite face. Le brillant est dit *recoupé* lorsqu'il présente 33 facettes sur chacun de ses côtés, et *non recoupé*, lorsqu'il a seulement 13 facettes sur le dessus et 9 sur le dessous. — Les brillants qui produisent les effets de lumière et de couleur les plus variés, ce qu'ils doivent en partie à leur monture qui est à jour. Les roses lancent des éclairs peut-être plus vifs, mais elles *jouent* moins bien; aussi leur préfère-t-on généralement les brillants. D'ailleurs, l'obligation où l'on est de monter les roses *foncé*, c.-à-d. en les appliquant sur la matière d'or ou d'argent dans laquelle elles sont serties, ne permet pas d'en faire des objets aussi légers et aussi gracieux.

On a longtemps cru qu'il n'était possible ni de percer ni de graver le d. Grâce à l'emploi d'un outillage perfectionné, M. Bordinsky est parvenu à réaliser ce desideratum de la joaillerie; il obtient des diamants gravés et taillés en toutes sortes de formes: roues, raquettes, croix, etc. Cet habile praticien arrive même à obtenir un certain modèle = pensées, insectes, armoiries, etc.

Le d. tient le premier rang parmi les pierres précieuses par son éclat, sa dureté et son prix. Dans le commerce, son poids s'exprime en carats (un carat pèse 0^{gr},2055). Quant à son prix, il est toujours fort élevé. Lorsqu'il n'est pas propre à la taille, le d. se vend ordinairement du 30 à 40 fr. le carat. Dans le cas contraire, s'il pèse moins d'un carat, il se vend à raison de 48 fr. le carat. Enfin, si son poids dépasse un carat, on ob-

tient sa valeur en multipliant le carré de son poids exprimé en carats par 48, c.-à-d. qu'une pierre de 2 carats vaut $2 \times 2 \times 48 = 192$ fr. Toutefois, ces bases ne sont applicables qu'au d. brut; quand il est taillé, son prix est beaucoup plus considérable, et varie suivant la forme de la pierre, sa nuance, etc. Ainsi, les brillants sont plus chers que les roses, les diamants incolores beaucoup plus que les diamants colorés, et parmi ces derniers les roses sont les plus recherchés. En général, on admet qu'un d. brut perd à la taille la moitié de son poids. En conséquence, un d. taillé a une valeur quadruple d'un d. brut de même poids. D'après cela, un d. taillé d'un carat vaudrait 192 fr. Néanmoins, cette évaluation est presque toujours au-dessous de la vérité. Ainsi, à cette heure, un d. taillé, d'une belle eau et sans aucun défaut, se vend 250 fr. le carat, et l'on connaît son prix, pour les diamants supérieurs, en multipliant le carré du poids par 250. Par conséquent, un d. de 10 carats vaut $10 \times 10 \times 250 = 25,000$ fr., et un d. de 100 carats vaut $100 \times 100 \times 250 = 2,500,000$ fr. Cependant cette règle ne fait loi que pour les pierres qui ne dépassent pas 100 carats; car, passé cette limite, il faut faire intervenir un coefficient qu'on peut appeler *Coefficient de rareté*, lequel donne au d. une valeur tout à fait arbitraire. C'est ainsi que le *Régent*, qui est généralement estimé à environ 12 millions, vaudrait seulement 3,753,800 fr. si on lui appliquait la règle ordinaire.

Certains diamants sont célèbres pour leur grosseur: on les désigne communément sous le nom de *D. parangons*. Les plus beaux sont le *Régent*, le *Cohinoor* et l'*Étoile-du-Sud*. — Le *Régent* (Fig. 4. Face supérieure de grandeur naturelle) appartient à la couronne de France; son nom lui vient de ce qu'il fut acheté sous la régence du duc d'Orléans. C'est une pierre carrée, légèrement arrondie sur ses angles, d'une surface de 30 millim. sur 31, mais d'une épaisseur trop grande pour sa surface, ce qui nuit à son éclat; néanmoins, c'est le plus beau d. connu: il est taillé en brillant, et son eau est parfaite. Suivant Romé de l'Isle, avant de subir l'opération de la taille, qui dura deux ans, il pesait 410 carats: il en pèse aujourd'hui 136 13/16, ou environ 29 gr. 617. Le *Cohi-noor* ou *Montagne de lumière* a fait longtemps partie des joyaux du Grand-Mogol. La compagnie des Indes l'ayant acquis, pour la somme de 6 millions, du dernier roi de Lahore, en a fait hommage à la reine d'Angleterre. Son poids, qui était de 279 carats à l'état brut, a été réduit par la taille à 103 (21 gr. 166). On lui reproche d'être trop plat pour sa surface qui est de 40 millim. sur 43. On estime 6,782,888 fr. l'*Étoile-du-Sud*, qui appartient à la maison Halphen, a été réduite par la taille de 254 carats à 125 1/4 (26 gr. 200). Il a 19 millim. d'épaisseur sur une surface de 29 millim. dans un sens et de 35 dans l'autre: sa valeur est portée à près de 10 millions. Nous citerons, parmi les autres diamants célèbres: l'*Orloff* de l'empereur de Russie, qui pèse 195 carats 1/32 (40 gr. 136), mais qui est grossièrement taillé, et vaut environ 7 millions; et enfin, le d. du rajah de Matan, dans l'île de Bornéo, qui est brut et pèse de 300 carats (61 gr. 650). Quant au d. du Grand-Mogol, qui, au dire de Tavernier, pesait 279 carats 3/4 (57 gr. 485), on n'est pas bien sûr qu'il soit un véritable d. Enfin, un chimiste anglais, Tennant, est porté à croire que le Cohi-noor, l'Orloff et le Grand-Mogol ne formaient jadis qu'une seule pierre, qui serait le fameux d. de 779 carats (160 gr.) que Tavernier dit aussi avoir vu à la cour du Grand-Mogol. À l'exception de l'Étoile-du-Sud, qui a été trouvée au Brésil en 1853, tous les diamants dont nous venons de parler proviennent des mines de l'Inde.

Le 23 septembre 1895, M. Moissan a présenté à l'Académie des sciences un échantillon de *D. noir* brut d'une grosseur extraordinaire; son aspect est celui d'un caillou noir de la grosseur du poing, son poids est de 630 grammes, ou plus de 3,000 carats. Au prix marchand de 65 francs le carat, ce caillou vaut environ 200,000 francs. Il a été découvert le 15 juillet 1895 au Brésil, province de Bahia.

Diamants de la couronne. — En France, on comprenait sous cette dénomination les joyaux qui faisaient partie de la dotation mobilière de la couronne, et parmi lesquels figurait le d. dit le *Régent*. — Suivant un inventaire dressé en exécution de la loi du 2 mars 1832, ces joyaux comprenaient 64,812 pierres fines ou perles, qui pesaient ensemble 18,751

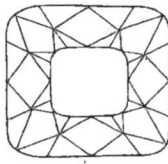

carats 17/32 et valaient 20,900,260 fr. On y remarquait surtout la couronne impériale, qui n'offrait pas moins de 5 306 brillants, 146 roses et 59 saphirs, le tort d'une valeur de 14,702,788 francs. La plupart de ces diamants ont été vendus en 1887, pour une somme de 7,207,000 francs. On n'a conservé que les pièces historiques, notamment le Régent, que l'on estime à 12 millions, et l'épée de Napoléon, ornée d'anciens joyaux de la couronne, que l'on estime à 2 millions

DIAMANTAIRE. adj. Qui se rapproche du diamant par son éclat. Ouvrier qui taille les diamants et qui en fait le trafic. On dit ordinairement *Lapidaire*. | Marchand qui fait le trafic des diamants.

DIAMANTE, poète dramatique espagnol né en 1626, a fait, du *Cid* de Corneille une imitation longtemps regardée comme antérieure à la tragédie française.

DIAMANTÉ, ÉE. adj. Garni d'une pointe de diamant ou plutôt d'iridium.

DIAMANTER. v. a. Orner de diamants. Faire briller comme un diamant.

DIAMANTIFÈRE. adj. (R. *diamant*, et lat. *fero*, je porte). T. Minér. Sable, terrain contenant du diamant.

DIAMANTIN (LE), contrée du Brésil riche en diamants; cap. *Diamantina*.

DIAMANTIN, INE. adj. Qui a la dureté ou l'éclat du diamant. || Subst. Poudre à polir, inventée en Suisse, à base d'alumine cristallisée.

DIAMÉTRAL, ALE. adj. T. Géom. Qui appartient au diamètre. N'est guère usité que dans cette locution, *Ligne diamétrale*. Voy. DIAMÈTRE. || Fig., Direct, absolu. || T. Mar. *Plan d.*, Plan qui partage le bâtiment en deux moitiés longitudinales.

DIAMÉTRALEMENT. adv. D'un bout du diamètre à l'autre. *Les deux pôles sont d. opposés.* || Fig., se dit des personnes ou des choses qui sont entièrement contraires ou opposées l'une à l'autre. *Ces deux hommes sont d. opposés. Ces deux propositions sont d. contraires. Leurs intérêts sont d. opposés.*

DIAMÈTRE. s. m. (gr. διάμετρος, m. s., de διά à travers, et μέτρον, mesure). T. Géom. On nomme *Diamètre*, toute droite qui passe par le centre d'un cercle. La notion du d. a été étendue d'abord aux coniques, puis à toutes les courbes. Aujourd'hui, on appelle en général *d.* ou *courbe diamétrale* d'une courbe quelconque, le lieu des milieux des cordes parallèles à une direction donnée. Si la courbe est algébrique et du degré n, chaque droite la remonte en m points, qui, combinés deux à deux, forment $\frac{m(m-1)}{2}$ segments dont chacun a un milieu. Par conséquent, le d. est une courbe qui rencontre en $\frac{m(m-1)}{2}$ points chacune des cordes qui lui correspondent. Cette courbe diamétrale est donc du degré $\frac{m(m-1)}{2}$. Si la courbe est une conique, elle est du second degré et le d. est du premier degré, c.-à-d. que *les milieux des cordes d'une conique parallèles à une direction donnée sont en ligne droite.* Ces diamètres des coniques jouent un rôle important dans leur théorie. On dit qu'ils sont conjugués des cordes qu'ils divisent en deux parties égales. Il est clair que, d'après sa définition, tout d. doit passer par le *centre* de la conique, et l'on démontre que, réciproquement, toute droite qui passe par le centre est un d. Dans la parabole dont le centre est rejeté à l'infini, tous les diamètres sont parallèles. Un d. perpendiculaire à ses cordes conjuguées devient un axe de symétrie. Enfin, on démontre aisément que les diamètres des coniques à centre s'associent deux par deux, de manière que chacun d'eux partage en deux parties égales les cordes parallèles à l'autre. Les deux diamètres jouissant de cette propriété sont dits *conjugués*. Les axes sont deux diamètres conjugués rectangulaires, et chaque asymptote d'une hyperbole peut être considérée comme la position limite de deux diamètres qui sont venus se

confondre. Voy. HYPERBOLE. — Les diamètres conjugués d'une conique forment un faisceau en involution autour du centre. Dans le cercle, deux diamètres conjugués sont toujours rectangulaires. — La théorie des diamètres se rattache à celle des pôles et polaires réciproques dont elle n'est, au reste, qu'un cas particulier, chaque d. d'une conique étant la polaire du point à l'infini dans la direction des cordes conjuguées. Si
$$f(x\,y\,z) = 0$$
est l'équation de la conique, celle du d. qui partage en deux parties égales les cordes dont le coefficient angulaire est m sera :
$$f'_x + m\,f'_y = 0.$$
La théorie des diamètres s'élève aux surfaces du second ordre. On appelle *plan diamétral* conjugué d'une direction de cordes, celui qui divise en deux parties égales les cordes parallèles à cette direction; on reconnaît que le lieu de ces milieux est un plan parce qu'il ne coupe chaque corde qu'en un seul point. Tous les plans diamétraux passent par le centre de la surface s'il y en a un; ils sont parallèles à une même droite dans les deux paraboloïdes, passent par l'axe dans les cylindres elliptique et hyperbolique, sont parallèles entre eux dans le cylindre hyperbolique. On appelle d. conjugué d'une direction de plans, le lieu des centres des sections faites dans la surface par des plans parallèles à la direction donnée. On reconnaît par la même considération que pour les plans diamétraux, que ce lieu est une droite, et l'on démontre que les plans conjugués des directions de cordes parallèles à un même plan passent par une même droite, qui est le d. conjugué du plan; les plans parallèles à une même droite ont des diamètres parallèles à une même droite, dans les paraboloïdes, ils sont tous parallèles à une même droite; dans les cylindres ordinaires, ils se réduisent à un seul qui est l'axe. Enfin, le cylindre parabolique n'a pas de d.

Dans les quadriques à centre, les plans diamétraux s'associent par groupes de trois, qui sont dits *conjugués* et qui sont tels que chacun d'eux divise en deux parties égales les cordes parallèles à l'intersection des deux autres. Trois plans diamétraux conjugués forment un trièdre dont les arêtes sont trois *diamètres conjugués* tels que chacun d'eux est le lieu des centres des sections parallèles aux deux autres. Une des arêtes de ce trièdre et la face opposée forment un d. et un plan diamétral conjugués. Les trois plans de symétrie d'une quadrique à centre forment un système de trois plans diamétraux conjugués *rectangulaires*; ils constituent un trièdre trirectangle dont les arêtes sont les *axes* de la surface. — Comme dans le plan, la théorie des diamètres et plans diamétraux se rattache à celle des pôles et plans polaires. Tout plan diamétral est le plan polaire du point à l'infini dans la direction des cordes conjuguées, et tout diamètre est la droite conjuguée de la droite de l'infini dans le plan conjugué. Si l'équation de la quadrique est
$$f(x\,y\,z) = 0,$$
l'équation du plan diamétral conjugué des cordes dont les paramètres directeurs sont a, b, c, est :
$$af'_x + bf'_y + cf'_z = 0,$$
et les équations du d. conjugué du plan ayant les mêmes paramètres directeurs sont :
$$\frac{f'_x}{a} = \frac{f'_y}{b} = \frac{f'_z}{c}.$$

En Astronomie, on appelle D. *apparent* d'un corps céleste l'angle sous lequel ce corps apparaît à l'observateur, en supposant deux rayons menés de l'œil de celui-ci à deux points opposés du bord de l'astre : le d. apparent s'évalue par le nombre de secondes que sous-tend l'angle formé par les deux rayons qui, partis de deux points diamétralement opposés du disque de l'astre, aboutissent à l'œil de l'observateur. C'est en comparant ce d. apparent avec la distance de l'astre qu'on obtient le D. *réel* de ce dernier. En effet, la distance du soleil ou d'une planète est à son demi-d. réel comme l'unité est au sinus de l'angle sous-tendu par le demi-d. apparent du corps.

En Architecture, le d. d'une colonne est la mesure de l'épaisseur de cette colonne prise à la partie inférieure du fût. Ce d. est ensuite divisé en 24, 36 ou 60 parties égales, appelées *Minutes*, et constitue ainsi une échelle qui sert à mesurer tous les membres de l'ordre.

DIAMIDO-. T. Chim. Préfixe usité pour les composés deux fois amidés.

DIAMINE. s. f. (R. *di*, préf., et *amine*). T. Chim. Composé dérivant d'un hydrocarbure gras ou aromatique par la substitution de deux groupes amidogènes AzH^2 à deux atomes d'hydrogène.

Les *diamines grasses* se préparent en chauffant avec l'ammoniaque les bromures correspondant aux glycols. C'est ainsi que le bromure d'éthylène $C^2H^4Br^2$ donne naissance à l'éthylène-diamine $C^2H^4(AzH^2)^2$. Ces diamines se combinent à l'acide cyanique pour donner des cyanates transformables en urée. Soumises à l'action de la chaleur, elles perdent de l'ammoniaque et se transforment en composés à chaîne fermée, qui sont des dérivés hydrogénés du pyrol de la pyridine. Quelques-unes donnent avec les glycols des hydrures de quinoxalines. La plupart des diamines grasses se rencontrent dans les produits de la putréfaction des substances animales. Ainsi, la cadavérine est identique avec la pentaméthylène-d. $AzH^2.(CH^2)^5.AzH^2$; la putrescine est une butylène-d. $AzH^2.(CH^2)^4.AzH^2$.

Les *diamines aromatiques* ou *phénoliques* sont beaucoup plus nombreuses et plus importantes. Nous considérons d'abord celles qui possèdent les deux groupes AzH^2 dans un même noyau. Elles s'obtiennent en réduisant les bases aromatiques nitrées ou les dérivés dinitrés des hydrocarbures aromatiques. Par ex., les phénylène-diamines $C^6H^4(AzH^2)^2$ se produisent par la réduction de la nitrophénylamine ou du dinitrobenzène. Les diamines de cette classe sont des bases biacides, qui se présentent généralement sous la forme de solides cristallisés. Elles servent à préparer un grand nombre de matières colorantes; elles donnent aussi naissance à certains composés importants au point de vue théorique. Les réactions diffèrent suivant que les deux groupes AzH^2 sont en position ortho, para ou méta. Les *orthodiamines* traitées par l'acide azoteux se transforment en azimides. Avec les aldéhydes elles donnent des aldéhydines; avec les ortho-quinones, des quinoxalines. Traitées par les agents d'oxydation elles fournissent des matières colorantes. — Les *métadiamines* se combinent avec les sels de diazoïques pour former les chrysoïdines, couleurs chaudes jaunes ou rouges. Ainsi, la chrysoïdine ordinaire résulte de l'action du chlorure de diazobenzène sur la métaphénylène-d. L'acide azoteux en présence des acides transforme les métadiamines en sels deux fois azoïques. — Les *paradiamines* se comportent de même avec l'acide azoteux. Traitées par les agents d'oxydation, elles donnent des quinones et non des matières colorantes. Mais quand l'oxydation a lieu en présence du soufre ou de l'hydrogène sulfuré, les paradiamines donnent naissance aux couleurs dérivées de la thiodiphénylamine. Enfin, l'oxydation en présence des phénols ou des amines primaires fournit diverses matières colorantes : à la température ordinaire on obtient des indamines et des indophénols; à haute température, des safranines.

Les diamines aromatiques dans lesquelles les deux groupes AzH^2 sont attachés à deux noyaux différents possèdent deux fois les propriétés d'une amine aromatique. Telles sont : la benzidine, la méthylbenzidine, la tolidine, la naphtylène-d., qui servent à préparer les couleurs directes pour coton. Certaines de ces matières colorantes sont dites *couleurs diamines*. Voy. COLORANTES (*Matières*), IV, G.

DIAMYLE. s. m. T. Chim. Voy. BIAMYLE.

DIANDRE. adj. 2 g. (gr. δίς, deux; ἀνήρ, ἀνδρός, homme, mâle). T. Bot. Se dit d'une fleur qui a deux étamines.

DIANDRIE. s. f. (R. *diandre*). T. Bot. Nom donné par Linné à la 2ᵉ classe de son système caractérisée par des fleurs pourvues de deux étamines. || T. Tératol. Classe de monstres dans lesquels on observe deux organes mâles sur le même individu.

DIANDRIQUE. adj. T. Bot. Qui a rapport, qui appartient à la diandrie. || Qui est pourvu de deux étamines.

DIANE. s. f. (ital. *di*, jour). Batterie de tambour qui se fait à la pointe du jour pour éveiller les soldats ou les matelots. *Battre la d.*

La diane, au matin, fredonnant sa fanfare (V. HUGO).
|| Fam. Chant matinal.

DIANE. s. f. (lat. *Diana*). T. Myth. Déesse de la chasse et

des forêts. || T. Chim. *Arbre de d.*, Dépôt d'argent en forme de rameaux. Voy. ARGENT || T. Mamm. *Cercopithèque D.*, Espèce de singe. Voy. CERCOPITHÈQUE. || La 78ᵉ planète télescopique découverte par Luther en 1863.

Mythol. — *Diane* est le nom d'une divinité italique assimilée par les Romains à la déesse que les Grecs appelaient *Artémis*. Il paraît même que, dans le principe, ce dernier nom fut appliqué à plusieurs personnages distincts dont les poètes ne tardèrent pas à confondre les légendes contradictoires en une seule et unique déesse. — Les mythographes modernes, en essayant de débrouiller le chaos des fictions religieuses gréco-romaines, ont distingué cinq *Diane* principales. — 1ᵒ La plus connue, ou du moins celle que les poètes ont le plus souvent célébrée, était la sœur d'Apollon. Comme ce dieu, on la faisait naître, à Délos, de Jupiter et de Latone : c'était une sorte d'Apollon femelle, dont le culte appartenait spécialement à la race dorienne. Elle personnifiait la lune, de la même manière que son frère personnifiait le soleil; aussi, de même que son frère fut surnommé *Phœbus*, on l'appela *Phœbé*, c.-à-d. *la brillante*. Les rayons lumineux qu'envoient ces deux astres figurant aux yeux de l'imagination hellénique des traits acérés et des flèches d'or, on la représentait un carquois sur le dos et une flèche à la main : de là les épithètes de *Toxophoros*, l'archer, et de *Chryselacatos*, à la flèche d'or, que les poètes lui appliquent si souvent. Terrible comme Apollon, Diane frappait les hommes d'épidémies cruelles et se plaisait à percer les femmes de ses flèches; toutefois, elle protégeait les enfants et les jeunes filles. Aussi, tandis que, dans le premier cas, on l'appelait *Apollousa* (destructrice), lui donnait-on, dans le second, les surnoms de *Paidotrophos* (nourrice des enfants) et de *Philomeirax* (amie de la jeunesse). Les jeunes animaux, surtout le gibier, lui étaient également chers; c'est pour cela qu'on la regardait comme la divinité tutélaire des champs et surtout comme la déesse de la chasse. Dans ce sens, on l'appelait *Keladeinè* (la bruyante), *Ipposoa* (l'écuyère) et *Euripa* (celle qui aime l'agitation). Enfin, elle se laissait fléchir quelquefois, et se présentait aux hommes comme une divinité bienfaisante et réparatrice; alors on la nommait *Artemis* (Artémis), celle qui sauve, expression que les Latins traduisirent par les mots de *Soltra* et de *Sospita*. À l'exemple d'Apollon, Diane ne se maria jamais; de là ses surnoms de *Parthénos*, la vierge, et *Agnè*, la chaste, dont l'origine paraît due au caractère solitaire de la lune dans le ciel. Quoiqu'elle ne sût pas jouer de la cithare, elle allait chez son frère, à Delphes, où elle présidait les chœurs des Muses et des Grâces. Le laurier lui était consacré. — 2ᵒ Une autre divinité, analogue à la précédente, était particulièrement adorée à Brauron, dans l'Attique, d'où son nom de *Brauronia*. On l'appelait plus communément *Artémis* ou *D. taurique*, soit parce que, en sa qualité de divinité lunaire, on la représentait avec les cornes du taureau; soit parce que, comme le veut une tradition fort répandue, son culte était originaire de la Chersonèse Taurique, d'où il fut importé dans l'Attique par Iphigénie, fille d'Agamemnon. Il y a lieu de croire que, dans le principe, on offrait à cette déesse des sacrifices humains; et l'on considérait comme un reste de cette barbare coutume la flagellation que les Spartiates faisaient subir à leurs enfants, en l'honneur d'Artémis, *Orthia* ou *Orthosia*, qui était une autre des nombreuses dénominations locales qu'on appliquait à cette déesse. — 3ᵒ Les populations de l'Arcadie adoraient sous ce même nom d'Artémis une autre divinité, dont la légende n'avait aucun rapport avec les précédentes. C'était une personnification des eaux; on lui donnait une ourse pour symbole, et on lui consacrait les fontaines, les fleuves, les rivières, les poissons, les prés, les coteaux et les vallons. Les Arcadiens se la représentaient comme une chasseresse infatigable qui parcourait les bois et les rochers du Taygète, de l'Érymanthe et du Ménale, poursuivant les animaux sauvages avec l'aide qu'lui avait donnée le dieu Pan, et les perçant de flèches qui avaient été forgées par le s Cyclopes. — 4ᵒ L'Artémis ou Diane qui était particulièrement adorée à Éphèse, n'avait aucun rapport avec les homonymes d'Europe. Elle semble avoir été la personnification de la puissance productrice de la nature. S on symbole était l'abeille, et son grand prêtre s'appelait 'Εσσήν, c.-à-d. roi des abeilles. Elle était représentée sous la forme d'une momie couronnée ayant la poitrine toute couverte de mamelles. — 5ᵒ La *Diane* romaine semble être la même divinité qui figure sur les monuments de l'art étrusque sous le nom de Chana ou Thalna. Elle fut plus tard, sous l'influence des idées grecques, identifiée avec les diverses Artémis helléniques, dont les légendes avaient fini par se confondre. Les Romains l'adoraient principalement comme déesse de la chasse; comme présidant à la naissance, de là les noms de *Lucine* (*Lumina*) et de *Genitalis* qu'ils lui donnaient ; enfin, comme déesse de la nuit, sous les noms d'*Hécate*, de *Lune*, etc. — C'est seulement lorsque la Diane sœur d'Apollon eut acquis la prééminence sur les autres déesses homonymes, et que les poètes eurent rattaché à elle les légendes multiples relatives à toutes ces divinités, que Praxitèle en arrêta définitivement l'idéal. Comme son frère Apollon, les sculpteurs la représentaient douée de beauté, de force et de jeunesse. Ses formes avaient quelque chose de souple et d'élancé ; ses yeux étaient grands, et ses cheveux, relevés par derrière, formaient une sorte de nœud sur le devant. Elle avait le front large, la figure régulièrement ovale, et le peu de développement de ses hanches indiquait qu'elle était spécialement taillée pour la course. Enfin, elle avait la tunique tantôt retroussée au-dessus des genoux, tantôt tombant jusque sur les pieds qui étaient chaussés du cothurne. Elle avait pour attributs, comme déesse de la chasse, l'arc, le carquois, la lance, le cerf ou le chien, et, comme divinité de la nuit, les flambeaux et le croissant au-dessus du front ou derrière la tête. Sur les monnaies, on la représentait même quelquefois avec un mélange de ces divers attributs, par ex, avec un arc et un flambeau.

DIANE DE POITIERS, duchesse de Valentinois, favorite de Henri II (1499-1566).

DIANE DE FRANCE, fille naturelle de Henri II, duchesse de Castro (1538-1619).

DIANELLE. s. f. T. Bot. Genre de plantes Monocotylédones (*Dianella*) de la famille des Liliacées. Voy. ce mot.

DIANGÉ, ÉE. adj. (gr. δίς, deux ; ἀγγεῖον, vase). T. Bot. Qui a des fruits à deux loges. Inus.

DIANIQUE. adj. 2 g. T. Chim. Voy. DIANIUM.

DIANISIDINE. s. f. T. Chim. Diamine dérivée de l'anisol et répondant à la formule [C⁶H³(OC²H³)AzH²]². On la prépare industriellement en transformant d'abord, à l'aide du chlorure de méthyle, le phénol orthonitré en anisol nitré ; on réduit ensuite ce nitro-anisol en solution alcaline par la poudre de zinc. La d. sert à préparer des matières colorantes bleues et violettes. Voy. COLORANTES (*Matières*), IV, 6.

DIANITE. s. f. (R. *dianium*). T. Minér. Variété de niobite, dans laquelle on croyait avoir découvert un métal nouveau, le dianium.

DIANIUM. s. m. [Pr. *dia-ni-ome*]. T. Chim. Nom donné par Kobell à un produit métallique qu'il prenait pour un corps simple et qui n'est que du niobium impur. — L'acide *dianique* est un mélange d'acides niobique et tantalique.

DIANOMÉGRAPHE. s. m. (gr. διανομή, distribution ; γράφω, j'écris). T. Techn. Appareil servant à enregistrer le fonctionnement du mécanisme de distribution des machines.

DIANOMÉMÈTRE. s. m. (gr. διανομή, distribution ; μέτρον, mesure). T. Techn. Instrument inventé par M. Marcel Deprez, qui permet de calculer rapidement les éléments d'une distribution de machine à vapeur.

DIANTHE. adj. (gr. δίς, deux ; ἄνθος, fleur). T. Bot. Qui a deux fleurs.

DIANTHÈRE. adj. (R. *di*, préf., et *anthère*. T. Bot. Étamines qui ont deux anthères. Se dit aussi des plantes qui ont des étamines de cette espèce.

DIANTHUS. s. m. (gr. Διός, gén. de Ζεύς, Jupiter ; ἄνθος, fleur). T. Bot. Nom latin du genre Œillet de la famille des Caryophyllées. Voy. ce mot.

DIANTRE. s. m. Mot très fam., qui s'emploie pour éviter de prononcer le mot de *Diable. Au d. soit le fou. Que d. lui voulez-vous ?*

Et qui diantre vous pousse à vous faire imprimer ?
                MOLIÈRE.

DIAPALME. s. m. (gr. διά, avec, et *palme*). T. Pharm. Emplâtre siccatif dans la composition duquel entrait autrefois de l'huile de palme. Voy. SPARADRAP.

DIAPASON. s. m. (gr. διά, à travers ; πᾶς, tout).
Mus. — Chez les Grecs, le mot *Diapason* servait à désigner une échelle musicale ; ils appelaient ainsi la série de sons que nous appelons *octave*. Quoique ce mot soit aujourd'hui inusité dans cette acception, nous l'employons encore dans un sens analogue, lorsque nous désignons par là l'étendue d'une voix ou d'un instrument, c.-à-d. la série de notes qu'une voix ou un instrument peut faire entendre. Mais le plus souvent ce terme sert à désigner un petit instrument à l'aide duquel on reproduit à volonté une note invariable, sur laquelle on règle tous les instruments de musique qui doivent exécuter un morceau d'ensemble. Il consiste en une verge d'acier recourbée sur elle-même en forme de pincette.

Une petite tige terminée par un bouton concave forme son extrémité inférieure. Lorsqu'on veut faire vibrer le d., on le saisit par cette tige, on introduit un corps dur entre les deux branches de l'instrument, et le frottement qu'on produit en retirant ce corps, met les branches en vibration. Quand on met ce d. en vibration au moyen d'un archet de contrebasse, on obtient un son sensiblement exempt d'harmoniques ; et, quand on le monte sur une caisse sonore (Fig. ci-contre) le son obtenu est non seulement beaucoup plus intense, mais encore il a toujours le même timbre, surtout si les dimensions de la caisse, qui constitue un véritable tuyau ouvert, ont été déterminées de manière que l'un des harmoniques du son fondamental de ce tuyau soit précisément la note donnée par le diapason.

On attribue l'invention de cet ingénieux instrument à l'Anglais John Shore, qui l'aurait imaginé en 1711. Avant 1859, chaque théâtre, chaque société musicale avait son d. Tous ces diapasons donnaient le *la* 3 ; mais ils n'étaient pas d'accord entre eux, le nombre des vibrations simples qu'ils faisaient par seconde variant de 870 à 910 ; la différence atteignait ainsi presque un demi-ton, ce qui chose curieuse, le son du d. s'était progressivement et régulièrement élevé depuis un siècle. Pour remédier à cet état de choses, le gouvernement institua une commission composée de musiciens et de physiciens qui fut chargée d'étudier le d. usité dans les différents théâtres, et de proposer des mesures pour leur unification. A la suite des travaux de cette commission, il fut décidé que le *la normal* compterait 870 vibrations simples par seconde, et que tous les diapasons usités dans les théâtres et les écoles, etc., seraient préalablement comparés au d. étalon déposé au Conservatoire des Arts et Métiers. Cette comparaison se fait par la méthode optique imaginée par M. Lissajous. Voy. VIBRATION.

DIAPASONNER. v. a. [Pr. *diapa-zo-ner*]. Mettre au diapason, régler sur le diapason.

DIAPÉDÈSE. s. f. (gr. διαπηδάω, je traverse). T. Méd. On nomme ainsi l'émigration dans les tissus voisins des globules blancs du sang contenus dans les vaisseaux et surtout dans les capillaires. Ce phénomène important de la physiologie et de la pathologie animale, était resté sans explication jusqu'à présent. Tout récemment, M. Metschnikoff s'est attaché à démontrer le rôle de défense de l'organisme dévolu dans toute la série animale aux globules blancs du sang ou à des cellules ayant même origine embryologique et mêmes fonctions : c'est ce qu'il appelle *phagocytose*. D'après M. Metschnikoff, ces globules blancs ou phagocytes attirés hors des vaisseaux par les substances chimiques excrétées par les microbes (chimiotaxie positive), par ex., iraient, grâce à leurs mouvements amiboïdes jusqu'au siège des microbes, entoureraient en lutte avec eux et les absorberaient comme fait un véritable amibe, en présence de particules vivantes lui servant d'aliments. De cette façon, les microbes sont détruits et leurs poisons neutralisés. La *diapédèse* n'est donc qu'un des actes de la *phagocytose*, dont le rôle dans les questions d'immunité est si capital. Voy. les mots PHAGOCYTOSE et IMMUNITÉ.

DIAPENSIACÉES. s. f. pl. (R. *Diapensie*). T. Bot. Famille de végétaux Dicotylédones de l'ordre des Gamopétales supérovariées.

Caract. bot. : Sous-arbrisseaux à tige couchée, à feuilles petites et imbriquées, très rapprochées, n'ayant que quelques nervures à peine visibles, ou des herbes portant un petit nombre de grandes feuilles. Fleurs solitaires terminales. Calice composé de 5 sépales formant un verticille interrompu, légèrement inégaux, très imbriqués, et à peine distincts des bractées qui s'imbriquent étroitement autour d'eux. Corolle régulière, à estivation imbriquée. Étamines, 5, égales ; filets pétaloïdes et insérés au bord du sinus de la corolle ; anthères à 2 ou à 4 loges réunies par un large connectif, et s'ouvrant transversalement (dans le genre *Pyxidanthera*, l'anthère est fixée par

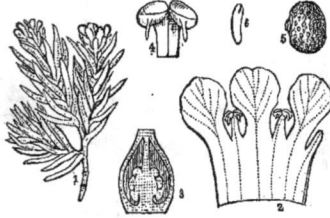

sa valve inférieure). Disque nul. Pistil formé de 3 carpelles. Ovaire supère, à 3 loges, chaque placenta portant un nombre indéfini d'ovules anatropes ; style indivis, continu avec l'ovaire ; stigmate sessile, à 3 lobes décurrents et très courts. Fruit capsulaire membraneux ou papyracé, entouré par les sépales persistants, et terminé par le style rigide ou par sa base, à déhiscence loculicide. Graines pettées, à test fragile et profondément ponctué. Embryon très petit, à radicule mince et à 2 cotylédons très courts, placé transversalement au hile dans un albumen charnu. [Fig. 1. *Pyxidanthera barbulata* ; 2. Corolle coupée ; 3. Coupe verticale de l'ovaire ; 4. Anthère ; 5. Graine ; 6. Embryon.]

La famille des Diapensiacées renferme 6 genres avec 8 espèces. — Ces genres se groupent en 2 tribus.

Tribu I. — *Diapensiées.* — Corolle persistante ; pas de staminodes (*Pyxidanthera, Diapensia*).

Tribu II. — *Galacées.* — Corolle caduque ; 5 staminodes (*Galax, Shortia*, etc.).

Ces plantes habitent les montagnes du nord de l'Europe, de l'Amérique et du Japon. On ne leur connaît aucune propriété utile.

DIAPENSIE. s. f. (gr. διαπενθέω, je porte le deuil). T. Bot. Genre de plantes Dicotylédones de la famille des *Diapensiacées.* Voy. ce mot.

DIAPENSIÉES. s. f. pl. (R. *Diapensie*). T. Bot. Tribu de plantes de la famille des *Diapensiacées.* Voy. ce mot.

DIAPÈRE. s. f. (gr. διαπείρω, je transperce). T. Ent. Les *D.* sont des Coléoptères qui vivent dans diverses espèces de bolets en creusant des galeries à leur intérieur ; d'où leur nom. Voy. TAXICORNES.

DIAPHANE. adj. 2 g. (gr. διαφαίνω, je brille à travers, de διά, à travers, et φαίνω, je brille). T. Phys. On dit d'un corps qu'il est *diaphane* quand il laisse passer librement les rayons lumineux à travers sa masse, de manière à permettre d'apercevoir et de reconnaître la couleur et les contours des objets au-devant desquels il est placé. On donne le nom de *Diaphanéité* à la propriété en vertu de laquelle il présente ce phénomène. Les mots *Transparent* et *Transparence* ont étymologiquement la même signification : néanmoins, on se sert plutôt de l'épithète *Diaphane* lorsqu'on veut exprimer que les corps doué de la propriété de laisser voir les objets à travers sa substance, la possède au plus haut degré. Les corps *diaphanes* ou *transparents* sont opposés aux corps *Opaques*, c.-à-d. à ceux qui ne se laissent pas traverser par la lumière ; et ils diffèrent des corps *Translucides*, qui livrent également passage aux rayons lumineux, en ce que ces derniers ne transmettent qu'une lumière diffuse et ne laissent pas reconnaître la forme et les couleurs des objets. L'air, le verre, le cristal et le talc sont des corps *transparents* ; l'écaille, la porcelaine, l'agate et la corne ne sont que des corps *translucides*.

DIAPHANÉITÉ. s. f. Qualité des corps diaphanes. Voy. DIAPHANE.

DIAPHANIPENNE. adj. (gr. διαφανής, transparent ; latin *penna*, aile). T. Entom. Qui a des ailes transparentes.

DIAPHANOGRAPHIE. s. f. (gr. διαφανής, transparent ; γράφω, j'écris). Sorte d'opération de décalque.

DIAPHANOMÈTRE. s. m. (gr. διαφανής, transparent, μέτρον mesure). T. Techn. Ensemble d'appareils pour l'essai des alcools par un réactif colorant créé par Savalle.

DIAPHANOMÉTRIE. s. f. (gr. διαφανής, transparent ; μέτρον, mesure). Mesure de la diaphanéité.

DIAPHANOMÉTRIQUE. adj. 2 g. Qui a rapport à la diaphanométrie.

DIAPHANORAMA. s. m. (gr. διαφανής, transparent ; ὅραμα, ce qui est vu). Toile peinte représentant divers sujets et éclairée par derrière, de manière que la lumière traversant la toile produise l'illusion de la réalité.

DIAPHŒNIX. s. m. (gr. διά, avec ; φοῖνιξ, dattier). T. Pharm. Électuaire purgatif à base de scammonée et de turbith, dans lequel entraient encore un grand nombre d'autres substances et notamment de la pulpe de dattes.

DIAPHORE. s. f. (gr. διαφορά, différence, de διά, à travers, et φορός, qui porte). Répétition d'un mot déjà employé, mais auquel on donne une nouvelle nuance de signification. Ex. : « Il serait difficile de trouver quelque chose de plus honteux que la vie de cet *homme*, si tant est que ce soit un homme. »

DIAPHORÈSE. s. f. (gr. διαφορέω, je fais transpirer, de διά, à travers, et φέρω, je porte). T. Méd. Transpiration plus forte que la transpiration naturelle, et moins considérable que la sueur. || Fonction de la peau en vertu de laquelle se produit la transpiration.

DIAPHORÉTIQUE. adj. 2 g. Qui excite la diaphorèse. || Substantiv. et au masc. *Un excellent d.* Voy. SUDORIFIQUE.

DIAPHOTE. s. m. (gr. διά, à travers ; φῶς, φωτός, lumière). T. Techn. Appareil transmettant à distance l'image des objets qui lui sont présentés.

DIAPHRAGMER. v. a. Munir d'un diaphragme.

DIAPHRAGMATIQUE. adj. 2 g. T. Anat. Qui a rapport au diaphragme. *Nerfs, artères diaphragmatiques.*

DIAPHRAGMATOCÈLE. s. f. (gr. διάφραγμα, ατος, diaphragme ; κήλη, tumeur). T. Méd. Hernie des viscères abdominaux à travers le diaphragme.

DIAPHRAGME. s. m. (gr. διάφραγμα, m. s. ; de διά, à travers, et φράγμα, cloison). T. Anat., Bot., Opt. et Méc.

Anat. — En Anatomie, on appelle ainsi un muscle impair, aplati, large, presque circulaire, charnu dans sa circonférence, qui forme une cloison entre l'abdomen et le thorax. Ce muscle est destiné à maintenir les viscères renfermés dans la poitrine et l'abdomen. Quand il se contracte, ses fibres, de courbes qu'elles étaient, avec leur convexité tournée en haut, deviennent droites ; par conséquent, il s'abaisse, agrandit la cavité thoracique et permet aux poumons de se dilater : il agit donc comme muscle *inspirateur* ; mais quand on force la contraction, il resserre transversalement la base de la poitrine, et il agit alors comme *expirateur*. Le d. joue un rôle essentiel dans les divers phénomènes respiratoires, ainsi que dans le rire, le bâillement, le chant, la toux, le soupir, le hoquet, l'éternuement, etc. Son centre présente une large aponévrose, appelé *centre phrénique*, qu'on a comparée à une fenille de trèfle dont les trois folioles seraient dirigées en avant, et qui, au lieu de pétiole, aurait une échancrure à l'arrière. Cette aponévrose reçoit les fibres charnues nées de la circonférence du thorax, et dont la réunion forme les *piliers du d.* Ces piliers s'envoient l'un à l'autre un faisceau fibreux : ces faisceaux, en s'entrecroisant, forment 2 ouvertures, l'une antérieure, dite *ouverture œsophagienne*, parce qu'elle est

traversée par l'œsophage ; l'autre postérieure, nommée *ouver-*
ture aortique, qui livre passage à l'aorte, au canal thoracique et à la veine azygos. Enfin, entre la partie moyenne et la
partie droite de l'aponévrose centrale, se trouve une troisième
ouverture, l'*anneau diaphragmatique*, par laquelle la veine
cave inférieure traverse le d.

Bot. — Nom donné aux planchers transverseux qui, de
loin en loin, interrompent les canaux aérifères que l'on rencontre dans les différents organes des plantes aquatiques.

Phys. — En optique, on appelle d. un anneau métallique
ou non métallique fixé au foyer commun de deux verres d'une
lentille, pour intercepter les rayons qui sont trop éloignés de
l'axe, et qui pourraient rendre les images confuses sur les
bords. Toutes les lunettes sont munies d'un d. qui arrête les
rayons faisant un trop grand angle avec l'axe, et ne laisse passer que ceux qui sont assez près de cet axe. Les appareils
photographiques en sont également munis, et là, le d. joue un
rôle très important. En général, tout objectif photographique
est vendu avec un jeu de diaphragmes de différentes ouvertures. Les diaphragmes à petites ouvertures donnent des images plus nettes ; mais comme ils interceptent beaucoup de lumière, ils exigent un temps de pose plus long. Au contraire,
les diaphragmes à grande ouverture laissent passer beaucoup
de lumière ; mais c'est au détriment de la netteté de l'image
qui prend un peu de flou et d'indécision. On change le d. suivant l'effet qu'on veut obtenir. Voy. LUNETTE, PHOTOGRAPHIE.

Méc. — On applique encore la dénomination de d. aux disques qui interrompent la communication dans l'intérieur d'un
tuyau cylindrique. Très souvent, les diaphragmes sont percés
pour recevoir une soupape, comme on le voit, par ex., dans
les corps de pompes.

DIAPHRAGMITE. s. f. T. Méd. Inflammation du diaphragme.

DIAPHYSE. s. f. (gr. διάφυσις, intervalle, jointure). T. Anat.
Corps des os longs. Voy. Os.

DIAPNOÏQUE. adj. (gr. διαπνοή, transpiration). T. Méd.
Qui n'excite qu'une légère transpiration.

DIAPRER. v. a. (vx fr. *diaspre*, sorte de drap à fleurs, du
lat. *jaspis*, jaspe, par l'intermédiaire d'une forme italienne
diaspro). Varier de plusieurs couleurs. Ne s'emploie guère
qu'en poésie. = DIAPRÉ, ÉE. part. *Un gazon diapré de fleurs.*
|| Adject. *Les couleurs dont la nacre est diaprée.* —
T. Hortic. *Prunes diaprées.* Voy. PRUNIER.

DIAPRÉ, ÉE. Art héral. Se dit des pièces dont la surface est couverte de dessins de diverses couleurs.

DIAPRUN. s. m. (gr. διά, avec, et lat. *prunum*, prune).
T. Pharm. Électuaire dont la pulpe de prunes formait la
base. Voy. ÉLECTUAIRE.

DIAPRURE. s. f. (R. *diaprer*). Variété de couleurs. Vx.

DIAPTOSE. s. f. (gr. διάπτωσις, chute). T. Mus. Dans le
plain-chant, Répétition que l'on fait de la dernière note, afin
d'en assurer la justesse en séparant cette répétition d'une
note baissée d'un degré.

DIAPYÉTIQUE. adj. 2 g. (gr. διαπύημα, suppuration).
T. Méd. Qui produit la suppuration. *Médicament d.* Peu us.

DIARBÉKIR, v. de la Turquie d'Asie, dans le Kurdistan
turc, sur le Tigre ; 40,000 hab.

DIARRHÉE. s. f. (gr. διαρρέω, couler à travers). T. Méd.
Flux de ventre, évacuation fréquente de matières alvines.

Méd. — On doit distinguer la *D. idiopathique* et la *D.
symptomatique*. La première est une maladie qui est essentiellement caractérisée par une hypersécrétion de la muqueuse
intestinale, d'où résultent des évacuations le bas plus ou
moins fréquentes et plus ou moins liquides. Elle peut être produite par les causes les plus diverses, telles que l'émotion générale, l'impression du froid, l'ingestion d'aliments de mauvaise
qualité ou pris en excès, celle des boissons excitantes, etc.
Quelquefois elle s'accompagne de perte d'appétit, de coliques,
de nausées, etc. Cette affection est en général de peu de durée ;
elle cède, en outre, ordinairement facile à guérir. L'abstinence
et l'administration de quelque tisane émolliente suffisent le plus
souvent : parfois cependant il est nécessaire de recourir aux

opiacés, qu'on administre en lavement ; ou bien aux purgatifs
antiseptiques ou associés à des antiseptiques tels que le
naphtol, etc., qui, dans ce cas, font cesser la d. en modifiant
l'état de la surface sécrétoire. L'enfance, la faiblesse de la
constitution, le tempérament lymphatique paraissent y prédis-
poser. — La d. idiopathique est une maladie des plus fréquentes ; mais la d. symptomatique ne l'est pas moins : car
non seulement elle est l'un des symptômes habituels des phlegmasies de l'appareil digestif, mais encore elle survient fort
souvent dans d'autres maladies, soit comme phénomène critique,
soit comme phénomène de collapsus général. Quand la d. est
purement symptomatique, c'est surtout à la maladie elle-même
qu'il faut s'adresser. Cependant il est parfois nécessaire de
la traiter isolément, parce que, pour peu qu'elle soit abondante, elle abat et épuise rapidement les forces du malade.
Lorsqu'à la d. il se joint de la chaleur et de la cuisson autour
de l'anus, il faut également y donner une grande attention,
car c'est ainsi que débute ordinairement la dysenterie.

Le traitement méthodique de la d. catarrhale doit consister,
d'abord, dans l'administration d'un purgatif salin, puis d'une
potion astringente, dès que l'effet purgatif a disparu. Les
préparations de bismuth, de ratanhia, d'opium, sont célèbres
contre la d.

On a trouvé, dans les selles diarrhéiques, de nombreux
bacilles. Outre ceux qui ont été reconnus appartenir à des
maladies spécifiques, telles que le choléra, la fièvre typhoïde, etc.
nous signalerons les deux suivants :

Bacillus coli communis d'Escherich. — On le rencontre
dans les selles des nourrissons, dans l'intestin de l'homme et
des mammifères et aussi dans des abcès du foie. Il provient
de l'eau et a une grande ressemblance tant par sa forme que
par ses propriétés biologiques avec le bacille typhique ; les
uns lui attribuent le rôle principal dans la fièvre typhoïde,
et d'autres admettent qu'il est la forme saprophytique du
bacille de cette maladie. Son inoculation aux cobayes et
lapins entraîne une diarrhée mortelle.

Bacille de la diarrhée verte (Lesage). — Il a 3 μ (3 microns)
sur 1 μ, et est très mobile. Il a été isolé de la diarrhée verte des
nourrissons. Il se cultive bien entre 30°-35° en produisant dans
les milieux de culture une coloration verte d'autant plus intense que l'accès de l'air est plus facile ; cela explique pourquoi la diarrhée devient plus verte au bout de quelques instants
d'exposition à l'air. Il se colore bien. La dessiccation prolongée,
une température de 100° pendant 10 minutes, l'addition de
quelques gouttes d'acide le tuent. L'inoculation a réussi chez
les animaux en entraînant la diarrhée verte typique. La maladie semble se transmettre par l'air, mais aussi par les
liquides contaminés (lait, eau de lavage ou d'addition dans
les biberons) et les mains souillées des nourrices. Une potion
d'acide lactique est, avec les conditions de propreté, le meilleur moyen d'arrêter cette diarrhée.

Méd. vét. — De même que chez l'homme, ce n'est qu'un
symptôme d'inflammation gastro-intestinale. On la traite par
une alimentation légère, la préparation à base d'opium, le
bicarbonate de soude ; on outre, chez les carnivores par le
lait et l'eau de riz. Voy. GASTRO-ENTÉRITE pour les causes de
la d. chez les adultes et les jeunes animaux.

DIARRHÉIQUE. adj. 2 g. [Pr. *dia-ré-ike*]. Qui tient de la
diarrhée, qui s'y rapporte.

DIARTHRODIAL, ALE. adj. T. Anat. Qui a rapport à la
diarthrose.

DIARTHROSE. s. f. (gr. διά, à travers ; ἄρθρον, articulation). T. Anat. Articulation qui permet des mouvements en
tous sens. Voy. ARTICULATION.

DIAS ou **DIAZ** (BARTHÉLEMY), navigateur portugais, découvrit en 1486 le cap des Tempêtes (cap de Bonne-Espérance).
Mort en 1500.

DIASCÉVASTE. s. m. [Pr. *dia-sé-vaste*] (gr. διασκευαστής,
correcteur, éditeur, de διασκευάζω, j'arrange). T. Littér. grecq.
Nom donné aux rhapsodes et aux grammairiens chargés de
reviser le texte d'Homère. On dit aussi *diaskévaste*.

Littér. — On sait que les poèmes d'Homère ont été d'abord
conservés presque exclusivement dans la mémoire des chan-
teurs ou *rhapsodes* qui allaient en réciter des fragments
dans les fêtes publiques et chez les princes. De là de nombreuses variantes et des interpolations regrettables. Pour
éviter une altération plus complète des textes de l'*Iliade* et de
l'*Odyssée*, Pisistrate chargea une commission de grammairiens

et de rhapsodes, de recueillir, collationner, comparer les chants d'Homère, et de les réunir en une édition définitive. Ces grammairiens, qui furent nommés *diascévastes*, eurent à s'acquitter d'une tâche longue et laborieuse. Ils la remplirent aussi bien que le permettait l'état de la critique littéraire à leur époque; mais ils furent obligés, pour relier les chants détachés, d'y ajouter des *transitions* qui ne furent pas toujours rédigées avec la discrétion et la convenance nécessaires à une œuvre aussi délicate. C'est pour cela qu'Alexandre, grand admirateur d'Homère, fit faire par de nouveaux *diascévastes* une nouvelle revision des manuscrits d'Homère, qui devint l'origine d'éditions de plus en plus parfaites, à mesure que se développait chez les Grecs le sens de la critique littéraire.

DIASCÈVE. s. f. [Pr. *dia-sève*] (gr. διασκευή, m. s., de διασκευάζω, j'arrange). T. Antiq grecque. Corrections qu'un auteur dramatique grec devait faire subir à sa pièce quand elle avait été rejetée dans un concours annuel. On dit aussi *diaskève*.

DIASCORDIUM. s. m. [Pr. *diascordi-ome*] (gr. διά, avec, et *scordium*). T. Pharm. Électuaire opiacé astringent à base de Scordium. Voy. ÉLECTUAIRE.

DIASKÉVASTE. s. m. Voy. DIASCÉVASTE.

DIASKÈVE. s. f. Voy. DIASCÈVE.

DIASPORAMÈTRE. s. m. (gr. διασπορά, dispersion; μέτρον, mesure). T. Phys. Appareil ayant pour but de réaliser l'achromatisme de deux prismes. Il se compose en principe d'un prisme à angle variable. Le d.

de Boscovich a pour partie essentielle un bloc de verre ABCD (Fig.) dans lequel on a creusé une cavité demi-cylindrique qui peut être exactement remplie par un demi-cylindre de verre de même nature, EFG. On voit qu'en faisant tourner ce demi-cylindre les faces EF et BC constituent un prisme dont on peut faire varier l'angle à volonté. Pour achromatiser un prisme (de petit angle) au moyen de cet appareil, on le place sur la face plane EF du demi-cylindre. On fait tomber sur le système un rayon lumineux émané d'une fente et l'on observe le rayon émergent au moyen d'une petite lunette. Le système des deux prismes donne alors une image dispersée de la fente sous forme d'un spectre. On tourne le demi-cylindre jusqu'à ce que l'image de la fente paraisse incolore. Le prisme que l'on étudie est alors achromatisé par le d. L'appareil donne l'angle de EF et AB par simple lecture d'un cercle divisé. En appelant A l'angle du prisme que l'on étudie, N_2 et N_1 les indices des deux couleurs que l'on veut achromatiser (par ex. le bleu et le jaune), a l'angle de EF et AB, n_2 et n_1 les indices des deux couleurs sus-nommées pour le verre du d., on a : $\dfrac{A}{a} = \dfrac{n_2 - n_1}{N_2 - N_1}$. Voy. PRISME. En prenant un second prisme d'angle A' et d'indices N'_1 et N'_2 on aurait de même : $\dfrac{A'}{a_1} = \dfrac{n_2 - n_1}{N'_2 - N'_1}$, a_1 étant le nouvel angle du d. En divisant ces deux équations membre à membre on a le rapport : $\dfrac{N'_2 - N'_1}{N_2 - N_1} = \dfrac{A}{a} \cdot \dfrac{a_1}{A'}$, dont la connaissance permet de réaliser l'achromatisme de deux prismes ou de deux lentilles taillées dans les deux verres constituant les deux prismes d'angle A et A'. Voy. PRISME et LENTILLE. Le d. joue le rôle d'un prisme auxiliaire dans cette étude.

DIASPORAMÉTRIE. s. f. Emploi du diasporamètre.

DIASPORE. s. m. (gr. διασπορά, dispersion). T. Minér. Hydrate d'alumine en tubles orthorhombiques ou en écailles et paillettes d'un éclat perlé. Il décrépite fortement sous l'action de la chaleur; de là son nom.

DIASTALTIQUE. adj. (gr. διασταλτικός, qui sert à séparer, de διά, et στέλλειν, poser). T. Anat. Qui sert à la contraction des muscles.

DIASTASE. s. f. (gr. διάστασις, séparation, de διά et στάσις,

situation). T. Chir. et chim. — En Chir. Espèce de luxation qui consiste dans l'écartement de deux os contigus, comme le tibia et le péroné.

Chim. — On appelle d. un principe azoté qui se développe dans les graines pendant la germination et qui, en présence de l'eau, transforme l'amidon en dextrine, puis en une substance sucrée appelée maltose. La d. s'extrait de l'orge germée ou malt, mais on n'a pas pu l'obtenir à l'état de pureté. On prépare une infusion de malt dans l'eau ou dans la glycérine, et on ajoute de l'alcool; il se forme un précipité qui entraîne la d. et qu'on fait sécher. On obtient ainsi une poudre blanche, amorphe, neutre, insipide, soluble dans l'eau, insoluble dans l'alcool concentré. La d. possède une composition voisine de celle des matières albuminoïdes, mais elle ne présente pas les réactions caractéristiques de ces substances. Par sa solubilité elle se distingue nettement des corps organisés; néanmoins, dans son action sur la matière amylacée, elle montre une grande analogie avec les ferments organisés tels que la levure de bière. En effet, elle provoque la transformation de l'amidon sans se combiner avec lui, et il y a une disproportion énorme entre le poids de d. et la quantité de matière transformée : on a obtenu de la d. capable de saccharifier plus de 2,000 fois son poids d'amidon. Cette action commence à se manifester à partir de 15°; elle est maximum entre 60° et 70°; elle est entravée ou arrêtée par les acides concentrés, les alcalis caustiques, l'alun, beaucoup des sels métalliques et un certain nombre de substances antiseptiques. La d. en solution est complètement détruite à 80°; mais, lorsqu'elle est desséchée, elle supporte sans altération une température de 100°. Les proportions de dextrine et de maltose obtenues dans cette transformation de l'amidon sont variables; au-dessous de 60°, il se forme surtout de la dextrine; à 70° c'est la maltose qui prédomine. Ces variations semblent indiquer que la d. ordinaire n'est pas une substance unique, et plusieurs chimistes admettent qu'elle serait un mélange de deux produits : l'un, appelé *dextrinase*, transformerait l'amidon en dextrine; l'autre appelé *maltase*, convertirait cette dextrine et l'amidon lui-même en maltose.

La d. se rencontre dans toutes les graines au moment où elles germent. Son rôle physiologique consiste à transformer l'amidon insoluble de la graine en produits solubles et assimilables; ces produits servent à nourrir le jeune plante jusqu'à ce qu'elle soit assez développée pour puiser sa nourriture dans l'atmosphère.

La d. de l'orge germée joue un rôle important dans la fabrication de la bière. C'est elle qui transforme la matière amylacée de l'orge en maltose capable de subir la fermentation alcoolique. En thérapeutique, on emploie quelquefois la d. pour faciliter la digestion des aliments féculents.

DIASTASES. — Depuis quelques années on a réuni sous ce nom un grand nombre de substances autrefois appelées *zymases*, *enzymes*, *ferments solubles*, et qui présentent de grandes analogies avec la d. du malt que nous venons de décrire. Comme elle, ces substances agissent à doses minimes et entre des limites de température assez resserrées, en provoquant le dédoublement ou la transformation de diverses matières organiques. Elles sont aussi très altérables, surtout à l'air et à la lumière, très sensibles à l'action des acides, des alcalis, des sels, des substances toxiques et des antiseptiques. Ces d. se rencontrent dans certains liquides végétaux ou animaux; beaucoup d'entre elles sont sécrétées par des micro-organismes. Pour séparer une d. de la matière organique qui la renferme, on épuise cette matière par l'eau ou par la glycérine; on traite ensuite la solution par l'alcool concentré ou par tout autre corps capable de précipiter la diastase sans l'altérer. Comme le produit ainsi obtenu n'est jamais pur, on ne connaît pas exactement la composition chimique des d. Nous répartirons ces substances en différentes classes, d'après la nature des corps qu'elles sont aptes à transformer.

Les d. des hydrates de carbone provoquent la transformation des matières amylacées ou sucrées en produits solubles et ordinairement fermentescibles. Parmi ces substances la mieux connue est la d. du malt, qui a été décrite plus haut; on la désigne sous le nom d'*amylase*, quand on veut la distinguer des autres d. La *sucrase* ou *invertine* est sécrétée par la levure de bière et par toutes les cellules qui peuvent se nourrir aux dépens de la saccharose; elle dédouble le sucre de canne en deux molécules de glucose capable de subir la fermentation alcoolique. Elle est détruite dès 70°. La température optimum d'action (c.-à-d. la température à laquelle le dédoublement est le plus rapide) est de 56°. La *tréhalase*, sécrétée par une mucédinée, l'*Aspergillus niger*, transforme la tréhalose en deux molécules de glucose. La *maltase* sécrétée aussi par l'*Aspergillus niger*, produit le même dédoublement sur la maltose. La *cellulase* hydrate la cellulose et la transforme en produits solubles.

Les *d. des glucosides* provoquent l'hydratation de ces corps et les dédoublent en deux ou plusieurs substances dont l'une est toujours un glucose. Le type de cette classe de d. est l'*émulsine* contenue dans les amandes; elle transforme, au contact de l'eau, l'amygdaline des fruits à noyau en glucose, acide cyanhydrique et aldéhyde benzylique. La *myrosine*, renfermée dans les graines de moutarde noire, dédouble par hydratation le myronate de potassium de ces graines.

Parmi les *d. des substances albuminoïdes*, les unes déterminent la coagulation des albuminoïdes solubles : telle est la *présure* utilisée pour la coagulation du lait et la fabrication des fromages; telles sont encore les substances coagulantes contenues dans divers végétaux. Les autres provoquent l'hydratation des albuminoïdes insolubles et le transforment en peptones, produits solubles et directement assimilables par l'organisme. Les principales sont la *pepsine* du suc gastrique et la *pancréatine* du pancréas; elles servent à digérer les aliments azotés. Certains végétaux contiennent des t. produisant la même action : la *papaïne* contenue dans le suc du *Carica papaya*, la *cradine* du suc de figuier, etc.

La *stéaroplase*, contenue dans le pancréas, détermine la saponification des corps gras. Des stéaroplases végétales produisent le même effet se trouvent dans les graines du ricin, du pavot, du chanvre, etc.

L'*urase*, qu'on rencontre dans l'urine, est un produit de sécrétion du bacille de l'urée; elle transforme l'urée en carbonate d'ammoniaque.

La propriété que possède la salive de saccharifier les aliments féculents a été attribuée à une d. spéciale à laquelle on a donné le nom de *ptyaline*; mais des expériences récentes tendent à prouver que ce pouvoir saccharifiant est dû uniquement aux microbes que contient toujours la bouche.

Enfin les *toxines* sécrétées par un grand nombre de microbes pathogènes peuvent aussi se ranger dans la catégorie des d. On sait aujourd'hui que ces toxines jouent souvent un rôle capital dans l'évolution des maladies engendrées par les microbes. Tels sont les produits sécrétés par les bacilles de la diphtérie, du choléra, de la tuberculose, de la fièvre typhoïde, du charbon, du tétanos, etc. On a rencontré des substances analogues dans les venins des serpents et des araignées.

Sans doute il existe encore beaucoup de d. dont nous ignorons l'existence. Celles même qui sont actuellement connues ne le sont que très imparfaitement. Mais le peu que nous savons sur ce sujet nous montre déjà quelle est l'importance des d. dans les phénomènes de la vie, et combien l'étude de ces substances promet d'être fructueuse.

DIASTASIMÈTRE. s. m. (gr. διάστασις, distance : μέτρον, mesure). Instrument servant à mesurer approximativement les distances dans les opérations géodésiques.

DIASTASIQUE. adj. Qui a rapport à la diastase.

DIASTÉMATIE. s. f. (gr. διάστημα, intervalle). T. Térat. Fente sur la ligne médiane du corps.

DIASTÈME. s. m. (gr. διάστημα, intervalle, de διά, à travers, et στάω, je suis debout). T. Mamm. Espace appelé vulgairement *barre*, qui, chez l'caucoup de mammifères, existe entre les dents canines et molaires. || T. Phys. Nom donné aux pores des solides dont l'existence ne put être démontrée que par la pénétration des liquides. || T. Mus. Intervalle simple par opposition au *système*, ou intervalle composé.

DIASTIMÈTRE. s. m. Vcy. DIASTASIMÈTRE.

DIASTIMOMÉTRIQUE. adj. (gr. διάστημα, intervalle; μέτρον, mesure). T. Techn. Se dit des appareils à l'aide des-

quels on peut mesurer la distance qui sépare deux points sans être obligé de la parcourir.

DIASTOLE. s. f. (gr. διαστολή, dilatation). T. Phys. Dilatation). T. Physiol. Dilatation du cœur et des artères. Voy. CŒUR.

DIASTOLIQUE. adj. Qui a rapport à la diastole.

DIASTROPHIE. s. f. (gr. διαστρέφω, je tors, de διά, à travers, et στρέφω, je tourne). T. Chir. Nom générique comprenant les luxations des os, le déplacement des muscles, des tendons.

DIASTYLE. s. m. (gr. διά, entre; στύλος, colonne). T. Archit. Voy. ENTRE-COLONNEMENT.

DIATÉRÉBIQUE. adj. 2 g. T. Chim. L'*acide d.*, qui aurait pour formule $C^7 H^{12} O^5$, n'est connu que par ses dérivés. Quand on cherche à l'isoler, il se transforme en sa lactone, l'acide térébique.

DIATESSARON. s. m. (gr. διά, avec; τέσσαρα, quatre). T. Pharm. Médicament composé de gentiane, de myrrhe, d'aristoloche, de baies de Laurier et de miel. Voy. ÉLECTUAIRE.

DIATHERMANE. adj. 2 g. (gr. διά, à travers; θέρμη, chaleur). T. Phys. — Les physiciens appliquent l'épithète de *diathermanes* aux corps qui donnent passage aux rayons calorifiques, de la même manière que les corps diaphanes livrent passage aux rayons lumineux. Ils nomment, au contraire, *athermanes* les corps qui, comme les métaux, ne se laissent pas traverser par la chaleur. Le phénomène de la *diathermanéité* de certains corps, tels que le verre, c'est-à-dire de leur perméabilité au calorique, était connu depuis longtemps, lorsque, en 1811 et en 1812, Prévost et Delaroche, le premier à Genève, et le second en France, se livrèrent à l'étude de cette question. Toutefois, c'est seulement en

BLAISE.

1832 que Melloni put, à l'aide du thermo-multiplicateur de son invention, obtenir des résultats d'une exactitude rigoureuse.

Dans ses expériences, Melloni a fait usage de 5 sources différentes de chaleur : 1° une lampe de Locatelli, c.-à-d. une lampe sans verre, à un seul courant d'air, avec réflecteur; 2° une lampe d'Argant, c.-à-d. à double courant d'air et munie d'un verre; 3° une spirale de platine chauffée au rouge par une lampe à alcool; 4° une plaque de cuivre noirci chauffée à 400° environ par une lampe à alcool; 5° un cube de cuivre plein d'eau maintenue à une température constante par une lampe à alcool. La Fig. ci-dessus représente l'appareil de Melloni avec une lampe Locatelli. Le thermo-multiplicateur permet de mesurer le pouvoir d. par la déviation de l'aiguille aimantée. Pour les déviations ne dépassant pas 20°, on peut admettre qu'elles sont proportionnelles à la différence de température des deux faces de la pile thermo-électrique et, par conséquent, aux quantités de chaleur reçues par ces deux faces. Voy. THERMO-ÉLECTRICITÉ.

Supposons que des rayons émanant d'une source de chaleur produisent une déviation de 30° lorsqu'ils arrivent directement sur la pile : cette déviation ne sera plus que de 28° lorsqu'on interposera une plaque de sel gemme de 3 à 4 millim. d'épaisseur, et elle descendra à 15° ou 16° par une plaque de cristal de roche de même épaisseur. Le sel gemme laisse donc passer bien plus facilement les rayons calorifiques que le cristal de roche. Beaucoup de corps peu transparents laissent même passer plus facilement les rayons de chaleur que d'autres corps complètement diaphanes. Une plaque d'alun d'une transparence parfaite, par ex., ramènera de 30° à 3° ou à 4° l'aiguille du multiplicateur, tandis qu'une plaque, même beaucoup plus épaisse, de topaze enfumée, ne fera rétrograder l'aiguille que jusqu'à 14° ou 15°. Bien plus, un certain nombre de corps complètement opaques, tels que le verre noir et le mica noir, laissent encore passer une assez grande quantité de rayons calorifiques. Il n'existe donc aucun rapport entre la diathermanéité et la transparence des corps.

On appelle *pouvoir d.* d'un corps, le rapport de la quantité de chaleur transmise à travers une épaisseur déterminée de ce corps à la quantité de chaleur incidente.

La *nature* de la substance est l'une des causes qui modifient le plus le pouvoir d. des corps. En expérimentant au moyen d'une lampe d'Argand, sur des corps liquides renfermés dans des auges de verre dont les faces opposées étaient parallèles et distantes l'une de l'autre de $9^{mm},2$, Melloni a trouvé que, sur 100 rayons incidents :

Le sulfure de carbone en laisser passer. . .	63
L'huile d'olive	30
L'éther.	21
L'acide sulfurique	17
L'alcool	15
L'eau sucrée ou alunée ou salée	12
L'eau distillée	11

En opérant sur diverses substances solides taillées en lames d'une épaisseur de $2^{mm},6$, il a constaté que, sur 100 rayons incidents,

Le sel gemme en laisse passer	92
Le spath d'Islande.	62
Le cristal de roche enfumé	57
Le carbonate de plomb diaphane	52
La chaux sulfatée diaphane.	20
L'alun diaphane	12
Le sulfate de cuivre.	0

La quantité de chaleur qui traverse une plaque d. est d'autant plus grande que le *poli* de celle-ci est plus parfait.

Il n'y a aucune relation entre les *teintes* des lames de même nature et les quantités de calorique rayonnant qui les traversent dans les mêmes circonstances. Le carbonate de plomb, qui est beaucoup plus réfringent que le spath d'Islande et le cristal de roche, est cependant moins d. De même, le sel gemme, quoique à peu près aussi transparent que l'alun, et ayant le même indice de réfraction que lui, est cependant incomparablement plus diathermane.

On n'a reconnu aucune dépendance entre la diathermanéité et les formes cristallines des corps ; néanmoins, l'expérience montre que les grandes différences observées dans les pouvoirs diathermanes des différents corps tiennent plutôt à la *structure* qu'à la nature chimique de leurs molécules. En effet, une plaque de sel marin ne laisse passer que peu de rayons calorifiques là où le sel gemme en laisse passer la presque totalité, et la diathermanéité de l'eau pure augmente de la même quantité lorsqu'on la sature de sel gemme ou d'alun, substances dont le pouvoir d. est pourtant si différent à l'état cristallisé.

La quantité de chaleur qui traverse une plaque quelconque diminue à mesure que son *épaisseur* augmente ; mais cette décroissance n'est pas proportionnelle à l'augmentation de l'épaisseur. L'absorption se fait surtout par les couches superficielles. Ainsi en expérimentant sur des plaques de verre blanc dont les épaisseurs étaient 1, 2, 3 ou 4, Melloni a constaté que, sur 1,000 rayons incidents, ces plaques en laissaient passer 619, 578, 558 et 549.

Si l'on augmente le *nombre* des plaques que traverse la chaleur, on obtient un résultat analogue. Toutefois, quand on superpose plusieurs plaques de même nature, l'absorption de calorique est plus grande que lorsqu'on opère avec une seule plaque d'épaisseur égale à l'ensemble des plaques superposées. Enfin, dans une combinaison de plaques diathermanes de nature différente, l'effet produit est le même, quel que soit l'ordre de superposition de ces plaques.

Le pouvoir d. est très variable suivant la *source* de chaleur. Les rayons calorifiques obscurs provenant par ex. d'un cube d'eau bouillante, sont arrêtés par le verre, mais traversent le sel gemme. Les rayons calorifiques provenant des sources lumineuses traverseront, au contraire, plus facilement le verre.

La *nature des corps diathermanes déjà traversés* fait subir aux rayons calorifiques une certaine modification qui les rend plus ou moins pr près à traverser d'autres substances. Sur 100 rayons de chaleur transmis par une lame de verre, il en passe 92,3 à travers une lame de verre ou du cristal de roche. Bien plus, lorsque le faisceau de rayons calorifiques a traversé une plaque d'acide citrique, l'alun en laisse passer à peu près la même quantité que le sel gemme.

Les propriétés que présente la chaleur dans son passage à travers les divers corps, propriétés que nous venons de passer en revue, ont porté Melloni à formuler le premier, au sujet de la constitution de la chaleur rayonnante, une hypothèse dont la vérité est aujourd'hui bien démontrée. De même que Newton a distingué plusieurs rayons lumineux, de même Melloni a pensé qu'il existait plusieurs sortes de rayons calorifiques. Ceux-ci sont émis, en même temps, en proportions variables, par les diverses sources de chaleur, et traversent plus ou moins facilement les corps diathermanes. Ces corps présenteraient donc, par rapport aux rayons calorifiques, les mêmes propriétés que les corps transparents par rapport aux rayons lumineux, c.-à-d. qu'ils absorberaient certains rayons et laisseraient passer les autres, tout comme le verre bleu, par ex., laisse passer les rayons bleus et arrête tous les autres. Cette théorie s'adapte très bien au système des ondulations, en admettant que les propriétés des différentes espèces de rayons calorifiques sont dues à des nombres de vibrations différents ou à des ondes calorifiques d'inégale longueur. Mais il y a plus : l'expérience a montré qu'étant donnée une certaine radiation déterminée possédant à la fois des propriétés lumineuses, calorifiques et chimiques, il n'est pas possible d'isoler ces propriétés. Toutes seront affaiblies dans la même proportion par le passage du rayon à travers une lame quelconque, ce qui démontre qu'il n'y a pas lieu de distinguer les rayons lumineux, calorifiques et chimiques. Tous ces rayons sont de même nature : ce sont les mêmes radiations qui jouissent de l'une ou l'autre, ou de plusieurs de ces trois propriétés, et celles-ci ne diffèrent entre elles que par leur longueur d'onde. Il y a une immense échelle de radiations dont une partie seulement agit sur l'organe de la vue ; toutes sont douées du pouvoir calorifique, et la plupart peuvent déterminer des réactions chimiques qui permettent de les photographier. Cependant, ce pouvoir *photogénique* est plus développé dans les radiations de petite longueur d'onde. Voy. DISPERSION, SPECTRE.

C'est à cause du grand pouvoir diathermique des gaz que les couches supérieures de l'atmosphère sont toujours à une basse température, bien qu'elles soient traversées par les rayons solaires. L'eau, étant au contraire fort peu d., nous présente le phénomène inverse ; les couches supérieures sont les seules qui participent aux variations de température, suivant les saisons, tandis qu'à une certaine profondeur la température reste constante. — Les propriétés diathermanes des corps ont été utilisées pour séparer la chaleur lumineuse de la chaleur obscure qui rayonnent ensemble d'une même source. Dans les appareils éclairés avec les rayons solaires ou la lumière électrique, on se débarrasse d'une chaleur trop intense au moyen de lames ou de dissolutions d'alun qui laissent passer complètement la lumière. On tire encore parti, dans beaucoup de circonstances, de la propriété d. du verre pour élever la température d'un espace clos. Le verre laisse passer les rayons calorifiques qui ont une haute température, et arrête ceux qui émanent d'une source moins chaude. C'est ainsi que les cloches de verre sous lesquelles on abrite les plantes, les vitres des châssis et des serres laissent passer les rayons solaires et arrêtent ceux qui rayonnent du sol, de sorte que la chaleur qui a pénétré dans la cloche ou dans la serre ne peut, pour ainsi dire, plus en sortir et que la température de l'enceinte s'élève bien au-dessus de celle de l'extérieur.

DIATHERMANÉITÉ. s. f. T Phys. Propriété dont jouissent les corps diathermanes.

DIATHERMANSIE. s. f. (R. *diathermane;* mot mal formé). T. Phys. Propriété qu'ont les corps diathermanes de se laisser traverser par certains rayons calorifiques.

DIATHÉSATION. s. f. [Pr. .. *sion*] (R. *diathèse*). T. Méd. Généralisation d'une affection d'abord locale. Inus.

DIATHÈSE. s. f. (gr. διάθεσις, disposition). T. Méd. Disposition générale, état général de l'organisme qui se manifeste par des lésions de même nature dans diverses parties du corps. *La d. n'est pas encore la maladie, mais elle est plus que la prédisposition à contracter la maladie.* D. scrofuleuse, cancéreuse, rhumatismale, etc. L'idée de *d.* est appelée à disparaître à mesure que l'on connaîtra mieux les causes des maladies englobées sous ce terme général. Voy. CACHEXIE.

DIATHÉSIQUE. adj. Qui dépend d'une diathèse antécédente.

DIATOMACÉES. s. f. pl. (gr. διάτομος, coupé en deux). T. Bot. Famille d'Algues de l'ordre des Phéophycées.
Caract. bot.: Les *D.* vivent en nombre immense au fond des eaux douces, saumâtres ou salées, ainsi que sur la terre humide. Les cellules du thalle sont quelquefois unies en un

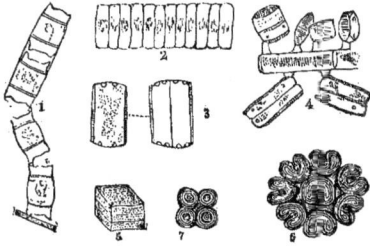

Fig. 1.

filament simple (Fig. 1, 2), mais le plus souvent elles vivent isolées dans le liquide, ordinairement libres, parfois fixées sur un pédicelle gélatineux (Fig. 1, 4) Les cellules libres sont mobiles; elles rampent sur les corps solides sans organes moteurs visibles, et leurs mouvements sont influencés

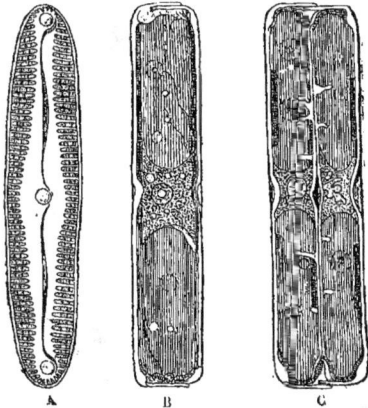

Fig. 2.

par la lumière. La forme des cellules est très variable : elles peuvent être circulaires, elliptiques, en losange, courbées en S, triangulaires, quadrangulaires, etc. La membrane porte souvent des sculptures très élégantes et très variées, et elle est toujours fortement silicifiée, ce qui lui permet de se conserver indéfiniment. De là, le rôle important que jouent les Diatomacées dans la constitution des dépôts sédimentaires, rôle qu'elles ont joué aussi dans les temps anciens. Les villes de Berlin et de Kœnigsberg sont bâties sur les dépôts de D. mesurant jusqu'à 25 mètres d'épaisseur. Ces roches pulvérulentes servent à polir les métaux et on leur donne le nom

de *tripoli;* lorsque le dépôt est pur et homogène, il peut entrer sans danger d'explosion en mélange avec la nitroglycérine pour constituer la dynamite; tels sont les dépôts de Randan, en Auvergne; de Degernfors, en Finlande, etc. [Fig. 1. — 1. *Biddulphia;* 2. *Grammonema;* 3. *Eunotia;* 4. *Achnantes;* 5. *Amphitetras.* — Fig. 2. — *Pinnularia viridis:* A. Cellule vue de face; B. Cellule vue de profil; C. Cellule de profil après le cloisonnement.]

La membrane siliceuse de chaque cellule est divisée en deux moitiés, qui peuvent jouer l'une dans l'autre comme une boîte dans son couvercle; cela permet à la cellule de se contracter et de se dilater dans une certaine mesure. A l'intérieur de la cellule se trouve une masse protoplasmique contenant un noyau et des leucites colorés en jaune. La cellule se cloisonne très fréquemment en suivant un processus tout particulier et en rapport avec la structure de sa membrane. Le noyau se divise d'abord, puis les 2 valves se déboîtent peu à peu ; alors apparaît une cloison toujours dirigée dans le sens de la plus grande longueur de la cellule, dont les 2 couches externes se replient en sens inverse sur le pourtour, de manière à s'emboîter dans les 2 valves primitives, tandis que la couche moyenne se dissout (Fig. 2, C). Il résulte de là que, dans toute cellule, la boîte est toujours plus jeune que le couvercle, et que les cellules, à mesure qu'elles se divisent, deviennent de plus en plus petites.

Quand un certain minimum de grandeur est atteint, chacune d'elles produit une et quelquefois 2 spores. Pour cela, le protoplasme se débarrasse de sa membrane silicifiée, s'entoure d'une membrane dépourvue de silice et forme ainsi une spore. Celle-ci grandit jusqu'à une dimension maximum, puis forme sous la membrane de cellulose qui se détruit bientôt, une membrane silicifiée formée de 2 moitiés emboîtées l'une dans l'autre. Parfois 2 cellules se rapprochent, les 2 corps protoplasmiques rejettent leur enveloppe siliceuse, puis devenus libres se fusionnent en donnant ainsi un œuf qui se comporte d'ailleurs comme une simple spore.

Cette famille comprend environ 90 genres principaux, que l'on groupe en six tribus :

Tribu I. — *Mélosirées.* — Leucites nombreux; valves centriques (*Melosira, Coscinodiscus, Biddulphia, Eupodiscus,* etc.).

Tribu II. — *Fragilariées.* — Leucites nombreux; valves bilatérales (*Fragilaria, Tabellaria, Diatoma, Meridion,* etc.).

Tribu III. — *Cocconéidées.* — Leucite unique formant une plaque valvaire (*Cocconeis,* etc.).

Tribu IV. — *Cymbellées.* — Leucite unique formant une plaque latérale (*Achnanthes, Cocconema, Cymbella, Gomphonema, Amphitropis,* etc.).

Tribu V. — *Surirellées.* — Leucites en deux plaques valvaires ((*Eunotia, Surirella, Synedra,* etc.).

Tribu VI. — *Naviculées.* — Leucites en deux plaques latérales (*Amphipleura, Navicula, Pinnularia, Pleurosigma, Stauroneis,* etc.).

DIATOMIQUE. adj. 2 g. (R. *di,* préf., et *atome*). T. Chim. Qui peut s'unir à deux atomes univalents pour former un composé saturé. Syn. de *Bivalent.* Voy. ATOMICITÉ et BIVALENT.

DIATON. s. m. (gr. διὰ, entre ; τόνος, ton). T. Mus. Intervalle qui sépare deux tons successifs.

DIATONIQUE. adj. 2 g. (gr. διὰ, entre ; τόνος, ton). T. Mus. Qui procède par les tons naturels de la gamme. *Chant d. Genre d.*

DIATONIQUEMENT. adv. T. Mus. Suivant l'ordre diatonique.

DIATRAGACANTHE. s. m. (gr. διὰ, avec ; τραγάκανθα, gomme adragante). T. Pharm. Poudre adoucissante composée de gomme adragante ou arabique, d'amidon, de sucre, de réglisse, de semences froides majeures et de graines de pavot blanc. *Le d. est aujourd'hui inusité.*

DIATRIBE. s. f. (gr. διατριβή, étude, exercice, de διὰ, avec, et τρίβειν, broyer). Dissertation critique ; se dit ordinairement, en mauvaise part, en parlant d'une critique amère et virulente. — Par ext., se dit de tout écrit et de tout discours violent. *Méprisez toutes ces diatribes.*

DIATRYPÈSE. s. f. (gr. διὰ, à travers ; τρυπᾶν, percer). T. Chir. Espèce de suture du crâne. Inus.

DIAULE. s. m. (gr. δίαυλος, m. s. de δίς, deux, et αὐλή, espace). T. Antiq. Double stade. || Adj. *Course d.*, Celle où les coureurs parcouraient deux fois la piste.

DIAULE. s. f. (gr. δίς, deux ; αὐλός, flûte). T. Mus. anc. Flûte double, à deux corps. Voy. FLUTE.

DIAZ. Voy. DIAS.

DIAZ DE LA PENA, connu sous le nom de DIAZ, peintre fr., grand paysagiste (1809-1876).

DIAZINE. s. f. (R. *di*, et *azote*). T. Chim. Nom donné aux noyaux hexagonaux dérivés du benzène par la substitution de deux atomes d'azote à deux groupes CH. D'après la situation relative de ces deux atomes d'azote, on distingue 3 noyaux pareils :

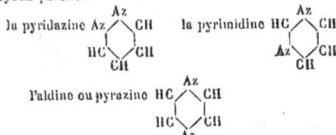

la pyridazine Az / CH   la pyrimidine HC / CH

l'aldine ou pyrazine HC / CH

Les deux premiers ne sont connus que par leurs dérivés ; le troisième seul a été isolé.

A la *pyridazine* se rattachent les pyridazones et les pyridazolones.

Les principaux dérivés de la *pyrimidine* sont les uraciles, les cyanalkines, telles que la cyanméthine et ses homologues, un assez grand nombre d'uréides et d'urées composées à chaîne hexagonale, l'alloxane, l'acide barbiturique, etc.

L'*aldine* ou *pyrazine* forme un produit d'addition important, la pipérazine, qui constitue son hexalydrure. Les homologues de l'aldine forment la classe des kétines.

Les diazines, et principalement l'aldine, peuvent se souder à un ou à deux noyaux aromatiques, de manière à former des corps plus complexes, qui donnent eux-mêmes naissance à un grand nombre de produits de substitution importants. Le composé résultant de la soudure de l'aldine avec un seul noyau aromatique (que nous désignerons ici par R) constituent la classe des *quinoxalines* et sont représentés par la formule

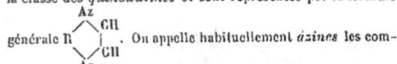

générale R / CH . On appelle habituellement *azines* les composés contenant deux noyaux aromatiques reliés par l'aldine

et répondant au schema R / R. Les plus simples de ces azines sont la phénazine et les naphtazines ; elles constituent les substances mères d'un grand nombre de matières colorantes fabriquées industriellement : eurhodines, safranines, indulines, mauvéines, etc.

DIAZO- (R. *di*, et *azote*). Préfixe servant à la nomenclature des composés diazoïques.

DIAZOAMIDÉ. adj. et s. m. (R. *di*, *azote*, et *amide*). T. Chim. Les composés diazoamidés forment un groupe spécial dans la classe des combinaisons diazoïques ; on les regarde comme constitués par un noyau bivalent —Az=Az— relié d'une part à un radical et d'autre part à un groupe AzH² substitué ; leur formule générale est R—Az=Az—AzHR'. Pour leur nomenclature, on énonce les deux corps qui correspondent aux radicaux R et R' on les séparent par le mot diazoamido. Ex.: nitrobenzène–diazoamidobenzène

$$C^6H^4(AzO^2)—Az=Az—AzHC^6H^5.$$

Si les deux radicaux sont identiques, on supprime ordinairement le premier nom, comme dans diazoamidobenzène

$$C^6H^5—Az=Az—AzHC^6H^5.$$

Les composés diazoamidés sont généralement jaunes, cristallisés, solubles dans l'éther, l'alcool et le benzène. Peu stables, ils peuvent se décomposer avec explosion par une brusque élévation de température. Ils ne possèdent pas les propriétés fortement basiques des autres diazoïques ; toutefois, ils s'unissent au chlorure de platine pour former des chloro-

platinates. Ils se comportent plutôt comme des acides faibles, car ils se dissolvent dans les alcalis et donnent des dérivés métalliques où l'hydrogène du groupe AzHR' est remplacé par un métal. Les diazoamidés se convertissent facilement en amidoazoïques, c.-à-d. en composés azoïques amidés ; cette transformation isomérique peut s'effectuer sous l'action des acides, des sels d'aniline, et même spontanément. C'est ainsi que le diazoamidobenzène C⁶H⁵—Az=Az—AzH.C⁶H⁵ se change en amidoazobenzène C⁶H⁵—Az=Az—C⁶H⁴(AzH²). — On prépare les composés diazoamidés en faisant réagir un sel de diazoïque sur une amine primaire ou secondaire. Par ex., le diazoamidobenzène s'obtient par l'action du nitrate de diazobenzène sur l'aniline. Avec une amine tertiaire, on n'obtiendrait qu'un composé amidoazoïque.

Outre les diazoamidés primaires que nous venons de décrire, il existe des diazoamidés secondaires dont la formule générale est R—Az=Az—Az R₁ R₂.

DIAZO-IMIDE. s. f. (R. *di*, *azote* et *imide*). T. Chim. Les diazo-imides sont constitués par l'union d'un radical avec un groupe formé par 3 atomes d'azote et répondent à la formule

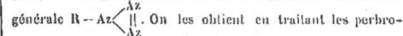

générale R—Az || . On les obtient en traitant les perbromures de diazoïques par l'ammoniaque. Elles se forment aussi par l'action de l'acide azoteux sur certaines hydrazines ; c'est ainsi que la phénylhydrazine donne naissance à la diazobenzène-imide C⁶H⁵Az². Ces composés sont généralement des liquides huileux, jaunes, neutres aux réactifs ; une brusque élévation de température les décompose avec explosion. En les faisant bouillir avec les acides minéraux ou avec les alcalis, on obtient de l'acide azothydrique HAz³ qu'on peut regarder comme le plus simple de ces composés, les autres diazo-imides étant ses éthers ou ses produits de substitution.

DIAZO-IMINE. s. f. T. Chim. Syn. de *diazo-imide*.

DIAZOÏQUE. adj. 2 g. et s. m. (R. *di*, et *azote*). T. Chim. On a donné le nom de composés diazoïques à une classe de corps formés par l'action de l'acide azoteux sur les amines ou sur les combinaisons amidées. Ces composés, que P. Griess fit connaître à partir de 1862, répondent à la formule générale R—Az=Az—X dans laquelle R représente un radical hydrocarboné aromatique, tandis que X désigne un oxhydryle, ou un élément halogène tel que le chlore, ou encore un radical acide. Dans le cas où X est remplacé par un groupe AzH² substitué, on a des diazoïques de nature particulière, appelés composés diazoamidés que nous traitons à part (voy. DIAZOAMIDÉ. — La nomenclature des diazoïques est la même que celle des hydrates, des chlorures et des sels à base métallique ; seulement, on remplace le nom de la base par celui du corps correspondant au radical R et on fait précéder du mot diazo-. Ex.:

C⁶H⁵—Az=Az—OH Hydrate de diazobenzène.
C⁶H⁵—Az=Az—Cl Chlorure de diazobenzène.
C¹⁰H⁷—Az=Az—AzO³ Azotate de diazonaphtalène.

Pour préparer ces composés, on fait agir à basse température l'acide azoteux ou un azotite alcalin sur le sel d'une amine aromatique en solution ou en suspension dans l'eau. Les acides amidés, les phénols amidés, et en général tous les composés aromatiques contenant un ou plusieurs groupes AzH², donnent de même des corps diazoïques. Comme type de ces réactions nous pouvons prendre la formation du chlorure de diazobenzène au moyen du chlorhydrate d'aniline.

C⁶H⁵AzH². HCl + AzO.OH = C⁶H⁵—Az=Az—Cl + 2H²O.

Les diazoïques sont généralement solides, cristallisés, incolores, mais brunissent à l'air, très solubles dans l'eau, peu solubles dans l'alcool et dans l'éther. Ils sont très instables ; le choc ou une application brusque de la chaleur les décompose avec explosion. Ce sont de véritables sels pouvant faire la double décomposition et dans lesquels le groupe diazoïque R—Az=Az— fonctionne comme base ; toutefois, en présence d'un grand excès de potasse ou de soude, ce groupe peut s'unir à l'alcali en jouant le rôle d'un acide faible et en donnant des dérivés métalliques. — Les diazoïques représentent des composés amidés dans lesquels le groupe AzH² a été remplacé par Az². Ils échangent facilement ces deux atomes d'azote contre un atome d'hydrogène, de chlore, de brome, ou contre un groupe tel que OH, AzO², C²Az, etc. Ils peuvent donc servir de terme de transition pour passer des amines ou des composés amidés aux hydrocarbures, aux phénols, aux nitriles, aux dérivés chlorés, bromés, nitrés, etc. Ainsi, en solution aqueuse, ils se décomposent à l'ébullition en dégageant de l'azote et en formant des phénols. Chauffés avec de l'alcool ils se convertissent en hydrocarbures. Avec l'acide azotique étendu, ils donnent des phénols nitrés; avec l'acide sulfurique, des acides sulfoniques. Grâce aux réactions de ce genre, les diazoïques jouent un rôle important dans les synthèses organiques et dans la détermination de la constitution de composés isomères. — Dans d'autres réactions, qui s'effectuent avec la même facilité que les précédentes, le groupe Az² est conservé; on obtient alors des corps appartenant aux différentes classes de la série azoïque. C'est ainsi que par une réduction ménagée, les diazoïques donnent naissance aux composés hydrazoïques. En fixant du brome, ils donnent des perbromures que l'ammoniaque transforme en diazo-imides. En s'unissant aux phénols, ils échangent leur radical électronégatif contre un résidu phénolique et produisent des composés oxyazoïques. Avec les amines aromatiques primaires ou secondaires, ils donnent des dérivés diazoamidés; avec les amines tertiaires, des dérivés amidoazoïques; avec les diamines, des dérivés diamidoazoïques, tels que la chrysoïdine. Ces réactions avec les phénols et les amines s'opèrent sur une grande échelle dans la fabrication des matières colorantes. Enfin, les combinaisons sodées des hydrocarbures gras, nitrés, tels que le nitrométhane, réagissent sur les diazoïques en donnant des azoïques mixtes.

On voit, par ce qui précède, le nombre et l'importance des applications que les diazoïques rencontrent dans le laboratoire. Dans l'industrie, ces composés servent à préparer la plupart des matières colorantes. Voy. Azoïque. Quelques-uns, comme l'azotate de diazobenzène, sont employés comme explosifs.

DIAZOTATION. s. f. [Pr. ...sion]. T. Chim. Action de diazoter une substance.

DIAZOTER. v. a. T. Chim. Transformer un composé, à l'aide de l'acide azoteux, en un dérivé azoïque ou diazoïque. Voy. ces mots.

DIBIPHÉNYLÈNE-ÉTHYLÈNE. s. m. (R. di, bis, phénol, etc.). T. Chim. Hydrocarbure rouge obtenu en faisant passer du fluorène sur de l'oxyde de plomb chauffé. Il est solide et fond à 187°. Sa formule est $C^{12}H^8 = C = C = C^{12}H^8$. C'est l'un des rares hydrocarbures qui soient colorés. Son bromure, chauffé avec la potasse alcoolique, donne un hydrocarbure incolore, qui est probablement le diphénylène-éthane $C^{12}H^8 — CH — CH — C^{12}H^8$.

DIBRANCHE. adj. (R. di, préf., et branchie). T. Zool. Se dit des Crustacés qui ont des branchies à deux feuilles.

DIBRANCHIAUX. s. m. pl. (gr. δίς, deux; βράγχια, branchies). T. Zool. Les D., que l'on nomme encore Acétabulifères (lat. acetabulum, petit vase, et fero, je porte) à cause de la présence de ventouses, forment un ordre de Céphalopodes caractérisé par la présence de 2 branchies et de 2 oreillettes, de 8 ou 10 bras autour de la bouche et d'une poche du noir. D'après le nombre des bras, on les divise en deux sous-ordres : Octopodes et Décapodes. Voy. ces mots.

DIBRAQUE. s. m. (gr. δίς, deux fois; βραχύς, bref). T. Métr. anc. Pied d'un vers grec ou latin composé de deux brèves (rósû).

DICARPE. adj. 2 g. (gr. δίς, deux; καρπός fruit). T. Bot. Qui porte deux fruits ou fructifie deux fois.

DICARPELLAIRE. adj. 2 g. [Pr. di-car-pel-lère]. T. Bot. Qui a deux carpelles.

DICASTE. s. m. (gr. δικαστής, juge, de δίκη, justice). T. Hist. gr. — Le terme de Dicaste (δικαστής), dans son acception la plus large, sign. simplement juge; mais à Athènes il servait particulièrement à désigner les citoyens qui étaient légalement investis de la double fonction de juges et de jurés, fonctions d'ailleurs essentiellement temporaires. L'assemblée des dicastes appelés à juger une affaire était nommée Dicastère; on désignait encore par le même terme le lieu même où ils siégeaient. Les dicastes appelés à siéger dans une affaire étaient toujours en fort grand nombre. On en comptait quelquefois 1000 et même 1500. Par là on avait voulu prévenir tout moyen de corruption ou d'intimidation, et, de fait, Athènes était la seule ville de la Grèce où la justice se rendit

avec impartialité. Partout ailleurs, les crimes des hommes riches et puissants restaient impunis. Aussi les attaques du parti aristocratique contre cette institution étaient-elles incessantes : Aristophane, par ex., qui appartenait à ce parti, déploie à ce sujet une verve intarissable. — Pour plus de détails, nous renvoyons le lecteur à l'admirable chapitre que G. Grote a consacré, dans son History of Greece, aux institutions judiciaires d'Athènes.

DICÉARQUE, philosophe, historien et géographe du IVᵉ s. avant J.-C., disciple d'Aristote.

DICÉE. s. m. (lat. dicæum, nom donné par Élien à un très petit oiseau des Indes). T. Ornith. Genre d'oiseaux du groupe des Grimpereaux. Voy. ce mot.

DICÉLYPHE. adj. 2 g. (gr. δίς, deux; κέλυφος, enveloppe). T. Zool. Se dit des œufs monstrueux qui ont une double coquille.

DICENTRA. s. m. (gr. δίς, deux; κέντρον, éperon). T. Bot. Genre de plantes Dicotylédones de la famille des Papavéracées. Voy. ce mot.

DICÉPHALE. adj. 2 g. (gr. δίς, deux; κεφαλή, tête). T. Hist. nat. Qui a deux têtes, deux capitules ou deux sommets.

DICÉRATE. s. f. (gr. δίς, deux; κέρας, corne, à cause des dents de la coquille). T. Zool. Genre de mollusques lamellibranches de la famille des Chamacées. Voy. ce mot.

DICÈRE. adj. 2 g. (gr. δίς, deux; κέρας, corne). Qui a deux cornes, deux tentacules ou deux antennes.

DICÉTONE. s. f. (R. di, et cétone). T. Chim. Composé renfermant deux fois le groupe carbonyle CO qui caractérise les cétones. Suivant la position relative de ces deux carbonyles on distingue : 1° les α dicétones contenant le groupement CO.CO où les deux carbonyles sont contigus; 2° les β dicétones où ils sont séparés par le radical CH², de manière à former le groupement CO.CH².CO; 3° les γ dicétones contenant CO.CH².CH².CO, etc.

Les α dicétones ont pour représentant le plus simple le biacétyle CH³.CO.CO.CH³ (voy. ce mot). Pour les préparer, on part des nitroso-acétones, composés formés par l'action de l'acide nitreux à l'état naissant sur les cétones; on combine ces nitroso-acétones avec le bisulfite de soude et on les traite par l'acide sulfurique étendu et bouillant. Les α dicétones peuvent se combiner successivement avec une et deux molécules de phénylhydrazine en donnant une hydrazone et une osazone. Avec l'hydroxylamine, on obtient une oxime et une dioxime par la transformation des groupes CO en CAzOH. Traitées par le zinc et l'acide sulfurique, les α dicétones fixent de l'hydrogène et se transforment en alcools cétoniques par la substitution de CH OH à CO; une hydrogénation plus complète donne naissance à un glycol.

Le type des β dicétones est l'acétylacétone CH³.CO.CH². CO.CH³, substance incolore, bouillant à 137°, se solidifiant à 29°. Les composés de cette classe se préparent en faisant agir l'éthylate de sodium sur le mélange d'un éther et d'une cétone. Ils présentent le phénomène de la desmotropie : suivant les circonstances, ils se comportent comme s'ils renfermaient tantôt le groupe dicétonique CO.CH².CO, tantôt le groupe isomère COH = CH.CO possédant les deux fonctions alcool et cétone. Sous l'action de l'hydroxylamine ce groupe

$$C \diagdown^{CH}_{O-Az} C$$

se transforme en composé à chaîne fermée au lieu d'une oxime. La phénylhydrazine agit d'une manière analogue et transforme les β dicétones en composés cycliques dérivés du pyrazol. Une autre propriété caractéristique du groupe CO.CH².CO, c'est que son hydrogène est remplaçable par un métal; les β dicétones peuvent ainsi jouer le rôle d'acides et former des sels métalliques. — On peut obtenir des β dicétones aromatiques en faisant agir le chlorure de malonyle sur un hydrocarbure aromatique en présence du chlorure d'aluminium.

Les γ dicétones sont représentées par l'acétonylacétone CH³.CO.CH².CH².CO.CH³, liquide incolore, bouillant à 188°, qu'on prépare en chauffant sous pression l'acide pyrotartrique avec de l'eau. L'hydroxylamine transforme l'acétonylacétone en unedioxime. La phénylhydrazine donne suivant les circonstances une oxazone ou un composé cyclique dérivé du pyrrol. L'ammoniaque et les amines donnent également des composés à noyau de pyrrol. Cette formation de dérivés pyrroliques est due au groupe CO.CH².CH².CO qui se change en

$$\begin{array}{cc} CH - CH \\ | \quad\quad | \\ C \quad\quad C \\ \diagdown \quad \diagup \\ AzH \end{array}$$

L'acétonylacétone est la seule γ dicétone grasse que l'on connaisse; mais on a obtenu un certain nombre de γ dicétones aromatiques, telles que le dibenzoyle-éthane C⁶H⁵.CO.CH². CH². CO. C⁶H⁵, en faisant réagir le chlorure de succinyle sur les hydrocarbures aromatiques, en présence du chlorure d'aluminium.

Les δ et les ε dicétones sont encore peu connues.

On sait que les aldéhydes différent très peu des cétones par leur constitution et leurs propriétés. Aussi, les *cétones-aldéhydes*, composés contenant à la fois le groupe cétonique CO et le groupe aldéhydique CHO, sont-elles de tout point comparables aux dicétones. Les cétones-aldéhydes les plus simples sont le méthylglyoxal CH³.CO.CHO et les dérivés analogues du glyoxal.

DICÉTYLE. s. m. (R. *di*, et *cétyle*). T. Chim. Hydrocarbure C³²H⁶⁶. Voy. DOTRIACONTANE.

DICHOBUNE. s. m. (gr. δίχα, en deux; βουνός, amas). T. Paléont. Zool. Genre de mammifères fossiles, voisins des *Hippopotames* et des *Anoplotherium*.

DICHOGAMIE. s. f. [Pr. *di-ko-gami*] (gr. δίχα, séparément; γάμος, mariage). T. Bot. Mode de fécondation des végétaux unisexués dont les fleurs mâles et les fleurs femelles ne se développent pas en même temps.

DICHOLOPHE. adj. [Pr. *diko-lofe*] (gr. δίχα, séparément; λόφος, huppe). T. Ornith. Dont la huppe est partagée en deux.

DICHONDRA. s. m. [Pr. *di-kondra*] (gr. δίς, deux; χόνδρος, grain). T. Bot. Genre de plantes Dicotylédones de la famille des *Convolvulacées*. Voy. ce mot.

DICHONDRÉES. s. f. pl. [Pr. *di-kondré*] (R. *Dichondra*). T. Bot. Tribu de végétaux de la famille des *Convolvulacées*. Voy. ce mot.

DICHOPÉTALE. adj. 2 gr. [Pr. *di-ko-pétale*] (gr. δίχα, séparément, et *pétale*). T. Bot. Dont les pétales sont bifides.

DICHOPTÈRE. adj. 2 gr. [Pr. *di-ko-ptère*] (gr. δίχα, séparément; πτερόν, aile). T. Zool. Dont les ailes sont partagées en deux.

DICHORÉE. s. m. [Pr. *di-koré*] (gr. δίς, deux; χορεῖος, chorée). T. Pros. anc. Pied composé de deux chorées ou de deux trochées (cônfinéré).

DICHOTOMAL, ALE. adj. [Pr. *di-kotomal*]. T. Bot. Se dit du pédoncule qui naît dans l'angle d'une dichotomie.

DICHOTOME. adj. 2 g. [Pr. *di-kotome*] (gr. δίχα, en deux parties; τομή, section). ‖ T. Bot. Se dit des parties qui se divisent et se subdivisent par bifurcation. *La plupart des espèces des genres Céraiste et Valérianelle ont des tiges ou des inflorescences dichotomes.* ‖ T. Astron. On dit que La lune est d., ou partagée en deux, quand l'hémisphère qui regarde la terre n'est qu'à moitié éclairé par le soleil, c.-à-d. au premier et au dernier quartier.

DICHOTOMIE. s. f. [Pr. *di-kotomi*] (gr. δίχα, en deux parties; τομή, section). T. Bot. Mode de division par bifurcation. ‖ T. Astron. État de la lune quand la moitié seulement de son disque est éclairée par le soleil.

DICHOTOMIQUE. adj. 2 g. [*di-ko-tomique*] (gr. δίχα, en deux parties; τομή, section). Qui se divise et se subdivise de deux en deux; bifurqué. *Division d. La méthode d. est la meilleure, quand il s'agit seulement d'arriver à la détermination des espèces.*

DICHOTOMIQUEMENT. adv. [Pr. *di-ko*...] (R. *dichoto-*

mique). Avec bifurcation en se divisant et subdivisant de deux en deux.

DICHOTOMOPHYLLE. adj. 2 g. [Pr. *di-ko-tomo-file*] (R. *dichotome*, et gr. φύλλον, feuille). T. Bot. Dont les feuilles sont dichotomes ou bifurquées.

DICHROANTE. adj. 2 g. [Pr. *di-kro-ante*] (gr. δίχροος, de deux couleurs; ἄνθος, fleur). T. Bot. Dont les fleurs sont de deux couleurs.

DICHROÉ, ÉE. adj. [Pr. *di-kroé*] (gr. δίχροος, m. s., de δίς, deux, et χρόα, couleur). T. Bot et Zool. Qui est de deux couleurs.

DICHROÏSME. s. m. [Pr. *di-kro-isme*] (gr. δίχροος, de deux couleurs). T. Phys. Propriété qu'offrent certaines substances transparentes d'offrir une couleur différente suivant qu'on les regarde par transparence ou par réflexion, telle la *tourmaline*. Voy. POLARISATION.

DICHROÏTE. adj. 2 g. [Pr. *di-kro-ite*] (gr. δίχροος, de deux couleurs). T. Phys. Se dit des substances qui présentent le phénomène du *dichroïsme*. ═ DICHROÏTE. s. m. T. Minér. Nom générique des cristaux à un seul axe de réfraction qui ne montrent que deux couleurs. ═ DICHROÏTE. s. f. T. Min. Silicate d'alumine ferrugineux que l'on emploie en bijouterie. C'est une variété de *Cordiérite*. V. ce mot.

DICHROMATIQUE. adj. 2 g. [Pron. *di-kro*...] (gr. δίς, deux; χρῶμα, couleur). T. Phys. Qui offre à l'œil deux couleurs. **Chim.** — *L'acide dichromatique* a été obtenu en chauffant vers 200° la chlorophylle avec de la potasse caustique. C'est un corps de couleur rouge pourpre; il est très insoluble et s'altère rapidement au contact de l'air. Sa formule est C⁵⁹H³⁴O³.

DICHROMATOPSIE. s. f. [Pr. *di-kro*...] (gr. δίς, deux; χρῶμα, couleur. Vice de la vision qui ne permet de saisir que le noir et le blanc, toutes les teintes claires paraissant blanches et les foncées noires.

DICHRONE. adj. 2 g. [Pr. *di-krone*] (gr. δίς, deux; χρόνος, temps). Plantes dont la végétation est suspendue pendant une partie de l'année.

DICHROÜRE. adj. 2 gr. [Pr. *di-kro-ure*] (gr. δίχροος, de deux couleurs; οὐρά, queue). T. Zool. Dont la queue est de deux couleurs.

DICINCHONINE. s. f. (R. *di*, et *cinchonine*). T. Chim. Alcaloïde rencontré dans certains quinquinas. C'est une substance solide, amorphe, fusible vers 40°. Elle présente une forte réaction alcaline et se dissout facilement dans les acides en donnant des sels cristallisables. On considère la d. comme résultant de la combinaison de deux molécules de cinchonine sans élimination d'eau, et on lui attribue la formule C³⁸H⁴⁴Az⁴O³.

DICINNAMÈNE. s. m. [Pr. *di-sinn-namène*] (R. *di*, et *cinnamène*). T. Chim. Nom donné à deux hydrocarbures de la formule (C⁸H⁸)², produits par la polymérisation du cinnamène. L'un est solide et cristallise en paillettes blanches, fusibles à 124°; on l'obtient en chauffant le cinnamène avec l'acide chlorhydrique. Le second résulte de l'action de l'acide sulfurique sur l'acide cinnamique; il est liquide et bout à 310°.

DICKENS (CHARLES), célèbre romancier anglais (1812-1870).

DICKSONIA. s. f. (R. *Dickson*. n. pr.). T. Bot. Genre de Fougères de la famille des *Cyathéacées*. Voy. ce mot.

DICLINE adj. et s. 2 g. (gr. δίς deux, κλίνη, lit). T. Bot. Ce qualificatif s'applique aux fleurs unisexuées, qu'elles soient monoïques ou dioïques. Voy. FLEUR.

DICLINIE. s. f. T. Bot. Nom donné par A.-L. de Jussieu à la 15ᵉ classe de sa méthode, comprenant les Dicotylédones à fleurs diclines.

DICLINISME. s. m. (R. *dicline*). T. Bot. Séparation des sexes, les organes mâles et femelles étant sur des fleurs distinctes.

DICONIQUE. adj. T. Chim. Synonyme de *diaconique*.

DICONQUE. adj. 2 g. (R. *di*, et *conque*). T. Conch. Syn. peu us. de *Bivalve*. Voy. ce mot.

DICOQUE. adj. 2 g. (R. *di*, et *coque*). T. Bot. Qui est formé de deux coques. *Fruit d.*

DICOTYLÉDONE. adj. 2 g. et **DICOTYLÉDONÉ, ÉE.** adj. (R. *di*, préfixe, et *cotylédon*). T. Bot. Se dit de tout végétal dont les graines ont deux cotylédons. || S'emploie subst. au fém. *Les dicotylédones constituent la majeure partie du règne végétal.* — Voy. Botanique et Graine.

DICRANOBRANCHE. adj. 2 g. (gr. δίκρανος, fourche, βράγχια, branchies). T. Zool. Qui a les branchies bifurquées.

DICRANOCÈRE. adj. 2 g. (gr. δίκρανος, fourchu, κέρας, corne). T. Zool. Qui a les cornes ou les antennes fourchues.

DICROTE. adj. m. (R. *di*, et gr. κροτέω, je frappe). T. Méd. Se dit du pouls qui présente une mouvement particulier consistant en ce qu'il bat deux coups pressés suivis d'un intervalle plus ou moins long. Voy. Pouls.

DICROTISME. s. m. T. Méd. Phénomène que présente le pouls *dicrote*. Voy. Pouls.

DICTAME. s. m. (R. *Dictamum*, ancienne ville de l'île de de Crète). T. Bot. Genre de plantes Dicotylédones (*Dictamnus*) de la famille des *Rutacées*. Voy. ce mot. — On nomme aussi ce nom à une espèce d'Origan (*Origanum Dictamnus*) que l'on nomme *Dictame de Crète*. Voy. Labiées. Le dictame était considéré par les anciens comme doué de propriétés merveilleuses pour guérir les blessures. — Au fig., adoucissement, consolation.

DICTAMEN. s. m. [Pr. *dicta-mènn*] Mot la. signif. ce qui est ordonné et qui n'est employé que dans cette phrase : *Le d. de la conscience.* L'ordre donné par la conscience.

DICTATEUR. s. m. (lat. *dictator*, m. s. de *dictare*, ordonner). Dans l'ancienne Rome, magistrat extraordinaire qui était revêtu de pouvoirs illimités. || Par ext., dans le style élevé, se dit de tout chef ou de tout magistrat investi d'une autorité souveraine et absolue. *Il fallait à cette nation un d. pour la tirer de l'anarchie.* || Fig. et fam., *Prendre un ton de d.*, Un ton tranchant et absolu. || On le trouve quelquefois au féminin : *une dictatrice.*

Hist. — A Rome, le *Dictateur* était le magistrat suprême, investi de tous les pouvoirs ; la dictature était en principe essentiellement temporaire et créée pour des circonstances extraordinaires.

On nommait, en général, un d. toutes les fois qu'un danger urgent menaçait la république, soit qu'il vînt des ennemis du dehors, soit qu'il fût la conséquence de séditions ou de troubles graves à l'intérieur. Nous en trouvons ces exemples nombreux dans les premiers livres des *Annales* de Tite-Live, qui nous apprend également qu'on créait quelquefois un d. dans les cas suivants : 1° pour enfoncer le *clou annuel* (*clovus annalis*) au côté droit du temple de Jupiter, usage qu'on croit avoir été adopté dans les premiers siècles de Rome, afin de marquer le nombre des années : ce soin était habituellement confié aux magistrats ordinaires ; mais dans les cas de contagion ou aux époques de grande calamité publique, on en chargeait un d. afin de détourner la colère ou la vengeance divine ; 2° pour présider les comices en l'absence des consuls ; 3° pour établir des fêtes à l'occasion de quelque prodige menaçant, et pour présider aux jeux qui se célébraient à Rome, lorsque le préteur ne pouvait y assister ; 4° pour présider à certains jugements ; 5° une fois enfin, on créa un d. afin qu'il pourvût aux places vacantes dans le Sénat. Dans cette circonstance, il y eut deux dictateurs, l'un au dehors, et l'autre à Rome.

Suivant les autorités les plus anciennes, la *Dictature* fut instituée à Rome dix ans après l'expulsion des Tarquins ; T. Lartius, l'un des consuls nommés pour l'année, fut le premier citoyen qu'on investit de cette magistrature extraordinaire. Un autre document établit que les consuls de l'année où fut nommé le premier dictateur, étaient du parti des Tarquins, et par conséquent inspiraient peu de confiance au peuple. Cette dernière tradition suggère naturellement l'idée

que le premier d. fut nommé pour surveiller et remplacer les consuls, non seulement en vue de la guerre extérieure, mais encore afin qu'il pût infliger un châtiment sommaire à tout citoyen, soit plébéien, soit patricien, coupable de conspirer pour rétablir le roi banni. Les pouvoirs dont un d. était investi montrent jusqu'à quel point son autorité était proportionnée à un pareil but. — A l'origine, le d. était appelé *magister populi*, ou maître des citoyens ; et, bien qu'il ne fût créé que pour six mois, son pouvoir à l'intérieur de Rome était aussi absolu que l'était celui des consuls au dehors de la cité. Comme marque de ce pouvoir, on portait devant lui, même dans la ville, les faisceaux et les haches. En outre, aucun citoyen ne pouvait appeler de ses décisions, pas même les patriciens, quoique, sous les rois, ces derniers eussent joui du privilège d'en appeler à l'assemblée du peuple (*provocare ad populum*) des jugements rendus par le roi lui-même, privilège qui avait été confirmé par la *lex Valeria*, laquelle accordait aux citoyens le droit d'en appeler au peuple des décisions rendues par un magistrat quelconque. Cependant ce droit d'appel contre les sentences du d. fut accordé aux patriciens, et peut-être, dans certaines circonstances, aux plébéiens eux-mêmes, ainsi qu'on le voit par l'exemple de M. Fabius rapporté par Tite-Live (VIII, 33). — Aucun citoyen ne pouvait être élu d. si auparavant il n'avait été consul ou préteur ; car, dans le principe, les consuls étaient désignés sous ce dernier nom. Dans la suite, lorsque les pouvoirs des anciens préteurs eurent été partagés entre les deux consuls qui allaient remplir leurs fonctions au dehors, et les préteurs qui rendaient la justice à l'intérieur, les personnes qui avaient rempli les fonctions prétoriales ou consulaires furent éligibles à la dictature. Le premier d. plébéien fut C. Martius Rutilus, qui fut nommé par le consul plébéien M. Popilius Lænas, l'an 356 av. J.-C.

Denys d'Halicarnasse nous apprend que l'autorité du d. était absolue en toutes choses, qu'il pouvait *arbitra absolu de la guerre, de la paix et de toute autre chose*, et que, jusqu'à Sylla, aucun d. n'avait abusé de son pouvoir. On avait cependant imposé à ce pouvoir quelques limitations. D'abord, la durée des fonctions dictatoriales n'était que de six mois, et, à l'expiration de ce temps, le d. pouvait être mis en jugement à raison de tout acte tyrannique commis par lui dans l'exercice de sa dictature. Plusieurs dictateurs résignèrent leur charge avant l'expiration des six mois, après avoir accompli la mission pour laquelle ils avaient été nommés. Un d. ne pouvait puiser dans le trésor public une somme supérieure au crédit qui lui était accordé par le Sénat. Il ne pouvait ni sortir de l'Italie, ni même monter à cheval, sans la permission du peuple, disposition qui paraît le résultat d'un caprice, mais qui avait peut-être pour but de rappeler à ce magistrat l'origine de son autorité. Naturellement, on ne doit pas comparer les pouvoirs usurpés par les dictateurs Sylla et Jules César avec la dictature prise dans son sens légitime. Après la mort de César, cette magistrature fut abolie à perpétuité par une loi d'Antoine, alors consul. Le titre de d., il est vrai, fut offert à Auguste, mais il le refusa absolument, à cause de l'idée odieuse que le peuple y attachait depuis la dictature sanglante de Sylla.

En même temps qu'on nommait un *maître du peuple* ou d., on lui adjoignait toujours un *Maître de la cavalerie* ou *Maître des chevaliers* (*magister equitum*). Il résulte de nombreux passages de Tite-Live que ce magistrat était choisi par le d. lui-même. Toutefois, cette règle souffrait des exceptions, car nous voyons dans l'histoire romaine quelques cas où la nomination du maître de la cavalerie est faite par le sénat ou par le peuple. Ce magistrat, de même que tous les autres citoyens, était naturellement soumis au pouvoir du d. ; néanmoins il jouissait également d'une autorité absolue, dans les limites de sa juridiction. Ses fonctions avaient la même durée que celles du dictateur.

DICTATORIAL, ALE. adj. Qui a rapport à la dictature. *Pouvoir d.* || Fig. Tranchant, impérieux. *Ton d.*

DICTATORIALEMENT. adv. D'une manière dictatoriale.

DICTATURE. s. f. (R. *dictateur*). Dignité, pouvoir du dictateur. *Exercer la d.* || Par ext., se dit d'un pouvoir investi d'attributions extraordinaires. *La d. de la Convention, du Comité de Salut public.*

DICTÉE. s. f. Action de dicter. *Écrire sous la d. de quelqu'un. Faire une d. à des écoliers. La d. est finie.* || Ce qui a été dicté. *Copier une d.*

DICTER. v. a. (lat. *dictare*, m. s.). Prononcer mot par mot une phrase ou une suite de phrases, afin qu'une ou plusieurs personnes l'écrivent. *D. une lettre à son secrétaire. D. une version à des écoliers.* Absol., *Il n'écrit jamais si bien que quand il dicte.* || Par anal., Suggérer à quelqu'un ce qu'il doit dire. *On lui a dicté toutes les réponses qu'il a faites.* || Fig., Inspirer. *La raison nous dicte cela. La nature nous dicte que nous devons aimer nos parents.* || Prescrire, imposer. *Ma conscience me dicte ce que j'ai à faire. On lui dicta la conduite qu'il devait tenir. Ce ne sont point ici des lois que je viens d. C'est au vainqueur à d. ses conditions.* = DICTÉ, ÉE. p. *Une lettre dictée par la haine.*

DICTION. s. f. [Pr. *dik-sion*] (lat. *dictio*, m. s., de *dicere*, dire). Cette partie du style qui regarde le choix et l'arrangement des mots. *D. élégante, pure, châtiée, vicieuse.* || Par ext., La manière de débiter un discours, des vers, etc. *Cette actrice a une d. charmante.*

Les principes généraux de l'art de bien dire peuvent se résumer ainsi. En premier lieu, ponctuer avec soin les phrases dites, c.-à-d. mettre les repos là où ils sont indiqués par le sens et donner à chaque repos la valeur convenable; en second lieu, *détailler* le texte, c.-à-d. modifier l'intonation sur chaque membre de phrase, et souvent sur chaque mot, suivant le sens qu'il exprime et suivant l'intention quelquefois assez délicate qu'il laisse entrevoir sans l'exprimer explicitement. Ces nuances de détail sont souvent plus difficiles à saisir qu'à rendre. Aussi l'art de la diction ou de la lecture à haute voix exige-t-il une très nette intelligence du sujet et une grande finesse. Sainte-Beuve a dit avec raison qu'un bon lecteur est nécessairement un bon critique.

Syn. — *Élocution, Style.* — Ces trois termes servent à désigner la manière dont les idées sont rendues. Mais *diction* ne se dit proprement que des qualités grammaticales du discours, c.-à-d. de la correction et de la clarté, tandis que *style* se dit de ces qualités plus particulières, plus difficiles et plus rares, qui caractérisent le génie et le talent de celui qui écrit ou qui parle : telles sont la propriété des termes, la précision, l'élégance l'élévation, la noblesse, l'harmonie, la convenance avec le sujet, etc. Le terme d'*élocution*, conformément à son étymologie, est propre à l'art oratoire; c'est l'expression de la pensée par la parole. Dans un sens plus restreint, on l'emploie pour désigner cette partie de la rhétorique qui traite du style.

DICTIONNAIRE. s. m. [Pr. *dik-si-o-nère*] (lat. *dictionarium*, m. s., de *dictio*, locution). Le mot *Dictionnaire* se prend dans deux acceptions différentes Le plus souvent, il se dit d'un recueil qui comprend tous les mots d'une langue rangés dans un certain ordre et expliqués dans la même langue ou traduits dans une autre : tels le D. de l'Académie, le D. de Littré sont rédigés exclusivement en français. Il y a un nombre considérable de dictionnaires en deux langues, français-latin, latin-français, français-allemand, etc., ouvrages indispensables à l'étude d'une langue étrangère. D'autres fois, il se dit d'un recueil fait par ordre alphabétique sur des matières de littérature, de sciences ou d'arts. Ainsi, il existe des *Dictionnaires d'Histoire, de Géographie, de Chimie, d'Architecture, de Marine, des Arts et Métiers,* etc.; comme il y a des *Dictionnaires français, latins, grecs, anglais, arabes,* etc. De là, la distinction qu'on a établie entre les *Dictionnaires de mots* et les *Dictionnaires de choses.* Ces deux sortes d'ouvrages répondent à deux ordres de besoins différents : les bons dictionnaires dans l'un ou l'autre genre sont des livres d'une haute utilité quand ils sont faits avec science et conscience. — Le mot d. s'emploie encore pour désigner l'ensemble des mots dont se sert une personne ou un groupe de personnes. *Le d. du peuple n'est pas moins riche que celui de l'Académie.* Cependant, dans ce sens, on dit plutôt *vocabulaire.* Il ne nous appartient pas de porter un jugement sur les divers recueils publiés sous le titre de *D. de la langue française.* Publiant nous-mêmes un livre qui est à la fois un d. de mots et un d. de choses, nous ne voulons critiquer nos devanciers qu'en nous efforçant de faire mieux.

Syn. — *Glossaire, Lexique, Vocabulaire.* — Ces quatre termes servent à désigner des recueils qui ont pour caractère commun de renfermer un grand nombre de mots disposés dans un certain ordre, afin de rendre plus facile la recherche de ces mêmes mots; mais cependant il y a entre ces termes des différences de signification qui ne permettent pas de les employer indistinctement l'un pour l'autre. Tandis que *diction-*

naire peut se dire d'un recueil de mots et d'un recueil de choses, les termes de *vocabulaire,* de *glossaire* et de *lexique* ne s'appliquent proprement qu'à des recueils de mots *Vocabulaire* s'applique généralement à ces *dictionnaires de mots* qu'on a réduits à l'état de squelette en supprimant les explications et les exemples. *Glossaire* se dit surtout d'un recueil de mots surannés et peu connus, ou bien de termes propres à une science spéciale : ainsi on dit *Glossaire de la basse latinité, Glossaire des termes de botanique,* etc. Enfin, *lexique* ne se dit guère que des dictionnaires grecs ou latins qui renferment, soit tous les mots en général de la langue, soit seulement les mots employés par un ou plusieurs écrivains particuliers

DICTIONNARISTE. s. m. [Pr. *dik-sio-nariste*]. Celui qui compose un dictionnaire.

DICTON. s. m. (lat. *dictum,* ce qui est dit, part. passé de *dicere,* dire). Mot ou sentence qui a passé en proverbe. *Un vieux d. Un d. populaire.* Famil. || Mot piquant, raillerie dirigée contre quelqu'un. *Donner à chacun son d.* Fam.

DICTUM. s. m.[Pr *dictome*]. Mot emprunté du latin. qui signifie *ce qui est dit* et qui s'emploie pour désigner le dispositif d'un jugement, d'un arrêt.

DICTYITE. s. f. (gr. δίκτυον, réseau, rétine). T. Méd. Inflammation de la rétine.

DICTYOCARPE. adj. 2 g. (gr. δίκτυον, réseau ; καρπὸς, fruit). T. Bot. Dont les fruits sont réticulés.

DICTYODE. adj. 2 g. (gr. δίκτυον, réseau ; εἶδος, aspect). Qui est comme un réseau.

DICTYOGÈNES. adj. et s. 2 g. (gr. δίκτυον, réseau , γένος, croissance). T. Bot. Nom donné par le botaniste Lindley a une classe de végétaux qu'il plaçait entre les Monocotylédones (*Endogènes*) et les Dicotylédones (*Exogènes*).

DICTYOPSIE. s. f. (gr. δίκτυον, réseau ; ὄψις, vue). T. Pathol. Maladie de la vue qui fait apercevoir des ombres semblables à un réseau fin.

DICTYOPTÈRE. adj. 2 g. (gr. δίκτυον, réseau; πτερὸν, aile). T. Entom. Dont les ailes sont réticulées.

DICTYOPTÉRIDÉES. s. f. pl. (gr. δίκτυον, réseau ; πτέρις, fougère). T. Bot. Famille de Fougères fossiles, caractérisée par les nervures des feuilles anastomosées en réseau.

DICTYORRHIZE. adj. 2 g. [Pr. *diktio-rize*] (gr. δίκτυον, réseau ; ῥίζα, racine). T. Bot. Qui a des racines réticulées.

DICTYOTACÉES. s. f. pl. (gr. δίκτυον, réseau). T. Bot. Famille d'Algues de l'ordre des Phéophycées.

Caract. bot. : Le thalle est aplati en une membrane mince ou en ruban ; parfois il s'amincit à la base en une sorte de rhizome cylindrique et se fixe aux rochers par des poils formant crampons. Les spores immobiles naissent dans des sporanges formés aux dépens de cellules de l'assise périphérique : dans chaque sporange le protoplasme subit deux bipartitions successives et forme ainsi 4 spores qui sortent au dehors par une ouverture du sommet du sporange. L'œuf des Dictyotacées se forme par fusion de 2 éléments immobiles. Anthéridies et oogones naissent à la façon des sporanges et sont toujours groupés en zores. Le contenu des anthéridies se divise en un grand nombre de petits corpuscules qui sont des anthérozoïdes, tandis que le contenu des oogones ne se divise pas et devient tout entier une oosphère. De la fusion de ces 2 éléments, résulte la formation de l'œuf. Principaux genres : *Padina, Dictyota, Zonaria,* etc.

DICYNODON. s. m. (R. *di,* préf. et gr. κυνόδους, dent canine, de κύων, κυνός, chien, et ὀδούς, dent). T. Paléont. Zool. Le genre D. est le type du groupe des *Dicynodontes* ou *Anomodontes,* qui appartient aux Reptiles fossiles. C'étaient des animaux de grande taille dont le bassin et les membres étaient constitués de façon qu'ils pouvaient marcher à terre au lieu de ramper comme les Reptiles actuels; d'autres caractères de transition font penser qu'ils ont pu être une des souches des Mammifères; leurs mâchoires, qui étaient armées d'un bec corné analogue à celui des tortues, présentaient en outre deux grandes défenses, d'où le nom qu'on leur a imposé. Les D. vivaient à l'époque triasique. Voy. Reptiles.

DICYPELLIUM. s. m. [Pr. *di-si-pel-li-ome*] (t. *di*, préf. et gr. κύπελλον, petite coupe). T. Bot. Genre de plantes Dicotylédones de la famille des *Lauracées*. Voy. ce mot.

DIDACTICIEN. s. m. Auteur qui écrit un ouvrage didactique.

DIDACTIQUE. adj. 2 g. (gr. διδάσκω, j'enseigne). Qui est propre à enseigner, à instruire; qui est destiné à l'enseignement. *Ordre d. Genre d. Langage d. Termes didactiques. Poème d.* || Subst., au masc., se dit du langage d., du genre d. *Ce mot n'est usité que dans le d.* || Subst., mais au fém., se dit de l'art d'enseigner. *Les règles de la d.*

DIDACTIQUEMENT. adv. D'une manière didactique. Peu usité.

DIDACTYLE. adj. 2 g. et s. m. (R. *di*, préf. et gr. δάκτυλος, doigt). T. Zool. Se dit de quelques animaux qui n'ont que deux doigts à chaque pied, comme les ruminants et une espèce de Fourmilier parmi les Mammifères, l'Autruche parmi les oiseaux, l'Amphisbène parmi les reptiles, etc.

DIDASCALIES. s. f. pl. (gr. διδασκαλία, m. s., de διδάσκω, j'enseigne). T. Hist. littér. Les écrivains grecs appelaient ainsi les instructions que les poètes dramatiques donnaient eux-mêmes aux acteurs chargés de jouer leurs œuvres, et, par extension, aux représentations scéniques elles-mêmes, et à tous les écrits relatifs à l'art théâtral. Ce mot fut adopté, avec le même sens, par les auteurs européens de l'époque de la Renaissance, et il s'est maintenu, dans la langue littéraire, jusqu'au XVIIIe siècle.

DIDÉCAÈDRE. adj. 2 g. (R. *di* et *décaèdre*, du gr. δέκα, dix; ἕδρα, base). T. Minér. Se dit des cristaux où l'ensemble des faces offre la combinaison de deux solides à dix faces.

DIDELPHES. s. m. pl. (R. *di*, préf. et gr. δελφύς, matrice). Nom que l'on donne aux *Marsupiaux*. — Ce sont des animaux mammifères dont les petits naissent dans un état de débilité extrême qui les force à subir une sorte de seconde incubation dans une poche ventrale (*marsup em*); on a quelquefois comparé cette poche à une seconde matrice, d'où le nom de D. Voy. Marsupiaux.

DIDELPHOÏDE adj. 2 g. Qui ressemble à un didelphe.

DIDEROT (Denis), littérateur, philosophe, auteur dramatique français, né à Langres en 1713, mort à Paris en 1784, rédigea avec d'Alembert l'*Encyclopédie* et exerça une action considérable sur l'esprit français dans la seconde moitié du XVIIIe siècle.

DIDIDES. s. m. pl. (R. *didus*, dronte). T. Ornith. Famille d'Oiseaux voisins des Pigeons. Voy. Gyranides.

DIDIER, dernier roi des Lombards, fut détrôné par Charlemagne en 774.

DIDIER (Saint), évêque de Langres, martyrisé par les Vandales en 264. Fête le 23 mai.

DIDIPLASE. adj 2 g. (R. *di*, préf. et gr. διπλάσιος double). T. Minér. Qui provient de la réunion de deux rhomboïdes et et de ceux dodécaèdres.

DIDISQUE. s. m. (R. *di*, préf., et *discus*). T. Bot. Genre de plantes Dicotylédones (*Didiscus*), de la famille des *Ombellifères*. Voy. ce mot.

DIDIUS JULIANUS, acheta l'empire romain, et fut tué par ses soldats à l'approche de Septime Sévère (193 ap. J.-C.).

DIDODÉCAÈDRE. adj. 2 g. T. Minér. Se dit d'un cristal produit par l'union de deux dodécaèdres.

DIDON, fille de Bélus, roi de Tyr, femme de Sichée. Son mari ayant été tué par son beau-frère Pygmalion, elle s'enfuit de Tyr et alla fonder Carthage (878 av. J.-C.).

DIDOT, famille d'imprimeurs-libraires parisiens, dont le membre le plus célèbre est *Ambroise-Firmin*, savant helléniste (1790-1876).

DIDRIC. s. m. T. Ornith. Espèce de Coucou qui habite les environs du cap de Bonne-Espérance. Voy. Coucou.

DIDUCTEUR, TRICE. adj. Qui produit la diduction.

DIDUCTION. s. f. [Pr. ...*sion*] (lat. *diductio*, de *diducere*, conduire çà et là). T. Anat. Mouvement de la mâchoire inférieure qui s'écarte à droite et à gauche de la position supérieure.

DIDUNCULUS. s. m. [Pr. *didon-ku-luss*] (dim. de *didus*, dronte). T. Ornith. Espèce de *Pigeon* dont la forme du bec rappelle celle d'un oiseau très curieux, le *Dronte*, qui vivait autrefois dans l'île Maurice. Voy. Pigeon et Dronte.

DIDYMALGIE. s. f. (gr. δίδυμα, testicules; ἄλγος, douleur). T. Path. Douleur des testicules.

DIDYME. adj. 2 g. (gr. δίδυμος, double). T. Bot. Qui est formé de deux parties plus ou moins arrondies et réunies entre elles. *Les anthères des épinards sont didymes.*

DIDYME. s. m. (gr. δίδυμος, double). T. Chim. Métal contenu dans certaines terres rares, telles que la cérite et la gadolinite, où il accompagne le cérium et le lanthane. Il a été découvert en 1842 par Mosander. Le d. est jaunâtre, malléable et ductile, plus dur que le cérium, Sa densité est 6,544; sa chaleur spécifique 0,0448. Son point de fusion est compris entre ceux du lanthane et du cérium. Il se ternit à l'air en s'oxydant; lorsqu'il est en poudre fine, il peut brûler avec une flamme éclatante. Il décompose l'eau, lentement à froid, rapidement à chaud, et se dissout facilement dans les acides étendus.

Les sels de d. sont roses ou violacés; la potasse y précipite un *hydrate* gélatineux $Di^2(OH)^6$, qui attire l'acide carbonique de l'air en donnant un *carbonate* $Di^2(CO^3)^3$, poudre cristalline rouge. Par la calcination de l'hydrate ou du carbonate on obtient l'*oxyde* anhydre Di^2O^3, en poudre bleuâtre. Le *chlorure* a pour formule Di^2Cl^6; à l'état anhydre, il forme une masse rose; son hydrate, contenant $12\,H^2O$, se présente en prismes clinorhombiques roses, déliquescents, que la dessiccation à l'air transforme en oxychlorure DiOCl. L'*azotate* $Di^2(AzO^3)^6 + 12\,H^2O$ forme de grands cristaux rouges déliquescents; il perd son eau de cristallisation, puis se convertit en azotate basique, et finit par laisser un résidu d'oxyde anhydre.

Jusqu'à ces dernières années, le d. était considéré comme un corps simple, auquel on attribuait le poids atomique 143 et qu'on représentait par le symbole Di. Par une longue série de précipitations fractionnées, Auer von Welsbach est arrivé en 1885 à dédoubler le d. en deux éléments très voisins par leurs propriétés. Celui qui forme la majeure partie du d. ordinaire a reçu le nom de *Néodyme*; on lui a donné le symbole Nd qui correspond au poids atomique 140,8; il forme de sels roses et un oxyde bleu. L'autre est le *Praséodyme* Pr. = 143,6; il présente la plus grande analogie avec le lanthane; ses sels sont verts; son oxyde est brun et peut se suroxyder par calcination à l'air. D'après les recherches les plus récentes, le néodyme et le praséodyme seraient eux-mêmes des mélanges de plusieurs éléments très peu différents qu'on n'a pas encore réussi à isoler.

DIDYME, grammairien d'Alexandrie, contemporain de Cicéron.

DIDYMES. s. m. pl. (gr. δίδυμος, double). Ancien nom de la constellation des Gémeaux.

DIDYMITE. s. f. (gr. δίδυμα, testicules). T. Path. Inflammation des testicules.

DIDYMIUM. s. m. [Pr. *didi-mi-ome*] (gr. δίδυμος, double). T. Bot. Genre de Champignons Myxomycètes de la famille des *Endomyxées*. Voy. ce mot.

DIDYMOCARPUS. s. m. [Pr. *didimokarpuss*] (gr. δίδυμος, double; καρπός, fruit). T. Bot. Genre de plantes de la famille des *Gesnéracées*. Voy. ce mot.

DIDYNAME. adj. 2 g. (R. *di*, préf., et gr. δύναμις, puissance). T. Bot. Se dit de 4 étamines dont 2 sont plus longues que les 2 autres.

DIDYNAMIE. s. f. (R. *didyname*). T. Bot. Nom donné par Linné à la 14ᵉ classe de son système caractérisée par les étamines didynames.

DIÉ, ch.-l. d'arr. (Drôme), sur la Drôme, à 61 kil. de Valence ; 3,700 hab. Vins mousseux, soieries.

DIÉBOLT, sculpteur français né à Dijon (1816-1864).

DIECTASIQUE. adj. 2 g. (R. *di*, préf., et gr. ἔκτασις, extension). T. Minér. Qui résulte de deux décroissements sur un même bord ou un même angle.

DIÈDRE. adj. 2 g. (gr. δίς ; ἔδρα, base). T. Géom. *Angle d.* || Subst. *Un d.*, Un angle d.

Géom. — On appelle *dièdre* la figure formée par deux plans qui se coupent et qu'on suppose limités à leur intersection, laquelle reçoit le nom d'arête. Les deux plans sont les *faces* du d. On énonce un d. au moyen de deux lettres placées le long de l'arête, ou, s'il peut y avoir confusion, au moyen de quatre lettres dont deux sont placées sur l'arête et les deux autres sur les faces, en ayant soin de mettre les deux lettres de l'arête entre les deux autres. Si en un point de l'arête on élève des perpendiculaires à l'arête dans chacune des deux faces, l'angle formé par ces deux perpendiculaires est *l'angle rectiligne* du d. Il conserve la même grandeur quel que soit le point de l'arête où on l'ait construit, car tous les rectilignes d'un même d. sont égaux comme ayant leurs côtés parallèles et de même sens. Il est très aisé de reconnaître par coïncidence ou juxtaposition : 1° que deux dièdres égaux ont leurs rectilignes égaux ; et 2° que si un d. est égal à la somme de deux autres, son rectiligne est égal à la somme des rectilignes des deux autres, double proposition dont on déduit immédiatement que les *angles dièdres sont proportionnels à leurs rectilignes.* — Il résulte de ce théorème important que si l'on prend pour unité d'angle d., le d. dont l'angle rectiligne est l'unité d'angle, le d. et son rectiligne sont mesurés par le même nombre, proposition qui ramène la théorie des angles dièdres à celle des angles plans. Par exemple, si l'on prend pour unité d'angle l'angle droit, on prendra pour unité d'angle d. le d. dont le rectiligne est un droite. Les deux faces de ce d. sont dites *perpendiculaires*, et de là on déduit la théorie des plans perpendiculaires. Voy. ANGLE, PERPENDICULAIRE, PLAN.

DIEFFENBACH, célèbre chirurgien prussien, né à Kœnigsberg (1792-1847).

DIEFFENBACHIA. s. f. (R. *Dieffenbach*, nom d'homme). T. Bot. Genre de plantes Monocotylédones de la famille des *Aroïdées.* Voy. ce mot.

DIEGO-SUAREZ (Baie de), situé au N.-E. de Madagascar ; à la France.

DIÉLECTRIQUE. adj. 2 g. (gr. διά, indiquant séparation, et fr. *électrique*). T. Phys. Se dit des corps isolants ou mauvais conducteurs de l'électricité.

DIÉMEN (Terre de Van) ou **TASMANIE**, île anglaise au sud de l'Australie ; 130,600 hab. Cap. *Hobart-Town.*

DIEMEN (ANTOINE VAN), gouverneur des Indes hollandaises, fut le promoteur des voyages à la découverte la Terre de Van Diemen ou Tasmanie (1611-1642).

DIENNÉAÈDRE. adj. 2 g. [Pr. *di-ènn-néa-èdre*] (gr. δίς, deux ; ἐννέα, neuf ; ἔδρα, base). T. Minér. Qui est formé de deux pyramides à neuf faces accolées par leurs bases.

DIEPPE, ville sur la Manche, ch.-l. d'arr. (Seine-Inférieure), à 61 kil. de Rouen, 168 de Paris ; 22,000 hab. Port de commerce. Patrie de Duquesne. Château du XVᵉ siècle.

DIÉRÈSE. s. f. (gr. διαίρεσις, séparation). T. Gram. Division d'une diphtongue en deux syllabes. *C'est par d. que les Latins disaient quelquefois* aulaï *pour* aulae, vitaï *pour* vitæ. Voy. TRÉMA. || T. Chir. Terme générique par lequel on désigne les divers procédés usités pour diviser les tissus organiques.

DIÈSE. s. m. (g. δίεσις, passage au delà). T. Mus. Élévation d'une note de la valeur d'un demi-ton. — Signe formé de deux doubles barres croisées (♯), qui se met devant une note pour indiquer qu'elle doit être haussée d'un demi-ton. *Il y a un d. devant le ré.* || Est aussi adj. 2 g. *Ut d. La note est d.* Voy. NOTATION.

DIÉSER. v. a. T. Mus. Hausser, marquer d'un dièse ou d'un demi-ton. *Il faut d. cette note.* = DIÉSÉ, ÉE. part.

DIES IRÆ. Mots latins qui signifient *jour de colère*, premiers mots de l'hymne des morts, composé vers l'an 1250 par le moine Thomas de Celano, et qui annonce la fin du monde par le feu :

> *Dies iræ, dies illa*
> *Solvet Sæclum in favilla*
> Ce jour de colère
> Réduira l'univers en cendres.

DIEST, v. de Belgique (Brabant), 7,350 hab.

DIÈTE. s. f. (gr. δίαιτα, genre de vie). T. Méd. et Hyg. Le terme grec *Diaita* signifie manière de vie réglée, c.-à-d. emploi bien ordonné de tout ce qui est nécessaire pour conserver la vie, soit dans l'état de santé, soit dans celui de maladie. En ce sens, le mot d. comprend tout ce qui est du domaine de l'hygiène, tout ce qui a rapport à l'air, aux aliments, à l'exercice, au repos, aux vêtements, aux habitations, aux passions, etc. Mais, depuis longtemps, les auteurs ont restreint la signification de ce terme en l'appliquant exclusivement au régime alimentaire, et c'est dans ce sens qu'on dit *D. végétale, D. animale, D. lactée*, etc., c.-à-d. régime alimentaire composé exclusivement ou presque exclusivement de végétaux, de chair, de lait, etc. Enfin, dans le langage ordinaire, on emploie ce mot dans le sens d'*Abstinence* proprement dite, et il signifie alors privation d'aliments imposée à un malade. Voy. DIÉTÉTIQUE et ABSTINENCE.

En *médecine vétérinaire*, la d. est employée lorsque les animaux sont atteints d'une maladie fébrile intense ou d'une maladie aiguë du tube digestif. — La d. blanche, boissons farineuses et barbotages, est préférable.

DIÈTE. s. f. (lat. *dies*, jour). Dans certains États, Assemblée où l'on règle les affaires publiques. || Se dit aussi de certaines assemblées qui se tiennent dans quelques ordres religieux, entre deux chapitres généraux, pour ce qui regarde leur discipline.

Hist. — Le terme de *Diète* n'est usité qu'en parlant de certaines assemblées politiques des pays allemands ou scandinaves. Il sera parlé, au mot EMPIRE, de l'ancienne d. de l'Allemagne. Nous nous contenterons ici de dire quelques mots des diètes de la Suède et de la Norvège, ainsi que des anciennes diètes de la Hongrie, de la Pologne et de la Suisse. — La D. suédoise se composait autrefois de quatre chambres ou ordres : la noblesse, le clergé, les bourgeois et les paysans. On n'y votait pas par tête, mais par ordre. En cas de partage, la question était décidée par le Conseil d'État, corps qui se composait d'un certain nombre de membres pris dans chacun des ordres. Depuis la loi du 22 juin 1866, la représentation par ordres a été supprimée. La d. suédoise comprend deux Chambres élues au suffrage direct ou restreint, suivant certaines distinctions. L'initiative des lois appartient au roi ainsi qu'aux députés. Les Chambres se réunissent pour élire des comités permanents. La d. vote les lois et les impôts, elle exerce son contrôle sur le Gouvernement, l'Administration, la Banque nationale et le Comptoir de la dette publique. Le roi nomme les présidents des deux Chambres, et a le droit de dissolution pour chacune des deux assemblées. — La D. de Norvège, plus communément appelée *Storthing*, se compose d'une assemblée unique, élue pour trois ans par le suffrage à deux degrés. Elle jouit de plus grands privilèges que la d. suédoise. Elle s'assemble en général une fois tous les trois ans, mais elle peut se réunir quand il lui plaît. Le roi n'a sur ses décisions qu'un *veto* suspensif. — Avant la Révolution de 1848, la D. de Hongrie se composait de deux Chambres appelées *Tables*, chacune subdivisée en deux ordres. Le haut clergé et les magnats formaient la première nommée *Table des magnats*, et la seconde, appelée *Table des États*, se composait des députés, ou *Nonces*, des comitats nommés par la noblesse, ainsi que des députés des villes libres. Les décisions de la d. se prenaient en votant par quatre ordres ; mais, dans chaque ordre, c'était la majorité qui décidait. Les députés étaient liés par les instructions de leurs commettants. — A l'origine, la *D. de Pologne* ne se composait que de la haute noblesse ; mais, à partir de 1331, on y admit également la petite noblesse. Dans ces temps reculés, la tenue de l'assemblée n'avait rien de régulier : la noblesse s'y rendait en armes et y discutait à cheval. En 1468, on chercha à donner à la d. une organisation plus régulière, et on décida qu'elle comprendrait deux députés par district. Ces députés, appelés *Nonces*, étaient élus par les gentils-hommes, et recevaient de leurs électeurs des instructions dont ils ne pouvaient s'écarter. Les élections, ainsi que les instructions, étaient préparées dans des réunions électorales appelées *Diétines aute-comitiales* ou *Diétines d'instruction*. D'autres réunions semblables, dites *Diétines post-comitiales* ou *Diétines de relation*, avaient lieu après chaque session de la d., et les députés y rendaient compte à leurs commettants des résultats de l'assemblée. De nouvelles modifications furent introduites dans l'organisation de la d. en 1573, quand Henri de Valois fut élu roi de Pologne. Il nous suffira de dire que l'on distingua dès lors la *D. ordinaire* et la *D. extraordinaire*. La première se tenait tous les deux ans à Varsovie, et (à partir de 1669) quelquefois à Grodno, en Lithuanie. La durée de la session était limitée à six semaines, et ne pouvait, sous aucun prétexte, être prolongée au delà. Le roi en fixait l'ouverture et en avait la présidence. Pendant les interrègnes, cette dernière appartenait à l'archevêque de Gnesne. Les *Diètes extraordinaires*, convoquées par le chef de l'État dans les moments d'urgence, ne duraient que quatre jours, et ne pouvaient délibérer que sur les affaires qui avaient motivé leur réunion. La couronne de Pologne étant élective, une assemblée, appelée *D. de convocation*, se réunissait aussitôt après la mort du roi, pour veiller à la sûreté publique et fixer l'époque de l'élection. Celle-ci était confiée à une autre assemblée, la *D. d'élection*, qui se tenait en plein air à Vola, près de Varsovie, et à laquelle toute la noblesse se rendait armée et équipée comme pour une bataille. Toutes ces institutions ont disparu avec l'indépendance polonaise, et les vestiges de représentation nationale que la Pologne russe conservait encore ont été abolis par le statut organique du 14 février 1832.

On appelait également d., en Suisse, l'assemblée organisée en 1803 par Napoléon pour représenter les dix-neuf cantons. Ses fonctions consistaient à conclure les traités, déclarer la guerre, fixer le contingent des troupes, désigner le général en chef, déterminer le poids, le titre des monnaies. Après avoir subi certaines modifications en 1837, la d. suisse fut supprimée en 1848 et remplacée par l'*Assemblée fédérale* actuelle. Voy. CONFÉDÉRATION.

DIÉTÉRIDE. s. f. (gr. διετηρίς, m. s., de δίς, deux fois, et ἔτος, année). Cycle de deux ans en usage chez les Grecs.

DIÉTÈTE. s. m. (gr. διαιτητής, arbitre). T. Hist. grecque. Juge, arbitre chez les Athéniens. Voy. DÉME.

DIÉTÉTIQUE. adj. 2 g. et s. f. (R. *diète*). T. Méd. — Pris dans son sens étymologique, le mot *D.* est synonyme d'*Hygiène*. Mais aujourd'hui il est peu usité avec cette signification, et on l'emploie dans un sens beaucoup plus limité. Au lieu de se confondre avec l'hygiène, la d. est cette partie de la science qui s'occupe des règles à suivre dans le régime alimentaire pour conserver ou rétablir la santé. *D.* se dit aussi adjectivement dans les mêmes acceptions que le substantif, soit en parlant soit des agents hygiéniques quelconques, soit du régime alimentaire exclusivement. Pour nous, nous prendrons ce terme dans son sens le plus restreint : la *D.* sera donc simplement cette branche de l'hygiène qui traite des aliments, c.-à-d. qui s'occupe de la Diète dans la signification actuelle de ce dernier mot. Toutefois, comme nous avons parlé ailleurs des aliments au point de vue chimico-physiologique (Voy. ALIMENT), nous ne les étudierons ici qu'au point de vue hygiénique.

I. — L'hygiène étudie les aliments, non pas dans leurs principes élémentaires, comme n'en faisons pas l'analyse chimique avant de les consommer, mais tels que nous les offre la nature. En conséquence, elle les distribue par groupes, selon l'action totale qu'ils exercent sur l'économie animale, laissant à la chimie le soin de déterminer la proportion des éléments plus ou moins nombreux qui entrent dans la composition de chacun d'eux, et lui communiquent telle ou telle propriété.

A. *Aliments tirés du règne végétal.* — On peut les diviser en aliments *amylacés* ou *farineux*, *mucilagineux*, *sucrés* et *huileux*. — 1° Les *aliments amylacés* tiennent le premier rang parmi ceux que nous fournit le règne végétal. Ils proviennent de graines, de racines ou de fruits. Les *graines farineuses* appartiennent, pour la plupart, aux Graminées ou Céréales et aux Légumineuses. Les graines de celles-ci sont en général moins nutritives que celles des premières : en outre, elles ont toutes une saveur prononcée, tandis que celles des Céréales sont très peu sapides. Au reste, parmi les espèces de Graminées, il n'y en a que deux qui, par suite de la forte proportion de gluten qu'elles contiennent, soient susceptibles d'une bonne panification : ce sont le Seigle et le Froment, surtout ce dernier. Les *racines farineuses* sont l'Igname, le Manioc, la Patate, la Pomme de terre, etc., toutes natives des pays chauds. Elles sont beaucoup plus productives que les graines farineuses ; mais, comme elles renferment beaucoup plus d'eau et de substance ligneuse que celles-ci, la supériorité du produit est en masse et non en qualités nutritives. Les *fruits farineux* proviennent d'arbres exotiques ou indigènes : tels sont la Banane, le fruit de l'Arbre à pain, le Baquois, la Châtaigne, le Gland doux, etc. Enfin, la *tige* de quelques végétaux de la famille des Palmiers fournit une fécule d'excellente qualité. — 2° Les *aliments mucilagineux* sont essentiellement caractérisés par la présence d'un principe gélatineux, de la gomme, ou plus généralement de la pectine. En outre, ils contiennent presque toujours, dans des proportions diverses, des matières sucrées, acides, albumineuses, colorantes, âcres, aromatiques, volatiles, et surtout une grande quantité d'eau. Cette complexité a fait établir dans ce groupe plusieurs divisions secondaires. La première, celle des *mucoso-sucrés*, comprendrait les substances où le mucilage est associé à une assez grande proportion de sucre, telles que les Dattes, les Figues, les Pêches, les Abricots, les Melons, certaines espèces de Raisins, de Prunes, de Poires, les Fraises, les Framboises, et tous les fruits dans lesquels les acides sont en quantité minime. La seconde serait composée des fruits *sucrés acidules*, comme les Oranges, les Cerises, les Groseilles, les Pommes, les Ananas, les Mûres, etc. Une troisième section, les *herbacés*, comprendrait les Épinards, la Bette, l'Oseille, le Pourpier, la Laitue, la Chicorée, les Cardons, les Choux, les Asperges, les Haricots et les Pois verts, les Salsifis, les Carottes, les Navets, la Betterave, le Concombre, le Potiron, etc. Dans tous ces végétaux, le principe mucilagineux se trouve combiné avec des principes assez divers. Parmi ces principes, nous citerons particulièrement les huiles essentielles qui communiquent à diverses substances alimentaires, notamment aux Crucifères (Cresson, Radis, etc.) des propriétés toniques et stimulantes très prononcées. — 3° Les *aliments sucrés*, tels que nous les présente la nature, appartiennent à la première section du groupe précédent. Si donc nous voulons, à l'exemple de la plupart des auteurs, conserver une catégorie de ce nom, nous y placerons seulement le Sucre et le Miel. Le premier, comme nous le savons déjà, attendu sa composition chimique, est un aliment respiratoire pur et ne jouit d'aucune propriété particulière. Quant au second, bien qu'il soit fabriqué par les animaux, il n'entre sa composition que des matières extraites des végétaux. Le Miel renferme du sucre cristallisable, du sucre incristallisable, de la cire, une matière colorante jaune et un principe aromatique variable suivant les fleurs où les Abeilles ont butiné. — 4° Le groupe des *aliments huileux* comprend les différentes huiles végétales et les substances qui fournissent ces huiles. Nous nommerons les Olives, les Noix, les Noisettes, les Amandes, les Faînes, les noix de Cocotier et le Cacao. Mais, tandis que les huiles pures appartiennent à la grande classe des aliments purement respiratoires, beaucoup de semences huileuses renferment une assez forte proportion d'albumine, et prennent alors rang parmi les aliments azotés. Lorsque ces semences sont broyées avec de l'eau, elles forment avec elles un liquide blanc et laiteux qu'on appelle *Émulsion*.

B. *Aliments tirés du règne animal.* — Nous les diviserons en aliments *fibrineux*, *albumineux*, *gélatineux*, *gras*, *lactés* et *butyro-caséeux*. Néanmoins, cette classification n'est pas rigoureuse, la plupart des aliments animaux, tels que nous consommons, renfermant à la fois de la fibrine, de l'albumine, de la gélatine et des substances grasses : elle indique simplement la prédominance du principe sur tous les autres. — 1° Ainsi, les chairs musculaires des Mammifères, des Oiseaux et des Poissons, qui constituent le groupe des *aliments fibrineux*, contiennent, en outre, de l'albumine, de la gélatine, des principes gras, et souvent de l'osmazome. Au point de vue d., il est encore indispensable de subdiviser ce groupe. La première section se compose des chairs musculaires (*viandes colorées*, *viandes noires*) dans lesquelles se trouvent une forte proportion d'osmazome et divers principes aromatiques : ce sont celles que fournissent la plupart des Mammifères adultes, le Bœuf, le Mouton, le Cochon, le Chevreuil, le Lièvre, etc. ; un grand nombre d'Oiseaux, le Pigeon, le Faisan, le Canard, l'Oie, la Bécasse, la Caille, etc. La seconde section comprend les chairs (*viandes blanches*) qui paraissent avoir une plus forte proportion de principes gélatineux, et qui recèlent beaucoup moins d'osmazome : telles sont celles du Veau, de l'Agneau, du Chevreau, du Lapin, du Poulet, du Dindon, etc. Les diverses espèces de *Poissons*, soit de mer, soit d'eau douce, paraissent aussi, tant à cause de leur saveur particulière qu'à cause de la promptitude de leur putréfaction et de l'odeur spéciale qui s'en exhale alors, devoir faire une section à part dans les aliments fibrineux. Roslan y joint avec raison les chairs de certains Crustacés, tels que l'Écrevisse, le Homard, la Crevette, etc. — 2° Dans le groupe des *aliments albumineux* viennent se ranger les œufs des Oiseaux, surtout des Gallinacés, ceux des Poissons et de la Tortue, le foie des diverses classes d'animaux, la laitance des Poissons, et plusieurs espèces de Mollusques (Huîtres, Moules, Escargots). Mais ces aliments renferment aussi, outre diverses substances salines et terreuses, une certaine proportion de gélatine et de principes gras et huileux. Malgré la fibrine qu'il renferme, nous placerons aussi dans cette section le sang des animaux, à cause de la très forte proportion d'albumine qui y est contenue. — 3° Les *aliments gélatineux* comprennent d'abord la gélatine pure qui sert à faire les gelées animales, et qui est extraite de certaines parties des animaux dans lesquelles elle se trouve en abondance. Quelques-unes de ces parties, telles que la peau, diverses membranes, plusieurs morceaux tendineux, les morceaux qui ont beaucoup de tissu cellulaire, etc. sont même employées directement comme aliments. Enfin, les éléments gélatineux dominent dans ce qu'on appelle les viandes basses. 4° Les *aliments gras* ne diffèrent pas essentiellement des aliments huileux : seulement des principes secondaires très distincts leur sont souvent associés. On range dans cette catégorie non seulement les graisses animales, comme celle du Cochon et le beurre, mais encore les huiles tirées des Poissons, et même les chairs dans lesquelles les autres éléments ont presque disparu sous la graisse, par ex. les volailles engraissées outre mesure, les foies gras, les chairs huileuses de l'Anguille et d'autres Poissons. — 5° Le *lait* constitue à lui seul une catégorie parfaitement distincte : c'est aussi le seul aliment *complet*, du moins pour l'enfant, que nous offre la nature. Au reste, son importance est telle que nous lui consacrerons un article particulier. — 6° Les nombreuses préparations qu'on obtient du lait, et surtout les fromages frais et fermentés, forment la catégorie des *aliments butyrocaséeux*.

II. *Propriétés des aliments.* — Les propriétés essentielles que l'on doit surtout considérer dans les substances alimentaires, sont leur puissance nutritive et leur digestibilité. Quant à leurs propriétés physiques, telles que la saveur, l'odeur, le degré de cohésion, la densité, etc., elles ne sont point sans intérêt, car elles exercent sur la digestibilité une influence toute particulière. Il n'est d'ailleurs personne qui ne sache qu'il est plus facile de digérer un aliment qui plaît à notre palais et à notre odorat qu'un aliment insipide ou qui a, soit une saveur désagréable, soit une odeur repoussante ; qu'une viande tendre est plus facilement attaquable par les forces digestives qu'une viande sèche, dure et coriace.

Les propriétés nutritives des substances alimentaires, ainsi que nous l'avons dit au mot ALIMENT, dépendent exclusivement de leur composition chimique. Si, en faisant abstraction de la nécessité où est l'homme de varier sa nourriture, on essaie de classer les aliments d'après leur puissance nutritive, on trouve au premier rang la viande de boucherie, le gibier et la volaille ; au deuxième, le poisson ; au troisième, les fécules et les légumes proprement dits ; au quatrième et dernier, les légumes verts et les fruits. Si, au contraire, on les classe d'après leur digestibilité, on remarque que cette dernière propriété est fréquemment en raison inverse du pouvoir nutritif. Ainsi, les substances les plus digestibles sont les œufs crus ou à la coque ; les fruits mûrs ou en compote ; les légumes verts et les herbes cuites ; la chair de poisson peu chargée de matières grasses. Viennent ensuite les viandes blanches ; les viandes colorées et les viandes noires ; le pain rassis, le riz, les pommes de terre, etc. Parmi les aliments les plus indigestes, on doit placer la chair de Porc, les œufs durs, les salades, le pain chaud ou très tendre, les pâtisseries, les parties tendineuses des viandes, la graisse, les champignons, les légumes et les fruits secs, les amandes, les olives, les noix, le cacao, etc.

III. *Préparation des aliments.* — Les diverses préparations que l'homme fait subir aux substances dont il se nourrit, déterminant des changements considérables dans leurs propriétés physiques et même dans leur composition, le médecin doit toujours tenir compte de ces modifications, lorsqu'il prescrit un régime particulier. La *coction* est la plus usitée de toutes ces préparations, car il est peu d'aliments que l'on mange sans les y avoir soumis. Elle ramollit les tissus et en diminue ordinairement la densité (cependant l'action du feu concrète l'albumine et lui enlève la faculté de se dissoudre dans l'eau). Mais, suivant que la chaleur est appliquée à nu, ou par l'intermédiaire de l'eau, de l'huile, etc., on observe des différences marquées. Le premier mode constitue le *rôtissage* et le *grillage*. Les viandes rôties conservent tous leurs principes physiques et même dans leur composition, le médecin à leur surface : l'osmazome qui se développe alors les rend savoureuses et toniques. Le grillage ou l'action d'un feu vif et peu prolongé produit un effet analogue sur les viandes ; mais on ne l'emploie que pour les parties charnues qui ont peu d'épaisseur. Ce mode de cuisson est aussi usité pour quelques aliments végétaux, surtout pour les farineux qu'on a réduits en pâte. La fécule amylacée légèrement torréfiée devient plus soluble, et a changé un peu de nature. — La *cuisson dans l'eau* ne s'emploie guère pour les viandes que lorsqu'on veut en extraire certains principes solubles dans ce liquide. Voy. BOUILLON. On y a encore recours pour les chairs dures et coriaces : c'est le meilleur moyen de les ramollir. La cuisson dans l'eau est surtout appliquée aux substances végétales. Outre le ramollissement qu'elle produit dans leur tissu, elle enlève à plusieurs d'entre elles les principes acides, âcres, vireux, etc., qu'elles contiennent, ou du moins en diminue la quantité. C'est ce qu'on observe, par ex., dans la Pomme de terre, l'Artichaut, etc. La cuisson développe le principe sucré chez certains végétaux, particulièrement dans les graines de Légumineuses, dans diverses racines alimentaires et dans plusieurs fruits acerbes. — La cuisson des chairs à l'*étuvée*, c.-à-d. dans leur propre jus ou à l'aide d'une petite quantité d'eau, est excellente en ce qu'elle ne laisse perdre aucun des sucs de la viande et en même temps ramollit parfaitement celle-ci. — On emploie encore la cuisson dans l'huile ou dans les graisses, autrement dit la *friture* et le *roux*. Mais souvent, et toujours dans ce dernier mode de coction, des principes âcres sont ajoutés aux aliments, l'action du feu développant dans les graisses une certaine proportion de substances empyreumatiques. — Les chairs qui, dans un but de conservation, ont été boucanées, c.-à-d. soumises à l'action de la fumée, ou bien imprégnées de sel, ou bien encore macérées dans le vinaigre ou dans l'huile, contractent une saveur forte, souvent âcre et irritante. La salaison, que l'on combine souvent avec le boucanage, est particulièrement employée pour le poisson et pour les chairs très grasses. La fermentation acide et même la fermentation putride sont provoquées dans le même but : c'est ce qui a lieu dans la préparation du pain, des fromages, etc.

Indépendamment de ces modes de préparation des aliments, l'art culinaire se propose fréquemment de leur communiquer certaines saveurs ou odeurs au moyen de substances salées, acides, piquantes, sucrées, aromatiques, etc., que l'on nomme *Assaisonnements*. L'action de ces assaisonnements modifie singulièrement la digestibilité des aliments ; au reste, elle varie non seulement suivant leur nature propre, mais encore suivant la nature de l'aliment auquel on les ajoute. Cependant on peut dire en règle générale : 1° que le sel, à doses modérées, facilite éminemment la digestion ; 2° que l'huile, la graisse, le beurre, la crème, et même le lait, diminuent plutôt qu'ils n'augmentent la digestibilité ; 3° que le sucre est ordinairement indifférent, mais que pourtant il paraît rendre les fruits plus digestibles ; 4° que le vinaigre, l'acide citrique et les autres acides rendent, au moins pour la plupart des estomacs, les substances alimentaires plus faciles à digérer ; 5° que la moutarde, l'ail, l'oignon, le raifort, etc., accroissent les forces digestives de l'estomac, en le stimulant assez vivement ; que le poivre, la cannelle, la muscade, le thym, et, en général, les plantes aromatiques sont des substances échauffantes à divers degrés, qui ne conviennent qu'à certaines personnes et sous certains climats, particulièrement dans les pays chauds, où l'appareil digestif a besoin d'une stimulation presque continue.

IV. *Du régime alimentaire.* — Il est à peine besoin de dire que le régime alimentaire doit varier suivant l'âge, le tempérament, le sexe et la profession des individus, suivant les lieux et les saisons, et surtout suivant l'état des forces digestives. — Pour l'enfant, où la nourriture n'est pas employée seulement à l'entretien, mais encore à l'accroissement d corps, l'alimentation doit être proportionnellement plus abondante que pour l'homme adulte. — L'alimentation de l'adulte doit nécessairement varier suivant le milieu dans lequel on vit, et l'on ne saurait, à cet égard, classer ensemble l'ouvrier dont les muscles sont en action pendant 10 à 12 heures, et l'homme de bureau qui passe la journée assis. C'est surtout à ce dernier qu'il faut recommander la sobriété, ainsi qu'une alimentation peu excitante et de facile digestion. Dans les conditions ordinaires de la vie et de la santé, un adulte de force moyenne, rejetant chaque jour 45 grammes d'azote par les urines, et brûlant 300 grammes de carbone par le poumon, il lui suffit, pour réparer cette double perte, d'introduire dans l'économie, sous forme d'aliments, un poids égal de ces deux principes. D'après cela, il faudrait de 125 à 150 grammes de viande, 1 kilog. de pain et de 200 à 250 grammes de matières féculentes, grasses ou sucrées, de nature végétale, pour constituer les bases d'une alimentation suffisante. Durant la vieillesse, où les fonctions réparatrice et assimilatrice perdent de leur énergie, la quantité des aliments doit être moindre, et ils doivent être choisis parmi ceux qui sont de plus facile digestion.

D'après ce qui vient d'être dit, et d'après les observations déjà consignées dans notre article ALIMENT, il est facile de comprendre l'influence que doivent exercer le sexe la nature des travaux, les saisons et les lieux, sur le choix des aliments et sur la quantité relative de ces derniers. Nous nous contenterons donc de dire quelques mots de la constitution et des maladies. La diète animale convient surtout aux tempéraments lymphatiques, aux constitutions débiles ou affaiblies par un mauvais régime, ainsi qu'aux individus atteints d'affections de nature scrofuleuse. La diète végétale se recommande dans les cas diamétralement opposés : elle est utile aux hommes d'un tempérament sanguin, de constitution pléthorique, ou qui paraissent prédisposés aux hémorragies, soit aux maladies inflammatoires. Le régime végétal est, pour ainsi dire, le spécifique des affections qui résultent d'une pléthore azotée, si l'on nous permet cette expression, comme la gravelle et la goutte. La diète mucilagineuse est la diète végétale réduite à son minimum de puissance nutritive et son maximum de digestibilité. En conséquence, elle ne s'emploie guère que comme moyen thérapeutique. On la prescrit dans la convalescence des phlegmasies, des fièvres inflammatoires, des hémorragies, des affections nerveuses, etc. Nous en dirons autant de la diète acidulée, qui fournit fort peu de principes alibiles, et jouit de propriétés éminemment rafraîchissantes et relâchantes : on y a principalement recours dans les maladies de nature inflammatoire. La diète huileuse, autre section de la diète végétale, ne convient que dans quelques cas exceptionnels : car si elle est relâchante et laxative, elle est d'une digestion difficile. On la recommande parfois aux individus d'un tempérament bilieux ou nerveux, à fibre sèche, tendue, irritable, qui ont le pouls dur et fréquent, chez lesquels les sécrétions se font difficilement, etc. La diète féculente est, après la diète animale, la plus nourrissante de toutes. C'est le régime auquel est soumise la grande majorité des habitants de nos campagnes. Dans certaines maladies chroniques et dans la convalescence des maladies aiguës, où l'appareil digestif a peu d'énergie, et où cependant il faut réparer promptement les forces de l'organisme, on a recours à cette sorte de diète en choisissant de préférence les fécules qui sont plus faciles à digérer. Il sera question ailleurs de la diète lactée. Voy. LAIT.

Les boissons forment aussi une partie importante du régime alimentaire; mais comme l'Eau, le Vin, la Bière, le Cidre, le Café, le Thé, etc., sont l'objet d'articles spéciaux, nous renverrons le lecteur à ces mots. — Voy. aussi l'article DIGESTION.

DIÉTHOXALIQUE. adj. 2 g. (R. di, éthyle et oxalique). T. Chim. L'action du zinc-éthyle sur l'éther oxalique donne naissance à un éther d. qui, par saponification, fournit l'acide diéthoxalique. Ce dernier corps, dont la formule est $(C^2H^5)^2$ COH.CO²H, cristallise en prismes fusibles à 74°,5, solubles dans l'eau, l'alcool et l'éther. C'est un acide assez énergique dont les sels sont solubles.

DIÉTHYLACÉTIQUE. adj. 2 g. (R. di, éthyle et acétique). T. Chim. L'acide d. est un des acides caproïques; il répond à la formule $(C^2H^5)^2$ CH.CO²H.

DIÉTHYLBENZÈNE. s. m. (R. di, éthyle et benzène). T. Chim. Hydrocarbure ayant pour formule $C^6H^4(C^2H^5)^2$. On distingue trois, suivant que les deux radicaux éthyle sont en position ortho, méta ou para. Ce sont des liquides dont les points d'ébullition se trouvent compris entre 180° et 184°. On les prépare en faisant agir le sodium sur un mélange d'éthylbenzène bromé ou chloré et de bromure d'éthyle. Soumis à l'action des corps oxydants, les D. se transforment en acides éthylbenzoïques et phtaliques.

DIÉTHYLCARBINOL. s. m. (R. di, éthyle et carbinol). T. Chim. Alcool amylique secondaire ayant pour formule C²H⁵. CHOH. C²H⁵. Il est liquide et bout à 117°. L'oxydation le transforme en diéthylcétone et en acides acétique et propionique.

DIÉTHYLCÉTONE. s. f. (R. di, éthyle et cétone). T. Chim. Cétone répondant à la formule C^2H^5. CO. C^2H^5. On l'appelle aussi propione, parce qu'on l'obtient par la distillation du propionate de chaux. Elle se forme également par l'oxydation du diéthylcarbinol. Elle est liquide, incolore, et bout à 102°.

DIÉTHYLÉNIQUE. adj. 2 g. (R. di et éthylène). T. Chim. Se dit des corps possédant deux fois la fonction carbure éthylénique. Dans la nouvelle nomenclature ils prennent le suffixe diène.

DIÉTHYLMÉTHYLCARBINOL. s. m. (R. di, éthyle, méthyle et carbinol). T. Chim. Alcool hexylique tertiaire obtenu par l'action du zinc-éthyle sur le chlorure d'acétyle. Il a pour formule $(C^2H^5)^2$ COH. CH³. Son anhydre, traité par la poudre de zinc, fournit le diéthylméthylméthane $(C^2H^5)^2$: CH. CH³, hydrocarbure liquide, bouillant à 128°.

DIÉTHYLPROPYLCARBINOL. s. m. (R. di, éthyle, propyle et carbinol). T. Chim. Alcool octylique tertiaire $(C^2H^5)^2$: COH. C³H⁷, qu'on obtient en faisant réagir le zinc-éthyle sur le chlorure de butyryle. Le diéthylisopropylcarbinol se prépare de même à l'aide du chlorure d'isobutyryle. Tous deux sont liquides, avec un point d'ébullition voisin de 160°.

DIÉTHYLSUCCINIQUE. adj. 2 g. (R. di, éthyle et succinique). T. Chim. L'acide d. s'obtient en traitant l'acide butyrique bromé par la poudre d'argent, et décomposant par l'acide bromhydrique l'éther d. qui se produit dans cette réaction. L'acide d. ainsi préparé est un mélange de deux isomères stéréochimiques : l'un cristallise dans le système rhombique et fond à 129°; l'autre forme des cristaux monocliniques fusibles à 192°.

DIÉTHYLTOLUÈNE. s. m. (R. di, éthyle et toluène). T. Chim. Hydrocarbure appelé aussi diéthylphénylméthane, et répondant à la formule $(C^2H^5)^2$ CH. C⁶H⁵. Composé très stable qui est liquide et qui bout vers 180°. On l'a préparé en traitant le chlorure de benzylidène par le zinc-éthyle.

DIÉTINE. s. f. T. Hist. Assemblée particulière en Pologne. Voy. DIÈTE.

DIETRICH, maire de Strasbourg, mort sur l'échafaud (1748-1793).

DIEU. s. m. (gr. θεός; lat. deus, m. s.). L'Être suprême, créateur et conservateur de l'univers. La toute-puissance de Dieu. L'esprit de Dieu. Avoir recours à Dieu. Mettre sa confiance, son espérance en Dieu. Se conformer à la volonté de Dieu. Vivre selon Dieu. Élever ses enfants dans la crainte de Dieu. Jurer Dieu. Blasphémer le nom de Dieu. Le bras, le doigt de Dieu. Traité de l'existence de Dieu. — Dieu prend l'article quand on l'envisage sous un point de vue particulier, le Dieu des armées, le Dieu des vengeances, des miséricordes, le Dieu jaloux, le Dieu fort, le Dieu vivant, etc. Le vrai Dieu. Le Dieu des chrétiens. Renier le Dieu de ses pères. O mon Dieu! je t'implore. — Le bon Dieu, Dieu. Le bon Dieu vous bénira. Se dit particul. de l'hostie consacrée et du viatique. On lève le bon Dieu. Porter le bon Dieu à un malade. Recevoir le bon Dieu. — La Fête-Dieu, La fête du Saint-Sacrement. — Hôtel-Dieu, Nom donné à l'hôpital principal de plusieurs villes. || Être devant Dieu, Être mort. — Entre Dieu et soi, Secrètement. — C'est un homme de Dieu, tout de Dieu, tout en Dieu; se dit d'un homme fort pieux, fort dévot. On dit dans le même sens, Être abîmé en Dieu. — Par la *grâce de Dieu*, Formule employée par les rois pour marquer qu'ils ne tiennent leur puissance que de Dieu. — *S'il plaît à Dieu*, se dit en parl. des choses qu'on souhaite ou qu'on a intention de faire. *Il en réchappera, s'il plaît à Dieu. Je compte partir demain, s'il plaît à Dieu.* On dit aussi, dans un sens anal., *Avec l'aide de Dieu*, et famil., *Dieu aidant.* — On dit, *Dieu le veuille; Plût à Dieu; Dieu vous entende,* Pour marquer le désir que l'on a qu'une chose soit. Dans le sens contraire, on dit, *Dieu m'en préserve; Dieu m'en garde; A Dieu ne plaise,* etc. — *Ainsi Dieu me soit en aide*, ou *Ainsi Dieu m'aide*, Formule dont on se servait autrefois, quand on avait fait un serment solennel, et qui signifiait que Dieu ne m'accorde son aide qu'autant que je serai fidèle à mon serment. — *Dieu vous bénisse; Dieu vous assiste; Dieu vous contente; Dieu vous soit en aide,* Façons de parler familières qu'on emploie lorsque quelqu'un éternue, ou pour faire entendre à un pauvre qu'on ne peut rien lui donner. — *Dieu vous conserve; Dieu vous conduise; Dieu vous le rende,* se dit pour souhaiter du bien à quelqu'un, ou pour le remercier de celui qu'on a reçu. — *Dieu vous garde* ou *Dieu vous gard!* Formule de salutation qu'on employait autrefois en abordant quelqu'un. — *Grâce à Dieu; Dieu merci; Dieu soit loué,* se dit pour exprimer qu'on reconnaît tenir une chose de la bonté de Dieu ou pour témoigner son contentement de quelque chose. *Grâce à Dieu, nous en voilà débarrassés. — Dieu merci et vous; Dieu merci et à vous,* Façons de parler dont se gens du peuple se servaient autrefois pour témoigner de leur reconnaissance ou par civilité. — *Pour l'amour de Dieu,* Dans le seule vue de plaire à Dieu. Famil., cette locution s'emploie pour marquer qu'on fait quelque chose sans intérêt, ou pour prier instamment quelqu'un de quelque chose. Famil. et par ironie, on dit encore, *Faire une chose comme pour l'amour de Dieu*, pour exprimer qu'elle est faite à contre-cœur ou avec lésinerie. *La salle était éclairée comme pour l'amour de Dieu.* On lui en a donné comme pour l'amour de Dieu. — *Au nom de Dieu,* formule de prière qui s'emploie lorsqu'on sollicite quelqu'un avec instance. — *Sur mon Dieu; Devant Dieu; Dieu m'est témoin; Dieu m'en est témoin,* Locutions qui s'emploient pour marquer affirmation et serment. — Fam., on dit : *Dieu sait,* pour donner plus de force à ce que l'on affirme ou à ce que l'on nie. *Dieu sait si cela lui fera plaisir. Dieu sait la joie que me fit cette nouvelle. Dieu sait si j'en ai seulement la pensée. Dieu sait se dit encore pour marquer l'incertitude où l'on est de quelque chose. Dieu sait ce qui en arrivera. Cela marche Dieu sait comme.* On dit aussi dans le même sens, *Dieu le sache.* — *Dieu! Bon Dieu! Mon Dieu! Grand Dieu! Juste Dieu!* etc., Exclamations dont on se sert pour marquer l'étonnement, l'admiration, l'impatience, la douleur, l'inquiétude, etc. *Dieu! que cela est beau! Dieu, qu'elle est laide! Eh! mon Dieu, taisez-vous donc! Bon Dieu, que cet être-là est ennuyeux! Mon Dieu, que va-t-il arriver? Oh Dieu, que je souffre! Dieu, quel malheur! Ah! mon Dieu, que va-t-il faire?* || Proverb., *La voix du peuple est la voix de Dieu,* Le sentiment général a ordinairement quelque chose de vrai. *L'homme propose et Dieu dispose, Nos desseins ne réussissent qu'autant qu'il plaît à Dieu, nos entreprises tournent souvent d'une manière opposée à nos espérances. Cela va comme il plaît à Dieu,* se dit d'une affaire abandonnée sans direction. || Fig. et prov., *Ce que femme veut, Dieu le veut,* Les femmes, grâce à leur opiniâtreté, viennent ordinairement à bout de ce qu'elles désirent. = DIEU, pl. DIEUX. DÉESSE. Être surhumain auquel les religions polythéistes et qu'on croyait présider à une certaine catégorie de phénomènes physiques et moraux. *Le d. de la guerre. La déesse de l'amour. Les dieux de la Fable. Les dieux de l'Inde, de la Gaule, de la Germanie, etc. Les faux dieux. Apollon, d. de la poésie. Pomone, déesse des jardins. Demi-dieu.* Voy. DEMI-DIEU. — *Sacrifier aux dieux. Renverser les temples des dieux. Mettre au rang des dieux.* Voy. MYTHOLOGIE. — Fig. :

L'homme est un dieu tombé qui se souvient des cieux.

LAMARTINE.

Dieux! Grands dieux! Plût aux dieux! Exclamation d'admiration, de douleur, etc. || Fig. et fam., *Promettre, jurer ses grands dieux,* Promettre, affirmer avec de grands serments. — *Comme un d.,* Très bien, ou perfection. *Il chante comme un d.* || Fig., *Les dieux de la terre,* se dit des rois, des souverains, et, en général, de ceux qui ont beaucoup de pouvoir et d'autorité. || Fig., se dit aussi de celui qui est l'objet d'un grand enthousiasme, d'une vénération profonde,

DICTIONNAIRE ENCYCLOPÉDIQUE. — T. III.

d'une vive reconnaissance, d'un extrême attachement. *Ils le regardaient comme leur sauveur et leur d. Elle adore son mari, c'est son d. Elle est idolâtre de son fils, elle en fait son d.* — Fig., *Faire son d.* ou *se faire un d. de quelque chose,* se dit d'une chose pour laquelle on a un attachement exagéré. *Il n'aime que la paresse, il en fait son d. Il fait un d. de son ventre.* — Fig. et fam., *Vous êtes un d.,* se dit pour exprimer à quelqu'un la vive satisfaction qu'on éprouve de ce qu'il a fait.

Phil. — On lit au mot DIEU dans le *Grand Dictionnaire* de Larousse :

« *Dieu dans la nature,* par Camille Flammarion (1867) : « *Mens agitat molem* » (l'esprit anime la matière). Cette épigraphe de l'ouvrage en est pour ainsi dire le résumé. Témoin des débats entre la science matérialiste, qui déclare ne jamais surprendre la présence de Dieu dans ses expériences, et la théorie théologique, qui rapetisse l'image de Dieu en se perdant dans les détails minutieux et en maintenant des faits démentis par la science, M. Flammarion s'étonne de voir chacun des adversaires s'obstiner dans son système particulier, et il se demande s'il est impossible d'interroger directement le vaste univers et de voir Dieu dans la nature. « Devant le spectacle de la vie terrestre, au milieu « de la nature resplendissante, sous la lumière du soleil, au « bord des mers courroucées ou des limpides fontaines, « parmi les paysages d'automne ou les bosquets d'avril, et « pendant le silence des nuits étoilées, il a cherché Dieu. La « nature explique-t-on la science te lui a montré sous un « caractère particulier. Il l'a reconnu visible là comme la « force intime de toute chose. » Les harmonies de la nature lui ont révélé l'Être suprême.

« C'est le résultat de connaissances précises sur la nature et sur l'homme qu'il publie, les regardant comme la base de toute conviction politique et religieuse, parce que ce n'est que par les sciences positives qu'on doit rechercher la vérité, par la méthode expérimentale, et non par la méthode métaphysique. Son livre pourrait passer pour une étude de philosophie première, s'il ne s'était borné à une discussion purement scientifique dans sa réfutation du matérialisme. L'argumentation de M. Flammarion est divisée en cinq parties, et dans chacune d'elles il démontre la proposition diamétralement opposée à celle qui est soutenue par les défenseurs de l'athéisme. Dans le premier livre, il établit par l'étude des mouvements célestes d'abord, ensuite par celles du monde inorganique terrestre, que la force n'est pas un attribut de la matière, mais bien sa souveraine, sa cause directrice. Dans le second livre, il constate par l'étude physiologique des êtres que la vie n'est pas une propriété fortuite des molécules qui les composent, mais une force spéciale gouvernant les atomes suivant le type des espèces. L'étude de l'origine et de la progression des espèces vient à l'appui de sa thèse. Dans le troisième livre, il observe, par l'examen des rapports du cerveau avec la pensée, qu'il y a dans l'homme autre chose que la matière, et que les facultés intellectuelles sont distinctes des affinités chimiques; la personnalité de l'homme affirme son caractère et son indépendance. Le quatrième montre dans la nature un plan, une destination générale et particulière, un système de combinaisons intelligentes, au sein desquelles « l'œil non prévenu ne peut s'empêcher d'admirer, par une « saine conception des causes finales, la puissance, la sagesse « et la prévoyance de la pensée qui ordonna l'univers. » Enfin le cinquième livre, point général où aboutissent toutes les voix précédentes, place le lecteur dans la position scientifique la plus favorable « pour juger à la fois et la mysté- « rieuse grandeur de l'Être suprême, et l'incontestable aveu- « glement de ceux qui ferment les yeux pour se convaincre « qu'il n'existe pas. »

« Si, jugeant sur le titre, on prenait mon ouvrage pour « l'expression d'une doctrine panthéiste, on tomberait dans « aux erreurs contre d'où, M. Flammarion. Il n'y a dans ce livre « ni panthéisme ni dogme, mais l'exposition d'une philoso- « phie positive des sciences, qui comporte en elle-même une « réfutation non théologique du matérialisme contemporain. » Aussi loin de la superstition que de l'athéisme scientifique, deux erreurs d'après lui, l'auteur développe l'argument de l'existence de Dieu par l'harmonie de la nature, en se servant de considérations qui peuvent se résumer ainsi :

« Pour bien poser le problème, la question consiste à « distinguer la force et la matière, et à examiner si, dans la « nature, c'est la matière qui est souveraine de la force ou si « c'est la force qui régit la matière. Il plaide contre le maté- « rialisme la cause de la prédominance de la force sur la « matière. Il nous montre la force spirituelle qui vit dans

l'essence des choses et gouverne l'univers dans ses infinitési-
males parties, se révélant successivement dans le monde
sidéral, dans le monde inorganique, dans le monde des
plantes, dans le monde des êtres animés et dans le monde
supérieur de la pensée. Dans l'exposé qu'il nous trace des
derniers résultats de la science contemporaine sur ce sujet,
nous trouvons l'affirmation incessante de la souveraineté de
la force et de la passivité de la matière.

« Ce livre renferme, pour ainsi dire, la déclaration des
droits de l'âme exprimée dans les termes les plus poétiques. »
Le livre dont il vient d'être question a pris, en effet, pour
argumentation le spectacle de la nature même, depuis le ciel
étoilé jusqu'à notre planète et jusqu'à l'homme, et c'est de
l'analyse de l'univers que l'existence de Dieu est conçue. Ce
genre d'argumentation paraît le plus conforme à l'esprit scientifique moderne.
Un *ordre* mathématique régit les mondes dans l'espace;
les êtres vivants ont pour *but* de perpétuer la vie; la loi du
progrès se manifeste avec évidence dans l'histoire de la vie
terrestre : ce sont là trois arguments, difficiles à réfuter, en
faveur de l'existence d'un *esprit directeur*.
Toutes les preuves de l'existence de Dieu sont ordinairement divisées en quatre classes : les *preuves physiques*, les
preuves historiques, les *preuves métaphysiques* et les
preuves morales: car il n'y a que la nature, que l'histoire, que
la conscience et l'intelligence humaines qu'on puisse appeler
en témoignage pour établir cette grande vérité.
A. *Preuves physiques.* — Ces preuves, qu'on appelle aussi
preuves *physico-théologiques*, et qui forment l'objet de ce
qu'on a nommé la *Théologie naturelle*, sont basées sur le
principe de causalité. — La plus ancienne de ces preuves est
celle qui se tire de l'ordre admirable que nous offre le spectacle de l'univers considéré soit dans son ensemble, soit dans
chacune de ses parties. L'harmonie du monde est en effet le
témoignage le plus sensible de l'existence d'une intelligence
suprême qui a ordonné toutes choses dans un but déterminé
et avec une sagesse infinie. C'est aussi la preuve la plus propre
à frapper l'esprit de tous les hommes sans exception, car elle
s'adresse également à l'ignorant et au savant, en parlant pour
ainsi dire à l'autre dans le langage qui leur convient.
Déjà nous voyons cette preuve si éclatante exposée avec une
incomparable magnificence de style dans le 19ᵉ chant du Psal-
miste : *Cœli enarrant gloriam Dei*. Après le roi-prophète
jusqu'à nos jours une foule de philosophes ont développé, sous
toutes les formes, cette démonstration à la fois si populaire et
si puissante. A la fin du siècle dernier, Voltaire lui-même,
répondant à un athée contemporain s'écriait : « Jamais on ne
me persuadera qu'une montre s'est faite elle-même. » — On
a élevé contre cet ordre de preuves de nombreuses objections.
Cependant, le principe sur lequel se fondent les preuves physiques de l'existence de Dieu est en soi inattaquable, car il
n'est autre que le principe de causalité. D'autre part, l'idée
d'ordre dans l'univers reste au fond de toutes les recherches
scientifiques et constitue la base sur laquelle s'appuie conscien-
ment ou inconsciemment toute la science de la nature. Chaque
découverte, chaque progrès qui se fait dans le domaine des
sciences physiques et naturelles, révèle à nos yeux surpris
des harmonies nouvelles et supérieures, et nous dévoile la
simplicité des moyens employés par la cause suprême pour
produire les effets les plus merveilleux et les plus variés.
Après l'argument des causes finales vient celui du mouvement. Le mouvement n'est point essentiel à la matière. Il y a
dans tous les jours une force d'inertie en vertu de laquelle
un corps en repos y demeure toujours jusqu'à ce qu'on lui
imprime un mouvement, et un corps en mouvement continue
à se mouvoir jusqu'à ce qu'il soit arrêté par un obstacle
étranger. Si le mouvement était essentiel à la matière, il
serait invariable dans sa vitesse et dans sa direction; ce qui
est contraire à l'expérience. Le mouvement de la matière lui
vient donc, de près ou de loin, d'un premier moteur, d'une
cause active qui est Dieu lui-même. Cette preuve se trouve
énoncée pour la première fois dans Platon; mais elle a été
développée par Aristote et par la philosophie chrétienne.
Cet argument revient en définitive à l'analyse de la
notion des *forces*. Il existe toute une école de physiciens qui
prétend supprimer cette notion et la remplacer par celle de
la communication du mouvement d'un atome à un autre;
mais il faudrait expliquer nettement ce qui se passe dans le
choc de deux atomes : la théorie en question place la force
dans l'intérieur de l'atome au lieu de la placer à l'extérieur;
mais l'origine de cette force reste tout aussi mystérieuse.
D'autre part, l'univers entier se compose d'êtres contingents, c.-à-d. finis, imparfaits, changeants, transitoires,

qui pourraient ne pas exister : et ce que nous disons des êtres
de l'univers, nous le disons du monde entier : composé de
choses contingentes, il est lui-même nécessairement contingent. Or, les choses contingentes n'existent point par elles-
mêmes, sans quoi elles seraient immuables et éternelles. Elles
doivent donc leur origine, leur existence à une cause première
existant par elle-même, c'est-à-dire à un Être nécessaire :
bien plus, si nous n'avions pas l'idée de l'être nécessaire, il
nous serait impossible de concevoir les êtres contingents.
Dira-t-on que ces êtres contingents sont produits successivement les uns par les autres, et cela à l'infini? Nous répon-
drons avec Clarke : « Supposer une succession infinie d'êtres
dépendants et sujets au changement, dont l'un a été produit
par l'autre dans une progression à l'infini, sans une cause
initiale et primitive, n'est autre chose que reculer la difficulté
pas à pas et faire perdre de vue la question touchant le fondement et la raison de l'existence des choses. C'est réellement, en fait d'argumentation, la même chose que si l'on
supposait un être continu, d'une durée sans commencement et
sans fin, qui ne serait ni nécessaire, ni existant par lui-même,
et dont l'existence ne serait fondée sur aucune existence par
elle-même, ce qui est directement absurde et contradictoire. »
— « Tous les êtres étant produits, dit Bergier, il n'en est
aucun dont on ne puisse demander quelle est sa cause. En
remontant à l'infini, loin de résoudre la question, l'on donne
lieu de la renouveler à l'infini. En descendant la chaîne, tous
les êtres sont cause de ceux qui suivent, mais en la remontant ce ne sont plus que les effets de ceux qui précèdent :
s'il n'y a point de première cause, ce sera une chaîne infinie
d'effets sans cause ; par conséquent il existe un être nécessaire, cause infinie de tous les effets, c.-à-d. de toutes les
choses finies et contingentes. » Voy. CRÉATION.
B. *Preuve historique.* — Cette preuve qu'on appelle quelquefois, mais improprement, *preuve morale*, consiste dans le
consentement unanime et spontané de tous les peuples à
reconnaître une puissance supérieure aux lois de la nature,
même quand cette puissance apparaît à leur imagination sous
les formes les plus matérielles et les plus grossières. La
croyance à l'existence d'une cause suprême se trouve, ainsi
que l'établissent les annales des peuples, dans les monuments
historiques, les relations des voyageurs, chez les nations les
plus anciennes comme chez les nations modernes, dans les
tribus les plus sauvages et les plus barbares comme dans les
pays les plus avancés en lumières et en civilisation. Il est
vrai, objecte la diversité des divinités adorées par les différents peuples qui ont vécu ou vivent aujourd'hui à la surface
du globe; mais ceci ne saurait être une difficulté sérieuse :
car, au fond de ces erreurs, quelque multiples et quelque
grossières qu'elles soient, il y a un fait commun et universel,
c'est la croyance à une cause plus puissante que l'homme et
que la nature, auteur du monde et de l'homme lui-même. On
a dit encore que cette croyance générale est un préjugé de
l'éducation ; mais en supposant même que cette croyance soit
un préjugé, la question est précisément de savoir pourquoi
l'éducation se trouve, dans tous les lieux et dans tous les
temps, uniforme sur ce point seul, tandis qu'elle est différente dans toutes les autres choses.
Ces preuves physiques et historiques de l'existence de Dieu
sont encore réunies par les auteurs sous le nom de *preuves
à posteriori*, parce qu'elles s'appuient à la fois sur le raisonnement et sur les faits extérieurs; les preuves métaphysiques
dont nous allons parler sont dites, au contraire, *preuves à
priori*, attendu qu'elles sont exclusivement tirées de la raison.
C. *Preuves métaphysiques.* — Ces preuves sont indépendantes du monde extérieur; elles se puisent dans les profondeurs les plus mystérieuses de l'âme, dans le sanctuaire le
plus intime de la conscience. Cet ordre de preuves qui a été
ébauché par Platon, développé par saint Augustin, perfectionné par saint Anselme de Cantorbéry et saint Thomas
d'Aquin, a reçu de Descartes sa formule la plus haute et la
plus rigoureuse.
Descartes part de ce principe que si la réalité et la perfection de quelques-unes de nos idées est telle que nous con-
cevions clairement que cette même réalité et cette même perfection ne sont point en nous, et que par conséquent nous ne
pouvons en être la cause, il suit de là nécessairement qu'il y
a quelque être distinct de nous qui est la cause de ces idées.
Alors le philosophe passe en revue toutes les idées, l'idée des
autres hommes, celle des choses corporelles et des qualités
sensibles, celle de substance, de nombre, d'étendue, de figure.
Il lui semble que ces idées peuvent fort bien n'être qu'une
extension de l'idée de nous-mêmes, puisque nous trouvons
toutes ces choses en nous-mêmes. « Partant, dit-il, il ne reste

« que la seule idée de Dieu dans laquelle il faut considérer
« s'il y a quelque chose qui ait pu venir de moi-même. Par
« le nom de Dieu, j'entends une substance infinie, éternelle,
« immuable, indépendante, toute-connaissante, toute-puis-
« sante, et par laquelle moi-même et toutes les autres choses
« qui sont, ont été créées et produites. Or, ces avantages
« sont si grands et si éminents que, plus attentivement je les
« considère et moins je me persuade que l'idée que j'en ai
« puisse tirer son origine de moi seul. Et par conséquent il
« faut conclure que Dieu existe. Car, encore que l'idée de la
« substance soit en moi, de cela même que je suis une
« substance, je n'aurais pas néanmoins l'idée d'une substance
« infinie, moi qui suis un être fini, si elle n'avait été mise en
« moi par quelque substance qui fût véritablement infinie. »
Approfondissant ensuite cette idée de l'infini, Descartes, quoique le terme qui l'exprime soit négatif, prouve qu'elle n'est
pas négative, puisqu'elle renferme la plus haute réalité qui
soit dans notre esprit, puisqu'il se trouve en elle plus d'être
que dans quelque autre idée que ce soit. Cette idée d'ailleurs est antérieure dans notre esprit à l'idée du fini, car
nous ne connaissons l'imperfection que par la négation de la
perfection. Enfin, elle est parfaitement claire et distincte,
puisque nous ne la confondons jamais avec ce qui n'est pas
elle. De ces grands caractères de l'idée de l'infini, Descartes
conclut de nouveau que l'infini seul a pu nous donner cette
idée de lui-même. « Et si je ne me suis pas donné cette idée,
« continue-t-il, je ne me suis pas donné l'être non plus; car,
« si j'avais l'être de moi-même, je me serais donné aussi
« toutes les perfections que je conçois; il ne me manquerait
« rien; je ne serais donné toutes les perfections dont j'ai
« l'idée. En effet, j'avais pu me donner ma propre
« substance, à plus forte raison aurais-je pu me donner ce
« qui n'est guère que les accidents et les modes de cette
« substance; étant par moi-même, je ne me serais pas même
« dénié aucune des choses que je vois être contenues dans
« l'idée de Dieu. Or, il est bien évident que je ne possède pas
« même toutes les perfections dont ma nature serait suscep-
« tible; donc je ne me suis pas donné l'être; donc mon être
« est un être d'emprunt; donc il y a un Dieu créateur. »
Cette démonstration de Descartes n'est point un raisonnement : elle est l'énoncé d'un fait primitif irréductible et de
l'évidence la plus entière. L'idée de l'infini est au fond de
notre conscience, indépendamment de toute généralisation, de
toute abstraction, de toute induction, de toute déduction,
indépendamment de tout raisonnement. Je saisis en moi
l'être imparfait qui est moi-même; par un contraste inévitable, je saisis en même temps l'être parfait, principe du
mien, l'être parfait dans toute sa réalité, puisque l'être imparfait que je suis est aussi une réalité. Il n'y a donc pas d'avant
de raisonnement; il y a une illumination intérieure, un éclair
qui pénètre l'âme; il y a une manifestation divine; il y a une
révélation naturelle. Dieu se montre à l'âme et établit dès ce
premier moment son éternel rapport, son rapport vivant avec
elle; et l'âme dans ce moment suprême s'affirme elle-même,
affirme Dieu avec une invincible assurance, avec une certitude inébranlable. Fénelon exprime cette même pensée : « Il
faut donc conclure, dit-il, que c'est l'être infiniment parfait qui
se rend immédiatement présent à moi, quand je le conçois,
et qu'il est lui-même l'idée que j'ai de lui. »
Toutes les preuves métaphysiques de l'existence de Dieu
peuvent se réduire à cette démonstration cartésienne, tirée de
l'idée même de l'infini, ou plutôt elles ne sont que la même
démonstration présentée sous une forme différente.

D. *Preuve morale.* — Tout homme porte en lui le sentiment du bon et du juste. Ce sentiment, que la plupart des
philosophes ont considéré comme tellement inné, que les matérialistes du dernier siècle, dans l'impossibilité de le nier, le
faisaient dépendre de notre organisme lui-même, est un fait
de conscience primordial. Mais de même que l'idée de l'infini
est, dans notre intelligence, contemporaine de celle du fini,
l'idée d'une bonté souveraine, d'une justice infaillible, d'un
législateur suprême, apparaît à notre âme simultanément avec
celle de bonté, de justice, de rapport moral. Le type du bonté
et de justice parfaites que nous concevons s'impose à nous
comme nécessaire. La justice absolue est la sanction de nos
actes, la souveraine de nos consciences. L'âme humaine
conçoit d'elle-même un être infiniment bon et infiniment juste.
La bonté et la justice divines se sont donc communiquées à
notre conscience, comme l'infini s'est communiqué à notre
intelligence, pour être la règle absolue de nos actions, ainsi
que notre espérance suprême, lorsque nous sommes en butte
au mal ou à l'injustice.
De ce que Dieu est par soi, il résulte non seulement qu'il

est infini, mais encore qu'il est *un* et absolument *simple*,
immuable, *éternel*, *immense*. Il est *un*, car deux infinis
sont contradictoires; il est absolument *simple*, car toute
composition témoigne de quelque imperfection. Il faut même
nous préserver de croire que Dieu soit esprit comme nous
sommes esprits. L'idée de la substance spirituelle étant l'idée
la plus pure de notre intelligence, nous disons, à cause de
l'infirmité de notre langue, que Dieu est esprit; mais il ne
peut être esprit avec cette succession de pensées mobiles,
variables, pleines de défaillance et d'erreur, condition de notre
intelligence Dieu est plus qu'esprit, car il est l'être par excellence; il est souverainement, sans être rien de fini et de particulier. — Ce qui est par soi, ayant toujours en soi la même
raison d'exister, qui est son essence même, est *immuable* dans
son être. Immuable dans son être, Dieu l'est aussi dans sa manière d'être. Les modifications étant les bornes de l'être, l'infini
n'est susceptible d'aucune espèce de modification. Les modifications, au contraire, sont essentielles à la créature. Ce continuel
changement des êtres sans cesse renouvelés enferme la succession et constitue le temps. Rien dans l'être infini ne ressemble
à cette durée variable et successive qui est le propre des
créatures, car en lui rien ne s'écoule, rien ne passe, tout est
fixe et permanent. L'*éternité*, c.-à-d. la permanence absolue
de l'être étant indivisible, comme tout ce qui est infini, ne
souffre ni commencement, ni milieu, ni fin. Au sein de l'éternité, il n'y a pas de chronologie possible. Une éternité partagée en une partie antérieure et une partie postérieure ne
serait plus l'éternité. L'idée de deux éternités est contradictoire, tout comme celle de deux infinis. Déjà et après, le passé
et le futur sont des termes indignes de Dieu. Un présent
immobile, indivisible, infini, convient seul à l'Être éternel. Ce
mot de toujours, qui nous paraît si plein d'énergie, est lui-
même indigne de son éternité, parce qu'il exprime la continuité et non la permanence. « O éternité! s'écrie Fénelon, je
ne puis vous comprendre, car vous êtes infinie; mais je conçois tout ce que je dois exclure de vous pour ne vous méconnaître jamais. » — L'*immensité* n'est pas plus compréhen-
sible à notre faiblesse que l'éternité. Mais nous concevons
facilement que l'être infini n'a pas plus de rapport avec le
lieu qu'il n'en a avec le temps. Dedans et dehors, en deçà et
au delà sont des termes tout aussi indignes de lui qu'avant et
après, passé et futur. Partout ne lui convient pas plus que
toujours, car il semble signifier que la substance de Dieu est
étendue localement. Il n'est ni en dedans ni en dehors du
monde. Qu'on ne croie pas parler convenablement de lui,
quand on a dit qu'il remplit tous les espaces. Ce sont là des
expressions défectueuses, malgré leur apparence magnifique,
et enfantées par l'imagination, qui se représente un assemblage d'espaces et de substances, une immensité divisible et
composée, au lieu de l'immensité absolument simple. Dieu agit
sur tous les lieux; il n'est en aucun lieu. Qu'il s'agisse de
l'immensité ou de l'éternité de Dieu, le mieux est de se borner à dire : Il est. Tout ce qu'on peut ajouter à cette simple
parole ne fait qu'en fausser ou en obscurcir l'idée.
Dieu est. Mais Dieu est *inconnaissable* pour nous. Nous
sommes des êtres finis. Il est l'infini. Nos sensations humaines
ne peuvent pas lui être appliquées. Diverses conceptions religieuses lui ont attribué toutes les passions humaines, la
colère, l'esprit de vengeance, la méchanceté la plus féroce.
On lui a fait bénir les poignards, protéger des armées,
envoyer mille fléaux à la pauvre race humaine. L'anthropomorphisme a fait de l'Être absolu un homme imparfait mis
au service de nos sottises et de nos erreurs. Il importe d'éloigner de notre pensée toute conception de cet ordre. L'Être
absolu est inconnaissable pour nous. Le soleil éclaire et fait
vivre le brin d'herbe, mais il est inconnaissable pour lui.
Nous devons donc être pleins de tolérance pour les diverses
« idées de Dieu » qui existent dans les âmes humaines, depuis
les athées eux-mêmes jusqu'aux panthéistes et aux religieux
des diverses confessions. Chacun se fait de l'Être suprême
une idée en rapport avec sa lumière intérieure, sa science,
son sentiment, ses recherches philosophiques, et toutes les
convictions sincères sont respectables. Qu'un aveugle nie la
lumière, qu'un sourd nie les sons, cette négation ne prouve
rien, sinon l'imperfection du négateur. On qui doit être blâmé,
méprisé du plus profond mépris, c'est l'état d'âme de ceux
qui ne sont servis ou se servent encore de l'idée de Dieu
pour exploiter certains esprits faibles. La conscience humaine
ne doit avoir pour but que la recherche de la Vérité.

DIEU (Ile) ou d'**YEU**, dans le golfe de Gascogne, dépend
du département de la Vendée. Ville principale *Port-Breton* ;
3,200 hab.

DIEUDONNÉ Ier (SAINT), pape de 614 à 617 Fête le 8 novembre. == DIEUDONNÉ II, pape de 613 à 677.

DIEUDONNÉ (J.-A.), sculpteur français né à Paris (1795-1873).

DIEULEFIT, ch.-l. de canton (Drôme), arr. de Montélimar; 3,600 hab.

DIEUZE, anc. ch.-l. de c. (Meurthe), arr. de Château-Salins; 3,100 hab. (à l'Allemagne depuis 1871).

DIEZ, philologue allemand, auteur de nombreux travaux sur les langues romanes (1794-1876).

DIFFAMABLE. adj. Qui peut être diffamé, qui mérite d'être diffamé.

DIFFAMANT, ANTE. adj. [Pr. di-faman]. Qui est dit ou fait pour diffamer. *Paroles diffamantes. Cela est d.*
Syn. — *Diffamatoire, Infamant.* — *Diffamant* et *Infamant* se disent des choses qui produisent l'infamie ou ternissent la réputation; mais le second a une plénitude de sens que n'a pas le premier. Ce qui est *diffamant* expose à perdre ou fait perdre peu à peu la réputation; ce qui est *infamant* fait perdre l'honneur et imprime une tache indélébile : aussi ce dernier seul se dit en parlant des arrêts rendus par la justice. *Diffamatoire* se dit des discours et des écrits qui ont pour objet de diffamer. Les libelles *diffamatoires* sont plus propres à déshonorer ceux qui les composent que ceux contre qui ils sont faits.

DIFFAMATEUR, TRICE. Celui, celle qui diffame.

DIFFAMATION. s. f. [Pr. di-fama-sion] (R. *diffamer*).
Législ. — La *Diffamation* est l'allégation ou l'imputation d'un fait qui porte atteinte à l'honneur ou à la considération de la personne ou du corps auquel le fait est imputé. La *Calomnie* diffère de la d. proprement dite en ce qu'elle comporte avec soi l'idée de la fausseté des faits allégués ou imputés. L'*Injure* diffère de la d. en ce qu'elle ne renferme l'imputation d'aucun fait. — La d. peut être commise par des discours, paroles ou écrits, par des gravures, dessins, emblèmes, en un mot, par un acte de publicité quelconque. Quand elle s'adresse à une cour, à un tribunal, à un corps constitué, à une autorité ou à une administration publique, la d. est punie d'emprisonnement de 8 jours à 1 an, et d'une amende de 100 à 3,000 fr., ou de l'une de ces deux peines seulement. Les mêmes peines s'appliquent à la d. commise, à raison de leurs fonctions ou qualités, envers les ministres, députés, sénateurs, ministres des cultes reconnus par l'État, dépositaires ou agents quelconques de l'autorité publique, citoyens chargés d'un service public, même temporaire (jurés, témoins). Quant à la d. envers les particuliers, la loi la punit d'un emprisonnement de 5 jours à 6 mois, et d'une amende de 25 à 2,000 fr., ou de l'une de ces deux peines seulement, suivant les circonstances. En règle générale, la poursuite de la d. ne peut avoir lieu que sur la plainte de la partie qui se croit offensée ou lésée, et le plaignant peut réclamer des dommages-intérêts pour le préjudice que lui a causé la d.
Sauf en ce qui concerne les personnes dont nous allons parler tout à l'heure, la loi punit aussi bien l'allégation diffamatoire d'un fait vrai que celle d'un fait reconnu faux. La preuve de la d., en effet, n'est pas admise contre les particuliers; elle est admise, au contraire : 1° contre les corps constitués, les administrations publiques, les membres du Parlement, les fonctionnaires publics, les agents de l'autorité publique, etc., mais seulement à l'occasion de leurs fonctions; 2° contre les directeurs ou administrateurs de toute entreprise industrielle, commerciale ou financière faisant publiquement appel à l'épargne ou au crédit. Dans ce cas, si le prévenu de d. fait la preuve des faits qu'il a avancés est acquitté.
Les peines prévues par la loi pour la d. ne sont applicables aux atteintes portées à la mémoire des morts que dans le cas où ces atteintes seraient susceptibles de porter en même temps préjudice à la considération des héritiers vivants. (Loi du 29 juillet 1881.)
La loi du 11 juin 1887 punit de 5 jours à 6 mois de prison, et d'une amende de 25 à 3,000 fr., ou de l'une de ces deux peines seulement, la d. commise par les correspondances postales ou télégraphiques circulant à leurs découvert. — Si la correspondance contient une injure, cette expédition sera punie d'un emprisonnement de 5 jours à 2 mois, et

d'une amende de 16 à 300 fr., ou de l'une de ces deux peines seulement. — Les délits prévus par ladite loi sont de la compétence des tribunaux correctionnels.

DIFFAMATOIRE. adj. 2 g [Pr. di-fama-touare]. Qui a pour but de diffamer. Voy. DIFFAMANT.

DIFFAMER. v. a. [Pr. di-famer] (lat. *dis*, préf. priv., et *fama*, réputation). Attaquer l'honneur, la réputation de quelqu'un. *Vous l'avez diffamé dans vos écrits.* == se DIFFAMER. v. pron. *C'est se d. soi-même que d'écrire pour d. les autres.* == DIFFAMÉ, ÉE. part. || T. Blas. *Lion, léopard d.*, Qui est représenté sans queue. == Syn. Voy. DÉCRÉDITER.

DIFFÉREMMENT. adv. [Pr. di-fé-raman]. D'une manière différente. *Il a raconté l'affaire d. de ce qu'elle s'était passée. Il a agi bien d. de vous. Je pense d.*

DIFFÉRENCE. s. f. [Pr. di-féranse] (lat. *differentia*, m. s.). Ce dit de tout ce qui distingue une chose d'une autre. *D. notable, considérable, essentielle, très sensible. Je ne vois aucune d. entre eux. Il y a une légère, une grande d. entre l'un et l'autre, de l'un à l'autre, de l'un avec l'autre. D. d'âge, de sexe, de rang, d'origine, de caractère. D. de longueur, de largeur. Voilà quelle est la d. de vous à moi. La d. des saisons.* — *Faire la d.*, sentir la d., Saisir, apprécier ce qui rend une chose distincte d'une autre. *Il a très bien su faire la d. entre vous deux. Il lui apprit à faire la d. d'un ami avec un flatteur. Sentez-vous la d. de ces deux sens?* On dit de même, *Faire ou mettre de la d. entre deux personnes, entre deux choses. Je fais de la d., une grande d. entre vous et lui. Vous ne mettez aucune d. entre eux.* || T. Log. La qualité essentielle qui distingue entre elles les espèces du même genre. *Une définition est composée du genre et de la d.* On dit aussi *D. spécifique.* || T. Math. L'excès d'une quantité sur une autre. *La d. de 20 et de 30 est 10.* — Se dit dans un sens anal., en parlant des valeurs qu'on échange entre elles ou entre lesquelles on établit une compensation. *La d. se paye immédiatement. Les différences se règlent ordinairement à la liquidation des affaires de chaque mois.* || T. Mar. Se dit de l'excédent du tirant d'eau de l'arrière d'un bâtiment sur celui de l'avant. — Écart qui existe entre les résultats fournis par l'estime et ceux que donne l'observation. — Écart de route fait par le bâtiment en vingt-quatre heures. == A LA DIFFÉRENCE DE. loc. prép. Différemment de. *A la d. de son frère, il est calme et posé. Je pense, à la d. de ce philosophe, que l'homme a en lui un principe spirituel et immortel.*
Syn. — *Diversité, Variété.* — La d. suppose la ressemblance, mais exclut l'identité : elle consiste dans la qualité qui appartient à une chose exclusivement à une autre, de manière qu'elle empêche de les confondre ensemble. La *diversité* exclut la ressemblance, et suppose même opposition et contraste : elle consiste dans des différences assez grandes pour qu'on ne songe pas à comparer les objets divers. La *variété* consiste dans une pluralité de choses dissemblables et différentes, mais qui, par leur réunion, produisent un effet agréable par leurs différences elles-mêmes : la *variété* est l'opposé de l'uniformité. == *Disparité, Inégalité.* — La d. s'étend à tout ce qui distingue les êtres que l'on compare : c'est un genre dont l'*inégalité* et la *disparité* sont des espèces. L'*inégalité* marque la d. en quantité, et la *disparité* la d. en qualité.
Alg. — Si l'on considère une fonction y d'une variable x :
$$y = f(x),$$
et qu'on donne à la variable x une suite de valeurs en progression arithmétique, à raison de cette progression s'appellera l'*accroissement* de x, et l'on obtiendra pour y une suite de valeurs. L'excès de chacune de ces valeurs sur la précédente s'appelle la d. de la fonction. Ces différences peuvent être positives ou négatives, et elles sont en général différentes. Le seul cas où les différences sont égales est celui où la fonction y est du premier degré. Ainsi, si l'on considère la fonction $y = ax + b$, et qu'on donne à x l'accroissement h, y deviendra :
$$y_1 = a(x + h) + b,$$
et la d. ou l'accroissement de y :
$$y_1 - y = ah$$
reste la même, quelle que soit la valeur initiale de la variable x.
Dans le cas général où les différences sont variables, l'excès de chaque d. sur la d. précédente, porte le nom de *D. se-*

conde. L'excès de chaque d. seconde sur la précédente, est la D. troisième et ainsi de suite. La théorie des différences constitue un chapitre important de l'algèbre, qui a reçu le nom de *Calcul des différences finies*, par opposition avec le *Calcul différentiel*, où les différences sont supposées infiniment petites. La proposition fondamentale de ce calcul est la suivante :

Les différences m^mes *d'une fonction entière de degré* m *sont des constantes.*

Soit, en effet, un polynôme entier de degré m :

$$y = A_0 x^m + A_1 x^{m1} + A_2 x^{m2} + \ldots + A_{m-1} x + A_m.$$

Donnons à x les deux valeurs x_0 et $x_1 = x_0 + h$ et retranchons les deux valeurs correspondantes de y. Nous aurons la d. première :

$$\Delta y_0 = A_0 [(x_0 + h)^m - x_0^m] + A_1 [(x_0 + h)^{m-1} - x_0^{m-1}] + \ldots$$

Si on développe les binômes par la règle de Newton, on voit que dans chaque terme la plus haute puissance de x disparaît, et il reste un polynôme de degré m — 1 dont je conserve seulement le premier terme :

$$\Delta y_0 = m A_0 h x_0^{m-1} + \ldots$$

La d. suivante se calculera en remplaçant simplement x_0 par $x_1 = x_0 + h$:

$$\Delta y_1 = m A_0 h (x_0 + h)^{m-1} + \ldots$$

On voit alors que la d. seconde $\Delta y_1 - \Delta y_0$ sera la d. première du polynôme Δy; elle se calculera donc par la même règle, et l'on aura :

$$\Delta^2 y_0 = m (m - 1) A_0 h^2 x_0^{m-2} + \ldots$$

De même, la d. troisième :

$$\Delta^3 y_0 = m(m-1)(m-2) A_0 h^3 x_0^{m-3},$$

et ainsi de suite. La d. m^me sera :

$$\Delta^m y_0 = 1.2.3 \ldots m A_0 h^m,$$

qui ne dépend plus de la valeur initiale de x, x_0, et qui, par suite, est constante.

L'application la plus importante du *Calcul des différences*, est la résolution du problème suivant : Supposons qu'on possède une suite de valeurs d'une fonction inconnue $f(x)$ obtenues en donnant à x des valeurs en progression arithmétique. On demande s'il est possible de représenter cette fonction, avec une approximation suffisante, par un polynôme entier, et de déterminer ce polynôme. Il suffira de calculer les différences de $f(x)$ des ordres successifs jusqu'à ce qu'on en trouve qui soient constantes, ou du moins qui puissent être considérées comme telles dans les limites de l'approximation. L'ordre de ces différences constantes fera connaître le degré du polynôme cherché, et l'on pourra facilement en calculer les coefficients d'après les valeurs connues de la fonction. Une fois ce polynôme ainsi déterminé, on pourra calculer de nouvelles valeurs de la fonction pour n'importe quelle valeur de la variable, de sorte que, sans connaître exactement la nature de la fonction, on pourra cependant en calculer les valeurs avec une approximation suffisante. Ce problème important qui se rencontre fréquemment dans les applications scientifiques, est connu sous le nom d'*Interpolation*. Nous le traiterons plus loin avec tous les développements nécessaires. Voy. INTERPOLATION.

DIFFÉRENCIATION. s. f. [Pr. *di-feran-sia-sion*]. Action de différencier.

DIFFÉRENCIER. v. a. [Pr. *di-féran-cier*] (R. *différence*). Distinguer, mettre de la différence. *Cela sert à les d. Une bonne définition doit d. le genre de l'espèce.* = SE DIFFÉRENCIER. v. pron. Se distinguer par des dissemblances, devenir différent. *Entièrement semblables au début, toutes les espèces animales ou végétales se différencient et acquièrent leurs caractères propres.* = DIFFÉRENCIÉ, ÉE. part. = Conj. V. PRIER.

DIFFÉRENCIOMÈTRE. s. m. [Pr. *di-féran...*] (R. *différence*, et gr. μέτρον, mesure). T. Mar. Tube métallique placé sur un navire et dont les indications permettent de lire le tirant d'eau du navire à l'avant et à l'arrière, de manière qu'on en puisse calculer la différence.

DIFFÉREND. s. m. [Pr. *di-féran*] (R. *différer*). Débat, contestation. *Laissons-les vider leurs différends. Juger, décider, apaiser, assoupir, accommoder un d.* || *Différence qui existe entre le prix demandé et le prix offert. Je vous en ai offert 40 fr., vous en voulez 50; partageons le d. par la moitié ou partageons le d., c.-à-d. Donnez-moi pour 45 fr. l'objet en question.* = Syn. Voy. ALTERCATION.

DIFFÉRENT, ENTE. adj. [Pr. *di-féran*] (lat. *differens*, m. s., part. prés. de *differre*, différer). Se dit des personnes ou des choses qui ont de la différence entre elles. *Ce sont deux hommes bien différents. Ils sont différents d'humeur, d'opinions, de sentiments, de langage, de manières. Opinions différentes. Mœurs différentes. Tous deux sont arrivés à la perfection par des chemins différents. Ce mot a deux sens différents. On est quelquefois aussi d. de soi-même que des autres.* — Fam. *Cela est d., bien d., C'est bien autre chose que ce que l'on disait, ou que ce que je pensais.* || Au plur., s'emploie fréquemment dans le sens de divers, plusieurs. *C'est ce qui m'a été dit par différentes personnes. Par différentes voies. Il nous a fait voir différents objets. Il m'a indiqué différents moyens.*

DIFFÉRENTIATION. s. f. [Pr. *di-féran-sia-sion*]. Action de différentier, de calculer la différentielle. Voy. INFINITÉSIMAL.

DIFFÉRENTIEL, ELLE. adj. Qui procède par différences. *Calcul d.* [Qui constitue une différence. *Les caractères différentiels de ces deux espèces sont faciles à saisir.* || Se dit des appareils qui servent à mesurer les différences. *Compteur d.* — Treuil d. Voy. TREUIL. || T. Fin. *Droit d.*, Taxe de douane variant suivant la provenance des marchandises. || T. Comm. *Tarif d.*, Tarif de transport dont la progression diminue à mesure que le poids ou la distance augmente.

Math. — *Calcul différentiel.* — On a longtemps divisé la partie de l'algèbre qu'on appelle aujourd'hui *analyse infinitésimale* en deux parties qu'on appelait *calcul différentiel* et *calcul intégral*. Cette division était plus nuisible qu'utile à la clarté de l'exposition, les deux opérations de la *différentiation* et de l'*intégration* étant deux opérations inverses qu'on rencontre presque toujours dans toutes les applications. Aujourd'hui, la plupart des auteurs ont renoncé à cette division systématique, et nous traiterons cette partie de la science au mot INFINITÉSIMAL.

Équation différentielle. — Équation entre les différentielles ou les dérivées de plusieurs variables. Voy. INFINITÉSIMAL.

DIFFÉRENTIELLE. s. f. [Pr. *di-féran-sièle*] (R. *différence*). T. Math. L'accroissement d'une variable, en tant que cet accroissement est supposé tendre vers 0. La d. d'une fonction d'une variable est égale au produit de la dérivée de cette fonction par la d. de la variable. Voy. INFINITÉSIMAL.

DIFFÉRENTIER. v. a. [Pr. *di-féran-sier*] (R. *différentielle*). T. Math. Calculer la différentielle d'une fonction. Voy. INFINITÉSIMAL.

DIFFÉRER. v. a. [Pr. *di-férer*] (lat. *differre*, de *di*, exprimant l'écartement, et *ferre*, porter). Retarder, remettre à un autre temps. *D. un paiement. D. une affaire de jour en jour. On lui écrivit de d. son voyage de quelques jours.* = DIFFÉRER. v. n. Tarder. *Ne différez point d'y aller. Il faut partir sans d. Peu s'en faut que ce d. ne soit pas perdu.* = SE DIFFÉRER. v. pron. *L'affaire ne peut se d.* = DIFFÉRÉ, ÉE. part. = Conj. V. ALLÉGUER.

Syn. — *Tarder.* — L'idée propre de *tarder* est celle d'être, de demeurer longtemps à venir ou à faire; et l'idée de *différer*, celle de remettre, de renvoyer à un autre temps. Ne *tardez* pas à cueillir le fruit s'il est mûr; s'il n'est pas mûr, *différez.* Il est quelquefois sage de *différer*, il est toujours imprudent de *tarder.* En tout, il y a un moment précis : *différez* pour l'attendre; mais ne *tardez* point quand il est venu. On perd du temps à *tarder*, on en gagne quelquefois à *différer.*

DIFFÉRER. v. n. [Pr. *di-férer*] (lat. *differre*, être différent, le même que le précédent). Être différent. *Il diffère de son frère par le caractère. C'est surtout en cela qu'ils diffèrent l'un de l'autre. Son opinion diffère de la vôtre. Nos goûts diffèrent beaucoup.* — D'opinion, d'avis, etc., ou absol., *Différer*, Avoir une opinion différente. *Ils ne diffèrent entre eux que sur un point.*

DIFFICILE. adj. 2 g. [Pr. *di-fi-sile*] (lat. *difficilis*, m. s. de *di*, préf. privatif, et *facilis*, facile). Qui est malaisé, qui donne de la peine. *Une entreprise, un travail, une opération difficile. Cela est difficile à faire, à exécuter. Un calcul d. Voilà un passage d. à entendre, à expliquer. Un problème d. à résoudre. Cette île est d'un d. accès. L'accès en est d. Un chemin d. Un métal d. à travailler. Il est d. de rien voir de plus laid. Rien n'est plus d. à dire aux hommes que la vérité. Il ne lui a pas été d. de* la faire changer d'avis. Il me paraît d. de mieux faire. C'est une personne qu'il est d. de ne pas aimer, dont il est d. de ne pas aimer le caractère. — Temps difficiles, Les temps de guerre, de trouble, de disette, etc. Dans un sens anal., Un temps d. à passer. Des circonstances difficiles. On dit encore, Se trouver, être dans une position, dans une situation d., Être dans une situation délicate, embarrassante. — Être d. à vivre; Être d'une humeur, d'un naturel, d'un caractère d.; Être d. à manier, Être d'une humeur fâcheuse, peu accommodante, revêche. || Délicat exigeant. Être d. sur les aliments. Être d. sur le choix des mots. Si ces étoffes ne vous plaisent pas, vous êtes bien d. Vous êtes devenu bien d. Un critique d. — Fam., et subst., Faire le d., la d., Se montrer exigeant, etc.

DIFFICILEMENT. adv. [Pr. di-fi-silen an]. Avec difficulté, avec peine. Il parle, il écrit d. On change d. d'habitudes.

DIFFICULTÉ. s. f. [Pr. di-fikulté] (lat. difficultas, m. s., de difficilis, difficile). Ce qui fait qu'une chose est difficile, malaisée, donne de la peine. La d. d'une entreprise, d'une opération. Ce travail est pour vous sans d. D. de parler, d'écrire, de marcher, de respirer. Éprouver, avoir, trouver de la d. à faire quelque chose. || Ce qu'il y a de difficile dans une chose; obstacle, traverse, empêchement. Une légère d. De grandes difficultés. Une affaire pleine, hérissée de difficultés. Vaincre, surmonter les difficultés. Examiner, lever, résoudre une d. Faire naître des difficultés. Passer par-dessus une d. Cela peut éprouver de grandes difficultés. Cela ne peut souffrir, ne souffre point de d. — Famil., on dit souvent, pour marquer qu'on adhère, qu'on donne son consentement à une chose, Cela ne fait point de d., ne fait aucune d. Je n'y vois point de d. Il n'y a pas de d. || Objection. Soulever, élever, former une d. C'est un homme qui fait des difficultés sur tout. Cette proposition ne souffre point de d., Elle ne présente pas le moindre doute. — Faire d. de quelque chose, Y avoir de la répugnance, s'en faire scrupule. Il y a des gens qui ne font d. de rien. Il a fait d. de se charger de votre affaire. Absol., on dit dans le même sens, Faire des difficultés. Il ne se décida qu'après avoir fait beaucoup de difficultés, on le dit simplem., qu'après beaucoup de difficultés. || Obscurité d'un texte, d'un endroit difficile à entendre. Ce passage offre plusieurs difficultés. || Différend, contestation légère. Les deux frères ont eu quelque d. ensemble. || T. Turf. Être en difficulté. Se dit d'un cheval qui a eu la peine à garder son avance. = SANS DIFFICULTÉ. loc. adv. Facilement, volontiers, indubitablement. Après un peu d'exercice, il parvint à le faire sans d. Il y a consenti sans d. S'il prend votre affaire en main, vous réussirez sans d.

Syn. — Empêchement, Obstacle. — La difficulté embarrasse; elle tient de la nature ou des circonstances mêmes de la chose. L'empêchement résiste; il dépend d'une loi ou d'une force supérieure, et s'oppose à l'exécution de nos volontés. L'obstacle arrête; c'est une chose étrangère qui barre notre chemin. On dit éviter, écarter, vaincre une difficulté; lever, ôter un empêchement ou s'en débarrasser; surmonter, aplanir, détruire et vaincre un obstacle.

DIFFICULTUEUSEMENT. adv. [Pr. di-fikultu-euzeman]. D'une façon difficultueuse.

DIFFICULTUEUX, EUSE. adj. [Pr. di-fikultu-eux]. Qui se montre difficile sur tout, qui fait des difficultés sur tout. C'est un homme d. Un sujet d. || Qui présente de nombreuses difficultés. Entreprise d.

DIFFLUENCE. s. f. [Pr. di-fluanse]. État de ce qui est diffluent.

DIFFLUENT, ENTE. adj. [Pr. di-fluan] (L. diffluer). Qui se répand, qui s'épanche.

DIFFLUER. v. n. [Pr. di-fluer] (lat. diffluere, m. s., de di, préf., et fluere, couler). Se répandre, s'épancher de tous côtés.

DIFFLUGIE. s. f. [Pr. di-flu-ji] (lat. diffluere, couler). T. Zool. Genre de Rhizopodes amœbiens. Voy. PHIZOZOAIRES.

DIFFORME. adj. 2 g. [Pr. di-forme] (lat. difformis, m. s., de di, préf. priv., et forma, forme). Qui n'a pas la forme, la figure, les proportions qu'il devrait avoir. Visage d. Jambe

d. Un bâtiment d. Cela le rend tout d. || Fig., se dit des choses morales. Rien de plus d. que le vice.

DIFFORMER. v. a. [Pr. di-former] (R. difforme; forme ancienne du mot déformer). Altérer la forme d'une chose; ne se dit guère que des monnaies. D. une médaille. La loi défend de d. les monnaies. = DIFFORMÉ, ÉE. part.

DIFFORMITÉ. s. f. [Pr. di-formité] (R. difforme). Défaut dans la conformation, dans les proportions du corps. La d. d'un membre. Les difformités de la taille. Corriger une d. — Par ext., La d. d'un arbre, d'un bâtiment. || Se dit des choses morales. La d. du vice. = Voy. ORTHOPÉDIE.

DIFFRACTER. v. a. [Pr. di-frak-ter] (lat. diffractum, sup. de diffringere, rompre). T. Phys. Dévier, infléchir, déterminer la diffraction. D. les rayons de lumière. = SE DIFFRACTER. v. pron. S'infléchir, se dévier. = DIFFRACTÉ, ÉE. part.

DIFFRACTIF, IVE. adj. [Pr. di-frak-tif]. Qui peut produire la diffraction.

DIFFRACTION. s. f. [Pr. di-frak-sion] (R. diffracter). T. Phys. La Diffraction est une modification particulière qu'éprouve la lumière quand elle rase le bord d'un corps ou quand elle traverse une petite ouverture, modification en vertu de laquelle les rayons lumineux paraissent s'infléchir et pénétrer dans l'ombre. Dans les circonstances ordinaires, l'ombre d'un corps se distingue assez nettement de l'espace éclairé qui l'environne, et, s'il y a une transition due à la pénombre, elle s'opère d'une manière continue. Le phénomène change entièrement d'aspect quand on prend pour source lumineuse un corps de dimensions très petites : il diffère alors entièrement de celui qu'indique la théorie géométrique des ombres, c'est-à-dire que l'ombre physique est différente de l'ombre géométrique, tandis qu'elle se confond sensiblement avec elle dans le cas où la source de lumière a des dimensions appréciables. Supposons qu'il s'agisse d'un corps opaque de grandes dimensions, et qu'on prenne, pour source de lumière, soit un très petit trou, soit le foyer d'une lentille convergente, éclairée par le soleil. D'après la théorie géométrique de l'ombre, celle-ci devrait être comprise derrière le corps opaque dans un cône ayant pour sommet la source de lumière et pour secteur le corps opaque; mais il n'en est pas ainsi. D'abord, l'ombre est moins étendue que ne l'indique la théorie; en outre, il y a une lumière sensible dans son intérieur; enfin, jusqu'à une certaine distance de ses bords, l'ombre est environnée de franges colorées. Ces franges, au contraire, sont alternativement obscures et brillantes, si l'on opère avec de la lumière monochromatique. Soit, par ex. (Fig. 1) un faisceau de lumière solaire SS qui pénètre dans la chambre noire par une ouverture quelconque. En le recevant sur une lentille LL' d'un très court foyer, il continue sa route en formant un cône très divergent. Pour que la lumière de ce cône ne soit pas mêlée de lumière étrangère, on place autour de la lentille un grand diaphragme DD'; et pour qu'elle soit monochromatique, on la fait passer au travers d'un verre coloré VV' qui ne transmet que des rayons d'une seule couleur. Alors, si l'on dispose, à quelque distance du foyer F, un écran EC dont le bord soit mince et bien dressé, et que l'on reçoive son ombre sur un tableau TT' ou sur une glace légèrement dépolie par derrière, on remarque ce qui suit : 1° La ligne EFG, qui semblait devoir être la trace de l'ombre, n'est pas réellement la séparation de l'ombre et de la lumière. 2° A droite de cette ligne, c'est-à-dire du côté de l'écran, le tableau n'est pas noir, mais il est éclairé d'une nuance très sensible, qui va s'éteindre à une assez grande distance, en suivant une dégradation à peu près uniforme. 3° A gauche, au contraire, on observe des franges ou des alternatives d'ombre et de lumière extrêmement remarquables. D'abord c'est une bande ou une frange brillante B très vivement éclairée, et parallèle au bord E de l'écran.

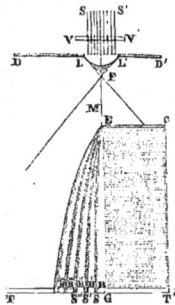
Fig. 1.

Ensuite vient une frange sombre S presque entièrement noire et parallèle à la première. Puis on voit paraître une seconde frange brillante W', et après elle la frange sombre S'; et ces alternatives se continuent jusqu'à une grande distance du point G, à ce point qu'on observe quelquefois des franges noires du septième ordre. Cependant, à mesure que l'on s'éloigne de la ligne de l'ombre géométrique, les franges brillantes deviennent moins vives, et les franges sombres s'effacent et se fondent dans la lumière qui a rasé d'assez loin le bord de l'écran. — Si le corps opaque est très petit, si par exemple c'est un fil tendu, et qu'on observe le phénomène sur un écran, dans le voisinage de ce corps, son ombre paraît quelquefois ne pas exister; sa place est occupée par de la lumière présentant une série de maxima et de minima. La théorie géométrique est encore en défaut lorsqu'on fait arriver la lumière d'une source lumineuse sur une petite ouverture, comme une fente étroite ou un petit cercle percé dans le volet d'une chambre obscure. Dans ce cas, non seulement la limite de l'espace éclairé et de l'espace obscur est environnée de franges, mais l'intérieur de l'espace, qui devrait être uniformément éclairé, en contient aussi.

Il est facile de concevoir pourquoi les phénomènes de diffraction sont invisibles avec une source lumineuse de grandes dimensions : c'est qu'à chaque point de cette source répond un système particulier de franges qui, en se superposant, produisent une lumière uniforme que l'on confond avec la pénombre.

La découverte des phénomènes de d. est due au Père Grimaldi; mais c'est Newton qui, le premier, tenta de les expliquer. Pour cela, il imagina que la surface des corps exerçait sur les rayons lumineux une action alternativement attractive et répulsive. Mais on peut d'abord remarquer, avec Fresnel, que si les corps exerçaient une pareille action, son effet ne devrait dépendre que de la distance qui sépare la surface opaque de la molécule lumineuse qui en rase les bords, et nullement de celle du point lumineux. Or, il n'en est pas ainsi, car la grandeur et la forme des franges varient avec l'éloignement de la source de lumière. Au reste, l'expérience est décisive à cet égard. Si les phénomènes dépendaient des forces imaginées par Newton, ou encore de la présence d'une atmosphère qui environnerait le bord des corps, comme l'ont avancé quelques physiciens, ils devraient nécessairement varier avec l'état et la nature de ce bord. Or, on peut modifier ces circonstances dans des limites très étendues, sans que les phénomènes en soient affectés. Th. Young expliqua ces phénomènes dans le système des ondulations, en les attribuant à l'interférence des rayons directs avec les rayons réfléchis par les bords des corps opaques. Fresnel adopta d'abord cette théorie; mais il ne tarda pas à reconnaître qu'elle était insuffisante et en contradiction avec certaines expériences. Il parvint cependant à résoudre le problème en combinant le principe des interférences avec un autre principe dérivé aussi de la nature de la lumière, et dont la première idée appartient à Huyghens. Ce principe peut s'énoncer ainsi : « L'illumination produite par une source de lumière est identique avec celle qu'on produirait en onde émanée de cette source, chacun des points de cette onde étant considéré comme un point lumineux. »

C'est ainsi que dans la Fig. 1, on peut considérer un point quelconque de l'écran TT' comme éclairé par une source de lumière placés sur une onde sphérique décrite de F comme centre avec FE pour rayon. La partie à droite de FE étant masquée par l'écran, les seuls points qui enverront de la lumière seront à gauche. On obtiendra l'éclairement sur un point de l'écran en composant les mouvements lumineux envoyés en ce point par la portion non interceptée de l'onde, suivant les principes indiqués au mot INTERFÉRENCE. Voy. ce mot.

En optique, on donne le nom de Réseau à une série de raies opaques et de raies transparentes très rapprochées les unes des autres. On obtient un semblable système en gravant au diamant, sur une lame de verre, des traits parallèles également espacés; les traits, dans ce cas, forment les parties opaques. Les lois de la d. produisent la lumière qui traverse ce réseau des phénomènes très remarquables. Quand on regarde une bougie à quelques mètres de distance, à travers un réseau où l'on compterait de 50 à 100 traits par millim., outre l'image directe qui est incolore, on voit à droite et à gauche, perpendiculairement à la direction des traits, une série de spectres ayant le rouge en dehors et le violet en dedans. Entre l'image directe et le premier spectre, de chaque côté, il y a un grand intervalle obscur; l'intervalle est moins grand entre le premier et le deuxième spectre; les spectres suivants se superposent de plus en plus,

et perdent leur netteté (Fig. 2. A, ligne lumineuse; B, B, intervalles obscurs; C, C, les deux premiers spectres; D, D, deux autres intervalles obscurs; viennent ensuite les spectres confondus). Le physicien Fraunhofer a déterminé les lois de ce phénomène avec une grande exactitude. On peut les énoncer en ces termes, en appelant déviation d'une couleur l'angle compris entre deux droites partant de l'œil pour aller, l'une à la fente lumineuse, l'autre à la couleur considérée :
1° La déviation pour chaque couleur est proportionnelle à sa longueur d'onde. 2° Les déviations d'une même couleur dans les différents spectres croissent comme les nombres entiers 1, 2, 3, 4... 3° Pour différents réseaux, la déviation d'un spectre donné est proportionnelle au nombre de traits par millim. 4° La déviation des diverses couleurs du premier spectre est égale à la longueur d'onde de la couleur envisagée divisée par la somme d'un intervalle opaque et d'un intervalle transparent. Il résulte de cette dernière loi qu'il est facile de déterminer les longueurs d'onde des couleurs du spectre par l'observation des phénomènes des réseaux, quand

D C B A B C D

Fig. 2.

on connaît la déviation et la largeur des intervalles. Le phénomène des réseaux a été employé pour produire des spectres d'une grande pureté, quelquefois préférés dans les études de spectroscopie aux spectres obtenus par réfraction à travers un prisme. Notons cependant que dans les spectres par réseaux, ou spectres de d., les couleurs sont disposées dans l'ordre contraire à celui qu'on observe dans les spectres par réfraction, le violet étant moins dévié que le rouge. Comme on l'a vu plus haut, les spectres par d. se prêtent très facilement à la mesure des longueurs d'onde des différentes radiations. Voy. SPECTROSCOPIE.

La d. joue un grand rôle dans les instruments d'optique. C'est à cause de ce phénomène que l'image d'une étoile dans une lunette astronomique se compose d'un petit disque entouré d'anneaux dont l'intensité décroît rapidement. Il en résulte une limitation du pouvoir séparateur des lunettes. Un objectif de 20 centimètres donne un premier anneau de 0",6 de rayon, il ne pourra donc pas séparer deux étoiles distantes de moins de 1",2 (les deux disques seront en contact).

La lumière, en se réfléchissant, reproduit tous les phénomènes que nous venons de voir se manifester avec la lumière transmise; et cela se conçoit, puisque, d'après les lois de la réflexion, la marche des rayons est la même que si la source lumineuse était placée derrière la surface réfléchissante, qui serait devenue transparente. On a dépoli des boutons dits à l'arc-en-ciel, qui doivent leurs reflets irisés à des réseaux très fins imprimés sur le cuivre par une matrice d'acier. Brewster a montré que les couleurs de la nacre étaient dues à des lignes très fines dont sa surface est striée, et que ces couleurs se transmettent à la cire ou à toute autre substance molle avec laquelle on prend l'empreinte des stries. Enfin, les reflets que présentent la plupart des plumes des oiseaux reconnaissent la même cause.

DIFFRINGENT, ENTE. adj. [Pr. di-frin-jan] (lat. diffringens, part. prés. de diffringere, rompre). T. Phys. Qui opère la diffraction. ‖ Subst. Qui produit la diffraction.

DIFFUS, USE. adj. [Pr. di-fu] (lat. diffusus, part. passé de diffundere, répandre, étaler). Répandu dans les diverses parties. Peu us. ‖ Trop abondant en paroles, prolixe; se dit des personnes, des discours et des ouvrages d'esprit. Cet avocat plaide bien, mais il est d. Un auteur, un ouvrage, un style d. Une explication diffuse et embarrassée. ‖ T. Phys. Lumière diffuse. Celle qui est réfléchie dans tous les sens par une surface non polie. En particulier, la lumière répandue dans l'atmosphère, par opposition à la lumière directe des rayons solaires. ‖ T. Bot. Se dit d'une tige rameuse dès la base, des rameaux étalés horizontalement et sans direction fixe. ‖ T. Méd. Qui n'est pas bien circonscrit. Phlegmon d. — Anévrysme d. Voy. ANÉVRYSME.

Syn. — Prolixe. — Ces deux mots désignent deux défauts contraires à la brièveté. D'après l'étymologie, diffus signifie qui est répandu çà et là, qui va de côté et d'autre, tandis que prolixe veut dire lâche ou relâché, qui s'étend en longueur. Diffus est l'opposé de concis, et prolixe celui de précis. Diffus se dit du style et de la pensée; prolixe ne se dit que du style. Les écarts, les digressions, les accessoires inutiles rendent le style *d.*; les longueurs, les circonlocutions, les répétitions, rendent le style *prolixe.* « Le style de nos procureurs, disait Marmontel, est *prolixe;* celui de nos avocats est *d.* Cela doit être, quand on parle la longueur des écritures et l'abondance des paroles. »

DIFFUSÉMENT. adv. [Pr. *di-fu-zéman*]. D'une manière diffuse.

DIFFUSER. v. a. [Pr. *di-fu-zer*] (R. *diffus*). Répandre dans diverses directions. Se dit surtout de la lumière. *Les corps mats, le verre dépoli diffusent la lumière.* = SE DIFFUSER. v. pron. Se répandre dans toute la masse. *L'eau et les cristalloïdes se diffusent facilement dans les colloïdes insolubles.* = DIFFUSÉ, ÉE. part.

DIFFUSIBLE. adj. 2 g. et s. m. [Pr. *di-fu-zible*]. T. Méd. On nomme ainsi, à cause de la rapidité de leur action, les médicaments constitués par des substances volatiles, comme l'alcool, les éthers et les huiles essentielles. Toutes ces substances sont odorantes, inflammables et promptes à s'évaporer. Étendus d'eau ou administrés à doses modérées, les diffusibles excitent vivement tous les tissus, et réagissent rapidement sur le cerveau : ils ne diffèrent alors des excitants que par la promptitude de leur action, qui est plus grande. Employés, au contraire, à trop fortes doses ils irritent plus ou moins et déterminent, suivant leur nature, tous les symptômes de l'ivresse ou de l'empoisonnement.

Les agents thérapeutiques de cette nature sont ordinairement dénommés *stimulants diffusibles.*

DIFFUSIF, IVE. adj. [Pr. *di-fu-zif*]. T. Phys. *Pouvoir d.,* se dit du pouvoir qu'ont les corps qui réfléchissent la lumière ou la chaleur, de renvoyer irrégulièrement une partie des ondes lumineuses ou calorifiques incidentes dans ces directions différentes. Voy. DIFFUSION.

DIFFUSIOMÈTRE. s. m. [Pr. *di-fu-ziomètre*] Instrument propre à mesurer la diffusion.

DIFFUSION. s. f. [Pr. *di-fu-zion*] (R. *diffus*) T. Phys. Action de se répandre ou de l'état de ce qui est répandu. *La d. des gaz, de la lumière.* Voy. GAZ. | T. Techn. Fabrication du sucre par *d.* Voy. SUCRE. — Fig., *La d. des lumières. La d. de la richesse.* || Fig., Prolixité, trop grande abondance de paroles. *En cherchant à éviter la d.,* on tombe quelquefois dans l'obscurité. *Le défaut de cet ouvrage, de cet auteur est la d. Son style n'est pas exempt de d.* || T. Méd. Distribution d'une substance dans toutes les parties du corps par la circulation et l'assimilation || *Anévrysme par d.,* Tumeur sanguine produite par l'extravasation du sang.

Phys. — *La d. de la lumière* est la réflexion irrégulière produite par une surface non polie, qui renvoie la lumière dans toutes les directions. Elle est due simplement aux aspérités du corps réflecteur, qui présentent des éléments de surface dans toutes les directions. Sur chacun de ces éléments, la réflexion se fait bien comme sur un miroir; mais, par rapport à l'ensemble de la surface, elle semble irrégulière. — *La d. de la chaleur* a été reconnue par Melloni, qui a donné le nom de *Pouvoir diffusif* au rapport entre la quantité de chaleur que diffuse un corps dans tous les sens et la quantité totale de chaleur qu'il reçoit. Le pouvoir diffusif varie avec le degré de poli, la substance réfléchissante et la nature de la source de chaleur. Les corps blancs sont diffusifs lorsque la source est incandescente. Les métaux le sont encore plus.

Diffusion moléculaire. — Si l'on dépose avec précaution dans un vase, par ordre de densité décroissante des liquides susceptibles de se mêler comme l'eau et l'alcool, ou des solutions salines différentes, il arrive qu'au bout d'un certain temps les diverses substances se sont répandues dans tout l'espace liquide, de manière à former un mélange homogène. C'est ce phénomène que Graham a appelé la *D. moléculaire.* Tous les corps ne se diffusent pas dans l'eau avec la même rapidité. En général, les corps susceptibles de cristalliser se diffusent beaucoup plus rapidement que les autres. C'est sur cette observation qu'est fondée la distinction des corps cristalloïdes et des corps colloïdes. Sur cette inégalité dans la d. et la possibilité de les séparer facilement, *v*oy. CRISTALLOÏDE, COLLOÏDE, DIALYSE.

DIGAME. adj. (R. *di*, préf. et gr. *gamos*, mariage). T. Bot.

Se dit des capitules des Composées, quand ils renferment des fleurs des deux sexes.

DIGAMMA. s. m. [Pr. *digamm-ma*]. Philol. grecque. On désigne sous ce nom, qui signifie *double gamma*, une lettre de l'ancien alphabet grec, laquelle représente, en effet, deux gammas placés l'un au-dessus de l'autre, F, et répond à la lettre F de l'alphabet latin. On a beaucoup discuté sur la forme, la valeur, la prononciation et l'usage de ce signe. Aujourd'hui, on admet généralement que le d. occupait le sixième rang dans l'alphabet grec et qu'il était propre au dialecte éolien. Toutefois, plusieurs grammairiens pensent que, dans les premiers temps, il appartenait également aux autres dialectes helléniques. Le d. tenait le plus souvent la place du B; mais il remplaçait quelquefois le Γ, le Δ, le Θ, le Φ ou le X. On pense qu'il avait la prononciation des consonnes latines F et V, ou du W anglais. Comme la langue latine se rapprochait beaucoup plus du dialecte éolien que des autres dialectes grecs, on remarque qu'elle fait un grand usage du d. avec la prononciation du V, soit au commencement, soit dans le corps des mots. Ainsi, les substantifs grecs έαρ, printemps; έσπερος, soir; οίνος, vin; ώον, œuf, etc., que les Éoliens écrivaient Fεαρ, Fεσπερος, Fοινος, ωFον, se retrouvent chez les Romains, sous les formes: *ver, vesper, vinum* et *ovum.*

DIGASTRIQUE. adj. (R. *di*, préf., et gr. *gastêr*, ventre). Anat. — On appelle ainsi tout muscle qui présente deux portions charnues ou deux faisceaux de fibres musculaires réunis par un tendon intermédiaire. Néanmoins, on désigne plus particulièrement sous ce nom un muscle situé obliquement à la partie supérieure et latérale du cou. L'une de ses extrémités s'attache à l'os temporal, et l'autre à la partie médiane de la mâchoire inférieure : son tendon moyen passe dans un anneau aponévrotique fixé à l'os hyoïde. Les deux *Digastriques,* quand ils agissent ensemble, abaissent la mâchoire inférieure.

DIGÈNE. adj. 2 g. (R. *di*, préf., et gr. *génos*, race). Qui a les deux sexes.

DIGÉNÈSE. s. f. (gr. *dis*, deux fois; *génesis*, génération). T. Physiol. Double mode de reproduction de certains animaux ou végétaux qui peuvent se reproduire soit par œufs fécondés, soit par bourgeons ou scissiparité. || adj. Qui se reproduit de deux manières.

DIGÉNÉTIQUE. adj. Qui est relatif à la digénèse.

DIGÉNIE. s. f. (gr. *dis*, deux fois; *génos*, race). T. Hist. nat. Génération par le concours des deux sexes.

DIGÉNITE. s. f. (gr. *dis*, deux; *génos*, génération). T. Minér. Sous-sulfure de cuivre, variété de chalcosine.

DIGEON. s. m. T. Mar. Pièce de bois triangulaire qui se trouve sous la figure qu'un navire porte souvent à sa poupe.

DIGÉRANT, ANTE. adj. Qui digère, qui a la propriété de digérer.

DIGÉRER. v. a. (lat. *digerere*, m. s., de *di*, préf., et *gerere*, porter). Faire la digestion des aliments qu'on a pris. *J'ai fort bien digéré tout ce qu'on m'a donné.* Absol., *Il a l'estomac faible, il ne digère pas bien.* || Fig. et fam., Souffrir, supporter quelque chose de fâcheux. *D. un affront. Il ne digérera jamais le traitement qu'il en a reçu.* Absol., *Cela est dur à d.,* Cela est dur à supporter, ou bien difficile à croire. || Fig., Examiner à fond une affaire, un sujet quelconque, de manière à en bien déterminer les parties et à les distribuer convenablement. *D. une affaire, un ouvrage, un système. Il faut d'abord bien d. ce que vous avez à dire. Il y a de bonnes choses dans ce livre, mais elles sont mal digérées.* — Se rendre compte d'une chose de manière à la bien concevoir, à la posséder parfaitement. *Il ne suffit pas de lire beaucoup, il faut encore d. ses lectures.* = DIGÉRER. v. n. T. Chim. Être mis en digestion. *On fait d. ces matières à un feu lent.* = SE DIGÉRER. v. pron. *Cet aliment ne se digère pas facilement.* = DIGÉRÉ, ÉE. part. = Conj. voy. ALLÉCHER.

DIGESTA. s. m. pl. (mot lat. sign. *choses digérées*). Agsule hygiéniques digestifs comme les aliments et les boissons.

DIGESTE, s. m. (lat. *digesta*). T. Droit romain. On appelle *Digeste* (du latin *digerere*, coordonner) un recueil méthodique des décisions des plus célèbres jurisconsultes romains depuis Auguste jusqu'à Justinien. Ce recueil a été composé, sur l'ordre de ce dernier prince, par une commission de 16 membres, sous la présidence de Tribonien. Cette commission fut organisée à la fin de l'an 530; elle avait dix ans pour achever son travail, mais elle opéra avec une telle rapidité qu'elle put le présenter à l'empereur dans les derniers mois de 533. Ce recueil fut promulgué et reçut force de loi le 30 décembre de cette même année. Le d., qu'on nomme aussi *Pandectes* (du gr. πᾶν δέχομαι, j'embrasse tout), constitue un immense répertoire, divisé en 50 livres dont chacun renferme plusieurs titres. Il comprend 9,123 lois ou passages tirés des œuvres de 39 jurisconsultes, et forme la première et principale partie du Corps du droit civil (*Corpus juris civilis*). Le plus ancien manuscrit des Pandectes a été découvert à Amalfi, vers 1137. Depuis 1406, il se trouve à Florence. La première édition a été publiée à Pérouse, en 1476, par Henri Clayn; l'une des plus récentes (1872), et certainement la meilleure, est l'œuvre d'un savant allemand, M. Mommsen, qui s'est livré à des travaux très remarquables sur la comparaison des différents manuscrits du d. qui sont parvenus jusqu'à nous.

DIGESTEUR. s. m. (R. *digérer*). T. Phys. — Le *D.*, appelé aussi *Marmite de Papin*, du nom du médecin français qui l'a inventé, a été imaginé pour étudier les effets de la production de la vapeur en vase clos. Il consiste en une marmite de cuivre à parois très épaisses (Fig. 1), dont le couvercle BB est maintenu très solidement au moyen d'une forte vis de pression C. Des lames de plomb interposées entre le couvercle et les bords du vase permettent de rendre la fermeture aussi exacte que possible. Le couvercle est percé d'un petit trou o auquel est fermé hermétiquement par une soupape ou disque obturateur qu'on maintient au moyen de la tige aD. Cette

Fig. 1.

tige est mobile à son extrémité a, et un poids P qui se déplace comme le peson de la romaine, permet d'exercer sur le disque une pression d'autant plus grande que ce même poids est plus rapproché de l'extrémité D du levier. De cette manière, on varie à volonté la charge que supporte le disque, et on la règle de telle façon qu'il puisse être soulevé par la vapeur, pour que celle-ci s'échappe aussitôt qu'elle a atteint une tension déterminée. — La marmite de Papin étant remplie d'eau jusqu'aux deux tiers environ et fermée avec soin, on la place sur le feu. La température à laquelle on peut porter le liquide est bien supérieure à 100°, et n'est limitée que par la pression qui agit sur la soupape, celle-ci se soulevant dès que la température et le degré ou la pression maxima de la vapeur devient égale à celle que supporte la soupape. Naturellement, tant que cette température n'est pas atteinte, la vapeur étant confinée dans un vase clos, il ne peut y avoir ni ébullition ni vaporisation indéfinie. La formation de vapeur s'arrête dès qu'une la pression de la vapeur formée devient égale à la pression maximum correspondant à la température intérieure. Mais dès qu'on ouvre la soupape, la vapeur s'échappe avec d'autant plus de violence que la température du liquide est plus élevée. En même temps, l'eau restée dans le vase entre en ébullition, et sa température tombe à 100°, toute la chaleur en excès ayant été absorbée pour former la vapeur. — Comme en général l'action dissolvante des liquides est d'autant plus prononcée que leur température est plus haute, il est facile de comprendre les services que rend la marmite de Papin quand on veut dissoudre une substance peu soluble par elle-même. On en fait habituellement usage pour extraire la gélatine des os. L'eau de la marmite, portée au delà de 100°, dissout rapidement la substance animale sans presque altérer la texture de la matière osseuse solide.

La marmite *autoclave* est construite d'après le même principe que le d. de Papin. C'est une marmite de cuivre, dont le couvercle de forme elliptique s'introduit dans l'intérieur du vase, et s'applique contre un bourrelet saillant, de telle sorte que la fermeture devient d'autant plus hermétique que la vapeur presse davantage sur le couvercle. Ainsi dans ce mot l'ex-prime le mot *autoclave*, c'est la vapeur qui se ferme elle-même toute issue. On a essayé d'appliquer la marmite autoclave aux usages domestiques : les viandes et les légumes y cuisent en effet très rapidement. Mais, malgré les soupapes dont on avait soin de munir l'appareil, les explosions dangereuses auxquelles a donné lieu son usage l'ont bientôt fait abandonner.

On appelle encore D. un appareil imaginé par Payen et employé dans le laboratoire pour épuiser complètement à froid, et à l'aide d'une quantité de liquide relativement faible, les substances dont on veut retirer les parties solides. Il se compose d'un ballon à deux tubulures (Fig. 2), dans lequel on met le dissolvant (eau, alcool, etc.) et qu'on chauffe au bain-marie; le ballon est surmonté d'une allonge dans laquelle se trouve le corps à épuiser. Au-dessus de cette allonge est un vase renfermant de l'eau froide, qu'on renouvelle incessamment et dans laquelle plonge un serpentin de verre, dont la partie supérieure communique avec la seconde tubulure du premier ballon. On comprend que la vapeur formée dans ce premier ballon vient se condenser dans le serpentin, de manière que le liquide coule incessamment sur les matières placées dans l'allonge. Au bout d'un temps plus ou moins long, cette matière est épuisée et toutes les parties solubles sont passées dans le vase inférieur.

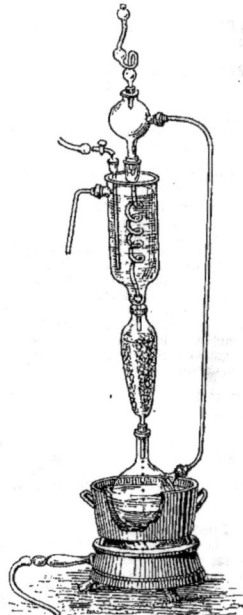

Fig. 2.

DIGESTIBILITÉ. s. f. T. Physiol. Aptitude à être digéré.

DIGESTIBLE. adj. 2 g. Qui est apte a être digéré. Voy. DIÉTÉTIQUE et DIGESTION.

DIGESTIF, IVE. adj. T. Physiol. Qui concourt à la digestion. *L'appareil d. Les organes digestifs.* Voy. DIGESTION, ESTOMAC, INTESTIN, etc. || Qui facilite la digestion. *Pastilles digestives.*

Méd. — On donnait le nom de *Digestifs* à des onguents légèrement excitants qui s'employaient pour favoriser la suppuration des plaies en stimulant la surface des ulcères indolents. On employait le *D. simple*, le *D. animé* et le *D. mercuriel*.

DIGESTION. s. f. [Pr. *di-jes-tion*] (lat. *digestio*, m. s. de *digerere*, digérer). T. Physiol. L'élaboration que les aliments introduits dans certaines parties du corps animal y subissent, et en vertu de laquelle ils deviennent assimilables. *Une bonne, une mauvaise d. Faire sa d. Cela aide, facilite, trouble, empêche la d. Cet aliment est d'une facile d., de facile d., d'une d. difficile.* || Fig. et fam., *Cet affront, ce traitement est de dure d.,* Est difficile à supporter. *Cette entreprise est de dure d.,* Elle présente de grandes difficultés. *Ce livre, cet ouvrage est de dure d.,* est un morceau de dure d., Il est difficile à entendre ou pénible à lire. Cela est de dure d., Cela est difficile à croire. || T. Fam. *Visite de*

277

d., Visite qu'il est d'usage de rendre quelques jours après avo r dîné chez quelqu'un. || T. Méd. Maturation d'une humeur .ou d'une tumeur. || T. Pharm. L'opération par laquelle on tient pendant un certain temps une substance en contact avec un liquide, à une température de 35 à 40 degrés centigrades, pour en extraire les parties solubles.

Physiol. — I. L'organisme vivant, soit animal, soit végétal, représentant un tout clos de toutes choses et s'accroissant néanmoins par intussusception, ne peut absorber les matériaux de sa nutrition qu'autant qu'ils sont à l'état fluide Les matériaux de la nutrition des plantes existent dans le sol et dans l'atmosphère sous forme liquide et gazeuse, et sont par conséquent aptes à être immédiatement absorbés par les racines et par les feuilles. Il n'en est pas de même chez l'animal. D'abord, à l'exception de quelques espèces inférieures, les animaux sont libres et non fixés au sol comme les végé aux ; de plus leurs organes absorbants, au lieu d'être extérieurs comme chez ces derniers, se trouvent placés dans une cavité interne ; enfin, les matières que l'animal emprunte au monde extérieur pour servir à sa nutrition, sont en grande partie à l'état solide, et exigent, pour être absorbées, une dissolution préalable. Cette dissolution et cette absorption constituent à proprement parler la *Digestion*. Cependant, quoique a d. soit une fonction essentiellement chimique, elle exige aussi le concours de divers organes du mouvement, et présente par conséquent une partie véritablement mécanique.

II. *Phénomènes mécaniques de la d.* — Ces phénomènes ont pour objet la préhension des aliments, leur division par l'appareil masticatoire, leur progression dans toute la lo ngueur du tube digestif, et enfin l'évacuation au dehors des parties non assimilables de ces aliments, lorsque le travail de la d. se trouve complètement achevé. — Chez l'Homme, ainsi que chez quelques espèces animales, la *préhension* des aliments se fait au moyen du membre supérieur ; chez tous les autres animaux elle s'opère directement avec la bouche. Lorsque les aliments ont été introduits dans la cavité buccale, la *mastication* intervient pour les diviser. Cette division n'a pas seulement pour but de faciliter la déglutition des substances alimentaires et leur passage de la bouche dans l'estomac en diminuant leur volume, mais encore de favoriser leur dissolution en permettant aux liquides digestifs de les pénétrer et d'agir dans toute l'épaisseur de leur masse. La mastication est surtout nécessaire pour les substances végétales, parce que, dans ces substances, les principes alibiles sont en général renfermés dans des enveloppes qui sont réfractaires aux liquides digestifs et qui, par conséquent, ont besoin d'être préalablement détruites ou brisées. C'est pour cela que les animaux qui se nourrissent de végétaux mâchent plus longtemps leurs aliments que les Carnivores. Chez certains Herbivores, les Ruminants, la mastication s'exerce deux fois sur la masse alimentaire. — A la mastication succède une série d'actes musculaires qui ont pour objet de faire passer les aliments de la bouche dans le pharynx, du pharynx dans l'œsophage, et de l'œsophage dans l'estomac. Ces mouvements constituent la *déglutition*. Des trois temps de la déglutition, le premier seul est volontaire ; les deux autres sont complètement soustraits à l'empire de la volonté, comme les mouvements de l'œsophage et de l'intestin eux-mêmes. Voy. DÉGLUTITION.

Une fois parvenue dans l'estomac, la masse alimentaire n'y reste pas immobile. Cet organe lui imprime des mouvements très lents, qui ont pour effet de mettre les aliments ingérés en contact avec le suc gastrique que sécrète la surface du viscère. Lorsqu'on paralyse l'estomac d'un animal en coupant les nerfs pneumo-gastriques, les seules portions du bol alimentaire qui soient attaquées par le suc gastrique, sont celles qui se trouvent en contact avec la muqueuse sécrétoire. Les mouvements de l'estomac peuvent être observés directement sur l'animal vivant, en mettant cet organe à découvert ; on les a aussi observés sur l'homme lui-même, dans quelques cas de fistule gastrique. Chez ce dernier, on constate un mouvement vermiculaire qui est beaucoup plus prononcé quand l'estomac est rempli d'aliments que lorsqu'il est vide ; il est également plus sensible dans la région pylorique. Comme ceux de l'intestin, les mouvements de l'estomac sont péristaltiques, c.-à-d. qu'ils ont lieu successivement d'un point à un autre, de façon que la masse alimentaire se trouve promenée sur toute la surface de l'organe. Toutefois, leur rhythme n'est pas le même chez tous les animaux. L'estomac des Herbivores fait subir aux aliments un mouvement de va-et-vient de gauche à droite et de droite à gauche, c.-à-d. qu'au mouvement péristaltique succède un mouvement anti-péristaltique. Chez un homme atteint de fistule gastrique, Beaumont a observé un mouvement analogue à celui qui a lieu chez les Herbivores. Au

reste, la disposition anatomique des fibres de l'estomac de l'homme peut, jusqu'à un certain point, donner *a priori* une idée des mouvements de cet organe. — Les mouvements de l'estomac n'ont pas seulement pour effet de mélanger la masse alimentaire avec le suc gastrique ; ils accélèrent encore l'absorption des portions de cette masse qui se trouvent complètement dissoutes.

Tant que dure la d. stomacale, l'orifice pylorique reste fermé ; mais quand elle est terminée, le pylore s'ouvre par action réflexe sur la muqueuse et laisse passer par fractions successives la masse alimentaire dans le duodénum, où elle se mélange avec la bile et le suc pancréatique. De là elle passe dans les autres portions de l'intestin grêle, où se continuent l'action dissolvante des sucs digestifs sur les aliments, le mouvement péristaltique qui fait cheminer la masse alimentaire, et l'absorption des parties dissoutes au fur et à mesure que leur dissolution s'effectue. Parvenue à l'extrémité de l'iléon, ce qui reste alors de la masse alimentaire franchit la valvule de Bauhin, qui sépare l'intestin grêle du gros intestin ; puis, après un séjour plus ou moins prolongé dans le cæcum, le résidu de la d. continue son chemin jusqu'au rectum. Là il s'accumule en certaine quantité, pour être ensuite expulsé à des intervalles périodiques par l'acte de la défécation.

III. *Phénomènes chimiques de la d.* — Dans l'acte de la d., les aliments sont transformés par les sucs digestifs qui agissent sur eux soit par voie de dissolution, soit par voie de réaction chimique. Les boissons, l'eau surtout, concourent aussi puissamment à l'action des sucs digestifs. Les liqueurs fermentées, les alcooliques, les boissons acides ou alcalines contribuent également soit à la dissolution des substances alimentaires, soit par l'eau qu'elles renferment, soit par l'action chimique qu'elles exercent sur les aliments, comme les sucs digestifs eux-mêmes. — Les substances introduites dans le tube digestif sont solubles ou insolubles. Dans le premier cas, les sucs digestifs n'agissent en général que comme dissolvants. Dans le second, ils transforment ces substances en une série de produits solubles. Les sucs digestifs sont la *salive*, le *suc gastrique*, le *suc pancréatique*, le *suc intestinal* et la *bile*. Nous allons étudier successivement leur mode d'action.

1° *Action de la salive.* — La salive renferme près de 99 p. 100 d'eau ; son résidu solide se compose d'un peu de matière organique et de 98 p. 100 de matières salines. La salive qui s'écoule dans la bouche au moment des repas, offre toujours une réaction alcaline : ce n'est qu'accidentellement qu'on la trouve quelquefois acide le matin à jeun. La partie la plus importante de ce liquide produit par les trois glandes salivaires de la bouche sécrétant des salives différant chimiquement, est une matière organique azotée qui s'y trouve à l'état de dissolution, mais qui reste dans le résidu fixe de la salive évaporée. Cette substance, appelée *Ptyaline* par Berzélius, et *Diastase salivaire* par Mialhe, est plus abondante dans les premiers moments de la sécrétion, par conséquent au début des repas, et beaucoup moins à la fin. C'est à elle qu'est due l'action chimique de la salive, et c'est sur les aliments féculents que cette action s'exerce spécialement. Au contact de la salive, la fécule se convertit d'abord en *dextrine*, puis en *glucose* ou *sucre*, produits solubles, et, par conséquent, susceptibles de se dissoudre dans les liquides digestifs. La diastase salivaire agit sur l'amidon exactement comme la diastase végétale extraite de l'orge germée qui s'emploie dans la fabrication de la bière. Un gramme de diastase salivaire dissous dans l'eau suffit à transformer en sucre environ 2,000 grammes de fécule. Pour que cette opération s'accomplisse avec toute l'efficacité possible, il faut que la température ne soit pas trop élevée, autrement elle serait ralentie. La température la plus favorable est celle de 40° centigrades environ. La transformation de la fécule en sucre n'a pas lieu dans la bouche, car l'action de la salive est loin d'être instantanée. Ce n'est qu'un bout d'une minute au moins que l'empois d'amidon chauffé doucement avec de la salive décèle la présence du sucre, et il faut plus de temps encore pour amener à l'état de sucre la totalité ou seulement une notable partie de l'empois mélangé avec de la salive. D'un autre côté, les expériences faites sur les animaux démontrent qu'au moment où le bol alimentaire traverse l'œsophage, il ne contient encore que des traces insignifiantes de sucre : d'où il faut conclure que la salive exerce son action ailleurs que dans la bouche, et que cette action se continue dans le reste du tube digestif. On a objecté que les propriétés saccharifiantes de la salive dépendraient de son alcalinité, et qu'une fois arrivée dans l'estomac, son action devrait être empêchée par l'acidité du suc gastrique. Il est très vrai, en effet, que les acides forts détruisent l'action de la diastase, mais il n'en est pas de même des acides faibles. La salive neutralisée ou même rendue acide à l'aide de l'acide acétique ou de l'acide lactique, conserve sa propriété de convertir l'amidon en sucre : son action en est simplement ralentie.

2° *Action du suc gastrique.* — Le suc gastrique est le liquide que sécrètent les parois de l'estomac. Cette sécrétion n'a lieu que lorsque cet organe contient des aliments et se trouve excité par leur contact. Dans l'intervalle des digestions, on n'y rencontre que le mucus qui lubréfie toutes les muqueuses. La meilleure manière de se procurer du suc gastrique consiste, ainsi que l'a démontré Blondlot, à pratiquer sur des animaux des fistules gastriques. — Toutes les glandes de l'estomac ne sécrétent pas des liquides identiques, et l'on sait que le suc gastrique est spécialement sécrété par les glandes composées de la portion cardiaque de ce viscère. Les expériences de Goll de Zurich ont démontré en effet que cette partie de la muqueuse stomacale jouit d'un pouvoir digestif bien supérieur à celui que possèdent les autres portions de ce tissu. D'après les expériences faites sur une femme atteinte de fistule gastrique, Bidder et Schmidt évaluent à plus de 500 gram. par heure la quantité de suc gastrique que sécrète l'estomac dans l'espèce humaine.

Le suc gastrique est un liquide incolore, limpide, d'une odeur faible rappelant celle de l'animal dont il provient, et d'une saveur légèrement salée. Sa densité diffère peu de celle de l'eau ; elle est de 1,005 chez l'homme. Sa réaction est constamment acide. On l'a trouvée telle chez tous les Mammifères, chez les Oiseaux, les Reptiles et les Poissons dont le suc gastrique a été étudié. Il contient environ 99 p. 100 d'eau, de faibles proportions de matières salines, un acide libre et une substance organique particulière. Les sels du suc gastrique sont principalement constitués par des chlorures alcalins et terreux ; on y rencontre aussi du phosphate et du carbonate de chaux et des traces de sels de fer. Il y a de l'acide chlorhydrique libre et de l'acide chlorhydrique combiné. L'acide lactique n'est qu'un produit de décomposition comme l'acide acétique et l'acide butyrique ; mais la présence de ces acides n'est qu'accidentelle et provient de la transformation des matières alimentaires grasses ou amylacées. — La substance organique que renferme le suc gastrique a été découverte par Schwann, qui lui a donné le nom de *Pepsine*. Elle a beaucoup d'analogie avec les matières albuminoïdes. Comme l'albumine, elle est soluble dans l'eau et insoluble dans l'alcool qui la précipite de ses dissolutions, mais le précipité se redissout dans l'eau, ce qui n'a pas lieu pour l'albumine. Elle précipite par le tanin et par l'acétate de plomb. Sa dissolution aqueuse ne se trouble point par l'ébullition, qui trouble au contraire les dissolutions d'albumine, parce que celle-ci se coagule. Quoique la pepsine ne se coagule point par la chaleur, elle perd néanmoins ses propriétés lorsqu'elle a été chauffée au delà d'un certain degré ; entre 70° et 80°, par ex., Payen a obtenu la pepsine, qu'il nommait *Gastérase*, en traitant du suc gastrique de chien par l'alcool, qui précipite la pepsine, et avec elle de petites proportions d'albumine et de mucus. Le précipité est ensuite traité par l'eau, qui ne dissout que la pepsine: Enfin, il précipitait la dissolution obtenue en la traitant par l'alcool, et faisait sécher le nouveau précipité à une température de 40°. La pepsine, ainsi préparée, équivaut à peine à 1 ou 2 millièmes du poids du suc gastrique. — La pepsine est la partie essentiellement active du suc gastrique, qui son action s'exerce spécialement sur les substances albuminoïdes ; toutefois cette action ne se produit qu'autant que la pepsine est unie à un acide libre, car il suffit de saturer ce dernier pour dépouiller le suc gastrique de ses propriétés. Comme la salive, la pepsine agit à la manière des ferments. Ce qui le prouve, c'est que, dans les digestions artificielles faites avec le suc gastrique, on retrouve dans les liquides résultant de la dissolution des aliments, toute la pepsine employée ; par conséquent celle-ci ne s'est pas combinée avec les produits formés. L'action de la pepsine s'exerce aussi bien au dehors qu'au dedans de l'estomac. De là les digestions artificielles, dont la première idée appartient à Spallanzani. Ces digestions peuvent s'exécuter de bien des manières. Celle qui se rapproche le plus de la d. naturelle consiste à recueillir du suc gastrique sur un animal auquel on a pratiqué une fistule gastrique, à mettre dans le vase qui contient ce suc la substance qu'on veut faire digérer, et à soumettre ce vase à une chaleur de 37° dans une étuve ou au bain-marie. On peut encore fabriquer de toutes pièces un suc gastrique artificiel, en ajoutant quelques centigrammes de pepsine à de l'eau contenant 1 ou 2 millièmes d'acide chlorhydrique, par ex. On peut même remplacer la pepsine par un fragment de la membrane stomacale d'un animal carnivore, ou par un morceau de la caillette d'un ruminant, ou bien encore par un peu

de présure, parce que ces substances renferment de la pepsine. Sauf la coloration du produit, le résultat est le même, quel que soit l'acide employé, pourvu qu'on ait soin de varier la dose de ce dernier suivant sa force. Si l'on se contentait d'employer de l'eau acidulée, sans addition de pepsine, l'expérience échouerait. L'eau acidulée avec 1 ou 2 millièmes d'acide chlorhydrique, par ex., ne dissout que la fibrine du sang, lorsque celle-ci n'a pas été soumise à la coction, et encore faut-il beaucoup de temps pour que cette dissolution soit complète. Elle ne dissout non plus ni la viande cuite (fibrine coagulée), ni l'albumine cuite, ni le gluten : elle ne fait que les ramollir et les diviser. Ce n'est donc ni à l'acide libre, ni à la pepsine seule, que le suc gastrique doit ses propriétés, mais à l'action combinée de ces deux substances.

Les matières alimentaires sont d'autant plus promptement dissoutes dans le suc gastrique, soit naturel, soit artificiel, qu'elles ont été divisées en plus petits fragments. La fibrine, le gluten et l'albumine coagulée se dissolvent en quelques heures. Quant à la caséine, le suc gastrique exerce sur elle une double action ; elle commence par se coaguler, et cet effet est dû à l'acidité du suc gastrique ; puis, quelque temps après, le caillot se désagrège et la dissolution s'en empare au bout de quelques heures. Mais la nature du produit obtenu n'est plus la même que celle de la caséine employée, car ni les acides ni la chaleur n'ont plus le pouvoir de la coaguler. — Le suc gastrique ne coagule point, à proprement parler, l'albumine liquide : il ne fait que la troubler légèrement ; mais le trouble ne tarde point à disparaître. Au bout de 5 ou 6 h., l'albumine est dissoute, et ne se coagule plus sous l'influence des acides ou sous celle de la chaleur. — La gélatine (gelée de viande ou d'os, mais non la gélatine du commerce, que le mode de préparation employé a dépouillée de ses propriétés nutritives) est promptement dissoute par le suc gastrique. De même que dans les cas précédents, l'opération ne consiste pas en une simple dissolution, car le nouveau produit a perdu la propriété de se prendre en gelée par le refroidissement ; mais on n'est pas encore bien fixé sur la nature de ce dernier. — Pour ce qui concerne les autres principes alimentaires, fibrine, gluten, albumine solide et albumine liquide, on sait qu'ils sont métamorphosés par le suc gastrique en une substance qui a la même composition chimique que les matières albuminoïdes. De même que ces dernières, cette substance donne naissance à de l'acide xanthoprotéique, lorsqu'on la chauffe avec de l'acide azotique. Comme elles, elle précipite par l'alcool, par le tanin et par le sublimé corrosif. Elle diffère de l'albumine proprement dite, en ce qu'elle ne précipite pas par les acides, et n'est pas coagulée par la chaleur. — Le produit de la d. des matières albuminoïdes a reçu de Lehmann le nom de *Peptone*, et de Mialhe celui d'*Albuminose*. La peptone a une grande ressemblance avec l'albumine. Il est probable que si elle ne se coagule point sous l'influence de la chaleur, cela tient à l'acidité du suc gastrique. En effet, si on neutralise le liquide au moyen d'un alcali, et qu'on le chauffe ensuite, il ne tarde pas à se former un précipité gris blanchâtre floconneux.

Le suc gastrique ne dissout point les substances organiques autres que les principes albuminoïdes. L'action qu'il exerce sur elles ne diffère pas de celle que sont susceptibles de produire la plupart des autres liquides de l'économie animale. Toutes les substances inorganiques qui sont solubles dans l'eau, le sont également dans le suc gastrique. Celles qui le sont peu ou point, comme le phosphate de magnésie, les sels de chaux, ceux du fer, etc., s'y dissolvent en partie à cause de son acidité. — Ainsi qu'il résulte des expériences faites par Blondlot sur des chiens porteurs de fistules gastriques, tous les aliments ne sont pas également solubles dans le suc gastrique. Voici quel est le degré de digestibilité des substances albuminoïdes prises isolément. La *fibrine* a exigé 1 heure 1/2; le *gluten* cuit, 2 h.; la *caséine*, 3 h. 1/2; l'*albumine coagulée*, 6 h.; les *tissus fibreux* (tendons et ligaments), 10 heures. Le mucus s'est toujours montré réfractaire à l'action digestive. Quant aux substances albuminoïdes qui font partie des aliments composés, les expériences faites par Beaumont sur un homme atteint de fistule gastrique ont donné les résultats suivants : en moyenne, la chair de poisson était digérée en 2 h. 1/2; celle des volailles blanches en 3 h.; la viande des volailles noires en 3 h. 1/2; les viandes rôties de veau, de bœuf, de mouton et de porc, également en 3 h. 1/2; ces mêmes viandes, bouillies ou frites, exigeaient 4 heures.

3° *Action du suc pancréatique.* — Chez l'homme, le pancréas verse le produit de sa sécrétion dans le duodénum par deux canaux distincts, dont l'un s'ouvre dans l'intestin par un orifice qui lui est commun avec le canal cholédoque;

ce qui fait que le suc pancréatique et la bile se mélangent en arrivant dans l'intestin. Dans l'intervalle des digestions, a sécrétion du suc pancréatique est presque nulle; mais le travail de la d. l'active beaucoup. Le suc pancréatique recueilli pendant ce travail sur un animal auquel on avait pratiqué une fistule pancréatique, est un liquide incolore, filant, la consistance sirupeuse et à réaction alcaline. Lorsqu'on le chauffe, il se prend en masse et se coagule comme l'albumine. Il renferme 3 ferments : l'un des substances albuminoïdes, l'autre des substances amylacées, et le troisième des graisses. Le premier appelé Tripsine ou Pancréatine est une poudre jaunâtre, soluble dans l'eau, insoluble dans l'alcool; le deuxième a les propriétés de la ptyaline. Outre cette matière organique, le suc pancréatique renferme une grande quantité d'eau, des sels et quelques traces de matières grasses.

Lorsque, après avoir liquéfié à une température de 37° centigrades du beurre ou des graisses animales, on les agite avec du suc pancréatique, on obtient presque instantanément une émulsion. Avec de l'huile d'olive l'effet est le même. Chez les animaux dont on a lié les deux conduits pancréatiques de manière à intercepter l'écoulement du suc pancréatique dans l'intestin, on retrouve soit dans le tube digestif lui-même, soit dans les matières fécales, les substances grasses qu'on leur a fait ingérer, et on peut s'assurer qu'elles n'ont pas subi d'altération. Les faits pathologiques s'accordent avec les expériences faites sur les animaux. Dans plusieurs cas de destruction plus ou moins complète du pancréas observés par Eisenmann, la maladie avait été surtout caractérisée par un amaigrissement considérable, et les selles contenaient une proportion très forte des matières grasses qui avaient servi à l'alimentation. Enfin, quand on détruit cette glande chez un chien, comme l'a fait Claude Bernard, on voit l'animal maigrir très rapidement, et on retrouve les matières grasses des aliments presque intactes dans les matières fécales. De tout ce qui précède, on peut donc conclure que l'action du pancréas dans la d. s'exerce sur les matières grasses, et que cette action dépend de la propriété que possède le suc pancréatique d'émulsionner ces matières. — Pour expliquer l'absorption des matières grasses, quelques physiologistes admettent que le suc pancréatique ne se borne pas à émulsionner les corps gras, mais qu'il agit encore chimiquement sur eux de manière à les convertir en savons et en glycérine à l'aide de son alcali.

Indépendamment de son action sur les substances grasses, le suc pancréatique agit encore sur les matières féculentes à la manière de la salive, mais plus rapidement. Il continue ainsi l'action commencée de celle-ci sur cette partie de fécule qui n'a pas encore été modifiée, au moment du passage du chyme de l'estomac dans l'intestin, surtout chez les Herbivores. Ce fait a été mis hors de doute par les expériences de Sandras et de Bouchardat, ainsi que par celles de Lenz et de Donders.

4° Action de la bile. — La bile paraît également venir en aide au suc pancréatique et concourir dans une certaine mesure à l'émulsionnement des corps gras, mais en réalité son rôle n'est pas bien défini.

5° Action du suc intestinal. — Ce liquide est sécrété par les innombrables glandes qui tapissent toute la muqueuse intestinale. La sécrétion a lieu dans toute l'étendue de l'intestin; cependant, l'action du suc intestinal sur les substances alimentaires paraît à peu près bornée à l'intestin grêle, attendu qu'avant leur arrivée dans le gros intestin les parties nutritives des aliments ont été déjà presque entièrement dissoutes et absorbées. Le suc intestinal est un liquide limpide, transparent et alcalin. Sa solution filtrée se trouble par la chaleur et devient opaline. L'alcool et la plupart des sels métalliques y produisent un précipité abondant. Il contient du mucus, une matière organique non définie, de l'eau, des sels et une matière grasse. Il jouit du pouvoir de transformer l'amidon en glucose, grâce à un ferment inversif qu'il contient, mais lentement, et il posséderait encore la propriété d'émulsionner les corps gras.

IV. Digestion naturelle. — Dans ce qui précède, nous avons uniquement considéré la d. des divers principes alimentaires pris isolément, et non la d. des aliments toujours plus ou moins composés dont se nourrissent l'homme et les animaux. Pour donner une idée de a d. naturelle, il nous reste à montrer ce que l'on trouve dans le tube digestif d'un animal aux diverses périodes du travail digestif.

Le contenu de l'estomac se présente sous l'aspect d'une pâte ou bouillie grisâtre, appelée Chyme, qui est plus ou moins épaisse suivant la quantité de liquide contenue dans les aliments, suivant que l'animal a pris ou n'a point pris de

boissons, et suivant que le travail digestif est plus ou moins avancé. De même, la composition du chyme est plus ou moins complexe, et varie en raison de la nature et du nombre des substances ingérées. Supposons qu'un animal ait mangé du lait, du pain et de la viande, des pommes de terre et des légumes, on trouvera dans l'estomac : 1° une grande quantité d'amidon provenant des matières féculentes, et non encore transformée; 2° de la dextrine et du sucre, résultat de la transformation en partie commencée et en partie achevée d'une portion de l'amidon ingéré (cette action, due à la salive, a commencé dans la bouche et se continue dans l'estomac à l'aide de la salive avalée); 3° des matières albuminoïdes représentées, dans le cas qui nous occupe, par la fibrine et la caséine (ces matières se présenteront à des états différents de dissolution, suivant la période de la d. où on les examinera; tout à fait au commencement même la caséine apparaîtra modifiée); 4° des substances grasses inaltérées sur lesquelles ni la salive ni le suc gastrique n'exercent aucune action, et qui ne seront modifiées que dans l'intestin grêle; 5° toutes les parties des aliments réfractaires à l'action de la salive et du suc gastrique (tels sont la cellulose, les grains de fécule non broyés, les fragments de tendons, etc.); 6° du suc gastrique et de l'acide chlorhydrique (la proportion de ce dernier pourra même être augmentée si l'animal a fait usage de sucre ou de lait dans son alimentation; l'amidon déjà transformé en sucre pourra également donner lieu à une formation d'acide lactique, surtout si les aliments ont séjourné pendant un certain temps dans l'estomac; 7° on pourra encore trouver dans l'estomac de l'acide lactique et butyrique provenant d'une fermentation particulière du sucre. Les boissons dont l'homme fait usage donnent assez fréquemment lieu à la production de cet acide qui, dans ce cas, résulte de la transformation de l'alcool qu'elles renferment. — Indépendamment de l'eau pure, qui elle-même a altéré des matières salines, l'homme fait usage de nombreuses boissons, qui, outre l'eau qu'elles contiennent, renferment encore des matières salines et des matières organiques. Les matières salines dissoutes dans l'eau des boissons sont absorbées avec elle dans l'estomac ou dans l'intestin. L'alcool, comme nous l'avons vu, donne naissance à un peu d'acide acétique; mais il est, pour la plus grande partie, absorbé en nature. Quant aux matières organiques azotées des boissons, on ignore si elles sont absorbées en nature ou si elles subissent auparavant une modification chimique de la part des sucs digestifs. Il en est de même du bouillon.

Dans l'intestin grêle le phénomène de la d. se complique davantage : car à l'action de la salive et du suc gastrique qui se continue sur les aliments qu'ils imprègnent, vient s'ajouter celle du suc pancréatique, de la bile et du suc intestinal. Après un séjour de quelques heures dans l'estomac, le chyme n'a été dépouillé par l'absorption que d'une partie des principes albuminoïdes qui ont eu le temps de se dissoudre, et du sucre déjà formé. C'est à cet état qu'il passe par portions successives de l'estomac dans l'intestin grêle. A son arrivée dans ce dernier, il contient des matières albuminoïdes dissoutes et non encore absorbées, du sucre formé aux dépens des matières féculentes encore inaltérées, des matières grasses intactes, un peu d'acide lactique, quelquefois de l'acide acétique, et enfin les substances réfractaires à la d. — De grisâtre qu'elle était dans l'estomac, la bouillie alimentaire devient jaunâtre dans l'intestin grêle : c'est à la bile qu'elle doit cette coloration. Mais à mesure qu'elle diminue, cette coloration change; elle devient en effet verdâtre et prend une teinte d'autant plus foncée qu'elle se rapproche davantage du gros intestin. Lorsque la quantité des matières grasses ingérées est très considérable, l'émulsion qu'elles forment avec les liquides de l'intestin grêle domine, et donne à la masse entière un aspect blanc et crémeux. La réaction de la bouillie alimentaire est acide au début de l'intestin grêle; elle devient alcaline ensuite. Cette acidité n'est pas due seulement au suc gastrique, mais encore à l'acide lactique et à l'acide acétique qui se forment aux dépens des matières sucrées. L'acide butyrique se rencontre plus rarement et provient de la même source que les premiers — Avant d'être absorbé, le sucre de canne a besoin de se convertir en glucose, et c'est principalement dans l'intestin grêle que s'opère cette transformation; mais, par suite des décompositions produites, il se dégage des gaz qui divisent le chyme intestinal en portions plus ou moins grosses. Ces gaz sont de l'azote, de l'hydrogène et de l'acide carbonique avec des traces d'oxygène. La durée du séjour du chyme dans l'intestin est peu connue. On a vu apparaître les matières à l'orifice d'anus contre nature au bout de trois heures.

Lorsque les aliments passent dans le gros intestin, la

plus grande partie de leurs matériaux a déjà été absorbée. Il suit de là que leur fluidité diminue progressivement pendant la durée du trajet qu'ils ont à parcourir à travers l'intestin grêle. Arrivé dans le *cæcum*, ce qui reste de la masse alimentaire y séjourne quelque temps. — C'est dans le cæcum que le résidu de la d. commence à revêtir l'odeur qui distingue les matières fécales. Arrivée à la fin du gros intestin, la partie non absorbée de la masse alimentaire offre la consistance d'une pâte molle qui, après s'être accumulée en certaine quantité dans le rectum, est évacuée par l'acte de la défécation. On trouve dans les matières fécales, outre le résidu non digéré et non absorbé des aliments, du mucus intestinal, quelques-uns des principes de la bile et des *organismes inférieurs* en grande quantité, dont la présence semble être la cause des gaz, acide carbonique, azote, hydrogène, carbure d'hydrogène, hydrogène sulfuré, produits de décomposition du contenu intestinal. Ces organismes inférieurs semblent même jouer une partie du rôle attribué aux sucs digestifs.

V. *De l'absorption dans l'appareil digestif.* — La dissolution des substances alimentaires n'ayant lieu que successivement à mesure que les divers sucs digestifs agissent sur elles, on comprend que l'absorption ne s'opère pas également sur tous les points du tube digestif. Dans la bouche et dans l'œsophage, le court séjour qu'y font les aliments ne permet qu'à une très petite quantité d'eau et de sels solubles de pénétrer dans le sang. Dans l'estomac, où le séjour des aliments est beaucoup plus prolongé, l'absorption s'exerce sur l'eau, sur les sels solubles dans le suc gastrique, sur les matières albuminoïdes liquéfiées, sur le sucre déjà formé aux dépens des matières amylacées. Dans l'intestin grêle, l'absorption porte sur les mêmes substances que dans l'estomac et de plus sur les matières grasses. Elle a lieu également sur les produits secondaires (acide lactique et acide acétique) formés chemin faisant aux dépens des matières déjà dissoutes. Enfin, dans le gros intestin, l'absorption est très restreinte, parce que, à son arrivée dans cet intestin, la masse alimentaire a été déjà dépouillée de la plus grande partie de ses matériaux absorbables. — C'est dans l'intestin grêle que l'absorption est le plus active, ce qu'explique parfaitement, du reste, la structure anatomique de la muqueuse de cet intestin, dont toute la surface est couverte d'une multitude de villosités, véritables racines animales, représentant le chevelu de la racine chez les végétaux.

L'absorption est effectuée à la fois par les veines et par les vaisseaux lymphatiques de l'intestin. Des veines intestinales, les liquides de la d. sont conduits dans le foie par l'intermédiaire de la veine porte; de là ils passent dans la veine cave inférieure. Les liquides absorbés par les lymphatiques sont recueillis par le canal thoracique, qui les conduit dans la veine cave supérieure. C'est, par conséquent, le sang veineux qui reçoit la totalité du produit liquide de la d. Chez l'animal à jeun, les lymphatiques de l'intestin ne peuvent être distingués qu'avec la plus grande difficulté, parce qu'ils contiennent un liquide transparent analogue à celui qui circule dans les autres parties du système lymphatique. Lorsqu'au contraire on ouvre un animal en pleine d., on voit dans l'épaisseur du mésentère les vaisseaux lymphatiques gonflés d'un liquide émulsif. Dans les veines intestinales, le sang n'offre rien de particulier quant à sa couleur, mais l'analyse chimique démontre que sa composition n'est plus la même que celle du sang qui circule dans les autres portions du système veineux.

Le liquide contenu dans les vaisseaux lymphatiques de l'intestin au moment de l'absorption digestive, a reçu le nom de *Chyle*, et les vaisseaux qui le renferment celui de *vaisseaux chylifères* et de *vaisseaux lactés*. Le chyle n'est parfaitement pur que dans les vaisseaux chylifères de l'intestin lui-même, car dans le canal thoracique il se trouve mélangé à la lymphe qui revient de toutes les parties du corps. Chez les Carnivores et les Herbivores aussi bien que chez l'Homme, le chyle est un liquide blanc, opaque, assez semblable à du lait. Quand on l'examine au microscope, on voit qu'il est composé d'un liquide transparent au milieu duquel sont suspendus une foule de globules sphériques de dimensions très variables. Les globules du chyle sont essentiellement constitués par de la graisse qu'enveloppe une mince couche de matière albuminoïde. On trouve aussi dans ce liquide des globules de lymphe qui diffèrent des précédents par leurs dimensions à peu près constantes, et parce qu'ils sont colorés et légèrement colorés. Le liquide fourni par le canal thoracique d'un animal soit en pleine d., soit à jeun, se coagule au bout de peu de temps, comme le sang; mais celui qu'on extrait des chylifères d'un animal en pleine d. se coagule aisément. Pour que le chyle soit lactescent, il faut que l'animal ait fait usage d'aliments

contenant des matières grasses, ce qui a lieu toutes les fois que l'alimentation est *naturelle*. Lorsqu'au contraire on donne a un animal des matières privées de substances grasses, comme, par ex., de l'albumine ou de la fibrine pure, ce liquide est transparent et offre une grande analogie avec la lymphe. Les analyses chimiques du chyle n'ont jusqu'à ce jour porté que sur le chyle extrait du canal thoracique, à cause de la difficulté de se procurer d'assez grandes quantités du chyle intestinal lui-même. Or, comme le chyle thoracique est mélangé de lymphe, les résultats de ces analyses ne peuvent donner qu'une idée incomplète de la composition du chyle pur. D'après ces recherches, le chyle contient une très forte proportion d'eau, plus de 900 parties sur 1,000 ; une très petite quantité de fibrine; de 35 à 70 parties d'albumine; de 9 à 36 de matières grasses, et de 14 à 24 de matières extractives et de sels.

Nous avons maintenant à nous demander sous quelle forme sont absorbés les produits de la d. Les féculents se transforment d'abord en dextrine, puis en glucose, et sont absorbés en ce dernier état. L'albumine liquide est absorbée en nature. Les aliments albuminoïdes solides (fibrine, caséine, albumine coagulée) sont absorbés à l'état de *peptone*. Les matières grasses, à l'état de savons solubles et absorbables, sont absorbées après avoir été émulsionnées.

Il est très probable que les chylifères sont la seule voie d'absorption des matières grasses, et que celles-ci ne sont jamais absorbées par les veines. Cependant les chylifères n'absorbent pas seulement les substances grasses; ils absorbent aussi, mais en petite quantité, les produits liquides de la d. des substances albuminoïdes, l'eau et les sels de l'alimentation miscibles à l'émulsion des corps gras. — Les veines se distinguent des chylifères en ce qu'elles n'absorbent pas les substances grasses; mais elles absorbent le glucose, les peptones, l'eau, les sels. Les expériences démontrent que le sang de la grande veine mésarraïque où le sang de la d. existe dans sa pureté, contient quelquefois au moment de la d. une proportion beaucoup plus considérable d'albumine. Le sucre se rencontre également dans le sang de la veine porte chez l'animal qui digère. Enfin, ce même sang contient une plus forte proportion d'eau que celui du reste du système veineux, chez les animaux qui ont bu copieusement.

Parmi les récents ouvrages à consulter sur la d. et sur les aliments, signalons : les *Physiologies* de Béclard, Küss, Beaunis; les *Leçons* de Damaschino, G. Sée, Beaumetz; l'*Hygiène de l'Estomac* du Dr Monin, etc., etc.

VI. *De la digestion dans la série animale.* — L'acte intime de la d., c'est-à-dire le changement des aliments en nutriments, s'accomplit de la même façon chez les animaux et chez les végétaux; mais, alors que la plante absorbe d'abord les aliments pour les digérer ensuite, l'animal, ayant besoin d'aliments plus complexes, est obligé de les élaborer, de les transformer avant de pouvoir les absorber. Tous les animaux possèdent une cavité où les phénomènes chimiques de la d. s'accomplissent essentiellement de la même manière, quelles que soient les différences de forme et de disposition que présente l'ensemble de l'appareil digestif.

Les *Protozoaires* eux-mêmes ne font pas exception à la règle, mais leur cavité digestive est transitoire; chez les *Amibes*, il se produit une dépression de la surface du corps dont les bords se rejoignent au-dessus de la particule alimentaire, ou bien l'animal envoie des prolongements appelés pseudopodes qui englobent et attirent les aliments; chez les *Infusoires*, il n'existe pas encore de cavité digestive à parois propres, mais l'endroit où se fait l'entrée des aliments devient un orifice permanent.

Le corps des *Éponges* est creusé d'un grand nombre de canaux où circule l'eau chargée de substances nutritives; sur les parois de ces canaux rampent des cellules qui s'emparent des particules alimentaires de la même façon que le font les amibes et les déversent ensuite dans le milieu intérieur de l'éponge. Les *Cœlentérés* ne présentent encore qu'une seule cavité générale qui cumule à la fois les fonctions de la d , de la circulation, et en partie de la respiration; il faut arriver aux *Échinodermes* pour trouver des organes distincts répondant à chacune de ces trois grandes fonctions. Avec les *Vers* et les *Articulés*, nous rencontrons le type de l'appareil digestif qui persistera, avec plus ou moins de modifications, dans tout le reste du règne animal, c'est-à-dire un long canal s'étendant le long du corps et présentant deux orifices distincts : la *bouche* et l'*anus*, pour l'entrée et la sortie des aliments. En général, ce canal présente sur son trajet des pièces masticatrices ou *dents*, un ou plusieurs renflements appelés *jabot*, *estomac* ou *ventricule chylifique*, où séjournent les aliments et des glandes annexes, *glandes salivaires* et *foie*, destinées à sécréter les liquides chargés de transformer les aliments ingérés.

Les *Crustacés* n'ont souvent qu'un seul estomac armé de dents puissantes. Chez eux et chez les *Insectes*, le foie est remplacé par des tubes déliés qui s'ouvrent soit dans le ventricule chylifique, soit au-dessous de l'estomac. Chez les *Mollusques*, l'appareil digestif est souvent très développé ; les glandes salivaires et le foie sont très volumineux. Quelques-uns ont des organes masticateurs, et la plupart ont l'anus situé dans le voisinage de la bouche.

Les *Poissons*, les *Batraciens* n'ont pas de glandes salivaires ; leur estomac est simple ; leur intestin est court, et leur foie volumineux. Mais une nouvelle glande digestive, le *pancréas*, apparaît chez les poissons sous forme de prolongements infundibuliformes, ou cœcums, groupés autour du pylore.

Les *Reptiles* ont en général une chaîne de glandes salivaires autour des mâchoires, un estomac simple, et des intestins ordinairement courts. Leur foie est volumineux, et leur pancréas de volume médiocre. Chez ces animaux, les fonctions digestives sont incomparablement moins actives que chez les mammifères et surtout chez les oiseaux : aussi peuvent-ils supporter pendant plusieurs mois une abstinence complète d'aliments. Quant aux boissons, ils en supportent également bien la privation, à cause de la rareté de leurs sécrétions, de la basse température de leur corps, et des enveloppes à peu près imperméables qui les recouvrent en général et s'opposent presque entièrement à l'évaporation cutanée.

Chez les *Oiseaux*, la mastication, qui ne peut avoir lieu à défaut de dents, est suppléée par un estomac à parois musculeuses très épaisses, nommé *Gésier*, qui est chargé d'assurer la trituration des aliments. Comme chez les mammifères, la longueur du tube digestif de ces animaux est en rapport avec la nature de l'alimentation. Il offre ordinairement trois renflements superposés, plus développés chez les Granivores. Le premier est le *Jabot*, mais il manque chez un grand nombre d'espèces. Le second, ou *Ventricule succenturié*, est celui où s'effectue la sécrétion du suc gastrique : il est plus développé chez les oiseaux qui manquent de jabot. Le troisième est constitué par le *Gésier*. La salive est sécrétée par des follicules situés sous la langue ; le foie est volumineux ; enfin, le canal pancréatique a souvent deux ou trois ouvertures.

Chez tous les *Mammifères*, la d. offre la plus grande analogie avec celle de l'homme. Les différences tiennent surtout au mode d'alimentation, qui apporte non seulement ces modifications dans les organes directement affectés aux phénomènes chimiques de la d., mais encore dans le nombre et la forme des dents, dans la forme et les mouvements du maxillaire inférieur. Les herbivores ont le tube digestif beaucoup plus long que les carnivores ; l'appareil salivaire est aussi plus développé chez les premiers, sans doute à cause du rôle que joue la salive dans la d. des féculents. Chez les carnivores, les aliments séjournent beaucoup plus longtemps dans l'estomac que chez les herbivores, parce que ces animaux se nourrissant principalement de substances albuminoïdes, la partie la plus essentielle de la d. s'accomplit chez eux dans la cavité qui sécrète le liquide propre à dissoudre ces substances. On croit vulgairement que les aliments séjournent beaucoup plus longtemps dans l'estomac des ruminants que dans celui des autres herbivores ; mais ce n'est qu'une simple apparence. En effet, les renflements constitués par la *Panse*, le *Bonnet* et le *Feuillet* ne sont point à proprement parler des estomacs : ce sont des réservoirs destinés à recevoir les herbes à peine brisées par une première mastication ; le véritable estomac des ruminants est la cavité où s'opère la sécrétion du suc gastrique, c'est-à-dire la *Caillette*. Or, les aliments n'y font qu'un court séjour, car la caillette a une capacité très inférieure à celle de la panse. Voy. RUMINANTS.

DIGITAL, ALE. adj. (lat. *digitalis*, m. s., de *digitus*, doigt). T. Anat. Qui appartient aux doigts. *Artères, veines digitales. Nerfs digitaux.* ‖ *Impressions digitales*, Légères dépressions qu'on observe à la face interne des os du crâne, et qui correspondent aux circonvolutions cérébrales.

DIGITALE. s. f. (lat. *digitale*, dé à coudre, à cause de la forme des fleurs). T. Bot. Genre de plantes bisacotylédones (*Digitalis*), de la famille des *Scrofulariacées*. Voy. ce mot.

DIGITALÉINE. s. f. T. Chim. Voy. DIGITALINE.

DIGITALIFORME, adj. 2 g. (lat. *digitale*, dé à coudre, et *forma*, forme). T. Bot. Qui a la forme d'un dé à coudre.

DIGITALINE. s. f. (R. *digitale*). T. Chim. Les substances vendues dans le commerce sous le nom de *digitaline* sont des mélanges en proportions variables de plusieurs principes non azotés qui proviennent de la Digitale pourprée et de la Digitale jaune. On connaît actuellement quatre de ces principes : la digitoxine, la digitaline amorphe, la digitaléine et la digitonine. Les trois premiers sont les principes actifs de la digitale ; le dernier est souvent dénué d'action physiologique. Les digitalines fabriquées en France contiennent surtout de la digitoxine ; les digitalines allemandes renferment de la digitaline amorphe, de la digitaléine et de la digitonine.

La *digitoxine* ou *digitaline cristallisée* a été obtenue par Nativelle ; c'est une substance très amère, incolore, insoluble dans l'eau, soluble dans l'alcool et surtout dans le chloroforme ; elle cristallise en petites aiguilles groupées autour d'un axe et fond à 240°. Bouillie en solution alcoolique avec les acides minéraux, elle ne se comporte pas comme un glucoside, mais se transforme en une substance amorphe appelée *toxirésine*. La formule de la digitoxine n'est pas encore connue avec certitude.

La *digitaline amorphe*, obtenue à l'état de pureté par Kiliani, est une poudre blanche, un peu amère, soluble dans l'alcool, insoluble dans le chloroforme et dans l'éther. C'est un glucoside qui, bouilli en solution alcoolique avec l'acide chlorhydrique, se dédouble en *digitaligénine* $C^{16}H^{22}O^2$, en dextrose et en une autre glucose appelée *digitalose* $C^7H^{14}O^5$.

La *digitaléine* est un glucoside encore mal connu, soluble à froid dans l'eau et dans l'alcool, ce qui permet de la séparer des autres produits.

La *digitonine*, assez abondante dans la digitale et dans certaines digitalines commerciales, est physiologiquement inactive. Elle se présente en masse amorphe, soluble dans l'alcool et surtout dans l'eau. C'est un glucoside qui, par ses propriétés, rappelle la saponine. Sa solution aqueuse mousse fortement par l'agitation. Kiliani a obtenu une digitonine cristallisée en fines aiguilles, très peu soluble dans l'eau, fusible vers 230°. Chauffée avec l'acide chlorhydrique, elle fixe de l'eau et se dédouble en dextrose, galactose et digitogénine.

La *digitogénine* qui résulte de ce dédoublement est une substance cristallisable dont la formule probable est $C^{15}H^{24}O^3$. Elle est insoluble dans l'eau, soluble dans l'alcool et dans le chloroforme. Traitée par les corps oxydants, elle peut donner naissance à plusieurs produits acides et cristallisables : l'acide *digitogénique* $C^{15}H^{22}O^4$, fusible vers 150° ; l'acide *digitique* $C^{10}H^{16}O^4$, fusible à 192° ; tous deux facilement solubles dans le chloroforme, dans l'acide acétique et dans l'alcool ; l'acide *oxydigitogénique* $C^{14}H^{20}O^4$, peu soluble, fusible à 250°.

La digitaline amorphe, la digitaléine, et surtout la digitoxine se rangent parmi les agents les plus énergiques de la matière médicale ; elles possèdent à un haut degré les propriétés physiologiques de la digitale et agissent comme elle en ralentissant les battements du cœur, élevant la pression sanguine et paralysant les muscles. La digitaline employée en thérapeutique est ordinairement un mélange de ces différents principes ; elle s'administre à la dose de 2 à 5 milligrammes par jour dans les affections cardiaques, anévrysmes du cœur, palpitations, etc. Un centigramme injecté dans les veines suffirait pour amener la mort par arrêt du cœur. La digitoxine pure serait encore bien plus toxique. A cause de la variété de composition des digitalines commerciales, on leur préfère souvent l'infusion ou la macération des feuilles de digitale.

DIGITALISATION. s. f. [Pr. *di-jitali-za-sion*] (R. *digitale*). T. Méd. Action d'introduire dans un corps vivant de la digitale, de la digitaline.

DIGITALISER. v. a. (R. *digitale*). T. Méd. Soumettre à l'action de la digitale, de la digitaline.

DIGITALOSE. s. f. T. Chim. Voy. DIGITALINE.

DIGITATION. s. f. [Pr. ...*sion*] (lat. *digitus*, doigt). T. Anat. Se dit des faisceaux de fibres de certains muscles, lorsqu'ils sont disposés à peu près comme les doigts de la main tenus écartés.

DIGITÉ, ÉE. adj. (lat. *digitus*, doigt). T. Hist. nat. Se dit des parties qui sont divisées en pointes ou en lobes figurant les doigts de la main.

DIGITIFÈRE. adj. 2 g. (lat. *digitus*, doigt ; *fero*, je porte). T. Hist. nat. Qui porte un doigt. Qui est terminé par un doigt.

DIGITIFOLIÉ, ÉE. adj. (lat. *digitus*, doigt; *folium*, feuille). T. Bot. Se dit des plantes dont les feuilles sont digitées. Voy. FEUILLE.

DIGITIFORME. adj. 2 g. (lat. *digitus*, doigt; *forma*, forme). T. Hist. nat. Qui a la forme d'un doigt.

DIGITIGRADE. adj. 2 g. et s. m. (lat. *digitus*; *gradiri*, marcher). T. Mamm. Groupe de mammifères carnivores comprenant les espèces qui marchent sur le bout des doigts, comme le chat. Voy. CARNIVORES.

DIGITINERVIÉ, ÉE. adj. (lat. *digitus*, doigt; *nervus*, nervure). T. Bot. Se dit des feuilles qui ont les nervures disposées comme les doigts de la main. Voy. FEUILLE.

DIGITIPALMÉ, ÉE. adj. (lat. *digitus*, doigt; *palma*, paume de la main). T. Bot. Voy. DIGITIPENNÉ.

DIGITIPENNÉ, ÉE. adj. [Pr. ...*penn-né*] (lat. *digitus*, doigt; *penna*, plume). T. Bot. Se dit des feuilles composées dont le pétiole commun se termine par des pétioles secondaires portant les folioles. On dit aussi *digitipalmé*. Voy. FEUILLE.

DIGITIQUE. adj. 2 g. T. Chim. Voy. DIGITALINE.

DIGITOGÉNINE. s. f. T. Chim. Voy. DIGITALINE.

DIGITOGÉNIQUE. adj. 2 g. T. Chim. Voy. DIGITALINE.

DIGITONINE. s. f. T. Chim. Voy. DIGITALINE.

DIGITOXINE. s. f. T. Chim. Voy. DIGITALINE.

DIGITULE. s. m. (Dimin. du lat. *digitus*, doigt). T. Anat. Petit doigt de la main ou du pied.

DIGLYPHE. s. m. (R. *di*, et gr. γλυφή, gravure). T. Archit. Console à deux cannelures ou gravures en creux.

DIGNE. adj. 2 g. [Pr. *gn* mouillés] (lat. *dignus*, m. s.). Qui mérite quelque chose; se dit en bonne ou en mauvaise part. *D. de louange, de récompense, d'estime, de confiance. D. de mépris, de punition. D. de grâce, de pardon. Elle était digne du meilleur sort. Se rendre d. des bontés de quelqu'un. Son sort est digne d'envie. Un objet d'attention. Un spectacle d. de pitié. Il n'est pas d. de cette place. Il n'est pas d. de vivre. D. d'être aimé, d'être adoré. Il n'est pas d. qu'on le regrette. Il n'est pas d. de votre courroux. Son sort est d. d'envie. Ceci est bien digne de toute votre attention. Un spectacle d. de pitié. L'empire doit appartenir au plus d. — D. de croyance, d. de foi,* Qui mérite qu'on lui donne croyance, qu'on ajoute foi à ce qu'il dit. *Ce témoin est d., n'est pas d. de foi.* — *C'est un d. sujet,* Il est très capable de remplir un emploi, ou il a une excellente conduite. || Absol., signifie quelquefois qui a de la probité, de l'honnêteté, est d. d'estime : il se met alors avant le subst. *Une d. mère de famille. Un d. homme. Un d. magistrat.* — Se dit aussi d'une chose qui mérite d'être approuvée. *Dans cette occasion rien ne fut plus d. de sa conduite. Il ne pouvait faire un plus d. choix.* || Grave, composé, réservé; se dit quelquefois ironiquement. *Avoir un maintien d., des manières dignes. Avoir, prendre un air d. Parler d'un ton d.* || S'emploie aussi soit en bonne, soit en mauvaise part, pour marquer un rapport de convenance, de conformité. *Cela était d. de lui. C'était une entreprise d. de son génie. C'est une d. récompense, une récompense d. de ses travaux. Cette action est d. d'un héros. Cette réponse est d. d'un sot. Cet acte est bien d. d'un pareil scélérat. Il se montra le d. fils de son père. Montrer des sentiments dignes de sa naissance.*

DIGNE, ch.-l. du département des Basses-Alpes; 7,300 hab.

DIGNEMENT. adv. [Pr. *gn* mouillés] Selon ce qu'on mérite, convenablement, noblement. *Il a été d. récompensé. S'acquitter d. de sa mission. Se comporter d. C'est parler d. Il a fait d. les choses.*

DIGNITAIRE. s. m. [Pr. *gn* mouillés]. Celui qui est revêtu d'une dignité. — *Les dignitaires du clergé,* Les cardinaux, archevêques, évêques, archidiacres, etc. — *Les grands dignitaires de la couronne,* Titre donné, sous l'empire, à l'archichancelier, à l'architrésorier, au grand électeur, au grand connétable et au grand amiral.

DIGNITÉ. s. f. [Pr. *gn* mouillés] (lat. *dignitas*, m. s.). Se dit pour marquer la noblesse, l'élévation, le respect de soi-même, dans les sentiments, les actions, les manières. *Avoir de la d. dans le caractère, dans les manières. Avoir un air de d. Il conserva devant ses juges la d. de son caractère, toute sa d. Sa conduite manque de d. Un homme plein de d., sans d. Parler, agir avec d. Compromettre sa d. Perdre toute d. Un monarque sans d.* — Par dénigr., se dit d'une affectation d'importance, de supériorité. *Elle voulut prendre un air de d.*

> La dignité, souvent, masque l'insuffisance.
>
> VOLTAIRE.

S'emploie aussi en parlant de certaines choses, pour marquer le respect que nous devons avoir pour elles. *La d. de la nature humaine. La d. de la vertu. La d. de la douleur. La d. du trône. Compromettre sa d., la d. du caractère dont on est revêtu.* — *La d. d'un sujet, d'une matière,* L'importance et la noblesse d'un sujet. *La d. du sujet.* || Poste ou grade éminent, charge ou office considérable. *D. souveraine. La suprême d. Être constitué en d. La d. royale. Les premières dignités de l'État. Élever à une d. Parvenir aux plus hautes dignités. Être comblé de d. Les insignes de sa d. La d. épiscopale ou de l'épiscopat.*

> Toutes les dignités que tu m'as demandées,
> Je te les ai sur l'heure, et sans peine accordées.
>
> CORNEILLE.

|| Dans quelques églises, se dit aussi de certains bénéfices auxquels est annexée quelque juridiction ecclésiastique, quelque prééminence ou quelque fonction particulière dans le chapitre, comme celle de prévôt, de doyen, de trésorier, d'archidiacre, etc., ou dans le chœur, comme celle du chantre, etc. — Par ext., se dit des personnes qui possèdent un de ces bénéfices. *Il y a des cathédrales où toutes les dignités portent la robe rouge.*

DIGOIN, ch.-l. de c. (Saône-et-Loire), arr. de Charolles, 4,900 hab.

DIGON. s. m. T. Mar. Bâton qui porte une flamme ou un pavillon, et qu'on attache au bout d'une vergue. || T. Pêche. Morceau de fer barbelé ou terminé par un demi-dard qu'on ajuste au bout d'une perche, pour piquer ou prendre certains poissons.

DIGOT. s. m. T. Péc. Petit instrument appelé aussi *Aiguillette* et servant à tirer du sable; certains coquillages de mer.

DIGRAPHE. adj. 2 g. (gr. δίς, deux; γράφω, j'écris). Qui est écrit en deux écritures différentes.

DIGRESSER. v. n. [Pr. *digrè-ser*]. Faire des digressions.

DIGRESSEUR. s. m. [Pr. *digrè-seur*]. Celui qui fait des digressions.

DIGRESSIF, IVE. adj. [Pr. *digrè-sif*]. Qui consiste en digressions, qui est formé de digressions.

DIGRESSION. s. f. [Pr. *digrè-sion*] (lat. *digressio*). Action d'abandonner momentanément le sujet que l'on traite pour parler de choses qui y sont étrangères; ce que l'on dit d'étranger au sujet que l'on traite. *Longue d. Courte d. D. ennuyeuse. Faire une d. Se perdre dans des digressions, se laisser entraîner à des digressions sans fin.* || T. Astr. Voy. ÉLONGATION.

DIGRESSIONNAIRE. s. m. [Pr. *digrè-sio-nère*]. Celui qui fait des digressions.

DIGRESSIVEMENT. adv. [Pr. *digrè-siveman*]. Par digression; parler digressivement.

DIGUAIL. s. m. [Pr. *di-gall*, *ll* mouillées]. T. Péc. Sorte de filet établi au pied des digues.

DIGUE. s. f. (celt. *dig*, barrière). Amas de terre, de pierres, de bois, etc., pour servir de rempart contre l'eau. *Faire une d. Construire une d.* — Obstacle naturel qui s'oppose à l'écoulement des eaux ou qui les empêche de sortir de leur lit ‖ Fig., Obstacle. *Quelle d. opposer à une pareille licence?*

Techn. — Les digues sont construites tantôt pour retenir les eaux qu'on veut utiliser, tantôt pour empêcher que, pendant les crues des rivières ou les fortes marées, de grands espaces soient recouverts par l'eau des fleuves et de la mer; tantôt pour protéger les rades et en faciliter l'accès aux navires.

I. — Les digues de la première catégorie comprennent les bords des canaux construits à un niveau plus élevé que le sol voisin, les digues ou *chaussées* qu'on établit dans les rivières pour en régulariser le cours, et les *digues-barrages* qui servent à emmagasiner les eaux courantes dans les vallées, qu'on transforme ainsi en immenses réservoirs. Les digues de canaux sont construites en terre, gazonnée à l'extérieur; le talus intérieur est recouvert d'un corroi d'argile. Il convient que ces digues soient étanches, non seulement à cause de la rareté relative de l'eau dans les canaux à point de partage, mais surtout parce que les infiltrations détruisent rapidement les ouvrages.

Il faut aussi que ces digues ne soient jamais submergées : une d. submergée est une d. perdue. On obtient ce résultat à l'aide des déversoirs qui limitent le niveau du canal. — Les digues d'amélioration construites dans le lit des fleuves pour rassembler les eaux dans le chenal maritime n'ont pas besoin d'être étanches; il suffit qu'elles puissent résister à l'action des courants et des vagues. On les construit le plus souvent à l'aide de massifs d'enrochement. Quand ils sont bien compris, les travaux de cette nature donnent d'ex-

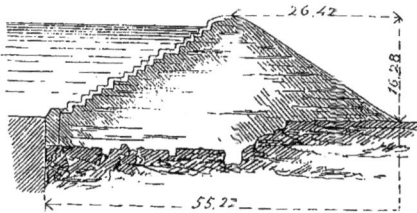

Fig. 1.

cellents résultats : tels sont ceux qui ont été entrepris dans la Seine maritime, dans la Garonne et à l'embouchure de la Meuse; tel est enfin le gigantesque travail d'endiguement que les Américains ont réalisé à l'embouchure du Mississipi. — Les *digues-barrages* constituent un genre de travail qui est une des plus anciennes manifestations de l'industrie humaine. On en a trouvé dans l'île de Ceylan, qui sont de dimensions colossales et dont la construction remonte à une très haute antiquité : elles fonctionnent encore. Aujourd'hui, les *digues-barrages* se font soit en terre, soit en maçonnerie. La Fig. 1 donne la représentation du premier type, qui convient pour les digues de peu de hauteur : c'est la coupe

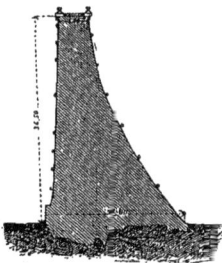

Fig. 2.

transversale de la d. du réservoir de Montaubry, qui alimente le canal du Centre, elle a 39 mètres de hauteur, et 16ᵐ,58

au-dessus du fond de la vallée. On voit que le talus intérieur est disposé en gradins recouverts de maçonnerie, et se termine à la partie supérieure par un petit parapet. La Fig. 2 donne le type du second genre; elle représente le profil du barrage en maçonnerie construit au Pas-de-Riot, afin d'emmagasiner les eaux du Furens pour l'alimentation de la ville de Saint-Étienne. Les cotes placées sur cette figure nous dispensent d'entrer dans de plus longs détails. Nous dirons seulement que souvent on renforce la d. en maçonnerie par un amoncellement de terres placées du côté extérieur. Quant à la forme de la d. en plan, il n'est pas bon qu'elle soit droite : elle doit être cintrée, la convexité dirigée du côté de l'eau, afin que la pression de celle-ci ait pour effet de resserrer les matériaux, tandis qu'elle tendrait à les écarter si la d. était droite ou concave du côté intérieur : c'est en somme le principe de la *Voûte*. Voy. ce mot. — La récente catastrophe de Bouzey (1895) due à la rupture du barrage qui fermait le réservoir servant à l'alimentation du canal de la Marne au Rhin, a montré une fois de plus avec quelles précautions ces sortes d'ouvrages doivent être établis. Les conditions qui assurent la sécurité doivent être plutôt exagérées, et toute prétention à l'élégance, à la hardiesse ou à l'économie doit être sévèrement condamnée. Il ne suffit pas de calculer la résistance des matériaux neufs, en ayant égard à la hauteur de l'eau supposée calme. Il faut compter avec l'usure, les fissures, et aussi avec le vent et les vagues, qui sont d'autant plus élevées que la profondeur du réservoir est plus grande. Enfin, ces digues doivent être l'objet d'une surveillance attentive et continue, et les moindres réparations doivent être faites immédiatement, car les fissures ont une tendance à s'élargir et à dégrader tout l'ouvrage. Les hivers rigoureux doivent faire redoubler la surveillance, car la gelée est une cause puissante de dégradation. L'importance des ravages causés par la rupture d'une *digue-barrage* exige impérieusement qu'aucune précaution ne soit négligée soit pendant la construction, soit pendant le fonctionnement.

II. — *Les digues de défense* sont fluviales ou maritimes. Dans le premier cas, elles tendent à protéger les plaines riveraines d'un fleuve contre les inondations de celui-ci. On les construit en terre avec revêtement intérieur en maçonnerie ou en pierres sèches. Comme elles ne servent qu'accidentellement, la partie supérieure se dessèche assez vite, et il est presque impossible de les rendre absolument étanches; il faut cependant s'arranger pour que les infiltrations n'entraînent pas leur destruction. Le dessus de la d. est couvert de gazons et de plantations, et un chemin y est ménagé. Ces chemins sont souvent très fréquentés. — Les digues maritimes servent à protéger des terrains appelés *polders*, dont le niveau est inférieur à celui des hautes mers, et dont la con-

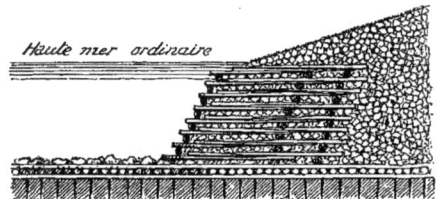

Fig. 3.

servation dépend exclusivement de la solidité des digues. Une grande partie du sol de la Hollande (138,000 hectares) est dans ces conditions. Aussi, l'entretien des digues y est-il l'objet de soins incessants. Les populations y sentent tellement l'importance de ces ouvrages de protection, que les enfants eux-mêmes sont les premiers à signaler aux autorités les fissures qui se manifestent. Il est à peine utile de dire que ces ouvrages sont considérables, et qu'ils doivent cependant être établis dans des conditions d'économie et de sécurité parfaites. On les construit en terre (sable et argile) et on les renforce à l'intérieur par un ingénieux fascinage de branches de saule, de frêne, de bouleau, etc. (Fig. 3). Les Hollandais ont acquis une telle habileté dans ce genre de travaux qu'ils construisent en pleine mer des jetées et des barrages de ce système.

III. — Les digues, jetées, môles destinés à protéger les rades et à faciliter l'accès aux navires peuvent être rangés parmi les travaux les plus difficiles de l'art de l'ingénieur. Les dépôts d'alluvion et la force destructive des lames sont des obstacles redoutables. Les conditions de leur construction sont extrêmement variables et dépendent des matériaux dont on dispose, de la proximité des carrières, des facilités de transport, etc. Le principe général de cette construction est *l'enrochement*, c.-à-d. qu'on jette à la mer, suivant le tracé de la d., des blocs de pierre de grande dimension. Quelquefois, on laisse ces blocs prendre d'eux-mêmes, sous l'action des vagues, l'agencement et les inclinaisons nécessaires à leur

DIGUEMENT. s. m. T Ponts et Chauss. Action de diguer; ouvrage servant de digue. On dit plutôt *Endiguement*

DIGUER. v. a. T. Ponts et Chauss. Munir d'une digue : on dit plutôt *Endiguer*. || T. Man. Frapper de l'éperon. *D. son cheval*.

DIGUET. s. m. Sorte d'engin de pêche, le même que *Digon*.

DIGYNE. adj. 2 g. (gr. δίς, deux ; γυνὴ, femme). T. Bot. Se dit d'une plante dont l'ovaire est surmonté de deux styles distincts.

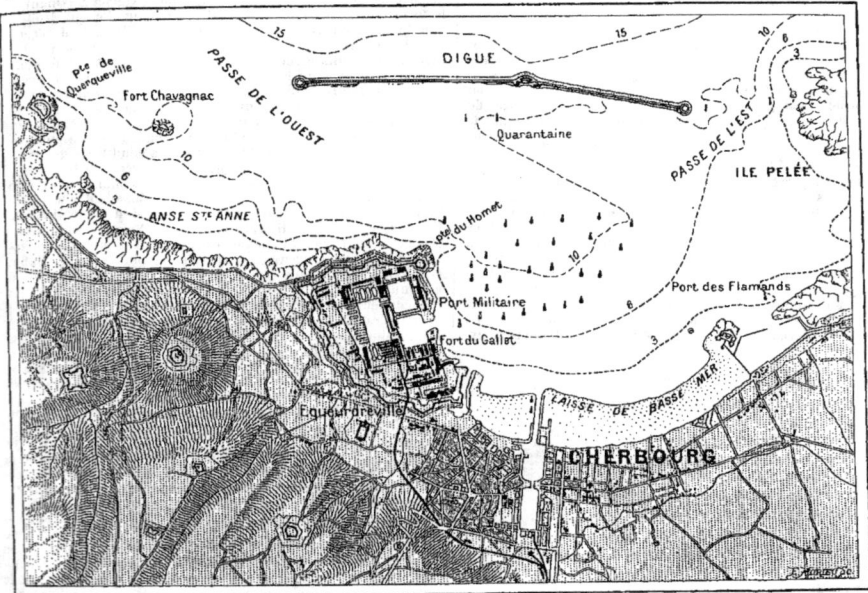

Fig. 4.

stabilité ; mais on économise la matière en les immergeant avec méthode et en les protégeant sur les faces par des blocs artificiels. Les plus petits matériaux servent à faire le noyau de la d., et les plus gros sont placés à l'extérieur. Les blocs

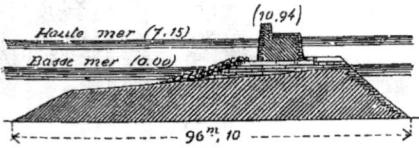

Fig. 5.

artificiels sont formés dans des caisses sans fond de 150 à 200 mètres échouées à leur emplacement définitif et remplies de béton, ou bien fabriquées à terre et immergées après leur durcissement. L'emploi des blocs est aujourd'hui très général ; leur composition varie avec les matériaux dont on dispose : galets, débris de carrière, mortier hydraulique, etc. La d. de Marseille est construite d'après ces principes. Le plus bel ouvrage de cette nature est la d. de Cherbourg (3,712 mètres de longueur), qui abrite une rade de 1,500 hectares de superficie (Fig. 4, Plan de la rade; Fig. 5, Profil de la digue). Sa construction a demandé trois quarts de siècle et a coûté 67 millions de francs.

DICTIONNAIRE ENCYCLOPÉDIQUE. — T. III.

DIGYNIE. s. f. (R. *digyne*). Nom donné par Linné au deuxième ordre de chacune des 13 premières classes de son système. Voy. BOTANIQUE.

DIHÉLIE. s. f. (gr. διὰ, à travers ; ἥλιος, soleil). T. Astr. Ordonnée de l'orbite elliptique de la terre passant par celui des deux foyers qu'occupe le soleil.

DIHEPTAPODE. adj. (gr. δίς, deux fois ; ἑπτὰ, sept ; ποῦς, ποδός, pied). T. Zool. Qui a sept paires de pattes.

DIHEXYLE. s. m. (R. *di*, préf. ; gr. ἕξ, six : *yle*, suffixe). T. Chim. Voy. DODÉCANE.

DIHEXYLÈNE. s. m. (R. *dihexyle*). T. Chim. Voy. DODÉCYLÈNE.

DIHYDRITE. s. f. (gr. δι, pour δίς, deux, ὕδωρ, eau). T. Minér. Phosphate hydraté de cuivre.

DIÏAMBE. s. m. (R. *di*, préf., et *iambe*). T. Métriq. Pied composé de deux iambes, c.-à-d. d'une brève, d'une longue, d'une brève et d'une longue.

DIÏAMBIQUE. adj. (R. *di*, préf., et *iambe*). Qui est composé de deux iambes.

DIJON, ch.-l. du dép. de la Côte-d'Or, à 315 kil. de Paris. Évêché, académie, Cathédrale du XIII° siècle ; château du XV°,

278

reconstruit au XVIII°. Patrie de Bossuet. 65,400 hab. == Nom des hab. : DIJONNAIS, AISE.

DIJONNAIS, pays du duché de Bourgogne. Cap. Dijon.

DIKA. s. m. Sous le nom de *Pain de Dika* on désigne au Gabon une sorte de pâte comestible fabriquée avec les graines grossièrement pilées de l'*Irvingia gabonensis* (Famille des *Sapotées*). La matière grasse retirée de ces mêmes graines porte le nom de *Beurre de Dika*.

DIKE. s. f. T. Géol. Voy. DYKE.

DILACÉRATION. s. f. [Pr. ...sion]. T. Chir. Action de dilacérer, déchirement.

DILACÉRER. v. a. (lat. *dilacerare*). T. Chir. Déchirer, mettre en pièces avec violence. || Par ext. Détruire, anéantir, en parlant d'un acte formulé par écrit. *D. un testament.* == DILACÉRÉ, ÉE. part. == Conj. Voy. CÉDER.

DILACTIQUE. adj. 2 g. (R. *di*, préf , et *lactique*). T. Chim. L'acide d. ou *dilactylique* C⁶H¹⁰O⁵, est un anhydride de l'acide lactique et résulte de l'union de deux molécules de cet acide avec perte d'une molécule d'eau. Il se forme quand on chauffe l'acide lactique à 130°. Il est solide, amorphe, très amer, presque insoluble dans l'eau, très soluble dans l'alcool et dans l'éther. Par ébullition avec l'eau, il régénère l'acide lactique.

DILAPIDATEUR, TRICE. adj. Qui dilapide, qui dépense follement. *Un ministre d. des deniers publics.* | Substant., *C'est un d.*

DILAPIDATION. s. f. [Pr. ...sion]. Action de dilapider ; dépense excessive et désordonnée. *La d. des deniers publics. Ce ministre ruina les finances par ses dilapidations.*

DILAPIDER. v. a. (lat. *dilapidare*). Ruiner par des dépenses excessives et désordonnées. *Il dilapida ses finances.* == DILAPIDÉ, ÉE. part.

Syn. — *Dissiper, Gaspiller.* — Celui qui répand de tous côtés, en dépenses désordonnées, son argent, son revenu, son bien, *dissipe.* Celui qui dépense son fonds avec son revenu, qui démolit et disperse les matériaux de sa fortune, *dilapide.* Celui qui, par une mauvaise administration, laisse gâter, perdre, piller, emporter son bien en dégâts et en fausses dépenses, *gaspille.* Les héritiers d'un avare, dans l'impatience de jouir, *dissipent* son héritage. Un prodigue *dilapide* sa fortune. Un nombreux domestique *gaspille* les plus grands revenus, si le propriétaire n'en est pas lui-même le premier économe.

DILATABILITÉ. s. f. Propriété par laquelle les corps augmentent de volume sous l'influence d'un accroissement de température. Voy. CORPS et DILATATION.

DILATABLE. adj. 2 g. T. Physiq. Qui est susceptible de dilatation.

DILATANT, ANTE et **DILATATEUR.** s. T. Phys. Qui produit la dilatation. || T. Chir. Voy. DILATATION. || *Dilatateur* se dit aussi, subst. et adj. des muscles qui servent à dilater certaines parties. *Le d. des ailes du nez.*

DILATATEUR, TRICE. adj. Qui sert à dilater, qui est propre à dilater.

DILATATION. s. f. [Pr. ...sion]. Action de dilater, de se dilater, d'élargir, ou l'état de ce qui est dilaté. — Propagation, développement, extension. || Fig. Accroissement d'intensité des sentiments de l'âme ou des passions.

Phys. — En parlant des propriétés des corps, nous avons dit ce que c'était que la d. ; nous avons à étudier ici les différences que présentent dans cette circonstance les divers corps solides, liquides et gazeux.

1. *D. des solides.* — On appelle *Coefficient de la d. linéaire* l'allongement que prend l'unité de longueur d'un corps lorsque sa température s'élève de 1°, et plus spécialement, de 0 à 1 degré, et *Coefficient de d. cubique* l'augmentation de volume que subit, dans le même cas, l'unité de volume. Le coefficient de d. cubique est toujours en rapport direct avec le coefficient de d. linéaire ; il est le triple de ce dernier. En effet, soit un cube dont le côté, à la température de 0°, égale 1, et *k* le coefficient de d. linéaire du corps dont ce cube est formé, en passant de 0 à 1 degré : le côté de ce cube deviendra 1 + *k*, et, par conséquent, le volume du cube qui était 1 à 0°, deviendra (1 + *k*)³ à 1°, c'est-à-dire 1 + 3 *k* + 3 *k*² + *k*³. Or, la quantité *k* étant toujours une fraction très minime, il s'ensuit que son carré *k*² et son cube *k*³ sont des quantités tout à fait négligeables, de sorte qu'on peut, sans erreur sensible, prendre 3 *k*, c.-à-d. le triple du coefficient de d. linéaire pour le coefficient de d. cubique. — En établissant que le coefficient de d. cubique est le triple du coefficient de d. linéaire, nous avons supposé que les corps étaient homogènes ; mais ce cas ne se présente jamais dans les corps tels qu'on les emploie. Ces corps en effet ont toujours été plus ou moins travaillés, martelés, passés à la filière, au laminoir, trempés, etc. ; or, tous ces traitements tourmentent la matière et mettent ses molécules dans un état d'équilibre forcé. Aussi les molécules n'ayant plus le même arrangement dans les diverses parties du corps, il est évident que celui-ci ne peut pas se dilater également dans les divers sens. Il n'y a que les corps fondus qui puissent être homogènes, et encore ce cas est-il bien difficile à réaliser : car un grand nombre d'entre eux sont sujets à la liquation, et presque tous cristallisent pendant le refroidissement. Toutes les fois qu'on a besoin de connaître rigoureusement la d. d'un corps, il est indispensable de la mesurer dans le sens dont on a besoin et sur ce corps lui-même. — En outre, le coefficient de d. d'un corps ne reste pas constant pour toutes les températures : en général, il augmente avec la température. Il existe cependant quelques exceptions à cette loi. Pour l'acier trempé par ex., le coefficient décroît lorsque la température dépasse une certaine limite, ce qui tient à ce que l'acier se détrempe lorsqu'on le chauffe, et à ce que l'acier recuit est moins dilatable que l'acier trempé. Quoique le coefficient de d. croisse à mesure que la température augmente, on peut néanmoins, d'après les expériences de Dulong et Petit, le regarder comme très sensiblement constant entre 0° et 100°. Si l'on considère les températures comprises entre 100° et 300°, alors les augmentations des coefficients deviennent très sensibles. L'expérience constate également qu'un corps, après avoir été chauffé, ne revient jamais rigoureusement à ses dimensions primitives. Le zinc, par ex., présente ce phénomène d'une manière très marquée. — Si des corps plus ou moins homogènes on passe aux corps cristallisés, alors les phénomènes de la d. deviennent encore plus compliqués ; les cristaux se dilatent plus dans un sens que dans un autre, et l'allongement le plus grand a lieu, ainsi que l'a constaté Mitscherlich, suivant l'axe principal. Cet effet se manifeste surtout d'une manière très sensible dans les cristaux de gypse. — De même que les cristaux, les corps organisés présentent des différences de d. qui dépendent de leur texture : c'est ainsi que les bois se dilatent plus dans le sens de leurs fibres que dans le sens contraire.

Pour constater la d. linéaire, on emploie l'appareil ci-dessous (Fig. 1). Une tige métallique est maintenue fixe à l'une

Fig. 1.

de ses extrémités par une vis de pression, tandis que son autre extrémité reste libre. Mais celle-ci se trouve en contact avec une aiguille mobile sur un cadran gradué. On chauffe la verge de métal, et, à mesure qu'elle s'échauffe, elle se dilate et fait marcher l'aiguille dont la course sur le cadran indique la grandeur de la d. produite. Un appareil analogue a servi à Laplace et Lavoisier pour mesurer la d. linéaire des corps solides ; la tige de métal était remplacée par une barre prismatique qu'on faisait chauffer à une température déterminée. Elle venait buter sur une pièce portant, au lieu d'une aiguille qui se déplaçait sur un cadran, un levier coudé relié à une lunette. Le déplacement de la lunette se mesurait en lisant les divisions d'une règle divisée placée à distance. La d. cubique se démontre à l'aide de l'instrument appelé *Anneau de S'Gravesande.* Il consiste tout simplement en un anneau métallique dans lequel passe librement, à la température ordinaire, une petite sphère métallique. Lorsque l'on fait chauffer cette boule, elle ne peut plus passer à travers cet anneau, preuve évidente de l'augmentation du volume du petit globe de métal. En effet, aussitôt que ce dernier est refroidi, il revient à son premier volume et passe de nouveau par l'anneau.

Applications. — La force avec laquelle les solides se dilatent et se contractent, lorsque la température s'élève ou s'abaisse, est énorme : elle est égale à l'effort qu'il faudrait faire pour les comprimer d'une quantité égale à la contraction, ou les allonger de la même quantité dont ils se sont dilatés. Or, l'on sait que de très grandes pressions ne produisent sur les corps solides, et principalement sur les métaux, que des diminutions de volume à peine sensibles. Cette force de d. est irrésistible, et comme l'allongement, quoique très petit en lui-même, produit sur de très longues barres des variations assez considérables, il est souvent indispensable d'y avoir égard. — Dans l'architecture, on a tiré plusieurs fois un parti très ingénieux de la faculté que possède le fer, comme les autres corps, de se dilater sous l'influence de la chaleur et de revenir, par le refroidissement, à ses dimensions primitives. C'est ainsi que Molard est parvenu, au moyen de tirants de fer, d'abord chauffés, puis refroidis, à rétablir dans leur aplomb les murs du Conservatoire des Arts et Métiers, à Paris. On a consolidé la coupole de Saint-Pierre de Rome en l'armant de cercles de fer, etc. Les tuyaux en fonte destinés à la conduite des eaux et du gaz d'éclairage éprouvent, par les changements de température, des variations de longueur telles, vu leur grand développement, qu'ils seraient infailliblement rompus. Afin d'éviter cet accident, les différentes pièces dont ils sont formés s'emboîtent à frottement les unes dans les autres, de manière à laisser un certain jeu pour que les tuyaux puissent rentrer plus ou moins les uns dans les autres. Le même effet a lieu pour les rails des chemins de fer ; aussi a-t-on la précaution de laisser un certain intervalle entre les diverses pièces dont ils se composent. C'est également pour laisser le jeu nécessaire à la d. qu'on a soin, dans les constructions, de ne pas encastrer d'une manière invariable dans les murs les extrémités des longues poutres qui supportent les charpentes : cette précaution devient bien plus nécessaire encore lorsqu'il s'agit de charpentes en fer. Certains ponts présentent des effets bien remarquables des effets qui nous occupent. Lorsqu'ils sont placés dans une direction telle qu'un de leurs côtés soit exposé aux rayons du soleil, tandis que l'autre se trouve continuellement dans l'ombre, ils se déforment et présentent une différence de flèche de plusieurs décimètres d'un côté à l'autre. Aujourd'hui on tient compte de ces effets, et on a soin de laisser un certain intervalle entre les matériaux pour permettre à la d. de s'exercer librement. — La construction des pendules compensateurs et des thermomètres métalliques est également fondée sur les changements de longueur qu'éprouvent les corps par suite des variations de la température ; il en sera parlé aux mots PENDULE et THERMOMÈTRE.

Formules. — Soit L la longueur d'un corps à 0°, L' sa longueur à une température t, et k son coefficient de d. en passant de 0° à la température t. L'allongement sera kt pour l'unité de longueur, et ktL pour la longueur totale. A la température t, la longueur du corps sera donc devenue $L + L \cdot kt$: on a donc $L' = L + L \cdot kt$ ou $L' = L(1 + kt)$.

La longueur L' d'un corps à la température t étant connue, la formule précédente permet de trouver facilement sa longueur à 0° ; on a en effet $L = \dfrac{L'}{1 + kt}$. De la même formule on tire $k = \dfrac{L' - L}{tL}$, c.-à-d. la valeur du coefficient de d., lorsque les autres éléments L, L' et t sont connus.

On trouve des formules analogues pour les dilatations cubiques. Soit V le volume d'un corps à 0°, V' son volume à la température t, et $3k$ son coefficient de d. cubique : on a

$$V' = V(1 + 3kt) \text{ et } V = \frac{V'}{1 + 3kt}.$$

La densité d'un corps variant en raison inverse de son volume, on aura en appelant d et d' les densités du corps à 0° et à $t°$:

$$d' = \frac{d}{1 + 3kt}$$

Tableau des coefficients de d. linéaire de quelques-uns des solides les plus employés dans les arts et l'industrie :

Acier non tremp.	0,000010788	Laiton.	0,000018167
— trempé. .	0,000012395	Or de départ.	0,000014660
Arg. de coupelle	0,000019007	Platine.	0,000008842
Bronze	0,000018167	Plomb.	0,000028575
Cuivre rouge . .	0,000017182	Sapin.	0,000008613
Étain	0,000021730	Soud. p. le cuiv.	0,000020583
Fer doux forgé.	0,000012204	— des plombiers	0,000028053
— passé à la fil.	0,000012350	Verre.	0,000008613
Fonte.	0,000011250	Zinc.	0,000029417

II. D. des liquides. — La d. des liquides et celle des gaz se démontrent plus aisément encore. On prend un tube de verre à l'extrémité inférieure duquel on a soufflé une boule de verre (Fig. 2). On remplit d'eau cet appareil jusqu'au point O, par ex. ; puis on plonge la boule dans l'eau chaude. La colonne d'eau, en se dilatant, monte alors jusqu'en P. Si, au contraire, on met la boule dans la glace pilée, elle descend en M ; enfin, elle revient au point O lorsqu'on abandonne l'appareil à la température ordinaire.

Fig. 2.

Dans les liquides on ne considère que la d. cubique qu'on distingue en d. *absolue* et en d. *apparente*. La d. apparente est celle que l'on observe réellement dans le liquide renfermé dans un vase quelconque ; la d. absolue, au contraire, est celle qu'on observerait dans le liquide, si le vase qui le contient n'éprouvait lui-même aucune d. Le coefficient de d. absolue est donc l'augmentation réelle de volume que prend l'unité de volume du liquide en passant de 0° à 1°, et le coefficient de d. apparente est l'excès du coefficient de d. absolue sur le coefficient de d. de l'enveloppe.

Les formules relatives à la dilatation cubique des solides s'appliquent aussi aux liquides, à condition d'y remplacer le coefficient de d. cubique par le coefficient de d. absolue ou apparente, suivant l'effet qu'on a en vue d'étudier.

Coefficient de d. absolue du mercure. — Le coefficient de d. absolue du mercure entrant comme élément dans la plupart des calculs de physique, on a cherché à le déterminer avec toute la rigueur possible. Le procédé employé par Dulong et Petit écarte l'influence de la d. de l'enveloppe : il repose sur ce principe d'hydrostatique que, dans deux vases communiquants, contenant des liquides différents, les hauteurs des colonnes de liquide sont en raison inverse des densités, principe qui est indépendant du diamètre, et par conséquent de la d. des vases.

Fig. 3.

L'appareil de Dulong et Petit (Fig. 3) consiste en deux tubes verticaux at et $a't'$ unis par un autre tube horizontal tt' : tous deux sont remplis de mercure jusqu'à la hauteur nn'. Leur partie supérieure est assez large pour que la capillarité ne puisse pas altérer les résultats de l'expérience. L'appareil étant maintenu solidement sur un support parfaitement horizontal, l'une des branches est enveloppée par un manchon rempli de glace pilée qui la maintient à la température de 0°, tandis que l'autre est enveloppée d'un manchon renfermant de l'huile dont on élève graduellement la température au moyen d'un fourneau. En prenant alors, au moyen du *Cathétomètre*, la hauteur exacte du mercure dans chaque tube, on obtient le coefficient de la d. absolue du mercure par un calcul très simple. Soient, en effet, h la hauteur, et d la densité du mercure dans le tube maintenu à 0°, h' et d' la hauteur et la densité du mercure dans le tube maintenu à la température t, on a, d'après le principe énoncé plus haut $h'd' = hd$. D étant le coefficient de la d. absolue du mercure, on a $d' = \dfrac{d}{1 + Dt}$, ce qui donne $\dfrac{h'd}{1 + Dt} = hd$; d'où l'on tire :

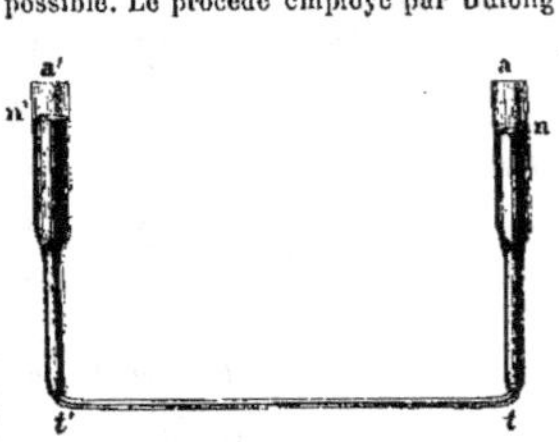

$$D = \frac{h' - h}{ht}$$

Par ce procédé, Dulong et Petit ont trouvé $\frac{1}{5559}$ pour la valeur du coefficient de d. absolue du mercure entre 0° et 100°. De plus, ils ont constaté que ce coefficient était d'une manière très marquée avec la température : ainsi, il est $\frac{1}{5425}$ entre 100° et 200°, et $\frac{1}{5300}$ entre 200° et 300°. Tous les liquides sont dans le même cas que le mercure, et nous avons vu qu'il en était de même des solides. Les corps ne se dilatent donc pas d'une manière régulière, et ils se dilatent d'autant plus irrégulièrement qu'ils sont plus près de la température où ils changent d'état, c.-à-d. aux températures où ils se solidifient, ou se liquéfient, ou se changent en vapeurs. — À l'aide d'un appareil fondé sur le même principe que celui de Dulong et Petit, mais construit de manière à diminuer toutes les causes possibles d'erreur, Regnault a trouvé 0,00018155 pour le coefficient de d. du mercure de 0° à 100°, 0,00018405 pour le coefficient de 0° à 200°, et 0,00018658 pour celui de 0° à 300°. Il a constaté que de 8° à 100° la d. du mercure est à peu près régulière, mais qu'au delà de 100° elle va en augmentant de plus en plus.

Coefficient de d. apparente du mercure. — Comme celui de tous les autres liquides, il varie avec la nature de l'enveloppe. Dulong et Petit ont déterminé le coefficient de d. apparente du mercure dans le verre au moyen d'un appareil connu sous le nom de *Thermomètre à poids.* C'est un tube de verre assez large auquel est soudé un tube capillaire recourbé et terminé en pointe très fine (Fig. 4). Pour opérer avec cet instrument on commence par le peser vide, puis on le remplit de mercure bien sec et on prend de nouveau son poids : la différence entre les deux pesées donne le poids P du mercure. On chauffe alors l'appareil à une température s, le mercure se dilate et il en sort une certaine quantité qu'on pèse. Soit p ce poids ; le poids du mercure resté dans l'appareil sera donc $P - p$.

Fig. 4.

Soient V le volume à 0° du mercure qui remplit l'appareil dont le poids est P, et V' le volume de mercure également à 0° qui reste dans l'appareil à la température t dont le poids est $P-p$. Les poids étant proportionnels aux volumes, on a $\frac{P-p}{P} = \frac{V'}{V}$. Or, t étant le volume que prend dans le verre le volume de mercure V' qui reste dans l'appareil à la température t', on a $\frac{V'}{V} = \frac{1}{1+dt}$, d étant le coefficient de d. apparente du mercure, et par conséquent dt l'accroissement apparent que prend l'unité de volume en passant de 0° à t°. Des équations $\frac{P-p}{P} = \frac{V'}{V}$ et $\frac{V'}{V} = \frac{1}{1+dt}$ on tire $\frac{P-p}{P} = \frac{1}{1+dt}$, d'où $d = \frac{p}{(P-p)t}$. De cette manière Dulong et Petit ont trouvé 0,0156 ou 1/6480 pour le coefficient de d. apparent du mercure dans le verre.

Mais la d. absolue d'un liquide est égale à sa d. apparente augmentée de la d. de l'enveloppe ; on peut donc, de l'expérience précédente, déduire le coefficient de la d. cubique du verre. D'après Dulong et Petit, ce coefficient est 0,00002584. Toutefois Regnault a constaté, par des expériences nombreuses et très précises, que les différentes espèces de verre ont des coefficients de d. très variables : par conséquent, quand il s'agit de connaître exactement le coefficient de d. du verre, il faut le déterminer directement sur le verre même dont on fait usage. — Le même procédé peut servir à déterminer le coefficient de d. apparente de tous les liquides, et ce coefficient augmenté de celui du verre donne le coefficient de d. absolue.

Maximum de densité de l'eau. — À mesure que les liquides s'échauffent, leur volume augmente, et par conséquent leur densité diminue dans le même rapport ; mais tout le monde sait que l'eau fait exception à cette loi. Lorsqu'on échauffe l'eau qui se trouve à 0°, son volume se contracte jusque vers 4° ; puis, ce point dépassé, elle se dilate jusqu'à 100° où elle passe à l'état de vapeur. C'est donc vers 4° que l'eau présente le plus petit volume, c.-à-d. son maximum de densité. D'après Hallstrom, la température du maximum de densité de l'eau est 4°,1 ; d'après Despretz, elle est précisément 4°. Dans ses expériences, Despretz a fait usage d'un thermomètre dont le réservoir avait 4 litres de capacité, et qui contenait de l'eau au lieu de mercure ; la tige de ce thermomètre était divisée en parties d'égale capacité, et tout l'instrument était placé dans un bain dont la température était indiquée par un thermomètre à mercure.

Tableau des coefficients de d. de quelques liquides usuels, entre les températures de 0° et 100°.

Alcool	0,001049
Chloroforme	0,001107
Éther	0,001513
Esprit de bois	0,001185
Sulfure de carbone	0,001140
Essence de térébenthine	0,000847

III. *D. des gaz.* — De tous les corps, les gaz sont ceux qui présentent la d. la plus grande et la plus régulière. Les

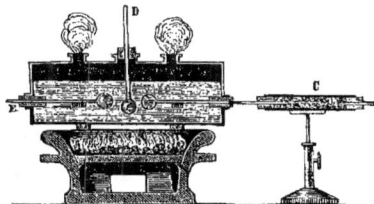

Fig. 5.

premières déterminations du coefficient de d. des gaz ont été faites par Gay-Lussac au moyen de l'appareil représenté Fig. 5. Un thermomètre à air formé d'un réservoir sphérique de 8 à 10 mill. de diamètre et d'une tige capillaire de 30 à 40 cent., longueur divisée en parties d'égale capacité, est placé dans une cuve rectangulaire en fer-blanc pleine d'eau dont on peut à volonté élever la température : celle-ci est mesurée au moyen de deux thermomètres D et E, plongés dans l'eau à des hauteurs différentes. Pour opérer avec cet appareil, on commence par déterminer le rapport entre la capacité du réservoir et celle d'une des divisions de la tige, ce qui se fait en pesant l'instrument d'abord plein de mercure, ce qui donne le poids P ; puis on chauffe de manière à faire sortir une certaine quantité de métal dont on obtient le poids p, en pesant de nouveau l'instrument, et en faisant la différence. Alors on refroidit à zéro le mercure resté dans l'appareil, et on a le volume n correspondant à p. Supposant le volume du réservoir augmenté de celui de la tige égal à N, on a $\frac{n}{N} = \frac{p}{P}$. Soit maintenant k le nombre des divisions laissées vides par la contraction du mercure, et x le volume d'une division : $n = kx$; en remplaçant dans l'équation précédente, on a : $\frac{N}{kx} = \frac{P}{p}$, d'où l'on déduit facilement $\frac{x}{N} = \frac{p}{Pk}$.

Le volume du réservoir et celui d'une des divisions de la tige une fois connus, on remplit l'instrument d'air sec. À cet effet, on adapte à la tige un petit tube C plein de chlorure de calcium, et, retournant le thermomètre, on fait écouler le mercure bulle par bulle, de manière à ce que l'air qui le remplace se dépouille de toute humidité par son passage à travers le chlorure. On a soin de conserver un petit index de mercure dans la tige. Cela fait, on dispose le thermomètre dans la cuve et on le remplit de glace fondante ; l'air contenu dans le réservoir se contracte, et quand l'index est stationnaire, on note le point où il s'arrête. Remplaçant alors par de l'eau la glace de la cuve, on porte cette eau à une température t indiquée par les deux thermomètres ; l'air du réservoir se dilate proportionnellement, et on note de nouveau le point où s'arrête l'index. Comme on connaît la capacité du réservoir et celle des parties de la tige, on a donc toutes les données nécessaires pour calculer le coefficient de d. de l'air de 0° à t°, car on a son volume à 0° et à t°. Au moyen de cet appareil, Gay-Lussac trouva 0,00375 pour la valeur du coefficient de d. de l'air de 0° à 100°. En opérant avec des gaz autres que l'air, il reconnut en outre que de 0° à 100° tous les gaz se dilatent uniformément, et que les vapeurs se comportent comme les gaz. En conséquence de ses expériences, il formula les deux lois suivantes : 1° tous les gaz ont le même coefficient de d. ; 2° ce coefficient conserve une valeur constante, quelle que soit la pression supportée par le gaz.

Malheureusement, les lois de Gay-Lussac, si élégantes par leur simplicité, ne peuvent être prises d'une manière rigoureuse. En effet, vers 1835, Rudberg s'occupant de recherches sur les points de fusion de certains alliages et ne pouvant parvenir à concilier les indications de deux thermomètres, l'un à air et l'autre à mercure, fut amené à douter de l'exactitude du coefficient 0,00375. Il entreprit alors une longue série de recherches dont la conclusion fut que le coefficient de Gay-Lussac était trop fort. Pour ces recherches, Rudberg employa un tube capillaire médiocrement long, auquel était

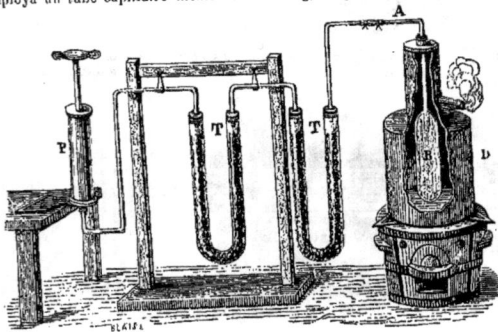

Fig. 6.

soudé un réservoir cylindrique B de 6 à 7 centim. cubes (Fig. 6). Le tube est recourbé à angle droit vers son extrémité A, laquelle est étirée en pointe très fine. Pour remplir l'appareil d'air sec, on met la pointe effilée en communication avec des tubes à chlorure de calcium TT; puis, avec une petite pompe P on fait le vide dans le réservoir, en même temps qu'on porte ce dernier à 100° dans l'appareil D. On laisse ensuite rentrer l'air qui se dessèche en passant par les tubes T, T. Cette opération est répétée jusqu'à cinquante fois pour être bien sûr que toute trace d'humidité a disparu. L'appareil une fois plein d'air sec, on le laisse pendant une heure environ prendre la température de la vapeur d'eau qui l'enveloppe. On enlève alors les tubes desséchants et on ferme à la lampe la pointe effilée A, en ayant soin de prendre au même instant la hauteur barométrique H. L'appareil étant refroidi, on le renverse, on fixe le réservoir sur le support de la Fig 7, et on l'entoure complètement de glace fondante, pendant que l'extrémité effilée du tube plonge dans une petite cuvette C pleine de mercure. Lorsque l'air du réservoir s'est mis en

Fig. 7.

équilibre de température avec la glace qui l'enveloppe, on brise avec une pince l'extrémité du tube; le mercure de la cuvette monte alors dans l'appareil, par suite de la condensation de l'air contenu dans celui-ci, et l'air s'arrête à une certaine hauteur que l'on mesure. On bouche alors avec un peu de cire la pointe A, en même temps que l'on prend la hauteur barométrique H' Cela fait, on retire le réservoir de la glace, on prend le poids P de l'appareil avec le mercure qui y est entré. Enfin, on remplit tout l'appareil de mercure, le réservoir ainsi que le tube, et on en prend le poids P'. — Maintenant, si l'on désigne le coefficient de d. cubique du verre par k, celui de l'air par α, et la densité du mercure à 0° par δ, on a $\frac{P'}{\delta}$ pour le volume du réservoir et du tube à 0°. Mais à $t°$, ce

volume sera $\frac{P'}{\delta}(1 + k t)$ à la pression H prise au moment où la pointe a été fermée. Ramené à la pression de 0m,76, ce volume devient

$$\frac{P'(1 + k t) H}{76 \delta}. \qquad [a].$$

Le volume de l'air qui reste dans l'appareil est $\frac{P' - P}{\delta}$ à 0° et à la pression H'—h, h étant la pression exercée par la colonne mercurielle soulevée dans l'appareil. A $t°$ et à la pression 0m,76, ce volume devient

$$\frac{(P' - P)(1 + \alpha t)(H' - h)}{76 \delta}. \qquad [b].$$

Mais les quantités a et b, qui représentent les volumes du réservoir et du tube à $t°$ et à la pression 0m,76, sont égales; on peut donc poser, en supprimant les dénominateurs:

$$P'(1 + k t) H = (P' - P)(1 + \alpha t)(H' - h),$$

d'où l'on déduit la valeur de α. — En opérant ainsi Rudberg trouva 0,3646 pour moyenne de ses expériences, le résultat le plus faible étant 0,3636 et le plus fort 0,3655. Par une autre méthode qui consiste à chercher l'augmentation de la force élastique d'un volume d'air passant de 0° à 100°, sans que le volume de l'air puisse varier, le même physicien obtint encore, comme moyenne d'une série de résultats très peu différents les uns des autres (0,36457). Ce nombre s'appelle le coefficient d'augmentation de pression à volume constant.

Plus tard, Regnault, en examinant les expériences de Rudberg, y découvrit des causes d'erreur, et entreprit de nouvelles recherches pour tâcher de fixer enfin, d'une façon incontestable, le coefficient de d. de l'air, élément qui entre dans tant de calculs. Pendant que l'illustre physicien français étudiait cette question à Paris, le professeur Magnus, à Berlin, se livrait aussi à de nouvelles recherches expérimentales sur le sujet. Ces deux expérimentateurs, travaillant chacun de leur côté d'une manière tout à fait indépendant l'un de l'autre, sont arrivés aux mêmes résultats : tous deux ont obtenu 0,3665 pour le coefficient de d. de l'air de 0° à 100°, ce nombre étant la moyenne de leurs expériences. Magnus employa les deux méthodes de Rudberg, mais en les modifiant légèrement; Regnault employa cinq méthodes différentes, les deux méthodes de Rudberg perfectionnées par lui, la méthode de Gay-Lussac et deux autres méthodes fondées sur les mêmes principes que celles de Rudberg. Dans ses expériences, qui sont merveilleuses de précision, Regnault s'est attaché, avec le soin le plus scrupuleux, à éviter toutes les causes possibles d'erreur. Le chiffre adopté par Regnault comme le coefficient de d. de l'air sec pour chaque degré centigrade entre 0° et 100°, et pour les pressions comprises entre 0m,500 et 1m,500, est 0,003665; et Babinet fait observer à ce sujet que, si on fait ce coefficient = 0,003666, on peut remplacer ce nombre par la fraction ordinaire 11/3000 (ou 1/273), qui est très commode pour les calculs. Regnault a reconnu en outre que pour des pressions plus fortes que celle de l'atmosphère, le coefficient de d. de l'air augmente sensiblement avec la pression. Enfin, il a également déterminé les coefficients de d. des gaz autres que l'air. Les nombres suivants représentent les coefficients moyens des gaz les plus importants sous une pression constante et voisine de la pression atmosphérique normale, c'est-à-dire leurs coefficients pour chaque degré centigrade entre 0° et 100°.

Acide carbonique.	0,003710	Cyanogène	0,003877
— sulfureux . .	0,003903	Hydrogène	0,003661
Air atmosphérique	0,003670	Oxyde de carbone.	0,003669
Azote.	0,003670	Protoxyde d'azote.	0,003719

Le coefficient d'augmentation de pression est un peu différent. Voici les valeurs entre 0° et 100° d'après Regnault.

Acide carbonique.	0,003688	Cyanogène	0,003829
— sulfureux . .	0,003845	Hydrogène	0,003667
Air atmosphérique	0,003665	Oxyde de carbone.	0,003667
Azote.	0,003668	Protoxyde d'azote.	0,003676

On voit que pour tous les gaz, sauf l'hydrogène, le coefficient de dilatation est un peu supérieur au coefficient d'augmentation de pression.

L'oxygène et l'ammoniaque n'ont pas donné de résultats certains, parce que ces gaz attaquent le mercure. De ces expériences, Regnault a conclu que les coefficients de d. des divers gaz diffèrent de celui de l'air, et en diffèrent d'autant plus qu'ils s'écartent davantage de la loi de Mariotte, ou qu'ils sont plus près de leur point de liquéfaction. Les gaz les plus difficiles à liquéfier sont ceux dont les coefficients diffèrent le moins; ceux, au contraire, qui sont facilement liquéfiables, l'acide sulfureux et l'acide carbonique, diffèrent davantage, et d'autant plus qu'ils sont soumis à une pression plus forte. Lorsqu'on diminue la pression, les gaz sont plus rapprochés de leur état de gaz parfait, et Regnault a constaté que, dans ce cas, ils suivent dans leur d. une marche qui se rapproche de plus en plus de la loi de Gay-Lussac. En résumé, les lois de Gay-Lussac, comme la loi de Mariotte, ne sont vraies qu'à la limite, c'est-à-dire qu'elles sont d'autant plus d'accord avec l'expérience qu'on prend les gaz dans un plus grand état de d., et qu'elles seraient rigoureusement applicables à des gaz parfaits dont les gaz existants s'approchent plus ou moins suivant leur nature et suivant la température et la pression auxquelles on les considère.

La *Thermodynamique* (voy. ce mot) établit d'importantes relations entre les coefficients thermiques des corps.

Formules de dilatation des gaz. — En appelant v le volume d'un gaz à 0° sous la pression H, V son volume à $t°$, α son coefficient de d., on a, en raisonnant comme pour les solides et les liquides, $V = V_0(1 + \alpha t)$. Si, maintenant, nous désignons par V' le volume à $t'°$, nous avons $V' = V_0(1 + \alpha t')$.

Ces deux relations donnent $\dfrac{V'}{V} = \dfrac{1 + \alpha t'}{1 + \alpha t}$, d'où $V' = V\dfrac{1 + \alpha t'}{1 + \alpha t}$.

Mais lorsque, au lieu de rester constante, la pression change et de H devient H', il faut, en plus, appliquer la loi de Mariotte (les volumes sont en raison inverse des pressions), et multiplier la valeur précédente par $\dfrac{H}{H'}$. Le nouveau volume V'_1 est alors $V'_1 = V'\dfrac{H}{H'}$ ou $V'_1 = V\dfrac{1 + \alpha t'}{1 + \alpha t}\dfrac{H}{H'}$. On écrit souvent cette équation sous une forme symétrique:

$$\frac{VH}{1 + \alpha t'} = \frac{V'_1 H'}{1 + \alpha t'}$$

Cette relation est désignée sous le nom de formule de Mariotte et Gay-Lussac, et définit ce qu'on appelle un « gaz parfait ». Les gaz réels s'en écartent d'autant plus qu'ils sont plus près de leur point de liquéfaction.

Enfin, les densités étant proportionnelles aux pressions et en raison inverse des volumes, la densité Δ d'un gaz à la température t' et sous la pression p', serait:

$$\Delta = \delta \times \frac{p'}{p} \times \frac{(1 + \alpha t)}{(1 + \alpha t')},$$

la δ de ce gaz étant connue à la température t et sous la pression p.

Chir. — On entend par *Dilatation*, tantôt l'agrandissement accidentel et anormal d'un orifice ou d'un canal (anévrysmes, varices, etc.), et tantôt l'opération qui a pour but, soit d'augmenter ou de rétablir le calibre d'un canal, d'une cavité ou d'une ouverture (rétrécissement de l'urètre, etc.), soit simplement d'entretenir certains canaux ou orifices, en empêchant la réunion de leurs parois ou de leurs lèvres (fistules lacrymales, etc.). Les corps ou instruments dont on fait usage dans ces divers cas sont appelés *Dilatateurs*, *Dilatatoires* et *Dilatants*. Les dilatants les plus employés sont des corps mous, tels que les mèches et les tentes; ou des corps spongieux, comme l'éponge préparée et les pois d'iris complètement abandonnés et remplacés par différentes algues qui peuvent être tenues aseptiques (*Laminaria digitata, Tupelo, Nissa aquatica*, etc.); ou enfin des corps pleins et solides, mais jouissant ordinairement d'un certain degré de souplesse, comme les bougies élastiques, etc.

Dilatation de l'estomac. — Elle s'accompagne ou même temps d'*atonie* (parésie) des muscles de la paroi stomacale. L'estomac ne peut plus brasser les aliments, ceux-ci séjournent, et le malade vomit des matières ingérées quelquefois depuis plusieurs jours. On les retrouve également en sondant et en lavant l'estomac. En palpant avec le doigt, on perçoit un *clapotement*, et, en secouant le malade (*succussion*), un bruit de glou-glou causé par le séjour des liquides. Les causes les plus fréquentes sont l'alcoolisme, l'hystérie et le rhumatisme, l'ingestion de trop grandes quantités d'aliments ou de liquides, la maladie débute alors par l'hyperacidité du suc gastrique et des renvois acides; d'autres fois, elle accom-

pagne la tuberculose ou le cancer. Bouchard préconise un *régime sec*; la réduction la plus grande possible des boissons, et le lavage de l'estomac. On se trouvera bien des alcalins (bicarbonate de soude) en cas de renvois acides.

DILATATOIRE. s. m. T. Chir. Ce qui sert à dilater. Voy. Dilatation.

DILATER. v. a. (lat. *dilatare*, m. s., de *latus*, large). Élargir, étendre. *D. une plaie. La chaleur dilate les pores. La belladone dilate la pupille.* — Fig., *La joie dilate le cœur.* || T. Phys. Augmenter le volume d'un corps. *Le calorique dilate tous les corps.* = SE DILATER. v. pron. S'étendre, s'élargir, augmenter de volume. *Il y a des maladies où la pupille de l'œil se dilate beaucoup. Lorsque l'air vient à se d.* — Fig., *Mon cœur se dilate à cette nouvelle.* = DILATÉ, ÉE. part. || T. Bot. Se dit adjectiv., de toute partie qui s'élargit en lame.

DILATICORNE. adj. T. Zool. Qui a des cornes ou des antennes dilatées.

DILATION s. f. [Pr. ...sion] (lat. *dilatio*, m. s., de *di*, préf., et *latio*, action de porter). Action de différer, de retarder. Vx.

DILATOIRE. adj. 2 g. (lat. *dilatorius*). Qui procure, qui tend à procurer un délai. *Une exception d.*

Législ. — On appelle exception d. un argument que le défendeur fait valoir en justice pour faire retarder l'examen de la demande. Toute exception soulevée en justice a pour résultat, il est vrai, d'ajourner l'examen au fond du débat, puisqu'elle doit être réglée auparavant; mais on réserve plus spécialement le nom de dilatoires aux exceptions qui ont pour conséquence indirecte et secondaire, mais pour but principal et direct d'obtenir un délai.

Telles sont: 1° *l'exception de l'héritier* à qui la loi accorde 3 mois pour faire inventaire et 40 jours pour délibérer, et qui peut, s'il est actionné pendant ces délais, faire surseoir à l'examen du fond du débat jusqu'à leur expiration; 2° *l'exception invoquée* contre les créanciers de la communauté à sa dissolution, par la *femme commune en biens* à qui la loi accorde les mêmes délais qu'à l'héritier pour faire inventaire et délibérer; 3° *l'exception de garantie*, par laquelle le défendeur a le droit d'exiger que le procès soit suspendu contre lui, pendant le temps nécessaire pour qu'il puisse à son tour citer et faire comparaître son garant; 4° *l'exception de communication de pièces*, qui consiste dans la demande d'un délai pour vérifier les pièces signifiées, produites ou invoquées dans un procès. — Dans l'ancien droit, on considérait en outre comme exceptions dilatoires le moyen fondé sur ce que le terme de la créance réclamée n'était pas échu, ou bien sur ce que le demandeur ne réunissait pas les conditions exigées pour la faire valoir par intenter une action en justice. Aujourd'hui, on s'accorde à regarder ces exceptions comme des moyens de défense au fond.

DILATOMÈTRE. s. m. T. Phys. Instrument inventé par Silberman et qui sert à déterminer le titre alcoométrique des boissons. Il est fondé sur ce fait que pour une même élévation de température, un mélange d'eau et d'alcool se dilate d'autant plus qu'il contient plus d'alcool. L'appareil, simplifié par Dujardin, se compose d'une pipette terminée par un tube gradué empiriquement. On remplit la pipette de vin à 25°, on la porte dans un bain à 50° et on lit sur le tube la division atteinte par le liquide dilaté.

DILATOMÉTRIQUE. adj. T. Phys. Qui sert à mesurer les dilatations.

DILAYER. v. a. [Pr. di-lè-ier] (même origine que *délai*). Différer, remettre à un autre temps. *D. un paiement, un jugement*, etc. — DILAYER. v. n. User de remise. *C'est un homme qui dilaye toujours.* Vx. = DILAYÉ, ÉE. part. = Conj. Voy. PAYER.

DILECTION. s. f. [Pr. di-lek-sion] (lat. *dilectio*, de *diligere*, chérir). T. Dévot. Amour, charité. *La d. du prochain.* || C'est aussi un terme dont le pape et l'empereur d'Autriche se servent en écrivant à certains princes. *Salut et d. J'ai écrit à votre d.*

DILEMMATIQUE. adj. 2 g. [Pr. dilè-matike]. Qui est de la nature du dilemme.

DILEMME. s. m. [Pr. *dilè-me*]. (gr. δίλημμα, de δίς, deux, et λῆμμα, argument). Argument présentant deux propositions contraires et conditionnelles dont on laisse l'alternative à l'adversaire, certain que l'un comme l'autre le convaincra. Voy. RAISONNEMENT.

DILETTANTE. s. 2 g. [Pr. *dilèt-tante*]. Mot ital. qui signifie *Amateur*, et qui a été adopté en France pour désigner un amateur passionné de musique, et particulièrement un amateur de la musique italienne. *C'est un d.* — Au pl., on dit *Dilettanti*. || Par anal., Amateur passionné d'un art quelconque, et par extension, Celui qui ne trouve pas d'intérêt sérieux dans la vie et s'amuse, comme d'un spectacle, de ce qu'il voit autour de lui.

DILETTANTISME. s. m. [Pr. *dilèt-tantisme*] (R. *dilettante*). Goût très vif pour la musique. || Par anal. Goût très vif pour un art quelconque. — Par extens., Genre particulier de scepticisme. Voy. DILETTANTE.

DILIGEMMENT. adv. [Pr. *dili-jaman*]. Promptement, avec diligence. *Travailler d.* || Avec soin. *J'ai examiné d. votre affaire.* Vx.

DILIGENCE. s. f. (lat. *diligentia*, m. s.). Promptitude que l'on met dans l'exécution d'une chose; prompte exécution d'un travail. *Travailler avec d.*, en *d. User de d. On ne peut faire plus de d.* — *Faire d., faire grande d., Faire une chose promptement, se hâter. Occupez-vous de mon affaire et surtout faites d. Ce courrier a fait grande d.* — *En d.*, En se hâtant. *Il accourut en d.* || T. Procéd. Poursuite, requête. *A la d. d'un tel. Dans certains cas les scellés doivent être apposés à la d. du ministère public. Le juge a ordonné que la partie fera ses diligences dans la huitaine. Dans les exploits, on dit aussi, Poursuites et diligences d'un tel.* || Le soin et l'activité que l'on met à faire une chose. *J'ai fait d. pour le trouver.* || Grande voiture publique qui partait à des jours et à des heures fixes, et qui marchait ordinairement plus vite que les voitures ordinaires (Fig.). *La d. de Paris à Marseille. Partir par la d. Prendre la d. Les chemins de fer les ont fait graduellement disparaître.* — Se disait autrefois de certaines voitures d'eau. *La d. d'Auxerre.* — Fig. et fam., *C'est la d. embourbée*, se dit d'une personne très lente dans ce qu'elle fait. = Syn. Voy. CÉLÉRITÉ.

DILIGENT, ENTE. adj. (lat. *diligens*, m. s., part. prés. de *diligere*, prop. qui aime., et par ext., qui fait avec soin et rapidité). Qui se dépêche; qui fait ou qui va vite. *Courrier, messager d. Ouvrier, valet d.* — Fig., *Marcher d'un pas d.* || Soigneux, laborieux, vigilant. *Écolier d. Être fort d. dans les affaires. L'homologation du concordat sera poursuivie à la requête de la partie la plus d.* — Fig., *Soin d.* || T. Jurisp. *Partie diligente,* Celle qui agit la première dans une poursuite dont le droit lui était commun avec d'autres. || Subst. T. Techn. Machine servant à dévider l'or en brins.

Syn. — *Expéditif.* — On est *diligent* parce qu'on aime le travail; on est *expéditif* parce qu'on a une grande habitude d'un travail quelconque, ou parce qu'on possède une aptitude particulière pour ce travail. Lorsqu'on est *diligent*, on ne perd point de temps, on est assidu à l'ouvrage; lorsqu'on est *expéditif*, on exécute sa tâche avec rapidité, et on l'achève en peu de temps.

DILIGENTER. v. a. (R. *diligent*). Hâter, presser. *Il faut d. cette affaire.* = DILIGENTER. v. n. et SE DILIGENTER. v. pron. Agir avec diligence. *Il faut d. ou se d.* = DILIGENTÉ, ÉE. part. Vx. mot.

DILITURIQUE. adj. 2 g. T. Chim. Se dit de l'acide nitro-barbiturique. Voy. BARBITURIQUE.

DILLÉNIACÉES. s. f. pl. [Pr. *dil-léni-a-sé*] (R. *Dille-*

nius, n. d'un botaniste). T. Bot. Famille de végétaux Dicotylédones de l'ordre des Dialypétales supérovariées méristemones à carpelles clos.

Caract. bot. : Arbres, arbustes, ou sous-arbrisseaux souvent grimpants, parfois volubiles, rarement plantes herbacées. Feuilles ordinairement alternes, presque toujours dépourvues de stipules, très rarement opposées, entières ou dentées, le plus communément coriaces. Fleurs solitaires, en grappes terminales ou en panicules, habituellement de couleur jaune. Sépales 5, persistants, 2 extérieurs, 3 intérieurs. Pétales 5, imbriqués, caducs, sur un seul rang. Étamines indéfinies,

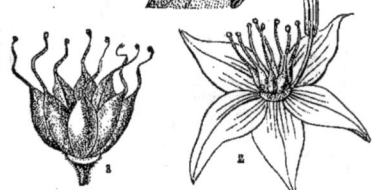

distinctes ou polyadelphes, insérées sur un réceptacle élargi, placées régulièrement autour du pistil ou sur l'un de ses côtés; filets dilatés à leur base ou à leur sommet; anthères adnées, toujours introrses, à 4 sacs, et à déhiscence ordinairement longitudinale. Carpelles en nombre défini, plus ou moins distincts, à style terminal et à stigmate simple; ovules ascendants, anatropes, solitaires ou multiples. Fruit composé d'autant de follicules que de carpelles, plus rarement d'akènes; ailleurs c'est une grosse baie. Graines 2 ou en plus grand nombre, quelquefois solitaires par avortement, attachées sur 2 rangs au bord interne des carpelles et entourées d'un arille charnu. Embryon très petit, à la base d'un albumen charnu. [Fig. 1. *Hibbertia volubilis;* 2. Calice dialysépale, carpelles et 1 étamine; 3. Fruit; 4. Coupe verticale d'une graine grossie.]

Les *D.* comprennent environ 126 genres et 180 espèces, qui pour la plupart habitent l'Australie, l'Inde et l'Amérique équinoxiale; le nombre des espèces africaines est relativement peu considérable. Principaux genres : *Davilla, Curatella, Delima, Tetracera, Dillenia, Hibbertia,* etc.

Les plantes de cette famille sont généralement astringentes. Les Brésiliens emploient la décoction de la *Davilla rugosa,* ainsi que des *Tetracera Breyniana* et *oblongata* contre l'enflure des jambes et d'autres parties, maladies très communes dans les contrées chaudes et humides de l'Amérique méridionale. La *Davilla elliptica* est aussi astringente, et fournit le vulnéraire connu au Brésil sous le nom de *Sam-*

baïbinha. Le même principe astringent existe dans la *Cura-telle* (*Curatella sambaibu*); aussi, au Brésil, cette plante est-elle employée dans la tannerie. Sa décoction est encore usitée pour délerger les plaies et les ulcères. Les jeunes calices des *Dillenia seabrella* et *speciosa* ont une saveur acide agréable: les habitants de Chittagong et du Bengale les emploient en guise de condiment. Suivant Rheede, on prépare avec le suc acide de la *Dill. speciosa*, on y ajoutant du sirop, une mixture expectorante fort usitée. Les fruits mûrs de la même plante sont, dit-on, laxatifs et donnent la diarrhée. Le *Tetracera tigarea* ou *Liane rouge* jouit de propriétés diaphorétiques et diurétiques: on l'administre aussi comme antisyphilitique. La plupart des *Delima* ont leurs feuilles couvertes d'aspérités, qui sont quelquefois d'une telle dureté qu'on s'en sert pour polir le bois et les métaux. Les espèces indiennes sont presque toutes des plantes d'une rare beauté. Le docteur Wight dit qu'elles sont remarquables non moins par l'ampleur de leurs feuilles que par la magnificence de leurs fleurs. Il ajoute que plusieurs espèces constituent de grands arbres et produisent un bois dur et fort recherché à cause de sa durée.

DILLON, général au service de la France, né à Dublin; fut massacré par ses troupes près de Lille (1745-1792).

DILOBÉ, ÉE. adj. T. Hist. nat. Qui a deux lobes.

DILOGIE. s. f. (gr. δίς, deux fois; λόγος, discours) Équivoque, double sens. ‖ T. Litt. Drame contenant deux actions distinctes et pour ainsi dire parallèles.

DILOPHE. adj. (gr. δίς, deux fois; λόφος, huppe). T. Hist. nat. Qui a deux aigrettes ou deux huppes.

DILUANT, ANTE. adj. T. Méd. Se dit de l'eau et des boissons aqueuses qui augmentent la sécrétion urinaire et la perspiration cutanée, et paraissent diluer les fluides organiques. ‖ Subst. et au masc., *Les diluants sont employés dans la gravelle*. Peu us.

DILUCIDATION. s. f. [Pr. ...*sion*] Action d'élucider, éclaircissement.

DILUCIDER. v. a. (lat. *dilucidare*, m. s., de *di* préf., et *lucidus*, clair). Éclaircir, rendre intelligible.

DILUER. v. a. (lat. *diluere*, m. s., de *di*, et *luere*, laver). Étendre d'eau une dissolution, une liqueur. *Il faut encore d. cet acide.* == DILUÉ, ÉE. part.

DILUTION. s. f. [Pr. ...*sion*] (lat. *dilutio*, m. s.). T. Pharm. Action d'étendre d'eau une dissolution, une liqueur. Voy. HOMŒOPATHIE.

DILUVIÉ, ÉE. adj. (lat. *diluvium*, déluge). T. Géol. Submergé par un déluge.

DILUVIEN, IENNE. adj. (lat. *diluvium*, déluge). Qui a rapport au déluge. *Les eaux diluviennes.* — Par exag., *Il tombe une pluie diluvienne*, Il pleut à torrents ‖ T. Géol. *Terrains diluviens*. Voy. DILUVIUM. ‖ Par plaisanterie, Très expressif, très verbeux. *Faconde diluvienne*.

DILUVIUM. s. m. [Pr. dilu-vi-ome] (lat. *diluvium*, déluge). T. Géol. On donne le nom de D. à des terrains d'origine fluviatile qui se sont formés pendant l'époque *quaternaire*. Voy. ce mot.

DÎMABLE. adj. Qui est sujet à la dîme.

DIMANCHE. s. m. (lat. *dies dominica*, jour du Seigneur, d'où on a fait *di-menche* et ensuite *diemenche*. En italien on dit encore *dominica*, en espagnol et en portugais *domingo*, le premier jour de la semaine). ‖ T. Instr. publ. *Écoles du d.*, Écoles protestantes analogues aux catéchismes des catholiques. ‖ T. Techn. Lacune, place que les peintres ont laissée vide. *Il y a là des dimanches.* ‖ T. Mar. *Palan de d.*, Palan volant, le plus petit de tous ceux dont on fait usage.

I. — Pour les populations chrétiennes, le *Dimanche* est le jour spécialement consacré au Seigneur (*dies dominica*), comme le *sabbat* l'était chez les Juifs. Mais tandis que le sabbat se célébrait le samedi, les premiers chrétiens consa-

crèrent le jour suivant au service de Dieu, en mémoire de la résurrection de J.-C. et de la descente du Saint-Esprit sur les apôtres, qui avaient eu lieu ce jour-là.

II. — En ce qui concerne le repos du d., chez tous les peuples chrétiens, les prescriptions de l'Église ont été généralement secondées par le pouvoir civil. Ainsi, dès 321, Constantin enjoignit de s'abstenir, le jour du Seigneur, de toute espèce de travaux, à l'exception de ceux de la campagne. En 425, une loi interdit de donner le d. aucune représentation théâtrale. En 538, le concile d'Orléans défendit le travail des champs, et en 585 celui de Mâcon défendit de plaider et même de voyager. Ces interdictions furent maintes fois renouvelées par nos rois durant les premiers siècles du moyen âge, sous des peines parfois très sévères. Néanmoins on se relâcha peu à peu de ces prescriptions rigoureuses, surtout à partir du XIII° siècle. Ainsi, pour ne citer qu'un exemple, sous saint Louis, les selliers, les gantiers et les fabricants de barils pour les vins fins obtinrent la permission d'exercer leur industrie le jour du d., parce que, dit le règlement du prévôt de Paris, Étienne Boileau, ils travaillaient pour « les riches hommes et les hauts hommes ». Dans les temps plus modernes, nous citerons l'ordonnance de François Ier (1520), qui interdit les danses publiques le d.; celle de Charles IX (1560), qui défend de tenir le d. des foires et marchés; celle d'Henri III (1579), qui sévit contre les « joueurs de farces, bateleurs, cabaretiers », etc.; et enfin, celle de Louis XIV contre les individus qui se livrent le d. aux travaux de l'industrie et du commerce. A la Révolution, toutes les lois et ordonnances relatives à la célébration du d. furent supprimées. Cependant, après l'adoption du calendrier républicain, des mesures furent prises pour protéger les nouvelles féries instituées par la Convention. Ainsi, la loi du 17 thermidor an VI (4 août 1798) enjoignait aux autorités publiques et à leurs employés de chômer les décadis et les jours de-fêtes nationales. Ces mêmes jours, les ventes publiques et les actes judiciaires (sauf quelques exceptions) furent interdits. Bien plus, les travaux des routes durent être suspendus, les fabriques, les boutiques et les écoles privées durent être fermées. À l'époque de la réorganisation du culte, la loi du 18 germinal an X (8 avril 1802) reporta au d. le repos prescrit aux fonctionnaires publics pendant le décadi; mais les prescriptions de la loi de l'an VI, en ce qui concerne les particuliers et les œuvres privées, furent laissées de côté.

La loi du 18 novembre 1814 défendait autrefois les dimanches et jours de fêtes : 1° aux marchands détailler et de vendre, les ais et volets des boutiques ouverts; 2° aux colporteurs et étalagistes de colporter et d'exposer en vente leurs marchandises dans les rues et sur les places publiques; 3° aux artisans et ouvriers de travailler extérieurement et d'ouvrir leurs ateliers; 4° aux charretiers et voituriers employés à des services locaux, de faire des chargements dans les lieux publics de leur domicile; 5° aux cabaretiers, traiteurs, limonadiers, etc. (mais seulement dans les villages, bourgs et villes de moins de 5,000 âmes), de tenir leurs maisons ouvertes et d'y donner à boire durant le temps de l'office religieux. Étaient exceptés : les marchands de comestibles, en dehors des temps des offices religieux ; les industries relatives au service de santé; les postes, messageries et voitures publiques, les voitures de commerce par terre et par eau; les usines dont le service ne pouvait être interrompu sans dommage; les ventes instituées aux fêtes ou foires patronales, et le débit des mêmes marchandises dans les communes rurales, hors du temps du service divin; les chargements de navires marchands et autres bâtiments du commerce maritime; les meuniers et les ouvriers employés à la moisson et autres récoltes, aux travaux urgents de l'agriculture, aux constructions et réparations motivées par un péril imminent, à la charge, dans ces derniers cas, de demander la permission à l'autorité municipale. Enfin, les autorités administratives avaient le pouvoir d'étendre cette défense aux usages locaux. Les contraventions étaient punies d'une amende de 5 fr. au plus, laquelle pouvait être portée à 15 fr. en cas de récidive; le juge pouvait, en outre, prononcer un emprisonnement de cinq jours.

III. — La loi du 12 juillet 1880 a expressément abrogé celle du 18 novembre 1814, qui était tombée depuis longtemps en désuétude, et qui d'ailleurs n'avait eu que des applications fort rares; toutefois, la législation actuelle consacre sous certains rapports le repos du d. et des jours de fêtes qu'elle reconnaît, à savoir: l'Ascension, l'Assomption, la Toussaint, Noël, auxquelles il faut joindre le 1er Janvier (avis du Conseil d'État du 13 mars 1810), le 14 Juillet (loi du 6 juillet 1880), le lundi de Pâques et le lundi de la Pentecôte (loi du 8 mars 1886) ; ces jours-là on ne signifie pas d'exploits; on ne pratique pas de saisies-revendications, les exécutions capitales sont suspendues. Lorsqu'un effet de commerce tombe un de ces mêmes jours, il est payable la veille. La loi du 19 mai 1874 défend d'obliger les apprentis à travailler les jours de fêtes légales, et celle du 2 novembre 1892 interdit aux patrons d'ateliers ou d'établissements industriels d'employer ces jours-là des garçons de moins de 18 ans et des femmes de tout âge.

DÎME. s. f. (lat. *decimus*, dixième). Prélèvement fait sur les récoltes au profit de l'autorité ecclésiastique et de l'autorité civile.

Législ. — I. — La *Dime* peut être définie une sorte de contribution qui se paie en nature et qui se prélève sur le produit brut du sol ou de l'industrie : son nom lui vient de ce qu'autrefois elle était habituellement fixée au dixième (*decima pars*) du revenu imposable. On appelait *Décimateur* celui qui avait le droit de l'exiger; *Dimeur* l'agent chargé de la percevoir pour le compte d'autrui; et *Dimerie* la circonscription territoriale qui devait la payer.

II. — Relativement aux personnes qui avaient le droit de percevoir cette espèce de contribution, on distingue les dîmes en deux classes : les *dîmes ecclésiastiques* et les *dîmes laïques*.

Les *Dîmes ecclésiastiques* étaient celles dont les membres du clergé jouissaient à cause de leurs bénéfices. Plusieurs canonistes font remonter l'origine des dîmes ecclésiastiques à la loi de Moïse qui, en effet, obligeait les Hébreux à consacrer la dixième partie des fruits de la terre à l'entretien du culte et de ses ministres. Cependant il est certain que, dans les premiers temps du christianisme, les fidèles n'étaient tenus à aucune subvention envers l'Église, parce que les offrandes et les dons volontaires suffisaient à tous les besoins. Mais, cette source de revenu ayant peu à peu presque tari par suite de la diminution de la ferveur religieuse, le clergé engagea d'abord les fidèles à payer exactement le dixième de leurs revenus, ainsi que cela se pratiquait chez les Israélites; puis, ces exhortations étant restées sans effet, il fut obligé d'avoir recours aux moyens coercitifs. C'est ainsi qu'en 585, le second concile de Mâcon menaça d'excommunication ceux qui refuseraient de payer la d. Mais la crainte des censures ecclésiastiques n'ayant pu encore triompher de la résistance des populations, l'autorité royale dut venir en aide à l'autorité spirituelle. « Nous ordonnons, dit un capitulaire de Charlemagne, de l'an 789, que tous, nobles, hommes libres et lites, donnent aux églises et aux prêtres le dixième du produit de leurs terres et de leur travail. » D'autres capitulaires, rendus par le même prince, ainsi que par son fils, renouvelèrent les injonctions, et la d. finit par être exigée comme un impôt. C'est donc dans la première moitié du IX⁰ siècle que le paiement de cette redevance devint général et obligatoire. Les dîmes ecclésiastiques ont existé en France jusqu'en 1789, époque à laquelle elles eurent le même sort que les droits féodaux. La Constituante autorisa leur conversion en argent et leur rachat (4 août 1789); mais la Convention les supprima entièrement. Les dîmes ecclésiastiques n'existaient pas seulement en France; les mêmes nécessités avaient fait établir cette contribution chez les autres nations chrétiennes. On ne la retrouve plus aujourd'hui qu'en Angleterre et en Danemark; en Angleterre, le produit de toutes les dîmes s'élève annuellement à un chiffre de 150 à 200 millions de francs : depuis 1836, dans ce dernier pays, les dîmes se paient en argent.

Les *Dîmes laïques* (*decimæ militares*), appelées aussi *Dimes inféodées* (*decimæ infeudatæ*), étaient tenues en fief par des laïques qui en recevaient l'investiture du roi, à la charge de foi et hommage et des autres obligations féodales. Leurs propriétaires ne pouvaient les vendre sans la permission expresse du roi, et, en cas de concurrence, les ecclésiastiques qui voulaient les acheter obtenaient la préférence. Les dîmes de cette nature remontaient à une époque très reculée, qu'il n'est pas possible de déterminer. Les uns rapportent leur origine à Charles-Martel, qui avait distribué à ses guerriers un grand nombre de propriétés enlevées au clergé. D'autres, tout en leur assignant la même origine, attribuent leur institution à Charles le Chauve. Enfin, suivant une troisième opinion, qui nous paraît la plus vraisemblable, les dîmes laïques ont pris naissance au milieu de la barbarie féodale, lorsque les églises, trop faibles pour faire respecter leur patrimoine, se placèrent sous la tutelle de seigneurs assez puissants pour les protéger. Quoi qu'il en soit, les dîmes de cette espèce furent d'abord fort peu nombreuses. Comme les dîmes ecclésiastiques et les droits féodaux, elles ont disparu à la Révolution.

III. — De quelque nature qu'elles fussent, ecclésiastiques

ou laïques, les dîmes formaient plusieurs catégories. On les divisait d'abord en *réelles* ou *prédiales*, et en *personnelles* ou *industrielles*. Les premières se levaient sur les récoltes (d. du blé, des légumes, du vin, du bois, de la laine, du lait, du bétail, etc.); on les appelait aussi *mixtes*, parce que les objets sur lesquels elles portaient, étaient le résultat autant de la fertilité de la terre que du travail des contribuables. Les *Dîmes personnelles* se percevaient sur les profits de l'industrie; mais elles paraissent avoir disparu de bonne heure. On donnait le nom de *Dîmes anciennes* aux dîmes dues par les terres cultivées depuis un temps immémorial, et celui de *Dîmes novales* à celles qui étaient payées par les fonds défrichés depuis peu de temps. On distinguait encore les *Dîmes de droit*, qui étaient perçues partout (d. du blé, etc.); les *Dîmes locales* ou d'*usage*, qui n'existaient que dans certaines localités (d. de la volaille, etc.); les *Dîmes ordinaires* ou *solites*, qui étaient fixées par la coutume du lieu; les *Dîmes insolites*, qui n'étaient pas conformes à l'usage établi, soit pour la nature ou la quantité des objets qu'elles frappaient, soit pour l'époque ou le mode de leur perception; les *Vertes dîmes*, qui portaient sur les produits agricoles que l'on consomme en vert (légumes, fourrages, etc.); les *Dîmes abonnées*, qui, suivant un accord conclu entre les parties, s'acquittaient en argent et non en nature; les *Dîmes sacramentelles* ou *sacramentaires*, qui étaient dues au curé de la paroisse, et dont l'une, dite *D. du charnage*, se percevait sur le bétail ou la volaille. Enfin, on appelait *Menues dîmes*, celles qui se percevaient sur les produits secondaires, tels que les haricots, les pois, les lentilles, le lin, la laine, les fruits, les œufs, le menu bétail, etc.; et *Grosses dîmes* ou *Dîmes des gros fruits*, celles qui se levaient sur les produits principaux, c.-à-d. sur le blé, le vin et le gros bétail. Celui qui percevait les dîmes de cette dernière espèce était appelé *Gros décimateur*.

IV. — La d. était due par toutes sortes de personnes. Les dîmes *personnelles* se payaient au bout de l'an; mais les dîmes *réelles* étaient perçues à l'instant même des récoltes, et celui qui les devait ne pouvait disposer d'aucune partie des fruits de sa terre avant que le décimateur n'eût prélevé son droit ou, du moins, n'eût été dûment averti de le prélever. En outre, c'était une maxime universellement admise en France que le droit de d. était imprescriptible. Cependant il était de principe que les dîmes ne pouvaient s'arrérager, c.-à-d. que le décimateur ne pouvait réclamer que la d. de l'année. Voy. DÉCIME et IMPÔT.

DIMENSION. s. f. (lat. *dimensio*, m. s.; de *dimetiri*, mesurer). Se dit de l'étendue considérée comme susceptible de mesure. En mathématiques, on conçoit les *lignes* comme *n'ayant qu'une seule d.*, la longueur; les *surfaces* comme *ayant seulement deux dimensions*, la longueur et la largeur; et les *solides* comme *ayant trois dimensions*, longueur, largeur et épaisseur ou profondeur. Une surface plane n'a que *deux dimensions*. Le point mathématique n'a *aucune d*. Ces deux corps sont de même d., d'égale d. Prendre les dimensions d'un bâtiment. — Fig. et fam. Prendre ses dimensions dans une affaire, Prendre les mesures nécessaires pour la faire réussir. J'ai bien pris toutes mes dimensions. || T. Algèb. Le degré d'une puissance ou d'une équation. || T. Fin. Timbre de d., Voy. TIMBRE. || T. Phys. D. d'une grandeur, d'une unité, Nombre qui exprime le rapport de cette grandeur à l'une des trois grandeurs fondamentales. Voy. UNITÉ.

DIMENTIONNEL, ELLE. adj. [Pr. *diman-sio-nel*]. T. Néol. Qui appartient aux dimensions.

DÎMER. v. n. Lever la dîme. *D. sur un quartier de vigne, dans un champ. D. au pressoir.* || Avoir droit de lever la dîme. *L'abbé dîmait dans tous ces villages.* || Par ext. Faire un prélèvement sur. = DÎMÉ, ÉE. part.

DIMÈRE. adj. 2 g. (gr. δὶς, deux; μέρος, partie). T. Ent. Qui est composé de deux segments. = DIMÈRES, s. m. pl. Nom que l'on donne aux Insectes Coléoptères dont les tarses ne présentent, au moins en apparence, que deux segments ou articles.

DIMÉTHACRYLIQUE. adj. 2 g. (R. *di*, *methyle*, *acrylique*). T. Chim. L'acide *diméthacrylique* ou *diméthylacrylique* (CH³)²C : CH.CO²H, est un produit d'oxydation de l'acide valérique. Il cristallise en prismes clinorhombiques, solubles, fusibles à 70°, bouillant à 195°.

DIMÉTHOXALIQUE. adj. 2 g. (R. *di*, *méthyle oxalique*). T. Chim. L'*acide d.* ou *diméthyloxalique* $(CH^3)^2 C OH. CO^2H$, isomérique avec les acides oxybutyriques, s'obtient en chauffant l'oxalate de méthyle avec de l'iodure de méthyle et du zinc amalgamé. On peut aussi le préparer en traitant l'acétone par les acides chlorhydrique et cyanhydrique ; c'est pour cela qu'on l'appelle quelquefois acide *acétonique*. Il cristallise en aiguilles très solubles dans l'eau, fusibles vers 79°, se subliment dès 50°.

DIMÉTHYLANTHRACÈNE. s. m. T. Chim. Nom donné aux hydrocarbures dérivant de l'anthracène par la substitution de deux radicaux méthyle à deux atomes d'hydrogène. Leur formule est $C^{14} H^8 (CH^3)^2$. Ce sont des solides, dont le plus fusible fond à 71°, les autres entre 209° et 250°. On connaît deux *hydrures de d.* qui ont pour formule $C^{14} H^{16}$ et dont les points de fusion sont 56° et 184°.

DIMÉTHYLBENZÈNE. s. m. T. Chim. Syn de XYLÈNE.

DIMÉTHYLBENZOÏQUE. adj. 2 g. T. Chim. Les *acides diméthylbenzoïques* sont des acides monobasiques répondant à la formule $C^6H^3 (CH^3)^2 CO^2H$. Ils se produisent par l'oxydation de l'hémellytène, du mésitylène et du pseudocumène. Voy. HÉMELLYTIQUE, MÉSITYLÉNIQUE, XYLULIQUE

DIMÉTHYLÉTHOXYLAMINE. s. f. (R. *di*, *méthyle*, *éthyle*, *oxygène*, *amine*). T. Chim. Composé à la fois amine et alcool, comme le montre sa formule $CH^2OH. CH^2. Az(CH^3)^2$. On l'appelle aussi *diméthyléthylalkine* ou *diméthyléthyloxylamine*. C'est un liquide qui bout à 132°. Il se produit quand on chauffe l'alcool monochloré avec la diméthylamine.

DIMÉTHYLÉTHYLBENZÈNE. s. m. T. Chim. Synonyme d'ÉTHYLXYLÈNE.

DIMÉTHYLÉTHYLCARBINOL. s. m. T. Chim. Alcool amylique tertiaire, liquide bouillant à 102°, se dédoublant facilement en amylène et en eau.

DIMÉTHYLÉTHYLÈNE. s. m. T. Chim. Voy. BUTYLÈNE

DIMÉTHYLÉTHYLÉTHYLÈNE. s. m. T. Chim. Voy. HEXYLÈNE.

DIMÉTHYLISOBUTYLCARBINOL. s. m. T. Chim. Alcool heptylique tertiaire. Voy. HEPTYLIQUE.

DIMÉTHYLISOPROPYLCARBINOL. s. m. T. Chim. Alcool hexylique tertiaire. Voy. HEXYLIQUE.

DIMÉTHYLMALONIQUE. adj. 2 g. T. Chim. L'*acide d.*, isomère de l'acide pyrotartrique, est bibasique et répond à la formule $(CH^3)^2 C: (CO^2H)^2$. Il cristallise en prismes qui se subliment dès 120° et qui se décomposent à 170° en acide carbonique et acide isobutyrique.

DIMÉTHYLNAPHTALÈNE. s. m. T. Chim. Hydrocarbure dérivant du naphtalène et répondant à la formule $C^{10} H^6 (CH^3)^2$. La théorie prévoit plusieurs isomères ; on n'en a étudié que deux, qu'on rencontre dans le goudron de houille. Le mieux connu est un liquide qui bout à 265° ; il se forme quand on chauffe la santonine avec de la poudre de zinc. L'oxydation par l'acide chromique le convertit en un acide naphtalène-dicarbonique. — Le phénol correspondant, appelé *diméthylnaphtol*, a pour formule $C^{10} H^6 (OH) (CH^3)^2$; on l'obtient en chauffant l'acide santoneux à 300° avec de l'hydrate de baryte ; il forme des aiguilles fusibles à 135°, se subliment dès 110°.

DIMÉTHYLOXALIQUE. adj. 2 g. T. Chim. Voy. DIMÉTHOXALIQUE.

DIMÉTHYLOXYQUINIZINE. s. f. T. Chim. Ancien nom de l'*Antipyrine*.

DIMÉTHYLPHÉNYLACÉTIQUE. adj. 2 g. T. Chim. L'*acide d.* a pour formule $(CH^3)^2. C^6H^5. CH. CO^2H$. C'est un acide monobasique solide, soluble dans l'eau bouillante, très soluble dans l'alcool et l'éther ; il fond à 100°, et bout à 273°.

DIMÉTHYLPROPYLBENZÈNE. s. m. T. Chim. Hydrocarbure liquide, bouillant vers 210°, dont la formule est $C^6H^3 (CH^3)^2 C^3H^7$.

DIMÉTHYLPROPYLCARBINOL. s. m. T. Chim. Alcool hexylique tertiaire. Voy. HEXYLIQUE.

DIMÉTHYLPYRIDONE. s. f. T. Chim. La d. est une des *Lutidones*. Voy. ce mot.

DIMÉTHYLPYRONE. s. f. T. Chim. Dérivé diméthylique de la pyrone. La d. se produit par l'action de la chaleur et des acides minéraux sur l'acide déhydracétique. Elle forme des cristaux brillants qui fondent à 132° et qui se subliment déjà à 80°.

DIMÉTHYLSTILBÈNE. s. m. T. Chim. Hydrocarbure cristallisé en lames irisées, fusibles à 177°. Sa formule est $C^{16} H^{16}$. En fixant du brome, il donne un bromure $C^{16} H^{16} Br^2$ que la potasse alcoolique convertit en *diméthyltolène* $C^{16} H^{14}$, autre hydrocarbure solide, fusible à 136°.

DIMÉTHYLSUCCINIQUE. adj. 2 g. T. Chim. Il existe deux *acides diméthylsucciniques symétriques* qui répondent à la formule unique $CO^2H. CH(CH^3). CH(CH^3). CO^2H$. Ce sont deux isomères stéréochimiques : l'un, obtenu par l'hydrogénation de l'anhydride fumarique, est solide, fusible à 195°, sublimable, peu soluble dans l'eau ; l'autre résulte de la transformation du premier sous l'action de la chaleur ; il est plus soluble, et cristallise en prismes brillants qui fondent à 123°. L'*acide d.* non symétrique, connu sous le nom d'*acide iso-diméthylsuccinique*, a pour formule :

$$CO^2H. C(CH^3)^2. CH^2. CO^2H.$$

Il forme des prismes anorthiques, fusibles à 137°. On le prépare en traitant le bromure d'isobutylène par le cyanure de potassium et en saponifiant le nitrile résultant de cette opération.

DIMÈTRE. adj. et s. m. (gr. δίς, deux fois ; μέτρον, mesure). T. Versif. anc. Se dit de plusieurs sortes de vers composés de deux pieds.

DÎMEUR. s. m. Agent chargé de percevoir la dîme. Voy. ce mot.

DIMIDIÉ, ÉE. adj. (lat. *dimidiatus*, m. s., de *dimidius*, qui est à moitié). T. Bot. Qui est partagé en deux moitiés.

DIMINUANT, ANTE. adj. Qui diminue, qui amoindrit, qui déprécie.

DIMINUENDO. adv. [Pr. *diminu-indo*]. T. Mus. emprunté de l'ital., qui sign. En diminuant, en affaiblissant par degrés les sons de la voix ou des instruments. On écrit souvent Dim. par abréviation.

DIMINUER. v. a. (lat. *diminuere*, m. s., de *di*, et *minuere*, rendre moindre). Rendre moindre ; se dit des choses physiques et des choses morales. D. l'épaisseur d'une planche, la hauteur d'une colonne. D. la portion de quelqu'un, D. les impôts. D. le prix d'une marchandise. D. les appointements de quelqu'un. D. sa dépense. La maladie a beaucoup diminué ses forces. Cela a eu pour effet de d. son crédit, son autorité. Je ne prétends point d. sa gloire. = DIMINUER. v. n. Devenir moindre ; se dit des choses physiques et des choses morales. La rivière a beaucoup diminué depuis hier. Nos provisions diminuent. Ses ressources diminuent. La fièvre diminue. Ses forces diminuent. Sa vue diminue. Les jours diminuent à partir de la Saint-Jean. Cette denrée a diminué de prix. Son insolence n'a pas diminué. — Ce tonneau diminue, il se vide. On dit de même, La bouteille diminue. Ma bourse diminue. || En parlant des personnes, sign. Maigrir. Cet enfant diminue à vue d'œil. || T. Mar. D. de voiles, Carguer ou serrer les voiles qui sont dehors. = SE DIMINUER. v. pron. Quand nos forces se diminuent (BOSSUET). Vx et peu us. = DIMINUÉ, ÉE. part. || S'emploie adject., en T. de Mus. Voy. INTERVALLE.

DIMINUEUSE. s. f. Appareil employé sur les machines à tricoter pour opérer la diminution des mailles.

DIMINUTIF, IVE. adj. T. Gram. Se dit des particules servant à diminuer le sens des mots. Voy. AUGMENTATIF. = DIMINUTIF. s. m. Se dit d'un objet qui est en petit ce qu'un autre est en grand. Son château est un d. de celui de Versailles. || T. Gram. Mot dérivé d'un autre par l'adjonction d'une particule diminutive. Globule est un d. de globe, Doucereux de doux. Voy. AUGMENTATIF.

DIMINUTION. s. f. [Pr. ...*sion*]. Réduction, retranche-ment, rabais, amoindrissement. *Faire une d. Le peuple réclamait une d. d'impôts. Son crédit, son autorité en a souffert quelque d. On s'aperçoit déjà de la d. des jours. La d. du numéraire tient à diverses causes. La d. de la fièvre est un bon signe. Accordez-lui une d. sur son loyer.* ¶ T. Archit. *D. des colonnes*, Rétrécissement graduel du fût qui se pratique depuis la base jusqu'au chapiteau. ¶ T. Rhét. Figure consistant dans l'emploi d'expressions affaiblies. Voy. LITOTE.

DIMINUTIVEMENT. adv. D'une façon diminutive, en diminutif.

DIMISSOIRE. s. m. (lat. *dimissum*, sup. de *dimittere*, congédier). Lettres par lesquelles un évêque consent qu'un de ses diocésains soit promu à la cléricature par un autre évêque. *Donner un d.* ¶ On dit aussi, dans le même sens, *Lettres démissoriales* et *Lettres démissoires.*

DIMISSORIAL, ALE. adj. Voy. DIMISSOIRE.

DIMORPHANTHUS. s. m. [Pr. *dimor-fan-tuss*] (gr. δίς, deux fois; μορφή, forme; ἄνθος, fleur). T. Bot. Genre de plantes Dicotylédones de la famille des *Araliées*. Voy. ce mot.

DIMORPHE. adj. 2 g. (gr. δίς; μορφή, forme). T. Hist. nat. et Chim. Qui est susceptible de prendre des formes différentes. Voy. CRISTALLOGRAPHIE IX.

DIMORPHISME. s. m. (R. *dimorphe*). T. Hist. nat. et Chim. Propriété de ce qui est *dimorphe*. Voy. CRISTALLOGRA-PHIE IX.

DIMYAIRES. s. m. pl. (gr. δίς, deux; μυῶν, muscle). T. Zool. Terme sous lequel Lamarck réunissait les Mollusques Lamellibranches (*Pholades*, *Vénus*, une partie des *Pecten*), dont chaque valve de la coquille présente deux impressions musculaires. Voy. CONCHYLIOLOGIE et LAMELLIBRANCHES.

DINADJPOUR, v. de l'Inde anglaise (Bengale); 30,000 hab.

DINAN, ch.-l. d'arr. (Côtes-du-Nord). Ville très pittoresque, contenant quelques vieux monuments; 10,400 hab. = Nom des hab.: DINANNAIS, AISE, ou DINANDOIS, OISE, ou DINANDIEN, ENNE.

DINANDERIE. s. f. collectif. (R. *Dinant*, v. de Belgique). Se dit de toutes sortes d'ustensiles de cuivre jaune.

DINANT, v. de Belgique (Namur); 7,200 hab., sur la Meuse. = Nom des hab.: DINANTAIS, AISE.

DINAPHTYLACÉTYLÈNE et **DINAPHTYLANTHRY-LÈNE.** s. m. T. Chim. Voy. DINAPHTYLÉTHANE.

DINAPHTYLCÉTONE. s. f. T. Chim. Nom donné aux cétones de la formule ($C^{10}H^7)^2CO$. On en connaît trois qu'on obtient en faisant réagir l'anhydride phosphorique sur les acides naphtoïques mélangés de naphtalène. Ce sont des solides cristallisés dont les points de fusion sont respectivement 125°, 165° et 235°.

DINAPHTYLÉTHANE. s. m. T. Chim. Hydrocarbure répondant à la formule ($C^{10}H^7)^2CH.CH^3$. On en connaît deux: l'un cristallise en tables hexagonales, fusibles à 160°, le second en feuillets nacrés, brillants, fusibles à 253°. Les solutions de ces hydrocarbures sont douées d'une belle fluorescence verte ou violette. En faisant agir le naphtalène sur le chloral et le chloroforme, on a obtenu un d. trichloré. Ce dérivé, traité par la poudre de zinc, fournit deux nouveaux hydrocarbures solides: le *dinaphtylacétylène* $C^{22}H^{14}$ qui fond à 225° et distille vers 360°; et le *dinaphtylanthrylène* $C^{22}H^{12}$, qui cristallise en lames violettes, fusibles à 270°, se sublimant au-dessous de 300°.

DINAPHTYLMÉTHANE. s. m. T. Chim. Nom donné aux hydrocarbures de la formule $CH^2(C^{10}H^7)^2$. On en connaît deux qui sont solides, cristallisables, et dont les points de fusion sont 92° et 109°.

DINAR. s. m. T. Métrol. Ancienne unité de poids arabe qui valait une drachme et demie. ‖ Monnaie d'or arabe dont la valeur a souvent varié. Voy. MONNAIE.

DINARD-SAINT-ENOGAT, ch.-l. de c. (Ille-et-Vilaine), arr. de Saint-Malo; 4,400 hab. Port sur la Manche.

DINARQUE, orateur athénien du parti macédonien, adversaire acharné de Démosthènes, IVe siècle av. J.-C.

DÎNATOIRE. adj. Usité seulement dans l'expression: *Déjeuner d.*, Déjeuner abondant que l'on traîne presque jusqu'à l'heure du dîner et qui en tient lieu souvent.

DINDE. s. f. (abrév. de *poule d'Inde*). La femelle du dindon. *Une d. aux truffes.* ‖ Abusiv., s'emploie quelquefois au masc., pour désigner le mâle lui-même. *Un gros d.* ‖ T. Pop. Femme sotte.

DINDON. s. m. (abrév. de *coq d'Inde*). Gros oiseau de l'ordre des Gallinacés, qui est essentiellement caractérisé par la présence d'une caroncule érectile à la base du bec, et qui passe vulgairement pour être stupide, colère et gourmand. — Fig. et famil., *Garder les dindons*, Vivre relégué à la campagne. *On l'a envoyé garder les dindons.* ‖ Figur., *C'est un d., un franc d.*, C'est un homme sans intelligence. On dit de même d'une femme stupide, *C'est une dinde.* — Il en sera le d., Il en sera la dupe.

Ornith. — 1. — Le genre *Dindon* (*Meleagris*) constitue un groupe parfaitement distinct dans l'ordre des *Gallinacés*. Les deux espèces qui forment ce genre ont la tête et le haut du cou revêtus d'une peau dépourvue de plumes et toute mamelonnée; sous la gorge, un appendice qui pend le long du cou, et sur le front un autre appendice conique qui, dans le mâle, s'enfle et se prolonge dans les moments de passion, au point de pendre par-dessus la pointe du bec. Du bas du cou du mâle adulte pend un pinceau de poils roides; les couvertures de la queue, plus courtes et plus roides que dans le Paon, se relèvent de même pour faire la roue; les mâles ont des éperons faibles. Ces oiseaux sont originaires du nouveau continent: il est donc fâcheux que les naturalistes, à l'imitation d'Aldrovande et de Linné, leur appliquent le nom de *Meleagris* qui, chez les anciens, désignait la Pintade, oiseau exclusivement propre à l'Afrique.

II. — Le *D. commun* (*Mel. gallo-pavo*), duquel est issu le

d. de nos basses-cours, vit à l'état sauvage au Mexique et aux États-Unis, depuis l'Illinois jusque vers l'isthme de Panama. La couleur générale de son plumage est brun verdâtre, à reflets métalliques très brillants. Mais, dans la domesticité, cet oiseau perd son éclat, même en Amérique; il est d'un noir mat et terne, gris, roux, varié de noir et de blanc, et enfin tout blanc. La taille de notre d. domestique varie beaucoup; celle du d. sauvage, au contraire, est plus uniforme. Le mâle, qu'on appelle aussi *Coq d'Inde*, a jusqu'à 1 m. 30 de longueur;

son envergure est de plus de 2 m. 60, et son appendice pectoral a 33 centim. de longueur; son poids est de 5 à 7 kilogr., mais il s'élève quelquefois jusqu'à douze. La femelle, qu'on nomme vulgairement *Poule d'Inde*, dont on a fait *Dinde*, est d'un quart environ moins forte que le mâle. Elle n'a ni éperons ni caroncule. Les dindons sauvages volent par bandes nombreuses, composées parfois de plusieurs centaines d'individus. Ils habitent en général les lieux boisés. Durant le jour, ils parcourent les bois et les taillis, où ils se nourrissent de fruits sauvages et recherchent surtout les glands du chêne vert. Le soir, ils vont dans les endroits marécageux pour y passer la nuit; ils perchent sur les arbres. Ces oiseaux quittent les bois au mois de septembre et se rapprochent des lieux habités. Aussi les Indiens de l'Amérique du Nord désignent-ils cette époque sous le nom de *Mois des Dindons*. Ils leur font alors la chasse et en tuent un grand nombre. On ne rencontre maintenant les dindons sauvages que fort en avant dans l'intérieur des terres. Ils sont excessivement circonspects et bien que leur vol soit lourd, ils savent si bien dérouter le chasseur et se cacher, qu'on ne les découvre qu'avec beaucoup de peine. Leur chair est bien supérieure à celle de nos dindons domestiques, et on la compare à celle du faisan.

Le *D. ocellé* (*M. ocellata*) [Fig. p. précéd.] est aussi appelé *D. de Honduras* du nom du pays où on l'a rencontré. Cette espèce est remarquable par son plumage qui rivalise presque avec celui du paon. On admire surtout les miroirs couleur de saphir, entourés de cercles d'or et de rubis, qui entourent sa queue.

III. — La race domestique du d. commun est aujourd'hui répandue dans toutes les contrées du monde, c'est-à-dire partout où les Européens se sont établis. On pense que cet oiseau a été d'abord introduit en Espagne, et une opinion populaire en fait honneur aux Jésuites. De l'Espagne il a été porté dans les autres parties de l'Europe. L'Angleterre l'a reçu vers 1524. Suivant Sonnini, le premier d. qui ait été mangé en France, parut sur la table royale, au mariage de Charles IX, en 1570.

L'élève du d. paraît en général moins profitable, au point de vue de l'économie domestique, que celui de la volaille ordinaire. Pour exciter la femelle à pondre, il faut lui donner une nourriture stimulante, comme du chènevis et du sarrasin. Cependant, elle fait ordinairement chaque année deux couvées d'environ 15 œufs; mais quelquefois ces couvées sont plus faibles, surtout dans les climats du Nord. Les œufs sont blancs et marqués de quelques petites taches d'un jaune rougeâtre.

Les dindons sont polygames, et un seul mâle suffit pour 15 à 20 femelles. Celles-ci peuvent ordinairement servir pendant 5 ans; mais les meilleures couveuses sont les femelles de 2 et de 3 ans: celles d'une année ne donnent pas assez de soins à leur couvée. La femelle met un intervalle d'un jour entre chaque œuf qu'elle pond. On reconnaît qu'elle a pondu le dernier lorsqu'elle se tient d'une manière assidue sur son nid. C'est alors le moment de replacer sous elle les œufs qui ont dû lui être enlevés au fur et à mesure qu'elle les pondait: il est toutefois inutile de lui rendre les deux premiers, car ils sont généralement stériles. Une femelle peut couver de 16 à 18 œufs. On doit, pendant qu'elle couve, mettre sa nourriture à sa portée: autrement elle ne mangerait pas, tant est grande l'assiduité avec laquelle elle se tient sur son nid. L'incubation dure de 27 à 28 jours; au bout de ce terme, les petits commencent à percer la coque qui les enveloppe. — Les jeunes dindonneaux sont difficiles à élever. Il leur faut absolument de la chaleur, de l'ombre, une nourriture convenable et une eau limpide: on doit, à cet égard, prendre les plus grandes précautions. La pluie, le froid, la rosée, une exposition trop fréquente au soleil, sont des choses qui ne peuvent manquer de nuire à ces oiseaux qui sont d'une très grande délicatesse. Un soleil ardent les tue presque immédiatement. Ce qui leur convient le mieux, c'est un endroit élevé et un sol sec et sablonneux; et, même dans ces conditions, ils ne prospèrent pas si on ne prend d'eux les soins les plus assidus. Comme leurs pattes sont fort tendres, et que la piqûre des chardons ou des orties peut leur occasionner de l'inflammation, il faut les bassiner de temps en temps avec de l'eau-de-vie qui endurcit la peau et leur donne de la force. Pendant les premières vingt-quatre heures qui suivent la sortie de l'œuf, ils n'ont besoin d'aucune nourriture; mais on doit avoir soin de les laisser tranquilles sous la femelle qui est occupée à couver. La première nourriture des jeunes dindonneaux doit consister en œufs durs hachés très fins. Quand on les a nourris exclusivement de cette façon pendant quelques jours, on y ajoute ensuite des pois bouillis et de la ciboule hachée. Lorsque les petits dindonneaux ont huit jours, on supprime les œufs, ou si l'on continue de leur en donner, on y mêle la coquille, après l'avoir parfaitement broyée. Cette substance a pour effet

de faciliter la digestion. Lorsque le temps est beau, on les conduit dans un endroit où il y ait un gazon ras ou dans une prairie récemment fauchée. On leur donne à manger trois fois par jour, et leur nourriture doit alors se composer de pois bouillis, de laitue et d'ortie hachées, auxquelles on ajoute parfois de l'avoine ou de l'orge bouillies dans du lait. Enfin, quand les dindonneaux ont 16 à 18 jours, on leur donne un mélange haché d'absinthe, de laitue, d'ortie, de camomille, de lait caillé et de son. — Les plantes toniques ou stomachiques conviennent parfaitement aux dindons, quel que soit leur âge. Le fenouil, la chicorée sauvage, etc., peuvent donc très bien entrer dans la nourriture que l'on donne aux jeunes dindonneaux. On doit, en outre, leur laisser chercher dans les champs toutes sortes d'insectes, les limaces, les vers, et diverses plantes qui les fortifient et les préservent de différentes maladies. Il faut aussi avoir soin de ne leur donner qu'une eau très pure, et il importe de les mettre immédiatement à l'abri lorsqu'il survient de la pluie, de l'orage ou même un grand vent. Lorsqu'ils ont un mois, on les mène aux champs, et on cesse alors de leur donner de la nourriture; ils peuvent, à cette époque, la chercher eux-mêmes. — Au moment où les jeunes dindonneaux viennent de sortir de l'œuf, ils ont la tête recouverte d'une espèce de duvet, et ils n'ont encore ni peau mamelonnée ni caroncules. C'est seulement lorsqu'ils arrivent à l'âge de 6 semaines ou de 2 mois que ces parties commencent à se développer: on dit alors qu'ils *font* ou qu'ils *poussent leur rouge*. L'époque de ce développement est aussi critique pour ces oiseaux que celle de la dentition pour les enfants; il se produit alors un état maladif, appelé *crise du rouge*, qui entraîne assez souvent la mort des jeunes. Cette crise est favorisée par un temps humide, froid, pluvieux. Les symptômes sont la faiblesse, les ailes traînantes, le dégoût de la nourriture, la diarrhée. On prévient la crise du rouge ou évitant tout refroidissement aux dindonneaux, et en les nourrissant, dès quelques jours après leur naissance, avec une pâtée de farine de sarrasin à laquelle on mêle un peu de poudre de gentiane donnée le matin à jeun. Si la crise a lieu, il faut administrer la poudre corroborante de Mille. Il convient alors de mêler un peu de vin à leur nourriture, afin de les fortifier.

Ces oiseaux sont en outre sujets à diverses maladies plus ou moins graves; mais notre cadre ne nous permet pas d'entrer dans de pareils détails, qui appartiennent proprement à un traité de zoologie agricole.

DINDONNEAU. s. m. [Pr. *dindo-nô*]. Petit dindon.

DINDONNER. v. a. [Pr. *dindo-ner*] (R. dindon). Duper, mener comme un sot.

DINDONNIER, ÈRE. s. [Pr. *dindo-nié*]. Gardeur, gardeuse de dindons. || Fig., fam. et par dénigr., on appelle quelquefois *Dindonnière* une demoiselle de compagnie.

DINDORF (GUILLAUME), philologue allemand (1802-1883).

DÎNÉ. s. m. Voy DÎNER.

DÎNÉE. s. f. (R. diner). Le repas ou la dépense qu'on fait à dîner dans les voyages, tant pour les personnes que pour les chevaux. *Il nous en a coûté tant pour la dînée.*

DÎNER. v. n (bas-lat, *disnare*, m. s., mot dont l'origine est controversée, mais qui écarte les étymologies proposées autrefois du gr. δειπνεῖν et du lat. *digaure*, premier mot de la prière qu'on disait avant dîner. Il est probable que *disnare* vient d'un mot *decœnare*, formé de *cœnare*, dîner, comme *devorare* est formé de *vorare*). Prendre le repas qu'on appelle dîner. *Donner à d. Inviter à d. Je dîne aujourd'hui en ville. Nous allons d. à la campagne. D. d'un morceau de pain.* — Pop., *Il me semble que j'ai dîné quand je le vois*, se dit en parl. d'un individu qui nous est insupportable. || Fig. et fam., *Son assiette dîne pour lui*, se dit de quelqu'un qui ne se rend pas à une table d'hôte à l'heure du dîner, et qui paye néanmoins. — Fig. et prov., *Qui dort dîne*, le sommeil tient lieu de nourriture. *Qui s'attend à l'écuelle d'autrui, a souvent mal dîné*, Quand on compte sur autrui, on est souvent déçu. *D. par cœur*. Voy. CŒUR.

DÎNER. s. m. (R. *diner*, v.). Se dit aujourd'hui du principal repas qu'on fait dans la journée, et qui varie d'heure suivant les pays. *Un grand d. D. splendide, magnifique. Un maigre d. Un d. maigre. Le menu du d. Faire un bon, un mauvais d. J'étais de ce d., à ce d. À l'heure du d.*

Durant le d. Après d. Après le d. || Se dit aussi des mets qui composent ce repas. *Apprêter, servir le d. Le d. est sur la table. Le d. se refroidit.* || Ce que l'on a mangé à son d. *Il a de la peine à digérer son d.* Voy. REPAS.

Au XVIe siècle, l'usage était de dîner à dix heures du matin et de souper à six heures du soir, si l'on en croit un dicton que l'on prête à Henri IV :

Lever à six, dîner à dix,
Souper à six, coucher à dix,
Fait vivre l'homme dix fois dix.

Le d. a glissé insensiblement le long du jour : à midi, une heure, trois heures, cinq heures, six heures. Aujourd'hui à Paris, il a lieu entre sept heures et huit heures du soir. Dans un grand nombre de provinces, on appelle encore d. le repas de midi, et souper le repas du soir. A Paris, le souper est à minuit ou même plus tard.

DÎNETTE. s. f. Simulacre de repas que les enfants font entre eux ou avec leurs poupées. *Faire la d.* Fam.

DÎNEUR, EUSE. s. Celui qui est d'un dîner. || Celui qui fait du dîner son repas principal. || Mangeur. *C'est un beau d.* — Fam. dans les trois sens.

DINGO. s. m. Chien d'Australie. Voy. CHIEN.

DINOCERAS. s. m. (gr. δεινός, terrible ; κέρας, corne). T. Paléont. Zool. Genre de mammifères ongulés, de la famille des *Dinocératidés.* Voy. ce mot.

DINOCÉRATIDÉS. s. m pl. (R. *Dinoceras*). T. Paléont. Zool. Les dinocératidés forment un groupe de *Mammifères*

ongulés qui vivaient à l'époque éocène et dont on retrouve les restes uniquement dans l'Amérique du Nord. C'étaient de grands animaux, longs de 3 à 4 mètres, qui ressemblaient aux éléphants par leurs pattes et aux rhinocéros par l'ensemble du corps, mais ils devaient avoir les mœurs aquatiques de nos hippopotames. Ils sont surtout caractérisés par leurs protubérances frontales, en général au nombre de 6 et qui devaient supporter des cornes ou plus vraisemblablement des tubercules cornés ; par le grand développement des canines supérieures qui devaient leur servir pour déraciner les plantes dont ils faisaient leur nourriture. Genres principaux : *Tinoceras* et *Dinoceras*. (Fig. Essai de reconstitution d'une espèce de Dinoceras.)

DIDOCRATE, architecte macédonien qui rebâtit le temple d'Éphèse incendié par Erostrate, IVe siècle av. J.-C.

DINOGRATE, Messénien qui détacha ses concitoyens de la ligue achéenne et fit mettre à mort Philopœmen (183 av. J.-C.).

DINORNIS. s. m. (gr. δεινός, terrible ; ὄρνις, oiseau).

T. Ornith. Genre d'oiseaux fossiles, de l'ordre des *Brevipennes.* Voy. ce mot.

DINOSAURIENS. s. m. pl. (gr. δεινός, terrible, étrange

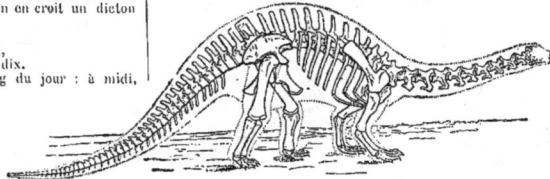

Fig. 4.

σαῦρα, lézard). T. Paléont. Les Dinosauriens forment un ordre de *Reptiles* fossiles dans lequel on a fait rentrer un grand nombre d'espèces présentant à la fois des caractères de mammifères, d'oiseaux et de reptiles. Ils se distinguent principalement des crocodiliens, avec lesquels ils ont le plus de rapports, par le développement de leur bassin et de leurs membres postérieurs et par la démarche toute particulière qui en résulte. Chez les *D. Sauropodes*, les membres antérieurs et les membres postérieurs étaient à peu près égaux, mais beaucoup plus longs que chez les reptiles actuels ; aussi leur démarche ne peut-elle être comparée qu'à celle des mammifères (Fig. 1. Squelette du Brontosaure). Un autre groupe de dinosauriens, les *Théropodes*, présente des membres postérieurs plus longs que les antérieurs et la queue très développée pouvait servir elle-même d'un point d'appui puissant comme chez nos kanguroos ; ils devaient donc préférer la marche ou la station bipède. Enfin, chez les Dinosauriens les plus récents, les *Orthopodes*, l'attitude devient de plus en plus celle d'un oiseau par suite de la réduction plus prononcée des membres antérieurs (Fig. 2. Squelette d'Iguanodon) ; en outre, les os changent de nature et deviennent pneumatiques, caractère que l'on ne rencontre plus maintenant que dans la classe des oiseaux. Il est probable même que quelques-unes de ces formes devaient progresser en sautillant comme pour s'habituer peu à peu à l'empire de l'air.

Les autres caractères anatomiques des Dinosauriens sont les

Fig. 3.

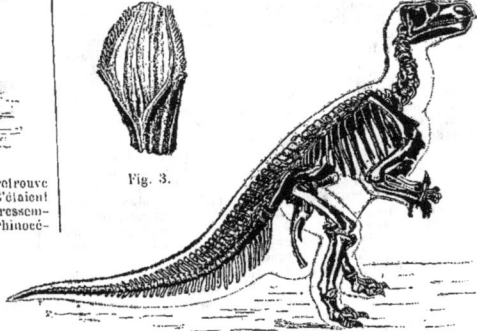

Fig. 2.

suivants : Le crâne présentait deux fosses temporales et une fosse lacrymale ; d'abord allongé comme celui des crocodiles, il se raccourcit progressivement jusqu'à ressembler à celui des oiseaux ou de certains mammifères. Les dents aplaties et à couronne souvent dentelée étaient enchâssées dans de véritables alvéoles (Fig. 3. Dent d'Iguanodon) ; chez les espèces herbivores, elles s'usaient et tombaient pour laisser place à de nouvelles dents de remplacement ; les mâchoires devaient avoir des mouvements de latéralité comme chez les ruminants. L'omoplate était bien développée, mais la clavicule manquait; les vertèbres étaient biconcaves et il existait un véritable sacrum formé de 3 à 6 pièces, alors que celui des reptiles n'en présente jamais que deux. Enfin, la peau était nue ou bien

Fig. 4.

recouverte de plaques osseuses ou d'épines (Fig. 4. Restauration d'un D., le *Stégosaure*).

Les dimensions des Dinosauriens variaient beaucoup; quelques-uns atteignaient à peine la taille d'un chat (*Compsognathe*), alors que les monstrueux *Atlantosaures* et *Brontosaures* devaient avoir jusqu'à 30 et 40 mètres de long; le crâne du *Triceratops* dépasse 2 mètres de long, et une seule vertèbre d'*Apatosaure* atteint un mètre de large. Leurs mœurs étaient également très variées; la plupart étaient herbivores comme l'indiquent l'usure des dents et la présence aux doigts d'ongles aplatis, en forme de sabots; seuls, les Théropodes se nourrissaient de chair et possédaient des ongles recourbés en forme de griffes; les grosses espèces faisaient la chasse aux poissons ou aux herbivores; d'autres perchés sur de longues pattes, à la manière des échassiers, fouillaient la vase des marécages pour se nourrir d'insectes et de mollusques. Tous les Dinosauriens semblent avoir été, en effet, des animaux amphibies, vivant au milieu des rivières, des étangs ou des terrains marécageux; quelques-uns devaient être de puissants nageurs, comme l'indique la petitesse de la tête, la réduction du train antérieur et le grand développement de la queue.

Les Dinosauriens ont été les maîtres de la terre pendant toute l'ère secondaire, à l'époque où les grand Mammifères n'avaient pas encore fait leur apparition. On en a trouvé des restes en Europe, en Asie, en Afrique et ces deux Amériques; en 1878, M. Van Beneden a découvert en Belgique 29 squelettes appartenant à un seul genre, l'Iguanodon (Fig. 2), enfouis à plus de 300 mètres, au milieu de restes fossilisés de Crocodiles, de Tortues, de Salamandres et de Poissons; sur le flanc des montagnes Rocheuses, en Amérique, MM. Marsch et Cope ont mis à jour, dans ces dernières années, un nombre prodigieux de ces étranges animaux. Les Dinosauriens, qui apparaissent dans le trias, prennent tout leur développement pendant le jurassique et le crétacé, disparaissent tout à coup à la fin de cette dernière période, probablement par suite de la concurrence vitale et aussi à cause de l'abaissement de la température qui est survenu à la fin de l'époque secondaire.

Les Dinosauriens se divisent assez naturellement en trois sous-ordres, d'après la forme de leurs membres; ce sont les *Sauropodes*, Dinosauriens à pieds de Lézards; les *Théropodes*, dinosauriens à pieds de Carnivores et les *Orthopodes*, Dinosauriens à pieds d'Oiseaux. Voy. ces mots.

DINOTHÉRIUM. s. m. [Pr. *dinoté-ri-ome*] (gr. δεινός, terrible: θηρίον, animal). T. Mamm. Genre de mammifères fossiles, de l'ordre des *Proboscidiens*. Voy. ce mot.

DIOCÉSAIN, AINE. s. [Pr. *di-o-sé-zin*]. Celui, celle qui est du diocèse. *Les mandements d'un évêque sont adressés à ses diocésains.* || Adjectiv., *Le clergé d. Le catéchisme d. L'évêque d.,* L'évêque du diocèse dont on parle.

DIOCÈSE. s. m. [Pr. *di-o-sèze*] (gr. διοίκησις, diocèse, administration, de διοικεῖν, administrer, de διά et οἰκία, maison). Circonscription administrative de l'Empire romain. || Aujourd'hui l'étendue de pays placée sous la juridiction d'un évêque. *Le d. de Paris. L'évêque fait la visite de son d. Les paroisses d'un d.* == Voy. ECCLÉSIASTIQUE.

DIOCLÈS, célèbre médecin grec, natif d'Eubée (IIIe siècle av. J.-C.).

DIOCLÉTIEN, empereur romain, succéda à Numérien (284 ap. J.-C.), divisa l'empire en quatre parties gouvernées par deux *augustes* (Dioclétien et Maximien) et deux *césars* (Constance Chlore et Galérius; il abdiqua en 305. Ce prince ordonna la 10e persécution contre les chrétiens.

DIOCLÉTIENNE. adj. f. T. Chronol. Voy. ÈRE.

DIOCTAÈDRE. adj. (R. *di,* préf. et *octaèdre*). T. Minér. Cristal dont les faces sont combinées en deux octaèdres différents.

DIOCTONAL, ALE. adj. (R. *di,* préf., et *octonal*). T. Min. Dont les faces déterminent deux octaèdres de forme différente.

DIODON. s. m. (gr. δὶς, deux fois; ὀδούς, dent, à cause de sa peau hérissée de piquants). T. Icht. Genre de Poissons osseux, de l'ordre des PLECTOGNATHES. Voy. ce mot.

DIODONCÉPHALE. adj. (gr. δὶς, deux fois; ὀδούς, ὀδόντος, dent; κεφαλή, tête). T. Hist. nat. Qui a deux rangées parallèles de dents.

DIODORE DE SICILE, historien grec du temps d'Auguste, auteur de la *Bibliothèque historique,* histoire universelle en 40 livres, dont il n'en reste que 15 et des fragments.

DIŒCIE. s. f. (gr. δὶς, deux; οἰκία, maison). T. Bot. On dit qu'il y a d. toutes les fois qu'une plante, pourvue de fleurs unisexuées, a les fleurs mâles et les fleurs femelles situées sur des pieds différents. Exemple : le chanvre. — Nom donné par Linné à la 22e classe de son système.

DIOGDOÈDRE. s. m. (gr. δὶς, deux fois; ὀγδοος, huitième; ἕδρα, base). T. Minér. Cristal formé de deux pyramides à base carrées, dont les faces sont symétriquement inclinées sur la base.

DIOGDOÈDRIE. s. f. T. Min. Caractère d'un diogdoèdre.

DIOGÈNE (d'APOLLONIE), philosophe grec de l'école ionienne (Ve siècle av. J.-C.)

DIOGÈNE LE CYNIQUE, philosophe grec, né à Sinope (413-323 av. J.-C.). Son père était banquier ou intendant des finances; ils furent accusés de malversations. Innocent ou coupable, Diogène prit la fuite, et vécut pauvre, errant, sans patrie, sans demeure et sans amis, habitant parfois un tonneau. Un jour, il alluma une lanterne en plein midi, déclarant qu'il n'arrivait pas à trouver un homme parmi les Athéniens dégénérés. Voy. CYNIQUE.

DIOGÈNE LAËRCE ou **DE LAËRTE,** historien grec du IIIe s. ap. J.-C., auteur *Des vies et des opinions des plus illustres philosophes.*

DIOÏQUE. adj. 2 g. T. Bot. Se dit d'une plante qui présente la diœcie.

DIOMÈDE, roi de Thrace qui, selon la Fable, nourrissait ses chevaux de chair humaine, et qui fut vaincu par Hercule.

DIOMÈDE, fils de Tydée, chef des Argiens au siège de Troie.

DION, gendre de Denys l'Ancien, fut exilé de Syracuse par Denys le Jeune, qu'il chassa à son tour (409-354 av. J.-C.).

DION CASSIUS, historien grec, auteur d'une *Histoire romaine* (155-240 ap. J.-C.).

DION CHRYSOSTOME, rhéteur grec, qui fut en crédit auprès de Nerva et de Trajan (30-117 ap. J.-C.).

DIONÉ. s. f. Nom d'un des satellites de Saturne et de la 400° planète télescopique, découverte par Watson en 1868.

DIONÉE. s. f. (nom mythol.) T. Bot. Genre de plantes Dicotylédones (*Dionæa*) de la famille des *Droséracées*. Voy. ce mot.

DIONÉE, nymphe, fille d'Uranus et de la Terre, ou de l'Océan et de Thétis, fut aimée de Jupiter dont elle eut Vénus. (Mythol.)

DIONIS, médecin et anatomiste français (1673-1718).

DIONIS DU SÉJOUR, astronome et jurisconsulte (1734-1794).

DIONYSIAQUES. s. f. pl. Fêtes de Bacchus, en grec Διονύσος. Voy. BACCHANALES.

DIOON. s. m. (gr. δὶς, deux; ὠόν, œuf). T. Bot. Genre de plantes Gymnospermes de la famille des *Cycadacées*. Voy. ce mot.

DIOONITES. s. m. [Pr. *dioonitèss*]. T. Bot. Genre de *Cycadacées* fossiles se rattachant à la tribu des *Zamiées*. Voy. CYCADACÉES.

DIOPHANTE, mathématicien grec d'Alexandrie, inventeur de l'algèbre (325-409 ap. J.-C.).

DIOPSIDE. s. f. (διὰ, à travers; ὄψις, vue). T. Minér. Pyroxène à base de chaux et de magnésie. Voy. PYROXÈNE.

DIOPTASE. s. f. (gr. διὰ, à travers; ὄπτομαι, je vois). T. Minér. Cuivre hydrosilicaté naturel. Voy. CUIVRE, VII.

DIOPTRE. s. m. (gr. διόπτρα, m. s., de διὰ, à travers; ὄπτομαι, je vois). T. Géom. et Astron. Appareil muni de pinnules. ‖ Nom que l'on donne quelquefois aux pinnules elles-mêmes. ‖ T. Chir. Nom que l'on donne quelquefois au speculum.

DIOPTRIE. s. f. (R. *dioptrique*). T. Phys. Unité de convergence des instruments dioptriques représentée par la convergence d'une lentille infiniment mince de 1 mètre du foyer. Le nombre de dioptries qui mesure la convergence est l'inverse de la distance focale exprimée en mètres.

DIOPTRIQUE. s. f. (gr. διὰ, à travers; ὄπτομαι, je vois). T. Phys. Partie de l'optique qui s'occupe des phénomènes que présente la lumière dans son passage au travers des milieux réfringents. Voy. OPTIQUE.

DIORAMA. s. m. (gr. δὶς, deux fois; ὄραμα, vision). — On désigne sous ce nom une sorte de spectacle composé de tableaux ou de vues remarquables par les illusions d'optique qu'elles produisent. — Ces illusions reposent sur trois principes : la position du spectateur à l'égard du tableau, le procédé de peinture employé pour celui-ci, et la distribution de la lumière qui vient frapper la peinture. — Le spectateur et le tableau sont placés dans deux pièces séparées, et le premier voit le second à travers une large ouverture semblable à celle qui existe dans un théâtre entre la salle et la scène. Les bords de cette ouverture se prolongent vers le tableau, de manière à empêcher de voir aucun autre objet dans la pièce où il se trouve. Dans la pièce où est placé le spectateur, il ne pénètre d'autre lumière que celle qui vient du tableau à travers cette ouverture ; le spectateur est donc ainsi dans une obscurité relative, et, en outre, ce qui contribue à l'effet, à une distance considérable de la peinture, à 15 ou 20 mètres environ. Les tableaux eux-mêmes ont ordinairement 22 mètres

de longueur sur 14 de hauteur. — Les tableaux sont peints des deux côtés sur une toile de coton, mais de manière que la peinture antérieure soit transparente, c.-à-d. soit aussi facilement que possible traversée par la lumière quand on éclaire le tableau par derrière. — Cela fait, c'est par la manière d'éclairer le tableau et de distribuer la lumière qu'on obtient les effets qui ont rendu célèbre ce genre de spectacle. La partie antérieure du tableau reçoit le jour d'une voûte vitrée qui reste invisible au spectateur. La lumière qui en vient tombe sur la peinture à un angle tel qu'elle est réfléchie dans la direction de ce dernier, et alors la peinture de la face postérieure du tableau reste complètement dans l'obscurité. De plus, la voûte est pourvue d'un appareil de volets et de transparents de diverses teintes, au moyen desquels on peut à volonté augmenter ou diminuer l'intensité de la lumière, et la modifier de manière à reproduire avec une vérité et une exactitude incroyables tous les accidents naturels de lumière, d'ombre et de clair-obscur, c.-à-d. à représenter les changements visibles qui dépendent de l'état de l'atmosphère, tels qu'un soleil éclatant, un clair de lune, un temps nuageux ou obscurci par le brouillard, l'obscurité du crépuscule.

Indépendamment de ces modifications si curieuses dans l'aspect du tableau qu'on obtient par ce mode d'éclairage direct, on peut encore changer, pour ainsi dire, le fond de la peinture. Pour cela, on intercepte le jour provenant de la voûte en question, et on éclaire vivement le tableau par derrière, en faisant arriver un flot de lumière sur la face postérieure de la toile. Dans ce cas, le tableau antérieur est annulé, et les objets représentés sur la face postérieure apparaissent à l'œil du spectateur surpris. — L'invention du d. est due à Daguerre et Bouton, qui ouvrirent le premier spectacle de ce genre, en 1822, à Paris. La plupart des tableaux qu'exposèrent ces artistes étaient des chefs-d'œuvre, au point de vue de l'illusion optique. Nous nous contenterons de citer celui qui représentait la *Messe de minuit à Saint-Étienne du Mont.* Il offrait d'abord une vue de jour ; puis il passait par toutes les dégradations de lumière pour arriver à une scène de nuit, éclairée par les lueurs des cierges et des lampes : en outre, l'église qui d'abord avait paru vide se trouvait alors pleine de monde.

DIORAMIQUE. adj. Qui a rapport au diorama.

DIORCHITE. s. f. (gr. δίς, deux; ὄρχις, testicule). Pierre qui a la forme de deux testicules accolés.

DIORITE. s. m. (gr. διὰ, à travers; ὁράω, je vois). T. Min. Roche d'origine ignée, contenant du feldspath et de l'amphibole, et susceptible d'un beau poli. Voy. ROCHE.

DIORITIQUE. adj. Qui contient de la diorite.

DIOSCORE, patriarche d'Alexandrie, déposé et exilé comme partisan d'Eutychès ; mort en 454.

DIOSCORÉACÉES. s. f. pl. (R. *Dioscorée*). T. Bot. Famille de végétaux Monocotylédones de l'ordre des Iridinées. *Caract. bot.* : Plantes herbacées, vivaces ou sous-frutescentes, volubiles, à souche tubéreuse, charnue, développée à la surface ou au-dessus du sol. Feuilles alternes, quelquefois opposées, à nervures réticulées. Fleurs petites, unisexuées et dioïques en épi, munies chacune de 1 à 3 bractées. Calice et corolle concrescents, herbacés, adhérents à l'ovaire. Fleurs mâles : Étamines 6, insérées à la base du périanthe ; anthères introrses, s'ouvrant longitudinalement. Fleurs femelles : Pistil à 3 carpelles adhérent au périanthe dans toute sa longueur ; ovaire à 3 loges dispersées ; style profondément trifide ; stigmate indivis ; ovules suspendus, anatropes. Fruit capsulaire, ailé, comprimé, quelquefois à une seule loge par suite de l'avortement des 2 autres, parfois une baie. Graines, 2 dans chaque loge, ou unique par avortement de l'autre, comprimées, ailées ou non ailées, arrondies dans les espèces à fruit charnu. Embryon très petit, situé près du hile, dans un albumen charnu, au milieu d'une large cavité. [Fig. 1. *Dioscorea adenocarpa*; 2. Coupe d'une fleur mâle ; 3. Capsule ouverte ; 4. Graine.]

Cette famille comprend 8 genres avec environ 105 espèces qui toutes, à l'exception du *Tamus* qu'on rencontre en Europe et dans les parties tempérées de l'Asie, sont propres aux régions tropicales des deux hémisphères. — Les D. renferment un principe âcre qui, lorsqu'il est concentré, rend leur usage dangereux. Le *Tamus communis*, par ex., a une grosse racine charnue, que son âcreté faisait autrefois employer comme emplâtre stimulant contre les contusions, d'où son nom populaire d'*herbe aux femmes battues*. Dans la Grèce, cependant, on mange, en guise d'Asperge, les jeunes pousses du *T. communis* et du *T. cretica*; mais, ainsi que le fait observer Endlicher, il faut qu'on les ait fait cuire avec soin, sans quoi elles sont purgatives et même émétiques. Les tubercules de deux espèces du genre *Dioscorea* la *Dioscorea triphylla* et la *D. dæmona*, sont violemment émétiques, même après avoir subi une coction prolongée. En général néanmoins, ce principe n'est pas assez concentré pour être nuisible. Ainsi, les tubercules connus sous le nom d'*Ignames* ou de *Yams*, sont produits par différentes espèces du genre *Dioscorea*: ils sont gros, charnus et farineux, et rendent aux habi-

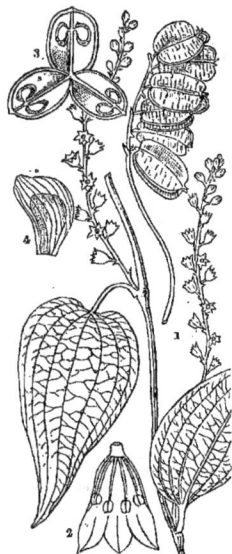
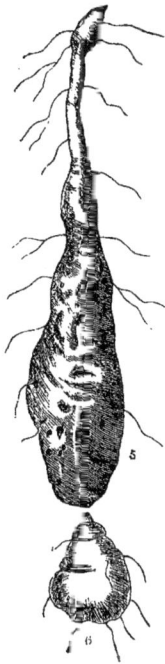

tants des pays intertropicaux les mêmes services que nous rend la pomme de terre.

Fig. 1.   Fig. 2.

La plus répandue de ces espèces est la *D. ailée* (*D. alata*), qui paraît être originaire de l'Inde, mais qui se cultive aujourd'hui dans toute la zone intertropicale, particulièrement dans les deux Indes, en Afrique et dans les îles de la mer du Sud. Sa tige herbacée, grimpante, fort longue et quadrangulaire, est munie sur les angles de membranes crépues, rougeâtres, qui la font paraître comme ailée. Ses fleurs, petites et jaunâtres, forment des grappes axillaires. Cette espèce produit un gros tubercule allongé, long de 60 centim. à 1 mètre, noirâtre en dehors, blanc ou rougeâtre en dedans, très féculent et très nutritif, qui est un peu âcre à l'état cru, mais qui, par la cuisson, devient doux et sucré. La *D. globuleuse* (*D. globosa*) qui se cultive dans l'Inde, se distingue de la précédente par la forme de son tubercule, qui est arrondi, et par ses longues tiges volubiles, qui ont six ailes longitudinales et sont armées d'aiguillons dans leur partie inférieure. De plus, les épis de fleurs mâles sont longs et pendants, tandis que ceux des fleurs femelles sont simples et dressés. La *D. du Japon* (*D. japonica*), ainsi nommée parce qu'elle est cultivée en grand dans ce pays, est caractérisée par sa tige et ses rameaux grêles, lisses, formés d'entre-nœuds à peu près d'égale longueur, et par ses feuilles beaucoup plus longues que larges, et pointillées de brun en dessous. En outre, les épis mâles sont presque toujours solitaires, très grêles et 2 ou 3 fois

plus longs que le pétiole voisin. La *D. de la Chine*, appelée aussi *Igname patate* (*D. batatas*), a d'abord été confondue avec celle du Japon. Mais elle s'en distingue aisément par sa tige et ses rameaux, qui sont arrondis, striés, et formés d'entre-nœuds de longueur variable, plus ou moins marqués de violet; par ses feuilles, qui sont aussi larges ou même plus larges que longues, pointues, mais jamais acuminées; enfin, par ses fleurs mâles qui forment des épis axillaires flexueux, assez souvent géminés, plus courts que le pétiole voisin, ou même raccourcis presque en petite tête. Les tubercules de cette espèce ont la forme d'une massue allongée dont le renflement forme l'extrémité inférieure, tandis que la partie opposée est très rétrécie. [Fig. 2. Tubercule âgé (5) et tubercule jeune (6) de *D. de la Chine*]. De nombreuses petites racines se développent sur toute leur longueur, et varie entre 30 et 35 centim.; leur poids moyen est au moins de 300 à 400 gram. Leur développement a cela de particulier qu'ils s'enfoncent verticalement dans le sol à une profondeur considérable, qui dépasse souvent 1 mètre. Ces tubercules sont recouverts d'une pellicule brun fauve ou café au lait. Leur chair est d'une blancheur parfaite, tendre et cassante, et lorsqu'on la divise, elle laisse échapper un suc visqueux et d'apparence laiteuse, qui disparaît entièrement par la cuisson. Elle ne renferme d'ailleurs aucune fibre résistante, et se réduit en entier en une pulpe féculente semblable à celle du riz. Cuite simplement sous la cendre, elle prend beaucoup de consistance, et rappelle, par l'aspect et la saveur, la meilleure Pomme de terre. Enfin, elle se prête aux mêmes préparations culinaires que cette dernière. On a essayé d'introduire en France la culture de la *D. ailée*; mais on n'en a obtenu que des résultats fort médiocres, même dans nos départements du Midi. En revanche les essais tentés avec l'*Igname de Chine* ont été plus satisfaisants, mais cependant on n'a pas tardé à s'apercevoir qu'à part la difficulté d'introduire dans la consommation un légume nouveau, la culture de cette plante, qui exige des tuteurs et dont les racines profondément enfoncées dans le sol ne peuvent être extraites qu'à la suite d'un défoncement de 60 centim. à 1 mètre, est beaucoup trop dispendieuse pour nos pays. L'igname est donc restée un simple légume de fantaisie, quoiqu'on ait introduit une variété à tubercules beaucoup plus courts. N'oublions pas de dire que les bestiaux consomment avec plaisir, comme fourrage frais, les tiges de cette Dioscorée.

DIOSCORÉE. s. f. T. Bot. Genre de plantes Monocotylédones (*Dioscorea*) de la famille des *Dioscoréacées*. Voy. ce mot.

DIOSCURES (*Enfants de Jupiter*). Nom donné aux deux frères jumeaux Castor et Pollux. (Myth.)

DIOSMA. s. m. (gr. δῖος, divin; ὀσμή, odeur). T. Bot. Genre de plantes Dicotylédones de la famille des *Rutacées*. Voy. ce mot.

DIOSMÉES. s. f. pl. (R. *Diosma*). T. Bot. Tribu de plantes Dicotylédones de la famille des *Rutacées*. Voy. ce mot.

DIOSMINE. s. f. (R. *Diosma*). T. Chim. Nom donné à une matière amère extraite des feuilles du *Barosma crenata*.

DIOSPYROS. s. m. (gr. δῖος, divin; πῦρ, feu). T. Bot. Genre de plantes Dicotylédones, portant le nom vulgaire de *Plaqueminier*, appartenant à la famille des *Ébénacées*. Voy. ce mot.

DIOTA. s. f. (gr. δίς, deux; οὖς, ὠτὸς, oreille). T. Archéol. Vase à deux anses. Voy. AMPHORE.

DIOXIME. s. f. (R. *di*, et *oxime*). T. Chim. Nom générique des composés qui possèdent une double fonction oxime. Leur molécule contient deux fois le groupe caractéristique CAzOH. Voy. OXIME.

DIOXINDOL. s. m. (R. *di*, *oxygène*, *indol*). T. Chim. Dérivé deux fois oxhydrylé de l'indol. Le d., qui répond à la formule C⁸H⁷O²Az, s'obtient par la réduction incomplète de l'isatine. Il cristallise en prismes orthorhombiques incolores que la chaleur commence à décomposer dès 130° et qui fondent à 180° en un liquide violet. Sa solution aqueuse absorbe l'oxygène de l'air en prenant une coloration rouge. Il joue le rôle d'un acide monobasique s'unissant aux bases pour former des sels cristallisables, ce qui lui a valu le nom d'*acide hydrindique*. Il s'unit également aux acides chlorhydrique et sulfurique en donnant des composés cristallisables. L'acide nitreux le convertit en *nitrosodioxindol* $C^8H^6O^2Az$. AzO qui se présente en aiguilles jaunes, fusibles à 300°, solubles dans les alcalis.

DIOXINE. s. f. (R. *di*, et *oxygène*). T. Chim. Matière colorante nitrosée, dérivant du dioxynaphtalène 2.7. Voy. COLORANTES, IV, 7, et DIOXYNAPHTALÈNE.

DIOXY-. T. Chim. Préfixe indiquant la substitution de deux oxhydryles à deux atomes d'hydrogène dans un composé. Généralement, cette substitution communique au corps une double fonction alcoolique ou phénolique.

DIOXYANTHRACÈNE. s. m. (R. *dioxy*, *anthracène*). T. Chim. Composé deux fois phénolique dérivant de l'anthracène. On en connaît trois : le *Chrysazol*, le *Flavol* et le *Rufol*. Voy. ces mots.

DIOXYBENZOPHÉNONE. s. f. (R. *dioxy*, *benzophénone*). T. Chim. Nom donné aux dérivés deux fois phénoliques de la benzophénone. Un certain nombre de ces dérivés ont pour formule $CO(C^6H^4OH)^2$. L'*ortho-dioxybenzophénone* cristallise en prismes brillants, fusibles à 5°, distillant vers 335°. On la prépare en chauffant son anhydride avec la potasse caustique. Cet anhydride, appelé *oxyde de diphénylène-cétone* et répondant à la formule $CO\begin{smallmatrix}C^6H^4\\C^6H^4\end{smallmatrix}O$, s'obtient par la distillation du salicylate de phényle ; il forme de longues aiguilles qui fondent à 171°. — La *para-dioxybenzophénone*, qui cristallise en aiguilles fines fusibles à 203°, se produit par la fusion de la phtaléine ordinaire avec la potasse, par l'action de l'eau sur l'aurine à 250° ou sur le chlorhydrate de rosaniline à 270°, ou encore par l'action de l'acide azoteux sur la diamido-benzophénone. — Le *salicyl-phénol*, qui fond à 143°, résulte de l'action du phénol sur l'acide salicylique en présence du chlorure stannique. — La β-*dioxybenzophénone* s'obtient en faisant réagir l'acide azoteux sur la flavine. Elle cristallise en étoiles fusibles à 161°.

D'autres dioxybenzophénones répondent à la formule $C^6H^5.CO.C^6H^3(OH)^2$. Ce sont : la *benzoylrésorcine*, en fines aiguilles fusibles à 144°, et la *benzoylpyrocatéchine*, qui cristallise avec 1,5 molécule d'eau, se déshydrate à 110° et fond à 165°. On prépare ces deux composés à l'état d'éthers benzoïques en faisant agir le chlorure de benzoyle sur la résorcine ou sur la pyrocatéchine en présence de chlorure de zinc ; on saponifie ensuite ces éthers par la potasse alcoolique.

DIOXYBUTYRIQUE. adj. 2 g. (R. *dioxy*, *butyrique*). T. Chim. Les *acides dioxybutyriques* $C^4H^8O^4$ sont les dérivés deux fois oxhydrylés de l'acide butyrique ; ils possèdent la fonction acide et deux fois la fonction alcool. L'un d'eux, appelé *acide méthylglycérique*, répond à la formule $CH^3(CHOH)^2CO^2H$; il est cristallisable et fond à 75°. Un autre, qui a pour formule $CH^2OH.CHOH.CH^2.CO^2H$, est un liquide sirupeux non distillable ; il se décompose dès 100° en perdant de l'eau. Ces acides se produisent par l'oxydation de l'acide crotonique et de l'acide isocrotonique par le permanganate de potassium.

DIOXYNAPHTALÈNE. s. m. (R. *dioxy*, *naphtalène*). T. Chim. Les dioxynaphtalènes, appelés aussi *Oxynaphtols*, sont des composés deux fois phénoliques qui dérivent du naphtalène par la substitution de deux oxhydryles OH à deux atomes d'hydrogène. Leur formule est $C^{10}H^6(OH)^2$. On es prépare, soit par la réduction des naphtoquinones, soit en fondant les acides naphtalène-disulfoniques ou les acides naphtolsulfoniques avec les alcalis caustiques. Les dioxynaphtalènes sont plus solubles dans l'eau que les naphtols. Ils sont facilement oxydables. Presque tous se combinent avec les composés diazoïques pour donner des matières colorantes azoïques. Plusieurs d'entre eux se convertissent en dérivés amidés lorsqu'on les chauffe sous pression avec de l'ammoniaque. Quelques-uns, traités par l'acide sulfurique, se transforment en acides sulfoniques ; ces acides dioxynaphtalènes-sulfoniques, qui sont très nombreux, se préparent le plus souvent par d'autres méthodes, par la fusion des acides naphtol-disulfoniques avec les alcalis caustiques. — La théorie prévoit 10 dioxynaphtalènes ; ils diffèrent par la

position des deux groupes OH sur le noyau de naphtalène, qu'on désigne par le schéma

$$\begin{smallmatrix} & 8 & & 1 & \\ 7 & & & & 2 \\ & & & & \\ 6 & & & & 3 \\ & 5 & & 4 & \end{smallmatrix}$$

Le d. 1.2 (c.-à-d. celui où les deux groupes OH occupent les positions 1 et 2 sur le noyau) a reçu le nom de β *naphtohydroquinone*, parce qu'on l'obtient en réduisant la β naphtoquinone par une solution concentrée d'acide sulfureux. Il cristallise en lamelles blanches, fusibles à 60°. Sa solution aqueuse est très caustique et rougit le p ah. Ses solutions alcalines sont jaunes et verdissent au contact de l'air. Il forme avec les diazoïques des matières colorantes qui teignent la laine et le coton non mordancés. — En faisant agir une solution d'acide sulfureux sur les dérivés sulfoconjugués de la β naphtoquinone, on peut obtenir plusieurs acides dioxynaphtalène 1.2 sulfoniques ; l'un d'eux, l'acide dioxynaphtalène-sulfonique 1.2.6, fournit avec les diazoïques des colorants azoïques se fixant sur les tissus mordancés ; les laques de chrome, en particulier, sont très stables. — Les dérivés disulfoniques 1.2.3.6. et 1.2.6.8 obtenus par la réduction de certaines matières colorantes oxyazoïques, sont appelés *naphtotanins* parce que, comme le tanin, ils coagulent l'albumine et la gélatine, et forment d s laques insolubles avec les colorants basiques. Ils donnent également des colorants azoïques tirant sur le mordants métalliques.

Le d. 1.4, appelé α *naphtohydroquinone*, se prépare en réduisant l'α naphtoquinone. Il cristallise en longues aiguilles blanches, qui fondent à 176°. Sous l'action des oxydants, il régénère la naphtoquinone.

Le d. 1.3 ou *naphtorésorcine* n'est connue que par ses dérivés. Le dérivé dinitrosé est un colorant intense, analogue à la dinitroso-résorcine.

Le d. 1.5 a été préparé en fondant l'acide naphtolsulfonique 1.5 avec la potasse caustique. Chauffé, il se décompose avant de fondre. Traité par les oxydants il se convertit en juglone. Il donne naissance à des matières colorantes azoïques qui n'ont pas beaucoup d'applications.

Le d. 1.6 est cristallisable et fond à 135°. Ses solutions alcalines présentent une fluorescence bleue ; à l'air même se colorent en rouge. L'acide sulfonique correspondant 1.6.4 fournit des colorants azoïques roug s.

Le d. 1.7 obtenu en fondant l'acide β naphtolsulfonique de Bacyer avec la potasse, est en aiguilles blanches fusibles à 178°. Ses solutions se colorent rapidement à l'air. Son dérivé sulfonique 1.7.3 se prépare en fondant l'acide β naphtoldisulfonique G avec les alcalis ; les colorants q'il forme en s'unissant aux diazoïques donnent des teintures bleues ; il se combine aussi avec les dérivés tétrazoïques du biphényle et du bitolyle et fournit ainsi des colorants tétrazoïques bleus qui teignent le coton sans mordant. — Le dérivé disulfonique 1.7.3.6 donne, avec le diazoxylène, des matières colorantes rouges.

Le d. 1.8, préparé à l'aide de l'acide naphtolsulfonique 1.8, fond à 140°. Il est peu soluble dans l'eau, mais se dissout facilement dans le benzène et l'éther. Il irrite fortement la muqueuse du nez et provoque l'éternuement. Avec les diazoïques il forme plusieurs matières colorantes. Traité par l'acide nitreux, il fournit un dérivé dinitrosé qui teint en brun ou en noir la laine et le coton mordancés. — Le dérivé sulfonique 1.8.4 s'obtient par la fusion de l'acide α naphtoldisulfonique S avec les alcalis caustiques ; combiné avec les diazoïques, il produit des matières colorantes rouges appelées *azofuchsines*, qui donnent des teintures très solides à la lumière et remplacent avantageusement les fuchsines acides du commerce. — L'acide dioxynaphtalène-disulfonique 1.8.2.4 se combine comme le précédent avec les diazoïques en donnant des colorants plus solubles. — L'acide dioxynaphtalène-disulfonique 1.8.3.6 appelé acide *chromotropique*, se combine également avec les diazoïques et les tétrazoïques ; les matières colorantes qui en résultent produisent, sur les tissus mordancés, des nuances qui varient du rouge vif au noir foncé suivant la nature du mordant employé. L'acide chromotropique lui-même colore en brun la laine mordancée au bichromate. Son sel de sodium constitue le *chromogène* du commerce.

Le d. 2.3 se présente en feuillets incolores, fusibles à 160°. Son dérivé monosulfonique 2.3.6 s'obtient en fondant l'acide β naphtol-disulfonique R avec la soude caustique ; il se comporte avec les diazoïques comme les acides 1.7.3 et 1.8.4 cités plus haut. — L'acide dioxynaphtalène-disulfonique 2.3.5.7, préparé à l'aide de l'acide naphtol-trisulfonique

2 3.6.8, fournit avec le diazoxylène et le diazocumène des colorants azoïques rouges.

Le d. 2.6, obtenu à l'aide de l'acide β naphtolsulfonique de Schæffer, cristallise en lamelles blanches, fusibles à 215°, peu solubles dans l'eau froide. L'acide nitreux le transforme en un dérivé nitrosé, qui teint en brun très solide la laine mordancée au chrome.

Le d. 2.7 se prépare en chauffant l'α naphtalène-disulfonate de calcium avec une lessive de soude très concentrée. Il se présente en longues aiguilles blanches, fusibles à 186°, sublimables, très solubles dans l'eau bouillante. Chauffé avec le chlorhydrate de diméthylaniline, il fournit une matière colorante assez importante, la muscarine, qui teint en bleu le coton mordancé. Traité par l'acide nitreux, il donne un dérivé nitrosé connu dans le commerce sous le nom de Dioxine, qui teint le coton en nuances très solides, brunes avec les mordants de chrome, vertes avec ceux de fer. — L'acide dioxynaphtalène-sulfonique 2.7.3 peut servir à préparer des colorants azoïques.

DIOXYNAPHTOÏQUE. adj. 2 g. (R. dioxy, naphtalène). T. Chim. Les acides dioxynaphtoïques ou dioxynaphtalène-carboniques sont les dérivés carboxylés des dioxynaphtalènes. Ils sont donc à la fois acides monobasiques et deux fois phénols. Leur formule est $C^{10}H^3(OH)^2CO^2H$. Ils diffèrent entre eux par les positions qu'occupent les deux oxhydryles OH et le groupe CO^2H sur le noyau de naphtalène. La plupart de ces acides peuvent s'obtenir en chauffant sous pression l'anhydride carbonique avec le sel alcalin d'un d'oxynaphtalène. C'est ainsi que le dioxynaphtalène 1.8 donne naissance à l'acide d. 1.8.2, solide, fusible à 170°, qui est un antiseptique énergique et qui fournit des matières colorantes azoïques. — L'acide d. 1.7.6 est le plus anciennement connu ; il cristallise en aiguilles jaunes, brillantes, fusibles à 265°. Le dérivé sulfonique correspondant $C^{10}H^2(OH)^2(CO^2H)SO^3H$ 1.7.6.3 a été appelé acide nigrotinique, parce qu'il sert à fabriquer des colorants azoïques gris et noirs

DIOXYTARTRIQUE. adj. 2 g. (R. dioxy tartrique). T. Chim L'acide d. s'obtient en faisant agir l'acide azoteux sur une solution éthérée d'acide nitro-tartrique. Il est solide, cristallisable, et fond vers 98° en se décomposant. Il est très instable en présence de l'humidité. A l'état libre, on en combinaison avec les bases, il doit être considéré comme un hydrate d'acétone, répondant à la formule $C^2H^2.C(OH)^2.C(OH)^2.CO^2H$. Mais dans la plupart de ses réactions il se déshydrate et se comporte comme une dicétone $CO^2H.CO.CO.CO^2H$. Ainsi il se combine avec l'hydroxylamine en donnant une dioxime cristallisée, acide fort, bibasique, que la chaleur décompose vers 145°. Avec la phénylhydrazine, l'acide d. forme une hydrazone et une dihydrazone. Ce dernier composé, traité par l'acide sulfurique fumant, donne un dérivé sulfonique dont le sel de sodium constitue la tartrazine du commerce, belle matière colorante jaune, résistant à l'action de la lumière.

DIOXYTOLUÈNE. s. m. (R. dioxy, toluène). T. Chim. Nom donné aux diphénols dérivés du toluène. Leur formule est $C^6H^3(CH^3)(OH)^2$. Nous les considérerons comme dérivant du benzène par la substitution du groupe CH^3 et de deux groupes O H à autant d'atomes d'hydrogène, et nous les distinguerons par les positions relatives de ces groupes sur le noyau de benzène, en donnant toujours au radical CH^3 la position 1.

Le mieux connu de ces composés est le d. 1.3.5 qu'on extrait des lichens tinctoriaux, et qui a reçu le nom d'Orcine. Voy. ce mot.

Le d. 1.3.4 constitue l'homopyrocatéchine, qu'on obtient par la distillation de l'acide homoprotocatéchique avec la chaux. Le créosol contenu dans le goudron de hêtre est son éther méthylique.

Le d. 1.2.4, appelé Lutéoline ou Crésorcine, a été obtenu en fondant le para-crésol ortho-bromé avec la potasse caustique. Ce composé cristallise en aiguilles incolores groupées en sphères, fusibles à 104°. Il présente les réactions de la résorcine. Avec l'anhydride phtalique, il forme une phtaléine présentant une belle fluorescence verte et donnant avec le brome une matière colorante semblable à l'éosine.

Le d. 1.2.5 est l'hydrotoluquinone, qui cristallise en longues aiguilles incolores, assez solubles dans l'eau, fusibles à 124, et qui résulte de l'hydrogénation de la toluquinone sous l'action de l'acide sulfureux.

Le d. 1.2.6, appelé Ortho-dioxytoluène, se prépare en traitant l'amido-crésol correspondant par l'acide azoteux et en

décomposant par l'eau bouillante le dérivé diazoïque qui s'est formé dans cette réaction. Il cristallise en petites aiguilles, à odeur phénolique, à saveur brûlante, et fond à 63°.

DIPE s. m. (gr. δίς, deux ; πούς, pied, parce que les jambes postérieures sont bien plus longues et bien plus importantes que les jambes antérieures). T. Mamm. Mammifère rongeur qui habite l'Asie. Voy. GERBOISE.

DIPÉRIANTHÉ, ÉE. adj. (R. di, préf., et périanthe). T. Bot. Qui est muni d'un périanthe double

DIPÉTALE. adj T. Bot. Qui a deux pétales.

DIPHALANGARCHIE. s. f. (gr. δίς, deux ; φαλάγξ, phalange; ἀρχή, commandement) Corps formant exactement la la moitié de la phalange macédonienne

DIPHÉNOL. s. m. T. Chim. Nom générique des composés possédant une double fonction phénolique, tels que la résorcine. || Synonyme de Biphénol.

DIPHÉNOLÉTHANE. s. m. T. Chim. Composé deux fois phénolique, résultant de l'union du phénol et de l'aldéhyde en présence du tétrachlorure d'étain. Il cristallise en aiguilles blanches, fusibles à 122°. Sa formule est $CH^3.CH(C^6H^4OH)^2$. — Son dérivé trichloré $CCl^3.CH(C^6H^4OH)^2$, traité par la poudre de zinc, donne naissance au diphénoléthylène $(CH.C^6H^4OH)^2$, solide, cristallisable, qui fond vers 280° en se décomposant.

DIPHÉNYLACÉTIQUE. adj. 2 g. T. Chim. L'acide diphénylacétique $CH(C^6H^5)^2CO^2H$ est un produit de réduction de l'acide benzilique. Il cristallise en aiguilles fines, peu solubles dans l'eau, fusibles à 145°. Oxydé par le mélange chromique, il se convertit en benzophénone.

DIPHÉNYLBENZÈNE. s. m. T. Chim. Nom donné aux hydrocarbures de la formule $C^6H^4(C^6H^5)^2$. On les rencontre parmi les produits que fournit le benzène en passant à travers un tube chauffé au rouge.

DIPHÉNYLCARBINOL. s. m. T. Chim. Synonyme de Benzhydrol.

DIPHÉNYLCÉTONE. s. f T. Chim. Synonyme de Benzophénone.

DIPHÉNYLDIACÉTYLÈNE. s. m. T. Chim. Hydrocarbure acétylénique répondant à la formule $(C^6H^5-C≡C-)^2$. Il se forme quand on fait agir une solution concentrée de potasse et de ferricyanure de potassium sur la combinaison cuivreuse du phénylacétylène. Il cristallise en aiguilles fusibles à 88°. — Son dérivé dinitré forme des aiguilles jaunes qui fondent à 212°; traité par l'acide sulfurique, il se transforme en isatogène qui, par réduction, fournit de l'indigo; traité par le sulfate ferreux en présence d'acide sulfurique concentré, il se convertit en indoïne.

DIPHÉNYLE. s. m. T. Chim. Voy. Biphényle.

DIPHÉNYLÉTHANE. s. m. T. Chim. Hydrocarbure répondant à la formule $CH^2.CH(C^6H^5)^2$. C'est un liquide incolore, dense, d'une odeur agréable, bouillant à 270°. Il se forme par l'action de plusieurs dérivés bromés de l'éthane sur le benzène en présence du chlorure d'aluminium. Les oxydants le transforment en benzophénone. — Son dérivé monochloré, le diphénylchloréthane $CH^2Cl.CH(C^6H^5)^2$, est un liquide huileux qu'on obtient par l'action du benzène sur l'éther bichloré en présence de l'acide sulfurique.

Le diphényléthane symétrique, qui a pour formule :
$$C^6H^5.CH^2.CH^2.C^6H^5$$
est connu sous le nom de Bibenzyle. Voy. ce mot.

DIPHÉNYLÉTHYLÈNE. s. m. T. Chim. Hydrocarbure présenté par la formule $CH^2:C(C^6H^5)^2$. On l'obtient en traitant le dérivé monochloré du diphényléthane par la potasse en solution alcoolique. Il fond à 40° et bout à 277°. Les oxydants le transforment en benzophénone.

Le d. symétrique $C^6H^5.CH.CH.C^6H^5$ a reçu le nom de Stilbène. Voy. ce mot.

DIPHÉNYLGLYCOLIQUE. adj. 2 g. Syn. de Benzilique.

Voy. ce mot. La formule de l'acide d. ou benzilique est $(C^6H^5)^2$ COH. CO^{2}H.

DIPHÉNYLMÉTHANE. s. m. T. Chim. Hydrocarbure aromatique, constituant le dérivé deux fois phénylé du méthane, et répondant à la formule C^6H^5. CH^2. C^6H^5. On le prépare en chauffant la benzophénone avec des corps réducteurs, ou en faisant agir le chlorure de benzyle sur le benzène en présence du chlorure d'aluminium. Il cristallise en tables clinorhombiques, solubles dans l'alcool, l'éther et le chloroforme; il fond à 27° et bout à 261°. Quand on le fait passer dans un tube chauffé au rouge, il donne du fluorène, en même temps que du benzène et du toluène. L'acide chromique oxyde le d. et le convertit en benzophénone. Le brome, à chaud et sous pression, se substitue à l'hydrogène du groupe CH^2; on obtient ainsi un dérivé monobromé $(C^6H^5)^2$ CH Br, que l'eau transforme en benzhydrol, et un dérivé dibromé $(C^6H^5)^2$ C Br^2 qui, par ébullition avec l'eau, se convertit en benzophénone.—Le benzhydrol ou diphénylcarbinol est l'alcool correspondant au d ; sa cétone est la benzophénone. Voy. BENZHYDROL et BENZOPHÉNONE.

L'acide sulfurique fumant, chauffé avec le d., fournit un dérivé disulfonique, dont le sel de sodium donne, par fusion avec la potasse, un diphénol appelé dioxy-diphénylméthane $CH^2(C^6H^4OH)^2$, solide, fusible à 158°. — L'action de l'acide azotique fumant sur le d. donne naissance à des dérivés nitrés et à un dérivé tétranitré qui fournissent, par réduction, les dérivés amidés correspondants.

On connaît un dérivé amidé provenant de la substitution de AzH^2 dans le groupe CH^2 du d. ; il porte le nom de benzhydrylamine; c'est une liquide incolore, bouillant à 288°, base énergique qu'on obtient à l'état de formiate en chauffant à 200° la benzophénone avec le formiate d'ammonium.

Les dérivés provenant de la substitution de AzH^2 dans les groupes C^6H^5 sont appelés amido-diphénylméthanes. Le plus important est le diamido-d. que l'industrie prépare en grand pour servir à la fabrication de la fuchsine. Pour cette préparation, l'on emploie le composé $CH^2=AzC^6H^5$, nommé anhydro-formaldéhyde-aniline, parce qu'il est formé par l'union de l'aniline et de l'aldéhyde méthylique (formaldéhyde) avec élimination d'une molécule d'eau. On chauffe ce composé avec du chlorhydrate d'aniline et un excès d'aniline, et l'on obtient le diamido-diphénylméthane $CH^2(C^6H^4. AzH^2)^2$ solide, cristallisable, fusible à 87°, soluble dans le benzène et dans l'alcool. Ce diamido-d. peut se combiner à son tour avec l'aniline, en présence d'un corps oxydant, de manière à former de la rosaniline. — Le dérivé tétraméthylé du diamido-d. est également utilisé pour la fabrication de matières colorantes. Il est solide et fond à 90°. Il a pour formule:

$$CH^2[C^6H^4. Az(CH^3)^2]^2$$

On peut l'obtenir en faisant réagir l'aldéhyde méthylique sur la diméthylaniline en présence du chlorure de zinc ou de l'acide chlorhydrique concentré, ou bien en traitant la diméthylaniline par divers composés (tétrachlorure de carbone, chloroforme, acide acétique, etc.). — Un dérivé phénolique du corps précédent se forme par l'action de l'aldéhyde méthylique ou du chlorure de méthylène sur le diméthylaminophénol. C'est le tétraméthyl-diamido-dioxy-diphénylméthane; il a pour formule $CH^2[C^6H^3(OH). Az(CH^3)^2]^2$. Par déshydratation, il fournit la pyronine ou rose de Kasanlick, belle matière colorante qui teint en rouge carmin le coton, la laine et la soie.

DIPHÉNYLNAPHTYLMÉTHANE. s. m. T. Chim. Hydrocarbure constitué par du méthane dans lequel trois atomes d'hydrogène sont remplacés par deux radicaux phényle et un radical naphtyle. Sa formule est $C^{10}H^7$. CH : $(C^6H^5)^2$. On le prépare en faisant réagir le naphtalène sur le benzhydrol en présence du perchlorure de phosphore. Il est solide, cristallisable, soluble dans l'éther et le benzène; il se présente sous deux modifications dont l'une fond à 134°, l'autre à 149°. Son dérivé le plus intéressant est le bleu Victoria, belle matière colorante qu'on obtient à l'aide de la tétraméthyl-diamido-benzophénone. Voy. BENZOPHÉNONE.

DIPHÉNYLPROPANE. s. m. T. Chim. Nom donné aux hydrocarbures de la formule $C^9H^6(C^6H^5)^2$. On en connaît 3, qui sont liquides, et dont les points d'ébullition sont 278°, 281° et 300°.

DIPHÉNYLXYLYLMÉTHANE. s. m. T. Chim. Nom que portent les hydrocarbures ayant pour formule :

$$(C^6H^5)^2. CH. C^6H^3(CH^3)^2.$$

Ils sont au nombre de 3. On les obtient en chauffant les trois xylènes avec du benzhydrol et de l'anhydride phosphorique. Ils sont solides, solubles dans l'alcool, l'éther et le benzène ; leurs points de fusion sont 68°,5 (ortho-d.), 61°,5 (méta-d.), 92° (para-d.). Quand on traite le para-d. par le mélange chromique, on obtient des produits d'oxydation qui se transforment en dérivés de l'anthracène.

DIPHILE, poète comique grec, né à Sinope, contemporain de Ménandre. IVe siècle av. J.-C.

DIPHTÉRIE ou **DIPHTHÉRIE.** s. f. (du gr. διφθέρα, peau travaillée, parchemin). Diphtérie, croup: Aucune maladie, peut-être, n'épouvante les mères à un tel degré. Le mal est rapide, implacable ; il enlève l'enfant après une lutte terrifiante et poursuit ceux qui l'ont approché. Tout ce que l'on tentait pour résister à ce mal contagieux, restait vain dans plus de la moitié des cas. Aussi, tout nouveau remède était-il salué comme un sauveur. Combien ont été ainsi proclamés qui, favorables dans un cas, se sont montrés inutiles dans mille autres, et l'on désespérait de trouver jamais le vrai, le bon remède, celui qui sauve.

Aujourd'hui nous le possédons, sa base est la science et non l'empirisme. C'est lui qu'on appelle le Vaccin du croup ou Sérum; il guérit presque toujours, pourvu que le médecin soit appelé dès le moindre malaise de l'enfant, et, chose inespérée, il empêche très souvent l'atteinte du mal. Un Français, M. Roux, un Allemand, M. Behring, l'ont découvert. Mais comment ? par quel prodige de la science ? c'est ce que nous étudierons en détail, ces recherches sur la cause et le traitement de la d. étant un modèle d'étude scientifique d'une maladie humaine.

Généralités. — Préambules. — Croup, angine couenneuse ou diphtérique sont des mots toujours côte à côte dans cette étude ; c'est que ces deux maladies, dont l'une siège au larynx et l'autre dans l'arrière-bouche ou pharynx, et qui se reconnaissent à l'apparition de « peaux blanches », de fausses membranes, sont très proches parentes. On verra même ces deux mots remplacés par un mot unique : Diphtérie. C'est que les deux maladies n'en sont qu'une; elles sont dues à une seule et même cause, et ne diffèrent que par l'organe attaqué. Aujourd'hui, le terme diphtérie est général, il comprend à la fois l'angine couenneuse et le croup, et toutes les maladies: ophtalmies, coryzas, etc., qui ont les mêmes caractères généraux et sont produites par la même cause : un microbe. Naguère encore, toutes ces manifestations diverses sur le larynx, l'arrière-bouche, le nez, les yeux, la peau, etc., faisaient croire à des maladies et à des causes différentes. On a fait, par exemple, de même pour la tuberculose; elle embrasse aujourd'hui : la phtisie pulmonaire, la carie des os (le mal de Pott), le carreau (tuberculose des ganglions didionctériques), la scrofule et une quantité d'autres affections de tous les systèmes (peau, cerveau, appareil urinaire, etc.), autrefois considérées comme complètement indépendantes et de causes fort étrangères l'une à l'autre.

Angine diphtérique ou couenneuse, diphtérie de l'arrière-bouche. — L'enfant avait joué il y a 4 à 7 jours avec un de ses frères ou sœurs malades à la maison, ou avec un de ses camarades (déjà un peu atteint à l'école); il avait bu au même gobelet, mordu au même morceau de pain ou de gâteau, mis dans sa bouche pour écrire plus noir le crayon humecté de la salive de son camarade, soufflé dans le même sifflet, et s'il est tombé malade; ou bien on ne sait pas exactement pourquoi : peut-être ses parents venaient-ils d'emménager dans un logement non désinfecté, où un enfant était mort de la d. il y a quelques jours, quelques mois ou même plusieurs années; peut-être un parent, un ami, un médecin même, qui avaient soigné d'autres enfants atteints du croup l'avaient embrassé, caressé sur le visage, lui avaient apporté quelques cadeaux qu'il a mis aussitôt à sa bouche : pouvaient-ils se méfier qu'ils le transportaient ainsi le mal ? Toujours est-il que le voilà mal à son aise, il a un peu de fièvre, à peine 38° : c'est ce que l'œil vigilant de la mère ne s'en aperçoit même pas. Il semble jouer comme à l'ordinaire et mange comme précédemment. L'enfant la mère voit bientôt, au bout de 2 à 3 jours, qu'il n'est plus si gai, si vif ; plus caressant que jamais, il est presque continuellement à ses côtés, et s'il joue, il s'arrête dans son jeu, inquiet, soucieux, harassé de fatigue, la figure pâle et un tout petit peu maigrie; il ne mange plus avec autant d'appétit ; il grimace même quand il mange ou boit, et sa voix n'est plus si argentine dans l'éclat de rire, plus rare; il se plaint de la gorge.

Si sa mère lui avait examiné la gorge à ce moment (Fig. 1), elle aurait vu sur l'une des amygdales, sur la luette ou sur l'un des piliers de la gorge *du blanc*, de petites taches blanches comme du blanc d'œuf, peu nombreuses ou peu étendues sur

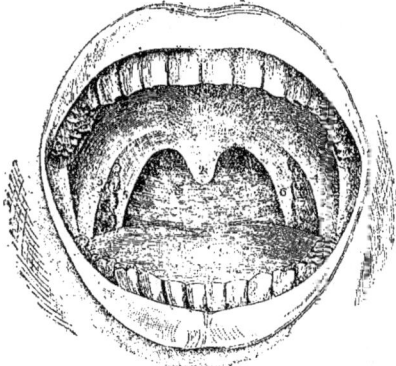

Fig. 1.

Fond du gosier, quand la bouche est large ouverte. Il faut très souvent faire ouvrir la bouche aux enfants et examiner le gosier pour s'apercevoir à temps de la diphtérie (cette figure et les deux suivantes sont empruntées à L. Brisvne : La voix, le chant et la parole).
1. Palais et voile du palais. — 2. Luette. — 3 et 4. Piliers antérieurs gauche et droit du gosier. — 5 et 6. Piliers postérieurs gauche et droit du gosier. — 7 et 8. Amygdales droite et gauche comprises entre les deux piliers antérieur et postérieur du même côté.

le reste de la muqueuse un peu plus rouge qu'à l'ordinaire. Mais sa mère ne l'a pas habitué à se laisser facilement examiner dès le bas âge, et le mal, non deviné dès e début, progresse et fait des ravages de plus en plus graves, en présence de la mère anxieuse déjà, mais ignorante du danger.

Il ne joue plus, l'enfant, la fièvre peu élevée ne le quitte plus; il est maintenant sur sa couchette dans une attitude abandonnée, sans forces. Sa physionomie exprime l'indifférence et la torpeur, et pourtant son intelligence est intacte. Son visage terreux a changé de forme; le tour des joues, le cou, à sa partie supérieure, sous les mâchoires, sont gonflés, bouffis, et si on tâtait ces parties, on sentirait que ce sont les glandes, les ganglions qui, infectés par le mal, ont démesurément grossi. La bouche ouverte exhale une odeur empestée et laisse couler une salive abondante, nauséabonde. La mère verrait, à travers ses lèvres béantes et un peu bleuies, que les petits points blancs ont augmenté peu à peu, se sont confondus; ils se sont épaissis, étalés et forment maintenant des *peaux*, d'abord blanc jaunâtre, puis gris sale et même noirâtres si du sang d'une hémorragie les a imbibées. Elles envahissent, ces *peaux*, peu à peu le voile du palais, les piliers, les amygdales, l'arrière-bouche et même les fosses nasales, les narines, d'où suinte alors un liquide infect, s'épaississant en croûtes épaisses qu'un saignement de nez, parfois mortel, vient rougir. La voix est devenue nasonnée et la respiration embarrassée, plus active; l'enfant se dresse même par des mouvements pénibles sur son séant. Il pense mieux respirer ainsi la tête relevée, le cou énorme tendu en avant; mais il faut le caler, le soutenir, autrement il retomberait sur sa couchette tant il est épuisé; et pourtant! il y a à peine deux, trois à quatre jours qu'il est malade; il est vrai qu'il a peu mangé depuis, semblant dégoûté des aliments. Pareille perte d'appétit lui est arrivée déjà et cependant non accompagnée d'une si profonde dépression des forces. Étrange! on dirait qu'il est empoisonné! — Cela durera-t-il encore? peut-être va-t-il s'éteindre sans mouvement, dans le sommeil et l'abattement ininterrompu depuis quatre cinq jours; peut-être va-t-il traîner en tout huit jours, quinze jours cette existence toujours menacée, jetant à tout instant la mère éplorée à l'espoir de le sauver, à l'effroi de le perdre, jusqu'à

ce que la mort, lente, l'assoupisse pour toujours, ou que les fausses membranes envahissant le larynx, le croup, comme un coup de foudre, vienne abréger la lutte rendue un instant plus vive; peut-être guérira-t-il, si la gorge se débarrasse de ces peaux blanches adhérentes, repoussées aussitôt qu'on les enlève ou qu'elles sont rejetées dans un effort de toux, si l'appétit et les forces reparaissent! Et is avec quelle lenteur! et comme souvent encore cette vie si chère restera exposée longtemps à une paralysie qui, si elle se généralise, sera mortelle, ou à une syncope d'où rien ne peut rappeler l'enfant que déjà l'on a cru sauvé!

Tous les enfants, par bonheur, ne sont pas atteints d'angine

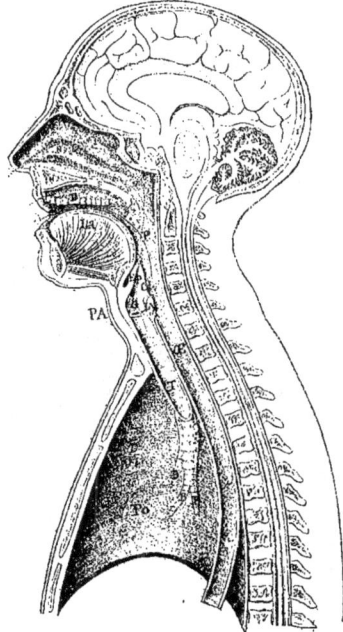

Fig. 2.

Les voies respiratoires de l'homme.

N. Nez avec ses cornets, sert uniquement au passage de l'air. — Bo. Bouche, sert au passage de l'air et des aliments. — D. Dents. — La. Langue. — S. Voile du palais. — L. Luette. — P. Pharynx, gorge ou arrière-bouche, point d'entrecroisement où passe l'air venant du nez et les aliments. — Ep. Épiglotte, soupape s'abaissant sous l'orifice OL du larynx pour empêcher les aliments d'aller dans le larynx. — Ly. Larynx, sert au passage de l'air et pour la formation de la voix. — G. Glotte, avec ses deux cordes vocales supérieure et inférieure, point le plus étroit du passage de l'air. — T. Trachée. — B. Bronches. — Po. Poumon. — Œ. Œsophage, sert aux aliments qui vont à l'estomac.

couenneuse aussi grave. Mais chez tous il y a des *peaux* blanches dans la gorge; celles-ci restent petites et isolées lorsque l'attaque est légère, mais ce qu'elles sont trompeuses avec cet aspect! que de fois le médecin, induit en erreur, a dit : « Ce n'est qu'une angine herpétique », ou bien encore : « Ce n'est rien, une simple angine pultacée, ça va guérir bientôt. » Un jour ou deux se passent, il est appelé en toute hâte : c'était la d.! — C'est que rien n'est plus difficile à reconnaître que la nature des nombreuses angines. Il est vrai, d'ordinaire une angine qui est brusque, très douloureuse, donne de violents maux de tête, occasionne des frissons suivis de forts accès de fièvre, qui présente des petites taches blanches qu'on peut enlever facilement, écraser sans la moindre résistance, est une angine pas méchante, n'ayant rien à voir avec la d. sournoise, sans grosse fièvre. Mais trop souvent la d. est bruyante, tapageuse, comme ces angines simples, et le médecin ne se fie plus à ces différences problématiques de symptômes. Il lui faut savoir la cause même de l'angine et voir le microbe.

Laryngite diphtérique ou Croup, diphtérie du larynx. — Qu'arrive-t-il lorsqu'on avale un trop gros morceau d'aliment ou un objet solide qui se fixe dans la gorge et bouche l'entrée de l'air, la *glotte*? On étouffe, on asphyxie, et si par de violents efforts de toux, ou par le secours du médecin

Fig. 3.

Glotte pendant la respiration tranquille. — V. Cordes vocales gauche et droite comprenant entre elles le passage de l'air, on voit ça et là les séries représentant les anneaux de la trachée; — L. Epiglotte relevée, vue par-dessus, en se rabattant sur l'orifice ou glotte, comprise entre V et V'; elle empêche les aliments d'aller dans les voies aériennes. — T. Langue à sa partie la plus postérieure.

on n'en est pas débarrassé immédiatement, c'est la mort! — Le croup, c'est cela, et c'est plus encore! Les peaux blanches, épaisses de l'angine, se forment et poussent dans le larynx, elles rétrécissent la glotte, l'entrée de l'air, jusqu'à la faire disparaître (Fig. 3); l'enfant suffoque, et si des efforts de toux brusques, si le médecin par un moyen quelconque ne rétablit pas le passage de l'air, d'autant plus étroit et facile à boucher que l'enfant est plus jeune, c'est aussi la mort! L'a-t-on écartée cette mort si plus encore, par l'air circule-t-il librement dans les poumons? Une autre mort est là, la mort par cet abattement si étrange, si formidable, si semblable à un empoisonnement et qui en est un en effet.

Voyons donc comment évolue ce drame où un enfant doit lutter contre deux ennemis mortels, l'asphyxie et l'empoisonnement, suscités par un être invisible à l'œil nu, un microbe. Malade déjà d'angine couenneuse, l'enfant avait des peaux blanches que l'on voyait au fond de sa gorge, sur la luette, sur les piliers, ou bien il n'avait qu'un petit rhume, une petite bronchite, et la nuit il s'est mis à plusieurs reprises en accès, d'une toux rauque, toute changée; après quoi il s'est rendormi silencieux, mais le souffle déjà bruyant; ou encore vient-il d'avoir la scarlatine, ou commence-t-il une rougeole, et on ne voit pas trace de fausses membranes dans la gorge. Quand l'enfant est déjà sous le coup de l'angine diphtérique, ou est sur le qui-vive et cet assourdissement de la voix, cette toux basse, ne révèlent que trop bien, même aux plus ignorants, que le croup est là. Était-il en bonne santé, gai, joueur? Comme on est loin de penser alors, en entendant sa voix devenue un peu rauque, sa toux légère, à peine voilée, que des fausses membranes se sont formées déjà, peu étendues, peu épaisses d'abord, là, dans le point le plus étroit de l'étroit passage de l'air et de la vie! Maintenant, le léger enduit blanchâtre recouvre les cordes vocales, la partie supérieure de la trachée; il s'est épaissi, ne provoque encore que de la toux par quintes plus ou moins violentes, douloureuses à porter la main au cou; il rétrécit déjà la glotte et la respiration siffle la nuit surtout. En même temps, l'abattement fait son entrée ou s'accentue, la fièvre apparaît légère, ou augmente quelque peu et elle restera toujours basse à 38° environ si aucune complication du côté des poumons ne vient l'augmenter.

— Quelques heures à peine, rarement plusieurs jours se sont écoulés depuis que la voix a revêtu cette raucité suspecte, et déjà l'enfant respire avec difficulté; il est pâle, sans forces, sans appétit, il n'y a plus de doute: c'est le croup. Les fausses membranes s'ajoutent aux fausses membranes et les cordes vocales gonflées s'épaississant toujours davantage; elles se rapprochent: l'enfant cherche l'air devenu rare, il aspire, le hume, et l'air ne rentre que lentement en sifflant; le ventre, au lieu de se gonfler sous sa poussée, s'excave en voûtes inaccoutumées, sous les côtes; les creux, derrière les clavicules, en avant des épaules, au cou sous la pomme d'Adam s'approfondissent. C'est le *tirage!* l'asphyxie commence et les ailes du nez palpitent, éventant l'air, pressées; suprême et

infime secours dans cette détresse! Elles se touchent: quel effort pour chasser cet air maintenant souillé, impropre à l'existence; l'étroite fente, élargie un instant, laisse s'échapper lentement un mince filet d'air, siffle et se referme. D'abord ce n'est que le soir, puis c'est la nuit, puis ni trêve ni repos: nuit et jour. Aspirer l'air et l'expirer, le visage angoissé, constamment, sans arrêt, avec toute l'énergie d'un être empoisonné à tout moment davantage. — Elles s'accolent: il étouffe, s'assied, se lève en sursaut, la tête renversée, le cou en avant, gonflé, les yeux égarés, béants, la bouche large, les narines battant, les mains cramponnées au lit, aux draps: il veut de l'air, il veut respirer: le ventre, les épaules, le bas du cou, tout se creuse comme vide de chair; la poitrine se tend impuissante. — Q clques minutes. — L'enfant épuisé retombe sur sa couche et le sang mal aéré bleuit: visage, lèvres, mains, pieds déjà refroidis; une sueur glacée perle sur tout le corps; le cœur forcé bat irrégulier et faible.

Il va bientôt mourir. Pourtant, la respiration reprend, lente, en sifflet, mais étrange! plus facile, plus régulière; le visage a de nouveau les couleurs de la vie. Le sang circule. On dirait que cet accès d'étouffement terrible a été un sauveur, surtout si en toussant la voix rauque ou éteinte l'enfant a rejeté une de ces peaux qui, flottant dans le larynx, avant de se détacher, fait entendre un bruit de drapeau à qui écoute d'un peu près, anxieux, le souffle misérable de l'enfant. Fol espoir! la fausse membrane se reforme et a été crachée, la respiration devient encore plus gênée qu'avant et d'autres accès éclatent pendant plusieurs heures ou plusieurs jours, d'abord coup sur coup, violents, sans cause visible, ou sous l'influence d'une excitation quelconque, un effort de parole fait d'une voix à peine chuchotée. Ces accès, ces quintes de toux sont la révolte! par eux, l'enfant essaye de débarrasser sa respiration de l'obstacle. Mais il s'épuise à lutter ainsi sans succès, et le poison, envahissant toujours davantage, paralyse les cellules de tout son organisme. La révolte cesse peu à peu, les accès s'espacent et deviennent plus faibles.

L'enfant est plus paisible maintenant, il respire avec moins de bruit, son ventre, son cou, ses épaules se creusent moins, plus d'accès de suffocation, quelques courts sursauts le soulèvent parfois encore, ce n'est rien; c'est un reste de ces terribles étouffements, cela passe maintenant bien vite. — Il dort, il est sauvé! Regardez son visage: il est pâle, blafard, à travers ses paupières entr'ouvertes l'œil perd tout leur éclat, les lèvres sont bleues et les joues marbrées, les extrémités livides, froides. Est-il sauvé? Ecoutez sa respiration si calme à présent... il ne respire plus! si, encore un peu, mais à peine! Il meurt étouffé! Il lui faut de l'air, à tout prix! il faut le sauver. La glotte est bouchée, mais au-dessous la trachée est libre. Ouvrir cette trachée, que l'air pénètre par ce trou sanglant dans les poumons déjà affaissés, ne serait-ce pas la vie? et deux aides portent la masse inerte, insensible, loque à demi vivante sur une table, où ils lui maintiennent la tête et les membres, un autre éclaire la gorge, et le chirurgien, plus soucieux des règles de l'antisepsie, saisit la gorge, et à petits coups de scalpel rapides et prudents coupe la peau, les muscles, enfonce l'index gauche dans la plaie rouge, fouille, sent les premiers anneaux de cette trachée, pique dedans son bistouri au milieu. Il écoute, regarde. Quelques bulles ont clapoté dans le sang. C'est bien la trachée, elle est percée; encore quelques coups de scalpel et les deux ou trois anneaux de la trachée sont ouverts et le sang bouillonne sous l'air expiré. Il respire. — L'index gauche n'a pas quitté la plaie, il bouche maintenant le trou de la trachée contre le sang; vivement le chirurgien y introduit un tube argenté, une canule. L'air maintenant circule libre, avec un bruit tout particulier à travers la canule, cette glotte artificielle. L'enfant assis rouvre les yeux, reprend des couleurs, se réchauffe. La *Trachéotomie*, cette opération géniale imaginée par Trousseau, l'a sauvé. Pour le moment! peut-être. Elle l'a sauvé de l'asphyxie, car la vraie glotte peut continuer à être bouchée par les fausses membranes, il respire. Mais elle ne l'a pas sauvé encore de l'empoisonnement diphtérique. Elle lui donne seulement le temps de se débarrasser des fausses membranes et d'éliminer le poison, et il reste toujours menacé de nombreuses complications trop souvent mortelles, et la preuve c'est que sur 3, 4 et 5 enfants opérés de la trachéotomie, un seul en moyenne est définitivement sauvé. Pourvu encore qu'on n'ait pas opéré au dernier moment! qu'on n'ait commis aucune faute ni pendant ni après l'opération! qu'aucune hémorragie abondante ne survienne! que la plaie ne soit pas atteinte de gangrène ou de d., ou qu'une fausse membrane ne bouche pas la canule et n'étouffe l'enfant pendant le sommeil du garde-malade harassé ou peu vigilant!

Le croup, qui en moyenne dure 5 jours et guérit 10 ou

15 jours après la trachéotomie quand on enlève la canule, le croup ne marche pas toujours de la sorte. La d. est-elle grave, étendue? les accès de suffocation et de toux sont rares, ou même font complètement défaut; l'enfant terrassé ressitôt par le poison est révolte pas contre ce qui l'étouffe, et en quelques heures il est tué. C'est ce qu'on appelle la *d. hypertoxique.* — La trachéotomie n'est-elle pas faite pour une raison ou une autre? L'enfant meurt dans une agonie misérable, ou bien brusquement dans un dernier accès de suffocation. Il peut guérir pourtant sans trachéotomie, mais combien rare! et alors tous les symptômes diminuent, la toux devient grasse, la respiration se rétablit, et la santé, lentement, reparaît.

Complications. — Ce sont elles qui modifient le plus la marche et le pronostic de la d. et du croup.

Complications au cours de la diphtérie. — Les éruptions cutanées semblables à de la scarlatine, à de la rougeole, à de l'urticaire, sont rares. Il n'en est pas de même de l'albuminurie (Voy. ce mot) constante pour ainsi dire, d'autant plus abondante que la maladie est plus grave, indice ordinaire d'une altération des reins par les microbes ou leurs produits. Le croup, quand par hasard c'est lui qui a commencé, peut se compliquer d'*angine pseudo-membraneuse*, étendant le champ d'empoisonnement et aggravant encore la situation. L'angine peut, à son tour, se compliquer de *coryza diphtérique* et ainsi de suite.

La plus grave des complications immédiates de la d. est la *broncho-pneumonie* (bronchite pseudo-membraneuse). Le plus souvent elle est due non à la d. elle-même, mais aux microbes qui l'accompagnent. Elle apparaît dans les 5 premiers jours de la maladie; dans ce temps *la fièvre monte*, atteint 40° *et plus*; la peau est brûlante, le pouls bat avec une extrême fréquence, les ailes du nez s'agitent constamment, la respiration est courte, rapide si en même temps il y a angine couenneuse, ou bien l'asphyxie est galopante s'il y a croup. En tous cas, rien n'y fait, ni la trachéotomie, ni aucune médication dirigée contre la d., même le sérum. L'enfant ne meurt ni par l'empoisonnement diphtérique, ni par occlusion de la glotte due aux fausses membranes, l'enfant meurt étouffé en quelques heures parce que toutes, ou presque les bronches et les alvéoles de ses poumons sont bouchées.

Complications dans la convalescence. — Accidents cardiaques, syncopes. — Quelquefois, dès le début de la convalescence, l'enfant tout à coup est pris de syncope dont il peut mourir, ou bien le pouls devient faible, le cœur est douloureux et bat irrégulièrement, on entend difficilement les bruits qui peuvent être de 24 et moins, au lieu de 75,80 et plus, à la minute; la face est pâle, les extrémités sont froides, la dyspnée intense; la syncope survient une fois, deux fois, et l'enfant meurt.

Paralysies. — De toutes les complications c'est la plus fréquente, elle est même caractéristique de la d., si bien que très souvent on fait le diagnostic d'angine diphtérique, quand de la paralysie d'un muscle quelconque et surtout du voile du palais et de la luette apparaît, après une angine qui a passé inaperçue, ou presque. Les paralysies sont en général d'autant plus étendues et plus graves que la d. elle-même a été plus intense. Mais une angine insignifiante peut donner lieu à une paralysie grave. Le plus souvent, c'est la *paralysie du pharynx et du voile du palais.* L'enfant parle du nez, les boissons reviennent par le nez, il avale de travers et risque souvent de s'étrangler, ce qui a lieu si la paralysie est très intense. Il ne peut ni sucer, ni souffler, ni faire aucun effort; il bave et les muscles de la bouche, de la langue et des lèvres sont pris. Cette paralysie peut s'étendre à tout le corps, tout en respectant presque toujours un certain nombre de muscles dans chaque partie; c'est le cas le plus fréquent. Mais ces paralysies étendues ou généralisées peuvent apparaître seules. Les yeux sont les premiers atteints, l'enfant qui est devenu de mauvaise humeur, pâlit, maigrit après s'être rétabli tout d'abord, louche, ou ne peut lire, ou bien voir; puis, c'est la tête qui tombe sur la poitrine, il y a des fourmillements aux pieds, aux jambes, ce sont les membres inférieurs qui vont être paralysés à leur tour, rendant la marche titubante, difficile. Les fourmillements passent maintenant aux mains, aux avant-bras, et ce sont eux la paralysie ces membres maladroits. Les muscles du tronc sont aussi atteints. Mais le plus dangereux, c'est la paralysie des muscles de la respiration (diaphragme, muscles intercostaux, etc.): la respiration est difficile, une toux continue, toute spéciale, secoue l'enfant épuisé, l'asphyxie peut survenir et le tuer. Ces paralysies, indices de lésions du système nerveux central et périphérique, tuent un enfant sur dix. La plupart du temps elles

guérissent grâce à l'électricité. Les muscles les premiers atteints sont les derniers guéris.

Autres formes de la diphtérie. — L'angine et le croup ne sont pas les seules manifestations pseudo-membraneuses de la d. Nous avons dit que toutes les muqueuses peuvent être prises et même la peau. Quand le *nez* est atteint, et c'est d'ordinaire par propagation de l'angine aux fosses nasales, il y a écoulement d'un liquide fétide, les narines se couvrent de fausses membranes et de croûtes, et souvent se produisent des saignements de nez parfois mortels par leur abondance.

La trachée et les bronches peuvent, même les premières, être le siège de fausses membranes de la d., c'est alors une bronchite capillaire diphtérique. Tous les conduits sont bouchés par les fausses membranes, et la mort survient le plus souvent rapide, tant à cause de l'asphyxie étendue que de l'empoisonnement qui se fait sur une large surface.

La conjonctive, l'œil, se recouvrent, tout comme le voile du palais, de fausses membranes qui naturellement empêchent la vue tant qu'elles persistent.

La peau en tous les points où elle se trouve dénudée, excoriée, piquée, malade, se recouvre de fausses membranes, d'une couenne grisâtre molle, fétide, plus ou moins envahissante, *si ces points dénudés ont été souillés par du virus diphtérique;* et cette souillure est des plus faciles et des plus fréquentes, sans qu'on puisse toujours savoir comment et quand elle s'est faite. Aussi ne faut-il faire aucune opération aux diphtériques; pas de vésicatoire! pas de sangsues! *plus même de trachéotomie,* remplacée par Bouchut et O'Dwyer, avec avantage, par l'*intubation* : car toute plaie qui se recouvre de fausses membranes est une source de poison pour le corps, ainsi que nous le verrons; bien plus, il faut soigner dès l'abord celles qui existent et les mettre à l'abri de toute infection.

Toutes ces manifestations de la d. sont plus rares; mais, comme elles résultent la plupart du temps de la propagation de l'angine ou du croup ou leur origine, elles prouvent par cette propagation même qu'elles sont dues à la même cause, qu'elles ne sont que la même maladie, atteignant différents organes.

Histoire. — Avant d'arriver à cette simplification extrême, il a fallu employer bien du temps et commettre bien des erreurs, considérées chaque fois comme vérités immuables et indestructibles.

Longtemps, aux débuts de la médecine dans les pays civilisés, toutes les manifestations de la d. ont été considérées comme particulières et traitées comme telles. Cependant les médecins ayant assisté aux terribles épidémies de d. qui ravagèrent l'Europe à plusieurs reprises pendant le moyen âge, à la fin du XVIe et au commencement du XVIIIe siècle, admirent l'identité du croup, de l'angine couenneuse et du coryza diphtérique: car dans tous les cas, ils voyaient évoluer à peu près les mêmes symptômes, et tous les malades présentaient des fausses membranes. Mais plus tard, Home en 1765 et les médecins en France tout à l'aurore du XIXe siècle combattirent l'unité de la d. Pour eux, croup et angine couenneuse étaient deux maladies profondément distinctes. Vers 1815, Bretonneau, en France, affirma de nouveau l'unité des manifestations diphtériques; il avait assisté à des épidémies de d. en Touraine; il avait vu des malades avoir d'abord une angine, puis le croup, au milieu d'autres qui n'étaient atteints que de l'une ou de l'autre. Pour lui c'était la même maladie sous des formes différentes. Depuis, Trousseau et tous les médecins français ont accepté et défendu l'idée d'unité des différents accidents diphtériques, tandis qu'en Allemagne et ailleurs persistait jusqu'en ces derniers temps encore la théorie d'une origine double pour l'angine et le croup.

Avait-on raison d'un côté ou de l'autre? nul ne pouvait le décider: car tous les arguments apportés étaient pures présomptions. De preuves visibles, convainquant tout le monde, il n'en apparut qu'avec la découverte de la cause de la d. que l'on cherchait à dévoiler dans le règne des infiniment petits, des *microbes,* grâce aux méthodes de Pasteur, de Koch et d'autres.

Deux savants allemands, Klebs et Loeffler, ont eu l'honneur de découvrir en 1883 et 1884 *le microbe, un bacille,* dans les fausses membranes. Aidé de tous les moyens de la science nouvelle (Voy. MICROBE), Loeffler démontra que le bacille est la cause de la fausse membrane et de la d.: car, inoculé aux animaux, il reproduit chez eux ces fausses membranes et cette d. D'autres savants, les Français, MM. Roux et Yersin, montrèrent à leur tour que ce bacille est la cause unique de la maladie et qu'il ne se répand pas dans le corps comme bien d'autres microbes (Voy. CHARBON), il reste cantonné par certaines de milles dans la fausse membrane qu'il a produite, et de là il déverse dans l'organisme un poison. Ils ont isolé ce poison et ont prouvé, par des expériences sur des animaux, que c'est lui seul qui est la cause de cet abattement dont nous avons tant parlé, des paralysies; enfin, que c'est lui le vrai danger. Des Allemands encore, MM. Behring, Kossel, Ehrlich, Wassermann, Aronson; un Japonais, M. Kitassato, étudièrent ensuite de plus près ce poison, essayèrent d'y accoutumer les animaux et, avec MM. Roux et Martin, trouvèrent en partant de ces essais la médication la plus scientifique et la plus sûre jusqu'à présent de la d.

Voyons maintenant le résultat de toutes ces recherches.

Étiologie. — La d. attaque toutes les surfaces du corps, les muqueuses en particulier; mais il faut qu'elles soient excoriées, ce qui est ordinaire, en malades comme dans la rougeole, scarlatine. Elle sévit dans tous les pays et en toutes saisons, mais bien plus dans les villes, endémique et épidémique à la fois. Elle atteint les deux sexes avec une égale fréquence, mais a une préférence marquée pour les enfants de 3 à 7 ans, qu'ils soient forts ou faibles en apparence. Si les enfants pauvres semblent être plus souvent les victimes de ce fléau, cela tient au manque absolu d'hygiène dont ils sont entourés, à l'extrême facilité que rencontre chez eux la d. à se propager de l'un à l'autre, par suite de leur promiscuité et de l'inattention des parents; enfin, à toutes les causes de débilitation, air confiné, nourriture insuffisante ou inappropriée, etc., qui favorisent toujours l'invasion de toute maladie contagieuse et infectieuse.

Contagion. — La d. est, en effet, éminemment contagieuse; elle l'est par la fausse membrane, par les bacilles que celle-ci contient et par les liquides, salive, mucus nasal, etc., qui baignent la fausse membrane; c'est par contact direct qu'elle se prend, peut-être aussi par l'air, mais alors à petites distances: car il est bien difficile de prouver qu'un individu qui voit et soigne un diphtérique, qui manie les vases à expectorations de ce malade, ses linges, les vêtements où il crache, les draps de lit qu'il souille, et tous les objets qu'il peut infecter, ne porte pas sur ses mains, sur ses vêtements ou sur toute autre partie de son corps (cheveux, barbe, souliers, comme on l'a démontré par les cultures) les bacilles, cause unique de la fausse membrane, de la d. Et, puisqu'il les porte sur lui, non seulement il peut prendre lui-même la d., mais le donner, sans l'avoir lui-même, à des enfants qu'il embrasse, qu'il habille, à qui il donne un morceau de pain ou un gâteau, sans s'être désinfecté au préalable, à d'autres personnes, vivant près ou fort loin, à qui il a envoyé des hardes souillées, ou tout objet, même des lettres non désinfectées. C'est ainsi que, partant d'un seul malade ou d'un seul foyer, se propagent la d., que se déclarent ses épidémies, souvent en des points fort éloignés d'un même territoire, et surtout que s'entretient cette effroyable maladie. Ce qui *prouve* a priori, sans aucune expérience, le *caractère contagieux* de la d., et le *siège de l'élément contagieux dans la fausse membrane,* ce sont les faits innombrables d'angines diphtériques ou de croup contractés par les personnes soignant les diphtériques.

Un médecin examine la gorge d'un enfant diphtérique, l'enfant tousse: une parcelle de salive ou de fausse membrane vient frapper le médecin à l'œil, au nez, sur les lèvres ou dans la bouche; le lendemain, un peu de fièvre, une petite pellicule blanchâtre; le surlendemain, fièvre plus intense, fausse membrane étendue, abattement considérable, délire même, et puis croup si la fausse membrane a atteint le larynx, et en 3, 4 ou 5 jours, malgré tout, mort! — Le médecin se blesse-t-il, se pique-t-il, en faisant la trachéotomie? expose-t-il une blessure fraîche à la salive mortelle du petit malade? même issue! Car la d. prise ainsi, par contagion directe, immédiate, est très grave; le bacille passant d'un homme à l'autre directement n'est pas affaibli par les agents extérieurs, température basse, milieux défavorables, secs, etc., et sa virulence augmente. Et ce sont ainsi des séries de médecins qui meurent ayant pris le mal au même malade, ou en se soignant mutuellement.

Résistance du virus. — Quand le virus est déposé sur un objet, il s'affaiblit, c'est vrai; mais il se conserve très longtemps, même desséché, à preuve que le pinceau qui avait servi à nettoyer la bouche d'un enfant mort de d., tua un second enfant, de d., au bout de 2 ans; à preuve ces appartements qu'une première famille a quittés à la suite de la mort d'un enfant par d; et qui, pour chaque nouvelle famille qui s'y installe et pendant de longues années, sont le tombeau d'un des leurs; et, dans tous ces cas, la bactériologie démontre l'existence du bacille sur les meubles, dans la poussière, dans les fentes des

planchers, et dire qu'une désinfection *rigoureusement* faite et renouvelée eût évité de si nombreuses morts!

Caractères et propriétés du microbe de la diphtérie. — Ce microbe est un petit bâtonnet, un bacille, le bacille de Klebs–Loeffler, comme on l'appelle en bactériologie. Il est long de 3 μ (μ désigne le micron qui vaut 1/1000 de millimètre) sur

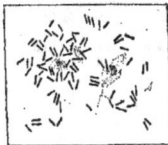

Fig. 4.

Bacilles de la diphtérie avec cellules épithéliales.
(Frottis de fausse membrane.)

0,7 μ de large. Ses bouts sont renflés. Il est immobile (Fig. 4). Dans les fausses membranes, où le bacille se rencontre presque toujours mêlangé à un grand nombre d'autres microbes, le *streptococcus*, les *staphylococcus, pyogène, doré et blanc,* et un *petit coccus* (de Brisou), des *diplococcus*, etc., en particulier, il est réuni en amas, par groupes de 3 ou 4, disposés parallèlement ou suivant des angles, souvent par, surtout à la surface.

Culture. — Il pousse sur les milieux de *culture* solides à 33° plus rapidement que les autres microbes; cette propriété, l'aspect caractéristique de ses colonies, rondes, grisâtre, à contours réguliers, rondes, plus épaisses au centre, celui du microbe lui-même, font que la culture et l'isolement, qui donnent des résultats positifs en moins de 24 heures sont les moyens les plus sûrs et les plus rapides du diagnostic de la d. Le bacille des cultures jeunes est plus colorable que celui des vieilles cultures, qui est en forme de massue, de gourde ou de poire, de battant de cloche, et granuleux, donnant l'illusion de spores. Celles-ci n'ont pas été observées d'une façon certaine.

Le bouillon alcalin où il forme des amas adhérents aux parois du verre, devient acide, puis il reprend son alcalinité. Il reste acide si on cultive le microbe en l'absence d'air, ce qui d'ailleurs l'empêche de croître. Ce bacille varie de virulence suivant l'âge des cultures; les vieilles sont inactives, mais les microbes qui en proviennent étant rajeunis dans un milieu neuf sont très virulents.

Animaux atteints et sensibles; diphtérie expérimentale. — Le cobaye, le lapin, le pigeon, la poule, la chèvre, le mouton, sont très sensibles à ce microbe; le chien et le cheval, moins. La souris et le rat lui résistent. L'inoculation par toutes les voies détermine la mort avec congestion de tous les organes. Les muqueuses, conjonctive, vulve, pharynx, etc. inoculées se couvrent de fausses membranes caractéristiques, et l'on obtient chez l'animal trachéotomisé, puis inoculé dans le larynx, tous les symptômes du croup chez l'enfant : accélération de la respiration, tirage, asphyxie due à l'obstruction des voies aériennes par les fausses membranes et les phénomènes si singuliers d'abattement rapide et disproportionné avec la durée et l'apparence de gravité de la maladie. — *Chose curieuse, le bacille n'existe, dans l'immense majorité des cas, qu'à l'endroit inoculé,* il y disparaît encore assez vite; cette notion prouve que la d. n'est pas une infection générale, mais une maladie locale. — La virulence des microbes dépend du mode de culture et de l'état de santé de l'animal inoculé. On peut l'exagérer en les cultivant à 33° dans un courant d'air surtout humide. Cela s'accorde très bien avec la préférence exclusive de ce microbe pour les voies aériennes ou les surfaces exposées à l'air. Mais à la longue ce mode de culture les atténue au contraire, et les microbes atténués, cultivés ailleurs, ne sont plus virulents. Cette atténuation a pu être obtenue d'autres façons; mais quelque atténués soient-ils, les microbes inoculés aux muqueuses y produisent toujours des fausses membranes.

Souvent les animaux inoculés, quand ils ne meurent pas, ont des *paralysies* du train postérieur, qui gagnent lentement le train antérieur; les pigeons ne peuvent plus voler. Ce sont les mêmes paralysies que chez l'homme, et c'est la meilleure preuve que le bacille découvert est bien celui de la d. Les animaux maigrissent et finissent par mourir. Les paralysies peuvent ne survenir que longtemps après l'inoculation, comme chez l'homme après la d.

La diphtérie est un empoisonnement. — Le bouillon de culture, privé de bacilles, tue sans fausses membranes. — La toxine. — Un fait gros de promesses est celui-ci : L'injection pure et simple du liquide des vieilles cultures privées par filtration de toute trace de microbes, surtout quand il est alcalin, détermine la mort rapide en 36 heures avec ou sans paralysie, ou des paralysies considérables plus ou moins tardives. Il suffit d'un 1/2, 1/4, 1/8 de centimètre cube. Bien plus, une parcelle du précipité obtenu en ajoutant du chlorure de calcium au liquide filtré, inoculé sous la peau du cobaye, le tue en 3-4 jours avec tous les symptômes de l'infection bacillaire. Les lésions d'autopsie sont les mêmes que celles que produit l'inoculation du bacille. C'est donc bien un poison, et très violent, le plus violent que l'on connaisse avec celui que fournit le microbe du tétanos. Il agit sur les animaux plus rapidement en milieu alcalin. En milieu acide la mort n'a lieu qu'en 7 à 8 mois.

Voilà la découverte capitale due à MM. Roux et Yersin, découverte sans laquelle la d. ne serait pas vaincue. Ainsi, on obtient la mort et tous les symptômes de la d., sauf ceux qui dépendent de l'obstruction des voies aériennes quand des fausses membranes s'y forment, simplement par l'injection d'une petite quantité du bouillon où ont vécu les bacilles de la d., mais dont ils ont été complètement écartés par filtration. L'action de ce liquide est donc comparable à celle du venin de serpents venimeux, du scorpion, etc. — C'est donc un poison.

Les animaux auxquels on a injecté le bouillon privé de bacilles diphtériques meurent empoisonnés, ou ont des symptômes particuliers d'empoisonnement. — Or, nous avons vu qu'après inoculation avec du bacille vivant contenu dans du bouillon ou dans un autre milieu, le bacille n'existe qu'à l'endroit inoculé, qu'à l'endroit où il y a la fausse membrane, qu'il en disparaît même assez vite. L'expérience montre en outre que tous les accidents ont lieu, après inoculation du microbe, quel que soit le point où l'inoculation a eu lieu, et par suite quel que soit le point où la fausse membrane s'est étendue; que cette mort et ces accidents surviennent sans que le larynx ou la trachée soient obstrués, c'est-à-dire qu'ils ne peuvent être imputables à l'asphyxie.

L'homme et les animaux ne meurent donc pas par infection, c'est-à-dire par pullulation des microbes dans l'organisme, mais par empoisonnement, par le poison que les microbes déversent dans l'organisme du point unique où ils siègent, c.-à-d. de la fausse membrane.

La toxine et ses propriétés. — Vaccination des animaux contre la d. par la toxine. — Ce poison, on lui a donné le nom de toxine diphtérique, et il appartient à une classe de substances déjà très nombreuses, obtenues par la culture des microbes, et dont la nature nous connue les rapproche des *diastases.*

De même que l'on peut *diminuer la virulence du bacille* par l'action de la chaleur, par une longue culture, par privation d'air ou excès d'air ou d'oxygène, par les agents chimiques, etc.; de même, on *réduit l'activité de la toxine* par le chauffage à 70° quelques minutes à 1/4 d'heure (Fraenkel, Brieger et Wassermann), par addition d'iode (1/3 de liqueur iodo-iodurée à 2/3 de la toxine) (Roux et Vaillard), etc. Les animaux : cobayes, lapins, chiens, chevaux, moutons (ces deux derniers sont très sensibles), auxquels on injecte de cette toxine ainsi modifiée, ne meurent pas, ne présentent pas le moindre symptôme général alarmant, mais à la condition que la quantité injectée ne dépasse pas un 1/2 centim. On peut renouveler cette quantité à plusieurs reprises à quelques jours d'intervalle, pendant des semaines, sans que l'animal s'en aperçoive; on peut alors lui injecter de la toxine très virulente par doses croissantes avec ménagement, l'animal n'éprouve aucun malaise. *Il est vacciné contre la toxine.* — L'inoculation du bacille lui-même très virulent produit, il est vrai, une fausse membrane, mais de peu d'étendue, avec un léger degré de fièvre, et dès le 2e jour tous ces symptômes rétrogradent, la fausse membrane se détache, et l'animal guérit rapidement. L'animal est donc vacciné aussi contre le bacille. Il est *immunisé, vacciné contre la d.* Ce pareil procédé de vaccination peut être applicable chez des animaux; mais chez l'homme, si sensible à la d., il offrirait trop d'aléas, trop de morts pourraient en résulter, et il aurait le grave inconvénient d'exiger une vaccination générale dès le bas âge. Il fallait donc pousser plus loin les recherches vers une médication plus sûre.

Le vaccin du croup — L'antitoxine diphtérique, la sérothérapie chez les animaux — Ces faits jusque-là se trouvent inclus dans la méthode de Pasteur. Ils sont le résultat des idées de ce maître. Un Allemand, M. Behring, a ouvert pratiquement le chemin à de nouvelles idées, à ce qu'on appelle la *Sérothérapie.* — L'animal immunisé contre la d. à l'aide de la toxine est devenu réfractaire à cette maladie, parce que toutes les cellules qui le composent, en particulier peut-être les globules blancs ou *Phagocytes* (Voy. PHAGOCYTOSE), tous les liquides qu'il contient, possèdent une nouvelle propriété, celle de réagir victorieusement, d'annihiler l'effet de la toxine, injectée isolément par l'expérimentateur, ou de la toxine déversée dans l'organisme par les bacilles de la fausse membrane. N'est-il pas possible de créer cet état réfractaire, cette propriété des tissus à lutter victorieusement contre la toxine du bacille diphtérique, chez un autre animal, non pas en l'habituant graduellement à la toxine, mais en lui injectant une certaine quantité des liquides de l'animal déjà immunisé, vacciné? Ne peut-on pas vacciner un animal à l'aide du sang, du lait, etc., d'un autre animal vacciné lui-même contre la d.? Voilà l'idée de Behring. Prenant, aseptiquement, du sang d'un animal vacciné contre la d., on le laisse se coaguler par refroidissement et on recueille, toujours aseptiquement, le liquide citrin qui ne contient plus aucun globule sanguin : c'est le *sérum.* Si le sérum possède la propriété de détruire les effets de la toxine diphtérique, il doit, mélangé avec la toxine, en neutraliser les effets. C'est ce qui a lieu : *de la toxine diphtérique reste sans effet,* quand, avant l'injection à l'animal sain, on la mélange, dans un verre, en proportion convenable, à du sérum d'un animal vacciné contre la d., à l'aide de cette même toxine diphtérique. L'action de ce sérum est la même, il empêchera l'animal de mourir : si on injecte les deux liquides, sérum et toxine, séparément en deux points éloignés l'un de l'autre; si on injecte le sérum d'abord, puis, plusieurs heures après, la toxine; si même on injecte d'abord la toxine, puis quelque temps après le sérum. A condition que la quantité de sérum soit proportionnée à la taille de l'animal, à la dose de toxine injectée, à l'intervalle de temps séparant l'injection des 2 liquides, à ces conditions, l'animal ne périt pas. Ainsi donc, le sérum neutralise les effets de la *toxine,* quand il est injecté, *mélangé avec elle, après elle,* ou *avant elle* Il guérit les animaux quand ils sont déjà malades par la toxine; il les empêche de tomber malades et de mourir, si on leur inocule ensuite de la toxine. Le sérum a donc *une action à la fois curative et préventive contre la toxine.* Il a donc une propriété *antitoxique* attribuée à une substance, à une *antitoxine* de même nature probablement que la toxine et les diastases, altérable comme elles par la chaleur, l'alcool, les agents chimiques, la lumière, etc., mais inconnue encore.

Ce n'est pas à dire que le sérum neutralise la toxine; tout prouve, au contraire, qu'il la laisse intacte, mais il en neutralise les effets, probablement en excitant les cellules de l'organisme animal, à réagir d'une façon tout opposée, sans que nous connaissions encore le mécanisme de son action.

Le sérum aura-t-il la même action curative et préventive *contre le bacille diphtérique lui-même* vivant dans les fausses membranes? Les expériences ont montré que l'injection de sérum précédant l'inoculation de bacilles virulents, ou faite en même temps, en quelque point que ce soit, empêche la mort, tout en laissant se produire, il est vrai, une fausse membrane, mais très peu étendue, sans grand gonflement autour, qui rétrocède au bout de deux jours et n'amène aucun symptôme laryngien, si le larynx a été inoculé ; la fièvre est peu intense et peu durable. Quand l'inoculation bacillaire précède de 12 heures, par ex., l'injection de sérum, celui-ci arrête l'évolution de la fausse membrane qui tombe le 2e jour, et il redonne presque aussitôt à l'animal l'aspect de la santé. Les bacilles eux-mêmes disparaissent rapidement au niveau de la plaie. La dose de sérum est bien entendu variable suivant toutes les circonstances indiquées plus haut. Ainsi donc, le *sérum est aussi curatif et préservatif contre le bacille diphtérique chez les animaux d'expérience.* Le remède est trouvé; employé à temps et en quantité convenable, il guérit les animaux non seulement de l'empoisonnement diphtérique, mais encore de la fausse membrane elle-même.

Guérir ainsi une maladie à l'aide du sérum de sang d'animaux ou d'hommes vaccinés spontanément ou expérimentalement ou par une première atteinte de la même maladie, c'est ce qu'on appelle la *Sérothérapie* déjà tentée avec des succès discutables sur le tétanos, la fièvre typhoïde, la pneumonie, l'érysipèle, le choléra, la syphilis.

La sérothérapie diphtérique chez l'homme ; la mortalité moyenne par la d. abaissée de 50 à 16 p. 0/0. — Des résultats si pleins de promesses pour une maladie si meurtrière devaient être obtenus aussi chez l'homme, but unique de toutes ces ingénieuses recherches. — Mais là, il faut agir avec prudence : car les doses de sérum à injecter doivent être relativement énormes à cause de la grande taille, et on ne sait pas d'avance si l'homme réagira exactement de la même façon que les animaux, si le sérum des autres animaux ne lui est pas nuisible.

Les premières tentatives sur l'homme furent faites en 1892, en Allemagne, par Behring et ses collaborateurs, Kitassato, Kossel, Ehrlich, etc., à l'aide de sérum de chèvres et de moutons immunisés contre la d.; Aronson employa du sérum de chien et de cheval ; plus tard enfin, Roux et Martin se servirent uniquement du sérum de ce dernier animal. Les raisons de ce choix sont que : 1° le cheval étant moins sensible à la toxine diphtérique, on peut l'immuniser assez rapidement et d'une façon durable ; 2° la quantité de sérum qu'il donne à chaque saignée, et cela sans que sa santé en souffre, est très grande, vu la grande taille de l'animal. Les résultats de Behring chez l'enfant furent presque aussi favorables que chez les animaux. Des enfants atteints de d. de croup, de gravité diverse, ayant reçu à plusieurs reprises des quantités variables mais petites de sérum de chèvres, de moutons immunisés, il n'en mourut d'abord que 30 p. 0/0 au lieu de 50 p. 0/0, chiffre moyen des morts chez les enfants traités par toutes les autres méthodes. Puis la préparation du sérum devenant plus parfaite, le sérum lui-même devenant plus actif, le chiffre de la mortalité s'abaisse à 24 p. 0/0 et même à 20 p. 0/0. Des résultats aussi heureux sont obtenus par Aronson, Roux et Martin, au point que le chiffre des décès descend même à 16 p. 0/0 seulement. 16 enfants morts sur 100 enfants atteints de d. au lieu de 45 à 50 ! La vie sauvée par le sérum à près de 35 enfants voués autrement à une mort certaine ! Voilà le merveilleux.

Et ces résultats, partout où les a obtenus, les statistiques de tous les pays ont accusé au minimum la moitié moins de morts par d., aussitôt que la méthode a été connue.

Mais pourquoi ne pas pouvoir sauver la vie à tous les enfants diphtériques, comme on sauve la vie de tous les animaux d'expérience à qui on a inoculé le bacille de la d. et injecté ensuite du sérum antidiphtérique ?

C'est que d'abord les animaux d'expérience sont en bonne santé quand on leur inocule le virus, ils sont tenus proprement ; puis, et surtout, le virus qu'on leur inocule est pur, le bacille diphtérique est seul à agir et c'est lui seul que l'on combat avec son antitoxine ; enfin, on leur injecte le sérum curateur en temps opportun, c.-à-d. avant que le poison diphtérique n'ait amené les effets du poison qu'il a déversé dans le corps sont neutralisés ; mais les autres microbes restent là, et ils sont très dangereux quoique à des degrés divers, même plus dangereux que lorsqu'ils n'accompagnent pas la d., car celle-ci leur livre l'organisme affaibli et contre eux le sérum antidiphtérique ne peut rien. Ainsi, en suivant la statistique de MM. Roux, Martin et Chaillou, on voit que :

Pour les angines avec bacilles diphtériques seuls, la mortalité est de 1,7 p. 0/0 ;

Pour les angines avec bacilles diphtériques et autres microbes, la mortalité est de moyenne de 17 p. 0/0.

Du fait de l'association d'autres microbes avec le bacille d. 16 enfants sur 100 meurent en plus !

Mais si le bacille d. est associé avec le streptococcus, c'est 24 morts de plus !

Si on soigne l'enfant trop tard avec le sérum, si le croup étouffe le bébé tout à fait ou après une angine, au point qu'il faille en arriver à la trachéotomie, si les bacilles de la d. ont déjà inondé le corps de leur poison, alors le taux de la mortalité s'élève, malgré le sérum, il est vrai ; mais que l'on compare :

Enfants atteints de croup, et trachéotomisés, avec traitement par le sérum antidiphtérique, en moyenne, morts : 46 p. 0/0.

Enfants atteints de croup, et trachéotomisés, sans traitement par le sérum antidiphtérique, en moyenne morts : 67, 70 et même 75 p. 0/0.

Voilà encore 20 à 30 enfants sur 100 qui doivent la vie au sérum !

Et l'influence des espèces de microbes est grande là encore.

Le croup est-il dû uniquement ou à peu près à des bacilles diphtériques, le sérum abaisse la mortalité à 24 p. 0/0 ; est-il associé au staphylococcus, la mortalité monte à 50 p. 0/0 ; est-il accompagné du streptococcus, elle atteint 57,7 p. 0/0. Et dans ces deux derniers cas cette mortalité est encore inférieure à la mortalité moyenne des enfants non traités par le sérum, 70 p. 0/0. Elle ne lui est en réalité pas comparable : car alors il meurt 80, 90 et même 100 enfants sur 100. Et ces chiffres sont ceux des hôpitaux d'une grande ville comme Paris, où les enfants étaient relativement entretenus hygiéniquement, bien alimentés ; que devaient-ils être dans les petites villes, dans les villages, chez les ouvriers malpropres, vivant à 5 ou 6 dans la même chambre, ayant à peine de quoi ne pas laisser mourir de faim leurs enfants ?

Telles sont les raisons pour lesquelles, malgré le sérum, la mortalité par la d. ne peut être réduite à 0. Et ces causes d'aggravation sont si vraies qu'expérimentalement on peut élever la mortalité chez les animaux, malgré le sérum, en infectant la fausse membrane diphtérique de la vulve, de la trachée, du larynx, du nez, avec du staphylococcus, du streptococcus ; en injectant le sérum curatif trop tard ; en diphtérisant des animaux affaiblis par des maladies antérieures provoquées ou spontanées, par l'inanition, par un séjour en un lieu encombré et malpropre.

Pouvoir préventif de l'antitoxine contre la d. — Le sérum antidiphtérique est donc le remède le plus sûr et le plus efficace à opposer à la d. déclarée chez l'homme. — Peut-il aussi chez l'homme la prévenir, et cela sans autres inconvénients que les petits accidents dont nous parlerons plus tard ? Les statistiques d'abord timides, puis plus abondantes, montrent que l'injection du sérum à doses modérées aux personnes vivant ou mises en contact avec un diphtérique, les a préservées dans la plupart des cas ; lorsqu'elles ont été atteintes de diphtérie, celle-ci a été bénigne ou a rétrocédé ; devant de nouvelles injections de sérum, les morts ont été extrêmement rares. Le sérum antidiphtérique est donc chez l'homme aussi préventif.

Le vaccin du croup à la portée de tous. — L'opinion publique, qui ne s'était nullement émue des recherches et publications poursuivies par Behring et ses collaborateurs depuis 1890, fut soulevée par la publication des résultats obtenus par Roux, Martin et Chaillou en 1894. Tout le monde voulut du sérum pour attendre de pied ferme et combattre victorieusement le croup, le d. Il ne s'agissait plus de sérum de quelques chevaux, quantité suffisante pour des expériences préliminaires : il fallait du sérum pour des pays, des populations entières ; il fallait obtenir industriellement le sérum antidiphtérique. — Les progrès de la chimie biologique n'ont pas permis jusqu'à présent de connaître exactement les différences de la toxine et de l'antitoxine diphtérique ; ils font cependant espérer qu'on parviendra peut-être sous peu à obtenir l'antitoxine pure tirée du sérum de cheval, ou bien l'antitoxine en partant de la toxine, in vitro, sans le secours de l'organisme d'aucun animal, ou encore un autre remède d'essence ignoré. En attendant, il faut user de l'animal le plus approprié : du cheval. En France, une souscription publique, grâce à un enthousiasme vraiment humanitaire, a mis l'Institut Pasteur rapidement en mesure d'avoir plus de 150 chevaux et de ses entreteneur. Plusieurs villes : Lille, Marseille, Montpellier ont fondé même, à leurs frais, des instituts antidiphtériques pour la fabrication du précieux sérum. En Allemagne deux fabriques dirigées, l'une par Behring, l'autre par Aronson, livrent le sérum au commerce. En Angleterre, en Italie, en Amérique, des institutions scientifiques, gouvernementales ou privées, se sont mises en état de fournir le sérum à leurs nationaux. Partout des cours ont lieu pour enseigner à faire le diagnostic bactériologique de cette d., pour la combattre dès son apparition ; partout les États et les villes ont créé des laboratoires, des services entiers pour l'examen des fausses membranes, pour l'isolement, pour la désinfection.

Préparation industrielle du vaccin du croup, du sérum antidiphtérique. — Comment donc industriellement obtient-on le sérum antidiphtérique ? Prenons pour type la méthode de M. Roux. D'abord il faut préparer la toxine. Des vases coniques à fond plat, très larges, munis d'une tubulure latérale, contiennent à peine un doigt de bouillon de culture alcaline ;

on les stérilise, puis on les ensemence avec des cultures fraîches de bacille diphtérique reconnu très virulent par inoculation à des cobayes, et on les met à l'étuve à 37° pour que les microbes poussent bien. Dès que le bouillon est bien trouble, signe d'une culture abondante, on établit un courant d'air humide stérilisé dans chaque vase conique à l'aide d'une trompe à eau aspiratrice et d'un tube adducteur d'air rendu humide par barbotage dans un flacon plein d'eau. La disposition du bouillon de culture en couche mince a pour but d'obtenir une culture d'activité uniforme : car on peut considérer que dans ces conditions les microbes qui sont très sensibles aux moindres variations, étant soumis aux mêmes influences, pulluleront partout de la même façon et donneront une toxine identique. Le courant d'air humide est destiné, d'une part, à activer la formation de la toxine, et d'autre part, à exciter les microbes à sécréter une toxine plus virulente. Au bout d'un mois au plus, on obtient de cette façon un bouillon de culture très riche en toxine. On filtre ce bouillon de culture à travers une bougie de porcelaine Chamberland, pour le débarrasser des microbes. Le liquide filtré ne contient plus que la toxine prête à être injectée aux animaux pour les immuniser. Elle est capable de tuer un cobaye du poids de 500 grammes en 48 heures quand on en injecte 1/10 de centimètre cube ; ce qu'on exprime, en disant que son pouvoir toxique est de 5000, c'est-à-dire qu'il suffit d'une quantité de toxine égale à 1/5000 du poids de l'animal pour le tuer.

Ce bouillon filtré doit être gardé à l'obscurité dans un endroit frais et dans des flacons complètement pleins et hermétiquement bouchés, sans quoi il perd assez rapidement ses propriétés toxiques.

Il faut maintenant *préparer les chevaux.* Ceux-ci sont des chevaux réformés impropres au service par des tares ou membres. Ils sont relativement jeunes, absolument sains, et ne présentent *pas trace de morve ou farcin,* ni de *tuberculose.*

Pour vérifier ce fait, on leur injecte du bouillon de culture de bacille morveux (*malléine*) débarrassé par filtration de tout microbe. Si le cheval ne présente pas la moindre élévation de température dans les jours qui suivent l'injection de *malléine,* c'est qu'il est tout à fait indemne de morve, et que l'injection de la partie liquide du sang ou sérum aux enfants ne leur donnera pas la *morve,* cette terrible maladie à laquelle l'homme est si sensible. C'est que cette *malléine* est le révélateur le plus sûr de la morve, comme la *tuberculine* que l'on emploie pour un essai analogue l'est de la tuberculose.

Les chevaux, après cette double épreuve, sont bons à immuniser. Alors, on leur injecte sous la peau de l'encolure ou derrière l'épaule, à l'aide d'une seringue et d'un trocart, des doses progressivement croissantes de bouillon de bacilles diphtériques d'un pouvoir toxique de 5000, privé par filtration de tout bacille et ne contenant que la toxine ; on appelle ce bouillon stérile, improprement, *toxine;* celle-ci n'est pas encore découverte ni isolée. Ces injections se font à des intervalles appropriés, suivant la vigueur de l'animal et la réaction qu'il a présentée à chacune d'elles : car les injections de toxine déterminent de la fièvre (on prend la température du cheval matin et soir), et du gonflement au niveau de la piqûre, passagers et peu importants quand la quantité de toxine injectée est modérée ; les accidents graves et même la mort sont la conséquence de quantités trop fortes ou trop fréquemment répétées de toxine.

Au bout de deux à trois mois, le sérum du sang du cheval ainsi traité a acquis les propriétés antitoxiques, antidiphtériques ; il est immunisant contre la d., il la prévient et peut la guérir ; on filtre, à la dose de 1/50000 du poids d'un cobaye de 500 grammes, c'est-à-dire à la dose de 1/10 de centim. cube, il neutralise les effets d'inoculation d'au moins 1/2 centim. cube de toxine d'un pouvoir toxique de 5,000, quand le sérum antidiphtérique a été injecté douze heures à l'avance. On dit alors que le sérum a un pouvoir préventif de 50000; ce pouvoir peut être augmenté et il atteint même 100000.

À ce degré d'immunisation, on peut, à l'aide d'un trocart ou grosse aiguille creuse, tirer de ces chevaux le sang dont la partie liquide constitue le sérum immunisateur, en opérant avec asepsie, et en recevant le liquide dans des flacons stérilisés. Les saignées peuvent être copieuses et assez souvent répétées, à peu près tous les vingt jours ; cela dépend de la taille et de la vigueur de l'animal. Une fois le sang coagulé, on transvase le liquide surnageant le sérum qui est limpide et contient l'antitoxine dans des flaconnets stérilisés

de 10 et 20 centim. cubes, bien bouchés avec des bouchons de caoutchouc ; on ajoute au sérum antidiphtérique un morceau de camphre fondu, afin d'empêcher la pullulation des moisissures ou d'autres microbes, et on le conserve dans un endroit frais à l'abri de la lumière.

L'immunisation des chevaux contre la d. n'est pas durable même après deux à trois mois de préparation par la toxine. Au bout d'un certain temps, leur sérum perdrait ses propriétés antidiphtériques si on ne les entretenait en injectant fréquemment aux chevaux des doses faibles de toxine. Le cheval devient ainsi une source constante d'antitoxine ; son organisme sert, pour ainsi dire, à transformer l'une dans l'autre.

Vu l'importance capitale d'une préparation irréprochable d'un sérum antidiphtérique, ayant toujours ou à peu près la même activité (car il y va de la vie de millions d'hommes et de la dignité de la science), on a, en France, voté une loi sur la préparation de ces sérums, de façon à donner toute sécurité au public. — En Allemagne, cette fabrication est libre. Afin de parer de suite à toutes attaques de d., les flacons de sérum qu'on était obligé au début de se procurer à l'Institut Pasteur même, *se trouvent chez tous les pharmaciens* à un prix extrêmement modique : 3 francs pour le flacon de 10 centim. cubes, et 6 francs celui de 20 centim. cubes. En Allemagne, les prix de quantités du sérum à peu près aussi actif étaient d'abord 6 fr. 75 et 13 fr. 50. Maintenant, ils sont inférieurs aux prix français.

Manuel des injections pour combattre la d. ou la prévenir. — On introduit le sérum antidiphtérique dans l'organisme par injection ; pour cela on se sert d'une seringue de 20 centim. cubes, stérilisable, munie d'un tube assez long de caoutchouc au bout duquel peuvent s'adapter des aiguilles creuses. Avant chaque injection on stérilise seringue, aiguille et caoutchouc en les immergeant dans l'eau, portée ensuite progressivement à l'ébullition et maintenue bouillante quinze minutes. On laisse refroidir. On remplit ensuite par aspiration la seringue qui est graduée de la quantité de sérum antidiphtérique à injecter. Après désinfection de la peau du flanc du malade, à l'aide d'une solution antiseptique, on y fait un pli, on pique avec l'aiguille à la base de ce pli, de façon que la pointe de l'aiguille se trouve dans le tissu cellulaire seulement, et on pousse doucement le liquide en agissant sur la seringue. Il se forme une boule d'œdème disparaissant vite. On recouvre le point de la piqûre avec de l'ouate hydrophile stérilisée. Quand la quantité de sérum dépasse 20 centim. cubes, on fait deux injections, une à chaque flanc.

Comment on traite aujourd'hui la d. par le sérum ou vaccin du croup. — *Le diagnostic de la d. par les cultures.* — Nous possédons maintenant le sérum et nous savons comment il faut l'administrer. Mais devons-nous l'employer à tort et à travers, pour le moindre enrouement et pendant tout le cours d'une angine qui n'aurait rien de diphtérique ? Non, il faut donc faire le diagnostic de l'angine. Or, ce diagnostic exige aujourd'hui 24 heures pour être fait d'une façon rigoureuse. S'il fallait attendre 24 heures pour faire la première injection de sérum, ce serait perdre le temps le plus précieux, les plus grandes chances de salut. Donc, en tous cas et en attendant le diagnostic précis, et puisque le sérum n'a pas de grands inconvénients, *il faut injecter, dès le début de tout mal ressemblant à une angine diphtérique ou au croup, 10 centimètres cubes de sérum si le cas est léger, et 20 centimètres cubes si le cas est grave, et en même temps faire faire l'examen de la fausse membrane, ou des liquides de l'arrière-bouche au point de vue des microbes, c.-à-d. établir le diagnostic de l'angine.* — Il y a à peine 10 ans, ce diagnostic offrait les plus grandes difficultés. On se trompait très souvent, prenant pour des angines simples ce qui était de la d. et inversement. Le diagnostic dépendait du coup d'œil, de l'expérience du médecin, et ces qualités étaient la plupart du temps mises en défaut. Il fallait reconnaître à mille petits signes, très souvent faillibles, qu'on avait affaire ou non à la d. Faire un diagnostic certain de d. était impossible : car l'angine diphtérique, au début surtout, ressemble à quantité d'autres angines, et il n'y a pas que l'angine diphtérique qui s'accompagne de fausses membranes. Depuis quelques années il n'en est plus de même ; tout médecin peut faire un diagnostic certain de d. Bien plus, il n'a qu'à recueillir la fausse membrane ou des parcelles de celle-ci, et envoyer ces produits morbides à un des laboratoires appropriés, pour qu'au bout de 24 heures il reçoive l'avis que son malade est atteint de d. ou non. Tout cela grâce à la découverte du bacille de la d. — Il s'agit donc de reconnaître que la fausse membrane ou les liquides de l'arrière-bouche contiennent le bacille diphtérique ou non. Pour cela, il n'y a qu'un moyen sûr, c'est la *culture* sur sérum coagulé. Cette culture exige l'emploi d'un fil de fer stérilisé, aplati à l'un de ses bouts, et de deux tubes à essai bouchés à l'ouate, qui ont été stérilisés, puis remplis au 1/3 de sérum de sang de bœuf, recueilli aseptiquement et stérilisé pendant deux semaines par un chauffage à 58° de 1 heure chaque jour, et solidifié. Ces tubes, ce fil de fer stérilisé contenu dans un tube stérile; des tubes à essai stérilisés, pour y introduire la fausse membrane, si on veut la faire examiner par un laboratoire, tout cela, sous forme de trousse, se trouve dans le commerce aujourd'hui. La plupart des pharmaciens les tiennent à la disposition des médecins pour un prix modique. Une fois en présence d'un cas suspect et possédant la trousse de diagnostic diphtérique, rien n'est plus facile que de faire la culture. Si la fausse membrane est détachée, vous n'avez qu'à la toucher avec l'extrémité en spa-

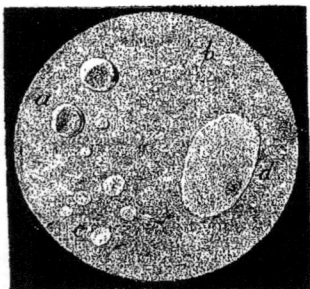

Fig. 5.

a. Colonies diphtériques. — *b.* id. de streptococcus. — *c.* id. de micrococcus Brison. — *d.* id. de staphylococcus. (D'après M. Martin, *Bulletin Médical*, comme la figure des microbes.)

tule du fil de fer stérilisé au-dessus de la flamme et refroidi. Si elle n'est pas détachée, ou s'il n'y en a pas, il faut, avec le même fil de platine, doucement, sans faire la moindre éraillure à la bouche, toucher la fausse membrane adhérente, ou la gorge le plus près possible du larynx. Le fil de fer ainsi chargé, on ouvre délicatement l'un des tubes de sérum coagulé de bœuf et on fait sur la surface du sérum coagulé des stries longitudinales, on bouche ce premier tube ainsi ensemencé, et on ensemence le second de la même façon avec le fil de fer, sans avoir retouché une seconde fois la fausse membrane ou la gorge. Le 2ᵉ tube ensemencé contiendra bien moins de colonies de microbes, et celles-ci seront bien plus espacées, puisque le fil de fer aura été pour ainsi dire essuyé et presque complètement dépouillé de microbes par les stries faites sur le sérum du 1ᵉʳ tube. On les reconnaîtra mieux (Fig. 5).

On désinfecte le fil de fer en le brûlant sur une flamme quelconque, on jette soi-même sur un feu ardent la fausse membrane avec le taffetas gommé sur lequel on l'a recueillie, et on se désinfecte soigneusement les mains avec des solutions antiseptiques fortes. Si le médecin veut faire la culture lui-même et l'examiner, il n'a qu'à la mettre dans une étuve à 37° pendant 24 heures, ou bien il l'envoie à un laboratoire outillé pour le diagnostic. Grâce aux caractères du bacille diphtérique que nous avons énoncés déjà, le diagnostic certain sera fait, et qui plus est, on saura quelles espèces d'autres microbes accompagnent le bacille diphtérique, s'il y a d., ce qui est d'une importance du premier ordre pour le pronostic, ou à quels microbes est due l'angine pseudo-membraneuse ou non.

L'organisation administrative du diagnostic bactériologique dans les pays civilisés. — Aux États-Unis, pays où pour la première fois la lutte contre la d. a été pour ainsi dire administrativement constituée, même avant la découverte du sérum antidiphtérique, le médecin renvoie les tubes de sérum coagulé qu'il a ensemencés, chez le pharmacien à qui il les a achetés, et le pharmacien les renvoie immédiatement à un laboratoire central d'hygiène qui, 24 heures après,

adresse le diagnostic bactériologique circonstancié au médecin. Celui-ci n'a plus qu'à traiter son malade en conséquence. En France, pareille institution ne fait que débuter, et seulement sous l'impulsion des travaux de M. Roux. Quelques pharmaciens dans les grandes villes font eux-mêmes le diagnostic. Les villes d'universités ont le service du diagnostic assuré par les hôpitaux et les laboratoires des facultés de médecine. Enfin, Paris a institué un laboratoire central à l'Hôtel de Ville, pour le diagnostic diphtérique. Tout cela est décousu, manque d'unité, et trop souvent encore le médecin est réduit à faire le diagnostic diphtérique, ce qu'il ne peut bien faire faute de temps ou de savoir. Il se contente alors du diagnostic beaucoup moins affirmatif à l'aide de colorants.

Le diagnostic de la d. par l'examen microscopique de la fausse membrane. — Pour faire celui-ci, on étale en la frottant une particule extrêmement petite de fausse membrane, ou de liquides pharyngiens suspects, pris à l'aide du fil de fer spatule, sur une lamelle très mince, recouverte d'une toute petite gouttelette d'eau filtrée ou bouillie. On sèche le tout en passant trois fois la lamelle rapidement au-dessus d'une flamme, on verse sur la face recouverte de cette lamelle quelques gouttes d'un liquide colorant appelé *bleu composé de Roux* :

Solution A.	Violet Dahlia	1 gr.	} 1/3
	Alcool à 90°	10 gr.	
	Eau distillée	90 gr.	
Solution B.	Vert de méthyle	1 gr.	} 2/3
	Alcool à 90°	10 gr.	
	Eau distillée	90 gr.	

on lave la lamelle dans de l'eau pour enlever l'excès de couleur, on la place sur une lame de verre, la face recouverte d'enduit diphtérique en-dessous; on sèche la face supérieure, et on examine la préparation au microscope, avec des grossissements de 600 et davantage. On reconnaît les bacilles diphtériques alors à l'aspect que nous avons indiqué; on peut savoir s'ils sont très abondants et quelles sont les espèces d'autres microbes qui l'accompagnent.

Le traitement de la d. par le sérum, quand le diagnostic bactériologique est fait. — Le médecin sait maintenant quelle est l'affection de son malade, que par prudence il a déjà vingt-quatre heures auparavant traité par le sérum antidiphtérique. N'y avait-il pas trace de bacilles diphtériques chez son malade, il est inutile de continuer à injecter du sérum, et le médecin n'a plus qu'à soigner l'angine par les moyens les plus appropriés. Y a-t-il des bacilles, et les bacilles sont-ils associés à d'autres microbes; il faudra injecter du sérum, à plusieurs reprises et en quantité variable suivant la gravité du mal, et suivant l'espèce de microbes associés. Il n'y a donc pas de règle fixe. On varie ces injections d'après l'âge (au-dessous d'un an, les enfants reçoivent en une injection autant de centimètres cubes qu'ils comptent de mois; chez les enfants plus âgés, on donne en moyenne une dose moitié moindre que chez les adultes), le pouls, la température et la quantité d'albumine des urines. Ces derniers éléments augmentent quand la maladie s'aggrave ou se complique; il faut donc augmenter les doses de sérum antidiphtérique. Ainsi, pour une angine diphtérique bénigne, une première injection de 10-20 centimètres cubes peut suffire; pour un croup, une angine grave avec tirage, à bacilles diphtériques purs, 40 à 50 centimètres cubes en trois fois à vingt-quatre et même à douze heures d'intervalle; pour une angine grave avec streptococcus, 70-80 et même 120 centimètres cubes de sérum sont nécessaires, à doses de 10-20 et même 30 centim. cubes chaque jour pour éviter un dénouement fatal.

Le résultat le plus apparent du traitement précoce par le sérum antidiphtérique est la diminution considérable du nombre de trachéotomies et le remplacement de cette opération mutilante, dangereuse, par une opération bien plus simple, le *tubage*, qui consiste à introduire par la bouche, dans le larynx, un petit tube métallique qu'on laisse en place un ou deux jours, jusqu'à ce que les fausses membranes se détachent sous l'action du sérum, le danger d'asphyxie soit écarté. Mais, si la trachéotomie s'impose, il faut recourir au sérum et en doses massives de 20 centimètres cubes pendant 3 et 4 jours, vu la gravité du mal, et aussi longtemps que tous les symptômes ne s'amendent pas, et en même temps, pour éviter autant que possible la broncho-pneumonie mortelle, injecter dans la canule, tous les jours, de l'huile mentholée.

Que les enfants soient atteints d'angine ou de croup trachéotomisé ou non, leur aspect, quand ils sont traités par le sérum, est tout à fait différent de ce qu'il était autrefois, quand les traitements empiriques existaient. Au lieu d'enfants à la face plombée, maigrie, la tête basse, triste, des mines roses, joufflues, vives, éveillées, exprimant la quiétude, et cela très rapidement, dès le jour qui suit la première injection ; ils se nourrissent bien et guérissent vite, plus ou à peu près d'enfant qui étouffe, angoissé par la fausse membrane ; celle-ci est tombée facilement deux jours après le début du traitement pour ne se reproduire que dans des cas très rares. Exceptionnellement, des enfants échappent à la d. pour mourir d'une complication quelconque, bronch te capillaire, etc., ou d'une suite de la d. elle-même, paralysie, syncope, etc.

Les traitements locaux de la d. supplémentaires du traitement par le sérum. — Le traitement par le sérum antidiphtérique injecté n'exclut pas les traitements locaux de la gorge : car ceux-ci peuvent avoir une action sur les microbes associés, streptococcus, staphylococcus, etc., sur qui le sérum ne peut rien. *Ces traitements locaux doivent avant tout ne produire aucune excoriation dans la bouche ou la gorge,* car toute nouvelle excoriation est un milieu de culture favorable pour le bacille diphtérique, un nouveau point de départ pour une fausse membrane et une nouvelle source de poison diphtérique pour le malade. Les traitements locaux les plus recommandables sont des lavages trois fois par jour avec des solutions boriquées ou de liqueur de Labarraque (50 gr. pour 1 litre d'eau distillée), ou des attouchements avec des substances parasiticides, telles que des mélanges d'acide salicylique à 5 0/0 de glycérine, de camphre et de menthol, des fumigations au menthol, etc. Enfin, le maintien de l'enfant dans une atmosphère chargée de vapeur d'eau et de chaleur du menthol semble combattre le tirage et les infections pulmonaires.

Traitement général de la d. — Le sérum antidiphtérique remplit d'un seul coup les indications vainement recherchées jusqu'alors : 1° débarrasser vivement de la fausse membrane ; point de départ de tous les accidents ; 2° arrêter, empêcher l'empoisonnement et améliorer l'état général — il a besoin pourtant d'être soutenu par des mesures hygiéniques, telles qu'une chambre grande, bien aérée, propre, non encombrée, bien éclairée, bien tranquille ; par une alimentation fortifiante, légère (bouillon, lait, jus de viande, œufs frais, etc.) toujours suivie d'un lavage soigneux de la bouche avec les liqueurs citées plus haut. Ce qu'il faudra surtout surveiller, ce sera la convalescence, pour prévenir les accidents des lésions cardiaques et de la paralysie, qu'il faudra traiter spécialement.

Le pronostic de la d. est aujourd'hui autrement plus favorable qu'autrefois. 84 p. 100 des malades sont guéris grâce au sérum ; il en mourait autrefois 40 et 50 p. 100, quand on employait les caustiques les irrigations antiseptiques continuées toutes les heures, le jus de citron, le pétrole, etc., et en outre on était amené bien plus souvent à faire des trachéotomies.

Bien plus, 51 p. 100 des enfants trachéotomisés, mais traités par le sérum, sont sauvés, tandis qu'il en mourait 86 sur 100 quand la trachéotomie seule était faite.

Mais si ce pronostic est aujourd'hui favorable et encore est-il influencé par l'âge du malade (au-dessus de 2 ans le croup est très dangereux), par l'état de santé au moment de l'attaque de la d. (l'enfant malade de scarlatine, rougeole, etc., est bien plus menacé), par le degré de l'infection diphtérique, par son siège (le croup est le plus grave), par la gravité des épidémies (il en est de bénignes et d'autres malignes), etc. : c'est à condition que ce sérum soit employé le plus tôt possible, comme le prouve cette statistique américaine :

CAS TRAITÉS	MORTALITÉ	
Les 1er et 2e jours.	6,6 p. 100	
Le 3e jour	9,7	—
Le 4e jour	14,1	—
Les 5e jour et suivants. . . .	25	— et plus.

et que toutes les mesures soient prises pour lutter efficacement contre les microbes qui, associés au bacille diphtérique, infectent le malade ou amènent des complications aggravant singulièrement le pronostic, ainsi que nous l'avons vu.

Il faut faire examiner les enfants dès qu'ils ont le moindre enrouement, la moindre gêne à la gorge ; bien mieux, il faudrait, comme le conseille M. Roux, que les mères habituent les enfants à se laisser examiner la bouche, et qu'elles-mêmes fassent très souvent cet examen. Dès qu'elles constateront des points blancs sur la luette, les amygdales : vite le médecin et l'injection de sérum antidiphtérique, et l'enfant aurait toutes les chances possibles d'éviter l'affreuse mort par

l'asphyxie et l'empoisonnement, et la trachéotomie si néfaste.

La prophylaxie de la d., la prévention par le sérum antidiphtérique, par l'isolement des malades, par l'antisepsie et l'hygiène. — Mais il ne suffit pas de guérir, même avec un remède qui permet de si nombreuses guérisons ; il faut empêcher la d. d'éclater, la prévenir. En plus de toutes les pratiques actuelles qui ont pour but d'éviter la contagion et la dissémination des germes morbides (brûler tout ce qui a peu de valeur et qui a servi à l'enfant malade, sans oublier surtout les jouets ; passer à l'étuve à vapeur tout ce qui est susceptible de subir ce traitement ; désinfecter les lieux par l'acide phénique, le sublimé ou l'eau de Javelle, revêtir des blouses, etc.) (Voy. Désinfection, Antisepsie, Microbe), nous possédons deux moyens : *l'isolement* et le *sérum antidiphtérique* lui-même. L'isolement, qui consiste à séparer complètement le malade de tous les enfants et de toutes les personnes qui n'ont pas à le soigner le diphtérique peut donner de bons résultats, empêcher la contagion, mais à la condition d'être fait dès le début et d'être rigoureux. Ainsi, aux États-Unis, dans la ville de New-York, où depuis plusieurs années l'isolement du malade est obligatoire de par la loi, on n'a observé, par l'examen microscopique de la salive des enfants, que dix fois sur cent la présence du bacille diphtérique chez les enfants des familles où un cas de d. s'était déclaré, mais avait été isolé dès le début. Dans le cas où l'isolement avait été trop tardif ou incomplet, le bacille a été découvert chez les enfants dans 50 p. 100 des cas, et 40 de ces cas ont été suivis de d.

Ces chiffres sont les plus intéressants ; ils prouvent que : 1° on peut avoir le bacille diphtérique dans la bouche, le nez, sur les vêtements et le corps, sans pour cela être atteint nécessairement de la d., car celle-ci n'apparaît que si l'individu est en état de faiblesse relativement à un bacille virulent ; 2° l'isolement lui-même est insuffisant à mettre les individus à l'abri de la contagion. Il en diminue considérablement les chances, mais à condition d'être très prolongé : car le bacille diphtérique est tenace et persiste longtemps dans la bouche et le nez du malade ; l'examen microscopique a démontré son existence sept semaines après la disparition complète de la fausse membrane. Le complément donc de l'isolement est l'examen fréquent par des cultures de la salive du diphtérique guéri ; celui-ci n'est admis dans son entourage qu'après disparition complète du bacille, et dans l'école qu'avec un certificat constatant cette disparition ; 3° les personnes qui se sont trouvées en contact avec un diphtérique doivent se laver la bouche et le nez fréquemment avec des solutions antiseptiques, sans parler des autres mesures de désinfection.

L'injection de sérum antidiphtérique pour prévenir l'attaque vaut mieux, est plus sûre que l'isolement et les gargarismes. — Ceux-ci ne font que le compléter. Cette injection préventive se fait à raison de 5 centim. cubes en une seule fois. Cette dose de sérum suffit à donner une immunité passagère pendant 1 mois à 1 mois 1/2. Elle ne garantit pas *absolument* contre la d. Mais si malgré cette injection préventive, la d. éclate, l'attaque sera bénigne et vite repoussée par de nouvelles injections, cette fois curatives, de sérum.

Il faut donc toujours injecter du sérum aux personnes qui ont été en contact immédiat avec des diphtériques qu'on aura isolés aussitôt. — Cette règle du traitement préventif par le sérum, bien des médecins ne l'acceptent pas encore, beaucoup la repoussent même, sous prétexte que le sérum antidiphtérique détermine de l'urticaire, des éruptions cutanées généralisées, avec fièvre, de l'albuminurie, des douleurs articulaires avec gonflement, et même des arthrites, des accidents cardiaques, et même la mort, disent-ils chez les individus atteints de d. et traités par la sérothérapie. Aussi est-il inutile et même nuisible, disent-ils, d'employer le sérum comme un préservatif, d'autant que cette action préservatrice ne dure guère. — Mais l'examen sérieux des faits a démontré, depuis, le mal fondé de toutes ces observations. Le sérum peut déterminer tout au plus de l'urticaire, des éruptions non fébriles (le sérum de cheval non immunisé contre la d. en produit de même ; mais ces phénomènes sont passagers et n'altèrent pas la santé ; quant aux autres, ils se rencontrent aussi bien chez les individus non traités par le sérum et n'ont été si souvent signalés qu'à cause de l'attention plus grande apportée à la d. depuis la nouvelle médication.

Telle est l'histoire de la découverte admirable de la sérothérapie diphtérique. Ses conséquences sont impossibles à prévoir : car elle a ouvert la voie à de nouvelles conceptions scientifiques et sociales, elle a sauvé bien des existences, elle en sauvera encore bien plus; mais cela ne dépend peut-être plus du sérum qui a atteint aujourd'hui sans doute toute l'activité dont il est susceptible; cela dépend uniquement des soins, que *tout le monde* mettra à écarter toutes les causes d'augmentation de la mortalité. Aussi, quel que soit son avenir, le plus grand mérite de cette découverte sera d'avoir divulgué les principes hygiéniques de la lutte contre les maladies contagieuses et d'avoir inculqué cette idée que toute lutte ne peut réussir sans entente unanime, sans organisation scientifique et administrative parfaite, dût la liberté individuelle, presque toujours mal comprise, en souffrir parfois.

DIPHTÉRITE ou **DIPHTHÉRITE**. s. f. Syn. aujourd'hui inus. de *diphtérie*. Voy. ce mot.

DIPHTÉRITIQUE ou **DIPHTHÉRIQUE**. adj. 2 g. T Méd. Qui a rapport à la *diphtérie*. Voy. ce mot.

DIPHTONGUE. s. f. (gr. δὶς, deux fois; φθόγγα, son). Gram. — Les grammairiens appelle *Diphtongue* une syllabe qui fait entendre le son de deux voyelles par une seule émission de voix : ainsi il y a une d. dans *roi, pied, lui, lieu, bien*, parce que l'oreille entend et sépare *rou-a, pi-é*, etc.; mais il n'y en a pas dans *peu, clou, peau*, parce que les sons *eu, ou, eau*, quoique simples, bien qu'ils soient représentés par plusieurs voyelles. Toutefois, l'usage appliquant le nom de d. aux voyelles doubles et triples, *peu, peau*, etc. (quelques grammaires désignent même ces dernières sous celui de *Triphtongue*), on a distingué les diphtongues vraies des voyelles doubles ou triples, en appelant les premières *Diphtongues auriculaires* et les secondes *Diphtongues oculaires*. — Des deux voix qui forment une d. vraie, la première est la plus faible : c'est donc la seconde qui détermine le son dominant de la d.; en conséquence, on lui donne le nom de *dominante*, tandis que la première est appelée *sous-dominante*.

DIPHYDES. s. m. pl. (gr. δισυής, double, parce que le corps semble formé par deux animaux emboîtés l'un dans l'autre). Famille de *Cnidaires* appartenant à la classe des *Hydroméduses*. Voy. ce mot.

DIPHYLLE. adj. 2 g. (gr. δὶς, deux; φύλλον, feuille). T. Bot. Qui est composé de deux pièces foliacées.

DIPHYLLOBRANCHE. adj. [Pr. *di fil-lo-branche*] (gr. δὶς, deux; φύλλον, feuille; βράγχια, branchies). T. Zool. Qui a des branchies formées de deux feuillets.

DIPICOLIQUE. adj. T. Chim. L'*acide dipicolique* est un acide pyridine-dicarbonique $C^5 H^3 Az (CO^2 H)^2$, fusible à 226°

DIPLAZIUM. s. m. [Pr. *dipla-ziome*] (gr. δὶς, deux; πλάσις, formation). T. Bot. Genre de fougères de la famille des *Polypodiacées*. Voy. ce mot.

DIPLÉCOLOBÉES. s. f. pl. (gr. δὶς, deux fois; πλέκω, je plie; λοβός, lobe). T. Bot. Nom donné par de Candolle à l'une des tribus en lesquelles ce botaniste avait divisé la famille des *Crucifères*.

DIPLOCÉPHALE. adj. 2 g. et s. m. (gr. διπλόος, double; κεφαλή, tête). Monstre à deux têtes sur un seul corps.

DIPLOCÉPHALIE. s. f. Conformation des Diplocéphales.

DIPLOÉ. s. m. (gr. διπλόος, double). T. Anat. Couche de tissu cellulaire comprise entre les deux tables des os plats. Voy. Os.

DIPLOÈDRE. s. m. (gr. διπλόος, double; ἔδρα, base). T. Minér. Nom générique des cristaux formés par la combinaison de deux rhomboèdres.

DIPLOGÉNÈSE. s. f. (gr. διπλόος, double; γένεσις, naissance). T. Tératol. Monstruosité caractérisée par la réunion de deux fœtus en un seul corps.

DIPLOGRAPHE. s. m. (gr. διπλόος, double; γράφω, j'écris). T. Techn. Appareil servant à faire à la fois deux copies sur des feuilles de papier différentes. || Machine imprimant en même temps les caractères ordinaires et les signes en relief à l'usage des aveugles.

DIPLOHÉMIÉDRIE. s. f. (gr. διπλόος, double; et *hémiédrie*). T. Minér. Caractère d'un cristal offrant une hémiédrie double, mais d'inégale inclinaison et sans parallélisme.

DIPLOÏQUE adj. T. Anat. Qui a rapport au diploé.

DIPLOMATE. s. m. (R. *diplôme*). Celui qui est versé dans la diplomatie, ou qui est dans la diplomatie. *Un habile d. Cet événement déjoua les calculs de tous les diplomates.* || Par anal Personne rusée, habile à négocier une affaire. Adjectiv., *Un ministre d.*, qui entend bien la diplomatie.

DIPLOMATIE. s. f. [Pr. *diploma-si*] (R. *diplomate*). Science des rapports mutuels, des intérêts respectifs des États et des souverains entre eux. L'art des négociations diplomatiques. *Étudier la d.* — Fig. et fam., *Faire de la d.*, User de ruse, de subterfuge. || La profession du diplomate. *Il se destine à la d* || Le corps des agents diplomatiques. *Toute la d. européenne assistait à ce congrès.*

Prise dans sa signification la plus large, la *Diplomatie* peut être définie : la science des rapports mutuels qui existent entre les divers États, tels qu'ils résultent du droit international, des traités existants et des intérêts politiques et économiques respectifs de ces États. Néanmoins, ce terme se prend fréquemment dans un sens beaucoup plus restreint, et se dit simplement de l'Art des négociations. Le passage suivant que nous empruntons au *Manuel diplomatique* du baron de Martens, suffira pour faire comprendre l'importance de cette science, et pour donner une idée de ses objets principaux.

1. — « La science diplomatique doit être mise au premier rang des connaissances utiles, puisque, dans l'état présent des nations, leur sort dépendant beaucoup de la politique, qui forme la moitié de la puissance, c'est elle qui sert en double l'action, et tantôt y supplée par la force morale et d'opinion qu'elle fait agir. Elle embrasse : 1° le droit des gens, lequel règle les rapports des nations soit en paix, soit en guerre; 2° les maximes politiques résultant de la raison d'État, et qu'il faut savoir concilier avec le droit des gens; 3° la connaissance des privilèges et des devoirs des agents diplomatiques; 4° la conduite des négociations ou la marche à suivre dans la discussion des intérêts entre les États; 5° la statistique physique et morale de chaque puissance; 6° l'histoire politique et militaire des peuples avec lesquels on est en rapports fréquents; la marche et la tendance des divers cabinets; 7° les divers systèmes qui peuvent être mis en œuvre, tels que ceux du domination, de suprématie, de convenance, de conservation, d'équilibre, de centralisation, de confédération, etc.; 8° enfin, l'art de la composition diplomatique. — Aux connaissances diverses dont je viens de parler le négociateur doit joindre l'esprit de combinaison et de suite propre aux têtes fortes; le tact des convenances, qui se sent, mais ne s'explique pas; la mesure, cet apanage de la sagesse; la dextérité, qui sait plier, tourner ou s'avancer à propos, et la probité qui rend la signature sacrée C'est la réunion de ces diverses qualités qui fait par donner à un ministre public cette réputation de sagesse, de droiture et de loyauté qui lui acquiert, tôt ou tard, un grand ascendant sur l'esprit des autres hommes, et qui fait compter son opinion pour beaucoup dans les discussions des projets de mesures à adopter. — Il ne faut jamais perdre de vue que la politique est soumise au moins placée dans l'empire des cas fortuits; elle est soumise à la versatilité inhérente à l'esprit humain, aux caprices, aux passions des hommes, à l'incertitude des événements. Une mort inopinée, un changement de ministre, des conseils perfides, l'influence d'une maîtresse ou d'un favori, une fausse combinaison, la corruption; chacune de ces causes peut changer le système et la marche d'un gouvernement, et son influence altère plus ou moins les rapports de tous les autres gouvernements, selon que sa puissance est plus ou moins étendue. Si à ces causes multiples se joignent des vues particulières de la part d'une grande puissance, la politique devient encore plus compliquée, plus incertaine; elle occasionne partout du mouvement et de l'agitation, parce que l'on veut partout se mettre en garde contre l'orage qu'on croit prévoir et dont on craint l'explosion. — Encore faut-il observer que des plans de cabinet, souvent parfaitement combinés, ont avorté, soit parce que les têtes secondaires ou chargées de l'exécution avaient mal appliqué les ordres de l'autorité, soit parce que les instructions avaient été mal comprises. — D'après ce qui vient d'être dit, on concevra facilement que, dans les opérations diplomatiques, on pourrait quelquefois juger à tort du mérite des plans ou des conceptions premières par les résultats. — Il faut surtout

excepter de la responsabilité morale du ministre les opérations intimement liées aux événements de la guerre; car souvent, après des campagnes malheureuses, tout ce que la politique avait conçu de plus habile s'évanouit; et alors le ministre n'a plus à répondre que du mérite de ses opérations dans certaines hypothèses. — Un négociateur médiocre, favorisé par les événements, pourra faire beaucoup mieux que l'homme de génie épuisant contre la fortune en vaine toutes les combinaisons; mais cette différence de succès ne change rien à la capacité de l'un et de l'autre, et un esprit clairvoyant sait bien séparer l'homme des circonstances. — On doit être très indulgent sur les erreurs de la politique, à cause de la facilité qu'il y a à en commettre, erreurs dans lesquelles la sagesse elle-même fait tomber quelquefois. »

La d. a pris naissance au moment même où les peuples se sont constitués en États indépendants; mais ce n'est qu'à la fin du XVe siècle, ou mieux au XVIe, qu'elle a reçu l'extension qu'elle comporte de nos jours. « La multiplication des rapports commerciaux, suite de la découverte du nouveau monde et de la nouvelle route de l'Inde », dit à ce sujet le diplomate déjà cité, « les relations littéraires excitées par l'invention de l'imprimerie et accrues par la réformation, l'influence respective des États entre eux et leur danger commun à l'égard des puissances prépondérantes, telles furent les causes qui, vers la fin du XVIe siècle, obligèrent les gouvernements à entretenir entre eux des négociations continuelles, la plupart du temps trop compliquées pour être traitées par voie de correspondance, et qui, par conséquent, rendaient souvent nécessaire l'envoi de ministres extraordinaires. — Ce furent les cours des grandes puissances, dont les rapports politiques et les vues plus étendues de leurs cabinets se multipliaient de plus en plus, qui sentirent les premières la nécessité de s'observer et de se surveiller réciproquement, et à cet effet elles commencèrent à s'envoyer mutuellement des agents diplomatiques en mission fixe. Les petits États suivirent bientôt leur exemple, et, à partir de la paix de Westphalie, l'usage d'entretenir ces agents auprès des cours étrangers devint tout à fait général. »

II. — On désigne sous le nom commun d'*Agents diplomatiques* les divers fonctionnaires qui sont chargés des négociations de leur gouvernement avec celui auprès duquel ils sont accrédités. Ils ont en outre pour mission de protéger, tant dans leurs personnes que dans leurs biens, ceux de leurs nationaux qui se trouvent, soit en passant, soit d'une manière permanente, dans le pays où ils résident; de légaliser les actes passés dans ce même pays pour qu'il puisse en être fait usage dans le pays auquel ils appartiennent. Enfin, le Code civil attribue à nos agents à l'étranger le caractère d'officiers de l'état civil pour tous les actes de ce genre concernant nos nationaux.

On distingue deux catégories d'agents diplomatiques, selon qu'ils n'ont qu'une mission temporaire ou limitée à une seule affaire, à une négociation spéciale, ou qu'ils sont à résidence permanente auprès d'une cour étrangère. On les divise en outre en plusieurs classes, suivant le titre dont ils sont revêtus. D'après les règles établies au congrès de Vienne, ils prennent entre eux rang dans l'ordre qui suit : 1° *Ambassadeurs*; 2° *Envoyés extraordinaires et Ministres plénipotentiaires*; 3° *Ministres résidents*; 4° *Chargés d'affaires*; 5° *Secrétaires de Légation et Attachés*. Ces derniers, toutefois, n'ont pas de caractère défini, et c'est seulement par courtoisie qu'on les considère comme faisant partie du corps diplomatique. Les agents de quelques pays reçoivent des titres particuliers : ainsi, par ex., le Pape donne à ses envoyés de première classe le titre de *Légat a latere* ou celui de *Nonce*, suivant qu'ils représentent son autorité spirituelle ou qu'ils sont chargés des relations politiques des différents États avec le Saint-Siège; quant à ses agents de seconde classe, ils sont qualifiés d'*Internonces*. C'est également ce dernier titre que reçoit le ministre de l'Autriche auprès de la Porte ottomane. Quelques-uns de nos *Consuls généraux* ont le titre et remplissent les fonctions de *Chargés d'affaires*.

L'agent diplomatique envoyé auprès d'une puissance étrangère est toujours porteur de pouvoirs, et souvent aussi d'une *Lettre de créance*, qui constatent l'authenticité de sa mission. Ordinairement il présente lui-même sa lettre de créance, en audience solennelle, au chef de l'État auprès duquel il est accrédité. Une fois son caractère reconnu, il devient inviolable comme le chef de l'État qu'il représente. Par conséquent, il ne peut être poursuivi, même pour crime ou délit, sans l'autorisation de son souverain. On expliquait autrefois cette immunité par la fiction dite de l'*exterritorialité*, en vertu de laquelle les hôtels des ambassadeurs étaient considérés comme faisant partie du territoire de la nation à laquelle ceux-ci

appartenaient. Cette fiction aurait mené à des conséquences inadmissibles, en procurant notamment l'impunité aux malfaiteurs qui seraient venus se réfugier dans l'hôtel d'un ambassadeur; aujourd'hui on s'accorde en général à reconnaître l'inviolabilité du domicile des agents diplomatiques comme une conséquence de l'inviolabilité de leur personne, et comme un privilège purement personnel. L'inviolabilité dont jouit la personne de l'agent diplomatique s'étend à sa famille, à ses domestiques, et, en général, à toutes les personnes de sa suite, ainsi qu'à ses équipages et à ses meubles, qui sont insaisissables. Toutefois, pour que ses biens puissent jouir de ce privilège, il faut qu'ils soient à son usage immédiat : car s'il les possédait à tout autre titre, par ex., comme négociant ou fabricant, ils tomberaient sous l'empire de la loi commune. Enfin, et toujours par application du même principe, l'agent diplomatique n'est pas soumis au paiement des contributions personnelles; les produits qui lui sont adressés directement de l'étranger, soit pour lui-même, soit pour les gens de sa suite, sont exempts des droits de douane, et ses bagages ne subissent pas à la frontière la visite des employés des douanes. Cependant l'inviolabilité du domicile et de la personne des agents diplomatiques n'est pas absolue. Pour qu'elle soit respectée, il est nécessaire qu'ils ne sortent pas de la réserve que leur impose leur caractère. Si, par ex., un agent diplomatique venait à donner asile chez lui à un individu poursuivi par la justice locale, la police aurait le droit de cerner son habitation d'une manière assez étroite pour empêcher toute évasion; elle pourrait même enlever le réfugié de vive force, si on refusait de le lui livrer après une sommation faite dans les formes convenables. Bien plus, si un agent diplomatique prenait part à des complots contre la sûreté du pays où il est envoyé, le gouvernement de ce pays aurait le droit de le faire arrêter; mais cette mesure est tellement grave qu'on ne devrait y avoir recours qu'à la dernière extrémité, et surtout s'il existait des preuves convaincantes de culpabilité. Voy. AMBASSADEUR.

DIPLOMATIQUE. s. f. (R. *diplôme*).

I. — La D. est la science qui a pour objet la détermination des caractères de toute nature à l'aide desquels il est possible d'établir l'authenticité ou la fausseté des documents écrits qui nous ont été légués par les siècles antérieurs. L'importance de la d. au point de vue de l'histoire n'a pas besoin d'être démontrée; mais, naguère, elle avait encore une utilité particulière au point de vue des intérêts d'individus ou de corporations. En effet, avant 1789, une foule d'individus, de communautés, de corporations, etc., possédaient des droits et des privilèges spéciaux, des prérogatives et des immunités particulières, qui se fondaient sur des actes de concession et sur des titres de toute nature. L'interprétation et l'étude critique de ces titres, sous le rapport de leur authenticité et de leur valeur juridique, était l'objet donc d'un grand intérêt non seulement pour ceux qui jouissaient de ces privilèges et immunités, mais encore pour la société : car il lui importait de restreindre autant que possible le nombre des privilégiés, en n'acceptant comme tels que ceux qui étaient munis de pièces vraiment authentiques.

II. — A l'origine, le terme de *Diplôme*, dont on a tiré par dérivation celui de *Diplomatique*, signifiait proprement un acte plié en deux (διπλόος, *double*) comme les feuilles d'un livre, ou un acte fait *en double*. Les plus anciens actes en forme de diplôme que l'on connaisse, sont, pour l'époque romaine, un congé délivré par l'empereur Galba à des soldats vétérans, et, pour l'époque mérovingienne, l'acte donné, en 558, par Childebert à l'abbaye de Saint-Germain des Prés. Aujourd'hui, le mot diplôme est devenu synonyme de *charte*; néanmoins on l'applique de préférence aux pièces qui ont une importance particulière, soit à cause de leur ancienneté, soit à cause du personnage dont elles émanent. — Parmi les pièces qui font l'objet de la d., les unes sont désignées sous des noms particuliers : telles sont les *Bulles*, les *Brefs*, les *Lettres patentes*, etc. (voy. ces mots). Beaucoup d'autres, au contraire, sont désignées par des dénominations vagues et communes. Ainsi par ex., au moyen âge, les mots *Lettres* (*litteræ*), *Épître* (*epistola*), *Charte* (*charta*), *Instrument* (*instrumentum*), *Écriture* (*scriptura*), etc., s'employaient presque indifféremment pour désigner toute espèce d'actes, de sorte que leur signification précise était uniquement déterminée par l'adjectif ou le substantif qui les accompagnait. On appelle *Corps d.* l'ensemble des ambassadeurs et ministres étrangers accrédités auprès d'une puissance. Le corps d. assiste aux réceptions solennelles données par le chef de l'État, à l'occasion du 1er janvier, par exemple; il est présidé par un doyen chargé de prendre, s'il y a lieu, la parole au nom du corps entier. Ainsi, un acte de donation était intitulé indifféremment *charta*, *instrumentum*, *scriptura*, *litteræ*, *epistola* ou *breve donationis* ; une supplique se nommait *epistola precatoria*, une quittance, *epist. evacuatoria*, une lettre de change, *litteræ cambitoriæ*, une citation, *charta audientialis*, un acte de partage, *ch. divisionis*, un passeport, *breve salviconductus* ou *litteræ conductitiæ*, etc.

Les *Cartulaires* (*chartularia*, *chartologia*) sont des recueils de chartes concernant une église, un monastère, ou tout autre établissement religieux. Suivant Mabillon, ils ont pris naissance, au Xe siècle, dans les couvents, d'où leur usage s'est ensuite étendu aux châteaux des rois et des particuliers, ainsi qu'aux hôtels de ville des communes. On donnait quelquefois le même nom aux registres des tabellions et des notaires, ainsi qu'aux recueils de formules judiciaires ou autres, et aux livres où les officiers municipaux qui exerçaient la juridiction volontaire, inséraient les actes passés devant eux. — Dans son acception la plus générale, le mot *Polyptique* (*polypticus*, *pollegaticum*, *pulegium*, etc.), d'où est venu le terme *pouillé*, servait à désigner les registres cadastraux des églises et des couvents. Les recueils du même genre dressés pour les seigneuries portaient, suivant les temps et les provinces, les dénominations de *Terriers* (*terreria*), *Papiers terriers* (*terrarii codices*), *Aveux* (*advocationes*), *Dénombrements* (*professiones*, *denumbramenta*, etc.). — Dans les couvents, on appelait *Précepte* (*præceptum*) le livre où l'on enregistrait les dons et offrandes des bienfaiteurs. Les mots *rotulus*, *rotula*, *rollus*, d'où nous avons fait *Rôle*, signifient proprement une pièce dont le parchemin est roulé sur lui-même, ce que les anciens appelaient *volumen* ; mais, par la suite, on s'en est servi pour désigner les cartulaires, les cahiers d'enquêtes et de procédures, les listes ou états sommaires, et même les chartes ordinaires. Les *rôles des gens de guerre* (*militiæ rotuli*) ou *Montres* (*monstræ*, *monstrationes*) étaient les listes des gens de guerre que les seigneurs devaient fournir au suzerain ou qui faisaient partie d'un corps armé quelconque. — Les *Indicules* (*indiculi*) étaient des notifications en forme d'épître ; et les *notices* (*notitiæ*) des actes destinés à transmettre la connaissance d'un fait ou d'un droit. Toutefois, cette dernière dénomination a été souvent appliquée aux simples chartes. — Il n'est pas rare de voir les nécrologes appelés *Mémoriaux* (*memoriales*), tandis que les journaux sont qualifiés de *Diaires* (*diaria*), de *Calendriers* (*kalendaria*), etc. — Les actes législatifs recevaient une multitude de noms différents ; ainsi, on les trouve appelés *Statuts* (*statuta*), *Capitulaires* (*capitularia*), *Rescrits* (*rescripta*), *Privilèges* (*privilegia*), etc. Les arrêts judiciaires sont quelquefois intitulés *Assises*. Enfin, on donne fréquemment le nom de *Laudes* (*lauda*) aux sentences arbitrales.

III. — En d., on appelle *Originaux* les documents, tels que les bulles des papes, les diplômes des princes, les prélats et des seigneurs, les testaments, les contrats, les donations, etc., qui portent le sceau ou la signature des parties au nom desquelles ou en faveur desquelles ils ont été dressés ; et on donne le nom de *Copies* aux transcriptions qui plus tard ont été faites de ces mêmes documents, et parmi lesquelles nous citerons seulement les cartulaires, les terriers, les pouillés et les *Vidimus*. — L'usage de dresser plusieurs originaux d'un même acte était général au moyen âge, et datait de l'empire romain. Seulement les tabellions impériaux ne l'appliquaient qu'aux testaments, tandis que ceux des temps postérieurs y soumirent presque toutes les espèces de titres. Les exemplaires d'un même acte ne sont pas toujours parfaitement identiques ; mais les différences, quand elles ne portent que sur quelques termes, ne doivent pas en faire suspecter l'authenticité, du moins pour les pièces antérieures à la seconde moitié du XIe siècle. Quant aux copies les diplomatistes en distinguent deux espèces : les copies authentiques, qui sont revêtues de toutes les garanties exigées par la loi à l'époque où elles ont été faites, et les copies non authentiques, qui ne sont que de simples transcriptions, et manquent par conséquent de ces mêmes garanties. Les unes et les autres sont parfois très nombreuses, parce que, à une époque où le droit de propriété n'était pas toujours respecté, on faisait renouveler la plupart des actes toutes les fois que les circonstances le rendaient nécessaire, surtout à chaque changement de règne, de seigneur, d'évêque, etc., comme aussi lorsque les originaux étaient perdus. Quelques-uns de ces renouvellements portent le nom de *Vidimus*, terme latin qui veut dire *nous avons vu*, parce que le copiste attestait avoir vu les originaux, et parce que leur préambule renfermait toujours ce mot, surtout à partir du XIVe siècle. Les plus anciens *Vidimus* français appartiennent au XIIIe siècle.

Il n'est pas toujours facile de distinguer les originaux des copies, surtout quand les actes appartiennent à des temps très éloignés. Toutefois, la difficulté n'existe réellement que pour les copies authentiques, qui, ayant été faites à l'époque même des originaux, ressemblent quelquefois tellement à ces derniers qu'il faut un très minutieux examen pour les distinguer. Pour les pièces du Xe et du XIe siècle, les originaux se distinguent quelquefois des copies par un double moyen, et toujours par le sceau. Dans le cas où ce dernier a été enlevé, on reconnaît qu'il a existé, soit à l'incision cruciale qui avait servi à le fixer quand il était plaqué, soit aux lacs de soie, aux lemniscates de parchemin ou aux courroies de cuir, auxquels il avait été attaché, soit encore aux trous par lesquels passaient ces lacs, courroies ou lemnisques lorsque ces derniers ont également disparu. Depuis le milieu du XIe siècle jusqu'au milieu du XIIe, quand les originaux n'ont ni sceaux ni courroies, ils sont munis de signatures réelles ou de figures qui en tiennent lieu. Enfin, lorsqu'on ne trouve ni lacs, ni courroies, ni sceaux, ni signatures, avant le Xe siècle ou après le milieu du XIe, l'acte, s'il est important, doit passer pour copie : s'il est peu important, on peut le regarder comme original en supposant que la désignation des témoins y tienne lieu des signes précédents.

IV. — La critique des chartes, c.-à-d. l'art de discerner leur authenticité ou leur fausseté, repose tout entière sur la connaissance de leurs *caractères intrinsèques* et de leurs *caractères extrinsèques*. Les caractères de la première espèce sont tellement inhérents aux diverses sortes d'actes qu'ils se retrouvent même dans les copies ; tels sont : la langue, l'orthographe, le style, les formules et la manière de dater. Tels sont encore les noms et surnoms donnés aux parties, la forme et la place des signatures, etc. Les caractères extrinsèques sont la forme et la matière du sceau, la forme des caractères graphiques et la matière sur laquelle ces caractères ont été tracés.

Chacun des caractères, soit intrinsèques, soit extrinsèques, que nous venons d'énumérer, fournit des éléments plus ou moins importants pour apprécier l'authenticité des documents anciens qui font l'objet de la d. Toutefois, on peut dire, en règle générale, que c'est l'examen des caractères intrinsèques qui nous fournit les indications les plus positives. Il peut se rencontrer des faussaires assez habiles pour imiter parfaitement l'écriture, les sceaux, la couleur du parchemin, du papier, de l'encre, etc. ; mais il est à peu près impossible qu'un homme connaisse assez à fond tous les caractères intrinsèques pour ne pas laisser échapper, dans la rédaction, quelque faute, quelque inadvertance qui décèle la supercherie. — Voy. DATE, PALÉOGRAPHIE, SCEAU, etc.

On divise la d. en d. intrinsèque et d. extrinsèque, suivant qu'elle a pour objet l'étude des caractères de la première ou de la seconde espèce.

La d. a pour complément nécessaire la *paléographie*, ou étude des anciennes écritures. Ces deux sciences sont enseignées à l'École des Chartes. Voy. CHARTE.

V. — La d. est une science toute moderne. Elle ne date, en effet, que du XVIIe siècle, et c'est un savant jésuite Daniel Papebrock, l'un des principaux auteurs de la collection des Bollandistes, qu'appartient le mérite d'avoir, le premier, appelé l'attention des érudits sur les moyens de constater l'authenticité des anciens documents. Toutefois, il ne fut pas heureux dans les règles de critique qu'il posa à ce sujet, et la gloire d'avoir fondé la d. sur des bases solides et inébranlables est due au célèbre bénédictin dom Mabillon. C'est en 1681 que ce dernier publia son livre *De re diplomatica*, auquel il ajouta un supplément en 1704. Plus tard, deux autres savants religieux du même ordre, dom Toustain et dom Tassin, marchant sur les traces de leur illustre confrère, élevèrent à la d. un véritable monument auquel la science moderne n'a fait que des additions pour ainsi dire insignifiantes. Leur livre, intitulé *Nouveau traité de diplomatique* (6 vol. in-4°), parut de 1750 à 1760. Les travaux des bénédictins ont été amplement résumés par Nat. de Wailly, professeur à l'École des Chartes, dans ses *Éléments de Paléographie*, qui ont été publiés, en 1838, aux frais du gouvernement. — Depuis ce temps, cette science a fait de très rapides progrès, grâce à l'influence de l'enseignement de l'École des Chartes, et surtout aux savants travaux de MM. Benjamin Guérard, Jules Quicherat, Léopold Delisle, etc. (Voy. le *Manuel de diplomatique* de M. A. Géry, Paris, 1892, in-8°.)

DIPLOMATIQUE. adj. 2 g. Qui appartient, qui a rapport

à la diplomatique. *Recueil d.* || Qui appartient, qui a rapport à la diplomatie. *Agent d. Langage d. Documents diplomatiques. Relations diplomatiques.* — *Corps d.*, Les ambassadeurs et ministres étrangers qui résident auprès d'une puissance.

DIPLOMATIQUEMENT adv. D'une façon diplomatique.

DIPLOMATISER. v. n. User de diplomatie, employer la ruse pour arriver à ses fins.

DIPLOMATISTE. s. m. Celui qui est versé dans la connaissance de la diplomatique.

DIPLÔME. s. m (gr δίπλωμα, m. s., de διπλόος, double, parce que les actes se font généralement en double). Charte, titre, acte public. || Titre qu'un corps, une faculté, une société littéraire, etc., délivre à chacun de ses membres, à chacun de ceux qu'elle s'agrège, pour qu'il puisse justifier de son grade, de la qualité qui lui a été conférée. *D. le docteur en médecine, de licencié en droit, de bachelier ès lettres. Un d. d'instituteur. D. de sage-femme. Recevoir le d. de membre de telle société.* || T. Chim. Vase à deux parois distantes l'une de l'autre, disposées de façon qu'on puisse introduire de l'eau dans l'entre-deux pour chauffer au bain-marie les corps placés dans le récipient intérieur.

DIPLÔMÉ, ÉE. adj Qui a obtenu un diplôme

DIPLOMÈTRE. s. m. (gr διπλόος, double; μέτρον, mesure). Instrument servant à mesurer le diamètre d'un objet à distance et indépendamment de ses mouvements. Il est constitué essentiellement par deux prismes qui donnent de l'objet une double image dont on mesure la distance.

DIPLONEURE. adj 2 g. (gr διπλόος, double; νεῦρον, nerf). T. Zool. Qui a un double système nerveux.

DIPLOPIE s. f. (gr. διπλόος, double; ὤψ, œil). T. Méd. Affection de la vue dans laquelle les objets paraissent doubles. Elle est *mono-* ou *binoculaire.* La première est très rare; la seconde est plus fréquente et vient de ce que les images vues par chaque œil ne se superposent pas exactement, à cause d'un défaut de convergence des nerfs optiques. Voy. AMAUROSE et VUE.

DIPLOPODES. s. m. pl. (gr. διπλόος, double; ποῦς, ποδός, pied). T. Zool. Syn. de *Chilognathes*, ordre de la classe des *Myriapodes.* Voy. ce mot.

DIPLOSOME. adj. 2 g. [Pr. *diplo-some*]. Qui est affecté de diplosomie.

DIPLOSOMIE. s. f. [Pr. *diplo-somie*] (gr. διπλόος, double; σῶμα, corps). T. Tératol. Monstruosité caractérisée par l'existence de deux corps complets, mais réunis entre eux.

DIPLOSTÉMONE adj. 2 g (gr. διπλόος, double; στήμων, filament) T. Bot. Se dit des fleurs à étamines en nombre double des pétales.

DIPLOSTOME. s. m. (gr. διπλόος, στόμα, bouche). T Mamm Mammifères de l'ordre des *Rongeurs* appartenant à la famille des *Géomydés.* Voy. *Géomys.*

DIPLOTAXIS s. m. [Pr. *diplotak-siss*] (gr. διπλόος, double; τάξις, rang). T. Bot. Genre de plantes Dicotylédones de la famille des *Crucifères.*

DIPLOXYLÉES. s. f. pl. (gr. διπλόος, double; ξύλον, bois). T. Bot. Groupe de végétaux fossiles de la famille des *Lépidodendracées*, caractérisé par la présence de deux bois dans la tige. Voy. LÉPIDODENDRACÉES.

DIPNÉS. s. m. pl (gr. δίς, deux fois; πνέω, je respire). Nom que certains auteurs donnent aux *Poissons Dipnoïques.* Voy. ce mot

DIPNEUMONE adj et s. f. (gr δίς, deux; πνεύμων,

poumon). Nom que l'on donne aux *Arachnides* et aux poissons qui possèdent deux poumons. Voy. ARAIGNÉE et DIPNOÏQUES.

DIPNEUMONÉ, ÉE. adj. (gr. δίς, deux; πνεύμων, poumon). T. Zool. Qui est muni de deux poumons ou de deux sacs pulmonaires. || Ordre de poissons dipnoïques possédant deux poumons, des nageoires grèles, des branchies peu nombreuses

DIPNEUSTES (gr. δίς, deux fois; πνεῦσις, respiration). Nom que certains auteurs donnent aux *Poissons dipnoïques.* Voy. ce mot.

DIPNOÉ, ÉE. adj. (gr. δίς, deux; πνέω, je respire). T. Zool. Qui a deux modes de respiration.

DIPNOÏQUES. s. m. pl. (gr. δίς, deux fois; πνέω, je respire, à cause de leur double respiration branchiale et pulmonaire). Sous-classe de poissons créée en 1836 par Fitzinger et désignée encore sous les noms de *Dipnés, Dipneustes* et *Pneumobranches.* Les *D.*, qui furent d'abord considérés comme des batraciens, constituent un groupe de passage entre les poissons et les batraciens inférieurs; leur corps allongé est couvert d'écailles cycloïdes; le squelette des nageoires, qui sont au nombre de deux paires et quelquefois réduites à de simples appendices filiformes, est formé par un axe cartilagineux, simple ou segmenté; chez le *Ceratodus*, une tige centrale donne insertion à une série de rayons latéraux; la notocorde est persistante et tout le reste du squelette est presque entièrement cartilagineux. L'organisation générale de ces animaux rappelle celle des poissons, et ce n'est que par les appareils de la respiration et de la circulation qu'ils se rapprochent des batraciens. Ils ont en effet, pendant toute leur vie, une double respiration branchiale et pulmonaire. La chaque côté du cou se trouvent deux cavités branchiales qui communiquent avec la bouche et avec l'extérieur; dans ces cavités sont suspendus cinq arcs cartilagineux dont trois ou quatre seulement supportent des lamelles branchiales. D'un autre côté, on voit, dans la gouttière vertébrale, un véritable poumon qui n'est autre chose qu'une vessie natatoire modifiée; sa cavité, très vaste et tapissée d'alvéoles, s'ouvre en avant dans l'œsophage par une sorte de glotte. Lorsque l'animal met en jeu cet appareil, l'air entre par le nez, traverse les sacs nasaux qui s'ouvrent en arrière, dans la bouche, et passe de l'œsophage dans le poumon. L'appareil central de la circulation présente également une complication qui rappelle beaucoup ce que l'on trouve chez les batraciens; il existe en effet deux oreillettes séparées incomplètement l'une de l'autre par une cloison aréolaire; le sinus de Cuvier, apportant le sang noir, s'ouvre dans la partie droite, les veines pulmonaires dans la partie gauche de l'oreillette.

Les *D.* ont été divisés en *Monopneumones* et en *Dipneumones* suivant que leur sac pulmonaire est simple ou bifurqué. Le premier ordre ne renferme qu'un seul genre ne présentant probablement lui-même qu'une seule espèce vivante, le *Cératodus de Forster (Ceratodus Forsteri)* [Fig. 1], qui

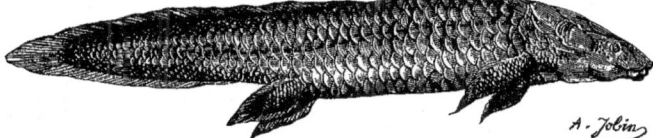

A. Jobin

Fig. 1

vit dans les rivières du nord-est de l'Australie et qui n'est connu en Europe que depuis 1870. C'est un poisson long de deux mètres au plus, dont le corps est revêtu de larges écailles et dont les nageoires ont la forme de palettes; les indigènes le pêchent pour sa chair qui a l'aspect et le goût de celle du saumon.

Le deuxième ordre renferme deux espèces que l'on a classées dans les genres *Protopterus* et *Lepidosiren.* Le protoptère (*P. annectens*), dont le corps anguilliforme peut atteindre un mètre de long, vit dans l'Afrique centrale; il se nourrit de crustacés et de grenouilles et semble affectionner les eaux vaseuses. Le lépidosiren (*L. paradoxal*) [Fig. 2], qui habite les rivières du Brésil, ressemble beaucoup au précédent, mais alors que celui-ci est pourvu des branchies extérieures, le lépidosiren n'en a aucune trace.

Les mœurs des D. sont encore peu connues; il paraît qu'ils vont quelquefois à terre ou du moins dans les marécages, ce qui ne doit avoir lieu que dans des cas très rares, étant donnée la faiblesse de leurs membres. Sur le sol, le protoptère rampe

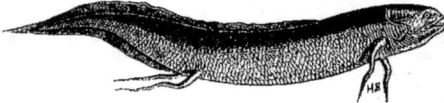

Fig. 2.

à la manière des anguilles et se défend en sifflant et mordant lorsqu'on veut l'approcher; pendant la saison sèche, il s'enterre dans la vase, sécrète autour de lui une sorte de cocon et peut rester ainsi plusieurs mois au dehors de l'eau, en respirant l'air par ses poumons. D'après Sauvage, le cératodus vient quelquefois à la surface prendre l'air en nature. Enfin, dernière particularité en rapport avec leur organisation, les D. peuvent produire des cris; ceux du cératodus ressemblent à des grognements sourds qu'il ne pousse que la nuit; les protoptères sifflent comme les serpents, et les lépidosiren font entendre des bruits qui rappellent, dit-on, le miaulement du chat.

Les D. existent depuis l'époque dévonienne, où ils sont représentés par quelques formes (Phaneropleuron) qu'il est dif-

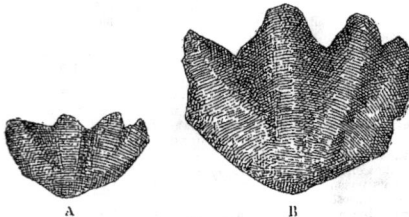

A   B
Fig. 3.

ficile de séparer des poissons ganoïdes; les cératodus, qui datent du trias, étaient connus par leurs dents (Fig. 3. A. Dent de cératodus actuel. B. — Dent de cératodus triasique), longtemps avant l'espèce actuelle; les protoptères et les lépidosiren sont inconnus à l'état fossile.

DIPODE. adj. 2 g. (gr. δὶς, deux; ποῦς, ποδὸς, pied). T. Zool. Qui n'a que deux pattes.

DIPODIE. s. f. (gr. δὶς, deux; ποῦς, ποδὸς, pied). T. Métr. grecq. et lat. Assemblage de deux pieds de vers.

DIPPEL, théologien, médecin et chimiste allemand (1672-1734), découvrit le bleu de Prusse. || L'huile animale de Dippel est un liquide qu'on obtient en rectifiant le produit huileux de la distillation sèche des os, de la corne et des autres substances animales analogues. Dippel la recommandait comme médicament antihystérique. C'est en étudiant ce liquide qu'Anderson, en 1851, découvrit la pyridine et les bases pyridiques.

DIPROPARGYLE. s. m. (R. di, et propargyle). T. Chim. Syn. de Bipropargyle. Voy. ce mot. — On connaît à cet hydrocarbure deux isomères appartenant à la série grasse : l'allylénylallène CH³. C≡C, CH². C≡C. C≡C. CH³, corps 80°, et le diméthyl-binacétylène CH³. C≡C. C≡C. CH³, corps très stable, fusible à 64°, bouillant à 130°.

DIPROPYLBENZÈNE. s. m. (R. di, propyle, benzène). .T. Chim. Hydrocarbure de la formule C⁶H⁴(C³H⁷)², dérivant du benzène par la substitution de deux radicaux propyle à deux atomes d'hydrogène. Sur les trois D. (ortho-méta- et para-) que prévoit la théorie on n'en connaît qu'un qui est liquide et bout à 220°. — Les di-isopropylbenzènes répondent à la même formule, mais les deux radicaux

propyle sont remplacés par de l'isopropyle. On en a obtenu deux : l'un (ortho-) bout à 209° et donne, par oxydation avec l'acide azotique étendu, de l'acide phtalique; l'autre (méta-) bout à 204° et fournit dans les mêmes circonstances de l'acide isophtalique. — Enfin, l'on connaît un propylisopropylbenzène contenant à la fois un radical propyle et un radical isopropyle; il bout à 212° et donne à l'oxydation de l'acide propylbenzoïque et de l'acide téréphtalique.

DIPROPYLCARBINOL. s. m. T. Chim. Alcool heptylique secondaire; liquide bouillant à 150°, obtenu par hydrogénation de la dipropylcétone. Sa formule est :

$$C^3 H^7 . CHOH. C^3 H^7 .$$

DIPROPYLCÉTONE. s. f. T. Chim. Cétone heptylique correspondant au dipropylcarbinol. On l'appelle aussi butyrone, parce qu'on l'obtient par la distillation sèche du butyrate de calcium. C'est un liquide huileux, incolore, qui bout à 144° Sa formule est C³H⁷. CO. C³H⁷. — La di-isopropylcétone ou isobutyrone (CH³)²CH. CO. CH (CH³)² bout vers 125°; elle se produit dans la distillation sèche de l'isobutyrate de calcium.

DIPROPYLE. s. m. T. Chim. Nom donné à l'hexane normal.

DIPROPYLMÉTHANE. s. m. T. Chim. Nom donné à l'heptane normal.

DIPSACÉES. s. f. pl. (R. Dipsacus). T. Bot. Famille de végétaux Dicotylédones de l'ordre des Gamopétales inférovariés.

Caract. bot. : Plantes herbacées ou sous-frutescentes. Feuilles opposées ou verticillées, simples et sans stipules. Fleurs en capitule sur un réceptacle conique entouré par un involucre composé de plusieurs folioles. Chaque fleur porte 2 bractées latérales qui l'entourent d'un involucelle partiel de forme assez variable. Calice membraneux, à tube adhérent à l'ovaire, limbe entier, lobé ou divisé en arêtes. Corolle gamopétale, tubuleuse bilabiée, insérée dans le calice, à limbe oblique 4 ou 5-lobé, à estivation imbriquée. Étamines 4, alternes avec les lobes de la corolle quelquefois en partie stériles; anthères introrses, à 4 sacs s'ouvrant en long. Ovaire infère, uniloculaire, avec un seul ovule suspendu et anatrope; style 1; stigmate simple. Le fruit est un akène enveloppé dans l'involucelle, souvent aussi couronné par le limbe du calice; embryon droit, situé dans l'axe d'un albumen charnu peu abondant; radicule dirigée vers le hile. (Fig. 1. Dipsacus sylvestris; 2. Fleur entière; 3. La même, coupée longitudinalement; 4. Fruit coupé verticalement.)

Les Dipsacées offrent des analogies évidentes, d'abord avec les Composées dont elles diffèrent par leurs étamines libres et leurs graines suspendues et pourvues d'un albumen; ensuite avec les Calycérées, qui ont des anthères soudées, pas d'involucelle et des feuilles alternes. Elles se distinguent des Valérianées par leurs fleurs en capitules et par l'albumen de leurs graines.

Cette famille comprend 8 genres et 150 espèces qui habitent principalement le midi de l'Europe, la Barbarie, le Levant et le cap de Bonne-Espérance. Elles ne témoignent aucune préférence marquée pour une station quelconque; seulement elles évitent le froid, et ne s'élèvent pas à une grande hauteur au-dessus du niveau de la mer. — Leurs propriétés sont peu importantes. Les cardes qui servent à peigner le drap ne sont autre chose que les capitules desséchés de deux espèces du genre Dipsacus, le D. fullonum et le D. sylvestris, communément appelés Cardère, Chardon à foulons et Chardon à bonnetiers. Ces capitules sont hérissés de bractées dures, roides et épineuses. Les racines de ces espèces passent pour diurétiques et sudorifiques. Quelques autres sont réputées fébrifuges. Les feuilles du Dipsacus sylvestris sont soudées à leur base et forment autour de la tige une cavité où s'amasse l'eau de la pluie : de là les noms de Dipsacus (δίψον ἄχέομαι, je guéris la soif), de Cabaret des oiseaux, et de Cuvette de Vénus, qu'on avait donnés à cette plante. Le préjugé populaire attribue à cette eau des vertus merveilleuses pour guérir les conjonctivites palpébrales, quoiqu'elle soit en réalité sans efficacité. La Scabieuse tronquée (Scabiosa succisa), connue encore sous les noms vulgaires de Succise et de Mors du diable, donne une matière colorante verte et possède une astringence assez prononcée. Jadis ses racines et ses feuilles étaient employées comme sudorifiques dans quelques maladies de la peau. Les différentes espèces des genres Céphalaire (Cephalaria) et Knautia, assez communs en France dans les endroits huinodes, sont sans emploi médical. On cultive dans ses jardins, comme plantes d'ornement, plusieurs espèces du genre Sca-

biosa : la plus répandue est la Sc. atro-purpurea ou Sca-bieuse fleur de veuve, qui est remarquable par ses fleurs d'un brun pourpre.

DIPSACUS. s. m. [Pr. dip-sa-kuss] (gr. δίψαν ἀκέομαι, je guéris la soif) T. Bot. Genre de plantes Dicotylédones (Car-dère) de la famille des Dipsacées. Voy. ce mot.

DIPSAS. s. m. (gr. δίψας, espèce de serpent, de δίψα, soif). T. Erpét. Genre de Serpents Colubridés. Voy. COULEUVRE.

DIPSOMANE. s. 2 g Qui est atteint de Dipsomanie. Voy. ce mot.

DIPSOMANIE. s. f. (gr. δίψα, soif; μανία, manie) Affection mentale dans laquelle l'individu boit par accès et d'une façon irrésistible de grandes quantités de liquides al-cooliques. Les individus atteints de cette maladie peuvent être ou non des ivrognes ou des gens adonnés aux boissons. Ce sont pour l'ordinaire des déprimés ou ces personnes pré-disposées par l'hérédité à cette affection Les accès entre-coupés de périodes calmes débutant par un sentiment de las-situde de tout; ils s'exagèrent au fur et à mesure que l'indi-vidu boit pour se réconforter. Le malade sacrifie tout à son besoin insatiable de boire et il finit par tomber dans la vraie

manie (excitation, etc.). La démence et les lésions causées par l'alcoolisme rendent grave le pronostic de cette maladie mentale. Il n'y a pas grand'chose à attendre du traitement de l'alcoolisme, et les accès s'accentuant, il faut isoler les ma-lades dans des asiles d'aliénés.

DIPTÈRE. s. m. (gr. δίς, double; πτερὸν, aile). T. Ent. Se dit des insectes à deux ailes, tels que les cousins et les mouches. || T. Archit. Se dit d'un édifice qui a deux ailes ou deux rangs de colonnes de chaque côté. || Poisson de la Guyane qui forme le passage, par son organisation, des Ganoïdes aux Dipnoïques.

Entom. — Les Diptères forment un ordre d'Insectes ca-ractérisé par la présence de deux ailes antérieures membra-neuses, ordinairement bien développées; la deuxième paire d'ailes, qui manque toujours, est remplacée en général par deux appendices écailleux et mobiles, nommés Balanciers, qui servent à régulariser le vol de ces insectes. Ces organes consistent en deux filets terminés par un bouton et recou-verts à leur base par deux lamelles membraneuses appelées Ailerons ou Cuillerons. Les dimensions de ces ailerons, ainsi que des balanciers proprement dits, varient suivant les familles ou les genres. Il est même à remarquer que les pre-miers sont d'autant plus développés que les seconds le sont moins, et vice versa; ce qui fait supposer qu'ils se rempla-cent mutuellement dans l'action du vol.

La bouche des Diptères est exclusivement organisée pour la succion. Elle présente ordinairement une sorte de trompe, tantôt molle et rétractile, tantôt cornée et allongée, qui se ter-mine par deux lèvres et offre à sa partie supérieure un sillon lon-gitudinal, dans lequel se loge un suçoir composé de soies cor-nées et très aiguës. — Cette gaine, qui se replie ordinaire-ment sur elle-même, quand le suçoir est en action, semble représenter la lèvre inférieure. Les soies, dont le nombre varie de 2 à 6, paraissent formées par les mêmes appendices qui, chez les insectes broyeurs, constituent la languette, les man-dibules et la mâchoire. Elles font l'office de lancettes pour percer les enveloppes qui emprisonnent les matières fluides dont les Diptères se nourrissent Une fois mis en liberté, ces liquides suivent la gaine du suçoir et arrivent ainsi au pha-rynx, qui est situé à la base de ce dernier. Nous devons faire remarquer que, chez quelques Diptères, ceux que l'on dési-gne sous le nom de Pupipares, l'appareil de succion n'est pas conformé ainsi que nous venons de le dire, mais consiste en deux valves coriaces et velues qui renferment un petit tube grêle et rigide. La base de la trompe des Diptères porte très souvent 2 palpes filiformes ou terminés en massue. Leurs yeux sont gros et souvent très grands chez les mâles; il existe presque toujours des ocelles au nombre de 2, et plus ordinairement de 3. Ces insectes sont, en général, de petite taille, et l'on peut se former une idée assez exacte de leur forme générale par celle de l'un d'eux, la mouche commune qui est connue de tout le monde. Tous les Diptères sont pour-vus de six pieds, et, comme tous les autres hexapodes, leur corps est composé de trois parties distinctes. Leurs pieds sont presque toujours longs, grêles et terminés par un tarse de 5 articles, dont le dernier a 2 crochets et souvent 2 ou 3 pe-lotes ou palettes vésiculeuses qui, dans plusieurs espèces, for-ment ventouse. Enfin, leur abdomen est souvent pédiculé: de plus, il se termine ordinairement, chez les femelles, en une pointe qui forme une espèce de tarière, et présente une suite de petits tuyaux rentrant les uns dans les autres, comme les différentes parties d'une lunette.

Tous les Diptères subissent des métamorphoses complètes; mais ils vivent peu après leur passage à l'état parfait. Les larves sont dépourvues de pattes, mais on observe dans quel-ques-unes des appendices qui les simulent. Les unes ont la tête molle ou écailleuse et leur bouche est ordinairement mu-nie de deux crochets qui leur servent à piocher les matières alimentaires; elles changent plusieurs fois de peau et se filent même une coque pour s'y transformer en nymphes. Les autres n'ont pas de tête distincte; elles sont vermiformes et s'éprou-vent aucune mue, leur peau se durcit, se racornit, et devient pour la nymphe une coque solide qui a l'apparence d'une graine ou d'un œuf et qu'on appelle pupe.

Les Diptères forment, après les Coléoptères, l'ordre le plus nombreux de la classe des insectes. Ils se trouvent dans tous les sites, dans tous les climats. Les uns préfèrent les plaines, les autres les montagnes. Ceux-ci habitent les bois, les prairies les champs, les rivages; ceux-là se plaisent dans nos maisons; plusieurs vivent sur les algues au bord de la mer (les Actores), et même nagent continuellement sur les vagues à la ma-nière des Gyrins (les Clunis); on en trouve enfin jusque sur les neiges des régions polaires (les Chionées). Ils se partagent les végétaux, en adoptant soit les fleurs, soit le feuillage, soit le tronc des arbres. Leurs aliments sont aussi variés que la conformation de leur trompe. Ceux chez qui cet organe est le plus développé, tels que les Cousins, les Taons, les Asiles, s'abreuvent de sang; un grand nombre de Muscides se jettent aussi sur les animaux pour humer la sueur, la sanie des plaies et autres sécrétions. Plusieurs, comme les Empides, font la chasse aux petits insectes et en sucent toute la substance fluide. Mais le fonds principal de leur nourriture est le suc des fleurs; c'est sur leurs corolles que les Diptères abondent: le plus souvent, ils butinent sur toutes indifféremment; parfois ils ont des préférences marquées. Pendant l'été et l'automne, la pulpe des fruits sucrés attire des essaims de Muscides; d'autres enlèvent la miellée des Pucerons répandue sur les feuilles ou l'humeur qui découle des ulcères des arbres; enfin, toutes nos substances alimentaires attirent dans nos habitations la Mouche domestique. L'étude des mœurs des Diptères n'est pas moins curieuse que celle d'une foule d'autres insectes. Plusieurs déploient un instinct merveilleux pour assurer la subsistance de leur progéniture; mais ces détails trouveront leur place quand nous parlerons des espèces qui se font surtout remarquer sous ce rapport. — La profusion avec laquelle ces insectes sont répandus sur la surface du globe leur fait remplir deux destinations importantes dans l'économie générale de la nature. D'une part, ils servent de subsistance aux oiseaux insectivores pour lesquels ils sont une manne sans cesse renaissante; d'autre part, ils contribuent puissamment à faire disparaître toutes les substances en décomposition, tout ce qui corrompt la pureté de l'air. Cependant, si nous les considérons seulement dans leurs rapports avec nous et avec les animaux ou les végétaux qui nous sont utiles, nous ne pouvons nous empêcher d'éprouver pour eux de la haine et de la réputation: car c'est à cet ordre d'insectes qu'appartiennent les Cousins, les Moustiques, les Maringouins, etc., si avides de notre sang, et qui, par leur étonnante fécondité, rendent certaines contrées de la terre inhabitables pour l'homme. C'est aussi dans cet ordre qu'on trouve les Taons, les Asiles, les Œstres, qui s'attaquent à nos bestiaux, les tourmentent et finissent quelquefois par causer leur mort. Enfin, ce sont des larves de Diptères appartenant au genre Cécidomye qui font mourir sur pied nos céréales au moment où leurs tiges se développent. Schnider divise les Diptères en deux sous-ordres d'après la manière dont les insectes parfaits sortent de la nymphe ou de la pupe: les *Orthoraphes* qui sortent par une incision rectiligne, les *Cycloraphes*, par une incision circulaire. Nous adopterons de préférence la classification de Macquart en y apportant quelques modifications nécessitées par les travaux plus récents. Les Diptères se partagent en trois sous-ordres: 1° les BRACHYCÈRES qui ont le corps ramassé et des antennes courtes à trois articles; 2° les NÉMOCÈRES qui ont le corps allongé, les antennes filiformes et longues; 3° les APHANIPTÈRES ou Puces qui ont le corps comprimé sur les côtés et des écailles à la place d'ailes. Les Brachycères, qui sont de beaucoup les plus nombreux, se subdivisent en cinq familles; les *Tanystomes*, les *Tabaniens*, les *Notacanthes*, les *Athéricères* et les *Pupipares*. Les Némocères comprennent les *Culicides* et les *Tipulides*. Voy. ces mots.

Diptères fossiles. — On a trouvé un grand nombre de Diptères fossiles dans un parfait état de conservation, principalement dans l'ambre de la Baltique. Les premiers qui apparaissent dans le trias sont des Brachycères Tanystomes (*Asilus*); les Mouches remontent au jurassique, les Cousins et les Tipules sont très nombreux pendant tout le tertiaire, époque où les Diptères commencent à prendre le développement qu'ils ont acquis de nos jours.

DIPTÉRIQUE. adj. 2 g. (R. *diptère*). T. Hist. nat. Qui a deux ailes ou deux appendices en forme d'ailes.

DIPTÉROCARPE. s. m. (gr. δὶς, deux; πτερὸν, aile; καρπὸς, fruit). T. Bot. Genre de plantes de la famille des *Diptérocarpées*. Voy. ce mot.

DIPTÉROCARPÉES s. f. pl. (R. *Diptérocarpus*). T. Bot. Famille de végétaux Dicotylédones de l'ordre des Dialypétales supérovariées méristémonées à carpelles clos.

Caract. bot.: Arbres très élevés, à suc oléo-résineux abondant. Feuilles alternes, involutées dans la préfoliaison, à nervation pennée; stipules caduques, oblongues, roulées en cornet terminant les rameaux en pointe conique. Fleurs ordinairement grandes, en grappes ou en panicules terminales, tantôt axillaires et solitaires, tantôt naissant plusieurs ensemble à l'aisselle de la même feuille, souvent unilatérales. Calice tubuleux à 5 sépales concrescents en cloche, persistant, plus tard accrescent, nu à sa base, à estivation imbriquée. Pétales unis à la base avec le calice. Étamines en nombre indéfini, libres ou légèrement et irrégulièrement polyadelphes; anthères adnées, subulées, s'ouvrant longitudinalement près du sommet; filet dilaté à sa base. Pistil formé de 3 carpelles concrescents en un ovaire à 3 loges renfermant chacune 2 ovules anatropes pendants; style, 1; stigmate simple. Le fruit monosperme par

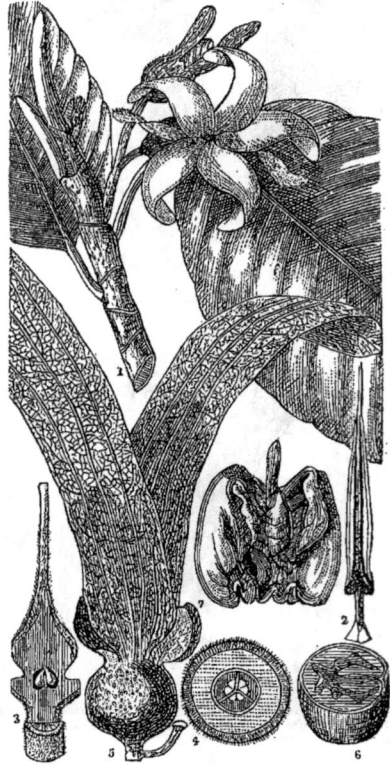

avortement est un akène, rarement une capsule. Il est souvent enveloppé par le calice qui s'accroît en 3, 3 ou 2 grandes ailes. Graine unique, sans albumen; cotylédons plano-convexes ou plus communément tordus et chiffonnés; radicule dirigée vers le hilo. (Fig. 1. *Dipterocarpus trinervis*; 2. Anthère; 3. Coupe verticale de l'ovaire; 4. Coupe transversale du même; 5. Fruit. — 6. *Dryobalanops camphora*, coupe de sa graine; 7. Son embryon déplissé.)

Cette famille renferme 12 genres et 112 espèces, toutes inconnues en Europe, où elles mériteraient d'être cultivées comme plantes d'ornement, à cause de leur taille majestueuse, de leurs formes élégantes, de leurs belles fleurs agrégées et des riches couleurs des ailes de leurs fruits. On ne les rencontre que dans l'Inde, et spécialement dans les îles orientales de l'archipel Indien, où, suivant Blume, ces végétaux composent les plus grands arbres des forêts. Le *Shorea robusta* forme la limite septentrionale de cette famille, car on le trouve exclusivement au pied de la chaîne de l'Himalaya. — Le *Dryobalanops camphora* produit le *Camphre de Bornéo*, qui se trouve à l'état concret dans des cavités et des fissures situées au cœur de l'arbre. Ce camphre est moins volatil que le camphre ordinaire du commerce. Ce même arbre fournit également l'*Huile de camphre* de Bornéo et de Sumatra, substance que l'on croit être du camphre imparfaitement formé. Le *Shorea robusta* donne une résine qui se vend, dans les bazars de l'Inde, sous le nom de *Dammar de l'Inde*. Le *Saul*, qui est le meilleur bois de charpente et le plus généralement employé dans l'Inde, provient du même arbre. Le *Valeria indica* fournit la résine appelée *Dammar blanc* et *Copal de l'Inde*. Elle se rapproche beaucoup de la résine *Animé*. Dans l'Inde méridionale, lorsqu'elle est encore à l'état frais et fluide, on l'emploie comme vernis sous le nom de *Vernis Piney (Piney dammar)*. Dissoute à chaud en vase clos, elle sert aux mêmes usages dans d'autres parties de l'Inde. Elle est extrêmement solide et tenace, mais elle fond à 40°. Wight dit qu'on obtient cette résine en faisant tout simplement à l'arbre une entaille dirigée obliquement en bas et en dedans; la résine s'y rassemble et s'y durcit ensuite. Sur la côte de Malabar, on en fait des chandelles qui exhalent, en brûlant, une odeur agréable, qui donnent une lumière claire et brillante accompagnée de peu de fumée, et dont la mèche se consume sans avoir besoin d'être mouchée. L'oléo-résine du *Dipterocarpus trinervis* sert à faire des préparations emplastiques excellentes. On l'administre aussi à l'intérieur, soit sous forme de teinture, soit émulsionnée avec un jaune d'œuf: elle agit sur les muqueuses comme le baume de copahu. Les naturels de Java enduisent les feuilles de bananier avec cette résine et en font des torches qui donnent, dit-on, une lumière blanche et exhalent une odeur assez agréable. Cette famille produit encore d'autres espèces d'oléo-résine. Diverses espèces de *Dipterocarpus* donnent le baume appelé *Gurjun* par les Hindous, *Dhounati* par les Cingalais, et *Huile de bois (Wood-oil)* par les Anglais. On l'emploie aussi dans les mêmes cas que le baume de copahu.

DIPTÉRYGIEN, IENNE. adj. (gr. δίς, deux; πτέρυξ, nageoire). T. Icht. Qui a deux nageoires. || s. m. pl. Famille de poissons qui n'ont que deux nageoires.

DIPTÉRYX. s. m. (gr. δίς, deux; πτέρυξ, aile). Genre de plantes Dicotylédones (*Dipterocarpus*) de la famille des *Légumineuses*. Voy. ce mot.

DIPTYQUE. s. m. (gr. δίπτυχος, plié en deux, de δίς, deux fois, et πτύσσειν, plier). T. Archéol. L'Académie n'emploie ce mot qu'au pl.

I. — Les anciens appelaient *Diptyques* des tablettes enduites de cire sur lesquelles ils écrivaient avec la pointe d'un stylet et qui leur servaient à prendre des notes. Les plus petites s'appelaient *Pugillaires*, de *pugnus*, poing, parce qu'on pouvait les tenir dans la main. Ces tablettes étaient formées de deux planchettes de bois ou d'ivoire, réunies par une charnière, de sorte qu'elles s'ouvraient et se fermaient comme nos livres; de là le nom sous lequel on les désignait. Naturellement, c'est sur la face intérieure, qui était lisse, que l'on traçait l'écriture, tandis qu'on décorait la part extérieure de dessins peints ou sculptés. L'usage des diptyques se maintint jusqu'au XIV° siècle, où ils furent remplacés par des tablettes d'ivoire sur lesquelles on écrivait avec la mine de plomb.

II. — Chez les Romains, il était d'usage, au premier jour de l'an, d'envoyer des diptyques à ses amis. On avait le soin d'y inscrire son nom, ainsi que des vœux pour le bonheur de ceux que l'on gratifiait. Sous l'empire, les consuls, entrant en charge à cette époque, prirent l'habitude de se faire représenter sur les diptyques qu'ils distribuaient alors dans toute la pompe du costume consulaire. Parfois encore, ils y faisaient retracer quelque scène des jeux qu'ils donnaient au peuple à l'occasion de leur nomination. Les diptyques de ce genre sont appelés *Diptyques consulaires*. Le plus ancien que l'on connaisse porte le nom de Félix Fluvius, qui fut consul l'an 428 après J.-C.

III. — Dès les premiers siècles du christianisme, les fidèles inscrivaient sur des diptyques les noms des martyrs, des confesseurs, ainsi que ceux des protecteurs et des bienfaiteurs de l'Église, et plaçaient ces tablettes sur l'autel. L'usage de

ces diptyques, dits *sacrés* ou *ecclésiastiques*, paraît s'être maintenu jusqu'au XI° siècle, et exceptionnellement jusqu'au XII°. Quand ils disparurent, leur nom fut conservé par les écrivains ecclésiastiques pour désigner toute espèce de catalogues.

IV. — Dans les temps modernes, les archéologues ont eu l'idée de se servir du mot *Diptyque* pour désigner les tableaux ouvrants et fermants que nous a transmis le moyen âge. Ces tableaux consistent le plus souvent en deux volets,

qui sont unis par des charnières et se roulent sur eux-mêmes. Quelques-uns présentent cependant trois pièces, dont une, celle du milieu, est ordinairement deux fois plus grande que chacune des deux autres: on les appelle alors *Triptyques*. (La Fig. ci-dessus représente un triptyque du XVI° siècle, en bois de cerisier, qui fait partie du cabinet des médailles, à la Bibliothèque nationale de Paris). Quelquefois le nombre des pièces s'élève à 4 et même à 5: ces derniers sont désignés sous le nom de *Polyptyques*. La plupart des diptyques sont presque tous en ivoire ou en bois sculpté. Quelques-uns sont en métal, et alors ils sont peints en émail. Tous, d'ailleurs, représentent des sujets religieux, des portraits de saints ou de saintes, ou des scènes de piété. — On fait remonter l'origine de ce genre de diptyques à l'époque de la guerre des iconoclastes. Les fidèles ne pouvant alors conserver les saintes images dans les églises eurent l'idée d'en faire des réductions faciles à cacher et à transporter. La persécution contre les images terminée, on continua, par habitude, à donner à ces tableaux des dimensions réduites que nous leur connaissons.

DIPYRÉNÉ, ÉE. adj. (gr. δίς, deux: πυρήν, noyau). T. Bot. Fruit renfermant deux noyaux. Inus.

DIPYRIDYLE. s. m. T. Chim. Syn. de *Bipyridyle*.

DIPYRRHIQUE. s. m. [Pr. *dipir-rike*] (R. *di*, préf., et *pyrrhique*). T. Métriq. Pied composé de deux pyrrhiques, c'est-à-dire de quatre brèves.

DIQUINOLÉINE, DIQUINOLINE. s. f. **DIQUINOLYLE.** s. m. Synonymes de *Biquinoléyle*.

DIRAMATION. s. f. [Pr. ... *sion*] (R. *di*, préf., et lat. *ramus*, rameau). T. Géog. Partage en branches, bifurcation.

DIRAN, nom d'une famille de rois d'Arménie des premiers siècles de notre ère.

DIRCA. s. m. T. Bot. Genre de plantes de la famille des *Thyméléacées*. Voy. ce mot.

DIRCÉ, femme de Lycus, mise à mort par les fils d'Antiope. Bacchus la changea en fontaine (Myth.).

DIRE. v. a. (lat. *dicere*, m. s.). Exprimer, énoncer, faire entendre quelque chose par la parole. *D. son avis, son sentiment, ses raisons. D. des extravagances, des sottises. D. des paroles inutiles. D. des riens. Ils se sont dit des injures. Il ne vous a pas dit la vérité. Je vous dirai les choses comme elles se sont passées. Dites-moi son nom. Il m'a dit beaucoup de bien de vous. Il faut me d. ce que vous pensez, votre façon de penser. Je lui ai dit de vous inviter. Dites-lui de venir ou qu'il vienne. Il dit une chose et il en pense une autre. Il ne m'en a rien dit. J'ai quelque chose à vous d. Je ne dis plus qu'un mot. On ne dit pas les choses si crûment. On lui a tout dit. C'est le vin qui lui a fait d. tout cela. D. des douceurs, des fleurettes à une femme. D. à quelqu'un son fait. Elle vient de se faire d. sa bonne aventure. Comme disait mon père. Voici ce qu'il m'a dit. Je vous l'avais bien dit. Vous dis-je le contraire? On dit que c'est un très honnête homme. Il ne suit ce qu'il dit. Ce n'est pas là ce qu'il a voulu d. D. beaucoup en peu de mots. Il l'aime plus qu'il ne veut le d. Il souffre au delà de tout ce que l'on peut d. Je n'ai pas la force de vous le d. Les plus grandes choses n'ont besoin que d'être dites simplement. C'est là qu'on parle sans se rien d. Il sortit sans mot d.* || Absol., *Laissez d. et allez toujours votre train.* — En poésie et dans le style élevé, *Il dit*, à la fin d'un discours, sign., Ce fut ainsi qu'il parla, ou après qu'il eut ainsi parlé. *Il dit, et leur courroux fut apaisé. Dieu dit, et la lumière fut.* — Fam., *J'ai dit*, s'emploie quelquefois, dans la conversation, pour sign. Je n'ai plus rien à d. — *L'art de bien d.*, L'art de bien parler. || *On dit*, l'art la commune opinion, ou c'est le bruit qui court. *On dit que la paix va être faite. C'est, dit-on, ce qui a forcé le ministère à se retirer.* — Se dit aussi subst., *C'est un on dit. Il est impossible de condamner un homme sur des on dit.* || *Qui vous dit, qui vous a dit que...? Qui vous fait croire que, quelle raison avez-vous de croire que...? Qui vous dit que j'y consente?* || *Que voulez-vous d.?* s'emploie quelquefois pour exprimer la surprise que causent les paroles de quelqu'un, et sert à marquer une sorte de doute, d'incrédulité. *Il est parti, que voulez-vous d.? parti sans me prévenir.* || *Disons-le*, s'emploie souvent lorsqu'on va dire quelque vérité fâcheuse, mais qu'on ne peut se résoudre à taire. *Disons-le, il s'est conduit indignement.* || *Disons mieux*, s'emploie pour affirmer avec plus d'énergie. *Il était l'ami des pauvres, disons mieux, il en était le père.* On dit de même, *Pour mieux d.*, ou *Que dis-je? Je l'aime, que dis-je? je l'adore.* || Fam., *Cela soit dit en passant*, ou elliptiq., *Soit dit en passant*, s'emploie en parlant d'une chose qu'on mentionne incidemment, ou lorsqu'on fait quelque plainte, quelque reproche sur lequel on n'insiste pas. || *A d. vrai, à vrai d.*, Pour s'exprimer d'une manière exacte, conforme à la vérité. || *C'est tout d., pour tout d.*, pour tout d. en un mot, s'emploient pour marquer que tout ce que l'on a à dire se trouve renfermé dans la phrase ou dans l'expression dont on se sert. || Fam., *Cela vous plaît à d.*, s'emploie pour faire entendre qu'on ne convient pas de ce qui vient d'être dit, ou pour énoncer un refus. || Fam., *Trouver à d.*, s'emploie dans le sens de reprendre, blâmer. *Que trouvez-vous à d. à cela?* Cependant on dit plus ordinairement, *Trouver à redire.* || Fam., *Il y a bien à d., beaucoup à d. là-dessus*, Il y a bien des critiques, des objections à faire là-dessus. On dit dans des sens analogues : *Qu'en voulez-vous d.? Qu'avez-vous encore à d.? Cela est fort bien, il n'y a rien à d. On ne peut rien d., rien trouver à d. sur sa conduite.* — *Il y a bien à d.*, signifie quelquefois, Il y a faut de beaucoup, ou Il y a grande différence. *Il y a bien à dire que je n'aie mon compte. Il y a bien à d. entre ces deux frères.* La locut., *Il y a tout à d.*, s'emploie aussi dans un sens anal. — Fam., *Il n'y a pas à d.*, Il n'y a pas à refus à faire, pas de résistance possible. || Proverb., *Cela va sans d.*, C'est une chose tellement certaine, claire, naturelle, incontestable, qu'il est inutile de la d., de l'expliquer, d'en donner la preuve. On dit de même, *Il va sans d. que...* || *C'est-à-dire*, s'emploie lorsque, afin de se faire mieux comprendre, on répète sous une autre forme ce que l'on vient de d. *L'âme, c'est-à-d. le principe intelligent et immortel.* — Se dit aussi pour faire entendre que ce qu'on va d. est la conséquence de ce qu'une autre personne a fait ou vient de d. *Vous me refusez, c'est-à-d. que vous ne voulez rien accepter de moi. C'est donc à d. que vous ne voulez pas changer de conduite.* — *Je veux d.*, s'emploie quelquefois dans le premier sens de *C'est-à-d. Une maîtresse plus impérieuse, je veux d. l'expérience, le força enfin de me croire.* || *Ce n'est pas à d. pour cela que, Ce n'est pas à d. que...*, Il ne faut pas croire pour cela que... || *Pour ainsi d.*, s'emploie lorsqu'on veut atténuer ce qu'il peut y avoir d'exagéré, d'extraordinaire, d'inusité, dans l'expression dont on se sert. *Dieu tira, pour ainsi d., du néant de son humilité. On dit aussi, dans le même sens, Si j'ose le d.* || Fig. et fam., *D. pis que pendre de quelqu'un*, en d. le diable, D. de lui toute sorte de mal. — Prov., *S'il vient à bout de ce qu'il a entrepris, je l'irai d. à Rome*, s'emploie pour exprimer qu'on regarde comme impossible le succès de la chose dont on parle. || *Se d. quelque chose à soi-même*, Faire en soi-même telle ou telle réflexion, tel ou tel raisonnement. *Heureux qui peut se d.: j'ai rempli tous mes devoirs. Je me dis bien souvent qu'il y a des hommes plus malheureux que moi. Je me le suis dit mille fois* || Fig., *Le cœur me le disait bien, me l'avait dit bien*, J'en avais le pressentiment. On dit, dans un sens anal., *Quelque chose me dit que..., Quelque chose m'avertit que...* j'ai le pressentiment de... — Fig. et fam., *Si le cœur vous en dit*, Si vous avez d'humeur, si vous êtes disposé à faire cela. == *Dire* s'emploie aussi en parlant de ce qui est exprimé, énoncé par écrit. *Dans ma dernière lettre je vous ai dit que... Il faut vérifier tout ce que dit cet auteur. A ce que dit l'histoire. L'Evangile nous dit que... Que dit la loi? Comme dit le proverbe.* == Dans le langage ordinaire, s'emploie aussi dans le sens de débiter, réciter. *D. sa leçon. D. des vers. D. ses prières, ses heures, son bréviaire. D. son chapelet.* — S'emploie absol., en parlant de la manière dont quelqu'un récite un discours, des vers, etc. *Cet acteur dit bien.* || *D. la messe*, Célébrer la messe. *Faire d. des messes pour quelqu'un.* == En poésie, se dit pour Célébrer, chanter, raconter. *Je dirai vos exploits.* == Croire, penser, juger. *Les avis sont partagés sur cette affaire, qu'on ne sait qu'en d. Que dites-vous? cela n'est-il pas affreux! A l'entendre, on dirait qu'il sait tout. On eût dit qu'il était fou. Que va-t-on d. de vous, si l'on vous voit dans cet état? Qui l'eût dit, qu'elle changerait si tôt! — Qu'est-ce à d.? Que faut-il penser de cela? Qu'est-ce que cela signifie? Cette façon de parler ne s'emploie guère que pour témoigner de la surprise ou du mécontentement.* || Fam., *On dirait d'un fou*, d'un homme ivre, etc., A en juger par ses actions, par ses discours, etc., on le prendrait pour un fou, etc. || Fam., *Se moquer, être au-dessus du qu'en dira-t-on, braver le qu'en dira-t-on*, Mépriser l'opinion, mépriser ce que les autres pourront d. ou penser. On dit dans le sens contraire, *Être sensible au qu'en dira-t-on.* == Dénoter, indiquer, marquer, signifier, avertir, faire connaître. *Que veut d. cette absence? Cela dit beaucoup plus qu'on ne pense. Cela veut d. que... Cette maladie me dit qu'il faut songer à quitter ce monde. Ce mot seul dit tout. Vous me recevez bien froidement, que voulez-vous d. par là?* — *Que veut d. ce mot, cette phrase, ce passage? Quel en est le sens?* — Fam., *Cela ne dit rien, cela ne veut rien d.*, Cela n'a point de signification, cela ne prouve rien, cela importe peu. On dit aussi d'une chose qui, dans le lieu où elle est, ne produit aucun effet, qu'elle ne dit rien. *Au milieu d'une aussi vaste place, cette statue ne dit absolument rien.* — *Cela ne dit rien au cœur, à l'âme*, Cela ne touche point, n'émeut point. || Fig., s'emploie aussi en parlant des actions, des regards, des gestes, etc., qui manifestent la pensée de quelqu'un. *Ses yeux, ses regards vous disent qu'il vous aime. Sa confusion, son trouble, disaient assez qu'il était coupable. Son silence m'en dit assez.* — *Cette femme a de beaux yeux, mais ils ne disent rien*, Ils n'ont aucune expression. == BIEN-DIRE, BIEN-DISANT, voy. ces mots. == SE DIRE. v. pron. Prétendre, assurer qu'on a une certaine qualité. *Il se dit votre parent, votre ami. Il se disait gentilhomme. Il se dit fort expert dans ces matières. Il se dit envoyé par votre père.* || *Être dit*, être énoncé, exprimé. *Ce sont là des choses qui ne doivent pas se d. J'ai un besoin de dormir qui ne peut se d.* — En parlant d'un mot, d'une locution, d'une phrase, Être employé, usité. *Ce mot se dit de telle chose. Cela ne se dit qu'en mauvaise part. Ce proverbe se dit en parlant de... Cela ne se dit plus.* == SOI-DISANT. Voy. ce mot. == DIT, ITE. part. — Fam., *Voilà qui est dit, c'est une chose dite*, C'est une chose convenue, arrêtée, décidée; n'en parlons plus. *C'est bien dit*, signifie qu'on approuve ce que quelqu'un vient de d. || Surnommé. *Charles V, dit le Sage.* || Joint aux articles, à certains pronoms et à certains adverbes, il rappelle la personne ou la chose dont il vient d'être parlé. *Ledit tel. Ladite maison. Audit lieu. Mondit seigneur. Sondit procès-verbal. Le susdit domaine. La susdite dame. Ci-dessus dit. Ci-devant dit. Ci-après dit,* etc. Ces dernières locutions, *Susdit* excepté, ou vieilli. — **DIT.** s. m. Voy. ce mot.

Conj. — *Je dis, tu dis, il dit; nous disons, vous dites, ils disent. Je disais; nous disions. Je dis; nous dîmes. Je dirai; nous dirons. Je dirais; nous dirions.* — *Dis, disons, dites.* — *Que je dise; que nous disions Que je disse; que nous dissions.* — *Disant.* Parmi les composés de *Dire,* un seul, *Redire,* se conjugue absolument de même. Quant aux autres, *Contredire, Dédire, Interdire, Médire, Prédire,* ils font à la 2e personne plurielle du présent de l'indicatif et de l'impératif: *Vous contredisez* et *Contredisez, Vous médisez,* etc.

DIRE. s. m. (R. *dire,* v.) Ce qu'une personne dit, rapporte, avance, déclare. *Dresser procès-verbal des dires et observations des parties. Le d. des témoins. Prouver son dire. Au d. de chacun. Au d. des anciens.* Quand il n'est pas terme de pratique, il est ordinairement fam. || *Au d. des experts,* Selon l'avis des experts. *A d. d'experts.* En soumettant la chose à des experts qui décideront. *L'a demnité fut réglée à d. d'experts.*

DIRECT, ECTE. adj. (lat. *directus,* part. pass. de *dirigere,* diriger). Droit, qui ne fait aucun détour. *Chemin d. Route, voie directe.* — Fig., *Attaque directe. Reproche d. Argument d.* || Signifie particulièrement: Immédiat, qui a lieu, qui se fait sans intermédiaire. *Rapport d. Correspondance, communication directe.* — *Être en contradiction, en opposition directe,* Être tout à fait en contradiction, etc. *Preuve directe,* Preuve formelle qui résulte immédiatement d'un fait, par opposition aux simples inductions ou conjectures. — *Harangue directe, Discours d.,* Discours, etc, où le poète, l'historien fait parler lui-même la personne à laquelle il l'attribue. *On trouve dans la Bible, dans Homère, et dans les historiens anciens beaucoup de discours directs.* || T. Log. *Proposition directe,* voy. PROPOSITION. || T. Gram. *Construction directe, ordre d.,* voy. CONSTRUCTION. *Régime d., complément d.,* voy REGIME. || T. Droit. *Ligne directe,* se dit par opposit. à *Ligne collatérale,* de la ligne des ascendants et des descendants. *Il descend d'un tel en ligne directe.* Par anal., on dit *Héritier d.* || T. Jurisp. féod. *Seigneur d.,* Le seigneur immédiat dont une terre relevait. *Seigneurie directe,* Les droits d'un seigneur sur un héritage qui relevait directement de lui. || T. Fin. *Contributions directes,* voy. CONTRIBUTION. || T. Math. *Raison directe,* voy. RAISON. || T. Astr. *Mouvements directs,* Ceux qui sont dirigés de l'occident à l'orient, par opposition à *Mouvements rétrogrades,* Ceux qui sont dirigés en sens inverse. Voy. PLANÈTE et COMÈTE. || T. Optiq. *Rayon d.,* Celui qui arrive directement du corps lumineux, sans avoir été dévié par la réflexion. || T. Mus. Voy. MOUVEMENT.

DIRECTE. s. f. T. Droit féod. L'étendue du fief d'un seigneur direct.

DIRECTEMENT. adv. En ligne directe, tout droit, sans faire de détour. *Il va d., il se rend d. à Marseille.* — Fig., *Aller d. à son but. Attaquer d.* || Signifie particulièrement, D'une manière immédiate, sans intermédiaire, sans aucune entremise. *Communiquer, correspondre d. avec quelqu'un. Adressez-vous d. au ministre. Les juges étaient nommés d. par le peuple. Ceci a d. trait à la question.* — *D. opposé, d. contraire,* se dit, soit au propre, soit au figuré, des choses qui sont entièrement opposées. *Les deux pôles sont d. opposés. Des opinions d. contraires. Ces deux hommes sont d. opposés dans leurs sentiments.* — *D. en face,* Exactement en face, tout à fait vis-à-vis. || En tout état de cause, absolument.

DIRECTEUR, TRICE. s. Celui, celle qui conduit, qui dirige, qui administre. *Le d. d'une entreprise, d'une banque, d'une affaire, d'un ouvrage. D. des contributions directes. Le d. du personnel. D. des domaines. Le d. d'une compagnie d'assurance. Le d. d'un théâtre. Une directrice des postes.* — *D. de conscience,* ou simplement *D.,* Celui qui dirige la conscience d'une personne ou en matière de religion et de morale. || Celui qui préside dans certaines compagnies. *Le d. de l'Académie française.* || T. Hist. Les membres du *Directoire* Voy. ce mot. || T. Géom. *Plan d. d'un*

conoïde, Plan auquel sont parallèles toutes les génératrices de la surface. Voy. CONOÏDE. = **DIRECTRICE.** s. f. T. Géom. *Directrice d'un cylindre, d'un cône,* Ligne sur laquelle doit s'appuyer la génératrice de la surface et qui définit ainsi le déplacement de la surface. Voy. CÔNE, CYLINDRE. — *Directrice d'une conique,* La polaire du foyer. Voy. CONIQUE, FOYER, ELLIPSE, HYPERBOLE. || T. Artill. *D. d'une plate-forme,* Ligne qui se projette suivant la trace du plan de tir. || *D. du châssis d'un affût,* Grande pièce longitudinale sur laquelle appuie la crosse de l'affût sur le recul.

DIRECTIF, IVE. adj. (lat. *directum,* sup. de *dirigere,* diriger). Qui a la force, la propriété de diriger.

DIRECTION. s. f. [Pr. *direk-sion*] (lat. *directio,* m. s., de *directum,* sup. de *dirigere,* diriger). Action de diriger, de celui qui dirige, qui règle. *Prendre la d. d'une affaire. Être préposé à la d. des travaux. Pendant la d. d'un tel. Sous sa d.* || Se dit de certaines administrations publiques ou particulières, ainsi que de l'emploi de directeur dans ces administrations. *La d. générale des postes, des beaux-arts, des contributions indirectes, de l'enregistrement et des domaines. La d. d'une compagnie d'assurance, d'un théâtre. Commis de la d. Être employé à la d. Solliciter une d.* — Par ext., Le lieu où se trouve une d., et le territoire qui lui est assigné. *Aller à la d. Les limites d'une d.* || T. Droit. *D. des créanciers,* Régie que ces créanciers faisaient, par le moyen de syndics, de biens qui leur avaient été abandonnés par leur débiteur commun. *Biens en d.,* Ceux dont l'administration était confiée à des syndics ou directeurs nommés par une assemblée de créanciers. || Le lieu vers lequel la ligne suivant laquelle une personne ou une chose se dirige, est dirigée ou tournée, et le mouvement de quelqu'un ou de quelque chose vers ce lieu. *Regardez dans cette d., dans la d. de mon bras. Je m'en aperçus à la d. de ses yeux. Changer de d. Suivez toujours la même d.* — *Être dans la d. d'un objet,* Être exactement vis-à-vis cet objet. — Fig., *Donner à une affaire une bonne, une mauvaise d. Mes idées prirent alors une autre d.* Au moral, *Prendre une bonne, une mauvaise d.,* Adopter une bonne ou une mauvaise manière de se conduire. || T. Dévot. *D. de l'intention* ou *d'intention,* Action par laquelle on dirige son intention. || T. Méc. et Phys. La ligne droite suivant laquelle un corps se meut ou se place. *L'aiguille aimantée prend la d. du pôle.* — *Ligne de d.,* Celle qui passe par le centre de gravité d'un corps et celui de la terre. *Angle de d.,* Celui qui est compris entre les directions de deux forces qui tendent au même point. || *D. d'artillerie,* Circonscription territoriale comprenant les établissements chargés de la conservation, des réparations, des approvisionnements d'artillerie, etc. || *D. du génie,* Circonscription analogue pour l'entretien et réparation des bâtiments et fortifications militaires.

DIRECTOIRE. s. m. (R. *directeur*). Conseil chargé d'une direction publique.

Hist. — I. — Dans l'histoire de France, on donne le nom de *Directoire* à la commission chargée du pouvoir exécutif en vertu de la Constitution de l'an III. — Le gouvernement établi par cette constitution est généralement appelé *Gouvernement directorial.* Le pouvoir législatif était exercé par deux assemblées électives, le *Conseil des Cinq-Cents* et le *Conseil des Anciens.* Quant à la commission exécutive, elle se composait de cinq membres qui portaient le titre de *Directeurs.* Pour pouvoir être nommé *Directeur,* il fallait être né citoyen français, et être âgé de 40 ans au moins. Les directeurs étaient choisis, au scrutin secret, par le Conseil des Anciens, sur une liste décuple dressée par le Conseil des Cinq-Cents, également au scrutin secret. Le D. se renouvelait chaque année par cinquième: le nom du membre qui devait sortir était désigné par le sort. Comme chargé du pouvoir exécutif, le D. promulguait les lois, nommait les ministres, les généraux, les ambassadeurs et les autres principaux agents de l'autorité; enfin, il avait le libre disposition de la force armée, mais il ne pouvait en prendre le commandement, ni collectivement ni par aucun de ses membres. Le gouvernement directorial n'a guère duré que 4 années, du 4 brumaire an IV (26 oct. 1795) au 18 brum. an VIII (9 nov. 1799). Les principaux événements qui ont signalé cette période de notre histoire se trouvent déjà énumérés ailleurs (voy. CHRONOLOGIE), et il est inutile de les reproduire ici. — A l'époque de la division de la France en départements par l'Assemblée constituante, les commissions exécutives chargées de remplir à peu près les fonctions attribuées aujourd'hui aux préfets et aux sous-préfets, avaient déjà reçu le nom de *Directoire*. Chaque département avait son *D. départemental*, et chaque district (arrondissement) avait un *D. de district*. Voy. DÉPARTEMENT.

II. — Avant 1789, on appelait *D. d'Alsace* un tribunal créé en novembre 1651 par les nobles de ce pays pour le maintien de leurs privilèges et le jugement des contestations qui pouvaient survenir entre eux. Après la réunion de cette province à la France, Louis XIV autorisa le maintien de ce tribunal, et lui attribua la même juridiction que celle qu'avaient les présidiaux dans les autres parties du royaume.

DIRECTOIRE. s. m. T. Litur. Syn. de *Bref*.

DIRECTORAT. s. m. Titre, charge, fonction d'un directeur.

DIRECTORIAL, ALE. adj. Qui appartient à un directoire, *Pouvoir d.*, Qui a rapport à la direction d'un théâtre et à toute fonction de directeur.

DIRECTRICE. s. f. Voy. DIRECTEUR.

DIREMPTION. s. f. [Pr. ...*sion*]. Mot emprunté à l'anglais et signifiant en termes de droit : Dissolution. *Les cas de d. d'un mariage*.

DIRHEM. Monnaie arabe. Corruption du mot grec *drachme*.

DIRIGEABLE. adj. Qui peut être dirigé.

DIRIGEANT, ANTE. adj. Qui dirige. *Ministre d.*, Ministre chargé du gouvernement en l'absence du chef de l'État.

DIRIGER. v. a. (lat. *dirigere*, m. s., de *di*, préf., et *regere*, régir). Donner telle ou telle direction, faire aller, conduire dans tel ou tel sens; se dit des choses physiques et des choses morales. *C'est lui qui va d. le bateau. Il me dirigea à travers tous les détours de ce labyrinthe. D. ses pas, sa course, son vol vers quelque endroit. D. ses regards sur un objet, vers un objet. D. son attention sur quelque chose. Le coup était dirigé contre lui. D. des poursuites contre quelqu'un.* || T. Dévotion. *D. son intention*, Rapporter ses actions, ses vues à une fin déterminée, et plus ordinairement à une bonne fin. || Fig., Conduire, régler. *Il a dirigé pendant longtemps ce collège, cette communauté. D. une entreprise, une affaire, un théâtre. D. quelqu'un dans un travail. D. les études d'un jeune homme. On est presque toujours mené par les grands événements, et rarement on les dirige.* — T. Dévol. *D. la conscience de quelqu'un*, ou simplement, *D. quelqu'un.* || Envoyer, faire aller. *D. un condamné vers sa prison.* = SE DIRIGER, v. pron. *Il se dirigeait vers la maison. Tous les regards se dirigèrent sur lui. L'aiguille aimantée se dirige vers le nord. Il ne saura jamais se d.* = DIRIGÉ, ÉE. part. = Conj. Voy. MANGER.

DIRIMANT, ANTE. adj. (lat. *dirimere*, séparer, rompre). T. Droit. Qui rend nul, qui empêche. Voy. MARIAGE.

DIRIMER. v. a. (lat. *dirimere*, séparer, rompre, annuler). Annuler, rompre en parlant d'un acte légal. || Faire cesser, détruire.

DIRRHOMBOÉDRIQUE. adj. 2 g. [Pr. *dir-rom-bo-édrike*] (R. *di*, préf., et *rhomboèdre*). T. Minér. Cristal d., Cristal produit par la réunion de deux rhomboèdres pareils.

DIRRHYNQUE. adj. 2 g. [Pr. *dir-rinke*] (gr. δίς, deux; ῥύγχος, bec). T. Zool. Qui a deux becs ou deux suçoirs.

DIRUPTIF, IVE. adj. (lat. *di*, préf., et *ruptum*, sup. de *rumpere*, rompre). T. Pathol. Qui produit la rupture. *Carie dentaire d.*

DIS-, préfixe emprunté du latin, et qui paraît dérivé de la prép. grecque διά, à travers de. Il sert à marquer séparation, ablation, et par suite négation. C'est ce qu'on observe, en effet, dans les mots *discerner, disjoindre, disloquer, disparaître, disséminer, dissimuler, dissuader, distraire*, etc. Dans beaucoup de mots, l's ne s'écrit pas : *digérer, digression, diverger, divertir, divulguer*. Devant les mots radicaux qui commencent par une *f*, l's de *dis* éprouve une permutation par attraction, et se change en *f*; en conséquence, on dit et on écrit : *différer, difficile, difforme, diffusion*, au lieu de *disférer, disforme, disfusion*, etc. — Il ne faut pas confondre ce préf. avec le préf. *Di*, dérivé du grec δίς, deux fois. Voy. DI.

DIS ou **DISS.** s. m. Nom arabe de l'*Ampelodesmos tenax*. Graminée fourragère et textile qui croît abondamment en Algérie.

DISAZOÏQUE. adj. 2 g. et s. m. T. Chim. Synonyme de *Tétrazoïque*. Voy. AZOÏQUE.

DISBRODER. v. a. (R. *dis*, préf., et *broder*). Laver la soie dans l'eau quand elle est sortie de la teinture.

DISBRODURE. s. f. (R. *disbroder*). Eau dans laquelle la soie a été lavée après la teinture.

DISCALE. s. f. (R. *dis*, préf., et ital. *calo*, déchet, de *calare*, baisser). T. Comm. Déchet dans le poids d'une marchandise, résultant de l'évaporation de son humidité. *La d. d'une botte de soie*.

DISCANT. s. m. [Pr. *dis-kan*]. T. Mus. anc. Syn. de *Déchant*. Voy. ce mot.

DISCARIA. s. f. (gr. δίσκος, disque). T. Bot. Genre de plantes Dicotylédones de la famille des *Rhamnées*. Voy. ce mot.

DISCÉDER. v. n. [Pr. *dis-séder*] (lat. *discedere*, s'éloigner). T. Jurisp. S'écarter. *La partie adverse ne peut d. de cette convention*.

DISCEPTATION. s. f. [Pr. *dis-septa-sion*] (lat. *disceptare*, discuter). T. Didact. Discussion de vive voix ou par écrit.

DISCERNABLE. adj. 2 g. [Pr. *di-sernable*]. Qui peut être discerné.

DISCERNEMENT. s. m. [Pr. *di-serne-man*] (R. *discerner*). Distinction qu'on fait d'une chose avec une autre. *Je ne saurais faire de ce d. des couleurs.* || Action de séparer. *Dieu fera le d. des bons et des méchants.* || La faculté de bien apprécier les choses, et surtout les choses morales. *Esprit de d. Il a beaucoup de d. Manquer de d. Il y a du d. dans cette critique.* || T. Droit. L'intelligence de la moralité des actes qu'on accomplit. *L'accusé a agit sans d. Age de d.* Voy. CULPABILITÉ.

Syn. — *Jugement.* — *Discerner*, au propre, signifie distinguer par la vue. Le *discernement* consiste à saisir rapidement les différences et les nuances, et porte plus sur la distinction des choses que sur la conduite à tenir. Il exige du tact, de la finesse. Le *jugement* consiste à apprécier l'origine, la valeur et les conséquences des choses. Il exige de la raison et de la réflexion, et sert à régler notre conduite.

DISCERNER. v. a. [Pr. *di-serner*] (lat. *discernere*, séparer; de *dis*, préf., et *cernere*, voir). Distinguer un objet d'avec un autre, le voir distinctement. *L'obscurité de la nuit nous empêchait de d. les objets. A l'aide du microscope on discerne les plus petits objets.* En ce sens, on dit plus ordinair., Distinguer. || Fig., Découvrir, reconnaître par les caractères qui font la différence des personnes ou des choses. *D. le vrai du faux, le bon du mauvais, le bien d'avec le mal. D. le flatteur d'avec l'ami.* = SE DISCERNER, v. pron. Se distinguer, se faire remarquer. = DISCERNÉ, ÉE. part. = Syn. Voy. DÉMÊLER.

DISCIDES. s. m. pl. [Pr. *dis-side*] (lat. *discus*, disque). Famille de *Radiolaires* (voy. ce mot), caractérisée par la présence d'un squelette discoïde ou lenticulaire, composé de deux plaques criblées parallèles ou réunies, entre lesquelles se trouvent des anneaux concentriques, ou une spirale, qui sont traversés par des lamelles rayonnantes, d'où prennent naissance des loges placées concentriquement ou en spirale.

On reconnaît dans cette famille quatre divisions ou sous-familles principales : les *Trématodiscides*, les *Discopyrides*, les *Coccodiscides*, qui sont tertiaires et vivants ; enfin les *Ommatodiscides*, qui sont tertiaires (Tripoli de Grotte, Sicile)

DISCIFÈRE. adj. 2 g. [Pr. *dis-si-fère*] (lat. *discus*, disque ; *fero*, je porte). T. Hist. nat. Qui porte un disque.

DISCIFLORE. adj. 2 g. [Pr. *dis-si-flore*] (lat. *discus*, disque ; *flos, floris*, fleur). T. Bot. Qui a les fleurs munies d'une sorte de disque à la base.

DISCIFORME. adj. 2 g. [Pr. *dis-si-forme*] (lat. *discus*, disque ; *forma*, forme). T. Hist. nat. Qui est en forme de disque.

DISCIGYNE. adj. 2 g. (gr. δίσκος, disque ; γυνή, femelle). T. Bot. Dont l'ovaire est implanté sur un disque. Inus.

DISCINACÉS. s. m. pl. (gr. δίσκος, disque). T. Zool. Sous-ordre de *Brachiopodes*. Voy. ce mot.

DISCIPLE. s. m. [Pr. *di-siple*] (lat. *discipulus*, m. s., de *discere*, apprendre). Celui qui apprend d'un maître quelque science ou quelque art libéral. *Exercer, instruire ses disciples.* || Par ext., Celui qui a adopté la doctrine d'un autre, qui s'attache à ses principes, à ses sentiments. *Les disciples de Platon, de saint Augustin. C'est un d. du Portique. — Les disciples de Jésus-Christ.* Ceux qui suivent sa doctrine. Dans un sens particulier, se dit de ceux qui l'ont accompagné pendant la vie, et plus spécialement encore des soixante-douze personnes que J.-C. choisit, outre les douze apôtres, pour aller prêcher la parole de Dieu (Luc, x, 1). — Figur., *Les disciples de la foi, de la vérité*, etc., Les chrétiens.

Syn. — *Écolier, Élève.* — Ces trois mots s'appliquent en général à celui qui prend des leçons de quelqu'un ; mais il y a entre eux des nuances sensibles. Un *élève* est celui qui prend des leçons de la bouche du maître. Un *disciple* peut être dans le même cas ; mais il se dit le plus souvent de celui qui s'instruit dans les livres de ce maître ou qui s'attache à ses sentiments. *Écolier* ne se dit, lorsqu'il est seul, que des enfants qui étudient dans les collèges : il se dit aussi de ceux qui étudient sous un maître un art qui n'est pas mis au nombre des arts libéraux, comme la danse, l'escrime, etc. ; mais alors il doit être joint avec quelque autre mot qui désigne l'art ou le maître. Un maître d'écriture a des *écoliers* ; un peintre a des *élèves*, Platon et Descartes ont eu des *disciples*, même après leur mort. L'état d'*écolier* est momentané ; celui d'*élève* est permanent, celui de *disciple* peut changer. On n'est plus *écolier* quand on sait ce qu'on voulait apprendre, ou même quand on ne fait plus profession de l'étudier. On est *élève*, non seulement tandis que l'on est dirigé par des leçons expresses pour un état qui en est la fin, mais même après que l'instruction est consommée. On n'est *disciple* que par adhésion aux sentiments d'autrui ; on cesse de l'être en renonçant à ces sentiments. Ainsi saint Paul, après avoir été un *disciple* très zélé de la Synagogue, l'abandonna et devint un *disciple* encore plus zélé de Jésus-Christ.

DISCIPLINABLE. adj. 2 g. [Pr. *di-sipli-nable*]. Capable d'être discipliné, aisé à discipliner. *Ce jeu ne homme n'est pas d. L'éléphant est de tous les animaux le plus d.*

DISCIPLINAIRE. adj. 2 g. [Pr. *di-sipli-nère*]. Qui a rapport à la discipline. *Peine d. Mesures disciplinaires.* || Art milit. *Compagnie, bataillon d.*, Corps composé de soldats ayant mérité un châtiment et qui est soumis à un régime sévère. Voy. DISCIPLINE. || s. m. Soldat d'un bataillon d. On dit aussi *Pionnier.* Voy. ce mot.

DISCIPLINAIREMENT. adv. [Pr. *di-sipli-nè-reman*]. Pour cause de discipline, en vertu des règles de la discipline. || En vertu d'une condamnation disciplinaire.

DISCIPLINANT, ANTE. adj. [Pr. *di-siplinan*]. Qui discipline, qui est propre à discipliner.

DISCIPLINE. s. f. [Pr. *di-sipline*] (lat. *disciplina*, m. s., de *discere*, apprendre). Enseignement, éducation. *Vous êtes sous une bonne d., sous la d. d'un bon maître. Certains animaux sont capables de d.* || Règle de conduite commune à tous ceux qui font partie d'un corps, l'un ordre, etc., et l'obéissance à cette règle. *La d. ecclésiastique et religieuse. D. académique. D. militaire. Il a établi dans cette maison la plus exacte d. Une faute contre la d. Se conformer à la d. Faire, observer, maintenir, rétablir la d. Ces religieux se sont maintenus dans leur ancienne d.* || Se dit des règles de conduite qui assurent le maintien des bonnes mœurs. *La d. des mœurs périt.* || Fouet formé de cordelettes à nœuds, de lanières de cuir, ou de petites chaînes, dont se servent certains religieux pour se mortifier ou pour châtier ceux qui sont sous leur conduite. *L'usage de la d. remonte seulement au XIe siècle.* — Se dit aussi des coups de d., de la flagellation. *Se donner une rude d. Cela mérite la d.* || *Conseil de discipline,* Sorte de tribunal institué pour veiller au maintien de la dignité personnelle de certains corps dont les hautes fonctions leur imposent une réserve exceptionnelle. — Conseil que convoque le colonel pour prononcer l'envoi des soldats indisciplinés dans les compagnies de d. || Art milit. *Compagnie, bataillon de d.* Voy. plus loin.

I. — La D. ecclésiastique est l'ensemble des règlements établis par les papes et les conciles pour l'ordre extérieur et le gouvernement de l'Eglise. Cette d. est générale ou particulière : elle est générale, quand ses règlements émanent du pouvoir souverain et obligent tous les fidèles, ou du moins toute une classe de fidèles, les membres du clergé par ex. ; elle est particulière, lorsqu'elle se restreint à un ou plusieurs diocèses, à une ou plusieurs provinces ecclésiastiques.

II. — La D. judiciaire a pour objet de maintenir l'ordre et la régularité dans l'exercice des devoirs imposés aux membres de la magistrature et du barreau, ainsi qu'aux officiers ministériels. L'application des règlements disciplinaires qui concernent chacun de ces corps appartient au corps lui-même, du moins en général, c.-à-d. lorsque les manquements aux devoirs professionnels constituent simplement des fautes et non des délits. Voy. BARREAU, AVOUÉ, ORGANISATION JUDICIAIRE, etc.

III. — La D. militaire est fondée sur l'obéissance absolue que l'inférieur doit aux ordres de son supérieur. La plus ancienne ordonnance qui ait été rendue, en France, à ce sujet, date de 1550 ; elle est due à Coligny. Depuis cette époque jusqu'à la Révolution française, il parut une foule d'ordonnances pour remédier à l'indiscipline de notre armée, mais elles produisirent peu ou point d'effet, malgré la sévérité de leurs dispositions pénales. En 1788, les peines corporelles furent abolies ; bientôt après les grades cessèrent d'être l'apanage d'une caste privilégiée, et dès lors il y eut possibilité d'introduire dans les rangs de l'armée une d. plus efficace. Les grandes guerres de la Révolution et de l'Empire y habituèrent nos soldats, et aujourd'hui il n'est aucune armée au monde où règne une plus exacte d. que dans nos troupes. Dans son sens le plus général, la d. militaire comprend la justice militaire et la d. proprement dite. La première réprime et punit les infractions que la loi qualifie de crimes et de délits ; la seconde a pour objet de prévenir et de réprimer les fautes qui ne tombent pas sous le coup de la loi pénale. Les peines disciplinaires actuellement en usage dans l'armée sont : 1° pour les soldats, les corvées, les exercices supplémentaires au *peloton de d.*, la consigne au quartier, la *salle de police*, la *prison*, la *cellule* ; le maximum des peines disciplinaires est fixé à 60 jours de prison ; 2° pour les sous-officiers, mêmes peines, sauf les corvées, les exercices supplémentaires et la salle de police, qui sont remplacés par la *consigne au quartier* ou à *la chambre*. — Parmi les peines disciplinaires infligées aux officiers, nous citerons : les *arrêts simples*, ou de *rigueur*, ou la *forteresse*.

On appelle *Conseil de d.*, un conseil qui prononce en premier ressort l'envoi des soldats indisciplinés dans les compagnies de discipline. Ces compagnies, dont la création remonte à 1802, comprennent actuellement : 1° les compagnies de *fusiliers* qui sont au nombre de quatre, tiennent garnison en Algérie ou Tunisie, et font partie de l'infanterie ; — 2° les *compagnies disciplinaires des colonies*, dont le dépôt général est à l'île d'Oléron, et qui font partie de l'infanterie de marine.

DISCIPLINEMENT. s. m. [Pr. *di-sipli-neman*]. Action de discipliner. *S'occuper du d. des troupes.*

DISCIPLINER. v. a. [Pr. *di-sipliner*] (R. *discipline*). Habituer quelqu'un à se conformer à une règle. *D. des soldats. Il a bien discipliné sa maison.* || Plier des objets purement matériels à des lois auxquelles on les soumet pour leur faire produire certains effets. *L'homme ne produit pas la force, mais il la dirige, la gouverne, la discipline.* || Donner la discipline. *Il fut discipliné en plein chapitre.* = SE DISCIPLINER. v. pron. S'habituer à suivre la règle. *Son armée commençait à se d.* || Se donner la discipline. *Ces moines se disciplinent deux fois la semaine.* = DISCIPLINÉ, ÉE. part.

DISCUSSION. s. f. [Pr. *di-si-sion*] (lat. *discussio*, sépara-

;ion). T. Chir. Incision ou déchirure de la cristalloïde dans ;'opération de la cataracte.

DISCOBOLE. s. m. [Pr. *dis-kobole*] (gr. δίσκος, disque; βάλλω, je lance). T. Antiq. Athlète qui, dans les jeux publics, s'exerçait à lancer un disque le plus loin possible. Plusieurs statues antiques représentent ce joueur. Voy. DISQUE.

DISCOBOLES. s. m. pl. (gr. δίσκος, disque; βάλλω, je lance, à cause de la conformation de leurs nageoires ventrales). T. Icht. — Les D. constituent, dans la méthode de Cuvier, la troisième famille des *Malacoptérygiens subbrachiens*. Les Poissons qui la composent sont essentiellement caractérisés par la forme de leurs nageoires ventrales, qui sont unies et arrondies en disque. Cette famille comprend trois genres : 1° Les *Porte-écuelles* (*Lepadogaster*) sont

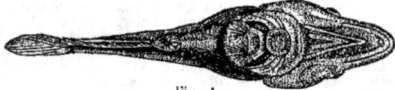

Fig. 1.

de petits poissons remarquables par leurs pectorales qui sont fort amples, descendent à la face inférieure du tronc, se reploient un peu en avant, et s'unissent sous la gorge au moyen d'une membrane transverse de façon à constituer un second disque concave au-devant de celui que forment les ventrales. L'espèce type est le *Lépadogastre de Gouan* (Fig. 1. Vu en dessous) qui habite nos mers. Ce poisson est long seulement de 5 à 6 centim., et de couleur brune ponctuée de blanc. Sa chair ne peut servir d'aliment. — 2° Le g. *Gobiésoce* se distingue du précédent en ce qu'il n'a qu'un disque ventral. Toutes ses espèces sont exotiques. — 3° Les *Cycloptères* (*Cyclopterus*) ont un caractère très marqué dans leurs ven-

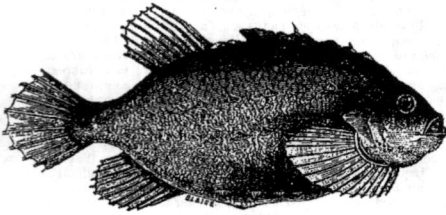

Fig. 2.

trales, dont les rayons, suspendus tout autour du bassin et réunis par une seule membrane, forment un disque ovale ou concave, que le poisson emploie comme une ventouse pour se fixer aux rochers. On divise ce genre en deux sous-genres, composés chacun d'une seule espèce. Le *Lump* ou *Lamp* (*Cyclopt. lampus*), vulgairement appelé *Gras-mollet* ou *Lièvre de mer* (Fig. 2), a la première dorsale tellement enveloppée par une peau épaisse et tuberculeuse qu'à l'extérieur on la prendrait pour une simple bosse. Il a, en outre, trois rangées de gros tubercules de chaque côté du corps. Sa chair est molle et insipide. Le *Lipari* (*Cyclopt. liparis*) n'a qu'une seule dorsale assez longue ainsi que l'anale ; son corps est lisse, allongé et comprimé en arrière. Ces deux poissons habitent nos mers.

Cuvier range le genre *Échénéide* (*Echeneis*) à la suite de ses D., mais en faisant remarquer qu'il conviendrait peut-être d'en faire une famille particulière. On le rapproche aujourd'hui du genre *Maquereau*. Voy. SCOMBÉROÏDES.

DISCODACTYLES. s. m. pl. (gr. δίσκος, disque ; δάκτυλος, doigt). T. Zool. Une des divisions des *Batraciens anoures*. Voy. BATRACIENS.

DISCOÏDAL, ALE. adj. (R. *discoïde*). T. Didact. Qui ressemble à un disque.

DISCOÏDE. adj. 2 g. (gr. δίσκος, disque; εἶδος, aspect). Qui a la forme d'un disque.

DISCOÏDÉ, ÉE. adj. (R. *discoïde*). Qui a la forme d'un disque. || Ce mot et *Discoïdal* sont des superfétations inutiles : on a déjà *disciforme* et *discoïde*, qui suffisent largement.

DISCOLORE. adj. 2 g. (R. *dis*, préf., et lat. *color*). Qui présente deux colorations distinctes.

DISCOMYCÈTES. s. f. pl. (gr. δίσκος, disque; μύχης, champignon). T. Bot. Famille de Champignons de l'ordre des Ascomycètes.

Caract. bot. : Le thalle des D. est formé en général de filaments ordinaires, cloisonnés en cellules et ramifiés, souvent anastomosés; dans certains cas (Levure) il se compose de cellules ovoïdes, disposées bout à bout, en forme de chapelets rameux. Il en résulte que les articles adhèrent peu et se dissocient très aisément.

En ce qui concerne la formation et la structure de l'appareil sporifère, on observe un grand nombre de variations qu'on ne peut élucider ici en détail : il suffira de signaler les principaux types. Sous sa forme la plus simple, le périthèce se réduit à un asque isolé provenant du développement particulier d'une cellule du thalle. Ainsi, lorsqu'une Levure se développe au contact de l'air sur une tranche de carotte ou de betterave, on voit ses cellules grandir et le protoplasme s'y diviser en 2 ou 4 petites masses arrondies qui s'entourent de cellulose et deviennent autant de spores qui ne tardent pas à être mises en liberté par destruction de la membrane de la cellule mère. En un mot, ces cellules deviennent des asques. Dans les *Exoascus*, les filaments sous-épidermiques du thalle parasite poussent au dehors des rameaux renflés qui soulèvent et déchirent l'épiderme ; ces rameaux deviennent autant d'asques à 8 spores qui sont mises en liberté par la déchirure au sommet de la paroi de l'asque. Dans les *Endomyces*, certaines branches du thalle demeurent courtes et se renflent en autant de spores. Sur le thalle des *Protomyces*, on voit çà et là une cellule, située sur le trajet d'un filament profond, se renfler en sphère et devenir un asque. Dans tous les genres précédents, les asques sont diffus, mais dans le genre *Podocapsa* ils commencent à se localiser en un périthèce; celui-ci se complique un peu dans les *Ascotricha* et les *Ascodesmis*. Enfin, dans la plupart des autres Discomycètes (Pézize, Morille, Helvelle, etc.) le périthèce commence par la formation d'un tubercule homogène aux dépens d'un ou de plusieurs filaments du thalle ; ce tubercule prend un grand développement et produit un massif de forme déterminée, parfois de grande taille. Avant de former les asques, ce massif se couvre, sur tous les points où ils doivent apparaître, de longues cellules serrées côte à côte en forme de palissade ; ce sont les paraphyses qui forment d'abord seules l'hyménium. Plus tard se développent successivement les asques qui se glissent entre les paraphyses.

Plusieurs Pézizes forment sur leur thalle des scléroles d'où procèdent plus tard directement les périthèces ; telles sont la *Peziza Fuckeliana*, dont les scléroles se forment en hiver sur les feuilles mortes de la Vigne, la *P. tuberosa* qui vit sur l'Anémone, la *P. durieri* qui envahit les Laiches, etc. A la germination, ces scléroles poussent des protubérances qui se dressent et s'allongent ensuite en un pédicelle dilaté en coupe au sommet, c.-à-d. en un périthèce.

Outre leur périthèce, plusieurs D. ont un appareil conidien très développé. Telles sont, par ex., diverses Pézizes. Dans la *Peziza Fuckeliana*, la forme conidienne constitue une des moisissures les plus répandues sur les matières végétales en voie de décomposition ; elle a longtemps été connue sous le nom de *Botrytis cinerea*. Cet appareil conidien se compose d'un filament dressé, cloisonné et ramifié ; tout autour du sommet, chaque branche produit d'abord un capitule de conidies, puis elle se prolonge au-dessus, s'arrête, forme un nouveau capitule conidien, s'allonge de nouveau, et ainsi de suite. Ces conidies se développent sur les scléroles de cette plante, quand ils sont exposés à l'air humide. Dans la *Peziza fusaroides*, il se forme des tubercules massifs couverts de filaments rameux qui portent au sommet et sur les flancs de nombreuses conidies en bâtonnets. Dans d'autres espèces, les appareils conidiens présentent des différences qu'il serait trop long d'énumérer ici.

Les principaux genres de la famille des D. peuvent se grouper en 5 tribus, de la manière suivante :

TRIBU 1. — *Exoascées* — Périthèce réduit à l'hyménium, lequel à son tour peut se réduire à des asques diffus ou à un asque unique (*Saccharomyces, Ascomyces, Endomyces, Oleina, Exoascus, Protomyces, Podocapsa, Ascotricha, Ascodesmis,* etc.) Le genre le plus important est le genre *Saccharomyces* dont plusieurs espèces, lorsqu'elles végétent à l'abri de l'oxygène de l'air, jouent le rôle de ferment ; telles sont la Levure de bière (S. *cerevisiæ*), les Levures du vin (S. *ellipsoïdeus*, S. *apiculatus*, S. *pastorianus*), la Levure du pain (S. *minor*), la Levure du Kéfir (S. *Kefir*), etc. A ce genre appartiennent encore le S. *Mycoderma* qui produit les *fleurs du vin*; le S. *albicans* qui produit sur la muqueuse buccale le *muguet*; le S. *glutinis*, qui forme des gouttelettes rosées sur la pâte de farine ; le S. *olei* qui se développe dans l'huile dont il provoque la saponification, etc. Voy. LEVURE. Les *Ascomyces* vivent dans les feuilles de l'Aulne (*A. endogenum*) et de l'Érable (*A. polysporum*). Les *Exoascus* sont aussi parasites sur les feuilles de divers arbres : l'E. *Pruni* qui vit sur le Prunier domestique, le P. épineux, etc., occasionne la maladie connue sous le nom de *poc'elle*, qui fait souvent de grands dégâts dans les vergers ; l'E. *deformans* qui vit sur le Pêcher, provoque sur les feuilles des boursoufures et des plissements caractéristiques de la maladie désignée sous le nom de *cloque*; à citer encore E. *Alni*, E. *Betulæ*, E. *aureus*, E. *bullatus*, E. *minor*, etc. Les *Endomyces* s'établissent directement en parasites sur divers Agarics, l'E. *decipiens* sur l'*Agaricus melleus*, l'E. *parasiticus* sur le *Tricholoma rutilans*, etc.

TRIBU II. — *Patellariées*.— Périthèce subéreux ou coriacé (*Patellaria*, *Cenangium*, *Dermatea*, etc.).

TRIBU III. — *Phacidiées*. — Périthèce corné, d'abord clos, puis s'ouvrant en valves, en couvercle ou en fente (*Phacidium*, *Rhytisma*, *Hypodermium*, *Lophodermium*, etc.). Certaines plantes de cette tribu vivent en parasites et causent diverses maladies dans les plantes cultivées. Ainsi l'*Hypodermium macrosporum* attaque, brunit et fait tomber les feuilles de l'Épicéa ; l'H. *abietinum* provoque la même maladie sur le Sapin et le *Lophodermium Pini* sur le Pin. Tels sont encore le *Phacidium Medicaginis* qui envahit les feuilles du Trèfle et de la Luzerne et divers *Rhytisma* parasites sur les feuilles de l'Érable, du Saule, de l'Esparcette.

TRIBU IV. — *Ascobolées*. — Périthèce gélatineux, d'abord clos, puis ouvert ; asques proéminant le plus souvent au-dessus des paraphyses (*Ascobolus*, *Ascophanus*, *Bulgaria*, etc.).

TRIBU V. — *Pézizées*. — Périthèce cérace ou charnu, en forme de coupe, de massue ou de chapeau, toujours ouvert ; asques ne dépassant pas les paraphyses (*Peziza*, *Geoglossum*, *Vibrissea*, *Verpa*, *Morchella*, *Helvella*, etc.). Plusieurs espèces de Pézizes vivent en parasites, les unes formant directement leur périthèce sur la plante attaquée, les autres n'y produisant que des sclérotes, sur lesquels les périthèces se développent plus tard. Parmi les premières, se trouvent la *Peziza calycina* qui envahit la tige du Mélèze, la P. *Bistortæ*, la P. *Trifolii*, etc. Parmi les secondes, les plus redoutables sont la P. *Fuckeliana* et les espèces voisines qui vivent souvent dans les organes morts, mais qui s'attaquent aussi les plantes vivantes, notamment le Navet, l'Oignon, etc. ; la P. *sclerotiorum* qui envahit le Chanvre, le Topinambour, la Chicorée, la Carotte, etc. ; la P. *tuberosa* qui vit sur les Anémones ; la P. *Vaccinii* qui envahit la tige et les feuilles de l'Airelle, etc. A côté de ces espèces parasites, on trouve dans cette tribu un grand nombre d'espèces comestibles. Citons à ce point de vue : *Peziza vesiculosa*, P. *venosa*, P. *acetabulum*, P. *coccinea*, P. *aurantia*, P. *onotica* ; diverses Morilles : *Morchella esculenta*, M. *acuminata*, M. *rimosipes*; *Helvella crispa*, H. *elastica*; *Gyromitra esculenta*; *Verpa digitaliformis*.

DISCONTINU, UE. adj. (R. *dis*, préf., et *continu*). T. Didact. Qui n'est pas continu, qui offre des solutions de continuité. || T. Mathém. *Fonction discontinue*, Fonction qui n'est pas continue.

DISCONTINUATION. s. f. [Pr. ...*sion*] (R. *dis*, préf., et *continuation*). Interruption, suspension, pour un temps, de quelque action, de quelque ouvrage. La *d. des travaux*, *du commerce*, *de la guerre*. Travailler à quelque chose sans *d*.

DISCONTINUER. v. a. (R. *dis*, préf., et *continuer*). Interrompre, suspendre, pour un temps, quelque action ou quelque ouvrage. *D. un ouvrage*, *un travail*, *ses études*. *D. de parler*, *de travailler*. = DISCONTINUER. v. n. Se dit des choses et des actions qui cessent pour un temps. *La pluie n'a pas discontinué depuis huit jours*. *La guerre ne discontinua pas pendant trente ans*. *Il ne discontinue pas de pleuvoir*. = DISCONTINUÉ, ÉE. part.

DISCONTINUITÉ. s. f. Défaut, absence de continuité. || T. Math. Qualité des fonctions discontinues.

DISCONVENABLE. adj. Qui ne convient pas, qui n'est pas convenable.

DISCONVENABLEMENT. adv. D'une manière qui ne convient pas.

DISCONVENANCE. s. f. Défaut de convenance, disproportion, inégalité. *La captivité abrège moins la vie de l'éléphant que la d. du climat. Il y a entre eux d. d'âge, d'humeur*, etc.

DISCONVENANT, ANTE. adj. (R. *dis*, préf., et *convenir*). T. Didact. Qui ne convient pas avec, qui ne s'accorde pas avec.

DISCONVENIR. v. n. Ne pas convenir, ne pas demeurer d'accord d'une chose. *Vous ne sauriez d. qu'il ne vous ait parlé ou qu'il vous ait parlé. Vous ne sauriez d. de m'avoir dit. Disconvenez-vous du fait? Il n'en peut pas d.* = Conj. Voy. VENIR.

DISCOPHORES. s. m. pl. (gr. δίσκος, disque ; φορός, qui porte). Expression qui devrait disparaître des nomenclatures scientifiques, car elle a été appliquée à plusieurs animaux fort éloignés les uns des autres, et peut par là prêter à confusion. C'est ainsi qu'on a désigné les *Hirudinées*, tout un groupe d'*Acalèphes* et un genre de *Lépidoptères*.

DISCORD. s. m. (R. *discord*, adj.). Discorde. *De longs discords*. Vieux.

Syn — *Discorde*. — *Discord* a vieilli, et n'est plus guère usité qu'en poésie. Il serait bon de le faire revivre, car il n'est pas absolument syn. de *discorde*. Il est à celle-ci ce que l'*accord* est à la *concorde*, ce que l'*espoir* est à l'*espérance*. Le *discord* est un fait particulier de *discorde*; la *discorde* est un état de *discord*, ou le *discord* devenu général et durable.

DISCORD. adj. m. (lat. *discors*, m. s., de *dis*, préf., et *cor*, *cordis*, cœur). T. Mus. Qui n'est point d'accord. *Un piano d*.

DISCORDAMMENT. adv. [Pr. *dis-korda-man*]. D'une façon discordante.

DISCORDANCE. s. f. État de ce qui est discordant ; se dit au sens physique et au sens moral. *D. des sons, des couleurs, des parties d'un édifice. D. des esprits, des caractères. Que de d. dans les opinions des hommes.* || T. Géolog. *D. de stratification*, État des couches de terrain qui se rencontrent sous des inclinaisons différentes.

DISCORDANT, ANTE. adj. (R. *discorder*). T. Mus. Qui n'est point d'accord ou qui ne peut que difficilement s'accorder. *Voix discordante. Instrument d. Son d.* On dit également, *Chant d.* || Par extens., se dit des choses qui ne vont pas bien ensemble. *Des couleurs discordantes.* — On dit aussi, au sens moral, *Caractères*, *discordants Opinions discordantes*.

DISCORDE. s. f. (lat. *discordia*, m. s., de *dis*, préf., et *cor*, *cordis*, cœur). Dissension, division entre deux ou plusieurs personnes. *La d. se mit parmi eux. Semer, nourrir, entretenir, fomenter la d. Ce sont des discordes civiles perpétuelles.* || T. Mythol. La divinité fabuleuse qui était censée causer et entretenir les dissensions. *Les flambeaux de la D. La D jeta au milieu des dieux une pomme d'or qui fut un sujet de débats entre eux.* — Fig. et par allus. à cette fable, *Pomme de d.*, Ce qui est un sujet, une cause de division. *Cette division a été pour eux la pomme de d.* || T. Jeu de l'hombre. La réunion des quatre rois.

DISCORDER. v. n (R. *discord*). T. Mus. Être discordant.

DISCOSOME. adj. 2 g. [Pr. *disko-some*] (gr. δίσκος, disque ; σῶμα, corps). T. Zool. Qui a le corps en forme de disque. || s. m. Nom d'un genre d'Arachnides et d'un genre de Polypiers.

DISCOUREUR, EUSE. s. (R. *discourir*). Grand parleur, grande parleuse ; se dit surtout d'une personne qui parle longuement de choses vaines. *Quel insupportable d. !* — On dit d'un homme qui parle assez agréablement, mais sans grande solidité, *C'est un beau d., un agréable d. ;* et de celui qui affecte de bien parler, ou qui se plaît à parler longtemps: *Il fait le beau d.*

DISCOURIR. v. n. (lat. *discurrere*, de *dis*, préf., et *currere*, propr. courir çà et là). Parler sur une matière avec quelque étendue. *D. d'une affaire, sur une affaire.* — Absol., *D.* se prend pour parler superficiellement. *Au lieu de traiter cette question à fond, il n'a fait que d.* = Conj. Voy. Courir.

Syn. — *Disserter.* — Disserter diffère de *discourir* sous deux rapports: le sujet et la manière de le traiter. — Le sujet sur lequel on *discourt* est vague et presque illimité; on *dis- court* sur la politique, sur la morale, sur l'histoire, etc. Le sujet sur lequel on *disserte* est restreint et bien déterminé; on *disserte* sur l'immortalité de l'âme, sur un point d'histoire, d'archéologie, etc. On *discourt* plus pour occuper son esprit que pour approfondir un sujet; on *disserte* pour éclaircir un point obscur, ou pour résoudre une question controversée.

DISCOURS. s. m. (lat. *discursus*, de *discurrere*, prop. excur- sion). Ce que quelqu'un dit de suite pour exposer ses idées. *D. familier, oratoire, soutenu, fleuri. D. écrit. D. académique, de réception, d'ouverture. Le d. de Démosthène pour la couronne. D. direct, indirect. D. en prose, en vers. Compo- ser un d. Tenir, adresser un d. Prononcer, improviser un d. Il a lu son d. Reprendre le fil de son d. Interrompre le d. de quelqu'un. Nous y entendîmes de fort beaux d., de forts longs d., des d. fastidieux, des d. à perte de vue. Faire un d. sur la tombe de quelqu'un. Son d. fut cou- vert d'applaudissements, interrompu par des murmures. On ne lui donna pas le temps d'achever son d. L'assem- blée vota l'impression de son d.* — Par ext., *Écrit où se trouve un d. Il m'avait prêté les d. de Cicéron. Il tenait son d. à la main. Recueil de d.* || Se dit, surtout au pl., des propos que l'on tient dans la conversation. *D. frivoles. Il nous tient d'étranges d. Ce sont des d. en l'air. Point de d. superflus. Trêve de d. Changeons de d. Où voulez-vous en venir avec tous vos d.?* — Fam., *C'est un autre d.*, Il ne s'agit pas de cela. — Fam., se dit encore dans le sens de paroles vaines, par oppos. à réalité. *Vous me promettez monts et merveilles: d. que tout cela.* || *Les parties du d.* Voy. Oraison et Rhétorique. — On appelle aussi *parties du d.* les différentes espèces de mots. Voy. Mot. || *D.-ministre*, D. où un homme d'État, en passe de devenir ministre, expose ses vues politiques.

> Le philosophe est sobre en ses discours,
> Et croit que les meilleurs sont toujours les plus courts.
> DESTOUCHES.

DISCOURTOIS, OISE. adj. Qui n'est pas courtois; ne s'em- ploie guère que dans ces locut.: *Chevalier d. Langage d.*

DISCOURTOISEMENT. adv. D'une manière discourtoise.

DISCOURTOISIE. s. f. Manque de courtoisie.

DISCOURU, UE. adj. Où l'on discourt, où l'on s'étend.

DISCRASE. s. f. (R. *dis*, préf., et gr. κράσις, mélange). T. Minér. Antimoniure d'argent, ainsi nommé à cause de la facilité avec laquelle les métaux se séparent.

DISCRÉDIT. s. m. Diminution, perte de crédit; se dit des personnes et des choses, au prop. et au fig. *Le d. où tombè- rent les assignats. Ce système est tombé en d. Ce ministre est en plein d. auprès de la Chambre.*

DISCRÉDITER. v. a. Faire tomber en discrédit. *D. une marchandise, un papier-monnaie, une maison de com- merce, une entreprise.* = DISCRÉDITÉ, ÉE. part. = Syn. Voy. Décréditer.

DISCRET, ÈTE. adj. (lat. *discretus*, séparé, part. passé de *discernere*). Réservé, prudent. *Il est extrêmement d. Une personne sage et discrète.* — Par ext., *Sa conduite a été fort discrète. Il en a usé d'une manière tout à fait dis- crète.* || *Qui sait garder un secret. Une femme discrète est chose rare.* — *Père d., mère discrète*, Religieux ou reli- gieuse qui fait partie du conseil du supérieur ou de la supé- rieure. — *Vénérable et discrète personne*, Titre d'honneur qu'on donnait jadis aux prêtres et aux docteurs. || T. Poélly., Qui favorise le mystère ou ne lui est pas nuisible. *Une ombre discrète.* || T. Math. *Grandeur discrète*, Grandeur qui s'ac-

croît par unités indivisibles. Voy. Grandeur. || T. Méd. En parlant des affections éruptives, se dit, par opposit. à *Con- fluent*, Des pustules ou des taches qui ne se touchent point. *Petite vérole discrète.*

DISCRÈTEMENT. adv. D'une manière discrète, réservée. *Parler d. Il en a usé fort d.*

DISCRÉTION. s. f. [Pr. ...*sion*] (lat. *discretio*, discerne- ment, choix). Réserve, retenue dans les paroles, dans les ac- tions. *Parler, agir avec d. User d'une chose avec d. Son zèle est sans prudence et sans d.* — Plus particul., Cette retenue par laquelle on garde le silence sur les choses qui doivent rester secrètes. *On peut compter sur sa d. Elle n'a aucune d.* || *Se mettre à la d. de quelqu'un*, Se livrer en- tièrement à sa volonté. — *S'en remettre à la d. de quel- qu'un dans une affaire*, S'en rapporter à son jugement, à ce qu'il décidera. Dans un sens anal., on dit *Laisser une chose à la d. de quelqu'un*, Le laisser, relativement à cette chose, libre d'agir comme il l'entendra. || Ce qu'on gage ou ce qu'on joue, sans se déterminer précisément et en le laissant à la vo- lonté de celui qui perdra. *Gagner une d.* = A DISCRÉTION, loc. adv. Autant qu'on veut. *On leur donna du vin à d. Le pain est à d. On y buvait à d.* — *Vivre à d.*, se dit des sol- dats qui se font donner ce qu'ils veulent par les habitants où ils sont logés. — *Se rendre à d.*, Se mettre à la merci du vainqueur.

Syn. — *Réserve.* — La *discrétion* est une sorte de discer- nement qui nous fait tellement régler nos discours et nos ac- tions, que nous ne disons et ne faisons que ce qui est con- forme à la politesse et aux bienséances; la *réserve* est une sorte de prudence qui nous fait abstenir de tout ce qui peut blesser les égards et les convenances. Celui qui a de la *dis- crétion* sait ce qu'il peut dire; celui qui a de la *réserve* ce qu'il doit faire.

DISCRÉTIONNAIRE. adj. [Pr. *diskré-sio-nère*]. T. Ju- rispr. *Pouvoir d.*, Faculté que la loi donne au juge, et particulièrement au président d'une cour d'assises, d'agir en certains cas, selon sa volonté particulière.

DISCRÉTIONNAIREMENT. adv. [Pr. *diskré-sio-nère- man*]. D'une manière discrétionnaire.

DISCRÉTOIRE. s. m. Dans certains couvents, le conseil tenu par le supérieur ou la supérieure, avec l'assistance des Pères discrets ou des Mères discrètes.

DISCRIMEN. s. m. [Pr. *diskri-mène*] (lat. *discrimen*, séparation). T. Chir. Nom d'un bandage pour la saignée au front.

DISCRIMINANT, ANTE. adj. T. Didact. Qui établit une séparation entre deux termes. || s. m. T. Math.

Math. — On appelle d. d'une fonction homogène ou *forme* à plusieurs variables le déterminant des coefficients des va- riables dans les dérivées partielles. Ce nom lui est donné parce que, quand le d. est nul, la fonction peut se réduire à un moindre nombre de variables. La démonstration de cet impor- tant théorème sera donnée au mot FORME. Ici, nous nous bor- nerons à quelques applications relatives aux formes du second degré.

Soit d'abord une forme du second degré à deux variables:
$$Ax^2 + 2Bxy + Cy^2.$$
Les deux dérivées sont:
$$f_x' = 2(Ax + By)$$
$$f_y' = 2(Bx + Cy)$$
et le d., ou déterminant des coefficients de x et y dans ces deux fonctions,
$$\begin{vmatrix} A & B \\ B & C \end{vmatrix} = AC - B^2.$$
Si l'on met y en facteur, la forme peut s'écrire:
$$y^2 \left[A\left(\frac{x}{y}\right)^2 + 2B\left(\frac{x}{y}\right) + C \right]$$
La parenthèse est un trinôme du second degré, à une seule variable $\frac{x}{y}$. Or on sait, par la théorie de l'équation du second degré que si le d. est nul, cette parenthèse est un carré par- fait:
$$\frac{1}{A}\left(A\frac{x}{y} + B\right)^2$$

Alors, on rétablissant le facteur y^2, la forme est elle-même un carré parfait :

$$\frac{1}{A}(Ax + By)^2,$$

de sorte que si on pose $Ax + By = X$, elle se réduit à une fonction d'une seule variable :

$$\frac{X^2}{A}.$$

On sait de plus que, suivant que la d. $AC - B^2$ sera négatif ou positif, les racines du trinôme seront réelles ou imaginaires (voy. QUADRATIQUE), ce qui rattache la théorie des équations quadratiques à celle des formes.

Si l'on suppose que x et y représentent des coordonnées, et qu'on considère l'équation

$$Ax^2 + 2Bxy + Cy^2 = 0,$$

celle-ci équivaut à l'équation :

$$A\left(\frac{x}{y}\right)^2 + 2B\left(\frac{y}{x}\right) + C = 0,$$

et si l'on désigne par α et β les deux racines réelles ou imaginaires de ce trinôme, elle ne peut être vérifiée qu'en posant :

$$\frac{x}{y} = \alpha, \text{ ou : } \frac{x}{y} = \beta.$$

Elle se dédouble donc en deux autres dont chacune représente une droite passant par l'origine. On voit donc que l'équation homogène du second degré à deux variables représente, dans le plan, deux droites passant par l'origine qui sont réelles ou imaginaires, suivant que le d. est négatif ou positif. Soit maintenant une forme du second degré à trois variables :

$$Ax^2 + 2Bxy + Cy^2 + 2Dxz + 2Eyz + Fz^2.$$

En prenant les trois dérivées, on reconnaîtra de même que le d. est :

$$\begin{vmatrix} A & B & D \\ B & C & E \\ D & E & F \end{vmatrix} = ACF + BCD + DBF - AE^2 - CD^2 - FB^2.$$

Si ce d. est nul, il sera possible, d'après le théorème annoncé plus haut, de trouver deux fonctions linéaires et homogènes de x, y, z :

$$P = ax + by + cz$$
$$Q = a'x + b'y + c'z,$$

telles que la forme précédente se réduise à une fonction de ces deux variables P et Q :

$$A'P^2 + 2B'PQ + C'Q^2.$$

Cette réduction sera au contraire impossible, si le d. n'est pas nul. Si maintenant nous considérons l'équation

$$Ax^2 + 2Bxy + Cy^2 + 2Dxz + 2Eyz + Fz^2 = 0,$$

et si nous convenons de ne donner à z que la seule valeur 1, cette équation représentera une conique. Or si le d. est nul, l'équation de cette conique pourra se mettre sous la forme :

$$A'P^2 + 2B'PQ + C'Q^2 = 0$$

qui se décompose en deux facteurs, puisque c'est un trinôme du second degré. Chaque facteur égalé séparément à 0 représente une droite, et l'équation proposée représente deux droites. La réciproque est certaine, car si l'équation représente deux droites, elle peut se décomposer en deux facteurs et se mettre sous la forme $XY = 0$, ce qui exige que la forme se réduise à deux variables.

Il résulte de là que la condition que le d. soit nul est la condition nécessaire et suffisante, d'une part en géométrie, pour que la conique se réduise à deux droites, et d'autre part en algèbre, pour qu'une fonction homogène du second degré à trois variables, ou, ce qui revient au même, pour qu'une fonction du second degré non homogène à deux variables, soit décomposable en deux facteurs du premier degré.— Nous ajouterons, mais sans le démontrer, que si tous les mineurs du d. sont nuls, la forme se réduit à un carré parfait, et l'équation représente une droite double.

Soit, enfin, une forme à quatre variables :

$$Ax^2 + A'y^2 + A''z^2 + 2Byz + 2B'zx + B''xy + 2Cxt + 2C'yt + 2C''tz + Ft^2.$$

Le d. est le déterminant :

$$\begin{vmatrix} A & B'' & B' & C \\ B'' & A' & B & C' \\ B' & B & A'' & C'' \\ C & C' & C'' & F \end{vmatrix}$$

Si ce d. est nul, la forme se réduira à trois variables, et alors l'équation correspondante :

$$Ax^2 + A'y^2 + A''z^2 + 2Byz + 2B'zx + 2B''xy + 2Cxt + 2C'yt + 2C''zt + FE = 0,$$

où l'on suppose $t = 1$, se réduira à une équation homogène à trois variables, qui représentera un cône et, pour dos cas plus particuliers, un cylindre ou un système de deux plans.

Ainsi, dans l'étude des surfaces du second ordre, la condition que le d. soit nul est la condition nécessaire et suffisante pour que la surface se réduise à un cône ou à l'une de ses variétés. — Si tous les mineurs du d. sont nuls, la forme se réduit à deux variables, et l'équation correspondante représente deux plans. Si, enfin, tous les mineurs du second ordre sont nuls, la forme se réduit à un carré parfait et l'équation représente un plan double.

On sait que l'on obtient le centre d'une quadrique en annulant les trois dérivées :

$$\begin{cases} f_x' = 0 \\ f_y' = 0 \\ f_z' = 0 \end{cases}$$

Or, la formule d'Euler relative aux fonctions homogènes,

$$2f(xyzt) = xf_x' + yf_y' + zf_z' + tf_t',$$

montre que si le centre est sur la surface, c'est-à-dire si ses coordonnées annulent le premier membre, elles annulent aussi f_t'. La condition pour que le centre soit sur la surface est donc que les dérivées puissent s'annuler pour un même système de valeurs d'x, y, z et t, et cette condition, c'est que leur déterminant, c'est-à-dire le d., soit nul. Les mêmes considérations s'appliquent évidemment aux coniques; d'où l'on voit que la condition pour qu'une conique se réduise à deux droites, ou une quadrique à un cône, c'est que le centre soit sur la courbe ou sur la surface. Inversement, on peut considérer cette proposition comme donnée intuitivement par la géométrie, et elle fournit alors le moyen de trouver la condition algébrique, c'est-à-d. la condition que le d. soit nul. Voy. CONIQUE, QUADRIQUE, FORME, QUADRATIQUE. Pour plus de détails, consulter un traité d'algèbre ou de géométrie analytique.

DISCRIMINATION. s. f. [Pr. ...sion] (lat. discrimen, séparation). Faculté de discerner, de distinguer.

DISCULPATION. s. f. [Pr. ...sion] Action de disculper quelqu'un.

DISCULPER. v. a. (lat. dis, priv.; culpa, faute). Justifier d'une faute imputée. Ses amis l'ont disculpé de ce qu'on lui imputait. Cette action l'a entièrement disculpé dans le public. == SE DISCULPER. v. pron. Se justifier. Je voulais me d. à ses yeux. Il s'est disculpé d'avoir fait son discours trop long. == DISCULPÉ, ÉE. part.

DISCURSIF, IVE. adj. (lat. discursus, raisonnement, discours). T. Log. Qui appartient à la controverse, à la discussion. Cette question est dans sa phase discursive. || Qui tire une proposition d'une autre par le raisonnement. Procédé d. La théologie est essentiellement discursive. Peu us.

DISCUSSIF, IVE. adj. (lat. discutere, résoudre). Qui appartient à la discussion, à la controverse. || T. Méd. Qui a la propriété de résoudre les engorgements. || Subst., Les discussifs ne sont autre chose que des topiques résolutifs.

DISCUSSION. s. f. Action de discuter; débat, examen. D.. littéraire, philosophique. La d. d'un projet de loi. Commencer, ouvrir, fermer la d. Ce point est sujet à d., peut fournir matière à d. Il se livra à une longue d. pour prouver que... Il n'est jamais embarrassé dans la d. || Dispute, contestation. Ils ont eu une grande d. ensemble. Ils sont toujours en d. Je ne veux pour rien au monde entrer en d. avec lui. D. d'intérêts. || T. Jurisp. D. de biens, Recherche et vente en justice des biens d'un débiteur. — Sans division ni d., Solidairement. — Bénéfice de d. Voy. CAUTION. || T. Mathém. Discussion d'une équation, d'un problème, Étude de la nature des solutions réelles, imaginaires, positives ou négatives, suivant les différents cas qui peuvent se présenter. == Syn. Voy. ALTERCATION.

DISCUTABLE. adj. Qui peut être discuté, qui offre matière à discussion.

DISCUTER. v. a. (lat. discutere, secouer). Débattre une affaire, une question; l'examiner avec soin sous ses différentes faces. D. une loi, une affaire, une question, un point de droit. — Absol., Ce théologien discute très bien. Discutez, mais ne disputez pas. || T. Jurispr. D. les biens d'un débiteur. D. un débiteur dans ses biens, ou simpl., D. un débi-

leur. Rechercher et faire vendre ses biens en justice. = Discuté, ée. part.

DISCUTEUR, EUSE. s. Personne qui recherche, qui aime la discussion.

DISELME. s. f. T. Bot. Genre d'Algues de la famille des *Palmellacées*. Voy. ce mot.

DISELMÉES. s. f. pl. (R. *Diselme*). T. Bot. Tribu d'Algues de la famille des *Palmellacées*. Voy. ce mot.

DISÉPALE. adj. 2 g. (R. *di*, préf., et *sépale*). T. Bot. Qui est formé de deux sépales distincts.

DISERT, ERTE. adj. (lat. *disertus*, m. s.). Qui parle avec facilité et avec élégance. *Il est plutôt d. qu'éloquent.* On dit aussi, *Un discours d.*
Syn. — *Éloquent.* — Le discours *disert* est facile, clair, pur, élégant, et même brillant ; le discours *éloquent* est vif, animé, persuasif, touchant : il émeut, élève l'âme et la maîtrise. *Disert* s'entend toujours d'un certain développement oratoire ; *éloquent*, au contraire, peut s'appliquer à l'allocution la plus brève comme au plus long discours. — Ces épithètes se donnent également aux personnes. L'orateur *disert* parle avec facilité, élégance, de façon à plaire à son auditoire ; l'orateur *éloquent* parle avec chaleur, avec passion : il connaît ces grands mouvements qui dominent et transportent ceux qui l'écoutent.

DISERTEMENT. adv. D'une manière diserte.

DISETTE. s. f. [Pr. *dizè-te*] (étym. douteuse : Diez indique le lat. *desecta*, chose rognée. L'anc. forme *disgite* semble indiquer le verbe *jeter* : chose rejetée, dont on est privé). Manque de quelque chose. *Il y a dans cette langue une grande d. de mots. Nous sommes dans la d. des bons livres. Quelle d. d'idées il y a dans cette tête ! Que la d. des talents en tout genre est effrayante.* || Absol., se dit du manque des denrées nécessaires à la vie. *Une année de d. Cette longue d. a causé bien des souffrances. Nous avons beaucoup souffert de la d.*

DISETTEUX, EUSE. adj. [Pr. *di-zè-teu*] (R. *disette*). Qui manque des choses nécessaires. Vx et inus.

DISEUR, EUSE. s. Celui, celle qui dit ; n'est guère usité que dans ces locut. : *D. de bons mots. D. de nouvelles. D. de riens. D. de sornettes, de bagatelles. Diseuse de bonne aventure.* — Fam., on dit d'un homme qui affecte de bien parler, *C'est un beau d. ; Il fait le beau d.* — Prov., *L'entente est au d.,* Celui qui parle entend bien ce qu'il veut dire, ou Il y a quelque chose de caché que lui seul entend.

DISGRÂCE. s. f. (R. *dis*, préf. priv., et *grâce*). Perte, privation des bonnes grâces d'une personne puissante. *On ignore la cause, le sujet de sa d. Encourir la d. du prince. Tomber en d. Être en d. Il ne put supporter sa d., se consoler de sa d. Pendant sa d.* || Infortune, malheur. *Voilà une étrange, une cruelle d. Pour comble de d. Que de disgrâces à la fois !* || Mauvaise grâce dans le maintien, la démarche, la manière de parler. *Elle est jolie, mais elle a de la d. dans la démarche. Il met de la d. dans le bien même qu'il fait.*

DISGRACIER. v. a. (R. *disgrâce*). Priver quelqu'un de ses bonnes grâces. *Le roi l'a disgracié. Son imprudence le fit d.* = Disgracié, ée. part. *Un ministre disgracié.* || Être disgracié de la nature, ou simplem., *Être disgracié,* Avoir quelque chose de difforme dans sa personne. *On ne saurait voir une personne plus disgraciée.* || Subst., *Il faut plaindre les disgraciés.* = Conj. Voy. Prier.

DISGRACIEUSEMENT. adv. D'une manière disgracieuse.

DISGRACIEUX, EUSE. adj. (R. *dis*, préf. priv., et *gracieux*). Qui est désagréable, fâcheux. *Un homme d. Une aventure disgracieuse. Cela est fort d.*

DISGRÉGATION. s. f. [Pr. *...sion*] (lat. *dis*, priv. ; *grex, gregis*, troupeau). Didact. Destruction de l'état d'agrégation.

DISJOINDRE. v. a. (lat. *disjungere*, m. s., de *dis*, priv., et *jungere*, joindre). Séparer des choses qui étaient jointes. *La sécheresse a disjoint les pièces de cette charpente.* || T. Procéd. Séparer deux ou plusieurs causes ou instances, afin de les juger chacune à part. *Les deux instances furent disjointes.* = se Disjoindre. v. pron. Se séparer. *Ces planches commencent à se d.* On dit aussi *Déjoindre.* = Disjoint, ointe. part. || T. Mus. *Degré disjoint.* Voy. Degré. = Conj. Voy. Peindre.

DISJONCTIF, IVE. adj. (lat. *disjunctivus*, qui sépare, de *disjungere*, séparer). T. Gram. Qui sépare, qui marque opposition. *Particule disjonctive.* — *Conjonction disjonctive.* Voy. Conjonction. = Subst., au fém., *La disjonctive* ou. || T. Log. *Proposition disjonctive.* Voy. Proposition.

DISJONCTIFLORE. adj. (lat. *disjunctivus*, qui sépare ; *flos, floris*, fleur). T. Bot. Dont les fleurs sont très écartées.

DISJONCTION. s. f. [Pr. *...sion*]. T. Procéd. Séparation. *La d. de deux instances.* || T. Rhétor. Sorte d'ellipse par laquelle on supprime, pour plus de rapidité, les conjonctions copulatives.

DISLOCATEUR, TRICE. adj. Qui disloque.

DISLOCATION. s. f. [Pr. *...sion*] (R. *disloquer*). Déboîtement, luxation d'un os. — Par ext., se dit des pièces d'une machine ou d'un assemblage qui se séparent, qui cessent d'être ajustées. *La d. de la machine a fait suspendre les travaux.* || Exercices que pratiquent les saltimbanques pour se disloquer les membres. || T. Guerre. *La d. d'une armée,* La séparation des différents corps d'une armée, lorsqu'on les répartit dans plusieurs cantonnements, ou lorsque, par suite de certaines circonstances, ils vont chacun de leur côté.

DISLOQUEMENT. s. m. État de ce qui est disloqué.

DISLOQUER. v. a. (R. *dis*, préf., et lat. *locare*, placer, de *locus*, lieu). Démettre, déboîter ; se dit des os et des pièces d'une machine ou d'un assemblage qu'on fait sortir de leur place. *Cette chute lui a disloqué les os. D. une machine.* — Par méton., *D. le bras, le poignet,* etc., *D. les os du bras,* etc. *Il s'est disloqué le poignet.* = se Disloquer. v. pron. *La machine s'est disloquée. Des os qui se disloquent.* || T. Guerre. *Une armée.* Voy. Dislocation. = Disloqué, ée. part. || Famil., *Être disloqué, tout disloqué,* Être infirme d'un ou plusieurs membres, par suite de quelque dislocation.*

DISOME. adj. 2 g. (gr. δίς, deux ; σῶμα, corps). T. Térat. Qui a deux corps.

DISOMOSE. s. f. (gr. δίς, deux fois ; ὅμοιος, semblable). Minéral gris d'acier nommé aussi nickel gris ; c'est un sulfoarséniure de nickel.

DISPACHE. s. m. (angl. *despatch*, expédier). T. Comm. marit. Espèce de discussion et d'arbitrage qui a lieu, dans certains cas, entre les assureurs et les assurés.

DISPACHEUR. s. m. T. Comm. marit. Arbitre choisi pour mettre fin à une dispache.

DISPARAISSANT, ANTE. adj. Qui disparaît.

DISPARAÎTRE. v. n. (R. *dis*, préf. priv., et *paraître*). Cesser d'être visible, d'être aperçu. *La comète a disparu. La lune a disparu derrière les nuages. Le jour commence à d. Le vaisseau disparut bientôt à nos yeux. Je le vis d. dans l'épaisseur de la forêt. Il sera difficile de faire d. cette tache.* — Fig., en parlant des choses morales, Cesser d'être, d'exister. *Les anciennes coutumes ont disparu. Le bon goût a disparu avec cet écrivain.* — Par exag., *Toute autre gloire disparaît devant la sienne,* Est éclipsée par la sienne. || Cesser de paraître, de se montrer dans un endroit ; s'en retirer précipitamment. *Les hirondelles paraissent au printemps et disparaissent en automne. Il a disparu de la cour. Il a disparu de chez lui. A l'approche de nos troupes, les ennemis disparurent. Elle est disparue avec lui.* — *D. de la scène du monde,* Se retirer du monde et se confiner dans la retraite. — Fig., *D. du monde, de la terre,* ou simpl. *D.,* Mourir, cesser d'exister. *Cette forte généra-*

tion a maintenant disparu. — Fig., se dit aussi d'une chose que l'on avait et qui tout d'un coup ne se trouve plus. *J'avais posé mes gants sur la cheminée, ils ont disparu, ils sont disparus, les voilà disparus.* = DISPARU, UE. part. == Conj. Voy. PARAÎTRE.

Obs. gram. — On donne à ce verbe les deux auxiliaires *Avoir* et *Être,* selon qu'on le considère comme exprimant une action, ou comme exprimant un état résultat de cette action. Ainsi l'on dira : *Le jour a disparu rapidement,* et *Le jour est disparu depuis longtemps.*

DISPARATE. s. f. (lat. *disparatus,* inégal, de *vis,* priv., et *par,* égal). Défaut choquant de rapport, de convenance, de conformité, ou l'effet désagréable qui en résulte. *Ses actions et ses discours forment une étrange d. Il y a trop de d. entre ces idées. Ces couleurs font d.* == DISPARATE. adj. 2 g. Se dit des choses qui sont disparates. *Voilà des choses bien disparates.*

DISPARITÉ. s. f. (R. *dis,* préf. priv., et *parité*). Inégalité, différence entre des choses qui se peuvent comparer. *Il y a trop de d. entre ces choses, entre ces personnes.* == Syn. Voy. DIFFÉRENCE.

DISPARITION. s. f. [Pr. ...*sion*]. Action de disparaître. *La d. d'un météore. Sa d. subite alarma sa famille.*

DISPENDIEUSEMENT. adv. D'une façon dispendieuse.

DISPENDIEUX, EUSE. adj. (lat. *dispendiosus,* m. s., de *dispendium,* dispense). Qui exige beaucoup de dépense. *Entreprise, maison dispendieuse.*

DISPENSABLE. adj. Pour lequel on peut accorder dispense. *Cas d.*

DISPENSAIRE. s. m. (lat. *dispensare,* distribuer). T. Méd. Syn. de Codex ou formulaire. Peu us. dans ce sens. || Établissement de bienfaisance où l'on donne gratuitement des consultations et des médicaments aux malades indigents, et qui est parfois un petit hôpital. *Le d. du XIIe arrondissement. D. ophtalmologique.* || Établissement destiné à la visite sanitaire des filles publiques.

DISPENSATEUR, TRICE. s. (lat. *dispensare,* distribuer). Celui, celle qui distribue. *Dieu, d. des grâces. Le sage d. des bienfaits du prince. Bonne dispensatrice.*

DISPENSATIF, IVE. adj. Qui dispense de. *Pouvoir d.*

DISPENSATION. s. f. [Pr. ...*sion*]. Distribution. *Juste d. D. des grâces, des récompenses.* || Économie, administration. *La d. des choses humaines* || T. Pharm. Disposition des diverses substances dont on doit se servir pour préparer un médicament composé.

DISPENSE. s. f. (R. *dispenser*). Exemption de la règle commune. *Obtenir d. de la loi. D. de tutelle, d'âge. D. de bans. D. de résider. Demander, accorder une d., des dispenses. D. du pape.* || Permission accordée par l'autorité religieuse de faire une chose défendue ordinairement par les règlements de l'Église. *D. de manger de la viande. D. d'épouser une parente.*

DISPENSER. v. a. (lat. *dispensare,* distribuer). Départir, distribuer. *Dieu dispense les biens et les maux selon les forces ou les faiblesses des hommes. D. les trésors du ciel. D. des récompenses.* En ce sens, *D.* ne s'emploie guère que dans le style soutenu. || Exempter quelqu'un de la règle ordinaire, lui permettre de ne pas faire une chose. *D. de la règle, de la loi. D. du jeûne. D. du service militaire. D. quelqu'un de faire son service. Il m'a dispensé de l'accompagner. Être dispensé de quelque formalité. Il se croit dispensé par son rang d'être poli. Il s'en est fait d.* — Fig., se dit aussi avec un nom de choses pour sujet. *Croyez-vous que votre rang vous dispense d'être poli?* — *Dispensez-moi de faire cela,* se dit pour s'excuser poliment de faire une chose. — *Je vous en dispense,* se dit quelquefois, soit pour prier quelqu'un de ne pas faire une chose, soit pour lui défendre de la faire. == SE DISPENSER. v. pron. S'exempter de quelque chose. *Se d. de ses devoirs. Je me dispenserai d'aller à cette noce. Vous ne pouvez vous en d.* = DISPENSÉ, ÉE. part.

DISPERME. adj. 2 g. (gr. δίς, deux ; σπέρμα, graine). T. Bot. Qui contient deux graines.

DISPERSER. v. a. (lat. *dispersum,* sup. de *dispergere,* m. s.). Répandre, jeter çà et là. *D. de l'argent. La tempête dispersa, sur le rivage, les débris du navire.* || En parlant de personnes ou de choses qui étaient réunies, les séparer en les envoyant, en les plaçant dans des lieux différents. *On dispersa les soldats dans les villages voisins. Les événements ont dispersé les membres de notre société. Sa belle galerie de tableaux est à la veille d'être dispersée.* || Dissiper, séparer en poussant dans des directions différentes, ou en faisant prendre la fuite de divers côtés. *La tempête avait dispersé la foule. Une charge de cavalerie dispersa la foule. D. un troupeau.* — SE DISPERSER. v. pron. *Le sac ayant crevé, les noix qu'il contenait se dispersèrent de tous côtés. Nous fûmes obligés de nous d. pour trouver à nous loger. A la première décharge, la foule se dispersa. Les nuages se dispersent.* — DISPERSÉ, ÉE. part.

DISPERSIF, IVE. adj. Qui produit le phénomène de la dispersion ; qui a rapport à ce phénomène. T. Phys. *Pouvoir d.* Voy. DISPERSION VI.

DISPERSION. s. f. Action de disperser, de se disperser, ou le résultat de cette action. *La d. des Juifs. La d. d'une armée, d'une flotte. La d. de sa bibliothèque a été pour lui un grand chagrin.* || T. Phys. Séparation des couleurs qui composent la lumière blanche.

I. *Décomposition de la lumière blanche.* — Il suffit, pour démontrer ce fait, de faire pénétrer un faisceau de lumière solaire dans une chambre noire par une petite ouverture circulaire pratiquée au volet, de disposer près du volet un prisme horizontal, et de recevoir sur un écran les rayons solaires après leur sortie du prisme. L'écran (Fig. 1 et 2) présente aussitôt une image oblongue et diversement colorée qu'on appelle *Spectre solaire.* On distingue

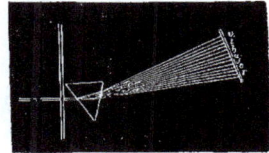

Fig. 1.

dans le spectre sept couleurs principales, mais qui se fondent insensiblement les unes dans les autres en produisant une série de nuances intermédiaires. Ces couleurs principales sont : le rouge, l'orangé, le jaune, le vert, le bleu, l'indigo et le violet.

La décomposition de la lumière blanche par le prisme est le résultat de l'inégale réfrangibilité des couleurs élémentaires qui, par leur réunion, constituent cette lumière. Des sept couleurs que nous venons de nommer, c'est le rouge qui est le moins réfrangible, c'est-à-dire qui est le moins dévié, et le violet qui

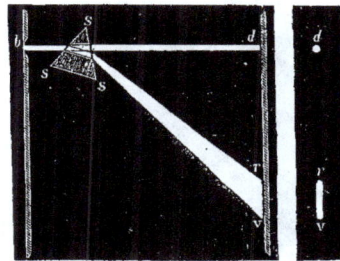

Fig. 2.

est le plus : en conséquence, ces deux couleurs occupent toujours les extrémités de l'image colorée. C'est à cause de la moindre réfrangibilité du rayon rouge que l'extrémité rouge du spectre (Fig. 2) est toujours tournée vers l'endroit où apparaîtrait la petite image solaire d, si le prisme ne se trouvait pas sur le passage du faisceau lumineux. La réfrangibilité des couleurs intermédiaires va en croissant du rouge au violet : aussi observe-t-on qu'elles se présentent invariablement dans le même ordre, qui est celui dans lequel nous les avons nommées. — Quant à la forme oblongue avec les extrémités arrondies que nous offre le spectre dans l'expérience ci-dessus, elle est facile à expliquer. Les rayons de chaque couleur doivent former sur l'écran une image circulaire, mais les centres des cercles formés par ces couleurs sont situés sur une droite comprise dans le plan vertical mené par l'axe du faisceau incident, et tous ces cercles se recouvrent les uns les autres, excepté les deux derniers.

On obtient un spectre bien plus net en faisant passer la lumière par une fente lumineuse rectangulaire très étroite et

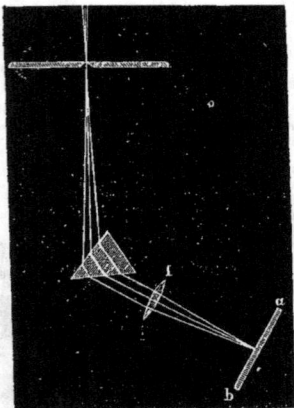

Fig. 3.

en plaçant à la suite du prisme une lentille convergente destinée à amener à un foyer bien déterminé les rayons lumineux (Fig. 3). Le spectre donné par les lumières blanches usuelles se compose alors d'une bande irisée ne présentant aucune discontinuité. Il se compose d'une infinité d'images de la fente qui empièteront d'autant moins les unes sur les autres que la fente sera plus étroite.

La grandeur du spectre, toutes choses égales d'ailleurs, dépend : 1° de l'angle de réfraction du prisme (de deux prismes formés du même verre et ayant des angles de réfraction l'un de 45° et l'autre de 60°, le dernier donnera le spectre le plus long); 2° de la substance dont est formé le prisme : ainsi, à angle de réfraction égal, un prisme de sulfure de carbone donnera un spectre plus grand qu'un prisme d'eau.

Envisageons une partie de ce spectre assez petite pour que

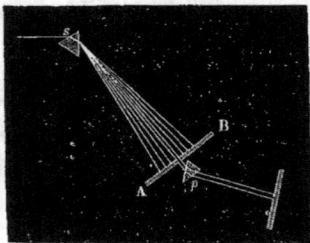

Fig. 4.

l'on puisse la considérer comme homogène et cherchons les propriétés de ce rayon coloré ou de cette « radiation » du spectre. L'expérience montre que : 1° chacune des couleurs du spectre est simple, c.-à-d. indécomposable; 2° les couleurs du spectre sont inégalement réfrangibles.

Pour démontrer le premier point, recevons un spectre sur un écran percé d'une fente assez étroite pour ne laisser passer qu'une radiation bien déterminée : le rouge, par ex., Recevons ce rayon sur un deuxième prisme (Fig. 4) Nous constaterons alors qu'il est simplement dévié sans être décomposé; sa couleur reste invariable. Il en serait de même des autres teintes. Le même dispositif nous fera voir que le violet est beaucoup plus dévié que le rouge. Les autres couleurs subissent des déviations intermédiaires entre les deux radiations extrêmes (rouge et violet). La seconde partie de la proposition se trouve ainsi établie.

On peut aussi démontrer ces deux propositions simultanément par l'expérience des prismes croisés. On reçoit un faisceau de lumière blanche émané d'une ouverture circulaire successivement sur deux prismes. Les arêtes du premier sont verticales, celles du second horizontales, et l'on obtient comme résultat un spectre incliné. Les couleurs de ce dernier sont les mêmes et dans le même ordre que celles que donnerait chaque prisme, ce qui montre la simplicité des teintes. Mais l'inclinaison du spectre final fait voir que chaque teinte a été inégalement déviée par le second prisme, ce qui démontre l'inégale réfrangibilité des différentes radiations.

II. *Recomposition de la lumière blanche avec les couleurs simples du spectre.* — Si l'on reçoit un spectre sur

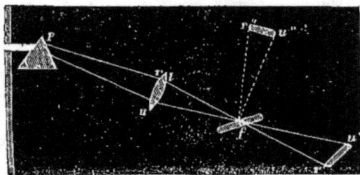

Fig. 5.

une lentille biconvexe *l* (Fig. 5) les différents rayons colorés viendront se réunir au point *f*, foyer de la lentille. Maintenant, si l'on place à cet endroit un verre dépoli ou un écran de papier, l'image paraîtra de nouveau d'un blanc éclatant, bien que les rayons qui tombent sur la lentille et qui en sortent soient de différentes couleurs. Si l'on présente l'écran non plus au foyer *f*, mais à une distance plus grande de la lentille, on obtient un autre spectre r″u′, mais disposé en sens inverse du premier, ce qui indique que les différents rayons colorés se sont croisés au point *f* Enfin, si l'on place un miroir au foyer *f*, les rayons réfléchis iront également former un spectre r″ u″. — Cette expérience fonda-

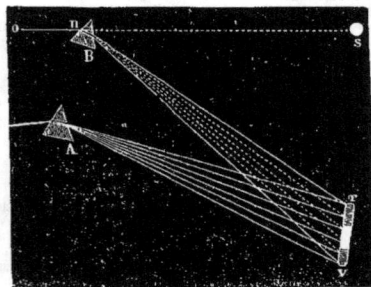

Fig. 6.

mentale peut se varier de plusieurs manières. Ainsi, par ex., on peut recevoir le spectre sur un miroir concave, et l'on obtient une image blanche en plaçant au foyer du miroir un écran de verre dépoli. De même, si l'on regarde, au moyen d'un second prisme de même substance et de même angle réfringent et tourné en sens contraire, l'image allongée et colorée produite par un premier prisme, on aperçoit cette image sous la forme d'un cercle d'un blanc éclatant. — Soit (Fig. 6) un spectre r**a** formé par le prisme A et projeté sur un écran blanc ; si l'on place un second prisme B, de telle manière qu'un rayon solaire tombant sur lui dans la direction *on*, aille former le même spectre *ro* au même endroit, il est évident que les rayons qui de ce spectre viennent tomber sur le prisme B, en sortiront nécessairement dans la direction *no*. Par conséquent, si l'on place l'œil en *o*, on verra dans la direction *onS*, une image ronde et blanche du spectre coloré *rv*. La position qu'il faut donner au prisme B se trouve facilement en tâtonnant un peu.

On peut encore opérer la reconstitution de la lumière blanche en s'appuyant sur le phénomène de la persistance des impressions lumineuses qui consiste en ce que toute impression lumineuse faite sur la rétine, pendant un temps aussi court qu'on voudra, produit une sensation qui se prolonge pendant un temps appréciable, environ un dixième de seconde. Si l'on divise un disque en 7 secteurs, et qu'on les peigne des couleurs qui se rapprochent le plus de celles du spectre, ce disque ne paraîtra plus coloré, mais blanchâtre, lorsqu'on le fera tourner rapidement. Il paraîtrait d'un blanc éclatant si l'on pouvait peindre les secteurs avec les couleurs pures du spectre, et si les largeurs de ces secteurs présentaient entre elles exactement le même rapport que celui qui existe entre les parties correspondantes de celui-ci. Pour expérimenter avec les couleurs mêmes du spectre solaire, Munchow adapte un prisme un mouvement d'horlogerie, de manière à pouvoir le faire tourner rapidement sur lui-même. Ce mouvement de rotation du prisme est nécessairement reproduit par le spectre que reçoit l'écran, et alors à la place de l'image colorée du spectre, on aperçoit sur cet écran une raie lumineuse blanche dont les bords seuls paraissent encore légèrement colorés. Dans ces deux expériences, chaque point de la rétine reçoit de chaque point de l'image mobile une impression rapide et successive de toutes les couleurs simples. A cause de la persistance, ces impressions particulières se superposent comme si elles étaient simultanées et produisent ainsi la sensation de la couleur blanche.

Comme conséquence des expériences précédentes, il résulte que lorsqu'on regarde avec un prisme une surface blanche d'une certaine largeur, elle paraît blanche au milieu et colorée seulement sur les bords. L'extrémité la plus rapprochée du prisme est teintée de rouge et la plus éloignée est bordée de violet. Au centre, les différentes images colorées se superposent en partie et reproduisent du blanc. Une large raie noire sur un fond blanc offre, lorsqu'on la regarde avec un prisme, un aspect précisément inverse; l'image paraît, à l'extrémité la moins éloignée, bordée de violet et de bleu, et à l'autre extrémité, au contraire, elle est bordée de rouge et de jaune. Pour expliquer cette inversion, il suffit de songer que les couleurs ne sont pas produites par la raie noire elle-même, mais bien par les parties blanches avoisinantes. Quand la raie noire est elle-même très étroite, alors le noir disparaît entièrement du milieu de l'image.

Ces irisations des bords des images, que l'on retrouve dans les lentilles simples, constituent un grave défaut auquel on a donné le nom d'*aberration de réfrangibilité*, et auquel on remédie par l'emploi de lentilles composées dites *achromatiques*. Voy. ACHROMATISME.

III. *Des couleurs complémentaires.* — Comme toutes les couleurs simples réunies en proportions convenables, c.-à-d. dans les proportions où elles se trouvent dans le spectre, forment de la lumière blanche, il s'ensuit qu'en supprimant une ou plusieurs des couleurs simples, ou simplement en changeant les proportions de celle-ci, on doit arriver à produire quelque autre couleur. Si, par ex., on supprime dans la lumière blanche le rouge, l'orangé et le jaune du spectre, les autres couleurs restant intactes, on obtient une couleur bleue à laquelle il suffit de restituer le rouge, l'orangé et du jaune pour recomposer de nouveau de la lumière blanche. C'est ce qu'on démontre de la manière suivante. Lorsqu'on a disposé l'expérience comme l'indique la Fig. 6, on peut, au moyen d'un écran convenable que l'on place immédiatement derrière le prisme A, intercepter une partie des rayons du spectre *rv*, et aussitôt l'image en *s*, au lieu de paraître blanche, nous paraît colorée. Si, par ex., on intercepte l'extrémité rouge du spectre jusqu'au jaune, l'image en *s* paraîtra bleue; mais elle paraîtra au contraire jaune, si l'on intercepte le bleu, l'indigo et le violet de l'autre extrémité. Les couleurs interceptées par l'écran placé derrière le prisme A, forment évidemment du blanc avec celles qui restaient encore en *rv*. Deux couleurs qui remplissent cette condition, c'est-à-dire qui, réunies, forment du blanc, sont dites *complémentaires* l'une de l'autre. Chaque couleur a sa complémentaire, car dès qu'elle n'est pas bleu blanche, il lui manque certains rayons pour faire du blanc, et ces rayons qui lui manquent, forment, étant réunis, sa couleur complémentaire.

L'expérience qui suit démontre de la manière la plus claire l'existence des couleurs complémentaires. Si l'on réunit, au moyen d'une lentille, les rayons colorés qui émergent d'un prisme, et qu'on les reçoive sur un écran placé au foyer de la lentille (Fig. 5), on obtiendra, comme nous l'avons vu, de la

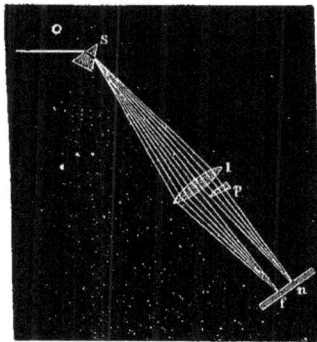

Fig. 7.

lumière blanche. Maintenant, si nous plaçons (Fig. 7) derrière la lentille l un prisme *p* à angle très aigu (de 8° à 10°) qui intercepte une partie des rayons colorés (lesquels sortent en convergeant de la lentille), ces rayons seront déviés et se réuniront en *f*, tandis que ceux qui ne sont pas interceptés se réuniront en *n*. Or, les deux images, en *n* et en *f*, seront toutes deux colorées, et, d'après ce que nous venons de dire, la couleur de chacune de ces images sera complémentaire de la couleur de l'autre. Si, par ex., ce sont les rayons rouges et orangés que l'on intercepte avec le petit prisme *p*, l'image *n* sera rouge et l'image *f* sera verte. Donc, le vert de l'image *f* est complémentaire du rouge de l'image *n*. — Maintenant, si nous avançons le petit prisme *p* vers le milieu du spectre jusqu'à ce que son angle réfringent se trouve à peu près au milieu du vert, alors la couleur de l'image *n* passera insensiblement au jaune, tandis que l'image *f* passera de même au bleu. Il résulte de là que les diverses nuances de bleu sont complémentaires des diverses nuances de jaune et que les diverses nuances de vert sont complémentaires des diverses nuances de rouge.

IV. *Des couleurs naturelles des corps.* — Un corps éclairé par de la lumière blanche ne nous paraît coloré que parce qu'il ne laisse passer ou ne disperse qu'une partie des rayons colorés qui existent dans cette lumière blanche, tandis qu'il éteint, c.-à-d. absorbe tous les autres. Ainsi, un verre rouge nous paraît rouge parce qu'il ne laisse passer que les rayons dont l'ensemble donne l'impression du rouge. Les couleurs des divers corps que nous offre la nature, soit des corps lumineux par eux-mêmes, soit des corps qui transmettent simplement ou réfléchissent les rayons lumineux par lesquels ils sont frappés, ne sont jamais les couleurs simples du spectre. Elles sont toujours formées de la réunion d'un plus ou moins grand nombre de couleurs simples, comme on peut s'en assurer en analysant ces couleurs au moyen du prisme.

De même, pour analyser la lumière transmise par les corps transparents, on regarde avec le prisme la lumière solaire qui les a traversés. Si le corps est solide, on le taille en lames d'épaisseur plus ou moins grande qu'on interpose sur le passage du rayon lumineux qui tombe sur le prisme, en le plaçant immédiatement derrière l'ouverture par laquelle pénètre ce rayon. De cette façon, le prisme n'est plus éclairé par la lumière blanche du soleil, mais par la lumière du corps qu'on se propose d'étudier. On voit alors disparaître une partie plus ou moins considérable du spectre, l'autre partie qui reste visible provenant du corps lui-même, et c'est celle-là seulement que le prisme analyse. Lorsqu'on veut étudier de cette manière des corps liquides, on les renferme entre deux glaces parallèles et bien pures, mastiquées dans une monture en cuivre. Cette analyse se fera le plus commodément en se servant du *Spectroscope*. Voy. ce mot.

V. *Classification des spectres.* — Le spectre que nous venons d'étudier et qui ne présente aucune interruption du rouge au violet s'appelle *spectre continu*. On le retrouve chaque fois qu'un corps solide se trouve porté à l'incandescence. Les vapeurs et les gaz portés à une haute température donnent au contraire des spectres *discontinus* présentant des lacunes considérables. C'est ainsi que la vapeur de sodium donne uniquement pour spectre une double raie jaune. Toutes les autres couleurs manquent. Le potassium, le calcium, le baryum, etc., donnent aussi des spectres très simples contenant peu de raies lumineuses. Il suffit d'introduire un composé de ces métaux dans la flamme d'un bec Bunsen pour observer ces spectres très discontinus ; c'est même là un moyen précieux d'analyse chimique. Voy. SPECTROSCOPE.

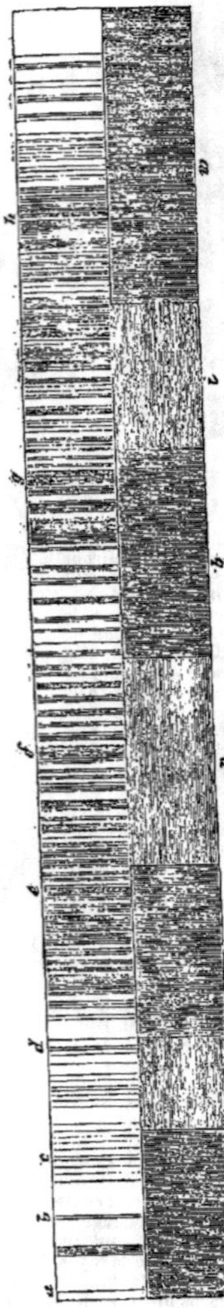

Raies de Fraunhofer. — Lorsqu'on produit le spectre solaire avec une fente très étroite, il présente une série de raies obscures parallèles à la fente.

Les raies obscures du spectre ont été observées pour la première fois par Wollaston, en 1802, et plus tard étudiées avec une exactitude admirable par le célèbre opticien Fraunhofer. Ces raies, qu'on désigne habituellement sous le nom de *Raies de Fraunhofer*, s'étendent d'une manière irrégulière sur toute la longueur du spectre. Quelques-unes sont très fines et paraissent comme des lignes noires isolées et à peine visibles ; d'autres, au contraire, sont très rapprochées les unes des autres, et apparaissent plutôt comme une ombre que comme des lignes séparées ; enfin, il y en a un certain nombre qui sont très nettement accusées. Pour se donner quelques points de repère, Fraunhofer a choisi 7 raies qu'il a désignées par les lettres B, C, D, E, F, G et H, et qui offrent le double avantage d'être faciles à reconnaître et de partager le spectre en parties qui ne sont pas trop inégales.

La situation des lignes principales relativement aux couleurs est indiquée par la Fig. 8. Avec des prismes de flintglas et de sulfure de carbone, qui ont un grand pouvoir dispersif, on peut déjà voir à l'œil nu les raies les plus prononcées.

L'expérience montre que les positions de ces raies obscures coïncident exactement avec les raies brillantes que donnent les spectres des vapeurs de certains corps terrestres portés à une haute température. Ainsi, la raie D de Fraunhofer coïncide exactement avec la raie brillante du spectre du sodium. Il en est de même des raies brillantes du spectre du fer que l'on retrouve toutes comme raies noires dans le spectre solaire. Ce phénomène a reçu le nom de *renversement des raies*. On en

Fig. 8.

a conclu que l'atmosphère du soleil contient des vapeurs métalliques : sodium, fer, etc., qui absorbent ces radiations et donnent des raies noires.

Le renversement des raies a été obtenu expérimentalement, justifiant ainsi la conclusion précédente. Il suffit de faire traverser un tube rempli de vapeur de sodium par un rayon de lumière blanche pour observer dans le cercle de celle-ci une raie noire à la place de la raie jaune brillante que fournirait

la vapeur de sodium portée à l'incandescence. Plusieurs autres raies ont été ainsi renversées. D'une manière générale, une vapeur peut absorber la même radiation qu'elle peut émettre. C'est un cas particulier de l'égalité du pouvoir absorbant et du pouvoir émissif.

Non seulement les vapeurs absorbent certaines radiations ; mais certains solides, et les liquides sont dans le même cas. En les faisant traverser par de la lumière blanche, on observe au *spectroscope* des spectres contenant des raies ou des bandes noires : ce sont les spectres d'*absorption*. Voy. SPECTROSCOPE.

VI. *Indices de réfraction des différents rayons du spectre, et pouvoir dispersif.* — La détermination des indices de réfraction des différents rayons du spectre est de la plus haute importance pour la théorie de l'optique, ainsi que pour la construction des instruments. Cette recherche offrait naguère de grandes difficultés quand on était obligé de prendre pour points de repère les couleurs elles-mêmes dont les teintes ne sont jamais nettement arrêtées. La découverte des raies de Fraunhofer a tout à fait simplifié le problème. Comme elles sont fixes et invariables, au lieu de rechercher l'indice de réfrangibilité des rayons rouges, jaunes, verts, etc., on détermine ces indices pour les raies B, C, D, E, F, G, H, au moyen du théodolite, et par le procédé général décrit au mot RÉFRACTION. Nous nous contenterons de citer les indices correspondant aux 7 raies principales que Fraunhofer a obtenus pour l'eau, l'huile de térébenthine et deux espèces de verre, le crownglass et le flintglass.

	B	C	D	E	F	G	H
Eau...	1,3309	1,3317	1,3335	1,3359	1,3378	1,3413	1,3442
Téréb..	1,4705	1,4715	1,4744	1,4784	1,4817	1,4882	1,4938
Crown..	1,5258	1,5268	1,5296	1,5330	1,5361	1,5361	1,5466
Flint...	1,6277	1,6297	1,6350	1,6420	1,6483	1,6603	1,6711

Les nombres relatifs au crownglass et au flintglass peuvent varier entre des limites très étendues, en raison des différences que présentent ces verres dans leur composition chimique.

Quand on compare entre eux les spectres obtenus avec des prismes formés de substances différentes, on remarque que les couleurs de ces spectres, bien que se suivant toujours dans le même ordre, n'ont pas toujours des longueurs proportionnelles. Un prisme de flintglass, par ex., donne relativement moins de rouge et plus de violet qu'un prisme de crownglass. Ce phénomène est évidemment lié avec les grandeurs des indices de réfraction qui correspondent à chaque couleur. La différence entre les indices de réfraction des deux couleurs extrêmes du spectre, c'est-à-d. du rouge et du violet, est appelée *angle de dispersion*, on dit qu'une substance a une dispersion plus grande qu'une autre, lorsque cette différence est plus grande dans la première que dans la seconde. L'eau, par ex., a un angle de dispersion moindre que le flint, et le crown un angle de dispersion intermédiaire entre ces deux corps. Pour l'eau, l'indice de réfraction de rouge étant 1,3309 et celui du violet 1,3442, la différence des deux indices est 0,0133. Pour le flint, les indices de réfraction du rayon rouge et du violet sont 1,6277 et 1,6711, ce qui donne pour différence 0,0434. Par conséquent, l'angle de dispersion du flint est trois fois plus grand que celui de l'eau. Pour le crown, la différence entre les indices de réfraction des rayons rouge et violet, est 0,0208, ou à peu près moitié plus petite que celle du flint. Le spectre produit par un prisme de crown sera donc environ moitié moins grand que celui du flint. — Mais il ne suffit pas de connaître la dispersion totale de chaque substance, il faut encore connaître la dispersion qu'elle exerce sur les divers rayons. Ainsi, pour les rayons compris entre les raies B et C, les dispersions du flint, du crown et de l'eau sont respectivement 0,0020, 0,0010 et 0,0008. Les rapports des différences partielles des diverses substances sont en général très différents, et ils vont habituellement en croissant depuis les intervalles des premières raies jusqu'à ceux des dernières. Pour exprimer numériquement le *pouvoir dispersif* d'une substance, on divise la différence entre les indices de réfraction des deux couleurs extrêmes par son indice moyen de réfraction diminué de l'unité (c.-à-d. par l'indice de réfraction appartenant à la raie E diminué de l'unité) et le quotient donne le chiffre cherché.

VII. *Étendue et propriétés du spectre.* — Le spectre n'est pas borné à la partie colorée visible à l'œil nu : il s'étend, d'un côté, bien au delà de l'extrémité violette, et de l'autre, au delà du rouge

284

On distingue dans les rayons du spectre 3 sortes de propriétés : des propriétés *lumineuses*, des propriétés *calorifiques* et des propriétés *chimiques*.

1° D'après *Fraunhofer*, c'est dans le jaune qu'a lieu le maximum d'intensité de la lumière, et dans le violet qu'a lieu le minimum.

2° Des thermomètres très sensibles exposés au milieu des différents rayons dispersés par le prisme indiquent des températures inégales. Leslie fit voir le premier que l'intensité de la chaleur et la propriété calorifique des rayons est en raison inverse de leur réfrangibilité, et J. Herschel trouva que l'intensité calorifique est à son maximum dans la bande obscure qui est au delà du rouge visible à l'œil nu. En 1824, Seebeck prétendit que le lieu de ce maximum variait suivant la nature du prisme. Avec un prisme de verre, il trouva le maximum dans le rouge du spectre ; avec un prisme de flint, il le trouva à 6, 5 millim. au delà du rouge, et, avec un prisme d'eau, dans le jaune. Mais Masson et Jamin, au moyen d'expériences plus rigoureuses, ont fait voir que les rayons de toute réfrangibilité, entre les rayons extrêmes du rouge et du violet visibles, traversent tous parfaitement le sel gemme, le cristal de roche l'alun, le verre et l'eau, de telle sorte que toutes les substances à la fois incolores et transparentes sont également diathermanes *dans l'étendue du spectre visible*. L'inégale diathermanéité de ces substances ne consiste donc qu'en ce qu'elles ne se comportent pas de la même manière à l'égard des rayons qui sont encore moins réfrangibles que les rayons les plus extrêmes du rouge visible.

En se servant d'un prisme de sel gemme qui laisse passer les rayons de chaleur invisible et d'une pile thermo-électrique, on peut étudier cette région du spectre qui a reçu le nom d'*infra-rouge*.

3° La lumière solaire se comporte dans une foule de cas comme un agent chimique, c'est-à-dire qu'elle détermine des actions chimiques de diverse nature. Ainsi, par ex., elle noircit le chlorure d'argent et le protochlorure de mercure, parce qu'elle les décompose ; elle rend opaque le phosphore diaphane, parce qu'elle le transforme en une autre variété allotropique ; elle détruit les principes colorants de nature végétale, parce qu'elle détermine leur oxydation ; elle détermine la combinaison du chlore avec l'hydrogène, etc. Enfin, les divers procédés en usage dans la photographie sont fondés sur cette propriété remarquable de la lumière. Mais cette propriété ne réside pas au même degré dans les différentes couleurs du spectre. C'est vers l'extrémité violette que son intensité est la plus grande : le maximum a lieu entre l'indigo et le violet ; néanmoins l'action chimique ainsi que Wollaston l'a observé le premier, s'étend bien au delà de la partie du spectre visible à l'œil nu. Cette région a reçu le nom d'*ultra-violet*. — Edmond Becquerel a découvert dans le spectre deux sortes de rayons jouissant de deux propriétés nouvelles qu'il appelle les uns *rayons continuateurs*, et les autres *rayons phosphorogéniques*. Les premiers n'exercent pas d'action chimique par eux-mêmes ; mais ils ont la propriété de continuer cette action lorsqu'elle est commencée. Les seconds ont la propriété de rendre certains corps, le sulfure de baryum, par ex., lumineux dans l'obscurité, lorsqu'ils ont été exposés quelque temps à la lumière solaire. D'après l'ingénieux physicien, le spectre phosphorogénique s'étend depuis l'indigo jusque bien au delà du violet, tandis que les rayons continuateurs s'étendent seulement depuis la raie G jusqu'à l'indigo. Voy. Phosphorescence.

Il résulte de ce qui précède que ce sont les rayons les plus réfrangibles qui exercent l'action chimique la plus intense, et les moins réfrangibles qui exercent l'action calorifique la plus grande : les rayons de réfrangibilité moyenne sont les plus lumineux. On peut donc distinguer trois parties différentes dans le spectre solaire : une partie lumineuse qui est la partie du spectre visible jusqu'au delà de l'extrémité rouge visible à l'œil nu ; une partie chimique qui s'étend bien au delà de l'extrémité violette également visible à l'œil nu. Les rayons calorifiques exercent l'action chimique la plus faible, et les rayons chimiques sont ceux dont l'intensité calorifique est la plus petite. Bien plus, les rayons calorifiques de l'extrémité supérieure éteignent l'action chimique commencée par les rayons chimiques de l'extrémité violette.

Étant donné une radiation bien déterminée, il est aujourd'hui démontré que les trois propriétés, lumineuse, calorifique, chimique, sont dues à un seul rayon et qu'il n'y a pas en cet endroit du spectre trois rayons différents possédant les trois propriétés différentes. En effet, quand on affaiblit dans une certaine

proportion l'une des trois propriétés, les deux autres se trouvent diminuées précisément dans la même proportion.

VIII. *Continuité des radiations.* — En résumé, nous voyons qu'il y a depuis l'infra-rouge jusqu'à l'ultra-violet une infinité de radiations caractérisées par leur indice de réfraction et leur longueur d'onde, lesquels varient par degrés insensibles d'une extrémité du spectre à l'autre. Un certain nombre de ces radiations seulement peuvent impressionner notre rétine. Les autres se manifestent par leurs effets calorifiques ou chimiques.

Bien que nous désignions sous le nom de *rouge* la couleur de tous les rayons compris dans le spectre entre les raies A et C, ces rayons n'ont cependant pas, à proprement parler, une couleur identique. Le rouge qui se trouve aux environs de la raie C est un autre rouge que celui qui avoisine la raie B, et ce dernier à son tour est différent de celui de la raie A. En un mot, il y a dans le spectre, entre la raie A et la raie B, une infinité de couleurs différentes, dont les indices de réfraction ont des grandeurs insensiblement croissantes.

Or, cette inégale réfrangibilité est intimement liée avec les longueurs d'onde de ces différents rayons. La longueur d'onde des rayons du milieu du jaune est de 0,00056 millim., celle du milieu du vert est 0,00051 environ, et celle du milieu du bleu à peu près 0,00045. Chaque rayon est caractérisé par sa longueur d'onde ou, ce qui revient au même, par la durée des vibrations qui le constituent, absolument comme un son musical quelconque. Voy. Lumière.

IX. *Dispersion anomale.* — La plupart des corps réfractent plus fortement le violet que le rouge. Un certain nombre de corps font exception à cette loi. Le cas de la vapeur d'iode, dont l'indice pour le rouge est plus grand que l'indice pour le violet. Les dissolutions de fuchsine et de certaines autres couleurs d'aniline, de carmin, d'indigo, de permanganate de potasse, etc., présentent également ce phénomène.

DISPOLINE. s. f. T. Chim. Base pyridique, homologue de la quinoléine et répondant à la formule C^{11}H^{11}Az. C'est un liquide huileux, bouillant vers 300°, qu'on rencontre dans les produits de la distillation de la cinchonine avec la potasse.

DISPONDÉE. s. m. (gr. δἰς, deux ; σπονδεἴος, spondée). T. Versif. anc. Double spondée, pied composé de deux spondées, c.-à-d. de quatre longues.

DISPONIBILITÉ. s. f. État de ce qui est disponible ; se dit surtout en parlant des militaires qui sont momentanément sans emploi, mais qui restent à la disposition du ministre de la guerre, et peuvent au besoin être appelés sous les drapeaux. *Être en d. Mettre en d. Les officiers en d. ne reçoivent que demi-solde.*

DISPONIBLE. adj. 2 g. (lat. *disponere*, disposer). Que l'on a à sa disposition, dont on peut disposer. *Avez-vous des fonds disponibles ?* ‖ T. Droit. Portion, quotité d., la portion de biens dont la loi permet à une personne ayant des héritiers à réserve de disposer à titre gratuit, soit par donation, soit par testament.

DISPOS. adj. m. (lat. *dispostus*, pour *dispositus*, part. pass. de *disponere*, disposer). Léger, agile ; ne s'emploie qu'au masc., et ne se dit proprement que des hommes. *Il est frais, gaillard et dispos.*

DISPOSANT, ANTE. s. Celui, celle qui fait une disposition relative à sa succession.

DISPOSER. v. a. (lat. *disponere*, m. s., de *dis*, indiquant séparation, et *ponere*, placer). Arranger, mettre dans un certain ordre. *Dieu a disposé dans un ordre merveilleux toutes les parties de l'univers. L'architecte a bien disposé les appartements de cette maison. Ce général avait parfaitement disposé ses troupes, son artillerie.* — Se dit aussi d'un lieu que l'on arrange en vue d'une certaine destination. *On a disposé cette salle pour le bal. On a tout disposé. On a disposé toutes choses.* — Préparer à, mettre en état de... *Rien ne dispose mieux le corps à supporter la fatigue.* — D. *les affaires*, les mettre dans un certain état pour une certaine fin. ‖ En parlant des personnes, Préparer quelqu'un à quelque chose, et, dans une acception particulière, tourner sa volonté, son inclination vers quelque chose, vers quelque action, ou vers quelqu'un. *D. un malade à la mort. Je l'ai disposé* *à vous demander pardon. Je crois l'avoir bien disposé pour vous. On l'a très mal disposé à mon égard. Cette mesure disposa favorablement les esprits.* — D. *quelqu'un pour le bain, pour la purgation, pour ou à une opération, à prendre les eaux,* etc., Le préparer par un régime convenable à prendre les bains, à se purger, etc. Vx et peu us. = Disposer. v. n. Faire de quelque chose ce que l'on veut. D. *du fruit de son travail. Je disposerai de ma fille comme je l'entendrai. Il dispose de tout dans cette maison. Disposez-en comme vous l'entendrez. Disposez de moi comme d'un homme qui vous est entièrement dévoué. Je ne puis d. de moi comme je voudrais. Disposez de ma vie, de ma fortune.* — Se servir d'une chose, l'employer à son usage personnel. *Vous pouvez d. de mon cheval chaque fois que vous en aurez besoin. Par son industrie l'homme dispose des forces de la nature.* || Aliéner, soit à titre gratuit, soit à titre onéreux. *Il a disposé de cette terre. Je ne peux d. que de ce qui m'appartient. D. de son bien par testament.* || Statuer, régler, prescrire. *La loi ne dispose que pour l'avenir. La Providence en -a disposé autrement.* — Prov. *L'homme propose et Dieu dispose.* Voy. Dieu. = se Disposer. v. pron. Se préparer. *Se d. à la mort, à un voyage. Il se disposait à venir vous voir.* — Se dit quelquefois des choses. *Tout se disposait pour recevoir l'empereur.* = Disposé, ée. part. || *Être disposé à une chose, à faire une chose,* Y être porté. *Je ne me sens pas disposé au travail. Je suis tout disposé à vous être utile.* — *Être bien disposé, mal disposé pour quelqu'un,* Être bien intentionné, mal intentionné à son égard. — Fam., on dit absol., *Être bien, être mal disposé,* Pour marquer l'état physique où l'on se trouve. *Je ne me sens pas bien disposé ce matin.* = Syn. Voy. Apprêter.

DISPOSEUR. s. m. Celui qui dispose.

DISPOSITIF, IVE. adj. T. Méd. *Remède d.,* Qui prépare à quelque chose. Vx. et inus. — D. *de mines,* Opérations exécutées pour établir des mines.

DISPOSITIF. s. m. T. Droit. La partie d'une loi, d'une ordonnance, d'un arrêt, d'un jugement, etc., qui en contient les dispositions, par oppos. au préambule, aux motifs, etc. || T. Phys., Méc. et Fortif. Plan suivant lequel un appareil, un ouvrage est établi.

DISPOSITION. s. f. [Pr. ...*sion*]. Arrangement ; la manière dont sont disposées différentes choses les unes par rapport aux autres, ou les différentes parties d'une chose. *La d. des parties du corps, des organes. La d. de ces lieux était telle que... La d. des différentes parties d'un jardin, d'un tableau, d'un bâtiment. La d. d'un jardin, d'un tableau, d'une armée, d'une bataille. La d. d'un discours. La d. d'un poème. La d. des scènes d'une comédie. Voilà une d. bien bizarre.* — En Stratégie, *Faire ses dispositions,* Disposer ses troupes pour le combat. *Le général avait fait des dispositions fort savantes.* || Se dit quelquefois au plur. pour Préparatifs. *Il avait fait toutes les dispositions nécessaires pour vous recevoir. Faire ses dispositions pour partir.* || État du tempérament ou de la santé. *Le climat influe beaucoup sur la d. habituelle du corps.* Fam., *Être en bonne ou en mauvaise d.,* Se porter bien, se porter mal. || Tendance, prédisposition, inclination ; se dit au sens phys. et au sens moral. *La taille de cet enfant a quelque d. à se contourner. Cet enfant a beaucoup de d. au bien.* — Aptitude. *Ce jeune homme a de grandes dispositions, beaucoup de dispositions pour les mathématiques. Il montre une d. naturelle à la musique.* On dit aussi absol., *Avoir des dispositions, beaucoup de dispositions, de grandes dispositions.* Il est né avec les plus heureuses dispositions. *Cultiver les dispositions d'un élève.* || Sentiment où l'on est à l'égard de quelqu'un. *Sonder les dispositions de quelqu'un. Assurez-vous de ses dispositions pour vous. La d. des esprits est telle qu'on la peut désirer. Je trouvai tout le monde dans les meilleures dispositions.* || État où l'on est à l'égard de quelque chose ; le dessein, l'intention que l'on a de faire quelque chose. *C'est là une d. très louable. Dieu nous maintienne dans ces excellentes dispositions.* || Règlement, décret. *Les juges ne peuvent prononcer que d. générale et réglementaire. Cela arriva par une d. particulière de la Providence.* || T. Jurisp. Action de disposer de son bien, ou acte par lequel on en dispose ; dans ce sens, il s'emploie ordi-

nairement au plur. *Par la d. qu'il a faite de son bien,* ou simplement *Par la d. de son bien. Selon la d. qu'il avait faite en mourant. Faire ses dernières dispositions. D. entre-vifs.* Voy. Donation. *D. testamentaire.* Voy. Testament. *D. à cause de mort,* Acte par lequel un malade se dépouille de ses biens, mais avec la faculté de les reprendre, s'il revient à la santé. *La loi interdit ce genre de d.* || Chacun des points que règle ou que décide une loi, une ordonnance, un arrêt, un jugement, etc. *Les dispositions d'une loi, d'une ordonnance. D. formelle. La d. que renferme cet article est très claire. Cela est contraire aux dispositions de la loi. Les dispositions de ce jugement ont été réformées.* — Absol., *La d. de la loi,* Ce que la loi ordonne, prescrit, par oppos. à *La d. de l'homme,* Ce qu'une personne peut prescrire par actes entre-vifs ou testamentaires. *La maxime que la d. de l'homme fait cesser la d. de la loi ne doit pas être prise à la lettre.* || Le pouvoir, la faculté de disposer de quelqu'un ou de quelque chose ; dans ce sens, il ne prend jamais le plur. et s'emploie surtout avec les prép. à et en. *Il a laissé la d. de ses affaires à un tel. Les préfets ont la d. d'un certain nombre d'emplois. Combien avez-vous de soldats à votre d. ? Il est entièrement à la d. d'un tel. Mettre une somme d'argent à la d. de quelqu'un. Cela est en ma d. absolue. Je vous offre tout ce qui est en ma d.* || T. Litt. La seconde partie de la rhétorique, celle par laquelle on dispose dans le meilleur ordre ce que l'on a trouvé par l'invention. Voy. Rhétorique. || T. Philos. scolastique. *D. prochaine,* L'état prochain où est une chose pour recevoir une nouvelle forme, une nouvelle qualité. On dit, dans le sens contraire, *D. éloignée.*

Syn. — *Position, Situation.* — La *situation* est une manière générale d'être en place ; la *position* est une manière particulière d'être dans un sens ; la *disposition* marque la *position* combinée de différentes parties ou de divers objets qui doivent concourir au même dessein, et à une tendance particulière au but. Une armée est dans telle ou telle *situation,* selon les circonstances et selon les rapports sous lesquels vous la considérez ; elle cherche, elle choisit une *position* pour attaquer ou pour n'être point attaquée ; si elle doit combattre, le général fait pour cela ses *dispositions.* Une maison est dans telle *situation,* relativement à ce qui l'environne ; elle est dans telle *position,* eu égard à son *exposition* ; elle a une telle *disposition,* eu égard à la distribution des parties qui la composent. Au figuré, on dit la *situation,* la *disposition,* et non la *position* des esprits, des affaires, etc. Mais la *situation* ne désigne que l'état actuel des choses, tandis que la *disposition* désigne leur tournure et leur tendance. La *situation* des esprits qui sont pour ou contre vous dans une affaire, est leur *disposition.* Vous êtes dans une *situation* fâcheuse, si vos juges sont dans des *dispositions* défavorables pour vous.

DISPROPORTION. s. f. [Pr. ...*sion*]. Manque de proportion, disconvenance entre différentes choses ou entre les parties d'une même chose. *D. de taille, d'âge, de mérite, de fortune. Une d. choquante. Il y a une grande d. entre ces deux choses-là. Quelle d. y trouvez-vous ?* — « *Qu'est-ce que l'homme dans la nature ? Un néant à l'égard de l'infini, un tout à l'égard du néant ; un milieu entre rien et tout.* » Pascal, *Disproportion de l'homme.*

DISPROPORTIONNÉ, ÉE. adj. [Pr. *dispropor-sio-né*]. Qui manque de proportion, de convenance. *Ces partages sont disproportionnés. Leurs âges sont bien disproportionnés. Un mariage d.*

DISPROPORTIONNEL, ELLE. adj. [Pr. *dispropor-sio-nel*]. Qui n'est point proportionnel.

DISPROPORTIONNELLEMENT. adv. [Pr. *dispropor-sio-nè-le-man*]. D'une manière qui n'est pas proportionnelle.

DISPROPORTIONNÉMENT. adv. [Pr. *dispropor-sio-né-man*]. D'une façon disproportionnée.

DISPROPORTIONNER. v. a. [Pr. *dispropor-sio-ner*]. Mal proportionner, détruire les proportions des choses.

DISPUTABLE. adj. 2 g. Qui peut être disputé *Cette question n'est pas d.*

DISPUTAILLER. v. n. [Pr. *dispu-ta-ller, ll* mouillées]. Disputer beaucoup et sans résultat.

DISPUTAILLERIE. s. f. [Pr. *disputa-lleri*, *ll* mouillées]. T. Fam. Dispute longue et vaine.

DISPUTAILLEUR, EUSE s. [Pr. *disputa-lleur*, *ll* mouillées]. Personne qui se plaît aux stériles disputes.

DISPUTANT. s. m. Celui qui dispute.

DISPUTATION. s. f. [Pr. ...*sion*]. Discussion oiseuse entre plusieurs personnes. || Écrit en forme de discussion.

DISPUTE. s. f. (R. *disputer*). Débat, contestation, altercation. *Ils sont toujours en d. Ils ont eu d. ensemble. Avoir d. contre quelqu'un. Opiniâtre dans la d. La chaleur de la d. Les disputes de religion.* || Dans les écoles, discussion publique où l'on débat des questions de théologie, de philosophie, etc. = Syn. Voy. ALTERCATION.

DISPUTER. v. n. (lat. *disputare*, de *dis*, préf. indiquant séparation, et *putare*, penser). Être en débat, avoir contestation. *D. contre quelqu'un. D. ensemble. Il ne faut pas d. des goûts.* Absol., *Il aime à d.* || Raisonner pour ou contre, sur un sujet donné. *Il y a encore d'autres points sur lesquels je pourrais d.* || Fig., *Disputer de...,* s'emploie en parlant de personnes ou de choses, qui paraissent avoir des qualités si égales que l'on ne sait pas laquelle l'emporte. *Ces deux femmes disputent de beauté, d'esprit. Ces deux maisons disputent de noblesse. Néron et Domitien disputent de cruauté.* = DISPUTER. v. a. Contester, lutter, pour obtenir ou pour conserver quelque chose. *D. un prix, une chaire de professeur. D. un rang. Il lui dispute le pas, la préséance. Les Romains disputèrent l'empire aux Carthaginois. D. son bien, sa vie, son honneur. D. la victoire. Deux rivaux se disputaient sa main. Plusieurs villes se disputaient l'honneur d'avoir donné le jour à Homère. Les deux armées se disputèrent longtemps la victoire.* — Fig., se dit aussi des choses. *Mille objets divers se disputaient nos regards.* — Par ext., Dénier. *Je ne lui dispute pas ses lettres de noblesse, mais je lui dispute ses titres littéraires.* || *D. le terrain,* Se défendre pied à pied; et fig., Soutenir avec force son opinion, ses intérêts ou ceux d'autrui dans une contestation quelconque. *Ce chicaneur a bien disputé le terrain.* || Par ellipse, *Le d. à quelqu'un,* se dit pour marquer qu'une personne en égale une autre. *Le d. à quelqu'un en valeur, en richesse, en érudition,* etc. S'emploie aussi en parlant des choses. *Tyr pouvait le d. aux cités les plus opulentes.* = SE DISPUTER. v. pron. *Depuis une heure, ils n'ont pas cessé de se d. Ils se sont vivement disputés.* = DISPUTÉ, ÉE. part. *On a vu peu de victoires aussi disputées et aussi meurtrières.*

DISPUTEUR, EUSE. s. Celui, celle qui aime à disputer. *Un grand d. Un d. acariâtre.* || Adjec., *Cet homme est très d.*

DISQUALIFIÉ, ÉE. adj. (R. *dis*, préf. priv., et *qualifier*). T. Turf. *Cheval d.,* Cheval mis hors concours.

DISQUE. s. m. (lat. *discus*; gr. δίσκος, m. s.). Sorte de palet de pierre ou plus ordinairement de fer que les anciens, dans leurs jeux et dans leurs exercices, jetaient au loin pour faire paraître leur force et leur adresse. | Par anal., se dit de la surface visible des grands astres, qui nous paraissent ronds et plats. *Le d. du soleil, de la lune.* || T. Chem. de fer Plaque de métal colorée et qui, montée sur pivot mobile, indique si la voie est libre ou non, suivant qu'elle se présente par la tranche ou par la face. Quand le d. se présente par la tranche, il n'est pour ainsi dire pas visible, et l'on dit qu'il est *effacé.* || T. Entom. Portion de l'aile des insectes qui se trouve comprise entre les bords. || T. Malac. Partie convexe d'une coquille bivalve. — Corps d'une coquille univalve.

Archéol. — Le jeu du d. était un des exercices gymnastiques les plus aimés par les anciens. Il était en usage dès les temps héroïques, ainsi qu'on le voit par l'*Odyssée* d'Homère (VI, 626). La fable d'Hyacinthe tué par le d. d'Apollon prouve également sa haute antiquité. Le d. dont les Grecs se servaient était fort lourd, car il avait de 25 à 30 centimètres de diamètre : celui qui le lançait le plus loin remportait le prix. Pour lancer le d., le *Discobole* se plaçait sur une espèce de degré (βαλβίς) et prenait l'attitude représentée par la Figure ci-contre, qui est la reproduction de l'une des nombreuses imitations du célèbre *Discobole* du sculpteur Myron. Quel-

quefois, au lieu de d., on employait une masse de fer de forme sphérique (σόλος). Cette masse était percée au milieu et l'on y passait une corde ou une courroie dont on se servait pour la lancer plus aisément.

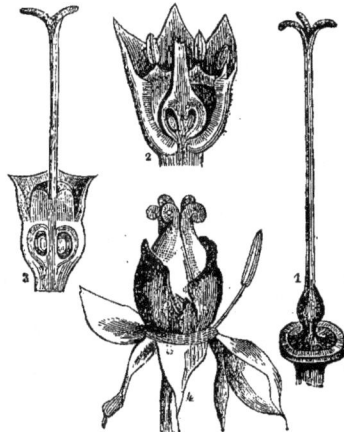

Bot. — Les botanistes donnent le nom de *Disque :* 1° à la partie de la surface d'une feuille comprise entre ses bords; 2° à l'extrémité élargie du pédoncule qui supporte les fleurons des Composées; 3° à un verticille de nectaires que l'on rencontre dans les fleurs d'un grand nombre de plantes, où il est surtout situé entre les étamines et le pistil. C'est du d. pris dans ce dernier sens que nous parlerons ici.

Ce verticille se présente sous les formes les plus variées. En effet, tantôt il est formé de pièces distinctes, tantôt il constitue un tout continu, divisé ou non en lobes plus ou moins profonds. Dans le premier cas, il se compose de protubérances libres plus ou moins saillantes, en forme de petites écailles, de cônes, etc. Dans le second, il figure un bourrelet, un anneau, une cupule ou une sorte de tube. Sa position varie également beaucoup. Presque toujours, il est placé entre le verticille des étamines et celui des carpelles; mais il peut aussi se montrer entre les étamines et la corolle ou entre la

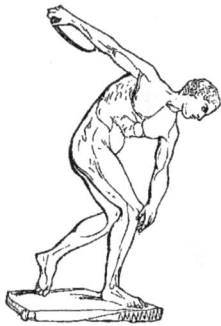

corolle et le calice. Le d. forme un verticille complet quand toutes les pièces qui le composent sont disposées en cercle régulier. Il forme un verticille incomplet lorsque quelques-unes de ses parties ne sont point développées. Le verticille discoïdal compte comme les autres dans la symétrie de la fleur. Quand, par ex., dans une fleur pourvue de disques, les carpelles sont opposés aux étamines, on trouve que si l'on compte le d. pour un verticille, ses pièces alternent avec celles de l'androcée et du gynécée. — La position du d. relativement à l'ovaire est la même que celle des étamines. En conséquence, il est dit *hypogyne* lorsqu'il est placé sous l'ovaire; *périgyne,* lorsqu'il tapisse la face interne du tube du calice; *épigyne,* lorsque l'ovaire étant infère, le d. est appliqué sur son sommet (Fig. 1. D. hypog. du *Polemonium cæruleum,* vulg. *Valériane bleue;* 2° D. périg. du *Rhamnus frangula,* vulg. *Bourgène;* 3° D. épig. du *Rubia tinctorum* ou *Garance;* 4° D. épig. de la *Pæonia moutan,* vulg. *Pivoine en arbre*). Cette dernière fleur nous offre le d. le plus développé que l'on connaisse dans tout le règne végétal : ici cet organe forme une expansion en forme de godet et de couleur pourpre qui recouvre entièrement les carpelles; mais dans la Fig. cette expansion est déchirée en partie. Voy. NECTAIRE et RÉCEPTACLE.

DISQUISITION. s. f. (lat. *disquisitio*, m. s., de *dis*, et *quærere*, chercher). Recherche sur un point particulier d'une science. *Se livrer à des disquisitions philosophiques, mathématiques*, etc. Peu us.; on dit ordinairement *Recherche*, et quelquefois *Investigation*.

DISRAËLI (ISAAC), éminent écrivain anglais (1766-1848). = DISRAËLI (Benjamin), fils du précédent, comte de Beaconsfield, romancier et homme d'État anglais (1805-1881).

DISRUPTION. s. f. [Pr. ...*sion*] (lat. *disruptio*, m. s., de *dis*, préf., et *rumpere*, rompre). T. Didact. Rupture, fracture.

DISSATISFACTION. s. f. T. Néol. Absence de satisfaction.

DISSÉCABLE. adj. Qui peut être disséqué.

DISSECTEUR. s. m. [Pr. *di-sek-teur*]. Celui qui dissèque les cadavres. Inus.

DISSECTION. s. f. [Pr. *di-sek-sion*]. Action de disséquer; l'état d'un corps disséqué. *Faire une d. Assister à une d. anatomique. Une salle de d.* Voy. ANATOMIE. || Fig., Recherche, investigation scrupuleuse.

DISSEMBLABLE. adj. 2 g. [Pr. *dis-sanblable*]. Qui n'est point semblable, qui est différent. *Ces deux frères sont bien dissemblables. Deux caractères entièrement dissemblables. Qu'il est d. à lui-même ! Les hommes sont souvent dissemblables d'eux-mêmes. Il est bien d. de ce qu'il était jadis.*

DISSEMBLABLEMENT. adv. [Pr. *dis-san-blableman*]. D'une manière dissemblable.

DISSEMBLANCE. s. f. [Pr. *dis-san-blanse*] (R. *dis*, préf. priv., et *semblance*). Manque de ressemblance. *Il y a entre ces deux frères une grande d. On rencontre rarement une pareille d. D. de forme.*

DISSEMBLER. v. n. [Pr. *dis-san-bler*] (R. *dis*, préf. priv., et *sembler*). Ne pas être semblable, différer.

DISSÉMINATEUR, TRICE. adj. [Pr. *dis-séminateur*]. Qui dissémine.

DISSÉMINATION. s. f. [Pr. *dis-sémina-sion*] (R. *disséminer*). T. Bot. *La d. des graines,* La dispersion naturelle des graines à l'époque de leur maturité, par l'action des vents, des animaux, etc. Voy. GRAINE. || Par ext., Dispersion, action d'éparpiller, d'établir en divers lieux.

DISSÉMINEMENT. s. m. [Pr. *dis-sémi-neman*]. État de ce qui est disséminé, action de se disséminer.

DISSÉMINER. v. a. [Pr. *dis-séminer*] (lat. *disseminare*, m. s., de *dis*, indiquant division, et *seminare*, semer, de *semen*, semence). Répandre çà et là, éparpiller; se dit au prop. et au fig., Le vent dissémine les graines de certains végétaux. On dissémina les troupes dans les villages voisins. D. les erreurs par des écrits. = SE DISSÉMINER. v. pron. Les graines des végétaux se disséminent naturellement. = DISSÉMINÉ, ÉE. part.

DISSEN, philosophe allemand (1784-1837).

DISSENSION. s. f. [Pr. *dis-san-sion*] (lat. *dissensio*, m. s., de *dis*, et *sentire*, sentir). Discorde causée par l'opposition, la diversité des intérêts ou des sentiments. *D. domestique. Dissensions civiles. Vivre en d. Cela causa de grandes dissensions dans l'État. Apaiser, éteindre les dissensions.*

DISSENTER. s. m. [Pr. *dis-san-ter*] (angl. *to dissent;* lat. *dissentire*, sentir différemment). Nom donné en Angleterre aux dissidents de l'Église anglicane.

DISSENTÉRISME. s. m. [Pr. *dis-san-térisme*]. État, opinion des dissidents ou *dissenters* de l'Église anglicane.

DISSENTIMENT. s. m. [Pr. *dis-san-timan*] (*xi. dissentire*, sentir différemment; de *dis*, préf., et *sentire*). Différence de sentiments, d'opinions. *En cas de d. Cette explication a mis fin à tout d. entre nous.*

DISSÉPALE. adj. [Pr. *dis-sépale*] (gr. δίς, deux, et fr. *sépale*). T. Bot. Qui a deux sépales.

DISSÉQUANT, ANTE. adj. T. Méd. *Anévrysme d. Tumeur disséquante,* Qui sépare les tissus comme ferait une dissection.

DISSÉQUER. v. a. [Pr. *dis-séker*] (lat. *dissecare;* de *dis*, préf., et *secare*, couper). Diviser méthodiquement et mettre à découvert les différentes parties d'un corps organisé, soit pour en étudier ou en démontrer la structure, soit pour rechercher les lésions ou altérations causées par la maladie. *D. un cadavre, un bras, un œil*, etc. *D. un cheval, un chien.* — Se dit aussi des végétaux. *D. une plante, une fleur, un fruit.* — Par ext., se dit pour désigner toute opération analogue que fait un chirurgien sur le sujet qu'il opère. || Fig. et fam., *D. un ouvrage d'esprit,* L'analyser minutieusement et le critiquer jusque dans les moindres détails. = DISSÉQUÉ, ÉE. part. || T. Bot. Se dit adjectiv. des feuilles qui sont profondément découpées.

DISSÉQUEUR. s. m. [Pr. *dis-sé-keur*]. Celui qui dissèque. Peu us., et ne se dit guère qu'avec un adj. *Un habile d.*

DISSERTATEUR. s. m. [Pr. *di-sertateur*]. Celui qui disserte; ne se dit guère qu'en mauvaise part. *C'est un ennuyeux d.*

DISSERTATIF, IVE. adj. [Pr. *di-sertatif*]. Qui tient de la dissertation. *Méthode dissertative.*

DISSERTATION. s. f. [Pr. *di-serta-sion*] (R. *disserter*). Discours ou écrit dans lequel on examine soigneusement quelque matière, quelque question, quelque ouvrage d'esprit. *Une savante d. Faire une d. sur un point d'histoire. D. philosophique.*

DISSERTER. v. n. [Pr. *di-serter*] (lat. *dissertare*, m. s., fréq. de *disserere;* de *dis*, préf., et *serere*, enlacer). Faire une dissertation. *Il a longuement disserté sur ce point. Ils dissertent au lieu de causer.* = Syn. Voy. DISCOURIR.

DISSERTEUR, EUSE. [Pr. *di-serteur*]. Celui, celle qui soutient, qui développe une opinion.

DISSIDENCE. s. f. [Pr. *dis-sidanse*] (lat. *dissidere*, être dissident; de *dis*, préf. sépar., et *sedere*, être assis). Scission; action ou état de ceux qui s'éloignent de la doctrine ou de l'opinion du plus grand nombre sur quelque matière. *D. d'opinions. La d. de quelques membres amena la dissolution du comité. Cette proposition fit naître une d. fâcheuse.*

DISSIDENT, ENTE. adj. [Pr. *dis-sidan*] (lat. *dissidens*, part. prés., de *dissidere*, être dissident). Celui, celle qui professe une doctrine, une opinion différente de celle du plus grand nombre; s'emploie surtout en matière de religion et de politique. *Secte dissidente. Parti d. Les membres dissidents.* || Subst., *Les dissidents de Pologne. En Angleterre, les dissidents sont appelés dissenters.*

DISSIMILAIRE. adj. 2 g. [Pr. *dis-simi-lère*] (R. *dis*, préf. priv., et *similaire*). Qui n'est pas de même genre, de même espèce; se dit par oppos. à *Similaire. Les os, les muscles, les artères sont, dans le corps humain, des parties dissimilaires.*

DISSIMILARITÉ. s. f. [Pr. *dis-similarité*]. État, qualité de ce qui est dissimilaire.

DISSIMILATION. s. f. [Pr. *dis-simila-sion*]. Action de rendre dissemblable; par oppos. à *Assimilation*

DISSIMILITUDE. [Pr. *dis-similitude*]. Manque de similitude, de conformité. || T. Rhét. Figure de rhétorique qui développe les différences de deux objets. Voy. TOPIQUES.

DISSIMULATEUR, TRICE. s. Celui, celle qui emploie la dissimulation.

DISSIMULATION. s. f. [Pr. *dis-simula-sion*]. Action de dissimuler ; conduite de celui qui dissimule. *En politique, la d. est parfois nécessaire. D. artificieuse. La feinte est encore pire que la d.* || Caractère de celui qui dissimule. *La profonde d. de Tibère. Il est d'une d. profonde.*

DISSIMULÉ, ÉE. adj. [Pr. *dis-simulé*] (part. pass. de *dissimuler*). Qui ne laisse pas apercevoir ses sentiments, ses desseins. *Homme d., profondément d. Esprit, caractère d.* || Substant., *C'est un d., une dissimulée.*

DISSIMULER. v. a. [Pr. *dis-simuler*] (lat. *dissimulare;* de *dis*, préf. priv., et *simulare*, simuler). Cacher, ne pas laisser apercevoir ses sentiments, ses desseins. *D. sa haine. son amour, sa douleur. D. ses craintes. D. ses projets.* — Absol., *Il ne sait pas d. A quoi bon d.?* ▌ Faire semblant de ne pas remarquer, de ne pas ressentir quelque chose. *D. une injure, un affront*, etc. || Faire, laisser ignorer. *Je ne vous dissimulerai pas que j'en ai éprouvé quelque dépit. Il dissimula qu'il eût eu part à cette affaire. Il n'est jamais permis de d. la vérité.* — Se d. quelque chose à soi-même, Ne pas se l'avouer, ou ne pas le reconnaître. *Il ne se dissimule pas qu'il aura bien des difficultés à vaincre.* || Cacher, rendre moins apparent. *Son corset dissimule la difformité de sa taille. D. par quelque artifice les défauts d'un ouvrage.* = se **Dissimuler**. v. pron. Être caché, rester ignoré. *Sa joie lui échappe et ne peut plus se d.* || Se cacher. *Il se dissimule derrière un tronc d'arbre.* || Se cacher quelque chose à soi-même. *Il ne faut pas se d. les difficultés de cette entreprise.* = **Dissimulé, ée.** part. = Syn. Voy. **Cacher.**

DISSIPANT, ANTE. adj. [Pr. *di-sipan*]. Qui dissipe, qui cause la dissipation.

DISSIPATEUR, TRICE. s. [Pr. *di-sipateur*]. Celui, celle qui dissipe, qui fait des dépenses désordonnées. *C'est un d., une dissipatrice.* || Adject., *Un mari d.*

Syn. — **Prodigue.** — Les dépenses du *prodigue* peuvent être en elles-mêmes utiles et bonnes; mais il y a excès. Les dépenses du *dissipateur* sont folles et extravagantes. Toute dépense superflue, toute profusion, peut être regardée comme *prodigalité;* toute dépense destructive est *dissipation.* L'avare, en certaines occasions, peut être *prodigue*, mais il n'est jamais *dissipateur.* Le *dissipateur* n'est pas toujours *prodigue*, car souvent il se ruine en dépenses étroites, mesquines, mais futiles et sans objet. C'est ordinairement la vanité qui fait le *prodigue*; le dérèglement fait le *dissipateur.* Dissipateur se dit qu'en mauvaise part; il en est autrement de *prodigue* : ainsi l'on dit, en forme de louange, *prodigue* de ses soins, de ses services, de son sang, de sa vie, etc.

DISSIPATION. s. f. [Pr. *di-sipa-sion*]. Action de consumer un bien par des dépenses désordonnées. *La d. de son patrimoine. La d. des finances.* — Par ext., *Ces plaisirs elles-mêmes. Il s'est ruiné par ses dissipations.* || État d'une personne qui se livre sans mesure aux plaisirs du monde. *Vivre dans la d. Aimer la d.* — Par ext., *Ces plaisirs eux-mêmes. Les dissipations presque inévitables de la jeunesse.* — Distraction, récréation. *Il lui faut de la d.* || T. Physiol. anc. Évaporation, déperdition. *La d. des esprits animaux. La d. des fluides de l'économie.*

DISSIPER. v. a. [Pr. *di-siper*] (lat. *dissipare;* de *dis*, préf. sépar., et vx lat. *supare*, jeter). Faire évanouir, chasser, faire disparaître, en dispersant çà tous côtés. *Le soleil a dissipé les brouillards. La lumière dissipe les ténèbres. Le vent a dissipé les nuages. D. un attroupement. D. une armée.* — Fig., Anéantir, faire cesser. *D. les factions, les cabales. D. des faux bruits. D. les craintes, les terreurs, les soupçons de quelqu'un. D. des illusions, des doutes, des préjugés. Ce seul mot dissipa sa fureur. Cette promenade a dissipé mon mal de tête.* || Consumer par des dépenses excessives, désordonnées. *D. son patrimoine. Il a dissipé son bien en folles dépenses. Il a tout dissipé.* — Fig., *D. son temps en de frivoles occupations. D. sa jeunesse au milieu des vains plaisirs du monde.* || Distraire, procurer de la récréation. *Ce jeu dissipe l'esprit.* — Absol., *La promenade dissipe.* = se **Dissiper.** v. pron. Se dit dans la plupart des acceptions ci-dessus. *Le brouillard se dissipe Les nuages se dissipent. L'attroupement s'est dissipé. Mes craintes, mes illusions se dissipèrent. Mon mal de tête s'est dissipé. Tout mon temps se dissipe en occupations frivoles.* = **Dissipé, ée.** part. || *Avoir l'esprit d., être d.*, Ne faire aucune attention à ce qu'on fait, à ce qu'on dit, ou à ce qu'on vous dit. *Être d.*, Être très répandu dans le monde et livré entièrement à ses plaisirs. Par anal., on dit, *Une vie dissipée.* = Syn. Voy. **Dilapider.**

DISSITIFLORE. adj. 2 g. [Pr. *dis-sitiflore*] (lat. *dissitus*, séparé; *flos, floris*, fleur). T. Bot. Dont les fleurs sont écartées les unes des autres. Peu us.

DISSITIVALVE. adj. [Pr. *dis-sitivalve*] (lat. *dissitus*, séparé, et fr. *valve*). T. Zool. Qui est formé de plusieurs valves écartées les unes des autres. Peu us.

DISSOCIABLE. adj. 2 g. [Pr. *dis-so-siable*]. Qu'on peut dissocier ou séparer.

DISSOCIATION. s. f. [Pr. *dis-so-sia-sion*] (R. *dissocier*). T. Chim. — La décomposition des corps sous l'action de la chaleur peut se faire suivant deux modes très distincts : 1° si les produits de la décomposition ne peuvent pas se combiner directement à la température à laquelle on opère, la décomposition n'a pas de limites et devient complète au bout d'un temps plus ou moins court; c'est ce qui arrive notamment pour toutes les substances explosives; 2° si les produits du dédoublement peuvent directement se recombiner et s'ils sont maintenus en présence du corps générateur, la décomposition restera incomplète et sera limitée par le phénomène inverse. C'est à ce second mode de décomposition qu'on a donné le nom de *Dissociation.* Chauffons par ex. du carbonate de chaux à 860° dans un espace clos; il se dédoublera partiellement en chaux et en gaz carbonique, et la décomposition s'arrêtera quand la pression du gaz dégagé aura atteint la valeur de 85 millimètres. Inversement, si l'on chauffe à 860°, en vase clos, de l'acide carbonique avec un excès de chaux, les deux corps se combineront en partie jusqu'à ce que la pression du gaz libre se soit abaissée à 85^{mm}. Les deux phénomènes inverses de la combinaison et de la décomposition sont donc limités ici par une même pression du gaz libre. Cette pression limite s'appelle la *tension de dissociation.* Elle varie avec la nature des corps et avec la température à laquelle on opère. Pour l'acide carbonique et la chaux, presque nulle à 440°, elle est de 85^{mm} à 860° et de 520^{mm} à 1040°. Si l'on enlève ou si on laisse échapper le gaz carbonique à mesure qu'il se forme, la tension limite ne peut être atteinte et la décomposition devient complète au bout de quelque temps. — Ces phénomènes que nous venons de décrire présentent la plus grande analogie avec celui de la vaporisation d'un liquide en vase clos et à température constante : cette vaporisation s'arrête quand la pression de la vapeur a atteint une limite déterminée connue sous le nom de tension maximum; l'inverse a lieu quand on comprime de la vapeur; si celle-ci, dès qu'elle a atteint la tension maximum, se liquéfie en partie, de manière à ne pas dépasser cette pression. Ainsi, la tension de d. est l'analogue de la tension maximum des vapeurs. Souvent même les variations de la tension de d. en fonction de la température suivent la même marche que les variations de la tension maximum de la vapeur d'eau. Mais, dans certains cas, la d. présente un maximum à partir duquel elle décroît quand la température augmente, ce qui n'a pas lieu dans la vaporisation.

Les cas sont nombreux de d. et ils répartis en deux classes suivant la nature du système formé par les corps en présence. Si le composé et les produits de sa d. se trouvent dans un même état physique (solide, liquide ou gazeux), on dit qu'ils constituent un *système homogène.* S'ils sont à des états différents, l'un étant par ex. à l'état gazeux et les autres solides, le système est dit *non homogène.*

Les systèmes non homogènes sont les plus faciles à étudier. Le carbonate de chaux présente le cas d'un solide se décomposant en un solide et un gaz. L'hydrate de chlore est un solide qui donne un liquide (eau) et un gaz (chlore). L'hydrure de sodium, solide, se dédouble en sodium solide et en hydrogène gazeux. Dans tous ces exemples, on observe une tension de d. qui ne varie qu'avec la température. Dans le cas du carbonate d'ammonium solide qui se décompose en gaz carbonique et en gaz ammoniac, la loi n'est pas si simple; la proportion de substance dissociée croît encore avec la température; mais elle diminue si, la température restant constante, on ajoute un excès de l'un ou l'autre gaz. De même, la d. du sulf-hydrate d'ammoniaque et celle de l'acide sélénhydrique dé-pendent, non seulement de la température, mais aussi de la pression des gaz quand l'un d'eux est en excès. — L'efflo-rescence que subissent à l'air certains sels hydratés, tels que le phosphate de soude, est un phénomène du même ordre : ces sels se dissocient et perdent de l'eau de cristallisation toutes les fois que leur tension de d. est supérieure à la ten-sion de la vapeur d'eau dans l'atmosphère ambiante.

Quant aux systèmes homogènes, on n'a étudié que le cas d'un gaz se décomposant en deux autres gaz. Ici, la loi du phénomène est plus compliquée. Ainsi, pour l'acide iodhydri-que, la limite de la décomposition (ou encore la limite de la combinaison de l'hydrogène avec l'iode) dépend à la fois de la température, de la pression et de l'excès de l'un ou de l'autre des gaz. En général, les systèmes homogènes se prêtent mal à la mesure des tensions de d. et ne permettent guère que des expériences qualitatives.

C'est Henri Sainte-Claire Deville qui, à partir de 1857, fit les premières recherches sur la d., déjà entrevue par Grove. Il s'attacha d'abord à démontrer la d. de certains corps que l'on avait considérés jusqu'alors comme indécomposables par la chaleur. Si, par ex., on chauffe l'eau à 1000°, elle se dé-compose en partie et sa vapeur est mélangée d'hydrogène et d'oxygène ; mais, pendant le refroidissement, ces gaz se re-combinent, et, lorsqu'on est revenu à la température ordinaire, rien ne décèle la décomposition qui s'était opérée ; c'est ce qui explique pourquoi les phénomènes de ce genre sont restés si longtemps ignorés. Deville recourut à divers procédés très ingénieux pour empêcher la recombinaison des éléments que la chaleur avait séparés. C'est ainsi qu'il fit passer la vapeur d'eau dissociée dans un tube poreux; l'hydrogène, se diffusant à travers ce tube beaucoup plus vite que l'oxygène, ne put se recombiner entièrement avec celui-ci. On arrive au même ré-sultat en hâtant le refroidissement du mélange dissocié, di-lué dans une grande quantité de gaz inerte qui gêne la re-combinaison. C'est de cette manière que Deville démontra la d. de l'acide carbonique. Dans d'autres expériences, il em-ploya un appareil connu sous le nom de tube chaud et froid : le mélange gazeux, fortement chauffé, circule au voisinage d'un tube métallique qu'un rapide courant d'eau froide main-tient à une température relativement très basse ; les éléments dissociés sont ainsi soumis à un refroidissement brusque et n'ont pas le temps de se recombiner entièrement. Si l'on opère avec l'oxyde de carbone, un dépôt de charbon se forme à la partie inférieure du tube froid. Si c'est avec l'acide sulfureux, on se sert d'un tube argenté : le soufre mis en liberté s'y dépose à l'état de sulfure d'argent. Dans le cas de l'acide chlorhydrique, le tube, préalablement recouvert d'un amal-game d'argent, reçoit le chlore libre qui s'y fixe à l'état de chlorure.

On sait que, sous l'action des décharges électriques, un grand nombre de composés gazeux peuvent se décomposer en leurs éléments; lorsque ceux-ci sont susceptibles de se re-combiner dans les mêmes circonstances, la décomposition est limitée par le phénomène inverse, et l'on a affaire à une véri-table d. C'est ce qu'on observe quand on fait passer une série d'étincelles ou l'effluve électrique à travers l'ozone, l'a-cide carbonique, le gaz ammoniac, l'acide cyanhydrique, l'acé-tylène et la plupart des hydrocarbures gazeux. Les étincelles électriques paraissent agir surtout par leur température élevée suivie d'un brusque refroidissement.

Beaucoup de transformations polymériques ou allotropiques qui se produisent sous l'influence de la chaleur s'expliquent par une sorte de d. : on peut en effet les considérer comme un dédoublement de molécules en d'autres molécules de même composition minimum, mais moins polymérisées, ce dédouble-ment étant accompagné du phénomène inverse. La transfor-mation du paracyanogène en cyanogène gazeux, celle de l'acide cyanurique en acide cyanique, celle du phosphore rouge en phosphore ordinaire, sont analogues à la d. du carbonate de chaux : elles sont limitées par la pression du gaz qui se dé-gage; cette pression limite, qui varie avec la température, s'appelle tension de transformation.

On a étendu le nom de d. à certaines décompositions in-complètes qui se produisent dans un mélange de liquides : beaucoup de sels, par ex., sont décomposés partiellement par l'eau dans laquelle on les a dissous. Les actions de ce genre, ordinairement plus complexes que la d. proprement dite, ren-trent comme elle dans le cas général de l'Équilibre chimique. Voy. ce mot.

Enfin, l'on donne, depuis quelques années, le nom de dis-sociation électrolytique à une sorte de décomposition

qui, suivant certains chimistes, se produirait chaque fois qu'un électrolyte est mis en dissolution. Voy. DISSOLUTION.

DISSOCIER. v. a. [Pr. dis-so-sier] (lat. dissociare, m. s. de dis, préf. sépar., et sociare, associer). Désagréger, désas-socier les molécules d'un corps.

DISSOLU, UE. adj. [Pr. dis-solu] (lat. dissolutus, délié, part. passé de dissolvere, délier, dissoudre). Qui a des mœurs excessivement relâchées, qui se donne toute licence. C'est une femme dissolue. — Par anal., Vie dissolue, Mœurs, paroles dissolues. Une cour dissolue. Un siècle d.

DISSOLUBILITÉ. s. f. [Pr. dis-solubilité]. Qualité de ce qui est dissoluble.

DISSOLUBLE. adj. 2 g. [Pr. dis-soluble]. T. Chim. Qui peut être dissous. On dit ordinairement Soluble. T. Jurispr. Qu'on peut rompre, annuler.

DISSOLUMENT. adv. [Pr. dis-soluman]. D'une manière dissolue. Peu us.

Obs. gram. — Pourquoi l'Académie écrit-elle dissolu-ment, sans accent, et résolûment, avec un accent circon-flexe? Il vaudrait mieux écrire dissolûment.

DISSOLUTIF, IVE. adj. T. Méd. et Chim. anc. Qui a la vertu de dissoudre. Inus.

DISSOLUTION. s. f. [Pr. dis-solu-sion] (lat. dissolutio, m. s., de dissolutum, sup. de dissolvere, dissoudre). Sépa-ration des parties qui composent un corps. La chaleur hâte la d. des matières organiques. Tomber en d. D. com-plète. ‖ Fig., La corruption des mœurs amène la d. de l'ordre social. L'invasion des barbares hâta la d. de l'em-pire romain. — La d. du Corps législatif, de la Chambre des députés, du Parlement, L'ordre donné aux députés, etc., de se séparer. Le roi prononça la d. du Parlement. Ordonnance de d. ‖ Fig., Dérèglement de mœurs ; Dé-bauche excessive. La d. des mœurs était arrivée à son comble. Vivre dans la d. Se livrer à la plus honteuse d. ‖ T. Dr. D. du mariage, Rupture légale du lien conjugal. — D. de communauté. D. d'une société. Voy. COMMUNAUTÉ et SOCIÉTÉ. ‖ T. Méd. La d. du sang, des humeurs, etc., La trop grande fluidité du sang, etc. ‖ T. Chim. Voy. plus bas.

Chim. — En prenant le terme de dissolution avec toute l'extension qu'il comporte, on pourrait l'appliquer à tous les cas où un corps, mis en présence d'un autre, y pénètre et forme avec lui un mélange homogène dont les éléments ne peuvent plus être séparés par des moyens mécaniques. Les mélanges gazeux, la condensation des gaz par les solides, leur occlusion dans les métaux, certains phénomènes de tein-ture, etc., rentreraient ainsi dans le cas général de la d. Mais dans cette acception la d. prendrait un sens beaucoup trop vague. Dans le langage courant on n'emploie ce terme que pour dé-signer l'absorption d'un corps gazeux, liquide ou solide par un dissolvant liquide. Voy. CHIMIE, IV Nous nous bornerons ici à exposer les lois communes aux dissolutions de liquides et de solides. Quant à l'absorption des gaz, voy. GAZ.

Il est des corps solides comme le sucre, qui peuvent se dis-soudre en toute proportion dans l'eau. Au contraire, la plupart des corps solubles ne le sont que jusqu'à une certaine limite, c.-à-d. qu'un poids déterminé d'eau ne peut dissoudre au delà d'un certain poids du corps considéré. C'est ce qui arrive pour le sel marin. On appelle coefficient de solubilité ou capacité de saturation d'un corps soluble dans l'eau le poids de ce corps que peut dissoudre 1 gramme d'eau. Voy. SOLUBILITÉ.

Lorsqu'un liquide tient en d. une substance solide ou li-quide, on observe un abaissement du point de congélation. Pour les solutions étendues, cet abaissement, d'après les ex-périences de Raoult, est proportionnel au nombre de molé-cules dissoutes dans l'unité de volume et à un facteur qui dé-pend uniquement du dissolvant. La connaissance de ce facteur permet de déterminer le poids moléculaire d'une substance à l'aide de l'abaissement du point de congélation de ses solutions. Voy. CRYOSCOPE. La loi générale de ces abaissements a été déduite par Van't Hoff des principes de la thermodynamique;

elle s'exprime par la formule $a = \dfrac{2}{100} \dfrac{T^2}{L}$, où T désigne la tem-pérature absolue de congélation du dissolvant pur, L sa cha-leur latente de fusion, et a l'abaissement moléculaire du point de congélation, c.-à-d. l'abaissement que produirait la

d. d'une *molécule-gramme* dans 100 grammes du dissolvant. On appelle *molécule-gramme* un nombre de grammes égal au poids moléculaire.

La tension maximum de vapeur d'une solution obéit à des lois analogues. Pour une même température, cette tension est inférieure à celle du dissolvant pur. Il s'ensuit que, sous une même pression, le point d'ébullition sera plus élevé que celui du dissolvant. Dans les solutions étendues cette élévation du point d'ébullition (ainsi que l'abaissement correspondant de la tension de vapeur) est proportionnel e au nombre de molécules dissoutes dans l'unité de volume. Connaissant l'élévation produite par 1 gr. de substance dissoute dans 100 gr. du dissolvant, on n'aura qu'à la multiplier par le poids moléculaire de cette substance pour obtenir l'élévation que produira la d. d'une molécule-gramme et qu'on appelle *élévation moléculaire* du point d'ébullition. Il résulte des expériences de Raoult que la quantité ainsi définie est constante pour un même dissolvant, quelle que soit la substance dissoute. Et, si l'on compare différents dissolvants, on trouve que les élévations moléculaires du point d'ébullition peuvent être représentées par la formule générale $b = \dfrac{2}{100} \dfrac{T^2}{L}$. Cette expression a la même forme que celle qui est donnée plus haut pour les abaissements du point de congélation; mais ici T représente la température absolue d'ébullition du dissolvant pur, et L sa chaleur latente de vaporisation. — De là une nouvelle méthode pour déterminer le poids moléculaire = d'une substance. On dissout un poids p de cette substance dans 100 gram mes d'un liquide pour lequel on connaît la constante b, et l'on observe l'élévation b' du point d'ébullition. On aura $b' = nL$, en désignant par n le nombre de molécules-grammes dissoutes.

Mais $n = \dfrac{p}{x}$. Donc $x = p\,\dfrac{b}{b'}$.

Les molécules dissoutes dans un liquide y exercent une pression qu'on a appelée *pression osmotique*. Dans les conditions ordinaires, cette pression ne peut pas être déterminée par des mesures hydrostatiques. Pour la mettre en évidence et obtenir sa valeur, on met la solution dans un vase possédant une paroi *semi-perméable*, c.-à-d. qui se laisse traverser par le dissolvant, mais non par la substance dissoute; On plonge le vase dans le dissolvant pur; celui-ci tend à traverser la paroi semi-perméable et à augmenter le volume de la solution. La pression nécessaire pour s'opposer à cette augmentation de volume mesure la pression osmotique. D'après les expériences de Pfeffer, elle est proportionnelle à la concentration de la solution, c.-à-d. au nombre de molécules dissoutes dans l'unité de volume; en d'autres termes, elle est inversement proportionnelle aux volumes de solutions contenant un même nombre de molécules dissoutes. De plus, pour une même concentration, la pression osmotique est proportionnelle à la température absolue. Enfin, si l'on compare ces solutions de substances différentes, préparées de manière à présenter la même pression osmotique pour une même température, on trouve que ces volumes égaux de ces solutions contiennent un même nombre de molécules dissoutes. Van't Hoff a mis en lumière l'analogie de ces trois lois avec celles des gaz parfaits: la première correspond à la loi de Mariotte, la seconde à la loi de Gay-Lussac, la troisième à celle d'Avogadro. On sait que ces lois des gaz sont exprimées par la formule $pv = RT$, où p désigne la pression du gaz, v son volume, T sa température absolue, et R une constante qui est la même pour tous les corps gazeux, pourvu que v se rapporte à une molécule-gramme de chaque gaz. Van't Hoff a démontré que cette même formule s'applique aux solutions, si l'on désigne par p la pression osmotique et par v le volume dans lequel est dissoute une molécule-gramme de substance; de plus, la constante R est la même pour toutes les substances, soit à l'état gazeux, soit en dissolution. Il suit de là que *la pression osmotique d'un corps dissous est exactement égale à la pression qu'il exercerait s'il occupait à l'état gazeux un volume égal à celui de la solution.*

Ce théorème important permet de calculer la valeur théorique de la pression osmotique d'une substance, quand on connaît son poids moléculaire. On sait en effet qu'une molécule-gramme d'un corps quelconque à l'état de gaz parfait occupe, à la température de 0° et sous la pression d'une atmosphère, un volume d'environ 22 litres (plus exactement 22 lit. 35). Donc une molécule-gramme de ce corps, dissoute dans 22 litres de liquide, exercera à 0° une pression osmotique de 1 atmosphère. La même quantité dissoute dans 1 litre aurait une pression osmotique de 22 atmosphères. La pression correspondant à une température et à une concentration données sera facile à calculer à l'aide des lois énoncées plus haut.

Cette valeur théorique pourra servir à calculer l'abaissement du point de congélation ou l'élévation du point d'ébullition. Toutes ces quantités, en effet, sont proportionnelles au nombre de molécules dissoutes dans l'unité de volume; elles sont donc proportionnelles entre elles et peuvent se déterminer les unes à l'aide des autres. Inversement, les observations cryoscopiques et celles qui sont faites sur le point d'ébullition permettront d'obtenir la valeur expérimentale de la pression osmotique, qu'il est souvent difficile de déterminer directement.

En comparant les valeurs théoriques avec celles que fournissent les observations, on peut voir jusqu'à quel point la théorie de la d. est vérifiée par l'expérience. L'accord est en général aussi satisfaisant que possible, et l'on trouve que les corps dissous suivent les lois des gaz parfaits d'autant plus exactement que leurs solutions sont plus étendues. Quant aux solutions concentrées, elles présentent des écarts analogues à ceux qu'on observe avec les gaz soumis à de fortes pressions.

Toutefois, il est un groupe important de corps qui se comportent tout autrement et que nous devons examiner à part. Ce sont les *solutions aqueuses des sels, des acides et des bases hydratées*; ces corps sont justement ceux qui, en électricité, forment une classe à part sous le nom d'*électrolytes*. Lorsque, pour une pareille solution, l'on détermine la pression osmotique, l'élévation du point d'ébullition et l'abaissement du point de congélation, les valeurs observées sont toujours plus fortes que celles qu'indique la théorie. Les écarts, contrairement à ce qui arrive pour les non-électrolytes, sont d'autant plus forts que la solution est moins concentrée. Si l'on divise les valeurs observées par les valeurs théoriques, on trouve sensiblement le même quotient, qu'il s'agisse de la pression osmotique, de l'abaissement du point de congélation, ou de l'élévation du point d'ébullition. Ce rapport commun ne varie qu'avec la nature et la concentration de la solution. Si, à l'exemple de Van't Hoff, nous le désignons par i, il suffira de multiplier les valeurs théoriques par ce coefficient i pour obtenir les valeurs observées. Les solutions d'électrolytes rentrent alors dans la règle générale, et l'on peut leur appliquer la formule des gaz, à la condition d'écrire cette formule $pv = i\,RT$. Les choses se passent donc comme si le nombre des molécules d'un électrolyte était augmenté par le fait de leur d. dans l'eau. Soit, en effet, N le nombre des molécules primitives: supposons que n d'entre elles, par l'action de l'eau, se dédoublent chacune en k molécules plus petites; le nombre des molécules en d. deviendra $N + (k-1)n$. Or, la pression osmotique, l'abaissement du point de congélation et l'élévation du point d'ébullition sont, comme nous l'avons vu, proportionnels au nombre des molécules dissoutes dans l'unité de volume. Leurs valeurs théoriques calculées dans l'hypothèse de N molécules seulement, devront être multipliées par le rapport $\dfrac{N + (k-1)n}{N}$ pour devenir égales aux valeurs observées.

On aura donc, pour le coefficient i de Van't Hoff, l'expression $i = \dfrac{N + (k-1)n}{N}$. Ainsi les anomalies que présentent les électrolytes s'expliquent parfaitement, si l'on admet que ces corps subissent, en se dissolvant dans l'eau, une décomposition ou une dissociation qui augmente le nombre des molécules dissoutes. Dès 1884, Arrhenius était arrivé, par une voie toute différente, à émettre une pareille hypothèse. Il la précisa et la développa en 1887, à la suite des travaux de Van't Hoff sur la d., et sa théorie s'est montrée si féconde que nous devons l'exposer ici avec quelque détail.

Dissociation électrolytique. — On sait que les *électrolytes* sont des composés qui, en solution dans l'eau, se laissent traverser par le courant voltaïque, mais se décomposent en même temps en deux parties distinctes, appelées les *ions*. L'un de ces ions est le métal des sels et des bases, ou l'hydrogène des acides; il est chargé d'électricité positive et se rend à l'électrode négative. Le reste de la combinaison constitue l'ion négatif qui se porte à l'électrode positive; ce sera, par exemple, le chlore dans les chlorures, le radical Az O³ dans l'acide azotique et les azotates. Ainsi le chlorure de sodium se dédouble en $\overset{+}{Na}$ et $\overset{-}{Cl}$; le sulfate de cuivre, en $\overset{+}{Cu}$ et $\overset{-}{SO^4}$; la potasse, en $\overset{+}{K}$ et $\overset{-}{OH}$. Il peut arriver que chaque molécule de l'électrolyte fournisse plus de deux ions; tel est le cas des acides bibasiques et des métaux bivalents : l'acide sulfurique se décompose en $\overset{+}{H} + \overset{+}{H} + \overset{-}{SO^4}$; le chlorure de zinc en $\overset{+}{Zn} + \overset{-}{Cl} + \overset{-}{Cl}$. Avec les sels d'acides polybasiques on peut même obtenir 3 ou 4 ions positifs pour 1 ion négatif.

Pendant longtemps on a cru que cette décomposition était produite par l'action du courant électrique ; l'interprétation de l'électrolyse par Grotthus était fondée sur cette conception. Arrhenius, reprenant une idée émise par Clausius, admet au contraire que la séparation des électrolytes en ions préexiste dans leurs solutions aqueuses ; il lui donne le nom de *dissociation électrolytique* parce que, le plus souvent, cette décomposition n'est que partielle. Le courant se borne à transporter aux deux électrodes les ions déjà séparés ; loin d'être la cause de la décomposition des électrolytes, il ne traverse ces corps que parce qu'ils sont préalablement dissociés, et il passe d'autant plus facilement que les molécules décomposées sont en plus forte proportion. En d'autres termes, plus un électrolyte est dissocié, plus il sera conducteur de l'électricité. Des mesures de conductibilité pourront donc nous renseigner sur le degré de dissociation des électrolytes. Pour que ces mesures soient comparables, on rapporte la conductibilité à un volume de liquide contenant une molécule-gramme du corps dissous, la distance des électrodes étant de 1 centimètre. La quantité ainsi définie s'appelle la *conductibilité moléculaire;* on trouve qu'elle augmente à mesure que la solution est plus étendue ; elle finit par atteindre une valeur constante lorsque la dilution devient extrêmement grande. On conclut de là que la dissociation des électrolytes croît avec la dilution, et que toutes leurs molécules finissent par être décomposées lorsqu'on étend suffisamment la solution. Arrhenius admet que la conductibilité moléculaire est proportionnelle au nombre des molécules dissociées. Soit c la conductibilité moléculaire d'une solution contenant n molécules dissociées, sur un nombre total de N molécules dissoutes ; soit C la conductibilité correspondant aux grandes dilutions où la décomposition est complète. On aura $\frac{c}{C} = \frac{n}{N}$. Ce rapport $\frac{c}{C}$, qu'on peut déterminer par l'expérience, nous fait donc connaître la proportion des molécules dissociées ; il a reçu le nom de *coefficient de dissociation*.

Il est maintenant facile d'expliquer les anomalies que présentent les électrolytes dans la théorie de la dissolution. Si chaque molécule dissociée donne naissance à k ions, la solution contiendra N−n molécules non dissociées et kn ions : en tout N + $(k-1)n$ au lieu du nombre théorique N. On trouve ainsi pour le coefficient de Van't Hoff : $i = \frac{N + (k-1)n}{N}$. En introduisant dans cette expression le coefficient de dissociation $\frac{c}{C}$ on obtient : $i = 1 + (k-1)\frac{c}{C}$. On peut donc calculer les i à l'aide des conductibilités moléculaires et l'on retrouve, à peu de chose près, les nombres qu'avaient fournis les observations osmotiques, cryoscopiques et celles du point d'ébullition.

La théorie de la dissociation électrolytique permet en outre d'expliquer tout un ensemble de faits qui impriment une allure spéciale aux électrolytes, c.-à-d. aux sels, aux acides et aux bases. Puisque les deux éléments d'un électrolyte sont séparés, leurs propriétés respectives, au lieu de disparaître comme dans les combinaisons ordinaires, devront se conserver et s'ajouter. Tous les composés contenant un même ion posséderont un certain nombre de caractères communs. Et les propriétés des acides, des bases et des sels, en solution aqueuse, pourront être représentées par une somme de propriétés, dont l'un dépendra uniquement de l'élément négatif et l'autre de l'élément métallique. C'est ce qu'on exprime en disant que ces propriétés sont *additives*. — Ces déductions sont partout confirmées par l'expérience. Les méthodes d'analyse et de dosage des sels par voie humide sont fondées sur le caractère additif de leurs réactions. On reconnaît, par exemple, le chlorure de cuivre à ce qu'il possède à la fois les propriétés communes à tous les sels de cuivre et les propriétés des chlorures métalliques. Si tous ces chlorures en solution, ainsi que l'acide chlorhydrique, donnent un précipité avec l'azotate d'argent, cela tient à la présence du chlore en tant qu'ion séparé. En effet cette réaction fait défaut chez les composés organiques chlorés qui ne sont pas électrolytes, et chez les perchlorates où l'ion négatif est ClO^4 au lieu d'être du

chlore. — Les propriétés physiques des solutions salines sont presque toutes additives. Considérons, par exemple, l'action des corps sur la lumière polarisée. Si l'on combine une même base optiquement active avec différents acides inactifs, tous les sels ainsi formés possèdent, en solution aqueuse étendue, le même pouvoir rotatoire moléculaire. De même si l'on combine un même acide actif avec différentes bases inactives. Enfin, si l'acide et la base sont tous deux actifs, le pouvoir rotatoire du sel est la somme des pouvoirs correspondant à chaque constituant. — Mêmes lois pour la couleur des sels. Par exemple, l'ion cuivre communique une couleur bleue à tous les sels de cuivre en solution étendue ; le nickel donne des sels verts. La couleur jaune des chromates est due à la présence de l'ion CrO^4 ; les bichromates, contenant $Cr^2 O^7$, sont tous rouges. Et, si les deux ions d'un sel sont colorés, son spectre d'absorption est formé par la superposition des spectres correspondant à l'élément acide et à l'élément métallique. — La variation de volume qui accompagne la neutralisation d'une base par un acide est la somme de deux termes dont l'un dépend uniquement de l'acide et l'autre de la base. — On pourrait ajouter d'autres exemples. Nous nous bornerons à faire remarquer que ce caractère additif des propriétés se manifeste d'autant mieux que les corps sont plus dissociés ; très net pour les dilutions extrêmes, il est encore bien marqué dans les solutions moyennement concentrées des sels, des acides forts et des bases fortes ; mais il est beaucoup moins accentué quand il s'agit des acides et des bases faibles.

La mesure des conductibilités montre, en effet, que les acides qu'on appelle communément acides faibles sont très peu dissociés dans les solutions de concentration moyenne, tandis que les acides énergiques sont presque complètement décomposés. De même pour les bases faibles et les bases fortes. Quant aux sels, ils sont presque toujours fortement dissociés. De là cette conséquence inattendue : Si l'on neutralise, en solution aqueuse, un acide fort par une base forte, la réaction se borne à la formation d'eau. Par ex., une solution d'acide chlorhydrique contient, non pas des molécules HCl, mais les ions $\overset{+}{H}$ et $\overset{-}{Cl}$; une solution de potasse ne renferme que $\overset{+}{K}$ et $\overset{-}{OH}$. En les neutralisant l'une par l'autre, on obtient une solution de chlorure de potassium également dissociée. La réaction sera représentée par la formule :

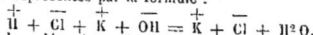

$$\overset{+}{H} + \overset{-}{Cl} + \overset{+}{K} + \overset{-}{OH} = \overset{+}{K} + \overset{-}{Cl} + H^2 O.$$

La chaleur dégagée par la neutralisation sera simplement la chaleur de formation de l'eau à partir des ions H et OH ; elle devra donc être constante, quels que soient l'acide et la base mis en présence. Cette loi de thermochimie était connue depuis longtemps sous le nom de *loi de la thermoneutralité*. Elle cesse d'être vraie quand on opère en solution alcoolique, où la dissociation électrolytique n'a pas lieu. Dans le cas des acides et des bases faibles, Arrhenius a montré qu'on peut calculer la chaleur de neutralisation à l'aide des coefficients de dissociation, et il a vu ses calculs confirmés par l'expérience. — Le raisonnement qui nous a conduits à la loi de la thermoneutralité s'appliquerait également à la variation de volume ou de densité qui accompagne la neutralisation, et nous menerait à une conclusion analogue ; l'expérience montre en effet que cette variation est constante, quels que soient l'acide et la base employés, pourvu que ces corps soient fortement dissociés.

Dans la théorie d'Arrhenius, les molécules non dissociées d'un électrolyte sont inactives, non seulement au point de vue de la conductibilité électrique, mais aussi pour ce qui concerne les réactions. En d'autres termes, ce sont les ions seuls qui prennent part aux transformations chimiques ainsi qu'à la transmission du courant. L'affinité, l'aptitude à entrer en réaction, doit donc être en raison du degré de dissociation, ou, ce qui revient au même, en raison de la conductibilité électrique. Nous avons déjà vu, en effet, que les acides et les bases les plus énergiques sont ceux dont la conductibilité est la plus forte. Pour vérifier et préciser cette relation, Ostwald a effectué des déterminations quantitatives sur un grand nombre d'acides minéraux et organiques ; il a mesuré leur affinité par l'influence qu'ils exercent, soit sur la vitesse de saponification d'un éther, soit sur la vitesse d'inversion de la saccharose. Les nombres qu'il a obtenus par ces deux méthodes sont proportionnels aux conductibilités. Ce résultat important permet de déterminer, dans beaucoup de cas, les coefficients d'affinité et les vitesses de réaction par la mesure, relativement facile, des résistances électriques.

En résumé, la théorie de la dissociation électrolytique a pu rattacher à une même cause une foule de phénomènes entre lesquels on n'avait auparavant soupçonné aucune relation. Néanmoins elle a été vivement attaquée par un grand nombre de chimistes. La principale objection qu'on lui oppose concerne l'existence même de la dissociation des électrolytes. Comment concevoir, par exemple, qu'une solution de chlorure de potassium contienne du chlore et du potassium à l'état de liberté et en présence de l'eau? Ne voyons-nous pas, dans les circonstances ordinaires, ces deux éléments se combiner avec la plus grande énergie, et le potassium, dès qu'il est en contact avec l'eau, la décomposer avec violence? Les défenseurs de la théorie répondent que ces corps existent dans la solution à l'état d'ions, et que l'ion de chlore, par ex., formé d'un seul atome chargé d'une énorme quantité d'électricité, doit se comporter tout autrement que la molécule de chlore libre, composée de deux atomes et à l'état neutre; ce sont deux états allotropiques bien distincts, et la différence de leurs propriétés ne doit pas plus nous surprendre que celle que nous constatons entre le phosphore rouge et le phosphore ordinaire. — Les savants qui combattent la théorie d'Arrhénius ont cherché à expliquer autrement les anomalies de la dissolution des électrolytes : les uns supposent que les molécules de ces corps sont des agglomérations de molécules simples qui se désagrègent sous l'influence de l'eau ; d'autres admettent la formation d'hydrates définis qui subissent une dissociation purement chimique dans la liqueur. Ces différentes interprétations pourraient convenir dans certains cas particuliers et rendre compte d'une partie des phénomènes ; mais aucune théorie n'a réussi jusqu'à présent à expliquer et à prévoir un aussi vaste ensemble de faits que la théorie de la dissociation électrolytique.

DISSOLVANT, ANTE. adj. [Pr. *dis-sol-van*] (part. prés. de *dissoudre*). Qui a la propriété de dissoudre. *C'est une des substances qui sont dissolvantes.* On dit de même, *Vertu, qualité dissolvante.* — Figur., *Des doctrines dissolvantes.* = **DISSOLVANT.** s. m. T. Chim. Liquide qu'on emploie pour dissoudre une substance. *L'eau est le d. le plus employé.* || T. Méd. Se disait autrefois de médicaments qui étaient réputés avoir la propriété de dissoudre les concrétions pathologiques.

DISSONANCE ou **DISSONNANCE.** s. f. [Pr. *dis-sonanse*] (R. *dissoner*). Réunion de deux sons qui ne s'accordent pas d'une manière parfaite et blessent plus ou moins l'oreille. Voy. HARMONIE. || T. Gram. et Figur., Réunion de plusieurs syllabes dures qui blessent l'oreille. — Fig., *D. de ton dans le style,* Mélange disparate du ton sérieux et du badin, du noble et du trivial. || T. Point. Combinaison de couleurs qui ne se marient pas bien ensemble. **Obs. gram.** — Pourquoi l'Académie écrit-elle avec une seule *n* les dérivés du verbe *sonner* qui en a deux? Voy. CONSONNANCE.

DISSONANT, ANTE ou **DISSONNANT ANTE.** adj. [Pr. *dis-sonan*]. Qui dissonne, qui forme dissonance. *Sons dissonants. Intervalle d.* || Qui n'est point d'accord, qui n'est pas dans le ton. *Instrument d.* Inus.

DISSONER ou **DISSONNER.** v. n. [Pr. *dis-soner*] (R. *dis,* préf., et *sonner*). Former dissonance.

DISSOUDRE. v. a. [Pr. *dis-soudre*] (lat. *dissolvere,* m. s. de *dis,* préf. sépar., et *solvere,* délier). T. Chim. Se dit d'un liquide qui absorbe un autre corps solide, liquide ou gazeux. *L'eau dissout l'alcool, mais ne dissout pas l'éther. L'eau, sous la pression de l'atmosphère, dissout un volume égal de gaz acide carbonique. L'éther dissout très bien les corps gras.* Dans le langage ordinaire, se dit surtout en parlant des corps solides qui disparaissent dans un liquide, à la suite de la désagrégation des molécules qui les composent. *L'eau dissout le sucre beaucoup mieux que ne le fait l'alcool.* Voy. DISSOLUTION. || T. Méd. Faire disparaître une obstruction, un engorgement, une concrétion. *On est parvenu à d. cet engorgement. Ce remède passait pour d. les calculs biliaires* || Fig. Diviser, faire cesser d'exister. *Après la mort d'Alexandre, son empire fut dissous. Le roi s'est décidé à d. la Chambre.* — En parlant de certains contrats, les rompre, y mettre fin. *D. la communauté conjugale. D. une société commerciale. D.* on dit aussi, *D. une alliance, une ligue.* = SE DISSOUDRE. *.* pron. Se dit non seulement de ce qui est dissous par un fluide, mais aussi de tout corps dont les parties se désagrègent par quelque cause

que ce soit. *Ce sel se dissout promptement. L'or se dissout dans l'eau régale.* Avec ellipse du pronom. *Faire d. du sucre dans de l'eau.* || Fig., *A les entendre, le corps social est près de se d.* — *Leur société s'est dissoute par la faillite de l'un des associés.* = DISSOUS, OUTE, part. = Conj. Voy. ABSOUDRE.

DISSUADER. v. a. [Pr. *dis-su-ader*] (lat. *dissuadere ;* de *dis,* préf. sépar., et *suadere,* conseiller). Détourner quelqu'un de l'exécution d'un dessein, le porter à ne pas exécuter une résolution prise. *D. quelqu'un d'un projet. Il avait quelque envie d'entreprendre ce voyage, mais ses amis l'en ont dissuadé. On l'a dissuadé de partir.* = DISSUADÉ, ÉE. part.

DISSUASIF, IVE. adj. [Pr. *dis-su-a-zif*]. Qui dissuade; qui est de nature à dissuader.

DISSUASION. s. f. [Pr. *dis-su-a-zion*]. Action de dissuader. *Dans le genre délibératif, l'orateur a en vue deux objets principaux, la persuasion et la d.* Peu us.

DISSYLLABE. adj. 2 g. [Pr. *dis-sil-labe*] (gr. δίς, deux ; συλλαβή, syllabe). *Mot d.,* Qui est de deux syllabes. || Subst., *Ce vers est composé de dissyllabes.*

DISSYLLABIQUE. adj. 2 g. [Pr. *dis-sil-la-bike*] (R. *dissyllabe*). Qui a deux syllabes. *Un écho d. Vers d.,* Vers de deux syllabes, ou dont tous les mots sont des dissyllabes.

DISSYLLABISME. s. m. [Pr. *dis-sil-labisme*]. État des langues qui ont des dissyllabes pour racines.

DISSYMÉTRIE. s. f. [Pr. *dis-simétri*] (R. *dis,* préf. priv., et *symétrie*). Absence de symétrie, perte de symétrie.

DISSYMÉTRIQUE. adj. 2 g. [Pr. *dis-simétrike*] (R. *dissymétrie*). T. Didact. Qui manque de symétrie. *Cette fleur est d.*

DISTACHYÉ, ÉE. adj. [Pr. *dis-ta-kié*] (gr. δίς, deux ; σταχύς, épi). T. Bot. Qui porte deux épis.

DISTANCE. s. f. (lat. *distantia,* m. s., de *distans,* distant). Espace, intervalle qui existe entre deux objets, entre deux lieux. *La d. des lieux. La d. d'une ville à une autre. Lorsque vous écrivez, ne mettez pas assez de d. entre les mots. Ces arbres sont tous plantés à égale d. les uns des autres. La d. qui nous sépare. Se tenir à la d. convenable, à une d. respectueuse. De d. en d. Calculer, mesurer une d. de 50 mètres, de 20 lieues.* — *Tenir à d.,* Empêcher d'approcher. *Je le tins à d., en le menaçant de mon pistolet.* — Fig., se dit de celui qui, par réserve ou orgueil, empêche la familiarité de ceux qui l'approchent. *Ce prince, quoique affable, sait tenir à d. ceux qui l'approchent. C'est un homme qu'il est bon de tenir à d.* || Par anal., Intervalle de temps. *La d. qui sépare deux époques. Entre Alexandre et Napoléon, il y a vingt et un siècles de d.* || Fig., Différence. *Du Créateur à la créature la d. est infinie. La d. qui sépare ces deux orateurs. Il existe une trop grande d. entre vous, entre sa condition et la vôtre. L'amour rapproche les distances.* || T. Archit. Point de d., Point où il faut se placer pour saisir l'ensemble d'un édifice. || T. Perspect. *Point de d.,* Chacun des deux points où tombent, sur le plan du tableau, les deux rayons visuels horizontaux inclinés à 45° sur ce plan. Voy. PERSPECTIVE. || T. Art milit. Espace laissé entre les rangs et les subdivisions d'une colonne.

Géom — La d. de deux points est la longueur de la ligne droite qui les joint. La d. d'un point à une ligne ou à une surface est mesurée par la plus courte des normales qu'on peut mener de ce point à la ligne ou à la surface. S'il s'agit de la d. d'un point à une ligne droite, on ne peut mener de ce point qu'une normale ou perpendiculaire sur cette droite, et c'est cette perpendiculaire qui mesure la d. Aux mots ARPENTAGE, LATITUDE, TRIGONOMÉTRIE, nous donnons une idée générale des moyens employés pour mesurer les distances à la surface de la terre, soit entre deux points assez rapprochés et accessibles, soit entre deux points inaccessibles, soit entre deux points très éloignés. On trouvera également, aux divers articles consacrés à l'astronomie, les distances des différents astres, soit au soleil, soit à la terre, ainsi que l'indication des procédés employés pour mesurer ces distances ; nous n'avons donc pas à nous en occuper ici. Voy. encore APHÉLIE, APPARENT, etc.

Droit. — C'est dans l'article premier du Code civil qu'il faut aller chercher les règles concernant l'*exécution* des lois, jusqu'au décret-loi du 5 novembre 1870. Aux termes dudit article, les lois sont exécutoires en principe sur tout le territoire français, en vertu de la promulgation qui en est faite par le chef de l'État, mais elles ne deviennent en fait obligatoires dans chaque partie de la France que lorsque la promulgation peut en être connue. Or, la promulgation est réputée connue dans le département de la Seine un jour après celui de la promulgation, et, dans chacun des autres départements après l'expiration du même délai, augmenté d'autant de jours qu'il y a de fois 10 myriamètres entre le lieu où la promulgation est faite, c'est-à-dire Paris, et le chef-lieu de chaque département. — L'arrêté du 25 thermidor an XI (13 août 1803), rendu peu après la promulgation du titre préliminaire du Code civil (24 ventôse an XI ou 15 mars 1803), et complété par un certain nombre de dispositions postérieures, sert encore aujourd'hui à fixer la d. légale de Paris à chaque chef-lieu de département. Dans le tableau ci-après, les chiffres à la gauche de la virgule expriment les myriam., et le chiffre à la droite les kilom en sus :

Ain, *Bourg*, 43,2. — Aisne, *Laon*, 12,7. — Allier, *Moulins*, 28,9. — Alpes (Basses-), *Digne*, 75,5. — Alpes (Hautes-), *Gap*, 66,5. — Alpes-Maritimes, *Nice*, 108,8. — Ardèche, *Privas*, 60,6. — Ardennes, *Mézières*, 23,4. — Ariège, *Foix*, 75,2. — Aube, *Troyes*, 15,9 — Aude, *Carcassonne*, 76,5. — Aveyron, *Rodez*, 69,2. — Bouches-du-Rhône, *Marseille*, 81,5. — Calvados, *Caen*, 26,3. — Cantal, *Aurillac*. 53,9. — Charente, *Angoulême*, 45,4. — Charente-Inférieure, *La Rochelle*, 46,0. — Cher, *Bourges*, 23,3. — Corrèze, *Tulle*, 46,1. — Corse, *Ajaccio*, 145,5. — Côte-d'Or, *Dijon*, 30,5. — Côtes-du-Nord, *Saint-Brieuc*, 44,6. — Creuse, *Guéret*, 42,8. — Dordogne, *Périgueux*, 47,2. — Doubs, *Besançon*, 39,6. — Drôme, *Valence*, 56,0. — Eure, *Evreux*, 10,4. — Eure-et-Loir, *Chartres*, 9,2. — Finistère, *Quimper*, 62,3. — Gard, *Nîmes*, 70,2. — Garonne (Haute-), *Toulouse*, 66,9. — Gers, *Auch*, 74,3. — Gironde, *Bordeaux*, 67,3. — Hérault, *Montpellier*, 75,2. — Ille-et-Vilaine, *Rennes*, 34,6. — Indre, *Châteauroux*, 25,9. — Indre-et-Loire, *Tours*, 24,2. — Isère, *Grenoble*, 56,8. — Jura, *Lons-le-Saunier*, 41,1. — Landes, *Mont-de-Marsan*, 70,2. — Loir-et-Cher, *Blois*, 18,1. — Loire, *Saint-Étienne*, 47,7. — Loire (Haute-), *le Puy*, 50,5. — Loire-Inférieure, *Nantes*, 38,9. — Loiret, *Orléans*, 12,3. — Lot, *Cahors*, 55,8. — Lot-et-Garonne, *Agen*, 71,4. — Lozère, *Mende*, 56,6. — Maine-et-Loire, *Angers*, 30,0. — Manche, *Saint-Lô*, 32,6. — Marne, *Châlons*, 16,4. — Marne (Haute-), *Chaumont*, 24,7. — Mayenne, *Laval*, 28,1. — Meurthe-et-Moselle, *Nancy*, 33,4. — Meuse, *Bar-le-Duc*, 25,1. — Morbihan, *Vannes*, 50,0. — Nièvre, *Nevers*, 25,6. — Nord, *Lille*, 23,6. — Oise, *Beauvais*, 8,8. — Orne, *Alençon*, 19,1. — Pas-de-Calais, *Arras*, 19,3. — Puy-de-Dôme, *Clermont*, 38,4 — Pyrénées (Basses-), *Pau*, 78,1. — Pyrénées (Hautes-), *Tarbes*, 81,5. — Pyrénées-Orientales, *Perpignan*, 88,8. — Rhône, *Lyon*, 46,6. — Saône (Haute-), *Vesoul*, 35,4. — Saône-et-Loire, *Mâcon*, 39,9. — Sarthe, *le Mans*, 21,1. — Savoie, *Chambéry*, 59,6. — Savoie (Haute-), *Annecy*, 62,2. — Seine-Inférieure, *Rouen*, 13,7 — Seine-et-Marne, *Melun*, 4,6. — Seine-et-Oise, *Versailles*, 2,1. — Sèvres (Deux-), *Niort*, 41,6. — Somme, *Amiens*, 12,8. — Tarn, *Albi*, 65,7. — Tarn-et-Garonne, *Montauban*, 63,3. — Var, *Draguignan*, 89,0. — Vaucluse, *Avignon*, 70,7. — Vendée, *La Roche-sur-Yon*, 44,7. — Vienne, *Poitiers*, 34,3. — Vienne (Haute-), *Limoges*, 38,0. — Vosges, *Épinal*, 38,1. — Yonne, *Auxerre*, 16,8. — Algérie, *Alger*, 160,0.

Depuis le décret-loi du 5 novembre 1870, les dispositions de l'article 1ᵉʳ du code civil que nous venons d'analyser ne sont plus applicables qu'en ce qui concerne les actes rendus publics par l'insertion au *Bulletin des Lois* Quant à la promulgation des lois et décrets faite par la voie du *Journal officiel*, l'article 2 du décret-loi précité contient des dispositions nouvelles à ce sujet. Voy. PROMULGATION. — Pour les actes de procédure, la règle générale est que les délais sont augmentés d'un jour par 5 myriam. de d. (Loi du 2 juin 1862).

DISTANCER. v. a. (R. *distance*). Espacer. T Sport. Se dit d'un cheval qui dans une course ne dépasse un autre.

DISTANCIOMÈTRE. s. m (R. *distance*, et *mètre*). T. Techn. Appareil servant à mesurer les distances.

DISTANT, ANTE. adj. (lat. *distans*, m. s., de *dis*, préf., sépar., et *stare*, être fixé). Éloigné ; se dit de l'espace et du temps. *Ces deux villes ne sont distantes l'une de l'autre*

que de vingt kilomètres Ces deux époques ne sont pas fort distantes l'une de l'autre

DISTÈGE. adj. 2 g. (gr. δὶς, deux ; τέγος, toit) T Minér. Qui présente deux sommets superposés.

DISTÉMONE adj 2 g. (gr. δὶς, deux, στήμων, filament), T. Bot. Se dit des plantes et des fleurs qui ont deux étamines.

DISTENDRE. v. a. (lat. *distendere*, m s , de *dis*, préf. sépar. et *tendere*, tendre). T. Méd Causer une tension plus ou moins considérable. *Les gaz qui distendaient l'intestin*. ═ SE DISTENDRE v. pron. *La peau se distend alors peu à peu*. ═ DISTENDU, UE part.

DISTENSION s. f. (lat. *distensio*, m. s , de *distendere*, distendre). T. Méd. Tension plus ou moins considérable. *La d. de l'estomac, de la peau*, etc

DISTHÈNE. s. m. (gr δὶς, deux fois ; σθένος, force) T. Minér Le *D* est un silicate simple d'alumine qui affecte habituellement la forme de cristaux lamelliformes très allongés. Il est naturellement blanc, mais sa teinte la plus ordinaire est le bleu de saphir, d'où les noms de *Sappare, Cyanite* et *Schorl bleu* qu'on lui donne communément : celui de d. lui vient de ce que l'électricité qu'y développe le frottement est tantôt positive, tantôt négative. Sa densité est 3,67. Il raie le verre, mais il est rayé par une pointe d'acier. Enfin, il est infusible au chalumeau, ce qui le fait quelquefois employer comme support dans les essais pyrognostiques. Aux Indes, on le polit et on le vend sous le nom de *Saphir commun*. Le d. se trouve disséminé dans le micaschiste au Saint-Gothard, dans les calcaires saccharoïdes au Simplon, dans les terrains schisteux de la Bretagne, etc.

DISTICHIASE ou **DISTICHIASIS** s m. [Pr. *disti-kia-ze*, *disti-kia-zis*] (gr. διστιχίασις, m s., de δὶς, deux et στίχος, rangée). T. Méd. Anomalie caractérisée par une rangée de cils dont une direction vicieuse porte la pointe sur le globe de l'œil.

DISTICHOPHYLLE. adj. 2 g. [Pr. *disti-ko-file*] (gr. δὶς, deux ; στίχος, rangée ; φύλλον, feuille). T. Bot. Qui a les feuilles disposées sur deux rangs.

DISTIGMATE. adj. 2 g. (gr. δὶς, deux, et *stigmate*). T. Bot. Qui est muni de deux stigmates.

DISTIGMATIE. s. f. [Pr. *distig-ma-si*] (R. *distigmate*). T. Bot. État d'une plante qui a deux stigmates ; section de plantes munies de deux stigmates.

DISTILLABLE. adj. 2 g. [Pr. *disti-lable*]. Qui peut être distillé.

DISTILLATEUR. s. m. [Pr. *disti-lateur*]. Celui qui distille, dont la profession est de fabriquer par la distillation toutes sortes d'eaux, d'huiles, d'essences, de liqueurs, etc.

DISTILLATION s. f. [Pr. *disti-la-sion*] (R *distiller*). T. Chim. Pharm. et Technol. — La *D.* est une opération par laquelle on réduit les liquides en vapeur, à l'aide de la chaleur, pour les faire retourner ensuite à l'état liquide par le refroidissement. Elle a généralement pour but de séparer, dans un composé donné, les produits volatils d'avec ceux qui ne le sont pas, ou d'avec ceux qui le sont moins dans les mêmes circonstances : c'est ainsi qu'on retire l'alcool du vin et qu'on sépare les essences des différentes substances aromatiques où elles sont contenues. — La d. est d'un usage journalier dans les laboratoires de chimie et de pharmacie ; mais on n'y emploie guère que la *Cornue* et l'*Alambic*, parce qu'on n'opère en général que sur de petites quantités de substances. Les chimistes distinguaient autrefois la d. *per ascensum*, *per descensum* et *per latus*, selon la disposition qu'ils donnaient à leur appareil distillatoire, d'où il résultait que le produit volatil s'échappait de bas en haut, de haut en bas, ou latéralement ; mais ces distinctions étaient en réalité sans importance aucune, car le produit obtenu était toujours identique. La manière d'appliquer la chaleur à l'appareil distillatoire donnait encore lieu à de nouvelles divisions : en conséquence, on distinguait la d *à feu nu*, au *bain-marie* et au *bain de sable*, suivant que le calorique était appliqué directement au vase renfermant le liquide à distiller, ou seulement par l'intermédiaire de l'eau bouillante ou du sable chaud. Ces termes et ces procédés sont encore en usage aujourd'hui, car le mode d'application de la chaleur est chose importante dans une foule de cas, et exerce souvent une influence notable sur la nature des produits. A ces procédés il convient encore d'ajouter la d. *à la vapeur*, qui est d'origine toute récente, et qui est fort employée, surtout pour retenir les esprits aromatiques, comme l'essence de fleur d'oranger. — Dans les arts industriels, on emploie encore généralement le simple alambic des pharmaciens ; mais, lorsqu'il s'agit de distiller de grandes quantités de liquides spiritueux, comme dans les *Distilleries* ou *Brûleries* où l'on fabrique l'alcool, cet appareil n'est point assez économique. Il faut, en effet, pour obtenir l'alcool au degré de concentration voulu, recourir à plusieurs distillations successives, ce qui cause une grande perte de temps, et surtout une consommation considérable de combustible. On a donc cherché à remédier à ces inconvénients, et depuis le commencement de ce siècle de nombreux perfectionnements ont été apportés à l'ancien appareil distillatoire. Les principaux sont dus à Ed. Adam, à Cellier-Blumenthal, à Derosne et à Ed. Laugier. L'appareil de ce dernier, surtout, répond à toutes les exigences de la fabrication industrielle de l'alcool : nous le décrirons en détail. Il se compose de quatre parties principales savoir : de deux chaudières A et C (Fig.), d'un rectificateur EE', et d'un serpentin GG'. La première chaudière A reçoit directement l'action du feu, tandis que la seconde C est chauffée par la fumée et les gaz du foyer, ainsi que par les vapeurs qui, arrivant de la précédente par le tuyau *a*, élèvent la température du liquide qu'elle

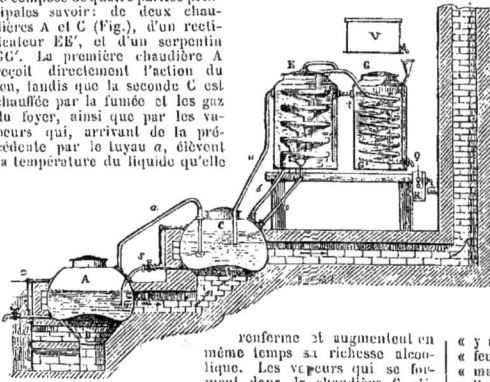

renferme et augmentent en même temps sa richesse alcoolique. Les vapeurs qui se forment dans la chaudière C s'élèvent à leur tour dans le tube *b*, qui les conduit dans le rectificateur. Ce dernier consiste en 5 à 7 portions d'hélice superposées et raccordées l'une à l'autre par de courts tuyaux verticaux munis à leur partie inférieure d'un tube de décharge qui va rejoindre un tube central *o*, lequel est en communication avec la chaudière C. Le rectificateur est, en outre, enveloppé d'un récipient plein de vin assez échauffé pour que la vapeur alcoolique, dont la tension est supérieure à celle de l'eau, ne puisse pas se condenser, tandis que le contraire a lieu pour cette dernière. La portion de la vapeur d'eau qui s'est condensée coule donc vers la partie la plus déclive de ces petits tuyaux se dirigent dans le tube *o*, qui la mène au fond de la chaudière C, tandis que la vapeur alcoolique s'élève successivement du tronçon d'hélice qu'elle a contourné au tronçon supérieur, et arrive ainsi, en se dépouillant de plus en plus de ses parties aqueuses, au tube montant qui la fait passer dans le serpentin G, où elle se condense entièrement. Après cette rectification multiple, et à mesure que sa condensation s'opère, la liqueur alcoolique coule par le robinet Q dans une éprouvette R, qui contient un alcoomètre, et dont le trop-plein se rend, par un tube incliné, dans le récipient destiné à recevoir les produits de la d. Quant au vin qui doit entretenir les chaudières et alimenter l'opération, il est contenu dans le réservoir V qui le verse par un robinet dans un entonnoir plongeant, d'où il passe dans le vase qui contient le serpentin. Le trop-plein de ce dernier vase s'écoule par le tube *t* dans l'enveloppe du rectificateur, qui à son tour le dirige, par le tube *u*, dans la chaudière C. Enfin, quand ces passages successifs, pendant lesquels sa température s'est progressivement élevée, l'ont en grande partie réduit en vapeur, il arrive, par le tube *s*, dans la chaudière A. Par conséquent, à mesure que la vapeur alcoolique va se rectifiant de la chaudière A vers le serpentin G, le vin marche en sens inverse et va de G vers A, en s'échauffant et en s'épuisant de plus en plus. Enfin, on

débarrasse la chaudière A des *lies* ou *vinasses* en les faisant écouler par un robinet ajusté à sa partie inférieure.

Dans les *appareils à colonne* le rectificateur est constitué par un cylindre vertical que des plateaux horizontaux divisent en une série d'étages superposés. Les liquides s'amassent en couche peu épaisse sur chaque plateau ; le trop-plein descend d'un étage à l'autre pour arriver finalement dans la chaudière. Les vapeurs qu'émet celle-ci suivent la route inverse ; obligées en montant de barboter successivement dans les couches liquides des différents plateaux, elles y déposent leurs parties les plus liquéfiables, tandis que les portions les plus volatiles continuent à monter et finissent par se rendre dans le serpentin. — Tous les autres appareils de distillation sont établis d'après les mêmes principes et se composent essentiellement d'une chaudière où se forment les vapeurs, d'un rectificateur ou déflegmateur qui condense les parties les moins volatiles pour les faire refluer dans la chaudière, et d'un réfrigérant qui condense et recueille les parties les plus volatiles. Dans l'alambic ordinaire, le déflegmateur est réduit à sa plus simple expression : il est représenté par le chapiteau de l'appareil. Voy. ALAMBIC.

La d. n'est pas, comme on le croit généralement, une invention des Arabes : cet art est beaucoup plus ancien, ainsi que l'a démontré Hœfer « Pline, dit le savant auteur de l'*Histoire de la chimie*, décrit ainsi un procédé distillatoire extrêmement curieux, et qui prouve combien l'esprit humain est habile à faire varier les moyens pour arriver au même but. « On « allume le feu sous un pot qui contient la résine. « L'opération terminée, on exprime la laine ainsi « imprégnée d'huile. » Ce procédé distillatoire dont Pline ne prétend pas être l'inventeur (ce qui en fait remonter la découverte probablement à delà de 2,000 ans), rappelle le passage suivant d'Alexandre d'Aphrodise déjà signalé par l'illustre Alex. de Humboldt : « On rend, y est-il dit, l'eau de mer potable « en la vaporisant dans des vases placés sur le feu, « et en recevant la vapeur condensée sur des cou- « vercles (récipients). » Le célèbre commentateur d'Aristote ajoute qu'on peut traiter de même le vin et d'autres liquides. Geber dit, d'après Abulféda, vivait vers la fin du VIIIe siècle, ou au commencement du IXe, s'exprime ainsi sur la distillation : « Il « y a deux espèces de distillation : l'une s'opère à l'aide du « feu, l'autre sans le feu. La première peut se faire de deux « manières différentes : ou *per ascensum* des vapeurs dans « l'alambic, ou *per descensum*, dans le but de séparer des « huiles ou d'autres matières liquides par les parties infé- « rieures du vase. Quant à la distillation sans l'aide du feu, « elle consiste à séparer les liquides limpides par le filtre : « c'est une simple *filtration*. La distillation par le feu peut « être variée dans son intensité, suivant qu'on chauffe le vase « dans un bain d'eau ou sur un bain de cendres. »

La D *fractionnée* consiste à séparer deux ou plusieurs liquides en mettant à profit les différences de leurs points d'ébullition. Les vapeurs qui se dégagent les premières sont fournies principalement par le liquide le plus volatil ; ensuite, à mesure que le point d'ébullition s'élève, les liquides moins volatils passent successivement à la distillation. On recueille à part ces différentes portions, et, si l'on veut pousser le fractionnement plus loin, on recommence sur chacune d'elles la même opération. Les appareils dont on se sert dans l'industrie, pour fractionner par ex. les huiles de goudron, sont analogues à ceux qui sont décrits plus haut pour la d. des alcools. — Dans la D *sèche*, on traite un corps solide par la chaleur et en vase clos, de manière à recueillir les produits de sa décomposition. Telle est la d. de la houille, qui donne naissance au gaz d'éclairage, aux goudrons, au phénol, à des substances ammoniacales, etc. ; telle est encore la d. du bois, qui fournit de l'acide acétique et divers autres produits liquides et gazeux. Les procédés usités dans ces sortes de distillations varient suivant la nature du corps qu'on y soumet, il en sera question aux mots PYROLIGNEUX, ÉCLAIRAGE, etc. — Quant au terme de *Cohobation*, qui vient de l'arabe *cohob*, lequel signifie distillé, double, il désigne simplement une d. réitérée qui se fait en reversant sur le résidu, ou mieux sur de nouvelles substances, un liquide déjà distillé, afin de le charger davantage de principes volatils. Ce procédé n'est plus usité que dans les pharmacies.

DISTILLATOIRE. adj. 2 g. [Pr. *disti-latoire*]. Qui sert à la distillation. *Vase d. Appareil d.*

DISTILLER. v. n. [Pr. *disti-ler*] (lat. *distillare*; de *de*, et *stillare*, tomber goutte à goutte). Couler goutte à goutte. *L'eau qui distille lentement de la voûte. Des gouttes d'eau distillent sans cesse des parois de cette grotte.* = DISTILLER. v. a. T. Chim., etc Soumettre à la distillation. *D. de l'eau de rivière. D. de la fleur d'oranger.* — Absol., Faire une distillation. *D. à feu nu, au bain-marie.* — Poét., *Le miel que l'abeille distille.* Voy. DISTILLATION. || Fig., Épancher, répandre, verser. *Le fiel que sa bouche distille. D. sa rage. D. le poison de la calomnie.* = SE DISTILLER. v. pron. Être préparé au moyen de la distillation. *L'eau-de-vie se distille à l'alambic.* = DISTILLÉ, ÉE. part. *De l'eau distillée.* Voy. DISTILLATION.

DISTILLERIE. s. f. [Pr. *disti-leri*]. Lieu où l'on fait des distillations en grand. *Une d. bien organisée.*

DISTINCT, INCTE. adj. [Pr. *dis-tin, dis-tink,* ou *dis-tinkt.* La première prononciation est la plus ancienne et la plus correcte] (lat. *distinctus,* m. s., part. pass. de *distinguere,* distinguer). Séparé d'un autre. *Les étamines de cette plante sont distinctes et non soudées. Ce sont deux administrations entièrement distinctes. Il faut que les articles d'un compte soient bien distincts.* || Qui est de nature différente; qui présente des caractères différentiels plus ou moins évidents. *Le juste est essentiellement d. de l'utile. Ces deux espèces sont parfaitement distinctes.* || Visible, apparent; se dit des objets que nous apercevons nettement. *Les objets devinrent peu à peu plus distincts.* || Clair et net; se dit, tant au prop. qu'au fig., de tout ce que nous percevons nettement. *Un son d. Une voix distincte. Une vue distincte. D'une manière distincte. En termes clairs et distincts. Notion, idée distincte.*

DISTINCTEMENT. adv. [Pr. *dis-tink-te-man*]. Nettement, clairement, d'une manière distincte. *J'aperçois cet objet très d. Il ne prononce pas d. Il a déclaré son intention assez d.*

DISTINCTIF, IVE. adj [Pr *dis-tink-tif*]. Qui distingue. *Caractère, signe d. Marque distinctive.*

DISTINCTION. s. f. [Pr. *distink-sion*] (lat. *distinctio,* m. s.). Action de distinguer, de faire la différence, de reconnaître la différence, ou d'établir une différence entre des personnes ou des choses. *La d. du bien et du mal. La d. de l'âme et du corps est la base de l'étude de l'homme. Il ne fait aucune d. entre le bon et le mauvais vin. Je fais une grande d. entre les deux frères. Faire d. des personnes. Recevoir tout le monde sans d. On a tout passé au fil de l'épée sans d. d'âge ni de sexe. Un bon père ne doit pas faire de d. entre ses enfants.* — Se dit particulièrement de l'explication, de l'indication des divers sens qu'une proposition peut recevoir. *Bonne, mauvaise d. Il y a ici une d. importante à faire. Il se tira d'affaire par une d. subtile.* || Division, séparation. *Écrire tout de suite sans d. de chapitres. Bible imprimée sans d. de versets. Tout y est pêle-mêle sans d.* || Ce qui établit ou indique une différence. *Créer des distinctions entre les personnes. Les distinctions sociales. La d. des rangs. Alors toutes les distinctions que la fortune met entre les hommes disparaîtront. Des signes de d.* || Se dit pour signifier la grandeur, l'éclat, la noblesse, l'élégance de certaines choses. *La d. de sa naissance. La d. de ses sentiments. La d. de ses manières, de son maintien, de toute sa personne. Avoir de la d. dans les sentiments, dans les manières. Une toilette pleine de d. Avoir un air de d.* — Se dit aussi d'une personne remarquable par son mérite, par sa naissance ou ses dignités. *Un officier de d. Des personnes de d.* — Se dit encore quelquefois des choses qui honorent, qui élèvent au-dessus des autres. *Emploi, charge de d., d'une grande d.* || Prérogative, marque particulière de préférence, d'estime, d'égards que l'on accorde à quelqu'un. *Une d. flatteuse. Il aime les distinctions. Les distinctions plaisent à celui qui les reçoit, mais souvent elles offensent les autres. Traiter quelqu'un avec d.* — *Distinctions honorifiques,* Décorations telles que celles de la Légion d'honneur, d'officier d'académie ou de l'instruction publique, etc.

Syn. — *Diversité, Séparation.* — La *distinction* est opposée à l'identité : il n'y a point de *distinction* où il n'y a qu'un même être. La *diversité* est opposée à la similitude : il n'y a point de *diversité* entre des êtres absolument semblables. La *séparation* est opposée à l'unité : il n'y a point

de *séparation* entre des êtres qui en constituent un seul.

DISTINCTIVEMENT. adv. [Pr. *dis-tink-tiveman*]. D'une manière distincte.

DISTINGUABLE. adj. Qui peut être distingué.

DISTINGUER. v. a. (lat. *distinguere,* m. s., de *di,* préf., et *stinguere,* prop. *piquer, ficher*). Voir, percevoir d'une manière claire, nette. *Un brouillard épais nous empêchait de distinguer les objets. On distingue très bien, lorsque le temps est clair, le sommet du Mont-Blanc. Malgré le bruit de la tempête, je distinguais très bien la voix du capitaine.* — Absol., *Certains animaux distinguent mieux la nuit que le jour.* || Faire la différence d'une chose avec une autre, reconnaître une chose au milieu d'autres. *D. la fausse monnaie d'avec la bonne. D. un chien d'un loup, un chien d'avec un loup. Je distinguerais sa voix entre mille. Je le distinguai dans la foule.* — Peu de gens distinguent nettement les nuances qui séparent les idées et les sensations, la connaissance et le sentiment, la raison et l'instinct. *D. le bien et le mal. D. l'ami d'avec le flatteur. Je sais vous d. de lui.* || Avoir égard à la différence, séparer. *D. les différents sens d'un mot, d'une phrase. Il faut d. les intérêts de chacun. On doit d. les différents chefs d'accusation. On distingue les différentes phrases d'un discours en mettant un point à la fin de chacune d'elles.* — *D. une proposition,* ou absol., *Distinguer,* Marquer les divers sens qu'une proposition peut recevoir. *Votre proposition est trop générale, distinguons.* || Marquer par des caractères distincts, rendre distinct, différent. *C'est la raison qui distingue l'homme des animaux. C'est ce qui le distingue de son frère. Les qualités qui distinguent une chose d'une autre.* || Élever au-dessus des autres, tirer du commun, rendre remarquable. *Les talents qui le distinguent. Voilà ce qui distingue le grand siècle.* || Traiter avec distinction, remarquer. *Dès qu'il parut à la cour, le prince le distingua d'une manière flatteuse. Il sut bientôt se faire d.* = SE DISTINGUER. v. pron. Se reconnaître. *Le bien se distingue aisément du mal.* || Avoir pour signe distinctif. *Les combattants étaient divisés en deux partis qui se distinguaient chacun par une couleur différente.* || Être distinct, différent. *Cet animal se distingue de tel autre par tel caractère.* || Se rendre distinct. *Chacun veut ou rabaisser les autres ou s'en d.* || Se faire remarquer. *Cet écrivain se distingue par la clarté. Son style se distingue par l'élégance. Il se fit par ses mœurs pures, par une conduite irréprochable. Il s'est distingué par sa valeur, par son mérite, par son éloquence, etc. Se d. dans une profession. S. d. entre tous ses rivaux. Chercher à se d.* = DISTINGUÉ, ÉE. part. *Un homme d. par son esprit. Un personnage distingué. Un esprit distingué. C'est un de nos savants les plus distingués. Mérite distingué. Qualité distinguée. Emploi distingué. Manières distinguées. Toilette distinguée. Avoir un air distingué.* — Syn. Voy. DÉMÊLER.

DISTINGUO. T. scolastique. Mot lat. sign. *je distingue,* et qu'on emploie pour indiquer que dans une proposition on accorde une partie (*concedo*) et on nie l'autre (*nego*), ou qu'on veut simplement faire une distinction. || S'emploie comme subst. masc. *Accumuler les distinguo.*

DISTIQUE. s. m. (gr. δίς, deux; στίχος, rangée, ligne). T. Versif. Réunion de deux vers formant un sens complet. *D. grec, latin, italien, français,* etc. En latin, le *d.* se compose presque toujours d'un hexamètre et d'un pentamètre. *Ce d. a été fait pour servir d'inscription.*

> Borné dans sa nature, infini dans ses vœux,
> L'homme est un dieu tombé qui se souvient des cieux.
> LAMARTINE.

> Quand sur une personne on prétend se régler,
> C'est par les beaux côtés qu'il lui faut ressembler.
> MOLIÈRE.

> Ci-gît Piron, qui ne fut rien,
> Pas même académicien.
> PIRON.

DISTIQUE. adj. 2 g. (gr. δίς, deux; στίχος, rangée). T. Bot. Se dit de feuilles, de rameaux, d'épillets, etc., alternes sur l'axe, et disposés sur deux faces seulement. *Le cyprès d. est ainsi nommé de la disposition de ses rameaux.*

DISTOMATOSE. s. f. (R. *distome*). T. Vét. Maladie des animaux appelée aussi *Cachexie aqueuse*, causée par la présence des distomes. Voy. CACHEXIE.

DISTOME. s. m. (gr. δίς, deux; στόμα, bouche, à cause de la présence de deux ventouses dont une seule représente la bouche) T. Zool. Vers de la classe des *Platyhelminthes*. Voy. ce mot.

DISTORDRE. v. a. (R. *dis*, préf., et *tordre*). Contourner, faire subir une torsion à...

DISTORS, ORSE. adj. [Pr. *dis-tor*] (R. *dis*, préf., et *tors*). T. Didact. Qui est contourné, de travers.

DISTORSION. s. f. (lat. *distorsio*, m. s.; de *dis*, préf., et *torsio*, torsion). Torsion, déplacement d'une partie du corps, d'un membre. D. *d'un bras*. || État d'une partie ou d'un organe qui est entraîné d'un seul côté par la contraction des muscles de ce même côté ou par l'effet du relâchement des muscles antagonistes. *Il lui est resté de son attaque une légère d. de la bouche.*

DISTRACTILE. adj. 2 g. (lat. *distractum*; sup. de *distrahere*, s'écarter). T. Hist. nat. Qui s'écarte naturellement.

DISTRACTION. s. f. [Pr. *dis-trak-sion*] (lat. *distractum*; sup. de *distrahere*, s'écarter). T. Prat. Démembrement, séparation d'une partie d'avec le tout. *On demande d. de cette terre. Faire d. d'une somme en faveur de quelqu'un. Demande en d.*, voy. SAISIE. D. *de dépens*, voy. DÉPENS. D. *de juridiction*, Action d'ôter à un juge la connaissance d'une affaire pour l'attribuer à un autre. || Manque d'attention à ce que l'on dit, à ce que l'on fait, ou à ce que l'on vous dit. *Faire une chose par d. Sa d. est telle, il est b. me telle d., que...* — Par ext., se dit des effets de cette disposition d'esprit. *Il est vraiment amusant avec ses distractions. Voilà une d. un peu forte. — Relâchement d'attention à ce qu'on fait, par suite d'une cause accidentelle. Être sujet à des distractions. Avoir des distractions. Cela lui cause des distractions.* || Ce qui amuse, délasse l'esprit, et le détourne de quelque pensée triste ou importune. *Vous avez besoin de d. On lui procure toutes sortes de distractions. Les distractions du voyage. Cela fera sans doute quelque d. sa douleur, à ses chagrins.* = Syn. Voy. AMUSEMENT.

DISTRAIRE. v. a. (lat. *distrahere*, m. s.; de *dis*, préf. sépar., et *trahere*, tirer). Séparer une partie d'un tout, etc. *Cette terre avait été distraite de tel apanage. Sur cette somme il faut d. tant. Il faut d. de ces papiers tous ceux qui regardent telle succession.* — Opposition à fin de d., Celle que l'on forme pour demander qu'un immeuble compris mal à propos dans une saisie immobilière en soit distrait, retiré. D. *les dépens*, voy. DÉPENS. — D. *quelqu'un de ses juges naturels*, le faire juger par d'autres juges que ceux que la loi détermine. *Nul ne peut être distrait de ses juges naturels.* || Fig., Déranger de quelque occupation. *Je ne puis lire une heure de suite, on vient me d. à chaque instant. Comme je ne veux pas être distrait de mon travail, si l'on me demande, vous direz que je n'y suis pas. Un rien le d.* || Amuser, divertir; éloigner l'esprit de ce qui le fatigue ou l'obsède. *Tâchez de d. cet enfant. On chercha par toutes sortes de moyens à la d. de sa douleur*, ou simplement *à la d.* || Détourner d'un dessein, d'une résolution. *Il est tellement résolu à faire ce voyage, que rien ne peut l'en d.* On dit mieux *Détourner* = SE DISTRAIRE. v. pron. Donner quelque relâche à son esprit, s'amuser, s'arracher à une pensée triste ou importune. *Il faudrait vous d. un peu. Il chercha en vain à se d. de son chagrin, à se d.* = DISTRAIT, AITE. part. || Adjectiv., Qui n'a point d'attention à ce qu'il dit, à ce qu'il fait, ou à ce qu'on lui dit. *Une femme distraite. Il est toujours d. Esprit d.* — S'emploie substant., Le *caractère du d.* — Ce qui indique qu'on est d. *Air d. Des yeux, des regards distraits. Regarder d'un œil d. Écouter d'une oreille distraite*, Regarder, écouter avec peu d'attention. = Conj. Voy. TRAIRE. = Syn. Voy. DÉTOURNER.

DISTRAITEMENT. adv. D'une manière distraite.

DISTRAYANT, ANTE. adj [Pr. *dis-tré-ian*]. Qui donne une distraction.

DISTRIBUABLE. adj. Qui peut, qui doit être distribué.

DISTRIBUER. v. a. (lat. *distribuere*, m. s., de *dis*, préf., et *tribuere*, accorder). Départir, répartir, partager. D. *une somme d'argent. D. des aumônes. D. des grâces, des emplois, des honneurs. D. des prix à des écoliers. D. le blâme et la louange. D. des vivres aux soldats. Ces conduits vont d. de l'eau dans toutes les parties de la ville. D. entre des créanciers le prix d'un immeuble vendu en justice. D. un travail entre des ouvriers. Ils se distribuèrent les rôles.* — T. Palais. D. *un procès*, Commettre un juge pour l'examiner et en faire son rapport. || Placer en divers lieux. D. *des soldats dans une province. Des magasins étaient distribués sur toute la frontière.* || D. *un appartement, l'intérieur d'un édifice*, Le partager en différentes pièces affectées chacune à un usage particulier. || Disposer, ranger. *Voici comment j'ai d. la matière de mon livre. D. avec méthode toutes les parties de son sujet. L'ouvrage est distribué par chapitres. D. avec goût les ornements d'un édifice. Les jours et les ombres sont bien distribués dans ce tableau. Ce peintre ne sait pas d. la lumière.* || T. Typogr. D. *la lettre*, ou absol., *Distribuer*, Replacer dans leurs cassetins les différentes lettres qui ont servi à faire une composition. = SE DISTRIBUER. v. pron. Se répandre. *Le sang se distribue du cœur dans les artères. Cette source se distribue dans tous les quartiers de la ville.* = DISTRIBUÉ, ÉE. part.

DISTRIBUTAIRE. s. Celui, celle qui a reçu une part dans quelque distribution.

DISTRIBUTEUR, TRICE. s. Celui, celle qui distribue. D. *des grâces, des récompenses.* = DISTRIBUTEUR. s. m. T. Méc. Nom donné à divers appareils qui servent à distribuer la matière soumise à l'action d'une machine. || Appareil employé dans les machines à vapeur pour faire arriver la vapeur dans le cylindre, tantôt sur l'une des faces du piston, tantôt sur l'autre. Voy. MOTEUR. || D. *automatique*, Appareil à bascule, mis en mouvement par le poids d'une pièce de monnaie introduite dans un orifice et servant à débiter des bonbons, des photographies, des parfums, etc. || Organe servant à régler l'introduction de l'eau dans les cylindres ascenseurs. || Semoir servant à répandre les engrais pulvérulents sur les champs.

DISTRIBUTIF, IVE. adj. Qui distribue, qui répartit. *La justice distributive est celle qui ordonne des peines et des récompenses.* = DISTRIBUTIVE. || T. Gram. et Log. S'emploie quelquefois par oppos. à *Collectif*. Chaque est un adjectif d., et Tantôt une conjonction distributive. *Cette proposition, Les jeunes gens sont inconsidérés, est vraie dans le sens collectif, mais fausse dans le sens d., parce qu'elle n'est pas sans exception.*

DISTRIBUTION. s. f. [Pr. ...sion]. Action de distribuer; Le résultat de cette action. D. *de vivres, d'aumônes. Il a été chargé de faire la d. de cette somme aux pauvres. La d. des travaux. Assister à une d. de prix. La d. des rôles d'une pièce de théâtre. La d. des troupes dans leurs quartiers d'hiver. La d. des eaux d'une fontaine. La d. du sang dans les veines, des nerfs dans les différentes parties du corps.* || T. Procéd. D. *par contribution; Ordre et d.*, voy. SAISIE. || Ce que l'on paie à des chanoines pour leur droit de présence au service divin. *Recevoir double d.* || Division, disposition, arrangement, ordonnance. *La d. des pièces de cet appartement, de cet édifice*, ou simplement, *La d. de cet appartement, de cet édifice est mal entendue. Ce livre se distingue par la d. méthodique des matières. La d. d'un discours, des parties d'un discours. La d. symétrique des ornements d'un édifice. Ce qui m'a frappé dans ce tableau, c'est l'habile d. de la lumière, des jours et des ombres.* || T. Typogr. Action de distribuer la lettre. || T. Méc. D. *de vapeur*, Mécanisme qui met les deux faces du piston d'une machine à vapeur en communication avec la boîte à vapeur et le condensateur. Voy. MOTEUR. || D. *d'eau, de gaz, d'électricité*, Ensemble et disposition des conduits ou conducteurs qui servent à amener le gaz, l'eau, l'électricité, là où ils doivent être utilisés.

Écon. polit. — Comme la production de la richesse exige le concours du travail et du capital, il s'ensuit que la répartition de la valeur du produit, ou, ce qui revient au même, du bénéfice ou profit qu'on en retire, doit se faire entre le capitaliste et le travailleur. Mais cette répartition ne se fait pas de la même manière et dans les mêmes proportions, suivant les temps, les lieux, les conditions de l'industrie, etc Il y a donc lieu de rechercher les lois en vertu desquelles s'opère ce partage, ou, en d'autres termes, en vertu desquelles se distribue la masse des produits. Cette recherche constitue l'un des principaux objets de l'économie politique, et cette partie de la science est en général traitée par les auteurs sous le titre de *Distribution*.

Le capitaliste peut concourir à la production de deux manières, savoir : comme *propriétaire foncier*, c.-à-d. comme propriétaire d'un instrument de travail dont la quantité est nécessairement limitée, ou comme *capitaliste proprement dit*, c.-à-d. comme propriétaire d'instruments de travail dont la quantité peut s'accroître indéfiniment. Il résulte de là que la part afférente au capitaliste dans la répartition ne saurait être, dans les deux cas, absolument réglée par les mêmes lois, et qu'il est indispensable de considérer particulièrement chacun de ces cas. Quant à la part afférente au travail, nous avons aussi une distinction fondamentale à établir à ce sujet. Parmi les hommes qui concourent à l'œuvre de la production par leurs facultés industrielles, la plupart, ceux qu'on désigne généralement sous la dénomination d'*ouvriers*, reçoivent une part assurée, fixée et connue d'avance, quel que soit le résultat, bon ou mauvais, de l'œuvre de production à laquelle ils ont travaillé. D'autres, au contraire, mais ceux-ci sont relativement en fort petit nombre, ont une part éventuelle et proportionnelle dans l'opération, c'est-à-dire qu'ils s'attachent au sort de celle-ci et courent les mêmes risques qu'elle. Une pareille position ne peut d'ailleurs convenir qu'à celui qui entreprend et dirige lui-même l'œuvre de la production. Ici encore il est impossible de confondre dans la même catégorie ces deux sortes de travailleurs, et il faut considérer isolément chacune d'elles. Nous avons donc à constater les lois qui régissent la répartition à l'égard : 1° du propriétaire foncier ; 2° du capitaliste proprement dit ; 3° de l'ouvrier, et 4° de l'entrepreneur. Cette classification en quatre groupes des individus qui concourent à la production est tellement naturelle que, dans le langage ordinaire lui-même, il existe des termes différents pour désigner la part afférente à chacun d'eux. Ainsi, la rétribution du propriétaire de la terre est appelée *rente* ou *fermage;* celle du capitaliste, *intérêt* ou *loyer,* celle du simple ouvrier, *salaire;* et celle de l'entrepreneur d'industrie, *profit.* — Le fait que, dans une foule de circonstances, il y a confusion en une même personne de deux ou de plusieurs des qualités ci-dessus ne change rien à la question, et si l'on veut se rendre un compte exact des phénomènes sociaux, il faut étudier à part chacune des fonctions économiques, alors même que plusieurs d'entre elles sont parfois accomplies par le même organe. — Voy. RENTE, INTÉRÊT, SALAIRE, etc.

DISTRIBUTIVEMENT. adv. T. Log. Dans un sens distributif. Peu us.

DISTRICT. s. m. (Pr. *distrik*) (lat. *districtus*, resserré, de *de*, et *stringere*, serrer). T. Pratiq. anc. Étendue de juridiction. *Un juge ne peut juger hors de son d.* — Fig. et fam., *Cela n'est pas de mon d.*, Cela n'est pas de ma compétence. || Autrefois, chacune des divisions principales d'un département. *Les districts sont appelés aujourd'hui arrondissements.*

DISTYLE. adj. 2 g. (gr. δίς, deux, et *style*). T. Bot. Qui a deux styles.

DISTYROL, DISTYROLÈNE. s. m. T. synonyme de *Dicinnamène.* Voy. ce mot.

DISULFONIQUE. adj. 2 g. T. Chim. Se dit des composés doublement sulfoniques, c.-à-d. des produits de substitution, contenant deux fois le groupe SO³H. — Les chlorures des acides disulfoniques, quand on les réduit par la poudre de zinc, donnent naissance aux acides *disulfiniques*, caractérisés par des groupes SO²H.

DIT. s. m. (lat. *dictum*, ce qui est dit, part. passé de *dicere*, dire). Mot, propos, sentence. Ne s'emploie guère que dans les locutions suivantes : *Un dit notable. Les dits et gestes des anciens. Les dits mémorables de Socrate.* — Prov., *Avoir son dit et son dédit.* Être susceptible de revenir sur une promesse. || T. Palais. Les faits articulés dans un procès. Les dits et les contredits. Voy. CONTREDIT.

DITA. s. m. Nom vernaculaire de l'*Alstonia scholaris*, arbre de la famille des *Apocynées.*

DITAÏNE. s f. (R. *dita*). T. Chim. Alcaloïde contenu dans l'écorce de l'*Alstonia scholaris*, arbre de la famille des *Apocynées*, connu aux Philippines sous le nom de *Dita.* L'écorce de Dita, qui est employée comme fébrifuge, contient, outre la d., un assez grand nombre de principes immédiats. Pour les séparer, on commence par épuiser cette écorce par la ligroïne. Le résidu insoluble renferme les alcaloïdes suivants :

La *Ditaïne* $C^{22}H^{28}Az^2O^4$, très soluble dans l'alcool; elle fond à 206°; elle cristallise en prismes vitreux contenant quatre molécules d'eau et présentant une réaction fortement alcaline; ses solutions se colorent à l'air en s'oxydant;

L'*Échiténine* $C^{20}H^{27}AzO^4$, poudre brune très amère, fondant au-dessus de 120°, fortement alcaline au tournesol, et donnant avec les acides des sels amorphes;

La *Ditamine* $C^{16}H^{19}AzO^2$, poudre blanche, légèrement amère, qui fond à 75° en un liquide jaune; ses sels sont très amers.

Quant à la portion soluble dans la ligroïne, elle renferme un certain nombre de principes neutres, qui sont :

L'*Échicaoutchine* $C^{25}H^{40}O^2$, sorte de résine élastique, susceptible de se dissoudre en se gonflant dans le chloroforme et le benzène;

L'*Échicérine* $C^{30}H^{48}O^2$, cristallisable, fusible à 175°, très soluble dans l'éther, le benzène et le chloroforme;

L'*Échitine* $C^{31}H^{52}O^2$, moins soluble que la précédente, cristallisant en lamelles blanches, fusibles à 172°;

L'*Échitéine* $C^{42}H^{70}O^2$, cristallisable et sublimable, se liquéfiant à 195° et ne se solidifiant ensuite qu'à 168°;

L'*Échirétine* $C^{38}H^{56}O^2$, masse amorphe, translucide, fusible à 52°.

DITAMINE. s. f. T. Chim. Alcaloïde contenu en très faible quantité dans l'écorce de Dita. Voy. DITAÏNE.

DITASSA. s. m. (gr. δίς, deux fois; τάσσω, je range). T. Bot. Genre de plantes de la famille des *Asclépiadées.*

DITAXION. s. m. (gr. δίς, deux; τάξις, rangée). T. Bot. Nom donné aux fruits capsulaires à deux rangs de logos.

DITÉRÉBENTHYLE. s. m. T. Chim. (R. *di*, préf., et *térébenthyle*). Hydrocarbure ayant pour formule $C^{20}H^{30}$, contenu dans les huiles de résine qui proviennent de la distillation sèche de la colophane. C'est un liquide huileux, incolore, dextrogyre, qui bout vers 335°. Il s'unit avec violence au brome. Exposé à l'air, il absorbe de l'oxygène et devient poisseux.

DITÉRÉBENTHYLÈNE. s. m. (R. *di*, préf., et *térébenthylène*). T. Chim. Hydrocarbure répondant à la formule $C^{20}H^{28}$, contenu en petite quantité dans l'huile de résine. Il est liquide, incolore, de consistance oléagineuse et épaisse; il bout vers 350°.

DITÉTRAÈDRE. adj. T. Minér. Qui présente deux tétraèdres.

DITHIONIQUE. adj. 2 g. (gr. δίς, deux fois; θεῖον, soufre). T. Chim. L'acide *dithionique* est identique avec l'acide hyposulfurique. Voy SOUFRE.

DITHYRAMBE. s. m. διθύραμβος, surnom donné à Bacchus à cause de sa double naissance, παρὰ τὸ δύο θύρας (βῆναι). Sorte de poème lyrique qui se distingue de l'ode par un enthousiasme plus impétueux, et par l'irrégularité des mesures et des stances. *Le d. de Delille sur l'immortalité de l'âme.* || Par ext. Louanges enthousiastes. — Voy. CHOEUR.

DITHYRAMBIQUE. adj. 2 g. Qui est de la nature du dithyrambe. *Poésie d. Chant d.*

DITHYRE. adj. 2 g. (gr. δίς, deux; θύρα, porte). T. Zool. Qui est formé de deux valves.

DITO ou **DITTO** (ital. *dito*, dit.) Mot invariable qui s'emploie dans les écritures de commerce, dans le même sens que le mot lat. *Idem*, pour signifier que la marchandise dont on parle est de même espèce que celle qui vient d'être nommée. *Vingt balles de coton à tant; trente dito, à tant.*

DITOLYLE. s m T Chim. Synonyme de *Bicrésyle* Voy. ce mot.

DITOME adj 2 g. (gr. δὶς, deux; τομή, coupure). T. Hist. nat. Qui est fendu en deux, bivalve.

DITON. s. m. (ital. *ditono*). T. Mus. Intervalle composé de deux tons, ou d'un ton et d'un demi-ton.

DITRIGLYPHE. s m. (R. *di*, préf., et *triglyphe*). T. Archit. Espace compris entre deux triglyphes, dans l'ordre dorique.

DITRINOME. adj. 2 g. (gr. δὶς, deux; τρὶς, fois; νόμος, loi). T. Minér. *Cristal d.*, Cristal produit par trois lois de décroissement, qui agissent chacune sur deux points différents.

DITROCHÉE. s. m. [Pr. *ditro-ché*] (R. *di*, deux, et *trochée*). T. Mét. anc. Pied de vers composé de deux trochées.

DITROPE. adj. 2 g. (gr. δὶς, deux; τροπή tour). T. Bot *Ovule d.*, Ovule dont le funicule décrit un tour de spire venant placer l'ovule dans la position d'un ovule droit. Inus.

DITTO. Voy. DITO.

DIU (île), dans le golfe d'Oman, au sud de la presqu'île de Goudjerat; 13,000 hab. Au Portugal.

DIURÈSE. s. f. (lat. *diuresis*; gr. διούρησις, m. s., de διὰ, à travers; οὔρησις, action d'uriner). T. Méd. Excrétion abondante d'urine.

DIURÉTINE. s. f. (R. *diurétique*). T. Méd. Nom donné à un produit qui n'est autre chose qu'un mélange de salicylate de soude et de théobromine.

DIURÉTIQUE. adj. 2 g. et s. m. (gr. διουρητικὸς, m. s., de διὰ, à travers, et οὐρεῖν, uriner). T. Méd. On désigne sous le nom de *Diurétiques* les aliments et les boissons qui ont la propriété d'augmenter la sécrétion urinaire. Une multitude de médicaments ont été préconisés comme tels, mais l'expérience en a fait ou en fait chaque jour justice. L'eau étant le véhicule ordinaire de presque tous ces médicaments, les prétendus diurétiques dont nous parlons n'augmentent la sécrétion urinaire que parce qu'ils sont administrés dissous dans une grande quantité d'eau et paraissent n'avoir aucune action spéciale sur le rein. La diurèse qui accompagne leur administration n'est qu'un effet secondaire, leur action primitive s'exerçant soit sur l'organe central de la circulation dont ils diminuent l'énergie, soit sur le sang lui-même dont ils diminuent la plasticité. Les diurétiques sont donc ou des médicaments sédatifs, ou de véritables altérants. Dans la première catégorie se placent la digitale, le colchique, les griffes d'asperge, etc.; dans la seconde, viennent se ranger le nitrate de potasse, les sels neutres alcalins, etc.

Les tisanes diurétiques les plus usitées sont : l'*uva ursi*, la fleur de genêts (qui doit son activité à la spartéine), l'*arenaria rubra*, les stigmates de maïs, les queues de cerises (action des plus douloureuses), le chiendent (également peu actif). La diète lactée constitue le prototype de la médication diurétique.

DIURNAL. s. m. (lat. *diurnalis*, journalier, de *diurnus*, diurne). Livre de prières qui contient l'office canonial de chaque jour, à l'exception des matines et quelquefois des laudes. || Récit de ce qui se fait jour par jour.

DIURNE. adj 2 g. (lat. *diurnus*, m. s., de *dies*, jour). Qui se fait dans un jour. || T. Astron. Qui a rapport au jour pris comme mesure du temps. *Cercle d. Mouvement d. de la terre, des étoiles* ou *du ciel.* Voy. CONSTELLATION, MOUVEMENT DIURNE, TERRE. — *Arc d.* Voy. ARC. || Qui a lieu pendant le jour, par opposit. à la nuit. *Dans cette maladie, les paroxysmes sont habituellement diurnes.* — T. Bot. *Plantes* ou *fleurs diurnes*, Qui fleurissent le jour. — T. Zool. *Animaux diurnes*, Ceux qui sortent de leur retraite, qui cherchent leur proie durant le jour; se dit surtout en parl. de certains oiseaux de proie et de certains Lépidoptères.

|| *Actes diurnes*, Qui rapportent les choses passées dans la journée. Voy. JOURNAL.

Syn. — *Journalier, Quotidien.* — Ce qui est *diurne* revient régulièrement chaque jour et en occupe toute la durée, soit qu'on entende par là une révolution de 24 heures, soit qu'on ne désigne que la partie de cette révolution pendant laquelle le soleil ou une étoile est au-dessus de l'horizon. Ce qui est *quotidien* revient chaque jour, mais sans occuper une durée déterminée, et sans autre régularité que celle du retour. Ce qui est *journalier* se répète à peu près tous les jours, et varie également en durée : son retour n'est pas absolument régulier. Ainsi, nous demandons à Dieu notre pain *quotidien*, parce que nos besoins, soit temporels, soit spirituels, renaissent en effet chaque jour; mais on fait quelquefois trève à ses occupations *journalières* pour se reposer ou se distraire. Enfin, *diurne* est un terme didactique; *quotidien* et *journalier* appartiennent au langage ordinaire.

DIURNES. s. m. pl. T. Entom. Depuis Latreille, on désigne sous le nom de *D.* un groupe très nombreux de Lépidoptères qui répond à l'ancien genre *Papilio* de Linné, d'où le terme de *Papilionides* sous lequel il est encore décrit. — Les *Diurnes* sont les seuls, parmi les Lépidoptères, où le bord extérieur des ailes inférieures n'offre point une soie roide, écailleuse, ou une espèce de frein, pour retenir les deux supérieures; celles-ci, et même le plus souvent les autres aussi, sont élevées perpendiculairement dans le repos; les antennes sont ordinairement terminées par un renflement en forme de bouton ou de petite massue; quelquefois, cependant, elles sont presque de même grosseur. Ils ont une trompe cornée plus ou moins longue et toujours roulée en spirale dans le repos. Enfin, leur corps est généralement peu velu, petit relativement aux ailes, et présente en outre un rétrécissement notable entre le corselet et l'abdomen. La présence d'antennes en massue a fait donner à ces Lépidoptères le nom de *Rhopalocères* (ῥόπαλον, massue, et κέρας, corne) par Boisduval, et l'absence de frein aux ailes inférieures leur a fait donner, par Blanchard, celui d'*Achalinoptères* (α, privatif, χαλινὸς, frein, et πτερὸν, aile); le premier de ces noms est encore souvent employé. — A ces caractères tirés de l'insecte parfait viennent se joindre ceux fournis par les premiers états. Les chenilles des Diurnes ont 16 pattes et se métamorphosent généralement à l'air libre, c.-à-d. sans se renfermer dans des coques, excepté dans la famille des Hespérides et quelques genres de celles des Equitides et des Piérides, où elles s'enveloppent d'un léger réseau avant de se transformer en chrysalides. Dans ce cas, celles-ci ont des formes arrondies, tandis que toutes les autres sont plus ou moins anguleuses et sont suspendues, tantôt parallèlement au plan de position, et tantôt perpendiculairement à l'horizon.

« Ainsi que l'indique leur nom, les Diurnes ne volent que pendant le jour; encore faut-il pour cela, dit Duponchel, que le soleil ne soit obscurci par aucun nuage. Excepté quelques espèces, ils ne se montrent que pendant les heures les plus chaudes de la journée, c.-à-d. de 11 heures à 3 heures. Organisés essentiellement pour s'abreuver du nectar des fleurs, c'est un charmant spectacle que de les voir voltiger de l'une à l'autre, dérouler leur longue trompe et la plonger dans les corolles dont l'éclat est presque toujours effacé par celui de leurs ailes. Cependant, la plupart des Nymphalides préfèrent au suc miellé des fleurs la partie fluide des excréments des animaux, et même de leurs cadavres en putréfaction; quelques espèces du genre Vanesse sucent avec avidité les fruits pourris et les liquides sécrétés par les plaies des arbres. Quant aux localités qu'ils habitent, elles varient suivant les familles ou les genres, et même suivant les espèces : en général, cependant, ce sont les contrées boisées et incultes qui en recèlent le plus. Enfin, comme dans tous les insectes des autres ordres, ce sont les régions à la fois les plus chaudes et les plus humides qui produisent les Lépidoptères diurnes les plus grands et les plus beaux, témoin ceux des Moluques, du Brésil et de la Guyane.

Les espèces comprises dans la division des Lépidoptères diurnes sont tellement nombreuses qu'il a fallu la subdiviser elle-même en un assez grand nombre de familles. Le tableau placé à la fin de cet article indique les diverses coupes établies par Boisduval dans cette division jusqu'aux familles inclusivement.

1° Les *Equitides* se distinguent par leurs ailes postérieures dont le bord abdominal est replié, et ne forme pas de gouttière pour recevoir l'abdomen. — Le genre *Papillon* (*Papilio*) renferme plus de 250 espèces toutes de grande taille; le prolongement qui existe ordinairement à leurs ailes postérieures leur a valu la dénomination vulgaire de *Porte-Queue*. Trois espèces seulement habitent notre pays. Le *Pap. Machaon* (Fig. 1), qui est aussi appelé *Grand porte-queue* et *Pap. à*

queue du fenouil, a les ailes jaunes avec des taches et des raies noires: les ailes postérieures sont prolongées en queue, et ont près du bord postérieur des taches bleues, dont une en forme d'œil avec du rouge à l'angle interne. Sa chenille qui est verte, avec des anneaux noirs, ponctués de rouge, vit sur la carotte et sur le fenouil. Sa chrysalide (Fig. 2) est *succincte* (voir le tableau à la fin de l'article): elle est d'un gris

verdâtre avec une bande latérale jaune. Le *Podalire*, nommé vulgairement le *Flambé*, est d'un jaune très pâle, avec les ailes traversées par des bandes noires: les postérieures ont des queues très longues. L'*Alexanor* a le dessus des ailes d'un jaune d'ocre pâle, avec une bordure noire et 4 lignes transverses de la même couleur: on ne le trouve que dans les Hautes et Basses-Alpes. — Le type du genre *Doritis* est l'*Apollon* (D. *Apollo*), qui est assez répandu dans les montagnes alpines de la France. Il a 10 à 12 centim. d'envergure; ses ailes sont blanches tachetées de noir, les inférieures ont 4 taches blanches bordées d'un cercle rouge et un cercle noir. Sa chenille est d'un noir velouté, avec des points d'un jaune orangé et des mamelons bleuâtres: elle vit sur les orpins et les saxifrages. Nous avons encore chez nous le *Phœbus* et la *Mnémosyne*, qui habitent les mêmes régions. — Les espèces du genre *Thaïs* habitent les régions qui circonscrivent le bassin de la Méditerranée. Le *Th. Hypsipyle* a les ailes jaunes, tachetées de noir, avec le limbe terminal noir et longé par une ligne jaune en feston: le dessous des inférieures est veiné de rouge fauve. Nous mentionnerons encore le *Thaïs Médésicaste* et le *Th. Rumina*, qui sont également indigènes. — Les autres genres de la famille sont exotiques.

2° Les *Piérides* diffèrent des précédents en ce que le bord abdominal de leurs ailes postérieures est aplati et forme une

gouttière pour recevoir l'abdomen. — Le genre *Piéride* proprement dit est extrêmement nombreux en espèces. Il a pour type la *P. du chou* (*Pieris brassicæ*), qui a les ailes blanches avec une bordure noire. Le dessus des ailes supérieures de la femelle a, en outre, 3 taches noires, dont deux rondes et une en forme de raie. Sa chenille est d'un cendré bleuâtre,

avec 3 raies jaunes, longitudinales, séparées par des points noirs tuberculeux, de chacun desquels s'élève un poil; elle vit principalement sur le chou cultivé. Sa chrysalide est verdâtre tachetée de noir, avec les côtés et l'arête du dos jaunes Cette espèce est très nuisible à nos jardins potagers. Il en est de même de la *P. de la rave* et de la *P. du navet*. Le *Gazé* ou la *P. de l'alizier*, dont la chenille vit aussi sur le prunier, le cerisier et le poirier, fait également de grands ravages dans nos vergers Le genre *Anthocharis*, formé aux dépens du précédent, a pour type l'*Anth. du cresson* (Fig. 3), appelé vulgairement *Aurore*, à cause de la grande tache aurore qui orne les ailes supérieures du mâle; les ailes postérieures dans les deux sexes sont parsemées de taches vertes. Les *Anth. Belia, Ausonia* et *Euphéno* sont répandus dans le midi de la France; ce dernier lépidoptère est fort connu sous le nom vulgaire d'*Aurore de Provence*. — Le *Blanc de lait* ou *Pap. de la moutarde* est le type du genre *Leucophasie*. Cette espèce a les ailes minces, blanches, avec une tache noire et ronde au-dessus et au sommet des supérieures. — Le genre *Coliade* (Colias) nous offre, en espèces indigènes, le *Soufre* (Col. Hyale), le *Souci* (Col. edusa) et le *Paléno* (Col. Paleno) La première est très commune, en mai et juillet, dans nos champs de luzerne. — Dans le genre *Gonopterix*, nous citerons le *Gon. du nerprun*, vulgairement appelée *Citron*, à cause de la couleur des ailes chez le mâle: chez la femelle, elles sont d'un blanc verdâtre, dans les deux sexes leur milieu offre un point orangé en dessus, ferrugineux en dessous. — Les autres genres ne renferment pas d'espèces indigènes

3° La famille des *Euménides* ne comprend que le seul g.

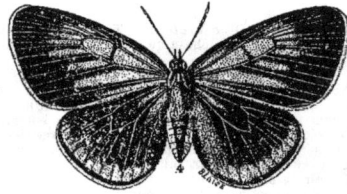

Eumenia dont le type, l'*Euménie Minifas* (Eum. toxea) [Fig. 4] habite Cuba.

4° Dans celle des *Lycénides*, trois genres seulement, les genres *Lycène, Thécla* et *Polyommate*, renferment des espèces indigènes. L'espèce type du premier est la *Lycène Ado-*

nis (Fig. 5. — 6. La même, les ailes relevées pour montrer les 6 pattes), vulgairement appelée *Argus bleu céleste*, qui est assez commune dans les prairies et les clairières des bois. Ce papillon a les ailes entières; le dessus est d'un bleu azuré dans le mâle, d'un brun noirâtre dans la femelle, avec une frange entrecoupée de blanc et de noir; le dessous est brunâtre, avec la base verdâtre, une multitude de points ocellés et une bande marginale de lunules fauves. — Dans le genre *Thécla*, qui comprend les *Petits porte-queue* de Linné, nous nous contenterons de nommer le *Thécla de la ronce*, qui a le dessus des ailes d'un brun noirâtre luisant, et le dessous vert, avec une ligne transverse de taches blanches, et le bord postérieur ferrugineux. — Les *Polyommates*, dont nous avons une douzaine d'espèces européennes, ont en général le fond des ailes d'une couleur d'or rougeâtre. Il nous suffira de citer le *Pol. phlœas* ou *Argus bronzé*, et le *Pol. de la verge d'or* ou *Argus satiné*. Dans le premier, le dessus des premières ailes est d'un fauve brillant, avec des taches noires; le dessous est fauve avec des taches ocellées. Quant aux ailes inférieures, le dessus est d'un brun noirâtre, avec une bande fauve crénclée, et le dessous est d'un cendré brunâtre avec des points noirâtres, et une ligne marginale rougeâtre. — Les autres genres de la fam. sont exotiques.

5° Tous les genres qui composent la famille des *Erycinides*. (Fig. 7. *Erycine de Morisse*), sont propres à l'Amérique méri-

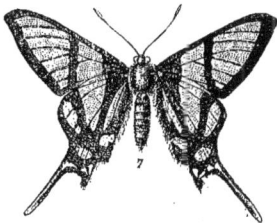

dionale. Le genre *Hamearis* ou *Nemeobius*, seul est européen ; mais il ne comprend qu'une seule espèce, l'*Ham. Lucine*, qui a les ailes fauves, entrecoupées de taches jaunes et disposées en séries transversales. Cette espèce se trouve dans nos forêts.

6° Les *Péridromides* se composent du seul genre *Péridro-*

mic (Fig 8. *Périd. féronic*), dont toutes les espèces habitent l'Amérique méridionale.

7° La famille des *Danaïdes* ne renfermant aucun genre

européen, nous citerons seulement la *Danaïde Archippe* (Fig. 9), qui habite l'Orient.

8° Les *Héliconides* ne se composent également que d'es-

pèces exotiques ; le genre *Héliconie* surtout renferme un grand nombre de belles espèces aux couleurs vives et variées

(Fig. 10. *Hél. Érato*) : toutes sont propres à l'Amérique méridionale.

9° Les *Nymphalides* sont surtout caractérisés par leurs ailes postérieures à cellule discoïdale ouverte et à bord interne creusé en gouttière pour recevoir l'abdomen, par leurs palpes longs et entièrement garnis d'écailles, et par leurs jambes antiques. On peut les partager en 2 tribus, les *Argynniens* qui ont la massue des antennes courte et aplatie,

quelquefois ovoïde, et les *Nymphaliens*, chez lesquels la massue des antennes est allongée, peu épaisse et se confond insensiblement avec la tête. — A. Parmi les premiers, nous citerons seulement les genres *Argynne*, *Mélitée* et *Vanesse*, qui renferment des espèces indigènes. Les *Argynnes* ont les ailes légèrement dentées, fauves avec des taches noires. On leur donne communément le nom de *Nacrés*, parce que la plupart offrent à la surface inférieure de leurs ailes des taches imitant complètement l'argent. Ce sont de beaux papillons, au vol rapide, qui n'habitent que les bois . leurs chenilles, qui sont épineuses, vivent pour la plupart sur les violettes. Les espèces les plus répandues chez nous sont l'*Arg. Paphia*, vulgairement appelée *Tabac d'Espagne*, l'*A. Aglaïa* ou *Grand nacré*, l'*A. Lathonia* ou *Petit nacré*, l'*A. Euphrosine* ou *Collier argenté*. — Dans le genre *Mélitée*, les ailes sont également fauves et ornées de dessins noirs en dessus; mais le dessous est privé de taches d'argent. L'espèce type est le *Damier* (*Mel. Athalia*), qui est commun aux environs de Paris. — Le type du genre *Vanesse* est le *Paon du jour* (*Vanessa Io*) [Fig. 11], l'un de nos plus beaux papillons. Le dessus de ses ailes est d'un rouge ferrugineux avec un grand œil bleu à chacune ; en outre, les supérieures offrent 2 bandes noires, courtes, obliques et séparées par du jaune, et leur œil est coupé trans-

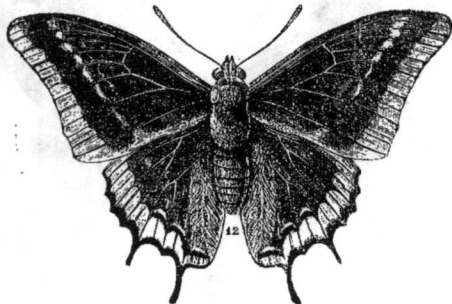

versalement par une ligne de points blancs. Sa chenille est d'un noir luisant, chargée d'épines simples avec des points d'un blanc bleuâtre, et sa chrysalide est brune avec des taches dorées et un double rang d'épines coniques penchées en arrière. Le Vulcain (Van. Atalanta) est remarquable par ses ailes noires que traverse une bande d'un rouge éclatant. Nous nous contenterons de nommer encore le Morio (V. Antiopa), la Belle-Dame (V. cardui), la Grande Tortue (V. polychloros), la Carte géographique fauve (V. Levana), le Robert-le-Diable ou le Gamma (Van. C.-album), etc. — B Dans la seconde tribu des Nymphalides nous remarquerons d'abord le genre Charaxes, qui a pour type le Jasius (Ch. Jasius) [Fig. 12. — 13. Chrysalide suspendue du même]. Ce papillon habite chez nous partout où croît l'arbousier. Le dessus de ses ailes est d'un brun noirâtre chatoyant, avec une bande de taches et le limbe postérieur d'un jaune fauve. Sa chenille a le corps chagriné et d'un vert tendre, avec une ligne longitudinale sur chaque côté et 4 points orangés sur le dos ; 4 cornes à extrémité rougeâtre surmontent sa tête. La chrysalide est lisse, grosse, carénée et d'un vert pâle. — Le genre Nymphale (Nymphalis) ne renferme que deux espèces européennes, le Grand Mars (N. Iris) et le Petit Mars (N. Ilia). Les ailes du premier sont d'un brun noirâtre, avec reflet violet changeant chez le mâle : des taches blanches

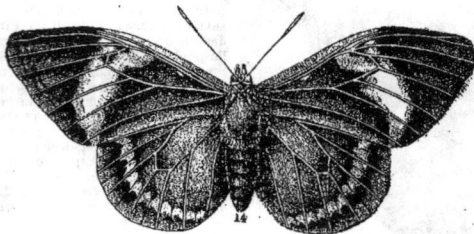

ornent les supérieures, et une bande unidentée les inférieures. Le second présente deux variétés principales, l'une analogue à la précédente, appelée Petit Mars changeant, et l'autre Petit Mars orangé à cause de la couleur de ses

taches. — Le genre Limenitis, démembré du précédent, renferme le Grand Sylvain ou Papillon du peuplier (Lim. populi), et le Petit Sylvain (Lim. Sibylla). La chenille de ce dernier vit sur le chèvre-feuille. — Le Sylvain cénobite ou Lucille, aux ailes noirâtres et tachetées de blanc, est le type du genre Neptis. Cette espèce (N. lucilla) se trouve dans le sud-est de la France. — Les autres genres de la famille sont exotiques.

10° La famille des Brassolides est constituée par le genre Brassolide (Brassolis), qui ne se compose lui-même que de quelques espèces propres au Brésil (Fig. 14. Brassolide du sophora). Suivant Stoll et Mérian, les chenilles de ces espèces vivent en sociétés nombreuses, dans un tissu serré qu'elles se fabriquent, et d'où elles ne sortent que la nuit pour manger.

11° C'est à la famille des Morphides qu'appartiennent les plus grands et les plus beaux papillons diurnes, mais les genres qui la composent sont tous exotiques. Nous citerons, comme type de cette famille, le Morpho Elénor[4] (Fig. 15), dont les vives couleurs brillent d'un éclat métallique.

12° Les Satyrides ont les antennes grêles et ordinairement fusiformes, et les palpes contigus et redressés. Leurs ailes antérieures présentent souvent des nervures dilatées et comme vésiculeuses. Le genre Satyre est fort nombreux en espèces indigènes. Le Sat. Hermione, appelé vulgairement Sylvandre (Fig. 16, les ailes relevées pour montrer les 4 pattes), a les ailes dentées, d'un brun noi-

râtre à reflet verdâtre, ayant de part et d'autre une bande blanchâtre commune : celle des supérieures avec deux yeux écartés, celle des inférieures avec un seul. — Les Erébias, vulgairement appelés Satyres nègres, à cause de leur couleur brune ou noirâtre, habitent surtout les lieux montueux. Nous citerons comme type l'Erebia blandina ou Sat. æthiops, à ailes d'un brun noir ayant en dessus une bande ferrugineuse chargée de 3 ou 4 yeux, le dessous des inférieures offre

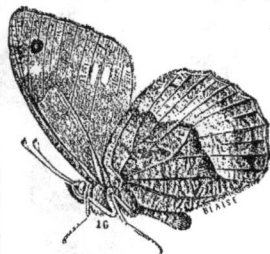

une bande sinueuse d'un cendré luisant avec des points blancs très petits et cerclés de noir. — Les Argés sont remarquables par leurs ailes blanches ornées de dessins noirs : tels sont la Psyché (Arge

Psyche), et le *Demi-Deuil* (*A. Galathea*), qui se trouvent dans nos départements du Midi.

13° La famille des *Biblides* n'a pas de représentant en Eu-

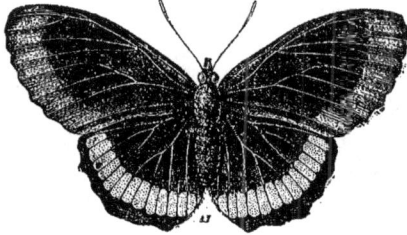

rope; la *Biblis Thadana* (Fig. 17) habite le Brésil et l'île Saint-Thomas.

14° Une espèce unique, la *Libythée du micocoulier* (*Libythea cellis*) [Fig. 18] constitue la famille des *Libythéides*, que l'on réunit quelquefois à celle des Nymphalides. Ce papil-

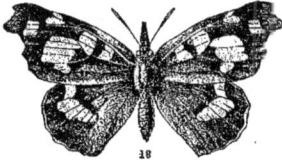

lon a les ailes d'un brun noirâtre chatoyant; le dessus des supérieures est marqué de 4 taches fauves et rie blanche, et celui des inférieures offre une bande fauve, courte et flexueuse près du sommet.

15° Les *Hespérides* sont représentés chez nous par un assez grand nombre d'espèces. — Dans le genre *Hespérie*, nous citerons le *Sylvain* (*Hesperia Sylvanus*), qui est très commun dans toute l'Europe. Ce papillon a les ailes d'un fauve obscur, avec plusieurs taches jaune pâle, une isolée et les autres en séries transversales. — Le type du genre *Pamphila* ou *Sterope* est le *Pamphila Aracynthus*, vulgairement appelé *Miroir* (Fig. 19. — 20. Chrysalide enroulée du même). Il a des ailes d'un brun noirâtre chatoyant, avec le sommet des supérieures tacheté de jaune: chez la femelle, le dessus des inférieures offre 4 taches jaunes, dont une centrale. — Le type du g. *Syrichtus* est le *Syr. de la mauve*. Il a les ailes dentées, d'un brun noirâtre en dessus, avec des taches et des mouchetures blanches; le bord postérieur est entrecoupé de taches de cette couleur. Sa chenille, qui est grise, avec la tête noire et 4 points jaunes sur le premier anneau, vit sur les Malvacées, dou. elle réunit les feuilles en une sorte de paquet ovalaire, au ri lieu duquel elle se métamorphose. — Dans le genre *Thymélé*, il nous suffira de nommer le *Th. Tagès*, vulgairement appelé la *Grisette*, dont les ailes d'un brun noirâtre offrent une série marginale de points blancs; 2 bandes transverses d'un cendré pâle marquent, en outre, le dessus des supérieures.

1re SECTION. Chrysalide attachée par la queue et par un lien transversal en forme de ceinture. SUCCINCTS. (Fig. 2)

- 6 pattes dans les 2 sexes; chenilles allongées. . . **1. Équitides.**
- 6 pattes dans les 2 sexes; chenilles très raccourcies. . . **2. Piérides.**
- . . . **Euménides.**
- . . . **Lycénides.**
- 4 pattes dans les mâles et presque toujours 6 dans les femelles; chenilles raccourcies. . . . . . **5. Érycinides.**
- 4 pattes dans les 2 sexes; chenilles allongées. . . **3. Péridromides.**

2e SECTION. Chrysalide suspendue seulement par la queue. SUSPENDUS. (Fig. 43)

- Crochets des tarses simples; 4 pattes dans les 2 sexes. . . **7. Danaïdes. 8. Héliconides.**
- Crochets des tarses bifides; 4 pattes dans les 2 sexes, excepté dans les Lybithéides, dont les femelles ont 6 pattes. . . . . **9. Nymphalides. 10. Brassolides. 11. Morphides. 12. Satyrides. 13. Biblides. 14. Libythéides.**

3e SECTION. Chrysalide renfermée dans une coque. ENROULÉS. (Fig. 20)

- 6 pattes dans les 2 sexes; chenilles à col étranglé. **15. Hespérides.**

Pour la Paléontologie, voy. LÉPIDOPTÈRES.

DIVA. ad. et s. f. Mot ital. qui sign. divine et dont on se sert quelquefois en parlant d'une cantatrice. = Subst. *Une diva*, Une chanteuse célèbre.

DIVAGATEUR, TRICE. adj. Qui divague, dont l'esprit se laisse aller aux divagations.

DIVAGATION. s. f. [Pr... sion] T. Jurisprud. Action de laisser divaguer. *La d. des animaux malfaisants est punie d'une amende.* || Fig., dans le langage ordinaire, Action de s'écarter du sujet que l'on traite; les discours que l'on tient alors. N'est guère usité qu'au plur. *Se perdre dans des divagations. Ses divagations sont parfois amusantes.*

DIVAGUER. v. n. (lat. *divagari*, m. s., de *di*, préf., et *vagari*, errer). Errer çà et là; se dit des animaux malfaisants, des fous et des furieux livrés à eux-mêmes par l'imprudence ou la négligence de ceux qui devraient les surveiller. *Laisser d. un furieux.* || Fig., dans le langage ordinaire, S'écarter du sujet qu'on traite. *Il ne fait que d.*

DIVAGUEUR, EUSE. s. Celui, celle qui divague.

DIVAN. s. m. (turc *diouan*, assemblée, mot d'origine perse). En Turquie, on désigne sous le nom de *D. impérial* le conseil suprême de l'empire. Il est présidé par le grand vizir, est se compose des ministres, ainsi que du grand mufti et de quelques fonctionnaires supérieurs. — En outre, le grand vizir, les gouverneurs généraux de provinces, etc., ont aussi leurs *divans particuliers* qui se tiennent à jour fixe. Il en est de même des patriarches des quatre grandes communautés, grecque, juive, arménienne et arménienne-unie, relativement aux droits de judicature dont ces personnages sont investis à l'égard de leurs coreligionnaires.

Comme les Orientaux, et les Turcs en particulier, font usage, dans leurs réunions de tous genres, non de sièges mobiles, mais d'une espèce d'estrade couverte de coussins et placée contre la muraille, ce mot de *Divan* a passé dans notre langue pour désigner une sorte de sofa ou de canapé muni de coussins et sans dossier.

Le même terme sert encore, chez les Arabes, les Turcs et les Persans, à désigner des recueils littéraires qui renferment les œuvres de certains auteurs: c'est ainsi qu'on dit le *Divan de Hafiz*, le *D. de Djelaleddin Roumi*, etc.

DIVANY. s. m. (R. *divan*.) Nom d'une manière particulière d'écrire les caractères arabes. Ce genre d'écriture est usité chez les divers peuples qui emploient ces derniers. En Turquie, les firmans, ainsi que les pièces émanées des bureaux publics, sont toujours écrits en divany.

DIVARICATION. s. f. [Pr... sion] (R. *divariquer*). Action d'écarter deux parties qui se joignent; résultat de cette action.

DIVARIQUÉ, ÉE. adj. (lat. *divaricatus*, écarté, de *di*, et *varicare*, écarter les jambes). T. Bot. Se dit des rameaux ou des pédoncules qui, de leur point d'insertion, s'étendent dans tous les sens en formant des angles très ouverts.

DIVE adj. f. (lat. *diva*, divine.) Vieux mot qui signifie Divine *La d. bouteille.* || T. Myth. orient. Sorte de fée.

DIVELLENT, ENTE. adj. [Pr... divèl-lan] (latin *divellere*, arracher). T. Chim. Se disait de l'affinité d'un corps qui tend à en arracher un autre à une combinaison dans laquelle ce dernier est engagé. Inus. aujourd'hui.

DIVERGENCE. s f Action de diverger. || T. Géom et Phys. Situation de deux lignes, de deux rayons, etc., qui vont en s'écartant. || Fig., Différence. *D. d'opinions. Il y a une grande d. dans leur manière de voir.*

DIVERGENT, ENTE. adj. Qui diverge. || T. Math. et Phys. se dit, par oppos. à *Convergent*, des lignes, des rayons, etc , qui vont en s'écartant l'un de l'autre, à partir d'un même point. *Rayons divergents.* || T. Bot. Se dit des parties qui s'écartent en partant d'un centre commun. *Rameaux divergents. Nervures divergentes.* || Fig., *Des opinions divergentes. Principes divergents.*

DIVERGENTIFLORE. adj. T. Bot. Dont les fleurs sont divergentes.

DIVERGER. v. n. (lat. *di*, préf. sépar. ; *vergere*, tourner). Se dit de deux ou plusieurs lignes, rayons, rameaux, etc., qui s'écartent l'un de l'autre en partant d'un même point. *Ces deux lignes divergent. Aller en divergeant.*

DIVERGI-NERVÉ, ÉE. adj. T. Bot. Se dit des feuilles dont les nervures divergent de la base au sommet.

DIVERS, ERSE. adj. [Pr. *diver*] (lat. *diversus*, m. s., de *di*, préf. sépar. et *versus*, tourné). Différent, dissemblable, qui est de nature ou de qualité différente. *Les d. sens d'un mot. Leurs tempéraments sont fort d. Ils sont de d. sentiments, d'opinions diverses. On continua la campagne avec des succès d. Il a essayé tour à tour des métiers les plus d.* || Plusieurs. *Il a vu diverses personnes. On lui a fait diverses propositions. A diverses fois. En d. temps. En divers lieux.*

DIVERSEMENT. adv. En diverses manières, différemment. *Les historiens en parlent d. On peut expliquer cela d. Cette nouvelle a été reçue dans le monde fort d.*

DIVERSICOLORE. adj. 2 g. (lat. *diversus*, divers; *color*, couleur.) T. Bot. Dont la couleur varie suivant les individus.

DIVERSIF, IVE. adj. Qui marque la diversité; qui opère une diversion.

DIVERSIFIABLE. adj. Qui peut être diversifié, qui est susceptible de diversité.

DIVERSIFICATION. s. f. [Pr. ...*sion*]. Action de diversifier.

DIVERSIFIER. v. a. (lat. *diversus*, divers, et le suff. *ficare*, faire). Varier de plusieurs façons. *D. les mots. D. les attitudes des figures dans un tableau. D. ses études, ses exercices. D. la conversation. Il a diversifié son poème par d'heureux épisodes.* = SE DIVERSIFIER. v. pron. *Ce plan peut se d. de mille manières.* = DIVERSIFIÉ, ÉE. part.

DIVERSIFLORE. adj. 2 g. (lat. *diversus*, divers; *flos, floris*, fleur). T. Bot. Dont les fleurs ont une grande variété de formes et de couleurs.

DIVERSIFOLIÉ, ÉE. adj. (lat. *diversus*, divers; *folium*, feuille). T. Bot. dont les feuilles ont des formes variables.

DIVERSIFORME. adj. 2 g. (lat. *diversus*, divers; *forma*, forme.) T. Hist. nat. Dont la forme est variable.

DIVERSION. s. f. (lat. *diversio*, m. s., de *di*, préf. sépar. et *versio*, action de tourner). Action par laquelle on détourne, ou le résultat de cette action ; se dit au prop. et au fig. *Afin de faire d. il simula une attaque sur la gauche. Comme je vis que la dispute s'échauffait, je parlai d'autre chose afin de faire d. L'étude fera d. à votre douleur. Ce fut pour nous une utile d.*

DIVERSISPORÉ, ÉE. adj. (R. *divers* et *spore*). T. Bot. Qui contient des graines de diverses formes.

DIVERSITÉ. s. f. (lat. *diversitas*, m. s., de *diversus*, divers). Variété, différence. *D. de religion, de langue, de*

mœurs. *D. d'objets, d'occupations, d'esprits, d'humeurs, d'opinions. Quelle d. dans les opinions des hommes ! Il y a une grande d. dans leurs caractères. Une agréable d.* = Au plur *Tant de diversités d'opinions.* Syn Voy. DIFFÉRENCE et DISTINCTION.

DIVERTICULE. s. m. T. Anat. On appelle ainsi certains organes ou appendices creux que l'on suppose servir de réservoir momentané pour certaines substances. *La rate est regardée par certains auteurs comme un d. destiné à recevoir l'excès du sang pendant la digestion.*

DIVERTIR. v. a. (lat. *divertere*, de *di*, préf., et *vertere*, tourner). Détourner, distraire. *D. quelqu'un d'un travail, d'un dessein.* Vieux ; on dit Détourner. || Soustraire, s'approprier illégitimement. *Il a diverti des effets de la succession. On l'accuse d'avoir diverti les fonds qui lui étaient confiés.* — *D. des fonds, une somme, etc.*, se dit quelquefois pour les appliquer à un usage différent de celui auquel ils étaient destinés. || Désennuyer, amuser. *Il faut tâcher de le d. Cette histoire nous a fort divertis.* = SE DIVERTIR. v. pron. Se réjouir, prendre du plaisir. *Ces jeunes gens se divertissent à jouer de la paume. Allons, divertissons-nous. Nous nous sommes bien divertis. Vous voulez vous divertir à mes dépens. Se d. aux dépens de quelqu'un,* S'amuser en se moquant de lui. = DIVERTI, IE. part. *Somme divertie. Deniers, fonds, effets divertis.* N'est guère usité que dans ce sens. = Syn. Voy. DÉTOURNER.

DIVERTISSABLE. adj. Néol. Qu'on peut divertir.

DIVERTISSANT, ANTE. adj. Qui divertit, qui réjouit. *Ce spectacle est fort d. C'est un homme très d. Je ne vois là rien de bien d.*

DIVERTISSEMENT. s. m. (R. *divertir*). Récréation, plaisir, amusement. *La chasse est pour lui un grand d. La musique était son unique d. Les divertissements du carnaval.* || T. Théâtre. Intermède de musique ou de chant intercalé dans une pièce de théâtre. *Le d. du Bourgeois gentilhomme.* || T. Musiq. Au commencement de ce siècle, on nommait ainsi des morceaux de musique, d'un genre facile et léger, composés pour un ou plusieurs instruments. || *D. de deniers, de fonds,* L'action de se les approprier ou de les détourner de l'emploi auquel ils étaient destinés. *Le d. des effets d'une succession,* Leur détournement frauduleux. = Synon. Voy. AMUSEMENT.

DIVERTISSEUR. s. m. Celui qui divertit, qui amuse.

DIVES, riv. de France qui se jette dans la Manche (Orne et Calvados). 100 kil.

DIVES, bourg maritime et commune de France (Calvados), embouchure de la Dives, point où s'embarqua Guillaume de Normandie pour la conquête de l'Angleterre; 700 hab.

DIVETTE. s. f. (Diminutif de *diva*). Cantatrice d'opérette.

DIVIDENDE. s. m. (lat. *dividendus*, qui doit être divisé, de *dividere*, diviser). T. Math. Le nombre ou la quantité qu'il s'agit de diviser. Voy. DIVISION. || T. Comm. et Fin. La portion d'intérêt et de bénéfice qui revient à chaque actionnaire d'une compagnie de commerce ou de finance. *Toucher, recevoir son d. Ce chemin de fer donne de beaux dividendes. Le d. est de tant.* || La portion afférente à chaque créancier sur la somme qui reste à partager après la liquidation d'une faillite.

DIVIDE UT IMPERES. loc. lat. signifiant *Divise pour régner*, maxime politique de tous les temps.

DIVIDIVI. s. m. Nom donné dans le commerce aux gousses astringentes du *Cæsalpinia Coriaria.* Voy. LÉGUMINEUSES.

DIVIN, INE. adj. (lat. *divinus*.) Qui est de Dieu ou d'un dieu; qui appartient à Dieu ou à un dieu. *La nature divine. Les attributs divins. La divine providence. La puissance et la miséricorde divines. La grâce divine. — Les personnes divines,* Les trois personnes de la Trinité. *Le Verbe divin,* Le Fils de Dieu. — *Les livres divins,* Les livres inspirés par Dieu. || Qui est relatif à Dieu ou à un dieu. *Le culte d. Le service d. Les Romains rendaient des honneurs divins à leurs empereurs. Déférer, décerner les honneurs divins.* || Fig., se dit de ce qui semble être au-dessus des forces de la nature. *Il y a là quelque chose de d.* — Par exag., se dit de ce qui est excellent, parfait dans son genre. *Ouvrage d. Beauté divine. Le d Platon. C'est un homme d.*

DIVINATEUR, TRICE. s. Celui, celle qui pratiquait la divination || Qui appartient à la divination.

DIVINATION. s. f. [Pr. *divina-sion*] (lat. *divinatio*, m. s., de *divinare*, prédire, de *divus*, divin). Art de découvrir l'avenir.

Hist. — I. — « Il est, dit Cicéron, une antique croyance qui remonte aux temps héroïques, et qui se trouve confirmée par le consentement du peuple romain et de toutes les nations : c'est que quelques hommes sont doués d'une certaine faculté de *divination* : les Grecs l'appellent μαντικη, ce qui signifie le pressentiment, la science des choses futures. » Chrysippe, d'autre part, définit la *divination* : « une faculté connaissant, voyant, expliquant les signes qui sont offerts aux hommes par les dieux ; l'utilité de cette science est de pressentir dans quelles dispositions les dieux sont à l'égard des hommes, ce qu'ils veulent faire entendre, enfin par quels moyens on peut obtenir ces signes et satisfaire aux ordres des dieux. » D'après la définition de Cicéron, l'homme, dans la d. serait simplement un être passif par l'intermédiaire duquel les dieux révèlent l'avenir ; tandis que, d'après celle de Chrysippe, l'homme peut arriver à découvrir l'avenir au moyen de son art ou de son expérience, sans aucune prétention à l'inspiration divine. Dans le premier cas, la d est dite *naturelle*, et, dans le second, elle est appelée d. *artificielle*.

La croyance à la d., prise dans son acception la plus large, existait, ainsi que le constate l'orateur romain, chez toutes les nations de l'antiquité. Les voyageurs modernes nous ont appris qu'elle n'est pas moins profondément enracinée chez les peuplades sauvages les plus diverses. Toutes ces superstitions se lient soit à l'idée grossière que la plupart des hommes se font de la divinité, soit à l'ignorance absolue où ils sont des lois qui régissent les phénomènes de la nature. Aussi voyons-nous, même chez le peuple romain, où ces superstitions dominaient au point de constituer l'un des ressorts de l'État, les hommes éclairés, tels que Caton et Cicéron, les considérer comme de pures jongleries.

II. — Les *Devins* ou μαντεις, qui, sous l'inspiration des dieux et surtout d'Apollon, prédisaient l'avenir, paraissent avoir été, dans le principe, les prêtres attachés aux temples de ces divinités et aux lieux où se rendaient les oracles ; mais, plus tard, ils constituèrent une classe distincte, indépendante de tout lieu particulier : c'est ainsi que le devin Calchas nous est représenté dans les poëmes homériques. C'est en général à Apollon, le dieu de la prophétie, que les *voyants* de l'antiquité gréco-romaine et les autres individus qui se mêlaient de d., rapportaient l'origine de leur science. Le don ou le talent de la d. passait pour être héréditaire dans certaines familles. Parmi ces familles nous nommerons les Iamides qui d'Olympie se répandirent dans une grande partie de la Grèce, les Branchides près de Milet, les Eumolpides à Athènes et à Éleusis, les Clytiades, les Telliades et les devins d'Acarnanie. Voy. ORACLE.

A côté de ces voyants, nous devons placer les Bacides et les Sibylles, qui remontaient également à la haute antiquité ; mais ces dernières se distinguaient des précédentes en ce qu'elles prétendaient tirer leur connaissance de l'avenir de certains livres sacrés (χρησμοί) qu'elles consultaient, et qui, dans certaines villes, comme à Athènes et à Rome, étaient précieusement conservés dans les sanctuaires les plus révérés. Bacis, suivant Pausanias, était le nom qu'on donnait en Béotie à tout homme inspiré par les nymphes. Le scholiaste d'Aristophane et Élien mentionnent trois Bacis : le premier d'Éléon en Béotie, le second d'Athènes et le troisième de Caphys en Arcadie ; c'est de ces trois personnages que descendaient tous les Bacides. Les Sibylles étaient des prophétesses, probablement d'origine asiatique, qui allaient de ville en ville portant avec elles leurs livres sacrés. Solin compte 3 Sibylles et Élien 4, qui étaient : l'Érythréenne, la Samienne, l'Égyptienne et la Sarde ; mais d'autres auteurs en ajoutent 6 autres, parmi lesquelles nous citerons la Cuméenne et la Sibylle juive. La Sibylle dont les livres achetés par Tarquin jouissaient à Rome d'une si grande célébrité, était, suivant Varron, la Sibylle d'Érythrée. Ses livres, qu'on appelait par excellence les *Livres sibyllins*, étaient soigneusement cachés

aux yeux du public et confiés à un collège de prêtres. Voy. SIBYLLIN.

Indépendamment de ces voyants et de ces prophétesses, le monde ancien pullulait de devins d'un ordre inférieur qui faisaient métier d'expliquer toutes sortes de signes et de dire la bonne aventure. Cette catégorie de devins était consultée par les individus des classes populaires ; mais elle était, même chez les Grecs et les Romains, un objet de mépris pour les classes supérieures, qui regardaient comme un fléau public ces charlatans de bas étage.

III. — Les anciens avaient l'habitude de consulter les dieux, ou, en d'autres termes, de recourir à la d. dans toutes les affaires importantes, soit publiques, soit privées. A cet effet, on observait les signes envoyés par les dieux, surtout dans les sacrifices qu'on leur offrait en ces occasions. L'inspiration divine n'était pas nécessaire pour cette sorte de d. ; il fallait simplement suivre les règles déduites de l'expérience. Quoique, le plus souvent, on employât pour observer ces signes des hommes initiés dans l'art de les interpréter, le premier individu venu qui remarquait quelque chose d'extraordinaire avait le droit de l'interpréter lui-même. Les principaux signes par lesquels les dieux étaient censés manifester leur volonté, étaient les phénomènes observés pendant les sacrifices, le vol, le chant et l'appétit des oiseaux, les phénomènes naturels ordinaires ou extraordinaires, et les songes. En outre, les devins du bas étage avaient une foule de pratiques plus ou moins bizarres, au moyen desquelles ils amusaient leurs dupes. Plusieurs de ces pratiques se sont transmises jusqu'à nous à travers le moyen âge :

1° L'interprétation des signes de la première classe (ιερομαντεία ou ιεροσκοπία, *haruspicium* ou *ars haruspicina*) est attribuée par Eschyle à Prométhée. Cet art avait surtout été cultivé chez les Étrusques, d'où il passa à Rome. Les principaux points que l'on observait dans les sacrifices étaient : la manière dont la victime s'approchait de l'autel ; la forme, la position et l'état des viscères ; la manière dont se comportait la flamme qui devait brûler la victime. Lorsque ces signes étaient propices, le sacrifice était appelé καλλιέρημα, c.-à-d. agréé par les dieux, et celui qui l'offrait pouvait compter sur le succès. Les présages que fournissaient la flamme et la fumée formaient l'objet de la *Pyromancie* et de la *Capnomancie*. Si les flammes semblaient s'attacher d'elles-mêmes à la victime ; si, réunies en un seul faisceau, elles s'élevaient pures et sans fumée, le présage était favorable. Mais il en était autrement quand le feu ne s'allumait qu'avec peine, quand la flamme se divisait au lieu de se diriger verticalement, quand il y avait un pétillement violent, et enfin lorsque le vent, la pluie ou quelque autre accident venait à éteindre le feu avant que la victime fût entièrement consumée. Les présages fournis par la fumée se tiraient de sa direction, de sa hauteur, de sa densité, etc. On observait également la fumée de l'encens qu'on brûlait sur l'autel Homère parle déjà de ce mode de d. qui constituait la *Liba-nomancie*. La *Crithomancie*, appelée encore *Aleuromancie*, étudiait les figures que formait la fleur de farine répandue sur la tête de la victime. Les libations fournissaient également des signes particuliers. — On avait grand soin, pendant les sacrifices, que les assistants ne prononçassent aucune parole fâcheuse ou frivole : de là l'avertissement des prêtres, ευφημειτε, ou σιγατε, σιωπατε, *favete linguis*, et autres. En effet, certaines paroles non seulement profanaient le sacrifice, mais encore étaient considérées comme des présages défavorables. Voy. ANUSPICE.

2° L'art d'interpréter les signes de la seconde classe était appelé *Oionistique* (οιωνιστικη) chez les Grecs, et *Auspicium* chez les Romains. Chez ces derniers, c'étaient les Augures qui étaient chargés d'observer et d'interpréter ces signes. Mais, quelquefois, la simple apparition d'un oiseau constituait à elle seule un présage dont la signification était connue de tout le monde. Ainsi, par ex., chez les Athéniens, l'apparition d'une chouette, oiseau consacré à Minerve, protectrice de la cité, était un signe heureux, de là le proverbe : γλαυξ ιπταται, la chouette vole, c.-à-d., nous avons bonne chance. D'autres oiseaux, lorsqu'ils apparaissaient inopinément, principalement sur la route d'un voyageur (ενοδια σύμβολα), avaient aussi une signification bonne ou mauvaise. Des superstitions de ce genre subsistent encore dans plusieurs pays de l'Europe. Voy. AUSPICE et AUGURE.

3° Parmi les phénomènes naturels, ceux qui avaient lieu dans l'atmosphère ou dans le ciel étaient les plus importants. Ils étaient interprétés non seulement par les simples particuliers à propos de leurs affaires privées, mais encore par les magistrats à l'occasion des affaires publiques. A

Sparte, les Éphores observaient le ciel chaque neuvième jour pendant la nuit. A Athènes, la famille des Pythaïstes faisait de même chaque année avant que la *théorie* mît à la voile pour Délos. A Rome, c'étaient les Aruspices qui observaient et interprétaient les phénomènes célestes. Au nombre des phénomènes de ce genre qui passaient pour défavorables (δυσσημεῖα, *portenta*), nous mentionnerons le tonnerre, les éclairs, les éclipses de soleil ou de lune, les pluies de sang, de pierres, etc. ; il en était de même des tremblements de terre. A Athènes comme à Rome, l'apparition de l'un de ces signes pendant que le peuple était assemblé faisait renvoyer la séance à un autre jour. — Dans la vie commune, les choses en apparence les plus insignifiantes, lorsqu'elles survenaient à certains moments critiques, étaient aussi regardées comme des signes envoyés par les dieux. Ainsi, par ex., l'éternuement, le clignotement des paupières, les tintements d'oreilles, etc., étaient des présages dont chacun avait une signification particulière.

4° La *D. par les songes* (ὀνειροπολία) paraît avoir existé de toute antiquité et même avoir été en faveur chez tous les peuples sans exception. Tout le monde sait combien elle était en honneur en Orient, surtout en Égypte. L'histoire de Joseph est trop connue pour que nous ayons à la raconter; il en est de même de celle de Nabuchodonosor, qui fit mettre à mort les devins de la Chaldée parce qu'ils n'avaient pu interpréter ses rêves. — Les Grecs distinguaient trois classes de songes : la première (χρηματισμός) comprenait les songes qui avaient lieu lorsque les dieux ou les esprits se manifestaient aux hommes, sous une forme quelconque, pendant le sommeil de ceux-ci. Tel est, par ex., dans Homère, le songe où un dieu, sous la figure de Nestor, suggère à Agamemnon l'idée d'attaquer les Troyens et redouble le courage de ce prince en lui faisant espérer la victoire. Les songes de la seconde classe (ὁράματα) étaient ceux pendant lesquels les événements futurs se présentaient sous leur propre forme : c'est par un de ces songes qu'Alexandre le Grand sut que Cassandre devait l'assassiner. Enfin, à la troisième classe appartenaient les songes proprement dits (ὄνειροι) au milieu desquels l'avenir se présentait sous quelque allusion frappante : tel est celui où Hécube crut avoir conçu un tison enflammé. La d. par les songes était également en honneur chez les Romains, ainsi que chez tous les autres peuples occidentaux. Quand les Européens arrivèrent en Amérique, ils la trouvèrent répandue dans toutes les parties de ce vaste pays. Ainsi, par ex., la veille de chaque grande bataille le chef des Tupinambas allait de hamac en hamac engager ses guerriers à interroger les rêves qui devaient les visiter pendant la nuit, et parfois on provoquait l'arrivée de ces songes au moyen de fumigations ou de boissons fermentées.

5° Les pratiques employées par les prétendus devins de l'antiquité, du moyen âge, et, il faut bien le dire, des temps modernes et même du XIXᵉ siècle, étant extrêmement variées, nous n'avons pas la prétention d'en faire l'énumération complète. Nous nous contenterons de dire quelques mots des principales.

A. Ce n'est pas seulement dans les sacrifices qu'on observait le feu et la flamme pour en tirer des présages. On avait encore recours à cette observation dans d'autres circonstances. La d. par la flamme d'une lampe ou d'un flambeau portait le nom de *Lampadomancie* et celui de *Lychnomancie*. Si la flamme se partageait en deux ou s'écartait soit à droite, soit à gauche, c'était mauvais signe; si, réunie, elle ne formait qu'une seule pointe, c'était bon signe ; mais quand elle présentait trois pointes, c'était le présage le plus favorable. — La *Sidéromancie* se pratiquait en faisant rougir un fer au feu et en jetant dessus un nombre impair de brins de paille; puis on tirait les présages des étincelles et des figures que ces brins produisaient en brûlant.

B. La *Géomancie* observait les fissures, les crevasses et les petites aspérités qui se forment naturellement à la surface de la terre. On relevait leur configuration et l'on tirait des présages de leur ressemblance plus ou moins éloignée avec des dessins faits d'avance et auxquels on attribuait une signification déterminée.

C. L'*Hydromancie*, ou la d. par l'eau, remonte à une très haute antiquité, puisque la Bible fait mention de la coupe dont Joseph se servait pour tirer des présages, et que les Romains en attribuaient l'introduction parmi eux au roi Numa. Cette sorte de d. recevait le nom d'*Hydatoscopie* quand on se servait d'eau de fontaine. Elle se pratiquait d'ailleurs de plusieurs manières. L'une des plus usitées consistait à mettre dans un vase plein d'eau un anneau suspendu à un fil, lequel était attaché au doigt de la personne qui consultait. Si l'affaire

que l'on avait en vue ne devait pas réussir, l'anneau demeurait immobile; dans le cas contraire, il allait de lui-même frapper le vase à plusieurs reprises. D'autres fois, on jetait trois petites pierres dans l'eau : si elles se mouvaient en rond dans leur chute, c'était un signe favorable. — La *Gastromancie* et la *Lécanomancie* se pratiquaient aussi au moyen d'un bassin plein d'eau. La première tirait son nom de la partie centrale, appelée en grec γάστρη, du vase dont on se servait. On opérait comme il suit. Après avoir rempli d'eau pure un certain nombre de vases ronds et avoir placé tout autour des torches allumées, on invoquait le dieu d'une voix basse et inarticulée, et on lui proposait la question à résoudre. La réponse se manifestait par les images que la réfraction de la lumière produisait à la surface du liquide, mais ces images ne pouvaient être aperçues que par un jeune garçon ou par une femme enceinte. Dans la *Lécanomancie* (λεκάνη, bassin), on traçait certains caractères ou signes sur de petites pierres ou sur des lames métalliques que l'on jetait ensuite dans le bassin. La réponse était donnée par le bruit que produisait la chute de ces corps au fond du vase. — Enfin, on donnait le nom d'*Aéromancie* à la d. qui observait l'action du vent sur la surface de l'eau. A cet effet, le devin portait un bassin de cuivre rempli d'eau dans une plaine découverte ou sur le sommet d'une haute montagne. Il se voilait la tête et une partie de la figure; puis, après avoir adressé une invocation particulièrement aux divinités de l'air, il s'approchait du vase et lui transmettait à voix basse la demande de la personne qui consultait. Les rides qui se formaient alors à la surface du liquide indiquaient la réponse des dieux. Si, par ex., l'eau restait calme et unie comme une glace, la chose désirée ne devait pas arriver; si elle éprouvait un léger frémissement, c'était un bon présage, surtout pour les marins, etc.

D. Nous avons vu que les oiseaux fournissaient aux anciens un grand nombre de présages. L'*Alectryomancie*, ou la d. par le moyen du coq, rentre encore dans l'Ornithistique. On procédait à ce sortilège de la manière qui suit. On traçait sur le sable un carré ou un cercle divisé en 24 compartiments, portant chacun le nom d'une lettre de l'alphabet ; puis, après avoir mis un grain de blé dans chaque case, on plaçait un coq au centre de la figure. On fabriquait un mot avec les lettres correspondantes aux cases dans l'ordre même où l'oiseau avait mangé les grains, et l'on en tirait un pronostic. C'est ainsi, dit-on, que fut prédit, sous Valens, l'avènement de Théodose le Grand à l'empire. — Mais d'autres animaux partageaient avec les oiseaux le privilège de fournir des présages. A Athènes, l'apparition d'une *Belette* suffisait pour faire rompre aussitôt l'assemblée du peuple. Les Romains pratiquaient la *Myomancie*, ou la d. par les souris et les rats. Pour cela, on élevait ces animaux dans des cages, et l'on tirait des présages de leurs cris, de leurs mouvements, de la manière dont ils mangeaient, etc. Au rapport d'Élien, ce fut le cri aigu d'une souris qui détermina Fabius Maximus à se démettre de la dictature, et, au dire de Plutarque, on augura mal de la dernière campagne de Marcellus parce que des rats avaient rongé l'or déposé dans le temple de Jupiter. — L'*Ophiomancie*, ou d. par les serpents, était aussi en grande vénération, surtout en Égypte et dans l'Orient. On avait tant de foi à ces animaux et à leurs prophéties qu'on en nourrissait exprès pour cet emploi. Les Psylles, si célèbres dans l'antiquité par leur habileté à charmer et à manier les serpents, exposaient, dit-on, aux cérastes leurs enfants nouveau-nés pour connaître s'ils étaient ou non légitimes. L'innocence de la femme était prouvée si l'animal ne touchait pas à l'enfant. — La *Céphalomancie* se pratiquait au moyen d'une tête d'âne. Quand on voulait connaître l'auteur d'un vol ou de quelque autre crime, on faisait griller une tête d'âne sur des charbons ardents; puis, après certaines prières, on prononçait tout haut les noms des personnes soupçonnées, ou, si l'on ne soupçonnait qu'une, le nom du *crime*. Si à ce nom les mâchoires se remuaient, si les dents claquaient les unes contre les autres, on croyait le coupable suffisamment désigné. — L'*Ooscopie* observait la forme extérieure des œufs, ainsi que les figures qui paraissaient dans leur intérieur. D'autres devins se contentaient de jeter un blanc d'œuf dans un vase d'eau et d'examiner les petits nuages qui s'y produisent alors.

E. Les plantes fournissaient également matière à diverses sortes de divinations. — Dans l'espèce de d. appelée *Botanomancie*, le consultant écrivait son nom et ses questions sur des feuilles de certaines plantes, particulièrement sur des feuilles de verveine, de figuier, de tamarin. On les exposait à l'action du vent, et, au bout d'un certain temps, on réunissait celles que le vent n'avait pas dispersées, et les mots ou les lettres qui s'y trouvaient donnaient la réponse attendue. — La *Phylloromancie* consistait à se poser sur le front une feuille de rose : on la frappait vivement, et l'on tirait des présages du bruit qu'elle rendait. — Le bruit que produisaient les feuilles de figuier agitées par le vent de la main fournissait aussi des présages : l'art de les interpréter s'appelait *Sycomancie*. Une autre variété de sycomancie consistait à écrire, sur des feuilles de figuier, son nom et les questions sur lesquelles on voulait être éclairé. Le présage était favorable, si les feuilles se fanaient lentement, et défavorable dans le cas contraire. — La *Daphnomancie* se pratiquait en jetant dans le feu une branche de laurier : si en brûlant elle pétillait et faisait un certain bruit, on en tirait un heureux présage; mais c'était un mauvais signe quand elle brûlait sans produire aucun son.

F. Parfois même on consultait certaines substances minérales. Dans la *Molybdomancie*, on versait du plomb fondu sur une table unie et mouillée. En repassant à l'état solide, le métal formait une multitude de petites figures qu'on interprétait comme des présages. On pratiquait aussi la d. par le plomb en faisant tomber goutte à goutte le métal à l'état liquide dans un vase plein d'eau, et l'on tirait des présages de la forme que prenait chaque goutte, ainsi que de sa situation et de sa distance à l'égard des autres. — La *Lithomancie* se pratiquait à l'aide de certaines pierres : telles étaient celles qu'on nommait *Bétyles* et qui étaient si vénérées chez les Syriens et les Phéniciens.

G. Une foule d'objets fabriqués par la main de l'homme, comme armes, ustensiles domestiques, instruments de jeu, etc., servaient aussi de moyens de d. — La *Bélomancie*, ou d. par les flèches, était surtout en usage chez les Arabes, les peuples orientaux et les nations slaves et germaniques. On la pratiquait de plusieurs manières. Ainsi, par ex., lorsqu'on projetait une guerre, on prenait un certain nombre de flèches, ou écrivait sur chacune d'elles le nom d'une ville ennemie, et on les jetait sans ordre dans un carquois. Ensuite, on les faisait tirer au hasard, l'une après l'autre, par un enfant, et l'ordre dans lequel elles sortaient indiquait celui que l'on devait suivre dans l'attaque des places dont elles portaient le nom. D'autres fois, on prenait seulement trois flèches. Sur la première, on inscrivait *Dieu l'ordonne;* sur la second, *Dieu le défend;* mais la troisième ne recevait point d'inscription. Après les avoir mises toutes trois dans un carquois, on en tirait une : si la première sortait, on tentait l'entreprise; si c'était la seconde, on y renonçait; si c'était la troisième, on la remettait à un moment plus favorable. — L'*Axinomancie*, ou d. par la hache, était surtout usitée quand on voulait découvrir un trésor, une chose perdue, ou l'auteur d'un crime. Dans ce dernier cas, par ex., on mettait une hache en équilibre sur un pieu rond, le manche en l'air. On récitait certaines formules, puis on tournait autour du pieu en répétant le nom de ceux que l'on soupçonnait. Si à un nom prononcé la hache tombait, on croyait qu'elle désignait par là le coupable. — La *Cléidomancie*, ou d. par le moyen d'une clef, est assez analogue à la précédente; mais cette sorte de superstition était propre au moyen âge. Lorsqu'on soupçonnait une personne d'un crime, on écrivait son nom sur un morceau de papier qu'on enlaçait autour d'une clef; puis, on attachait cette clef à une Bible, que l'on faisait tenir par une jeune vierge. Si, aux paroles du devin, la clef tournait, c'était un signe de la culpabilité de la personne désignée. En Russie, où ce genre de d. est très usité pour la recherche des trésors, on attache la clef, avec une ficelle, sur la première page de l'Évangile de saint Jean, de manière qu'elle soit suspendue quand le livre est fermé. La personne qui veut découvrir un trésor place le doigt dans l'anneau, et nomme tous les lieux où elle suppose qu'il pourrait s'en trouver un. Si la clef demeure immobile, c'est une preuve qu'il n'y a rien à espérer; au contraire, elle tourne, il existe certainement un trésor caché dans l'endroit nommé. — La *Dactylomancie* était une sorte de d. qui se faisait au moyen d'un anneau, préalablement consacré par des cérémonies mystérieuses. On tenait cet anneau suspendu par un fil au-dessus d'une table ronde au bord de laquelle étaient disposées les 24 lettres de l'alphabet. On faisait sauter l'anneau, et en réunissant les lettres dans l'ordre même où l'anneau était allé retomber sur chacune d'elles, on obtenait la réponse demandée. Le consultant devait être vêtu de lin de la tête aux pieds, et tenir de la verveine à la main. — La *Catoptromancie* ou *Cristallomancie* se pratiquait avec un miroir; mais il y avait plusieurs procédés. Le savant est décrit par Pausanias : « Il y avait, dit cet écrivain, à Patras, en Achaïe, devant le temple de Cérès, une fontaine où se rendaient des

oracles pour la guérison des maladies. Celui qui les consultait faisait descendre dans la fontaine un miroir suspendu à un fil, de telle sorte qu'il ne touchait que par sa base à la surface de l'eau. Après avoir offert des parfums et des prières à la déesse, il se regardait dans le miroir, et, selon qu'il se trouvait l'air hâve et défiguré, ou l'air vif et sain, il en concluait que la maladie était mortelle ou qu'il en réchapperait. » — La d. par le crible, ou *Coscinomancie*, était surtout usitée chez les Grecs pour découvrir l'auteur d'un maléfice, d'un vol ou d'un crime. A cet effet, on prenait un crible, on l'élevait sur la personne qui venait consulter, et on le soutenait légèrement avec deux doigts seulement, de manière que le moindre mouvement, la moindre impression de l'air pût suffire pour l'agiter. On prononçait en même temps le nom des individus soupçonnés, et celui qui venait à être prononcé au moment même où le crible se mettait en mouvement était le nom de la personne cherchée. On pratiquait aussi cette d. en suspendant le crible par un fil, ou en le posant sur une pointe de ciseau; ensuite on le faisait tourner en prononçant le nom des personnes suspectes. Cette superstition est encore usitée dans plusieurs contrées de l'Europe, notamment en Bretagne, où on l'appelle *tourner le sas*. — L'*Alphitomancie* consistait à faire manger à un individu soupçonné d'un crime un gâteau fait avec de la farine d'orge. S'il l'avalait facilement, il était réputé innocent: dans le cas contraire, comme aussi quand il ne pouvait pas l'avaler, on en concluait sa culpabilité. — Les superstitions relatives au *sel* datent d'une haute antiquité. Encore aujourd'hui une foule de gens regardent comme un signe funeste de renverser une salière. Chez les Romains, si l'on avait oublié de mettre les salières sur la table, on en tirait un présage funeste pour l'hôte et pour ses convives. Si ceux-ci s'endormaient à table avant qu'on eût retiré les salières, c'était également de mauvais augure. — Il nous suffit de mentionner la *D. par le marc de café*, superstition toute moderne, mais qui n'a pas moins de fervents sectateurs : on vide dans une assiette du marc de café délayé dans de l'eau; on décante, et les présages se tirent des dessins que forme le résidu solide. — La *Céromancie* se pratiquait avec de la cire fondue : on y fait usage des mêmes procédés que dans la d. par le plomb. — Dans la *Téphromancie*, on se servait de cendres. On écrivait avec des cendres sur une planche ou sur tout autre objet la question à laquelle on désirait avoir une réponse, et l'on exposait, pendant quelque temps cette planche en plein air. Les lettres qui restaient entières, sans avoir été effacées par le vent ou par quelque autre accident, étaient censées donner la solution de la question. — La *Gyromancie*, ou d. par le tournoiement, n'était pas moins simple. On décrivait sur le sol un cercle d'un mètre et demi environ de diamètre, et l'on traçait au hasard les lettres de l'alphabet sur sa circonférence. Cela fait, on se plaçait au centre de la figure et l'on tournait jusqu'à ce qu'on tombât de fatigue. Le devin examinait alors les lettres couvertes par le corps dans sa chute, et en formait des mots qui donnaient la réponse cherchée. — L'*Astragalomancie* se pratiquait au moyen d'osselets sur lesquels on traçait les lettres de l'alphabet. On jetait ces osselets au hasard, et avec les lettres qu'on amenait on formait la réponse demandée. C'est ainsi que, selon Pausanias, on consultait Hercule Buraïque dans sa grotte de Bura, en Achaïe. Quand, au lieu d'osselets, on se servait de dés, ce genre de d. prenait le nom de *Cubomancie*.

II. La *Cartomancie*, ou la d. au moyen des cartes, est la branche la plus moderne de l'art divinatoire, puisque, comme nous le savons (Voy. CARTES), les cartes à jouer ne sont connues que depuis environ quatre à cinq siècles. On distingue la *Cartomancie* proprement dite, qui emploie le *Petit jeu*, et la *Cartomancie* qui se sert du *Grand jeu*. Le *Petit jeu* ou *Jeu ordinaire* n'est autre chose que le jeu du piquet, c.-à-d. composé de 32 cartes. Selon les principes généralement admis, les figures de pique et de trèfle désignent des personnes noires, brunes ou châtain foncé, tandis que les figures de cœur et de carreau désignent des personnes blondes ou châtain clair. D'un autre côté, les carreaux et les piques sont ordinairement de mauvais présage, tandis que les cœurs et les trèfles sont de favorable augure. Enfin, les cœurs annoncent le bonheur; les carreaux, l'indifférence; les trèfles, la fortune, et les piques, le malheur. Outre cela, chaque carte a une signification qui lui est propre. Ce sont ensuite les combinaisons des cartes qui donnent les résultats cherchés. — Le *Grand jeu* ou *Jeu de tarot* a une très grande analogie avec les cartes à images en usage avant l'invention des cartes numérales. Il se compose de 78 cartes numérotées et couvertes de figures diverses. Les 21 premières représentent un messager, le soleil, la lune, les étoiles, les saisons, le ciel, la mort, etc. Les 56 suivantes forment quatre séries égales, de 14 cartes chacune, distinguées l'une de l'autre par une *couleur* particulière, *bâtons, coupes, épées* et *deniers*, qui remplacent les cœurs, les carreaux, les trèfles et les piques du petit jeu. Chaque série se compose de 10 points marqués de 1 (*as*) à 10, comme dans le jeu ordinaire, et de 4 figures, qui varient suivant la couleur. Enfin, la 78ᵉ carte du jeu porte l'image d'un fou. Dans le jeu dont nous parlons, chaque carte a une signification particulière et peut faire partie d'un très grand nombre de combinaisons au moyen desquelles les adeptes prédisent infailliblement l'avenir. — Les figures du *Tarot* ont été dessinées sous l'influence de doctrines et de traditions fort anciennes. Les occultistes modernes en ont donné des interprétations très détaillées, d'où il semble qu'elles se rattachent aux doctrines ésotériques de l'Orient, et contiennent des symboles servant à conserver les traditions philosophiques et religieuses qui ont traversé le moyen âge par l'intermédiaire des Gnostiques, des Templiers et des premiers Francs-Maçons. Peut-être, malgré l'usage peu recommandable qu'on en a fait, y a-t-il au fond de ce genre de d. autre chose qu'une vaine superstition.

I. La *Rhapsodomancie* est une sorte de d. qui se pratiquait en tirant au sort dans un poète. Chez les anciens, c'était ordinairement Homère ou Virgile qu'on choisissait, d'où l'on appelait ce genre de d. *Sorts homériques* ou *Sorts virgiliens* (*sortes homericæ* ou *virgilianæ*). Tantôt on ouvrait le livre au hasard et l'endroit sur lequel on tombait était censé contenir la réponse demandée. Tantôt on écrivait des vers sur une table; on jetait les dés, et les vers sur lesquels ceux-ci s'arrêtaient, renfermaient la prédiction. Au dire de Spartien, par ex., les sorts virgiliens avaient appris à Adrien qu'il parviendrait à l'empire. Suivant Lampride, Alexandre Sévère avait également connu de la même manière sa future élévation. — Cette sorte de d. continua d'être en grande vogue au moyen âge; on lui donna aussi le nom de *Bibliomancie;* seulement, au lieu d'Homère et de Virgile, on se servait des saintes Écritures, d'où le nom de *Sorts des saints* qu'on donnait à ces prédictions. Malgré les défenses réitérées de plusieurs conciles, cette superstition n'a tout à fait disparu qu'au XVIIIᵉ siècle. Cependant elle a encore été remise à la mode au dernier siècle, vers 1770, par l'Anglais Whitefield, l'un des chefs du méthodisme, parmi les enthousiastes qui composent cette secte. Il suffit de lire un roman anglais pour se rendre compte qu'elle est encore pratiquée de nos jours, sinon comme moyen de d. proprement dite, au moins pour rechercher dans les Livres saints une parole d'espérance ou d'encouragement. — A côté de ce genre de d., nous placerons l'*Onomatomancie*, c.-à-d. la d. par l'explication des noms propres. Cette variété de l'art divinatoire jouissait d'une grande vogue chez les anciens. Suivant eux, un nombre pair de voyelles dans le nom d'une personne indiquait quelque imperfection au côté gauche, et un nombre impair une imperfection au côté droit. Ils croyaient encore que, de deux personnes, la plus heureuse devait être celle dans le nom de laquelle les lettres, considérées comme valeurs numériques, ajoutées ensemble, formaient le nombre le plus élevé. C'est pour ce motif qu'Hector avait été vaincu par Achille. D'autres fois, ils tiraient des présages de la signification des noms. Ainsi, Hippolyte avait été mis en pièces par ses chevaux parce telle était la signification de son nom. On sait d'ailleurs que ce fut à cause de son nom que saint Hippolyte, martyr, fut condamné au genre de supplice qu'il subit, c.-à-d. à être déchiré par des chevaux fougueux. Chez les modernes, l'onomatomancie est beaucoup plus compliquée. Elle consiste le plus souvent à décomposer le nom donné de manière à former avec les lettres qui le composent des mots dont la signification est censée fournir certains présages; on fait alors de l'onomatomancie *anagrammatique*. Voy. ANAGRAMME. D'autres fois, on assigne une valeur numérique aux caractères alphabétiques et l'on combine de différentes manières les chiffres représentés par les lettres du nom. Ce procédé constitue l'onomatomancie *numérique*: on l'appelle aussi quelquefois *Arithmomancie*.

K. La *Chiromancie* ou d. par l'aspect des lignes de la main se distingue en *Chiromancie simple* ou *naturelle* et en *Chiromancie astrologique*. La première se fonde uniquement sur l'observation de la forme et des lignes de la main, tandis que la seconde joint à cette étude des calculs cabalistiques déduits de l'astrologie. Mais celle-ci n'étant plus cultivée aujourd'hui, nous ne parlerons que de la chiromancie simple, qui compte encore de nombreux adeptes. Les chiromanciens choisissent de préférence la main gauche, parce que, concourant moins activement que la droite aux travaux journaliers, c'est celle qui conserve le mieux sa forme primitive et présente les lignes

les plus nettes et les moins déformées. L'aspect général de cet organe leur fournit déjà certains renseignements. Ainsi, par ex., suivant eux, une grosse main annonce un esprit obtus, à moins pourtant que les doigts ne soient longs et osseux; une main velue dénote la force, l'inconstance et le libertinage; une main potelée, une intelligence médiocre; une belle main, les bonnes qualités du cœur; une main large, des dispositions pour le travail, etc. On tire également des pronostics de la forme des doigts. S'ils rentrent sous la main à leur base, on en augure un esprit lent, quelquefois enclin à la fourberie. Si, au contraire, ils se relèvent au-dessus du dos de la main, ils indiquent un esprit vif et franc. Dans l'art de la chiromancie, les différentes parties de la main reçoivent des noms particuliers. Ainsi, on appelle *partie supérieure* ou *zénith* l'extrémité des doigts, surtout celle du médium; *partie inférieure* ou *nadir*, la jointure du bras; *côté supérieur*, celui qui est du côté du pouce; et *côté inférieur*, celui qui est du côté du petit doigt. En outre, on divise la main en trois parties principales: le *carpe*, appelé aussi *restreinte, rascette* ou *razète* (c'est le poignet), à la partie inférieure ou nadir;

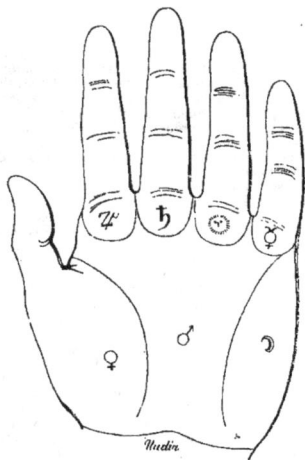

Zénith

Nadir

Fig. 1.

la *paume* ou *vole*, qui correspond au métacarpe des anatomistes; et les *doigts*. Les différentes parties de la paume reçoivent en outre des noms particuliers. La partie comprise entre le pouce et l'index est appelée *thénar;* la partie située entre l'origine du petit doigt et la rascette se nomme *hypothénar;* enfin, on applique la dénomination de *stéthos* à l'élévation sous le pouce. Ce n'est pas tout: l'intérieur de la paume se divise en sept régions, nommées *monts* ou *montagnes* (Fig. 1): le *mont de Vénus*, sous le pouce, c.-à-d. sur le thénar; le *mont de Jupiter*, sous la naissance de l'index, le *mont de Saturne*, sous le médium; le *mont du Soleil*, sous l'annulaire; le *mont de Mercure*, sous l'auriculaire; le *monte-plaine* ou *planure de Mars*, au milieu de la paume; et le *mont de la Lune*, sur l'hypothénar. Parmi les nombreuses lignes qui sillonnent la paume (Fig. 2), on en distingue dix principales: 1° la *ligne vitale* ou *cardiale*, dite aussi *ligne de vie* ou *du cœur* (*ag*); 2° la *ligne de prospérité, du foie* ou *de Mars*, appelée encore ligne *saturnale* ou *hépatique* (*ih*); 3° la *ligne mensale*, dite aussi *ligne de génération* ou *du bonheur* (*bj*); 4° la *ligne naturelle*, ou *ligne du cerveau, de la tête* ou *de l'esprit* (*ak*) (ces quatre lignes sont dites *principales*, parce qu'elles se trouvent sur toutes les mains qui ne sont pas difformes, tandis que les suivantes, qui manquent quelquefois, sont dites *exceptionnelles*); 5° la *ligne du Soleil* (*ml*); 6° la *ligne de lait* ou *voie lactée*, (op) ; 7° la *ceinture de Vénus* (rs) ; 8° la *ligne du triangle* (lp) ; 9° la *ligne de la restreinte* ou *de la rascette* (uv) ; 10° la *ligne saturnine* (ny). En se croisant, ces lignes forment plusieurs figures, dont les principales sont : le *Grand triangle* (axg), dont les angles sont appelés angle *droit* (g), angle *gauche* (x), et angle *suprême* ou *supérieur* (a) ; le *Petit triangle* ou *Triangle mineur* (hxz), qui offre un angle droit (h), un angle *majeur* (z), et un angle *supérieur* (x) ; et le *Quadrangle* ou *Partie de la table*, qui est à la droite de ce dernier. — Dans les doigts, on distingue les *jointures* et les *phalanges*. Les jointures se comptent en partant de la paume, et chacune d'elles se compose de deux parties : la *jointure* proprement dite, qui est représentée sur notre Fig. par la ligne supérieure, et la *racine*, qui est figurée par la ligne inférieure. Les phalanges, au nombre de 12, non compris celles du pouce, appartiennent aux douze maisons du soleil,

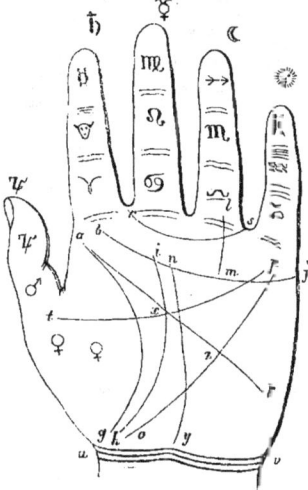

Fig. 2.

en commençant par la première de l'index et en suivant l'ordre indiqué par le dessin (Fig. 2). Enfin, les doigts sont sous l'influence des planètes, et l'on donne le Soleil à l'auriculaire, la Lune à l'annulaire, le médium à Mercure, et Saturne à l'index. Quant au pouce, il a Jupiter pour la deuxième phalange, Mars pour la première, et Vénus pour la troisième.

Suivant les chiromanciens, la ligne vitale pronostique une vie très longue, exempte de maladies et d'infirmités, quand elle est profonde, longue, continue, régulièrement tracée et colorée d'un beau rose ; tandis qu'elle annonce une maladie congénitale et la brièveté de la vie, lorsqu'elle est courte, indécise et peu colorée. Le mont de Vénus, quand il est coupé transversalement par quelques lignes droites et profondes, est un signe de bon caractère et de penchants modérés, tandis que lorsqu'il est développé et que ses lignes sont nombreuses, c'est un indice de luxure. Le quadrangle, s'il est large, uni et bien proportionné, marque un bon tempérament, un caractère probe, un naturel libéral, tandis que son étroitesse dénote l'avarice et l'intempérance.

L. Nous avons traité de la d. par les astres au mot ASTROLOGIE. On se servait aussi d'une baguette pour prédire l'avenir (*Rhabdomancie*) ou découvrir les sources souterraines (*Hydroscopie*). Voy. BAGUETTE.

IV. — Si nous nous sommes étendus si longtemps sur ce sujet qui peut paraître vain et puéril, c'est d'abord qu'il présente un intérêt historique incontestable, et ensuite qu'il témoigne d'une singulière préoccupation de l'esprit humain dans tous les temps et dans tous les lieux. Certes, il est facile, et il semble très légitime de repousser bien loin tous ces prétendus moyens de deviner l'avenir. En cette matière, la négation ou du moins

l'abstention paraît être la règle la plus sage pour la conduite de la vie. Cependant, cet amoncellement de procédés divers pour chercher à prévoir l'avenir ne peut-il pas donner à réfléchir ? N'y a-t-il en tout cela que supercherie et vaine superstition, ou toutes ces pratiques dont la plupart sont incontestablement vaines et ridicules, ne reposent-elles pas en fin de compte sur quelque chose de plus large et plus élevé ? L'amour du merveilleux paraît inné dans le cœur et cet instinct si profond n'a-t-il pas sa source dans quelque vérité mal interprétée et encore inconnue de nos jours ? Dans notre manière habituelle de penser et de sentir, il semble absurde qu'on puisse prévoir l'avenir par quelque moyen que ce soit, et cependant l'histoire fourmille de prédictions qui se sont réalisées. Quand on remonte à l'antiquité, il est facile de contester la valeur des textes qui ont pu être rédigés après coup ; mais il y a des exemples plus récents : l'histoire de Jeanne d'Arc contient deux ou trois prédictions dont il est difficile de contester l'authenticité. Une bohémienne a prédit à Catherine de Médicis que ses trois fils seraient rois, et, dans la vie ordinaire, dans la vie privée d'un grand nombre de personnes, on rencontre un assez grand nombre de prédictions qui se sont réalisées. Faut-il n'y voir que de simples coïncidences, ou faut-il penser, malgré l'opinion qui paraît la plus sage, que l'avenir ne nous est pas absolument inaccessible ? Les singuliers phénomènes connus sous les noms de *magnétisme*, d'*hypnose*, d'*hypnotisme*, d'*occultisme*, de *spiritisme*, etc., nous ont habitués à tant de choses invraisemblables, qu'il n'est peut-être pas aussi absurde de poser la question qu'on aurait pu le croire, il y a seulement une vingtaine d'années. Il est bien entendu que nous ne parlons ainsi qu'au point de vue philosophique, tandis qu'au point de vue pratique tous les moyens mis en usage pour arriver à connaître l'avenir ne méritent autre chose qu'une réprobation sévère. Les prédictions qui se sont réalisées, s'il en existe, sont assurément fort rares, et celui qui se flatterait d'en obtenir à son gré, ferait preuve au moins d'une étrange présomption. Aussi toutes les superstitions relatives à la d., et elles sont encore nombreuses, surtout dans les contrées méridionales, ne peuvent aboutir qu'à des prédictions vaines, ridicules et dangereuses. C'est pourquoi la raison et la prudence s'accordent pour recommander en cette matière l'abstention la plus complète, et pour condamner sévèrement ceux qui font métier de prédire l'avenir.

Quoi qu'il en soit, nous ferons observer combien les choses ont changé depuis l'antiquité. Chez les Grecs et chez les Romains, la d. était liée d'une manière tellement intime avec les institutions politiques de la cité, que Cicéron, qui, dans son traité *De divinatione*, réfute toutes ces superstitions, veut, dans son traité *De legibus*, que l'art divinatoire soit respecté et maintenu. Mais aujourd'hui, combien le législateur se montre éloigné de ce respect que recommande l'homme d'État de l'ancienne Rome ! Il suffit de lire, pour s'en convaincre, les articles 479 à 481 du Code pénal, qui portent que « les gens qui font métier de deviner et pronostiquer, ou d'expliquer les songes, seront punis d'une amende de 11 à 15 francs ; qu'ils pourront être, selon les circonstances, condamnés à cinq jours au plus d'emprisonnement ; et que les instruments, ustensiles et costumes servant ou destinés à servir à l'exercice du métier de devin, pronostiqueur ou interprète de songes, seront saisis et confisqués. » Enfin, si le devin, pronostiqueur, interprète de songes, etc., se fait remettre des fonds, le même Code pénal punit le fait d'escroquerie, et le devin, qui sans doute n'avait pas prévu la chose, peut se voir condamné à une amende de 50 à 3,000 francs, ainsi qu'à un emprisonnement d'un an au moins et de 5 ans au plus.

DIVINATOIRE. adj. 2 g. Qui est relatif à la divination. *Art d. Baguette d.* || Par ext., Qui jouit d'une sorte de double vue.

DIVINEMENT. adv. Par la vertu divine, par la puissance de Dieu, d'un dieu. *Un prophète d. inspiré.* || Fig., Excellemment, parfaitement. *Il écrit d.*

DIVINISATION. s. f. [Pr. ...sion]. Action de diviniser.

DIVINISER. v. a. Mettre au rang des dieux. *Les païens divinisaient les héros. Auguste fut divinisé. Au temps de Jésus-Christ on divinisait facilement les grands hommes.* || Fig., Exalter outre mesure. *C'est un enthousiaste qui divinise tout ce qu'il aime.* = DIVINISÉ, ÉE. part.

DIVINITÉ. s. f. (lat. *divinitas*, m. s.). Essence divine, nature divine. *La d. du Verbe.* — Se prend aussi pour Dieu même. *Adorer la D.* || Se dit également des dieux et des déesses du paganisme. *Les divinités fabuleuses. Les divinités des eaux, des forêts. Les divinités allégoriques.* || Fig. et par exag., on dit en parlant d'une belle femme : *C'est une d. que j'adore.*

DIVINYLGLYCOL. s. m. T. Chim. Glycol secondaire non saturé, ayant pour formule (CH² : CH.CHOH)². C'est un liquide incolore, bouillant à 197°, obtenu par l'hydrogénation de l'acroléine. Il est sans action sur la lumière polarisée, et l'on n'a pas réussi à le dédoubler en isomères actifs, bien qu'il possède deux atomes de carbone asymétrique. Traité par le brome, il donne un mélange de trois tétrabromures, isomères stéréochimiques, répondant à la formule C⁶ H¹⁰ Br⁴ O².

DIVIS. s. m. (lat. *divisus*, divisé). Est opposé à *Indivis*. *Posséder par d.*, Posséder par suite d'un partage. Peu us.== Adject., *Divis, divise*, Qui se partage. *Propriétés divises.*

DIVISANT, ANTE. adj. Qui divise.

DIVISÉMENT. adj. Séparément, en terme de droit, se dit par opposition à *solidairement.*

DIVISER. v. a. (lat. *dividere*, m. s.). Partager, séparer réellement ou fictivement une chose en deux ou plusieurs parties. *D. un corps avec un instrument tranchant. D. une somme en plusieurs parties, entre plusieurs personnes. D. une armée en plusieurs corps. D. une grandeur, une quantité. On divise la circonférence en 360 degrés. On divise l'année en douze mois. La France est divisée en départements. Aussitôt après la mort d'Alexandre, son vaste empire fut divisé. Le prédicateur a divisé son sermon en trois points.* — T. Arithm. *Diviser un nombre par un autre.*, Faire une Division. Voy. ce mot. || Figur., Mettre en discorde, désunir. *L'intérêt a divisé cette famille. D. les esprits. Ils sont divisés en sectes, en partis, en factions.* Absol., *Il faut d. pour dominer.* == se DIVISER, v. pron. Être divisé. *L'année se divise en douze mois. A cet endroit, le fleuve se divise en deux branches. Ils se divisèrent par groupes. Les esprits ne tardèrent pas à se d.* == DIVISÉ, ÉE. part. *Être divisés d'intérêts.* || En Botan., s'emploie adject., pour désigner tout organe quelconque qui, bien que formé en apparence d'une seule pièce, se partage en plusieurs parties appelées *Divisions*, qui vont jusqu'à sa base.

Syn. — *Partager.* — L'un et l'autre de ces mots signifient que d'un tout on fait plusieurs parties : mais *diviser* marque seulement la désunion du tout pour former de simples parties ; tandis que *partager* offre cette désunion du tout, a de plus un certain rapport à l'union propre de chaque partie, pour en former de nouveaux touts particuliers. Le *partage* suppose la *division* et va plus loin. On *divise* l'année en mois, le mois en jours, la sphère en cercles, les cercles en degrés ; et cette *division* n'est souvent qu'idéale. On *partage* le pain entre les convives, un héritage entre les cohéritiers, les bénéfices entre les intéressés, etc.; ce *partage* est réel, et la portion de chacun devient indépendante des autres. Un orateur *divise* son discours en plusieurs points pour considérer une vérité sous divers rapports, et ces points sont liés les uns aux autres. Des puissances se *partagent* entre elles un pays hors d'état de se défendre, pour en augmenter leur empire, et chaque partie forme un corps indépendant des autres, etc. — Au moral, ces mots ne conservent pas exactement les mêmes rapports distinctifs. La *division* indique alors la mésintelligence et l'opposition entre les personnes et les choses. Le *partage* n'emporte que la différence ou la diversité. Avec des vues opposées, on se *divise*; avec des vues diverses, on se *partage*. Des prétentions contraires nous *divisent*, des goûts différents nous *partagent*. Il y a *partage* dès qu'on est deux ; une poule survient, et il y a *division* entre les deux coqs. Un conseil *partagé* ne sait que résoudre ; un conseil *divisé* ne fait que troubler.

Techn. — *Machine à diviser.* — La machine à diviser sert à tracer sur une règle ou sur le limbe d'un cercle des divisions équidistantes à des intervalles déterminés. C'est une machine d'une haute précision dont l'emploi est indispensable pour la construction des appareils de physique et les instruments d'astronomie. Le principe fondamental de cette machine réside dans l'emploi d'une vis travaillée avec le plus grand soin et qui porte le nom de *vis micrométrique.* La pièce à diviser est placée sur un banc rectiligne ou sur un plateau circulaire, suivant qu'il s'agit d'une règle ou d'un cercle. Ce banc ou ce plateau est mis en mouvement par la vis micro-

métrique, de manière qu'il avance de la même quantité à chaque tour de celle-ci. De plus, la manivelle qui sert à mouvoir la vis se déplace devant un cercle gradué, afin qu'on puisse apprécier et mesurer les fractions de tour. Il est clair que si le pas de la vis est d'un millimètre, chaque dixième de tour fera avancer la pièce d'un dixième de millimètre. Enfin, un chariot portant un style traceur peut se mouvoir dans une direction perpendiculaire à celle de la vis. On fait avancer la pièce de la quantité nécessaire en tournant la vis, on abaisse le style et on fait mouvoir le chariot : le trait se trouve ainsi gravé à la place qu'il doit occuper. Des dispositions spéciales sont prises pour que les traits soient un peu plus longs de cinq en cinq ou de dix en dix, s'il s'agit d'une règle rectiligne, ou s'il s'agit d'un cercle, pour que les traits marquant les degrés, les demi-degrés et quarts de degré aient des longueurs inégales. Il suffit, pour cela, que la course du chariot soit modifiée périodiquement dans sa longueur. Dans d'autres modèles, la pièce à diviser est immobile et le chariot portant le style peut se mouvoir dans deux directions perpendiculaires : l'un de ces déplacements, destiné à former les traits différents, est commandé par la vis micrométrique ; l'autre sert à graver le trait. — Les constructeurs sont arrivés aujourd'hui à fabriquer des machines à diviser qui sont de véritables chefs-d'œuvre sous le quadruple rapport de l'équidistance, de la régularité, de la finesse et de la netteté des traits. On en fait de toutes dimensions, depuis celles qui servent à diviser les grands cercles usités en astronomie de plus d'un mètre de diamètre, jusqu'à celles qui, à l'aide d'une pointe de diamant, permettent de tracer, sur une lame de verre, les divisions si fines nécessaires aux études de micrographie, et qu'on ne peut distinguer que dans le champ du microscope.

DIVISEUR. s. m. T. Math. Nombre par lequel on en divise un autre. || Adjectiv., *Le nombre d.* || T. Techn. *Système d.*, Procédé de vidange qui consiste dans la séparation des matières liquides d'avec les matières solides, à l'aide d'un appareil approprié.

Arith. — On appelle *Diviseur* d'un nombre un autre nombre qui divise exactement le premier, et *D. commun* de deux nombres, un troisième nombre qui les divise exactement l'un et l'autre. Ainsi, 4 est d. de 12, et 4 est d. commun de 12 et de 16. Deux nombres peuvent avoir plusieurs diviseurs communs : ainsi 12 et 16, qui sont divisibles par 4, le sont aussi par 2 ; de même, 168 et 105 sont divisibles par 21, par 7 et par 3. On appelle *Plus grand commun d.* de deux nombres le plus grand nombre qui les divise tous deux. Le nombre 4, par ex., est le plus grand commun d. de 12 et de 16 ; et 21, le plus grand commun d. de 168 et de 105.

Un nombre est dit *premier absolu*, ou simplement *premier*, quand il n'est divisible que par lui-même et par l'unité, et deux nombres sont dits *premiers entre eux* quand ils n'ont pas d'autre d. commun que l'unité, ou, en d'autres termes, lorsque leur plus grand commun d. est l'unité : ainsi, 2, 3, 5, 7, 11, etc., sont des nombres premiers absolus ; 4 et 9 sont des nombres premiers entre eux. Comme on le voit par ce dernier exemple, deux nombres peuvent être premiers entre eux sans être pour cela premiers absolus ; car 4 est divisible par 2, et 9 l'est par 3. Il en est de même de 24 et 35 qui sont premiers entre eux, quoique, pris séparément, ils aient chacun des diviseurs autres qu'eux-mêmes et l'unité.

Dans la recherche du plus grand commun diviseur de deux nombres, on s'appuie sur les deux théorèmes suivants :

THÉORÈME 1ᵉʳ. — *Si de deux nombres l'un divise l'autre, il est lui-même le plus grand commun diviseur des deux nombres.* — Cette proposition est évidente. Par ex. 28 divise 56, et il est clair que 28 est le plus grand nombre qui divise à la fois 28 et 56.

THÉORÈME 2ᵉ. — *Lorsque de deux nombres donnés l'un ne divise pas l'autre, le plus grand commun diviseur de ces deux nombres est le même que le plus grand commun diviseur du plus petit des deux nombres et du reste de la division du plus grand par le plus petit.* — Soient les deux nombres 56 et 21 ; 56 n'est pas divisible par 21, car en faisant la division nous obtenons 2 pour quotient et 14 pour reste : je dis alors que le plus grand commun d. de 56 et de 21 est le même que celui de 21 et de 14. En effet, par la manière dont ces nombres ont été obtenus, on a

$$56 = 21 \times 2 + 14.$$

Or, un d. commun de 56 et de 21 divisera également l'autre partie de cette somme, 21 × 2. Par conséquent, divisant la somme 56 et une partie de cette somme, 21 × 2, il divisera également l'autre partie de cette somme, 14. Réciproquement, tout nombre divisant 21 et 14, c.-à-d. divisant toutes les parties de la somme 56, divisera également cette dernière. Il divisera donc à la fois 56 et 21, et par conséquent il sera commun d. de ces deux nombres. De là résulte que les deux groupes de nombres 56 et 21 d'une part, 21 et 14 d'autre part, ont exactement les mêmes diviseurs. Donc ils ont aussi le même plus grand commun d.

Comme application des deux théorèmes précédents, soit proposé de trouver le plus grand commun d. des nombres 48 et 18. Si 18 divisait 48, en vertu du théorème 1er, il serait le plus grand commun d. de ces deux nombres. Essayant la division de 48 par 18, nous obtenons 2 pour quotient et 12 pour reste. Cette première opération nous apprend donc que 48 n'est pas divisible par 18. D'après le théorème 2e, le plus grand commun d. cherché est le même que celui du plus petit nombre 18 et du reste 12. En essayant la division de 18 par 12, nous obtenons 1 pour quotient et 6 pour reste. Cette opération apprend que le plus grand commun d. cherché est le même que celui du plus petit nombre 12 et du reste 6. Cette fois, la division réussit : 6 est donc le plus grand commun d. de 12 et de 6, et par suite de 18 et de 12, et par suite enfin de 48 et de 18. De là, la *Règle générale* suivante : Pour obtenir le plus grand commun d. de deux nombres, on divise le plus grand par le plus petit; puis le plus petit des deux nombres par le reste de la première division, et ainsi de suite, jusqu'à ce que l'on soit arrivé à une division qui se fasse sans reste et le d. de cette dernière division est le plus grand commun d. cherché.

Lorsque, dans la recherche du plus grand commun d., on arrive à trouver un reste égal à l'unité, on en conclut nécessairement que les deux nombres proposés sont premiers entre eux, puisqu'ils ne peuvent avoir d'autre d. commun que l'unité.

THÉORÈME 3e. — *Tout nombre qui en divise deux autres divise leur plus grand commun diviseur.* — Rappelons-nous que lorsqu'un nombre en divise deux autres, il divise également le reste de leur division ; nous avons établi cette proposition en démontrant le théorème 2. Cela posé, si nous cherchons le plus grand commun d. de deux nombres par la règle précédente, tout nombre qui divisera les deux nombres donnés divisera aussi le reste de leur division. Dans la seconde division il divisera donc le dividende et le d., donc il divisera le reste, et ainsi de suite, il divisera tous les restes. Donc il divisera le plus grand commun d. qui est l'un de ces restes. La réciproque est évidente ; car, les deux nombres donnés étant chacun un multiple de leur plus grand commun d., tout nombre qui divisera la plus grand commun d. divisera également ses multiples, d'après ce théorème que tout nombre qui en divise un autre divise également les multiples de ce nombre.

THÉORÈME 4e. — *Si l'on multiplie ou si l'on divise deux nombres (la division se faisant exactement) par un troisième, leur plus grand commun diviseur sera multiplié ou divisé par ce troisième nombre.* — En effet, on sait que quand on multiplie ou on divise deux nombres par des divisions se faisant exactement) par un troisième, le quotient ne change pas ; mais le reste est multiplié ou divisé ce nombre. Dès lors, dans la suite des divisions que l'on fait pour rechercher le plus grand commun d. à deux nombres, si or multiplie ou si l'on divise ces deux nombres par m, le premier reste sera multiplié ou divisé par m dans la seconde division, le dividende et le d. étant multipliés ou divisés par m, le reste le sera aussi, et ainsi de suite ; tous les restes seront multipliés ou divisés par m. Le dernier reste, qui est zéro, restera nul, et l'avant-dernier, qui est le plus grand commun d., sera multiplié ou divisé par m.

THÉORÈME 5e. — *Les quotients de deux nombres par leur plus grand commun diviseur sont premiers entre eux.* — En effet, si on divise deux nombres par leur plus grand commun d., celui-ci est divisé par lui-même, et d'après le théorème précédent il devient l'unité. Donc les deux quotients ont pour plus grand commun d. l'unité et sont premiers entre eux.

THÉORÈME 6e. — *Le plus grand commun diviseur à plusieurs nombres reste le même, quand on remplace deux de ces nombres par leur plus grand commun diviseur.* — Soient les nombres A, B, C, D et Δ le plus grand commun d. de A et B. Tout nombre qui divise A et B divise Δ d'après le théorème 3e, donc tout nombre qui divise A, B, C, D divise Δ, C, D. De même, tout nombre qui divise Δ, C, D divise aussi A, B, C, D, puisque A et B sont des multiples de Δ. Par suite, les deux groupes de nombres A, B, C, D et Δ, C, D ont les mêmes diviseurs communs ; donc, ils ont le même plus grand commun d.

De là résulte la règle pour trouver le plus grand commun

d. à plusieurs nombres. On cherche d'abord le plus grand commun d. Δ à deux de ces nombres, puis le plus grand commun d. à Δ et à un troisième des nombres donnés, et ainsi de suite jusqu'à ce qu'on ait épuisé tous les nombres donnés. Le dernier nombre trouvé est le plus grand commun d. cherché.

On conclut facilement de cette règle que les théorèmes 3e, 4e et 5e s'appliquent aussi au plus grand commun d. à plusieurs nombres.

Alg. — Cette théorie du plus grand commun d. arithmétique se retrouve exactement en algèbre à propos des polynômes entiers. On dit qu'un polynôme B, entier par rapport à une certaine lettre x, est un d. d'un polynôme A également entier par rapport à la même lettre x, quand on peut trouver un troisième polynôme Q également entier par rapport à la même lettre, tel que le produit $B \times Q$ reproduise identiquement le polynôme A. Le polynôme Q s'obtient par la division de A et B, laquelle se fait alors exactement, c.-à-d. sans reste. Dans ce cas, on dit aussi que A est divisible par B. Quand A n'est pas divisible par B, on sait qu'on peut ordonner les deux polynômes par rapport aux puissances décroissantes de x, et pousser la division de A par B jusqu'à ce qu'on trouve un reste dont le degré, par rapport à x, est plus petit que le degré de B. Voy. DIVISION. On appelle plus grand commun d. de deux ou plusieurs polynômes entiers par rapport à une lettre x, le polynôme *de degré le plus élevé* qui les divise exactement l'un et l'autre. On dit que les polynômes sont premiers entre eux lorsqu'ils n'ont pas de plus grand d., ou, ce qui revient au même, lorsque leur plus grand commun d. est du degré zéro, car un polynôme de degré zéro ne contient pas x et divise exactement tous les polynômes entiers en x.

Ces définitions bien comprises, on peut reprendre mot par mot toute la théorie arithmétique ; on retrouve exactement les mêmes théorèmes, démontrés par les mêmes raisonnements, et la même règle pour trouver le plus grand commun d. La seule différence est que le plus grand commun d. n'est pas complètement déterminé. Si, en effet, le polynôme A est divisible par le polynôme D, il le sera aussi par Dm, m étant une quantité ne contenant pas x. Donc le plus grand commun d. n'est déterminé qu'à un facteur constant près. Il résulte aussi de cette remarque que, dans les divisions successives, on pourra toujours multiplier le dividende et même les dividendes partiels par des nombres constants, pour éviter les coefficients fractionnaires du quotient. La recherche du plus grand commun d. à deux polynômes est une opération très simple en théorie ; mais, dans la pratique, elle exige des calculs fastidieux, d'une longueur interminable, dès que les polynômes donnés sont d'un degré un peu élevé.

DIVISIBILITÉ. s. f. T. Phys. Propriété que possède la matière de pouvoir être divisée en plusieurs parties. Voy. CORPS. ‖ T. Math. Qualité d'un nombre qui peut être divisé. *La connaissance de la d. des nombres sert souvent à simplifier les calculs*.

Arith. — On dit qu'un nombre en divise un autre quand la division du second par le premier ne laisse pas de reste. Ainsi, on dit que 4 divise 24 ou que 24 *est divisible* par 4, parce que la division de 24 par 4 ne laisse pas de reste. De même, on dit *qu'un nombre est un multiple d'un autre*, quand la division du second par le premier ne laisse pas de reste, ou, en d'autres termes, quand le second est contenu un nombre exact de fois dans le premier.

On étudie généralement, dans les cours d'arithmétique, sous le nom de *Divisibilité* les règles qui peuvent servir non seulement à reconnaître qu'un nombre est divisible par un autre, mais encore à calculer le reste de la division sans effectuer celle-ci exactement. Il est clair que la règle qui sert à trouver le reste montrera si la division se fait exactement si elle donne un reste nul. Nous allons résumer rapidement cette théorie.

THÉORÈME 1er. — *On ne change pas le reste d'une division si on ajoute au dividende, ou si on en retranche un multiple du diviseur.* — Soit, en effet, a divisé par b, q le quotient, et r le reste. On sait qu'on a :

$$a = b.q + r$$

avec la condition

$$r < b.$$

Ajoutons à a un multiple de b : bm. On aura :

$$a + bm = bq + bm + r,$$

ou, d'après un théorème sur la multiplication :

$$a + bm = b(q + m) + r.$$

Le quotient est devenu $q + m$; mais le reste n'a pas changé.

THÉORÈME 2e. — *Le reste d'une somme est le même que la*

reste de la somme des restes, par rapport au même diviseur. — Soient, par ex. :

$$a = dq + r$$
$$a' = dq' + r'$$
$$a'' = dq'' + r''.$$

Je dis que $a + a' + a''$ divisé par d donnera le même reste que $r + r' + r''$. En effet, si on ajoute ces égalités, membre à membre, on a :

$$a + a' + a'' = d(q + q' + q'') + (r + r' + r'')$$

qui montre que les deux sommes ne diffèrent que d'un multiple du diviseur, $d(q + q' + q'')$, et donnent le même reste, d'après le théorème 1er.

COROLLAIRE. — *Si plusieurs nombres sont divisibles par un même diviseur d, leur somme est aussi divisible par ce diviseur.* — C'est le cas où tous les restes sont nuls.

THÉORÈME 3°. — *Le reste d'une différence est égal à la différence des restes si le premier reste est plus grand que le second, et à l'excès du diviseur sur cette différence, si c'est le second reste qui est le plus grand.* — Soit :

$$a = dq + r$$
$$a' = dq' + r'.$$

On a par soustraction :

$$a - a' = d(q - q') + r - r'.$$

Si r est plus grand que r', $r - r'$ peut se calculer et est plus petit que d. Donc c'est le reste de $a - a'$. Si r est plus petit que r', nous écrirons :

$$a - a' = d(q - q' - 1) + d - (r' - r),$$

égalité identique à la précédente qui montre que le reste est

$$d - (r' - r).$$

COROLLAIRE. — *Si deux nombres donnent le même reste, par rapport au même diviseur, leur différence est divisible par ce diviseur,* puisque le reste de cette différence est 0.

Ce corollaire n'est autre que la réciproque du théorème 1er.

THÉORÈME 4°. — *Le reste d'un produit est le même que le reste du produit des restes des facteurs.* — Soit :

$$a = dq + r$$
$$a' = dq' + r'$$
$$a'' = dq'' + r''$$

Je dis que les deux produits $aa'a''$ et $rr'r''$, divisés par d, donneront le même reste. Pour le démontrer, il suffit de multiplier membre à membre les égalités précédentes, en remarquant que pour multiplier plusieurs sommes, il faut multiplier un terme pris dans chacune des sommes, et ajouter tous les produits partiels ainsi obtenus, en faisant toutes les combinaisons possibles. Si on applique cette remarque aux seconds membres des égalités précédentes, on voit que tous les produits partiels contiendront un facteur d excepté le seul produit $rr'r''$. Comme on peut, sans changer le reste, supprimer tous les multiples de d (Théor. 1er), il ne restera que $rr'r''$ qui donne ainsi le même reste que $aa'a''$.

COROLLAIRE. — *Le reste d'une puissance est le même que le reste de la même puissance du reste de la base.* — Si a donne le reste r, a^m et r^m donneront le reste, toujours par rapport au même diviseur. En effet a^m est simplement le produit de m facteurs égaux à a, ce qui nous ramène immédiatement au théorème précédent.

APPLICATIONS. — *Divisibilité par 2 et 5.* — 10 étant divisible par 2 et par 5, on pourra supprimer toutes les dizaines sans changer le reste du nombre, d'où les règles suivantes :

Le reste de la division d'un nombre par 2 ou par 5 est le même que celui du chiffre de ses unités par le même diviseur.

Pour qu'un nombre soit divisible par 2, il faut et il suffit qu'il se termine par un zéro ou un chiffre pair.

Pour qu'un nombre soit divisible par 5, il faut et il suffit qu'il se termine par zéro ou un 5.

Divisibilité par 4 et 25. — On pourra supprimer les centaines, puisque 100 est divisible à la fois par 4 et 25. Donc :

Le reste de la division d'un nombre par 4 ou par 25 est le même que celui du nombre formé par ses deux derniers chiffres de droite.

Pour qu'un nombre soit divisible par 4, il faut et il suffit que le nombre formé par ses deux derniers chiffres de droite soit divisible par 4.

Pour qu'un nombre soit divisible par 25, il faut et il suffit qu'il se termine par 00, 25, 50 ou 75, car ce sont les seuls nombres de deux chiffres divisibles par 25.

On généralise facilement les propositions précédentes, et l'on obtient la règle suivante :

Le reste de la division d'un nombre par 2^n ou 5^n est le même que celui du nombre formé par les n derniers chiffres de droite.

Divisibilité par 9. — $10 = 9 + 1$ donne le reste 1. Donc 10^n donnera le reste 1^n ou 1, c.-à-d. que l'unité suivie d'un nombre quelconque de zéros est un multiple de 9 plus une unité. On en conclut qu'un nombre formé d'un seul chiffre significatif suivi de zéros est un multiple de 9 plus ce chiffre significatif.

$$1000 = m.9 + 1$$
$$8000 = m.9 \times 8 + 1 \times 8.$$

Mais $m.9 \times 8$ est un multiple de 9. Donc

$$8000 = m9 + 8.$$

Soit maintenant un nombre quelconque :

86574

On a :

$$80000 = m9 + 8$$
$$6000 = m9 + 6$$
$$500 = m9 + 5$$
$$70 = m9 + 7$$
$$4 = 4$$

et en ajoutant : $86574 = m9 + 8 + 6 + 5 + 7 + 4,$

c'est-à-dire que tout nombre est un multiple de 9 plus la somme de ses chiffres, ou encore :

Pour trouver le reste de la division d'un nombre par 9, il suffit d'ajouter les chiffres qui le composent.

Dans l'application de cette règle, il ne faut pas ajouter les 9, s'il s'en trouve, et dès que la somme atteint deux chiffres, on ajoute ces deux chiffres, ce qui équivaut à retrancher un multiple de 9. Ainsi, dans l'exemple précédent, on dira :

$$8 + 6 = 14; \ 1 + 4 = 5; \ 5 + 5 = 10; \ 1 + 7 = 8;$$
$$8 + 4 = 12; \ 1 + 2 = 3.$$

Le reste est 3.

Pour que le nombre soit divisible par 9, il faut et il suffit que la somme ainsi trouvée soit 9.

Divisibilité par 3. — Comme un multiple de 9 est aussi un multiple de 3, tout nombre est un multiple de 3 plus la somme de ses chiffres, ce qui conduit, pour le diviseur 3, à la même règle que pour le diviseur 9. Seulement, il ne faut ajouter ni les 3, ni les 6, ni les 9. Dans l'ex. précédent, on dira :

$$8 + 5 = 13 \quad 1 + 7 = 8; \ 8 + 4 = 12 \quad 1 + 2 = 3.$$

Le nombre est divisible par 3.

Divisibilité par 11. — $100 = 99 + 1 = 9 \times 11 + 1$ donne le reste 1 par rapport au diviseur 11. Donc 100^n donnera le reste 1^n ou 1, ou, en d'autres termes, tout nombre formé de l'unité suivie d'un nombre pair de zéros est un multiple de 11 plus 1. On en conclut qu'il un nombre se termine par un nombre pair de 0, on peut supprimer un nombre pair de 0 sans changer le reste de la division par 11. Ex. :

$$700\,000 = 70 \times 10\,000$$
$$10\,000 = m.11 + 1$$
$$700\,000 = m.11 \times 70 + 1 \times 70 = m.11 + 70.$$

De même :

$$85\,000\,000 = 85 \times 1\,000\,000 = 85 \times (m.11 + 1)$$
$$= m.11 + 85.$$

Soit maintenant un nombre quelconque : 876 493 654.

On a :

$$54 = 54$$
$$3600 = m.11 + 36$$
$$490000 = m.11 + 49$$
$$76000000 = m.11 + 76$$
$$8000000000 = m.11 + 8,$$

et en ajoutant : $87\,64\,97\,36\,54 = m.11 + 54 + 36\,49 + 76 + 8$ ce qui conduit à la règle suivante :

Pour trouver le reste de la division d'un nombre par 11, on partage le nombre en tranches de deux chiffres à partir de la droite, la dernière tranche à gauche pouvant n'avoir qu'un chiffre, et on ajoute les tranches.

L'application réitérée de cette règle ramène le nombre à n'avoir que deux chiffres ; il est alors facile d'en retrancher le plus grand multiple de 11 possible, car les multiples de 11 de deux chiffres s'écrivent avec deux fois le même chiffre : 11, 22, 33, etc. L'exemple précédent donne :

$$54 + 36 + 49 + 76 + 8 = 223 \quad 23 + 2 = 25 \quad 25 - 22 = 3.$$

Le reste est 3, comme on aurait pu le voir dès la première addition, puisque 220 est un multiple de 11 ; mais cette remarque repose sur une circonstance fortuite.

Divisibilité par 7 et par 13. — 1 000 000 est un multiple de 7 plus 1, et aussi un multiple de 13 plus 1, comme il est facile de s'en assurer par la division. Donc 1 000 000 donne le reste 1 par rapport à deux diviseurs. Il en sera donc de même des puissances de 1 000 000, c.-à-d. de tout nombre écrit avec un 1 suivi d'un nombre de zéros qui soit multiple de 6. En raisonnant comme on l'a fait pour 9 et pour 11, on reconnaîtra d'abord que si un nombre se termine par des zéros, on pourra, sans changer le reste, supprimer un nombre de zéros qui soit multiple de 6, et ensuite qu'on pourra partager le nombre en tranches de 6 chiffres à partir de la droite, et ajouter les tranches. Mais il y a plus. Remarquons que 1000 est un multiple de 7 moins 1, et un multiple de 13 moins 1, et soit un nombre de 6 chiffres :

$$285\ 847.$$

On aura :

$$1\ 000 = m.\ 7 - 1$$
$$285\ 000 = m.\ 7 - 285$$

et

$$285\ 847 = m.\ 7 - 285 + 847 = m.7 + 847 - 285,$$

il suffira donc de retrancher la tranche des mille de celle des unités, d'où la règle :

Pour trouver le reste de la division d'un nombre par 7 ou par 13, on le partage en tranches de six chiffres à partir de la droite, la dernière tranche à gauche pouvant avoir moins de six chiffres, et on ajoute les tranches. L'application réitérée de cette règle ramène le nombre à n'avoir que six chiffres; alors, on le partage en deux tranches de trois chiffres, à partir de sa droite, et on retranche la tranche des mille de celle des unités, en ayant soin, si la soustraction est impossible, d'ajouter à la tranche des unités un multiple du diviseur, soit 700, 1400 ou 1300, suivant les cas. Quand le nombre n'a plus que trois chiffres, le plus simple est de le diviser par 7 ou par 13.

Soit par exemple :

$$6 \cdot 365 \cdot 489 \cdot 256 \cdot 732 \cdot 928 \cdot 651.$$

J'écris :

```
        928651
        256732
        365489
             6
       ―――――――
       4·550878
             1
       ―――――――
        550·879
        — 550
       ―――――――
            329
```

et je divise 329 par 7 et par 13. Le reste, par rapport à 7, est 0, et par rapport à 13, est 4.

Il existe encore d'autres caractères de di. qu présentent un assez grand intérêt; mais nous ne pouvons nous étendre davantage sur ce sujet. Nous ferons seulement observer que si le diviseur n'est pas premier, et si on veut seulement reconnaître si la division est possible, sans calculer le reste, il suffit de décomposer le diviseur en facteurs premiers, et de chercher si le nombre proposé est divisible par les facteurs premiers avec leur exposant. Ainsi

$$360 = 2^3 \times 3^2 \times 5 = 8 \times 9 \times 5.$$

Pour qu'un nombre soit divisible par 360, il faut et il suffit qu'il soit séparément par 8, 9 et 5. La démonstration du théorème sera donnée à propos des nombres premiers. Voy. Nombre.

Les théorèmes sur les restes permettent de trouver des manières simples de faire la preuve des opérations. Par ex. :

Preuve par 9 de la multiplication des nombres entiers. — Soit le produit de 536 par 29. On a trouvé 15544. D'après le théorème 4°, le reste de 15544 doit être le même que le reste du produit des restes de 536 et de 29. Or, 536 divisé par 9 donne le reste 5, 29 le reste 2 ; $5 \times 2 = 10$; 15544 doit donc donner le reste 1, ce qui est exact. On a pris le diviseur 9, à cause de la facilité de calculer les restes ; mais on pourrait employer n'importe quel autre diviseur. La preuve des autres opérations se fait de la même manière, en effectuant sur les restes des nombres donnés la même opération que sur les nombres eux-mêmes.

Lorsque la preuve de la multiplication par 9 ne réussit pas,

on peut en conclure que la multiplication a été mal faite. Cependant, lorsque la preuve réussit, on ne peut pas en conclure d'une manière absolue que la multiplication a été bien faite : car, si l'on s'est trompé d'un multiple de 9, le reste ne sera pas changé et l'erreur ne sera pas accusée. Or, on se trompe d'un multiple de 9 toutes les fois qu'on n'écrit pas les chiffres à leur place, par ex., quand on ne recule pas d'un rang le premier chiffre de droite de l'un des produits partiels. Si l'on faisait à la fois la preuve par 9 et la preuve par 11, les seules erreurs qui pourraient échapper seraient des multiples à la fois de 11 et de 9, c.-à-d. des multiples de 99.

Alg. — *D. des polynômes.* — On dit qu'un polynôme est divisible par un autre, quand on peut en trouver un troisième dont le produit par le second reproduise le premier. Voy. Division. Nous nous bornerons au cas où le diviseur est un polynôme de premier degré : $Ax + B$. Ce diviseur peut s'écrire :

$$A\left(x + \frac{B}{A}\right) \text{ et, en posant } a = -\frac{B}{A} :$$

$$A(x - a),$$

et il est clair que si un polynôme est divisible par $A(x-a)$, il l'est aussi par $x-a$ et réciproquement. Il suffira donc de considérer les diviseurs de la forme $x-a$.

Théorème 1er. — Le reste de la division d'un polynôme entier en x par un binôme de la forme $x - a$ est égal à la valeur que prend ce polynôme quand on y remplace x par a. En effet, soit $f(x)$ le polynôme, et $\varphi(x)$ le quotient. On a :

$$f(x) = (x - a)\varphi(x) + R,$$

et ce reste R devant être de degré inférieur au degré du diviseur, ne contient pas x. Or, l'égalité précédente est une identité, puisque, par définition, la multiplication du quotient par $x - a$ avec l'addition du reste R doit reproduire exactement le dividende. Voy. Division. Donc l'égalité a lieu pour toute valeur de x, sans exception, et si l'on fait $x = a$, ce qui ne change pas R, on a :

$$f(a) = R, \qquad\qquad \text{C.Q.F.D.}$$

Corollaire. — Pour qu'un polynôme soit divisible par $x - a$, il faut et il suffit qu'il s'annule quand on y remplace x par a, car c'est la condition pour que le reste soit nul.

Exemples. — Les restes de la division d'un polynôme par $x - 2$, $x + 3$, $2x + 5$, sont les résultats qu'on obtient en remplaçant x respectivement par 2, $- 3$. et $-\frac{5}{2}$, car ce sont là les valeurs de x qui annulent les diviseurs.

Théorème 2°. — Si un polynôme entier en x est divisible par plusieurs binômes différents de la forme $x - a$, il est divisible par leur produit. — Soit $f(x)$ divisible par $x - a$, $x - b$, $x - c$;

On a d'abord $f(x) = (x - a)\varphi(x)$.
Faisons $x = b$: $f(b) = (b - a)\varphi(b) = 0$,

puisque $f(x)$ est divisible par $x - b$. Mais $b - a$ n'est pas nul par hypothèse, donc $\varphi(b) = 0$, ce qui prouve que $\varphi(x)$ est divisible par $x - b$; on prouvera de même qu'il l'est par $x - c$. On a donc :

$$\varphi(x) = (x - b)\psi(x),$$

et en remplaçant x par b et raisonnant comme précédemment, on prouvera que $\psi(x)$ est divisible par $x - c$:

$$\psi(x) = (x - c)\chi(x).$$

Remplaçons successivement ψ et φ par leurs valeurs ; on aura :

$$\varphi(x) = (x - b)(x - c)\chi(x)$$
$$f(x) = (x - a)(x - b)(x - c)\chi(x),$$

ce qui prouve que $f(x)$ est divisible par le produit

$$(x - a)(x - b)(x - c).$$

On démontre que tout polynôme entier peut être décomposé en facteurs du premier degré réels ou imaginaires. Dès lors, pour qu'un polynôme soit divisible par un autre, il faut et il suffit qu'il contienne tous les facteurs du premier degré du second, et au moins le même nombre de fois. Cette proposition qui est presque évidente, est la base d'une théorie tout à fait analogue à celle de la décomposition des nombres en facteurs premiers. Nous ne nous y arrêterons pas. Voy. Nombre.

DIVISIBLE. adj. 2 g. Qui est susceptible d'être divisé. Selon certains auteurs, la matière est d. à l'infini. || T. Arithm. Le nombre 9 est divisible par 3. Voy. Diviseur, Divisibilité, Division.

DIVISIBLEMENT. adv. D'une manière divisible.

DIVISIF, IVE. adj. Qui divise, qui sert à diviser. || **T. Chir.** *Bandage d.*, Bandage destiné à maintenir l'écartement de certaines parties.

DIVISION. s. f. (lat. *divisio*, m. s.) Action de diviser. *La d. d'un corps en plusieurs parties. Cet immeuble paraît peu susceptible de d. La d. d'un régiment en bataillons, d'un bataillon en compagnies. La d. d'un livre par chapitres. La d. de la France en départements. La d. de la circonférence en degrés.* || **T. Rhét.** *La d. d'un discours*, Le partage d'un discours en divers points qui doivent être traités successivement. Voy. PROPOSITION. || **T. Tactique parlementaire.** Séparation que l'on fait des propositions contenues dans une motion, dans une question, dans un amendement, etc., pour les discuter séparément et les adopter ou les rejeter l'une après l'autre. *On demanda la d. de l'amendement*, ou simplement, *la d.* || **T. Droit**. *Bénéfice de d.* Voy. CAUTION. — *Sans d., ni discussion*, Solidairement. = Chacune des parties d'un tout divisé. *Les divisions d'une ligne, d'un cercle gradué. Établir, marquer des divisions. Les divisions d'un territoire, d'un livre. Ces divisions sont indiquées sur la carte.* || **T. Guerre**. Se dit des parties principales d'une armée ou d'un corps d'armée. *Une d. se compose de deux brigades au moins. Il commandait une d. de cuirassiers. Cette d. a beaucoup souffert. Général de d.* — Se dit aussi de la réunion de deux compagnies ou pelotons. *Former, rompre les divisions. Défiler par divisions.* — **D. militaire**, Partie du territoire français gouvernée, pour ce qui concerne l'administration militaire, par un général de d. || **T. Mar.** Réunion d'un certain nombre de bâtiments de guerre, trois au moins, qui est ordinairement commandée par un officier général. *Trois divisions forment une escadre.* || Dans les grandes administrations publiques, Réunion d'un certain nombre de bureaux placés sous la direction d'un employé principal qu'on nomme *Chef de d. La d. du contentieux. La d. du personnel.* = Fig., Désunion, discorde. *Il y a de la d. entre eux.* || Chacune des sections établies dans une classe trop nombreuse pour assister au même cours. || **T. Chir.** Séparation accidentelle de parties naturellement unies. || Séparation méthodique de parties naturellement ou accidentellement unies. || *Mettre la d., de la d. dans une famille. Semer la d. dans les esprits. Fomenter, entretenir la d., les divisions. Des divisions éclatèrent dans l'armée. Mille germes de division couvent dans cette nation. Il délivra sa patrie des divisions intestines qui la déchiraient. La d. se mit entre les deux ménages.* || **T. Impr.** Syn. de *Trait d'union.* || **T. Bot.** Parties d'un organe. Voy. DIVISER.

Arithm. — La *division* est l'opération inverse de la multiplication; *elle a pour but, étant donnés un produit de deux facteurs appelé* dividende *et l'un de ses facteurs appelé* diviseur, *de trouver l'autre facteur appelé* quotient. — La division s'indique par le signe : (divisé par que l'on place entre les deux nombres à diviser. Ainsi 40 devant être divisé par 8, on l'indique en écrivant 40 : 8. Souvent aussi on indique la division en écrivant le diviseur au-dessous du dividende dont on le sépare par un trait horizontal, $\frac{40}{8}$, qu'on énonce 40 divisé par 8.

La *d.* peut servir à résoudre les deux problèmes suivants : 1° *Elle permet de chercher combien de fois un nombre appelé* dividende *en contient un autre appelé* diviseur. Soit, par ex., à chercher combien de fois 24 contient 6. Il est clair que 6 multiplié par le nombre inconnu de fois doit reproduire 24. Donc on connaît le *produit* et le *multiplicande* d'une multiplication, et on cherche le *multiplicateur*. — 2° La *d.* sert encore à *partager un nombre donné en autant de parties égales qu'il y a d'unités dans un autre nombre.* Soit à partager 24 en 4 parties égales. Il est clair que chaque part multipliée par le nombre des parts 4, doit donner 24. Ici on connaît le *produit* et le *multiplicateur*, et c'est le *multiplicande* qui est le facteur inconnu.

La *d.*, telle que nous venons de la définir, est généralement impossible. Par ex., soit 48 à diviser par 7. Il n'y a aucun nombre entier qui multiplié par 7 donne 48. Il convient alors de généraliser l'opération, et nous dirons que : *La d. a pour but de trouver le plus grand nombre entier dont le produit par le diviseur puisse être retranché du dividende.* Le résultat s'appelle *quotient*, et l'excès du dividende sur le produit du diviseur par le quotient est le *reste*. Si A est le dividende, B, le diviseur, et C le quotient, la d. sera définie par la double inégalité :

$$BQ \leqq A < B(Q+1)$$

Le reste doit être plus petit que le diviseur, autrement le dividende contiendrait le produit du diviseur par le quotient augmenté d'une unité, et la d. serait mal faite. La d. est donc encore définie par l'égalité et l'inégalité :

$$A = BQ + R \qquad R < B.$$

La manière la plus rapide de faire la théorie de la d. consiste à la faire reposer sur le théorème suivant :

THÉORÈME. — *Pour diviser un nombre par un produit de plusieurs facteurs, on peut le diviser d'abord par le premier facteur, puis diviser le quotient par le second facteur, et ainsi de suite.* — Pour démontrer ce théorème, observons d'abord que la double inégalité qui définit la d. peut s'écrire :

$$BQ \leqq A \qquad A+1 \leqq B(Q+1)$$

Cela posé, soit A à diviser par le produit *bcd*. Je divise A par *b*, et j'ai le quotient *q* ; je divise *q* par *c* et j'ai le quotient *q'* ; puis *q'* par *d*, et j'ai le quotient *q"*. Je dis que *q"* est le quotient de A par *bcd*. En effet, on a, par hypothèse :

$$bq \leqq A \qquad A+1 \leqq b(q+1)$$
$$cq' \leqq q \qquad q+1 \leqq c(q'+1)$$
$$dq" \leqq q' \qquad q'+1 \leqq d(q"+1)$$

Si on multiplie ces inégalités membre à membre, on aura, en groupant convenablement les facteurs :

$$bcd.q".qq' \leqq A.q \quad q'$$
$$(A+1)(q+1)(q'+1) \leqq bcd(q+1)(q'+1)(q"+1)$$

Si, dans ces produits inégaux, on supprime les facteurs communs, les facteurs restants devront être inégaux dans le même sens. Donc :

$$bcd. q" \leqq A \qquad A+1 \leqq bcd.(q"+1),$$

ce qui montre bien que *q"* est le quotient cherché. On déduit de ce théorème que, si l'on veut diviser un nombre par *a*, et ensuite le quotient par *b*, on peut diviser d'abord le dividende par *b*, et ensuite le quotient par *a*, puisque les deux systèmes d'opérations équivalent à diviser le dividende par *ab*.

Je partage maintenant la théorie en 4 cas.

1er CAS. — *Le diviseur et le quotient n'ont chacun qu'un chiffre.* — On reconnaît immédiatement que le diviseur n'a qu'un chiffre. Quant au quotient, il n'aura qu'un chiffre si le produit du diviseur par 10 dépasse le dividende, parce qu'alors le quotient n'atteindra pas 10. Exemple 47 à diviser par 7. Il suffit de chercher dans la table de multiplication le plus grand multiple de 7 qui puisse être retranché de 47. On trouve 42 qui est égal à 7×6. Donc :

$$48 = 7 \times 6 + 5$$

Le quotient est 6, le reste, 5.

2e CAS. — *Le diviseur est une puissance de 10*, c.-à-d. un nombre formé de l'unité suivie d'un ou plusieurs zéros. — Soit à diviser 36547 par 1000. Les principes mêmes de la numération donnent immédiatement :

$$36547 = 36 \times 1000 + 547$$

547 est plus petit que 1000. Donc le quotient est 36, et le reste 547. Ainsi *pour diviser un nombre par l'unité suivie de plusieurs zéros, il suffit de supprimer à la droite du nombre autant de chiffres qu'il y a de zéros au diviseur, et l'on a le quotient. Les chiffres supprimés forment le reste.*

3e CAS. — *Le dividende et le diviseur sont quelconques, mais le quotient n'a qu'un chiffre.* — Soit 48654 à diviser par 5675. On reconnaît, comme dans le premier cas, que le quotient n'aura qu'un chiffre, parce que le produit 56750 du diviseur par 10 dépasse le dividende. Soit *x* ce chiffre inconnu. On doit avoir :

$$x \times 5675 \leqq 48654$$

et à fortiori

$$x \times 5000 < 48654$$

Donc le produit de 5000 par *x* est contenu dans 48654 ; donc *x* ne peut dépasser le quotient de 48654 par 5000 ; mais il peut lui être inférieur ; si donc je divise 48654 par 5000, j'aurai ou le quotient *x*, ou un chiffre trop fort. Mais pour diviser 48654 par 5000 = 5×1000, je le divise d'abord par 1000, ce qui donne 48 (2e cas), et enfin je divise 48 par 5, (1er cas), ce qui donne 9. Ainsi le quotient cherché ne peut dépasser 9. Je multiplie donc 5675 par 9, ce qui donne 51075, plus grand que 48654. Donc 9 est trop fort ; j'essaye 8 : $5675 \times 8 = 45400$ qui est inférieur au dividende. Donc 8 est le quotient, et le reste est 48654 − 45400 = 3254.

On voit que cette méthode est une méthode de tâtonnement qui consiste à *ne conserver que le premier chiffre de gauche du diviseur, et les unités de même ordre dans le dividende.* On peut diriger les tâtonnements de manière à trouver des chiffres trop petits. Il suffit pour cela d'augmenter d'une unité le chiffre de gauche du diviseur. On doi. avoir en effet :

$$48654 < (x+1) \times 5675$$
et à fortiori $48654 < (x+1)$.   6000

Donc, en divisant 48694 par 6000, ou 48 par 6, on trouvera ou x, ou un nombre inférieur. On reconnaît que le quotient est trop petit à ce que le reste dépasse le diviseur. Ici, 48 divisé 6 donne 8 qui convient.

4ᵉ CAS. — *Cas général : les deux nombres sont quelconques.* — Soit 196983 à diviser par 387. Chercher les dizaines du quotient, c'est diviser le quotient par 10 (2ᵉ cas). Or, au lieu de diviser d'abord le dividende ou le diviseur, puis le quotient par 10, je puis diviser d'abord le dividende par 10, ce qui donne 19698 et diviser ce nombre par le diviseur, c.-à-d. qu'*on obtient les dizaines du quotient en divisant les dizaines du dividende par le diviseur.* Mais le quotient de 19698 par 387 est encore plus grand que 10 ; les dizaines de ce nouveau quotient, qui sont les centaines de l'ancien, s'obtiendront de même en divisant 1969 par 387. Ici le quotient n'a plus qu'un chiffre, et je le trouverai par la règle du troisième cas. Le quotient est 5, dont le produit par 387 est 1935 et laisse un reste égal à 1969 — 1935 = 3₄.

Comme ce nombre représente les centaines, je lui ajoute les dizaines et les unités du dividende, et j'ai 3488, qui contient encore le produit du diviseur par la partie connue du quotient, plus un reste inférieur au diviseur. Je suis donc ramené au point de départ, sauf que j'ai un chiffre de moins à calculer. J'aurai donc le second chiffre du quotient en divisant 348 par 387 (3ᵉ cas), ce qui donne 0, et enfin les unités en divisant 3483 par 387 (3ᵉ cas). On trouve 9, et un reste nul. Le quotient est donc 509, et le reste nul.

De ces raisonnements résulte la règle suivante :

RÈGLE. — *Pour diviser un nombre par un autre, on prend, à la gauche du dividende, assez de chiffres pour former un nombre qui contienne au moins une fois et moins de dix fois le diviseur. On divise ce premier dividende partiel par le diviseur, d'après la règle du 3ᵉ cas et l'on a le premier chiffre du quotient. A la droite du reste on abaisse le premier des chiffres du dividende qui n'ont pas encore servi, et l'on opère sur ce deuxième dividende partiel comme sur le premier, et ainsi de suite, jusqu'à ce qu'on ait épuisé tous les chiffres du dividende.*

Dans la pratique, on fait en même temps la multiplication du diviseur par chaque chiffre du quotient, et la soustraction du produit du dividende partiel correspondant. Il faut aussi avoir soin de mettre un zéro au quotient, quand un dividende partiel est inférieur au diviseur, afin de conserver leur place aux différents chiffres du quotient. L'opération se dispose de la manière suivante :

```
196983 | 387
  3483 |-----
    00 | 509
```

Cas particulier. — Quand le diviseur n'a qu'un chiffre, il est inutile d'écrire les dividendes partiels : on peut calculer mentalement et écrire immédiatement le quotient au-dessous du dividende ; soit, par ex. une d. par 6 :

```
        38543257 : 6
Quotient =  6423876
Reste =           1
```

PREUVE. — Pour faire d'une division, on multiplie le diviseur par le quotient et on ajoute le reste. On doit retrouver le dividende, mais il faut aussi s'assurer que le reste est plus petit que le diviseur.

THÉORÈME. — *Si l'on multiplie par le même nombre le dividende et le diviseur, le quotient ne change pas ; mais le reste est multiplié ou divisé par ce nombre.* — Soit une d. représentée par :

$$A = BQ + R \quad R < B ;$$

multiplions les deux nombres par m :

$$Am = BmQ + Rm \quad Rm < Bm,$$

ce qui montre que le quotient de Am par Bm est bien Q et que le reste est Rm.

Il est clair qu'inversement, si l'on divise le dividende et le diviseur par un nombre qui divise l'un et l'autre exactement, le quotient ne changera pas et le reste sera divisé par ce nombre, car en multipliant le deuxième reste par le nombre considéré on doit retrouver le premier. Ce raisonnement fournit aussi une démonstration de ce fait, que si le dividende et le diviseur sont divisibles par un même nombre, le reste l'est aussi. Voy. aussi DIVISIBILITÉ.

Alg. — *Division des polynômes.* — Diviser deux polynômes entiers par rapport à x, c'est chercher s'il existe un troisième polynôme appelé quotient dont le produit par le diviseur reproduira identiquement le dividende. — La théorie de cette opération repose sur la remarque suivante qui est presque évidente. Quand on multiplie deux polynômes ordonnés de la même manière par rapport à une même lettre x, par exemple, le premier terme du produit est exactement le produit des premiers termes des facteurs, car, si les polynômes sont ordonnés par rapport aux puissances décroissantes de x, le premier terme du produit est le terme qui contient la plus haute puissance de x, et on l'obtient en multipliant les termes des facteurs de plus haut degré. Le raisonnement est le même si les polynômes sont ordonnés par rapport aux puissances croissantes de x.

Pour appliquer cette remarque, ordonnons le dividende et le diviseur par rapport aux puissances décroissantes de x. S'il y a un polynôme quotient, le premier terme de ce quotient ne pourra être que le quotient du premier terme du dividende par le premier terme du diviseur, lequel se calcule aisément. Voy. MONÔME. Ayant trouvé ce premier terme, on le multiplie par le diviseur et on le retranche du dividende. Le reste contient alors le produit du diviseur par les termes inconnus du quotient. On est donc ramené au point de départ, sauf qu'on a un terme de moins à calculer ; on opère de même, c.-à-d. que l'on divise le premier terme du reste par le premier terme du diviseur, et ainsi de suite.

S'il existe un polynôme quotient, on doit trouver un reste nul à l'une des divisions partielles. On est averti qu'il n'y a pas de polynôme quotient lorsque l'opération conduit à un reste de degré inférieur à celui du diviseur, parce qu'alors il est impossible de continuer. Il est clair que le cas où la d. est impossible est le plus fréquent. Cependant, l'opération n'est pas sans objet. On peut la définir en disant que :

La d. de deux polynômes a pour objet de décomposer le dividende en deux parties, dont l'une est le produit du diviseur par un polynôme appelé quotient, et l'autre, un reste de degré inférieur au degré du diviseur.

Si A est le dividende, B le diviseur, Q le quotient, R le reste, on aura :

$$A = BQ + R,$$

avec la condition : degré de R < degré de B.

On démontre que cette décomposition n'est possible que d'une seule manière. Si, en effet, on pouvait la faire de deux manières, on aurait :

$$A = BQ + R = BQ' + R',$$

d'où l'on conclut :

$$B(Q - Q') = R' - R ;$$

mais cette identité est impossible, puisque le second nombre est de degré inférieur au premier, à moins que les deux nombres ne soient identiquement nuls :

$$Q = Q' \quad R = R' \quad \text{C. Q. F. D.}$$

Dans la pratique, on effectue en même temps la multiplication du diviseur par chaque terme du quotient et la soustraction du produit du dividende, et l'on dispose l'opération ainsi qu'il suit :

```
3x⁴ − 5x³ − 2x² + 3x − 1 | x² + 2x − 1
    − 11x³ +   x²         |------------
    +      23x² −    8x   | 3x² − 11x + 23
              − 54x + 22
```

Le quotient est $3x^2 - 11x + 23$, et le reste $-54x + 22$.

On aurait pu aussi faire la d. en ordonnant les polynômes par rapport aux puissances croissantes de x ; mais alors l'opération se poursuit indéfiniment sans que l'on ne rencontre pas de reste nul, parce que les degrés des restes successifs vont en augmentant. On reconnaît que l'opération ne s'arrêtera jamais, en calculant à l'avance le dernier terme du quotient par la d. des derniers termes du dividende et du diviseur. Si l'on est conduit à écrire un terme de degré supérieur à celui-là, la d. ne peut se faire exactement. Ainsi comprise, la d. sert à développer une fraction rationnelle en série ordonnée suivant les puissances croissantes de x. C'est ainsi qu'en divisant 1 par x − 1, on obtient la progression géométrique :

$$\frac{1}{1-x} = 1 + x + x^2 + x^3 + \dots$$

Toutes les fois que x est plus petit que 1, le second membre tend vers une limite qui est égale à la valeur du premier membre. Voy. aussi DIVISIBILITÉ.

Géom. — On appelle *Division* une suite de points marqués sur une ligne droite. Les divisions donnent lieu à certaines théories importantes; c'est ainsi qu'on considère la *d. harmonique*, les *divisions semblables*, *homographiques*, *homologiques*, etc. Voy. ces mots.

DIVISIONNAIRE. adj. 2 g. [Pr. *divi-zio-nère*]. De division; ne s'emploie guère que dans ces dénominations : *Inspecteur d.*, Celui qui est chargé d'une inspection dans une certaine portion du territoire. *Inspecteur d. des ponts et chaussées, des douanes.* — *Capitaine d.*, Celui qui commande les divisions d'un régiment quand elles marchent en défilant de front, ou quand elles opèrent isolément.

DIVISOIRE. adj. Qui sépare. *Ligne d. des eaux.*

DIVITIAIRE. adj. 2 g. [Pr. *divi-sière*] (lat. *divitiæ*, richesses). Néol. Qui est propre à la richesse.

DIVORCE. s. m. (lat. *divortium*, m. s.; de *di*, préf. sépar., et *vertere*, tourner). Rupture légale du mariage. || Fig., se dit quelquefois des simples dissensions qui naissent entre époux, et même entre amis. *Ce mari et cette femme sont dans un d. continuel. Il a un si mauvais caractère qu'il est en d. avec tous ses amis.* Peu us. dans ce sens. || Fig., Séparation volontaire d'avec les choses auxquelles on était fort attaché. *Il a fait d. avec les plaisirs, avec le monde.*

Le *Divorce* est la dissolution du mariage opérée sur la demande de l'un des époux ou sur celle de tous les deux, pour les causes et dans les formes déterminées par la loi.

I. — Le d. a existé de tout temps chez toutes les nations de l'antiquité. Chez un grand nombre même, le droit de rompre le mariage n'appartenait qu'au mari, et ce dernier avait le pouvoir de renvoyer sa femme par le seul fait de son caprice.

A. Cette coutume était tellement entrée dans les mœurs des peuples orientaux, au milieu desquels vivaient les Israélites, et était depuis si longtemps établie parmi ces derniers eux-mêmes, que Moïse ne crut pas pouvoir l'interdire à son peuple. Il se contenta d'ordonner diverses mesures dans l'intérêt de la femme. D'abord, il exigea que le mari fit par écrit l'acte de d. et le remit entre les mains de cette dernière avant de la renvoyer hors de sa maison; cette précaution servait à constater le nouvel état de la femme et la liberté où elle était de se remarier. Moïse exigea en second lieu un motif raisonnable pour que le d. pût avoir lieu : il est vrai que cette dernière prescription laissait place à l'interprétation la plus arbitraire : c'est ainsi que les docteurs admirent comme motif de d., le fait pour une femme d'avoir trop fait cuire la viande ou encore de ne pas être assez jolie! Enfin, pour rendre le d. plus sérieux, Moïse interdit au mari qui avait répudié sa femme, la faculté de la reprendre.

B. La loi athénienne permettait à chacun des époux de demander le d. Les formalités exigées de la part du mari qui voulait répudier sa femme paraissent avoir été fort simples : vraisemblablement il suffisait qu'il appelât des témoins pour attester la répudiation. Quant à la femme, elle devait s'adresser au tribunal des Archontes et leur déduire elle-même ses griefs. Soit que le d. fût volontaire, c.-à-d. eût lieu du consentement mutuel des deux parties, soit qu'il résultât de la répudiation par le mari ou de l'arrêt prononcé par le juge sur la demande de la femme, celle-ci se retirait chez les parents mâles avec lesquels elle aurait demeuré si elle ne s'était jamais mariée, et réclamait alors de son ex-époux tout ce qu'elle lui avait apporté en mariage. Si la chose se faisait sans difficulté de part et d'autre, le d. était complet et définitif. Mais dans le cas contraire, l'intervention du tribunal était nécessaire. Alors, si la femme prétendait que son mari n'avait pas eu de motifs suffisants pour la renvoyer, elle intentait, ou plutôt ses tuteurs légaux intentaient contre celui-ci une action nommée δίκη ἀποπέμψεως. Quand, au contraire, c'était la femme qui avait quitté son mari, ce dernier pouvait intenter contre elle l'action appelée δίκη ἀπολείψεως. À Athènes, l'adultère de la femme était une cause inévitable de d., car la loi frappait d'*atimie*, c.-à-d. privait de certains droits politiques ou civils le mari qui continuait malgré cela de cohabiter avec sa femme. À Sparte, c'était la stérilité de la femme qui était la cause la plus fréquente de répudiation.

C. Chez les Romains, suivant Plutarque, le mari seul, dans le principe, avait le droit de rompre par le d. le lien conjugal; mais si cette assertion est exacte, il est incontestable que plus tard ce droit fut également accordé à la femme. Il n'était besoin, pour effectuer le d., ni de l'intervention du juge ni de celle d'aucune autorité publique. Toutefois les fils de

famille, c.-à-d. les fils qui étaient sous la puissance paternelle, avaient besoin du consentement du père de famille. A en croire Aulu-Gelle et Valère Maxime, ce fut vers l'an 530 de Rome (224 av. J.-C.) que l'on vit le premier cas de d., lorsque Carvilius Ruga répudia sa femme; et ces auteurs ajoutent que sa conduite fut généralement blâmée. Mais Savigny a fait voir la signification réelle de cette anecdote. Vers la fin de la république et sous l'empire, les divorces devinrent excessivement fréquents. Quand un mari répudiait sa femme, il était généralement tenu de lui restituer sa dot : il en était de même lorsque le d. avait lieu par consentement mutuel. Cependant la fréquence des divorces étant devenue véritablement alarmante pour l'État lui-même, les empereurs essayèrent de l'entraver indirectement, en frappant dans ses biens celui des époux dont la conduite avait rendu le d. nécessaire. Tel fut l'un des objets de la loi Pappia Poppæa et des règles relatives à la rétention de la dot (*retentio dotis*) et aux jugements des mœurs (*judicium morum*). Ainsi, lorsque le d. avait été causé par la faute de la femme, le mari retenait, pour les enfants nés du mariage, une partie de la dot apportée par celle-ci, les 3/6es au plus. Quand le d. était motivé par l'adultère de la femme, le mari pouvait retenir 1/6e de la dot et 1/8e seulement dans les cas moins graves d'offense aux mœurs. Lorsque le d. avait lieu par suite de l'inconduite du mari, il ne pouvait profiter des délais ordinaires pour la restitution des deniers dotaux. Après le d., chacun des époux était libre de se remarier. D'après la loi Pappia Poppæa, l'affranchie qui avait épousé son patron ne pouvait pas demander le d. — Sous les empereurs chrétiens, le d. était puni de diverses manières; toutefois, la faculté de divorcer continua de subsister, comme auparavant, moyennant l'observation de certaines formalités. Théodose, Valentinien III et plus tard Justinien rendirent plusieurs lois qui infligeaient certaines pénalités, soit pécuniaires, soit personnelles, non seulement à celui des époux dont la mauvaise conduite avait motivé le d., ou à celui qui avait divorcé sans motif sérieux, mais encore aux deux conjoints qui, sans cause légitime, divorgeaient par consentement mutuel.

II. — On voit que déjà, sous l'influence de la religion nouvelle qui condamnait absolument le d., plusieurs empereurs chrétiens avaient cherché à mettre des entraves à cette institution; cependant, ce fut seulement après plusieurs siècles de lutte et d'efforts que l'Église parvint à faire triompher le principe religieux de l'indissolubilité du mariage. Les chefs des États qui s'étaient fondés sur les débris de l'empire romain avaient tous, quoique nominalement convertis au christianisme, autorisé le d., car ils en usaient fréquemment eux-mêmes. Nous citerons comme exemple : Théodoric, roi des Ostrogoths en Italie, et Alaric II, roi des Visigoths en Espagne, au Ve siècle. Dans ce dernier pays, le d. resta en usage jusqu'au XIIIe siècle, époque où Alphonse X l'interdit dans ses *partidas*. Dans les Iles Britanniques, les lois autorisaient encore le d. vers le XIe siècle. Nous voyons, en effet, Lanfranc de Cantorbéry et saint Anselme, son successeur, faire, à la demande du pape Grégoire VII, de vives instances auprès du roi d'Irlande pour le déterminer à interdire le d. En France, les rois mérovingiens nous présentent plusieurs exemples de princes répudiant leurs femmes légitimes. Après la chute de cette race, nous voyons encore Charlemagne répudier sa première femme, qui était fille de Didier, roi des Lombards; cependant, le d. est défendu dans plusieurs des capitulaires de ce prince. Au reste, à partir de cette époque, la loi chrétienne devint la loi de l'État, et la jurisprudence substitua au d. la séparation de corps, qui ne rompt pas le mariage et se contente d'en relâcher les liens civils. Cet état de choses dura jusqu'à la Révolution; à cette époque, on considéra que le principe de la liberté individuelle excluait celui de l'indissolubilité du mariage, et bien qu'un seul cahier des États en 1789 ait réclamé le rétablissement du d., l'Assemblée législative vota une loi dans ce sens le 20 septembre 1792. Cette loi avait le tort de supprimer du même coup la séparation de corps, en la remplaçant dans tous les cas par le d. : cette mesure était susceptible de blesser les consciences; il eût été bien préférable de donner le choix entre les deux modes de séparation. De plus, la loi de 1792 admettait le d. d'une façon très large, par consentement mutuel ou sur la simple allégation d'incompatibilité d'humeur et de caractère de la part de l'un des deux époux. A plusieurs reprises, on demanda devant les Assemblées législatives, en raison des nombreux abus auxquels elle donnait lieu, la révision de la loi de 1792. Ce fut seulement le Code civil en 1803 qui apporta de sérieuses réformes dans cette matière, en réduisant considérablement les cas de d., et en n'admettant plus la simple allégation d'incompatibilité d'humeur ou de caractère.

Les seules causes admises par le Code civil furent les suivantes : Adultère de la femme, adultère du mari, seulement dans le cas où il a entretenu sa concubine dans le domicile conjugal ; les excès, sévices ou injures graves ; la condamnation de l'un des époux à une peine infamante, et le consentement mutuel et persévérant des deux époux. On sait que la loi du 8 mai 1816 abolit le divorce et convertit toutes les demandes en d. en demandes en séparation de corps. La révolution de 1830 rendit l'espoir aux partisans du d. : ils présentèrent devant les Chambres plusieurs projets dont deux même furent adoptés par la Chambre des députés, mais rejetés par la Chambre des pairs. De nouvelles propositions furent faites en 1848 sans aucun succès.

Malgré ces échecs devant le Parlement, l'idée du d. se répandait peu à peu dans la masse, et l'opinion publique lui devenait de plus en plus favorable : aussi M. Naquet, justement appelé « l'apôtre du d. », jugea-t-il, en 1878, le moment opportun pour mener une campagne à outrance devant les Chambres en faveur du rétablissement de cette institution. Après six ans d'efforts, il réussit à faire voter la loi du 7 juil. 1884 rétablissant le d. ; il la fit compléter par la loi du 18 avril 1886 qui en rendit la procédure plus facile et plus expéditive.

Les causes de d. admises sont les suivantes : *L'adultère du mari ou de la femme, la condamnation de l'un d'eux à une peine afflictive et infamante, les excès, sévices ou injures graves de l'un des époux envers l'autre.* Le d. par consentement mutuel n'est pas admis. — L'époux qui veut former une demande en d. présente, en personne, sa requête au président du tribunal. Celui-ci, après avoir entendu le demandeur, ordonne au bas de la requête que les parties comparaîtront devant lui, au jour et à l'heure indiqués. Il peut également autoriser l'époux demandeur à résider séparément en indiquant, s'il s'agit de la femme, le lieu de la résidence provisoire. Au jour indiqué, le juge entend les parties en personne ; en cas de non-conciliation ou de défaut, il rend une ordonnance qui autorise le demandeur à assigner devant le tribunal. Il statue, s'il y a lieu, sur la résidence de l'époux demandeur, sur la garde provisoire des enfants sur la remise des effets personnels, et, s'il y a lieu, sur la demande d'aliments. Par le fait de cette ordonnance, la femme est autorisée à faire toutes procédures pour la conservation de ses droits et à poursuivre l'action judiciaire jusqu'à la fin de l'instance et des opérations qui en sont la suite. — Le juge peut, suivant les circonstances, avant d'autoriser le demandeur à citer, ajourner les parties à un délai qui n'excède pas 20 jours, sauf à ordonner les mesures provisoires nécessaires. L'époux demandeur en d. devra user de la permission de citer qui lui a été accordée par l'ordonnance du président, dans un délai de 20 jours. — La cause est instruite et jugée dans la forme ordinaire, le ministère public entendu ; les tribunaux peuvent ordonner le huis clos ; la reproduction des débats par la voie de la presse est interdite sous peine d'une amende de 100 à 2000 francs. Le demandeur peut, en tout état de cause, transformer sa demande en d. en demande en séparation de corps. Le tribunal peut ordonner toutes les mesures provisoires qui lui paraissent nécessaires dans l'intérêt des enfants, et statuer sur les demandes relatives aux aliments pour la durée de l'instance.

L'un ou l'autre des époux peut, dès la première ordonnance et sur l'autorisation du juge, prendre des mesures conservatoires pour la garantie de ses droits, notamment requérir l'apposition des scellés sur les biens de la communauté ; le même droit appartient à la femme, quel que soit le régime matrimonial, pour la conservation des biens dont le mari a l'administration et la jouissance. Toute obligation contractée par le mari à la charge de la communauté, toute aliénation par lui faite des immeubles qui en dépendent, postérieurement à la date de l'ordonnance dont nous avons parlé plus haut, sera déclarée nulle s'il est prouvé qu'elle a été faite ou contractée en fraude des droits de la femme. — L'action en d. s'éteint par la *réconciliation des époux* survenue soit depuis les faits allégués dans la demande, soit depuis cette demande ; elle s'éteint également par le *décès de l'un des époux* survenu avant que le jugement soit devenu irrévocable par la transcription sur les registres de l'état civil. — Lorsque la demande en d. n'a pas pour cause la condamnation de l'un des époux à une peine afflictive et infamante, le tribunal, tout en reconnaissant le bien fondé de la demande, peut ne pas prononcer immédiatement le d. Dans ce cas, il maintient ou prescrit l'habitation séparée et les mesures provisoires pendant un délai qui ne peut excéder six mois. Après le délai fixé par le tribunal, si les époux ne se sont pas réconciliés, chacun d'eux peut faire citer l'autre à comparaître devant le tribunal pour entendre prononcer le d. — Lorsqu'il y a lieu à enquête, les parents, à l'exception des descendants, et les domestiques des époux peuvent être entendus comme témoins. — Le jugement qui prononce le d. par défaut est signifié par un huissier désigné par le tribunal. Extrait du jugement qui prononce le d. est inséré aux tableaux exposés dans l'auditoire des tribunaux civils ou de commerce, ainsi que dans les chambres d'avoués ou de notaires. Le dispositif de ce jugement est en outre transcrit sur les registres de l'état civil du lieu où le mariage a été célébré. Il en est également fait mention en marge de l'acte de mariage des deux époux.

Disons quelques mots, en terminant, des effets que produit le divorce à l'égard des époux et aussi à l'égard de leurs enfants. D'abord, en ce qui touche les conjoints divorcés, ils ne peuvent plus se réunir, si l'un ou l'autre a, postérieurement au d., contracté un nouveau mariage suivi d'un second d. Au cas de réunion des époux, une nouvelle célébration est nécessaire : dans ce dernier cas, les époux ne peuvent adopter un régime matrimonial différent de celui qui réglait originairement leur union. De plus, il ne doit être reçu de leur part aucune nouvelle demande de d., pour quelque cause que ce soit autre que celle d'une condamnation à une peine afflictive et infamante prononcée contre l'un d'eux depuis leur réunion. — Dans le cas de d. admis en justice pour cause d'adultère, l'époux coupable ne peut jamais se marier avec son complice (on entend ici par *complice* l'individu qui a été condamné comme tel en justice). — La femme divorcée ne peut se remarier que dix mois après que le d. est devenu définitif. — A la différence des époux qui obtient le d. sa faveur, celui contre qui il est prononcé perd tous les avantages pécuniaires que son conjoint lui avait faits, soit par contrat de mariage, soit depuis le mariage ; il peut même être condamné, si le tribunal le juge nécessaire, à payer à l'autre époux une pension alimentaire. Cette pension est révocable dans le cas où elle cesserait d'être nécessaire. Quant aux enfants, ils sont confiés à l'époux qui a obtenu le d., à moins que le tribunal n'estime qu'il est plutôt avantageux pour eux d'être confiés, soit à l'autre époux, soit à une personne étrangère. Quelle que soit cette personne, le père et mère conservent toujours respectivement le droit de surveiller l'entretien et l'éducation de leurs enfants et sont tenus d'y contribuer proportionnellement à leur fortune. Enfin, la dissolution du mariage par le d. ne saurait priver les enfants d'aucun des avantages que leur assurent les lois ou les conventions matrimoniales de leurs parents.

Bibliogr. — JULES CAUVIÈRE, *Le lien conjugal et le divorce ; Mœurs israélites et mœurs païennes*, Paris, 1890. — CARPENTIER, *Traité théorique et pratique du divorce*, Paris, 1894. — COULON, *Manuel formulaire du divorce et de la séparation de corps*, Paris, 1891. — BARBIER, *Les enfants et le divorce*, Paris, 1894.

TABLEAU DES MARIAGES ET DES DIVORCES PRONONCÉS EN FRANCE

	1884	1885	1886	1887	1888	1889	1890	1891	1892
Mariages........	280,555	283,170	283,208	277,060	276,848	272,934	269,332	285,488	290,319
Divorces........	1,657 (¹)	4,277	2,950	3,636	4,708	4,786	5,457	5,752	5,772

(¹) Quatre derniers mois de 1884, époque à laquelle la loi de divorce a été mise en vigueur.

DIVORCER. v. n. Faire divorce. *Il a divorcé. Elle a divorcé d'avec lui.* = Divorcé, ÉE. *Homme divorcé, Femme divorcée,* Qui a fait divorce.

DIVULGATEUR, TRICE. s. Celui, celle qui divulgue, qui publie.

DIVULGATION. s. f. [Pr. ...*sion*]. Action de divulguer ; État d'une chose divulguée. *La d. d'un secret.*

DIVULGUER. v. a. (lat. *divulgare*, de *di*, préf., et *vulgus*, le public). Rendre public ce qui n'était pas su. *D. un secret. Cette nouvelle fut bientôt divulguée par toute la ville.* = Divulgué, ÉE. part. = Syn. Voy. Déceler.

DIVULSEUR. s. m. (lat. *divulsum*, sup. de *divellere*, arracher). T. Chir. Nom donné à des instruments propres à amener la dilatation dans le rétrécissement de l'urètre.

DIVULSION. s. f. (lat. *divulsum*, sup. de *divellere*, arracher). T. Didact. Action de séparer violemment ; résultat de cette action. || T. Méd. Nom donné à l'une des méthodes de traitement des rétrécissements de l'urètre. Voy. Rétrécissement.

DIX. adj. numéral. 2 g. [Pr. *diss*, à la fin d'une phrase : *nous étions diss ; diz*, devant une voyelle ou une *h* muette : *diz hommes ; di*, devant une consonne ou une *h* aspirée : *di femmes, di héros*] (lat. *decem*, m. s.) Nombre pair composé de deux fois cinq, et qui suit immédiatement le nombre neuf. *D. arpents. D. écus. D. hommes. Nous étions d.* || Se dit quelquefois pour Dixième. *Tome d. Page d. Article d. Le pape Léon d., Charles d.* On écrit ordin., *Léon X, Charles X.* = Dix. s. m. Le nombre dix. *Le produit de d. multiplié par trois. Le d. du mois,* ou simpl., *Le d.,* le dixième jour du mois. On dit de même, *Le d. de la lune.* || T. Jeu. Carte qui a dix marques. *Un d. de cœur. Le d. de trèfle.* Au Piquet. *Quatorze de d.* || *Conseil des Dix.* Voy. Conseil.

DIXIÈME. adj. 2 g. [Pr. *di-ziè-me*] (lat. *decimus*, m. s.). Nombre ordinal de dix. *Le d. jour. La d. fois. Être le d. sur la liste. Le d. régiment de ligne,* ou ellipt., *Le d. de ligne.* || *Le d.,* se dit subst. et au masc. pour désigner la d. partie d'un tout, c.-à-d. l'une des parties d'un tout qui est ou que l'on conçoit divisé en dix parties égales. *Il est héritier pour un d. Il a un d. dans cette affaire. Les quatre dixièmes.* On dit dans un sens anal., *Le d. denier d'intérêt.* || T. Mus. Intervalle de 9 degrés diatoniques ou d'une octave et d'une tierce. Voy. Intervalle.

DIXIÈMEMENT. adv. [Pr. *di-ziè-meman*]. En dixième lieu.

DIXMUDE, v. de Belgique (Flandre occidentale), 4,900 h.

DIXON (George), navigateur anglais (1755-1800).

DIXON (William), célèbre littérateur anglais (1821-1879).

DIZAIN. s. m. [On écrivait autrefois *Dixain*] (R. *dix*). Ce qui est composé de dix parties. — Se dit principalement des pièces de poésie et des stances ou strophes composées de dix vers. *Faire un d.* — Ancienne pièce de monnaie qui valait 10 deniers et qu'on appelait aussi *carolus.* — Chapelet composé de dix grains. — *Un d. de cartes,* Un paquet renfermant dix jeux de cartes.

DIZAINE. s. f. coll. [On écrivait autrefois *Dixaine*] (R. *dix*). Nombre de dix ou environ. *Il me doit une d. d'écus. Il y avait une d. de personnes. Compter par d. Le chapelet est composé de cinq dizaines.* || T. Arithm. Collection de dix unités. *Unité, d., centaine, mille, d. de mille. La colonne des dizaines.*

DIZEAU. s. m. (R. *dix*). Tas de dix gerbes ou bottes.

DIZENIER ou **DIZAINIER.** s. m. [On écrivait autrefois *Dizenier, Dizainier*] (R. *dizaine*). — *Dizenier,* de même que *Décurion,* signifie chef d'une dizaine. Après la conquête de la Gaule par les rois francs, ces derniers placèrent à la tête des petites villes, des bourgs et des villages ceux de leurs capitaines et de leurs soldats qu'ils voulaient récompenser, avec la mission d'y maintenir l'ordre et d'y administrer la justice, mais en leur conservant leurs anciens titres militaires de *Centeniers, Cinquanteniers* et *Dizeniers.* Cet état de

choses se maintint jusqu'à l'époque de l'organisation du système féodal, c.-à-d. jusque vers la seconde moitié du X° siècle. — Plus tard ce nom de *d.* servit à désigner des officiers municipaux chargés de la police dans certaines villes. A Paris, par ex., on en comptait 16 dans chacun des quartiers de la ville, ce qui faisait un total de 256 dizeniers.

DJAFNAPATAM, v. maritime de l'île Velligamo au nord de l'île de Ceylan ; 34,000 hab.

DJAGGERNAT ou mieux **POURI,** place forte de l'Inde anglaise sur le golfe du Bengale ; 36,000 hab. Grande pagode où se rendent tous les ans de nombreux pèlerins.

DJANINA, affluent du Gange, arrose Delhi, 1,375 kil.

DJEDDAH ou **GIDDAH,** v. d'Arabie, sur la mer Rouge, 29,000 hab.

DJEM ou **DJIM,** le *Majestueux,* prince musulman, souvent appelé *Zizim,* fils de Mahomet II, frère et rival de Bajazet. Il mourut empoisonné à Rome, sous le pontificat d'Alexandre VI (1459-1495).

DJERBA ou **DJERBI,** île de Tunisie à l'entrée du golfe de Gabès ; 40,000 hab.

DJÉRID. s. m. (arabe, *djerid,* palmier). — Les Orientaux, c.-à-d. les Arabes, les Turcs et les Persans, nomment ainsi une espèce de javeline longue d'un mètre environ et faite d'une branche de palmier sèche et dépouillée de ses feuilles. Le d. peut être employé comme arme de jet, et alors il est armé d'un fer aigu ; mais il est surtout usité dans une sorte d'exercice militaire et équestre qui, de son nom, est également appelé *d.,* et dans ce cas il n'est pas ferré. Cet exercice se fait de deux manières : tantôt les cavaliers lancent leur d. au loin, le poursuivent au grand galop et tâchent de le ressaisir avant qu'il soit tombé par terre ; tantôt, divisés en deux troupes, ils se lancent le d. les uns contre les autres, et tâchent alors de l'éviter ou de le parer.

DJERME. s. f. T. Mar. Petit bâtiment qui navigue sur le Nil et sur les côtes voisines.

DJEYPOUR, v. de l'Hindoustan, à l'Angleterre, 143,000 h.

DJEZIRCH, v. du Kurdistan turc (Turquie d'Asie), 3,000 hab.

DJIDJELLI, v. de l'Algérie, dép. de Constantine, arr. de Bougie ; 5,600 hab.

DJIM. Voy. Djem.

DJINN ou **GINN.** s. m. Nom arabe des mauvais génies ou démons. Voy. Génie.

DJUNGLE. s. f. Voy. Jungle.

DJURJURA ou **JURJURA,** chaîne de montagnes de l'Algérie, dép. d'Alger.

DMITRI. Voy. Démétrius.

DNIÉPER, fleuve de la Russie d'Europe, anc. Borysthène, se jette dans la mer Noire ; 1,950 kil.

DNIESTER, fleuve de la Russie d'Europe, sort des monts Karpathes et se jette dans la mer Noire ; 1,200 kil.

DO. s. m. T. Mus. Nom que l'on donne aujourd'hui le plus souvent, à l'imitation des Italiens, à la note appelée autrement *ut. Do, ré, mi, fa, sol, la, si, do.*

DOBEUR. s. m. Orthographe vicieuse. Voy. Daubeur.

DOBROUTCHA ou **DOBROUDJA,** partie de la Roumanie entre la mer Noire et le Danube.

DOCASANE. s. m. T. Chim. Syn. de *Doïcosane.*

DOCÈTE. s. m. (gr. δοκήτης, m. s., de δοκεῖν, croire à une apparence). Partisan du *docétisme.*

DOCÉTISME. s. m. (R. *docète*). Secte chrétienne du IIe siècle, qui prétendait que Jésus n'était né et n'avait vécu qu'en apparence.

DOCHMAÏQUE. s. m. [Pr. *dok-ma-i-ke*] (gr. δοχμαϊχός, m. s., de δοχμή, nom d'une certaine mesure de longueur). T. Métr. anc. Pied de vers composé de cinq syllabes, une brève, deux longues et deux brèves.

DOCHMIAQUE. adj. 2 g. [Pr. *dok-miake*]. T. Métr. anc. *Le vers d.* Vers où entre le pied appelé *dochmius*.

DOCHMIUS. s. m. [Pr. *dok-ri-uss*] (gr. δόχμιος, m. s., de δοχμή, nom d'une certaine mesure de longueur). T. Métr. anc. Pied de vers de cinq syllabes composé d'une brève, deux longues, une brève et une longue. || T. Zool. Genre de vers intestinaux. Voy. ANKYLOSTOMASIE.

DOCILE. adj. 2 g. (lat. *docilis*, m. s., de *docere*, enseigner). Qui a de la disposition à se laisser conduire et diriger. *Un enfant, un écolier d. Naturel, esprit d. Il est fort d. aux leçons de ses maîtres. Rendre d. à la voix de la raison.* — *Le chien est un animal d. Un bœuf d. au joug.*
Syn. — *Flexible, Souple.* — Comme *docile* ne se dit que des personnes, il ne peut être comparé avec *flexible* et *souple* qu'autant que ces derniers s'appliquent également aux personnes, c.-à-d. sont pris au figuré. La *flexibilité* est une facilité de caractère qui ne permet pas d'opposer une longue et forte résistance, et qui se tourne avec assez d'aisance d'un sens dans un autre. La *souplesse* est une disposition du caractère qui fait qu'on prend de soi-même la manière d'être ou d'agir que l'on juge la plus convenable dans une circonstance donnée. La *docilité* est une douceur de caractère qui nous rend propres à recevoir et à suivre les leçons, les conseils, les instructions, les réprimandes, les volontés d'autrui, et par là même à nous laisser guider ou conduire. L'homme *flexible* se prête ; l'homme *souple* se plie et se replie ; l'homme *docile* se rend. Le complaisant est *flex ble*, le flatteur est *souple*, le simple est *docile*. La *flexibilité* est plutôt passive ; vous faites fléchir l'homme. La *souplesse* est plutôt *active* ; vous n'avez pas besoin de plier l'homme, il se plie : aussi la *souplesse* est-elle une qualité équivoque et suspecte. La *docilité* est en partie passive et en partie active ; l'homme reçoit l'impulsion et la suit volontairement. La *rigidité* est la qualité directement opposée à la *flexibilité* ; la *roideur* est le contraire de la *souplesse* ; l'*opiniâtreté* est précisément en opposition avec la *docilité*.

DOCILEMENT. adv. Avec docilité. *Écouter d.*

DOCILITÉ. s. f. Qualité par laquelle on est docile, disposition naturelle à se laisser diriger et conduire. *Il a une grande d. Cet enfant est d'une d. exemplaire. Il reçoit vos avis avec beaucoup de d.*

DOCIMASIE ou **DOCIMASTIQUE.** s. f. (gr. δοχιμασία, épreuve). Le mot *Docimasie* est seul usité.
Hist. — À Athènes, on appelait *D.* l'épreuve à laquelle était soumis, préalablement à son entrée en charge, tout citoyen promu à une fonction publique, soit par la voie du sort, soit même par le suffrage de ses concitoyens. Dans cette épreuve, on examinait la vie et la conduite antérieures du nouvel élu, et tout citoyen pouvait l'attaquer comme indigne de remplir l'office auquel il avait été appelé. Mais ce n'étaient pas seulement les fonctionnaires publics, tels que les archontes, les stratèges, les sénateurs et autres magistrats qui étaient soumis à cette épreuve, car nous voyons qu'une action, appelée *dénonciation de d.* (ἐπαγγελία δοχιμασίας) était quelquefois intentée contre les orateurs qui parlaient dans l'assemblée du peuple et qui menaient une vie déréglée ou s'étaient rendus coupables d'actes déshonorants. Cette action pouvait être intentée par le premier citoyen venu, et l'individu accusé était obligé de comparaître devant le tribunal pour y rendre compte de sa vie et de sa conduite : s'il était jugé coupable, il était puni par la perte de certains droits politiques ou civils (ἀτιμία), et il lui était interdit de paraître dans les assemblées du peuple.
Chim. — Les chimistes désignent sous ce nom l'art de faire des essais, c.-à-d. de déterminer la nature et les proportions des métaux utiles contenus dans les substances minérales, afin d'évaluer les produits que pourrait donner l'exploitation en grand de ces dernières : il sera parlé de cet art au mot ESSAI.

Méd. — On applique ce nom à certaines épreuves de médecine légale qu'on fait subir à quelques organes, et particulièrement aux poumons, dans le but de constater la viabilité d'un enfant qu'on prétend être mort-né. Voy. VIABILITÉ.

DOCIMASTIQUE. adj. 2 g. T. Chim. et Méd. Qui a rapport à la docimasie. *Épreuve d.*

DOCK. s. m. (angl. *dock*, bassin). T. Comm. — *D.* est un mot anglais qui signifie proprement *bassin* destiné à recevoir des navires : c'est dans ce sens que les Anglais appellent *floating docks*, les bassins à flot ordinaire ; *graving docks*, les bassins de radoub que l'on remplit d'eau et qu'on met à sec à volonté ; *dry docks*, ou docks secs, les cales couvertes pour la construction des vaisseaux, etc. Toutefois aujourd'hui le mot *dock*, pur et simple, s'emploie spécialement pour désigner ces vastes établissements propres au commerce maritime, et où se trouve réuni tout ce qui peut activer et simplifier les opérations commerciales. C'est dans cette acception particulière que ce terme a reçu droit de cité dans notre langue. — Les établissements ainsi appelés comprennent : 1° Un système de bassins à flot munis d'écluses à sas ; 2° des quais préparés et outillés pour faciliter le chargement et le déchargement des navires, ainsi que pour la manutention des marchandises ; 3° de vastes hangars et magasins destinés à loger toutes sortes de produits et pourvus de tous les appareils mécaniques pouvant accélérer ou faciliter la réception, le pesage, la vérification, l'arrimage, la bonne conservation et la réexpédition des marchandises ; 4° un double système de voies ferrées, l'un pour le déplacement des grues qui servent à décharger les navires et peuvent amener directement les marchandises aux divers étages des magasins, l'autre pour la circulation des trains qui doivent transporter les marchandises déchargées ; 5° une enceinte complète et close, avec une surveillance organisée de manière à prévenir tout vol et tout détournement ; 6° une administration qui centralise pour les négociants toutes les opérations de douane (entrée, sortie, transit) et toutes les mains-d'œuvre commerciales auxquelles les marchandises sont soumises.
Toutes les grandes cités commerciales de l'Angleterre possèdent des établissements de ce genre ; mais les villes qui possèdent les docks les plus remarquables sont Londres et Liverpool, surtout la première. Ceux de Londres sont véritablement prodigieux par l'espace qu'ils occupent et le mouvement commercial dont ils sont le siège.
Docks flottants. — On appelle ainsi de simples formes de radoub servant à soulever les navires hors de l'eau et à les déposer sur des cales horizontales placées au bord de l'eau. Ils se composent essentiellement d'un fond formé de poutres isolées reliées à des pontons latéraux qui sont divisés en compartiments qu'on peut emplir ou vider au moyen de pompes, de manière à obtenir l'immersion ou l'émersion du d. L'un des docks flottants les plus grands qui aient été construits est celui d'Alexandrie, destiné à recevoir le yacht du vice-roi d'Égypte : il a 141[m] de longueur et 30[m] de largeur, et pèse 4,600 tonnes.
On donne également le nom de *docks flottants* à des cuves métalliques servant à emmagasiner certains liquides, tels que le pétrole, et flottant sur l'eau. Cette disposition, usitée aux docks de Saint-Ouen près Paris, a l'inconvénient de rendre très difficile la visite, l'entretien et la réparation des cuves.

DOCTE. adj. 2 g. (lat. *doctus*, m. s., part. pass. de *docere*, enseigner). Savant, érudit. *Un d. antiquaire. Ce d. personnage. Le d. Saumaise.* — Par ext., se dit quelquefois des choses. *Un livre d. Ses doctes leçons. Vous doctes veilles.* || Substant., et au plur., *Les doctes ne sont pas de cet avis.*
Syn. — *Érudit, Savant.* — Une bonne mémoire et de la patience dans l'étude suffisent pour former un *érudit* ; ajoutez-y l'intelligence qui coordonne et digère les connaissances acquises, vous aurez un homme *docte* ; donnez à ce dernier cet esprit philosophique qui discerne sûrement le vrai d'avec le faux, qui sait envisager les choses sous tous leurs aspects, et découvrir les liens qui les unissent, et vous aurez un *savant*. En conséquence de ces différences, *docte* et *savant* se disent toujours en manière d'éloge, surtout ce dernier ; tandis qu'on dit quelquefois, par une sorte de mépris, qu'un homme n'est qu'un *érudit*. Par une extension fort naturelle, ces trois termes s'emploient en parlant des ouvrages aussi bien qu'en parlant des personnes.

DOCTEMENT. adv. D'une manière docte. *Traiter d. une*

matière. — Ironiq., *Il nous a prouvé fort d. les vérités les plus triviales.*

DOCTEUR. s. m. (lat. *doctor*, m. s., de *docere*, enseigner). Celui qui est promu, dans une université, au plus haut degré de quelque faculté. *D. ès lettres, ès sciences. D.-médecin. D. en médecine de la faculté de Paris. D. en droit, en théologie. Être reçu d. Prendre le bonnet de d. Le grade, le diplôme de d.* — *D.-régent,* se disait autrefois d'un d. qui enseignait publiquement. — Fam., se dit quelquefois absol. pour médecin. *Consultez votre d. Le d. vient d'arriver.* Voy. GRADE, UNIVERSITÉ. || Fam., se dit d'un homme savant, quoiqu'il n'ait pas été reçu d., et quelquefois par ext., d'un homme habile en quelque chose que ce soit. *Il a beaucoup étudié cette science, il y est d. C'est un grand d. aux échecs Ce n'est pas un grand d.* — Fam. et ironiq. on dit de celui qui prend un air capable, qu'*Il fait le d. Prendre un ton de d.* || Celui qui donne des renseignements, maître. *Vos docteurs vous conduisent dans l'erreur.* En ce sens, se dit particul. de ceux qui se sont illustrés dans la philosophie scolastique, et il est ordinairement accompagné d'une épithète. *Saint Thomas est appelé le D. angélique, saint Bonaventure le D. séraphique, Duns Scot le D. subtil.* — *Les docteurs de l'Église,* Ceux qui enseignent les dogmes du christianisme, et surtout les Pères de l'Église dont les doctrines ont été le plus généralement suivies, tels que saint Athanase, saint Jean Chrysostome, saint Jérôme, saint Augustin, etc. *C'est ce qu'enseignent les docteurs.* — Dans le Nouveau Testament, *Les docteurs de la loi,* se dit de ceux qui enseignaient et interprétaient la loi de Moïse. || T. Techn. Lame de métal parallèle au cylindre imprimeur et qui, selon l'écartement qu'on lui donne, règle la quantité de couleur que le cylindre entraîne avec lui.

DOCTORAL, ALE. adj. Appartenant au docteur. *Bonnet d. Robe doctorale.* || Figur. et par dénigr., on dit *Ton d. Morgue doctorale,* etc., pour exprimer le ton tranchant, la suffisance de certains savants.

DOCTORALEMENT. adv. D'une manière doctorale. || Avec un ton tranchant.

DOCTORAT. s. m. Grade, qualité de docteur. *Il est enfin parvenu au d.*

DOCTORERIE. s. f. Acte qu'on fait en théologie pour être reçu docteur.

DOCTORESSE. s. f. Femme qui a passé son doctorat. En général, elles préfèrent le titre de docteur et s'appellent *Madame le docteur.* || Se dit quelquefois, par ironie, d'une femme qui affecte des prétentions à la science. — Mot créé par J.-J. Rousseau.

DOCTRINAIRE. s. m. Prêtre ou clerc séculier qui appartient à la congrégation de la doctrine. — Adject., *Un prêtre d.* || Se dit, avec une légère idée de dénigration, de certains hommes politiques qui prétendent se diriger d'après des principes fixes et absolus. *Les doctrinaires.* — Adject., *Le parti, l'école d. Un député d.*

DOCTRINAIREMENT, adv. D'une façon doctrinaire, selon le système doctrinaire.

DOCTRINAL, ALE. adj. (lat. *doctrinalis*). T. Théol. Qui fait règle; se dit des avis, des sentiments que les docteurs, les universités, donnent en matière de doctrine, de morale, etc. *Avis d. Jugement d. Les universités donnaient des avis doctrinaux sur les livres.* || Par anal., dans le langage juridique, on dit, *Interprétation doctrinale de la loi.*

DOCTRINALEMENT. adv. D'une façon doctrinale.

DOCTRINARISME. s. m. Système politique des doctrinaires.

DOCTRINE. s. f. (lat. *doctrina*, m. s., de *doctum*, sup. de *docere*, enseigner). Savoir, érudition *Profonde d. Un livre plein de d. Peu us.* || Ce que l'on croit, ce que l'on enseigne, l'ensemble des opinions que l'on professe ou qu'on adopte sur quelque matière, et surtout en matière de religion et de philosophie. *D. théologique, philosophique, politique, littéraire, médicale. D. orthodoxe, fausse, dangereuse; Des*

doctrines impies. Des doctrines subversives de tout ordre social. Cela n'est pas conforme à la d. de l'Évangile. La d. du concile de Trente. La d. de Platon, d'Aristote. La d. de saint Augustin sur la grâce. La d. de l'immortalité de l'âme. C'est un point de d. admis par tous les jurisconsultes.

On appelle *Frères de la d. chrétienne* ou *Frères des Écoles chrétiennes,* les membres d'une congrégation religieuse vouée à l'enseignement de l'enfance, qui a eu autrefois une grande importance. L'institut des Frères de la Doctrine chrétienne a été fondé à Reims, peu avant 1680, par le chanoine J.-B. de la Salle (sa première école à Paris fut ouverte dans le courant de cette même année). Il comptait un millier de membres et 121 maisons, lorsque la Révolution éclata. Les Frères ayant refusé de prêter le serment proscrit par la constitution civile du clergé, furent forcés de s'expatrier. Ils ne reparurent qu'en 1802, après la signature du Concordat. — La congrégation des Frères de la Doctrine chrétienne est religieuse, mais non ecclésiastique ; son fondateur en a expressément exclu les prêtres, afin qu'il n'y eût aucune inégalité entre ses membres. Suivant ses statuts, qui ont été approuvés par Benoît XIII, en 1725, les Frères font vœu de chasteté, d'obéissance, de pauvreté et de stabilité. Ils s'engagent en outre à ne recevoir aucune rétribution de leurs écoliers. Cette congrégation a encore aujourd'hui des représentants dans tous les pays d'Europe et dans le Levant, où ils rendent à la cause de la civilisation occidentale des services qu'il serait injuste de méconnaître. En France, leur importance a beaucoup diminué et tend à diminuer encore par suite des nouvelles lois qui ont mis entre les mains de l'État la haute direction de l'enseignement primaire et qui ont assuré la neutralité de l'école en ce qui concerne les opinions religieuses. Voy. ENSEIGNEMENT *primaire.*

II. — On donnait autrefois le nom de *Prêtres de la Doctrine chrétienne,* ou celui de *Doctrinaires,* à une congrégation ecclésiastique instituée en 1592 par César de Bus, pour catéchiser le peuple des campagnes, et approuvée en 1597 par le pape Clément VIII. Cette congrégation éprouva par la suite plusieurs modifications dans sa constitution intérieure ; elle s'écarta en même temps du but de son institution en acceptant la direction de plusieurs collèges. Au XVIIIe siècle, elle formait trois provinces, dont les chefs-lieux étaient Paris, Toulouse et Avignon, et possédait 50 maisons ou collèges. Les Doctrinaires ont été supprimés en 1792 avec tous les autres ordres religieux.

III. — On appelle encore *Filles de la Doctrine chrétienne* une congrégation de femmes fondée en Italie en 1537 par Angèle Mérici de Brescia, pour l'instruction gratuite des filles, et confirmée en 1572 par Grégoire XIII. Jusqu'à cette époque, ces religieuses avaient donné leurs soins aux enfants et aux malades sans se retirer du monde ; mais, en accordant sa confirmation à leur ordre, le souverain pontife les soumit à la règle de Saint-Augustin et à la vie claustrale. Elles s'établirent pour la première fois en France en 1596, à l'Isle, dans le département de Vaucluse, d'où elles se répandirent peu à peu dans tout le royaume, sous le nom d'*Ursulines,* qui leur est exclusivement resté. Cette dernière dénomination leur fut donnée parce que leur fondatrice avait placé la congrégation sous l'invocation de sainte Ursule. En 1790, les Ursulines françaises comptaient 300 maisons qui étaient distribuées en 11 provinces. Supprimées par la Révolution, elles se montrèrent de nouveau sous l'empire, et, aujourd'hui, on les trouve établies dans plusieurs de nos villes les plus importantes.

DOCUMENT. s. m. (lat. *documentum*, m. s., de *docere* enseigner). Toute chose écrite qui peut servir à nous renseigner sur un fait, sur un événement. *Des titres et autres documents. Les inscriptions sont pour l'histoire des documents très précieux. Recueillir des documents.*

DOCUMENTAIRE. adj. Qui a un caractère de document.

DOCUMENTATION. s. f. [Pr. ...sion]. Néol. Travail qui consiste à appuyer de documents une histoire, un récit.

DOCUMENTER v a. Fournir des documents. Appuyer par des documents.

DODÉCA. (gr. δώδεκα, douze). Préf. signifiant douze

DODÉCACORDE. s. m. (gr. δώδεκα, douze, et fr. *corde*). T. Musiq. Système de musique qui consiste à ajouter quatre nouveaux tons aux huit qui existent déjà dans le chant ecclésiastique romain.

DODÉCADE. s. f. Douzaine, groupe de douze choses.

DODÉCAÈDRE. s. m. (gr. δώδεκα, douze ; ἕδρα, base). T. Géom. Solide à douze faces. Il y a un d. régulier dont les faces sont douze pentagones réguliers et égaux.

DODÉCAÈDRIQUE. adj. 2 g. T. Didact. Qui a rapport au dodécaèdre.

DODÉCAGONAL, ALE. adj. Qui a rapport au dodécagone, qui a douze angles.

DODÉCAGONE. s. m. (gr. δώδεκα ; γωνία, angle). T. Géom. Polygone qui a douze côtés. Voy. AIRE et POLYGONE.

DODÉCAGYNE. adj. 2 g. (gr. δώδεκα, douze, et fr. pistil). T. Bot. Qui a douze pistils.

DODÉCANAPHTÈNE. s. m. (gr. δώδεκα, douze, et naphtène). T. Chim. Voy. DODÉCYLÈNE.

DODÉCANDRE. adj. 2 g. (gr. δώδεκα, douze ; ἀνήρ, ἀνδρὸς, homme, mâle). T. Bot. Qui a douze étamines. Qui a rapport à la dodécandrie.

DODÉCANDRIE. s. f. T. Bot. (gr. δώδεκα, ἀνήρ, ἀνδρὸς, homme, mâle). Nom de la 11e classe du système de Linné, caractérisée par un androcée formé de 11 à 19 étamines.

DODÉCANE. s. m. (gr. δώδεκα, douze, à cause des douze atomes de carbone). T. Chim. Hydrocarbure gras saturé répondant à la formule $C^{12}H^{26}$. Le d. normal est un liquide qui se congèle à — 12° et qui bout à 215° ; on l'obtient en réduisant l'acide laurique au moyen de l'acide iodhydrique et du phosphore. — Un autre hydrocarbure de la même formule se rencontre dans l'huile de pétro e américaine ; il est liquide et bout à 245°. — Un troisième, appelé ordinairement dihexyle, liquide bouillant à 202°, se forme dans l'électrolyse de l'œnanthylate de potassium.

DODÉCANOME. adj. 2 g. (gr. δώδεκα, douze ; νόμος, loi). T. Minér. Cristal d., Cristal dans lequel on observe douze lois de décroissement.

DODÉCAPÉTALE. adj. 2 g. (gr. δώδεκα, douze, et fr. pétale). T. Bot. Dont les fleurs ont douze pétales.

DODÉCAPÉTALÉ, ÉE. adj. (gr. δώδεκα, douze, et fr. pétale). T. Bot. Qui a douze pétales. Fleur dodécapétalée.

DODÉCATÉMORIE. s. f. (gr. δωδεκατημόριον, de δώδεκατος, douzième, et μόριον, partie). T. Astron. Nom donné aux trente degrés dont chaque signe du zodiaque est composé.

DODÉCYLÈNE. s. m. (gr. δώδεκα, douze ; ὕλη, matière, et la terminaison ène des carbures d'hydrogène). T. Chim. Nom donné aux hydrocarbures de la formule $C^{12}H^{24}$. On appelle souvent dihexylènes ceux d'entre eux que l'on considère comme formés par l'union de deux molécules d'hexylène.

Le d. normal répond à la formule $CH^3(CH^2)^9CH=CH^2$; il est liquide et se congèle à — 31°,5. On l'obtient en soumettant l'éther palmitique de l'alcool décylique à la distillation sèche. Son dibromure $C^{12}H^{24}Br^2$, traité par la potasse alcoolique, fournit le dodécylidène $C^{12}H^{23}$, liquide qui se solidifie au-dessous de — 9°. — Le l i-isobutylène

$$(CH^3)^2C : C[C(CH^3)^3]^2$$

se forme par l'action de l'acide sulfurique sur l'isobutylène. C'est un liquide, bouillant à 179°, qui absorbe lentement l'oxygène de l'air. Il se combine au brome et au chlore. On obtient un dihexylène, bouillant vers 198°, lorsqu'on traite à froid le méthyldiéthylcarbinol par l'acide sulfurique étendu. — Un autre, qui bout vers 195°, s'obtient par l'action de l'acide sulfurique sur le diméthyléthylcarbinol. La distillation du savon potassique de l'huile de hareng fournit un dodécylène qui bout à 213°. — Un autre, dont le point d'ébullition est 210°, se rencontre dans le pétrole de Burmah. — Enfin, on a extrait du pétrole de Bakou un d. qui bout à 180° et qui porte le nom de dodécanaphtène.

DODÉCYLIDÈNE. s. m. (R. dodécylène). T. Chim. Hydrocarbure $C^{12}H^{22}$. Voy. DODÉCYLÈNE.

DODÉCYLIQUE. adj. 2 g. (R. dodécylène). T. Chim. L'aldéhyde d., ou laurique $C^{12}H^{24}O$ se forme quand on distille un mélange de laurate et de formiate de baryum. Elle cristallise en prismes fusibles à 44°,5. Traitée par la poudre de zinc et l'acide acétique, elle fixe de l'hydrogène et se convertit en alcool dodécylique normal $C^{12}H^{26}O$, appelé aussi alcool laurique, qui se présente en lamelles brillantes, fusibles à 24°,5. Un isomère de cet alcool se produit par l'action du sodium sur l'isovalérate d'amyle ; il bout vers 270°. — On a obtenu un chlorure dodécylique $C^{12}H^{25}Cl$ en chlorurant le dodécane du pétrole.

DODELINEMENT. s. m. Action de dodeliner.

DODELINER. v. a. (ital. dondolare, brandiller). Remuer doucement. D. la tête. — Neutral., D. de la tête. Vieux et fam.

DODINAGE. s. m. (R. dodiner). Mouvement mesuré que l'on communique dans le sens de sa longueur à la chausse d'un blutoir à farine. || Manière de polir les clous à tapissier.

DODINER. v. n. T. Horlog. Ce balancier dodine bien, il a un bon mouvement. — SE DODINER. v. pron. Avoir beaucoup de soin de sa personne. Il ne fait que se d. Fam. et peu usité.

DODO. s. m. (sans doute altération de dors, par un adoucissement familier aux nourrices). Ne s'emploie guère qu'en parlant aux enfants, et dans ces locut. fam., Faire d., Dormir ; Aller à d., Aller dormir, aller se coucher.

DODO. s. m. T. Ornith. Nom vulgaire du Dronte. Voy. ce mot.

DODONE. anc. v. de Grèce (Épire), célèbre par l'oracle de Jupiter, le plus ancien de la Grèce.

DODONÉE. s. f. T. Bot. Genre de plantes Dicotylédones de la famille des Sapindacées. Voy. ce mot.

DODU, UE. adj. (orig. inconnue). Gras, potelé. Des pigeons dodus. Une petite femme grasse et dodue. Fam.

DŒLLINGER, théologien catholique allemand, se prononça, lors du concile de 1870, contre le dogme de l'infaillibilité du pape (1799-1895).

DŒRFEL, pasteur luthérien allemand et astronome de la fin du XVIIe siècle.

DOFFER. s. m. T. Fil. Nom donné dans les machines de filature à un rouleau couvert de garnitures de cardes qui, par sa rotation, enlève les déchets qui s'accumulent dans les peigneuses.

DOFRINES ou **DOVREFIELD** ou **ALPES SCANDINAVES**, monts qui séparent la Suède de la Norvège.

DOGARESSE. s. f. T. Bot. La femme d'un doge. On dit aussi Dogesse.

DOGAT. s. m. La dignité de doge, et la durée de cette dignité.

DOG-CART. s. m. (Pr. dog-kart] (mot angl. : dog, chien ; cart, chariot, voiture). T. Carross. Genre de voiture légère à deux roues élevées.

DOGE. s. m. (ital. doga ; du lat. dux, chef). Hist. — On appelait autrefois ainsi le premier magistrat de plusieurs républiques italiennes, particulièrement de Venise et de Gênes. — À Venise, le dogat remontait à la fin du VIIe siècle ; il avait succédé, en 697, au gouvernement de douze magistrats nommés Tribuns, qui avaient jusqu'alors administré la république. C'était une magistrature élective ; mais le pouvoir électoral, d'abord exercé par toute la masse des citoyens, fut concentré, vers 1397, entre les mains de quelques familles. Le d. avait, pour attributions principales, le droit de faire la paix et la guerre, la nomination à tous les emplois civils et ecclésiastiques, et le commandement des armées ; mais des lois très minutieuses apportaient des restrictions si nombreuses et si sévères à son autorité qu'elles la détruisaient presque entièrement. Ainsi, par exemple, il avait seul le droit de délivrer aux ambassadeurs leurs lettres de créance, mais il ne pouvait ouvrir leurs dépêches qu'en présence des conseils. Il lui était encore interdit de prendre aucune détermination sans le conseil des Dix, de décacheter sa propre correspondance hors de la présence de deux sénateurs qui demeuraient avec lui dans le palais ducal, de se marier ailleurs qu'à Venise, etc. Enfin, il ne pouvait s'absenter, même pour rendre des visites, sans une permission spéciale, et tous ceux qui l'approchaient, depuis son fils jusqu'au dernier de ses domestiques, étaient impitoyablement exclus des fonctions publiques. A sa mort nul ne prenait le deuil, et souvent les inquisiteurs d'État faisaient un procès à sa mémoire. La dignité de d. était à vie ; mais comme on choisissait en général des hommes très âgés, ils ne demeuraient pas longtemps au pouvoir. Venise en compte 122 depuis Palluci Anafesto (697), qui fut le premier, jusqu'à Ludovico Manini, qui était en exercice lorsque la république de Venise fut supprimée par le traité de Campo-Formio (1797). — L'institution du dogat à Gênes ne remonte qu'au XIVe siècle, à l'époque où le parti populaire l'emporta sur le parti aristocratique. Le premier d. de Gênes fut Simon Boccanegra. Les doges génois furent d'abord à vie et choisis exclusivement dans les familles plébéiennes ; mais, en 1528, une nouvelle constitution fixa à deux ans la durée de leurs fonctions et décréta que les doges seraient désormais choisis dans l'ordre de la noblesse. Ces magistrats avaient la présidence des deux conseils de la république, aux décisions desquels ils pouvaient opposer leur veto. En outre, ils étaient chargés d'exercer le pouvoir exécutif conjointement avec deux comités particuliers, l'un de 12 membres et l'autre de 8. Ils ne jouissaient pas d'ailleurs de beaucoup plus de liberté que ceux de Venise. Aboli par les Français en 1797, et rétabli en 1802 avec la République ligurienne, le dogat disparut définitivement en 1804 avec cette dernière forme de gouvernement.

DOGESSE. s. f. Voy. DOGARESSE.

DOGGER. s. m. (mot hollandais, sign. petit bâtiment de pêche). T. Géol. Nom que l'on donne quelquefois, à l'exemple des Allemands, au jurassique moyen ou jura brun.

On appelle *Dogger-Bank*, un banc de sable situé dans la mer du Nord, entre l'Angleterre et le Danemarck, et où on pêche la morue la plus estimée.

DOGLAN. s. m. T. Mamm. Variété de *dogue*. Voy. CHIEN.

DOGLINGE. s. f. T. Pêche. Espèce de baleine.

DOGMATICIEN. s. m. Celui qui professe certains principes comme des dogmes sur lesquels on ne peut élever aucun doute.

DOGMATIQUE. adj. 2 g. (gr. δογματικός, m. s., de δόγμα, dogme). Qui appartient au dogme, qui concerne le dogme. *Théologie d. Jugement d.* — Par ext., Qui est consacré, usité dans l'école. *Terme d. Style d.* ‖ Subst., au mascul., s'emploie dans le sens de style d. *Ce mot n'est usité que dans le d.* ‖ Subst., et au fém., sa partie de la science du dogme, développement du dogme. *Histoire de la d. chrétienne.* ‖ Qui dogmatise, qui exprime ses opinions d'une manière tranchante et impérieuse. *C'est un esprit d. Il est très d.* — *Ton d.,* Le ton d'une personne qui dogmatise. ‖ *Philosophie d.,* celle qui admet que l'homme peut arriver à connaître certaines vérités, par opposition à la *Philosophie sceptique,* qui prétend le contraire et doute de tout. — On dit aussi dans ce sens, *Un philosophe d.* ‖ *Médecine d.,* se dit de celle qui s'occupe de l'essence et des causes occultes des maladies, par opposit. à *Médecine empirique,* qui s'en tient à l'expérience, c.-à-d. aux faits observés. — On dit dans le même sens, *Un médecin d.,* et, subst., *Les dogmatiques,* La secte des médecins dogmatiques.

DOGMATIQUEMENT. adv. D'une manière dogmatique. *Traiter d'une matière d.* — *Parler d.,* Parler d'un ton décisif et sentencieux.

DOGMATISER. v. n, (R. *dogme*). En matière de religion, se dit de celui qui se mêle de décider de son autorité privée des questions de dogme. *Il se mêle de d.* ‖ Par ext., Débiter

ses opinions, ses raisonnements d'un ton dérisif, sentencieux, et en homme qui veut les imposer. *Il dogmatise sur tout.*

DOGMATISEUR. s. m. Celui qui a l'habitude de prendre un ton dogmatique ; se dit toujours en mauvaise part.

DOGMATISME. s. m. (R. *dogmatique*). T. Philos. Se dit, par opposition à *Scepticisme,* de toute doctrine philosophique qui croit que, par les forces de la raison, l'homme peut parvenir à la connaissance de certaines vérités. ‖ T. Méd. Se dit aussi de toute théorie médicale opposée à l'empirisme.

DOGMATISTE. s. m. Celui qui dogmatise, qui établit des dogmes. Qui soutient les dogmes d'une théologie.

DOGME. s. m. (gr. δόγμα, opinion, pensée, de δοκέω, je pense). Principe établi, enseignement reçu et servant de règle ; se dit surtout en matière de religion. *Le d. de la Trinité. Le d. de l'immortalité de l'âme. Les dogmes de la religion.* Voy. THÉOLOGIE, TRADITION, HÉRÉSIE. — Par extens., on dit, *Les dogmes politiques, littéraires,* etc. ‖ Absol. et au sing., *Dogme* se dit exclusivem. des dogmes d'une religion. *Attaquer le d. Fixer le dogme.*

DOGRE. s. m. (holl. *dogger,* m. s.). Petit bâtiment ponté qui sert ordinairement à la pêche du hareng et du maquereau, dans la Manche et dans les mers du Nord. *Les dogres ont un vivier pour conserver le poisson.*

DOGUE. s. m. (angl. *dog,* chien). Espèce particulière de chien. — Fig. et fam., *Être d'une humeur de d.,* Être de fort mauvaise humeur. = Voy. CHIEN.

DOGUET. s. m. T. Icht. Nom vulgaire de la jeune morue.

DOGUIN, INE. s. T. Mam. Petit du dogue, mâle ou femelle. — Variété de chien plus petite que le dogue. Voy. CHIEN.

DOÏCOSANE. s. m. T. Chim. Hydrocarbure saturé répondant à la formule C²⁴H⁴⁶. Il est solide et fond à 45°.

DOIGT. s. m. (Pr. *doi*) (lat. *digitus,* m. s.). Chacune des parties mobiles et distinctes qui terminent les mains et les pieds de l'homme. *Doigts longs, courts, minces,* etc. *Les cinq doigts de la main. Les doigts du pied. Le gros d. Le petit d. Le d. du milieu. Avoir une bague au d. Compter sur ses doigts. Avoir mal au d. Ouvrir ses doigts. Toucher du bout du d. Ceci n'est pas assez long de l'épaisseur d'un d. Je voudrais qu'il m'en eût coûté un d. de la main, et que cela ne fût pas arrivé. Ce mets est excellent, on s'en lèche les doigts.* — Se dit de quelques animaux. *Les doigts du singe. D. de canard, de bécasse,* etc. — *Les doigts d'un gant,* Les parties d'un gant dans lesquelles entrent les doigts. ‖ Fam., *Il y met les quatre doigts et le pouce,* se dit surtout de quelqu'un qui prend avidement et malproprement dans un plat ce qui est à sa portée ; et fig., de tout ce qu'une personne peut faire sans ménagement et sans délicatesse. — Fam. et par plaisanterie, *Cette montre va au d. et à l'œil,* Elle est fort mauvaise ; il faut souvent toucher à l'aiguille pour la mettre à l'heure. ‖ Fig. et fam., *Toucher du bout du d.,* Toucher légèrement, ne pas trop appuyer. On dit aussi d'une chose qui est sur le point d'arriver, qu'On y touche du bout du d., qu'On la touche du d. — *Mettre le d. sur quelque chose,* Deviner, découvrir quelque chose de secret et de caché. *Vous avez mis le d. dessus.* — *Donner sur les doigts à quelqu'un,* Le châtier ; *Avoir sur les doigts,* Être châtié. — *Être servi au d. et à l'œil,* Être servi ponctuellement et au premier signe. — *Avoir des yeux au bout des doigts,* Avoir le tact extrêmement fin, ou être très habile aux ouvrages de main les plus délicats. — *Mon petit d. me l'a dit,* s'emploie quelquefois en parlant à un enfant pour lui faire croire que l'on sait la vérité de ce qu'il ne veut pas avouer. Se dit aussi, par plaisanterie, lorsqu'on ne veut pas faire savoir par quelle voie on a appris une chose. ‖ Fig. et prov., *Ils sont comme les deux doigts de la main,* se sont *les deux doigts de la main,* se dit de deux personnes unies par la plus étroite amitié. — *Savoir une chose sur le bout du d.,* La savoir parfaitement de mémoire. — Pour d'autres locutions figurées, familières et proverbiales, voy. ARBRE, BAGUE, ESPRIT, LÉCHER, MORDRE, SOUFFLER, TOUCHER, etc. ‖ Fig., *C'est un homme que l'on montre au d.,* se dit d'un individu qui est devenu l'objet de la risée ou du mépris public. — Figur., *Le d. de Dieu,* se dit quelquefois, dans le style élevé, en parlant de quelque événement extraordinaire qui ne peut s'expliquer qu'en le considérant comme une manifestation particulière de la volonté de Dieu. *On voit, on reconnaît là le d. de Dieu.* || Petite mesure qui équivaut à peu près à un travers de d. *Il s'en faut à peu près de trois doigts qu'il y en ait une aune. L'épée lui entra de deux doigts dans le corps. Il n'a pas grandi de deux doigts depuis quatre ans. Il n'y avait qu'un d. de vin dans le verre. Boire un d. de vin.* Par exagér., *Cette femme se met un d. de rouge sur le visage. Elle s'en met beaucoup. Ne faire œuvre de ses dix doigts,* No rien faire du tout. — Fig. et fam., *Faire un d. de cour à une femme,* Lui dire des galanteries, s'occuper d'elle. || *A deux doigts,* se dit quelquefois pour exprimer une très petite distance. *Être à deux doigts d'un précipice. La balle passa à deux doigts de sa tête.* — Fig., *Être à deux doigts de sa ruine, de sa perte,* etc., En être fort proche. || *L'aurore aux doigts de rose,* expression par laquelle les poètes ont désigné l'aurore à cause de la couleur que prend le ciel avant le lever du soleil. || T. Astron. La deuxième partie du diamètre apparent du soleil ou de la lune. *Cette éclipse de lune ne sera que de quatre doigts* || T. Mus. *Les doigts,* Le doigté. *Il faut des doigts pour exécuter ce morceau.* || T. Hortog. Pièce de répétition qui sert à faire sonner les quarts. || T. Techn. Pièce qui dépasse un cadre, un cercle, etc., et qui sert de cran d'arrêt, de butoir, etc. || T. Agric. Petit conduit de pierres sèches servant à faire couler souterrainement les eaux, et formant des embranchements comparés aux doigts de la main. Voy. MAIN.

DOIGTER ou **DOIGTÉ**. s. m. [Pr. *doi-té*] (R. *doigt*). T. Mus. La manière de doigter. *Un bon, un mauvais d. L'étude du d.*

DOIGTER. v. n. [Pr. *doi-ter*] (R. *doigt*). I. Mus. Placer, faire agir les doigts d'une certaine manière sur l'instrument dont on joue ; se dit surtout en parlant des instruments à touches ou à manche, tels que le piano et le violon. *Il a une manière de d. fort vicieuse. Il commence à bien d.* = DOIGTER. v. a. Indiquer sur la musique, par des chiffres, le doigt dont l'exécutant doit se servir pour chaque note. *D. un passage.* || Exécuter un morceau en se servant des doigts comme il convient. *Surtout doigtez bien cet endroit.*

DOIGTIER. s. m. [Pr. *doi-tié*] R. *doigt*). Espèce de fourreau en forme d'un doigt de gant, qui sert en général à recouvrir un doigt malade. *Un d. de linge, de cuir.* || T. Techn. Dé de cuivre à l'usage du passementier. || T. Bot. Nom vulgaire de la Digitale pourprée.

DOIT. s. m. T. Comptab. Partie d'un compte qui contient les dettes passives de la personne à qui le compte est ouvert. || Passif d'un négociant. *Le doit dépasse l'avoir.* Voy. COMPTABILITÉ.

DOITE. s. f. (R. *doigt*). Terme qui sert à comparer la grosseur du fil dans les écheveaux. *Ces deux pelotons paraissent de la même d.*

DOITÉE. s. f. (R. *doigt*). Une petite longueur de fil. || Aiguillée qui sert aux filouses pour régler la grosseur de leur fil.

DOL. s. m. (lat. *dolus*). Tromperie. Voy. CONTRAT.

DOL. s. m. (lat. *dolium*). Gros tambour dont on se sert dans la musique militaire.

DOL, ch.-l. de c. (Ille-et-Vilaine), arr. de Saint-Malo, 4,800 hab.

DOLABELLA, gendre de Cicéron, époux de Tullia, tribun du peuple, puis consul, mort l'an 44 av. J.-C.

DOLABELLE. s. f. (lat. *dolabella*, petite doloire). Genre de Mollusques gastéropodes appelés ainsi par Lamarck, à cause de la forme de leur coquille qui est interne. Voy. TECTIBRANCHES.

DOLABRE. s. f (lat. *dolabra*, m. s.) Sorte de hache, de doloire.

DOLABRIFORME. adj. 2 g. (lat. *dolabra*, doloire ; *forma*, forme). T. Hist. nat. Qui a la forme d'une doloire.

DOLAGE. s. m. T. Techn. Action de doler, d'ébaucher les cornes, les baleines. || Enlever les bavures du plomb adhérent à la lingotière. || Opération consistant à amincir les peaux devant servir à la ganterie.

DOLCE. adv. [Pr. *dol-tché*]. T. Mus. emprunté de l'italien *Dolce*. Il sign. *Doucement,* et sert à indiquer qu'un passage doit être exécuté avec douceur et suavité.

DOLCE, peintre florentin (1616-1686).

DÔLE, ch.-l. d'arr. (Jura). Forges, taillanderies. Ville très ancienne, pittoresquement étagée sur une colline qui domine la vallée du Doubs ; 13,200 hab. = Nom des hab. : DÔLOIS, OISE.

DOLÉANCE. s. f. (lat. *dolere*, se plaindre). Plainte ; n'est guère usité qu'au pluriel. *Faire, conter ses doléances.* || T. Hist. Représentations consignées aux cahiers des États généraux. Voy. ÉTATS généraux.

DOLEAU. s. m. (R. *doler*). Outil en forme de hache pour donner la forme à l'ardoise.

DOLEMMENT. adv. [Pr. *dola-man*]. D'une manière dolente. *Parler dolemment.* Fam.

DOLENT, ENTE. adj. (lat. *dolens*, m. s., part. prés. de *dolere*, se plaindre). Triste, affligé, plaintif. *Un visage d., une voix dolente.* — Subst., on dit aussi, *Faire le dolent.*

DOLER. v. a. (lat. *dolare*, m. s.). T. Techn. Aplanir un morceau de bois, ou le réduire à l'épaisseur voulue avec la doloire. *Il faut d. cette planche.* — Se dit aussi des peaux qu'on amincit avec un couteau en forme de doloire pour faire des gants. || Enlever les bavures de plomb qui se sont formées dans la lingotière. || Ébaucher les cornes des animaux pour en faire des cornets à jouer. = DOLÉ, ÉE. part.

DOLÉRINE ou **DOLÉRITE.** s. f. (gr. δολερὸς, trompeur). T. Minér. Roche composée exclusivement de pyroxène et de feldspath. Voy. PYROXÈNE.

DOLET. s. m. T. Chim. Synonyme de sulfate de fer calciné en rouge et de peroxyde de fer.

DOLET (ÉTIENNE), célèbre imprimeur français et littérateur ; fut brûlé comme hérétique (1509-1546). Ce crime monstrueux fut commis sous le règne de celui qu'on a appelé *le Père des Lettres,* à Paris. Une statue élevée, en 1889 (place Maubert), en est une réparation tardive.

DOLETTES. s. f. pl. Petits éclats de bois qu'on détache en dolant.

DOLGOROUKI, nom d'une noble et illustre famille de Russie.

DOLIAIRE. adj. 2 g. T. Zool. Qui ressemble à un dolium.

DOLIARINE. s. f. Matière cristalline extraite du *Ficus dolaria* et jouissant de propriétés purgatives et vermifuges.

DOLIC. s. m. (gr. δόλιχος, haricot). T. Bot. Genre de plantes Dicotylédones (*Dolichos*) de la famille des *Légumineuses.* Voy. ce mot.

DOLICHOCÉPHALE. adj. (du gr. δολιχὸς, long ; χεφαλή, tête). T. Anthrop. Nom donné aux races d'hommes dont la boîte crânienne, vue par en-dessus, est ovale, la plus grande longueur l'emportant d'environ un quart sur la plus grande largeur. A l'opposé, on donne le nom de *brachycéphale* à l'homme dont le crâne, vu d'en haut, est aussi large que long.

DOLICHOCÉPHALIE. s. f. Forme de la tête chez le dolichocéphale.

DOLICHOCÈRE. adj. (du gr. δολιχὸς, long ; χέρας, corne). T. Zool. Qui a de longues antennes.

DOLICHODÈRE. adj. (du gr. δολιχὸς, long ; δέρη, cou). T. Zool. Qui a le cou long.

DOLICHOLITE. s. f. (du gr. δολιχὸς, long ; λίθος, pierre). T. Zool. Vertèbre fossile de poisson.

DOLICHOPE. s. m (gr. δολιχὸς, long ; ποὺς, ποδὸς, pied). Genre d'Insectes Diptères. Voy. Tanystomes.

DOLICHOPODE. adj. (du gr. δολιχὸς, long ; ποὺς ποδὸς, pied). T. Zool. Qui a de longues pattes.

DOLIFORME. adj. 2 g. (lat. *dolium*, tonneau, *forma*, forme). T. Didact. Qui est en forme de tonneau.

DOLIIDES. s. m. pl. (R. *dolium*). T. Zool. Famille de *Mollusques Gastéropodes*, de l'ordre des *Cténobranches*, renfermant des animaux propres aux mers chaudes. Les *D.* sont caractérisés par une grande coquille mince, globuleuse, à large ouverture échancrée en bas et par un large pied que l'animal peut dilater fortement en absorbant une grande quantité d'eau. Deux genres principaux : *Dolium* et *Ficus*. Le Dolium casque (*D. galea*), qui habite la Méditerranée, présente une trompe très grande et très épaisse par laquelle l'animal peut lancer un liquide corrosif lorsqu'on l'irrite. Chez la Pyrule décussée (*Ficus decussatus*), qui habite l'océan Indien, le manteau prend un développement énorme, recouvre en partie la coquille et s'étend horizontalement plus ou moins loin en dehors du pied.

DOLIMAN. s. m. (turc, *thoulamet*, vêtement que les Turcs portent sous la pelisse). Robe longue en usage chez les Turcs. *Le d. est ouvert par devant et se met par-dessus les autres vêtements.*

DOLIOLOÏDE. adj. 2 g. (lat. *doliolum*, petit tonneau, gr. εἶδος, aspect). T. Hist. nat. Qui a la forme d'un petit tonneau.

DOLIOLUM. s. m. (Pr. *dolio-lome*) (lat. *doliolum*, baril, à cause de la forme du corps). T. Zool. Genre de *Tuniciers* pélagiques qui a donné son nom à la famille des *Doliolidés*. Voy. Tuniciers.

DOLIOSTROBUS. s. m. [Pr. *dolio-stro-buss*] (lat *dolium*, tonneau ; στρόβος, tournoiement). T. Paléont. Bot. Genre de conifères fossiles du groupe des Araucariacées, représenté par deux espèces, *D. Sternbergii* et *D. Rerollei*, qui se trouvent dans les terrains tertiaires.

DOLIQUE. s. m. (gr. δολιχὸς, m. s.) T. Antiq. Mesure de longueur qui valait douze stades. || T. Ent. Genre d'*Insectes Coléoptères* du groupe des Carabiques. Voy. ce mot.

DOLIUM. s. m. [Pr. *doli-ome*] (lat. *dolium*, tonneau, à cause de la forme de la coquille). T. Zool. Genre de *Mollusques Gastéropodes*, de la famille des Doliides. Voy. ce mot.

DOLLAR. s. m. T. Métrol. Monnaie d'argent et d'or des États-Unis dont la valeur est de 5 fr. 40. Voy. Monnaie.

DOLLART (Golfe du). Golfe de la mer du Nord dans lequel se jette l'Ems.

DOLLFUS (Jean), manufacturier et économiste français, de Mulhouse (1800-1887).

DOLMAN. s. m. Veste à brandebourgs, ronde et sans basques, dont l'usage a été introduit en France, au XVIIIe siècle, par les hussards hongrois, et qui est portée aujourd'hui par une grande partie de l'armée française. Voy. Hussards.

DOLMEN. s. m. (gaél. *tolmen*, table de pierre). T. Archéol.

Fig. 1.

Monument mégalithique, formé d'une grande pierre plate

placée horizontalement sur deux autres debout (Fig. 1). Quelquefois il y a plusieurs pierres debout supportant plusieurs *tables* de pierre, de manière à former une galerie couverte. Assez souvent la face postérieure du *d.* est fermée par une ou plusieurs pierres laissant, en général, une ouverture à peu près circulaire à travers laquelle on pouvait passer. Quel-

Fig. 2.

quefois, le *d.* est recouvert d'un tertre artificiel : tel est celui de Gavr'inis dans une île du golfe du Morbihan. Les dolmens sont nombreux en Bretagne ; mais on les rencontre aussi dans d'autres pays, notamment en Poitou, en Auvergne et dans le comté de Cornouailles en Angleterre. La Fig. 2 représente un monument de ce dernier pays qui présente une assez grande analogie avec les dolmens. On s'accorde généralement à attribuer aux dolmens un caractère funéraire. Voy. Architecture.

DOLMON. s. m. Voiture de transport qui s'ouvre à deux battants par le haut.

DOLOIR. s. m. Sorte de couteau du gantier pour doler les peaux.

DOLOIRE. s. f. (lat. *dolabra*, m. s.) Instrument de tonnelier à la lame très large, qui sert à unir le bois ou à le réduire à l'épaisseur convenable. || Instrument de maçon pour corroyer la chaux et le sable. || T. Bot. Feuilles en *d.*, Feuilles cylindriques à leur base, planes et élargies en dessus, épaisses d'un côté et tranchantes de l'autre. || T. Blas. Hache sans manche. || T. Chirurg. Bandage dont chaque tour est en retrait d'un tiers sur le précédent. Voy. Bandage.

DOLOMÈDE. s. m. (gr. δολομήδης, rusé). T. Ent. Genre d'Arachnides. Voy. Araignée.

DOLOMIE ou **DOLOMITE.** s. f. (R. *Dolomieu*, nom pr.). T. Minér. Carbonate de chaux et de magnésie. Voy. Chaux.

DOLOMIEU, géologue français (1750-1801).

DOLOMISATION. s. f. [Pr. *dolomi-za-sion*] (R. *dolomie*). T. Minér. Formation de roches dolomitiques.

DOLOMITIQUE. adj. (R. *dolomie*). T. Minér. Qui contient de la dolomie.

DOLOMITISATION. s. f. [Pr. *dolomiti-za-sion*] (R. *dolomie*). T. Géol. Phénomène par lequel un calcaire se change en dolomie.

DOLOPES, anc. peuple de la Thessalie.

DOLORIFIQUE. adj. (lat. *dolor*, douleur ; *facio*, je fais). T. Didact. Qui cause de la douleur.

DOLORIFUGE. adj. (lat. *dolor*, douleur ; *fugo*, je mets en fuite). T. Méd. Qui chasse la douleur.

DOLOSIF, IVE. adj. (R. *dol*). T. Droit. Qui tient du dol.

DOM et **DON.** s. m. (lat. *dominus*, maître, seigneur). **Hist.** — A l'origine le titre de *Dom* se donnait au pape seul ; mais plus tard il passa aux évêques, aux abbés et autres dignitaires de l'Église ; puis enfin, de simples moines, notamment les bénédictins, se l'attribuèrent également : c'est ainsi que nous disons *Dom Mabillon, Dom Bouquet, Dom Calmet*, etc. En Portugal, ce même titre est porté uniquement par le roi et par les membres de la famille royale : *Dom Pedro*, *Dom Miguel*, etc. — En Espagne, le *Don* s'est converti en *Don*, qui a absolument la même étymologie et la même signification. Jadis il n'était en usage que pour la haute noblesse. Une ordonnance de Philippe II (13 janv. 1611), par ex., l'attribue exclusivement aux évêques, aux comtes et aux fils des nobles titrés. Mais, depuis longtemps, le *Don* n'est plus qu'un simple titre de courtoisie, et il est devenu aussi commun que celui de *Monsieur* en France. Il se joint toujours au nom de baptême et jamais au nom de famille : ainsi l'on dit *Don Juan de Tolède*, *Don Luis de Haro*. — Le titre de *Dona*, comme chez nous celui de *Madame*, se donne, en Espagne et même en Portugal, non seulement aux femmes nobles, mais encore à celles qui appartiennent à la simple bourgeoisie.

DOMAINE. s. m. (lat. *dominium*, ce qui appartient au maître, *dominus*). Le droit de propriété que nous avons sur une chose. *D. utile. D. direct. Le possesseur du sol qui payait le cens au seigneur avait le d. utile, et le seigneur à qui on payait le cens avait le d. direct.* — Bien immobilier ; se dit surtout d'un fonds qui a une certaine étendue. *De vastes domaines. La vente d'un d.* || *Être, tomber dans le d. public*, se dit des œuvres littéraires ou artistiques et des procédés industriels, quand ils cessent de constituer des propriétés individuelles. Voy. Propriété et Invention. || Fig., se dit de tout ce qu'embrasse un art ou une science, de ce qui relève d'une faculté de l'esprit, etc. *Étendre, agrandir le d. de la science. Cela est du d. de la philosophie, de la politique.* — *Cela n'est point de mon d., Cela* n'est pas de ma compétence, ne rentre pas dans mes attributions.

Hist. — I. — Sous l'ancienne monarchie, il n'y avait pas de *D. national* ; le *D. du roi*, appelé aussi *D. de la couronne* ou simplement le *Domaine*, absorbait tout ce qui n'était pas propriété privée. On le divisait : 1° en *d. proprement dit*, ou, pour parler le langage des égistes, en *d. corporel*, qui consistait en fonds de terre et en seigneuries ; et 2° en *d. incorporel*, qui se composait de différents droits. Ces droits étaient à leur tour rangés en trois classes : les droits seigneuriaux ou féodaux dont le roi jouissait en qualité de seigneur ; les droits domaniaux dont il jouissait en qualité de souverain ; et enfin les droits qu'il dut établir, en raison de la police générale qui lui appartenait ; par ex., le droit d'*anoblissement*.

II. — Chez nous le d. est aussi ancien que la monarchie ; dès la conquête de la Gaule par les Francs, les rois non seulement se mirent en possession réelle des biens qui avaient appartenu aux empereurs romains, ainsi que des revenus, subsides et impositions qui avaient composé le fisc de l'empire ; mais encore ils s'attribuèrent une large part dans la distribution qu'ils firent à leurs compagnons d'armes des terres enlevées au peuple vaincu. En outre, les biens ou *bénéfices* ainsi attribués aux soldats vainqueurs ne le furent que sous certaines conditions. Ces *inféodations* ne transmettaient que le *d. utile*, c.-à-d. une sorte d'usufruit très étendu ; les diverses obligations imposées aux bénéficiers, telles que l'investiture, la foi et hommage, étaient la reconnaissance du *d. direct* qui restait aux mains du roi. Cependant ces concessions, qui ne cessèrent même pas après la conquête, les fondations d'églises et de monastères, et le partage de la monarchie entre les enfants mâles de chaque souverain, affaiblirent tellement le d. et par là même les ressources et la puissance de la royauté, que, vers le déclin de la deuxième race, la plupart des bénéficiers s'affranchirent de toute dépendance à l'égard de la royauté et usurpèrent non seulement la propriété des terres de leur commandement, mais encore celle des droits régaliens.

Parvenu au trône, Hugues Capet (987) supprima les aliénations de domaines et les partages royaux, et augmenta de son patrimoine particulier le d. de ses prédécesseurs. En 1279, sous Philippe III, tous les princes chrétiens réunis à Montpellier ou représentés par des ambassadeurs convinrent que le d. de leurs couronnes serait inaliénable, et que tout ce qui en avait été démembré y serait réuni. En 1318, une ordonnance de Philippe le Long déclara le d. de la couronne inaliénable et révoqua toutes les aliénations faites depuis saint Louis. En 1322 et 1331, Charles IV et Philippe VI révisèrent de nouveau les titres des aliénations et en révoquèrent un grand nombre. Les États généraux de 1356 reconnurent les deux règles de l'inaliénabilité et de l'imprescriptibilité du d. En 1360, Charles V, alors dauphin, fit entreprendre la réunion de toutes les parties du d. aliénées ou échangées depuis Philippe le Bel, à l'exception des choses données à Dieu et à ses

ministres, et en 1371 il défendit de démembrer le d. royal pour constituer des apanages : ceux-ci ne devaient plus être donnés qu'en argent. En 1401, Charles VI décida, sur les remontrances des États généraux réunis à Paris, que les terres du d. ne pourraient plus être, à l'avenir, aliénées à perpétuité. Charles VIII en 1483, François Ier en 1517 et 1539 et François II en 1559 confirmèrent ces prohibitions. Enfin, Charles IX rendit à Moulins, en février 1566, la célèbre ordonnance du d. rédigée par le chancelier de l'Hospital, laquelle défendit aux Parlements et chambres des comptes d'avoir aucun égard aux lettres patentes portant aliénation des biens et des fruits du d., à l'exception des petits domaines, c.-à-d. des marais et des terres vaines et vagues, qui pourraient être aliénés à perpétuité pour être mis en culture. Cependant les grands domaines pouvaient être vendus à deniers comptants pour nécessités de guerre, mais avec faculté de rachat perpétuelle : ce sont les aliénations de cette nature qui ont donné naissance aux *domaines engagés*. Ainsi donc l'inaliénabilité du d. et son imprescriptibilité qui en était une conséquence, suivant le maxime *alienabile, ergo praescriptibile*, constituaient des règles supérieures à la volonté du souverain ; la violation par un roi de ces principes tutélaires n'était qu'un fait : le droit subsistait toujours ; par conséquent, les successeurs du monarque prévaricateur pouvaient toujours faire justice des aliénations qu'il avait consenties.

À côté de ce principe, il en existait un autre dont l'objet était l'accroissement du d. Depuis Hugues Capet, les biens patrimoniaux que les princes possédaient au moment de leur avènement étaient réunis de plein droit au d. royal, ainsi que les terres et seigneuries qui leur advenaient à titre successif pendant la durée de leur règne. Henri IV, désirant conserver ses biens particuliers, donna à cet effet des lettres patentes le 13 avril 1590 ; mais le parlement de Paris refusa de les enregistrer : le différend se prolongea jusqu'en 1607 ; enfin, le roi fut obligé de céder. La *Dévolution à l'État* des biens particuliers du souverain avait été, de même que le précédent, consacrée sous le régime moderne par les lois du 1er déc. 1790 et du 8 nov. 1814. En conséquence, les créanciers privés du prince devenaient dès lors ceux de l'État. Cependant la mobilité des institutions politiques en France, depuis 1789, ne permettait guère de conserver indéfiniment ce principe qui implique nécessairement le respect et le maintien des établissements dynastiques : aussi a-t-il été abrogé par la loi du 2 mars 1832, dont les art. 10 et 22 portent que « le roi conserve la propriété des biens qui lui appartenaient avant son avènement au trône, et que les biens de la couronne ni le trésor public ne seront jamais grevés des dettes des rois non plus que des pensions par eux accordées ».

III. — L'Assemblée constituante, conformément aux principes du nouveau droit politique établi par la Révolution, déclara que le d. appelé jusqu'alors *D. du roi* ou *de la couronne*, appartenait à la nation, et elle le nomma *D. national*. En outre, par la loi du 22 nov.-1er déc. 1790, elle le distingua en *D. national proprement dit*, et en *D. public*. Par la même loi, elle disposa que les biens de ce d. pourraient être aliénés à perpétuité en vertu d'un décret sanctionné par le roi, et qu'ils pourraient être acquis par une possession de 40 années. — Aujourd'hui le *D. national*, pris dans sa signification la plus étendue, se divise en deux branches distinctes par les principes qui les dominent, le *D. public* et le *D. privé*.

A. *D. public.* — Le d. public comprend tous les biens qui, étant consacrés au service de la société, ne peuvent, par leur nature, se trouver dans le commerce, ou sont placés, par leur destination, en dehors du commerce. Ces biens sont tantôt aux mains de l'État, et tantôt aux mains des départements ou des communes. Le d. public se compose des chemins, routes, rues et places ; des fleuves et rivières navigables ou flottables ; des rivages, lais et relais de la mer ; des ports, havres, rades ; des portes, murs, fossés et remparts des places de guerre ; et généralement de toutes les parties du territoire qui ne sont pas susceptibles de propriété privée. On peut aussi ranger parmi les dépendances du d. public les chemins de fer et canaux de navigation affermés ou concédés à des compagnies particulières ; car ces voies ne sont point la propriété des compagnies : la concession faite par l'État à ces dernières ne leur donne qu'un droit d'emphytéose (voy. ce mot) de 99 ans ; à l'expiration de ce temps, l'État recouvre tous ses droits.

Parmi les choses du d. public, les unes sont inaliénables et imprescriptibles par leur nature : tels sont les cours d'eau navigables et flottables. D'autres, au contraire, sont inaliénables et imprescriptibles à raison de leur destination seulement. Ces dernières ne sont point, par elles-mêmes, incompatibles avec l'appropriation privée : elles sont simplement, par une destination accidentelle, retirées du commerce et affectées à l'usage public. Leur destination n'étant pas perpétuelle et venant à cesser quand le but d'utilité publique attaché à ces choses leur est enlevé, leur inaliénabilité est subordonnée à la faculté qui appartient au pouvoir de les déclasser et de les rendre aliénables. — Les biens qui forment le d. public n'ont pas, dans les mains de l'État, la qualité de propriété; l'État les détient, non comme propriétaire, mais comme représentant la collection des citoyens.

B. *Domaine de l'État.* — Il est corporel ou incorporel.

1° Le *d.* corporel comprend des biens immeubles et des biens meubles. — Les *immeubles de l'État* sont : les édifices et immeubles affectés à un service public, comme les ministères, les palais du Sénat et de la Chambre des Députés, les préfectures, les palais de justice, les maisons de détention, etc. ; les casernes, arsenaux, dépôts, magasins, etc. ; — les forêts ; — les biens qui, ayant fait partie du d. public, ont été déclassés, tels que les terrains, fortifications et remparts d'anciennes places de guerre ; — les îles, îlots et atterrissements formés dans les rivières navigables et flottables ; — les biens vacants et sans maître ; ceux qui sont acquis par déshérence ; ceux qui sont donnés ou légués à l'État. — Les *biens meubles* de l'État comprennent : les pièces et documents contenus dans les archives nationales ; les livres, manuscrits, estampes, médailles des bibliothèques publiques ; les collections d'arts et de sciences (musées, Muséum, conservatoires) ; le mobilier et le matériel des administrations publiques, des ministères et des établissements entretenus par l'État ; les armes confiées aux troupes, etc. ; enfin, les navires de l'État.

2° Le *d.* incorporel de l'État comprend divers droits productifs dont les uns peuvent s'affermer, les autres ne sont pas susceptibles d'être affermés. Les premiers sont : les droits de chasse dans les forêts de l'État ; les droits de pêche fluviale, les droits de bacs et bateaux ; les droits de péage pour les ponts entretenus par l'État. Parmi les seconds, les plus importants sont le droit de percevoir les amendes, le droit de confiscation mobilière et le droit de déshérence.

La loi du 22 nov.-1er déc. 1790 avait déclaré inaliénables, et par suite imprescriptibles, les immeubles du domaine privé de l'État, à moins d'une autorisation formelle donnée par une loi en vue de permettre une telle aliénation. Il y eut des exemples de semblables lois en germinal an V, vendémiaire an VII, floréal an X. Mais une loi de 1864 ayant décidé que les autorisations accordées par la loi de floréal an X ne seraient plus valables pour les immeubles dont la valeur dépassait un million, il y a lieu de poser comme règle le principe de l'inaliénabilité et de l'imprescriptibilité, non seulement pour les biens du d. public, mais aussi pour les immeubles du d. privé.

Quant aux biens meubles du d. privé de l'État, aucun texte ne les déclarant inaliénables, ils restent en principe soumis au régime du code civil, et peuvent être prescrits par les particuliers.

IV. — Après avoir parlé du d. tel qu'il existe actuellement, nous devons dire quelques mots de ce qu'on appelait autrefois *Domaines engagés* et de ce que, sous le premier empire, on nommait le *D. extraordinaire.*

Domaines engagés et échangés. — On a vu plus haut que le principe de l'inaliénabilité du d. avait été fréquemment méconnu et violé par les rois, de telle sorte que, par suite de libéralités excessives, de concessions faites à vil prix, d'échanges désavantageux et d'usurpations nombreuses, le d. de l'État était réduit à peu de chose, lorsqu'eut lieu la Révolution. Une autre cause de l'appauvrissement du d. était l'espèce de contrat appelé *Engagement*, par lequel le roi abandonnait la jouissance de ce se des domaines pour tenir lieu de l'intérêt des sommes qu'il empruntait, jusqu'à ce qu'il fût en mesure de rembourser celles-ci. Les assemblées de la Révolution tentèrent de porter remède à la situation ; après quelques essais trop radicaux, la loi du 14 vend. an VII (4 mars 1799) détermina les règles d'après lesquelles aurait lieu le rachat des biens aliénés, engagés ou échangés. Elle maintint les aliénations faites, sans clause de rachat, antérieurement à l'ordonnance de 1566; toutes les autres, c.-à-d. celles qui contenaient une clause de rachat, et celles qui avaient été consenties depuis 1566, furent révoquées, sauf remboursement aux *engagistes* du prix qu'ils avaient payé pour les concessions faites à leur profit, et remise aux *échangistes* des biens par eux cédés à l'État. Toutefois les engagistes qui, dans le mois de la promulgation de la loi, feraient la déclaration des biens détenus par eux, pourraient les conserver en payant à l'État une *finance d'engagement*, qui consistait dans le quart de la valeur de ces biens réglée à dire d'experts aux frais des engagistes.

D. extraordinaire. — Ce d., institué par le sénatus-consulte du 30 janvier 1810, se composait de tous les biens que le chef du gouvernement acquérait par des conquêtes ou traités. Il était affecté : 1° à subvenir aux dépenses extraordinaires des armées ; 2° à récompenser les grands services civils et militaires ; 3° à élever des monuments ou faire de grands travaux. Le chef de l'État avait la disposition exclusive de ce d. qui comportait une caisse particulière, et pour le compte duquel on faisait des achats de biens situés en France. L'article 95 de la loi du 15 mai 1811 réunit le d. extraordinaire au d. de l'État. Les biens immeubles non affectés à des dotations ou majorats furent mis en vente et le prix employé en rentes sur l'État.

V. *Administration du domaine.* — Nous croyons inutile de faire ici l'historique de l'administration domaniale sous l'ancienne monarchie, cette question n'offrant qu'un intérêt fort médiocre. Aujourd'hui, le d., pour la plus grande partie, est placé dans les attributions du ministre des finances. La haute administration, la surveillance générale d'une part, et la régie de l'autre, sont réunies dans ses mains. Mais, par délégation, la régie est confiée, pour le d. ordinaire, à l'*Administration de l'enregistrement et des domaines.* Pour les bois et forêts, ils sont administrés par la *Direction générale des forêts*, sous l'autorité du ministre de l'agriculture. C'est à la première de ces administrations qu'appartient tout ce qui concerne la gestion matérielle du d. Elle recouvre les créances, les fermages, les prix de vente; elle préside à la réduction des baux, contrats de vente, d'échange, etc. ; elle prend possession des biens revenant à l'État; elle prépare, dans les instances, les mémoires pour la défense des droits du d., etc. ; le tout sous la surveillance des préfets, à qui seuls revient la mission de défendre en justice les intérêts du d. Voy. ENREGISTREMENT, FORÊTS, etc.

DOMAIRON, littérateur français né à Béziers (1745-1807).

DÔMAL, ALE. adj. T. Archit. Se terminant en forme de dôme.

DOMANIAL, ALE. adj. (bas-lat. *domanialis,* m. s., de *domanium,* domaine). Qui est du domaine de l'État ou de la couronne. *Droit d. Biens domaniaux.*

DOMANIALISER. v. a. (R. *domanial*). T. Admin. Annexer au domaine de l'État. *D. une forêt.*

DOMANIALITÉ. s. f. (R. *domanial*). Caractère de ce qui est domanial.

DOMANIER. s. m. (R. *domaine*). Employé de l'administration du domaine.

DOMANISTE. s. m. (R. *domaine*). Celui qui administre le domaine de l'État. || Nom donné quelquefois aux agents de l'administration de l'enregistrement et des domaines.

DOMANITE. s. f. T. Minér. Schiste bitumeux.

DOMART, ch.-l. de canton (Somme), arr. de Doullens; 1,100 hab.

DOMAT, jurisconsulte français (1625-1696).

DOMBASLES (MATHIEU DE), agronome français, inventa une charrue qui porte son nom (1777-1843).

DOMBER. s. m. Jongleur indien.

DOMBES (Principauté de), anc. pays de France, cap. *Trévoux* (Ain).

DOMBÉYER. s. m. T. Bot. Genre d'arbrisseaux Dicotylédones (*Dombeya*), de la famille des *Malvacées*, tribu des *Sterculiées.* Voy. MALVACÉES.

DOMBROWSKI, général polonais au service de la France (1755-1818).

DÔME. s. m. (lat. *domus,* maison). T. Archit. Voûte à base circulaire ou polygonale surmontant un grand nombre de monuments. || T. Techn. Partie supérieure d'un fourneau à réverbère. || Chambre ménagée à la partie supérieure d'une chaudière tubulaire et dans laquelle s'ouvre le conduit à vapeur. || Couvercle d'encensoir. || T. Mar. Couvercle de planches couvrant l'escalier du gaillard d'arrière d'un bateau.

Archit. — I. — Nous appelons *Dôme* un comble hémisphérique ou procédant de l'hémisphère qui recouvre un édifice quelconque. Les Italiens, au contraire, donnent ce nom (*duomo*) à toute église cathédrale, comme voulant dire *la maison* par excellence. Comme plusieurs de ses cathédrales, notamment les plus célèbres, sont surmontées d'une *coupole*, en empruntant ce terme de l'italien nous l'avons fait synonyme de ce dernier mot. Mais en Italie cette dénomination s'applique fréquemment à des temples qui n'ont ni *dôme* ni *coupole* : c'est ainsi que la cathédrale de Milan, que la cathédrale de Saint-Pétrone à Bologne, sont appelées *il duomo di Milano, il duomo di San Petronio*

II. — Ce genre de construction peut recevoir des formes différentes. Tantôt il offre celle d'une demi-sphère comme la Rotonde d'Agrippa, à Rome; tantôt il représente un demi-sphéroïde allongé, comme le d. de Saint-Pierre de Rome : on dit alors qu'il est *surmonté*; d'autres fois, il figure un demi-sphéroïde aplati : dans ce cas, on le nomme d. *surbaissé*. La plupart des dômes s'élèvent sur un plan circulaire; mais il y en a d'autres dont le plan est polygonal; quelques-uns même, comme celui de l'Hôtel-Dieu de Lyon, ont pour base un quadrilatère. Tandis que les parties qui constituent ces dômes *circulaires* présentent une double courbure, celles qui composent les dômes polygonaux ou quadrilatéraux n'offrent qu'une seule direction de courbure pour se réunir supérieurement à un centre commun. Les dômes les plus célèbres dans l'histoire de l'art sont construits en maçonnerie; mais aujourd'hui on en construit beaucoup en bois et surtout en fer, parce qu'alors ils sont plus légers, et les murs qui les supportent n'ont pas besoin d'être aussi épais et aussi solides. On les recouvrait autrefois de plomb et d'ardoises; actuellement on y emploie aussi le zinc. — Les dômes se terminent en général par un amortissement. Dans les plus petits, cet amortissement naît, en quelque sorte, naturellement, soit du poinçon sur lequel s'assemblent les courbes de charpente, soit de la clef de voûte, si le d. est de pierre. Pour les dômes de grandes dimensions, on ne termine pas absolument la voûte : on laisse au sommet une ouverture pour livrer passage à la lumière. Les architectes de l'ancienne Rome ne recouvraient pas cette ouverture; les architectes modernes, au contraire, ont l'habitude de la surmonter d'une espèce de tour ouverte de tous les côtés, qu'on appelle *Lanterne*, et qui porte elle-même l'amortissement proprement dit , un globe, une croix, etc. — Quoique, dans le langage ordinaire, les mots *Dôme* et *Coupole* s'emploient indifféremment l'un pour l'autre, les artistes se servent de préférence du dernier, et souvent même ils l'appliquent spécialement à la partie intérieure de cette sorte de construction. Voy. COMBLE.

III. — Les plus anciennes coupoles que nous connaissons appartiennent à des édifices de l'ancienne Rome; cependant,

forme de construction. Les Romains ont construit un grand nombre de temples circulaires : or, ces temples ne pouvaient guère avoir que des combles hémisphériques, et c'est ce que nous voyons en effet dans les temples romains de la Sibylle, de Minerve Medica (Voy. ARCHITECTURE, Fig. 27) et dans

Fig. 2.

l'admirable rotonde construite par Agrippa et si connue sous le nom de Panthéon. Tels étaient encore les temples de Vesta et de Mars vengeur, représentés sur quelques belles médailles impériales. Les Romains faisaient encore un usage particulier de la coupole dans la construction de leurs thermes. Le *sudatorium*, par ex., était généralement surmonté d'une voûte hémisphérique. — Toutefois, cette forme de construction, ainsi que nous l'avons dit en exposant les caractères de l'architecture byzantine, fut profondément modifiée par l'introduction des *dômes en pendentifs* dans l'architecture religieuse. Dans cette nouvelle phase de l'art, la coupole prit une légèreté et une signification qu'elle ne connaissait pas auparavant. Sainte-Sophie de Constantinople nous offre le type le plus ancien de cette innovation architectonique (Fig. 1).

La coupole, ainsi modifiée, est un des caractères tellement

Fig. 3.

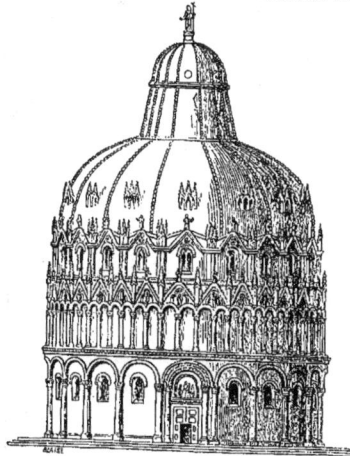

Fig. 1.

il paraît certain que les Assyriens en font fait usage; mais comme ils construisaient en briques, il ne reste pas de traces directes de cette disposition. Les Grecs n'ont pas connu cette

essentiels de l'art byzantin qu'on la voit reproduite dans la plupart des édifices construits sous son influence, notamment en Italie (Fig. 2, Saint-Marc de Venise), et dans différentes provinces de la France. Parmi les églises ornées de coupoles byzantines que nous avons chez nous, nous citerons Saint-Front de Périgueux, Saint-Étienne de Cahors, ainsi que les églises abbatiales de Souillac (Lot) et de Tournus (Saône-et-Loire). C'est aussi à l'art byzantin que l'architecture arabe ou mauresque a emprunté l'usage des coupoles : elle en a fait, il est vrai, un fréquent emploi, mais le plus souvent en visant seulement à l'élégance et non au grandiose. — En abandonnant l'arc en plein cintre, l'art ogival renonça par cela même aux combles en coupole. Néanmoins, comme le style dit gothique ne parvint jamais à dominer en Italie, les architectes de ce pays ne cessèrent jamais d'employer cette forme de comble : le baptistère de Pise (Fig. 3), construit vers la fin du XIII° siècle, nous en offre un exemple remarquable. Mais ce fut cette brillante époque de l'art que l'on désigne généralement sous le nom de *Renaissance*, qui vit ce genre de construction porté au plus haut degré de splendeur. Deux monuments surtout méritent d'être étudiés sous ce rapport : ce sont la cathédrale de Florence et la basilique de Saint-Pierre de Rome. Nous croyons donc devoir en donner ici une description sommaire. Nous y joindrons ensuite celle de Saint-Paul de Londres, qui, sous le rapport des dimensions, offre l'imitation la plus remarquable des admirables coupoles élevées à Rome et à Florence. Quant aux dômes de la Rotonde d'Agrippa, à Rome, à laquelle nous avons déjà fait allusion, à celui du Panthéon, à Paris, et à celui de l'église des Invalides dans la même ville, qui tous les trois méritent une description particulière, nous en parlerons aux mots PANTHÉON et INVALIDES.

IV. — Suivant Villani, les Florentins, voulant remplacer l'église de Santa Reparata, résolurent de donner au nouvel

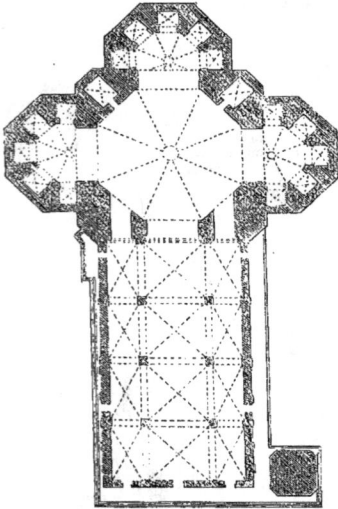

Fig. 4.

édifice une « pompe et une magnificence telles que l'art et la puissance des hommes ne pussent rien imaginer de plus grand ni de plus beau ». L'exécution de ce projet fut confiée non pas à Arnolfo del Lapo, comme on le répète habituellement d'après Vasari, mais, ainsi que l'écrit Molini, à Arnolfo di Cambia di Colle, architecte ou, comme on disait alors, *chef-maître* (capo maestro) de la république. La première pierre du nouvel édifice fut posée le 8 septembre 1298, jour de la Nativité de la Vierge, et l'on plaça celui-ci sous l'invocation de *Sainte-Marie des Fleurs*. Cette église, commencée longtemps avant la Renaissance, est bâtie dans un style assez

original, mais qui participe à la fois de l'architecture ogivale et de l'architecture antique. Par ce motif, l'étude de Sainte-Marie des Fleurs est d'un grand intérêt pour l'histoire de l'art. Au reste, ce monument est remarquable par ses dimensions et par sa richesse. Ses murs sont presque entièrement revêtus de marbres de diverses couleurs. Il a la forme d'une croix latine (Fig. 4, Plan), dont le grand bras est long de 138^m,30, et le petit de 101^m,80. La voûte de la nef centrale a 46^m,60 de hauteur, mais celle des nefs latérales n'en a que 29^m,40. Le grand architecte auquel on doit le plan de ce monument n'eut pas la gloire de le terminer. Après sa mort, les travaux furent continués par plusieurs artistes d'un très grand mérite, tels que Giotto, Taddeo Gaddi, Andrea Organga et Filippo di Lorenzo. Au commencement du XV° siècle, la plus grande partie de l'église était achevée, mais il restait encore à construire le comble de la croix du transsept, et l'exécution de cette partie de l'œuvre était regardée comme impossible. En 1407, une réunion d'ingénieurs et d'architectes ayant été convoquée pour délibérer sur la meilleure manière de résoudre le problème, Filippo Brunelleschi proposa de couvrir l'édifice au moyen d'une vaste coupole de pierre supportée par un tambour; mais il ne fit connaître entièrement son projet que dans

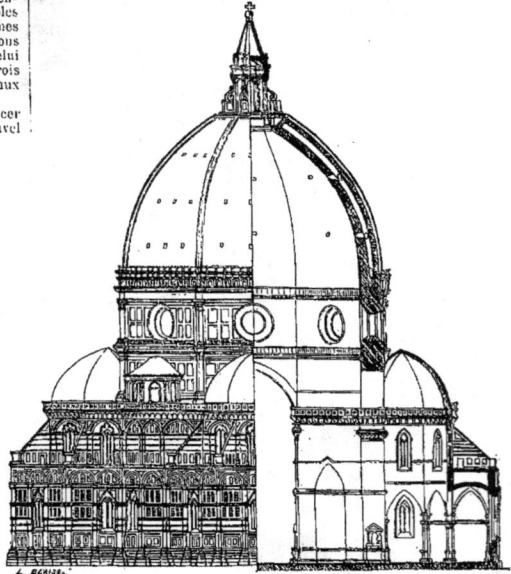

Fig. 5.

une dernière assemblée qui eut lieu en 1420, après qu'il eut entièrement mûri ses moyens d'exécution. Malgré la vive opposition que lui suscita la jalousie de ses rivaux, ses idées furent adoptées, et il se mit à l'œuvre. A sa mort, arrivée en 1444, Brunelleschi eut la satisfaction de voir sa coupole terminée, à la réserve toutefois de la lanterne et de la décoration extérieure du tambour qui porte le d. L'achèvement de la coupole fut alors confié à Giuliano di Maiano et à Baccio d'Agnolo, qui suivirent fidèlement le plan de l'auteur. Cependant, ce dernier fut obligé de donner les dessins de la galerie extérieure, parce que ceux qu'avait faits Brunelleschi se trouvèrent perdus. Le d. de Sainte-Marie des Fleurs est de forme octogone : il a 42 mètres de diamètre, et l'on compte 110^m,90 du pavé de l'église au sommet de la croix qui couronne la lanterne (Fig. 5. Coupe et élévation de Sainte-Marie des Fleurs). Il n'existe aucune construction de ce genre qui soit plus vaste. De plus, c'est la première qui ait été assise sur un tambour. Enfin, elle présente également la particularité d'avoir été la première construite double, c.-à-d. formée de deux coupoles superposées, dont l'une est recouverte par l'autre, qui lui sert de toit. L'espace laissé entre les deux coupoles renferme un escalier qui mène à la lanterne.

V. — La coupole de Florence était terminée depuis près peu de temps, quand furent commencés les travaux de Saint-Pierre de Rome. Il y avait dans la capitale du monde chrétien une ancienne basilique construite par Constantin le Grand et mise par cet empereur sous l'invocation du prince des apôtres. Le monument tombant en ruine, Nicolas V conçut le projet de le rebâtir, et de concert avec Bernardo Rossellin et Leo Battista Alberti, il composa le plan et les dispositions principales du nouvel édifice. On se mit à l'œuvre en 1450; mais la mort du pape II suspendre les travaux en 1455, et l'on ne songea à les reprendre que plus de 50 ans après, sous le pontificat de Jules II. Ce dernier demanda des plans aux plus grands artistes de l'Italie, et donna la préférence à celui de Bramante Lazzari. Il est difficile de reconnaître le plan de Bramante dans la basilique actuelle de Saint-Pierre, tant cet édifice a subi de changements avant son complet achèvement. D'après le peu qu'on sait du projet de Bramante, son plan était simple, grand et harmonieux dans toutes ses parties. « Le Saint-Pierre d'aujourd'hui, dit Quatremère de Quincy, paraît moins grand qu'il ne l'est en effet : le Saint-Pierre de Bramante aurait certainement été plus grand en apparence qu'en réalité. » En outre, il y aurait eu entre l'intérieur et l'extérieur de l'édifice une harmonie parfaite, ce qui n'existe pas aujourd'hui. Le péristyle devait avoir trois rangs de colonnes en profondeur qui auraient nécessairement exigé des entre-colonnements inégaux. La coupole devait être à peu près celle du Panthéon d'Agrippa, mais ornée extérieurement d'une rangée de colonnes. Bramante voulait même porter l'imitation si loin qu'il se proposait de reproduire les degrés qui entourent le soubassement de l'édifice antique. De plus, si l'on s'en rapporte aux médailles frappées à cette époque, la façade de la basilique devait encore être décorée d'un campanile à chacune de ses extrémités. Par conséquent, l'idée de placer le d. du Panthéon sur la voûte du temple de la Paix paraît appartenir à Bramante et non à Michel-Ange: ce dernier a eu seulement l'honneur de la mettre à exécution. Quoi qu'il en soit, si Bramante eût vécu, il se serait certainement vu dans la nécessité de modifier lui-même le plan qu'il avait conçu; car ses piliers n'auraient pas été assez forts pour supporter le poids de la coupole projetée. Bien que celle qu'éleva Michel-Ange fût beaucoup moins lourde, celui-ci jugea indispensable de faire ses piliers trois fois plus massifs que ceux qu'avait construits Bramante. Le projet de Bramante une fois choisi par Jules II, l'architecte se mit sur-le-champ à l'œuvre, et, le 18 avril 1506, le souverain pontife posa la première pierre de la nouvelle basilique dans le pilier du d. vulgairement appelé pilier de Sainte Véronique. Les quatre piliers furent bientôt élevés; on établit ensuite les cintres pour les lier par des voûtes, et l'on commença la construction de celles-ci. Mais le poids et la poussée des voûtes firent fléchir les piliers et déterminèrent des fissures dans toutes les directions; ainsi, bien avant même qu'on songeât à élever la coupole, l'édifice menaçait ruine. Bramante étant mort sur ces entrefaites (1514), le pape Léon X chargea Raphaël (Raffaello Sanzio) de continuer l'œuvre de Bramante, en lui adjoignant deux architectes d'un très grand mérite, Giuliano di San-Gallo et Fra Giocondo, moine de l'ordre de Saint-Dominique; ces trois artistes, surpris par la mort à peu de distance l'un de l'autre, n'eurent que le temps de fortifier les piliers élevés par Bramante. Baldassare Peruzzi et Antonio di San-Gallo, qui les remplacèrent, ne purent presque rien exécuter à cause de l'épuisement du trésor pontifical. Toutefois, en raison même de cet épuisement et afin de diminuer les dépenses, l'un d'eux, Peruzzi, proposa de construire l'église en croix grecque au lieu de lui donner la forme de croix latine, comme le voulait le plan primitif de Bramante. Enfin, après diverses interruptions occasionnées par les troubles dont l'Italie fut le théâtre, ces travaux furent repris avec vigueur par ordre de Paul III, qui nomma Michel-Ange (Michael-Angelo Buonarroti) architecte de Saint-Pierre (1546): disons en passant que le grand artiste refusa les appointements attachés à sa place. À la mort de Paul III, en 1549, il avait renforcé les piliers qui devaient porter le d., terminé trois des bras de la croix grecque et élevé le tambour de la coupole, de telle sorte que la forme de ces parties de la basilique se trouvait désormais à l'abri de tout changement. Sous les successeurs de Paul III, c.-à-d. sous les papes Jules III, Marcel II, Paul IV et Pie IV, Michel-Ange, malgré

les intrigues de la cupidité et de la jalousie, conserva la direction des travaux de Saint-Pierre; mais, faute d'argent et d'hommes, la construction marcha avec une extrême lenteur. En 1563, tout étant prêt pour recevoir la coupole, Michel-Ange, alors âgé de 87 ans, en fit un modèle en argile qui, sous sa direction, fut exécuté en bois. Après sa mort, arrivée l'année suivante, on ne s'occupa, jusqu'en 1588, que des ornements intérieurs de la basilique. Enfin, le 15 juillet de cette année, Jacobo della Porta et Domenico Fontana, architectes de Sixte V, construisirent, en suivant religieusement les plans de Michel-Ange, la coupole et la lanterne; la dernière pierre de cette partie de la basilique fut posée le 14 mai 1590. Il restait encore à construire le portique; mais Carlo Maderno, qui fut chargé de ce travail par le pape Paul V (1607), voulut donner à Saint-Pierre la forme d'une croix latine. En conséquence, il ajouta trois arcades au bras occidental de la croix grecque de Michel-Ange. Enfin, le portique et la façade de la basilique furent terminés en 1616.

La basilique de Saint-Pierre est la plus colossal et en même temps le plus riche édifice qui ait jamais été construit. Sa longueur hors d'œuvre, en y comprenant le vestibule, est de 225 mètres, et sa plus grande largeur, également hors d'œuvre, de 152 mètres. À l'intérieur, elle est longue de 203 mètres 90 et large (à la croix) de 134 mètres 70. La façade principale a 420 mèt. 30, et sa largeur à l'entrée est de 68 mèt. 80. La hauteur de la nef centrale est d'environ 44 mèt. 40 au-dessus du pavé de l'église. Quant à la coupole, elle a 42 mètres de diamètre intérieur, et se trouve suspendue à 100 mèt. 50 au-dessus du pavé. Enfin la hauteur totale du monument est de 146 mètres au-dessus du sol de la place. On évalue à près de 260 millions de francs les sommes qu'a coûtées l'érection de ce monument.

Le d. de Saint-Pierre peut être considéré comme le chef-d'œuvre de l'art moderne: c'est à lui seul que cette basilique doit d'occuper le premier rang parmi les monuments chrétiens. Il est circulaire et s'élève sur quatre immenses arcades qui

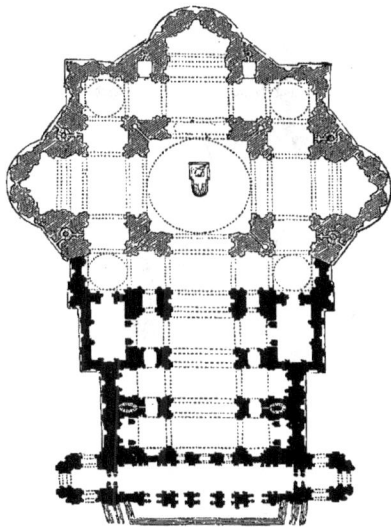

Fig. 6.

forment un plan à peu près octogonal, et entre lesquelles se développent les pendentifs destinés à ménager la transition du plan octogone au plan circulaire. Jusqu'à la hauteur de 9 mètres environ au-dessus de l'attique extérieur, la voûte est unique : au point où celle-ci se dédouble pour donner naissance à la coupole intérieure, elle a 3 mètres d'épaisseur.

Comme les deux coupoles ne sont pas concentriques, l'espace qui les sépare va en augmentant jusqu'au sommet: à l'endroit où elles reçoivent la lanterne, leur écartement est de 3 m. 30. — Cependant, quelque grandiose que soit l'effet produit par la coupole de Michel-Ange, il est singulièrement

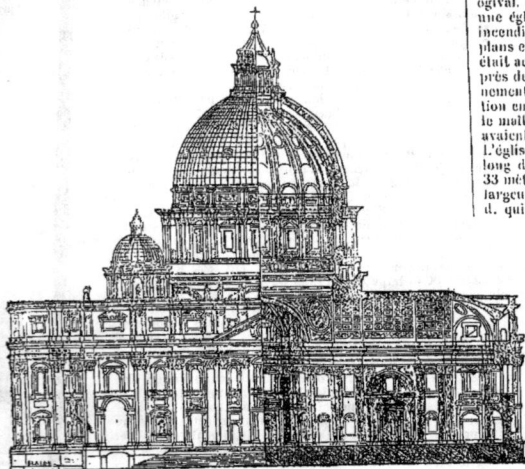

Fig. 7.

amoindri par la malencontreuse addition des trois arcades de Maderno (Fig. 6. Plan de Saint-Pierre: les lignes plus foncées indiquent les parties ajoutées au plan de Michel-Ange; Fig. 7. Coupe et élévation de la basilique). En outre, la nef de

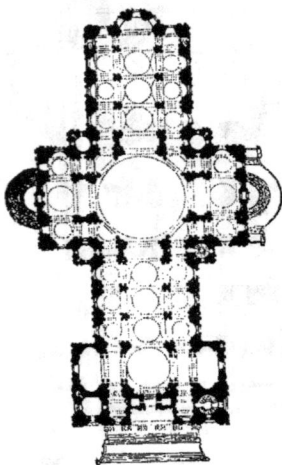

Fig. 8.

Maderno offre un autre défaut, c'est que ses arcades sont moins grandes que celles qui partent des piliers de la coupole. Nous ne parlerons pas de la façade de Saint-Pierre; elle est, au jugement de tous les artistes, tout à fait indigne d'un

pareil monument: on y reconnaît au premier coup d'œil le goût du Borromini.

VI. — Après les dômes dont nous venons de parler, celui de Saint-Paul de Londres est le plus remarquable. Saint-Paul est la seule cathédrale anglaise qui n'appartienne pas au style ogival. Elle a été élevée à la fin du XVIIe siècle pour remplacer une église du même nom qui avait été détruite par le grand incendie de 1666. Christophe Wren fut chargé de donner les plans et de diriger les travaux. Commencé en 1675, l'édifice était achevé au bout de 35 ans, en 1710, après avoir coûté près de 19 millions de francs. On remarqua, comme un événement assez rare, que ceux qui avaient présidé à sa fondation en virent aussi l'achèvement : ainsi, l'architecte Chr. Wren, le maître maçon Thom. Strong, et l'évêque H. Compton, qui avaient posé la première pierre, posèrent aussi la dernière. L'église a la forme d'une croix latine, dont le grand bras est long de 152 mètres, et le petit de 68. La nef centrale a 33 mèt. 50 de hauteur. La façade principale a 54 mèt. 85 de largeur. À l'intersection du transsept et de la nef s'élève un d. qui a 32 mèt. 90 de diamètre: il est suspendu à 65 mèt. 50 au-dessus du pavé, et la hauteur totale de l'édifice, y compris la lanterne et la croix, est de 110 mètres au-dessus du sol (Fig. 8. Plan de Saint-Paul; Fig. 9. Coupe et élévation). — Le d. de Saint-Paul offre dans sa construction quelques artifices qui méritent d'être signalés. Les 8 piliers qui se trouvent à l'intersection du transsept et de la croix sont réunis par des arcades, et forment ainsi un plan octogonal. Au-dessus de ces arcades et des pendentifs destinés à transformer ce plan en plan circulaire, s'élève un mur de briques qui a la forme d'un cône tronqué, et qui, à la hauteur de 51 mètres (comptée du pavé), se termine par une corniche horizontale de laquelle naît la coupole intérieure. Puis, des flancs de celle-ci part un second cône, construit aussi en briques, qui s'élève jusqu'à la lanterne qu'il supporte. Il résulte de là qu'il existe une énorme distance entre les deux coupoles, de sorte que l'aspect extérieur de la construction n'en traduit aucunement l'aspect intérieur. Ce second cône est percé d'ouvertures destinées à l'alléger, ainsi qu'à laisser passer un peu de jour entre lui et

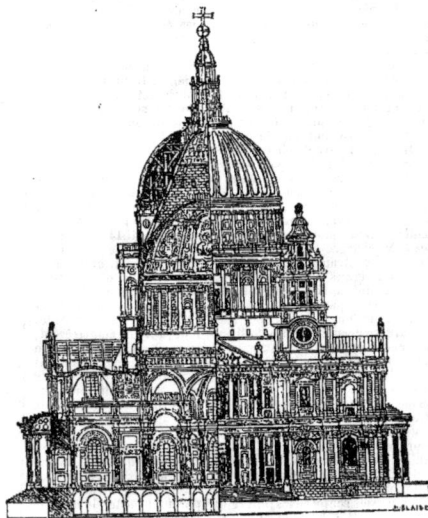

Fig. 9.

la coupole extérieure. Outre cela, il est muni de corbeaux en nombre suffisant pour recevoir les solives de celle-ci, qui est simplement construite en chêne. Le cône et la coupole intérieure sont maintenus contre la poussée latérale par quatre séries de fortes chaînes de fer logées dans des sillons creusés *ad hoc*, et soudées avec du plomb. Pour terminer, nous signalerons un autre défaut capital dans la construction de cette basilique célèbre. Tout autour du monument, on voit régner deux ordres superposés : l'inférieur, qui est corinthien, a, y compris l'entablement, 15 mèt. 25 de hauteur, et le supérieur, qui est composite, en a 12,20. Le premier correspond aux ailes latérales de l'édifice ; mais le second ne correspond à rien : c'est un véritable écran qui a pour unique objet de cacher les arcs-boutants par lesquels la nef centrale est soutenue. On voit, d'après cela, combien Saint-Paul, nonobstant le bel effet que produit ce monument, surtout vu de l'extérieur, est inférieur, tout à la fois sous le rapport de l'art et sous celui de la construction, aux basiliques italiennes auxquelles on ose quelquefois le comparer.

DOMÈNE, ch.-l. de c. (Isère), arr. de Grenoble ; 2000 h.

DOMERGUE, grammairien français (1755-1810). On a gardé de lui cette phrase remarquable d'une allocution à l'Académie française, dont il était membre : « Plût à Dieu, Messieurs, que vous vous *enthusiasmassiez* comme moi de l'imparfait du subjonctif en *asse :* l'emploi de ce temps est aussi nécessaire à l'harmonie qu'à la correction. » Cet auteur est également célèbre pour avoir demandé que le féminin d'*amateur* fût *amatrice*.

DOMERIE. s. f. (R. *dom*, titre d'abbé). Nom donné autrefois à certaines abbayes qui étaient des espèces d'hôpitaux.

DOMESTICATION. s. f. T. Ethnologie et Zootechnie. — On entend par ce mot l'action de façonner à la domesticité les animaux sauvages, pour les faire servir à nos besoins ou à nos plaisirs. La domestication diffère de l'*apprivoisement*, à plus forte raison, de la *captivité*, en ce qu'elle s'applique à des espèces entières, tandis que ces deux derniers états ne se rapportent qu'à des individus isolés. L'origine de la d. doit être cherchée dans les idées religieuses, aussi bien que dans les besoins de l'homme. La métempsycose fut, en effet, un dogme admis par les croyances d'un grand nombre de peuples de l'antiquité ; les hommes voyaient dans les animaux « leurs frères momentanément transformés et déchus, et la possession de certaines espèces était nécessaire à l'exercice même de leur religion. » (Is. d. Geoffroy Saint-Hilaire.) Chez les Égyptiens, le Bœuf (*Apis*) était l'incarnation d'Osiris, dieu du soleil, le Bélier, celle d'Ammon, dieu de la génération ; l'Ane était le dieu du mal ; le Chat, le dieu de la musique ; la Chatte, la déesse des amours. Des chiens sacrés gardaient les temples en Italie ; l'Oie était consacrée à Junon en Grèce, le Coq à Mars en Grèce et à Rome ; les Éléphants à poils blancs sont encore vénérés chez les peuples de l'Inde comme représentant les mânes de leurs princes. Il est donc naturel que la d. du bœuf, du mouton, du cheval, de l'âne, et surtout du chien, se perde dans la nuit des temps, et que la forme sauvage de ces espèces ne se rencontre actuellement nulle part. Tous les peuples de race aryenne, où nous permet de pénétrer l'étude comparée des langues, avaient les mêmes animaux domestiques que nous, et la géologie qui nous fait remonter encore plus loin dans le passé, nous apprend que la d. du chien, du cheval, du bœuf, de la chèvre, du mouton et du cochon a commencé vers l'âge de la pierre polie.

Certaines espèces plus ou moins domestiquées par les anciens ont été abandonnées depuis et ne se trouvent plus qu'à l'état sauvage. Ainsi, chez les Grecs et les Romains, le chat était remplacé dans les maisons par la belette, qui faisait la chasse aux rats et aux souris ; en Égypte, la mangouste et l'ichneumon furent employés pour le même usage jusqu'au milieu du XIVe siècle. Les Égyptiens élevaient encore, pour la chasse, le chien, la hyène et même le lion qu'ils avaient su apprivoiser ; le chat lui-même d'abord un animal de chasse. Comme commensaux du logis, ils avaient deux espèces de singes : le cynocéphale et le cercopithèque ; dans leurs fermes, ils élevaient plusieurs espèces d'antilopes ; dans leurs basses-cours, on voyait des pélicans, des cygnes, des grues de Numidie, et ces dernières étaient conduites aux champs par troupeaux, comme on conduit actuellement les dindons chez nous.

D'autres espèces, au contraire, sont entrées dans le domaine de la d. depuis des époques relativement récentes. Le chat ne fut domestiqué en Europe et dans une partie de l'Asie qu'à l'époque du moyen âge ; le dindon fut importé d'Amérique en France au commencement du XVIe siècle, mais il ne devint très commun dans les basses-cours que sous Louis XIII. Le serin ne fut introduit en Europe que vers la fin du XVe siècle. Lors de la découverte du Nouveau Monde, on ne trouva chez les indigènes aucun de nos animaux domestiques : « Cela ne prouve-t-il pas, dit Buffon, que l'homme, dans l'état sauvage, n'est qu'une espèce d'animal incapable de commander aux autres? » Les Péruviens et les Mexicains possédaient déjà cependant un certain degré de civilisation et pourtant on ne trouva des animaux domestiques qu'au Pérou : c'étaient le lama et la vigogne et une sorte de petit chien, vivant dans la maison, que les indigènes appelaient *alco*. — Une autre espèce de chien, semblable au chien turc actuel, fut également rencontrée à Cuba, mais les sauvages ne l'élevaient que pour le manger ; c'est encore ce qui se voit de nos jours dans quelques contrées de l'Inde et chez les Chinois.

En considérant les espèces animales au point de vue des services qu'elles nous rendent, Isid. Geoffroy Saint-Hilaire les a partagées en quatre groupes : *auxiliaires, alimentaires, industriels* et *accessoires*. Toutefois il importe de noter, ainsi que le fait observer lui-même le savant auteur de cette classification, que ces groupes ne sont pas nettement tranchés, certaines espèces ayant une destination multiple et pouvant être placées dans l'un ou dans l'autre, selon le point de vue sous lequel on les considère. La classe des *auxiliaires* ne comprend que des mammifères, au nombre de 5 : le chien, le chat, le cheval, l'âne et le bœuf. Les *alimentaires* sont au nombre de 12, savoir : 4 mammifères, le cochon, le mouton, la chèvre et le lapin ; 7 oiseaux, le pigeon, la poule, le dindon, la pintade, le faisan, l'oie et le canard ordinaires ; et 1 poisson, la carpe commune. Le groupe des animaux *industriels* se compose uniquement de 2 espèces d'insectes, l'abeille et le ver à soie. Enfin, celui des *accessoires* renferme 9 espèces, savoir : 1 mammifère, le cochon d'Inde ; 7 oiseaux, le serin, la tourterelle, le paon, le faisan argenté, le canard musqué, l'oie à cravate et le cygne (on serait également en droit d'étendre et de resserrer cette liste d'oiseaux, car le terme d'accessoires est fort élastique) ; et enfin 1 poisson, le Cyprin doré de la Chine.

Si nous considérons d'autres contrées que l'Europe centrale, nous voyons que la plupart de ces animaux ont suivi l'homme dans ses immigrations, mais nous trouvons en outre d'autres espèces domestiques propres à leur pays d'origine. C'est ainsi qu'il faut citer : parmi les mammifères, le lama, l'alpaca et la vigogne qui sont employés comme bêtes de somme au Pérou, au Chili et dans la Bolivie ; le tapir, dans certaines parties du Brésil, le buffle qu'on trouve dans l'Inde, la Chine et sur toutes les rives de la mer Méditerranée, de la mer Caspienne et de la mer Noire ; le chameau, le dromadaire, le yak, l'éléphant, en Asie et en Afrique ; le renne en Laponie. Les carnivores sont moins nombreux : une sorte de léopard, le guépard, est apprivoisé et dressé pour la chasse à l'antilope et à la gazelle, dans les Indes, en Perse et chez les Arabes d'Algérie ; la mangouste est employée comme auxiliaire, dans les Indes, pour la chasse des serpents et des rats ; enfin, un rongeur, le chinchilla, est élevé en captivité comme les lapins, dans l'Amérique du Sud. Parmi les oiseaux, nous voyons certains peuples de l'Asie centrale dresser les vautours, les gypaètes et les aigles pour la chasse des renards, des gazelles et même des cerfs ; la fauconnerie est encore pratiquée dans l'Asie centrale et en Afrique. Les Chinois dressent le cormoran pour saisir et rapporter le poisson ; ce genre de pêche fut importé en Europe vers le XVIe siècle et il eut même une certaine vogue en France et en Angleterre pendant quelque temps. Parmi les poissons, nous ne trouvons guère à citer que le gourami, gros poisson de un à deux mètres de long, précieux par sa chair très abondante et très délicate, et que les Chinois parquent dans leurs viviers.

La d. des animaux n'a guère été étudiée scientifiquement que depuis Daubenton, qui améliora les races ovines et introduisit en France les moutons mérinos. La science doit tendre toujours, en effet, à perfectionner les moyens de d. des animaux que l'homme a soumis à son usage ; elle doit rechercher de plus, par l'observation et l'expérience, quelles sont les espèces que l'on pourrait acclimater et domestiquer utilement. De nombreux établissements ont été créés dans ce but dans la plupart des pays de l'Europe ; en France, nous devons citer surtout le Jardin zoologique d'acclimatation de Paris, le Jardin zoologique de Marseille et le Jardin des plantes de Grenoble. Les résultats obtenus jusqu'ici sont des plus intéressants et nous pouvons citer comme nouvelles espèces complètement domestiquées dans notre pays : les porcs siamois, les chèvres du Sénégal, les pintades vulturines, les canards de Chine, les poules de Malaisie et de Cochinchine, les casoars, les autruches d'Afrique et d'Amérique, que l'on commence à élever en grand dans le midi de la France, mais surtout en Algérie. Enfin, on pense actuellement à peupler nos chasses avec les grands cerfs de l'Amérique du Nord, qui sont parfaitement acclimatés dans tous les jardins zoologiques de l'Europe centrale.

L'acclimatation doit évidemment précéder la *d.*; ce n'est que parmi les espèces acclimatées que nous pouvons trouver de nouveaux animaux domestiques. Les espèces domestiquées dans d'autres pays réclament seulement certains soins pour parvenir à s'acclimater chez nous; mais on peut, en règle générale, s'appuyer sur ce fait que les espèces sauvages, il faut tenir compte, tout d'abord, de cette remarque que notre climat a plus d'analogie avec les climats chauds qu'avec ceux des pays froids. Si nous recherchons, parmi les espèces domestiques exotiques, celles que l'on essaie d'acclimater dans notre pays, nous trouvons au premier rang le Lama, l'Alpaca et le Yack, et au second le Buffle et le Dromadaire : car ces deux derniers ne peuvent nous être véritablement utiles que dans quelques localités exceptionnelles. Les espèces sauvages dont nous pourrons tirer un parti plus ou moins utile, si nous parvenons à les soumettre complètement à notre empire, sont beaucoup plus nombreuses. Pour les Mammifères, ce sont : l'Hémione, le Dauw, le Zèbre, l'Agouti, le Cabiai, le Paca, le Phascolome, le Tapir américain, la Vigogne ; plusieurs Kangurous et Phalangers. Quant aux Oiseaux qu'on a proposé d'introduire chez nous, il en est bien peu qui soient susceptibles de devenir des espèces de basse-cour ; mais plusieurs, vu la beauté de leur plumage, pourraient fort bien figurer dans nos faisanderies, à côté du Faisan argenté, du Faisan doré, etc., que nous élevons comme oiseaux d'ornement. Nous citerons le Hocco, le Marail, le Lophophore, le Népaul, le Goura, la Bernache, l'Oie d'Égypte, le Céréopse, le Canard à éventail. Le Casoar a été proposé comme *oiseau de boucherie*, et l'Agami pour remplir dans la basse-cour l'office que remplit ailleurs le Chien de berger. Pour les Poissons, on ne voit jusqu'à présent rien qui s'oppose à ce que certaines espèces, telles que le Lavaret, l'Ombre-chevalier, etc., qui sont propres à quelques localités, vivent et se multiplient dans nos rivières et dans nos lacs. Pour les insectes, il y aurait assurément grande utilité à introduire chez nous des espèces de Vers à soie plus rustiques que celle du mûrier et les essais faits jusqu'ici ont donné des résultats les plus satisfaisants.

DOMESTICITÉ. s. f. État de domestique. *Ce témoin n'a pas été reçu à déposer en faveur de son maître à cause de la d.* || Se dit collectif. de tous les domestiques d'une maison. *La d. de l'hôtel du palais.* || En parlant des animaux, état de ceux qui vivent sous la main de l'homme, par opposit. à ceux qui demeurent dans l'état sauvage. *On n'a guère étudié cet animal qu'à l'état de d.*

DOMESTIQUE. adj. 2 g. (lat. *domesticus*, m. s., de *domus*, maison). Qui est de la maison, qui appartient à la maison ; ou qui a rapport au ménage, à l'intérieur de la famille. *Le culte d. La vie, le bonheur d. Les vertus domestiques.* || En parlant des animaux, se dit de ceux qui vivent dans la demeure de l'homme. *La souris d.* — S'applique plus spécialement à ceux que l'homme élève et nourrit, par oppos. à ceux qui vivent à l'état sauvage. *Le chien, le cheval, le chat, sont des animaux domestiques.* || *État d.*, État d'une personne qui sert, moyennant des gages, dans la maison d'une autre ; état d'un animal d. ou apprivoisé. On dit dans un sens anal. au premier, *Emploi d. Services domestiques.* || En parl. d'un pays, *Domestique* s'emploie souvent pour intérieur, par oppos. à étranger. *Des troubles, des guerres domestiques. Ennemi d.* = DOMESTIQUE. s. m. Serviteur à gages. *C'est un excellent d., un d. fidèle.* — Au fém., Servante. *Ma d. est au marché.* || S'emploie collectiv., pour désigner tous les serviteurs d'une maison. *Il a un nombreux d. Il a changé tout son d.* || L'intérieur de la maison, du ménage. *Il ne veut point qu'on se mêle de son d. Il vit heureux dans son d.*

Hist. — A l'origine, le mot *Domestique* servait à désigner toute personne vivant dans la maison (*domus*), quelle que fût la nature du lien qui l'attachait au maître de celle-ci : néanmoins il a toujours exprimé une idée de service ou de subordination. Sous le Bas-Empire, à Constantinople, on donna le nom de *Domestiques* aux gardes du corps des empereurs, et l'on appelait *Comte des domestiques* le commandant de cette garde. Plus tard, cet officier vit ses attributions devenir de plus en plus considérables et à la fin, sous le titre de *Grand d.*, il remplit les mêmes fonctions et jouit d'un pouvoir aussi étendu que les connétables en Occident. Il en fut à peu près

de même en France, sous les rois de la première race, où le titre de *Comte des domestiques* fut d'abord attribué à l'un des principaux dignitaires de la couronne, à celui qui fut plus tard qualifié de *Maire du palais*. A la même époque, on nommait encore *Domestique* un fonctionnaire spécialement chargé du recouvrement des impôts. Enfin, sous la deuxième race, on appliqua la dénomination de *Domestiques palatins* à ceux des guerriers francs qui vivaient dans le palais même du souverain et formaient son escorte. De là vint l'usage d'une domesticité noble, qui subsista pendant tout le moyen âge, et qui se perpétua même à la cour de nos rois jusqu'aux derniers temps de la monarchie : cette domesticité composait la *Maison du roi*. Les gentilshommes du sang les plus illustre se disaient sans difficulté *Domestiques* de personnages qui étaient au-dessus d'eux dans la hiérarchie féodale, car nul n'attachait une idée servile à cette qualification. Cet usage existait même encore au XVIIe siècle, et nous lisons dans les écrits de cette époque que le cardinal de Retz avait pour *domestiques* deux capitaines du régiment de Valois, et que la Roche-Corbon, gentilhomme et major de Danvilliers, était *domestique* du duc de la Rochefoucauld.

Aujourd'hui cette dénomination de *domestique* ne s'applique plus qu'aux serviteurs à gages. Le *d.* a remplacé l'esclave antique et le serf du moyen âge. La domesticité résulte d'un contrat librement débattu entre le maître et le serviteur. La loi interdit tout contrat qui aurait pour résultat d'enchaîner la liberté de ce dernier : « On ne peut, dit le C. civ , engager ses services qu'à temps, ou pour une entreprise déterminée (1780). » En général, les engagements contractés entre *d.* et maître peuvent se rompre à la volonté des parties, à la seule condition que celle qui veut rompre en prévienne l'autre huit jours d'avance. Autrefois, dans le cas de contestation entre le maître et le serviteur, le premier était cru sur son affirmation pour la quotité des gages, pour le paiement des salaire de l'année échue, et pour les acomptes donnés pour l'année courante (1781). La loi du 2 août 1868 a heureusement abrogé cette disposition inique. Le Code civil accorde au *d.* un privilège sur les biens, meubles et immeubles du maître pour le salaire de l'année échue, et pour ce qui est dû sur l'année courante (2101 et 2104). L'action des domestiques qui se louent à l'année, pour le paiement de leurs gages, se prescrit par un an (2272). Le maître est responsable des dommages causés par ses domestiques dans les fonctions auxquelles il les a employés (1384). La domesticité est un motif d'aggravation de peine pour certains crimes et certains délits, notamment pour le vol (Code pén. art. 386). Les domestiques qui habitent avec la personne qu'ils servent ont au point de vue de la loi le même domicile (109).

La législation actuelle frappe les domestiques attachés à la personne de deux incapacités : 1° la loi du 5 avril 1884 leur refuse le droit d'être conseiller municipal ; 2° la loi du 21-24 novembre 1872, celui d'être juré. Aucun des domestiques appelés dans une enquête peuvent être *reprochés*, et l'article 317 du Code d'instruction criminelle proscrit au président de la cour d'assises de demander aux témoins s'ils ne sont pas au service de l'accusé ou si l'accusé n'est pas au leur.

DOMESTIQUEMENT. adv. A la manière d'un domestique. *Servir quelqu'un d.* Inus. || Familièrement. *Il vit d. avec nous.* Peu usité.

DOMESTIQUER. v. a. Ne se dit que des animaux. Réduire à l'état de domesticité. *On n'est pas encore parvenu à d. le zèbre.* || Par dénigr. Amener à une soumission. *Un prince domestique facilement ses courtisans.* = DOMESTIQUÉ, ÉE. part.

DOMEYKITE. s. f. (R. Domeyko, n. d'un minéralogiste). Variété d'arséniure de cuivre.

DOMFRONT. ch.-l. d'arr. (Orne). 4.900 hab. Emplacement pittoresque d'un ancien château de Guillaume le Conquérant.

DOMICILE. s. m. (lat. *domicilium*, de *domus*, maison). La demeure d'une personne. || *A d.*, A la demeure de la personne à laquelle ce dont on parle est adressé ou porté. *Secours à d. Bains à d.* — *Billet à d.* Voy. CHANGE. = SYN. Voy. DEMEURE.

Légis. — Le *d.* ne doit être confondu ni avec la résidence ; il peut être également différent de l'habitation : c'est une relation légale entre une personne et le lieu où elle exerce certains droits. Ces droits étant de deux sortes, droits politiques et droits civils, on distingue le *d. politique* et le *d. civil*. — 1° *D. politique*. Tout Français jouissant des droits politiques est domicilié, pour l'exercice de ces droits, dans la commune où il réside depuis six mois (Loi du 5 avril 1884, article 14) ; 2° *D. civil*. Le d. civil de tout Français est au lieu où il a son principal établissement (C. c. 102). Le d. civil produit d'importants effets : 1° Il détermine le lieu de l'ouverture de la succession ; 2° I supplée la personne dans plusieurs cas, où tous actes faits au d. sont censés faits à la personne ; 3° il sert à déterminer le tribunal qui a le droit de connaître d'une affaire, etc. — Le d. civil est *général* ou *spécial*. Le premier est encore appelé *d. réel* ; c'est celui où l'on a son principal établissement et où l'on exerce la généralité de ses droits civils ; le second est établi pour certains droits particuliers. Le *d. général* du mineur est chez ses père et mère ou tuteur. A l'époque de sa majorité ou de son émancipation, il peut changer de d. Ce changement résulte de l'habitation réelle dans un lieu et de l'intention d'y fixer son principal établissement. La preuve de l'intention résulte, soit d'une déclaration expresse faite aux municipalités de l'ancien et du nouveau d., soit des circonstances ; mais leur appréciation appartient aux tribunaux. L'acceptation de fonctions conférées à vie emporte translation immédiate du d. du fonctionnaire dans le lieu où il doit exercer ces fonctions. Celui qui est appelé à des fonctions temporaires ou révocables reste, à l'égard du d., soumis au droit commun. La femme a le d. de son mari ; l'interdit, celui de son tuteur (C. c. 103 à 109). — En fait de *d. spécial*, on distingue : 1° le d. *matrimonial*, qui s'acquiert par six mois de résidence et où doivent se faire les publications de mariage ; 2° la *d. d'élection* ou *d. élu*, qui est *nécessaire* ou *conventionnel* ; nécessaire, lorsque la loi en fait une obligation (inscription d'hypothèque, par ex., doit contenir élection de d. dans l'arrondissement du bureau) ; conventionnel, quand les parties ou l'une d'elles déterminent pour l'exécution de leurs conventions un d. autre que le d. réel ; dans les contestations civiles, on élit toujours d. chez l'avoué qui est chargé de les diriger ; 3° le d. *de secours*, qui s'acquiert par un an de résidence (Loi du 25 vend. an II) et le domicile pour la participation aux allouages (Code forestier, article 105).

Le domicile est dit *inviolable*, en ce sens que personne ne peut s'introduire par force dans le domicile d'un particulier, si ce n'est en vertu d'un acte régulier de justice, ou dans les cas rigoureusement prévus par la loi, réquisition du propriétaire, flagrant délit, etc. Le Code pénal donne dans son article 184 la sanction de ce principe, en punissant d'amende et d'emprisonnement toute violation de domicile.

DOMICILIAIRE. adj. 2 g. Qui concerne le domicile. Ne se dit guère que dans cette loc., *Visite d.*, Visite faite dans le domicile de quelqu'un par l'autorité de la justice ou de la police.

DOMICILIAIREMENT. adv. Comme dans un domicile.

DOMICILIER. v. a. T. Banq. Élire un domicile pour le paiement d'une traite. = *Se domicilier*, v. pron. T. Jurispr. Prendre un domicile, fixer sa résidence dans un lieu. *Il s'est domicilié dans cette ville.* = **Domicilié, ée.** part. Qui a un domicile dans un lieu. *Il est domicilié dans telle commune.* || *Traite domiciliée*, Traite dans laquelle le domicile de l'acceptant est indiqué.

DOMIFICATION. s. f. [Pr... sion] (R. *domifier*). T. Astrol. Action de domifier.

DOMIFIER. v. a. (lat. *domus*, maison, et le suffixe *ficare*, faire). T. Astrol. Diviser le ciel en douze parties pour dresser un horoscope.

DOMINANCE. s. f. Caractère de ce qui est dominant.

DOMINANT, ANTE. adj. Qui domine, qui a la prépondérance, qui prévaut. *Religion dominante. Parti d. Passion dominante. Couleur dominante. Cet homme est obsédé d'une idée dominante qu'il ramène à tout.* || T. Droit féodal. *Fief d., seigneur d.*, Fief, seigneur à qui relève un autre fief ou un autre seigneur. || T. Jurispr. *Fonds d.*, Celui en faveur duquel une servitude est établie, par opposition à *Fonds servant*, celui qui est soumis à cette servitude. || T. Minér. *Forme dominante* en parlant d'un cristal, solide simple d'où sa forme est dérivée. || T. Astr. *Astre d.*, Celui qui a la plus grande influence dans un horoscope. || T. Versif. *Syllabe dominante*, La principale des deux syllabes dont une rime est formée.

DOMINANTE. s. f. T. Mus. Le cinquième degré du ton.

Voy. Tox. || T. Agric. L'élément de l'engrais complet qui, suivant G. Ville, exercerait sur chaque plante l'influence prépondérante. *L'Azote est la d. du blé. La potasse est la d. de la pomme de terre.* Cette théorie, qui ne tient pas compte de la composition du sol, n'est pas exacte. Voy. *Nutrition des végétaux.*

DOMINATEUR, TRICE. s. (lat. *dominator*, m. s.). Celui, celle qui domine, qui exerce un grand empire. *Les dominateurs des nations. Les passions deviennent les dominatrices de l'âme.* || Adjectivem., *Pouvoir d. Force dominatrice. Esprit dominateur.*

DOMINATIF, IVE. adj. Qui a le caractère de la domination.

DOMINATION. s. f. [Pr... sion] (lat. *dominatio*, m. s.) Puissance, empire, autorité souveraine ; se dit au prop. et au fig. *D. injuste, absolue, tyrannique. Usurper la d. Étendre, affermir sa d. L'esprit de d. Ce pays vivait tranquille sous la d. des Romains. La d. de l'âme sur le corps, sur les sens.* || T. Théol. Premier ordre de la deuxième hiérarchie des anges. Voy. Ange.

DOMINÉ. s. f. T. Minér. Espèce de marne pétrifiée que l'on trouve dans une rivière de l'île d'Amboine. || T. Hortic. Variété de pois cultivé.

DOMINER. v. n. (lat. *dominari*, m. s., de *dominus*, maître). Commander souverainement, avoir une puissance absolue. *Les Romains dominèrent sur la plus grande partie du monde connu à leur époque.* || Exercer de l'empire, de l'influence sur quelqu'un ou sur quelque chose ; prévaloir. *Il domine dans sa compagnie. Il faut que la raison domine sur les passions, domine dans toutes nos actions. Un cœur où l'ambition domine.* || Fig., se dit de ce qui paraît le plus parmi d'autres choses, de ce qui se fait le plus remarquer, de ce qui est le plus fort. *Cette figure domine dans le tableau. Le vert domine dans cette étoffe. Une grande pensée domine dans cet ouvrage.* || Fig., se dit encore des choses plus élevées qu'une d'autres, et surtout des lieux élevés d'où l'on découvre une grande étendue de pays ou qui tiennent en sujétion d'autres lieux moins élevés. *Sa tête dominait au-dessus de la foule. Son château domine sur toute la plaine.* = **Dominer.** v. a. Gouverner, maîtriser ; se dit au prop. et au fig. *Un indigne favori dominait complètement l'empereur. Il se laisse d. par ses fantaisies. La raison doit d. les passions. Il faut savoir d. les événements.* || S'élever au-dessus, commander. *Une colline dominait la plaine. La citadelle domine la ville.* = **Dominé, ée.** part. = **Se dominer.** v. pr. Dominer ses passions. *L'habitude de se raisonner conduit à savoir se dominer.*

DOMINGUE (SAINT-). Voy. Saint-Domingue.

DOMINICAIN, AINE. s. T. Hist. relig. Religieux, religieuse de l'ordre de Saint-Dominique. || Adj. Qui est relatif à l'île et à la république de Saint-Domingue.

L'ordre des *Frères prêcheurs*, plus communément appelé l'ordre des *Dominicains*, date de l'époque de la croisade contre les Albigeois : son premier établissement fut ouvert à Toulouse vers 1215. Son nom de Frères prêcheurs lui vient de ce qu'il fut spécialement institué pour prêcher la doctrine catholique et convertir les hérétiques ; et celui de Dominicains lui vient de son fondateur, saint Dominique, né en 1170 à Calahorra, dans la Vieille-Castille, et canonisé en 1234 par le pape Grégoire IX. L'année même de sa fondation, l'ordre des Dominicains fut approuvé par Innocent III, et, après avoir choisi la règle de Saint-Augustin, en y ajoutant quelques constitutions particulières, il fut confirmé par une bulle d'Honorius III. Dès 1217, sept religieux de cet ordre vinrent à Paris. L'année suivante, ils furent admis dans l'hospice de Saint-Quentin, dont la chapelle était dédiée à saint Jacques. Cet hospice et cette chapelle étaient situés dans une rue appelée Grand'rue ou rue Saint-Benoît ; mais bientôt celle-ci prit de là le nom de rue Saint-Jacques, et les Dominicains établis dans ce lieu reçurent eux-mêmes celui de *Jacobins*, qui fut appliqué par la suite à tous les membres de l'ordre, du moins en France. Les Frères prêcheurs se multiplièrent si rapidement qu'en 1221, l'année même de la mort de saint Dominique, ils ne comptaient pas moins de soixante maisons importantes, qui étaient distribuées en 8 provinces, dites d'Espagne, de Toulouse, de France, de Provence, de Lombardie, de Rome, d'Allemagne et d'Angleterre. En 1228, Jourdain de Saxe, deuxième général de l'ordre, y ajouta 4 nouvelles provinces, celles de Grèce, de Danemark, de Pologne et de Terre-Sainte. Enfin, au XVIII° siècle, les Dominicains comptaient 45 provinces, dont 34 en Europe, et les autres en Asie, en Afrique et en Amérique, toutes gouvernées par un général qui résidait à Rome, et de plus 12 congrégations particulières, dites *Réformes*, qui étaient administrées par des vicaires généraux. Cet ordre illustre a donné à l'Église un grand nombre de saints, plusieurs papes (Innocent V, Benoît XI, Benoît XIII et Pie V), plus de 60 cardinaux, environ 150 archevêques et 800 évêques. En outre, il a produit une foule d'hommes éminents dans la théologie, la philosophie, la politique, et même dans les sciences et les beaux-arts. Les Dominicains ont eu, au moyen âge, de violentes querelles avec les Franciscains, d'abord à cause des doctrines de saint Thomas, dont les premiers étaient les partisans, ce qui leur fit donner, dans l'école, le nom de *Thomistes*, tandis que ces derniers professaient les opinions de Duns Scott, ce qui les fit appeler *Scotistes*; puis au sujet du dogme de l'Immaculée Conception, qui était soutenu par les Franciscains, tandis que les Dominicains le combattaient avec ardeur. — Cet ordre avait disparu, en France, à l'époque de la Révolution; mais sous le règne de Louis-Philippe il a été reconstitué par l'abbé Henri Lacordaire. Son principal établissement a été, d'abord, l'ancien couvent des Carmes, rue de Vaugirard, à Paris, puis un couvent à la rue Saint-Jean de Beauvais, puis l'établissement d'Arcueil. Ces religieux ont fondé un tiers ordre régulier qui est voué à l'enseignement. — A l'origine, les Frères prêcheurs portaient l'habit des chanoines réguliers, c.-à-d. une soutane noire et un crohel; mais, en 1219, saint Dominique leur donna le costume qu'ils portent encore aujourd'hui. Ce costume se compose d'une robe blanche, avec un scapulaire et un capuchon de même couleur, pour l'intérieur de leurs maisons; à l'extérieur, ils mettent par-dessus un manteau et un capuchon noirs. Enfin, ils suspendent à la ceinture un rosaire : on sait que l'institution de cette pratique de dévotion est due à leur fondateur.

On doit encore à saint Dominique l'établissement d'un ordre de femmes, celui des *Dominicaines* ou *Sœurs de Saint-Dominique*, dont la première maison s'ouvrit, en 1208, à Notre-Dame de Prouille, près de Carcassonne. Au XVI° siècle, cet ordre fut réformé par sainte Catherine de Sienne. Supprimées en France par la Révolution, les Dominicains ont été rétablies depuis. Elles sont soumises à la règle de Saint-Augustin.

DOMINICAL, ALE. adj. (lat. *dominicalis*, de *dominus*, seigneur). Qui appartient au Seigneur ; s'emploie surtout dans ces deux locutions : *L'Oraison dominicale*, *Le Pater*, prière que Jésus-Christ enseigna à ses disciples; *Lettre dominicale*, Lettre qui dans le calendrier romain désigne le jour du dimanche. Voy. COMPUT. = DOMINICALE. s. f. Prêcher la *d.*, *les dominicales*, Prêcher les sermons des dimanches autres que ceux du carême. *Les dominicales de Bourdaloue.* = DOMINICAL. s. m. Linge sur lequel les femmes recevaient autrefois le pain eucharistique.

DOMINICALIER. s. m. (R. *dominical*). Prédicateur prêchant les dominicales.

DOMINION. Voy. CANADA.

DOMINIQUE. Race de volaille originaire de Saint-Dominique et importée aux États-Unis vers 1800. C'est une excellente race très rustique, facile à engraisser, à chair délicate, assez bonne pondeuse, très bonne couveuse et excellente éleveuse. Plumage coucou, pattes jaunes à quatre doigts, crête frisée.

DOMINIQUE (LA), une des petites Antilles anglaises; 28,800 hab. Cap. *Roseau* ou *Charlottetown*, 4,800 hab. = Nom des hab. DOMINICAIN, AINE.

DOMINIQUE (SAINT), Espagnol, fondateur de l'ordre des dominicains, en 1215, organisateur terrible du tribunal de l'Inquisition (1170-1221). Fête le 4 août.

DOMINIQUIN (DOMENICO ZAMPIERI, dit LE), célèbre peintre italien, né à Bologne en 1581, mort à Naples en 1641. Ses œuvres les plus célèbres sont la *Communion de saint Jérôme*, le *Martyre de sainte Agnès*, la *Madone du rosaire*, *Dieu punissant Adam et Ève*, le *Sacrifice d'Abraham*, *Saint Jérôme dans le désert*, *Suzanne au bain*, *Hercule aux pieds d'Omphale*.

DOMINIS (MARC-ANTOINE DE), théologien et mathématicien dalmate (1566-1624).

DOMINIUM. s. m. [Pr. *domi-ni-ome*] (mot lat.). Droit de propriété.

DOMINO. s. m. (lat. *dominus*, seigneur). Camail noir que les ecclésiastiques portent aux offices pendant l'hiver. On dit plus ordin. *Camail*. || Habillement qui sert à se déguiser, et qui consiste en une robe sans taille descendant jusqu'aux talons, et munie d'une espèce de capuchon. *Un d. de taffetas noir. Elle était en d. rose.* — Par ext., La personne vêtue d'un d. *Je n'ai pu reconnaître le d. qui m'a parlé.* || Jeu composé de 28 pièces plates d'os ou d'ivoire, recouvertes de bois noir en dessous et marquées en dessus d'un certain nombre de points combinés en doubles marques, depuis le double blanc jusqu'au double six. *Faire domino*, Placer son dernier domino, gagner la partie. Ce jeu paraît avoir reçu son nom à cause du revêtement noir qui le double et qui rappelle le vêtement ainsi nommé. On dit aussi qu'il aurait été inventé par des moines mis en cellule de pénitence, qui l'auraient ensuite communiqué à leurs collègues, et que le moine qui gagnait avait l'habitude de dire, suivant une formule accoutumée : *Benedicamus Domino*, d'où serait resté le nom, de même que le nom de *gloria* (eau-de-vie versée dans du café) est venu de la formule *Gloria Patri et Filio* qui clôt tous les psaumes. || T. Techn. Espèce de papier marbré de couleurs variées.

DOMINOTERIE. s. f. (R. *domino*). Se disait autrefois de toutes sortes de papiers marbrés et autres papiers colorés. Se dit encore des papiers imprimés de diverses couleurs, qui servent à différents jeux, tels que le loto, le jeu de l'oie, etc. — L'industrie du dominotier.

DOMINOTIER. s. m. (R. *domino*). Fabricant ou marchand de dominoterie.

DOMITE. s. f. (R. *dôme*). T. Minér. Roche (variété de trachyte) qui forme la plus grande partie du Puy de Dôme, en Auvergne.

DOMITIEN, fils de Vespasien, succéda à son frère Titus (81 ap. J.-C.), se signala par ses débauches et sa tyrannie, et par la 2° persécution contre les chrétiens ; il périt assassiné (51-96).

DOMITIQUE. adj. T. Minér. Qui appartient à la domite.

DOMITIUS AHENOBARBUS, époux d'Agrippine et père de Néron (I° siècle ap. J.-C.).

DOMMAGE. s. m. [Pr. *do-maje*] (lat. *dammum*, m. s.). Préjudice causé à quelqu'un. *Il m'a causé un grand d. Cela me porte d.* || Dégât fait aux choses. *L'inondation a causé beaucoup de d. dans mon jardin.* || Absol., *C'est d., C'est grand d., C'est un grand d.,* C'est une chose fâcheuse, une grand malheur, une grande perte. On dit quelquefois ironiq. et fam., le plus souvent par une espèce de défi : *C'est d. qu'il ne s'attaque pas à moi*, pour faire entendre qu'on l'en ferait repentir. || T. Jurispr., *Dommages et intérêts* ou *Dommages-intérêts*, L'indemnité qui est due à quelqu'un pour le dommage qui lui a été causé. Voy. CONTRAT. = Syn. Voy. DÉTRIMENT.

Légis. — *Dommages et intérêts.* — Nous avons traité au mot CONTRAT la question des dommages et intérêts résultant de l'inexécution des conventions ; mais abstraction faite de toute idée de contrat, l'obligation aux dommages et intérêts peut avoir une autre cause ; elle peut servir à réparer le préjudice injustement causé à autrui. Telle est la règle édictée par le célèbre article 1382 du Code civil : « *Tout fait quelconque de l'homme, qui cause à autrui un dommage, oblige celui par la faute duquel il est arrivé, à le réparer.* » L'article 1383 complète cette idée en ajoutant : « Chacun est responsable du d. qu'il a causé non seulement par son fait, mais encore par sa négligence ou par son imprudence. » — De ces deux articles, il résulte d'abord que pour qu'il y ait lieu à l'obligation aux dommages et intérêts, il faut qu'il y ait dommage de la part de l'auteur du préjudice, et ensuite que la *faute* la plus légère suffit pour faire encourir cette responsabilité

DOMMAGEABLE. adj. 2 g. [Pr. *do-ma-jable*]. Qui cause, qui apporte du dommage. *Cela est d. au public.*

DOMMAGEABLEMENT. adv. (R. *dommageable*). D'une manière dommageable.

DOMME, ch.-l. de c. (Dordogne), arr. de Sarlat, 1,600 hab.

DOMMEL (La), rivière de Belgique et des Pays-Bas, se jette dans la Meuse (rive gauche); 100 kil.

DOMOÏDE. s. m. R. *dome*, et gr. εἶδος, aspect. T. Géom. Corps de forme polygonale dérivant de la pyramide.

DOMPAIRE, ch.-l. de c. (Vosges), arr. de Mirecourt, 1,200 hab.

DOMPIERRE, ch.-l. de c. (Allier), arr. de Moulins, 3,100 h.

DOMPTABLE. adj. 2 g. [Pr. *don-table*] (R. *dompter*). Qu'on peut dompter. *Ce cheval est d. maintenant. Cet animal n'est pas d. Ce jeune homme n'est pas d.*

DOMPTAGE. s. m. (R. *dompter*). Action de dompter. *Le d. des animaux.*

DOMPTAIRE. s. m. [Pr. *don-tère*] (R. *dompter*). T. Agric. Bœuf dressé qu'on attelle avec un autre non habitué au joug pour l'y dresser.

DOMPTEMENT. s. m. [Pr. *don-teman*]. Action de dompter; état de ce qui est dompté.

DOMPTER. v. a. [Pr. *don-ter*] (lat. *domitare*, fréq. de *domare*, m. s.). Forcer à obéir, subjuguer. *On ne saura bien vous d. Il fallut d'abord d. ce peuple barbare. Hercule dompta les monstres.* — Se dit aussi des animaux. *D. un cheval, un taureau.* || Fig., Vaincre, surmonter. *D. ses passions, sa colère.* == SE DOMPTER. v. pron. *Apprends à te d.*, c.-à-d. à dompter tes passions. == DOMPTÉ, ÉE. part.

Obs. gram. — On devrait écrire *domter*, comme on le prononce, la lettre *p* ne provenant pas de l'étymologie du mot et n'étant arrivée là que par une erreur grammaticale.

DOMPTEUR, EUSE. s. [Pr. *don-teur*]. Celui, celle qui dompte. *Hercule est appelé le d. des monstres. D. des nations. Un d. de bêtes féroces.*

DOMPTE-VENIN. s. m. [Pr. *don-te-venin*]. T. Bot. Genre de plantes Dicotylédones (*Vincetoxicum*), appartenant à la famille des *Asclépiadées*. Voy. ce mot.

DOMREMY, village de France (Vosges), arr. de Neufchâteau, 300 hab. Patrie de Jeanne d'Arc. On y voit encore aujourd'hui la maison où celle qui sauva la France de la domination anglaise naquit en 1411. Cette humble demeure a été religieusement conservée par la piété de ses compatriotes, et acquise par l'État en 1818.

DON. s. m. (lat. *donum*, m. s.). Ce qu'on donne par pure libéralité; présent. *Faire un d. à quelqu'un, lui faire d. de quelque chose. Il les laissa comblés de ses dons.* — Autrefois, *Don* se disait, dans un sens partic., de certaines grâces utiles accordées par le prince. *Il eut l'avis de cette aubaine, et il se hâta d'en demander le d. au roi.* — *D. gratuit, D.* que les assemblées du clergé, ou les états des provinces, faisaient au roi pour subvenir aux besoins de l'État. — *D. manuel,* Celui qui se fait de la main à la main. — *D. mutuel,* Donation mutuelle que se font les époux. Voy. DONATION. — Prov., *Il n'y a pas de plus bel acquêt que le d.*, Il n'y a point de bien plus agréablement acquis que celui qui nous est donné. || Fig., *Les dons de la terre*, Les productions de la terre. — Fig. et poétiq., *Les dons de Cérès*, Les moissons, les blés. *Les dons de Flore, les dons du printemps,* Les fleurs. *Les dons de Bacchus,* Les raisins, la vendange, le vin, etc. || Figur., se dit encore des biens, des avantages de tout genre qu'on reçoit de Dieu, de la nature, du sort, etc. *Tous les dons que Dieu nous a faits. La nature l'avait comblé de tous ses dons. Il était pourvu des dons les plus heureux. L'amitié est un d. du ciel. Les dons de la fortune,* La richesse. || Dans un sens partic., *Don* se dit des biens spirituels que l'on tient de Dieu. *La foi est un d. de Dieu. Le d. des langues. Le d. de prophétie.* || Fig., L'aptitude que l'on a à quelque chose. *Il a le d. de bien dire. Il a le d. de plaire. Je n'ai pas le d. de déplaire.* — Par ironie, on dit aussi, *Vous avez le d. de déplaire à tout le monde.*

Syn. — *Présent.* — Le mot *don* exprime l'action de donner gratuitement, ou la chose gratuitement donnée, par opposition à ce qu'on donne pour prix, pour salaire, à titre onéreux quelconque. Le *présent* est ce qu'on présente en main, ce qu'on donne de la main à la main. On fait *présent* d'un écrin de diamants; on fait *don* d'une terre, d'une maison. Les petits *présents*, dit le proverbe, entretiennent l'amitié; les *dons* immodérés, dit un ancien, font d'insolents ingrats. Le *don* a pour but particulier l'avantage de celui à qui on le fait: le *présent* est plutôt offert par le désir de plaire. Aussi on fait plutôt *don* de choses utiles, et l'on fait plutôt *présent* de choses agréables. En conséquence, on dit les *dons* de Cérès et les *présents* de Flore. On dit de même, eu égard à l'utilité: « O *don* du ciel ! prévoyante sagesse ! » et, eu égard à l'agrément : « *Présent* du ciel ! ô divine amitié ! »

DON. s. m. **DONA**. s. f. Voy. DOM.

DON, fleuve de Russie (anc. *Tanaïs*), se jette dans la mer d'Azof après un parcours de plus de 375 lieues. || Province de Russie, territoire des Cosaques du Don.

DONACE. s. f. (gr. δόναξ, tuyau, roseau, à cause de leurs siphons qui sont très longs et ressemblent à des tubes). T. Zool. Genre de *Mollusques Lamellibranches*, de la famille des *Cardiacés*. Voy. ce mot.

DONACIE. s. f. (gr. δόναξ, roseau, probablement parce que ces animaux se trouvent sur les roseaux). Genre de *Coléoptères* de la famille des *Chrysomélides*. Voy. ce mot. Les *Donacies* ont souvent des couleurs brillantes, bronzées ou dorées, et vivent habituellement sur les plantes aquatiques comme les roseaux, les glaïeuls, la sagittaire, le nénuphar, etc. Plusieurs espèces offrent un duvet soyeux très fin, qui peut leur être utile, lorsqu'ils tombent dans l'eau. Leurs larves vivent dans les tiges des plantes aquatiques. Nous figurons la *D. de la Sagittaire* (*Donacia Sagittariæ*) que l'on trouve sur la Sagittaire ou flèche d'eau.

DONACODE. s. m. (gr. δόναξ, roseau; εἶδος, forme). T. Bot. Genre de plantes de la famille des *Scitaminées*. Voy. ce mot.

DONAÏ, fleuve de Cochinchine, arrose Saïgon et se jette dans la mer de Chine.

DONALD, nom de huit rois d'Écosse, du IIᵉ au XIᵉ s.

DONAT, nom de deux évêques d'Afrique (IVᵉ s.), qui fondèrent la secte des donatistes, selon lesquels il n'y avait plus d'Église qu'en Afrique.

DONAT, grammairien latin du IVᵉ siècle ap. J.-C., précepteur de saint Jérôme. Les écrits connus sous le nom de *Donats*, sont, après les Écritures saintes, les plus anciens livres imprimés.

DONAT. s. m. (lat. *donatus*, part. pass. de *donare*, donner). Laïque à qui le grand maître de l'Ordre de Malte avait accordé la demi-croix.

DONATAIRE. s. 2 g. (lat. *donatarius*, m. s.). T. Jurisp. Celui, celle à qui on a fait une donation.

DONATELLO, célèbre sculpteur italien, né à Florence (1386-1466).

DONATEUR, TRICE. s. (lat. *donator*, m. s.). T. Jurisp. Celui, celle qui a fait une donation.

DONATI (JEAN-BAPTISTE), astronome italien (1826-1873), découvrit la grande comète de 1858.

DONATIEN (SAINT), martyrisé à Nantes avec son frère *Rogatien*, vers 269. Fête le 24 mai.

DONATION. s. f. [Pr. *...sion*] (lat. *donatio*, m. s., de *donare*, donner). T. Droit. — La *D.* est un acte par lequel une personne dispose, *à titre gratuit*, en faveur d'une autre personne, de tout ou partie de ses biens. La loi distingue deux grandes classes de donations, les *donations entre-vifs* ou *donations proprement dites*, et les *donations testamentaires* ou *testaments*. Nous ne parlerons ici que des premières, en renvoyant au mot Testament tout ce qui concerne les secondes.

I. *Dispositions générales relatives aux donations entre-vifs.* — La *d. entre-vifs* peut se définir : Un contrat par lequel une personne se dépouille gratuitement, actuellement et irrévocablement, en faveur d'une autre personne qui accepte. On ne peut disposer de ses biens, à titre gratuit, que dans les formes déterminées par la loi. Ce contrat peut être subordonné à des conditions ; toutefois, les conditions illicites ou impossibles, au lieu de vicier les donations comme elles vicient les obligations en général, sont simplement réputées non écrites (C. c. 900).

La faculté de donner et de recevoir étant de droit commun, elle appartient à tous ceux que la loi n'en a pas privés. Sont incapables de donner : 1° Celui qui n'est pas sain d'esprit ; 2° le mineur, si ce n'est par contrat de mariage, en faveur de l'autre époux et avec le consentement de ceux dont le consentement est requis pour la validité du mariage ; 3° la femme mariée, si ce n'est avec l'autorisation de son mari ou de la justice (C. c. 901 à 905). A ces exceptions il faut ajouter que la d. d'immeubles faite par le failli dans les dix jours qui précèdent l'ouverture de la faillite ou de la grande liquidation judiciaire est nulle relativement aux créanciers (C. Com. 446 ; loi du 4 mars 1889, art. 19). L'incapacité de *recevoir est absolue* ou *relative*. Elle est absolue, si l'individu ne peut recevoir de qui que ce soit ; tels sont : 1° l'enfant qui n'est pas conçu au moment de la d. ou qui, étant conçu, ne naît pas viable (906) ; 2° les femmes mariées ; 3° les personnes de mainmorte ; 4° les condamnés à une peine afflictive perpétuelle. Elle est relative, si l'individu est incapable de recevoir de certaines personnes seulement. — Ainsi, le tuteur, s'il n'est pas l'ascendant du pupille, ne peut rien recevoir de lui, tant que dure la minorité et que le compte définitif de tutelle n'est pas rendu et apuré ; l'enfant naturel ne peut rien recevoir au delà de ce que loi accorde la loi au titre des Successions ; les médecins, les pharmaciens et les ministres d'un culte ne peuvent recevoir que des dons purement rémunératoires de la personne à laquelle ils ont donné des soins pendant sa dernière maladie. Cette prohibition cesse si le donataire est lui-même l'un des héritiers directs du donateur, ou si, ce dernier n'ayant pas d'héritiers directs, le donataire est son parent au 4° degré ou à un degré plus rapproché (907 à 909). — Pour assurer l'effet des prohibitions, la loi déclare nulle toute d. faite au profit de l'incapable, soit qu'on la déguise sous la forme d'un contrat onéreux, soit qu'on la fasse sous le nom d'une personne interposée. Les père, mère, époux et descendants de l'incapable sont de droit réputés personnes interposées. Les établissements publics ne peuvent recevoir qu'après en avoir obtenu l'autorisation du gouvernement (912).

II. *Quotité disponible et réduction des donations.* — La portion dont on ne peut disposer au préjudice de ses héritiers se nomme *Réserve* ; elle varie en raison du nombre et de la qualité des héritiers et même de la qualité du donataire. Les seuls héritiers qui aient droit à une réserve sont les ascendants et les descendants. A défaut de descendants, la réserve est de la moitié des biens du disposant, s'il laisse à son décès des ascendants dans la ligne paternelle et dans la ligne maternelle ; elle est du quart, s'il n'y a des ascendants que dans une seule ligne (le nombre des ascendants pris individuellement n'est ici d'aucune considération, le plus proche dans chaque ligne excluant les plus éloignés). La réserve des enfants est fixée d'après leur nombre : on peut disposer de la moitié de ses biens, si l'on a un enfant seulement ; d'un tiers, quand on en a deux ; d'un quart, quand on en a trois ou un plus grand nombre. Les descendants au delà du premier degré ne sont comptés que pour l'enfant qu'ils représentent (913 à 916). Lorsqu'il existe des descendants, il n'y a jamais lieu à réserve au profit des ascendants : ceux-ci sont exclus par ceux-là. Si la d. est faite en faveur de l'époux du donateur, elle peut comprendre, outre la pleine propriété de la portion disponible, l'usufruit de la portion réservée aux ascendants, laquelle, dans ce cas, ne consiste plus qu'en une nue propriété. Si le donateur a un ou plusieurs enfants, il ne peut donner à son conjoint qu'un quart en propriété et un quart en usufruit, ou la moitié de tous ses biens en usufruit seulement. Si l'époux donateur a des enfants d'un précédent mariage, il ne peut donner à son nouveau conjoint au delà d'une part d'enfant légitime le moins prenant, sans que cette d. puisse même excéder le quart des biens (1094 et 1098). — La quotité disponible peut être donnée à toute personne. Si le donataire est un successible, il est tenu de rapporter à la succession du donateur ce qu'il a reçu de lui, à moins qu'il n'en ait été expressément dispensé par la d. ou par un acte authentique postérieur (919). Les biens qu'un successible en ligne directe a achetés de l'auteur de la succession à charge de rente viagère, ou avec réserve d'usufruit, et les sommes placées à fonds perdu entre ses mains, sont réputés lui provenir de d. et doivent être imputés sur la quotité disponible ; l'excédent, s'il y en a, est rapporté à la masse. Cependant si les autres successibles avaient consenti à ces aliénations, elles seraient considérées comme sérieuses, et aucune répétition ne pourrait être faite à cet égard (918).

Les donations, même celles qui excèdent la quotité disponible, produisent tout leur effet pendant la vie du donateur ; mais elles sont réductibles, lors du son décès, sur la demande des *légitimaires*, c.-à-d. des successibles au profit desquels la loi établit une réserve. Pour opérer cette réduction, on forme une masse de tous les biens existants au décès du donateur ; on y réunit fictivement tous ceux qui ont été donnés, d'après leur état à l'époque de la d., et leur valeur au temps du décès du donateur. On déduit les dettes, et si la masse réelle et disponible est inférieure à la réserve, on annule tous les legs, ou, si cela n'est pas nécessaire, on les réduit au marc le franc, à moins que le testateur n'ait ordonné qu'un legs serait payé par préférence, auquel cas ce legs n'est réduit ou modifié qu'après complet épuisement des autres. Tous les legs annulés, on attaque les donations en remontant successivement, par ordre de date, des dernières aux plus anciennes. — Mais il y a encore diverses distinctions à établir selon la nature des biens donnés. S'il s'agit de meubles, le légitimaire a, contre le donataire, une action personnelle pour la somme nécessaire au complément de la réserve. S'il s'agit d'immeubles non aliénés, le légitimaire les reprend francs de dettes et hypothèques, parce que la réduction opère la résolution totale ou partielle de la d. Si les immeubles ont été vendus, le légitimaire doit en répéter l'estimation contre le donataire, et, après discussion des biens de ce dernier, il attaque, s'il est nécessaire, les aliénations, en remontant successivement des dernières aux plus anciennes (921 à 930). Si la d. réductible est d'un usufruit ou d'une rente viagère, le légitimaire a le choix, ou d'exécuter la disposition, ou d'abandonner au donataire la quotité disponible en toute propriété (917). Dans tous les cas, ce dernier a le droit de retenir, sur les biens qui lui ont été donnés, la valeur de la part qui lui appartiendrait, comme héritier, dans les autres biens de la succession, s'ils sont de la même nature (924).

III. *Des formes et des caractères des donations.* — Toute d. entre-vifs doit être passée par-devant notaires, et il en doit rester minute, à peine de nullité (931). Quand elle renferme des objets mobiliers, elle n'est valable que pour ceux de ces objets qui sont portés dans un état estimatif signé des parties et annexé à la minute de la d. (948). La d. doit être acceptée par le donataire ou, pour lui, par un fondé de pouvoir en forme authentique : la femme accepte avec le consentement de son mari ou, en cas de refus de celui-ci, avec l'autorisation de la justice ; le mineur émancipé, avec l'assistance de son curateur ; le tuteur accepte pour le mineur ou pour l'interdit ; les ascendants du mineur peuvent aussi, quoique n'en ayant pas la tutelle, accepter pour lui ; enfin, les établissements publics acceptent par leurs administrateurs, après autorisation du gouvernement. L'acceptation, si elle n'est pas renfermée dans l'acte de d., doit être faite par acte authentique et être notifiée au donateur (932 à 942). L'acceptation solennelle n'est pas nécessaire quand la d. a lieu comme condition d'une convention passée entre le donateur et un tiers : il suffit alors que le donataire déclare vouloir profiter de la d. (1121 et 1973).

La d. doit être *gratuite*, en ce sens du moins que les charges dont il est licite au donateur de grever le donataire ne doivent pas absorber le bénéfice de la libéralité ; s'il en était ainsi, l'acte serait une vente ou un échange. De même, il n'y a pas d., mais simple paiement, si l'on ne donne que ce qu'on doit, soit en vertu d'une convention passée avec le prétendu donataire, soit comme condition d'un contrat fait avec un tiers, ou si ce qu'on donne pouvait être réclamé par une action civile.

La d. emporte l'idée d'un *dessaisissement actuel* de la part du donateur. En conséquence, une d. ne peut comprendre que les biens présents de celui-ci ; si elle comprend des biens à venir, elle est nulle à cet égard (943). La d. dûment acceptée, la propriété de la chose donnée est transférée au donataire, sans qu'il soit besoin d'autre tradition (938). Le donateur cependant peut ne donner que la nue propriété ou que l'usufruit de ses biens (949). Lorsque la d. a pour objet des meubles dont le donateur se réserve l'usufruit, le donataire prend les meubles dans l'état où ils se trouvent lors du décès du donateur, et poursuit les héritiers pour la valeur donnée dans l'état estimatif à ceux qui n'existent plus ; s'il n'y a pas réserve d'usufruit, les meubles donnés vont être livrés au donataire lors de la d. (948). Quant aux immeubles, la d. n'est valable à l'égard des tiers qu'autant qu'elle a été soumise à la formalité de la transcription sur les registres de la conservation des hypothèques de la situation ces biens ; le défaut de transcription ne peut être opposé par le donateur, ni par ceux qui, tels que le mari, le tuteur, et le curateur des donataires, ou les administrateurs des établissements publics, étaient tenus de requérir la transcription : ces personnes sont, au contraire, responsables du non-accomplissement de la formalité.

La d. est *irrévocable* en ce sens que le donateur ne peut, par son fait seul, en détruire l'effet ; d'où il suit que la d. faite sous des conditions dont l'exécution dépend de sa seule volonté est nulle. Si donc le donateur se réserve de disposer de l'objet de la d., s'il impose au donataire la condition de payer des dettes autres que celles qui seraient indiquées dans l'acte de la d. ou qui auraient date certaine à cette époque, la libéralité est nulle, parce qu'il dépend du donateur de la frapper directement ou indirectement d'inefficacité (944, 945). Cependant la d. serait valable pour la partie qui ne tomberait pas sous le coup de ces conditions restrictives : cette partie serait transmise d'une manière irrévocable. Ajoutons qu'en matière de d., les nullités ne peuvent être couvertes par aucun acte confirmatif. Le donateur n'a d'autre moyen que de refaire sa d. ; mais les héritiers du donateur, dans l'intérêt desquels ces nullités sont principalement établies, pourraient la confirmer (1339, 1340).

IV. *Révocation des donations.* — Le donateur peut se réserver, *mais pour lui seul,* le droit de reprendre les objets donnés, dans le cas du prédécès, soit du donataire, soit du donataire et de ses descendants : c'est ce qu'on appelle le *Retour conventionnel.* Cette condition résolutoire venant à s'accomplir, les aliénations faites par le donataire sont résolues, et les biens donnés rentrent dans les mains du donateur, libres de toutes charges et hypothèques créées par le donataire, à moins que la d. n'ait été faite par contrat de mariage, et que les biens personnels du donataire ne soient insuffisants pour répondre de la dot et autres avantages matrimoniaux, auquel cas cette hypothèque spéciale suivrait les biens dans les mains du donataire, après l'exercice du droit de retour (851, 952, 1183).

Outre la clause du droit de retour, la loi admet le principe de la révocabilité des donations dans les cas *d'inexécution des conditions* ou *d'ingratitude* de la part du donataire, et *de survenance d'enfant* au donateur. — L'inexécution des conditions n'opère pas de plein droit la révocation de la d. : il faut qu'elle soit prononcée par justice. Dans ce cas, les biens font retour au donateur, francs d'aliénations et de toutes hypothèques, même de celles qui seraient établies au profit de la femme du donataire (954, 956). — La révocation pour cause d'ingratitude a lieu si le donataire a attenté à la vie du donateur ; s'il s'est rendu coupable envers lui de sévices, délits ou injures graves ; s'il lui a refusé des aliments. Elle doit être également prononcée par justice. La demande doit être formée, du vivant du donataire, par le donateur dans l'année qui suit le jour où le fait d'ingratitude a pu lui être connu. Si le donateur décède dans ce délai, son droit peut être exercé par ses héritiers. La demande, s'il s'agit d'une d. d'immeubles, doit être inscrite au bureau des hypothèques, en marge de la transcription de la d. A partir de ce moment, les tiers sont suffisamment avertis que le donataire ne peut plus disposer des biens à lui donnés. Quant aux aliénations et hypothèques antérieures à cette inscription, elles subsistent et produisent leur effet, sauf le recours du donateur contre le donataire. Les fruits des biens sont dus au donataire à compter du jour de la demande (955 à 958). — Lorsque, à l'époque de la d., le donateur n'avait ni enfants ni descendants, la survenance d'un enfant opère la révocation de la d. ; il en est de même de la légitimation d'un enfant naturel né depuis la d. Sont seules exceptées les donations faites, dans un contrat de mariage, soit par les futurs entre eux, soit au profit des futurs par leurs ascendants. La révocation a lieu de plein droit, nonobstant toute convention contraire. La mort de l'enfant ne fait pas revivre la d. révoquée ; une nouvelle libéralité est nécessaire. Par l'effet de la révocation, les biens rentrent dans les mains du donateur francs d'aliénations et d'hypothèques du chef du donataire (960 à 966 et 1096).

V. *Donations faites par contrat de mariage aux époux et aux enfants à naître du mariage.* — Ces donations ne sont pas soumises à des formes aussi rigoureuses que les donations ordinaires ; ainsi, elles ne peuvent être annulées pour défaut d'acceptation ; elles ne sont pas révocables pour cause d'ingratitude, mais elles sont caduques si le mariage n'est pas célébré ; elles peuvent contenir la réserve, par le donateur, de disposer d'un effet compris dans la d., et avoir pour objet les biens présents et à venir, ensemble ou séparément. La d. de biens à venir est présumée faite, non seulement au donataire, mais encore aux enfants à naître du mariage, lesquels prennent la place de l'époux donataire dans le cas où le donateur survivrait à ce dernier. Cette sorte de d., qu'on appelle aussi *Institution contractuelle,* a, en réalité, pour objet la succession du donateur : elle emporte donc obligation pour le donataire de payer toutes les dettes et charges de cette succession, à moins qu'il n'y renonce. Quand un contrat de mariage renferme une d. de biens présents et à venir, il doit être annexé à l'acte un état des dettes du donateur au moment de la d. Cet état a pour effet de scinder la d. en deux parties, l'une ayant pour objet les biens présents, et que le donataire peut retenir en payant les dettes actuelles, et l'autre ayant pour objet les biens à venir, et à laquelle le donataire pourra renoncer. A défaut de cet état, la d. doit être acceptée ou répudiée pour le tout. Le prédécès du donataire et de sa postérité, relativement au donateur, rend caduque la d. de biens à venir, ainsi que celle de biens présents et à venir faite sans annexion de l'état des dettes existantes. Les donations faites aux époux par contrat de mariage ne peuvent pas excéder la quotité disponible (1081 à 1090).

VI. *Donations entre époux.* — Les donations entre époux faites par contrat de mariage ou pendant le mariage ne sont pas révocables pour cause de survenance d'enfants, mais elles le sont pour cause d'ingratitude. Elles ne peuvent excéder la quotité disponible que nous avons indiquée plus haut. Est nulle, comme faite à des personnes interposées, mais seulement pour la partie qui excède la quotité disponible, la d. consentie par un époux au profit d'un enfant d'un précédent lit de l'autre époux, ou au profit d'une personne dont l'autre époux est héritier présomptif (1099, 1100). Les donations entre époux par contrat de mariage ne sont pas censées faites sous la condition de survie, à moins que cette condition ne soit formellement exprimée (1092, 1093). Ces donations sont révoquées par le divorce ou la séparation de corps (299, 300 et 1518 combinés). La femme dont le mari était commerçant à l'époque de la célébration du mariage, ou dont le mari, n'ayant pas alors d'autre profession déterminée, est devenu commerçant dans l'année qui a suivi cette célébration, si celui-ci tombe en faillite, ne peut exercer contre la masse aucune action à raison des avantages en sa faveur portés au contrat de mariage ; mais les créanciers ne peuvent non plus se prévaloir des avantages par elle faits à son mari dans le même contrat (C. Comm. 564).

Les époux ne peuvent, pendant le mariage, se faire, par un seul et même acte, aucune d. mutuelle, soit entre-vifs, soit testamentaire ; mais chacun d'eux peut faire à l'autre par acte spécial et dans la forme ordinaire des donations tels avantages qu'il juge à propos. Ces donations, même celles de biens présents, sont *révocables à volonté,* et la femme peut, sans avoir besoin d'y être autorisée par justice, révoquer les donations qu'elle a consenties au profit de son mari (1096, 1097).

DONATISME. s. m. (R. *Donat,* évêque de Carthage). Hérésie des donatistes.

DONATISTE. s. m. T. Hist. relig. Nom donné aux sectateurs de Donat. Voy. Schisme.

DONATO, nom de plusieurs doges de Venise.

DONAWERT, v. de Bavière, 3,800 hab., sur le Danube. Prise par les Français en 1805.

DONC. conj. [Pr. *donk,* quand le mot est au début de la phrase ou quand il est suivi d'une voyelle ; *don,* dans tous les autres cas] (étym. douteuse : du lat. *ad tunc,* alors, qui aurait donné *adonc,* ce qui est conforme au sens, mais n'explique pas l'esp. *doncos,* et l'ital. *dunqua ;* ou bien du lat. *de unquam,* qui explique toutes les formes, mais ne s'accorde avec le sens que si l'on admet que cet adverbe composé signi. au propre *de jamais* a pu prendre le sens de *alors*). Sert à marquer la conclusion d'un raisonnement, ou à indiquer qu'une chose est ou doit être le résultat d'une autre chose, qu'elle a lieu en conséquence d'une autre. Il respire, *d.* il vit. Vous avez fait une faute, vous devez *d.* la réparer. Le monde est arrangé suivant des lois mathématiques ; *d.* il est arrangé par une intelligence. (Voltaire.)

l'homme se croit libre, donc il est libre. || S'emploie aussi pour exprimer l'étonnement, la surprise que nous fait éprouver une chose inattendue. *J'étais d. destiné à lui sur-rière. Qu'avez-vous donc? Que dit-il d. là? Quoi d.! vous n'êtes pas encore parti?* — Sert encore à rendre plus pressante une demande, une injonction, etc. *Donnez-moi d. cela. Répondez d.* || Se met quelquefois au commencement d'une phrase, pour indiquer qu'on reprend la suite d'un discours, d'un récit. *D., je commence.* = Obs. grammat. Voy. AINSI.

DONCASTER, v. d'Angleterre (York) sur le Don, affluent de l'Ouse; 21,500 hab.

DONCQUES. conj. Ancienne forme de *Donc.*

DONDAINE. s. f. T. Milit. Machine employée dans le moyen âge pour lancer de grosses pierres. || Instrument à vent fait comme une cornemuse et usité dans le moyen âge. | Mot qui s'applique encore à des refrains de chansons triviales et qui est accolé d'ordinaire au mot dondon : *la faridondaine, la faridondon.*

DONDON. s. f. Femme ou fille qui a beaucoup d'embonpoint ou de fraîcheur. Fam.

DONEGAL, comté d'Écosse (prov. d'Ulster), ch.-l. Liffard; 206,000 hab.

DONGOLA, pays de la Nubie arrosé par le Nil et situé par 20° de latitude. == Nom des hab. : DONGOLA, ... == DONGOLA. s. m. Nom d'une race de chevaux arabes.

DONGRIS. s. m. T. Comm. Toile de coton des Indes.

DONI. s. m. T. Mar. Bateau caboteur en usage aux Indes.

DONILLAGE. Fausse lecture, pour *douillage.* Voy. ce mot.

DONILLEUX, EUSE. adj. [Pr. les *ll* mouillées]. T. Techn. Mal uni, en parlant d'une étoffe de laine.

DONITAM. s. m. [Pr. *doni-tame*]. Nom de l'une des sectes philosophiques de l'Inde.

DONIZETTI, célèbre compositeur italien né à Bergame. Auteur de la *Favorite*, de *Lucie de Lamermoor*, de la *Fille du Régiment*, etc. (1797-1848).

DONJON. s. m. (origine inconnue). Partie la plus forte et la plus élevée d'un château, et qui est ordinairement en forme de tour. — Abusiv., se dit quelquefois d'une échauguette. Voy. CHATEAU. || Petit pavillon élevé au-dessus du comble d'une maison, et dont la vue s'étend au loin.

DONJON (LE), ch.-l. de c. (Allier), arr. de Lapalisse; 2,100 hab.

DONJONNÉ, ÉE. adj. [Pr. *donjo-né*]. T. Blas. Se dit des tours et des châteaux qui ont des tourelles.

DON JUAN, personnage de théâtre dont l'origine a été la vie aventureuse d'un seigneur espagnol, don Juan Tenorio, qui vivait à Séville au XVIe siècle. Molière, Mozart, Lord Byron, Alexandre Dumas, ont rendu ce nom populaire. — Par ext., Séducteur, homme sans mœurs se faisant un jeu de l'honneur des femmes.

DON-JUANESQUE et **DON-JUANIQUE.** adj. 2 g. Qui a rapport au caractère de Don Juan.

DONNADIEU, général français né à Nîmes (1777-1849).

DONNANT, ANTE. adj. [Pr. *do-nan*]. Qui aime à donner; s'emploie surtout avec la négation. *La bonne femme n'était pas donnante.* Fam. || Proverb., on dit *Donnant donnant*, ou *En donnant donnant*, pour exprimer qu'on ne veut donner une chose qu'en recevant une autre chose en échange.

DONNE. s. f. Action de donner ou de distribuer les cartes au jeu. *C'est à moi la d. Perdre sa d. Il y a maldonne.*

DONNÉE. s. f. [Pr. *do-né*] (part. pass. de *donner*). T. Math. Toute grandeur connue ou qu'on suppose connue, dont on se sert, dans la solution d'un problème, pour trouver les grandeurs inconnues. — Par ext., se dit aussi des suppositions, des notions, etc., qui servent de base à une recherche, à un examen quelconque. *Les données certaines de l'expérience. Ces données sont évidemment fausses.* — *Donné, ée*, s'emploie aussi adjectiv. dans les deux significations qui précèdent. *Le nombre donné. Quantités données. Ceci étant donné, voyons...* || Donnée, se dit encore substant. du sujet principal d'un drame, d'un roman, etc., de l'idée fondamentale d'un livre. *La d. de ce roman est ridicule. La d. de ce livre est fausse.*

DONNEMARIE-EN-MONTOIS, ch.-l. de c. (Seine-et-Marne), arr. de Provins; 1,000 hab.

DONNER. v. a. [Pr. *do-ner*] (lat. *donare*, m. s.). Faire don à quelqu'un de quelque chose, lui en transmettre gratuitement la propriété, l'en gratifier. *D. de l'argent, une terre. D. son bien aux pauvres. D. une dot à sa fille. D. des étrennes. Il donne tout ce qu'il a. D. une pension. D. en pleine propriété. La nature lui a donné une santé excellente.* Absol., *Il donne de fort mauvaise grâce.* || *D. l'aumône, D. de l'argent ou quelque autre chose par aumône, par charité.* — Fam. et par exag., *Il donnerait jusqu'à sa chemise*, se dit d'un homme très charitable et très libéral. || *D. une fille en mariage à quelqu'un*, La lui accorder pour femme. On dit de même, *D. pour époux. D. pour épouse*, etc. || *D. sa vie, d. ses jours, d. son sang pour quelqu'un, pour quelque chose*, Sacrifier sa vie, répandre son sang par dévouement pour quelqu'un, pour quelque chose. || T. Jurisp. *D. et retenir ne vaut*, Le donateur doit se dessaisir irrévocablement. || Fig., *D. un précepteur, un gouverneur à un enfant; D. un roi à une nation*, Mettre un enfant sous la direction de quelqu'un; Établir un roi pour gouverner un peuple. On dit de même, *D. pour gouverneur, pour chef, pour maître, pour roi*, etc. || Prov., *A donner donner, à vendre vendre*, Quand on vend, il ne s'agit pas d'être libéral; et quand on donne, il ne faut point se montrer parcimonieux. — *Qui donne tôt, donne deux fois*, On ajoute au prix d'une grâce quand on l'accorde promptement. || Fig. et fam., *D. au diable*, Maudire, exécrer. *Ne pas d. sa part au chien*, Jouir avec empressement de sa part. || *Accorder. D. des récompenses. D. une place, un emploi. D. des secours. D. assistance. D. congé. D. audience. D. du temps, du répit, un délai. Donnez-lui un peu de repos. Pouvez-vous me d. un instant? D. mainlevée. D. quittance et décharge. D. l'absolution. D. la préférence. D. son amitié, sa foi. D. sa voix, son suffrage. D. gain de cause ou D. gagné. D. la vie à un ennemi. Je vous donne à choisir des deux, ou simplement, Je vous donne à choisir. D. de l'attention à quelque chose. D. attention. D. croyance. D. tout aux apparences. Il ne faut rien d. au hasard. Il n'est pas donné à l'homme de tout connaître. D. trop aux conjectures. D. des larmes à la mémoire de quelqu'un.* — *D. parole, d. sa parole*, S'engager, se lier. || *D. à quelqu'un son congé*, Le congédier. || *D. sa journée, sa soirée*, etc., *à quelqu'un*, La passer avec lui. — *D. du temps à quelque chose*, Y employer, y consacrer du temps. *D. tout son temps à l'étude. Je donne deux heures par jour à ce travail.* — *D. carrière; D. cours*, Laisser agir ou s'effectuer en liberté. || Fam., *Se d. quelque chose*, L'acheter, faire la dépense nécessaire pour se l'avoir. *Il s'est enfin donné un habit neuf. Pour mes étrennes, je me donnerai le spectacle.* — *Se d. du bon temps*, Mener une vie gaie. — Prov., *Se d. au cœur joie de quelque chose* ou *S'en d. à cœur joie*, En jouir pleinement, s'en rassasier. On dit, dans un sens analogue, *S'en d. tout son soûl, tout le long de l'aune*, ou absol., *S'en d. Nous nous en sommes bien donné.* — Céder, transmettre en échange d'une chose, ou pour le prix d'une chose ou d'un service. *D. une chose pour une autre, en échange d'une autre. Je vous donnerai cela au prix coûtant. Combien me donnez-vous de mon cheval? Je vous en donne mille francs. Vous m'en donnez pas assez. D. des appointements. Combien donnez-vous par mois à votre domestique? D. à crédit. D. à intérêt.* — Fam. et par exag., *Je n'en donnerais pas une obole, un fétu*, etc., Je ne fais aucun cas de cela, je n'en donnerais pas le moindre prix. Par exagér., on dit aussi, *Je donnerais tout au monde, je donnerais je ne sais quoi, je donnerais cela fût, pour que cela ne fût pas*, Lorsqu'on veut exprimer qu'on serait disposé à faire de grands sacrifices pour qu'une chose fût ou ne fût pas. On dit de même, *Que donnerais-je pas pour le re-*

voir, pour le sauver! etc. — Livrer, mettre entre les mains, remettre, confier. *D. un paquet à un commissionnaire. D. une lettre pour la porter à la poste. D. des papiers à un notaire. D. en dépôt, en garde, en gage. J. de l'ouvrage à faire.* || *D. une chose à l'essai, à l'épreuve,* La remettre à quelqu'un pour qu'il l'essaye, afin de voir si elle lui convient; la lui vendre à condition qu'il pourra la rendre si elle ne lui convient pas. || Fam., *Le d. au plus habile à mieux faire,* Défier le plus habile de mieux faire. — *D. en dix, en vingt, en cent, à faire une chose,* Défier de la faire une fois sur dix, sur vingt. *Je parie que vous n'en faites pas autant, je vous le donne en dix.* — *D. à deviner,* Défier de deviner. *Je le donne au plus fin à deviner* || Fig. et fam., *D. à quelqu'un,* signifie Le tromper, et quelquefois le battre. — *En d. à garder à quelqu'un,* Vouloir lui en faire accroire. Popul., on dit de même *Il lui en a donné d'une,* ou *Il lui en donné d'une bonne.* || Fig. et prov., *D. du fil à retordre,* Causer beaucoup de travail. *Je donnerais ma tête à couper,* Affirmer avec énergie. || T. Chasse. *D. le cerf aux chiens,* Lancer le cerf. On dit de même, *D. la meute, d. les chiens,* Les lâcher à la poursuite de la bête. — Apporter, présenter, offrir, mettre à la disposition. *Donnez un siège à madame. Donnez-moi une serviette. On ne peut vous d. que cette chambre pour aujourd'hui. Donnez-vous à boire, à manger.* — *D. à boire et à manger,* signifie aussi tenir auberge. Ici, on *donne à boire et à manger.* || *D. un festin, une collation, une soirée, un bal, un concert, la comédie, les jeux,* etc., Régaler d'un festin, d'une collation, d'un concert, etc. On dit dans le même sens, *D. à dîner, à souper,* etc. || *D. une pièce de théâtre,* La représenter devant le public. *Que donne-t-on demain à l'Opéra?* — Sign. aussi, La faire représenter. Corneille donna le Cid en 1636. — *D. un livre, un ouvrage au public,* Le publier. *Il a donné une relation fort complète de cette bataille.* || *D. à téter,* Présenter le sein à un enfant, le faire téter. | *D. la main,* Tendre la main. Dans un sens anal., en parlant d'un animal, on dit, *D. la patte.* || *D. le bras à quelqu'un,* Se soutenir en s'appuyant sur son bras. On dit aussi, *Se d. la main, se d. le bras,* Se tenir l'un l'autre par la main, etc. — Fig., *D. la main, D. les mains,* Prêter son aide, son appui. || Aux jeux de cartes, *D. les cartes,* ou simplement *Donner,* Distribuer aux joueurs le nombre de cartes qu'il faut à chacun d'eux. *C'est à vous à d.* — Fig. et fam. *D. beau jeu,* Faire la partie belle en donnant un avantage marqué. — Au jeu de Paume, *D. beau,* Lancer la balle de telle façon que l'adversaire puisse la relancer facilement. — Fam., *D. le bonjour, le bonsoir,* Souhaiter le bonjour, etc. || Fig., *D. une personne ou une chose pour telle ou telle comme telle ou telle,* L'annoncer, la présenter comme telle. *Je vous le donne pour un honnête homme. D. quelqu'un pour du neuf. Il me l'a donné comme ce qu'il y avait de meilleur.* — Fournir; se dit surtout en ce sens en parlant de gages, de garanties, de preuves, etc. *D. un gage. D. des sûretés, des garanties. D. caution. D. un répondant. Donnez-m'en la preuve.* — *D. assurance,* Assurer quelqu'un de quelque chose. — *D. des preuves des marques,* Manifester par le fait. *Il a donné des preuves de son courage. D. des marques d'estime, d'amitié, de reconnaissance.* On dit de même, *D. des témoignages d'estime. d'amitié,* etc. *D. des signes d'embarras, d'inquiétude,* etc., Paraître inquiet, troublé, etc. *D. signe de vie, des signes de vie,* Se dit d'une personne chez laquelle bien qu'elle soit presque inanimée, on observe encore quelque indice qui prouve que la vie subsiste encore. Fig., *Ne pas d. signe de vie,* Rester longtemps sans donner de ses nouvelles ou sans se montrer. — Administrer. *D. des remèdes, une douche, D. les sacrements, le viatique, l'extrême-onction.* || En parlant de châtiments, de supplices, de mauvais traitements, se prend pour infliger. *D. le fouet, le cale,* etc. — Fig. et fam., *D. du long et du large à quelqu'un:* Lui en d. tout du long de l'aune, Le maltraiter de coups, ou se moquer beaucoup de lui. On dit de même, *Il en a du long et du large; Il en a tout du long de l'aune.* || Appliquer l'action de quelque chose sur un objet pour y produire un certain effet. *D. un soufflet, un coup de poing, un coup de pied. D. un coup de lancette. D. une atteinte. D. atteinte.* — Fam., *D. un coup de pied jusqu'à tel endroit,* Aller en se promenant jusqu'à tel endroit. — Fig. et fam., *D. un coup de collier,* Faire un effort. *D. un coup d'épaule,* Prêter son aide efficace. — *D. un coup de rabot, un coup de lime, un coup de balai, un coup de peigne,* etc., Passer plus ou moins légèrement le rabot, la lime, le balai, etc., une ou plusieurs fois sur quelque chose. — *D. une couche,* Appliquer étendre une couche sur un objet. — Fig., *D. le feu trop chaud, trop ardent à la viande,* La faire rôtir à trop grand feu. On dit, dans le même sens, *D. le four trop chaud à du pain, à de la pâtisserie.* || *D. la chasse et D. chasse,* Poursuivre quelqu'un en le chassant. || *D. un assaut, une bataille, un combat,* Livrer un assaut, etc. || *D. tort à quelqu'un,* On lui donne tout l'honneur de la victoire. *C'est bien à tort que vous lui donnez le défaut d'être paresseux. Se d. l'honneur, la gloire d'une chose,* et fam., *S'en d. les gants.* — *Quel âge donnez-vous à cette personne? Quel âge croyez-vous qu'elle ait? On lui donnerait bien de trente à trente-cinq ans.* || *D. de l'altesse, de l'excellence, du monseigneur à quelqu'un,* ou *Lui d. l'altesse,* etc., Traiter quelqu'un d'altesse, etc., lui attribuer ces titres. Dans un sens anal. on dit, *D. du respect à quelqu'un,* Terminer la lettre qu'on lui écrit par les formules les plus respectueuses. || Communiquer, exposer, faire connaître par la parole ou autrement. *D. des détails, des renseignements. D. une réponse, un démenti. D. son avis, son opinion, ses raisons. D. des ordres, des instructions, des leçons. D. le mot d'ordre. D. avis, communication, connaissance de quelque chose. Se d. le mot.* On dit aussi dans des sens analogues : *D. la figure d'une plante, d'un animal. D. la représentation d'un monument. D. la carte d'un pays.* — *D. un arrêt, une sentence,* etc., Rendre un arrêt, porter une sentence. || Préscrire, imposer, établir, indiquer. *D. des lois. D. la loi. Se d. des lois.* || *D. une pénitence, un pensum, une tâche. D. le ton dans un orchestre. C'est lui qui donne le ton dans la ville. D. un nom à quelqu'un, à une plante, à un animal. Les principes qu'il donne pour fondement à son système.* — *D. exemple, d. l'exemple,* Être le premier à faire quelque chose que d'autres font ensuite. *D. bon exemple, le bon exemple,* Avoir une conduite exemplaire. — *D. des bornes à ses désirs, à son ambition,* etc., Borner ses désirs, etc. *D. le nom à un enfant,* Le tenir sur les fonts baptismaux. — *D. jour, d. heure,* Assigner, marquer un certain jour, une certaine heure. *Je lui ai donné jour à mardi. Il m'a donné heure à l'issue de la messe.* On dit aussi, *D. rendez-vous, d. un rendez-vous.* || T. Procéd. *D. assignation,* Assigner par un exploit à comparaître devant le juge. || *Se d. de garde,* Éviter avec soin. || Causer, procurer, faire avoir. *D. la fièvre, la dysenterie. D. de l'appétit, du dégoût. D. du plaisir, de la joie, de la satisfaction. D. de l'amour, de l'aversion, de la haine, de la jalousie. D. de la réputation, de la gloire, de la célébrité, du crédit. Cela lui donne envie d'étudier. D. des espérances. Cela donna du cœur, du courage aux troupes. D. une bonne habitude. D. de l'éducation à ses enfants. D. une mauvaise idée, une fausse idée de quelque chose. D. sujet. D. lieu. D. occasion. D. matière de disputer, à discourir. Cet arbre donne beaucoup d'ombre. Ouvrez la fenêtre afin de d. de l'air. L'Amérique nous a donné la pomme de terre. D. le mouvement, l'impulsion à une machine. Se d. du mouvement. Sa charge lui donne rang, lui donne voix délibérative. D. prise sur soi. L'autorité que lui donne son grand âge. Cela donne plus de prix au bienfait. Cela lui donne du ridicule. D. de l'occupation, de la besogne. D. des résultats. D. la vie, D. la mort. Se d. beaucoup de mal pour réussir. Je vais m'en d. le plaisir, m'en d. la satisfaction. Donnez-vous la peine d'entrer.* — *D. des talents à quelqu'un,* Les lui faire acquérir. On dit aussi, *Se d. des talents agréables.* || *D. la peste, la gale, la petite vérole,* etc., Communiquer à quelqu'un la peste, etc., dont on est atteint. — *D. ses goûts, son inclination, son humeur,* etc., à quelqu'un, Lui faire contracter les goûts, etc., à soi-même. || Fig., *D. la vie; D. la mort,* Causer une grande satisfaction, causer une grande douleur. || *D. l'alarme,* Avertir de quelque danger, ou alarmer, inspirer quelque crainte. *La sentinelle donna l'alarme. Il leur donna l'alarme bien chaude;* et fam., *Il la leur donna bien chaude.* On dit, dans un sens anal., *D. l'éveil.* || *D. bien de l'exercice,* Susciter des embarras, des affaires. —*D. jour à une affaire,* La faciliter. — Fig. et fam., *D. le branle,* Entrer en action pour entraîner les autres. || *D. à convir, à travailler, à penser,* Mettre dans la nécessité de faire beaucoup de démarches, de travailler beaucoup, etc. — *D. à penser, à songer,* à quelqu'un Donner sujet. *Cela lui donne fort à penser.* — *D. à parler, à discourir,* etc., D. sujet de discourir, de parler; se prend toujours en mauvaise part, *Cette femme, par sa légèreté, a donné à parler d'elle.* — D. à entendre, Faire soupçonner. = Se dit en parlant de la situation, de la forme, de l'apparence, des qualités qu'on fait prendre à une chose par un travail, par un moyen quelconque. *D. de la pente à un terrain. D. de l'ampleur à une robe. D. une direction oblique. D., une forme ovale à une fenêtre. D. le poli à une pièce de métal. D. de la solidité à une muraille. Ce peintre a donné à ses personnages des attitudes forcées.* — Fam., *D. un bon tour à quelque chose*, l'exprimer, l'expliquer heureusement, l'exposer d'une manière favorable. — *Se d. l'air gai, l'air triste, l'air humble*, etc., Affecter, prendre un air gai, triste, etc. Fam., *Se d. des airs*, Prendre l'aspect, l'apparence. = Se dit encore de tout ce qu'une chose fournit, pousse, jette au dehors par son action ou son développement naturel, et, en général, de tout ce qu'une chose quelconque rend, produit ou rapporte. *Cette source donne de l'eau à toute la ville. Cette plante a donné de nombreux rejetons. L'impôt sur les vins donne tant. Les profits que cette entreprise a donnés.* Absol., *Ce poirier ne donne plus, ne donne pas. Le blé, le vin*, etc., *n'a pas donné cette année.* || En parlant d'une plaie, d'un cautère, etc., on dit encore absol., *Cette plaie, ce résicatoire donne, ne donne pas, ne donne plus*, c.-à-d. suppure, ne suppure pas, etc. = Enfanter, procréer. *Sa femme lui a donné un fils. Elle lui a donné beaucoup d'enfants.* — Fig., *Cette ville a donné à la France plusieurs hommes distingués. Les peintres célèbres qu'a donnés cette école.* || T. Mar. *D. la route*, Déterminer l'aire de vent que doit suivre le timonier. = DONNER. v. n. Heurter, frapper, toucher. *Se d. de la tête contre la muraille. D. du nez en terre. D. contre un écueil. D. au but.* — *D. de l'épée dans le ventre à quelqu'un*, Percer quelqu'un d'un coup d'épée dans le ventre. — *D. de l'éperon, des éperons à un cheval*, ou simplement, *D. des deux*, Piquer son cheval des deux éperons à la fois. — *Le soleil donne à plomb*, il darde ses rayons verticalement. *Le vent donne dans les voiles*, il souffle dans les voiles. — Fig. et fam., *Ne savoir où d. de la tête*, C'est vouloir d. de la tête contre les murs, Être dans un grand embarras, vouloir faire des choses inutiles. *D. du nez en terre*, Tomber sur la face. — *D. de l'encensoir par le nez*, Faire un éloge. *D. dans l'œil, dans les yeux*, Séduire, éblouir. *D. sur les doigts*, Corriger. *D. au but*, Rencontrer juste; deviner l'intention de quelqu'un; trouver la difficulté d'une affaire. || Tomber, se jeter, se porter dans ou vers. *D. dans le piège, dans le panneau. D. dans l'ennemie. Notre navire donna à la côte.* — Fig. et fam., *D. dans le piège, dans le panneau*, Se laisser attraper ou tromper. On dit aussi, dans le même sens, *D. dedans.* — *D. dans quelque chose*, Se laisser engager ou déterminer. *Il ne donnera pas dans notre projet. Se d. aussi se livrer, s'abandonner à une chose. D. dans le libertinage, dans le jeu, dans le luxe. D. dans la dévotion. Pour éviter un excès, ne donnons pas dans un autre.* — Fig., *D. à pleines voiles dans un parti*, l'embrasser avec ardeur. — Fig., *D. dans le sens de quelqu'un*, Se rencontrer de son sentiment, ou se conformer au sien. — Fig., *D. dans un ridicule*, y tomber. *D. dans le ridicule*, Se rendre ridicule. *D. sur les nerfs*, Agacer, irriter. || *D. à tout*, Entreprendre indifféremment toutes choses. *C'est un homme qui n'a point d'idée arrêtée, il donne à tout.* Vieux et peu us. || T. Guerre. *D. sur les ennemis*, ou absol., *Donner*, Aller à la charge contre l'ennemi, prendre part à l'action. *Ils donnèrent sur les ennemis et les enfoncèrent. La garde impériale ne donnait que dans les circonstances graves.* — Fig. et fam., *D. sur un plat, dans un mets*, y revenir plusieurs fois, en manger beaucoup. || En parlant d'un édifice, avoir vue ou issue. *Ses fenêtres donnent sur la promenade. La maison donne d'un côté dans telle rue et de l'autre sur le quai.* || T. Mas. *D. du cor*, Sonner, jouer du cor. || T. Mar. Devenir favorable, en parlant du vent. == SE DONNER. v. pron. Être donné. *Ce livre se donne et ne se vend pas. Cela se donne pour rien.* — *Se d. à quelqu'un*, S'attacher, se dévouer à lui. *Il s'est donné à un bon maître. Ce chien s'est donné à moi.* Fig., *Un cœur qui se donne tout entier.* — En parlant d'une femme, se donner les dernières faveurs. *Elle s'est donnée à lui.* || Se mettre sous la domination de quelqu'un. *Ces peuples se donnèrent aux Romains. Les Génois se donnèrent à Charles VI.* || *Se d. pour*, Se faire passer pour. *Se d. pour savant. Se d. pour ce que l'on n'est pas.* || *Se d. en spectacle*, S'offrir, s'exposer à tous les regards; se faire à dessein remarquer par quelque chose d'extraordinaire. || Être livré.

L'assaut se donna au milieu de la nuit. La bataille se donna le premier jour du débarquement. || Se communiquer, se transmettre. *Cette maladie se donne, peut se d.* = DONNÉ, ÉE part. *Des billets donnés. A un signal d.* || Adject., Fixé, déterminé. *Dans un temps, dans un espace d. Sur un point d.*

Syn. — *Offrir, Présenter.* — Donner est plus familier; *présenter* est toujours respectueux; *offrir* est quelquefois religieux. On donne aux domestiques; on présente aux princes; on offre à Dieu. On donne à une personne, afin qu'elle reçoive; on lui présente, afin qu'elle agrée; on lui offre, afin qu'elle accepte. Donner marque plus positivement l'acte de la volonté qui transporte actuellement la propriété de la chose. Présenter désigne proprement l'acte extérieur, le geste, le mouvement de la main pour livrer la chose dont on veut transférer la propriété ou l'usage. Offrir exprime particulièrement le mouvement du cœur qui tend à ce transport.

DONNERSBERG. Nom d'une population bovine qui existe dans la Bavière rhénane aux environs de Kaiserslautern; elle est identique à celle désignée par F. Villeroy sous le nom de *race du Glane.* Cette population serait issue, d'après Sanson, d'un croisement entre la race zurassique et la race des Alpes; elle est caractérisée par un pelage froment avec quelques taches brunes aux parties antérieures; la taille et le poids sont à peine moyens; la qualité de la viande et la faculté laitière médiocres; les bœufs sont bons travailleurs.

DONNET, cardinal français, né à Bourg-Argental (Loire), archevêque de Bordeaux (1795-1882).

DONNEUR, EUSE. s. [Pr. do-neur]. Celui, celle qui donne. Ne s'emploie guère que dans les locutions suivantes : *D. d'eau bénite. D. d'eau bénite de cour. D., donneuse d'avis.* || T. Droit comm. *D. d'aval*, Celui qui donne son aval. *D. à la grosse*, Prêteur à la grosse. || T. Jeu. Joueur chargé de distribuer les cartes.

DONON, sommet de la chaîne des Vosges; 1,010 mètres d'altitude.

DONOSO CORTÉS, publiciste et orateur espagnol (1803-1853).

DON QUICHOTTE, héros du célèbre roman de Cervantès. || DON QUICHOTTE. s. m. Fig. Celui qui se fait ou se prétend champion des causes qui n'ont pas les siennes. = Se dit aussi d'une personne très maigre. == L'Académie écrit aujourd'hui *Donquichotte*, et admet le pluriel *Des Donquichottes.*

DONQUICHOTTISME. s. m. (mot dérivé de *Don Quichotte*, le héros du roman de Michel Cervantès). Manie de celui qui prétend se faire redresseur de torts et d'abus. *Faire du donq.* Fam.

DONT. pron. 2 g. et 2 n. (lat. *de, unde*, d'où). Se dit des personnes et des choses, et s'emploie dans un grand nombre de cas pour duquel, de laquelle, desquels, desquelles, de quoi. *Dieu d. nous admirons les œuvres. Voici ce d. il s'agit. La matière d. une chose est faite. De l'humeur d. il est. Il n'est rien d. je sois plus certain. C'est vous d. il est question.*

Obs. gram. — Bien que *dont* soit absolument synonyme des pronoms *duquel, de laquelle, desquels*, etc., on ne peut pas toujours employer indifféremment le premier et les seconds. Ainsi, par ex., on peut dire également : *Henri IV, dont la bonté est assez connue*, et *Henri IV, duquel la bonté est assez connue* (cependant la première de ces manières de parler est plus usitée que la seconde); mais on dira seulement : *Henri IV, à la bonté duquel on a donné tant de louanges*, et non *Henri IV, à la bonté dont*, etc. D'où l'on voit que *duquel* doit seul être employé lorsque le relatif dépend d'un substantif précédé d'une préposition. Il faut aussi préférer *duquel, de laquelle*, etc., à *dont*, lorsque l'emploi de ce dernier pourrait donner lieu à quelque doute sur le mot auquel il se rapporte; par ex. : *La bonté du Seigneur, de laquelle nous ressentons tous les jours les effets.* — Dont et d'où ont la même étymologie et jadis s'employaient l'un pour l'autre; mais aujourd'hui *d'où* se dit exclusivement lorsqu'on veut exprimer la sortie d'un lieu, considérée en quelque sorte à un point de vue purement matériel. On dit par ex. : *La maison d'où je sors; Le mauvais pas d'où il s'est tiré; Le nuage d'où la déesse était descendue*; et, *La famille dont il sort; Le *péril dont il s'est dégagé; La race dont il descend*, etc.

DONTE. s. f. Nom donné par les luthiers au ventre de certains instruments tels que le luth, le téorbe, etc.

DONVILLE. s. f. T. Arboric. Variété de poire.

DONZELLE. s. f. (ital. *donzella*, demoiselle). T. Mépris. Se dit d'une femme ou d'une fille de mœurs suspectes. Fam.

DONZENAC, ch.-l. de c. (Corrèze), arr. de Brives; 3,300 hab. Ardoises.

DONZY, ch.-l. de c. (Nièvre), arr. de Cosne; 3,500 h. Forges.

DOOPUSTA. s. m. Écharpe de mousseline faisant partie du costume dans l'Inde.

DOPPELMAYER, savant allemand, né à Nuremberg (1671-1750).

DOPPLER, physicien allemand, né à Salzbourg en 1803, mort à Venise en 1853. Travaux sur la lumière des étoiles et sur la réfrangibilité des ondes lumineuses.

DOQUET. s. m. T. Mus. Quatrième partie de trompette d'une fanfare de cavalerie. On dit aussi *Toquet*. Voy. ce mot.

DORADE. s. f. (lat. *deaurata*; provençal *auradara*, dorée). T. Icht. Nom vulgaire donné à plusieurs poissons appartenant aux genres *Coryphœna* (Voy. Scombénoïdes) et *Cyprinus* (Voy. Carpe). Ne pas confondre avec d'autres poissons tels que les *Danrades*, de la famille des Sparoïdes et les *Dorées* de la famille des Scombéroïdes. || T. Bot. Nom vulgaire donné dans certaines régions de la France à l'*Oronge* (*Amanita Cœsarea*), champignon comestible de la famille des *Hyménomycètes*. || T. Astr. Nom d'une constellation australe. Voy. Constellation.

DORADILLE. s. f. [Pr. les *ll* mouillées] (Prov. *dorada*, dorée). T. Bot. Genre de Fougères (*Asplenium*) de la famille des *Polypodiacées*. Voy. ce mot.

DORAGE. s. m. Action de dorer.

DORAMIE. s. f. Variété de tulipe.

DORANITE. s. f. T. Minér. Variété de chabasie.

DORAT (Le), ch.-l. de c. (Hte-Vienne), arr. de Bellac; 2,000 h.

DORAT (Jean), poète français du XVIe siècle, m. en 1588.

DORAT (Claude), poète français, auteur de nombreuses poésies légères (1734-1780).

DORCHESTER. v. d'Angleterre, cap. du comté de Dorset, 7,000 hab.

DORDOGNE, riv. de France, prend sa source sur le flanc du Puy de Sancy, dans le dép. du Puy-de-Dôme, et se jette dans la Garonne après un cours de 490 kil.

DORDOGNE (Dép. de la), formé du Périgord et de quelques portions de l'Angoumois, de la Saintonge et du Limousin; 478,500 hab. Ch.-l. *Périgueux*; 4 autres arr.: *Bergerac, Nontron, Ribérac* et *Sarlet*.

DORDRECHT, v. de Hollande, sur un des bras de la Meuse; 29,900 hab. Grand synode tenu en 1619 dont les décisions régissent encore l'Église réformée de Hollande. Prise par les Français en 1794.

DORE (Mont), comm. du dép. du Puy-de-Dôme, connue pour ses eaux minérales chaudes utilisées dans le traitement des maladies de l'appareil respiratoire; 1308 hab. Au pied du pic du Sancy (1886 m.).

DORE (La), riv. du dép. du Puy-de-Dôme, arrose Ambert et se jette dans l'Allier (rive droite), 130 kil.

DORÉ (Gustave), dessinateur français d'une brillante imagination (1833-1883).

DORÉE. s. f. T. Icht. Genre de poissons téléostéens, de la famille des Scombénoïdes. Voy. ce mot.

DORÉMA. s. m. (gr. δώρημα, présent). T. Bot. Genre de plantes de la famille des *Ombellifères*, dont une espèce, le *D. ammoniacum* fournit une gomme-résine connue sous le nom de *Gomme ammoniaque*. Voy. Ombellifères.

DORÉNAVANT. adv. de temps (vx fr. *de ore* [heure] *en avant*). À l'avenir, à partir de ce moment. *Je serai plus exact d. D. je serai plus réservé. Je veux que d. tout le monde soit arrivé à l'heure.*

DORER. v. a. (lat. *deaurare*, m. s., de *de* et *aurum*, or). Appliquer de l'or sur quelque chose. *D. un calice, un cadre, un plafond. D. un livre sur tranche. D. sur cuir. D. à petits fers. D. en plein or.* — Fig., *D. la pilule*, Adoucir une communication désagréable par des paroles aimables. || Fig. et poét., on dit que *Le soleil dore la cime des montagnes, des arbres*, etc., lorsqu'il l'éclaire de ses rayons, tandis que tout le reste est dans l'ombre. On dit aussi que *Le soleil dore les moissons*, lorsque sa chaleur les jaunit, les fait mûrir. || T. Pâtissier. *D. un pâté, un gâteau*, etc., Étendre sur un pâté, etc., du jaune d'œuf délayé avant de le mettre au four, afin de lui donner une belle couleur. || T. Mar. Enduire de suif la coque d'un navire. = se Dorer. v. pron. *Ce métal ne se dore pas facilement. Les maisons commencent à se d.* = Doré, ée. part. *Ceinture dorée. Tapisserie de cuir doré. Les lambris dorés de son palais. Le vermeil est de l'argent doré.* — Prov., *Être doré comme un calice*, Avoir des habits chargés de broderies d'or. *Paroles dorées*, Paroles flatteuses. || Adj., se dit des choses qui sont d'un jaune brillant. *Des cheveux d'un blond doré. Cérès se couronne d'épis dorés. Du pourpier doré. Des carpes dorées.* On dit aussi, *Un jaune doré.* || Poét., Brillant. *Les rêves dorés de la jeunesse.* = Doré. s. m. État d'un objet doré. *Le doré de ce cadre a été mal fait.* Voy. Dorure.

DOREUR, EUSE. (rad. *dorer*). Celui, celle dont le métier est de dorer. *D. sur bois. D. en cuivre. D. de livres.* Voy. Dorure.

DORI. s. f. Nom d'une embarcation américaine pour la pêche de la morue.

DORIA, illustre famille de Gênes, dont le membre le plus célèbre est André (1468-1560), qui, avec le titre d'amiral, servit tour à tour François Ier et Charles-Quint.

DORIAN (P. Frédéric), homme politique français, né à Montbéliard (1814-1873).

DORIDE, contrée de la Grèce ancienne, entre la Thessalie et la Phocide. || Contrée de l'Asie Mineure; v. pr., Cnide.

DORIEN, IENNE. adj. (gr. δώρικος), nom d'une des principales races helléniques à laquelle appartenaient les Spartiates. || Se dit d'un des modes de la musique des anciens, et d'un dialecte de la langue grecque ancienne. *Le mode d. était fort grave. Le dialecte d. était parlé dans tout le Péloponèse.* || Subst., Dialecte dorien. *Théocrite a employé le d.* Voy. Dialecte. = Les Doriens, les Grecs de race dorienne.

DORINE. s. f. (n. de femme). T. Bot. Genre de plantes Dicotylédones (*Chrysosplenium*) de la famille des *Saxifragacées*. Voy. ce mot.

DORIPPE. s. f. (nom mythol). T. Zool. Genre de Crustacés Décapodes, du groupe des Brachyoures. Voy. ce mot.

DORIPPIENS. s. m. pl. [Pr. *dori-pi-in*] (R. *Dorippe*). T. Zool. Tribu de Crustacés brachyoures. Voy. Brachyoures.

DORIQUE. adj. 2 g. (gr. δώρικος, m. s.) Dorien. Se dit de l'un des cinq ordres d'architecture, et de ce qui appartient à cet ordre. *L'ordre d. Une colonne d'ordre d.* ou *Une colonne d.* || Se dit aussi du dialecte dorien, et de ce qui appartient à ce dialecte. *Le dialecte d. Génitif d. C'est une forme d.* = Dorique. s. m. Se dit pour l'ordre dorique. Voy. Ordre.

DORIQUEMENT. adv. D'après les règles du dialecte dorique.

DORIS. s. f. (nom mythol.) T. Zool. Genre de Mollusques Gastéropodes. Voy. Nudibranches.

DORIS, fille de l'Océan et de Téthys, épousa son frère Nérée, dont elle aurait eu cinquante filles, appelées Néréides (Myth.)

DORKING. Race de volaille originaire du comté de Surrey (Angleterre). Elle est excellente à tous les points de vue. On en distingue quatre variétés qui diffèrent surtout par le plumage : *D. foncé, D. argenté, D. blanc, D. coucou.*

DORLÉANS (Louis), écrivain satirique et jurisconsulte français, né à Paris (1542-1629).

DORLOTER. v. a. (ex fr. *dorelot, dorlot,* favori, du celt. *dorlo,* caresser). Traiter délicatement quelqu'un, lui prodiguer les soins les plus attentifs. *Cette femme dorlote trop son enfant. Qui me dorlotera dans mes vieux jours?* Fam. ═ SE DORLOTER. v. pron. *C'est un homme qui se dorlote. Elle aime à se d.* Fam. ═ DORLOTÉ, ÉE. part.

DORLOTINE. s. f. (rad. *se dorloter*). Longue dormeuse sur laquelle on peut se coucher.

DORMANS, ch.-l. de c. (Marne), arr. d'Épernay, 2,300 hab.; sur la Marne.

DORMANS (JEAN DE), cardinal né à Dormans, chancelier de France, mort en 1373.

DORMANT, ANTE. adj. (rad. *dormir*). Qui dort. Ne se dit qu'au fig., en parlant de choses qui, mobiles de leur nature ou destinées à être mues, sont cependant immobiles ou fixées. *Eau dormante,* Eau qui ne coule point. *Châssis d.,* ou subst., *Dormant,* Châssis qui ne s'ouvre pas. *Ligne dormante,* Ligne installée dans l'eau et que le pêcheur ne tient pas à la main. ‖ T. Mar. *Manœuvres dormantes,* Manœuvres fixes que l'on ne dérange pas. ‖ T. Techn. *Pêne d.,* Pêne ne pouvant marcher qu'au moyen d'une clef. — *Pont d.,* Pont fixe, par oppos. au pont-levis. ═ DORMANT. s. m. Au propre, ne s'emploie que dans cette phrase : *Les sept Dormants d'Éphèse,* Les sept martyrs d'Éphèse, du temps de l'empereur Dèce, qui s'endormirent dans une caverne. ‖ T. Techn. Nom des barreaux de fer constituant la grille fixe d'un four de verrerie. — Panneau à jour placé au-dessus d'une porte laissant passer la lumière. ‖ Fig., se dit dans le sens de *Châssis d.* ‖ Se dit encore d'une espèce de plateau garni de cristaux, de fleurs, etc., autour duquel on range les plats, et qu'on n'enlève qu'à la fin du repas.

DORMEUR, EUSE. s. (rad. *dormir*). Celui, celle qui dort ou qui aime à dormir. *Il faut réveiller ce d. C'est une grande dormeuse.* Fam.

DORMEUSE. s. f. Sorte de voiture de voyage dans laquelle on peut s'étendre et dormir comme dans un lit. ‖ Sorte de fauteuil ou de chaise longue dans laquelle on peut s'étendre et dormir à son aise. ‖ Nom donné par les joailliers à des boucles d'oreilles formées d'une perle ou d'un diamant, montées sur un pivot et serrées sur le côté extérieur de l'oreille par un écrou.

DORMIR. v. n. (lat. *dormire,* m. s.). Être dans le sommeil. *D. d'un profond sommeil. D. le jour, la nuit,* ou *D. de jour, de nuit. Il dort profondément. Il ne dort ni jour ni nuit. D. sur un lit, dans un fauteuil. D. les yeux ouverts. Avoir envie de d.* — Poétiq., *D. du sommeil de la mort.* — *D. d'un bon somme, de bon somme,* D. d'un sommeil tranquille. — *D. debout,* Être pris d'un grand besoin de dormir ‖ Fig. et fam., *D. sur les deux oreilles,* sur l'une et l'autre oreille, Être en pleine sécurité. *D. en repos,* Vivre tranquille, sans inquiétude. *D. sur une affaire,* Prendre du temps pour en délibérer, ou plus souvent, la laisser traîner en longueur. *Laisser d. une affaire,* Ne pas y donner suite, ou la laisser oublier. *Laisser d. ses capitaux, ses fonds,* Ne pas les faire valoir. *Laisser d. un ouvrage,* Le laisser de côté, ne pas s'en occuper, jusqu'au moment où, l'imagination étant refroidie, on pourra mieux apprécier ce qu'on aura fait. *Laisser d. noblesse,* se disait, autrefois, lorsqu'un gentilhomme qui voulait faire le commerce déclarait, pour ne point perdre sa noblesse, qu'il n'entendait faire le commerce que durant un certain temps. — Fig. et prov., *Le bien, la fortune lui vient en dormant,* se dit d'une personne qui a beaucoup de bonheur, à laquelle la fortune arrive sans qu'elle fasse rien pour cela. ‖ Fig. et fam., *Cette toupie, ce sabot dort,* se dit d'une toupie, etc., qui tourne si vite sur elle-même sans changer de place qu'elle paraît immobile. —

Prov. et pop., *D. comme un sabot,* D. profondément. ‖ Fig., se dit aussi des eaux qui n'ont point de mouvement ou dont le mouvement est insensible *Il fait bon pêcher où l'eau dort. Il n'y a point de pire eau que l'eau qui dort,* Il faut se défier des gens taciturnes et qui semblent ne toucher à rien. ‖ Fig., *Ne point agir ou agir avec négligence quand il faudrait déployer de l'activité. Ce serait maintenant le moment d'agir, et vous dormez.* — Fam., *C'est un homme qui ne dort pas,* Qui non seulement ne néglige pas ses intérêts, mais encore cherche à profiter de toutes les occasions favorables pour gagner de l'argent, pour réussir, etc. — En matière féodale, on disait : *Quand le vassal dort, le seigneur veille, et le vassal veille quand le seigneur dort,* pour exprimer que quand l'un des deux négligeait d'user de ses droits, l'autre en profitait. ‖ *Ne savoir si l'on dort ou si l'on veille,* Être déconcerté. ═ DORMIR. v. a., *D. un bon somme,* D. longtemps. *D. la grasse matinée,* D. bien avant dans le jour, ne se lever que fort tard. ═ DORMIR. s. m. Le sommeil. *Il en a perdu le d.* ═ Conj. Voy. SORTIR; seulement le v. *Dormir,* à ses temps composés, prend l'auxiliaire AVOIR.

DORMITIF, IVE. adj. (lat. *dormitum,* sup. de *dormire, dormir*). T. Méd. anc. Qui provoque à dormir. *Une potion dormitive.* ‖ Subst., L'opium est un *dormitif.*

DORMITOIRE. s. m. (lat. *dormitorium,* lieu où l'on dort, de *dormitum,* sup. de *dormire, dormir*). Lieu de repos avec de l'ombre et de l'eau pour les troupeaux. ‖ Lieu où l'on prend son sommeil. On dit aussi *Dortoir.*

DORMOIRE. adj. Qui est propre à faire dormir. *Chanson dormoire.*

DORN, orientaliste allemand (1805-1881).

DORNES, ch.-l. de c. (Nièvre); arr. de Nevers, 2,000 hab.

DOROIR. s. m. (rad. *dorer*). Sorte de petite brosse dont se servent les pâtissiers pour dorer les gâteaux.

DORONIC. s. m. (ar. *daranedj,* m. s.) T. Bot. Genre de plantes Dicotylédones (*Doronicum*) de la famille des *Composées.* Voy. ce mot.

DOROTHÉE (SAINTE), vierge d'Alexandrie martyrisée en 311. Fête le 6 février.

DORPAT, v. de Russie (Livonie), 30.000 hab. Université, Observatoire.

DORSAL, ALE. adj. (lat. *dorsualis,* m. s., de *dorsum,* dos). T. Anat. Qui appartient au dos. *L'épine dorsale. Les vertèbres dorsales. Les muscles dorsaux. Nageoire dorsale.* — Par anal., *La région, la face dorsale du pied, de la main,* Celle qui occupe le dos du pied, etc. ‖ T. Méd. *Consomption* ou *phtisie dorsale.* Voy. VERTÈBRE. ‖ T. Bot. Se dit des parties insérées sur le dos d'un organe végétal. ‖ T. Géol. Qui a la forme d'une arête. ‖ Substantiv., *Le grand d.,* Le muscle grand d. *Le long d.,* Le muscle long du dos.

DORSALÉ, ÉE. adj. (du lat. *dorsum,* dos). T. Zool. Dont le dos est d'une autre couleur que le reste du corps.

DORSAY. s. m. (du comte *Dorsay*). Sorte de vêtement. ‖ Nom d'une espèce de voiture anglaise.

DORSET, comté d'Angleterre ; 191,200 hab. Capitale *Dorchester.*

DORSIBRANCHES. s. m. pl. ou POLYCHÈTES ERRANTES. (lat. *dorsum,* dos, et fr. *branchies*). T. Zool. Sous-ordre de vers marins appartenant à la classe des *Annélides* et à l'ordre des *Polychètes.* C'est Cuvier qui appliqua ce nom de *D.* aux annélides présentant sur la partie moyenne du corps, ou tout le long de ses côtés, des branchies en forme d'arbre, de houppes, de lames ou de tubercules. Ces annélides ont en général la tête distincte du tronc, pourvue d'antennes en plus ou moins grand nombre et d'une ou deux paires d'yeux qui apparaissent comme des taches noires ou colorées. Leur bouche est remarquable par une trompe protractile, quelquefois fort longue, et ayant en général à son extrémité antérieure une ou plusieurs paires de mâchoires cornées. Il existe aussi ordinairement de chaque côté de la nuque des cirres tentaculaires analogues aux antennes. Chaque anneau du corps porte une paire de pieds de structure très variable. Cette sorte de membres se compose souvent de deux tubercules naissant, un de l'arceau dorsal et l'autre de l'arceau ventral (on les appelle alors rame *dorsale* et rame *ventrale*), portant habituellement un cirre charnu et filiforme, et pourvus à leur sommet d'un faisceau de soies. Chez certaines espèces, les deux rames sont confondues en un seul organe ; mais alors celui-ci est en général muni de deux cirres. Les soies qui garnissent le sommet des tubercules étant ordinairement roides et rétractiles, l'animal s'en sert comme d'un organe de locomotion et de défense ; mais d'autres fois elles sont longues, flexibles, non rétractiles, et recouvrent le corps, qui paraît alors tout velu. Les branchies naissent presque toujours à la base des cirres. Les *D.* sont tous des animaux marins, qui marchent et nagent très bien ; aussi Cuvier leur a-t-il également donné le nom d'*Annélides errants.* En général, ils vivent sous des pierres, ou enfoncés dans le sable ou dans la vase. Parfois leur corps est enveloppé par une sorte de gaine tubuleuse formée par la concrétion du mucus qui suinte de la surface du corps ; mais ce tube offre peu de solidité, et l'animal peut toujours le quitter. — Ce sous-ordre renferme un certain nombre de familles :

1° Les *Aphroditides* ont la tête bien distincte et portant des antennes ; la trompe est généralement armée de 4 mâ-

 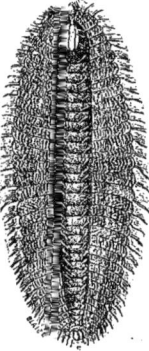

Fig. 1.   Fig. 2.

choires réunies par paires ; les pieds sont très développés et dissemblables : les uns étant garnis de lames membraneuses appelées élytres, mais n'ayant ni cirre supérieur ni branchies ; les autres sans élytres, mais pourvus d'un cirre supérieur et de branchies. Celles-ci sont en forme de crêtes ou de tubercules, peu développées, et situées à la partie supérieure de la raie dorsale. Les principaux genres de la famille sont les genres *Aphrodite, Hermione, Eumolpe* et *Polynoé,* et *Sigalion.* Nous avons sur nos côtes l'*Aphrodite hérissée* (Fig. 1), espèce remarquable par ses longues soies qui brillent des teintes métalliques les plus riches.

2° Les *Amphinomides* sont dépourvus de mâchoires et ont à tous les pieds des cirres supérieurs, ainsi que des branchies toujours très développées, et en forme de houppes ou d'arbuscule très rameux. Nous citerons comme type l'*Hipponoé de Gaudichaud.* Voy. ANNÉLIDES, Fig. 4. Les genres *Euphrosine* (Fig. 2. *Euphr. feuillée,* et *Amphinome* ou *Pléione,* sont les seuls qui renferment des espèces indigènes.

3° Les *Eunicides* sont caractérisés par leur corps muni d'élytres, ainsi que par leurs pieds généralement semblables et portant des cirres distincts. Les principaux genres de la famille sont les *Eunices* ou *Léodices,* les *Onuphis,* les *Lombrinères* et les *Lysidices.* La *Lys. Ninette* (Fig. 3) se trouve dans la Manche.

4° Parmi les *Néréides,* les uns ont des mâchoires, les autres n'en ont pas ; mais tous sont dépourvus d'élytres et tous ont les pieds similaires. En outre, ils portent en général des antennes et des cirres tentaculaires. Les branchies sont nulles ou peu développées, sous forme de petites languettes, de mamelons ou de lobules charnus. Les genres qui composent cette famille sont fort nombreux ; nous nous contenterons

de nommer les genres *Lycoris, Aricie, Glycère, Nereis Syllis* (Fig. 4 *Syl. tachetée),* et *Cirratule.*

5° Les *Téléthusides* (genre principal : *Arenicola*) n'ont point de tête distincte, sont dépourvus de mâchoires, d'yeux, d'antennes et de cirres, et n'ont de branchies que sur la partie moyenne du corps. L'*Arénicole des pêcheurs* (Fig. 5) habite nos côtes : les pêcheurs la recherchent beaucoup pour amorcer leurs lignes. On la trouve enfoncée dans le sable à 50 ou 60 centimètres de profondeur, et sa retraite se recon-

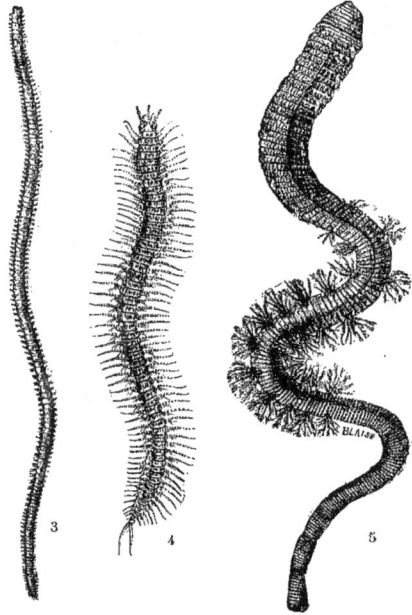

3   4   5

naît aux petits cordons de sable que l'animal rejette au dehors. La couleur de l'arénicole est rougeâtre, changeant en vert foncé. Lorsqu'on touche cet animal, il sécrète une liqueur jaune qui tache les doigts comme la bile.

6° Les *Chétoptérides* ont une bouche sans mâchoires ni trompe, et garnie seulement en dessous de deux petits tentacules. Ces annélides doivent leur nom (gr. χαίτη, crinière ; πτερὸν, ailes) à la présence de longs faisceaux soyeux qui représentent deux sortes d'ailes. On en connaît deux espèces, l'une des Antilles, appelée *Ch. à parchemin,* parce qu'elle habite un tuyau assez semblable à du parchemin, et l'autre des mers de Norvège.

Il est bon de remarquer, en terminant, que quelques-uns de ces Annélides Dorsibranches, tels que les arénicoles, les aricies, les cirratules et les chétoptères, s'enfoncent d'un tube plus ou moins complet et appartiennent, par ce caractère, au sous-ordre des *Polychètes sédentaires* ou *Tubicoles.*

Paléont. — Voy. ANNÉLIDES *fossiles.*

DORSIPARE. adj. (lat. *dorsum,* dos ; *pario,* j'enfante). T. Zool. Se dit des animaux dont les petits se développent dans la peau du dos de la mère.

DORSIPÈDE. adj (lat. *dorsum,* dos ; *pes, pedis,* pied). T. Zool. Qui a des pattes insérées sur le dos.

DORSO-ACROMIEN. adj. et s. m. (lat. *dorsum,* dos, et *dé acromion*). T. Anat. Nom d'un muscle de la région dorsale.

DORSO-COSTAL. adj. et s. m. (lat. *dorsum,* dos, et

fr. *costal*). T. Anat. Qui appartient au dos et aux côtes. Nom donné à l'un des muscles de la région dorsale.

DORSODYNIE. s. f. (lat. *dorsum*, dos; gr. ὀδύνη, douleur). T. Pathol. Affection rhumatismale de la région dorsale.

DORSO-HUMÉRAL. adj. et s. m. (lat. *dorsum*, dos, et fr. *huméral*). Nom d'un muscle de la région dorsale.

DORSO-SCAPULAIRE. adj. et s. m. (lat. *dorsum*, dos, et fr. *scapulaire*). T. Anat. Nom d'un muscle de la région dorsale.

DORSO-TRACHÉLIEN. adj. et s. m. (lat. *dorsum*, dos, et fr. *trachélien*). T. Anat. Nom d'un muscle de la région dorsale.

DORSTÉNIE. s. f. (B. *Dorsten*, n. pr.). T. Bot. Genre de plantes Dicotylédones (*Dorstenia*) de la famille des *Urticacées*, tribu des *Morées*. Voy. Urticacées.

DORTHÉSIA. s. f. (R. *Dorthes*, n. pr.). T. Zool. Genre d'insectes de l'ordre des *Hémiptères*. Voy. ce mot.

DORTMUND, v. de Prusse (Westphalie); 78,400 h. Forges.

DORTOIR. s. m. (lat. *dormitorium*, m. s., de *dormire*, dormir). Dans les communautés religieuses, dans les maisons d'éducation et dans certains hospices, grande salle où l'on couche et où il y a plusieurs lits. *Un vaste d. Coucher au d. Le d. est partagé en cellules. Ces dortoirs ne sont pas suffisamment aérés.*

DORURE. s. f. (R. *dorer*). T. Techn. Art d'appliquer une couche d'or sur les métaux ou autres objets. || Par ext., Or employé pour cet usage. || Couvercle recouvert de terre que l'on met sur le pot ou fourneau destiné à la cuisson des pipes avant la mise au feu.

Techn. — Ce terme sert à désigner, tantôt la mince couche d'or qu'on applique sur certains objets pour leur donner un aspect plus riche ou plus agréable, et tantôt le procédé employé pour dorer, c.-à-d. pour appliquer cette couche métallique. — La d. se pratique de diverses manières, suivant la nature et la matière des objets qu'il s'agit de dorer.

I. *Dorure sur métaux.* — Pour les métaux, on emploie la *d. au mercure*, la *d. au bouchon* ou *au pouce*, la *d. au feu*, la *d. au trempé* et la *d. galvanique*.

A. *D. au mercure*. — Elle consiste à recouvrir les objets d'une couche d'or dissous par le mercure, et à exposer ensuite le tout à la chaleur. Sous l'action du feu, le mercure se volatilise et le métal précieux reste seul adhérent aux parties sur lesquelles on a appliqué l'amalgame. Ce procédé, qui se trouve décrit dans Pline, paraît remonter à la plus haute antiquité. Il est applicable à tous les métaux et à leurs alliages, à l'exception du fer et de l'acier; mais on l'emploie surtout pour les objets de bronze. — Ce genre de d. comprend quatre opérations principales.

1° *Préparation de l'amalgame.* — On introduit dans un creuset placé sur le feu une certaine quantité d'or très pur et réduit en feuilles excessivement minces. Aussitôt que le creuset est au rouge sombre, on y ajoute 8 parties de mercure pour une d'or, et l'on brasse le mélange jusqu'à ce que le métal précieux soit parfaitement dissous. On verse alors l'amalgame dans une terrine d'eau; on le lave avec soin, puis on le soumet à une compression convenable, afin de chasser le mercure en excès. Cette manipulation terminée, l'amalgame contient environ 33 parties de mercure et 67 d'or, et il est prêt à être employé.

2° *Préparation du bronze.* — L'alliage de cuivre dont on fait les objets destinés à être dorés devrait plus exactement s'appeler *laiton*, car il renferme beaucoup plus de zinc que d'étain (ordinairement 82 parties de cuivre, 14 à 18 de zinc, 1 à 3 d'étain et 1, 5 à 3 de plomb). Les fabricants de bronzes préfèrent avec raison cet alliage, parce qu'étant plus fusible, il prend mieux les empreintes du moule et présente une surface plus unie. En outre, il se prête plus aisément au travail du tourneur et du ciseleur. Quand les pièces sortent des mains du ciseleur, on les fait d'abord recuire pour les débarrasser des matières grasses dont elles ont pu s'imprégner pendant le travail. Ensuite, on les déroche et on les décape, pour enlever l'oxyde résultant du recuit et nettoyer parfaitement leur surface. Cette opération faite, le métal doit être d'un beau jaune pâle et légèrement grenu.

S'il s'agit d'objets en bronze de petites dimensions à dorer, on les décape dans une *grelette*, sorte de terrine en grès, en les arrosant à l'aide d'une solution étendue d'azotate de bioxyde de mercure et en les malaxant jusqu'à ce qu'ils aient une teinte blanche uniforme. C'est alors qu'on les recouvre d'amalgame d'or.

3° La *D. proprement dite*, ou l'application de l'amalgame se fait au moyen d'une espèce de brosse ou pinceau en fils de laiton qu'on appelle *Gratte-bosse*. On trempe ce pinceau dans une dissolution nitrique de mercure dont on imprègne les pièces, puis dans l'amalgame d'or qu'on étend de la même manière sur celles-ci, et l'on répète ces deux opérations autant de fois qu'il est nécessaire. On lave alors les pièces avec de l'eau, on les sèche, puis on les expose à un feu de charbon de bois afin de volatiliser le mercure.

4° La *Mise en couleur* a pour objet de donner à la dorure les diverses teintes réclamées par le commerce. Si les objets doivent être lisses et brillants, on les *brunit*; si, au contraire, les pièces doivent rester *mates*, il suffit de les conserver dans l'état où la volatilisation du mercure les a laissées. Mais, en général, on combine le *brillant* et le *mat*, et l'on obtient ainsi des effets très heureux. Dans ce cas, pour empêcher que, pendant le brunissage, les parties qui doivent rester mates ne soient altérées, on les recouvre d'un enduit appelé *Épargne*, qui se compose de blanc d'Espagne, de cassonade et de gomme, délayés dans de l'eau ordinaire. Le brunissage achevé, on enlève l'enduit en chauffant la pièce au point de carboniser ce dernier. On applique ensuite sur les points *épargnés* un mélange de sel marin, d'alun et de nitre. On expose de nouveau les objets à la chaleur jusqu'à ce que la couche saline entre en fusion; puis on les plonge brusquement dans l'eau froide, ce qui détache à la fois l'épurage et le mélange salin. Il ne reste plus alors qu'à passer les pièces dans de l'acide nitrique étendu, après quoi on les lave à grande eau et on les sèche.

En modifiant légèrement le procédé ci-dessus, on obtient les espèces de d. que l'on appelle dans le commerce *or rouge* et *or moulu*. — Pour obtenir l'*or rouge*, on passe la pièce dans un mélange de cire jaune, d'ocre rouge, d'alun et de vert-de-gris, et l'on chauffe vivement. Lorsque la cire est brûlée, on plonge la pièce dans le vinaigre; on sèche, on lave, puis on *gratte-bosse* au vinaigre, quand la pièce est unie, et à l'acide nitrique faible, quand elle est dépolie. — L'*or moulu* s'obtient en couvrant la pièce à dorer avec un mélange de sel marin, d'alun et de sanguine délayé dans du vinaigre. On le soumet à l'action du feu jusqu'à ce que la matière commence à brunir. Alors on la plonge dans l'eau, et l'on termine en la frottant avec du vinaigre ou avec de l'acide nitrique dilué.

La d. au mercure avait l'immense inconvénient d'être fort dangereuse pour les ouvriers qui se livraient à ce genre de travail, et qui, en général, ne prenaient aucune des précautions recommandées par la science pour éviter l'absorption des vapeurs mercurielles dégagées dans les diverses opérations. Aussi, aujourd'hui, elle est généralement abandonnée et remplacée par la d. au trempé, et surtout par la d. galvanique.

B. *D. au bouchon* ou *au pouce*. — Comme la d. au mercure ne prend pas sur le fer et sur l'acier, on avait recours, avant l'invention de la d. galvanique, au procédé suivant. On faisait dissoudre dans de l'eau régale 60 parties d'or fin et 12 de cuivre; on versait la dissolution sur des chiffons de toile de façon qu'elle fût complètement absorbée. Alors on brûlait les chiffons, et l'on appliquait la cendre au moyen d'un bouchon ou du pouce sur les pièces préalablement bien décapées et brunies. Enfin, on terminait par un nouveau brunissage.

C. *D. au feu*. — Elle se fait avec de l'or au livret. Après avoir décapé, poli et suffisamment chauffé l'objet métallique qu'on veut dorer, on applique une ou plusieurs feuilles d'or qu'on *ravale* ensuite, c.-à-d. qu'on étend et qu'on presse avec le brunissoir. On termine en exposant la pièce à un feu doux.

D. *D. au trempé* ou *D. par immersion*. — Ce procédé n'est applicable qu'aux bijoux de cuivre. De même que la d. au mercure, il comprend quatre opérations successives. — 1° *Préparation du bain*. On fait dissoudre 140 gram. d'or pur dans une eau régale composée de parties égales (398 gr.) d'acide nitrique pur, du poids spécifique de 1,45, d'acide chlorhydrique pur, du poids spécifique de 1,15, et d'eau distillée. Lorsque l'or est dissous dans le menstrue, on soumet ce dernier à une température assez élevée pour l'éclaircir, on décante pour séparer le liquide du précipité d'une faible quantité de chlorure d'argent. On verse la dissolution dans une chaudière de fonte; on y ajoute 18 litres d'eau pure et 910 gr. de carbonate de potasse pur; on fait bouillir le tout pendant deux heures, et la préparation est prête à servir. — 2° *Préparation des bijoux*. Les bijoux étant préalablement bien décapés, on les *revive* pour faciliter l'adhérence de l'or à leur surface. Le *ravivage* se pratique en plongeant l'objet à dorer dans un mélange dont la composition varie suivant les ateliers. Le plus usité renferme 40 parties d'acide sulfurique à 60°, et 40 d'acide nitrique à 36°, auxquelles on ajoute 1 partie de sel. — 3° *D. proprement dite.* On fait un paquet des bijoux; on les plonge dans la dissolution bouillante de chlorure d'or, et on les y tient suspendus au moyen d'une baguette de verre. L'immersion dure plus ou moins longtemps, suivant qu'on veut obtenir une couche d'or plus ou moins épaisse, mais rarement plus d'une demi-minute; car, au bout de ce temps, la couche déposée n'augmente plus. On retire alors les bijoux, on les lave et on les sèche dans de la sciure de bois chaude. — 4° La *Mise en couleur* s'exécute en immergeant les bijoux dans une dissolution bouillante contenant 6 parties de nitrate de potasse, 2 de sulfate de fer et une de sulfate de zinc; on en les fait ensuite sécher sur un feu clair, on les plonge dans l'eau, et l'on donne le poli avec le brunissoir. Quant aux parties qui doivent rester mates, on les réserve dans l'opération du décapage et du ravivage au moyen de certaines précautions. La d. par immersion offre sur la d. au mercure de grands avantages : elle est tout à fait inoffensive, très rapide et très économique. Un kilog. de bijoux est bien doré avec 2 gram. d'or : aussi cette d. est-elle presque dix fois meilleur marché que la d. au mercure. Enfin, elle s'applique aux plus petits objets. — Le principe sur lequel repose ce procédé était connu depuis longtemps; mais son application industrielle est due à Henri Elkington, qui prit à cet effet un brevet le 11 oct. 1836.

E. *D. galvanique.* — Ainsi que son nom l'indique, ce genre de d. s'exécute au moyen de la pile. A cause de l'importance industrielle considérable de cette question des dépôts métalliques obtenus par le courant électrique, un article spécial lui sera consacré. Voy. GALVANOPLASTIE.

D. mate sur zinc. — Ce procédé de dorure a pris pendant ces dernières années un très grand développement, mais il se rattache plutôt à la d. galvanique qu'aux procédés décrits dans cet article.

II. *D. sur bois.* — Les procédés employés pour dorer le bois s'appliquent également à la pierre, au plâtre, au stuc, au carton-pierre, etc. Ce sont la *d. à l'huile* et la *d. en détrempe.*

A. *D. à l'huile.* — On passe quelques couches de blanc de céruse à l'huile de lin lithargyrée sur l'objet qu'on veut dorer; c'est ce qu'on nomme *couche d'impression.* Ensuite on lui applique un mordant composé de cette même huile et d'*or couleur* (on appelle ainsi le reste des couleurs broyées et détrempées à l'huile qui se trouve dans le *pincelier*, c.-à-d. dans le vase où se déposent nettoient leurs pinceaux). Quand le mordant est assez sec pour happer, on applique par-dessus de l'or en feuilles. Puis on presse avec des tampons de coton sur les parties blanches et avec un pinceau de poil de putois sur les parties creuses pour faire pénétrer le métal. Ce procédé est surtout employé pour les statues, les grilles, les dômes, etc. On vernit en vernis gras quand ils sont destinés à l'intérieur d'un édifice. — Lorsque la pièce à dorer est de marbre, au lieu de commencer par une couche d'impression, on lessive simplement la surface; on y met une couche de vernis gras à polir, et l'on y applique ensuite le mordant et les feuilles d'or. — La d. des équipages, des meubles et des cadres est un peu plus compliquée; mais les procédés généraux sont les mêmes.

B. *D. en détrempe.* — Cette d. s'applique au bois, au marbre et au plâtre, mais seulement dans l'intérieur des édifices. Elle exige un grand nombre d'opérations successives. On *encolle*, c.-à-d. on lave les pièces avec de l'eau dans laquelle on a fait bouillir des feuilles l'absinthe et des gousses d'ail; on *apprête de blanc* en appliquant 10 à 12 couches de blanc d'Espagne délayé dans de la colle de parchemin; on *bouche les trous* avec du *gros blanc*, sorte de mastic composé de blanc et de colle; on *adoucit* les surfaces en mouillant légèrement et en les frottant avec la pierre-ponce; on *dégraisse* en lavant avec une éponge douce; on *prèle* les parties unies, c.-à-d. on les frotte avec des tiges de la plante de ce nom, mais sans enlever le blanc; on met une couche de *jaune*, préparé en délayant de l'ocre avec de la colle de parchemin; on *égraine* ou, en d'autres termes, on passe de nouveau la prèle pour enlever toutes les inégalités; on donne l'*assiette*, c.-à-d. on donne avec une brosse de soies de porc trois couches d'un mélange de sanguine, de bol d'Arménie et de mine de plomb; on frotte avec un linge sec les parties qui doivent rester mates, tandis qu'on met, sur les parties destinées à être brunies, deux autres couches d'assiette détrempée à la colle; on mouille avec de l'eau fraîche; on applique les feuilles d'or; on brunit avec l'hématite; on mate en passant une légère couche de colle sur les points qui doivent être mats; on applique sur les surfaces dorées, pour donner à l'or

un beau reflet, une couche de *vermeil* (mélange de rocou, de gomme-gutte, de vermillon, de sang-dragon, de cendres gravelées et de safran, bouilli dans l'eau); enfin, on passe sur les parties mates une nouvelle couche de colle.

III. *D. des livres.* — Pour dorer la tranche d'un livre, on enduit celle-ci, préalablement bien rognée et polie, d'une couche de blanc d'œuf; puis, quand elle est bien sèche, d'une couche d'un mélange de sucre candi, de bol d'Arménie et de blanc d'œuf. Cette dernière une fois bien séchée, on racle, on mouille avec un peu d'eau pure, et l'on applique l'or au livret en appuyant les feuilles métalliques avec un pinceau très doux. On laisse encore sécher; ensuite on polit avec la dent-de-loup. Pour imprimer les lettres d'or sur le dos des volumes, on passe du blanc d'œuf sur les parties à dorer, puis une couche de l'*assiette* dont on se sert pour la d. en détrempe; enfin, on applique l'or, et on le fait adhérer avec des instruments de cuivre appelés *Fers*, qui portent en relief les lettres qu'on veut reproduire. L'or ainsi fixé, on enlève avec un chiffon les parties en excès que les fers n'ont pas touchées.

IV. *D. sur cuir.* — Les cuirs à dorer sont presque toujours des peaux de mouton battues et délitées. On les recouvre de deux couches de colle de parchemin, et l'on applique pardessus de l'or en feuilles, ou bien, comme c'était autrefois l'usage, on emploie des feuilles d'argent sur lesquelles on passe un vernis d'or composé d'arcanson, de résine ordinaire, de sandaraque, d'aloès et d'huile de lin.

V. *D. sur porcelaine.* — On fait avec de l'or en coquille, c.-à-d. avec de l'or réduit en poudre très fine, et avec de l'essence de térébenthine, une sorte d'encre plus ou moins épaisse qu'on applique au pinceau comme une couleur ordinaire. On fait ensuite recuire les pièces, et, suivant les effets qu'on veut obtenir, on brunit la d., ou bien on la laisse mate, c.-à-d. telle qu'elle se trouve quand la pièce sort du moufle.

VI. *D. sur verre.* — On dore le verre avec de l'or en poudre tenu en suspension dans un véhicule gras, et l'on fixe le métal par une deuxième cuisson. Parfois, cependant, on se contente de coller, sur le verre, de l'or au livret avec un vernis d'ambre dissous dans de l'huile grasse; mais ce genre de d. est beaucoup moins solide que le précédent.

DORVAL (MARIE), célèbre actrice française, née à Lorient (1798-1849).

DORYANTHE. T. Hortic. Plante ornementale de la famille des *Amaryllidacées*, originaire de l'Australie. Ne supporte la culture en plein air, en France, que dans le climat de l'oranger.

DORYBOLE. s. f. (gr. δόρυ, lance; et βάλλω, je jette). T. Art milit. anc. Machine à lancer des traits.

DORYLÉE, v. de l'Asie Mineure (Phrygie), où les Turcs furent défaits par Godefroy de Bouillon en 1097.

DORYPHORA. T. Entom. Insecte coléoptère de la tribu des *Chrysomeliens.* Le *D. decemlineata* apparut pour la première fois en Amérique vers 1859, où il détruisait les cultures de pommes de terre; en 1875, on signale sa présence en Allemagne; il n'a jamais fini de ravages en France; on le détruit facilement à l'aide du pétrole ou en saupoudrant les organes végétaux de la plante avec un mélange d'arséniate de cuivre et de plâtre en poudre.

DORYPHORE. s. m. (gr. δόρυ, lance; φορός, qui porte). T. Hist. anc. Soldat armé d'une lance. *Il y avait en Perse un corps de 15,000 doryphores qui formaient la garde du roi.* ‖ T. Bot. Genre de plantes Dicotylédones (*Doryphora*) de l'Australie Orientale, appartenant à la famille des *Moniniacées.* Voy. ce mot. ‖ T. Entom. Genre d'Insectes Coléoptères (*Doryphora*) appartenant à la famille des *Chrysomètes.* Voy. ce mot.

DOS. s. m. (lat. *dorsum*, m. s.). Partie du corps de l'homme ou des animaux vertébrés comprise entre le cou et les reins, ou, en d'autres termes, entre la dernière vertèbre cervicale et la première vertèbre lombaire. *Le d. d'un homme. Le d. d'un cheval. Être couché sur le d. D. courbé, voûté. L'épine du d. Porter quelque chose sur le dos, sur son dos. Je lui tournais le d., de sorte qu'il n'a pu me reconnaître.* — Famil., *Tourner le d.,* S'en aller, partir. *Vous n'aurez pas tourné le d.,* ou *Vous n'aurez pas le d. tourné, qu'il ne se souviendra plus de vous.* Se dit aussi pour S'enfuir. *Tourner le d. aux ennemis. Tourner le d. dans un com-*

bat. — Fig. et fam., *Tourner le d. à la mangeoire*, Faire précisément le contraire de ce qu'il faudrait faire pour réussir dans ce qu'on désire. *Tourner le d. à quelqu'un*, Laisser là quelqu'un par mépris, par indignation, ou l'abandonner dans sa mauvaise fortune. *Lorsque vous êtes dans le malheur, les amis vous tournent le dos*. On dit dans un sens anal., *La fortune lui a tourné le dos*, Lui est devenue contraire. || Fig. et fam., *Avoir bon d.*, Être assez riche pour pouvoir, sans en être gêné, supporter une perte ou une dépense. *C'est le père qui paiera les folies de son fils, mais il a bon d.* Être insensible au blâme, aux railleries. *Il ne s'embarrasse guère de vos injures, il a bon d.* Se dit aussi de quelqu'un sur lequel on rejette tout ce qui se fait de mal. *C'est toujours lui qu'on accuse, il a bon dos.* || Fam., *Faire le gros d.*, *faire gros d.*, se dit des chats lorsqu'ils relèvent leur dos en bosse; et fig., se dit de quelqu'un qui fait l'important, le capable. || Fig. et fam., *Avoir toujours quelqu'un sur le d.*, En être importuné, obsédé. *Porter quelqu'un sur son d.*, En être fatigué. — *Avoir quelqu'un à dos*. L'avoir pour ennemi. *Se mettre quelqu'un à d.*, S'en faire un ennemi. *Il s'est mis tout le monde à d.* || Fig. et pop., *Mettre tout sur le d. de quelqu'un*, Lui imputer tout ce qui se fait de mal, rejeter sur lui tous les torts. On dit dans un sens anal., *Cela est sur son d.* || Fig. et fam., *Mettre, renvoyer les parties d. à d.*, Ne donner raison à aucune d'elles, ou donner tort à toutes les deux. || Fig. et fam., *Le dos lui démange*, Il fait tout pour être battu. *Se laisser manger la laine sur le d.*, Se laisser exploiter. || En d. d'âne, Disposition d'une surface ayant deux pentes. || Par anal., se dit de la partie supérieure de certains organes, tels que la main, le pied, le nez, etc. — Par extens., se dit de la partie de certaines choses qui, par sa destination ou sa position, offre quelque rapport avec le dos de l'homme ou de l'animal. *Le d. d'un habit, d'une robe*, etc., La partie d'un habit, d'une robe, etc., destinée à couvrir le dos. *Le d. d'une chaise, d'un fauteuil*, etc., La partie d'une chaise, etc., contre laquelle on s'appuie le dos. *Le dos d'un couteau*, etc., La partie opposée au tranchant. *Le d. d'un livre*, Le côté où les feuillets sont réunis et sur lequel on met ordinairement le titre. *Le d. d'un papier, d'un billet*, etc., Le revers. *Mettre un ordre au d. d'un billet.* || T. Bot. La face inférieure d'une feuille; la partie d'une graine qui est opposée au hile; la face de tout organe végétal qui est tournée vers l'extérieur. || Fig. et poétiq., se dit quelquefois pour surface. *Le d. de la plaine liquide.* || T. Techn. Sorte de mesure pour le merrain. — Partie d'un livre où se trouve la couture.

DOSABLE. adj. Dont on peut faire le dosage.

DOSAGE. s. m. T. Chim. Détermination des quantités des divers composants d'une substance. Voy. ANALYSE. || Se dit en pharmacie de l'action de déterminer la dose d'un médicament.

DOSE. s. f. (lat. *dosis*; gr. δώσις, action de donner). Quantité d'un médicament, soit simple, soit composé, qui doit être administrée en une seule fois à un malade. *Prendre une d. de rhubarbe. On lui administra l'antimoine à haute d.* — La quantité de chacun des ingrédients qui entrent dans un médicament composé. *On a mis dans cette potion une trop forte d. d'opium.* || Fig. et fam., se dit d'une quantité déterminée des choses qui se boivent et se mangent. *Nous n'avons qu'une bouteille, il faudrait doubler la d.* — S'emploie aussi en parlant des choses qui entrent dans un composé quelconque. *Il faudrait à cette sauce une d. de poivre un peu plus forte.* || Fig. et fam., se dit encore en parlant des choses morales. *Il a une d. d'amour, de jalousie. Avoir une forte d. d'amour-propre. Il n'a qu'une légère d. d'esprit.*

DOSER. v. a. (R. *dose*). Indiquer, régler la quantité et la proportion des ingrédients qui doivent entrer dans une préparation médicinale. *Cette préparation est bien dosée.* — Absol., *Ce médecin ne sait pas d.* == DOSÉ, ÉE. part. — Voy. FORMULE. == SE DOSER. v. pron. Être dosé.

DOSIMÉTRIE. s. f. T. Pharm. Mesure des doses. || Méthode thérapeutique inventée en 1870 par le Dr Burgreve, de Gand, qui consiste à former les médicaments des alcaloïdes et à les administrer sous forme de granules.

DOSIMÉTRIQUE. adj. T. Pharm. Qui concerne la dosimétrie.

DOSITHÉE. s. f. (nom mythol.). T. Entom. Genre d'Insectes *Lépidoptères* nocturnes. Voy. NOCTURNES.

DOSITHÉEN. s. m. T. Hist. relig. Membre d'une secte samaritaine.

DOSOMÈTRE. s. m. (gr. δώσις, dose; μέτρον, mesure). T. Phys. Appareil pour la mesure des quantités d'électricité employées dans les applications médicales.

DOSSAGE. s. m. T. Droit cout. Droit levé en espèces.

DOSSE. s. f. (R. *dos*). T. Techn. Grosse planche dont on a laissé l'écorce d'un côté : c'est la première planche qu'on enlève d'un arbre pour l'équarrir. — Planche qui sert à soutenir la surface d'une tranchée. — Planches très épaisses qu'on place d'étage en étage, pour construire un échafaudage. || T. Jeu. Le côté de l'osselet qui est bombé, par opposition à celui où il y a un creux.

DOSSERET. s. m. (vx fr. *dossel*, dimin. de *dos*). T. Archit. Jambage qui forme le pied-droit d'une porte ou d'une croisée. — Avant-corps en forme de pilastre qui sert de pied-droit à un arc-doubleau. || T. Techn. Pièce de fer renforçant le dos d'une scie. — Pièces de fer soutenant une lime mince.

DOSSIER. s. m. (R. *dos*). La partie d'un siège qui sert à appuyer le dos. *Le d. d'une chaise, d'un canapé.* — *Le d. d'un lit*, La traverse ou la planche qui soutient le chevet de certains lits; et la pièce d'étoffe qui couvre cette planche. || Assemblage, liasse de pièces relatives à une même affaire, à un même individu, et ordinairement réunies dans une enveloppe ou chemise. *Le d. d'une procédure. Le d. d'un individu. Les dossiers des parties ont été communiqués au ministère public. Examiner, dépouiller un dossier.* || T. Const. Mur servant d'empâtement à une souche de cheminée. || T. Techn. Outil employé pour mesurer la profondeur d'une denture.

DOSSIÈRE. s. f. Morceau de cuir qu'on met sur la selle du cheval de limon, et dans lequel entrent les limons. || Dos d'une cuirasse.

DOSSOYAGE. s. m. [Pr. *do-so-iaje*] (R. *dossoyer*). T. Techn. Dans la parcheminerie, opération qui consiste à racler les peaux avec les dos du fer à écharner pour en extraire toute l'eau qu'elles contiennent.

DOSSOYER. v. a. [Pr. *do-so-ier*] T. Techn. Racler le dos d'une peau pour en tirer toute l'eau qu'elle contient.

DOST-MOHAMED, émir de Kaboul (1793-1863).

DOSTOÏEWSKI (FÉDOR), littérateur russe (1822-1881).

DOSTOURG. s. m. Pot-de-vin qu'il est d'usage de payer dans l'Inde après la conclusion d'un marché important.

DOT. s. f. [Pr. le t] (lat. *dos, dotis*, m. s.). Le bien qu'une femme apporte au mariage. — Par anal., ce qu'une fille apporte au couvent quand elle se fait religieuse. || Au fig., Qualité physique ou morale dont est douée une personne qui se marie. — Fam., *Épouser une dot*, Épouser une personne à cause de sa dot.

L'usage des dots, quoiqu'il remonte à une haute antiquité et qu'il soit très généralisé (mais non universel), ne fait pas honneur à l'homme. Nous sommes de l'avis de Solon, qui avait interdit cet usage, afin que les qualités physiques ou morales de la jeune fille fussent la seule attraction du mariage. Il semble bien, au contraire, que dans la plupart des unions l'intérêt seul soit au jeu, au grand détriment de l'amour. En fait de dot, la meilleure nous paraît être celle du contrat de mariage avec Mlle d'Aubigné, depuis Mme de Maintenon. Le futur reconnut et déclara au notaire que la future lui apportait en dot : 1°...; 2° un très beau corsage; 3° deux grands yeux fort mutins; 4° une paire de jolies mains; 5° beaucoup d'esprit.

Législ. — La Dot, en général, est le bien que la femme apporte au mari pour l'aider à supporter les charges du mariage, quel que soit d'ailleurs le régime adopté par les époux. Néanmoins, sous le régime de la communauté, les biens de la femme reçoivent plus ordinairement le nom d'*apports*, et la dénomination de *dot* se donne particulièrement aux biens de la femme mariée sous les régimes exclusifs de communauté, et surtout sous le *régime dotal*. Les caractères essentiels de ce régime sont : que l'avoir de chacun des époux reste complètement distinct ; que la dot ne s'accroît ni ne diminue pendant la durée du mariage ; et que si les époux ont jointement, ni aucun d'eux séparément, n'en peuvent disposer. Ce principe de l'inaliénabilité de la dot constituait le fondement même de la législation romaine relativement au mariage : *oportet reipublicæ*, disait-elle, *mulieres salvas dotes habere*. Les auteurs du droit romain avaient voulu par là garantir la femme contre sa propre faiblesse, et préserver de tout amoindrissement les biens qu'elle apportait en mariage. Le régime dotal, ayant été introduit dans la Gaule par la conquête romaine, n'a jamais cessé d'être en usage dans les provinces du midi de la France, provinces qu'on appelait autrefois *pays du droit écrit*, tandis que le régime de la communauté prévalait au contraire dans les provinces du nord et du centre, qui étaient régies par le droit coutumier.

I. *Biens dotaux*. — Sous le *régime dotal*, les biens de la femme se divisent en *biens dotaux* et *biens paraphernaux*. Nous nous occuperons d'abord des premiers.

1° *Constitution de la dot*. — Elle ne peut avoir lieu que par le contrat de mariage, et ne peut être augmentée après la célébration. Tout ce que la femme se constitue elle-même et tout ce qui lui est donné par le contrat, est *dotal*, à moins de restriction expresse. La dot peut comprendre des objets déterminés, ou les biens présents et à venir de la femme en tout ou en partie, ou tous ses biens présents. Si la femme se constitue simplement tous ses biens, on entend par là ses biens présents seulement, et les biens à venir n'y sont pas compris. Si la dot est constituée par les père et mère conjointement, ils la doivent chacun par moitié ; mais il faut que la mère ait expressément déclaré doter sa fille, sans cela la dot tomberait à la charge du père. La dot est prise sur les biens des constituants, quand même la fille posséderait des biens particuliers dont ses père et mère auraient la jouissance ; ce serait seulement en vertu d'une stipulation expresse que les biens particuliers de la future seraient en première ligne affectés à sa dot. Cependant, si l'un des père et mère était décédé, la constitution faite par le survivant pour dress paternels et maternels s'imputerait d'abord sur les biens provenant du défunt. Les constituants sont tenus à la garantie de la dot, et ils en doivent les intérêts à compter du mariage, sauf convention contraire (Code civ. 1541 à 1548). — La dot ne peut être augmentée pendant le mariage ; elle ne comprend que les biens constitués ou donnés par le contrat : ainsi l'immeuble donné en paiement d'une somme d'argent promise par le contrat ne serait pas dotal ; il en serait de même de l'immeuble acquis des deniers dotaux, à moins que la condition d'emploi n'eût été formellement stipulée (1553).

2° *Administration de la dot*. — Le mari a l'administration et la jouissance de la dot comme sous le régime exclusif de la communauté. Toutefois il peut être convenu que la femme touchera, sur ses simples quittances, une partie de ses revenus pour ses besoins personnels. Si la dot est d'un corps certain mobilier estimé dans le contrat, l'estimation, à moins de stipulation contraire, en vaut vente au profit du mari, qui n'est plus tenu qu'au paiement du prix. S'il s'agit d'immeubles, l'estimation n'en opère pas la transmission au mari ; il faut pour cela une clause expresse. Le mari, comme administrateur de la dot, est astreint à toutes les obligations de l'usufruitier ; il est responsable des prescriptions acquises et des détériorations survenues par sa faute. Enfin, si sa mauvaise administration ou le mauvais état de ses affaires met la dot en péril, la femme peut en poursuivre la restitution, conformément aux règles établies pour les séparations de biens (1549 à 1552, 1562 et 1563).

3° *Inaliénabilité du fonds dotal*. — L'immeuble dotal est inaliénable. En conséquence, la révocation des aliénations consenties par l'un ou l'autre des époux ou par tous deux conjointement, peut être poursuivie, après la séparation de biens ou après la dissolution du mariage par la femme ou par ses héritiers, sans qu'on puisse leur opposer la prescription. Le mari lui-même, pendant le mariage, peut faire annuler ces aliénations, mais il demeure sujet à des dommages-intérêts envers l'acheteur, s'il n'a pas déclaré dans le contrat de vente que l'immeuble était dotal. Le fonds dotal, étant inaliénable, ne peut pas être hypothéqué ; il est également imprescriptible pendant le mariage, à moins que la prescription n'ait commencé auparavant ; mais il devient prescriptible après la séparation de biens, quelle que soit l'époque à laquelle la prescription ait commencé (1554, 1560, 1561). La loi cependant établit quelques exceptions à la règle de l'inaliénabilité du fonds dotal. L'immeuble dotal est aliénable : 1° si l'aliénation a été permise par le contrat ; 2° avec le consentement du mari pour l'établissement des enfants communs ;

3° avec ce même consentement ou, à son défaut, avec celui de la justice, pour l'établissement des enfants issus d'un précédent mariage de la femme ; mais, dans ce cas-là, si le mari n'a pas consenti à l'aliénation, la jouissance du fonds dotal doit lui être réservée ; 4° avec autorisation de la justice, et aux enchères, pour tirer le mari de prison, pour acquitter une dette alimentaire, ou toute autre dette de la femme ou de ceux qui ont constitué la dot, pourvu qu'elle ait date certaine antérieure au contrat de mariage ; pour faire les grosses réparations qui intéressent la conservation de l'immeuble dotal ; enfin, lorsque le bien dotal est indivis et impartageable. Dans tous ces cas, la portion du prix excédant les besoins qui ont déterminé la vente demeure dotale, et il doit en être fait emploi. Quant à l'aliénation par voie d'échange, elle peut avoir lieu, du consentement de la femme, contre un immeuble de même valeur pour les quatre cinquièmes au moins, après autorisation de la justice et expertise préalable. L'immeuble reçu en échange est dotal, et il en est de même de la soulte qui peut être due à la femme : il en doit être fait emploi immédiatement (1554 à 1559).

4° *Restitution de la d.* — A la dissolution du mariage, le mari ou ses héritiers sont tenus de rendre la dot : sans délai, s'il s'agit d'immeubles ou de meubles à remettre en nature ; dans le délai d'un an, si la dot consiste en argent ou en meubles mis à prix par le contrat sans déclaration que l'estimation n'en transmet pas la propriété au mari. Ce dernier rend, dans l'état où ils se trouvent, les meubles usés ou détériorés sans qu'il y ait de sa faute, ainsi que les titres des obligations ou des rentes qui ont péri ou souffert des retranchements non imputables à sa négligence. L'usufruit, constitué en dot, est également remis par le mari, mais il ne restitue pas les fruits échus pendant le mariage. La femme reprend les linges et hardes à son usage actuel, sauf à supporter la déduction de leur valeur, si ces objets ont été primitivement constitués en dot avec estimation en produisant vente au profit du mari. Lorsque le mariage est dissous par la mort de la femme, les intérêts et les fruits de la dot sont dus à ses héritiers depuis le jour de la dissolution. Quand c'est par la mort du mari, la femme a droit à l'habitation pendant un an et aux habits de deuil : de plus, elle a le choix d'exiger pendant l'année de deuil, ou les intérêts de sa dot, ou des aliments. Les fruits naturels des immeubles dotaux se partagent entre les époux ou leurs représentants à proportion de la durée du mariage pendant la dernière année, laquelle court de l'anniversaire de la célébration du mariage. — La femme qui réclame sa dot est tenue de prouver que son mari l'a reçue. Elle est dispensée de cette preuve si le mariage a duré dix ans depuis l'échéance des termes pris pour le paiement de celle-ci ; car alors le mari est censé l'avoir reçue, à moins qu'il ne justifie de diligences inutilement faites pour s'en procurer le paiement. La femme n'a pas de privilège sur les biens de son mari ; mais une hypothèque qui date, pour la dot, du jour du mariage, et pour les sommes dotales provenant de successions ou de donations, du jour de la transmission opérée à son profit. D'après l'art. 8 de la loi du 23 mars 1855, si la veuve ou ses héritiers ne prennent pas inscription dans l'année de la dissolution du mariage, l'hypothèque ne vaut que du jour de la prise d'inscription. — La perte de la dot est supportée par la femme, si le mari avait, lors du mariage, un métier ou une profession, ou si, n'ayant à cette époque ni métier ni profession, il n'est devenu insolvable que depuis ; si, lors du mariage, il n'avait pas d'état, et si, de plus, il était déjà insolvable, la femme n'est tenue de rapporter à la succession de ses père et mère que l'action qu'elle a contre la succession de son mari (1564 à 1573).

II. *Biens paraphernaux*. — On nomme ainsi les biens de la femme qui n'ont pas été constitués en dot. Si tous les biens de la femme sont paraphernaux, elle contribue aux charges du mariage dans la proportion fixée par le contrat, et à défaut de cette détermination, pour un tiers de ses revenus. Les règles tracées par la loi pour l'administration et la jouissance des biens de la femme sous le régime de la séparation de biens sont applicables aux biens paraphernaux ; la femme en a donc l'administration et la jouissance, mais elle ne peut les aliéner sans y être autorisée par son mari ou par la justice. Si le mari a joui de ces biens en vertu d'un mandat de sa femme, il doit rendre compte comme tout mandataire ; si cette jouissance a eu lieu malgré l'opposition de celle-ci, il doit compte de tous les fruits tant consommés qu'existants. Dans les autres cas, il n'est comptable que des fruits existants lors de la cessation de la jouissance (1574 à 1580).

DOTAL, ALE. adj. T. Jurisp. Qui est relatif ou qui appartient à la dot. *Deniers dotaux. Régime d.* Voy. **Dot.**

DOTATAIRE. adj. (R. *dot*). Se dit de la personne qui reçoit une dot.

DOTATION. s. f. [Pr. ...*sion*] (R. *doter*). T. Droit admin. et politique. Action de constituer un revenu à une association. **Droit.** — On nomme dotation le don fait à un établissement public, à un hôpital, à un corps, à une compagnie, etc., pour faire face aux charges que leur impose leur destination, et la masse des fonds ou des revenus de toute nature assignés à cet effet. — La même dénomination s'applique également à la masse mobilière et immobilière des biens qui composent la *Liste civile* d'un souverain, ainsi qu'au douaire attribué à sa veuve, et aux pensions assignées aux princes de sa famille ; elle servait encore autrefois à désigner les sommes allouées chaque année par le budget pour subvenir aux traitements des membres de certains corps et à leurs dépenses collectives : c'est dans ce sens qu'on disait : *D. du Sénat, D. du Conseil d'État,* etc. Enfin, le mot d. s'appliquait également aux fonds votés annuellement pour certains établissements ou certaines institutions, telles que *la Caisse d'amortissement, la Légion d'honneur et l'Université.* Pour ce qu'on appelait la *D. de l'armée,* voy. **Recrutement.** — Enfin, sous le premier empire, on désignait encore sous le nom de d. l'ensemble des biens du *Domaine extraordinaire,* avec lesquels on récompensait les services civils et militaires. Voy. **Domaine.** Actuellement, en vertu de la loi de finances de 1886, le *service de la d.* forme un crédit spécial au budget : ce service comprend trois sortes de dépenses : 1° la d., frais de représentation de maison et de voyages du Président de la République (1,200,000 francs) ; 2° les dépenses administratives du Sénat et les indemnités dues à ses membres ; 3° les dépenses administratives de la Chambre des Députés et les indemnités dues à ses membres

DOTER. v. a. (lat. *dotare*). Donner une dot à une fille qui se marie ou qui se fait religieuse. *Il a doté sa fille de cent mille francs.* || Assigner, assurer un certain revenu à un établissement d'utilité publique, à un corps, etc. *D. une église, un hôpital, un collège, une académie.* || Fig., dans le style élevé, favoriser, gratifier de quelque chose d'avantageux. *Les grâces dont la nature l'avait dotée.* = **Doté, ée.** part. — **se Doter,** Se procurer certains avantages tenant lieu de dot.

DOTHIÉNENTÉRIE, DOTHIÉNENTÉRITE. s. f. (du gr. δοθιήν, petite tumeur ; ἔντερον, intestin). T. Méd. Inflammation générale avec lésion de l'intestin. Voy. **Typhoïde.**

DOTRIACONTANE. s. m. T. Chim. Hydrocarbure saturé, appelé aussi *Dicétyle,* ayant pour formule C³² H⁶⁶. On le prépare en traitant l'iodure de cétyle par le sodium ou en présence d'éther ou de benzène. Il cristallise dans l'éther en feuillets brillants, fusibles à 70°.

DOUAI, ch.-l. d'arr. (Nord), 29,900 hab. Cour d'appel. Houilles, forges. Hôtel de ville et palais de justice remarquables. = Nom des hab. **Douaisien, ienne.**

DOUAIRE. s. m. (bas-lat. *dotarium,* m. s., de *dotare,* doter.) **Droit.** — Dans notre ancien droit, on donnait le nom de *Douaire* à ce que la coutume ou le contrat de mariage accordait à la femme, en cas de survie, sur les biens de son mari. L'origine du d. remonte aux anciennes lois des Francs. Comme ces lois n'admettaient à la succession que les mâles, il était indispensable d'assurer la subsistance de la femme veuve ; de là l'usage de stipuler au profit de celle-ci certains avantages en cas de viduité. Au dire de Beaumanoir, ce fut Philippe-Auguste qui créa pour la première fois en France le d. coutumier, pour le cas où le contrat de mariage n'aurait rien réglé en faveur de la femme ayant gain de survie. Cette assertion paraît inexacte ; car on trouve des exemples de ce douaire dans les documents antérieurs de plusieurs siècles à Philippe-Auguste et notamment dans la *loi Ripuaire.* Le d. n'était point admis dans les pays de droit écrit ; mais les femmes y jouissaient d'avantages au moins égaux. On distinguait deux sortes de douaires : le *D. conventionnel,* appelé aussi *D. préfix,* et le *D. légal* ou *D. coutumier.* Le premier était fixé par les stipulations matrimoniales ; le second, au contraire, était réglé par la coutume. Mais les principes variaient avec les lieux. Ainsi, par ex., la coutume de Bourgogne refusait le d. à la femme qui avait renoncé à la communauté ; celle de Paris ne donnait ouverture au d. qu'après

la mort naturelle du mari, ou plutôt, pour rapporter le texte, après son décès, après son trépas, ce qui était exclusif de la mort civile ; en Nivernais, la séparation de biens suffisait. — La quotité du d. n'était pas non plus fixée d'une manière uniforme. A Paris et à Orléans, le d. consistait dans l'usufruit de la moitié des immeubles du mari ; dans l'Anjou, le Maine et la Picardie, il consistait dans l'usufruit du tiers seulement ; en Touraine, il équivalait à l'usufruit du tiers de la dot de la femme. — Enfin, dans certaines coutumes, le d. conventionnel était substitué de plein droit au d. coutumier ; dans d'autres (Paris, Chaumont, etc.), la femme avait l'option entre les deux. — La loi du 17 nov. an II (6 janv. 1794) a supprimé l'institution du d. ; les libéralités, même stipulées sous ce nom dans un contrat de mariage, sont actuellement régies par les dispositions du Code relatives aux donations entre époux.

On appelait aussi *D. des enfants* une espèce de légitime accordée aux enfants qui survivaient à leurs père et mère, et renonçaient à la succession de leur père : en vertu de ce droit, les enfants acquéraient les biens du père qui avaient été affectés en d. à la mère, à condition qu'ils paieraient les dettes antérieures au mariage. La renonciation à la succession du père était indispensable pour recueillir ce droit ; si les enfants se portaient héritiers de leur père, ils perdaient tout droit au d.

DOUAIRIER. s. m. (rad. *douaire*). T. Dr. ancien. Se disait d'un enfant qui se tenait au douaire de sa mère, en renonçant à la succession de son père.

DOUAIRIÈRE. adj. (rad. *douaire*). Veuve qui jouit d'un douaire ; ne se dit que des personnes d'un rang distingué. *Reine d. Princesse d.* || Subst., *Une d. Une vieille d.* = Par dénigr. Vieille femme.

DOUANE. s. f. (étym. douteuse. D'après Ménage, du gr. δοχάνη, lieu où l'on reçoit les marchandises ; mais l'espagnol écrit *aduana,* ce qui semble indiquer l'article arabe *al* et conduit au mot arabe *al diouan,* qui est d'origine perse et a signifié d'abord *registre,* puis le bureau où se réunissent les employés qui tiennent le registre. C'est de la même origine que vient le mot *divan*). Administration chargée de percevoir les taxes imposées sur certaines marchandises soit à l'entrée, soit à la sortie d'un pays, et d'empêcher l'introduction ou l'exportation de certains produits. *Le directeur général des douanes. Les préposés de la d. La d. de Marseille.* || Le lieu, l'édifice où est établi un bureau de d. *Aller à la d. Acquitter un ballot à la d.* — *Lignes de douanes,* Série de bureaux de d. établis sur divers points de la frontière d'un pays. || *Taxe qui se paie à la d. Acquitter la d. Les douanes sont trop élevées dans ce pays. En matière de douanes.*

Hist. et Écon. polit. — I. — Les *Douanes* peuvent être envisagées au point de vue fiscal ou purement financier, et au point de vue économique. — Envisagées sous le rapport financier, les douanes ont pour objet de procurer un certain revenu au Trésor, en prélevant des droits à l'entrée et à la sortie des marchandises du pays. Envisagées comme instrument économique, elles doivent, en outre (c'est du moins la fonction que leur attribue l'école protectionniste), encourager l'industrie nationale, en empêchant l'introduction des marchandises étrangères, en interdisant l'exportation de certaines matières premières et quelquefois même de certains produits, et enfin en favorisant certaines exportations au moyen de primes.

II. — L'origine des taxes douanières remonte à une très haute antiquité ; mais chez les peuples anciens elles avaient un caractère purement fiscal.

A Rome, la perception des taxes douanières, ou *portorium,* datait des premiers temps de la cité. Cette branche des revenus publics reçut, à diverses époques, de fréquentes modifications ; le produit des taxes se versait ordinairement dans la caisse de l'État, à moins que, ainsi que cela arrivait quelquefois, le sénat n'accordât à une nation conquise la faveur de les percevoir pour les appliquer à ses propres besoins ; mais alors il était formellement stipulé qu'elles ne pourraient être réclamées ni aux citoyens romains ni aux alliés latins (*latini socii*). Dans les derniers temps de l'empire, tous les produits importés pour le trafic et non destinés à la consommation personnelle des importateurs étaient assujettis aux droits de d. Comme tous les autres impôts, la d. était affermée à des spéculateurs (*publicani*), qui avaient sous leurs ordres une multitude d'agents subalternes (*portitores*), disséminés sur toute l'étendue des frontières. Ceux-ci avaient le droit d'ouvrir les ballots afin de s'assurer de la nature des marchandises déclarées (*scripta*), et l'on confisquait impitoyablement celles qui no l'étaient pas (*inscripta*), ou qu'on avait essayé de passer en contrebande. Nous avons peu de renseignements sur le taux des droits de d. chez les Romains. A l'époque de Cicéron, tous les articles portés au tarif étaient taxés au taux de leur valeur (*vicesima*) dans les ports de Sicile; et il est vraisemblable qu'il en était également de même dans les autres provinces. Sous les empereurs, les droits à l'importation étaient fixés au quarantième (*quadragesima*), soit à 2 1/2 p. 0/0 de la valeur; mais, sous Théodose, on les voit portés au huitième (*octava*), c.-à-d. à 12 1/2 p. 0/0.

III. — Une institution qui avait existé chez tous les peuples de l'antiquité devait nécessairement résister à toutes les transformations politiques et sociales. En effet, après le démembrement de l'empire romain, nous retrouvons les taxes douanières en France, en Angleterre, en Italie, en Allemagne, etc. Nous voyons, en outre, à l'époque de l'organisation du système féodal, les seigneurs particuliers usurper à l'envi le droit d'établir des droits de d. sur leurs domaines et s'en attribuer le produit. A cette époque, les taxes douanières se confondaient généralement avec les péages et les droits de circulation que l'on prélevait à chaque pas sur les marchands, et qui étaient censés établis pour entretenir les routes et maintenir la sécurité des communications. Un usage général défendait d'exporter de chaque province les produits de première utilité, comme le vin, le blé, etc. On ne dérogeait à cette règle que dans les temps d'abondance et lorsque les récoltes paraissaient devoir présenter un excédent sur les quantités requises pour la consommation. En outre, comme les seigneurs, dans les grands fiefs, les sénéchaux et les baillis dans les provinces du domaine royal, étaient seuls juges de l'opportunité de l'exportation, ils vendaient ces permissions d'exporter, souvent même à des monopoleurs. Ainsi donc, les terreurs ridicules des populations qui craignaient de se voir réduites à la famine par la libre exportation, et l'avidité des personnages qui percevaient les droits, furent la cause du maintien des douanes intérieures. Quant aux douanes des frontières, elles n'eurent rien de fiscal dans l'origine. On craignait seulement d'affaiblir le royaume et de fortifier les étrangers, si l'on permettait l'exportation de l'or, de l'argent, des munitions de guerre et des denrées nécessaires à la vie. C'est ce que démontre l'ordonnance de saint Louis, de 1254, qui prohibe la sortie du blé, du vin et de quelques autres produits de première nécessité. Mais les choses allaient bientôt changer de face.

En 1305, dans l'espoir d'accroître leurs bénéfices, les drapiers supplièrent Philippe le Bel d'interdire la sortie des laines, ainsi que des matières premières dont ils se servaient pour les teindre ou les apprêter. Comme ils offraient en même temps d'acheter cette protection en payant au Trésor un droit fixe sur chaque pièce fabriquée, ce prince s'empressa d'y consentir. Puis, comprenant aussitôt le parti qu'il pourrait tirer de ce procédé, il étendit la prohibition, sous des conditions analogues, à l'argent, aux chevaux, aux grains, aux bestiaux, aux vins, aux armes, aux toiles, en un mot à presque tous les produits agricoles et manufacturés de la France. Toute denrée exportée malgré les défenses dut être confisquée avec les chevaux et les voitures. Philippe le Bel se réservait de vendre des permis d'exportation, et, cinq jours après son ordonnance, il chargea de ce soin un nouvel officier, appelé *Grand maître des ports et passages*, auquel il donna le pouvoir d'établir des gardes sur les frontières, et de poursuivre les contraventions. Sous Louis le Hutin, un grand nombre d'objets purent sortir librement, du moins en temps de paix; mais, en 1320, Philippe le Long rétablit le système de prohibition générale: seulement il confia la délivrance des permis d'exportation ou *Droits de haut passage*, car c'est ainsi qu'on les appela, à trois commissaires nommés par la Cour des comptes. Ces ordonnances prohibitives contrarièrent singulièrement les populations étrangères, surtout les Flamands, qui ne pouvaient plus tirer de France les matières premières nécessaires à leurs fabriques. En conséquence, ces derniers offrirent à Charles le Bel de lui payer 4 deniers pour livre du prix de toutes les marchandises qu'ils achèteraient, s'il voulait rétablir la liberté d'exportation. Le roi accepta, ou du moins il consentit à exempter un certain nombre d'articles de la prohibition. Ce droit de 4 deniers pour livre payé par l'acheteur étranger fut nommé *Droit de rêve*, d'un vieux mot français qui signifiait *recette*. Quoique les droits de haut passage et de rêve dussent s'exclure l'un l'autre, ils furent souvent perçus concurremment. La multitude des demandes de permis adressées à la Chambre des comptes, et pour chacune desquelles il fallait prendre une décision particulière, donna l'idée de simplifier le travail en dressant des *Tarifs* qui régleraient d'une manière à peu près uniforme les droits à percevoir à la sortie de certains objets.

Le premier tarif, celui des laines, fut publié en 1342, et suivi presque aussitôt d'un second pour les toiles et les fils. A partir de ce moment, l'exportation fut permise pour ces objets, mais en restant soumise au paiement d'un droit fixe. En 1360, on créa un nouveau droit d'exportation, appelé *Imposition* ou *Traite foraine*, qui était destiné à payer la rançon du roi Jean, alors prisonnier des Anglais. Cette taxe devait donc être temporaire; néanmoins elle fut perçue sans interruption jusqu'au règne d'Henri II.

Un fait d'une haute gravité eut lieu sous le roi Jean. Jusqu'alors les taxes douanières n'avaient été perçues qu'aux frontières du royaume; mais plusieurs provinces ayant refusé de payer les aides qu'on leur avait demandées, ce prince ordonna que ces provinces seraient *réputées étrangères*, c.-à-d. que les marchandises sortant de pays soumis aux aides pour entrer chez elles paieraient les droits de traite, de rêve, de haut passage et d'imposition foraine, comme si elles passaient à l'étranger. Telle fut l'origine des principales lignes de douanes établies dans l'intérieur même de la France, qui se trouva ainsi divisée en deux parties ennemies. Le système douanier, ainsi constitué, subsista, sauf quelques réformes de détail, jusqu'au milieu du XVIe siècle, où Henri II, en 1551, remplaça les droits de rêve et de haut passage par un droit unique, le *Domaine forain*, qui frappait toutes les marchandises sans exception, et était fixé à 8 deniers pour livre de leur valeur. Toutefois plusieurs provinces demandèrent et obtinrent le maintien des anciennes taxes, qu'elles trouvaient moins onéreuses. Enfin, Henri III, regardant la faculté de permettre l'exportation comme un droit royal, imagina un nouveau droit de sortie, nommé *Traite domaniale*, qui fut d'abord levé sur les grains, les vins, les légumes, le pastel et les laines, mais qui fut plus tard étendu à beaucoup d'autres objets.

A la même époque, les droits d'importation reçurent aussi une extension considérable. Ces droits, comme nous l'avons vu, avaient toujours existé; mais au moyen âge ils se confondaient avec les droits de péage. Toutefois, on peut regarder comme des taxes spéciales d'importation les droits payés par les marchands étrangers qui obtenaient le privilège de se rendre aux foires de Champagne, de Beaucaire et de Lyon. Louis XI (1475) fit aussi lever directement quelques droits sur les marchandises étrangères exposées aux foires de Lyon et du Languedoc. Les épiceries et les drogueries furent ensuite taxées, et Charles VIII et Louis XII désignèrent les ports par lesquels elles pourraient entrer en France. Les droits d'importation furent plus tard étendus par Henri III à toute espèce de marchandises et de denrées, sauf un très petit nombre d'exceptions, et fixés à 2 p. 0/0 de la valeur (1581); mais ils ne tardèrent pas à dépasser ce taux sous les règnes suivants. De plus, les provinces réputées étrangères pour l'exportation le furent aussi pour l'importation. — Enfin, en 1598, les droits d'entrée et de sortie, qui jusqu'alors avaient été régis et affermés isolément, furent réunis par Sully en un seul et même bail qui reçut le nom de *Bail des cinq grosses fermes*.

Pendant que le pouvoir royal augmentait successivement les revenus que lui procuraient les douanes extérieures, il prenait aussi à tâche de régler ce qui concernait les péages et les douanes intérieures: car plusieurs de ces derniers droits appartenant à des provinces ou à des villes dont ils formaient la principale ressource financière, il ne pouvait guère songer à les supprimer; et plus tard, quand les provinces qui jouissaient de ces taxes furent réunies à la couronne, l'intérêt fiscal commanda leur maintien. Les plus importantes comme les plus gênantes de ces barrières intérieures étaient les *douanes de Lyon* et de *Valence*, qui dominaient le cours du Rhône et intercaptaient la route commerciale du Nord et du Midi. Déjà, en 1614, les états généraux avaient demandé que toutes les lignes de douanes fussent reportées à la frontière du royaume et qu'on abolît les péages de l'intérieur; les résistances des provinces empêchèrent la mise à exécution de cette réforme. Plus tard, sous Louis XIV lui-même, Colbert l'essaya par son édit célèbre de 1664, et ne réussit qu'en partie. Les principales dispositions de cet édit peuvent se ramener aux trois suivantes: suppression des taxes locales et particulières; substitution d'un droit unique à tous les droits divers perçus à l'exportation; substitution d'un droit également unique aux différents droits d'importation: tel est, en effet, un nouveau tarif était annexé à l'édit. Mais ce tarif rencontra une si grande opposition dans plusieurs provinces, que le ministre fut obligé d'en modifier l'application. Le territoire se trouva alors divisé en trois parties distinctes. On appela *Provinces des cinq grosses fermes*, les provinces qui se soumirent au tarif et acceptèrent la liberté commerciale à l'intérieur: c'étaient l'Ile-de-France, la Normandie, la Picardie, la Bourgogne, la Champagne, le Beaujo-

tais, le Boulonnais, la Dombes, la Bresse, le Bugey, le Bourbonnais, le Poitou, l'Aunis, l'Anjou, le Maine et la Touraine.
Les *provinces réputées étrangères* qui n'avaient pas voulu
recevoir le tarif conservèrent leurs douanes intérieures, dont
les tarifs particuliers furent maintenus : néanmoins le conseil
du roi se réserva le droit d'accorder les exemptions qu'il juge-
rait nécessaires. Ces provinces étaient la Bretagne, l'Angoumois, la Marche, le Périgord, l'Auvergne, la Guienne, le Languedoc, la Provence, le Dauphiné, la Flandre, l'Artois, le
Hainaut et la Franche-Comté. Enfin, on qualifia d'*Étranger
effectif* : l'Alsace, la Lorraine et les Trois-Évêchés (Metz, Toul
et Verdun), auxquels on adjoignit quatre villes maritimes :
Bayonne, Dunkerque, Lorient et Marseille. Ces provinces et
ces villes communiquèrent librement avec l'extérieur, mais
furent traitées par le reste de la France comme pays étrangers
pour l'importation et l'exportation. La division qui précède
subsista jusqu'à l'époque de la Révolution, où la loi du
5 nov. 1790 prononça l'abolition des *traites* ou luxes douanières intérieures, à partir du 1er déc., et la confection d'un
tarif unique et uniforme applicable à toute la France pour
les douanes extérieures. Ce tarif parut le 15 mars 1791, et,
le 23 avril suivant, on organisa l'administration qui devait en
surveiller l'exécution.

IV. — Nous avons vu, dès les premières années du
XIVe siècle, Philippe le Bel protéger, moyennant finance,
l'industrie des drapiers en interdisant l'exportation des laines
indigènes, afin que ceux-ci pussent les acheter à plus bas
prix. Dès ce moment, le système protecteur était inventé, et,
à mesure que de nouvelles industries se fondèrent dans le
royaume, chacune d'elles réclama et obtint sa part de protection, c.-à-d. des privilèges, un monopole ou l'appui de l'État,
pour écarter la concurrence étrangère. Ainsi, en 1517, François 1er défendit l'importation des draps d'or et d'argent, ainsi
que des velours, satins, taffetas et damas. En 1539, il prohiba
les draps du Roussillon, de la Catalogne, etc. En 1572,
Charles IX défendit d'exporter les laines, lins et chanvres
que les étrangers tiraient de France pour les mettre en œuvre
et qu'ils y faisaient rentrer après les avoir travaillés. Le
même prince interdit l'importation des draps, toiles, velours,
satins, camelots, tapisseries, harnais, dagues, épées, etc.
Henri IV prohiba également l'importation des soieries étrangères. Les états
généraux de 1614, examinant quelle était la protection réclamée par l'industrie, la réduisaient à ces trois termes : prohibition absolue de tous les produits manufacturés de l'étranger
semblables aux nôtres; suppression des droits d'entrée sur
toutes les matières premières employées par notre industrie;
défense d'exporter les produits français propres à servir de
matières premières aux étrangers. En organisant un moyen
de ses édits et de ses tarifs, le système protecteur, Colbert ne
fit donc que mettre en pratique les doctrines économiques qui
régnaient de son temps. Ses successeurs marchèrent dans la
même voie. La Révolution aurait sans doute graduellement
affranchi le commerce des entraves qui le gênaient et réduit
les douanes à la fonction d'instrument de pure fiscalité, sans
la coalition de l'Europe contre la France. Déjà le tarif dressé
par la Constituante avait affranchi de tous droits les matières
premières du travail et les denrées alimentaires de première
nécessité, tout en soumettant les produits fabriqués à des
droits d'autant plus élevés que la fabrication en était plus
complète ou qu'ils étaient plus objets de luxe. Mais la Convention, mettant de côté les principes les plus évidents de la
science économique, crut porter un coup fatal à l'industrie de
l'Angleterre en prohibant l'importation et la vente de toutes
les marchandises anglaises. Le Directoire, le Consulat et
l'Empire firent de même, et, malgré ces prohibitions, en aucun temps les progrès industriels de la Grande-Bretagne ne
furent plus rapides. Au retour de la paix, en 1815, le système
prohibitif fut maintenu sauf certains adoucissements. Mais
alors, ce ne fut plus par mesure d'hostilité contre l'étranger;
le prétexte du son maintien fut la protection de l'industrie nationale. Bien plus, on voulut aussi protéger l'agriculture nationale, et des droits de d. exorbitants frappèrent les bestiaux, les laines et les produits agricoles à l'importation. Le
gouvernement issu de la Révolution de juillet 1830 essaya de
réagir, à ses débuts, contre ces exagérations; mais la fin du
règne de Louis-Philippe fut marquée par une recrudescence
des idées protectionnistes. Quant aux actes du gouvernement
de la deuxième République, ils n'offrent, en ce qui concerne,
les douanes, qu'un médiocre intérêt.

Les premières tentatives faites par l'Empire pour détruire
les entraves que les régimes antérieurs avaient mises au commerce international, se heurtèrent à des résistances telles
qu'il ne put tout d'abord que réaliser des réformes partielles,

en dégrevant un grand nombre d'objets de consommation et
d'articles nécessaires à notre industrie. Mais, sans se laisser
décourager par ces résistances, il négociait avec l'Angleterre.
Ces négociations aboutirent à la convention du 23 janv. 1860,
qui écartait, dans la tarification, tout droit assez élevé pour
tenir lieu de prohibition.

Le régime nouveau inauguré par la convention avec l'Angleterre ne tarda pas à se développer, et des traités de commerce
furent conclus successivement avec la plupart des États européens. En même temps, le tarif général applicable aux pays
avec lesquels nous n'étions pas liés par un traité de commerce
était remanié dans un sens plus libéral.

Au lendemain de nos désastres, les douanes, comme toutes
les autres branches de revenus publics, durent fournir au Trésor
un supplément de ressources. C'est donc principalement dans
un but fiscal que fut modifié, au début, notre tarif douanier.
Mais, pour conserver toute sa liberté en cette matière, le
gouvernement de la troisième république dut successivement
dénoncer tous les traités de commerce qui nous liaient avec
les puissances étrangères. Puis il établit un nouveau tarif, qui
fut promulgué le 8 mai 1881. Ce nouveau tarif, malgré les
tendances protectionnistes qui commençaient à se manifester
dans le pays, était encore très modéré; il servit de base aux
traités de commerce qui furent renouvelés en 1881.

La période qui s'est écoulée de 1881 à 1891 a été marquée
par une réaction économique très accentuée. Après avoir voté,
pour venir en aide à l'agriculture, des droits élevés sur les
produits agricoles, sur le bétail et la viande importés, notamment un droit de 5 francs par hectolitre sur les blés, les
Chambres qui se sont succédé depuis 1881 ont successivement
imposé au gouvernement la dénonciation de tous les traités
de commerce et l'établissement de deux tarifs, l'un le tarif
minimum qui est appliqué aux produits des nations qui nous
accordent un traitement de faveur; l'autre qui est appliqué
aux produits des nations avec lesquelles nous n'avons pas
conclu d'arrangements particuliers. Ces deux tarifs, établis
dans une pensée nettement protectionniste, ont fixé, depuis
le mois de fév. 1892, le régime sous lequel sont placées nos
relations commerciales avec les pays étrangers. Il est à craindre que la réaction que nous subissons ne s'arrête pas là : en
matière de protection, *abyssus abyssum invocat* : après
avoir protégé l'agriculture et l'industrie, il faudra protéger
l'ouvrier contre le renchérissement de toutes les choses nécessaires à la vie, conséquence de la protection agricole, a empiré
la condition : de là à la stipulation d'un minimum de salaire,
d'un minimum d'heures de travail il n'y a qu'un pas, et il est
dans la logique des choses que ce pas soit franchi. Dès lors,
la protection accordée par les dernières lois votées à l'industrie et à l'agriculture paraîtra insuffisant et il deviendra nécessaire d'élever encore davantage l'espèce de muraille de
Chine que nous construisons autour de nos frontières, en même
temps que par une contradiction singulière nous multiplions
les moyens de communication et de transport avec les peuples
qui nous entourent. Voy. COMMERCE, COMPENSATEUR.

V. *Administration douanière.* — Cette administration
forme une direction générale du ministère des Finances. Le
Directeur général, assisté de deux administrateurs, forme le
conseil d'administration. Ce conseil délibère sur la formation
du budget général des dépenses de l'administration; sur les
affaires résultant de procès-verbaux de saisie ou de contravention; sur le contentieux de la comptabilité, les décès des receveurs et les contraintes à exercer contre les redevables; sur
les demandes en remboursement et réduction de droits; sur
les demandes et allocations de primes; sur les révocations,
destitutions, mises à la retraite et liquidations de pensions
des employés; sur les créations ou suppressions de bureaux de
d., ainsi que sur l'extension ou la restriction des attributions
de ces mêmes bureaux; sur les suppressions ou créations
d'emplois, à partir des recettes principales et des sous-inspec-
tions; et enfin sur les affaires qui lui sont renvoyées par le
directeur général ou par le ministre, pour avoir son avis. En
outre, il est autorisé à transiger sur les procès intentés ou
suivis pour contravention aux lois de d., soit avant, soit après
le jugement, et ces transactions sont définitives, soit par l'approbation du directeur général, quand la condamnation en-
courue n'excède pas 3000 fr., soit par celle du ministre, quand
la condamnation dépasse cette somme. — Dans les départements, le service des douanes comprend deux *directions.*
Chaque *Directeur* a sous ses ordres des *Inspecteurs,* des
Sous-Inspecteurs, des *Receveurs,* des *Vérificateurs* et des
Commis aux écritures. Le service se divise en deux branches principales : les *Bureaux,* où s'effectuent toutes les
opérations relatives à la perception des droits et aux actes ap-

plicables aux marchandises; et les *Brigades*, destinées à empêcher, par une surveillance active sur les côtes et sur les frontières, l'entrée ou la sortie en fraude des produits soumis aux droits. Ces brigades se composent de *Capitaines, Lieutenants, Brigadiers, Sous-brigadiers* et *Préposés*, et leur action est secondée, dans les pays maritimes, par une flottille de bâtiments légers. Les préposés des douanes peuvent faire, pour raison des droits de d., tous exploits et autres actes de justice que les huissiers ont coutume de faire. — Aux termes de la loi du 8 floréal an XI (28 avril 1803), la surveillance ou police des frontières de terre s'exerce dans un rayon de deux myriamètres et demi à partir desdites frontières. Les citoyens qui habitent dans cette zone, lorsqu'ils veulent faire venir de l'intérieur quelque objet dont l'exportation est soumise aux droits ou interdite, sont obligés de se munir d'un *passavant* spécial. Les commerçants, colporteurs, etc., qui se trouvent dans le même cas, sont également astreints à certaines formalités plus ou moins gênantes et soumis à une surveillance rigoureuse.

Sauf un certain nombre de produits qui sont frappés de prohibition, et qui peuvent seulement être déposés dans les bureaux à ce destinés, ou traverser la France (voy. Entrepôt et Transit), les marchandises de toute nature sont admises à l'*importation*, moyennant le paiement d'un droit variable suivant la nature de l'article importé. Mais, même en acquittant les droits, que d'entraves et de formalités à subir!

Toute marchandise qui entre en France ou qui en sort doit être déclarée à la d.; il n'est fait d'exception à cette règle qu'en faveur des membres du corps diplomatique directement accrédités, qui jouissent d'immunités particulières pour les objets destinés à leur usage. La déclaration doit indiquer le nombre, la nature, le poids ou la valeur des produits, suivant qu'ils sont taxés au nombre à la mesure, au poids ou à la valeur. La déclaration faite, les marchandises sont visitées, pesées, mesurées ou nombrées, si les préposés l'exigent, et ensuite les droits sont liquidés et perçus. L'inexactitude d'une déclaration entraîne la confiscation de la marchandise et l'application d'une amende. — Les contestations relatives à l'application des lois de d. sont de la compétence des tribunaux ordinaires. Les crimes de rébellion, etc., sont du ressort des cours d'assises.

Les droits de d. sont dus au comptant et doivent être acquittés en monnaie ayant cours légal. Dans certains pays, cependant, où le cours forcé a banni de la circulation la monnaie métallique, on a vu exiger le paiement des droits de d. en or, afin d'assurer un stock d'espèces métalliques dans les caisses publiques. — Les demandes en restitution de droits se prescrivent deux ans après l'époque du paiement des droits. De son côté, l'administration ne peut faire aucune demande en paiement de droits un an après l'époque où ils auraient dû être perçus. — Les droits ne sont pas dus pour les marchandises en *transit*, c.-à-d. qui ne font que passer sur le territoire français en destination d'un pays étranger. Enfin, les marchandises étrangères destinées à recevoir un complément de main-d'œuvre en France ou à y être fabriquées sont admises en franchise de droits, sous la condition qu'elles seront réexportées dans un délai maximum de six mois : c'est ce qu'on appelle l'*admission temporaire*.

VI. *Compte rendu des douanes*. — L'administration des douanes publie chaque année un *Tableau du commerce extérieur de la France*, où l'on trouve à peu près tous les matériaux nécessaires pour étudier le mouvement commercial de la France avec chaque pays étranger et pour chaque nature de marchandises. Ces relevés distinguent, en outre, ce qui concerne le *commerce général* et ce qui est relatif au *commerce spécial*. Le titre de *Commerce général* embrasse, pour l'importation, tout ce qui est arrivé en France, sans égard à la destination ultérieure des marchandises, soit pour la consommation, soit pour le transit, soit pour l'entrepôt et, pour l'exportation, tout ce qui passe à l'étranger, sans distinction de ce qui provient de l'intérieur, de l'entrepôt ou du transit. Sous le titre de *Commerce spécial*, au contraire, on comprend seulement, d'une part, les marchandises importées définitivement, c.-à-d. mises en consommation à l'intérieur, et d'autre part, les marchandises provenant du sol ou des fabriques de France qui ont passé à l'étranger. Ce sont donc les chiffres relatifs au commerce spécial qu'il faut consulter quand on veut se renseigner sur le mouvement industriel de la France dans ses rapports avec les autres pays, et particulièrement quand on veut comparer nos importations avec nos exportations. En outre, afin de faciliter les comparaisons d'une année ou d'une période quelconque avec les années ou les périodes précédentes ou suivantes, les états de

DÉSIGNATION DES MARCHANDISES	VALEURS	DROITS PERÇUS
Matières animales	fr.	fr.
Animaux vivants	94,753,868	2,913,860
Produits et dépouilles d'animaux	1,028,543,853	5,310,641
Pêches	63,571,339	1,338,248
Substances propres à la médecine et à la parfumerie	7,960,603	109,571
Matières dures à tailler	25,743,031	99,739
Matières végétales		
Farineux alimentaires	431,284,654	53,116,165
Fruits et graines	286,149,882	8,318,777
Denrées coloniales (non compris les sucres)	216,313,113	129,333,822
Huiles et sucs végétaux	76,588,350	3,306,165
Épices médicinales	11,980,401	49,979
Bois communs	157,907,514	174,715
Bois exotiques	29,522,025	55,698
Fruits, tiges et filaments à ouvrer	312,309,105	246,964
Teintures et tanins	12,145,915	31,839
Produits et déchets divers	63,965,275	834,715
Matières minérales		
Pierres, terres et combustibles minéraux	348,571,815	54,255,384
Métaux	168,655,221	1,977,594
Fabrications		
Produits chimiques	91,542,404	2,352,423
Teintures préparées	27,296,895	649,008
Couleurs	4,782,344	505,952
Compositions diverses	12,659,475	1,388,869
Boissons	380,083,194	20,849,042
Poteries, verres et cristaux	19,172,159	1,948,277
Fils	55,402,679	4,551,171
Tissus	182,829,976	15,365,599
Papier et ses applications	32,103,360	1,385,516
Peaux et pelleteries ouvrées	42,084,359	1,490,645
Bijouterie, horlogerie et ouvrages en métaux	98,304,279	6,195,055
Armes, poudres et munitions	2,452,715	356,794
Meubles, ouvrages en bois et instruments de musique	13,436,225	840,889
Sparterie, vannerie et corderie	18,083,090	464,232
Ouvrages en matières diverses	74,006,459	3,155,494
Acquits supplémentaires	»	1,709
TOTAL des marchandises diverses	4,390,295,277	322,974,550
Or, argent, platine, billon et numéraire	256,446,016	11,021
TOTAL des valeurs et des droits à l'importation	4,646,741,293	322,985,571
Droit de statistique	»	7,458,789
TOTAL des droits de douanes	4,646,741,293	330,444,360
Sucres		
Coloniaux (pour mémoire)	33,493,499	27,457,260
Étrangers (pour mémoire)	13,119,109	11,328,382
TOTAL GÉNÉRAL	4,693,354,451	368,930,002

douanes donnent l'évaluation de toutes les marchandises, de deux manières, en *valeurs officielles* et en *valeurs actuelles* ou *réelles;* mais ces deux locutions ont besoin d'être expliquées. Lorsque, en 1826, le gouvernement publia pour la première fois l'évaluation des marchandises de toute nature importées ou exportées, il fut arrêté que cette évaluation servirait, pour ainsi dire, d'*unité* permanente pour toutes les évaluations subséquentes, nonobstant les variations en plus ou en moins que subissent constamment les marchandises. Les mêmes sortes de produits étant donc toujours évaluées de la même manière, les différences qu'on remarque dans les chiffres qui expriment les *valeurs officielles* des objets représentent des différences de *quantités*; mais, vraies à leur origine, les *valeurs officielles* ne tardèrent pas à ne plus être en rapport avec le prix réel des marchandises. Aussi, vers 1847, les deux départements des finances et du commerce s'entendirent-ils pour déterminer chaque année les *valeurs actuelles* des produits. C'est depuis cette époque que les bases d'évaluation sont établies annuellement par une commission dite « Commission permanente des valeurs de douane », qui fixe, aussi approximativement que possible, le prix moyen de chaque catégorie de produits pendant l'année à laquelle le compte rendu se rapporte.

VII. *Produit des Douanes.* — Il existe entre la d. considérée comme instrument de protection et la d. considérée comme instrument fiscal un antagonisme évident. En effet, lorsque le législateur interdit l'importation de certains articles ces articles ne rapportent rien au Trésor. Si, au contraire, il permet leur importation sous le paiement d'un droit élevé, le revenu donné par ces marchandises sera d'autant moindre que le droit sera plus exagéré. Il est clair que les droits de d. perçus sur un article quelconque en accroissent nécessairement le prix, d'où résulte la nécessité de tarifs modérés, si l'on veut augmenter le nombre des consommateurs et, par conséquent, si l'on veut faire rendre beaucoup à la d.; mais un tarif modéré est un tarif fiscal et non un tarif protecteur. Une autre considération commande la modération, c'est la facilité de la contrebande, dont l'activité augmente en raison de l'élévation des droits douaniers. Le seul remède à la contrebande est l'abaissement des tarifs: car alors elle ne trouve plus une prime suffisante, les risques devenant supérieurs aux bénéfices possibles. Cette mesure accroît encore indirectement le revenu douanier, car elle rend la perception plus facile, et permet de diminuer le nombre des employés. Enfin, il est bon de remarquer que, à la différence des impôts ordinaires, les taxes douanières rendent d'autant plus au Trésor qu'on dégrève davantage les contribuables. Sans doute on voit dans tous les pays civilisés les recettes des douanes augmenter chaque année par suite du développement naturel de la production agricole et manufacturière; mais l'expérience est là pour démontrer que cet accroissement peut devenir beaucoup plus rapide par l'effet des réductions de tarifs. Voici d'ailleurs le relevé des recettes et des frais de régie d'après le compte définitif de chaque exercice:

ANNÉES	RECETTES	FRAIS DE RÉGIE
1791	24,532,565	7,719,440
1800	27,895,275	8,812,496
1810	116,607,750	23,657,923
1820	127,659,604	22,873,521
1830	137,961,925	23,757,401
1840	164,111,024	24,544,316
1850	127,079,351	25,724,729
1860	128,449,065	31,129,009
1869	145,339,078	27,676,085
1880	366,298,129	31,374,486
1890	403,808,719	36,068,676

Le tableau ci-contre donne l'énumération et la valeur des marchandises importées en France pendant l'année 1890, ainsi que le montant des droits de douane dont elles ont été frappées.

Le surplus des droits perçus par l'administration des douanes en 1890 (34,878,717 fr.) comprend : les droits de navigation, les droits accessoires et produits divers, les produits des amendes et confiscations, et le produit de la taxe de consommation des sels.

DOUANER. v. a. (R. *douane*). Mettre le plomb sur les objets présentés à la douane. || Par anal. Visiter comme on fait à la douane.

DOUANIER. s. m. Employé de la douane, qui est préposé pour visiter les marchandises importées ou exportées, pour percevoir les droits, etc.

DOUANIER, IÈRE. adj. Qui a rapport à la douane. *Tarif d. Taxe douanière.*

DOUAR. s. m. (ar. *adouar*, pl. de *dâr*, habitation). Mot arabe qui désigne une espèce de village formé de tentes disposées en

cercle, dont le milieu sert de parc pour renfermer les troupeaux pendant la nuit. || Par ext., se prend quelquefois pour *Tribu.*

DOUARNENEZ. ch.-l. de c. (Finistère). arr de Quimper; 10,000 hab.

DOUAY (ABEL), général fr. né à Besançon, tué à Wissembourg (1809-1870).

DOUBLAGE. s. m. (R. *doubler*). Action de doubler. || T. Mar. Opération qui consiste à recouvrir de feuilles métalliques la carène d'un navire. || Bande de toile destinée à renforcer une voile. || T. Filat. Enroulement d'un fil de soie avec un autre qui s'est rompu dans le dévidage.

Techn. — On appelle d. le revêtement en feuilles de cuivre de zinc ou en planches, qui enveloppe la carène d'un navire, afin de préserver cette partie, qui est constamment submergée, de la piqûre des vers et de tous les accidents qui attaqueraient les bordages. Les doublages de bois de sapin, jadis seuls employés, sont abandonnés aujourd'hui. Actuellement, on double presque tous les navires avec des feuilles de cuivre rouge. Ce d. est le plus durable, le plus propre à la marche du navire, à cause du poli de sa surface sur laquelle l'eau glisse très aisément, et le moins attaquable aux coquillages et aux herbes marines qui s'attachent à la Carène et retardent la marche des bâtiments. Il est aussi plus avantageux en cas de choc, parce que les ruptures ne s'étendent pas au delà du point frappé. Comme le cuivre est fort cher, on a essayé de doubler les navires avec le fer, le fer-blanc, le plomb et le zinc; mais on est toujours revenu au cuivre.

DOUBLANT, ANTE. adj. (R. *doubler*). Qui sert à doubler. Se dit principalement au théâtre d'un acteur qui en remplace un autre.

DOUBLE. adj. 2 g. (lat. *duplex*, m. s.) Qui vaut, qui pèse qui contient une fois plus que le simple. *D. louis. D. charge. D. dose. Une somme, une valeur d. d'une autre.* Celui *qui ne fait pas enregistrer un acte dans le délai prescrit paie d. droit.* || Composé de deux choses pareilles, ou analogues entre elles, ou seulement de même nature, de même espèce. *Feuillet d. D. porte. La maison a une d. entrée. Une boîte à d. fond. Fermer une porte à d. tour. Il m'a rendu un d. service. Ce fut un d. malheur. Il voit les objets doubles.* — *Mot, phrase à d. entente, à d. sens,* qui est susceptible de deux interprétations. — *Acte d.,* Acte fait deux fois. || T. Compt., *Tenue de livres en partie d.* ou *à partie d.,* Passer deux fois chaque article, l'une au crédit, l'autre au débit. Voy. COMPTABILITÉ. — *D. emploi,* Ce qui a été porté deux fois en recette ou en dépense dans un compte; et dans le langage ordinaire, ce qui fait inutilement répétition. *Cela fait double emploi.* || T. Jurisp. *D. lien,* Parenté des enfants qui ont le même père et la même mère. || T. Bot., *Fleur d.,* Fleur dont les étamines et les pistils se sont transformés en pétales. Voy. FLEUR. || T. Méd. *Fièvre d ,* Fièvre intermittente dans laquelle deux accès se produisent successivement. || T. Musiq., *D. croche,* Note marquée d'un double crochet ayant la moitié de la durée de la croche. — *D. fugue,* Fugue à deux sujets. || T. Jeu. Au domino. *D.-as, D.-deux, D.-trois,* etc., Domino sur lequel l'as, le point deux, etc., est répété. — Au Trictrac. *Gagner partie d.,* Prendre douze points de suite. = Fig., se dit de certaines choses plus fortes ou qui surpassent en qualité les autres choses de la même espèce. *D. bière. Encre d. D. bidet,* Bidet de très forte taille. || *Fête d.; D. majeur,* etc., Fête d'un rite plus solennel que les autres. || Qui a de la duplicité, *C'est un homme d. Un caractère d.* On dit dans ce sens anal., *C'est un homme à d. face, à d. visage.* || T. Géom. *Point d.,* Point où se rencontrent les deux branches d'une courbe. || T. Astron. *Étoile d.,* Système de deux étoiles. = **DOUBLE.** s. m. Toute chose qui équivaut à deux fois une autre. *Ce nombre est le d. de tel autre. Sa fortune est augmentée du d.* — *Parier d. contre simple,* Parier deux contre un. — *Jouer à quitte ou d.,* Jouer une partie d'un enjeu égal aux pertes. || *Le d. d'un corps de logis,* L'une des moitiés d'un corps de logis qui a double épaisseur. *Le d. d'un être humain,* Se disait dans la religion égyptienne, et se dit en occultisme de l'apparition de l'âme pendant la vie. — *Le d. d'un acte, d'un traité, d'une note,* L'un des originaux, ou seulement la copie d'un acte, etc. — *D. de compte,* Celui des originaux de compte que le comptable garde entre ses mains — *Avoir des doubles dans sa bibliothèque, dans son herbier,* etc , Avoir deux ou plusieurs exemplaires du même ouvrage, deux ou plusieurs échantillons d'une même plante, etc., *Je lui ai cédé mes doubles*. || *Mettre une chose en d., en plusieurs doubles*, La replier sur elle-même une ou plusieurs fois. || T. Théât. Acteur ou actrice qui remplace un chef d'emploi dans un rôle, *Cet acteur est le d. d'un tel. La pièce a été jouée par les doubles*. On dit dans un sens aussi., *Donner un rôle en d.* || T. Métrol. Monnaie ancienne qui valait deux deniers, et dont les six faisaient un sou. || *Cocon d.*, Cocon où se trouvent deux chrysalides. || T. Mar. *Manœuvre d.*, Manœuvre formant deux brins sur une poulie qu'elle embrasse. || T. Jeux. Saut où la corde passe deux fois sous les pieds avant qu'ils touchent la terre. == DOUBLE, s'emploie aussi adverbial. *Voir d.*, Voir les objets comme s'ils étaient doubles. *Payer d.*, Payer deux fois la valeur. == AU DOUBLE, loc. adv. Une fois plus. *Payer, acheter au d.* — Fig., *J'ai reçu de vous un bon office, je vous le rendrai au d.*

DOUBLÉ. s. m. T. Orfèv. Orfèvrerie recouverte d'une simple plaque d'or ou d'argent. Voy. PLAQUÉ. || T. Jeu de billard. *Voilà un beau d.*, Voilà une bille qui est belle à doubler, ou qui a été doublée adroitement.

DOUBLEAU. s. m. (R. *double*). T. Charpent. Solive plus forte que les autres, qu'on place dans un plancher, la solive d'enchevêtrure, par exemple. || T. Architect. *Arc-d.*, Arcade en saillie sur une voûte, accompagnée d'un pilastre. Voy. VOUTE.

DOUBLE-AUBIER. s. m. T. Bot. Aubier recouvert de bois parfait, et qui est le produit d'une lésion occasionnée par le froid dans un arbre. == Pl. *Des doubles-aubiers*.

DOUBLE-BEC. s. m. T. Techn. Sorte de cuiller à l'usage des ciriers. == Pl. *Des doubles-becs*.

DOUBLE-CANON. s. m. T. Typogr. Caractère d'imprimerie entre le gros canon et le triple canon. == P. *Des doubles-canons*.

DOUBLE-CHAÎNE. s. m. Forçat qui porte une double chaîne. == Pl. *Des doubles-chaînes*.

DOUBLE-CHALOUPE. s. f. T. Mar. Chaloupe de grande dimension. == Pl. *Des doubles-chaloupes*.

DOUBLE-CORDE. s. f. T. Mus. Manière de toucher simultanément deux cordes d'un instrument avec un archet. == Pl. *Des doubles-cordes*.

DOUBLE-MAIN. s. f. T. Musiq. Mécanisme qui, dans les orgues à clavier, sert à renforcer les effets. == Pl. *Des doubles-mains*.

DOUBLE-MARCHEUR. s. m. (Pl. *Des doubles-marcheurs*). T. Erpétol. — Ce mot est la traduction du nom gr. *Amphisbène* (ἀμφίς, de deux côtés, et βαίνω, je marche) donné par les Grecs à une espèce de serpent qui possédait, pensaient-ils, une tête à chaque extrémité du

corps et pouvait ainsi marcher en avant ou en arrière. Cuvier a adopté ce nom pour désigner sa première famille d'*Ophidiens vrais*. Aujourd'hui on en fait une famille de *Sauriens*, sous le nom d'*Amphisbéniens* ou d'*Annelés*. Les doubles-marcheurs, dit Cuvier, ont la mâchoire portée par un os tympanique immédiatement articulé au crâne, les deux branches de cette mâ-

choire soudées en avant, et celles de la mâchoire supérieure fixées au crâne et à l'os intermaxillaire, ce qui fait que leur gueule ne peut se dilater comme dans les autres ophidiens vrais, et que leur tête est toute d'une venue avec le reste du corps, forme qui leur permet de marcher également bien dans les deux sens. » En outre, ces animaux ont les yeux excessivement petits, le corps couvert d'écailles, l'anus fort près de son extrémité, la trachée longue, le cœur très en arrière, et les deux poumons très inégaux, l'un étant excessivement court, tandis que l'autre est fort étendu en longueur. Aucune des espèces de cette famille n'est venimeuse.

Les *Amphisbènes* ont le corps entouré de rangées circulaires d'écailles quadrangulaires, une rangée de pores au-devant de l'anus, et des dents coniques et peu nombreuses; mais celles-ci n'existent qu'aux mâchoires et non au palais. Presque toutes les espèces de ce genre sont américaines : telle est l'*Amph. enfumée* (Fig.) qu'on trouve au Brésil et à Cayenne. Ces animaux, dont la longueur ne dépasse guère 60 centimètres, vivent de petits insectes : aussi les rencontre-t-on souvent dans les fourmilières et les nids de Termites; ce qui a fait croire au peuple que les grandes fourmis se chargent de les nourrir. — Le genre *Leptosterne* diffère surtout du précédent par une réunion de quelques plaques qu'on remarque au-dessous de la partie antérieure du tronc.

Les *Typhlops* ont les yeux plus ou moins rudimentaires et ordinairement cachés sous la peau, ce qui leur a valu le nom sous lequel on les désigne (τυφλώψ, aveugle). Ils n'ont de dents qu'à l'une des deux mâchoires. Leur corps est vermiforme et couvert de petites écailles imbriquées, ce qui les fait ressembler, pour le coup d'œil, à des vers de terre. Ils habitent dans les lieux humides ou sous les pierres, se creusent de petites galeries à la manière des lombrics, et se nourrissent de larves, d'insectes et de petits vers. On en trouve dans les pays chauds des deux continents. La seule espèce européenne est le *Typh. vermiculaire* de l'Archipel et de la Morée.

Le genre *Trogonophide* est caractérisé par le mode d'insertion de ses dents, qui sont fixées sur le sommet même des maxillaires, au lieu d'être appliquées contre la face interne de ces os dans une sorte de rainure, comme on l'observe chez les genres précédents. La seule espèce connue, le *Trog. de Wiegmann*, habite la Barbarie : on l'a trouvée dans la province d'Oran. C'est un petit serpent vermiforme, long de 30 centimètres au plus, qui vit sous les pierres et dans les lieux obscurs.

DOUBLEMENT. adv. (R. *double*). Pour deux raisons, en deux manières. *Vous m'avez d. obligé. Il est d. puni.*

DOUBLEMENT. s. m. Action de doubler. *Il n'y a pas dans notre langue de règle générale pour le d. des consonnes.* || T. Prat. anc. Enchérir par d. et tiercement, Doubler, tripler les enchères. || T. Tactique anc. Augmentation des rangs ou des files d'un bataillon.

DOUBLER. v. a. (lat. *duplicare*, m. s.). Augmenter d'une fois autant, rendre le double. *D. la somme. D. la dose. Tous les postes furent doublés.* || T. Tactique anc. *D. les rangs et d. les files*, y mettre le double de ce qui a coutume d'y être. || S'emploie aussi pour marquer une augmentation considérable. *Il a doublé ses torts envers moi.* — *D. le pas*, Marcher plus vite. — T. Mar. *D. le sillage*, Faire plus de chemin. *D. un autre bâtiment*, Le surpasser en vitesse. *D. les manœuvres*, En augmenter le nombre, afin que, si l'une vient à se rompre, une autre puisse la remplacer. *D. un cap, une pointe*, etc., Passer au delà d'un cap, etc. *D. une ligne de vaisseaux ennemis*, La mettre entre deux feux. || Garnir d'une doublure, appliquer une étoffe contre l'envers d'une autre. *D. un manteau. D. une robe.* — T. Mar. *D. des voiles*, Les fortifier par de nouveaux lés de toile cousus sur ceux dont elles sont déjà composées. *D. un navire*, Lui faire un doublage de feuilles de cuivre, de planches, etc. || *D. un corps de logis*, Joindre un autre corps de logis à la face de derrière de celui qui est déjà fait. || T. Théâtre. *D. un rôle, un acteur*, Jouer un rôle au défaut de l'acteur chef d'emploi. || Mettre double et mettre en double. *D. du fil, de la laine,* *de la soie. D. une feuille de papier, une serviette.* || T. Jeu de billard. *D. une bille, La faire frapper contre une des bandes du billard pour qu'elle revienne au côté opposé. D. une bille au milieu, au coin,* et absolum., *D. au milieu, au coin.* == DOUBLER. v. n. Devenir double. *Leur nombre a plus que doublé. La population de cette ville a doublé en dix ans.* || T. Jeu de paume. *La balle a doublé,* Elle a touché deux fois la terre. || T. Manège. *Traverser le manège en ligne droite sans changer de main.* || T. Techn. Recouvrir une pièce d'orfèvrerie d'une plaque d'or ou d'argent. == DOUBLÉ, ÉE. part. || Adjectiv., T. Mathém. *Raison doublée,* Raison de carrés. *16 est à 4 en raison doublée de 4 à 2, c.-à-d. comme le carré de 4 est au carré de 2.* Inus. aujourd'hui.

DOUBLET. s. m. (R. *double*). Sorte de pierre fausse faite d'un morceau de cristal doublé en dessous avec du verre coloré. *Ce n'est pas une émeraude, c'est un d.* || Sorte de boule ne renversant pas les objets. || T. Jeu de trictrac. Les 2 dés qui amènent le même point. *D. d'as. D. de deux.* Amener *des doublets.* || T. Techn. Instrument dont les blondiers se servent pour assembler plusieurs fils de soie en un seul; on dit aussi *Doubloir.* — Outil pour mesurer et courber les fils de fer qui forment les dents des cardes; on dit aussi *Doubleur.* || T. Gram. Se dit des mots qui, ayant la même origine, se trouvent sous deux formes peu différentes, quelquefois avec le même sens ou à peu près, comme *pitre* et *pasteur; écrouelle* et *scrofule; jumeaux* et *gémeaux;* d'autres fois avec des sens différents, comme *parole* et *parabole; chanvre* et *chènevis; charte* et *carte.*

DOUBLETTE. s. f. (R. *double*). T. Mus. Jeu d'orgue dont les tuyaux sont d'étain. Voy. ORGUE. || Planche de chêne de 0ᵐ333 de largeur et 0ᵐ06 d'épaisseur; type adopté dans le commerce du bois.

DOUBLEUR, EUSE. s. (R. *doubler*). Celui, celle qui, dans les fabriques, double la laine, la soie, etc., sur le rouet. || s. m. T. Phys. Instrument pour apprécier l'état électrique de l'air. || T. Techn. Voy. DOUBLET.

DOUBLEUSE. s. f. Machine qui fait passer une seconde fois la canne à sucre entre les cylindres du moulin.

DOUBLIER. s. m. (R. *double*). Râtelier double au milieu d'une bergerie.

DOUBLIS. s. m. (R. *doubler*). T. Constr. Rang de tuiles, au-dessus de la chanlatte, dans un égout.

DOUBLOIR. s. m. T. Techn. Voy. DOUBLET.

DOUBLON. s. m. (R. *double*). T. Métrol. Monnaie d'or d'Espagne. Voy. MONNAIE. || T. Typogr. Répétition d'une partie de la copie. Voy. ÉPREUVE. || Feuille de tôle ployée en deux. || Languettes de métal doublées avant de passer sous le laminoir.

DOUBLOT. s. m. (R. *double*). T. Techn. Fil de laine double servant à faire la lisière des droguets.

DOUBLURE. s. f. (R. *doubler*). Étoffe qui est double ou est destinée à en doubler une autre. *La d. d'un manteau, d'une robe.* — Fig. et prov., *Fin contre fin n'est pas bon à faire d.,* on ne réussit guère à tromper aussi fin que soi. || T. Théât. Acteur qui en double un autre. *Cet acteur est la d. d'un tel.* — Fig. *Cette pièce était jouée par les doublures.* || T. Techn. Fente dans le fer qui constitue un défaut. || Panneau de bois sur lequel on place la matelassure d'une voiture.

DOUBS, riv. de France, passe à Pontarlier, Baume-les-Dames, Besançon, et se jette dans la Saône, rive gauche; 430 kil.

DOUBS (Dép. du), formé d'une partie de la Franche-Comté et du comté de Montbéliard; 303,000 hab. Ch.-l. *Besançon.* 3 autres arr. : *Baume-les-Dames, Montbéliard* et *Pontarlier.*

DOUCE. s. f. T. Métall. Mine douce de fer.

DOUCÉ. s. m. Sorte d'émeri très fin.

DOUCE-AMÈRE. s. f. T. Bot. Nom donné à une espèce de *Solanum* (S. *dulcamara*) à tige sarmenteuse, qui est

usitée en médecine comme dépurative. Voy. SOLANACÉES.

DOUCEÂTRE. adj. 2 g. [Pr. *dou-sâtre*] (R. *doux,* et le suff. péj. *âtre*). Qui est d'une douceur fade. *Une saveur d. Cela a quelque chose de d.*

DOUCEMENT. adv. (R. *doux*). Avec ménagement, sans sévérité, sans aigreur. *Reprendre quelqu'un d. de ses fautes.* — Avec humanité, avec bonté. *Traiter d. les vaincus. Il en use d. avec ses domestiques.* — Tranquillement, sans s'échauffer, sans s'emporter. *Nous nous expliquâmes d. et nous parvînmes à nous entendre.* || Tranquillement, paisiblement, avec calme. *Sommeiller d. Vivre d. dans la solitude.* — Agréablement, commodément, dans une certaine aisance. *Passer le temps d. avec ses amis. On peut vivre assez d. à la campagne avec peu de chose.* || Sans bruit, avec peu de bruit. *Marchez d., il dort. Je me glissai d. derrière son lit.* — À voix basse. *Ils parlaient si d. que je n'ai pu saisir ce qu'ils disaient.* — Sans éclat, sourdement. *C'est une chose qu'il faut faire d.* — Paisiblement, sans qu'il y ait de trouble, de désordre. *On craignait que la mesure ne causât quelque désordre, mais tout s'est passé fort d.* || Délicatement, avec ménagement. *Poser une chose à terre d. Allez-y plus d.* — Légèrement, faiblement. *Frapper d. Bercer d.* || Lentement. *Si vous allez si d., vous n'arriverez pas à temps. Le chemin est si mauvais qu'on est obligé d'aller d.* — *Aller d. en besogne,* Travailler mollement, ou mener une affaire sagement, sans rien précipiter. || Médiocrement bien. *Comment allez-vous ? D., très d. Cette affaire marche-t-elle ? Tout d.* || Fam., se dit lorsqu'on veut contenir ou réprimer la vivacité, la pétulance, l'impatience de quelqu'un. *D. monsieur, vous vous oubliez. D., ne nous échauffons point.*

DOUCEREUSEMENT. adv. (R. *doucereux*). D'une manière doucereuse.

DOUCEREUX, EUSE. adj. (R. *doux*). Qui est doux sans être agréable, qui est d'une douceur fade. *Vin d., liqueur doucereuse.* || Fig. et fam., Doux, poli, bienveillant, mais avec affectation. *C'est un homme d. Il a l'air d., a une mine doucereuse.* — Dans un sens anal., on dit, *Des propos doucereux. Des vers d. Cette douceur... D.,* très d. || S'emploie quelquefois substant., en parlant des personnes. *Faire le d. auprès des femmes.*

DOUCET (CAMILLE), auteur dramatique aimable, secrétaire perpétuel de l'Académie française. Si nous ne craignions de faire un jeu de mots, nous pourrions dire de lui qu'il écrivit, vécut et mourut « tout doucettement » (1812-1895).

DOUCET, ETTE. adj. et subst. Diminutif de *Doux;* ne se dit que des personnes et signifie, Qui a une apparence de douceur. *Il a un petit air d. Mine doucette. Faire le d. C'est une petite doucette.* Fam.

DOUCETTE. s. f. (R. *doux*). T. Bot. Nom donné à la plupart des espèces du genre *Valérianelle* dont les feuilles jeunes sont mangées en salade, en particulier la *Mâche.* Voy. ce mot et VALÉRIANÉES. || T. Comm. Légère étoffe de soie. || Sonde de mauvaise qualité. || Sirop de sucre appelé aussi *Roussette.*

DOUCETTEMENT. adv. [Pr. *dou-sè-teman*] (Dimin. de *doucement*). Avec une lenteur aimable et paisible.

DOUCEUR. s. f. (lat. *dulcor,* m. s., de *dulcis,* doux). Saveur douce. *La d. du miel, du sucre. Les fruits de nos jardins ont une d. exquise.* — Fam., se dit quelquefois des choses mêmes qui ont cette saveur. *Cet enfant aime beaucoup les douceurs.* || Par anal., se dit des qualités qui flattent les autres sens. *La d. d'un parfum. La d. de la voix. La d. de la peau. La d. de l'air, du temps. Son style est plein de d. et d'harmonie.* || Par ext., se dit des qualités qui flattent le goût, l'esprit, le cœur, qui procurent à l'âme une jouissance agréable et paisible. *La d. de ses yeux, de ses regards. Une grande d. de visage. Elle fut séduite par la d. de son langage. Mes peines ne sont pas sans quelque d. La solitude à ses douceurs.* || Qualité de l'âme, égalité d'humeur qui fait qu'on se prête aisément aux volontés d'autrui, et qu'on traite les autres d'une manière douce et éloignée de toute sévérité. *D. d'esprit, de caractère. Cet homme est d'une d. admirable. Cette femme est la d. même.* || S'emploie aussi absol. pour exprimer une façon d'agir douce et éloignée de toute espèce de violence. *Traiter quelqu'un avec d. Employer la d. Gouverner les peuples avec d. Prendre quelqu'un par la d.* Prov., *Plus fait d. que violence.* || T. Métall. La *d.* est le contraire de la *dureté. Le fer doux* est le fer aussi pur que possible; *l'acier doux* ne doit pas prendre la trempe. || Fam., *Douceurs,* au plur., se dit des choses flatteuses et galantes qu'un homme dit à une femme. *Conter, dire des douceurs à une femme.* || Fam., Profit, gratification. *Cela lui a valu quelque d. Les domestiques ont de la peine dans cette maison, mais ils y ont beaucoup de douceurs.* = EN DOUCEUR, loc. adv. e fam., Doucement, avec ménagement, avec précaution. *Quand vous soulèverez ce meuble, allez-y bien en d.* — *Prendre les choses en d.*, Ne point se blesser, ne point s'offenser de ce qu'il peut y avoir de désobligeant dans les procédés ou les paroles de quelqu'un.

DOUCHE. s. f. (lat. *ducere,* conduire, ou *sanscr. daka,* eau). T. Méd. Eau que l'on dirige sur une partie du corps d'un malade. — Au fig., Tout moyen propre à calmer une exaltation quelconque.

Méd. — On appelle d. une colonne d'eau ou de vapeur, d'une hauteur et d'un diamètre déterminés, qu'on dirige sur tout ou une partie du corps. Les principales douches liquides employées sont la D. *en pluie* et la D. *en lance* ou à jet mobile. On appelle *D. écossaise,* une d. chaude suivie d'une courte d. froide. — La *D.* est dite *descendante,* lorsque la colonne du liquide tombe verticalement, *ascendante* lorsqu'elle est dirigée de bas en haut, et *latérale* quand elle est dirigée horizontalement. Les *Douches d'eau* se distinguent en *chaudes* ou en *froides.* Celles-ci sont principalement employées dans le traitement de l'aliénation mentale : on les dirige le plus souvent sur la tête du malade, tandis que son corps est plongé dans une baignoire d'eau tiède. Elles déterminent un ébranlement particulier du système nerveux et une sensation profonde. On en obtient parfois des résultats fort avantageux. En les ordonne, et c'est là leur usage le plus général aujourd'hui, dans les maladies du système nerveux général, telles que l'hystérie, la neurasthénie: alors elles sont de très courte durée, 8 à 10 secondes, et la pluie ou la lance ne doit pas s'adresser à la tête, mais surtout le dos. Dans tous les cas, la d. agit surtout par la réaction vive qu'elle détermine. Pour faciliter cette réaction, il est bon que la d. soit suivie d'un exercice vigoureux : marche, gymnastique, escrime, etc. A défaut d'exercice, on fera des frictions énergiques après la d. — Les douches *chaudes,* particulièrement celles qui se font avec des eaux minérales, constituent un moyen précieux dans les rhumatismes chroniques, les affections chroniques des articulations, les engorgements chroniques des viscères, etc. Les douches liquides descendantes et latérales s'administrent au moyen d'un tuyau de cuir qui est muni d'un robinet qu'on ouvre et qu'on ferme à volonté, et où l'eau arrive d'un réservoir plus ou moins élevé. Les douches ascendantes ou anales ne sont que des lavements à forte pression.

Les *douches de vapeur,* aujourd'hui si usitées, sont employées dans les mêmes cas que les douches chaudes. On les administre de la même manière, au moyen d'un tuyau qui communique avec un réservoir renfermant de l'eau maintenue constamment à l'état d'ébullition. — On donne encore le nom de *douches d'air* aux injections d'air pratiquées dans certaines affections de l'organe auditif, pour débobstruer la trompe d'Eustache. Ces insufflations se pratiquent dans le nez par le moyen de la poire de Politzer.

DOUCHER. v. a. (R. *douche*). T. Méd. Donner la douche. *On m'a douché le genou. Se faire d.* = DOUCHÉ, ÉE. part.

DOUCHEUR, EUSE. s. m. et s. f. (R. *doucher*). Personne qui administre les douches.

DOUCI ou **DOUCHI.** s. m. (R. *doux*). Opération par laquelle on prépare les glaces à recevoir le poli; état d'une glace ainsi préparée.

DOUCIN. s. m. (R. *doux*). Variété de pommier servant de porte-greffe, lorsqu'on veut avoir des arbres de vigueur moyenne et se mettant vite à fruit. On le multiplie par boutures ou par marcottes en cépée. || T. Phys. Mélange d'eau douce et d'eau de mer.

DOUCINE. s. f. (R. *doux*). T. Archit. Moulure concave par le haut et convexe par le bas. || T. Techn. Rabot du menuisier servant à faire des moulures.

DOUCIR. v. a. (R. *doux*). T. Techn. Polir; ne se dit que des glaces et des métaux. *D. à la roue.* == DOUCI, IE. part.

DOUCISSAGE. s. m. (R. *doux*). T. Techn. Action de doucir.

DOUCISSEUR. s. m. (R. *douci*). T. Techn. Ouvrier qui fait le douci des glaces.

DOUDART DE LAGRÉE, marin français qui explora le Mékong (1823-1868).

DOUDEVILLE, ch.-l. de c. (Seine-Inférieure), arr. d'Yvetot; 2,900 hab.

DOUÉ, ch.-l. de c. (Maine-et-Loire), arr. de Saumur; 3,300 h.

DOUELLE. s. f. (lat. *dolium,* tonneau, ou plutôt d'un ancien radical *dol,* courbe). T. Archit. Le parement intérieur ou extérieur d'un voussoir. || Par ext., La courbure d'une voûte. || T. Tonnelier. Petite douve d'un tonneau.

DOUELLIÈRE. s. f. [Pr. *dou-è-lière*] (R. *douelle*). Plantation de châtaigniers exploités pour la fabrication des douves de tonneaux.

DOUER. v. a. (lat. *dotare,* doter). T. Droit. Donner, assigner un douaire. *Il a doué sa femme de telle somme.* || Dans le langage ordinaire, Avantager, pourvoir, orner; ne se dit que des avantages, que des grâces qu'on reçoit du ciel, de la nature. *La nature l'a doué d'heureuses facultés. Sa fille était douée d'une rare beauté.* = DOUÉ, ÉE. part. *C'est un jeune homme heureusement doué,* Qui possède des talents naturels, des aptitudes rares. = Conj. Voy. JOUER.

DOUÉRA. v. d'Algérie (Alger), arr. d'Alger; 4,200 hab.

DOUET-D'ARCQ, paléographe français né à Paris (1880-1882).

DOUGÉ. s. m. T. Techn. Ciseau plat pour fendre les ardoises.

DOUGLAS (DE), ancienne famille d'Écosse qui s'est rendue fameuse par sa rivalité avec les Stuarts.

DOUGLAS (STÉPHEN), homme d'État américain (1812-1861).

DOUGLASS (FRÉDÉRIC), ancien esclave nègre né vers 1817, recouvra la liberté par la fuite et devint l'un des abolitionnistes les plus influents et l'un des orateurs les plus éloquents de l'Amérique.

DOUIL. s. m. [Pr. *doul, l* mouillée]. Vaisseau pour le transport du raisin au pressoir.

DOUILLAGE. s. m. [Pr. *dou-llaje, ll* mouillées] (R. *douiller*). T. Manuf. Mauvaise fabrication des étoffes de laine provenant de la différence des trames employées.

DOUILLE. s. f. [Pr. *dou-lle, ll* mouillées] (bas-lat. *ductile,* gouttière, du lat. *ductilis,* facile à conduire). Portion de tube servant à assembler deux pièces entre elles. || Petit tube; se dit principalement de la partie creuse et cylindrique d'une baïonnette, du fer d'une pique, d'une bêche, etc., qui sert à l'adapter au canon du fusil, au bois de la pique, au manche de la bêche, etc. || T. Géod. Boîte dans laquelle les géomètres font entrer les pieds de leurs instruments. || T. Chim. Tuyau soudé sur le côté d'un alambic et par lequel on peut introduire le liquide.

DOUILLET, ETTE. adj. [Pr. *dou-llè, ll* mouillées]. Doux et mollet, tendre et délicat. *Un oreiller bien d. Il a la peau douillette.* || Se dit d'une personne trop délicate qu'un rien incommode. *Il est très d.* = Subst., *C'est une douillette. Faire le d.* || Se dit quelquefois pour sensible, en parlant d'une partie d'un corps, d'un membre qui a été malade et n'est pas encore bien rétabli. *Il a encore le pied d.*

DOUILLETTE. s. f. [Pr. *dou-llète, ll* mouillées] (R. *douillet*). Pardessus de soie ouaté.

DOUILLETTEMENT. adv. [Pr. *dou-llè-teman, ll* mouillées] (R. *douillet*). D'une façon douillette.

DOUILLETTER. v. a. [Pr. *dou-llè-ter, ll* mouillées] (R.

douillet). Être aux petits soins pour une personne. ‖ SE
DOUILLETTER. v. réfl. Se traiter d'une manière douillette.

DOUILLEUX, EUSE. adj. [Pr. *douieu*]. T. Techn. Qui
a du douillage; pièce d'étoffe ridée et mal unie.

DOUILLON. s. m. [Pr. *douion*]. T. Comm. Laine de qualité
inférieure.

DOULEUR. s. f. (lat. *dolor*, m. s.). Sensation pénible résultant d'une impression quelconque produite sur une partie
du corps. *D. vive, aiguë, insupportable. Sentir, éprouver
une d., de la d. dans la tête, à la tête. Causer de la d.
Résister à la d. D. de tête, d'estomac, etc., qu'on
éprouve à la tête, etc. — Les douleurs de la goutte, de
l'enfantement,* etc., Douleurs que cause la goutte, etc. On dit
de même, *D. rhumatismale, néphrétique,* etc. — *Cri de d.,*
Cri que provoque la douleur. ‖ Impression morale pénible que
font éprouver les peines de l'esprit ou du cœur et l'état
moral qui en résulte. *Une d. mortelle. D'amères douleurs.
Apaiser, soulager, modérer la d. de quelqu'un. Faire
éclater, laisser éclater sa d. La d. l'a conduite au tombeau. L'accent de la d.* Prov., *Pour un plaisir, mille douleurs,* Si l'on a quelque plaisir dans la vie, il est suivi de
mille amertumes.

    L'homme peut haïr l'homme et fuir; mais malgré lui
    Sa douleur tend la main à la douleur d'autrui.
                        A. DE MUSSET.

= Syn. Voy. AFFLICTION.
Pathol. — La *D.* résulte d'impressions particulières trop
violentes et plus ou moins destructives faites sur les extrémités, les filets ou les troncs des nerfs, impressions qui
sont transmises par ces nerfs au cerveau et perçues par cet
organe. Toute d. a son siège véritable dans le cerveau : car
c'est uniquement dans le centre cérébral que l'impression,
par cela qu'elle est perçue, devient une sensation. En effet,
lorsqu'on fait cesser, par la section du tronc ou des rameaux
nerveux, toute communication entre l'appareil encéphalique
et la partie sur laquelle agit l'impression, celle-ci n'étant
pas perçue, la sensation de d. ne peut plus se produire. Il en
est de même lorsque, cette communication n'étant pas interrompue, le cerveau se trouve lui-même dans certains états
physiques ou moraux particuliers. C'est ainsi que, dans certaines formes d'aliénation mentale, dans les attaques d'épilepsie et d'hystérie, dans l'extase, dans certains cas d'affections morales très vives, le cerveau, ou malade, ou occupé
ailleurs pour ainsi dire, se montre indifférent aux impressions
quelconques qui lui sont apportées par les nerfs. C'est donc
de l'état accidentel ou habituel du cerveau que résulte la différence d'impressionnabilité à la d., si l'on peut parler ainsi,
qu'on observe chez les divers individus et dans les diverses races
de l'espèce humaine. — Quoique la d., comme toutes les autres
sensations, ait son siège dans le cerveau, celui-ci la rapporte
au lieu et à l'organe qui a reçu l'impression déterminante de
la sensation douloureuse : on souffre à la peau, à l'estomac, etc., et c'est pour cela que, dans le langage ordinaire,
on dit qu'on éprouve une d. à l'estomac, etc. Dans ce sens,
toutes les parties du corps, à l'exception de l'épiderme, des
ongles, des cheveux et des poils, peuvent devenir le siège de
douleurs : l'absence de tout filet nerveux dans la couche épidermique, etc., explique aisément cette exception.
   La d. varie, pour l'intensité et le caractère, suivant les
tissus où elle prend naissance et suivant les causes qui la produisent; elle n'est pas la même dans le nerf et dans le muscle,
dans l'inflammation et dans le cancer, etc.; mais nous ignorons le pourquoi de ces différences, car ce n'est pas répondre
que de dire, avec Bichat, que chaque tissu vit à sa manière,
et est doué d'un mode de sensibilité particulier. Dans tous
les cas, il résulte de là une foule d'espèces de douleurs qu'on
désigne par des expressions particulières, telles que celles-ci :
*démangeaison, prurit, cuisson, picotement, érosion, brû-
lure;* douleur *gravative, pulsative, pongitive, lancinante,
tensive, contusive, mordicante, déchirante, térébrante,
conquassante, vive, sourde, obtuse; tranchées;* douleur
nerveuse, goutteuse, rhumatismale; sensation d'*étouffement,* de *suffocation,* de *strangulation; malaise, anxiété,
frisson, froid fébrile, horripilation, fatigue, lassitude,
brisement des membres; impatiences et inquiétudes musculaires; agacement et crispation des nerfs; fourmillement, engourdissement,* etc. (La plupart de ces termes
étant faciles à comprendre, il serait fastidieux d'en donner
l'explication.) En outre, on donne aussi à la d. des dénomi-

nations relatives à la partie dont elle est le siège. On l'appelle
Odontalgie lorsqu'elle affecte les dents; *Otalgie* quand elle
a son siège dans l'oreille; *Névralgie* lorsqu'elle réside dans
un tronc ou dans un rameau nerveux; la d. de tête est
appelée *Céphalalgie* lorsqu'elle est aiguë *Céphalée,* quand
elle est chronique, *Hémicrânie* ou *Migraine* quand elle
n'occupe qu'un côté de la tête; la d. de l'estomac a reçu les
noms de *Cardialgie* et de *Gastrodynie;* celle des intestins
et de certains viscères est appelée *Colique;* celle des mamelles, *Mastodynie,* etc.
   La d. n'est qu'un symptôme, mais ce symptôme, qui réside
dans une exaltation morbide de la sensibilité, accompagne le
plus grand nombre de maladies. C'est elle en général qui, la
première, appelle l'attention sur la partie malade; et elle
concourt, avec les autres ressources de la séméiologie, à
éclairer le médecin sur le siège et la nature des affections.
Enfin, elle est quelquefois entre ses mains un puissant moyen
de guérison. Mais la douleur ne se borne pas toujours à remplir ce que nous appellerions volontiers cette utile fonction.
Dans un grand nombre de cas, elle constitue le symptôme pré-
dominant et le plus intolérable de la maladie, et tous les efforts
de l'art ont pour objet de la supprimer. A cet effet, on a surtout recours aux substances désignées sous le nom de *narcotiques,* telles que l'opium et ses alcaloïdes, la ciguë, la
belladone, la stramoine, etc., qu'on emploie, soit à l'intérieur,
soit à l'extérieur, en les appliquant sur le siège de la d.
Dans les grandes opérations chirurgicales, la douleur extrême
qui les accompagne parfois, produit des résultats les plus
fâcheux : elle épuise les forces du malade avec une promptitude dangereuse, et peut même, quand son intensité est
portée au maximum, déterminer la mort; heureusement la
découverte des moyens *anesthésiques* est venue nous fournir
le moyen d'anéantir la d. dans tous les cas où l'intensité de
celle-ci peut être un danger ou même un simple inconvénient.
Voy. ANESTHÉSIE. — En termes d'accouchement, on dit
petites et grandes douleurs : elles sont dues aux contractions de la matrice au moment de l'accouchement. Les premières, qui ont lieu tout au début, annoncent l'accouchement;
les secondes signifient que le fœtus ne va pas tarder à être
mis au monde.

DOULLENS, ch.-l. d'arr. (Somme); 4,700 hab.

DOULOIR (SE). v. pron. (lat. *dolere,* ressentir de la douleur).
Se plaindre. Vx, et ne se dit qu'à l'infinitif.

DOULOUREUSEMENT. adv. (R. *douloureux*). Avec douleur, d'un ton douloureux. *Il a été très d. affecté de la
perte de son fils. Se plaindre d.*

DOULOUREUX, EUSE. adj. (lat. *dolorosus,* m. s.). Qui
cause de la douleur, qui marque de la douleur. *Une plaie
douloureuse. Un mal d. Des cris d. Une sensation dou-
reuse.* — Par ext., se dit des parties du corps qui sont si
sensibles qu'on ne saurait y toucher sans causer de la douleur. *Il a le pied d.* ‖ Qui cause de la peine, de l'affliction.
*Souvenir d. Cette perte m'a été fort douloureuse. Une
séparation douloureuse.*

DOUM. s. m. [Pr. *doumm*] (mot arabe). T. Bot. Nom vulgaire donné par les Arabes à l'*Hyphæne thebaica* de la
famille des *Palmiers,* tribu des *Borassées.* Voy. PALMIERS.

DOUNDAKÉ. s. m. T. Bot. Sous ce nom, on désigne
l'écorce d'un arbrisseau de la famille des Rubiacées, le *Sar-
cocephalus esculentus,* qui paraît être exclusif à l'Afrique
occidentale, où il est largement disséminé depuis le Sénégal
jusqu'au Gabon. Son écorce, introduite dans la thérapeutique
en ces dernières années, est réputée fébrifuge, mais elle
serait plutôt un tonique amer analogue au *Quassia amara.*
On a administré ce médicament contre la paralysie agitante,
contre la cachexie paludéenne et contre la diarrhée infantile.

DOUNGARETA, petit port de la baie de Tadjoura, dans le
golfe d'Aden; à la France.

DOUPION. s. m. (ital. *duppio,* double). T. Comm. Sorte
de soie grossière provenant des cocons doubles.

DOURANI, importante tribu de l'Afghanistan.

DOURDAN, ch.-l. de c. (Seine-et-Oise), à la source de
l'Orge, arr. et à 22 kil. au S.-E. de Rambouillet; 3,100 hab.

DOURGNE, ch.-l. de c. (Tarn), arr. de Castres; 1,850 hab.

DOURINE. s. f. T. Vétérin. Maladie du cheval, appelée aussi *Maladie du coït*, *vénérienne*, *paralysie des reproducteurs*, considérée à tort comme n'étant que la syphilis transmise à la race équine. Cette infection est chronique; son début a lieu sur la muqueuse génitale sous forme de taches, vésicules, ou ulcérations amenant un gonflement inflammatoire et œdémateux des organes, et une excitation génésique vive. La généralisation ne se réalise qu'au bout de plusieurs semaines et même de plusieurs mois; elle se manifeste par l'apparition d'épaississements durs de la peau, arrondis, aussi grands ou plus grands qu'une pièce de 5 francs, par une paralysie graduelle des membres postérieurs qui sont traînés pendant la marche avec des flexions spasmodiques plus ou moins fréquentes du boulet, et par un amaigrissement et une faiblesse progressive. La mort survient à peu près dans 70 0/0 des cas après six mois, un, deux, trois ou quatre ans. On a attribué cette maladie, dont le diagnostic est souvent difficile à établir, surtout au début, à un microcoque qui se trouve dans les sécrétions génitales, le liquide rachidi en et les racines médullaires des nerfs. On a pu la transmettre par inoculation directe. On ne peut espérer une guérison qu'au début de la maladie et avec les désinfectants spécifiques, tels que le sublimé, l'iodure de potassium.

DOURLACH ou **DURLACH**, v. du grand-duché de Bade; 8,000 hab.

DOURO s. m. T. Métrol. Monnaie d'argent d'Espagne, valant environ 5 fr. 20. Voy. MONNAIE.

DOURO, fleuve de l'Espagne et du Portugal, se jette dans l'Atlantique, 850 kil.

DOURRA. s. m. T. Bot. Nom vulgaire donné par les Arabes au Sorgho à balais (*Sorghum vulgare*), plante de la famille des *Graminées*. Voy. ce mot.

DOUSCHAN (ÉTIENNE), empereur des Serbes de 1336 à 1356.

DOUTE. s. m. (R. *douter*). État de l'esprit qui hésite entre l'affirmation et la négation. *Être en d. Laisser en d. Flotter dans le d. N'avoir aucun d. Former un d. Laisser un d. Délivrer quelqu'un d'un d. Cela est hors de d. Nul d., point de d. que cela ne soit.* Prov., *Dans le d., abstiens-toi.* — *Mettre une chose en d., la révoquer en d.,* En contester la certitude. *Le d. est le commencement de la sagesse* (ARISTOTE). *Le d. amène l'examen, et l'examen la vérité* (ABAILARD). *Le d. est l'école de la vérité* (F. BACON). || Soupçon, conjecture. *J'avais bien quelque d. de cette intrigue.* || Crainte, appréhension. *Dans le d. d'un évènement fâcheux, il faut prendre ses précautions.* — SANS DOUTE. loc. adv. Certes, assurément. *C'est là sans d. une très belle action. Viendrez-vous demain? Sans d.* || Par ext., probablement, selon toutes les apparences. *C'est là sans d., monsieur votre père. Il arrivera sans d. aujourd'hui.* — Par ellipse, se joint quelquefois avec la conj. *Que. Sans d. que vous n'avez pas fait attention à ce que vous disiez.*

Syn. — *Incertitude, Irrésolution.* — Ces trois mots marquent l'indécision; mais l'*incertitude* vient de ce que l'évènement des choses est inconnu; le *doute*, de ce que l'esprit ne sait pas faire un choix; et l'*irrésolution*, de ce que la volonté a de la peine à se déterminer. On est dans l'*incertitude* sur l'issue d'un procès, dans le *doute* de ce qu'on doit croire ou faire; dans l'*irrésolution* sur ce qu'on veut faire.

Philos. — L'homme, en même temps qu'il est doué d'intelligence, est un être faible et borné : il y a donc des choses qu'il ignore, d'autres qu'il connaît avec une entière certitude, et d'autres dont il est forcé de douter. S'abstenir d'affirmer lorsque notre intelligence manque des moyens de découvrir le vrai, est sage et légitime ; mais se résigner à l'incertitude et ne faire aucun effort pour en sortir, c'est indolence d'esprit et lâcheté de cœur. En ce qui concerne les questions philosophiques et religieuses, il est des gens que *le doute* torture et qui cependant ne parviennent pas à se faire une conviction. Ceux-là sont surtout à plaindre; mais il y en a d'autres qui s'accommodent facilement de leur ignorance, la déclarent irrémédiable, font tout aucun effort pour en sortir et regardent passer la vie autour d'eux comme un spectacle dont ils cherchent seulement à s'amuser. Cet état d'esprit a même été vanté comme la sagesse suprême par plusieurs littérateurs contemporains. On lui a donné le nom de *dilettantisme*.

Le scepticisme, c.-à-d. le d. érigé en système philosophique, est peut-être un symptôme moins grave que cette atonie ordinairement incurable. Le scepticisme, en effet, exige un certain déploiement de force intellectuelle ; ses efforts pour recueillir les motifs plus ou moins spécieux qu'il a de douter, et pour démontrer que tous les problèmes sont insolubles, témoignent même que l'esprit se préoccupe encore de leur solution. — Il faut se garder de confondre avec le d. des sceptiques ce d. provisoire et fictif qu'on a si bien nommé le *d. méthodique*, car il n'est lui-même qu'un moyen d'arriver à la vérité. Il a pour unique objet, comme l'a fait voir Descartes, la recherche d'une vérité incontestable qui résiste à tous les efforts faits pour l'ébranler, et qui soit capable de servir de base à toutes les autres vérités qu'il importe à l'homme de connaître. — Voy. PHILOSOPHIE, SCEPTICISME, CERTITUDE.

DOUTER. v. n. (lat. *dubitare*, m. s.). Être dans l'incertitude, n'être pas sûr. *D. du zèle, de la probité de quelqu'un. D. du succès d'une affaire. D. de tout. N'en doutez pas. Je doute fort qu'il vienne. Doutez-vous que je ne tombe malade, si je fais cette imprudence? J'en doute. Je doute fort si je partirai demain.* — *D. de quelqu'un,* Avoir des soupçons sur sa probité, sur sa fidélité, etc. *Il n'est impossible de d. de lui. En amour, on doute souvent de ce qu'on croit le plus* (BAYLE). — Fam., *Ne d. de rien,* se dit de celui qui décide hardiment des matières les plus difficiles, qui se jette avec confiance dans des entreprises hasardeuses. *Les sots ne doutent de rien.* On dit aussi absol., *Cet homme ne doute jamais.* = SE DOUTER. v. pron. Croire sur quelque apparence, conjecturer, soupçonner. *Se d. de quelque chose. Elle s'en était toujours doutée. Je me doutais bien qu'il en viendrait là.* || Fam., *Ne pas se d.* d'une chose, L'ignorer complètement, ou la connaître fort mal. *Il se prétend fort habile dans cet art, mais il ne s'en doute pas. Il y a bien des choses dont vous ne vous doutez pas.*

Obs. gram. — *Douter* suivi de la conjonction *que*, régit toujours le subjonctif. *Je doute fort que cela soit. Je ne doute pas qu'il ne vienne. Doutez-vous que je sois malade? Doutez-vous qu'il ne vienne?* Si le premier terme de la phrase a la forme affirmative, on ne doit pas employer la négation : *Je doute qu'il soit heureux.* Si le premier terme a la forme négative, le second doit prendre la négation : *Je ne doute pas qu'il ne vienne.* Si le premier terme est interrogatif, on met ordinairement *ne*, à moins que l'ensemble de la phrase ne soit affirmatif. Ainsi on dira : *Doutez-vous que je ne tombe malade, si je commets cette imprudence?* et : *Doutez-vous que je sois sincère?* = Le verbe pronominal *Se douter*, ne suit pas les mêmes règles, attendu qu'au lieu de marquer l'incertitude, il a, généralement une signification positive, celle de croire, de soupçonner. En conséquence, lorsqu'il est suivi de *que*, il régit habituellement l'indicatif : *Je me doute qu'il viendra. Il se doutait bien qu'on en viendrait là. Vous doutiez-vous que la chose se passerait ainsi?* Le subjonctif ne devient nécessaire que quand le premier terme exprime lui-même une négation, ou présente la forme interrogative avec une signification d'incertitude : *Il ne se doutait pas qu'on eût des preuves contre lui : Vous seriez-vous jamais douté qu'il pût réussir à s'échapper?*

DOUTEUR, EUSE. s. m. et f. Personne qui doute.

DOUTEUSEMENT. adv. (R. *douteux*). Avec doute. Inus.

DOUTEUX, EUSE. adj. Dont il y a lieu de douter. *Un succès d. Une affaire douteuse. Réputation douteuse. Probité douteuse. Son droit était plus que d.* || En parlant des personnes, se dit de ceux lesquels on ne peut pas trop compter, ou de l'opinion desquels on n'est pas très sûr. *Trois membres sont pour vous, trois contre, et les autres sont d.* || Équivoque, ambigu. *Une réponse douteuse.* || *Jour d., lumière, clarté douteuse,* Jour ou lumière faible qui permet à peine de distinguer les objets. || T. Gramm. *Noms d.,* Ceux que les uns mettent au masculin et d'autres au féminin. — Dans la Prosodie, *Voyelle, syllabe douteuse,* Celle qui est longue ou brève dans le vers, à la volonté du poète. || *Douteux* s'emploie quelquefois subst., dans la première de ses acceptions. *Risquer le certain pour le d. Gardons-nous de mêler le d. au certain et le chimérique avec le vrai.*

Syn. — *Incertain, Irrésolu.* — *Douteux* se dit des choses; *incertain* se dit des choses et des personnes; *irrésolu* ne se dit que des personnes; il marque de plus une disposition habituelle, et tient au caractère. On dit d'un fait légèrement avancé, qu'il est *douteux* ; d'un bonheur légèrement espéré, qu'il est *incertain* Ainsi, *incertain* se rapporte à l'avenir, et *douteux* au passé ou au présent.

DOUTIS. s. m. T. Comm. Toile de coton blanche des Indes.

DOUVAIN. s. m. (R. *douve*). T. Techn. Bois propre à faire des douves.

DOUVAINE, ch.-l. de c. (Haute-Savoie), arr. de Thonon, 1,300 hab.

DOUVE. s. f. (bas-lat. *doga*, m. s. orig. germanique); ou gr. δοχή, réservoir). T. Techn. Planche qui entre dans la construction d'un tonneau ou de quelque autre ouvrage de tonnellerie. *Les douves d'un tonneau.* || Planche qui sert à ratisser les peaux de veaux pour en détacher les parcelles de sang qui y adhèrent. || L'une des pièces de la machine à carder. || T. Fortif. Cunette de fossé || T. Const. Habitation creusée dans le tuf. || Mur de soutènement d'un bassin ou d'un canal.

DOUVE. s. f. (vx fr. *douve*, fossé). T. Bot. Nom vulgaire donné à deux espèces de Renoncules (*Ranunculus flammula*, Petite D., et *R. lingua*, Grande D.), qui croissent dans les endroits humides. Voy. RENONCULACÉES. || T. Zool. Nom vulgaire des *Vers* du genre *Distome*, appartenant à la classe des PLATHELMINTHES. Voy. ce mot, et CACHEXIE.

DOUVE (LA). Petit fleuve côtier du dép. de la Manche, 70 kil.

DOUVELLE. s. f. (Diminut. de *douve*). T. Constr. Petite douve.

DOUVERRET. s. m. [Pr. *dou-vè-rè*]. T. Arbor. Sorte de pomme à cidre.

DOUVILLE, voyageur et naturaliste français (1794-1837).

DOUVRES, ch.-l. de c. (Calvados), arr. de Caen, 1,700 hab.

DOUVRES, v. d'Angleterre (en angl. *Dover*), comté de Kent, sur le Pas de Calais, en face de Calais; 29,000 hab.

DOUX, OUCE. adj. (lat. *dulcis*). Dont la saveur est agréable et analogue à celle du miel, du lait, du sucre. *Orange douce. Ce fruit est trop d. Huiles d'amandes douces. Un aliment d. et sain.* Prov., *Ce qui est amer à la bouche est d. au cœur.* On dit aussi subst., dans ce sens, *L'amer et le d. sont deux qualités contraires.* — *Eau douce,* L'eau des rivières, des lacs, des étangs et des fontaines, par oppos. à l'eau de la mer, qui est salée. *Poisson d'eau douce.* || Par anal., se dit de tout ce qui fait une impression agréable sur les autres sens, sans y causer une sensation vive. *Cela est d. au toucher. D. à la vue, à l'odorat, à l'oreille. Haleine douce. Un parfum très d. Avoir la peau douce. Son chant avait je ne sais quoi de d. qui pénétrait l'âme. Un d. parler. Le d. murmure des eaux. Une lumière douce. Des mouvements d. Un d. balancement. Style d.,* Style aisé et coulant. *Une éloquence douce,* Éloquence où l'on ne remarque pas de grands mouvements, mais qui plaît et s'insinue dans le cœur. *Il avait une éloquence douce et persuasive.* On dit dans le même sens, *Une douce onction.* — *Vue douce,* Vue où il y a d'agréables repos, paysage harmonieux et paisible. *Cheval d., monture douce,* Qui ne fatigue point le cavalier. Dans un sens anal., on dit, *Une voiture douce.* — *Escalier d., montée douce, pente douce,* Qui n'est pas rude, qu'on monte sans fatigue. — T. Méd. *Purgation douce, médecine douce, purgatif d.,* Qui a peu d'activité, ou bien qui agit sans fatiguer le malade. || En parl. de l'état de l'atmosphère, sign. Qui est d'une température agréable, qui n'est ni trop chaud, ni trop froid, qui est calme. *Un air d. Un temps d. Il fait très d.* Poétiq., on dit aussi, *La douce haleine du zéphyr, des vents.* — *Chaleur douce,* Chaleur modérée, agréable; se dit aussi de la température d'un corps quelconque. — *Douce influence,* Influence agréable, salutaire, et qui se fait sentir peu à peu. *La douce influence du printemps.* || Calme, tranquille. *Un d. sommeil. Le d. silence de la mort. Une douce soirée. Une douce retraite. Une douce mélancolie. Une mort douce.* || Qui est sans peine, qui est aisé à supporter, qui n'est pas rigoureux. *Un travail d. Le service est d. dans cette maison. Un sort fort d. De d. reproches. Des lois douces. La douce morale de l'Évangile. Un châtiment d. C'est un supplice trop d. pour un

monstre pareil.* || Fig., Humain, clément, affable, bénin; se dit alors par opposit. à cruel, farouche, rude, sévère. *Un homme d., d'un esprit d., d'un caractère d. Humeur douce. Naturel et Un peuple d. et hospitalier. Il a des inclinations douces, des mœurs douces. Cet animal est fort d.* On dit également, *Une douce bienveillance, une douce affabilité, une douce piété,* etc. || Qui dénote la bonté habituelle de l'âme, une disposition bienveillante, affectueuse, etc. *Une physionomie douce. Un d. sourire. Un air d. et gracieux. Parler d'un ton d. Une douce gaieté.* — *De douces paroles,* Des paroles obligeantes, affectueuses, ou des propos tendres, galants. On dit aussi, dans ce dernier sens, *De d. propos.* — Fam., *Faire les yeux d.,* Regarder quelqu'un tendrement. || Fig. Qui émeut ou touche agréablement; qui flatte l'esprit, le cœur, l'imagination, et procure à l'âme une jouissance agréable et paisible. *Un d. entretien. De d. entretiens. Un d. souvenir. Une d. émotion. De douces larmes. Une douce espérance. Les d. épanchements du cœur. Les plus d. sentiments de la nature. Une douce surprise. De doux liens. C'est une chose bien douce que l'indépendance. Rien n'est plus d. que de pouvoir faire des heureux.* — Subst., *Passer du grave au d., du plaisant au sévère.* || T. Métall. *Minerai d., mine douce,* Qui se fond avec facilité. *Métal d.,* Qui se plie aisément sans se casser. || T. Techn. *Lime douce,* Lime dont les dents sont très peu saillantes. — *Doux* s'emploie adverbial. dans ces deux phrases: *Filer d.,* Se soumettre humblement, et *Avaler une chose d. comme lait,* Recevoir humblement. = TOUT DOUX. loc. adv. et fam., qu'on se sert pour reprendre quelqu'un qui s'emporte, qui s'oublie, etc. *Tout d., s'il vous plaît.* = A *la douce,* Tout doucement.

DOUZAIN. s. m. (R. *douze*). Petite pièce de monnaie qui valait douze deniers.

DOUZAINE. s. f. collect. (R. *douze*). Nombre de douze, assemblage de choses de même nature au nombre de douze. *Une d. d'œufs, de chemises. Deux douzaines d'assiettes. Nous étions une d. à table.* — Se dit quelquefois pour un nombre indéterminé, mais peu considérable. *Une d. de personnes.* || Fig et fam., *Un d. d'une chose de peu de valeur. C'est un poète à la d.* — *Il ne s'en trouve pas à la d.,* ou *Il n'y en a pas treize à la d.,* Il ne s'en trouve pas communément. || T. Techn. Série de douze coups de marteau frappés successivement par le batteur d'or. || Dans les fabriques de pipes, réunion de quinze rouleaux ou de quinze pipes.

DOUZE. adj. numéral 2 g. (lat. *duodecim*, m. s.). Nombre pair composé de dix et de deux. *D. écus. Les d. mois de l'année. Les douze apôtres. Nous étions d. à table.* || Se dit quelquefois pour douzième. *Page d. Chapitre d. Article d. Louis d.* On écrit ordinairement, *Louis XII.* || T. Artill. *Pièce de douze,* Pièce de canon dont le boulet pèse douze livres = DOUZE. s. m. Le nombre d. *Le produit de d. multiplié par trois. Le d. du mois,* ou simplem., *Le d.,* Le douzième jour du mois. *Nous partirons le d. de ce mois. Le d. juin. Le d. de la lune.* || T. Typogr. *In-d.,* Voy. FORMAT. || T. Comm. *Treize douze,* Marché par lequel on livre à l'acheteur un treizième exemplaire gratis en plus des douze qu'il paie.

DOUZE (LA), riv. des dép. du Gers et des Landes; 110 kil.

DOUZIÈME. adj. 2 g. (R. *douze*). Nombre ordinal de douze. *La d. place. Le d. siècle. Le d. régiment de ligne,* ou *Le d. de ligne.* || *Le d.* se dit subst. au masc. pour désigner la d. partie d'un tout (c.-à-d. l'une des parties d'un tout qui est un que l'on conçoit divisé en douze parties égales. *Il a un d., les cinq douzièmes des bénéfices. Il est pour un d. dans cette affaire.* || T. Mus. Intervalle de douze sons et de onze degrés conjoints. Voy. INTERVALLE.

DOUZIÈMEMENT. adv. (R. *douzième*). En douzième lieu.

DOUZIL. s. m. [Pr. *dou-zi*] (bas-lat. *duciculus*, petit tuyau, dim. de *dux*). Petite cheville qu'on fait à un tonneau pour tirer du vin.

DOVALLE (CHARLES), poète fr. né à Montreuil-Bellay, tué en duel (1807-1829).

DOW (GÉRARD), peintre hollandais (1613-1680).

DOWN, comté de l'Irlande, prov. d'Ulster; 272,100 hab.

DOXOLOGIE. s. f. T. Liturgie. Manifestation glorieuse de Jésus-Christ. — Ce terme, qui dérive du gr. δόξα, gloire, et λόγος, discours, signifie proprement une prière ou un cantique qui a pour objet de glorifier Dieu; mais il sert seulement, dans l'Église latine, à désigner le *Gloria Patri et Filio*, par lequel on termine le chant ou la récitation de chaque psaume, et le cantique *Gloria in excelsis*, qui se chante à la messe. On donne le nom de *petite d.* à la première de ces prières, et celui de *grande d.* à la seconde.

DOXOLOGIQUE. adj. Qui a rapport à la doxologie.

DOYAT (JEAN DE), conseiller et chambellan de Louis XI, mutilé par ordre de Jean II, duc de Bourgogne, son ancien maître (1443-1499).

DOYEN, ENNE. s. m. et f. [Pr. *do-iin* ou *doi-iin*] (lat. *decanus*; chef de dix personnes). Personne la plus ancienne suivant l'ordre de réception dans une compagnie. *Le d. des avocats. Le d. des maréchaux de France. Le d. de l'Académie française.* || Par anal., Le plus ancien en âge. *Si vous n'avez que soixante et dix ans, il est votre d.* On dit aussi, *D. d'âge*, mais seulement dans les assemblées ou compagnies délibérantes. *Il présidait l'assemblée comme d. d'âge.* || T. Enseign. Titre du directeur d'une faculté universitaire. *Le doyen de la faculté de droit.* || Le supérieure dans certains couvents.
Hist. — *Doyen* vient du mot latin *decanus* par lequel les Romains désignaient un bas-officier qui commandait dix soldats. Dans l'ancienne Église, on appelait *decanus* un officier laïque chargé du cérémonial et de la décoration des temples. Dans plusieurs monastères, on qualifiait ainsi les moines choisis par l'abbé pour diriger et surveiller six religieux. Dans certains diocèses, il y avait des *Doyens* dit *ruraux*, qui étaient chargés d'inspecter les curés de campagne : les circonscriptions placées sous leur surveillance étaient en conséquence nommées *Doyennés*. Dans les églises cathédrales et dans les collégiales, le premier dignitaire est qualifié de *Doyen* et il est le président du chapitre. Les curés de canton prennent le titre de *Doyen*.
Doyen est aussi un titre universitaire. Il y a, dans chaque faculté, un d. nommé par le ministre de l'instruction publique et choisi parmi les professeurs de cette faculté, pour y remplir les fonctions d'administrateur.

DOYEN, peintre d'histoire fr., maître de David (1726-1806).

DOYENNÉ. s. m. [Pr. *do-iéné*] (R. *doyen*). Dignité de doyen dans une église. — Par ext., La demeure du doyen. Voy. **DOYEN**. || T. Hortic. *Poire de d.*, ou simplement *Doyenné.* Voy. **POIRIER**.

DOYENNETÉ. s. f. [Pr. *do-iè-neté*] (R. *doyen*). Qualité de doyen, lorsqu'il s'agit d'âge.

DOZY, orientaliste hollandais, né à Leyde (1820-1883).

DRAC (Le), torrent des Alpes, se jette dans l'Isère; 150 kil.

DRACÆNA. s. m. (mot lat. sign. *dragon femelle*). T. Bot. Voy. **DRAGONNIER** et **LILIACÉES**.

DRACÆNOSAURE. s. m. (gr. δράκαινα, dragon femelle; σαύρα, lézard). Reptile saurien fossile du terrain tertiaire miocène.

DRACÈNE. s. f. (lat. *dracæna*, m. s.). T. Antiq. La femelle de l'animal fabuleux qu'on appelait *dragon*.

DRACÉNINE. s. f. (lat. *dracæna*, dragon femelle). Résine peu étudiée extraite du *sang-dragon*.

DRACHE. s. f. Voy. **DRÈCHE**.

DRACHE. s. f. T. Pêche. Huile de morue non épurée.

DRACHME. s. f. [Pr. *dragme*] (gr. δραχμή, m. s.). T. Métrol. Poids grec valant environ 3 gr. 24. || Monnaie des anciens Grecs valant six oboles ou environ 69 centimes. || Unité de poids usitée en Allemagne, en Suède et en Turquie. Voy. **MONNAIE** et **POIDS**.

DRACIQUE. adj. (R. *dracine*). T. Chim. *Acide d.*, Syn. *d'acide anisique*.

DRACOCÉPHALE. s. m. (gr. δράκων, dragon; κεφαλή, tête). T. Bot. Genre de plantes Dicotylédones (*Dracocephalum*) de la famille des *Labiées*. Voy. ce mot.

DRACON, législateur d'Athènes (624 av. J.-C.), punissait de mort toutes les fautes.

DRACONCULE. s. m. (dim. du lat. *draco*, *draconis*, dragon). T. Bot. Genre de plantes Monocotylédones (*Dracunculus*), de la famille des *Aroïdées*. Voy. ce mot.

DRACONCULOSE. s. f. (lat. *dracunculus*, dimin. de *draco*, dragon). Voy. **DRACONTIASE**.

DRACONIEN, IENNE. adj. (R. *Dracon*, n. d'homme). D'une excessive sévérité en parlant de lois. *Lois draconiennes. Code d.* || (Gr. δράκων; lat. *draco*, dragon). T. Zool. Qui ressemble à un dragon.

DRACONINE. s. f. (gr. δράκων; lat. *draco*, dragon). T. Chim. Nom donné à la résine qui rentre dans la proportion de 90 p. 100 dans la constitution du *sang-dragon*.

DRACONITE. s. f. (lat. *draco*, dragon). T. Géol. Pierre roulée; polypier fossile.

DRACONTIASE. s. f. [Pr. *dra-kon-ti-aze*] (gr. δρακόντιον, petit dragon). T. Pathol. Maladie parasitaire causée par les *Cyclops*. Voy. ce mot, et **FILAIRE**.

DRACONTIQUE. adj. (R. *dragon*, signe par lequel on désignait le nœud de l'orbite). T. Astron. Qui a rapport au nœud de la lune. *Révolution d.*, Temps que met la Lune à revenir au même nœud de son orbite. Voy. **ÉCLIPSE**, **LUNE**.

DRACONTISOME. s. m. [Pr. *dra-konti-some*] (gr. δράκων, δράκοντος, dragon; σῶμα, corps). T. Térat. Genre de monstres présentant quelque analogie avec les petits reptiles iguaniens appelés *dragons*.

DRACONTIUM. s. m. (gr. δρακόντιον, m. s., de δράκων, dragon). T. Bot. Genre de plantes Monocotylédones, de la famille des *Aroïdées*. Voy. ce mot.

DRACONTOCÉPHALE. adj. (gr. δράκων, δράκοντος, dragon; κεφαλή, tête). T. Zool. Qui a une tête de dragon.

DRACYLIQUE. adj. 2 g. (gr. δράκων, dragon, et le suffixe *yle*, de ὕλη, matière). T. Chim. Les combinaisons dites *dracyliques* sont les dérivés para-substitués de l'acide benzoïque. Ainsi, l'acide nitro-dracylique n'est autre chose que l'acide paranitrobenzoïque. Cet acide, qu'on prépare aujourd'hui par l'oxydation du paranitrotoluène, avait été d'abord obtenu dans l'oxydation du sang-dragon, résine provenant du *Calamus draco*; de là le nom de *Dracylique*.

DRAGAGE. s. m. (R. *drague*). T. Mar. Action de draguer. Voy. **DRAGUE**.

DRAGE. s. f. (autre forme de *drache* ou *drèche*). Nom chez les brasseurs de la farine ou du grain bruisiné, après qu'il est brassé.

DRAGÉE. s. f. (gr. τράγημα, friandise). Bonbon qui se fait avec une amande, une pistache, une aveline, etc., qu'on recouvre d'un sucre très dur. *Une boîte de dragées*. — *Dragées médicinales*, Dragées où l'on a substitué au fruit des dragées ordinaires quelque substance médicamenteuse. — *Dragées d'attrape*, Dragées dans lesquelles on a mis quelque chose de désagréable pour attraper la personne qui doit les manger. — Fig. et fam., *La d. est amère*, se dit d'une chose dure à supporter. *Avaler la d.*, Se résigner à quelque chose de fâcheux. *Tenir la d. haute à quelqu'un*, Lui faire attendre longtemps ce qu'il désire, ce qu'on lui a promis; ou lui faire acheter cher quelque avantage, quelque plaisir. || Le menu plomb dont on se sert pour tirer aux oiseaux. || T. Agric. Mélange de divers grains, tels que pois, vesces, fèves, lentilles, qu'on laisse croître en herbe pour donner aux chevaux. || Cocon renfermant un ver qui n'a pu se transformer en nymphe.

‖ **T.** Minér. *Dragées de Tivoli*, Globules calcaires à couches concentriques provenant de sources incrustantes.

Techn. — La d. se prépare en recouvrant l'amande de plusieurs couches de sucre. A cet effet, l'amande, humectée avec du sirop ou du blanc d'œuf est soumise à une agitation régulière et continue au milieu de la poudre de sucre. L'opération est répétée à plusieurs reprises et s'effectue dans de grandes bassines demi-circulaires, mobiles autour d'un pivot et chauffées à l'aide de tuyaux où circule un courant d'air chaud.

Pharm. — En pharmacie on obtient les dragées de trois façons : 1° en formant un noyau pilulaire inerte que l'on recouvre de sucre : dragées d'iodure de fer, de sulfate de quinine, de copahu, de cubèbe, etc. ; 2° en entourant un noyau (amande ou semence) avec un enrobage de sucre auquel est mêlée la matière active ; destinées à être sucées, elles ne doivent être faites qu'avec des substances dont la saveur ne soit pas désagréable, comme le calomel, la santonine, etc. ; 3° en formant sans noyau central de petites masses sucrées médicamenteuses : médicaments homœopathiques, ainsi que les *pearls* des Anglais. Voy. GRANULE.

DRAGÉIFICATION. s. f. [Pr. *drajé-i-fica-sion*] (R. *dragéifier*). Action de faire des dragées.

DRAGÉIFIER. v. a. (de *dragée*, et du lat. *facere*, faire). Mettre sous forme de dragée.

DRAGEOIR. s. m. (R. *dragée*). Espèce de soucoupe à rebords élevés et ordinairement d'argent, dans laquelle on servait autrefois des dragées sur la fin du repas. ‖ Se disait aussi d'une sorte de bonbonnière qu'on portait sur soi. ‖ Rainure pratiquée à l'intérieur ou à l'extérieur d'un cercle.

DRAGEON. s. m. (anc. all. *treibjan*, pousser). **T.** Bot. et Hortic. Rejeton qui naît à la racine d'un arbre. — On nomme ainsi des pousses qui partent de la racine du pied-mère et qui, s'enracinant à leur base, peuvent être isolées et former autant de nouveaux pieds. Chacun d'eux constitue une véritable marcotte naturelle. Les *drageons* sont un des moyens de multiplication les plus actifs qui soient mis en œuvre par la nature. Les horticulteurs les séparent pour les replanter et former ainsi autant d'individus distincts : cette opération s'appelle *Drageonnage*; mais ce terme se dit aussi d'un arbre qui pousse des drageons. On emploie beaucoup le *Drageonnage* pour la multiplication des arbres fruitiers, parce qu'ils donnent du fruit beaucoup plus promptement que les arbres nés de semence.

DRAGEONNEMENT. s. m. [Pr. *dra-jo-neman*]. Action de drageonner.

DRAGEONNER. v. n [Pr. *dra-jo-ner*] (R. *drageon*). **T.** Agric. Pousser des drageons. *Le cerisier drageonne beaucoup*. ‖ Couper la racine qui porte le drageon.

DRAGG. s. f. **T.** Mét. Nom de la corde à plomb servant de frein à la bobine dans le métier continu à filer le lin.

DRAGISTE. s. m. (R. *dragée*). **T.** Mét. Ouvrier fabriquant des dragées.

DRAGOMAN. s. m. Voy. DROGMAN.

DRAGON. s. m. (gr. δράκων, lat. *draco, draconis*, m. s.). Animal fabuleux qu'on représente avec des griffes, des ailes et une queue de serpent. *Le d. qui gardait le jardin des Hespérides*. Fig., *Le d. infernal*, Le démon. Fig. et fam., se dit d'une femme vive, turbulente, acariâtre, ou d'un enfant mutin et déterminé. *Cette femme est un vrai d. Cet enfant est un petit d. C'est une femme dont la vertu est austère et farouche, C'est un d. de vertu*. ‖ **T.** Astron. Constellation de l'hémisphère boréal. Voy. CONSTELLATION. — Les anciens appelaient *Tête et queue du d.*, les deux points opposés où l'écliptique est coupée par l'orbite de la lune, points qu'on nomme aujourd'hui *Nœud ascendant* et *Nœud descendant*. ‖ Pop., se dit d'une tache qui vient dans la prunelle des hommes et des chevaux. ‖ **T.** Chim. *Sang-dragon*, Liqueur qui distille en larmes du dragonnier. ‖ **T.** Mar. Voile d'étai d'un lougre. ‖ **T.** Blas. Reptile à longue queue ayant deux pieds et pas d'ailes. ‖ **T.** Hist. Étendard des cohortes romaines. ‖ **T.** Pharm. *Dragon mitigé*, ancien nom du protochlorure de mercure. ‖ **T.** Artill. Ancienne pièce d'artillerie se rapprochant de la

couleuvrine. ‖ **T.** Monn. Banc à tirer, où le métal acquiert une égalité d'épaisseur irréprochable.

Hist. — L'animal fabuleux qui figurait sous ce nom dans la mythologie et dans les légendes populaires de presque toutes les nations présente des traits assez divers, bien que toujours bizarres et effrayants. Assemblage monstrueux des formes les plus hétérogènes, il est le plus souvent figuré sous l'aspect d'un serpent couvert d'écailles impénétrables, muni d'ailes puissantes, armé de griffes et de dents aiguës, d'un dard menaçant, et vomissant par la bouche du feu et des flammes. Dans l'antiquité et dans le moyen âge, le d. joue un rôle important dans les légendes héroïques : tels étaient chez les Grecs les dragons de la Colchide, ceux du jardin des Hespérides, ceux de la fontaine de Castalie, le monstre que tua Persée, la Chimère que combattit Bellérophon. et, au moyen âge, les dragons tués par le chevalier Gozon et le chevalier de Belzunce. Nous trouvons aussi des exploits de ce genre dans la mythologie scandinave et dans les légendes des peuples asiatiques, et il n'est pas facile de trouver pour toutes ces fables une interprétation tant soit peu raisonnable. Il en est autrement des dragons qui figurent dans la symbolique chrétienne ; là, cet être à la fois

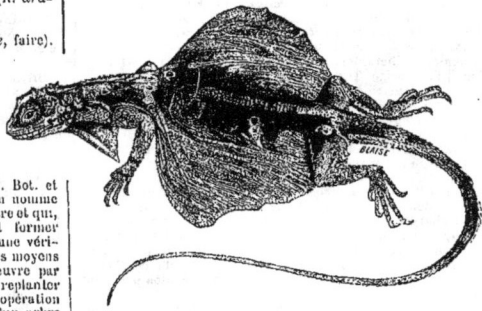

hideux et terrible représente tantôt le paganisme, tantôt le génie du mal et le démon.

Zool. — Aujourd'hui, ce nom jadis si redouté est appliqué par les zoologistes à un genre de petits reptiles tout à fait inoffensifs. Ces animaux ainsi appelés appartiennent à l'ordre des *Sauriens* et à la famille des *Agamides* ou *Agamiens*. Voy. ce dernier mot. Ils sont recouverts partout de petites écailles imbriquées; celles de la queue et des membres sont en outre carénées. On les distingue au premier coup d'œil de tous les autres reptiles actuels, parce que leurs six premières fausses côtes, au lieu de se contourner autour de l'abdomen, s'étendent en droite ligne pour soutenir une production de la peau formant une sorte d'aile, ou mieux de parachute, qu'on nomme *patagium*. A la différence de ce qui s'observe chez les Chéiroptères et chez le Galéopithèque, cette membrane est indépendante des quatre pieds. Il résulte de là que le d. ne peut pas voler à proprement parler; mais cet appareil suffit pour le soutenir lorsqu'il saute de branche en branche, à la poursuite des insectes dont il fait sa nourriture. On remarque encore sous la gorge un long fanon pointu soutenu par la queue de l'os hyoïde, et aux côtés deux autres plus petits soutenus par les cornes de ce même os. Toutes les espèces connues de ce genre habitent les Indes orientales (Fig. D. frangé, *Draco fimbriatus*). — Le genre *Sitane* (*Sitana*) se rapproche du précédent par la présence, chez le mâle, d'un fanon encore plus développé : car il s'étend jusque sous le milieu du ventre et a plus du double de la hauteur de l'animal ; mais il n'a pas de parachute. La seule espèce connue de ce genre est le *Sitane de Pondichéry*.

On appelle vulgairement *Dragon d'Alger* ou *Sangsue-dragon*, une espèce de sangsue (*Hirudo troctina*) originaire de l'Algérie et qui a été longtemps employée dans les hôpitaux.

DRAGON. s. m. (L'étym. la plus probable est que les premiers soldats de cette arme portaient un dragon sur leurs étendards). **T.** Hist. milit. — Au XVI° siècle, il y avait, dans chaque compagnie de gendarmerie française, cinquante arquebusiers à cheval qui, sous les noms d'*Argoulets* et de *Carabins*, étaient spécialement destinés au service de partisans, et mettaient au besoin pied à terre pour combattre. En 1554 ou 1558, le maréchal de Cossé-Brissac, pendant son séjour en Piémont, où il commandait au nom d'Henri II, conçut l'idée d'organiser des compagnies entières de soldats semblables. Cet essai ayant réussi, on créa peu à peu de nouvelles compagnies; et dès lors les arquebusiers à cheval constituèrent, sous le nom de *Dragons*, un corps spécial, tout à fait distinct des autres armes de l'époque. Destinés à servir à pied et à cheval, les dragons recevaient une instruction propre à cette double destination. Leurs armes étaient la hache et le pistolet, qu'ils portaient attachés de chaque côté à l'arçon de la selle, l'arquebuse, l'épée, et quelquefois une serpe ou une bêche, pour faire, dans les sièges, le service de pionniers. Au XVIIe siècle, l'arquebuse fut remplacée par le fusil à baïonnette, et les compagnies qui jusqu'alors avaient existé isolément, furent réunies en régiments et habituées à combattre en ligne. Le premier de ces régiments fut créé en 1658, sous le nom de *Royal-Dragons*. En 1781, cette arme se composait de 24 régiments; mais lorsqu'on réorganisa l'armée en 1791, on n'en conserva que 18. Ce nombre fut ensuite porté à 20 en 1793, et à 30 en 1804; mais, en 1815, après la paix, on le réduisit à 10, puis on le reporta à 12 en 1825, et ce nombre fut maintenu jusqu'en 1870. Ils portaient alors l'uniforme vert, et se distinguaient entre eux par la couleur du collet, des revers et des parements. Les boutons étaient jaunes à numéro. Le pantalon était garance, et la coiffure consistait en un casque de cuivre orné d'un plumet écarlate, d'une crinière flottante et d'un bandeau de peau tigrée. Les dragons de la garde que l'on créa en plus sous le second empire, se reconnaissaient surtout à leurs épaulettes blanches, accompagnées d'aiguillettes également blanches, et au plastron de drap blanc qui couvrait leur poitrine. Les dragons ont pour armes le sabre droit appelé latte, et un petit fusil de munition avec lequel ils manœuvrent quelquefois à pied, comme l'infanterie. Depuis quelque temps, on commence à les armer de la lance.

Le nombre des régiments de cette arme, porté après la guerre de 1870 à 26, s'élève aujourd'hui à 31, et il est encore question de l'augmenter. De même, l'uniforme, après d'importantes modifications, n'est pas encore définitivement arrêté. La tunique noire ou gros bleu à collet blanc, à pattes blanches sur les manches, avec un seul rang de boutons de cuivre sur la poitrine, et les épaulettes de laine rouge pour la troupe, d'or pour les officiers, tenue adoptée depuis la dernière campagne, avait fait place, pour un certain nombre de régiments et pour tous les officiers, à un dolman noir à brandebourgs noirs et à collet blanc, avec trois rangs de boutons d'étain ou d'argent sur la poitrine et les galons de grade en argent. On revient aujourd'hui à la tunique ouverte avec épaulettes, galons et boutons d'argent pour les officiers. Le casque, autrefois tout en cuivre avec bandeau, marmouset et aigrette, se compose à présent d'une bombe en acier sous bandeau, avec jugulaire de cuivre et d'un cimier en cuivre avec crinière noire (rouge pour les trompettes) sur le devant d'une figure de chimère. Il ne diffère de celui des cuirassiers que par la suppression du marmouset à aigrette que ceux-ci ont conservé.

Les dragons sont toujours exercés à combattre à pied aussi bien qu'à cheval; mais cette tactique ne leur est plus spéciale et est adoptée également par la cavalerie légère.

DRAGON, ONNE. adj. (R. *Dragon*). T. Il st. Qui a rapport au dragon.

DRAGONNADES. s. f. pl. Pr. *drago-nade*] (R. *dragon*). T. Hist. Se dit des persécutions exercées sous Louis XIV contre les protestants, pour les forcer à se convertir, et qui furent ainsi nommées parce qu'on y employait des dragons. *Les dragonnades des Cévennes.*

DRAGONNAIRE. s. m. [Pr. *drago-nère*] (lat. *dragonarius*) T. Ant. Soldat chargé de porter le dragon.

DRAGONNE. s. f. [Pr. *drago-ne*] (R. *dragon*). Cordon ou galon d'or, d'argent, de laine, de cuir, etc., qui est ordinairement terminé par un gland, et qui se met à la poignée d'un sabre ou d'une épée. || Ancienne batterie de tambour du corps des dragons. || Loc. adv. *A la d.*, D'une manière hardie, leste, égrillarde.

DRAGONNÉ, ÉE. adj. [Pr. *dra-go-né*] T. Blas. Animaux auxquels on ajoute une queue ou des ailes de dragon. *Animaux dragonnés.*

DRAGONNEAU. s. m. [Pr. *drago-nô*] (dimin. de *dragon*).

T. Zool. Nom vulgaire de la *Filaire de Médine* que certains auteurs appliquent à tort aux vers du genre *Gordius*. Voy. NÉMATHELMINTHES. || T. Vétér. Cataracte incomplète chez le cheval. || T. Joaill. Grain de couleur qui nuit à la pureté d'un diamant.

DRAGONNER. v. n. [Pr. *dra-go-né*] (R. *dragon*). Se conduire comme dans les dragonnades. == v. a. Harceler, importuner. *D. un jeune enfant.* == SE DRAGONNER. v. pr. Se créer des inquiétudes.

DRAGONNIER. s. m. [Pr. *dra-go-nié*] (R. *dragon*). T. Bot. Genre de plantes Monocotylédones (*Dracæna*) de la famille des *Liliacées*, tribu des *Asparagées*; cette expression s'applique parfois spécialement au *Dracæna Draco.* Voy. LILIACÉES.

DRAGUAGE. s. m. [Pr. *dra-gaje*]. Action de draguer. || Action de se servir du filet appelé *Drague.*

DRAGUE. s. f. (anglo-saxon *dragan*, retirer). Machine qui sert à tirer le sable des rivières, à les approfondir, à curer les puits, etc. Voy. plus bas. — *D. de drainage*, Outil servant à creuser ou à approfondir les rigoles de drainage. Voy. DRAINAGE, Fig. 11. || T. Pêche. Sorte de grand filet qui est muni d'un appareil en fer destiné à racler le fond de la mer, et dont on se sert dans la pêche des huîtres, des moules, etc. || L'orge ou tout autre grain qui a servi à faire la bière. *On donne la d. à manger aux chevaux.* || T. Agric. *D. à claie*, Instrument propre à approfondir les labours. || T. Mar. Griffe de fer dont on se sert pour retirer les choses qui sont au fond de l'eau.

Techn. — La d. est un instrument que l'on emploie principalement au curage et à l'approfondissement des lacs, étangs et rivières, et aussi des ports pour débarrasser ces derniers des sables que la mer y accumule constamment. Quelques-uns de ces appareils servent au creusement de canaux et de tranchées sur terre ferme; dans ce cas les dragues prennent le nom générique d'*Excavateurs*.

On reporte en général au règne de Charles Ier, roi d'Angleterre, l'époque à laquelle ces engins firent leur première apparition; on doit donc considérer la d. comme d'invention anglaise. Elle se composait alors d'une sorte de râteau plein en fer plat monté à l'extrémité d'une perche. Depuis ces temps éloignés la d. a subi de nombreuses transformations et des améliorations importantes; la première date de 1718 et est due à de la Balme; à la fin du siècle dernier, en 1797, apparut pour la première fois une d. à vapeur imaginée par Watt et Boulton; puis sans discontinuer, les perfectionnements se succèdent, et, aujourd'hui, nous possédons de puissants instruments, ayant un rendement considérable et dont le fonctionnement ne laisse plus rien à désirer.

Nous examinerons successivement divers types de dragues auxquels se rattachent tous les systèmes en usage.

Drague à la main. — Cette d. que l'on n'emploie plus aujourd'hui que dans l'exécution de curages de minime importance, à cause de la lenteur du travail fourni par l'ouvrier qui la manœuvre et de son faible rendement, est bien connue. Elle se compose de deux parties essentielles, la *cuiller* et le *manche.* La cuiller, sorte de poche en tôle, possède sur son bord une partie tranchante qui facilite à l'instrument sa pénétration dans le sable ou le gravier. Le manche a une grande longueur et est fait d'un bois très flexible et très résistant tout à la fois, afin de permettre à la cuiller, dont le tranchant appuie sur le fond du lit de la rivière, d'y pénétrer, sous l'action de la pression exercée à l'extrémité de ce manche par l'ouvrier dragueur.

Les dimensions de la poche étant forcément très faibles, on conçoit que le rendement soit peu important.

Drague à treuil. — Afin d'obtenir un travail plus efficace, on a donné aux poches un diamètre et une hauteur beaucoup plus considérables, mais par cela même la manœuvre de la d. devenait impossible à la main. De là, l'obligation d'actionner l'engin à l'aide de deux treuils, au moyen de câbles ou de chaînes. L'un de ces treuils agit lorsqu'il faut mettre la d. à l'eau; le second sert à tirer la cuiller tout en la faisant gripper dans le sable, et à la sortie de l'eau avec son chargement de déblai.

A l'origine, ces treuils étaient mus par des hommes; bientôt la vapeur remplaça ces derniers, ce qui permit d'employer des poches de dimensions colossales et à fonds mobiles, s'ouvrant et se refermant automatiquement après avoir déversé le sable qu'elles contenaient. En Amérique notamment, on fait de ces dragues un usage courant; on les a même perfectionnées en donnant à ces engins la possibilité de se mouvoir latéralement, sans avoir l'obligation continuelle de les changer de place pour attaquer un endroit voisin.

En outre, la poche, assujettie à l'extrémité d'une sorte de potence par son manche, peut se déplacer circulairement autour du bateau qui porte l'instrument; sa capacité varie entre un et deux mètres cubes, ce qui pour une journée de travail de 10 heures représente un volume total de 500 à 1000 m. c. de déblais extraits.

Drague à mâchoires. — Bien que ce genre de d. n'ait pas un emploi répandu, nous devons néanmoins le citer, car les Américains en font usage. La poche est remplacée par deux cuillers demi-cylindriques qui, fermées, ont la forme d'un cylindre parfait; chaque cuiller, oscillant autour d'un axe commun, constitue une des mâchoires. Un dispositif spécial permet aux demi-cylindres de s'écarter l'un de l'autre lorsqu'ils touchent le fond et de *mordre* en quelque sorte la couche de sable dans laquelle ils s'enfoncent. Dès que les mâchoires sont pleines, elles se referment pour ne s'ouvrir de nouveau qu'à l'instant où se produit le déversement de leur contenu dans un chaland placé à côté du bateau dragueur, ou encore dans des wagons.

Pelle-drague. — La pelle-d. sert à nettoyer l'emplacement destiné aux fondations de piles de ponts. Par sa forme cet instrument rappelle un râteau; il se compose en effet d'une plaque sur laquelle des lames de fer ou *dents* sont solidement assemblées. Le plateau est fixé à l'extrémité d'une pièce de bois résistant, de chêne par ex.; à l'aide d'un treuil à main, on le promène sur la surface qu'il s'agit de dresser.

Drague-cure-môle. — Cet engin, destiné au curage de certains ports, constitue une véritable d. à treuil, dans laquelle le mouvement se transmet à l'aide d'immenses roues à chevilles, à l'extérieur desquelles des ouvriers agissent par leur poids. Ces roues sont quelquefois remplacées par de grands tambours à l'intérieur desquels les hommes agissent, comme des écureuils faisant tourner leur moulin.

Drague à chapelet. — Ces appareils de dragage sont en général installés sur un bateau, ou encore sur un plancher volant, surtout s'il s'agit de creuser l'emplacement futur des piles d'un pont. Ces engins à marche continue se composent d'une chaîne sans fin, portant de distance en distance des godets en tôle de fer ou d'acier.

La plupart du temps, ces godets, reliés les uns aux autres par des tiges métalliques articulées, constituent eux-mêmes la chaîne, supportée par l'*Élinde* ou cadre rigide métallique.

En haut et en bas de l'élinde se trouvent deux tambours carrés ou polygonaux autour desquels tourne la chaîne. A l'aide d'engrenages appropriés, les tambours reçoivent le mouvement de rotation nécessaire transmis par la machine à vapeur que porte le bateau dragueur. La chaîne se trouve douée d'un mouvement continu ainsi que les godets qui la composent. En tournant, chacun d'eux vient à tour de rôle mordre dans le sable et se remplir; puis, suivant l'impulsion donnée à la chaîne, il s'élève peu à peu avec son chargement qu'il déverse, arrivé au haut de l'élinde, dans une *couloir* en forme de gouttière et suffisamment incliné pour que les déblais glissent de leur propre poids jusque dans le bateau appelé *marie-salope*, destiné à les recevoir et à les transporter ensuite au loin.

Cette d. creuse dans le fond de la rivière une succession de sillons parallèles; il faut donc que le bateau dragueur puisse se déplacer latéralement, afin que les godets n'agissent pas toujours au même endroit; cela s'obtient facilement à l'aide de treuils placés sur le bateau et qui enroulent ou déroulent les câbles d'amarrage. De plus l'élinde peut à volonté prendre des positions verticales ou inclinées, dans le but d'augmenter la longueur sur laquelle agissent les godets.

Le bateau dragueur se trouve muni tantôt d'une seule d. à chapelet, tantôt de deux. Dans le premier cas, l'engin se meut dans une ouverture pratiquée dans l'axe du bateau; la drague déverse indistinctement le contenu des godets à droite ou à gauche. Dans le second cas, chaque d. est disposée sur un des côtés du bateau et possède son élinde particulière. On emploie souvent cette disposition quand il s'agit

de draguer au pied d'un mur de quai ou de soutènement.

Drague à long couloir. — Ce que l'on cherche constamment à réaliser, c'est l'obtention d'un rendement de plus en plus grand de la part de la d. en augmentant la capacité des godets. Mais pour cela il est de toute nécessité que les déblais disparaissent rapidement. On arrive à ce résultat à l'aide de la d. à long couloir qui déverse ses produits à une grande distance et directement sur les wagons chargés de les transporter. Afin d'activer l'évacuation de ces déblais, on installe de puissantes pompes rotatives sur le tablier, à l'entrée du couloir; elles fournissent une quantité d'eau suffisante permettant le délayage pour ainsi dire instantané des terres ou des graviers, et leur entraînement.

Le couloir a, comme pour la d. à chapelet ordinaire, la forme d'une gouttière, mais par suite de sa longueur la tôle qui le constitue est armée et supportée en outre par des cadres rigides montés sur des ponts volants. Ces dragues ont notamment rendu de très importants services lors du creusement du canal de Suez; chaque godet avait une capacité de plus de 300 litres; la mise en marche de ces engins exigeait une machine de près de 100 chevaux de force, le rendement en déblai à l'heure étant d'environ 170 mètres cubes.

Drague immergée ou Suceuse. — Cette d., d'invention relativement récente et d'origine hollandaise, s'emploie de préférence à l'entrée des ports pour désensabler leurs approches. De chaque côté du bateau se trouvent disposés deux énormes tuyaux fermés à leurs extrémités à l'aide d'obturateurs mobiles et munis en dessous d'un grand nombre d'ajutages. Grâce à un dispositif très ingénieux, ces cylindres creux se descendent sur le banc de sable à enlever, et s'y appuient fortement. Mis en communication avec de puissantes pompes aspirantes montées sur le navire, ils sucent le sable mélangé d'eau qui obture l'entrée du port. Ce mélange à moitié liquide est déversé sur un tablier d'où l'eau s'écoule et retombe à la mer, tandis que le sable tombe dans un chaland.

Drague à sec ou Excavateur. — L'excavateur est un des

outils les plus utiles dans les grands travaux de terrassement; c'est en somme une d. à sec qui a bénéficié de nombreux perfectionnements, dus en majeure partie à MM. Couvreux et Hersent, les entrepreneurs bien connus. Dans cet appareil, l'élinde supportant la chaîne à godets est mobile et suspendue par sa partie inférieure à une chèvre articulée sur le chariot soutenant l'ensemble de l'appareil; ce dernier repose sur un certain nombre d'essieux munis de roues roulant sur une voie ferrée ordinaire. Un troisième rail, suivant parallèlement la file des deux autres, à une distance d'environ un mètre, est destiné à recevoir une troisième roue montée sur chaque essieu et se prolongeant du côté de l'élinde. Cette disposition donne au chariot une assiette absolue et empêche tout déversement au moment où les godets mordent dans le déblai à enlever. C'est un point d'appui indispensable. (Fig.)

La voie sur laquelle circule l'excavateur, au fur et à mesure de l'exécution du travail, se trouve placée un peu en contrebant de l'endroit attaqué par les godets de la chaîne. Le mouvement de progression ou de recul est donné au chariot à l'aide d'une petite machine à vapeur de faible puissance, 4 ou

5 chevaux au plus, tandis que pour assurer le travail de l'excavateur il faut une machine d'environ 20 chevaux.

Très souvent on ajoute à cette d. a sce le long couloir dont nous avons précédemment parlé, à l'entrée duquel des pompes amènent l'eau nécessaire pour délayer les déblais et, par cela même, faciliter leur décharge jusque dans les wagons.

DRAGUER. v. a. (R. *drague*). Nettoyer avec la drague ou avec un bateau dragueur. || T. Mar. Traîner le cordage de drague sur le fond de la mer. || D. *le fond*, se dit d'une ancre qui chasse. || T. Pêche. Prendre des coquillages avec une drague.

DRAGUETTE. s. f. (dimin. de *drague*). T. Pêche. Petite drague.

DRAGUEUR, EUSE. s. (R. *drague*). Ouvrier qui drague. || Pêcheur qui prend du poisson à la drague. || Bateau qui porte une machine propre à draguer. || Adj. *Bateau d.*

DRAGUIGNAN, ch.-l. du dép. du Var, 9,966 hab. Oliviers, vers à soie. == Nom des hab. DRAGÉNOIS, OISE.

DRAGUT, célèbre corsaire turc du XVIe siècle.

DRAILLE. s. f. [Pr. *dra-lle*, *l* mouillées]. T. Mar. Cordage qui s'attache à une certaine élévation de la mâture, descend obliquement vers l'étai du mât placé à son avant, et sur lequel on hisse des voiles auxiliaires.

DRAIN. s. m. (angl. *drain*, m. s.). T. Agric. Fosse, tuyau fabriqué spécialement pour le drainage. || T. Méd. Tube métallique ou autre, flexible, destiné au drainage chirurgical.

DRAINAGE. s. m. (R. *drainer*). T. Agric. Opération qui consiste à faciliter l'écoulement des eaux dans un terrain humide. || T. Chir. Opération ayant pour but l'écoulement au dehors du pus renfermé dans une plaie ou un abcès au moyen d'un ou plusieurs tubes de métal ou de caoutchouc placés au fond de la plaie.

I. *Définition.* — Drainage est un mot anglais qui signifie *égouttement, desséchement, c¹* qui s'applique à tout procédé employé pour débarrasser les terres de l'humidité surabondante. Toutefois, il désigne plus particulièrement le desséchement des terres au moyen de rigoles souterraines. C'est avec cette signification limitée que ce terme s'est introduit dans notre langue, en même temps qu'ont été introduits les procédés les plus perfectionnés de desséchement usités en Angleterre, procédés qui sont généralement fondés sur l'emploi de rigoles couvertes ou de tuyaux placés dans le sol à une certaine profondeur. — Les travaux de d. consistent à ouvrir, lorsqu'il s'agit d'assainir, une série de tranchées très étroites et profondes d'environ 1 mètre, au fond desquelles on dispose des tuyaux en poterie, placés bout à bout à la suite les uns des autres et recouverts avec la terre extraite des tranchées. Les tuyaux communiquent ensemble et débouchent à l'air libre au point le plus bas de chaque système de rigoles. L'eau au excès qui imprègne le sol arrive, par infiltration, jusqu'à ces tuyaux, s'y introduit à travers les ouvertures que laissent les joints, s'y accumule et finit par s'écouler en suivant la pente qu'on leur a donnée.

II. *Effets du drainage.* — L'excès d'humidité dans les champs et les prairies naturelles constitue un grave inconvénient. Dans les terres labourées, l'humidité empêche l'air de pénétrer, s'oppose à la décomposition des engrais, nuit au développement de la plante. Le sol froid se prépare difficilement. La récolte semée tard pousse chétive, sa qualité est mauvaise et la maturité arrive tardivement. Dans les prairies naturelles, l'excès d'humidité n'est pas moins nuisible. Le sol mou se défonce sous les pieds des bestiaux; les joncs et les herbes aquatiques l'envahissent; l'évaporation considérable qui le refroidit favorise le développement des mauvaises herbes et étiole les bonnes. Aussi, le d. apporte des effets merveilleux, même dans les meilleurs sols; c'est le commencement de toute amélioration des terrains humides. Souvent cette modification subit seule et pour longtemps. L'eau qui imbibe le sol et qui est entraînée par les tuyaux est immédiatement remplacée par de l'air atmosphérique que laisse entrer une nouvelle pluie. Ce second volume d'eau est à son tour remplacé par de l'air, et ainsi de suite perpétuellement. Ce renouvellement continuel, autour des racines, des principes les plus nécessaires à l'alimentation des végétaux permet à ceux-ci de se développer dans les meilleures conditions. Il

n'est pas rare de voir des prairies, qui ne poussaient que des carex et des menthes, produire dès la seconde année des herbes abondantes et de première qualité. L'amélioration apportée par le d. aux sols marécageux peut être représentée par une plus-value de 50 à 80 p. 100, pourvu que l'opération soit exécutée dans de bonnes conditions. — Il est à peine besoin de faire remarquer qu'on ne doit drainer que les terrains où l'humidité surabonde. Quant à l'influence du d. sur la salubrité publique, elle est manifeste. Dans beaucoup de localités, on a vu les fièvres intermittentes endémiques disparaître après l'exécution de grandes opérations de d. Souvent même les brouillards cessent de se manifester sur les terres assainies.

III. *Examen des terrains auxquels convient le drainage.* — On commence par se rendre compte de la quantité d'eau en excès, de son point de départ, de la profondeur du sol marécageux. En effet, il est nécessaire d'établir des travaux d'écoulement assez nombreux et d'un diamètre assez grand pour donner issue aux sources souterraines; mais il serait imprudent de multiplier ces agents d'écoulement qui, dépassant le but utile, pourraient soutirer l'humidité nécessaire. Il s'agit d'abord de découvrir les sources qui donnent trop d'humidité; le point où elles surgissent du sous-sol: de les recueillir et de les conduire, par une pente ménagée, vers l'égout collecteur ou le fossé qui en débarrassera le terrain. Quelques brins de jonc, une touffe d'herbe plus verte peuvent indiquer l'origine d'une source. Voy. le mot SOURCES, *Art de les découvrir.* — Enfin les drains doivent reposer sur une couche solide assurant leur stabilité. On s'assure par l'ouverture de quelques petites tranchées ou sondages à quelle profondeur se trouve une assise convenable. Les caractères les plus frappants auxquels on reconnaît qu'un terrain a besoin d'être drainé sont ainsi décrits par Hervé Mangon : « Ils restent couverts de flaques d'eau plusieurs jours après la pluie; les trous que l'on y creuse, même après une longue sécheresse, présentent des suintements d'eau; au printemps surtout, on y remarque des parties plus foncées que l'ensemble de la pièce; le matin, on y voit souvent des vapeurs abondantes. La végétation est languissante, peu hâtive; les tiges des plantes jaunissent, en partant du pied, longtemps avant la maturité; après quelques mois de jachère, la surface du sol se recouvre plus ou moins complètement d'une espèce de petite mousse; enfin, les joncs, les laîches, les prêles, les renoncules, les colchiques d'automne, etc., s'y rencontrent en grand nombre. »

IV. *Travaux préparatoires.* — Pour faire égoutter une terre, pour la drainer, il faut presque toujours employer deux ou trois ordres de *Drains*, c.-à-d. des tuyaux de deux ou de trois calibres différents. On appelle *petits drains* ou *drains du dernier ordre* les tuyaux du plus petit calibre, qui sont destinés à recueillir directement les eaux dont le sol est imprégné. *Les drains collecteurs* ou *drains principaux du premier ordre* sont ceux qui reçoivent les eaux absorbées par les précédents, et vont eux-mêmes les porter à d'autres drains d'un diamètre plus considérable, appelés *collecteurs de deuxième ordre.* Dans tous les cas, les plus gros drains employés dans une terre donnée sont appelés *Maîtres-drains :* ce sont eux qui font la fonction de tuyaux de décharge. L'eau fournie par ces derniers est le plus souvent dirigée dans un ruisseau, un boitout, etc. D'autres fois, on drainer les maîtres-drains à un canal dit *canal émissaire, de décharge,* ou d'*écoulement,* qui dirige les eaux là où il est possible de les abandonner sans avoir à craindre qu'elles occasionnent des dommages.

Avant de mettre la main à l'œuvre, il est indispensable de procéder au levé et au nivellement du terrain : car c'est seulement d'après les données fournies par ce travail qu'on peut arrêter la direction et la pente des tranchées, et, s'il s'agit d'assainir de grandes pièces de terre, déterminer la longueur qu'on peut leur donner. Il est également nécessaire de procéder à l'étude du sol pour constater la nature et l'épaisseur des couches qui le constituent; de voir si ces couches sont parallèles à la surface du terrain ou inclinées; dans le cas où il existe plusieurs couches, de s'assurer si elles fournissent la même quantité d'eau, etc. Il ne suffit pas toujours d'extraire l'eau qui provient de la pluie : il faut souvent enlever aussi celle qui est amenée dans les terres environnantes par des couches souterraines. On doit donc ouvrir des tranchées et pratiquer des sondages, en choisissant les endroits où l'on suppose qu'il existe des sources ou d'autres circonstances particulières pouvant influer sur l'humidité du terrain. C'est d'après la connaissance des diverses couches dont se compose le sol qu'on arrête la profondeur et la direction des tranchées, leur écarfement et la manière de se débarrasser des eaux. Souvent même l'exploration du sol fournit le seul moyen de découvrir l'origine de l'eau dont on veut se débarrasser et le procédé d'assainissement le plus convenable.

V. *Travaux d'exécution.* — Le plan arrêté et tracé sur le papier, il s'agit de l'exécuter sur le terrain.

A. *Direction et pente des tranchées et des drains.* —

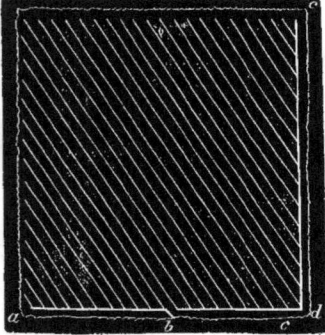

Fig. 1.

Lorsque le sol est sensiblement horizontal, la direction des drains est, en elle-même, assez peu importante. En effet, il

moyens d'écoulement dont on dispose. Mais quand le terrain est incliné, d'autres considérations influent sur la direction qu'on doit donner aux tranchées et aux drains. Si la pente n'est pas très forte, les petits drains sont dirigés suivant les lignes de plus grande pente depuis le bord le plus élevé du terrain jusqu'au bord inférieur ; mais quand les inclinaisons sont dirigées dans divers sens, les travaux sont moins réguliers et un peu plus difficiles. Alors on décompose le champ à drainer en plusieurs parties planes, et l'on trace parallèlement les uns aux autres, à la distance reconnue nécessaire, et suivant la ligne de plus grande pente de chacune de ces parties planes, les drains de dernier ordre. Quant aux drains principaux, les nivellements généraux effectués sur le champ tout entier font connaître facilement les points où on doit les placer. Les Fig. 1 et 2, que nous empruntons au livre d'Hervé Mangon, représentent deux champs drainés dont l'inclinaison est assez faible et dirigée dans le sens des petits drains. Les petits drains sont indiqués par les lignes les plus fines, et les maîtres-drains par les lignes les plus fortes ; les lettres *a*, *b*, *c*, marquent les points où ces derniers débouchent dans les canaux de décharge. La Fig. 3 montre un exemple de la disposition qu'on peut donner aux divers ordres de drains quand le terrain offre des ondulations plus ou moins considérables : la forme accidentée de sa surface est indiquée par les courbes de niveau.

Dans des tuyaux cylindriques, l'eau s'écoule avec une pente de 2 millimètres par mètre ; toutefois, comme cet écoulement a lieu avec beaucoup de lenteur, il convient d'adopter au minimum une inclinaison de 5ᵐᵐ, surtout si les drains sont longs et si les tuyaux, comme c'est l'usage le plus ordinaire, n'ont que 25 à 30ᵐᵐ de diamètre intérieur. Mais cette pente serait insuffisante si on faisait les drains avec des briques ou des pierrailles, parce que, dans les conduits de cette nature, l'eau circule avec moins de facilité. D'ailleurs, de quelque manière que l'on procède, et quelles que soient les ondulations de la

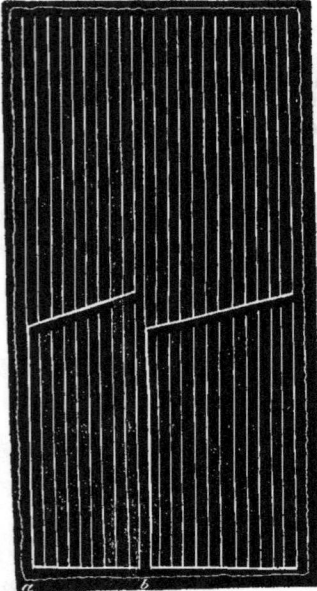

Fig. 2.

Fig. 3.

est alors indifférent qu'ils soient parallèles, perpendiculaires ou obliques à celle des sillons. Dans ce cas, leur disposition est déterminée par la position des canaux de décharge et des

surface, il faut que la pente augmente régulièrement à mesure qu'on s'approche de l'extrémité inférieure, afin que les corps étrangers qui s'introduisent quelquefois dans les tuyaux et qui sont toujours plus abondants dans les parties basses, soient entraînés par le mouvement du liquide, et que celui-ci, dont la quantité augmente sans cesse, s'écoule facilement.

B. *Creusement des tranchées.* — Afin d'économiser sur les frais de fouille et de remblai, on fait les tranchées aussi étroites que possible. On leur donne ordinairement de 30 à 70 centim. de largeur au sommet pour toute espèce de drains. Mais, au fond, cette largeur est seulement de 10 à 20 centim. pour les drains principaux, et de 4 à 7 pour les

Fig. 4.   Fig. 5.   Fig. 6.

petits. Au reste, il n'existe à ce sujet point de règle absolue (Fig. 4 et 5. Tranchées de d., l'une à fond concave, l'autre à fond plat) Dans les terres fortes, l'ouverture des tranchées réclame peu de précautions ; mais quand on opère dans des sols qui s'éboulent, on est obligé de soutenir les terres des côtés au moyen d'un *Boisage*, c.-à-d. de fortes planches longitudinales maintenues par des étrésillons (Fig. 6). Dans tous les cas, on

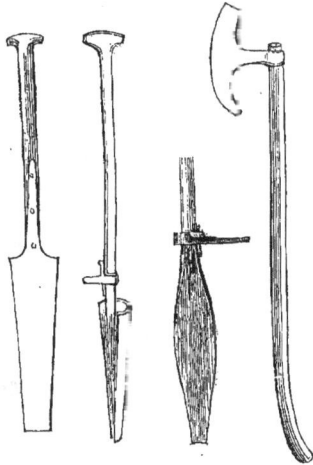

Fig. 7.   Fig. 8.   Fig. 9.   Fig. 10.

doit toujours commencer le travail par la partie la plus basse, afin que les eaux que l'on pourra rencontrer, ou celles qui proviennent des pluies pendant la durée de l'opération, puissent constamment s'écouler sans gêner les travailleurs. Enfin, il faut bien déblayer et nettoyer avec soin le fond des tranchées.

Pour ouvrir ces tranchées, on se sert d'abord de pelles et de bêches ordinaires, puis on fait usage d'instruments de plus en plus étroits Les outils imaginés à cet effet sont fort nombreux ; les Fig. 7 et 8 représentent une bêche de d. plane, et une autre en gouttière, qui sont fort répandues. Quand le terrain est dur et caillouteux, et résiste à la bêche, on a recours à la pioche ou au pic. Le *Pic à pédale* (Fig. 9) est souvent

d'un emploi beaucoup plus avantageux que le pic ordinaire. S'il faut couper des bruyères, des touffes de gazon, de joncs ou de laiches, on se sert du tranchant de la bêche ou bien de l'espèce de hache appelée *Taille-prés* (Fig. 10), qu'on emploie pour pratiquer les rigoles dans les prés. Une sorte de demoiselle à long manche sert à tasser la terre au fond des tranchées. Enfin, on fait usage, pour nettoyer le fond de ces dernières, d'une *Drague de drainage*, qui n'est autre chose qu'une pioche en cuiller très fortement courbée sur un long manche (Fig. 11). — Afin d'abréger le travail des tranchées, on a imaginé des charrues d'une forme particulière ; mais ces instruments ne figurent guère encore que chez nos voisins d'Outre-Manche. Nous en dirons autant des *Charrues-taupes* qui, outre l'ouverture des tranchées, exécutent encore le placement des tuyaux.

Fig. 11.

La *profondeur des drains* se détermine d'après des considérations relatives au développement des plantes et à l'écoulement des eaux. — En ce qui concerne la végétation, « il est évident, dit le professeur Magne, qu'une terre trop humide n'est améliorée par le d. qu'autant que les racines peuvent s'y développer complètement sans rencontrer la couche d'eau stagnante qui est au niveau des tuyaux. Les drains donc, considérés au point de vue du développement des plantes, ne sauraient être trop profonds ; car certaines racines, celles de la luzerne, par exemple, s'enfoncent presque indéfiniment quand le sol le permet. En outre, toutes les plantes, sans exception, résistent mieux au froid, craignent moins la sécheresse et souffrent moins d'une très forte pluie dans une terre profonde que dans une terre superficielle. Cependant, comme la dépense croît à mesure que la profondeur des fossés devient plus grande, et que les avantages d'un sol profond n'augmentent pas sensiblement au delà d'une certaine limite, il suffit, dans les cas ordinaires, que les tranchées aient de 1 mèt. à 1 m. 20 de profondeur. » — Il n'est pas aussi facile de résoudre la question au point de vue de l'écoulement des eaux. Néanmoins, il est généralement admis que les drains profonds sont beaucoup plus favorables à cet écoulement que les drains superficiels. Les Anglais, qui dès le principe ne donnaient à leurs tranchées qu'une profondeur de 70 à 75 centim., les placent maintenant à 1 m. 10 au moins au-dessous de la surface, et descendent même quelquefois jusqu'à 2 mèt. De plus, on a remarqué que les terres, même les plus compactes, deviennent perméables sous l'influence d'un d. assez profond ; mais comme cet effet ne se montre quelquefois qu'après un temps assez long, on a cru d'abord que les travaux d'assainissement étaient inefficaces sur les terrains de cette nature. Enfin, il faut avoir égard à la constitution géologique du sol. Ainsi, dans une tourbière, par ex., les drains doivent être plus profonds que dans les terres ordinaires, parce que la tourbe, après le d., éprouve un retrait considérable qui en diminue l'épaisseur. Si même les tourbières sont peu profondes, il est avantageux de placer les tuyaux sur les couches de terre qui supportent la tourbe.

C. *Écartement et longueur des tranchées ou des drains.* — Comme la profondeur, cet *écartement* dépend d'une foule de circonstances locales, dont une des plus importantes est la nature du sous-sol. Quand ce dernier est poreux, ou repose sur une couche perméable dont les drains puissent aisément enlever les eaux, les tranchées peuvent être éloignées ; dans le cas contraire, il faut les rapprocher. « Pour des tranchées profondes de 1 mèt. 20, dit Hervé Mangon, l'écartement varie de 7 à 20 mètres ; mais il est rare que l'on atteigne ces deux limites extrêmes. Peu de sols, en effet, résistent à un d. dont les tranchées sont écartées de 9 mèt. D'un autre côté, à moins qu'il ne s'agisse de terrain très poreux et infestés de sources, quand cet écartement dépasse 15 à 16 mèt., l'assainissement du sol est rarement complet. Un écartement de 10 à 11 mèt. convient à toutes les terres fortes des départements du nord de la France. »

La *longueur des drains* est subordonnée à la quantité de pluie qui tombe en 24 heures, au diamètre des tuyaux et à leur pente, ainsi qu'à la distance qui les sépare les uns des autres. On admet en Angleterre, qu'avec des tuyaux de 25 à 35 millim. de diamètre, les drains peuvent avoir de 250 à 350 mètres de longueur. En France, plusieurs praticiens admettent les mêmes données, mais d'autres conseillent de ne pas dépasser 200 mètres. S'il faut assainir des pentes plus longues, on divise les petits drains ou drains primitifs par un canal secondaire transversal. La Fig. 2 représente une des dispositions les plus usitées dans ce cas.

b. *Des tuyaux ou des drains proprement dits.* — Maintenant nous avons à parler de la forme et des dimensions des drains, ainsi que de la manière dont on les pose.

Les drains sont généralement faits de terre cuite, et on leur donne presque partout la forme cylindrique : ces sortes de tuyaux sont en effet les plus faciles à fabriquer et les plus économiques. Les tuyaux à *sole* ou semelle qu'on a vantés comme plus commodes à fixer, coûtent plus cher, n'offrent aucun avantage sérieux et sont généralement abandonnés. Il en est de même des tuyaux à section ovale. La longueur des tuyaux varie de 30 à 35 centim. Les plus employés pour les petits drains ou drains primitifs ont généralement 10 millim. d'épaisseur et 3 centim. de diamètre intérieur. Pour les drains secondaires ou collecteurs, on adopte généralement chez nous un diamètre intérieur de 6 à 8 centim. Les gros tuyaux présentant des difficultés de fabrication, et leur prix étant par cela même assez élevé, il est quelquefois avantageux d'en placer deux petits dans la même tranchée au lieu d'un plus gros ; mais, dans ce cas, il ne faut pas oublier que la surface d'écoulement des tuyaux circulaires augmente comme le carré de leur diamètre ; par conséquent, si un tuyau de 6 centim. peut faire écouler les eaux d'une surface de 2 hectares, un tuyau de 3 centim. ne pourrait recevoir que celles de 50 ares. Nous ferons, en outre, remarquer que les tuyaux doivent être assez grands, sans toutefois l'être en excès. En effet, si les tuyaux trop étroits ne remplissent pas le but, ceux qui sont trop grands occasionnent une dépense inutile et sont plus exposés à s'obstruer : car l'eau qui coule dans de larges surfaces laisse plus facilement déposer la terre qu'elle entraîne que celle qui, avec la même pente, parcourt des canaux de faible rempli. Aussi peut-il être avantageux, quand les drains sont longs et fortement espacés, de composer chaque conduit avec des tuyaux de 25 millim. au commencement et de 30 vers la fin, pour que le canal ne soit ni trop spacieux à l'origine ni trop étroit à la fin.

La *pose des tuyaux* est une opération qui exige beaucoup d'habileté, et ne peut être confiée qu'à des ouvriers très exercés. On place les tuyaux bout à bout, et, afin que rien ne gêne la circulation de l'eau, ils doivent être assujettis et raccordés avec le plus grand soin. Pour bien remplir cette condition, on engage leurs extrémités dans des *Colliers* ou *Manchons*, qui ne sont autre chose que des bouts des tuyaux, également en terre cuite, de 7 à 10 centimètres de longueur, et dont le diamètre est tel que les tuyaux ordinaires puissent y entrer facilement. On avait proposé de cribler de trous ces colliers, afin de faciliter l'entrée de l'eau ; mais l'expérience a démontré que cette précaution est sans utilité. — Pour poser les tuyaux au fond des tranchées, on se sert d'un instrument appelé

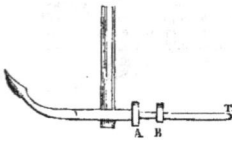

Fig. 12.

Broche. Cet instrument (Fig. 12) se compose d'une pointe partant d'une base à double épaulement, et d'une petite pioche en dragne, qui sert à enlever la terre tombée accidentellement au fond du canal. L'épaulement A, d'un diamètre plus grand que celui des colliers, et l'épaulement B, plus grand que les tuyaux, ont entre eux une distance égale à la moitié de la longueur des colliers. Après avoir posé un tuyau à l'aide de la tige de fer T, l'ouvrier prend un manchon avec cette même tige qu'il entre dans le tuyau précédemment posé. L'outil s'arrête quand l'épaulement B touche le tuyau, et alors le collier qui est appuyé contre l'épaulement A, embrasse d'une moitié de sa longueur le tuyau posé, tandis que l'autre moitié reste libre pour recevoir le tuyau suivant. Les tuyaux une fois posés, on les consolide avec de petites pierres ou avec des tessons, et on les recouvre avec la terre provenant de l'ouverture des tranchées.

L'abouchement des drains primitifs avec les drains secondaires ou collecteurs s'opère au moyen d'une ouverture circulaire pratiquée dans le plus gros tuyau et dans laquelle pénètre le plus petit. Le raccordement doit avoir lieu selon un angle aigu en amont, afin que l'eau continue à couler dans le sens de la pente, sans produire des remous, toujours favorables à la formation des dépôts. S'il y a des drains primitifs de chaque côté du drain collecteur, on les fait alterner pour qu'il n'y ait pas deux ouvertures en face l'une de l'autre.

E. *Ouvrages divers.* — Aux points d'intersection des drains principaux et aux endroits où la pente diminue, il est indispensable de ménager des *Regards* afin de s'assurer de l'écoulement constant de l'eau et d'abréger les travaux de réparation en facilitant les recherches. Ces regards consistent le plus souvent en 2 ou 3 gros tuyaux très courts, emboîtés les uns dans les autres et placés verticalement, dans lesquels aboutissent les tuyaux d'amont et d'où partent ceux d'aval (Fig. 13, d'après H. Mangon : dans la planche 3, les regards sont désignés par de petits ronds). La base de la construction repose sur une pierre plate ou sur une large tuile, et l'ouverture supérieure, qui est au niveau du sol ou s'en trouve peu éloignée, est recouverte de la même manière. Un petit enrochement, qu'on maçonne au besoin, se place à la base pour la consolider. Le tuyau d'aval doit être situé à quelques centimètres plus bas que celui d'amont, et ce dernier doit faire un peu de saillie sur la paroi intérieure du regard pour que l'eau qu'il amène

Fig. 13.

fasse en tombant un bruit qui annonce, au dehors, la marche régulière du courant.

Les *bouches* des drains principaux, c.-à-d. les points où ils aboutissent aux canaux de décharge, se construisent en briques ou en pierres. On les munit encore d'une grille en fonte ou en fer à barreaux assez rapprochés pour empêcher l'entrée des petits animaux. Les dispositions qu'on donne à ces bouches varient suivant les localités (Dans la Fig. 3, les bouches sont indiquées par de petits croissants.)

Enfin, des bornes en pierre d'une faible hauteur plantées à la surface du sol, et portant sur l'une de leurs faces une flèche gravée, servent à faire connaître l'origine et la direction des drains principaux.

VI. *Systèmes particuliers de drainage.* — A. Les drains en terre cuite sont à peu près exclusivement employés aujour-

Fig. 14.   Fig. 15.   Fig. 16.

d'hui. Cependant il est des circonstances où l'on est obligé de les faire avec d'autres matériaux. Dans ce cas, on se sert habituellement de tuiles ou de pierres. — Les drains de la première espèce se composent de tuiles courbes posées sur des *soles* plates (Fig. 14. Coupe d'un drain de cette sorte, avant le remplissage des tranchées). Dans ce système, les drains principaux sont faits avec des tuiles courbes de grande dimension, ou par la réunion de deux tuiles courbes séparées par une sole plate (Fig. 15), ou même avec deux petites tuiles placées côte à côte et surmontées d'une troisième (Fig. 16). — Les drains en pierres sont faits de cailloux ou de galets jetés pêle-mêle au fond des tranchées (Fig. 17), ou bien ils constituent de véritables aqueducs souterrains dont on varie la disposition suivant la nature des matériaux dont on peut disposer (Fig. 18, 19 et 20). — Les drains empierrés peuvent rendre de très grands services s'ils sont bien exécutés. Leurs tranchées (Fig. 17) doivent être un peu plus profondes que celles des drains-tuyaux. Suivant Hervé Mangon, leur largeur doit être de 18 centim. au fond, et de 23 à 38 centim. au-dessus de ce fond, limite à laquelle s'arrête la couche de pierres. Quant aux drains-à jauges, ils ne peuvent servir pour les tranchées du dernier ordre, et ne conviennent que lorsqu'il s'agit d'établir des canaux d'écoulement de quelque importance. Leur construction est d'ailleurs assez difficile et réclame des ouvriers très exercés. En outre, ils servent de

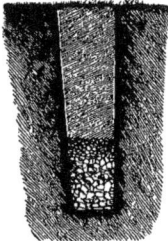

Fig. 17.

refuge à une foule d'animaux nuisibles, et présentent l'inconvénient de se détériorer et de s'obstruer assez rapidement.

 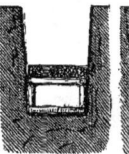 

Fig. 18.   Fig. 19.   Fig. 20.

VII. *D. vertical.* — Ce système qu'on appelle aussi *D. par perforation*, consiste soit à établir dans la terre un certain nombre de puits perdus (Fig. 21) dans lesquels on fait écouler les eaux préalablement réunies par des rigoles à ciel ouvert ou par des drains souterrains, soit à pratiquer dans le sol un nombre suffisant de trous de sonde assez profonds pour traverser la couche imperméable qui forme souvent le sous-sol immédiat des terrains humides, et pour atteindre une couche perméable (Fig. 22). On garnit au besoin l'in-

 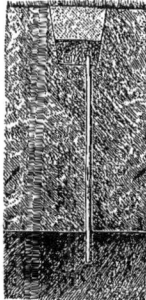

Fig. 21.   Fig. 22.

térieur de ces trous avec des tubes en bois ou en poterie, afin d'empêcher qu'ils ne s'obstruent. Dans quelques circonstances, on peut se contenter de pousser les trous de sonde jusqu'à la couche imperméable, à la surface de laquelle s'arrêtent et s'accumulent les eaux. Alors celles-ci remontent par les trous de sonde jusqu'à la superficie même du terrain, et on les fait écouler par des rigoles convenablement construites qui les portent à un canal de décharge. Le d. par perforation convient surtout aux terrains tourbeux et criblés de sources, aux bas-fonds où les eaux pluviales croupissent toujours longtemps, et aux lieux où le niveau du sol est très peu élevé et où le d. par les autres procédés serait presque impossible. Quant au procédé qui consiste à faire remonter les eaux à la surface du terrain, et qu'on désigne sous le nom de procédé d'Elkington, il est aisé de concevoir qu'il exige une disposition particulière du sol ; en effet, l'ascension de l'eau s'opère ici, comme dans les puits artésiens, par suite de la pression ré-

saltant de la différence de niveau de la nappe liquide à son point d'origine et à son point d'émersion.

VIII. *Historique.* — L'assainissement des terres au moyen de rigoles souterraines est connu depuis bien des siècles ; mais il existe une telle différence entre les procédés anciens et les procédés actuels, que ceux-ci ont opéré une véritable révolution agricole. En effet, les Romains ne pratiquaient le d. que d'une manière fort grossière et fort insuffisante. « Si le sol est humide, dit Columelle, on le desséchera au moyen de fossés qui recevront les eaux surabondantes. Nous connaissons deux sortes de fossés : ceux qui sont cachés et ceux qui sont ouverts. Dans les terrains compacts et argileux, on préfère ces derniers ; mais partout où la terre est moins dense, on en creuse quelques-uns d'ouverts, et les autres sont recouverts de manière que les derniers s'écoulent dans les premiers. Pour les fossés découverts, on creuse une sorte de sillon à la profondeur de 3 pieds : on le remplit à moitié avec de petites pierres ou du gravier pur, et l'on finit par le combler avec une partie de la terre qu'on en avait tirée. Si l'on n'a à sa disposition ni cailloux ni gravier, on formera comme un câble de sarments liés ensemble, assez gros pour occuper toute la capacité du fond de la fosse dans laquelle on le presse et l'on adapte. Puis on recouvre les sarments avec des ramilles de cyprès, de pin, ou, à leur défaut, avec des feuillages quelconques qu'on comprime fortement, et sur lesquels on répand de la terre. Aux deux extrémités du fossé, on pose ensuite, comme cela se pratique pour les petits ponts, deux grosses pierres qui en porteront une troisième, afin que cette construction soutienne les bords du fossé et favorise l'entrée et l'écoulement des eaux. » Les procédés indiqués par l'agronome latin n'ont jamais cessé d'être appliqués dans les pays agricoles de l'Europe ; mais partout on s'est contenté de suivre la routine antique sans chercher à perfectionner les vieux procédés ; l'Angleterre seule a fait exception. Il est vrai que l'immense étendue de terrains humides qu'elle possède devait naturellement appeler sur la pratique des dessèchements l'attention des agriculteurs. Le plus ancien traité connu sur le dessèchement agricole est celui de Walter Blight, dont la troisième édition parut en 1652. Ce traité ne renferme pas seulement de simples détails relatifs à l'exécution des travaux ; on y trouve encore d'utiles préceptes qui s'appuient presque toujours sur la théorie la plus vraie. Cependant c'est seulement vers la fin du dernier siècle et au commencement de celui-ci que les procédés de d. ont commencé à faire de grands progrès, et deux hommes surtout, Elkington et Smith, ont contribué à les perfectionner et à les populariser. Le premier, fermier du Warwickshire, avait fait creuser des canaux dans une terre qui, par sa nature, aurait dû être fertile, sans pouvoir l'assainir. Il visitait un jour ses travaux, en se demandant quelle pouvait être la cause de cette humidité. Il se trouvait auprès d'un fossé de 1m50 de profondeur, quand passa au hasard à côté de lui un de ses ouvriers qui portait un pieu en fer. Elkington eut l'idée de saisir le pieu et de sonder le fond du fossé. Ayant enfoncé cet instrument de 1 mètre environ, il le vit, en le retirant, l'eau sourdre du trou et couler dans le fossé. Il reconnut immédiatement que l'eau provenait du sous-sol, et, partant de cette observation, il imagina le procédé de d. vertical, auquel on a donné son nom. Le Parlement accorda à l'inventeur une récompense de 1000 livr. sterl. (25,000 fr.) ; ce fut le premier pas dans la voie des encouragements au d. que le gouvernement anglais distribue depuis longtemps sur une immense échelle. Mais, ainsi que nous l'avons vu, le procédé Elkington n'était applicable qu'à certains sols d'une constitution spéciale. En conséquence, dans la majeure partie des terrains à drainer, on continuait de se servir de drains couverts, plus ou moins profonds et formés de paille, de branchages, et même de briques ou de tuiles, lorsque, au commencement de ce siècle, Smith, mécanicien dans une filature de Deanstone en Écosse, ayant été chargé de diriger la culture d'un terrain dépendant de l'usine, fut amené à étudier la question du d. Sans connaître les recherches faites avant lui, il créa un système d'assainissement propre à débarrasser le sol à la fois des eaux de source et des eaux de pluie. Le *Procédé de Deanstone* ou de *Smith*, comme on l'appelle en Angleterre, consistait à ouvrir des tranchées de 60 à 70 centim. de profondeur, rapprochées les unes des autres de 3 à 7 mètres, suivant la nature du sol, et destinées à recevoir les eaux pluviales filtrant à travers les couches superficielles, ainsi qu'à arrêter et à recueillir les eaux de source provenant des couches inférieures. Les tranchées faites, il en garnissait le fond de pierres, et il achevait ensuite de les remplir avec la terre qui en avait été extraite. La simplicité et la généralité de ce mode d'opérer vulgarisèrent rapidement son emploi. Bientôt, divers agriculteurs imaginèrent de substituer aux tranchées empierrées de Smith des espèces de drains formés de briques plates surmontées de tuiles, de manière à représenter un tube à peu près hémisphérique. Ce fut encore un progrès sensible qui ne devait pas tarder d'amener lui-même l'emploi des drains cylindriques. Cependant l'invention de ces derniers passa d'abord presque inaperçue : car lorsque, en 1843, il en fut, pour la première fois, question à la Société royale d'agriculture de Londres, on n'y prêta aucune attention. On ne s'en occupa que quelques mois plus tard, quand John Read présenta, à l'exposition agricole de Derby, une collection de tuyaux fabriqués avec une machine de son invention. Une médaille d'or fut accordée à l'exposant. Dès ce moment, le d. à tuyaux se substitua presque partout aux anciens procédés, et de l'Angleterre il ne tarda pas à se propager dans le reste de l'Europe. La première opération de d. qui ait été faite en France fut exécutée en 1846 par Thackeray, à Forges (Seine-et-Marne), dans une terre appartenant à M. de Manoir. Les tuyaux et la machine propre à les fabriquer avaient été importés d'Angleterre. Hervé Mangon estime qu'il y a en France plus de 7 millions d'hectares de terre auxquelles on pourrait appliquer utilement l'opération du d.

IX. *Lois relatives au d.* — La première, en date du 10 juin 1854, statue que tout propriétaire qui veut assainir son fonds par le d. ou autrement, peut, moyennant une juste et préalable indemnité, en conduire les eaux souterrainement ou à ciel ouvert, à travers les propriétés qui séparent ce fonds d'un cours d'eau ou de toute autre voie d'écoulement. Les associations de propriétaires qui voudraient procéder en commun à ces opérations sur une certaine étendue de territoire, jouissent du même droit. En outre, elles peuvent, sur leur demande, être constituées en syndicats par un arrêté des préfets. Enfin, les travaux des associations syndicales, et ceux que voudraient exécuter les communes ou les départements, peuvent être déclarés d'utilité publique par décret rendu en conseil d'État. Cette même loi investit les juges de paix du pouvoir de juger, en premier ressort, les contestations auxquelles donnent lieu l'exécution des travaux, la fixation du parcours des eaux, les indemnités et les frais d'entretien. De plus, elle applique les peines édictées par les art. 456 et 457 du Code pénal à la destruction totale ou partielle des conduits d'eau ou fossés évacuateurs, ainsi qu'à tout obstacle apporté volontairement au libre écoulement des eaux. — La seconde loi, en date du 17 juillet 1856, affecte une somme de 100 millions à des prêts destinés à faciliter les opérations de d. Les prêts effectués en vertu de cette loi sont remboursables en 25 ans, par annuités comprenant l'amortissement du capital et l'intérêt calculé à 4 p. 100. La loi du 28 mai 1858 charge le Crédit foncier de France d'effectuer ces prêts, en lui accordant pour le recouvrement de l'annuité échue et de l'annuité courante, sur les récoltes ou revenus des terrains drainés, un privilège qui prend rang immédiatement après celui des contributions publiques. Enfin, un décret de 1858 détermine les conditions et les formes de ces opérations. — Nous terminerons en rappelant que le ministre de l'agriculture, du commerce et des travaux publics, par une circulaire du 16 août 1854, a autorisé les ingénieurs du service hydraulique, les conducteurs et autres agents placés sous leurs ordres à fournir gratuitement leur concours aux particuliers et aux associations qui voudraient appliquer la loi du 10 juin 1854. Les ingénieurs et agents dont le concours est ainsi réclamé, sont indemnisés sur les fonds du Trésor, comme pour les travaux au compte de l'État. — Cons. HERVÉ MANGON, *Instructions pratiques sur le drainage, publiées par ordre du Ministre de l'agriculture*, etc. Paris, 1856, in-18. — RISLER et WERY, *Le Drainage rationnel des terres*, in Revue générale des sciences. Décembre 1893. — BARRAL, *Drainage des terres arables*, 3e édit. 2 vol. Libr. agric.

DRAINE ou **DRENNE**. s. f. Nom vulgaire d'une espèce du genre Grive. Voy. MERLE.

DRAINER. v. a. (angl. *to drain*, épuiser). Dessécher une terre au moyen de l'opération appelée drainage. = DRAINÉ, ÉE. part. = SE DRAINER. v. pron. Être drainé.

DRAINETTE. s. f. T. Pêc. Filet dont on se sert pour prendre de petits poissons. On dit aussi *Drivonette*.

DRAINEUR. s. m. (R. *drainer*). Celui qui opère un drainage.

DRAINEUSE. s. f. T. Agric. Machine servant à opérer rapidement le drainage.

DRAISIENNE. s. f. Appareil de locomotion analogue au vélocipède.

DRAIURE. s. f. Voy. DRAYURE.

DRAKE, marin anglais, fit le deuxième voyage autour du monde et se signala dans les guerres contre les Espagnols (1540-1596).

DRAKE (FRÉDÉRIC), célèbre sculpteur allemand (1805-1882).

DRAKENBERG, marin norwégien, remarquable surtout par sa longévité authentique de 146 ans (1626-1772).

DRAM. s. m. T. Métrol. Deux-cent-cinquante-sixième partie de la livre poids anglaise.

DRAMATIQUE. adj. 2 g. (R. *drame*). Se dit des ouvrages faits pour le théâtre, et qui représentent une action tragique ou comique. *Poème d. Ouvrage d. Composition d.* || Qui a rapport ou qui est propre aux ouvrages faits pour le théâtre. *Le genre d. L'art d. Censure d. Style d. Soirée d.* — On dit aussi, *Auteur, poète d. Censeur d. Artiste d.* — *Forme d.*, La forme d'un ouvrage autre qu'une pièce de théâtre, et dans lequel l'auteur s'efface entièrement, pour laisser parler et agir ses personnages. *Donner la forme d. à un récit.* || Qui émeut ou qui est propre à émouvoir le spectateur. *Cette scène est fort d. Une situation d.* — Par anal., se dit aussi de tout ce qui, dans un ouvrage autre qu'une pièce de théâtre, impressionne vivement, ou offre une peinture vive et attachante de quelque événement. *Rien de plus d. que la manière dont cet historien raconte cet événement. Démosthène fait dans ce discours une peinture très d. de l'état de la Grèce à son époque.* — Par ext., se dit encore des ouvrages eux-mêmes et des auteurs de ces ouvrages. *Les mémoires de cet auteur sont très dramatiques.* = DRAMATIQUE. s. m. Le genre d., la forme d. *Il n'a réussi que dans le d. Le d. fait une des beautés des écrits de Platon.* Peu us. || Ce qui excite particulièrement l'émotion dans une pièce de théâtre, dans un récit. *Il y a bien du d. dans cette scène, dans ce récit.* Peu us.

Art dramatique. — Le besoin de voir les actions et les relations de la vie humaine représentées par des personnages qui les expriment dans leurs discours est l'origine de l'*art dramatique*. Trois points principaux sont à considérer dans l'étude de cet art : 1° la nature de l'œuvre d. ou elle-même, et les caractères soit généraux, soit particuliers, qui la distinguent ; 2° les différents genres de la poésie d. ; 3° l'art théâtral ou la représentation scénique.

1. — Considérée d'une manière générale, la poésie d. réunit le principe de la poésie épique et celui de la poésie lyrique. Comme l'épopée, le drame expose une action, un fait, un événement. Mais ici apparaît comme base de l'*action* la personne humaine avec sa liberté. Les événements naissent de la volonté des personnages, de leur caractère et de leurs passions. L'action est cette volonté elle-même poursuivant son but, de telle sorte que les conséquences rejaillissent sur elle : le héros d. porte lui-même les fruits de ses propres actes. Quant au *fond* même du drame, il doit rouler sur les principes éternels de l'existence humaine, les grandes passions, les idées et les vérités morales. C'est là ce qui forme le véritable intérêt de la poésie d., son principe et sa base essentielle.

A. Comparée à l'épopée, l'œuvre d. doit offrir une unité plus ferme, plus compacte, et renfermée dans des bornes plus étroites. Elle exige une action moins étendue dans l'espace et dans le temps, un nœud plus serré, une opposition plus directe de buts et d'intérêts, une plus étroite coordination des parties. — Ici s'offre la question des trois unités de *lieu*, de *temps* et d'*action*. Relativement aux deux premières, les règles étroites qu'on a cru pouvoir tirer du théâtre ancien et d'Aristote sont conventionnelles ; au moins n'ont-elles rien d'absolu. Aristote ne dit rien de la première : elles n'ont même pas été toujours observées dans le théâtre ancien. Dans tous les cas, elles ne peuvent convenir au théâtre moderne, où l'action, moins simple et plus complexe, contient une plus riche succession de caractères, de collisions et de personnages. Il ne faut pourtant pas se jeter dans l'excès opposé. Un juste milieu est à garder ; la vraie mesure dépend de la nature du sujet. La seule règle inviolable est l'unité d'*action*, parce qu'elle est la loi même de l'art. Mais en quoi consiste cette unité ? Dans un but unique que poursuivent les personnages au milieu des circonstances les plus diverses, dans une collision principale, ou un nœud auquel se rattachent les caractères et les entreprises, et qui se résout par un dénoûment naturel. Cette unité est plus ou moins étroite selon les genres et les sujets, moins dans la comédie que dans la tragédie, dans le drame moderne que dans la tragédie ancienne.

B. Si l'on considère les personnages eux-mêmes, ils doivent remplir certaines conditions indispensables. — Les fins et les entreprises qu'ils poursuivent doivent offrir un *intérêt général*. Plus une œuvre d. contient de ces traits généraux empruntés à la nature humaine, plus elle est à l'abri de la diversité des mœurs et des époques. Les tragiques grecs sont de tous les temps, parce qu'ils représentent le côté général, durable, éternel de la nature humaine. — Une seconde condition est l'individualité des caractères, ou, pour mieux dire, c'est la condition suprême de l'intérêt d. Les personnages ne doivent pas être seulement des idées, des passions personnifiées, car alors ils manquent de vie et représentent de pures abstractions. Les grandes pensées, les sentiments profonds, les grands mots ne peuvent compenser ce défaut de vitalité. — La généralité et l'individualité des caractères ne suffisent pas encore : il faut que ces caractères se fondent parfaitement avec une action animée et intéressante par elle-même. Le but de l'action n'est pas l'exposition des caractères ; car, comme le dit Aristote, les personnages n'agissent pas pour représenter des caractères, mais ceux-ci sont conçus et représentés en vue de l'action. La poésie d. est un puissant moyen de propager les idées morales, politiques, religieuses. Mais il faut que le poète s'efface et disparaisse derrière son œuvre. Il faut aussi que ses intentions portent un caractère élevé, qu'elles ne se détachent pas de l'action principale, qu'elles en sortent naturellement, et qu'elles ne paraissent pas un moyen pour produire cet effet. Ce qu'il y a de pire, c'est que le poète, de dessein prémédité, cherche à flatter une fausse tendance qui domine le public, et cela uniquement pour lui plaire ; car alors il pèche à la fois contre la vérité et contre l'art.

C. La *marche* du drame est plus rapide que celle de l'épopée. Dans le drame, les courts épisodes, au lieu de retarder l'action, doivent l'accélérer. La marche d., à proprement parler, c'est la précipitation continuelle vers la catastrophe finale : cependant le poète doit se donner le temps de développer chaque situation avec les motifs qu'elle renferme. La *division* de l'œuvre d. repose sur l'idée même d'une action et de ses moments essentiels. Toute action a un commencement, un milieu et une fin. La dénomination d'*actes* convient donc parfaitement à chacune de ses divisions. Numériquement, il ne devrait y en avoir que trois : les modernes en admettent généralement cinq. L'exposition répond au premier. Les trois autres moyens représentent les différentes actions, réactions ou péripéties que referme le nœud ou le conflit total. Dans le cinquième, la collision arrive à son dénoûment.

D. Les principales formes du discours dans la poésie d. sont les *chœurs*, le *monologue* et le *dialogue*. Les deux premières représentent le côté lyrique ; la troisième est la forme vraiment d. Le *chœur* est, pour ainsi dire, propre à l'art d. des anciens. Son rôle n'est qu'imparfaitement expliqué quand on a dit qu'il consiste à faire des réflexions sur l'ensemble de l'action, et qu'il représente en particulier le peuple sur la scène, prenant part à l'action et la jugeant. Le chœur a un rôle plus élevé et plus intimement lié à l'action elle-même. Il représente l'accord des puissances morales qui se combattent sur la scène, et le sentiment de cet accord dans la conscience humaine. C'est l'élément moral de l'action d. Chez nous, le but que poursuit la volonté des personnages est plus personnel, moins moral, moins général. Cette manifestation de la conscience et de l'accord fondamental des puissances morales n'est donc pas nécessaire. Le chœur, avec son caractère lyrique, n'a plus sa place là où s'agitent les passions et les collisions individuelles, là où se déploie le jeu varié de l'intrigue.

II. — Le principe de la *division des genres*, dans la poésie d., se tire du rapport différent des personnages avec le but qu'ils poursuivent ou l'idée qu'ils représentent. Or, de deux choses l'une : ou cette idée est quelque chose de bon, de grand et de noble, comme constituant le fond vrai et éternel de la volonté humaine ; ou c'est la personnalité humaine avec ses caprices, ses fantaisies, ses ridicules, qui est mise en scène. De là, les deux genres principaux, la *tragédie* et la *comédie*, entre lesquels se place le *drame*, qui réunit les deux caractères.

A. Le fond de l'action *tragique*, quant au but que poursuivent les personnages, ce sont, en effet, les principes, les idées légitimes et vraies qui déterminent la volonté humaine, les grandes passions, les intérêts élevés qui s'y rattachent. Les puissances morales qui constituent le caractère des personnages et le fond de l'action sont harmoniques dans leur essence. Mais, dès qu'elles tombent dans le monde de l'action et se mêlent aux passions humaines, elles paraissent exclusives, et alors elles s'opposent, deviennent hostiles. Un conflit s'engage, un nœud se forme, le héros principal soulève contre lui des passions contraires, et de là naissent d'implacables discordes. Le vrai tragique consiste donc dans l'opposition de deux principes également légitimes, également sacrés, mais exclusifs et mêlés à des passions humaines qui altèrent leur pureté, et entraînent les personnages dans des fautes ou des crimes, source de leurs infortunes. Voilà le fond, le nœud de l'action tragique ; quel en sera le dénoûment ? Ce dénoûment doit rétablir l'accord rompu entre les puissances morales. Pour produire cette impression, il doit laisser entrevoir une justice éternelle qui s'exerce sur les motifs individuels et les passions des hommes. La Némésis tragique est cependant distincte de la justice morale. Celle-ci châtie et récompense ; tandis que celle-là se manifeste simplement par la ruine des personnages qui se combattent, par le renversement de leurs desseins et de leurs prétentions, par une catastrophe finale qui, venant les envelopper, fait éclater le néant de ces passions et de ces intérêts, et laisse ainsi dans l'âme du spectateur une impression de *terreur* et de *pitié*. En effet, quoique les personnages poursuivent un but légitime, ils troublent l'accord des puissances morales, en mêlant à des intentions élevées leurs passions et leurs vues particulières, des fautes et souvent même des crimes. Ce qui donc est détruit dans le dénoûment, ce ne sont pas ces principes éternels eux-mêmes, mais les personnages et leurs bornes : c'est ce qu'il y a en eux d'exclusif, de passionné, d'humain. Ne pouvant renoncer à leurs desseins et à leurs passions personnelles, ils sont entraînés à une ruine totale ou forcés de se résigner à leur sort. C'est ainsi que le poète, comme dit Aristote, excite la *terreur* et la *pitié* ou les *purifiant*.

La *terreur* tragique, en effet, ce n'est pas la frayeur ordinaire que cause la vue du malheur ou du danger. Pour que le spectacle élève et purifie notre âme, il faut qu'il ait un caractère religieux, que la terreur soit excitée, non par la vue d'une puissance physique qui menace notre existence matérielle, mais par la contemplation des puissances morales aux prises les unes avec les autres. Notre âme est saisie d'épouvante en voyant menacé ce qui lui paraît inviolable et sacré. Son trouble ne peut cesser que quand elle voit reparaître l'harmonie par un dénoûment qui détruit les causes de cette opposition. La *pitié* tragique est la sympathie pour une noble infortune, relevée par le principe moral que représente le personnage et le caractère qu'il déploie dans le malheur au service d'une grande cause. C'est donc le motif de la passion, l'idée morale qui s'y joint, qui détermine la nature du sentiment que nous éprouvons à la vue des souffrances et des malheurs d'un personnage. Le tableau des souffrances et des malheurs n'est que déchirant. La vraie compassion tragique ne s'attache qu'aux personnages dignes d'intérêt, c.-à-d. qui mêlent à de grandes qualités des fautes et des faiblesses humaines.

B. La *Comédie* est l'opposé de la tragédie. Dans la comédie, ce n'est plus la lutte des puissances morales, des idées éternelles, des grands mobiles du cœur humain représentés par des personnages nobles, d'un caractère élevé, mais exclusif et passionné, qui fait le fond de l'action ; c'est, au contraire, le côté personnel, arbitraire, capricieux ou même pervers de la volonté, qui est mis en scène et qui occupe la première place avec les ridicules, les fantaisies, les défauts et les vices qui y sont attachés. En conséquence, Aristote l'a défini : « l'imitation du vice, non pas de toute espèce de vices, mais de ceux où il y a une part de ridicule ». Néanmoins, pour que nous puissions rire des personnages lorsque nous les voyons échouer dans leurs desseins, il ne faut pas qu'ils prennent eux-mêmes trop au sérieux le but qu'ils poursuivent, qu'ils s'y absorbent tout entiers, au point que leur insuccès nous intéresse ou à eux. La comédie nous montre la contradiction entre le but et les moyens, la sottise qui se détruit de ses propres mains, et cependant reste calme, imperturbable et conserve sa sécurité. La ruine totale, le sérieux complet, exciteraient en nous, au lieu du rire, un sentiment pénible. Il faut donc distinguer entre le *risible* et le *comique*, et entre les divers genres de comique. Tout contraste entre le fond et la forme, entre le but et les moyens peut être risible. Le comique exige une condition plus profonde. Le vice en soi n'est pas comique ; la sottise, l'extravagance, l'ineptie, ne le sont pas davantage. Ce qui caractérise le comique, c'est la satisfaction interne et profonde du personnage mis en scène, et qui, ne courant aucun danger réel, peut supporter de voir échouer ses projets et ses entreprises, ou se sent élevé au-dessus de ses propres contradictions. L'absence de sérieux en est la condition essentielle. Ainsi le comique, en général, s'appuie sur une contradiction, sur des contrastes, soit entre des buts opposés, soit entre la fin et les moyens, soit entre le vrai en soi et les caractères ou les moyens. Cette situation appelle encore plus un dénouement que dans la tragédie. — Or, ce qui se détruit dans le dénouement, ce n'est ni le vrai en soi, ni la vraie personnalité; c'est la déraison, la sottise, ce sont leurs contradictions. Si donc la comédie nous offre une fausse image de la vérité, si ce qui est mauvais, petit, ridicule, est le côté saillant de la représentation, si ce qui est faux se détruit de ses propres mains, ce qui est éternellement vrai dans la vie des individus ou elles peuples ne peut être tourné en ridicule et reste inviolable.

On divise généralement la comédie en plusieurs genres, selon le but qu'elle se propose, ou suivant la forme qu'elle affecte dans sa marche. La comédie de *caractère* est celle qui a pour objet principal de développer un type particulier de caractère; Molière, dans le *Misanthrope*, l'*Avare*, etc., nous en offre les plus parfaits modèles. La comédie de *mœurs* nous peint les ridicules propres à certaines catégories de personnes, ou même à un peuple entier : les *Femmes savantes* de Molière et *Turcaret* de Lesage en sont des types inimitables. La comédie *satirique* s'attaque directement aux idées et aux mœurs, mais en les saisissant surtout par le côté où elles donnent prise au ridicule : telles sont les comédies d'Aristophane. — Bien au-dessous de ces trois genres viennent se placer la comédie d'*intrigue* et la comédie *épisodique*. La première est celle où l'auteur s'attache surtout à placer ses personnages dans des situations embarrassantes, qui doivent naître naturellement les unes des autres ou sans trop d'effort, et se succéder jusqu'à ce qu'un événement imprévu amène le dénouement; mais pour qu'une pièce de ce genre mérite le nom de comédie, il faut que les complications de l'intrigue servent à mettre en relief les caractères des personnages ou les mœurs que l'on se propose de peindre. L'*Étourdi* de Molière et le *Mariage de Figaro*, par Beaumarchais, sont les chefs-d'œuvre de ce genre. La seconde fait passer sous nos yeux une suite de tableaux partiels dont chacun offre un trait de mœurs ou de caractère particulier; cette sorte de comédie n'a point d'action, et manque par conséquent de nœud et de dénouement. Elle ne peut donc se recommander que par l'intérêt et la vivacité des détails. Les *Fâcheux* de Molière et les *Originaux* de Fagan appartiennent à cette catégorie. La comédie épisodique est aussi appelée communément comédie *à tiroir*, à cause de l'indépendance où les diverses scènes de la pièce sont à l'égard les unes des autres. Lorsque, dans ces sortes de pièces, c'est un seul acteur qui est chargé du rôle principal de chaque scène, on leur donne le nom de pièces *à travestissement*. — La *Farce* est la comédie poussée jusqu'au grotesque : c'est une caricature où cependant on doit encore reconnaître les traits de la nature humaine. Telles sont la vieille pièce de l'*Avocat Pathelin*, qui remonte au XVᵉ siècle, le *Médecin malgré lui*, et quelques scènes du *Bourgeois gentilhomme*, de Molière.

Ce qu'on nommait jadis, en France, *Tragi-comédie* ou *Comédie héroïque*, était tout simplement une tragédie qui ne se dénouait pas par une catastrophe, ou une sorte de comédie grave dont les personnages étaient pris dans les rangs élevés : tels le *Don Sanche d'Aragon*, de Corneille, et le *Don Garcie de Navarre*, de Molière. La *Comédie larmoyante* ou *Tragédie bourgeoise* du dernier siècle appartient proprement au genre qu'on désigne actuellement sous le nom de *Drame*. La *Comédie-ballet* était une comédie de mœurs ou d'intrigue dont chaque acte s'accompagnait de quelques pas de danse. Enfin, on donne aujourd'hui le nom de *Comédie historique* à des œuvres qui sont ordinairement aussi étrangères à l'histoire qu'à la comédie, mais où l'on fait figurer des personnages historiques au milieu d'une intrigue plus ou moins invraisemblable, et où l'on prétend peindre les mœurs d'une époque donnée.

Ce qu'on appelle chez nous *Comédie-vaudeville*, ou simplement *Vaudeville*, mérite une mention particulière. Le vaudeville, malgré les couplets chantés qui entrecoupent çà et là le dialogue, ne constitue point un genre à part. particulier. Le plus souvent c'est une comédie en miniature où point des scènes de mœurs et parfois même des caractères ou des ridicules qui, par leur nature, ne sont pas susceptibles de fournir à de longs développements. La verve inépuisable de l'esprit français a multiplié chez nous les œuvres de ce genre.

Si le plus grand nombre des pièces qui portent ce titre sont grossières, triviales même, et ont pour but unique d'exciter un gros rire, il en est quelques-unes dont il serait injuste de méconnaître la valeur. Si la peinture dite de genre et la miniature, quoique inférieures à la peinture historique, relèvent cependant de l'art, il en doit être de même de la comédie-vaudeville. On a fait encore des *Drames-vaudevilles* et des *Vaudevilles historiques* : ces dénominations expriment suffisamment la nature et le contenu de ces pièces; mais il est beaucoup plus difficile de s'expliquer leur raison d'être.

C. Le mot *Drame*, détourné de son acception primitive et employé par opposition à *tragédie* et à *comédie*, se dit de toute pièce qui offre une combinaison du tragique et du comique. C'est un genre intermédiaire et flottant, dans lequel on se propose spécialement de représenter le côté particulier de l'existence, d'entrer plus avant dans les détails et les complications de la vie intérieure, et d'offrir en même temps un tableau plus minutieux des circonstances extérieures. La multiplicité des personnages et des incidents extraordinaires; le labyrinthe des intrigues et l'imprévu des événements, contrastent avec la simplicité du théâtre antique qui ne renferme jamais qu'un petit nombre de situations et de caractères. Dans le drame moderne, en général, l'objet principal est la passion personnelle poursuivant un but personnel, le développement des caractères dans des situations spéciales. Ce qui excite notre intérêt, c'est le personnage lui-même et sa destinée. Ici donc, pour que le théâtre conserve son caractère élevé et moral, le drame doit faire son choix parmi les passions humaines, et peindre les plus nobles d'entre elles : l'amour, l'honneur, l'ambition. En outre, les intérêts plus généraux, ceux de la famille, de la patrie, de l'humanité, doivent planer sur l'action tout entière, expliquer le caractère et la lutte des personnages, devenir le dernier mot de leurs actions et de leur volonté. Il faut enfin qu'une idée morale, celle du châtiment tout au moins, apparaisse dans le dénouement. A ces conditions, le drame reste encore dans le domaine de l'art.

Mais le plus souvent les œuvres scéniques qualifiées de ce nom de drame ne remplissent aucune de ces conditions. Dans un but que nous ne voulons pas qualifier, beaucoup d'écrivains dramatiques de nos jours cherchent uniquement à frapper l'imagination; ils visent à l'effet théâtral; ils se proposent d'amuser ou d'émouvoir par un faux pathétique, par une sensibilité vulgaire. Sous le prétexte que la scène doit représenter la vie réelle ou, pour mieux dire, la vie prosaïque sous toutes ses faces, comme si l'art avait pour objet la représentation photographique des choses de ce monde, comme si le beau n'était pas le vrai par excellence, on recherche les situations les plus étranges, afin d'étonner et de surprendre, au lieu de toucher en remuant les plus nobles fibres du cœur; on glorifie indifféremment toute passion, quelque basse et égoïste qu'elle soit; on peint la perversité pour la perversité; on représente les crimes les plus monstrueux, avec la perspective matérielle de l'échafaud pour toute expiation morale. Dans les drames qui ont pour base un événement réel, on fausse l'histoire, on dénature, on travestit les personnages; et dans ceux où le sujet est de l'invention de l'écrivain, les personnages sont souvent des créations tératologiques où l'on ne découvre rien qui appartienne à la nature humaine. Enfin, le style est au niveau de la conception, et, pour tout dire en un mot, l'œuvre d., sous quelque aspect qu'on l'envisage, est en dehors de la littérature.

On donnait naguère le nom de *Mélodrame* à une sorte de drame où le dialogue était coupé par des morceaux de musique instrumentale. Cette addition malencontreuse ne changeait rien à la nature de l'œuvre. Mais comme ces sortes de pièces étaient destinées aux théâtres populaires, et que les faiseurs de mélodrames, au lieu de s'efforcer d'élever leur public à une certaine hauteur, prenaient à tâche de s'abaisser jusqu'à lui, et n'écrivaient que des pièces déplorables sous tous les rapports, le mot *mélodrame* est devenu un terme de dénigrement qui s'emploie pour qualifier les drames de l'ordre le plus infime.

D. Les œuvres dramatiques contemporaines présentent une grande variété, et il serait souvent difficile de les répartir dans l'une des catégories que nous venons d'énumérer. Le mot de *tragédie* est abandonné depuis l'espèce de révolution littéraire qu'on a qualifiée du nom de *Romantisme* et qui a trouvé son expression la plus complète avec le théâtre de Victor Hugo et les drames d'Alexandre Dumas, sur lesquels nous reviendrons. Voy. ROMANTIQUE. Cependant, nous voyons apparaître de temps à autre de très belles œuvres, qualifiées *drames en vers*, qui sont de véritables tragédies, et dont les auteurs, tout en s'affranchissant le de que les règles classiques avaient de trop étroit, ont su concilier les principes de la tragédie classique avec la liberté de l'art romantique et les exigences du goût contemporain. Cependant la forme de l'art d. qui paraît la plus cultivée est celle de la *comédie de mœurs*, une comédie en prose d'un genre plus sérieux que la comédie classique, qui cherche ses sujets dans la vie ordinaire, y développe les caractères et les passions, et sans se priver des ressources du ridicule, confine souvent au drame le plus élevé par les situations délicates et difficiles où elle place ses personnages, par l'effet naturel de leur caractère et de leur conduite. L'essence du drame, c'est, comme on l'a vu, l'opposition entre deux devoirs, ou entre deux passions, ou entre le devoir et les passions. Ce caractère se retrouve toujours dans les meilleures de nos comédies contemporaines. Le plus souvent, la pièce se dénoue heureusement sans catastrophe ; mais quelquefois la scène se ferme sur la ruine ou la mort de quelques personnages et laisse au spectateur une impression de pitié qui rapproche encore ce genre du véritable drame. Émile Augier, Ernest Legouvé, Alexandre Dumas fils et quelques autres sont les maîtres de ce nouvel art d. Ce n'est pas à dire que toutes les pièces modernes soient conçues dans le même esprit et procèdent de la même manière de concevoir l'art d. Loin de là. Tandis que les uns ne cherchent qu'à intéresser ou émouvoir le spectateur, ou encore à flétrir certains vices, certains travers de notre société, d'autres ont la prétention de faire de leur œuvre une véritable leçon de morale sociale : ils veulent que leur pièce indique au spectateur la règle de conduite à suivre dans un cas qui peut se reproduire souvent, ou même signaler au législateur les lacunes et les erreurs de nos lois et les moyens d'y remédier. Cette tendance est particulièrement celle du théâtre d'Alexandre Dumas fils. De là le nom de *pièces à thèses* donné assez justement à ses œuvres. D'autres, renchérissant encore sur cette tendance, ont imaginé le théâtre politique, le théâtre socialiste. D'autres encore ont voulu, sous le nom de *théâtre naturaliste*, inaugurer un genre nouveau où toute idée morale est soigneusement bannie, et où l'on s'attache seulement à reproduire les événements de la vie dans ce qu'ils ont de plus banal et surtout de plus triste. Si quelque impression s'en dégage en dehors de l'ennui, ce ne sera qu'une tristesse morne, une vague idée de fatalisme inéluctable et le dégoût de toute lutte et de toute action. On a même poussé la tendance *naturaliste* jusqu'à proscrire toute idée d'intrigue et d'événement un peu extraordinaire, et il s'est trouvé des théoriciens pour prétendre que l'art théâtral n'avait d'autre but que la reproduction exacte et fidèle de ce qui se passe autour de nous. On irait au théâtre pour voir des boulangers pétrir le pain, ou des ivrognes s'endormir sous une table de cabaret. On ne voit pas bien ce qu'une pareille conception a de d., et tout le mérite d'une œuvre semblable consiste dans le talent d'imitation des acteurs, à moins que ce ne soit dans le caractère généralement très gravelent de ces sortes de pièces.

Par une réaction naturelle, on a vu se produire des drames mystiques ou nébuleux ; on s'est engoué de pièces tirées des théâtres russe, suédois, etc. Depuis une dizaine d'années on a écrit des volumes sur l'art d. Chacun a sa conception particulière et sa théorie, qu'il cherche à faire prévaloir. Disputes oiseuses. On commence à s'apercevoir que toutes ces distinctions et toutes ces querelles d'écoles n'ont aucune portée. Il est inutile et dangereux de trop chercher à définir l'art. On arrive à le circonscrire dans une formule étroite qui est incapable de le comprendre tout entier, et qui par suite le rapetisse et le dénature. Au reste, il faut bien savoir que chercher la vérité absolue au théâtre est une pure illusion. Dans tout art, et dans l'art d. plus peut-être que dans les autres, il y a toujours une forte part de convention. Il faut en prendre sagement son parti, et ne pas demander au théâtre plus qu'il ne peut donner. Sans méconnaître qu'il y a des manifestations de l'art d. plus élevées les unes que les autres, et que l'émotion que procure la représentation du *Cid* ou d'*Hernani* est de meilleur aloi que celle qu'on peut ressentir à l'audition du *Petit Faust*, on peut conclure toutes ces critiques de théâtre par l'aphorisme de Voltaire : *Tous les genres sont bons hors le genre ennuyeux*.

E. Il nous faudrait aussi parler du *drame musical*, dont les diverses formes comprennent une grande partie de la production d. contemporaine ; mais cette question sera développée au mot OPÉRA.

III. — Nous aurions maintenant à considérer l'art d. au point de vue de l'*exécution*, c.-à-d. à parler de l'*art théâtral* proprement dit, qui comprend le débit des œuvres dramatiques, le jeu des acteurs, les accessoires et les effets de la représentation scénique ; mais ces questions sont d'un ordre trop spécial et trop technique pour qu'il y ait utilité et intérêt à les traiter dans notre livre. Nous terminerons plus convenablement cet article par un coup d'œil sur l'art d. chez les différents peuples.

IV. — L'art d. dans l'antiquité classique, c.-à-d. dans la Grèce et à Rome, étant l'objet d'articles particuliers où nous le considérons dans son origine et dans son développement, nous n'avons pas à y revenir ici. Voy. COMÉDIE et TRAGÉDIE.

A. *Moyen Âge.* — Les jeux scéniques, après les beaux siècles des littératures grecque et latine, avaient cédé la place aux jeux de l'amphithéâtre et du cirque. L'art d. avait disparu bien longtemps avant l'invasion des Barbares et l'époque du moyen âge proprement dit. C'est le christianisme lui-même qui devait rendre à l'art d. une nouvelle vie. Dès le III° siècle, Ézéchiel le tragique écrivit un drame sur la vie de Moïse, et la tragédie du *Christ souffrant* serait de la fin du même siècle, s'il est vrai qu'on doive l'attribuer à saint Jean Chrysostome. Les œuvres d'Isidore de Séville (VII° siècle) renferment une espèce de drame allégorique intitulé *Conflictus vitiorum et virtutum*. Au X° siècle, Hrosvita (Roswcide), religieuse du couvent de Gandersheim, écrivit, entre autres pièces, le drame d'*Abraham* et l'allégorie *La Foi, l'Espérance et la Charité*. Mais il ne paraît pas qu'aucun des ouvrages qui précèdent ait été représenté : c'étaient à la fois des exercices pieux et littéraires sous forme d. C'est au XI° siècle que remonte la plus ancienne représentation scénique chrétienne, celle du drame des *Vierges sages et des Vierges folles*. Au siècle suivant, nous voyons les représentations du *Mystère de sainte Catherine* et du *Mystère de la Résurrection*, en Angleterre, et celle du *Mystère de la venue de l'Antechrist* en Allemagne. Au XIV° siècle, la France, l'Italie, l'Espagne, virent simultanément se développer le goût populaire pour ces drames pieux et édifiants qui représentaient, soit les mystères du christianisme, soit des scènes de la Bible ou du Nouveau Testament, soit les vies et les actes des saints. La plupart de ces pièces, qu'on appela chez nous *Mystères*, étaient composées par des prêtres qui souvent y remplissaient eux-mêmes les principaux rôles. En Angleterre, on les nomma *Miracles*, et en Espagne *Autos sacramentales* et *Comedias divinas* ou *Comedias de santos*. En France, sous le règne de Charles VI, il se forma, à Paris, une corporation d'acteurs qui, sous le nom de *Confrères de la Passion et de la Résurrection de Notre-Seigneur*, obtint du roi (4 déc. 1402) le privilège exclusif de représenter des mystères et *autres jeux de personnages*. Les confrères louèrent la grande salle de l'hôpital de la Trinité, et y représentèrent, pendant près de 150 ans, des mystères ainsi que des *Moralités*. Une autre confrérie légalement autorisée par Charles VI, celle des *Enfants sans souci*, dont le chef s'affublait du titre burlesque de *Prince des sots*, représentait aussi des *moralités* et de plus des *soties*. Mais ces derniers s'associèrent plus tard aux confrères de la Passion. Les *Moralités* étaient des scènes tantôt allégoriques, tantôt de pure imagination, mais toujours écrites en vue d'établir une vérité morale. Parmi ces sortes de pièces, nous citerons l'*Enfant prodigue*, le *Mauvais riche* et l'*Enfant ingrat*. Les *Soties* étaient ordinairement des farces satiriques, qui s'attaquaient aux vices et aux ridicules de l'espèce humaine. Les clercs de la Basoche faisaient encore concurrence aux deux confréries pour les représentations des moralités et des farces. Au XVI° siècle, les représentations des mystères, des moralités et des soties perdirent leur popularité. Les mystères, lorsque le goût se fut épuré, parurent grossiers et indécents ; ils furent donc interdits par arrêt du parlement en date du 17 nov. 1548 ; les moralités parurent ennuyeuses, et le public les abandonna. Quant aux soties, dont plusieurs ordonnances avaient été obligées de réprimer la licence (François I°, en 1430, menaça de la hart les faiseurs d'allusions satiriques), elles parurent dénuées de piquant et d'intérêt aussitôt qu'elles n'eurent plus la faculté de parler librement. D'ailleurs, à cette époque, l'étude des grands modèles de l'antiquité poussait les esprits dans une autre direction, et allait bientôt opérer dans le théâtre une révolution complète avec Corneille et qui inaugure la période du théâtre *classique*. (Voy. plus loin, E).

B. *Italie.* — L'Italie, étant le pays d'où partit le mouvement de la Renaissance pour se répandre ensuite dans toute l'Europe, fut la première à entrer dans la voie de l'imitation de l'antiquité. Malheureusement, elle ne vit éclore que de froides et pâles contrefaçons des chefs-d'œuvre de la scène grecque et romaine. La *Sofonisba* du Trissino (1515) n'est pas, à proprement parler, la première tragédie italienne écrite dans le goût des anciens, mais elle eut un succès si prodigieux qu'elle servit de modèle aux auteurs qui vinrent ensuite. Ruccellaï et une foule d'autres marchèrent sur les traces du Trissino. Le cardinal Bibbiena, l'Arioste et Machiavel imitèrent trop servilement la comédie de Térence. Les premières œuvres dramatiques véritablement nouvelles que produisit l'Italie au XVIe siècle, furent l'*Aminta* du Tasse et le *Pastor fido* de Guarini ; mais le genre pastoral était trop limité dans ses moyens pour pouvoir fournir une longue carrière. Bientôt d'ailleurs l'opéra vint captiver une nation douée d'une organisation essentiellement musicale, et arrêta complètement le développement de l'art d. Toutefois, parmi les nombreux auteurs qui écrivirent des drames pour servir de simple canevas à la musique, on doit mettre dans un rang à part Pietro Trapassi, plus connu sous le nom de Metastasio, qui sut revêtir ses œuvres de tous les charmes de la poésie. Malgré cette prédilection générale de la nation pour la musique, quelques hommes, tels que Goldoni, Alfieri, Nota et Manzoni, ont su conquérir une place distinguée dans l'histoire de l'art d., Goldoni et Nota, par leurs comédies, Alfieri par ses tragédies, où il s'efforça de reproduire la simplicité et la sévérité antiques, et Manzoni par ses drames qui ont initié l'Italie à la forme du drame de Shakespeare et de Schiller.

C. *Espagne*. — L'Espagne est le pays de l'Europe qui possède le théâtre le plus original, ou ce sens que l'art d. s'y est développé plus spontanément, et a moins subi l'influence des œuvres de l'antiquité ou des littératures étrangères. Pour ne pas parler des mystères et autres représentations pieuses qui, au moyen âge, n'étaient pas moins populaires en Espagne qu'en France, en Italie et en Angleterre, on peut considérer la *Célestine* de Fernando de Rojas (1499) comme le type le plus ancien de l'art d. national. Les tentatives faites, au XVIe siècle, par quelques écrivains, d'ailleurs distingués, pour acclimater en Espagne les formes et les allures du théâtre classique, échouèrent complètement. Il ne faut point rechercher dans le théâtre espagnol les qualités d'unité, de simplicité, de régularité, de vraisemblance dans les caractères, les mœurs et le langage, de pureté de goût, qui caractérisent les grandes œuvres de l'antiquité et de la scène française. Ce qui le distingue surtout c'est la richesse d'invention, l'originalité des conceptions, la multiplicité des incidents, l'énergique vitalité des personnages, l'exubérance des sentiments, la vivacité du langage habituellement emphatique. Le cachet du terroir, si l'on peut parler ainsi, est tellement imprimé dans les pièces espagnoles qu'un des chefs-d'œuvre même de cette scène n'est susceptible, à moins d'avoir préalablement subi d'importantes modifications, d'être représenté sur un théâtre étranger. La comédie proprement dite n'existe pas en Espagne : ce qu'on appelle de ce nom est une sorte de drame domestique ou de pièce fortement intriguée et remplie d'imbroglios très compliqués (*Comedia de capa y espada*). — Les écrivains dramatiques espagnols sont en fort grand nombre ; mais il en est deux qui dominent tous les autres : ce sont Lope de Vega (né en 1562 et mort en 1635) et Calderon de la Barca (né en 1600 et mort en 1687). Tous les deux brillent en outre par leur fécondité : on n'attribue pas au premier moins de 2200 pièces toutes en vers, et environ 1500 au second. Une fécondité aussi exubérante explique, en partie, pourquoi le théâtre espagnol a toujours méconnu les règles les plus fondamentales de l'art : les auteurs se proposaient, avant toutes choses, d'amuser ou d'intéresser le spectateur. — Depuis longtemps le théâtre espagnol n'a plus de vie propre : aujourd'hui on se contente de traduire ou d'imiter les drames et les vaudevilles français.

D. *Angleterre*. — En Angleterre, les mystères et les moralités cédèrent la place, au XVIe siècle, à des comédies et à des tragédies plus ou moins modelées sur les formes du théâtre antique. Mais les auteurs, obligés de se plier au goût d'un public grossier, renoncèrent bientôt, d'une part, aux sujets héroïques pour s'attacher à la reproduction des événements, des complications et des catastrophes de la vie commune, et, de l'autre, aux peintures des caractères comiques et des ridicules, pour représenter des aventures fortement intriguées, où l'intérêt résidait tout entier dans l'attente d'un dénouement difficile à prévoir. L'expression poétique des grandes idées, des nobles sentiments qui élèvent l'âme, dut également faire place à un langage plus approprié aux sujets et aux tableaux représentés, c.-à-d. à un langage prosaïque et vulgaire. En même temps, un genre nouveau se produisit sur la scène anglaise, nous voulons parler du drame historique (*Chronicle history*) qui représentait les principaux événements d'un règne ou d'une époque donnée, mais généralement sans le

moindre respect pour la chronologie, et sans qu'une idée supérieure vint donner une sorte d'unité à cette suite incohérente de récits. En outre, toutes ces pièces prétendues dramatiques, quel que fût le titre dont on les qualifiait, tragédie, comédie ou drame historique, étaient en partie remplies par des scènes d'un caractère trivial et même burlesque. Tel était le théâtre anglais lorsque parut Shakespeare. Cet écrivain (né en 1563 et mort en 1615), l'un des plus puissants génies dramatiques qui aient existé, ne changea rien aux formes accoutumées de ses prédécesseurs. Dans toutes ses tragédies, ainsi que dans tous ses drames historiques, il introduisit des personnages bouffons et des scènes comiques. De toutes ses comédies, *Les Commères de Windsor* est la seule où il y ait absence complète du tragique. Shakespeare sacrifia dans une certaine mesure au faux goût et aux habitudes grossières de ses compatriotes ; néanmoins il mérite d'occuper dans l'histoire de l'art un rang des plus éminents. Ses caractères sont tous vivants et admirablement soutenus ; ses peintures sont pleines d'énergie et de vérité ; il sait exprimer avec noblesse les idées les plus grandes, les sentiments nobles comme les sentiments les plus doux et les plus gracieux ; il ébranle puissamment notre âme et s'élève souvent au sublime ; enfin, dans ses parties comiques, nous dirons même jusque dans ses bouffonneries, il y a comme une ironie profonde qui sauve ce que l'expression peut avoir de bas et de trivial. Toutes les pièces de Shakespeare ont été écrites de 1595 à 1614. Quelques années après, en 1642, le Parlement révolutionnaire, pour donner satisfaction au rigorisme des puritains, ordonna la suspension de toute espèce de représentation d. Cet interdit ayant été levé au retour de Charles II, en 1660, il se produisit, sous l'influence des idées françaises, une réaction assez vive contre l'ancien théâtre anglais. La distinction classique entre la tragédie et la comédie fut, pour la première fois, reconnue formellement. Dryden, Th. Otway, Nic. Rowe et Addison sont les auteurs les plus éminents de cette période. Mais le goût national ne tarda pas à reprendre le dessus. La tragédie héroïque céda de nouveau la place au drame vulgaire, et la comédie retomba dans le grotesque et dans la farce. Toutefois, quelques œuvres plus sérieuses se produisirent encore dans ce dernier genre : telles sont quelques pièces de Congreve, de Vanbrugh, de Farquhar, de Colman, de Sheridan, etc. ; mais il suffit de comparer le chef-d'œuvre du théâtre comique anglais, l'*École de la médisance* (*School for scandal*), de Sheridan (1777), avec nos comédies même du second ordre pour reconnaître l'infériorité de la scène anglaise sous le rapport de la comédie.

E. *France*. — En France, le développement de l'art d. a été plus tardif que chez les nations dont nous venons de parler. Pendant longtemps, après la décadence des *mystères*, des *moralités* et des *soties*, notre théâtre ne fut rempli que de pâles traductions ou d'insipides imitations, tantôt du théâtre antique, tantôt des pièces italiennes imitées elles-mêmes de l'antiquité, tantôt enfin des imbroglios espagnols. La première tragédie écrite à la manière antique dont fasse mention l'histoire de notre théâtre est la *Cléopâtre* de Jodelle (1552) : l'auteur imita même les prologues et les chœurs du drame grec. Aucun des successeurs de ce poète ne se montra plus original que lui. Tous croyaient faire des chefs-d'œuvre parce que leurs pièces étaient matériellement modelées sur le type le plus admirable de l'art ; mais la vérité des caractères et des mœurs, l'art de peindre les passions, l'intelligence des principes supérieurs qui servent de base à la vie humaine et à la société, leur étaient absolument inconnus. En outre, aucun d'eux n'avait eu la puissance de créer la langue qui convient à l'expression des nobles sentiments et des idées héroïques. Enfin, le *Cid* parut (1636), et l'art d. français fut créé. Nous ne ferons pas ici l'histoire des vicissitudes de cet art en France ; nous ne répéterons pas non plus le parallèle si rebattu de Corneille et de Racine. Nous nous contenterons de dire que ces deux hommes portèrent la poésie d. à une hauteur qu'avaient seuls atteinte Sophocle et Euripide. Comme les tragiques grecs, Corneille et Racine remplissent toutes les conditions qu'exige l'esthétique la plus sévère. Leurs personnages sont naturels et vivants ; leurs caractères sont grands, vrais et soutenus pendant toute la durée de l'action ; leurs passions sont à la fois humaines et élevées ; leur langage est divin ; leurs tragédies présentent la plus admirable unité d'action ; l'intérêt résulte non d'une catastrophe vulgaire, mais du spectacle des puissances morales en lutte les unes avec les autres. Enfin, l'idée de justice absolue qui domine tout le drame, imprime à l'œuvre un caractère moral supérieur. Après ces deux grands hommes, le théâtre tragique déchut rapidement de la hauteur où ils l'avaient placé. On a accusé de cette décadence les entraves auxquelles une critique étroite,'a longtemps soumis la scène française. Aujourd'hui ces entraves n'existent plus, et cependant Racine et Corneille attendent encore des rivaux. — Quant à la comédie moderne, l'honneur de sa création appartient tout entier à Molière, qui la porta en peu de temps (1653 à 1673) à un tel point de perfection que l'antiquité elle-même n'a rien à lui comparer. L'art comique, et il n'y a pas lieu de s'en étonner, n'a pu se maintenir à ce degré de splendeur; néanmoins notre théâtre peut se glorifier d'une série nombreuse d'auteurs comiques distingués, dont plusieurs ont produit des œuvres bien supérieures aux comédies les plus vantées des théâtres étrangers. Depuis Molière, la palme de l'art comique n'a jamais cessé d'appartenir à la France : c'est qu'en effet l'ironie, de même que la vivacité et la netteté de la pensée, paraît être l'un des attributs caractéristiques de l'esprit national. Aujourd'hui même, ce sont nos comédies, et surtout nos vaudevilles qui défraient tous les théâtres de l'Europe. La décadence de l'art tragique donna naissance, vers le milieu du dernier siècle, à une sorte de drame qu'on appela Tragédie bourgeoise ou domestique et Comédie sérieuse ou larmoyante. Mais cette prétendue nouveauté n'était qu'une imitation du théâtre anglais avant et après Shakespeare. Plus tard, l'influence des littératures étrangères se faisant à son tour sentir chez nous, les drames de Shakespeare et de Schiller furent proposés comme les modèles dont l'imitation devait régénérer la scène française. Enfin, se produisit, au commencement du XIXe siècle, le grand mouvement romantique qui, malgré les critiques souvent très justes auxquelles il a donné lieu, a cependant apporter à la scène française une vie nouvelle et une puissante originalité. La forme du théâtre devient plus libre et s'élargit considérablement, et toutes les variétés qui naissent sous ce régime de liberté, nous conduisent peu à peu au théâtre contemporain tel que nous le connaissons aujourd'hui, inférieur sans doute au grand art de l'époque classique, mais infiniment plus varié et plus souple, et sachant trouver dans les conditions et les circonstances de la vie moderne des motifs d'intérêt qui font accepter avec plaisir des œuvres qui, considérées au seul point de vue de l'art, ne sortent pas de la médiocrité. Voy. ROMANTIQUE.

F. Allemagne. — Il y a peu de chose à dire du théâtre allemand. Au XVIe siècle des farces plus ou moins bouffonnes, sous prétexte de comique, remplacèrent, comme dans le reste de l'Europe, les mystères et les moralités. Au XVIIe siècle ainsi qu'au XVIIIe, les poètes se bornèrent, en général, à traduire ou à imiter les pièces italiennes, espagnoles et françaises. Lessing arracha le théâtre allemand à cette imitation servile, mais pour le jeter dans un autre genre d'imitation, celle du drame anglais. Un instant, Gœthe, par son admirable faculté d'assimilation, qui faisait siennes toutes les créations dont il s'inspirait, et Schiller, par le charme de sa poésie, la noblesse et l'élévation des sentiments qu'exprimaient ses héros, purent faire croire que l'Allemagne allait enfanter un art nouveau; mais cette illusion fut de peu de durée : elle s'évanouit bientôt après la mort de Schiller (1806). Quelques ouvrages plus ou moins estimables, et solument modelés d'après le type de Shakespeare, ne sauraient constituer un art d. national, moins encore un art nouveau. Quant à l'art comique, il ne s'est jamais élevé en Allemagne au-dessus de la petite comédie de mœurs. Il n'y a point lieu de s'en étonner quand on voit les Allemands ne pas comprendre le génie du plus grand poète comique de tous les pays et de tous les temps : nous avons nommé Molière. Ce que l'Allemagne a produit de vraiment original et puissant, c'est le drame musical de Wagner. Voy. OPÉRA. — Nous nous abstiendrons de parler du développement de l'art d. en Hollande, dans le Danemark, dans la Suède et en Russie, soit parce qu'il ne nous offre rien de complètement original, soit parce que les œuvres qu'il a produites n'ont exercé aucune influence hors du pays qui les a vues naître, malgré la vogue qu'ont rencontrée récemment en France les drames, réellement très remarquables et très originaux, du Suédois Ibsen; mais il est malaisé de juger sainement les productions contemporaines. Il est plus sage d'attendre que le temps ait fait son œuvre et séparé ce qui est réellement beau de ce qui ne plaît que par suite des caprices de la mode ou de la surprise que fait éprouver tout ce qui sort de l'ordinaire.

G. Inde. — Les pièces hindoues actuellement encore existantes sont, pour la plus grande partie, écrites en sanscrit, bien que cet idiome fût déjà une langue morte à l'époque où elles furent composées; toutefois, quelques parties sont écrites en dialectes vulgaires. Ces pièces ne pouvaient donc être représentées qu'en présence d'un cercle choisi de spectateurs instruits dans l'ancienne langue du pays. Sans doute, aussi, on ne les jouait que dans certaines occasions solennelles. Au reste elles ne sont pas fort nombreuses, et on n'en connaît guère qu'une soixantaine. Parmi ces poèmes dramatiques, quelques-uns traitent des légendes mythologiques, comme, par ex., la Sakountala et la Vikramorvasi, de Kalidasa. D'autres, comme le Moudra Rakchasa, de Visakhadatta, traitent des sujets d'histoire. Plusieurs représentent des événements de la vie domestique, et renferment un mélange de tragique et de comique, comme certains de nos drames modernes : tels sont le Mritshakati, de Sudraka, et le Malati, de Bhavabhuti. Un certain nombre sont des pièces à intrigues, comme le Ratnavali, de Harshadeva, et le Malavika, de Kalidasa. Enfin, la farce elle-même tient sa place dans le répertoire hindou : tel est le Dhurtasamagama ou l'Assemblée des fripons, qui flagelle les vices et l'hypocrisie des Brahmanes. L'art d. paraît avoir fleuri dans l'Inde pendant plusieurs siècles, mais il a cessé d'être cultivé vers la fin du XIVe ou du XVe siècle ap. J.-C. La critique d. tient également un rang honorable dans la littérature hindoue, et l'on trouve dans les commentateurs des règles plus minutieuses relativement à la conduite du drame, à sa disposition, aux caractères qu'on y doit faire figurer, et au but moral que l'auteur doit se proposer.

H. Chine. — Les représentations théâtrales constituent l'un des divertissements les plus recherchés par toutes les classes de la population chinoise : aussi l'art d. est-il cultivé dans ce pays depuis la plus haute antiquité. Le théâtre chinois comprend des pièces de tout genre, des tragédies, des comédies de caractère, de mœurs et d'intrigue, des drames où se mélangent plus ou moins harmonieusement le tragique et le comique, et des farces d'une grossièreté et d'une licence extrêmes. Ce théâtre a ses règles à lui qui diffèrent souvent des nôtres : ainsi, ce que nous appelons le nœud manque dans le drame régulier, qui en général ne représente guère qu'une succession d'événements. Un certain nombre de pièces chinoises ont été traduites soit en anglais, soit en français, par Davis, Bazin et Stanislas Julien : toutes ont été puisées dans la célèbre collection intitulée Youen-tchin-pe-tchong, c.-à-d. les Cent drames de la dynastie des Mongols (1260-1341). Par une exception singulière, l'art d., chez les Chinois, paraît s'être développé dans une complète indépendance de tout culte religieux : il en est de même pour la composition purement littéraire. — Cons. HEGEL, Cours d'Esthétique, tr. par Bénard.

DRAMATIQUEMENT. adv. (R. dramatique). D'une manière dramatique.

DRAMATISER. v. a. (R. drame). T. Néol. Rendre dramatique.

DRAMATISEUR. s. m. (R. dramatiser). Celui qui dramatise.

DRAMATISTE. s. 2 g. (R. drame). Celui ou celle qui compose des ouvrages de théâtre. Peu us.

DRAMATURGE. s. 2 g. (gr. δράμα, ατος, drame, έργον, travail). Celui qui fait les pièces de théâtre appelées Drames.

DRAMATURGIE. s. f. (R. dramaturge). Art de composer les pièces de théâtre. || Recherche en peinture de l'effet dramatique.

DRAMATURGIQUE. adj. Qui a rapport à la dramaturgie.

DRAME. s. m. (gr. δράμα, fable, narration). Nom générique que l'on donne aux ouvrages composés pour le théâtre, en tant qu'ils représentent une action, et abstraction faite du genre de cette action. — Se dit principalement d'une pièce de théâtre d'un genre sérieux quoique non tragique. || Figur., se dit d'une suite d'événements considérables qui ont agité une époque et dont l'ensemble constitue une action complète. Le d. de la Révolution française. — Par ext., se dit aussi d'un événement terrible, d'une catastrophe privée. Il vient de se passer dans notre ville un d. épouvantable. Il était un des acteurs de cet horrible d. || Récit vivant d'un événement où l'on voit les personnages agir comme sur la scène. Ce roman n'est qu'un long d. || D. lyrique, Pièce tout en musique ou pièce dramatique mêlée de chant. Voy. DRAMATIQUE et OPÉRA.

DRAN. s. m. T. Mar. Drosse de basse vergue.

DRANET. s. m. (angl. dragnet, m. s. de to drag, traîner, et *nel*, filet). T. Pêche. Petite seine dont on se sert dans la Manche.

DRANGUEL. s. m. T. Pêche. Sorte de filet à mailles serrées.

DRANGUETTE. s. f. T. Pêche. Voy. Draguette.

DRAP. s. m. (bas-lat. *drappus*, m. s., orig. germanique). Sorte d'étoffe de laine. — Par ext , *D. d'or, de soie*, Étoffe dont le tissu est d'or ou de soie. || *D. imperméable*, D. surfoulé. — Fig. et prov., *La lisière est pire que le d.*, Lorsque les habitants d'une province ont quelque défaut, ceux qui habitent la frontière valent encore moins que ceux qui habitent dans l'intérieur. — *Au bout de l'aune, faut le d.*, Toute chose est limitée en quantité et en durée, tout finit par s'épuiser. *Il veut avoir l'argent et le d.*, Se dit de quelqu'un qui ne paie pas ce qu'il achète ou qui retient la chose qu'il a vendue. || *D. de pied*, Pièce de d., de velours, etc., qu'on étend sur le prie-Dieu des personnes du premier rang, et qui déborde en avant de manière à leur servir de marche-pied. — *D. mortuaire*, Pièce de d. ou de velours noir dont on couvre une bière. || Chacune des deux grandes pièces ordinairement de toile qu'on met dans un lit pour se coucher. *Une paire de draps*. D. *de dessus, de dessous*. *Des draps de toile, de coton*. Proverb., *Le plus riche n'emporte qu'un d. en mourant, non plus que le pauvre*. — Fam., *Se mettre entre deux draps*, Se mettre au lit. — Fig. et prov., *Mettre quelqu'un en de beaux draps blancs*, En dire beaucoup de mal, ou le mettre dans une situation embarrassante. *Être, se trouver, se mettre dans de beaux draps blancs*, et simplem., *dans de beaux draps*, Être, se trouver dans une situation embarrassante. *Vous vous êtes mis dans de beaux draps. Le voilà dans de beaux draps.* || *D. de curée*, Toile sur laquelle on étend les restes du cerf que l'on abandonne aux chiens. || T. Zool. *D. marin* ou *periostracum*, Nom que l'on donne à la cuticule épidermique qui revêt la coquille des mollusques Lamellibranches. Voy. Conchyliologie.

Techn. — Dans l'industrie des laines on distingue la *grosse draperie* et la *petite draperie*. La première comprend les *étoffes drapées proprement dites*, ou *draps*, c.-à-d. celles qui sont *tissées en laine cardée, foulées, lainées d'un côté, ramées, tondues* et *mises en presse*, expressions qui seront bientôt expliquées. Un des caractères particuliers à ces étoffes, c'est de présenter, sur le métier du tisserand, une toile d'un tissu peu serré, facilement pénétrable par le jour, et d'une largeur toujours plus grande que celle qu'elles doivent avoir après les diverses opérations qui suivent le tissage. Par *petite draperie*, on entend cette multitude d'étoffes légères, telles que les *stoffs*, les *escots*, les *alépines*, les *mérinos*, etc., qui se consomment dans l'état où elles sont en sortant du métier à tisser, et ne reçoivent que l'apprêt strictement nécessaire pour leur donner l'aspect réclamé par le commerce. Les tissus de cette catégorie se font avec de la laine peignée, soit pure, soit additionnée de soie ou de coton. — La fabrication des diverses espèces de draperies comprend une multitude de procédés particuliers, dont plusieurs consistent en de simples modifications apportées au tissage, et qui d'ailleurs varient suivant le genre d'étoffe qu'on veut obtenir. Nous ne parlerons ici que des opérations relatives à la fabrication des draps proprement dits, soit parce que ces derniers sont les produits les plus importants de l'industrie des laines, soit parce que la fabrication de la plupart des autres étoffes n'en diffère pas essentiellement.

Le d. se fabrique avec les laines courtes, dites *laines à cardes*. Le choix de la matière première influant considérablement sur la finesse et la beauté du produit, c'est par là que commence nécessairement le travail du fabricant. On débarrasse d'abord la laine des impuretés et des corps durs qu'elle peut contenir. Cette opération, qu'on nomme *Battage*, se fait au moyen d'une machine appelée *Batterie*, qui consiste en un système de cylindres armés de dents auxquels elle est livrée par d'autres cylindres unis qui la prennent sur une toile sans fin. A la sortie de la batterie, la laine est livrée à une deuxième machine, nommée *Loup*, qui ne diffère de la précédente qu'en ce que les cylindres sont armés d'un plus grand nombre de dents ou sont animés d'une plus grande vitesse. Le *Louvetage*, c'est ainsi que l'on nomme cette nouvelle manipulation, n'est donc qu'un battage plus énergique. Il est suivi du *Graissage*, qui consiste à imprégner la laine avec une substance grasse (l'acide oléique est celle qui convient le mieux), afin de faciliter le glissement des fibres au

filage. Après cette opération, on procède ordinairement à un second louvetage, après quoi a lieu le *Cardage*. Cette nouvelle opération est destinée à transformer les fibres, qui sont tortillées irrégulièrement, en fibres droites et parallèles. Elle se fait avec des machines appelées *Cardes*, qui se composent de cylindres munis de dents. On fait ordinairement passer successivement la laine dans trois de ces machines, en commençant par la carde *briseuse*, continuant par la carde *repasseuse*, et terminant par la carde *finisseuse* ou carde *à loquettes*. Ces trois cardes ne diffèrent entre elles que par la finesse de leurs dents, ainsi que par leur rapprochement, qui augmente de la première à la troisième. Celle-ci dispose la laine en petits boudins, qui sont appelés *Loquettes* et qu'on envoie ensuite au filage. Au sortir du métier à filer, la laine est dévidée et transformée, soit en écheveaux pour la chaîne, soit en bobines ou *canettes* pour la trame, puis livrée au tisserand, qui l'ourdit, l'encolle et la dispose sur son métier. Voy. Tissage. — Quelquefois on soumet la laine à la teinture avant les opérations qui précèdent, et le d. qu'elle sort à produire est dit *teint de laine*, tandis qu'on l'appelle *teint en pièce* quand il ne passe entre les mains du teinturier qu'après le tissage. — On nomme *Lisières* les extrémités qui limitent la largeur du d.; comme ces parties sont plus fatiguées que le reste et servent souvent de points d'attache, on les fait habituellement avec de la laine commune et teinte économiquement; elles ne comptent pas dans les dimensions des pièces. — Aussitôt que le d. est enlevé du métier à tisser, on l'examine au grand jour pour voir s'il ne présente aucun défaut. On appelle *Trace* tout vide produit par la rupture d'un fil qui n'a pas été rattaché. Si ce vide résulte de la rupture de plusieurs fils cassés l'un à côté de l'autre, on le nomme *Grappe*. Enfin, on applique la dénomination de *Clairures* ou *Clairières* aux inégalités produites dans le tissu par l'irrégularité avec laquelle l'ouvrier a livré la chaîne, ainsi qu'aux défauts provenant d'une trame mal bobinée. Après cette visite, lorsqu'il s'agit de draps dits *peignés* ou encore de *gros retors*, l'étoffe est livrée à des ouvrières qui procèdent à l'*épincetage* ou *énouage*, consistant à faire disparaître avec de petites pinces appelées *Brucelles* ou *Épincettes* les nœuds faits par les tisserands pour rattacher les fils rompus et retirer les corps étrangers ou *ordures* qui peuvent se trouver dans le tissu. La seconde opération s'appelle le *Rentrayage* ou la *Rentraite;* elle est exécutée par d'habiles ouvrières, qui refont à l'aiguille les gros défauts ou les trous produits par les navettes mal dirigées. Ce dernier travail ne s'exécute sur les draps nommés *Cardés* que lorsque les *apprêts* sont terminés; il en est de même pour les *draps* lisses. On soumet alors l'étoffe à une série de façons successives. La première est le *Dégraissage*, qui a pour but de débarrasser le d. des substances grasses dont on avait imprégné la laine afin de faciliter le cardage et le filage. On le pratique en imbibant l'étoffe d'une dissolution de terre argileuse ou d'alcali, et en la faisant passer entre deux cylindres en bois animés d'un mouvement de rotation suffisamment rapide. Dans quelques localités, pour que la liqueur dégraissante imprègne plus facilement le tissu, on fait tremper celui-ci dans une eau vive; mais alors il faut, s'il est teint, l'immerger complètement, sans quoi l'action de l'air et de la lumière altérerait les parties qui seraient hors du bain, et y produirait des espèces de taches appelées *Flammes*. Au dégraissage succède le *Lavage* ou *Dégorgeage*. Cette opération consiste à laver la pièce avec soin dans une eau bien propre et constamment renouvelée, et à la faire passer, comme précédemment, entre deux rouleaux cylindriques Vient ensuite le *Foulage*, qui est peut-être l'opération la plus importante de la fabrication des draps.

Le *Foulage* a pour objet d'augmenter la solidité du d., et de lui donner le corps, la consistance et le moelleux qui lui sont propres. Avant cette opération, le tissu est, comme nous le savons déjà, mou, lâche et si peu serré que le jour passe facilement à travers. On ne parvient à lui donner la force et l'opacité voulues qu'en rapprochant les fils et en forçant les filaments de la laine à s'entrelacer, pour ainsi dire, les uns les autres par une sorte de feutrage. Cette condensation du tissu diminuant la surface de l'étoffe, et cette diminution variant avec la durée du foulage et le degré de force du d., le fabricant, avant le tissage, doit avoir calculé exactement la longueur et la largeur de la chaîne suivant l'effet qu'il veut obtenir. Pour les qualités moyennes, on ourdit ordinairement les chaînes de manière que le tissu soit, avant le foulage, plus long d'un tiers et plus large de moitié qu'il ne doit l'être après l'opération. Le foulage consiste à imprégner l'étoffe d'une dissolution alcaline ou savonneuse et à la soumettre ensuite à une pression ou à un choc suffisamment énergique et prolongé. L'emploi de la dissolution a pour but, d'un côté, de faciliter le glissement et le rapprochement, la compression et le ramollissement des fibres textiles et, de l'autre, d'empêcher leur altération par l'agent mécanique. Enfin, l'action simultanée de cet agent et de la dissolution développe une température assez élevée, qui hâte l'opération et la rend aussi plus facile. Le foulage s'exécute à l'aide de machines d'une construction généralement fort simple. Les plus anciennes, connues sous le nom de *Moulins à foulon*, se composent d'un fort bâti en charpente muni à sa partie inférieure d'une rangée d'auges circulaires en bois, nommées *Piles*, et dans lesquelles battent des pilons verticaux ou des maillets obliques, également en bois, lesquels sont mus par un arbre à cames. On place l'étoffe en rond dans les auges, en ayant soin de l'arroser de la dissolution alcaline et on la soumet aussitôt aux coups des pilons ou des maillets. Malgré l'autorité que leur donne un emploi de plusieurs siècles, les moulins à foulon présentent de nombreux défauts. Ils agissent avec une vitesse invariable et sous une pression qu'il est difficile de faire varier, soit qu'on y foule des draps légers, soit qu'il s'agisse de draps très corsés, qui demandent cependant des degrés de foulage fort différents. En outre, les auges étant ouvertes, la chaleur s'y développe lentement et s'y conserve difficilement. De plus, rien ne réglant la marche des pilons, il faut retirer très souvent le d. des piles pour l'examiner et mesurer son retrait, ce qui occasionne des pertes de temps et, par conséquent, augmente la durée de l'opération. Enfin, ces moulins exigent un très grand emplacement, produisent beaucoup de bruit, nécessitent de grands frais d'entretien et absorbent une grande quantité de force motrice. Pour obvier à tous ces inconvénients, on a imaginé, il y a quelques années, plusieurs nouvelles machines à fouler, où les auges et les pilons sont remplacés par des groupes de cylindres au moyen desquels le d. est soumis à une sorte de laminage. La première a été importée d'Angleterre, vers 1838, par MM. Powels et Scott, de Rouen. D'autres ont été imaginées depuis cette époque par Benoît, de Nîmes, et par Vallery et Lacroix.

Les opérations qui suivent le foulage sont désignées sous le nom générique d'*apprêts*; elles servent à donner au d. le moelleux et le brillant que recherchent les consommateurs. Le *Lainage*, appelé aussi *Garnissage*, a pour objet de relever le duvet de la laine, qui a été énergiquement froissé par le foulage, et de former à la surface du d. une couche homogène et assez épaisse pour cacher le croisement des fils au tissage. Il consiste en un brossage très énergique qui se fait au moyen d'une machine dite *Laineuse*, dont la partie principale est un cylindre sur le contour duquel sont fixées plusieurs lignes de têtes de chardons. Quand le duvet a été relevé par la laineuse, il offre l'aspect d'une sorte de fourrure formée d'une multitude de filaments d'inégale longueur. C'est pour égaliser ces derniers qu'on procède à la *Tonte*, appelée aussi *Tondage*. Jadis, cette opération s'exécutait au moyen de grands ciseaux nommés *Forces*; mais aujourd'hui on se sert d'appareils mécaniques appelés *Tondeuses*, qui consistent en cylindres armés de lames taillées en biseau. Il existe plusieurs systèmes d'appareils de ce genre. Les plus employés ont été inventés par Lewis et Davis en Angleterre, d'où John Collier les a importés en France, et par notre compatriote Abraham Pouplet, de Sedan. Le tondage terminé, on donne le *Cati* à l'étoffe, pour la rendre plus brillante et bien coucher le poil. On commence par le déplisser et l'étendre à l'aide d'un mécanisme nommé *Étendoir*, qui est composé de plusieurs cylindres de bois sur lesquels la pièce s'enroule et se déroule; puis on procède au *Catissage* proprement dit. A cet effet, on place chaque double du tissu entre des cartons très lisses; on interpose entre chaque demi-pièce des plaques métalliques plus ou moins chauffées, et chaque pièce est ensuite enfermée entre deux forts plateaux d'une presse hydraulique. On forme ainsi une pile d'une certaine hauteur qu'on soumet, pendant quelques heures, à la presse hydraulique. La pression qu'on fait subir aux pièces est rarement au-dessous de 200,000 kilogrammes, mais elle est toujours plus énergique pour les draps fins que pour les draps communs. Cette opération, qui se nomme *Pressage*, communique au d. un lustre éclatant; mais celui-ci ne serait ni résistant ni agréable à l'œil, si on ne *décatissait* l'étoffe. Du reste, le *Décatissage* est extrêmement simple. On étale le d. sur une table où il est fixé par une pression plus ou moins forte, et on dirige sur lui un léger courant de vapeur d'eau à basse ou à moyenne pression. Cela fait, on procède au *Gitage*. Cette opération consiste à soumettre de nouveau le tissu à l'action du chardon, afin de démêler la surface du duvet que la vapeur a trop condensé;

mais on n'emploie pour cela que des chardons usés à moitié. Le *Ramage*, qui vient après, sert à effacer les plis du d. et à l'étendre fortement, de manière à lui donner définitivement les dimensions qu'il doit avoir. Pour l'exécuter, on se sert d'un bâti en bois, nommé *Rame*, qui a exactement la longueur et la largeur de l'étoffe, et se compose de deux poteaux plantés en terre et de plusieurs traverses dont l'une, ordinairement l'inférieure, glisse dans une rainure pratiquée dans les montants. Une fois l'étoffe bien tendue, on *couche* le poil en le brossant dans le même sens avec une grande brosse circulaire, puis on le laisse sécher sans le décrocher. Après le *Couchage* et le *Séchage*, on porte de nouveau la pièce aux tondeuses pour lui donner la *Tonte en apprêts*. Plus le d. est fin, plus on le tond en apprêt; pour certaines qualités, on répète jusqu'à 24 fois cette opération. La dernière tonte opérée, on livre le d. aux *épinceteuses* pour en extraire les corps étrangers. On le brosse encore fortement en le faisant passer sur un cylindre armé de brosses puissantes; on le presse de nouveau à chaud, comme ci-dessus, pour lui redonner le lustre qu'il a perdu, et on le décatit une seconde fois en le faisant passer dans une vapeur humide et sans pression. Ce décatissage est suivi d'un dernier pressage très énergique et à froid, c.-à-d. avec des cartons lisses qui ne sont plus chauffés, afin de coucher parfaitement le poil et de lui conserver un aspect brillant solide. Avant l'entoilage des draps et leur mise en magasin, il reste à leur faire subir une dernière opération: c'est le *débarrage*, destiné à cacher à l'aide de pastels ordinaires et de peintures liquides spéciales appelées *Cachiboulis*, les *Barres*. Ces barres sont des défauts produits dans le dessin par l'ouvrier tisserand, par suite d'une erreur commise dans la marche des navettes.

Tous les draps subissent les mêmes opérations, mais avec des modifications qui varient selon l'usage auquel on les destine. En conséquence de ces modifications, on divise tous les produits de la grosse draperie en deux grandes classes : les *Draps catis* et les *Draps tirés à poil* ou simplement *Draps à poil*. On les dit, en outre, *lisses* ou *croisés*, suivant le système d'entrelacement des fils adoptés au tissage. Voy. ce mot. Ces deux premières catégories de tissus diffèrent surtout en ce que les uns ont été tondus, tandis que les autres, non seulement conservent tout leur poil, mais encore ont été fortement *lainés*, afin que le duvet de leur surface soit aussi long que possible. Les uns et les autres se fabriquent en tissu lisse ou en croisé. Les draps catis croisés s'appellent *Cuirs de laine*, quand ils sont très corsés, et *Draps amazone*, lorsqu'ils sont légers. Lisses, ils prennent le nom d'*Imperméables*, s'ils sont très fortement foulés; et celui de *Zéphyrs*, quand leur tissu est léger fin et a été peu foulé. Les draps à poil reçoivent le nom de *Castorines*, lorsque leur tissu est serré, épais et en laine nerveuse. Au contraire, on les appelle *Coatings*, quand leur tissu est souple, moelleux, en laine plus douce et plus soyeuse. Enfin, on les nomme *Alpagas*, quand ils sont faits d'une laine longue, dure au toucher, lustrée à l'œil, et qu'ils sont plus propres à garantir du froid et de la pluie.

On donne le nom de *Draps-feutres* à certaines étoffes de laine qui sont fabriquées sans le secours du filage et du tissage, et dans lesquelles les fibres de la laine s'entrecroisent et s'entrelacent de manière à former un tout continu. Ce genre d'étoffe paraît avoir été connu à une époque très reculée; il est même à présumer que les plus anciennes étoffes de laine, avant l'invention du tissage, ont été faites par ce procédé. Quoique les draps-feutres soient bien inférieurs aux draps tissés, on a essayé à plusieurs reprises de recourir au feutrage pour utiliser les déchets de laine et fabriquer des étoffes économiques. Mais, jusqu'à présent, les essais tentés dans cette voie n'ont pas donné de résultats bien satisfaisants.

L'industrie de la draperie n'a commencé qu'au XIII° siècle à se développer en Europe. Les fabriques italiennes acquirent les premières un haut degré de prospérité. Celles de la Flandre prirent plus tard leur place, et ce sont des ouvriers appartenant à ces dernières qui, vers 1300, introduisirent, dit-on, la fabrication du d. en Angleterre, d'où elle ne tarda pas à passer en France. Aujourd'hui, la draperie est florissante dans presque tous les pays civilisés. Chez nous, ses principaux centres de production, pour les qualités supérieures, sont surtout Elbeuf, Sedan et Louviers. Pour les autres variétés, nous citerons seulement Abbeville, Beauvais, Mouy, Roubaix, Nancy, Ruhl, Bischwiller et Vire, dans la région du Nord; et dans les départements du Midi: Vienne, Castres, Lodève, Carcassonne, Mazamet, Lavelanet, Chalabre, Limoux et Montauban. Nos fabriques peuvent annuellement employer pour environ 130 millions de laines et produire pour 250 millions de draps. A l'étranger, nous nommerons Leeds, Cambridge et

Huddersfield, en Angleterre; Verviers, en Belgique; Aix-la-Chapelle, Borcette, Montjoie, Duren, Empen, dans la Prusse rhénane; Brünn, Reichenberg, Bielitz et Vienne, en Autriche; Mauresa, Terrasa et Sabadel, en Espagne; et Norköping, en Suède.

DRAPADE. s. f. (R. *drap*). T. Comm. Espèce de serge.

DRAPANT. s. m. (R. *draper*). T. Techn. Celui qui fabrique des draps de laine. || T. Papet. Planche sur laquelle le papetier met les feuilles de papier à mesure qu'il les ôte de dessus les feutres. — Planche sur laquelle on glisse la forme remplie de pâte. *D. de la chaudière.*

DRAPEAU. s. m. (R. *drap*). Étendard, bannière consistant en une pièce d'étoffe attachée par un de ses côtés à une lance qui sert d'emblème à un peuple, d'enseigne à une troupe, de signe de ralliement à un parti, et que l'on emploie quelquefois pour faire des signaux. *Chaque nation a son d. Le d. national. Le d. tricolore. Les rues étaient pavoisées de drapeaux. Attacher un mouchoir au bout d'une perche en guise de d.* — *Être sous les drapeaux,* Être en activité de service. On dit dans des sens analogues, *Combattre sous le d. Se rendre sous les drapeaux. Appeler sous les drapeaux. Abandonner son d. Se ranger, servir, combattre sous les drapeaux d'un prince,* Servir dans ses troupes. — Fig., *Se ranger sous les drapeaux de quelqu'un,* Prendre, embrasser son parti. || Vieux morceau de linge ou d'étoffe, haillon. *Le papier se fait avec de vieux drapeaux de linge.* Vx; on dit *Chiffon.* || *Drapeaux,* au plur., se dit des linges qui servent à emmailloter les enfants. *Sécher les drapeaux d'un enfant.* On dit ordinair. *Les langes.* || T. Art milit. *Porte-d.,* Officier à qui est confié l'honneur de porter le d. — *Battre, sonner au d,* Batterie de tambour ou sonnerie de clairon qui s'exécute lorsqu'un régiment reçoit un d. || T. Chir. Bandage servant à maintenir un appareil sur le nez. || T. Méd. Maladie de l'œil. || T. Typogr. Signe servant à marquer la place où il y aura une intercalation à faire. || T. Techn. Linge que l'on passe sur un livre aux endroits où on y a mis de l'or. || T. Chemin de fer. *D.-signal,* Petit d. de différentes couleurs suivant les conventions dont se servent différents employés pour faire des signes au mécanicien d'un train; c'est ainsi que le d. vert commande le ralentissement.

Hist. — I. — Le mot *Drapeau,* pris dans le sens d'enseigne militaire, n'existe dans notre langue que depuis le XVIe siècle. Il paraît avoir été introduit par les capitaines qui avaient fait les guerres d'Italie. Ces officiers, voulant garder le souvenir de leurs campagnes, imaginèrent, dit-on, de donner à leurs enseignes un nom emprunté à l'idiome ennemi, et qui exprimait qu'elles avaient été mises en lambeaux dans les combats; en effet, *drapello,* d'où nous avons fait successivement *drapel* et *drapeau,* signifie, en italien, pièce d'étoffe déchirée. Néanmoins, il semble résulter de divers textes que le nouveau terme n'eut pas d'abord une signification bien définie; ce fut seulement sous le règne de Charles IX qu'on s'en servit pour désigner spécialement les enseignes de l'infanterie. Aujourd'hui dans son sens le plus large, le mot *Drapeau* s'applique à toute bande d'étoffe fixée à un bâton par un de ses côtés, et disposée de manière à pouvoir se déployer et flotter au gré des vents, soit pour donner un signal quelconque, soit pour servir de point de ralliement ou de signe de reconnaissance. Ainsi, par ex., c'est en arborant un *D. blanc* qu'un parlementaire se fait ordinairement reconnaître, ou une place de guerre annonce qu'elle veut entrer en pourparler soit pour capituler, soit pour tout autre objet. Dans les ports de mer, on indique souvent par un *D. jaune* les points où se trouvent en surveillance les personnes ou les marchandises provenant de pays dont l'état sanitaire est réputé suspect. Dans une acception plus restrictive le terme *Drapeau* s'emploie pour désigner les enseignes de l'infanterie, tandis qu'on donne le nom d'*Étendard* à celles de la cavalerie. Dans la marine, le d. s'appelle *Pavillon.*

II. — Un d. se compose de trois parties principales: la *Hampe,* la *Cravate* et l'*Étamine.* — La *Hampe* est ordinairement en bois léger et peint avec plus ou moins de richesse. Avant 1789, on la surmontait en France d'une sorte de fer de hallebarde. L'empire remplaça ce fer par une aigle aux ailes éployées, qui céda la place, sous la Restauration, à un fer de lance en forme de fleur de lis. Le gouvernement de Juillet adopta la représentation du prétendu coq gaulois. Après février 1848, ce fut un fer de lance accompagné d'une couronne ayant un coq au milieu, puis, au-dessous, les lettres R. F. dans un cartouche quadrangulaire. Le 10 mai 1852, l'aigle impériale reprit son ancienne place et, sous la troisième

république, elle fut encore remplacée par un cartouche portant les initiales R. F. et surmonté d'une pique de cuivre. — La *Cravate* est un morceau d'étoffe long, étroit, et orné d'une frange d'or qu'on attache immédiatement au-dessous du cartouche. — L'*Étamine* est une pièce d'étoffe, ordinairement de soie, carrée ou à peu près, et dont les dimensions beaucoup moins grandes dans la cavalerie que dans l'infanterie. Presque toujours le centre reçoit les armoiries du souverain ou quelque inscription, qui en général est relative aux batailles où le régiment a figuré. En France, actuellement, le drapeau porte en lettres d'or, dans sa partie blanche, d'un côté les mots: « République Française »—Honneur et Patrie », de l'autre côté, le numéro et la désignation du régiment avec quatre noms de victoires. Quant à la couleur, elle est naturellement la même, du moins dans les temps modernes, que celle qui est adoptée par la nation comme marque distinctive. Ainsi que nous l'avons dit au mot COULEURS *nationales,* le d. français actuel, c.-à-d. le d. tricolore, bleu, blanc et rouge, date du 17 juillet 1789. A la fin de cette même année, l'Assemblée nationale avait imaginé, pour en faire usage dans certains cas déterminés, un d. particulier, appelé *D. rouge,* du nom de sa couleur. Aux termes de la *Loi martiale,* ce d., dans les cas de troubles, devait être déployé à la maison commune pour annoncer aux attroupements qu'ils eussent à se dissiper. Ce fut au Champ de Mars, le 17 juill. 1790, que le d. rouge fut déployé et la loi martiale appliquée pour la première fois. La Convention abolit la loi martiale, mais le d. rouge resta comme le symbole de l'insurrection. En 1848, les révolutionnaires les plus exaltés essayèrent de le faire adopter par le nouveau gouvernement: le courageuse résistance de Lamartine fit échouer cette tentative. En 1871, il flotta pendant plus de deux mois sur Paris. Le drapeau tricolore est le drapeau français depuis 1789, quoiqu'il ait été remplacé par le drapeau blanc sous la Restauration.

III. — Dans un régiment, le d. est non seulement un signe de ralliement, mais encore un objet de vénération, et la perte dans une bataille est considérée comme une flétrissure. En conséquence, le soin de le porter est confié à un officier éprouvé appelé *Porte-drapeau* ou *Porte-étendard,* suivant qu'il s'agit d'une troupe d'infanterie ou de cavalerie, et un troupe de soldats d'élite est spécialement chargé de le défendre. Avant la Révolution, cette *garde du drapeau* était donnée à quatre sergents à huit caporaux; elle appartient aujourd'hui à deux sergents et à trois premiers soldats. — Les idées dont le d. est le symbole expliquent pourquoi la remise de cet insigne aux troupes est généralement accompagnée d'une pompe particulière. Elle était autrefois suivie d'une cérémonie religieuse, dite *Bénédiction des drapeaux,* dont l'institution est généralement attribuée à l'empereur d'Orient Léon VI, qui vivait à la fin du IXe siècle. Cette cérémonie avait lieu dans la principale église, en présence de tout le régiment; on déposait l'enseigne sur l'autel, d'où le célébrant, qui était ordinairement un évêque, le prenait et la remettait, suivant un rite spécial, à l'officier qui devait la porter. La bénédiction des drapeaux était tombée en désuétude, du moins parmi nous, depuis la Révolution. Les drapeaux distribués le 10 mai 1852 à l'armée furent, une dernière fois, bénits par l'archevêque de Paris. Ceux que possède aujourd'hui l'armée française lui ont été remis par le président Grévy, le 14 juillet 1880, sur l'hippodrome de Longchamps, dans une cérémonie purement civile à laquelle s'étaient rendus tous les commandants des corps d'armée et des députations de tous les régiments de France et d'Algérie, en présence des membres du Sénat, de la Chambre des députés et du corps diplomatique.

DRAPELER. v. a. (R. *drapeau*). Action de défiler des chiffons servant à la fabrication du papier.

DRAPEMENT. s. m. Action ou manière de draper.

DRAPER. v. a. (R. *drap*). Tondre et apprêter comme on apprête le drap. || Couvrir de drap. Ne se dit guère qu'en parlant des voitures, qu'on couvre de drap noir ou violet, en signe de deuil. *D. un carrosse de noir, de violet.* — *Le roi drape de violet.* || Arranger, disposer en draperie. *Draper une étoffe.* || T. Peint. et Sculpt. *D. une figure,* Disposer, exécuter les draperies qui représentent son vêtement. Absolum., *Le talent de bien d. est fort rare.* || Fig. et fam., Censurer, railler fortement quelqu'un, en dire du mal. *On l'a bien drapé.* || T. Techn. Mettre des morceaux de drap aux sauteraux d'un piano. = SE DRAPER, v. pron. Se dit de la manière dont on dispose sur soi un vêtement lâche et flottant. *Il se* *drapa dans un manteau. Cet acteur se drape bien.* || *Se d. dans sa vertu,* c'est-à-dire vanter sa probité, sa vertu. || Drapé, ée. part. Couvert de drap. *Un carrosse drapé.* Disposé en draperie, *Une étoffe drapée. — Bas drapés,* Bas de laine préparés de manière qu'ils ressemblent à du drap. || T. Bot. Syn. de *Tomenteux.*

DRAPERIE. s. f. (R. *drap*). Manufacture de draps; le métier de celui qui fabrique du drap, et le commerce des draps. *Il y a dans cette ville beaucoup de draperies. Travailler en d. Il s'est enrichi dans la d.* — S'emploie collectivement pour désigner les diverses sortes de draps. *La d. d'Elbeuf, de Sedan.* Voy. Drap. || T. Peint. et Sculpt. La représentation des étoffes, des vêtements, surtout lorsque les vêtements sont amples et forment des plis. *Une d. bien jetée. Dans une statue, les draperies doivent toujours laisser deviner les formes.* — Se dit aussi des tentures qu'on ajuste de manière à ce qu'elles forment de larges plis. *De riches draperies. Des tentures relevées en draperies.* || T. Techn. Grosse épingle courte. || T. Art milit. D. *d'enseigne.* Étoffe d'un drapeau.

DRAPIER, IÈRE. s. m. et f. (R. *drap*). Personne qui vend ou fabrique des draps. || T. Zool. Nom vulgaire du martin-pêcheur.

DRASTIQUE. adj. 2 g. et s. m. (gr. δραστικός, efficace, énergique). Nom donné à certains purgatifs très énergiques agissant principalement sur la bile, tel que l'aloès. Voy. Purgatif.

DRAVE. s. f. T. Bot. Genre de plantes Dicotylédones (*Draba*) de la famille des *Crucifères.* Voy. ce mot.

DRAVE, rivière d'Autriche, affluent du Danube, 650 kil.

DRAVIDIENS, peuple ouralo-altaïque qui s'établit dans l'Inde (Dekkan) avant l'arrivée des Aryas.

DRAVIDIQUE. adj. *Langues dravidiques,* Celles des langues de l'Inde dont les radicaux n'ont rien de commun avec les radicaux sanscrits. Le tamoul est une langue dravidique.

DRAVIÈRE. s. f. On désigne sous ce nom, dans quelques régions de la France (Boulonnais, Artois, etc.), un mélange de diverses plantes légumineuses et de seigle, destiné à l'alimentation du bétail.

DRAVOIRE. Voy. Drayoire.

DRAWBACK. s. m. [Pr. *dro-bak*] (angl. *to draw,* tirer; *back,* arrière). T. Fin. et Comm. Remboursement total ou partiel des droits fiscaux payés sur certaines marchandises. Il s'exerce sur les marchandises qui, ayant payé des droits pour pénétrer dans un pays, sont réexportées en nature ou après avoir été transformées (ex. blé et pâtes alimentaires); les droits en question sont aussi remboursés lorsque, frappant la consommation intérieure de certains produits, ceux-ci sont exportés au dehors (Sel pour les salaisons). Suivant le cas, les d. constituent donc des encouragements à certaines industries ou des primes à l'exportation.

DRAYAGE. s. m. [Pr. *drè-iage*]. T. Techn. Écharnement des peaux destinées au tannage.

DRAYER. v. a. [Pr. *drè-ier*] (autre forme de *draguer* dans le sens de tirer, nettoyer). T. Techn. Écharner les peaux avec la drayoire.

DRAYOIRE. s. f. [Pr. *drè-ioire*] (R. *drayer*). T. Techn. Couteau pour drayer.

DRAYURE. s. f. [Pr. *drè-iure*] (R. *drayer*). Rognure de cuir enlevée avec la drayoire.

DREBBEL (VAN), physicien et mécanicien hollandais (1572-1634).

DRÈCHE. s. f. T. Techn. Malt sec, orge fermentée qui a servi pour faire de la bière. Voy. Brasserie.

DRÉCHER. v. a. (R. *drèche*). T. Écon. rur. Enterrer des glands dans une fosse en les arrosant d'eau salée et les laisser germer.

DRÉÉLITE. s. f. T. Minér. Double sulfate naturel de baryte et de chaux.

DRÈGE. s. f. (origine germanique. On retrouve le même radical dans l'angl. *to drag,* tirer, et dans le français *draguer*). Peigne de fer servant à séparer la graine de lin d'avec ses tiges. || T. Pêc. Grand filet dont on se sert pour prendre de gros poissons. || Pêche qui se fait avec ce filet.

DRÉGER. v. a. (R. *drège.*) Peigner le lin avec la drège.

DREIGEUR. adj. m. (R. *drège*). T. Pêche. *Bateau d.,* Bateau dont on se sert pour pêcher à la drège.

DRELIGNE. s. f. T. Icht. Nom du bar sur quelques côtes.

DRELIN. s. m. Onomatopée qui représente le son d'une clochette.

DRENTHE, prov. de Hollande; 127,300 hab.

DRÉPANOPHORE. adj. (gr. δρέπανον, faux; φορός, qui porte). T. Antiq. Armé de faux. *Chariot d.*

DRÉPANE, anc. ville et promontoire de Sicile, aujourd'hui *Trapani.*

DRESDE, v. d'Allemagne, capitale du royaume de Saxe, sur l'Elbe; 276,100 hab. Victoire de Napoléon sur les alliés en 1813.

DRESSAGE. s. m. (R. *dresser*). Action de dresser. Se dit surtout de l'éducation que l'on donne à certains animaux domestiques pour les rendre aptes aux services qu'on exige d'eux. || T. Techn. Action de redresser le fil destiné à faire des aiguilles et des épingles. — Opération qui consiste à charbonner chaque verre de montre pour lui donner la forme voulue. || T. Métall. Préparation des meules de carbonisation. — Opération par laquelle on rend droites et planes les barres de métal qui viennent d'être étirées.

DRESSANT. s. m. (R. *dresser*). T. Exploit. min. Se dit des portions de couches renversées par suite d'un déplacement supérieur à 90°.

DRESSE. s. f. (R. *dresser*). Réduction d'un devis. || T. Techn. Morceau de cuir mis entre les deux semelles d'un soulier pour le redresser.

DRESSÉE. s. f. (R. *dresser*). T. Techn. Botte de fil de cuivre d'environ 25 livres, pour la fabrication des épingles. || T. Chaufournier. Couche de pierres dans un four cylindrique.

DRESSEMENT. s. m. (R. *dresser*). Action de dresser, de mettre par écrit. || T. Techn. Action de redresser le fil de cuivre destiné à faire les épingles.

DRESSER. v. a. (ital. *dirizzare*; du lat. *di,* préf., et *rectus,* droit). Lever, rendre droit, faire tenir droit. D. *la tête. Mon cheval dressa les oreilles. D. une échelle contre un mur.* || T. Mar. D. *les vergues,* Les brasser carré, c.-à-d. leur donner une position horizontale. *D. un navire, un bateau,* Lui donner une situation droite de manière qu'il ne soit pas plus incliné d'un côté que de l'autre. || Ériger, élever. *D. un trophée. D. des statues, des autels.* — Monter, tendre, construire. *D. un lit, une tente, un échafaud.* || Dans plusieurs arts, Unir, aplanir, rendre droit. *D. les côtés d'une pierre,* ou simplem., *D. une pierre. D. une planche, une règle.* || T. Jardin. *D. une allée, une terrasse, un parterre,* etc., Les aplanir, les mettre de niveau. *D. une palissade, une haie,* Les tondre pour le croissant. || Tourner, diriger. *D. sa route vers le nord.* Vx et peu us. || Par anal., Disposer, préparer, mettre une chose en état pour servir à l'usage auquel elle est destinée. *D. une batterie de canons. D. un piège pour prendre des rats. D. un buffet,* Le garnir de sa vaisselle, des verres, etc. *D. une volaille,* La préparer pour la mettre à la broche. *D. du linge,* Le repasser ou lui donnant la forme qu'il doit garder. *D. un chapeau,* Lui donner sa forme définitive. — Fig. et fam (*D. ses batteries,* Prendre des mesures pour faire réussir ses projets. *D. un piège à une personne,* Faire ou dire quelque chose pour tâcher de la faire tomber dans quelque embarras. On dit dans le même sens, *D. une embuscade. D. des embûches.* || *D. l'oreille,* Devenir attentif. || Faire, préparer; se dit de certaines choses que l'on fixe, que l'on arrête d'une manière définitive, soit par le dessin, soit en les mettant par écrit dans la forme voulue. *D. un plan, une carte de géographie. D. un tableau statistique. D. les articles d'un contrat, D un acte, une requête. D. une instruction pour un ambassadeur.* || Instruire, former; se dit aussi en parlant des animaux. *D. un écolier, un soldat. Cet enfant est dressé de bonne main. D. un cheval pour le manège. D. un chien couchant, le d. à rapporter.* || Figur., et avec ellipse du pron. personnel, *Cela fait d. les cheveux à la tête, sur la tête,* ou simplem., *Cela fait d. les cheveux,* Se dit d'une chose horrible, épouvantable. || T. Hortic. *D. une haie,* La tondre avec le croissant. || T. Techn. Enlever les traits que la scie a laissés sur une pierre à graver. — Niveler les pointes d'une carde. — Limer l'aiguille après qu'on a formé la pointe; la faire passer sous le marteau après qu'elle a été recuite. — Disposer les pièces de tabletterie dans tous les sens avant de les travailler. == SE DRESSER. v. pron. Se tenir droit ou levé. *Se d. sur la pointe des pieds. Ce cheval se dressa sur les pieds de derrière.* == DRESSÉ, ÉE. part. || T. Bot. Se dit adjectiv. de tout organe dont la direction est verticale ou se rapproche beaucoup de la ligne perpendiculaire.

DRESSEUR, EUSE. s. m. et f. (R. *dresser*). Personne qui dresse. || s. m. T. Techn. Ouvrier qui ouvre les peaux destinées à faire des gants. — Charbonnier qui met les bûches dans le four. — Cautonnier qui enfonce les pavés avec la demoiselle. — Tuyau pour redresser les cardes.

DRESSOIR. s. m. (R. *dresser*). Sorte d'étagère où l'on range la vaisselle, les cristaux, etc. || T. Techn. Petit outil des tôtassiers pour redresser les dents du seran. — Instrument pour dresser la feuille d'étain d'une glace. — Plaque de fer pour dresser les pierres des graveurs. — Plaque de fer pour le polissage des diamants. — Sorte de banc pour dresser les échalas. — Planche munie d'un manche avec lequel les jardiniers bordent le terreau sur leurs couches.

DRESSO-TREMPEUR. s. m. (de *dresser* et *tremper*). T. Techn. Appareil propre à dresser les limes.

DREUX (anc. *Durocasses, Drocæ*), ch.-l. d'arr. (Eure-et-Loir), à 43 kil. de Chartres; 9,400 hab. Patrie de Rotrou. Ville très ancienne. Église Saint-Pierre, dont certaines parties datent du XIIe siècle. Hôtel de ville du XVIe siècle. || En 1562, victoire de François de Guise sur les protestants. == Nom des hab. : DUROCASSES.

DREUX (Comte de), maison féodale qui tire son origine de Robert Ier, 3e fils de Louis le Gros.

DREUX-BRÉZÉ (Marquis de), grand maître des cérémonies sous Louis XVI, fut chargé de l'installation des États généraux en 1789.

DREYSINE. s. f. T. Techn. Wagonet mû à l'aide de leviers ou de pédales, employé sur certaines lignes de chemins de fer.

DRILL. s. m. [Pr. les *ll* mouillées]. T. Agric. Instrument qui sert à la fois de charrue et de semoir.

DRILLAGE. s. m. [Pr. *dri-llaje,* *ll* mouillées] (angl. *to drill,* percer). T. Techn. Opération de la fabrique des aiguilles qui consiste à polir le trou intérieurement.

DRILLE. s. m. [Pr. les *ll* mouillées] (Vx all. *drigil,* garçon, serviteur). T. Techn. Se disait autrefois de soldats qui mendiaient l'épée au côté, mais ne s'emploie plus que dans quelques loc. très familières : *Un vieux d.,* Un vieux soldat qui a de l'expérience, ou un vieux libertin, ou encore un homme vieux et rusé. *Un bon d.,* Un bon compagnon, un homme franc et gai; *Un pauvre d.,* Un pauvre diable, un pauvre malheureux.

DRILLE. s. f. [Pr. les *ll* mouillées] (angl. *to drill,* percer). T. Techn. Instrument en usage dans plusieurs arts avec lequel on fait tourner un foret. — On dit aussi *Trépan.* || Outil du fabricant d'aiguilles employé pour le drillage.

DRILLER. v. a. [Pr. *dri-ller,* *ll* mouillées] (R. *drille*). T. Techn. Soumettre à l'opération du drillage.

DRILLES. s. f. pl. [Pr. les *ll* mouillées] (celt. *dryll,* lambeau; le radical paraît le même que le précédent, chose percée, déchirée). Vieux chiffons de toile qui servent à faire du papier.

DRILLEUR. s. m. [Pr. les *ll* mouillées] (R. *driller*). T. Techn. Ouvrier chargé de l'opération du drillage.

DRIMIA. s. f. T. Bot. Genre de plantes de la famille des *Liliacées,* tribu des *Hyacinthées.* Voy. LILIACÉES.

DRIMYS. s. m. (gr. δριμύς, âcre). T. Bot. Genre de plantes Dicotylédones de la famille des *Magnoliacées.* Voy. ce mot.

DRIN. s. m. T. Bot. Nom arabe de l'*Aristida pungens,* plante de la famille des Graminées, qui croît abondamment dans les déserts de l'Afrique et qui sert à nourrir les bestiaux.

DRIN (LE), fleuve d'Albanie, affluent de l'Adriatique; 450 kil.

DRISSE. s. f. T. Mar. Cordage qui sert à hisser une voile. Voy. CORDAGE.

DRIVONETTE. s. f. Voy. DRAINETTE.

DROGAIL. s. m. [Pr. *droga-l,* *ll* mouillées] (R. *drogue*). T. Agric. Froment qu'on sème dans un champ après une récolte de blé.

DROGHEDA, v. et port d'Irlande, sur la Boyne, 15,000 hab. Victoire de Guillaume III sur Jacques II Stuart (1690).

DROGMAN. s. m. (ar. *teurdjaman,* interprète, d'où nous avons aussi tiré *truchement*). Nom donné aux interprètes et aux attachés d'ambassade dans le Levant. *Il nous servit de d. Les drogmans de l'ambassade française.* — Par ext. Intermédiaire, médiateur.

DROGMANAT. s. m. (R. *drogman*). Qualité, fonctions de drogman.

DROGUE. s. f. (orig. germ., anglo-saxon, *dryge;* holl. *trook.* sec). Nom générique de diverses matières premières de nature organique ou inorganique, employées pour les préparations pharmaceutiques ou pour la teinture. — Par extension, se dit vulgairement de toute substance médicamenteuse. *Drogues simples. Vendre, acheter des drogues.* — Fig. et fam., *Il fait bien valoir sa d., il débite bien ses drogues,* Il sait bien faire valoir ce qu'il vend, ou ce qu'il dit, ce qu'il fait. || Fig. et fam., se dit de ce qui est mauvais en son genre. *Vous ne m'avez vendu, vous ne m'avez donné que de la d. Ce tableau ne vaut rien, c'est de la d.* || Homme ou femme de rien. *Mauvaise d.*

DROGUE. s. f. (orig. inconnue). Sorte de jeu de cartes en usage chez les soldats et les matelots. A ce jeu le perdant est obligé de se mettre sur le nez un morceau de bois fourchu, également appelé *Drogue,* qu'il garde jusqu'à ce qu'il ait gagné à son tour. *Jouer à la d.* || T. Pêc. *Harengs d.,* Harengs mis pêle-mêle dans les barils.

DROGUER. v. a. (R. *drogue*). Donner, faire prendre des remèdes; se dit lorsqu'on en fait un usage inutile ou excessif. *Il y a longtemps qu'on le drogue sans qu'il aille mieux.* || Altérer la qualité d'une marchandise. *Il drogue le vin qu'il vend.* == SE DROGUER. v. pron. Prendre des drogues avec excès. *Il a la mauvaise habitude de se d.* == DROGUÉ, ÉE. part.

DROGUER. v. n. Attendre, se morfondre. *Il y a une heure que vous me faites d. ici.* Pop.

DROGUERIE. s. f. (R. *drogue*). Se dit collectivement des diverses sortes de drogues. *Commerce de d.* || Le commerce des drogues. *Il fait la d.* || Boutique où l'on vend des drogues. *Acheter une d.* || Falsification des produits alimentaires. || T. Pêc. La pêche et la préparation du hareng.

DROGUET. s. m. (R. *drogue*, parce que le droguet est une étoffe de peu de valeur). T. Comm. Espèce d'étoffe faite ordinairement de laine et de fil, ou de laine et de coton.

DROGUETIER. s. m. (R. *droguet*). T Comm. Fabricant de droguet.

DROGUEUR, EUSE. s. m. et f. (R. *droguer*). Personne qui aime à faire absorber des médicaments aux malades. || T. Pêc. Nom donné au navire qui pêche le hareng et le sèche pour le rapporter saur.

DROGUIER. s. m. (R. *drogue*). Collection d'échantillons de médicaments simples, rangés dans un ordre méthodique. || L'armoire, le cabinet où est placée cette collection. || Boîte portative destinée à contenir des médicaments; on dit aujourd'hui *Pharmacie*.

DROGUISTE. s. m. (R. *drogue*). Personne qui fait le commerce des drogues.

DROIT, OITE. adj. (lat. *directus*, m. s., de *di* préf., et *rectus*, droit). Qui n'est pas courbe, qui va par le chemin le plus court d'un point à un autre. *Ligne droite. Cette rue est fort droite. Cette règle n'est pas droite. En droite ligne. De d. fil.* — Fig., dans le langage de la dévotion, *La droite voie*, La voie du salut. || Qui ne penche d'aucun côté, qui est perpendiculaire à l'horizon. *Ce mur n'est pas d. Avoir la taille droite et bien prise. Se tenir d.* — Fam., *Être d. comme un I, comme une statue*, Se tenir extrêmement droit. || T. Géom. *Angle d., Cône d.*, etc. Voy. ANGLE, etc. — T. Astron. *Ascension droite*, voy. ASCENSION. *Sphère droite*, voy. SPHÈRE. || Qui n'est pas couché, qui est debout. *Se tenir d. sur ses pieds. Demeurer d. sur son séant.* || Fig., Juste, équitable, probe, sincère. *C'est un homme d. Avoir l'intention droite, le cœur d., l'âme droite.* || Droit se dit encore par oppos. à *Gauche*, pour marquer la position relative d'un objet. *La main droite. L'aile droite d'une armée. L'aile droite d'un bâtiment. La rive droite d'un fleuve. Le côté d. d'une assemblée délibérante.* — L'Évangile dit : *Quand on fait l'aumône, il ne faut pas que la main gauche sache ce que fait la main droite*, ou elliptiq., *Que votre gauche ne sache point ce que fait votre droite*, pour nous enseigner que dans les bonnes œuvres il faut éviter l'ostentation. = S'emploie subst. au fém., *Droite*, pour signifier le côté droit. *Prenez sur la droite, sur votre droite. La droite d'une armée. — La droite*, se dit aussi des membres d'une assemblée qui siègent à la droite du président. *Un membre de la droite. La droite tout entière se leva contre l'amendement. Accorder la droite à quelqu'un*, Le mettre à sa droite pour lui faire honneur. On dit dans un sens anal., *Prendre la droite. Céder la droite. Disputer la droite.* || T. Géom. Droite s'emploie pour *ligne droite. La droite qui joint deux points.* = DROIT, adv. En droite ligne, directement, par le plus court chemin. *Aller, marcher d. devant soi. Allez tout d. Ce chemin mène d. chez vous. Tirer, viser d.* || Fig., *Cet homme va d. à ses fins. Aller d. en besogne. Il ne va pas d. Cette doctrine mène d. à l'hérésie.* — Fig., *Marcher d.*, Se bien conduire, s'acquitter de son devoir. *Il n'a pas marché d. dans cette affaire. On vous fera bien marcher d.* Dans le même sens, on dit aussi, *Aller d. son chemin.* || T. Mar. *Droit ! D. la barre !* Commandement qui indique au timonier de placer la barre du gouvernail dans l'axe du navire. = A DROITE, loc. adv. Du côté d., à main droite. *Prendre à droite. Tourner à droite. Placez-vous à droite. Par file à droite.* || A droite et à gauche, De côté et d'autre, de tous les côtés. *Frapper à droite et à gauche.* — Fam., *Prendre à droite et à gauche*, Recevoir de toutes mains, tirer de l'argent de l'un et de l'autre. || En termes de tactique, s'emploie substantivement et signifie, Mouvement à droite. *Le général, faisant un à droite, côtoya le Rhin avec son artillerie, sa cavalerie et ses bagages.*

DROIT. s. m. (même mot que le précédent Dans toutes les langues l'idée de justice est rattachée à celle de rectitude, la ligne droite étant considérée comme le symbole de la justice). Faculté de faire quelque chose, de jouir d'une chose, d'y prétendre, de l'exiger, soit que cette faculté ait sa sanction dans la loi positive, soit qu'elle résulte des conventions ou seulement de la loi morale. *Traité des droits et des devoirs. Droits civils. Droits politiques. D. de propriété. D. d'hypothèque. D. de pêche, de chasse. D. d'aubaine.*

D. de cité, de bourgeoisie. D. d'aînesse. D. de survie. D. litigieux. Les droits régaliens. Les droits d'un père sur ses enfants. User de son d. Exercer, soutenir, céder, revendiquer ses droits. Jouir de ses droits. Faire valoir, négliger ses droits. Se relâcher de ses droits. Avoir d. à une place, à une succession, à une indemnité. Avoir, acquérir des droits à la reconnaissance de quelqu'un. Vous le mettez en d. de se plaindre. — *Le d. du plus fort*, Le pouvoir résultant de la force. Dans un sens anal., on dit, *D. de conquête.* — Au sens moral, on dit aussi, *Les droits du sang. Les droits de l'amitié, de l'hospitalité.* — Prov., *Bon d. a besoin d'aide*, Quelque bonne que paraisse une affaire, quelque titre qu'on ait pour obtenir une place, une récompense, il ne faut pas négliger de se faire recommander. || *Ce qui est juste, l'équité. Défendre le d., le bon d. Vous avez le d. pour vous. Cette manière d'agir est contre tout d. et raison.* — *Faire d. à quelqu'un*, Lui rendre justice. *On a refusé de lui faire d.* — *Donner d. à quelqu'un*, Lui donner raison. — Par anal., *Faire d. à une demande, à une réclamation*, Accorder ce que l'on demande, etc. — T. Procéd. *Avant faire d.*, Avant de juger définitivement. *Le tribunal a ordonné, avant faire d., que...* Se dit substant. d'un jugement provisoire *Prononcer un avant faire d.* || L'ensemble des lois d'un pays, ou l'ensemble des lois sur une matière déterminée. *D. français. D. romain. D. civil. D. pénal. D. politique. D. administratif. D. canon. Le d. coutumier. Le d. commun.* || La science du droit considéré en général, ou à quelque point de vue particulier. *Le d. naturel. Le d. des gens. Le d. positif. Maxime de d. Question de d. Étudier, enseigner le d. Docteur en d. Étudiant en d. La faculté, l'École de d.* — *Faire son d.*, Étudier le d., suivre les cours de l'École de d.* || Se dit aussi de certaines taxes. *D. de péage. D. d'entrée. Droits d'octroi. Le d. sur le sel. D. d'enregistrement. Mettre, établir un d. sur quelque chose. Percevoir un d. Frauder les droits. — Les droits réunis*, se disait autrefois de l'administration des contributions indirectes. — Le salaire alloué à quelqu'un par une taxe, par un règlement. *D. de greffe. D. d'expédition. D. de présence.* — Fig. et prov., *Où il n'y a rien, le roi perd ses droits*, Il est inutile de demander à un homme insolvable le paiement de ce qu'il doit. — DE DROIT, DE PLEIN DROIT, loc. adv. Sans qu'il puisse y avoir matière à contestation, sans qu'il soit nécessaire de recourir à la justice. *Cela lui revient de d., de plein d. Être héritier de d. Cela va de d.* — *A qui de d., par qui de d.*, A qui l'on doit s'adresser, recourir; par qui a le droit de décider, d'ordonner, de faire quelque chose. — A BON DROIT, loc. adv. Avec raison, avec justice. *C'est à bon d. qu'il se plaint.* = A TORT ET A DROIT, loc. adv. Sans examiner si la chose est juste ou injuste. *Il veut ce qu'il veut, à tort et à d.* = A TORT OU A DROIT, loc. adv. Avec tort ou sans d. *A tort ou à d., il se prétend lésé.*

I. *Idée générale du Droit.* — Lorsque l'homme arrive à se distinguer des êtres qui l'entourent, lorsqu'il a conscience de lui-même comme d'une activité raisonnable et libre, en un mot quand il se reconnaît comme une *personne*, il s'élève par cela même à la notion de d. Cette notion est en effet contenue dans celle de personnalité. Les conditions de la personnalité de l'homme sont ses droits. S'il n'existait qu'un seul être humain sur la terre, sa sphère d'action étant illimitée, ses droits ne rencontreraient d'autres bornes que celles de sa puissance effective. Quant à son principe, l'idée de d. est donc une idée primitive de la raison pure, qui subsiste par elle-même et indépendamment de la morale. Elle résulte simplement de l'idée de personnalité, c'est-à-dire de l'idée d'une activité libre s'exerçant dans une certaine sphère d'action.

Mais chaque homme reconnaît que, parmi les êtres qui l'entourent, il y en a qui sont semblables à lui. Ces êtres constituent donc également des individus de la même nature est la même que la sienne, et qui, par conséquent, ont tous des droits identiques aux siens, cela précisément au même titre que lui. Or, toutes les activités libres sont en rapport les unes avec les autres; toutes ont des droits, conditions de leur personnalité même, et elles les exercent ou tendent à les exercer dans la sphère d'action la plus étendue possible. Qui réglera le conflit de ces activités, identiques quant à leur essence, mais si diverses quant à leur direction et à leur puissance individuelle? Ce sera la loi morale. Mais la loi morale fait plus que régler le d. de chacun au point de vue extérieur, c.-à-d. dans son rapport avec les autres hommes. Elle nous oblige à le reconnaître dans notre conscience : c'est d'elle que nous vient l'idée de *devoir*, idée corrélative et inséparable de celle de *droit*. Par l'intervention de l'idée supérieure de la loi morale, l'idée de dr. engendre nécessairement l'idée de devoir, laquelle à son tour implique toujours et nécessairement celle de d. Si donc l'idée de d. se conçoit primitivement, ainsi que nous l'avons dit, comme une idée de la raison pure, indépendante en soi, c'est de la loi morale qu'elle tient toute réalité, c'est par elle qu'elle devient vivante. Aussi Kant dit-il avec raison que l'obligation est l'expression nécessaire du d. En effet, supprimez l'idée de devoir, l'idée de d. reste une conception pure de l'entendement, sans virtualité, sans puissance de se manifester au dehors. Qu'est-ce que l'homme peut réclamer de son semblable, si ce dernier ne lui doit rien? Qu'est-ce au fond que mon d., sinon l'obligation d'un autre vis-à-vis de moi. D'autre part, supprimez le d., il n'y a plus de devoir, c.-à-d. plus d'obligation : devoir devient un mot dénué de toute signification, car nous ne parlons ici que des rapports des hommes entre eux. Dans la réalité des choses, il est donc vrai de dire qu'il n'y a pas de devoirs sans droits, ni de droits sans devoirs. Droit et devoir sont deux termes qui désignent un seul et même rapport, selon le point de vue sous lequel on le considère.

L'idée de d. ainsi déterminée, il est facile de réfuter les théories qui cherchent son fondement dans les besoins de l'homme, dans la notion de l'utile, dans l'hypothèse d'un contrat social, et enfin dans la volonté du législateur. — Si les droits de l'homme résultent de ses besoins, il faudra admettre qu'ils varient, comme ces derniers, selon les individus. En outre, qui sera juge de ces besoins, et par suite de ces droits? Nous voilà sur-le-champ ramenés au régime de la force brutale, c.-à-d. à la négation même de l'idée de d. — La doctrine de l'intérêt n'offre pas à l'idée de d. un fondement plus solide. L'antagonisme des intérêts individuels est un phénomène essentiel de l'ordre social. Dans le cas du conflit de deux intérêts, quel côté sera le d.? Mais, répond l'école de Bentham, c'est l'intérêt général seul que le législateur doit consulter. Combien de fois, objecterons-nous à notre tour, le législateur le mieux intentionné n'a-t-il pas confondu certains intérêts privés avec l'intérêt général? La consécration toute récente du système protectionniste par les Chambres françaises n'est-elle pas due à une conception erronée de l'intérêt général? La société n'a-t-elle pas ses préjugés? Bien plus, admettons, si l'on veut, que l'intérêt général, non d'une nation prise en particulier, mais de l'humanité tout entière, puisse servir de fondement à une législation : est-ce que par hasard l'idée d'intérêt contient celle d'obligation? Pour que chaque homme se soumette à une loi fondée sur l'idée pure et simple de l'utile, il faudra ou bien faire intervenir la loi morale, et alors on rentrera jusqu'à un certain point, mais par une inconséquence, dans la vérité, ou bien il faudra dire que la loi aura en définitive la force pour fondement et pour sanction. — L'hypothèse d'un contrat social par lequel chaque homme aurait, dans le principe, aliéné une partie de ses droits primitifs pour s'assurer la possession des autres, a été l'opinion dominante dans la seconde moitié du siècle dernier. Mais, outre qu'un pareil contrat n'a jamais pu être formé, car l'homme a toujours vécu en société, l'état social étant une nécessité de sa nature, est-ce que ceux qui auraient stipulé de pareilles conventions pouvaient enchaîner à jamais les générations futures? Il y a plus encore. « Cette idée d'un d. ou d'obligation réciproque qu'on veut faire dériver d'un contrat, dit très bien Ad. Frank, en la basant sur la condition absolue de tout contrat ; car évidemment un contrat suppose la liberté des contractants, ce d. fondamental on ne peut sans peine faire sortir tous les autres ; il suppose l'obligation de respecter ses engagements, et cette obligation, à son tour, suppose les droits de ceux envers qui l'on s'engage et qui observent les clauses arrêtées ou convenues. Et c'est encore, pour que le contrat porte son effet, il faut donc faire intervenir la loi morale que les partisans de ce système prétendaient écarter. — Quant à la doctrine, assez répandue parmi les juristes, qui prétend que tout d. prend sa source dans les lois édictées par la volonté du législateur, elle n'offre pas plus de solidité que les théories précédentes, et se réfute par les mêmes arguments. Quoi! une volonté mobile, capricieuse, inintelligente, perverse même, constituera le d.! Ce qui était le d. hier ne le sera plus aujourd'hui! e d.! Il n'y a pas de d. contre le d., » dit admirablement Bossuet, opposant la volonté arbitraire de l'homme à l'idée éternelle du d. comme dérivée de la morale. Où sera, dans la théorie que nous combattons, la sanction de ce prétendu d. résultant de la volonté du législateur, si ce n'est dans la force physique? Mais celle-ci peut contraindre; elle n'oblige pas. Ce n'est pas tout. Considérer le d. comme résultant de la seule volonté du législateur, c'est en mettre l'existence perpétuellement en question. Pour changer le d.,

il suffira de changer celui qui l'édicte. On dira que le législateur doit toujours prendre pour guide les principes de la morale et de la saine raison. Soit : mais alors or se contredit deux fois; car en premier lieu, pourquoi le législateur devra-t-il faire une loi juste, s'il n'y a pas déjà une loi supérieure à lui? En second lieu, dans le cas où la loi édictée est juste, ce n'est pas de la volonté pure et simple du législateur que résulte le d. Le d. qu'il a proclamé n'est vraiment le d. qu'en vertu de sa conformité avec ces principes supérieurs que le législateur a pris pour guides.

II. Droit naturel ou universel. — La société humaine se composant d'individus ayant tous les mêmes attributs, et par conséquent les mêmes droits, il est possible de constituer une science idéale du d., science indépendante des temps et des lieux, ainsi que de toute législation coutumière ou écrite, et capable de servir elle-même de type à ces dernières. Cette science, qu'on désigne généralement sous le nom de D. naturel, est toute récente. Elle est née seulement lorsque le christianisme a eu complètement transformé le monde moderne. Avant lui, la science du d. naturel était impossible. Il n'y a de droits qu'entre égaux, disaient les anciens ; mais ils ne reconnaissaient d'égalité qu'entre les hommes de la même cité, bien plus, de la même caste : quant aux esclaves, ils n'avaient point de droits ; ils étaient non des personnes, mais des choses. Les jurisconsultes, et notamment les partisans de l'école utilitaire, qui prétendent que l'homme n'a de droits que ceux qu'il tient du législateur, nient la réalité et la possibilité d'une science du d. naturel. Nous avons implicitement réfuté cette manière de voir en recherchant quelle était l'origine du droit. « Avant qu'il y eût des lois faites, dit à ce sujet Montesquieu, il y avait des rapports de justice possibles. Dire qu'il n'y a rien de juste et d'injuste que ce qu'ordonnent les lois positives, c'est dire qu'avant qu'on eût tracé de cercle, tous les rayons n'étaient pas égaux. »

La science du d. naturel doit prendre l'homme avec tous les éléments constitutifs de sa nature; mais elle le considère exclusivement dans les rapports qu'il peut avoir avec ses semblables, ce par quoi elle se distingue de la science morale proprement dite. Par conséquent, comparée à cette dernière, elle est moins étendue. Si, au contraire, on la compare au D. positif, c.-à-d. au d. formulé par le législateur, elle embrasse une foule d'actes que celui-ci s'abstient de régler. Il existe encore entre le d. positif et le d. naturel une différence fondamentale : c'est que celui-ci se base uniquement sur les lois éternelles de la raison et de la morale, et se maintient dans la sphère de l'absolu, tandis que celui-là admet, en outre, certains éléments contingents et variables ; nous citerons entre autres la considération de l'utile et celle de la tradition historique. De là encore l'antithèse de la Justice et de la Légalité; car la première est la conformité au d. naturel, ou, en d'autres termes, au d. absolu, tandis que la seconde est simplement la conformité avec la loi positive.

La science du d. naturel ou universel peut donner lieu à autant de divisions qu'il existe de sphères de rapports distincts entre les hommes. Elle considère successivement : 1° les droits primitifs de chaque individu envisagé comme personne (inviolabilité de la vie, de la liberté, de la conscience, la liberté du travail, etc.); 2° les droits qui naissent des rapports nécessaires de l'homme avec les choses (possession, propriété), ou 3° avec les autres hommes (mariage et famille) ; 4° les droits qui ont leur origine dans les relations libres entre les hommes (contrats) ; 5° les droits auxquels donnent lieu les rapports existants entre chaque individu et l'État, comme organe nécessaire de l'association humaine (droits politiques, d. de punir, etc.); 6° enfin, les droits qui subsistent entre les différents États (d. de paix, d. de guerre, etc.).

III. Droit positif. — Le D. positif, avons-nous dit, est le d. tel que le formule le législateur. Il reçoit des noms différents, selon la nature des rapports qu'il a pour objet de régler : on le divise d'abord en D. extérieur et en D. intérieur.

A. Le Droit extérieur, appelé ordinairement D. des gens ou D. international, est la réunion des règles qui sont observées entre les diverses nations dans leurs relations les unes avec les autres : car toute société, une fois constituée, devient une personne morale qui a, comme l'individu, ses devoirs et ses droits. Le d. international est public ou privé, suivant qu'il concerne les relations des États ou celles de leurs sujets. Parmi les droits internationaux, les uns sont fondés sur l'usage et la tradition, les autres sont fixés par des traités ; plusieurs enfin dérivent de l'idée rationnelle du juste. Le d. des gens, tel qu'il subsiste à cette heure entre les nations civilisées, se distingue donc en d. des gens naturel et en d. des gens positif

d. coutumier et d. écrit). Les droits internationaux naturels ont absolument le même principe que les droits naturels de l'individu. Chaque nation doit veiller au maintien de sa propre existence, de son indépendance et de sa dignité, sans attenter à l'autonomie et à l'indépendance des autres. Les relations habituelles des nations entre elles devraient être des relations de paix, de bonne harmonie et de secours mutuels. Lorsqu'une nation viole le d. à l'égard d'une autre, et que celle-ci ne peut, par ses représentations, obtenir justice, elle a le d. de recourir aux armes. Cependant la guerre, elle aussi, doit obéir à certaines règles. Elle est un simple conflit entre deux nations qui se choquent en masse, et non pas une lutte individuelle entre tous les citoyens qui les composent. Les réparations que peut exiger le vainqueur (car lui malheureusement le d. est toujours censé être du côté de la victoire), ne doivent donc jamais consister que dans la réparation du tort ou du dommage éprouvé et dans l'indemnité des dépenses faites pour soutenir la lutte. La réparation est alors due par la nation tout entière et non par telle ou telle portion des individus appartenant au peuple vaincu. Tout acte de violence commis contre les citoyens ou contre les propriétés privées est donc un crime, et le d. de la guerre ne saurait en aucun cas le justifier. A l'égard des hommes, s'ils sont armés avec l'autorisation de leur gouvernement, le d. de la guerre autorise uniquement à les mettre hors d'état d'accomplir leur mission militaire, c.-à-d. à les désarmer et à les retenir prisonniers. Quant aux citoyens qui n'ont pas été appelés à prendre part à la lutte, ils doivent être respectés et protégés comme ils le seraient par leur propre gouvernement. Il en est de même pour les propriétés privées : les objets matériels qui servent directement à la guerre et les fonds appartenant à l'État sont les seules propriétés qui puissent être acquises au vainqueur. En résumé, les préceptes rationnels du d. des gens sont contenus dans cette belle maxime de Montesquieu : « Les diverses nations doivent se faire, pendant la paix, le plus de bien, et dans la guerre le moins de mal qu'il est possible, sans nuire à leurs véritables intérêts. »

B. *Droit intérieur.* — Le *D. intérieur* ou *D. particulier* de chaque peuple se compose en partie du d. universel ou d. naturel, en partie des lois qui lui sont propres, et en partie des coutumes ou usages qui sont le supplément des lois. Ce d. comprend le *D. public*, le *D. privé* et le *D. pénal.*

1° *Droit public.* — Le *D. public* est cette partie du d. qui règle les rapports réciproques entre les autorités elles-mêmes, c.-à-d. entre les gouvernants et les gouvernés, et qui étudie les principes par lesquels a été déterminée la forme du gouvernement et celle de l'administration. On le subdivise communément en deux branches, le *D. constitutionnel* et le *D. administratif.*

Droit constitutionnel. — On appelle ainsi l'ensemble des lois fondamentales qui constituent le gouvernement de la nation, c.-à-d. la manière dont la souveraineté est exercée chez un peuple, et qui ont pour objet l'organisation des pouvoirs législatif, exécutif et judiciaire.

Droit administratif. — Cette branche du d. public a pour objet les règles qui régissent les rapports des citoyens avec l'administration, c.-à-d. avec les agents d'ordres divers et subordonnés les uns aux autres qui se répartis sur tout le territoire national pour y représenter le gouvernement. Il suffira, pour donner une idée de l'objet du d. administratif, d'énumérer les principales attributions de l'administration française. Elle établit les règlements généraux ou spéciaux considérés comme complément nécessaire de la loi, et dont la préparation lui a été déléguée implicitement ou explicitement (règlements d'administration publique). Elle prescrit des mesures générales obligatoires, soit pour la sûreté des citoyens, soit seulement pour une classe d'entre eux, et en surveille l'exécution. Elle autorise la création de certains établissements publics et privés, et exerce une tutelle légale sur les uns, et un contrôle d'intérêt public sur les autres. Elle concède aux particuliers les choses ou les droits mis à sa disposition par les lois. Elle demande les renseignements qui lui sont nécessaires, fait les recensements, prépare les listes de recrutement, des électeurs, des jurés, etc. Elle fait cesser tout ce qui est contraire aux lois, aux règlements, aux intérêts généraux ou particuliers, à la morale ou à la sécurité publique. Elle réprime certaines contraventions et provoque la punition des autres, ainsi que celle des crimes et des délits. Elle gère la fortune publique, dirige la répartition des impôts, recouvre les contributions, fait les dépenses nécessaires pour le bien de l'État, et en rend compte. Elle fait exécuter les travaux publics, soit directement par ses agents, soit sous leur surveillance, et procède à l'expropriation pour cause d'utilité publique. Elle exa-

mine et, s'il y a lieu, fait droit aux réclamations qui lui sont adressées, et juge les contestations qui s'élèvent sur ses actes. Enfin, elle est chargée de l'assistance publique et de la protection des indigents, des vieillards, des infirmes, etc.

2° *Droit privé.* — Le *D. privé*, appelé aussi *D. civil*, règle les rapports des citoyens entre eux. Ces rapports se classent naturellement sous trois chefs principaux : les *Personnes*, les *Choses* et les *Obligations.* Le d. privé considère les *personnes*, afin de régler leur état, en raison duquel varient leurs droits et leurs devoirs ; les *choses*, pour régler les droits des individus sur elles ; les *obligations*, pour en déterminer la nature, les caractères, la légalité et les effets, soit qu'elles prennent leur source dans les conventions libres intervenues entre les individus, soit qu'elles dérivent immédiatement des dispositions de la loi. Parmi les dispositions du d. civil, il importe de distinguer celles qui n'ont trait qu'à l'intérêt particulier des individus, et celles qui, bien que relatives à un intérêt privé, touchent aussi à l'intérêt général, c.-à-d. à l'ordre public et aux bonnes mœurs. En effet, la loi permet aux individus de déroger aux premières, mais pas aux secondes. Ces dernières sont appelées, pour cette raison, *dispositions d'ordre public.* Telles sont celles qui règlent la puissance paternelle, la puissance maritale, la tutelle, etc. Nous n'entrerons ici dans aucun détail sur les matières qui renforme le d. privé, attendu que les principales d'entre elles sont dans ce livre l'objet d'articles particuliers.

Dans le travail de codification dont notre d. privé a été l'objet, les lois qui régissent la *Procédure civile*, c.-à-d. qui déterminent les formes à suivre pour l'instruction des affaires litigieuses portées devant les tribunaux, et celles qui règlent spécialement les rapports des commerçants, soit entre eux, soit avec les non-commerçants, forment la matière de deux corps spéciaux appelés l'un *Code de procédure civile*, et l'autre *Code de Commerce.* Mais ces lois appartiennent au d. privé, au même titre que celles qui sont comprises dans notre Code civil.

3° *Droit pénal.* — Le *D. pénal* ou *D. criminel* est l'ensemble des lois qui définissent les infractions, soit au d. privé, soit au d. public du pays, qui en règlent la poursuite, et prescrivent les peines à infliger aux coupables. Toute violation du d. est une attaque contre la société ; le devoir de celle-ci est donc de se défendre, de se mettre à l'abri de nouvelles offenses, et enfin d'exiger du coupable une réparation matérielle et surtout morale. Nous ne rechercherons pas ici quel est le principe de la pénalité et quel doit être l'objet du châtiment ; ces questions seront examinées au mot PEINE.

C. *Développement du droit positif.* — La considération des diversités que présentent les législations des différents peuples, selon les temps et les lieux, n'est point, ainsi que quelques auteurs l'ont prétendu, un argument contre la réalité de la science du d., encore moins contre la réalité de l'idée de d. L'idée identique de d. et de devoir se trouvant au fond de la conscience humaine, le d. s'est nécessairement posé comme loi exprèsse dès la première origine des sociétés : car il est impossible de concevoir l'existence d'une société quelconque dans laquelle les rapports réciproques de ses membres ne seraient déterminés par aucune règle positive. Mais, bien que l'idée du juste ait présidé au règlement de ces rapports, la loi fut barbare ou grossière, parce que l'homme n'avait pas alors la pleine intelligence de la nature de ces rapports eux-mêmes. Ainsi, par ex., dans le monde ancien, nous voyons le père de famille posséder sur sa femme et ses enfants le pouvoir le plus absolu : or, il y a là une idée rationnelle et morale, celle de la puissance paternelle et maritale ; mais il y a, d'autre part, exagération de cette idée, parce que la nature des rapports qui doivent exister entre les personnes libres n'était pas suffisamment comprise. En outre, à mesure que les sociétés se sont développées, à mesure que les relations entre les hommes sont devenues plus complexes, il y a des rapports nouveaux qu'il a fallu régulariser : de là, un nouveau développement du d. et de la législation. Mais, parmi ces rapports qui sont réglés par la loi, il en est une multitude dans lesquels intervient un autre élément, non plus absolu comme l'élément moral, mais contingent, empirique et variable ; nous voulons dire l'*utile.* Or, aussitôt que l'idée du juste de citoyen à citoyen, soit des citoyens avec l'État, se multiplient et se compliquent, cet élément acquiert une importance de plus en plus grande, et détermine dans les législations particulières des peuples des diversités plus ou moins considérables. Enfin, un troisième élément, les *mœurs*, tient encore une place importante dans toute législation. On voit un exemple remarquable de l'influence qu'elles exercent dans l'obligation où se sont vus les rédacteurs de notre Code civil d'admettre concurremment, parmi les stipulations matrimoniales, le régime de la communauté et le régime dotal. Les variations du d. positif sont donc la conséquence nécessaire de son développement progressif, et loin d'infirmer son autorité comme science, elles sont, au contraire, la preuve de son caractère scientifique.

IV. *Histoire du droit français.* — Considéré historiquement, notre d. se divise en d. *ancien*, d. *intermédiaire* et d. *nouveau.*

A. *Droit ancien.* — Notre ancien d. était régi par trois législations différentes : le *Droit romain*, les *Coutumes* et les *Ordonnances royales.* Enfin, les lois de l'Église, dont quelques-unes étaient observées en France, formaient une quatrième espèce de d. connue sous le nom de *Droit canon.*

1° *Droit romain.* — Après avoir conquis la Gaule par les armes, Rome mit le sceau à son triomphe en implantant dans le pays subjugué ses institutions, sa législation et ses mœurs. Caracalla ayant accordé à tous les Gaulois, comme à tous les hommes libres de l'Empire, le titre de citoyen romain, la loi du peuple vainqueur se substitua complètement à l'ancienne législation indigène, et la Gaule entière obéissait au Code Théodosien à l'époque où les Barbares vinrent à leur tour y fonder de nouveaux empires. Les peuplades germaniques, qui envahirent le territoire gaulois, apportèrent avec elles les coutumes qui réglaient leur organisation publique et leurs relations privées; mais elles se contentèrent de se superposer à la population conquise, et n'essayèrent pas d'abord de lui imposer leur législation. Le Gallo-Romain continua d'obéir à la loi romaine, et le Germain à ses coutumes nationales. Toutefois le contact de deux populations hétérogènes, l'une conquérante et l'autre vaincue, donna lieu à des rapports nouveaux qu'il devint indispensable de régler. Tel fut en partie l'objet des recueils de lois barbares qu'on désigne sous le nom de *Loi salique,* de *Loi des Ripuaires* et de *Loi des Bourguignons,* appelée aussi *Loi gombette (Lex gundebada),* du nom du roi Gondebaud qui la fit rédiger. Mais la loi romaine resta le d. commun de la masse de la population, c'est-à-dire de la race gallo-romaine. Bien plus, les Wisigoths, qui occupaient plusieurs de nos provinces méridionales, s'y soumirent eux-mêmes, et leur roi Alaric II fit rédiger à leur usage un abrégé du Code Théodosien, connu sous le nom de *Breviarium* ou *Code d'Alaric,* dont plus tard Charlemagne, qui propageait avec ardeur la loi romaine dans son empire, publia une nouvelle édition à laquelle il donna la sanction de son autorité. Mais bientôt l'organisation du régime féodal, en créant un nouveau système de rapports entre les personnes et les biens eux-mêmes, introduisit dans la législation dominante des changements profonds, et fut l'occasion du développement d'un d. nouveau. Quelques provinces toutefois, surtout celles du Midi, qui avaient les premières subi l'influence des institutions et des lois romaines, conservèrent plus complètement la tradition de cette législation. Dès lors, on les désigna sous la dénomination de *Pays de droit écrit,* par opposition aux pays soumis au d. coutumier, parce qu'avant la rédaction des coutumes, le d. romain était, en France, la seule loi écrite. Ces pays étaient la Provence, le Languedoc, la Guienne, la Navarre, les provinces basques, le Roussillon, le Dauphiné, le Forez, le Lyonnais, le Beaujolais, le Mâconnais, la Bresse et une partie de la Saintonge, de l'Auvergne et de la Basse-Marche.

2° *Droit coutumier.* — On entend par *Coutume* un ensemble de règles de d. qui sont entrées, avec le temps, dans les mœurs d'une nation, qui sont nées et se sont développées avec elles, et qui se sont perpétuées, soit par la tradition, soit par la pratique des tribunaux, soit enfin par des rédactions privées.

Les origines du d. coutumier ont donné lieu à de nombreuses discussions et à des systèmes fort différents : deux surtout se partagent l'opinion des érudits. L'un veut que les coutumes soient essentiellement nées du d. germanique primitif, c.-à-d. des dispositions relatives au d. privé contenues dans les lois salique, ripuaire et allemande, ainsi que dans les capitulaires. Suivant l'autre, les coutumes sont le résultat des rapports créés par l'établissement de la féodalité, et ont été dictées par la volonté des seigneurs féodaux, ce qui explique leur infinie diversité. Cette dernière opinion, suivant nous, se rapproche beaucoup de la vérité, mais elle n'est pas la vérité tout entière. Nous reconnaissons que c'est la féodalité qui a produit le d. coutumier, mais elle l'a engendré comme son contraire. Déjà à Rome il s'était formé, à côté et par opposition au d. de la cité auquel participaient les seuls citoyens, un d. nouveau, d. émané de la seule raison, *jus gentium,* comme di-

saient les jurisconsultes romains, qui fut d'abord destiné à régler les rapports des étrangers, soit entre eux, soit avec les citoyens romains, et qui cependant finit par absorber le premier et par transformer la cité antique. Un phénomène semblable se produisit au sein de la féodalité. Tandis que celle-ci avait son d. *coutumier féodal,* qui réglait les relations des seigneurs féodaux, soit vis-à-vis de leur suzerain, soit entre eux, soit avec leurs vassaux, il naquit peu à peu un d. civil nouveau en antagonisme avec le d. féodal, et ce d. nouveau fut le *d. coutumier proprement dit.* Ce d. fut formulé par les hommes des communes lorsque celles-ci s'émancipèrent; et comme, à l'exemple du d. des gens des jurisconsultes romains, il prenait sa base dans l'idéal de la raison et de la morale, il se trouva partout hostile à la féodalité elle-même, et finit par étouffer celle-ci et sa législation particulière et exceptionnelle. « Né dans les chartes des communes et dans les coutumes rédigées pour les villes ou des bourgades, dit Aug. Thierry, ce d. de la bourgeoisie, hostile à celui des classes nobiliaires, s'en distingue par son essence même : il eut pour base l'équité naturelle, et régla d'après ses principes l'état des personnes, la constitution de la famille et la transmission des héritages. Il établit le partage des biens paternels ou maternels, meubles ou immeubles, entre tous les enfants, l'égalité des frères et des sœurs, et la communauté entre époux des choses acquises durant le mariage. C'était une forme grossière, et d'un côté avec l'empreinte d'habitudes semi-barbares, de l'autre avec une teinte plus marquée d'inspirations chrétiennes, le même esprit de justice et de raison qui avait jadis tracé les grandes lignes du d. romain »

Expression spontanée de la conscience morale d'un peuple, les coutumes sont d'abord non écrites : ce n'est que plus tard qu'on songe à les fixer par l'écriture. Toutefois, par cela même qu'elle constitue une règle, la loi doit être invariable et facile à constater. Or, cela n'est possible que lorsqu'elle est formulée par écrit. On se figure aisément de combien de difficultés était entourée la décision d'un procès avant la rédaction des coutumes. Non seulement le plaideur devait prouver qu'il avait d., mais encore il était souvent obligé d'établir l'existence même de la coutume sur laquelle il fondait son d. Lorsque l'existence de celle-ci était contestée, ou lorsque son interprétation était douteuse, on procédait à une sorte d'information appelée *enquête par turbes,* parce que, à l'origine, on interrogeait des masses ou *turbes* de dix témoins pris au hasard, sur ce qu'ils croyaient être en usage : chaque turbe ne comptait que pour une voix. Quelques particuliers, cependant, avaient mis par écrit les coutumes de leur localité : tel est l'ouvrage célèbre composé par Phil. de Beaumanoir, sous le titre de *Coutume du Beauvoisis.* Dans les greffes de plusieurs tribunaux, il existait aussi des *livres coutumiers,* où l'on enregistrait pour mémoire les coutumes que le tribunal tenait pour bien établies. Enfin, les chartes des communes contenaient aussi en général des textes de coutumes plus ou moins complets. Mais ces rédactions partielles ne suffisaient pas pour remédier à tous les inconvénients; en outre, tous ces documents différaient entre eux au point de vue de l'autorité juridique. Le seul moyen de mettre un terme d'ordre dans le chaos était de fixer les coutumes par l'écriture et de les publier avec la sanction du pouvoir royal. Le projet de rédiger ainsi toutes les coutumes de France et de les publier revisées et sanctionnées par Charles VII, fut conçu et annoncé par Charles VII (Ord. d'avril 1454). Louis XI songea même, dit-on, à soumettre le royaume à une législation uniforme; mais cette idée était alors prématurée, et il laissa les choses dans l'état où il les avait trouvées. Charles VIII décréta de nouveau le projet de son aïeul, et fit rédiger quelques coutumes. Louis XII poussa cette grande entreprise avec la plus louable activité; néanmoins elle n'était pas entièrement terminée à la mort de Henri III. Les dernières coutumes qu'on rédigea furent celles de Château-Meillant en 1648, de Thionville en 1661, de Bapaume et de Richebourg-l'Advoué en 1690, de Barèges et de quelques autres seigneuries du Bigorre en 1768. Du reste, cette œuvre ne fut pas un simple travail de rédaction; elle fut aussi un travail de réformation, fait surtout au point de vue des idées, de l'esprit et des mœurs du tiers état. Déjà, en effet, Charles VIII avait enjoint à ses commissaires de donner leur avis dans la rédaction des coutumes pour les corriger, augmenter, diminuer ou interpréter selon qu'ils le jugeraient convenable. Enfin, presque toutes les coutumes renvoyaient à la loi romaine pour les cas non prévus, comme à leur supplément naturel. Le d. romain constituait ainsi une sorte de droit commun à toute la France, supérieur même au d. coutumier, d'après cette maxime : « Le d. romain est observé partout non par l'autorité de son origine, mais par l'autorité de sa raison. » — La rédaction des coutumes inaugura ce que l'on peut appeler la grande époque du d. français. Le d. romain et le d. coutumier devinrent alors l'un et l'autre l'objet de travaux profonds qui suscitèrent graduellement de nouvelles réformes et qui contribuèrent singulièrement à doter le pays de la sage législation dont nous jouissons aujourd'hui.

Nos coutumes se divisaient en coutumes *générales* et en coutumes *spéciales*. Les premières s'observaient dans une province entière : on en comptait environ 60. Les secondes étaient propres à un bailliage, à une ville, à une paroisse même. Leur nombre n'est pas exactement connu : selon Ferrière, il y en aurait eu plus de 300.

3° *Ordonnances royales.* — On les distinguait en *ordonnances proprement dites*, *édits*, *déclarations*, et *lettres patentes*. Bien que ces expressions soient souvent employées l'une pour l'autre par les anciens auteurs, elles expriment cependant des idées différentes. Les *Ordonnances proprement dites* étaient des règlements *généraux* sur une ou plusieurs matières. Les *Édits* étaient des lettres de chancellerie que le roi donnait de son propre mouvement pour servir de loi sur une certaine matière. Les *Déclarations* étaient également des lettres de chancellerie données par le roi ; mais elles avaient simplement pour objet, soit d'interpréter les édits et ordonnances, soit d'en étendre ou d'en restreindre les dispositions. Enfin, les *Lettres patentes* étaient des lettres scellées du grand sceau, par lesquelles le roi concédait un privilège ou ordonnait aux tribunaux l'exécution d'un arrêt du Conseil d'État. On les appelait *patentes*, parce qu'à la différence des lettres de cachet qui étaient closes, elles étaient ouvertes. — Les ordonnances de nos rois ont été l'un des plus puissants éléments de l'unité nationale, car elles faisaient loi pour tous les domaines de la royauté, et lorsque celle-ci eut brisé la féodalité, pour la France entière. Il eût donc été possible, longtemps avant 1789, d'établir, au moyen d'ordonnances successives rendues sur chaque matière, cette unité de législation si désirée par nos anciens jurisconsultes. La monarchie n'osa pas le faire ; mais néanmoins les ordonnances qu'elle rendit à diverses reprises habituèrent peu à peu les différentes provinces à reconnaître la même loi et à s'attacher à des intérêts communs.

Quoique les *Capitulaires* des rois des deux premières races fussent l'œuvre commune du chef de l'État et de l'Assemblée des évêques et des grands, on les classe avec raison parmi les ordonnances proprement dites, à cause de l'autorité dont ils jouissaient. Mais le système féodal les abrogea pour ainsi dire et ils furent sans influence sur le nouveau d. qui se forma plus tard. Il en fut autrement des ordonnances rendues par les rois, après la complète organisation de la féodalité. Les premières, sinon en date, du moins par leur importance, furent celles que publia Louis IX (1269) et dont le recueil est si connu sous le nom d'*Établissements de saint Louis*. Le conflit entre le d. féodal et le d. civil coutumier proprement dit s'y manifeste de la manière la plus évidente. La minorité du gentilhomme finit à 21 ans, celle du roturier à 25. La tutelle du premier est déférée à son plus proche parent, celle du second à son seigneur, Le douaire qu'un noble assigne à sa veuve ne peut dépasser le tiers de ses biens ; le roturier peut lui assigner la moitié des siens. Les donations sont soumises aux mêmes limites. A la mort d'un gentilhomme, ses propriétés passent à l'aîné de sa famille ; celles d'un roturier sont partagées également entre ses enfants, etc. D'autres ordonnances ce ce même recueil ont pour objet de simplifier et d'améliorer la procédure judiciaire, et de fixer la compétence des tribunaux. Malheureusement, les Établissements n'avaient force de loi que dans l'étendue des domaines royaux. — Parmi les ordonnances rendues par les successeurs de saint Louis, nous mentionnerons celles de Philippe le Bel (1303), du roi Jean (1357), de Charles VII (1454), de Charles VIII (1493), de François Ier (1539), pour l'organisation ou l'amélioration de la justice et l'abréviation des procès. La dernière est habituellement désignée sous le nom d'*Ord. de Villers-Cotterets*. En 1551, une ord. rendue par Henri II à Fontainebleau continua cette œuvre en établissant, sous le nom de *Présidiaux*, 32 tribunaux inférieurs aux parlements, pour juger en dernier ressort les causes dans lesquelles la demande n'excédait pas 250 livres tournois. La fameuse *Ord. d'Orléans*, rendue sous Charles IX (1560), fut l'œuvre combinée des États généraux et du chancelier de l'Hôpital. En décrétant que les gardes des baillis et des sénéchaux seraient tous de *robe courte*, elle fit passer à ceux-ci l'administration de la justice, et établit une distinction entière entre la robe et l'épée. Elle statua qu'il n'y aurait qu'un siège de justice dans les seigneuries qui n'étaient pas royales, et conserva le droit d'appel. Elle exigea

que les actes fussent signés des parties et établit encore d'autres dispositions utiles. En 1566, le même prince rendit une nouvelle ordonnance non moins belle que la précédente, qu'on désigne sous le nom d'*Ord. de Moulins*, et qui était également l'œuvre des États généraux et du chancelier de l'Hôpital. Elle défendit la preuve par témoins en matière civile pour toute valeur au-dessus de 100 livres, soumit les donations à la formalité de l'insinuation, restreignit les substitutions au 4e degré, diminua les privilèges qui soustrayaient les officiers de la couronne à la juridiction ordinaire, régla qu'on punirait les crimes dans le lieu même où ils auraient été commis, etc. — La féodalité une fois brisée par Richelieu, la royauté eut les coudées franches pour réformer et améliorer la législation. Louis XIV et Louis XV rendirent, en effet, plusieurs ordonnances qui renouvelèrent diverses parties, et ce ne furent pas les moins importantes, du d. alors en vigueur. Au premier de ces princes nous devons des ordonnances remarquables sur la procédure (1667), sur les eaux et forêts (1669), sur les matières criminelles (1670), sur le commerce (1673), sur la marine (1681), sur les colonies et l'esclavage (1685). Celle-ci, qu'on appelle communément *Code noir*, a été critiquée avec violence : il est cependant impossible de ne pas reconnaître qu'elle fut un véritable bienfait pour les esclaves de nos colonies. Les ordonnances publiées par Louis XV sur les donations (1731), sur les testaments (1735), sur les actes de l'état civil (1736), sur les substitutions (1747), furent l'œuvre du chancelier d'Aguesseau. Ces 4 ordonnances, ainsi que plusieurs parties de celles de Louis XIV ont été fondues dans les Codes qui nous régissent actuellement. Enfin, nous terminerons en citant les deux belles ordonnances rendues par Louis XVI, l'une (1779) pour l'abolition du servage dans les domaines de la couronne, et l'autre (1780) pour la suppression de la question préparatoire. Quant à celles qui avaient aboli la corvée et les corporations (1776), on sait que ce prince eut la faiblesse de consentir à leur révocation.

4° *Droit canon.* — On entend par d. canon un ensemble de règles tirées de l'Écriture sainte, des Pères de l'Église, des décisions des conciles, des décrets et des décrétales des papes, et enfin de l'usage approuvé et reçu par la tradition : il a pour objet les règles de la vie et de la discipline de l'Église. L'Église, même à ne la considérer que comme une vaste et puissante société, devait nécessairement avoir des lois, un d. qui lui fût son d. particulier, qu'on peut distinguer en d. interne et d. externe, le premier qui sert à régler la hiérarchie ecclésiastique, les attributions de chacun de ses ministres, et le second qui règle les rapports du gouvernement de l'Église avec les différentes puissances temporelles. Plusieurs publicistes donnent à ce dernier le nom particulier de *D. public ecclésiastique*. Aujourd'hui, en France, et il en est de même dans la plupart des États de l'Europe, ce d. externe est généralement fixé d'une manière positive par des concordats ou par des conventions spéciales conclues entre les princes et le souverain pontife. Mais anciennement les rapports de l'Église avec les peuples étaient loin d'être déterminés d'une manière précise. A l'époque de la dissolution de l'empire d'Occident, par suite de l'invasion des barbares, l'Église se trouva la seule puissance capable de maîtriser ces hommes farouches. Plus tard, lorsque le système féodal fut constitué, l'Église, grâce à sa forte organisation, se trouva encore la seule puissance capable de lutter contre ces pouvoirs temporels si divers, et en même temps de protéger la faiblesse contre la force brutale. Ses tribunaux se multiplièrent sur tous les points de la France et sous tous les noms : *officialités*, *vice-gérances*, *délégations*, *subdélégations*, etc. Ils eurent leurs avocats et défenseurs, leurs avoués et sous-avoués. Pour être justiciable de l'Église, il suffisait d'être *clerc tonsuré* (en Angleterre, il suffisait même de savoir lire). La juridiction canonique élargit encore le cercle de sa compétence en l'étendant à toutes les causes qui avaient quelque connexité avec les causes ecclésiastiques. « L'entrée de la vie, dit Laferrière, se faisant sous les auspices du baptême, tout ce qui tenait à la naissance, à la légitimité, à l'état de la personne, tombait par connexité avec le sacrement, dans la compétence de l'Église. Le sacrement du mariage attirait aussi, comme dépendance, la connaissance des conventions matrimoniales, de la validité ou de la nullité du mariage en lui-même, et même le jugement de l'adultère, puni comme infraction au sacrement... Le serment étant apposé par les notaires apostoliques et royaux à tous les contrats, ceux-ci rentraient également dans la compétence ecclésiastique, par leur connexité avec le serment, qui est un acte essentiellement religieux, etc. » Les historiens nous apprennent que les populations désertaient de toutes parts les justices seigneuriales, et qu'une foule d'hommes se faisaient tonsurer pour passer sous la juridiction des tribunaux ecclésiastiques qui étaient assez haut placés pour être impartiaux, qui jugeaient après une instruction régulière et minutieuse, et qui suivaient les règles fixes et invariables d'une procédure raisonnée. — Mais, quand l'autorité royale eut réussi à substituer sa propre justice à celle des seigneurs féodaux, lorsque le d. romain reprit son empire et que les coutumes furent fixées par l'écriture, la mission des tribunaux ecclésiastiques se trouva terminée, au moins quant au jugement des affaires civiles et criminelles. Dès lors, ils durent rentrer dans leur sphère spéciale et se borner à prononcer dans les causes purement ecclésiastiques, c.-à-d. qui concernaient la discipline du clergé, la jouissance des bénéfices ecclésiastiques, les droits et immunités des églises. Or, c'est ce qu'ils ne firent pas : loin de là, ils luttèrent avec persévérance contre le pouvoir royal. Ce fut une faute grave, mais cette faute ne doit pas faire méconnaître les services que les tribunaux ecclésiastiques ont rendus pendant toute la période féodale.

B. *Droit intermédiaire.* — La Révolution fit table rase de toutes ces législations, et se proposa de doter la France d'un code unique, applicable à toutes les personnes et à tous les biens sans distinction. L'œuvre de l'abolition de notre ancien d. commença par les fameux décrets de la nuit du 4 août 1789, qui supprimèrent tous les privilèges. Tous les Français, nobles ou roturiers, devinrent de simples citoyens ; les biens furent déclarés égaux ; il n'y eut plus ni fief ni censives ; les droits féodaux furent abolis ; l'égalité fut introduite dans la famille par la suppression des droits de masculinité et de primogéniture, etc. Mais la Constituante n'eut pas le temps d'élaborer une législation nouvelle. Après avoir rendu un certain nombre de décrets pour régler l'application de quelques-uns des principes nouveaux proclamés la nuit du 4 août, elle se contenta d'inscrire dans la constitution de 1791 qu'il serait fait un Code de lois civiles pour tout le royaume. Comme elle, les assemblées qui lui succédèrent furent totalement absorbées par leur rôle militant, et ne purent exécuter cette promesse. Néanmoins, elles rendirent sur diverses matières des décrets importants. Ce sont les lois qui constituent ce qu'on a appelé le *D. intermédiaire.*

C. *Droit nouveau.* — Le travail de la codification générale des lois françaises ne pouvait se faire qu'à une époque relativement calme et paisible, à une époque de transaction, telle que celle qui succéda à l'établissement du Consulat. En effet, une législation conçue dans un esprit violent de réaction contre le passé n'aurait pu être viable : une œuvre de ce genre exigeait qu'on sût respecter ce qui était bon dans les lois antérieures, qu'on ne rompît pas brusquement avec la tradition et les mœurs anciennes, qu'on conciliât habilement le d. écrit avec le d. coutumier, l'ancienne jurisprudence avec les doctrines nouvelles. Or, c'est ce qu'on fait admirablement les auteurs du *Code civil*, dont les diverses parties furent promulguées successivement du 15 mars 1803 au 30 mars 1804. Le Code civil, qui, sous l'empire, reçut la dénomination officielle de *Code Napoléon*, dénomination remplacée aujourd'hui par celle de *Code civil*, constitue la partie la plus importante et la meilleure de notre législation. Bien qu'il manque en diverses parties d'originalité et de profondeur, bien que d'autres présentent des imperfections trop évidentes, la France peut s'enorgueillir de posséder un corps de législation civile aussi remarquable, et doit aux auteurs de ce grand ouvrage un juste tribut de reconnaissance. — Les deux codes qui suivirent le Code civil en forment le complément naturel ; ce sont : le *Code de procédure civile* (mai 1806) et le *Code de commerce* (sept. 1807). — Le *Code d'instruction criminelle* et le *Code pénal*, décrétés, le premier en 1808, et le second en 1810, mais seulement mis en vigueur en 1811, continuent l'œuvre de codification entreprise en 1804. — Les cinq corps de lois que nous venons de citer forment la base générale de la législation française : mais, en outre, nous possédons un grand nombre de lois relatives à diverses matières spéciales, dont quelques-unes seulement sont désignées sous le titre de Code : tels sont le *Code forestier* (1827), le *Code de la pêche fluviale* (1829), le *Code militaire* (1858), etc.

V. *Du droit comme attribut des personnes.* — Nous avons vu que le d., considéré dans son principe, est un attribut de la personne humaine, et que tout homme, par cela seul qu'il est une activité libre et responsable, possède certains droits que l'on distingue en plusieurs catégories, selon la nature des rapports qui unissent l'homme à ce qui l'entoure. — C'est ainsi que l'on désigne, sous le nom de droits *naturels*, ceux qui sont tellement inhérents à l'homme même qu'ils subsistent indépendamment de leur reconnaissance par la loi positive, et que leur négation, par celle-ci ou par la force, dégrade ou même anéantit, pour ainsi dire, la personnalité humaine. Aux droits naturels on a coutume d'opposer les

droits *positifs* qui, selon la définition ordinaire, dérivent uniquement de la loi positive. Mais cette opposition ne repose pas toujours sur un fondement réel. En effet, les droits *naturels*, en tant qu'ils sont reconnus, constatés et formulés par la loi positive, deviennent des droits *positifs* : la loi positive ne peut alors se proposer d'autre but que de réglementer l'exercice de ces droits. Les droits positifs peuvent donc être définis : ceux qui dérivent de la loi positive ou dont l'exercice est réglé par cette loi. Il n'est pas besoin de répéter ici ce qui a été établi plus haut, qu'à tout d., quelle que soit sa nature, correspond un *devoir*, et que les deux idées de d. et de devoir sont tellement inséparables.

Les droits *positifs* se distinguent en droits *politiques*, droits *civiques*, et droits *civils* ou droits *privés*. Voy. CITOYEN. Ces derniers se subdivisent en *droits des personnes*, et en *droits personnels, réels et mixtes.* — Les *droits des personnes* sont ceux qui dérivent de l'état de père, d'époux, de fils, de mineur, etc. Les droits dits *personnels*, lorsque quelqu'un est obligé vis-à-vis de nous à faire ou à donner quelque chose. Ces droits sont ainsi nommés parce qu'ils suivent toujours la personne, en ce sens que cette même personne ou ses ayants cause ont seuls la faculté de les réclamer en justice de celui qui a contracté l'obligation. Les droits *réels* sont ceux que l'on a sur une chose, indépendamment de l'obligation personnelle du détenteur de cette chose. On les appelle ainsi parce qu'ils sont, pour ainsi dire, inhérents à la chose, et la suivent en quelques mains qu'elle passe. Les droits *mixtes* sont ceux qui participent à la fois de la nature des droits personnels et de celle des droits réels. — On entend par *droits acquis* ceux qui sont entrés dans notre patrimoine et qui ne peuvent pas nous être enlevés que le fait d'un tiers ; tels sont les droits qui résultent d'un contrat ou d'une succession ouverte. Aux droits acquis on oppose la *simple expectative*, qui n'est qu'une espérance, qu'une attente, et qui peut être détruite par le fait d'un tiers. Ainsi, par ex., l'attente de celui qui est en voie de prescrire n'est qu'une simple expectative : car l'espoir qu'il a de prescrire peut lui être enlevé par le fait de celui contre lequel il prescrit. Il en est de même de celle d'un légataire tant que vit le testateur, lequel est le maître de la faire évanouir à son gré. Cette distinction est importante, car les lois ne pouvant avoir d'effet rétroactif, toute loi nouvelle doit respecter les droits acquis ; mais il n'en est plus de même lorsqu'il s'agit d'une simple expectative.

VI. *Écoles de droit.* — Dès les premiers temps de la domination romaine, la Gaule posséda de nombreuses écoles de droit et d'éloquence. Celles d'Autun, sous Tibère, réunissaient des milliers d'auditeurs ; d'autres, non moins célèbres, existaient à Marseille, à Lyon, à Toulouse, etc. On y accourait de toutes les parties de l'empire, et telle était la réputation des professeurs gaulois que les familles de Rome même envoyaient leurs enfants aux leçons de *ces maîtres diserts et savants dans l'art de subtiliser.* Ces écoles disparurent pendant les invasions des Barbares, et lorsque l'étude du d. ne fût pas absolument abandonnée, il faut arriver jusqu'au XIIe siècle pour le voir devenir de nouveau l'objet d'un enseignement public. Cet enseignement, toutefois, fut d'abord très limité, et ne s'appliqua guère qu'aux canons et aux décrétales des papes. A Paris, il constituait, sous le nom de *Faculté de décret,* l'une des quatre sections de l'Université. Quant au d. romain, nulle part il ne faisait l'objet de cours publics. Quelques glossateurs italiens avaient bien passé les Alpes ; mais leur influence n'avait pu s'exercer que dans des leçons particulières, à Montpellier, à Toulouse et dans quelques autres villes du Midi. Peu à peu cependant, ils sortirent de cet enseignement privé, et réussirent, grâce à l'appui des rois, à pénétrer dans les universités. Leur triomphe fut complet, quand, en 1312, Philippe le Bel créa à Orléans, sous le nom d'*Université de lois,* une école célèbre où l'étude du d. civil fut jointe à celle du décret. Il en fut de même plus tard, lors de l'établissement ou de la réorganisation des universités de Toulouse, de Montpellier, d'Angers, de Caen, de Bourges, de Cahors, de Bordeaux, de Grenoble, de Reims et de Valence. Nous ne ferons pas l'histoire de ces différentes écoles ; il nous suffira de dire que la fréquentation de leurs cours parait n'être devenue obligatoire qu'après 1525, époque à laquelle François Ier ordonna que nul ne serait admis à parler devant le Parlement, s'il n'était licencié en d. civil ou en d. canon. Jusqu'au XVIIe siècle l'enseignement fut entièrement libre. Tout docteur pouvait donner des leçons publiques. Quant à ses honoraires, ils consistaient dans un prélèvement sur les revenus particuliers de la Faculté ou dans le produit d'une rétribution payée par les écoliers.

Sous Louis XIV, les écoles de d. reçurent une organisation nouvelle (édit de 1679, etc.). Les professeurs furent rétribués par l'État et nommés par la voie du concours ; un minimum d'âge fut fixé pour l'admissibilité aux leçons ; on détermina également la durée du temps d'études nécessaire pour obtenir la licence ; un registre d'inscriptions fut ouvert pour les étudiants ; les cours privés de d. furent interdits, etc. Les écoles de d. subsistèrent jusqu'en 1792, telles à peu près que les avait laissées Louis XIV. La Révolution les ayant supprimées, il se forma dans les principales villes, sous la dénomination d'*Universités de jurisprudence*, d'*Académies de législation*, etc., des établissements particuliers où le d. était enseigné par de savants jurisconsultes ; mais cet état de choses dura peu. Un décret du 22 ventôse an XII (14 mars 1804) reconstitua les anciennes écoles de l'État absolument sur le même plan, et, 4 ans après, un autre décret du 17 mars 1808 leur conféra le titre de *Facultés*. Il existe actuellement chez nous treize facultés et trois écoles de droit ; savoir : *Facultés :* Aix, Bordeaux, Caen, Dijon, Grenoble, Lille, Lyon, Montpellier, Nancy, Paris, Poitiers, Rennes, Toulouse. — *Écoles :* Alger, Fort-de-France, Pondichéry. Indépendamment de ces établissements appartenant à l'État, il existe 5 facultés libres de droit, savoir : à Paris, Angers, Lille, Lyon et Marseille, et une école libre de d. à Nantes. La Faculté de Paris comprend actuellement environ 35 cours différents portant sur les matières suivantes : d. civil (6 chaires) ; d. romain (4 chaires) ; pandectes ; procédure civile ; c. criminel et législation pénale comparée (2 chaires) ; d. commercial (2 chaires) ; d. administratif (3 chaires) ; histoire du c. français (3 chaires) ; économie politique (2 chaires) ; d. constitutionnel (2 chaires) ; science financière (2 chaires) ; statistique ; d. international privé ; d. public général ; législation coloniale ; d. international public (2 chaires) ; histoire des doctrines économiques ; législation et économie industrielles ; d. musulman. En outre, il peut être ouvert chaque semestre, à Paris et dans chaque Faculté, avec l'autorisation du ministre, des cours particuliers portant sur telle ou telle branche de la science du droit.

La durée des études de d. est de 2 ans pour le baccalauréat, de 3 pour la licence, et de 4 pour le doctorat. Pour obtenir le diplôme de bachelier en d., il faut avoir suivi les cours deux années, et avoir subi, à la fin de chacune d'elles, deux examens sur les matières qui ont été traitées dans ces cours. Pour la licence, il faut faire trois années d'études, et subir un nouvel examen à la fin de la troisième année. Cet examen comporte actuellement une partie écrite et une partie orale. Enfin les aspirants au doctorat subissent encore deux examens et soutiennent une thèse portant sur un sujet choisi par le candidat et soumis à l'agrément du doyen. Le décret du 30 avril 1895 a scindé en deux parties les études faites en vue du doctorat en droit ; au lieu du diplôme ancien qui ne comportait aucune mention, le diplôme actuel de docteur en droit, suivant la série choisie par le candidat, porte l'une des mentions suivantes : *Sciences juridiques ; Sciences politiques et économiques*. Le nombre des candidats reçus en 1893, dans toute la France aux examens de d. s'élève à 1332 pour la licence, et 455 pour le doctorat.

DROITEMENT. adv. (R. *droit*). Équitablement, avec droiture. *Agir d. Marcher d. en toutes choses*. || Judicieusement. *Il pense d. Il juge de tout.*

DROITIER. s. m. T. Néol. Membre du côté droit dans une assemblée. On dit aussi *d-oitiste.*

DROITIER, IÈRE. adj. (R. *droit*). Celui, celle qui se sert habituellement de la main droite ; ne s'emploie que par opposition à *Gaucher.*

DROITISTE. s. m. Voy. DROITIER.

DROITURE. s. f. (R. *droit*). Disposition de l'âme qui fait qu'on recherche en tout le vrai et le juste ; honnêteté. *Tout le monde connaissait sa d. Agir avec d. D. de cœur, de caractère. Je n'ai jamais douté de la d. de vos intentions. La d. est une rectitude d'esprit et de cœur qui fait qu'on cherche en tout le vrai.* || EN DROITURE, loc. adv. Directement, par la voie la plus courte, sans intermédiaire. *Cette route conduit en d. à telle ville. Je lui ai fait tenir votre lettre en d.*

Syn. — *Rectitude.* — Le mot *rectitude*, dit Roubaud, n'a commencé à figurer dans notre langue que sous le règne de Louis XIV. Auparavant, l manquait un terme pour exprimer la qualité physique dans une chose *droite*, car *droiture* ne

s'emploie qu'au figuré. *Rectitude* se présentait naturellement pour le sens propre. De même, *rectifier* signifie littéralement donner la *rectitude*. Mais des objets physiques *rectitude* a passé naturellement aux objets métaphysiques, et on a dit la *rectitude* d'un jugement comme la *rectitude* d'une ligne. Cependant, au sens figuré même, il existe une différence entre *droiture* et *rectitude. Droiture* ne se dit proprement que de l'âme, pour marquer la probité, la bonne foi, des vues honnêtes et pures. Lorsque ce mot s'applique à l'esprit, c'est seulement par rapport à la probité, et non à l'égard de l'intelligence. Ainsi la *droiture* de l'esprit n'est que la suite ou le complément de la *droiture* du cœur. La *droiture* est donc proprement une qualité morale ; la *rectitude* est une qualité intellectuelle ou physique. La *rectitude* d'un jugement sera dans sa justesse, et sa *droiture* dans sa justice. La *rectitude* est d'un bon esprit ; la *droiture*, d'un cœur honnête.

DRÔLATIQUE. adj. 2 g. (R. *drôle*). Drôle, comique ; ne se dit que des ouvrages d'esprit. *Conte d.* = s. m. Celui qui est d.

DRÔLATIQUEMENT. adv. (R. *drôlatique*). D'une façon drôlatique.

DRÔLE. adj. 2 g. (all. *drollig*, plaisant). Qui a quelque chose d'original, d'insolite, de plaisant ou de comique. *Cet homme-là est bien d. Un d. d'homme. Un d. de corps. Quelle d. de mine ! Voilà qui est d. Un conte fort d. Une d. d'aventure.* Fam. = DRÔLE. s. m. Se dit d'un homme, mais surtout d'un enfant qui a fait quelque tour, quelque malice, ou qui est enclin à l'espièglerie, à la ruse. *Ah ! je vous y surprends, petit d. ! Ce paysan, avec sa mine hébétée, est un d. bien rusé.* Fam. — S'emploie aussi comme terme d'injure, dans le sens de polisson, d'homme dangereux, de mauvais sujet. *Monsieur, vous êtes un d. C'est un mauvais d. Il y avait avec lui trois ou quatre drôles à mine suspecte.*

DRÔLEMENT. adv. (R. *drôle*). D'une manière drôle. Fam.

DRÔLERIE. s. f. (R. *drôle*). Action, geste ou parole qui prête à rire ; bouffonnerie. *Voilà une plaisante d. Faire dire des drôleries.* Fam.

DRÔLESSE. s. f. (all. *drollig*). Fille ou femme méprisable. *C'est une d.* Très fam.

DRÔLICHON, ONNE. adj. (R. *drôle*). Tout drôle, plaisant. *Une figure drôlichonne.* Fam.

DROLLING (MARTIN), peintre de genre, né en Alsace (1752-1827). = MICHEL, son fils, peintre d'histoire (1786-1851).

DROMADAIRE. s. m. (lat. *dromedarius*, dromadaire, du gr. δρομεὺς, qui court). T. Mam. Chameau à une seule bosse. Voy. CHAMEAU.

DROMADAIRERIE. s. f. Service de transports organisé au moyen de dromadaires en Afrique.

DRÔME. s. m. (gr. δρόμος, course). T. Ornith. Genre d'*Oiseaux Échassiers* qui se rapprochent des *Pluviers*. Voy. ce mot.

DROME. s. f. (Orig. inc.). T. Mar. Faisceau de plusieurs pièces de bois, telles que mâts, vergues, bouts-dehors, etc., liées ensemble, que l'on fait flotter, pour les conserver, dans l'eau de la mer. *Mettre des pièces de bois en d. Une d. de vieux mâts.* On dit de même, *Une d. de futailles*, etc. || La réunion des mâts, vergues, bouts-dehors, etc., qui sont embarqués pour servir de rechange sur un bâtiment. || Cordage qui arrête la bouée sur les filets de pêche. || D. des embarcations. Se dit dans un arsenal de la réunion des chaloupes et canots des bâtiments non armés. || T. Techn. La plus forte des pièces de charpente qui contiennent le marteau d'une grosse forge.

DRÔME, riv. de France, affluent de gauche du Rhône (110 kilom.).

DRÔME (Dép. de la), formé d'une partie du Dauphiné et d'une partie de la Provence, 306,400 hab ; ch.-l. *Valence.* 3 autres arr. : *Die, Montélimar, Nyons.*

DROMIE. s. f. (gr. δρομεύς, coureur). T. Zool. Genre de crustacés *Décapodes*. Voy. ce mot. || Genre d'insectes Coléoptères *Pentamères*. Voy. CARABIQUES.

DROMIEN, IENNE. adj. (il. *dromie*). T. Zool. Qui ressemble ou se rapporte à la dromie.

DROMME. s. m. Anc. art milit. Pièce d'artillerie.

DROMOGRAPHE. s. m. (gr. δρόμος, course ; γράφω, j'écris). T. Techn. Appareil enregistreur de la vitesse de la marche.

DROMOMÈTRE. s. m. (gr. δρόμος, course; μέτρον, mesure). T. Chem. de fer. Instrument servant à mesurer la vitesse d'un train entre deux points déterminés, ou à contrôler les indications du dromoscope.

DROMON. s. m. (lat. *dromo, dromonis*, vaisseau très rapide, du gr. δρόμος, course). Se disait, au moyen âge, de grands vaisseaux longs, légers et bons voiliers.

DROMOPÉTARD. s. m. (gr. δρόμος, course, et *pétard*). Signal acoustique placé sur la voie pour indiquer la vitesse d'un train entre deux points déterminés.

DROMOS. s. m. (mot gr. δρόμος, course). T. Antiq. Champ de course chez les Grecs.

DROMOSCOPE. s. m. (gr. δρόμος, course ; σκοπέω, j'examine). T. Chem. de fer. Signal qui sert à indiquer la vitesse d'un train entre deux points déterminés, ou qui fait partir un pétard quand cette vitesse est trop grande. || T. Mar. Tableau indiquant aux capitaines des navires la conduite qu'ils ont à suivre quand ils se trouvent dans la zone d'action d'un cyclone.

DRONGO. s. m. (mot malgache). T. Ornith. On désigne sous le nom de *Drongos* un certain nombre d'oiseaux de l'ordre des Passereaux dont on fait la famille des *Dicruridés*. Les Drongos se rattachent aux Corbeaux par les Loriots et les Oiseaux de paradis. Les espèces du genre *Edolius* sont caractérisées par leur bec déprimé et échancré au bout, avec l'arête supérieure vive et les deux mandibules légèrement arquées dans toute leur longueur ; par les plumes qui couvrent leurs narines et les longs poils qui leur forment des moustaches. Ils ont en outre la queue plus ou moins fourchue, et leurs ailes subaiguës

atteignent presque à la moitié de celle-ci. Ce genre renferme une douzaine d'espèces qui sont propres à l'ancien continent et se trouvent dans l'Inde, les îles de l'archipel Indien, la Malaisie, la Chine, l'île de Madagascar et l'Afrique australe. La taille des Drongos varie entre celle du Merle et celle de l'Alouette. Quelques espèces sont ornées d'une huppe à la base du bec : nous citerons entre autres le D. *huppé* (*Ed. cristatus*) [Fig.] qui se rencontre au Cap et à Madagascar, et auquel on attribue un chant assez agréable. Les Drongos sont insectivores : ceux qui habitent l'Afrique australe font une telle destruction d'abeilles que les Hollandais du Cap leur ont donné le nom de *Bijvreter*, c'est-à-dire mangeurs d'abeilles.

DRONTE ou **DODO.** s. m. (mots dérivés du hollandais). T. Ornith. Lorsque les Hollandais découvrirent les îles Maurice et Bourbon en 1598, ils les trouvèrent peuplées de Pigeons lourds et massifs, plus gros qu'un Cygne, d'une couleur blanche ou fauve, présentant une grosse tête avec un énorme bec jaune et des ailes rudimentaires qui ne leur permettaient pas de voler. Aussi furent-ils bientôt détruits par les Européens, qui les chassaient pour leurs plumes ou pour leur chair ; et cependant il faut croire que celle-ci ne fournissait pas un mets très appétissant, car le nom de *Dronten* qu'ils appliquèrent à ces animaux signifie « Oiseaux de nausée ; ils les désignaient également, à cause de leur démarche lourde et lente, sous le nom de *Dodoors*, qui veut dire « fainéants ». En 1693, c'est-à-dire moins d'un siècle après l'arrivée des Hollandais, l'espèce était complètement éteinte et on ne pourrait même plus retrouver aujourd'hui une dépouille ou un squelette entier de ces étranges oiseaux. D'après Clusius et Edwards, c'était un oiseau massif, à bec long et crochu, n'ayant que des ailes rudimentaires, incapable de voler et presque aussi impropre à la marche. Il n'existe plus de cet oiseau singulier qu'un pied conservé au Muséum britannique, et une tête en mauvais état, qui est au Musée d'Oxford.

Les Drontes, qui comprenaient probablement plusieurs espèces, forment le genre *Didus*, dont tous les caractères principaux sont ceux des Pigeons. Il faut rapprocher de ce genre le *Solitaire* (*Pezophas solitaria*), autre sorte de Dronte plus gros encore que le D. et qui vivait autrefois dans l'île Rodrigue ; comme la précédente, cette espèce fut détruite par la main des hommes, à peu près à la même époque.

DRONTHEIM ou **TRONDHJEM**, v. de Norvège, au fond du golfe du même nom ; 24,000 hab.

DROP. s. m. (angl. *to drop*, faire tomber). T. Méc. Appareil employé en Angleterre pour le chargement des navires. || T. Sport. Obstacle qui nécessite un saut en contre-bas.

Techn. — Le *d.* se compose d'une forte charpente élevée au-dessus du quai et sur laquelle est établi un chemin de fer. Au pied de cette charpente et au niveau du pavé tourne, au moyen de fortes charnières, un cadre de bois qui porte à son extrémité opposée une sorte de plateau de balance. Quand le cadre est dans une position verticale, le plateau se trouve au niveau de la voie ferrée, de telle sorte qu'on peut y placer facilement, et l'un après l'autre, chacun des wagons chargés qui arrivent par cette dernière. Le poids du wagon entraîne alors le système qui s'abaisse jusqu'au niveau du navire. Le déchargement opéré, un contre-poids, disposé dans la charpente et communiquant au cadre au moyen d'un câble qui s'enroule sur un arbre installé au-dessus du chemin de fer, relève à la fois le cadre mobile et le wagon vide, de sorte que le cadre reprend sa position verticale, et que le plateau qui porte le wagon se retrouve au niveau du chemin de fer. Un frein convenablement disposé sert en outre à régulariser le mouvement de descente des wagons chargés.

DROPACISME. s. m. (gr. δρωπακισμός, épilation). T. Méd. Application d'un emplâtre de poix pour arracher les cheveux. Évulsion des cheveux par le moyen de cet emplâtre.

DROPAX. s. m. (gr. δρώπαξ, onguent épilatoire). Sorte d'emplâtre composé de poix et d'huile, qui sert à arracher les cheveux et qu'on nomme vulgairement *Calotte*.

DROSCHKI. s. m. (mot russe). Sorte de cabriolet usité en Russie. *Un d. est une espèce de banc en forme de bât d'âne, garni d'un dossier, et monté sur quatre petites roues.*

DROSERA ou **DROSÈRE**. s. m. (gr δροσερός, humide de

rosée). T. Bot. Genre de plantes Dicotylédones, nommées aussi *Rossolis*, de la famille des *Droséracées*. Voy. ce mot.

DROSÉRACÉES. s. f. pl. (R. *Drosère*). T. Bot. Famille de végétaux Dicotylédones de l'ordre des Dialypétales supérovariées méristémonées à carpelles ouverts.

Caractères bot. : Plantes herbacées vivaces, rarement des arbrisseaux. Feuilles spiralées disposées en rosette et souvent hérissées soit de lobes filiformes irritables, soit de poils excitables, sécrétant un suc qui paraît doué de propriétés digestives, à franges stipulaires et à préfoliaison circinée.

Pédoncules roulés en crosse dans leur jeunesse. Sépales 5, persistants, égaux, à estivation imbriquée. Pétales 5, hypogynes, imbriqués. Étamines libres, marcescentes, en même nombre que les pétales et alternant avec eux ou 2, 3 et 4 fois aussi nombreuses. Pistil formé de 2, 3, 4 ou 5 carpelles concrescents en un ovaire uniloculaire; styles, 3-5, tout à fait libres ou légèrement soudés à la base, simples ou bifides. Ovules en nombre indéfini, pariétaux, ou attachés à un placenta basilaire, anatropes. Fruit capsulaire à 2 ou 3 valves qui portent à leur partie moyenne ou à leur base les placentas, lesquels font parfois saillie de manière à simuler une cloison presque complète. Graines nues et pourvues d'un arille. Embryon petit, situé à la base d'un albumen charnu. [Fig. 1. *Dionæa muscipula;* 2. Graine; 3 La même ouverte pour montrer l'embryon. — 4. *Drosera longifolia;* 5. Fleur; 6. Coupe verticale de l'ovaire; 7. Coupe verticale d'une graine.]

La famille des D. se compose de 6 genres et d'environ 110 espèces que l'on rencontre au cap de Bonne-Espérance, dans l'Amérique du Sud et celle du Nord, à la Nouvelle-Hollande, en Chine, en Europe, à Madagascar, dans les Indes orientales, partout où il y a des endroits marécageux, et notamment dans les tourbières. — Les *Drosères* ou *Rossolis* sont un peu acides, légèrement âcres, et, en dit ce de quelques personnes, vénéneux pour les bestiaux. Le *D. commun* du Brésil, d'après A. de Saint-Hilaire, empoisonne les brebis. Il est probable que ces végétaux pourraient fournir une bonne matière colorante. Plusieurs espèces qui abondent sur les bords de la rivière des Cygnes, dans la Nouvelle-Hollande, particulièrement le *D. gigantesque*, communiquent un papier une brillante couleur pourpre foncée. Quand on traite des fragments de cette dernière plante par l'ammoniaque, ils don-

nent une matière d'un jaune pur. Les bulbes des *Drosera erythrorhiza* et *stolonifera* possèdent des propriétés analogues. — L'*Aldrovandie vésiculeuse* habite les eaux dormantes de la Toscane et du midi de la France. Au moment de la floraison, elle flotte à la surface de l'eau où elle se maintient à l'aide de vésicules pleines d'air. — L'irritabilité des poils glanduleux qui revêtent les feuilles de ces végétaux, est un des traits caractéristiques de la famille. Cette irritabilité atteint son maximum dans le curieux genre *Dionæa*, dont les feuilles, bordées de poils roides et divisées en 2 lobes, présentent chacune à leur face supérieure 3 soies déliées, disposées en triangle, et douées d'une irritabilité extrême. Dès qu'un insecte touche ces soies, les deux lobes s'accolent l'un à l'autre, et l'insecte meurt étouffé dans cette sorte de prison : car plus il fait d'efforts pour se dégager, plus les lobes se resserrent; mais aussitôt que l'insecte ne fait aucun mouvement, ils se rouvrent et s'étalent comme à l'ordinaire. Plusieurs espèces du genre *Drosera*, entre autres le *D. lunata*, présentent le même phénomène. Les feuilles visqueuses de ces plantes sont garnies de lobes filiformes glanduleux qui se referment sur les mouches et autres petits insectes qui viennent s'y poser. Voy. CARNIVORES.

DROSOMÈTRE. s. m. (gr. δρόσος, rosée; μέτρον, mesure). T. Phys. Instrument destiné à mesurer la quantité de rosée.

DROSOMÉTRIE. s. f. (R. *drosomètre*). T. Phys. Mesure de la rosée.

DROSOMÉTRIQUE. adj. (R. *drosomètre*). T. Phys. Qui a rapport à la drosométrie.

DROSOPHILE. s. f. (gr. δρόσος, rosée; φίλος, qui aime). T. Zool. Genre d'insectes de la famille des *Athéricères*.

DROSSE. s. f. T. Mar. Cordage qui sert à la manœuvre du gouvernail. Voy. GOUVERNAIL.

DROSSER. v. a. (R. *drosse*). T. Mar. Entraîner; se dit d'un bâtiment qui, sous voile et à la mer, cède à l'action irrésistible des vents, des vagues ou des courants, et se trouve entraîné hors de sa direction. *Les courants nous drossent.* = DROSSÉ, ÉE. part.

DROUÉ, ch.-l. de c. (Loir-et-Cher), arr. de Vendôme, 1,200 hab. ; sur le *Droué*, affluent du Loir.

DROUET, comte d'ERLON (1765-1844), maréchal de France, se distingua dans les guerres du 1er empire, et fut nommé gouverneur général de l'Algérie en 1834.

DROUET, fils du maître de poste de Sainte-Menehould, reconnut Louis XVI, qui fuyait avec sa famille, et le fit arrêter à Varennes (juin 1791).

DROUILLET. s. m. [Pr. *drou-ié*]. T. Pêc. Petit filet monté sur des perches pour prendre le petit poisson.

DROUILLETTE. s. f. [Pr. *drou-iète*]. T. Pêc. Filet pour le maquereau.

DROUINE. s. f. Espèce de havre-sac où les chaudronniers de campagne mettent leurs outils.

DROUINIER ou **DROUINEUR.** s. m. Nom des chaudronniers ambulants.

DROUOT (Comte), général français, suivit Napoléon 1er à l'île d'Elbe. Il fut surnommé le *Sage de la Grande Armée* (1774-1847).

DROUSSAGE. s. m. T. Techn. Cardage en gros de la laine.

DROUSSE. s. f. T. Techn. Carde qui commence le travail du cardage.

DROUSSER. v. a. (R. *drousse*). Carder la laine en long avec la droussette.

DROUSSETTE. s. f. (R. *drousse*). T. Techn. Grosse carde qui commence à préparer le cardage.

DROUSSEUR. s. m. (R. *drousser*). T. Techn. Ouvrier qui engraisse et carde la laine. || Celui qui donne le lustre au drap.

DROUYN DE LHUYS, homme d'État français (1805-1881), ministre des affaires étrangères sous le second empire.

DROYSEN, historien allemand, auteur de l'*Histoire de l'Hellénisme* (1808-1884).

DROZ (JACQUES), mécanicien suisse (1721-1786). = JACQUES, son fils, mécanicien (1752-1791). — PIERRE, parent des précédents, graveur en médailles (1746-1833).

DROZ (FRANÇOIS-XAVIER), littérateur français, auteur d'un *Essai sur l'art d'être heureux* et d'une *Histoire du règne de Louis XVI* (1773-1850).

DROZ (GUSTAVE), écrivain français (1832-1895).

DRU, UE. adj. (orig. cell.). Épais, touffu, bien fourni. *Ces blés sont fort drus. L'herbe est bien drue dans cette prairie.* — Par anal., *Une pluie drue et menue.* || Se dit des petits oiseaux qui sont prêts à s'envoler. *Ces merles sont drus comme père et mère.* — Fig. et fam., Vif, gaillard, robuste. *Ces enfants sont déjà drus. Il a épousé là une fille jeune et drue.* = Dru. adv. En grande quantité et près à près. *Ces blés sont semés dru.* — Prov. et par exag., *Les balles pleuvaient dru comme mouches.*

DRUGE. s. f. (R. *dru*). Pousse surabondante de pois.

DRUGEON. s. m. (R. *druge*). T. Hortic. Extrémité de la druge.

DRUIDAL, ALE. adj. Qui appartient aux druides.

DRUIDE. s. m. Nom des anciens prêtres gaulois et bretons. Voy. DRUIDISME.

DRUIDESSE. s. f. (R. *druide*). Prêtresse de l'ordre des druides qui passait pour prophétesse. Voy. DRUIDISME.

DRUIDIQUE. adj. 2 g. (R. *druide*). Qui a rapport à la religion des anciens Gaulois. *Autel d. Cérémonies druidiques.*

DRUIDISME. s. m. (R. *druide*). T. Hist. anc. On nomme ainsi la religion des populations celtiques qui, antérieurement à la conquête romaine, occupaient la Gaule et la Grande-Bretagne. Ce nom est dérivé du mot *Druide* (*Druida*) qui, chez les Romains, servait à désigner les prêtres de cette religion. Quant à l'étymologie de ce terme lui-même, elle est fort incertaine. Suivant Pline, *Druide* vient du grec δρὑς, chêne, soit parce que les prêtres ainsi nommés vivaient dans les forêts, soit parce que le chêne jouait un rôle important dans les cérémonies de leur culte. Mais cette dérivation est évidemment fausse; ce mot viendrait bien plutôt du celte *deru* ou *derwid*, qui signifie également chêne. Au reste, les Celtes étant de race aryenne, il n'y a rien d'étonnant à retrouver dans leur langue des radicaux appartenant aussi à la langue grecque.

I. — A l'époque de la conquête de la Gaule par César, la classe sacerdotale constituait une vaste association, qui avait ses chefs et sa hiérarchie. Les *Druides proprement dits* en occupaient le sommet. Non seulement ils étaient les dépositaires de toute la science celtique et se donnaient comme les interprètes des dieux, mais encore ils étaient chargés de l'éducation de la jeunesse et revêtus du pouvoir judiciaire. Chaque année, les Druides gaulois se réunissaient au sein d'une forêt consacrée, située sur la frontière du pays des Carnutes, dans un lieu qui était regardé comme le centre de la Gaule. « Là, dit César, viennent tous ceux qui ont quelque différend à terminer; ils obéissent aux jugements et aux ordres des Druides. » Au-dessous des Druides se trouvaient les *Ovates* ou *Eubages*, qui étaient chargés de la partie extérieure du culte et de la célébration des sacrifices. En outre, ils remplissaient les fonctions de devins et pratiquaient l'art de guérir. Le troisième ordre de la hiérarchie était formé par les *Bardes* ou *poètes*, qui chantaient sur une espèce de harpe, appelée *Rotte*, les exploits des héros, et conservaient dans leur mémoire les traditions religieuses et nationales. Leur caractère était inviolable. Au sommet de toute cette hiérarchie, il y avait un *Chef*

des *Druides*, qui était nommé par les Druides de toute la Gaule. Cette élection donnait souvent lieu aux contestations les plus vives, et parfois même ne pouvait se décider que par la force des armes. — Le privilège que possédaient les Druides d'élever la jeunesse leur fournissait un moyen facile de recruter leur ordre. Pour parvenir aux premiers rangs de la hiérarchie, il fallait subir un noviciat qui, suivant César, durait quelquefois vingt ans : car les adeptes devaient apprendre par cœur une multitude de vers, des poèmes entiers, qui gravaient dans la mémoire, par leur forme rythmique, tout ce que les Druides savaient de théologie, d'astronomie, de physiologie, de médecine et de traditions nationales. Les Druides, en effet, n'écrivaient rien, même à une époque où l'alphabet était connu dans la Gaule.

II. — Lorsqu'on examine les croyances religieuses de la Gaule, on y reconnaît deux systèmes d'idées, deux corps de symboles et de superstitions tout à fait distincts, en un mot deux religions : l'une toute sensible, dérivant de l'adoration des phénomènes naturels et, par ses formes ainsi que par la marche de son développement, rappelant le polythéisme de la Grèce ; l'autre fondée sur un panthéisme matériel, métaphysique, mystérieuse, et offrant avec les religions de l'Orient une étonnante conformité.

La première de ces doctrines avait sans doute commencé par le fétichisme le plus grossier, puis elle s'était graduellement élevée à une conception religieuse anthropomorphique. « Ainsi, dit Amédée Thierry, l'adoration immédiate de la matière brute, des phénomènes et des agents naturels, tels que les pierres, les arbres, les vents, et en particulier le terrible *Kirk* ou *Circius*, les lacs et les rivières, le tonnerre, le soleil, etc., fit place avec le temps à la notion abstraite de divinités réglant une conception de ces divinités. De là le dieu *Tarann*, esprit du tonnerre ; le dieu *Vosège*, déification des Vosges ; le dieu *Pennin*, des Alpes ; la déesse *Arduinna*, de la forêt des Ardennes ; de là le *Génie des Arvernes*, la déesse *Bibracte*, déification de la ville capitale des Éduens, le dieu *Nemausus*, chez les Arécomikes, et un grand nombre d'autres. — Par un degré d'abstraction de plus, les forces de la nature, celles de l'âme humaine et de la société, furent aussi déifiées. *Tarann* devint le dieu du ciel, le moteur de l'univers, le juge suprême qui lançait sa foudre sur les mortels. Le soleil, sous les noms de *Bel* et de *Belus*, fut une divinité bienfaisante, qui faisait croître les plantes salutaires et présidait à la médecine. Le génie du commerce reçut les adorations des Gaulois sous le nom de *Teutatès*, inventeur de tous les arts et protecteur des routes. Le symbole des arts libéraux, de l'éloquence et de la poésie fut déifié sous la figure d'un vieillard armé, comme l'Hercule grec, de la massue et de l'arc, et que ses captifs suivaient gaiement, attachés par les oreilles à des chaînes d'or et d'ambre qui sortaient de sa bouche : il portait le nom d'*Ogmius*. Enfin, un personnage héroïque, *Heus* ou *Hésus*, qui, suivant les traditions antiques, avait dirigé les Kymris lors de leur invasion du territoire gaulois, prit place dans le polythéisme national comme dieu de la guerre et des conquêtes. »

Les dogmes du druidisme proprement dit étaient d'une nature bien supérieure. « Les Druides, continue le savant historien des Gaulois, enseignaient que la matière et l'esprit sont éternels ; que l'univers, bien que soumis à de perpétuelles variations de forme, reste inaltérable et indestructible dans sa substance ; que l'eau et le feu sont les agents tout-puissants de ces variations et, par l'effet de leur prédominance successive, opèrent les grandes révolutions de la nature ; et qu'enfin l'âme en quittant le corps va donner la vie et le mouvement à d'autres êtres. L'idée morale de peines et de récompenses n'était point étrangère à leur système de métempsycose : ils considéraient les degrés de transformation inférieurs à la condition humaine comme des états d'épreuve ou de châtiment ; ils avaient même un autre monde semblable à celui-ci, mais où la vie était constamment heureuse. L'âme qui passait de séjour d'élection conservait son identité, ses passions, ses habitudes. Toutes relations ne cessaient pas entre les habitants du pays des âmes et ceux qu'ils avaient laissés ici-bas, et la flamme des bûchers pouvait leur porter des nouvelles de notre monde. Aussi, dans les funérailles, on brûlait des lettres que le mort devait lire ou qu'il devait remettre à d'autres morts. Cette croyance, en augmentant chez les Gaulois le mépris de la vie, entretenait leur ardeur guerrière. En outre, elle donna à la foie naissance à des dévouements admirables et à des actions atroces. D'un côté, il n'était pas rare de voir des fils, des femmes, des clients, se précipiter sur le bûcher pour n'être point séparés du père, du mari, du patron qu'ils pleuraient. De l'autre, quand un personnage important avait fermé les yeux, sa famille faisait égorger un certain nombre de ses clients et des esclaves qu'il avait le plus aimés ; on les brûlait ou on les enterrait à ses côtés, ainsi que son cheval de bataille, ses armes et ses parures, afin que le défunt pût paraître convenablement dans l'autre vie. La foi des Gaulois en ce monde à venir était si ferme qu'ils y renvoyaient souvent la décision de leurs affaires d'intérêt ; souvent aussi ils se prêtaient mutuellement de l'argent payable dans l'autre monde. »

En l'absence de documents positifs, on ne peut déterminer avec certitude l'origine de ces deux religions. Néanmoins il paraît vraisemblable que le fétichisme grossier dont nous avons d'abord parlé, était la religion des peuplades primitives de la Gaule, et que le passage de ce fétichisme au polythéisme proprement dit fut le résultat d'influences étrangères. Enfin, les analogies évidentes qui existent entre le *Teutatès* celtique et le *Thoth* égyptien, entre le *Baal* des Assyriens et le *Bel* des Gaulois, entre l'*Ogmius* de ces derniers et le *Melkarth* ou l'*Hercule* de Tyr, etc., portent à croire qu'il se fit, dans les pays celtiques, par la voie des marchands phéniciens qui fréquentaient les côtes de la Gaule et de la Grande-Bretagne, une infiltration des doctrines religieuses de l'Asie occidentale. Au reste, après la conquête de la Gaule par J. César, le polythéisme indigène subit une transformation remarquable. Les Romains, soit par ignorance, soit par politique, identifièrent les divinités gauloises à leurs propres divinités, de telle sorte que le culte et les noms des dieux de Rome remplacèrent le culte et les noms des dieux indigènes. Bel devint *Apollon* ; Teutatès, *Mercure* ; Taranu, *Jupiter* ; Hésus, *Mars* ; Ogmius, *Hercule*, etc. Cette identification contribua puissamment à l'abandon du culte national par les populations gauloises. — Quant aux dogmes métaphysiques propres au druidisme, c'est dans l'Inde que les savants modernes placent leur berceau. On pense qu'ils furent apportés dans la Gaule à une époque plus récente, car ils étaient inconnus chez les populations d'origine celtique, qui, après avoir franchi les Alpes, s'étaient établies dans l'Italie supérieure, et ont amené l'introduction aux Kymris, qui, des bords du Pont-Euxin, vinrent se fixer dans la Gaule 1200 ans environ avant notre ère. Alfred Maury suppose, en outre, avec toute probabilité, que la population kymrique s'était séparée de la souche aryenne à une époque antérieure au développement scientifique du brahmanisme : car « ces Kymris, dit-il, professaient tout au plus le naturalisme que l'on trouve à l'époque des Védas ». — Quoi qu'il en soit, il est incontestable que le druidisme proprement dit ne supplanta le polythéisme des anciens Celtes. Il adopta les dieux indigènes ; il plaça même au rang de ces divinités le culte à la fois prêtre et guerrier, *Hésus*, qui avait dirigé l'invasion kymrique, et enfin il superposa sur le tout ses doctrines cosmogoniques et métaphysiques.

III. — Les anciens Gaulois pratiquaient certainement l'antique et barbare coutume des sacrifices humains ; mais certains historiens ont fortement exagéré. C'était plutôt par superstition que par une vengeance barbare que les Gaulois massacrèrent longtemps leurs prisonniers de guerre. La même superstition leur fit chercher dans le sang d'un ennemi torturé les secrets de leur propre destinée ou le succès d'une bataille prochaine. Dans les circonstances les plus solennelles, on construisait en osier ou en foin un immense colosse à figure humaine, on le remplissait d'hommes vivants, on le plaçait sur un bûcher, un prêtre y jetait une torche allumée, et le colosse disparaissait bientôt dans les flots de fumée et de flammes, pendant que le chant des Druides, la musique des Bardes et les acclamations de la foule couvraient les cris des victimes. Remarquons cependant que déjà, à l'époque de l'invasion romaine, les flancs du colosse d'osier s'ouvraient encore, c'était, le plus souvent, pour recevoir les malfaiteurs condamnés à la peine capitale ; car la loi chez les Druides, dérivant d'une source céleste, le châtiment était infligé au nom de la religion et par le ministère des prêtres. Les sacrifices sanglants étaient alors remplacés par des dons votifs, et d'immenses richesses en lingots d'or et d'argent, en monnaies, en vases précieux, etc., s'accumulèrent ainsi entre les mains des Druides.

L'une des cérémonies les plus importantes du culte druidique était la récolte du *gui de chêne*. Outre la vénération que les Druides avaient pour le chêne, ils regardaient le gui, à cause de sa verdure perpétuelle, comme l'emblème de l'immortalité de l'âme et de l'éternité du monde. On le recherchait avec soin dans les forêts ; et, lorsqu'on l'avait trouvé, les prêtres se rassemblaient pour l'aller cueillir en grande pompe. Cette cérémonie se pratiquait en hiver, époque où cette plante fleurit, et où ses longs rameaux verts, enlacés à l'arbre dé-

pouillé, présentent seuls l'image de la vie au milieu d'une nature stérile et morte. C'était le 6ᵉ jour, ou plutôt la 6ᵉ nuit de la nouvelle lune après le solstice d'hiver qu'elle avait lieu : cette nuit, qui commençait l'année gauloise, était appelée la *nuit mère*. A l'instant marqué, un Druide en robe blanche montait sur l'arbre, une faucille d'or à la main, et tranchait la racine de la plante avec d'autres Druides recevaient dans une saie blanche, car il ne fallait pas qu'elle touchât la terre. Puis on immolait deux taureaux blancs, et le reste de la journée se passait en festins et en réjouissances. Comme le gui de chêne était aux yeux des Gaulois une panacée universelle, on le mettait dans l'eau et on distribuait cette eau lustrale à ceux qui en désiraient pour les préserver ou les guérir de toutes sortes de maux. Nous ferons observer en passant que cet usage druidique se perpétua sous diverses formes dans presque toutes les parties de la France. Plusieurs textes des synodes ou des conciles nationaux attestent qu'au XVIᵉ siècle, et même au XVIIᵉ, ou se livrait encore dans les campagnes à des fêtes qui rappelaient la cérémonie du gui sacré, et qu'on nommait *Guilanneu* ou *Aguilanneuf* (gui de l'an neuf). — La récolte de la *Verveine*, du *Samolus* (mouron d'eau), de la *Sélage* (plante inconnue), qui étaient employés dans la médecine druidique, s'accompagnait également d'un cérémonial bizarre et de formules mystérieuses.

IV. — Les Druides avaient affilié à leur ordre des femmes qui servaient d'instrument à leurs volontés, mais qui ne partageaient ni les prérogatives ni le rang élevé du sacerdoce. Ces femmes, que, par analogie, nous appelons *Druidesses*, rendaient des oracles, présidaient à certains sacrifices, et accomplissaient des rites mystérieux d'où les hommes étaient sévèrement exclus. Leur institut leur imposait, suivant les lieux, des lois fort différentes. Ici la prêtresse ne pouvait dévoiler l'avenir qu'à l'homme qui l'avait profanée ; là, elle était vouée à une virginité perpétuelle ; ailleurs, quoique mariée, elle était astreinte à de longs célibats. Quelquefois ces femmes devaient assister à des sacrifices nocturnes toutes nues, le corps teint de noir, les cheveux en désordre, s'agitant dans des transports frénétiques, une torche enflammée à la main. C'était sur des écueils sauvages, au milieu des tempêtes de l'archipel armoricain, que les plus renommées de ces prophétesses avaient fixé leur résidence. L'île de *Sena* (aujourd'hui île de Sein), située vis-à-vis du cap le plus occidental de l'Armorique, renfermait un collège de 9 vierges qui, de son nom, étaient appelées *Sènes*. Pour avoir le droit de les consulter, il fallait être marin, et avoir fait le trajet dans ce seul but. Les Gaulois attribuaient à ces femmes un pouvoir illimité sur la nature : elles connaissaient l'avenir, guérissaient les maux incurables ; la mer se soulevait ou s'apaisait, les vents s'agitaient ou se calmaient à leur voix ; elles pouvaient revêtir la figure de toutes sortes d'animaux. — Un autre collège de Druidesses, appartenant à la nation des Namnètes, habitait un îlot situé qui se trouvent à l'embouchure de la Loire. Quoique mariées, nul homme n'osait approcher de leurs demeures : c'étaient elles qui, à des époques prescrites, et toujours pendant la nuit, venaient visiter leurs maris dans des cabanes préparées par ceux-ci sur le bord de la mer. Une fois chaque année, au rapport de Strabon, elles abattaient et reconstruisaient le toit de leur temple dans l'intervalle d'une nuit à l'autre. Au jour marqué, aussitôt que le premier rayon du soleil avait brillé, elles se rendaient au temple, couronnées de lierre et de feuillage. Là, après avoir démoli l'ancien toit, elles travaillaient avec ardeur à porter et à poser les matériaux du nouveau. Mais si par malheur l'une d'elles laissait tomber à terre quelque chose de ces matériaux sacrés, ses compagnes accouraient, se jetaient sur elle, la mettaient en pièces, et semaient çà et là ses chairs sanglantes.

V. — A l'origine, les Druides constituaient une véritable théocratie sous laquelle la Gaule était complètement asservie. Mais tout pouvoir illimité s'affaiblit par ses propres excès : il en fut ainsi de la caste sacerdotale gauloise. Longtemps avant l'invasion romaine, les chefs des nombreuses tribus qui se partageaient le pays s'étaient insurgés contre le despotisme druidique, et, après avoir brisé une partie de l'ancien joug, avaient établi une aristocratie militaire indépendante. Aussi César disait-il : « Il n'y a que deux ordres dans la Gaule, les Druides et les Chevaliers (*equites*). » Pourtant cette révolution ne dépouilla pas complètement le sacerdoce. Il continua d'être exempt des charges publiques et du service militaire, de diriger l'éducation de la jeunesse et d'appliquer les lois tant civiles que criminelles. Mais, comme ces privilèges regardaient presque uniquement les Druides proprement dits, les deux ordres inférieurs perdirent rapidement leur influence. Les Ovates ne furent plus que les devins des armées, et les Bardes, au lieu de chanter la gloire nationale, chantèrent les louanges du maître qui les nourrissait. L'unité de ces trois classes une fois brisée, il devint impossible au corps sacerdotal de reconquérir son ancienne puissance. Les Druides, en outre, virent, surtout dans les villes, leur prestige s'affaiblir peu à peu par suite des progrès de la civilisation. Quelques contrées cependant, l'Armorique, le pays des Carnutes et la Grande-Bretagne, leur restèrent particulièrement attachées.

Aux causes internes de décadence du druidisme que nous venons de signaler, se joignit, à l'époque de la conquête, l'effort que firent les Romains pour le ruiner complètement, non point par humanité, mais parce qu'ils le considéraient avec raison comme le foyer de la nationalité gauloise. Auguste défendit les sacrifices humains et interdit aux Gaulois qui étaient revêtus du titre de citoyens romains, l'exercice du culte druidique. Après la malheureuse insurrection de Sacrovir, Tibère ordonna de poursuivre les Druides avec la plus grande rigueur, et tous ceux dont on put s'emparer périrent du supplice de la croix. Claude décréta l'abolition du culte druidique, défendit sous peine de mort tous les signes qui appartenaient à cette croyance, frappa de proscription ses prêtres et en fit mourir un grand nombre. Toutefois, beaucoup de Druides échappèrent à ces deux persécutions, en se cachant dans les retraites des montagnes ou des forêts; d'autres se réfugièrent dans la Grande-Bretagne, particulièrement dans l'île de Mona, aujourd'hui Anglesey, qui était depuis des siècles le siège le plus secret du culte druidique et où était établi le haut collège du sacerdoce. Mais sous Néron (61 après J.-C.), le général romain Suetonius Paullinus résolut de détruire ce dernier asile du druidisme. Au moment du débarquer, l'armée romaine vit sur le rivage de l'île une forêt d'armes et de soldats bretons. Çà et là couraient des troupes de femmes, en appareil funèbre, les cheveux épars, portant dans leurs mains des torches enflammées; et, tout autour, des Druides immobiles, les bras levés au ciel, prononçaient avec solennité d'horribles imprécations. L'étrangeté de ce spectacle frappa d'abord de terreur les Romains; mais bientôt, se ranimant à la voix de leurs chefs, ils débarquent et culbutent les Bretons. Tout ce qui tomba entre les mains du vainqueur, Druides, prêtresses, soldats, fut égorgé ou brûlé sur les bûchers préparés par eux-mêmes. Cependant les Druides n'avaient pas tous péri. Lorsque le Batave Civilis voulut profiter des troubles qui, après la mort de Néron, agitèrent l'empire romain, pour rendre à la Gaule son indépendance (70 après J.-C.), on vit encore les Druides sortir de leurs retraites sauvages, et reparaître dans les villes annonçant au nom du Ciel « que l'empire romain était fini et que l'empire gaulois commençait ». Mais ce cri patriotique rencontra peu d'écho et vint se briser contre la civilisation romaine qui avait dénationalisé la Gaule.

Les Druidesses et les Bardes survécurent longtemps à la destruction du culte national de la Gaule. Nous voyons, en effet, des Druidesses prédire l'avenir à Aurélien, à Alexandre Sévère et à Dioclétien, et nous savons que les Bardes ont existé comme association jusque dans le moyen âge, conservant religieusement entre eux, particulièrement en Irlande, le dépôt des triades ou traditions celtiques.

Bibliog. — AMÉDÉE THIERRY, *Histoire des Gaulois*. — HENRI MARTIN, *Histoire de France*, t. 1. — JEAN REYNAUD, *l'Esprit de la Gaule*.

DRUMANN, historien et philologue allemand (1786-1861).

DRUMENT. adv. (R. *dru*). D'une manière drue, serrée.

DRUMINE. s. f. T. Chim. Alcaloïde extrait d'une euphorbiacée, l'*Euphorbia Drummondii*.

DRUMMOND (WILLIAM), historien et poète écossais (1585-1649).

DRUMMOND (THOMAS), célèbre ingénieur anglais, inventeur des lampes à grand éclat établies sur le principe de l'incandescence de la chaux.

DRUPACÉ, ÉE. adj. (R. *drupe*). T. Bot. Se dit d'un fruit qui se rapproche d'une drupe par sa consistance et sa structure.

DRUPE. s. f. (L'Académie fait ce mot masc.; mais la plupart des botanistes le font féminin). Fruit monosperme, indéhiscent, dont la portion externe du péricarpe est charnue, tandis que la portion interne est sclérifiée et forme un *noyau*

autour de la graine. Ex. la cerise, la prune, la pêche. Voy. FRUIT.

DRUPÉOLE. s. m. (Dim.). T. Bot. Petite drupe.

DRUPÉOLÉ, ÉE. adj. T. Bot. Qui a l'apparence d'une petite drupe.

DRUPIFÈRE. adj. (R. *drupe*, et lat. *fero*, je porte). T. Bot. Qui porte des drupes.

DRUPOSE. s. f. (R. *drupe*). T. Chim. Produit qui se forme, en même temps qu'une glucose, lorsqu'on traite les concrétions des poires par l'acide chlorhydrique étendu et bouillant. C'est une substance brunâtre, insoluble dans le réactif de Schweitzer et dans la plupart des dissolvants neutres.

DRUSE. s. f. (all. *druse*, glande). T. Minér. Cavité existant en certaines roches et tapissée de cristaux. || Masse pierreuse ayant une forme de rognon.

DRUSES, peuplade musulmane de la Syrie.

DRUSIFORME. adj. (R. *druse*, et *forme*). T. Minér. Qui a la forme d'une druse.

DRUSILLAIRE. adj. [Pr. *dru-zil-lère*] (R. *druse*). T. Minér. Qui affecte la forme de rognon.

DRUSIQUE. adj. (R. *druse*). T. Minér. Qui a la forme d'un rognon.

DRUSUS (MARCUS LIVIUS), [tribun du peuple à Rome en 122 av. J.-C., rival de Caïus Gracchus. = DRUSUS (*Livius Claudianus*), père de Livie, femme d'Auguste. = DRUSUS (*Claudius Néron*), fils de Tibérius Néron et de Livie, et frère de Tibère, fut adopté par Auguste et mourut jeune, après plusieurs campagnes heureuses en Germanie. = DRUSUS, fils de Tibère et de Vipsania, fut empoisonné par Séjan.

DRYADE. s. f. (gr. δρυάς, άδος, m. s., de δρῦς, arbre). T. Mythol. Dans la mythologie gréco-romaine, les *Dryades* et les *Hamadryades* étaient les nymphes des bois; mais celles-ci étaient spécialement chargées de la garde des arbres individuellement, tandis que celles-là avaient sous leur protection tous les arbres en général. De plus, chaque Hamadryade naissait et mourait avec l'arbre même dont la garde lui était confiée, et ne pouvait jamais le quitter, tandis que les Dryades étaient immortelles et pouvaient errer en liberté autour des arbres auxquels elles présidaient. Néanmoins cette distinction n'a pas toujours été observée par les poètes : assez souvent ils emploient ces deux termes indifféremment l'un pour l'autre.

DRYADE. s. f. (Nom myth.). T. Bot. Genre de plantes Dicotylédones (*Dryas*) de la famille des *Rosacées*. Voy. ce mot.

DRYANDER (Les frères), érudits et martyrs protestants du XVIe siècle, originaires de Burgos.

DRYDEN (JEAN), célèbre poète anglais (1631-1701).

DRYITE. s. f. (gr. δρῦς, chêne). T. Minér. Bois fossile dans lequel on a cru reconnaître la structure du bois de chêne.

DRYOBALANOPS. s. m. (gr. δρῦς, chêne; βάλανος, gland; ὤψ, aspect). T. Bot. Genre d'arbres Dicotylédones de la famille des *Diptérocarpées*. Voy. ce mot.

DRYOPHIS. s. m. (gr. δρῦς, arbre; ὄφις, serpent). T. Erpét. Genre de *Couleuvre*. Voy. ce mot.

DRYOPITHÈQUE. s. m. (gr. δρῦς, arbre; πίθηκος, singe). T. Paléont. Singe fossile du miocène français, voisin du Gorille et du Chimpanzé dont il avait la taille. On avait pensé tout d'abord que ce singe était très voisin de l'espèce humaine; mais un examen plus attentif a montré, au contraire, qu'il s'en éloignait plus que tous les autres anthropomorphes. On n'a encore trouvé jusqu'ici de cet animal que deux mâchoires et un fragment d'humérus.

DRYPTE. s. f. (gr. δρύπτω, je déchire). T. Entom. Genre d'Insectes Coléoptères *Pentamères*. Voy. CARABIQUES.

DU. art. m. contracté. Particule qui tient lieu de la préposition *De* et de l'article *Le*. Voy. DE et ARTICLE.

DÛ. s. m. Ce qui est dû. *Réclamer son dû*. || Devoir, ce à quoi on est obligé. *C'est le dû de ma charge*. *Pour le dû de ma conscience*. Vx.

DUALINE. s. f. Poudre explosive.

DUALISME. s. m. (lat. *dualis*, de deux). T. Philos. Se dit de tout système philosophique qui admet la coexistence de deux principes contraires, égaux et en lutte perpétuelle l'un contre l'autre. || T. Chim. Voy. DUALISTIQUE.

Philos. — On a donné le nom de d., non pas à un système particulier de philosophie générale, mais au caractère commun que présentent tous les systèmes philosophiques ou religieux qui admettent que le monde procède de deux principes opposés. Il en existe par conséquent une grande variété; mais on peut les répartir en deux classes suivant que les deux principes sont Dieu et la matière, ou deux divinités.

I. — La première espèce de d. se retrouve au fond du polythéisme grec, et à la base de toutes les doctrines de la philosophie grecque, en excluant toutefois la doctrine purement matérialiste de Démocrite et d'Épicure. On sait qu'au-dessus de tous les dieux de l'Olympe, lesquels sont *immortels*, mais non pas *éternels*, puisqu'ils sont nés comme les hommes d'un père et d'une mère, les Grecs admettaient une puissance éternelle, obscure et mystérieuse, le *Destin*, à laquelle les dieux mêmes étaient soumis. D'autre part, leur cosmogonie fait remonter l'origine du monde non pas à une création proprement dite, mais à une organisation d'un *chaos* antérieur, mélange confus de tous les éléments d'où les dieux ont tiré successivement la terre, les astres, les hommes, les animaux, les plantes, etc. C'est le d. bien caractérisé. Deux êtres éternels sont l'origine première de tout ce qui existe : d'un côté la *matière* inerte, et de l'autre un principe, on n'ose pas dire spirituel, puisque le Destin est qualifié d'*aveugle*, mais au moins *immatériel*, père des plus anciens dieux. L'action divine n'est pas une *création*, mais une *organisation* de la matière préexistante. Dans la philosophie de Platon, le Destin est remplacé par un dieu personnel ayant conscience de lui-même, mais l'éternité de la matière n'est pas mise en doute, et Dieu est qualifié non pas de *créateur*, mais de *démiurge*, c'est-à-dire *ouvrier du monde*. Aristote adopte la même doctrine et l'exprime avec plus de précision. A la vérité, il distingue entre la *matière* et la *forme*, et cherche à diminuer le rôle de la matière en disant que si elle seule elle n'est pas l'*être*, qu'elle n'est que l'*être en puissance*, et n'arrive à l'existence complète que quand elle a reçu de Dieu la *forme* qui est l'être véritable, l'*être en action*; mais, malgré cette distinction subtile, le système reconnaît qu'il existe quelque chose d'éternel en dehors de Dieu. La philosophie stoïcienne professe à peu près la même doctrine; mais les mots sont changés, et les deux principes s'appellent l'être actif et l'être passif. Une religion importante et bien antérieure à la philosophie grecque était basée sur la même espèce de d. C'est la religion des anciens habitants de la Chaldée, peuple d'origine sémitique. Un peu avant l'ère chrétienne, cette religion s'était répandue chez les Arabes et dans une grande partie de l'Asie, sous le nom de *Sabéisme*. Malgré les superstitions dont elle était encombrée et le culte rendu aux astres et à des légions de divinités inférieures, le sabéisme était au fond une religion monothéiste qui admettait l'existence éternelle de la matière.

II. — La deuxième espèce de dualisme constitue le fond de la religion de Zoroastre, professée par les anciens Perses. Ormuzd, dieu du bien, de la lumière, et Ahrimane, dieu du mal, sont les créateurs de tout ce qui existe. Chacun d'eux a créé, au sens propre du mot, c'est-à-dire tiré du néant tout un monde peuplé de génies, d'animaux, etc. Ces deux mondes se superposent et constituent l'Univers tel que nous le connaissons; mais ils restent en lutte et la mission de l'homme est de combattre pour Ormuzd contre Ahrimane. Au reste, cette lutte ne sera pas éternelle : Ahrimane finira par être vaincu, et alors, repentant, il se soumettra à Ormuzd, qui lui pardonnera et rendra le seul maître du Monde. On voit qu'ici le d. n'est pas complet, puisqu'il doit finir par se résoudre dans l'unité. Il paraît même qu'il serait plus incomplet encore : suivant certains commentateurs, Zoroastre admettait au-dessus d'Ormuzd et d'Ahrimane un

être suprême : *Zervane Akérène* (le temps sans bornes), qui les aurait créés l'un et l'autre. Dès lors, il ne s'agissait plus d'une opposition entre deux principes éternels, mais d'une lutte temporaire entre deux créatures. Il n'y aurait même plus de d. métaphysique à proprement parler, puisque la cause première resterait unique, et le système ne serait qu'une conception théologique imaginée pour expliquer l'existence du mal. Quoi qu'il en soit, le système de Zoroastre, après avoir été la base d'une des religions les plus pures de l'antiquité, paraît avoir été perverti d'assez bonne heure, soit par le mélange de races et de croyances diverses, soit parce qu'il ne donnait pas du bien et du mal une solution suffisante. Les deux dieux n'ayant pas l'un sur l'autre de supériorité bien marquée, on ne sait pas pourquoi l'un, plutôt que l'autre, serait le dieu du bien ou du mal. C'est sans doute pour établir cette hiérarchie nécessaire et sous l'influence du sabéisme, que le dieu du mal est devenu par la suite le principe matériel du monde, tandis que le dieu du bien en est resté le principe spirituel, comme on le voit dans diverses sectes religieuses répandues en Asie dans les premiers temps de l'ère chrétienne, et notamment dans la doctrine des *Manichéens*, qui a constitué l'une des hérésies les plus importantes et les plus tenaces contre lesquelles ait eu à lutter le christianisme naissant. Au reste, la corrélation entre l'idée du mal et l'idée de matière se retrouve jusque dans le christianisme, qu'on ne saurait cependant accuser de d. La *matière*, la *chair* y est constamment représentée comme un obstacle à la vertu, à la perfection, et cette conception poussée à l'extrême est l'origine du mépris de la vie matérielle, et par suite, du mépris de la science qu'a si souvent et si malheureusement professé la religion chrétienne. Une chose bien remarquable, c'est la persistance de l'idée dualiste à travers le moyen âge. On la retrouve dans les hérésies des Cathares et des Albigeois et dans quelques autres encore. C'est que le d. apparaît comme une solution grossière, il est vrai, mais suffisante pour beaucoup d'esprits peu profonds de l'éternelle et grave problème du *mal*. Pourquoi Dieu, qui est infiniment bon, permet-il l'existence du mal et de la douleur? Question profondément troublante, qui est à coup sûr la plus difficile de toutes celles qui sont venues se heurter les philosophies et les théologies. Voy. MAL, MORALE. — Le christianisme lui-même, malgré son énergique affirmation du Dieu créateur de tout ce qui existe, n'a pas échappé complètement à la solution du problème par le d. Il est vrai que chez lui il ne s'agit pas de d. métaphysique tel que nous l'entendons ici, mais d'un d. particulier et temporaire. Sans couvrir sur l'opposition entre la chair et l'esprit dont nous venons de parler, il y a dans la religion chrétienne un dogme qui remonte à la religion de Moïse, mais qui semble s'être modifié sous l'influence du d. persan avant d'acquérir sa forme définitive. C'est la croyance au diable, à Satan, puissant ennemi de Dieu, qui va jusqu'à tenter Dieu lui-même en la personne de Jésus-Christ. N'est-on point frappé de l'analogie que montre cette opposition de Dieu et du Diable avec l'opposition d'Ormuzd et d'Ahrimane dans la religion de Zoroastre, analogie qu'on retrouve jusque dans le langage métaphorique des deux cultes, qui tous deux appellent *prince des ténèbres* le génie du mal. Seulement, chez les Hébreux et les Chrétiens, Satan est une créature égarée par l'orgueil, dont la puissance n'est que tolérée par Dieu et finira au jour du jugement, ce qui exclut radicalement toute idée de d. métaphysique. Le dogme chrétien est moins miséricordieux que le dogme persan, puisque Satan est condamné à une peine éternelle, tandis qu'Ahrimane sera pardonné par Ormuzd; sous ce rapport, même au point de vue philosophique, la doctrine persane paraît supérieure à l'autre, car elle résout le d. primitif dans une unité définitive, tandis que le christianisme laisse subsister éternellement l'opposition des bienheureux et des damnés, ce qui paraît peu conforme à la miséricorde et à la bonté de Dieu. En revanche, sous le rapport de la question d'origine, la notion hébraïque de Satan est bien supérieure à celle d'Ahrimane au point de vue métaphysique : car loin de faire du mal une chose nécessaire dans l'Univers, elle en trouve la cause dans l'orgueil de la créature, ce qui, incontestablement, est plus voisin de la véritable solution.

III. — Le d. est aujourd'hui complètement décrédité. Depuis longtemps, il n'existe plus aucun philosophie qui se hasarderait à soutenir l'existence de deux Dieux, ou l'existence simultanée pendant l'éternité d'un Dieu et d'une matière qui ne résulterait pas de sa création. C'est qu'en effet les objections qu'on peut faire au d. sont très simples et très saisissantes. On ne peut concevoir Dieu que comme la cause première de tout ce qui existe, aussi bien dans le monde physique que dans le monde moral, et qui dit *cause première*, dit nécessairement *cause unique*. L'enchaînement des causes nécessité par le principe de causalité ne peut s'arrêter qu'à un anneau unique, qui représente la cause proprement dite et la plénitude de l'être. Si l'on cherche à se représenter la matière comme existant de toute éternité, en dehors de la volonté de Dieu, il est impossible de concevoir pourquoi et comment ce Dieu pourrait avoir quelque action sur cette substance qui lui est totalement étrangère. Bien plus, Dieu n'apparaît plus comme la cause première de toute existence: sa raison d'être se trouve ainsi détruite. Si Dieu n'est pas nécessaire à l'existence de la matière, on ne conçoit plus pourquoi il serait nécessaire à ses transformations; aussi ne tarde-t-on pas à le supprimer, et le d. aboutit logiquement au matérialisme qui, à son tour, à cause de l'impossibilité finale où nous sommes de concevoir ce qui est l'essence de la matière, même droit au scepticisme le plus absolu.

Il est bien entendu que ce qui précède ne s'applique pas au système qui admet l'existence éternelle, mais non nécessaire, de la matière, et se la représente comme créée à chaque instant, pendant toute l'éternité, par la volonté de Dieu. Ce système est contraire à la théologie chrétienne; il peut prêter à des objections; mais il ne saurait être qualifié de d. Nous en avons parlé au mot CRÉATION. Voy. aussi MATÉRIALISME.

DUALISTE. adj. (R. *dualisme*). T. Philos. Qui a le caractère du dualisme. || Celui qui admet le dualisme.

DUALISTIQUE. adj. 2 g. (R. *dualisme*). T. Philos. Qui a rapport au dualisme, qui en a le caractère. || T. Chim. *Théorie d.*, Théorie dans laquelle on admettait que les phénomènes chimiques étaient dus à des combinaisons des corps deux par deux; les corps simples étaient partagés en deux catégories, suivant la manière dont ils se comportaient dans l'électrolyse, les corps *électro-positifs* qui se portaient au pôle négatif de la pile, et les corps *électro-négatifs* qui se portaient au pôle positif, et l'on admettait que les corps électro-positifs avaient une grande tendance à s'unir aux corps électro-négatifs. Cette théorie est aujourd'hui abandonnée; c'est pourquoi nous ne la développerons pas, quoique ce que nous venons de dire n'en puisse donner qu'une idée insuffisante et même, à certains égards, inexacte.

DUALITÉ. s. f. (lat. *dualis*, de deux). Caractère de ce qui est double; s'emploie au sens physique et au sens moral.

Géom. — *Principe de dualité.* — On désigne sous ce nom le fait très remarquable que tous les théorèmes de géométrie qui n'expriment pas une relation métrique entre les divers éléments d'une figure, c'est-à-dire tous les théorèmes qui sont *Projectifs* (voy. ce mot) se correspondent deux par deux, de telle sorte qu'on peut passer de l'un à l'autre par une modification de l'énoncé faite suivant des règles précises. Ce fait important paraît avoir été remarqué tout d'abord comme conséquence de la transformation par pôles et polaires réciproques. Voy. POLAIRE. — On sait que dans cette transformation, appliquée à la géométrie plane, on fait correspondre à un point une droite qui est la polaire de ce point par rapport à un cercle fixe qui est appelé cercle *directeur*, et à une droite, un point qui est le pôle de la droite. Dès lors, par l'application de la transformation, tout théorème en donne un autre où les droites seront remplacées par des points et les points par des droites. Les deux théorèmes qui se correspondent ainsi l'un à l'autre sont appelés *corrélatifs*. Dans l'espace, on considère une sphère directrice et l'on fait correspondre à un point son plan polaire par rapport à cette sphère, à un plan son pôle, à une droite sa droite conjuguée. Alors, dans les deux théorèmes corrélatifs, les points sont remplacés par des plans, les plans par des droites et les droites par d'autres droites; mais une droite peut être considérée de deux manières, comme joignant deux points ou comme intersection de deux plans. Si elle est définie d'une de ces deux manières dans l'un des théorèmes, elle l'est de l'autre dans le théorème corrélatif. Nous donnerons des exemples de théorèmes corrélatifs au mot PÔLE, où nous ferons comprendre le mécanisme de la transformation. — La théorie des trièdres supplémentaires fournit un autre exemple de l'application des principes de d. appliqué aux angles. Voy. TRIÈDRE. Du reste, la théorie des angles polyèdres est identique dans le fond à celle des figures tracées sur la sphère. On retrouvera donc encore le principe de d. dans la géométrie sphérique. Ici, les éléments qui se correspondent sont *un grand cercle* et son *pôle*, c'est-à-dire l'une des ex-

trémités du diamètre qui lui est perpendiculaire. On aura donc des théorèmes corrélatifs où les grands cercles seront remplacés par des points, et réciproquement. L'application du principe de d. aux lignes et aux surfaces est assez remarquable. Soit d'abord une ligne plane. On peut la considérer comme définie, soit par l'ensemble de ses points, soit par ses tangentes; dans le premier cas elle est le *lieu* d'un point mobile; dans l'autre, l'*enveloppe* d'une droite mobile. Or, dans les théorèmes corrélatifs, un point étant remplacé par une droite, on voit qu'une courbe considérée comme un *lieu* sera remplacée par une courbe enveloppe et réciproquement. Une observation analogue montre que dans l'espace une surface lieu de points sera remplacée dans le théorème corrélatif par une surface enveloppe de plans; mais le déplacement d'un point sur une surface dépend de deux paramètres, c'est-à-dire que le point peut se mouvoir sur la surface d'une infinité de manières. De même le plan qui reste tangent à la surface devra pouvoir se déplacer aussi d'une infinité de manières; son déplacement dépendra donc aussi de deux paramètres. Voy. ENVELOPPE. — Au contraire, le déplacement d'un point sur une ligne est un déplacement simple, qui ne dépend que d'un paramètre. Donc la figure corrélative d'une ligne est l'enveloppe d'un plan qui se déplace, c'est-à-dire une *surface développable*. Voy. DÉVELOPPABLE.

On a essayé de donner du principe de d. une explication qui se peut résumer ainsi : on peut, dit-on, se représenter de deux manières la génération des figures, soit par le déplacement d'un point, soit par le déplacement d'un plan (d'une droite dans la géométrie plane). L'élément primordial de la géométrie peut donc être à volonté soit le point, soit le plan (ou la droite en géométrie plane). Dès lors, tous les raisonnements qu'on fera sur un ensemble de points pourront être reproduits sur un ensemble de plans (ou de droites). Cette explication manque de précision et de netteté, et elle est tout à fait insuffisante au point de vue de la logique. Il faut de plus, pour établir rigoureusement la correspondance, montrer que les propositions fondamentales qui servent de bases aux théories concernant les ensembles de points se retrouvent dans les ensembles de plans (ou de droites). A la vérité, c'est ce qui a lieu en effet. Les principes fondamentaux de la géométrie projective présentent, en effet, une corrélation remarquable, mais il n'est pas exact de dire que cette corrélation pouvait être prévue *à priori*; elle ne peut constituer qu'un fait remarquable que l'on constate dans les propositions fondamentales, et qui permet, en effet, d'établir en double les déductions qu'on tire des propositions fondamentales, et de constituer deux séries ou deux chaînes parallèles de raisonnements, de telle sorte qu'il suffit de connaître les raisonnements d'une des deux séries pour reconstituer sans peine ceux de l'autre série. — La géométrie analytique donne du principe de d. une explication bien plus satisfaisante. On sait qu'un point est déterminé dans l'espace par ses distances à trois plans, lesquelles sont appelées les *coordonnées* du plan. On peut rendre ces coordonnées homogènes en les désignant par $\frac{x}{t}, \frac{y}{t}, \frac{z}{t}$ au lieu de x, y, z. Alors, au lieu de trois nombres, x, y, z, il en faut quatre, x, y, z, t, pour définir un point; mais on peut multiplier ces quatre nombres par un même nombre sans changer le point qu'ils représentent. Voy. COORDONNÉES. Dans ce système, un plan est représenté par une équation du premier degré :

$$ux + vy + wz + ht = 0.$$

Dès lors le plan est complètement défini dès qu'on connaît les quatre nombres u, v, w, h, et le plan ne change pas si l'on multiplie ces quatre nombres par un même nombre, c.-à-d. que le plan est lui aussi susceptible d'une représentation au moyen de ces quatre coordonnées homogènes. D'un autre côté, tout théorème concernant des points peut être traduit par une équation entre les quatre coordonnées de chaque point, et il en sera de même de tout théorème concernant des plans. Dès lors, on conçoit que toute équation algébrique est susceptible de deux interprétations différentes, suivant que les lettres qui y entrent sous le nom de coordonnées sont considérées comme des coordonnées de points ou comme des coordonnées de plans, ce qui établit très nettement le principe de d. dans l'espace. Il est clair que dans le plan les mêmes considérations sont applicables, sauf qu'il faut seulement trois coordonnées homogènes pour définir soit un point, soit une droite, qui sont ainsi les deux éléments corrélatifs du plan, comme le point et le plan sont les éléments corrélatifs de l'espace. Quand les coordonnées sont considérées comme définissant un point, on dit que ce sont des *coordon-*

nées ponctuelles; quand elles sont considérées comme des coordonnées de points ou de droites, on dit que ce sont des *coordonnées tangentielles,* parce que dans ce système une courbe est définie par une équation entre les coordonnées de ses tangentes, au lieu que dans le système les coordonnées ponctuelles une courbe est définie par une équation entre les coordonnées de ses différents points. Voy. COORDONNÉES.

DUBAN, architecte français (1797-1870).

DU BARRY. Voy. BARRY.

DU BARTAS, poète français né à Auch, tué à la bataille d'Ivry; auteur de la *Semaine* ou *Création* (1544-1590).

DUBBING. s. f. Mélange d'huile de pied de bœuf et de suif de mouton employé dans l'armée pour le graissage du harnachement.

DU BELLAY (GUILLAUME), général sous François Ier (1491-1543). = JEAN, frère du précédent, cardinal, homme d'État (1492-1560), contribua à la fondation du Collège de France. = JOACHIM, neveu du précédent, fut un des poètes de la *Pléiade* (1524-1560).

DUBITATEUR, TRICE. s. (lat. *dubitator*). Personne qui a l'habitude de douter, qui est sceptique.

DUBITATIF, IVE. adj (lat. *dubitare,* douter). Qui exprime ou qui sert à exprimer le doute. *Proposition dubitative.* Si *est quelquefois conjonction dubitative.*

DUBITATION. s. f. (lat. *dubitatio,* doute). T. Rhét. La *Dubitation* est une figure de pensée qui sert à exprimer l'incertitude de l'orateur. Elle a lieu quand celui-ci déclare ne pas savoir ce qu'il doit dire ou ce qu'il doit faire. Cicéron rapporte que les ennemis mêmes de Gracchus ne purent s'empêcher de pleurer quand ils l'entendirent s'écrier : « Misérable! où irai-je ? Quel asile me reste-t-il ? Le Capitole ? Il est inondé du sang de mon frère. Ma maison ? J'y verrais ma malheureuse mère fondre en larmes et mourir de douleur. » 'Supprimez la figure et dites par ex. : « Je ne sais où aller dans mon malheur; il ne me reste aucun asile. Le Capitole est le lieu où l'on a répandu le sang de mon frère; ma maison est un lieu où je verrais ma mère gémir et verser des larmes », vous exprimerez la même pensée, mais en lui enlevant toute sa force, en la dépouillant de cette vivacité qui marque si bien les transports de la douleur : car, ainsi que le dit Fénelon, la manière de dire les choses fait voir la manière dont on les sent, et c'est ce qui touche davantage l'auditeur.

DUBITATIVEMENT. adv. (R. *dubitatif*). D'une manière dubitative. *Répondre d.*

DUBLIN, cap. de l'Irlande et ch.-l. du comté de même nom, sur la côte orientale ; 353,000 hab. Archevêché catholique. Le comté a 419,000 hab.

DÜBNER (FRÉD.), philologue allemand (1802-1857).

DUBOIS (GUILLAUME), né en 1656, précepteur du duc d'Orléans (qui fut le Régent), cardinal en 1721, principal ministre de Louis XV en 1722, homme des plus méprisables, mourut en 1723.

DUBOIS (ANTOINE, baron), chirurgien français (1756-1837).

DUBOIS DE CRANCÉ, général français, député aux États généraux de 1789, membre de la Convention, fut ministre de la guerre à la fin du Directoire (1747-1814).

DUBOISIA. s. m. (R. *Dubois,* nom d'un botaniste franç.). T. Bot. Genre de plantes Dicotylédones de la famille des *Solanacées.* Voy. ce mot.

DUBOISINE. s. f. T. Chim. Nom donné à l'alcaloïde contenu dans le *Duboisia myoporoïdes,* arbre d'Australie. On a reconnu que la d. est identique avec l'hyoscyamine.

DUBOS (Abbé), historien, secrétaire perpétuel de l'Académie française (1722), auteur de l'*Histoire de l'établissement de la monarchie française dans les Gaules* (1670-1742).

DU BOURG (ANNE), conseiller au Parlement de Paris, fut accusé d'hérésie, condamné et brûlé en place de Grève (1559).

DUBS (JACQUES), homme politique suisse (1822-1879).

DUBUFE (CLAUDE), peintre français (1789-1864). = ÉDOUARD, son fils, peintre fr. (1820-1883).

DUC. s. m. [Pr. *duk*] (lat. *dux,* chef). Le titre le plus élevé de la noblesse après celui de prince. || T. Carros. Voiture du plus grand luxe, sorte de grande victoria à deux places seulement, avec un siège devant et un derrière pouvant contenir deux domestiques chacun.

Hist. — Comme celui de comte, le titre de *Duc* est originaire des derniers temps de l'empire romain : c'est sous le règne de Constantin qu'il en est question pour la première fois. « Après avoir, dit Zozime, créé un maître de la cavalerie et un maître de l'infanterie, ce prince leur subordonna non seulement les centurions et les tribuns, mais encore tous les chefs qu'on appelle *Ducs,* et qui, sous les ordres d'un chef supérieur, commandent dans tout un district, avec la même autorité qu'avaient autrefois les préteurs envoyés dans les provinces. » Au IVe siècle, on comptait vingt-cinq ducs pour tout l'empire, dont cinq pour la Gaule. Ces derniers commandaient les troupes cantonnées dans l'Armorique, les deux Belgiques, la Séquanaise et la Germanie première. Après la conquête de la Gaule par les Francs, le titre de duc, qui correspondait à celui de *Here-zog,* c.-à-d. conducteur d'armée, en usage chez eux, fut maintenu par les vainqueurs. Seulement les nouveaux ducs cessèrent d'être de simples commandants militaires; ils réunirent dans leurs mains la triple administration de la force publique, de la justice et des finances. En général, le duc avait sous ses ordres plusieurs comtes : cependant, au rapport de Frédégaire, il y avait des comtes qui ne relevaient que de l'autorité royale. Après la mort de Charlemagne, les ducs ne tardèrent pas à secouer le joug de la royauté et à s'arroger la souveraineté des pays qui avaient été confiés à leur administration. Cette révolution fut consommée par l'avènement de Hugues Capet, qui était lui-même duc de France, c.-à-d. des terres qui formèrent plus tard la province appelée Ile-de-France. Pendant plusieurs siècles, les ducs de Normandie, de Bretagne, de Berry, de Bourgogne, de Bourbon, etc., furent aussi puissants que les rois ; mais peu à peu ces derniers réussirent à dompter cette redoutable féodalité, et à annexer au domaine royal les duchés qui en avaient été démembrés.

En France, à partir du XVIe siècle, la dénomination de *Duc,* sauf quelques exceptions, ne fut plus qu'un simple titre de dignité que les rois conféraient à leur gré pour récompenser les services rendus à l'État ou à leur personne. Cependant, afin que les titulaires fussent constamment en état de vivre conformément aux idées de grandeur attachées à ce titre, nul ne pouvait l'obtenir s'il ne possédait une terre considérable que le roi érigeait alors en *Duché.* Avant la Révolution, les ducs tenaient le premier rang dans l'ordre de la noblesse. Ils ne reconnaissaient d'autre préséance que celle des princes du sang, et recevaient au lieu du titre de *Cousin,* comme les cardinaux et les maréchaux. En leur écrivant, on les qualifiait de *Grandeur* et de *Monseigneur.* Les duchesses avaient *tabouret* chez la reine. — Les ducs se divisaient en trois classes : les *Ducs et pairs,* les *Ducs non pairs* et les *Ducs à brevet.* Les *Ducs et pairs* avaient le droit de siéger au Parlement comme pairs du royaume. Ils jouissaient aussi de plusieurs honneurs et prérogatives dans les maisons royales. Enfin, ils transmettaient leur titre à leurs héritiers mâles par ordre de primogéniture. Les *Ducs non pairs,* ou *Ducs héréditaires,* n'avaient pas droit de siéger au Parlement ; mais ils étaient admis aux *honneurs* du Louvre et des autres palais royaux, et leur titre passait aussi à leurs descendants. Les *Ducs à brevet* avaient les mêmes prérogatives que les précédents dans les maisons royales ; mais leur dignité s'éteignait avec eux. En 1789, on comptait 189 érections de duchés, depuis la création du duché de Bretagne, qui datait de 1297. L'ancienneté de l'érection réglait le rang à la cour, comme l'ancienneté de la pairie au Parlement. Enfin, quoique l'office de duc et pair appartînt en général aux mâles, à l'exclusion des femmes, il y avait des duchés-pairies qui passaient aux femmes à défaut de descendance masculine ; on les appelait *Duchés-pairies mâles et femelles.* Il en existait même quelques-uns qui avaient été spécialement érigés en faveur de femmes ou de filles : ces derniers se nommaient, à cause de cela, *Duchés femelles.* Le signe héraldique des ducs consistait en une couronne d'or rehaussée de 8 fleurons, dont ils timbraient l'écu de leurs armes (Fig. 1). — Comme les autres titres nobiliaires, celui de duc disparut à la Révolution; mais il fut rétabli par Napoléon, qui, de 1806 à 1814, le conféra à 32 des principaux dignitaires de l'empire. Louis XVIII, Charles X et Louis-Philippe ont également créé des ducs. Enfin, des créations semblables ont eu lieu sous le second empire, notamment en faveur des maréchaux Pélissier et de Mac-Mahon.

Fig. 1.

Mais ce titre était devenu une simple distinction honorifique, qui ne donnait droit à aucun privilège particulier.

La dignité de duc existe également dans la plupart des États de l'Europe. En Angleterre, ce titre remonte seulement à l'an 1336, où le roi Édouard III créa son fils, si connu sous le nom de Prince Noir, duc de Cornouailles. Les ducs tiennent aussi le premier rang dans la noblesse anglaise. — En Allemagne, les ducs viennent immédiatement après les rois dans la hiérarchie féodale; de plus, ce titre emporte avec soi l'idée de souveraineté. Quelques-uns des souverains qui portent ce titre se qualifient même de *Grands-ducs*. — En Italie, en Espagne et en Portugal le titre de duc est plus commun que partout ailleurs; mais il ne constitue qu'une simple distinction honorifique. Dans ces divers pays, les ducs mettent, comme en France, une couronne particulière au-dessus de l'écu de leurs armes: celle du Grand-duc de Toscane, la seule dont la forme mérite d'être signalée, se compose d'un cercle orné de plusieurs pointes un peu recourbées et surmontées,

Fig. 2.

une sur deux, de petites fleurs de lis au bout nourri. Elle est, en outre, ornée sur le milieu de deux grandes fleurs épanouies de Florence, l'une devant et l'autre derrière (Fig. 2). — En Russie, les princes de la famille impériale prennent la qualification de *Grands-ducs*, qui était jadis le titre adopté par plusieurs des anciens souverains du pays. Les anciens rois de Pologne se sont aussi qualifiés de grands-ducs de Lithuanie. — En Suède et en Danemark, le titre de duc est réservé aux princes du sang.

DUC. s. m. (lat. *dux*, chef, ou plutôt sanscrit *dynka*, hibou). T. Ornith. *Duc* et *Grand-duc*, nom que l'on donne à différentes espèces de *Chouettes*. Voy. ce mot.

DUC, architecte français (1802-1879).

DUCAL, ALE. adj. (R. *duc*). Qui appartient, qui est propre à un duc, à une duchesse. *Palais d. Couronne ducale.*

DUCAMP (Maxime), écrivain français (1822-1893).

DU CANGE (Charles du Fresne, sieur), historien et philologue français, illustre par son *Glossaire latin du moyen âge* (1610-1688).

DUCANGE (Victor), romancier et auteur dramatique français, auteur de *Trente ans ou la Vie d'un joueur* (1783-1833).

DUCAS, famille qui a fourni à l'empire d'Orient les empereurs Constantin XI, Michel VII, Alexis V et Jean.

DUCASSE. s. f. Se dit des fêtes populaires dans les provinces de la Flandre. *La d. de Douai.*

DUCASSE, marin français, gouverneur de Saint-Domingue en 1691.

DUCASSIER, IÈRE. s. Personne qui prend part à une ducasse.

DUCAT. s. m. (R. *duc*). Pièce d'or ou d'argent dont la valeur varie selon les différents pays. Voy. Monnaie. || Adjectiv., *Or d.*, Or qui est au titre des ducats.

DUCATON. s. m. (Diminut. de *ducat*). Espèce de monnaie d'argent. Voy. Monnaie.

DUCÉNAIRE ou **DUCENTAIRE**. adj. 2 g. (lat. *ducenarius*, m. s.; *ducenti*, deux cents). De deux cents; qui compte par deux cents.

DU CERCEAU (Androuet). Voy. Androuet.

DUCERCEAU (Père), littérateur français, né à Paris (1670-1730).

DUCEY, ch.-l. de c. (Manche), arr. d'Avranches; 1,800 hab.

DUCHARTRE (P.), botaniste français, né à Portiragues (Hérault) (1811-1886).

DUCHÂTEL, savant prélat français (1480-1552).

DU CHÂTEL (Tanneguy). Voy. Tanneguy.

DU CHÂTELET (Marquise). Voy. Chatelet.

DUCHÉ. s. m. (R. *duc*). Terre, seigneurie, principauté à laquelle le titre de duc est attaché. *Les anciens duchés d'Orléans et de Bretagne. Le d. de Parme. Le grand-d. de Bade.* — *D. femelle* et *D. pairie.* Voy. Duc.

DUCHESNE (André), historien et érudit français surnommé le père de l'histoire de France (1584-1640).

DUCHESNE (Le père). Titre de pamphlets grossiers publiés sous la Révolution, notamment par Hébert, renouvelés en 1848 et sous la commune de 1871. Le père Duchesne était un type populaire, marchand de fourneaux, rue Mazarine, vers 1788.

DUCHESNOIS (Joséphine), célèbre tragédienne française (1777-1835).

DUCHESSE. s. f. (fém. de *duc*). L'épouse d'un duc, ou la femme qui a un duché ou la même dignité que si elle était la femme d'un duc. *Madame la d. de...* — *D. douairière. La grande-d. de Toscane.* || Espèce de lit de repos, qui a un dossier. || T. Arboric. Variété de poires. || T. Chorégr. Ancienne sorte de danse.

DUCIS (Jean-François), poète dramatique français, traduisit pour notre scène les chefs-d'œuvre de Shakespeare (1733-1816).

DUC LA CHAPELLE, astronome français (1765-1814).

DUCLAIR, ch.-l. de c. de la Seine-Inférieure, arr. de Rouen; 1900 hab.

DUCLOS (Mlle), célèbre tragédienne française (1670-1748).

DUCLOS, historien et moraliste français, auteur de l'*Histoire de Louis XI* et des *Mémoires secrets sur le règne de Louis XIV, la Régence et le règne de Louis XV* (1704-1772).

DUCORNET, peintre d'histoire; né sans bras, il peignait avec son pied (1805-1856).

DUCOS (Jean-François), député de la Gironde à l'Assemblée législative, puis à la Convention, fut décapité en 1793.

DUCOS (Comte Roger), membre de la Convention, président du Conseil des Cinq-Cents, puis Directeur, aida Bonaparte et Sieyès au 18 brumaire, fut consul provisoire avec eux, enfin sénateur de l'Empire (1754-1816). = Théodore, son neveu (1801-1855), fut ministre de la marine sous le 2e empire.

DUCRAY-DUMINIL, littérateur français, auteur de romans pour la jeunesse (1761-1819).

DUCROIRE. s. m. (ital. *del credere*). T. Comm. Prime supplémentaire qu'on paie à un commissionnaire en marchandises en sus de la commission, lorsqu'il se porte garant du paiement des marchandises. Voy. Commissionnaire.

DUCROT, général français (1817-1882).

DUCTILE. adj. 2 g. (lat. *ductilis*, qui peut être conduit, de *ductum*, sup. de *ducere*, conduire). Qui peut être tiré, allongé, étendu, sans se rompre. *L'or est le plus d. des métaux.* = Fig. Souple, maniable. *Caractères d.*

DUCTILIMÈTRE. s. m. (lat. *ductilis*; gr. μέτρον, mesure). T. Didact. Marteau pour évaluer la ductilité des métaux.

DUCTILITÉ. s. f. (R. *ductile*). T. Phys. Propriété des corps qui peuvent être allongés et étirés en fils sans se rompre. = Fig. Souplesse d'esprit, de caractère.

Phys. — Il y a des corps comme les métaux, qui sont ductiles à chaud et à froid; d'autres, tels que le verre, ne le deviennent que par la chaleur; il en est enfin qui, à l'exemple de l'argile, ne peuvent l'être que par l'interposition d'un liquide entre leurs molécules. Parmi les métaux, le platine est celui dont la d. est la plus grande. Wollaston a obtenu des fils de platine qui n'avaient que 1 douze-centième de millimètre d'épaisseur, c.-à-d. qu'il faudrait plus de 12C de ces fils pour former un faisceau de la grosseur d'un fil de soie d'un seul brin. Quoique le platine soit le plus pesant de tous les corps connus, 1000 mètres de longueur d'un pareil fil ne pèseraient pas plus de 5 centigrammes. Pour obtenir ces fils, Wollaston avait imaginé un procédé aussi simple qu'ingénieux. Il prenait un fil de platine de 1/100° de pouce anglais d'épaisseur; il le fixait dans l'axe d'un moule cylindrique de 1/5° de pouce de diamètre; puis il remplissait le moule d'argent en fusion. Il avait ainsi un cylindre d'argent avec un axe de platine. Alors il faisait passer le cylindre à la filière; les deux métaux s'allongeaient également et conservaient leurs rapports d'épaisseur. Enfin, lorsqu'il avait amené le fil d'argent au plus haut degré de finesse dont ce métal est susceptible, i le faisait bouillir dans l'acide azotique qui dissolvait l'argent et mettait à nu le fil de platine. Les fils ainsi préparés servent à former les réticules des télescopes. Après le platine, c'est l'or qui tient le premier rang pour la d. Avec 1 gramme d'or on obtient un fil de 3,000 mètres de longueur; et il suffit de 31 grammes de ce métal pour dorer un fil d'argent long de 200 myriamètres. Après l'or, les métaux usuels se rangent ainsi qu'il suit dans l'ordre de leur d. absolue : fer, étain, cuivre, plomb, zinc, nickel. Bien que les métaux malléables soient en même temps ductiles, on voit, en comparant cette liste avec celle des métaux malléables (Voy. MALLÉABILITÉ), que ces deux propriétés ne se rencontrent pas cependant toujours au même degré dans le même corps. Ainsi, la malléabilité du plomb est supérieure à celle du fer, tandis que c'est le contraire qui a lieu pour la d.

DUCTIROSTRE. adj. (lat. *ductus*, allongé; *rostrum*, bec). T. Ornith. Qui a le bec allongé.

DUCTO-CONCHIEN. adj. m. (lat. *ductus*, tiré, et fr. *conchien*). T. Anat. se di. d'un des muscles de l'oreille externe.

DUCTOWNITE. s. f. T. Minér. Variété impure de chalcosine, trouvée à Ducktown.

DUDAÏM. s. m. (hébr, *doudaïm*, nom d'une plante). T. Bot. Nom d'une espèce de Concombre surtout cultivée en Turquie (*Cucumis Dudaïm*). Voy CONCOMBRE.

DU DEFFAND (Marquise), femme célèbre dont le salon était fréquenté par les hommes de lettres du XVIII° siècle (1697-1780).

DUDGEON. s. m. T. Techn. Appareil destiné à assembler les tubes de chaudière sur les plaques tubulaires.

DUDLEGITE. s. f. (f . *Dudley*, n. de lieu). T. Minér. Silicate hydraté d'alumine et de magnésie avec du fer jaune brun, d'un éclat nacré.

DUDLEY, v. d'Angleterre (Worcester), 46,300 hab. Mines de houilles, forges.

DUDLEY (JOHN), grand maréchal d'Angleterre, né en 1502, beau-père de Jane Grey, exécuté en 1553.

DUDLEY (ROBERT), comte de Leicester, favori de la reine Élisabeth (1531-1588).

DUDLEY (CHARLES-É.), citoyen américain, ami des sciences, mort en 1841. Un observatoire fondé en 1856 par sa veuve, à Albany (États-Unis), porte son nom.

DUÈGNE. s. f. (esp. *dueña*, matrone). Gouvernante ou femme d'un âge respectable qui, surtout en Espagne, est chargée de veiller sur la conduite d'une jeune fille, d'une jeune femme. *Sa d. ne la quitte pas un moment.* = Par ext., Vieille femme revêche. || T. Théât. Se dit de l'emploi de duègne. *Cette actrice joue les duègnes et les mères.*

DUEL. s. m. (lat. *duellum*). Combat entre deux personnes. = Par ext. Lutte quelconque entre deux personnes. Un *duel* à coups de poings. || T. Gram. Voy. NOMBRE.

Hist. et Législ. — L'antiquité a connu les combats singuliers entrepris dans un but d'amour-propre ou d'intérêt national, mais le *D.* proprement dit nous vient du Nord. Il faut chercher sa source dans le sentiment du point d'honneur, dans celui de l'honneur individuel, sentiment si énergique chez les nations germaniques qu'il faisait dire aux Romains : *Opprobrium non damnum barbarus horrens :* Le barbare craint la honte plus que tous les maux. Ces peuples guerriers, chez lesquels la valeur était estimée par-dessus tout, étaient accoutumés à se faire justice à eux-mêmes. C'est par la voie des armes qu'ils vidaient habituellement leurs querelles, car à leurs yeux le droit était toujours du côté du vainqueur, et ils voyaient un *jugement de Dieu* dans l'issue d'un combat qui dépendait uniquement de l'adresse ou du hasard. De là l'origine du *Combat judiciaire*, qui fut introduit dans notre pays par les Barbares, et qui, malgré les efforts du clergé d'abord, puis des légistes, ne cessa tout à fait qu'à la fin du XVI° siècle. Voy. ORDALIE.

Le d. *proprement dit* est issu directement de la coutume du combat judiciaire. Les hommes qui avaient l'habitude de manier les armes et de vider leurs différends avec l'épée, abandonnèrent bien, il est vrai, aux tribunaux ordinaires le soin de juger leurs affaires d'intérêt, mais ils se réservèrent à eux-mêmes celui de juger les questions d'honneur, c.-à-d. les questions d'injures personnelles, d'autant que, parmi ces sortes d'injures, il y en avait un grand nombre que la loi ne pouvait atteindre, ou bien qui, à leurs yeux, n'auraient pu, sans les plus graves inconvénients, être déférées à la justice des tribunaux. Le *cartel* échangé entre les adversaires remplaça le *défi* solennel des combats judiciaires. Mais au XVI° siècle, le d. devint une véritable manie parmi les gentilshommes : ils se battaient pour les causes les plus futiles et parfois même en manière de passe-temps. Beaucoup de ces combats seraient aujourd'hui regardés comme de véritables assassinats ; néanmoins, dans la plupart, on observait certaines règles. Dans son curieux *Discours sur les duels*, Brantôme recommande d'abord de ne pas combattre sans témoins, afin de ne pas priver le public d'un beau spectacle, et ensuite pour ne pas s'exposer à être recherché et poursuivi comme meurtrier. « Les combattants, ajoute-t-il, doivent être visités et tâtés pour savoir s'ils n'ont drogueries, sorcelleries ou maléfices. Il est permis de porter reliques de Notre-Dame-de-Lorette et autres choses saintes. En quoi pourtant il y a dispute, si l'on s'en trouvait chargé, et l'autre non ; car en ces choses il faut que l'un n'ait pas plus d'avantage que l'autre. Il ne faut point parler de courtoisie : celui qui entre en champ clos doit se proposer de vaincre ou mourir, et surtout ne se rendre point ; car le vainqueur dispose du vaincu tellement qu'il en veut, comme de le traîner par le camp, de le pendre, de le brûler, de le tenir prisonnier ; bref, d'en disposer comme d'un esclave. » — D'abord, les témoins ne jouèrent qu'un rôle passif dans les duels ; ils se contentaient d'y assister en simples spectateurs, et de veiller à ce que tout se passât dans les règles. Mais, en 1578 ou 1580, ils commencèrent à prendre fait et cause pour le tenant qu'ils accompagnaient. Cette innovation, qui transformait les duels en véritables batailles, rencontra une assez vive opposition, mais n'en fut pas moins maintenue. La fureur des duels fut à son comble sous les règnes de Henri III, de Henri IV et de Louis XIII. On se battait partout, même dans les rues des villes, et, ce qu'il y avait de plus grave, c'est que la plupart des duels étaient de véritables guets-apens. A l'exemple de ce qui se pratiquait en Italie, beaucoup de grandes maisons entretenaient même des spadassins, qu'elles *nourrissaient au sang*, suivant l'énergique expression de Richelieu. « En mars 1607, dit Pierre de l'Estoile, M. de Loménie supputa combien il avait péri de gentilshommes français par les duels depuis l'avènement de Henri IV en 1589, et il s'en était trouvé 4000 de compte fait ; ce qui, pour un espace de 18 ans, donne au delà de 220 par an. » Il y avait donc urgence de réprimer une manie si dommageable au pays. Déjà plusieurs princes, Charles IX (1569), Henri III (1579), Henri IV (1602 et 1609), Louis XIII (1611 et 1613), avaient rendu à cet effet des édits fort sévères, qui n'avaient guère été que comminatoires et qu'on n'avait pas appliqués, tant était puissant le préjugé en faveur du d. Henri IV lui-même, ainsi que nous l'apprend Sully, condamnait à chaque instant, par sa conduite et son langage, ses propres lois sur le d. Mais lorsque Richelieu fut parvenu au ministère, il n'eut garde de laisser inappliquées des lois qui pouvaient si bien le servir dans son projet d'abaisser l'aristocratie. Le supplice du comte de Bonteville et celui du marquis de Beuvron, qui furent condamnés à mort et exécutés, en 1626, pour s'être battus en d. malgré les ordonnances, apprirent à la jeune noblesse qu'elle avait trouvé un maitre, et le nombre des duellistes diminua. Louis XIV ne se montra guère moins rigoureux que Richelieu, et ses ordonnances de 1643, 1651, 1670, 1679, 1704 et 1711, sans détruire entièrement le préjugé, diminuèrent la fréquence et la violence de ces rencontres. « La passion des combats singuliers s'éteignit, dit Lemontey, mais leur usage subsista. On se contenta de ne pas les chercher; on ne put se résoudre à les fuir. Après la mort de Louis XIV, les duels se multiplièrent de nouveau, grâce à la tolérance du Régent et ensuite du gouvernement de Louis XV, quoique ce dernier eût renouvelé les anciens édits par sa déclaration de fév. 1723. Pendant cette longue période jusqu'en 1789, ce fatal préjugé fit encore d'assez nombreuses victimes. La Révolution vit naitre les duels politiques, et, malgré le vœu exprimé par une partie de ses membres, la Constituante ne prit aucune mesure à ce sujet. Sous l'empire on aurait craint, en condamnant le d., de porter atteinte à l'esprit militaire de la nation. Sous la Restauration un projet de loi fut préparé, mais on ne lui donna pas de suite; il en fut de même sous le gouvernement de Juillet. Enfin, en 1837, sur le réquisitoire de son procureur général, Dupin, la Cour de cassation décida que le d., même régulièrement accompli, était punissable conformément aux dispositions générales du Code pénal.

De nos jours, les duels sont devenus très fréquents, surtout entre journalistes ou hommes politiques; il n'est personne qui ne reconnaisse l'absurdité de cette pratique, mais les mœurs et l'habitude triomphent de tous les raisonnements et de toutes les lois. Suivant la jurisprudence actuelle, le d. est assimilé à l'assassinat ou aux coups et blessures volontaires, suivant qu'il a entrainé la mort ou non. Il y a là évidemment une interprétation forcée des dispositions du Code pénal.

Aussi cette jurisprudence nouvelle entraine-t-elle les conséquences les plus regrettables. Qu'arrive-t-il en effet? Si l'un des adversaires a succombé, l'autre est traduit devant la Cour d'assises et invariablement acquitté par le jury, pourvu qu'il n'y ait pas eu déloyauté dans le combat. La rencontre n'a-t-elle causé que de simples blessures, c'est le tribunal correctionnel qui est saisi, et il condamne infailliblement l'accusé. Il résulte de là qu'il vaut mieux, pour celui qui sort vainqueur du combat, qu'il ait tué son adversaire : il vaut mieux pour lui être poursuivi comme assassin que comme auteur de simples blessures. En fait, il existe dans notre législation criminelle une lacune grave : en raison du danger social qu'offre le d., il parait urgent de donner aux tribunaux de meilleures armes que celles dont ils se servent actuellement pour réprimer cet abus.

Le d. ne prouve rien, et est en lui-même une absurdité.

DUELLISTE. s. m. [Pr. du-è-liste] (R. duel). Celui qui se bat en duel, le particul. celui qui se bat souvent en duel, qui cherche les occasions de se battre en duel. Un d. de profession.

DUETTINO. s. m. [Pr. du-èt-tino] (mot ital. dimin. de duetto). T. Mus. Composition musicale à deux parties obligées, presque toujours courte.

DUETTO. s. m. [Pr. du-èt-to] (mot ital. dimin. de duo, deux). T. Mus. Morceau de musique à deux voix ou deux instruments.

DU FAIL (Noël), conteur français du XVIe siècle.

DUFAURE, avocat et homme politique français (1798-1881).

DUFAY (Guillaume), célèbre compositeur français (1350-1432).

DUFOUR, général suisse (1787-1875).

DUFRAISSE (Marc), homme politique français (1811-1876).

DUFRÉNOY (Mme), poète français, auteur d'Élégies (1765-1825).

DICTIONNAIRE ENCYCLOPÉDIQUE. — T. III.

DUFRÉNOY, géologue et minéralogiste français, fils de la précédente (1792-1857).

DUFRÉNITE. s. f. (R. Dufrène, n. d'homme). T. Minér. Variété de fer phosphaté de couleur vert foncé.

DUFRÉNOYSITE. s. f. (R. Dufrénoy, n. d'homme). T. Minér. Arsénisulfure de cuivre. ‖ Arsénisulfure de plomb.

DUFRESNOY, peintre et poète français (1611-1665).

DUGAS-MONTBEL, helléniste français (1776-1834).

DUGAY-TROUIN, marin français (1672-1736), se distingua surtout dans les guerres de la fin du règne de Louis XIV.

DUGAZON (Mme), célèbre comédienne française (1743-1809). = s. f. nom donné aux emplois de chanteuses légères d'opéra-comique. Jouer les dugazons. Cette troupe possède une excellente dugazon.

DUGOMMIER, général français, commandant en chef devant Toulon en 1793, tué l'année suivante sur le champ de bataille.

DUGONG. s. m. [Pr. dugon]. T. Mam. Espèce de Cétacés que l'on appelle vulgairement Sirène ou Vache marine. — On écrit encore Duyong. Voy. Cétacés.

DU GUESCLIN (Bertrand), connétable de France sous Charles V, chassa les Anglais du Poitou, de la Saintonge, de l'Auvergne, de la Guyenne, conduisit en Espagne, après la paix avec les Anglais, les bandes de soldats licenciés dites Grandes compagnies, qui désolaient la France, et mourut au siège de Châteauneuf-de-Randon (1320-1380).

DU HAILLAN, historiographe du roi de France Charles IX, auteur De l'état et succès des affaires de France (1535-1610).

DUHAMEL, savant français (1624-1706).

DUHAMEL, mathématicien français; professeur célèbre par la rigueur qu'il a introduite dans les demonstrations relatives aux débuts du calcul infinitésimal (1797-1872).

DUHAMEL-DUMONCEAU, agronome français (1700-1782).

DUHESME, général français (1766-1815).

DUILIUS, consul qui remporta sur les Carthaginois la première victoire navale des Romains (260 av. J.-C.).

DUIRE. v. n. (lat. decere). Convenir, plaire, être à la convenance de. Cela vous duit-il? Cela ne me duit guère. Vx et fam.

DUIS. s. m. Lit créé à l'aide de digues parallèles, afin de réunir les eaux pour les besoins de la navigation.

DUISBOURG, v. de Prusse (prov. du Rhin), 47,300 hab.

DUIT. s. m. (lat. ductus, conduit, part. passé de ducere, conduire). Chaussée faite de pieux et de cailloux, sur le bord d'une rivière et parfois en travers du cours de l'eau.

DUITAGE. s. m. T. Techn. Disposition des duites.

DUITE. s. f. (lat. ductum, ce qui est conduit, part. passé de ducere, conduire). T. Techn. Fil que la navette conduit d'une lisière à l'autre dans l'ourdissage d'une étoffe. ‖ Fausse d. Défaut de fabrication dans les étoffes provenant d'un jet de la trame qui ne passe pas régulièrement dans les fils de la chaine.

DUITÉ. adj. Se dit des tissus faits par duite, par opposition aux tissus foulés.

DUITER. v. a. (R. duit). T. Techn. Passer la trame de gauche à droite entre les fils d'arrière tirés ou avant et les fils de devant.

DUITTE. s. f. T. Mar. Nom donné à de très petits torons provenant de fil de caret très menus.

208

DUJARDIN (Karl), célèbre peintre hollanda e (1635-1678).

DULAURE, archéologue et historien français, membre de la Convention et du Conseil des Cinq-Cents auteur d'une *Histoire de Paris* (1755-1835).

DULAURENS, écrivain français (1719-1797).

DULAURIER, orientaliste français (1807-1881).

DULCAMARÉTINE. s. f. T. Chim. Voy. Dulcamarine.

DULCAMARINE. s. f. (R. *Dulcamara*, n. scientifique de la *Douce-amère*, du lat. *dulcis*, doux ; *amarus*, amer). T. Chim. Glucoside contenu dans a douce-amère (*Solanum dulcamara*). L'acide sulfurique étendu décompose la d. en une glucose et une substance résineuse appelée *Dulcamarétine*.

DULÇAQUICOLE. adj. 2. g. (lat. *dulcis*, doux : *aqua*, eau ; *colo*, j'habite). T. Hist. nat. Se dit des animaux et des plantes qui vivent dans l'eau douce.

DULCIFÈRE. adj. (lat. *dulcis*, doux ; *fero*, je porte). Néol. Qui porte la douceur avec soi, qui la produit.

DULCIFIANT, ANTE. adj. (R. *dulcifier*). Qui adoucit.

DULCIFICATION. s. f. [Pl. ...*sion*] (R. *dulcifier*). T. Chim. Action de dulcifier ou le résultat de cette action. || T. Métall. Première opération que l'on fait subir au plomb avant de le passer au pattinsonage.

DULCIFIER. v. a. (lat. *dulcis*, doux ; et le suff. *ficare*, faire). T. Pharm. Tempérer l'âcreté d'un liquide en le mêlant avec un liquide plus doux. *On dulcifie les acides minéraux au moyen de l'alcool.* == Dulcifié, ée. part. *Acide nitrique dulcifié.* — se Dulcifier. v. pron. Devenir doux. *Le vinaigre peut se dulcifier.*

DULCIGNO, v. et port du Monténégro, 2,000 hab.

DULCIMER. s. m. T. Mus. Espèce de guitare des pays du Nord.

DULCIN, hérésiarque italien, brûlé vif en 1308. Il proclamait qu'à la loi de sagesse connée au monde par Jésus-Christ devait succéder une loi d'amour, la loi du Saint-Esprit qu'il avait mission de prêcher.

DULCINÉE. s. f. (lat. *dulcis*, doux). Par allusion à la dame des pensées de Don Quichotte, dans le roman de Cervantès, ce mot s'emploie, en plaisantant, pour désigner la femme qui est l'objet de l'amour de quelqu'un. *Je le surprends aux pieds de sa Dulcinée.*

DULCINISTE. s. m. et adj. 2 g. Se dit des sectateurs et des doctrines de Dulcin.

DULCITAMINE. s. f. (R. *dulcite* et *amine*). T. Chim. Amine obtenue en traitant les éthers chlorhydriques ou bromhydriques de la dulcite par l'ammoniaque en solution alcoolique. C'est un liquide sirupeux répondant à la formule $C^6 H^{18} Az O^5$, base énergique qui attire l'acide carbonique de l'air, et qui déplace l'ammoniaque de ses sels.

DULCITANE. s. f. (R. *dulcite*). T. Chim. Anhydride qui se produit quand on chauffe la dulcite à 200°. La d. se présente sous la forme d'une matière sirupeuse, légèrement sucrée, très soluble dans l'eau et dans l'alcool. Elle a pour formule $C^6 H^{12} O^5$ et joue le rôle d'un alcool tétratomique ; elle peut en effet s'unir, avec élimination d'eau, à quatre molécules d'un acide monobasique pour former des éthers. Sa solution aqueuse se transforme lentement en dulcite.

DULCITE. s. f. (lat. *dulcis*, doux). T. Chim. Matière sucrée qu'on rencontre dans la manne de Madagascar, dans le *Melampyrum nemorosum*, le fusain, etc. Pour la préparer, on fait recristalliser la manne de Madagascar, que l'on fait bouillir le Melampyrum avec un lait de chaux, on concentre la liqueur, on la traite par l'acide chlorhydrique et l'on fait cristalliser. On a pu aussi obtenir la d. par l'hydrogénation de la galactose ou du sucre de lait. La d. cristallise en prismes durs, monocliniques, fusibles à 189°, solubles dans l'eau bouil-

lante. Elle ne subit pas la fermentation alcoolique, ne réduit pas la liqueur de Fehling et n'exerce aucune action sur la lumière polarisée. Chauffée vers 200°, elle perd une molécule d'eau et se convertit en dulcitane. Traitée par l'acide nitrique concentré, elle se transforme en *dulcite hexanitrée*, solide, fusible à 85°, détonant par le choc ou par l'application brusque de la chaleur. La d. peut s'unir directement aux hydracides en donnant des produits d'addition tels que le *chlorhydrate de d.* L'acide iodhydrique concentré la convertit en iodure d'hexyle. — La d. est isomérique avec la mannite ; elle dérive de l'hexane normal et répond à la formule

$$CH^2 OH (CHOH)^4 CH^2 OH ;$$

c'est un alcool hexatomique, pouvant former avec un acide monobasique jusqu'à six éthers différents. A cet alcool correspondent deux acides, l'un monobasique, l'autre bibasique, qui se forment par l'oxydation de la d. Le premier est l'acide galactonique ; son aldéhyde est la galactose, qui, par hydrogénation, reproduit la d. Le second est l'acide mucique.

DULCOSE. s. f. T. Chim. Syn. de *Dulcite*.

DULIE. s. f. (gr. δουλεία, servitude, de δοῦλος, serviteur). T. Théol. Culte que l'on rend aux anges et aux saints, qui sont considérés comme des serviteurs de Dieu.

DULONG, savant physicien et chimiste français (1785-1838).

DUMALINE. s. f. T. Techn. Matière isolante à base de gomme copal.

DUMARSAIS, grammairien français (1676-1756).

DUMAS (Alex. Davy), général français, né à l'île Saint-Domingue en 1762, m. en 1806.

DUMAS (Alexandre), fils du précédent, romancier français d'une remarquable fécondité, auteur des *Trois Mousquetaires*, de *Monte-Christo*, du *Chevalier de Maison-Rouge*, etc. (1803-1870). == Dumas (Alexandre), son fils, connu sous le nom d'*Alexandre Dumas fils*, auteur dramatique français. Auteur de *La Dame aux Camélias*, *Le Demi-Monde*, *Les Idées de Madame Aubray*, etc. (1824-1895).

DUMAS (le comte Mathieu), général français (1753-1837).

DUMAS (Jean-Baptiste), célèbre chimiste français, né à Alais (Gard). Il substitua à la théorie des combinaisons binaires celle des *substitutions*, qui est devenue l'une des bases de la théorie atomique (1800-1884). Voy. Chimie et Atomique.

DUMASME. s. f. (R. *Dumas*, nom d'un chimiste français). T. Chim. Huile empyreumatique produite dans la distillation de l'acétate de chaux.

DUMBARTON, v. d'Écosse, ch.-l. du comté de Dumbarton, à l'embouchure de la Leven dans l'estuaire de la Clyde. Vieux château. 8,300 hab. — Le comté a 75,500 hab.

DÛMENT. adv. (R. *dû*). De la manière voulue, selon les formes, d'une manière convenable. *Il a été d. averti. Il a été d. atteint et convaincu. La chose a été bien et d. constatée.*

DUMERSAN, vaudevilliste et numismate français (1780-1849).

DU MESNIL, jurisconsulte français (1517-1569).

DUMESNIL (Mlle), tragédienne française (1711-1803).

DUMFRIES, v. d'Écosse, ch.-l. du comté du même nom, 10,000 hab. — Le comté a 76,100 hab.

DUMICOLE. adj. 2 g. (lat. *dumus*, buisson ; *colere*, habiter). T. Hist. nat. Se dit des oiseaux et des papillons qui se tiennent habituellement dans les buissons, qui s'y reposent de préférence.

DUMNACUS, chef gaulois qui lutta contre les Romains.

DUMNORIX, chef gaulois de la nation des Éduens, servit et trahit tour à tour Jules César.

DUMONCEL (Th.), électricien français (1821-1884).

DUMONT (Albert), archéologue français (1842-1884).

DUMONT (Jean), savant publiciste français (1660-1726).

DUMONT (Louis), publiciste génevois, jurisconsulte (1759-1829).

DUMONT (Augustin-Alexandre), sculpteur français (1801-1884).

DUMONT D'URVILLE, marin français (1790-1842), fit trois fois le tour du monde et périt dans un incendie du train de chemin de fer de Paris à Versailles.

DUMOULIN, jurisconsulte français (1500-1566).

DUMOURIEZ, général français (1739-1823), sauva la France à Valmy en 1792; passa à l'étranger l'année suivante, après avoir livré aux Autrichiens les commissaires de la Convention.

DÜNA. Voy. Dwina.

DUNABOURG, v. de la Russie occid.; 64,600 hab.

DUNBAR, v. d'Écosse, à l'entrée du golfe de Forth; 4,800 hab. Victoire de Cromwell sur les Écossais, en 1650.

DUNCAN Ier, roi d'Écosse, fut assassiné par Macbeth, en 1040.

DUNCANSBY, pointe septentrionale de l'Écosse.

DUNCKER (Max), historien allemand (1811-1886).

DUNDALK, v. d'Irlande, ch.-l. du comté de Louth; 12,300 hab.

DUNDEE, v. d'Écosse, à l'embouchure du Tay; 140,300 h.

DUNE. s. f. (celt., *dunum*, lieu élevé). T. Géol. — Les *Dunes* sont des monticules de sable que l'on rencontre dans les contrées maritimes, là où le fond est sableux et le sol plat ou peu incliné. L'origine de ces collines est aujourd'hui bien connue. A la marée basse, le sable mis à nu par les eaux est

Fig. 1.

promptement séché par le soleil, et ensuite soulevé par le vent du large qui le pousse sur le rivage, où il ne tarde pas à former de petits monticules. Du côté de la mer, ces monticules présentent un plan incliné dont la pente est excessivement douce, tandis que, du côté opposé, le talus est très rapide, de telle sorte que le moindre vent suffit pour briser et faire ébouler le sommet. Or, lorsque le vent de mer est dominant sur les côtes, il fait monter sans cesse le sable sur le plan incliné qui regarde la mer et le jette ensuite sur le versant opposé. Il résulte de là que les dunes voyagent et s'éten-

dent dans l'intérieur des terres. Dans leur marche, elles enterrent les champs cultivés, les maisons éparses, et même les villages. Le plus souvent, les dunes forment de petites chaînes; d'autres fois, elles sont isolées. Dans ce dernier cas, il n'est pas rare de les voir pénétrer fort avant dans les terres, et l'on en connaît qui se sont provisoirement arrêtées près de villages pour lesquels elles sont une perpétuelle menace. Enfin, il leur arrive, de temps à autre, de découvrir en se déplaçant les points qu'elles avaient ensevelis, mais ce n'est en général que pour les engloutir de nouveau un peu plus tard. La hauteur de ces monticules est en général de 10 à 20 mètres; néanmoins, dans certaines localités, elle va jusqu'à 60 et même 100 mètres : c'est ce qu'on observe, par exemple, à l'embouchure du Tay, en Écosse. Quant à la vitesse de leur marche, elle varie en raison des causes locales et surtout de la plus ou moins grande prédominance du vent de mer. Les dunes de nos côtes de Gascogne, avant d'être fixées par des plantations de pins, avançaient d'une vingtaine de mètres environ chaque année. Mais on a des exemples d'une vitesse bien supérieure. Lyell cite le cas d'une d. qui, en Angleterre, parcourut 8000 mètres en un siècle, soit 80 mètres par année, et Rozet celui des dunes de Saint-Pol-de-Léon, en Bretagne, dont la vitesse a été évaluée à plus de 500 mètres par an.

En certaines régions, les dunes agissent avec une singulière activité. Sur le littoral des Landes de Gascogne, par exemple, les vagues de la mer jettent chaque année six millions de mètres cubes de sable ! Ce sable, poussé par le vent, forme des collines, parfois même des montagnes. L'une d'entre elles (celle de Lascours) s'élève jusqu'à 80 et même 89 mètres de hauteur. En Afrique, sur les plages basses où l'Océan vient baigner le grand désert du Sahara, les dunes du cap Bojador et du cap Vert atteignent une élévation de 120 à 180 mètres. On a vu de siècle en siècle des villages engloutis sous cette fine poussière, des étangs repoussés graduellement et surélevés, des transformations topographiques considérables. Dans les dunes de Gascogne, on connaît les villages de Lislan, de Lélos, engloutis tout entiers; on n'en retrouve même plus l'emplacement. Le bourg de Minnizan a été sauvé à temps par des palissades et des plantations. Les dunes de la Teste avancent de 20 à 25 mètres par an. L'homme les arrête aujourd'hui par des plantations qui s'opposent à la prise du vent. D'anciennes dunes ont même acquis assez de stabilité pour recevoir des habitations (Fig. 1).

Lorsqu'il y a rivalité efficace, équilibre moyen, entre le vent de la mer et le vent venant de terre, les dunes restent stationnaires : ce qu'elles gagnent un jour, elles le perdent le lendemain. Mais si le vent de la mer domine sensiblement, elles gagnent sans cesse en étendue et forment des collines ambulantes qui s'avancent inexorablement dans l'intérieur des terres. C'est ainsi qu'aux environs de Saint-Pol-de-Léon (Finistère), les dunes de Santec recouvrent aujourd'hui un canton qui, jusqu'en 1666, était habité et fertile; on voyait encore, au commencement de ce siècle, le clocher et quelques cheminées émergeant au-dessus des sables (Fig. 2). Le mouvement de progression

des dunes s'était élevé à 537 mètres par an ! On s'est décidé à les arrêter par des plantations de pins maritimes.

A Escoublac, près de Pornichet (Loire-Inférieure), on ne voit plus depuis longtemps les ruines de l'ancien bourg enseveli sous les dunes depuis un siècle. La montagne de sable est aujourd'hui couverte de sapins. Chassés impitoyablement par l'envahissement des sables qui, grain à grain (on pourrait dire goutte à goutte), venait les submerger, les habitants de l'ancien bourg abandonnèrent définitivement leurs demeures en 1779 et s'installèrent dans le village actuel, plus éloigné de la mer. Il reste encore une ferme, vers la limite de l'ancien Escoublac. Quoique la submersion ne se soit effectuée

probable que le lac ou étang auquel ce nom fait allusion, occupait l'emplacement actuellement marqué par les marais salants.

Fig. 2.

qu'avec lenteur et ait laissé aux habitants du pays tout le temps nécessaire pour s'installer un peu plus loin, des tradi-

Le travail de la nature sur les rivages est, comme on le sait, très complexe. Quelquefois les débris des falaises, réduits en galets, puis en sable, sont entraînés au loin le long des rivages par les courants de marée qui vont en former des bancs et des dépôts. C'est ce qu'on voit sur les côtes de la Manche, à l'embouchure de la Somme, au promontoire du Hourdel, sur les rivages des Flandres, de la Hollande et de l'Angleterre orientale. Ce qui est pris aux falaises par l'érosion est rendu plus loin en bancs de sable et en galets. Notre Fig. 3 montre un exemple remarquable de ces remaniements de rivages par les galets rejetés par la mer en cordons successifs, tel qu'on peut l'observer à Cayeux, sur le littoral du département de la Somme.

Il existe des dunes dans plusieurs parties de l'Europe. Mais les plus considérables sont celles qui s'étendent sur notre littoral de l'Océan, depuis l'embouchure de l'Adour, dans les Basses-Pyrénées, jusqu'à la pointe de Grave, dans la Gironde. Leur ensemble forme une zone longue de près de 240 kilom. du nord au sud, mais large au plus de 8,000 mètres, et au centre de laquelle se trouvent les points les plus élevés; ceux-ci ne dépassent jamais 60 mètres. Les collines qui composent cette ligne sont disposées tantôt en chaînes suivies et régulières, tantôt en plateaux d'une grande étendue; d'autres fois elles sont isolées les unes des autres, et laissent entre elles des vallons auxquels on

Fig. 3.

tions sont restées qui donnent un aspect tragique à l'événement.

L'église actuelle d'Escoublac date de 1782. Au moyen âge, le village s'appelait *Episcopi lacus* (le lac de l'Évêque), et il est

donne le nom de *Lètes*. Ces masses énormes de sable ont déjà détruit plusieurs villages. En outre, en empêchant le cours des eaux qui sans elles iraient se jeter à la mer, elles ont donné lieu à la formation de plusieurs étangs sous les eaux desquels d'autres villages ont disparu. Les dunes transformeraient donc en un désert stérile tout le terrain compris entre l'Océan et la rive gauche de la Garonne, si l'on ne parvenait pas à les arrêter. Le moyen le plus efficace consiste à les fixer en y plantant des espèces végétales appropriées au terrain. Dans le Boulonnais, on a obtenu d'excellents résultats avec l'*Arundo Arenaria*.

Mais le meilleur moyen de fixer les dunes proprement dites consiste dans le semis et l'élève du pin maritime, qui croît avec vigueur et change rapidement en forêts touffues les collines de sables arides. L'initiative de cette heureuse transformation est due à l'ingénieur Brémontier qui appliqua ses procédés pour la première fois, en 1787, dans le voisinage de La Teste. Semer des graines ne paraît pas difficile, mais il fallait trouver les moyens pratiques d'arrêter sur les surfaces ensemencées le déplacement des sables qui auraient enseveli les graines ou mis à nu les racines des jeunes plantes. Brémontier imagina donc deux systèmes de défense : l'un pour arrêter l'envahissement des sables nouveaux poussés par le vent ; l'autre pour maintenir en place la couche sableuse ayant reçu des graines de pins et pour ménager aux jeunes plantes l'humidité nécessaire à la végétation, jusqu'au moment où elles auraient acquis un développement suffisant pour fournir au sol un abri naturel. Cet ensemble de moyens a sauvé les rivages maritimes de la Gascogne et de la Basse-Saintonge en arrêtant l'envahissement des terres cultivées et des habitations. Voici comment on procède. A cause de la forme conique des dunes, la surface que l'on destine à recevoir des semences prend une forme triangulaire. On établit d'abord sur les deux flancs un cordon destiné à défendre les jeunes semis contre l'envahissement des sables chassés par les vents du sud-ouest et du nord-ouest. Ce double cordon doit s'appuyer sur la base du triangle faisant face à la mer. C'est sur cette base que les sables sont sans cesse poussés par le flot ; ils y glisseraient sans s'y arrêter et, poussés par les vents, s'en iraient grossir incessamment de nouvelles couches de dunes en arrière. C'est donc là qu'il convient d'abord d'établir un barrage solide. On le construit au moyen de planches de sapin d'une longueur de 1m,60 qu'on enfonce à la profondeur de 0m,50 dans le sable. Les cordons latéraux de défense sont composés par un clayonnage fait au moyen d'une série de piquets enfoncés dans le sol et de branches tressées sur ces supports. Les piquets ont une longueur de 2m,50 et sont parfaitement droits. On les enfonce dans le sol à une profondeur de 0m,50 en laissant entre eux un intervalle de 0m,50. On tresse sur ces piquets des branches de genêts ou de pins. On emploie ainsi 75 bourrées du poids de 20 kilog. pour 100 mètres de longueur. On ne clayonne d'abord que sur 1 mètre de hauteur à partir du sol ; le surplus ne sera tressé que quand la partie inférieure sera enfouable. Les matériaux employés pour ce travail sont pris dans les parties voisines déjà fixées et dont les semis sont âgés de 7 à 8 ans. — Le travail terminé, on procède au semis. Cette opération se fait du 1er octobre au 30 avril. L'ensemencement se compose des mélanges suivants : pour un hectare, 18 kilog. de graine de pin maritime ; 6 kilog. de graine de genêt à balais ; 4 kilog. de graine de gourbet. Ces graines sont répandues à la volée, en commençant par la partie basse. Aussitôt qu'une certaine étendue est ensemencée, on procède à la fixation du sable en couvrant leur surface d'une couche continue de branchages fournis par les anciens semis dont les jeunes sujets ont été obtenus très pressés au moyen des éclaircies prévues. Ces branches doivent être plates et droites ; on redresse celles qui sont difformes à l'aide d'une entaille à mi-bois ; on coupe les ramilles placées en dessus ou en dessous, pour que le rameau puisse être appliqué exactement sur le sol. Ces branches sont successivement posées les unes à côté des autres, de façon qu'elles se joignent ; on dirige leur base vers la mer. On en forme ainsi une première ligne parallèle située à la limite inférieure du triangle. On consolide ensuite ces branches contre l'action du vent en les retenant soit par des piquets à crochet fixant eux-mêmes des gaulettes transversales, soit par du sable jeté à la pelle et formant à chaque point une épaisseur de 6 centimètres. Le premier rang de branches ainsi placé, on applique un autre de même façon de manière à ce que l'extrémité inférieure des rameaux recouvre les premiers de 40 centim. environ ; puis on en fixe de même et l'on continue de procéder ainsi jusqu'à la limite supérieure de la surface préparée. On doit employer pour ce procédé 750 bourrées de branchages de 20 kilog. chacune par hectare. Ce mode de couverture fait partie du procédé de boisement de Brémontier, sauf quelques modifications de détail. L'ingénieur Goury a proposé de protéger autrement les semis. Il remplace les branchages couchés à plat sur le sol par des branches

de pin et surtout d'ajonc ou de genêt placées dans une position verticale, suffisamment enfoncées dans le sol, à 60 centim. d'intervalle et disposées en quinconce. Cet abri rompt très bien l'action des vents. Il réussit surtout pour les dunes élevées, les plus éloignées de la mer. Il offre d'ailleurs une économie de moitié dans la quantité de branchages à employer.

Travaux d'entretien. — Dans les semis protégés par les procédés indiqués plus haut, les jeunes pins n'atteignent guère qu'une hauteur de 5 centim. à la fin de la première pousse ; ils se sont élevés à environ 40 centim. à la fin de la troisième année. C'est l'époque où les branchages protecteurs sont desséchés et se désagrègent ; mais alors les racines du plant ont atteint la profondeur où l'humidité est constante en été, et tout est sauvé. L'accroissement devient rapide, et trois ou quatre années après les jeunes pins ont atteint la hauteur de 5 mètres et plus. C'est vers cette époque qu'on peut les utiliser avec le plus d'avantage, en pratiquant les éclaircies, pour la couverture des nouveaux semis. Toutefois, les travaux de défense que l'on a exécutés, exigent des soins d'entretien pendant cette première période. La ligne de palissades en planches est parfois renversée par la violence des tempêtes ; il convient alors de la rétablir. Le plus souvent, le sable s'accumule au pied de ce rempart, il s'élève, forme une petite d. qui dépasse bientôt le sommet de la palissade ; il devient alors nécessaire d'exhausser celle-ci jusqu'au moment où la nouvelle d. a pris assez d'élévation pour protéger les semis faits en arrière. Les cordons de défense établis sur les flancs des semis et que l'on a tressés d'abord jusqu'à la hauteur d'un mètre, arrêtent aussi les sables qui s'accumulent dans quelques endroits et nécessitent de clayonner jusqu'au sommet des piquets.

Le mode de fixation des dunes que nous venons de décrire est employé dans le sud-ouest de la France où il a donné les plus heureux résultats. Mais il peut être étendu sur tout le littoral. Toutefois, comme le pin maritime ne réussit pas dans le Nord, il sera bon de le remplacer par le pin sylvestre.

On a constaté que l'air salin fait périr les petits sapins dès la première année, et que l'on ne peut établir de pépinières qu'à partir d'une distance éloignée de flot d'environ 300 mètres.

Législ. — Depuis le décret du 29 avril-16 mai 1862, les travaux de fixation, d'entretien, de conservation et d'exploitation des dunes sur le littoral maritime sont placés dans les attributions du ministre des Finances, et confiés à l'administration des Forêts. L'exécution de ces travaux est réglée par un décret du 14 déc. 1810 et par la loi du 3 mai 1841 sur l'expropriation pour cause d'utilité publique ; notons seulement que dans le cas où les particuliers propriétaires de dunes ne sont pas en mesure d'exécuter les plantations conformément aux indications de l'administration, celle-ci a le droit de faire planter à leurs frais et de retenir la possession des terrains, jusqu'à ce qu'elle ait été remboursée de ses avances. Ajoutons enfin qu'aux termes de l'art. 226 du code forestier, les semis et plantations de bois sur les dunes sont exempts de tout impôt pendant 50 ans.

DUNEDIN, v. et port de la Nouvelle-Zélande ; 42,800 hab.

DUNETTE. s. f. (diminut. de *dune*). T. Mar. — La *Dunette* est une construction légère qui est élevée au-dessus du pont supérieur des navires, mais seulement à l'arrière, et qui comprend le quart environ de la longueur du bâtiment. Elle est haute d'environ deux mètres, et domine le gaillard d'arrière à peu près comme un balcon domine une place. L'officier de quart se tient sur la d., parce que de ce point sa surveillance est plus facile. C'est sous la d. que se trouvent les logements les plus commodes, les plus aérés et les plus susceptibles d'embellissement : aussi, sur les bâtiments de guerre, sont-ils réservés au commandant, aux officiers principaux et aux personnages de distinction. Sur les navires de commerce, particulièrement sur ceux qui font la navigation de l'Inde, le pont de la d. est comme un salon en plein air où les passagers et les officiers se réunissent pour jouir de la fraîcheur des nuits.

DUNFERMELINE. v. d'Écosse, comté de Fife ; 23,000 h.

DUNKERQUE. s. m. Étagère sur laquelle on place des curiosités.

DUNKERQUE, ch.-l. d'arr. (Nord), port sur la mer du Nord ; 39,500 hab. — Place très disputée par les Français, les Anglais et les Espagnols, jusqu'en 1662, où Louis XIV y fit définitivement flotter le drapeau de la France.

DUN-LE-PALLETEAU, ch.-l. de c. (Creuse), arr. de Guéret; 1,600 hab.

DUNOD DE CHAMAGE, jurisconsulte français (1679-1752).

DUNOIS, anc. pays de France (Orléanais), cap. Châteaudun.

DUNOIS (JEAN, comte de), fils naturel de Louis d'Orléans et de Mariette d'Enghien, guerrier français, combattit les Anglais au temps de Jeanne d'Arc (1403-1468).

DUNS SCOT, théologien anglais du moyen âge, adversaire de S. Thomas d'Aquin, fervent apôtre du réalisme (1274-1308).

DUNSTAN (SAINT), prélat anglais, archevêque de Cantorbéry (924-988).

DUN-SUR-AURON, ch.-l. de c. (Cher), arr de Saint-Amand; 4,100 hab.

DUO. s. m. (lat. *duo*, deux). T. Mus. Morceau de musique fait pour être chanté par deux voix ou exécuté par deux instruments. *Chanter un d. De beaux duos. D. de violon et de piano, pour violon et piano.* || Fig. et fam., *Duo d'injures, de compliments*, etc., Conversation où deux personnes se disent des injures ou se font des compliments. || T. Métall. Ensemble de deux cylindres à axes parallèles concourant à un même laminage.

DUOBUS. s. m. T. Pharm. *Sel de duobus*, Sulfate de potasse.

DUODÉCANE. s. m. T. Chim. Syn. de *Dodécane*. Voy. ce mot.

DUODÉCENNAL, ALE. adj. [Pr. *du-odé-sèn-nal*] (lat. *duodecim*, douze; *annus*, année) Qui embrasse douze ans.

DUODÉCENNIE. s. f. [Pr. *du-odé-sen-ni*] (lat. *duodecim*, douze; *annus*, année). Intervalle de douze ans.

DUODÉCIMAL, ALE. adj. (lat. *duodecimus*, douzième). T. Arith. Qui se divise par douze.
Arith. — On donne le nom de *Duodécimal* à un système de numération qui a pour base le nombre 12, c.-à-d. qu'une unité de chaque ordre en vaut 12 de l'ordre immédiatement inférieur, tandis que dans le système ordinaire une unité de chaque ordre en vaut 10 de l'ordre immédiatement inférieur. Pour écrire les nombres dans ce système, il faut donc 12 chiffres; si on convient de représenter *dix* par la lettre *a*, et *onze* par la lettre *b*, le nombre *douze* sera représenté par 10; *vingt-quatre* ou 2 fois *douze* par 20; *soixante* ou 5 fois *douze* par 50; *cent quarante-quatre* ou *douze* fois *douze* par 100, etc. Enfin, *treize* s'écrit 11; *1a* désigne *vingt-deux*,

1	2	3	4	5	6	7	8	9	a	b
2	4	6	8	a	10	12	14	16	18	1a
3	6	9	10	13	16	19	20	23	26	29
4	8	10	14	18	20	24	28	30	34	38
5	a	13	18	21	26	2b	34	39	42	47
6	10	16	20	26	30	36	40	46	50	56
7	12	19	24	2b	36	41	48	53	5a	65
8	14	20	28	34	40	48	54	60	68	74
9	16	23	30	39	46	53	60	69	76	83
a	18	26	34	42	50	5a	68	76	84	92
b	1a	29	38	47	56	65	74	83	92	a1

et *8b* *cent-sept*, etc. — Le système d. aurait quelques avantages sur le système décimal, parce que *douze* a un plus grand nombre de diviseurs que *dix*; mais ces avantages ne sont pas tels qu'il y ait lieu d'abandonner ce dernier, qui est universellement adopté. La question avait été agitée à propos de l'établissement du système métrique, mais on a reculé devant la difficulté de faire changer des habitudes aussi invétérées que celles de compter les nombres. Voy. NUMÉRATION.

Il serait très facile de s'habituer à calculer dans le système d. Les règles d'opérations sont les mêmes que dans le système ordinaire à base *dix*. Pour les additions et les soustractions, il suffit de faire attention aux retenues, qui sont de *douze* unités, au lieu de *dix*. Ainsi :

$$a8 + 7 = b3,$$
$$b7 + a = 105.$$

Pour la multiplication et la division, il faut avoir à sa disposition la table de multiplication dans le système d., jusqu'à *onze* fois *onze*.

Nous donnons ci-contre cette table à titre de curiosité, en la disposant en tableau carré à double entrée, suivant l'usage habituel. Voy. MULTIPLICATION.

DUODÉCIMO. adv. (lat. *duodecim*, douze). Se dit pour douzièmement, quand on énumère une série d'objets rangés par *primo, secundo*, etc.

DUODÉCITERNAL, ALE. adj. (lat. *duodecim*, douze; *ternus*, troisième). T. Minér. Se dit d'un cristal qui a douze pans terminés par trois faces.

DUODÉCUPLE. adj. Qui contient douze fois.

DUODÉNAIRE. adj. (lat. *duo*, deux; *denarius*, dixième). T. Didact. Qui est disposé par douzaine.

DUODÉNAL, ALE. adj. (R. *duodenum*). T. Anat. Qui appartient ou a rapport au duodénum.

DUODÉNITE. s. f. (R. *duodénum*). T. Médec. Inflammation du duodénum.

DUODÉNUM. s. m. (Pr. *duodènome*). T. Anat. Première portion de l'intestin grêle, ainsi nommée parce que sa longueur est ordinairement de douze travers de doigt. Voy. INTESTIN et DIGESTION.

DUODI. s. m. (lat. *duo*, deux; *dies*, jour). Le deuxième jour de la décade dans le calendrier républicain. Voy. CALENDRIER.

DUODRAME. s. m. (lat. *duo*, deux, et fr. *drame*). Pièce dramatique où il n'y a que deux interlocuteurs.

DUOSTERNAL. adj. (lat. *duo*, deux, et *sternal*). T. Anat. Seconde partie du sternum.

DUOTRIGÉSIMAL, ALE. adj. (lat. *duo*, deux; *trigesimus*, trentième). T. Minér. Se dit d'un cristal offrant trente-deux facettes.

DUPANLOUP, évêque d'Orléans, ardent polémiste (1802-1878).

DUPATY (CHARLES), président au Parlement de Bordeaux, auteur de lettres sur l'Italie (1746-1788). = LOUIS-CHARLES, un de ses fils, sculpteur (1771-1825). = LOUIS-EMMANUEL, un autre, poète et auteur dramatique (1775-1851).

DUPE. s. f. Se dit d'une personne qui a été trompée, jouée, ou qui est facile à tromper. *C'est une d. C'est la d. d'un tel. Il a été sa d. Passer pour d. Faire des dupes. Vous êtes la d. d'une illusion grossière.* — *Être la d. d'une affaire, d'un marché*, Ne pas y trouver son compte. Dans un sens anal., on dit, *Être la d. de sa bonne foi, de son bon cœur*, etc., Se laisser tromper par suite de sa bonne foi. || Sorte de jeu de cartes, appelé quelquefois *Jeu du Florentin. Jouer à la d.* || Adjectiv., *Il n'est pas si d. que vous le pensez.*
Obs. gram. — Le mot *dupe* s'emploie ordinairement au singulier, soit qu'il se rapporte à un nom ou pronom au pluriel qui désigne plusieurs personnes trompées en même temps par le même moyen, ou qui est employé dans un sens générique et collectif. *Nous en fûmes la d. Les personnes de*

bonne foi sont souvent la d. des gens intéressés. Mais, lorsqu'il s'agit de plusieurs personnes trompées successivement il faut mettre dupe au pluriel. *Nous en fûmes les dupes.*

DUPER. v. a. (R. *dupe*). Tromper, en faire accroire. *D. quelqu'un. Se laisser d.* = se Duper. v. pron. Se tromper mutuellement. *Qui veut d. les autres se dupe souvent lui-même.* = Dupé, ée. part.
Syn. — Leurrer, Surprendre, Tromper. — Faire donner dans le faux est l'idée commune exprimée par ces quatre mots. Mais *surprendre*, c'est y faire donner par adresse, en saisissant la circonstance de l'inattention à distinguer le vrai. *Tromper*, c'est y faire donner au moyen d'un déguisement, en donnant au faux l'apparence du vrai. *Leurrer*, c'est y faire donner par les appas de l'espérance en faisant briller le faux comme quelque chose d'assuré ou de très avantageux. *Duper*, c'est faire donner par habileté, en faisant usage de ses connaissances aux dépens de ceux qui n'en ont pas ou qui en ont moins.

DUPERIE. s. f. (R. *duper*). Ce qui fait que l'on est dupe, tromperie. *C'est une franche d.*

DU PÉRIER (François), jurisconsulte français du XVIe siècle. — C'est à propos de la mort de sa fille que Malherbe lui adressa l'ode si connue :

Ta douleur, Du Périer, sera donc éternelle?
. . . .
La mort a des rigueurs à nulle autre pareilles,
Et la garde qui veille aux barrières du Louvre
N'en défend pas nos rois.
. . . .
Mais elle était du monde où les plus belles choses
Ont le pire destin,
Et rose, elle a vécu ce que vivent les roses,
L'espace d'un matin.

DUPERRÉ, amiral français (1775-1846), conduisit l'expédition contre Alger en 1830.

DUPERREY, navigateur français, explora l'Océanie (1786-1865).

DUPERRON, cardinal français (1556-1618).

DUPETIT-THOUARS (Louis-Marie-Aubert), botaniste français (1758-1831). = Aristide-Aubert, son frère, marin français, périt glorieusement dans le combat d'Aboukir (1760-1798). = Abel-Aubert, son neveu, amiral français (1790-1864), auteur d'un voyage de circumnavigation, établit le protectorat français sur Taïti, en 1842.

DUPEUR, EUSE. s. m. et f. (R. *dupe*). Personne qui dupe, qui trompe. — Fam., on dit d'un écrivain, d'un poète, d'un orateur, dont le style ou le langage flatte l'oreille de manière à empêcher de juger ce qui manque à ses pensées, *C'est un d. d'oreilles.*

DUPHOT, général français (1770-1797).

DUPIN (Louis-Ellies), savant docteur de Sorbonne et professeur de philosophie (1657-1719).

DUPIN (Henry), auteur dramatique (1791-1887).

DUPIN (André-Marie-J.-J.), dit Dupin aîné, avocat, jurisconsulte, magistrat et homme politique français, servit avec la même ardeur, et sans souci du passé, tous les pouvoirs qui se sont succédé en France pendant sa longue carrière (1783-1865). = Le baron Charles Dupin, frère du précédent, mathématicien et statisticien français, attacha son nom à plusieurs théorèmes remarquables relatifs à la théorie des surfaces (1784-1873). = Philippe, dernier des trois frères, avocat et jurisconsulte (1795-1846).

DUPINEY DE VOREPIERRE, encyclopédiste français, jeta les bases de ce *Dictionnaire encyclopédique* par son « Dictionnaire français illustré » publié, en 1857, en 2 vol. gr. in-8° (1811-1879).

DUPLESSIS (Jean), voyageur français, colonisateur de la Guyane, m. en 1635.

DUPLESSIS (Joseph Siffrein), peintre français (1725-1802).

DUPLESSIS-MORNAY (Philippe), chef protestant, ami de Henri IV (1549-1623).

DUPLEX. adj. et s. m. (lat. *duplex*, double). T. Électr. Système de transmission entre deux postes télégraphiques reliés par un seul fil, permettant d'expédier simultanément des dépêches dans les deux sens.

DUPLEIX (Joseph, marquis), gouverneur des établissements français dans l'Hindoustan, en 1742. Après avoir lutté avec succès contre les Anglais, et conquit des royaumes que l'incptie du gouvernement de Louis XV livra à l'Angleterre, il fut rappelé par la Compagnie des Indes en 1754 (1697-1764).

DUPLICATA. s. m. (mot lat. part. pass. de *duplicare*, doubler; propr. *choses doublées*). — Double d'un acte quelconque. *On envoya à l'ambassadeur une dépêche par le commis ordinaire, et le d. par une autre voie. Expédier un acte en d., par d. D. de facture.* = Pl. *Des duplicata.* = On dit aussi, au singulier, un *duplicatum.*

DUPLICATEUR. s. m. (lat. *duplicare*, doubler). T. Phys. Instrument propre à réunir des quantités d'électricité trop faibles pour être appréciables à l'électromètre le plus sensible. || Machine à l'aide de laquelle on produit les deux espèces d'électricité sans frottement.

DUPLICATIF, IVE. adj. (lat. *duplicare*). T. Didact. Qui double, qui opère la duplication.

DUPLICATILE. adj. (lat. *duplicare*). T. Didact. Qui est susceptible de se ployer en travers.

DUPLICATION. s. f. [Pr. ...sion] (lat. *duplicatio*). Action de doubler. || T. Géom. *D. du cube*, Problème qui consiste à chercher un cube dont le volume soit double de celui d'un cube donné. Voy. Cube.

DUPLICATO-DENTELÉ, ÉE. adj. (R. *duplication*, et *dentelé*). T. Bot. Dont les dentelures sont elles-mêmes dentelées.

DUPLICATURE. s. f. (lat. *duplicare*). T. Anat. Se dit d'une portion de membrane qui est repliée sur elle-même. *La d. du péritoine, de l'épiploon.*

DUPLICIDENTÉ, ÉE. adj. (lat. *duplex*, double, et fr. *denté*). Qui a des dents doubles. = Duplicidentés. s. m. pl. T. Zool. Famille de Mammifères Rongeurs.

DUPLICIPENNE. adj. (lat. *duplex*, double; *penna*, plume). T. Entom. Qui a les ailes ployées dans le sens de la largeur.

DUPLICITÉ. s. f. (lat. *duplicitas*). Se dit en parlant des choses qui sont doubles et qui devraient être simples. *Ce miroir produit une d. d'images du même objet. Il y a dans cette tragédie d. d'action.* || Fig., Le vice propre de l'homme double, qui se montre autre qu'il n'est réellement ; mauvaise foi. *D. de cœur. Il y a de la d. dans ses actions, dans ses paroles.*

DUPLIQUE. s. f. (lat. *duplicare*, doubler). T. Prat. anc. Réponse à des répliques. *L'ordonnance de 1667 a aboli les dupliques.*

DUPLIQUER. v. (lat. *duplicare*, doubler). Fournir des dupliques. *Quand on avait répliqué, dupliqué, il fallait plaider ou appointer la cause.*

DUPONDIUS. s. m. (lat. *duo*, deux; *pondus*, poids). T. Métrol. anc. Poids de deux livres.

DUPONT (de Nemours), économiste et philosophe français (1739-1817).

DUPONT (de l'Eure), homme politique français (1767-1855), fut président du Gouvernement provisoire en 1848.

DUPONT (Pierre), chansonnier français (1821-1870).

DUPONT DE L'ÉTANG, général et ministre français (1765-1838).

DUPONT DES LOGES, évêque de Metz (1804-1886).

DUPONT-WHITE, économiste français (1807-1878).

DUPORT (Adrien), membre influent de l'Assemblée constituante de 1789 (1759-1798).

DUPORT-DUTERTRE, littérateur et historien français (1715-1759).

DUPORTHITE. s. f. (R. *Duporth*, nom de lieu) T. Minér. Silicate hydraté d'alumine, de magnésie et de protoxyde de fer, provenant de Duporth (Cornouailles).

DUPOTET, vice-amiral français (1777-1852).

DUPOTET (Baron), magnétiseur et publiciste français (1796-1881).

DUPPEL, v. du Sleswig-Holstein (900 hab.) dont la forteresse fut prise par les Prussiens en 1864.

DUPPION. s. m. T. Comm. Voy. Doupion.

DUPRAT (Antoine), cardinal et chancelier de France, eut une grande influence sous François Ier (1463-1535).

DUPRAT (Pascal), publiciste et homme politique (1815-1885).

DUPRÉ (Jean), célèbre imprimeur français de la fin du XVe siècle.

DUPRÉ (Jules), célèbre paysagiste français (1812-1889).

DUPUIS (Charles-François), érudit français, auteur de l'*Origine des cultes*, membre de la Convention, du Conseil des Cinq-Cents et du Corps législatif (1742-1809).

DUPUIS-DELCOURT, écrivain et aéronaute français (1802-1864).

DUPUY DE LOME, célèbre ingénieur, construisit le premier vaisseau cuirassé (1816-1885).

DUPUYTREN (Baron), célèbre chirurgien français (1777-1835). Un musée d'anatomie pathologique, à Paris, porte son nom.

DUQUEL. Mot formé par contraction de la prépos. *De* et du pronom relatif *Lequel*. Voy. Lequel et Dont.

DUQUESNE, marin français se signala dans les guerres contre les Anglais et les Hollandais, bombarda Alger et Gênes (1610-1688).

DUQUESNOY, sculpteur belge (1594-1646).

DUQUESNOY (Ernest-Joseph), ancien moine, conventionnel et terroriste (1748-1795). Son frère, général, se distingua à Wattignies et en Vendée; m. en 1797.

DUQUESNOY (Adrien-Cyprien), publiciste français, membre de la Constituante (1759-1808).

DUR, URE. adj. (lat. *durus*). Difficile à pénétrer, à entamer. *Dur comme du fer. Dur comme marbre.* — Se dit simplem. par oppos. à mou, tendre. *Pain d. Œufs durs. Ce lit est trop d.* || Fig., *Avoir l'oreille dure, être d. d'oreille.* Être un peu sourd, n'entendre pas bien. — *Tête dure*, Esprit peu ouvert, qui ne comprend qu'avec difficulté. On dit de même, *Intelligence dure*, etc. || Par anal., Rude, insensible, inhumain. *Cet homme est d et sec. Il a un caractère d. l'âme dure, le cœur d. Les mœurs y sont aussi dures que le climat. Des lois dures.* — Par ext., se dit des manières, des discours, etc., qui choquent, qui blessent, qui inspirent des sentiments de répulsion. *Il a des traits durs, la mine dure, le ton d., le regard d et farouche. Manières dures. Paroles dures.* || Pénible, affligeant, difficile à supporter. *Il est d. de se voir abandonné par les siens. Il a reçu un*

châtiment bien d. — Courageux, rude, austère, *Ces religieux mènent une vie dure.* — *Le temps est d.*, Il fait extrêmement froid; et fig., se dit d'une époque où l'on a de la peine à vivre, soit à raison de la rareté des denrées, soit par le défaut de travail. *Les temps sont bien durs*, || *Vin d.*, Vin qui a de l'âpreté. || Rude et désagréable à l'oreille, sans harmonie. *Une voix dure. Des vers durs. Un style d.* Prononciation *dure*. || Dans les arts du dessin et en calligraphie, Qui est roide ou heurté, qui est marqué trop fortement. *Son dessin est d. Des contours qui sont durs. Les déliés de ces lettres sont trop durs.* Par anal., on dit, *Avoir le crayon d., le pinceau d.*, etc. || Difficile. *Etre d. à émouvoir. Etre d. à digérer*, est de dure digestion, Se dit des aliments dont la digestion est lente et pénible. *Etre d. à la détente*, Être avare, avoir de la peine à payer. *Etre d. à cuire*, Être endurci, avoir un caractère déterminé. || Fam., *Cette marchandise est dure à la vente*, Elle est de débit fort difficile. == *D. et dure* s'emploient aussi substantiv. *Le d. est le contraire du moelleux.* — Figur. et prov., on dit, *Quand l'un veut du mou, l'autre veut du d.*, Ils ne sont jamais d'accord. — *Coucher à la dure*, Coucher sur la terre ou sur des planches. == *D.* s'emploie encore adverbial., *Il entend d.*, Il a l'oreille dure. || Énergiquement, vigoureusement, *Travailler d.* Fam.

DURABILITÉ. s. f. (R. *durable*). T. Didact. Qualité de ce qui est durable.

DURABLE. adj. 2 g. (lat. *durabilis*, m. s.) Qui peut durer. *Ouvrage d. Paix d. Bonheur, félicité d. Rien n'est d. sur la terre.*

DURABLEMENT. adv. (R. *durable*). D'une manière durable.

DURACINE. s. f. (R. *dur*). T. Hortic. Variété de pêche. Voy. Pêcher.

DURAMEN. s. m. [Pr. *dura-mène*] (lat. *durus*, dur. T. Bot. Nom donné au bois parfait ou bois proprement dit.

DURANCE, riv. de France, sort des Alpes et se jette dans le Rhône près d'Avignon; 380 kil.

DURANDAL. s. f. Nom de l'épée de Roland et, par extension, toute épée de chevalier.

DURANDO (Jean), général italien (1805-1869). == Jacques, son frère, général et homme d'État (1807-1869).

DURANGITE. s. f. T. Chim. Minéral trouvé à Durango (Mexique) et formé d'arséniate d'alumine contenant de la soude et un sesquioxyde de fer.

DURANGO, État et ville du centre du Mexique; 265,300 hab. La ville a 25,000 hab.

DURANT. prép. (R. *durer*). Qui sert à marquer la durée du temps. *D. sa vie. D. l'hiver. Sa vie d. Dix ans d.*
Syn. — *Pendant.—Durant* exprime une action continue; *pendant* marque un moment, une époque, ou une durée susceptible d'interruption. Ainsi l'on doit dire : « Les ennemis se sont cantonnés *durant* l'hiver », s'ils sont restés cantonnés tant que l'hiver a duré, et « Les ennemis se sont cantonnés *pendant* l'hiver », s'ils ont simplement fait choix de cette saison pour se cantonner, sans cependant qu'ils soient restés dans leurs cantonnements tout l'hiver. Malgré l'exactitude de cette distinction, il est rare que les écrivains, même les meilleurs, en tiennent compte : le plus souvent ils emploient indifféremment l'une ou l'autre de ces deux prépositions.

DURANT (Gilles), poète français (1554-1615).

DURANTA. s. m. (R. *Durant*, nom propre). T. Bot. Genre de plantes Dicotylédones de la famille des *Verbénacées*. Voy. ce mot.

DURANTI, magistrat français né à Toulouse, périt victime de son dévouement en 1589.

DURAS, ch. l. de c. (Lot-et-Garonne), arr. de Marmande, 1,600 hab.

DURAS (Henri), maréchal de France (1622-1704).

DURAS (Duchesse de), romancière française (1778-1829).

DURAZZO, l'ancien Dyrrachium, v. et port de l'Albanie, 8,000 hab.

DURBAN ou **PORT-NATAL**, v. de la colonie anglaise de Natal, 11,000 hab.

DURCIR. v. a. (R. *dur*). Rendre dur. *La grande chaleur durcit la terre. Faire d. des œufs.* = Durcir. v. n. Devenir dur. = se Durcir. v. pron. Devenir dur. *Le chêne se durcit dans l'eau. Cette substance se durcit au contact de l'air.* = Durci, ie. part.

DURCISSEMENT. s. m. (R. *durcir*). Action de se durcir ou l'état de ce qui est durci, *Le d. des œufs dans l'eau bouillante. Le d. des os par le progrès de l'âge.*

DURCISSEUR. adj. Qui durcit.

DURDO. s. m. T. Pêch. Poisson du genre Scienne, appelé aussi Corbeau.

DUREAU DE LA MALLE, traducteur français de Tacite (1742-1807). = Son fils Auguste (1777-1857) est l'auteur des *Dissertations sur l'économie politique des Romains.*

DURÉE. s. f. (R. *durer*). L'espace de temps pendant lequel une chose dure. *La d. du monde. La vie de l'homme est de courte d. Cette mode n'eut pas de d. Cet état violent ne sera pas de d. D. éternelle.* — Absolum., se dit de la succession non interrompue des moments. *L'étendue et la d.* Voy. Temps. — Fam. *Être de durée*, Être propre à durer longtemps. *Voilà une étoffe qui sera de durée.* ‖ T. Mus. Temps pendant lequel on doit maintenir un son, une note ou un silence. On dit aussi *valeur*.

Syn. — *Temps.* — La durée ne présente d'autre idée que celle de persistance. Le temps y ajoute l'idée du nombre; c'est une persistance ou une durée évaluée. De là vient que quand on passe à l'éternité, qui est infinie, on supprime bien l'idée du temps, mais on ne peut pas supprimer celle de durée. En d'autres termes, les choses auraient une durée quand même nous ne saurions la rapporter à aucune unité; mais le temps proprement dit n'y serait pas, puisqu'il serait impossible de nombrer cette durée.

Dans le langage ordinaire, la *durée* se rapporte, en général, aux choses, et le *temps* aux personnes. On dit la *durée* d'une action, et le *temps* qu'on met à la faire. La *durée* a aussi rapport au commencement et à la fin de quelque chose, et désigne l'espace écoulé entre ce commencement et cette fin; tandis que le *temps* désigne seulement quelque partie de cet espace, ou cet espace lui-même d'une manière vague et indéterminée. On dit ainsi : en parlant d'un souverain, que la *durée* de son règne a été de tant d'années, et qu'il est arrivé tel événement pendant le *temps* de son règne; que la *durée* de son règne a été courte, et que le *temps* de son règne a été heureux pour son peuple. — Le mot *temps* désigne aussi la succession indéfinie. La *durée* est au temps ce qu'un solide géométrique est à l'espace.

DUREMENT. adv. (R. *dur*). D'une manière dure, avec dureté. *Être couché d. Il le traitait fort d. Peindre, écrire d. Répondre d. à quelqu'un.*

DURE-MÈRE. s. f. (R. *dur*, et *mère*). T. Anat. La plus externe des enveloppes du cerveau et de la moelle épinière. Voy. Encéphale.

DURÈNE. s. m. T. Chim. Hydrocarbure aromatique, dérivé quatre fois méthylé du benzène. Il a pour formule $C^6 H^2 (CH^3)^4$ et constitue le tétraméthylbenzène symétrique. On le rencontre en petite quantité dans le goudron de houille. On peut le préparer synthétiquement en faisant réagir le chlorure de méthyle sur le benzène, ou sur les dérivés méthylés du benzène, en présence du chlorure d'aluminium. On obtient en même temps de l'isodurène; mais le d. cristallise par refroidissement, tandis que l'isodurène reste dans les eaux mères. Le d. forme des cristaux clinorhombiques, à odeur de camphre, fusibles à 80°, bouillant à 190°. Avec le brome il donne des produits de substitution : le *bromo-* et le *dibromodurène*. Il se comporte de même avec le chlore. L'acide nitrique étendu l'oxyde et le transforme en acide cumylique et acide cumidique. Le permanganate de potassium, en solution alcaline, donne les différents acides *durène-carboniques* jusqu'à l'acide pyromellique $C^6 H^2 (CO^2 H)^4$. Avec l'acide sulfurique concentré et chaud, le d. donne les dérivés sulfoniques du pseudocumène et du prehnitène ; mais avec le chlorure $SO^3 HCl$ de l'acide sulfurique on obtient un acide *durène-sulfonique*

$$C^6 H (CH^3)^4 SO^3 H$$

qui, par fusion avec la potasse caustique, donne le durénol.

L'*isodurène* a la même formule que le durène; mais ses 4 groupes CH^3 occupent les positions 1, 2, 3, 5 sur le noyau de benzène, tandis que dans le durène ce sont les positions 1, 2, 4, 5. L'isodurène s'obtient par l'action du bromure de méthyle sur le mésitylène en présence du chlorure d'aluminium. Il est liquide, de consistance huileuse, et bout vers 252°. Avec le brome il fournit un dérivé bromé, fusible à 252°, et un dérivé dibromé fusible à 199° ; avec l'acide azotique, un dérivé dinitré. Par oxydation il se convertit en acides isoduryliques et en acide mellophanique. L'acide sulfurique fumant le transforme en acide *isodurène-sulfonique* qui, fondu avec la potasse, fournit l'isodurénol.

DURÉNOL. s. m. T. Chim. Composé phénolique correspondant au durène. Sa formule est $C^6 H^2 (CH^3)^4 OH$. On le prépare à l'aide de l'acide durène-sulfonique. Voy. Durène. Il cristallise en grands prismes plats qui fondent à 117°. Chauffé longtemps avec la potasse, il donne de l'acide oxydurylique $C^6 H (CH^3)^3 (OH) CO^2 H$.

L'isodurénol, isomère du précédent, est en cristaux incolores, fondant à 108°. On le prépare en fondant l'acide isodurène-sulfonique avec la potasse.

DURER. v. n. (lat. *durare*, durer, durcir, de *durus*, dur). Continuer d'être. *Rien ici-bas ne dure éternellement. Toutes ces choses-là durent peu. Il y a un an que sa maladie dure. Le spectacle n'a duré que trois heures. Il y a des fleurs qui ne durent qu'un jour.* ‖ Absolum., sign. Durer longtemps. *Voilà une étoffe à d. Cela ne durera pas.* Prov., *Il faut faire vie qui dure*, ou figur., *feu qui dure*, Il faut modérer ses dépenses ou ménager ses forces, afin de conserver son bien ou sa santé. — *Le temps lui dure*, se dit d'une personne à qui l'impatience, l'ennui ou quelque autre cause fait paraître le temps long. — Fam. *Ne pouvoir d. dans sa peau*, Être inquiet, tourmenté. *Ne pouvoir d. en place*, Être si inquiet, si tourmenté, qu'on ne peut demeurer dans le même lieu, dans la même situation. — Fam. *Ne pouvoir d. d'une chose* ou *à une chose*, En être extrêmement incommodé, ne pouvoir la supporter. *Il fait si chaud dans cette chambre, qu'on n'y saurait d. C'est un bruit à fendre la tête, on n'y peut d.* — Fam., *Ne pouvoir d. avec quelqu'un*, Ne pouvoir vivre avec lui, ne pouvoir le supporter.

DÜRER (Albert), peintre et graveur célèbre, né à Nuremberg. L'un des plus grands maîtres de la gravure et l'un des plus féconds (1471-1528).

DURET, ETTE. adj. (Dimin. de' *Dur*). Un peu dur. *Cette poularde est un peu durette.* Fam.

DURET (Joseph), sculpteur français, auteur du *Danseur Napolitain* (1804-1865).

DURETÉ. s. f. (lat. *durities*, m. s.). Propriété qu'ont certains corps de résister à l'action qui tend à séparer leurs molécules ; qualité de ce qui est dur. *La d. du fer, du marbre.* — Se dit encore par opposition à la qualité de ce qui est tendre, mou. *La d. de la viande. La d. d'un lit.* ‖ D. *d'oreille*, Difficulté d'entendre, commencement de surdité. ‖ Figur., Défaut de ce qui est rude et désagréable à l'oreille. *La d. de sa prononciation, de son style. La d. d'une langue. La d. d'une modulation.* — Dans les arts du dessin et en calligraphie, se dit de ce qui est marqué trop fortement, ou de ce qui est roide, heurté ; et en peinture, du défaut d'harmonie dans le coloris. *La d. des contours. Les traits de cette écriture ont de la d. de crayon, de pinceau. Il y a toujours dans ses tableaux un peu de d.* ‖ Figur., Rudesse, insensibilité, inhumanité, extrême sévérité. *Il l'a traité avec d. C'est un homme qui a une grande d. de cœur. L'indulgence pour soi et la d. pour les autres n'est qu'une seule et même voie.* — Par anal., on dit : *La d. de la physionomie, du regard, des traits, des manières de quelqu'un. La d. de cette réponse le consterna.* — Se dit aussi, surtout au plur., des discours durs et offensants. *Il lui a dit beaucoup de duretés.*

Phys. — La d. est la résistance que les corps solides opposent à l'action des instruments qui tendent à les user ou à les rayer. Cette propriété ne doit pas être confondue avec celle que possèdent plusieurs d'entre eux, de résister à la percussion : car un corps peut être en même temps *dur* et *fragile*, comme le sont, par ex., le verre et le diamant lui-même. — Au reste, la d. n'est qu'une propriété relative : car un corps dur par rapport à un autre corps peut être mou comparativement à un troisième. On constate la d. relative de deux corps en cherchant quel est celui qui raie l'autre. Le diamant, comme tout le monde le sait, est le plus dur de tous les corps car il les raie tous et n'est rayé par aucun d'eux. Les métaux, à l'état de pureté, sont en général assez mous ; mais leurs alliages sont ordinairement plus durs. C'est pour cela que, dans la fabrication des monnaies, on allie environ un dixième de cuivre à l'or et à l'argent, et que, pour les pièces de billon, on ajoute un peu de zinc au cuivre.

DÜRFELDSTITE. s. f. T. Minér. Sulfure d'antimoine, d'argent, de plomb et de manganèse, trouvé au Pérou dans une gangue de quartz.

DURHAM. s. m. T. Mamm. Race bovine d'origine anglaise appelée dans son pays *Race courtes-cornes* (*Shorthorns*). Elle est remarquable par la beauté de ses formes, la finesse de son squelette et son aptitude à un rapide engraissement. Introduite en France vers 1830, cette race est surtout répandue dans certains départements de l'Ouest et du centre.

DURHAM, v. d'Angleterre, ch.-l. du comté de Durham, 15.000 hab., moutons et bœufs les plus estimés de toute l'Angleterre. Le comté a 868,000 hab.

DURHAM, homme d'État anglais (1792-1840).

DURILLON. s. m. [Pr. les *ll* mouillées] (R. *dur*). Tumeur arrondie et dure de couleur jaunâtre, constituée par l'épaississement de l'épiderme. Voy. Cor || Partie dure dans le marbre, analogue au nœud dans le bois. || T. Techn. Imperfection d'un canon de carabine produite par un défaut du métal.

DURILLONNER (SE) v. pron. [Pr. *duri-llo-n er*, *ll* mouillées] (R. *durillon*). T. Didact. Se couvrir de durillons. *Ce métal se durillonne.*

DURION. s. m. (R. *dureyn*, m. s. mot indien). T. Bot. Genre de plantes Dicotylédones (*Durio*) de la famille des *Malvacées*, tribu des *Sterculiées*, comprenant une seule espèce d'arbres que l'on cultive beaucoup dans l'Archipel indien. Voy. MALVACÉES.

DURIUSCULE. adj. 2 g. (Dimin. de *dur*). Un peu dur. Ce diminutif ne se dit guère que par plaisanterie.

DURIVENTRE. adj. T. Zool. Qui a le ventre dur.

DURMENT. s. m. T. Métall. Pièce qui appartient aux jumelles d'un brocard.

DURMENTON. s. m. T. Métall. Pièce qui tient l'empoise des tourillons dans les forges catalanes.

DUROC, général français, grand maréchal du palais en 1804, puis duc de Frioul après plusieurs missions heureuses ; fut tué à la bataille de Wurschen (1772-1813).

DUROI ou **DUROIS.** s. m. T. Comm. Tissu de laine employé autrefois dans la confection des vêtements.

DUROL. s. m. T. Chim. Ancien syn. de *Lurène*. Voy. ce mot.

DURTAL, ch.-l. de c. (Maine-et-Loire), arr. de Baugé ; 3,200 hab.

DURUY, professeur, historien français, ministre de l'instruction publique sous le 2e Empire, de 1863 à 1869 (1811-1894).

DURVILLÉE. s. f. (R. *Durville*, nom d'homme). T. Bot. Genre d'Algues (*Durvillea*) de la famille des *Fucacées*. Voy. ce mot.

DURYÉR (PIERRE), poète et traducteur français (1606-1658).

DURYLIQUE. adj. 2 g. T. Chim. *L'acide durylique* $C^6H^2(CH^3)^3CO^2H$ est identique avec l'acide *cumylique*. Voy. ce mot.

DUSODYLE. s. m. T. Minér. Voy. DYSODYLE.

DU SOMMERARD (ALEXANDRE), archéologue français, fondateur du musée de Cluny, à Paris (1779-1842). = EDMOND, son fils, dirigea et compléta ce musée (1817-1885).

DUSSAULT, écrivain français et conventionnel (1728-1799).

DUSSAULT, critique français (1769-1824).

DUSSELDORF, v. de Prusse dans la province du Rhin, sur le Rhin et la Dussel ; 147,000 hab.

DUTENS, érudit français (1730-1812).

DUTILLET (JEAN), savant historien français, mort en 1570.

DUTOT, économiste français du XVIIIe siècle.

DUTROCHET, physiologiste français (1776-1847).

DUUMVIR. s. m. [Pr. *du-ome-vire*] (lat. *duo*, deux ; *vir*, homme). T. Hist. romaine. Magistrat exerçant, conjointement avec un autre, une charge importante dans la république. — Par anal., Personne exerçant avec une autre une autorité politique voisine de la dictature.
Hist. — Chez les Romains, les *Duumvirs* (*duumviri, duovires* ou *duoviri*) étaient des magistrats ou des fonctionnaires temporaires établis, soit à Rome même, soit dans les colonies et les municipes. On en nommait ainsi parce qu'ils étaient ordinairement au nombre de deux. — 1° Les *Duumvirs coloniaux* ou *municipaux* étaient les premiers magistrats des colonies et des municipes ; leurs fonctions étaient assez analogues à celles des anciens consuls à Rome avant l'institution des préteurs. On les appelait aussi *duumviri juri dicundo*, parce que l'administration de la justice était une de leurs principales attributions. Ces magistrats étaient généralement élus pour une année seulement. — 2° Les *Censeurs* des villes municipales étaient appelés *Duumvirs quinquennaux* (*D. quinquennales*) à cause de la durée de leurs fonctions qui était de cinq ans. — 3° Les *Duumvirs de la mer* (*D. navales*) étaient des commissaires extraordinaires qu'on instituait, dans certaines circonstances, pour présider à l'équipement d'une nouvelle flotte ou remettre celle qui existait déjà en état de reprendre la mer. Il paraît que dans le principe ils étaient nommés par les consuls ou par le dictateur ; mais, par la suite, ils furent élus par le peuple. — 4° Les *Duumviri perduellionis* étaient des juges extraordinaires chargés de connaître des crimes de félonie ou de lèse-majesté (*perduellio*). Les premiers furent nommés par le roi Tullus Hostilius pour juger Horace, meurtrier de sa sœur. — Les *Duumviri capitales* étaient, au contraire, chargés de juger les accusés ordinaires. Appel de leurs décisions pouvait être porté devant l'assemblée du peuple. — 5° Les *Duumvirs des livres sacrés* (*D. sacrorum*) furent institués par Tarquin le Superbe pour garder les livres sibyllins. Ils furent ensuite remplacés par le collège des décemvirs. — 6° Les *Duumviri frumentarii* présidaient aux distributions de blé au peuple : ces officiers furent institués par Auguste. — 7° On créait encore des Duumvirs pour surveiller la construction d'un temple (*D. ædificatores*), ou pour célébrer sa dédicace (*D. dedicatores*). — 8° Enfin, dans le Bas-Empire, on donnait le nom de *Duumvirs des jeux* (*D. ludorum*) à deux citoyens qui étaient désignés par l'empereur pour donner au peuple des jeux à leurs frais. Leur mandat durait deux ans et ils ne pouvaient s'y soustraire, parce qu'en cas de refus leurs biens étaient mis à la disposition de ceux qui étaient nommés à leur place.

DUUMVIRAL. ALE. adj. [Pr. *du-ome...*] (R. *duumvir*). Qui a rapport aux duumvirs. *Les fonctions duumvirales.*

DUUMVIRAT. s. m. [Pr. *du-ome...*] (R. *duumvir*). T. Hist. rom. Charge, dignité de duumvir. || L'exercice des fonctions de duumvir. — Par anal., Autorité politique de deux personnes.

DU VAIR (Guillaume), homme d'État et orateur français, l'un des *Politiques* de la *Ligue* (1556-1621).

DUVAL (Amaury), littérateur fr. (1760-1839); Alexandre, frère du précédent, auteur dramatique (1767-1842).

DUVAUA. s. m. (R. *Duvau*, n. d'homme), T. Bot. Genre d'arbres et d'arbrisseaux épineux de la famille des *Anacardiacées.* Voy. ce mot.

DUVERDIER, bibliographe, auteur d'une *Bibliothèque*, catalogue de tous ceux qui ont écrit en français (1585) (1544-1600).

DUVERGIER, jurisconsulte français (1792-1877).

DUVERGIER DE HAURANNE (Jean), abbé de Saint-Cyran, théologien français (1581-1643).

DUVERGIER DE HAURANNE (Prosper), homme d'État et publiciste français (1798-1881), auteur d'une *Histoire du gouvernement parlementaire en France.*

DUVERNEY (Guichard), anatomiste français (1648-1730).

DUVERNOIS (Louis), zoologiste et anatomiste français (1777-1855).

DUVERNOIS (Clément), publiciste et homme politique français (1836-1879).

DUVET. s. m. (orig. germ. all. *daune*). La menue plume qui couvre le corps de certains oiseaux, particulièrement des oiseaux de nuit et des palmipèdes. *Un oreiller de d. de cygne. Coucher sur le d.* Voy. Plume. — Par anal., Les premières plumes des jeunes oiseaux. *Ces petits oiseaux ont encore leur d.* || Par ext., Espèce de poil fin et tendre qui recouvre certains quadrupèdes. *Le d. de la chèvre de Cachemire.* — Se dit encore, surtout en poésie, du premier poil qui vient au menton et aux joues des jeunes gens. *A peine un léger d. paraissait-il sur son visage.* || Espèce de coton qui vient sur diverses parties de certains végétaux, sur les tiges, les feuilles, les fruits, etc. *Les pêches sont couvertes d'un léger d.*

DUVETÉ, ÉE. adj. (R. *duvet*). T. Hist. nat. Qui est couvert, garni de duvet.

DUVETEUX, EUSE. adj. (R. *duvet*). Qui a beaucoup de duvet.

DUVIENGET, poète quelque peu extravagant du XVIIe siècle. On lit entre autres dans ses œuvres :

     Le ciel a la dysenterie;
     Les ondes couvrent la prairie;
     Tout pleure le beau temps qui fuit.
     Le ciel va faire une lessive
     Des cendres de tout l'univers.

DUVILLARD, économiste français, auteur de tables de mortalité (1755-1832).

DUVIVIER, général français, né en 1794, tué en combattant l'insurrection de juin 1848.

DUXITE. s. f. T. Chim. Résine fossile, analogue au succin, trouvée en Bohême.

DUYONG. s. m. Voy. Dugong.

DUZAME. s. m. T. Philos. hermét. Pierre philosophale.

DWINA occidentale et **DWINA** septentrionale, fleuves de la Russie d'Europe. Le premier se jette dans le golfe de Riga, après un cours de 1,000 kilomètres; le second dans la mer Blanche, après un cours de 670 kilomètres.

DYADE. s. f. (gr. δυάς, dualité). T. Philos. Ensemble de deux principes plus ou moins directement opposés l'un à l'autre, par lesquels certains philosophes ont cherché à expliquer l'origine de tout ce qui existe. Telle est la *d.* pythagoricienne de l'unité et de l'infini, la *d.* platonicienne du grand et du petit, ou encore la théorie théologique de Xénocrate

composée de l'*Un*, Dieu mâle, origine de tout ce qui existe, et de la *d.*, divinité subordonnée, de nature femelle, mère de la justice et âme de l'univers.

DYAKS. Voy. Davaks.

DYARCHIE. s. f. (gr. δύο, chef; ἀρχός, chef). T. Polit. Gouvernement simultané de deux rois.

DYARQUE. s. m. (gr. δύο, chef; ἀρχός, chef). T. Polit. Chacun des deux rois gouvernant dans une dyarchie.

DYASTYLE. s. m. Fausse orthographe de Diastyle. Voy. Entre-colonnement.

DYCK (Van) (Antoine), célèbre peintre, né à Anvers. Il est, après Rubens, le plus grand artiste de l'École flamande (1599-1641). Œuvres principales : *Le Crucifiement; L'Élévation de la croix; Le Christ en croix; La Descente de croix; La Mort de saint Sébastien; La Vierge et l'Enfant; La Vierge aux douleurs; Vénus demandant à Vulcain des armes pour Énée; Renaud et Armide.*

DYCK (Van) (Philippe), dit *le petit Van Dick*, peintre hollandais (1680-1752).

DYKE ou **DIKE.** s. m. (angl. *dike*, digue). T. Géol. Nom que l'on donne aux coulées de roches éruptives qui traversent les terrains sédimentaires et peuvent venir faire saillie à la surface du sol sous forme d'une muraille plus ou moins régulière. Voy. Filon.

DYLE, riv. de Belgique, passe à Louvain et à Malines, 90 kil. || Nom d'un ancien département français, de 1795 à 1814, dont le chef-lieu était Bruxelles.

DYNAME. s. m. T. Méc. Unité de travail valant 1,000 *kilogrammètres.* Voy. ce mot.

DYNAMIDE. s. f. (gr. δύναμις, force). T. Phys. Nom collectif désignant la chaleur, la lumière, l'électricité et le magnétisme considérés comme des manifestations d'une énergie de même nature.

DYNAMIE. s. f. (gr. δύναμις, force). T. Méc. Unité de travail. Syn. de *Kilogrammètre*, n'est plus usité aujourd'hui. Voy. Kilogrammètre. || T. Méd. État augmenté des propriétés vitales des tissus.

DYNAMIOLOGIE. s. f. (gr. δύναμις, force; λόγος, discours). T. Méc. Science théorique des forces; traité sur les forces.

DYNAMIOLOGIQUE. adj. (R. *dynamiologie*). T. Méc. Qui a rapport à la dynamiologie.

DYNAMIQUE. s. f. (gr. δύναμις, force). T. Méc. Partie de la mécanique qui s'occupe de l'étendue des forces. Voy. Mécanique. || Adjectiv. Qui a rapport aux forces. *Pouvoir d. État d. Cheval d.*, Cheval-vapeur. — *Unité d.*, L'unité qui sert à mesurer l'effet utile d'une machine. — *Électricité d.*, voy. Électricité.

DYNAMIQUEMENT. adv. (R. *dynamique*). Mécaniquement, au point de vue de la mécanique.

DYNAMISER (Se). v. pron. Se concentrer, prendre un caractère dynamique.

DYNAMISME. s. m. (gr. δύναμις, force). T. Philos. Voy. plus bas. || T. Physiol. Se dit de l'ensemble des forces qui animent un organisme vivant. *Le d. vital réagit contre les causes de trouble qui lui arrivent du dehors.*

Philos. — Le mot *d.* s'emploie pour désigner tous les systèmes dans l'explication du monde admettent l'existence et l'action de la *force.* Il s'oppose aux systèmes qui cherchent à faire dériver l'explication du monde de l'idée vague de *substance.* Le d. est complet s'il fait de la force l'élément essentiel de l'Univers et la base de tout ce qui existe ; il est incomplet quand il laisse en présence la *force* et la *substance.* La philosophie grecque était une sorte de d. incomplet. Les *idées* de Platon, les *formes* d'Aristote agissent comme de véritables forces qui animent la substance, la matière, et sont les causes de toutes ses transformations. Au moyen âge, quoique l'enseignement prétende suivre la philosophie d'Aristote, complètement défigurée du reste, l'idée de substance devient prépondérante et le d. est abandonné. Descartes s'en éloigne encore davantage. On sait qu'il compose l'Univers de deux substances : la matière ou substance étendue, et l'esprit ou substance pensante. Comme conséquence de cette définition de la matière, il ne peut admettre le vide, puisque étendue et matière sont pour lui synonymes. La matière étant partout, une portion de matière ne peut se mouvoir sans en déplacer une autre partie. De là la théorie des tourbillons et la conception que le mouvement ne se communique jamais qu'au contact. La force n'a plus rien à faire dans ce système qui est le contraire du d. La grande découverte de Newton, l'attraction universelle, ramène l'attention sur les actions à distance et le d. reprend quelque faveur pour trouver son expression complète dans la *Monadologie* de Leibniz. Pour Leibniz, le monde est composé de *monades*, unités indivisibles et inétendues, agissant à distance les unes sur les autres, s'attirant, se repoussant, etc. L'étendue apparente des corps provient des distances qui séparent les monades qui le constituent. Ces monades sont des centres de forces et c'est dans l'Univers que des forces agissant sur des points sans étendue.

La théorie de Leibniz, comme nous l'avons montré au mot *Atome*, n'est en désaccord avec aucune des conclusions de la science moderne, pas plus du reste que la théorie contraire. De nos jours plusieurs physiciens ou philosophes ont voulu éliminer l'idée de force de la physique. Ce qu'ils incriminent surtout, c'est l'action à distance qu'ils déclarent ne pouvoir admettre. Pour eux l'Univers est composé d'atomes et le mouvement ne se communique jamais d'un atome à un autre qu'au contact, qu'au choc. Cette théorie est très répandue aujourd'hui. Cependant, les partisans se trouvent s'ils croient avoir ainsi éliminé la *force* : ils n'ont fait que la transporter de l'extérieur à l'intérieur de l'atome, car il faut que celui-ci soit élastique pour qu'il y ait communication de mouvement sans perte d'énergie. Quoi qu'on fasse, la cause des mouvements variés des corps qui nous entourent reste toujours mystérieuse, et l'idée de force reparaît dès qu'on analyse avec soin les systèmes qui ont prétendu s'en passer. C'est que le monde physique ne nous est connu que par les impressions qu'il fait sur nos sens, par les phénomènes sensibles, et ceux-ci se présentent comme l'effet d'une cause active qui est une force. Par exemple l'idée de solidité ne nous est fournie que par la sensation de l'effort impuissant que nous exerçons pour pénétrer un corps solide. Celui-ci nous apparaît donc, en dernière analyse, non comme une chose inerte et passive, mais comme une chose active qui réagit contre nos efforts, comme une force en un mot. Du reste la physique nous apprend que ce solide est composé de molécules, qu'on ne y ressent nous rapprochons des molécules, mais que celles-ci tendent à reprendre leur position d'équilibre et ne s'en laissent écarter que fort peu, de sorte qu'en définitive la notion de solide a pour cause les forces répulsives des molécules qui les composent. Nous ne connaissons pas l'essence même des choses, et c'est ce qui rend si obscure, pour ne pas dire inintelligible, l'idée de *substance*. L'idée de *force* paraît un peu moins obscure, parce qu'elle dérive de la notion des *efforts* que nous accomplissons pour tel ou tel objet ; cette seule raison pourrait suffire à la faire préférer à l'autre ; mais si l'on pousse l'analyse plus loin, l'obscurité un moment dissipée reparaît, plus profonde : le mot *force* n'indique plus qu'une cause de mouvement, mais il ne dit pas quelle en est la nature ; aussi lorsque n'est qu'un phénomène antérieur, le mot *force* cache seulement notre ignorance, et si cette cause a une existence propre, indépendante de tout phénomène antérieur, elle constitue une *substance* au sens où l'on entendait le mot au moyen âge.

Si on laisse de côté les discussions relatives à l'essence même des choses et qu'on ne envisage la question sous le rapport scientifique, le problème du dynamisme se confond avec celui de la constitution de la matière et se réduit aux questions suivantes qui ne sont pas en dehors de la science et auxquelles on peut espérer que les progrès de la physique finiront par apporter une réponse :

1° Tout ce qui est matériel, y compris l'éther où se propage la lumière, est-il composé d'atomes distincts et séparés, ou forme-t-il un tout continu ?

2° Si la matière est composée d'atomes, ces atomes sont-ils étendus ou se réduisent-ils à de simples points géométriques, comme le croyait Leibniz ?

3° Si les atomes sont étendus, leur forme est-elle invariable, ou est-elle susceptible de se modifier quand des atomes sont pressés l'un sur l'autre ?

4° Existe-t-il une action à distance qui établit une relation entre les mouvements de deux atomes plus ou moins éloignés, ou le mouvement d'un atome ne peut-il se communiquer de l'un à l'autre que par contact ?

Quand ces quatre questions seront résolues, si elles peuvent l'être par l'expérience, le problème métaphysique de la force sera loin d'être résolu, mais il sera beaucoup plus nettement circonscrit. Si l'on arrive à démontrer que l'atome n'est pas étendu, il faudra bien faire de la force un élément primordial de l'Univers, une entité première au delà de laquelle il semble impossible que la science puisse remonter. Il en sera de même si l'action à distance est mise hors de doute. Si au contraire on arrive à la notion d'atomes étendus ne pouvant se communiquer leurs mouvements que par contact, il restera à trouver la cause et les lois de l'élasticité de l'atome qui apparaîtra, non comme une entité première, mais comme le siège de phénomènes complexes qui seront encore du domaine de la science. Si enfin on arrive à conclure que, sinon la matière pondérable, du moins l'éther est un tout continu, il faudra bien en revenir au mécanisme de Descartes. On voit ainsi que, quoique la question métaphysique des principes premiers reste toujours en dehors de la science expérimentale, cependant des problèmes importants qui paraissaient autrefois ne constituer que des spéculations de la raison, apparaissent aujourd'hui comme pouvant être, sinon résolus complètement, du moins singulièrement circonscrits par les investigations expérimentales. Voy. ATOME, MATIÈRE, FORCE.

DYNAMISTE. s. m. (R. *dynamisme*). Partisan du dynamisme.

DYNAMITE. s. f. (gr. δύναμις, puissance). T. Chim. Nom donné à divers explosifs à base de nitroglycérine.

Chim. — Le mot d. désigne les divers explosifs que l'on obtient en mélangeant certaines substances solides et poreuses avec de la *nitroglycérine*, la matière solide y joue le rôle d'absorbant et s'oppose à l'écoulement de la nitroglycérine liquide qu'elle retient dans ses pores, sans enlever à l'*huile détonante* aucune de ses propriétés.

La substance est, dit-on, *inerte* ou *active*, suivant que cette matière ne joue aucun rôle au moment de l'explosion, ou qu'au contraire elle influe dans une certaine mesure sur cette explosion, en augmentant sa puissance ; de là deux grandes divisions caractérisant la nature de la d. : *d. à base inerte*; *d. à base active.*

La découverte toute française de la d. date de 1867 et est due à Nobel qui, par un mélange dosé de nitroglycérine et de terre siliceuse, obtint une substance éminemment explosive, bien que d'un maniement présentant beaucoup moins de danger que la nitroglycérine pure. On peut même, en prenant certaines précautions très simples et en n'exposant pas la d. à des chocs violents, la transporter facilement, tout comme de la poudre ordinaire.

Presque entièrement inconnu de l'industrie, jusqu'en 1870, ce n'est guère qu'après les hostilités franco-allemandes que cet explosif qui, à l'heure actuelle, a remplacé en grande partie la poudre de mine dans toutes ses applications, acquit une certaine notoriété, qui ne tarda pas à grandir, lorsqu'un ancien officier d'artillerie, M. Barbe, l'eut fait connaître et apprécier ; il commençait en effet à la fabriquer industriellement dès le mois de novembre 1870 à Paulilles, dans le département des Pyrénées-Orientales.

Nous examinerons rapidement les deux grandes classes de dynamites, à base inerte et à base active, nous bornant à indiquer la composition des principales d'entre elles. Pour les secondes notamment, le nombre en est extrêmement considérable.

Les dynamites à *bases inertes* se composent d'un mélange de nitroglycérine et d'une terre siliceuse que l'on nomme *kieselguhr*, lorsqu'elle est constituée par la décomposition de diatomacées, sorte de petites algues microscopiques, et *Randanite*, si elle est formée par des micro-organismes fossiles. La première de ces bases, originaire d'Uterlass dans le Hanovre, a une coloration brunâtre ; la seconde est blanche, légère et friable et se trouve abondamment dans diverses contrées de la France.

La composition des dynamites à bases inertes varie suivant le pouvoir absorbant de la base ; elle varie en général entre 75 à 77 p. 100 de nitroglycérine et 23 à 25 p. 100 de substance absorbante. Cependant dans les dynamites industrielles proprement dites la proportion de nitroglycérine varie de 50, 60 à 70 p. 100 en poids du mélange total ; on est même descendu jusqu'à 30 p. 100 de nitroglycérine, mais cette dernière proportion a été abandonnée depuis quelques années, à cause du peu de puissance de l'explosif qui en résulte.

Les dynamites à *bases actives* varient presque à l'infini quant à la nature de ces bases qui se composent de charbon, d'azotates de soude, d'ammoniaque, de baryte, etc., substances qui ne sont autre chose que les éléments constitutifs des poudres noire, ou chloratée, ou encore pyroxylée.

Nous signalerons parmi les principales de ces dynamites : la d. *Nobel* n° 3, composée de 25 p. 100 de nitroglycérine et d'une poudre à base de nitrate de soude ; la d. *grise de Paulilles*, mélange de 20 p. 100 de nitroglycérine et d'une poudre analogue à la précédente ; la d. *à la cellulose* ou d. *Nobel* n° 6 ; la *paléine* ou d. *paille* ; la *seranine*, d. à base de *chlorate de potasse*, extrêmement dangereuse à manipuler ; la d. *au coton-poudre* ; la d. *son* ; la *dualine* ; la *fulminatine* ; la d. *blanche* ; le *lithofracteur* ; la *poudre de Horsley*, à base de *chlorate de potasse* ; la d. *à l'ammoniaque*, contenant 20 p. 100 de nitroglycérine et 80 p. 100 de *nitrate d'ammoniaque* et un peu de *charbon*. Elle est d'une puissance explosive plus considérable encore que la d. à base siliceuse ; la *poudre de Vulcain*, contenant environ 30 p. 100 de nitroglycérine mélangée à une poudre à base de nitrate de soude ; la *poudre de Cologne*, dont la composition renferme 30 p. 100 de nitroglycérine et de la poudre de mine ordinaire ; la *sébastine*, à base de charbon de bois ; la d. *au charbon* renfermant du charbon de bois en poudre, de l'azotate de baryte et de la résine ; la d. *noire*, mélange de charbon de terre ou de coke pulvérisé, de sable et de nitroglycérine ; la *poudre d'Hercule*, mélange de poudre de mine de mauvaise qualité et de 30 à 35 p. 100 de nitroglycérine ; la *pantipollite* ; la d. *gélatineuse* ; la d. *gomme* ; le *rhexit*, etc., etc.

Procédés de fabrication. — La fabrication de la d. comporte trois opérations successives : 1° l'obtention de la nitroglycérine (Voy. NITROGLYCÉRINE) ; 2° le mélange de l'huile détonante avec la base ; 3° la mise en cartouche ou en pétard de la d.

Après la préparation de la nitroglycérine, on verse le liquide dans un baquet garni de plomb intérieurement, puis, peu à peu on ajoute la base absorbante, en malaxant le tout à l'aide d'une spatule en bois. Lorsqu'on a obtenu une sorte de bouillie très épaisse, on étale cette dernière sur une table garnie d'une feuille de plomb, et l'on continue à mélanger intimement la masse. Cela fait, la d. ainsi obtenue s'introduit dans les cartouches à l'intérieur desquelles on la presse à l'aide d'un mandrin de bois. Les cartouches destinées à l'industrie privée se composent de plusieurs épaisseurs de papier collées les unes sur les autres, de manière à constituer des tubes cylindriques de 25 millimètres de diamètre et pesant, pleins de d., de 70 à 80 grammes. Suivant les fabriques, on emploie des papiers parcheminés, étamés ou huilés.

Les cartouches de d. nommées *pétards* et qui sont exclusivement réservées pour l'armée, ont une enveloppe métallique rarement cylindrique, mais le plus ordinairement prismatique ; le métal est choisi de préférence, afin de préserver l'intérieur de l'humidité. De plus, dans les pétards, l'emplacement que doit occuper l'*amorce* servant à déterminer l'explosion se trouve ménagé à l'avance, tandis que dans les cartouches destinées à l'industrie cette amorce s'ajoute après coup.

Au fur et à mesure de la fabrication d'une cartouche ou d'un pétard, on place l'une ou l'autre dans de petites caisses en bois, par paquets de 25 ; ensuite dix de ces boîtes sont disposées dans une seconde caisse en bois qui, pleine, pèse environ 25 kilogrammes.

Emploi et usage de la dynamite. — L'explosion d'une cartouche de d. produit des effets de rupture d'une très grande puissance, comparativement à ceux qu'on obtient avec la poudre de mine ordinaire. Tout en permettant de ne donner aux fourneaux de mine que des dimensions très faibles, cet explosif offre sur la poudre une économie variant de 30 à 50 p. 100 ; son effet peut être considéré comme atteignant le double de celui de la poudre noire de mine. La d. brise, pulvérise même les corps résistants sur lesquels elle se trouve simplement déposée ; on utilise cette propriété particulière dans un grand nombre de cas, le broiement de masses rocheuses, le fonçage de puits de mine, le percement des tunnels, etc. L'instantanéité de l'explosion est telle qu'il n'y a pas lieu de procéder à un bourrage.

Nous avons dit que la d. ne fait explosion que grâce à l'inflammation d'une amorce, la plupart du temps au fulminate de mercure. Il faut que l'amorce détone pour que l'explosif fasse sentir ses effets foudroyants. On peut en effet allumer impunément une cartouche de d., non munie de son amorce, sans qu'il se produise aucune détonation ; la d. brûle jusqu'à extinction de la matière. Un choc très violent peut seul déterminer l'explosion.

Par prudence, on n'amorce jamais la cartouche ou le pétard qu'au moment même où on doit en faire usage. Avec une cartouche ordinaire, il suffit de déchirer un peu le papier à l'une des extrémités et d'introduire l'amorce par l'ouverture pratiquée, en l'enfonçant dans la masse ; on a soin au préalable de bourrer à l'intérieur de l'amorce le bout d'une mèche à mine ou *cordeau*, qui brûle lentement et donne aux ouvriers le temps de se mettre à l'abri, avant que ne se produise l'explosion. Un simple pincement opéré sur les bords de l'amorce, suffit pour empêcher le cordeau de s'échapper lorsque le mineur introduit la cartouche dans le trou. On donne en général une longueur de un mètre environ à la mèche.

S'il s'agit d'un *pétard*, on enlève un petit ruban obturant le trou pratiqué dans l'enveloppe métallique et on fait glisser par cette ouverture l'amorce munie de son cordeau, jusqu'au moment où elle se trouve en contact avec la d. La cartouche de d. s'emploie en général seule ; cependant il se présente des cas où une cartouche isolée ne produirait pas l'effet voulu. Dans ces circonstances particulières on dispose sur les rochers à broyer ou dans les fourneaux de mine plusieurs cartouches côte à côte ; cette façon de charger le coup se nomme *charge concentrée*. Pour certains autres cas, on dispose les cartouches bout à bout, on obtient alors ce que l'on nomme une *charge allongée*. On n'emploie ces dispositions ci-dessus indiquées que très exceptionnellement.

À l'heure actuelle, cet explosif se fabrique dans toutes les contrées du monde, mais la plus importante société, qui porte le nom de l'inventeur de la d., la Compagnie Nobel, possède un très grand nombre d'usines ; la principale, celle de Paulilles, livre actuellement à l'industrie 800.000 kilogrammes. Les autres usines appartenant à la même société se trouvent en Allemagne, Autriche, Angleterre, Amérique, Espagne, Italie, Hongrie et Portugal.

DYNAMITERIE. s. f. Fabrique de dynamite.

DYNAMITEUR. s. m. Fabricant de dynamite. ‖ Celui qui emploie la dynamite. ‖ T. Art milit. Soldat chargé d'exécuter les opérations de destruction par la dynamite.

DYNAMITIÈRE. s. f. Magasin dans lequel on conserve la dynamite.

DYNAMO. s. m. (abréviation de *Dynamo-électrique*). Machine dynamo-électrique. Voy. MAGNÉTISME.

DYNAMODE. s. m. T. Méc. Synonyme de *dyname*, unité de travail qui vaut 1,000 *kilogrammètres*. Voy. ce mot.

DYNAMO-ÉLECTRIQUE. adj. T. Électr. Se dit des machines qui servent à convertir l'énergie mécanique en énergie électrique, et réciproquement. Voy. MAGNÉTISME.

DYNAMOGE. s. f. (du gr. δύναμις, force). T. Techn. Matière explosive inventée par l'ingénieur autrichien Pétry.

DYNAMOGÉNÉSIE. s. f. (gr. δύναμις, force ; γένεσις, génération). T. Méd. Traitement spécial pour les constitutions débiles.

DYNAMOGÉNIE. s. f. δύναμις, force ; γεννάω, j'engendre). T. Physiol. Action pathologique par laquelle une activité ou une propriété est soudainement augmentée.

DYNAMOGRAPHE. s. m. (gr. δύναμις, force ; γράφω, j'écris). T. Phys. Syn. de *Dynamométrographe*. Voy. ce mot et DYNAMOMÈTRE.

DYNAMOMAGNÉTIQUE. adj. Qui a rapport à la dynamique du magnétisme.

DYNAMOMÈTRE. s. m. (gr. δύναμις, force ; μέτρον, mesure). T. Phys. et Mécan.

Enc. — On nomme ainsi les instruments qui sont spécialement destinés à mesurer la force ou la puissance des moteurs. Les premiers *Dynamomètres* qu'on ait imaginés servaient uniquement à mesurer la force musculaire de l'homme et des animaux. Le *D. de Leroy*, qui a été longtemps en usage, se composait d'un tube métallique, long d'environ 30 centimètres, qui renfermait un ressort en hélice terminé supérieurement par une tige graduée et surmontée d'un globe. Le tube étant placé debout, un homme pressait sur le globe de toute sa force, la tige entrait plus ou moins dans le tube, et la graduation indiquait la mesure de la pression. On employait aussi l'appareil d'une autre manière. On fixait horizontalement le tube à un mur vertical et on remplaçait le globe par un coussin destiné à recevoir un choc; mais, comme on n'aurait pas eu le temps de lire la graduation à cause de la rapidité avec laquelle le ressort revenait sur lui-même, la tige fixée immédiatement à ce dernier en poussait une autre placée dans le coussin et disposée de telle manière qu'elle restait stationnaire pendant que la première reprenait sa position primitive.

Les premiers dynamomètres employés pour mesurer la force musculaire de l'homme et des animaux consistaient essentiellement, ainsi que nous venons de le voir, en un ressort dont l'extension ou la compression sont proportionnelles à la force qui agit sur lui. Or, un poids n'étant autre chose qu'une quantité déterminée de force, il est évident qu'on peut également se servir d'un ressort comme d'une machine à peser, surtout lorsque la pesée n'exige pas une très grande précision. Divers instruments, appelés *Balances à ressort*, ont été construits sur ce principe. La balance à ressort ordinaire (Fig. 1) est surtout d'un usage commode en ce qu'on peut peser des poids de 20 kilogr. et au-dessus, avec un appareil qui tient dans un tube de 10 cent.

Fig. 1.   Fig. 2.

de longueur sur 2 de diamètre. Le tube est en fer et porte au bas un crochet pour suspendre les corps à peser. Une tige de fer *ab*, large de 1 centim. et épaisse de 2 mill. 1/2 est assujettie à la plaque circulaire *cd*, qui glisse avec un léger frottement le long du tube. A cette plaque est fixée l'extrémité d'un ressort d'acier qui tourne en hélice autour de la tige, sans la toucher, non plus que le tube. Ce dernier est fermé en haut par une plaque de fer qui laisse passer la tige *ab*, laquelle est graduée à sa partie supérieure, et porte, en outre, un anneau au moyen duquel on suspend l'instrument. Maintenant, quand on veut peser un objet quelconque, on le suspend au crochet inférieur; l'action du poids fait glisser le tube de haut en bas en raccourcissant la longueur du ressort, jusqu'à ce qu'il y ait équilibre entre le poids et la force élastique du ressort. La mesure du poids se trouve alors indiquée par la graduation de la tige. On a imaginé une autre disposition du même appareil d'après laquelle le poids étend le ressort hélicoïdal au lieu de le comprimer. Il existe encore d'autres balances du même genre où le ressort en hélice est remplacé par un ressort coudé. La plus répandue est celle que représente la Fig. 2; son mécanisme est si simple qu'il n'a certainement besoin d'aucune explication.

Ces appareils ne peuvent servir que pour mesurer des efforts bien inférieurs à 100 k. Or, à l'heure actuelle, on a à chaque instant besoin d'estimer des efforts plus considérables que les premiers; ce qu'on peut s'obtenir à l'aide du d. de Régnier (Fig. 3). Il consiste en un simple ressort d'acier trempé, *abcd*, qui a la forme d'un ovale. Les deux arcs se rapprochent plus ou moins suivant qu'ils sont plus ou moins fortement tirés dans le sens du grand axe, ou comprimés dans celui du petit axe. L'un des deux arcs, *ab*, est armé d'un cadran gradué et muni d'une aiguille, *i*, mobile à son centre, *i*, et commandée par un levier courbe, *efg*, qui dépend de l'autre arc. En conséquence, lorsqu'on rapproche les deux arcs du ressort, la pointe *g* du levier s'appuie contre l'aiguille, et fait parcourir à la pointe *k* de cette dernière les divisions du cadran dont les chiffres indiquent en kilogrammes la tension du ressort, ou qui revient au même, les efforts égaux de traction ou de compression du moteur qui les produit. La manœuvre du d. a lieu de deux manières. Si l'on veut mesurer un effort de compression, on agit sur l'arc supérieur. Si l'on veut mesurer un effort de traction, on tire en sens contraire, les deux demi-anneaux, *ac*, *bd*, qui terminent les arcs. Pour cela, on fixe l'instrument par l'un de ces anneaux à un point résistant, à un

mur, par ex., et on le fait tirer de l'autre côté par l'homme ou l'animal dont on veut éprouver la force.

On obtient ainsi l'effet absolu dont le moteur est instantanément capable, c'est-à-dire l'effort qu'il peut exercer par un

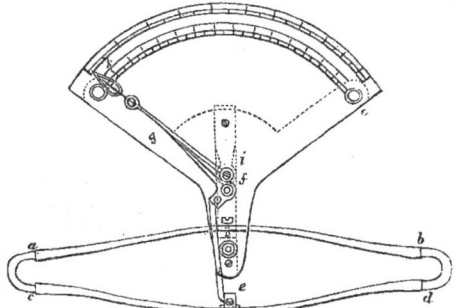

Fig. 3.

coup de collier. Mais si, au lieu de cet effort absolu, on se propose d'obtenir l'effort moyen et continu que ce même moteur peut développer dans un travail quelconque, on dispose les choses d'une autre manière. S'il s'agit, par exemple, d'un cheval, on l'attelle à une voiture suffisamment chargée, et

Fig. 4.

l'on fixe un d. entre elle et l'animal; on note alors les positions successives que prend l'aiguille pendant la marche, et la moyenne des nombres qu'on relevés donne l'effort cherché.

On a fréquemment à développer des efforts considérables qu'il s'agit de mesurer d'une manière précise: on a alors recours à des dynamomètres spéciaux qui tous se rapportent à deux grandes divisions: les *dynamomètres de traction* et les *dynamomètres de rotation*. Les premiers servent à déterminer tous les efforts de translation, tandis que les seconds mesurent l'effort effectué et le travail transmis à des machines-outils par un arbre qui les actionne.

Les *dynamomètres de traction* doivent remplir certaines conditions indispensables que M. Morisa déterminées et formulées clairement: 1° l'usage fréquent de l'appareil ne doit en rien altérer sa sensibilité; 2° l'instrument doit fournir lui-même un tracé graphique quelconque, subsistant après l'épreuve, et indiquant exactement la flexion du ressort; 3° ce tracé, exécuté par l'instrument, doit, à chaque moment de l'expérience, donner le résultat correspondant de l'effort mesuré; 4° il faut enfin que le d. donne la possibilité, à l'opérateur, de totaliser facilement la quantité de travail fournie.

Les premiers dynamomètres à traction employés, dans ses expériences, par M. Moriss, se composaient de ressorts à lames dont la section était celle d'un solide d'égale résistance; deux barres d'acier articulées à l'aide de boulons réunissaient les extrémités de ces lames. C'est en se basant sur ce principe qu'on est arrivé à construire des dynamomètres extrêmement puissants, comme celui imaginé par l'Américain Dudley, à l'aide duquel on peut mesurer les principales caractéristiques de la marche d'un train. Le travail effectué se trouve enregistré d'une manière continue par un totalisateur.

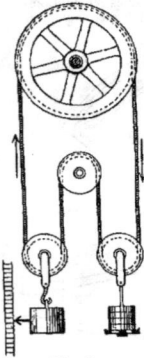

Fig. 5.

Les *Dynamomètres de rotation* se subdivisent en deux classes: les *Dynamomètres de transmission* et les *Freins dynamométriques;* ces derniers se rattachent presque tous au frein de Prony encore en usage.

Le *D. de transmission* se compose, en général, d'une roue ou poulie chargée de transmettre l'effort moteur et d'une seconde poulie, dite de *résistance*, qu'actionne une courroie, un ressort ou un engrenage reliant l'une et l'autre de ces poulies. Ce sont des organes intermédiaires qui permettent d'évaluer, d'une part l'effort qu'absorbe la poulie de résistance, et en second lieu le nombre de tours effectués par l'arbre tournant, pendant la durée de l'expérience.

Comme types de *dynamomètres de transmission à courroie,* nous pouvons citer ceux de Tatham (Fig. 4) et de Parsons (Fig. 5). Dans ces appareils, ce sont des courroies qui

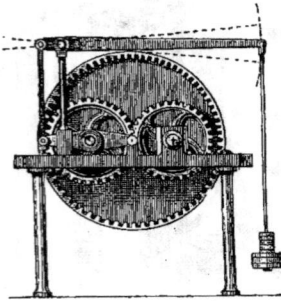

Fig. 6.

commandent la poulie de résistance; le brin moteur et le brin résistant ont leurs tensions équilibrées par des poids. La différence existante donne la valeur de l'effort absorbé par l'appareil.

Le *D. à flexion de Mégy* est un des plus remarquables parmi les *dynamomètres de transmission à ressort.*

Enfin, le *D. de transmission par engrenages de Raffart* (Fig. 6) peut être pris comme exemple. Dans cet appareil, la poulie de résistance est une roue dentée extérieurement qui reçoit le mouvement de la roue motrice par l'intermédiaire d'un pignon dont l'arbre est relié à un fléau à l'aide d'un balancier mobile, autour d'un axe constituant le prolongement de celui de la poulie de résistance.

Tous ces appareils enregistrent, à chaque instant, l'effort transmis et le travail effectué; ce sont, en somme, des *dynamométrographes* ou *dynamographes* qui inscrivent sur une bande de papier, enroulée autour d'un tambour, toutes les péripéties de l'expérience.

Pour l'industrie et le commerce, on a créé des dynamomètres spéciaux servant à mesurer la résistance et l'élasticité des toiles à voiles, des fils de lin ou de coton, des draps, des cordages.

Le *D. Chévely* est spécialement employé pour l'essai des toiles à voiles: il se compose essentiellement d'un balancier double reposant sur deux couteaux. Un tambour en forme de came réunit les deux branches du balancier, et sur ce tambour s'enroule une chaîne de Galle, munie, à l'une de ses extrémités, d'une pince destinée à retenir la toile. Une vis verticale mue par des pignons actionnés à l'aide d'un volant à manivelle, tire la partie opposée de la toile à essayer.

En faisant tourner le volant, la traction sur la toile s'opère; le balancier double se relève entraînant un levier dynamométrique qui se meut devant un secteur gradué. Au moment où se produit la rupture, ce levier, maintenu par un cliquet, devient immobile, et l'on peut lire sur le secteur le nombre de kilogrammes correspondants au point de rupture.

Pour les fils de lin, il existe deux types de dynamomètres, suivant que ces fils sont fins ou gros. Dans le premier cas, l'effort ne dépassant pas 1000 grammes, l'appareil se compose d'un ressort à boudin muni d'un crochet auquel on attache le fil à essayer; l'autre extrémité du fil est saisie par une pince supportant un poids maintenu en suspension à l'aide d'une chaîne sans fin engrenant sur un pignon. Ce pignon permet, au moment voulu, d'abandonner le poids suspendu au fil; ce dernier s'allonge et finit par se rompre. La position du poids rendu alors immobile par la chaîne sans fin, indique l'effort de rupture produit.

Le ressort à boudin, lorsqu'il s'agit de gros fils, se trouve remplacé par un levier coudé, muni d'un contrepoids à l'une de ses extrémités, l'autre reçoit le bout du fil à essayer; le surplus du dispositif reste le même. Avec ce dernier dynamomètre, on peut obtenir jusqu'à 12 kilogrammes l'indication de la force.

Le *D. pour fils de coton* est dû à M. Naudin, de Rouen; il permet d'obtenir des indications jusqu'à un allongement de 50 mètres. Les fils de soie s'essaient sous le rapport de l'élasticité et de la résistance, à l'aide d'un d. spécial auquel on donne le nom de *Sérimètre.*

Le *D. pour cordages,* destiné aux essais spéciaux des cordages de marine, ressemble beaucoup au d. pour toile; seuls les points d'attache se trouvent changés.

Quant au *D. pour draps,* il est plutôt construit pour indiquer l'élasticité de ces tissus, leur résistance pouvant être considérée comme tout à fait secondaire.

Méd. — Le d. est employé en médecine à mesurer l'effort musculaire. Celui qui est le plus employé et le plus commode se compose d'un ressort en acier de forme elliptique; les deux pôles les plus éloignés sont de section circulaire; au contraire, les parties intermédiaires sont larges et de section elliptique très aplatie. Dans l'intérieur du ressort est fixé un demi-disque gradué en kilogrammes sur lequel se meut une aiguille indicatrice actionnée par les déformations du ressort, et une aiguille folle entraînée par la première et destinée à marquer la valeur de l'effort quand l'aiguille indicatrice est ramenée au 0 par l'élasticité du ressort. — Ce d. sert à mesurer l'effort musculaire de *pression* quand on le tient, par exemple, dans une main. Il peut mesurer aussi l'effort de *traction.* Cet instrument est très en usage pour apprécier la valeur de l'effort musculaire chez les malades atteints de paralysie ou de diverses autres maladies nerveuses.

DYNAMOMÉTRIE. s. f. (R. *dynamomètre*). T. Didact. Mesure des forces.

DYNAMOMÉTRIQUE. adj. 2 g. (R. *dynamomètre*). Qui a rapport à la dynamométrie; qui sert à mesurer une force. *Frein d. de Prony.*

DYNAMOMÉTRIQUEMENT. adv. Suivant la dynamométrie, d'après le dynamomètre.

DYNAMOMÉTROGRAPHE ou **DYNAMOGRAPHE.** s. m. (gr. δύναμις, μέτρον; γράφειν, écrire). C'est un dynamomètre auquel on a ajouté un mécanisme, en particulier un tambour à air de Marey, pour lui permettre l'inscription de l'effort sur un appareil enregistreur.

DYNASTE. s. m. (gr. δυνάστης, souverain). T. Hist. anc. Petit souverain dont les États étaient peu considérables, ou qui ne régnait qu'à titre précaire et sous le bon plaisir des grandes puissances, telles que les Romains, les Parthes, etc.

DYNASTES. s. m. pl. (gr. δυνάστης, être puissant, à cause de sa grande taille de ces insectes). T. Entom. Genre de Coléoptères de la famille des Sacarabéides. Voy. ce mot.

DYNASTIE. s. f. (gr. δυναστεία, domination). Suite de rois, de princes de la même race qui ont régné sur un pays. Les dynasties d'Égypte sont fort embrouillées. Sous la première d. Changement de d. La d. des Bourbons. Le fondateur d'une d. || Par anal., Succession d'hommes illustres dans une même famille.

DYNASTIQUE. adj. 2 g. (R. dynastic). Qui est partisan de la dynastie régnante ; se disait naguère des partisans de la famille d'Orléans. Opposition d. Les journaux dynastiques.

DYNE. s. f. (gr. δύναμις, force). T. Méc. Unité de force dans le système C G S. C'est la force qui, appliquée à une masse de 1 gramme, lui communique une accélération de 1 centimètre par seconde. Voy. UNITÉ.

DYOSTYLE. s. m. (gr. δὺς, deux ; στύλος, colonne). T. Archit. Façade formée de deux colonnes.

DYRRACHIUM, v. de l'anc. Illyrie, aujourd'hui Durazzo, en Albanie.

DYS, préf. (gr. δὺς). signifiant difficilement, mal, d'une manière pénible ou défectueuse, qu'on emploie dans la formation de certains mots de la langue scientifique.

DYSANAGOGIE. s. f. (gr. δὺς, difficilement ; ἀνάγω, je porte en haut). T. Méd. Difficulté dans l'expectoration.

DYSANAGOGUE. adj. (gr. δὺς, difficilement ; ἀνάγω, je porte en haut). T. Path. Difficile à expectorer. Matières dysanagogues.

DYSARTHRITE. s. f. (gr. δὺς, difficilement ; ἀρθρίτις, goutte). T. Path. Goutte irrégulière.

DYSARTHROSE. s. f. (gr. δὺς, défectueusement ; ἄρθρον, articulation). T. Path. Conformation vicieuse d'une articulation.

DYSCARDIOTOPIE. s. f. (gr. δὺς, difficilement ; καρδία, cœur ; τόπος, lieu). T. Méd. Variation dans la position du cœur.

DYSCATABROSE. s. f. (gr. δὺς, difficilement ; καταβρύκω, je mange). T. Path. Difficulté dans la déglutition des aliments solides. Inus.

DYSCATAPOSE. s. f. (gr. δὺς, difficilement ; κατάποσις, déglutition). T. Path. Difficulté à avaler les liquides. Inus.

DYSCHÉZIE. s. f. (gr. δὺς, difficilement ; χέζω, je vais à la selle). T. Méd. Défécation difficile.

DYSCHOLIE. s. f. (gr. δὺς, difficilement ; χολή, bile). T. Path. Altération de la bile.

DYSCHROÏE. s. f. (gr. δὺς, désagréablement ; χρόα, peau). Mauvaise couleur de la peau.

DYSCHROMATEUX, EUSE. adj. (gr. δὺς, désagréablement ; χρῶμα, couleur). T. Méd. Dermatose d., Celle qui est caractérisée par un changement de couleur de la peau.

DYSCHROMATIQUE. adj. (gr. δὺς, désagréablement ; χρῶμα, couleur). T. Didact. Qui altère la couleur, qui est d'une mauvaise couleur.

DYSCHROMATOPSIE. s. f. (gr. δὺς, difficilement ; χρῶμα, couleur). T. Méd. Affection du sens de la vue qui ne peut percevoir toutes les couleurs.

DYSCHROMODERMIE. s. f. (gr. δὺς, difficilement ; χρῶμα, couleur ; δέρμα, peau). T. Méd. Altération dans la coloration de la peau.

DYSCHYLIE. s. f. (gr. δὺς, difficilement ; χυλός, chyle). T. Path. Altération du chyle.

DYSCHYMIE. s. f. (gr. δὺς, difficilement ; χυμός, humeur). T. Path. Altération des humeurs. Inus.

DYSCINÉSIE. s. f. (gr. δὺς, difficilement ; κίνησις, mouvement). T Méd. Diminution ou abolition des mouvements volontaires.

DYSCLASITE. s. f. (gr. δὺς, difficilement ; κλάσις, action de briser). T. Minér. Silicate hydraté de chaux naturel, d'une grande ténacité.

DYSCŒLIE. s. f. (gr. δὺς, difficilement ; κοιλία, ventre). T. Path. Difficulté dans les évacuations alvines.

DYSCOLE. adj. 2 g. (gr. δύσκολος, morose). Se dit d'une personne avec qui il est difficile de vivre, ou qui s'écarte des opinions reçues. Peu us.

DYSCOLOBATHRISTE. adj. (gr. δύσκολος, difficile ; βάθρα, échasses). T. Ornith. Qui a les jambes en échasses.

DYSCRASIE. s. f. (gr. δὺς, mal ; κράσις, constitution). T. Méd. Se disait au sens de Cacochymie, et s'emploie encore quelquefois dans celui de Cachexie.

DYSCRASIER. v. a. T. Méd. Rendre dyscrasique.

DYSCRASIQUE. adj. Qui a rapport à la dyscrasie.

DYSDACRIE. s. f. (gr. δὺς, difficilement ; δάκρυ, larme). T. Path. Altération des larmes.

DYSÉCÉE. s. f. (gr. δὺς, difficilement ; ἀκούω, j'entends). T. Méd. Dureté, faiblesse de l'ouïe : premier degré de la surdité.

DYSENTERIE. s. f. (gr. δυσεντερία, m. s., de δὺς, et ἔντερον, intestin). T. Méd. Inflammation des intestins. || T. Agric. Maladie du seigle.

Path. — La Dysenterie est une inflammation, en général aiguë, du tube intestinal et particulièrement du côlon, qui est essentiellement caractérisée par un besoin fréquent et presque continuel d'aller à la selle, ainsi que par la nature des déjections, qui sont muco-sanguinolentes. En outre, le malade éprouve ordinairement des coliques plus ou moins vives déterminant un sentiment de tortillement qui commence dans la région du côlon transverse et va se terminer à l'anus. Le besoin d'aller à la selle s'accompagne d'efforts considérables et souvent impuissants. Dans l'intervalle des tranchées, le patient est tourmenté par des épreintes douloureuses, et ressent autour et au-dessus de l'anus une sensation de chaleur brûlante. Les selles sont formées d'un mucus plus ou moins transparent, rassemblé en pelotons, mêlé de stries sanguinolentes ou même de sang pur, et quelquefois de fausses membranes. Dans certains cas, elles sont brunes, noires, puriformes et d'une fétidité insupportable. A ces symptômes locaux se joignent des symptômes généraux plus ou moins graves, qui, du reste, sont en rapport avec la violence des douleurs et la fréquence des évacuations. La face est pâle, la peau terreuse, la faiblesse extrême ; la soif est très vive, le pouls est fréquent, petit et irrégulier ; enfin, la respiration est courte et accélérée. Dans la d. légère, les selles varient de 10 à 30 par vingt-quatre heures ; mais dans la d. grave, on en compte de 50 à 200 dans le même espace de temps.

On a découvert dans les selles provenant de la colite ulcéro-membraneuse diverses bactéries dont aucune ne semble spécifique. Les anguillules stercorales, qui n'ont rien non plus de pathogène, ont été principalement rencontrées dans la diarrhée dite de Cochinchine.

Le pronostic est en général peu grave, lorsque la maladie est légère, ainsi qu'on l'observe dans le cas de d. sporadique ; mais il est au contraire fort sérieux lorsque l'affection revêt la forme épidémique. En effet, cette cruelle maladie se termine souvent par la mort. Dans quelques cas, elle se prolonge à l'état chronique. — A l'ouverture des cadavres, on trouve la valvule iléo-cæcale et le gros intestin parsemé de points rouges nombreux et quelquefois de taches noirâtres. Souvent aussi la membrane intestinale présente des ulcérations avec boursouflement et ramollissement de la muqueuse. On a même vu la gangrène s'emparer de l'intestin.

Les causes de la d. sont en grand nombre. Les unes agissent uniquement sur l'intestin ; les autres, et ce sont à la fois les plus fréquentes et les plus graves, agissent primitivement sur l'organisme tout entier, et paraissent n'exercer sur le tube digestif qu'une action secondaire. Parmi les premières, nous citerons les aliments malsains, les fruits non parvenus à maturité, les farines avariées, les viandes à demi putréfiées, les eaux croupissantes, l'abus des drastiques, etc. Les secondes sont une température chaude et humide, l'alternance des nuits froides avec des journées très chaudes, l'habitation des lieux bas et marécageux, les miasmes putrides des amphithéâtres, et surtout les déjections alvines des dysentériques. Dans ces deux derniers cas, il y a une sorte d'intoxication. La contagion de la maladie n'est pas encore bien démontrée. Ce qui est presque certain actuellement, c'est la nature infectieuse des régions à d. Toutes les causes citées plus haut n'agissent qu'en mettant l'organisme en état de réceptivité pour les micro-organismes suspects de provoquer la d.

Tout l'arsenal thérapeutique a été mis en réquisition contre cette terrible maladie. On a surtout vanté les antiphlogistiques, l'ipécacuanha, les purgatifs, l'opium, etc. Cette affection, comme au reste la plupart des maladies, doit se traiter par des moyens différents, selon la différence des indications.

Méd. vét. — Elle a les mêmes symptômes que chez l'homme; on a observé une forme épizootique, contagieuse, sur les bœufs, avec coliques, diarrhée sanguinolente et prostration fébrile considérable. Les animaux robustes y résistent. Les causes adjuvantes ou efficientes seraient le froid humide, le pacage durant la nuit dans des pâturages marécageux, les fourrages moisis, l'eau corrompue. Il faut tenir les animaux dans une étable chaude et aérée, leur donner une alimentation saine, et comme médicaments des breuvages au laudanum ou à l'acide phénique et aussi des lavements phéniqués. On frictionne l'abdomen avec des linges secs; il faut changer de pâturage et isoler les animaux atteints. Voy. *Gastroentérite des animaux.*

DYSENTÉRIQUE. adj. 2 g. T. Méd. Qui appartient à la dysenterie. *Flux d.* || Qui est affecté de dysenterie.

DYSÉPULOTIQUE. adj. (gr. δὺς, difficilement; ἐπουλόω, je me cicatrise). T. Pathol. Qui se cicatrise malaisément.

DYSESTHÉSIE. s. f. (gr. δὺς, difficilement; αἴσθησις, sensation). T. Méd. Affaiblissement ou abolition de l'action des sens.

DYSGALIE. s. f. (gr. δὺς, défectueusement; γάλα, lait). T. Path. Altération du lait.

DYSGÉNÉSIE. s. f. (gr. δὺς, difficilement; γένεσις, génération). T. Path. Difficulté dans les fonctions de la génération.

DYSGÉNÉSIQUE. adj. 2 g. Qui a rapport à la dysgénésie; qui est affecté de dysgénésie. || Se dit, en particulier, d'une hybridité où les métis sont stériles entre eux, mais féconds avec l'une ou l'autre race primitive, et donnent par ce dernier rapprochement des métis stériles.

DYSGEUSIE. s. f. (gr. δὺς, défectueusement; γεῦσις, goût). T. Path. Dépravation du goût.

DYSHAPHIE. s. f. (gr. δὺς, difficilement; ἀφή, toucher). T. Path. Altération du tact.

DYSHÉMIE. s. f. (gr. δὺς, difficilement; αἷμα, sang). T. Path. Altération du sang.

DYSHÉMORRHÉE. s. f. (gr. δὺς, difficilement; αἷμα, sang; ῥέω, je coule). T. Path. Écoulement difficile du sang.

DYSHYDRIE. s. f. (gr. δὺς, difficilement; ὕδωρ, eau). T. Path. Altération de la sueur; difficulté à suer.

DYSINTRIBITE. s. f. T. Minér. Minéral schistoïde et tenace ressemblant à la serpentine.

DYSLALIE. s. f. (gr. δὺς, difficilement; λαλεῖν, parler). T. Méd. Articulation difficile des paroles.

DYSLOCHIE. s. f. (gr. δὺς, difficilement; λοχία, lochies). T. Méd. Difficulté ou suppression de l'écoulement des lochies.

DYSLUITE. s. f. (gr. δὺς, difficilement; λύω, je dissous). T. Minér. Aluminate de zinc naturel trouvé aux États-Unis.

DYSLYSINE. s. f. (gr. δὺς, difficilement; λύσις, dissolu-

lion, à cause de son insolubilité). T. Chim. Produit fourni par la décomposition de l'acide cholique chauffé au-dessus de 200°. La d. a pour formule $C^{24}H^{36}O^3$. C'est une poudre blanche, amorphe, fusible à 140°, insoluble dans l'eau, l'alcool, les acides, les alcalis. La potasse bouillante la convertit en acide cholique.

DYSLYTE. s. f. (gr. δὺς, difficilement; λυτὸς, qui peut être dissous). T. Chim. Substance répondant à la formule

$$C^8H^6Az^4O^6,$$

qui se produit, en même temps que l'oxylyte, par l'action de l'acide azotique concentré sur l'acide citraconique. Elle se présente en longues aiguilles insolubles dans l'eau.

DYSMÉNORRHÉE. s. f. (gr. δὺς, difficilement; μήν, mois; ῥέω, couler). Menstruation douloureuse caractérisée par l'insuffisance de l'écoulement sanguin. Voy. MENSTRUATION.

DYSMNÉSIE. s. f. (gr. δὺς, difficilement; μνῆσις, mémoire). T. Méd. Affaiblissement de la mémoire.

DYSMORPHIE. s. f. (gr. δὺς, défectueusement; μορφὴ, forme). T. Méd. Forme défectueuse du tube digestif.

DYSODIE. s. f. (gr. δυσώδης, puant, de δὺς, mal; ὄζειν, sentir). T. Méd. Fétidité des matières exhalées ou sécrétées. *On distingue autant d'espèces de dysodies qu'il y a de voies dans l'organisme par où peuvent se dégager des émanations fétides.*

DYSODYLE ou **DUSODYLE.** s. m. (gr. δυσώδης, puant; ὕλη, matière). T. Minér. Combustible fossile qui répand une mauvaise odeur en brûlant.

Minér. — On appelle ainsi, à cause de l'odeur infecte qu'elle répand en brûlant, une matière bitumineuse qui se présente en masses feuilletées, à feuillets minces, papyracés, flexibles, et d'un gris jaunâtre ou verdâtre. Sa composition est mal connue: aussi sa place dans la classification minéralogique est-elle encore indéterminée. Jusqu'à ce jour, on n'a rencontré le d. qu'à Meliti, près de Syracuse, en Sicile: il est commun dans les bancs de marnes schisteuses de cette localité. Les Siciliens le nomment *Merdadi diavolo.*

DYSOPIE. s. f. (gr. δὺς, difficilement; ὤψ, œil). T. Méd. Affaiblissement de la vue.

DYSOREXIE. s. f. (gr. δὺς, difficilement; ὄρεξις, appétit). T. Pathol. Perte de l'appétit.

DYSOSMIE. s. f. (gr. δὺς, difficilement; ὀσμὴ, odeur). T. Méd. Affaiblissement du sens de l'odorat.

DYSOSTOSE. s. f. (gr. δὺς, difficilement; ὀστέον, os). T. Pathol. Maladie des os ou vice dans leur conformation.

DYSOXYLE. s. m. (gr. δὺς, désagréablement; ξύλον, bois). T. Bot. Genre de plantes Dicotylédones (*Dysoxylum*) de la famille des *Méliacées.* Voy. ce mot.

DYSPEPSIE. s. f. (gr. δὺς, difficilement; πέψις, digestion). T. Méd. État maladif caractérisé par la difficulté des digestions. Voy. ESTOMAC.

DYSPEPTIQUE. adj. (R. *dyspepsie*). T. Méd. Qui a rapport à la dyspepsie. || Qui est affecté de dyspepsie. — Subst. *Un d.*

DYSPERMATIQUE. adj. (R. *dispermie*). T. Pathol. Atteint de dyspermatisme.

DYSPERMATISME. s. m. (gr. δὺς, difficilement; σπέρμα, sperme). T. Pathol. Émission lente ou nulle du sperme dans le coït.

DYSPERMIE. s. f. (gr. δὺς, défectueusement; σπέρμα, sperme). T. Pathol. Altération du sperme.

DYSPHAGIE. s. f. (gr. δὺς, et φαγεῖν, manger). T. Méd. Difficulté d'avaler. Elle peut être due à divers obstacles siégeant dans la bouche, le pharynx ou l'œsophage, tels que diminution de la salive, perforation de la voûte palatine, polypes, rétrécissement de l'œsophage, etc.

DYSPHASIE. s. f. (gr. δὺς, difficilement; φάσις, élocution), T. Pathol. Difficulté de parler.

DYSPHONIE. s. f. (gr. δὺς, difficilement ; φωνή, voix). T. Méd. Altération de la voix et de la parole.

DYSPHORIE. s. f. (gr. δὺς, difficilement; φέρω, je supporte). T. Méd. État de malaise et d'anxiété.

DYSPIONIE. s. f. (gr. δὺς, difficilement; πίων, gras). T. Pathol. Altération de la graisse.

DYSPNÉE. s. f. (gr. δὺς, et πνεῖν, respirer). T. Méd. Difficulté de respirer. *La d. est un symptôme qui accompagne presque constamment toutes les maladies les organes thoraciques et certaines affections des viscères abdominaux.*

DYSPNÉIQUE. adj. (R. *dyspnée*). T. Pathol. Qui a rapport à la dyspnée.

DYSPROSIUM. s. m. (gr. δυσπρόσοδος, d'un abord difficile; de δὺς préf.; πρόσοδος, approche). T. Chim. Métal découvert par M. Lecoq de Boisbaudran dans l'holmine.

DYSSENTERIE. s. f. Fausse orthogr. Voy. DYSENTERIE.

DYSSENTÉRIQUE. adj. 2 !g. Fausse orthogr. Voy. DYSENTÉRIQUE.

DYSSIALIE. s. f. (gr. δὺς, défectueusement; σίαλον, salive). T. Pathol. Altération de la salive.

DYSSNITE. s. f. T. Minér. Variété de silicate de manganèse naturel.

DYSSYMÉTRIE. s. f. (gr. δὺς, difficilement, et fr. *symétrie*). T. Didact. Défaut de symétrie.

DYSSYMÉTRIQUE. adj. (gr. δὺς, difficilement, et fr. *symétrique*). T. Didact. Qui manque de symétrie.

DYSTHANASIE. s. f. (gr. δὺς, difficilement; θάνατος, mort). T. Méd. Mort douloureuse.

DYSTHÉLAZIE. s. f. (gr. δὺς, difficilement; θηλάζω, j'allaite). T. Méd. Inaptitude à allaiter.

DYSTHERMASIE. s. f. (gr. δὺς, difficilement; θέρμη, chaleur). Disposition organique dans laquelle l'économie ne développe qu'une quantité de chaleur insuffisante pour maintenir partout la température normale.

DYSTHÉSIE. s. f. (gr. δὺς, difficilement; αἴσθησις, sensation). T. Pathol. Mauvaise humeur d'un malade. Inus.

DYSTHYMIE. s. f. (gr. δὺς, péniblement; θυμὸς, courage). T. Méd. Abattement de l'âme. Inus.

DYSTILIUM. s. m. [Pr. *distiliome*]. Bot. Genre de plantes Dicotylédones de la famille des *Saxifragacées*. Voy. ce mot.

DYSTOCIE. s. f. (gr. δὺς, difficilement; τόκος, enfantement). T. Chir. Accouchement laborieux. Voy. ACCOUCHEMENT. || Partie de la science médicale qui traite des accouchements laborieux.

DYSTOCOLOGIE. s. f. (R. *dystocie*, et gr. λόγος, discours). T. Chir. Traité sur les accouchements difficiles.

DYSTOCOLOGIQUE. adj. (R. *dystocologie*). T. Chir. Qui a rapport à la dystocologie.

DYSTONIE. s. f. (gr. δὺς, difficilement; τόνος, ton). T. Pathol. Altération de la tonicité.

DYSURIE. s. f. (gr. δὺς, et οὐρεῖν, uriner). T. Méd. Difficulté

d'uriner. On l'observe dans un grand nombre de maladies de l'appareil urinaire et dans plusieurs maladies générales graves.

DYSURIQUE. adj. (R. *dysurie*). Qui est atteint de dysurie, qui y a rapport.

DYSYNTRIBITE. s. f. (gr. δὺς, mal; συντρίβω, je broie). T. Minér. Variété de pagodite.

DYTIQUE ou **DYTISQUE**, s. m. (gr. δυτικὸς, qui plonge). T. Ent. Genre de Coléoptères qui a donné son nom à la famille des *Dytiscides*. Voy. ce mot.

DYTISCIDES. s. m. pl. (gr. δυτικὸς, qui plonge). T. Ent. Famille de *Coléoptères Pentamères* comprenant des insectes aquatiques, en général de grande taille, qui ont, comme les Carabiques, six palpes, des antennes filiformes plus longues que la tête et cinq articles aux tarses; mais les pattes, surtout les postérieures, sont en forme de rames plus ou moins dilatées et aplaties. Leurs mœurs ressemblent beaucoup à celles des *Gyrinides* (Voy. ce mot), qui leur sont très voisins. Ils nagent avec vitesse, se tiennent au fond de l'eau, et n'apparaissent à la surface que pour prendre une provision d'air. A cet effet, ils élèvent au-dessus de l'eau la partie postérieure de leur corps, et entr'ouvrent leurs élytres pour que l'air pénètre dans les stigmates. C'est surtout en automne qu'on les trouve en plus grand nombre. Pendant l'hiver, ils s'enfoncent dans la vase ou parfois se cachent dans la mousse. Les femelles pondent leurs œufs dans une incision qu'elles font aux tiges des plantes aquatiques; les larves atteignent leur complet développement en été: alors elles quittent l'eau et se transforment en nymphes dans une cellule ovoïde construite dans la terre humide. Les *D.* se rencontrent dans les mares de toute l'Europe, du nord de l'Asie et de l'Amérique. Le type du genre **Dytique** (*Dytiscus*) est le *D. très large* (*D. latissimus*) [Fig. 1], remarquable par la dilatation tranchante et comprimée de la marge extérieure de ses étuis qui sont brun verdâtre et bordés de jaune, ainsi que le corselet. Chez la femelle, les étuis sont sillonnés et à côtes. Dans le genre **Colymbète** (*Colymbetes*), nous citerons le *Colistrié* qui est brun, avec le corselet jaunâtre marqué d'une bande noire et les élytres très finement striés en travers. Le genre **Hydropore** (*Hydroporus*) est très nombreux en espèces, mais toutes sont de petites taille. L'*Hydropore à 12 pustules* (Fig. 2, grossie) est noir avec 12 taches jaunâtres.

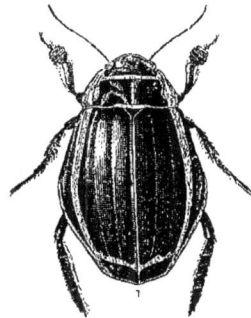

DZIGGUETAI. s. m. (hindoustani *dzigtai*, m. s.). Mamm. T. Syn. d'*Hémione*. Voy. ce mot.

DZOUNGARIE. s. f. Contrée de l'Asie centrale dépendant de l'Empire chinois, entre le Turkestan chinois au sud et la Sibérie au nord, par 44°-48° de latitude N. et 74°-88° de longitude E. Environ 20.000 myriam. carrés. La population est estimée à un demi-million d'habitants.

FIN DU TOME TROISIÈME

IMPRIMERIE E. FLAMMARION, 26, RUE RACINE, PARIS.

1

2

ᵉ Série

Prix : 50 centimes

CAMILLE FLAMMARION

DICTIONNAIRE
ENCYCLOPEDIQUE
UNIVERSEL

ILLUSTRÉ DE
20000 FIGURES

SCIENCES
ARTS
LETTRES
INDUSTRIE
HISTOIRE
GRAMMAIRE
GÉOGRAPHIE
DÉCOUVERTES

Bourdin

PARIS

E. FLAMMARION

LIBRAIRE-ÉDITEUR

26, RUE RACINE, PRÈS L'ODÉON

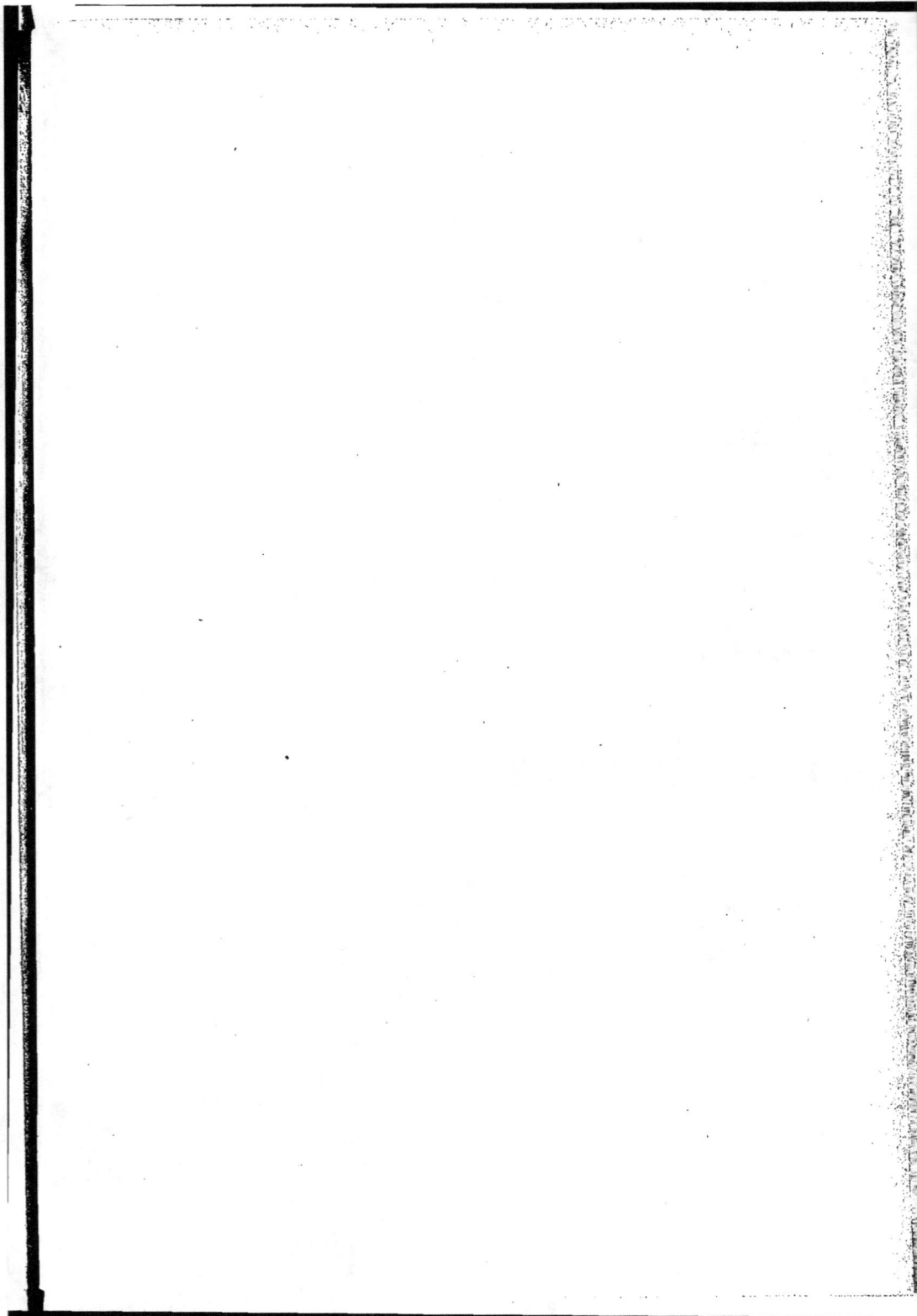

CAMILLE FLAMMARION

DICTIONNAIRE ENCYCLOPÉDIQUE UNIVERSEL

ILLUSTRÉ DE 20000 FIGURES

SCIENCES
ARTS
LETTRES
INDUSTRIE
HISTOIRE
GRAMMAIRE
GÉOGRAPHIE
DÉCOUVERTES

PARIS
E. FLAMMARION
LIBRAIRE-ÉDITEUR
26, RUE RACINE, PRÈS L'ODÉON

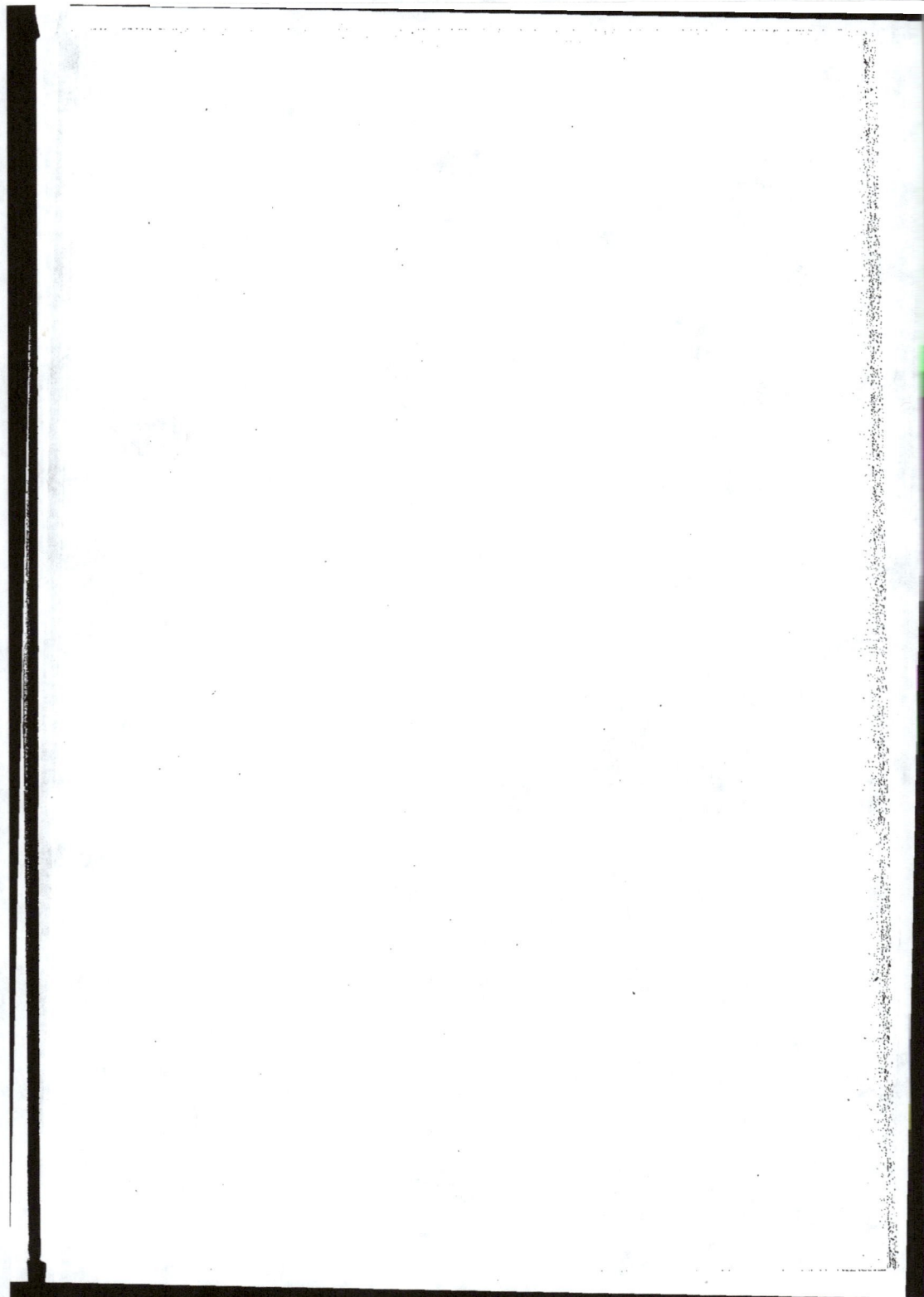

6ᵐᵉ Série

Prix : 50 centimes

Camille Flammarion

DICTIONNAIRE ENCYCLOPÉDIQUE UNIVERSEL

ILLUSTRÉ DE 20000 FIGURES

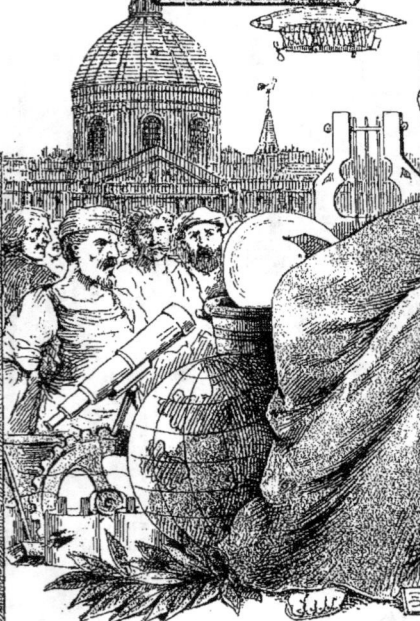

Dépôt Légal
Livre
N°.
1895

SCIENCES
ARTS
LETTRES
INDUSTRIE
HISTOIRE
GRAMMAIRE
GÉOGRAPHIE
DÉCOUVERTES

Bondin

PARIS

E. FLAMMARION

LIBRAIRE-ÉDITEUR

26, RUE RACINE, PRÈS L'ODÉON

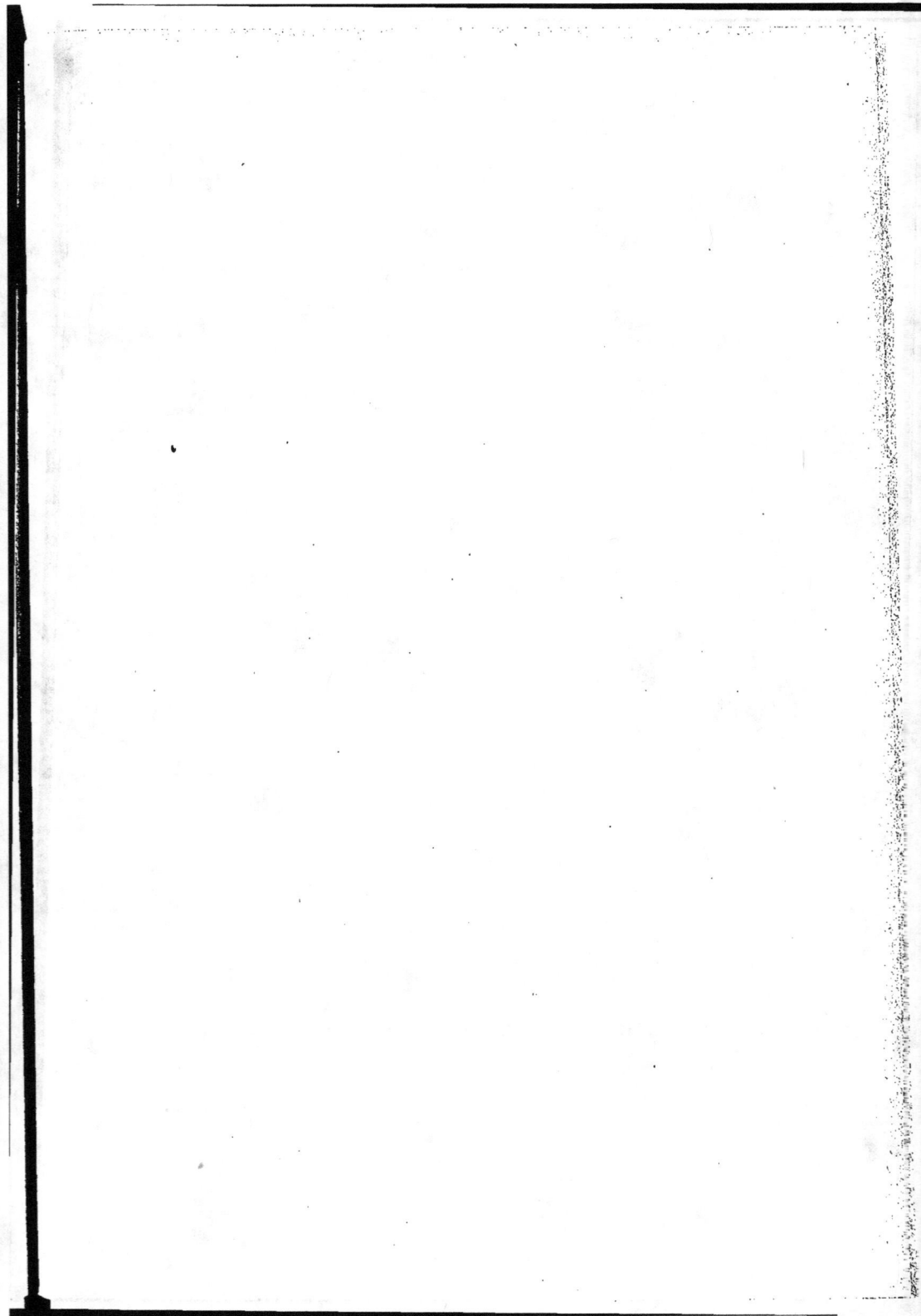

me Série

Prix : 50 centimes

CAMILLE FLAMMARION

DICTIONNAIRE ENCYCLOPEDIQUE UNIVERSEL

ILLUSTRÉ DE
20000 FIGURES

1895

SCIENCES
ARTS
LETTRES
INDUSTRIE
HISTOIRE
GRAMMAIRE
GÉOGRAPHIE
DÉCOUVERTES

Boudin

PARIS

E. FLAMMARION

LIBRAIRE-ÉDITEUR

26, RUE RACINE, PRÈS L'ODÉON

me Série

Prix : 50 centimes

CAMILLE FLAMMARION

DICTIONNAIRE ENCYCLOPÉDIQUE UNIVERSEL

ILLUSTRÉ DE 20000 FIGURES

Dépôt Lég

No 14

1895

SCIENCES
ARTS
LETTRES
INDUSTRIE
HISTOIRE
GRAMMAIRE
GÉOGRAPHIE
DÉCOUVERTES

Boudin

PARIS

E. FLAMMARION

LIBRAIRE-ÉDITEUR

26, RUE RACINE, PRÈS L'ODÉON

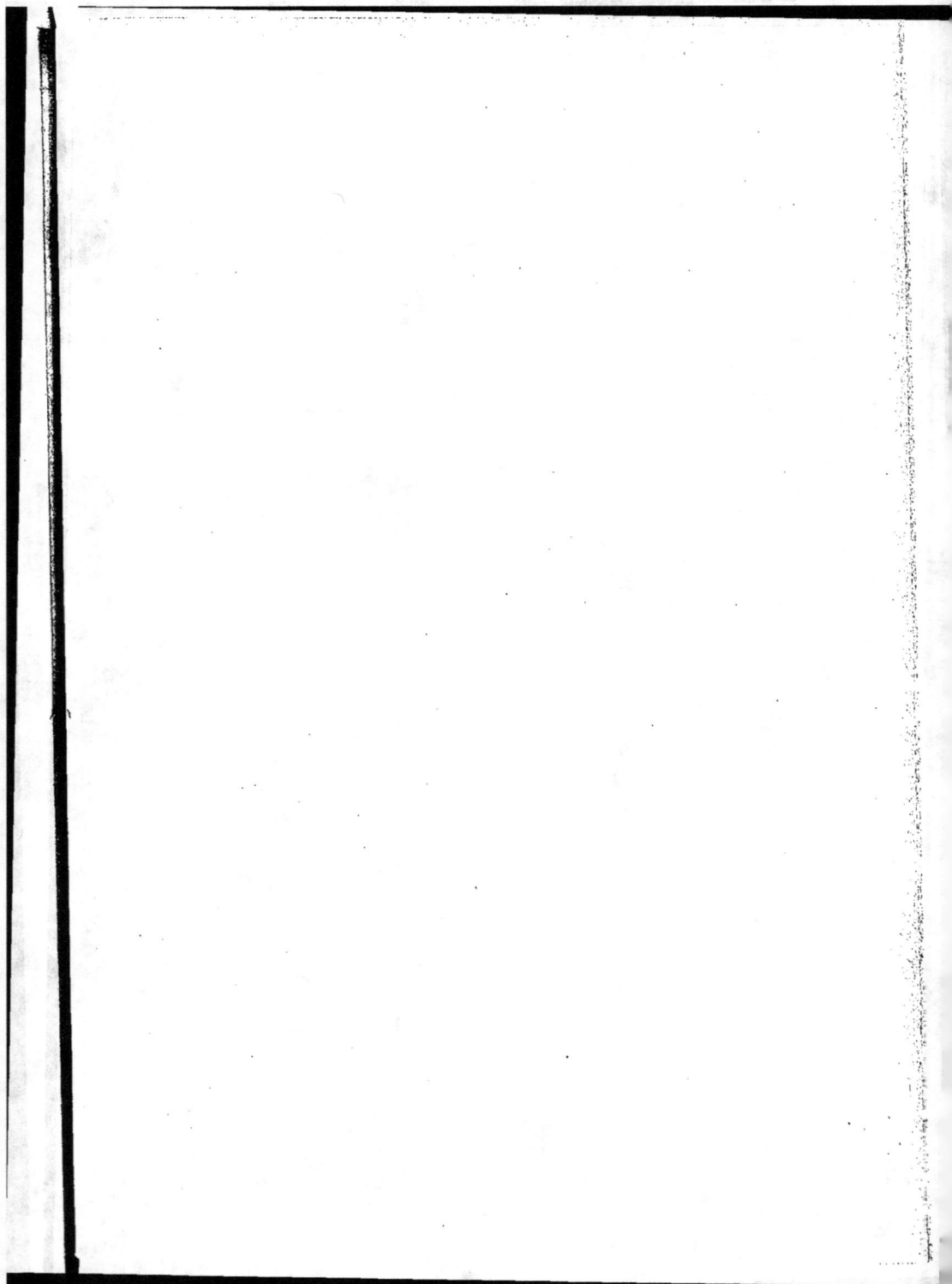

Camille Flammarion

Dictionnaire Encyclopédique

Universel

Illustré de 20000 Figures

SCIENCES
ARTS
LETTRES
INDUSTRIE
HISTOIRE
GRAMMAIRE
GÉOGRAPHIE
DÉCOUVERTES

PARIS

E. FLAMMARION

LIBRAIRE-ÉDITEUR

26, RUE RACINE, PRÈS L'ODÉON

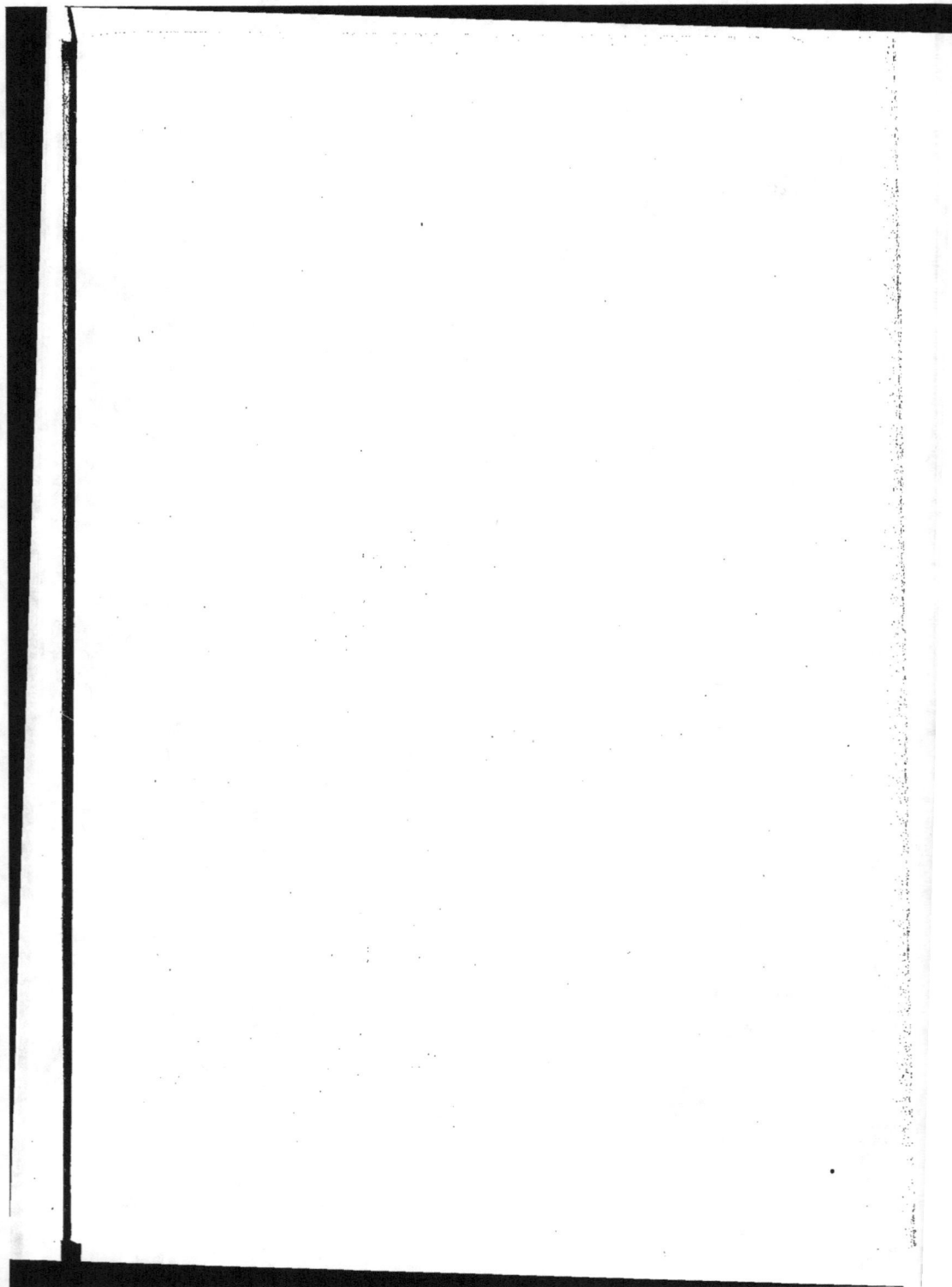

ᵐᵉ Série

Prix : 50 centimes

CAMILLE FLAMMARION

DICTIONNAIRE ENCYCLOPÉDIQUE UNIVERSEL

ILLUSTRÉ DE 20000 FIGURES

SCIENCES
ARTS
LETTRES
INDUSTRIE
HISTOIRE
GRAMMAIRE
GÉOGRAPHIE
DÉCOUVERTES

PARIS

E. FLAMMARION

LIBRAIRE-ÉDITEUR

26, RUE RACINE, PRÈS L'ODÉON

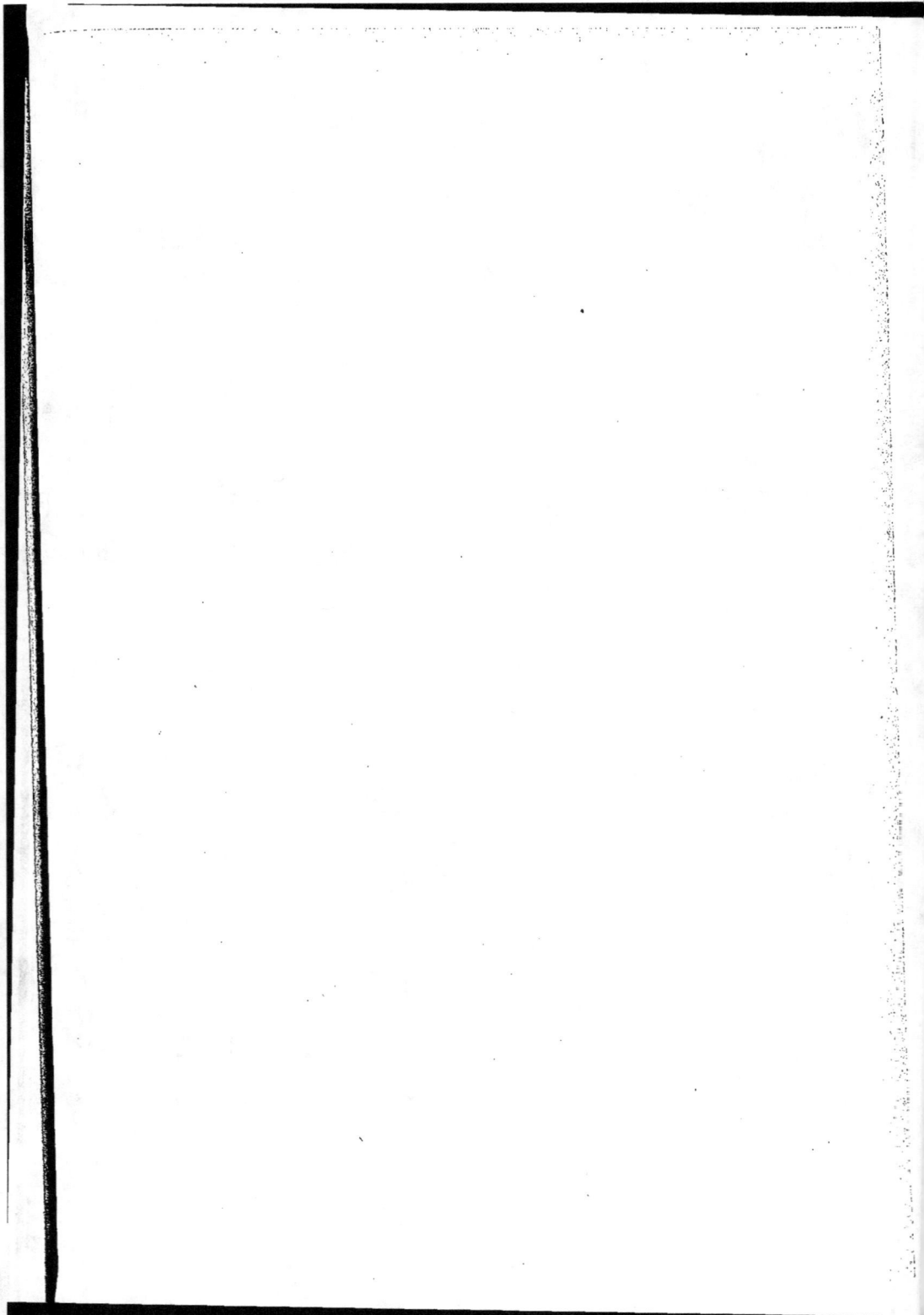

Prix : 50 centimes

CAMILLE FLAMMARION

DICTIONNAIRE ENCYCLOPÉDIQUE UNIVERSEL

ILLUSTRÉ DE 20000 FIGURES

SCIENCES
ARTS
LETTRES
INDUSTRIE
HISTOIRE
GRAMMAIRE
GÉOGRAPHIE
DÉCOUVERTES

PARIS
E. FLAMMARION
LIBRAIRE-ÉDITEUR
26, RUE RACINE, PRÈS L'ODÉON

Série   Prix : 50 centimes

CAMILLE FLAMMARION

DICTIONNAIRE ENCYCLOPÉDIQUE

UNIVERSEL

ILLUSTRÉ DE
20000 FIGURES

SCIENCES
ARTS
LETTRES
INDUSTRIE
HISTOIRE
GRAMMAIRE
GÉOGRAPHIE
DÉCOUVERTES

PARIS
E. FLAMMARION
LIBRAIRE-ÉDITEUR
26, RUE RACINE, PRÈS L'ODÉON

Boudin

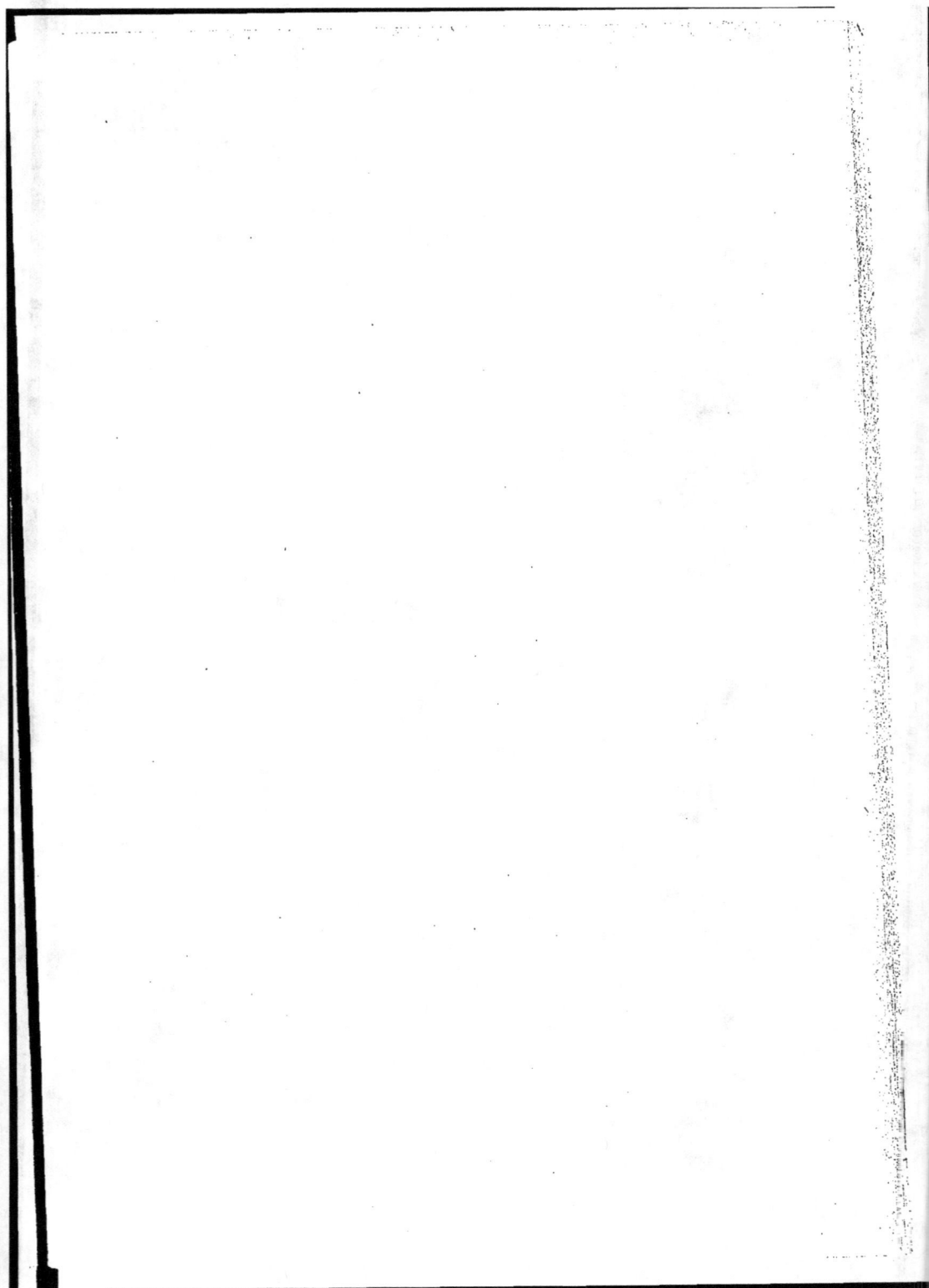

3me Série

Prix : 50 centimes

Camille Flammarion

DICTIONNAIRE

ENCYCLOPÉDIQUE

UNIVERSEL

Illustré de 20000 Figures

N°.... 19
1893

SCIENCES
ARTS
LETTRES
INDUSTRIE
HISTOIRE
GRAMMAIRE
GÉOGRAPHIE
DÉCOUVERTES

PARIS
E. FLAMMARION
LIBRAIRE-ÉDITEUR
26, RUE RACINE, PRÈS L'ODÉON

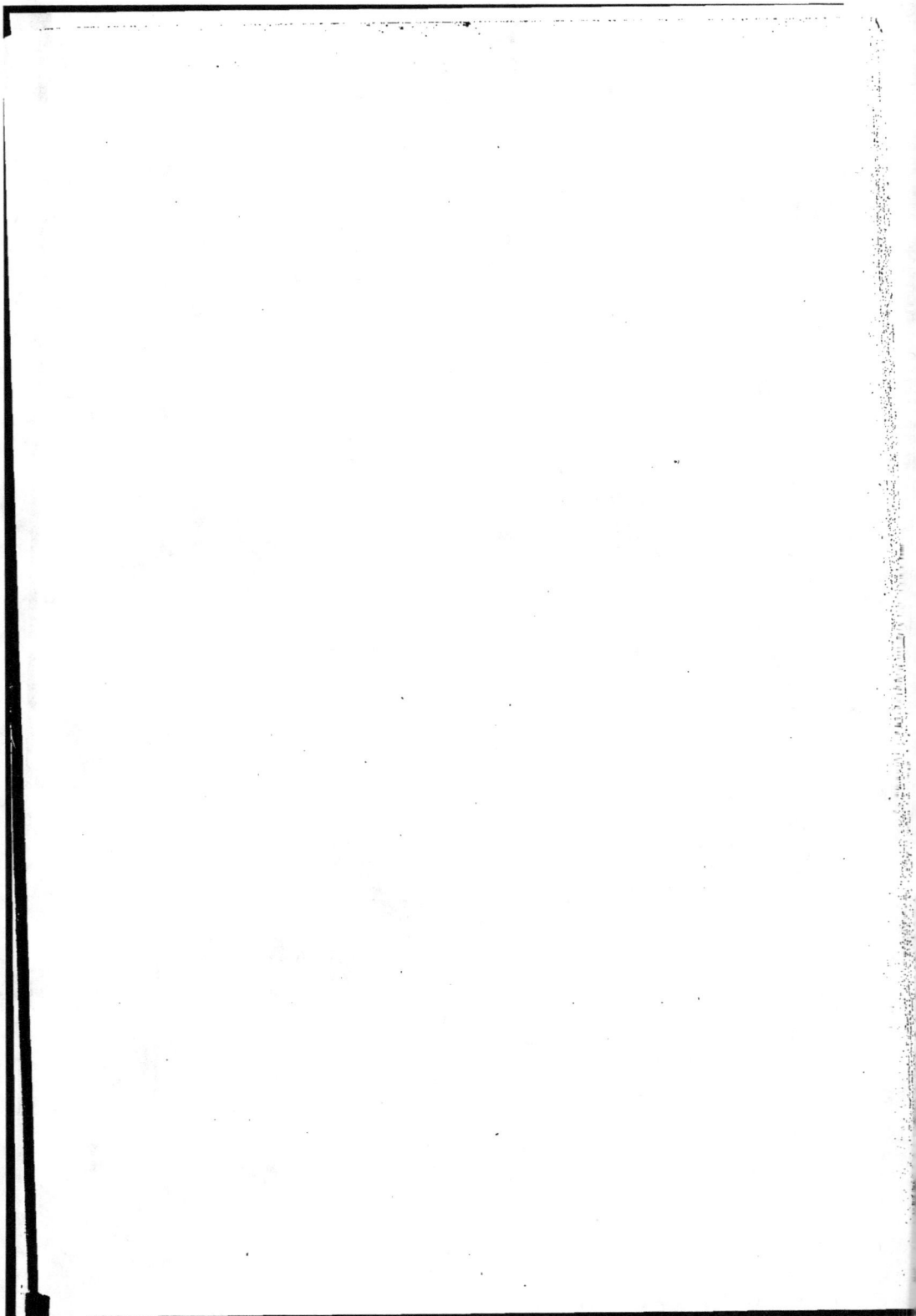

4ᵐᵉ Série

Prix : 50 centimes

CAMILLE FLAMMARION

DICTIONNAIRE
ENCYCLOPEDIQUE
UNIVERSEL

ILLUSTRÉ DE
20000 FIGURES

SCIENCES
ARTS
LETTRES
INDUSTRIE
HISTOIRE
GRAMMAIRE
GÉOGRAPHIE
DÉCOUVERTES

PARIS

E. FLAMMARION

LIBRAIRE-ÉDITEUR

26, RUE RACINE, PRÈS L'ODÉON

Boudier

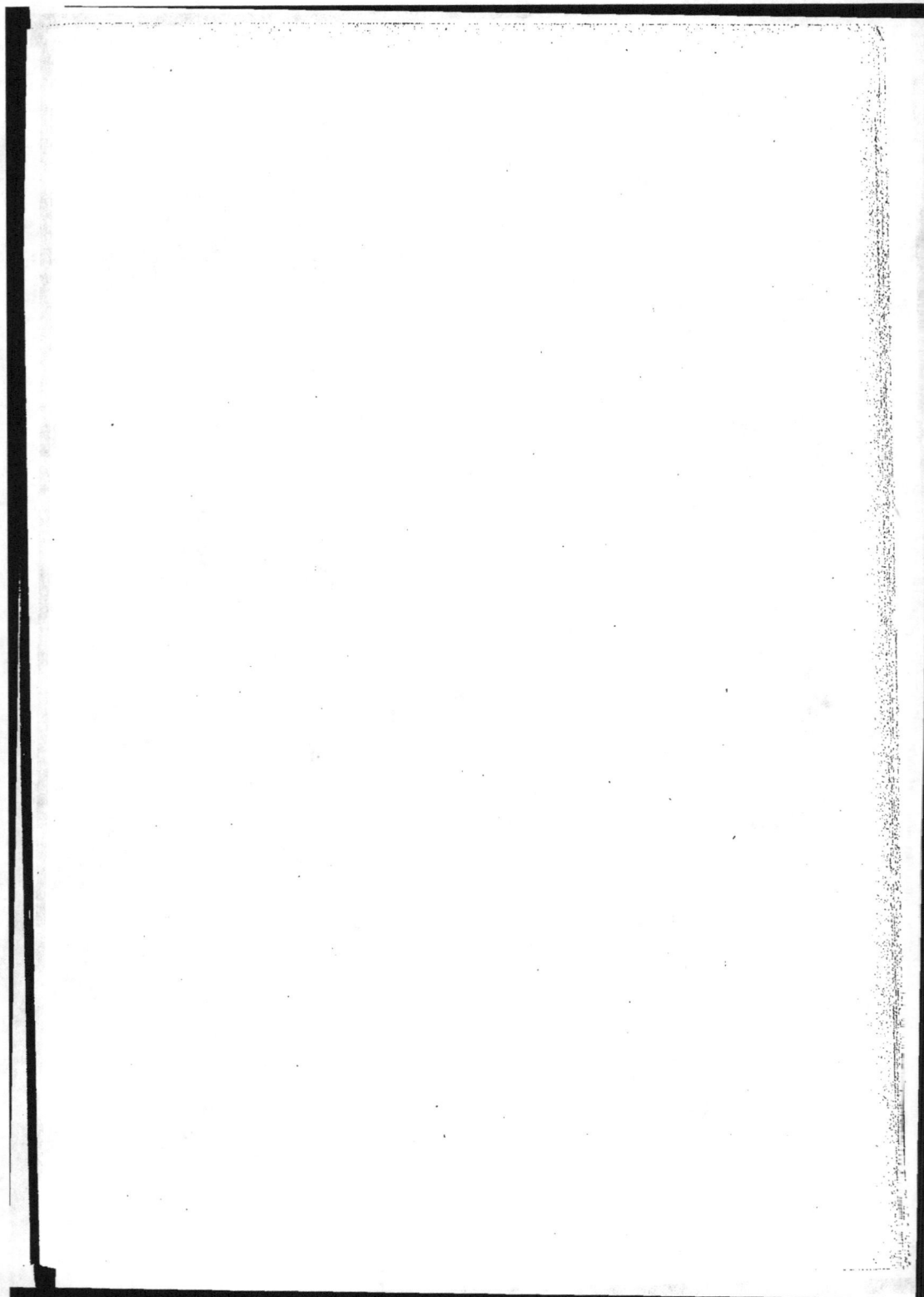

5me Série

Prix : 50 centimes

CAMILLE FLAMMARION

DICTIONNAIRE

ENCYCLOPEDIQUE

UNIVERSEL

ILLUSTRÉ DE
20000 FIGURES

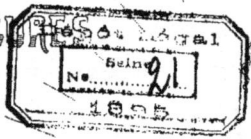

SCIENCES
ARTS
LETTRES
INDUSTRIE
HISTOIRE
GRAMMAIRE
GEOGRAPHIE
DECOUVERTES

PARIS

E. FLAMMARION

LIBRAIRE-ÉDITEUR

26, RUE RACINE, PRÈS L'ODÉON

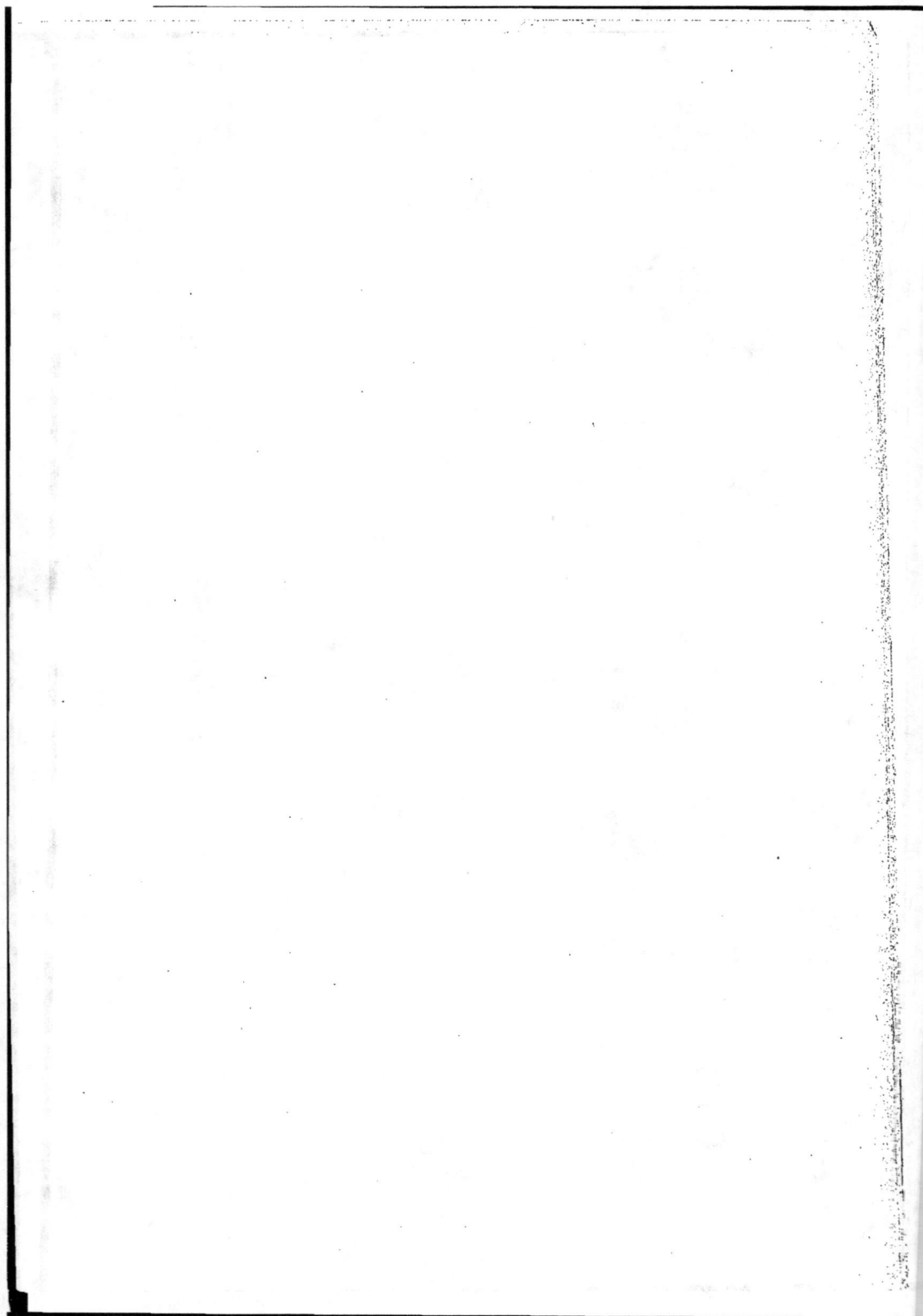

LIBRAIRIE FLAMMARION
26, RUE RACINE, 26

60 centimes le volume.

Un des plus grands succès de la librairie moderne

Plus de quatre millions de volumes répandus sur tout le globe depuis l'apparition de cette Bibliothèque économique.

ENVOI FRANCO

60 centimes le volume.

AUTEURS CÉLÈBRES

Le but de la collection des « Auteurs célèbres » est de mettre entre toutes les mains de bonnes éditions des meilleurs écrivains modernes et contemporains.

Sous un format commode et pouvant en même temps tenir une belle place dans toute bibliothèque, il paraît chaque quinzaine un volume.

CHAQUE OUVRAGE EST COMPLET EN UN VOLUME

VICTOR HUGO. *La Légende du beau Pécopin et de la belle Bauldour.*
1. CAMILLE FLAMMARION. . *Lumen.*
2. ALPHONSE DAUDET. . . . *La Belle-Nivernaise.*
3. ÉMILE ZOLA. . . . . . . *Thérèse Raquin.*
4. HECTOR MALOT. . . . . *Une Bonne Affaire.*
5. ANDRÉ THEURIET. . . . *Le Mariage de Gérard.*
6. L'ABBÉ PRÉVOST. . . . *Manon Lescaut.*
7. EUGÈNE CHAVETTE. . . . *La Belle Alliette.*
8. G. DUVAL. . . . . *Le Tonnelier.*
9. MARIE ROBERT-HALT. . . *Hist. d'un Petit Homme* (couronné).
10. B. DE SAINT-PIERRE. . . *Paul et Virginie.*
11. CATULLE MENDÈS. . . *Le Roman Rouge.*
12. ALEXIS BOUVIER. . . . *Colette.*
13. LOUIS JACOLLIOT. . . . *Voyage aux Pays Mystérieux.*
14. ADOLPHE BELOT. . . . *Deux Femmes.*
15. JULES SANDEAU. . . . *Madeleine.*
16. LONGUS. . . . . *Daphnis et Chloé.*
17. THÉOPHILE GAUTIER. . . *Jettatura.*
18. JULES CLARETIE. . . . *La Mansarde.*
19. LOUIS NOIR. . . . . . *L'Auberge Maudite.*
20. LÉOPOLD STAPLEAUX. . *Le Château de la Rage.*
21. HECTOR MALOT. . . . . *Séduction.*
22. MAURICE TALMEYR. . . *Le Grisou.*
23. GŒTHE. . . . . *Werther.*
24. ED. DRUMONT. . . . . *Le Dernier des Trémolin.*
25. VAST-RICOUARD. . . . *La Sirène.*
26. G. COURTELINE. . . . *Le 51e Chasseurs.*
27. ESCOFFIER. . . . . . *Troppmann.*
28. GOLDSMITH. . . . . . *Le Vicaire de Wakefield.*
29. A. DELVAU. . . . . . *Les Amours buissonnières.*
30. E. CHAVETTE. . . . . *Lilie, Tutue, Bebeth.*
31. ADOLPHE BELOT. . . . *Hélène et Mathilde.*
32. HECTOR MALOT. . . . *Les Millions honteux.*
33. XAVIER DE MAISTRE. . . *Voyage autour de ma Chambre.*
34. ALEXIS BOUVIER. . . . *Le Mariage d'un Forçat.*
35. TONY RÉVILLON. . . . *Le Faubourg Saint-Antoine.*
36. PAUL ARÈNE. . . . . . *Le Canot des six Capitaines.*
37. CH. CANIVET. . . . . . *La Ferme des Gohel.*
38. CH. LEROY. . . . . . . *Les Tribulations d'un Futur.*
39. SWIFT. . . . . *Voyages de Gulliver.*
40. RENÉ MAIZEROY. . . . *Souvenirs d'un Officier.*
41. ARSÈNE HOUSSAYE. . . . *Lucia.*
42. *La Chanson de Roland.*
43. PAUL BONNETAIN. . . . *Au Large.*
44. CATULLE MENDÈS. . . . *Pour lire au Bain.*
45. ÉMILE ZOLA. . . . . . *Jacques Damour.*
46. JEAN RICHEPIN. . . . . *Quatre petits Romans.*
47. ARMAND SILVESTRE. . . *Histoires Joyeuses.*
48. PAUL DHORMOYS. . . . *Sous les Tropiques.*
49. VILLIERS DE L'ISLE-ADAM *Le Secret de l'Échafaud.*
50. ERNEST DAUDET. . . . *Jourdan Coupe-Tête.*
51. CAMILLE FLAMMARION. . *Rêves étoilés.*
52. MADAME J. MICHELET. . *Mémoires d'une Enfant.*
53. THÉOPHILE GAUTIER. . . *Avatar. — Fortunio.*
54. CHATEAUBRIAND. . . . . *Atala. René, Dernier Abencérage.*
55. IVAN TOURGUENEFF. . . *Récits d'un Chasseur.*
56. L. JACOLLIOT. . . . . . *Le Crime du Moulin d'Usor.*
57. P. BONNETAIN. . . . . *Marsouins et Mathurins.*
58. A. DELVAU. . . . . . . *Mémoires d'une Honnête Fille.*
59. RENÉ MAIZEROY. . . . *Vavaknoff.*
60. GUÉRIN-GINISTY. . . . *La Fange.*
61. ARSÈNE HOUSSAYE. . . *Madame Trois-Étoiles.*
62. CHARLES AUBERT. . . . *La Belle Luciole.*
63. MIE D'AGHONNE. . . . *L'Écluse des Cadavres.*
64. GUY DE MAUPASSANT. . . *L'Héritage.*
65. CATULLE MENDÈS. . . . *Monstres parisiens* (nouv. série).
66. CH. DIGUET. . . . . . *Moi et l'Autre* (ouv. couronné).
67. L. JACOLLIOT. . . . . *Vengeance de Forçats.*
68. HAMILTON. . . . . . . *Mémoires du Chev. de Grammont.*
69. MARTIAL MOULIN. . . . *Nella.*
70. CHARLES DESLYS. . . . *L'Abîme.*
71. FRÉDÉRIC SOULIÉ. . . . *Le Lion Amoureux.*
72. HECTOR MALOT. . . . . *Les Amours de Jacques.*
73. EDGAR POË. . . . . . . *Contes extraordinaires.*
74. EDOUARD BONNET. . . . *La Revanche d'Orgon.*
75. THÉO-CRITT. . . . . . . *Le Sénateur Ignace.*
76. ROBERT-HALT. . . . . *Brave Garçon.*
77. JEAN RICHEPIN. . . . . *Les Morts bizarres.*
78. TONY RÉVILLON. . . . . *Noémi. La Bataille de la Bourse.*
79. TOLSTOÏ. . . . . *Le Roman du Mariage.*
80. FRANCISQUE SARCEY. . . *Le Siège de Paris.*
81. HECTOR MALOT. . . . . *Madame Obernin.*
82. JULES MARY. . . . . . *Un coup de Revolver.*
83. GUSTAVE TOUDOUZE. . . *Les Cauchemars.*
84. STERNE. . . . . *Voyage Sentimental.*
85. MARIE COLOMBIER. . . . *Nathalie.*
86. TANCRÈDE MARTEL. . . *La Main aux Dames.*
87. ALEXANDRE HEPP. . . . *L'Amie de Madame Alice.*
88. CLAUDE VIGNON. . . . . *Vertige.*
89. ÉMILE DESBEAUX. . . . *La Petite Mendiante.*
90. CHARLES MÉROUVEL. . . *Caprice des Dames.*
91. MADAME ROBERT HALT. . *La Petite Lazare.*
92. ANDRÉ THEURIET. . . . *Lucile Désenclos. — Une Ondine.*
93. EDGAR MONTEIL. . . . . *Jean des Galères.*
94. CATULLE MENDÈS. . . . *Le Cruel Berceau.*
95. SILVIO PELLICO. . . . . *Mes Prisons.*
96. MAXIME RUDE. . . . . . *Une Victime du Couvent.*
97. MAUR. JOGAND (Marc-Mario). *L'Enfant de la Folle.*
98. EDOUARD SIEBECKER. . . *Le Baiser d'Odile.*
99. VALLERY-RADOT. . . . . *Journal d'un Volontaire d'un an* (ouv. c.)
100. VOLTAIRE. . . . . . . *Zadig. — Candide. — Micromégas*
101. CAMILLE FLAMMARION. . *Voyages en Ballon.*
102. HECTOR MALOT. . . . . *Cara.*
103. ÉMILE ZOLA. . . . . . *Nantas.*
104. MADAME LOUIS FIGUIER. *Le Gardian de la Camargue.*
105. ALEXIS BOUVIER. . . . *Les Petites Ouvrières.*
106. GABRIEL GUILLEMOT. . . *Maman Chautard.*
107. JEHAN SOUDAN. . . . . *Histoires américaines* (illustrées).
108. GASTON D'HAILLY. . . . *Fleur de pommier.*
109. IVAN TOURGUENEFF. . . *Premier Amour.*
110. OSCAR MÉTÉNIER . . . *La Chair.*
111. GUY DE MAUPASSANT. *Histoire d'une Fille de Ferme.*
112. LOUIS BOUSSENARD. . . *Aux Antipodes.*
113. PROSPER VIALON. . . . *L'Homme au Chien muet.*
114. CATULLE MENDÈS. . . . *Pour lire au Couvent.*
115. MIE D'AGHONNE. . . . . *L'Enfant du Fossé.*
116. ARMAND SILVESTRE. . . *Histoires folâtres.*
117. DOSTOIEWSKY. . . . . . *Ame d'Enfant.*
118. ÉMILE DE MOLÈNES. . . *Pâlotte.*
119. ARSÈNE HOUSSAYE. . . . *Les Larmes de Jeanne.*
120. ALBERT CIM. . . . . . *Les Prouesses d'une Fille.*
121. HECTOR MALOT. . . . . *Le Mari de Charlotte.*
122. ÉMILE ZOLA. . . . . . . *La Fête à Coqueville.*
123. CHAMPFLEURY. . . . . . *Le Violon de faïence.*
124. A. EXCOFFON. . . . . . *Le Courrier de Lyon.*
125. LÉON CLADEL. . . . . . *Crête-Rouge.*
126. MAXIME RUDE. . . . . . *Le Roman d'une Dame d'honneur.*
127. PIGAULT-LEBRUN. . . . *Monsieur Botte.*
128. CH. AUBERT. . . . . . . *La Marieuse.*
129. C. BASSOT. . . . . . . *La Vierge d'Irlande.*
130. CHARLES MONSELET. . . *Les Ruines de Paris.*
131. ALPHONSE DAUDET. . . *Les Débuts d'un Homme de Lettres.*
132. LOUIS NOIR. . . . . . *La Vénus cuivrée.*
133. ALPHONSE DE LAUNAY. . *Mademoiselle Mignon.*
134. ALFRED DELVAU. . . . . *Le grand et le petit Trottoir.*
135. MARC DE MONTIFAUD. . *Héloïse et Abailard.*
136. TONY RÉVILLON. . . . . *L'Exilé.*
137. AD. BELOT & E. DAUDET. *La Vénus de Cordes.*
138. PAUL SAUNIÈRE. . . . . *Vif-Argent.*
139. Mme JUDITH GAUTIER . . *Les Cruautés de l'Amour.*
140. DUBUT DE LAFOREST. . . *Belle-Maman.*
141. PAUL ARÈNE. . . . . . *Nouveaux Contes de Noël.*
142. ARSÈNE HOUSSAYE. . . . *La Confession de Caroline.*
143. ALEXIS BOUVIER. . . . *Mademoiselle Beau-Sourire.*
144. CHARLES LEROY. . . . . *Le Capitaine Lorgnegrut.*
145. L. BOUSSENARD. . . . . *10.000 ans dans un bloc de glace.*
146. ÉLIE BERTHET. . . . . *Le Mûrier blanc.*
147. F. CHAMPSAUR. . . . . *Le Cœur.*
148. RENÉ MAIZEROY. . . . . *Souvenirs d'un Saint-Cyrien.*
149. GUÉRIN-GINISTY. . . . . *Les Rastaquouères.*
150. AURÉLIEN SCHOLL. . . . *Peines de cœur.*
151. CAMILLE FLAMMARION. . *L'Éruption du Krakatoa.*
152. ALEXANDRE DUMAS. . *La Marquise de Brinvilliers.*
153. G. COURTELINE. . . . . *Madelon, Margot et Cie.*
154. CATULLE MENDÈS. . . . *Pierre le Véridique, roman.*
155. CH. DESLYS. . . . . . . *Les Buttes Chaumont.*
156. AD. BELOT ET J. DAUTIN. *Le Secret terrible.*
157. GASTON D'HAILLY. . . . *Le Prix d'un Sourire.*
158. MAXIME DU CAMP. . . . *Mémoires d'un Suicidé.*
159. RENÉ MAIZEROY. . . . . *La Dernière Croisade.*
160. POUCHKINE. . . . . . . *Doubrovsky.*
161. HENRI MURGER. . . . . *Le Roman du Capucin.*
162. LUCIEN BIART. . . . . *Benito Vasquez.*
163. BENJAMIN CONSTANT. . *Adolphe.*
164. MADAME LOUIS FIGUIER. *Les Fiancés de la Gardiole.*
165. ARMAND SILVESTRE. . . *Malma.*
166. VAST-RICOUARD. . . . . *Madame Lavernon.*
167. ALEXIS BOUVIER. . . . *Les Pauvres.*
168. JULES GROS. . . . . . *Un Volcan dans les Glaces.*
169. ALFRED DELVAU. . . . *Du Pont des Arts au Pont de Kehl.*
170. VICTOR MEUNIER. . . . *L'Esprit et le Cœur des Bêtes.*
171. ADOLPHE BELOT. . . . *Le Pigeon*
172. NIKOLAI GOGOL. . . . . *Les Veillées de l'Ukraine.*
173. JULES MARY. . . . . . *Un Mariage de confiance.*
174. LÉON TOLSTOÏ. . . . . *La Sonate à Kreutzer.*
175. SÉVIGNÉ (Mme DE) . . . *Lettres choisies.*
176. FERDINAND DE LESSEPS. *Les Origines du Canal de Suez.*
177. LÉON GOZLAN. . . . . . *Le Capitaine Maubert.*
178. CH. D'ARCIS. . . . . . *La Correctionnelle pour rire.*
179. ERNEST DAUDET. . . . *Le Crime de Jean Malory.*
180. ARMAND SILVESTRE. . . *Rose de Mai.*
181. ÉMILE ZOLA. . . . . . *Madeleine Férat.*
182. PAUL MARGUERITTE. . *La Confession posthume.*
183. PIERRE ZACCONE. . . . *Seuls !*
184. BEAUTIVET. . . . . . . *La Maîtresse de Mazarin.*
185. EDOUARD LOCKROY. . . *L'Île révoltée.*
186. ALEXIS BOUVIER. . . . *Les Petites Blanchisseuses.*
187. ARSÈNE HOUSSAYE. . . . *Julia.*
188. ALEXANDRE POTHEY. . . *La Fève de Saint-Ignace.*
189. ADOLPHE BELOT. . . . *Le Parricide.*
190. EUGÈNE CHAVETTE. . . . *Le Procès Pictompin.*
191. PIERRE BRÉTIGNY. . . . *La Petite Gabi.*
192. ALEXANDRE DUMAS. . . *Les Massacres du Midi.*
193. RENÉ DE PONT-JEST. . . *Divorcée.*
194. P. GINISTY. . . . . . . *La Seconde Nuit* (rom. bouffe. Préf. par A. Silvestre)
195. PIERRE MAËL. . . . . *Pilleur d'Épaves* (mœurs maritimes).
196. CATULLE MENDÈS. . . . *Jupe Courte.*
197. NIKOLAI GOGOL. . . . . *Tarass Boulba.*
198. CH. CHINCHOLLE. . . . *Le Vieux Général.*
199. PIER. NEWSKY (DE CORVIN). *Le Fauteuil Fatal.*
200. LOUIS JACOLLIOT. . . . *Les Chasseurs d'Esclaves.*
201. CAMILLE FLAMMARION. . *Copernic et le système du monde.*
202. Mme DE LA FAYETTE. . . *La princesse de Clèves.*
203. ADOLPHE BELOT. . . . *Dacolard et Lubin.*
204. D. PEDRO DE ALARCON. . *Un Tricorne.*
205. LOUIS NOIR. . . . . . *Un Tueur de Lions.*
206. ALFRED SIRVEN. . . . . *La Linda.*
207. CH. DICKENS, WILKIE COLLINS, G. A. SALA, E. C. GASKELL, HESBA SHETTON & ADÉLAIDE PROCTER. *La Maison hantée* (Contes de Noël).
208. HECTOR MALOT. . . . . *Vices français.*
209. PIERRE MAËL. . . . . . *Le Torpilleur 29.*
210. JULES GROS. . . . . . *L'Homme fossile.*
211. CATULLE MENDÈS. . . . *Jeunes filles.*
212. IVAN TOURGUENEFF. . . *Devant la Guillotine.*
213. ALFRED SIRVEN. . . . . *Étiennette.*
214. Mlle ROUSSEIL. . . . . *La Fille d'un Proscrit.*
215. PAUL LHEUREUX. . . . . *P'tit Chéri* (Histoire parisienne).
216. LOUIS MULLEM. . . . . *Contes d'Amérique*
217. ERNEST DAUDET. . . . *Le Lendemain du péché.*
218. MIE D'AGHONNE. . . . *Les Aventurières*
219. PAUL ALEXIS. . . . . . *Les Femmes du père Lefèvre*
220. ALFRED DELVAU. . . . *A la porte du Paradis.*

En jolie reliure spéciale à la collection 1 fr. le volume. — Envoi franco contre mandat ou timbres-poste.

75 centimes le volume.

BIBLIOTHÈQUE POUR TOUS

75 centimes le volume.

VOLUMES PARUS

CAMILLE FLAMMARION. — **QU'EST-CE QUE LE CIEL ?** (Figures astronomiques.)

GEORGES BRUNEL. — **LA SCIENCE A LA MAISON** (152 figures) sous presse.

C. KLARY. — **MANUEL DE PHOTOGRAPHIE POUR LES AMATEURS.** (Illustrations.)

DÉSIRÉ SCRIBE. — **LE PETIT SECRÉTAIRE PRATIQUE.**

CHRISTIE ET CHAREYRE. — **L'ARCHITECTE-MAÇON.** (150 figures.)

A. GASTON CORNIÉ. — **MANUEL TECHNIQUE ET PRATIQUE DU VÉLOCIPÈDE.** (Illustrations.)

ARISTIDE POUTIERS. — **MANUEL DU MENUISIER-MODELEUR.** (Illustré de 300 dessins inédits.)

L. THERRODE. — **MANUEL DU SERRURIER.** (300 figures.)

J. VILLARD. — **MANUEL DU CHAUDRONNIER EN FER.** (300 figures.)

BARON BRISSE. — **PETITE CUISINE DES FAMILLES.** (Illustrations.)

ADHÉMAR DE LONGUEVILLE. — **MANUEL COMPLET DE TOUS LES JEUX DE CARTES,** suivi de **L'ART DE TIRER LES CARTES.** (Figures.)

L. C. — **NOUVEAU GUIDE POUR SE MARIER,** suivi du **MANUEL DU PARRAIN ET DE LA MARRAINE.**

GAWLIKOWSKI. — **GUIDE COMPLET DE LA DANSE.**

Mme M. DE FONCLOSE. — **GUIDE PRATIQUE DES TRAVAUX DE DAMES.** (Nombreuses figures.)

En jolie reliure spéciale : Prix, 1 fr. 25

Paris. — Imp. Lahure, rue de Fleurus, 9.

CAMILLE FLAMMARION

DICTIONNAIRE ENCYCLOPÉDIQUE

UNIVERSEL

ILLUSTRÉ DE
20000 FIGURES

SCIENCES
ARTS
LETTRES
INDUSTRIE
HISTOIRE
GRAMMAIRE
GÉOGRAPHIE
DÉCOUVERTES

PARIS
E. FLAMMARION
LIBRAIRE-ÉDITEUR
26, RUE RACINE, PRÈS L'ODÉON

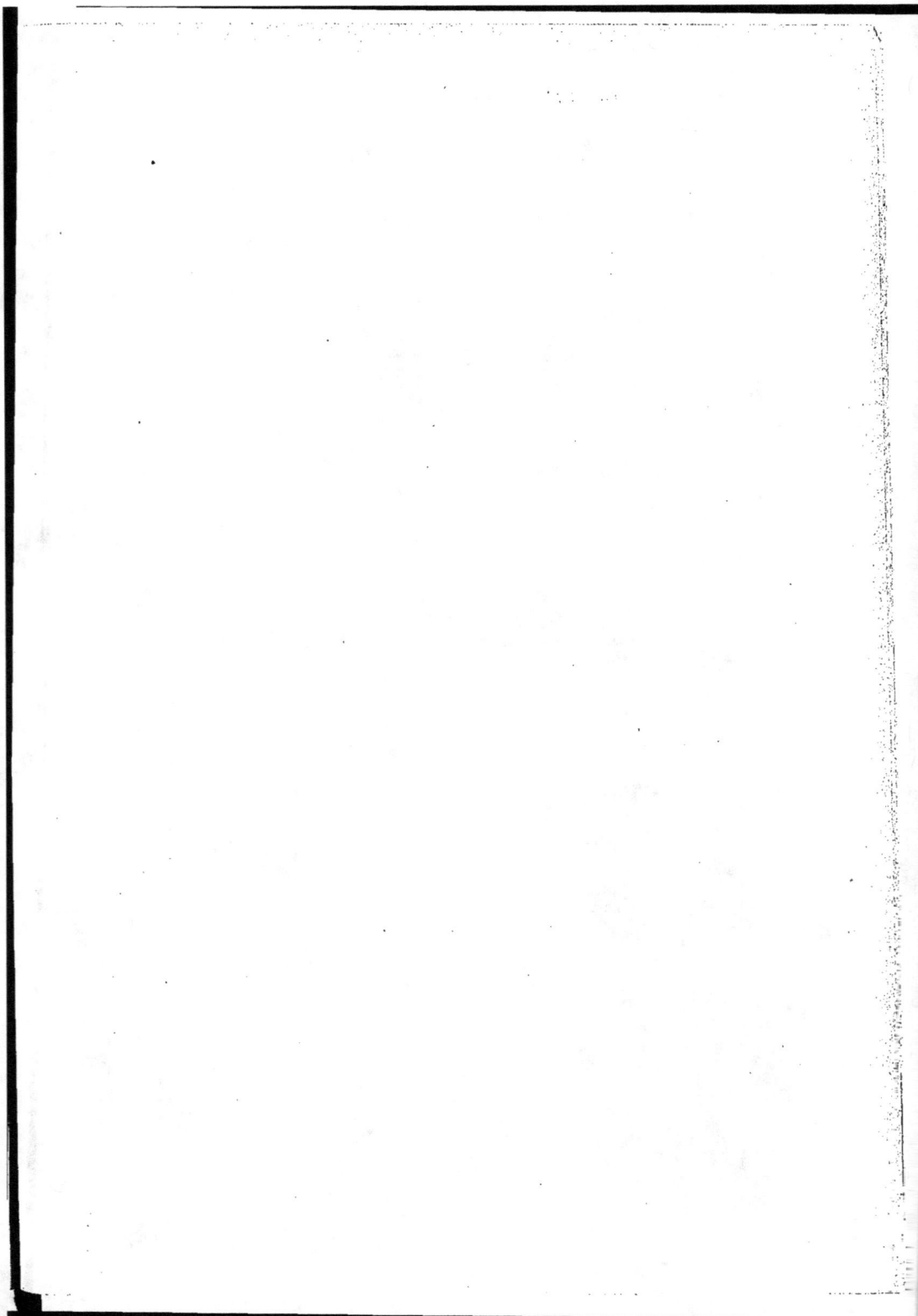

CAMILLE FLAMMARION

DICTIONNAIRE
ENCYCLOPÉDIQUE UNIVERSEL

ILLUSTRÉ DE
20000 FIGURES

SCIENCES
ARTS
LETTRES
INDUSTRIE
HISTOIRE
GRAMMAIRE
GÉOGRAPHIE
DÉCOUVERTES

PARIS

E. FLAMMARION

LIBRAIRE-ÉDITEUR

26, RUE RACINE, PRÈS L'ODÉON

3me Série

Prix : 50 centimes

CAMILLE FLAMMARION

DICTIONNAIRE ENCYCLOPÉDIQUE UNIVERSEL

ILLUSTRÉ DE 20000 FIGURES

PARIS
E. FLAMMARION
LIBRAIRE-ÉDITEUR
26, RUE RACINE, PRÈS L'ODÉON

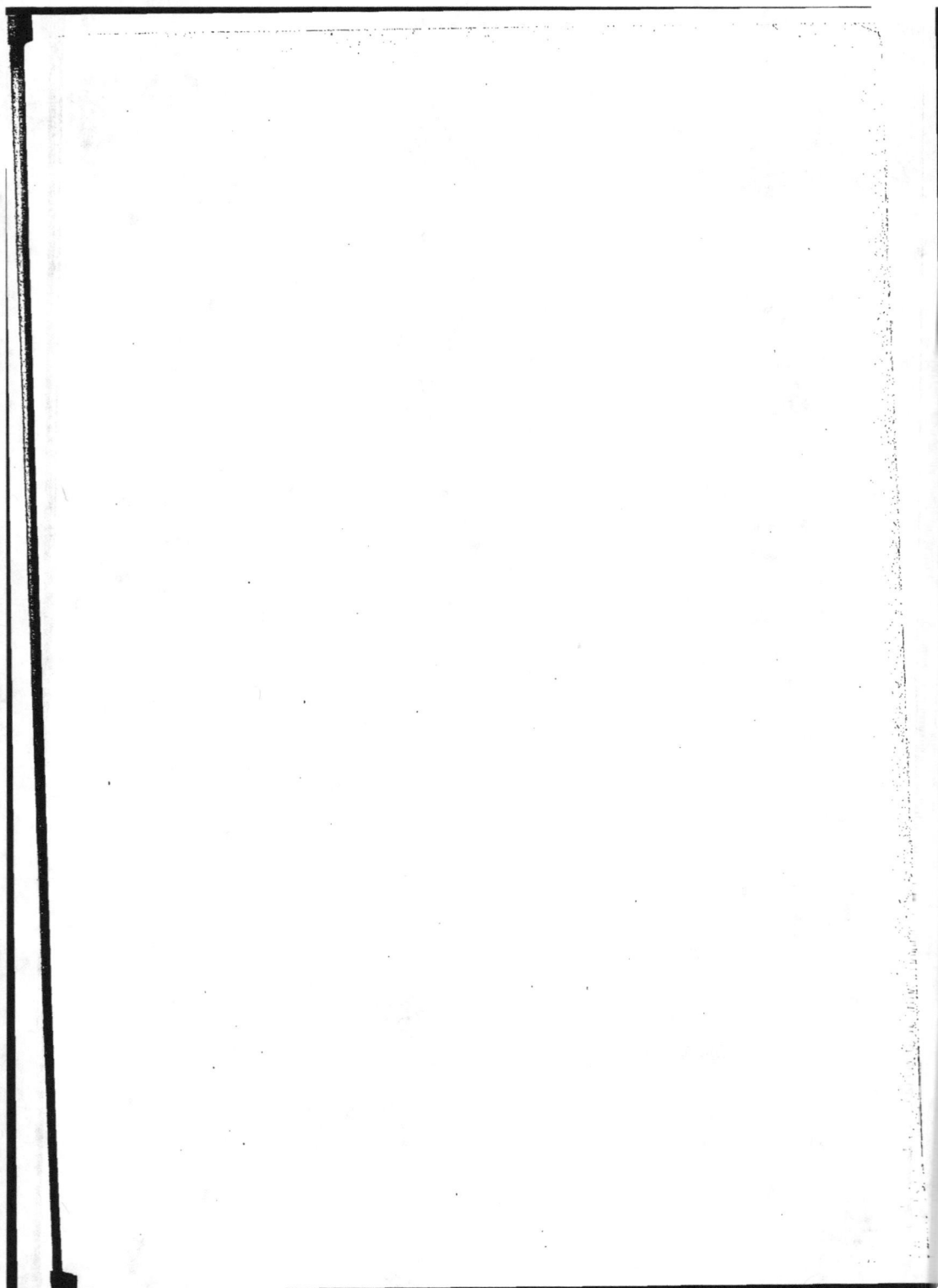

CAMILLE FLAMMARION

DICTIONNAIRE ENCYCLOPÉDIQUE

UNIVERSEL

ILLUSTRÉ DE 20000 FIGURES

1896

SCIENCES
ARTS
LETTRES
INDUSTRIE
HISTOIRE
GRAMMAIRE
GÉOGRAPHIE
DÉCOUVERTES

PARIS

E. FLAMMARION

LIBRAIRE-ÉDITEUR

26, RUE RACINE, PRÈS L'ODÉON

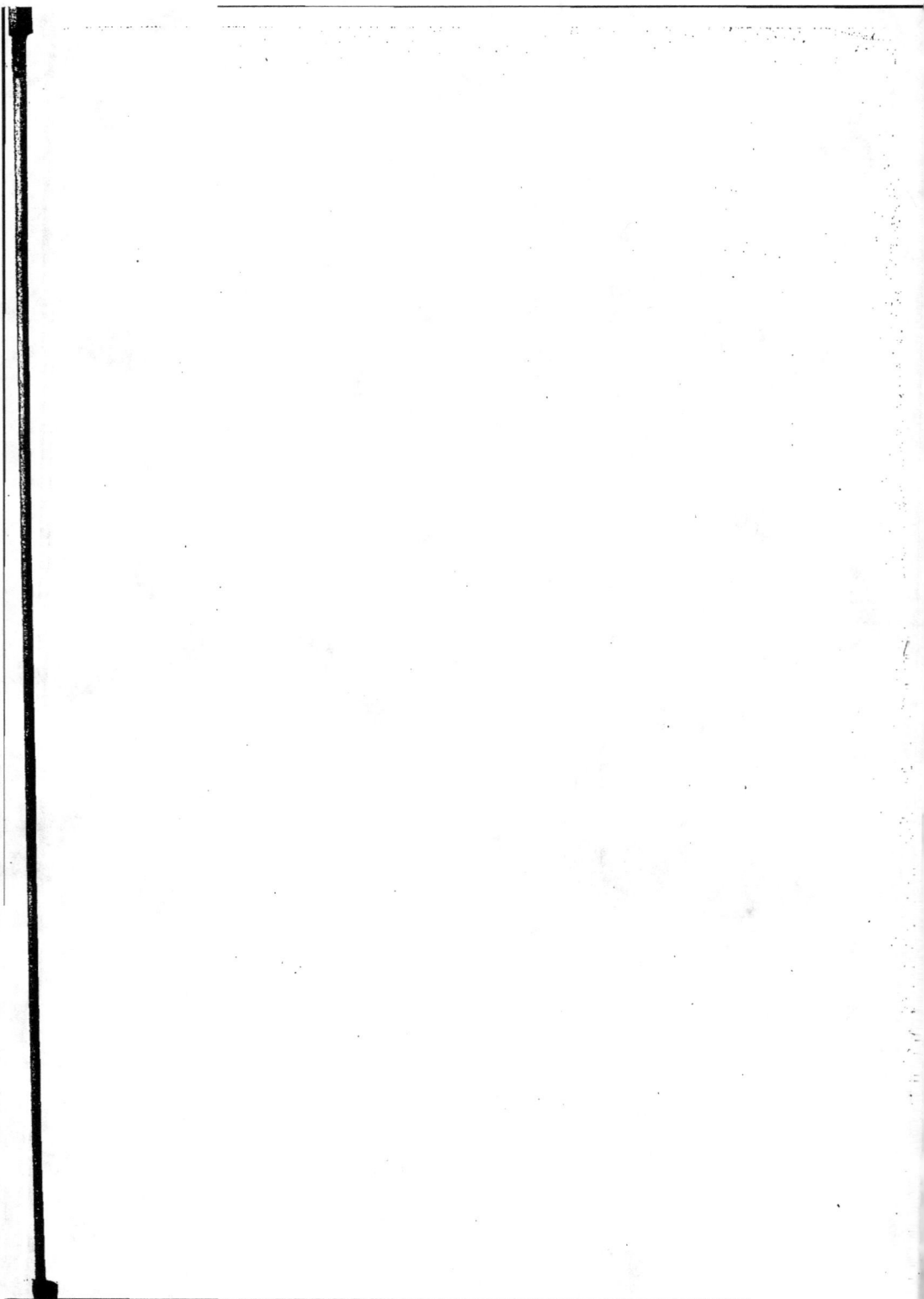

CAMILLE FLAMMARION

DICTIONNAIRE
ENCYCLOPÉDIQUE
UNIVERSEL

ILLUSTRÉ DE
20000 FIGURES

SCIENCES
ARTS
LETTRES
INDUSTRIE
HISTOIRE
GRAMMAIRE
GÉOGRAPHIE
DÉCOUVERTES

PARIS
E. FLAMMARION
LIBRAIRE-ÉDITEUR
26, RUE RACINE, PRÈS L'ODÉON

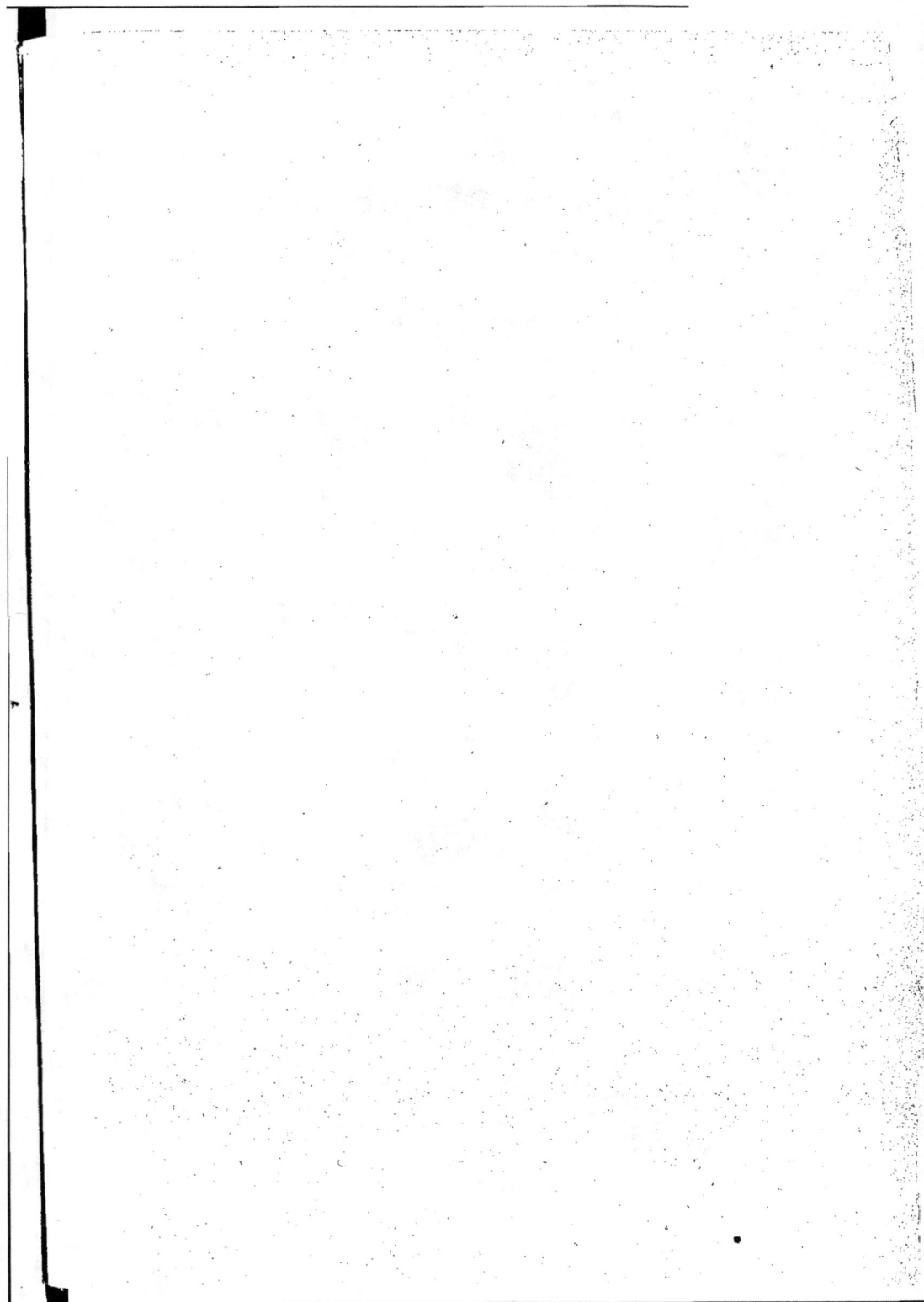

ŒUVRES DE CAMILLE FLAMMARION

OUVRAGES PHILOSOPHIQUES

La Pluralité des Mondes habi-tés. 1 vol. in-12. 36e édit. . . . . 3 fr. 50

Les Mondes imaginaires et les Mondes réels. 1 vol. in-12. 23e édit. . . . . 3 fr. 50

Uranie, roman sidéral. 1 vol. in-12, 30e mille. . . . . 3 fr. 50

La Fin du Monde. 1 vol. in-12 46e mille. . . . . 3 fr. 50

Récits de l'Infini. Lumen. 1 vol. in-12. 12e édit. . . . . 3 fr. 50

Lumen. 1 vol. in-18. 50e mille . . 0 fr. 60

Dieu dans la Nature. 1 vol. in-12. 25e édit. . . . . 3 fr. 50

Les Derniers Jours d'un Philo-sophe, de Sir H. Davy. 1 vol. in-12. . . . . 3 fr. 50

ASTRONOMIE PRATIQUE

La Planète Mars et ses condi-tions d'habitabilité. Étude syn-thétique accompagnée de 580 des-sins télescopiques et 23 cartes aréographiques. 1 vol. gr. in-8°. 12 fr. »

Les Étoiles doubles. Catalogue des étoiles multiples en mouve-ment, avec les positions et la discussion des orbites. . . . . . 8 fr. »

Études sur l'Astronomie. Re-cherches sur diverses questions. 9 vol. in-18. Le vol. . . . . . . 2 fr. 50

Grand Atlas céleste, contenant plus de cent mille étoiles. In-folio . . . . 45 fr. »

Grande Carte céleste, contenant toutes les étoiles visibles à l'œil nu . . . . 6 fr. »

Planisphère mobile, donnant la position des étoiles visibles cha-que jour. . . . . 8 fr. »

Carte générale de la Lune. . . 8 fr. »

Globes de la Lune et de la pla-nète Mars. . . . . 5 fr. »

ENSEIGNEMENT DE L'ASTRONOMIE

Astronomie populaire, exposi-tion des grandes découvertes de l'astronomie. 1 vol. grand in-8°. 100e mille. . . . . 12 fr. »

Les Étoiles et les Curiosités du Ciel. Supplément de l'Astrono-mie populaire. 55e mille. . . . 12 fr. »

Les Terres du Ciel, Astronomie planétaire. 1 vol. grand in-8°. 45e mille. . . . . 12 fr. »

Histoire du Ciel (épuisé).

Les Merveilles Célestes. 1 vol. in-12. 45e mille. . . . . 2 fr. »

Petite Astronomie descriptive. 1 vol. in-12. . . . . 1 fr. 25

Qu'est-ce que le Ciel? . . . . . 0 fr. 75

Copernic et le Système du Monde. 1 vol. in-18. . . . . . 0 fr. 60

Petit Atlas astronomique de poche. 1 vol. in-24. . . . . . . 1 fr. 50

Annuaires astronomiques. . . . 1 fr. »

SCIENCES GÉNÉRALES

Le Monde avant la Création de l'Homme. 1 vol. grand in-8°. 55e mille. . . . . 12 fr. »

Mes Voyages aériens. 1 vol. in-12. 3 fr. 50

Contemplations scientifiques. 2 vol. in-12. . . . . 3 fr. 50

L'Atmosphère, Météorologie po-pulaire. 1 vol. grand in-8°. 28e mille. . . . . 12 fr. »

L'Éruption du Krakatoa et les Tremblements de terre. 1 vol. in-18. . . . . 0 fr. 60

VARIÉTÉS LITTÉRAIRES

Dans le Ciel et sur la Terre. 1 vol. in-12. . . . . 3 fr. 50

Rêves étoilés. 1 vol. in-18. . . . 0 fr. 60

Clairs de Lune. 1 vol. in-18. . . 0 fr. 60

PARIS. — IMP. E. FLAMMARION, RUE RACINE, 26